DICIONÁRIO JURÍDICO

ANA PRATA

PROFESSORA DA FACULDADE DE DIREITO
DA UNIVERSIDADE NOVA DE LISBOA

DICIONÁRIO JURÍDICO

5.ª EDIÇÃO ACTUALIZADA E AUMENTADA

(Actualizada até Maio de 2006)

5.ª REIMPRESSÃO DA EDIÇÃO DE JANEIRO/2008

I

- DIREITO CIVIL
- PROCESSO CIVIL
- ORGANIZAÇÃO JUDICIÁRIA

com a colaboração de
JORGE CARVALHO

ALMEDINA

DICIONÁRIO JURÍDICO

AUTORA
ANA PRATA

EDITOR
EDIÇÕES ALMEDINA, SA
Rua Fernandes Tomás nºs 76, 78, 80
3000-167 Coimbra
Tel.: 239 851 904
Fax: 239 851 901
www.almedina.net
editora@almedina.net

PRÉ-IMPRESSÃO | IMPRESSÃO | ACABAMENTO
FORMA CERTA GRÁFICA DIGITAL

Dezembro, 2022

DEPÓSITO LEGAL
269842/08

Biblioteca Nacional de Portugal - Catalogação na Publicação

PRATA, Ana

Dicionário jurídico. – 5ª ed., actual. e aument. v.
1º v. : Direito civil, processo civil, organização
judiciária. - p. - ISBN 978-972-40-3393-8

CDU 347

AGRADECIMENTOS E EXPLICAÇÃO

Os agradecimentos:

O primeiro a quem quer que seja que tenha inventado os computadores na sua utilizabilidade por ignorantes como eu. Sem este instrumento, a actualização deste texto nos últimos anos teria sido praticamente impossível: encontrar os diplomas que vão sendo, total ou parcialmente, revogados ou alterados, num texto destes, seria procurar agulha em palheiro; e, sendo o palheiro desta extensão, tarefa para uma vida.

O segundo ao Jorge Carvalho que, mais uma vez, cuidadosa, meticulosamente mesmo, reviu todo o texto, acertou as actualizações legislativas, detectou gralhas, organizou entradas que, mais (ou menos) do que jurídicas, são listagens de legislação.

O terceiro ao Gabriel Gonçalves, doutorando, que me ajudou numa entrada de que pouco eu sabia.

Um último a vários amigos que me foram chamando a atenção para omissões, incorrecções e outros defeitos que assim pude corrigir.

A explicação:

De novo, optei por publicação já desactualizada, por ter decidido fazer uma revisão mais profunda, para não ter de novo a frustrante sensação de que "jurídico" é uma espécie de alcunha de um livro que quase se limitaria a coleccionar textos legais; e porque, estando para além das minhas possibilidades evitar ou eliminar a imparável proliferação de normas legais, tantas vezes mal feitas, muito tempo este trabalho consome e me consome; para que pudesse terminar, havia de pôr um termo temporal à actualização; fi-lo para Maio de 2006, supondo com inusitado optimismo que poderia acabar mais cedo; não foi incluído o Novo Regime do Arrendamento Urbano por, na data que estabelecera, ainda não se encontrarem publicados todos os instrumentos legais que permitiriam a sua aplicação.

Muitas gralhas, erros e outros defeitos ficaram; ficam sempre.

A terminar:

Eis pois esta edição que espero substancialmente melhorada relativamente a anteriores. Tão cedo não voltarei a ela, que a vida de ensino e de investigação, por um lado, e a energia e a paciência, por outro, levam-me a pensar que, pelo menos enquanto o legislador não tratar a sua loucura, prefiro não enlouquecer eu também.

A

"Ab absurdo" – Expressão latina que significa *por absurdo*, e que designa um raciocínio cujas consequências são, intelectual ou factualmente, inaceitáveis. Trata-se de um processo argumentativo que pode ser utilizado na interpretação da lei ou na demonstração de uma realidade fáctica. Utiliza-se o argumento de redução ao absurdo na interpretação da lei quando, para afastar um certo resultado interpretativo, se mostra que os seus resultados são absurdos, por ilogicidade ou clamorosa injustiça.

V. *Interpretação da lei; Argumentos interpretativos.*

"Ab actis" (Dir. Civil; Proc. Civil) – Expressão que significa *dos efeitos* ou *dos autos.*

Abalroamento de veículo (Dir. Civil) – Muito embora a nossa lei civil não use a expressão – designadamente no artigo 506.°, C.C. –, há autores que a utilizam para significar a colisão de veículos que ocorre quando um deles se encontra parado ou a circular em velocidade muito reduzida e outro está em circulação – v., por exemplo, Pires de Lima e Antunes Varela, *Código Civil anotado*, Vol. I, 4.ª edição, pág. 519.

Porém, a maioria da doutrina e da jurisprudência estão de acordo em que a disposição daquele artigo tanto se aplica aos casos de abalroamento de veículo como a quaisquer outros casos de colisão, isto é, tanto vale para as situações em que o choque ocorre entre dois veículos em movimento como para aquelas em que um deles se encontra imobilizado e o outro em movimento.

V. *Acidente de viação.*

Abandono (Dir. Civil) – Acto pelo qual o titular de um direito real a ele renuncia, extinguindo-o assim na sua esfera jurídica, sem necessária e consequente aquisição por outrem. Trata-se, em rigor, de um negócio jurídico unilateral, de disposição, não receptício e, em princípio, irrevogável.

O abandono pode colocar um problema de interpretação, pois, podendo consubstanciar-se num acto material de desapossamento de um bem, não será necessariamente claro o sentido do comportamento; se há quem entenda ser exigível, para além do acto material, a intenção ou *animus* de abdicar do direito sobre o bem, isso em nada altera a questão da interpretação, que terá de ser realizada com todos os instrumentos interpretativos dos negócios jurídicos, bem como das circunstâncias em que tenha ocorrido (valor, qualidade do bem, local em que se encontre, condutas anteriores do sujeito, etc.).

Se se tratar de um direito real menor, o abandono tem como efeito a expansão do direito de propriedade.

A propriedade dos animais e outras coisas móveis que tenham sido abandonadas pelos seus proprietários extingue-se e, tornando-se o bem *res nullius*, pode ser adquirida por ocupação, nos termos dos artigos 1316.°, 1317.°-*d)* e 1318.°, C.C.. Quanto aos imóveis, determina o artigo 1345.°, C.C., que, caso não tenham dono conhecido, se consideram património do Estado.

V. artigos 1397.° (sobre abandono de águas originariamente públicas), 1411.°, n.° 1 (sobre renúncia do comproprietário ao seu direito), 1472.°, n.° 3 (sobre renúncia do usufrutuário ao seu direito), e 1567.°, n.° 4 (sobre renúncia do proprietário do prédio serviente ao seu direito), todos do C.C..

V. o Decreto-Lei n.° 187/70, de 30 de Abril, alterado pelos Decretos-Leis n.°s 524/79, de 31 de Dezembro, e 366/87, de 27 de Novembro, cujo artigo 1.° enuncia categorias de bens que são considerados abandonados a favor do Estado. Também o Decreto Legislativo Regional n.° 30/83/A, de 28 de Outubro, determinava que pertenceriam à Região Autónoma dos Açores dados objectos abandonados que viessem a ser encontrados nas águas territoriais da região; o Acórdão do Tribunal Constitucional n.° 280/90, de 23 de Outubro, declarou a inconstitucionalidade, com força obrigatória geral, de todas as normas deste último diploma.

O artigo 88.° da Constituição da República preceitua que os meios de produção abandonados possam ser expropriados em condições a fixar pela lei ("que terá em devida conta a situação específica da propriedade dos trabalhadores emigrantes") e que, caso o abandono tenha sido injustificado, "podem ser ainda objecto de arrendamento ou de concessão de exploração compulsivos, em condições a fixar por lei".

V. *Direito real; Direito real menor; Renúncia; Propriedade; Coisa imóvel; Coisa móvel; Animais; Ocupação; Águas; Compropriedade, Usufruto; Servidão; Prédio serviente; Arrendamento; Cessão de exploração.*

Abandono da família (Dir. Civil) – V. *Abandono do lar conjugal.*

Abandono de menor (Dir. Civil) – Não existindo pessoa em condições de exercer a tutela, é o menor entregue a um estabelecimento de assistência pública, exercendo relativamente a ele o respectivo director as funções de tutor, não havendo, neste caso, conselho de família nem protutor (v. artigo 1962.°, C.C.).

Considera-se que uma criança ou um jovem está em perigo, entre outras circunstâncias, quando esteja abandonado ou viva entregue a si próprio. Nestes casos, há várias medidas de protecção previstas, entre as quais a confiança a pessoa idónea, o apoio para a autonomia de vida, o acolhimento familiar, o acolhimento em instituição e a confiança a pessoa seleccionada para a adopção ou a instituição com vista a futura adopção.

V. Lei n.° 147/99, de 1 de Setembro, alterada pela Lei n.° 31/2003, de 22 de Agosto (Lei de Protecção de Crianças e Jovens em Perigo).

O artigo 1978.°, C.C., na redacção que lhe foi dada pela referida Lei n.° 31/2003, determina que, "com vista a futura adopção, o tribunal pode confiar o menor a casal, a pessoa singular ou a instituição [...] se os pais [o] tiverem abandonado [...]", só não sendo possível se o menor estiver a viver com um ascendente, colateral até ao 3.° grau ou tutor e a seu cargo.

V. também artigos 3.° e segs. do Decreto-Lei n.° 185/93, de 22 de Maio, rectificado pela Declaração de rectificação n.° 103/93, de 30 de Junho, e alterado pelo Decreto-Lei n.° 120/98, de 8 de Maio, e pela já referida Lei n.° 31/2003.

V. *Menor; Tutela; Tutor; Protecção de menores; Conselho de família; Protutor; Confiança de menor; Apoio para autonomia de vida; Acolhimento familiar; Acolhimento em instituição; Adopção; Pessoa singular; Ascendente; Colateral; Grau de parentesco.*

Abandono do lar conjugal (Dir. Civil) – Há abandono voluntário do lar conjugal quando um dos cônjuges dele se afasta voluntariamente sem intenção de regressar.

Nos termos do texto originário do Código Civil, o abandono completo do lar conjugal por parte de qualquer dos cônjuges, por tempo superior a três anos, era fundamento bastante para que o outro cônjuge intentasse uma acção de separação de pessoas e bens ou de divórcio litigioso.

De acordo com o artigo 1779.° do Código Civil, na redacção dada pelo Decreto-Lei n.° 496/77, de 25 de Novembro, qualquer dos cônjuges pode requerer o divórcio, se houver violação culposa dos deveres conjugais pelo outro, desde que essa violação comprometa a possibilidade da vida em comum, sendo ao tribunal que compete apreciar a gravidade dos factos. Um dos deveres dos cônjuges é o da coabitação (artigo 1672.°, C.C.) e, salvo motivos ponderosos em contrário, os cônjuges devem adoptar a residência da família, que será, como regra, escolhida de comum acordo (artigo 1673.°, C.C.). Daqui resulta que o abandono do lar conjugal, constituindo, em princípio, violação de um dever conjugal, será ou não considerado fundamento de divórcio, consoante o tribunal o considere ou não grave (em particular, gravemente culposo) e susceptível de comprometer a possibilidade de ulterior vida em comum dos cônjuges; o tempo de duração é um factor relevante, mas não existe um tempo mínimo ou máximo, legalmente fixado, como critério de graduação dessa relevância, nem é o único factor a ter em atenção. Nesta matéria, há de ter em conta o Assento do Supremo Tribunal de Justiça de 26 de Janeiro de 1994, publicado no *Diário da República*, I-A série, de 24 de Março de 1994, em que se decidiu: "No âmbito e para efeitos do n.° 1 do artigo 1779.° do Código Civil, o autor tem o ónus da prova da culpa do cônjuge infractor do dever conjugal de coabitação".

Do abandono voluntário há que distinguir o abandono forçado, situação em que um dos cônjuges se vê obrigado a sair de casa em razão de maus tratos de que seja vítima ou de qualquer outra conduta do outro cônjuge que torne insustentável a vida em comum, caso em que eventual fundamento de divórcio não poderá ser o abandono, mas, antes, o comportamento do outro cônjuge que o determinou.

O artigo 1781.°, C.C., na redacção da Lei n.° 47/98, de 10 de Agosto, que se ocupa da previsão de alguns fundamentos especiais do divórcio litigioso, determina, por seu turno, na sua alínea *a)*, constituir um daqueles fundamentos "a separação de facto por três anos consecutivos" (eram seis, na versão legal anterior), esclarecendo o artigo 1782.° (este na redacção do mencionado DL n.° 496/77) que deve entender-se existir tal separação "quando não existe comunhão de vida entre os cônjuges e há da parte de ambos, ou de um deles, o propósito de não a restabelecer"; a alínea *b)* do mesmo artigo 1781.° dispõe ser também fundamento de divórcio "a separação de facto por um ano se o divórcio for requerido por um dos cônjuges sem oposição do outro"; finalmente, ainda aquele artigo 1781.° prevê, na alínea *d)*, que "a ausência, sem que do ausente haja notícias, por tempo não inferior a dois anos" (eram quatro na anterior redacção do preceito) é igualmente fundamento de divórcio litigioso.

Poderá, pois, o abandono do lar conjugal por parte de um dos cônjuges, ainda quando não invocado como consubstanciador da violação do dever de coabitação, vir a preencher – se reunir os respectivos requisitos – a previsão das alíneas *a)*, *b)* ou *d)* do artigo 1781.°, C.C., fundamentando assim o divórcio litigioso.

O regime da separação judicial de pessoas e bens, no que respeita aos fundamentos, é o que fica sumariamente enunciado para o divórcio, por remissão do artigo 1794.°, C.C..

V. *Casa de morada da família; Divórcio; Separação judicial de pessoas e bens; Deveres conjugais; Coabitação; Ónus da prova; Culpa; Separação de facto; Ausência.*

Abandono do lar paterno (Dir. Civil) – "Os menores não podem abandonar a casa paterna ou aquela que os pais lhes destinaram, nem dela ser retirados. Se a abandonarem ou dela forem retirados, qualquer dos pais e, em caso de urgência, as pessoas a quem eles tenham confiado o filho podem reclamá-lo, recorrendo, se for necessário, ao tribunal ou à autoridade competente" – artigo 1887.°, C.C..

A entrega pode ainda ser requerida no caso de o menor "se encontrar fora do poder da pessoa ou do estabelecimento a quem esteja legalmente confiado".

V. artigos 191.° e segs. da anteriormente chamada O.T.M. (Decreto-Lei n.° 314/78, de 19 de Novembro).

V. *Menor; Entrega judicial de menor; Depósito de menor.*

Abandono liberatório (Dir. Civil) – Fala-se de abandono liberatório de coisa para significar a forma de liberação de uma obrigação real que é realizada pelo respectivo devedor através do abandono da coisa (melhor, do direito sobre ela) por força da qual está vinculado à obrigação; assim, por exemplo, o artigo 1411.°, n.° 1, C.C., contém a seguinte disposição: "os comproprietários devem contribuir, em proporção das respectivas quotas, para as despesas necessárias à conservação ou fruição da coisa comum, sem prejuízo da faculdade de se eximirem do encargo renunciando ao seu direito".

V. *Obrigação "propter rem"; Devedor; Compropriedade.*

"Abdicatio hereditatis" (Dir. Civil) – Expressão sinónima de renúncia à herança.

V. *Renúncia; Herança; Renúncia da herança.*

Abelhas (Dir. Civil) – V. *Enxames de abelhas.*

"Aberratio personae" (Dir. Civil) – Expressão latina que significa erro sobre a pessoa.

V. *Erro.*

"Aberratio rei" (Dir. Civil) – Erro sobre a coisa.

V. *Erro.*

Abertura da sucessão (Dir. Civil) – A sucessão de uma pessoa abre-se no momento em que ela morre.

A abertura da sucessão é o momento fundamental de todo o fenómeno sucessório, já que é aquele em que o vínculo entre a pessoa e todo o seu património se extingue, ficando este apto a ser adquirido por outrem. Os efeitos de tal aquisição (os efeitos da aceitação da herança e dos legados) retrotraem-se ao momento da abertura da sucessão.

A lei estabelece no artigo 2031.°, C.C., o lugar da abertura da sucessão: o último domicílio do seu autor.

V. *Morte; Sucessão; Património; Herança; Legado; Aceitação da herança; Domicílio; Autor da sucessão.*

Abertura de crédito (Dir. Civil; Dir. Com.) – É o contrato pelo qual um dos contraentes, designado por creditante, se obriga a conceder ao outro, o creditado, crédito até certo montante e em certas condições, crédito que o creditado usará (ou não) quando entender e, em princípio, para os fins que lhe aprouverem.

É discutida a natureza do contrato de abertura de crédito, dividindo-se os autores essencialmente entre aqueles que o consideram um contrato-promessa de mútuo, um contrato normativo, um contrato misto ou um contrato bancário típico.

Contra a qualificação da abertura de crédito como contrato-promessa de mútuo pode invocar-se o facto de, tendo o contrato-promessa de conter os elementos essenciais do contrato prometido, aqui tal não poder acontecer, pois, no momento da conclusão da abertura de crédito, as partes ainda não sabem se vai ser mutuado algum dinheiro e, sobretudo, desconhecem qual o montante dele. Também como contrato normativo é difícil enquadrá-lo, porque este contém prescrições genéricas, aplicáveis não apenas numa relação entre dois sujeitos, mas a um conjunto de contratos individuais a concluir entre pessoas várias. Contra o entendimento de que se trata de um contrato misto de mútuo e de promessa de mútuo ou de mútuo obrigacional, pode dizer-se que nem se avança nada quanto ao regime que lhe deve ser aplicado, que nem sempre é identificável; quanto ao contrato-promessa, observe-se, finalmente, que, sendo aquele um contrato típico no tráfego jurídico bancário, não há utilidade nem razão para o qualificar como atípico.

V. *Mútuo; Contrato-promessa; Contrato misto; Contrato normativo.*

Abertura de minas ou poços (Dir. Civil) – V. *Escavações.*

Abertura de portas e janelas (Dir. Civil) – V. *Servidão de vistas.*

Abertura de sinal (Dir. Civil) – Dispunha o artigo 146.°, n.° 1, do Código do Notariado que "a abertura de sinal é feita por meio de termo e consiste na inscrição da assinatura ou assinaturas do interessado e na indicação da sua naturalidade, estado e residência habitual".

A mesma disposição determinava, no seu n.° 2, que os elementos de identificação do signatário deveriam ser escritos pelo próprio, só podendo sê-lo por um funcionário do cartório notarial quando aquele não soubesse ou não pudesse fazê-lo.

Podiam abrir sinal nas repartições notariais todas as pessoas que soubessem e pudessem assinar.

Os artigos 145.° a 149.° do Código do Notariado foram revogados pelo Decreto-Lei n.° 250/96, de 24 de Dezembro.

V. *Assinatura; Termo; Reconhecimento de letra e assinatura; Estado civil; Residência; Identificação da pessoa.*

Abertura de testamento cerrado (Dir. Civil) – Encontrando-se o testamento cerrado à guarda de um terceiro, deve este apresentá-lo, para se proceder à sua abertura, em qualquer cartório notarial e no prazo de três dias a contar da data do conhecimento do falecimento do testador. Estando o testamento cerrado depositado numa repartição notarial, a respectiva abertura deve aí ser realizada.

A abertura do testamento cerrado é realizada pelo notário, a solicitação de qualquer interessado, ou oficiosamente, quando o notário tiver conhecimento do falecimento do testador e nenhum interessado se apresentar a solicitar a abertura.

As formalidades e requisitos da abertura encontram-se enunciados nos artigos 111.° a 115.° do Código do Notariado.

V. artigo 2209.°, n.° 2, C.C., e artigos 106.° a 110.° do Código do Notariado.

V. ainda o artigo 101.°, C.C., relativo à abertura de testamentos cerrados, aplicável nas situações de ausência justificada.

V. *Testamento; Testamento cerrado; Notário; Cartório notarial; Ausência.*

"Ab initio" – Expressão latina que significa *desde o princípio.*

"Ab instantia" (Proc. Civil) – Expressão que significa *da instância.*

V. *Instância.*

"Ab intestato" (Dir. Civil) – Expressão que significa *sem testamento.*

Diz-se de uma sucessão cujos bens são atribuídos aos herdeiros segundo as regras legais, isto é, quando o *de cuius* não deixou testamento. A sucessão legal comporta duas modalidades: a legítima e a legitimária.

V. *Sucessão; Testamento; Herdeiro; Sucessão legítima; Sucessão legitimária; "De cuius".*

"Ab origine" – Expressão latina que significa desde a origem.

Abonação (Dir. Civil) – Garantia prestada por um terceiro da solvabilidade do fiador.

A designação de abonação, usada pelo Código Civil de 1867, foi substituída no Código Civil actual pela de subfiança.

V. *Garantias especiais; Garantias pessoais; Fiança; Subfiança.*

Abonador (Dir. Civil) – A verificação da identidade do outorgante em qualquer acto notarial pode ser realizada pela declaração de dois abonadores, cuja identidade o notário tenha verificado por uma das formas previstas na lei (devendo consignar, expressamente, no documento, qual o meio de identificação usado).

V. artigo 48.°, n.° 1-*d)*, do Código do Notariado.

O artigo 68.° do mesmo Código enuncia os fundamentos de incapacidade e inabilidade dos abonadores, determinando o seu n.° 4 que, ainda que nenhum deles se encontre preenchido, o notário pode recusar a intervenção do abonador se o não considerar digno de crédito.

V. *Inabilidade; Notário.*

Abono de despesas e indemnização a testemunha (Proc. Civil) – Estabelece o artigo 644.°, C.P.C., na redacção do Decreto-Lei n.° 329-A/95, de 12 de Dezembro, que "a testemunha que haja sido notificada para comparecer, resida ou não na sede do tribunal e tenha ou não prestado o depoimento, pode requerer, até ao encerramento da audiência, o pagamento das despesas de deslocação e a fixação de uma indemnização equitativa".

V. também artigo 37.° do Código das Custas Judiciais, na redacção do Decreto-Lei n.° 324/2003, de 27 de Dezembro, rectificado pela Declaração de rectificação n.° 26/2004, de 24 de Fevereiro.

V. *Testemunha; Notificação; Inquirição; Audiência; Indemnização; Equidade.*

Abreviatura (Proc. Civil) – O n° 2 do antigo artigo 162°, C.P.C., determinava que nos termos, autos e certidões judiciais não poderiam usar-se abreviaturas, excepto quando estas tivessem significado inequívoco.

O artigo 138.°, n.° 3, C.P.C., cuja redacção é a do Decreto-Lei n.° 199/2003, de 10 de Setembro, estabelece que "os actos processuais que hajam de reduzir-se a escrito devem ser compostos de modo a não deixar dúvidas acerca da sua autenticidade formal [...], possuindo as abreviaturas usadas significado inequívoco".

Nos termos do artigo 40.°, n.° 3, do Código do Notariado, "é permitido o uso de [...] abreviaturas:

a) Nos reconhecimentos, averbamentos, extractos, registos e contas;

b) Na indicação da naturalidade e residência;

c) Na menção dos números de polícia dos prédios, respectivas inscrições matriciais e valores patrimoniais;

d) Na numeração de artigos e parágrafos de actos redigidos sob forma articulada;

e) Na numeração das folhas dos livros ou dos documentos;

f) Na referenciação de diplomas legais e de documentos arquivados ou exibidos;

g) Nas palavras usadas para designar títulos académicos ou honoríficos".

V. *Termo; Auto; Certidão; Actos processuais; Averbamento; Residência; Documento.*

Ab-rogação – A ab-rogação consiste na total revogação de uma lei por outra posterior.

A ab-rogação, como qualquer forma de revogação da lei, pode ser expressa ou tácita, isto é, pode resultar de uma disposição legal que declare totalmente revogado o diploma anterior ou da incompatibilidade da generalidade do regime jurídico contido no novo diploma legal com aquele que constava do anterior.

V. *Lei; Revogação da lei.*

"Absente reo" (Proc. Civil) – Expressão latina que significa na ausência do réu.

V. *Réu; Revelia.*

"Absolutio ab instantia" (Proc. Civil) – Expressão latina que significa *absolvição da instância* (v. esta expressão).

Absolvição (Proc. Civil) – Sentença judicial que põe termo a uma acção, considerando que o réu não deve ser condenado – ou porque o pedido do autor não procede (absolvição do pedido) ou porque existe qualquer obstáculo legal a que o juiz aprecie o pedido, que tenha como consequência a extinção da instância pelo juiz, com absolvição do réu (absolvição da instância).

Quanto aos efeitos da sentença absolutória num e noutro caso, v. *Absolvição da instância* e *Absolvição do pedido.*

V. *Sentença; Réu; Pedido; Autor; Caso julgado.*

Absolvição da instância (Proc. Civil) – Há absolvição da instância quando o juiz não chega a apreciar o pedido nem os fundamentos deste, porque verifica a existência de qualquer das irregularidades enunciadas no artigo 288.°, C.P.C., e absolve, desde logo, o réu. A absolvição da instância diz respeito, pois, apenas à relação processual, nela não conhecendo o juiz do fundo da causa por falta de um pressuposto necessário a esse conhecimento.

Nos termos deste artigo 288.°, o juiz deve absolver o réu da instância quando julgue procedente a excepção de incompetência absoluta do tribunal, quando anule todo o processo, quando entenda que uma das partes não tem personalidade judiciária ou que é incapaz e não está representada em juízo nos termos da lei, quando considere ilegítima alguma das partes e ainda quando julgue procedente qualquer excepção dilatória.

Porque, nestes casos, o juiz nada decide sobre o mérito da causa, nos termos do artigo 289.°, n.° 1, C.P.C., "a absolvição da instância não obsta a que se proponha outra acção sobre o mesmo objecto".

Não haverá, no entanto, lugar à absolvição da instância quando a falta ou a irregularidade verificada, e que a justificava, for sanada (artigo 288.°, n.°s 2 e 3). Mesmo não sendo sanada, "não terá lugar a absolvição da instância quando, destinando-se a tutelar o interesse de uma das partes, nenhum outro motivo obste, no momento da apreciação da excepção, a que se conheça do mérito da causa e a decisão deva ser integralmente favorável a essa parte" – n.° 3 do citado artigo 288.°, na redacção do Decreto-Lei n.° 180/96, de 25 de Setembro.

Se houver entretanto decorrido o prazo de caducidade do direito a propor a acção – quando ela tinha sido tempestivamente intentada – e se a absolvição da instância não se tiver ficado a dever a motivo processual imputável ao titular do direito, o prazo só se considera completado quando tiverem decorrido dois meses sobre o trânsito em julgado da sentença absolutória, salvo se o prazo fixado para a caducidade for inferior a dois meses, caso em que é esse que se aplica. V. artigo 332.°, C.C..

No entanto, nos termos do n.° 2 do artigo 327.° e do artigo 332.°, C.C., os novos prazos de prescrição e caducidade começam a correr logo após o acto interruptivo (citação, notificação ou acto equiparado, ou compromisso arbitral).

V. *Absolvição; Instância; Pedido; Réu; Mérito da causa; Excepção; Anulação; Parte; Personalidade judiciária; Incapacidade; Representação processual; Incompetência; Legitimidade; Sanação; Excepção dilatória; Procedência; Trânsito em julgado; Sentença; Prescrição; Caducidade; Interrupção da prescrição; Citação; Notificação; Compromisso arbitral.*

Absolvição do pedido (Proc. Civil) – Há absolvição do réu do pedido quando a sentença, pronunciando-se sobre o mérito da causa, rejeita o pedido do autor na acção. Quando o réu é absolvido do pedido isso significa que foi pronunciada uma decisão que assentou definitivamente que o autor não tem razão, isto é, que o seu interesse não é tutelado juridicamente do modo como pretendia.

A absolvição do réu do pedido pode ser decidida no despacho saneador, que fica então "tendo, para todos os efeitos, o valor de uma sentença" (artigo 510.°, n.°s 1-*b)* e 3, C.P.C., na redacção dos Decretos-Leis n.°s 329-A/95, de 12 de Dezembro, e 180/ /96, de 25 de Setembro). Assim acontecerá "sempre que o estado do processo permitir, sem necessidade de mais provas, a apreciação, total ou parcial, de ou dos pedidos deduzidos ou de alguma excepção peremptória". O n.° 3 do artigo 493.°, C.P.C., determina que as excepções "peremptórias importam a absolvição total ou parcial do pedido e consistem na invocação de factos que impedem, modificam ou extinguem o efeito jurídico dos factos articulados pelo autor".

V. também artigo 691.°, C.P.C., cujo n.° 1 tem a redacção do já citado DL n.° 329--A/95, e o n.° 2 a do referido DL n.° 180/96.

V. *Réu; Pedido; Sentença; Mérito da causa; Autor; Despacho saneador; Prova; Excepção peremptória; Facto impeditivo; Facto modificativo; Facto extintivo.*

Absorção (Dir. Civil) – V. *Teoria da absorção; Contrato misto.*

Abstenção (Dir. Civil) – Abstenção é a conduta negativa de um sujeito, isto é, a ausência de um qualquer comportamento.

Por vezes, a abstenção é juridicamente devida: assim acontece sempre que há o dever de não praticar certo acto ou de omitir certo comportamento – v. *Dever de abstenção.* Em outros casos, a abstenção é ilícita, porque havia o dever de praticar o acto ou comportamento omitido – v. *Omissão.*

Abstracção

1. (Dir. Civil) – V. *Negócio abstracto.*

2. Característica da norma jurídica segundo a qual esta prevê uma situação não concreta ou específica, mas um modelo situacional abstracto, caracterizado de forma típica, no qual podem conter-se um número indeterminado de pessoas ou situações.

V. *Norma jurídica; Fontes de direito.*

Abuso do direito (Dir. Civil) – O exercício de um direito subjectivo deve situar-se dentro dos limites das regras da boa fé, dos bons costumes e ser conforme com o fim social ou económico para que a lei conferiu esse direito: sempre que se excedam tais limites, há abuso do direito.

A ilegitimidade não resulta da violação formal de qualquer preceito legal concreto, mas da utilização manifestamente anormal, excessiva, do direito (artigo 334.°, C.C.).

Tradicionalmente, entendia-se que o exercício abusivo do direito implicava que o respectivo titular tivesse intenção de prejudicar outrem, mas actualmente a doutrina dominante é de opinião que o exercício do direito em violação dos limites que o artigo 334.°, C.C., lhe impõe constitui abuso, independentemente do *animus* ou até da consciência ou percepção que o seu titular tenha do carácter abusivo do comportamento.

O abuso tanto pode traduzir-se numa acção como numa omissão, podendo ou não causar prejuízo a terceiros, constituindo este um pressuposto da obrigação de indemnização mas não um elemento constitutivo do abuso do direito.

A lei qualifica como ilegítimo o exercício abusivo de um direito, mas não enuncia as consequências sancionatórias do abuso, podendo elas ser de natureza diversa, compreendendo, designadamente, a restauração natural – eliminatória dos efeitos do acto abusivo –, a obrigação de indemnizar m dinheiro ou a invalidade do acto ou do negócio realizados com abuso de direito (assim sucede, por exemplo, com as cláusulas abusivas).

V. *Direito subjectivo; Boa fé; Bons costumes; "Animus"; "Animus nocendi"; Terceiro; Indemnização; Invalidade; Negócio jurídico; Cláusula; Cláusulas contratuais gerais.*

Abuso de poderes (Dir. Civil) – Abuso de poderes do representante é expressão sinónima de *abuso de representação* (v. esta expressão).

Abuso de representação (Dir. Civil) – Existe abuso dos poderes de representação quando o representante pratica um acto, que se contém dentro dos limites formais dos poderes que lhe foram conferidos, mas com utilização consciente desses poderes em sentido contrário ou para um fim diverso do da sua atribuição. Assim, por exemplo, *A* atribui a *B* poderes para, em seu nome, arrendar um andar; sabendo *B* que o andar a arrendar se destina exclusivamente a uma utilização comercial, arrenda um andar para habitação.

Em regra, para que se verifique abuso de representação, terá sido celebrado um contrato de mandato entre o representado (mandante) e o representante (mandatário), no qual o primeiro deu instruções ao segundo quanto à forma de utilização dos poderes conferidos.

Quando o representante abusa dos seus poderes, aplicam-se aos actos assim celebrados as regras da representação sem poderes, desde que a outra parte conhecesse ou devesse conhecer o abuso.

V. artigo 269.°, C.C..

V. *Representação; Poderes representativos; Arrendamento urbano; Mandato; Representação sem poderes.*

"Ab utroque parte dolus compensandus" (Dir. Civil) – Expressão latina que significa que o dolo de ambas as partes se compensa reciprocamente.

Não tem, muitas vezes, correspondência com os regimes jurídicos vigentes na ordem jurídica portuguesa.

V. *Dolo.*

"Abusus" (Dir. Civil) –Termo latino que classicamente se usava para designar um dos atributos do (ou faculdades inerentes ao) direito de propriedade, o direito de dispor da coisa: disposição jurídica, pela alienação, ou disposição material, pela destruição.

V. *Direito de propriedade; Alienação; "Usus"; "Fructus".*

Acareação (Proc. Civil) – Inquirição de duas ou mais pessoas simultaneamente, quando haja oposição directa acerca de determinado facto entre os depoimentos delas, quer se trate de testemunhas, quer da própria parte. A acareação pode ser feita por iniciativa do tribunal ou autoridade judiciária ou a requerimento de qualquer das partes, sendo a sua finalidade, ao colocar face a face os autores das declarações contraditórias, fornecer ao tribunal elementos de orientação e esclarecimento no apuramento da verdade.

Como diz Lebre de Freitas, *Código de Processo Civil Anotado*, Volume 2.°, Coimbra, 2001, pág. 593, " a acareação constitui, tal como a contradita (art. 640), um incidente destinado a atacar a força probatória do depoimento testemunhal". E continua o mesmo autor (págs. 593 e 594): "a oposição tem de ser **directa**, o que pressupõe que ambos os depoentes tenham narrado, de modo diverso, o mesmo facto, que ambos tenham dito que observaram. Não há oposição quando, por exemplo, um dos depoentes tenha narrado um facto que observou e o outro o mesmo facto, mas a ele contado por terceiro, sendo diversas as fontes de conhecimento desse facto".

Na opinião de José Alberto dos Reis, *Código de Processo Civil anotado*, Vol. I, Coimbra, 1951, págs. 452-453, a inquirição dos depoentes acareados tem de ser feita pelo juiz, não podendo as partes ou os seus advogados – quando assistam – fazer perguntas, observações ou censuras aos depoentes.

Segundo informa J. Alberto dos Reis, a primeira referência a este incidente surge historicamente no artigo 103.° do Decreto n.° 24, de 16 de Maio de 1832, vindo ulteriormente a ser regulado em todos os diplomas legais que se ocuparam do processo civil.

V. artigos 642.° e 643.° (este na redacção dos Decretos-Leis n.°s 329-A/95, de 12 de Dezembro, e 180/96, de 25 de Setembro), C.P.C..

V. *Inquirição; Testemunha; Parte; Requerimento; Contradita; Força probatória; Advogado.*

Acção (Proc. Civil) – É o direito e simultaneamente o processo de fazer reconhecer um direito em juízo ou de o realizar coercivamente.

Diz o artigo 2.°, n.° 2, C.P.C., que, excepto quando a lei determinar o contrário, a todo o direito corresponde uma acção. Exemplos de direitos a que não correspondem acções são aqueles que se contrapõem a obrigações naturais. Dispõe o artigo 4.°, C.P.C.:

"1. As acções são declarativas ou executivas.

2. As acções declarativas podem ser de simples apreciação, de condenação ou constitutivas.

Têm por fim:

a) As de simples apreciação, obter unicamente a declaração da existência ou inexistência dum direito ou de um facto;

b) As de condenação, exigir a prestação de uma coisa ou de um facto, pressupondo ou prevendo a violação de um direito;

c) As constitutivas, autorizar uma mudança na ordem jurídica existente.

3. Dizem-se acções executivas aquelas em que o autor requer as providências adequadas à reparação efectiva do direito violado".

V. *Direito subjectivo; Obrigação natural; Acção declarativa; Acção de simples apreciação; Acção de condenação; Prestação; Acção constitutiva; Execução.*

Acção abusiva (Proc. Civil) – Quando alguém, tendo embora fundamento jurídico, propõe uma acção com o objectivo não de ver reconhecido o seu direito, mas de prejudicar o réu, diz-se que a acção é abusiva.

A doutrina não é concludente quanto às consequências da propositura abusiva de uma acção e, embora admitindo a aplicabilidade do artigo 334.°, C.C., ao direito de acção, não enuncia claramente as consequências jurídicas dessa aplicação.

O artigo 77.°, n.° 5, do Código das Sociedades Comerciais prevê expressamente uma hipótese de acção abusiva, dispondo que, "se o réu alegar que o autor propôs a acção prevista neste artigo para prosseguir fundamentalmente interesses diversos dos protegidos por lei, pode requerer que sobre a questão assim suscitada recaia decisão prévia ou que o autor preste caução".

V. *Acção; Direito; Propositura da acção; Abuso do direito; Réu; Autor; Caução.*

Acção confessória (Proc. Civil) – Modalidade de acção de reivindicação, pela qual o titular de um direito real menor obtém o reconhecimento do seu direito por parte do proprietário da coisa sobre que ele incide.

V. *Acção; Reivindicação; Direito real menor; Direito de propriedade.*

Acção constitutiva (Proc. Civil) – É uma acção declarativa em que o autor visa obter a produção de um efeito jurídico material novo, seja este a constituição, a modificação ou a extinção de uma relação jurídica já existente.

Não pode dizer-se que os efeitos da sentença proferida em acção constitutiva se produzam obrigatoriamente *ex nunc*, pois tanto podem produzir-se *ex nunc* como *ex tunc*, dependentemente dos efeitos que a lei atribui ao direito exercido através da acção. É que, na acção constitutiva, está por via de regra em causa o exercício de um direito potestativo, exercício que é judicial, dependendo a produção dos seus efeitos jurídicos do trânsito em julgado da sentença que o reconheça.

São exemplos de acções constitutivas a de divórcio, a de anulação de um negócio jurídico ou a de execução específica da obrigação de contratar emergente de um contrato-promessa.

V. artigo 4.°, n.° 2-*c)*, C.P.C..

V. *Acção; Acção declarativa; Autor; Relação jurídica; Sentença; "Ex nunc"; "Ex tunc"; Direito potestativo; Trânsito em julgado; Divórcio; Anulação; Negócio jurídico; Execução específica de contrato-promessa.*

Acção creditória (Dir. Civil; Proc. Civil) – O artigo 817.° do Código Civil estabelece que, "não sendo a obrigação voluntariamente cumprida, tem o credor o direito de exigir judicialmente o seu cumprimento e de executar o património do devedor, nos termos declarados neste código e nas leis de processo".

A acção creditória compreende, pois, no essencial, uma acção de condenação e uma acção executiva.

V. *Acção; Obrigação; Cumprimento; Credor; Património; Devedor; Responsabilidade patrimonial; Acção de condenação; Execução.*

Acção de alimentos (Proc. Civil) – Quando alguém que é por lei obrigado à prestação de alimentos se não dispõe voluntariamente a prestá-los, ou não os presta no valor considerado necessário, o alimentando ou o seu representante podem propor acção declarativa com a finalidade de demonstrar o direito do seu autor e fixar o montante da pensão de alimentos.

O artigo 307.°, n.° 2, C.P.C., dispõe que, nas acções de alimentos, o valor da causa é o quíntuplo da anuidade correspondente ao pedido. Na dependência da acção em que se peça a prestação de alimentos, pode requerer-se ao tribunal a fixação de uma quantia mensal que o autor deva receber a título de alimentos provisórios, enquanto não houver sentença na acção.

Os alimentos provisórios correspondem ao que for "estritamente necessário para o sustento, habitação e vestuário do requerente e também para as despesas da acção, quando o requerente não possa beneficiar do apoio judiciário [...]" – v. artigos 399.° e segs., C.P.C..

A execução por alimentos tem um processo especial cujos termos se encontram regulados nos artigos 1118.° e segs., C.P.C., o primeiro com a redacção do Decreto-Lei n.° 38/2003, de 8 de Março, rectificado pela Declaração de rectificação n.° 5-C/2003, de 30 de Abril.

Nos termos do artigo 82.°, n.° 1-*e)*, da Lei de Organização e Funcionamento dos Tribunais Judiciais (Lei n.° 3/99, de 13 de Janeiro, rectificada pela Declaração de rectificação n.° 7/99, de 16 de Fevereiro, e alterada pela Lei n.° 101/99, de 26 de Julho, pelos Decretos-Leis n.°s 323/2001, de 17 de Dezembro, e 38/2003, de 8 de Março, pela Lei n.° 105/2003, de 10 de Dezembro, pelo Decreto-Lei n.° 53/2004, de 18 de Março, pela Lei n.° 42/2005, de 29 de Agosto, e pelo Decreto-Lei n.° 76-A/2006, de 29 de Março, este rectificado pela Declaração de rectificação n.° 28-A/2006, de 26 de Maio), e do artigo 146.°-*e)* da antiga O.T.M., são competentes para as acções de alimentos relativas a menores os tribunais de família.

V. artigos 186.° e segs. da O.T.M. (Decreto-Lei n.° 314/78, de 27 de Outubro).

O Assento do Supremo Tribunal de Justiça de 4 de Julho de 1995, publicado no *Diário da República,* I-A série, de 10 de Outubro do mesmo ano, veio decidir que, "sob pena de ilegitimidade, por se tratar de um litisconsórcio, deve ser proposta também contra o progenitor que tenha a seu cargo a guarda do menor a acção intentada pelo Ministério Público para nova regulação do poder paternal para alteração da pensão de alimentos devida ao menor pelo outro progenitor".

A Lei n.° 75/98, de 19 de Novembro, veio prever que, "quando a pessoa obrigada a prestar alimentos a menor residente em território nacional não satisfizer as quantias em dívida pelas formas previstas no artigo 189.° do Decreto-Lei n.° 314/78, de 27 de Outubro [a antiga O.T.M.], e o alimentado não tenha rendimento líquido superior ao salário mínimo nacional nem beneficie nessa medida de rendimentos de outrem a cuja guarda se encontre, o Estado assegura as prestações previstas na presente lei até ao início do efectivo cumprimento da obrigação", atribuindo legitimidade para requerer estas prestações ao Ministério Público e "àqueles a quem a prestação de alimentos deveria ser entregue". O Decreto-Lei n.° 164/99, de 13 de Maio, regulamentou esta Lei, constituindo o Fundo de Garantia dos Alimentos Devidos a Menores e regendo o pagamento das prestações legalmente previstas bem como as garantias do respectivo reembolso pelo obrigado.

O Decreto-Lei n.° 272/2001, de 13 de Outubro, rectificado pela Declaração de rectificação n.° 20-AR/2001, de 30 de Novembro, veio alargar a competência das conservatórias de registo civil, designadamente transferindo para estas um conjunto de decisões que cabiam aos tribunais judiciais em certos processos de jurisdição voluntária; por outro lado, de acordo com os artigos 5.° e segs. deste DL n.° 272/2001, cabe ainda às conservatórias de registo civil competência para procedimento tendente à obtenção de acordo das partes nos casos – entre outros – de "alimentos a filhos maiores ou emancipados". Para este procedimento, é competente a conservatória "da área da residência do requerido [...]" (artigo 6.°, n.° 1-*a*)). "O pedido é apresentado mediante requerimento entregue na conservatória, fundamentado de facto e de direito, sendo indicadas as provas e junta a prova documental"; "o requerido é citado para, no prazo de 15 dias, apresentar oposição [...]" e juntar as provas; "não sendo apresentada oposição [...], o conservador, depois de verificado o preenchimento dos pressupostos legais [para o que pode "determinar a prática de actos e a produção da prova necessária"], declara a procedência do pedido"; "tendo sido apresentada oposição, o conservador marca tentativa de conciliação, a realizar no prazo de 15 dias" (artigo 7.°). "Das decisões do conservador cabe recurso para o tribunal judicial de 1.ª instância competente em razão da matéria no âmbito da circunscrição a que pertence a conservatória", sendo o prazo para a interposição do recurso o do artigo 685.°, C.P.C. ["dez dias, contados da notificação da decisão"] – artigo 10.°. Diz o artigo 8.° que, "tendo havido oposição e constatando-se a impossibilidade de acordo, são as partes notificadas para, em oito dias, alegarem e requererem a produção de novos meios de prova, sendo de seguida o processo, devidamente instruído, remetido ao tribunal judicial de 1.ª instância competente em razão da matéria no âmbito da circunscrição a que pertence a conservatória". Quando o processo é remetido ao tribunal, "o juiz ordena a produção de prova e marca audiência de julgamento", sendo aplicáveis, com as necessárias adaptações os artigos 1409.° a 1411.°, C.P.C..

A Convenção sobre a Cobrança de Alimentos no Estrangeiro, concluída em Nova Iorque em 20 de Junho de 1956, entrada em vigor em 25 de Maio de 1957, que foi ratificada por Portugal e aqui entrou em vigor em 24 de Fevereiro de 1965 (encontrando-se o respectivo texto publicado em anexo ao Decreto-Lei n.° 45 942, de 28 de Setembro de 1964), ocupa-se dos problemas suscitados pelo facto de o devedor (ou credor) dos alimentos se encontrar no território de país estrangeiro, aí havendo de realizar o processo tendente ao cumprimento da obrigação. A autoridade central em Portugal é a Direcção-Geral dos Serviços Judiciários do Ministério da Justiça, conforme aviso publicado no *Diário da República*, 1.ª série, de 19 de Janeiro de 1985.

Por outro lado, a Convenção sobre o Reconhecimento e Execução de Decisões Relativas a Obrigações Alimentares, concluída na Haia em 2 de Outubro de 1973, ratificada por Portugal e aqui entrada em vigor em 1 de Agosto de 1976, tendo o respectivo instrumento de ratificação sido depositado em 4 de Dezembro de 1975, conforme o Aviso n.° 144/98, de 31 de Julho (estando o respectivo texto publicado em anexo ao Decreto n.° 338/ /75, de 2 de Julho, que a aprovou para ratificação), trata das condições em que uma decisão, *maxime* judicial, em matéria de obrigações alimentares, proferida num dos Estados contratantes, pode ser reconhecida e executada em Portugal (e vice-versa).

V. ainda a Convenção de Cooperação Judiciária Relativa à Protecção de Menores entre o Governo da República Portuguesa e o Governo da República Francesa, assinada em Lisboa a 20 de Julho de 1983, e aprovada para adesão pela Resolução da Assembleia da República n.° 1/84, de 3 de Fevereiro, (artigo 23.°).

V. *Acção; Alimentos; Acção declarativa; Representante; Autor; Pensão de alimentos;*

Valor da causa; Pedido; Alimentos provisórios; Sentença; Apoio judiciário; Execução por alimentos; Menor; Tribunal de família; Legitimidade; Litisconsórcio; Guarda de menores; Ministério Público; Regulação do poder paternal; Registo civil; Tribunal judicial; Processos de jurisdição voluntária; Maior; Emancipação; Competência; Residência; Requerimento; Prova; Prova documental; Citação; Procedência; Tentativa de conciliação; Recurso; Tribunal de 1.ª instância; Alegações; Audiência; Sentença estrangeira.

Acção de arbitramento (Proc. Civil) – V. *Acção; Acções de arbitramento.*

Acção declarativa (Proc. Civil) – São declarativas as acções que visam "a **declaração de direitos**, pré-existentes ou a constituir, ou de **factos jurídicos**" – Lebre de Freitas, *Código de Processo Civil Anotado*, Volume 1.°, Coimbra, 1999, pág. 13.

As acções declarativas podem ser de simples apreciação, de condenação ou constitutivas – artigo 4.°, n.° 2, C.P.C..

A Lei n.° 78/2001, de 13 de Julho, que veio regular "a competência, organização e funcionamento dos julgados de paz e a tramitação dos processos da sua competência", estabelece, no seu artigo 6.°, n.° 1, que a competência destes "é exclusiva a acções declarativas".

V. *Acção; Acção de simples apreciação; Acção de condenação; Acção constitutiva; Julgado de paz; Competência.*

Acção de condenação (Proc. Civil) – Nesta acção, o autor tem, em princípio, de invocar um direito e a sua violação, pedindo ao tribunal que condene o réu à reintegração do direito violado ou a uma outra sanção jurídica. A acção de condenação supõe, pois, em regra, a verificação de um facto ilícito, isto é, a violação de um direito, representando uma reacção contra essa violação. Porém, esta pode não se ter ainda verificado no momento da propositura da acção, como acontece quando o credor utiliza a acção de cumprimento prevista no artigo 817.°, C.C., podendo, mesmo, ser proposta na previsão de tal violação e para evitar que ela ocorra, consubstanciando então a sentença uma intimação ao réu para que ele se abstenha dessa violação; é o que sucede, por exemplo, na acção de prevenção.

O artigo 4.°, n.° 2-*b)*, C.P.C., caracteriza estas acções como destinadas a "exigir a prestação de uma coisa ou de um facto, pressupondo ou prevendo a violação de um direito".

V. *Acção; Autor; Direito subjectivo; Réu; Sanção jurídica; Acto ilícito; Propositura da acção; Acção de cumprimento; Prestação.*

Acção de cumprimento (Dir. Civil; Proc. Civil) – Usa-se esta expressão para designar a acção em que o credor pede que o devedor seja condenado à realização da prestação devida, quando esta ainda seja possível e nela mantenha interesse o credor.

V. *Acção; Acção creditória; Prestação; Credor; Devedor.*

Acção de demarcação (Dir. Civil; Proc. Civil) – Quando dois sujeitos são proprietários de prédios confinantes e é incerta ou duvidosa a linha de divisão dos mesmos, pode qualquer deles propor contra o outro acção destinada a fixar com clareza aquela linha, isto é, a definir as extremas dos prédios.

V. *Acção; Prédio; Direito de propriedade; Demarcação.*

Acção de despejo (Proc. Civil) – V. *Acção; Despejo.*

Acção de disposição (Proc. Civil) – J. Castro Mendes, *Direito Processual Civil*, Vol. II, Lisboa, 1987, pág. 128, designa assim "as acções de que possa resultar a perda ou a oneração de bens" (artigo 28.°-A, n.°s 1 e 2, C.P.C., introduzido pelo Decreto-Lei n.° 329-A/95, de 12 de Dezembro, embora correspondendo ao antigo artigo 18.°, revogado pelo Decreto-Lei n.° 180/96, de 25 de Setembro).

V. *Acção; Alienação; Oneração de bens.*

Acção de divisão de coisa comum (Dir. Civil; Proc. Civil) – A lei faculta ao comproprietário o direito de exigir a divisão da coisa comum, salvo se se tiver convencionado que a coisa se conserve indivisa; em qualquer caso, não pode convencionar-se a indivisão por prazo superior a cinco anos, muito embora, findo tal prazo, ele possa ser sucessivamente renovado por novas convenções. V. artigo 1412.°, C.C..

A divisão da coisa comum nem sempre se traduz - até porque há casos em que, material ou juridicamente, tal não é possível - na divisão material da coisa, podendo consubstanciar-se na adjudicação da coisa a um dos comproprietários ou na sua venda, distribuindo-se, num como no outro caso, o valor correspondente às quotas em dinheiro. A divisão pode ser feita amigavelmente, caso em que "está sujeita à forma exigida para a alienação onerosa da coisa" (artigo 1413.°, C.C.), ou judicialmente. Neste último caso, o processo da divisão está previsto e regulado nos artigos 1052.° e segs., C.P.C..

V. *Acção; Compropriedade; Coisa comum; Cláusula de indivisão; Alienação.*

Acção de estado (Dir. Civil; Proc. Civil) - Acção relativa ao estado das pessoas, visando a sua alteração: por exemplo, o divórcio, a separação judicial de pessoas e bens, ou a investigação de paternidade ou de maternidade.

A acção de estado tem, pois, quando procedente, como efeito uma alteração na situação jurídica das pessoas.

Utiliza-se esta acção quando, estando o registo bem feito, se pretende obter a modificação dele, não directamente mas por alteração do próprio facto que foi seu objecto. O artigo 674.°, C.P.C., determina que, "nas questões relativas ao estado das pessoas, o caso julgado produz efeitos mesmo em relação a terceiros quando, proposta a acção contra todos os interessados directos, tenha havido oposição, sem prejuízo do disposto, quanto a certas acções, na lei civil".

V. *Acção; Estado pessoal; Divórcio; Separação judicial de pessoas e bens; Investigação de paternidade; Investigação de maternidade; Procedência; Registo civil; Acção de registo; Caso julgado; Propositura da acção; Terceiro.*

Acção de falsidade (Proc. Civil) - Acção declarativa de simples apreciação, destinada a invocar e provar a falsidade de um documento, como forma de ilidir a respectiva força probatória.

V. artigo 4.°, C.P.C..

V. *Acção; Acção de simples apreciação; Falsidade; Incidente de falsidade; Documento; Força probatória.*

Acção de honorários (Proc. Civil) - Quando os honorários devidos aos mandatários judiciais, ou técnicos que tenham assistido aqueles, não forem voluntariamente pagos, são judicialmente exigíveis, sendo, em tal caso, competente para a acção o tribunal da causa na qual foi prestado o serviço, devendo o processo correr por apenso àquele. Se os honorários devidos respeitarem a causas que correram na Relação ou no Supremo, a respectiva acção corre no tribunal da comarca do domicílio do devedor. Nas acções de honorários, além destes, são exigíveis as quantias que o mandatário adiantou ao cliente. Tanto os honorários como os créditos pelo reembolso de despesas feitas pelo mandatário judicial estão sujeitos ao prazo de prescrição presuntiva de dois anos, nos termos do artigo 317.°-*c)*, C.C..

V. artigo 76.°, C.P.C..

V. *Acção; Honorários; Mandatário judicial; Técnico; Apensação de acções; Relação; Supremo Tribunal de Justiça; Comarca; Domicílio; Devedor; Prescrição presuntiva.*

Acção de impugnação de paternidade (Dir. Civil) - V. *Acção; Paternidade; Impugnação de paternidade.*

Acção de inabilitação (Dir. Civil; Proc. Civil) - V. *Acção; Inabilitação.*

Acção de indemnização contra magistrados (Proc. Civil) - Tanto os magistrados judiciais como os do Ministério Público são obrigados a indemnizar os lesados pelos prejuízos causados, quando tenham sido condenados por crime de peita, suborno, concussão ou prevaricação e ainda quando tenham agido com dolo, tenham denegado justiça e, finalmente, quando a lei lhes impuser expressamente tal responsabilidade. O tribunal competente para a propositura da acção é o da circunscrição a que pertença o tribunal em que o magistrado exercia funções ao tempo da ocorrência do facto que fundamenta o pedido. V. artigos 1083°. a 1093.°, C.P.C. (cfr. artigo 4.° da Lei n.° 13/2002, de 19 de Fevereiro).

Os crimes contra a realização da justiça encontram-se previstos nos artigos 359.° e segs. do Código Penal.

V. *Acção; Juiz; Ministério Público; Indemnização; Dano; Dolo; Denegação de justiça; Competência; Pedido.*

Acção de inibição do poder paternal (Dir. Civil) – Para além dos casos, previstos no artigo 1913.°, C.C., de inibição de pleno direito do exercício do poder paternal, pode o tribunal decretar essa inibição (total ou parcial), "a requerimento do Ministério Público, de qualquer parente do menor ou de pessoa a cuja guarda ele esteja confiado, de facto ou de direito", desde que verifique que qualquer dos pais infringe "culposamente os deveres para com os filhos, com grave prejuízo destes, ou quando, por inexperiência, enfermidade, ausência ou outras razões, se não mostre em condições de cumprir aqueles deveres".

V. artigos 1915.°, C.C., e 194.° da chamada O.T.M. (Decreto-Lei n.° 314/78, de 27 de Outubro, com as alterações introduzidas pelos Decretos-Leis n.°s 185/93, de 22 de Maio, 48/95, de 15 de Março, 58/95, de 31 de Março, 120/98, de 8 de Maio, e pelas Leis n.°s 133/99, de 28 de Agosto, 166/99, de 14 de Setembro, e 31/2003, de 22 de Agosto).

A competência para esta acção pertence aos tribunais de família (v. artigo 82.°, n.° 1-*i)*, da Lei de Organização e Funcionamento dos Tribunais Judiciais – aprovada pela Lei n.° 3/99, de 13 de Janeiro, rectificada pela Declaração de rectificação n.° 7/99, de 16 de Fevereiro, e alterada pela Lei n.° 101/99, de 26 de Julho, pelos Decretos-Leis n.°s 323/2001, de 17 de Dezembro, e 38/2003, de 8 de Março, pela Lei n.° 105/2003, de 10 de Dezembro, pelo Decreto-Lei n.° 53/2004, de 18 de Março, pela Lei n.° 42/2005, de 29 de Agosto, e pelo Decreto-Lei n.° 76-A/2006, de 29 de Março (rectificado pela Declaração de rectificação n.° 28-A/2006, de 26 de Maio) – e artigo 146-*i)* da antiga O.T.M.) e o respectivo processo tem os seus trâmites regulados nos artigos 194.° e segs. da antiga O.T.M..

V. *Acção; Poder paternal; Inibição do poder paternal; Ministério Público; Parentes; Menor; Culpa; Tribunal de família.*

Acção de interdição (Dir. Civil; Proc. Civil) – V. *Acção; Interdição.*

Acção de investigação (Proc. Civil) – V. *Acção; Investigação de maternidade; Investigação de paternidade.*

Acção de manutenção da posse (Dir. Civil; Proc. Civil) – V. *Acção; Posse; Acções possessórias; Manutenção da posse.*

Acção de mera declaração (Proc. Civil) – Expressão sinónima de *acção de simples apreciação* (v. esta expressão).

Acção de petição de herança (Dir. Civil; Proc. Civil) – V. *Acção; Herança; Petição de herança.*

Acção de posse (Proc. Civil) – Há quem utilize esta expressão como sinónima de entrega judicial e de posse judicial avulsa, isto é, para designar a acção pela qual o titular de um direito real (mais vulgarmente, um seu adquirente que recebeu a posse por constituto possessório) reclama a entrega da coisa que nunca teve em seu poder.

V. *Acção; Posse; Entrega judicial; Posse judicial; Direito real; Constituto possessório.*

Acção de preferência (Dir. Civil; Proc. Civil) – O preferente legal ou o que for titular de direito convencional de preferência com eficácia real, não lhe sendo dado conhecimento da venda ou dação em cumprimento do bem, pode requerer para si a coisa alienada, no prazo de seis meses a contar da data em que teve conhecimento dos elementos essenciais da venda ou dação, desde que deposite o preço devido nos quinze dias seguintes à propositura da acção (este prazo resulta da redacção dada ao artigo 1410.°, n.° 1, C.C., pelo Decreto-Lei n.° 68/96, de 31 de Maio, cuja entrada em vigor só se verificou em 15 de Setembro do mesmo ano, já que, na redacção originária da disposição, o prazo para o depósito era de oito dias contados do despacho que mandasse citar os réus), entendendo-se que no preço se devem considerar incluídas todas as despesas feitas pelo adquirente em virtude da aquisição (sisa ou imposto equivalente, despesas de escritura, de registo, etc.).

Legitimidade passiva para a acção de preferência têm, na opinião de parte da doutrina e da maioria da jurisprudência, o obrigado à preferência e o adquirente, tratando-se mesmo, segundo esta corrente, de um caso de litisconsórcio necessário passivo. Muito embora não seja unânime o fundamento invocado para tal posição, parece que ele deve ser identificado – quanto à legitimidade do obrigado, que a do terceiro não suscita dúvidas a ninguém – no prejuízo que para ele pode advir da procedência da acção, já que esta tem como pressuposto a violação do direito de preferência pelo obrigado, ficando assim reconhecido um essencial pressuposto do direito indemnizatório do preferente contra o obrigado; só a intervenção deste na acção de preferência lhe permitirá demonstrar que o incumprimento não ocorreu, que não foi ilícito, que não foi culposo ou que, por qualquer outro motivo, não estão reunidos os requisitos da sua responsabilidade face ao preferente.

Procedendo a acção de preferência, o seu efeito será a sub-rogação do preferente ao adquirente na titularidade do bem.

V. artigos 1410.° e 421.°, n.° 2, C.C..

O tribunal competente para a acção de preferência é o da situação do bem, se se tratar de um imóvel (artigo 73.°, n.° 1, C.P.C., na redacção do Decreto-Lei n.° 329--A/95, de 12 de Dezembro).

A acção de preferência deve, nos termos do artigo 3.°, n.° 1-*a)*, do Código de Registo Predial, ser registada, quando verse sobre imóveis ou móveis sujeitos a registo, e isto mesmo quando o direito que através dela se exerce, por ser um direito legal de preferência, não estivesse sujeito a registo.

V. *Acção; Direito de preferência; Pacto de preferência; Eficácia real; Venda; Dação em cumprimento; Propositura da acção; Despacho de citação; Réu; Escritura pública; Registo predial; Legitimidade; Litisconsórcio; Indemnização; Acto ilícito; Culpa; Responsabilidade obrigacional; Sub-rogação; Imóvel; Móvel.*

Acção de prevenção (Dir. Civil; Proc. Civil) – "Se o possuidor tiver justo receio de ser perturbado ou esbulhado por outrem, será o autor da ameaça, a requerimento do ameaçado, intimado para se abster de lhe fazer agravo, sob pena de multa e responsabilidade pelo prejuízo que causar" – artigo 1276.°, C.C..

O locatário pode usar, mesmo contra o locador, a acção de prevenção, bem como os demais meios de defesa da posse previstos nos artigos 1276.° e segs. do C.C. (artigo 1037.°, n.° 2, C.C.); em idêntica situação se encontram o parceiro pensador, mesmo contra o parceiro proprietário (artigo 1125.°, n.° 2, C.C.), o comodatário, mesmo contra o comodante (artigo 1133.°, n.° 2, C.C.), o depositário, mesmo contra o depositante (artigo 1188.°, n.° 2, C.C.) e o credor pignoratício, mesmo contra o dono da coisa (artigo 670.°-*a)*, C.C.).

Os artigos 1033.° e segs., C.P.C., foram revogados, pelo que estas acções seguem actualmente o processo comum. Saliente--se que o artigo 661.°, n.° 3, C.P.C., estabelece agora, na redacção do Decreto-Lei n.° 329-A/95, de 12 de Dezembro, que, "se tiver sido requerida a manutenção em lugar da restituição da posse, ou esta em vez daquela, o juiz conhecerá do pedido correspondente à situação realmente verificada".

V. *Acção; Posse; Acções possessórias; Esbulho; Responsabilidade civil; Locação; Parceria pecuária; Comodato; Depósito; Penhor; Processo comum; Manutenção da posse; Restituição da posse; Pedido.*

Acção de registo (Reg. Civil; Proc. Civil) – Existindo uma lacuna, deficiência ou vício nos assentos ou nos livros do registo, podia intentar-se esta acção, que visava a eliminação do vício por cancelamento, rectificação, suprimento da omissão ou até reconstituição do registo.

Quanto ao registo civil, a forma de prevenir e combater as referidas situações encontra-se prevista e regulada nos artigos 83.° e segs. do Código do Registo Civil, aprovado pelo Decreto-Lei n.° 131/95, de 6 de Junho (rectificado pela declaração de rectificação n.° 96/95, de 31 de Julho), alterado pelos Decretos-Leis n.°s 36/97, de 31 de Janeiro, 120/98, de 8 de Maio, 375--A/99, de 20 de Setembro, 228/2001, de 20 de Agosto, 273/2001, de 13 de Outubro, 323/2001, de 17 de Dezembro, 113/2002, de 20 de Abril, 194/2003, de 23 de Agosto, e 53/2004, de 18 de Março.

V. *Acção; Registo; Registo civil; Assento.*

Acção de regresso (Dir. Civil; Proc. Civil) – Há quem designe assim o direito – e a acção destinada a efectivá-lo – que tem aquele que realizou uma prestação a reaver de terceiro uma parte ou a totalidade daquilo que prestou ao credor.

É frequente reservar a designação de *repetição* para a devolução do que foi prestado por parte do credor que recebeu.

V. *Acção; Direito de regresso; Prestação; Credor; Repetição do indevido.*

Acção de regulação do poder paternal (Proc. Civil) – V. *Acção; Poder paternal; Regulação do poder paternal.*

Acção de reivindicação (Dir. Civil) – V. *Acção; Reivindicação.*

Acção de restituição da posse (Dir. Civil; Proc. Civil) – V. *Acção; Posse; Acções possessórias; Restituição da posse.*

Acção de revisão de sentença estrangeira (Proc. Civil) – V. *Acção; Sentença estrangeira; Revisão de sentença estrangeira.*

Acção de simples apreciação (Proc. Civil) – Verificando-se uma situação de incerteza sobre a existência de um direito ou de um facto, pode o sujeito, a quem tal incerteza causa ou pode causar prejuízos, intentar uma acção tendente a obter a declaração judicial da existência ou inexistência de tal direito ou facto. Diversamente, pois, do que tipicamente acontece com a acção de condenação, a acção de simples apreciação não pressupõe qualquer lesão ou violação de um direito. Porém, o autor na acção tem de demonstrar que tem um interesse na obtenção da declaração judicial da existência ou inexistência que pede, pois esta, como qualquer outra acção, supõe a existência de interesse em agir.

A acção diz-se de simples apreciação negativa quando o seu fim é a declaração da inexistência do direito ou facto, e de simples apreciação positiva quando visa a declaração da existência do direito ou facto. V. artigo 4.°, n.° 2-*a)*, C.P.C..

O Assento do Supremo Tribunal de Justiça de 15 de Junho de 1988, publicado no *Diário da República,* I série, de 1 de Agosto do mesmo ano, veio estabelecer que "o desistente do pedido de simples apreciação prescinde do conhecimento do respectivo direito, e, por isso, o caso julgado impedi-lo-á de estruturar nele um pedido de condenação".

V. *Acção; Direito; Acção de condenação; Interesse em agir; Desistência; Caso julgado.*

Acção directa (Dir. Civil) – Dispõe o artigo 1.° do C.P.C. que "a ninguém é lícito o recurso à força com o fim de realizar ou assegurar o próprio direito, salvo nos casos e dentro dos limites declarados na lei".

Uma das formas de tutela privada dos direitos prevista na lei é a acção directa, que consiste precisamente no lícito recurso à força com o fim de realizar ou assegurar o próprio direito. Este recurso à força só é lícito, só se situando portanto dentro dos limites da acção directa, quando for indispensável para evitar a inutilização prática do direito, por impossibilidade de recorrer aos meios coercivos normais (autoridade pública) em tempo útil e desde que o agente não exceda o que for necessário para evitar o prejuízo e não sacrifique interesses superiores ao que visa realizar ou assegurar (artigo 336.°, C.C.).

"A acção directa pode consistir na apropriação, destruição ou deterioração de uma coisa, na eliminação da resistência irregularmente oposta ao exercício do direito, ou noutro acto análogo" – n.° 2 do artigo 336.°, C.C.. A actuação danosa circunscrita aos limites da acção directa considera-se justificada, isto é, lícita, pelo que ao seu autor não pode ser exigida indemnização. E, ainda mesmo que os pressupostos da acção directa não estivessem preenchidos, desde que a actuação danosa se tenha dado por convencimento erróneo e desculpável do seu autor de tal verificação, também não será devida qualquer indemnização, verificando-se, nestas hipóteses, uma causa de exclusão da culpa.

Ao proprietário, como ao titular de qualquer outro direito, é facultado pela lei o recurso à acção directa, para defesa do respectivo direito, sendo-o também ao possuidor nos termos em que o é ao titular do direito, e ainda ao credor pignoratício, ao locatário, ao parceiro pensador, ao comodatário e ao depositário.

V. artigos 1314.°, 1315.° e 1277.°, C.C.. V. ainda artigos 670.°-*a)*, 1037.°, n.° 2, 1125.°, n.° 2, 1133.°, n.° 2, e 1188.°, n.° 2, todos do C.C..

O recurso à acção directa não dispensa o titular do direito de lançar mão posteriormente dos meios coercivos a fim de regularizar a situação.

V. *Direito subjectivo; Tutela privada de direitos; Princípio da subsidiariedade; Princípio da proporcionalidade; Indemnização; Dano; Causas justificativas; Erro; Desculpabilidade; Causas de escusa; Propriedade; Posse; Penhor; Locação; Parceria pecuária; Comodato; Depósito.*

Acção executiva (Proc. Civil) – V. *Acção; Execução.*

Acção improcedente (Proc. Civil) – Diz-se que a acção improcede quando a decisão judicial não atende a pretensão do autor, ou por não chegar a apreciá-la absolvendo o réu da instância, ou porque, apreciando-a, a rejeita, absolvendo o réu do pedido.

V. *Acção; Autor; Réu; Absolvição da instância; Pedido; Absolvição do pedido.*

Acção inibitória (Dir. Civil) – Entre os direitos atribuídos aos consumidores e às associações que os representam encontra-se o direito de acção inibitória, "destinada a prevenir, corrigir ou fazer cessar práticas lesivas dos direitos do consumidor [...], que, nomeadamente:

a) Atentem contra a sua saúde e segurança física;

b) Se traduzam no uso de cláusulas gerais proibidas;

c) Consistam em práticas comerciais expressamente proibidas por lei".

V. artigo 10.°, n.° 1 da Lei n.° 24/96, de 31 de Julho (rectificada pela Declaração de rectificação n.° 16/96, de 13 de Novembro), alterada pela Lei n.° 85/98, de 16 de Dezembro, e pelo Decreto-Lei n.° 67/ /2003, de 8 de Abril (Lei de Defesa do Consumidor).

O n.° 2 da mesma disposição prevê que a sentença proferida em acção inibitória possa ser acompanhada da condenação em sanção pecuniária compulsória, sem prejuízo da indemnização a que possa haver lugar.

O artigo 11.°, n.° 1, determina que a acção inibitória tem o valor equivalente ao da alçada da Relação mais 1$ (por estranho que pareça este valor mantém-se na lei), os termos do processo sumário e está isenta de custas". Finalmente, o artigo 13.° do mesmo diploma atribui legitimidade para intentar esta acção quer aos consumidores directamente lesados, quer aos consumidores e suas associações, "ainda que não directamente lesados, nos termos da Lei n.° 83/95, de 31 de Agosto", quer ainda ao Ministério Público e ao Instituto do Consumidor, "quando estejam em causa interesses individuais homogéneos, colectivos ou difusos".

Na interpretação de cláusulas contratuais gerais ambíguas, não prevalece o sentido mais favorável ao aderente, se se tratar de uma acção inibitória, nos termos do artigo 11.°, n.° 3, do Decreto-Lei n.° 446/85, de 25 de Outubro, alterado pelos Decretos-Leis n.°s 220/95, de 31 de Agosto, 249/99, de 7 de Julho, e 323/2001, de 17 de Dezembro.

A Lei n.° 25/2004, de 8 de Julho, procede à transposição da Directiva n.° 98/ /27/CE, do Parlamento Europeu e do Conselho, de 19 de Maio, relativa às acções inibitórias em matéria de protecção dos interesses dos consumidores. Esclarece o artigo 1.°, n.° 1, desta Lei que as suas normas se aplicam "à acção inibitória prevista no artigo 10.° da referida Lei n.° 24/96, bem como à acção popular contemplada na Lei n.° 83/95, de 31 de Agosto [que regula o direito de participação procedimental e de acção popular], destinadas a prevenir, corrigir ou fazer cessar práticas lesivas dos direitos dos consumidores".

Dispõe o artigo 2.°, n.° 2, desta Lei n.° 25/2004 que, "para efeitos do disposto na presente lei, bem como para efeitos da definição do âmbito do direito de acção inibitória previsto no artigo 10.° da Lei n.° 24/96, considera-se que o conceito de prática lesiva inclui qualquer prática contrária aos direitos dos consumidores, designadamente as que contrariem as legislações dos Estados membros que transpõem as directivas comunitárias constantes do anexo a esta lei, da qual faz parte integrante". Segundo o artigo 3.°, "quando a prática lesiva que se pretende fazer processar tenha origem em Portugal, mas afecte interesses localizados noutro Estado membro da União Europeia, a correspondente acção inibitória pode ser directamente intentada por entidade deste último Estado que conste da lista actualizada das entidades competentes, relativa às acções inibitórias em matéria de protecção dos interesses dos consumidores, elaborada pela Comissão Europeia e publicada no *Jornal Oficial da União Europeia*". Em Portugal, "compete ao Instituto do Consumidor a elaboração e a permanente actualização da lista das entidades competentes [...]" – artigo 4.°, n.° 2..

O Decreto-Lei n.° 95/2006, de 29 de Maio, transpõe a Directiva n.° 2002/65/ /CE, do Parlamento Europeu e do Conselho, de 23 de Setembro, que se ocupa do regime da informação pré-contratual e dos contratos relativos a serviços financeiros prestados a consumidores através de meios de comunicação à distância, admite, no artigo 27.°, a competência do Ministério Público para a acção inibitória.

V. *Acção; Consumidor; Tutela do consumidor; Cláusulas contratuais gerais; Sanção pecuniária compulsória; Indemnização; Valor da causa; Alçada; Relação; Processo sumário; Custas; Legitimidade; Ministério Público; Instituto do Consumidor; Interesses difusos; Interpretação do negócio jurídico; "Contra proferentem"; Obrigação de informação; Dever pré-contratual; Contrato celebrado à distância; Ministério Público.*

Acção inútil (Proc. Civil) – Chama-se assim à acção proposta por quem não tem interesse em agir ou por quem não tem interesse no uso de dada forma de acção.

O artigo 449.°, n.° 2-*c)*, C.P.C., dispõe que, "quando o autor, munido de um título com manifesta força executiva, use sem necessidade do processo de declaração", suportará as custas processuais. Também o artigo 662.°, n.° 2, C.P.C., prevê hipóteses de uma acção de condenação ser proposta pelo credor contra o devedor em casos em que não exista "litígio relativamente à existência da obrigação", para elas determinando que o réu seja condenado a realizar a prestação, sendo o autor "condenado nas custas e a satisfazer os honorários do advogado do réu".

V. *Acção; Interesse em agir; Autor; Título executivo; Acção declarativa; Acção de condenação; Custas; Credor; Devedor; Obrigação; Réu; Prestação; Honorários.*

Acção leviana (Proc. Civil) – Castro Mendes, *Direito Processual Civil*, Volume II, Lisboa, 1987, pág. 240, designa assim a acção em que o autor demandou sem razão o réu, mas, embora tendo actuado com culpa, não procedeu de má fé.

V. *Acção; Autor; Réu; Culpa; Má fé.*

Acção meramente declarativa (Proc. Civil) – Expressão sinónima de acção de simples apreciação.

V. *Acção; Acção de simples apreciação.*

Acção negatória (Dir. Civil; Proc. Civil) – Para além da acção de reivindicação, pode o proprietário socorrer-se de uma acção negatória. Esta destina-se a repelir a pretensão de alguém como proprietário ou titular de outro direito real sobre a coisa, ainda que tal pretensão não haja sido causa de perturbação do gozo da coisa (V. Mota Pinto, *Direitos Reais*, 1970-71, págs. 238 e 239).

V. *Acção; Direito de propriedade; Reivindicação; Direito real.*

Acção pauliana (Dir. Civil) – V. *Impugnação pauliana.*

Acção real (Proc. Civil) – Diz-se real a acção em que se discute a titularidade de um direito real, sem que exista qualquer relação ou vínculo pessoal entre as partes.

Por exemplo, *A* defende não ter *B* direito de servidão de passagem pelo seu prédio contra a invocação pelo último de tal direito.

V. *Acção; Direito real; Servidão de passagem.*

Acção sub-rogatória de credores (Dir. Civil) – O artigo 606.°, C.C., permite aos credores, quando tal seja essencial à satisfação ou garantia dos respectivos créditos, substituírem-se ao devedor no exercício de direitos de conteúdo patrimonial que aquele tenha contra terceiro.

O exercício de tais direitos pode ser operado por via judicial, devendo, nesse caso, ser citado para a acção também o devedor (trata-se de um caso de litisconsórcio passivo necessário).

Preceitua o artigo 609.°, C.C., que "a sub-rogação exercida por um dos credores aproveita a todos os demais".

V. também artigo 2067.°, C.C., que permite aos credores de alguém, que repudia uma herança, aceitarem-na em nome do devedor.

V. *Sub-rogação; Credor, Garantia; Devedor; Citação; Litisconsórcio; Herança; Repúdio; Aceitação da herança.*

Acção temerária (Proc. Civil) – Designação que parte da doutrina dá à acção que foi intentada sem fundamento, quando o autor conhecia a falta de razão e actuou de má fé.

Há autores que distinguem (e bem, parece) entre a lide temerária (em que são violadas as regras da boa fé com "culpa grave e erro grosseiro") da lide dolosa, que existe quando a violação daquelas regras é "intencional ou consciente" – v. Lebre de Freitas, *Código de Processo Civil Anotado*, Vol. 2.°, Coimbra, 2000, pág. 194.

Nestes casos, será o autor condenado em multa e indemnização à contraparte, se esta a pedir.

V. artigo 456.°, C.P.C., cujo n.° 2 tem a redacção do Decreto-Lei n.° 329-A/95, de 12 de Dezembro, e o n.° 3 foi introduzido pelo Decreto-Lei n.° 180/96, de 25 de Setembro.

V. *Acção; Autor; Litigância de má fé; Culpa; Erro; Dolo; Indemnização.*

"Accesio possesssionis" (Dir. Civil) – Expressão que exprime a faculdade que tem um possuidor de unir a sua posse à do anterior possuidor, a quem nela sucedeu para todos os efeitos, designadamente os da usucapião.

Dispõe o artigo 1255.°, C.C., que, "por morte do possuidor, a posse continua nos seus sucessores desde o momento da morte [...]"; diz, por seu lado, o artigo 1256.°, n.° 1, C.C., que "aquele que houver sucedido na posse de outrem por título diverso da sucessão por morte pode juntar à sua a posse do antecessor"; no entanto, o n.° 2 da mesma disposição limita a acessão, dizendo que, se "a posse do antecessor for de natureza diferente da posse do sucessor, a acessão só se dará dentro dos limites daquela que tem menor âmbito".

V. *Posse; Usucapião; Sucessor; Acessão da posse.*

"Accesio temporis" (Dir. Civil) – Expressão latina com que se designava a aquisição de um direito pelo decurso do tempo, *maxime* a usucapião.

V. *Direito subjectivo; Usucapião.*

"Accessorium principale sequitur" (Dir. Civil) – Expressão que significa que, havendo uma relação acessória e outra principal, o regime daquela segue, em princípio, o desta última.

V. *Acessoriedade.*

"Accidentalia negotii" (Dir. Civil) – Expressão latina que designa os elementos acidentais dos negócios jurídicos.

V. *Negócio jurídico; Elementos acidentais do contrato.*

"Accipiens" (Dir. Civil) – Palavra latina que designa a pessoa que recebe o cumprimento. O artigo 769.°, C.C., estabelece que "a prestação deve ser feita ao credor ou ao seu representante", pelo que o *accipiens* é normalmente o credor; porém, excepcionalmente, a prestação realizada a terceiro pode ser liberatória, designadamente nos casos enunciados no artigo 770.°, C.C., e que são os seguintes:

"*a)* Se assim foi estipulado ou consentido pelo credor;

b) Se o credor a ratificar;

c) Se quem a recebeu houver adquirido posteriormente o crédito;

d) Se o credor vier a aproveitar-se do cumprimento e não tiver interesse fundado em não a considerar como feita a si próprio;

e) Se o credor for herdeiro de quem a recebeu e responder pelas dívidas do autor da sucessão [...]".

V. *Cumprimento; Prestação; Credor; Representante; Ratificação; Herdeiro; Cessão de créditos; Autor da sucessão; "Solvens".*

Acções de arbitramento (Proc. Civil) – Os artigos 1052.° a 1068.°, C.P.C., ocupavam-se da regulação dos termos do processo de um conjunto de acções, cujo objectivo era a realização de um arbitramento entre as partes, por meio de peritos: era o caso, entre outras, da expropriação por utilidade particular, da demarcação, da divisão de coisa comum, da cessação ou mudança de servidão, da prevenção contra o dano ou da divisão de águas.

Actualmente, as mesmas disposições, na redacção do Decreto-Lei n.° 329-A/95, de 12 de Dezembro, continuam a regular a divisão de coisa comum, a divisão de águas, a regulação e reparação de avarias marítimas, mas já não os restantes casos, tendo desaparecido a designação de acções de arbitramento.

V. *Acção; Arbitramento; Perito; Expropriação por utilidade particular; Demarcação; Divisão de coisa comum; Servidão; Prevenção contra o dano; Divisão de águas.*

Acções possessórias (Dir. Civil; Proc. Civil) – Ao possuidor são atribuídos meios judiciais de defesa da sua posse contra actos que a ameacem ou lesem, podendo dirigir-se ao tribunal e requerer determinadas providências, através das chamadas acções possessórias.

São elas a acção de prevenção, a acção de manutenção e a acção de restituição de posse.

As acções de manutenção e de restituição caducam no prazo de um ano contado do facto da perturbação ou do esbulho, ou do conhecimento dele, quando tenha sido praticado ocultamente. Em qualquer caso, o possuidor mantido ou restituído tem direito a indemnização pelos prejuízos que haja sofrido em consequência da ameaça, da turbação ou do esbulho. No caso de ter havido esbulho violento, o possuidor, não obstante ter de recorrer à acção de restituição, pode, desde logo, socorrer-se da providência cautelar de restituição provisória da posse, que será decretada nos termos dos artigos 393.° e 394.°, C.P.C., sem citação nem audiência do esbulhador. V. artigos 1276.° e segs., C.C..

O recurso às acções possessórias é ainda facultado pela lei aos compossuidores, qualquer que seja a parte que a cada um deles caiba, ao credor pignoratício (mesmo contra o dono da coisa), ao locatário (mesmo contra o locador), ao parceiro pensador (mesmo contra o parceiro proprietário) ao comodatário (mesmo contra o comodante) e ao depositário (mesmo contra o depositante) – v., respectivamente, os artigos 1276.°, 670.°-*a)*, 1037.°, n.° 2, 1125.°, n.° 2, 1133.°, n.° 2, e 1188.°, n.° 2, todos do C.C..

As acções de prevenção, de manutenção e de restituição da posse seguem, em princípio, os termos do processo comum, uma vez que se encontram revogados os artigos 1033.° a 1036.°, C.P.C., pelo Decreto-Lei n.° 329-A/95, de 12 de Dezembro.

V. *Acção; Posse; Defesa da posse; Acção de prevenção; Manutenção da posse; Restituição provisória da posse; Caducidade; Esbulho; Indemnização; Turbação da posse; Penhor; Locação; Parceria pecuária; Comodato; Depósito; Processo comum; Restituição da posse; Procedimento cautelar; Citação; Composse.*

Aceitação (Dir. Civil) – Declaração da pessoa a quem foi dirigida uma proposta de contrato, aceitando-a incondicionalmente e assim consumando a celebração do contrato. Para que a aceitação da proposta contratual tenha o efeito de concluir o contrato, tem, além de conter um sim incondicional, de revestir a forma imposta para o contrato, se este for formal, e de chegar ao poder do proponente ou de ser dele conhecida dentro do prazo de duração da proposta contratual.

V. artigos 228.° e 229.°, C.C..

V., para a doação, as regras dos artigos 945.° e 969.°, C.C..

Se a aceitação for feita "com aditamentos, limitações ou outras modificações", considera-se como rejeição da proposta; "mas, se a modificação for suficientemente precisa", é tida, em princípio, como nova proposta, competindo então ao que fora o primeiro proponente aceitá-la ou rejeitá-la – artigo 233.°, C.C..

"Quando a proposta, a própria natureza ou circunstâncias do negócio, ou os usos tornem dispensável a declaração de aceitação, tem-se o contrato por concluído logo que a conduta da outra parte mostre a intenção de aceitar a proposta" (artigo 234.°, C.C.): está-se aqui perante uma declaração tácita de aceitação – v. artigos 217.° e 218.°, C.C..

Se a pessoa rejeitar uma proposta de contrato, mas depois a aceitar, prevalece a aceitação, desde que esta chegue ao poder ou ao conhecimento do proponente ao mesmo tempo que a rejeição ou antes dela.

Também é possível revogar a aceitação por declaração, que será eficaz se chegar ao poder ou ao conhecimento do proponente ao mesmo tempo que a aceitação ou antes dela. V. artigo 235.°, C.C..

Porém, caso o contrato seja celebrado na sequência de uma ordem de encomenda enviada por via exclusivamente electrónica, o artigo 29.° do Decreto-Lei n.° 7/ /2004, de 7 de Janeiro – que transpôs para a ordem jurídica portuguesa a Directiva n.° 2000/31/CE, do Parlamento Europeu e do Conselho, de 8 de Junho de 2000 –, determina que o prestador de serviços tem o dever de comunicar à contraparte a recepção da ordem de encomenda por via exclusivamente electrónica, sendo tal comunicação feita por via idêntica, "salvo acordo em contrário com a parte que não seja consumidora", só sendo dispensada a comunicação quando haja imediata prestação em linha do produto ou serviço encomendado; e que a encomenda só se torna definitiva com a confirmação do destinatário, dada na sequência do aviso de recepção, reiterando a ordem transmitida, o que significa que a aceitação dos termos contratuais só produz os seus efeitos de conclusão do contrato, quando haja dever de acusar a sua recepção nos termos que se deixaram expostos, no momento em que o aceitante reitere a vontade contratual de aceitar. Esta norma não se aplica aos contratos celebrados exclusivamente por correio electrónico ou outro meio de comunicação individual equivalente.

V. *Proposta de contrato; Contrato; Forma; Doação; Aceitação da doação; Rejeição da proposta; Declaração tácita; Responsabilidade pré-contratual; Contratação electrónica; Consumidor.*

Aceitação da autoria (Proc. Civil) – Deduzido o incidente de chamamento à autoria e citado o chamado, se este não fizesse declaração alguma, a causa seguia contra ele e contra o primitivo réu; o primitivo réu ter-se-ia por excluído da causa, desde que assim o requeresse nos cinco dias posteriores à notificação da abstenção do chamado; mas a sentença que viesse a ser proferida sobre o mérito da causa constituía caso julgado em relação ao requerente.

O Código de Processo Civil deixou de se referir a esta figura nestes termos, regulando mais genericamente a intervenção provocada, nos artigos 325.° e segs., C.P.C..

V. *Chamamento à autoria; Incidente; Citação; Réu; Sentença; Notificação; Mérito da causa; Caso julgado; Intervenção principal; Intervenção provocada.*

Aceitação da doação (Dir. Civil) – A doação, como qualquer outro contrato, é estruturalmente composta por duas declarações negociais, a proposta e a aceitação.

Porém, excepcionalmente, o artigo 951.°, n.° 2, C.C., admite que a doação fique concluída sem aceitação, quando seja pura e o destinatário incapaz.

O Decreto-Lei n.° 272/2001, de 13 de Outubro, rectificado pela Declaração de rectificação n.° 20-AR/2001, de 30 de Novembro, alargou a competência do Ministério Público, transferindo para este um conjunto de decisões que cabiam aos tribunais judiciais em certos processos de jurisdição voluntária. Assim nos termos do artigo 4.°, n.° 1, deste diploma, passam a ser "da competência do Ministério Público as decisões relativas a pedidos de notificação do representante legal para providenciar acerca da aceitação ou rejeição de liberalidades a favor de incapaz".

V. *Doação; Contrato; Proposta de contrato; Aceitação; Doação pura; Incapaz; Ministério Público; Tribunal judicial; Processos de jurisdição voluntária; Notificação; Representação legal; Liberalidade; Rejeição.*

Aceitação da herança (Dir. Civil) – A aceitação da herança é a manifestação de vontade, expressa ou tácita, de aceitar a herança por parte de quem a ela é chamado.

Independentemente da apreensão material dos bens da herança, a propriedade e posse destes transferem-se para o(s) herdeiro(s) pela aceitação, produzindo esta retroactivamente os seus efeitos a partir do momento da abertura da sucessão.

A aceitação pode ser pura e simples ou a benefício de inventário: quando se tratasse de herança deferida a menor, interdito, inabilitado ou pessoa colectiva, a lei (artigo 2053.°, C.C.) impunha que a aceitação fosse a benefício de inventário. O actual artigo 2053.°, na redacção do Decreto-Lei n.° 227/94, de 8 de Setembro, dispõe que "a aceitação a benefício de inventário faz-se requerendo inventário judicial, nos termos da lei de processo, ou intervindo em inventário pendente"; no entanto, nos termos do n.° 2 do artigo 2102.°, C.C., na redacção do citado diploma, quando o Ministério Público entenda "que o interesse do incapaz a quem a herança é deferida implica aceitação beneficiária, e ainda nos casos em que algum dos herdeiros não possa, por motivo de ausência em parte incerta ou de incapacidade de facto permanente, outorgar em partilha extrajudicial", o inventário judicial será requerido pelo Ministério Público.

Uma ou outra modalidade de aceitação tem importância prática no regime do ónus da prova na responsabilidade dos herdeiros pelos encargos da herança: tratando-se de aceitação a benefício de inventário, só respondem por tais encargos os bens inventariados, cabendo o ónus da prova da existência de outros bens aos credores ou legatários; tendo sido a aceitação pura e simples, embora a responsabilidade também não exceda o valor dos bens herdados, compete ao herdeiro provar a não existência de bens suficientes para cumprir os mesmos encargos (artigo 2071.°, C.C.).

A declaração de aceitação não pode ser feita sob condição ou a termo. O direito de aceitar a herança caduca ao fim de dez anos, contados a partir do momento em que o herdeiro tem conhecimento de que foi a ela chamado.

O artigo 1889.°, n.° 1-*l)*, C.C., na redacção que lhe foi dada pelo referido DL n.° 227/94, veio estabelecer que "como representantes do filho não podem os pais, sem autorização do tribunal [...] aceitar herança, doação ou legado com encargos, ou convencionar partilha extrajudicial". O artigo 1890.°, n.° 4, C.C., na redacção que lhe foi dada pelo mesmo diploma, determina que, "no processo em que os pais requeiram autorização judicial para aceitar a herança, quando dela necessitem, poderão requerer autorização para convencionar a respectiva partilha extrajudicial, bem como a nomeação de curador especial para nela outorgar, em representação do menor, quando com ele concorram à sucessão ou a ela concorram vários incapazes por eles representados".

A aquisição da herança pelo Estado, como sucessor legítimo, opera-se sem necessidade de aceitação – artigo 2154.°, C.C..

V. artigos 2050.° e segs., C.C..

V. *Herança; Manifestação de vontade; Declaração negocial; Declaração tácita; Direito de propriedade; Posse; Herdeiro; Abertura da sucessão; Repúdio; Benefício de inventário; Menor; Interdito; Inabilitado; Pessoa colectiva; Inventário; Ministério Público; Incapaz; Partilha da herança; Encargos da herança; Ónus da prova; Credor; Legatário; Condição; Termo; Caducidade; Autorização; Partilha da herança; Curador especial; Sucessão legítima.*

Aceitação da obra (Dir. Civil) – No contrato de empreitada, dispõe o artigo 1218.°, n.° 1, C.C., que "o dono da obra deve verificar, antes de a aceitar, se ela se encontra nas condições convencionadas e sem vícios", dizendo o artigo 1219.° que "o empreiteiro não responde pelos defeitos da obra, se o dono a aceitou sem reserva, com conhecimento deles", presumindo "conhecidos os defeitos aparentes, tenha ou não havido verificação da obra".

"O empreiteiro não pode, sem autorização do dono da obra, fazer alterações ao plano convencionado", sendo a obra alterada sem autorização havida como defeituosa; "mas, se o dono quiser aceitá-la tal como foi executada, não fica obrigado a qualquer suplemento de preço nem a indemnização por enriquecimento sem causa" – artigo 1214.°, C.C..

Verificando a existência de vícios da coisa depois da aceitação, o dono da obra deve, salvo se lhe tiver dado a sua concordância expressa, denunciá-los ao empreiteiro no prazo de trinta dias contados do seu descobrimento. A partir desta denúncia ou da recusa de aceitação da obra ou da sua aceitação com reservas, tem o dono da obra o prazo de um ano para exercer os direitos que a lei lhe confere contra o empreiteiro: direito à eliminação dos defeitos ou à realização de nova obra, se os defeitos não puderem ser suprimidos, direito à redução do preço, se não houver eliminação dos defeitos ou nova construção, direito à resolução do contrato, se os defeitos não suprimidos tornarem a obra inadequada ao fim a que se destina e, em qualquer caso, direito à indemnização pelos danos que tenha sofrido.

Estes direitos caducam ainda, quando se trate de defeitos desconhecidos ao tempo da entrega da obra, decorridos dois anos sobre esta.

Se o objecto da empreitada for "a construção, modificação ou reparação de edifícios ou outros imóveis destinados por sua natureza a longa duração e, no decurso de cinco anos a contar da entrega, ou no decurso do prazo de garantia convencionado, a obra, por vício do solo ou da construção, modificação ou reparação, ou por erros na execução dos trabalhos, ruir total ou parcialmente, ou apresentar defeitos, o empreiteiro é responsável pelo prejuízo causado ao dono da obra ou a terceiro adquirente", devendo, neste caso, a denúncia ser feita no prazo de um ano e a indemnização ser pedida no ano seguinte à denúncia; estes últimos prazos são também aplicáveis ao direito à eliminação dos defeitos, previstos no artigo 1221.°.

V. artigos 1220.°, 1222.°, 1224.° e 1225.°, C.C..

V. *Empreitada; Responsabilidade contratual; Presunção; Cumprimento defeituoso; Enriquecimento sem causa; Denúncia; Modificação do contrato; Resolução do contrato; Caducidade; Imóvel; Indemnização.*

Aceitação da testamentaria (Dir. Civil) – V. *Testamentaria.*

Aceitação de decisão judicial (Proc. Civil) – A aceitação de uma decisão judicial depois de proferida implica a perda do direito de recorrer dela.

Diz o artigo 681.°, n.° 3, C.P.C., que "a aceitação da decisão pode ser expressa ou tácita. A aceitação tácita é a que deriva da prática de qualquer facto inequivocamente incompatível com a vontade de recorrer".

A aceitação pode ainda ser parcial e, se a decisão for divisível, ela não prejudica então o direito de recorrer da parte da decisão que não foi aceita.

V. *Recurso; Perda do direito ao recurso.*

Acessão (Dir. Civil) – Termo que significa aproximação de uma coisa a outra ou incorporação.

Trata-se de um modo de aquisição do direito de propriedade sobre uma coisa, que tem lugar quando "com a coisa que é propriedade de alguém se une e incorpora outra coisa que lhe não pertencia" – artigo 1325.°, C.C..

"A acessão diz-se *natural,* quando resulta exclusivamente das forças da natureza" (por exemplo, por aluvião, os proprietários dos prédios confinantes com uma corrente de água adquirem aquilo que neles foi depositado). "Dá-se a acessão *industrial,* quando, por facto do homem, se confundem objectos pertencentes a diversos donos, ou quando alguém aplica o trabalho próprio a matéria pertencente a outrem, confundindo o resultado desse trabalho com propriedade alheia". A acessão industrial é mobiliária ou imobiliária, consoante sejam móveis ou imóveis as coisas em questão.

Os regimes de acessão natural, industrial mobiliária e industrial imobiliária encontram-se respectivamente nos artigos 1327.° a 1332.°, 1333.° a 1338.° e 1339.° a 1343.°, C.C..

V. *Direito de propriedade; Aluvião; Móvel; Imóvel.*

Acessão à dívida (Dir. Civil) – Expressão que alguns autores utilizam para designar a *co-assunção de dívida* (v. esta expressão).

Acessão da posse (Dir. Civil) – Diz o artigo 1256.°, n.° 1, C.C., que "aquele que houver sucedido na posse de outrem por título diverso da sucessão por morte pode juntar à sua a posse do antecessor".

No entanto, o n.° 2 da mesma disposição limita a acessão, dizendo que, se "a posse do antecessor for de natureza diferente da posse do sucessor, a acessão só se dará dentro dos limites daquela que tem menor âmbito".

V. *Posse; Sucessão; Sucessão na posse.*

Acesso (Dir. Civil) – Direito de acesso é a faculdade, legalmente atribuída aos proprietários de prédios encravados ou que tenham insuficiente comunicação com a via pública, de exigir passagem por prédios rústicos vizinhos, isto é, de exigir a constituição de uma servidão de passagem (artigos 1550.° e segs., C.C.).

V. *Prédio encravado; Prédio rústico; Servidão predial; Servidão de passagem.*

Acesso à justiça – O artigo 20.° da Constituição da República, no seu n.° 1, assegura a todos, "o acesso ao Direito e aos tribunais para defesa dos seus direitos e interesses legalmente protegidos", estabelecendo que a justiça não pode ser denegada por insuficiência de meios económicos; o n.° 2 da mesma disposição afirma que "todos têm direito, nos termos da lei, à informação e consulta jurídicas, ao patrocínio judiciário e a fazer-se acompanhar por advogado perante qualquer autoridade". No mesmo sentido dispõe o artigo 7.° n.° 1, da Lei de Organização e Funcionamento dos Tribunais Judiciais (Lei n.° 3/ /99, de 13 de Janeiro, rectificada pela Declaração de rectificação n.° 7/99, de 16 de Fevereiro, e alterada pela Lei n.° 101/99, de 26 de Julho, pelos Decretos-Leis n.°s 323/2001, de 17 de Dezembro, e 38/2003, de 8 de Março – este rectificado pela Declaração de rectificação n.° 5-C/2003, de 30 de Abril –, pela Lei n.° 105/2003, de 10 de Dezembro, pelo Decreto-Lei n.° 53/2004, de 18 de Março, pela Lei n.° 42/2005, de 29 de Agosto, e pelo Decreto-Lei n.° 76- -A/2006, de 29 de Março – este último rectificado pela Declaração de rectificação n.° 28-A/2006, de 26 de Maio).

Devem ter-se ainda em consideração os n.°s 4 e 5 do referido artigo 20º da Constituição que dispõem, respectivamente, que "todos têm direito a que uma causa em que intervenham seja objecto de decisão em prazo razoável e mediante processo equitativo" e que, "para defesa dos direitos, liberdades e garantias pessoais, a lei assegura aos cidadãos procedimentos judiciais caracterizados pela celeridade e prioridade, de modo a obter tutela efectiva e em tempo útil contra ameaças ou violações desses direitos".

Também o n.° 1 do artigo 2.° do Código de Processo Civil, na redacção dada pelo Decreto-Lei n.° 180/96, de 25 de Setembro, determina que "a protecção jurídica através dos tribunais implica o direito de obter, em prazo razoável, uma decisão judicial que aprecie, com força de caso julgado, a pretensão regularmente deduzida em juízo, bem como a possibilidade de a fazer executar".

O já aludido artigo 7.° da Lei de Organização e Funcionamento dos Tribunais Judiciais remete para lei especial o regime de acesso aos tribunais em caso de insuficiência de meios económicos.

A Lei n.° 30-E/2000, de 20 de Dezembro, alterada pelo já referido DL n.° 38/ /2003, estabelecia o regime de acesso ao direito e aos tribunais, procurando garantir a informação, a protecção jurídica e o acesso aos tribunais a todos os cidadãos, independentemente dos seus recursos económicos, alargando-se a protecção jurídica aos estrangeiros e [a]os apátridas que residissem habitualmente em Portugal. Para além de estabelecer, no seu artigo 4.°, que incumbia especialmente ao Governo realizar, de modo permanente e planeado, acções tendentes a tornar conhecido o direito e o ordenamento legal, através de publicações e de outras formas de comunicação, em termos de proporcionar um melhor exercício dos direitos e cumprimento dos deveres legalmente estabelecidos, a citada Lei n.° 30-E/2000 instituía um regime de protecção jurídica, traduzido em consulta jurídica e apoio judiciário.

Esta Lei foi revogada pela Lei n.° 34/ /2004, de 29 de Julho – na transposição da Directiva n.° 2003/8/CE, do Conselho, de 27 de Janeiro –, que alterou o regime de acesso ao direito e aos tribunais. Nesta se enunciam idênticos objectivos aos da lei revogada, dizendo o n.° 2 do seu artigo 1.° que, para a concretização daqueles objectivos, se desenvolverão "acções e mecanismos sistematizados de informação jurídica e de protecção jurídica". "O acesso ao direito e aos tribunais constitui uma responsabilidade do Estado, a promover, designadamente, através de dispositivos de cooperação com as instituições representativas das profissões jurídicas", compreendendo a informação e a protecção jurídicas – artigo 2.°. O n.° 2 do artigo 3.° determina que o Estado garante uma adequada remuneração bem como o reembolso das despesas realizadas aos profissionais forenses que intervierem no sistema de acesso ao direito e aos tribunais [...]", sendo proibida a obtenção por aqueles de remuneração diversa daquela a que tiverem direito nos termos desta lei e da portaria que fixe os montantes a pagar.

O Decreto-Lei n.° 71/2005, de 17 de Março, completa a transposição da mencionada Directiva n.° 2003/8/CE, "relativa à melhoria do acesso à justiça nos litígios transfronteiriços, através do estabelecimento de regras mínimas comuns relativas ao apoio judiciário no âmbito desses litígios, desenvolvendo o regime previsto na Lei n.° 34/2004 [...]". De acordo com o artigo 2.°, n.° 2, deste diploma, "entende-se por «litígio transfronteiriço» o litígio em que o requerente de protecção jurídica tem à data de apresentação do pedido domicílio ou residência habitual num Estado membro da União Europeia diferente do Estado membro do foro". O artigo 3.° dispõe que, "no caso de pedido de apoio judiciário apresentado por residente noutro Estado membro da União Europeia para acção em que os tribunais portugueses sejam competentes, o apoio judiciário, a conceder nos termos da Lei n.° 34/2004, de 29 de Julho, abrange ainda os seguintes encargos específicos decorrentes do carácter transfronteiriço do litígio: *a)* Serviços prestados por intérprete; *b)* Tradução dos documentos exigidos pelo tribunal ou pela autoridade competente e apresentados pelo beneficiário do apoio judiciário que sejam necessários à resolução do litígio; *c)* Despesas de deslocação a suportar pelo requerente, na medida em que a lei ou o tribunal exijam a presença física, em audiência, das pessoas a ouvir e o tribunal decida que estas não possam ser ouvidas satisfatoriamente por quaisquer outros meios".

A Resolução da Assembleia da República n.° 11/2003, de 25 de Fevereiro, aprovou, para ratificação, a Convenção sobre Acesso à Informação, Participação do Público no Processo de Tomada de Decisão e Acesso à Justiça em Matéria de Ambiente, assinada em Aarhus, na Dinamarca, em 25 de Junho de 1998; a Convenção foi ratificada pelo Decreto do Presidente da República n.° 9/2003, também de 25 de Fevereiro; segundo aviso publicado no *Diário da República* I-A série, de 24 de Julho, o respectivo instrumento de ratificação foi depositado em 9 de Junho de 2003, tendo a Convenção entrado em vigor para Portugal em 7 de Setembro de 2003; de novo, em 23 de Outubro de 2003, o Aviso n.° 210/2003 torna público o mesmo facto; o Aviso n.° 188/2005, de 4 de Maio, torna público a Comunidade Europeia "ter feito uma comunicação" a esta Convenção em 17 de Fevereiro de 2005.

V. *Tribunal; Direito; Interesse reflexamente protegido; Denegação de justiça; Patrocínio judiciário; Informação jurídica; Consulta jurídica; Apoio judiciário; Advogado; Caso julgado; Honorários; Insuficiência económica; Execução; Estrangeiros; Apátrida; Residência; Litígio transfronteiriço; Domicílio; Competência; Intérprete; Documento; Audiência; Protecção jurídica; Ambiente.*

Acesso ao direito – V. *Acesso à justiça.*

Acesso aos tribunais – V. *Acesso à justiça; Tribunal.*

Acessoriedade (Dir. Civil) – Característica do regime jurídico da generalidade das cláusulas acidentais dos contratos, que, no essencial, consiste na dependência da forma, validade e extinção da cláusula, da forma, validade e extinção do contrato.

Assim, a invalidade do contrato, por exemplo, acarreta, necessariamente, a da cláusula acessória, mas a inversa já não é verdadeira (cfr. artigo 810.°, n.° 2, C.C., relativamente à cláusula penal).

As garantias têm, por vezes, um regime acessório do da obrigação principal: é o que se passa com a fiança, cuja forma, validade, âmbito, conteúdo e extinção dependem dos da obrigação principal. O artigo 632.°, n.° 2, C.C., estabelece, no entanto, que, sendo anulada a obrigação principal por incapacidade ou por falta ou vício da vontade do devedor, a fiança permanecerá válida, se o fiador conhecesse a causa da anulabilidade ao tempo da prestação da fiança.

V. artigos 627.°, 628.°, 631.°, 632.° e 634.°, C.C..

V. *Elementos acidentais do contrato; Forma; Validade; Extinção de contratos; Cláusula; Cláusula penal; Fiança; Anulação; Incapacidade; Vícios na formação da vontade; Devedor; Anulabilidade.*

Achado (Dir. Civil) – Os artigos 1323.° e 1324.° do Código Civil ocupam-se, respectivamente, do achado de animais e coisas móveis perdidas e do achado de tesouros.

V. *Coisa perdida; Animais; Móvel; Achador (de tesouro).*

Achador (de tesouro) (Dir. Civil) – Aquele que descobrir coisa móvel de certo valor escondida ou enterrada, desconhecendo quem seja o respectivo dono, deve anunciar o seu achado ou avisar as autoridades do facto, excepto quando seja evidente que o tesouro foi escondido ou enterrado há mais de vinte anos. No caso de não ser identificado o dono do achado, o achador torna-se proprietário de metade dele, pertencendo a outra metade ao proprietário da coisa onde o tesouro se encontrava escondido. V. artigo 1324.°, C.C..

O mesmo regime é aplicável ao usufrutuário que descobrir na coisa usufruída algum tesouro (artigo 1461.°, C.C.).

O Decreto Legislativo Regional n.° 30--/83/A, de 28 de Outubro, que estabelecia que pertencerem à Região Autónoma dos Açores todos os objectos, nomeadamente os de valor histórico, arqueológico e artístico, que viessem a ser encontrados nas águas territoriais da Região e da respectiva zona económica exclusiva, os quais não tivessem proprietário conhecido ou se pudessem presumir abandonados, foi declarado inconstitucional, com força obrigatória geral, pelo Acórdão do Tribunal Constitucional n.° 280/90, de 23 de Outubro de 1990, publicado no *Diário da República*, I-A série, de 2 de Janeiro de 1991.

V. *Tesouro; Móvel; Direito de propriedade; Usufruto.*

Achamento (Dir. Civil) – É a forma de constituição do direito de propriedade sobre coisas móveis perdidas, por parte daquele que as encontra, no termos prescritos na lei.

V. *Achado; Achador (de tesouro); Direito de propriedade; Móvel.*

Acidente aéreo (Dir. Civil) – V. *Acidente de aviação.*

Acidente de aviação (Dir. Civil) – O Decreto-Lei n.° 321/89, de 25 de Setembro, alterado pelos Decretos-Leis n.°s 279/95, de 26 de Outubro, e 208/2004, de 19 de Agosto, define acidente de aviação como o "acontecimento ligado à utilização de uma aeronave, que se produz entre o momento em que uma pessoa embarca com intenção de efectuar um voo e o momento em que todas as pessoas que embarcaram com essa intenção são desembarcadas, e no decurso do qual uma pessoa é mortalmente atingida ou gravemente ferida em virtude de se encontrar:

Na aeronave; ou

Em contacto directo com qualquer parte da aeronave, incluindo as partes que se tenham desprendido; ou

Directamente expostas ao sopro dos reactores;

salvo se se tratar de lesões devidas a causas naturais, a ferimentos provocados à pessoa por ela própria ou por terceiros ou a ferimentos sofridos por um passageiro clandestino escondido em locais diferentes daqueles a que os passageiros e a tripulação têm normalmente acesso".

De acordo com o artigo 3.° deste diploma, "o transportador aéreo é responsável, independentemente de culpa, pelo ressarcimento dos seguintes danos:

a) Morte, ferimentos ou quaisquer outras lesões corporais sofridos pelos passageiros em virtude de acidente ocorrido no decurso do transporte aéreo ou durante as operações de embarque ou desembarque;

b) Avaria, perda, destruição ou deterioração de bagagens e carga quando o facto que lhes der origem se produzir durante o transporte aéreo ou durante as operações de embarque e desembarque;

c) Resultantes de atrasos verificados relativamente à hora prevista e anunciada pelo transportador no transporte aéreo de passageiros, bagagens e carga".

A responsabilidade do transportador aéreo tem os limites enunciados nos artigos 4.° (com a redacção dada pelo mencionado DL n.° 279/95) a 6.°, sendo solidária a responsabilidade dos vários intervenientes no transporte. O artigo 2.°-*f)* esclarece que transportador aéreo é a "entidade que está autorizada a transportar em aeronave pessoas, bagagem, carga ou correio".

Por outro lado, o artigo 10.° dispõe:

"1 – O proprietário ou explorador de aeronave é responsável, nos termos e com os limites do artigo seguinte, independentemente de culpa, pelo ressarcimento dos danos causados a terceiros à superfície pela aeronave em voo ou por objectos que dela se soltem, incluindo os alijamentos resultantes de força maior.

2 – É também da responsabilidade do proprietário ou explorador da aeronave, nos termos e com os limites do artigo seguinte, independentemente de culpa, o ressarcimento dos danos causados pela mesma quando no solo, imobilizada ou em movimento".

A lei esclarece que por proprietário da aeronave deve entender-se a "entidade em cujo nome a aeronave se encontra registada", e por seu explorador a "entidade que utiliza a aeronave e que se presume ser o seu proprietário, excepto se se provar que o explorador é outro a quem o proprietário a tenha cedido".

Em ambas as hipóteses de responsabilidade objectiva previstas neste diploma, o prazo de prescrição do direito à indemnização é de três anos contados, respectivamente, "da data de chegada ao destino ou do dia em que deveria ter chegado ou, ainda, da data em que se tenha verificado a interrupção do transporte" e "da data da ocorrência". Também para ambos os casos, a lei impõe a celebração de contrato de seguro de responsabilidade civil.

A Portaria n.° 223/97, de 2 de Abril, fixa os limites máximos de capital por passageiro relativos a esta responsabilidade.

Os princípios reguladores da investigação de acidentes e incidentes com aeronaves civis foram estabelecidos pelo Decreto-Lei n.° 318/99, de 11 de Agosto – que transpôs a Directiva n.° 94/56/CE, do Conselho, de 21 de Novembro –, que também criou um gabinete responsável pela prevenção e investigação dessas ocorrências.

O Decreto-Lei n.° 218/2005, de 14 de Dezembro, que transpõe para a ordem jurídica nacional a Directiva n.° 2003/42/CE, do Parlamento Europeu e do Conselho, de 13 de Junho, relativa à comunicação de ocorrências no âmbito da aviação civil, estabelece a obrigatoriedade de comunicação ao Instituto Nacional de Aviação Civil de quaisquer "ocorrências que ponham em perigo ou que, caso não sejam corrigidas, sejam susceptíveis de pôr em perigo uma aeronave, os seus ocupantes e quaisquer terceiros". O Instituto Nacional de Aviação Civil é um instituto público que foi criado pelo Decreto-Lei n.° 133/98, de 15 de Maio, alterado pelo Decreto-Lei n.° 145/2002, de 21 de Maio, cuja finalidade é supervisionar, regulamentar e inspeccionar o sector da aviação civil.

O Decreto-Lei n.° 40/2006, de 21 de Fevereiro, que transpõe a Directiva n.° 2004/ /36/CE, do Parlamento Europeu e do Conselho, de 21 de Abril, relativa à segurança operacional das aeronaves de países terceiros que utilizem aeroportos comunitários, cria regras e procedimentos das inspecções de placa a aeronaves de países terceiros que utilizem aeroportos nacionais, não prejudicando este regime "a realização de outras inspecções [...] e os direitos de imobilização, proibição ou sujeição a determinadas condições relativamente a aeronaves que aterrem nos aeroportos portugueses, de acordo com o direito comunitário e internacional"; do regime estabelecido neste diploma ficam excluídas "as aeronaves do Estado, tal como definidas na Convenção de Chicago, e as aeronaves com peso máximo à descolagem inferior a 5700 kg que não estejam envolvidas em operações comerciais de transporte aéreo" (artigo 2.°).

O Decreto-Lei n.° 223/2005, de 27 de Dezembro, fixa a cobertura mínima de seguro de responsabilidade civil em relação a passageiros nas operações não comerciais com aeronaves, estabelecendo também a obrigação de apresentação da prova do cumprimento dos requisitos mínimos de seguro relativamente a aeronaves, nos termos do Regulamento (CE) n.° 785/2004, do Parlamento Europeu e do Conselho, de 21 de Abril, relativo aos requisitos de seguro para transportadoras aéreas e operadores de aeronaves.

O Sistema Nacional para a Busca e Salvamento Aéreo foi criado pelo Decreto-Lei n.° 253/95, de 30 de Setembro, alterado pelo Decreto-Lei n.° 399/99, de 14 de Outubro.

O Protocolo Que Consolida a Convenção Internacional de Cooperação para a

Segurança da Navegação Aérea "EUROCONTROL", de 13 de Dezembro de 1960, foi aprovado para ratificação pela Resolução da Assembleia da República n.° 35//2001, de 4 de Maio, tendo sido o respectivo instrumento de ratificação depositado em 12 de Julho de 2001, conforme o Aviso n.° 103/2001, de 21 de Setembro, e tendo entrado em vigor para Portugal em 13 de Julho daquele ano. Por seu lado, o Protocolo de Emenda à Convenção Internacional de Cooperação para a Segurança da Navegação Aérea "EUROCONTROL", concluído em Bruxelas no dia 12 de Fevereiro de 1981, foi aprovado para ratificação pelo Decreto do Governo n.° 28/83, de 30 de Abril, tendo o seu instrumento de ratificação sido depositado em 16 de Setembro de 1983, conforme aviso publicado no *Diário da República*, I-A série, de 15 de Dezembro de 1983.

A Convenção para a Unificação de Certas Regras Relativas ao Transporte Aéreo Internacional, adoptada em 28 de Maio de 1999 pela Conferência Internacional de Direito Aeronáutico, celebrada em Montreal no âmbito da Organização Internacional de Aviação Civil, foi aprovada pelo Decreto n.° 39/2002, de 27 de Novembro; o Aviso n.° 142/2003, de 7 de Maio, torna público que Portugal depositou, em 3 de Março de 2003, junto da Organização Internacional de Aviação Civil, o seu instrumento de ratificação.

V. *Aeronave; Transporte aéreo; Responsabilidade objectiva; Culpa, Dano; Embarque; Desembarque; Prescrição; Solidariedade; Indemnização; Seguro de responsabilidade.*

Acidente de viação (Dir. Civil) – Aqueles que culposamente causarem acidentes de viação, para além da responsabilidade criminal em que eventualmente possam incorrer, são responsáveis pelos danos que desses acidentes advierem para outrem, nos termos dos artigos 483.° e segs., C.C..

Durante muito tempo existiu uma corrente doutrinária e jurisprudencial que, por aplicação do artigo 493.°, n.° 2, C.C., entendia que, em matéria de acidentes de viação, o ónus da prova da culpa do agente não pertencia ao lesado, antes existindo uma presunção de culpa do lesante, que cabia a este ilidir. Em 29 de Janeiro de 1980, foi, no entanto, publicado no *Diário da República*, I série, o Assento n.° 1/80, proferido em 21 de Novembro de 1979, que decidiu que "o disposto no artigo 493.°, n.° 2, do Código Civil, não tem aplicação em matéria de acidentes de circulação terrestre". A partir deste Assento, a jurisprudência uniformizou-se no sentido por ele fixado.

Já, porém, quando o veículo causador do acidente seja conduzido por alguém que o faz por conta de outrem, o artigo 503.°, n.° 3, C.C., estabelece uma presunção de culpa relativa ao condutor; esta presunção é aplicável nas relações entre o condutor por conta de outrem como lesante e o titular ou titulares do direito a indemnização, segundo a doutrina definida no Assento n.° 1/83, proferido em 14 de Abril e publicado no *Diário da República* I série em 28 de Junho de 1983. Após a publicação do referido Assento n.° 1/80, a presunção de culpa estabelecida no n.° 3 do artigo 503.° tornou-se dificilmente compreensível, pois não se vislumbra razão para presumir a culpa do condutor do veículo exclusivamente quando este se encontra na situação de comissário de outrem.

Por seu lado, o Assento do Supremo Tribunal de Justiça de 26 de Janeiro de 1994, publicado no *Diário da República*, I-A série, de 19 de Março de 1994, definiu a seguinte doutrina: "A responsabilidade por culpa presumida do comissário, estabelecida no artigo 503.°, n.° 3, primeira parte, do Código Civil, é aplicável no caso de colisão veículos prevista no artigo 506.°, n.° 1, do mesmo Código". Também há de considerar – se bem que nada traga de novo relativamente a uma interpretação declarativa da lei – o Assento n.° 7/94, de 2 de Março de 1994, publicado no *Diário da República*, I-A série, de 28 de Abril do mesmo ano, que decidiu: "A responsabilidade por culpa presumida do comissário, nos termos do artigo 503.°, n.° 3, do Código Civil, não tem os limites fixados no n.° 1 do artigo 508.° do mesmo diploma".

O Acórdão uniformizador de jurisprudência do Supremo Tribunal de Justiça, proferido em 28 de Maio de 2002 e publicado no *Diário da República*, I-A série, de 18 de Julho do mesmo ano (rectificado pela Declaração de rectificação n.° 28/2002, de 5 de Setembro), estabeleceu a seguinte doutrina. "a alínea *c)* do artigo 19.° do Decreto-Lei n.° 522/85, de 31 de Dezembro, exige para a procedência do direito de regresso contra o condutor por ter agido sob influência do álcool o ónus da prova pela seguradora do nexo de causalidade adequada entre a condução sob o efeito do álcool e o acidente".

Mas, independentemente de culpa, a lei determina que haja, mesmo assim, responsabilidade pelos danos causados pelo veículo; o artigo 503.°, C.C., dispõe que, no caso de um veículo de circulação terrestre, ainda que não se encontre em circulação, causar danos resultantes dos seus riscos próprios, o responsável por esses danos é a pessoa que tenha a sua direcção efectiva e o utilize no seu próprio interesse (mesmo que essa utilização não seja feita directamente, mas através de comissário); no entanto, também o comissário responderá pelos danos que causar, se tiver culpa, respondendo, mesmo sem culpa, quando conduzir o veículo fora do exercício das suas funções, já que terá então, em regra, a respectiva direcção efectiva utilizando-o no seu próprio interesse.

A direcção efectiva do veículo caberá, normalmente, ao seu proprietário, mas pode caber a outrem, assim acontecendo quando o veículo tenha sido locado, comodatado, furtado ou seja conduzido pelo comissário fora do exercício das suas funções. A jurisprudência e grande parte da doutrina entendem que, quando o veículo é conduzido por alguém que não é o respectivo proprietário, mas é identificável um qualquer interesse deste último na utilização do veículo por aquele que o conduz, a responsabilidade decorrente do artigo 503.°, n.° 1, é suportada solidariamente pelo proprietário e pelo utilizador: é assim que, por exemplo, se encontre quem defenda tal solução nos casos em que o veículo tenha sido alugado ou comodatado e seja conduzido pelo locatário ou comodatário. Trata-se de uma interpretação – embora com duvidosa expressão literal – que visa alargar o âmbito de tutela dos lesados em acidentes deste tipo.

A responsabilidade pelo risco daquele que tem a direcção efectiva do veículo e o conduz no seu interesse só é excluída quando o acidente for imputável ao próprio lesado ou a terceiro, ou quando resulte de causa de força maior estranha ao funcionamento do veículo (artigo 505.°, C.C.). Ou seja, como estabelece o artigo 503.°, n.° 1, que já se deixou referido, aquela responsabilidade existe na medida em que os prejuízos tenham tido como causa os riscos próprios do veículo.

Os beneficiários da responsabilidade objectiva pelos danos causados por veículos são quaisquer terceiros e as pessoas transportadas, quando há interesse do transportador no transporte; mas, quanto a estas últimas, a responsabilidade abrange os danos que atinjam a própria pessoa e as coisas por ela transportadas; "no caso, porém, de transporte gratuito, a responsabilidade abrange apenas os danos pessoais da pessoa transportada" (artigo 504.°, C.C., na redacção do Decreto-Lei n.° 14/96, de 6 de Março).

Quando haja colisão de veículos, sofrendo um ou ambos danos, e não haja culpa no acidente de nenhum dos condutores, a responsabilidade é repartida na proporção em que o risco de cada um dos veículos houver contribuído para os danos; e, sendo os prejuízos provocados por um dos veículos unicamente, não havendo culpa de qualquer dos condutores, só a pessoa que tenha a direcção efectiva desse veículo é obrigada a indemnizar. Havendo dúvidas sobre a medida do risco com que os veículos contribuíram para o dano ou sobre a contribuição da culpa de cada um dos condutores, esta e aquela presumem-se iguais.

Recaindo a responsabilidade, quer subjectiva quer pelo risco, sobre diversas pessoas, todas respondem solidariamente pelos danos, determinando-se a medida da responsabilidade de cada um deles ou pela medida da sua culpa ou em harmonia com o interesse de cada um na utilização do veículo (v. artigos 497.° e 507.°, C.C.).

O artigo 508.°, C.C., desde a versão originária e também na redacção que lhe fora dada pelo Decreto-Lei n.° 423/91, de 30 de Outubro, estabelece limites máximos à indemnização fundada em acidente de viação, quando não haja culpa do responsável, isto é, quando a responsabilidade se funde tão-somente no risco dizendo: "no caso de morte ou lesão de uma pessoa, o montante correspondente ao dobro da alçada da relação; no caso de morte ou lesão de várias pessoas em consequência do mesmo acidente, o montante correspondente ao dobro da alçada da relação para cada uma delas, com o máximo total do sêxtuplo da alçada da relação; no caso de danos causados em coisas, ainda que pertencentes a diferentes proprietários, o montante correspondente à alçada da relação"; sendo a indemnização "fixada sob a forma de renda anual [...], o limite máximo é de um quarto da alçada da relação para cada lesado, não podendo ultrapassar três quartos da alçada da relação quando sejam vários os lesados em virtude do mesmo acidente". Os limites enunciados são elevados ao triplo, quando se trate de acidente causado por veículo utilizado em transporte colectivo, e ao décuplo no caso de acidente causado por caminho de ferro. Esta disposição foi entretanto alterada pelo Decreto-Lei n.° 59/2004, de 19 de Março, que dispõe que a indemnização referida "tem como limite máximo o capital mínimo do seguro obrigatório de responsabilidade civil"; no caso de "acidente causado por veículo utilizado em transporte colectivo, a indemnização tem como limite máximo o capital mínimo do seguro de responsabilidade civil automóvel para os transportes colectivos", e, se se tratar de acidente ferroviário, o limite indemnizatório é o do seguro obrigatório para essa situação. O Acórdão do Supremo Tribunal de Justiça n.° 3/2004, publicado no *Diário da República*, I-A série, de 13 de Maio de 2004, decidiu que "o segmento do artigo 508.°, n.° 1, do Código Civil, em que se fixam os limites máximos da indemnização a pagar aos lesados em acidentes de viação causados por veículos sujeitos ao regime do seguro obrigatório automóvel, nos casos em que não haja culpa do responsável, foi tacitamente revogado pelo artigo 6.° do Decreto-Lei n.° 522/85, de 31 de Dezembro, na redacção do Decreto-Lei n.° 3/96, de 25 de Janeiro [diploma que criou este seguro obrigatório]".

O n.° 2 do artigo 462° do Código de Processo Civil, que dispunha que "as acções destinadas a exigir responsabilidade civil, emergente de acidentes de viação [...] seguirão os termos do processo sumário", foi eliminado na redacção do Decreto-Lei n.° 375-A/99, de 20 de Setembro, pelo que tais acções passam a reger-se pelas normas gerais constantes do corpo do mesmo artigo. Daí que, "se o valor da causa exceder a alçada da Relação, empregar-se-á o processo ordinário; se a não exceder, empregar-se-á o processo sumário [...]".

V. o Decreto-Lei n.° 186/2004, de 2 de Agosto, que transpôs a Directiva n.° 2003/ /102/CE, do Parlamento Europeu e do Conselho, de 17 de Novembro, aprovando o Regulamento Relativo à Protecção dos Peões e Outros Utentes Vulneráveis da Estrada em Caso de Colisão com um Automóvel.

V. *Responsabilidade civil; Culpa; Dano; Indemnização; Ónus da prova; Acórdão uniformizador de jurisprudência; Veículo; Nexo de causalidade; Causalidade adequada; Presunção de culpa; Choque; Comissário; Responsabilidade objectiva; Presunção legal; Locação; Comodato; Caso de força maior; Dano; Transporte gratuito; Processo ordinário; Dano pessoal; Solidariedade; Relação; Alçada; Seguro de responsabilidade; Processo sumário.*

Acidente escolar (Dir. Civil) – O artigo 3.° do Decreto-Lei n.° 35/90, de 25 de Janeiro, que impôs o chamado seguro escolar, caracteriza acidente escolar quer como "o evento ocorrido no local e tempo de actividade escolar que provoque ao aluno lesão, doença ou morte", quer como aquele "que resulte de actividade desenvolvida com o consentimento ou sob a responsabilidade dos órgãos de gestão do estabelecimento de educação ou ensino", quer, finalmente, como "o acidente em trajecto [o "que ocorra no percurso habitual entre a residência e o estabelecimento de educação ou ensino, ou vice-versa, desde o período de tempo imediatamente anterior ao início da actividade escolar ou imediatamente posterior ao seu termo, dentro do limite de tempo considerado necessário para percorrer a distância do local de saída ao local do acidente", desde que se trate de "aluno menor de idade não acompanhado por adulto que, nos termos da lei, esteja obrigado à sua vigilância"]".

V. *Seguro escolar; Menor; Dever de vigilância.*

Acidente marítimo (Dir. Civil; Dir. Com.) – V. *Responsabilidade por danos causados por navio; Navio.*

Aclaração de acórdão (Proc. Civil) – Pode qualquer das partes requerer à Relação que tenha proferido o acórdão "o esclarecimento de alguma obscuridade ou ambiguidade que [...] contenha", não cabendo recurso da decisão que indeferir o requerimento de esclarecimento e considerando-se a decisão que o deferir complemento e parte integrante do acórdão. Requerida a aclaração, "o prazo para arguir nulidades ou pedir a reforma só começa a correr depois de notificada a decisão proferida sobre esse requerimento" – artigos 669.°, n.° 1-*a)*, e 670.°, n.°s 2 e 3, C.P.C., aplicáveis por força do artigo 716.°, que também dispõe que "a rectificação, aclaração ou reforma do acórdão [...] são decididas em conferência. Quando o pedido ou a reclamação forem complexos ou de difícil decisão, pode esta ser precedida de vista por cinco dias, a cada um dos juízes adjuntos" (o prazo era de quarenta e oito horas na versão legal anterior).

V. *Acórdão; Relação; Recurso; Nulidade do acórdão; Reforma de sentença; Notificação; Conferência; Reclamação; Juiz adjunto.*

Aclaração de sentença (Proc. Civil) – "Pode qualquer das partes requerer no tribunal que proferiu a sentença [...] o esclarecimento de alguma obscuridade ou ambiguidade que ela contenha" – artigo 669.°, n.° 1-*a)*, C.P.C.. O pedido de aclaração tem, pois, cabimento quando algum passo importante do texto da sentença não permita compreender o pensamento do julgador ou, por comportar dois ou mais sentidos diversos, suscite dúvidas sobre aquele em que foi utilizado. A jurisprudência dominante entende que o objecto da aclaração só pode ser a parte decisória da sentença, não podendo incidir sobre a respectiva fundamentação. Grande parte da doutrina, porém, defende que esta interpretação restritiva é desconforme com a letra da lei – que fala de "alguma obscuridade ou ambiguidade" – e com a exigência legal de fundamentação das decisões judiciais (v., por todos, Lebre de Freitas, *Código de Processo Civil Anotado*, Volume 2.°, Coimbra, 2001, págs. 672-673).

Requerida a aclaração da sentença, a secretaria, sem dependência de despacho, notifica a parte contrária para responder e depois o pedido é apreciado, não sendo susceptível de recurso o despacho que indeferir o pedido de esclarecimento (artigo 670.°, n°s 1 e 2, com a redacção do Decreto-Lei n.° 329-A/95, de 12 de Dezembro).

Se a decisão for de deferimento, o seu conteúdo integra-se na própria sentença, podendo "a parte prejudicada com a alteração da decisão [...] recorrer, mesmo que a causa esteja compreendida na alçada do tribunal; neste caso, o recurso não suspende a exequibilidade da sentença" (artigo 670.°, n.° 4, na redacção do já referido DL n.° 329-A/95 e do Decreto-Lei n.° 180/96, de 25 de Setembro).

Sendo o tribunal colectivo, a competência para esclarecer a sentença cabe ao respectivo presidente (v. artigo 108.°, n.° 1-*d)*, da Lei de Organização e Funcionamento dos Tribunais Judiciais, aprovada pela Lei n.° 3/99, de 13 de Janeiro, rectificada pela Declaração de rectificação n.° 7/99, de 16 de Fevereiro, e alterada pela Lei n.° 101/99, de 26 de Julho, pelos Decretos-Leis n.°s 323/2001, de 17 de Dezembro, e 38/2003, de 8 de Março, pela Lei n.° 105/2003, de 10 de Dezembro, pelo Decreto-Lei n.° 53/ /2004, de 18 de Março, pela Lei n.° 42/ /2005, de 29 de Agosto, e pelo Decreto-Lei n.° 76-A/2006, de 29 de Março – este rectificado pela Declaração de rectificação n.° 28-A/2006, de 26 de Maio).

Muito embora o artigo 670.°, n.° 1, C.P.C., se refira em alternativa à arguição de nulidades e ao pedido de aclaração da sentença, o n.° 3 da mesma disposição esclarece que, pretendendo-se a aclaração da sentença e a arguição de nulidades desta, em primeiro lugar há de requerer a aclaração, iniciando-se o prazo "para arguir nulidades ou pedir a reforma" "depois de notificada a decisão proferida sobre esse requerimento [o da aclaração] ".

Se se quiser recorrer da sentença tendo-se requerido a sua aclaração, o prazo para a interposição do recurso só começa a correr depois da notificação da decisão proferida sobre o requerimento; e, se a outra parte já tiver recorrido da sentença antes de requerida a aclaração, o objecto de recurso é a nova decisão, embora seja sempre lícito ao recorrente reformular o objecto do recurso de acordo com a alteração que a decisão tiver sofrido. V. artigo 686.°, C.P.C., cujo n.° 2 tem a redacção dada pelo mencionado DL n.° 180/96.

V. *Sentença; Requerimento; Fundamentação das decisões; Secretaria judicial; Despacho; Notificação; Recurso; Alçada; Efeito devolutivo do recurso; Tribunal colectivo; Juiz presidente; Sentença; Reforma de sentença.*

Acolhimento em instituição (Dir. Civil) – É uma das medidas de promoção e de protecção previstas na Lei de Protecção de Crianças e Jovens em Perigo, aprovada pela Lei n.° 147/99, de 1 de Setembro, e alterada pela Lei n.° 31/2003, de 22 de Agosto, que "consiste na colocação da criança ou jovem aos cuidados de uma entidade que disponha de instalações e equipamento de acolhimento permanente e de uma equipa técnica que lhes garantam os cuidados adequados às suas necessidades e lhes proporcionem condições que permitam a sua educação, bem-estar e desenvolvimento integral".

V. artigos 49.° e segs. da Lei de Protecção de Crianças e Jovens em Perigo.

V. *Menor.*

Acolhimento familiar (Dir. Civil) – Trata-se de uma das medidas de promoção e de protecção previstas na Lei de Protecção de Crianças e Jovens em Perigo, aprovada pela Lei n.° 147/99, de 1 de Setembro, e alterada pela Lei n.° 31/2003, de 22 de Agosto, que "consiste na atribuição da confiança da criança ou do jovem a uma pessoa singular ou a uma família, habilitadas para o efeito, visando a sua integração em meio familiar e a prestação de cuidados adequados às suas necessidades e bem-estar e a educação necessária ao seu desenvolvimento integral".

V. artigos 46.° a 48.° da Lei de Protecção de Crianças e Jovens em Perigo.

V. *Menor; Confiança de menor; Pessoa singular; Família.*

Acompanhamento educativo (Dir. Civil) – É uma das medidas tutelares previstas na Lei Tutelar Educativa, aprovada pela Lei n.° 166/99, de 14 de Setembro, e que "consiste na execução de um projecto educativo pessoal que abranja as áreas de intervenção fixadas pelo tribunal"; esse projecto "é elaborado pelos serviços de reinserção social e sujeito a homologação judicial", competindo também a esses serviços "supervisionar, orientar, acompanhar e apoiar o menor durante a execução do projecto educativo pessoal". Esta medida, regida pelo artigo 16.°, "tem a duração mínima de três meses e a máxima de dois anos", podendo o tribunal impor ao menor, conjuntamente com esta medida, regras de conduta ou obrigações ou, ainda, a frequência de um programa formativo.

Antes de aplicar a medida de acompanhamento educativo que inclua obrigação de frequência de programa formativo, "o tribunal pode pedir aos serviços de reinserção social informação sobre instituições ou entidades junto das quais o menor deve cumprir a medida, respectivos programas, horários, condições de frequência e vagas disponíveis", tendo aqueles serviços de informar em prazo não superior a 20 dias (artigo 21.°).

V. *Medida tutelar; Menor; Tribunal de menores; Homologação; Imposição de regras de conduta; Imposição de obrigações; Frequência de programa formativo.*

"A contrario sensu" – Forma de interpretação da lei que consiste em entender que os casos que ficam fora do seu âmbito se regem por regra oposta àquela que a lei contém.

Trata-se de um argumento interpretativo cujo uso tem de ser muito cauteloso, designadamente porque a previsão legal pode ser apenas exemplificativa, não visando afastar o regime estatuído para os casos nela não indicados. A procedência deste argumento ou regra interpretativa implica, pois, designadamente, a verificação de que a disposição a interpretar tem carácter excepcional.

V. *Interpretação da lei; Argumentos interpretativos; Norma excepcional.*

Acórdão (Proc. Civil) – Sentença proferida por um tribunal colectivo (artigo 156.°, n.° 3, C.P.C.).

Determina o artigo 713.°, n.° 2, C.P.C., que "o acórdão principia pelo relatório, em que se enunciam sucintamente as questões a decidir no recurso, exporá de seguida os fundamentos e concluirá pela decisão", estabelecendo o n.° 1 da mesma disposição que "o acórdão definitivo é lavrado de harmonia com a orientação que tenha prevalecido, devendo o vencido, quanto à decisão ou quanto aos simples fundamentos, assinar em último lugar, com a sucinta menção das razões de discordância"; os n.°s 3 e 4 deste artigo dispõem que, "quando o relator fique vencido relativamente à decisão ou a todos os fundamentos desta, é o acórdão lavrado pelo primeiro adjunto vencedor, o qual deferirá ainda os termos que se seguirem, para integração, aclaração ou reforma do acórdão" e que, "se o relator for apenas vencido quanto a algum dos fundamentos ou relativamente a qualquer questão acessória, é o acórdão lavrado pelo juiz que o presidente designar". Finalmente, o artigo 717.°, C.P.C., caracteriza o acórdão lavrado contra o vencido como "o acórdão proferido em sentido diferente do que estiver registado no livro de lembranças".

V. *Sentença; Tribunal colectivo; Recurso; Fundamentação das decisões; Vencido; Juiz relator; Juiz adjunto; Juiz presidente; Aclaração de acórdão; Reforma de acórdão; Livro de lembranças.*

Acórdão uniformizador de jurisprudência (Proc. Civil) – Os artigos 732.°-A e 732.°-B, aditados ao Código de Processo Civil pelo Decreto-Lei n.° 329-A/95, de 12 de Dezembro, vieram prever o chamado julgamento ampliado da revista que terá lugar quando tal for determinado pelo Presidente do Supremo Tribunal de Justiça, para ocorrer à necessidade de uniformização da jurisprudência, "até à prolação do acórdão", e em que intervém o "plenário das secções cíveis". Este julgamento "pode ser requerido por qualquer das partes ou pelo Ministério Público e deve ser sugerido pelo relator, por qualquer dos adjuntos, ou pelos presidentes das secções cíveis, designadamente quando verifiquem a possibilidade de vencimento de solução jurídica que esteja em oposição com jurisprudência anteriormente firmada, no domínio da mesma legislação e sobre a mesma questão fundamental de direito".

Decidida a realização deste julgamento alargado, "o processo vai com vista ao Ministério Público por 10 dias, para emissão de parecer sobre a questão que origina a necessidade de uniformização da jurisprudência". "O julgamento só se realiza com a presença de, pelo menos, três quartos dos juízes em exercício nas secções cíveis", e "o acórdão proferido pelas secções reunidas sobre o objecto da revista é publicado na 1.ª série-A do jornal oficial". O artigo 678.°, n.° 6, C.P.C., aditado pelo Decreto-Lei n.° 180/96, de 25 de Setembro, visando reforçar o valor uniformizador da jurisprudência destes acórdãos, determina que "é sempre admissível o recurso das decisões proferidas [em 1.ª ou 2.ª instância] contra jurisprudência uniformizada pelo Supremo Tribunal de Justiça". Este preceito demonstra bem que os acórdãos uniformizadores não são vinculativos para os tribunais inferiores, pretendendo-se que a sua força persuasiva seja forte.

Na realidade ou, se se preferir, na *law in action*, estes acórdãos têm o mesmo valor que tinham anteriormente os assentos, e que é o de contribuir para a uniformização da jurisprudência.

V. *Acórdão; Revista; Supremo Tribunal de Justiça; Jurisprudência; Juiz relator; Juiz adjunto; Ministério Público; Diário da República; Recurso; Tribunal de 1.ª instância; Assento.*

Acordo – 1. (Dir. Civil) – O acordo constitui o núcleo essencial dos contratos e consiste na convergência das várias manifestações de vontade das partes.

O artigo 232.°, C.C., determina que o contrato não pode considerar-se celebrado enquanto não existir acordo das partes em relação a todas as cláusulas sobre as quais qualquer delas tiver entendido ser necessário o acordo.

Por vezes, o termo é utilizado pela doutrina para designar os acordos juridicamente irrelevantes, ou por respeitarem a matérias que ao Direito não interessam ou porque as partes os realizaram sem intenção negocial.

Há autores que distinguem entre os simples acordos e os chamados negócios de pura obsequiosidade: enquanto os primeiros respeitariam a matéria sobre a qual se concluem negócios jurídicos, mas que seriam realizados sem intuito negocial, os segundos seriam ajurídicos, dado que versariam sobre questões alheias ao Direito. A admissibilidade dos simples acordos (neste sentido) supõe o entendimento de que as partes, para celebrarem um negócio jurídico, têm de ter uma vontade dirigida à submissão do seu compromisso ao direito, de modo que, inexistindo ela, o acordo não constitui um negócio jurídico: esta ideia não é pacífica na doutrina, argumentando-se contra ela designadamente com o artigo 2.°, n.° 2, C.P.C., que dispõe: "A todo o direito, excepto quando a lei determine o contrário, corresponde a acção adequada a fazê-lo reconhecer em juízo, a prevenir ou reparar a violação dele e a realizá-lo coercivamente, bem como os procedimentos necessários para acautelar o efeito útil da acção". Porém, este argumento não é decisivo, já que, pressuposto mesmo de saber se existe algum direito é o saber se o acordo produziu efeitos jurídicos, isto é, se ele configurou um negócio jurídico, *maxime* um contrato.

V. *Contrato; Autonomia da vontade; Manifestação de vontade; Cláusula; Negócio jurídico; Direito; Acção.*

2. (Proc. Civil) – Para requererem a separação judicial de pessoas e bens ou o divórcio por mútuo consentimento, têm os cônjuges de "acordar sobre a prestação de alimentos ao cônjuge que deles careça, o exercício do poder paternal relativamente aos filhos menores e o destino da casa de morada da família" – v. artigos 1775.°, n.° 2, C.C., e 1419.°, C.P.C..

V. *Separação judicial de pessoas e bens; Divórcio; Alimentos; Poder paternal; Casa de morada da família.*

Acordo de credores (Dir. Civil; Dir. Com.; Proc. Civil) – Os artigos 1167.° a 1173.° do Código de Processo Civil previam, no processo de falência, o acordo de credores. Estas disposições foram revogadas pelo Código dos Processos Especiais de Recuperação da Empresa e de Falência, aprovado pelo Decreto-Lei n.° 132/93, de 23 de Abril, alterado pelos Decretos-Leis n.°s 57/97, de 24 de Junho, 315/98, de 20 de Outubro, 323/2001, de 17 de Dezembro, e 38/2003, de 8 de Março. No processo especial de recuperação da empresa e de protecção dos credores, inicialmente criado pelo Decreto-Lei n.° 177/86, de 2 de Julho, e entretanto regido pelo citado Código dos Processos Especiais de Recuperação da Empresa e de Falência, o acordo de credores constituía uma providência de recuperação da empresa, que podia ser requerida por uma empresa insolvente que se considerasse economicamente viável e julgasse superável a deficiente situação financeira em que se encontrasse, cabendo a iniciativa do pedido ao titular da empresa ou ao órgão social incumbido da sua administração; a providência também podia ser requerida por qualquer credor, desde que se verificasse um dos factos reveladores da situação de insolvência do devedor que se encontravam enunciados no artigo 8.°, n.° 1, do mesmo Código. O acordo de credores era o meio de recuperação da empresa insolvente que consistia na constituição de uma ou mais sociedades destinadas à exploração de um ou mais estabelecimentos da empresa devedora, desde que os credores, ou alguns deles, se dispusessem a assumir e dinamizar as respectivas actividades (artigo 78.°, n.° 1, do citado Código). Posteriormente, o acordo de credores foi substituído por uma outra providência, denominada "reconstituição empresarial" (v. artigos 78.° e segs.).

No processo de falência podia ser celebrado aquilo que a lei chamava um acordo extraordinário entre o falido e os credores com créditos verificados, que punha termo ao processo e determinava, a pedido do interessado, o levantamento dos efeitos da declaração de falência quanto ao falido. Este acordo, que podia ter lugar em qualquer fase da liquidação, mas depois de proferida a sentença de verificação de créditos, tinha de ser concluído entre a maioria absoluta dos credores reconhecidos que representasse, pelo menos, dois terços do valor dos créditos comuns verificados e "o falido, seus herdeiros ou representantes", de constar de documento autêntico ou autenticado, de conter, além da identificação das partes, a menção dos créditos de que eram titulares e a indicação das garantias a que os credores preferentes houvessem renunciado; a homologação judicial do acordo tinha de ser requerida pelas partes e, se o requerimento não fosse liminarmente indeferido, ele determinava a suspensão do processo de falência, sem prejuízo dos efeitos para o falido da indiciação das infracções criminais. Recebido o acordo, eram notificados os credores, que o não tivessem aceitado, por editais com a dilação de 10 dias, publicados no *Diário da República* e num dos jornais mais lidos na comarca, para, em 10 dias após o termo do prazo dos éditos, deduzirem por embargos, querendo, o que tivessem a opor à extinção do processo; para o mesmo fim era notificado o Ministério Público, sendo também dado conhecimento do requerimento ao liquidatário judicial e à comissão de credores; estes últimos tinham, no prazo dos éditos, de "emitir e juntar ao processo parecer fundamentado sobre as condições legais do acordo e a probabilidade do seu cumprimento por parte do falido"; os embargos podiam ser contestados nos cinco dias posteriores à notificação da sua apresentação, observando-se, após a contestação, os termos do processo sumário e concluindo a sentença que os julgasse pela homologação ou rejeição do acordo. A homologação punha termo ao processo, recuperando o devedor "nos termos convencionados o direito de disposição dos seus bens e a livre gestão dos seus negócios, cessando as atribuições da comissão de credores e do liquidatário judicial, com excepção das referentes à apresentação de contas e das estipuladas no acordo"; por outro lado, tornava o acordo obrigatório para todos os credores, incluindo os que não tivessem reclamado a verificação dos seus créditos, desde que estes fossem anteriores à declaração de falência, abrangia os credores preferentes, desde que o acordo não afectasse as respectivas garantias. Se o acordo não fosse homologado por decisão definitiva, o processo de falência prosseguiria.

O Código dos Processos Especiais de Recuperação da Empresa e de Falência foi revogado pelo Decreto-Lei n.° 53/2004, de 18 de Março, alterado pelos Decretos-Leis n.°s 200/2004, de 18 de Agosto, e 76-A/ /2006, de 29 de Março (este rectificado pela Declaração de rectificação n.° 28-A/ /2006, de 26 de Maio), que aprovou o Código da Insolvência e da Recuperação de Empresas.

V. *Falência; Apresentação à falência; Concordata; Credor; Recuperação da empresa; Insolvência; Pessoa colectiva; Sociedade; Anulação; Trânsito em julgado; Reconstituição empresarial; Credor comum; Credor privilegiado; Documento autêntico; Documento autenticado; Garantia; Homologação; Requerimento, Indeferimento liminar; Suspensão da instância; Notificação; Edital; Embargos; Ministério Público; Liquidatário judicial; Comissão de credores; Contestação.*

Acordo de princípio (Dir. Civil) – Convenção, autónoma ou integrada num contrato, nos termos da qual as partes assumem o compromisso de realizar negociações com vista à celebração de um futuro contrato ou à renovação de um contrato já existente.

Trata-se de um acordo diverso do contrato-promessa, porquanto nele as partes não se vinculam à celebração futura de um qualquer contrato, mas tão somente a negociar entre si tendo em vista tal celebração.

V. *Convenção; Contrato; Negociações preliminares; Renovação do contrato; Contrato-promessa.*

Acordo extraordinário (Dir. Civil; Dir. Com.; Proc. Civil) – V. *Acordo de credores.*

Acordo-quadro (Dir. Civil) – Acordo ou contrato-quadro é a convenção pela qual as partes definem os termos de um futuro contrato que tencionam vir a celebrar, mas a cuja conclusão não se vinculam. Diversamente do que acontece, pois, no contrato-promessa, as partes, assumindo a obrigação de, se vierem a contratar, fazê-lo em certas condições, isto é, integrarem no contrato as cláusulas acordadas, não se obrigam à celebração do contrato, que virão ou não a realizar conforme entenderem.

V. *Convenção; Contrato; Contrato-promessa; Cláusula.*

Acordo simulatório (Dir. Civil) – Acordo secreto das partes num negócio jurídico, realizado com o fim de enganar terceiros, pelo qual convencionam que uma ou ambas declararão uma vontade que não corresponde à sua vontade real, isto é, celebrarão aparentemente um negócio que não corresponde à situação verdadeira: o negócio assim celebrado diz-se simulado.

V. artigo 240.°, C.C..

Do acordo simulatório, quando invocado pelos simuladores, não pode ser feita prova testemunhal se o acto simulado estiver contido em documento autêntico ou nos documentos particulares mencionados nos artigos 373.° a 379.°, C.C. (artigo 394.°, n.°s 1 e 2, C.C.).

Sendo o negócio jurídico unilateral, pode, ainda assim, haver acordo simulatório, realizado então entre o autor do negócio e o seu beneficiário (v. artigo 2200.°, C.C., sobre simulação de disposição testamentária).

V. *Negócio jurídico; Terceiro; Acto dissimulado; Simulação; Prova testemunhal; Documento autêntico; Documento particular; Negócio jurídico unilateral; Disposição testamentária.*

Acrescer (Dir. Civil) – V. *Direito de acrescer.*

Acta (Dir. Civil; Proc. Civil) – É o documento em que se descreve e regista o que ocorre em certa reunião ou sessão.

O artigo 157.°, n.° 3, C.P.C., diz que "os despachos e sentenças proferidos oralmente no decurso de acto de que deva lavrar-se auto ou acta são aí reproduzidos", garantindo a assinatura pelo juiz do auto ou acta a fidelidade da reprodução.

O artigo 300.°, n.° 4, do mesmo Código autoriza que a transacção se faça em acta, "quando resulte de conciliação obtida pelo juiz", determinando que, "em tal caso, limitar-se-á este a homologá-la por sentença ditada para a acta, condenando nos respectivos termos".

V. *Documento; Despacho; Sentença; Auto; Transacção; Homologação.*

"Actio quanti minoris" (Dir. Civil) – Usa-se esta expressão para significar o direito que tem o credor – em particular o comprador numa compra e venda – a ver reduzido o preço do bem em consequência de defeito, falta de qualidade ou oneração que o afecte.

V. *Compra e venda; Credor; Venda de coisas defeituosas; Venda de bens onerados.*

Actividade perigosa (Dir. Civil)

1. O artigo 493.°, C.C., estabelece, no seu n.° 2, que "quem causar danos a outrem no exercício de uma actividade perigosa, por sua própria natureza ou pela natureza dos meios utilizados, é obrigado a repará-los, excepto se mostrar que empregou todas as providências exigidas pelas circunstâncias com o fim de os prevenir". Temos aqui, portanto, um caso de responsabilidade civil com culpa presumida. Durante muito tempo existiu uma corrente doutrinária e jurisprudencial que, por aplicação desta norma, entendia que, em matéria de acidentes de viação, o ónus da prova da culpa do agente não pertencia ao lesado, antes existindo uma presunção de culpa do lesante, que cabia a este ilidir. Em 29 de Janeiro de 1980, foi, no entanto, publicado no *Diário da República*, I série, o Assento n.° 1/80, proferido em 21 de Novembro de 1979, que decidiu que "o disposto no artigo 493.°, n.° 2, do Código Civil, não tem aplicação em matéria de acidentes de circulação terrestre", tendo uniformizado a orientação jurisprudencial neste sentido.

2. A prevenção de riscos de acidentes graves causados pela actividade de certas indústrias foi, originariamente, realizada pelo Decreto-Lei n.° 224/87, de 3 de Junho, depois pelo Decreto-Lei n.° 204/93, de 3 de Junho, tendo estes diplomas transposto para a ordem jurídica portuguesa várias Directivas comunitárias; entretanto, o Decreto-Lei n.° 164/2001, de 23 de Maio (rectificado pela Declaração de rectificação n.° 13-R/2001, de 30 de Junho, e alterado pelo Decreto-Lei n.° 69/2003, de 10 de Abril), revogando o referido DL n.° 204/ /93, veio actualizar e redefinir o regime de "prevenção de acidentes graves que envolvam substâncias perigosas e a limitação das suas consequências para o homem e para o ambiente, com vista a assegurar, de forma eficaz e coerente, um elevado nível de protecção dos mesmos, transpondo para a ordem jurídica interna a Directiva n.° 96/82/CE, do Conselho, de 9 de Dezembro".

3. O Decreto-Lei n.° 139/2002, de 17 de Maio, alterado pelos Decretos-Leis n.°s 139/2003, de 2 de Julho, e 87/2005, de 23 de Maio, revogando vários diplomas anteriores (Decreto-Lei n.° 142/79, de 23 de Maio, e Portarias n.°s 29/74, de 16 de Janeiro, 831/82, de 1 de Setembro, e 506/85, de 25 de Julho), aprova o Regulamento de Segurança dos Estabelecimentos de Fabrico e de Armazenagem de Produtos Explosivos. O referido DL n.° 87/2005 define o regime aplicável por força da caducidade de alvarás e licenças dos estabelecimentos de fabrico e de armazenagem de produtos explosivos (v. Portaria n.° 637/2005, de 4 de Agosto, rectificada pela Declaração de rectificação n.° 66/2005, de 14 de Setembro, e alterada pela Portaria n.° 1148/2005, de 9 de Novembro).

V. *Dano; Responsabilidade civil; Culpa, Presunção de culpa; Ónus da prova; Acidente de viação; Protecção do ambiente.*

Acto a título gratuito (Dir. Civil) – Acto pelo qual uma pessoa assume uma obrigação ou dispõe de um direito ou de uma coisa em benefício de outrem, sem contrapartida.

V. *Obrigação; Direito subjectivo; Negócio a título oneroso.*

Acto a título oneroso (Dir. Civil) – V. *Negócio a título oneroso.*

Acto bilateral (Dir. Civil) – Acto jurídico resultante das vontades convergentes de dois sujeitos.

V. *Acto jurídico; Acto unilateral.*

Acto colectivo (Dir. Civil) – Acto integrado por várias manifestações de vontade paralelas, de conteúdo idêntico. Diversamente do que acontece no acto bilateral, as declarações negociais que integram o acto colectivo não têm conteúdos diversos e convergentes, mas antes conteúdo idêntico, não existindo, portanto, senão um pólo de interesses.

V. *Manifestação de vontade; Negócio jurídico unilateral.*

Acto confirmativo (Dir. Civil) – Acto reiterador da vontade expressa num acto anterior, que tem como efeito suprimir um vício de que aquele sofria. A confirmação é o modo adequado de sanar a anulabilidade de um acto jurídico, quando provém daquele que era o titular do interesse protegido pela anulabilidade e ocorre depois da cessação da causa desta e com conhecimento dela.

V. *Anulabilidade; Confirmação.*

Acto consensual (Dir. Civil) – Acto jurídico que não está sujeito a nenhuma forma para que seja válido: é esta a regra. Cfr. artigo 219.°, C.C..

V. *Acto jurídico; Acto formal; Acto solene; Consensualidade.*

Acto conservatório (Dir. Civil) – Acto que tem por objecto diligências necessárias à salvaguarda de um direito, evitando a sua perda (exemplo: interrupção de uma prescrição), ou quaisquer reparações dos bens administrados destinadas a evitar a sua deterioração ou o seu perecimento. Os actos conservatórios constituem uma modalidade dos actos de mera administração.

V. *Acto jurídico; Interrupção da prescrição; Acto de administração.*

Acto constitutivo (Dir. Civil) – Acto jurídico que cria direitos, deveres ou outras situações jurídicas novas. Constitui exemplo de acto constitutivo o casamento, que cria o estado de casado.

V. *Acto jurídico; Casamento; Estado pessoal.*

Acto de administração (Dir. Civil) – Em sentido lato, acto que tenha por fim a gestão normal de um património, conservando o seu valor e fazendo-o frutificar.

Em sentido restrito, opõe-se acto de mera administração a acto de disposição: o acto de administração tende a manter os direitos no património e não pode, em princípio, acarretar a sua transmissão. Diz Manuel de Andrade, *Teoria Geral da Relação Jurídica*, Vol. II, pág. 62: "É doutrina pacífica que entra na mera administração tudo quanto diga respeito:

1) a prover à conservação dos bens administrados;

2) a promover a sua frutificação *normal*.

Por outro lado é seguro também que não pertencem à mera administração – sendo actos de disposição – os negócios que alterem a própria substância do património administrado, que importem a substituição de uns bens por outros, que afectem, numa palavra, o *capital* administrado, pondo-o em risco, por importarem um novo e diverso investimento desse capital. Por exemplo, vender os prédios que constituem o capital confiado ao administrador para dar qualquer outra aplicação ao respectivo preço; comprar prédios com dinheiro que faça parte do mesmo capital"; "[...] começam as dúvidas e divergências quando se trate de promover uma frutificação *anormal* (excepcional) ou o melhoramento do património administrado, ainda mesmo à custa dos rendimentos obtidos".

A lei distingue entre actos de administração ordinária e actos de administração extraordinária (por exemplo, artigos 1024.°, n.° 1, e 1682.°, n.° 1, C.C.), não sendo muito preciso o critério adoptado para estabelecer tal distinção. Assim, enquanto o artigo 1024.°, n.° 1, estabelece que a locação só constitui acto de administração extraordinária se o respectivo prazo for superior a seis anos, o artigo 1682.°-A, n.° 1-*a)*, C.C., tem implícita a qualificação do arrendamento como acto de administração extraordinária, independentemente do prazo.

A doutrina compreende, em regra, nos actos de administração ordinária os que visam a conservação dos bens ou a sua normal frutificação, incluindo na categoria dos actos de administração extraordinária aqueles que se traduzam na realização de melhoramentos nos bens ou promovam a sua frutificação anormal.

A distinção quer entre actos de disposição e actos de administração e, dentro destes, entre (actos de) administração ordinária e extraordinária implica o apuramento de critérios mais elaborados (ou diversamente elaborados) quando esteja em causa um acervo patrimonial constituído por valores mobiliários. É que, nestes, não raro a administração implica a respectiva disposição. Por outro lado, quanto à administração deste tipo de bens, a distinção entre actos de administração ordinária e extraordinária é, muitas vezes, de flagrante necessidade, carecendo também de maior precisão o critério.

V. *Acto jurídico; Património; Frutos; Prédio; Locação; Arrendamento.*

Acto de conservação (Dir. Civil) – V. *Acto jurídico; Acto conservatório.*

Acto de disposição (Dir. Civil) – Acto que implica a alienação de direitos de um património, ou a sua oneração, tendo como efeito a diminuição deste ou a alteração da sua composição, no que respeita aos seus elementos estáveis.

No entanto, como observa Manuel de Andrade, *Teoria Geral da Relação Jurídica*, Vol. II, pág. 64:

"Um mero administrador pode praticar actos de alienação, contanto que estes se integrem nos domínios próprios da sua administração (conservação e frutificação normal e quando muito ainda a frutificação anómala e o melhoramento – mas só nos limitados termos já ditos). Pode assim vender frutos, pinheiros que secam, gados, certos materiais velhos e substituir por outros novos, etc.".

V. *Acto jurídico; Alienação; Património; Oneração de bens; Frutos.*

Acto de mera tolerância (Dir. Civil) – Acto, relativo a uma coisa, praticado com consentimento expresso ou tácito do titular de direito real sobre ela, sem que haja atribuição por este de um direito ao autor do acto.

O artigo 1253.°-*b)*, C.C., caracteriza como detentores ou possuidores precários aqueles "que simplesmente se aproveitam da tolerância do titular do direito".

Corresponde a um acto de mera tolerância a situação prevista no artigo 1391.°, C.C., que estabelece que "os donos dos prédios para onde se derivam as águas vertentes de qualquer fonte ou nascente podem eventualmente aproveitá-las nesses prédios", esclarecendo a lei que tal aproveitamento não constitui, porém, um direito, de modo que ele pode cessar por o proprietário da fonte ou nascente decidir fazer uma nova utilização das águas.

V. *Acto jurídico; Direito real; Direito subjectivo; Detentor; Águas; Aproveitamento de águas.*

Acto dissimulado (Dir. Civil) – Nos casos de simulação relativa, é o acto correspondente à vontade real das partes, mas que estas ocultam sob outro – o que dizem querer celebrar (por exemplo, fingem uma venda para ocultar uma doação). O valor do acto dissimulado é apreciado independentemente da simulação, mas, "se for de natureza formal, só é válido se tiver sido observada a forma exigida por lei" (artigo 241.°, C.C.). A interpretação desta norma suscita divergências e dúvidas, porquanto há quem entenda que a vontade relativa ao negócio dissimulado tem de se encontrar no documento de que conste o negócio simulado (se aquele for exigido, o que acontece nos negócios formais), posição que leva quase inevitavelmente à consideração de que, sendo o negócio formal, é nulo o dissimulado, pois, por definição, a (ou as) declaração emitida não se refere a ele.

Não é, no entanto, admitida prova testemunhal do acto dissimulado, quando invocado pelos simuladores, desde que o acto simulado se encontre contido em documento autêntico ou em algum dos tipos de documentos particulares mencionados nos artigos 373.° a 379.°, C.C. (artigo 394.°, n.°s 1 e 2, C.C.).

V. *Acto jurídico; Simulação; Compra e venda; Doação; Negócio jurídico; Forma; Prova testemunhal; Documento autêntico; Documento particular.*

Acto eficaz (Dir. Civil) – Diz-se eficaz o acto que está em condições de produzir os seus efeitos jurídicos próprios.

V. *Acto jurídico.*

Acto emulativo (Dir. Civil) – É o acto de exercício de um direito realizado com o fim de prejudicar outrem. A sua inadmissibilidade foi, desde há muito, afirmada pela doutrina, correspondendo os actos emulativos àqueles que, na concepção subjectiva tradicional, integravam a figura do abuso do direito. Esta, concebida hoje em termos mais amplos, não deixa de compreender os actos emulativos.

V. *Acto jurídico; Abuso do direito.*

Acto entre vivos (Dir. Civil) – Acto jurídico celebrado entre pessoas vivas e destinado, em princípio, a produzir os seus efeitos durante a vida das pessoas.

O acto celebrado entre sujeitos vivos pode destinar-se, porém, a produzir efeitos depois da morte do ou de um dos seus autores, pois, desde que a morte não desempenhe a função de causa da eficácia do acto, mas funcione apenas como termo suspensivo dos efeitos, o acto não deixa de ser qualificado como acto entre vivos.

V. *Acto jurídico; Acto "mortis causa"; Morte; Termo.*

Acto extintivo (Dir. Civil) – Acto que extingue direitos, deveres ou outras situações jurídicas pré-existentes. Por exemplo, a resolução extingue o contrato.

V. *Acto jurídico; Direito subjectivo; Dever jurídico; Contrato; Resolução do contrato.*

Acto facultativo (Dir. Civil) – Designam-se frequentemente assim as situações de vantagem em que alguém se encontra em consequência da inércia do titular de um direito real.

Numa outra acepção, mais ampla, é o acto cuja prática é discricionária.

V. *Acto de mera tolerância; Direito real.*

Acto fiduciário (Dir. Civil) – Acto transmissivo de bens ou direitos para outrem, não para que eles integrem o património do adquirente de forma estável ou definitiva mas para que desempenhem uma certa função ou para que venham a integrar definitivamente o património de um terceiro.

V. *Acto jurídico; Património; Terceiro; Fidúcia; Fideicomisso.*

Acto formal (Dir. Civil) – Acto jurídico sujeito a uma forma de celebração legalmente prescrita, para que seja válido.

Por exemplo, a compra e venda de imóveis tem de ser feita por escritura pública, nos termos do artigo 875.°, C.C..

O regime-regra, no direito português, é o do carácter não formal – ou consensual – dos actos e negócios jurídicos, por força do artigo 219.°, C.C..

V. *Acto jurídico; Forma; Consensualidade; Coisa imóvel; Compra e venda; Escritura pública.*

Acto gratuito (Dir. Civil) – É o acto pelo qual alguém proporciona a outrem uma vantagem patrimonial sem qualquer contrapartida para o respectivo autor.

V. *Acto jurídico; Contrato gratuito.*

Acto ilícito (Dir. Civil) – Em termos gerais, é o acto contrário a um dever jurídico. Para efeito de constituição do seu autor em responsabilidade civil delitual, considera-se ilícito o acto violador de um direito subjectivo de outrem (que no seja um direito de crédito) ou de uma norma legal destinada a proteger interesses privados (cfr. artigo 483.°, n.° 1, C.C.).

O acto ilícito gerador de responsabilidade contratual é o não cumprimento pelo devedor da sua obrigação (v. artigo 798.°, C.C.).

V. *Ilicitude; Dever jurídico; Direito subjectivo; Crédito; Interesse reflexamente protegido; Incumprimento; Devedor; Obrigação; Responsabilidade delitual; Responsabilidade contratual.*

Acto ilícito formal – Diz-se acto ilícito formal aquele que se esgota na conduta juridicamente proibida, sendo-lhe indiferente que dela resulte um prejuízo ou não.

V. *Acto ilícito; Dano; Acto ilícito material.*

Acto ilícito material – Designa-se assim o acto ilícito que apenas constitui em responsabilidade o seu autor quando dele tenha resultado uma consequência danosa. Os actos ilícitos constitutivos de responsabilidade civil são, tipicamente, ilícitos materiais, podendo os ilícitos criminais ser materiais ou formais.

V. *Acto ilícito; Responsabilidade civil; Dano.*

Acto ineficaz (Dir. Civil) – É o acto que, destinando-se a produzir efeitos jurídicos, os não produz ou por estar afectado de invalidade (ou, mesmo, de inexistência) ou por, sendo válido, existir qualquer obstáculo a essa produção, como, por exemplo, encontrar-se condicionado na sua eficácia (estar esta dependente de uma condição suspensiva, por exemplo).

V. *Acto jurídico; Invalidade; Inexistência; Validade; Condição suspensiva; Acto eficaz.*

Acto intencional determinado (Dir. Civil) – Fala-se de acto intencional determinado para designar o acto em que a vontade do sujeito não tem o poder de fixar os efeitos do acto, porque estes se encontram determinados por preceitos legais de carácter imperativo. Assim acontece essencialmente, por exemplo, com o casamento.

Por contraposição, designa-se por acto intencional indeterminado aquele em que o sujeito pode estipular, total ou parcialmente, os efeitos que o acto se destina a produzir; é esta a regra nos negócios jurídicos.

V. *Acto jurídico; Casamento; Autonomia da vontade; Negócio jurídico.*

Acto "inter vivos" (Dir. Civil) – V. *Acto jurídico; Acto entre vivos.*

Acto inútil (Proc. Civil) – Numa manifestação do princípio da economia processual, o artigo 137.°, C.P.C., determina que "não é lícito realizar no processo actos inúteis, incorrendo em responsabilidade disciplinar os funcionários que os pratiquem". A prática de actos inúteis, desconforme com o princípio da economia processual, não tem qualquer efeito sobre o processo, não implicando, designadamente, a sua nulidade.

A prática de actos inúteis pelas partes pode configurar litigância de má fé, designadamente quando realizada com culpa grave ou dolo, consubstanciar "um uso manifestamente reprovável ["do processo ou dos meios processuais"], com o fim de conseguir um objectivo ilegal, impedir a descoberta da verdade, entorpecer a acção da justiça ou protelar, sem fundamento sério, o trânsito em julgado da decisão" (artigo 456.°, n.° 2-*d)*, C.P.C., na redacção do Decreto-Lei n.° 329-A/95, de 12 de Dezembro).

De acordo com o artigo 448.°, n.° 1, C.P.C., as custas deles não ficam a cargo da parte vencida que não os tenha realizado, mas da parte ou funcionário a quem se tenha ficado a dever a sua prática (artigo 448.°, n.° 2, C.P.C.).

O artigo 109.°-*a)* do Estatuto da Câmara dos Solicitadores (aprovado pelo Decreto-Lei n.° 88/2003, de 26 de Abril, alterado pelas Leis n.°s 49/2004, de 24 de Agosto, e

14/2006, de 26 de Abril) determina, quanto a estes profissionais, que não devem "promover diligências inúteis [...] [para] a correcta aplicação do direito e descoberta da verdade".

V. *Economia processual; Acto supérfluo; Litigância de má fé; Dolo; Culpa grave, Trânsito em julgado; Custas; Parte vencida; Funcionário de justiça; Solicitador; Câmara dos Solicitadores.*

Acto judicial (Proc. Civil) – V. *Actos processuais.*

Acto jurídico (Dir. Civil) – Acto jurídico é o facto voluntário que produz, em atenção à vontade que exprime, efeitos de direitos.

Diversamente do que acontece no negócio jurídico, no acto jurídico simples, os efeitos são resultantes da manifestação de vontade, mas independentes de esta se dirigir à sua produção.

É assim que a maioria dos actos ilícitos constituem actos jurídicos simples, pois a vontade do respectivo autor não se dirige à produção do efeito sancionatório que lhe está ligado. Muitos actos lícitos são também meros actos jurídicos, dado que produzem efeitos de direito que o seu autor desconhecia e, como tal, não podia querer.

"Aos actos jurídicos que não sejam negócios jurídicos são aplicáveis, na medida em que a analogia das situações o justifique [...]", as disposições relativas ao negócio jurídico – artigo 295.°, C.C..

V. *Facto jurídico; Negócio jurídico; Acto ilícito; Sanção jurídica.*

Acto legislativo – V. *Lei.*

Acto modificativo (Dir. Civil) – Acto que modifica direitos, deveres ou situações jurídicas preexistentes. Por exemplo, a moratória modifica a obrigação quanto ao tempo do cumprimento.

V. *Acto jurídico; Direito; Dever jurídico; Moratória; Obrigação; Tempo do cumprimento.*

Acto "mortis causa" (Dir. Civil) – Acto jurídico destinado a produzir efeitos por morte de uma pessoa. Nestes actos, a morte constitui, conjuntamente com o próprio acto, a causa dos efeitos jurídicos.

É paradigma de acto *mortis causa* o testamento.

V. *Acto jurídico; Acto entre vivos; Morte; Testamento.*

Acto negocial (Dir. Civil) – Por contraposição a acto jurídico simples, diz-se negocial o acto que visa a produção de certos efeitos jurídicos e em que estes se produzem em conformidade com a vontade negocial ou funcional do seu autor.

V. *Acto jurídico; Negócio jurídico.*

Acto normativo – O artigo 112.° da Constituição da República, sob a epígrafe "Actos normativos", dispõe, no seu n.° 1, que "são actos legislativos as leis, os decretos-leis e os decretos legislativos regionais. O n.° 2 declara a equivalência das leis e dos decretos-leis, "sem prejuízo da subordinação às correspondentes leis dos decretos-leis publicados no uso de autorização legislativa e dos que desenvolvam as bases gerais dos regimes jurídicos". O n.° 3 declara terem "valor reforçado" as leis orgânicas, as "que carecem de aprovação por maioria de dois terços, bem como aquelas que, por força da Constituição, sejam pressuposto normativo necessário de outras leis ou que por outras devam ser respeitadas". O n.° 4 ocupa-se dos decretos legislativos regionais, e os n.°s 6 e 7 dos regulamentos. De acordo com o n.° 8, "a transposição de actos jurídicos da União Europeia para a ordem jurídica interna assume a forma de lei, decreto-lei ou, nos termos do disposto no n.° 4, decreto legislativo regional. O n° 5 deste artigo determina que "nenhuma lei pode criar outras categorias de actos legislativos ou conferir a actos de outra natureza o poder de, com eficácia externa, interpretar, integrar, modificar, suspender ou revogar qualquer dos seus preceitos".

V. *Lei; Decreto legislativo regional; Lei orgânica; Regulamento; Interpretação da lei; Lacunas; Revogação da lei.*

Acto oneroso (Dir. Civil) – É o acto em razão do qual o respectivo autor sofre um sacrifício patrimonial, obtendo do mesmo passo uma vantagem da mesma natureza.

V. *Acto jurídico; Acto gratuito.*

Acto processual (Proc. Civil) – V. *Actos processuais.*

Actos de secretaria (Proc. Civil) – O artigo 161.°, C.P.C., introduzido pelo Decreto-Lei n.° 329-A/95, de 12 de Dezembro, enuncia as funções e deveres das secretarias judiciais, dispondo que lhes cabe em geral assegurar "o expediente, autuação e regular a tramitação dos processos pendentes [...], em conformidade com a lei de processo e na dependência funcional do magistrado competente".

"Incumbe à secretaria a execução dos despachos judiciais, cumprindo-lhe realizar oficiosamente as diligências necessárias para que o fim daqueles possa ser prontamente alcançado" (n.° 2 do referido artigo 161.°).

Há actos que a secretaria deve praticar independentemente de despacho, como a junção ao processo dos requerimentos, respostas, articulados e alegações que àquele respeitem, desde que tenham sido apresentados dentro do prazo e não suscite dúvidas a legalidade da junção; tal junção deve verificar-se no próprio dia da apresentação, desde que seja possível, e, caso haja dúvidas sobre a legalidade ou tempestividade da junção, deve a secretaria "submetê-los a despacho do juiz, para este a ordenar ou recusar" – artigo 166.°, n.° 2, C.P.C.; o n.° 1 da mesma disposição (na redacção do Decreto-Lei n.° 457/80, de 10 de Outubro) estabelece que, "no prazo de cinco dias, salvos os casos de urgência, deve a secretaria fazer os processos conclusos, continuá-los com vista ou facultá-los para exame, passar os mandados e praticar os outros actos de expediente".

V. *Secretaria judicial; Magistrado; Despacho; Diligência; Requerimento; Alegações; Articulados; Juiz; Conclusão; Exame de processos; Mandado.*

Acto simulado (Dir. Civil) – Na simulação, é o acto aparentemente realizado (que é nulo). Sendo a simulação absoluta, ele é o único acto existente, enquanto, se a simulação for relativa, sob o acto simulado encontra-se o acto dissimulado.

V. artigos 240.° e segs., C.C..

V. *Acto jurídico; Simulação; Nulidade; Acto dissimulado.*

Acto solene (Dir. Civil) – Embora certos sectores da doutrina utilizem a expressão em sinonímia com a de acto formal, melhor parece reservá-la para designar o acto jurídico para cuja validade se torna necessária a observância de uma forma cujo conteúdo se encontra rigidamente tipificado e definido na lei. Assim sucede, por exemplo, com o casamento e o juramento.

V. *Acto jurídico; Acto formal; Forma; Juramento; Casamento.*

Actos preparatórios (Dir. Civil) – Actos das partes num negócio jurídico que antecedem a formação do acordo negocial definitivo. Dependentemente da complexidade (jurídica ou outra), do valor ou da importância do negócio (*maxime* do contrato) para as partes, estes actos preparatórios podem ser mais numerosos e demorados ou mais simples e abreviados ou, até, nem existirem.

A violação das regras da boa fé nas negociações preliminares à conclusão do contrato pode dar origem à obrigação de indemnizar pela parte que culposamente causar danos à outra (artigo 227.°, n.° 1, C.C.).

V. *Negócio jurídico; Negociações preliminares; Contrato; Responsabilidade pré-contratual; Culpa; Dano.*

Actos processuais (Proc. Civil) – Designam-se por actos processuais os actos praticados num processo, isto é, aqueles cuja disciplina resulta da sua inserção numa sequência de actos de significado apreensível em conjunto.

O n.° 1 do artigo 138.°, C.P.C., na redacção do Decreto-Lei n.° 242/85, de 9 de Julho, dispõe que "os actos processuais terão a forma que, nos termos mais simples, melhor corresponda ao fim que visam atingir"; o n.° 2 da mesma disposição, na redacção do Decreto-Lei n.° 199/2003, de 10 de Setembro (rectificado pela Declaração de rectificação n.° 16-B/2003, de 31 de Outubro), determina que "os actos processuais podem obedecer a modelos aprovados pela entidade competente, só podendo, no entanto, ser considerados obrigatórios, salvo disposição especial, os modelos relativos a actos da secretaria"; "os actos processuais que hajam de reduzir-se a escrito devem ser compostos de modo a não deixar dúvidas acerca da sua autenticidade formal e redigidos de maneira a tornar claro o seu conteúdo, possuindo as abreviaturas usadas significado inequívoco" (n.° 3, com a redacção do Decreto-Lei n.° 329-A/95, de 12 de Dezembro); finalmente, autoriza-se "o uso de meios informáticos no tratamento e execução de quaisquer actos ou peças processuais, desde que se mostrem respeitadas as regras referentes à protecção de dados pessoais e se faça menção desse uso" (n.° 5, com a redacção do Decreto-Lei n.° 180/96, de 25 de Setembro).

O artigo 150.°, C.P.C., fixa as formas de apresentação a juízo dos actos processuais que devam ser praticados por escrito. A Portaria n.° 642/2004, de 16 de Junho, "regula a forma de apresentação a juízo dos actos processuais enviados através de correio electrónico, nos termos da alínea *d)* do n.° 1 [...]" deste artigo.

Nos actos judiciais deve usar-se a língua portuguesa – artigo 139.°, n.° 1, C.P.C..

O artigo 137.°, C.P.C., determina que "não é lícito realizar no processo actos inúteis, incorrendo em responsabilidade disciplinar os funcionários que os pratiquem".

V. *Forma dos actos processuais; Secretaria judicial; Dados pessoais; Acto inútil; Funcionário de justiça.*

Acto supérfluo (Proc. Civil) – Embora o artigo 137.°, C.P.C., proíba os actos inúteis, tal proibição não se estende aos actos supérfluos, isto é, aos actos, que, sendo "desnecessários para a declaração ou defesa do direito", foram praticados, a requerimento de uma das partes, por excesso de cautela.

O artigo 448.°, C.P.C., determina que a responsabilidade do vencido pelas custas não abrange nem os actos e incidentes supérfluos nem aqueles que tenham tido de ser repetidos por culpa de algum funcionário judicial ou de uma pessoa que tenha injustificadamente faltado.

V. *Acto inútil; Parte vencida; Custas; Incidente; Culpa; Funcionário de justiça; Falta.*

Acto translativo (Dir. Civil) – Acto jurídico praticado por uma pessoa que transmite um ou mais direitos a outrem. É o que acontece, tipicamente, com a alienação.

V. *Acto jurídico; Direito subjectivo; Alienação.*

Acto transmissivo (Dir. Civil) – V. *Acto jurídico; Acto translativo.*

Acto unilateral (Dir. Civil) – Acto jurídico constituído pela manifestação de vontade de uma única pessoa. Constituem exemplos de actos unilaterais o testamento e a procuração.

V. *Acto jurídico; Manifestação de vontade; Acto negocial; Acto bilateral; Negócio jurídico unilateral; Testamento; Procuração.*

Actuação em nome alheio (Dir. Civil) – Quando alguém actua em nome de outrem, isto é, actua representativamente, os efeitos jurídicos dos actos que pratica nunca se produzem na sua própria esfera jurídica, podendo produzir-se ou não na esfera daquele em nome de quem se actuou dependentemente de o agente ter ou não poderes representativos; se os não tiver, o acto só poderá produzir efeitos em relação ao representado se este os ratificar.

V. *Representação; Esfera jurídica; Poderes representativos; Ratificação.*

Actuação por conta de outrem (Dir. Civil) – Diz-se que um sujeito actua por conta de outrem sempre que com o acto ou actividade que realiza tem intenção de gerar efeitos (jurídicos ou patrimoniais) para terceiro, isto é, sempre que o agente actua com intenção de transferir para a esfera patrimonial alheia as vantagens e os inconvenientes da sua actuação. Existe actuação por conta de outrem, por exemplo, na gestão de negócios e no mandato.

V. *Terceiro; Gestão de negócios; Mandato.*

Actualismo – No domínio da interpretação da lei, a corrente actualista defende que o intérprete deve procurar o sentido dela que mais se adapta às circunstâncias históricas em que vai ser aplicada, ou seja, que o sentido de um texto normativo pode e deve variar com as condições a que visa aplicar-se.

O artigo 9.°, n.° 1, *in fine*, dispõe que a interpretação deve ter em conta "as condições específicas do tempo em que é aplicada".

V. *Interpretação da lei; Historicismo; Interpretação actualista.*

Actualização das obrigações pecuniárias (Dir. Civil) – O artigo 551.°, C.C., estabelece que, "quando a lei permitir a actualização das prestações pecuniárias, por virtude das flutuações do valor da moeda, atender-se-á, na falta de outro critério legal, aos índices dos preços, de modo a restabelecer, entre a prestação e a quantidade de mercadorias a que ela equivale, a relação existente na data em que a obrigação se constituiu".

V. *Prestação; Obrigação; Obrigação pecuniária.*

Actualização de rendas (Dir. Civil) – A disposição do artigo 1104.° do C.C., segundo a qual, no contrato de arrendamento, fosse qual fosse a renda fixada, o senhorio podia exigir, passados cinco anos sobre a celebração do contrato, "uma renda mensal correspondente ao duodécimo do rendimento ilíquido inscrito na matriz", foi revogada pelo Regime do Arrendamento Urbano, aprovado pelo Decreto-Lei n.° 321-B/90, de 15 de Outubro (rectificado por Declaração publicada no *Diário da República*, I-A série, de 30 de Novembro de 1990), e alterado pelo Decreto-Lei n.° 278/ /93, de 10 de Agosto (por seu lado, alterado, por ratificação, pela Lei n.° 13/94, de 11 de Maio), pelo Decreto-Lei n.° 163/95, de 13 de Julho, pela Lei n.° 89/95, de 1 de Setembro, pelo Decreto-Lei n.° 257/95, de 30 de Setembro, pela Lei n.° 135/99, de 28 de Agosto, pelos Decretos-Leis n.°s 64-A/2000, de 22 de Abril, e 329-B/2000, de 22 de Dezembro, e pelas Leis n.°s 6/2001 e 7/2001, ambas de 11 de Maio.

Depois de estabelecer, no artigo 30.°, que "a actualização de rendas é permitida nos casos previstos na lei e pela forma nela regulada", o R.A.U. prevê actualizações anuais da renda – realizadas em função de um coeficiente "resultante da totalidade da variação do índice de preços no consumidor, sem habitação, correspondente aos últimos 12 meses e para os quais existam valores disponíveis à data de 31 de Agosto, apurado pelo Instituto Nacional de Estatística," ou convencionadas pelas partes nos casos admitidos na lei – e actualizações ocasionais, "em função de obras de conservação ou beneficiação, nos termos dos artigos 38.° e segs.".

Tendo desaparecido o n.° 2 do artigo 30.°, que dispunha que "as cláusulas de actualizações de rendas, estipuladas inicial ou supervenientemente pelas partes só são válidas quando conduzam a montantes de renda iguais ou inferiores aos que resultariam da aplicação da lei", e admitindo o artigo 78.°, n.° 2, que as partes convencionem livremente, no próprio contrato ou em documento posterior, o regime de actualização anual de rendas, não parece existir no R.A.U. qualquer limite à liberdade das partes na definição do regime e dos montantes de aumento das rendas nos arrendamentos urbanos (v. também artigo 119.°).

Para proceder à actualização anual legalmente prevista, o senhorio tem de "comunicar por escrito ao arrendatário, com a antecedência mínima de 30 dias, o novo montante e o coeficiente e demais factores relevantes utilizados no seu cálculo", podendo o inquilino discordar da nova renda, denunciando o contrato ("contanto que o faça até 15 dias antes de findar o primeiro mês de vigência da nova renda", mês esse pelo qual deve pagar apenas a renda antiga) ou recusando-a, "com base em erro nos factos relevantes ou na aplicação da lei"; a recusa, "acompanhada da respectiva fundamentação", será comunicada, por escrito, ao senhorio, "no prazo de 15 dias contados da recepção da comunicação do aumento"; se o senhorio se não se conformar com o quantitativo que o arrendatário se propõe pagar, pode, nos termos do n.° 1 do artigo 36.° do R.A.U. (na redacção dada pelo Decreto-Lei n.° 329-A/2000, de 22 de Dezembro), "requerer a fixação definitiva do aumento devido a uma comissão especial [cuja composição e forma de funcionamento são definidas por portaria conjunta dos Ministros do Equipamento Social, das Finanças, da Economia e da Justiça] ou ao tribunal de comarca competente".

"Quando o senhorio realize no prédio obras de conservação ordinária ou extraordinária, ou obras de beneficiação que se enquadrem na lei geral ou local necessárias para a concessão de licença de utilização e que sejam aprovadas ou compelidas pela respectiva câmara municipal, pode exigir do arrendatário um aumento de renda apurado nos termos do Regime Especial de Comparticipação na Recuperação de Imóveis Arrendados (RECRIA)" (artigo 38.°, n.° 1).

O artigo 81.°-A do R.A.U., introduzido pelo citado DL n.° 278/93 e alterado, por ratificação, pela Lei n.° 13/94, dispõe, no seu n.° 1: "O senhorio pode suscitar, para o termo do prazo do contrato ou da sua renovação, uma actualização obrigatória da renda, até ao que seria o seu valor em regime de renda condicionada, quando o arrendatário resida na área metropolitana de Lisboa ou do Porto e tenha outra residência ou for proprietário de imóvel nas respectivas áreas metropolitanas, ou quando o arrendatário resida no resto do País e tenha outra residência ou seja proprietário de imóvel nessa mesma comarca, e desde que os mesmos possam satisfazer as respectivas necessidades habitacionais imediatas"; o n.° 2, introduzido pela referida Lei n.° 13/94, de 11 de Maio, estabelece que "na comunicação para efeitos da actualização obrigatória da renda cabe ao senhorio identificar com rigor as residências ou imóveis que satisfaçam as exigências do número anterior". Neste caso, a actualização rege-se, nos termos já descritos, pelo artigo 33.°, com as seguintes adaptações:

"*a)* A comunicação do senhorio é feita com a antecedência mínima de 90 dias em relação ao termo do contrato ou da sua renovação;

b) A denúncia do arrendatário é enviada por escrito no prazo de 15 dias após a recepção da comunicação do senhorio, devendo o prédio ser restituído devoluto até ao termo do prazo do contrato ou da sua renovação".

Esta possibilidade de actualização da renda não se aplica aos arrendamentos urbanos de duração limitada (artigo 99.°, n.° 2, do R.A.U., na redacção do citado DL n.° 278/93).

Quanto aos arrendamentos urbanos para o exercício de comércio ou indústria, quando "haja sido estipulado um prazo de duração efectiva superior a cinco anos e, bem assim, quando não haja sido convencionado qualquer prazo, as partes podem estabelecer, seja no próprio contrato, seja em documento posterior, o regime de actualização anual das rendas".

V. *Arrendamento; Renda; Convenção; Obras; Cláusula; Arrendamento urbano; Denúncia; Tribunal de comarca; Renovação do contrato; Residência; Imóvel; Arrendamento a prazo.*

Acumulação de acções (Proc. Civil) – V. *Acção; Litisconsórcio.*

"Ad aemulationem" (Dir. Civil) – Expressão latina que significa *para emulação, para competir*: actos emulativos são aqueles que são praticados sem outro objectivo que não seja o de prejudicar outrem.

V. *Acto emulativo.*

"Addictio in diem" (Dir. Civil) – Convenção acessória a um negócio jurídico, mais frequentemente a uma compra e venda, pela qual uma das partes, o alienante, se reserva, dentro de certo prazo, o direito de resolver o contrato, a fim de o celebrar com terceiro que ofereça melhores condições.

V. *Convenção; Negócio jurídico; Compra e venda; Resolução do contrato; Venda "a retro".*

Aderente ao recurso (Proc. Civil) – V. *Recurso; Recurso por adesão.*

Adesão (Dir. Civil)

1. V. *Contrato de adesão.*

2. No contrato a favor de terceiros, a lei designa por adesão a declaração do terceiro beneficiário de que aceita a promessa. A adesão deve ser dirigida tanto ao promitente como ao promissário e tem como efeito consolidar o direito na esfera jurídica do beneficiário, precludindo o direito à revogação da promessa (salvo se se tratar de promessa para cumprir depois da morte do promissário).

V. artigos 447.° e 448.°, C.C..

V. *Contrato a favor de terceiros;* Terceiro; *Promitente; Promissário; Esfera jurídica.*

Adesão ao recurso (Proc. Civil) – V. *Recurso; Recurso por adesão.*

Adesão ao contrato (Dir. Civil) – "A adesão ao contrato é o negócio pelo qual um terceiro assume a mesma posição de um dos outorgantes em outro contrato, não em substituição dele, mas ao lado dele, como contitular dos seus direitos e obrigações derivados de tal contrato" (Antunes Varela, *Das Obrigações em Geral*, 7.ª edição, Vol. II, pág. 392).

V. *Contrato; Terceiro; Contitularidade; Direito subjectivo; Obrigação.*

"Ad eximere tempus" (Proc. Civil) – Expressão que significa para gastar (ou ganhar) tempo. Em processo civil, designa actos dilatórios.

V. *Acto inútil.*

"Ad hoc" – Expressão latina que significa *para isto, para esta finalidade.*

Adiamento da arrematação (Proc. Civil) – Dispunha o n.° 2 do artigo 899.°, C.P.C., que a arrematação podia ser adiada, oficiosamente ou a requerimento de qualquer interessado, quando houvesse fundada suspeita de conluio entre os concorrentes à hasta pública.

Entretanto, toda a matéria relativa ao processo executivo foi alterada, em especial pelo Decreto-Lei n.° 38/2003, de 8 de Março, rectificado pela Declaração de rectificação n.° 5-C/2003, de 30 de Abril, e pelo Decreto-Lei n.° 199/2003, de 10 de Setembro, rectificado pela Declaração de rectificação n.° 16-B/2003, de 31 de Outubro.

V. *Arrematação; Requerimento; Venda judicial; Execução.*

Adiamento da audiência (Proc. Civil) – A audiência de discussão e julgamento de uma causa pode ser adiada pelo juiz, embora em princípio não mais do que uma vez, desde que se verifique uma das seguintes circunstâncias:

a) Sendo o processo ordinário:

1. – Impossibilidade de constituir o tribunal colectivo e nenhuma das partes dele prescindir – este é o único fundamento com que a audiência pode ser adiada por mais do que uma vez;

2. – Se for oferecido documento que a parte contrária não possa examinar no próprio acto, "mesmo com suspensão dos trabalhos por algum tempo", e o tribunal entender que há grave inconveniente em que ela nada responda sobre o documento oferecido. Se a audiência não for adiada, será interrompida antes do início dos debates, sendo designado dia para a sua continuação, depois de decorrido o prazo necessário para exame do documento. Tal prazo não pode ser superior a oito dias;

3. – Falta de algum dos advogados, em caso em que o juiz não tenha procedido à marcação da audiência mediante acordo prévio com os mandatários judiciais;

4. – Falta de qualquer dos advogados que tenha comunicado a impossibilidade da sua comparência.

Quando falta um dos advogados e a audiência não é adiada, "procede-se à gravação dos depoimentos das testemunhas presentes, podendo o advogado faltoso requerer, após a audição do respectivo registo do depoimento, nova inquirição, excepto se a sua falta for julgada injustificada [...]".

A falta de pessoa que deva comparecer tem de ser justificada na própria audiência ou nos cinco dias seguintes, salvo se a parte prescindir da audição dessa pessoa e o fizer. "A falta de alguma ou de ambas as partes que tenham sido convocadas para a tentativa de conciliação não é motivo de adiamento, mesmo que não se tenham feito representar por advogado com poderes especiais para transigir".

V. artigo 651.°, C.P.C., com as alterações que nele foram introduzidas pelos Decretos-Leis n.°s 183/2000, de 10 de Agosto, e 38/2003, de 8 de Março, este último rectificado pela Declaração de rectificação n.° 5--C/2003, de 30 de Abril.

Tratando-se de audiência preparatória, o n.° 4 do artigo 508.°-A, C.P.C. (introduzido pelo Decreto-Lei n.° 375-A/99, de 20 de Setembro), dispõe que "não constitui motivo de adiamento a falta das partes ou dos seus mandatários; se algum destes não houver comparecido, pode ainda apresentar o respectivo requerimento probatório nos cinco dias subsequentes àquele em que se realizou a audiência preliminar, bem como, no mesmo prazo, requerer a gravação da audiência final ou a intervenção do colectivo".

b) Sendo o processo sumário:

Os fundamentos atendíveis são os mesmos que no processo ordinário, mas, em caso de adiamento, a discussão e julgamento tem de efectuar-se num dos 30 dias imediatos (eram dez dias na versão anterior da lei). Não pode haver mais do que um adiamento, excepto se se verificar a impossibilidade de constituir o tribunal colectivo, quando haja intervenção deste. V. artigo 790.°, n.° 2, C.P.C., na redacção dos Decretos-Leis n.°s 329-A/95, de 12 de Dezembro, e 180/96, de 25 de Setembro.

c) Sendo o processo sumaríssimo:

A falta do réu ou do autor ou dos seus mandatários, ainda que seja justificada, não é motivo de adiamento.

V. artigo 796.°, n.° 2, C.P.C., na redacção dada pelo já referido DL n.° 375-A/99.

No regime definido pelo Decreto-Lei n.° 269/98, de 1 de Setembro (rectificado pela Declaração de rectificação n.° 16-A/ /98, de 30 de Setembro), alterado pelos Decretos-Leis n.°s 383/99, de 23 de Setembro, 183/2000, 323/2001, de 17 de Dezembro, 32/2003, de 17 de Fevereiro, 38/2003, 107/2005, de 1 de Julho (rectificado pela Declaração de rectificação n.° 63/2005, de 19 de Agosto), e pela Lei n.° 14/2006, de 26 de Abril, que se ocupa "dos procedimentos destinados a exigir o cumprimento de obrigações pecuniárias emergentes de contratos de valor não superior à alçada da Relação [era o do tribunal de 1.ª instância, na anterior versão]" "ou das obrigações emergentes de transacções comerciais abrangidas pelo Decreto-Lei n.° 32/2003, de 17 de Fevereiro", "não é motivo de adiamento a falta, ainda que justificada, de qualquer das partes, e nas acções de valor não superior à alçada do tribunal de 1.ª instância, também a dos seus mandatários" (artigo 4.°, n.° 2); o n.° 3 do mesmo artigo 4.° determina que, "nas acções de valor superior à alçada do tribunal de 1.ª instância, em caso de adiamento, a audiência de julgamento deve efectuar-se num dos 30 dias imediatos, não podendo haver segundo adiamento".

V. *Audiência de discussão e julgamento; Processo ordinário; Tribunal colectivo; Parte; Documento; Exame de processos; Suspensão da audiência; Advogado; Mandatário judicial; Gravações; Testemunha; Inquirição; Justificação de falta; Falta; Tentativa de conciliação; Transacção; Audiência preliminar; Processo sumário; Processo sumaríssimo; Réu; Autor; Injunção; Relação; Tribunal de 1.ª instância; Alçada; Obrigação pecuniária; Mandatário.*

Adiamento da conferência (Proc. Civil)

1. A conferência de interessados em processo de inventário "pode ser adiada, por determinação do juiz ou a requerimento de qualquer interessado, por uma só vez, se faltar algum dos convocados e houver razões para considerar viável o acordo sobre a composição dos quinhões" - v. artigo 1352.°, n.° 5, C.P.C..

V. *Inventário; Requerimento; Quinhão.*

2. A conferência dos cônjuges prevista no artigo 1776.°, C.C., em processo de separação ou divórcio por mútuo consentimento, "poderá ser adiada por um período não superior a trinta dias quando haja fundado motivo para presumir que a impossibilidade de comparência [de qualquer dos cônjuges] cessará dentro desse prazo".

V. artigo 1420.°, n.° 3, C.P.C..

V. *Divórcio; Separação judicial de pessoas e bens.*

Adiamento da inquirição (Proc. Civil) – O artigo 621.°, C.P.C., na redacção do Decreto-Lei n.° 38/2003, de 8 de Março, rectificado pela Declaração de rectificação n.° 5-C/2003, de 30 de Abril, estabelece que o momento e o lugar normais de inquirição das testemunhas são os da audiência final, o que apenas deixará de se verificar se ocorrer uma das circunstâncias que a mesma disposição prevê: antecipação da inquirição, inquirição por carta precatória ou rogatória, inquirição na residência ou na sede dos respectivos serviços, impossibilidade de comparência no tribunal, inquirição ou depoimento reduzido a escrito ou esclarecimentos prestados por telefone ou outro meio de comunicação directa. Em sentido idêntico preceitua o artigo 556.°, C.P.C., na redacção dos Decretos-Leis n.°s 183/2000, de 10 de Agosto (n.°s 1 e 2) e 180/96, de 25 de Setembro (n.° 3).

A audiência não pode ser adiada, com fundamento em falta de testemunha (cfr. artigo 651.°, C.P.C.).

"A falta de testemunha não constitui motivo de adiamento dos outros actos de produção de prova, sendo as testemunhas presentes ouvidas, mesmo que tal implique alteração da ordem [...], e podendo qualquer das partes requerer a gravação da inquirição logo após o seu início". Por outro lado, "salvo acordo das partes, não pode haver segundo adiamento da inquirição de testemunha faltosa".

V. artigos 629.°, n.° 2, e 630.°, C.P.C., na redacção que lhes foi dada pelo DL n.° 38/2003.

O regime anterior era o de, embora mantendo a regra da inquirição na audiência, se admitir o respectivo adiamento, com o consequente adiamento da audiência ou a sua interrupção e adiamento antes dos debates nos casos previstos no artigo 651.°, n.°s 1-*b)*, 2 e 3, C.P.C.. Assim acontecia quando faltava uma testemunha de que a parte não prescindisse, se o motivo da falta fosse doença (caso em que o adiamento não podia ser requerido por prazo superior a trinta dias), no caso de a testemunha haver mudado de residência após o seu oferecimento (se a parte se comprometesse a apresentá-la no tribunal no dia que fosse designado para a sua inquirição), se a testemunha não tivesse sido notificada nos casos em que devia tê-lo sido (nesta hipótese, a inquirição só poderia ser adiada por acordo expresso das partes, não podendo haver segundo adiamento total da inquirição por falta da mesma ou de outra testemunha de qualquer das partes) ou se não comparecesse por ter qualquer impedimento legítimo (neste caso, também não era possível adiar a inquirição por mais de trinta dias). Como regra, o adiamento de inquirição de testemunha presente só se faria (a menos, claro, que fosse a própria audiência a ser adiada) na medida em que não fosse possível proceder à sua inquirição total no dia designado: isto é, sendo o depoimento oral, a regra, relativamente à testemunha presente, era a do adiamento parcial, só assim não sendo se o tribunal, fundadamente, decidisse que o adiamento parcial acarretava grave inconveniente para o exame da causa. Se o depoimento houvesse de ser escrito, então o adiamento de inquirição das testemunhas só podia fundar-se na falta destas.

V. *Inquirição; Audiência final; Testemunha; Prova testemunhal; Rol de testemunhas; Falta; Gravações; Substituição de testemunhas; Residência; Depoimento por escrito; Antecipação da inquirição; Carta precatória; Carta rogatória; Adiamento da audiência; Continuidade da audiência; Notificação.*

Adimplemento (Dir. Civil) – O mesmo que *cumprimento* (v. este termo).

"Ad impossibilia nemo tenetur" (Dir. Civil) – Expressão latina que significa que ninguém está obrigado àquilo que é impossível.

O n.° 1 do artigo 790.°, C.C., estabelece que a obrigação se extingue "quando a prestação se torna impossível por causa não imputável ao devedor". Se a impossibilidade já se verificava no momento em que a obrigação se constituiu, então é nulo o negócio jurídico de que ela provinha (artigo 401.°, C.C.). Caso a impossibilidade de realização da prestação, sendo superveniente à constituição da obrigação, seja culposa, o devedor responde pelos danos resultantes do incumprimento.

V. *Obrigação; Impossibilidade de cumprimento; Impossibilidade originária da prestação; Impossibilidade superveniente; Prestação; Devedor; Negócio jurídico; Nulidade; Responsabilidade obrigacional.*

"Adjectus solutionis causa" (Dir. Civil) – Expressão latina que significa aquele que foi indicado para receber a prestação em vez do credor.

O artigo 769.°, C.C., dispõe que "a prestação deve ser feita ao credor ou ao seu representante", podendo ela ser realizada a terceiro, "se assim foi estipulado ou consentido pelo credor" – artigo 770.°-*a)*. Porém, de acordo com o artigo 771.°, "o devedor não é obrigado a satisfazer a prestação ao representante voluntário do credor nem à pessoa por este autorizada a recebê-la, se não houver convenção nesse sentido".

V. *"Accipiens"; Cumprimento; Prestação; Credor; Devedor; Representante.*

Adjudicação (Proc. Civil) – Acto processual pelo qual o tribunal transmite a favor de um ou vários interessados (co-proponentes na venda por meio de propostas em carta fechada, comproprietários da coisa comum divisível ou indivisível, co-herdeiros ou outros interessados na partilha no processo de inventário, etc.) a totalidade ou parte de uma coisa, por ter sido reconhecido o direito dessa ou dessas pessoas à coisa, por ter direito de preferência, ter licitado mais alto no acto de arrematação ou pela respectiva proposta em carta fechada ter prevalecido. Por vezes, existindo co-interessados ou co-proponentes em igualdade de circunstâncias, a determinação daquele a quem deve ser adjudicada a coisa (ou a determinação de a quem deve ser adjudicado cada quinhão, no caso de uma universalidade de coisas a partilhar e adjudicar) é feita por sorteio.

É também adjudicação a transmissão de bens ou de rendimentos, operada no processo executivo como forma de pagamento (artigo 900.°, C.P.C., com a redacção do Decreto-Lei n.° 38/2003, de 8 de Março, rectificado pela Declaração de rectificação n.° 5-C/2003, de 30 de Abril).

V. *Venda executiva; Inventário; Compropriedade; Herdeiro; Partilha; Direito de preferência; Licitação; Quinhão; Universalidade de facto; Execução.*

Adjudicação de rendimentos (Proc. Civil) – Designação que era dada à consignação judicial de rendimentos antes da revisão do Código de Processo Civil operada pelo Decreto-Lei n.° 47 690, de 11 de Maio de 1967.

A adjudicação de rendimentos, diversamente do que hoje acontece com a consignação judicial de rendimentos, apenas recaía sobre bens imóveis.

V. *Consignação de rendimentos; Imóvel.*

Adjudicação do penhor (Proc. Civil) – O processo especial para a adjudicação do penhor que se encontrava previsto nos artigos 1011.° e 1012.°, C.P.C., já não existe, na sequência da revogação destes artigos pelo Decreto-Lei n.° 329-A/95, de 12 de Dezembro.

No domínio da lei anterior, estabelecia-se que, quando o credor, vencida a obrigação, requeresse o pagamento pelo produto da venda da coisa empenhada, era citado o devedor para, dentro de vinte dias, pagar a dívida ou contestar o pedido, sendo citado também terceiro, se o penhor tivesse sido constituído por este; se se tivesse estipulado que o credor ficaria com o objecto do penhor pelo valor que o tribunal fixasse, e não houvesse contestação ou ela fosse "julgada improcedente, ou questionando o devedor apenas o quantitativo da dívida, proceder-se-[ia] à avaliação e, fixado o valor do objecto, ser[ia] este adjudicado ao credor, depois de pago ou depositado o excesso do valor, se o houve[sse]"; enquanto não se encontrasse efectuada a venda ou a adjudicação, podia resgatar o penhor a pessoa que o tivesse constituído, pagando as custas e a dívida.

V. *Penhor; Credor; Obrigação; Vencimento; Devedor; Citação; Contestação; Pedido; Terceiro; Custas.*

Adjudicação na divisão de coisa comum (Proc. Civil) – O artigo 1056.°, n.° 1, C.P.C., na redacção do Decreto-Lei n.° 329-A/95, de 12 de Dezembro, determina que, na acção de divisão de coisa comum, "fixados os quinhões, realizar-se-á conferência de interessados para se fazer a adjudicação; na falta de acordo entre os interessados presentes, a adjudicação é feita por sorteio".

Nos termos do n.° 2 do mesmo artigo, se a coisa for indivisível, ela é adjudicada a um ou vários interessados, "preenchendo-se em dinheiro as quotas dos restantes"; não se acordando na adjudicação, a coisa é vendida, "podendo os consortes concorrer à venda".

V. *Compropriedade; Acção de divisão de coisa comum; Quinhão; Coisa indivisível; Conferencia; Quota.*

Adjudicação na preferência (Proc. Civil) – Quando o obrigado à preferência utilize o processo previsto nos artigos 1458.° e segs. do C.P.C. para notificar o preferente para o exercício do direito e este declarar no processo que quer preferir, pagando ou depositando o preço, "os bens são adjudicados ao preferente, retrotraindo-se os efeitos da adjudicação à data do pagamento ou depósito".

No processo executivo, quando se proceda à venda judicial dos bens, "os titulares do direito de preferência, legal ou convencional com eficácia real, na alienação dos bens são notificados do dia, da hora e do local aprazados para a abertura das propostas, a fim de poderem exercer o seu direito no próprio acto, se alguma proposta for aceite" – artigo 892.°, n.° 1, C.P.C., na redacção do Decreto-Lei n.° 329-A/95, de 12 de Dezembro.

V. *Direito de preferência; Notificação para a preferência; Pacto de preferência; Eficácia real; Alienação; Execução; Venda judicial; Notificação; Arrematação.*

Adjunção à dívida (Dir. Civil) – Designa-se assim, por vezes, a *co-assunção de dívida* (v. esta expressão).

Adjunto (Proc. Civil) – V. *Juiz adjunto.*

"Ad libitum" (Dir. Civil) – Expressão latina que significa *à vontade, de acordo com a vontade,* isto é, que alguém tem o poder de decidir discricionariamente.

"Ad litem" (Proc. Civil) – Expressão que significa *para a lide, para o processo,* isto é, algo que é limitado àquela acção ou processo judicial.

V. *Processo; Acção.*

"Ad litteram" – Expressão latina que significa que a lei foi, ou deve ser, interpretada exclusivamente em função do seu elemento literal, isto é, que se trata de uma interpretação que tem em conta apenas o texto da norma legal.

V. *Interpretação da lei; Elemento literal.*

Administração (Dir. Civil) – V. *Administrador; Administração legal; Acto de administração.*

Administração da falência (Proc. Civil) – A massa falida era administrada pelo liquidatário judicial da falência, sob orientação do juiz e com a cooperação e fiscalização da comissão de credores, como dispunha o artigo 141.° do Código dos Processos Especiais de Recuperação da Empresa e de Falência, aprovado pelo Decreto-Lei n.° 132/93, de 23 de Abril, alterado pelos Decretos-Leis n.°s 157/97, de 24 de Junho, 315/98, de 20 de Outubro, 323/2001, de 17 de Dezembro, e 38/2003, de 8 de Março.

Este diploma foi revogado pelo Decreto-Lei n.° 53/2004, de 18 de Março – entretanto alterado pelos Decretos-Leis n.°s 200/2004, de 18 de Agosto, e 76-A/2006, de 29 de Março (este rectificado pela Declaração de rectificação n.° 28-A/2006, de 26 de Maio) –, que aprovou o Código da Insolvência e da Recuperação de Empresas.

V. *Falência; Massa falida; Liquidatário judicial; Comissão de credores; Insolvência; Recuperação de empresas.*

Administração da herança (Dir. Civil) – "A administração da herança, até à sua liquidação e partilha, pertence ao cabeça-de-casal" – artigo 2079.°, C.C..

"O cabeça-de-casal administra os bens próprios do falecido e, tendo este sido casado em regime de comunhão de bens, os bens comuns do casal", não administrando os bens doados em vida pelo *de cuius,* que não se consideram integrados na herança e continuam a ser administrados pelo donatário. Para exercer a sua actividade, "o cabeça-de-casal pode pedir aos herdeiros ou a terceiro a entrega dos bens que deva administrar e que estes tenham em seu poder, e usar contra eles de acções possessórias a fim de ser mantido na posse das coisas sujeitas à sua gestão ou a ela restituído". Na administração da herança, o cabeça-de-casal "pode cobrar as dívidas activas da herança, quando a cobrança possa perigar com a demora ou o pagamento seja feito espontaneamente", devendo "vender os frutos ou outros bens deterioráveis, podendo aplicar o produto na satisfação das despesas do funeral e sufrágios, bem como no cumprimento dos encargos da administração" e podendo, mesmo, para satisfazer todos aqueles encargos, "vender os frutos não deterioráveis, na medida do que for necessário".

V. Convenção sobre a Administração Internacional de Heranças, concluída na Haia em 2 de Outubro de 1973, aprovada para ratificação pelo Decreto n.° 734/75, de 23 de Dezembro, tendo sido regulamentado em Portugal pelo Decreto-Lei n.° 327//77, de 10 de Agosto, o processo de reconhecimento do certificado previsto na Convenção; o Aviso n.° 223/96, de 1 de Agosto, publicado no *Diário da República,* I-A série, torna públicas as declarações formuladas por Portugal, em 22 de Abril de 1976, aquando do depósito junto do Ministério dos Negócios Estrangeiros do Reino dos Países Baixos do respectivo instrumento de ratificação.

V. *Herança; Cabeça-de-casal; Liquidação Partilha; Comunhão geral de bens; Bens comuns; Doação; "De cuius"; Donatário; Herdeiro; Terceiro; Posse; Frutos.*

Administração da massa insolvente (Dir. Civil; Dir. Com.; Proc. Civil) – Os artigos 149.° e segs. do Código da Insolvência e da Recuperação de Empresas, aprovado pelo Decreto-Lei n.° 53/2004, de 18 de Março – alterado pelos Decretos-Leis n.°s 200/2004, de 18 de Agosto, e 76-A/2006, de 29 de Março (este último rectificado pela Declaração de rectificação n.° 28-A/ /2006, de 26 de Maio) –, ocupam-se do regime da administração e liquidação da massa insolvente.

Dispõe o n.° 1 do artigo 149.° que, "proferida a sentença declaratória da insolvência, [se] procede [...] à imediata apreensão dos elementos da contabilidade e de todos os bens integrantes da massa insolvente, ainda que estes tenham sido: *a)* Arrestados, penhorados ou por qualquer forma apreendidos ou detidos, seja em que processo for, com ressalva apenas dos que hajam sido apreendidos por virtude de infracção, quer de carácter criminal, quer de mera ordenação social; *b)* Objecto de cessão aos credores, nos termos dos artigos 831.° e segs. do Código Civil"; o n.° 2 da mesma disposição determina que, "se os bens já tiverem sido vendidos, a apreensão tem por objecto o produto da venda, caso este ainda não tenha sido pago aos credores ou entre eles repartido". O administrador da insolvência, uma vez apreendidos os bens pela sentença, deve diligenciar "no sentido de eles lhe serem imediatamente entregues, para que deles fique depositário, regendo-se o depósito pelas normas gerais e, em especial, pelas que disciplinam o depósito judicial de bens penhorados" – artigo 150.°, n.° 1; os n.°s seguintes deste artigo tratam da forma de apreensão e de entrega dos bens. O administrador elabora e junta, por apenso, ao processo o auto de arrolamento e do balanço respeitantes aos bens apreendidos ou cópia dele (artigo 151.°). A apreensão dos bens sujeitos a registo deve ser registada, sendo, em regra (pode ser dispensado pelo juiz, a requerimento do administrador da insolvência, com parecer favorável da comissão de credores), feito um inventário, pelo administrador, dos bens e direitos integrados na massa.

Ao administrador da insolvência compete, de acordo com o artigo 55.°, n.° 1-*a)*, preparar o pagamento das dívidas do insolvente pelas quantias em dinheiro existentes na massa e pelas que resultem da alienação, que deve promover, dos bens que integram aquela, e *b)*, prover entretanto à conservação e frutificação dos direitos do insolvente e à continuação da exploração da empresa, se for o caso, evitando quanto possível o agravamento da sua situação económica. Na pendência do processo de insolvência, só o respectivo administrador tem legitimidade para propor ou fazer seguir: *a)* acções de responsabilidade em benefício do devedor, contra os fundadores, administradores de direito ou facto, membros do órgão de fiscalização do devedor e sócios, associados ou outros membros, independentemente do acordo do devedor ou dos seus órgãos, sócios ou outros membros; *b)* acções para obter indemnização pelos danos causados aos credores da insolvência pela diminuição da massa insolvente, tanto antes como depois da declaração de insolvência; *c)* acções contra os responsáveis legais pelas dívidas do insolvente; também só o administrador da insolvência pode exigir dos sócios, associados ou outros membros do devedor as entradas de capital diferidas e as prestações acessórias em dívida, independentemente dos respectivos prazos de vencimento, para o efeito propondo as acções necessárias; todas as acções que se deixaram referidas correm por apenso do processo de insolvência – artigo 82.°, n.°s 2, 3 e 5.

Nos termos do artigo 224.°, a administração da massa insolvente pode ser confiada ao próprio devedor na sentença de que declare a insolvência, desde que:

"a) O devedor [...] tenha requerido;

b) O devedor tenha já apresentado, ou se comprometa a fazê-lo no prazo de 30 dias contado da declaração de insolvência, um plano de insolvência que preveja a continuidade da exploração da empresa por si próprio;

c) Não haja motivos para recear atrasos na marcha do processo ou outras desvantagens para os credores;

d) O requerente da insolvência dê o seu acordo, se este não for o próprio devedor".

Pode ainda a administração ser confiada ao devedor na sentença, se ele o tiver requerido e nesse sentido deliberar a assembleia de credores que apreciar o relatório ou na primeira assembleia que antes daquela tiver lugar, mesmo que não estejam preenchidos todos os pressupostos antes enumerados, em particular os das alíneas *c)* e *d)*.

Nos casos em que a administração for confiada ao devedor, ela é fiscalizada pelo administrador da insolvência, que "comunica imediatamente ao juiz e à comissão de credores (quando exista ou, na sua falta, a todos os credores reclamantes) quaisquer circunstâncias que desaconselhem a subsistência da situação. Enquanto o devedor administrar a massa, e "sem prejuízo da eficácia do acto", "o devedor não deve contrair obrigações: *a)* se o administrador da insolvência se opuser, tratando-se de actos de gestão corrente; *b)* sem o consentimento do administrador [...], tratando-se de actos de actos de administração extraordinária"; "o administrador [...] pode exigir que fiquem a seu cargo todos os recebimentos em dinheiro e todos os pagamentos", podendo o juiz, "oficiosamente ou a pedido da assembleia de credores", "proibir a prática de determinados actos pelo devedor sem a aprovação do administrador [...], aplicando-se, com as necessárias adaptações, o disposto no n.° 6 do artigo 81.° [ineficácia dos actos praticados pelo insolvente em contravenção do disposto nos números 1 a 5 do mesmo artigo 81.°, e responsabilidade da massa pela restituição do que lhe tiver sido prestado segundo as regras do enriquecimento sem causa, excepto se se tratar de actos onerosos com terceiros de boa fé antes do registo da sentença de declaração da insolvência e se esses actos não constituírem "partilha celebrada menos de um ano antes da data do início do processo de insolvência em que o quinhão do insolvente haja sido essencialmente preenchido com bens de fácil sonegação, cabendo aos co-interessados a generalidade dos imóveis e dos valores nominativos" ou "celebrados pelo devedor a título gratuito dentro dos dois anos anteriores à data do início do processo [...], incluindo o repúdio de herança ou legado, com excepção dos donativos conformes aos usos sociais", ou de "constituição de garantias reais relativas a obrigações preexistentes ou de outras que as substituam, nos seis meses anteriores à data do início do processo [...]", ou de "fiança, subfiança, aval e mandatos de crédito, em que o insolvente haja outorgado [...] [nos seis meses anteriores à data do início do processo] e que não respeitem a operações negociais com real interesse para ele", ou de "constituição de garantias reais em simultâneo com a criação das obrigações garantidas, dentro dos 60 dias anteriores à data do início do processo [...], ou depois desta mas anteriormente ao vencimento", ou de "pagamento ou outra forma de extinção de obrigações efectuados dentro dos seis meses anteriores ao início do processo [...] em termos não usuais no comercio jurídico e que o credor não pudesse exigir", ou de "actos a título oneroso realizados pelo insolvente dentro do ano anterior à data do início do processo [...], em que as obrigações por ele assumidas excedam manifestamente as da contraparte", ou, finalmente, de "reembolso de suprimentos, quando tenha lugar dentro do [...] [mesmo prazo]"; ao devedor administrador da massa é conferida legitimidade para exercer os poderes que a lei confere ao administrador da insolvência, mas apenas este último pode resolver actos em benefício da massa, "é da responsabilidade do devedor a elaboração e o depósito das contas anuais que forem legalmente obrigatórias" e "a atribuição ao devedor da administração [...] não prejudica o exercício pelo administrador [...] de todas as demais competências que legalmente lhe cabem e dos poderes necessários para o efeito, designadamente o de examinar todos os elementos da contabilidade do devedor". Enquanto a administração for assegurada pelo devedor, mantêm-se "as remunerações dos seus administradores e membros dos órgãos sociais" e, sendo ele pessoa singular, "assiste-lhe o direito de retirar da massa os fundos necessários para uma vida modesta dele próprio e do seu agregado familiar, tendo em conta a sua condição anterior e as possibilidades da massa". A administração pelo devedor termina por decisão do juiz, a requerimento daquele, se tal for deliberado pela assembleia de credores, "se for afectada pela qualificação da insolvência como culposa a própria pessoa singular titular da empresa", se – havendo motivos para recear atrasos no processo ou outros inconvenientes para os credores – isso for solicitado por algum credor, ou "se o plano de insolvência não for apresentado pelo devedor no prazo [...], ou não for subsequentemente admitido, aprovado ou homologado"; tendo sido decidido o termo da administração pelo devedor, "tem lugar imediatamente a apreensão dos bens, em conformidade com o disposto nos artigos 149.° e seguintes, prosseguindo o processo a sua tramitação, nos termos gerais". Tanto a atribuição ao devedor da administração, como a proibição da prática de certos actos e a decisão que ponha termo a essa administração são objecto de publicidade e registo.

V. artigos 224.° a 229.° do referido Código.

Dado que o fim principal do processo de insolvência é o pagamento das dívidas do insolvente à custa das quantias em dinheiro existentes na massa insolvente e dos bens que a integram, a administração da massa dirige-se à sua liquidação, o Título VI do Código de que se fala preocupa-se sobretudo com a apreensão dos bens, sua conservação, inventário e meios de conhecimento e apreciação pelos credores do estado da massa, venda dos bens e pagamento aos credores.

V. *Insolvência; Recuperação de empresas; Massa insolvente; Declaração de insolvência; Administrador da insolvência; Arresto; Penhora; Cessão de bens aos credores; Depósito; Auto; Arrolamento; Registo; Requerimento; Inventário; Dívida; Comissão de credores; Empresa; Legitimidade; Responsabilidade civil; Fundação; Administrador; Órgãos da pessoa colectiva; Devedor, Indemnização; Dano; Credor da insolvência; Entrada; Vencimento; Apensação de acções; Plano de insolvência; Assembleia de credores; Obrigação; Acto de administração; Ineficácia; Enriquecimento sem causa; Negócio a título oneroso; Partilha; Quinhão; Imóvel; Repúdio; Herança; Donativos; Garantias reais; Fiança; Subfiança; Aval; Mandato de crédito; Extinção das obrigações; Pessoa singular; Qualificação da insolvência; Insolvência culposa; Homologação.*

Administração de bens (Dir. Civil) – Órgão que pode coexistir com o poder paternal ou com a tutela.

Em regra, a administração de bens é exercida por ambos os pais, no contexto do poder paternal, tanto no caso de existir e se manter o casamento deles como no de isso não acontecer. Quando os pais se encontrem divorciados, separados judicialmente de pessoas e bens, o respectivo casamento tenha sido declarado nulo ou anulado, e não haja acordo entre eles quanto ao exercício do poder paternal, "deve o tribunal, através de decisão fundamentada, determinar que o poder paternal seja exercido pelo progenitor a quem o filho foi confiado". Neste caso, dispõe o n.° 3 do artigo 1906.°, C.C., na redacção que lhe foi dada pela Lei n.° 59/99, de 30 de Junho, que os pais podem acordar que "a administração dos bens do filho seja assumida pelo progenitor a quem o menor tenha sido confiado".

Será instituída a administração de bens, coexistindo com o poder paternal, "quando os pais tenham sido apenas excluídos, inibidos ou suspensos da administração de todos os bens do incapaz ou de alguns deles, se por outro título se não encontrar designado o administrador"; a administração de bens coexistirá com a tutela "quando a entidade competente para designar o tutor confie a outrem, no todo ou em parte, a administração dos bens do menor" – artigo 1922.°, C.C..

"A administração de bens é exercida por um ou mais administradores e, se estiver instaurada a tutela, pelo conselho de família" (artigo 1924.°, n.° 2, C.C.).

A administração de bens é instaurada oficiosamente pelo tribunal de menores, havendo, porém, uma hipótese em que ela resulta da vontade de sujeito privado, a quem cabe, aliás, a designação do administrador: é o caso de doação ou deixa testamentária ao menor, em que o doador ou o autor da deixa disponha que os bens compreendidos na liberalidade sejam administrados por alguém que também nomeie (artigo 1968.°, C.C.).

O regime da administração de bens consta dos artigos 1967.° e segs., C.C., dispondo o artigo 1971.° que, "no âmbito da sua administração, o administrador tem os direitos e deveres do tutor" e que "o administrador é o representante legal do menor nos actos relativos aos bens cuja administração lhe pertença".

Por determinação do artigo 318.°-*c)*, C.C., "a prescrição não começa nem corre [...] entre as pessoas cujos bens estejam sujeitos, por lei ou por determinação judicial ou de terceiro, à administração de outrem e aquelas que exercem a administração, até serem aprovadas as contas finais".

V. *Poder paternal; Tutela; Divórcio; Separação judicial de pessoas e bens; Invalidade do casamento; Inibição do poder paternal; Suspensão do poder paternal; Conselho de família; Tribunal de menores; Doação; Testamento; Liberalidade; Representação legal; Prescrição; Suspensão da prescrição.*

Administração de coisa comum (Dir. Civil) – Na falta de convenção em contrário, todos os comproprietários têm igual poder para administrar a coisa comum. O acto realizado por um comproprietário com a oposição da maioria (sendo que a maioria tem de representar, "pelo menos, metade do valor das quotas") é anulável – salvo se se tratar de acto urgente destinado a evitar um dano iminente – e torna o respectivo autor responsável pelos prejuízos daí decorrentes.

V. artigos 1407.° e 985.°, C.C..

O n.° 2 do artigo 1407.° determina que qualquer dos consortes pode recorrer ao tribunal quando não seja possível formar a maioria legal, estando o respectivo processo previsto no artigo 1427.°, C.P.C..

A administração dos bens comuns do casal encontra-se submetida a um regime próprio, constante dos artigos 1678.° e segs., C.C..

V. *Compropriedade; Acto de administração; Quota; Anulabilidade; Bens comuns; Responsabilidade civil; Administração de bens do casal.*

Administração dos bens do casal (Dir. Civil) – Dispõem os n.°s 1 e 2 do artigo 1678.°, C.C., que cabe a cada um dos cônjuges a administração dos seus bens próprios, "dos proventos que receba pelo seu trabalho", "dos seus direitos de autor", "dos bens comuns por ele levados para o casamento ou adquiridos a título gratuito depois do casamento, bem como os sub-rogados em lugar deles", "dos bens que tenham sido doados ou deixados a ambos os cônjuges com exclusão da administração do outro cônjuge, salvo se se tratar de bens doados ou deixados por conta da legítima desse outro cônjuge", "dos bens móveis, próprios do outro cônjuge ou comuns, por ele exclusivamente utilizados como instrumento de trabalho", "dos bens próprios do outro cônjuge, se este se encontrar impossibilitado de exercer a administração por se achar em lugar remoto ou não sabido ou por qualquer outro motivo, e desde que não tenha sido conferida procuração bastante para administração desses bens" e ainda "dos bens próprios do outro cônjuge se este lhe conferir por mandato esse poder". O n.° 3 acrescenta que cada um dos cônjuges tem ainda "legitimidade para a prática de actos de administração ordinária relativamente aos bens comuns do casal", carecendo a prática de outros actos de administração do consentimento de ambos os cônjuges. Especifica o artigo 1682.°, n.° 3, C.C., que "carece do consentimento de ambos os cônjuges a alienação ou oneração:

a) De móveis utilizados conjuntamente por ambos os cônjuges na vida do lar ou como instrumento comum de trabalho;

b) De móveis pertencentes exclusivamente ao cônjuge que os não administra, salvo tratando-se de acto de administração ordinária".

Carecem também do consentimento de ambos os cônjuges – salvo se o regime de bens for o da separação – "*a)* A alienação, oneração, arrendamento ou constituição de outros direitos pessoais de gozo sobre imóveis próprios ou comuns; *b)* A alienação, oneração ou locação de estabelecimento comercial, próprio ou comum", e, em qualquer caso, "a alienação, oneração, arrendamento ou constituição de outros direitos pessoais de gozo sobre a casa de morada da família", bem como os seguintes actos relativos à casa de morada da família: "*a)* A resolução ou denúncia do contrato de arrendamento pelo arrendatário; *b)* A revogação do arrendamento por mútuo consentimento; *c)* A cessão da posição de arrendatário; *d)* O subarrendamento ou o empréstimo, total ou parcial" - artigos 1682.°-A e 1682.°-B, C.C..

Dispõe o artigo 1679.°, C.C., que "o cônjuge que não tem a administração dos bens não está inibido de tomar providências a ela respeitantes, se o outro se encontrar, por qualquer causa, impossibilitado de o fazer, e do retardamento das providências puderem resultar prejuízos", e esclarece o artigo 1680.°, C.C., que, "qualquer que seja o regime de bens, pode cada um dos cônjuges fazer depósitos bancários em seu nome exclusivo e movimentá-los livremente".

Finalmente, o artigo 1687.° estabelece que a consequência da prática de um acto que careça do consentimento dos dois cônjuges por um deles apenas é a anulabilidade, devendo a anulação ser requerida pelo "cônjuge que não deu o consentimento ou [...] [pelos] seus herdeiros" "nos seis meses subsequentes à data em que o requerente teve conhecimento do acto, mas nunca depois de decorridos três anos sobre a sua celebração"; quando o acto anulável for a alienação ou oneração de um móvel não sujeito a registo, a anulabilidade não pode ser oposta ao adquirente de boa fé.

V. *Bens próprios; Direito de autor; Bens comuns; Acto a título gratuito; Sub-rogação; Doação; Deixa; Regime de bens do casamento; Legítima; Móvel; Procuração; Mandato; Legitimidade; Alienação; Locação; Estabelecimento comercial; Oneração de bens; Acto de administração; Separação de bens; Arrendamento; Direito pessoal de gozo; Imóvel; Sublocação; Empréstimo; Casa de morada da família; Resolução do arrendamento; Denúncia; Caducidade do arrendamento; Revogação; Cessão da posição contratual; Anulabilidade; Anulação; Herdeiro; Boa fé; Oponibilidade a terceiros.*

Administração legal (Dir. Civil) - Administração de um património atribuída por lei a uma pessoa determinada.

A lei impõe a existência de um administrador legal para administrar o património dos incapazes (por exemplo, os bens dos filhos menores são administrados pelos pais - v. artigos 1881.°, n.° 1, e 1897.°, C.C., sendo administrador legal aquele dos pais que exerce o poder paternal, no caso de um só deles o exercer).

A competência para instaurar a administração de bens de menores é dos tribunais de família (artigo 82.°, n.° 1-*a)*, de Lei de Organização e Funcionamento dos Tribunais Judiciais - Lei n.° 3/99, de 13 de Janeiro, rectificada pela Declaração de rectificação n.° 7/99, de 16 de Fevereiro, e alterada pela Lei n.° 101/99, de 26 de Julho, pelos Decretos-Leis n.°s 323/2001, de 17 de Dezembro, e 38/2003, de 8 de Março, pela Lei n.° 105/2003, de 10 de Dezembro, pelo Decreto-Lei n.° 53/2004, de 18 de Março, pela Lei n.° 42/2005, de 29 de Agosto, e pelo Decreto-Lei n.° 76-A/ /2006, de 29 de Março (este rectificado pela Declaração de rectificação n.° 28-A/ /2006, de 26 de Maio) - e artigo 146.°-*a)* da antes designada por O.T.M. (Decreto-Lei n.° 314/78, de 27 de Outubro, com as alterações introduzidas pelos Decretos-Leis n.°s 185/93, de 22 de Maio, 48/95, de 15 de Março, 58/95, de 31 de Março, 120/98, de 8 de Maio, e pelas Leis n.°s 133/99, de 28 de Agosto, 166/99, de 14 de Setembro, e 31/2003, de 22 de Agosto).

V. *Património; Administração de bens; Incapaz; Menor; Representação; Poder paternal; Tribunal de família.*

Administrador (Dir. Civil) - Pessoa encarregada de gerir um património, praticando, portanto, os actos necessários à sua conservação e desenvolvimento.

Quando a administração se exerce sobre bens alheios, dela resulta como obrigação essencial a de prestar contas, que, se não forem espontaneamente apresentadas, podem ser judicialmente exigidas, nos termos dos artigos 1014.° e segs., C.P.C.. No entanto, nos termos do artigo 1899.°, C.C., os pais não são obrigados a prestar contas da administração dos bens dos filhos menores, excepto se a má administração puser em perigo o património do menor e, atendendo ao valor dos bens, o tribunal exigir essa prestação (artigo 1920.°, C.C.).

A administração de bens alheios pode resultar da lei, de decisão judicial, de convenção ou, até, de decisão unilateral.

Os artigos 1484.°-B, na redacção do Decreto-Lei n.° 329-A/95, de 12 de Dezembro, e 1485.°, C.P.C., regulam, respectivamente, os processos para destituição de administrador de uma sociedade e de administrador da propriedade horizontal.

O artigo 6.°, n.° 1, do Código da Insolvência e da Recuperação de Empresas, aprovado pelo Decreto-Lei n.° 53/2004, de 18 de Março, alterado pelos Decretos-Leis n.°s 200/2004, de 18 de Agosto, e 76-A/ /2006, de 29 de Março (este rectificado pela Declaração de rectificação n.° 28-A/ /2006, de 26 de Maio), dispõe que, "para efeitos deste Código, são considerados administradores:

a) Não sendo o devedor uma pessoa singular, aqueles a quem incumba a administração ou liquidação da entidade ou património em causa, designadamente os titulares do órgão social que para o efeito for competente;

b) Sendo o devedor uma pessoa singular, os seus representantes legais e mandatários com poderes gerais de administração [este é um preceito incomum, na medida em que enuncia um bizarro conceito de administrador do património de pessoas singulares que inclui mandatários]".

V. *Património; Prestação de contas; Menor; Convenção; Destituição de administrador; Administrador na propriedade horizontal; Insolvência; Recuperação de empresas; Pessoa singular; Órgãos da pessoa colectiva; Património autónomo; Representação legal; Mandatário.*

Administrador da falência (Dir. Com.; Proc. Civil) – O administrador de falência era o órgão da falência, de nomeação judicial, a quem competia auxiliar e fiscalizar o comerciante no exercício do seu comércio e administração dos seus bens, podendo examinar livremente os livros e documentos do comerciante e informar-se do estado dos negócios e podendo ainda examinar a escrituração comercial de qualquer credor relativa a negócios jurídicos com o comerciante; o administrador de falência podia ser coadjuvado por um ou mais credores, designados pelo mesmo processo. Ao administrador competia apresentar à assembleia de credores a lista dos credores classificados pela ordem legal e relatório contendo parecer sobre os créditos, a situação do negócio, as possibilidades de continuação do comércio, as causas da falência e outros aspectos relacionados. A sentença que declarasse a falência nomeava desde logo o respectivo administrador, que ficava a representar o falido, podendo, com autorização do síndico, ratificar actos daquele que tivessem interesse para a massa falida. Os bens do falido eram apreendidos e entregues à guarda do administrador de falência, que os administrava, sob a orientação do síndico.

Os artigos do C.P.C. e do Estatuto Judiciário que se ocupavam da matéria foram revogados pelo Código dos Processos Especiais de Recuperação da Empresa e de Falência, aprovado pelo Decreto-Lei n.° 132/93, de 23 de Abril, alterado pelos Decretos-Leis n.°s 157/97, de 24 de Junho, 315/98, de 20 de Outubro, 323/2001, de 17 de Dezembro, e 38/2003, de 8 de Março, cometendo, no essencial, ao liquidatário judicial as funções que antes eram cometidas ao administrador da falência.

Porém, este Código foi, por sua vez, revogado pelo Decreto-Lei n.° 53/2004, de 18 de Março, alterado pelos Decretos-Leis n.°s 200/2004, de 18 de Agosto, e 76-A/ /2006, de 29 de Março (este último rectificado pela Declaração de rectificação n.° 28-A/2006, de 26 de Maio), que aprovou o Código da Insolvência e da Recuperação de Empresas.

Os artigos 52.° e segs. deste último diploma ocupam-se do regime do administrador da insolvência, contendo a Lei n.° 32/2004, de 22 de Julho, o respectivo estatuto.

V. *Falência; Declaração de falência; Massa falida; Síndico de falência; Assembleia de credores; Ratificação; Liquidatário judicial; Insolvência; Recuperação de empresas; Administrador da insolvência.*

Administrador da insolvência (Dir. Civil; Dir. Com.; Proc. Civil) – De entre os órgãos da insolvência, o mais importante é o administrador da insolvência, nomeado pelo juiz de entre as entidades inscritas na lista oficial de administradores da insolvência, devendo o juiz atender "às indicações que sejam feitas pelo próprio devedor ou pela comissão de credores, se existir, e cabendo a preferência, na primeira designação, ao administrador judicial provisório em exercício de funções à data da declaração da insolvência" – artigo 52.° do Código da Insolvência e da Recuperação de Empresas, aprovado pelo Decreto-Lei n.° 53/2004, de 18 de Março, alterado pelos Decretos-Leis n.°s 200/2004, de 18 de Agosto, e 76-A/2006, de 29 de Março (este rectificado pela Declaração de rectificação n.° 28-A/2006, de 26 de Maio).

A Lei n.° 32/2004, de 22 de Julho, contém o estatuto do administrador da insolvência, dispondo o artigo 23.° deste diploma que ele exerce "as suas funções por tempo indeterminado e sem limite máximo de processos", sendo "equiparados aos solicitadores de execução nas relações entre os órgãos do Estado [...]", devendo, para o efeito, "identificar-se mediante a apresentação de um documento de identificação pessoal emitido pelo Ministério da Justiça [...]". Dado que os administradores da insolvência constam de listas existentes em cada distrito judicial, os artigos 6.° a 11.° tratam dos requisitos e do processo dessa inscrição, ocupando-se os artigos 12.° a 15.° da comissão, existente na dependência do Ministro da Justiça, que é "responsável pela admissão à actividade [...] e pelo controlo do seu exercício". O artigo 16.° desta Lei n.° 32/2004 estabelece que "o administrador da insolvência deve, no exercício das suas funções e fora delas, considerar-se um servidor da justiça e do direito e, como tal mostrar-se digno da honra e responsabilidades que lhes são inerentes", mantendo sempre "a maior independência e isenção, não prosseguindo quaisquer objectivos diversos dos inerentes ao exercício da sua actividade", devendo – embora com as excepções previstas no artigo 17.° – aceitar as nomeações efectuados pelo juiz e comunicar à comissão a recusa de aceitação de uma nomeação. As condições de remuneração destes profissionais constam dos artigos 19.° e segs. do diploma.

A nomeação do administrador da insolvência – que consta da sentença que declarar a insolvência – é publicitada por meio de publicação de anúncio no *Diário da República* e por afixação de edital "à porta da sede e das sucursais do insolvente ou do local da sua actividade, consoante os casos, e ainda no lugar próprio do tribunal; o juiz pode, oficiosamente ou a requerimento de algum interessado, determinar as formas de publicidade adicional que considere indicadas" (artigo 38.°, n.° 1, do Código da Insolvência e da Recuperação de Empresas); nos termos do n.° 2, a nomeação de um administrador da insolvência é registada oficiosamente, com base na certidão respectiva, remetida pela secretaria judicial, na conservatória do registo civil, se o devedor for uma pessoa singular, na do registo comercial se houver factos relativos ao devedor que aí sejam objecto de registo, ou na entidade encarregada de outro registo público a que o devedor esteja sujeito; a secretaria regista oficiosamente a nomeação no registo informático de execuções e promove a inclusão dessa informação na página informática do tribunal, comunicando a declaração de insolvência ao Banco de Portugal; de todos estes registos deve constar o domicílio profissional do administrador; finalmente, o n.° 5 deste artigo determina que "todas as diligências destinadas à publicidade e registo [...] devem ser realizadas no prazo máximo de cinco dias".

"Sob condição de que previamente à votação se junte aos autos a aceitação da proposta, os credores podem, na primeira assembleia realizada após a designação do administrador da insolvência, eleger para exercer o cargo outra pessoa, inscrita ou não na lista oficial, e prover sobre a remuneração respectiva, por deliberação que obtenha a aprovação da maioria dos votantes e dos votos emitidos, não sendo consideradas as abstenções" (artigo 53.°, n.° 1); porém, esta eleição só pode recair em pessoa não inscrita na lista oficial "em casos devidamente justificados pela especial dimensão da empresa compreendida na massa insolvente, pela especificidade do ramo de actividade da mesma, ou pela complexidade do processo"; caso a pessoa eleita conste da lista oficial já referida, "o juiz só pode deixar de [a] nomear [...], em substituição do administrador em funções, se considerar que a mesma não tem idoneidade ou aptidão para o exercício do cargo, que é manifestamente excessiva a retribuição aprovada pelos credores [...]"; tratando-se de pessoa não constante da lista, a não nomeação pelo juiz só pode ter como fundamento o não preenchimento de nenhuma das circunstâncias, já referidas, que autorizam a eleição dessa pessoa.

O administrador da insolvência, que assume funções logo que notificado da nomeação, tem as competências enunciadas no artigo 55.°, que deve exercer pessoalmente – não podendo substabelecê-las em ninguém, sem prejuízo dos casos de recurso obrigatório ao patrocínio judiciário ou de prévia concordância da comissão de credores ou do juiz, na falta dessa comissão –, "com a cooperação e sob a fiscalização da comissão de credores, se existir", podendo ser "coadjuvado sob a sua responsabilidade por técnicos ou outros auxiliares, remunerados ou não, incluindo o próprio devedor, mediante prévia concordância da comissão de credores ou do juiz, na falta dessa comissão", e com a colaboração dos trabalhadores, contratados a termo certo ou incerto, que sejam necessários para a liquidação da massa insolvente ou para a continuação da exploração da empresa; "ao administrador da insolvência compete ainda prestar oportunamente à comissão de credores e ao tribunal todas as informações necessárias sobre a administração e a liquidação da massa insolvente". Toda a actividade do administrador é fiscalizada pelo juiz "que pode, a todo o tempo, exigir-lhe informações sobre quaisquer assuntos ou a apresentação de um relatório da actividade desenvolvida e do estado da administração (artigo 58.°).

Nos termos do artigo 55.°, n.° 1, as funções do administrador são especialmente: "*a)* Preparar o pagamento das dívidas do insolvente à custa das quantias em dinheiro existentes na massa insolvente, designadamente das que constituem produto da alienação, que lhe incumbe promover, dos bens que a integram;
b) Prover, no entretanto, à conservação e frutificação dos direitos do insolvente e à continuação da exploração da empresa, se for o caso, evitando quanto possível o agravamento da sua situação económica".

O administrador "substitui o insolvente em todas as acções referidas nos números anteriores [acções em que se apreciem questões relativas a bens compreendidos na massa insolvente, intentadas contra o insolvente ou contra terceiros, cujo resultado possa influir no valor da massa, acções de natureza exclusivamente patrimonial intentadas contra o insolvente, processos em que tenha sido realizada a apreensão ou detenção de bens compreendidos na massa], independentemente da apensação ao processo de insolvência e do acordo da parte contrária" – artigo 85.°, n.° 3.

Para o cabal desempenho das funções, o administrador da insolvência pode requerer ao juiz que oficie a "quaisquer entidades públicas e instituições de crédito para, com base nos respectivos registos, prestarem informações consideradas necessárias ou úteis para os fins do processo, nomeadamente sobre a existência de bens integrantes da massa insolvente".

O administrador da insolvência pode ser destituído pelo juiz em qualquer momento, sendo substituído por outro, desde que, "ouvidos a comissão de credores, quando exista, o devedor e o próprio administrador [...], fundadamente considerar existir justa causa" (artigo 56.°, n.° 1). A cessação de funções do administrador e a nomeação de outro devem ser objecto dos registos e da publicidade que já foram referidas.

O artigo 59.° estabelece que o administrador da insolvência é responsável pelos danos causados ao devedor e aos credores da insolvência se tiver incumprido culposamente os deveres que lhe cabem (sendo o critério de apreciação da culpa a "diligência de um administrador da insolvência criterioso e ordenado"), sendo também responsável "pelos danos causados aos credores da massa insolvente se esta for insuficiente para satisfazer integralmente os respectivos direitos e estes resultarem de acto do administrador, salvo o caso de imprevisibilidade da insuficiência da massa, tendo em conta as circunstâncias conhecidas do administrador e aquelas que ele não devia ignorar"; existe responsabilidade solidária do administrador da insolvência com os seus auxiliares pelos danos por estes provocados, "salvo se provar que não houve culpa da sua parte ou que, mesmo com a diligência devida, se não teriam evitado". "A responsabilidade do administrador da insolvência prescreve no prazo de dois anos a contar da data em que o lesado teve conhecimento do direito que lhe compete, mas nunca depois de decorrido igual período sobre a data da cessação de funções" (artigo 59.°, n.° 4).

Na pendência do processo de insolvência, só o respectivo administrador tem legitimidade para propor ou fazer seguir: *a)* acções de responsabilidade em benefício do devedor, contra os fundadores, administradores de direito ou facto, membros do órgão de fiscalização do devedor e sócios, associados ou outros membros, independentemente do acordo do devedor ou dos seus órgãos, sócios ou outros membros; *b)* acções para obter indemnização pelos danos causados aos credores da insolvência pela diminuição da massa insolvente, tanto antes como depois da declaração de insolvência; *c)* acções contra os responsáveis legais pelas dívidas do insolvente; também só o administrador da insolvência pode exigir dos sócios, associados ou outros membros do devedor as entradas de capital diferidas e as prestações acessórias em dívida, independentemente dos respectivos prazos de vencimento, para o efeito propondo as acções necessárias; todas as acções que se deixaram referidas correm por apenso do processo de insolvência.

Há um conjunto de deveres de informação, apresentação e colaboração que impendem sobre o administrador e que estão enunciados no artigo 83.°.

O administrador, quando nomeado pelo juiz, tem direito "à remuneração prevista no seu estatuto e ao reembolso das despesas que razoavelmente tenha considerado úteis e indispensáveis", sendo a remuneração a que for prevista na deliberação da assembleia de credores, nos casos em que por ela tenha sido eleito.

Após a data da assembleia de apreciação do relatório, além de documentos trimestrais de informação sucinta sobre o estado da administração e liquidação – que devem ser visados pela comissão de credores, se existir –, o administrador da insolvência tem de apresentar contas "dentro dos 10 dias subsequentes à cessação das suas funções [...]" e "em qualquer altura do processo, sempre que o juiz o determine [...]". Quando não preste as contas no prazo, "cabe ao juiz ordenar as diligências que tiver por convenientes, podendo encarregar pessoa idónea da apresentação das contas, para, depois de ouvida a comissão de credores, decidir segundo juízos de equidade, sem prejuízo da responsabilização civil e do procedimento criminal que caibam contra o administrador da insolvência"; o que ficou dito sobre a obrigação de prestação de contas pelo administrador "não prejudica o dever de elaborar e depositar contas anuais, nos termos que forem legalmente obrigatórios para o devedor" (artigos 61.° a 65.°).

A administração da massa insolvente pode ser confiada ao devedor na sentença se ele o tiver requerido e nesse sentido deliberar a assembleia de credores que apreciar o relatório ou na primeira assembleia que antes daquela tiver lugar, mesmo que não estejam preenchidos todos os pressupostos antes enumerados, em particular os das alíneas *c)* e *d)*. Porém, mesmo nestes casos, continua a ter de haver administrador da insolvência.

Nos casos em que a administração for confiada ao devedor, ela é fiscalizada pelo administrador da insolvência, que "comunica imediatamente ao juiz e à comissão de credores (quando exista ou, na sua falta, a todos os credores reclamantes) quaisquer circunstâncias que desaconselhem a subsistência da situação. Enquanto o devedor administrar a massa, e "sem prejuízo da eficácia do acto", "o devedor não deve contrair obrigações: *a)* se o administrador da insolvência se opuser, tratando-se de actos de gestão corrente; *b)* sem o consentimento do administrador [...], tratando-se de actos de actos de administração extraordinária"; "o administrador [...] pode exigir que fiquem a seu cargo todos os recebimentos em dinheiro e todos os pagamentos", podendo o juiz, "oficiosamente ou a pedido da assembleia de credores", "proibir a prática de determinados actos pelo devedor sem a aprovação do administrador [...], aplicando-se, com as necessárias adaptações, o disposto no n.° 6 do artigo 81.° [ineficácia dos actos praticados pelo insolvente em contravenção do disposto nos números 1 a 5 do mesmo artigo 81.°, e responsabilidade da massa pela restituição do que lhe tiver sido prestado segundo as regras do enriquecimento sem causa, excepto se se tratar de actos onerosos com terceiros de boa fé antes do registo da sentença de declaração da insolvência e se esses actos não constituírem "partilha celebrada menos de um ano antes da data do início do processo de insolvência em que o quinhão do insolvente haja sido essencialmente preenchido com bens de fácil sonegação, cabendo aos co-interessados a generalidade dos imóveis e dos valores nominativos" ou "celebrados pelo devedor a título gratuito dentro dos dois anos anteriores à data do início do processo [...], incluindo o repúdio de herança ou legado, com excepção dos donativos conformes aos usos sociais", ou de "constituição de garantias reais relativas a obrigações preexistentes ou de outras que as substituam, nos seis meses anteriores à data do início do processo [...]", ou de "fiança, subfiança, aval e mandatos de crédito, em que o insolvente haja outorgado [...] [nos seis meses anteriores à data do início do processo] e que não respeitem a operações negociais com real interesse para ele", ou de "constituição de garantias reais em simultâneo com a criação das obrigações garantidas, dentro dos 60 dias anteriores à data do início do processo [...], ou depois desta mas anteriormente ao vencimento", ou de "pagamento ou outra forma de extinção de obrigações efectuados dentro dos seis meses anteriores ao início do processo [...] em termos não usuais no comercio jurídico e que o credor não pudesse exigir", ou de "actos a título oneroso realizados pelo insolvente dentro do ano anterior à data do início do processo [...], em que as obrigações por ele assumidas excedam manifestamente as da contraparte", ou, finalmente, de "reembolso de suprimentos, quando tenha lugar dentro do [...] [mesmo prazo]"; ao devedor administrador da massa é conferida legitimidade para exercer os poderes que a lei confere ao administrador da insolvência, mas apenas este pode resolver actos em benefício da massa; "é da responsabilidade do devedor a elaboração e o depósito das contas anuais que forem legalmente obrigatórias" e "a atribuição ao devedor da administração [...] não prejudica o exercício pelo administrador [...] de todas as demais competências que legalmente lhe cabem e dos poderes necessários para o efeito, designadamente o de examinar todos os elementos da contabilidade do devedor". A administração pelo devedor termina por decisão do juiz, a requerimento daquele, se tal for deliberado pela assembleia de credores, "se for afectada pela qualificação da insolvência como culposa a própria pessoa singular titular da empresa", se – havendo motivos para recear atrasos no processo ou outros inconvenientes para os credores – isso for solicitado por algum credor, ou "se o plano de insolvência não for apresentado pelo devedor no prazo [...], ou não for subsequentemente admitido, aprovado ou homologado"; tendo sido decidido o termo da administração pelo devedor, "tem lugar imediatamente a apreensão dos bens, em conformidade com o disposto nos artigos 149.° e seguintes, prosseguindo o processo a sua tramitação, nos termos gerais".

V. artigos 224.° a 228.° do Código da Insolvência e da Recuperação de Empresas.

V. *Insolvência; Órgãos da insolvência; Recuperação de empresas; Juiz; Devedor; Comissão de credores; Administrador provisório; Solicitador de execução; Declaração de insolvência; Publicidade; Registo; Edital; Requerimento; Certidão; Pessoa singular; Secretaria judicial; Registo civil; Registo informático de execuções; Domicílio profissional; Assembleia de credores; Empresa; Massa insolvente; Substabelecimento; Notificação; Patrocínio judiciário; Alienação; Justa causa; Responsabilidade civil; Dano; Credor da insolvência; Incumprimento; Dever jurídico; Culpa; Apreciação da culpa; Diligência; Solidariedade; Causa virtual; Prescrição; Obrigação de prestação de contas; Legitimidade; Fundação; Administrador; Órgãos da pessoa colectiva; Entrada; Vencimento; Apensação de acções; Liquidação; Obrigação; Acto de administração; Ineficácia; Enriquecimento sem causa; Negócio a título oneroso; Terceiro; Boa fé; Partilha; Quinhão; Imóvel; Acto a título gratuito; Repúdio; Herança; Donativos; Garantias reais; Fiança; Subfiança; Aval; Mandato de crédito; Extinção das obrigações; Qualificação da insolvência; Insolvência culposa; Plano de insolvência; Homologação.*

Administrador do tribunal (Org. Judiciária) – A figura do administrador do tribunal foi criada pelo Decreto-Lei n.° 176/

/2000, de 9 de Agosto – alterado pelo Decreto-Lei n.° 189/2001, de 25 de Junho –, que aprova o respectivo estatuto jurídico. Nos termos do artigo 3.° deste diploma, "os administradores dos tribunais coadjuvam o presidente do tribunal no exercício das suas competências em matéria administrativa, apoiando-o em todas as tarefas em que tal lhe seja solicitado, agindo neste âmbito sob a sua orientação e direcção", exercendo, "ainda, as competências previstas na lei e as que lhes forem delegadas pelo director-geral da Administração da Justiça e pelo presidente do Instituto de Gestão Financeira e Patrimonial da Justiça".

O recrutamento dos administradores judiciais é feito, por concurso, entre pessoas habilitadas "com licenciatura e experiência profissional adequadas ao exercício das respectivas funções" e entre "secretários de justiça com, pelo menos, três anos de serviço efectivo na categoria e classificação de *Muito bom*". É por despacho do Ministro da Justiça que são indicadas as licenciaturas adequadas.

"Os candidatos seleccionados [...] frequentam um curso de formação profissional, composto por formação inicial e estágio, cuja avaliação e aproveitamento constituem condição de provimento como administradores dos tribunais" – artigo 5.°, n.° 4.

"Nos tribunais onde não exista administrador podem ser delegadas competências no secretário do tribunal pelo presidente do tribunal, pelo director-geral da Administração da Justiça e pelo presidente do Instituto de Gestão Financeira e Patrimonial da Justiça" (artigo 9.°).

V. *Tribunal; Juiz presidente; Secretaria judicial.*

Administrador judicial (Dir. Civil; Proc. Civil)

1. Pessoa encarregada pelo tribunal da administração de bens alheios.

O artigo 1019.°, C.P.C., na redacção do Decreto-Lei n.° 329-A/95, de 12 de Dezembro, determina que as contas do cabeça-de-casal, dos representantes legais dos incapazes e dos outros administradores nomeados judicialmente são "dependência do processo em que a nomeação haja sido feita".

V. *Administrador; Cabeça-de-casal; Representação legal; Incapaz; Prestação de contas.*

2. Desencadeado o processo especial de recuperação da empresa e de protecção dos credores, inicialmente previsto pelo Decreto-Lei n.° 177/86, de 2 de Julho, mais tarde regulado pelo Código dos Processos Especiais de Recuperação da Empresa e de Falência, aprovado pelo Decreto-Lei n.° 132/93, de 23 de Abril, alterado pelos Decretos-Leis n.°s 157/97, de 24 de Junho, 315/98, de 20 de Outubro, 323/2001, de 17 de Dezembro, e 38/2003, de 8 de Março, cabia ao juiz designar o gestor judicial que, na anterior legislação, era designado por administrador judicial.

O Código da Insolvência e da Recuperação de Empresas, aprovado pelo Decreto-Lei n.° 53/2004, de 18 de Março, alterado pelos Decretos-Leis n.°s 200/2004, de 18 de Agosto, e 76-A/2006, de 29 de Março (este último rectificado pela Declaração de rectificação n.° 28-A/2006, de 26 de Maio) – que revogou o Código anteriormente mencionado – prevê a possibilidade de nomeação judicial de administrador da insolvência. Desde logo, o respectivo artigo 31.° admite a possibilidade de serem adoptadas as "medidas cautelares" "que se mostrem necessárias ou convenientes para impedir o agravamento da situação patrimonial do devedor, até que seja proferida sentença", o que ocorre por decisão do juiz, nos termos do n.° 1, se houver "justificado receio da prática de actos de má gestão", quer oficiosamente quer a pedido do requerente da insolvência; tais medidas "podem designadamente consistir na nomeação de um administrador judicial provisório com poderes exclusivos para a administração do património do devedor, ou para assistir o devedor nessa administração. Nos termos do artigo 32.°, "a escolha do administrador judicial provisório recai em entidade inscrita na lista oficial de administradores da insolvência, tendo o juiz em conta a proposta eventualmente feita na petição inicial"; este administrador "manter-se-á em funções até que seja proferida a sentença, sem prejuízo da possibilidade da sua substituição ou remoção em momento anterior, ou da sua recondução como administrador da insolvência". Pelo seu lado, o n.° 3 do mesmo artigo 32.° ocupa-se da forma de remuneração destes administradores, dispondo o artigo 33.° acerca das suas competências.

É a Lei n.° 32/2004, de 22 de Julho, que estabelece o estatuto do administrador da insolvência. Dispõe o artigo 3.° deste diploma que estes administradores "exercem as suas funções por tempo indeterminado e sem limite máximo de processos", sendo equiparados aos solicitadores de execução "nas relações com os órgãos do Estado, nomeadamente no que concerne ao acesso e movimentação nas instalações dos tribunais, conservatórias e serviços de finanças". Os artigos 6.° a 11.° ocupam-se da inscrição nas listas oficiais. É criada uma comissão, com a composição fixada no artigo 12.°, n.° 2, "na dependência do Ministro da Justiça, responsável pela admissão à actividade do administrador da insolvência e pelo controlo do seu exercício". "O administrador da insolvência deve, no exercício das suas funções e fora delas, considerar-se um servidor da justiça e do direito e, como tal, mostrar-se digno da honra e das responsabilidades que lhes são inerentes" – artigo 16.°, n.° 1.

V. *Recuperação da empresa; Gestor judicial; Insolvência; Recuperação de empresas; Devedor; Sentença; Petição inicial; Acto de administração; Solicitador de execução; Administrador da insolvência.*

Administrador legal (Dir. Civil) – Pessoa que exerce os poderes atribuídos pela lei dentro do quadro da *administração legal* (v. esta expressão).

Administrador na propriedade horizontal (Dir. Civil) – As partes comuns do edifício em propriedade horizontal são administradas pela assembleia dos condóminos e por um administrador, eleito e exonerado por aquela assembleia. Quando a assembleia não eleja o administrador, pode qualquer condómino requerer ao tribunal a sua nomeação (v. artigo 1428.°, C.P.C.); também pode qualquer condómino requerer ao tribunal a exoneração do administrador com fundamento na prática de irregularidades ou em actuação negligente no exercício das suas funções (v. artigos 1484.°-B, com a redacção do Decreto-Lei n.° 329-A/95, de 12 de Dezembro, e 1485.°, todos do C.P.C.).

O artigo 1435.°-A, C.C., aditado pelo Decreto-Lei n.° 267/94, de 25 de Outubro, dispõe, no seu n.° 1, que, "se a assembleia de condóminos não eleger administrador e este não houver sido nomeado judicialmente, as correspondentes funções são obrigatoriamente desempenhadas, a título provisório, pelo condómino cuja fracção ou fracções representem a maior percentagem do capital investido, salvo se outro condómino houver manifestado vontade de exercer o cargo e houver comunicado tal propósito aos demais condóminos", estabelecendo o n.° 2 da mesma norma regras de preferência para o caso de haver vários condóminos em igualdade de situação; nos termos do n.° 3, ainda da mesma disposição, as funções deste administrador provisório cessam "logo que seja eleito ou judicialmente nomeado um administrador", devendo aquele entregar a este último "todos os documentos respeitantes ao condomínio que estejam confiados à sua guarda".

O cargo de administrador pode ser remunerado e "tanto pode ser desempenhado por um dos condóminos como por terceiro"; o respectivo período de funções é, salvo disposição em contrário, de um ano, renovável, mantendo-se o administrador em funções até que seja eleito ou nomeado o seu sucessor (artigo 1435.°, C.C., na redacção do mencionado DL n.° 267/94).

As funções do administrador estão indicadas no artigo 1436.°, C.C. (cuja redacção é a que resulta do citado DL n.° 267/94), estabelecendo o artigo 1437.° que "o administrador tem legitimidade para agir em juízo, quer contra qualquer dos condóminos, quer contra terceiro, na execução das funções que lhe pertencem ou quando autorizado pela assembleia", podendo "também ser demandado nas acções respeitantes às partes comuns do edifício". O administrador não tem, porém, legitimidade activa nem passiva nas "acções relativas a questões de propriedade ou posse dos bens comuns, salvo se a assembleia [lhe] atribuir para o efeito poderes especiais [...]". O n.° 2 do artigo 2.° do Decreto-Lei n.° 268/94, de 25 de Outubro, impõe ao administrador "o dever de guardar e dar a conhecer aos condóminos todas as notificações dirigidas ao condomínio, designadamente as provenientes das autoridades administrativas", determinando o respectivo artigo 8.° que o administrador publicite as regras respeitantes à segurança do edifício ou conjunto de edifícios, em particular à dos equipamentos de uso comum, e impondo-lhe o artigo 9.° do mesmo diploma que faculte cópia do regulamento do condomínio a terceiros titulares de direitos relativos às fracções.

Por seu lado, o artigo 1438.°, C.C., estabelece que "dos actos do administrador cabe recurso para a assembleia, a qual pode neste caso ser convocada pelo condómino recorrente".

O artigo 3.° do já referido DL n.° 268/94 dispõe que, "na entrada do prédio ou conjunto de prédios ou em local de passagem comum aos condóminos deverá ser afixada a identificação do administrador em exercício ou de quem, a título provisório, desempenhe as funções deste". De acordo com o artigo 7.° deste último diploma, o regulamento do condomínio "deve prever e regular o exercício das funções de administração na falta ou impedimento do administrador ou de quem a título provisório desempenhe as funções deste".

Sendo, por força do artigo 4.° do citado DL n.° 268/94, "obrigatória a constituição, em cada condomínio, de um fundo comum de reserva para custear as despesa de conservação do edifício ou conjunto de edifícios" – fundo que "deve ser depositado em instituição bancária, competindo à assembleia de condóminos a respectiva administração" – veio o Decreto-Lei n.° 269/94, de 25 de Outubro, alterado pelas Leis n.°s 52-C/96, de 27 de Dezembro, 87-B/98, de 31 de Dezembro, 3-B/2000, de 4 de Abril, 30-C/2000 e 30-G/2000, ambas de 29 de Dezembro, e pelo Decreto-Lei n.° 323/2001, de 17 de Dezembro, permitir aos administradores, "mediante prévia deliberação da assembleia de condóminos", a abertura de contas de depósito a prazo, denominadas "contas poupança-condomínio", que se destinam, justamente, e em exclusivo, "à constituição de um fundo de reserva para a realização, nas partes comuns dos prédios, de obras de conservação ordinária, de conservação extraordinária e de beneficiação".

V. *Propriedade horizontal; Partes comuns; Fracção autónoma; Assembleia dos condóminos; Destituição de administrador; Negligência; Documento; Condomínio; Legitimidade; Propriedade; Posse; Notificação; Edifício; Fundo comum de reserva; Conta poupança-condomínio; Obras; Partes comuns.*

Administrador provisório

1. (Dir. Civil) – V. *Administrador na propriedade horizontal; Propriedade horizontal.*

2. (Dir. Civil; Dir. Com.; Proc. Civil) – O Código da Insolvência e da Recuperação de Empresas, aprovado pelo Decreto-Lei n.° 53/2004, de 18 de Março, alterado pelos Decretos-Leis n.°s 200/2004, de 18 de Agosto, e 76-A/2006, de 29 de Março (este rectificado pela Declaração de rectificação n.° 28-A/2006, de 26 de Maio), prevê a possibilidade de nomeação judicial de administrador da insolvência. Desde logo, o respectivo artigo 31.° admite que hajam de ser adoptadas as "medidas cautelares" "que se mostrem necessárias ou convenientes para impedir o agravamento da situação patrimonial do devedor, até que seja proferida sentença", o que ocorre por decisão do juiz, nos termos do n.° 1, se houver "justificado receio da prática de actos de má gestão", quer oficiosamente quer a pedido do requerente da insolvência; tais medidas "podem designadamente consistir na nomeação de um administrador judicial provisório com poderes exclusivos para a administração do património do devedor, ou para assistir o devedor nessa administração"; a adopção destas medidas "pode ter lugar previamente à citação do devedor, no caso de a antecipação ser julgada indispensável para não pôr em perigo o seu efeito útil, mas sem que a citação possa ser retardada mais de 10 dias relativamente ao prazo que de outro modo interviria", podendo mesmo a adopção das medidas preceder a distribuição "quando o requerente o solicite e o juiz considere justificada a precedência". Nos termos do artigo 32.°, "a escolha do administrador judicial provisório recai em entidade inscrita na lista oficial de administradores da insolvência, tendo o juiz em conta a proposta eventualmente feita na petição ini-

cial"; este administrador "manter-se-á em funções até que seja proferida a sentença, sem prejuízo da possibilidade da sua substituição ou remoção em momento anterior, ou da sua recondução como administrador da insolvência". A actual figura do administrador provisório corresponde essencialmente ao gestor judicial previsto no anterior Código dos Processos Especiais de Recuperação de Empresas e da Falência.

Pelo seu lado, o artigo 33.° dispõe, no seu n.° 1, que este administrador provisório "a quem forem atribuídos poderes exclusivos de administração do património do devedor deve providenciar pela manutenção e preservação desse património, e pela continuidade da exploração da empresa, salvo se considerar que a suspensão da actividade é mais vantajosa para os interesses dos credores e tal medida for autorizada pelo juiz"; no n.° 2 enunciam-se os critérios a que o juiz tem de obedecer ao fixar as competências e deveres destes administradores, dizendo, finalmente, o n.° 3 que, em qualquer caso, o administrador "tem o direito de acesso à sede e às instalações empresariais do devedor e de proceder a quaisquer inspecções e a exames, designadamente dos elementos da sua contabilidade, e o devedor fica obrigado a fornecer-lhe todas as informações necessárias ao desempenho das suas funções, aplicando-se, com as devidas adaptações, o artigo 83.° [que respeita aos deveres de informação, de apresentação e de colaboração do devedor]".

Se a sentença no processo de insolvência indeferir o pedido da respectiva declaração e se tiver sido nomeado um administrador judicial provisório, ela é publicada e registada.

A Lei n.° 32/2004, de 22 de Julho, estabelece o estatuto do administrador da insolvência, ocupando-se o seu artigo 24.° dos critérios de remuneração do administrador provisório.

V. *Insolvência; Recuperação de empresas; Devedor; Sentença; Acto de administração; Citação; Distribuição; Petição inicial; Administrador da insolvência; Credor; Obrigação de informação; Registo.*

Admissão de facto (Dir. Civil; Proc. Civil) – Diz-se que alguém admite um facto quando o sujeito, não contestando a sua veracidade nem o confessando, se limita a aceitá-lo.

Nos termos do n.° 2 do artigo 490.°, C.P.C., na redacção do Decreto-Lei n.° 329-A/95, de 12 de Dezembro, "consideram-se admitidos por acordo os factos que não forem impugnados, salvo se estiverem em oposição com a defesa considerada no seu conjunto, se não for admissível confissão sobre eles ou se só puderem ser provados por documento escrito".

V. *Contestação; Confissão; Documento escrito; Impugnação.*

Admissão de recurso (Proc. Civil) – Uma vez recebido no tribunal o requerimento de interposição de um recurso, o juiz competente tem de proferir sobre ele um despacho que o admita ou o rejeite; no caso de o despacho ser de admissão, deve simultaneamente determinar o efeito que ao recurso compete (v. artigos 687.° e 691.° – ambos na redacção do Decreto-Lei n.° 180/96, de 25 de Setembro –, 692.° e 693.° – ambos na redacção do Decreto-Lei n.° 199/2003, de 10 de Setembro –, 698.° e 699.° – estes com a redacção do DL n.° 180/ /96 –, 724.° – na redacção do DL n.° 199/ /2003 – e 741.°, todos do C.P.C.).

O recurso deve ser rejeitado nos casos enunciados no n.° 3 do artigo 687.°, C.P.C., e que são: ser a decisão irrecorrível, ter o recurso sido interposto fora do prazo ou não ter o recorrente as condições exigidas legalmente para recorrer. A lei diz expressamente que o recurso "não pode ser indeferido com o fundamento de ter havido erro na espécie de recurso", devendo entender-se que o mesmo acontecerá se a espécie de recurso não for indicada no respectivo requerimento de interposição.

Se o recurso for admitido, a esse despacho – quer pelo que respeita à decisão da própria admissão, quer pelo que respeita à fixação da sua espécie ou à determinação dos seus efeitos – só podem as partes reagir nas suas alegações (artigo 687.°, n.° 4, C.P.C.).

Se o despacho for de rejeição do recurso – e sendo este apelação, agravo ou revista –, o recorrente pode reclamar dele para o presidente do tribunal que seria competente para conhecer do recurso, sendo tal reclamação entregue na secretaria do tribunal recorrido, no prazo de dez dias (era de cinco na versão anterior da lei) contados da notificação do despacho que não admita o recurso.

Tal reclamação é imediatamente decidida no tribunal onde foi proferido o despacho da não admissão do recurso e, se a decisão for a de manutenção da não admissão do recurso, a reclamação será decidida pelo juiz presidente do tribunal superior, também no prazo de dez dias. A decisão deste não é impugnável, "mas, se manar admitir [...] o recurso, não obsta a que o tribunal ao qual o recurso é dirigido decida em sentido contrário".

V. artigos 688.° e 689.°, C.P.C. (o primeiro na redacção do já referido n.° 180/ /96, e o segundo com a redacção dada pelo Decreto-Lei n.° 329-A/95, de 12 de Dezembro).

Se for um recurso extraordinário e o juiz decidir a sua não admissão, deste despacho deve poder agravar-se nos termos gerais (v. artigos 774.°, n.° 2, e 781.°, n.° 1, C.P.C., ambos na redacção dada pelo DL n.° 329-A/95).

V. *Recurso; Interposição de recurso; Despacho; Efeito devolutivo do recurso; Efeito suspensivo do recurso; Alegações; Apelação; Agravo; Revista; Reclamação; Secretaria judicial; Notificação; Prazo; Recurso extraordinário.*

Admoestação (Dir. Civil) – Medida tutelar educativa que pode ser aplicada a um menor. Ela "consiste na advertência solene feita pelo juiz ao menor, exprimindo o carácter ilícito da conduta e o seu desvalor e consequências e exortando-o a adequar o seu comportamento às normas e valores jurídicos e a inserir-se, de uma forma digna e responsável, na vida em comunidade".

V. artigos 4.°-*a)* e 9.° da Lei Tutelar Educativa (Lei n.° 166/99, de 14 de Setembro).

V *Medida tutelar; Menor; Tribunal de menores.*

"Ad nutum" (Dir. Civil) – A revogação ou resolução *ad nutum* é aquela que pode ser desencadeada a todo o momento pela decisão discricionária de uma única pessoa ou do organismo habilitado para esse efeito.

Por exemplo, as doações entre casados são livremente revogáveis pelo doador, sem que seja necessário fundamentar a decisão revogatória – artigo 1765.°, C.C..

Os contratos só podem ser resolvidos quando haja fundamento legal ou cláusula que o permita (artigo 432.°, C.C.). A doutrina admite geralmente (embora não sem excepções) a validade da cláusula resolutiva *ad nutum* que preveja, pois, uma extinção do contrato dependente da vontade discricionária daquele que a opera.

V. *Revogação; Doação; Doações entre casados; Revogação da doação; Resolução do contrato.*

Adopção (Dir. Civil) – Criação, por sentença judicial, de um vínculo jurídico semelhante ao que resulta de filiação natural entre duas pessoas, independentemente dos laços de sangue (artigo 1586.°, C.C.). O n.° 7 do artigo 36.° da Constituição da República dispõe que "a adopção é regulada e protegida nos termos da lei, a qual deve estabelecer formas céleres para a respectiva tramitação". A adopção só será decretada quando o tribunal entender que ela trará vantagens para o adoptando – porquanto ela "visa realizar o superior interesse da criança" –, se funde em motivos legítimos, não envolva sacrifício injusto para os outros filhos do adoptante e seja possível supor que entre o adoptante e o adoptando se estabelecerá uma ligação idêntica à da filiação (artigo 1974.°, n.° 1, C.C.), o que será averiguado através de inquérito "que deverá incidir, nomeadamente, sobre a personalidade e a saúde do adoptante e do adoptando, a idoneidade do adoptante para criar e educar o adoptando, a situação familiar e económica do adoptante e as razões determinantes do pedido de adopção" – artigo 1973.°, n.° 2, C.C..

A adopção pode ser plena ou restrita, divergindo o respectivo regime jurídico no que respeita aos pressupostos e efeitos. O Decreto-Lei n.° 496/77, de 25 de Novembro, introduziu profundas alterações no regime da adopção, designadamente, no que respeita aos requisitos do adoptante, vindo, depois, o Decreto-Lei n.° 120/98, de 8 de Maio, e, mais recentemente, a Lei n.° 31/2003, de 22 de Agosto, a alterar de novo vários preceitos do Código Civil e da legislação pertinente na matéria (a denominada O.T.M., o Decreto-Lei n.° 185/93, de 22 de Maio, e a Lei n.° 147/99, de 1 de Setembro – Lei de Protecção de Crianças e Jovens em Perigo).

V. artigos 1973.° e segs., C.C., tendo os artigos 1974.°, 1978.°, 1979.°, 1980.°, 1981.°, 1983.° e 1992.° a redacção que lhes foi dada pela Lei n.° 31/2003, de 22 de Agosto, que também aditou ao Código Civil o artigo 1978.°-A.

Compete aos tribunais de família a constituição do vínculo de adopção (v. artigo 82.°, n.° 1-*c)*, da Lei de Organização e Funcionamento dos Tribunais Judiciais – Lei n.° 3/99, de 13 de Janeiro, rectificada pela Declaração de rectificação n.° 7/99, de 16 de Fevereiro, e alterada pela Lei n.° 101/99, de 26 de Julho, pelos Decretos-Leis n.°s 323/ /2001, de 17 de Dezembro, e 38/2003, de 8 de Março (rectificado pela Declaração de rectificação n.° 5-C/2003, de 30 de Abril), pela Lei n.° 105/2003, de 10 de Dezembro, pelo Decreto-Lei n.° 53/2004, de 18 de Março, pela Lei n.° 42/2005, de 29 de Agosto, e pelo Decreto-Lei n.° 76-A/2006, de 29 de Março (este último rectificado pela Declaração de rectificação n.° 28-A/2006, de 26 de Maio) – e artigo 146.°-*c)*, da chamada O.T.M.). O processo de adopção tem a sua tramitação regulada nos artigos 162.° e segs., O.T.M., cuja actual redacção é a que resulta dos citados Decretos-Leis n.°s 185/93 e 120/98, e das Leis n.°s 133/99, de 28 de Agosto, e 31/2003, de 22 de Agosto.

"Na petição para adopção, o requerente deve alegar os factos tendentes a demonstrar os requisitos gerais previstos no n.° 1 do artigo 1974.° do Código Civil [a existência de reais vantagens para o adoptando, o fundamento do pedido em motivos legítimos, a não existência de sacrifício injusto para os seus outros filhos e a suposição razoável de que entre o adoptante e o adoptado se estabelecerá um vínculo semelhante ao da filiação], bem como as demais condições necessárias à constituição do vínculo", devendo, com a petição, ser oferecidos todos os meios de prova – artigo 168.° da antiga O.T.M., na redacção do já referido DL n.° 120/98.

O Decreto-Lei n.° 274/80, de 13 de Agosto, hoje revogado, tinha vindo impor a intervenção dos organismos de segurança social nos processos de adopção, mantendo-se tal necessidade, agora nos termos dos artigos 3.° e segs. do Decreto-Lei n.° 185/93 (na redacção dos citados DL n.° 120/98 e Lei n.° 31/2003). Assim, qualquer pessoa que pretenda adoptar um menor deverá comunicar a sua intenção ao organismo de segurança social da área da sua residência. "Recebida a comunicação, o organismo de segurança social procede ao estudo da pretensão no prazo máximo de seis meses"; "o estudo da pretensão do candidato a adoptante deverá incidir, nomeadamente, sobre a personalidade, a saúde, a idoneidade para criar e educar o menor e a situação familiar e económica do candidato a adoptante e as razões determinantes do pedido de adopção". "Concluído o estudo, o organismo de segurança social profere decisão fundamentada sobre a pretensão e notifica-a ao interessado; em caso de decisão que rejeite a candidatura, recuse a entrega do menor ao candidato a adoptante ou não confirme a permanência do menor a cargo, a notificação deve incluir referência à possibilidade de recurso, menção do prazo e identificação do tribunal competente para o efeito".

"O processo de adopção e os respectivos procedimentos preliminares, incluindo os de natureza administrativa, têm carácter secreto", podendo o tribunal, "por motivos ponderosos e nas condições e com os limites a fixar na decisão, [...] a requerimento de quem invoque interesse legítimo, ouvido o Ministério Público, se não for o requerente, autorizar a consulta dos processos referidos [...] e a extracção de certidões" (artigo 173.°-B da antes designada por O.T.M., na redacção que lhe foi dada pela mencionada Lei n.° 31/2003, de 22 de Agosto).

Os artigos 14.° e segs. do Decreto-Lei n.° 185/93, de 22 de Maio (alterado pelos já referidos DL n.° 120/98 e Lei n.° 31/2003), estabelecem o regime de colocação no estrangeiro de menores residentes em Portugal com vista à sua adopção, e os artigos 23.° e segs. o da adopção por residentes em Portugal de menores residentes no estrangeiro. De acordo com o artigo 14.°, n.° 1, deste DL, "a colocação no estrangeiro de menores residentes em Portugal com vista à adopção depende de prévia decisão judicial de aplicação de medida de promoção e protecção de confiança a pessoa seleccionada para a adopção ou a instituição com vista a futura adopção, ou de confiança judicial do menor", e, segundo o artigo 15.°, n.° 1, do mesmo diploma, não é permitida a colocação de menores com vista a adopção no estrangeiro "quando se mostrar viável a adopção em Portugal". O Decreto Regulamentar n.° 17/98, de 14 de Agosto, reconhece a instituições particulares de solidariedade social a possibilidade de intervir na adopção, sendo regulamentada a actividade mediadora em matéria de adopção internacional. As Portarias n.°s 161/2005 e 162/2005, ambas de 10 de Fevereiro, autorizam duas associações estrangeiras a exercer em Portugal a actividade mediadora em matéria de adopção internacional.

O Decreto n.° 89/81, de 14 de Julho, viera equiparar a filhos os adoptados, para efeitos de atribuição do subsídio pecuniário substitutivo da remuneração quando aquele que exercia o poder paternal tivesse de faltar ao trabalho por motivo de doença do filho. Também o Decreto-Lei n.° 133-B/97, de 30 de Maio (regulamentado pelo decreto regulamentar n.° 24-A/97, da mesma data), que se ocupava do regime jurídico das prestações familiares para os trabalhadores da função pública, determinava que serem, entre outros, "equiparados a descendentes do beneficiário" os "adoptados restritamente".

A Lei n.° 99/2003, de 27 de Agosto (rectificada pela Declaração de rectificação n.° 15/2003, de 28 de Outubro), que aprovou o Código do Trabalho, estabelece no artigo 38.° que, "em caso de adopção de menor de 15 anos, o candidato a adoptante tem direito a 100 dias consecutivos de licença para acompanhamento do menor de cuja adopção se trate, com início a partir da confiança judicial ou administrativa a que se referem os diplomas legais que disciplinam o regime jurídico da adopção"; "sendo dois os candidatos a adoptantes, a licença [...] pode ser repartida entre eles". O artigo 40.°, n.° 1, do mesmo diploma, estabelece que "os trabalhadores têm direito a faltar ao trabalho, até um limite máximo de 30 dias por ano, para prestar assistência inadiável e imprescindível, em caso de doença ou acidente, a [...] adoptados [...] menores de 10 anos". O pai ou a mãe têm direito a licença por período até seis meses, prorrogável com limite de quatro anos, para acompanhamento de filho, adoptado ou filho de cônjuge que com este resida, que seja portador de deficiência ou doença crónica, durante os primeiros 12 anos de vida".

"Para assistência a [...] adoptado e até aos 6 anos de idade da criança, o pai e a mãe que não estejam impedidos ou inibidos totalmente de exercer o poder paternal têm direito, alternativamente:

a) A licença parental de três meses;

b) A trabalhar a tempo parcial durante 12 meses, com um período normal de trabalho igual a metade do tempo completo;

c) A períodos intercalados de licença parental e de trabalho a tempo parcial em que a duração total da ausência e da redução do tempo de trabalho seja igual aos períodos normais de trabalho de três meses".

"O pai ou a mãe têm direito a licença por período até seis meses, prorrogável com limite de quatro anos, para acompanhamento de [...] adoptado [...] que com este resida, que seja portador de deficiência ou doença crónica, durante os primeiros 12 anos de vida".

V. artigos 43.° e 44.° da Lei n.° 99/2003.

O n.° 2 do artigo 213.° do Código do Registo Civil, na redacção do Decreto-Lei n.° 36/97, de 31 de Janeiro, dispõe que "as certidões de narrativa extraídas do registo de nascimento de filhos adoptados plenamente, a filiação deve ser mencionada apenas mediante indicação dos nomes dos pais adoptivos".

V. Convenção Europeia em Matéria de Adopção de Crianças, aberta à assinatura dos Estados em Estrasburgo, a 24 de Abril de 1967, assinada por Portugal em 4 de Julho de 1978, aprovada, para ratificação, com duas reservas, pela Resolução da Assembleia da República n.° 4/90, de 31 de Janeiro, e ratificada por Decreto do Presidente da República n.° 7/90, de 20 de Fevereiro, e cujo instrumento de ratificação foi depositado segundo aviso publicado no *Diário da República*, I série, de 30 de Maio. V. também a Convenção Relativa à Protecção das Crianças e à Cooperação em Matéria de Adopção Internacional, elaborada na Haia em 29 de Maio de 1993, que foi aprovada, para ratificação, pela Resolução da Assembleia da República n.° 8/2003, de 25 de Fevereiro, e ratificada pelo Decreto do Presidente da República n.° 6/2003, da mesma data; o seu instrumento de ratificação foi depositado por Portugal em 19 de Março de 2004, conforme o Aviso n.° 110/2004, de 3 de Junho.

V. *Sentença; Filiação; Adopção plena; Adopção restrita; Tribunal de família; Menor; Recurso; Processo secreto; Exame de processos; Certidão; Consentimento para a adopção; Revogação da adopção; Ministério Público; Confiança de menor; Deficiente; Poder paternal; Inibição do poder paternal; Registo civil; Registo de nascimento.*

Adopção originária (Dir. Civil) – Há quem qualifique assim a adopção, quando através dela se cria pela primeira vez uma relação de filiação entre o menor e o ou os adoptantes, como acontece quando o adoptado é filho de pais já falecidos ou incógnitos.

V. *Adopção; Filiação; Menor.*

Adopção plena (Dir. Civil) – A adopção plena coloca o adoptado na situação jurídica de filho do adoptante, extinguindo-se as relações familiares entre o adoptado e a sua família, salvo quanto a impedimentos matrimoniais. Deste último ponto de vista, há de ter em conta o artigo 1602.°, C.C., bem como o artigo 143.°, n.° 3, Código do Registo Civil, na redacção do Decreto-Lei n.° 120/98, de 8 de Maio, em que se estabelece que "no caso de nubente adoptado plenamente, o conservador averigua, sem publicidade, da existência de impedimentos resultantes da filiação natural".

"Podem adoptar plenamente duas pessoas casadas há mais de quatro anos e não separadas judicialmente de pessoas e bens ou de facto, se ambas tiverem mais de 25 anos", podendo também fazê-lo uma pessoa que tenha mais de 30 anos de idade ou, sendo o adoptando filho do cônjuge do adoptante, mais de 25 anos. Não pode, em princípio, adoptar plenamente quem tiver mais de 60 anos [eram 50 anos na versão legal anterior] à data em que o menor lhe tenha sido confiado, salvo se o adoptando for filho do cônjuge do adoptante, "sendo que a partir dos 50 anos a diferença de idades entre o adoptante e o adoptando não poderá ser superior a 50 anos" – artigo 1979.°, C.C., na redacção da Lei n.° 31/ /2003, de 22 de Agosto.

Pelo que respeita ao adoptando, para que possa ser adoptado plenamente, terá de ser menor filho do cônjuge do adoptante ou menor confiado, "mediante confiança administrativa, confiança judicial ou medida de promoção e protecção de confiança a pessoa seleccionada para a adopção", ao adoptante. Em qualquer caso, deverá ter menos de 15 anos à data da petição judicial de adopção ou, se tiver idade superior, mas não superior a 18 anos (e não estiver emancipado), terá de ter estado confiado aos adoptantes, ou a um deles, ou de ser filho do cônjuge do adoptante (artigo 1980.°, C.C., na redacção da já citada Lei n.° 31/2003).

O n.° 1 do artigo 1981.°, C.C. (na redacção da referida Lei n.° 31/2003), impõe a necessidade de consentimento para a adopção de várias pessoas – entre as quais o próprio adoptando, se este tiver mais de 12 anos (baixando, deste modo, a idade do menor cujo consentimento tem de ser prestado, que era, antes da Reforma de 1998, 14 anos), o cônjuge do adoptante, os respectivos pais (mesmo que menores e ainda que não exerçam o poder paternal, desde que não tenha havido confiança judicial ou outra medida), e o "ascendente, colateral até ao 3.° grau ou tutor, quando, tendo falecido os pais do adoptando, tenha este a seu cargo e com ele viva, podendo, porém, o tribunal dispensar o consentimento nos termos do n.° 3 da mesma disposição; o artigo 1982.° (com a redacção dada pelo DL n.° 120/98) prescreve que "o consentimento reportar-se-á inequivocamente à adopção plena e será prestado perante o juiz, que deve esclarecer o declarante sobre o significado e os efeitos do acto", podendo o consentimento ser prestado independentemente da instauração do processo de adopção e não sendo necessária a identificação do futuro adoptante, mas nunca podendo o consentimento da mãe ser dado "antes de decorridas seis semanas após o parto". Também devem ser ouvidos pelo juiz sobre a adopção os filhos do adoptante, quando tenham mais de 12 anos (também quanto a este aspecto se altera a idade dos menores que devem ser ouvidos, passando de 14 para 12 anos), "os ascendentes ou, na sua falta, os irmãos maiores do progenitor falecido, se o adoptando for filho do cônjuge do adoptante e o seu consentimento não for necessário, salvo se estiverem privados das faculdades mentais ou se, por qualquer outra razão, houver grave dificuldade em os ouvir" (artigo 1984.°, na redacção do citado DL n.° 120/98).

De acordo com o artigo 162.° da chamada O.T.M., na redacção do Decreto-Lei n.° 120/98, de 8 de Maio, "o consentimento prévio para a adopção pode ser prestado em qualquer tribunal competente em matéria de família, independentemente da residência do menor ou das pessoas que o devam prestar", podendo esse consentimento ser requerido pelas próprias pessoas, pelo Ministério Público ou pelos organismos de segurança social.

A adopção plena é irrevogável, podendo, no entanto, em certas condições, ser revista a sentença que a decretou.

V. artigos 1979.° e segs., C.C., na redacção dos Decretos-Leis n.°s 185/93 e 120/98 e pela Lei n.° 31/2003.

Há normas avulsas que se referem à legitimidade dos adoptantes e adoptados para a prática de certos actos, como, por exemplo, o artigo 4.°, n.° 1-*c)*, do Decreto-Lei n.° 274/99, de 22 de Julho, que declara que quer o adoptante quer o adoptado pode reclamar o corpo do outro.

Nos termos dos artigos 5.° e 29.° da Lei da Nacionalidade – Lei n.° 37/81, de 3 de Outubro, alterada pela Lei n.° 25/94, de 19 de Agosto, pelos Decretos-Leis n.°s 22-A/2001, de 14 de Dezembro, 194/2003, de 23 de Agosto, e pelas Leis Orgânicas n.°s 1/2004, de 15 de Janeiro, e 2/2006, de 17 de Abril –, adquire a nacionalidade portuguesa tenha sido anterior à entrada em vigor da lei.

V. *Adopção; Casamento; Nubente; Impedimentos; Separação judicial de pessoas e bens; Separação de facto; Menor; Confiança de menor; Emancipação; Poder paternal; Consentimento para a adopção; Ascendente; Colateral; Grau de parentesco; Tutor; Competência; Tribunal de família; Residência; Ministério Público; Revogação da adopção; Revisão da adopção; Legitimidade; Cidadania.*

Adopção plural (Dir. Civil) – Diz-se plural, conjunta ou comum a adopção que é realizada por ambos os cônjuges; se estes adoptarem num mesmo acto, a adopção será simultânea, sendo sucessiva aquela que se realiza separadamente por cada um dos membros do casal.

V. *Adopção.*

Adopção restrita (Dir. Civil) – A adopção restrita atribui apenas os deveres e os direitos fixados expressamente na lei, não retirando o adoptando da sua família natural, em relação à qual ele mantém, em princípio, todos os seus direitos e deveres (artigo 1994.°, C.C.).

Pode adoptar restritamente quem tiver mais de 25 anos de idade e menos de 60 à data em que o menor lhe tenha sido confiado, salvo se o adoptando for filho do cônjuge do adoptante (artigo 1992.°, C.C., na redacção que lhe foi dada pela Lei n.° 31/2003, de 22 de Agosto), podendo ser adoptado restritamente quem o puder ser plenamente (artigos 1993.°, n.° 1, e 1980.°, C.C.).

A lei regula especialmente os efeitos da adopção restrita quanto ao poder paternal (ao adoptante, ou a este e ao seu cônjuge, se este for pai ou mãe do adoptado, cabe o exercício do poder paternal), quanto aos direitos sucessórios (o adoptado não é herdeiro legitimário do adoptante, nem este daquele, mas o adoptado e, por direito de representação, os seus descendentes são chamados à sucessão como herdeiros legítimos, na falta de cônjuge, descendentes ou ascendentes do adoptante), quanto ao dever de alimentos (existe um dever recíproco da sua prestação), etc..

O vínculo de adopção restrita constitui um impedimento impediente (artigo 1604.°-*e)*, C.C.) do casamento. Esclarece o artigo 1607.°, C.C., que o vínculo de adopção restrita obsta ao casamento:

"*a)* Do adoptante, ou seus parentes na linha recta, com o adoptado ou seus descendentes;

b) Do adoptado com o que foi cônjuge do adoptante;

c) Do adoptante com o que foi cônjuge do adoptado;

d) Dos filhos adoptivos da mesma pessoa, entre si".

A sentença que decretar a adopção restrita, se for caso disso, "fixa o montante dos rendimentos dos bens do adoptado que pode ser despendido com os seus alimentos" – artigo 172.°, n.° 2, antiga O.T.M., na redacção dos Decretos-Leis n.°s 185/93, de 22 de Maio, e 120/98, de 8 de Maio.

Na adopção restrita, o adoptado ou os seus descendentes são obrigados a prestar alimentos ao adoptante, quando a este falte cônjuge, descendentes ou ascendentes em condições de o fazer (artigo 2000.°, C.C.).

A adopção restrita é revogável nos casos previstos na lei: "a requerimento do adoptante ou do adoptado, quando se verifique alguma das ocorrências que justificam a deserdação dos herdeiros legitimários" (cfr. artigos 2002.°-B e 2166.°, C.C.) e quando, sendo o adoptado menor, o adoptante deixa de cumprir os deveres inerentes ao poder paternal ou a adopção se torne inconveniente, por qualquer causa, para a educação ou os interesses do adoptado (cfr. artigo 2002.°-C, C.C.).

A adopção restrita pode ser convertida em adopção plena, desde que se verifiquem os pressupostos desta e tal seja requerido (artigo 1977.°, n.° 2, C.C.).

V. artigos 1992.° e segs., C.C., e 162.° a 173.° da O.T.M. (Decreto-Lei n.° 314/78, de 27 de Outubro, na redacção da Lei n.° 31/2003, de 22 de Agosto).

V. *Adopção; Direito subjectivo; Dever jurídico: Confiança de menor; Adopção plena; Poder paternal; Direito de representação; Herdeiro legítimo; Herdeiro legitimário; Ascendente; Descendente; Alimentos; Casamento; Impedimentos impedientes; Parentesco; Linha; Revogação da adopção; Deserdação; Revisão da adopção.*

Adopção singular (Dir. Civil) – Por contraposição à adopção plural, diz-se singular ou isolada aquela que é realizada por uma única pessoa.

V. *Adopção; Adopção plural.*

Adopção sobreposta (Dir. Civil) – Há quem designe assim a adopção, por um dos cônjuges, de filho do outro cônjuge.

O artigo 1980.°, C.C., na redacção que lhe foi dada pela Lei n.° 31/2003, de 22 de Agosto, permite a adopção plena em vários casos, um deles sendo justamente o de o menor ser filho do cônjuge do adoptante. Por outro lado, a mesma disposição admite que o adoptando (plenamente) tenha mais de 15 anos – desde que tenha menos de 18 e não esteja emancipado –, "quando, desde idade não superior a 15 anos, tenha sido confiado aos adoptantes ou a um deles ou quando for filho do cônjuge do adoptante".

V. *Adopção; Adopção plena; Emancipação; Confiança de menor.*

"Ad oppositionem" (Dir. Civil) – Fala-se por vezes, embora sem rigor, em formalidade *ad oppositionem* para significar um facto que é pressuposto de oponibilidade de um acto ou contrato a terceiros. Assim acontece, por exemplo, com o registo relativamente aos actos a ele sujeitos.

V. *Oponibilidade a terceiros; Acto jurídico; Contrato; Registo.*

Adoptado (Dir. Civil) – Aquele que é objecto de uma adopção.

V. *Adopção.*

Adoptante (Dir. Civil) – Aquele que adopta um menor.

V. *Adopção; Menor.*

Adoptivo (Dir. Civil) – Relativo à adopção. Diz-se por vezes "pai adoptivo", "mãe adoptiva" ou "filho adoptivo", o que se justifica juridicamente na adopção plena, uma vez que, por ela, "o adoptado adquire a situação de filho do adoptante e integra-se com os seus descendentes na família deste [...]" (artigo 1986.°, n.° 1, C.C.).

V. *Adopção; Adopção plena; Descendente.*

"Ad probationem" (Dir. Civil) – Uma formalidade diz-se *ad probationem* quando é apenas necessária para a prova de certo acto e a sua inobservância não acarreta a nulidade do mesmo. Quando a lei exige determinada forma (documento autêntico, autenticado ou particular) para um acto, está-se, em regra, perante uma formalidade *ad substantiam;* se, porém, resultar da lei que a forma prescrita apenas é exigida para a prova da declaração, podendo ser substituída por confissão expressa, judicial ou extrajudicial (esta última, desde que conste de documento de igual ou maior valor probatório), trata-se, então, de uma formalidade *ad probationem* – cfr. artigo 364.°, C.C..

V. *Forma; Acto jurídico; Prova; Nulidade; Documento autêntico; Documento particular; Documento autenticado; "Ad substantiam"; Confissão; Força probatória.*

"Ad quem" (Dir. Civil, Proc. Civil) – V. *"Dies ad quem"; Tribunal "ad quem".*

Adquiridos (Dir. Civil) – No regime matrimonial de comunhão de adquiridos, são os bens adquiridos a título oneroso, na constância do casamento.

V. *Regime de bens do casamento; Comunhão de adquiridos; Negócio a título oneroso.*

"Ad solemnitatem" (Dir. Civil) – Qualifica-se assim uma formalidade que é necessária à validade de um acto.

V. *Acto jurídico; "Ad substantiam"; Forma; Formalidade; Validade.*

"Ad substantiam" (Dir. Civil) – Diz-se que uma formalidade é *ad substantiam* quando ela própria é um requisito de validade do acto jurídico. Normalmente, quando a lei impõe uma dada forma para a prática de um acto, trata-se de uma formalidade *ad substantiam*, e "a declaração negocial que careça da forma legalmente prescrita é nula, quando outra não seja a sanção especialmente prevista na lei" (artigo 220.°, C.C.). V. também artigo 364.°, C.C..

V. *Acto jurídico; Forma; "Ad probationem"; Validade; Nulidade.*

Adultério (Dir. Civil) – Relações sexuais entre uma pessoa casada e outra que não seja o seu cônjuge. O adultério do outro cônjuge é, em princípio, fundamento de acção de separação judicial de pessoas e bens ou de divórcio litigioso, por constituir violação do dever de fidelidade; é, contudo, ao tribunal que compete averiguar da gravidade do facto ou da sua reiteração, de modo a que possa concluir pela consequente inviabilidade da vida em comum, condição de procedência do pedido de separação ou de divórcio.

V. artigos 1672.°, 1779.° e 1773.°, n.°s 2 e 3, C.C..

No entanto, o cônjuge fiel não poderá obter a separação ou o divórcio, "se tiver instigado o outro a praticar o facto invocado como fundamento do pedido ou tiver intencionalmente criado condições propícias à sua verificação" ou "se houver revelado por seu comportamento posterior, designadamente por perdão, expresso ou tácito, não considerar o acto praticado como impeditivo da vida em comum" – artigo 1780.°, C.C..

Estando os cônjuges separados judicialmente de pessoas e bens, permanecem ainda assim reciprocamente vinculados pelo dever de fidelidade (cfr. artigo 1795.°-A, C.C.), pelo que o adultério de um deles dá ao outro o direito de requerer, independentemente de prazo, a conversão da separação em divórcio.

V. artigo 1795.°-D, n.° 3, C.C..

Há ainda a notar a disposição do artigo 2196.°, C.C., que determina que é nula a disposição testamentária feita a favor de uma pessoa com quem o testador casado tenha cometido adultério, a menos que o casamento daquele já estivesse dissolvido ou os cônjuges separados judicialmente de pessoas e bens, à mesma data, ou ainda se os cônjuges estivessem separados de facto há mais de seis anos, à data da morte; não é nula também a disposição se se limitar a assegurar alimentos ao beneficiário.

O mesmo regime é aplicável às doações, por força do artigo 953.°, C.C..

V. *Deveres conjugais; Dever de fidelidade; Separação judicial de pessoas e bens; Divórcio; Conversão da separação em divórcio; Nulidade; Separação de facto; Testamento; Disposição testamentária; Dissolução do casamento; Alimentos; Doação.*

Advogado – Licenciado em Direito, inscrito na Ordem dos Advogados, que exerce o mandato judicial como profissão. O artigo 208.° da Constituição da República diz que "a lei assegura aos advogados as imunidades necessárias ao exercício do mandato e regula o patrocínio forense como elemento essencial à administração da justiça".

O artigo 114.°, n.° 1, da Lei de Organização e Funcionamento dos Tribunais Judiciais (Lei n.° 3/99, de 13 de Janeiro, rectificada pela Declaração de rectificação n.° 7/ /99, de 16 de Fevereiro, e alterada pela Lei n.° 101/99, de 26 de Julho, pelos Decretos-Leis n.°s 323/2001, de 17 de Dezembro, e 38/2003, de 8 de Março – rectificado pela Declaração de rectificação n.° 5-C/2003, de 30 de Abril –, pela Lei n.° 105/2003, de 10 de Dezembro, pelo Decreto-Lei n.° 53/ /2004, de 18 de Março, pela Lei n.° 42/ /2005, de 29 de Agosto, e pelo Decreto-Lei n.° 76-A/2006, de 29 de Março – este rectificado pela Declaração de rectificação n.° 28-A/2006, de 26 de Maio), reproduz o referido preceito constitucional.

O Decreto-Lei n.° 513-Q/79, de 26 de Dezembro, alterado pelo Decreto-Lei n.° 237/2001, de 30 de Agosto, veio permitir a formação de sociedades civis de advogados; o diploma foi revogado pelo Decreto-Lei n.° 229/2004, de 10 de Dezembro, que contém o regime destas sociedades, caracterizadas como "sociedades civis em que dois ou mais advogados acordam no exercício em comum da profissão de advogado, a fim de repartirem entre si os respectivos lucros".

Os advogados devem encontrar-se obrigatoriamente inscritos na Ordem dos Advogados, instituição que os representa (cfr. artigos 61.°, n.° 1, 65.° e 200.° da Lei n.° 15/2005, de 26 de Janeiro – que revogou o Decreto-Lei n.° 84/84, de 16 de Março – Estatuto da Ordem dos Advogados –, e artigo 1.°, n.° 1, da Lei n.° 49/2004, de 24 de Agosto). O artigo 192.°, n.° 1, daquele diploma dispõe que "a inscrição como advogado depende do cumprimento das obrigações de estágio com classificação positiva, nos termos do regulamento dos centros distritais de estágio aprovado". Por outro lado, o artigo 194.° determina que "os estrangeiros diplomados por qualquer Faculdade de Direito de Portugal podem inscrever-se na Ordem dos Advogados, nos mesmos termos dos portugueses, se a estes o seu país conceder reciprocidade", podendo os advogados brasileiros diplomados por Faculdade de Direito portuguesa ou brasileira inscrever-se na Ordem "em regime de reciprocidade"; também os advogados que, nos respectivos países membros da União Europeia, estejam autorizados a exercer as actividades profissionais com um dos títulos profissionais constantes do artigo 196.°, podem exercer a advocacia em Portugal com o título profissional de origem, sendo este exercício livre, "sem prejuízo de estes deverem dar prévio conhecimento desse facto à Ordem dos Advogados"; já o "estabelecimento permanente em Portugal de advogados da União Europeia que pretendam exercer a sua actividade com o título profissional de advogado, em plena igualdade de direitos e deveres com os advogados portugueses, depende de prévia inscrição na Ordem dos Advogados" (artigo 200.°, n.° 1). O artigo 201.°, n.° 1, dispõe que "os advogados da União Europeia que exerçam a sua actividade com o seu título profissional de origem estão sujeitos às sanções disciplinares previstas para os advogados portugueses, devendo o respectivo processo disciplinar ser instruído em colaboração com a organização profissional equivalente do Estado de origem, a qual é informada da sanção aplicada".

Estabelece o artigo 65.° do Estatuto que tem vindo a citar-se que "a denominação de advogado está exclusivamente reservada aos licenciados em Direito com inscrição em vigor na Ordem dos Advogados", podendo os advogados honorários "usar a denominação [...] desde que a façam seguir da indicação dessa qualidade". O artigo 64.° determina que "os advogados e advogados estagiários com inscrição em vigor não podem ser impedidos, por qualquer autoridade pública ou privada, de praticar actos próprios da advocacia". Por seu lado, o artigo 68.°, n.° 1, diz que "cabe exclusivamente à Ordem dos Advogados a apreciação da conformidade com os princípios deontológicos das cláusulas de contrato celebrado com advogado, por via do qual o seu exercício profissional se encontre sujeito a subordinação jurídica". "O exercício da advocacia é inconciliável com qualquer cargo, função ou actividade que possam afectar a isenção, a independência e a dignidade da profissão", sendo "nulas quaisquer orientações ou instruções da entidade contratadora que restrinjam a isenção e independência do advogado ou que, de algum modo, violem os princípios deontológicos da profissão". O artigo 77.° enuncia um conjunto de cargos cuja titularidade é incompatível com o exercício da advocacia, como são, por exemplo, o de titular ou membro de órgão de soberania, presidente de câmara municipal, "respectivos adjuntos, assessores, secretários, funcionários, agentes ou outros contratados dos respectivos gabinetes ou serviço", o de funcionário, agente ou contratado do Tribunal Constitucional, do Tribunal de Contas, do serviço do Provedor de Justiça, o de "magistrado, ainda que não integrado em órgão ou função jurisdicional", o de "assessor, administrador, funcionário, agente ou contratado de qualquer tribunal", o de "notário ou conservador de registos e funcionários, agentes ou contratados do respectivo serviço", o de "gestor público", o de "membro de órgão de administração, executivo ou director com poderes de representação orgânica" de "quaisquer serviços ou entidades que possuam natureza pública ou prossigam finalidades de interesse público, de natureza central, regional ou local" (salvo se a advocacia for prestada em regime de subordinação e em exclusividade ao serviço das entidades referidas, ou se as pessoas forem providas em cargos de entidades ou estruturas com carácter temporário, "sem prejuízo do disposto no estatuto do pessoal dirigente dos serviços e organismos da administração central, regional e local do Estado"), o de "membro das Forças Armadas ou militarizadas", "revisor oficial de contas ou técnico oficial de contas e funcionários, agentes ou contratados do respectivo serviço", o de "gestor judicial ou liquidatário judicial ou pessoa que exerça idênticas funções [o administrador da insolvência, nos termos do actual Código da Insolvência e da Recuperação de Empresas]", o de "mediador mobiliário ou imobiliário, leiloeiro e funcionários, agentes ou contratados do respectivo serviço", e, como previsão aberta (ou inútil), os de "quaisquer cargos, funções e actividades que por lei sejam considerados incompatíveis com o exercício da advocacia". A disposição esclarece que as incompatibilidades nela previstas "verificam-se qualquer que seja o título, designação, natureza e espécie de provimento ou contratação, o modo de remuneração e, em termos gerais, qualquer que seja o regime jurídico do respectivo cargo, função ou actividade, com excepção [...]" dos "membros da Assembleia da República, bem como dos respectivos adjuntos, assessores, secretários, funcionários, agentes ou outros contratados dos respectivos gabinetes ou serviços", "dos que estejam aposentados, reformados, inactivos, com licença ilimitada ou na reserva", "dos docentes" e "dos que estejam contratados em regime de prestação de serviços". O artigo 80.° determina que "é proibida a inscrição cumulativa na Ordem dos Advogados e na Câmara dos Solicitadores", salvo se se tratar de advogado estagiário na primeira fase de estágio. Porém, "as incompatibilidades e impedimentos criados pelo presente Estatuto não prejudicam os direitos legalmente adquiridos ao abrigo de legislação anterior" – artigo 81.°.

A Lei n.° 49/2004 enuncia o que designa por actos próprios dos advogados – entre outros, o exercício do também chamado por este normativo "mandato forense" e a consulta jurídica –, acrescentando que se consideram como tais os que "forem exercidos no interesse de terceiros e no âmbito de actividade profissional [...]", bem como todos os actos que resultarem "do exercício do direito dos cidadãos a fazerem-se acompanhar por advogado perante qualquer autoridade", não se considerando no interesse de terceiros "os actos praticados pelos representantes legais, empregados, funcionários ou agentes de pessoas singulares ou colectivas, públicas ou privadas, nessa qualidade, salvo se, no caso da cobrança de dívidas, esta constituir o objecto ou actividade principal destas pessoas" – artigo 1.°, n.°s 5 a 9. O artigo 4.° da mesma lei declara – se bem que não seja evidente a utilidade de tal norma – que "os advogados, advogados estagiários [...] com inscrição em vigor não podem ser impedidos, por qualquer autoridade pública ou privada, de praticar actos próprios dos advogados [...]". Incompreendendo, embora, a razão de ser de várias das normas do diploma que tem estado a referir-se, dir-se-á que o respectivo artigo 6.° – cuja *ratio* pode descortinar-se, mas cuja sede aqui resulta bizarra –

determina que, "com excepção dos escritórios ou gabinetes compostos exclusivamente por advogados, por solicitadores ou por advogados e solicitadores, as sociedades de advogados [...] e os gabinetes de consulta jurídica organizados pela Ordem dos Advogados e pela Câmara dos Solicitadores, é proibido o funcionamento de escritório ou gabinete, constituído sob qualquer forma jurídica, que preste a terceiros serviços que compreendam, ainda que isolada ou marginalmente, a prática de actos próprios dos advogados [...]", não abrangendo esta proibição "os sindicatos e as associações patronais, desde que os actos praticados o sejam para defesa exclusiva dos interesses comuns em causa e que estes sejam individualmente exercidos por advogado, advogado estagiário [...]", nem "as entidades sem fins lucrativos que requeiram o estatuto de utilidade pública, desde que, nomeadamente: *a)* No pedido de atribuição se submeta a autorização específica a prática de actos próprios dos advogados [...]; *b)* Os actos praticados o sejam para defesa exclusiva dos interesses comuns em causa; *c)* Estes sejam individualmente exercidos por advogado, advogado estagiário [...]", devendo a autorização específica referida ser precedida de consulta à Ordem dos Advogados [...]"; a violação desta proibição confere à Ordem dos Advogados [...] o direito de requerer [...] junto das entidades judiciais competentes o encerramento do escritório ou gabinete". A prática de actos próprios de advogados por quem o não esteja legalmente habilitado a fazer, bem como o auxílio e colaboração neles é tipificado como crime, designado por procuradoria ilícita, tendo a Ordem dos Advogados legitimidade para se constituir assistente nos respectivos processos criminais – artigo 7.°. O artigo 11.° da mesma lei contém uma presunção, relativa aos agentes que realizem actos próprios da profissão em desrespeito pelas respectivas regras, conferindo legitimidade à Ordem dos Advogados "para intentar acções de responsabilidade civil, tendo em vista o ressarcimento dos danos decorrentes da lesão dos interesses públicos que lhe [...] cumpre [...] assegurar e defender", determinando que as indemnizações "revertem para um fundo destinado à promoção de acções de informação e implementação de mecanismos de prevenção e combate à procuradoria ilícita, gerido em termos a regulamentar em diploma próprio".

O actual Estatuto da Ordem dos Advogados dispõe, no seu artigo 62.°, que mandato forense é "o mandato judicial para ser exercido em qualquer tribunal, incluindo os tribunais ou comissões arbitrais e julgados de paz", "o exercício do mandato com representação, com poderes para negociar a constituição, alteração ou extinção de relações jurídicas [*sic*]", e "o exercício de qualquer mandato com representação em procedimentos administrativos, incluindo tributários, perante quaisquer pessoas colectivas públicas ou respectivos órgãos ou serviços, ainda que se suscitem ou discutam apenas questões de facto", não podendo o mandato forense "ser objecto, por qualquer forma, de medida ou acordo que impeça ou limite a escolha pessoal e livre do mandatário pelo mandante".

O Decreto-Lei n.° 28/2000, de 13 de Março, rectificado pela Declaração de rectificação n.° 5-H/2000, de 31 de Março, atribui competência aos advogados e aos solicitadores para conferir fotocópias, certificando a sua conformidade com os originais que lhes sejam apresentados para tal fim.

O Decreto-Lei n.° 76-A/2006, de 29 de Março, rectificado pela Declaração de rectificação n.° 28-A/2006, de 26 de Maio, dispõe, no seu artigo 38.°, n.° 1, que, "sem prejuízo da competência atribuída a outras entidades, [...] os advogados [...] podem fazer reconhecimentos simples e com menções especiais, presenciais e por semelhança, autenticar documentos particulares, certificar, ou fazer certificar, traduções de documentos nos termos previstos na lei notarial", determinando o n.° 2 da mesma disposição que estes reconhecimentos, autenticações e certificações "conferem ao documento a mesma força probatória que teria se tais actos tivessem sido realizados com intervenção notarial".

O advogado pode ser expulso da Ordem, em consequência de processo disciplinar (regulado nos artigos 109.° e segs. do Estatuto da Ordem dos Advogados); deixa, neste caso, de poder exercer advocacia, embora, através de reabilitação (prevista no artigo 170.° do Estatuto), possa recuperar "plenamente os seus direitos"; "o advogado punido com a pena de expulsão pode ser reabilitado desde que se verifiquem cumulativamente os seguintes requisitos: *a)* tenham decorrido mais de 15 anos sobre a data em que se tornou definitiva a decisão que aplicou a pena de expulsão; *b)* O reabilitando tenha revelado boa conduta, podendo, para o demonstrar, utilizar os meios de prova admitidos em direito".

O Decreto-Lei n.° 328/93, de 25 de Setembro, alterado pelos Decretos-Leis n.°s 240/96, de 14 de Dezembro, 397/99, de 13 de Outubro, 159/2001, de 18 de Maio, e 176/2003, de 2 de Agosto, estabeleceu o regime de segurança social dos advogados. A Portaria n.° 487/83, de 27 de Abril, aprova o Regulamento da Caixa de Previdência dos Advogados e Solicitadores, tendo sido alterada pelas Portarias n.°s 623/88, de 8 de Setembro, e 884/94, de 1 de Outubro.

V. *Mandato judicial; Mandato forense; Ordem dos Advogados; Sociedades de advogados; Administrador da insolvência; Estágio; Advogado estagiário; Estrangeiros; Contrato; Cláusula; Nulidade; Funcionário de justiça; Notário; Representação orgânica; Prestação de serviços; Solicitador; Câmara dos Solicitadores; Consulta jurídica; Intervenção obrigatória de advogado; Representação legal; Pessoa singular; Reabilitação; Procuradoria ilícita; Legitimidade; Presunção; Responsabilidade civil; Dano; Indemnização; Tribunal; Tribunal arbitral; Julgado de paz; Relação jurídica; Fotocópia de documentos; Reconhecimento de letra e assinatura; Autenticação; Documento particular; Tradução; Força probatória.*

Advogado estagiário – Os licenciados em Direito que queiram tornar-se advogados inscrevem-se na Ordem dos Advogados, para o efeito realizando um estágio de 18 meses: durante esse período, designam-se por advogados estagiários (designação que substituiu a antiga designação legal de candidatos à advocacia), encontrando-se a sua competência definida no artigo 189.° da Lei n.° 15/2005, de 26 de Janeiro – que revogou o Decreto-Lei n.° 84/84, de 16 de Março – Estatuto da Ordem dos Advogados.

De acordo com o n.° 1 deste artigo 189.°, uma vez obtida a cédula profissional como advogado estagiário, "este pode autonomamente, mas sempre sob orientação do patrono, praticar os seguintes actos profissionais: *a)* Todos os actos da competência dos solicitadores; *b)* Exercer a advocacia em processos penais da competência de tribunal singular e em processos não penais quando o respectivo valor caiba na alçada da 1.ª instância; *c)* Exercer a advocacia em processo da competência dos tribunais de menores e em processos de divórcio por mútuo consentimento; *d)* Exercer a consulta jurídica". "Pode ainda o advogado estagiário praticar actos próprios da advocacia em todos os demais processos, independentemente da sua natureza e do seu valor, desde que efectivamente acompanhado de advogado que assegure a tutela do seu tirocínio, seja o seu patrono ou o seu patrono formador" – n.° 2 da mesma disposição.

"O advogado estagiário deve indicar, em qualquer acto em que intervenha, apenas e sempre esta sua qualidade profissional" – artigo 189.°, n.° 3.

O artigo 192.°, n.° 1, deste diploma estabelece que "a inscrição como advogado depende do cumprimento das obrigações de estágio com classificação positiva, nos termos do regulamento dos centros distritais de estágio aprovado". "Exceptuam-se do disposto no número anterior, prescindindo-se da realização do estágio e da obrigatoriedade de se submeter ao exame final de avaliação e agregação, podendo requerer a sua inscrição imediata como advogados: *a)* Os doutores em Ciências Jurídicas, com efectivo exercício da docência; *b)* Os antigos magistrados com exercício profissional por período igual ou superior ao do estágio, que possuam boa classificação".

O estágio destina-se "a habilitar e certificar publicamente que o candidato, licenciado em Direito, obteve formação técnico-profissional e deontológica adequada ao início da actividade e cumpriu com [*sic*] os demais requisitos impostos pelo presente Estatuto e regulamentos para a aquisição do título de advogado", tendo "a duração global mínima de dois anos e tem início, pelo menos, duas vezes em cada ano civil, em datas a fixar pelo conselho geral".

Comporta duas fases: a primeira "[tem] a duração mínima de seis meses, [e] destina-se a fornecer aos estagiários os conhecimentos técnico-profissionais e deontológicos fundamentais e a habilitá-los para a prática de actos próprios de profissão de competência limitada e tutelada, após aprovação nas respectivas provas de aferição daqueles conhecimentos". "Com a aprovação nas provas de aferição e subsequente passagem à segunda fase do estágio, são emitidas e entregues aos advogados estagiários as respectivas cédulas profissionais". "A segunda fase do estágio visa uma formação alargada, complementar e progressiva dos advogados estagiários através da vivência da profissão, baseada no relacionamento com os patronos tradicionais, intervenções judiciais em práticas tuteladas, contactos com a vida judiciária e demais serviços relacionados com a actividade profissional, assim como o aprofundamento dos conhecimentos técnicos e apuramento da consciência deontológica mediante a frequência de acções de formação temática e participação no regime do acesso ao direito e à justiça no quadro legal vigente". "O estágio termina com uma avaliação individualizada do respectivo processo de formação, dependendo a atribuição do título de advogado de aprovação em exame nacional de avaliação e agregação". "Só podem aceitar a direcção do estágio, como patronos, os advogados com, pelo menos, cinco anos de exercício efectivo de profissão, sem punição disciplinar superior à de multa".

V. artigos 184.° e segs. do Estatuto.

O Decreto-Lei n.° 229/2004, de 10 de Dezembro, que contém o actual regime jurídico próprio das sociedades de advogados, dispõe, no seu artigo 61.°, que "a sociedade de advogados e o advogado responsável pela direcção do estágio devem acompanhar e estimular a formação do estagiário, nomeadamente no patrocínio de processos e em diligências judiciais".

A Lei n.° 34/2004, de 29 de Julho, que contém o regime de acesso ao direito e aos tribunais, tendo revogado a Lei n.° 30-E/ /2000, de 20 de Dezembro, estabelece que "a Ordem dos Advogados pode prever [...] a participação dos advogados estagiários, tendo em vista a prossecução dos interesses específicos da formação e do acesso à profissão de advogado".

V. *Advogado; Estágio; Cédula profissional; Solicitador; Tribunal singular; Valor da causa; Alçada; Tribunal de 1.ª instância; Tribunal de menores; Divórcio; Consulta jurídica; Patrono; Magistrado; Diligência; Acesso ao direito; Nomeação oficiosa; Sociedade de advogados; Diligência.*

Aeronave (Dir. Civil) – O Decreto-Lei n.° 321/89, de 25 de Setembro, alterado pelos Decretos-Leis n.°s 279/95, de 26 de Outubro, e 208/2004, de 19 de Agosto, que estabelece a responsabilidade objectiva do proprietário ou explorador de aeronave, bem como a do transportador aéreo, define aeronave como o "aparelho cuja sustentação na atmosfera provém de reacções do ar, excluída a reacção do ar na superfície terrestre".

O Código do Registo de Bens Móveis, aprovado pelo Decreto-Lei n.° 277/95, de 25 de Outubro, rectificado pela Declaração de rectificação n.° 131/95, de 31 de Outubro, e alterado pelo Decreto-Lei n.° 311-A/95, de 21 de Novembro, diz que, para os respectivos efeitos, se considera "aeronave qualquer aparelho que se mantenha na atmosfera pelos adequados meios propulsores próprios e que esteja no comércio jurídico", não se encontrando sujeitas a registo as aeronaves militares (artigos 49.° a 51.°). Note-se, porém, que o artigo 7.°, n.° 1, do diploma (DL n.° 277/95) que aprovou o Código do Registo de Bens Móveis, com a redacção do Decreto-Lei n.° 311-A/95, dispõe que "o presente diploma e o Código entram em vigor simultaneamente com o regulamento a que se refere o artigo 4.° [Regulamento do Registo de Bens Móveis, a aprovar por Portaria do Ministro da Justiça]", o que ainda não aconteceu.

O Decreto-Lei n.° 71/90, de 2 de Março, continha o regime "das condições de utilização, registo, regras de operação e fiscalização das aeronaves ultraleves, bem como da formação e licenciamento dos respectivos pilotos", tendo a Portaria n.° 45/94, de 14 de Janeiro, aprovado o regulamento das Aeronaves Ultraleves de Desporto e Recreio. Ambos os diplomas foram revogados pelo Decreto-Lei n.° 238/2004, de 18 de Dezembro, que "regula a utilização de aeronaves civis de voo livre e de ultraleves", do seu regime ficando excluídas "as aeronaves mais leves que o ar, designadamente balões e dirigíveis com ou sem motor auxiliar".

O Regulamento (CE) n.° 261/2004 do Parlamento Europeu e do Conselho, de 11 de Fevereiro de 2004, estabelece regras comuns para a indemnização e a assistência aos passageiros dos transportes aéreos em caso de recusa de embarque e de cancelamento ou atraso considerável dos voos. Este Regulamento impõe obrigações mínimas, estabelecendo o artigo 4.° que, "quando tiver motivos razoáveis para prever que vai recusar o embarque para um voo, uma transportadora aérea operadora deve, em primeiro lugar, apelar a voluntários que aceitem ceder as suas reservas a troco de benefícios, em condições a acordar entre o passageiro em causa e a transportadora aérea operadora", só podendo recusar o embarque de passageiros contra a sua vontade "se o número de voluntários for insuficiente para permitir que os restantes passageiros com reservas possam embarcar", devendo, neste caso, indemnizar imediatamente os passageiros. Nos termos do artigo 5.°, em caso de cancelamento de um voo, os passageiros têm direito a assistência e a receber indemnização da transportadora aérea operadora. O artigo 6.° estabelece que, "quando tiver motivos razoáveis para prever que em relação à sua hora programada de partida um voo se vai atrasar [...] duas horas ou mais, no caso de quaisquer voos até 1500 quilómetros; ou [...] três horas ou mais, no caso de quaisquer voos intracomunitários com mais de 1500 quilómetros e no de quaisquer outros voos entre 1500 e 3500 quilómetros; ou [..., nos restantes casos,] quatro horas ou mais", o passageiro tem direito a assistência nos termos estabelecidos. Este regime é imperativo, devendo a transportadora aérea "garantir que na zona de registo dos passageiros seja afixado, de forma claramente visível para os passageiros, o seguinte texto: «Se lhe tiver sido recusado o embarque ou se o seu voo tiver sido cancelado ou estiver atrasado pelo menos duas horas, peça no balcão de registo ou na porta de embarque o texto que indica os seus direitos, em especial no que diz respeito a indemnização e a assistência»". O Decreto-Lei n.° 209/2005, de 29 de Novembro, cria o regime sancionatório aplicável ao presente Regulamento.

Os princípios reguladores da investigação de acidentes e incidentes com aeronaves civis foram estabelecidos pelo Decreto-Lei n.° 318/99, de 11 de Agosto, que também criou um gabinete responsável pela prevenção e investigação dessas ocorrências.

O Decreto-Lei n.° 289/2003, de 14 de Novembro, define os requisitos para a emissão do certificado de operador aéreo e regula os requisitos relativos à exploração de aeronaves civis utilizadas em transporte aéreo comercial.

O Decreto-Lei n.° 218/2005, de 14 de Dezembro, que transpõe para a ordem jurídica nacional a Directiva n.° 2003/42/CE, do Parlamento Europeu e do Conselho, de 13 de Junho, relativa à comunicação de ocorrências no âmbito da aviação civil, estabelece a obrigatoriedade de comunicação ao Instituto Nacional de Aviação Civil de quaisquer "ocorrências que ponham em perigo ou que, caso não sejam corrigidas, sejam susceptíveis de pôr em perigo uma aeronave, os seus ocupantes e quaisquer terceiros".

O Decreto-Lei n.° 254/2003, de 18 de Outubro, aprova o regime da prevenção e repressão de actos ilícitos praticados a bordo de aeronaves civis em voos comerciais.

Na transposição da Directiva n.° 98//20/CE, de 30 de Março, o Decreto-Lei n.° 546/99, de 14 de Dezembro, alterando o Decreto-Lei n.° 114/93, de 12 de Abril, limitou a operação no território nacional a aviões civis subsónicos com propulsão por reacção que se encontrem conformes com as "especificidades definidas no capítulo 3 de parte II do volume 1 do anexo n.° 16 à Convenção Relativa à Aviação Civil Internacional, adoptada pelo Conselho da Organização Internacional da Aviação Civil em 11 de Maio de 1981, o qual integra as emendas introduzidas pelo mesmo Conselho em 30 de Março de 1983, 6 de Março de 1985 e 4 de Março de 1988, ou, para aeronaves com menos de 25 anos, as especificações definidas no capítulo 2 da parte II do mesmo volume e do mesmo anexo".

O Decreto-Lei n.° 223/2005, de 27 de Dezembro, fixa a cobertura mínima de seguro adequada a cobrir a responsabilidade civil em relação a passageiros nas operações não comerciais com aeronaves, bem como estabelece a obrigação de apresentação da prova do cumprimento dos requisitos mínimos de seguro relativamente a aeronaves, nos termos do Regulamento (CE) n.° 785/2004, do Parlamento Europeu e do Conselho, de 21 de Abril, relativo aos requisitos de seguro para transportadoras aéreas e operadores de aeronaves.

O Decreto-Lei n.° 40/2006, de 21 de Fevereiro, que transpõe a Directiva n.° 2004/ /36/CE, do Parlamento Europeu e do Conselho, de 21 de Abril, relativa à segurança operacional das aeronaves de países terceiros que utilizem aeroportos comunitários, cria regras e procedimentos das inspecções de placa a aeronaves de países terceiros que utilizem aeroportos nacionais, não prejudicando este regime "a realização de outras inspecções [...] e os direitos de imobilização, proibição ou sujeição a determinadas condições relativamente a aeronaves que aterrem nos aeroportos portugueses, de acordo com o direito comunitário e internacional"; do regime estabelecido neste diploma ficam excluídas "as aeronaves do Estado, tal como definidas na Convenção de Chicago, e as aeronaves com peso máximo à descolagem inferior a 5700 kg que não estejam envolvidas em operações comerciais de transporte aéreo" (artigo 2.°).

Dispõe o Código do Registo Civil – aprovado pelo Decreto-Lei n.° 131/95, de 6 de Junho (rectificado pela Declaração de rectificação n.° 96/95, de 31 de Julho), alterado pelos Decretos-Leis n.°s 36/97, de 31 de Janeiro, 120/98, de 8 de Maio, 375-A/ /99, de 20 de Setembro, 228/2001, de 20 de Agosto, 273/2001, de 13 de Outubro, 323/ /2001, de 17 de Dezembro, e 113/2002, de 20 de Abril – que, "quando, em viagem [...] por ar, nascer algum indivíduo em [...] aeronave portugues[a], a autoridade de bordo, dentro das vinte e quatro horas posteriores à verificação do facto, deve lavrar o registo de nascimento com as formalidades e requisitos previstos neste Código, acrescentando a indicação da latitude e longitude em que o nascimento tenha ocorrido".

A Convenção para a Repressão da Captura Ilícita de Aeronaves, assinada na Haia a 16 de Dezembro de 1970, foi aprovada, para ratificação, pelo Decreto n.° 386/72, de 12 de Outubro, tendo sido depositado por Portugal o correspondente instrumento em 27 de Novembro de 1972, conforme aviso publicado no *Diário do Governo*, 1.ª série, de 27 de Dezembro de 1972. V. Convenção Referente às Infracções e a Certos Outros Actos Cometidos a Bordo de Aeronaves, assinada em Tóquio em de 14 de Setembro de 1963, aprovada, para ratificação, pelo Decreto n.° 20 787, de 5 de Setembro de 1964.

A Convenção sobre Aviação Civil Internacional vincula Portugal, tal como o Protocolo Relativo a Uma Emenda à Alínea *a)* do Artigo 50.° dela – este aprovado pelo Decreto n.° 49/97, de 3 de Setembro – e, ainda, o Protocolo Relativo à Alteração do Artigo 56.° da referida Convenção (aprovado pelo Decreto n.° 48/97, de 3 de Setembro). Também a Convenção Internacional de Cooperação para a Segurança da Navegação Aérea (EUROCONTROL), de 13 de Dezembro de 1960, emendada por Protocolo vincula Portugal; este Protocolo Que Consolida a Convenção Internacional de Cooperação para a Segurança da Navegação Aérea "EUROCONTROL", de 13 de Dezembro de 1960, foi aprovado, para ratificação, pela Resolução da Assembleia da República n.° 35/2001, de 4 de Maio, tendo o respectivo instrumento de ratificação sido depositado em 12 de Julho de 2001, conforme o Aviso n.° 103/2001, e tendo entrado em vigor para Portugal em 13 de Julho daquele ano. V. ainda a Convenção para a Repressão de Actos Ilícitos contra a Segurança da Aviação Civil, concluída em Montreal em 23 de Setembro de 1971, que foi aprovada, para ratificação, pelo Decreto n.° 451/72, de 14 de Novembro.

V. também a Convenção sobre o Reconhecimento Internacional dos Direitos sobre as Aeronaves, de 19 de Junho de 1948, que foi aprovada pelo Decreto n.° 33/85, de 4 de Setembro, e cujo texto se encontra publicado no *Diário da República*,

I série, da mesma data. O Protocolo Referente ao Texto Autêntico Quadrilingue da Convenção sobre Aviação Civil Internacional, concluído em Montreal em 30 de Setembro de 1977, foi aprovado, para ratificação, pelo Decreto n.° 143/79, de 28 de Dezembro.

V. *Responsabilidade objectiva; Transporte; Acidente de aviação; Móvel; Registo; Acto ilícito; Seguro de responsabilidade; Nascimento; Registo civil.*

"Affectio societatis" (Dir. Civil) – Intenção das partes num contrato de sociedade de se associarem para a formação de uma pessoa colectiva, distinta da de cada contraente. Alguns autores consideram que este elemento subjectivo é essencial e específico deste tipo contratual, entendimento que está longe de ser pacífico para a generalidade das sociedades.

V. *Sociedade.*

"Affines inter se non sunt affines" (Dir. Civil) Os afins não são, por isso, afins entre si. Trata-se de uma regra que consta do direito civil português, segundo a qual a afinidade não gera afinidade.

V. *Afinidade.*

"Affinitatis causa fit ex nuptiis (Dir. Civil) – A afinidade resulta do casamento. A afinidade é o vínculo que liga cada um dos cônjuges aos parentes do outro.

V. *Afinidade; Casamento; Parentesco.*

Afiançado (Dir. Civil) – É o sujeito cuja dívida é garantida por uma fiança prestada por terceiro perante o credor.

V. *Dívida; Credor; Fiança.*

Afinidade (Dir. Civil) – Vínculo que liga cada um dos cônjuges aos parentes do outro; "a afinidade determina-se pelos mesmos graus e linhas que definem o parentesco e não cessa pela dissolução do casamento".

A afinidade não gera afinidade. V. artigos 1584.° e 1585.°, C.C..

A relevância jurídica da afinidade é menos extensa do que a do parentesco: assim, por exemplo, não produz efeitos sucessórios e, quanto a alimentos, apenas os produz no caso do padrasto ou madrasta, relativamente a enteados menores que estejam ou estivessem a cargo do cônjuge, no momento da morte deste (v. artigo 2009.°, n.° 1-*f*), C.C.). Não significa isto, porém, que não produza efeitos jurídicos. Apenas a título exemplificativo, referem-se os artigos 1602.°-c), C.C. (constitui impedimento dirimente relativo ao casamento a"afinidade na linha recta"), 1931.°, n.° 1, C.C. (os afins do menor fazem parte do conjunto de pessoas sobre quem pode recair a nomeação judicial de tutor), e 618.°, n.° 1-*b*), C.P.C. ("podem recusar-se a depor como testemunhas [...] o sogro ou a sogra nas causas do genro ou da nora, e vice-versa").

V. *Parentesco; Casamento; Grau de parentesco; Linha; Dissolução do casamento; Sucessão; Impedimentos dirimentes; Menor; Tutor; Alimentos; Testemunha; Recusa de depoimento.*

Aforamento (Dir. Civil) – O mesmo que *enfiteuse* (v. este termo).

"A fortiori" (Dir. Civil) – Expressão latina que significa "por maioria de razão". Trata-se de um argumento interpretativo do qual se retira, por exemplo, que a lei que permite o mais também permite o menos, ou que aquela que proíbe o menos também proíbe o mais.

V. *Interpretação da lei; Argumentos interpretativos; Norma permissiva; Norma proibitiva.*

Agência (Proc. Civil) – As agências – bem como as sucursais, delegações, filiais ou representações – de uma pessoa colectiva, *maxime* de uma sociedade, "podem demandar e ser demandadas quando a acção proceda de facto por elas praticado" e, "se a administração principal tiver a sede ou o domicílio em país estrangeiro, as sucursais, agências, filiais, delegações ou representações estabelecidas em Portugal podem demandar e ser demandadas, ainda que a acção derive de facto praticado por aquela, quando a obrigação tenha sido contraída com um português ou com um estrangeiro domiciliado em Portugal" – artigo 7.°, n.° 2, C.P.C., na redacção do Decreto-Lei n.° 180/96, de 25 de Setembro. Em juízo, a representação das agências –

filiais, sucursais e delegações – é feita "pelas pessoas que ajam como directores, gerentes ou administradores" – artigo 22.°, C.P.C.. "A falta de personalidade judiciária das sucursais, agências, filiais, delegações ou representações pode ser sanada mediante a intervenção da administração principal e a ratificação ou repetição do processado" – artigo 8.°, C.P.C., na redacção do Decreto-Lei n.° 329-A/95, de 12 de Dezembro.

Caso a agência, filial ou outra representação de pessoa colectiva internacional ou de direito estrangeiro exerça habitualmente a sua actividade em Portugal, deve encontrar-se registada no ficheiro central de pessoas colectivas, inscrevendo-se neste os elementos de identificação da entidade representada, e, ainda, o início e cessação de actividade, a alteração do objecto ou do capital, se se verificar, e a alteração da sede ou do endereço postal, se ocorrer (artigos 4.°, n.° 1-*b*), e 7.° do Decreto-Lei n.° 129/98, de 13 de Maio, que contém o regime jurídico do Registo Nacional de Pessoas Colectivas).

V. *Pessoa colectiva; Sociedade; Sede; Acção; Legitimidade; Domicílio; Obrigação; Estrangeiros; Personalidade judiciária; Sanação; Ratificação; Registo das pessoas colectivas; Ficheiro central de pessoas colectivas.*

Agente (Dir. Civil) – 1. Os agentes de uma pessoa colectiva são aqueles que, por incumbência ou sob a direcção dos órgãos daquela, realizam operações materiais no interesse desta.

2. Utiliza-se, frequentemente, o termo agente para designar o autor do acto ilícito culposo e gerador de danos, que fica constituído na obrigação de indemnizar o lesado.

V. *Pessoa colectiva; Órgãos da pessoa colectiva; Acto ilícito; Culpa; Dano; Indemnização; Responsabilidade civil.*

Agente de execução (Proc. Civil) – O agente de execução tem por função efectuar "todas as diligências do processo de execução, incluindo citações, notificações e publicações". A sua actividade é controlada pelo juiz.

"As funções de agente de execução são desempenhadas por solicitador de execução, designado pelo exequente ou pela secretaria, de entre os inscritos na comarca e nas comarcas limítrofes, ou, na sua falta, de entre os inscritos em outra comarca do mesmo círculo judicial; não havendo solicitador de execução inscrito no círculo ou ocorrendo outra causa de impossibilidade, são essas funções, com excepção das especificamente atribuídas ao solicitador de execução, desempenhadas por oficial de justiça, determinado segundo as regras da distribuição"; "nas execuções por custas, o agente de execução é sempre um oficial de justiça"; "as diligências que implicariam deslocação para fora da área da comarca da execução e suas limítrofes, ou da área metropolitana de Lisboa ou Porto no caso de comarca nela integrada, são, salvo impossibilidade ou grave dificuldade, efectuadas, a solicitação do agente de execução designado e, sendo este solicitador, sob sua responsabilidade, por agente de execução dessa área [...]".

V. artigo 808.°, C.P.C., na redacção do Decreto-Lei n.° 38/2003, de 8 de Março, rectificado pela Declaração de rectificação n.° 5-C/2003, de 30 de Abril, e pela Lei n.° 14/2006, de 26 de Abril.

Como se deixou referido, o artigo 808.°, n.°s 2 e 3, C.P.C., prevê que, em determinadas situações e nas execuções por custas, as funções de agente de execução sejam desempenhadas por um oficial de justiça. A Portaria n.° 946/2003, de 6 de Setembro, diz qual o oficial de justiça que desempenha as referidas funções. Estabelece a Portaria, no respectivo artigo 1.°, que o "agente de execução é o escrivão de direito, titular da secção onde corre termos o processo de execução", aplicando-se "nas [suas] faltas e impedimentos [...] o regime da substituição previsto no Estatuto dos Funcionários de Justiça"; acrescenta o artigo 4.° que "o escrivão de direito agente de execução pode delegar a execução noutro oficial de justiça da mesma secção".

V. *Execução; Solicitador de execução; Exequente; Comarca; Secretaria judicial; Círculo judicial; Funcionário de justiça; Custas; Diligência; Citação; Notificação.*

Agravado (Proc. Civil) – Nome dado à parte contrária àquela que interpõe um

recurso de agravo, isto é, àquela contra quem este é interposto.
V. *Recurso; Agravo.*

Agravamento da prestação (Dir. Civil) – Tornando-se o cumprimento da obrigação mais gravoso para o devedor, por superveniência de qualquer dificuldade decorrente de facto que lhe não seja imputável – e que não impossibilite o cumprimento –, entende grande parte da doutrina portuguesa que aquele não fica, em caso algum, liberto, nem parcial ou temporariamente da obrigação, embora a lei, em alguns casos, lhe permita modificar ou resolver o contrato de onde aquela obrigação emergia, como *infra* se refere. Tal opinião não é, todavia, pacífica, pois é, por um lado, certo que o devedor só é responsável pelo não cumprimento se não empregar para o realizar a diligência que teria tido o bom pai de família colocado nas mesmas circunstâncias, e, por outro, que tanto no cumprimento da obrigação como no exercício do correspondente direito estão as partes vinculadas à observância da boa fé. Destes dois elementos pode resultar ou que o devedor que não cumpre pontualmente uma prestação cuja gravosidade é intolerável não possa ver reclamado o seu cumprimento pelo respectivo credor, por tal corresponder a um exercício do direito de crédito que deva ser considerado abusivo por violação da boa fé, ou que o não cumprimento da prestação agravada não envolva responsabilidade debitória, por se entender que o bom pai de família, colocado em idêntica situação, também não teria realizado pontualmente a prestação.

Já se a obrigação (ainda não vencida) tiver por fonte um contrato e a gravosidade manifestamente excessiva decorrer de alteração das circunstâncias em que as partes fundaram a sua decisão de contratar, pode o respectivo devedor ter direito a resolver o a modificar o contrato nos termos do artigo 437.°, C.C..

V. também artigos 798.° e 762.°, n.° 2, C.C..

V., ainda, a título de exemplo, os artigos 772.°, n.° 2, e 775.°, C.C..

V. *Cumprimento; Obrigação; Impossibilidade do cumprimento; Prestação; "Difficultas praestandi"; Responsabilidade obrigacional; Resolução do contrato; Modificação do contrato; Alteração de circunstâncias; Culpa; Diligência; Bom pai de família; Boa fé; Abuso do direito; Vencimento.*

Agravante (Proc. Civil) – Aquele que interpõe um recurso de agravo.
V. *Recurso; Agravo.*

Agravo (Proc. Civil) – 1. Recurso ordinário das decisões do tribunal da 1.ª instância, susceptíveis de recurso, mas de que não cabe apelação, isto é, genericamente, de todas as decisões que não conheçam do mérito da causa Como diz José Alberto dos Reis, o agravo é o meio processual adequado para impugnar decisões ou despachos interlocutórios, ou decisões finais que se abstiveram de conhecer do fundo ou mérito da causa (*Código de Processo Civil anotado*, Coimbra, 1953, pág. 93).

Há casos em que a lei expressamente indica o agravo como meio de impugnação de certas decisões: por exemplo, do despacho que confirme a recusa de recebimento da petição inicial (artigo 475.°, n.° 2, C.P.C., na redacção do Decreto-Lei n.° 180/96, de 25 de Setembro), do despacho que rectifique erros materiais (artigo 667.°, n.° 2, C.P.C.), da decisão que admita ou não admita uma acção de indemnização contra magistrado (artigo 1087.°, C.P.C.).

As decisões proferidas pelos julgados de paz têm o valor de sentença proferida por tribunal de 1.ª instância", podendo "ser impugnadas por meio de recurso a interpor para o tribunal da comarca ou para o tribunal de competência específica que for competente, em que esteja sediado o julgado de paz", quando o valor do processo "exceda metade do valor da alçada do tribunal de 1.ª instância"; "o recurso tem efeito meramente devolutivo e segue o regime do agravo" – artigos 61.° e 62.° da Lei n.° 78/2001, de 13 de Julho".

Consoante a decisão de que se agrava, este recurso sobe imediatamente à instância competente para dele conhecer ou só sobe com o primeiro recurso que, depois de ele ser interposto, haja de subir imediatamente.

Também há de distinguir entre agravos que sobem nos próprios autos e aqueles que sobem em separado.

O efeito da interposição do recurso de agravo pode ser suspensivo – assim, todos os agravos que sobem imediatamente nos próprios autos têm tal efeito – ou meramente devolutivo.

V. artigos 733.° e segs., C.P.C..

2. Interpõe-se recurso de agravo para o Supremo Tribunal de Justiça dos acórdãos da Relação de que seja admissível recurso, quando deles não caiba recurso de revista ou de apelação.

V. artigos 754.° e segs., C.P.C..

3. São ainda susceptíveis de agravo algumas decisões em processo de execução, designadamente aquelas de que não caiba apelação e que se encontram enunciadas no artigo 922.°, C.P.C., na redacção do Decreto-Lei n.° 38/2003, de 8 de Setembro. V. artigo 923.°, C.P.C., na redacção do mesmo diploma.

V. *Recurso; Recurso ordinário; Tribunal de 1.ª instância; Apelação; Mérito da causa; Despacho; Petição inicial; Rectificação da sentença; Rectificação do acórdão; Acção de indemnização contra magistrados; Julgado de paz; Alçada; Tribunal de comarca; Tribunal de competência específica; Subida do recurso; Efeito devolutivo do recurso; Efeito suspensivo do recurso; Supremo Tribunal de Justiça; Relação; Caso julgado; Revista; Execução.*

Águas (Dir. Civil) – As águas, enquanto ligadas aos prédios, são partes componentes destes e, uma vez deles desintegradas, por lei ou contrato, são consideradas pelo direito português coisas imóveis – artigo 204.°, n.° 1-*b)*, C.C..

As águas podem ser públicas ou particulares, encontrando-se as primeiras sujeitas a legislação especial e as segundas às disposições do C.C. (artigos 1385.° e segs.). Os artigos 1386.° e 1387.°, C.C., enunciam as situações em que as águas são particulares, determinando o artigo 1388.°, C.C., que, "em casos urgentes de incêndio ou calamidade pública, as autoridades administrativas podem, sem forma de processo nem indemnização prévia, ordenar a utilização imediata de quaisquer águas particulares necessárias para conter ou evitar os danos".

As regras dos artigos seguintes respeitam ao aproveitamento de águas e a situações de condomínio de águas.

A Lei da Água foi aprovada pela Lei n.° 58/2005, de 29 de Dezembro (rectificada pela Declaração de rectificação n.° 11-A/2006, de 23 de Fevereiro), transpondo a Directiva n.° 2000/60/CE, do Parlamento Europeu e do Conselho, de 23 de Outubro, e estabelecendo as bases e o "quadro institucional para a gestão sustentável das águas". O Decreto-Lei n.° 77/2006, de 30 de Março, complementa a transposição da referida Directiva.

Os objectivos desta Lei têm que ver com o "enquadramento para a gestão das águas superficiais, designadamente as águas interiores, de transição e costeiras, e das águas subterrâneas, de forma a: *a)* Evitar a continuação da degradação e proteger e melhorar o estado dos ecossistemas aquáticos e também dos ecossistemas terrestres e zonas húmidas directamente dependentes dos ecossistemas aquáticos, no que respeita às suas necessidades de água; *b)* Promover uma utilização sustentável de água, baseada numa protecção a longo prazo dos recursos hídricos disponíveis; *c)* Obter uma protecção reforçada e um melhoramento do ambiente aquático, nomeadamente através de medidas específicas para a redução gradual e a cessação ou eliminação por fases das descargas, das emissões e perdas de substâncias prioritárias; *d)* Assegurar a redução gradual da poluição das águas subterrâneas e evitar o agravamento da sua poluição; *e)* Mitigar os efeitos das inundações e das secas; *f)* Assegurar o fornecimento em quantidade suficiente de água de origem superficial e subterrânea de boa qualidade, conforme necessário para uma utilização sustentável, equilibrada e equitativa da água; *g)* Proteger as águas marinhas, incluindo as territoriais; *h)* Assegurar o cumprimento dos objectivos dos acordos internacionais pertinentes, incluindo os que se destinam à prevenção e eliminação da poluição no ambiente marinho.

Nos termos do artigo 3.°, a gestão da água deve observar, entre outros, os princípios do valor social da água, da dimensão ambiental da água, do valor económico da água, de gestão integrada das águas e dos ecossistemas aquáticos e terrestres associados e zonas húmidas deles directamente dependentes, da precaução, da prevenção, da correcção, da cooperação e do uso razoável e equitativo das bacias hidrográficas partilhadas.

Os artigos 5.° e segs. tratam do enquadramento institucional, os artigos 14.° e segs. do ordenamento e planeamento dos recursos hídricos, os artigos 45.° e segs. dos objectivos ambientais e monitorização das águas, os artigos 56.° e segs. da utilização dos recursos hídricos, os artigos 74.° e segs. das infra-estruturas hidráulicas, os artigos 77.° e segs. do regime económico e financeiro, e os artigos 84.° e segs. da informação e participação do público, ocupando-se os artigos finais da fiscalização e das sanções que decorrem do incumprimento do regime e das disposições finais.

A Lei derroga todas as normas legais ou regulamentares que sejam contrárias ao regime nela estabelecido.

O Decreto-Lei n.° 77/2006, de 30 de Março, complementa a transposição da Directiva n.° 2000/60/CE, em desenvolvimento do regime fixado na Lei n.° 58/2005, em especial no que respeita à caracterização das águas das regiões hidrográficas.

A Lei n.° 11/87, de 7 de Abril, alterada pela Lei n.° 13/2002, de 19 de Fevereiro (Lei de Bases do Ambiente), depois de no respectivo artigo 6.° enunciar a água como uma das componentes ambientais, ocupa-se, no seu artigo 10.°, do enunciado dos princípios a que devem obedecer as medidas a adoptar relativamente às águas abrangidas pelo diploma, e que são: águas interiores de superfície, águas interiores subterrâneas, águas marítimas interiores e territoriais e águas marítimas da zona económica exclusiva. O artigo 11.° do mesmo diploma determina que "todas as utilizações da água carecem de autorização prévia de entidade competente, devendo essa autorização ser acompanhada da definição dos respectivos condicionamentos".

O Plano Nacional da Água foi aprovado pelo Decreto-Lei n.° 112/2002, de 17 de Abril.

O Decreto-Lei n.° 74/90, de 7 de Março, que aprovara as normas de qualidade da água, foi revogado e substituído pelo Decreto-Lei n.° 236/98, de 1 de Agosto (rectificado pela Declaração de rectificação n.° 22-C/98, de 30 de Novembro). Neste se caracterizavam distintivamente as águas, em função dos fins a que podem destinar-se, em: águas para consumo humano, para suporte da vida aquícola, balneares e de rega, definindo-se os requisitos que têm de observar para cada um destes tipos. O diploma ocupava-se também das "normas de descarga das águas residuais na água e no solo, visando a promoção da qualidade do meio aquático e a protecção da saúde pública e dos solos", salvo as descargas de lodos de dragagem, as descargas operacionais ou a imersão de resíduos nas águas do mar territorial efectuadas a partir de navios, e as descargas de águas que contenham substâncias radioactivas. Fora do âmbito deste diploma ficavam as águas minerais naturais, as águas de nascente contempladas em legislação específica, as águas utilizadas na descarga de lençóis freáticos, aquelas que pelo uso a que se destinam requeiram qualidades diferentes, as que se destinam a uso industrial, a fins terapêuticos, a piscinas e a outros recintos com diversões aquáticas e ainda as de bacias naturais ou artificiais utilizadas para a criação intensiva de peixes. Também este diploma foi derrogado pelos Decretos-Leis n.°s 53/99 a 56/99, ambos de 20 de Fevereiro, e 431/99, de 22 de Outubro, e parcialmente revogado pelo Decreto-Lei n.° 243/2001, de 5 de Setembro. Este último diploma, rectificado pela Declaração de rectificação n.° 20-AT/2001, de 30 de Novembro, aprovou normas relativas à qualidade da água destinada ao consumo humano. V. Portaria n.° 1216/2003, de 16 de Outubro. O Decreto Legislativo Regional n.° 21/2004/M, de 7 de Agosto, adapta à Região da Madeira o referido DL n.° 243/2001.

V. também os Decretos-Leis n.°s 84/90, 85/90 e 86/90, todos de 16 de Março, que aprovam os regulamentos, respectivamente, da exploração das águas de nascente, das águas mineroindustriais e das águas minerais.

O decreto regulamentar regional n.° 25/92/M, de 25 de Agosto, institui a disciplina da utilização das águas de regadio, levadas e respectivas obras de conservação, que o decreto regulamentar regional n.° 35/93/M, de 6 de Dezembro, regulamenta.

A Directiva n.° 80/777/CEE, do Conselho, de 15 de Julho, relativa à exploração e comercialização das águas minerais naturais, foi transposta pelo Decreto-Lei n.° 283/91, de 9 de Agosto, que definiu as regras aplicáveis ao acondicionamento e comercialização das águas de nascente; entretanto, a Directiva n.° 96/70/CE, do Parlamento Europeu e do Conselho, de 28 de Outubro, veio alterar a anterior Directiva, pelo que o Decreto-Lei n.° 156/98, de 6 de Junho (alterado pelo Decreto-Lei n.° 268/2002, de 27 de Novembro), revogando o DL n.° 283/91 referido, adaptou o direito português às novas normas europeias nesta matéria. O Decreto-Lei n.° 72/2004, de 25 de Março, transpõe para o direito nacional a Directiva n.° 2003/40/CE, da Comissão, de 16 de Maio, "que estabelece a lista, os limites de concentração e as menções constantes do rótulo para os constituintes das águas minerais naturais, bem como as condições de utilização de ar enriquecido em ozono para o tratamento das águas minerais naturais e das águas de nascente".

O Decreto-Lei n.° 379/93, de 5 de Novembro (com um artigo 3.° aditado pela Lei n.° 176/99, de 25 de Outubro, e alterado também pelos Decretos-Leis n.°s 439-A/99, de 29 de Outubro, 14/2002, de 26 de Janeiro, e 103/2003, de 23 de Maio), veio permitir o acesso de capitais privados às actividades económicas de captação, tratamento e distribuição de água para consumo público, e de recolha, tratamento e rejeição de efluentes, bem como de recolha e tratamento de esgotos e resíduos sólidos, definindo o regime de exploração e gestão dos sistemas multimunicipais e municipais neste âmbito de actividade.

O Decreto-Lei n.° 319/94, de 24 de Dezembro, alterado pelo Decreto-Lei n.° 222/2003, de 20 de Setembro, consagra o regime aplicável aos sistemas multimunicipais de captação, tratamento e abastecimento de água para consumo público. Finalmente, o Decreto-Lei n.° 162/96, de 4 de Setembro (rectificado pela Declaração de rectificação n.° 16-R/96, de 27 de Janeiro), alterado pelo Decreto-Lei n.° 223/ /2003, de 20 de Setembro, estabelece o regime da construção, exploração e gestão dos sistemas multimunicipais de recolha, tratamento e rejeição de efluentes.

Vários diplomas legais vieram criar ou regular sistemas multimunicipais de captação, tratamento ou abastecimento de água ou recolha, tratamento ou rejeição de efluentes:

– Decreto-Lei n.° 142/95, de 14 de Junho, que cria o Sistema Multimunicipal de Saneamento da Costa do Estoril e a SANEST Saneamento da Costa do Estoril, SA;

– Decreto-Lei n.° 101/97, de 26 de Abril, que cria o Sistema Multimunicipal de Saneamento da Ria de Aveiro para recolha, tratamento e rejeição de efluentes dos municípios de Águeda, Albergaria-a-Velha, Aveiro, Estarreja, Ílhavo, Mira, Murtosa, Oliveira do Bairro, Ovar e Vagos. O Decreto-Lei n.° 329/2000, de 22 de Dezembro, alarga aos municípios de Espinho e Santa Maria da Feira o Sistema Multimunicipal de Saneamento da Ria de Aveiro referido;

– Decreto-Lei n.° 543/99, de 13 de Dezembro, que cria o Sistema Multimunicipal de Saneamento do Lis, para recolha, tratamento e rejeição de efluentes dos municípios de Batalha, Leiria, Marinha Grande, Ourém e Porto de Mós;

– Decreto-Lei n.° 121/2000, de 4 de Julho (alterado pelo Decreto-Lei n.° 185/ /2000, de 10 de Agosto), que cria o Sistema Multimunicipal de Abastecimento de Água e de Saneamento do Alto Zêzere e Côa, para captação, tratamento e abastecimento de água para consumo público e para recolha, tratamento e rejeição de efluentes dos municípios de Almeida, Belmonte, Covilhã, Figueira de Castelo Rodrigo, Fundão, Guarda, Manteigas, Meda, Penamacor, Pinhel e Sabugal;

– Decreto-Lei n.° 128/2000, de 6 de Julho, que cria o Sistema Multimunicipal de Abastecimento de Água e de Saneamento Norte Alentejano para captação, tratamento e distribuição de água para consumo público e para recolha, tratamento e rejeição de efluentes dos municípios de Alter do Chão, Arronches, Avis, Campo Maior, Castelo de Vide, Crato, Elvas, Fronteira, Gavião, Marvão, Monforte, Nisa, Ponte de Sor, Portalegre e Sousel;

– Decreto-Lei n.° 139/2000, de 13 de Julho, que cria o Sistema Multimunicipal de Saneamento do Baixo Cávado e Ave para recolha, tratamento e rejeição de efluentes dos municípios de Barcelos, Esposende, Póvoa de Varzim, Vila do Conde e Vila Nova de Famalicão;

– Decreto-Lei n.° 158/2000, de 25 de Agosto, que cria o Sistema Multimunicipal de Abastecimento de Água e de Saneamento do Minho-Lima, para captação, tratamento e abastecimento de água para consumo público e para recolha, tratamento e rejeição de efluentes dos municípios de Arcos de Valdevez, Caminha, Melgaço, Monção, Paredes de Coura, Ponte de Lima, Valença, Viana do Castelo e Vila Nova de Cerveira, e constitui a concessionária do Sistema;

– Decreto-Lei n.° 167/2000, de 5 de Agosto (alterado pelo Decreto-Lei n.° 172-B/2001, de 26 de Maio), que cria o Sistema Multimunicipal de Saneamento do Algarve, para recolha, tratamento e rejeição de efluentes dos municípios de Albufeira, Alcoutim, Aljezur, Castro Marim, Faro, Lagoa, Lagos, Loulé, Monchique, Olhão, Portimão, São Brás de Alportel, Silves, Tavira, Vila do Bispo e Vila Real de Santo António;

– Decreto-Lei n.° 260/2000, de 17 de Outubro, que cria o Sistema Multimunicipal de Saneamento do Grande Porto para recolha, tratamento e rejeição de efluentes dos municípios de Amarante, Arouca, Baião, Cabeceiras de Basto, Castelo de Paiva, Castro Daire, Celorico de Basto, Cinfães, Felgueiras, Gondomar, Lousada, Marco de Canaveses, Matosinhos, Mondim de Basto, Paços de Ferreira, Paredes, Penafiel, Porto e Vila Nova de Paiva;

– Decreto-Lei n.° 305-A/2000, de 24 de Novembro, que cria o Sistema Multimunicipal de Abastecimento de Água e de Saneamento do Oeste, para captação, tratamento e distribuição de água para consumo público e para recolha, tratamento e rejeição de efluentes dos municípios de Alcobaça, Alenquer, Arruda dos Vinhos, Azambuja, Bombarral, Cadaval, Caldas da Rainha, Lourinhã, Nazaré, Óbidos, Peniche, Rio Maior, Sobral de Monte Agraço e Torres Vedras;

– Decreto-Lei n.° 197-A/2001, de 30 de Junho, que cria o Sistema Multimunicipal de Abastecimento de Água e de Saneamento de Raia, Zêzere e Nabão, para captação, tratamento e distribuição de água para consumo público e para recolha, tratamento e rejeição de efluentes dos municípios de Alvaiázere, Castanheira de Pêra, Castelo Branco, Ferreira do Zêzere, Figueiró dos Vinhos, Idanha-a-Nova, Oleiros, Pampilhosa da Serra, Pedrógão Grande, Proença-a-Nova, Sertã, Tomar e Vila Velha de Ródão;

– Decreto-Lei n.° 264/2001, de 28 de Setembro, que cria o Sistema Multimunicipal de Abastecimento de Água e de Saneamento do Baixo Cávado e Ave, para captação, tratamento e distribuição de água para consumo público e para recolha, tratamento e rejeição de efluentes dos municípios de Barcelos, Esposende, Maia, Póvoa de Varzim, Santo Tirso, Trofa, Vila do Conde e Vila Nova de Famalicão;

– Decreto-Lei n.° 270-A/2001, de 6 de Outubro, que cria o Sistema Multimunicipal de Abastecimento de Água e de Saneamento de Trás-os-Montes e Alto Douro para captação, tratamento e distribuição de água para consumo público e para recolha, tratamento e rejeição de efluentes dos municípios de Alfândega da Fé, Alijó, Armamar, Boticas, Bragança, Chaves, Freixo de Espada à Cinta, Lamego, Macedo de Cavaleiros, Mesão Frio, Mirandela, Mogadouro, Moimenta da Beira, Montalegre, Murça, Peso da Régua, Resende, Ribeira de Pena, São João da Pesqueira, Sabrosa, Santa Marta de Penaguião, Sernancelhe, Tabuaço, Tarouca, Torre de Moncorvo, Valpaços, Vila Flor, Vila Nova de Foz Côa, Vila Pouca de Aguiar, Vila Real e Vinhais;

– Decreto-Lei n.° 288-A/2001, de 10 de Novembro, que cria o Sistema Multimunicipal de Saneamento do Tejo e Trancão para recolha, tratamento e rejeição de efluentes dos municípios de Amadora, Lisboa, Loures, Mafra, Odivelas e Vila Franca de Xira;

– Decreto-Lei n.° 130/2002, de 11 de Maio, que cria o Sistema Multimunicipal de Abastecimento de Água e de Saneamento do Centro Alentejo, para captação, tratamento e distribuição de água para consumo público e para recolha, tratamento e rejeição de efluentes dos municípios de Alandroal, Borba, Évora, Mourão, Redondo e Reguengos de Monsaraz;

– Decreto-Lei n.° 135/2002, de 14 de Maio, que cria o Sistema Multimunicipal de Abastecimento de Água e de Saneamento do Vale do Ave, para captação, tratamento e distribuição de água para consumo público e para recolha, tratamento e rejeição de efluentes dos municípios de Fafe, Guimarães, Póvoa de Lanhoso, Santo Tirso, Trofa, Vieira do Minho, Vila Nova de Famalicão e Vizela, e constitui a sociedade concessionária do sistema;

– Decreto-Lei n.° 285/2003, de 8 de Novembro, que cria o Sistema Multimunicipal de Abastecimento de Água do Algarve;

– Decreto-Lei n.° 286/2003, de 8 de Novembro, que cria o sistema multimunicipal de Saneamento de Águas Residuais da Península de Setúbal, para recolha, tratamento e rejeição de efluentes dos municípios de Alcochete, Barreiro, Moita, Montijo, Palmela, Seixal, Sesimbra e Setúbal;

– Decreto-Lei n.° 172/2004, de 17 de Julho, que cria o Sistema Multimunicipal de Abastecimento e de Saneamento do Baixo Mondego-Bairrada.

O Decreto-Lei n.° 506/99, de 20 de Novembro, procura "reduzir a poluição dos meios aquáticos provocada pelas descargas pontuais e difusas de águas residuais através da fixação de objectivos de qualidade para determinadas substâncias perigosas incluídas nas famílias ou grupos de substâncias da lista II do anexo XIX ao Decreto-Lei n.° 236/98, de 1 de Agosto, que foram consideradas prioritárias em função da respectiva toxicidade, persistência e bioacumulação". O já mencionado DL n.° 166/97 define a composição, competência e forma de funcionamento do Conselho Nacional da Água: este é um órgão consultivo de planeamento nacional no domínio da água, com a "finalidade essencial [de se pronunciar] sobre a elaboração de planos e de projectos com especial relevância nos cursos de água e nos sistemas hídricos e sobre as medidas que permitam o mais eficaz desenvolvimento e articulação das acções deles decorrentes, constituindo um fórum de discussão alargada da política de gestão sustentável dos recursos hídricos nacionais, numa perspectiva ecosistémica e de integração dos interesses sectoriais e territoriais". O Decreto Legislativo Regional n.° 37/2002/A, de 28 de Novembro, define a estrutura e competências do Conselho Regional da Água.

Vários diplomas aprovaram o plano da bacia hidrográfica de determinados rios portugueses:

– Decreto Regulamentar n.° 16/2001, de 5 de Dezembro (rectificado pela Declaração de rectificação n.° 21-C/2001, de 31 de Dezembro), que aprova o Plano de Bacia Hidrográfica do Guadiana;

– Decreto Regulamentar n.° 17/2001, de 5 de Dezembro (rectificado pela Declaração de rectificação n.° 21-D/2001, de 31 de Dezembro), que aprova o Plano de Bacia Hidrográfica do Minho;

– Decreto Regulamentar n.° 18/2001, de 7 de Dezembro (rectificado pela Declaração de rectificação n.° 21-E/2001, de 31 de Dezembro), que aprova o Plano de Bacia Hidrográfica do Tejo;

– Decreto Regulamentar n.° 19/2001, de 10 de Dezembro (rectificado pela Declaração de rectificação n.° 21-G/2001, de 31 de Dezembro), que aprova o Plano de Bacia Hidrográfica do Douro;

– Decreto Regulamentar n.° 5/2002, de 8 de Fevereiro, que aprova o Plano de Bacia Hidrográfica do Mira;

– Decreto Regulamentar n.° 6/2002, de 12 de Fevereiro (rectificado pela Declaração de rectificação n.° 15-N/2002, de 30 de Março), que aprova o Plano de Bacia Hidrográfica do Sado;

– Decreto Regulamentar n.° 9/2002, de 1 de Março, que aprova o Plano de Bacia Hidrográfica do Mondego;

– Decreto Regulamentar n.° 11/2002, de 8 de Março, que aprova o Plano de Bacia Hidrográfica do Lima;

– Decreto Regulamentar n.° 12/2002, de 9 de Março, que aprova o Plano de Bacia Hidrográfica das Ribeiras do Algarve;

– Decreto Regulamentar n.° 15/2002, de 14 de Março, que aprova o Plano de Bacia Hidrográfica do Vouga;

– Decreto Regulamentar n.° 17/2002, de 15 de Março, que aprova o Plano de Bacia Hidrográfica do Cávado;

– Decreto Regulamentar n.° 18/2002, de 19 de Março, que aprova o Plano de Bacia Hidrográfica do Leça;

– Decreto Regulamentar n.° 19/2002, de 20 de Março, que aprova o Plano de Bacia Hidrográfica do Ave;

– Decreto Regulamentar n.° 23/2002, de 3 de Abril, que aprova o Plano de Bacia Hidrográfica do Lis;

– Decreto Regulamentar n.° 26/2002, de 5 de Abril, que aprova o Plano de Bacia Hidrográfica das Ribeiras do Oeste.

A Portaria n.° 805/2000, de 23 de Maio, actualiza os preços de venda de água industrial e não tratada, aplicáveis a todos os consumidores de água distribuída pela delegação do INAG em Santo André.

Várias Portarias fixaram os perímetros de protecção das águas minerais de determinadas zonas:

– Portaria n.° 948/92, de 29 de Setembro, relativa à água mineral denominada "Fadagosa de Nisa";

– Portaria n.° 944/93, de 27 de Setembro, respeitante à água mineral denominada "Grichões de Coura";

– Portaria n.° 318/94, de 26 de Maio, quanto à água mineral denominada "Caldas de Monchique";

– Portaria n.° 440/96, de 3 de Setembro, quanto à água mineral natural denominada "Caldas da Cavaca";

– Portaria n.° 77/97, de 31 de Janeiro, respeitante à água mineral natural denominada "Águas de Bem Saúde";

– Portaria n.° 204/98, de 26 de Março, quanto à água mineral denominada "Água Campilho";

– Portaria n.° 958/99, de 30 de Outubro, quanto à água mineral natural denominada "Caldas do Gerês";

– Portaria n.° 1060/99, de 6 de Dezembro, quanto à água mineral natural denominada "Caldas de Penacova";

– Portaria n.° 69/2000, de 17 de Fevereiro, quanto à água mineral denominada "Melgaço";

– Portaria n.° 107/2000, de 25 de Fevereiro, relativa à água mineral denominada "Ladeira de Envendos";

– Portaria n.° 221/2000, de 15 de Abril, quanto à água mineral denominada "Vidago";

– Portaria n.° 143/2001, de 2 de Março, respeitante à água mineral denominada "Caldas e Fonte Santa";

– Portaria n.° 1157/2001, de 2 de Outubro, quanto à água mineral denominada "Felgueira";

– Portaria n.° 25/2003, de 11 de Janeiro, quanto à água mineral denominada "Termas do Carvalhal";

– Portaria n.° 26/2003, de 11 de Janeiro, relativa à água mineral denominada "Caldas da Rainha";

– Portaria n.° 64/2003, de 20 de Janeiro, relativa à água mineral denominada "Luso";

– Portaria n.° 203/2003, de 7 de Março, quanto à água mineral denominada "Entre-os-Rios (Quinta da Torre)";

– Portaria n.° 225/2003, de 13 de Março, quanto à água mineral denominada "Caldas de Monção";

– Portaria n.° 285/2003, de 1 de Abril, respeitante à água mineral denominada "Caldas de Chaves";

– Portaria n.° 530/2003, de 5 de Julho, quanto à água mineral denominada "Cordas Largas";

– Portaria n.° 531/2003, de 5 de Julho, quanto à água mineral denominada "Unhais da Serra";

– Portaria n.° 284/2005, de 21 de Março, rectificada pela Declaração de rectificação n.° 35/2005, de 10 de Maio, relativa à água mineral denominada "Termas de São Vicente";

– Portaria n.° 285/2005, de 21 de Março, respeitante à água mineral denominada "Caldas de Moledo";

– Portaria n.° 286/2005, de 21 de Março, quanto à água mineral denominada "Fonte Santa de Almeida";

– Portaria n.° 289/2005, de 22 de Março, respeitante à água mineral denominada "Caldas do Carlão";

– Portaria n.° 290/2005, de 22 de Março, quanto à água mineral denominada "Termas do Vale da Mó";

– Portaria n.° 291/2005, de 22 de Março, relativa à água mineral denominada "Caldas do Có";

– Portaria n.° 292/2005, de 22 de Março, respeitante à água mineral denominada "Caldas de São Jorge";

– Portaria n.° 312/2005, de 28 de Março, quanto à água mineral denominada "Termas de Monte Real".

O Decreto-Lei n.° 147/95, de 21 de Junho (parcialmente revogado pelo Decreto-Lei n.° 362/98, de 18 de Novembro, este alterado pelo Decreto-Lei n.° 151/

/2002, de 23 de Maio), criou "o observatório nacional dos sistemas multimunicipais e municipais de captação, tratamento e distribuição de água para consumo público, de recolha, tratamento e rejeição de efluentes e de recolha e tratamento de resíduos sólidos"; o já referido DL n.° 362/98, alterado, como se disse, pelo DL n.° 151/2002, aprova o Estatuto do Instituto Regulador de Águas e Resíduos, também designado por IRAR, cujo objecto é o assegurar da "qualidade dos serviços prestados pelos sistemas multimunicipais e municipais de água de abastecimento público, de águas residuais urbanas e de resíduos sólidos urbanos, supervisionando a concepção, execução, gestão e exploração dos sistemas, bem como [o de] garantir o equilíbrio do sector e a sustentabilidade económica desses sistemas".

O Decreto-Lei n.° 382/99, de 22 de Setembro, estabelece as normas e os critérios para a delimitação de perímetros de protecção para captações de águas subterrâneas destinadas ao abastecimento público, a fim de proteger a qualidade das águas assim captadas.

O Decreto-Lei n.° 133/2005, de 16 de Agosto, "estabelece um regime de licenciamento do exercício das actividades de pesquisa, captação e montagem de equipamentos de extracção de água subterrânea".

O Sistema Regional de Gestão e Abastecimento de Água da Região Autónoma da Madeira foi criado pelo Decreto Legislativo Regional n.° 28-C/99/M, de 23 de Dezembro, rectificado pela Declaração de rectificação n.° 23-H/99, de 31 de Dezembro.

O Decreto-Lei n.° 152/97, de 19 de Junho, alterado pelos Decretos-Leis n.°s 348/98, de 9 de Novembro, 261/99, de 7 de Julho, e 172/2001, de 26 de Maio, e 149/2004, de 22 de Junho, regula a "recolha, tratamento e descarga de águas residuais urbanas no meio aquático, procedendo à transposição para o direito interno da Directiva n.° 91/271/CEE, do Conselho, de 21 de Maio de 1991".

A Portaria n.° 423/97, de 25 de Junho, estabelece normas sobre descarga de águas residuais especificamente aplicáveis às unidades industriais do sector têxtil, excluindo o subsector dos lanifícios.

A protecção das águas contra a poluição proveniente da agricultura foi essencialmente regulada pelo Decreto-Lei n.° 235/ /97, de 3 de Setembro, alterado pelo Decreto-Lei n.° 68/99, de 11 de Março, que transpôs para o direito interno a Directiva n.° 91/676/CEE, do Conselho, de 12 de Dezembro de 1991, alterada pelo Regulamento (CE) n.° 1882/2003, do Parlamento Europeu e do Conselho, de 29 de Setembro; a referida Directiva n.° 91/76/CEE foi transposta para a Região Autónoma dos Açores pelo Decreto Legislativo Regional n.° 6/2005/A, de 17 de Maio. Os objectivos do mencionado DL n.° 235/97 são, nos termos do respectivo artigo 2.°, "a redução da poluição das águas causada ou induzida por nitratos de origem agrícola, bem como impedir a propagação desta poluição". O artigo 3.° do Decreto-Lei que vem sendo referido contém, designadamente, definições de "água subterrânea" e de "água doce", encontrando-se no n.° 1 do Anexo I o enunciado dos critérios de identificação das águas poluídas por nitratos. A Portaria n.° 258/2003, de 19 de Março, aprova a lista e a carta em que se identificam as águas e as áreas, referidas no diploma antes citado como sendo, respectivamente, poluídas (ou susceptíveis de o serem) e "zonas vulneráveis"; por seu lado, a Portaria n.° 834/ /2005, de 16 de Setembro, aprova novas zonas vulneráveis.

A Portaria n.° 251/2000, de 11 de Maio, alterada pela Portaria n.° 462/2001, de 8 de Maio (rectificada pela Declaração de rectificação n.° 13-AC/2001, de 30 de Junho), actualiza a classificação das águas salmonídeas. Por seu lado, a Portaria n.° 1200/2000, de 29 de Dezembro, define as condições que as águas naturais e as águas de nascente, na captação, têm de apresentar para poderem ser consideradas bacteriologicamente próprias.

A Lei n.° 54/2005, de 15 de Novembro, rectificada pela Declaração de rectificação n.° 4/2006, de 16 de Janeiro, estabelece a titularidade dos recursos hídricos, que compreendem as "águas, abrangendo ainda os respectivos leitos e margens, zonas adjacentes, zonas de infiltração máxima e zonas protegidas".

A Lei n.° 34/2006, de 28 de Julho, determina a extensão das zonas marítimas sob soberania ou jurisdição nacional e os poderes que o Estado Português nelas exerce, bem como os poderes exercidos no alto mar.

A Resolução da Assembleia da República n.° 66/99, de 17 de Agosto, aprova, para ratificação, a Convenção sobre Cooperação para a Protecção e o Aproveitamento Sustentável das Águas das Bacias Hidrográficas Luso-Espanholas e o Protocolo Adicional, assinados em Albufeira em 30 de Novembro de 1998, os quais são ratificados pelo Decreto do Presidente da República n.° 182/99, da mesma data; o Aviso n.° 85/2000, de 14 de Fevereiro, torna público que, em 15 de Setembro de 1999 e em 17 de Janeiro de 2000, foram emitidas notas pelos Ministérios dos Negócios Estrangeiros português e espanhol, respectivamente, comunicando que foram cumpridas as formalidades constitucionais exigidas pelos ordenamentos jurídicos de ambos os países para a aprovação daquela Convenção e seu Protocolo Adicional. V. Convenção Relativa à Organização Hidrográfica Internacional, concluída no Mónaco em 3 de Maio de 1967 e aprovada, para ratificação, pelo Decreto-Lei n.° 48 571, de 9 de Setembro de 1968, tendo Portugal depositado o respectivo instrumento de ratificação em 28 de Novembro de 1968, conforme aviso publicado no *Diário do Governo*, 1.ª série, de 28 de Abril de 1971. V. também a Convenção sobre a Protecção e a Utilização dos Cursos de Água Transfronteiriços e dos Lagos Internacionais, concluída em Helsínquia a 17 de Março de 1992, a que Portugal aderiu e cujo instrumento de confirmação e ratificação foi depositado em 24 de Outubro de 1994, segundo aviso publicado no *Diário da República*, I-A série, de 9 de Fevereiro de 1995, que continha a lista dos Estados Partes da Convenção; o Aviso n.° 127/95, de 2 de Junho, veio entretanto tornar públicas a actualização e rectificação de tal lista; a Convenção entrou em vigor relativamente a Portugal em 6 de Outubro de 1996.

A Convenção da Nações Unidas sobre o Direito do Mar, de 10 de Dezembro de 1982, assinada por Portugal nessa data, e o Acordo Relativo à Aplicação da Parte XI da Convenção, adoptado pela Assembleia Geral das Nações Unidas em 28 de Julho de 1994 e assinado por Portugal em 29 de Julho de 1994, foram ratificados pelo Decreto do Presidente da República n.° 67-A/97, de 14 de Outubro, tendo a Resolução da Assembleia da República n.° 60-B/97, da mesma data, procedido à respectiva aprovação para ratificação.

A Resolução da Assembleia da República n.° 9/2005, de 3 de Março, aprova a Convenção sobre o Direito Relativo à Unificação dos Cursos de Água Internacionais para Fins Diversos dos de Navegação, adoptada pela Assembleia Geral das Nações Unidas em 21 de Maio de 1997, tendo a Convenção sido ratificada pelo Decreto do Presidente da República n.° 16/2005, da mesma data; o Aviso n.° 275/2005, de 20 de Julho, tornou público que o Governo depositou, em 22 de Junho de 2005, o instrumento de ratificação da Convenção.

A Convenção para a Protecção do Meio Marinho do Atlântico Nordeste (Convenção OSPAR), concluída em Paris, em 22 de Setembro de 1992, foi aprovada pelo Decreto n.° 59/97, de 31 de Outubro, tendo o instrumento de ratificação sido depositado em 23 de Fevereiro de 1998, segundo o Aviso n.° 122/98, de 30 de Junho; esta última Convenção foi objecto de Emendas, adoptadas em Sintra em 23 de Julho de 1998, aprovadas pelo Decreto do Governo n.° 7/2006, de 9 de Janeiro, tendo o instrumento de ratificação respectivo sido depositado em 23 de Fevereiro de 2006, conforme o Aviso n.° 578/2006, de 5 de Maio; as Emendas entraram em vigor para Portugal em 25 de Março de 2006.

Portugal aderiu, em 12 de Junho de 2000, ao Protocolo de 1988 Relativo à Convenção Internacional sobre Segurança da Vida no Mar, de 1974, segundo o Aviso n.° 176/2000, de 22 de Agosto.

A Lei n.° 23/96, de 26 de Julho, cria mecanismos destinados a proteger os sujeitos privados nos contratos de fornecimento, entre outros bens e serviços públicos essenciais, de água. O Decreto-Lei n.° 195/99, de 8 de Junho, estabeleceu, no seu artigo 1.°, n.° 2, que "é proibida a exigência de prestação de caução, sob qualquer forma ou denominação, para garantir o cumprimento de obrigações decorrentes do fornecimento dos serviços públicos essenciais mencionados no número anterior", apenas podendo os fornecedores de água a consumidores "exigir a prestação de caução, nas situações de restabelecimento de fornecimento, na sequência de interrupção decorrente de incumprimento contratual imputável ao consumidor"; esta segunda norma, contida no artigo 2.°, é acompanhada de outra que determina que "a caução poderá ser prestada em numerário, cheque ou transferência electrónica ou através de garantia bancária ou seguro-caução". "O fornecedor deve utilizar a o valor da caução para satisfação dos valores em dívida pelo consumidor", devendo a caução ser restituída, deduzida dos montantes em dívida, no termo do contrato de fornecimento (artigos 3.° e 4.°).

V. *Imóvel; Prédio; Parte componente; Compropriedade; Divisão de águas; Aproveitamento de águas; Ambiente; Protecção do ambiente; Poluição; Contrato de fornecimento; Caução.*

Águas pluviais (Dir. Civil) – As águas que provêm das chuvas que caírem em prédio particular são particulares, "enquanto não transpuserem, abandonadas, os limites do mesmo prédio ou daquele para onde o dono dele as tiver conduzido" – artigo 1386.°, n.° 1-*a*), C.C.. As regras sobre aproveitamento de águas, constantes dos artigos 1389.° e segs., C.C., são aplicáveis às águas pluviais, por força do artigo 1393.°.

O Decreto-Lei n.° 68/2004, de 25 de Março, que "estabelece um conjunto de mecanismos que visam reforçar os direitos dos consumidores à informação e à protecção dos seus interesses económicos no âmbito da aquisição de prédio urbano para habitação [...]", veio impor aos profissionais da actividade de construção a disponibilização de informação, constante da chamada ficha técnica – documento descritivo das características técnicas e funcionais do prédio urbano destinado a habitação, reportadas ao momento de conclusão das obras de construção, reconstrução, ampliação ou alteração do prédio "de acordo com o conteúdo das telas finais devidamente aprovadas" –, "redigida em língua portuguesa, em termos claros e compreensíveis para o comprador, de modo a ser facilmente legível e sem remissões para textos técnicos cuja compreensão pressuponha conhecimentos específicos"; esta ficha técnica deve conter informação sobre numerosos aspectos, designadamente, nos termos do n.° 5-*e)* do respectivo artigo 7.°, "caracterização das instalações na habitação, nomeadamente de distribuição de água, de drenagem de águas residuais domésticas, de drenagem de águas pluviais [...]".

V. *Águas; Prédio; Aproveitamento de águas; Consumidor; Tutela do consumidor; Prédio urbano; Compra e venda.*

Águas subterrâneas (Dir. Civil) – São águas subterrâneas as que se encontram em lençóis no subsolo ou que aí correm. O artigo 1394.°, C.C., autoriza o proprietário de um prédio a procurar águas subterrâneas nele, "por meio de poços ordinários ou artesianos, minas ou quaisquer escavações, contanto que não prejudique direitos que terceiro haja adquirido por título justo", acrescentando que, salvo se a exploração alterar ou fizer diminuir as águas de fonte ou reservatório destinado a uso público, o proprietário não é responsável pela diminuição do caudal de qualquer água pública ou particular, em consequência da exploração, "excepto se a captação se fizer por meio de infiltrações provocadas e não naturais".

O Decreto-Lei n.° 133/2005, de 16 de Agosto, "estabelece um regime de licenciamento do exercício das actividades de pesquisa, captação e montagem de equipamentos de extracção de água subterrânea".

V. *Águas; Prédio; Terceiro; Escavações; Minas.*

Águas vertentes (Dir. Civil) – Dizem-se vertentes as águas que derivam para um prédio de outro colocado a um nível superior. O artigo 1391.°, C.C., dispõe que "os donos dos prédios para onde se derivam as águas vertentes de qualquer fonte ou nascente podem eventualmente aproveitá-las nesses prédios; mas a privação desse uso por efeito de novo aproveitamento que faça o proprietário da fonte ou nascente não constitui violação de direito".

V. *Águas; Prédio; Interesse reflexamente protegido.*

Ajudantes familiares (Dir. Civil) – O Decreto-Lei n.° 141/89, de 28 de Abril, alterado pelo Decreto-Lei n.° 328/93, de 25 de Setembro, caracteriza como ajudantes familiares "as pessoas que, em articulação com instituições de suporte [Santa Casa da Misericórdia, instituições particulares de solidariedade social, centros regionais de segurança social, serviços das regiões autónomas que promovam acção social no âmbito da Segurança Social, outras entidades públicas ou organizações não governamentais que assegurem os serviços de apoio familiar previstos no citado DL n.° 141/89], prestam serviços domiciliários imprescindíveis à normalidade da vida da família nos casos em que os mesmos serviços não possam ser prestados pelos seus membros". O artigo 4.° do mencionado diploma define as funções dos ajudantes familiares, que são as seguintes:

"*a)* Prestar ajuda na confecção das refeições, no tratamento de roupas e nos cuidados de higiene e conforto pessoal dos utentes;

b) Realizar no exterior os serviços necessários aos utentes e acompanhá-los nas suas deslocações, sempre que necessário;

c) Ministrar aos utentes, quando necessário, a medicação prescrita que não seja da exclusiva competência dos técnicos de saúde;

d) Acompanhar as alterações que se verifiquem na situação global dos utentes que afectem o seu bem-estar e, de um modo geral, actuar por forma a ultrapassar possíveis situações de isolamento e solidão".

V. *Família; Domicílio.*

Albergaria (Dir. Civil) – Existe albergaria ou hospedagem quando se acorda que, mediante retribuição, uma das partes fornece à outra habitação mobilada e serviços relacionados com ela ou alimentos.

A lei civil estabelece que o inquilino habitacional pode, salvo se existir cláusula que o proíba, ter em sua casa até três hóspedes sem autorização do senhorio. V. artigos 76.°, n.°s 1-*b)* e 3, e 64.°, n.° 1-*e)*, do Regime do Arrendamento Urbano, aprovado pelo Decreto-Lei n.° 321-B/90, de 15 de Outubro, rectificado por declaração publicada no *Diário da República*, I-A série, de 30 de Novembro de 1990, e alterado pelo Decreto-Lei n.° 278/93, de 10 de Agosto (este, por sua vez, alterado, por ratificação, pela Lei n.° 13/94, de 11 de Maio), pelo Decreto-Lei n.° 163/95, de 13 de Julho, pela Lei n.° 89/95, de 1 de Setembro, pelo Decreto-Lei n.° 257/95, de 30 de Setembro, pela Lei n.° 135/99, de 28 de Agosto, pelos Decretos-Leis n.°s 64-A/2000, de 22 de Abril, e 329-B/2000, de 22 de Dezembro, e pelas Leis n.°s 6/2001 e 7/2001, ambas de 11 de Maio – que substituíram o disposto, respectivamente, nos anteriores artigos 1109.° e 1093.°, n.° 1-*e)*, C.C.; a principal alteração introduzida no regime anterior consistiu na autorização de convenção proibitiva da celebração de qualquer contrato de hospedagem pelo inquilino habitacional.

V. *Hóspede; Contrato de albergaria; Arrendamento para habitação.*

Alçada (Proc. Civil) – Limite de valor da acção dentro do qual um tribunal julga sem que das suas decisões caiba recurso ordinário.

Determina o artigo 24.°, n.° 1, da Lei n.° 3/99, de 13 de Janeiro, rectificada pela Declaração de rectificação n.° 7/99, de 16 de Fevereiro, e alterada pela Lei n.° 101/99, de 26 de Julho, pelos Decretos-Leis n.°s 323/2001, de 17 de Dezembro, e 38/2003, de 8 de Março – este rectificado pela Declaração de rectificação n.° 5-C/2003, de 30 de Abril –, pela Lei n.° 105/2003, de 10 de Dezembro, pelo Decreto-Lei n.° 53/2004, de 18 de Março, pela Lei n.° 42/2005, de 29 de Agosto, e pelo Decreto-Lei n.° 76-A/ /2006, de 29 de Março – este último rectificado pela Declaração de rectificação n.° 28-A/2006, de 26 de Maio – (Lei de Organização e Funcionamento dos Tribunais Judiciais), que, "em matéria cível, a alçada dos tribunais da Relação é de € 14 963,94 e a dos tribunais de 1.ª instância é de € 3 740,98".

O n.° 3 do mesmo artigo determina que "a admissibilidade dos recursos por efeito das alçadas é regulada pela lei em vigor ao tempo em que foi instaurada a acção".

A alçada dos tribunais é ainda decisiva para definir a forma de processo a empregar em razão do respectivo valor: assim, "se o valor da causa exceder a alçada da

Relação, empregar-se-á o processo ordinário; se a não exceder, empregar-se-á o processo sumário, excepto se não ultrapassar o valor fixado para a alçada do tribunal de comarca e a acção se destinar ao cumprimento de obrigações pecuniárias, à indemnização por dano e à entrega de coisas móveis, porque nestes casos, não havendo procedimento especial, o processo adequado é o sumaríssimo" – artigo 462.°, C.P.C., na redacção dada pelo Decreto-Lei n.° 375-A/99, de 20 de Setembro.

Por vezes, a alçada é relevante para definir a competência e a forma de processo: v. Decreto-Lei n.° 269/98, de 1 de Setembro (rectificado pela Declaração de rectificação n.° 16-A/98, de 30 de Setembro), alterado pelos Decretos-Leis n.°s 383/99, de 23 de Setembro, 183/2000, de 10 de Agosto, 323/2001, de 17 de Dezembro, 32/2003, de 17 de Fevereiro, 38/2003, de 8 de Março (este rectificado pela Declaração de rectificação n.° 5-C/2003, de 30 de Abril), e 107/2005, de 1 de Julho (este último rectificado pela Declaração de rectificação n.° 63/2005, de 19 de Agosto), e pela Lei n.° 14/2006, de 26 de Abril, que se ocupa da injunção, "providência que tem por fim conferir força executiva a requerimento destinado a exigir o cumprimento das obrigações" pecuniárias emergentes de contrato cujo valor não exceda o valor da alçada da Relação [era a do tribunal de 1.ª instância, na versão anterior da lei] ou "das obrigações emergentes de transacções comerciais abrangidas pelo Decreto-Lei n.° 32/2003, de 17 de Fevereiro" (artigo 7.°).

V. *Acção; Valor da causa; Recurso; Recurso ordinário; Caso julgado; Processo ordinário; Relação; Tribunal de 1.ª instância; Conflitos de leis no tempo; Processo sumário; Tribunal de comarca; Obrigação pecuniária; Indemnização; Processo sumaríssimo; Injunção; Força executiva; Título executivo; Requerimento; Obrigação pecuniária; Contrato.*

Alcoólico (Dir. Civil) – Pessoa que, por vício de alcoolismo, faz um uso sistemático e imoderado de bebidas alcoólicas. Nos termos do artigo 152.°, C.C., aqueles que, "pelo abuso de bebidas alcoólicas [...], se mostrem incapazes de reger convenientemente o seu património", podem ser inabilitados.

O Código da Estrada, aprovado pelo Decreto-Lei n.° 114/94, de 3 de Maio, alterado pelos Decretos-Leis n.°s 214/96, de 20 de Novembro, 2/98, de 3 de Janeiro, e 162/2001, de 22 de Junho, e pelas Leis n.°s 265-A/2001, de 28 de Setembro, e 20/2002, de 21 de Agosto, e pelo Decreto-Lei n.° 44/ /2005, de 23 de Fevereiro, estabelece, na secção II do Capítulo III do seu Título VI, o regime jurídico da fiscalização da condução sob influência do álcool, ocupando-se o Decreto Regulamentar n.° 24/98, de 30 de Outubro, de regular os procedimentos para essa fiscalização. A Portaria n.° 1005/98, de 30 de Novembro (rectificada pela Declaração de rectificação n.° 22-V/98, de 31 de Dezembro), fixa as taxas a cobrar pelos exames de fiscalização da condução sob a influência do álcool, estabelecendo a Portaria n.° 1006/98, da mesma data (rectificada pela Declaração de rectificação n.° 22-X/98, de 31 de Dezembro), as regras sobre as análises para a determinação da taxa de álcool no sangue.

O Acórdão do Supremo Tribunal de Justiça, proferido em recurso ampliado de revista, em 28 de Maio de 2002, publicado no *Diário da República*, I-A série, de 18 de Julho do mesmo ano, veio estabelecer a seguinte doutrina: "A alínea *c)* do artigo 19.° do Decreto-Lei n.° 522/85, de 31 de Dezembro, exige para a procedência do direito de regresso contra o condutor por ter agido sob influência do álcool o ónus da prova pela seguradora do nexo de causalidade adequada entre a condução sob o efeito do álcool e o acidente".

A Resolução da Assembleia da República n.° 76/2000, de 18 de Novembro, recomenda ao Governo a adopção de medidas de combate ao alcoolismo. A Resolução do Conselho de Ministros n.° 166/ /2000, de 29 de Novembro, aprova esse Plano de Acção.

O Decreto-Lei n.° 318/2000, de 14 de Dezembro, reestrutura os centros regionais de alcoologia e cria unidades funcionais de alcoologia no âmbito dos serviços locais de saúde mental.

A Lei Tutelar Educativa (Lei n.° 166/99, de 14 de Setembro), que substituiu parcialmente a chamada O.T.M., estabelece no artigo 13.°, n.° 2, que podem ser impostas regras de conduta aos menores e, nomeadamente, a proibição de consumir bebidas alcoólicas. Do mesmo modo, pode ser imposta às crianças e jovens a frequência de programas de tratamento da habituação alcoólica [...] (artigo 14.°). O artigo 21.° refere que o juiz deve providenciar para que estas medidas sejam cumpridas em instituições ou entidades específicas.

V. *Inabilitação; Acórdão uniformizador de jurisprudência; Recurso ampliado de revista; Direito de regresso; Ónus da prova; Acidente de viação; Nexo de causalidade; Causalidade adequada; Menor; Medida tutelar; Imposição de regras de conduta.*

Alcoolismo (Dir. Civil) – 1. V. *Alcoólico.*

2. A proibição da publicidade a bebidas alcoólicas, na televisão e na rádio, entre as 6 e as 22 horas, bem como a definição de regras relativas a ela, foi estabelecida, pela primeira vez, pelo Decreto-Lei n.° 303/83, de 28 de Junho. Actualmente, "a publicidade a bebidas alcoólicas, independentemente do suporte utilizado para a sua difusão", é fortemente condicionada pelo artigo 17.°, n.° 1, do Código da Publicidade (Decreto-Lei n.° 330/90, de 23 de Outubro, alterado pelos Decretos-Leis n.°s 74/93, de 10 de Março, 6/95, de 17 de Janeiro, 61/97, de 25 de Março, 275/98, de 9 de Setembro, 51/2001, de 15 de Fevereiro, e 332/2001, de 24 de Dezembro, pelas Leis n.°s 31-A/98, de 14 de Julho, e 32/2003, de 22 de Agosto, e pelo Decreto-Lei n.° 224/2004, de 4 de Dezembro); o n.° 2 do mesmo artigo proíbe "a publicidade a bebidas alcoólicas, na televisão e na rádio, entre as 7 horas e as 22 horas e 30 minutos".

V. *Publicidade.*

3. O artigo 81.° do Código da Estrada (aprovado pelo Decreto-Lei n.° 114/94, de 3 de Maio, alterado pelos Decretos-Leis n.°s 214/96, de 20 de Novembro, 2/98, de 3 de Janeiro, e 162/2001, de 22 de Junho, e pelas Leis n.°s 265-A/2001, de 28 de Setembro, 1/2002, de 2 de Janeiro, e 20//2002, de 21 de Agosto, e pelo Decreto-Lei n.° 44/2005, de 23 de Fevereiro) ocupa-se da condução sob o efeito do álcool ou de estupefacientes, considerando-se "sob a influência de álcool o condutor que apresente uma taxa de álcool no sangue igual ou superior a 0,5 g/l ou que, após exame realizado nos termos previstos no presente Código e legislação complementar, seja como tal considerado em relatório médico".

4. O Decreto-Lei n.° 9/2002, de 24 de Janeiro, rectificado pela Declaração de rectificação n.° 3-A/2002, de 31 de Janeiro, impõe restrições à venda e consumo de bebidas alcoólicas.

Álea (Dir. Civil) – Num contrato, é a incerteza, no momento da celebração dele, quanto à verificação de um acontecimento futuro e independente da vontade das partes, de que fica dependente a existência ou valor de uma das prestações.

V. *Contrato; Celebração do contrato; Contrato aleatório; Prestação.*

Alegações (Proc. Civil)

1. Designa-se, genericamente, por alegação a exposição, feita pelo advogado da parte, em que aquele invoca os factos que quer ver provados e rebate os que entende que o não devem ser, retirando daí as decorrentes consequências jurídicas.

Dispõe o artigo 514.°, C.P.C., que não carecem de alegação os factos que são do conhecimento geral, bem como aqueles de que o tribunal tem conhecimento em virtude do exercício das suas funções.

2. Alegações orais são as exposições feitas pelos advogados no decurso da audiência de discussão e julgamento, em que estes procuram fixar os factos que devam considerar-se provados e aqueles que o não foram, bem como interpretar e aplicar a lei aos factos.

Há, ou pode haver, alegações orais, designadamente, na audiência preliminar (artigo 508.°-A, n.° 1-*c)*, C.P.C., aditado pelo Decreto-Lei n.° 375-A/99, de 20 de Setembro), na audiência de discussão e julgamento da matéria de facto (artigo 652.°, n.°s 3-*e)*, e 5, cuja actual redacção é do diploma *supra* citado), na discussão do aspecto jurídico da causa perante o tribunal colectivo em processo ordinário quando as partes nisso acordem (artigo 653.°, n.° 5, C.P.C., com a redacção do Decreto-Lei n.° 180/96, de 25 de Setembro), na discussão do aspecto jurídico da causa em processo sumário (artigo 790.°, n.° 1, C.P.C., com a redacção do último diploma referido) e no julgamento em processo sumaríssimo (artigo 796.°, n.° 6, C.P.C., na redacção do Decreto-Lei n.° 183/2000, de 10 de Agosto).

No regime do Decreto-Lei n.° 269/98, de 1 de Setembro (rectificado pela Declaração de rectificação n.° 16-A/98, de 30 de Setembro), alterado pelos Decretos-Leis n.°s 383/99, de 23 de Setembro, 183/2000, de 10 de Agosto, 323/2001, de 17 de Dezembro, 32/2003, de 17 de Fevereiro, 38/2003, de 8 de Março (rectificado pela Declaração de rectificação n.° 5-C/2003, de 30 de Abril), 107/2005, de 1 de Julho (rectificado pela Declaração de rectificação n.° 63/2005, de 19 de Agosto), e pela Lei n.° 14/2006, de 26 de Abril, que se ocupa "dos procedimentos destinados a exigir o cumprimento de obrigações pecuniárias emergentes de contratos de valor não superior à alçada da Relação [era do tribunal de 1.ª instância, na anterior versão]" ou das obrigações emergentes de transacções comerciais abrangidas pelo DL n.° 32/2003, diz o n.° 6 do respectivo artigo 4.° que, "finda a produção de prova, pode cada um dos mandatários fazer uma breve alegação oral".

3. Se as partes não tiverem acordado em discutir oralmente o aspecto jurídico da causa, uma vez concluído o julgamento da matéria de facto, nem prescindirem da discussão por escrito dele, podem alegar por escrito, fazendo a interpretação e aplicação da lei aos factos que hajam ficado provados, de acordo com o artigo 657.°, C.P.C., cuja redacção é a do já referido DL n.° 180/96. Há também alegações escritas em caso de revelia do réu (artigo 484.°, n.° 2, C.P.C., com a redacção do Decreto-Lei n.° 329-A/95, de 12 de Dezembro) e no processo de revisão de sentença estrangeira (artigo 1099.°, n.° 1, C.P.C., cuja redacção actual resulta do DL mencionado em último lugar).

4. Alegações são ainda as peças processuais em que as partes, que interpõem, ou contra quem é interposto, qualquer recurso, expõem os fundamentos deste ou os fundamentos da confirmação da decisão impugnada.

"O recorrente alega por escrito no prazo de 30 dias, contados da notificação do despacho de recebimento do recurso, podendo o recorrido responder, em idêntico prazo, contado da notificação da apresentação da alegação do apelante"; "se tiverem apelado ambas as partes, o primeiro apelante tem ainda, depois de notificado da apresentação da alegação do segundo, direito a produzir nova alegação, no prazo de 20 dias, mas somente para impugnar os fundamentos da segunda apelação"; "havendo vários recorrentes ou vários recorridos, ainda que representados por advogados diferentes, o prazo das respectivas alegações é único, incumbindo à secretaria providenciar para que todos possam proceder ao exame do processo durante o prazo de que beneficiam".

V. artigo 698.°, C.P.C., com a redacção que lhes foi dada pelos já referidos DL n.°s 329-A/95 e 180/96.

"Na falta de alegação, o recurso é logo julgado deserto" (artigo 690.°, n.° 3, C.P.C., com a redacção do DL n.° 329-A/95), salvo se se tratar de recurso interposto pelo Ministério Público por imposição da lei (n.° 6 da mesma disposição).

O Assento do Supremo Tribunal de Justiça, de 8 de Maio de 1974, decidiu que não se verifica deserção do recurso por falta de alegações quando ele haja sido interposto pelo Ministério Público, quer por imposição da lei quer por ordem do superior hierárquico.

Encontram-se, em legislação avulsa, regras que, em nome da celeridade processual limitam o prazo para alegar: assim acontece nos recursos nos processos de insolvência, em que, nos termos do artigo 14.°, n.° 2, do Código da Insolvência e da Recuperação de Empresas, aprovado pelo Decreto-Lei n.° 53/2004, de 18 de Março, alterado pelos Decretos-Leis n.°s 200/2004, de 18 de Agosto, e 76-A/2006, de 29 de Março (este rectificado pela Declaração de rectificação n.° 28-A/2006, de 26 de Maio), que dispõe que, "em todos os recursos interpostos no processo ou em qualquer dos seus apensos, o prazo para alegações é um para todos os recorrentes, correndo em seguida um outro para todos os recorridos".

V. *Advogado; Parte; Prova; Tribunal colectivo; Audiência de discussão e julgamento; Audiência preparatória; Processo ordinário; Processo sumário; Processo sumaríssimo;*

Injunção; obrigação pecuniária; Alçada; Relação; Revelia; Revisão de sentença estrangeira; Recurso; Interposição de recurso; Apelação; Recorrente; Recorrido; Notificação; Secretaria judicial; Ministério Público; Deserção dos recursos; Insolvência; Recuperação de empresas; Exame de processos.

Alienabilidade (Dir. Civil) – Característica jurídica de um bem (coisa ou direito), cujo titular pode transmitir ou limitar o direito que sobre ele detém, alienando-o ou constituindo um direito real em benefício de terceiro.

V. *Transmissibilidade; Inalienabilidade; Direito real menor; Terceiro.*

Alienação (Dir. Civil) – Transmissão, onerosa ou gratuita, do direito de propriedade sobre um bem ou constituição de um direito real que o limite, onerando o bem (alienação parcial).

Se bem que esta seja a acepção mais frequente em que se utiliza o termo, ele compreende a transmissão entre vivos – sempre gratuita ou onerosa – de qualquer direito, seja ele real ou creditício.

A lei usa, por vezes, embora impropriamente, o termo alienação num sentido mais restrito de transmissão a título oneroso (v., por exemplo, artigo 422.°, C.C.).

V. *Direito de propriedade; Oneração de bens; Direito real menor; Negócio oneroso; Acto a título gratuito; Crédito.*

Alienação de herança (Dir. Civil) – Transmissão *inter vivos* de herança ou de quinhão hereditário, realizada entre o herdeiro e um terceiro. A alienação da herança é, pois, a transmissão, gratuita ou onerosa, do património hereditário (ou de uma sua quota), com todos os seus direitos e vinculações. O artigo 2128.°, C.C., porém, para protecção dos credores da herança, que o alienante responde solidariamente com o adquirente pelos encargos da herança, tendo embora o direito de haver do adquirente o reembolso total do que houver despendido.

O artigo 2126.°, C.C., impõe que a alienação seja realizada por escritura pública, se na herança existirem bens cuja alienação careça dessa forma.

V. artigos 2124.° e segs., C.C..

V. *Acto entre vivos; Herança; Quinhão; Quota; Acto a título gratuito; Negócio oneroso; Encargos da herança; Solidariedade; Escritura pública.*

Alienação mental (Dir. Civil) – V. *Anomalia psíquica.*

Alimentando (Dir. Civil) – O alimentando é aquele que tem direito a receber alimentos de outrem.

V. *Alimentos.*

Alimentos (Dir. Civil; Proc. Civil) – Prestação que tem geralmente por objecto uma quantia em dinheiro paga mensalmente e destinada a prover a tudo quanto é indispensável ao sustento, habitação e vestuário de uma pessoa, que não pode por si assegurar a sua subsistência; os alimentos compreendem ainda a instrução e educação, no caso de o alimentando ser menor. Os alimentos são fixados – por acordo ou pelo tribunal – tendo em conta as possibilidades económicas de quem os presta e a necessidade de quem os recebe, devendo atender-se à possibilidade – ainda que parcialmente – de este último prover por si à sua subsistência.

Em princípio, os alimentos consistem, como ficou dito, numa prestação mensal em dinheiro, mas, se o que a eles estiver obrigado demonstrar que não os pode prestar dessa maneira, poderá ser decidido que o alimentando viva em sua casa.

Tendo havido acordo, os alimentos são devidos nos termos daquele; se tiver havido recurso ao tribunal, através da propositura de uma acção de alimentos, são devidos, quando decretados, desde a data da propositura da acção. Na acção de alimentos, muito embora o respectivo pedido abranja necessariamente prestações vincendas, não se aplica a disposição do artigo 309.°, C.P.C. (cuja actual redacção é a do Decreto-Lei n.° 180/96, de 25 de Setembro), nos termos da qual as prestações vincendas devem ser tomadas em consideração para a fixação do valor da acção, vigorando, quanto a esta acção, a regra do n.° 2 do artigo 307.°, C.P.C., segundo a qual, nesta, "o valor é o quíntuplo da anuidade correspondente ao pedido".

Enquanto não houver fixação judicial definitiva dos alimentos, o tribunal pode, a requerimento do alimentando (nos termos dos artigos 399.° e segs., C.P.C., a maior parte deles com a redacção do Decreto-Lei n.° 329-A/95, de 12 de Dezembro), ou, oficiosamente, se este for menor, conceder alimentos provisórios que, em caso algum, serão restituídos depois de recebidos (artigo 2007.°, n.° 1, C.C.); os alimentos provisórios constituem sempre acto preliminar de uma acção em que, principal ou acessoriamente, se peça a prestação de alimentos definitivos.

Uma vez fixados os alimentos – pelo tribunal ou por acordo dos interessados –, eles podem sempre ser reduzidos ou aumentados, se se modificarem as circunstâncias que presidiram à sua fixação podendo também ser outras as pessoas obrigadas a prestá-los, isto é, a sentença que os fixa ou homologa o acordo a eles relativo pode ser alterada (artigo 671.°, n.° 2, C.P.C.).

Os termos da execução especial por alimentos encontram-se regulados nos artigos 1118.° e segs., C.P.C., o primeiro com a redacção do Decreto-Lei n.° 38/2003, de 8 de Março (rectificado pela Declaração de rectificação n.° 5-C/2003, de 30 de Abril).

São obrigados à prestação de alimentos, nos termos do artigo 2009.°, n.° 1, C.C., o cônjuge e o ex-cônjuge, os descendentes, os ascendentes, os irmãos e os tios (estes, durante a menoridade do alimentando), o padrasto e a madrasta (estes, relativamente a enteados menores que estejam ou estivessem, no momento da morte do cônjuge, a cargo deste).

Há de notar que o filho menor, interdito ou inabilitado, relativamente ao qual esteja pendente acção de investigação de maternidade ou paternidade, tem direito a alimentos provisórios do pretenso progenitor desde a propositura da acção, desde que o tribunal considere provável o reconhecimento (artigos 1821.° e 1873.°, C.C.).

Também o pai, que não seja casado com a mãe do filho, é obrigado, desde a data do estabelecimento da paternidade, a prestar-lhe alimentos relativos ao período da gravidez e ao primeiro ano da vida do filho, tendo a mãe direito a alimentos provisórios, pedindo-os na acção de investigação de paternidade, se a acção for proposta antes de decorrido o prazo acima referido, e desde que o tribunal considere o reconhecimento provável (artigo 1884.°, C.C.).

Na adopção restrita, o adoptado ou os seus descendentes são obrigados a prestar alimentos ao adoptante, quando a este falte cônjuge, descendentes ou ascendentes em condições de o fazer (artigo 2000.°, C.C.).

Finalmente, aquele que, no momento da morte de pessoa não casada ou separada judicialmente de pessoas e bens, vivia com ela há mais de dois anos em condições análogas às dos cônjuges, tem direito a exigir alimentos da herança do falecido, devendo exercer esse direito no prazo de dois anos a contar da morte (artigo 2020.°, C.C.). V. artigo 6.° da Lei n.° 7/2001, de 11 de Maio, que estabelece medidas de protecção das uniões de facto.

"O direito a alimentos não pode ser renunciado ou cedido, bem que estes possam deixar de ser pedidos e possam renunciar-se as prestações vencidas" – n.° 1 do artigo 2008.°, C.C..

"A obrigação de prestar alimentos cessa:

a) Pela morte do obrigado ou do alimentado [a morte do obrigado não priva o alimentado de exercer o seu direito relativamente "a outros, igual ou sucessivamente onerados"];

b) Quando aquele que os presta não possa continuar a prestá-los ou aquele que os recebe deixe de precisar deles [a impossibilidade do obrigado não impede "o alimentado de exercer o seu direito em relação a outros, igual ou sucessivamente onerados"];

c) Quando o credor viole gravemente os seus deveres para com o obrigado".

As prestações alimentícias vencidas prescrevem no prazo de cinco anos, nos termos do artigo 310.°-*f)*, C.C..

V. artigos 2003.° e segs., C.C..

A fim de garantir aos menores credores de alimentos o recebimento das correspondentes prestações, no caso de o devedor não querer cumprir, a Lei n.° 75/98, de 19 de Novembro, veio estabelecer que, "quando a pessoa judicialmente obrigada a prestar alimentos a menor residente em território nacional não satisfizer as quantias em dívida pelas formas previstas no artigo 189.° do Decreto-Lei n.° 314/78, de 27 de Outubro [a chamada O.T.M.], e o alimentado não tenha rendimento líquido superior ao salário mínimo nacional nem beneficie nessa medida de rendimentos de outrem a cuja guarda se encontre, o Estado assegura as prestações previstas na presente lei até ao início do efectivo cumprimento da obrigação". O artigo 2.° desta Lei enuncia os critérios e os limites da fixação das prestações nela previstas, dispondo o artigo 3.° que "compete ao Ministério Público ou àqueles a quem a prestação de alimentos deveria ser entregue requerer nos respectivos autos de incumprimento que o tribunal fixe o montante que o Estado, em substituição do devedor, deve prestar". O representante legal do menor ou a pessoa à guarda de quem ele se encontre têm o dever de "comunicar ao tribunal ou à entidade responsável pelo pagamento das prestações previstas na presente lei a cessação ou qualquer alteração da situação de incumprimento ou da situação do menor". "Dos quantitativos indevidamente recebidos cabe restituição e, em caso de incumprimento doloso do dever de informação [antes referido], o pagamento de juros de mora", podendo o comportamento de omissão de comunicação de factos relevantes para a concessão da prestação de alimentos pelo Estado constituir crime de burla. Este diploma constitui o Fundo de Garantia dos Alimentos Devidos a Menores para assegurar o pagamento das prestações enunciadas na mesma Lei. Este Fundo "fica sub-rogado em todos os direitos dos menores a quem sejam atribuídas prestações com vista à garantia do respectivo reembolso". A Lei n.° 75/98 foi regulamentada pelo Decreto-Lei n.° 164/99, de 13 de Maio.

Em casos especiais previstos em legislação avulsa, podem também ser atribuídos quantitativos a título de alimentos. Assim acontece, por exemplo, nos processos de insolvência, prevendo o artigo 84.° do Código da Insolvência e da Recuperação de Empresas, aprovado pelo Decreto-Lei n.° 53/2004, de 18 de Março, alterado pelos Decretos-Leis n.°s 200/2004, de 18 de Agosto, e 76-A/2006, de 29 de Março (este rectificado pela Declaração de rectificação n.° 28-A/2006, de 26 de Maio), que, "se o devedor carecer absolutamente de meios de subsistência e os não puder angariar pelo seu trabalho, pode o administrador da insolvência, com o acordo da comissão de credores, ou da assembleia de credores, se aquela não existir, atribuir-lhe um subsídio à custa dos rendimentos da massa insolvente, a título de alimentos", podendo esta atribuição cessar em qualquer estado do processo, por decisão do administrador, desde que haja "justo motivo". O mesmo regime é aplicável "a quem, encontrando-se na situação prevista [...] [*supra*], seja titular de créditos sobre a insolvência emergentes de contrato de trabalho, ou da violação ou cessação deste contrato, até ao limite do respectivo montante, mas, a final, deduzir-se-ão os subsídios ao valor desses créditos".

A Convenção sobre o Reconhecimento e Execução de Decisões em Matéria de Prestação de Alimentos a Menores, de 15 de Abril de 1958, aprovada pelo Decreto-Lei n.° 246/71, de 3 de Junho, cujo texto foi publicado no *Diário do Governo*, 1.ª série, da mesma data, vincula Portugal.

V. Convenção sobre a Cobrança de Alimentos no Estrangeiro, concluída em Nova Iorque em 20 de Junho de 1956 e aprovada para adesão pelo Decreto-Lei n.° 45 942, de 28 de Setembro de 1964; quanto a esta, v. aviso publicado no *Diário da República*, I série, de 19 de Janeiro de 1985. V. Convenção sobre a Lei Aplicável às Obrigações Alimentares, concluída na Haia em 2 de Outubro de 1973, tendo o respectivo instrumento de ratificação por parte de Portugal sido depositado em 17 de Dezembro de 1975 e estando a Convenção em vigor para Portugal desde 1 de Outubro de 1977; as reservas formuladas por Portugal a esta Convenção aquando do depósito do seu instrumento de ratificação foram tornadas públicas pelo Aviso n.° 145/98, de 31 de Julho. V. Convenção sobre o Reconhecimento e a Execução de Decisões Relativas às Obrigações de Alimentos, concluída na Haia, em 2 de Outubro de 1973, aprovada, para ratificação, pelo Decreto n.° 338/75, de 2 de Julho, tendo o instrumento de ratificação sido depositado em 4 de Dezembro de 1975, e a Convenção entrado em vigor para Portugal em 1 de Agosto de 1976, conforme aviso publicado no *Diário da República,* I série, de 9 de Maio de 1977; as reservas formuladas por Portugal a esta Convenção aquando do depósito do seu instrumento de ratificação foram tornadas públicas pelo Aviso n.° 144/98, de 31 de Julho (que foi corrigido pelo Aviso n.° 68/2005, de 24 de Março).

V. ainda artigos 23.° e segs. da Convenção de Cooperação Judiciária Relativa à Protecção de Menores, entre o Governo da República Portuguesa e o Governo da República Francesa, assinada em Lisboa a 20 de Julho de 1983 e aprovada, para adesão, pela Resolução da Assembleia da República n.° 1/84, de 3 de Fevereiro.

O Decreto do Presidente da República n.° 1/2001 aprova o Acordo entre o Governo da República Portuguesa e o Governo dos Estados Unidos da América sobre Cobrança de Alimentos, assinado em Lisboa em 30 de Maio de 2000.

V. Acordo sobre Cobrança de Alimentos entre a República Portuguesa e a República de Cabo Verde, assinado em Lisboa em 3 de Março de 1982, aprovado pelo Decreto do Governo n.° 45/84, de 3 de Agosto, publicado no *Diário da República,* I série, de 3 de Agosto de 1984, com texto rectificado por Declaração no 2.° suplemento do *Diário da República,* I série, de 31 de Outubro de 1984; o processo de aprovação deste Acordo encontra-se concluído por ambas as Partes, segundo aviso publicado no *Diário da República,* I-A série, de 19 de Maio de 1990.

V. *Prestação; Pensão de alimentos; Acção de alimentos; Propositura da acção; Renúncia; Alimentos provisórios; Maioridade; Sentença; Homologação; Descendente; Ascendente; Padrasto; Madrasta; Interdição; Inabilitação; Investigação de maternidade; Investigação de paternidade; Adopção restrita; Separação judicial de pessoas e bens; União de facto; Renúncia; Herança; Prescrição; Execução; Prestações vincendas; Valor da causa; Representante legal; Confiança de menor; Dever de informação; Dolo; Juros de mora; Sub-rogação; Insolvência, Recuperação de empresas; Devedor; Administrador da insolvência; Comissão de credores; Assembleia de credores; Massa insolvente; Crédito sobre a insolvência.*

Alimentos definitivos (Dir. Civil; Proc. Civil) – Designa-se assim, por contraposição a alimentos provisórios, a prestação de alimentos a que alguém é condenado em acção própria.

V. *Alimentos; Alimentos provisórios; Acção de alimentos.*

Alimentos provisórios (Dir. Civil; Proc. Civil) – Trata-se de um procedimento cautelar que pode ser requerido como dependência da acção de alimentos e que tem por objectivo a fixação de uma quantia mensal que o autor receba até obter o pagamento da primeira prestação definitiva na acção. Os alimentos provisórios devem limitar-se ao que for "estritamente necessário para sustento, habitação e vestuário do requerente e também para as despesas da acção, quando o requerente não possa beneficiar do apoio judiciário [...]".

O requerente deduz o seu pedido e respectivos fundamentos, sendo logo designado dia para julgamento, a que têm de comparecer ambas as partes pessoalmente ou fazer-se representar por procurador com poderes especiais para transigir.

Na audiência de julgamento, é apresentada a contestação e o juiz tentará obter o acordo das partes; se o obtiver, homologa por sentença tal acordo; não o conseguindo, produz-se imediatamente a prova que houver e o juiz decide imediatamente, sendo a sentença oral, o mesmo acontecendo se alguma das partes faltar.

O valor do procedimento cautelar de alimentos provisórios é determinado multiplicando por doze a mensalidade pedida (artigo 313.°, n.° 3-*a),* C.P.C., na redacção do Decreto-Lei n.° 329-A/95, de 12 de Dezembro).

Os alimentos provisórios são devidos desde o primeiro dia do mês subsequente à data do respectivo pedido.

V. artigos 399.° a 402.°, C.P.C., muitos dos quais têm actualmente a redacção do já referido DL n.° 329-A/95, tendo o artigo 400.° a redacção do Decreto-Lei n.° 180/96, de 25 de Setembro.

Sendo o alimentando menor, interdito ou inabilitado, o tribunal pode fixar alimentos provisórios, no caso de estar proposta acção de investigação de maternidade ou paternidade, desde a data a sua propositura, caso considere provável o reconhecimento judicial da maternidade ou paternidade (v. artigos 1821.° e 1873.°, C.C.).

Também na acção de divórcio ou de separação judicial de pessoas e bens, pode "o juiz, por iniciativa própria ou a requerimento de alguma das partes, e se o considerar conveniente, [...] fixar um regime provisório quanto a alimentos [...]" (artigo 1407.°, n.° 7, C.P.C., na redacção do DL n.° 329-A/95).

"Não há lugar, em caso algum, à restituição dos alimentos provisórios recebidos" – n.° 2 do artigo 2007.°, C.C..

A execução por alimentos – aplicável aos alimentos provisórios – tem um processo especial, cujos termos são regulados pelos artigos 1118.° e segs., C.P.C. (o artigo 1118.° tem a redacção do Decreto-Lei n.° 38/2003, de 8 de Março, rectificado pela Declaração de rectificação n.° 5-C/2003, de 30 de Abril), devendo cessar a execução por alimentos provisórios sempre que a fixação deles fique sem efeito, nos termos do artigo 389.°, C.P.C., este na redacção do DL n.° 329-A/95.

Um caso especial e curioso de atribuição de alimentos era o que se encontrava previsto no artigo 150.° do Código dos Processos Especiais de Recuperação da Empresa e de Falência, em que se dispunha que, se o falido ou, no caso de sociedades ou pessoas colectivas, os seus administradores carecessem absolutamente de meios de subsistência, e os não pudessem angariar pelo seu trabalho, podia o liquidatário, com o acordo da comissão de credores, arbitrar-lhes um subsídio, a título de alimentos à custa dos rendimentos da massa falida; o n.° 2 desta disposição determinava que, havendo justo motivo, podia a atribuição de alimentos cessar em qualquer estado do processo, por decisão do tribunal, mediante sugestão do liquidatário ou a requerimento de qualquer credor. Este diploma foi revogado pelo Decreto-Lei n.° 53/2004, de 18 de Março, alterado pelos Decretos-Leis n.°s 200//2004, de 18 de Agosto, e 76-A/2006, de 29 de Março (este último rectificado pela Declaração de rectificação n.° 28-A/2006, de 26 de Maio) –, que aprovou o Código da Insolvência e da Recuperação de Empresas, cujo artigo 84.° contem disposição semelhante.

Muito embora se não trate, em termos técnicos, de alimentos provisórios, cabe referir o artigo 1.° da Lei n.° 75/98, de 19 de Novembro, que veio estabelecer que, "quando a pessoa judicialmente obrigada a prestar alimentos a menor residente em território nacional não satisfizer as quantias em dívida pelas formas previstas no artigo 189.° do Decreto-Lei n.° 314/78, de 27 de Outubro [a antigamente chamada O.T.M.], e o alimentado não tenha rendimento líquido superior ao salário mínimo nacional nem beneficie nessa medida de rendimentos de outrem a cuja guarda se encontre, o Estado assegura as prestações previstas na presente lei até ao início do efectivo cumprimento da obrigação"; o artigo 2° enuncia os critérios e os limites da fixação das prestações previstas na Lei, dispondo o artigo 3.° que "compete ao Ministério Público ou àqueles a quem a prestação de alimentos deveria ser entregue requerer nos respectivos autos de incumprimento que o tribunal fixe o montante que o Estado, em substituição do devedor, deve prestar", proferindo o juiz decisão provisória "se for considerada justificada e urgente a pretensão do requerente". O Decreto-Lei n.° 164/99, de 13 de Maio, regulamentou esta Lei, constituindo o Fundo de Garantia dos Alimentos Devidos a Menores e regendo o pagamento das prestações legalmente previstas bem como as garantias do respectivo reembolso pelo obrigado.

V. *Procedimento cautelar; Alimentos; Acção de alimentos; Audiência de discussão e julgamento; Procuração; Transacção; Julgamento; Contestação; Tentativa de conciliação; Homologação; Prova; Sentença; Falta; Valor da causa; Propositura da acção; Menor; Interdição; Inabilitação; Investigação de maternidade; Investigação de paternidade; Reconhecimento de filho; Divórcio; Separação judicial de pessoas e bens; Requerimento; Execução; Falência; Sociedade; Pessoa colectiva; Massa falida; Liquidatário judicial; Comissão de credores; Insolvência; Recuperação de empresas; Ministério Público.*

"Aliud pro alio" (Dir. Civil) – *Aliud pro alio invito creditori solvi non potest* é uma expressão que significa que o devedor não pode exonerar-se da sua obrigação pela prestação de coisa diversa da devida contra a vontade do seu credor.

O artigo 837.°, C.C., determina que "a prestação de coisa diversa da que for devida, embora de valor superior, só exonera o devedor se o credor der o seu assentimento".

Utiliza-se frequentemente a expressão para qualificar uma prestação que é tão deficiente que tem de considerar-se como algo completamente diverso do que era devido, por, nem do ponto de vista material nem, sobretudo, do funcional, corresponder àquilo que deveria ter sido prestado para satisfazer o interesse creditório, ficando assim o devedor em situação de incumprimento total.

V. *Devedor; Credor; Obrigação; Prestação; Dação em cumprimento; Cumprimento defeituoso; Interesse do credor; Incumprimento.*

Alquilaria (Dir. Civil) – Segundo o artigo 1410.° do Código Civil de 1867, designava–se por "recovagem, barcagem e alquilaria o contrato pelo qual qualquer ou quaisquer pessoas se obrigam a transportar, por água ou por terra, quaisquer pessoas ou animais, alfaias ou mercadorias de outrem".

A nossa lei civil actual não prevê nem regula o contrato de transporte que, não sendo típico, não deixa, por isso, de ser um contrato civil válido se os sujeitos o quiserem celebrar, ao abrigo da liberdade contratual.

V. *Transporte; Liberdade contratual.*

Alteração anormal das circunstâncias (Dir. Civil) – V. *Alteração das circunstâncias.*

Alteração da causa de pedir (Proc. Civil) – V. *Causa de pedir; Modificações objectivas da instância.*

Alteração das circunstâncias (Dir. Civil) – O problema de saber em que medida uma alteração imprevisível de circunstâncias, posterior à celebração do contrato, legitima a extinção deste, ou a sua modificação, tem ocupado os juristas, particularmente em épocas de profundas alterações económicas e sociais.

Várias teorias têm sido elaboradas e propostas no sentido de estabelecer os critérios e limites, segundo e dentro dos quais é admissível a modificação dos contratos ou a sua resolução: é o caso da cláusula *rebus sic stantibus,* da pressuposição, da teoria da base negocial e da teoria da imprevisão.

Na nossa ordem jurídica, o problema encontra-se expressamente resolvido no artigo 437.°, C.C., nos seguintes termos: "Se as circunstâncias em que as partes fundaram a decisão de contratar tiverem sofrido uma alteração anormal, tem a parte lesada direito à resolução do contrato, ou à modificação dele segundo juízos de equidade, desde que a exigência das obrigações por ela assumidas afecte gravemente os princípios da boa fé e não esteja coberta pelos riscos próprios do contrato".

Significa isto que: – *a)* se as circunstâncias constitutivas da base negocial objectiva, isto é, os pressupostos, expressos ou não, em que ambas as partes fizeram assentar a decisão de celebrar aquele contrato e de o concluir naqueles moldes vierem, posteriormente a essa conclusão, a sofrer uma alteração que, com a informação e prudência razoáveis, nenhuma das partes pudesse ter previsto; *b)* se essa alteração superveniente se reflectir no equilíbrio – *maxime* económico – formalizado no contrato de tal modo que o respectivo cumprimento nos termos convencionados constituiria para uma das partes um sacrifício tão desrazoável que a sua exigência poderia qualificar-se como violadora da boa fé, ou se tal modificação privar o contrato da possibilidade de realizar a finalidade económica ou social que tinha ou que tinha para um dos contraentes; *c)* se a alteração daquelas circunstâncias e consequente distorção do contrato não se contiverem dentro dos riscos próprios daquele tipo contratual (e isto quer ele seja aleatório quer não o seja) – isto na medida em que qualquer contrato, *maxime* de execução não instantânea, comporta riscos que as partes não podem ignorar – então a parte lesada tem direito a requerer a resolução do contrato ou a respectiva modificação, de modo a adequá-lo ao novo quadro económico e/ou social em que vai ser cumprido.

Este direito não existe quando a parte lesada pela alteração das circunstâncias se encontrava em mora quanto ao cumprimento do contrato, no momento em que a alteração se produziu (salvo se se tratar de contrato-promessa relativo à celebração de contrato oneroso de transmissão ou constituição de direito real sobre edifício ou sua fracção autónoma – artigo 830.°, n.° 3, C.C.).

A parte que pretenda manter o contrato tem o direito a opor-se à sua resolução, aceitando uma modificação dele segundo juízos de equidade.

V. artigos 437.° a 439.°, C.C..

Atente-se num caso em que a lei veio expressamente caracterizar como alteração anormal das circunstâncias a sua própria entrada em vigor: era o da Lei n.° 55/79, de 15 de Setembro, entretanto revogada pelo Regime do Arrendamento Urbano, aprovado pelo Decreto-Lei n.° 321-B/90, de 15 de Outubro, rectificado por declaração publicada no *Diário da República*, I-A série, de 30 de Novembro de 1990, e alterado pelo Decreto-Lei n.° 278/93, de 10 de Agosto (este alterado, por ratificação, pela Lei n.° 13/94, de 11 de Maio), pelo Decreto-Lei n.° 163/95, de 13 de Julho, pela Lei n.° 89/95, de 1 de Setembro, pelo Decreto-Lei n.° 257/95, de 30 de Setembro, pela Lei n.° 135/99, de 28 de Agosto, pelos Decretos-Leis n.°s 64-A/2000, de 22 de Abril, e 329-B/2000, de 22 de Dezembro, e pelas Leis n.°s 6/2001 e 7/2001, ambas de 11 de Maio, que restringia o exercício do direito de denúncia pelo senhorio nos contratos de arrendamento, com fundamento em necessidade da casa para habitação própria; o artigo 6.° desta Lei estabelecia que o promitente-comprador, num contrato-promessa de compra e venda de unidade predial, podia resolver o contrato com fundamento em alteração das circunstâncias, se provasse que a sua decisão de contratar se fundava na expectativa de vir a denunciar o arrendamento da unidade que prometera comprar, e o respectivo inquilino se encontrasse numa das circunstâncias que, nos termos da mesma lei (posteriormente, nos termos do artigo 107.° do já citado R.A.U.), impediam o exercício do direito de denúncia.

Há casos, como o do Decreto-Lei n.° 59/99, de 2 de Março, alterado pela Lei n.° 163/99, de 14 de Setembro, pelo Decreto-Lei n.° 159/2000, de 27 de Julho, e pela Lei n.° 13/2002, de 19 de Fevereiro (que contém o regime da empreitada de obras públicas), em que a lei caracteriza, dentro dos parâmetros do artigo 437.°, C.C., a alteração das circunstâncias; dispõe o artigo 198.° deste diploma que, "quando as circunstâncias em que as partes hajam fundado a decisão de contratar sofram alteração anormal e imprevisível, de que resulte grave aumento de encargos na execução da obra que não caiba nos riscos normais, o empreiteiro terá direito à revisão do contrato para o efeito de, conforme a equidade, ser compensado do aumento dos encargos efectivamente sofridos ou se proceder à actualização dos preços".

V. *Contrato; Extinção de contratos; Modificação do contrato; Cláusula "rebus sic stantibus"; Pressuposição; Base do negócio; Teoria da imprevisão; Resolução do contrato; Equidade; Obrigação; Contrato aleatório; Mora; Contrato oneroso; Direito real; Edifício; Fracção autónoma; Arrendamento urbano; Denúncia; Abuso do direito; Boa fé; Incapacidade acidental; Contrato-promessa; Empreitada.*

Alteração das faculdades mentais (Dir. Civil) – V. *Anomalia psíquica.*

Alteração de contrato (Dir. Civil) – V. *Modificação do contrato.*

Alteração do pedido (Proc. Civil) – V. *Pedido; Modificações objectivas da instância.*

Alteração de prazos (Dir. Civil) – 1. O artigo 297.°, C.C., regula a situação resultante de uma lei nova vir estabelecer, para qualquer efeito, um prazo de duração diversa da daquele que, para o mesmo efeito, se encontrava estipulado por lei anterior. Sendo o novo prazo mais curto, ele aplica-se também aos prazos que já se encontrarem em curso, mas, nesse caso, só se conta a partir do momento da entrada em vigor da nova lei, a menos que, segundo a fixação da lei anterior, nesse momento já falte menos tempo para ele se completar.

Dizem Pires de Lima e Antunes Varela, *Código Civil anotado*, Vol. I, 4.ª edição, pág. 271, que se deve entender tratar-se da situação que ficou caracterizada sempre que na lei antiga não se encontrava prazo algum para o exercício de um direito e ele veio a ser estabelecido pela nova lei. Na verdade, a situação é diversa da prevenida no n.° 1 do artigo 297.°, que expressamente prevê a existência de um prazo anteriormente fixado e determina a qual dos dois se deve atender, no caso de diversidade de duração. Obviamente, não existindo prazo anteriormente e vindo ele a ser fixado inovadoramente pela lei, será a partir do momento da entrada em vigor desta que se iniciará o respectivo curso.

Sendo o novo prazo mais longo do que o anterior, o n.° 2 da mesma disposição determina que ele será igualmente aplicável aos prazos em curso, mas, neste caso, computar-se-á necessariamente todo o tempo já decorrido desde o momento do seu início.

Finalmente, no n.° 3, estendem-se as regras que ficaram enunciadas aos prazos judicialmente fixados ou estipulados por qualquer outra autoridade.

2. Problema diverso é o da alteração legal da qualificação de um prazo: quanto a este, dispõe o artigo 299.°, n.° 1, C.C., que, "se a lei considerar de caducidade um prazo que a lei anterior tratava como prescricional, ou se, ao contrário, considerar como prazo de prescrição o que a lei antiga tratava como caso de caducidade, a nova qualificação é também aplicável aos prazos em curso".

V. *Prazo; Cômputo do termo; Entrada em vigor; Prescrição; Caducidade; Conflitos de leis no tempo.*

Alterações da obra (Dir. Civil) – Sem autorização do dono da obra, não é lícito ao empreiteiro fazer alterações ao plano convencionado, sendo havida como defeituosa a obra alterada sem autorização e não se encontrando o respectivo dono, caso queira aceitá-la nessas condições, obrigado a pagar qualquer preço suplementar ou a indemnizar o empreiteiro, nem sequer a título de enriquecimento sem causa.

Ao invés, pode o dono da obra "exigir que sejam feitas alterações ao plano convencionado, desde que o seu valor não exceda a quinta parte do preço estipulado e não haja modificação da natureza da obra".

No caso de se tornarem necessárias alterações, "em consequência de direitos de terceiro ou de regras técnicas", e de não haver acordo das partes, "compete ao tribunal determinar essas alterações e fixar as correspondentes modificações quanto ao preço e prazo de execução"; neste caso, a lei permite ao empreiteiro denunciar o contrato e exigir uma indemnização equitativa, se, em consequência das alterações, o preço for elevado em mais de vinte por cento.

Todas as regras enunciadas apenas são aplicáveis às alterações que sejam anteriores à entrega da obra, pois, quanto às que sejam realizadas posteriormente àquela entrega ou que tenham autonomia em relação às previstas no contrato, estabelece o artigo 1217.°, n.° 2, C.C., que o dono da obra tem o direito a recusá-las se não as autorizou, podendo mesmo exigir a sua eliminação, se ela for possível, e, em qualquer caso, indemnização nos termos gerais.

V. artigos 1214.° a 1217.°, C.C..

V. *Empreitada; Dono da obra; Indemnização; Enriquecimento sem causa; Denúncia.*

"Alterum non laedere" (Dir. Civil) – Princípio segundo o qual todos os sujeitos têm o dever de não perturbar a legítima actividade alheia e de não interferir na esfera jurídica de outrem. É neste princípio que se funda, genericamente, a responsabilidade civil.

V. *Esfera jurídica; Responsabilidade civil.*

Aluguer (Dir. Civil) – 1. Contrato de locação quando versa sobre coisa móvel.

Designa-se também por aluguer a prestação periódica que o locatário neste contrato está obrigado a pagar ao locador a título de remuneração do gozo da coisa.

V. artigos 1023.° e 1038.°, n.° 1-*a)*, C.C..

Os artigos 108.° e 109.° do Código da Insolvência e da Recuperação de Empresas, aprovado pelo Decreto-Lei n.° 53/ /2004, de 18 de Março, alterado pelos Decretos-Leis n.°s 200/2004, de 18 de Agosto, e 76-A/2006, de 29 de Março (rectificado pela Declaração de rectificação n.° 28-A/2006, de 26 de Maio), ocupam-se do destino dos contratos de locação – incluindo o aluguer – nos casos em que o locatário e o locador sejam, respectivamente, declarados insolventes.

2. Para efeitos de direito de autor, determina o artigo 3.°-*b)* do Decreto-Lei n.° 332/ /97, de 27 de Novembro (cuja aplicação é retroactiva a 1 de Julho de 1994, de acordo com o seu artigo 11.°), que se entende por aluguer, "para os efeitos do disposto na alínea *f)* do n.° 2 do artigo 68.° do Código" do Direito de Autor e dos Direitos Conexos (Decreto-Lei n.° 63/85, de 14 de Março, alterado pelas Leis n.°s 45/85, de 17 de Setembro, e 114/91, de 3 de Setembro, pelos Decretos-Leis n.°s 332/97, 333/97 e 334/97, todos de 27 de Novembro, e pela Lei n.° 50/2004, de 24 de Agosto) "o acto de colocar à disposição do público, para utilização, o original ou cópias da obra, durante um período de tempo limitado e com benefícios comerciais directos ou indirectos". O artigo 4.° do mesmo diploma estabelece que o direito de aluguer não se esgota "com a venda ou qualquer outro acto de distribuição do original ou de cópias da obra", excluindo do direito de aluguer as obras de arquitectura e de artes aplicadas. De acordo com o artigo 5.°, "sempre que o autor transmita ou ceda o direito de aluguer relativo a um fonograma, videograma ou ao original ou cópia de um filme a um produtor de fonogramas ou de filmes, é-lhe reconhecido um direito irrenunciável a remuneração equitativa pelo aluguer", sendo responsável pelo pagamento dessa remuneração o produtor, e sendo o respectivo montante, na falta de acordo, fixado por via arbitral nos termos da lei. O direito de aluguer, a que se fez referência, "é igualmente reconhecido: *a)* ao artista intérprete ou executante, no que respeita à fixação da sua prestação; *b)* ao produtor de fonogramas ou videogramas, no que respeita aos seus fonogramas e videogramas; *c)* ao produtor das primeiras fixações de um filme, no que respeita ao original e às cópias desse filme". O artigo 8.° do diploma presume, salvo disposição em contrário, "a cessão [ao produtor] do direito de aluguer do artista, sem prejuízo do direito irrenunciável a uma remuneração equitativa [...]", quando ocorra "a celebração de um contrato de produção de filme entre artistas intérpretes ou executantes e o produtor".

V. *Locação; Móvel; Insolvência; Recuperação de empresas; Declaração de insolvência; Efeitos da insolvência; Direito de autor; Obra intelectual; Direito irrenunciável; Presunção legal.*

Aluvião (Dir. Civil) – Depósito de terra ou de outros bens, sucessiva e imperceptivelmente transportados e colocados por acção das águas nos prédios confinantes com as correntes. Pertencem tais depósitos aos donos dos prédios em que se encontrarem (artigo 1328.°, n.° 1, C.C.).

O n.° 2 desta mesma disposição determina que, de igual modo, pertencem ao dono de um prédio os terrenos que para ele se forem deslocando insensivelmente, por acção das águas, de um prédio situado na outra margem ou de um prédio sediado em plano superior. Nesta hipótese, designada por alguns autores por *aluvião impróprio*, nega a lei ao proprietário do terreno perdido a invocabilidade de qualquer direito sobre ele.

V. *Águas; Leito; Prédio; Acessão; Avulsão.*

Álveo (Dir. Civil) – Álveo ou leito de um rio é a porção de terreno que a água corrente cobre, pertencendo ao titular do prédio que atravesse. O artigo 1330.°, C.C., dispõe, no seu n.° 1, que, "se a corrente mudar de direcção, abandonando o leito antigo, os proprietários deste conservam o direito que tinham sobre ele, e o dono do prédio invadido conserva igualmente a propriedade do terreno ocupado de novo pela corrente"; o n.° 2 da mesma disposição prevê a hipótese de "a corrente se dividir em dois ramos ou braços, sem que o leito antigo seja abandonado", caso em que se aplica também o regime do n.° 1.

V. *Águas; Leito; Direito de propriedade; Prédio; Aluvião; Avulsão.*

"A maiori ad minus" – O argumento *a maiori ad minus* (argumento de maioria de razão) significa que o intérprete deve entender que uma norma – designadamente legal – que permite o mais, permite também o menos.

V. *Interpretação da lei; Norma jurídica; Argumentos interpretativos; Maioria de razão.*

Ambiente – Na Constituição da República encontram-se actualmente várias normas atinentes ao ambiente, de entre as quais o artigo 52.°, n.° 3-*a)*, que confere o direito de acção popular para "promover a prevenção, a cessação ou a perseguição judicial das infracções contra [...] a qualidade de vida e a preservação do ambiente". Por seu lado, o artigo 64.°, que se ocupa da protecção da saúde, determina, no n.° 2-*b)*, que "o direito à protecção da saúde é realizado [...] pela criação de condições económicas, sociais, culturais e ambientais que garantam, designadamente, a protecção da infância, da juventude e da velhice". A disposição constitucional que expressamente se ocupa do ambiente é o artigo 66.°, cujo n.° 1 afirma que "todos têm direito a um ambiente de vida humano sadio e ecologicamente equilibrado e o dever de o defender"; o n.° 2 desta disposição enuncia as tarefas que incumbem ao Estado, "para assegurar o direito ao ambiente, no quadro de um desenvolvimento sustentável".

A Lei de Bases do Ambiente – Lei n.° 11/87, de 7 de Abril, alterada pela Lei n.° 13/2002, de 19 de Fevereiro – define ambiente, na alínea *a)* do n.° 2 do seu artigo 5.°, como "o conjunto dos sistemas físicos, químicos, biológicos e suas relações e dos factores económicos, sociais e culturais com efeito directo ou indirecto, mediato ou imediato, sobre os seres vivos e a qualidade de vida do homem". De acordo com a alínea *e)* da mesma disposição, "qualidade do ambiente é a adequabilidade de todos os seus componentes às necessidades do homem". O artigo 6.° da mesma Lei enuncia como componentes do ambiente o ar, a luz, a água, o solo vivo e o subsolo, bem como a fauna e a flora, dizendo o n.° 3 do artigo 17.° que são componentes ambientais humanos a paisagem, o património natural e construído e a poluição. O princípio de que "todos os cidadãos têm direito a um ambiente humano e ecologicamente equilibrado e o dever de o defender, incumbindo ao Estado, por meio de organismos próprios e por apelo a iniciativas populares e comunitárias, promover a melhoria da qualidade de vida, quer individual, quer colectiva" encontra-se consagrado no n.° 1 do artigo 2.° deste diploma. Este princípio geral está desenvolvido e especificado nos outros princípios, previstos de seguida no artigo 3.°: princípio da prevenção, do equilíbrio, da participação, da unidade de gestão e acção, da cooperação internacional, da procura do nível mais adequado de acção, da recuperação e da responsabilização.

Os direitos e deveres dos cidadãos em matéria de ambiente encontram-se enunciados no artigo 40.°.

O artigo 7.°, n.° 2-*g)*, do Código da Publicidade (Decreto-Lei n.° 330/90, de 23 de Outubro, alterado pelos Decretos-Leis n.°s 74/93, de 10 de Março, 6/95, de 17 de Janeiro, 61/97, de 25 de Março, 275/98, de 9 de Setembro, 51/2001, de 15 de Fevereiro, e 332/2001, de 24 de Dezembro, pelas Leis n.°s 31-A/98, de 14 de Julho, e 32/2003, de 22 de Agosto, e pelo Decreto-Lei n.° 224/2004, de 4 de Dezembro), proíbe a publicidade que "encoraje comportamentos prejudiciais à protecção do ambiente".

O Conselho Nacional do Ambiente e do Desenvolvimento Sustentável foi criado pelo Decreto-Lei n.° 221/97, de 20 de Agosto. Trata-se de um órgão com funções consultivas "que funciona junto do Ministro do Ambiente", ao qual cabe, "por sua iniciativa ou a solicitação dos membros do Governo responsáveis pela área do ambiente, de entidades públicas ou de organizações de defesa do ambiente, emitir pareceres e recomendações sobre todas as questões relativas ao ambiente e ao desenvolvimento sustentável".

O Instituto da Conservação da Natureza foi organizado pelo Decreto-Lei n.° 193/93, de 24 de Maio. O Decreto-Lei n.° 19/93, de 23 de Janeiro, alterado pelos Decretos-Leis n.°s 151/95, de 24 de Junho, 213/97, de 16 de Agosto, 227/98, de 17 de Julho, 221/2002, de 22 de Outubro, e 117/2005, de 18 de Julho, contém a lei quadro das áreas protegidas. O Decreto-Lei n.° 470/99, de 6 de Novembro, unifica as carreiras de guarda da natureza e de vigilante da natureza numa única; a Portaria n.° 211/2006, de 3 de Março, estabelece o regulamento de uniformes dos vigilantes da natureza.

Foi transposta para o direito interno a Directiva n.° 92/43/CEE, de 21 de Maio, pelo Decreto-Lei n.° 140/99, de 24 de Abril (que revogou o Decreto-Lei n.° 226/97, de 27 de Agosto), rectificado pela Declaração de rectificação n.° 10-AH/99, de 31 de Maio, e alterado pelo Decreto-Lei n.° 49//2005, de 24 de Fevereiro: este visa "contribuir para assegurar a biodiversidade, através da conservação ou do restabelecimento dos *habitats* naturais e da flora e da fauna selvagens num estado de conservação favorável, da protecção, gestão e controlo das espécies, bem como da regulamentação da sua exploração"; este DL n.° 140/99, foi adaptado à Região Autónoma dos Açores pelo Decreto Legislativo Regional n.° 18/2002/A, publicado no *Diário da República*, I-A série, de 16 de Maio de 2002; a adaptação deste DL à Região Autónoma da Madeira foi realizada pelo Decreto Legislativo Regional n.° 5/2006/M, de 2 de Março. A Resolução do Conselho de Ministros n.° 142/97, de 28 de Agosto, aprova a lista nacional de sítios (1.ª fase) prevista no artigo 3.° do DL antes referido, tendo a lista da 2.ª fase sido aprovada pela Resolução do Conselho de Ministros n.° 76/2000, de 5 de Junho. O Decreto-Lei n.° 366-A/97, de 20 de Dezembro, alterado pelos Decretos-Leis n.°s 162/2000, de 27 de Julho, e 92/2006, de 25 de Maio, transpôs para o direito interno a Directiva n.° 94/62/CE, do Parlamento e do Conselho, de 20 de Dezembro de 1994, estabelecendo os princípios e as regras aplicáveis à gestão de embalagens e resíduos das mesmas, tendo em vista a prevenção destes últimos, a reutilização de embalagens usadas, a reciclagem e outras formas de valorização dos resíduos, em ordem à eliminação final deles para fins de protecção do ambiente. O diploma revoga o Decreto-Lei n.° 322/95, de 28 de Novembro. Para sua regulamentação foi publicada a Portaria n.° 29-A/98, de 15 de Janeiro, e o Decreto-Lei n.° 407/98, de 21 de Dezembro.

A Directiva n.° 97/46/CE, da Comissão, de 25 de Julho, veio alterar a Directiva n.° 95/44/CE, da Comissão, de 26 de Julho, estabelecendo as condições em que certos organismos vegetais, produtos da mesma natureza e outros podem ser introduzidos ou circular na Comunidade ou em certas zonas protegidas dela, para fins experimentais ou científicos e trabalhos de selecção de variedades: daí que a Portaria n.° 213/96, de 12 de Junho, que havia transposto aquela Directiva, tenha sido revogada pelo Decreto-Lei n.° 91/98, de 14 de Abril, que se ocupa do referido regime.

O Decreto-Lei n.° 236/98, de 1 de Agosto (rectificado pela Declaração de rectificação n.° 22-C/98, de 30 de Novembro), aprovou as normas de qualidade da água, com a finalidade de proteger o meio aquático e melhorar a qualidade das águas. Caracterizava este diploma distintivamente as águas, em função dos fins a que podem destinar-se, em águas: para consumo humano, para suporte da vida aquícola, balneares e de rega, definindo os requisitos que têm de observar para cada um destes tipos. O diploma ocupava-se também das "normas de descarga das águas residuais na água e no solo, visando a promoção da qualidade do meio aquático e a protecção da saúde pública e dos solos", salvo as descargas de lodos de dragagem, as descargas operacionais ou a imersão de resíduos nas águas do mar territorial efectuadas a partir de navios, e as descargas de águas que contenham substâncias radioactivas. Fora do âmbito deste DL ficaram também as águas minerais naturais, as águas de nascente contempladas em legislação específica, as águas utilizadas na descarga de lençóis freáticos, aquelas que pelo uso a que se destinam requeiram qualidades diferentes, as que se destinam a uso industrial, a fins terapêuticos, a piscinas e a outros recintos com diversões aquáticas e ainda as de bacias naturais ou artificiais utilizadas para a criação intensiva de peixes. Os valores limite de descargas das águas residuais, na água ou no solo, dos estabelecimentos industriais estão fixados pela Portaria n.° 429/99, de 15 de Junho. Este DL n.° 236/98 foi derrogado pelos Decretos-Leis n.°s 53/99 a 56/99, ambos de 20 de Fevereiro, e 431/99, de 22 de Outubro, e em parte revogado pelo Decreto-Lei n.° 243/2001, de 5 de Setembro. Este último diploma, rectificado pela Declaração de rectificação n.° 20-AT/2001, de 30 de Novembro, aprovou normas relativas à qualidade da água destinada ao consumo humano. V. Portaria n.° 1216/2003, de 16 de Outubro.

Transpondo a Directiva n.° 96/62/CE, do Conselho, de 27 de Setembro, relativa à avaliação e gestão da qualidade do ar ambiente, o Decreto-Lei n.° 276/99, de 23 de Julho, "define as linhas de orientação da política de gestão da qualidade do ar". "Os valores limite de emissão de poluentes gasosos e de partículas para determinados motores de ignição por compressão [novos a instalar em máquinas móveis não rodoviárias], designados por motores *diesel*, bem como os respectivos procedimentos de homologação", foram estabelecidos pelo Decreto-Lei n.° 236/2005, de 30 de Dezembro, transpondo a Directiva n.° 2004/26/CE, do Parlamento Europeu e do Conselho, de 21 de Abril, que altera a Directiva n.° 97/68/CE. O Decreto-Lei n.° 111/2002, de 16 de Abril, estabelece os "valores limite das concentrações no ar ambiente do dióxido de enxofre, dióxido de azoto e óxidos de azoto, partículas de suspensão, chumbo, benzeno e monóxido de carbono, bem como as regras de gestão da qualidade do ar aplicáveis a esses poluentes".

As praias do continente foram classificadas pela Portaria n.° 1040/2002, de 14 de Agosto.

A Directiva n.° 86/278/CEE, do Conselho, de 12 de Junho, alterada pela Directiva n.° 91/692/CEE, do Conselho, de 23 de Dezembro, e pelo Regulamento (CE) n.° 807/2003, do Conselho, de 14 de Abril, "relativa à utilização agrícola das lamas de depuração, de modo a evitar os efeitos nocivos sobre o homem, os solos, a água, a vegetação e o ambiente em geral", foi transposta pelo Decreto Legislativo Regional n.° 16/2005/A, de 20 de Julho.

Independentemente das normas já vigentes "em matéria de avaliação de impacte ambiental, de controlo dos perigos associados a acidentes graves que envolvam substâncias perigosas e de ilícitos de poluição marítima e de combate à poluição no mar", o Decreto-Lei n.° 194/2000, de 21 de Agosto, ocupa-se da prevenção e do controlo integrados da poluição proveniente de algumas actividades e do estabelecimento de medidas tendentes a evitar – ou, pelo menos, a reduzir – as emissões para o ar, a água ou o solo de tais actividades, bem como da prevenção e controlo do ruído e da produção de resíduos, "tendo em vista alcançar um nível elevado de protecção do ambiente no seu todo, transpondo para a ordem jurídica interna a Directiva n.° 96/61/CE, do Conselho, de 24 de Setembro". Este diploma foi alterado pelo Decreto-Lei n.° 152/2000, de 23 de Maio, que transpôs a Directiva n.° 1999/31/CE, do Conselho, de 26 de Abril, relativa à deposição de resíduos em aterros, pelo Decreto-Lei n.° 69/2003, de 10 de Abril, e pelo Decreto-Lei n.° 130/2005, de 16 de Agosto, que transpôs a Directiva n.° 2003/35/CE, do Parlamento Europeu e do Conselho, de 26 de Maio. O Decreto-Lei n.° 296/95, de 17 de Novembro, estabelece regras relativas à transferência de resíduos, dando seguimento a obrigações dos Estados-membros constantes do Regulamento (CE) n.° 259/93, de Conselho, de 1 de Fevereiro, relativo à fiscalização e controlo das transferências de resíduos à entrada, no interior e à saída da Comunidade. A Portaria n.° n.° 830/2005, de 16 de Setembro, fixa as taxas a cobrar pelo Instituto dos Resíduos pela apreciação de processos relativos a esses movimentos transfronteiriços.

O regime legal sobre poluição sonora, também designado por Regulamento Geral do Ruído, foi aprovado pelo Decreto-Lei n.° 292/2000, de 14 de Novembro, alterado pelos Decretos-Leis n.°s 76/2002, de 26 de Março, e 259/2002, de 23 de Novembro.

O Regulamento das Homologações de Veículos, Sistemas e Unidades Técnicas Relativo às Emissões Poluentes foi aprovado pelo Decreto-Lei n.° 202/2000, de 1 de Setembro, alterado pelos Decretos-Leis n.°s 26/2001, de 1 de Fevereiro, 236/2002, de 5 de Novembro, e 72-D/2003, de 14 de Abril.

O Decreto-Lei n.° 138/2005, de 17 de Agosto, "estabelece o sistema de monitorização ambiental do grau de radioactividade, designadamente os meios de amostragem, os tipos de medições, a sua periodicidade e os requisitos mínimos de cada registo, tendo em vista o controlo do grau de radioactividade da atmosfera, das águas e do solo".

O Decreto-Lei n.° 22/2006, de 2 de Fevereiro, cria, no âmbito da Guarda Nacional Republicana, o Serviço de Protecção da Natureza e do Ambiente (SEPNA).

O Decreto-Lei n.° 311/98, de 14 de Outubro, alterado pelo Decreto-Lei n.° 139/2005, de 17 de Agosto, cria a Comissão para a Protecção Radiológica e Segurança Nuclear, cuja competência é múltipla, cabendo-lhe, designadamente, preparar e propor legislação na matéria, acompanhar o desenvolvimento internacional nesta área e colaborar no desenvolvimento de planos nacionais para emergências radiológicas e nucleares.

O Decreto-Lei n.° 165/2002, de 17 de Julho, transpondo a Directiva n.° 96/29/ /EURATOM, do Conselho, de 13 de Maio, que fixa as normas de base de segurança relativas à protecção sanitária da população e dos trabalhadores contra os perigos das radiações ionizantes, estabelece as competências dos organismos intervenientes na área de protecção contra estas radiações; o Decreto-Lei n.° 180/2002, de 8 de Agosto (rectificado pela Declaração de rectificação n.° 30-A/2002, de 30 de Setembro), ainda na transposição da mesma Directiva n.° 96/29/EURATOM, define as regras relativas à protecção da saúde das pessoas contra os perigos resultantes de radiações ionizantes em exposições radiológicas médicas. O Decreto-Lei n.° 167/ /2002, de 18 de Julho, estabelece o regime jurídico relativo ao licenciamento e ao funcionamento das entidades que desenvolvem actividades nas áreas de protecção radiológica e transpõe para a ordem jurídica interna disposições relativas às matérias de dosimetria e formação, da referida Directiva n.° 96/29/EURATOM, que fixa as normas de base de segurança relativas à protecção sanitária da população e dos trabalhadores contra os perigos resultantes daquelas radiações, e o Decreto-Lei n.° 174/2002, de 25 de Julho, estabelece as regras aplicáveis à intervenção em caso de emergência radiológica, igualmente na transposição para a ordem jurídica interna das disposições do título IX, «Intervenção», da Directiva n.° 96/29/EURATOM. Entretanto, o Decreto-Lei n.° 140/2005, de 17 de Agosto, veio estabelecer "os valores de dispensa da declaração do exercício de práticas que impliquem risco resultante das radiações ionizantes e, bem assim, os valores de dispensa de autorização prévia para o exercício das mesmas actividades, transpondo a Directiva n.° 96/29/EURATOM [...]".

A Lei n.° 35/98, de 18 de Julho (rectificada pela Declaração de rectificação n.° 14/98, de 11 de Setembro), revogando a Lei n.° 10/87, de 4 de Abril, define o estatuto das organizações não governamentais de ambiente – associações dotadas de personalidade jurídica que não prossigam fins lucrativos, para si ou para os seus associados, e que visem exclusivamente a defesa e valorização do ambiente ou do património natural e constituído ou a conservação da Natureza. O Regulamento do Registo Nacional das Organizações não Governamentais de Ambiente (ONG) e Equiparadas foi aprovado pela Portaria n.° 478/99, de 29 de Junho, alterada pela Portaria n.° 71/2003, de 20 de Janeiro.

O Decreto-Lei n.° 69/2000, de 3 de Maio (rectificado pela Declaração de rectificação n.° 7-D/2000, de 30 de Junho), alterado pelos Decretos-Leis n.°s 74/2001, de 26 de Fevereiro, e 69/2003, de 10 de Abril, pela Lei n.° 12/2004, de 30 de Março, e pelo Decreto-Lei n.° 197/2005, de 8 de Novembro (rectificado pela Declaração de rectificação n.° 2/2006, de 6 de Janeiro), aprova o regime jurídico da avaliação de impacte ambiental, transpondo para a ordem jurídica interna a Directiva n.° 83/337/CEE, com as alterações introduzidas pela Directiva n.° 97/11/CE, do Conselho, de 3 de Março de 1997, e pela Directiva n.° 2003/ /35/CE, do Parlamento Europeu e do Conselho, de 26 de Maio; a Portaria n.° 1257/2005, de 2 de Dezembro, estabelece as taxas a cobrar no âmbito destes procedimentos de avaliação. O Decreto Legislativo Regional n.° 1/2006/M, de 3 de Janeiro, adapta a Lei n.° 12/2004 e "estabelece o regime de autorização a que estão sujeitas a instalação e a modificação dos estabelecimentos de comércio a retalho e de comércio por grosso em livre serviço e a instalação dos conjuntos comerciais abrangidos pelo artigo 4.° [requisitos de área de venda ou de titularidade por um mesmo grupo]", visando "regular a transformação e o desenvolvimento das estruturas em empresariais de comércio, de forma a assegurar a coexistência e equilíbrio dos diversos formatos comerciais e a garantir a respectiva inserção espacial de acordo com critérios que salvaguardem uma perspectiva integrada e valorizadora do desenvolvimento da economia, da protecção do ambiente e do ordenamento do território e urbanismo comercial, tendo por fim último a defesa do interesse dos consumidores e a qualidade de vida dos cidadãos [...]".

O Programa de Acção Nacional de Combate à Desertificação e o estabelecimento de procedimentos para a respectiva concretização foram aprovados pela Resolução do Conselho de Ministros n.° 69/99, de 9 de Julho.

A animação ambiental foi regulada pelo Decreto Regulamentar n.° 18/99, de 27 de Agosto, alterado pelo Decreto Regulamentar n.° 17/2003, de 10 de Outubro.

O Decreto-Lei n.° 2/2001, de 4 de Janeiro, transpondo a Directiva n.° 98/81/ /CE, do Conselho, de 26 de Outubro, "regula a utilização confinada de microrganismos geneticamente modificados, tendo em vista a protecção da saúde humana e do ambiente. O Decreto-Lei n.° 72/2003, de 10 de Abril, que, transpondo a Directiva n.° 2001/18/CE, do Parlamento Europeu e do Conselho, de 12 de Março, se ocupa do regime da libertação deliberada no ambiente de organismos geneticamente modificados (OMG) e da colocação no mercado de produtos que contenham ou sejam constituídos por OMG, foi alterado pelo Decreto-Lei n.° 164/2004, de 3 de Julho, em consequência da alteração da Directiva n.° 2001/18/CE.

O Decreto-Lei n.° 35/2006, de 20 de Fevereiro, tem como objectivo assegurar a execução e garantir o cumprimento das obrigações decorrentes para o Estado Português do Regulamento (CE) n.° 1946/ /2003, do Parlamento Europeu e do Conselho, de 15 de Julho, relativo ao movimento transfronteiriço de organismos geneticamente modificados, não se aplicando aos produtos farmacêuticos para consumo humano que sejam abrangidos por outros diplomas de direito internacional; o Instituto do Ambiente é a autoridade competente para efeitos de aplicação do Regulamento, cabendo-lhe "desempenhar as tarefas administrativas referidas no Protocolo de Cartagena sobre a Segurança Biológica, anexo à Convenção sobre Diversidade Biológica [...]", *infra* mencionada.

O Decreto-Lei n.° 119/2002, de 20 de Abril, alterado pelo Decreto-Lei n.° 152/ /2005, de 31 de Agosto, assegura a execução e garante o cumprimento, na ordem jurídica nacional, das obrigações que decorrem para o Estado Português do Regulamento (CE) n.° 2037/2000, do Parlamento Europeu e do Conselho, de 29 de Junho, relativo às substâncias que empobrecem a camada de ozono. O referido DL n.° 152/2005 regulamenta os artigos 16.° e 17.° do Regulamento (CE) n.° 2037/2000, no que respeita às operações de recuperação para reciclagem, valorização e destruição de substâncias que empobrecem a camada de ozono contidas em equipamentos de refrigeração e de ar condicionado, bombas de calor, sistemas de protecção contra incêndios e extintores e equipamentos que contenham solventes, bem como às operações de manutenção e assistência desses equipamentos, e aos requisitos de qualificações mínimas do pessoal envolvido naquelas operações, regulando ainda as obrigações dos proprietários ou detentores, dos técnicos qualificados e dos operadores de gestão de resíduos dos referidos equipamentos.

O Decreto-Lei n.° 156/2004, de 30 de Junho, e a Portaria n.° 1056/2004, de 19 de Agosto, ocupam-se das medidas de defesa da floresta contra incêndios em manchas do território, designadas por zonas críticas. O Regulamento (CE) n.° 2152/2003, do Parlamento Europeu e do Conselho, de 17 de Novembro de 2003, regulamentado pelo Regulamento (CE) n.° 2121/2004, de 13 de Dezembro, ocupa-se dos meios de avaliação e de melhoramento da eficácia do sistema de controlo das florestas e da informação sobre incêndios florestais. O Decreto-Lei n.° 5/2006, de 3 de Janeiro, "estabelece as regras de aplicação em Portugal daquele Regulamento.

A Resolução do Conselho de Ministros n.° 161/2005, de 12 de Outubro, alterou o imposto automóvel, "com benefício para os veículos menos poluentes", tendo em conta o tipo de combustível, de forma a minorar os danos ambientais e os malefícios para a saúde pública. O Decreto-Lei n.° 62/2006, de 21 de Março, transpõe a Directiva n.° 2003/30/CE, do Parlamento Europeu e do Conselho, de 8 de Maio, relativa à promoção da utilização de biocombustíveis renováveis nos transportes, em substituição dos combustíveis fósseis.

O Decreto-Lei n.° 233/2004, de 14 de Dezembro, alterado pelos Decretos-Leis n.°s 243-A/2004, de 31 de Dezembro, e 230/2005, de 29 de Dezembro, e 72/2006, de 24 de Março, estabelece o regime de comércio de licenças de emissão de gases com efeito de estufa na Comunidade Europeia, dispondo que o Instituto do Ambiente é a entidade competente "para atribuir, renovar e retirar a qualificação de verificador" do relatório de emissões da instalação apresentado pelo operador.

A Convenção Internacional sobre Intervenção em Alto Mar em Caso de Acidente Que Provoque ou Que Possa Vir a Provocar a Poluição por Hidrocarbonetos, concluída em Bruxelas em 20 de Novembro de 1969, foi aprovada, para ratificação, pelo Decreto n.° 88/79, de 21 de Agosto, tendo Portugal depositado em 15 de Fevereiro de 1980 a carta de ratificação, segundo aviso publicado no *Diário da República,* I-A série, de 20 de Junho de 1998, tendo a Convenção entrado em vigor na ordem internacional em 6 de Maio de 1975 e relativamente a Portugal em 15 de Maio de 1980. O Protocolo Relativo à Intervenção em Alto Mar em Caso de Poluição por Substâncias Diferentes dos Hidrocarbonetos, concluído em Londres em 2 de Novembro de 1973, foi aprovado, para adesão, pelo Decreto n.° 17/87, de 22 de Abril, tendo o instrumento de adesão, por parte de Portugal, sido depositado em 8 de Junho de 1987, segundo aviso publicado no *Diário da República,* I-A série, de 16 de Junho de 1998; o Protocolo entrou em vigor na ordem internacional em 30 de Março de 1983 e relativamente a Portugal em 6 de Outubro de 1987.

A Convenção de Viena sobre a Protecção da Camada de Ozono, concluída, em 22 de Março de 1985, – em vigor internacionalmente desde 22 de Setembro de 1988 – foi aprovada, para adesão, pelo Decreto n.° 23/88, de 17 de Setembro, tendo sido depositado o correspondente instrumento em 17 de Outubro de 1988, conforme aviso publicado no *Diário da República,* I série, de 6 de Dezembro de 1988; a Convenção entrou em vigor relativamente a Portugal em 15 de Janeiro de 1989, sendo a autoridade central/ponto focal o Instituto de Meteorologia, Departamento de Clima e Ambiente Atmosférico. O Decreto n.° 27/97, de 4 de Junho, aprova, para ratificação, as alterações ao Protocolo de Montreal Relativo às Substâncias Que Deterioram a Camada de Ozono; segundo aviso publicado no *Diário da República,* I-A série de 25 de Maio de 1998, foi depositado, por Portugal, o instrumento de ratificação da revisão de 1992 ao referido Protocolo em 24 de Fevereiro de 1998, pelo que ela entrou em vigor para Portugal em 25 de Maio de 1998, sendo a Autoridade Central também o Instituto de Meteorologia, Departamento de Clima e Ambiente Atmosférico. O Protocolo de Montreal sobre Substâncias Que Deterioram a Camada de Ozono, concluído em Montreal em 16 de Setembro de 1987, foi aprovado, para ratificação, pelo Decreto n.° 20/88, de 30 de Agosto, tendo sido depositado o respectivo instrumento de ratificação em 17 de Outubro de 1900, segundo aviso publicado no *Diário da República,* I-A série, de 9 de Dezembro desse mesmo ano. Foram introduzidas emendas ao Protocolo de Montreal Relativo às Substâncias Que Deterioram a Camada de Ozono em Londres, em 29 de Junho de 1990, tendo sido aprovadas, para ratificação, por Portugal pelo Decreto n.° 39/92, de 20 de Agosto, e o respectivo instrumento de ratificação depositado em 24 de Novembro de 1992, segundo aviso publicado no *Diário da República,* I-A série, de 22 de Abril de 1993. Em Portugal, esta revisão entrou em vigor em 22 de Fevereiro de 1993 e a Autoridade Central é o Instituto de Meteorologia, Departamento de Clima e Ambiente Atmosférico. O Decreto n.° 27/97, do Presidente da República, de 4 de Junho, aprova, para ratificação, as alterações ao Protocolo de Montreal Relativo às Substâncias Que Deterioram a Camada de Ozono; segundo aviso publicado no *Diário da República,* I-A série de 25 de Maio de 1998, foi depositado, por Portugal, o instrumento de ratificação da revisão de 1992 ao referido Protocolo em 24 de Fevereiro de 1998, pelo que ela entrou em vigor para Portugal em 25 de Maio de 1998, sendo a Autoridade Central o Instituto de Meteorologia, Departamento de Clima e Ambiente Atmosférico; o Decreto n.° 35/ /2002, de 5 de Novembro, aprova as alterações aos anexos I e II da Convenção referida. As Emendas ao Protocolo adoptadas em Montreal em 17 de Setembro de 1997 foram aprovadas pelo Decreto n.° 35/2002, de 5 de Novembro, tendo o Aviso n.° 218/2005, de 11 de Maio, tornado público que o respectivo instrumento de ratificação foi depositado em 3 de Outubro de 2003.

A Convenção da Nações Unidas sobre Diversidade Biológica, concluída no Rio de Janeiro em 5 de Junho de 1992, em vigor a nível internacional desde 21 de Março de 1994, foi aprovada, para ratificação, pelo Decreto n.° 21/93, de 2 de Junho, tendo sido depositado o correspondente instrumento em 21 de Dezembro de 1993, conforme aviso publicado no *Diário da República*, I-A série, de 7 de Maio de 1994, pelo que a Convenção entrou em vigor para Portugal também em 21 de Março de 1994, sendo a autoridade central/ponto focal o Instituto da Conservação da Natureza. O Protocolo de Cartagena sobre Segurança Biológica à Convenção sobre a Diversidade Biológica, assinado em Montreal em 29 de Janeiro de 2000, foi aprovado pelo Decreto n.° 7/2004, de 17 de Abril, tendo Portugal depositado o seu instrumento de adesão em 30 de Setembro de 2004, conforme o Aviso n.° 205/2004, de 21 de Dezembro.

A Convenção sobre Segurança Nuclear, assinada em 20 de Setembro de 1994, foi aprovada, para ratificação, pela Resolução da Assembleia da República n.° 9/98, de 19 de Março de 1998, tendo sido ratificada pelo Decreto do Presidente da República n.° 9/98, da mesma data.

O Tratado de Proibição Total de Ensaios e o Protocolo de Proibição Total de Ensaios Nucleares, bem como os respectivos anexos, adoptados pela Resolução da Assembleia Geral das Nações Unidas n.° 50/245, de 9 de Setembro de 1996, foram ratificados pelo Decreto do Presidente da República n.° 26/2000, de 24 de Maio, tendo o primeiro sido aprovado, para ratificação, pela Resolução da Assembleia da República n.° 44/2000, da mesma data.

A Convenção sobre o Controle dos Movimentos Transfronteiriços dos Resíduos Perigosos e Sua Eliminação, concluída em Basileia em 22 de Março de 1989, foi aprovada, para ratificação, por Portugal nos termos do Decreto n.° 37/93, de 20 de Outubro, tendo sido depositado o correspondente instrumento em 26 de Janeiro de 1994, conforme aviso publicado no *Diário da República*, I-A série, de 11 de Maio de 1994; a Convenção, que entrara em vigor a nível internacional em 5 de Maio de 1992, entrou em vigor para Portugal em 11 de Maio de 1994; foram, entretanto, aprovadas as Decisões III/1 e IV/9, que alteram esta Convenção.

A Convenção sobre Poluentes Orgânicos Persistentes, adoptada em Estocolmo em 22 de Maio de 2001, foi aprovada pelo Decreto n.° 15/2004, de 3 de Junho, tendo o respectivo instrumento de ratificação sido depositado por Portugal em 15 de Abril de 2004, conforme o Aviso n.° 152/ /2004, de 27 de Agosto; a Convenção entrou em vigor em Portugal em 13 de Outubro de 2004; o Aviso n.° 397/2006, de 24 de Fevereiro, torna público ter o Secretário-Geral da Organização das Nações Unidas, na qualidade de depositário, comunicar ter recebido para depósito o 50.° instrumento de ratificação, aprovação, aceitação ou adesão à Convenção, pelo que a mesma entrou em vigor a 17 de Fevereiro de 2006. Nesta matéria, há de ter em conta o Regulamento (CE) n.° 850/2004, do Parlamento Europeu e do Conselho, de 29 de Abril de 1978, relativo a poluentes orgânicos persistentes, que alterou a Directiva n.° 79/117/ /CEE, do Conselho, de 21 de Dezembro de 1978, "com o objectivo de proteger a saúde humana e o ambiente dos poluentes [...] [referidos]"; o Decreto-Lei n.° 65/2006, de 22 de Março, veio estabelecer o regime sancionatório do não cumprimento das regras nele definidas, designando como autoridade competente para desempenhar as funções administrativas nele previstas o Instituto do Ambiente.

A Resolução da Assembleia da República n.° 72/2003, de 12 de Setembro, aprova, para ratificação, a Convenção sobre Assistência em Caso de Acidente Nuclear ou Emergência Radiológica, adoptada pela Conferência Geral da Agência Internacional de Energia Atómica, no âmbito das Nações Unidas, assinada em Nova Iorque em 26 de Setembro de 1986; esta Convenção foi aprovada, para ratificação, pela Resolução da Assembleia da República n.° 72/2003, de 12 de Setembro, tendo sido ratificada, com declarações, pelo Decreto do Presidente da República n.° 50//2003, da mesma data, e tendo Portugal depositado o respectivo instrumento de ratificação, em 23 de Outubro de 2003, junto do Secretariado da Agência Internacional de Energia Atómica, conforme o Aviso n.° 229/2003, de 29 de Dezembro; a Convenção entrou em vigor relativamente a Portugal em 23 de Novembro de 2003.

A Convenção sobre a Avaliação dos Impactes Ambientais num Contexto Transfronteiras, concluída em Espoo (Finlândia) em 25 de Fevereiro de 1991, foi aprovada pelo Decreto n.° 59/99, de 17 de Dezembro, tendo sido publicada no *Diário da República*, I-A série, da mesma data; segundo o Aviso n.° 186/2000, de 29 de Setembro, o respectivo instrumento de ratificação foi depositado em 6 de Abril de 2000.

A Convenção das Nações Unidas de Combate à Desertificação, concluída em Paris em 17 de Junho de 1994, foi aprovada, para ratificação, por Portugal, pelo Decreto n.° 41/95, de 14 de Dezembro; Portugal depositou o respectivo instrumento de ratificação em 1 de Abril de 1996, segundo aviso publicado no *Diário da República* I série, de 14 de Julho de 1998, tendo a Convenção entrado em vigor para Portugal em 26 de Dezembro de 1996 (de acordo com o aviso rectificativo publicado no *Diário da República* I-A série, de 19 de Agosto de 1998); o ponto focal desta Convenção no nosso país é a Direcção-Geral das Florestas do Ministério da Agricultura.

A Convenção de Roterdão Relativa ao Procedimento de Prévia Informação e Consentimento para Determinados Produtos Químicos e Pesticidas Perigosos no Comércio Internacional, concluída em Roterdão em 11 de Setembro de 1998, foi aprovada pelo Decreto n.° 32/2004, de 29 de Outubro, tendo o instrumento de aprovação sido depositado em 16 de Fevereiro de 2005, conforme o Aviso n.° 193/2005, de 4 de Maio, e tendo entrado em vigor em 17 de Maio de 2005.

A Resolução da Assembleia da República n.° 11/2003, de 25 de Fevereiro, aprova, para ratificação, a Convenção sobre Acesso à Informação, Participação do Público no Processo de Tomada de Decisão e Acesso à Justiça em Matéria de Ambiente, assinada em Aarhus, na Dinamarca, em 25 de Junho de 1998; a convenção foi ratificada pelo Decreto do Presidente da República n.° 9/2003, também de 25 de Fevereiro; segundo aviso publicado no *Diário da República* I-A série, de 24 de Julho, o respectivo instrumento de ratificação foi depositado em 9 de Junho de 2003, tendo entrado a Convenção em vigor para Portugal em 7 de Setembro de 2003.

A Convenção Europeia da Paisagem, aberta para assinatura em Florença em 20 de Outubro de 2000, foi aprovada pelo Decreto n.° 4/2005, de 14 de Fevereiro, tendo a carta de aprovação respectiva sido depositada em 29 de Março de 2005, segundo o Aviso n.° 260/2005, de 7 de Junho.

É curioso observar como as preocupações ambientais vão emergindo em regimes que, em princípio e de acordo com as concepções mais tradicionais, nenhuma relação pareciam ter com elas. Assim, por exemplo, o Decreto-Lei n.° 203/98, de 10 de Julho, rectificado pela Declaração de rectificação n.° 11-M/98, de 31 de Julho, que se ocupa do regime da salvação marítima, impondo ao capitão de qualquer embarcação o dever de prestar socorro a pessoas em risco no mar, dispõe que a sua actuação deve conformar-se "com o menor prejuízo ambiental", constituindo uma das obrigações em que aquele dever se decompõe a de "evitar ou minimizar danos ambientais". Na sequência da actividade de salvação marítima, ainda que o salvador não consiga "obter resultado útil para o salvado, mas evitar ou minimizar manifestos danos ambientais", ele terá direito a uma retribuição pecuniária denominada "compensação especial". O artigo 5.°, n.° 3, do DL n.° 203/98 esclarece que, para os efeitos dele, se entende por "danos ambientais todos os prejuízos causados à saúde humana, vida marinha, recursos costeiros, águas interiores ou adjacentes, em resultado da poluição, contaminação, fogo, explosão ou acidente de natureza semelhante". Mesmo no cálculo do chamado salário de salvação marítima – retribuição devida ao salvador sempre que da sua actividade resulte utilidade para o salvado –, a lei manda atender aos "esforços desenvolvidos pelo salvador e à eficácia destes a fim de prevenir ou minimizar o dano ambiental". Os artigos 9.° e 10.° do diploma ocupam-se da compensação especial" que, sendo devida pelo proprietário do navio ou embarcação e pelos bens que se salvarem, bem como pelo respectivo segurador, pode ser exigida ao Estado no caso de não ser paga em tempo por aqueles.

V. *Protecção do ambiente; Interesses difusos; Águas; Subsolo; Poluição; Dano ambiental; Responsabilidade por danos ao ambiente; Publicidade; Associação; Personalidade jurídica; Acesso à justiça.*

Ambiguidade da sentença (Proc. Civil) – Há ambiguidade da sentença quando o respectivo texto, em passo essencial, comporta dois ou mais sentidos diferentes. Quando tal aconteça, pode qualquer das partes requerer ao tribunal que proferiu a sentença o respectivo esclarecimento, nos termos do artigo 669.°, n.° 1-*a*), C.P.C..

V. *Sentença; Aclaração de sentença.*

"Ambiguitas contra stipulatorem est" (Dir. Civil) – Regra de interpretação dos contratos, segundo a qual as cláusulas ambíguas, confusas ou equívocas devem ser interpretadas contra o contraente que as estipulou. Esta regra não é consagrada pelo nosso Código Civil que estabelece, no artigo 237.°, que, "em caso de dúvida sobre o sentido da declaração, prevalece, nos negócios gratuitos, o menos gravoso para o disponente e, nos onerosos, o que conduzir ao maior equilíbrio das prestações".

Porém, o artigo 11.° do Decreto-Lei n.° 446/85, de 25 de Outubro (que estabelece o regime das cláusulas contratuais gerais e que foi, sucessivamente, alterado pelos Decretos-Leis n.°s 220/95, de 31 de Janeiro, 249/99, de 7 de Julho, e 323/2001, de 17 de Dezembro) dispõe o seguinte: "1. As cláusulas contratuais gerais ambíguas têm o sentido que lhes daria o contratante indeterminado normal que se limitasse a subscrevê-las ou a aceitá-las, quando colocado na posição de aderente real. 2. Na dúvida, prevalece o sentido mais favorável ao aderente. 3. O disposto no número anterior não se aplica no âmbito das acções inibitórias". Estamos, pois, perante uma consagração legal da regra *ambiguitas contra stipulatorem est*, aplicável, nos termos definidos no artigo 11.° do referido DL n.° 446/ /85, à interpretação dos chamados contratos de adesão.

V. *Contrato; Interpretação do negócio jurídico; Cláusula; Contrato gratuito; Contrato oneroso; Prestação; Contrato de adesão; Condições gerais de contratação; Cláusulas contratuais gerais; Acção inibitória.*

Âmbito do recurso (Proc. Civil) – O âmbito do recurso é definido pelo conteúdo do acto recorrido, dispondo o artigo 684.°, n.° 2, C.P.C., que, "se a parte dispositiva da sentença contiver decisões distintas, é [...] lícito ao recorrente restringir o recurso a qualquer delas, uma vez que especifique no requerimento a decisão de que recorre". Nos termos do n.° 3 da mesma disposição, "nas conclusões da alegação, pode o recorrente restringir, expressa ou tacitamente, o objecto inicial do recurso".

V. *Recurso; Sentença; Alegações; Conclusão.*

"Ambulatoria est voluntas defuncti usque ad vitae supremum exitum" (Dir. Civil) – Expressão latina que exprime a regra de que a vontade do autor da sucessão é sempre revogável até ao momento da morte e que se encontra consagrada no artigo 2311.°, C.C., nos termos do qual "o testador não pode renunciar à faculdade de revogar, no todo ou em parte, o seu testamento", tendo-se por "não escrita qualquer cláusula que contrarie a faculdade de revogação".

V. *Autor da sucessão; Testamento; Revogação do testamento.*

Ameaça (Dir. Civil) – Quando a declaração negocial de uma parte é determinada "pelo receio de um mal de que o declarante foi ilicitamente ameaçado com o fim de obter dele a declaração", diz-se feita sob coacção moral e é anulável.

Não constitui ameaça ilícita a que se referir ao exercício normal de um direito.

V. artigos 255.° e 256.°, C.C..

V. *Declaração negocial; Coacção; Anulabilidade.*

"A minori ad maius" – Expressão latina que exprime um argumento de interpretação da lei (argumento de maioria de razão), segundo o qual, por exemplo, a norma – designadamente legal – que proíbe o menos proíbe o mais.

V. *Interpretação da lei; Argumentos interpretativos; Norma jurídica; Maioria de razão.*

Amortização (Dir. Civil) – Pagamento parcial de uma dívida.

O Decreto-Lei n.° 365/99, de 17 de Setembro, que regula o que designa por actividade prestamista – celebração de mútuos garantidos com penhor quando esse constitua o objecto da actividade profissional de uma pessoa singular ou colectiva – fala de "amortização do empréstimo" para referir o cumprimento da obrigação do mutuário antes do prazo convencionado, tanto quanto pode perceber-se, estabelecendo o artigo 17.° que a amortização pode ter lugar "a qualquer tempo mediante o pagamento do capital e juros devidos" e acrescentando que "são permitidas amortizações parciais do empréstimo, a efectuar no momento da renovação do contrato, de valor não inferior a 10% do capital em dívida", incidindo os juros vincendos, neste caso, apenas sobre o capital em dívida.

Quer isto dizer que, para este diploma, a amortização pode não ser o cumprimento parcial de uma obrigação, mas apenas o seu cumprimento antecipado, seja total seja parcial.

V. *Dívida; Renovação do contrato; Execução parcial; Prestamista; Mútuo; Penhor; Pessoa singular; Pessoa colectiva; Obrigação; Mutuário; Obrigação; Juros; Vincendo; Antecipação do cumprimento.*

Amostra (Dir. Civil) – Diz-se amostra aquilo que serve para demonstrar as qualidades ou características de certo bem, que não se encontra disponível para ser imediatamente observado.

V. *Venda sobre amostra.*

Ampliação da causa de pedir (Proc. Civil) – V. *Causa de pedir; Modificações objectivas da instância.*

Ampliação do pedido (Proc. Civil) – V. *Pedido; Modificações objectivas da instância.*

Analogia – Quando, na regulação de um caso omisso – ou lacuna – na ordem jurídica, valham as mesmas razões que justificam determinado regime dado pela lei (ou outra norma vigente) a outro caso, diz-se que há analogia entre os dois. Assim sendo, deve aplicar-se a norma existente ao caso omisso (artigo 10.°, C.C.).

O artigo 11.°, C.C., estabelece, no entanto, que "as normas excepcionais não comportam aplicação analógica [...]".

Por exemplo, o artigo 1.°, n.° 3, do Código Penal proíbe o recurso à analogia para qualificar um facto como crime, definir um estado de perigosidade ou determinar a pena ou medida de segurança que lhes corresponde

A doutrina distingue, normalmente, entre analogia *legis* e analogia *juris*: a primeira consiste no recurso a uma concreta norma *maxime* legal, que é aplicada a um caso omisso análogo àquele para que foi enunciada; a segunda supõe a elaboração de um princípio normativo, extraído de uma ou de várias normas, e sua subsequente aplicação a um caso omisso.

V. *Lacuna; Norma excepcional; Extensão analógica.*

Anatocismo (Dir. Civil) – Capitalização de juros vencidos e não pagos. A lei portuguesa admite que os juros vencidos, integrados no capital, produzam eles próprios juros, no caso de tal se estabelecer em convenção posterior ao vencimento ou quando, sendo o devedor notificado judicialmente para pagar os juros ou proceder à sua capitalização, optar por esta.

A lei estabelece que só possam capitalizar-se os juros relativos ao período mínimo de um ano.

No entanto, permite-se o anatocismo, independentemente das circunstâncias enunciadas, se ele for conforme às regras ou usos particulares do comércio.

V. artigo 560.°, C.C..

Há casos em que a lei proíbe o anatocismo, como acontece, por exemplo, na actividade prestamista – v. artigo 16.°, n.° 3, do Decreto-Lei n.° 365/99, de 17 de Setembro.

V. *Juros; Vencimento; Convenção; Notificação judicial avulsa; Usos; Prestamista.*

Andar de prédio urbano (Dir. Civil) – O andar é parte do prédio, pelo que não há de o considerar em si próprio como imóvel; porém, quando esteja constituído o regime da propriedade horizontal, os andares que constituam unidades independentes, distintas, isoladas entre si e com saída própria para uma parte comum do prédio ou para a via pública, e que tenham sido especificados no título constitutivo da propriedade horizontal como fracções autónomas, têm autonomia, podendo ser objecto de relações jurídicas.

V. artigos 1414.° e segs., C.C., muitos deles alterados relativamente à sua redacção originária pelo Decreto-Lei n.° 267/94, de 25 de Outubro, tendo o artigo 1417.° a redacção da Lei n.° 6/2006, de 27 de Fevereiro.

V. *Prédio urbano; Propriedade horizontal; Fracção autónoma; Partes comuns.*

Animais (Dir. Civil) – Os animais distinguem-se em selvagens – os que vivem no seu estado de liberdade natural e que podem ser ocupados pela caça ou pela pesca – e domésticos – os que vivem em contacto permanente com os homens, constituem, normalmente, objecto do direito de propriedade de alguém e estão sujeitos ao regime das coisas móveis. Importa, a este propósito, notar os artigos 1318.° e 1319.° do Código Civil, que estabelecem regras sobre a ocupação de animais.

Aos animais domésticos – ou a alguns deles ao menos – aplica-se, no entanto, um regime relativamente diferente daquele que se aplica às demais coisas móveis. O Decreto-Lei n.° 276/2001, de 17 de Outubro (alterado pelo Decreto-Lei n.° 315/ /2003, de 17 de Dezembro), estabelece as normas legais tendentes a pôr em aplicação em Portugal a Convenção Europeia para a Protecção dos Animais de Companhia – aberta à assinatura dos Estados-membros do Conselho da Europa em 13 de Novembro de 1987, que foi aprovada, para ratificação, pelo Decreto n.° 13/93, de 13 de Abril, com reserva relativamente ao artigo 10.°, n.° 1-*a)*, cujo instrumento de ratificação foi depositado por Portugal, segundo aviso publicado no *Diário da República*, I-A série, de 25 de Agosto de 1993, tendo entrado a Convenção em vigor para o nosso País em 1 de Janeiro de 1994. Este DL n.° 276/2001 define, no seu artigo 2.°-*a)* – que tem a redacção do referido DL n.° 315/2003 –, animal de companhia como "qualquer animal detido ou destinado a ser detido pelo homem, designadamente, no seu lar, para seu entretenimento e companhia", estabelecendo que "as condições de detenção e de alojamento para reprodução, criação, manutenção e acomodação dos animais de companhia devem salvaguardar os seus parâmetros de bem-estar animal" (artigo 7.°, n.° 1); os princípios fundamentais para o bem-estar dos animais são referidos no artigo 3.° da Convenção, que estabelece que "ninguém deve inutilmente causar dor, sofrimento ou angústia a um animal de companhia", nem abandoná-lo. O artigo 4.° da Convenção acrescenta que "qualquer pessoa que possua um animal de companhia ou que tenha aceitado ocupar-se dele, deve ser responsável pela sua saúde e pelo seu bem-estar", devendo ainda "proporcionar-lhe instalações, cuidados e atenção que tenham em conta as suas necessidades ecológicas, em conformidade com a sua espécie e raça, e, nomeadamente: *a)* Fornecer-lhe, em quantidade suficiente, a alimentação e a água adequadas; *b)* Dar-lhe possibilidades de exercício adequado; *c)* Tomar todas as medidas razoáveis para não o deixar fugir". O n.° 3 deste artigo restringe o direito a deter um animal a quem cumpra as condições referidas, e apenas desde que o animal se adapte ao cativeiro.

Estes animais devem dispor "do espaço adequado às suas necessidades fisiológicas e etológicas, devendo o mesmo permitir: *a)* A prática de exercício físico adequado; *b)* A fuga e refúgio de animais sujeitos a agressão por parte de outros" (artigo 8.°, n.° 1, do já referido DL n.° 276/2001). "A temperatura, a ventilação, a luminosidade e obscuridade das instalações devem ser as adequadas à manutenção do conforto e bem-estar das espécies que albergam" (artigo 9.°, n.° 1), devendo o transporte "ser efectuado em veículos e contentores apropriados à espécie e número de animais a transportar, nomeadamente em termos de espaço, ventilação ou oxigenação, temperatura, segurança e fornecimento de água, de modo a salvaguardar a protecção dos mesmos e a segurança de pessoas e outros animais" (artigo 10.°, n.° 1). Por outro lado, os artigos 24.° e segs. estabelecem as condições em que os detentores de animais de companhia que se dediquem à sua reprodução, criação, manutenção ou venda, devem manter os animais, por forma a salvaguardar o seu bem-estar, e o artigo 54.°, n.° 1, estabelece que "a utilização de animais de companhia em circos, espectáculos, competições, concursos, exposições, publicidade ou manifestações similares só deve ser realizada se os responsáveis pelos mesmos tiverem assegurado as condições necessárias para que o bem-estar dos animais não seja posto em causa".

A Lei n.° 92/95, de 12 de Setembro, alterada pela Lei n.° 19/2002, de 31 de Julho, enuncia um conjunto de regras relativas à protecção aos animais, proibindo, nomeadamente, "todas as violências injustificadas contra animais, considerando-se como tais os actos consistentes em, sem necessidade, se infligir a morte, o sofrimento cruel e prolongado ou graves lesões a um animal".

V. Lei n.° 173/99, de 21 de Setembro (Lei de Bases Gerais da Caça), que define a caça como "a forma de exploração racional dos recursos cinegéticos" que, pelo seu lado, são caracterizados como "as aves e os mamíferos terrestres que se encontrem em estado de liberdade natural, quer os que sejam sedentários no território nacional, quer os que migram através deste, ainda que provenientes de processos de reprodução em meios artificiais ou de cativeiro e que figurem na lista de espécies que seja publicada com vista à regulamentação da presente lei, considerando o seu valor cinegético e em conformidade com as convenções internacionais e as directivas comunitárias transpostas para a legislação portuguesa"; de acordo com o artigo 4.° desta Lei, incumbe ao Estado, entre outras missões, "zelar pela conservação dos recursos cinegéticos e incentivar a sua gestão sustentada" e "definir as normas reguladoras da exploração racional dos recursos cinegéticos e o exercício da caça".

O Decreto-Lei n.° 312/2003, de 17 de Dezembro, estabelece o regime de detenção de animais perigosos e potencialmente perigosos como animais de companhia, deste regime se encontrando excluídos "as espécies de fauna selvagem autóctone e exótica e seus descendentes criados em cativeiro objecto de regulamentação específica" e "os cães pertencentes às Forças Armadas e forças de segurança do Estado". Este diploma caracteriza, no respectivo artigo 2.°, um animal como perigoso sempre que este "tenha mordido, atacado ou ofendido o corpo ou a saúde de uma pessoa", "tenha ferido gravemente ou morto [*sic*] outro animal fora da propriedade do detentor", "tenha sido declarado, voluntariamente, pelo seu detentor, à junta de freguesia da sua área de residência, que tem um carácter e comportamento agressivos" ou "tenha sido considerado pela autoridade competente como um risco para a segurança de pessoas ou animais, devido ao seu comportamento agressivo ou especificidade fisiológica"; animais "potencialmente perigosos" são aqueles que, "devido às características da espécie, comportamento agressivo, tamanho ou potência de mandíbula, possam causar lesão ou morte a pessoas ou outros animais, nomeadamente os cães pertencentes às raças que venham a ser incluídas em portaria do Ministro da Agricultura, Desenvolvimento Rural e Pescas, bem como os cruzamentos de primeira geração destas, os cruzamentos destas com outras raças, obtendo assim uma tipologia semelhante a algumas raças ali referidas". Nos termos do n.° 1 do artigo 3.° deste DL n.° 312/ /2003, "a detenção, como animais de companhia, de cães perigosos ou potencialmente perigosos carece de licença emitida pela junta de freguesia da área de residência do detentor", devendo ser este último maior para poder obter tal licença, além de ter de apresentar os documentos previstos nesta disposição; de acordo com o n.° 1 do artigo 4.°, "a detenção, como animais de companhia, de animais perigosos ou potencialmente perigosos de espécie diferente [...] [de cães] carece de licença emitida pela junta de freguesia da área de residência do detentor", em termos semelhantes ao que se passa com os cães. O artigo 13.° impõe ao "detentor de qualquer animal perigoso ou potencialmente perigoso [...] [a obrigação de] possuir um seguro de responsabilidade civil em relação ao mesmo, sendo os critérios quantitativos e qualitativos do seguro definidos por portaria do Ministro da Agricultura, Desenvolvimento Rural e Pescas". A Portaria n.° 1427/2001, de 15 de Dezembro, foi revogada pela Portaria n.° 421/2004, de 24 de Abril, aprovando esta o Regulamento de Registo, Classificação e Licenciamento de Cães e Gatos. A Portaria n.° 422/2004, de 24 de Abril, determina as raças de cães e os cruzamentos de raças potencialmente perigosos. Ainda no quadro de regime jurídico dos animais de companhia, o Decreto-Lei n.° 313/2003, de 17 de Dezembro, aprova o Sistema de Identificação e Registo de Caninos e Felinos, identificação "efectuada por um médico veterinário, através da aplicação subcutânea de uma cápsula no centro da face lateral esquerda do pescoço". Por seu lado, o Decreto-Lei n.° 314/ /2003, de 17 de Dezembro, veio aprovar o Programa Nacional de Luta e Vigilância Epidemológica da Raiva Animal e Outras Zoonoses e estabelecer regras relativas à posse e detenção, comércio, exposições e entradas em território nacional de animais susceptíveis à raiva.

A Lei n.° 12-B/2000, de 8 de Julho, veio proibir, no seu artigo único, "os espectáculos tauromáquicos com touros de morte, mesmo que realizados fora dos recintos previstos na lei [...]"; esta Lei foi alterada pela Lei n.° 19/2002, de 31 de Julho.

A Portaria n.° 463/2001, de 8 de Maio, restringe a detenção, o transporte e a exposição ao público, para fins de comercialização de exemplares mortos, de certas espécies cinegéticas; por sua vez, a Portaria n.° 464/2001, de 8 de Maio, autoriza, para fins científicos e didácticos, a reprodução, criação e detenção em cativeiro de certas espécies e subespécies cinegéticas; finalmente a Portaria n.° 466/2001, de 8 de Maio, identifica as espécies cinegéticas com que é permitido efectuar repovoamentos e estabelece normas para estes, quando realizados com corços.

Foi transposta a Directiva n.° 92/43/ /CEE, de 21 de Maio, pelo Decreto-Lei n.° 140/99, de 24 de Abril (que revogou o Decreto-Lei n.° 226/97, de 27 de Agosto), rectificado pela Declaração de rectificação n.° 10-AH/99, de 31 de Maio: tem este por "objectivo contribuir para assegurar a biodiversidade, através da conservação e do restabelecimento dos *habitats* naturais e da flora e fauna selvagens no território nacional num estado de conservação favorável, tendo em conta as exigências económicas, sociais e culturais, bem como as particularidades regionais e locais".

A Lei n.° 16/2001, de 22 de Junho (Lei da Liberdade Religiosa), estabelece, no respectivo artigo 26.°, que "o abate religioso de animais deve respeitar as disposições legais aplicáveis em matéria de protecção dos animais".

O Decreto-Lei n.° 181/99, de 22 de Maio, alterado pelo Decreto-Lei n.° 133/2000, de 13 de Junho, ambos revogados e substituídos pelo Decreto-Lei n.° 161/2003, de 22 de Julho, que transpõe a Directiva n.° 2000/16/CE, do Parlamento Europeu e do Conselho, de 10 de Abril, na parte em que altera a Directiva n.° 96/25/CE, do Conselho, de 29 de Abril, enuncia as normas referentes à colocação em circulação das matérias-primas para alimentação animal, transpondo a Directiva n.° 1999/61/CE, da Comissão, de 18 de Junho. O método de cálculo do valor energético dos alimentos para cães e gatos com objectivos nutricionais específicos foi fixado pelo Decreto-Lei n.° 131/2000, de 13 de Julho, que transpôs para o direito interno a Directiva n.° 1999/ /78/CE, da Comissão, de 27 de Abril. A Directiva n.° 98/54/CE, da Comissão, de 16 de Julho, que foi transposta pelo Decreto-Lei n.° 136/2000, de 13 de Julho, estabelece os métodos de análise para controlo oficial dos alimentos para animais. Na transposição da Directiva n.° 1999/27/ /CE, da Comissão, de 20 de Abril, o Decreto-Lei n.° 157/2000, de 22 de Julho, fixa métodos de análise para a determinação dos teores de certas substâncias nos alimentos para animais e nas pré-misturas. Na transposição da Directiva n.° 1999/76/ /CE, da Comissão, de 23 de Julho, o Decreto-Lei n.° 243/2000, de 27 de Setembro, adopta "o método oficial de análise a utilizar na determinação do teor de lasalocido de sódio nos alimentos para animais e nas pré-misturas, no âmbito dos controlos oficiais no domínio da alimentação animal [...]". O Decreto-Lei n.° 214/2001, de 2 de

Agosto, na transposição da Directiva n.° 2000/45/CE, da Comissão, de 6 de Julho, estabelece os métodos de análise a utilizar na determinação dos teores de vitamina A, de vitamina E e de triptofano em alimentos compostos para animais. O Decreto-Lei n.° 245/99, de 28 de Junho – que transpunha a Directiva n.° 95/53/CE, do Conselho, de 25 de Outubro –, alterado pelo Decreto-Lei n.° 247/2002, de 8 de Novembro – este na transposição das Directivas n.°s 2000/77//CE, de 14 de Dezembro, e 2001/46/CE, de 23 de Julho, ambas do Parlamento Europeu e do Conselho, que alteram aquela outra Directiva –, fixa princípios relativos à organização dos controlos da alimentação animal. O método analítico para a determinação de constituintes de origem animal no quadro do controlo oficial dos alimentos para animais é definido no Decreto-Lei n.° 218/2004, de 13 de Outubro, que transpôs a Directiva n.° 2003/126/CE, da Comissão, de 23 de Dezembro. O Decreto-Lei n.° 33/2004, de 7 de Fevereiro – que transpôs a Directiva n.° 2002/70/CE, da Comissão, de 26 de Julho –, estabelece os requisitos para a determinação dos níveis de dioxinas e de PCB sob a forma de dioxina nos alimentos para animais.

O Decreto-Lei n.° 15/2005, de 12 de Janeiro, transpõe a Directiva n.° 2003/104//CE, da Comissão, de 12 de Novembro, que altera a Directiva n.° 82/471/CE, do Conselho, de 30 de Junho, relativa a certos produtos utilizados na alimentação dos animais.

Foram estabelecidas medidas de protecção relativas às encefalias espongiformes transmissíveis e à utilização de proteínas animais na alimentação animal pelo Decreto-Lei n.° 76/2003, de 19 de Abril. A Directiva n.° 2002/1/CE, da Comissão, de 7 de Janeiro, foi transposta pelo Decreto-Lei n.° 114/2003, de 5 de Junho, que se ocupa dos alimentos para animais destinados ao apoio à função hepática em caso de insuficiência hepática crónica. A Directiva n.° 2002/32/CE, do Parlamento Europeu e do Conselho, de 7 de Maio, relativa às substâncias e produtos indesejáveis nos alimentos para animais, foi transposta pelo Decreto-Lei n.° 235/2003, de 30 de Setembro; este diploma foi alterado pelo Decreto-Lei n.° 100/2004, de 4 de Maio (este rectificado pela Declaração de rectificação n.° 53/2004, de 25 de Junho), que transpõe a Directiva n.° 2002/32/CE, do Parlamento Europeu e do Conselho, de 7 de Maio. O Despacho normativo n.° 443/2003, de 9 de Outubro, estabelece os requisitos de rotulagem relativos ao modo de produção biológico aplicáveis aos alimentos para animais, alimentos compostos para animais e matérias-primas para alimentação animal, decorrentes do Regulamento (CE) n.° 223/2003, da Comissão, de 5 de Fevereiro, que altera o Regulamento (CEE) n.° 2092//91, do Conselho. Ainda em matéria de alimentos para animais, a Directiva n.° 2003/7/CE, da Comissão, de 24 de Janeiro, transposta pelo Decreto-Lei n.° 322/2003, de 24 de Dezembro (que altera o Decreto-Lei n.° 289/99, de 29 de Julho, *infra* referido) altera as condições de autorização de cantaxantina nesses alimentos.

Em relação aos animais selvagens, deve ter-se em conta o Decreto-Lei n.° 59/2003, de 1 de Abril (rectificado pela Declaração de rectificação n.° 7-D/2003, de 31 de Maio), que transpõe a Directiva n.° 1999/22/CE, do Conselho, de 29 de Março, relativa à detenção de fauna selvagem em parques zoológicos. O artigo 4.°, n.° 1, deste diploma determina que "as condições de alojamento, reprodução, criação, manutenção, acomodação, deslocação e cuidados a ter com os animais em parques zoológicos devem salvaguardar os seus parâmetros de bem-estar".

O Decreto-Lei n.° 6/92, de 22 de Janeiro, bem como as Portarias n.°s 41/92, de 22 de Janeiro, 553/93, de 29 de Maio, e 1318/93, de 30 de Dezembro, que se ocupavam dos problemas sanitários e de polícia sanitária na importação de animais das espécies bovina, suína, ovina e caprina e de outros produtos alimentares à base de carne provenientes de países terceiros à União Europeia, foram revogados pelo Decreto-Lei n.° 415/99, de 19 de Outubro, em consequência das alterações sofridas pelas Directivas que transpunham para o direito interno; este último diploma foi entretanto revogado pelo Decreto-Lei n.° 73/2006, de 24 de Março – dada a publicação do Decreto-Lei n.° 163/2005, de 22 de Setembro, que transpôs a Directiva n.° 2002/99/CE, do Conselho, de 16 de Dezembro, estabelecendo as regras de polícia sanitária aplicáveis à produção, transformação, distribuição e introdução de produtos de origem animal destinados ao consumo humano –, que transpõe a Directiva n.° 2004/68/CE, do Conselho, de 26 de Abril, "que estabelece normas de saúde animal referentes à importação e ao trânsito de determinados animais ungulados vivos".

As normas mínimas relativas à protecção dos animais nas explorações pecuárias foram estabelecidas pelo Decreto-Lei n.° 64/2000, de 22 de Abril (rectificado pela Declaração de rectificação n.° 6-B/ /2000, de 31 de Maio), que transpôs a Directiva n.° 98/58/CE, do Conselho, de 20 de Julho; deste regime são excluídos "os animais em meio selvagem", os "destinados a concursos, espectáculos e manifestações ou actividades culturais, desportivas ou similares", os "utilizados para fins experimentais ou outros científicos" e os "animais invertebrados".

O Decreto-Lei n.° 72-F/2003, de 14 de Abril, transpõe a Directiva n.° 1999/74/ /CE, do Conselho, de 19 de Julho, relativa à protecção das galinhas poedeiras, e a Directiva n.° 2002/4/CE, do Conselho, de 30 de Janeiro, relativa ao registo de estabelecimentos de criação de galinhas poedeiras.

O regime da introdução na Natureza de espécies não indígenas da fauna (e também da flora) contém-se no Decreto-Lei n.° 565/99, de 21 de Dezembro (rectificado pela Declaração de rectificação n.° 4-E/ /2000, de 31 de Janeiro).

V. Decreto-Lei n.° 204/90, de 20 de Junho, que estabelece medidas de protecção de animais selvagens, necrófagos e predadores. Neste âmbito, tem de se considerar o Decreto Legislativo Regional n.° 27/99/M, publicado no *Diário da República*, I-A série, de 28 de Agosto, que regula a detenção, importação e introdução no território da Região Autónoma da Madeira de espécies não indígenas da fauna.

O Decreto-Lei n.° 129/92, de 6 de Julho, alterado pelo Decreto-Lei n.° 197/96, de 16 de Outubro, que transpõe para a ordem jurídica portuguesa a Directiva n.° 86/ /609/CEE, do Conselho, de 24 de Novembro de 1986, estabelece as normas mínimas relativas à protecção dos animais utilizados para fins experimentais e outros fins científicos. Neste domínio, v. também a Portaria n.° 1005/92, de 23 de Outubro, com a redacção dada, sucessivamente, pelas Portarias n.°s 466/95, de 17 de Maio, e 1131/97, de 7 de Novembro. Entretanto, a Portaria n.° 124/99, de 17 de Fevereiro, estabeleceu "as normas a que devem obedecer os ensaios clínicos a realizar em animais, de modo a garantir a sua integridade física e segurança dos medicamentos veterinários". O Decreto-Lei n.° 184/97, de 26 de Julho, estabelecera a disciplina jurídica a que deviam obedecer o fabrico, a importação, a exportação, a introdução no mercado, a posse, a cedência e a utilização de medicamentos veterinários, tendo sido regulamentado pela Portaria n.° 388/2000, de 30 de Junho; ambos foram revogados pelo Decreto-Lei n.° 185/2004, de 29 de Julho, que se ocupa dos medicamentos de veterinários farmacológicos, estabelecendo o regime aplicável às alterações dos termos de introdução no mercado concedidas ao abrigo de procedimentos não abrangidos pelo ordenamento comunitário e sua tipologia, assim como dos pressupostos da sua autorização. O Decreto-Lei n.° 151/2005, de 30 de Agosto, "estabelece as condições de fabrico, colocação no mercado e utilização de alimentos medicamentosos para animais", adaptando a ordem jurídica portuguesa às normas da Directiva n.° 90/ /167/CEE, do Conselho, de 26 de Março.

Na transposição da Directiva n.° 97/ /78/CE, do Conselho, de 18 de Dezembro, o Decreto-Lei n.° 210/2000, de 2 de Setembro, fixa os princípios relativos à organização dos controlos veterinários dos produtos provenientes de países terceiros introduzidos no espaço comunitário. O Decreto-Lei n.° 263/2002, de 25 de Novembro, transpõe para a ordem jurídica interna os n.°s 10-16 do título I e o título VII da Directiva n.° 2001/82/CE, do Parlamento Europeu e do Conselho, de 6 de Novembro, aprovando o novo Regulamento do Sistema Nacional de Farmacovigilância e Toxicologia Veterinária.

Por seu lado, o Decreto-Lei n.° 157/98, de 9 de Junho, alterado pelos Decretos-Leis n.°s 378/99, de 21 de Setembro, e 316/ /2000, de 6 de Dezembro, reflectindo princípios adoptados em várias Directivas comunitárias, define o regime das trocas intercomunitárias de animais das espécies bovina e suína; as alterações introduzidas na Directiva n.° 64/432/CEE pelos Regulamentos (CE) n.°s 535/2002, da Comissão, de 21 de Março, 1226/2002, da Comissão, de 8 de Julho, e 21/2004, do Conselho, de 17 de Dezembro, levaram à alteração do Decreto-Lei n.° 272/200o, de 8 de Novembro, pelo Decreto-Lei n.° 31/2005, de 14 de Fevereiro, quanto à caracterização de animal infectado por tuberculose bovina. Já o Decreto-Lei n.° 265/2002, de 26 de Novembro, transpõe a Directiva n.° 2001/10/CE, do Parlamento Europeu e do Conselho, de 22 de Maio, que altera a Directiva n.° 91/68/CEE, do Conselho, de 29 de Janeiro, que estabelece as condições de polícia sanitária que regem as trocas intracomunitárias de ovinos e caprinos, e altera o Decreto-Lei n.° 244/2000, de 27 de Setembro. O Decreto-Lei n.° 227/2004, de 7 de Dezembro, transpõe a Directiva n.° 2003/50//CE, do Conselho, de 11 de Julho, que altera a Directiva n.° 91/68/CE, no que diz respeito ao reforço dos controlos da circulação de ovinos a caprinos

O Decreto-Lei n.° 62/91, de 1 de Fevereiro, que transpôs para a ordem jurídica nacional várias Directivas, ocupa-se da pesquisa de resíduos de certas substâncias nos animais e nas carnes frescas; complementarmente, o Decreto-Lei n.° 148/99, de 4 de Maio, transpondo a Directiva n.° 96/23/CE, do Conselho, de 29 de Abril, e as decisões da Comissão n.°s 97/47/CE, de 27 de Outubro, e 98/179//CE, de 23 de Fevereiro, vem estabelecer regras para a colheita de amostras oficiais a utilizar na pesquisa das substâncias e respectivos resíduos nos animais vivos e seus produtos. O Decreto-Lei n.° 208/99, de 11 de Junho, na transposição de várias Directivas, fixa as taxas de financiamento das inspecções e controlos sanitários de animais vivos, carnes frescas, produtos da pesca e outros de origem animal. O regime a que deve obedecer o fabrico, introdução no mercado, armazenamento, transporte, comercialização e utilização de produtos de uso veterinário encontra-se no Decreto-Lei n.° 232/99, de 24 de Junho, que revogou o artigo 18.° do já citado DL n.° 62/91.

V. também Portaria n.° 575/93, de 4 de Junho, alterada pelas Portarias n.°s 404/94, de 24 de Junho, 702/94, de 28 de Julho, e 160/95, de 27 de Fevereiro, e pelo Decreto-Lei n.° 32/2004, de 7 de Fevereiro, que aprova o Regulamento dos Controlos Veterinários e Zootécnicos aplicáveis ao Comércio Intracomunitário de Animais Vivos e Produtos Animais.

A Directiva n.° 88/661/CEE, do Conselho, de 19 de Dezembro, relativa às normas zootécnicas aplicáveis aos animais reprodutores da espécie suína, foi transposta pelo Decreto-Lei n.° 176/93, de 12 de Maio, tendo a Portaria n.° 500/93, de 12 de Maio, estabelecido as normas zootécnicas aplicáveis aos animais reprodutores desta espécie de raça híbrida e puros; por seu lado, a Portaria n.° 422/2001, de 19 de Abril, enuncia "os critérios de elaboração dos livros genealógicos e registos zootécnicos, no caso de raças híbridas, bem como os de reconhecimento e fiscalização das associações de criadores ou organizações de criação que possuam ou elaborem livros [...] e ou registos [daqueles tipos], a observar nas trocas intercomunitárias de animais de raça pura e de híbridos, da espécie suína, bem como dos respectivos sémen, óvulos e embriões".

A Portaria n.° 236/91, de 22 de Março, regulamenta o comércio internacional das espécies da fauna e da flora ameaçadas de extinção.

O Decreto-Lei n.° 142/2006, de 27 de Julho (revogando o Decreto-Lei n.° 338/99, de 24 de Agosto, alterado pelos Decretos-Leis n.°s 203/2001, de 13 de Julho, 24//2001, de 30 de Janeiro, e 99/2002, de 12 Abril, que aprovara o Regulamento de Identificação, Registo e Circulação de Gado), criou o Sistema Nacional de Informação e Registo Animal (SNIRA), que estabelece as regras para a identificação, registo e circulação dos animais das espécies bovina, ovina, caprina e suína. Este diploma impõe o registo das explorações e obriga os detentores dos animais a "fornecer à autoridade competente, a pedido desta, todas as informações relativas à origem, identificação e destino dos animais que tiverem possuído, detido, transportado, comercializado ou abatido". O artigo 6.°, n.° 1, estabelece que "o abate de animais das espécies a que se refere o presente decreto-lei, para consumo humano, só pode ser realizado em estabelecimentos aprovados para o efeito".

O Decreto-Lei n.° 153/94, de 28 de Maio, revogado pelo Decreto-Lei n.° 294/ /98, de 18 de Setembro – que passou a ocupar-se do respectivo regime – tinha transposto para o direito interno a Directiva n.° 91/628/CEE, do Conselho, de 19 de Novembro, relativa à protecção dos animais em transporte, tendo a Portaria n.° 160/95, de 27 de Fevereiro, aprovado o Regulamento da Protecção dos Animais em Transporte, também entretanto revogada por aquele DL n.° 294/98. Por sua vez, o Decreto-Lei n.° 22/95, de 8 de Fevereiro, transpôs para o direito interno a Directiva n.° 92/119/CEE, do Conselho, de 17 de Dezembro, que estabelece medidas gerais de luta contra certas doenças animais, bem como as medidas específicas respeitantes à doença vesiculosa do suíno, tendo o respectivo regulamento sido aprovado pela Portaria n.° 577/95, de 16 de Junho. As regras relativas ao registo, autorização, classificação e funcionamento de explorações de suínos foram enunciadas pelo Decreto-Lei n.° 339/99, de 25 de Agosto. O Decreto-Lei n.° 135/2003, de 28 de Junho – alterado pelo Decreto-Lei n.° 48/2006, de 1 de Março –, transpôs a Directiva n.° 2001/88/CE, do Conselho, de 23 de Outubro, e a Directiva n.° 2001/93/CE, da Comissão, de 9 de Novembro, ambas relativas às normas mínimas de protecção de suínos alojados para efeitos de criação e engorda.

O Decreto-Lei n.° 399/89, de 10 de Novembro, harmonizou o direito interno com o disposto nas Directivas n.°s 78/1026/ /CEE, do Conselho, de 18 de Dezembro, e 81/1057/CEE, também do Conselho, de 14 de Dezembro, cujo objectivo é o reconhecimento mútuo e diplomas, certificados e outros títulos de veterinário, contendo medidas destinadas a facilitar o exercício efectivo do direito de livre prestação de serviços. Mais tarde, por força da publicação das Directivas n.°s 89/594/ /CEE, de 23 de Novembro, 90/658/CEE, de 17 de Dezembro, e 78/1027/CEE, de 18 de Dezembro, do Conselho, foi publicado o Decreto-Lei n.° 194/95, de 28 de Julho, que as transpôs e alterou o citado DL n.° 399/89, tendo actualizado ainda a definição das autoridades competentes para conciliar as normas em vigor com critérios seguidos para outras profissões atribuídas à Ordem dos Médicos Veterinários. Com a publicação da Directiva n.° 2001/19/CE, do Parlamento Europeu e do Conselho, de 14 de Maio, foi alterado um conjunto de directivas relativas ao reconhecimento das formações de várias profissões regulamentadas no espaço comunitário, designadamente as Directivas n.°s 78/1026/CEE e 78/1027/CEE, do Conselho, ambas de 18 de Dezembro. O Decreto-Lei n.° 275/97, de 8 de Outubro, transpôs a Directiva n.° 96/93/CEE, do Conselho, de 17 de Dezembro, relativa à certificação dos animais e dos produtos animais, criando a figura do médico veterinário acreditado e regendo a respectiva actividade no âmbito da defesa da saúde pública e animal. Finalmente, o Decreto-Lei n.° 242/2003, de 7 de Outubro, transpôs a referida Directiva n.° 2001/ /19/CE, alterando o DL n.° 399/89, quanto ao regime da profissão de médico veterinário. O Decreto-Lei n.° 175/2005, de 25 de Outubro, "estabelece as regras aplicáveis à receita, à requisição e à vinheta médico-veterinárias normalizadas, bem como ao livro de registo de medicamentos utilizados em animais de exploração".

O Decreto-Lei n.° 114/99, de 14 de Abril, estabelece medidas de profilaxia e polícia sanitária para a erradicação da leucose bovina enzoótica (LBE). O Decreto--Lei n.° 146/2002, de 21 de Maio, transpõe a Directiva n.° 2000/75/CE, do Conselho, de 20 de Novembro, adoptando medidas específicas de luta e erradicação da febre catarral ovina ou língua azul. O Decreto--Lei n.° 161/2002, de 10 de Julho, estabelece as normas técnicas de execução do plano de controlo e de erradicação da doença de Aujeszky.

A Directiva n.° 85/511/CEE, do Conselho, de 18 de Novembro, que estabelecia medidas contra a febre aftosa e fora transposta pelo Decreto-Lei n.° 29/92 e pela Portaria n.° 124/92, ambos de 27 de Fevereiro, foi revogada pela Directiva n.° 2003/ /85/CE, do Conselho, de 29 de Setembro; esta última Directiva foi entretanto transposta pelo Decreto-Lei n.° 108/2005, de 5 de Julho, que se ocupa das "medidas mínimas de luta a aplicar caso surja um foco de febre aftosa, qualquer que seja o tipo de vírus em causa".

O Decreto-Lei n.° 150/99, de 7 de Maio, alterado pela Portaria n.° 989/2002, de 6 de Agosto, que transpõe para a ordem jurídica portuguesa a Directiva n.° 96/22/CE, do Conselho, de 29 de Abril, proíbe a utilização de certas substâncias com efeitos hormonais ou tireostáticos e de substâncias beta-agonistas em produção animal; a Portaria n.° 342/2003, de 29 de Abril, aprova os modelos de registos individuais para cada medicamento ou medicamento veterinário previsto no citado DL n.° 150/99; a Portaria n.° 868/2003, de 20 de Agosto, aprova a lista de medicamentos veterinários autorizados em produção animal contendo substâncias com efeitos hormonais e substâncias beta-agonistas. O Decreto-Lei n.° 440/89, de 27 de Dezembro, que aprovara o Regulamento do Fabrico, Comercialização e Utilização de Aditivos nos Alimentos para Animais (e que fora alterado pelos Decretos-Leis n.°s 219/96, de 22 de Novembro, e 174/99, de 20 de Maio), foi revogado pelo Decreto-Lei n.° 289/99, de 29 de Julho, que disciplinou a matéria, transpondo para o direito interno várias Directivas; v. também Portaria n.° 1460/ /2002, de 13 de Novembro, rectificada pela Declaração de rectificação n.° 31-O/2002, de 31 de Dezembro, que fixa as tolerâncias admitidas em caso de desvio entre o resultado analítico do controlo oficial e o teor declarado do aditivo nas embalagens, rótulos, dísticos, etiquetas ou guias de remessa nos aditivos, nas pré-misturas e nos alimentos para animais. As normas relativas à colocação em circulação das matérias-primas para alimentação animal foram estabelecidas pelo Decreto-Lei n.° 161/ /2003, de 22 de Julho, que transpõe para a ordem jurídica nacional a Directiva n.° 2000/16/CE, do Parlamento Europeu e do Conselho, de 10 de Abril, na parte em que altera a Directiva n.° 96/25/CE, do Conselho, de 29 de Abril, e revogou o Decreto-Lei n.° 181/99, de 22 de Maio; na mesma área, o Decreto-Lei n.° 182/99, também de 22 de Maio, alterou o Decreto-Lei n.° 442/89, de 27 de Dezembro, e o Regulamento Relativo às Substâncias e Produtos Indesejáveis nas Matérias-Primas para Alimentação Animal e nos Alimentos Compostos para Animais; v. ainda o Decreto-Lei n.° 105/2003, de 30 de Maio, que transpôs as Directivas, do Parlamento Europeu e do Conselho, respectivamente n.°s 2000/16/CE, de 10 de Abril de 2000, e 2002/2/CE, de 28 de Janeiro de 2002, relativas à comercialização de alimentos compostos para animais. O Decreto-Lei n.° 216/99, de 15 de Junho, define as condições e regras aplicáveis a certas categorias de estabelecimentos e intermediários no sector da alimentação animal. Os métodos oficiais de análise a utilizar na determinação dos teores de gordura bruta e de outras substâncias nos alimentos para animais foram fixados pelo Decreto-Lei n.° 310/99, de 10 de Agosto (transpondo a Directiva n.° 98/64/CE, da Comissão, de 3 de Setembro).

A Portaria n.° 111/2003, de 29 de Janeiro (que revogou a Portaria n.° 272/2002, de 14 de Março), aprova as listas de fabricantes autorizados de pré-misturas e de alimentos compostos para animais. Na transposição da Directiva n.° 2001/79/CE, da Comissão, de 17 de Setembro, que altera a Directiva n.° 87/153/CEE, do Conselho, de 16 de Fevereiro, o Decreto-Lei n.° 77/2003, de 19 de Abril, fixa as directrizes para a avaliação dos aditivos na alimentação para animais. A Portaria n.° 37/2006, de 6 de Janeiro, revogou a Portaria n.° 47/2005, de 19 de Janeiro, aprovando "as listas de fabricantes autorizados de aditivos, de pré-misturas, de alimentos compostos para animais e de intermediários autorizados a colocar em circulação aditivos e pré-misturas".

O exercício das competências das diversas entidades envolvidas na execução de acções de profilaxia e polícia sanitária inerentes aos planos de erradicação das doenças dos animais, bem como a modalidade de apoios do Estado às acções das organizações dos produtores pecuários, encontram-se regulados pela Portaria n.° 122/ /2003, de 5 de Fevereiro (que revogou a anterior Portaria n.° 356/2000, de 16 de Junho, alterada pelas Portarias n.°s 492/ /2001, de 11 de Maio – esta, por sua vez, alterada pela Portaria nº 1459/2001, de 28 de Dezembro –, 356/2004, de 5 de Abril, e 266/2006, de 17 de Março).

O Decreto-Lei n.° 203/2005, de 25 de Novembro, estabelece o regime jurídico da actividade apícola e as normas sanitárias para defesa contra as doenças das abelhas e revoga os Decretos-Leis n.°s 37/2000, de 14 de Março, e 74/2000, de 6 de Maio.

O Regulamento das Ajudas à Melhoria e Controlo das Condições Hígio-Sanitárias nas Explorações Pecuárias de Ruminantes foi aprovado pela Portaria n.° 1109-B/2000, de 27 de Novembro, rectificada pela Declaração de rectificação n.° 16-AD/2000, de 30 de Dezembro, e alterada pela Portaria n.° 68/2001, de 2 de Fevereiro, e pela Portaria nº 45/2002, de 11 de Janeiro.

O Decreto-Lei n.° 91/2001, de 23 de Março, que revogou o Decreto-Lei n.° 317/85, de 2 de Agosto, aprova o programa nacional de luta e vigilância epidemológica da raiva animal e outras zoonoses; a Portaria n.° 81/2002, de 24 de Janeiro, alterada pela Portaria n.° 899//2003, de 28 de Agosto, aprova as normas técnicas de execução regulamentar deste programa.

As exigências de natureza sanitária aplicáveis às trocas comerciais intracomunitárias e às importações de sémen de animais bovinos foram estabelecidas pelo Decreto-Lei n.° 187/2004, de 7 de Agosto, que transpõe a Directiva n.° 88/407/CEE, do Conselho, de 14 de Junho, com a redacção dada pela Directiva n.° 2003/43/CE, do Conselho, de 26 de Maio.

O Decreto-Lei n.° 202/2005, de 24 de Novembro, define o regime do licenciamento das explorações de bovinos.

Se alguém tiver o encargo da vigilância de animais e estes causarem quaisquer danos, é obrigado a indemnizar, a menos que prove que não teve culpa ou que, tendo tido culpa, os danos se teriam produzido mesmo que a não tivesse tido – artigo 493.°, C.C..

Independentemente de culpa, "quem no seu próprio interesse utilizar quaisquer animais responde pelos danos que eles causarem, desde que os danos resultem do perigo especial que envolve a sua utilização" – artigo 502.°, C.C.

V. Convenção Europeia sobre a Protecção dos Animais de Criação, adoptada em 10 de Março de 1976, no âmbito do Conselho da Europa, assinada e aprovada, em 18 de Outubro de 1988, pela Comunidade Económica Europeia, segundo aviso publicado no *Diário da República,* I série, de 16 de Fevereiro de 1989. V. a Convenção Europeia sobre a Protecção dos Animais nos Locais de Criação, aberta à assinatura em 10 de Março de 1976, aprovada para ratificação pelo Decreto n.° 5/82, de 23 de Janeiro, tendo o respectivo instrumento de ratificação sido depositado em 20 de Abril de 1982, de acordo com aviso publicado no *Diário da República,* I série, de 8 de Junho de 1982; o Protocolo de Alteração a esta Convenção, aberto à assinatura em Estrasburgo em 6 de Fevereiro de 1992, assinado por Portugal nessa data, foi aprovado para ratificação pelo Decreto n.° 1/93, de 4 de Janeiro, publicado nessa data no *Diário da República,* I-A série, tendo o seu instrumento de ratificação sido depositado segundo aviso publicado no *Diário da República,* I-A série, de 11 de Maio de 1993; v. também a Convenção Europeia sobre a Protecção dos Animais de Abate, aberta para assinatura em Estrasburgo em 10 de Maio de 1979, aprovada, para ratificação, pela Resolução de Assembleia da República n.° 99/81, de 29 de Julho, tendo Portugal depositado o respectivo instrumento de ratificação em 3 de Novembro de 1981, conforme aviso publicado no *Diário da República,* I série, de 14 de Dezembro de 1981. V. Convenção Relativa à Conservação da Vida Selvagem e dos Habitats Naturais da Europa (Convenção de Berna), adoptada pelo Conselho da Europa em 19 de Setembro de 1979, aprovada, para ratificação, pelo Decreto-Lei n.° 95/81, de 23 de Julho, publicada no *Diário da República,* I-A série, de 23 de Julho de 1981, tendo Portugal entregado o respectivo instrumento de ratificação em 3 de Fevereiro de 1982, conforme aviso publicado no *Diário da República,* 1.ª série, de 10 de Março de 1982, e nova lista das espécies protegidas, aprovada em 11 de Dezembro de 1987, publicada no *Diário da República,* I série, de 13 de Fevereiro de 1989; esta última Convenção foi regulamentada pelo Decreto-Lei n.° 316/89, de 22 de Setembro, alterado pelo Decreto-Lei n.° 196/90, de 18 de Junho; as emendas ao Anexo IV da Convenção Relativa à Conservação da Vida Selvagem entraram em vigor em 25 de Junho de

1995, segundo o Aviso n.° 232/95, de 2 de Setembro; pelo Aviso n.° 228/96, de 5 de Agosto, foi tornado público que foram introduzidas emendas, com efeitos a partir de 27 de Abril de 1996, aos anexos II e III desta Convenção; pelo Aviso n.° 63/98, de 25 de Março, foi tornado público que foram introduzidas emendas, com efeitos a partir de 6 de Março de 1998, nos anexos I, II e III, desta Convenção. V. também a Convenção sobre Conservação de Espécies Migratórias da Fauna Selvagem, concluída em Bona a 23 de Junho de 1979, aprovada, para ratificação, pelo Decreto n.° 103/80, de 11 de Outubro, tendo o instrumento de ratificação sido depositado em 21 de Janeiro de 1981, conforme aviso publicado no *Diário da República*, I-A série, de 16 de Julho de 1998; esta última Convenção entrou em vigor a nível internacional e para Portugal em 1 de Novembro de 1983, tendo os seus anexos I e II entrado em vigor no dia 15 de Julho de 1997, conforme o Aviso n.° 227/99, de 4 de Dezembro. V. a Convenção sobre o Comércio Internacional das Espécies da Fauna e da Flora Selvagem Ameaçadas de Extinção, também designada por Convenção de Washington, onde foi assinada em 3 de Março de 1973, aprovada, para ratificação, pelo Decreto n.° 50/80, de 23 de Julho, e o Decreto-Lei n.° 114/90, de 5 de Abril (rectificado por Declaração publicada no *Diário da República*, I-A série, de 30 de Abril de 1990), que promove a aplicação da Convenção (o instrumento de ratificação da emenda ao artigo XXI da Convenção foi depositado por parte de Portugal em 5 de Março de 1973). V. ainda a Convenção Relativa às Zonas Húmidas de Importância Internacional Especialmente como Habitat de Aves Aquáticas, adoptada em Ramsar, em 2 de Fevereiro de 1971 e alterada em Paris em 3 de Dezembro de 1982; Portugal é parte desta Convenção, tal como alterada pelo Protocolo de Paris, que foi aprovada pelo Decreto n.° 101/80, de 9 de Outubro, ratificada em 24 de Novembro de 1980, tendo depositado o seu instrumento de ratificação nesta última data, conforme aviso publicado no *Diário da República*, I série, de 9 de Fevereiro de 1981, e o do referido Protocolo em 18 de Novembro de 1984 (*Diário da República*, I série, de 4 de Fevereiro de 1985). O Acordo para a Conservação das Aves Aquáticas Migradoras Afro-Asiáticas, concluído na Haia em 15 de Agosto de 1996, foi aprovado pela Resolução da Assembleia da República n.° 69/2003, de 29 de Maio, e ratificado pelo Decreto do Presidente da República n.° 47/2003, de 19 de Agosto; o respectivo instrumento de ratificação foi depositado em 11 de Dezembro de 2003, segundo o Aviso n.° 140/2005, de 21 de Abril.

V. ainda o Acordo sobre Conservação dos Morcegos na Europa, concluído em Londres em 4 de Dezembro de 1991 e aprovado, para aceitação, pelo Decreto n.° 31/95, de 18 de Agosto, tendo o instrumento de aceitação por parte de Portugal sido depositado em 10 de Janeiro de 1996, conforme o Aviso n.° 118/99, de 3 de Setembro.

A Convenção Europeia sobre a Protecção dos Animais em Transporte Internacional foi aberta à assinatura em Paris em 13 de Dezembro de 1968; esta Convenção foi modificada por um Protocolo Adicional em 1979, tendo sido aprovada, para ratificação, pela Resolução da Assembleia da República n.° 33/82, de 11 de Março, tendo o instrumento de ratificação sido depositado em 1 de Junho de 1982, conforme o Aviso n.° 155/91, de 8 de Junho.

A Convenção Europeia para a Protecção dos Animais de Companhia, aberta para assinatura, em Estrasburgo, em 13 de Novembro de 1987, foi aprovada, para ratificação, pelo Decreto n.° 13/93, de 13 de Abril, tendo o respectivo instrumento de ratificação sido depositado em 28 de Junho de 1993, conforme o Aviso n.° 207/93, de 25 de Agosto.

O Decreto do Presidente da República n.° 2/2001, de 26 de Janeiro, aprova o Acordo Relativo à Aplicação das Disposições da Convenção das Nações Unidas sobre o Direito do Mar, de 10 de Dezembro de 1982, Respeitantes à Conservação e Gestão das Populações de Peixes Transazonais e das Populações de Peixes Altamente Migradores, concluído em Nova Iorque em 4 de Agosto de 1995; o Aviso n.° 532/2006, de 7 de Abril, torna público que, em 19 de Dezembro de 2003, a Comunidade Europeia depositou o seu instrumento de ratificação a este Acordo.

O Acordo sobre a Conservação de Cetáceos no Mar Negro, Mar Mediterrâneo e Área Atlântica Adjacente, assinado no Mónaco em 24 de Novembro de 1996, foi aprovado pelo Decreto do Presidente da República n.° 19/2004, de 2 de Agosto, tendo o respectivo instrumento de adesão sido depositado em 15 de Outubro de 2004, conforme o Aviso n.° 26/2005, de 2 de Fevereiro.

A Convenção Internacional para a Regulação da Actividade Baleeira, concluída em Washington em 2 de Dezembro de 1946, foi aprovada, para adesão, pelo Decreto n.° 18/2002, de 3 de Maio, tendo o seu instrumento de ratificação sido depositado em 14 de Maio de 2002, conforme o Aviso n.° 320/2005, de 20 de Setembro.

V. *Ocupação; Caça; Pesca; Direito de propriedade; Seguro de responsabilidade; Móvel; Dano; Culpa; Indemnização; Responsabilidade objectiva.*

"Animus" (Dir. Civil) – O *animus* corresponde à intenção de uma pessoa: ou de se comportar como titular de um direito sobre uma coisa (*animus dominii, animus possidendi)* para o exercer, ou de proceder a uma liberalidade (*animus donandi),* ou de enganar terceiros, fazendo divergir a vontade declarada da vontade real (*animus decipiendi,* essencial para que exista simulação), ou de prejudicar outrem (*animus nocendi*), ou de abandonar uma coisa ou um direito (*animus derelinquendi*), etc..

Costuma contrapor-se o *animus* ao *corpus,* que não é senão o exercício objectivo de um direito. Segundo o entendimento dominante a doutrina, é a concorrência de *animus* e *corpus* que define a posse.

V. *Direito subjectivo; Liberalidade; Simulação; "Corpus"; Posse.*

"Animus decipiendi" (Dir. Civil) – Intenção de enganar. O *animus decipiendi* é, designadamente, relevante para caracterizar a reserva mental (artigo 244.°, C.C.) e a simulação (artigo 240.°, C.C.).

V. *Reserva mental; Simulação.*

"Animus derelinquendi" (Dir. Civil) – Intenção de abandonar. O *animus derelinquendi* é, pois, a intenção que tem o proprietário de uma coisa de se demitir do direito que tem sobre ela.

V. *Direito de propriedade; Abandono; Ocupação.*

"Animus donandi" (Dir. Civil) – Se bem que a respectiva caracterização revista dificuldades, pode dizer-se que se trata da intenção de realizar uma liberalidade, isto é, de fazer espontaneamente uma atribuição patrimonial a outrem sem contrapartida. O artigo 940.°, n.° 1, C.C., considera o espírito de liberalidade um elemento estrutural do contrato de doação.

V. *Doação.*

"Animus leadendi" (Dir. Civil) – Intenção de lesar. Esta intenção constitui um dos pressupostos possíveis da responsabilidade civil.

V. *Responsabilidade civil.*

"Animus negotia aliena gerendi" (Dir. Civil) – Um dos requisitos da gestão de negócios é a actuação do gestor "no interesse e por conta do dono", isto é, a subordinação pelo gestor da sua intervenção ao objectivo interesse do dono do negócio e a actuação com intenção de transferir para este todos os proveitos e desvantagens patrimoniais emergentes da gestão.

V. *Gestão de negócios; Gestão de negócios imprópria.*

"Animus nocendi" (Dir. Civil) – Expressão que significa intenção de prejudicar. Exemplo de disposição legal em que o *animus nocendi* constitui pressuposto de um dado regime é o artigo 242.°, n.° 2, C.C.: aí se confere legitimidade aos herdeiros legitimários da parte num negócio jurídico simulado para invocarem a nulidade dele, quando a simulação haja sido motivada pelo intuito de os prejudicar.

V. *Simulação; Legitimidade; Herdeiro legitimário; Negócio jurídico; Nulidade.*

"Animus novandi" (Dir. Civil) – Intenção de constituir uma nova obrigação em substituição da anterior, isto é, de realizar uma novação, com a qual se extingue a primitiva obrigação.

V. *Obrigação; Novação.*

"Animus ocupandi" (Dir. Civil) – *Animus ocupandi* ou intenção de adquirir por ocupação é, juntamente com a apreensão material da coisa, um pressuposto de aquisição da propriedade por ocupação (cfr. artigo 1318.°, C.C.).
V. *Ocupação; Direito de propriedade.*

"Animus possidendi" (Dir. Civil) – É a vontade de exercer sobre a coisa o direito real correspondente ao poder de facto que se exerce.
V. *Posse; Direito real.*

"Animus solvendi" (Dir. Civil) – Intenção de cumprir.
O *animus solvendi* daquele que realiza uma prestação é, muitas vezes, juridicamente relevante: assim, por exemplo, no domínio das obrigações naturais (artigo 403.°, n.° 1, C.C.) ou no regime da repetição do indevido (artigo 476.°, n.° 1, C.C.).
V. *Cumprimento; Prestação; Obrigação natural; Repetição do indevido.*

Ano judicial (Proc. Civil) – "O ano judicial corresponde ao ano civil" – artigo 11.°, n.° 1, da Lei de Organização e Funcionamento dos Tribunais Judiciais (Lei n.° 3/99, de 13 de Janeiro, rectificada pela Declaração de rectificação n.° 7/99, de 16 de Fevereiro, e alterada pela Lei n.° 101/99, de 26 de Julho, pelos Decretos-Leis n.°s 323/2001, de 17 de Dezembro, e 38/2003, de 8 de Março, pela Lei n.° 105/2003, de 10 de Dezembro, pelo Decreto-Lei n.° 53/2004, de 18 de Março, pela Lei n.° 42/2005, de 29 de Agosto, e pelo Decreto-Lei n.° 76-A/2006, de 29 de Março – este último rectificado pela Declaração de rectificação n.° 28-A/2006, de 26 de Maio).

Anomalia psíquica (Dir. Civil)
1. A lei civil designa por anomalia psíquica a alteração, de carácter permanente, das faculdades mentais de um indivíduo, que o torne incapaz de governar a sua pessoa e bens ou, pelo menos, de reger convenientemente o seu património. Consoante a anomalia psíquica é mais ou menos grave, pode a pessoa ser interditada ou inabilitada com fundamento nela.
V. artigos 138.° e 152.°, C.C..
V. *Inabilitação; Interdição.*

2. O artigo 1601.°-*b)*, C.C., enuncia, como impedimentos dirimentes absolutos do casamento, "a demência notória, mesmo durante os intervalos lúcidos, e a interdição ou inabilitação por anomalia psíquica".
V. *Casamento; Impedimentos dirimentes.*

3. O artigo 1781.°-*c)*, C.C. (na redacção que lhe foi dada pela Lei n.° 47/98, de 10 de Agosto), determina que a alteração das faculdades mentais do outro cônjuge, quando dure há mais de três anos e seja de tal gravidade que comprometa a possibilidade de vida em comum, é fundamento de divórcio; a limitação que decorria do artigo 1784.°, C.C., segundo a qual o divórcio não deveria ser concedido quando fosse de presumir que ele agravaria consideravelmente o estado mental do réu, desapareceu pela revogação deste último artigo pela já referida Lei n.° 47/98.
V. *Divórcio.*

4. Quando o autor de um facto ilícito e danoso se encontrava, no momento da sua prática, mentalmente perturbado, de forma a não ser capaz de entender ou querer, é considerado inimputável, não sendo, consequentemente, em princípio, responsável pelas consequências danosas de tal facto. Se a perturbação das faculdades mentais for transitória, manter-se-á a responsabilidade do agente apesar dela, quando houver sido aquele a colocar-se culposamente no estado de perturbação (artigo 488.°, n.° 1, C.C.).
O artigo 488.°, n.° 2, C.C., contém uma presunção de falta de imputabilidade relativamente aos interditos por anomalia psíquica.
V. *Acto ilícito; Dano; Responsabilidade civil; Inimputabilidade; Culpa*

5. O artigo 257.°, C.C., sob a epígrafe "Incapacidade acidental", dispõe que "a declaração negocial feita por quem, devido a qualquer causa, se encontrava acidentalmente incapacitado de entender o sentido dela ou não tinha o livre exercício da sua vontade é anulável desde que o facto seja notório ou conhecido do declaratário", caracterizando como notório o facto que uma pessoa de normal diligência teria podido notar. Esta disposição não será primordialmente aplicável a sujeitos perturbados mentalmente, mas, como é evidente,

sê-lo-á, designadamente nos casos em que perturbação não for permanente e gerar a falta de discernimento ou de liberdade de vontade, que constituem seus pressupostos.

V. *Declaração negocial; Anulabilidade; Diligência.*

(Proc. Civil)

1. O artigo 616.°, C.P.C., na redacção do Decreto-Lei n.° 329-A/95, de 12 de Dezembro, estabelece que a capacidade para depor como testemunha é retirada àqueles que se encontrem interditos por anomalia psíquica. No entanto, só tem capacidade para depor quem estiver mentalmente apto para o fazer, dispondo a lei que não a têm aqueles que não "tiverem aptidão [...] mental para depor sobre os factos que constituam objecto da prova". É ao juiz que incumbe verificar a capacidade natural das pessoas arroladas como testemunhas.

2. O artigo 14.°, C.P.C., dispõe que "as pessoas que, por anomalia psíquica ou outro motivo grave, estejam de facto impossibilitadas de receber a citação para a causa são representadas nela por um curador especial", cessando esta representação "quando for julgada desnecessária, ou quando se juntar documento que mostre ter sido declarada a interdição ou a inabilitação e nomeado representante ao incapaz".

V. *Testemunha; Prova; Rol de testemunhas; Citação; Curador especial: Documento.*

A Lei n.° 6/98, de 24 de Julho, alterada pela Lei n.° 101/99, de 26 de Julho (Lei de Saúde Mental), "estabelece os princípios gerais da política de saúde mental e regula o internamento compulsivo dos portadores de anomalia psíquica, designadamente pessoas com doença mental".

O Decreto-Lei n.° 162/2003, de 24 de Julho, qualifica como contra-ordenação a venda e a cedência de imitações de arma de fogo a inabilitados ou inabilitados por anomalia psíquica, ou a sua posse ou uso por eles.

"A non domino" (Dir. Civil) – Aquisição *a non domino* é aquela em que o transmitente ou alienante do bem não era o seu proprietário ou, mais amplamente, titular do direito que transmitiu.

V. *Coisa alheia; Venda de bens alheios; Direito de propriedade.*

Antecipação da inquirição (Proc. Civil) – Regra geral, a inquirição de testemunhas faz-se, de acordo com o artigo 621.°, C.P.C. (na redacção que lhe foi dada pelo Decreto-Lei n.° 38/2003, de 8 de Março, rectificado pela Declaração de rectificação n.° 5-C//2003, de 30 de Abril), na audiência final. No entanto, o próprio artigo 621.° admite que ela possa ser antecipada, por haver de se realizar por carta precatória ou carta rogatória, por ter lugar na residência ou na sede dos serviços da testemunha, por poder ser apresentada por escrito, por ser feita em local designado pelo juiz, nos casos de impossibilidade de comparência da testemunha no tribunal e ainda por, nos termos do artigo 520.°, C.P.C., haver "justo receio de vir a tornar-se impossível ou muito difícil o depoimento de certas pessoas [...]". Neste último caso, pode ser judicialmente autorizada a inquirição antes mesmo da propositura da acção, não havendo, após a prestação do depoimento, qualquer prazo para essa propositura.

V. *Inquirição; Testemunha; Audiência; Carta precatória; Carta rogatória; Residência; Propositura da acção; Depoimento por escrito; Adiamento da inquirição;.*

Antecipação da prova (Proc. Civil) – O artigo 520.°, C.P.C., determina que, "havendo justo receio de vir a tornar-se impossível ou muito difícil o depoimento de certas pessoas ou a verificação de certos factos por meio de arbitramento ou inspecção, pode o depoimento, o arbitramento ou a inspecção realizar-se antecipadamente e até antes de proposta a acção". Segundo o artigo 521.°, n.° 1, C.P.C., "o requerente da prova antecipada justificará sumariamente a necessidade da antecipação, mencionará com precisão os factos sobre que há-de recair e identificará as pessoas que hão-de ser ouvidas, quando se trate de depoimento de parte ou de testemunhas"; o n.° 2, que tem a redacção do Decreto-Lei n.° 329-A/95, de 12 de Dezembro, dispõe que, "quando se requeira a diligência antes de a acção ser proposta, há-de indicar-se sucintamente o pedido e os fundamentos da demanda e identificar-se a pessoa contra quem se pretende fazer uso da prova, a fim de ela ser notificada pessoalmente [...] [para poder intervir e impugnar]" e, não podendo sê-lo, "será notificado o Ministério Público, quando se trate de incertos ou de ausentes, ou um advogado nomeado pelo juiz, quando se trate de ausente em parte incerta".

O artigo 522.°-A, C.P.C., introduzido pelo Decreto-Lei n.° 39/95, de 15 de Fevereiro, veio estabelecer que, em processo ordinário, "os depoimentos das partes, testemunhas ou quaisquer outras pessoas que devam prestá-los no processo são sempre gravados, quando prestados antecipadamente ou por carta"; "revelando-se impossível a gravação, o depoimento é reduzido a escrito, com a redacção ditada pelo juiz, podendo as partes ou os seus mandatários fazer as reclamações que entendam oportunas e cabendo ao depoente, depois de lido o texto do seu depoimento, confirmá-lo ou pedir as rectificações necessárias".

V. *Prova; Inquirição; Arbitramento; Inspecção judicial; Propositura da acção; Pedido; Depoimento de parte; Notificação; Impugnação; Ministério Público; Incertos; Ausente; Nomeação oficiosa de advogado; Processo ordinário; Gravações; Testemunha; Carta precatória; Carta rogatória; Registo da prova; Mandatário judicial; Reclamação.*

Antecipação da renda (Dir. Civil) – "Não é permitido às partes estipularem antecipação de renda superior à correspondente a um mês, nem por tempo superior a um mês, relativamente ao início do período a que respeita, ficando reduzida a esses limites sempre que os exceda" – artigo 21.°, n.° 1, do Regime do Arrendamento Urbano (aprovado pelo Decreto-Lei n.° 321-B/90, rectificado por declaração publicada no *Diário da República,* I-A série, de 30 de Novembro de 1990, e alterado pelo Decreto-Lei n.° 278/93, de 10 de Agosto (este, posteriormente, alterado, por ratificação, pela Lei n.° 13/94, de 11 de Maio), pelo Decreto-Lei n.° 163/95, de 13 de Julho, pela Lei n.° 89/95, de 1 de Setembro, pelo Decreto-Lei n.° 257/95, de 30 de Setembro, pela Lei n.° 135/99, de 28 de Agosto, pelos Decretos-Leis n.°s 64-A/2000, de 22 de Abril, e 329-B/2000, de 22 de Dezembro, e pelas Leis n.°s 6/2001 e 7/2001, ambas de 11 de Maio.

V. *Renda; Vencimento de renda.*

Antecipação do cumprimento (Dir. Civil) – Quando as obrigações têm um prazo de cumprimento, podem em regra ser exigidas, e devem ser cumpridas, quando o prazo se vence, isto é, depois de decorrido o período fixado ou na data marcada.

No entanto, em certos casos, pode o devedor vir antecipar o cumprimento – quer dizer, oferecer a prestação antes de decorrido o prazo – como pode o credor vir exigi-lo àquele antes do fim do prazo.

Se o prazo foi estabelecido em benefício do devedor, pode este, renunciando a tal benefício, vir cumprir antes do decurso do prazo. Se o prazo houver sido fixado em benefício do credor, pode este exigir o cumprimento antecipado, não sendo já aqui lícito ao devedor impor-lhe que o receba, se não o desejar. Finalmente, quando o prazo beneficie ambos, nem o credor pode ser forçado a receber a prestação antes do tempo, nem o devedor obrigado a prestá-la: é o que acontece, por exemplo, no mútuo oneroso, onde apenas se permite ao mutuário antecipar o cumprimento se satisfizer os juros por inteiro (artigo 1147.°, C.C.).

Há casos em que, sendo o benefício do prazo do devedor, a obrigação perde o prazo convencionado, tornando-se pura e vence-se, isto é, tem de ser cumprida, antes do prazo, se o credor exigir o cumprimento. Vêm estes casos enunciados nos artigos 780.° e 781.°, C.C., e são:

a) tornar-se o devedor insolvente, mesmo que a insolvência não tenha ainda sido judicialmente declarada;

b) terem diminuído as garantias do crédito ou não terem sido prestadas as garantias prometidas por causa imputável ao devedor;

c) não ser paga uma prestação, no caso de se tratar de obrigação liquidável em prestações (há a notar, no entanto, que o pagamento do preço na venda a prestações tem um regime diferente).

Para além dos casos em que uma das partes pode impor à outra o cumprimento antecipado, este é sempre lícito, como é óbvio, se ambas com ele concordarem.

O artigo 440.°, C.C., estabelece genericamente que, "se, ao celebrar-se o contrato ou em momento posterior, um dos contraentes entregar ao outro coisa que coincida, no todo ou em parte, com a prestação a que fica adstrito, é a entrega havida como antecipação total ou parcial do cumprimento, salvo se as partes quiserem atribuir à coisa entregue o carácter de sinal". Tratando-se, no entanto, de contrato-promessa de compra e venda, a coisa entregue pelo promitente-comprador ao promitente-vendedor é havida como sinal, mesmo que as partes hajam declarado que se trata de uma antecipação ou princípio de pagamento do preço.

Aliás, o sinal, no caso de o contrato ser cumprido, é em regra imputado no cumprimento, isto é, funciona como um pagamento antecipado de parte ou da totalidade da obrigação do contraente que o constituiu.

V. artigos 440.° a 442.°, C.C..

Porém, no âmbito de legislação especial, podem, naturalmente estabelecer-se regimes diversos. É o que acontece, por exemplo, no Decreto-Lei n.° 275/93, de 5 de Agosto, alterado pelos Decretos-Leis n.° 180/99, de 22 de Maio, 22/2002, de 31 de Janeiro, e 76-A/2006, de 29 de Março, que se ocupa do direito real de habitação periódica e cujos artigo 14.° e 51.°, n.° 3, em que se proíbem certas antecipações de pagamentos por parte dos adquirentes e promitentes-adquirentes de direitos reais de habitação periódica e de habitação turística.

Uma outra limitação legal à liberdade que as partes têm de convencionar o cumprimento antecipado resulta do artigo 21.°, n.° 1, do Regime do Arrendamento Urbano, aprovado pelo Decreto-Lei n.° 321-B/90, de 15 de Outubro, rectificado por Declaração publicada no *Diário da República*, I-A série, de 30 de Novembro de 1990, e alterado pelo Decreto-Lei n.° 278/93, de 10 de Agosto – este alterado, por ratificação, pela Lei n.° 13/94, de 11 de Maio –, pelo Decreto-Lei n.° 163/95, de 13 de Julho, pela Lei n.° 89/95, de 1 de Setembro, pelo Decreto-Lei n.° 257/95, de 30 de Setembro, pela Lei n.° 135/99, de 28 de Agosto, pelos Decretos-Leis n.°s 64-A/2000, de 22 de Abril, e 329-B/2000, de 22 de Dezembro, e pelas Leis n.°s 6/2001 e 7/2001, ambas de 11 de Maio, que essencialmente reproduz o antigo artigo 1091.°, C.C., determina que, nos arrendamentos urbanos, "não é permitido às partes estipularem antecipação de renda superior à correspondente a um mês, nem por tempo superior a um mês, relativamente ao início do período a que respeita, ficando reduzida a esses limites sempre que os exceda".

Em outras situações, a lei prevê a antecipação do cumprimento de algumas obrigações, como sucede, por exemplo, no artigo 98.°, n.° 1, do Estatuto da Ordem dos Advogados (Lei n.° 15/2005, de 26 de Janeiro) que estabelece que "o advogado pode solicitar ao cliente a entrega de provisões por conta dos honorários ou para pagamento de despesas, não devendo tais provisões exceder uma estimativa razoável dos honorários e despesas prováveis"; "não sendo entregue a provisão solicitada, o advogado pode renunciar a ocupar-se do assunto ou recusar aceitá-lo" (n.° 2 do mesmo artigo).

V. *Obrigação; Cumprimento; Tempo do cumprimento; Vencimento; Prestação; Devedor; Prazo; Benefício do prazo; Credor; Mútuo oneroso; Perda do benefício do prazo; Obrigação pura; Obrigação fraccionada; Insolvência; Garantia; Culpa; Venda a prestações; Sinal; Contrato-promessa; Direito real de habitação periódica; Arrendamento urbano; Renda; Advogado; Provisão; Honorários.*

Antícrese (Dir. Civil) – Designação tradicional da consignação de rendimentos.

Porém, a figura apresentava alguma diversidade da actual consignação de rendimentos, já que era admitida como acessório de um penhor ou de uma hipoteca; isto é, dados em penhor ou hipotecados certos bens, estes podiam ser entregues ao credor para que ele se fosse pagando pelos frutos dos bens que fosse percebendo, constituindo esta garantia um complemento do penhor ou da hipoteca.

V. *Consignação de rendimentos; Penhor; Hipoteca; Credor; Frutos; Garantia.*

Antícrese compensativa (Dir. Civil) – Designação doutrinária da convenção pela qual se considera que, tendo havido uma consignação de rendimentos de certos bens que passaram para o poder do credor, a dívida de juros ou de capital é compensada com os rendimentos dos bens.

V. *Convenção; Consignação de rendimentos; Credor; Juros; Compensação.*

Anulabilidade (Dir. Civil) – Característica de um acto jurídico inválido, por sofrer de um vício que permite, por via de acção ou de excepção, requerer a respectiva anulação. Como regra, a anulabilidade decorre de uma desconformidade com norma destinada a proteger a posição ou a situação de uma das partes (ou do autor) no negócio jurídico (nesse aspecto – entre outros – se distinguindo da nulidade). O acto anulável, apesar de viciado, comporta-se juridicamente como se fora válido, sendo os seus efeitos retroactivamente destruídos quando é exercido o direito potestativo de anulação.

Só podem arguir a anulabilidade de um acto as pessoas em cujo interesse a lei a estabelece (por exemplo, artigo 125.°, C.C. – quem pode requerer a anulação dos negócios jurídicos celebrados pelo menor) e só dentro do ano subsequente à cessação do vício que lhe serve de fundamento, a menos que o negócio ainda não esteja cumprido, caso em que a anulabilidade pode ser arguida sem dependência de prazo.

É possível convalidar o negócio anulável por *confirmação* dele por parte daquele a quem pertence o direito a requerer a anulação. A confirmação – que pode ser expressa ou tácita – só é eficaz quando for posterior à cessação do vício que fundamenta a anulabilidade do acto e quando o autor tiver conhecimento do vício e do direito que tem a arguir a anulabilidade. A confirmação sana retroactivamente o acto. Por seu lado, a caducidade do direito a anular o acto, embora, em bom rigor, o não sane, consolida-o definitivamente, já que ele deixa de ser impugnável.

Cfr. artigos 285.° e segs., C.C..

V. *Invalidade; Negócio jurídico; Nulidade; Acção; Excepção; Direito potestativo; Anulação; Menor; Convalidação; Confirmação; Inexistência.*

Anulabilidade do casamento (Dir. Civil) – Nos termos do artigo 1631.°, C.C., cuja redacção é a do Decreto-Lei n.° 35/97, de 31 de Janeiro, "é anulável o casamento:

a) Contraído com algum impedimento dirimente;

b) Celebrado, por parte de um ou de ambos os nubentes, com falta de vontade ou com a vontade viciada por erro ou coacção;

c) Celebrado sem a presença das testemunhas, quando exigidas por lei".

Sendo o casamento anulável, a legitimidade para intentar a acção de anulação depende do fundamento invocável, enunciando o artigo 1639.°, C.C., as pessoas que podem intentá-la, no caso de a anulação se fundar na existência de impedimento dirimente (cônjuges, qualquer dos respectivos parentes na linha recta ou até ao quarto grau da colateral, herdeiros, adoptantes dos cônjuges e Ministério Público), e resolvendo os artigos 1640.°, 1641.° e 1642.°, todos do C.C., o problema da legitimidade para propor a acção de anulação, quando ela se funde, respectivamente, em falta de vontade (tendo havido simulação, os cônjuges e quaisquer pessoas prejudicadas pelo casamento; tendo sido outra a hipótese de falta de vontade, o cônjuge cuja vontade tenha faltado) ou em vício desta (o cônjuge cuja vontade se encontrava viciada) ou na falta de testemunhas (só o Ministério Público).

Também o prazo de caducidade da acção de anulação é diverso consoante o vício que determine a anulabilidade: v. artigos 1643.° a 1646.°, C.C..

Antes de haver sentença na acção de anulação do casamento, "a anulabilidade do casamento não é invocável para nenhum efeito, judicial ou extrajudicial" (v. artigo 1632.°, C.C.); e, antes do trânsito em julgado da sentença de anulação, a anulabilidade é sanável, nos termos do artigo 1633.°, C.C..

V. *Casamento; Impedimentos dirimentes; Nubente; Erro; Coacção; Legitimidade; Anulação; Parente; Linha; Grau de parentesco; Herdeiro; Adopção; Ministério Público; Simulação; Caducidade; Sentença; Trânsito em julgado; Validação do casamento.*

Anulação – 1. (Dir. Civil) – Destruição retroactiva de um acto jurídico inválido por carência de qualquer requisito na sua formação que tenha tal consequência prevista na lei, ou pela entrada em vigor de uma lei que, com efeitos retroactivos, invalide o acto. A anulação faz cessar para as partes o dever de executarem o acto e obriga-as a restituir tudo o que tiver sido prestado ou, se a restituição em espécie não for possível, o valor correspondente.

Se uma das partes tiver transmitido a título gratuito uma coisa que devesse restituir e não puder entregar o valor a ela correspondente, fica o adquirente obrigado em seu lugar, na medida do respectivo enriquecimento.

A anulação de um negócio jurídico respeitante a bens imóveis ou a móveis sujeitos a registo não prejudica os direitos adquiridos a título oneroso sobre esses bens, por terceiro de boa fé (e está de boa fé o terceiro que no momento da aquisição desconhecia, sem culpa, o vício do negócio), desde que o registo da aquisição por este seja anterior ao registo da acção de anulação ou do acordo das partes sobre a invalidade, e desde que a acção de anulação não tenha sido proposta e registada no prazo de três anos a contar da data da celebração do negócio.

Um negócio parcialmente anulado pode subsistir quanto à parte válida, a menos que se prove que a parte anulada era essencial para as partes e que estas não o teriam celebrado sem aquela: este aproveitamento do negócio na parte válida resulta da chamada *redução*.

De modo paralelo, sendo o negócio totalmente anulado, pode salvar-se, transformando-se num outro, de tipo ou conteúdo diferente, desde que tenha deste os requisitos essenciais e seja lícito supor que as partes, se soubessem da invalidade, teriam querido a transformação: é o que se chama *conversão* do negócio.

V. artigos 289.° e segs., C.C..

Há, na lei civil, regimes especiais de anulação: assim, por exemplo, as deliberações da assembleia de condóminos contrárias à lei ou a regulamentos anteriormente aprovados são anuláveis, a requerimento de qualquer condómino, no prazo de 20 dias contados sobre a deliberação da assembleia extraordinária ou, caso esta não se tenha realizado, no prazo de 60 dias sobre a data da deliberação (artigo 1433.°, C.C., na redacção do Decreto-Lei n.° 267/94, de 25 de Outubro). V. também artigo 398.°, C.P.C., sobre o processo destinado a obter a anulação das deliberações da assembleia dos condóminos.

V. *Acto jurídico; Negócio jurídico; Invalidade; Entrada em vigor; Enriquecimento sem causa; Imóvel; Móvel; Contrato gratuito; Contrato oneroso; Terceiro; Boa fé; Registo; Registo de acções; Redução; Conversão; Assembleia dos condóminos.*

2. (Proc. Civil) – A nossa lei processual não estabelece uma clara linha de demarcação entre a nulidade e a anulação: assim, por exemplo, o artigo 194.°, C.P.C., que tem por epígrafe "Anulação do processado posterior à petição", dispõe que "é nulo tudo o que se processe depois da petição inicial [...]"; por seu lado, o artigo 199.°, n.° 1, do mesmo Código, que determina que "o erro na forma de processo importa unicamente a anulação dos actos que não possam ser aproveitados [...]", integra-se numa Subsecção relativa a "Nulidades dos actos"; também o artigo 722.°, n.° 3, C.P.C. (cuja redacção é a do Decreto-Lei n.° 329-A/95, de 12 de Dezembro), fala da anulação de sentença ou de acórdão "com fundamento nas nulidades dos artigos 668.° e 716.°". O artigo 921.°, C.P.C., prevê a anulação da execução que tenha corrido à revelia do executado sem ter havido citação deste (quando a falta de citação constitui fundamento de nulidade de todo o processo, nos termos do referido artigo 194.°, C.P.C.).

V. *Petição inicial; Erro na forma de processo; Nulidade processual; Sentença; Acórdão; Execução; Revelia; Citação.*

Anulação da partilha (Dir. Civil; Proc. Civil) – "Salvos os casos de recurso extraordinário, a anulação da partilha judicial confirmada por sentença passada em julgado só pode ser decretada quando tenha havido preterição ou falta de intervenção de algum dos co-herdeiros e se mostre que os outros interessados procederam com dolo ou má fé, seja quanto à preterição, seja quanto ao modo como a partilha foi preparada".

A anulação tem de ser requerida por meio de acção, que é dependência do processo de inventário e segue os termos do processo ordinário ou sumário, conforme o valor. V. artigo 1388.°, C.P.C..

A anulação é completamente diferente da emenda da partilha, porquanto, por ela, a partilha realizada é destruída e não apenas corrigida.

V. *Recurso extraordinário; Partilha; Sentença; Trânsito em julgado; Herdeiro; Dolo;*

Má fé; Acção; Inventário; Processo ordinário; Valor da causa; Processo sumário; Emenda da partilha.

Anúncio público – 1. (Dir. Civil) – Uma declaração negocial pode ser emitida através de um anúncio publicado num jornal do lugar da residência do declarante, quando a declaração se dirija a pessoa conhecida e certa, mas cujo paradeiro o declarante desconheça, e ainda a pessoa certa, mas que o declarante não conheça.

V. artigo 225.°, C.C..

V. *Declaração negocial; Declaração recipienda; Declarante; Paradeiro.*

A promessa pública tem de ser feita mediante anúncio público – artigo 459.°, C.C..

V. *Promessa pública.*

2. (Proc. Civil) – Em processo, utiliza-se o anúncio público para dar a conhecer os editais.

Nos termos do artigo 248.°, n.° 3, C.P.C. (na redacção do Decreto-Lei n.° 180/96, de 25 de Setembro), os anúncios necessários à realização de citação edital "são publicados em dois números seguidos de um dos jornais, de âmbito regional ou nacional, mais lidos na localidade em que esteja a casa da última residência do citando". Quando a citação tenha sido edital, ela "considera-se feita no dia em que se publique o último anúncio ou, não havendo anúncios, no dia em que sejam afixados os editais" – artigo 250.°, n.° 1, C.P.C.. Por seu lado, o artigo 252.° prescreve: "Juntar-se-á ao processo uma cópia do edital, na qual o oficial declarará os dias e os lugares em que fez a afixação; e colar-se-ão numa folha, que também se junta, os anúncios respectivos, extraídos dos jornais, indicando-se na folha o título destes e as datas da publicação"; esta junção tem a finalidade de instruir o processo com os elementos de prova de que foram cumpridas as formalidades legalmente impostas para as citações editais.

De acordo com o n.° 4 do já mencionado artigo 248.° (este com a redacção do Decreto-Lei n.° 329-A/95, de 12 de Dezembro), "não se publicam anúncios nos inventários em que a herança haja sido deferida a incapazes, ausentes ou pessoas colectivas, no processo sumaríssimo e em todos os casos de diminuta importância em que o juiz os considere dispensáveis".

Em processo executivo, também se usam anúncios públicos para publicitar o dia e hora para a abertura das por propostas em carta fechada. Tais anúncios são publicados com a antecipação de dez dias "em dois números seguidos de um dos jornais mais lidos da localidade da situação dos bens, ou, se na localidade não houver periódico ou este se publicar menos de uma vez por semana, de um dos jornais que nela sejam mais lidos, salvo se o agente de execução, em qualquer dos casos, os achar dispensáveis, atento o diminuto valor dos bens"; nos anúncios "menciona-se o nome do executado, a secretaria por onde corre o processo, o dia, hora e local da abertura das propostas, a identificação sumária dos bens, o valor base da venda e o valor apurado nos termos do n.° 2 do artigo anterior ["o valor a anunciar para a venda é igual a 70% do valor de base dos bens"]".

V. artigo 890.°, C.P.C., na redacção do Decreto-Lei n.° 199/2003, de 10 de Setembro.

V. *Edital; Citação; Citação edital; Inventário; Incapaz; Ausente; Pessoa colectiva; Processo sumaríssimo; Execução; Venda judicial; Agente de execução; Executado; Secretaria judicial.*

Apanágio do cônjuge sobrevivo (Dir. Civil) – "Falecendo um dos cônjuges, o viúvo tem direito a ser alimentado pelos rendimentos dos bens deixados pelo falecido", estando obrigados "à prestação dos alimentos os herdeiros ou legatários a quem tenham sido transmitidos os bens, segundo a proporção do respectivo valor".

V. artigo 2018.°, C.C..

V. *Alimentos; Herdeiro; Legatário.*

Apanha de frutos (Dir. Civil) – Tem o proprietário de árvore ou arbusto, contíguo a prédio de outrem ou com ele confinante, o direito, conferido pelo artigo 1367.°, C.C., a exigir que o dono do prédio lhe permita proceder à apanha dos frutos, quando não lhe seja possível fazê-la do seu prédio, sendo, no entanto, responsável por eventuais prejuízos que com a apanha cause. Contém, pois, esta disposição uma das (poucas) previsões de responsabilidade por acto lícito.

V. *Frutos; Prédio; Responsabilidade civil; Dano; Responsabilidade objectiva; Responsabilidade por actos lícitos.*

Aparência (Dir. Civil) – Na linguagem jurídica, o termo pode significar o que aparece, o que é ostensivo e por isso perceptível à vista. Neste sentido se refere, por exemplo, o artigo 1548.°, C.C., às servidões não aparentes, aquelas "que não se revelam por sinais visíveis e permanentes".

Outro sentido da palavra é o de designar algo que parece ter certa qualidade, mas, na realidade, a não tem. É este último o sentido em que se fala, por exemplo, de credor aparente. Assim, o artigo 583.°, n.° 2, C.C., ao invés do que é a regra geral, atribui efeitos liberatórios ao cumprimento realizado a credor aparente: nele se dispõe que, se, antes da notificação ou aceitação pelo devedor da cessão do crédito, este "pagar ao cedente ou celebrar com ele algum negócio jurídico relativo ao crédito", o pagamento ou o negócio só não são oponíveis ao cessionário "se este provar que o devedor tinha conhecimento da cessão".

V. *Servidão; Cumprimento; Credor aparente; Notificação; Devedor; Cessão de créditos; Negócio jurídico.*

"A pari" – Expressão que significa por razão igual ou semelhante. Trata-se de um argumento interpretativo utilizado para sustentar que situações idênticas ou muito semelhantes devem ter um tratamento jurídico igual.

V. *Argumentos interpretativos.*

Apátrida – É o sujeito que não tem nacionalidade ou porque nunca a teve ou porque perdeu a que originariamente tinha.

Estabelece o artigo 15.° da Constituição da República que os apátridas "que se encontrem ou residam em Portugal gozam dos direitos e estão sujeitos aos deveres do cidadão português", exceptuando-se "os direitos políticos, o exercício das funções públicas que não tenham carácter predominantemente técnico e os direitos e deveres reservados pela Constituição e pela lei exclusivamente aos cidadãos portugueses".

O n.° 2 do artigo 27.°, C.C., determina que o apátrida "não goza [...] de qualquer forma de tutela jurídica [da personalidade] que não seja reconhecida na lei portuguesa".

"A lei pessoal do apátrida é a do lugar onde ele tiver a sua residência habitual ou, sendo menor ou interdito, o seu domicílio legal" – artigo 32.°, n.° 1, C.C..

Com o objectivo de evitar que um sujeito nascido em Portugal seja apátrida, o artigo 1.°, n.° 1-*f)*, da Lei da Nacionalidade (Lei n.° 37/81, de 3 de Outubro, alterada pela Lei n.° 25/94, de 19 de Agosto, pelos Decretos-Leis n.°s 22-A/2001, de 14 de Dezembro, 194/2003, de 23 de Agosto de 2003, e pelas Leis Orgânicas n.°s 1/2004, de 15 de Janeiro, e 2/2006, de 17 de Abril) estabelece que "são portugueses de origem [...] os indivíduos nascidos no território português e que não possuam outra nacionalidade". Na sua versão anterior, o artigo 8.° da mesma lei impedia àqueles que não fossem nacionais de outro Estado a declaração de que não quererem ser portugueses, o que actualmente já não sucede. A lógica parece mesmo ser oposta, dado que a naturalização pode ser concedida a estrangeiros, nos termos do artigo 6.°, a estrangeiros ou a filhos destes, mas o respectivo n.° 4 dispõe que ela possa sê-lo "aos indivíduos que, não sendo apátridas, tenham tido a nacionalidade portuguesa, aos que forem havidos como descendentes de portugueses, aos membros de comunidades de ascendência portuguesa e aos estrangeiros que tenham prestado ou sejam chamados a prestar serviços relevantes ao Estado Português ou à comunidade nacional"; excepção a esta ideia legal de afastamento dos apátridas da atribuição de nacionalidade pode encontrar-se no n.° 3 do mesmo artigo que estabelece que pode ser concedida naturalização " aos indivíduos que tenham tido a nacionalidade portuguesa e que, tendo-a perdido, nunca tenham adquirido outra nacionalidade".

O Decreto-Lei n.° 41/2006, de 21 de Fevereiro, alterando o Decreto-Lei n.° 176/2003, de 2 de Agosto, dispõe, no seu artigo 7.°, n.° 3, que se consideram "equiparados a residentes para efeitos de atribuição da prestação de subsídio de funeral os [...] apátridas portadores de título de protecção temporária válidos"; nos termos do n.° 4 da mesma disposição, "consideram-se ainda equiparados a residentes para efeitos de atribuição da prestação de abono de família a crianças e jovens: *a)* os [...] apátridas portadores de título de protecção temporária válido; *b)* os cidadãos estrangeiros portadores de títulos válidos de permanência, ou respectivas prorrogações [...]".

V. *Cidadania; Lei pessoal; Residência; Menor; Interdito; Domicílio legal; Nascimento; Residência; Naturalização; Estrangeiros; Descendente.*

Apelação (Proc. Civil) – Nos termos do n.° 1 do artigo 691.°, C.P.C., na redacção do Decreto-Lei n.° 180/96, de 25 de Setembro, é o recurso ordinário que se interpõe da sentença final ou do despacho saneador que conheçam do mérito da causa, esclarecendo o n.° 2 da mesma disposição que "a sentença e o despacho saneador que julgue da procedência ou improcedência de alguma excepção peremptória decidem do mérito da causa".

O efeito de interposição do recurso de apelação é, em regra, meramente devolutivo, podendo ser suspensivo, o que acontece nas acções sobre o estado das pessoas, nas acções "em que se aprecie a validade ou a subsistência de contratos de arrendamento para habitação" e "nas que respeitem à posse ou à propriedade da casa de habitação do réu" (artigo 692.°, C.P.C., na redacção do Decreto-Lei n.° 38/2003, de 8 de Março, rectificado pela Declaração de rectificação n.° 5-C/2003, de 30 de Abril).

Na versão legal anterior, a regra era a inversa, em processo declarativo ordinário; já em processo sumário, o efeito era devolutivo e, em processo sumaríssimo, quando da sentença final cabia apelação, o recurso tinha efeito suspensivo.

Também cabe apelação das sentenças em alguns processo de execução (artigo 922.°, C.P.C., na redacção do citado DL n.° 38/2003) e em alguns processos especiais (por exemplo: a acção de indemnização contra magistrados – artigo 1090.°, C.P.C.).

Os termos do recurso de apelação encontram-se regulados nos artigos 691.° e segs., C.P.C.. Com este recurso não se abre uma nova instrução do processo, pois a lei não permite às partes nova produção de provas, salvo a junção de novos documentos nos termos do artigo 706.°, C.P.C.; daí que o tribunal de recurso se pronuncie essencialmente sobre o material que serviu de base à decisão da 1.ª instância. O recurso de apelação abrange tanto as questões de facto como as de direito, se bem que os poderes do tribunal de apelação sejam, quanto à matéria de facto, relativamente reduzidos (não obstante o alargamento de que foram objecto nas sucessivas redacções legais), pois "a decisão do tribunal de 1.ª instância sobre a matéria de facto [só] pode ser alterada pela Relação: *a)* Se do processo constarem todos os elementos de prova que serviram de base à decisão sobre os pontos da matéria de facto em causa ou, se, tendo ocorrido gravação dos depoimentos prestados, tiver sido impugnada, nos termos do artigo 690.°-A, a decisão com base neles proferida; *b)* Se os elementos fornecidos pelo processo impuserem decisão diversa, insusceptível de ser destruída por quaisquer outras provas; *c)* Se o recorrente apresentar documento novo superveniente e que, por si só, seja suficiente para destruir a prova em que a decisão assentou"; o texto legal que se deixou transcrito é o do n.° 1 do artigo 712.°, C.P.C., cuja redacção é a do Decreto-Lei n.° 329-A/95, de 12 de Dezembro; o n.° 2 do mesmo artigo, introduzido pelo Decreto-Lei n.° 39/95, de 15 de Fevereiro, vem dizer que, no caso de ter havido impugnação da matéria de facto e gravação dos depoimentos, "a Relação reaprecia as provas em que assentou a parte impugnada da decisão, tendo em atenção o conteúdo das alegações de recorrente e recorrido, sem prejuízo de oficiosamente atender a quaisquer outros elementos probatórios que hajam servido de fundamento à decisão sobre os pontos da matéria de facto impugnados"; e o n.° 3, introduzido pelo DL n.° 329-A/95, dispõe que "a Relação pode determinar a renovação dos meios de prova produzidos em 1.ª instância que se mostrem absolutamente indispensáveis ao apuramento da verdade, quanto à matéria de facto impugnada, aplicando-se às diligências ordenadas, com as necessárias adaptações, o preceituado quanto à instrução, discussão e julgamento na 1.ª instância e podendo o relator determinar a comparência pessoal dos depoentes"; os números seguintes da mesma disposição prosseguem, admitindo o n.° 4 que a falta de elementos de prova, que permitam a reapreciação da matéria de facto leve a Relação a anular, mesmo oficiosamente, a decisão recorrida, se entender que ela é "deficiente, obscura ou contraditória" sobre pontos determinados daquela matéria ou "quando considere indispensável a ampliação desta"; a repetição do julgamento limita-se à parte entendida como viciada, "podendo, no entanto, o tribunal ampliar o julgamento de modo a apreciar outros pontos da matéria de facto, com o fim exclusivo de evitar contradições na decisão"; finalmente, o n.° 5 confere à Relação a faculdade de mandar que o tribunal de 1.ª instância fundamente a decisão sobre algum facto que considere essencial para o julgamento e em que a fundamentação não exista ou seja insuficiente.

Uma importante inovação no regime da apelação foi introduzida pelo artigo 705.°, C.P.C., resultante do já citado DL n.° 329-A/95, em que é admitida uma decisão "liminar do objecto do recurso", proferida pelo relator nos casos em que entenda "que a questão a decidir é simples, designadamente por ter já sido jurisdicionalmente apreciada, de modo uniforme e reiterado, ou que o recurso é manifestamente infundado"; esta decisão liminar "pode consistir em simples remissão para as precedentes decisões, de que se juntará cópia".

V. *Recurso; Recurso ordinário; Sentença; Despacho saneador; Mérito da causa; Excepção peremptória; Processo ordinário; Processo sumário; Efeito suspensivo do recurso; Efeito devolutivo do recurso; Acção de estado; Arrendamento para habitação; Posse; Direito de propriedade; Réu; Instrução; Prova; Documento; Apresentação de documentos; Questão de facto; Questão de direito; Acção de indemnização contra magistrados; Tribunal de 1.ª instância; Execução; Alegações; Conhecimento oficioso; Meios de prova; Diligência; Julgamento; Juiz relator; Fundamentação das decisões.*

Apelado (Proc. Civil) – Nome dado à parte contrária à que interpõe o recurso de apelação, isto é, àquele contra quem este é interposto.

V. *Recurso; Apelação; Interposição de recurso.*

Apelante (Proc. Civil) – Aquele que interpõe um recurso de apelação.

V. *Apelação; Interposição de recurso.*

Apelidos (Dir. Civil) – V. *Nome.*

Apensação de acções (Proc. Civil) – Quando se encontram pendentes duas ou mais acções em que a causa de pedir é uma só e a mesma, ou em que são vários os pedidos, mas há entre eles uma relação de prejudicialidade ou de dependência, ou ainda em que há vários pedidos com diversas causas de pedir, mas a procedência dos pedidos principais depende essencialmente da apreciação dos mesmos factos ou da interpretação e aplicação das mesmas regras de direito ou de cláusulas de contratos análogas, podem tais acções ser juntas.

A junção deve ser requerida por qualquer das partes que nisso tenha interesse, não obstando à junção que as acções se encontrem a correr em tribunais diferentes.

O requerimento deve ser dirigido ao tribunal em que corra o processo a que os outros devam ser apensados, e esse é o que tiver sido instaurado em primeiro lugar, salvo se os pedidos forem dependentes uns dos outros (neste caso, a apensação é feita pela ordem de dependência), ou se algum dos processos pender em tribunal de círculo (caso em que a ele serão apensados os que corram em tribunal singular).

"Quando se trate de processos que pendam perante o mesmo juiz, pode este determinar, mesmo oficiosamente, ouvidas as partes, a apensação". "Tendo sido penhorados, em execuções distintas, quinhões no mesmo património autónomo ou direitos relativos ao mesmo bem indiviso, pode o juiz, oficiosamente ou a requerimento da parte, ordenar a apensação ao processo em que tenha sido feita a primeira penhora, desde que não ocorra nenhuma das circunstâncias previstas no n.° 1 do artigo 53.° [as que permitem a cumulação de execuções]".

V. artigos 275.° (na redacção do Decreto-Lei n.° 38/2003, de 8 de Março), 27.°, 28.°

(na do Decreto-Lei n.° 180/96, de 25 de Setembro) e 30.° (na redacção do Decreto-Lei n.° 315/98, de 20 de Outubro), C.P.C..

O artigo 154.°, n.°s 1 e 2, do Código dos Processos Especiais de Recuperação da Empresa e de Falência, aprovado pelo Decreto-Lei n.° 132/93, de 23 de Abril, alterado pelos Decretos-Leis n.°s 157/97, de 24 de Junho, 315/98, de 20 de Outubro, 323/2001, de 17 de Dezembro, e 38/2003, de 8 de Março, determinava a apensação ao processo de falência de um conjunto de acções. Este diploma foi revogado pelo Decreto-Lei n.° 53/2004, de 18 de Março – mais tarde alterado pelos Decretos-Leis n.°s 200/2004, de 18 de Agosto, e 76-A/2006, de 29 de Março (este último rectificado pela Declaração de rectificação n.° 28-A/2006, de 26 de Maio) –, que aprovou o Código da Insolvência e da Recuperação de Empresas, cujo artigo 85.° estabelece, em termos muito semelhantes aos do Código anterior, que, "declarada a insolvência, todas as acções em que se apreciem questões relativas a bens compreendidos na massa insolvente, intentadas contra o devedor, ou mesmo contra terceiros, mas cujo resultado possa influenciar o valor da massa, e todas as acções de natureza exclusivamente patrimonial intentadas pelo devedor são apensadas ao processo de insolvência, desde que a apensação seja requerida pelo administrador da insolvência, com fundamento na conveniência para os fins do processo"; "o juiz requisita ao tribunal ou entidade competente a remessa, para efeitos de apensação aos autos da insolvência, de todos os processos nos quais se tenha efectuado qualquer acto de apreensão ou detenção de bens compreendidos na massa [...]". Por seu lado, o artigo 86.° do mesmo Código dispõe que, a requerimento do administrador [...] são apensados aos autos os processos em que haja sido declarada a insolvência de pessoas que legalmente respondam pelas dívidas do insolvente ou, tratando-se de pessoa singular casada, do seu cônjuge, se o regime de bens não for o de separação", o mesmo regime se aplicando se o devedor for "uma sociedade comercial, relativamente aos processos em que tenha sido declarada a insolvência de sociedades que [...] ela domine ou com ela se encontrem em relação de grupo"; "quando os processos corram termos em tribunais com diferente competência em razão da matéria, a apensação só é determinada se for requerida pelo administrador da insolvência no processo instaurado em tribunal de competência especializada".

V. *Acção; Litisconsórcio; Coligação; Pedido; Causa de pedir; Questão prejudicial; Cláusula; Tribunal; Requerimento; Tribunal de círculo; Tribunal singular; Penhora; Execução; Quinhão; Património autónomo; Recuperação da empresa; Falência; Insolvência; Recuperação de empresas; Massa insolvente; Devedor; Administrador da insolvência; Pessoa singular; Regime de bens do casamento; Separação de bens; Competência em razão da matéria; Tribunal de competência especializada.*

Aperfeiçoamento da petição inicial (Proc. Civil) – V. *Petição inicial; Despacho de aperfeiçoamento.*

Aplicação das leis no espaço (Dir. Civil) – V. *Lei; Conflitos de leis.*

Aplicação das leis no tempo (Dir. Civil) – V. *Lei; Conflitos de leis no tempo.*

Apoio judiciário – O apoio judiciário, modalidade de protecção jurídica, instituído em substituição da assistência judiciária pelo Decreto-Lei n.° 387-B/87, de 29 de Dezembro, alterado pela Lei n.° 46/96, de 3 de Setembro, foi entretanto regulado pela Lei n.° 30-E/2000, de 20 de Dezembro, alterada pelo Decreto-Lei n.° 38/2003, de 8 de Março (rectificado pela Declaração de rectificação n.° 5-C/2003, de 30 de Abril).

Esta Lei n.° 30-E/2000 foi revogada pela Lei n.° 34/2004, de 29 de Julho – na transposição da Directiva n.° 2003/8/CE, do Conselho, de 27 de Janeiro –, que continua a incluir o apoio judiciário nas medidas de protecção jurídica, destinadas a evitar que a alguém seja impedido ou dificultado o conhecimento, o exercício ou a defesa dos respectivos direitos, "em razão da sua condição social ou cultural, ou por insuficiência de meios económicos".

Nos termos do artigo 16.° do diploma referido, "o apoio judiciário compreende as seguintes modalidades:

a) Dispensa, total ou parcial, de taxa de justiça e demais encargos com o processo;

b) Pagamento de honorários de patrono;
c) Pagamento da remuneração do solicitador de execução designado;
d) Pagamento faseado da taxa de justiça e demais encargos com o processo, de honorários do patrono nomeado e de remuneração do solicitador de execução designado;
e) Pagamento de honorários de defensor oficioso".

"O regime de apoio judiciário aplica-se em todos os tribunais e nos julgados de paz, qualquer que seja a forma do processo", aplicando-se "também, com as devidas adaptações, aos processos de contra-ordenações e aos processos de divórcio por mútuo consentimento, cujos termos corram nas conservatórias do registo civil [o que, aliás, já resultava do artigo 40.° da Lei n.° 78/2001, de 13 de Julho, quanto aos processos que corram nos julgados de paz e ao pagamento do mediador, e do Decreto-Lei n.° 272/2001, de 13 de Outubro, rectificado pela Declaração de rectificação n.° 20-AR/2001, de 30 de Novembro, quanto aos divórcios realizados nas conservatórias do registo civil]" (artigo 18.°).

"O apoio judiciário é independente da posição processual que o requerente ocupe na causa e do facto de já ter sido concedido à parte contrária", devendo ser requerido "antes da primeira intervenção processual, salvo se a situação de insuficiência económica for superveniente ou se, em virtude do decurso do processo, ocorrer um encargo excepcional, suspendendo-se, nestes casos, o prazo para pagamento da taxa de justiça e demais encargos com o processo até à decisão definitiva do pedido de apoio judiciário [...]"; o apoio mantém-se, para efeitos de recurso, seja qual for a decisão sobre a causa, e é "extensivo a todos os processos que sigam por apenso àquele em que essa concessão se verificar, sendo-o também ao processo principal, quando concedido em qualquer apenso"; mantém-se ainda para as execuções fundadas em sentença proferida em processo em que a concessão tenha existido – artigo 18.°.

O requerimento do apoio judiciário pode ser feito pelo próprio interessado, pelo Ministério Público em sua representação, por advogado, advogado estagiário ou solicitador em representação do interessado (bastando, então, para comprovar essa representação, as assinaturas conjuntas do interessado e do patrono) – artigo 19.°.

"O procedimento de protecção jurídica na modalidade de apoio judiciário é autónomo relativamente à causa a que respeite, não tendo qualquer repercussão sobre o andamento desta, com excepção [...]" dos casos previstos nos n.°s 2 a 5 do artigo 24.°, dos quais se destaca a situação de o pedido ser apresentado na pendência de acção judicial e o requerente pretender a nomeação de patrono, situação em que "o prazo que estiver em curso [se] interrompe com a junção aos autos do documento comprovativo da apresentação do requerimento [...]", só se reiniciando, "conforme os casos: *a)* A partir da notificação ao patrono nomeado da sua designação; *b)* A partir da notificação ao requerente da decisão de indeferimento do pedido de nomeação de patrono".

"Nos casos em que é concedido apoio judiciário, na modalidade de nomeação de patrono, compete à Ordem dos Advogados a escolha e nomeação de advogado, de acordo com os respectivos estatutos, regras processuais e regulamentos internos" – artigo 30.°, n.° 1. "A nomeação deve, em regra, recair em advogado com escritório na comarca onde o processo corre termos", mas pode também recair sobre solicitador em moldes a convencionar entre a Ordem dos Advogados e a Câmara dos Solicitadores. A nomeação deve ser notificada pela Ordem dos Advogados ao patrono e ao requerente, e, quando o pedido tiver sido apresentado na pendência de acção, "para além de ser feita com a expressa advertência do início do prazo judicial, é igualmente comunicada ao tribunal". V. artigos 30.° e 31.°.

O patrono nomeado pode pedir escusa – interrompendo este pedido, quando apresentado na pendência de processo, qualquer prazo que esteja em curso – que, sendo concedida, deverá ser acompanhada da nomeação de outro patrono, excepto no caso de o fundamento do pedido ser a inexistência de fundamento legal da pretensão, caso em que a Ordem dos Advogados pode recusar nova nomeação para o mesmo fim (artigo 34.° do mesmo diploma).

O beneficiário do apoio judiciário pode requerer a substituição do patrono nomeado, fundamentando o seu pedido (artigo 32.°).

O Decreto-Lei n.° 71/2005, de 17 de Março, completa a transposição da referida Directiva n.° 2003/8/CE, "relativa à melhoria do acesso à justiça nos litígios transfronteiriços, através do estabelecimento de regras mínimas comuns relativas ao apoio judiciário no âmbito desses litígios, desenvolvendo o regime previsto na Lei n.° 34/2004 [...]". De acordo com o artigo 2.°, n.° 2, deste diploma, "entende-se por «litígio transfronteiriço» o litígio em que o requerente de protecção jurídica tem à data de apresentação do pedido domicílio ou residência habitual num Estado membro da União Europeia diferente do Estado membro do foro". O artigo 3.° dispõe que, "no caso de pedido de apoio judiciário apresentado por residente noutro Estado membro da União Europeia para acção em que os tribunais portugueses sejam competentes, o apoio judiciário, a conceder nos termos da Lei n.° 34/2004, de 29 de Julho, abrange ainda os seguintes encargos específicos decorrentes do carácter transfronteiriço do litígio: *a)* Serviços prestados por intérprete; *b)* Tradução dos documentos exigidos pelo tribunal ou pela autoridade competente e apresentados pelo beneficiário do apoio judiciário que sejam necessários à resolução do litígio; *c)* Despesas de deslocação a suportar pelo requerente, na medida em que a lei ou o tribunal exijam a presença física, em audiência, das pessoas a ouvir e o tribunal decida que estas não possam ser ouvidas satisfatoriamente por quaisquer outros meios". "No caso de litígio transfronteiriço em que os tribunais competentes pertençam a outro Estado membro da União Europeia, a protecção jurídica abrange o apoio pré-contencioso", visando este proporcionar assistência jurídica ao requerente "até à recepção do pedido de protecção jurídica no Estado membro do foro [...]"; "os encargos específicos decorrentes do carácter transfronteiriço do litígio" são também abrangidos - artigos 4.° e 5.°.

V. Acordo Europeu sobre a Transmissão de Pedidos de Assistência Judiciária, aberto à assinatura em Estrasburgo em 27 de Janeiro de 1977, aprovado para ratificação pelo Decreto do Governo n.° 57/84, de 28 de Setembro, tendo o instrumento de ratificação por parte de Portugal sido depositado em 16 de Junho de 1986, conforme aviso publicado no *Diário da República*, I série, de 15 de Julho de 1986.

V. *Protecção jurídica; Acesso ao direito; Preparo; Taxa de justiça; Honorários; Custas; Advogado; Solicitador; Solicitador de execução; Julgado de paz; Divórcio; Registo civil; Mediador; Suspensão de prazo judicial; Recurso; Mérito da causa; Requerimento; Ministério Público; Comarca; Advogado estagiário; Nomeação oficiosa de advogado; Apensação de acções; Execução; Sentença; Documento; Apresentação de documentos; Ordem dos Advogados; Representação; Câmara dos Solicitadores; Notificação; Escusa; Competência internacional; Intérprete; Tradução; Audiência.*

Apoio para autonomia de vida (Dir. Civil) – Trata-se de uma das medidas de promoção e de protecção previstas na Lei de Protecção de Crianças e Jovens em Perigo, aprovada pela Lei n.° 147/99, de 1 de Setembro, e alterada pela Lei n.° 31/2003, de 22 de Agosto, que "consiste em proporcionar directamente ao jovem com idade superior a 15 anos apoio económico e acompanhamento psicopedagógico e social, nomeadamente através do acesso a programas de formação, visando proporcionar-lhe condições que o habilitem e lhe permitam viver por si só e adquirir progressivamente autonomia de vida". Esta medida "pode ser aplicada a mães com idade inferior a 15 anos, quando se verifique que a situação aconselha a [sua] aplicação".

V. artigo 45.° da Lei de Protecção de Crianças e Jovens em Perigo.

V. *Menor; Protecção de menores.*

Aposição de escritos (Dir. Civil; Proc. Civil) – V. *Escritos.*

Apossamento (Dir. Civil) – É o acto pelo qual alguém se apropria materialmente de uma coisa, isto é, adquire a respectiva posse "pela prática reiterada, com publicidade, dos actos materiais correspondentes ao exercício do direito" ou a adquire por tradição material da coisa feita pelo anterior possuidor ou ainda por inversão do título da posse.

Fala-se, pois, de apossamento sempre que se quer referir a actuação material do sujeito que está na base da tutela jurídica consubstanciada na posse.

V. artigo 1263.°, C.C..

V. *Posse; Tradição de coisa; Inversão do título da posse.*

Aposta (Dir. Civil) – Aposta é o contrato pelo qual as partes se comprometem reciprocamente a fazer uma prestação, que constitui lucro para uma e perda para a outra, dependentemente da verificação de um facto que lhes é alheio ou que, não o sendo, não constitui um jogo entre elas.

A aposta não é um contrato válido nem fonte de obrigações civis, tendo o mesmo regime legal do contrato de jogo, isto é, quando lícita, é fonte de obrigações naturais.

V. artigos 1245.° e segs., C.C..

Há abundante legislação especial que regula apostas nela identificadas.

O regime do Decreto-Lei n.° 7/2004, de 7 de Janeiro – que transpôs a Directiva n.° 2000/31/CE, do Parlamento Europeu e do Conselho, de 8 de Junho de 2000 –, relativo ao comércio electrónico no mercado interno não é aplicável a apostas quando estas são feitas em dinheiro.

V. *Jogo; Apostas mútuas desportivas; Obrigação natural.*

Apostas mútuas desportivas – Sistema de apostas mútuas sobre os resultados desportivos, organizado com garantias oficiais. Não se trata, rigorosamente, de um jogo de azar, já que, para a elaboração dos prognósticos (por exemplo, sobre os resultados de várias competições de futebol), será necessário dispor de informações e de reflectir sobre elas. Estão entregues à Santa Casa da Misericórdia de Lisboa a organização e exploração, em regime de exclusivo, de concursos de prognósticos ou apostas mútuas sobre resultados de competições desportivas. O produto líquido da exploração destina-se ao fomento da educação física e dos desportos, por um lado, e da assistência a diminuídos físicos, por outro lado.

V. Portaria n.° 39/2004, de 12 de Janeiro, alterada pela Portaria n.° 237/2004, de 3 de Março, que aprovou o Regulamento do Totobola actualmente em vigor.

V. Decreto-Lei n.° 268/92, de 28 de Novembro (rectificado pela Declaração de rectificação n.° 27/93, de 27 de Fevereiro), que estabelece o regime de exploração das apostas mútuas hípicas; a Resolução do Conselho de Ministros n.° 45/95, de 5 de Maio (alterada pela Resolução n.° 107/96, de 11 de Julho), veio, entretanto, definir as regras a que deverão obedecer o regulamento das corridas de cavalos, bem como o regulamento das apostas mútuas hípicas (o regime das apostas mútuas em corridas de cavalos ou concursos hípicos constava do Decreto-Lei n.° 40 910, de 19 de Dezembro de 1956).

V. *Aposta; Jogo.*

Apreciação da culpa (Dir. Civil) – A culpa pode ser apreciada em concreto: compara-se a diligência do agente em dada situação com a diligência que habitualmente ele costuma revelar nos seus comportamentos; ou em abstracto: confronta-se a diligência do agente com a diligência que teria tido um bom pai de família colocado nas circunstâncias em que se encontrava o agente. O juízo de culpabilidade do agente resulta de a sua conduta ter sido menos diligente do que ou aquela que ele tem habitualmente ou aquela que teria sido a do bom pai de família nas mesmas circunstâncias, consoante se trate de apreciação em concreto ou em abstracto. Trata-se, pois, sempre do resultado de uma apreciação comparativa de um comportamento real com um outro, hipotético este.

A nossa lei civil manda, como regra, proceder à apreciação da culpa em abstracto. V. artigos 487.°, n.° 2, e 799.°, n.° 2, C.C..

V. *Culpa; Diligência; Bom pai de família.*

Aprendizagem (Dir. Civil) – A noção constante do artigo 1424.° do Código Civil de 1867 era a seguinte: "Chama-se contrato de prestação de serviço de ensino, ou contrato de aprendizagem, àquele que se celebra entre maiores, ou entre maiores e menores devidamente autorizados, pelo qual uma das partes se obriga a ensinar à outra uma indústria ou um ofício". O contrato de aprendizagem não tem hoje previsão autónoma na lei civil, o que é irrelevante para a sua admissibilidade jurídica. Os artigos 1154.° e segs., C.C., ocupam-se do contrato de prestação de serviços.

A lei laboral prevê, porém, o regime jurídico da aprendizagem, que era definida pelo artigo 6.° do Decreto-Lei n.° 102/84, de 29 de Março, actualmente revogado. O Decreto-Lei n.° 205/96, de 25 de Outubro, que revogou os diplomas anteriores relativos ao regime do contrato de aprendizagem, caracteriza esta última como um "sistema de formação profissional inicial em alternância [isto é, com "interacção entre as componentes de formação teórica e de formação prática, incluindo esta, obrigatoriamente, formação em situação de trabalho, distribuída, de forma progressiva, ao longo de todo o processo formativo"] no quadro da formação profissional inserida no mercado de emprego". O n.° 1 do artigo 16.° do citado diploma define o contrato de aprendizagem como "aquele que é celebrado entre um formando ou o seu representante legal e a entidade formadora, em que esta se obriga a ministrar-lhe formação em regime de aprendizagem e aquele se obriga a aceitar essa formação e a executar todas as actividades a ela inerentes, no quadro dos direitos e deveres que lhe são cometidos por força da legislação e outra regulamentação aplicáveis a este sistema"; o contrato tem de ser feito por documento particular, obedece a um modelo aprovado pela Comissão Nacional de Aprendizagem e tem de conter necessariamente as menções indicadas no n.° 2 do artigo 17.° do DL n.° 205/96.

V. *Contrato de prestação de serviços; Menor; Representação legal; Documento particular.*

Apresentação à falência (Dir. Com.; Proc. Civil) – "Todo o comerciante que se encontre impossibilitado de cumprir as suas obrigações comerciais deve, antes de cessar efectivamente os pagamentos ou nos trinta dias seguintes à cessação, apresentar-se ao tribunal competente para declaração de falência, requerendo a convocação dos credores, salvo se estiver pendente processo especial de recuperação de empresa e protecção dos credores" – este era o texto do artigo 1140.°, n.° 1, C.P.C. (na redacção dada pelo artigo 50.° do Decreto-Lei n.° 177/86, de 2 de Julho), entretanto revogado pelo Código dos Processos Especiais de Recuperação da Empresa e de Falência, aprovado pelo Decreto-Lei n.° 132/ /93, de 23 de Abril, alterado pelos Decretos-Leis n.°s 157/97, de 24 de Junho, 315/98, de 20 de Outubro, 323/2001, de 17 de Dezembro, e 38/2003, de 8 de Março. Nos termos deste último diploma (artigo 6.°), havia um dever de apresentação à falência para o devedor (que seria cumprido, se se tratasse de uma empresa, pelo respectivo titular ou pelo órgão social incumbido da sua administração) que deixasse de cumprir uma das suas obrigações, se se verificasse ou falta de cumprimento de uma ou mais obrigações que, pelo seu montante ou pelas circunstâncias do incumprimento, revelasse a impossibilidade de o devedor satisfazer pontualmente a generalidade das suas obrigações; ou fuga do titular da empresa ou dos titulares do seu órgão de gestão, relacionada com a falta de solvabilidade do devedor e sem designação de substituto idóneo, ou abandono do local em que a empresa a sede ou se exercesse a sua principal actividade; ou dissipação ou extravio de bens, constituição fictícia de créditos ou qualquer outro procedimento anómalo que revelasse o propósito de o devedor se colocar em situação que o impossibilitasse de cumprir pontualmente as suas obrigações.

A apresentação à falência fazia-se por meio de petição escrita, em que eram expostos os factos bem como os meios de prova de que o devedor dispusesse e requeridos quaisquer outros. Era necessária juntar um conjunto de documentos(por exemplo, relação de todos os credores e respectivos domicílios, com a indicação dos montantes dos seus créditos, datas de vencimento e garantias de que beneficiassem, relação e identificação de todas as acções e execuções pendentes contra a empresa, fotocópias do registo contabilístico do último balanço, do inventário e da conta de ganhos e perdas e os livros dos últimos três anos; tratando-se de sociedade, relação dos sócios conhecidos e mapa de pessoal; sendo empresa individual, cujo titular fosse casado, documento comprovativo do casamento e do respectivo regime de bens; relação de bens que detivesse em regime de arrendamento, aluguer ou locação financeira ou venda com reserva de propriedade). O requerimento de apresentação à falência devia ainda "identificar cada um dos sócios, cooperantes ou membros interessados, com os demais elementos necessários", se o apresentante fosse sociedade comercial, cooperativa, agrupamento complementar de empresas ou agrupamento europeu de interesse económico.

No despacho que ordenasse o prosseguimento da acção de falência, seria esta imediatamente declarada, quando tivesse havido apresentação do devedor sem oposição de qualquer dos credores (artigo 122.°).

O Decreto-Lei n.° 53/2004, de 18 de Março, alterado pelos Decretos-Leis n.°s 200/2004, de 18 de Agosto, e 76-A/2006, de 29 de Março (este rectificado pela Declaração de rectificação n.° 28-A/2006, de 26 de Maio), revogou o mencionado Código dos Processos Especiais de Recuperação da Empresa e de Falência e aprovou o Código da Insolvência e da Recuperação de Empresas, estabelecendo este, nos seus artigos 18.° e segs., as regras sobre apresentação à insolvência que têm muitos aspectos semelhantes às que se deixaram sumariamente enunciadas e que vigoravam para a apresentação à falência.

V. *Falência; Recuperação da empresa; Arrendamento; Aluguer; Locação financeira; Reserva de propriedade; Empresa; Obrigação; Cumprimento; Petição inicial; Prova; Credor; Domicílio; Vencimento; Garantia; Execução; Balanço; Regime de bens do casamento, Insolvência; Recuperação de empresas; Apresentação à insolvência.*

Apresentação à insolvência (Dir. Civil; Dir. Com.; Proc. Civil) – O artigo 18.° do Código da Insolvência e da Recuperação de Empresas, aprovado pelo Decreto-Lei n.° 53/2004, de 18 de Março – alterado pelos Decretos-Leis n.°s 200/2004, de 18 de Agosto, e 76-A/2006, de 29 de Março (este último rectificado pela Declaração de rectificação n.° 28-A/2006, de 26 de Maio) –, impõe um dever de apresentação à insolvência, cuja declaração judicial deve ser requerida "dentro dos 60 dias seguintes à data do conhecimento da situação de insolvência, tal como descrita no n.° 1 do artigo 3.° [situação de devedor que se encontre impossibilitado de cumprir as suas obrigações vencidas], ou à data em que devesse conhecê-la"; o n.° 2 exceptua deste dever "as pessoas singulares que não sejam titulares de uma empresa na data em que incorram em situação de insolvência". Quanto ao conhecimento da situação de insolvência, o n.° 3 da mesma disposição presume-o inilidivelmente, se o devedor for titular de uma empresa, "decorridos pelo menos três meses sobre o incumprimento generalizado de obrigações de algum dos tipos referidos na alínea *g)* do n.° 1 do artigo 20º [são estas obrigações tributárias, de contribuições e quotizações para a segurança social, emergentes de contrato de trabalho ou da violação ou cessação deste, de "rendas de qualquer tipo de locação, incluindo financeira, prestações do preço da compra ou de empréstimo garantido pela respectiva hipoteca, relativamente a local em que o devedor realize a sua actividade ou tenha a sua sede ou residência"]". Caso o devedor não seja pessoa singular capaz, "a iniciativa da apresentação à insolvência cabe ao órgão social incumbido da sua administração, ou, se não for o caso, a qualquer dos seus administradores" (artigo 19.°). O artigo 20.°, no seu n.° 1, enuncia as pessoas que têm legitimidade para requerer a declaração de insolvência de um devedor e as circunstâncias que condicionam tal legitimidade.

De ter em conta, porém, o regime estabelecido pelo Decreto-Lei n.° 316/98, de 20 de Outubro, alterado pelo Decreto-Lei n.° 201/2004, de 18 de Agosto, que veio prever que qualquer empresa em condições de requerer judicialmente a sua insolvência ou qualquer credor que tenha legitimidade para requerer aquela possa "requerer ao Instituto de Apoio às Pequenas e Médias Empresas e ao Investimento (IAPMEI)" um procedimento de conciliação, destinado "a obter a celebração de acordo, entre a empresa e todos ou alguns dos credores, que viabilize a recuperação da empresa em situação de insolvência, ainda que meramente iminente; nos termos do artigo 1.°, n.° 4, deste diploma, "a apresentação de requerimento de procedimento de conciliação pela empresa suspende, durante a pendência do procedimento, o prazo para a apresentação à insolvência fixado no artigo 18.° do CIRE", cessando esta suspensão "logo que o procedimento se extinga ou decorram 60 dias sobre a data em que haja sido proferido o despacho referido no n.° 1 do artigo 4.° [despacho de recusa liminar do requerimento de conciliação pelo IAPMEI]".

"A apresentação à insolvência ou o pedido de declaração desta faz-se por meio de petição escrita, na qual são expostos os factos que integram os pressupostos [...] e se conclui pela formulação do correspondente pedido": este o teor do n.° 1 do artigo 23.°, cujos números. seguintes enunciam os elementos que têm de constar da petição; o artigo 24.° enumera os documentos que devem ser juntos à petição pelo devedor, sendo ele o apresentante.

Se a declaração de insolvência tiver sido requerida por outrem que não o devedor, o artigo 21.° admite a desistência "até ser proferida sentença, [embora] sem prejuízo do procedimento criminal que ao caso couber".

Como, em caso de apresentação do devedor, o artigo 28.° determina que a situação de insolvência seja declarada "até ao 3.° dia útil seguinte ao da distribuição da petição inicial ou, existindo vícios corrigíveis, ao do respectivo suprimento" – o que só não terá lugar, nos termos do artigo 27.°, n.° 1, quando o juiz: indefira liminarmente o pedido por manifesta improcedência ou por ocorrerem excepções dilatórias insupríveis de que deva conhecer oficiosamente –, compreende-se que a lei não preveja a hipótese de desistência.

Independentemente da responsabilidade criminal, constituir-se-á em responsabilidade civil o devedor que se apresente sem fundamento à insolvência, pelos danos causados aos credores, mas só se o agente tiver actuado com dolo (artigo 22.°).

"No próprio dia da distribuição, ou, não sendo tal viável, até ao 3.° dia útil subsequente, o juiz: *a)* Indefere liminarmente o pedido [...] quando seja manifestamente improcedente, ou ocorram, de forma evidente, excepções dilatórias insupríveis de que deva conhecer oficiosamente; *b)* Concede ao requerente, sob pena de indeferimento do requerimento, o prazo máximo de cinco dias para corrigir os vícios sanáveis da petição, designadamente quando esta careça de requisitos legais ou não venha acompanhada dos documentos que hajam de instruí-la, nos casos em que tal falta não seja devidamente justificada" – artigo 27.°, n.° 1. No caso de apresentação do devedor à insolvência, "o despacho de indeferimento liminar que não se baseie, total ou parcialmente, na falta de junção dos documentos [...] exigidos é objecto da publicidade prevista pelo n.° 1 do artigo 38.° [publicação de anúncio no *Diário da República* de que constem, entre outros elementos, a identificação do devedor, indicação da sua sede ou residência], aplicável com as necessárias adaptações, no prazo previsto no n.° 5 do mesmo artigo [cinco dias]".

V. *Insolvência; Recuperação de empresas; Devedor; obrigação; Vencimento; Cumprimento; Pessoa singular; Presunção; Incumprimento; Locação; Locação financeira; Compra e venda; Compra e venda a prestações; Empréstimo; Garantia; Hipoteca; Sede; Residência; Órgãos da pessoa colectiva; Administrador; Legitimidade; Apresentação à insolvência; Petição inicial; Pedido; Documento; Desistência; Responsabilidade civil; Dano; Credor; Dolo; Distribuição; Indeferimento liminar; Procedência; Excepção dilatória; Conhecimento oficioso; Requerimento; Despacho de aperfeiçoamento; Documento; Diário da República.*

Apresentação de coisas (Dir. Civil; Proc. Civil) – 1. O artigo 574.°, C.C., preceitua que quem invoca um direito sobre uma coisa, quer esta seja móvel, quer imóvel, pode exigir que o seu possuidor ou detentor venha apresentá-la, sempre que haja necessidade de exame da coisa para apurar a existência ou o conteúdo do direito, e o possuidor ou detentor não tenham razões para se opor à diligência. Os artigos 1476.° e 1477.°, C.P.C. (o último na redacção do Decreto-Lei n.° 329-A/95, de 12 de Dezembro), ocupam-se do regime do processo a utilizar para obter a apresentação de coisas.

2. Dispõe o artigo 518.°, n.° 1, C.P.C., que, "quando a parte pretenda utilizar, como meio de prova, uma coisa móvel que possa, sem inconveniente, ser posta à disposição do tribunal, entregá-la-á na secretaria dentro do prazo fixado para a apresentação de documentos; a parte contrária pode examinar a coisa na secretaria e colher a fotografia dela".

Se as coisas a utilizar forem imóveis ou móveis que não possam ser depositadas na secretaria, a parte contrária será notificada (devendo a notificação ser requerida dentro do prazo em que pode ser oferecido o rol das testemunhas) para examinar e fotografar as coisas. "A prova por apresentação das coisas não afecta a possibilidade de prova pericial ou por inspecção em relação a elas".

V. *Coisa; Móvel; Imóvel; Posse; Detenção; Prova; Secretaria judicial; Documento; Apresentação de documentos; Notificação; Rol de testemunhas; Prova pericial; Inspecção judicial.*

Apresentação de documentos (Proc. Civil) – "Os documentos destinados a fazer prova dos fundamentos da acção ou da defesa devem ser apresentados com o articulado em que se aleguem os factos correspondentes" – artigo 523.°, n.° 1, C.P.C..

No entanto, e até ao encerramento da discussão em 1.ª instância, é sempre possível apresentar documentos, sujeitando-se a parte a condenação em multa, a menos que prove que não pôde apresentá-los com o articulado. Depois do encerramento da discussão na 1.ª instância, e havendo recurso, podem ser apresentados os documentos cuja apresentação não tenha sido anteriormente possível ou cuja junção se torne necessária apenas em virtude do julgamento proferido na 1.ª instância (artigo 706.°, C.P.C.) e podem sempre ser juntos, em qualquer estado do processo, aqueles que se destinem a provar factos ocorridos posteriormente aos articulados e aqueles cuja apresentação se tenha tornado necessária por virtude de ocorrência posterior (v. artigo 524.°, C.P.C.). A apresentação de documentos no Supremo é também possível dentro do mesmo condicionalismo, devendo, quer na Relação quer no Supremo, fazer-se a junção antes de se iniciarem os vistos aos juízes (artigos 706.°, n.° 2, e 727.°, C.P.C.).

Também os pareceres de advogados, professores ou técnicos podem ser juntos na 1.ª instância, em qualquer estado do processo e, havendo recurso, quer na Relação quer no Supremo, é possível apresentá-los até se iniciarem os vistos aos juízes (artigos 706.°, n.° 2, e 727.°, C.P.C.).

Por outro lado, pode o tribunal, oficiosamente ou a pedido de qualquer das partes, requisitar a organismos oficiais, às partes ou a terceiros, "informações, pareceres técnicos, plantas, fotografias, desenhos, objectos ou outros documentos necessários ao esclarecimento da verdade" (artigo 535.°, C.P.C., na redacção do Decreto-Lei n.° 329-A/95, de 12 de Dezembro).

Finalmente, o artigo 514.°, n.° 2, C.P.C., que estabelece que "não carecem de alegação os factos de que o tribunal tem conhecimento por virtude do exercício das suas funções", determina que, quanto a eles, deve o tribunal "fazer juntar ao processo documento que os comprove".

Se o documento apresentado for de leitura difícil, a parte é obrigada a apresentar uma cópia legível (artigo 541.°, C.P.C.).

Todos os documentos são incorporados no processo, salvo se, "por sua natureza, não puderem ser incorporados ou houver inconveniente na incorporação", caso em que ficam depositados na secretaria, de modo a que as partes possam examiná-los (artigo 542.°, n.° 2, C.P.C., na redacção dada pelo Decreto-Lei n.° 180/96, de 25 de Setembro).

Só depois de transitada em julgado a decisão que põe termo à causa, podem ser restituídos os documentos, a menos que o seu possuidor justifique necessidade de restituição imediata, deles podendo ficar cópia integral no processo e "obrigando-se a pessoa a quem foram restituídos a exibir o original, sempre que isso lhe seja requerido" (artigo 542.°, n.° 3, C.P.C., com a redacção do já referido DL n.° 180/96).

A restituição de documentos, pertencentes aos organismos oficiais ou a terceiros, processa-se independentemente de requerimento.

V. artigos 523.° a 551.°, C.P.C..

O Acórdão n.° 2/98, do Supremo Tribunal de Justiça, publicado *no Diário da República* I-A série, em 8 de Janeiro de 1998, veio estabelecer a seguinte doutrina: "O artigo 43.° do Código Comercial não foi revogado pelo artigo 519.°, n.° 1, do Código de Processo Civil de 1961, na versão de 1967, de modo que só poderá proceder-se a exame dos livros e documentos dos comerciantes quando a pessoa a quem pertençam tenha interesse ou responsabilidade na questão em que tal apresentação for exigida".

Nos termos dos artigos 574.° e 575.°, C.C., ao que invoca um direito, pessoal ou real, ainda que condicional ou a prazo, é lícito exigir do possuidor ou detentor a apresentação de documentos, desde que o exame seja necessário para apurar a existência ou o conteúdo do direito, ou nesse exame o requerente tenha um interesse atendível, e o demandado não tenha motivos para fundadamente se opor à diligência. O processo para obter tal apresentação, quando ela não seja voluntariamente efectuada, encontra-se regulado nos artigos 1476.° e 1477.°, C.P.C.. Como um exemplo de dever de apresentação de documento, pode referir-se o disposto no artigo 60.°, n.° 1, da Lei n.° 32/2003, de 22 de Agosto (Lei da Televisão), onde se estabelece que "o titular do direito de resposta ou de rectificação, ou quem legitimamente o represente [...], pode exigir, para efeito do seu exercício, o visionamento do material da emissão em causa, o qual deve ser facultado ao interessado no prazo máximo de vinte e quatro horas".

V. *Documento; Documento autêntico; Documento autenticado; Documento passado em país estrangeiro; Articulados; Prova; Audiência de discussão e julgamento; Tribunal de 1.ª instância; Recurso; Supremo Tribunal de Justiça; Relação; Parecer; Secretaria judicial; Exame de processos; Trânsito em julgado; Requerimento; Direito; Direito pessoal; Direito real; Condição; Posse; Detenção; Não apresentação de documentos; Registo fonográfico; Reproduções cinematográficas.*

"A priori" (Dir. Civil) – Expressão que significa antes ou antecipadamente (a um facto, por exemplo).

Apropriação (Dir. Civil) – É o facto de tornar próprio certo bem, isto é, de, pela sua ocupação ou tomada de domínio material, constituir sobre ele um direito – em regra, de propriedade – a favor do sujeito.

V. *Ocupação; Direito de propriedade.*

Aprovação (Dir. Civil) –Acto pelo qual o dono do negócio ou o mandante declara, expressa ou tacitamente, concordar globalmente com a actuação do gestor ou do mandatário, renunciando ao direito a eventual indemnização e reconhecendo, no caso da gestão de negócios, os direitos do gestor ao reembolso de despesas realizadas, com juros legais, e à indemnização de prejuízo que haja sofrido.

V. artigos 468.°, 469.° e 1163.°, C.C..

V. *Dono do negócio; Mandante; Gestor de negócios; Mandatário; Gestão de negócios; Mandato; Renúncia; Juros legais; Indemnização; Dano.*

Aprovação de testamento cerrado (Dir. Civil) – O testador deve apresentar o seu testamento cerrado ao notário para fins de aprovação, sem o que ele será nulo. A aprovação tem carácter meramente formal e consiste no acto pelo qual o notário atesta que o documento contém as disposições de última vontade do sujeito, que se encontra escrito e assinado por ele, ou escrito por outrem a seu rogo, ou escrito e assinado por outrem a seu rogo, por não saber ou não poder assinar. A aprovação notarial de testamento cerrado destina-se ainda a garantir a inalterabilidade do documento, visto que todas as folhas são rubricadas pelo testador (e pelo notário, a solicitação daquele), constando do instrumento de aprovação o número de páginas completas e de linhas de alguma página incompleta. "A data da aprovação do testamento cerrado é havida como data do testamento para todos os efeitos legais".

V. artigos 2206.° e 2207.°, C.C., e artigos 106.° a 108.°, Código do Notariado.

V. *Testamento cerrado; Notário; Nulidade.*

Aproveitamento de águas (Dir. Civil) – O artigo 1389.°, C.C., estabelece que "o dono do prédio onde haja alguma fonte ou nascente de água pode servir-se dela e dispor do seu uso livremente, salvas as restrições previstas na lei e os direitos que terceiro haja adquirido ao uso da água por título justo". O artigo 1391.° permite aos proprietários de prédios inferiores para onde se derivem águas de alguma fonte ou nascente o seu aproveitamento, sem prejuízo de novo aproveitamento delas feito pelo dono do prédio em que se encontra a fonte ou nascente. No entanto, o artigo 1392.°, n.° 1, determina que não é lícito "ao proprietário da fonte ou nascente [...] mudar o seu curso costumado, se os habitantes de uma povoação ou casal há mais de cinco anos se abastecerem dela ou das suas águas vertentes para gastos domésticos".

Quanto ao aproveitamento de *águas subterrâneas,* v. esta expressão.

V. *Prédio; Águas; Nascentes; Terceiro; Interesse reflexamente protegido; Justo título.*

"Apud acta" (Proc. Civil) – Expressão latina que significa junto aos autos, isto é, a que refere o que consta do processo.

V. *Processo.*

Aquisição da posse (Dir. Civil) – V. *Posse.*

Aquisição de nacionalidade – A nacionalidade portuguesa pode adquirir-se por diversas formas.

A Lei da Nacionalidade – Lei n.° 37/81, de 3 de Outubro, alterada pela Lei n.° 25/ /94, de 19 de Agosto, pelos Decretos-Leis n.°s 22-A/2001, de 14 de Dezembro, 194/ /2003, de 23 de Agosto de 2003, e pelas Leis Orgânicas n.°s 1/2004, de 15 de Janeiro, e 2/2006, de 17 de Abril – prevê, nos seus artigos 2.° a 4.° a aquisição por declaração de vontade nesse sentido. Tal é permitido aos "filhos menores ou incapazes de pai ou mãe que adquira a nacionalidade portuguesa [...] [só relevando a filiação estabelecida durante a menoridade – artigo 14.°]", aos estrangeiros casados "há mais de três anos com nacional português", desde que a declaração seja feita na constância do matrimónio, aos estrangeiros que, à data da declaração, vivam em união de facto há mais de três anos com nacional português, "após acção de reconhecimento dessa situação a interpor no tribunal cível, e ainda aos "que hajam perdido a nacionalidade portuguesa por efeito de declaração prestada durante a sua incapacidade". A aquisição também se verifica por adopção plena por nacional português, ainda que a adopção tenha ocorrido antes da entrada em vigor da lei (artigos 5.° e 29.°).

Nos termos do artigo 30.°, n.° 2, "sem prejuízo da validade das relações jurídicas anteriormente estabelecidas com base em outra nacionalidade, a aquisição da nacionalidade portuguesa nos termos previstos no número anterior [reaquisição da nacionalidade portuguesa por mulher que a tivesse perdido pelo casamento] produz efeitos desde a data do casamento".

A reaquisição de nacionalidade portuguesa por quem a tenha perdido, nos termos da Lei n.° 2098, de 29 de Julho de 1959 (revogada pela actual Lei da Nacionalidade) ou de legislação anterior a esta, por aquisição voluntária de nacionalidade estrangeira, ocorre: *"a)* Desde que não tenha sido lavrado o registo definitivo da perda de nacionalidade, excepto se declarar que não quer adquirir a nacionalidade portuguesa; *b)* Mediante declaração, quando tenha sido lavrado o registo definitivo da perda da nacionalidade" – artigo 31.°, n.° 1, na redacção da já referida Lei n.° 1/2004; não pode haver, nestes casos, oposição à aquisição da nacionalidade.

"As declarações de que dependem a atribuição, a aquisição [...] da nacionalidade [...] devem constar do registo central da nacionalidade, a cargo da Conservatória dos Registos Centrais", podendo tais declarações ser "prestadas perante os agentes diplomáticos ou consulares portugueses e, neste caso, são registadas oficiosamente [...]"; como já decorre destas disposições, mas é reafirmado pelo artigo 18.°, n.° 1, alíneas *a), b)* e *c),* é obrigatório o registo das declarações para atribuição ou aquisição de nacionalidade e da naturalização de estrangeiros.

É possível a oposição à aquisição da nacionalidade portuguesa, devendo esta ser "deduzida pelo Ministério Público no prazo de um ano a contar da data do facto de que dependa a aquisição da nacionalidade, em processo a instaurar nos termos do artigo 26.° [norma remissiva para o Estatuto dos Tribunais Administrativos e Fiscais, Código de Processo nos Tribunais Administrativos e demais legislação complementar]". São fundamentos de oposição à aquisição da nacionalidade "a inexistência de ligação efectiva à comunidade nacional", "a condenação, com trânsito em julgado da sentença, pela prática de crime punível com pena de prisão de máximo igual ou superior a 3 anos, segundo a lei portuguesa", e "o exercício de funções públicas sem carácter predominantemente técnico ou a prestação de serviço militar não obrigatório a Estado estrangeiro", sendo obrigatória para todas as autoridades a participação ao Ministério Público destes factos. V. artigos 9.° e 10.°. De acordo com o artigo 13.°, o procedimento de aquisição da nacionalidade por efeito da vontade, por adopção ou por naturalização suspende-se durante o decurso do prazo de cinco anos a contar do trânsito em julgado da sentença de condenação do interessado por crime previsto na lei portuguesa e em penas que, isolada ou cumulativamente, ultrapassem um ano de prisão, suspendendo-se do mesmo modo o prazo para a dedução da oposição à aquisição da nacionalidade.

"Têm legitimidade para interpor recurso de quaisquer actos relativos à atribuição, aquisição [...] da nacionalidade portuguesa os interessados directos e o Ministério Público" – artigo 25.°.

"A atribuição da nacionalidade portuguesa produz efeitos desde o nascimento, sem prejuízo da validade das relações jurídicas anteriormente estabelecidas com base em outra nacionalidade" – artigo 11.°. Porém, o artigo 12.° dispõe que "os efeitos das alterações de nacionalidade só se produzem a partir do registo dos actos ou factos de que dependem".

A prova da aquisição da nacionalidade portuguesa faz-se pelo registo (artigo 22.°). De acordo com o artigo 34.°, a aquisição da nacionalidade que resulte de actos cujo registo não era obrigatório no domínio da lei anterior continua a provar-se pelo registo ou pelos documentos comprovativos dos actos de que depende, sendo a prova destes actos "feita pelo respectivo registo ou consequentes averbamentos ao assento de nascimento", para fins de identificação. O artigo 35.° esclarece que "os efeitos das alterações de nacionalidade dependentes de actos ou factos não obrigatoriamente sujeitos a registo no domínio da lei anterior são havidos como produzidos desde a data da verificação dos actos ou factos que as determinaram".

Outro modo de aquisição da nacionalidade é a chamada *naturalização* (v. este termo).

V. *Cidadania; Menoridade; Filiação; Incapacidade; Estrangeiros; Casamento; União de facto; Acção Tribunal cível; Adopção plena; Entrada em vigor; Validade; Relação jurídica; Nascimento; Registo civil; Perda da nacionalidade; Ministério Público; Sentença; Trânsito em julgado; "Ex officio"; Averbamento; Prova da nacionalidade; Documento; Assento; Recurso.*

Aquisição derivada (Dir. Civil) – Verifica-se aquisição derivada ou translativa de direitos ou posições jurídicas quando eles se transmitem da esfera jurídica de um sujeito para a de outro, quer tal transmissão se verifique por acto *inter vivos* quer *mortis causa.*

A aquisição derivada é, pois, a que resulta e se funda num direito anterior, que se transmite integralmente para o novo titular (*aquisição translativa*) ou que fica limitado no seu conteúdo pela criação de um direito novo a favor do transmissário (*aquisição constitutiva*), ou ainda que é extinto, tendo por consequência a expansão do direito (*maxime*, de propriedade) que anteriormente limitava (*aquisição restitutiva*).

V. *Direito subjectivo; Esfera jurídica; Acto entre vivos; Acto "mortis causa"; Direito de propriedade.*

Aquisição originária (Dir. Civil) – Há aquisição originária de um direito ou posição jurídica quando qualquer destes ingressam na esfera jurídica do sujeito no próprio momento em que se constituem. A aquisição originária supõe, pois, que o direito não existisse antes de entrar na esfera jurídica do adquirente, constituindo-se simultaneamente com tal aquisição. Esta forma de aquisição tanto pode verificar-se nas situações em que, precedentemente, não havia qualquer direito de anterior titular (por exemplo, a ocupação de *res nullius*), como naquelas em que preexistia um direito que se extinguiu, sendo a aquisição independente da forma dessa extinção (por exemplo, ocupação de coisa móvel abandonada).

V. *Direito subjectivo; Esfera jurídica; Ocupação; Abandono; "Res nullius"; Móvel.*

Aquisição potestativa (Dir. Civil) – Fala-se de aquisição potestativa para designar a aquisição de um bem ou de um direito decorrente do exercício de um direito potestativo.

Por exemplo – embora esta posição não seja pacífica na doutrina –, o titular de um direito real de preferência tem o direito à aquisição do bem nas condições em que o respectivo titular decidir vendê-lo a outrem, podendo exercer esse direito judicialmente, com a consequente aquisição do bem, a que o obrigado à preferência não pode opor-se.

V. *Bem; Direito subjectivo; Direito potestativo; Direito real; Direito real de aquisição; Direito de preferência; Acção de preferência.*

Aquisição processual (Proc. Civil) – Segundo o princípio da aquisição processual, todas as afirmações e provas produzidas por uma das partes se têm por adquiridas para o processo, sendo atendíveis ainda que sejam favoráveis à parte contrária e não podendo a parte renunciar à prova que produziu ou cuja produção requereu (salvo, neste último caso, se houver concordância da parte contrária).

O artigo 515.°, C.P.C., dispõe que "o tribunal deve tomar em consideração todas as provas produzidas, tenham ou não emanado da parte que devia produzi-las, sem prejuízo das disposições que declarem irrelevante a alegação de um facto, quando não seja feita por certo interessado". Por seu lado, o artigo 576.° do mesmo Código, na redacção do Decreto-Lei n.° 329-A/95, de 12 de Dezembro, determina que "a parte que requereu a diligência [prova pericial] não pode desistir dela sem a anuência da parte contrária".

V. *Prova; Prova pericial.*.

Aquisição tabular (Dir. Civil) – É a aquisição da propriedade de bem imóvel ou de móvel sujeito a registo, em que, sofrendo embora a transmissão da propriedade de certo vício, o adquirente vem a adquirir efectivamente, por efeito de ter registado o facto aquisitivo, sendo ainda cumulativamente necessário que esta aquisição tenha sido feita de boa fé e a título oneroso.

A aquisição tabular – dita também *aquisição registral* ou *efeito aquisitivo do registo predial* – está consagrada no artigo 291.°, C.C. (em que a aquisição tabular é a feita a alienante que tinha adquirido invalidamente há mais de 3 anos, tendo com isso dado aparência de estabilidade jurídica), no art. 5.°, n.° 1, do Código do Registo Predial (onde a aquisição tabular corresponde à segunda de uma dupla alienação sucessiva de um mesmo bem cujo primeiro adquirente não registou a aquisição, permitindo assim que o registo fizesse crer a terceiros que o alienante comum continuava a ser o verdadeiro proprietário), no artigo 17.°, n.° 2, do último diploma citado (em que a aquisição tabular é a feita pelo adquirente do titular de um registo predial nulo, *maxime* falso), e no artigo 122.°, sempre do Código do Registo Predial (onde a aquisição tabular o é de uma parte de um bem que o registo predial declarara erradamente como pertença do alienante constante do registo, mas que substantivamente era de outrem

V. *Registo; Terceiro; Boa fé; Imóvel; Móvel; Contrato oneroso; Alienação; Registo predial; Nulidade.*

"A quo" (Dir. Civil; Proc. Civil) – V. *"Dies a quo"; Tribunal "a quo".*

Arbitragem (Proc. Civil) – A Lei n.° 31/86, de 29 de Agosto, alterada pelo Decreto-Lei n.° 38/2003, de 8 de Março (rectificado pela Declaração de rectificação n.° 5-C/2003, de 30 de Abril), que se ocupa do regime das convenções de arbitragem e do tribunal arbitral, designa por arbitragem a submissão e decisão de um litígio por tribunal arbitral. Nos termos da lei, a arbitragem pode ser convencional – quando resulta de cláusula compromissória ou de compromisso arbitral –, institucionalizada – quando seja realizada por entidades a quem o Governo outorgue competência para tal – e internacional – quando se reporte a interesses do comércio internacional.

A Resolução do Conselho de Ministros n.° 175/2001, de 28 de Dezembro, reafirma o propósito de "promover e incentivar a resolução de litígios por meios alternativos, como [...] a arbitragem, enquanto formas céleres, informais, económicas e justas de administração e realização da justiça", determinando que, "no desenvolvimento das suas atribuições, o Estado e outras pessoas colectivas públicas que integram a administração estadual indirecta proponham e adoptem soluções concretas [...] de arbitragem como modalidades, preventivas e alternativas, de composição de litígios com os cidadãos, as empresas e outras pessoas colectivas"; o n.° 6 desta Resolução afirma "fazer novamente saber que, sem prejuízo da escolha de arbitragem *ad hoc*, os centros de arbitragem legalmente reconhecidos e institucionalizados constituem hoje uma oferta merecedora de especial confiança e indiscutível aceitação para actuarem nos diferendos acima referidos".

V. *Convenção de arbitragem; Árbitro; Cláusula compromissória; Compromisso arbitral; Tribunal arbitral; Arbitragem institucionalizada; Arbitragem internacional; Pessoa colectiva.*

Arbitragem convencional (Proc. Civil) – V. *Arbitragem; Convenção de arbitragem; Cláusula compromissória; Compromisso arbitral.*

Arbitragem institucionalizada (Proc. Civil) – O artigo 38.° da Lei n.° 31/86, de 29 de Agosto, alterada pelo Decreto-Lei n.° 38/2003, de 8 de Março (rectificado pela Declaração de rectificação n.° 5-C/2003, de 30 de Abril), diz que "o Governo definirá, mediante Decreto-Lei, o regime da outorga de competência a determinadas entidades para realizarem arbitragens voluntárias institucionalizadas, com especificação, em cada caso, do carácter especializado ou geral de tais arbitragens, bem como as regras de reapreciação e eventual revogação das autorizações concedidas, quando tal se justifique".

O Decreto-Lei n.° 425/86, de 27 de Novembro, veio permitir às entidades que pretendam promover, com carácter institucionalizado, a realização de arbitragens voluntárias, requerer ao Ministro da Justiça autorização para a criação dos respectivos centros.

V. Portaria n.° 81/2001, de 8 de Fevereiro, alterada pelas Portarias n.°s 350//2001, de 9 de Abril, 1516/2002, de 19 de Dezembro, e 709/2003, de 4 de Agosto, que enumera a lista das entidades autorizadas a realizar arbitragens voluntárias institucionalizadas.

Há casos em que a lei determina que certos conflitos, a existirem, serão necessariamente decididos por arbitragem, designando desde logo a entidade que a ela procederá: assim acontece, por exemplo, no artigo 28.° da Lei n.° 32/2003, de 22 de Agosto (Lei da Televisão), que dispõe que, quando um ou mais operadores de televisão adquirirem direitos exclusivos para a transmissão de acontecimentos que sejam objecto de interesse generalizado do público, os respectivos titulares "ficam obrigados a facultar, em termos não discriminatórios e de acordo com as condições normais do mercado, o seu acesso a outro ou outros operadores interessados na transmissão que emitam por via *hertziana* terrestre com cobertura nacional e acesso não condicionado" e que, "na falta de acordo entre o titular dos direitos televisivos e os demais operadores interessados na transmissão do evento, haverá lugar a arbitragem vinculativa da entidade reguladora, mediante requerimento de qualquer das partes".

V. *Arbitragem; Arbitragem convencional.*

Arbitragem internacional (Proc. Civil) – O artigo 32.° da Lei n.° 31/86, de 29 de Agosto, alterada pelo Decreto-Lei n.° 38/2003, de 8 de Março (rectificado pela Declaração de rectificação n.° 5-C/2003, de 30 de Abril), diz que se entende "por arbitragem internacional a que põe em jogo interesses de comércio internacional".

O tribunal arbitral julgará neste caso segundo o direito escolhido pela partes, segundo a equidade, se as partes o tiverem convencionado, segundo o direito que entender mais apropriado ao litígio, na falta de determinação das partes, podendo ainda proceder a uma composição amigável das partes na base do equilíbrio dos interesses em jogo, se as partes lhe tiverem atribuído essa função.

Diversamente do que acontece no regime geral das decisões de tribunal arbitral, "tratando-se de arbitragem internacional, a decisão do tribunal não é recorrível, salvo se as partes tiverem acordado a possibilidade de recurso e regulado os seus termos".

V. artigos 32.° a 35.° do referido diploma.

V. a Convenção sobre o Reconhecimento e a Execução de Sentenças Arbitrais Estrangeiras, concluída em Nova Iorque em 10 de Junho de 1958, que foi aprovada, para adesão, com uma reserva, pela Resolução da Assembleia da República n.° 37/94, de 8 de Julho, tendo o instrumento de adesão sido depositado em 18 de Outubro de 1994, conforme o Aviso n.° 142/95, de 21 de Junho, e tendo a Convenção entrado em vigor para Portugal em 16 de Janeiro de 1995.

A Convenção sobre Conciliação e Arbitragem no Quadro da Conferência para a Segurança e Cooperação na Europa – CSCE, concluída em Estocolmo em 15 de Dezembro de 1992, foi aprovada, para ratificação, pela Resolução da Assembleia da República n.° 43/2000, de 20 de Maio.

A Convenção Interamericana sobre Arbitragem Internacional, aberta à assinatura no Panamá em 30 de Janeiro de 1975 e aprovada, para ratificação, pela Resolução da Assembleia da República n.° 23/2002, de 4 de Abril foi ratificada pelo Decreto do Presidente da República n.° 20/2002, da mesma data.

V. *Arbitragem; Tribunal arbitral; Equidade; Composição amigável; Tentativa de conciliação; Recurso; Decisão arbitral; Reconhecimento de sentença estrangeira.*

Arbitragem voluntária (Proc. Civil) – O mesmo que arbitragem convencional.

V. *Arbitragem; Convenção de arbitragem; Cláusula compromissória; Compromisso arbitral.*

Arbitramento (Proc. Civil)

1. Realização de uma diligência (exame, vistoria ou avaliação) por peritos nomeados, que prestam ao tribunal informações de facto. A prova pericial ou prova por arbitramento, como lhe chamava o Código do Processo Civil antes da revisão de 1967, "tem por fim a percepção ou apreciação de factos por meio de peritos, quando sejam necessários conhecimentos especiais que os julgadores não possuem, ou quando os factos, relativos a pessoas, não devam ser objecto de inspecção judicial" (artigo 388.°, C.C.).

V. artigos 568.° e segs. e 318.°, C.P.C..

V. *Prova pericial; Avaliação; Exame; Vistoria; Perito; Inspecção judicial.*

2. V. *Acções de arbitramento.*

Árbitro (Proc. Civil) – Pessoa singular e plenamente capaz, nomeada pelas partes, por uma delas, por terceiro ou pelo tribunal, para constituir o tribunal arbitral, que decidirá um litígio que, por vontade das partes ou por determinação da lei, haja de ser a ele submetido. O artigo 9.° da Lei n.° 31/86, de 29 de Agosto, alterada pelo Decreto-Lei n.° 38/2003, de 8 de Março, rectificado pela Declaração de rectificação n.° 5-C/2003, de 30 de Abril, (diploma que actualmente se ocupa do regime das convenções de arbitragem e do funcionamento do tribunal arbitral, tendo revogado o Título I do Livro IV do C.P.C.), dispõe que, não podendo ninguém ser obrigado a funcionar como árbitro, a pessoa que tenha aceitado só pode depois escusar-se com fundamento em causa superveniente que a impossibilite de exercer a função, respondendo pelos danos que provocar no caso de se escusar injustificadamente.

Aos árbitros não nomeados por acordo das partes é aplicável o regime que os artigos 122.°, 126.°, n.° 1, e 127.°, C.P.C., estabelecem relativamente a impedimentos e escusas para os juízes (artigo 10.° do diploma referido).

Quando não haja sido feita a nomeação de um ou mais árbitros nos termos da convenção e da lei, ela caberá ao presidente do tribunal da Relação do lugar fixado para a arbitragem ou, na falta de tal fixação, do domicílio do requerente, não podendo a nomeação ser então impugnada.

"Se algum dos árbitros falecer, se escusar ou se impossibilitar permanentemente para o exercício das funções ou se a designação ficar sem efeito, proceder-se-á à sua substituição, segundo as regras aplicáveis à nomeação ou designação, com as necessárias adaptações", ficando sem efeito a cláusula compromissória ou caducando o compromisso arbitral, se não se verificar tal substituição (artigos 13.° e 4.°, n.° 1-*a)*, da mesma Lei n.° 31/86).

Os árbitros são remunerados nos termos estabelecidos na convenção de arbitragem ou em documento posterior subscrito pelas partes, a menos que o hajam de ser de acordo com o regulamento de arbitragem emanado de uma das entidades a que se refere o artigo 38.°.

De acordo com a doutrina do Assento do Supremo Tribunal de Justiça n.° 3/78, de 15 de Fevereiro, "compete ao tribunal comum, segundo as regras do processo comum, conhecer das acções propostas contra árbitros por causa do exercício das suas funções".

O Decreto-Lei n.° 125/2002, de 10 de Maio, regula as condições de exercício das funções de árbitro no âmbito dos procedimentos para a declaração de utilidade pública e para a posse administrativa dos processos de expropriação previstos no Código das Expropriações. A Portaria n.° 788/2004, de 9 de Julho, diz quais os cursos que habilitam para o exercício das funções de perito avaliador.

V. *Pessoa singular; Capacidade; Convenção de arbitragem; Tribunal arbitral; Escusa; Dano; Indemnização; Decisão arbitral; Cláusula compromissória; Compromisso arbitral; Impedimentos; Relação; Domicílio; Impugnação; Tribunal comum; Processo comum; Acção; Expropriação.*

Arguido (Proc. Civil) – Em processo civil, a lei deixou de designar por arguido aquele contra quem é proposta acção de interdição ou inabilitação (artigos 944.° e segs., C.P.C., na redacção do Decreto-Lei n.° 329-A/95, de 12 de Dezembro), bem como aquele que, investido "em algum cargo da tutela, curatela, ou curadoria provisória dos bens do ausente", visse requerida a sua remoção judicial (artigo 1402.°, C.P.C., revogado pelo Decreto-Lei n.° 227/94, de 8 de Setembro).

V. *Interdição; Inabilitação; Tutela; Curatela; Ausência.*

Argumento "a maiori ad minus" – V. *"A maiori ad minus"; Argumentos interpretativos.*

Argumento "a pari" – V. *"A pari"; Argumentos interpretativos.*

Argumentos interpretativos – Na interpretação da lei, os juristas usam alguns argumentos que se deixam enunciados. Assim designadamente:

a) o argumento de maioria de razão (ou *a fortiori*), que apresenta duas formas principais – a lei que proíbe o menos também proíbe o mais (aplicável a normas proibitivas) e a lei que permite o mais também permite o menos (aplicável a normas permissivas). Por exemplo, da norma que proíba a alguém hipotecar certo bem retira-se que a respectiva venda se encontra igualmente proibida, ou da regra que permita a venda retira-se a permissão para a hipoteca.

b) o argumento de identidade de razão (ou *a pari*) – se a lei estabelece certo regime para uma situação e se uma outra, embora não abrangida directamente por ela, é idêntica à primeira, então deve considerar-se que também reentra nela.

c) o argumento *a contrario* – se a lei enuncia dado regime para certo tipo de situações, devem as não previstas reger-se de forma diversa. Este argumento tem de ser usado com muita cautela, pois só procede se se demonstrar que o regime estabelecido pela lei se justifica apenas em relação ao tipo de situações regulado, isto é, tipicamente se a norma tem carácter excepcional.

V. *Interpretação da lei; Norma proibitiva; Norma permissiva; Compra e venda; Hipoteca; Norma excepcional.*

Arras (Dir. Civil) – Designação do sinal no direito romano e no antigo direito português. As arras começaram por ter um carácter confirmatório do negócio realizado, só mais tarde vindo a adquirir o carácter penal que actualmente tem o sinal.

V. *Sinal.*

Arrematação (Proc. Civil) – Acto processual da venda judicial (quando esta seja feita sob forma de arrematação em hasta pública) que consiste na colocação em leilão de cada bem ou lote e abertura de licitação entre os interessados. Fala-se também de arrematação em relação a cada bem ou lote e chama-se arrematante àquele licitante a quem, por ter feito o lanço mais elevado, o objecto ou lote é adjudicado.

No anterior regime, o arrematante, pago o preço e a sisa, se fosse devida, poderia exigir que lhe fosse passado um título de arrematação, do qual constasse a identificação dos bens, se certificasse o pagamento do preço e da sisa e se declarasse a data da transmissão, que coincidiria com a da praça em que os bens tivessem sido adjudicados. Nos termos do antigo artigo 901.°, C.P.C., na primeira arrematação, se, passada uma hora, não houvesse lanço superior ao valor por que os bens tinham sido postos em praça, esta era encerrada, e, sendo possível, era designado logo dia para a segunda praça, por metade do valor. Por seu lado, o antigo artigo 899.°, C.P.C., dispunha que a arrematação cessava logo que o produto dos bens arrematados fosse suficiente para cobrir as despesas da execução e assegurar o pagamento ao exequente, salvo se, havendo outros bens sobre os quais tivesse sido graduado algum crédito vencido, o respectivo titular requeresse que a praça continuasse para venda desses bens; a arrematação podia ser adiada, oficiosamente ou a requerimento de qualquer interessado, quando houvesse fundada suspeita de conluio entre os concorrentes à hasta pública.

A venda em estabelecimento de leilão é actualmente residual, pelo que o seu regime não está pormenorizadamente regulado no actual Código de Processo Civil, que resulta da redacção do Decreto-Lei n.° 38/2003, de 8 de Março, rectificado pela Declaração de rectificação n.° 5-C/2003, de 30 de Abril. Os casos em que a venda judicial é feita em estabelecimento de leilão encontram-se enunciados no n.° 1 do artigo 906.°, C.P.C., na redacção do citado DL n.° 38/2003, dispondo o n.° 3 do mesmo artigo que "a venda é feita pelo pessoal do estabelecimento e segundo as regras que estejam em uso [...]".

V. *Venda judicial; Licitação; Adjudicação; Execução; Exequente; Graduação de credores; Vencimento; Requerimento; Leilão.*

Arrematante relapso ou remisso (Proc. Civil) – Pessoa a quem é vendido judicialmente um bem penhorado e que não paga o preço, nos termos legais.

O antigo artigo 904.°, C.P.C., na redacção que lhe fora dada pelo Decreto-Lei n.° 368/77, de 3 de Setembro, determinava que o arrematante tinha de depositar, no próprio acto da praça em que tivesse arrematado o bem, o preço ou a fracção que tivesse oferecido, não inferior à décima parte, e a quantia correspondente às prováveis despesas da arrematação; se o não fizesse, o bem não lhe seria adjudicado; a parte restante do preço tinha de ser depositada na Caixa Geral de Depósitos, no prazo de quinze dias a contar da praça e, se o não fosse, os bens iriam novamente à praça para serem arrematados por qualquer quantia, ficando o primeiro arrematante responsável pela diferença do preço e pelas despesas a que desse causa; nesta segunda praça, não era admitido ao arrematante remisso lançar, mas, se viesse a depositar o preço até ao momento da sua abertura, ela ficaria sem efeito, subsistindo a arrematação feita. As regras relativas ao arrematante eram parcialmente aplicáveis ao proponente (sempre que a venda judicial era feita por meio de propostas em carta fechada), por força dos n.°s 3 e 5 do artigo 894.°, C.P.C..

Antes da publicação do referido DL n.° 368/77, o Código de Processo Civil determinava que o arrematante remisso fosse preso, embora por prazo não superior a um ano, até que se encontrasse cobrada a quantia por que era responsável.

Entretanto, o n.° 1 do artigo 905.°, C.P.C., preceituou que os bens arrematados não seriam entregues ao arrematante sem que estivesse paga ou depositada a totalidade do preço.

Actualmente, também o regime do processo de execução e da inerente venda judicial se encontra alterado pelo Decreto-Lei n.° 38/2003, de 8 de Março, rectificado pela Declaração de rectificação n.° 5-C/2003, de 30 de Abril, estabelecendo os artigos 897.° e 898.°, ambos do C.P.C., e ambos na redacção do mesmo DL, como deve o proponente da compra depositar o respectivo preço e as consequências da falta desse depósito.

V. *Arrematação; Venda judicial; Penhora.*

Arrendamento (Dir. Civil) – Modalidade do contrato de locação.

Diz-se contrato de arrendamento a locação de coisa imóvel, isto é, o contrato pelo qual alguém se obriga a proporcionar a outrem o gozo temporário de coisa imóvel mediante retribuição (renda).

V. artigo 1023.°, C.C..

Nos termos do artigo 7.° do Regime do Arrendamento Urbano, aprovado pelo Decreto-Lei n.° 321-B/90, de 15 de Outubro, rectificado por declaração publicada no *Diário da República*, I-A série, de 30 de Novembro de 1990, e, posteriormente, alterado pelo Decreto-Lei n.° 278/93, de 10 de Agosto (por seu lado, alterado, por ratificação, pela Lei n.° 13/94, de 11 de Maio), pelo Decreto-Lei n.° 163/95, de 13 de Julho, pela Lei n.° 89/95, de 1 de Setembro, pelo Decreto-Lei n.° 257/95, de 30 de Setembro, pela Lei n.° 135/99, de 28 de Agosto, pelos Decretos-Leis n.°s 64-A/2000, de 22 de Abril, e 329-B/2000, de 22 de Dezembro, e pelas Leis n.°s 6/2001 e 7/2001, ambas de 11 de Maio, devem ser celebrados por escrito os contratos de arrendamento urbano; "no caso dos arrendamentos sujeitos a registo, a falta deste não impede que o contrato se considere validamente plenamente eficaz pelo prazo máximo por que o poderia ser sem a exigência, desde que tenha sido observada a forma escrita". O artigo 2.° do Código do Registo Predial, aprovado pelo Decreto-Lei n.° 224/84, de 6 de Julho (rectificado por declaração publicada no *Diário da República*, I série, de 29 de Setembro de 1984), e alterado pelos Decretos-Leis n.°s 355/85, de 2 de Outubro, 60/90, de 14 de Fevereiro (este último rectificado por Declaração publicada no *Diário da República*, I-A série, de 31 de Março de 1990), 80/92, de 7 de Maio, 30/93, de 12 de Fevereiro, 67/96, de 31 de Maio, 227/94, de 8 de Setembro, 267/94, de 25 de Outubro, 375-A/99, de 20 de Setembro, 533/99, de 11 de Dezembro (rectificado pela Declaração de rectificação n.° 5-A/2000, de 29 de Fevereiro), 273/2001, de 13 de Outubro, 323/2001, de 17 de Dezembro, 38/2003, de 8 de Março (rectificado pela Declaração de rectificação n.° 5-C/2003, de 30 de Abril), e 194/2003, de 23 de Agosto, e pela Lei n.° 6/2006, de 27 de Fevereiro, estabelece, no seu n.° 1-*m)*, que está sujeito a registo "o arrendamento por mais de seis anos e as suas transmissões ou sublocações, exceptuado o arrendamento rural".

Há casos em que a lei limita a liberdade de contratar dos sujeitos jurídicos, declarando, designadamente proibida a recusa de conclusão de um contrato de arrendamento. Assim acontece nos termos do artigo 2.°, n.° 1-*e)*, do Decreto-Lei n.° 111/ /2000, de 4 de Julho, que regulamenta a Lei n.° 134/99, de 28 de Agosto, e onde se dispõe que se consideram "práticas discriminatórias as acções ou omissões que, em razão da pertença de qualquer pessoa a determinada raça, cor, nacionalidade ou origem étnica, violem o princípio da igualdade, designadamente: [...] a recusa ou condicionamento [...] de arrendamento ou subarrendamento de imóveis".

O Decreto-Lei n.° 78/2006, de 4 de Abril, que transpõe parcialmente a Directiva n.° 2002/91/CE, do Parlamento Europeu e do Conselho, de 16 de Dezembro, criando o Sistema Nacional de Certificação Energética e da Qualidade do Ar Interior dos Edifícios, impõe ao proprietário de edifícios existentes, para habitação e para serviços, aquando da celebração de contratos de venda ou de locação, incluindo o arrendamento, que apresente ao potencial locatário ou arrendatário o certificado emitido no âmbito do SCE.

Sobre a legitimidade para dar de arrendamento um imóvel, v. *Senhorio*.

V. *Locação; Imóvel; Arrendamento para habitação; Documento particular; Sublocação; Registo predial; Cidadania; Princípio da igualdade; Edifício.*

Arrendamento a prazo (Dir. Civil) – O arrendamento urbano para habitação pode ter duração limitada por estipulação das partes, "desde que a respectiva cláusula seja inserida no texto escrito do contrato, assinado pelas partes"; o prazo não pode, porém, em princípio, ser inferior a cinco anos, salvo se o senhorio for uma sociedade de gestão e investimento imobiliário ou um fundo de investimento imobiliário, "desde que se encontrem nas condições a definir para o efeito", caso em que o contrato pode ter um prazo mínimo de três anos (artigo 98.°, R.A.U. – aprovado pelo Decreto-Lei n.° 321-B/90, de 15 de Outubro, rectificado por declaração publicada no *Diário da República*, I-A série, de 30 de Novembro de 1990, e, posteriormente, alterado pelo Decreto-Lei n.° 278/93, de 10 de Agosto (por seu lado, alterado, por ratificação, pela Lei n.° 13/94, de 11 de Maio), pelo Decreto-Lei n.° 163/95, de 13 de

Julho, pela Lei n.° 89/95, de 1 de Setembro, pelo Decreto-Lei n.° 257/95, de 30 de Setembro, pela Lei n.° 135/99, de 28 de Agosto, pelos Decretos-Leis n.°s 64-A/2000, de 22 de Abril, e 329-B/2000, de 22 de Dezembro, e pelas Leis n.°s 6/2001 e 7/2001, ambas de 11 de Maio). Nos termos do artigo 2.° da Lei n.° 89/95, de 1 de Setembro, que introduz adaptações, para aplicação na Região Autónoma da Madeira, ao R.A.U., "o prazo para a duração efectiva dos contratos de duração limitada, no âmbito dos arrendamentos urbanos para habitação, não pode ser inferior a dois anos, independentemente da natureza jurídica das partes".

Também nos arrendamentos para comércio e indústria, "as partes podem convencionar um prazo para a duração efectiva [...], desde que a respectiva cláusula seja inequivocamente prevista no texto do contrato, assinado pelas partes", sendo aplicável à extensão do prazo o já exposto para os arrendamentos habitacionais (artigo 117.°, R.A.U.).

Nos arrendamentos, quer habitacionais quer comerciais ou industriais, de duração limitada, "a transmissão de posições contratuais não implica a suspensão ou a interrupção do prazo, nem conduz a quaisquer alterações no conteúdo do contrato" (artigo 99.°, n.° 1, R.A.U.).

"Os contratos de duração limitada [...] renovam-se, automaticamente, no fim do prazo e por períodos mínimos de três anos, se outro não estiver especialmente previsto, quando não sejam denunciados por qualquer das partes", devendo a denúncia "ser feita pelo senhorio mediante notificação judicial avulsa do inquilino, requerida com um ano de antecedência sobre o fim do prazo ou da sua renovação" (artigo 100.°, n.°s 1 e 2, R.A.U.); quanto aos arrendamentos de duração limitada para comércio ou indústria, a lei também dispõe que eles se renovam "automaticamente no fim do prazo, por igual período, se outro não estiver expressamente estipulado, quando não sejam denunciados pelas partes", admitindo-se, porém, que estas convencionem livremente "um prazo para a denúncia do contrato pelo senhorio, desde que a respectiva cláusula seja reduzida a escrito" (artigo 118.°, R.A.U.).

A estes contratos "não se aplica o disposto nos artigos 47.° a 49.° [direito de preferência do arrendatário na compra ou na dação em cumprimento do local arrendado há mais de um ano], 81.°-A [possibilidade, para o senhorio, de actualizar a renda até ao que seria o seu valor em regime de renda condicionada, quando o arrendatário resida numa área metropolitana ou numa comarca em que tenha outra residência ou seja proprietário de um imóvel que possa satisfazer as suas necessidades habitacionais imediatas], 89.°-A a 89.°-C [possibilidade, para o senhorio, de denúncia do arrendamento transmitido por morte do arrendatário a certas pessoas], 90.° a 97.° [direito a novo arrendamento de certas pessoas quando o contrato de arrendamento habitacional caduque por morte do arrendatário] e 102.° a 109.° [possibilidade, em caso de cessação do arrendamento, de obter o diferimento da desocupação do local arrendado para habitação por razões sociais imperiosas], bem como, quando tenham um prazo de duração efectiva inferior a oito anos, o n.° 2 do artigo 78.° do presente diploma [liberdade de estipulação pelas partes de actualizações anuais de renda]".

O arrendamento urbano pode ter prazo mais curto nos casos excepcionais previstos no n.° 2 do artigo 5.° do R.A.U., designadamente se se tratar de "arrendamentos de prédios do Estado", de "arrendamentos para habitação não permanente em praias, termas ou outros lugares de vilegiatura, ou para outros fins especiais transitórios" ou de "arrendamentos de casa habitada pelo senhorio, por período correspondente à ausência temporária deste".

V. *Renovação do contrato; Caducidade do arrendamento; Notificação judicial avulsa; Direito de preferência; Compra e venda; Dação em cumprimento; Actualização de rendas; Renda condicionada; Preferência no arrendamento; Diferimento da desocupação.*

Arrendamento comercial (Dir. Civil) – Um dos fins do arrendamento urbano pode ser a actividade comercial ou industrial, só podendo ser arrendados para tal fim os prédios que disponham da correspondente licença de utilização, determinando o n.° 3 do artigo 9.° do Regime do

Arrendamento Urbano – aprovado pelo Decreto-Lei n.° 321-B/90, de 15 de Outubro, rectificado por Declaração publicada no *Diário da República*, I-A série, de 30 de Novembro de 1990, e alterado pelo Decreto-Lei n.° 278/93, de 10 de Agosto (este alterado, por ratificação, pela Lei n.° 13/94, de 11 de Maio), pelo Decreto-Lei n.° 257/95, de 30 de Setembro, pela Lei n.° 135/99, de 28 de Agosto, pelos Decretos-Leis n.°s 64-A/2000, de 22 de Abril, e 329-B/2000, de 22 de Dezembro, e pelas Leis n.°s 6/2001 e 7/2001, ambas de 11 de Maio.– que "a mudança de finalidade no sentido de permitir arrendamentos comerciais deve ser sempre previamente autorizada pela câmara municipal, seja através de nova licença, seja por averbamento à anterior".

O arrendamento comercial tem, como a generalidade dos arrendamentos urbanos, de ser celebrado por escrito, tendo a lei deixado de exigir a escritura pública.

O já citado DL n.° 257/95 introduziu no Regime do Arrendamento Urbano quatro novas disposições – os artigos 117.° a 120.° –, todas atinentes aos arrendamentos para comércio e indústria (também aplicáveis aos arrendamentos para o exercício de profissão liberal, por remissão do artigo 123.°, n.° 1, do mesmo diploma), em que se admite, em primeiro lugar, a celebração de contrato a prazo "de duração efectiva", "desde que a respectiva cláusula seja inequivocamente prevista no contrato, assinado pelas partes"; o artigo 118.° estabelece que tais contratos a prazo se renovam "automaticamente no fim do prazo, por igual período, se outro não estiver expressamente estipulado, quando não sejam denunciados por qualquer das partes", permitindo-se que estas convencionem livremente "um prazo para a denúncia do contrato pelo senhorio, desde que a respectiva cláusula seja reduzida a escrito"; ainda nestes contratos de arrendamento a prazo passa a ser aplicável o regime dos artigos 98.° a 101.° do R.A.U. para os arrendamentos de duração limitada (sobre este regime, v. *Arrendamento a prazo*); autoriza a lei (artigo 119.°) também que, nestes contratos, sempre que o prazo de duração efectiva seja superior a cinco anos, as partes convencionem, "seja no próprio contrato, seja em documento posterior, o regime de actualização anual das rendas", sendo tal permissão extensiva aos arrendamentos concluídos sem prazo.

V. *Arrendamento urbano; Escritura pública.*

Arrendamento de duração limitada (Dir. Civil) – V. *Arrendamento urbano; Arrendamento a prazo.*

Arrendamento de vilegiatura (Dir. Civil) – "Os arrendamentos para habitação não permanente em praias, termas ou outros lugares de vilegiatura" não estão sujeitos, em geral, ao Regime do Arrendamento Urbano – aprovado pelo Decreto-Lei n.° 321-B/90, de 15 de Outubro, rectificado por Declaração publicada no *Diário da República*, I-A série, de 30 de Novembro de 1990, alterado pelo Decreto-Lei n.° 278/93, de 10 de Agosto (este alterado, por ratificação, pela Lei n.° 13/94, de 11 de Maio), pelo Decreto-Lei n.° 257/95, de 30 de Setembro, pela Lei n.° 135/99, de 28 de Agosto, pelos Decretos-Leis n.°s 64-A/2000, de 22 de Abril, e 329-B/2000, de 22 de Dezembro, e pelas Leis n.°s 6/2001 e 7/2001, ambas de 11 de Maio –, como resulta do artigo 5.°, n.° 1-*b*), do R.A.U..

A eles se aplica o regime geral da locação, assim como os artigos 2.° a 4.°, 19.° a 21.°, 44.° a 46.°, 74.° a 76.°, 83.° a 85.° e 89.° do mesmo diploma.

V. *Arrendamento urbano.*

Arrendamento misto (Dir. Civil) – É um contrato misto de arrendamento urbano e arrendamento rural aquele cujo objecto seja constituído por uma parte urbana e por uma outra rústica; nestes casos, o artigo 2.° do Regime do Arrendamento Urbano – aprovado pelo Decreto-Lei n.° 321-B/90, de 15 de Outubro, rectificado por Declaração publicada no *Diário da República*, I-A série, de 30 de Novembro de 1990, e, posteriormente, alterado pelo Decreto-Lei n.° 278/93, de 10 de Agosto (este alterado, por ratificação, pela Lei n.° 13/94, de 11 de Maio), pelo Decreto-Lei n.° 257/95, de 30 de Setembro, pela Lei n.° 135/99, de 28 de Agosto, pelos Decretos–Leis n.°s 64-A/2000, de 22 de Abril, e 329-B/2000, de 22 de Dezembro, e pelas Leis n.°s 6/2001 e 7/2001, ambas de 11 de

Maio – dispõe que "só se considera como urbano o arrendamento se a parte urbana for de valor superior à rústica", para este efeito se atendendo "ao valor que resulta da matriz ou, na falta ou deficiência desta, à renda que os contraentes tiverem atribuído a cada uma das partes; na falta de discriminação, procede-se à avaliação".

Por seu lado, o artigo 74.° do mesmo diploma estabelece – quanto ao contrato misto de arrendamento e aluguer – que, "quando o arrendamento do prédio para habitação seja acompanhado do aluguer da respectiva mobília ao mesmo locatário, considera-se arrendamento urbano todo o contrato e renda todo o preço locativo".

Estas disposições constituem, pois, afloramentos da teoria da absorção, relativa ao regime dos contratos mistos.

V. *Contrato misto; Arrendamento urbano; Aluguer; Renda; Teoria da absorção.*

Arrendamento para habitação (Dir. Civil) – Um dos fins possíveis do arrendamento urbano é a habitação, dispondo o n.° 2 do artigo 3.° do Regime do Arrendamento Urbano – aprovado pelo Decreto-Lei n.° 321-B/90, de 15 de Outubro, rectificado por declaração publicada no *Diário da República*, I-A série, de 30 de Novembro de 1990, e, depois, alterado pelo Decreto-Lei n.° 278/93, de 10 de Agosto (este, por sua vez, alterado, por ratificação, pela Lei n.° 13/94, de 11 de Maio), pelo Decreto-Lei n.° 257/95, de 30 de Setembro, pela Lei n.° 135/99, de 28 de Agosto, pelos Decretos-Leis n.°s 64-A/2000, de 22 de Abril, e 329-B/2000, de 22 de Dezembro, e pelas Leis n.°s 6/2001 e 7/2001, ambas de 11 de Maio – que, quando nada se estabeleça no contrato sobre o fim do arrendamento, "o arrendatário só pode utilizar o prédio para habitação". O arrendamento habitacional deve ser celebrado por escrito, podendo a inobservância da forma escrita ser suprida pela exibição do recibo de renda e dando lugar à aplicação do regime de renda condicionada, sem que daí possa resultar aumento de renda (artigo 7.°, n.°s 1 e 2, R.A.U.).

"Quando o arrendamento do prédio para habitação seja acompanhado do aluguer da respectiva mobília ao mesmo locatário, considera-se arrendamento urbano todo o contrato e renda todo o preço locativo" – artigo 74.° do R.A.U..

Sendo o arrendamento habitacional, pode o inquilino exercer no prédio qualquer indústria doméstica, ainda que tributada – artigo 75.°, n.° 1, R.A.U..

"Nos arrendamentos para habitação podem residir no prédio, além do arrendatário:

a) Todos os que vivam com ele em economia comum ["consideram-se sempre como vivendo com o arrendatário em economia comum os seus parentes ou afins na linha recta ou até ao 3.° grau da linha colateral, ainda que paguem alguma retribuição, e bem assim as pessoas relativamente às quais, por força da lei ou de negócio jurídico que não respeite directamente à habitação, haja obrigação de convivência ou de alimentos"];

b) Um máximo de três hóspedes, salvo cláusula em contrário ["apenas se consideram hóspedes as pessoas a quem o arrendatário proporcione habitação e preste habitualmente serviços relacionados com esta, ou forneça alimentos, mediante retribuição"]" – artigo 76.° do R.A.U..

O Código da Insolvência e da Recuperação de Empresas, aprovado pelo Decreto-Lei n.° 53/2004, de 18 de Março – alterado pelos Decretos-Leis n.°s 200/2004, de 18 de Agosto, e 76-A/2006, de 29 de Março (rectificado este pela Declaração de rectificação n.° 28-A/2006, de 26 de Maio) –, determina, no seu artigo 108.°, que "a declaração de insolvência não suspende o contrato de locação em que o insolvente seja locatário, mas o administrador da insolvência pode sempre denunciá-lo com um pré-aviso de 60 dias, se nos termos da lei ou do contrato não for suficiente um pré-aviso inferior", salvo se o locado se destinar à habitação do insolvente, caso em que o administrador pode apenas declarar que "o direito ao pagamento de rendas vencidas depois de transcorridos 60 dias sobre tal declaração não será exercível no processo de insolvência, ficando o senhorio, nessa hipótese, constituído no direito de exigir, como crédito sobre a insolvência, indemnização dos prejuízos sofridos em caso de despejo por falta de pagamento de alguma ou algumas das referidas rendas, até ao montante das correspondentes a um trimestre"; "a denúncia do contrato pelo administrador da insolvência facultada pelo n.° 1 obriga ao pagamento, como crédito sobre a insolvência, das retribuições correspondentes ao período intercedente entre a data de produção dos seus efeitos e a do fim do prazo contratual estipulado, ou a data para a qual de outro modo teria sido possível a denúncia pelo insolvente, deduzidas dos custos inerentes à prestação do locador por esse período, bem como dos ganhos obtidos através de uma aplicação alternativa do locado, desde que imputáveis à antecipação do fim do contrato [...]"; "não tendo a coisa locada sido ainda entregue ao locatário à data da declaração de insolvência deste, tanto o administrador [...] como o locador podem resolver o contrato, sendo lícito a qualquer deles fixar ao outro um prazo razoável para o efeito, findo o qual cessa o direito de resolução".

V. *Arrendamento urbano; Renda; Recibo; Indústria doméstica; Renda condicionada; Aluguer; Economia comum; Parentesco; Afinidade; Linha; Grau de parentesco; Alimentos; Hóspede; Documento particular; Prova; Insolvência; Recuperação de empresas; Declaração de insolvência; Locação; Administrador da insolvência; Pré-aviso; Senhorio; Crédito sobre a insolvência; Indemnização; Denúncia; "Compensatio lucri cum damno"; Resolução do contrato.*

Arrendamento urbano (Dir. Civil) – "Arrendamento urbano é o contrato pelo qual uma das partes concede à outra o gozo temporário de um prédio urbano, no todo ou em parte, mediante retribuição".

O arrendamento urbano "pode ter como fim a habitação, a actividade comercial ou industrial, o exercício de profissão liberal ou outra aplicação lícita do prédio". Sendo o prédio urbano, e nada se tendo estipulado sobre o fim a que ele se destina, o arrendatário só pode utilizar o prédio para habitação.

V. artigos 1.° e 3.° do Regime do Arrendamento Urbano – aprovado pelo Decreto-Lei n.° 321-B/90, de 15 de Outubro, rectificado por declaração publicada no *Diário da República*, I-A série, de 30 de Novembro de 1990, e alterado pelo Decreto-Lei n.° 278/93, de 10 de Agosto (este, por sua vez, alterado, por ratificação, pela Lei n.° 13/94, de 11 de Maio), pelo Decreto-Lei n.° 257//95, de 30 de Setembro, pela Lei n.° 135/99, de 28 de Agosto, pelos Decretos-Leis n.°s 64-A/2000, de 22 de Abril, e 329-B/2000, de 22 de Dezembro, e pelas Leis n.°s 6/2001 e 7/2001, ambas de 11 de Maio.

O artigo 75.°, n.° 1, do R.A.U., que substituiu o antigo artigo 1180.°, C.C., determina, como já antes acontecia, que, "no uso residencial do prédio arrendado inclui-se o exercício de qualquer indústria doméstica, ainda que tributada".

Reproduzindo exactamente o antigo artigo 1112.°, C.C., o artigo 110.° do Regime do Arrendamento Urbano dá de arrendamento para comércio ou indústria a seguinte noção: "Considera-se realizado para comércio ou indústria o arrendamento de prédios ou partes de prédios urbanos ou rústicos tomados para fins directamente relacionados com uma actividade comercial ou industrial".

O locatário, que aplicar a coisa a fim diverso daquele a que ela se destina, incumpre uma obrigação que a lei lhe impõe (artigo 1038.°-*c)*, C.C.) e esse incumprimento dá ao senhorio o direito a resolver o contrato (artigo 64.°, n.° 1-*b), c), e), h)* e *i)*, e ainda n.° 2 da mesma disposição do R.A.U., que reproduzem as alíneas *b), c), e), h), i)*, e o n.° 2 do antigo artigo 1093.°, C.C.).

Os arrendamentos devem ser celebrados por escrito, só podendo a sua inobservância "ser suprida pela exibição do recibo de renda", inobservância que "determina a aplicação do regime de renda condicionada", sem que daí possa resultar aumento de renda (artigo 7.°, n.°s 1 e 2, R.A.U.). Os arrendamentos sujeitos a registo (os que tiverem prazo superior a seis anos) e os arrendamentos para comércio, indústria ou exercício de profissão liberal deixaram de ter de ser celebrados por escritura pública; por outro lado, nos arrendamentos sujeitos a registo, a falta deste "não impede que o contrato se considere plenamente eficaz pelo prazo máximo por que o poderia ser sem essa exigência, desde que tenha sido observada a forma escrita" – artigo 7.°, n.° 3, R.A.U., desde a entrada em vigor do citado DL n.° 64-A/2000.

O artigo 9.° do R.A.U. veio determinar que "só podem ser objecto de arrendamento urbano os edifícios ou suas fracções cuja aptidão para o fim pretendido pelo contrato seja atestado pela licença de utilização, passada pela autoridade municipal competente, mediante vistoria realizada menos de oito anos antes da celebração do contrato", podendo tal licença "ser substituída por documento comprovativo de a mesma ter sido requerida, em conformidade com o direito à utilização do prédio nos termos legais e com a antecedência mínima requerida por lei", "quando as partes aleguem urgência na celebração do contrato"; por outro lado, "a mudança de finalidade no sentido de permitir arrendamentos comerciais deve ser sempre previamente autorizada pela câmara municipal, seja através de nova licença, seja por averbamento à anterior"; o incumprimento das citadas disposições, "por causa imputável ao senhorio, determina a sujeição do mesmo a uma coima não inferior a um ano de renda, observados os limites legais, salvo quando a falta de licença se fique a dever a atraso que não lhe seja imputável"; determina-se, finalmente, que "o arrendamento não habitacional de locais licenciados apenas para habitação é nulo, sem prejuízo, sendo esse o caso, da aplicação da sanção prevista no n.° 5 [coima] e do direito do arrendatário à indemnização".

A Lei n.° 16/2001, de 22 de Junho (Lei da Liberdade Religiosa), contém, no seu artigo 29.°, a seguinte norma: "Havendo acordo do proprietário, ou da maioria dos condóminos no caso de edifício em propriedade horizontal, a utilização para fins religiosos do prédio ou da fracção destinados a outros fins não pode ser fundamento de objecção, nem da aplicação de sanções, pelas autoridades administrativas ou autárquicas, enquanto não existir uma alternativa adequada à realização dos mesmos fins".

O artigo 8.°, n.°s 1 e 2, do R.A.U., enuncia um conjunto de menções que devem constar obrigatoriamente do contrato.

O contrato de arrendamento caduca nos casos previstos no artigo 1051.°, C.C., "sem prejuízo do disposto quanto aos regimes especiais" – artigo 66.°, n.° 1, R.A.U.; a resolução pode ser realizada pelo senhorio com qualquer dos fundamentos enunciados no artigo 64.°, n.° 1, do R.A.U. (que reproduz essencialmente o n.° 1 do antigo artigo 1093.°, C.C.), desde que o faça no prazo de um ano, a contar do conhecimento do facto que lhe serve de fundamento, prazo que é de caducidade do seu direito à resolução – artigo 65.° do R.A.U..

A Lei n.° 63/77, de 25 de Agosto, viera conceder ao locatário habitacional de prédio urbano ou de uma fracção autónoma do mesmo um direito de preferência na venda ou dação em cumprimento do prédio ou da fracção, direito de que gozavam já os locatários em arrendamentos para comércio, indústria ou exercício de profissão liberal, nos termos dos artigos 1117.° e 1119.°, C.C.; tais direitos foram mantidos pelo artigo 47.°, n.° 1, do R.A.U., que estabelece, no seu n.° 1: "O arrendatário de prédio urbano ou de sua fracção autónoma tem o direito de preferência na compra e venda ou na dação em cumprimento do local arrendado há mais de um ano".

É numerosa a legislação saída desde 1974 no que respeita ao contrato de arrendamento urbano (com particular incidência pelo que toca ao arrendamento habitacional).

V. Decretos-Leis n.°s:

• 217/74, de 27 de Maio;

• 306/74, de 6 de Julho;

• 374/74, de 30 de Julho;

• 445/74, de 12 de Setembro (revogado pelo DL n.° 148/81, de 4 de Junho);

• 6/75, de 7 de Janeiro (revogado pelo DL n.° 232/75, de 16 de Maio);

• 27/75, de 27 de Janeiro (revogado pelo DL n.° 148/81, de 4 de Junho);

• 67/75, de 19 de Fevereiro (alterado pelo DL n.° 328/81, de 4 de Dezembro, sendo revogado o n.° 3 do artigo 1029.° do Código Civil, que lhe fora aditado por este diploma, pelo DL n.° 321-B/90, de 15 de Outubro);

• 155/75, de 25 de Março (revogado pelo DL n.° 293/77, de 20 de Julho);

• 198-A/75, de 14 de Abril (revogado pelo DL n.° 294/77, de 20 de Julho);

• 232/75, de 16 de Maio;

• 539/75, de 27 de Setembro (alterado pelo DL n.° 529/76, de 7 de Julho);

• 188/76, de 12 de Março (revogado pelo DL n.° 13/86, de 23 de Janeiro);

• 366/76, de 15 de Maio (alterado pelo DL n.° 293/77);

• 420/76, de 28 de Maio (revogado pelo DL n.° 328/81);

• 529/76, de 7 de Julho;
• 583/76, de 22 de Julho (revogado pelo DL n.° 293/77);
• 293/77, de 20 de Julho (alterado pelo DL n.° 328/81 e depois revogado pelo Decreto-Lei n.° 321-B/90, de 15 de Outubro, com ressalva da redacção dada pelo diploma ao artigo 1041.° do Código Civil);
• 294/77, de 20 de Julho;
• 368/77, de 3 de Setembro;
• 419/77, de 4 de Outubro;
• 510/77, de 14 de Dezembro;
• 387/79, de 19 de Setembro (recusada a ratificação pela Resolução n.° 82/80, de 10 de Março, da Assembleia da República);
• 507-A/79, de 24 de Dezembro
• 148/81, de 4 de Junho (revogado pela Lei n.° 46/85, de 20 de Setembro);
• 260-B/81, de 2 de Setembro;
• 328/81, de 4 de Dezembro (revogado pela Lei n.° 46/85, de 20 de Setembro);
• 329/81, de 4 de Dezembro (revogado pelo Decreto-Lei n.° 321-B/90, de 15 de Outubro, sem prejuízo da sua aplicação aos arrendamentos celebrados até à entrada em vigor do artigo 9.° do R.A.U. – 1 de Janeiro de 1992);
• 330/81, de 4 de Dezembro (revogado pelo DL n.° 436/83, e depois pelo DL n.° 321-B/90, de 15 de Outubro; porém, o disposto no artigo 4.°, com a redacção do Decreto-Lei n.° 392/82, de 18 de Setembro, mantém-se em vigor enquanto tiver aplicação);
• 189/82, de 17 de Maio (revogado pelo DL n.° 436/83);
• 292/82, de 26 de Julho (revogado);
• 294/82, de 27 de Julho (revogado pela Lei n.° 46/85, de 20 de Setembro);
• 392/82, de 18 de Setembro (revogado pelo DL n.° 436/83);
• 194/83, de 17 de Maio (revogado o seu artigo 9.°);
• 436/83, de 19 Dezembro (revogado pelo DL n.° 321-B/90, com ressalva do disposto nos artigos 5.° a 11.°, com o alcance resultante do n.° 17, alínea *c)*, do Acórdão do Tribunal Constitucional n.° 77/88, de 12 de Abril de 1988, que se mantêm em vigor enquanto tiverem aplicação);
• 260/84, de 31 de Julho;
• 13/86, de 23 de Janeiro (alterado pelo DL n.° 9/88 e, finalmente, revogado pelo DL n.° 321-B/90, sem prejuízo dos efeitos que o artigo 1.° reconhecia aos arrendamentos antes da entrada em vigor do diploma revogatório – 15 de Novembro de 1990 – e da aplicação dos artigos 4.° a 13.° e 20.°, até à entrada em vigor do Código das Avaliações, vindo a ser alterado pelo Decreto-Lei n.° 329-A/2000, de 22 de Dezembro;
• 68/86, de 27 de Março (alterado pela Lei n.° 21/86, de 31 de Julho e mantido em vigor quanto à atribuição do subsídio de renda, pelo DL n.° 321-B/90);
• 74/86, de 23 de Abril;
• 4/88, de 14 de Janeiro;
• 9/88, de 15 de Janeiro;
• 182/88, de 24 de Março;
• 321-B/90, de 15 de Outubro, rectificado por declaração publicada no *Diário da República*, I série, de 30 de Novembro, e alterado pelo Decreto-Lei n.° 278/93, de 10 de Agosto (este, por sua vez, alterado, por ratificação, pela Lei n.° 13/94, de 11 de Maio), tendo o respectivo artigo 84.° sido alterado pelo Decreto-Lei n.° 163/95, de 13 de Julho, e sendo, mais tarde, de novo alterado pela Lei n.° 89/95, de 1 de Setembro, pelo Decreto-Lei n.° 257/95, de 30 de Setembro, pela Lei n.° 135/99, de 28 de Agosto, pelos Decretos-Leis n.°s 64-A/2000, de 22 de Abril, e 329-B/2000, de 22 de Dezembro, e pelas Leis n.°s 6/2001 e 7/2001, ambas de 11 de Maio – Regime do Arrendamento Urbano, também conhecido por R.A.U.;
• 162/92, de 5 de Agosto;
• 197/92, de 22 de Setembro (que cria o regime Especial de Comparticipação na Recuperação de Imóveis Arrendados [RECRIA]);
• 228/95, de 11 de Setembro (que se ocupa do regime dos arrendamentos, pelo Estado e pelos institutos públicos sujeitos ao Decreto-Lei n.° 155/92, de 28 de Julho, de imóveis necessários à instalação de serviços públicos);
• 104/96, de 31 de Julho (que altera o regime Especial de Comparticipação na Recuperação de Imóveis Arrendados [RECRIA], constante do DL n.° 197/92);
• 329-A/2000, de 22 de Dezembro (altera o regime da renda condicionada decorrente do DL n.° 13/86);
• 329-C/2000, de 22 de Dezembro (que altera o regime Especial de Comparticipa-

ção na Recuperação de Imóveis Arrendados [RECRIA], constante do DL n.° 197/92).

Leis n.°s:

• 63/77, de 25 de Agosto (revogada pelo DL n.° 321-B/90);

• 55/79, de 15 de Setembro (alterada pela Lei n.° 46/85, de 20 de Setembro, e completamente revogada pelo DL n.° 321--B/90);

• 35/81, de 27 de Agosto;

• 46/85, de 20 de Setembro (alterado o artigo 44.° pelo DL n.° 74/86, de 23 de Abril e, finalmente, revogada, sem prejuízo da aplicação do artigo 44.° e dos artigos 11.° a 15.°, estes últimos enquanto tiverem aplicação, e ainda dos artigos 22.° a 27.° e 36.°, pelo DL n.° 321-B/90);

• 21/86, de 31 de Julho (altera, por ratificação, o Decreto-Lei n.° 68/76, de 27 de Março);

• 24/89, de 1 de Agosto (cuja disposição transitória do respectivo artigo 2.° foi ressalvada pelo artigo 3.°, n.° 3, do DL n.° 321--B/90);

• 14/93, de 14 de Maio (lei de autorização legislativa);

• 21/95, de 18 de Julho (lei de autorização legislativa);

• 4-A/2000, de 13 de Abril (lei de autorização legislativa);

• 15/2000, de 8 de Agosto (lei de autorização legislativa).

V. *Prédio urbano; Arrendamento para habitação; Arrendamento comercial; Indústria doméstica; Prédio rústico; Obrigação; Resolução do contrato; Resolução do arrendamento; Documento escrito; Recibo; Renda; Escritura pública; Nulidade; Prova; Indemnização; Resolução do arrendamento; Preferência no arrendamento; Edifício; Registo; Coima; Coima; Propriedade horizontal; Fracção autónoma; Compra e venda; Dação em cumprimento; Renda livre; Renda condicionada; Renda apoiada; Caducidade; Caducidade do arrendamento; Transmissão do arrendamento; Subsídio de renda; Liberdade religiosa.*

Arrendatário (Dir. Civil) – Arrendatário ou inquilino é o locatário num contrato de locação de coisa imóvel, isto é, num contrato de arrendamento.

V. *Locação; Imóvel; Arrendamento; Protecção do arrendatário.*

Arrependimento (Dir. Civil) – Fala-se de arrependimento numa de duas acepções que são, aliás, próximas.

1. Para significar o direito, convencionalmente atribuído a um dos contraentes, ou a ambos, de desistir do contrato, assim se livrando da (ou das) obrigação (obrigações) dele decorrente(s), contra o pagamento de um quantitativo à contraparte. É o que acontece quando se convenciona uma multa penitencial, a favor de uma das partes ou de qualquer delas: a parte que pretender, em momento ulterior à celebração do contrato, arrepender-se ou desistir dele, pode fazê-lo licitamente, desde que pague à contraparte o montante da multa convencionada. O mesmo ocorre sempre que as partes constituam um sinal penitencial, consistindo a diferença desta situação relativamente à anterior em que, para desistir discricionária e licitamente do contrato, a parte que constituiu o sinal, perde--o, devendo a contraparte – que recebeu o sinal –, se se arrepender do contrato, restituir em dobro aquilo que recebeu a título de sinal penitencial.

2. Há casos em que é a própria lei que confere a um dos contraentes o direito de desistir do contrato num período relativamente curto, posterior à respectiva conclusão, por entender que essa parte pode ter celebrado o negócio em condições de pouca ponderação, de liberdade material reduzida por entender, numa palavra, que se trata de um contraente débil, *maxime* um consumidor. Nestas hipóteses, a lei fala, em regra, de direito de resolução do contrato, mas não se está perante uma resolução típica, pois ela não carece de fundamento. Estamos, nestes casos, face àquilo que os anglófonos designam por *colling off period*, pois se trata, realmente, de conceder ao contraente fraco um período de ponderação da decisão contratual que tomou – e dos termos dela –, de forma que a lei entende que pode ter sido, com grande probabilidade, precipitada. Assim sucede, por exemplo, nos contratos celebrados à distância ou nos contratos ao domicílio. Também é este o regime imposto pelo artigo 17.° do Decreto-Lei n.° 275/93, de 5 de Agosto, alterado pelos Decretos-Leis n.°s 180/99, de 22 de Maio, e 22/2002, de 31 de Janeiro, para o contrato-promessa de

transmissão de direitos reais de habitação periódica. O Decreto-Lei n.° 95/2006, de 29 de Maio, que transpõe a Directiva n.° 2002/65/CE, do Parlamento Europeu e do Conselho, de 23 de Setembro, e se ocupa do regime da informação pré-contratual e dos contratos relativos a serviços financeiros prestados a consumidores através de meios de comunicação à distância, acolhe, nos respectivos artigos 19.° a 25.°, este direito – que é irrenunciável pelo consumidor, de acordo com o artigo 5.° –, regulando-o com grande minúcia.

V. *Contrato; Obrigação; Multa penitencial; Sinal; Sinal confirmatório; Contraente débil; Consumidor; Resolução do contrato; Contrato celebrado à distância; Contrato ao domicílio; Contrato-promessa; Direito de habitação periódica; Obrigação de informação; Dever pré-contratual; Irrenunciabilidade.*

Arrestado (Proc. Civil) – Sujeito contra quem foi requerido procedentemente um arresto.

V. *Arresto.*

Arrestante (Proc. Civil) – Pessoa que requereu o arresto dos bens de outrem.

V. *Arresto; Requerimento.*

Arresto (Dir. Civil; Proc. Civil) – O arresto, como meio conservatório da garantia patrimonial, ou *arresto preventivo*, encontra-se regulado nos artigos 619.° a 622.°, C.C., e 406.° a 411.°, C.P.C., tendo os artigos 406.°, 407.° e 410.° a redacção do Decreto-Lei n.° 180/96, de 25 de Setembro, e os restantes a do Decreto-Lei n.° 329-A/95, de 12 de Dezembro.

Quando um credor tenha justificado receio de perder a garantia patrimonial do seu crédito, em consequência da excessiva diminuição do património do devedor, pode requerer o arresto dos bens deste, isto é, a apreensão judicial de bens daquele em valor suficiente para assegurar o cumprimento da obrigação. Esta faculdade assiste ao credor ainda que os bens se encontrem na posse de terceiro, a quem o devedor os houvesse transmitido, desde que impugne judicialmente a referida transmissão. Produzindo-se prova suficiente da probabilidade de existência da dívida e dos pressupostos do arresto, ele será decretado, sem necessidade de audiência da parte contrária, que só depois será notificada para se defender. Só podem ser arrestados os bens susceptíveis de penhora. Sendo o arresto julgado injustificado ou tendo caducado – e caduca não só nos termos do artigo 389.°, n.° 1, C.P.C. (na redacção do Decreto-Lei n.° 199/2003, de 10 de Setembro, rectificado pela Declaração de rectificação n.° 16-B/2003, de 31 de Outubro): no caso de o direito de crédito se extinguir, no de o réu ser absolvido do pedido por decisão com trânsito em julgado, no de ele ser absolvido da instância e o requerente não ter proposto "nova acção em tempo de aproveitar os efeitos da proposição anterior", no de a acção principal não ser proposta no prazo ou ficar parada por mais de trinta dias por negligência do requerente, mas também "no caso de, obtida na acção de cumprimento sentença com trânsito em julgado, o credor insatisfeito não promover a execução dentro dos dois meses subsequentes ou, se, promovida a execução, o processo ficar sem andamento durante mais de 30 dias, por negligência do exequente" (artigo 410.°, C.P.C., na redacção do DL n.° 329-A/95) –, o credor requerente é responsável pelos danos causados ao arrestado, que resultem de actuação culposa da sua parte (artigo 390.°, n.° 1, C.P.C.).

"O arresto consiste numa apreensão judicial de bens, à qual são aplicáveis as disposições relativas à penhora, em tudo o que não contrariar o preceituado nesta subsecção"– artigo 406.°, n.° 2, C.P.C., na redacção do já mencionado DL n.° 180/96.

No regime anterior, o arresto não podia ser decretado contra devedor que fosse comerciante, tendo tal requisito sido entretanto eliminado da lei.

O artigo 2.° do Código do Registo Predial, aprovado pelo Decreto-Lei n.° 224/84, de 6 de Julho (rectificado por declaração publicada no *Diário da República*, I série, de 29 de Setembro de 1984), alterado pelos Decretos-Leis n.°s 355/85, de 2 de Outubro, 60/90, de 14 de Fevereiro (este último rectificado por declaração publicada no *Diário da República*, I-A série, de 31 de Março de 1990), 80/92, de 7 de Maio, 30/93, de 12 de Fevereiro, 67/96, de 31 de Maio, 227/94, de 8 de Setembro, 267/94, de 25 de Outubro, 375-A/99, de 20 de Setembro, 533/99, de 11 de Dezembro (rectificado pela Declaração de rectificação n.° 5-A/2000, de 29 de Fevereiro), 273/2001, de 13 de Outubro, 323/2001, de 17 de Dezembro, 38/2003, de 8 de Março, e 194/ /2003, de 23 de Agosto, e pela Lei n.° 6/2006, de 27 de Fevereiro, estabelece, no seu n.° 1-*n*), que está sujeito a registo "[...] o arresto[...], bem como quaisquer outros actos ou providências que afectem a livre disposição dos bens"; a alínea *o*) da mesma disposição acrescenta encontrar-se também sujeito a registo "o arresto [...] de créditos garantidos por hipoteca ou consignação de rendimentos e quaisquer outros actos ou providências que incidam sobre os mesmos créditos". O artigo 58.°, n.° 1, sempre do mesmo Código determina, por seu lado, que "o cancelamento dos registos de [...], arresto [...], nos casos em que a acção já não esteja pendente, faz-se com base na certidão passada pelo tribunal competente que comprove essa circunstância e a causa, ou ainda, nos processos de execução fiscal, a extinção ou a não existência da dívida à Fazenda Pública"; o n.° 2 dispõe que, "no caso de venda judicial em processo de execução de bens [...] arrestados, só após o registo daquela se podem efectuar os cancelamentos referidos no número anterior".

Nos termos do artigo 14.° do Código do Registo de Bens Móveis, o registo de arresto caduca "decorridos dez anos sobre a data da sua realização", podendo ser renovado por períodos de igual duração. Note-se, porém, que o artigo 7.°, n.° 1, do diploma (Decreto-Lei n.° 277/95, de 25 de Outubro) que aprovou este Código, com a redacção do Decreto-Lei n.° 311-A/95, de 21 de Novembro, dispõe que "o presente diploma e o Código entram em vigor simultaneamente com o regulamento a que se refere o artigo 4.° [Regulamento do Registo de Bens Móveis, a aprovar por Portaria do Ministro da Justiça]", o que ainda não aconteceu.

O arresto pode ser convertido em penhora se entretanto o credor tiver instaurado execução contra o devedor e, nesse caso, os efeitos da penhora retroagem à data do arresto (v. artigos 846.°, C.P.C., na redacção do Decreto-Lei n.° 38/2003, de 8 de Março, e 822.°, n.° 2, C.C.), havendo quem entenda que o arresto é uma penhora antecipada ou preventiva, de que o credor pode lançar mão antes de estar munido de título executivo, mas esperando vir a obtê-lo: é este o entendimento de José Alberto dos Reis, *Código de Processo Civil anotado*, Vol. II, Coimbra, 1949, pág. 37.

O tribunal competente para o arresto é aquele em que a acção principal houver de ser proposta ou o do "lugar onde os bens se encontrem ou, se houver bens em várias comarcas, no de qualquer destas" – artigo 83.°, n.° 1, C.P.C..

Há uma outra forma de arresto, o *arresto repressivo*, que só tem interesse no domínio dos direitos da propriedade industrial, e que é regulado em termos semelhantes aos do arresto preventivo (v. artigo 340.° do Código da Propriedade Industrial, aprovado pelo Decreto-Lei n.° 36/2003, de 5 de Março).

V. a Convenção Internacional para a Unificação de Certas Regras sobre o Arresto de Navios de Mar, assinada em Bruxelas em 10 de Maio de 1952, aprovada para ratificação pelo Decreto-Lei n.° 41 007, de 16 de Fevereiro de 1957, tendo Portugal depositado o seu instrumento de ratificação em 4 de Maio de 1957, conforme aviso publicado no *Diário do Governo* de 27 de Maio de 1957, e a Convenção entrado em vigor para o nosso país em 27 de Novembro de 1957.

V. *Meios conservatórios da garantia; Garantia; Garantia patrimonial; Património; Obrigação; Terceiro; Posse; Impugnação; Prova; Procedimento cautelar; Notificação; Penhora; Caducidade; Extinção das obrigações; Réu; Absolvição do pedido; Trânsito em julgado; Absolvição da instância; Propositura da acção; Negligência; Sentença; Execução; Responsabilidade civil; Culpa; Dano; Registo predial; Hipoteca; Consignação de rendimentos; Venda judicial; Móvel; Conversão do arresto em penhora; Certidão; Despacho; Título executivo; Competência; Comarca; Ineficácia; Embargos ao arresto; Navio.*

Arrolamento (Proc. Civil) – É um procedimento cautelar que pode ser requerido em relação a bens, móveis ou imóveis, e a documentos, desde que haja justo receio de "extravio, ocultação ou dissipação", tendo para tal legitimidade qualquer pessoa que tenha interesse na conservação dos bens ou dos documentos. Tal interesse pode resultar de um direito já constituído ou que deva ser declarado em acção já proposta ou a propor, devendo, neste último caso, o requerente do arrolamento "convencer o tribunal da provável procedência do pedido correspondente". Assim, o requerente do arrolamento deve produzir prova sumária do direito relativo aos bens e dos factos que justificam o seu receio de extravio ou dissipação. Porque o arrolamento apenas constitui uma medida de conservação dos bens e não funciona como garantia do pagamento de dívidas, ele só é concedido nos casos em que o requerente faça prova, embora sumária, como se disse, do seu direito aos bens a arrolar. Caso o juiz entenda justificada a providência, nomeia um depositário e um avaliador para os bens, consistindo o arrolamento "na descrição, avaliação e depósito" deles.

O possuidor ou detentor dos bens assiste ao acto de arrolamento, "sempre que esteja no local ou seja possível chamá-lo e queira assistir", podendo fazer-se representar por mandatário judicial. Aliás, nos termos do n.° 2 do artigo 426.°, C.P.C., quando não haja de proceder-se a inventário, "o depositário é o próprio possuidor ou detentor dos bens, salvo se houver manifesto inconveniente em que lhe sejam entregues".

Sendo o arrolamento urgente e não podendo ser efectuado imediatamente ou não podendo ser concluído no dia em que foi iniciado, a lei permite que sejam seladas as portas das casas ou os móveis em que se encontrem guardados os bens a arrolar.

"São aplicáveis ao arrolamento as disposições relativas à penhora, em tudo quanto não contrarie o estabelecido nesta subsecção ou a diversa natureza das providências".

V. artigos 421.° a 427.°, C.P.C., tendo os artigos 421°, 422.° e 427.° a redacção do Decreto-Lei n.° 429-A/95, de 12 de Dezembro, e os artigos 423.° e 424.° a do Decreto-Lei n.° 180/96, de 25 de Setembro.

O arrolamento tanto pode ser requerido no tribunal onde a acção deve ser proposta como no tribunal do lugar em que se encontrem os bens, e, havendo bens em várias comarcas, no tribunal de qualquer destas – artigo 83.°, n.° 1-*a*), C.P.C., na redacção do já citado DL n.° 180/96.

O valor do procedimento é o dos bens cujo arrolamento se requer – artigo 313.°, n.° 3-*f*), C.P.C..

Nos termos do artigo 1.° do Decreto-Lei n.° 130/79, de 14 de Maio (na redacção que lhe foi dada pela Lei n.° 70/79, de 13 de Outubro), "só por via judicial e através dos dispositivos previstos na lei processual poderão ser ordenadas e executadas quaisquer medidas ou providências de natureza cautelar, designadamente o congelamento de contas bancárias, o arrolamento, a apreensão e a proibição da disponibilidade de bens, contra as pessoas referidas nas alíneas *a*) e *b*) dos n.°s 1 e 2 do artigo 2.° do Decreto-Lei n.° 313/76, de 29 de Abril".

O artigo 2.° do Código do Registo Predial, aprovado pelo Decreto-Lei n.° 224/84, de 6 de Julho (rectificado por declaração publicada no *Diário da República*, I série, de 29 de Setembro de 1984), alterado pelos Decretos-Leis n.°s 355/85, de 2 de Outubro, 60/90, de 14 de Fevereiro (este último rectificado por declaração publicada no *Diário da República*, I-A série, de 31 de Março de 1990), 80/92, de 7 de Maio, 30/93, de 12 de Fevereiro, 227/94, de 8 de Setembro, 267/94, de 25 de Outubro, 67/96, de 31 de Maio, 375-A/99, de 20 de Setembro, 533/99, de 11 de Dezembro (rectificado pela Declaração de rectificação n.° 5-A/2000, de 29 de Fevereiro), 273/2001, de 13 de Outubro, 323/2001, de 17 de Dezembro, 38/2003, de 8 de Março (rectificado pela Declaração de rectificação n.° 5-C/2003, de 30 de Abril), e 194/2003, de 23 de Agosto, e pela Lei n.° 6/2006, de 27 de Fevereiro, estabelece, no seu n.° 1-*n*), que está sujeito a registo "[...] o arrolamento [...], bem como quaisquer outros actos ou providências que afectem a livre disposição dos bens"; a alínea *o*) da mesma disposição acrescenta encontrar-se também sujeito a registo o arrolamento de créditos garantidos por hipoteca ou consignação de rendimentos e quaisquer outros actos ou providências que incidam sobre os mesmos créditos".

V. *Procedimento cautelar; Móvel; Imóvel; Documento; Legitimidade; Pedido; Procedên-*

cia; Depositário; Despacho; Posse; Detenção; Mandatário judicial; Inventário; Competência em razão do território; Penhora; Comarca; Apensação de acções; Valor da causa; Registo predial.

Articulados (Proc. Civil) – Peças processuais escritas em que, na fase inicial do processo declarativo, "as partes expõem os fundamentos da acção e da defesa e formulam os pedidos correspondentes", organizando a exposição por artigos. Estes são textos curtos e numerados, semelhantes àqueles que se apresentam na lei. Antigamente, era obrigatória a dedução por artigos das peças processuais, mantendo-se hoje essa obrigatoriedade, quer nas acções e seus incidentes quer nos procedimentos cautelares, sempre que se trate da enunciação de factos que interessem à fundamentação do pedido ou da defesa.

V. artigo 151.°, C.P.C., na redacção do Decreto-Lei n.° 180/96, de 25 de Setembro.

O Decreto-Lei n.° 28/92, de 27 de Fevereiro, veio permitir que os articulados sejam transmitidos por telecópia à secretaria judicial, presumindo-se verdadeiros e exactos, desde que provenham de aparelho com número constante da lista oficial, e sendo a data que figura na telecópia recebida no tribunal que fixa, até prova em contrário, o dia e a hora da recepção do articulado na secretaria; no entanto, dispõe o n.° 3 do artigo 4.° deste diploma que "os originais dos articulados, bem como quaisquer documentos autênticos ou autenticados apresentados pela parte, devem ser remetidos ou entregues na secretaria judicial no prazo de sete dias contado do envio por telecópia, incorporando-se nos próprios autos".

O artigo 150.°, C.P.C., fixa as formas de apresentação a juízo dos actos processuais que devam ser praticados por escrito, entre os quais se encontram os articulados. A Portaria n.° 642/2004, de 16 de Junho, "regula a forma de apresentação a juízo dos actos processuais enviados através de correio electrónico, nos termos da alínea *d)* do n.° 1 [...]" deste artigo.

V. *Acção declarativa; Pedido; Acção; Incidente; Procedimento cautelar; Telecópia; Secretaria judicial; Documento autêntico; Documento autenticado; Actos processuais; Assinatura digital.*

Articulados orais (Proc. Civil) – Há quem designe assim a dedução de factos feita oralmente e consignada na acta, quando tenha lugar depois de aberta a audiência de discussão e julgamento (artigo 652.°, n.° 5, C.P.C., na redacção do Decreto-Lei n.° 329-A/95, de 12 de Dezembro).

V. *Acta; Audiência.*

Articulados supervenientes (Proc. Civil) – Quando ocorram factos constitutivos, modificativos ou extintivos do direito discutido num processo, depois de haverem decorrido os prazos que a lei estabelece para a apresentação dos articulados das partes ou ainda quando tais factos, tendo ocorrido anteriormente, só venham ao conhecimento da parte depois de findarem aqueles prazos, podem ser deduzidos em novo articulado, desde que se prove a sua superveniência. O novo articulado deve ser apresentado na audiência preliminar, se houver lugar a esta, nos 10 dias posteriores à notificação da data designada para a audiência de discussão e julgamento ou na audiência de discussão e julgamento (na versão legal anterior, deveria ser apresentado no prazo de dez dias, contado da data em que os factos tivessem ocorrido ou da data em que a parte deles tivesse tido conhecimento).

Aceite o articulado, a parte contrária tem o direito a responder-lhe no prazo de 10 dias contados da notificação.

Com ambos os articulados têm de ser oferecidas imediatamente as provas dos actos que se enunciem.

V. artigos 506.° e 507.°, C.P.C., com a redacção do Decreto-Lei n.° 329-A/95, de 12 de Dezembro.

V. *Articulados; Facto constitutivo; Facto modificativo; Facto extintivo; Prova; Audiência preparatória; Notificação; Audiência de discussão e julgamento.*

Artigos de liquidação (Proc. Civil) – Sendo ilíquido o pedido na acção executiva e não dependendo a liquidação de mero cálculo aritmético, deve o exequente iniciar a acção por um requerimento no qual especifica os valores que entende encontrarem-se compreendidos na prestação devida, concluindo por um pedido líquido. É este requerimento para a liquidação que tem tradicionalmente a designação de *artigos de liquidação*. Apresentados estes, o executado é citado para contestar em oposição à execução, aplicando-se, após a contestação, os n.°s 3 e 4 do artigo 380.°, C.P.C., na redacção do Decreto-Lei n.° 38/2003, de 8 de Março (só intervém um terceiro árbitro na falta de acordo dos outros dois, não sendo obrigado a conformar-se com o voto de qualquer deles; "não se formando maioria, prevalece o laudo do terceiro"). Não havendo contestação, considera-se, em regra, a obrigação "fixada nos termos do requerimento executivo, salvo o disposto no artigo 485.° [se, havendo vários executados, um deles contestar, quanto aos factos que impugnar; se o ou algum dos executados for incapaz, "situando-se a causa no âmbito da incapacidade"; se tiver sido citado editalmente, permanecendo em situação de revelia absoluta; se "a vontade das partes for ineficaz para produzir o efeito jurídico que pela acção se pretende obter]".

V. artigo 805.°, C.P.C., na redacção dada pelo mesmo DL n.° 38/2003.

V. *Pedido; Execução; Exequente; Requerimento; Obrigação ilíquida; Citação; Executado; Incapacidade; Citação edital; Revelia; Contestação; Oposição à execução; Liquidação.*

Árvores e arbustos (Dir. Civil) – As árvores e arbustos, enquanto estiverem ligados ao solo, são coisas imóveis, nos termos do artigo 204.°, n.° 1-*c)*, do C.C..

Uma vez separados do solo, as árvores, arbustos e frutos naturais constituem coisas móveis, podendo, ainda antes da separação, ser tomados pelas partes no negócio jurídico como bens móveis futuros.

O artigo 1366.°, C.C., estabelece os termos em que é lícita a plantação de árvores e arbustos, a fim de salvaguardar os interesses dos proprietários de prédios confinantes. "As árvores ou arbustos nascidos na linha divisória de prédios pertencentes a donos diferentes presumem-se comuns", podendo qualquer dos consortes arrancá-los, mas tendo o outro direito "a haver metade do valor das árvores ou arbustos, ou metade da lenha ou madeira que produzirem, como mais lhe convier" – artigo 1368.°, C.C.. Já se a árvore ou arbusto servir de marco divisório, "não pode ser cortado ou arrancado senão de comum acordo" (artigo 1369.°, C.C.).

Existe legislação avulsa condicionante da plantação de certos tipos de árvores (eucaliptos, acácias, ailantos), designadamente a Lei n.° 1 951, de 9 de Março de 1937, alterada pelo Decreto-Lei n.° 28 039, de 14 de Setembro de 1937 (a primeira parte do artigo 2.° deste diploma foi declarado inconstitucional, com força obrigatória geral, pelo Acórdão do Tribunal Constitucional de 11 de Julho de 1996, publicado no *Diário da República*, I-A série, de 9 de Outubro de 1996), e regulamentada pelo Decreto-Lei n.° 28 040, também de 14 de Setembro de 1937 (também os artigos 1.°, e seus §§ 1.°, 2.° e 8.°, foram declarados inconstitucionais, com força obrigatória geral, pelo *supra* citado Acórdão do Tribunal Constitucional): esta legislação tem, fundamentalmente, como objectivo a defesa da lavoura e do abastecimento das águas, prejudicados pela plantação das espécies em causa. V. também o Decreto-Lei n.° 175/88, de 17 de Maio, alterado pelo Decreto-Lei n.° 224/98, de 17 de Julho (que estabelece o condicionamento da arborização com espécies florestais de rápido crescimento), a Portaria n.° 513/89, de 6 de Julho, a Portaria n.° 528/89, de 11 de Julho, o Decreto Legislativo Regional n.° 1/89/A, de 31 de Março, da Região Autónoma dos Açores, e respectivo decreto regulamentar regional n.° 21-A/89/A, de 18 de Julho; v. ainda a Resolução da Assembleia Legislativa Regional dos Açores n.° 13/95/A, de 27 de Maio, que estabelece medidas que salvaguardam a sobrevivência da vegetação autóctone dos Açores.

V. ainda a Lei n.° 33/96, de 17 de Agosto – Lei de Bases da Política Florestal. O Decreto-Lei n.° 205/99, de 9 de Junho, regula o processo de elaboração, aprovação, execução e alteração dos planos de gestão florestal.

O Decreto-Lei n.° 169/2001, de 25 de Maio, alterado pelo Decreto-Lei n.° 155/2004, de 30 de Junho, estabelece medidas de protecção ao sobreiro e à azinheira.

V. *Coisa imóvel; Móvel; Frutos; Negócio jurídico; Coisa futura; Presunção legal; Coisa comum; Consorte; Apanha de frutos.*

Ascendente (Dir. Civil) – Pessoa de quem um indivíduo juridicamente descende.

V. *Parentesco.*

Assembleia de apreciação de relatório (Dir. Com.; Proc. Civil) – O artigo 156.° do Código da Insolvência e da Recuperação de Empresas, aprovado pelo Decreto-Lei n.° 53/2004, de 18 de Março, alterado pelos Decretos-Leis n.°s 200/2004, de 18 de Agosto, e 76-A/2006, de 29 de Março, rectificado pela Declaração de rectificação n.° 28-A/2006, de 26 de Maio, designa assim a assembleia de credores cujo objecto é apreciar o relatório elaborado pelo administrador da insolvência, dispondo o n.° 1 que nela "deve ser dada ao devedor, à comissão de credores e à comissão de trabalhadores ou aos representantes dos trabalhadores a oportunidade de se pronunciarem sobre o relatório"; "a assembleia [...] delibera sobre o encerramento ou manutenção em actividade do estabelecimento ou estabelecimentos compreendidos na massa insolvente", "se a assembleia cometer ao administrador da insolvência o encargo de elaborar um plano de insolvência pode determinar a suspensão da liquidação e partilha da massa [...]", cessando a suspensão nas hipóteses enunciadas nas alíneas *a)* e *b)* do n.° 4 da mesma disposição, e determinado o n.° 6 que "a assembleia pode, em reunião ulterior, modificar ou revogar as deliberações tomadas".

A designação de "dia e hora, entre os 45 e os 75 dias subsequentes [à sentença de declaração da insolvência], para a realização da assembleia [...] [aqui referida]" integra, de acordo com o artigo 36.°-*n)*, o conteúdo daquela sentença.

V. *Insolvência; Recuperação de empresas; Assembleia de credores; Relatório; Administrador da insolvência; Devedor; Comissão de credores; Estabelecimento comercial; Massa insolvente; Plano de insolvência; Sentença; Declaração de insolvência.*

Assembleia de credores (Dir. Com.; Proc. Civil) – Era um órgão que surgia no processo de falência, composto por todos os credores do comerciante em estado de cessação de pagamentos. Quando o comerciante se apresentasse à falência, nos prazos e termos legais, o juiz marcava a reunião de credores, destinada a verificar os créditos, devendo tal reunião realizar-se entre vinte e sessenta dias a contar do despacho. A assembleia de credores reunia sob a presidência do juiz e com a assistência do Ministério Público, nela sendo lido o relatório do administrador da falência e sendo discutidos e votados os créditos impugnados; feita a apreciação de todos os créditos, o juiz declarava, oralmente, constituída a assembleia definitiva de credores, com os titulares dos créditos reconhecidos ou aprovados, e designava logo dia para a sua reunião, se não pudesse prosseguir imediatamente. Na assembleia definitiva, eram discutidas e votadas as propostas de concordata e acordo de credores que surgissem e, no caso de se aprovar qualquer delas, a assembleia tinha competência para designar um ou mais credores que fiscalizaria a respectiva execução. Era este o regime que resultava dos artigos 1142.°, 1150.°, 1152.°, 1154.°, 1167.° e 1168.°, C.P.C., entretanto revogados pelo Código dos Processos Especiais de Recuperação da Empresa e de Falência, aprovado pelo Decreto-Lei n.° 132/93, de 23 de Abril (rectificado pela Declaração de rectificação n.° 141/93, de 31 de Julho), alterado pelos Decretos-Leis n.°s 157/97, de 24 de Junho, 315/98, de 20 de Outubro, 323/2001, de 17 de Dezembro, e 38/2003, de 8 de Março (rectificado pela Declaração de rectificação n.° 5-C/2003, de 30 de Abril). Neste, previa-se, no processo de recuperação da empresa, a convocação pelo juiz de uma assembleia de credores da empresa, regulando os artigos 47.° e segs. o respectivo funcionamento; a ela competia apreciar e aprovar ou rejeitar os créditos constantes da relação provisória elaborada pelo gestor judicial e, depois de decididas pelo juiz as reclamações que houvesse, já constituída em assembleia definitiva, deliberar a aprovação de uma providência de recuperação – que tinha de ser tomada por credores (comuns ou preferentes) com direito de voto que representassem, pelo menos, dois terços do valor de todos os créditos aprovados e não ter a oposição de credores que representassem 51%, ou mais, dos créditos directamente atingidos pela providência; a deliberação da assembleia sobre o meio de recuperação aprovado ficava sujeita a homologação judicial. Se a assembleia de credores não deliberasse dentro dos oito meses subsequentes ao despacho de prosseguimento da acção, caducavam os efeitos do despacho, sendo declarada, ao mesmo tempo, a falência da empresa. A assembleia de credores mantinha-se em funcionamento no caso de a providência recuperatória adoptada ser a gestão controlada, cabendo-lhe então designar o órgão de fiscalização do plano, composto por um ou três membros, incumbido, durante o período daquela gestão, de velar pela execução desse meio de recuperação e de exercer as funções que cabiam ao fiscal único ou ao conselho fiscal das sociedades. Permitindo o artigo 1.°, n.° 3, daquele Código a coligação activa ou passiva de sociedades que se encontrassem em relação de domínio ou de grupo, nos termos do Código das Sociedades Comerciais, ou que tivessem os seus balanços e contas aprovados consolidadamente, as assembleias de credores tinham lugar separadamente, sem prejuízo da realização de assembleia de credores conjunta, se as circunstâncias o aconselhassem e o juiz o determinasse, a requerimento do gestor judicial, da comissão de credores ou de qualquer dos requerentes da providências.

O Código dos Processos Especiais de Recuperação da Empresa e de Falência foi inteiramente revogado pelo Decreto-Lei n.° 53/2004, de 18 de Março, alterado pelos Decretos-Leis n.°s 200/2004, de 18 de Agosto, e 76-A/2006, de 29 de Março (este rectificado pela Declaração de rectificação n.° 28-A/2006, de 26 de Maio), que aprovou o Código da Insolvência e da Recuperação de Empresas.

Neste Código, um dos órgãos da insolvência – o principal, já que o artigo 80.° permite a esta revogar quaisquer deliberações da comissão de credores e determina que a existência de uma deliberação favorável deste órgão "autoriza por si só a prática de qualquer acto para o qual neste Código se requeira a aprovação da comissão de credores" – é a assembleia de credores, presidida pelo juiz, na qual têm direito a participar todos os credores da insolvência e ainda os titulares de créditos contra o devedor, decorrentes "do eventual pagamento futuro da dívida por um condevedor solidário ou por um garante", se estes últimos não puderem exercer no processo os direitos que lhes cabem; a participação na assembleia pode ser feita através de mandatário com poderes especiais para o efeito; esta participação pode ser limitada pelo juiz aos "titulares de créditos que atinjam determinado montante, o qual não pode ser fixado em mais de € 10 000", desde que essa decisão se funde na necessidade de "conveniente andamento dos trabalhos", e podendo sempre os credores afectados por tal decisão "fazer-se representar por outro cujo crédito seja pelo menos igual ao limite fixado, ou agrupar-se de forma a completar o montante exigido, participando através de um representante comum"; na assembleia de credores podem e devem participar o administrador da insolvência, os membros da comissão de credores, o devedor e os administradores deste, sendo facultada a participação, "até três representantes, da comissão de trabalhadores ou, na falta desta, até três representantes de trabalhadores por estes designados, bem como do Ministério Público" – v. artigo 72.°.

O artigo 75.° ocupa-se do modo de convocação da assembleia.

"Os créditos conferem um voto por cada euro ou fracção se já estiverem reconhecidos por decisão definitiva proferida no apenso de verificação e graduação de créditos ou em acção de verificação ulterior, ou se, cumulativamente: *a)* O credor já os tiver reclamado no processo, ou, se não estiver já esgotado o prazo fixado na sentença para as reclamações de créditos, os reclamar na própria assembleia, para efeito apenas da participação na reunião; *b)* Não forem objecto de impugnação na assembleia por parte do administrador da insolvência ou de algum credor com direito de voto". "Os créditos com garantias reais pelos quais o devedor não responda pessoalmente conferem um voto por cada euro do seu montante, ou do valor do bem dado em garantia, se este for inferior". Tratando-se de crédito sob condição suspensiva, o respectivo número de votos "é sempre fixado pelo juiz, em atenção à probabilidade da verificação da condição". "Os créditos subordinados não conferem direito de voto, excepto quando a deliberação da assembleia [...] incida sobre a aprovação de um plano de insolvência". O juiz pode conferir votos a créditos impugnados, "fixando a quantidade respectiva, com ponderação de todas as circunstâncias relevantes, nomeadamente da probabilidade da [sua] existência [...]", desde que tal seja requerido, desta decisão não cabendo recurso. "Não é em caso algum motivo de invalidade das deliberações tomadas pela assembleia a comprovação ulterior de que aos credores competia um número de votos diferente do que lhes foi conferido". V. artigo 73.°.

Em regra, as deliberações da assembleia são tomadas pela maioria "dos votos emitidos, não se considerando como tal as abstenções, seja qual for o número de credores presentes ou representados, ou a percentagem dos créditos de que sejam titulares"; das deliberações "que forem contrárias ao interesse comum dos credores" cabe reclamação – por parte do administrador da insolvência ou de qualquer credor com direito a voto – para o juiz "oralmente ou por escrito, desde que o faça na própria assembleia; "da decisão que dê provimento à reclamação pode interpor recurso qualquer dos credores que tenha votado no sentido que fez vencimento, e da decisão de indeferimento apenas o reclamante". V. artigos 77.° e 78.°.

"O administrador da insolvência presta à assembleia, a solicitação desta, informações sobre quaisquer assuntos compreendidos no âmbito das suas funções" (artigo 79º; v. também, por exemplo, artigo 62.°, n.° 2).

Para além de outras competências, a assembleia de credores pode prescindir da existência da comissão de credores, podendo substituir quaisquer membros ou suplentes daquela que foi nomeada pelo juiz, "eleger dois membros adicionais, e, se o juiz não a tiver constituído, criar ela mesma uma comissão, composta por três, cinco ou sete membros e dois suplentes, designar o presidente e alterar, a todo o momento, a respectiva composição, independentemente da existência de justa causa"; os membros eleitos pela assembleia "não têm de ser credores, e, na sua escolha, tal como na designação do presidente, a assembleia não está vinculada à observância dos critérios previstos no n.° 1 do artigo anterior [que dispõe que os membros da comissão de credores devem assegurar uma adequada representação das vários classes de credores, com excepção dos titulares de créditos subordinados, e que o seu presidente deve ser o maior credor], devendo apenas respeitar o critério imposto pelo número 3 [...] [representação dos trabalhadores]" – artigo 67.°.

V. *Falência; Credor; Verificação de créditos; Despacho; Ministério Público; Impugnação de créditos reclamados; Concordata; Acordo de credores; Recuperação da empresa; Gestor judicial; Homologação; Gestão controlada; Insolvência, Recuperação de empresas; Devedor; Empresa; Massa insolvente; Crédito subordinado; Pessoa singular; Pessoa colectiva; Auto; Comissão de credores; Deliberação; Justa causa; Reclamação; Indemnização; Incumprimento; Condevedores; Mandatário; Crédito sobre a insolvência; Comissão de credores; Administrador da insolvência; Ministério Público.*

Assembleia dos condóminos (Dir. Civil) – Órgão de administração das partes comuns do edifício em regime de propriedade horizontal, composto por todos os condóminos, tendo cada um "tantos votos quantas as unidades inteiras que couberem na percentagem ou permilagem a que o artigo 1418.° se refere".

V. artigos 1430.° e segs., C.C., tendo os artigos 1432.° e 1433.° a redacção do Decreto-Lei n.° 267/94, de 25 de Outubro; o artigo 1433.°, na redacção do mencionado DL, dispõe, no seu n.° 2, que, "no prazo de 10 dias contado da deliberação [contrária à lei ou a regulamentos anteriormente aprovados], para os condóminos presentes, ou contado da sua comunicação, para os condóminos ausentes, pode ser exigida ao administrador a convocação de uma assembleia extraordinária, a ter lugar no prazo de 20 dias, para revogação das deliberações inválidas ou ineficazes".

V. também artigo 398.°, C.P.C., que remete para os artigos 396.° e 397.° do mesmo Código, ambos com a redacção do Decreto-Lei n.° 329-A/95, de 12 de Dezembro, sobre o processo para obter a suspensão de deliberações anuláveis da assembleia de condóminos.

O artigo 1.° do Decreto-Lei n.° 268/94, de 25 de Outubro, impõe que sejam "lavradas actas das assembleias de condóminos, redigidas e assinadas por quem nelas tenha servido de presidente e subscritas por todos os condóminos que nelas hajam participado", determinando que "as deliberações devidamente consignadas em acta são vinculativas tanto para os condóminos como para os terceiros titulares de direitos relativos às fracções"; a guarda das actas incumbe ao administrador, ainda que provisório, devendo ele facultar a respectiva consulta, quer aos condóminos, quer a terceiros que sejam titulares de direitos relativos às fracções.

V. *Propriedade horizontal; Partes comuns; Fracção autónoma; Condómino; Anulação; Terceiro; Administrador provisório; Administrador na propriedade horizontal.*

Assembleia geral (Dir. Civil) – Órgão deliberativo máximo das associações e sociedades. É composta, em princípio, por todos os sócios ou associados cabendo-lhe, por via de regra, eleger os titulares dos outros órgãos.

V. artigos 170.° e segs., C.C..

V. *Associação; Sociedade.*

Assento (Dir. Civil) – 1. Existindo soluções opostas da mesma questão fundamental de direito tomadas, no domínio da mesma legislação, em dois acórdãos do Supremo Tribunal de Justiça (ou, excepcionalmente, das Relações), a parte vencida pelo acórdão mais recente, ou o Ministério Público, podia recorrer daquele e requerer uma decisão definitiva, por meio de assento, proferido, em Tribunal Pleno, pelo Supremo Tribunal de Justiça – isto o que se dispunha nos artigos 763.° a 770.°, C.P.C., hoje revogados pelo Decreto-Lei n.° 329-A/95, de 12 de Dezembro.

O Acórdão do Supremo Tribunal de Justiça que resolvia o conflito era publicado na 1.ª série do jornal oficial e no *Boletim do Ministério da Justiça.*

O Assento de 22 de Novembro de 1995, publicado no *Diário da República,* I-A série, de 14 de Maio de 1997, definiu a seguinte doutrina: "Tendo a secção julgado findo o recurso para o tribunal pleno, por não haver oposição entre os acórdãos, nos termos do n.° 1 de artigo 767.° do Código de Processo Civil, não há novo recurso para o mesmo tribunal pleno com fundamento de haver oposição entre o acórdão da secção e um outro acórdão anterior".

Os assentos assim proferidos constituíam precedente para todos os tribunais, tendo a doutrina neles estabelecida força obrigatória geral, de acordo com o artigo 2.°, C.C.. Um sector da doutrina portuguesa vinha sustentando a inconstitucionalidade deste artigo 2.° do Código Civil, por violação do artigo 115.°, n.° 5, da Constituição da República (actual artigo 112.°, n.° 5). Chamado a pronunciar-se sobre a questão, em dois processos, o Tribunal Constitucional entendeu no seu Acórdão n.° 810/93, de 7 de Dezembro, publicado no *Diário da República,* II série, de 2 de Março de 1994, bem como no Acórdão n.° 376/94, de 11 de Maio de 1994, publicado no *Diário da República,* II série, de 7 de Setembro de 1994, "julgar inconstitucional a norma do artigo 2.° do Código Civil, na parte em que atribui aos tribunais competência para fixar doutrina com força obrigatória geral, por violação do disposto no artigo 115.° da Constituição". Um terceiro Acórdão (n.° 743/96) no mesmo sentido foi publicado no *Diário da República,* I-A série, de 18 de Julho de 1996, pelo que o artigo 2.° do Código Civil foi declarado inconstitucional com força obrigatória geral. Note-se, porém, que a formulação dos acórdãos citados permitia o entendimento da subsistência dos Assentos, desde que vinculassem apenas os tribunais e não dispusessem da força obrigatória geral que aquela norma lhes atribuía.

Entretanto, o Decreto-Lei n.° 329-A/95, de 12 de Dezembro, revogou o artigo 2.°, C.C..

Os artigos 732.°-A e 732.°-B, aditados ao C.P.C. pelo referido DL n.° 329-A/95 (tendo o último deles a redacção do Decreto-Lei n.° 180/96, de 25 de Setembro), vieram prever o chamado julgamento ampliado da revista que terá lugar quando tal for determinado pelo Presidente do Supremo Tribunal de Justiça, para ocorrer à necessidade de uniformização da jurisprudência, e em que intervém o "plenário das secções cíveis"; este julgamento "pode ser requerido por qualquer das partes ou pelo Ministério Público e deve ser sugerido pelo relator, por qualquer dos adjuntos, ou pelos presidentes das secções cíveis, designadamente quando verifiquem a possibilidade de vencimento de solução jurídica que esteja em oposição com jurisprudência anteriormente firmada, no domínio da mesma legislação e sobre a mesma questão fundamental de direito". Decidida a realização deste julgamento alargado, "o processo vai com vista ao Ministério Público, por 10 dias, para emissão de parecer sobre a questão que origina a necessidade de uniformização da jurisprudência"; "o julgamento só se realiza com a presença de, pelo menos, três quartos dos juízes em exercício nas secções cíveis", e "o acórdão proferido pelas secções reunidas sobre o objecto da revista é publicado na 1.ª série-A do jornal oficial".

De facto, embora a lei não diga claramente qual a vinculatividade da solução jurídica acolhida pelo acórdão assim proferido, o que este regime veio procurar resolver foi o problema decorrente da supressão da norma que previa os assentos, consagrando uma solução para a necessidade uniformizadora da jurisprudência que os assentos resolviam em grande medida, já que a sua força obrigatória, se bem que legalmente declarada geral, não o era de facto, antes funcionando de forma vinculativa – e nem sequer sempre observada – para a jurisprudência.

É importante ter em conta o artigo 17.°, n.° 2, do já referido DL n.° 329-A/95, que dispõe que "os assentos já proferidos têm o valor de acórdãos proferidos nos termos dos artigos 732.°-A e 732.°-B". Esse valor uniformizador de jurisprudência é, aliás, reforçado, designadamente pelo artigo 678.°, n.° 6, C.P.C., na redacção do Decreto-Lei n.° 38/2003, de 8 de Março, que estabelece que "é sempre admissível recurso das decisões proferidas contra jurisprudência uniformizada pelo Supremo Tribunal de Justiça".

V. *Acórdão; Supremo Tribunal de Justiça; Relação; Ministério Público; Recurso para o Tribunal Pleno; Julgamento ampliado de revista; Ministério Público; Juiz relator; Juiz adjunto; Revista; Diário da República; Jurisprudência.*

2. Os factos sujeitos a registo civil são aí notados sob a forma de assentos (que serão lavrados por inscrição ou transcrição, consoante se trate de imediata notação do facto ou de um registo elaborado com base em registo ou outro título anterior que ateste a verificação do facto).

À margem dos assentos são registadas as alterações que vierem a ocorrer relativamente aos elementos deles constantes: esse registo de alterações designa-se por averbamento.

Os assentos distinguem-se, pois, dos averbamentos, já que os primeiros constituem registos principais e os segundos, lavrados à margem ou por aditamento ao conteúdo do assento, representam registos acessórios.

V. artigos 50.° e segs., Código do Registo Civil, aprovado pelo Decreto-Lei n.° 131/95, de 6 de Junho (rectificado pela Declaração de rectificação n.° 96/95, de 31 de Julho), alterado pelos Decretos-Leis n.°s 36/97, de 31 de Janeiro, 120/98, de 8 de Maio, 375-A/99, de 20 de Setembro, 228/2001, de 20 de Agosto, 273/2001, de 13 de Outubro, 323/2001, de 17 de Dezembro, 113/2002, de 20 de Abril, 194/2003, de 23 de Agosto, e 53/2004, de 18 de Março.

Os artigos 16.° a 19.°, 21.° e 22.°, e 33.° a 38.° da Lei da Nacionalidade – Lei n.° 37/81, de 3 de Outubro, alterada pela Lei n.° 25/94, de 19 de Agosto, pelos Decretos-Leis n.°s 22-A/2001, de 14 de Dezembro, 194/2003, de 23 de Agosto de 2003, e pelas Leis Orgânicas n.°s 1/2004, de 15 de Janeiro, e 2/2006, de 17 de Abril – tratam dos registos de nacionalidade.

V. o Decreto-Lei n.° 322/82, de 12 de Agosto, alterado pelos Decretos-Leis n.°s 117/93, de 13 de Abril, 253/94, de 20 de Outubro, e 37/97, de 31 de Janeiro, e pela Lei n.° 33/99, de 18 de Maio, que se ocupa dos registos de nacionalidade.

V. *Registo civil; Cidadania.*

Assessor do tribunal (Proc. Civil; Org. Judiciária) – V. *Assessoria técnica.*

Assessoria técnica (Proc. Civil) – O n.° 3 do artigo 207.° da Constituição da República determina que a lei "poderá estabelecer [...] a participação de assessores tecnicamente qualificados para o julgamento de determinadas matérias".

A Lei n.° 2/98, de 8 de Janeiro, rectificada pela Declaração de rectificação n.° 5/98, de 11 de Fevereiro, veio estabelecer que "o Supremo Tribunal de Justiça e os tribunais de Relação dispõem de assessores que coadjuvam os magistrados judiciais e os magistrados do Ministério Público", podendo haver também assessores "nos tribunais judiciais de 1.ª instância quando a complexidade e o volume de serviço o justifiquem". O artigo 2.° da referida Lei enuncia a competência destes assessores. Os do Supremo Tribunal de Justiça "são nomeados, respectivamente, pelo Conselho Superior da Magistratura e pelo Conselho Superior do Ministério Público, em comissão de serviço, por três anos, não renovável, de entre juízes de 1.ª instância e procuradores ou delegados do procurador da República com classificação não inferior a *Bom com distinção* e antiguidade não inferior a 5 e não superior a 15 anos". Quanto aos assessores das Relações e aos dos tribunais de 1.ª instância, dispõe o artigo 5.° que o seu recrutamento se fará "de entre candidatos ao ingresso no Centro de Estudos Judiciários, classificados de *Aptos*, que tenham excedido o número de vagas disponíveis de auditores de justiça" e "de entre oficiais de justiça habilitados com licenciatura em Direito que tenham, pelo menos, cinco anos de serviço e classificação não inferior a *Bom*". O provimento dos assessores depende da obtenção de aproveitamento em "curso de formação a realizar no Centro de Estudos Judiciários" (v. artigo 2.°-*b)* da Lei n.° 16/98, de 8 de Abril, alterada pela Lei n.° 3/2000, de 20 de Março, e pelo Decreto-Lei n.° 11/2002, de 24 de Janeiro - lei reguladora do Centro de Estudos Judiciários), durante a frequência do qual "têm direito a uma bolsa de estudos equivalente a dois terços da estabelecida para os auditores de justiça no período de actividades teórico-práticas".

"Os assessores dependem, hierárquica e funcionalmente, do magistrado que coadjuvam" - artigo 10.°, n.° 1, da Lei n.° 2/98. "Os assessores estão sujeitos aos deveres e incompatibilidades dos magistrados" (artigo 13.°, n.° 1, da mesma Lei).

A Portaria n.° 184/99, de 20 de Março, fixa o número de assessores que coadjuvarão os magistrados judiciais e do Ministério Público nos Tribunais da Relação e em tribunais judiciais de 1.ª instância.

A Portaria n.° 111/2000, de 26 de Fevereiro, estabelece os critérios de provimento, distribuição e colocação de assessores nos tribunais de Relação e nos tribunais judiciais de 1.ª instância.

O Decreto-Lei n.° 330/2001, de 20 de Dezembro, veio criar "condições para a contratação, a título excepcional, dos recursos humanos necessários à assessoria técnica dos magistrados judiciais dos tribunais de 1.ª instância onde se verifique um volume excessivo de processos", dispondo, no respectivo artigo 2.°, que "os assistentes judiciais exercem funções, preferencialmente, nos seguintes tribunais de 1.ª instância: *a)* tribunais com elevado número de processos entrados; *b)* tribunais com elevado número de processos pendentes; *c)* tribunais com necessidade de intervenção resultante de situações excepcionais de funcionamento anómalo"; e, acordo com o n.° 4 deste artigo, os assistentes judiciais ocupam-se designadamente do apoio "na elaboração de projectos de decisões judiciais", "proferem despachos de mero expediente" e "preparam as agendas de julgamento e outras diligências", tendo a respectiva actividade, nos termos do n.° 5, "como objecto principal a realização das diligências necessárias à redução das pendências e ao estrito cumprimento dos prazos processuais". O artigo 4.° deste diploma determina que "os assistentes judiciais são contratados a termo [...] de entre licenciados em Direito", não lhe conferindo o contrato de trabalho a termo a qualidade de agentes; "o recrutamento de assistentes judiciais é precedido de proposta [que deve ser acompanhada do *curriculum vitae* e da documentação exigida] dos juízes em funções nos tribunais e juízos constantes da portaria referida no n.° 2 do artigo 3.° [portaria conjunta dos Ministros das Finanças, da Justiça e da Reforma do Estado e da Administração Pública que fixa o número de assistentes judiciais para cada ano], competindo a sua escolha ao Conselho Superior da Magistratura".

Tal como os assessores, os chamados assistentes judiciais "estão sujeitos aos deveres e incompatibilidades dos magistrados".

O artigo 147.°-C da antiga O.T.M. (Decreto-Lei n.° 314/78, de 27 de Outubro, alterado sucessivamente, pelos Decretos-Leis n.°s 185/93, de 22 de Maio, 48/95, de 15 de Março, 58/95, de 31 de Março, 120/98, de 8 de Maio, e pelas Leis n.°s 133/99, de 28 de Agosto, e 31/2003, de 22 de Agosto) dispõe, no seu n.° 1, que, "em qualquer fase do processo tutelar cível, o juiz pode nomear ou requisitar assessores técnicos, a fim de assistirem a diligências, prestarem esclarecimentos, realizarem exames ou elaborarem pareceres", determinando o n.° 2 que, "quando o juiz nomear ou requisitar assessores que prestem serviço em instituições públicas ou privadas, devem estes prestar toda a colaboração, prevalecendo o serviço do tribunal sobre qualquer outro, salvo o caso de escusa justificada".

A Lei n.° 7-A/2003, de 9 de Maio, veio estabelecer, no respectivo artigo 2.°, n.°s 1 e 2, que, "tendo em conta excepcionais razões de carência de quadros, o Ministro da Justiça, sob proposta do Conselho Superior da Magistratura ou do Conselho Superior do Ministério Público, pode determinar que o Centro de Estudos Judiciários organize cursos especiais de formação específica para recrutamento de magistrados judiciais ou para magistrados do Ministério Público, com dispensa da realização de testes de aptidão", sendo estes cursos "dirigidos a candidatos que ofereçam garantias de aptidão bastante, a recrutar, consoante a magistratura a que, especificamente, respeitem: [...]: *b)* De entre os assessores dos tribunais da relação e de 1.ª instância, estes últimos com mais de dois anos de exercício efectivo de funções; *c)* De entre [...] assessores dos tribunais da relação e de 1.ª instância, com mais de dois anos de exercício efectivo de funções"; o n.° 3 desta norma estabelece que "a admissão [...] dos assessores dos tribunais da relação e de 1.ª instância é precedida de informação positiva do Conselho Superior da Magistratura sobre o seu desempenho profissional no exercício das respectivas funções, obtida por avaliação efectuada através do seu serviço de inspecções, nos termos do respectivo estatuto e regulamento de inspecções"; o n.° 5 desta disposição diz que "a admissão dos assessores dos tribunais da relação e de 1.ª instância aos cursos especiais dirigidos a magistrados do Ministério Público é precedida de informação positiva do Conselho Superior do Ministério Público sobre o seu desempenho profissional, obtida por avaliação efectuada através do seu serviço de inspecções, nos termos do respectivo estatuto e regulamento de inspecções, com as necessárias adaptações"; o número seguinte dispõe que, "sem prejuízo do disposto nos números anteriores, as informações dos conselhos superiores relativas aos assessores dos tribunais da relação e de 1.ª instância são elaboradas tomando por base a informação de serviço subscrita pelo magistrado que os mesmos coadjuvam".

De acordo com o artigo 4.°, n.°s 1 e 2, "os cursos especiais de formação específica compreendem, obrigatoriamente, uma fase de actividades teórico-práticas no Centro de Estudos Judiciários e uma fase de estágio nos tribunais", tendo "o curso especial de formação específica para juízes de direito [...] a duração de nove meses, sendo de três meses a fase de formação teórico-prática".

"Finda a fase de formação teórico-prática, os candidatos são nomeados magistrados judiciais em regime de estágio pelo Conselho Superior da Magistratura ou pelo Conselho Superior dos Tribunais Administrativos e Fiscais, consoante [...] [os casos]"; "terminada a fase de estágio, os magistrados judiciais são definitivamente colocados nos tribunais judiciais ou nos tribunais administrativos e fiscais, pelo Conselho Superior da Magistratura ou pelo Conselho Superior dos Tribunais Administrativos e Fiscais, consoante se trate de juízes temporários e assessores ou de magistrados recrutados nos termos do artigo anterior, respectivamente"; "os magistrados judiciais a que se refere o número anterior ficam sujeitos a um período de permanência mínima de três anos nos tribunais da jurisdição em que foram definitivamente colocados, não podendo ser providos em tribunais de outra jurisdição antes do decurso do mesmo e sem que sejam previamente consultados os respectivos conselhos"; "finda a fase de formação teórico-prática e, posteriormente, a fase de estágio, os candidatos referidos na alínea *c)* do n.° 2 do artigo 2.° [candidatos recrutados "de entre substitutos dos procuradores-adjuntos que, durante os três anos que antecederam a publicação da presente lei, tenham exercido as respectivas funções durante um período não inferior a um ano, independentemente do ano da sua licenciatura, e assessores dos Tribunais da relação e de 1.ª instância, com mais de dois anos de exercício efectivo de funções] são nomeados procuradores-adjuntos e colocados definitivamente nos tribunais pelo Conselho Superior do Ministério Público". (artigo 6.°).

O artigo 7.° dispõe que "aos cursos previstos na presente lei é subsidiariamente aplicável o regime da Lei n.° 16/98, de 8 de Abril, com as necessárias adaptações, e na medida em que não contrariem o disposto no artigo 7.° da Lei n.° 13/2002, de 19 de Fevereiro, com a redacção dada pela Lei n.° 4-A/2003, de 19 de Fevereiro, e na presente lei [Lei n.° 7-A/2003]".

Embora esta lei tenha entrado em vigor no dia seguinte ao da sua publicação, a data de início dos cursos ficou dependente de despacho do Ministro da Justiça (o despacho n.° 10750/2003, publicado no *Diário da República*, II série, de 30 de Maio, "designou, como data de início do I Curso Especial de Formação Específica para Juízes de Direito, a organizar pelo Centro de Estudos Judiciários, o dia 19 de Maio de 2003 e como data de início do I Curso Especial de Formação Específica para Magistrados do Ministério Público, o dia 15 de Setembro de 2003"), tendo a lei "carácter excepcional" e temporário, uma vez que caducou a respectiva vigência a 31 de Dezembro de 2004, de acordo com o seu artigo 8.°.

V. *Julgamento; Supremo Tribunal de Justiça; Magistratura judicial; Ministério Público; Relação; Tribunal de 1.ª instância; Tribunal judicial; Conselho Superior da Magistratura; Conselho Superior do Ministério Público; Centro de Estudos Judiciários; Juiz; Procurador da República; Delegado do procurador da República; Auditor de justiça; Funcionário de justiça; Despacho de mero expediente; Prazo judicial; Processo tutelar; Norma excepcional; Lei temporária; Caducidade da lei.*

Assinação (Dir. Civil; Proc. Civil) – Utiliza-se este termo para exprimir a ideia de fixação a outrem de um prazo (v., por exemplo, artigos 416.°, n.° 2, e 1568.°, n.° 1, C.C., ou artigo 41.°, n.° 2, C.P.C.); também significa comunicação ou notificação de um facto (assim era utilizado, por exemplo, na anterior redacção do artigo 144.°, n.° 1, C.P.C.).

V. *Prazo; Notificação.*

Assinatura (Dir. Civil; Proc. Civil) – Subscrição de um documento pelo nome do seu autor. A assinatura pode ser autógrafa – feita pelo punho do signatário –, de chancela – consiste na aposição de um carimbo ou de uma outra reprodução mecânica da assinatura – a rogo – assinatura de um terceiro a pedido do autor do documento, quando este não saiba ou não possa assinar – ou digital – assinatura electrónica realizada por um processo baseado num "sistema criptográfico assimétrico composto de um algoritmo ou série de algoritmos, mediante o qual é gerado um par de chaves assimétricas exclusivas e interdependentes, uma das quais privada e outra pública, e que permite ao titular usar a chave privada para declarar a autoria do documento electrónico ao qual a assinatura é aposta e concordância com o seu conteúdo e ao destinatário usar a chave pública para verificar se a assinatura foi criada mediante o uso da correspondente chave privada e se o documento electrónico foi alterado depois de aposta a assinatura". O artigo 7.°, n.° 1, do Decreto-Lei n.° 290-D/99, de 2 de Agosto, alterado pelos Decretos-Leis n.°s 62/2003, de 3 de Abril, e 165/2004, de 6 de Julho, estabelece que "a aposição de uma assinatura electrónica qualificada a um documento electrónico equivale à assinatura autógrafa dos documentos com forma escrita sobre suporte de papel e cria a presunção de que:

a) A pessoa que apôs a assinatura electrónica qualificada é o titular desta ou é representante, com poderes bastantes, da pessoa colectiva titular da assinatura electrónica qualificada;

b) A assinatura electrónica qualificada foi aposta com a intenção de assinar o documento electrónico;

c) O documento electrónico não sofreu alteração desde que lhe foi aposta a assinatura electrónica qualificada".

O Decreto-Lei n.° 116-A/2006, de 16 de Junho, procede à criação do Sistema de Certificação Electrónica do Estado – Infra-Estrutura de Chaves Públicas e designa a Autoridade Nacional de Segurança como autoridade credenciadora nacional.

O artigo 373.°, C.C., determina que os documentos particulares sejam assinados pelo seu autor ou por outrem a seu rogo, quando o rogante não saiba ou não possa assinar, admitindo, porém, que a assinatura seja substituída por reprodução mecânica "nos títulos emitidos em grande número ou nos demais casos em que o uso o admita". Há casos em que a lei exige que os documentos contenham a assinatura do seu autor reconhecida notarialmente.

A assinatura faz parte dos elementos de identificação que devem constar do bilhete de identidade, nos termos do artigo 5.°-*h)* da Lei n.° 33/99, de 18 de Maio, alterada pelos Decretos-Leis n.°s 323/2001, de 17 de Dezembro, e 194/2003, de 23 de Agosto, esclarecendo o artigo 12.° que por assinatura se entende "o nome civil, escrito pelo respectivo titular, completa ou abreviadamente, de modo habitual e característico e com liberdade de ortografia", devendo a assinatura ser feita sempre "perante funcionário dos serviços de identificação civil"; "se o requerente não puder ou não souber assinar, faz-se no bilhete de identidade a menção adequada".

"A impugnação da letra ou assinatura do documento particular ou da exactidão da reprodução mecânica [...] e a declaração de que não se sabe se a letra ou a assinatura do documento particular é verdadeira devem ser feitas no prazo de dez dias, contados da apresentação do documento, se a parte a ela estiver presente, ou da notificação da junção, no caso contrário" – artigo 544.°, n.° 1, C.P.C., na redacção do Decreto-Lei n.° 180/96, de 25 de Setembro.

O artigo 164.°, C.P.C., impõe a assinatura dos termos e autos pelo juiz e respectivo funcionário para que sejam válidos, admitindo que baste a assinatura do funcionário, se o juiz não intervier no acto, "salvo se [este] exprimir a manifestação de vontade de alguma das partes ou importar para ela qualquer responsabilidade, porque nestes casos é necessária também a assinatura da parte ou do seu representante". Por seu lado, o artigo 157.°, C.P.C., na redacção dada pelo DL n.° 180/96, exige que as decisões judiciais sejam "datadas e assinadas pelo juiz ou relator, que devem rubricar ainda as folhas não manuscritas e proceder às ressalvas consideradas necessárias; os acórdãos serão também assinados pelos outros juízes que hajam intervindo, salvo se não estiverem presentes, do que se fará menção"; a mesma disposição admite que as assinaturas dos juízes sejam feitas com o nome abreviado; "os despachos e sentenças proferidos oralmente no decurso de acto de que deva lavrar-se auto ou acta são aí reproduzidos", garantindo "a assinatura do auto ou da acta, por parte do juiz, [...] a fidelidade da reprodução".

"Os mandados são passados em nome do juiz ou relator e assinados pelo competente funcionário da secretaria" (artigo 189.°, C.P.C.).

V. *Documento; Terceiro; Documento electrónico; Documento escrito; Presunção; Representação; Poderes representativos; Pessoa colectiva; Documento particular; Reconhecimento de letra e assinatura; Bilhete de identidade; Falsidade; Apresentação de documentos; Notificação; Termo; Juiz; Funcionário de justiça; Parte; Juiz relator; Auto; Despacho; Sentença; Sentença oral; Acta; Acórdão; Mandado; Secretaria judicial.*

Assinatura a rogo (Dir. Civil; Proc. Civil) – Assinatura feita por alguém, a solicitação do autor do documento, por este não saber ou não o poder assinar.

Dispõem os n.°s 3 e 4 do artigo 373.°, C.C., que, "se o documento for subscrito por pessoa que não saiba ou não possa ler, a subscrição só obriga quando feita ou confirmada perante notário, depois de lido o documento ao subscritor"; e que "o rogo deve igualmente ser dado ou confirmado perante o notário, depois de lido o documento ao rogante".

O n.° 3 do artigo 51.°, C.P.C. (na redacção do Decreto-Lei n.° 329-A/95, de 12 de Dezembro), por seu lado, determina que um documento assinado a rogo só goza de força executiva quando "a assinatura estiver reconhecida por notário, nos termos da lei notarial". O n.° 4 do artigo 155.° do Código do Notariado, na redacção que lhe foi dada pelo Decreto-Lei n.° 380/98, de 27 de Novembro, dispõe que "o reconhecimento da assinatura a rogo deve fazer expressa menção das circunstâncias que legitimam o reconhecimento e da forma como foi verificada a identidade do rogante".

Cfr. artigos 154.° e 155.°, n.°s 4 e 5, Código do Notariado.

V. *Documento; Notário; Reconhecimento de letra e assinatura; Impugnação de documentos; Força executiva.*

Assinatura autógrafa (Dir. Civil) – É a que é feita pelo punho do seu autor. Se este souber e puder assinar, é esta a assinatura que, nos termos do artigo 373.°, n.° 1, C.C., deve ser aposta ao documento particular.

V. *Documento particular.*

Assinatura de chancela (Dir. Civil) – Carimbo ou qualquer outra forma de reprodução mecânica da assinatura, que o n.° 2 do artigo 373.°, C.C., admite que substitua a assinatura autógrafa "nos títulos emitidos em grande número ou nos demais casos em que o uso o admita".

V. *Assinatura.*

Assinatura digital (Dir. Civil) – Na definição constante da alínea *c)* do artigo 2.° do Decreto-Lei n.° 290-D/99, de 2 de Agosto, alterado pelos Decretos-Leis n.°s 62/2003, de 3 de Abril, e 165/2004, de 6 de Julho, trata-se da assinatura electrónica realizada por um processo baseado num "sistema criptográfico assimétrico composto de um algoritmo ou série de algoritmos, mediante o qual é gerado um par de chaves assimétricas exclusivas e interdependentes, uma das quais privada e outra pública, e que permite ao titular usar a chave privada para declarar a autoria do documento electrónico ao qual a assinatura é aposta e concordância com o seu conteúdo e ao destinatário usar a chave pública para verificar se a assinatura foi criada mediante o uso da correspondente chave privada e se o documento electrónico foi alterado depois de aposta a assinatura". O diploma foi regulamentado pelo Decreto Regulamentar n.° 25/2004, de 15 de Julho.

O Decreto-Lei n.° 62/2003, de 3 de Abril, substituiu "a expressão «assinatura digital» [...], consoante os casos, por «assinatura electrónica qualificada» ou por «assinatura electrónica qualificada certificada por entidade certificadora credenciada»" (cfr. preâmbulo do diploma).

O artigo 7.°, n.° 1, do mesmo DL estabelece que "a aposição de uma assinatura electrónica qualificada a um documento electrónico equivale à assinatura autógrafa dos documentos com forma escrita sobre suporte de papel e cria a presunção de que:

a) A pessoa que apôs a assinatura electrónica qualificada é o titular desta ou é representante, com poderes bastantes, da pessoa colectiva titular da assinatura electrónica qualificada;

b) A assinatura electrónica qualificada foi aposta com a intenção de assinar o documento electrónico;

c) O documento electrónico não sofreu alteração desde que lhe foi aposta a assinatura electrónica qualificada".

De acordo com o n.° 2 desta disposição, "a assinatura electrónica qualificada deve referir-se inequivocamente a uma só pessoa singular ou colectiva e ao documento ao qual é aposta". Ainda nos termos deste artigo, "a aposição de assinatura electrónica qualificada substitui, para todos os efeitos legais, a aposição de selos, carimbos, marcas ou outros sinais identificadores do seu titular".

O Decreto-Lei n.° 116-A/2006, de 16 de Junho, procede à criação do Sistema de Certificação Electrónica do Estado – Infra-Estrutura de Chaves Públicas e designa a Autoridade Nacional de Segurança como autoridade credenciadora nacional.

O Decreto-Lei n.° 197/99, de 8 de Junho, definiu medidas dirigidas à generalização da prática de aquisição de bens e de celebração de contratos de prestação de serviços, pela Administração Pública, por via electrónica, tendo o Decreto-Lei n.° 104/2002, de 12 de Abril, regulado a conclusão de tais contratos; o artigo 2.°, n.° 1-*c)*, deste diploma dispõe que "a assinatura digital aposta a um documento electrónico equivale, para todos os efeitos, à aposição de assinatura autógrafa, carimbo, selo ou outro sinal identificador feito em documento em suporte de papel", dizendo a alínea *e)* que "a remessa de documentos electrónicos a que seja aposta assinatura digital e cujo conteúdo seja encriptado equivale, para todos os efeitos, ao envio dos mesmos em invólucro opaco e fechado"; o artigo 6º deste DL dispõe ainda que "a exigência de assinatura digital prevista no presente diploma considera-se igualmente satisfeita através de outras formas de assinatura electrónica avançada, na acepção da Directiva n.º 1999/93/CE".

V. *Assinatura; Assinatura electrónica; Documento electrónico; Documento escrito; Presunção; Representante; Representação; Poderes representativos; Pessoa colectiva; Pessoa singular; Contrato; Compra e venda; Contrato de prestação de serviços;*

Assinatura electrónica (Dir. Civil) – De acordo com a definição constante da alínea *b)* do artigo 2.º do Decreto-Lei n.º 290-D/99, de 2 de Agosto, alterado pelos Decretos-Leis n.ºs 62/2003, de 3 de Abril, e 165/2004, de 6 de Julho, consiste no "resultado de um processamento electrónico de dados susceptível de constituir objecto de direito individual e exclusivo e de ser utilizado para dar a conhecer a autoria de um documento electrónico".

Nos termos da alínea *c)*, a "assinatura electrónica avançada [é a] assinatura electrónica que preenche os seguintes requisitos:

i) Identifica de forma unívoca o titular como autor do documento;

ii) A sua aposição ao documento depende apenas da vontade do titular;

iii) É criada com meios que o titular pode manter sob seu controlo exclusivo;

iv) A sua conexão com o documento permite detectar toda e qualquer alteração superveniente do conteúdo deste".

A alínea *g)* do mesmo artigo define "assinatura electrónica qualificada [como a] assinatura digital ou outra modalidade de assinatura electrónica avançada que satisfaça exigências de segurança idênticas às da assinatura digital baseadas num certificado qualificado e criadas através de um dispositivo seguro de criação de assinatura". De acordo com a alínea *j)* do mesmo artigo, "dispositivo seguro de criação de assinatura" é aquele que "assegure, através de meios técnicos e processuais adequados, que [...] os dados necessários à criação de uma assinatura utilizados na geração de uma assinatura só possam ocorrer uma única vez e que a confidencialidade desses dados se encontre assegurada", que "os dados [...] não possam, com um grau razoável de segurança, ser deduzidos de outros dados e que a assinatura esteja protegida contra falsificações realizadas através das tecnologias disponíveis", que "os dados [...] possam ser eficazmente protegidos pelo titular contra utilização ilegítima por terceiros", e, ainda, que "os dados que careçam de assinatura não sejam modificados e possam ser apresentados ao titular antes do processo de assinatura".

Determina o artigo 8.º do mesmo diploma que "quem pretenda utilizar uma assinatura electrónica qualificada deve, nos termos do n.º 1 do artigo 28.º, gerar ou obter os dados de criação e verificação de assinatura, bem como obter o respectivo certificado emitido por entidade certificadora nos termos deste diploma", dizendo o referido n.º 1 do artigo 28.º que "a entidade certificadora emite, a pedido de uma pessoa singular ou colectiva interessada e a favor desta, os dados de criação e de verificação de assinatura ou, se tal for solicitado, coloca à disposição os meios técnicos necessários para que esta os crie, devendo sempre verificar, por meio legalmente idóneo e seguro, a identidade e, quando existam, os poderes de representação da requerente".

"A aposição de uma assinatura electrónica qualificada a um documento electrónico equivale à assinatura autografa dos documentos com forma escrita sobre suporte de papel e cria a presunção de que: *a)* A pessoa que após a assinatura electrónica qualificada é o titular desta ou representante, com poderes bastantes, da pessoa colectiva titular da assinatura electrónica qualificada; *b)* A assinatura electrónica qualificada foi aposta com intenção de assinar o documento electrónico; *c)* O documento electrónico não sofreu alteração desde que lhe foi aposta a assinatura electrónica qualificada " – artigo 7.º, n.º 1.

A aposição de uma assinatura deste tipo "substitui, para todos os efeitos legais, a aposição de selos, carimbos ou outros sinais identificadores do seu titular", e, quando "conste de certificado que esteja revogado, caduco ou suspenso na data da aposição ou não respeite as condições dele constantes equivale à falta de assinatura" – n.°s 3 e 4 do mesmo artigo 7.°.

O artigo 3.°, n.° 2, dispõe que, "quando lhe seja aposta uma assinatura electrónica qualificada certificada por uma entidade certificadora credenciada, o documento electrónico com o conteúdo referido no número anterior ["susceptível de representação escrita"] tem a força probatória de documento particular assinado, nos termos do artigo 376.° do Código Civil"; de acordo com o n.° 3, quando lhe seja aposta uma assinatura electrónica qualificada certificada [...], o documento electrónico cujo conteúdo não seja susceptível de representação como declaração escrita tem a força probatória prevista no artigo 368.° do Código Civil e no artigo 167.° do Código de Processo Penal"; o n.° 4 esclarece que o disposto nos números anteriores "não obsta à utilização de outro meio de comprovação da autoria e integridade de documentos electrónicos, incluindo outras modalidades de assinatura electrónica, desde que tal meio seja adoptado pelas partes ao abrigo de válida convenção sobre prova ou seja aceite pela pessoa a quem for oposto o documento", dispondo, finalmente, o n.° 5 que, "sem prejuízo do disposto no número anterior, o valor probatório dos documentos electrónicos aos quais não seja aposta uma assinatura electrónica qualificada certificada por entidade certificadora credenciada é apreciado nos termos gerais de direito". Também os organismos públicos podem emitir documentos electrónicos com assinatura digital, tratando da matéria o artigo 5.°.

O Decreto-Lei n.° 234/2000, de 25 de Setembro, criou o Conselho Técnico de Credenciação como estrutura de apoio ao Instituto das Tecnologias de Informação na Justiça no exercício das funções de autoridade credenciadora de entidades certificadoras de assinaturas digitais.

A Resolução do Conselho de Ministros n.° 171/2005, de 3 de Novembro, aprovou a criação da Entidade de Certificação Electrónica do Estado (ECEE).

V. *Assinatura; Assinatura digital; Documento; Documento electrónico; Pessoa singular; Pessoa colectiva; Presunção; Representação orgânica; Revogação; Caducidade; Documento particular; Força probatória; Convenção; Convenção sobre provas; Oponibilidade a terceiros.*

Assinatura em branco (Dir. Civil) – Assinatura aposta num documento antes da sua redacção. Segundo o artigo 378.°, C.C., "se o documento tiver sido assinado em branco, total ou parcialmente, o seu valor probatório pode ser ilidido, mostrando-se que nele se inseriram declarações divergentes do ajustado com o signatário ou que o documento lhe foi subtraído".

V. *Assinatura; Documento particular; Força probatória.*

Assistência (Dir. Civil) – 1. Dever recíproco dos cônjuges de prestação de alimentos e de contribuição para os encargos da vida familiar.

"O dever de contribuir para os encargos da vida familiar incumbe a ambos os cônjuges, de harmonia com as possibilidades de cada um, e pode ser cumprido, por qualquer deles, pela afectação dos seus recursos àqueles encargos e pelo trabalho despendido no lar ou na manutenção e educação dos filhos".

"Não sendo prestada a contribuição devida, qualquer dos cônjuges pode exigir que lhe seja directamente entregue a parte dos rendimentos ou proventos do outro que o tribunal fixar".

Este dever mantém-se, em caso de separação de facto não imputável a qualquer dos cônjuges. Se um dos cônjuges for considerado culpado, o dever apenas se mantém em relação ao cônjuge ao qual for, total ou principalmente, imputável a separação, mas o tribunal pode, excepcionalmente, e por motivos de equidade, impor esse dever ao cônjuge inocente ou menos culpado.

V. artigos 1672.°, 1675.° e 1676.°, C.C..

Os artigos 2009.°, n.° 1-*a)*, 2015.°, 2016.° e 2017.°, C.C., estabelecem que têm direito a alimentos o cônjuge e o ex-cônjuge, cessando a obrigação alimentar nos casos gerais previstos no artigo 2013.°, C.C., e ainda se o alimentado contrair novo casamento ou se tornar indigno do benefício pelo seu comportamento moral (artigo 2019.°, C.C.).

V. *Deveres conjugais; Alimentos; Separação de facto; Culpa; Cônjuge culpado; Acção de alimentos; Indignidade.*

2. Dever recíproco dos pais e filhos, que "compreende a obrigação de prestar alimentos e a de contribuir, durante a vida em comum, de acordo com os recursos próprios, para os encargos da vida familiar". V. artigo 1874.°, C.C..

O artigo 2009.°, n.° 1-*b)* e *c)*, estabelece que estão vinculados à prestação de alimentos os descendentes e os ascendentes. V. *Ascendente; Descendente.*

3. Medida de protecção de indivíduos maiores inabilitados, colocados em regime de curatela. O curador, como assistente, intervém, para dar o seu consentimento, nos actos praticados pelo inabilitado que envolvam disposição de bens entre vivos e em todos os que forem especificados na sentença que declara a inabilitação. A assistência difere da representação, porque o assistente não emite, ele próprio, uma declaração de vontade cujos efeitos se vão produzir na esfera jurídica do representado, mas apenas dá a sua autorização para a prática de certos actos pelo inabilitado. Aliás, recusando o curador o seu consentimento, quando ele seja necessário, pode o inabilitado dirigir-se ao tribunal, pedindo o suprimento judicial do consentimento em processo cujos termos se encontram regulados pelos artigos 1425.° e segs., C.P.C., tendo os artigos 1425.° e 1426.° a redacção do Decreto-Lei n.° 329-A/95, de 12 de Dezembro.

V. artigos 152.° a 156.°, C.C..

O artigo 31.° do Decreto-Lei n.° 53/ /2004, de 18 de Março, alterado pelos Decretos-Leis n.°s 200/2004, de 18 de Agosto, e 76-A/2006, de 29 de Março (rectificado pela Declaração de rectificação n.° 28-A/2006, de 26 de Maio), que aprovou o Código da Insolvência e da Recuperação de Empresas, prevê que o tribunal nomeie um administrador judicial provisório com poderes para assistir o devedor na administração do respectivo património.

V. *Inabilitação; Curatela; Curador; Acto de disposição; Acto entre vivos; Representação; Suprimento de consentimento; Insolvência; Recuperação de empresas; Devedor; Medida cautelar; Administrador judicial; Administrador provisório.*

(Proc. Civil) – Situação jurídica processual de quem, não sendo parte na causa, intervém nela, espontaneamente, para auxiliar qualquer das partes, desde que tenha interesse jurídico em que a decisão do pleito seja favorável a essa parte. Para que haja este interesse jurídico basta que o assistente seja titular de uma relação jurídica cuja consistência, prática ou económica, dependa da pretensão do assistido. A intervenção pode dar-se em qualquer momento do processo. Sendo admitida, o assistente, que fica com a posição de auxiliar da parte, goza dos mesmos direitos e está submetido aos mesmos deveres que esta, mas a sua posição é-lhe subordinada, não podendo praticar actos que entrem em contradição com os da parte, nem actos que esta tenha perdido o direito de praticar. Pode o assistente fazer uso de quaisquer meios de prova, mas, quanto à prova testemunhal, não pode oferecer testemunhas senão na medida em que complete o número facultado à parte principal.

A sentença que for proferida no processo constitui caso julgado em relação ao assistente que, em princípio (v. artigo 341.°, C.P.C.), é obrigado a aceitar, em qualquer causa posterior, os factos e o direito que a decisão estabeleça.

Finalmente, nos termos do artigo 680.°, n.° 2, C.P.C., os assistentes só podem recorrer das decisões que directa e efectivamente os prejudiquem.

V. artigos 335.° a 341.°, C.P.C..

V. *Parte; Relação jurídica; Prova; Prova testemunhal; Sentença; Caso julgado; Recurso.*

Assistência educativa (Dir. Civil) – Designava-se assim genericamente, na antiga O.T.M., o conjunto de medidas que o tribunal de menores aplicaria em casos em que a saúde, segurança, formação moral ou educação de um menor estivesse em perigo e não fosse o caso de inibição do poder paternal, nem de remoção das funções tutelares.

A O.T.M. encontra-se actualmente revogada nesta parte pela Lei Tutelar Educativa, aprovada pela Lei n.° 166/99, de 14 de

Setembro, e pela Lei de Protecção de Crianças e Jovens em Perigo, aprovada pela Lei n.° 147/99, de 1 de Setembro, e alterada pela Lei n.° 31/2003, de 22 de Agosto

V. *Menor; Tribunal de menores; Medida tutelar; Inibição do poder paternal; Remoção do tutor.*

Assistência judiciária (Proc. Civil) – Informado pela ideia de garantia do acesso aos tribunais dos cidadãos que não dispusessem dos recursos económicos necessários para custear as despesas do pleito e os encargos do patrocínio judiciário, o instituto da assistência judiciária traduzia-se na dispensa, total ou parcial, do prévio pagamento das custas e/ou no patrocínio judiciário gratuito, ou quase, por advogado nomeado pelo juiz.

Este instituto era regido pela Lei n.° 7/70, de 9 de Junho, e pelo Decreto n.° 562/70, de 18 de Novembro (este alterado pelo Decreto n.° 90/76, de 29 de Janeiro), diplomas que foram revogados pelo Decreto-Lei n.° 387-B/87, de 29 de Dezembro, este ulteriormente também revogado pela Lei n.° 30-E/2000, de 20 de Dezembro, alterada pelo Decreto-Lei n.° 38/2003, de 8 de Março. Este último diploma previu diversos instrumentos de garantia do acesso não apenas aos tribunais, mas, mais amplamente, ao direito, procurando concretizar os direitos consagrados no artigo 20.° da Constituição da República. Porém, esta Lei n.° 30-E/2000 veio a ser revogada pela Lei n.° 34/2004, de 29 de Julho, que estabeleceu o novo regime de acesso ao direito e aos tribunais e que visa, segundo o seu artigo 1.°, evitar que a alguém seja impedido ou dificultado o conhecimento, o exercício ou a defesa dos respectivos direitos, "em razão da sua condição social ou cultural, ou por insuficiência de meios económicos", consagrando medidas de informação e de protecção jurídicas.

O Decreto-Lei n.° 71/2005, de 17 de Março, completou a transposição da Directiva n.° 2003/8/CE, do Conselho, de 27 de Janeiro, "relativa à melhoria do acesso à justiça nos litígios transfronteiriços, através do estabelecimento de regras mínimas comuns relativas ao apoio judiciário no âmbito desses litígios, desenvolvendo o regime previsto na Lei n.° 34/2004 [...]".

Há de ter, entretanto, em atenção o Acordo Europeu sobre Transmissão de Pedidos de Assistência Judiciária, aberto à assinatura em Estrasburgo em 27 de Janeiro de 1979 e aprovado, para ratificação, pelo Decreto do Governo n.° 57/84, de 28 de Setembro, uma vez que tal acordo foi ratificado, com reservas, por Portugal, segundo aviso publicado no *Diário da República*, I série, de 15 de Julho de 1986.

V. ainda o Assento do Supremo Tribunal de Justiça de 6 de Janeiro de 1988, publicado no *Diário da República*, I série, de 15 de Fevereiro do mesmo ano.

V. *Acesso à justiça; Patrocínio judiciário; Informação jurídica; Protecção jurídica; Apoio judiciário; Litígio transfronteiriço.*

Assistência pós-venda (Dir. Civil) – A assistência pós-venda pode comportar para o vendedor obrigações de medida diversa, quer quanto ao objecto quer quanto à duração: por um lado, a obrigação de instalar e pôr em funcionamento o bem vendido, a de o reparar ou substituir durante certo prazo se, no decurso deste, ele sofrer de defeito de funcionamento; por outro, a obrigação de, mesmo para além desse prazo, gratuita ou onerosamente, prestar os serviços de reparação do bem que sejam necessários, com o fornecimento de peças imprescindíveis ao bom funcionamento dele.

Quanto às primeiras obrigações, determina, genericamente, o artigo 921.°, C.C., que cabe ao vendedor reparar ou substituir a coisa vendida (quando a substituição seja necessária e possível, por a coisa ser fungível), ainda que não tenha havido culpa sua, se se encontrar obrigado, por força do contrato ou dos usos, a garantir o bom funcionamento do bem vendido. Esta obrigação persiste durante seis meses, contados da entrega da coisa, se o contrato ou os usos não impuserem prazo superior.

O artigo 9.°, n.° 5, da Lei de Defesa do Consumidor (Lei n.° 24/96, de 31 de Julho, alterada pela Lei n.° 85/98, de 16 de Dezembro, e pelo Decreto-Lei n.° 67/2003, de 8 de Abril), estabelece que "o consumidor tem direito à assistência após a venda, com incidência no fornecimento de peças e acessórios, pelo período de duração média normal dos produtos fornecidos".

O artigo 4.° do DL n.° 67/2003 estabelece que, "em caso de falta de conformidade do bem com o contrato, o consumidor tem direito a que esta seja reposta sem encargos, por meio de reparação ou de substituição, à redução adequada do preço ou à resolução do contrato", podendo optar por qualquer das formas previstas, na medida das possibilidades (por exemplo, se o bem pereceu, não é possível a reparação) e com os limites do abuso do direito (sê-lo-á, por exemplo, resolver o contrato quando o defeito seja mínimo e possa ser facilmente reparado pelo vendedor, sem prejuízo para o consumidor).

O comprador pode exercer estes direitos "quando a falta de conformidade se manifestar dentro do prazo de dois ou cinco anos a contar da entrega do bem, consoante se trate, respectivamente, de coisa móvel ou imóvel". A denúncia deve ser feita num prazo de dois meses ou um ano, conforme se trate de coisa móvel ou imóvel, a contar da data em que tenha sido detectada a falta de conformidade, caducando os direitos do comprador findo estes prazos ou seis meses após a denúncia.

V. *Compra e venda; Obrigação; Garantia de bom funcionamento; Coisa fungível; Culpa; Contrato; Usos; Consumidor; Venda de bens de consumo; Conformidade; Resolução do contrato; Abuso do direito; Móvel; Imóvel; Denúncia; Caducidade.*

Assistente técnico (Proc. Civil) – V. *Técnico; Assessoria técnica.*

Associação (Dir. Civil) – Pessoa colectiva de substrato pessoal que não tem um fim lucrativo. Pode ter um fim desinteressado ou interessado, sendo este ideal ou económico não lucrativo.

O regime jurídico das associações encontra-se consagrado nos artigos 167.° e segs., C.C..

O Decreto-Lei n.° 594/74, de 7 de Novembro, alterado pelo Decreto-Lei n.° 71/77, de 25 de Fevereiro, veio reconhecer o direito à livre associação. O Acórdão do Tribunal Constitucional n.° 589/2004, publicado no *Diário da República*, I -A série, de 4 de Novembro, declarou a inconstitucionalidade, com força obrigatória geral, do artigo 13.°, n.° 2, do DL n.° 594/74, dado que aí se dispunha que "a promoção e constituição de associações internacionais em Portugal depende de autorização do Governo", o que foi considerado incompatível com o artigo 46.°, n.° 1, da Constituição da República, consagrador do princípio da liberdade de associação.

O Decreto-Lei n.° 595/74, de 7 de Novembro, alterado pelo Decreto-Lei n.° 126/75, de 13 de Março, e pelas Leis n.°s 72/93, de 30 de Novembro, e 110/97, de 16 de Setembro, regulamentara a constituição de partidos políticos, tendo sido revogado pela Lei Orgânica n.° 2/2003, de 22 de Agosto, que aprovou a actual Lei dos Partidos Políticos.

"O acto de constituição da associação especificará os bens ou serviços com que os associados concorrem para o património social, a denominação, fim e sede da pessoa colectiva, a forma do seu funcionamento, assim como a sua duração, quando a associação se não constitua por tempo indeterminado". Por seu lado, os estatutos podem ainda conter uma série de regras atinentes aos associados ou ao destino dos bens da associação, no caso de ela ser extinta. Tanto o acto de constituição como os estatutos, e ainda as eventuais alterações destes, devem constar de escritura pública e, para serem eficazes em relação a terceiros, ser publicados no *Diário da República*. Nos termos do artigo 54.° do Decreto-Lei n.° 129/98, de 13 de Maio, alterado pelos Decretos-Leis n.°s 12/2001, de 25 de Janeiro, 323/2001, de 17 de Dezembro, e 2/2005, de 4 de Janeiro, a escritura pública constitutiva de uma associação, bem como a de outra qualquer pessoa colectiva, deve "mencionar a data do certificado de admissibilidade da [...] denominação adoptada, emitido em conformidade com a lei e dentro do seu prazo de validade", não sendo admissível que a escritura seja lavrada sem essa exibição e, se o for, é nula. São os artigos 45.° e segs. do mesmo diploma que se ocupam do regime do procedimento tendente a obter o referido certificado. A denominação da associação deve "ser composta [...] por forma a dar a conhecer a sua natureza associativa [...], podendo conter siglas, expressões de fantasia ou composições", admitindo o artigo 36.° do DL n.° 129/98 "denominações sem referência explícita à natureza associativa [...], desde que corresponda [...] a designações tradicionais ou não induzam em erro sobre a natureza da pessoa colectiva".

O artigo 46.° da Constituição, que consagra o princípio da liberdade de associação, determina que estas podem ser constituídas, independentemente de qualquer autorização, desde que "não se destinem a promover a violência e os respectivos fins não sejam contrários à lei penal" e, consequentemente, o artigo 158.°, C.C., na redacção do Decreto-Lei n.° 496/77, de 25 de Novembro, dispõe que as associações constituídas por escritura pública, com as especificações impostas por lei, gozam de personalidade jurídica.

V. a Lei n.° 9/97, de 12 de Maio, sobre associações representativas das famílias; o Decreto-Lei n.° 247/98, de 11 de Agosto, define as condições de atribuição de representatividade genérica e de apoio às associações de família que pretendam ter esse estatuto. V. também a Lei n.° 10/97, de 12 de Maio, (alterada pela Lei n.° 128/99, de 20 de Agosto) sobre associações de mulheres, regulamentada pelo Decreto-Lei n.° 246/98, de 11 de Agosto, este, por sua vez, alterado, por apreciação parlamentar, pela Lei n.° 37/99, de 26 de Maio.

O Decreto-Lei n.° 372/90, de 27 de Novembro, alterado pelos Decretos-Leis n.°s 80/99, de 16 de Março, e 29/2006, de 4 de Julho, estabelece o regime da constituição das associações de pais e encarregados de educação, definindo os respectivos direitos e deveres. A Lei n.° 115/99, de 3 de Agosto, define o regime das associações de imigrantes e seus descendentes.

A Lei n.° 123/99, de 20 de Agosto, apoia o associativismo cultural, em particular "as bandas de música, filarmónicas, escolas de música, tunas, fanfarras, ranchos e outras agremiações culturais que se dediquem à actividade musical, constituídas em pessoas colectivas de direito privado sem fins lucrativos". Esta Lei foi regulamentada pelo Decreto-Lei n.° 128/2001, de 17 de Abril.

A Lei n.° 34/2003, de 22 de Agosto, valoriza o associativismo popular, declarando, no seu artigo 2.°, n.° 1, que "ao movimento associativo português é conferido o estatuto de parceiro social", ficando o Governo, nos termos do n.° 2 da mesma norma, de definir, "no prazo de 120 dias após a entrada em vigor da presente lei, a representação e a extensão relativa à aplicação do estatuto de parceiro social".

A atribuição do direito de adesão a menores com idade inferior a 14 anos, "desde que previamente autorizados, por escrito, por quem detém o poder paternal", e a dos direitos de constituição ou de adesão a associações, bem como do de ser titulares dos respectivos órgãos a quaisquer menores, com idade igual ou superior a 14 anos, independentemente de autorização, foi realizada pela Lei n.° 124/99, de 20 de Agosto. O artigo 3.° desta Lei esclarece que "as associações objecto do presente diploma devem ter personalidade jurídica, não podendo prosseguir fins contrários à Constituição, à lei ou ao desenvolvimento físico e social do menor, nem fins de carácter lucrativo".

As associações de deficientes são reguladas especialmente pela Lei n.° 127/99, de 20 de Agosto, alterada pela Lei n.° 37/2004, de 13 de Agosto. designadamente quantos aos respectivos direitos de participação e de intervenção junto da administração central, regional e local, "tendo por finalidade a eliminação de todas as formas de discriminação e a promoção da igualdade entre pessoas portadoras de deficiência e os restantes cidadãos".

As associações juvenis e as associações de estudantes têm o seu estatuto na Lei n.° 23/2006, de 23 de Junho. O n.° 1 do artigo 3.° define as associações juvenis como aquelas "com mais de 75% de associados com idade igual ou inferior a 30 anos, em que o órgão executivo é constituído por 75% de jovens com idade igual ou inferior a 30 anos", e "as associações sócio-profissionais com mais de 75% de associados com idade igual ou inferior a 35 anos, em que o órgão executivo é constituído por 75% de jovens com idade igual ou inferior a 35 anos". Nos termos do n.° 1 do artigo 4.°, "são associações de estudantes aquelas que representam os estudantes do respectivo estabelecimento de ensino básico, secundário, superior ou profissional". A Portaria n.° 354/96, de 16 de Agosto, alterada pela Portaria n.° 255/2004, de 9 de Março, criou o Programa de Apoio às

Associações Juvenis (PAAJ) e aprovou o respectivo regulamento.

A Lei das associações de defesa dos utentes de saúde (Lei n.° 44/2005, de 29 de Agosto) estabelece os direitos de participação e de intervenção destas junto da administração central, regional e local. As associações de defesa dos utentes de saúde são associações constituídas nos termos da lei geral, dotadas de personalidade jurídica, sem fins lucrativos e com o objectivo principal de proteger os interesses e os direitos dos utentes de saúde.

Às associações que não têm personalidade jurídica são aplicáveis as regras estabelecidas pelos seus associados e, supletivamente, as que a lei dispõe para as associações – artigo 195.°, n.° 1, C.C.. Associações sem personalidade jurídica são, por exemplo, "as repúblicas e os solares de estudantes do ensino superior constituídos de harmonia com a praxe académica ou usos e costumes universitários" (cfr. Lei n.° 12/85, de 20 de Junho).

As associações, mesmo sem personalidade jurídica, têm personalidade judiciária, nos termos do artigo 6.°-*b)*, C.P.C., disposição que tem a redacção do Decreto-Lei n.° 180/96, de 25 de Setembro.

O já mencionado DL n.° 129/98 ocupa-se do regime do registo nacional de pessoas colectivas, que abrange as associações, devendo aí estar inscritos o acto da respectiva constituição, modificação da denominação, se ocorrer, alteração do objecto, da localização, sede ou endereço postal, cessação de actividade, dissolução, encerramento da liquidação ou regresso à actividade. Também estão abrangidas pelo regime deste diploma as associações sem personalidade jurídica. A associação deve solicitar ao Registo Nacional de Pessoas Colectivas, no prazo de 90 dias a contar da sua verificação, a inscrição da finalização das formalidades legais de constituição [...], podendo a inscrição ser feita oficiosamente quando não tenha sido cumprida a obrigação legal antes referida. A cada associação inscrita no Ficheiro Central de Pessoas Colectivas é atribuído um número de identificação próprio, podendo ela solicitar a emissão de um cartão de identificação, que conterá o seu número de identificação (NIPC), denominação, sede, natureza jurídica e actividade principal.

V. *Pessoa colectiva; Sede; Estatutos; Escritura pública; Oponibilidade a terceiros; Diário da República; Nulidade; Personalidade jurídica; Estrangeiros; Descendente; Menor; Poder paternal; Órgãos da pessoa colectiva; Deficiente; Princípio da igualdade; Personalidade judiciária; Registo das pessoas colectivas; Ficheiro central de pessoas colectivas.*

Associação de defesa do consumidor – O artigo 60.°, n.° 1, da Constituição da República consagra o direito dos consumidores "à qualidade dos bens e serviços consumidos, à formação e à informação, à protecção da saúde, da segurança e dos seus interesses económicos, bem como à reparação de danos", estabelecendo o n.° 3 da mesma disposição que "as associações de consumidores e as cooperativas de consumo têm direito, nos termos da lei, ao apoio do Estado e a ser ouvidas sobre as questões que digam respeito à defesa dos consumidores".

Dizia o artigo 12.°, n.° 1, da Lei n.° 29/81, de 22 de Agosto, serem "consideradas de defesa do consumidor [...] as associações dotadas de personalidade jurídica que não [tivessem] por fim o lucro económico dos seus associados, constituídas exclusivamente para defesa dos consumidores em geral, ou dos consumidores seus associados, ou de uns e outros conjuntamente". Actualmente, é a Lei n.° 24/96, de 31 de Julho (Lei de Defesa do Consumidor), alterada pela Lei n.° 85/98, de 16 de Dezembro, e pelo Decreto-Lei n.° 67/2003, de 8 de Abril, que revogou a *supra* citada, que se ocupa dos aspectos essenciais do regime das associações de consumidores, determinando o n.° 2 do respectivo artigo 17.° que estas "podem ser de âmbito nacional, regional ou local, consoante a área a que circunscrevam a sua acção e tenham, pelo menos, 3000, 500 ou 100 associados", dispondo o n.° 3 do mesmo artigo que "as associações podem ser ainda de interesse genérico ou de interesse específico", sendo de interesse genérico aquelas "cujo fim estatutário seja a tutela dos direitos dos consumidores em geral e cujos órgãos sejam livremente eleitos pelo voto universal e secreto de todos os seus associados", e de interesse específico "as demais associações de consumidores de bens e serviços determinados, cujos órgãos sejam livremente eleitos pelo voto universal e secreto de todos os seus associados".

Os direitos das associações de consumidores encontram-se enunciados no artigo 18.° da referida Lei, e consistem, designadamente, em terem o estatuto de parceiro social em matérias que digam respeito à política dos consumidores, em terem o correspondente direito de antena, em terem acesso a todos os processos administrativos e demais elementos existentes nas repartições e serviços públicos que contenham dados referentes às características de bens ou serviços de consumo, em serem esclarecidas sobre a formação dos preços dos bens e serviços, em poderem corrigir ou responder ao conteúdo de quaisquer mensagens publicitárias relativas a bens ou serviços postos no mercado, à acção popular, etc..

V. *Associação; Consumidor; Tutela do consumidor; Dano; Personalidade jurídica.*

Associado (Dir. Civil) – Membro de uma associação.

V. *Associação.*

Assunção (Dir. Civil) – O termo assunção é habitualmente utilizado para significar a adstrição de um sujeito a um dever, obrigação ou sujeição.

V. *Dever jurídico; Obrigação; Sujeição.*

Assunção cumulativa de dívida (Dir. Civil) – Expressão sinónima de *co-assunção de dívida* (v. esta expressão).

Assunção de contrato (Dir. Civil) – Designação doutrinária que por vezes é dada à cessão de contrato ou *cessão da posição contratual* (ver esta expressão).

Assunção de cumprimento (Dir. Civil) – Assunção de cumprimento ou promessa de liberação é o negócio nos termos do qual alguém se obriga perante outrem a cumprir uma dívida que este último tem para com terceiro. A nossa lei regula esta situação a propósito do contrato a favor de terceiros, determinando que só o promissário tem, neste caso, o direito a exigir do promitente o cumprimento da promessa (artigo 444.°, n.° 3, C.C.). A razão de ser deste regime reside no facto de o terceiro não ser, neste caso, um verdadeiro beneficiário, uma vez que o seu interesse no cumprimento se encontrava já, antes deste contrato a favor dele, protegido juridicamente por um direito de crédito contra o promissário. A vantagem deste terceiro, credor do promissário, pode existir, mas será de natureza prática (mais fácil obtenção da prestação) e não jurídica, dado que a lei não confere dois direitos subjectivos para tutela de um único interesse.

V. *Dívida; Cumprimento; Negócio jurídico; terceiro; Contrato a favor de terceiros; Direito subjectivo.*

Assunção de dívida (Dir. Civil) – Forma de transmissão, a título singular, de uma dívida, que pode operar-se "por contrato entre o antigo e o novo devedor, ratificado pelo credor", ou "por contrato entre o novo devedor e o credor, com ou sem consentimento do antigo devedor".

Apenas há uma alteração subjectiva da relação obrigacional, não resultando afectada a obrigação no seu conteúdo.

Há casos, no entanto, em que a assunção da dívida não opera a pura e simples substituição do antigo devedor pelo novo (assuntor), antes este fica colocado ao lado do devedor primitivo que mantém a sua posição. Fala-se, neste caso, em assunção cumulativa de dívida, de co-assunção de dívida ou de assunção multiplicadora ou reforçativa, para distinguir do outro tipo de situações (assunção liberatória ou privativa). É este o regime geral consagrado no artigo 595.°, n.° 3, C.C..

V. Antunes Varela, *Das Obrigações em Geral*, 7.ª edição, Vol. II, págs. 358 e segs..

V. artigos 595.° e segs., C.C..

V. *Dívida; Contrato; Devedor; Ratificação; Credor; Obrigação.*

Assuntor (Dir. Civil) – Aquele que assume uma dívida de outrem, obrigando-se perante o respectivo credor a realizar a prestação.

V. *Dívida; Assunção de dívida; Credor; Prestação.*

"Astreinte" (Dir. Civil) – Medida compulsória do devedor de uma obrigação infungível *de facere* ou *de non facere* ao seu cumprimento, consistente na sua condenação no pagamento periódico de uma quantia pecuniária até que se verifique a cessação da situação de incumprimento. É um instituto de criação jurisprudencial francesa que inspirou a sanção pecuniária compulsória, introduzida no direito português pelo Decreto-Lei n.° 262/83, de 16 de Junho, que aditou ao Código Civil o artigo 829.°-A.

V. *Obrigação; Obrigação infungível; Obrigação "de facere"; Obrigação "de non facere"; Incumprimento; Sanção pecuniária compulsória.*

Atraso no cumprimento (Dir. Civil) – V. *Cumprimento; Retardamento da prestação; Mora.*

Atravessadouros (Dir. Civil) – Passagens em prédios privados existentes em benefício do público.

O Código Civil aboliu todos os atravessadouros, excepto os previstos em legislação especial e os que se mostrassem estabelecidos em proveito de prédios determinados, que, no entanto, passaram a constituir servidões de passagem em proveito exclusivo dos proprietários desses prédios; excepcionou ainda aqueles que constituíssem meio de acesso a ponte ou fonte de manifesta utilidade e enquanto não existissem vias públicas, desde que o atravessadouro fosse objecto de posse imemorial à data da publicação do Código Civil.

V. artigos 1383.° e 1384.°, C.C..

V. *Prédio; Servidão de passagem; Posse imemorial.*

Atribuição de nacionalidade – Expressão que designa a aquisição originária da nacionalidade, isto é, a sua constituição no momento e por efeito do nascimento ou que a esse momento se tem como retrotraída.

Nos termos do artigo 1.°, n.° 1, da Lei da Nacionalidade – Lei n.° 37/81, de 3 de Outubro, alterada pela Lei n.° 25/94, de 19 de Agosto, pelos Decretos-Leis n.°s 22--A/2001, de 14 de Dezembro, 194/2003, de 23 de Agosto de 2003, e pelas Leis Orgânicas n.°s 1/2004, de 15 de Janeiro, e 2/2006, de 17 de Abril – "são portugueses de origem:

a) Os filhos de mãe portuguesa ou de pai português nascidos no território português;

b) Os filhos de mãe portuguesa ou de pai português nascidos no estrangeiro se o progenitor português aí se encontrar ao serviço do Estado Português;

c) Os filhos de mãe portuguesa ou de pai português nascidos no estrangeiro se tiverem o seu nascimento inscrito no registo civil português ou se declararem que querem ser portugueses;

d) Os indivíduos nascidos no território português, filhos de estrangeiros, se pelo menos um dos progenitores também aqui tiver nascido e aqui tiver residência, independentemente de título, ao tempo do nascimento;

e) Os indivíduos nascidos no território português, filhos de estrangeiros que não se encontrem ao serviço do respectivo Estado, se declararem que querem ser portugueses e desde que, no momento do nascimento, um dos progenitores aqui resida legalmente há pelo menos cinco anos;

f) Os indivíduos nascidos no território português e que não possuam outra nacionalidade".

O n.° 2 do mesmo artigo presume "nascidos no território português, salvo prova em contrario, os recém-nascidos que aqui tenham sido expostos".

V. *Cidadania; Nascimento.*

Atribuição patrimonial (Dir. Civil) – Diz-se que há uma atribuição patrimonial quando um sujeito jurídico obtém uma vantagem ou benefício, susceptível de avaliação em dinheiro. Essa vantagem tanto pode consistir num aumento do activo patrimonial como numa diminuição do passivo ou, até, na poupança de uma despesa.

Saber se houve uma atribuição patrimonial é juridicamente relevante, por exemplo, para a qualificação dos contratos como onerosos ou gratuitos e para verificar da existência de um enriquecimento sem causa.

V. *Património; Contrato oneroso; Contrato gratuito; Enriquecimento sem causa.*

"Audi alteram partem" (Proc. Civil) – Expressão que significa *ouvir a outra parte* e que, em processo, exprime o princípio do contraditório, segundo o qual o tribunal não decide, em princípio, um conflito de interesses nem toma providências relativamente a alguém sem ouvir ambas as partes.

V. *Princípio do contraditório.*

Audiência (Proc. Civil) – Sessão realizada no tribunal, geralmente pública, em que é discutida e julgada uma causa. Nos termos do artigo 206.° da Constituição da República, "as audiências dos tribunais são públicas, salvo quando o próprio tribunal decidir o contrário, em despacho fundamentado, para salvaguarda da dignidade das pessoas e da moral pública ou para garantir o seu normal funcionamento".

O artigo 9.° da Lei de Organização e Funcionamento dos Tribunais Judiciais (Lei n.° 3/99, de 13 de Janeiro, rectificada pela Declaração de rectificação n.° 7/99, de 16 de Fevereiro, e alterada pela Lei n.° 101/99, de 26 de Julho, pelos Decretos-Leis n.°s 323/2001, de 17 de Dezembro, e 38/2003, de 8 de Março – este rectificado pela Declaração de rectificação n.° 5-C/ /2003, de 30 de Abril –, pela Lei n.° 105/ /2003, de 10 de Dezembro, pelo Decreto-Lei n.° 53/2004, de 18 de Março, pela Lei n.° 42/2005, de 29 de Agosto, e pelo Decreto-Lei n.° 76-A/2006, de 29 de Março – este rectificado pela Declaração de rectificação n.° 28-A/2006, de 26 de Maio), reproduz o preceito constitucional citado.

O artigo 1.° do Decreto-Lei n.° 184/ /2000, de 10 de Agosto, veio estabelecer que "a marcação das audiências de discussão e julgamento não pode ser feita com uma antecedência superior a três meses, e para cada dia só podem ser marcadas as audiências que efectivamente o tribunal tenha disponibilidade de realizar".

Em processo ordinário, a audiência de discussão e julgamento é feita com intervenção do tribunal colectivo, se ambas as partes o tiverem requerido – artigo 646.°, C.P.C. (na redacção dos Decretos-Leis n.°s 329-A/95, de 12 de Dezembro, 180/96, de 25 de Setembro, 375-A/99, de 20 de Setembro, e 183/2000, de 10 de Agosto). A regra era, na versão anterior do artigo 646.°, C.P.C., a da intervenção do tribunal colectivo, sob pena de anulação do julgamento.

Tratando-se de processo sumário ou sumaríssimo, a discussão e o julgamento são feitos perante o juiz singular.

Na audiência "realizar-se-ão os seguintes actos, se a eles houver lugar:

a) Prestação dos depoimentos de parte;

b) Exibição de reproduções cinematográficas ou de registos fonográficos [...];

c) Esclarecimentos verbais dos peritos cuja comparência tenha sido determinada oficiosamente ou a requerimento das partes;

d) Inquirição das testemunhas;

e) Debates sobre a matéria de facto, nos quais cada advogado pode replicar uma vez".

V. n.° 3 do artigo 652.°, C.P.C. (com a redacção dada pelo citado DL n.° 329-A/95).

Encerrada a discussão, o tribunal decide sobre a matéria de facto e os advogados discutem oralmente o aspecto jurídico da causa, podendo, se quiserem, alegar por escrito sobre tal matéria.

Finalmente, o processo volta ao juiz que profere a sentença.

V. artigos 652.° a 657.°, 791.° e 796.°, C.P.C..

No regime do Decreto-Lei n.° 269/98, de 1 de Setembro (rectificado pela Declaração de rectificação n.° 16-A/98, de 30 de Setembro), alterado pelos Decretos-Leis n.°s 383/99, de 23 de Setembro, 183/2000, de 10 de Agosto, 323/2001, de 17 de Dezembro, 32/2003, de 17 de Fevereiro, 38/2003, de 8 de Março (este rectificado pela Declaração de rectificação n.° 5-C/2003, de 30 de Abril), 107/2005, de 1 de Julho (rectificado pela Declaração de rectificação n.° 63/2005, de 19 de Agosto), e pela Lei n.° 14/2006, de 26 de Abril – que se ocupa "dos procedimentos destinados a exigir o cumprimento de obrigações pecuniárias emergentes de contratos de valor não superior à alçada da Relação" ou das obrigações emergentes de transacções comerciais abrangidas pelo Decreto-Lei n.° 32/2003, de 17 de Janeiro –, determina o artigo 3.°, n.° 2, que a audiência deve realizar-se no prazo de 30 dias (não é claro o momento do início da contagem deste prazo, embora pareça que esse é o da contestação), "não sendo aplicável o disposto nos n.ºs 1 a 3 do artigo 155.º do Código de Processo Civil às acções de valor não superior à alçada do tribunal de 1.ª instância". O artigo 4.º regula os termos da audiência, dispondo no respectivo n.º 7 que "a sentença, sucintamente fundamentada, é logo ditada para a acta".

V. *Despacho; Fundamentação das decisões; Adiamento da audiência; Tribunal colectivo; Requerimento; Processo ordinário; Tribunal colectivo; Processo sumário; Processo sumaríssimo; Juiz singular; Depoimento de parte; Registo fonográfico; Reproduções cinematográficas; Perito; Inquirição; Testemunha; Matéria de facto; Sentença; Alegações; Advogado; Injunção; Obrigação pecuniária; Alçada; Relação; Tribunal de 1.ª instância; Injunção; Obrigação pecuniária; Acta; Continuidade da audiência.*

Audiência contraditória (Proc. Civil) – O princípio da audiência contraditória, consagrado no artigo 517.º, C.P.C., consiste na possibilidade de a parte contrária àquela que produz certa prova tomar conhecimento dela a fim de a impugnar. Dispõe o artigo 517.º: "1. – Salvo disposição em contrário, as provas não serão admitidas nem produzidas sem audiência contraditória da parte a quem hajam se ser opostas. 2. – Quanto às provas constituendas, a parte será notificada, quando não for revel, para todos os actos de preparação e produção da prova, e será admitida a intervir nesses actos nos termos da lei; relativamente às provas pré-constituídas, deve facultar-se à parte a impugnação, tanto da respectiva admissão como da sua força probatória".

V. *Princípio do contraditório; Prova; Prova constituenda; Notificação; Revelia; Prova pré-constituída; Impugnação; Força probatória.*

Audiência de discussão e julgamento (Proc. Civil) – Designação dada pelo Código de Processo Civil à audiência em que é discutida e julgada uma causa. Tal designação, que continua a ser utilizada por largos sectores da doutrina e a surgir no texto de alguns preceitos do Código de Processo Civil (v., por exemplo, artigo 507.º), foi substituída em grande medida, no Código actual pela de audiência final (cfr., por exemplo, artigos 386.º e 621.º, C.P.C., o primeiro com a redacção do Decreto-Lei n.º 329-A/95, de 12 de Dezembro, e o segundo com a do Decreto-Lei n.º 38/2003, de 8 de Março).

Em outros diplomas, como, por exemplo, no Decreto-Lei n.º 269/98, de 1 de Setembro (rectificado pela Declaração de rectificação n.º 16-A/98, de 30 de Setembro), alterado pelos Decretos-Leis n.ºs 383/99, de 23 de Setembro, 183/2000, de 10 de Agosto, 323/2001, de 17 de Dezembro, 32/2003, de 17 de Fevereiro, 38/2003, de 8 de Março (este rectificado pela Declaração de rectificação n.º 5-C/2003, de 30 de Abril), 107/2005, de 1 de Julho (rectificado pela Declaração de rectificação n.º 63/2005, de 19 de Agosto), e pela Lei n.º 14/2006, de 26 de Abril, usa-se a expressão "audiência de julgamento" (artigo 3.º, n.º 2). Também a referência se encontra, por exemplo, no artigo 35.º, n.º 1, do Código da Insolvência e da Recuperação de Empresas, aprovado pelo Decreto-Lei n.º 53/ /2004, de 18 de Março, alterado pelos Decretos-Leis n.ºs 200/2004, de 18 de Agosto, e 76-A/2006, de 29 de Março (este rectificado pela Declaração de rectificação n.º 28- -A/2006, de 26 de Maio).

V. *Audiência; Insolvência; Recuperação de empresas.*

Audiência final (Proc. Civil) – V. *Audiência; Audiência de discussão e julgamento.*

Audiência preliminar (Proc. Civil) – Audiência que tem lugar depois de finda a fase dos articulados. Ela pode ser dispensada sempre que:

a) "Destinando-se à fixação da base instrutória, a simplicidade da causa o justifique";

b) "A sua realização tivesse como fim facultar a discussão de excepções dilatórias já debatidas nos articulados ou do mérito da causa, nos casos em que a sua apreciação revista manifesta simplicidade".

Em processo ordinário, pode o juiz, antes da marcação da audiência preliminar, proferir despacho destinado a "providenciar pelo suprimento de excepções dilatórias [...]" ou a "convidar as partes ao aperfeiçoamento dos articulados [...]".

Findas estas diligências, se a elas tiver havido lugar, o juiz marcará uma audiência preliminar, num dos 30 dias seguintes, a fim de tentar a conciliação das partes ou/e "facultar a estas a discussão de facto e de direito, nos casos em que ao juiz cumpra apreciar excepções dilatórias ou quando tencione conhecer imediatamente, no todo ou em parte, do mérito da causa", ou/e "discutir as posições das partes com vista à delimitação dos termos do litígio, e suprir as insuficiências ou imprecisões na exposição da matéria de facto que ainda subsistam ou se tornem patentes na sequência do debate", ou/e "proferir despacho saneador [...]", ou/e "quando a acção tenha sido contestada, seleccionar, após debate, a matéria de facto relevante que se considera assente e a que constitui a base instrutória da causa [...]", decidindo as reclamações deduzidas pelas partes". Para além destes fins, pode a audiência preliminar destinar-se também a: – "indicar os meios de prova e decidir sobre a admissão e a preparação das diligências probatórias, requeridas pelas partes ou oficiosamente determinadas, salvo se alguma das partes [...] requerer a sua indicação ulterior [...]"; "estando o processo em condições de prosseguir, designar, sempre que possível, a data para a realização da audiência final, tendo em conta a duração provável das diligências probatórias a realizar antes do julgamento"; e a "requerer a gravação da audiência ou a intervenção do colectivo".

Em qualquer caso, no despacho em que marque a audiência, o juiz declara o seu objecto e finalidade dela.

A falta das partes ou dos seus mandatários não constitui motivo de adiamento da audiência, mas, "se algum destes não houver comparecido, pode ainda apresentar o respectivo requerimento probatório nos cinco dias subsequentes àquele em que se realizou a audiência preliminar, bem como, no mesmo prazo, requerer a gravação da audiência final ou a intervenção do colectivo".

V. artigos 508.° (cujo n.° 1 tem a redacção dos Decretos-Leis n.°s 329-A/95, de 12 de Dezembro, e 180/96, de 25 de Setembro, e o n.° 2 a do Decreto-Lei n.° 375-A/99, de 20 de Setembro), 508.°-A (com a redacção dos citados DL n.°s 329-A/95, 180/96, 375-A/99), 508.°-B (introduzido pelo DL n.° 180/96 e alterado pelo Decreto-Lei n.° 38/2003, de 8 de Março), C.P.C..

Em processo sumário, manda o artigo 787.°, C.P.C. (com a redacção do referido DL n.° 375-A/99), aplicar o disposto nos artigos 508.° a 512.°-A., dispondo, no entanto, que "a audiência preliminar só se realiza quando a complexidade da causa ou a necessidade de actuar o princípio do contraditório o determinem"; acrescenta o n.° 2 da mesma disposição que, "não havendo lugar à realização de audiência preliminar e ainda que tenha de ser elaborado despacho saneador para decisão sobre as matérias referidas nas alíneas *a)* e *b)* do n.° 1 do artigo 510.° [excepções dilatórias, nulidades processuais, o mérito da causa, "sempre que o estado do processo permitir, sem necessidade de mais provas, a apreciação, total ou parcial, do ou dos pedidos deduzidos ou de alguma excepção peremptória"] ou sobre incidente de intervenção de terceiros, o juiz pode abster-se de proceder à selecção da matéria de facto, nos termos do n.° 2 do artigo 508.°-B, se se verificar a situação prevista na parte final do número anterior [a selecção da matéria de facto controvertida "se revestir de simplicidade]".

No regime do processo civil simplificado – instituído pelo Decreto-Lei n.° 211/ /91, de 14 de Junho, e parcialmente revogado pelo Decreto-Lei n.° 224-A/96, de 26 de Novembro –, em que a acção se inicia por uma petição conjunta, prevê-se, no artigo 4.°:

"1. – Quando a complexidade do processo o aconselhe, poderá o juiz fazer preceder a audiência final de uma conferência com os mandatários judiciais das partes, destinada a obter os esclarecimentos pertinentes para a correcta selecção de factos essenciais controvertidos, a averiguar em audiência, e a realizar, sendo caso disso, tentativa de conciliação das partes.

2. – A indicação dos factos a que se refere o número anterior pode ser feita sob a forma de quesitos a que o tribunal deverá responder, sendo, sempre que possível, logo ditada para a acta".

V. *Audiência; Base instrutória; Excepção dilatória; Despacho; Despacho de aperfeiçoa-*

mento; Reclamação; Falta; Parte; Adiamento da audiência; Articulados; Despacho saneador; Mérito da causa; Contestação; Prova; Meios de prova; Audiência de discussão e julgamento; Gravação da audiência; Tribunal colectivo; Prova; Pedido; Pedido principal; Reconvenção; Excepção; Notificação; Mandatário judicial; Transacção; Tentativa de conciliação; Processo ordinário; Processo sumário; Nulidade processual; Processo civil simplificado; Petição conjunta; Quesitos; Respostas aos quesitos; Acta.

Audiência preparatória (Proc. Civil) – Designação tradicional da *audiência preliminar* (v. esta expressão).

Audiência secreta (Proc. Civil) – As audiências dos tribunais são, em princípio, públicas.

A Constituição da República determina, no seu artigo 206.°, que a decisão de que uma audiência não seja pública cabe sempre ao tribunal, que, em despacho fundamentado, o decidirá, atendendo à "salvaguarda da dignidade das pessoas e da moral pública" ou à garantia do seu normal funcionamento.

O Decreto-Lei n.° 368/77, de 3 de Setembro, veio alterar a redacção do artigo 656.°, C.P.C., reproduzindo este, no seu n.° 1, o preceito constitucional acima citado.

Cfr. igualmente o artigo 9.° da Lei de Organização e Funcionamento dos Tribunais Judiciais (Lei n.° 3/99, de 13 de Janeiro, rectificada pela Declaração de rectificação n.° 7/99, de 16 de Fevereiro, e alterada pela Lei n.° 101/99, de 26 de Julho, pelos Decretos-Leis n.°s 323/2001, de 17 de Dezembro, e 38/2003, de 8 de Março, pela Lei n.° 105/2003, de 10 de Dezembro, pelo Decreto-Lei n.° 53/2004, de 18 de Março, pela Lei n.° 42/2005, de 29 de Agosto, e pelo Decreto-Lei n.° 76-A//2006, de 29 de Março – este rectificado pela Declaração de rectificação n.° 28--A/2006, de 26 de Maio), que igualmente reproduz o preceito constitucional citado.

V. *Processo secreto; Audiência; Despacho; Fundamentação das decisões.*

Audiotexto (Dir. Civil; Dir. Com.) – Nos termos do artigo 10.° do Decreto-Lei n.° 177/99, de 21 de Maio, que contém o regime de acesso e de exercício da actividade de prestador de serviços de audiotexto, na redacção da Lei n.° 95/2001, de 20 de Agosto, "os prestadores de serviços de suporte devem garantir, como regra, o barramento, sem quaisquer encargos, do acesso aos serviços de audiotexto, que só poderá ser activado, genérica ou selectivamente após requerimento expresso efectuado nesse sentido pelos respectivos clientes", excepto os "serviços de audiotexto designados «serviços de audiotexto de televoto», cujo acesso é automaticamente facultado ao utilizador a partir do momento da entrada em vigor do contrato celebrado entre este e o prestador de serviço de suporte".

O Decreto-Lei n.° 175/99, de 21 de Maio, alterado pelo Decreto-Lei n.° 148/2001, de 7 de Maio, e pela Lei n.° 95/2001, de 20 de Agosto, que regula a publicidade a serviços de audiotexto, caracteriza estes como "os que se suportam no serviço fixo de telefone ou em serviços telefónicos móveis e que são destes diferenciáveis em razão do seu conteúdo e natureza específicos".

V. *Contrato de prestação de serviços; Publicidade.*

Auditor de justiça (Org. Judiciária) – Estatuto dos candidatos a magistrados, uma vez admitidos ao Centro de Estudos Judiciários e durante a frequência deste. "Têm direito a uma bolsa de estudo correspondente a 50% do índice 100 da escala indiciária das magistraturas" (artigos 53.° e 54.° da Lei n.° 16/98, de 8 de Abril, alterada pela Lei n.° 3/2000, de 20 de Março, e pelo Decreto-Lei n.° 11/2002, de 24 de Janeiro).

Terminado o período de actividades teórico-práticas no Centro de Estudos Judiciários, os auditores de justiça que tenham obtido notação positiva "devem apresentar declaração de opção pela magistratura judicial ou pela magistratura do Ministério Público", sendo, então, os que forem graduados "nomeados juízes de direito ou delegados do procurador da República em regime de estágio, respectivamente pelo Conselho Superior da Magistratura ou pelo Conselho Superior do Ministério Público", mantendo, enquanto não forem nomeados, o estatuto de auditor de justiça.

O estágio tem a duração de 10 meses, podendo "excepcionalmente, havendo motivo justificado, ser alterado, mediante deliberação do respectivo Conselho Superior, ouvido o director do Centro de Estudos Judiciários" (a duração anterior era de um ano judicial).

"Os magistrados em regime de estágio exercem, com a assistência de formadores, mas sob responsabilidade própria, as funções inerentes à respectiva magistratura, com os respectivos direitos, deveres e incompatibilidades".

"Terminada a fase de estágio, os magistrados são colocados em regime de efectividade; na falta de vagas, e até à sua ocorrência, são colocados como auxiliares".

V. artigos 65.° e segs. da Lei n.° 16/98.

V. *Magistrado; Centro de Estudos Judiciários; Magistratura judicial, Ministério Público; Juiz de direito; Delegado do procurador da República; Conselho Superior da Magistratura; Conselho Superior do Ministério Público; Juiz auxiliar.*

Aumento de rendas (Dir. Civil) – V. *Renda; Actualização de rendas.*

Ausência (Dir. Civil; Proc. Civil) – 1. Situação de ignorância total do paradeiro de uma pessoa e de consequente impossibilidade de contacto com ela. Para que o exercício de direitos ou o cumprimento das obrigações se não paralise, com prejuízo para todos, a lei prevê meios e formas de suprimento da ausência.

Numa primeira fase (*ausência presumida*), cujos requisitos são ainda, alem da ausência, a falta de representante legal ou voluntário e a existência de bens carecidos de administração, deve o tribunal providenciar para que os bens se não percam ou deteriorem, arrolando-os e arrecadando-os, podendo nomear um curador provisório que proverá à administração de tais bens.

Os artigos 1451.° e segs., C.P.C., regulam o processo de instituição da curadoria provisória. O curador ficará sujeito ao regime do mandato em tudo o que não contrariar as disposições específicas da curadoria provisória, devendo prestar caução e contas perante o tribunal. A curadoria provisória termina: *a)* Se o ausente se encontrar de novo em situação de poder tomar conta, por si ou por representante, do seu património, regressando, providenciando de algum modo acerca da administração dos bens ou então verificando-se o comparecimento do representante legal ou voluntário; *b)* Pela certeza da morte do ausente; *c)* Pelo estabelecimento da curadoria definitiva.

Decorridos dois anos sem se saber do ausente, se este não tiver deixado representante legal nem procurador bastante, ou cinco anos no caso contrário, pode o Ministério Público ou algum dos interessados (cônjuge e herdeiros, essencialmente) requerer a justificação (isto é, a declaração judicial) de ausência. O processo de justificação de ausência que institui a curadoria definitiva encontra-se regulado nos artigos 1103.° e segs., C.P.C., não produzindo a sentença que julgue justificada a ausência efeito "sem decorrerem quatro meses sobre a sua publicação por edital afixado na porta da sede da junta de freguesia do último domicílio do ausente e por anúncio inserto num dos jornais mais lidos da comarca a que essa freguesia pertença e também num dos jornais de Lisboa ou do Porto, que aí sejam mais lidos".

O efeito principal da justificação de ausência é a distribuição dos bens do ausente pelos sucessores *mortis causa* deste, que os recebem e administram em nome alheio, como curadores definitivos e não como proprietários (segue-se aqui a tramitação do processo de inventário). Esta situação termina pelo regresso do ausente ou notícia da sua existência e paradeiro (caso em que os bens do ausente lhe serão entregues logo que este o requeira), pela certeza da sua morte ou pela declaração de morte presumida.

Um terceiro escalão de intensidade dos efeitos da ausência é a chamada *morte presumida*, cuja declaração só pode ser requerida ao tribunal (pelos mesmos que têm legitimidade para requerer a justificação de ausência) decorridos que sejam dez anos sobre a data das últimas notícias, ou cinco anos, se entretanto o ausente completar 80 anos de idade. Esta declaração produz os mesmos efeitos jurídicos que a morte, designadamente para efeitos de sucessão. Quanto ao casamento, a declaração de morte presumida, não o dissolvendo em regra, vale, porém, como divórcio, se, depois dela (estando o ausente vivo), o cônjuge do ausente contraiu novo casamento. A hipótese de regresso do ausente declarado presumidamente morto é prevista no artigo 119.°, C.C., e no artigo 1112.°, C.P.C. (este na redacção do Decreto-Lei n.° 329-A/95, de 12 de Dezembro): neste caso, se aqueles que receberam os bens estavam de boa fé, só têm de devolver o património no estado em que se encontrar, compreendendo bens sub-rogados. Havendo má fé dos sucessores (isto é, conhecimento, à data da declaração de morte presumida, de que o ausente se encontrava vivo), o ausente tem o direito a todo o seu património – em espécie, na medida em que se conserve em poder dos sucessores, e em sucedâneo patrimonial na parte que falte e não haja sido preenchida por sub-rogação.

V. *Paradeiro; Direito subjectivo; Cumprimento; Obrigação; Representação legal; Representação voluntária; Arrolamento; Curador; Acto de administração; Mandato; Prestação de caução; Prestação de contas; Património; Morte; Divórcio; Legitimidade; Ministério Público; Herdeiro; Edital; Domicílio; Anúncio público; Inventário; Morte presumida; Sucessão; Boa-fé; Má fé; "Mortis causa"; Sub-rogação.*

2. O artigo 1781.°-*d)*, C.C., na redacção que lhe foi dada pela Lei n.° 47/98, de 10 de Agosto, estabelece que é fundamento de divórcio litigioso (e, por força do artigo 1794.°, C.C., de separação judicial de pessoas e bens litigiosa) a ausência, sem que do ausente haja notícias, por tempo não inferior a dois anos.

V. *Divórcio; Separação judicial de pessoas e bens.*

Ausência de causa (Dir. Civil) – A falta de causa justificativa da deslocação patrimonial é um dos pressupostos da figura do enriquecimento sem causa, aí significando que inexistia qualquer norma, que, a título permissivo ou impositivo, a justificasse especificamente.

V. *Deslocação patrimonial; Enriquecimento sem causa.*

Ausência declarada (Dir. Civil) – A ausência classifica-se como declarada ou justificada quando tiver sido judicialmente declarada, a requerimento de algum interessado – sendo interessados "o cônjuge não separado judicialmente de pessoas e bens, os herdeiros do ausente e todos os que tiverem sobre os bens do ausente direito dependente da condição da sua morte" – ou do Ministério Público. Pode ser requerida a justificação da ausência "decorridos dois anos sem se saber do ausente, se este não tiver deixado representante legal nem procurador bastante, ou cinco anos, no caso contrário".

V. artigos 99.° e 100.°, C.C..

O principal efeito da justificação da ausência – cujo processo é regido pelos artigos 1103.° e segs., C.P.C. – é a distribuição dos bens do ausente pelos seus sucessores *mortis causa*, ficando estes a administrá-los como curadores definitivos, isto é, em nome alheio.

A situação então instituída, a curadoria definitiva, termina pelo regresso do ausente ou por notícia da sua existência e paradeiro (casos em que os bens lhe serão entregues logo que ele o requeira), pela certeza da sua morte ou pela declaração de morte presumida.

V. *Ausência; Separação judicial de pessoas e bens; Herdeiro; Condição; Morte; Ministério Público; Representação legal; Procurador; "Mortis causa"; Paradeiro; Morte presumida.*

Ausência justificada (Dir. Civil) – V. *Ausência; Ausência declarada.*

Ausência presumida (Dir. Civil) – V. *Ausência.*

Ausente (Dir. Civil; Proc. Civil) – Pessoa cujo paradeiro se ignora e com quem, consequentemente, não é possível contactar. Dependentemente da existência de bens carecidos de administração, da duração do período de desaparecimento da pessoa, da existência ou não de procurador dela e até da sua idade, pode o tribunal adoptar providências diversas, que correspondem à situação de ausência presumida, ausência justificada ou declaração de morte presumida.

Se uma acção for proposta contra sujeito cujo paradeiro se desconheça e este ou os seus representantes não deduzirem oposição, "ou se o ausente não comparecer a

tempo de a deduzir, incumbe ao Ministério Público a defesa deles, para o que será citado, correndo novamente o prazo para a contestação"; "cessa a representação do Ministério Público [...] logo que o ausente ou o seu procurador compareça, ou logo que seja constituído mandatário judicial do ausente [...]" – v. artigo 15.°, C.P.C..
V. *Ausência; Procurador; Ministério Público; Ausência declarada; Morte presumida; Acção; Contestação; Citação; Mandatário judicial; Incapaz.*

Autenticação (Dir. Civil) – 1. Dizem-se autenticados os documentos particulares cujo conteúdo é confirmado pelas partes perante o notário: estes documentos adquirem a força probatória dos documentos autênticos, embora não os substituam quando a lei exija documento desta natureza para a validade do acto. Nos termos do artigo 2.°, n.° 2-*c)*, do Estatuto do Notariado, aprovado pelo Decreto-Lei n.° 26/ /2004, de 4 de Fevereiro, ao notário compete "exarar termos de autenticação em documentos particulares [...]".

2. A autenticidade da letra e assinatura de um documento ou só da assinatura também podia ser reconhecida pelos notários, nos termos das leis notariais. Tal reconhecimento podia ser *por semelhança* (feito pela comparação da letra e assinatura com outro manuscrito do mesmo autor arquivado na repartição notarial ou com a assinatura constante do bilhete de identidade), valendo como mero juízo pericial, isto é, cuja força probatória era fixada livremente pelo tribunal. O Decreto-Lei n.° 250/96, de 24 de Dezembro, procedeu "à abolição dos reconhecimentos notariais de letra e assinatura, ou só de assinatura, feitos por semelhança e sem menções especiais relativas aos signatários".

O reconhecimento será *presencial* se o documento for escrito e assinado ou só assinado na presença do notário ou se o reconhecimento for feito na presença do notário (e, neste caso, têm-se por verdadeiras a letra e assinatura ou só a assinatura e, se a parte contra quem for apresentado o documento arguir a falsidade do respectivo reconhecimento, terá de provar essa falsidade).

O artigo 1.° do Decreto-Lei n.° 21/87, de 12 de Janeiro, alterado pelo artigo 2.° do Decreto-Lei n.° 207/95, de 14 de Agosto, já dispensara o reconhecimento por semelhança da assinatura, quando o signatário exibisse o respectivo bilhete de identidade ou passaporte, ou, ainda, pública-forma de qualquer deles, dispondo que "nenhuma entidade pode exigir a legalização de documentos por via do reconhecimento por semelhança se o bilhete de identidade, passaporte ou respectivas públicas-formas lhe forem exibidos".

O Decreto-Lei n.° 76-A/2006, de 29 de Março, rectificado pela Declaração de rectificação n.° 28-A/2006, de 26 de Maio, dispõe, no seu artigo 38.°, n.° 1, que, "sem prejuízo da competência atribuída a outras entidades, as câmaras de comercio e indústria, reconhecidas nos termos do Decreto-Lei n.° 244/92, de 29 de Outubro, os conservadores, os oficiais de registo, os advogados e os solicitadores podem fazer reconhecimentos simples e com menções especiais, presenciais e por semelhança, autenticar documentos particulares, certificar, ou fazer certificar, traduções de documentos nos termos previstos na lei notarial", determinando o n.° 2 da mesma disposição que estes reconhecimentos, autenticações e certificações "conferem ao documento a mesma força probatória que teria se tais actos tivessem sido realizados com intervenção notarial".

3. A Lei n.° 33/99, de 18 de Maio, alterada pelos Decretos-Leis n.°s 323/2001, de 17 de Dezembro, e 194/2003, de 23 de Agosto, que regula a identificação civil e a emissão do bilhete de identidade de cidadão nacional, refere-se, no seu artigo 18.°, a autenticação, dizendo que "o bilhete de identidade é autenticado pela entidade emitente, mediante a aposição do selo branco ou de outros elementos de segurança".

V. *Documento particular; Força probatória; Documento autêntico; Validade; Reconhecimento de letra e assinatura; Notário; Falsidade; Passaporte; Pública-forma; Advogado; Solicitador; Tradução; Notário; Bilhete de identidade.*

Autenticidade (Dir. Civil) – V. *Documento autêntico.*

Auto (Proc. Civil) – Acto processual destinado a dar a conhecer e fazer constar do processo um determinado acto praticado na presença do juiz ou de um funcionário judicial.

Não é muito clara a distinção entre o auto e o termo, afirmando José Alberto dos Reis, no seu *Código de Processo Civil Anotado*, pág. 287, que "pode, em todo o caso, assinalar-se que o auto se emprega em actos de maior importância e para factos de maior gravidade".

Os artigos 163.° e 164.°, C.P.C., o primeiro dos quais na redacção do Decreto-Lei n.° 329-A/95, de 12 de Dezembro, regulam as formalidades dos autos e termos.

V. *Actos processuais; Juiz; Funcionário de justiça.*

Autocontrato (Dir. Civil) – V. *Negócio consigo mesmo.*

Auto de arrematação (Proc. Civil) – Da arrematação de bens em hasta pública era lavrado um auto que operava uma transmissão provisória para o arrematante e com base no qual ele podia proceder ao registo provisório da aquisição, só com o título da arrematação se realizando a transferência definitiva e se podendo converter o registo provisório em definitivo.

Dado que a venda em estabelecimento de leilão é actualmente residual, o seu regime não está pormenorizadamente regulado no Código de Processo Civil, que resulta da redacção do Decreto-Lei n.° 38/2003, de 8 de Março, rectificado pela Declaração de rectificação n.° 5-C/2003, de 30 de Abril.

V. *Arrematação; Venda judicial; Registo; Registo provisório.*

Autodefesa (Proc. Civil) – A lei proíbe, em princípio, o recurso à força com a finalidade de realizar ou assegurar direito próprio – artigo 1.°, C.P.C..

V. porém, o artigo 21.°, n.° 1, da Constituição da República, que consagra o direito de resistência "a qualquer ordem que ofenda os seus direitos, liberdades e garantias e de repelir pela força qualquer agressão, quando não seja possível recorrer à autoridade pública".

Formas de tutela privada de direitos são a *acção directa*, a *legítima defesa* e o *estado de necessidade* (v. estas expressões).

V. *Direito subjectivo; Tutela privada de direitos.*

Autonomia da vontade (Dir. Civil) – Princípio em virtude do qual, dentro dos limites estabelecidos na lei, a vontade livremente expressa tem o poder de criar, modificar e extinguir relações jurídicas.

V. *Liberdade contratual; Relação jurídica.*

Autonomia do Ministério Público (Org. Judiciária) – O n.° 2 do artigo 2.° do Estatuto do Ministério Público (Lei n.° 47/86, de 15 de Outubro, alterada pelas Leis n.°s 2/90, de 20 de Janeiro, 23/92, de 20 de Agosto, 10/94, de 5 Maio, 60/98, de 27 de Agosto, e 42/2005, de 29 de Agosto) dispõe que "a autonomia do Ministério Público caracteriza-se pela sua vinculação a critérios de legalidade e objectividade e pela exclusiva sujeição dos magistrados do Ministério Público às directivas, ordens e instruções previstas na lei".

V. *Ministério Público.*

Autonomia patrimonial (Dir. Civil) – V. *Património autónomo.*

Automóvel (Dir. Civil) – V. *Veículo.*

Autor – 1. (Proc. Civil) – No processo declarativo, autor é o titular de um direito que se dirige ao tribunal, a fim de o fazer reconhecer ou de o efectivar. "O autor é parte legítima quando tem interesse directo em demandar"; "o interesse em demandar exprime-se pela utilidade derivada da procedência da acção".

V. artigo 26.°, C.P.C., cuja redacção resulta do Decreto-Lei n.° 180/96, de 25 de Setembro.

V. *Acção declarativa; Direito subjectivo; Legitimidade.*

2. (Dir. Civil) – V. *Direito de autor.*

Autor da sucessão (Dir. Civil) – Pessoa singular por cuja morte se inicia o processo de transmissão patrimonial designado por sucessão.

V. *Sucessão; Pessoa singular; Morte.*

Autorização (Dir. Civil) – Em alguns casos, a validade dos actos jurídicos praticados por uma pessoa encontra-se dependente da autorização que outrem dê para a prática deles.

Assim, os inabilitados encontram-se sujeitos ao regime de assistência por um curador, "a cuja autorização estão sujeitos os actos de disposição de bens entre vivos e todos os que, em atenção às circunstâncias de cada caso, forem especificados na sentença" (artigo 153.°, n.° 1, C.C.). Caso esta autorização seja recusada, pode haver suprimento judicialmente (artigos 1425.° e segs., C.P.C., tendo os dois primeiros a redacção do Decreto-Lei n.° 329-A/95, de 12 de Dezembro).

Os pais ou o tutor do nubente menor têm de autorizar o casamento deste, sem o que há lugar à aplicação das sanções previstas no artigo 1649.°, C.C.; a autorização dos pais ou tutor pode ser suprida pelo conservador do registo civil, caso em que não se aplica o artigo 1649.° citado (v. artigos 1604.°-*a)* – cuja redacção é a do Decreto-Lei n.° 163/95, de 13 de Julho – e 1649.°, n.° 1, C.C.).

Para a prática de certos actos de natureza patrimonial pelos cônjuges é necessário o consentimento de ambos (v. artigos 1682.°, 1682.°-A e 1682.°-B, C.C.), podendo tal consentimento ser judicialmente suprido, no caso de haver recusa injustificada ou impossibilidade de o prestar (artigo 1684.°, C.C.). O mesmo artigo 1684.°, n.° 2, C.C., dispõe que "a forma do consentimento é a exigida para a procuração", em sentido idêntico dispondo o artigo 117.° do Código do Notariado.

Por outro lado, os pais, como representantes do filho menor, carecem de autorização do tribunal de menores para a prática de um certo número de actos respeitantes ao património do filho (v. artigos 1889.°, 1890.° e 1892.°, C.C., todos na redacção do Decreto-Lei n.° 227/94, de 8 de Setembro), tal como o tutor dela carece por força dos artigos 1938.° (este com a redacção dada pelo DL n.° 227/94 já citado), 1940.° e 1941.°, C.C.. O artigo 1439.°, n.° 1, C.P.C. (na redacção do Decreto-Lei n.° 272/2001, de 13 de Outubro, rectificado pela Declaração de rectificação n.° 20-AR/2001, de 30 de Novembro), diz que, "quando for necessário praticar actos cuja validade dependa de autorização judicial, esta será pedida pelo representante legal do incapaz".

V. artigo 146.°-*g)*, antiga O.T.M..

O já referido DL n.° 272/2001 veio alargar a competência do Ministério Público, transferindo para este um conjunto de decisões que cabiam aos tribunais judiciais em certos processos de jurisdição voluntária. Assim nos termos do artigo 2.° deste diploma, passam a ser "da exclusiva competência do Ministério Público as decisões relativas a pedidos de:

a) Suprimento do consentimento, sendo a causa de pedir a incapacidade ou a ausência da pessoa;

b) Autorização para a prática de actos pelo representante legal do incapaz, quando legalmente exigida;

c) Autorização para a alienação ou oneração de bens do ausente, quando tenha sido deferida a curadoria provisória ou definitiva;

d) Confirmação de actos praticados pelo representante do incapaz sem a necessária autorização".

Em matéria de protecção de dados pessoais, a Lei n.° 67/98, de 26 de Outubro, (rectificada pela Declaração de rectificação n.° 22/98, de 28 de Novembro) impõe, em alguns casos, a autorização da CNPD (Comissão Nacional de Protecção de Dados) para o tratamento dos dados pessoais (artigos 27.°, n.°s 1 a 3, e 28.° a 31.°).

V. *Acto jurídico; Validade; Suprimento de consentimento; Curador; Acto entre vivos; Sentença; Inabilitação; Assistência; Acto de disposição; Ministério Público; Tribunal judicial; Processos de jurisdição voluntária; Ausente; Nubente; Casamento; Menor; Tutor; Registo civil; Procuração; Tribunal de menores; Representação legal; Incapaz; Alienação; Oneração de bens; Ausência; Confirmação; Dados pessoais; Protecção de dados pessoais.*

Autotutela (Dir. Civil) – V. *Tutela privada de direitos.*

Autuação (Proc. Civil) – Diz Castro Mendes, nas suas *Lições de Direito Processual Civil*, Vol. II, 1968, págs. 104 e 105, que se entende por autuação da petição "[...] a formação, com a petição inicial, de um caderno, cosido a fio, com as folhas numeradas e uma capa que então lhe é posta (rosto dos autos); caderno a que se juntarão todos os demais documentos e peças forenses que constituem o processo em sentido material. Registo no livro de porta e autuação ficam – como aliás tudo o que se vai passando no processo – anotados neste: o primeiro registado somente por cota, o segundo em termo à parte, regra geral no reverso dos autos".

V. *Petição inicial; Processo.*

Auxiliar (Dir. Civil) – É a pessoa de cujo concurso o devedor se socorre no cumprimento da obrigação.

Sendo, em princípio, lícito ao devedor fazer-se substituir por um terceiro no cumprimento (artigo 767.°, n.° 1, C.C.), já assim não será quando, atenta a natureza da obrigação, a substituição prejudicar a satisfação do interesse do credor ou quando as partes tenham convencionado que a substituição não seja admitida. Porém, mesmo nestes casos em que, sendo a obrigação infungível, o devedor não pode confiar a um terceiro a integral execução da prestação debitória, ele não está impedido de recorrer à actividade de terceiros que realizem actos instrumentais, preparatórios ou acessórios do cumprimento, isto é, que intervenham, sob a sua orientação e no quadro do seu comportamento debitório, como seus ajudantes ou colaboradores.

Nos casos e dentro dos limites em que a lei admite o concurso da actividade de terceiros no cumprimento da obrigação, é o devedor o responsável perante o credor pelos danos que resultem dos actos "como se tais actos fossem praticados pelo próprio devedor" (artigo 800.°, n.° 1, C.C.).

No domínio da responsabilidade civil delitual, preceitua o artigo 490.°, C.C., que os auxiliares do agente são também responsáveis pelas consequências danosas dos actos, sendo a responsabilidade de ambos solidária, nos termos do artigo 497.°, C.C..

V. *Obrigação; Cumprimento; Substituto; Interesse do credor; Obrigação infungível; Responsabilidade obrigacional; Responsabilidade objectiva; Responsabilidade delitual; Solidariedade.*

Auxiliares processuais (Proc. Civil) – Designam-se assim todos aqueles – testemunhas, peritos, intérpretes – que intervêm no processo com o propósito de colaborar com o tribunal no apuramento da verdade dos factos controvertidos.

V. *Testemunha; Perito; Intérprete.*

Aval (Dir. Com.) – Diz-se aval a fiança quando prestada, em forma própria, na letra, livrança ou cheque.

V. *Fiança; Letra; Livrança; Cheque.*

Avaliação (Proc. Civil) – Arbitramento feito por peritos, que tinha por fim a determinação do valor de determinados bens ou direitos. Os peritos que intervinham na avaliação tinham a designação de louvados. A avaliação era feita pela secretaria do tribunal quando dependesse unicamente de operações aritméticas.

Os artigos 592.° a 611.°, C.P.C., que se ocupavam desta modalidade de perícia, foram revogados pelo Decreto-Lei n.° 329-A/95, de 12 de Dezembro.

V. *Arbitramento; Perito; Secretaria judicial.*

Avalista (Dir. Com.) – Aquele que presta um aval.

V. *Aval.*

Averbamento (Dir. Civil)

1. É uma anotação feita à margem do assento ou da inscrição registral com o fim de completar ou actualizar o seu conteúdo.

Os artigos 88.° a 90.° do Código do Registo Predial – aprovado pelo Decreto-Lei n.° 224/84, de 6 de Julho, (rectificado por declaração publicada no *Diário da República*, I série, de 29 de Setembro de 1984), alterado pelos Decretos-Leis n.°s 355/85, de 2 de Outubro, 60/90, de 14 de Fevereiro (rectificado por declaração publicada no *Diário da República*, I-A série, de 31 de Março de 1990), 80/92, de 7 de Maio, 30/93, de 12 de Fevereiro, 227/94, de 8 de Setembro, 267/94, de 25 de Outubro, 67/96, de 31 de Maio, 375-A/99, de 20 de Setembro, 533/99, de 11 de Dezembro, 273/2001, de 13 de Outubro, 323/2001, de 17 de Dezembro, 38/2003, de 8 de Março (rectificado pela Declaração de rectificação n.° 5-C//2003, de 30 de Abril), e 194/2003, de 23 de Agosto, e pela Lei n.° 6/2006, de 27 de Fevereiro – contêm regras sobre os averbamentos à descrição de imóveis sujeitos a registo e os artigos 100.° a 103.° contêm regras sobre os averbamentos à inscrição.

V. *Registo; Assento; Inscrição; Descrição; Imóvel.*

2. Nos actos notariais, também têm de ser feitos os averbamentos, relativos aos actos actualizadores que modificam ou completam o acto originário.

V. artigos 131.° a 138.° do Código do Notariado, o primeiro com a redacção que lhe foi dada pelo Decreto-Lei n.° 273/2001, de 13 de Outubro.

(Proc. Civil) – Os artigos 1490.° e segs., C.P.C. (os artigos 1490.°, 1491.°, 1494.° e 1496.° têm a redacção do Decreto-Lei n.° 329-A/95, de 12 de Dezembro, e o artigo 1493.° a do Decreto-Lei n.° 180/96, de 25 de Setembro), regulam o processo para o accionista ou o obrigacionista obterem uma decisão judicial que mande fazer o averbamento das acções ou obrigações que, para o efeito, tenham sido apresentadas à administração de uma sociedade, quando ela o não tenha feito no prazo de oito dias ou não tenha, no mesmo prazo, passado "uma cautela com a declaração de que os títulos estão em condições de ser averbados".

Averiguação de maternidade (Dir. Civil) – A lei designa por averiguação de maternidade a acção de investigação de maternidade que é oficiosamente promovida pelo tribunal.

V. artigos 1808.° e segs., C.C..

V. artigos 146.°-*j)* e 202.° e segs. da antigamente chamada O.T.M. (Decreto-Lei n.° 314/78, de 19 de Novembro).

V. *Maternidade; Investigação de maternidade; "Ex officio".*

Averiguação de paternidade (Dir. Civil) – Semelhantemente ao que acontece com a maternidade, é assim designada a investigação oficiosa da paternidade.

V. artigos 1864.° e segs., C.C..

V. artigos 146.°-*j)* e 202.° e segs., da anteriormente designada por O.T.M. (Decreto-Lei n.° 314/78, de 19 de Novembro).

V. *Paternidade; Investigação de paternidade.*

Avisos (Proc. Civil) – O artigo 257.° do C.P.C. dispõe, no seu n.° 1, na redacção do Decreto-Lei n.° 38/2003, de 8 de Março (rectificado pela Declaração de rectificação n.° 5-C/2003, de 30 de Abril), que "as notificações que tenham por fim chamar ao tribunal testemunhas, peritos e outras pessoas com intervenção acidental na causa são feitas por meio de aviso expedido pelo correio, sob registo, indicando-se a data, o local e o fim da comparência"; o n.° 2 da mesma disposição, que tem a redacção do Decreto-Lei n.° 329-A/95, de 12 de Dezembro, estabelece que "a secretaria entregará à parte os avisos relativos às pessoas que ela se haja comprometido a apresentar, quando a entrega for solicitada, mesmo verbalmente".

V. *Notificação; Testemunha; Perito; Secretaria judicial; Parte.*

Avulsão (Dir. Civil) – "Se, por acção natural e violenta, a corrente arrancar quaisquer plantas ou levar qualquer objecto ou porção conhecida de terreno e arrojar essas coisas sobre prédio alheio, o dono delas tem o direito de exigir que lhe sejam entregues, contanto que o faça dentro de seis meses, se antes não for notificado para fazer a remoção no prazo judicialmente assinado". Se a remoção não for feita nos prazos indicados, a propriedade das coisas incorporadas em prédio alheio passa para o dono deste, nos termos do disposto para o aluvião.

V. artigo 1329.°, C.C..

V. *Prédio; Notificação; Direito de propriedade; Aluvião; Acessão.*

B

Baixa do processo (Proc. Civil) – Se do acórdão proferido pela Relação em recurso de apelação não for interposto recurso, "o processo baixa à primeira instância, sem ficar na Relação traslado algum" – artigo 719.°, C.P.C., na redacção do Decreto-Lei n.° 329-A/95, de 12 de Dezembro. O n.° 2 da mesma disposição, que estabelecia os termos em que a baixa se efectuava, desapareceu na nova redacção da norma.

V. *Acórdão; Relação; Recurso; Apelação; Traslado; Tribunal de 1.ª instância.*

Balanço (Dir. Com.; Proc. Civil) – O balanço é o documento em que se mostra a situação patrimonial do comerciante e o estado actual dos seus negócios. Do balanço deve constar a conta de lucros e perdas, os bens imóveis e móveis de que o comerciante é titular.

O artigo 62.° do Código Comercial, que ainda se encontra, pelo menos formalmente, em vigor, obriga todos os comerciantes a fazer um balanço anual do seu activo e passivo.

Estão obrigadas a dispor de contabilidade organizada, nos termos do artigo 115.° do Código das Sociedades Comerciais, "as sociedades comerciais ou civis sob forma comercial, as cooperativas, as empresas públicas e as demais entidades que exerçam, a título principal, uma actividade comercial, industrial ou agrícola, com sede ou direcção efectiva em território português, bem como as entidades que, embora não tendo sede nem direcção efectiva naquele território, aí possuam estabelecimento estável". (A título de curiosidade, creio, ou espero, que apenas, refere-se que o artigo 40.° do Decreto-Lei n.° 76-A/2006, de 29 de Março, determina que o termo "direcção" utilizado "em qualquer acto normativo [?], estatuto, negócio unilateral ou contrato", considera-se substituído por "conselho de administração executivo").

O artigo 1177.°, n.° 2, C.P.C., revogado pelo Código dos Processos Especiais de Recuperação da Empresa e de Falência, estabelecia que, para ser declarada a falência por apresentação do comerciante, este faria uma participação escrita, com indicação da sua identidade, qualidade de comerciante e sua prova, acompanhada do inventário e balanço do activo e do passivo e da relação dos credores e respectivos créditos. O artigo 16.° do citado Código veio dispor que, com a petição em que a empresa ou o devedor insolvente requeresse a sua declaração de falência ou uma providência de recuperação da empresa, deveria juntar, "tendo a empresa contabilidade organizada, fotocópias do registo contabilístico do último balanço, do inventário e da conta de ganhos e perdas [...]" e, "não tendo contabilidade organizada, relação do activo e respectivo valor".

O Código dos Processos Especiais de Recuperação da Empresa e de Falência foi entretanto, também ele, revogado pelo Código da Insolvência e da Recuperação de Empresas, aprovado pelo Decreto-Lei n.° 53/2004, de 18 de Março, alterado pelos Decretos-Leis n.°s 200/2004, de 18 de Agosto, e 76-A/2006, de 29 de Março (rectificado pela Declaração de rectificação n.° 28-A/2006, de 26 de Maio).

V. *Lucros; Imóvel; Móvel; Sociedade; Empresa; Sede; Falência; Apresentação à falência; Credor; Crédito; Devedor; Insolvência; Recuperação de empresas.*

Baldios – A Lei dos Baldios (Lei n.° 68/93, de 4 de Setembro, alterada pela Lei n.° 89/97, de 30 de Julho) define-os como "os terrenos possuídos e geridos por comunidades locais", sendo uma comunidade local, para efeitos do diploma, o universo dos compartes; por seu lado, "são compartes os moradores de uma ou mais freguesias ou parte delas que, segundo os usos e costumes, têm direito ao uso e fruição do baldio" (artigo 1.°).

Nos termos do artigo 3.° do mesmo diploma, "os baldios constituem, em regra, logradouro comum, designadamente para efeitos de apascentação de gados, de recolha de lenhas ou de matos, de culturas e outras fruições, nomeadamente de natureza agrícola, silvícola, silvo-pastoril ou apícola".

"Os actos ou negócios jurídicos de apropriação ou apossamento, tendo por objecto terrenos baldios, bem como da sua posterior transmissão, são nulos, nos termos gerais de direito, excepto nos casos expressamente previstos na presente lei", podendo a declaração de nulidade ser requerida "pelo Ministério Público, por representante da administração central, da administração regional ou local da área do baldio, pelos órgãos de gestão deste ou por qualquer comparte" – artigo 4.°.

O uso e a fruição dos baldios estão regulados nos artigos 5.° a 10.° do diploma citado. Quanto à sua administração, o artigo 11.°, n.° 1, estabelece que "os baldios são administrados, por direito próprio, pelos respectivos compartes, nos termos dos usos e costumes aplicáveis ou, na falta deles, através de órgão ou órgãos democraticamente eleitos". Nos termos do n.° 2, "as comunidades locais organizam-se, para o exercício dos actos de representação, disposição, gestão e fiscalização relativos aos correspondentes baldios, através de uma assembleia de compartes, um conselho directivo e uma comissão de fiscalização".

A assembleia de compartes é constituída por todos os compartes e tem as suas competências definidas no artigo 15.°. As competências do conselho directivo e da comissão de fiscalização estão previstas, respectivamente, nos artigos 21.° e 25.°.

Os baldios extinguem-se, nos termos do artigo 26.°, quando a "extinção tiver sido declarada por unanimidade dos compartes em reunião da respectiva assembleia com a presença do mínimo de dois terços dos respectivos membros", ou quando "tenham sido, ou na parte em que o tenham sido, objecto de expropriação ou alienação voluntária, nos termos da [...] lei". O artigo 28.° trata das consequências da extinção dos baldios.

Sobre os terrenos baldios, podem constituir-se servidões, nos termos gerais de direito.

O Decreto Legislativo Regional n.° 18/ /80/A, de 21 de Agosto, da Assembleia Legislativa Regional dos Açores, alterado pelos Decretos Legislativos Regionais n.°s 20/81/A, de 31 de Outubro, 7/86/A, de 25 de Fevereiro, e 19/97/A, de 4 de Novembro, estabelece o regime jurídico do arrendamento rural dos baldios.

V. *Usos; Costume; Uso (direito de); Fruição; Acto jurídico; Negócio jurídico; Apropriação; Apossamento; Transmissão; Nulidade; Declaração de nulidade; Ministério Público; Expropriação; Alienação; Servidão.*

Banco de dados (Dir. Civil) – A Lei n.° 10/91, de 29 de Abril, alterada pela Lei n.° 28/94, de 29 de Agosto – Lei da Protecção de Dados Pessoais face à Informática – definia, no seu artigo 2.°-*f)*, banco de dados como "o conjunto de dados relacionados ou relacionáveis com um determinado assunto".

Estas leis encontram-se revogadas pela Lei n.° 67/98, de 26 de Outubro (rectificada pela Declaração de rectificação n.° 22/98, de 28 de Novembro), que constitui a actual Lei da Protecção de Dados Pessoais. Nesta não se encontra uma noção de banco de dados, o que não significa que esta realidade não se encontre regulada, se bem que com diversa designação.

V. *Dados pessoais; Protecção de dados pessoais; Base de dados.*

Banhos (Dir. Civil) – V. *Processo preliminar de publicações.*

Barcagem (Dir. Civil) – "Diz-se recovagem, barcagem e alquilaria o contrato por que qualquer ou quaisquer pessoas se obrigam a transportar, por água ou por terra, quaisquer pessoas ou animais, alfaias ou mercadorias de outrem" – artigo 1410.° do Código Civil de 1867.

O contrato de transporte não se encontra actualmente previsto e regulado na lei civil, se bem que, sendo um contrato de prestação de serviços, possa ser celebrado como qualquer outro contrato civil atípico.

V. *Transporte; Contrato de prestação de serviços; Contrato atípico.*

Base de dados (Dir. Civil) – O artigo 2.°-*-e)* da antiga Lei da Protecção de Dados Pessoais face à Informática (Lei n.° 10/91, de 29 de Abril, alterada pela Lei n.° 28/94, de 29 de Agosto) definia base de dados como "o conjunto de dados inter-relacionados, armazenados e estruturados com controlo de redundância, destinados a servir uma ou mais aplicações informáticas".

Esta Lei foi revogada pela Lei n.° 67/98, de 26 de Outubro (rectificada pela Declaração de rectificação n.° 22/98, de 28 de Novembro), que constitui a Lei da Protecção de Dados Pessoais. Nesta não se encontra uma noção de base de dados, voltando tal conceito a surgir no Decreto-Lei n.° 122/2000, de 4 de Julho – que transpôs para a ordem jurídica interna a Directiva n.° 96/9/CE, do Parlamento e do Conselho, de 11 de Março, relativa à protecção jurídica das bases de dados –, onde se diz, no n.° 2 do artigo 1.°, que, "para o efeito do disposto no presente diploma, entende-se por «base de dados» a colectânea de obras, dados ou outros elementos independentes, dispostos de modo sistemático ou metódico e susceptíveis de acesso individual por meios electrónicos ou outros". Ocupa-se este diploma de conferir protecção às bases de dados. Estabelece o artigo 4.° que "as bases de dados que, pela selecção ou disposição dos respectivos conteúdos, constituam criações intelectuais são protegidas em sede de direito de autor", não incidindo esta tutela "sobre o seu [da bases] conteúdo e não prejudica eventuais direitos de subsistam sobre o mesmo". De acordo com o artigo 6.°, n.° 1, deste DL n.° 122/2000, "o direito sobre a base de dados atribuído ao criador intelectual extingue-se 70 anos após a morte deste".

A Lei n.° 33/99, de 18 de Maio, alterada pelos Decretos-Leis n.°s 323/2001, de 17 de Dezembro, e 194/2003, de 23 de Agosto, que regula a identificação civil e a emissão do bilhete de identidade de cidadão nacional, estabelece, no seu artigo 1.°, que "a identificação civil tem por objecto a recolha, tratamento e conservação dos dados pessoais individualizadores de cada cidadão com o fim de estabelecer a sua identidade civil", declarando que serão garantidos na identificação civil os princípios da legalidade, autenticidade, veracidade, univocidade e segurança dos dados identificadores dos cidadãos.

"A base de dados de identificação tem por finalidade organizar e manter actualizada a informação necessária ao estabelecimento da identidade dos cidadãos e à emissão do correspondente bilhete de identidade" – artigo 21.° da Lei n.° 33/99. Nos termos do artigo 22.°, "além dos elementos identificadores que constam do bilhete de identidade, são recolhidos os seguintes dados pessoais do respectivo titular:

a) número e ano do assento de nascimento e conservatória onde foi lavrado;

b) filiação;

c) impressão digital;

d) endereço postal;

e) estado civil e, se casado, o nome do cônjuge;

f) perda da nacionalidade;

g) data do óbito".

"Os dados pessoais constantes da base de dados são recolhidos e actualizados a partir de declarações dos seus titulares ou de impressos próprios por eles preenchidos ou a seu pedido, exceptuando o número do bilhete de identidade, atribuído automaticamente na sua primeira emissão"; "a impressão digital é reconhecida no momento da entrega do pedido", sendo "a data da morte [...] recolhida da comunicação da conservatória do registo civil detentora do assento de óbito", e "a perda da nacionalidade [...] recolhida da comunicação da Conservatória dos Registos Centrais".

V. artigo 23.° da Lei que vem sendo citada.

"Os dados registados na base [...], bem como os constantes do respectivo pedido e do verbete onomástico, podem ser comunicados às entidades policiais e judiciárias, para efeitos de investigação ou de instrução criminal, sempre que os dados não possam ou não devam ser obtidos das pessoas a quem respeitam e as entidades em causa não tenham acesso à base de dados ou esta não contenha a informação referida", dependendo esta comunicação "de solicitação fundamentada do próprio magistrado ou de autoridade da polícia criminal [...]"; "a comunicação deve ser recusada quando o pedido se não mostrar fundamentado" (v. artigo 24.°).

Dispõe o artigo 27.°:

"1 – Podem ainda aceder à informação sobre identificação civil os descendentes, ascendentes, o cônjuge, tutor ou curador do titular da informação ou, em caso de falecimento deste, os presumíveis herdeiros, desde que mostrem interesse legítimo e não haja risco de intromissão na vida privada do titular da informação;

2 – Mediante solicitação fundamentada, pode o Ministro da Justiça, ouvido o director-geral dos Registos e do Notariado, autorizar o acesso à informação sobre identificação civil a outras entidades, desde que se mostre comprovado o fim a que se destina, não haja risco de intromissão na vida privada do titular e a informação não seja utilizada para fins incompatíveis com os que determinaram a sua recolha".

Repetitivamente, o artigo 34.°, n.° 3, do Código do Registo Civil, na redacção dada pelo Decreto-Lei n.° 36/97, de 31 de Janeiro, dispõe que "o exame dos registos para fins de investigação científica ou genealógica só pode ser autorizado pelo director-geral dos Registos e do Notariado, a requerimento fundamentado dos interessados e desde que se mostre assegurado o respeito pela vida privada e familiar das pessoas a quem respeitem".

O titular da informação tem o direito a tomar conhecimento dos dados que lhe digam respeito, bem como a obter "a reprodução exacta dos registos", de igual modo se lhe atribuindo o direito de exigir a respectiva correcção, a supressão de dados que tenham sido indevidamente registados e o completamente das omissões – artigos 29.° e 30.° da mesma Lei n.° 33/99.

Segundo o artigo 31.°, "os dados são conservados na base de dados até cinco anos após a data do óbito do seu titular", podendo "ser conservados em ficheiro histórico durante 20 anos a partir do óbito do seu titular".

O Código do Registo Predial, aprovado pelo Decreto-Lei n.° 224/84, de 6 de Julho (rectificado por declaração publicada no *Diário da República*, I série, de 29 de Setembro de 1984), alterado pelos Decretos-Leis n.°s 355/85, de 2 de Outubro, 60/90, de 14 de Fevereiro (este último rectificado por declaração publicada no *Diário da República*, I-A série, de 31 de Março de 1990), 80/92, de 7 de Maio, 30/93, de 12 de Fevereiro, 227/94, de 8 de Setembro, 267/94, de 25 de Outubro, 67/96, de 31 de Maio, 375-A/99, de 20 de Setembro, 533/99, de 11 de Dezembro (o último rectificado pela Declaração de rectificação n.° 5-A/2000, de 29 de Fevereiro), 273/2001, de 13 de Outubro, 323/2001, de 17 de Dezembro, 38/2003, de 8 de Março (rectificado pela Declaração de rectificação n.° 5-C/2003, de 30 de Abril), e 194/2003, de 23 de Agosto, e pela Lei n.° 6/2006, de 27 de Fevereiro, tem, no título V, na redacção que lhe foi dada pelo já referido DL n.° 533/99, um capítulo II relativo a bases de dados, dispondo o respectivo artigo 106.° que "as bases de dados do registo predial têm por finalidade organizar e manter actualizada a informação respeitante à situação jurídica dos prédios, com vista à segurança do comércio jurídico, nos termos e para os efeitos previstos na lei, não podendo ser utilizada para qualquer outra finalidade com aquela incompatível"; a responsabilidade pelo tratamento das bases de dados é atribuída ao director-geral dos Registos e do Notariado, "sem prejuízo da responsabilidade que, nos termos da lei, é atribuída aos conservadores". O artigo 108.° enuncia os dados que são recolhidos para tratamento automatizado e que são o nome, o estado civil e, sendo solteiro, menção de maioridade ou menoridade, o nome do cônjuge e regime de bens, a residência habitual e ainda quaisquer outros dados relativos à situação jurídica dos prédios. Os artigos 109.°-A e seguintes, aditados pelo citado DL n.° 533/99, tratam da comunicação e acesso aos dados, estabelecendo que "os dados referentes à situação jurídica de qualquer prédio constantes das bases de dados podem ser comunicados a qualquer pessoa que o solicite, nos termos previstos neste Código", podendo os dados pessoais que se deixaram referidos ser ainda "comunicados aos organismos e serviços do Estado e demais pessoas colectivas de direito público para prossecução das respectivas atribuições legais e estatutárias"; determina o artigo 109.°-B, n.° 1, que "a comunicação de dados deve obedecer às disposições gerias de protecção de dados pessoais constantes da Lei n.° 67/98, de 26 de Outubro, designadamente respeitar as finalidades para as quais foi autorizada a consulta, limitando o acesso ao estritamente necessário e não utilizando a informação para outros fins".

O registo nacional do transportador terrestre foi instituído pelo Decreto-Lei n.° 2/ /2000, de 29 de Janeiro, tendo sido criada na Direcção-Geral de Transportes Terrestres a respectiva base de dados.

O Decreto-Lei n.° 86/2000, de 12 de Maio, alterado pelo Decreto-Lei n.° 139/2006, de 26 de Julho, criou a base de dados de emissão de passaportes e cometeu a respectiva gestão ao Serviço de Estrangeiros e Fronteiras; esta base tem "por finalidade registar, armazenar, tratar, manter actualizada, validar e disponibilizar a informação associada ao processo de concessão dos passaportes, nas suas diferentes categorias [...]" (artigo 1.°).

O Decreto-Lei n.° 54/75, de 12 de Fevereiro, com a redacção dos Decretos-Leis n.°s 242/82, de 22 de Junho, 217/83, de 25 de Maio, 54/85, de 4 de Março, 182/2002, de 20 de Agosto, 178-A/2005, de 28 de Outubro, e 85/2006, de 23 de Maio, aprova o registo da propriedade automóvel; de acordo com o n.° 1 do artigo 27.°, "o registo automóvel encontra-se organizado em ficheiro central informatizado", sendo o director-geral dos Registos e do Notariado " o responsável pelo tratamento da base de dados, nos termos e para os efeitos definidos na alínea *d)* do artigo 3.° da Lei n.° 67/98, de 26 de Outubro, sem prejuízo da responsabilidade que, nos termos da lei, é atribuída aos conservadores dos registos de automóveis". V. artigos 27.°-B a 27.°-I do DL n.° 54/75, com a redacção dada pelo DL n.° 182/2002.

V. *Dados pessoais; Protecção de dados pessoais; Direito de autor; Identificação da pessoa; Bilhete de identidade; Cidadania; Princípio da legalidade; Princípio da autenticidade; Princípio da veracidade; Princípio da univocidade; Princípio da segurança; Assento; Filiação; Registo civil; Estado civil; Morte; Magistrado; Nome; Descendente; Ascendente; Tutor; Curador; Herdeiro; Registo predial; Prédio; Responsabilidade civil; Maioridade; Menoridade; Regime de bens do casamento; Residência; Transporte; Passaporte; Registo de bens móveis.*

Base do negócio (Dir. Civil) – A base negocial é um conceito algo impreciso e variável na doutrina, mas que significa, em termos gerais, as representações de uma ou de ambas as partes no contrato, ao tempo da conclusão deste, e determinantes da decisão de contratar.

A teoria da base do negócio é essencialmente utilizada para justificar a resolução ou modificação dos contratos nos casos em que as circunstâncias em que os contraentes se basearam – e que os determinaram a celebrar o negócio ou, pelo menos, a celebrá-lo de dada maneira – sofrem uma alteração sensível, de tal modo que já não se justifica para uma das partes a sua subsistência ou a subsistência dos seus termos (porque deixou de lhe interessar, porque se tornou excessivamente gravoso...). Segundo alguns dos seus defensores, a teoria da base negocial é susceptível de aplicação, mesmo nos casos em que as representações que a parte fez sobre certas circunstâncias e que a determinaram a celebrar o contrato não sejam comuns à contraparte, desde que dela sejam conhecidas (ou, pelo menos, cognoscíveis), embora não tenham sido expressas.

Fala-se de base negocial subjectiva para designar as representações ou previsões de cada parte, que a determinaram à celebração do negócio; a expressão base negocial objectiva significa, por seu lado, o conjunto das circunstâncias que, representadas ou não pelas partes, constituem o pressuposto da decisão negocial de ambas, pois são indispensáveis para que o negócio desempenhe o seu objectivo ou para que ele mantenha aptidão para realizar o equilíbrio patrimonial que as partes nele definiram.

A questão da alteração das circunstâncias e da sua relevância para a subsistência dos contratos encontra-se regulada nos artigos 437.° e segs., C.C..

Por seu lado, determina o artigo 252.°, n.° 2, C.C., que, recaindo erro de uma das partes "sobre as circunstâncias que constituem a base do negócio, é aplicável ao erro do declarante o disposto sobre a resolução ou modificação do contrato por alteração das circunstâncias vigentes no momento em que o negócio foi concluído".

V. *Contrato; Celebração do contrato; Resolução do contrato; Modificação do contrato; Alteração das circunstâncias; "Error in futurum"*.

Base instrutória (Proc. Civil) – Na audiência preliminar, se acção tiver sido contestada, devem ser seleccionados, por um lado, os factos assentes e, por outro lado, os factos que ainda devem ser objecto de prova, constituindo estes a base instrutória. V. artigo 508.°-A, n.° 1-*e)*, C.P.C., introduzido pelo Decreto-Lei n.° 329-A/95, de 12 de Dezembro, alterado pelos Decretos-Leis n.°s 180/96, de 25 de Setembro, e 375-A/99, de 20 de Setembro.

A matéria de facto que constitui a base instrutória corresponde ao que anteriormente se designava por "questionário".

O artigo 511.°, C.P.C., na redacção dada pelo já referido DL n.° 180/96, estabelece que "o juiz, ao fixar a base instrutória, selecciona a matéria de facto relevante para a decisão da causa, segundo as várias soluções plausíveis da questão de direito [o juiz não pode limitar os factos àqueles que, no seu entendimento, considera relevantes para a decisão da causa, até porque esta pode caber a outro juiz], que deva considerar-se controvertida"; "as partes podem reclamar contra a selecção da matéria de facto, incluída na base instrutória ou considerada como assente, com fundamento em deficiência, excesso ou obscuridade"; "o despacho proferido sobre as reclamações apenas pode ser impugnado no recurso interposto da decisão final".

Não integram a base instrutória os factos que não tenham sido contestados, uma vez que estes já são objecto de prova, integrando a matéria de facto que se considera assente. Nos termos da primeira parte do artigo 490.°, n.° 2, C.P.C., "consideram-se admitidos por acordo os factos que não forem impugnados". Quanto aos factos que estiverem em oposição com a defesa considerada no seu conjunto, se não for admissível confissão sobre eles ou se só puderem ser provados por documento escrito, integram a base instrutória, dado que não podem ser considerados como admitidos por acordo.

Os factos que são do conhecimento geral, designados por factos notórios, não carecem de prova, pelo que não integram a base instrutória (artigo 514.°, C.P.C.).

A base instrutória não deve conter questões de direito, mas apenas matéria de facto. Nos termos do artigo 646.°, n.° 4, C.P.C., na redacção do Decreto-Lei n.° 183/ /2000, de 10 de Agosto, "têm-se por não escritas as respostas do tribunal colectivo sobre questões de direito [...]".

A base instrutória pode ser ampliada pelo juiz que preside à audiência de discussão e julgamento (cfr. artigo 650.°, n.° 2-*f)*, C.P.C., na redacção do referido DL n.° 329-A/95).

A base instrutória é constituída por um conjunto de questões, as quais devem ser respondidas posteriormente pelo tribunal, facilitando a sua decisão. Daí que a base instrutória não constitua, por si, caso julgado.

V. *Audiência preliminar; Contestação; Prova; Juiz; Causa; Questão de direito; Reclamação; Despacho; Impugnação; Recurso; Confissão; Documento escrito; Facto notório; Tribunal colectivo; Respostas aos quesitos; Audiência de discussão e julgamento; Caso julgado.*

Bastonário da Ordem dos Advogados – Presidente da Ordem dos Advogados, eleito pelos advogados nela inscritos, a quem cabe representar a Ordem e a quem são devidas honras e tratamento idênticos aos devidos ao Procurador-Geral da República [que, por sua vez, "tem categoria, tratamento e honras iguais aos do Presidente do Supremo Tribunal de Justiça" – artigo 90.° do agora denominado Estatuto do Ministério Público (Lei n.° 47/86, de 15 de Outubro, alterada pelas Leis n.°s 2/90, de 20 de Janeiro, 23/92, de 20 de Agosto, 10/94, de 5 de Maio, e 60/98, de 27 de Agosto, e 42/2005, de 29 de Agosto)].

Para o cargo de bastonário só pode ser eleito advogado que tenha, pelo menos, 10 anos de exercício da profissão, sendo o mandato de três anos e não sendo admissível a reeleição do bastonário para um terceiro mandato consecutivo, nem nos três anos subsequentes ao termo do segundo mandato consecutivo.

V. artigos 5.°, 9.°, n.°s 2-*c)* e 3-*a)*, 10.° e segs., 24.°, 38.° e 39.° do Estatuto da Ordem dos Advogados, aprovado pela Lei n.° 15/2005, de 26 de Janeiro, que revogou o Decreto-Lei n.° 84/84, de 16 de Março.

V. *Advogado; Ordem dos Advogados; Procurador-Geral da República; Supremo Tribunal de Justiça; Ministério Público.*

Bebidas alcoólicas (Dir. Civil) – V. *Alcoólico; Alcoolismo.*

Beca – Trajo profissional dos magistrados judiciais, usado por estes no exercício das suas funções nos tribunais e, quando o entendam, nas solenidades em que tenham de participar (artigo 18º do Estatuto dos Magistrados Judiciais – Lei n.° 21/85, de 30 de Julho, alterada pelo Decreto-Lei n.° 342/88, de 28 de Setembro, e pelas Leis n.°s 2/90, de 20 de Janeiro, 10/94, de 5 de Maio, 44/96, de 3 de Setembro, 81/98, de 3 de Dezembro, 143/99, de 31 de Agosto, 3-B/2000, de 4 de Abril, e 42/2005, de 29 de Agosto).

Os magistrados do Ministério Público usam o trajo profissional que compete ao magistrado judicial de idêntica categoria (artigo 90.° do Estatuto do Ministério Público – Lei n.° 47/86, de 15 de Outubro, alterada pelas Leis n.°s 2/90, de 20 de Janeiro, 23/92, de 20 de Agosto, 10/94, de 5 de Maio, 60/98, de 27 de Agosto, e 42/2005, de 29 de Agosto).

V. *Magistratura judicial; Ministério Público.*

Bem (Dir. Civil) – É, desde logo, tudo o que tem aptidão para prover à satisfação de necessidades humanas. Ao direito não interessam todos os bens, mas tão-só aqueles cuja utilização tem de ocorrer no quadro da vida social, isto é, das relações dos sujeitos entre si.

O termo bem é normalmente utilizado pela doutrina e pela lei como sinónimo de *coisa.*

Por vezes, porém, a lei designa por bens não apenas coisas, mas todos os elementos integrantes (ou susceptíveis de integrar) de um património (assim, por exemplo, no artigo 1678.°, C.C.).

V. *Necessidade; Utilidade; Interesse; Coisa; Património.*

Bem alheio (Dir. Civil) – V. *Coisa alheia.*

Bem defeituoso (Dir. Civil) – V. *Coisa defeituosa.*

Bem futuro (Dir. Civil) – O mesmo que *coisa futura* (v. esta expressão).

Bem imóvel (Dir. Civil) – V. *Coisa imóvel.*

Bem impenhorável (Dir. Civil; Proc. Civil) – V. *Bens penhoráveis; Impenhorabilidade.*

Bem móvel (Dir. Civil) – V. *Móvel.*

Bem móvel sujeito a registo (Dir. Civil) – V. *Móvel.*

Bem penhorável (Dir. Civil; Proc. Civil) – V. *Bens penhoráveis.*

Beneficiário (Dir. Civil) – Designa-se assim o terceiro que, no contrato a favor de terceiros, fica constituído no direito a exigir do promitente a prestação (ou beneficia da extinção de uma dívida, da constituição, da transmissão ou da extinção de um direito real), isto é, aquele que é destinatário da vantagem atribuída pelo contrato.

V. *Contrato a favor de terceiros; Prestação; Extinção das obrigações; Direito real.*

Beneficiário do prazo (Dir. Civil) – Aquele em benefício do qual foi estabelecido o prazo da prestação, isto é, do cumprimento da obrigação.

A lei estabelece a presunção de que o beneficiário do prazo é o devedor, sempre que não se mostre que o é o credor ou ambas as partes em conjunto – v. artigo 779.°, C.C..

V. *Benefício do prazo; Prestação; Obrigação; Tempo do cumprimento; Prazo; Cumprimento; Devedor.*

Benefício (Dir. Civil) – A lei designa por benefício a prestação a que o promitente fica vinculado num contrato a favor de terceiros. A vantagem jurídica – o benefício – tanto pode consistir na aquisição de um crédito como na extinção de uma dívida, na constituição, transmissão ou extinção de um direito real (artigo 443.°, C.C.).

V. *Prestação; Contrato a favor de terceiros; Extinção das obrigações; Direito real.*

Benefício da divisão (Dir. Civil) – Numa dívida em que haja vários devedores – isto é, numa obrigação plural pelo lado passivo –, é a convenção segundo a qual cada um deles apenas responde, perante o credor, pela quota-parte da obrigação que lhe corresponde.

Este é o regime das obrigações conjuntas, regime-regra no nosso direito civil (cfr. artigo 513.°, C.C.).

Sendo a obrigação solidária, qualquer dos devedores pode ser demandado pela totalidade do crédito e não pode opor ao credor o benefício da divisão; e, mesmo no caso de chamar à demanda os outros devedores, não deixa por isso de continuar obrigado a realizar a prestação por inteiro.

V. artigo 518.°, C.C..

V. *Obrigação plural; Devedor; Convenção; Obrigação conjunta; Credor; Obrigação solidária; Chamamento à demanda.*

Benefício da excussão (Dir. Civil) – Consiste em o fiador poder opor-se à execução dos seus bens para pagamento da dívida afiançada enquanto não estiverem excutidos (exauridos ou esgotados) os bens do devedor susceptíveis de penhora.

Fora do regime da fiança, encontra-se, por exemplo, no artigo 997.°, C.C., relativo aos termos em que ao sócio de uma sociedade civil pode ser exigido o cumprimento de obrigações sociais, a seguinte disposição: "[...] o sócio demandado para pagamento dos débitos da sociedade pode exigir a excussão do património social".

V. *Fiança; Execução; Devedor; Responsabilidade patrimonial; Penhora; Sociedade; Obrigação; Demandado.*

Benefício da excussão prévia (Dir. Civil) – V. *Benefício da excussão.*

Benefício da prévia excussão (Dir. Civil) – V. *Benefício da excussão.*

Benefício de inventário (Dir. Civil) – A aceitação da herança a benefício de inventário implica que só respondam pelos encargos dela os bens inventariados, cabendo aos credores ou legatários o ónus da prova da existência de outros bens. Menores, interditos, inabilitados ou pessoas colectivas só podiam – nos termos da anterior redacção do artigo 2053.°, n.° 1, C.C., revogado pelo Decreto-Lei n.° 227/94, de 8 de Setembro – aceitar heranças a benefício de inventário.

A aceitação a benefício de inventário faz-se requerendo inventário judicial ou intervindo em inventário pendente.

V. artigos 2052.°, 2053.° (este com a redacção que lhe foi dada pelo já citado DL n.° 227/94) e 2071.°, C.C..

V. *Herança; Inventário; Aceitação de herança; Menor; Interdito; Inabilitado; Pessoa colectiva; Credor; Legatário; Encargos da herança; Ónus da prova;.*

Benefício do prazo (Dir. Civil) – Tendo a obrigação um prazo para o seu cumprimento – quer esse prazo haja sido convencionado pelas partes, quer resulte da lei ou tenha sido fixado pelo tribunal – põe-se o problema de saber em proveito de qual das partes foi o mesmo fixado.

O artigo 779.°, C.C., estabelece a presunção de que o beneficiário do prazo é o devedor, sempre que não se mostre que o é o credor ou ambas as partes em conjunto.

Ser o prazo fixado em benefício do credor ou de ambas as partes resulta em regra de convenção, havendo, porém, casos em que, pela natureza do contrato ou da obrigação, o benefício do prazo tem de ser considerado pertencer àquele ou a ambos. Assim, por exemplo, no contrato de depósito gratuito, a existir prazo para o cumprimento da obrigação de restituição da coisa depositada, o beneficiário dele é apenas o credor; no mútuo oneroso, o prazo de restituição da coisa mutuada beneficiará ambas as partes, como reconhece o artigo 1147.°, C.C..

Normalmente, só a parte a favor de quem o prazo foi estabelecido pode desencadear um cumprimento antecipado e, se o benefício é de ambas, nenhuma delas pode, por si, impor à outra uma antecipação de cumprimento.

Há, no entanto, circunstâncias que, nos termos da lei, determinam a perda do benefício do prazo pelo devedor, isto é, que, uma vez verificadas, dão ao credor a faculdade de exigir antecipadamente o cumprimento. Essas circunstâncias encontram-se enunciadas nos artigos 780.° e 781.°, C.C., e são: a insolvência do devedor, a diminuição das garantias do crédito ou a não prestação das garantias prometidas, por causa imputável ao devedor, e ainda, nas obrigações a prestações, o não pagamento de uma prestação (o que determina, na letra da lei, o vencimento imediato de todas as restantes, mas que grande parte do doutrina entende ter como efeito a perda do benefício do prazo para o devedor, que só verá vencida a parte da obrigação ainda não paga se o credor o interpelar para o cumprimento). Há a ressalvar uma hipótese de obrigação liquidável em prestações, em que o não pagamento de uma delas, desde que não exceda a oitava parte do total, não dá lugar à perda do benefício do prazo: é o caso da compra e venda a prestações (cfr. artigo 934.°, C.C.).

Os co-obrigados do devedor não são afectados pela perda do benefício do prazo por parte deste, o mesmo se passando em relação a terceiro que a favor do crédito tenha constituído uma garantia (artigo 782.°, C.C.).

V. *Obrigação; Obrigação a prazo; Tempo do cumprimento; Presunção; Convenção; Depósito; Mútuo; Antecipação do cumprimento; Perda do benefício do prazo; Insolvência; Garantia; Pagamento em prestações; Vencimento; Interpelação; Venda a prestações; Condevedores; Terceiro.*

"Beneficium competentiae" (Dir. Civil) – Instituto do direito romano que consistia na possibilidade, conferida ao julgador, de reduzir as dívidas de alguns devedores (assim, por exemplo, as dos pais em relação aos filhos), com o fundamento de o seu cumprimento pontual (integral) os colocar em situação económica extremamente difícil. Continua a usar-se a expressão hoje para significar a possibilidade que o devedor teria de ver reduzida a prestação a que está obrigado, quando o cumprimento integral fosse susceptível de o colocar numa situação económica muito precária.

A doutrina portuguesa tende a recusar a admissão da redução da prestação excessivamente onerosa para o devedor e até mesmo a possibilidade de lhe ser facilitado o cumprimento – pelo diferimento no tempo ou escalonamento da dívida –, desde que não haja acordo do credor.

A excessiva onerosidade da prestação debitória pode, no entanto, se preenchidos os pressupostos do artigo 437.°, C.C., fundar a resolução do contrato ou a sua modificação de acordo com a equidade, havendo, em qualquer caso, de ter em atenção o disposto no artigo 762.°, n.° 2, C.C., que determina que, no cumprimento da obrigação, devem o credor e o devedor proceder segundo a boa fé, limite que tanto pode operar positiva como negativamente. Por outro lado, há ainda de não esquecer que, estando o devedor obrigado a empregar no cumprimento a diligência que o bom pai de família teria tido em idênticas circunstâncias, pode suceder que o esforço acrescido da prestação seja tal que o devedor, que não o despende e por isso não cumpre pontualmente, não possa ser responsabilizado pelo incumprimento, por não ter actuado com culpa.

V. *Cumprimento; Pontualidade do cumprimento; Prestação; Resolução do contrato; Modificação do contrato; Alteração das circunstâncias; Equidade; Boa fé; Diligência; Bom pai de família; Culpa; Responsabilidade obrigacional.*

Benfeitorias (Dir. Civil) – São todas as despesas feitas para conservação ou melhoramento de uma coisa. Para caracterizar distintivamente benfeitoria e acessão industrial, a doutrina recorre frequentemente ao critério da relação do autor da obra com o bem: se se trata de alguém ligado à coisa por qualquer relação ou vínculo jurídico, estar-se-á perante uma benfeitoria, enquanto, se se tratar de um estranho, de pessoa que não tem um contacto jurídico com o bem, estaremos perante a acessão.

As benfeitorias classificam-se em: *necessárias* (têm por fim evitar a perda, destruição ou deterioração das coisas), *úteis* (aumentam o valor da coisa, mas não são indispensáveis à conservação dela) e *voluptuárias* (apenas servem para recreio do benfeitorizante) – v. artigo 216.°, C.C..

Esta classificação tem importância no regime das benfeitorias: de um modo geral, o possuidor de boa fé tem direito a ser indemnizado das benfeitorias necessárias que haja feito e a levantar as benfeitorias úteis e voluptuárias; quanto a estas últimas, se não puder levantá-las sem detrimento da coisa, não as levantará nem poderá haver o seu valor. O possuidor de má fé tem direitos semelhantes, à excepção dos relativos às benfeitorias voluptuárias que, em qualquer caso, perde. O locatário é, em regra, equiparado ao possuidor de má fé quanto a benfeitorias que haja feito na coisa locada, o mesmo regime sendo aplicável ao comodatário.

A lei permite expressamente que a obrigação de indemnização por benfeitorias seja compensada com a obrigação indemnizatória que sobre o possuidor impenda por deteriorações feitas na coisa.

V. artigos 1273.° a 1275.°, 1046.°, n.° 1, e 1138.°, n.° 1, C.C..

V. *Acessão; Posse; Locação; Comodato; Indemnização; Compensação.*

Bens comuns (Dir. Civil) – Bens que constituem património comum dos cônjuges, no regime de comunhão geral e no da comunhão de adquiridos. V. artigos 1732.° e 1724.°, C.C., respectivamente.

Qualquer destes regimes pode cessar por simples separação judicial de bens e cessa necessariamente em caso de separação judicial de pessoas e bens e de dissolução do casamento, por divórcio ou por morte, sendo, em tal caso, os bens comuns partilhados em partes iguais.

V. *Comunhão geral de bens; Comunhão de adquiridos; Separação judicial de bens; Divórcio; Partilha de bens do casal; Direito à meação.*

Bens defeituosos (Dir. Civil) – V. *Coisa defeituosa.*

Bens dotais (Dir. Civil) – No regime dotal, existente na redacção original do Código Civil, eram os bens levados pela mulher para o casal ou que lhe tivessem sido doados pelo marido ou por terceiro e que ficavam sujeitos a um regime especial: inalienabilidade e imprescritibilidade durante a vigência do casamento.

O regime dotal foi abolido pelo Decreto-Lei n.° 496/77, de 25 de Novembro, que revogou todas as disposições do C.C. a ele respeitantes.

V. *Regime dotal; Casamento; Doação; Imprescritibilidade; Inalienabilidade.*

Bens impenhoráveis (Proc. Civil) – V. *Bens penhoráveis; Impenhorabilidade.*

Bens incomunicáveis (Dir. Civil) – No regime de comunhão geral de bens, são assim designados os bens que, nos termos da lei, não entram na comunhão, isto é, no património comum dos cônjuges. V. artigo 1733.°, C.C..

V. *Comunhão geral de bens; Bens próprios.*

Bens parafernais (Dir. Civil) – No regime dotal, abolido pelo Decreto-Lei n.° 496/77, de 25 de Novembro, designavam-se assim os bens próprios da mulher (os que ela levara para o casamento ou adquirira posteriormente por qualquer título gratuito) que não fossem havidos como bens dotais.

V. *Regime dotal; Bens próprios; Casamento; Bens dotais.*

Bens penhoráveis (Dir. Civil; Proc. Civil) – Os bens do devedor susceptíveis de penhora respondem pelo cumprimento das suas obrigações (artigo 601.°, C.C.), podendo responder também bens de terceiro que, por ser garante pessoal ou por ter dado bens seus em garantia real, seja responsável pela dívida.

São penhoráveis todos os bens que não se encontrem compreendidos nas categorias de bens absoluta ou totalmente impenhoráveis e de bens relativa ou parcialmente impenhoráveis.

V. artigos 821.° e segs., C.P.C., na redacção do Decreto-Lei n.° 38/2003, de 8 de Março, rectificado pela Declaração de rectificação n.° 5-C/2003, de 30 de Abril.

V. *Obrigação; Cumprimento; Terceiro; Garantia; Penhora; Impenhorabilidade.*

Bens próprios (Dir. Civil) – Nos regimes matrimoniais de comunhão geral de bens ou de comunhão de adquiridos, são aqueles bens que pertencem a um ou a outro dos cônjuges e que não se integram no património comum.

Em caso de dissolução de casamento, os bens próprios continuam no património de cada um dos cônjuges, não entrando na partilha.

V. artigos 1722.° e 1723.° (bens próprios no regime da comunhão de adquiridos) e 1733.° (bens incomunicáveis no regime da comunhão geral de bens), todos do C.C..

O artigo 1699.°, C.C., que enuncia restrições ao princípio da liberdade de estipulação em convenção antenupcial, determina, no seu n.° 1-*d)*, que nesta não se pode validamente acordar na "comunicabilidade dos bens enumerados no artigo 1733.°", decorrendo do respectivo n.° 2 que, "se o casamento for celebrado por quem tenha filhos, ainda que maiores ou emancipados", não poderá ser estipulada a comunicabilidade dos bens referidos n.° 1 do artigo 1722.°. O Parecer do Conselho Consultivo da Procuradoria-Geral da República de 10 de Novembro de 1994, homologado por despacho da Secretária de Estado da Justiça de 28 de Dezembro de 1994 e publicado no *Diário da República*, II série, de 18 de Abril de 1995, entendeu: "1. Inexiste fundamento legal para a proibição prevista no n.° 2 do artigo 1699.° do Código Civil, na redacção do Decreto-Lei n.° 496/77, de 25 de Novembro, se os nubentes, seja em primeiras, seja em segundas núpcias, apenas tiverem filhos comuns [...]".

No processo de insolvência, regulado pelo Decreto-Lei n.° 53/2004, de 18 de Março, alterado pelos Decretos-Leis n.°s 200/2004, de 18 de Agosto, e 76-A/2006, de 29 de Março (este rectificado pela Declaração de rectificação n.° 28-A/2006, de 26 de Maio), de 29 de Março, que aprovou o Código da Insolvência e da Recuperação de Empresas, pode o cônjuge do insolvente reclamar e exigir a restituição dos seus bens próprios que tenham sido apreendidos na massa insolvente (artigo 141.°, n.° 1-*b)*).

V. *Comunhão geral de bens; Comunhão de adquiridos; Bens comuns; Convenção antenupcial; Maioridade; Emancipação; Partilha de bens do casal; Insolvência; Recuperação de empresas; Massa insolvente.*

Bilhete de identidade (Dir. Civil) – "O bilhete de identidade constitui documento bastante para provar a identidade civil do seu titular perante quaisquer autoridades, entidades públicas e privadas, sendo válido em todo o território nacional, sem prejuízo da eficácia reconhecida por normas comunitárias e por tratados e acordos internacionais" – artigo 3.°, n.° 1, da Lei n.° 33/99, de 18 de Maio, que revogou, em grande parte, a anterior Lei n.° 12/91, de 21 de Maio (Lei da Identificação Civil e Criminal), e que foi, entretanto, alterada pelos Decretos-Leis n.°s 323/2001, de 17 de Dezembro, e 194/2003, de 23 de Agosto.

"A apresentação do bilhete de identidade é obrigatória para os cidadãos nacionais quando exigida por legislação especial e ainda:

a) Para matrícula escolar a partir do 2.° ciclo do ensino básico [a sua "não apresentação não impede a matrícula nas escolas, com carácter provisório, mas esta fica sem efeito se não for apresentado o bilhete de identidade na secretaria do estabelecimento de ensino no prazo de 60 dias"];

b) Para obtenção de passaporte;

c) Para quaisquer pessoas sujeitas a obrigações declarativas perante a administração fiscal;

d) Para obtenção de carta ou licença de condução de veículos motorizados, navios ou aeronaves;

e) Para agentes ou funcionários da Administração Pública e para admissão aos respectivos concursos;

f) Para os nubentes, nos termos da lei do registo civil;

g) Para obtenção de carta de caçador ou de licença de uso ou porte de arma".

Nos termos do artigo 2.°, n.° 1, da Lei n.° 5/95, de 21 de Fevereiro, alterada pela Lei n.° 49/98, de 11 de Agosto, "os cidadãos maiores de 16 anos devem ser portadores de documento de identificação sempre que se encontrem em lugares públicos, abertos ao público ou sujeitos a vigilância policial", considerando-se documento de identificação, para os cidadãos portugueses, o bilhete de identidade e o passaporte.

"A conferência da identidade que se mostre necessária a qualquer entidade, pública ou privada, efectua-se no momento da exibição do bilhete de identidade, o qual é restituído após a conferência" (artigo 42.°, n.° 1).

"O bilhete de identidade, além do número, data da emissão, serviço emissor e prazo de validade, contém os seguintes elementos identificadores do seu titular:
a) Nome completo;
b) Filiação;
c) Naturalidade;
d) Data de nascimento;
e) Sexo;
f) Residência;
g) Fotografia;
h) Assinatura".
A emissão de bilhetes de identidade para cidadãos nacionais compete à Direcção-Geral dos Registos e do Notariado, suas delegações e às conservatórias que sejam designadas para tal em portaria do Ministro de Justiça. Quando se trate de bilhetes de identidade requeridos no estrangeiro por portugueses, compete a respectiva emissão ao Centro para a Rede Consular da Direcção-Geral dos Assuntos Consulares e das Comunidades Portuguesas, nos termos do Decreto-Lei n.° 1/95, de 12 de Janeiro, alterado pelo Decreto-Lei n.° 115/2003, de 12 de Junho. O Decreto-Lei n.° 19/96, de 19 de Março, que determinara que poderiam proceder à emissão de bilhetes de identidade as conservatórias do registo civil que para o efeito fossem designadas por despacho do Ministro da Justiça, foi revogado pela Lei n.° 33/99, mas o regime mantém-se no essencial, determinando agora o artigo 2.°, n.°s 1 a 3, desta Lei que a designação será feita por portaria ministerial e não por despacho.

Os cidadãos estrangeiros, de nacionalidade desconhecida ou apátridas, só podem, em princípio, requerer bilhete de identidade se residirem há mais de seis meses em território português, mas "aos cidadãos brasileiros a que, nos termos da Convenção Luso-Brasileira, aprovada por resolução de 29 de Dezembro de 1971, tenha sido concedido o estatuto de igualdade de direitos deveres é atribuído bilhete de identidade de acordo com as disposições do Decreto-Lei n.° 126/72, de 22 de Abril [na redacção do Decreto-Lei n.° 117/93, de 13 de Abril]" – v. artigos 7.° e 8.°.

O Decreto-Lei n.° 133/97, de 30 de Maio, que se ocupa do regime do acolhimento e apoio social a pessoas de nacionalidade portuguesa, e a alguns seus familiares, que tenham sido forçados a abandonar os países de residência "em consequência de decisões das autoridades [desses países] ou de ofensa ou ameaça dos seus direitos fundamentais", dispõe, no respectivo artigo 5.°, que o bilhete de identidade é atribuído gratuitamente às pessoas abrangidas por esse diploma.

"O bilhete de identidade é solicitado pelo titular dos correspondentes dados de identificação, em impresso próprio, preenchido com letra legível, sem emendas, rasuras ou entrelinhas, com a assinatura por ele habitualmente usada"; e "pode ser remetido por via postal ao seu titular, mediante prévio pagamento da franquia postal e das despesas de remessa, nas condições a fixar por despacho do director-geral dos Registos e do Notariado". Pode pedir-se uma segunda via, isto é, uma réplica do original, "em caso de mau estado de conservação, perda, destruição, furto ou roubo, quando não se verificar alteração dos elementos dele constantes". O bilhete de identidade tem um prazo de validade, que é de "5 ou 10 anos, conforme tenha sido emitido antes ou depois de o titular atingir os 35 anos de idade, e é vitalício quando emitido depois de o titular perfazer 55 anos". "O pedido de renovação [...] é efectuado por decurso do prazo de validade, por desactualização dos elementos identificadores ou ainda, sem prejuízo do disposto no artigo 19.° [que se refere ao pedido de 2.ª via], por mau estado de conservação, perda, destruição, furto ou roubo"; "a renovação por decurso do prazo de validade pode ser requerida nos seis meses que antecederem o seu termo". V. artigos 13.° a 19.° e 37.° da Lei n.° 33/99.

"O extravio, furto ou roubo do bilhete de identidade deve ser comunicado aos serviços de identificação civil que o tenham emitido" (artigo 41.°, n.° 1).

"É vedado a qualquer entidade pública ou privada reter ou conservar em seu poder bilhete de identidade, salvo nos casos expressamente previstos na lei ou mediante decisão de autoridade judiciária" (artigo 42.°, n.° 2).

O artigo 20.° desta Lei admite a emissão de bilhete de identidade provisório, "quando se verificar reconhecida urgência na [sua] obtenção [...] para a prática de quaisquer actos, e manifesta impossibilidade de serem apresentadas, em tempo oportuno, as certidões nas condições exigidas pelo presente diploma, ou se ocorrer caso fortuito ou de força maior, [podendo então] o director-geral dos Registos e do Notariado autorizar a emissão de bilhete de identidade provisório, válido por período não superior a 60 dias, com base em certidões cujo prazo de validade esteja ultrapassado ou em outros documentos fidedignos"; no n.° 2 dispõe-se que "pode ser autorizada a emissão de bilhete de identidade provisório com validade de um ano quando se suscitarem dúvidas sobre a nacionalidade do requerente, pela primeira vez, de bilhete de identidade", não contendo este último "a menção de cidadão nacional".

O modelo de bilhete de identidade foi aprovado pelo Decreto-Lei n.° 300/88, de 26 de Agosto (foram revogados os respectivos artigos 1.° e 2.°, na parte em que se referiam ao bilhete de identidade de cidadão estrangeiro, pelo Decreto-Lei n.° 244/98, de 8 de Agosto). O artigo 46.°, n.° 1, da Lei n.° 33/99 dispõe que o modelo destinado à emissão do bilhete de identidade é aprovado por despacho do Ministro da Justiça, sob proposta da Direcção-Geral dos Registos e do Notariado, dizendo o n.° 1 do artigo 52.° que "a emissão do bilhete de identidade no novo modelo [se] inicia na data fixada no despacho referido [...], mantendo-se até essa data a emissão [...] no actual modelo".

O Decreto-Lei n.° 148/93, de 3 de Maio, alterado pelos Decretos-Leis n.°s 87/94, de 30 de Março, 173/94, de 25 de Junho, e 87/2001, de 17 de Março, extinguiu o Centro de Identificação Civil e Criminal, determinando que a identificação civil passa a constituir competência da Direcção-Geral dos Registos e Notariado, sendo nesta criada a Direcção dos Serviços de Identificação Civil. O artigo 2.° deste diploma, que criara a referida Direcção, foi revogado pelo citado DL n.° 87/2001, que aprovou a Lei Orgânica da Direcção-Geral dos Registos e do Notariado. A emissão de "bilhetes de identidade, quando se não encontre descentralizada [...] pelas conservatórias do registo civil", compete agora à Divisão de Identificação Civil, compreendida na Direcção de Serviços de Identificação Civil; v. artigo 15.°, n.° 3-*c)*, do referido DL n.° 87/2001, alterado pelos Decretos-Leis n.°s 178-A/2005, de 28 de Outubro, e 76-A//2006, de 29 de Março – este último rectificado pela Declaração de rectificação n.° 28-A/2006, de 26 de Maio (a título de curiosidade, espero que apenas, refere-se que o artigo 40.° do Decreto-Lei n.° 76-A/2006, de 29 de Março, determina que o termo "direcção" utilizado "em qualquer acto normativo [?], estatuto, negócio unilateral ou contrato", considera-se substituído por "conselho de administração executivo").

Por seu lado, o Decreto-Lei n.° 233/93, de 2 de Julho (que não foi revogado), ocupou-se da adaptação dos bilhetes de identidade ao disposto no DL n.° 148/93, determinando que "a menção «Ministério da Justiça, Centro de Identificação Civil e Criminal» constante dos modelos de bilhete de identidade aprovados pelo [referido] Decreto-Lei n.° 300/88 [...], é substituída pela menção «Ministério da Justiça, Serviços de Identificação Civil», nos bilhetes de identidade emitidos a partir de 1 de Agosto de 1993".

"A base de dados de identificação civil tem por finalidade organizar e manter actualizada a informação necessária ao estabelecimento da identidade dos cidadãos e à emissão do correspondente bilhete de identidade" – artigo 21.° da Lei n.° 33/99.

"Os pedidos de bilhete de identidade e as certidões não emitidas pelo registo civil português são microfilmados ou conservados em suporte informático que ofereça condições de segurança, após o que são destruídos" – artigo 32.°, n.° 1, da mesma Lei.

V. *Documento; Identificação da pessoa; Cidadania; Passaporte; Nubente; Registo civil; Carta de condução; Veículo; Navio; Aeronave; Carta de caçador; Nome; Filiação; Estado civil; Residência; Assinatura; Estrangeiros; Certidão; Caso fortuito; Caso de força maior; Base de dados.*

Biomedicina – Portugal assinou, a 4 de Abril de 1997, a Convenção para a Protecção dos Direitos do Homem e da Dignidade de Ser Humano face às Aplicações da Biologia e da Medicina: Convenção sobre os Direitos Humanos e a Biomedicina, aberta à assinatura dos Estados Membros do Conselho da Europa em Oviedo, na mesma data. A Convenção foi aprovada, para ratificação, pela Resolução da Assembleia da República n.° 1/2001, de 3 de Janeiro, e ratificada pelo Decreto do Presidente da República n.° 1/2001, da mesma data, tendo o respectivo instrumento de ratificação sido depositado em 13 de Agosto de 2001, conforme aviso publicado no Diário da República, I-A série, de 1 de Outubro de 2001. O mesmo Decreto do Presidente da República ratifica igualmente o Protocolo Adicional que proíbe a Clonagem de Seres Humanos, aberto à assinatura em Paris, em 12 de Janeiro de 1998, que também a Resolução da Assembleia da República n.° 1/2001 aprovara; Portugal depositou, em 13 de Agosto de 2001, junto do Secretariado do Conselho da Europa, os instrumentos de ratificação relativos à Convenção e ao respectivo Protocolo Adicional, segundo aviso publicado do *Diário da República* I-A série, de 1 de Outubro de 2001.

No direito interno, há a assinalar a criação do Conselho Nacional de Ética para as Ciências da Vida pela Lei n.° 14/90, de 9 de Junho, alterada pelo Decreto-Lei n.° 193//99, de 7 de Junho, e pela Lei n.° 9/2003, de 13 de Maio.

Boa fé (Dir. Civil; Proc. Civil) – Embora, em alguns casos, a lei diga expressamente o que deve entender-se por boa fé (ou má fé), não existe uma noção legal aplicável à generalidade dos casos em que a lei se refere a estas figuras.

Fundamentalmente, o termo usa-se em duas acepções. A boa fé é, em primeiro lugar, a consideração razoável e equilibrada dos interesses dos outros, a honestidade e a lealdade nos comportamentos e, designadamente, na celebração e execução dos negócios jurídicos. Neste sentido, a boa fé é um conceito indeterminado (ou uma cláusula geral de direito privado), cabendo ao julgador o seu preenchimento casuístico, de acordo com as circunstâncias do caso e as convicções historicamente dominantes em cada momento na sociedade. É neste sentido que o princípio da boa fé está consagrado, por exemplo, nos artigos 227.° e 762.°, n.° 2, C.C.. Quando alguém, embora no exercício de um direito, exorbita este princípio de actuação, está-se perante abuso do direito e o sujeito responde pelos danos que causa à outra parte ou pode sofrer outras consequências sancionatórias.

Mas a boa fé pode também ser a convicção errónea e não culposa da existência de um facto ou de um direito ou da validade de um negócio, a ignorância desculpável dos fundamentos de invalidade ou de um vício de um negócio (é nesta acepção que a expressão é usada nos artigos 243.°, 612.° e 1648.°, n.° 1, C.C., por exemplo).

A doutrina refere-se à boa fé objectiva (ou boa fé em sentido ético) para significar o primeiro dos sentidos enunciados, isto é, a boa fé como regra de conduta, designando por boa fé subjectiva (ou boa fé em sentido psicológico) a convicção em que se encontra o sujeito de que o seu comportamento é conforme ao direito.

Também o Código de Processo Civil impõe que a actuação das partes em juízo seja conforme à da boa fé, estatuindo sanções para a inobservância desse princípio (v. artigos 266.°-A e 456.° a 459.°, C.P.C., tendo o primeiro a redacção do Decreto-Lei n.° 180/96, de 25 de Setembro, e o artigo 457.° a do Decreto-Lei n.° 329-A/95, de 12 de Dezembro).

Cumpre aqui referir o artigo 266.°, n.° 2, da Constituição, que se ocupa dos princípios que norteiam a actividade da Administração Pública, e que dispõe que "os órgãos e agentes administrativos estão subordinados à Constituição e à lei e devem actuar, no exercício das suas funções, com respeito pelos princípios da igualdade, da proporcionalidade, da justiça, da imparcialidade e da boa-fé".

V. *Negócio jurídico; Abuso do direito; Responsabilidade civil; Erro; Culpa; Desculpabilidade; Invalidade; Litigância de má fé.*

Bom nome (Dir. Civil) – A Constituição da República dispõe no seu artigo 26.°, n.° 1, que "a todos são reconhecidos o direito à identidade pessoal, à capacidade civil, à cidadania, ao bom nome e reputação [...]".

O artigo 70.°, C.C., estabelece que "a lei protege os indivíduos contra qualquer ofensa ilícita ou ameaça de ofensa à sua personalidade física ou moral", não sendo d duvidar que nesta última se encontra compreendido o bom nome. Aliás, o artigo 71.°, C.C., estende a protecção para alem da morte do titular dos direitos.

Segundo o artigo 484.°, C.C., "quem afirmar ou difundir um facto capaz de prejudicar o crédito ou o bom nome de qualquer pessoa, singular ou colectiva, responde pelos danos causados".

V. *Cidadania; Ofensa ao bom nome; Pessoa singular; Pessoa colectiva; Dano; Responsabilidade civil.*

Bom pai de família (Dir. Civil) - Conceito padrão utilizado em direito como ponto de referência da diligência exigível na conduta. A culpa aprecia-se aferindo a diligência do agente pela do bom pai de família, sendo este o paradigma do cidadão médio, razoavelmente cuidadoso, atento, empenhado, qualificado e hábil.

V. artigos 487.°, n.° 2, e 799.°, n.° 2, C.C..

V. *Culpa; Apreciação da culpa; Conceito indeterminado.*

Bons costumes (Dir. Civil) - A expressão "bons costumes", utilizada pelo Código Civil actual (por exemplo, artigos 271.°, 280.°, n.° 2, e 281.°) substitui a de "moral pública" utilizada pelo antigo Código. O sentido é, essencialmente, o mesmo: são regras morais e de conduta social, generalizadamente reconhecidas, em dado momento, numa sociedade. Os bons costumes são, pois, um conceito indeterminado (ou uma cláusula geral de direito privado), a que o intérprete, *maxime* o julgador, terá de atribuir conteúdo caso a caso. Segundo Pires de Lima e Antunes Varela, *Código Civil anotado*, Vol. I, 4.ª edição, págs. 258 e 259, "o negócio ofensivo dos bons costumes é, essencialmente, o que tem por objecto actos imorais".

V. *Negócio jurídico; Conceito indeterminado.*

"Bonum et aequum" (Proc. Civil) - Bom e justo. A expressão "ex bono et aequo" utiliza-se sobretudo para referir a possibilidade conferida ao tribunal - em especial, arbitral - de julgar segundo a equidade e não segundo normas de direito constituído.

V. *Tribunal arbitral; Equidade; Convenção de arbitragem.*

"Bonus pater familias" (Dir. Civil) - V. *Bom pai de família.*

"Brevi manu" (Dir. Civil) - Expressão que significa em pouco tempo. Usa-se para qualificar a tradição da coisa realizada por um sujeito a outro.

V. *Tradição da coisa; Posse.*

C

Cabeça-de-casal (Dir. Civil) – Aquele a quem cabe a administração da herança até à sua liquidação e partilha (artigos 2079.° e segs., C.C., tendo os artigos 2083.°, 2084.° e 2086.° a redacção do Decreto-Lei n.° 227/ /94, de 8 de Setembro).

O cargo de cabeça-de-casal defere-se pela seguinte ordem:

a) ao cônjuge sobrevivo, não separado judicialmente de pessoas e bens, se for herdeiro ou tiver meação nos bens do casal;

b) ao testamenteiro, salvo declaração do testador em contrário;

c) aos parentes que sejam herdeiros legais;

d) aos herdeiros testamentários.

De entre os parentes que sejam herdeiros legais, a preferência é atribuída, pela lei, em função de proximidade de grau de parentesco; de entre os herdeiros legais do mesmo grau. de parentesco, ou de entre os herdeiros testamentários, preferem aqueles que viviam com o *de cuius* há, pelo menos, um ano à data da morte; finalmente, em igualdade de circunstâncias, prefere o herdeiro mais velho.

Se toda a herança tiver sido distribuída em legados, o legatário mais beneficiado será o cabeça-de-casal. Em caso de incapacidade da pessoa designada, exercerá funções o seu representante legal.

Em certos casos, a pessoa a quem caberiam as funções de cabeça-de-casal pode escusar-se do cargo:

a) se tiver mais de 70 anos de idade;

b) se estiver impossibilitada por doença;

c) se residir fora da comarca cujo tribunal é competente para o inventário;

d) se ser cabeça-de-casal for incompatível com cargo público que exerça.

A lei civil estabelece ainda que o cabeça-de-casal pode ser removido em certas condições, que vão da actuação dolosa até à administração da herança com falta de zelo e prudência, passando por outras situações, como a de incompetência para o exercício do cargo e falta de requerimento atempado do inventário, quando obrigatório, ou incumprimento neste dos deveres impostos pela lei do processo – artigo 2086.°, C.C., na redacção do já mencionado DL n.° 227/94.

A remoção é independente de – e não prejudica – as demais sanções que no caso couberem, e poderá ser requerida por qualquer dos interessados ou pelo Ministério Público, quando este tenha intervenção principal.

Caso todas as pessoas, a quem o cargo de cabeça-de-casal tiver de ser deferido, se tiverem escusado ou tiverem do cargo sido removidas, o cabeça-de-casal será nomeado pelo tribunal, nos termos do artigo 2083.°, C.C., na redacção do referido DL n.° 227/94, a menos que o seja por acordo (artigo 2084.°, C.C., na redacção que lhe foi dada pelo citado diploma de 1994). Ou seja, independentemente de escusa ou remoção, pode o cabeça-de-casal ser nomeado "por acordo de todos os interessados, e do Ministério Público, nos casos em que tenha intervenção principal", com preterição das regras legais enunciadas, que não têm carácter imperativo. Daí que também se admita que o cabeça-de-casal possa ser "substituído a todo o tempo, por acordo de todos os interessados directos na partilha e também do Ministério Público quando tiver intervenção principal no inventário" – artigo 1339.°, n.° 2, C.P.C..

Ao cabeça-de-casal cabe a administração de todos os bens próprios do falecido e ainda dos bens comuns do casal, se o *de cuius* era casado em regime de comunhão de bens. Os bens doados em vida pelo *de cuius* continuam sob a administração dos respectivos donatários.

O cabeça-de-casal pode pedir a entrega das coisas que deva administrar e usar das acções possessórias necessárias, podendo ainda cobrar dívidas da herança, quando a cobrança perigar com a demora ou o pagamento for feito espontaneamente.

O cabeça-de-casal pode vender frutos ou outros bens deterioráveis e os frutos não deterioráveis, na medida do necessário para satisfação das despesas de funeral e sufrágios e cumprimento dos encargos da administração.

Os direitos relativos à herança só poderão ser exercidos por ou contra todos os herdeiros. Ao cabeça-de-casal pode ser pedida, em dadas percentagens e circunstâncias, por qualquer herdeiro ou pelo cônjuge meeiro, a entrega dos rendimentos da herança, devendo ele, em qualquer caso, prestar contas anualmente. Havendo saldo positivo, este será distribuído por todos os interessados, segundo o seu direito e deduzida a quantia necessária para o novo ano.

O cargo de cabeça-de-casal é, em princípio, gratuito e intransmissível.

V. *Herança; Administração da herança; Liquidação; Partilha da herança; Separação judicial de pessoas e bens; Herdeiro; Meação; Testamenteiro; Parentesco; Herdeiro legal; Herdeiro testamentário; Grau de parentesco; "De cuius"; Legado; Incapacidade; Representação legal; Escusa; Comarca; Inventário; Dolo; Ministério Público; Bens próprios; Bens comuns; Comunhão geral de bens; Comunhão de adquiridos; Acções possessórias; Dívida; Frutos.*

Cabeçalato (Dir. Civil) – Instituto de *cabeça-de-casal* (v. esta expressão).

Cabecel (Dir. Civil) – Antigamente, na enfiteuse, designava-se assim o enfiteuta, escolhido pelos restantes enfiteutas, a quem competia cobrar destes os respectivos foros e entregar o antigo foro por inteiro, no caso de o senhorio impor ou consentir na divisão do prazo.

O Código Civil de 1867 extinguiu a figura do cabecel, pois estabeleceu, no seu artigo 1662.°, § 4.°, que, no caso de divisão do prazo, haveria autonomia dos prazos resultantes, só podendo o senhorio exigir o foro respectivo de cada um dos foreiros.

O artigo 1521.°, C.C., continha uma disposição relativa aos cabecéis que se mantivessem em exercício à data da sua publicação.

O Decreto-Lei n.° 195-A/76, de 16 de Março (cuja redacção foi alterada pelas Leis n.°s 22/87 e 108/97, respectivamente de 24 de Junho e de 16 de Setembro) aboliu a enfiteuse respeitante a prédios rústicos. O Decreto-Lei n.° 233/76, de 2 de Abril (cuja redacção foi alterada pelo Decreto-Lei n.° 335/84, de 18 de Outubro), decretou igualmente a extinção da enfiteuse relativa a prédios urbanos.

V. *Enfiteuse; Prédio.*

Cabotagem (Dir. Civil; Dir. Com.) – A lei designa, por vezes, deste modo o transporte marítimo de passageiros e de mercadorias. Assim, por exemplo, no Decreto-Lei n.° 7/2006, de 4 de Janeiro.

V. *Transporte.*

Caça (Dir. Civil) – Diz o artigo 1319.°, C.C., que "a ocupação dos animais bravios que se encontram no seu estado de liberdade natural é regulada por legislação especial".

A legislação especial sobre caça tem sido muito numerosa, dispersa e sucessivamente alterada e substituída nos últimos anos.

A Lei n.° 30/86, de 27 de Agosto (Lei da Caça), revogou toda a legislação anterior que dispusesse em sentido contrário ao que estabelece e foi regulamentada pelo Decreto-Lei n.° 274-A/88, de 3 de Agosto, alterado pelos Decretos-Leis n.°s 43/90, de 8 de Fevereiro, e 60/91, de 30 de Janeiro; também regulamentador da Lei da Caça foi o Decreto-Lei n.° 251/92, de 12 de Novembro; quanto à fixação das taxas previstas na alínea *a)* do artigo 141.° deste diploma, v. a Portaria n.° 223/96, de 24 de Junho; o DL n.° 251/92 foi entretanto revogado pelo Decreto-Lei n.° 136/96, de 14 de Agosto, tendo os seus artigos 71.° a 76.° sido declarados inconstitucionais, com força obrigatória geral, pelo Acórdão do Tribunal Constitucional n.° 866/96, publicado no *Diário da República*, I-A série, de 18 de Dezembro de 1996.

A Lei n.° 173/99, de 21 de Setembro (Lei de Bases Gerais da Caça), que revogou a

Lei n.° 30/86 e o DL n.° 136/96, definem caça como "a forma de exploração racional dos recursos cinegéticos" que, pelo seu lado, são caracterizados como "as aves e os mamíferos terrestres que se encontrem em estado de liberdade natural, quer os que sejam sedentários no território nacional, quer os que migram através deste, ainda que provenientes de processos de reprodução em meios artificiais ou de cativeiro e que figurem na lista de espécies que seja publicada com vista à regulamentação da presente lei, considerando o valor cinegético e em conformidade com as convenções internacionais e as directivas comunitárias transpostas para a legislação portuguesa". De acordo com o artigo 4.° desta Lei, incumbe, entre outras missões, ao Estado "zelar pela conservação dos recursos cinegéticos e incentivar a sua gestão sustentada", e "definir as normas reguladoras da exploração racional dos recursos cinegéticos e o exercício da caça".

O Decreto-Lei n.° 202/2004, de 18 de Agosto, alterado pelo Decreto-Lei n.° 201//2005, de 24 de Novembro, que "estabelece o regime jurídico da conservação, fomento e exploração dos recursos cinegéticos, com vista à sua gestão sustentável, bem como os princípios reguladores da actividade cinegética", procedeu à regulamentação da Lei n.° 173/99, revogando, entre outros diplomas, o Decreto-Lei n.° 227-B/2000, de 15 de Setembro.

O Decreto Legislativo Regional n.° 10//84/A, de 7 de Fevereiro, foi revogado e substituído pelo Decreto Legislativo Regional n.° 3/90/A, de 2 de Novembro, que estabelece o Regime jurídico das actividades venatórias na Região Autónoma dos Açores.

V. Portaria n.° 129/85, de 7 de Março (Regulamento de Exploração das zonas de caça condicionadas, administradas pela Direcção-Geral das Florestas).

Só é permitido o exercício da caça aos "titulares de carta de caçador, de seguro de responsabilidade civil por danos causados a terceiros e demais documentos legalmente exigidos" (artigo 63.° do DL n.° 202/2004).

A carta de caçador, nos termos do disposto no artigo 66.° do mesmo diploma, só pode ser emitida a favor das pessoas que reúnam as seguintes condições: "*a)* terem mais de dezasseis anos; *b)* não serem portadoras de anomalia psíquica ou de deficiência orgânica ou fisiológica que torne perigoso o exercício da caça; *c)* não estarem sujeitas a proibição de caçar por disposição legal ou decisão judicial; *d)* terem sido aprovadas em exame destinado a apurar a aptidão e o conhecimento necessário ao exercício da caça".

V. *Animais; Ocupação; Exercício da caça; Carta de caçador; Anomalia psíquica.*

Cadastro predial (Dir. Civil) – O Decreto-Lei n.° 172/95, de 18 de Julho, rectificado pela Declaração de rectificação n.° 119/95, de 30 de Setembro, aprovou o Regulamento do Cadastro Predial, que define este, no seu artigo 1.°, n.° 1-*a)*, como o "conjunto dos dados que caracterizam e identificam os prédios existentes em território nacional".

V. *Prédio; Prédio rústico; Prédio urbano.*

Cadáver (Dir. Civil) – Muito embora a personalidade jurídica cesse com a morte (artigo 68.°, n.° 1, C.C.), o artigo 71.°, n.° 1, do mesmo Código estabelece que "os direitos da personalidade gozam igualmente de protecção depois da morte", pelo que a ordem jurídica não se alheia do destino dos cadáveres.

O Decreto-Lei n.° 411/98, de 30 de Dezembro, alterado pelos Decretos-Leis n.°s 5/2000, de 29 de Janeiro, e 138/2000, de 13 de Julho, contém o regime jurídico da remoção, transporte, inumação, exumação, trasladação e cremação de cadáveres, de cidadãos nacionais ou estrangeiros, bem como de alguns desses actos relativos a ossadas, cinzas, fetos mortos e peças anatómicas, e ainda da mudança de localização de um cemitério.

O regime da dissecação de cadáveres e extracção de peças, tecidos ou órgãos para fins de ensino e de investigação científica é regulado pelo Decreto-Lei n.° 274/99, de 22 de Julho. Os actos referidos são permitidos "quando a pessoa falecida tenha expressamente declarado em vida a vontade de que o seu cadáver seja utilizado para fins de ensino e de investigação científica", sendo tal declaração "revogável, a todo o tempo, pelo próprio". Fora dos casos em que exista a declaração mencionada, "é permitida a dissecação de cadáveres ou de parte deles, para os fins previstos no artigo 1.° [ensino e investigação científica], desde que: *a)* A pessoa não tenha manifestado em vida, junto do Ministério da Saúde, a sua oposição; e *b)* A entrega do corpo não seja, por qualquer forma, reclamada no prazo de vinte e quatro horas, após a tomada de conhecimento do óbito, pelas pessoas referidas no artigo 4.°, n.° 1 [o testamenteiro, o cônjuge sobrevivo, pessoa que vivesse com o falecido e condições análogas às dos cônjuges, ascendentes, descendentes, adoptantes, adoptados e parentes até ao segundo grau da linha colateral]"; caso o corpo seja reclamado por qualquer destas pessoas depois de decorrido o prazo de 24 horas contado do conhecimento do óbito "ou, independentemente do prazo, for reclamado por pessoa diferente das referidas [...], a reclamação só é atendida após a eventual utilização do cadáver para fins de ensino e de investigação científica, devendo as entidades que tiverem procedido aos actos descritos no artigo 1.° atenuar, na medida do possível, os sinais decorrentes da sua prática", não podendo, no entanto, nestes casos, "o cadáver ficar retido por mais de 15 dias nas instalações das entidades a que se refere o artigo 2.° [escolas médicas das universidades, gabinetes médico-legais e serviços de anatomia patológica dos hospitais]". O mesmo diploma dispõe, no seu artigo 16.°, que "o transporte de cadáveres do local em que se encontrem depositados para as instalações das entidades previstas no artigo 2.° e a sua posterior devolução devem ser efectuados nos termos da lei, de forma a assegurar o respeito que aos restos mortais humanos é devido, sendo os respectivos encargos suportados por aquelas entidades". "Os despojos de cadáveres dissecados que não aproveitem à sua reconstituição e as peças de tecidos ou órgãos que não sejam conservados para fins de ensino e de investigação científica são inumados ou cremados, nos termos da lei, pelas entidades que procederam à respectiva dissecação ou extracção" – artigo 18.°. Finalmente, o artigo 20.° contém uma norma penal aplicável a quem "comercializar cadáver ou partes dele, ou peças, tecidos ou órgãos", para fins de ensino e/ou de investigação científica.

A Portaria n.° 31/2002, de 8 de Janeiro, ocupa-se do regime da "actividade de colheita de tecidos ou órgãos humanos para fins de transplantação" e do regime desta actividade; muito embora elas não tenham apenas lugar em cadáveres, é pertinente fazer referência aqui a este diploma, pois também neles se pode fazer a colheita para o fim referido.

V. Acordo sobre a Transferência Corpos de Defuntos, aberto à assinatura dos Estados membros do Conselho da Europa em 20 de Março de 1952, de que Portugal é parte.

O Acordo Relativo à Transladação de Corpos de Pessoas Falecidas, aberto à assinatura em Estrasburgo em 26 de Outubro de 1973, foi aprovado, para ratificação, pelo Decreto n.° 31/79, de 16 de Abril, tendo Portugal depositado o respectivo instrumento de ratificação em 7 de Julho de 1980, conforme aviso publicado no *Diário da República*, I série, de 13 de Outubro de 1980.

V. *Personalidade jurídica; Morte; Direitos de personalidade; Cidadania; Estrangeiros; Testamenteiro; União de facto; Ascendente; Descendente; Adoptante; Adoptado; Parentesco; Grau de parentesco; Linha.*

Caducidade (Dir. Civil) – Genericamente, designa-se por caducidade a extinção não retroactiva de efeitos jurídicos em virtude da verificação de um facto jurídico *stricto sensu*, isto é, independentemente de qualquer manifestação de vontade.

Como forma extintiva dos direitos, a caducidade opera quando o direito não é exercido dentro de um dado prazo fixado por lei ou convenção. Sobre o problema de saber em que casos se está perante um prazo de caducidade ou de prescrição, v. *Prescrição*.

O regime da caducidade encontra-se nos artigos 328.° e segs., C.C., e é, em alguns pontos, diverso do da prescrição.

Desde logo, o artigo 328.°, C.C., estabelece que "o prazo de caducidade não se suspende nem se interrompe senão nos casos em que a lei o determine", sendo, por outro lado, válidos os negócios jurídicos que tenham por objecto a criação de novos casos de caducidade, a modificação do regime dela ou a renúncia a ela, desde que se não trate de direitos indisponíveis ou de fraude às regras da prescrição (domínio em que tais negócios são nulos).

Caso especial de suspensão dos prazos de caducidade oponível pelo devedor era o previsto no artigo 29.°, n.° 1, *in fine*, do Código dos Processos Especiais de Recuperação da Empresa e de Falência, diploma que foi revogado pelo Código da Insolvência e da Recuperação de Empresas, aprovado pelo Decreto-Lei n.° 53/2004, de 18 de Março, alterado pelos Decretos-Leis n.°s 200/2004, de 18 de Agosto, e 76-A/2006, de 29 de Março (rectificado pela Declaração de rectificação n.° 28-A/2006, de 26 de Maio). Neste, dispõe o respectivo artigo 100.° que "a sentença de declaração da insolvência determina a suspensão de todos os prazos [...] de caducidade oponíveis pelo devedor, durante o decurso do processo".

O prazo de caducidade inicia-se, em princípio, no momento em que o direito puder legalmente ser exercido e só impede a caducidade "a prática, dentro do prazo legal ou convencional, do acto a que a lei ou convenção atribua efeito impeditivo".

A caducidade é de conhecimento oficioso do tribunal e pode ser alegada em qualquer fase do processo, desde que se trate de matéria excluída da disponibilidade das partes; tratando-se de matéria na disponibilidade das partes, aplica-se à caducidade a regra da necessidade de invocação, existente para a prescrição.

O negócio jurídico – *maxime* o contrato – caduca quando se extingue pelo decurso do prazo que lhe estava fixado pelas partes ou pela verificação de uma impossibilidade definitiva e não culposa de realização do seu objecto. A caducidade não tem, em regra, eficácia *ex tunc*, apenas extinguindo os efeitos do negócio para o futuro.

V. *Facto jurídico; Direito subjectivo; Prazo; Interrupção da caducidade; Suspensão da caducidade; Renúncia; Negócio jurídico; Direito indisponível; Fraude à lei; Falência; Conhecimento oficioso; Extinção dos contratos; "Ex tunc"; Nulidade; Insolvência, Recuperação de empresas.*

Caducidade da acção (Proc. Civil) – O direito de acção caduca pelo decurso do respectivo prazo sem que tenha sido exercido pelo seu titular.

Segundo Castro Mendes, *Direito Processual Civil*, III, Lisboa, 1980, pág. 111, a caducidade do direito de acção constitui uma excepção dilatória, opinião em que este autor diverge da doutrina maioritária, que a classifica como excepção peremptória (cfr. José Alberto dos Reis, *Código de Processo Civil anotado*, Vol. III, Coimbra, 1950, pág. 89).

O artigo 493.°, n.° 3, C.P.C., dispõe que as excepções peremptórias consistem na invocação, entre outros, de factos que "extinguem o efeito jurídico dos factos articulados pelo autor", o que aponta para a caracterização da caducidade do direito de acção como excepção peremptória.

O artigo 23.°, n.° 4, C.P.C., estabelece que, em caso de incapacidade judiciária não suprida do autor na acção, ou no caso de ter havido irregularidade da sua representação, "tendo sido o processo anulado desde o início, se o prazo de [...] caducidade tiver entretanto terminado ou terminar nos dois meses imediatos à anulação, não se considera completada a [...] caducidade antes de findarem estes dois meses".

V. *Caducidade; Acção; Excepção dilatória; Excepção peremptória; Capacidade judiciária; Autor; Representação; Anulação.*

Caducidade da lei – A lei caduca quando deixa de vigorar por força de qualquer circunstância diversa da publicação de nova lei.

Assim acontece, por exemplo, se tem uma prazo de vigência ou se se destina a realizar um dado fim que foi já alcançado.

V. *Lei; Lei temporária; Vigência da lei.*

Caducidade da penhora (Proc. Civil) – A penhora pode extinguir-se por caducidade, desaparecendo os seus efeitos *ipso jure*, em virtude da verificação de certo facto.

Assim acontece, por exemplo, quando desaparece casualmente o bem sobre que recaía a penhora (já se a perda do bem for constitutiva de um direito indemnizatório, a penhora transfere-se para o respectivo crédito ou para a quantia paga a título de indemnização, nos termos do artigo 823.°, C.C.).

A penhora caduca ainda com o pagamento ou com a extinção por outra causa da dívida exequenda.

V. *Caducidade; Penhora; Indemnização; Crédito; Obrigação exequenda; Extinção das obrigações.*

Caducidade de providências cautelares (Proc. Civil) – O artigo 389.°, C.P.C., na redacção do Decreto-Lei n.° 199/2003, de 10 de Setembro, rectificado pela Declaração de rectificação n.° 16-B/2003, de 31 de Outubro, enuncia os seguintes casos em que as providências cautelares decretadas ficam sem efeito:

– "Se o requerente não propuser a acção da qual a providência depende dentro de trinta dias, contados da data em que lhe tiver sido notificada a decisão que a tenha ordenado [...]";

– "Se, proposta a acção, o processo estiver parado mais de trinta dias, por negligência do requerente";

– "Se a acção vier a ser julgada improcedente por decisão transitada em julgado";

– "Se o réu for absolvido da instância e o requerente não propuser nova acção em tempo de aproveitar os efeitos da proposição da anterior";

– "Se o direito que o requerente pretende acautelar se tiver extinguido";

– Se a providência for o arresto e, obtida sentença condenatória com trânsito em julgado, "o credor insatisfeito não promover a execução dentro dos dois meses [eram seis meses na versão anterior da lei] subsequentes, ou se, promovida a execução, o processo ficar sem andamento durante mais de trinta dias, por negligência do exequente" (artigo 410.°, C.P.C., na redacção do Decreto-Lei n.° 180/96, de 25 de Setembro).

V. *Caducidade; Procedimento cautelar; Propositura da acção; Notificação; Negligência; Sentença; Trânsito em julgado; Réu; Absolvição da instância; Arresto; Execução; Exequente.*

Caducidade do arrendamento (Dir. Civil) – O contrato de arrendamento, como a locação em geral aliás, caduca, isto é, extingue-se, como consequência da verificação de qualquer dos factos enunciados no n.° 1 do artigo 1051.°, C.C.; no entanto, algumas dessas situações apresentam particularidades de regime, pelo que convém examiná-las separadamente.

São elas:

a) Findo o prazo convencionado ou fixado pela lei – A caducidade do arrendamento pelo decurso do respectivo prazo não opera, por si, a extinção do contrato, uma vez que a lei impõe a chamada denúncia por um dos contraentes ao outro, dentro dos prazos do artigo 1055.°, C.C., como condição de produção dos respectivos efeitos extintivos. Caso o contrato não seja denunciado, o artigo 1054.°, C.C., determina que ele se renova automaticamente por prazo igual ou pelo prazo de um ano, se o prazo do contrato era superior.

No regime geral, o arrendamento urbano só pode, no entanto, por força dos artigos 68.°, n.° 2, e 69.° do Regime do Arrendamento Urbano – aprovado pelo Decreto-Lei n.° 321-B/90, de 15 de Outubro, rectificado por declaração publicada no *Diário da República*, I série, de 30 de Novembro de 1990, e alterado pelo Decreto-Lei n.° 278/93, de 10 de Agosto (por seu lado, alterado, por ratificação, pela Lei n.° 13/94, de 11 de Maio), pelo Decreto-Lei n.° 163/95, de 13 de Julho, pela Lei n.° 89/95, de 1 de Setembro, pelo Decreto-Lei n.° 257/95, de 30 de Setembro, pela Lei n.° 135/99, de 28 de Agosto, pelos Decretos-Leis n.°s 64-A/2000, de 22 de Abril, e 329-B/2000, de 22 de Dezembro, e pelas Leis n.°s 6/2001 e 7/2001, ambas de 11 de Maio –, ser denunciado pelo senhorio nos seguintes casos:

1 – Verificando-se que o senhorio necessita do prédio para sua habitação ou dos seus descendentes em 1.° grau (esta disposição foi declarada inconstitucional, com força obrigatória geral, pelo Acórdão n.° 55/99, do Tribunal Constitucional, publicado no *Diário da República*, I série-A série, de 19 de Fevereiro, na parte em que refere os descendentes em 1.° grau do senhorio) ou para nele construir a sua residência, desde que, nos termos do artigo 71.° do mesmo diploma, seja "proprietário, comproprietário ou usufrutuário do prédio há mais de cinco anos, ou, independentemente deste prazo, se o tiver adquirido por sucessão", não tenha, "há mais de um ano, na área das comarcas de Lisboa ou do

Porto e suas limítrofes ou na respectiva localidade quanto ao resto do País, casa própria ou arrendada que satisfaça as necessidades de habitação própria ou dos seus descendentes em 1.° grau". Tendo o senhorio diversos prédios arrendados na área, só pode denunciar o contrato em relação ao prédio que, satisfazendo as necessidades de habitação dele e respectiva família, se encontre arrendado há menos tempo. A denúncia do senhorio tem de ser feita em acção de despejo e com a antecedência mínima de seis meses relativamente ao fim do prazo do contrato, não podendo o despejo ser executado enquanto não decorrerem três meses sobre a decisão definitiva da acção (sendo os prazos mais longos se o arrendamento for comercial, industrial ou para o exercício de profissão liberal, nos termos dos artigos 114.° e 121.° do R.A.U.). V. artigos 70.° e 71.° do R.A.U..

Este direito de denúncia do senhorio encontra-se, porém, limitado no seu exercício pelos artigos 107.° a 109.° do R.A.U.: assim, tal direito não pode ser exercido – a menos que o senhorio, "sendo já proprietário, comproprietário ou usufrutuário do prédio à data do seu arrendamento, pretenda regressar ou tenha regressado há menos de um ano ao País, depois de ter estado emigrado durante, pelo menos, 10 anos" – se o inquilino, à data em que a denúncia deva produzir efeitos, tiver 65, ou mais, anos de idade ou se, independentemente da idade, se encontrar na "situação de reforma por invalidez absoluta, ou, não beneficiando de pensão de invalidez, sofra de incapacidade total para o trabalho, ou seja portador de deficiência a que corresponda incapacidade superior a dois terços", se mantiver a qualidade de arrendatário daquele local há trinta anos ou mais; este n.° 1-*b)* do artigo 107.° deste diploma – que estabelecia que "o direito de denúncia do contrato de arrendamento, facultado ao senhorio [...] não pode ser exercido quando no momento em que deva produzir efeitos [...]" o arrendatário se mantenha no local arrendado há 30 ou mais anos – foi declarado inconstitucional, com força obrigatória geral, pelo Acórdão n.° 97/2000, publicado *Diário da República*, I-A série, de 17 de Março do mesmo ano.

Também está excluído o direito de denúncia do senhorio para habitação própria ou dos seus descendentes quando os pressupostos desse direito tenham sido intencionalmente criados.

Por força dos artigos 102.° a 105.° do R.A.U., na sentença que decrete o despejo do prédio urbano arrendado, o juiz pode fixar um prazo, não superior a um ano (a contar do trânsito em julgado da sentença de despejo), se tal for requerido e se provar alguma das circunstâncias enunciadas no artigo 103.°, para que se proceda à desocupação do prédio. Em qualquer caso, se o senhorio não afectar o prédio à sua habitação, o mantiver devoluto ou não permanecer nele dentro dos prazos e do condicionalismo previstos no n.° 2 do artigo 72.°, o inquilino tem direito a reocupar o prédio e a ser indemnizado em quantia equivalente a dois anos de renda.

2 – Outra possibilidade prevista no artigo 69.°, R.A.U., de exercício pelo senhorio do direito a denunciar o contrato de arrendamento, encontra-se, nos termos do artigo 73.°, regulado na Lei n.° 2088, de 3 de Junho de 1957, e diz respeito às hipóteses em que o senhorio pretenda ampliar o prédio ou construir novos edifícios em termos de aumentar o número de locais arrendáveis. Nestas situações, o senhorio pode denunciar o contrato "quando o prédio esteja degradado e não se mostre aconselhável, sob o aspecto técnico ou económico, a respectiva beneficiação ou reparação e esteja aprovado pela câmara municipal o respectivo projecto de arquitectura" (artigo 69.°, n.° 1-*d)*, R.A.U.).

3 – O artigo 89.°-A do R.A.U., introduzido pelo já mencionado DL n.° 278/93, veio permitir que, nos casos de contratos transmitidos para descendentes com mais de 26 anos e menos de 65, para ascendentes com menos de 65 anos e afins na linha recta nas mesmas condições, em alternativa à aplicação do regime de renda condicionada, o senhorio opte pela denúncia do contrato, "pagando uma indemnização correspondente a 10 anos de renda, sem prejuízo dos direitos do arrendatário a indemnização por benfeitorias e de retenção, nos termos gerais"; nesta hipótese, a denúncia deve ser "feita por carta registada, com aviso de recepção, no prazo de 30 dias

após a recepção da comunicação da morte do primitivo arrendatário ou do cônjuge sobrevivo, ou da comunicação prevista no n.° 3 do artigo 87.°, conforme os casos".

O artigo 89.°-B, também introduzido pelo já referido DL n.° 278/93, permite ao arrendatário que se oponha à denúncia do contrato "propondo uma nova renda, por carta registada com aviso de recepção, no prazo de 60 dias após a recepção da comunicação [de denúncia do contrato] referida no artigo anterior"; "recebida a oposição, deve o senhorio, no prazo de 30 dias, optar pela manutenção do contrato com a renda proposta ou pela denúncia, mas então com uma indemnização calculada na base da renda proposta pelo arrendatário". Optando pela denúncia, a restituição do prédio arrendado "só é exigível seis meses após a resposta do senhorio [...]".

Diverso do regime geral, sumariamente enunciado, é o previsto nos artigos 98.° e segs. do R.A.U.: aí se estabelece que "as partes podem estipular um prazo para a duração efectiva dos arrendamentos urbanos para habitação desde que a respectiva cláusula seja inserida no texto escrito do contrato, assinado pelas partes", não podendo tal prazo ser inferior a cinco anos, excepto se o locador for uma sociedade de investimento imobiliário ou um fundo de investimento imobiliário que se encontrem em certas condições a definir legalmente, caso em que o arrendamento pode ter a duração mínima de três anos.

b) Verificando-se a condição a que as partes subordinaram o arrendamento, ou tornando-se certo que ela não pode verificar-se, consoante se trate de condição resolutiva ou suspensiva – Neste caso, se o inquilino se mantiver no prédio pelo lapso de um ano, sem oposição do senhorio, o contrato considera-se renovado.

Há de notar, no entanto, que deve considerar-se nula qualquer condição dependente da vontade do senhorio, pois o princípio do artigo 68.°, n.° 2, R.A.U., de protecção ao inquilino urbano, é imperativo.

c) Quando cesse o direito ou findem os poderes legais de administração com base nos quais o contrato foi celebrado.

Porém, o arrendamento não caduca se:

1 – O senhorio transmitir o direito com base no qual celebrou o contrato pois, nesse caso, o adquirente sucede nos direitos e obrigações do senhorio;

2 – O senhorio for usufrutuário e a propriedade se consolidar na sua mão;

3 – O senhorio for usufrutuário e entretanto alienar o seu direito ou renunciar a ele, pois, nestes casos, o contrato caduca apenas quando se extinguir o usufruto;

4 – O contrato foi celebrado pelo cônjuge administrador.

V. artigos 1052.° e 1057.°, C.C..

Em qualquer dos casos em que o arrendamento caduca em virtude da cessação do direito ou dos poderes legais de administração, o inquilino tem direito a um novo arrendamento, nos termos dos artigos 66.° e 90.° e segs. do R.A.U..

d) Por morte do inquilino ou, sendo este uma pessoa colectiva, pela respectiva extinção.

Este motivo de caducidade cede perante convenção em contrário e ainda nos casos dos artigos 85.° e 112.° do R.A.U..

Sobre esta questão, v. *Transmissão do arrendamento.*

e) Pela perda da coisa locada (em virtude de perecimento desta, por exemplo).

f) Pela expropriação por utilidade pública, salvo quando a expropriação se compadeça com a subsistência do contrato.

Neste caso, há de fazer notar a regra do artigo 67.° do R.A.U., que estabelece que "a caducidade do contrato em consequência de expropriação por utilidade pública obriga o expropriante a indemnizar o arrendatário, cuja posição é, para o efeito, considerada como um encargo autónomo". De assinalar aqui o Acórdão uniformizador de jurisprudência n.° 4/2000, publicado no *Diário da República*, I-A série, de 28 de Outubro do mesmo ano, que fixa a seguinte doutrina: "na vigência do Código das Expropriações constante do Decreto-Lei n.° 845/76, de 11 de Dezembro, à indemnização devida ao locatário habitacional cujo contrato caducou em consequência de expropriação por utilidade pública é aplicável o disposto nas normas conjugadas dos artigos 36.°, n.° 2, daquele Código e 1099.°, n.° 1, do Código Civil – posteriormente artigo 72.°, n.° 1, do Regime do Arrendamento Urbano, aprovado pelo Decreto-Lei n.° 321-A/90, de 15 de Outubro –, excepto na parte em que limitam a indemnização em montante nunca inferior ao equivalente a dois anos e meio de renda à data da desocupação por se considerarem materialmente inconstitucionais".

Resta referir que, nos termos do artigo 45.° do R.A.U., "o subarrendamento caduca com a extinção, por qualquer causa, do contrato de arrendamento, sem prejuízo da responsabilidade do sublocador para com o sublocatário, quando o motivo da extinção lhe seja imputável".

V. *Caducidade; Caducidade do contrato; Arrendamento; Locação; Renovação do contrato; Denúncia; Senhorio; Descendente; Grau de parentesco; Residência; Direito de propriedade; Compropriedade; Usufruto; Sucessão; Comarca; Despejo; Trânsito em julgado; Sentença; Arrendamento comercial; Profissão liberal; Deficiente; Inconstitucionalidade; Indemnização; Ascendente; Afim; Linha; Renda condicionada; Benfeitorias; Direito de retenção; Cláusula; Condição; Condição suspensiva; Condição resolutiva; Nulidade; Renúncia; Pessoa colectiva; Expropriação; Sublocação.*

Caducidade do contrato (Dir. Civil) – É uma forma de extinção dos contratos que opera em consequência da verificação de um facto jurídico *stricto sensu*, a que a lei ou as partes atribuam esse efeito extintivo.

Verificando-se o evento que determina a caducidade do contrato, este extingue-se *ipso jure*, sem necessidade de qualquer declaração de vontade. Extingue-se assim o contrato que tiver prazo ou termo incerto, uma vez decorrido aquele ou verificado este, entendendo parte da doutrina que se está também perante um caso de extinção por caducidade na situação prevista no n.° 1 do artigo 795.°, C.C..

Os efeitos extintivos da caducidade não são retroactivos, antes se verificando apenas para o futuro.

V. *Caducidade; Contrato; Facto jurídico; Prazo; Termo.*

Caducidade do registo (Dir. Civil) – A caducidade é uma das formas – a par do cancelamento – de extinção dos efeitos do registo.

O artigo 11.° do Código do Registo Predial, aprovado pelo Decreto-Lei n.° 224/84, de 6 de Julho (rectificado por declaração publicada no *Diário da República*, I série, de 29 de Setembro de 1984), alterado pelos Decretos-Leis n.°s 355/85, de 2 de Outubro, 60/90, de 14 de Fevereiro (este último rectificado por declaração publicada no *Diário da República*, I-A série, de 31 de Março de 1990), 80/92, de 7 de Maio, 30/93, de 12 de Fevereiro, 227/94, de 8 de Setembro, 267/94, de 25 de Outubro, 67/96, de 31 de Maio, 375-A/99, de 20 de Setembro, 533/ /99, de 11 de Dezembro (rectificado pela Declaração de rectificação n.° 5-A/2000, de 29 de Fevereiro), 273/2001, de 13 de Outubro, 323/2001, de 17 de Dezembro, 38/ /2003, de 8 de Março (este rectificado pela Declaração de rectificação n.° 5-C/2003, de 30 de Abril), e 194/2003, de 23 de Agosto, e pela Lei n.° 6/2006, de 27 de Fevereiro, determina, no seu n.° 1, que "os registos caducam por força de lei ou pelo decurso do prazo de duração do negócio", e, no n.° 2, que "os registos provisórios caducam se não forem convertidos em definitivos ou renovados dentro do prazo da respectiva vigência", sendo este prazo, em princípio, de seis meses. "A caducidade deve ser anotada ao registo, logo que verificada".

O artigo 12.°, n.° 1, estabelece um prazo especial de caducidade de 10 anos relativamente aos registos de "hipoteca judicial, arresto ou penhora, de qualquer valor, [a]os registos de hipoteca voluntária ou legal, de penhor e de consignação de rendimentos, de valor não superior a € 2 493,99, e [a]os registos de apreensão, arrolamento e outras providências cautelares", dispondo o n.° 2 que o valor referido pode ser actualizado por portaria do Ministro da Justiça.

É de 50 anos contados do registo, o prazo de caducidade dos "registos de servidão, de usufruto, uso e habitação e de hipoteca para garantia de pensões periódicas", e de 20 anos "contados, respectivamente, a partir da data do registo e da morte do doador", o prazo de caducidade do "registo de renúncia à indemnização por aumento do valor e o do ónus de eventual redução das doações sujeitas a colação", podendo, em ambos os casos, ser renovado por períodos de igual duração, a pedido dos interessados.

V. *Caducidade; Registo; Registo predial; Cancelamento do registo; Negócio jurídico; Registo provisório; Hipoteca; Arresto; Penhora;*

Consignação de rendimentos; Penhor; Arrolamento; Providência cautelar; Servidão; Usufruto; Uso (direito de); Habitação (direito de); Indemnização; Doação; Colação.

Caducidade do testamento (Dir. Civil) – As deixas testamentárias caducam nos casos previstos no artigo 2317.° C.C..

São eles:

a) Morte do instituído ou nomeado, anterior à morte do testador, a menos que haja representação sucessória;

b) Não verificação, em vida do testador, de condição de que este tivesse tornado dependente a instituição ou nomeação;

c) Incapacidade sucessória do instituído ou nomeado;

d) Ter sido chamado à sucessão o cônjuge do testador, quando, à data da morte deste, havia divórcio, separação judicial de pessoas e bens, anulação ou declaração de nulidade do casamento;

e) Repúdio da herança ou legado por parte do sucessor, excepto nos casos em que haja representação sucessória.

V. *Caducidade; Testamento; Deixa; Condição; Direito de representação; Capacidade sucessória; Divórcio; Separação judicial de pessoas e bens; Invalidade do casamento; Herança; Legado; Repúdio.*

"C.A.F." (Dir. Civil; Dir. Com.) – Iniciais de "coût, assurance et frêt", significativas de cláusula usual nos contratos de compra e venda ou de fornecimento de bens a enviar pelo devedor ao credor. De acordo com esta cláusula, o preço, seguro e demais encargos com o transporte são suportados pelo vendedor ou fornecedor dos bens, cabendo ao destinatário as despesas de descarga e outras a que haja lugar após a chegada das mercadorias ao local de destino. A cláusula *C.A.F.* corresponde à cláusula *C.I.F.*.

V. *Cláusula; Compra e venda; Contrato de fornecimento; "C.I.F."; "F.O.B.".*

Cálculo de indemnização (Dir. Civil) – Para efeitos de cálculo do montante indemnizatório, quando esta seja pecuniária, determina o artigo 566.°, n.° 2, C.C., que se proceda de acordo com a chamada teoria da diferença.

Aí se diz que "a indemnização em dinheiro tem como medida a diferença entre a situação patrimonial do lesado, na data mais recente que puder ser atendida pelo tribunal, e a que teria nessa data se não existissem danos".

V. *Indemnização; Teoria da diferença; Dano.*

Câmara de falências (Org. Judiciária) – Nas comarcas de Lisboa e Porto funcionava uma câmara de falências junto do tribunal cível. A câmara de falências era constituída por um magistrado judicial ou do Ministério Público, nomeado pelo Ministro da Justiça (síndico de falências) e por uma secretaria. Nas comarcas onde não existia câmara de falências, as funções de síndico de falências eram exercidas pelo magistrado do Ministério Público junto do tribunal.

O artigo 5.° do Decreto-Lei n.° 123/93, de 23 de Abril – que aprovou o Código dos Processos Especiais de Recuperação da Empresa e de Falência –, extinguiu as câmaras de falência de Lisboa e do Porto a partir da data da sua entrada em vigor (90 dias após a publicação). Quanto às funções dos síndicos das câmaras de falências, elas foram "transferidas, nas acções pendentes, para o representante do Ministério Público junto do respectivo tribunal". O Decreto-Lei n.° 244/93, de 8 de Julho, veio depois ocupar-se da definição da situação jurídica dos funcionários das extintas câmaras de falências, dispondo o artigo 1.°, n.° 1, que "os administradores de falências, secretários, arquivista-caixa e escriturários dos quadros de pessoal das câmaras de falências são integrados na carreira judicial do grupo de pessoal oficial de justiça".

Actualmente o Código dos Processos Especiais de Recuperação da Empresa e de Falência encontra-se integralmente revogado pelo Código da Insolvência e da Recuperação de Empresas, aprovado pelo Decreto-Lei n.° 53/2004, de 18 de Março, alterado pelos Decretos-Leis n.°s 200/ /2004, de 18 de Agosto, e 76-A/2006, de 29 de Março (rectificado pela Declaração de rectificação n.° 28-A/2006, de 26 de Maio).

V. *Falência; Comarca; Funcionário de justiça; Magistratura judicial; Ministério Público; Comarca; Síndico de falências; Massa falida; Insolvência; Recuperação de empresas.*

Câmara dos solicitadores (Org. Judiciária) – "Associação pública representativa dos solicitadores, gozando de personalidade jurídica". A sua sede é em Lisboa, exercendo as suas competências "no território nacional e encontrando-se internamente estruturada em duas regiões, Norte e Sul, e em delegações de círculo e de comarca". Entre as suas atribuições encontram-se a de "colaborar na administração da justiça, propondo as medidas legislativas que considere adequadas ao seu bom funcionamento", a emissão de "parecer sobre os projectos de diplomas legislativos relacionados com as suas atribuições", a atribuição do "título profissional de solicitador e das respectivas especialidades", a defesa dos "direitos e interesses dos seus membros" (v. artigos 1.° a 4.° do Estatuto da Câmara dos Solicitadores – Decreto-Lei n.° 88/2003, de 26 de Abril – que revogou o Decreto-Lei n.° 8/99, de 8 de Janeiro –, alterado pelas Leis n.°s 49/2004, de 24 de Agosto, e 14/2006, de 26 de Abril).

A inscrição na Câmara dos Solicitadores é condição necessária ao exercício da profissão (artigo 75.°, n.° 1, do Estatuto).

V. *Solicitador; Associação; Personalidade jurídica.*

Cancelamento de notas (Dir. Civil) – V. *Notas a documento.*

Cancelamento do registo (Dir. Civil) – O artigo 13.° do Código do Registo Predial, aprovado pelo Decreto-Lei n.° 224/84, de 6 de Julho (rectificado por declaração publicada no *Diário da República,* I série, de 29 de Setembro de 1984), alterado pelos Decretos-Leis n.°s 355/85, de 2 de Outubro, 60/90, de 14 de Fevereiro (este último rectificado por declaração publicada no *Diário da República,* I-A série, de 31 de Março de 1990), 80/92, de 7 de Maio, 30/ /93, de 12 de Fevereiro, 227/94, de 8 de Setembro, 267/94, de 25 de Outubro, 67/96, de 31 de Maio, 375-A/99, de 20 de Setembro, 533/99, de 11 de Dezembro (rectificado pela Declaração de rectificação n.° 5- -A/2000, de 29 de Fevereiro), 273/2001, de 13 de Outubro, 323/2001, de 17 de Dezembro, 38/2003, de 8 de Março (rectificado pela Declaração de rectificação n.° 5-C/ /2003, de 30 de Abril), e 194/2003, de 23 de Agosto, e pela Lei n.° 6/2006, de 27 de Fevereiro, determina que "os registos são cancelados com base na extinção dos direitos, ónus ou encargos neles definidos ou em execução de decisão judicial transitada em julgado".

O cancelamento é uma das formas de extinção dos efeitos do registo, sendo a outra a caducidade.

V. *Registo predial; Direito subjectivo; Trânsito em julgado; Caducidade do registo.*

Candidato à advocacia – Designação que tinham os licenciados em Direito, inscritos na Ordem dos Advogados, durante o período de dezoito meses em que realizavam o respectivo estágio.

Esta designação foi substituída, desde o Decreto-Lei n.° 84/84, de 16 de Março (anterior Estatuto da Ordem dos Advogados), pela de *advogado estagiário,* a qual se mantém na Lei n.° 15/2005, de 26 de Janeiro (actual Estatuto da Ordem dos Advogados).

V. *Advogado estagiário; Ordem dos Advogados.*

Canon (Dir. Civil) – V. *Foro.*

Capacidade (Dir. Civil) – Muito embora a terminologia do Código Civil não seja esta (porquanto aí se designa por capacidade jurídica aquilo que geralmente a doutrina chama capacidade de gozo), há de distinguir na capacidade jurídica:

a) A capacidade de gozo, que é a medida de direitos e de obrigações de que uma pessoa pode ser titular.

Toda a pessoa singular tem capacidade de gozo, a que não pode renunciar, sendo esta tendencialmente ilimitada; em alguns casos, ela encontra-se limitada: assim, por exemplo, os menores não têm direito de voto como não têm direito a testar; os menores até aos dezasseis anos não têm direito a casar (v. artigos 67.°, 69.°, 2189.°-*a)* e 1601°-*a)*, C.C., e 26.°, n.° 1, e 49.°, n.° 1, da Constituição da República).

Já a capacidade de gozo das pessoas colectivas é limitada pelo chamado princípio da especialidade, isto é, abrange apenas os direitos e as obrigações necessários ou convenientes à realização dos respectivos fins, excluindo necessariamente aqueles que lhes estejam "vedados por lei ou que sejam inseparáveis da personalidade singular" (artigo 160.° C.C.);

b) A capacidade de exercício, que é a possibilidade que uma pessoa tem de praticar, pessoal e livremente, actos jurídicos, isto é, de exercer direitos e cumprir deveres. A capacidade de exercício de direitos de uma pessoa singular pode encontrar-se temporariamente excluída ou limitada.

V. *Direito subjectivo; Obrigação; Menor; Capacidade testamentária; Casamento; Impedimentos dirimentes; Pessoa singular; Pessoa colectiva; Incapacidade.*

Capacidade de agir (Dir. Civil) – Sinónimo de capacidade de exercício.

V. *Capacidade.*

Capacidade de exercício (Dir. Civil) – V. *Capacidade.*

Capacidade de gozo (Dir. Civil) – V. *Capacidade.*

Capacidade delitual (Dir. Civil) – Expressão utilizada por alguns autores para designar a imputabilidade, isto é, a susceptibilidade que uma pessoa tem de se ver imputados, a titulo de culpa, os actos ilícitos que realize.

V. *Imputabilidade; Culpa; Acto ilícito.*

Capacidade específica (Dir. Civil) – Fala-se de capacidade específica para significar as situações em que um sujeito tem ou mantém capacidade (em especial, de exercício) apenas quanto a certo tipo de direitos ou obrigações.

É isso que se verifica tipicamente com o inabilitado, cuja capacidade jurídica é restringida nos precisos termos da sentença que declara a inabilitação.

V. *Capacidade; Direito subjectivo; Obrigação; Sentença; Inabilitação.*

Capacidade genérica (Dir. Civil) – É a situação-regra dos sujeitos capazes e corresponde à susceptibilidade de a pessoa exercer, pessoal e livremente, a generalidade dos direitos e obrigações.

V. *Direito subjectivo; Obrigação.*

Capacidade judiciária (Proc. Civil) – "A capacidade judiciária consiste na susceptibilidade de estar, por si, em juízo" – artigo 9.°, n.° 1, C.P.C..

Consiste, pois, na possibilidade de estar, por si, em juízo como autor (capacidade judiciária activa) ou como réu (capacidade judiciária passiva), aí decidindo sobre a orientação dos seus interesses.

Em princípio, a capacidade judiciária existe quando e na medida em que existe capacidade de exercício de direitos (artigo 9.°, n.° 2, C.P.C.).

Os incapazes são, obrigatoriamente, representados em juízo e, sendo a incapacidade resultante de inabilitação, têm de ser autorizados a estar em juízo pelo respectivo curador, salvo, naturalmente, se se tratar de actos que o incapaz possa realizar pessoal e livremente (artigo 10.°, n.° 1, C.P.C.).

Se a incapacidade resultar de menoridade, é a ambos os pais que cabe a respectiva representação em juízo, sendo necessário o acordo deles para a propositura de acções e devendo ambos ser citados para qualquer acção movida contra o menor, salvo se o poder paternal não competir a ambos (v. artigo 10.°, n.°s 2 e 3, C.P.C.). Ainda no que respeita à representação dos menores, dispõe o artigo 12.°, C.P.C. (na redacção do Decreto-Lei n.° 38/2003, de 8 de Março, rectificado pela Declaração de rectificação n.° 5-C/2003, de 30 de Abril), que, sendo o menor representado por ambos os pais, se "houver desacordo entre estes acerca da conveniência de intentar a acção, pode qualquer deles requerer ao tribunal competente para a causa a resolução do conflito" e que, "se o desacordo apenas surgir no decurso do processo, acerca da orientação deste, pode qualquer dos pais, na prazo de realização do primeiro acto processual afectado pelo desacordo, requerer ao juiz da causa que providencie sobre a forma de o incapaz ser nela representado, suspendendo-se entretanto a instância". Determina-se ainda que, "se houver necessidade de fazer intervir um menor em causa pendente, não havendo acordo entre os pais para o efeito, pode qualquer deles requerer a suspensão da instância até resolução do desacordo pelo tribunal da causa, que decidirá no prazo de 30 dias". Se na representação do menor algum dos progenitores houver sido indevidamente preterido, "tem-se como ratificado todo o processado anterior, quando o preterido, devidamente notificado, nada disser dentro do prazo fixado; havendo desacordo dos pais acerca da repetição da acção ou da renovação dos actos, é aplicável o disposto no artigo 12.° [citado *supra*]" – artigo 23.°, n.° 3, C.P.C., na redacção do Decreto-Lei n.° 180/96, de 25 de Setembro.

Pelo que respeita especificamente à capacidade/incapacidade judiciária do inabilitado, v. artigo 13.°, C.P.C..

Tratando-se de incapaz sem representante geral, dispõe o n.° 1 do artigo 11.°, C.P.C., que "deve requerer-se a nomeação dele ao tribunal competente, sem prejuízo da imediata designação de um curador provisório pelo juiz da causa, em caso de urgência".

Independentemente de incapacidade de exercício, "as pessoas que, por anomalia psíquica ou outro motivo grave, estejam de facto impossibilitadas de receber a citação para a causa são representadas nela por um curador especial", cessando esta representação "quando for julgada desnecessária, ou quando se juntar documento que mostre ter sido declarada a interdição ou a inabilitação e nomeado representante ao incapaz" (artigo 14.°, C.P.C.). Também os ausentes, os incertos, o Estado, bem como os patrimónios autónomos e outras entidades que careçam de personalidade jurídica têm de ser representados em juízo, contendo os artigos 15.° a 17.°, 20.° e 22.°, C.P.C., as regras acerca dessa representação.

Quanto às pessoas colectivas e sociedades, o regime enunciado pelo n.° 1 do artigo 21.°, C.P.C., não respeita propriamente ao suprimento de uma incapacidade jurídica ou judiciária, pois as pessoas designadas pelos respectivos estatutos ou pactos sociais para as representarem fazem-no enquanto membros dos respectivos órgãos, estando aqui em causa uma representação orgânica que nada tem que ver com incapacidade jurídica, mas com a própria natureza das pessoas colectivas. O mesmo artigo determina, no seu n.° 2, que, "sendo demandada pessoa colectiva ou sociedade que não tenha quem a represente, ou ocorrendo conflito de interesses entre a ré e o seu representante, designará o juiz da causa representante especial, salvo se a lei estabelecer outra forma de assegurar a respectiva representação em juízo".

A anterior redacção do artigo 17.°, C.P.C., resultante do Decreto-Lei n.° 368/77, de 3 de Setembro, estipulava expressamente que, em princípio, o casamento não produzia restrições à capacidade judiciária dos cônjuges, mas os artigos 18.° e 19.° excepcionavam casos em que dadas acções tinham de ser propostas por ambos os cônjuges, ou por um com o consentimento do outro, e casos em que as acções deviam ser propostas contra ambos os cônjuges. Estas duas disposições foram revogadas pelo artigo 3.° do referido DL n.° 180/96.

O artigo 23.°, n.° 1, C.P.C., dispõe que "a incapacidade judiciária e a irregularidade de representação são sanadas mediante a intervenção ou citação do representante legítimo ou do curador do incapaz"; "se estes ratificarem os actos anteriormente praticados, o processo segue como se o vício não existisse; no caso contrário, fica sem efeito todo o processado posterior ao momento em que a falta se deu ou a irregularidade foi cometida, correndo novamente os prazos para a prática dos actos não ratificados, que podem ser renovados".

O artigo 24.°, C.P.C., na redacção do Decreto-Lei n.° 329-A/95, de 12 de Dezembro, impõe ao juiz o dever de, oficiosamente e a todo o tempo, logo que se aperceba de algum vício no suprimento da incapacidade judiciária ou de irregularidade de representação, "providenciar pela regularização da instância", determinando que também lhe incumbe "ordenar a citação do réu em quem o deva representar, ou, se a falta ou irregularidade respeitar ao autor, determinar a notificação de quem o deva representar na causa para, no prazo fixado, ratificar, querendo, no todo ou em parte, o processado anterior, suspendendo-se entretanto a instância".

A falta de capacidade judiciária de qualquer das partes, quando não seja sanada, constitui uma excepção dilatória (artigo 494.°, n.° 1-*c*), C.P.C.) que leva à absolvição da instância (artigos 288.°, n.°s 1-*c*) e 2, e 493.°, n.° 2, C.P.C.).

V. *Capacidade; Autor; Réu; Incapaz; Representação; Inabilitação; Autorização; Curador; Interdição; Menor; Poder paternal; Propositura da acção; Citação; Requerimento; Actos processuais; Suspensão da instância; Ratificação; Notificação; Curador provisório; Anomalia psíquica; Curador especial; Documento; Ausente; Incertos; Personalidade jurídica; Pessoa colectiva; Sociedade; Órgãos da pessoa colectiva; Representação orgânica; Património autónomo; Casamento; "Ex officio"; Excepção dilatória; Absolvição da instância.*

Capacidade matrimonial (Dir. Civil) – O artigo 1600.°, C.C., diz que "têm capacidade para contrair casamento todos aqueles em quem se não verifique algum dos impedimentos matrimoniais previstos na lei".

A nossa lei exige para a celebração do casamento católico capacidade matrimonial, nos mesmos termos em que ela é exigida para o casamento civil (artigo 1596.°, C.C., e 134.° a 145.°, Cód. Reg. Civil).

A capacidade matrimonial dos nubentes é verificada através de um processo preliminar de publicações que obrigatoriamente precede o casamento (v. artigos 1597.°, n.° 1, e 1610.°, C.C.).

Findo o processo preliminar (e os eventuais processos judiciais a que este der causa), o funcionário do registo civil profere despacho autorizando o casamento (extraindo, se o casamento for católico, certificado da capacidade matrimonial dos nubentes, que remeterá ao pároco e sem o qual este não pode, em princípio, celebrar o casamento) ou manda arquivar o processo, no caso de concluir que algum impedimento matrimonial afecta um ou ambos os nubentes.

"O casamento católico contraído por pessoas já ligadas entre si por casamento civil não dissolvido é averbado ao assento, independentemente do processo preliminar de publicações" – artigo 1589.°, n.° 1, C.C., na redacção do Decreto-Lei n.° 35/97, de 31 de Janeiro.

V. Convenção Relativa à Emissão de um Certificado de Capacidade Matrimonial, concluída em Munique em 5 de Outubro de 1980, no âmbito da Comissão Internacional do Estado Civil, e aprovada, para aceitação, pelo Decreto do Governo n.° 40/84, de 24 de Julho; o respectivo instrumento de aprovação por parte de Portugal foi já depositado, segundo aviso publicado no *Diário da República*, I série, de 16 de Janeiro de 1985, tendo a Convenção entrado em vigor para Portugal em 1 de Fevereiro de 1985.

V. *Capacidade; Casamento; Impedimentos; Nubente; Processo preliminar de publicações; Registo civil; Casamento católico; Averbamento; Assento.*

Capacidade para o cumprimento (Dir. Civil) – O artigo 764.°, n.° 1, C.C., apenas exige que o devedor seja capaz, para o cumprimento da obrigação ser válido, quando esta se traduza num "acto de disposição" e, ainda assim, dispõe que "o credor que haja recebido do devedor incapaz pode opor-se ao pedido de anulação se o devedor não tiver tido prejuízo com o cumprimento".

O n.° 2 determina que o credor seja capaz para receber a prestação, "mas, se esta chegar ao poder do representante legal do incapaz ou o património deste tiver enriquecido, pode o devedor opor-se ao pedido de anulação da prestação realizada e de novo cumprimento da obrigação, na medida do que tiver sido recebido pelo representante ou do enriquecimento do incapaz".

V. *Devedor; Capacidade; Cumprimento; Obrigação; Validade; Acto de disposição; Credor; Pedido; Anulação; Representação legal.*

Capacidade processual (Proc. Civil) – Sinónimo de *capacidade judiciária* (v. esta expressão).

Capacidade sucessória (Dir. Civil) – Chama-se capacidade sucessória à susceptibilidade de adquirir, como herdeiro ou legatário, as relações patrimoniais de uma pessoa falecida.

O artigo 2033.°, n.° 1, C.C., determina que "têm capacidade sucessória, além do Estado, todas as pessoas nascidas ou concebidas ao tempo da abertura da sucessão [momento da morte do *de cuius*], não exceptuadas por lei" e acrescenta o n.° 2 que "na sucessão testamentária ou contratual têm ainda capacidade:

a) Os nascituros não concebidos, que sejam filhos de pessoa determinada, viva ao tempo da abertura da sucessão;

b) As pessoas colectivas e as sociedades".

A capacidade sucessória pode ser excluída por indignidade nos casos previstos no artigo 2034.°, C.C..

V. artigos 2033.° e segs., C.C..

V. *Capacidade; Sucessão; Herdeiro; Legatário; Nascituro; "De cuius"; Abertura da sucessão; Testamento; Pessoa colectiva; Sociedade; Sucessão contratual; Indignidade.*

Capacidade testamentária (Dir. Civil) – Capacidade para testar, isto é, para dispor por testamento.

O princípio geral é o de que têm capacidade testamentária "todos os indivíduos que a lei não declare incapazes de o fazer". São incapazes "os menores não emancipados" e os "interditos por anomalia psíquica".

A incapacidade testamentária é uma incapacidade de gozo, pelo que não é suprível, sendo nulo o testamento realizado por um incapaz.

A capacidade para testar não se confunde com o poder de dispor dos bens ou de alguns deles testamentariamente, porquanto o sujeito capaz pode ter o poder de disposição de certa parcela do seu património limitado, em razão, designadamente, da existência de herdeiros legitimários.

V. artigos 2188.° e segs., C.C..

V. *Capacidade; Testamento; Menor; Emancipação; Interdição; Anomalia psíquica; Nulidade; Herdeiro legitimário.*

Capitalização de juros (Dir. Civil) – A lei designa normalmente a capitalização de juros vencidos e ainda não pagos por anatocismo.

Recentemente, encontra-se em preceitos legais referência à capitalização de juros, como, por exemplo, acontece no n.° 3 do artigo 16.° do Decreto-Lei n.° 365/99, de 17 de Setembro – que regula a actividade prestamista –, que a proíbe nos contratos de mútuo garantido por penhor.

V. *Anatocismo; Juros; Prestamista; Mútuo; Penhor.*

Capital social (Dir. Civil) – É o elemento do contrato de sociedade que se consubstancia no valor, expresso em dinheiro, das contribuições dos sócios para o exercício da actividade económica que é objecto social da sociedade.

V. *Sociedade.*

"Capitis deminutio" (Dir. Civil) – Em direito, usa-se a expressão para significar qualquer limitação na capacidade jurídica de um sujeito.

V. *Capacidade; Incapacidade.*

Carta de caçador (Dir. Civil) – A carta de caçador, nos termos do disposto no artigo 66.° do Decreto-Lei n.° 202/2004, de 18 de Agosto, alterado pelo Decreto-Lei n.° 201/2005, de 24 de Novembro, só pode ser emitida a favor das pessoas que reúnam as seguintes condições: "*a)* terem mais de dezasseis anos; *b)* não serem portadoras de anomalia psíquica ou de deficiência orgânica ou fisiológica que torne perigoso o exercício da caça; *c)* não estarem sujeitas a proibição de caçar por disposição legal ou decisão judicial; *d)* terem sido aprovadas em exame destinado a apurar a aptidão e o conhecimento necessário ao exercício da caça".

A obtenção de carta de caçador fica dependente de "exame teórico ao qual têm acesso os candidatos que frequentarem com aproveitamento uma acção de formação a ministrar" – v. artigo 67.° do mesmo diploma.

V. *Caça; Exercício da caça; Anomalia psíquica.*

Carta de condução – A condução de um veículo motorizado supõe a obtenção prévia de uma licença para o efeito, a chamada carta de condução. Sobre esta, v. o Decreto-Lei n.° 45/2005, de 23 de Fevereiro, que transpôs a Directiva n.° 2000//56/CE, da Comissão, de 14 de Setembro, "no que diz respeito aos conteúdos programáticos das provas de exame e códigos comunitários harmonizados, e procede à reestruturação, num único diploma, dos vectores essenciais, de definição comunitária, relativos à carta de condução", revogando a legislação anterior e, designadamente, o Regulamento da Habilitação Legal para Conduzir, que tinha sido aprovado pelo artigo 1.° do Decreto-Lei n.° 209/98, de 15 de Julho; o DL n.° 45/

/2005 foi entretanto alterado pelo Decreto-Lei n.° 103/2005, de 24 de Junho.

V. *Veículo; Direcção efectiva de veículo.*

Carta de intenção (Dir. Civil) – Na fase das negociações preliminares a um contrato, é a declaração feita por uma das partes de que estão a decorrer tais negociações com carácter de seriedade visando a celebração de um contrato.

A carta de intenção não tem efeitos jurídicos vinculativos da parte que a emite, mas pode constituir importante elemento de esclarecimento da situação, no caso de se verificar, por ruptura injustificada das negociações, uma situação de responsabilidade pré-contratual.

V. *Contrato; Preliminares; Responsabilidade pré-contratual.*

Carta de princípio (Dir. Civil) – Sinónimo, as mais das vezes, de *carta de intenção* (v. esta expressão).

Carta-missiva (Dir. Civil) – Escrito, de carácter íntimo e pessoal, dirigido a uma pessoa determinada.

O destinatário de uma carta-missiva confidencial não pode divulgar, no todo ou em parte, o seu conteúdo, e o destinatário de uma carta-missiva não confidencial só pode usá-la em termos que não contrariem a expectativa do seu autor.

Cfr. artigos 75.° a 78.°, C.C..

O artigo 1474.°, n.° 3, C.P.C., prevê a possibilidade de se pedir ao tribunal que o detentor de uma carta-missiva confidencial, cujo destinatário tenha falecido, seja obrigado a restituí-la ou a destruí-la.

Nos termos do artigo 34.° da Constituição, o sigilo da correspondência é inviolável, sendo proibida a ingerência das autoridades públicas na correspondência, "salvos os casos previstos na lei em matéria de processo criminal".

V. *Tribunal; Obrigação.*

Carta precatória (Proc. Civil) – Meio prescrito para a solicitação da prática de um acto judicial, feita por uma autoridade ou tribunal a outra autoridade ou tribunal, quando o acto deva ser praticado por tribunal ou cônsul português fora dos limites territoriais da jurisdição do tribunal ou autoridade que o ordena.

Sendo o acto urgente, pode ser ordenado ou solicitado por telegrama, comunicação telefónica ou outro meio análogo de telecomunicações, podendo as citações e as notificações ser enviadas directamente para o interessado, independentemente da circunscrição.

As cartas são dirigidas ao tribunal de comarca em cuja área de jurisdição o acto deva ser praticado; se este verificar que o acto deve ser praticado em lugar diferente daquele que vem indicado na carta, remete-a ao tribunal competente e comunica o facto ao tribunal que a expediu.

As cartas precatórias são assinadas pelo juiz ou relator e expedidas pela secretaria, devendo conter apenas o que for estritamente necessário para a realização do acto.

A expedição da carta precatória não obsta a que o processo prossiga em tudo o que não depender absolutamente da realização da diligência que for solicitada, mas só depois de devolvida a carta, ou de findo o prazo para o seu cumprimento, pode ter lugar a discussão e julgamento da causa.

O tribunal deprecado apenas pode escusar-se a cumprir a carta quando for incompetente para a realização do acto ou quando este esteja proibido em absoluto pela lei.

Se o tribunal tiver dúvidas sobre a autenticidade da carta precatória, pedirá ao juiz deprecante as informações de que careça, suspendendo o cumprimento até as obter.

A forma de cumprimento é regulada pelo tribunal deprecado, de harmonia com a lei.

O prazo máximo para o cumprimento de uma carta precatória é de dois meses a contar da expedição, podendo, no entanto, o juiz deprecante reduzir ou alargar este prazo, sempre que tal se mostre justificado; tal prazo é alargado para três meses "quando a diligência deva realizar-se no estrangeiro".

V. artigos 176.° e segs., C.P.C..

O acórdão do Supremo Tribunal de Justiça reunido em Pleno, no processo n.° 41 876, publicado no *Diário da República*, I-A série, de 22 de Novembro de 1991, estabeleceu a seguinte doutrina: "Não configura conflito a resolver pelas relações ou pelo Supremo a recusa do tribunal deprecado em cumprir carta precatória expedida por outro tribunal para inquirição de testemunhas em processo por transgressão (sumaríssimo), com fundamento em que a lei não autoriza tal acto ou diligência".

V. *Carta rogatória; Tribunal deprecante; Tribunal deprecado; Jurisdição; Competência em razão do território; Mandado; Citação; Notificação; Tribunal de comarca; Juiz relator; Secretaria judicial; Diligência; Audiência de discussão e julgamento; Relação; Supremo Tribunal de Justiça; Testemunha; Inquirição; Processo sumaríssimo.*

Carta rogatória (Proc. Civil) – Solicitação de um tribunal ou autoridade a uma autoridade estrangeira da prática de um acto judicial.

Sendo o acto urgente, pode ser ordenado ou solicitado por telegrama, comunicação telefónica ou outro meio análogo de telecomunicações, podendo as citações e as notificações ser enviadas directamente para o interessado, independentemente da circunscrição.

As cartas rogatórias são assinadas pelo juiz ou relator e expedidas pela secretaria, endereçando-as esta directamente à autoridade ou tribunal estrangeiro. Quando a carta rogatória se dirija a Estado que só a receba pela via diplomática ou consular, far-se-á a expedição por essa via, sendo nesse caso entregue ao Ministério Público, que a remeterá pelas vias competentes. Se o Estado respectivo não receber cartas por via oficial, será entregue ao interessado.

A carta rogatória deverá conter apenas o que for estritamente indispensável para a realização da diligência.

As cartas rogatórias que provenham de autoridades estrangeiras são recebidas por qualquer via, a menos que exista convenção ou acordo em contrário; quando o seu recebimento haja sido feito pela via diplomática, é ao Ministério Público que compete promover os seus termos.

A expedição da carta rogatória não obsta a que o processo prossiga em tudo o que não depender absolutamente da realização da diligência que for solicitada, mas só depois de devolvida a carta, ou de findo o prazo para o seu cumprimento, pode ter lugar a discussão e julgamento da causa.

O tribunal português rogado pode deixar de cumprir a carta, quando não tiver competência para o acto requisitado (mas, se reconhecer que o acto deve ser praticado em lugar diverso daquele que é indicado na carta, remetê-la-á ao tribunal desse lugar, comunicando o facto ao tribunal que a expediu), se a requisição se referir a acto que a lei proíba absolutamente, se a carta se não encontrar legalizada (salvo se houver qualquer causa de dispensa da legalização), se o acto for contrário à ordem pública portuguesa, se a execução for atentatória da soberania ou da segurança do Estado ou se o acto solicitado importar a execução de decisão de tribunal estrangeiro sujeita a revisão e que não se encontre revista e confirmada.

A forma de cumprimento é regulada pelo tribunal rogado, de harmonia com a lei. Se a carta rogatória solicitar a observância de qualquer formalidade que não repugne à lei portuguesa, deve dar-se satisfação ao pedido.

V. artigos 176.° e segs., C.P.C..

V. Acordo de Cooperação Jurídica e Judiciária entre a República Portuguesa e a República de Angola, assinado em Luanda em 30 de Agosto de 1995, aprovado, para ratificação, pela Resolução da Assembleia da República n.° 11/97, de 4 de Março, e ratificado pelo Decreto do Presidente da República n.° 9/97, da mesma data; o Aviso n.° 582/2006, de 11 de Maio, tornou público que foram trocados, no dia 5 de Abril de 2006, os instrumentos de ratificação deste Acordo, tendo entrado em vigor no dia 5 de Maio desse ano.

O Decreto n.° 14/98, de 27 de Maio, aprovou o Acordo entre a República Portuguesa e o Reino de Espanha Relativo à Cooperação Judiciária em Matéria Penal e Civil, que entrou em vigor para Portugal em 19 de Dezembro de 1998 – v. Aviso n.° 274/98, de 3 de Dezembro. O Acordo de Cooperação Jurídica e Judiciária entre a República Portuguesa e a Região Administrativa Especial de Macau da República Popular da China, assinado em Lisboa em 17 de Janeiro de 2001, foi aprovado, para ratificação, pela Resolução da Assembleia da República n.° 19/2002, de 6 de Março, tendo sido ratificado pelo Decreto do Presidente da República n.° 17/2002, da mesma data; segundo o Aviso n.° 110//2002, de 6 de Dezembro, em 23 de Fevereiro de 2001, foi emitida nota e, em 2 de Abril de 2002, foi entregue nota, respectivamente pela Região Administrativa Especial de Macau e pelo Consulado-Geral de Portugal em Macau, em que se comunica terem sido cumpridas as formalidades constitucionais internas.

O Acordo de Cooperação Jurídica e Judiciária entre a República Portuguesa e a República de Cabo Verde, assinado na Praia, em 2 de Dezembro de 2003, foi aprovado pelo Decreto n.° 10/2005, de 15 de Fevereiro, tendo sido emitidas notas, respectivamente pelo Ministério dos Negócios Estrangeiros, Cooperação e Comunidades de Cabo Verde e pelo Ministério dos Negócios Estrangeiros de Portugal, em que se comunica terem sido cumpridas as respectivas formalidades constitucionais internas de aprovação; nos termos do n.° 1 do artigo 86.° do Acordo, este entrou em vigor na data de recepção da última notificação sobre o cumprimento das formalidades internas exigidas, isto é, em 8 de Julho de 2005.

V. Cara precatória; *Citação; Notificação; Juiz; Juiz relator; Secretaria judicial; Ministério Público; Diligência; Audiência de discussão e julgamento; Tribunal rogado; Tribunal rogante; Competência, Competência em razão do território; Legalização de documento; Ordem pública; Revisão de sentença estrangeira.*

Cartório notarial – Local onde o notário exerce as suas funções. "Os cartórios notariais são organizados e dimensionados por forma a assegurar uma prestação de serviços de elevada qualidade e prontidão" – artigo 5.° do Estatuto do Notariado, aprovado pelo Decreto-Lei n.° 26/2004, de 4 de Fevereiro.

Nos termos do artigo 34.° deste diploma, "as licenças para instalação de cartório notarial são postas a concurso consoante as vagas existentes", sendo estas "preenchidas de acordo com a graduação dos candidatos e as referências de localização dos cartórios manifestadas no respectivo pedido de licença". O artigo 35.° dispõe, por sua vez, que "as licenças de instalação de cartório [...] são atribuídas por despacho do Ministro da Justiça", só podendo cada notário ser titular de uma licença; uma vez obtida a licença, o notário obriga-se "a exercer a actividade na área do respectivo município pelo período mínimo de dois anos, durante o qual fica [...] impedido [...] de se candidatar [...] a nova licença". "Atribuída a licença, o notário tem 90 dias para proceder à instalação do cartório [...]", podendo este prazo ser prorrogado, "quando a situação o justifique", "por despacho do Ministro da Justiça".

Cessando a actividade do notário por qualquer das causas enunciadas no artigo 41.°, aquele "encerra o cartório e informa de imediato o Ministério da Justiça e a Ordem dos Notários do encerramento": é o que estabelece o n.° 1 do artigo 47.°, ocupando-se os números seguintes da situação de cessação e consequente encerramento do cartório por morte do notário. Conhecida a situação de encerramento do cartório por cessação da actividade, a Ordem dos Notários "designa de imediato um notário para, a título transitório, assegurar o funcionamento do cartório". "A cessação da actividade do notário titular de licença de instalação de cartório notarial determina a realização de concurso para atribuição de nova licença" – artigo 50.°.

O artigo 20.° deste diploma estabelece que "o horário de abertura ao público dos cartórios notariais é fixado em Portaria do Ministério da Justiça, ouvida a Ordem dos Notários"; a Portaria n.° 130/2005, de 2 de Fevereiro, fixa o horário de funcionamento dos cartórios notariais.

Uma vez este diploma vem estabelecer um regime muito inovador na matéria, o seu artigo 106.° contém as seguintes normas transitórias: "a transição do actual para o novo regime do notariado deve operar-se num período de dois anos contados da data de entrada em vigor do presente Estatuto" e "durante o período de transição deve proceder-se ao processo de transformação dos actuais cartórios, à abertura de concursos para atribuição de licenças, à resolução das situações funcionais dos notários e dos oficiais que deixem de exercer funções no notariado e demais operações necessárias à transição". O artigo 116.° dispõe que "são objecto de transformação os cartórios notariais actualmente instalados e abrangidos pelo presente diploma", iniciando-se o processo de transformação "com a atribuição ao notário de licença de instalação de cartório [...]"; as operações de transformação dos cartórios encontram-se reguladas nos artigos 118.° a 121.°, estabelecendo o artigo 122.° que "o notário inicia funções após tomada de posse, que tem lugar no prazo máximo de 15 dias a contar da conclusão do processo de transformação".

O artigo 2.° do Decreto-Lei n.° 66/2005, de 15 de Março, dispõe que "os serviços registrais e os cartórios notariais podem transmitir entre si documentos constantes dos respectivos arquivos por meio de telecópia ou por via electrónica nos mesmos termos em que deles podem extrair certidões, sendo reconhecida aos documentos emitidos a força probatória dos originais", podendo também os cartórios notariais "transmitir a outros serviços públicos, por telecópia e sob forma certificada, documentos constantes dos respectivos arquivos, nos termos especialmente previstos na lei notarial". O artigo 3.° deste diploma estabelece que "os serviços registrais e os cartórios notariais podem servir de intermediários em pedidos de certidão, a emitir por telecópia ou por via electrónica, de actos de registo ou notariais, bem como de documentos arquivados em conservatórias ou cartórios notariais, nos termos do disposto nos números seguintes".

V. *Notário; Ordem dos Notários; Conselho do Notariado; Registo; Documento; Telecópia; Certidão; Força probatória.*

Casa de morada comum (Dir. Civil) – Nos termos do artigo 5.° da Lei n.° 6/2001, de 11 de Maio – que estabelece o regime de protecção das pessoas que vivam em economia comum há mais de dois anos –, "em caso de morte da pessoa proprietária da casa de morada comum, as pessoas que com ela tenham vivido em economia comum há mais de dois anos nas condições previstas na presente lei têm direito real de habitação sobre a mesma, pelo prazo de cinco anos, e, no mesmo prazo, direito de preferência na sua venda", não se aplicando este regime "caso ao falecido sobrevivam descendentes ou ascendentes que com ele vivessem há pelo menos um ano e pretendam continuar a habitar a casa, ou no caso de disposição testamentária em contrário" e "no caso de sobrevivência de descendentes menores que não coabitando com o falecido demonstrem ter absoluta carência de casa para habitação própria".

O artigo 6.° deste diploma aditou ao artigo 85.°, n.° 1, do R.A.U. uma nova alínea *f)*, que estabelece que "o arrendamento para habitação não caduca por morte do primitivo arrendatário ou daquele a quem tiver sido cedida a sua posição contratual, se lhe sobreviver[em] [...] pessoas que com ele vivessem em economia comum há mais de dois anos".

V. *Economia comum; Morte; Direito de propriedade; Direito de habitação; Direito de preferência; Compra e venda; Descendente; Ascendente; Testamento; Arrendamento para habitação; Cessão da posição contratual.*

Casa de morada da família (Dir. Civil) – O artigo 1672.°, C.C., impõe aos cônjuges o dever de coabitação e, para o cumprir, o artigo 1673.° determina que "os cônjuges devem escolher de comum acordo a residência da família, atendendo, nomeadamente, às exigências da sua vida profissional e aos interesses dos filhos e procurando salvaguardar a unidade da vida familiar".

Não havendo acordo sobre a fixação ou alteração da residência familiar, qualquer dos cônjuges poderá requerer ao tribunal que a fixe. O processo a seguir, em caso de desacordo entre os cônjuges sobre a fixação ou alteração da residência da família, encontra-se regulado no artigo 1415.°, C.P.C., na redacção do Decreto-Lei n.° 513-X/79, de 27 de Dezembro.

Esta residência deve ser adoptada pelos cônjuges, salvo se houver motivos ponderosos que o impeçam.

O artigo 85.°, n.° 1, C.C., dispõe que "o menor tem domicílio no lugar da residência da família", só o tendo no domicílio de cujo progenitor estiver à guarda, se aquela não existir.

A casa que serve de residência da família será – se for comum ou própria de um dos cônjuges –, em caso de divórcio ou de separação de pessoas e bens dos cônjuges, dada de arrendamento a qualquer deles pelo tribunal, atendendo às necessidades de cada um dos cônjuges e ao interesse dos filhos do casal; se a casa de morada da família for arrendada, podem os cônjuges acordar, em caso de divórcio ou de separação judicial, em que a posição de arrendatário fique pertencendo a qualquer deles, cabendo ao tribunal decidir na falta de acordo.

V. artigos 1793.°, C.C., e 84.° do Regime do Arrendamento Urbano (aprovado pelo Decreto-Lei n.° 321-B/90, de 15 de Outubro, rectificado por declaração publicada no *Diário da República,* I-A série, de 30 de Novembro de 1990, e alterado pelo Decreto-Lei n.° 278/93, de 10 de Agosto – este também alterado, por ratificação, pela Lei n.° 13/94, de 11 de Maio –, pelo Decreto-Lei n.° 163/95, de 13 de Julho, pela Lei n.° 89/95, de 1 de Setembro, pelo Decreto-Lei n.° 257/95, de 30 de Setembro, pela Lei n.° 135/99, de 28 de Agosto, pelos Decretos-Leis n.°s 64-A/2000, de 22 de Abril, e 329-B/2000, de 22 de Dezembro, e pelas Leis n.°s 6/2001 e 7/2001, ambas de 11 de Maio).

A protecção especial que a lei confere à estabilidade da casa de morada da família manifesta-se ainda no artigo 1682.°-B, C.C., que determina que, "relativamente à casa de morada da família, carecem do consentimento de ambos os cônjuges:

a) A resolução ou denúncia do contrato de arrendamento pelo arrendatário;

b) A revogação do arrendamento por mútuo consentimento;

c) A cessão da posição de arrendatário;

d) O subarrendamento ou o empréstimo, total ou parcial".

Em caso de morte de um dos cônjuges, "o cônjuge sobrevivo tem direito a ser encabeçado, no momento da partilha, no direito de habitação da casa de morada da família e no direito de uso do respectivo recheio, devendo tornas aos co-herdeiros se o valor recebido exceder o da sua parte sucessória e meação, se a houver". Caducam, em princípio, estes direitos, se o cônjuge não habitar a casa por tempo superior a um ano.

V. artigos 2103.°-A, 2103.°-B e 2103.°-C, C.C..

Na sequência dos regimes anteriormente referidos, o n.° 1 do artigo 28.°-A, aditado ao Código de Processo Civil pelo Decreto-Lei n.° 180/96, de 25 de Setembro, determina que "devem ser propostas por marido e mulher, ou por um deles com consentimento do outro, [...] as acções que tenham por objecto, directa ou indirectamente, a casa de morada de família". Por outro lado, o n.° 3 do mesmo artigo impõe que as acções com este objecto sejam sempre propostas contra o marido e a mulher (já o artigo único da Lei n.° 35/81, de 27 de Agosto, estabelecia que a acção de despejo que tivesse como objecto a casa de morada da família tinha de ser proposta contra ambos os cônjuges).

De acordo com os artigos 5.° e segs. do Decreto-Lei n.° 272/2001, de 13 de Outubro, rectificado pela Declaração de rectificação n.° 20-AR/2001, de 30 de Novembro, cabe às conservatórias de registo civil competência para procedimento tendente à obtenção de acordo das partes nos casos – entre outros – de "atribuição da casa de morada da família". Para este procedimento, é competente a conservatória "da área da situação da casa de morada da família" (artigo 6.°, n.° 1-*b*)). "O pedido é apresentado mediante requerimento entregue na conservatória, fundamentado de facto e de direito, sendo indicadas as provas e junta a prova documental"; "o requerido é citado para, no prazo de 15 dias, apresentar oposição [...]" e juntar as provas; "não sendo apresentada oposição [...], o conservador, depois de verificado o preenchimento dos pressupostos legais [para o que pode "determinar a prática de actos e a produção da prova necessária"], declara a procedência do pedido"; "tendo sido apresentada oposição, o conservador marca tentativa de conciliação, a realizar no prazo de 15 dias" (artigo 7.°). "Das decisões do conservador cabe recurso para o tribunal judicial de 1.ª instância competente em razão da matéria no âmbito da circunscrição a que pertence a conservatória", sendo o prazo para a interposição do recurso o do artigo 685.°, C.P.C. (10 dias) – artigo 10.°. Diz o artigo 8.° que, "tendo havido oposição do requerido e constatando-se a impossibilidade de acordo, são as partes notificadas para, em oito dias, alegarem e requererem a produção de novos meios de prova, sendo de seguida o processo, devidamente instruído, remetido ao tribunal judicial de 1.ª instância competente em razão da matéria no âmbito da circunscrição a que pertence a conservatória". Quando o processo é remetido ao tribunal, "o juiz ordena a produção de prova e marca audiência de julgamento", sendo aplicáveis, com as necessárias adaptações os artigos 1409.° a 1411.°, C.P.C..

A protecção da casa de morada de família encontra-se também na Lei n.° 7/2001, de 11 de Maio, que regula a situação de união de facto, embora em termos um pouco diversos daqueles que ficaram expostos.

Nos termos dos artigos 4.° e 5.° desta Lei, em caso de morte do membro da união de facto proprietário da casa de morada comum, o membro sobrevivo tem direito real de habitação, pelo prazo de cinco anos, sobre a mesma, e, pelo mesmo prazo, direito de preferência na sua venda", ficando este direito precludido pela existência de descendentes do falecido "com menos de 1 ano de idade ou que com ele convivessem há pelo menos um ano e pretendam continuar a habitar a casa, ou no caso de disposição testamentária em contrário" (artigos 3.°-*a)* e 4.°, n.°s 1 e 2). A transmissão do direito ao arrendamento pode ser acordada entre os interessados em caso de separação, "em termos idênticos aos previstos no n.° 1 do artigo 84.° do Regime do Arrendamento Urbano" ["obtido o divórcio ou a separação judicial de pessoas e bens, podem os cônjuges acordar em que a posição de arrendatário fique pertencendo a qualquer deles"] – artigo 4.°, n.° 3. Em caso de separação, o tribunal pode dar de arrendamento a qualquer dos membros da união de facto, a seu pedido, a casa de morada da família, "quer esta seja comum quer própria do outro, considerando [...] as necessidades de cada um [...]" e, em particular, "tendo em conta o interesse dos filhos do casal" (artigo 4.°, n.° 4, da Lei, que remete para os artigos 1793.°, C.C., e 84.°, n.° 2, R.A.U.). O direito ao arrendamento transmite-se, por morte do arrendatário, à "pessoa que com ele viva em união de facto há mais de dois anos, quando o arrendatário não seja casado ou esteja separado judicialmente de pessoas e bens", sendo, para efeitos de transmissão do direito ao arrendamento, equiparado ao cônjuge a pessoa que com ele vivesse em união de facto, desde que ao arrendatário falecido não sobrevivam pessoas na situação prevista na alínea *b)* do n.° 1, ou estas não pretendam a transmissão ["descendente com menos de um ano de idade ou que com ele convivesse há mais de um ano"] – artigo 85.°, n.°s 1-*c)* e 2, do R.A.U., na redacção que lhe foi dada pela Lei que vem a citar-se.

Sem que a designe por casa de morada de família, mas por casa de morada comum, a Lei n.° 6/2001, de 11 de Maio, que regula a situação daqueles que vivam em economia comum, enuncia, no seu artigo 5.°, medidas de protecção dessa casa, designadamente: em caso de morte do proprietário da casa de morada comum, as pessoas que viviam em economia comum com este têm "direito real de habitação sobre a mesma, pelo prazo de cinco anos, e, no mesmo prazo, direito de preferência na sua venda" (v. artigo 5.°, cujos n.°s 2 e 3 excepcionam este regime em casos expressamente previstos); admite-se a "transmissão do arrendamento por morte". O artigo 6.° deste diploma aditou ao artigo 85.°, n.° 1, do R.A.U. uma nova alínea *f)*, que estabelece que "o arrendamento para habitação não caduca por morte do primitivo arrendatário ou daquele a quem tiver sido cedida a sua posição contratual, se lhe sobreviver[em] [...] pessoas que com ele vivessem em economia comum há mais de dois anos".

V. *Coabitação; Deveres conjugais; Menor; Família; Domicílio; Guarda de menores; Bens comuns; Bens próprios; Divórcio; Separação judicial de pessoas e bens; Incomunicabilidade do arrendamento; Autorização; Resolução do arrendamento; Denúncia; Caducidade do arrendamento; Revogação; Cessão da posição contratual; Sublocação; Empréstimo; Despejo; Partilha; Direito de habitação; Uso (direito de); Tornas; Meação; Caducidade; Propositura da acção; Litisconsórcio; Registo civil; Requerimento; Prova; Prova documental; Procedência; Tentativa de conciliação; Recurso; Tribunal de 1.ª instância; Competência; Competência em razão da matéria; Interposição de recurso; Alegações; Audiência; União de facto; Direito de preferência; Descendente; Testamento; Economia comum.*

Casamento (Dir. Civil) – O Código Civil define, no seu artigo 1577.°, casamento como "o contrato celebrado entre duas pessoas de sexo diferente que pretendem constituir família mediante uma plena comunhão de vida [...]".

O termo casamento designa também a situação jurídica resultante do acto.

O casamento está sujeito a registo, nos termos do artigo 1651.°, C.C., valendo esta regra tanto para os casamentos celebrados em Portugal por qualquer das formas previstas na nossa lei como para "os casamentos de português ou portugueses celebrados no estrangeiro" ou daqueles que sejam celebrados entre estrangeiros "que, depois de o celebrarem, adquiram a nacionalidade portuguesa". Diz o artigo 1652.°, C.C., que "o registo do casamento consiste no assento que é lavrado por inscrição ou transcrição, na conformidade das leis do registo".

Caso seja necessário provar um casamento cujo registo tenha sido omitido ou se tenha perdido, dispunha o n.° 1 do artigo 1653.°, C.C., que era necessária uma acção judicial, em que se presumia a existência do casamento sempre que as pessoas vivessem ou tivessem vivido na posse do estado de casado; esta norma foi alterada pelo Decreto-Lei n.° 273/2001, de 13 de Outubro, rectificado pela Declaração de rectificação n.° 20-AS/2001, de 30 de Novembro, que vem prever que o processo destinado a suprir a omissão ou perda de registo de casamento deixa de ser judicial, já que a referência ao processo judicial foi suprimida; embora a nova redacção não o diga, atenta a finalidade deste diploma e os lugares paralelos das restantes alterações que ele veio introduzir no Código Civil, parece admissível o entendimento de que o processo a que hoje se refere o artigo 1653.°, n.° 1, C.C., se rege pelas normas do registo civil.

O direito português, depois da Concordata de 1940, consagrou o regime de casamento civil facultativo, isto é, admitiu, ao lado do casamento regulado nos termos do C.C., o casamento católico, reconhecendo-lhe valor e eficácia (artigo 1587.°, n.° 2, C.C.). A medida da eficácia que a lei civil reconhece aos casamentos católicos sofreu grande restrição com a publicação dos Decretos-Leis n.°s 261/75, de 27 de Maio, 6/76, de 10 de Janeiro, e 605/76, de 24 de Julho.

Actualmente, e de acordo com os artigos 10.°-*b* e 19.° da Lei n.° 16/2001, de 22 de Junho, cada um tem direito a celebrar casamento de acordo com os ritos da própria religião, sendo "reconhecidos efeitos civis ao casamento celebrado por forma religiosa perante o ministro do culto de uma igreja ou comunidade religiosa radicada no País".

Nos termos do Decreto-Lei n.° 236/ /2001, de 30 de Agosto, "a celebração de casamentos civis fora do horário de funcionamento dos serviços e aos sábados, domingos e feriados, nas conservatórias ou em qualquer outro lugar a que o público tenha acesso, pode ter lugar sempre que o acto seja expressamente solicitado e acordado com os nubentes"; a competência para celebrar casamentos nos termos referidos "é atribuída ao conservador e, sucessivamente, ao respectivo adjunto, aos substitutos do conservador, pela ordem por que foram designados, e aos demais ajudantes da conservatória, por ordem de categoria funcional e de classe pessoal".

Nos termos do artigo 3.°, n.° 1, da Lei da Nacionalidade (Lei n.° 37/81, de 3 de Outubro, alterada pela Lei n.° 25/94, de 19 de Agosto, pelos Decretos-Leis n.°s 22-A/ /2001, de 14 de Dezembro, 194/2003, de 23 de Agosto de 2003, e pelas Leis Orgânicas n.°s 1/2004, de 15 de Janeiro, e 2/2006, de 17 de Abril), "o estrangeiro casado há mais de três anos com nacional português pode adquirir a nacionalidade portuguesa mediante declaração feita na constância do matrimónio", não prejudicando a aquisição "a declaração de nulidade ou anulação do casamento", se o cônjuge o tiver celebrado de boa fé. Nos termos do artigo 30.°, n.° 2, desta Lei, "sem prejuízo da validade das relações jurídicas anteriormente estabelecidas com base em outra nacionalidade, a aquisição da nacionalidade portuguesa nos termos previstos no número anterior [reaquisição da nacionalidade portuguesa por mulher que a tivesse perdido pelo casamento] produz efeitos desde a data do casamento". O registo das alterações de nacionalidade por efeito do casamento [...] em conformidade com a lei anterior é lavrado oficiosamente ou a requerimento dos interessados, sendo obrigatório para fins de identificação" – artigo 33.°.

A Lei n.° 107/99, de 3 de Agosto, que estabelece o quadro geral da rede pública de casas de apoio à mulheres vítimas de violência doméstica, foi regulamentada pelo Decreto-Lei n.° 323/2000, de 19 de Dezembro. Nestas casas de apoio, "a utente e os menores acolhidos em abrigo têm, em especial, os seguintes direitos: *a)* Alojamento e alimentação em condições de dignidade, *b)* Usufruir de um espaço de privacidade e de um grau de autonomia na condução da sua vida pessoal adequados à sua idade e situação" (artigo 10.°, n.° 1, do diploma referido). O Decreto Regulamentar n.° 1/2006, de 25 de Janeiro, regula as condições de organização, funcionamento e fiscalização das casas de abrigo, em desenvolvimento da Lei n.° 107/99 e do DL n.° 323/2000.

V. *Família; Registo civil; Estrangeiros; Cidadania; Aquisição de nacionalidade; Assento; Posse de estado; Casamento civil facultativo; Casamento católico; Liberdade religiosa; Casamento religioso; Nubente; Invalidade do casamento; Boa fé; Relação jurídica; Registo civil; Identificação da pessoa.*

Casamento católico (Dir. Civil) – A lei portuguesa admite que o casamento católico celebrado nos termos da Concordata estabelecida entre Portugal e a Santa Sé em 1940 tenha efeitos jurídicos na ordem jurídica interna (artigo 1587.° n.° 2, C.C.).

Quanto aos efeitos civis, o casamento católico rege-se pelas disposições do Código Civil, podendo ser dissolvido nos mesmos termos.

V. Protocolo Adicional à Concordata – Decreto-Lei n.° 187/75, de 4 de Abril –, em cujos termos o artigo XXIV da Concordata de 7 de Maio de 1940 foi modificado da seguinte forma:

"Celebrando o casamento católico, os cônjuges assumem por esse mesmo facto, perante a Igreja, a obrigação de se aterem as normas canónicas que o regulam e, em particular, de respeitarem as suas propriedades essenciais.

A Santa Sé, reafirmando a doutrina da Igreja Católica sobre a indissolubilidade do vínculo matrimonial, recorda aos cônjuges que contraírem o matrimónio canónico o grave dever que lhes incumbe de se não valerem da faculdade civil de requerer o divórcio".

O artigo 1654.°, C.C., dispõe que "são lavrados por transcrição [...] os assentos dos casamentos católicos celebrados em Portugal [...], "os assentos dos casamentos católicos [...] celebrados no estrangeiro por portugueses, ou por estrangeiros que adquiram a nacionalidade portuguesa".

Os artigos 1655.° e segs., C.C., regulam a transcrição dos casamentos católicos celebrados em Portugal, ocupando-se os artigos 1664.° a 1667.° da transcrição dos casamentos celebrados no estrangeiro. De notar que o n.° 3 do artigo 1659.° com a redacção do Decreto-Lei n.° 273/2001, de 13 de Outubro, substituiu a acção judicial que era indispensável para suprir a falta do assento paroquial do casamento católico por um "processo a instaurar nos termos da lei registral civil".

V. *Casamento; Dissolução do casamento; Divórcio; Registo civil; Assento; Estrangeiros; Cidadania; Aquisição de nacionalidade; Acção.*

Casamento civil facultativo (Dir. Civil) – O sistema português tem sido, desde há longo tempo, um sistema de casamento civil facultativo para os católicos, dado a lei admitir e reconhecer o casamento católico celebrado nos termos da Concordata entre o Estado Português e a Santa Sé de 1940.

Para os não católicos, existia um sistema de casamento civil obrigatório, já que o ordenamento jurídico português não reconhecia o casamento celebrado segundo as regras de qualquer outra religião. Porém, a Lei n.° 16/2001, de 22 de Junho, veio dispor, no respectivo artigo 10.°-*b)*, que cada um tem direito a celebrar casamento de acordo com os ritos da própria religião. O artigo 19.° deste diploma diz que "são reconhecidos efeitos civis ao casamento celebrado por forma religiosa perante o ministro do culto de uma igreja ou comunidade religiosa radicada no País. O ministro do culto deverá ter a nacionalidade portuguesa ou, sendo estrangeiro, não nacional de Estado membro da União Europeia, ter autorização de residência temporária ou permanente em Portugal". "Aqueles que pretendam contrair casamento por forma religiosa deverão declará-lo, pessoalmente ou por intermédio de procurador, no requerimento de instauração do respectivo processo de publicações na conservatória do registo civil competente, indicando o ministro do culto credenciado para o acto. A declaração para casamento pode ainda ser prestada pelo ministro do culto, mediante requerimento por si assinado". "Autorizada a realização do casamento, o conservador passa o certificado [...] [respectivo]" que não pode ser "passado sem que o conservador se tenha assegurado de que os nubentes têm conhecimento dos artigos 1577.° [noção de casamento], 1600.° [capacidade matrimonial], 1671.° [princípio da igualdade dos cônjuges] e 1672.° [deveres conjugais] do Código Civil. O certificado deve conter menção deste facto, bem como do nome e da credenciação do ministro do culto. O certificado é remetido oficiosamente ao ministro do culto, a quem são igualmente comunicados os impedimentos de conhecimento superveniente".

V. *Casamento; Casamento católico; Liberdade religiosa; Casamento religioso; Estrangeiros; residência; Procurador; Registo civil; Requerimento; processo preliminar de publicações; Nubente; Capacidade matrimonial; Princípio da igualdade dos cônjuges, Deveres conjugais; Impedimentos.*

Casamento civil obrigatório (Dir. Civil) – Reconhecendo o Estado português o casamento católico celebrado nos termos da Concordata, o casamento civil só era obrigatório para aqueles que, não sendo católicos ou não pretendendo celebrar casamento católico, quisessem casar, já que a nossa lei não reconhecia o casamento celebrado segundo quaisquer outras regras. Actualmente, e de acordo com os artigos 10.°-*b* e 19.° da Lei n.° 16/2001, de 22 de Junho, cada um tem direito a celebrar casamento de acordo com os ritos da própria religião, sendo "reconhecidos efeitos civis ao casamento celebrado por forma religiosa perante o ministro do culto de uma igreja ou comunidade religiosa radicada no País. O ministro do culto deve ter a nacionalidade portuguesa ou, sendo estrangeiro, não nacional de Estado membro da União Europeia, ter autorização de residência temporária ou permanente em Portugal".

V. *Casamento; Casamento católico; Casamento religioso; Estrangeiros.*

Casamento civil subsidiário (Dir. Civil) – Quando um sistema jurídico adopta esta modalidade de casamento, isso significa que o casamento civil não tem, em princípio, a sua validade e eficácia reconhecidas, a menos que o direito canónico (a expressão é aqui utilizada, abusivamente, no amplíssimo sentido de compreender as normas religiosas sobre casamento, seja qual for a religião) o admita como relevante.

V. *Casamento; Validade.*

Casamento consumado (Dir. Civil) – É o casamento que foi seguido de relações sexuais entre os cônjuges.

V. *Casamento; Casamento não consumado.*

Casamento de consciência (Dir. Civil) – Designam-se assim os casamentos católicos celebrados secretamente, mediante autorização do ordinário, com fundamento em gravíssima e urgentíssima causa.

O casamento é celebrado apenas perante o pároco e as testemunhas, estando todos obrigados a mantê-lo secreto, obrigação que impende igualmente sobre cada um dos cônjuges, a menos que tenha o consentimento do outro para o tornar público.

Os casamentos de consciência são registados em livro especial que permanece guardado no arquivo secreto da Cúria.

V. cânones 1104.° e 1107.° do Código de Direito Canónico.

O assento de tal casamento só é transcrito no registo civil "[...] perante certidão de teor e mediante denúncia feita pelo ordinário [...]" (artigo 1656.°-*a*), C.C.), não podendo, em princípio, efectuar-se a transcrição antes de organizado o processo preliminar de publicações (artigo 1658.°, C.C.).

Nos termos do n.° 2 do artigo 1599.°, C.C., "a dispensa do processo preliminar de publicações [...] não altera as exigências da lei civil quanto à capacidade matrimonial dos nubentes, continuando estes sujeitos às sanções estabelecidas na mesma lei".

Este casamento, como acontece genericamente com os que forem celebrados sem precedência do processo de publicações, considera-se contraído sob o regime de separação de bens, nos termos da alínea *a)* do n.° 1 do artigo 1720.°, C.C..

V. *Casamento; Casamento católico; Assento; Certidão; Registo civil; Processo preliminar de publicações; Capacidade matrimonial; Separação de bens.*

Casamento de menor (Dir. Civil) – A idade inferior a dezasseis anos constitui impedimento dirimente absoluto do casamento. Se este, ainda assim, se realizar, é anulável. A anulabilidade só pode ser invocada quando se encontrar reconhecida por sentença em acção especialmente intentada para esse fim, tendo legitimidade para propor ou prosseguir nessa acção os cônjuges, qualquer parente deles na linha recta ou até ao quarto grau da linha colateral, os herdeiros e os adoptantes dos cônjuges, o tutor, o curador e o Ministério Público.

Considera-se, no entanto, sanada a anulabilidade e válido o casamento desde o momento da celebração se, antes do trânsito em julgado da sentença de anulação, o casamento for confirmado, perante o funcionário do registo civil e duas testemunhas, pelo cônjuge depois de atingir a maioridade.

Sendo o menor a intentar a acção de anulação, o prazo é de seis meses após atingir a maioridade; se a acção for proposta por outra pessoa, o prazo é de três anos contados da celebração do casamento, nunca o podendo ser após a maioridade.

V. artigos 1601.°-*a)*, 1631.°-*a)*, 1632.°, 1633.°, 1639.° e 1643.°, todos do C.C..

Após perfazerem dezasseis anos de idade, podem os menores casar, carecendo, no entanto, para o efeito, de autorização dos pais ou tutor ou de suprimento judicial dessa autorização, quando não tenha podido ser dada ou tenha sido recusada.

Pertencia exclusivamente aos tribunais de família a competência para suprir a autorização necessária para o casamento de menor de dezasseis anos ou mais, mas, entretanto, por força da nova redacção dada ao artigo 1604.°-*a)*, C.C., pelo Decreto-Lei n.° 163/95, de 13 de Julho, a falta de autorização pode ser suprida pelo conservador do registo civil; o artigo 1612.°, n.° 2, na redacção do mesmo diploma, dispõe que "pode o conservador do registo civil suprir a autorização a que se refere o número anterior [autorização dos progenitores do menor que exerçam o poder paternal ou do tutor] se razões ponderosas justificarem a celebração do casamento e o menor tiver suficiente maturidade física e psíquica".

Nos termos do artigo 132.°, C.C., "o menor é, de pleno direito, emancipado pelo casamento".

"O menor que casar sem ter obtido autorização dos pais ou do tutor, ou o respectivo suprimento judicial, continua a ser considerado menor quanto à administração de bens que leve para o casal ou que posteriormente lhe advenham por título gratuito até à maioridade, mas dos rendimentos desses bens ser-lhe-ão arbitrados os alimentos necessários ao seu estado".

O casamento de menor núbil sem a devida autorização não é, portanto, afectado na sua validade, embora dessa irregularidade decorram as consequências que o n.° 1 do artigo 1649.°, C.C., acima transcrito, enuncia.

V. *Casamento; Menoridade; Impedimentos impedientes; Impedimentos dirimentes; Invalidade do casamento; Sentença; Legitimidade; Linha; Parentesco; Grau de parentesco; Herdeiro; Adoptante; Tutor; Curador; Ministério Público; Trânsito em julgado; Confirmação; Registo civil; Autorização; Suprimento de consentimento; Tribunal de família; Poder paternal; Emancipação; Acto de administração; Alimentos.*

Casamento "in articulo mortis" (Dir. Civil) – V. *Casamento; Casamento "in extremis".*

Casamento "in extremis" (Dir. Civil) – "Quando haja fundado receio de morte próxima de alguns dos nubentes, [...] é permitida a celebração do casamento independentemente do processo preliminar de publicações e sem a intervenção do funcionário do registo civil" (artigo 1622.°, C.C.): este é um dos casos de casamento urgente.

Os casamentos canónicos podem também ser celebrados sem precedência de processo de publicações e sem a passagem do certificado da capacidade matrimonial, quando se trate de casamentos *in articulo mortis,* outro modo de designar os casamentos *in extremis* – artigo 1599.°, C.C., na redacção dos Decretos-Leis n.°s 261/75, de 27 de Maio, e 496/77, de 25 de Novembro.

V. *Casamento; Casamento urgente; Casamento católico.*

Casamento inexistente (Dir. Civil) – V. *Casamento; Invalidade do casamento.*

Casamento não consumado (Dir. Civil) – A lei canónica prevê a dissolubilidade do casamento não consumado, isto é, não seguido de relações sexuais entre os cônjuge.

A dispensa de casamento rato e não consumado é reconhecida pela lei civil, cabendo o conhecimento das respectivas causas aos tribunais e repartições eclesiásticas competentes.

V. artigos 1625.° e 1626.°, C.C..

V. *Casamento; Casamento católico; Dissolução do casamento.*

Casamento por procuração (Dir. Civil) – O casamento por procuração encontra-se regulado nos artigos 1620.° e 1621.°, C.C., e artigos 43.° e 44.° do Código de Registo Civil, que enumeram os requisitos particulares de tal procuração:

a) Tem de tratar-se de procuração outorgada por instrumento público, ou por documento escrito e assinado pelo representado, com reconhecimento presencial de letra e assinatura;

b) A procuração deve conter poderes especiais para o acto, a individualização do outro nubente e a indicação da modalidade do casamento;

c) A procuração tem de ser singular;

d) Só um dos cônjuges pode fazer-se representar por procurador.

Os efeitos da procuração cessam pela sua revogação (podendo a revogação intervir a todo o tempo, embora o constituinte seja responsável pelo prejuízo que advier de o casamento ter sido celebrado, por a revogação ser por culpa sua tardia), pela morte do constituinte ou do procurador, e pela interdição ou inabilitação de qualquer deles, se fundadas em anomalia psíquica.

Celebrado o casamento depois de terem cessado os efeitos da procuração ou quando esta não tenha sido outorgada por quem nela figura como constituinte, ou quando seja nula por falta de concessão de poderes especiais para o acto ou de designação expressa do outro contraente, o casamento é inexistente (artigo 1628.°-*d),* C.C.).

Quanto à questão de saber se o procurador *ad nuptias* é um verdadeiro procurador ou um simples núncio, a doutrina inclina-se para a sua qualificação como procurador, embora admitindo que se trata neste caso de um procurador com poderes muito limitados.

V. *Casamento; Procuração; Documento autêntico; Documento escrito; Reconhecimento de letra e assinatura; Poderes representativos; Nubente; Revogação da procuração; Culpa; Interdição; Inabilitação; Anomalia psíquica; Nulidade; Invalidade do casamento; Núncio.*

Casamento putativo (Dir. Civil) – Com esta expressão refere-se o casamento inválido (etimologicamente, o casamento julgado válido) e o regime legal de respeito por alguns efeitos produzidos por um casamento nulo ou anulado.

O casamento civil anulado produz efeitos até ao trânsito em julgado da respectiva sentença, em relação aos cônjuges que o contraíram de boa fé e a terceiros.

"Se apenas um dos cônjuges o tiver contraído de boa fé, só esse cônjuge pode arrogar-se os benefícios do estado matrimonial e opô-lo a terceiros, desde que, relativamente a estes, se trate de mero reflexo das relações havidas entre os cônjuges" (artigo 1647.°, n.° 2, C.C.) e, por outro lado, o cônjuge de boa fé conserva o direito a alimentos após o trânsito em julgado da sentença que declara nulo ou anulado o casamento ou o averbamento de tal decisão – artigo 2017.°, C.C..

Dispõe o artigo 1648.°, C.C., que se considera boa fé do cônjuge a ignorância desculpável por parte deste do vício que causou a invalidade do casamento, havendo ainda boa fé no caso de a sua declaração de vontade ter sido extorquida por coacção física ou moral, sendo da exclusiva competência dos tribunais o conhecimento judicial da boa fé dos cônjuges que, aliás, se presume.

O casamento putativo é sempre relevante para o efeito da presunção de paternidade, o mesmo se passando, aliás, com o casamento católico declarado nulo pelos tribunais eclesiásticos, desde que tenha sido ou venha a ser transcrito no registo civil – artigo 1827.°, C.C..

V. artigos 1647.° e 1648.°, C.C..

V. *Casamento; Invalidade do casamento; Trânsito em julgado; Sentença; Boa fé; Terceiro; Alimentos; Averbamento; Coacção; Presunção; Presunção de paternidade; Registo civil; Casamento católico; Transcrição do casamento.*

Casamento rato (Dir. Civil) – No direito canónico, designa-se assim o casamento católico celebrado validamente entre baptizados.

V. *Casamento; Casamento católico.*

Casamento religioso (Dir. Civil) – Até à entrada em vigor da Lei n.° 16/2001, de 22 de Junho, que veio dispor, no respectivo artigo 10.°-*b*), que cada um tem direito a celebrar casamento de acordo com os ritos da própria religião, o nosso sistema jurídico só admitia o casamento religioso católico.

Nos termos do artigo 19.° deste diploma, "são reconhecidos efeitos civis ao casamento celebrado por forma religiosa perante o ministro do culto de uma igreja ou comunidade religiosa radicada no País. O ministro do culto deverá ter a nacionalidade portuguesa ou, sendo estrangeiro, não nacional de Estado membro da União Europeia, ter autorização de residência temporária ou permanente em Portugal".

"Aqueles que pretendam contrair casamento por forma religiosa deverão declará-lo, pessoalmente ou por intermédio de procurador, no requerimento de instauração do respectivo processo de publicações na conservatória do registo civil competente, indicando o ministro do culto credenciado para o acto. A declaração para casamento pode ainda ser prestada pelo ministro do culto, mediante requerimento por si assinado".

Autorizada a realização do casamento, o conservador passa o certificado respectivo que não pode ser "passado sem que o conservador se tenha assegurado de que os nubentes têm conhecimento dos artigos 1577.° [noção de casamento], 1600.° [princípio de capacidade matrimonial], 1671.° [princípio da igualdade dos cônjuges] e 1672.° [deveres conjugais] do Código Civil. O certificado deve conter menção deste facto, bem como do nome e da credenciação do ministro do culto. O certificado é remetido oficiosamente ao ministro do culto, a quem são igualmente comunicados os impedimentos de conhecimento superveniente".

De acordo ainda com este artigo 19.°, "é indispensável para a celebração do casamento a presença: *a)* Dos contraentes, ou de um deles e do procurador do outro; *b)* Do ministro do culto, devidamente credenciado; *c)* De duas testemunhas".

"Logo após a celebração do casamento, o ministro do culto lavra assento em duplicado no livro de registo da igreja ou da comunidade religiosa e envia à conservatória competente, dentro do prazo de três dias, o duplicado do assento, a fim de ser transcrito no livro de assentos de casamento." "O conservador deve efectuar a transcrição do duplicado dentro do prazo de dois dias e comunicá-la ao ministro do culto até ao termo do dia imediato àquele em que foi feita".

V. *Casamento; Casamento civil facultativo; Casamento católico; Liberdade religiosa; Estrangeiros; Procurador; Requerimento; Processo preliminar de publicações; Registo civil; Nubente; Capacidade matrimonial; Princípio da igualdade dos cônjuges; Deveres conjugais, Impedimentos; Casamento por procuração; Assento; Transcrição do casamento.*

Casamento urgente (Dir. Civil) – "Quando haja fundado receio de morte próxima de alguns dos nubentes, ou iminência de parto, é permitida a celebração do casamento independentemente do processo preliminar de publicações e sem a intervenção do funcionário do registo civil" (artigo 1622.°, C.C.): é o que se chama casamento urgente.

Deste casamento é lavrado um assento provisório com base na acta do casamento, devendo em seguida o casamento ser homologado pelo funcionário do registo civil. O registo dos casamentos civis urgentes é feito por transcrição, sendo esta feita com base no despacho de homologação (artigos 1662.° e 1663.°, C.C.). O funcionário, que tem de decidir sobre a homologação do casamento, recusá-la-á quando se verifique alguma das circunstâncias previstas no n.° 1 do artigo 1624.°, C.C. (não se verificarem os respectivos requisitos legais ou as formalidades exigidas, serem falsos ou supostos esses requisitos ou formalidades, existir impedimento dirimente, etc.), podendo os cônjuges, seus herdeiros ou o Ministério Público recorrer para o tribunal do despacho que recusar a homologação.

O casamento urgente que não tenha sido homologado é juridicamente inexistente (artigo 1628.°-*b)*, C.C.).

De importante a anotar é o regime de bens dos casamentos urgentes: esse é, por disposição imperativa da lei (artigo 1720.°, n.° 1-*a)*, C.C.), sempre o de separação de bens.

V. ainda artigos 156.° a 160.° do Código do Registo Civil que tratam da celebração do casamento civil urgente e contêm normas próximas das do Código Civil.

Os casamentos canónicos podem também ser celebrados sem precedência de processo de publicações e sem a passagem do certificado da capacidade matrimonial: assim acontece com os casamentos "*in articulo mortis*, na iminência de parto ou cuja celebração imediata seja expressamente autorizada pelo ordinário próprio por grave motivo de ordem moral" – artigo 1599.°, C.C., na redacção dos Decretos-Leis n.°s 261/75, de 27 de Maio, e 496/77, de 25 de Novembro.

V. *Casamento; Nubente; Morte; Processo preliminar de publicações; Registo civil; Assento; Homologação; Transcrição do casamento; Impedimentos dirimentes; Herdeiro; Ministério Público; Recurso; Invalidade do casamento; Casamento católico; Separação de bens.*

Casas mobiladas (Dir. Civil) – Nos termos do artigo 74.° do Regime do Arrendamento Urbano, aprovado pelo Decreto-Lei n.° 321-B/90, de 15 de Outubro, rectificado por declaração publicada no *Diário da República*, I-A série, de 30 de Novembro de 1990, e alterado pelo Decreto-Lei n.° 278/ /93, de 10 de Agosto (por seu lado, alterado, por ratificação, pela Lei n.° 13/94, de 11 de Maio), pelo Decreto-Lei n.° 163/95, de 13 de Julho, pela Lei n.° 89/95, de 1 de Setembro, pelo Decreto-Lei n.° 257/95, de 30 de Setembro, pela Lei n.° 135/99, de 28 de Agosto, pelos Decretos-Leis n.°s 64-A/2000, de 22 de Abril, e 329-B/2000, de 22 de Dezembro, e pelas Leis n.°s 6/2001 e 7/2001, ambas de 11 de Maio, "quando o arrendamento do prédio para habitação seja acompanhado do aluguer da respectiva mobília ao mesmo locatário, considera-se arrendamento urbano todo o contrato e renda todo o preço locativo".

Isto significa, pois, que o contrato misto de arrendamento habitacional e aluguer se encontra, por disposição legal, submetido ao regime do arrendamento, constituindo esta norma um exemplo de consagração da chamada teoria da absorção.

V. *Locação; Arrendamento urbano; Arrendamento para habitação; Aluguer; Renda; Contrato misto; Teoria da absorção.*

Caso de força maior (Dir. Civil) – Em sentido lato, o mesmo que *caso fortuito:* facto cuja verificação não era razoavelmente previsível e cujos efeitos não poderiam ter sido evitados.

Segundo uma corrente doutrinária, trata-se de um facto de terceiros, imprevisível e inevitável, pelo qual o devedor não é responsável e que o impede de cumprir a obrigação (por exemplo, guerra, roubo).

Outra corrente considera-o essencialmente caracterizado pela ideia de inevitabilidade, sendo, assim, um acontecimento natural ou uma acção do homem que, se bem que previsível ou até previsto, não era evitável.

O artigo 505.°, C.C. – relativo ao regime da responsabilidade objectiva por acidentes causados por veículos –, caracteriza o caso de força maior (para os efeitos nele previstos) como constituindo a causa do acidente não imputável a ninguém e que é estranha ao funcionamento do veículo. Em sentido idêntico dispõe o artigo 509.°, n.° 2, C.C., relativo ao regime de responsabilidade objectiva por danos causados por instalações de energia eléctrica ou de gás.

Em regra, mesmo nos casos da chamada responsabilidade objectiva, ela fica excluída se os prejuízos se deverem a caso de força maior.

Porém, o artigo 10.°, n.° 1, do Decreto-Lei n.° 321/89, de 25 de Setembro, alterado pelos Decretos-Leis n.°s 279/95, de 26 de Outubro, e 208/2004, de 19 de Agosto, dispõe que "o proprietário ou explorador de aeronave é responsável, nos termos e com os limites do artigo seguinte, independentemente de culpa, pelo ressarcimento dos danos causados a terceiros à superfície pela aeronave em voo ou por objectos que dela se soltem, incluindo os alijamentos resultantes de força maior".

V. *Responsabilidade civil; Obrigação; Impossibilidade do cumprimento; Responsabilidade objectiva; Acidente de viação; Instalações de energia eléctrica; Instalações de gás; Acidente de aviação.*

Caso fortuito (Dir. Civil) – Em sentido lato, usa-se como sinónimo de *caso de força maior.*

Numa definição doutrinária mais restrita, é o acontecimento natural, imprevisível e inevitável, a que for estranha a acção do homem, que torne impossível a prestação do devedor – por exemplo, terramoto, inundação.

Outra ideia corrente na doutrina baseia a distinção entre caso fortuito e caso de força maior na caracterização do primeiro pela imprevisibilidade e do segundo pela inevitabilidade. O caso fortuito é o facto que não foi previsto, porque não era realmente previsível, mas que, tendo-o sido, poderia também ter sido evitado.

No domínio da responsabilidade pelo risco, a lei distingue (v. artigos 505.° e 509.°, C.C.) entre caso fortuito e caso de força maior, atribuindo-lhes diferentes consequências. O caso fortuito é todo o facto inerente ou, ao menos, interior ao funcionamento das coisas, máquinas ou veículos, enquanto o caso de força maior é qualquer acontecimento, imprevisível e/ou inevitável, estranho a esse funcionamento.

V. *Prestação; Impossibilidade do cumprimento; Responsabilidade pelo risco; Acidente de viação.*

Caso julgado (Proc. Civil) – Diz-se que se forma caso julgado quando uma decisão judicial adquire força obrigatória, por dela não se poder já reclamar nem recorrer por via ordinária.

Entende maioritariamente a jurisprudência portuguesa que o caso julgado não abrange os fundamentos de direito da decisão, mas tão somente esta.

Sendo a decisão judicial uma sentença que verse sobre a matéria de fundo da acção, a sua força obrigatória não se limita ao processo em que foi proferida, manifestando-se fora dele, de tal modo que constitui impedimento a que outra acção idêntica (com os mesmos sujeitos, pedido e causa de pedir) seja proposta.

Esta obrigatoriedade dentro do processo e fora dele caracteriza o *caso julgado material.*

Mas, se a decisão for sentença ou despacho que apenas se refiram à relação processual (por exemplo, a absolvição do réu da instância), então a sua força obrigatória limita-se ao processo em que são proferidos: é o que se designa por *caso julgado formal.*

Dizer-se que uma sentença transitou em julgado ou constitui caso julgado não significa, no entanto, que ela sempre seja definitivamente imutável. Em primeiro lugar, porque há casos em que são admissíveis os recursos extraordinários de revisão e de oposição de terceiro; por outro lado, o n.° 2 do artigo 671.°, C.P.C., que prevê a hipótese de o réu haver sido condenado a fazer uma prestação de alimentos ou qualquer outra condicionada por um circunstancialismo especial, em relação à sua medida ou à sua duração, admite nesses casos que a sentença condenatória venha, em qualquer momento, a ser alterada com fundamento na modificação das circunstâncias que a haviam determinado.

É o artigo 673.°, C.P.C., que genericamente define o alcance do caso julgado: "a sentença constitui caso julgado nos precisos limites e termos em que julga: se a parte decaiu por não estar verificada uma condição, por não ter decorrido um prazo ou por não ter sido praticado determinado facto, a sentença não obsta a que o pedido se renove quando a condição se verifique, o prazo se preencha ou o facto se pratique".

Normalmente, encontra-se prevenida a hipótese – de seguida se verá como – de existirem casos julgados contraditórios sobre uma mesma questão; a existirem, deve ser cumprida a decisão que primeiro transitou em julgado (artigo 675.°, n.° 1, C.P.C.).

Expõe-se de seguida a forma pela qual a lei tenta evitar esta hipótese. O caso julgado constitui uma excepção dilatória, isto é, invocada e provada num processo a existência de caso julgado sobre aquela mesma pretensão, pelo mesmo fundamento e em relação aos mesmos sujeitos, o juiz deve absolver imediatamente o réu da instância; aliás, ainda que não seja invocada, o tribunal deve conhecer dela oficiosamente, de acordo com o disposto no artigo 495.°, C.P.C., que tem a redacção dada pelo Decreto-Lei n.° 329-A/95, de 12 de Dezembro. A excepção do caso julgado pressupõe, pois, como dispõe o artigo 497.°, n.° 1, C.P.C., a repetição da causa e, segundo o artigo 498.°, n.° 1, "repete-se a causa quando se propõe uma acção idêntica a outra quanto aos sujeitos, ao pedido e à causa de pedir".

V. artigos 671.° a 675.°, C.P.C..

Uma decisão transitada em julgado pode ser objecto do recurso de revisão "quando seja contrária a outra que constitua caso julgado entre as partes, formado anteriormente" (artigo 771.°-*f)*, C.P.C., na redacção do Decreto-Lei n.° 38/2003, de 8 de Março, entretanto rectificado pela Declaração de rectificação n.° 5-C/2003, de 30 de Abril).

V. *Reclamação; Recurso; Fundamentação das decisões; Trânsito em julgado; Sentença; Despacho; Pedido; Causa de pedir; Absolvição da instância; Réu; Recurso extraordinário; Revisão; Oposição de terceiro; Alimentos; Condição; Prazo; Excepção dilatória; Conhecimento oficioso.*

Caso omisso – Diz-se que há um caso omisso quando uma situação juridicamente relevante não se encontra prevista em qualquer norma jurídica, nem se trata de hipótese de que o direito pretenda alhear-se; caso omisso é, pois, sinónimo de *lacuna* (v. este termo).

Caso "sub judice" (Dir. Civil; Proc. Civil) – Expressão que significa a situação em apreciação ou em julgamento.

V. *Julgamento.*

"Casum sentit creditor" (Dir. Civil) – Princípio nos termos do qual o risco da impossibilitação não culposa do cumprimento da obrigação é suportado pelo respectivo credor.

Determinando a impossibilidade casual do cumprimento a extinção da obrigação (artigo 790.°, C.C.), é o credor quem suporta as consequências económicas dessa impossibilidade, salvo se se tratar de contrato sinalagmático, pois, nesse caso, fica, em princípio, o credor desobrigado da sua própria prestação ou, se já a tiver realizado, tem direito à sua repetição (artigo 795.°, C.C.). Se se tratar de contrato com eficácia real transmissiva ou constitutiva, o regime do risco acha-se consagrado no artigo 796.°, C.C..

V. *Obrigação; Cumprimento; Impossibilidade do cumprimento; Credor; Extinção das obrigações; Contrato sinalagmático; Prestação; Eficácia real; Risco da prestação.*

"Casum sentit debitor" (Dir. Civil) – Expressão que significa que o risco de impossibilitação não culposa do cumprimento da obrigação corre por conta do devedor.

Nos contratos sinalagmáticos, impossibilitando-se o cumprimento de uma das obrigações, fica o respectivo desobrigado, mas não tem direito a exigir da outra parte a contraprestação e, se esta já tiver sido realizada, tem de a restituir nos termos aplicáveis ao enriquecimento sem causa. Embora nem só o devedor da primeira obrigação suporte a perda patrimonial decorrente, é sobretudo por conta dele que corre o risco.

V. artigos 790.°, n.° 1, e 795.°, n.° 1, C.C..

Se a obrigação cujo cumprimento se impossibilita for a de entrega da coisa emergente de contrato com eficácia real transmissiva ou constitutiva, o regime do risco acha-se consagrado no artigo 796.°, C.C..

V. *Obrigação; Cumprimento; Impossibilidade do cumprimento; Devedor; Credor; Contrato sinalagmático; Enriquecimento sem causa; Eficácia real; Risco da prestação*

Caução (Dir. Civil; Proc. Civil) – É uma garantia especial das obrigações que pode ser imposta ou permitida por lei, decisão judicial ou convenção, relativamente a uma obrigação futura ou de objecto não determinado.

Sendo a prestação de caução imposta ou autorizada por lei, pode, em princípio, e salvo se se determinar a espécie que deve revestir, "ser prestada por meio de depósito de dinheiro, títulos de crédito, pedras ou metais preciosos, ou por penhor, hipoteca ou fiança bancária", cabendo ao tribunal apreciar a idoneidade da caução se não houver acordo entre os interessados. Se a imposição ou autorização da caução provier de negócio jurídico ou de decisão judicial, pode ela ser prestada através de qualquer garantia, real ou pessoal. "Se a pessoa obrigada à caução a não prestar, o credor tem o direito de requerer o registo de hipoteca sobre os bens do devedor, ou outra cautela idónea", salvo se outra for a solução especialmente prevista na lei.

V. artigos 623.° a 626.°, C.C..

No Código Civil, encontram-se muitos casos em que se permite ou impõe a prestação de caução: por exemplo, artigos 93.°, 107.°, 614.°, n.° 2, 620.°, 648.°, 673.°, 756.°-*d)*, 1233.°, 1465.°, n.° 1, 1468.° a 1470.°, 1898.°, 1920.°, n.° 2, 2103.°-A, n.° 3, 2236.° a 2238.° e 2246.°.

O Decreto-Lei n.° 195/99, de 8 de Junho, estabelece, no seu artigo 1.°, n.° 2, que "é proibida a exigência de prestação de caução, sob qualquer forma ou denominação, para garantir o cumprimento de obrigações decorrentes do fornecimento dos serviços públicos essenciais mencionados no número anterior [água, electricidade e gás]". Nos termos do artigo 2.°, "os fornecedores dos serviços públicos essenciais mencionados no artigo 1.° apenas podem exigir a prestação de caução nas situações de restabelecimento de fornecimento, na sequência de interrupção decorrente de incumprimento contratual imputável ao consumidor", caso em que esta pode ser prestada "em numerário, cheque ou transferência electrónica ou através de garantia bancária ou seguro-caução". "O fornecedor deve utilizar o valor da caução para satisfação dos valores em dívida pelo consumidor" (artigo 3.°, n.° 1), devendo esta ser restituída "findo o contrato de fornecimento, por qualquer das formas legal ou contratualmente estabelecidas" (artigo 4.°, n.° 1).

O C.P.C. regula, nos seus artigos 981.° e segs., o processo para prestação de caução.

V. *Garantia; Garantias especiais; Convenção; Obrigação; Obrigação futura; Depósito; Penhor; Hipoteca; Fiança; Negócio jurídico; Garantias reais; Garantias pessoais; Credor; Requerimento; Incumprimento; Contrato de fornecimento; Consumidor.*

Caução espontânea (Dir. Civil; Proc. Civil) – Quando alguém se encontra obrigado à prestação de caução, pode oferecê-la espontaneamente, o que, se for feito em tribunal, implica que tenha de "indicar na petição inicial, além do motivo por que a oferece e do valor a caucionar, o modo por que a quer prestar"; nesta situação, tem de ser citado aquele a favor de quem a caução há-de ser prestada para "impugnar o valor ou a idoneidade da garantia"; "se o citado não deduzir oposição, devendo a revelia considerar-se operante, é logo julgada idónea a caução oferecida; no caso contrário, aplica-se, com as necessárias adaptações, o disposto nos artigos 983.° e 984.°".

Caso a caução espontaneamente oferecida o seja "em substituição de hipoteca legal, o devedor, além de indicar o valor dela e o modo de a prestar, formulará e justificará na petição inicial o pedido de substituição, e o credor será citado para impugnar também este pedido, observando-se, quanto à impugnação dele, o disposto no número anterior relativamente à impugnação do valor e da idoneidade da caução".

V. artigo 988.°, C.P.C., com a redacção do Decreto-Lei n.° 329-A/95, de 12 de Dezembro.

V. *Caução; Obrigação; Petição inicial; Garantia; Citação; Impugnação; Revelia; Devedor; Hipoteca legal.*

Caução forçada (Dir. Civil; Proc. Civil) – Sempre que alguém tenha direito a que a seu favor seja prestada caução e a tal não se disponha voluntariamente o devedor, pode aquele dirigir-se ao tribunal requerendo a respectiva prestação, para o que deve indicar o motivo por que a pede e o valor que deve ser caucionado. "O requerido é citado para, no prazo de 15 dias, deduzir oposição ou oferecer caução idónea, devendo indicar logo as provas". Se houver oposição, os artigos 983.°, C.P.C., regem a tramitação a seguir.

V. *Caução; Devedor; Requerimento; Citação; Prova.*

Causa (Proc. Civil) – Na linguagem comum, emprega-se por vezes este termo para designar uma acção, sendo ele também utilizado pela lei nesse sentido: v., por exemplo, artigos 279.° e 305.°, C.P.C..

V. *Acção.*

Causa adequada (Dir. Civil) – V. *Causalidade; Teoria da causalidade adequada.*

Causa da obrigação (Dir. Civil) – É o facto jurídico de que a obrigação emerge, isto é, a sua fonte.

V. *Obrigação; Fontes das obrigações.*

Causa de desculpabilidade (Dir. Civil) – V. *Causa de escusa; Desculpabilidade.*

Causa de exclusão da culpabilidade (Dir. Civil) – V. *Culpa; Causas de escusa.*

Causa de exclusão da ilicitude (Dir. Civil) – V. *Ilicitude; Causas justificativas.*

Causa de escusa (Dir. Civil) – Causa de exclusão da culpabilidade ou causa de escusa é a circunstância que determina que não seja considerada culposa uma conduta que, não fora a ocorrência dessa circunstância, o seria.

O Código Civil não se ocupa genericamente das causas de escusa, mas a sua relevância é indiscutível, pois a culpa é apreciada pela diligência de um bom pai de família, em *face das circunstâncias de cada caso* (artigo 487.°, n.° 2, C.C.).

V. *Causas de escusa; Culpa; Apreciação da culpa; Bom pai de família.*

Causa de justificação (Dir. Civil) – Causa de justificação, causa justificativa do acto ou causa de exclusão da ilicitude é a circunstância cuja ocorrência retira a um acto o carácter ilícito que ele teria, se não se verificasse tal circunstância.

Só é, em princípio, constitutivo de responsabilidade civil o acto violador de direitos de outrem ou de disposição que proteja interesses alheios, quando tal violação seja ilícita (artigo 483.°, n.° 1, C.C.), isto é, quando se tenha verificado aquela violação e não tenha intervindo qualquer causa de justificação.

V. *Causas justificativas; Ilicitude; Direito subjectivo; Interesse reflexamente protegido; Responsabilidade civil.*

Causa de pedir (Proc. Civil) – O fundamento do pedido, isto é, a indicação do facto jurídico de que resulta a pretensão do autor, constitui requisito da petição inicial. Quando falte ou seja ininteligível a causa de pedir, a petição é inepta, igualmente o sendo quando o pedido esteja em contradição com a causa de pedir (artigo 193.°, n.° 2-*a)* e *b)*, C.P.C.).

O artigo 498.°, C.P.C., que estabelece os requisitos da litispendência e do caso julgado, esclarece, no seu n.° 4, que "[...] nas acções reais, a causa de pedir é o facto jurídico de que deriva o direito real; nas acções constitutivas e de anulação, é o facto concreto ou a nulidade específica que se invoca para obter o efeito pretendido".

A possibilidade de alteração da causa de pedir encontra-se regulada na lei. Assim, o artigo 272.°, C.P.C., estabelece que, "havendo acordo das partes, o pedido e a causa de pedir podem ser alterados ou ampliados em qualquer altura, em 1.ª ou 2.ª instância, salvo se a alteração ou ampliação perturbar inconvenientemente a instrução, discussão e julgamento do pleito".

Fora da hipótese de acordo das partes, a alteração ou ampliação da causa de pedir só pode fazer-se na réplica – se no processo houver lugar a este articulado –, a não ser que a alteração ou ampliação decorram de confissão feita pelo réu e que o autor haja aceitado – artigo 273.°, n.° 1, C.P.C..

O Assento n.° 12/94 do Supremo Tribunal de Justiça, de 26 de Maio de 1994, publicado no *Diário da República*, I-A série, de 21 de Julho do mesmo ano, e rectificado por declaração de rectificação publicada no *Diário da República*, I-A série, de 12 de Agosto de 1994, decidiu: "A nulidade resultante de simples ininteligibilidade da causa de pedir, se não tiver provocado indeferimento liminar, é sanável através de ampliação fáctica em réplica, se o processo admitir esta articulado e respeitado que seja o princípio do contraditório através da possibilidade de tréplica".

V. *Petição inicial; Pedido; Autor; Ineptidão da petição; Litispendência; Caso julgado; Direito real; Acção constitutiva; Anulação; Nuli-*

dade; Instância; Tribunal de 1.ª instância; Instrução; Discussão; Julgamento; Réplica; Contradição de causas de pedir; Nulidade processual; Confissão; Réu; Indeferimento liminar; Articulados; Princípio do contraditório; Tréplica.

Causa de pedir subsidiária (Proc. Civil) – Tal como acontece quanto ao pedido, também quanto à causa de pedir, pode o autor invocar uma, apenas para o caso de a primeira não proceder, e assim sucessivamente.

V. *Causa de pedir; Pedido; Pedido subsidiário; Autor.*

Causa do contrato (Dir. Civil) – Pode dizer-se, em termos gerais, que a causa do contrato é a função económico-social que, tipicamente, o contrato desempenha.

Este o entendimento da maioritária corrente doutrinária objectivista, considerando os autores que adoptam uma concepção subjectivista que a causa do contrato é o motivo típico que determinou as partes a realizá-lo.

V. *Contrato.*

Causa hipotética (Dir. Civil) – O mesmo que causa virtual.

V. *Causalidade; Causa virtual.*

Causalidade (Dir. Civil) – Em direito das obrigações, é a existência de um nexo de causa-efeito entre o facto danoso e o prejuízo.

Podendo numerosos factos intervir na provocação do dano, a doutrina tem-se esforçado por precisar esta noção: sustentou-se que qualquer condição está na origem da totalidade do dano (*teoria da equivalência das condições*), que só a última condição é causa dele (*teoria da última condição*); o entendimento mais generalizado entre os autores é a *doutrina da causalidade adequada*, formulada por Inocêncio Galvão Telles, *Direito das Obrigações*, 7.ª edição, Coimbra, 1997, pág. 405, nos seguintes termos: "Como causa adequada deve considerar-se, em princípio, toda e qualquer condição do prejuízo. Mas uma condição deixará de ser causa adequada, tornando-se juridicamente indiferente, desde que seja irrelevante para a produção do dano segundo as regras da experiência, dada a sua natureza e atentas as circunstâncias conhecidas do agente, ou susceptíveis de ser conhecidas por uma pessoa normal, no momento da prática da acção. E dir-se-á que existe aquela irrelevância quando, dentro deste condicionalismo, a acção não se apresenta de molde a agravar o *risco* de verificação do dano".

Nos termos do artigo 563.°, C.C., "a obrigação de indemnização só existe em relação aos danos que o lesado provavelmente não teria sofrido se não fosse a lesão"; por outro lado, o artigo 562.° determina que "quem estiver obrigado a reparar um dano deve reconstituir a situação que existiria, se não se tivesse verificado o evento que obriga à reparação".

Isto é, consagra-se simultaneamente a teoria da causalidade adequada e a da equivalência das condições, na medida em que se relaciona o facto com a lesão, segundo um critério de probabilidade de relação causal, exigindo simultaneamente que o facto seja condição *sine qua non* da lesão.

V. *Dano; Responsabilidade civil; Teoria da equivalência das condições; Teoria da última condição; Teoria da causalidade adequada; Indemnização.*

Causalidade adequada (Dir. Civil) – V. *Causalidade; Teoria da causalidade adequada.*

Causalidade antecipada (Dir. Civil) – V. *Causalidade; Causalidade prematura; Causa virtual.*

Causalidade interrompida (Dir. Civil) –V. *Causalidade; Causa virtual.*

Causalidade prematura (Dir. Civil) – Fala-se de causalidade antecipada ou prematura nas situações em que o prejuízo desencadeado por certo facto o seria igualmente mais tarde por outro qualquer facto.

O problema tem relevância no quadro de regime da causa virtual.

V. *Causalidade; Dano; Causa virtual.*

"Causa petendi" (Proc. Civil) – O mesmo que *causa de pedir* (v. esta expressão).

Causa prejudicial (Proc. Civil) – Processo que se encontra pendente em tribunal e de cuja solução depende uma outra acção.

Escreve Lebre de Freitas, *Código de Processo Civil anotado,* Volume 1.°, Coimbra, 1999, pág. 501: "Entende-se por causa prejudicial aquela que tenha por objecto pretensão que constitui pressuposto da formulada. A acção de nulidade dum contrato é, por exemplo, prejudicial relativamente à acção de cumprimento das obrigações dele emergentes."

Dispõe o artigo 279.°, n.° 1, C.P.C., que o tribunal pode ordenar a suspensão da instância quando a decisão da causa esteja dependente de outra já proposta. "Não obstante a pendência de causa prejudicial, não deve ser ordenada a suspensão se houver fundadas razões para crer que aquela foi intentada unicamente para se obter a suspensão ou se a causa dependente estiver tão adiantada que os prejuízos da suspensão superem as vantagens" – n.° 2 do mesmo artigo.

Se a questão prejudicial não constituir objecto de processo autónomo, o regime a aplicar depende da natureza dessa questão: sendo ela da competência do tribunal criminal ou do tribunal administrativo, "pode o juiz sobrestar na decisão até que o tribunal competente se pronuncie", ficando a suspensão sem efeito se a acção penal ou administrativa não for exercida no prazo de um mês ou estiver parada durante idêntico período por negligência das partes, hipóteses em que a questão prejudicial é decidida pelo juiz do processo (artigo 97.°, C.P.C.); sendo a questão prejudicial de outra natureza, o tribunal competente para a acção é também competente para dela conhecer e decidir (artigo 96.°, C.P.C.).

V. *Processo; Acção; Nulidade; Contrato; Cumprimento; Acção de cumprimento; Obrigação; Suspensão da instância; Negligência; Parte; Competência.*

Causa próxima (Dir. Civil) – V. *Causalidade; Teoria da causa próxima.*

Causa real (Dir. Civil) – É o facto que, do ponto de vista jurídico, constituiu a causa de um certo dano. Sendo esse facto um acto ilícito e culposo, impende sobre o seu autor a obrigação de indemnizar o lesado pelos prejuízos que sofreu.

Quando com a causa real coexiste uma causa hipotética, o autor da causa real pode, em certos casos previstos na lei, ver excluída a sua responsabilidade pela prova da existência de uma causa hipotética ou virtual.

V. *Causalidade; Dano; Acto ilícito; Culpa; Indemnização; Causalidade; Responsabilidade civil; Prova; Causa virtual; Relevância da causa virtual.*

Causas de desculpabilidade (Dir. Civil) – V. *Desculpabilidade; Causas de escusa.*

Causas de divórcio (Dir. Civil) – V. *Divórcio.*

Causas de escusa (Dir. Civil) – Circunstâncias que, não excluindo a ilicitude do acto, exoneram o seu agente do dever de indemnizar, funcionando como causas de exclusão da culpa.

O Código Civil não trata de forma genérica as causas de escusa, mas refere alguns casos: o erro de facto desculpável (representação de uma falsa realidade que motiva o acto, tendo o agente usado da diligência devida na apreciação dessa realidade) e o medo desculpável (situação de medo invencível determinada por coacção psicológica de outrem ou pela iminência de males mais graves) – cfr. artigos 337.°, n.° 2, e 338.°, C.C..

Outras circunstâncias há, que, embora não previstas na lei nem enunciáveis com carácter de generalidade, podem, em concreto, funcionar como causas de escusa, isto é, como causas de desculpabilidade do agente. Fundando-se o juízo de culpabilidade numa desconformidade do comportamento do agente com aquele que lhe era exigível, excluir-se-á este juízo sempre que uma qualquer circunstância provoque a inexigibilidade de diversa conduta. Isto é, sendo ao agente exigível a conduta que um bom pai de família teria tido *em face das circunstâncias de cada caso,* estas circunstâncias podem configurar-se em termos tais que uma conduta, que seria culposa noutra situação, deva considerar-se desculpada face a elas.

V. *Ilicitude; Indemnização; Culpa; Erro desculpável; Diligência; Bom pai de família; Apreciação da culpa; Responsabilidade civil.*

Causas de exclusão da culpabilidade (Dir. Civil) – O mesmo que *causas de escusa* (v. esta expressão).

Causas de exclusão da ilicitude (Dir. Civil) – Sinónimo de *causas justificativas* (v. esta expressão).
V. *Ilicitude.*

Causas de extinção das obrigações (Dir. Civil) – V. *Obrigação; Extinção das obrigações.*

Causas de justificação (Dir. Civil) – V. *Causas justificativas.*

Causas de pedir complementares (Proc. Civil) – Diz-se que há causas de pedir complementares quando o autor enuncia duas ou mais causas de pedir que, não estando em contradição, antes se completam como fundamento do pedido ou pedidos deduzidos.
V. *Causa de pedir; Autor; Pedido.*

Causas de pedir contraditórias (Proc. Civil) – V. *Causa de pedir; Contradição de causas de pedir.*

Causas justificativas (Dir. Civil) – Chamam-se causas justificativas do facto ilícito danoso as circunstâncias previstas na lei que retiram ao facto a sua qualidade de ilícito, excluindo consequentemente a responsabilidade civil do respectivo autor.

São, no essencial, formas de tutela privada dos direitos, cujo emprego é justificado pela situação de emergência e perigo em que se encontra a pessoa ou o direito do seu autor ou de outrem: acção directa, legítima defesa e estado de necessidade.

Também o facto danoso não se considera ilícito quando praticado no exercício de um direito ou no cumprimento de um dever ou quando o ofendido nele tenha consentido (a menos que, neste último caso, se trate de consentimento contrário a uma proibição lega, à ordem pública ou ofensivo dos bons costumes) – v. artigos 340.° e 81°, n.° 1, C.C..

No âmbito da responsabilidade contratual, são ainda causas de justificação do incumprimento da obrigação a excepção do não cumprimento e o direito de retenção.
V. *Ilicitude; Dano; Responsabilidade civil; Exercício de um direito; Cumprimento de um dever; Acção directa; Legítima defesa; Estado de necessidade; Consentimento do lesado; Responsabilidade obrigacional; Incumprimento; Obrigação; Excepção do não cumprimento; Direito de retenção.*

Causa virtual (Dir. Civil) – É um facto, real ou hipotético, que tenderia a provocar certo resultado danoso, se este não fosse causado por um outro facto.

A propósito do critério a usar para a determinação do nexo de causalidade entre o facto e o dano, põe-se o problema de saber em que medida é relevante, para afastar esse nexo causal entre um evento e um resultado danoso, o surgimento de um outro evento que, interrompendo um processo causal em curso, vem ele próprio provocar idêntico resultado (*interrupção do nexo causal*) ou o facto de o resultado danoso causado pelo evento vir de igual modo a produzir-se mais tarde em consequência de outro facto (*causalidade antecipada*).

Manuel de Andrade, *Teoria geral das Obrigações*, pág. 358, dá das situações dois exemplos: "Assim [...] se uma pessoa mortalmente ferida é vitimada, antes de o ferimento ter produzido a sua última consequência, por outra moléstia que lhe sobreveio, mas sem que aquele ferimento tenha tido eficácia causal para a morte quer provocando a moléstia sobrevinda quer favorecendo o seu desenlace fatal. [...] Assim, se a coisa a prestar pelo devedor, e por ele destruída, teria igualmente perecido, mais tarde, em virtude de um incêndio, caso aquela destruição não tivesse tido lugar". E continua: "As duas figuras indicadas – a da causalidade interrompida e a da causalidade antecipada –, normalmente contrapostas, como se correspondessem a situações diversas, parecem, todavia, representar antes, fundamentalmente, duas diferentes *perspectivas*, de uma mesma situação real – a que ocorre quando certo facto provocou um dano, que no entanto seria causado por outro facto se o primeiro se não tivesse verificado. Em face de semelhante situação, põe-se o problema de saber se o segundo facto (causa virtual ou hipotética do dano) pode fundar um dever de indemnização do seu autor; e se, por outro lado, esse facto pode ser invocado pelo autor do primeiro (causa operante ou real) para excluir ou reduzir o seu dever de indemnizar" (*ibid.*).

O primeiro destes problemas é o da *relevância positiva* da causa virtual, o segundo o da sua *relevância negativa.*

Na opinião do mesmo autor, tal problema é falso, já que entre o facto que constitui a causa virtual e o dano nenhuma relação causal existe; só entre a causa real e o dano há causalidade.

A posição da doutrina tradicional foi, efectivamente, a de defender a irrelevância, quer positiva quer negativa, da causa virtual.

Mas, deslocando o problema da questão da causalidade para a questão da extensão da obrigação de indemnizar, tem-se defendido a relevância negativa da causa virtual. Isto é, aceitando a conclusão de que "a causa hipotética deixa sempre imperturbado o processo causal efectivo" (Pereira Coelho, *O problema da causa virtual na responsabilidade civil*, pág. 246), afirma-se que a causa virtual tem de relevar negativamente para efeitos de cálculo de indemnização (*ibid.*, pág. 277).

No Código Civil, encontram-se casos de relevância negativa da causa virtual (artigos 491.°, 492.°, n.° 1, 493.°, n.° 1, 807.°, n.° 2, e 1136.°, n.° 2): nestas hipóteses, expressamente previstas e sobre as quais não existe qualquer dúvida doutrinária, a causa virtual releva negativamente não para efeitos de cálculo da indemnização, mas para afastar totalmente a responsabilidade do autor da causa real. O artigo 59.°, n.° 3, do Código da Insolvência e da Recuperação de Empresas, aprovado pelo Decreto-Lei n.° 53/2004, de 18 de Março, alterado pelos Decretos-Leis n.°s 200/2004, de 18 de Agosto, e 76-A/2006, de 29 de Março (este rectificado pela Declaração de rectificação n.° 28-A/2006, de 26 de Maio, contém também um caso de relevância negativa da causa virtual.

V. *Causalidade; Responsabilidade civil; Dano; Indemnização; Insolvência.*

Cautela de penhor (Dir. Civil; Dir. Com.) – Designa-se assim um dos exemplares do contrato de mútuo garantido por penhor, quando uma das partes seja um prestamista, isto é, uma pessoa, singular ou colectiva que faça da celebração de contratos deste tipo a sua actividade profissional. Este exemplar do contrato escrito e assinado por ambas as partes tem de ficar em poder do mutuário, por força do artigo 11.°, n.° 1, do Decreto-Lei n.° 365/99, de 17 de Setembro, que regula esta actividade.

V. *Mútuo; Penhor; Prestamista; Pessoa singular; Pessoa colectiva; Mutuário; Documento escrito; Assinatura.*

Cautela sociniana (Dir. Civil) – Faculdade concedida pela lei aos herdeiros legitimários de, na hipótese de o testador deixar usufruto ou constituir pensão vitalícia que atinja a legítima, optarem pelo cumprimento do legado ou pela entrega ao legatário apenas da quota disponível – v. artigo 2164.°, C.C..

O artigo 2258.°, C.C., determina que a deixa de usufruto, se nada for dito em contrário, se deve considerar feita vitaliciamente (tendo a duração de 30 anos, se o beneficiário for uma pessoa colectiva); pelo que respeita ao legado de prestação periódica, v. artigo 2273.°, C.C..

V. *Herdeiro legitimário; Testamento; Usufruto; Pensão vitalícia; Legítima; Legado; Legatário; Quota disponível; Pessoa colectiva.*

Cedência da posse (Dir. Civil) – Diz-se que há cedência da posse em todos os casos de posse derivada, adquirida ou por tradição da coisa pelo antigo ao novo possuidor ou por constituto possessório.

V. *Posse; Tradição de coisa; Constituto possessório.*

Cedente (Dir. Civil) – Designa-se assim o credor que transmite o seu crédito a outrem.

É também assim chamada a parte num contrato sinalagmático que transmite a outrem a sua posição contratual.

V. *Credor; Crédito; Cessão de créditos; Contrato sinalagmático; Cessão da posição contratual.*

Cedido (Dir. Civil) – Num contrato sinalagmático, é o contraente originário cuja contraparte cedeu a sua posição contratual a um terceiro.

V. *Contrato sinalagmático; Cessão da posição contratual; Terceiro.*

Cédula profissional – Documento comprovativo da inscrição na Ordem dos Advogados, que é passado a todos os advogados e advogados estagiários e cuja apresentação pode ser exigida pelos tribunais, quando o advogado ou advogado estagiário perante eles se apresente no exercício das respectivas funções.

Cfr. artigo 180.° da Lei n.° 15/2005, de 26 de Janeiro (Estatuto da Ordem dos Advogados), que revogou o Decreto-Lei n.° 84/84, de 16 de Março (anterior Estatuto).

Esta é igualmente a designação do documento comprovativo da inscrição na Câmara dos Solicitadores, emitido pelo respectivo conselho regional (v. artigos 75.°, n.°s 2 e 3, e 81.° do Estatuto da Câmara dos Solicitadores – Decreto-Lei n.° 88/2003, de 26 de Abril, alterado pelas Leis n.°s 49/2004, de 24 de Agosto, e 14/2006, de 26 de Abril); nos termos do artigo 90.° deste diploma, "a Câmara providencia para que seja cassada a cédula [...] ao solicitador que tenha sido suspenso ou a quem tenha sido cancelada a inscrição, notificando-o para proceder à sua entrega no prazo de 15 dias, sob pena de dar publicidade à suspensão ou ao cancelamento por anúncio nos jornais e junto dos tribunais e dos serviços, em que entenda conveniente, sem prejuízo do procedimento judicial adequado".

V. *Ordem dos Advogados; Advogado; Advogado estagiário; Solicitador; Câmara dos Solicitadores.*

Celebração do contrato (Dir. Civil)

1. O contrato encontra-se celebrado quando as declarações negociais dos respectivos contraentes, emitidas na forma adequada e contendo todos os elementos essenciais específicos do contrato em causa, se fundem.

Dispõe o artigo 232.°, C.C., que o contrato não está celebrado enquanto as partes não tiverem acordado "em todas as cláusulas sobre as quais qualquer delas tenha julgado necessário o acordo". Significa isto que, se, durante a fase negociatória, algum dos futuros contraentes disse querer que ficasse regulado convencionalmente certo aspecto da relação contratual – mesmo que secundário –, o contrato não pode ter-se por celebrado se não tiver ficado contemplada cláusula sobre esse ponto.

Pelo que respeita a contratos celebrados à distância, v. os regimes dos Decretos-Leis n.°s 143/2001, de 26 de Abril, e 95/2006, de 29 de Maio.

V. *Contrato; Declaração negocial; Elementos essenciais do contrato; Elementos específicos do contrato; Proposta de contrato; Aceitação; Negociações preliminares; Perfeição do contrato; Cláusula; Contrato celebrado à distância; Contrato automático; Contrato ao domicílio; Contrato forçado.*

2. A Lei n.° 49/2004, de 24 de Agosto, diz, no seu artigo 6.°-*a*), que são actos próprios dos advogados e solicitadores "a elaboração de contratos e a prática dos actos preparatórios tendentes à constituição [...] de negócios jurídicos, designadamente os praticados junto de conservatórias e cartórios notariais".

V. *Advogado; Solicitador; Negócio jurídico; Registo; Notário; Cartório notarial.*

Celeridade processual (Proc. Civil) – Princípio segundo o qual o processo deve ser organizado por forma a chegar-se rapidamente ao seu termo.

Pode hoje falar-se de um verdadeiro direito à celeridade processual, dado que n.° 1 do artigo 2.°, C.P.C., estabelece que "a protecção jurídica através dos tribunais implica o direito de obter, em prazo razoável, uma decisão judicial [...]", o que constitui consequência dos n.°s 4 e 5 do artigo 20.° da Constituição da República, onde se dispõe, respectivamente, que "todos têm direito a que uma causa em que intervenham seja objecto de decisão em prazo razoável e mediante processo equitativo", e, "para defesa dos direitos, liberdades e garantias pessoais, a lei assegura aos cidadãos procedimentos judiciais caracterizados pela celeridade e prioridade, de modo a obter tutela efectiva e em tempo útil contra ameaças ou violações desses direitos".

Encontrando-se consagrado no ordenamento jurídico este direito à celeridade processual, a sua violação importa a consequência da constituição do lesado no direito a ser indemnizado pelo Estado, responsabilidade que alguma doutrina entende que é independente de culpa, isto é, objectiva.

Consequência do princípio da celeridade processual é, por exemplo, a duração de dez dias fixada em geral para o prazo em que as partes hajam de requerer qualquer acto ou diligência, arguir nulidades, deduzir incidentes, exercer qualquer poder processual ou responder ao que for deduzido pela parte contrária (cfr. artigo 153.°, C.P.C.) e a igual curta duração estabelecida para os despachos dos juízes (salvo se se tratar de despacho de mero expediente ou urgente, casos em que deverão ser proferidos no prazo máximo de dois dias) – artigo 160.°, C.P.C..

É curioso observar que, enquanto a Constituição e o próprio Código de Processo Civil não consagravam um direito à celeridade processual, os prazos que acabaram de deixar-se referidos eram de metade da duração. Não que se trate forçosamente de uma contradição, pois bem pode compreender-se que seja considerado preferível estabelecer prazos susceptíveis de ser cumpridos do que outros, mais curtos, irrealistas e, por isso, legitimadores de um sistemático incumprimento.

V. *Processo; Protecção jurídica; Responsabilidade civil; Indemnização; Responsabilidade objectiva; Parte; Requerimento; Nulidade processual; Incidente; Despacho; Despacho de mero expediente; Prazo.*

Censo (Dir. Civil) – Contrato antigo que, a partir da entrada em vigor do Código Civil, passou a ser considerado como enfitêutico e hoje se encontra definitivamente extinto (v. artigos 1518.° a 1520.°, C.C.).

Os censos podiam ser *consignativos* (uma das partes entregava à outra uma quantia em dinheiro, obrigando-se esta a pagar à contraparte uma pensão anual em dinheiro ou géneros, sendo esta obrigação consignada nalguns imóveis) ou *reservativos* (neste caso uma das partes transmitia à outra um imóvel, ficando esta com a obrigação de pagar à contraparte uma pensão anual e perpétua em dinheiro ou géneros).

O censo constitui, porém, também o antepassado histórico do contrato de renda perpétua que continua a estar previsto no direito vigente, nos artigos 1231.° e segs., C.C..

V. *Enfiteuse; Obrigação; Imóvel; Renda perpétua.*

Centro de Arbitragem de Conflitos de Consumo (Dir. Civil) – O artigo 14.° da Lei de Defesa do Consumidor – Lei n.° 24/96, de 31 de Julho (rectificada pela Declaração de rectificação n.° 16/96, de 13 de Novembro), alterada pela Lei n.° 85/98, de 16 de Dezembro, e pelo Decreto-Lei n.° 67/2003, de 8 de Abril – consagra os direitos à protecção jurídica e a uma justiça acessível e pronta. Nos termos do n.° 1, "incumbe aos órgãos e departamentos da Administração Pública promover a criação e apoiar centros de arbitragem com o objectivo de dirimir os conflitos de consumo".

O Decreto-Lei n.° 146/99, de 4 de Maio, cria um sistema de registo voluntário de procedimentos de resolução extrajudicial de conflitos de consumo (v. Portaria n.° 328/2000, de 9 de Junho).

V. também a Lei da Arbitragem Voluntária (Lei n.° 31/86, de 29 de Agosto, alterada pelo Decreto-Lei n.° 38/2003, de 8 de Março), o Decreto-Lei n.° 425/86, de 27 de Dezembro, e a Portaria n.° 81/2001, de 8 de Fevereiro (alterada pelas Portarias n.°s 350/2001, de 9 de Abril, 1516/2002, de 19 de Dezembro, e 709/2003, de 4 de Agosto). O Decreto-Lei n.° 103/91, de 8 de Março, isenta o consumidor do pagamento de preparos e custas na execução de sentenças resultantes de um processo de arbitragem de consumo.

O Decreto Legislativo Regional n.° 14/ /2004/M, de 14 de Julho, cria o Centro de Arbitragem de Conflitos de Consumo da Região Autónoma da Madeira, "que tem por objecto promover a resolução extrajudicial de conflitos de consumo, de natureza civil, que ocorram na Região Autónoma da Madeira, através da conciliação e arbitragem, sob a tutela da secretaria regional com competência na matéria".

V. *Consumidor; Arbitragem; Protecção jurídica; Conflito de consumo; Preparo; Custas; Sentença; Execução.*

Centro de Estudos Judiciários (Org. Judiciária) – Estabelecimento dependente do Ministério da Justiça, destinado à formação profissional de magistrados judiciais, de magistrados do Ministério Público e de assessores dos tribunais, a dar apoio a acções de formação jurídica e judiciária de advogados, solicitadores e agentes de outros sectores, como conservadores e de notários, e ainda a desenvolver actividades de estudo e de investigação jurídica e judiciária.

Pode também ao Centro "ser atribuída a formação profissional de magistrados e candidatos à magistratura de países estrangeiros, designadamente de expressão oficial portuguesa".

O Centro de Estudos Judiciários tem uma delegação na sede de cada distrito judicial, sendo cada uma dirigida "conjuntamente por um magistrado judicial e por um magistrado do Ministério Público designados, sob proposta do director, pelos Conselhos Superiores da Magistratura e do Ministério Público, conforme os casos".

V. Lei n.° 16/98, de 8 de Abril, alterada pela Lei n.° 3/2000, de 20 de Março, e pelo Decreto-Lei n.° 11/2002, de 24 de Janeiro, que regula a estrutura e o funcionamento do CEJ.

A Portaria n.° 73/94, de 4 de Fevereiro, foi revogada pela Portaria n.° 448/98, de 29 de Julho, que actualmente determina o quadro de pessoal do Centro de Estudos Judiciários.

A Lei n.° 7-A/2003, de 9 de Maio, estabeleceu que, "tendo em conta excepcionais razões de carência de quadros, o Ministro da Justiça, sob proposta do Conselho Superior da Magistratura ou do Conselho Superior do Ministério Público, poderia determinar que o Centro de Estudos Judiciários organizasse cursos especiais de formação específica para recrutamento de magistrados judiciais ou para magistrados do Ministério Público, com dispensa da realização de testes de aptidão", sendo estes cursos dirigidos a candidatos que oferecessem garantias de aptidão bastante, a recrutar, consoante a magistratura a que, especificamente, respeitassem: *a)* de entre juízes de nomeação temporária em exercício efectivo de funções, ao abrigo do disposto na Lei n.° 3/2000 e no Decreto-Lei n.° 179/2000, de 7 de Agosto, independentemente do ano da sua licenciatura; *b)* de entre os assessores dos tribunais da Relação e de 1.ª instância, estes últimos com mais de dois anos de exercício efectivo de funções; ou *c)* de entre substitutos dos procuradores-adjuntos que, durante os três anos que antecederam a publicação da lei, tivessem exercido as respectivas funções durante um período não inferior a um ano, independentemente do ano da sua licenciatura, e assessores dos tribunais da Relação e de 1.ª instância, com mais de dois anos de exercício efectivo de funções. Os doutores em direito que reunissem os requisitos previstos no n.° 1 do artigo 33.° da Lei n.° 16/98 ("*a)* Ser cidadão português; *b)* Possuir há, pelo menos, dois anos, na data de abertura do concurso, licenciatura em Direito por universidade portuguesa ou habilitação académica equivalente à face da lei portuguesa; *c)* Reunir os demais requisitos de ingresso na função pública") poderiam ingressar nos cursos, com preferência sobre os restantes candidatos.

Estes "compreendiam, obrigatoriamente, uma fase de actividades teórico-práticas no Centro de Estudos Judiciários e uma fase de estágio nos tribunais, tendo "o curso especial de formação específica para juízes de direito [...] a duração de nove meses, sendo de três meses a fase de formação teórico-prática" (artigo 4.°). O artigo 7.° dispunha que aos cursos previstos na lei era subsidiariamente aplicável o regime da Lei n.° 16/98. Embora esta lei tenha entrado em vigor no dia seguinte ao da sua publicação, a data de início dos cursos ficou dependente de despacho do Ministro da Justiça (o despacho n.° 10750/2003, publicado no *Diário da República*, 2.ª série, de 30 de Maio, "designou, como data de início do I Curso Especial de Formação Específica para Juízes de Direito, a organizar pelo Centro de Estudos Judiciários, o dia 19 de Maio de 2003 e, como data de início do I Curso Especial de Formação Específica para Magistrados do Ministério Público, o dia 15 de Setembro de 2003"), tendo a lei "carácter excepcional" e temporário, tendo caducado a 31 de Dezembro de 2004, de acordo com o seu artigo 8.°.

V. *Magistrado; Magistratura judicial; Ministério Público; Assessoria técnica; Advogado;*

Solicitador; Notário; Distrito judicial; Conselho Superior da Magistratura; Conselho Superior do Ministério Público; Juiz; Relação; Tribunal de 1.ª instância; Cidadania; Norma temporária; Caducidade da lei.

Centro educativo (Org. Judiciária) – Estabelecimento orgânica e hierarquicamente dependente dos serviços de reinserção social.

Os centros educativos podem ter diferentes fins, consoante a sua classificação e âmbito. Assim, podem destinar-se:

"*a)* À execução da medida tutelar de internamento;

b) À execução da medida cautelar de guarda em centro educativo;

c) Ao internamento para realização de perícia sobre a personalidade quando incumba aos serviços de reinserção social;

d) Ao cumprimento da detenção;

e) Ao internamento em fins-de-semana".

V. artigos 143.° e segs., da Lei Tutelar Educativa – Lei n.° 166/99, de 14 de Setembro.

A Lei n.° 323-D/2000, de 20 de Dezembro, aprova o Regulamento Geral e Disciplinar dos Centros Educativos. Nos termos do n.° 2 do artigo 8.° desta Lei, "os centros educativos destinam-se exclusivamente, consoante a sua classificação e âmbito", às finalidades que se deixaram enunciadas. "Os centros educativos são criados por acto legislativo ou regulamentar do Governo"; "quanto ao regime de execução das medidas de internamento e grau de abertura ao exterior, os centros educativos classificam-se em abertos, semiabertos e fechados", podendo ainda "classificar-se em especiais, quando se destinem ao desenvolvimento de projectos de intervenção educativa e terapêutica especialmente orientados para grupos de educandos com necessidades específicas, nomeadamente no domínio da saúde ou decorrentes do tipo de comportamento delinquente"; finalmente, "podem coexistir no mesmo centro educativo unidades residenciais diferenciadas em função do regime de execução, das medidas de ou em função de projectos de intervenção educativa e terapêutica especialmente orientados para grupos de educandos com necessidades específicas" – artigo 10.°, n.°s 1 a 4. A organização dos centros educativos encontra-se regulada nos artigos 124.° e segs. desta Lei.

V. *Menor; Medida tutelar; Internamento; Lei.*

Centros de acolhimento especializado (Org. Judiciária) – Eram estabelecimentos tutelares de menores destinados "a recolher transitoriamente menores que, por abuso de bebidas alcoólicas ou uso ilícito de estupefacientes, [...] [fossem] passíveis de medidas tutelares ou de protecção".

A Lei Tutelar Educativa (Lei n.° 166/99, de 14 de Setembro), que substituiu parcialmente a chamada O.T.M., estabelece no artigo 13.°, n.° 2, que podem ser impostas regras de conduta aos menores e, nomeadamente, a proibição de consumir bebidas alcoólicas. Do mesmo modo, pode ser imposta às crianças e jovens a frequência de programas de tratamento da habituação alcoólica, do consumo habitual de estupefacientes, de doença infecto-contagiosa ou sexualmente transmissível ou de anomalia psíquica (artigo 14.°). O artigo 21.° refere que o juiz deve providenciar para que estas medidas sejam cumpridas em instituições ou entidades específicas.

V. *Menor; Estabelecimentos tutelares de menores; Medida tutelar; Alcoólico; Alcoolismo; Estupefaciente; Anomalia psíquica.*

Centros de observação e acção social (Org. Judiciária) – Eram "instituições oficiais não judiciárias de protecção a menores e apoio a tribunais e estabelecimentos tutelares de menores" (artigo 75.°, antiga O.T.M.). A actuação dos centros, que dependia do expresso consentimento dos pais ou representante legal do menor, tinha fundamentalmente como objecto a protecção de menores de idade inferior a doze anos que se encontrassem numa das situações seguintes: "*a)* mostr[ass]em dificuldade séria de adaptação a uma vida social normal, pela sua situação, pelo seu comportamento ou pelas tendências que (houvessem] revelado; *b)* se entreg[ass]em à mendicidade, vadiagem, prostituição, libertinagem, abuso de bebidas alcoólicas ou uso ilícito de estupefacientes; *c)* [fossem] agentes de algum facto qualificado pela lei penal como crime ou contravenção".

Pode dizer-se que, no essencial, estes centros foram substituídos pelas comissões de protecção de crianças e jovens, embora as competências a estas atribuídas sejam mais amplas. V. uma lista das comissões de protecção, em *Protecção de menores.*

V. Lei de Protecção de Crianças e Jovens em Perigo, aprovada pela Lei n.° 147/99, de 1 de Setembro, e alterada pela Lei n.° 31/2003, de 22 de Agosto.

V. *Menor; Estabelecimentos tutelares de menores; Autorização; Representação legal; Tribunal de menores; Alcoólico; Alcoolismo; Estupefaciente.*

Certeza jurídica – É o princípio segundo o qual o direito deve consubstanciar-se em normas de carácter geral, formuladas com a precisão indispensável para que os sujeitos, seus destinatários, as possam conhecer e, assim, orientar as suas condutas tendo-as em consideração.

O valor da certeza jurídica é, aliás, o informador da razão de ser de algumas normas e institutos, prevalecendo mesmo, em alguns casos, sobre o da justiça. Assim acontece, por exemplo, com o caso julgado ou com a prescrição.

V. *Norma jurídica; Generalidade; Caso julgado; Prescrição.*

Certidão

1. (Dir. Civil) – Documento autêntico destinado a comprovar actos constantes dos registos ou arquivos de qualquer repartição pública.

Dispõe o artigo 164.° do Código do Notariado que qualquer pessoa pode requerer certidões dos registos, instrumentos e documentos arquivados nos cartórios notariais, salvo tratando-se de testamentos públicos, escrituras de revogação de testamentos, instrumentos de depósito de testamentos cerrados e internacionais e dos respectivos registos e termos de abertura de sinal.

O prazo para a passagem de certidões é de três dias úteis a contar do pedido ou requisição, sendo de vinte e quatro horas quando haja urgência (artigo 159.°, Código do Notariado).

O artigo 4.°, n.° 2-*g)*, do Estatuto do Notariado, aprovado pelo Decreto-Lei n.° 26/2004, de 4 de Fevereiro, dispõe que ao notário compete "passar certidões de instrumentos públicos, de registos e de outros documentos arquivados [...]".

As certidões podem ser *de teor* (as que reproduzem literalmente o texto original) e *de narrativa* (as que reproduzem apenas uma parte ou resumem o texto); umas e outras podem ainda ser *integrais* ou *parciais*, consoante transcrevam ou certifiquem todo o conteúdo do original ou apenas uma sua parte.

"As certidões de teor extraídas de documentos arquivados nas repartições notariais ou noutras repartições públicas, quando expedidas pelo notário ou por outro depositário público autorizado, têm a força probatória dos originais" – n.° 1 do artigo 383.°, C.C..

Quando, para efeitos de prova, for exibida uma certidão parcial, pode ser exigida a exibição da correspondente certidão integral, podendo, aliás, com esta invalidar-se ou modificar-se a prova resultante da certidão parcial.

Podem também extrair-se certidões de certidões e, desde que expedidas na forma da lei, têm a força probatória das certidões de que foram extraídas.

O artigo 544.°, n.° 3, C.P.C., dispõe que "o pedido de confrontação da certidão ou da cópia com o original ou com a certidão de que foi extraída" só pode ser feito dentro do prazo de dez dias.

V. artigos 383.° a 385.°, C.C., e artigos 164.° a 170.° do Código do Notariado.

O Código do Registo Predial, aprovado pelo Decreto-Lei n.° 224/84, (rectificado por declaração publicada no *Diário da República*, I série, de 29 de Setembro de 1984), alterado pelos Decretos-Leis n.°s 355/85, de 2 de Outubro, 60/90, de 14 de Fevereiro (este último rectificado por declaração publicada no *Diário da República*, I-A série, de 31 de Março de 1990), 80/92, de 7 de Maio, 30/93, de 12 de Fevereiro, 227/94, de 8 de Setembro, 267/94, de 25 de Outubro, 67/96, de 31 de Maio, 375-A/99, de 20 de Setembro, 533/99, de 11 de Dezembro (rectificado pela Declaração de rectificação n.° 5-A/2000, de 29 de Fevereiro), 273/2001, de 13 de Outubro, 323/2001, de 17 de Dezembro, 38/2003, de 8 de Março (rectificado pela Declaração de rectificação n.° 5-C/2003, de 30 de Abril), e 194/2003, de 23 de Agosto, e pela Lei n.° 6/2006, de 27 de

Fevereiro, dispõe, no seu artigo 110.°, cuja redacção actual é a do DL n.° 533/99, que "o registo prova-se por meio de certidões e fotocópias", podendo o prazo de validade destes documentos "ser prorrogado por períodos sucessivos de igual duração, através de confirmação da conservatória"; os artigos 110.° e segs. do mesmo diploma ocupam-se da disciplina da requisição, passagem e conteúdo das certidões.

O artigo 2.° do Decreto-Lei n.° 66/2005, de 15 de Março, dispõe que "os serviços registrais os cartórios notariais podem transmitir entre si documentos constantes dos respectivos arquivos por meio de telecópia ou por via electrónica nos mesmos termos em que deles podem extrair certidões, sendo reconhecida aos documentos emitidos a força probatória dos originais".

O Decreto-Lei n.° 12/2001, de 25 de Janeiro (rectificado pela Declaração de rectificação n.° 3-B/2001, de 31 de Janeiro), permite o pedido de certificados de admissibilidade de firma ou denominação e de certidões de actos de registo por via electrónica, alterando o Decreto-Lei n.° 129/98, de 13 de Maio (regime do Registo Nacional de Pessoa Colectivas).

V. Lei n.° 22/81, de 19 de Agosto, que aprovou a Convenção Relativa à Emissão Gratuita e à Dispensa de Legalização de Certidões de Registo do Estado Civil. A Lei n.° 33/81, de 27 de Agosto, aprovou a Convenção Relativa à Emissão de Determinadas Certidões de Registo de Estado Civil Destinadas ao Estrangeiro, assinada em Paris, em 27 de Setembro; o instrumento de adesão a esta última foi depositado em 28 de Janeiro de 1982, conforme aviso publicado no *Diário da República*, I série, de 3 de Março de 1982. V. também Convenção Relativa à Dispensa de Legalização para Certas Certidões de Registo Civil e Outros Documentos, assinada em Atenas em 15 de Setembro de 1977 e aprovada, para ratificação, pelo Decreto n.° 135/82, de 20 de Dezembro (tendo Portugal já depositado o respectivo instrumento de ratificação, segundo aviso publicado no *Diário da República*, I-A série, de 28 de Dezembro de 1984), e Convenção Internacional sobre a Emissão de Certidões Multilingues de Actos do Registo Civil, concluída em Viena de Áustria em 8 de Setembro de 1976, aprovada pelo Decreto do Governo n.° 34/ /83, de 12 de Maio, e que já entrou em vigor em Portugal, segundo avisos publicados no *Diário da República*, I-A série, respectivamente, de 25 de Julho de 1983 e de 30 de Julho do mesmo ano.

V. *Documento; Documento autêntico; Notário; Cartório notarial; Instrumento público; Prazo; Testamento; Escritura pública; Revogação do testamento; Depósito de testamento cerrado; Força probatória; Incidente de falsidade; Prova; Registo; Fotocópia de documentos; Telecópia; Pessoa colectiva; Registo das pessoas colectivas; Estado civil; Registo civil.*

2. (Proc. Civil) – O Código de Processo Civil ocupa-se, nos seus artigos 174.° e 175.°, ambos na redacção do Decreto-Lei n.° 329-A/95, de 12 de Dezembro, da passagem de certidões de actos e termos judiciais, determinando que "a secretaria deve, sem precedência de despacho, passar as certidões de todos os termos e processuais que lhe sejam requeridas, oralmente ou por escrito, pelas partes no processo, por quem possa exercer o mandato judicial ou por quem revele interesse atendível em as obter"; "tratando-se, porém, dos processos a que alude o artigo 168.° [cujo conteúdo possa causar dano à dignidade das pessoas, à intimidade da vida privada ou familiar ou à moral pública, ou possa pôr em causa a eficácia da decisão a proferir], nenhuma certidão é passada sem prévio despacho sobre a justificação, em requerimento escrito, da sua necessidade, devendo o despacho fixar os limites da certidão". O prazo para a passagem de certidões de actos judiciais é de cinco dias, "salvo nos casos de urgência ou de manifesta impossibilidade".

A passagem de certidões de peças do processo é, designadamente, necessária quando nele tenha sido interposto recurso de agravo que haja de subir imediatamente e em separado – v. artigo 742.°, n.° 2, C.P.C..

V. *Termo; Secretaria judicial; Actos processuais; Despacho; Parte; Mandato judicial; Requerimento; Exame de processos; Agravo; Subida do recurso.*

Certidão de actos judiciais (Proc. Civil) – V. *Actos processuais; Certidão.*

Certidão de certidão (Dir. Civil) – V. *Certidão.*

Certidão de teor (Dir. Civil) – A certidão de teor transcreve literalmente o original, sendo integral se o transcrever na totalidade, e parcial se a transcrição for apenas de parte dele. Os artigos 165.° a 170.° do Código do Notariado contêm regras relativas às certidões de teor integral e parcial.

Sobre o valor probatório das certidões, v. artigos 383.° a 385.°, C.C..

V. *Certidão; Força probatória.*

Certidão integral (Dir. Civil) – V. *Certidão.*

Certidão narrativa (Dir. Civil) – É de narrativa a certidão que certifica, por extracto, o conteúdo do original; certificando todo o conteúdo do original, é narrativa integral, sendo parcial se certificar apenas parte dele.

V. artigos 165.°, n.°s 2 e 3, Código do Notariado, e artigos 383.° a 385.°, C.C..

V. *Certidão.*

Certidão parcial (Dir. Civil) – É a que transcreve apenas parte do documento original.

V. *Certidão; Documento.*

Certificação (Dir. Civil) – Acto que se limita a reconhecer e declarar a existência de certo facto ou certo direito.

Exemplo de exigência legal de acto certificador é o da norma do n.° 3 do artigo 410.°, C.C., que impõe, para a validade de certos contratos-promessa – os que tenham por objecto contrato oneroso de transmissão ou constituição de direito real sobre edifício ou sua fracção autónoma –, que, no documento em que o contrato figure, o notário certifique a existência de licença de construção ou de utilização do imóvel que é objecto do contrato prometido.

V. *Contrato-promessa; Validade; Contrato oneroso; Direito real; Edifício; Fracção autónoma; Documento escrito; Notário.*

Certificado (Dir. Civil) – É um documento, passado por uma entidade oficial ou repartição pública, que tem por fim provar um facto ou uma situação pessoal.

São exemplos o certificado de vida e identidade ou o de licenciatura.

O artigo 4.°, n.° 2-*d)* e *e)*, do Estatuto do Notariado, aprovado pelo Decreto-Lei n.° 26/2004, de 4 de Fevereiro, estabelecem, respectivamente, que compete ao notário "passar certificados de vida e identidade e, bem assim, do desempenho de cargos políticos, de gerência ou de administração de pessoas colectivas" e "passar certificados de outros factos que tenha verificado".

Os artigos 161.° a 163.° do Código do Notariado contêm regras sobre certificados, dispondo o artigo 159.° que os certificados, bem como as certidões, devem ser passados no prazo de três dias úteis a contar do respectivo pedido ou requisição, devendo, em caso de urgência, ser passados dentro do prazo máximo de vinte e quatro horas.

O artigo 163.° do Código do Notariado estabelece que no certificado "deve consignar-se com precisão o facto certificado e, em especial, a forma como ele veio ao conhecimento do notário".

O Decreto-Lei n.° 12/2001, de 25 de Janeiro (rectificado pela Declaração de rectificação n.° 3-B/2001, de 31 de Janeiro), veio permitir o pedido de certificados de admissibilidade de firma ou denominação e de certidões de actos de registo por via electrónica, alterando o Decreto-Lei n.° 129/98, de 13 de Maio (regime do Registo Nacional de Pessoa Colectivas).

O Decreto-Lei n.° 76-A/2006, de 29 de Março, rectificado pela Declaração de rectificação n.° 28-A/2006, de 26 de Maio, dispõe, no seu artigo 38.°, n.° 1, que, "sem prejuízo da competência atribuída a outras entidades, as câmaras de comércio e indústria, reconhecidas nos termos do Decreto-Lei n.° 244/92, de 29 de Outubro, os conservadores, os oficiais de registo, os advogados e os solicitadores podem [...] certificar, ou fazer certificar, traduções de documentos nos termos previstos na lei notarial", determinando o n.° 2 da mesma disposição que estes reconhecimentos, autenticações e certificações "conferem ao documento a mesma força probatória que teria se tais actos tivessem sido realizados com intervenção notarial".

V. *Documento; Notário; Prova; Tradução; Prazo; Pessoa colectiva; Registo de pessoas colectivas; Advogado; Solicitador; Registo; Força probatória.*

Certificado de nacionalidade (Dir. Civil) – O artigo 24.° da Lei da Nacionalidade – Lei n.° 37/81, de 3 de Outubro, alterada pela Lei n.° 25/94, de 19 de Agosto, pelos Decretos-Leis n.°s 22-A/2001, de 14 de Dezembro, 194/2003, de 23 de Agosto de 2003, e pelas Leis Orgânicas n.°s 1/2004, de 15 de Janeiro, e 2/2006, de 17 de Abril – dispõe que, "independentemente da existência do registo, podem ser passados pelo conservador dos Registos Centrais, a requerimento do interessado, certificados de nacionalidade portuguesa", cuja força probatória "pode ser ilidida por qualquer meio sempre que não exista registo da nacionalidade do respectivo titular".

V. *Certificado; Cidadania; Registo civil; Requerimento; Força probatória.*

Certificado de capacidade matrimonial (Dir. Civil) – V. *Certificado; Capacidade matrimonial.*

Cessação de pagamentos (Dir. Com.; Proc. Civil) – Dizia-se haver cessação de pagamentos quando um comerciante ou uma sociedade comercial suspendesse o cumprimento de todas as suas obrigações. O Assento do Supremo Tribunal de Justiça de 2 de Março de 1994, publicado no *Diário da República,* I-A série, decidira que, "na vigência do artigo 1174.°, n.° 1, alínea *a),* do Código de Processo Civil, na redacção anterior ao Decreto-Lei n.° 177/86, de 2 de Julho, a cessação de pagamentos pelo devedor só justifica a declaração de falência desde que suficientemente significativa de incapacidade financeira". O artigo 1140.°, C.P.C., determinava que o comerciante que se encontrasse impossibilitado de cumprir as suas obrigações comerciais, antes de cessar efectivamente os pagamentos, ou nos 30 dias seguintes à cessação, se apresentasse ao tribunal competente para a declaração de falência.

O processo de falência passou a ser regulado pelo Código dos Processos Especiais de Recuperação da Empresa e de Falência, aprovado pelo Decreto-Lei n.° 132/ /93, de 23 de Abril (rectificado pela Declaração de rectificação n.° 141/93, de 31 de Julho), alterado pelos Decretos-Leis n.°s 157/97, de 24 de Junho, 315/98, de 20 de Outubro, 323/2001, de 17 de Dezembro, e 38/2003, de 8 de Março. Nos termos deste diploma, havia um dever de apresentação à falência, no prazo de sessenta dias, da empresa que faltasse ao cumprimento de uma ou mais obrigações que, pelo seu montante ou pelas circunstâncias do incumprimento, revelasse a impossibilidade de o devedor satisfazer pontualmente a generalidade das suas obrigações; quando um devedor se encontrasse nesta situação, podia qualquer credor requerer a adopção de uma providência de recuperação adequada.

O Código dos Processos Especiais de Recuperação da Empresa e de Falência foi entretanto integralmente revogado pelo Código da Insolvência e da Recuperação de Empresas, aprovado pelo Decreto-Lei n.° 53/2004, de 18 de Março, alterado pelos Decretos-Leis n.°s 200/2004, de 18 de Agosto, e 76-A/2006, de 29 de Março (rectificado pela Declaração de rectificação n.° 28-A/2006, de 26 de Maio).

Neste, determina o artigo 3.°, n.° 1, que "é considerado em situação de insolvência o devedor que se encontre impossibilitado de cumprir as suas obrigações vencidas", atribuindo o artigo 20.° legitimidade para requerer a declaração de insolvência de um devedor a "qualquer credor [...] [e ao] Ministério Público, em representação das entidades cujos interesses lhe estejam legalmente confiados", desde que ocorra, entre outros, um dos seguintes factos: "suspensão generalizada do pagamento das obrigações vencidas", "falta de cumprimento de uma ou mais obrigações que [...] revele a impossibilidade de o devedor satisfazer pontualmente a generalidade das suas obrigações", incumprimento generalizado de obrigações de um dos tipos referidos na alínea *g)* desta disposição, nos últimos seis meses.

V. *Obrigação; Cumprimento; Devedor; Falência; Apresentação à falência; Empresa; Incumprimento; Credor; Insolvência; Recuperação de empresas; Vencimento; Legitimidade; Declaração de insolvência; Ministério Público.*

Cessação de vigência da lei – A lei cessa a sua vigência por revogação ou caducidade, como dispõe o artigo 7.° do Código Civil.

De acordo com o artigo 169.° da Constituição, "os decretos-leis, salvo os aprovados no exercício da competência legislativa exclusiva do Governo, podem ser submetidos a apreciação da Assembleia da República, para efeitos de cessação de vigência ou de alteração, a requerimento de dez Deputados, nos trinta dias subsequentes à publicação, descontados os períodos de suspensão do funcionamento da Assembleia da República"; "requerida a apreciação de um decreto-lei elaborado no uso de autorização legislativa, e no caso de serem apresentadas propostas de alteração, a Assembleia poderá suspender, no todo ou em parte, a vigência do decreto-lei até à publicação da lei que o vier a alterar ou até à rejeição de todas aquelas propostas", caducando a suspensão "decorridas dez reuniões plenárias sem que a Assembleia se tenha pronunciado a final"; "se for aprovada a cessação da sua vigência, o diploma deixará de vigorar desde o dia em que a resolução for publicada no *Diário da República* e não poderá voltar a ser publicado no decurso da mesma sessão legislativa".

V. *Lei; Vigência da lei; Revogação da lei; Caducidade da lei; Publicação da lei.*

"Cessante ratione legis cessat eius dispositio" – Brocardo latino segundo o qual uma disposição legal deve ser interpretada restritivamente quando se verifique que a razão de ser do seu mais amplo sentido cessou ou foi eliminada.

V. *Interpretação da lei.*

Cessão (Dir. Civil) – 1. Em sentido amplo, designa qualquer transmissão de um direito ou de uma posição jurídica.

2. Em sentido restrito, cessão é a transmissão de direito ou posição jurídica por acto negocial *inter vivos* e a título singular. As partes numa cessão denominam-se, respectivamente, cedente e cessionário.

3. O termo é ainda utilizado para referir o efeito jurídico do acto, isto é, a transmissão da titularidade do direito ou da posição jurídica cedida.

V. *Cessão de créditos; Direito subjectivo; Negócio jurídico; "Inter vivos"; Cessão da posição contratual.*

Cessão da posição contratual (Dir. Civil) – A cessão de contrato ou cessão da posição contratual, na terminologia da lei (v. artigos 424.° e segs., C.C.), é o contrato pelo qual qualquer dos contraentes, num contrato com prestações recíprocas (sinalagmático), transmite a um terceiro a sua posição contratual (com todos os direitos e obrigações que para ele emergem do contrato), desde que a contraparte consinta na cessão, podendo o consentimento ser anterior ou posterior à cessão.

Se do contrato não derivarem direitos e obrigações para cada uma das partes, poderá haver uma cessão de créditos ou uma transmissão de dívidas, mas nunca uma cessão da posição contratual.

Pela cessão da posição contratual opera-se apenas uma modificação subjectiva no contrato sinalagmático, que se mantém objectivamente inalterado, pelo que a outra parte (o cedido) pode opor ao cessionário os meios de defesa derivados do contrato, embora não os que resultem de outra relação que tenha com o cedente, salvo se este o tiver estabelecido quando deu o seu consentimento.

O artigo 425.°, C.C., determina que "a forma da transmissão, a capacidade de dispor e de receber, a falta e vícios da vontade e as relações entre as partes definem-se em função do tipo de negócio que serve de base à cessão". Quer isto dizer, no essencial, que o que se designa por cessão pode ser um negócio (*maxime* um contrato) gratuito ou oneroso e que, sendo típico, é o respectivo regime que lhe é aplicável; tratando-se de negócio atípico, são-lhe aplicáveis as regras gerais sobre negócios jurídicos e as que sejam adaptadas à regulação dele.

A Lei n.° 28/98, de 26 de Junho, alterada pela Lei n.° 114/99, de 3 de Agosto, que regula o contrato de trabalho desportivo e o contrato de formação desportiva, contém, nos seus artigos 19.° e 20.°, regras relativas à cessão da posição contratual entre empregadores desportivos, que designa por "cedência de praticante desportivo". "A entidade empregadora a quem o praticante passa a prestar a sua actividade desportiva, nos termos do contrato de cedência, fica investida na posição jurídica da entidade empregadora anterior, nos termos do contrato e da convenção colectiva aplicável".

Também o Decreto-Lei n.° 385/99, de 28 de Setembro (estendido à Região Autónoma dos Açores pelo Decreto Legislativo Regional n.° 33/2002/A, de 5 de Novembro), que se ocupa da responsabilidade técnica por instalações desportivas abertas ao público, estabelece, no respectivo artigo 4.°, que "a cessão da posição contratual [...], a título oneroso ou gratuito, implica a transferência para o cessionário dos direitos e obrigações constantes do presente diploma" e que "o cessionário incorre em responsabilidade nos mesmos termos em que incorreria o cedente".

V. *Contrato; Contrato sinalagmático; Direito subjectivo; Obrigação; Autorização; Terceiro; Cessão de créditos; Transmissão de dívidas; Forma; Capacidade; Vícios na formação da vontade; Negócio jurídico; Contrato típico; Contrato atípico; Contrato de trabalho desportivo; Contrato de formação desportiva; Contrato oneroso; Contrato gratuito.*

Cessão de bens aos credores (Dir. Civil) – Trata-se de um meio de satisfazer os direitos dos credores que evita a execução forçada ou a declaração de insolvência. Um ou mais credores "são encarregados pelo devedor de liquidar o património deste, ou parte dele, e repartir entre si o respectivo produto, para satisfação dos seus créditos" – artigo 831.°, C.C..

A cessão tem de ser escrita e está, além disso, sujeita às formalidades exigidas para a transmissão dos bens nela compreendidos, devendo ser registada se abranger bens sujeitos a registo.

Enquanto se mantiver a cessão, é ao(s) cessionário(s) que cabe(m) os poderes de administração e de disposição dos bens cedidos, estando o devedor limitado à possibilidade de fiscalizar essa administração e ao direito a exigir prestação de contas, finais ou anuais – artigo 834.°, C.C.. O devedor, não estando embora afectado de qualquer incapacidade, não tem, pois, legitimidade para administrar ou dispor dos bens cedidos.

A exoneração do devedor perante os credores verifica-se quando e na medida em que estes recebam a parte que lhes cabe na liquidação. Em qualquer momento, pode, no entanto, o devedor desistir da cessão e cumprir as suas obrigações, se bem que tal desistência não tenha eficácia retroactiva.

O artigo 2.° do Código do Registo Predial, aprovado pelo Decreto-Lei n.° 224/84, de 6 de Julho (rectificado por declaração publicada no *Diário da República,* I série, de 29 de Setembro de 1984), alterado pelos Decretos-Leis n.°s 355/85, de 2 de Outubro, 60/90, de 14 de Fevereiro (este último rectificado por declaração publicada no *Diário da República,* I-A série, de 31 de Março de 1990), 80/92, de 7 de Maio, 30//93, de 12 de Fevereiro, 227/94, de 8 de Setembro, 267/94, de 25 de Outubro, 67/96, de 31 de Maio, 375-A/99, de 20 de Setembro, 533/99, de 11 de Dezembro (este rectificado pela Declaração de rectificação n.° 5--A/2000, de 29 de Fevereiro), 273/2001, de 13 de Outubro, 323/2001, de 17 de Dezembro, 38/2003, de 8 de Março, e 194/2003, de 23 de Agosto, e pela Lei n.° 6/2006, de 27 de Fevereiro, estabelece, no seu n.° 1-*g*), que está sujeita a registo "a cessão de bens aos credores".

V. *Credor; Devedor; Património; Execução; Insolvência; Documento escrito; Forma; Registo; Acto de administração; Acto de disposição; Prestação de contas; Legitimidade; Exoneração; Liquidação; Registo predial.*

Cessão de contrato (Dir. Civil) – V. *Cessão da posição contratual.*

Cessão de créditos (Dir. Civil; Dir. Com.) – Contrato pelo qual o credor, dito cedente, transmite, gratuita ou onerosamente, uma parte ou a totalidade do seu crédito, actual ou futuro, a um terceiro, dito cessionário, independentemente do consentimento do devedor.

Há casos em que a cessão não é permitida: ou porque a lei a proíbe (como, por exemplo, acontece com o crédito a alimentos – artigo 2008.°, n.° 1, C.C.) ou porque as partes a excluíram convencionalmente ou porque, pela natureza da prestação, o crédito se encontra ligado à pessoa do devedor.

A transmissão do crédito envolve a transmissão das garantias e outros acessórios do direito transmitido, que não sejam inseparáveis da pessoa do cedente, podendo o devedor opor ao cessionário todos os meios de defesa de que dispunha contra o cedente, com excepção dos que provenham de facto posterior ao conhecimento da cessão.

Para que produza efeitos em relação ao devedor, o acto tem de lhe ser notificado, ainda que extrajudicialmente, ou tem de ser por ele aceite.

V. artigos 577.° e segs., C.C..

O regime da cessão de créditos para efeitos da respectiva titularização encontra-se no Decreto-Lei n.° 453/99, de 5 de Novembro, muito alterado pelos Decretos-Leis n.°s 82/2002, de 5 de Abril, 303/2003, de 5 de Dezembro, e 52/2006, de 15 de Março, estabelecendo o n.° 2 do artigo 1.° que se consideram "realizadas para efeitos de titularização as cessões de créditos em que a entidade cessionária seja um fundo de titularização de créditos ou uma sociedade gestora de titularização de créditos". Para efeitos de titularização, podem ceder créditos "o Estado e demais pessoas colectivas públicas, as instituições de crédito, as sociedades financeiras, as empresas de seguros, os fundos de pensões e as sociedades gestoras de fundos de pensões, bem como outras pessoas colectivas cujas contas dos três últimos exercícios tenham sido objecto de certificação legal por auditor registado na Comissão do Mercado de Valores Mobiliários (CMVM)" – artigo 2.°, n.° 1.

"Só podem adquirir créditos para titularização: *a)* Os fundos de titularização de créditos; *b)* As sociedades de titularização de créditos" (artigo 3.°).

Só podem ser cedidos para titularização créditos relativamente aos quais se verifiquem cumulativamente os seguintes requisitos: "*a)* A transmissibilidade não se encontrar sujeita a restrições legais ou convencionais; *b)* Serem de natureza pecuniária; *c)* Não se encontrarem sujeitos a condição; *d)* Não serem litigiosos e não se encontrarem dados em garantia nem judicialmente penhorados ou apreendidos".

"Podem ainda ser cedidos para titularização créditos futuros desde que emergentes de relações jurídicas constituídas e de montante conhecido ou estimável". Quando sejam cedentes empresas de seguros, fundos de pensões ou sociedades gestoras de fundos de pensões, os créditos que podem ser cedidos para titularização são apenas os hipotecários, aqueles cujo devedor seja o Estado ou outra pessoa colectiva de direito público e os créditos dos fundos de pensões "relativos às contribuições dos respectivos participantes, sem prejuízo do benefício a atribuir a estes". "O Estado e a Segurança Social podem ceder créditos para efeitos de titularização, ainda que esses créditos se encontrem sujeitos a condição ou sejam litigiosos, podendo, neste caso, o cedente não garantir a existência e exigibilidade desses créditos".

As cessões de créditos a que se refere este diploma têm de ser plenas, não podendo ser condicionais nem a termo (salvo nos casos previstos no n.° 2 do artigo 28.° e nos de subscrição incompleta de unidades de titularização ou de obrigações titularizadas), "não podendo o cedente, ou entidade que com este se encontre constituída em relação de grupo ou de domínio, conceder quaisquer garantias ou assumir responsabilidades pelo cumprimento, sem prejuízo, em relação aos créditos presentes, do disposto no n.° 1 do artigo 587.° do Código Civil"; esta norma não impede que os créditos sejam "garantidos por terceiro ou o risco de não cumprimento transferido para empresa de seguros". A última norma do artigo 4.°, a que se tem vindo a fazer referência, dispõe que o cedente fica obrigado "a revelar ao cessionário os factos relevantes susceptíveis de afectar significativamente o valor global dos créditos que sejam do seu conhecimento à data da produção de efeitos da cessão".

O artigo 5.°, n.° 1, determina que, "quando a entidade cedente seja instituição de crédito, sociedade financeira, empresa de seguros, fundo de pensões ou sociedade gestora de fundos de pensões, deve ser sempre celebrado, simultaneamente com a cessão, contrato pelo qual a entidade cedente, ou no caso dos fundos de pensões a respectiva sociedade gestora, fique obrigada a praticar, em nome e em representação da entidade cessionária, todos os actos que se revelem adequados à boa gestão dos créditos e, se for o caso, das respectivas garantias, a assegurar os serviços de cobrança, os serviços administrativos relativos aos créditos, todas as relações com os respectivos devedores e os actos conservatórios, modificativos e extintivos relativos às garantias, caso existam"; como expressamente diz o n.° 2 deste artigo, nos outros casos, a gestão dos créditos pode ser realizada pelo cedente ou por terceiro idóneo, sendo certo que, quando não for o cessionário a gerir os créditos, este tem de autorizar "expressa e individualmente" a respectiva oneração ou alienação.

De acordo com aquele que é o regime geral, também nestas cessões a respectiva eficácia em relação aos devedores fica dependente da sua notificação, salvo "quando a entidade cedente seja o Estado, a Segurança Social, instituição de crédito, sociedade financeira, empresa de seguros, fundo de pensões ou sociedade gestora de fundo de pensões", caso em que "a cessão de créditos para titularização produz efeitos em relação aos respectivos devedores no momento em que se tornar eficaz entre o cedente e o cessionário, não dependendo do conhecimento, aceitação ou notificação desses devedores" – isto é o que resulta dos n.°s 1 e 4 do artigo 6.°, que também determina como deve ser feita a notificação quando ela é exigida e que, "dos meios de defesa que lhes seria lícito invocar contra o cedente, os devedores dos créditos objecto de cessão só podem opor ao cessionário aqueles que provenham de facto anterior ao momento em que a cessão se torne eficaz entre o cedente e o cessionário".

"O contrato de cessão dos créditos para titularização pode ser celebrado por documento particular, ainda que tenha por objecto créditos hipotecários" – artigo 7.°, n.° 1.

O n.° 1 do artigo 8.° estabelece que esta cessão de créditos só pode ser objecto de impugnação pauliana se se provarem os requisitos previstos nos artigos 610.° e 612.° do Código Civil, não se lhes aplicando as presunções estabelecidas no artigo 158.° do Código dos Processos Especiais de Recuperação da Empresa e de Falência, e que "não pode ser resolvida em benefício da massa falida, excepto se os interessados provarem que as partes agiram de má fé" (a referência deve ter-se como feita para o artigo 121.° do Código da Insolvência e da Recuperação de Empresas, aprovado pelo Decreto-Lei n.° 53/2004, de 18 de Março, alterado pelos Decretos-Leis n.°s 200/2004, de 18 de Agosto, e 76-A/ /2006, de 29 de Março – este rectificado pela Declaração de rectificação n.° 28-A/ /2006, de 26 de Maio –, que revogou aquele diploma.

V. a Lei n.° 103/2003, de 5 de Dezembro, que regula e harmoniza os princípios básicos de cessão de créditos do Estado e da Segurança Social para titularização. A Portaria n.° 1375-A/2003, de 18 de Dezembro, rectificada pela Declaração de rectificação n.° 23-A/2004, de 18 de Fevereiro, regulamenta os termos em que o Estado e a Segurança Social procedem à cessão de créditos fiscais e tributários para efeitos de titularização.

Nos termos do artigo 840.°, C.C., na cessão de um crédito pelo devedor ao respectivo credor para solver a sua dívida, deve entender-se estar-se perante uma dação *pro solvendo* e não tratar-se de uma dação em cumprimento.

V. *Contrato; Credor; Devedor; Crédito; Terceiro; Autorização; Alimentos; Prestação; Garantia; Notificação; Titularização de créditos; Pessoa colectiva; Exercício; Transmissibilidade; Obrigação pecuniária; Condição; Direito litigioso; Cessão de direitos litigiosos; Transmissão de dívidas; Cessão da posição contratual; Subrogação; Vencimento; Penhora; Relação jurídica; Hipoteca; Crédito hipotecário; Termo; Representação; Oneração de bens; Alienação; Meios de conservação da garantia; Documento particular; Impugnação pauliana; Presunção legal; Falência; Massa falida; Má fé; Dação em função do cumprimento; Dação em cumprimento.*

Cessão de créditos solutória (Dir. Civil) – Qualifica-se assim a cessão de um ou vários créditos pelo devedor de uma obrigação ao respectivo credor com o fim de extinguir aquela obrigação.

A lei (artigo 840.°, n.° 2, C.C.) presume que a dação que tenha por objecto a cessão de um crédito constitui não uma dação em cumprimento, mas uma dação *pro solvendo*.

V. *Cessão de créditos; Obrigação; Credor; Devedor; Extinção das obrigações; Presunção legal; Dação em cumprimento; Dação "pro solvendo".*

Cessão de direitos litigiosos (Dir. Civil) – "Diz-se litigioso o direito que tiver sido contestado em juízo contencioso, ainda que arbitral, por qualquer interessado" – artigo 579.°, n.° 3, C.C..

É nula a cessão de direitos litigiosos a juízes, magistrados do Ministério Público, funcionários de justiça e mandatários judiciais, se o processo decorrer na área em que estes exercem habitualmente a sua actividade, sendo também nula quando feita a peritos ou outros auxiliares da justiça que tenham intervenção no processo em que o direito é discutido.

A nulidade verifica-se ainda quando a cessão é feita ao cônjuge do inibido, a pessoa de quem ele seja herdeiro presumido, ou a terceiro que tenha acordado com o inibido transmitir-lhe o direito cedido.

A cessão nula, nos termos descritos, constitui o cessionário na obrigação de indemnizar os danos causados, não podendo o cessionário invocar a nulidade.

O artigo 581.°, C.C., excepciona algumas situações da proibição de cessão de direitos litigiosos enunciada pelo artigo 579.°.

V. artigos 579.°, 580.° e 581.°, C.C..

Também é nula e geradora de responsabilidade civil a venda de coisa ou direito litigioso às pessoas acima enumeradas (artigo 876.°, C.C.).

Quando é válida a cessão de direito litigioso, o artigo 376.°, C.P.C., na redacção dos Decretos-Leis n.°s 329-A/95, de 12 de Dezembro, e 180/96, de 25 de Setembro, regula o processo de habilitação do cessionário para com ele prosseguirem os termos da causa.

V. *Cessão de créditos; Direito litigioso; Tribunal arbitral; Nulidade; Juiz; Ministério Público; Funcionário de justiça; Mandatário judicial; Perito; Herdeiro; Indemnização; Responsabilidade civil; Dano; Compra e venda; Habilitação.*

Cessão de dívida (Dir. Civil) – Utiliza-se, embora raramente, esta expressão para designar a transmissão singular de dívida ou assunção de dívida.

V. *Dívida; Transmissão de dívidas; Assunção de dívida.*

Cessão de exploração (Dir. Civil; Dir. Com.) – Contrato pelo qual se cede, onerosa e temporariamente, um estabelecimento comercial como um todo, integrando, pois, todos as componentes materiais e não materiais que consubstanciam a organização empresarial (bens móveis e imóveis, clientela, patentes, licenças, alvarás, etc.).

Diz o artigo 111.° do Regime do Arrendamento Urbano, aprovado pelo Decreto-Lei n.° 321-B/90, de 15 de Outubro, rectificado por declaração publicada no *Diário da República*, I-A série, de 30 de Novembro de 1990, alterado pelo Decreto-Lei n.° 278/ /93, de 10 de Agosto (por seu lado, alterado, por ratificação, pela Lei n.° 13/94, de 11 de Maio), pelo Decreto-Lei n.° 163/95, de 13 de Julho, pela Lei n.° 89/95, de 1 de Setembro, pelo Decreto-Lei n.° 257/95, de 30 de Setembro, pela Lei n.° 135/99, de 28 de Agosto, pelos Decretos-Leis n.°s 64-A/ /2000, de 22 de Abril, e 329-B/2000, de 22 de Dezembro, e pelas Leis n.°s 6/2001 e 7/2001, ambas de 11 de Maio – correspondente ao antigo artigo 1085.°, n.° 1, C.C. –, que "não é havido como arrendamento de prédio urbano ou rústico o contrato pelo qual alguém transfere temporária e onerosamente para outrem, juntamente com o gozo do prédio, a exploração de um estabelecimento comercial ou industrial nele instalado".

Segundo o n.° 2 da mesma disposição, já se haverá como arrendamento do prédio o contrato, "quando, transmitido o gozo do prédio, passe a exercer-se nele outro ramo de comércio ou indústria, ou quando, de um modo geral, lhe seja dado outro destino", e "quando a transmissão não seja acompanhada de transferência, em conjunto, das instalações, utensílios, mercadorias ou outros elementos que integram o estabelecimento".

O contrato de cessão de exploração de estabelecimento deve ser celebrado por escrito, nos termos do artigo 115.°, n.° 3, do R.A.U., tendo deixado de ser exigível a escritura pública.

V. *Contrato oneroso; Estabelecimento comercial; Móvel; Imóvel; Prédio urbano; Prédio rústico; Arrendamento; Documento escrito; Escritura pública.*

Cessão de hipoteca (Dir. Civil) – A lei permite que seja cedida sem o crédito garantido a hipoteca que não for inseparável da pessoa do devedor, "para garantia de crédito pertencente a outro credor do mesmo devedor".

A cessão, que é feita de acordo com o regime da cessão de créditos, carece do consentimento de terceiro, se a coisa ou direito hipotecado lhe pertencer. "A hipoteca cedida garante o novo crédito nos limites do crédito originariamente garantido". Uma vez registada a cessão, "a extinção do crédito originário não afecta a subsistência da hipoteca".

V. artigos 727.° e 728.°, C.C..

V. *Hipoteca; Crédito; Devedor; Credor; Obrigação; Cessão de créditos; Autorização; Terceiro; Registo; Extinção das obrigações.*

"Cessio bonorum" (Dir. Civil) – Figura do direito romano que corresponde, essencialmente, à cessão de bens aos credores, prevista e regulada nos artigos 831.° e segs. do Código Civil.

No direito romano, a *cessio bonorum* constituía uma medida de defesa do devedor que, sem má fé, se encontrava em situação de insolvência.

V. *Cessão de bens aos credores; Devedor; Má fé; Insolvência.*

Cessionário (Dir. Civil) – É aquele que adquire um direito ou uma posição jurídica por cessão.

V. *Cessão de créditos; Cessão da posição contratual; Direito subjectivo.*

"C. & F." (Dir. Civil; Dir. Com.) – Iniciais de *Coast and Freight* que, seguidas da indicação do local de destino dos bens, significa uma cláusula contratual, frequente nos contratos de compra e venda ou fornecimento de mercadorias a enviar, nos termos da qual cabem ao expedidor (vendedor ou fornecedor) todos os encargos com esse envio, à excepção do risco da sua perda (pelo que o respectivo seguro deve ser feito pelo destinatário).

V. *Cláusula; Compra e venda; Contrato de fornecimento; Risco da prestação; "C.I.F."; "F.O.B.".*

Chamamento à autoria (Proc. Civil) – A anterior redacção do artigo 325.°, C.P.C., previa o incidente de chamamento à autoria para a seguinte hipótese: tendo o réu numa acção, por força de lei ou convenção, direito de regresso contra um terceiro, que lhe permitisse exigir deste indemnização pelos prejuízos que lhe adviessem da perda da demanda, poderia, uma vez proposta a acção contra si, chamar desde logo o terceiro à autoria, mediante requerimento apresentado dentro do prazo fixado para a contestação. Tratava-se pois de, através deste incidente, chamar um terceiro para assumir a posição de réu e não, como a designação inculcava, para assumir a de autor.

Existia uma outra figura – o chamamento à demanda – destinada a trazer à posição de réu uma pessoa contra quem o demandado podia também ter um direito de regresso, por serem solidariamente responsáveis por uma dívida. Segundo J. Alberto dos Reis, *Código de Processo Civil anotado*, 3.ª edição, Vol. I, pág. 436, a distinção entre as duas figuras configurava-se do seguinte modo: "O chamamento à autoria, fundado no direito de regresso, visa impor ao chamado o efeito de caso julgado da sentença a proferir, mas não a fazê-lo condenar a cumprir qualquer obrigação; pelo contrário, o chamamento à demanda visa fazer condenar, conjuntamente com o demandado, o chamado. Quer dizer, o chamamento à autoria ajusta-se ao caso de o chamado não ser sujeito da relação jurídica controvertida, mas sujeito de relação *conexa* com ela; o chamamento à demanda pressupõe que o chamado é, ao lado do demandado, sujeito passivo da relação jurídica controvertida, e deve, consequentemente, ser condenado com o demandado, caso a acção proceda".

A figura do chamamento à autoria deixou de estar tipificada no Código de Processo Civil, depois da revisão deste, tendo passado "a constituir a intervenção acessória provocada (novo art. 330), possibilidade já anteriormente existente (anterior art. 327-3) mas em alternativa à possibilidade, que a revisão eliminou, de o chamado se constituir como parte principal, em litisconsórcio impróprio com o réu primitivo (anterior art. 328-1) ou, quando este se excluísse da causa, em sua substituição processual (anterior art. 328-2)" – Lebre de Freitas *Código de Processo Civil anotado*, Volume 1.°, Coimbra, 1999, pág. 560.

Dispõe o artigo 330.°, C.P.C., que "o réu que tenha acção de regresso contra terceiro para ser indemnizado do prejuízo que lhe cause a perda da demanda pode chamá-lo a intervir como auxiliar na defesa, sempre que o terceiro careça de legitimidade para intervir como parte principal", circunscrevendo-se a intervenção "à discussão das questões que tenham repercussão na acção de regresso invocada como fundamento do chamamento".

V. artigos 330.° a 333.°, C.P.C..

V. *Incidente; Réu; Convenção; Direito de regresso; Terceiro; Indemnização; Requerimento; Contestação; Autor; Solidariedade; Caso julgado; Obrigação; Procedência; Condenação do réu; Intervenção de terceiros; Intervenção provocada; Intervenção acessória; Parte principal; Litisconsórcio; Dano; Modificações subjectiva da instância.*

Chamamento à demanda (Proc. Civil) – O incidente de chamamento à demanda tinha genericamente aplicação a casos em que, havendo vários devedores, apenas um ou alguns deles eram demandados: então, este ou estes chamavam os condevedores à demanda para que, sendo condenados, o fossem juntamente consigo. O incidente deveria ser deduzido na contestação ou, não contestando o réu, em requerimento oferecido em duplicado dentro do prazo da contestação.

O Assento de 28 de Julho de 1981, publicado no *Diário da República*, I série, em 20 de Novembro de 1981, estabeleceu a seguinte doutrina: "Em acção cambiária proposta contra o sacador da letra, pode este chamar à demanda, nos termos do artigo 330.°, alínea *c)*, do Código de Processo Civil, o respectivo aceitante".

O chamamento à demanda distinguia-se da nomeação à acção, porque, enquanto o primeiro visava colocar na posição de réu um co-obrigado do demandado, esta tinha por objectivo investir na posição de réu o verdadeiro sujeito passivo da relação controvertida. Do chamamento à autoria distinguia-se porque o objectivo deste último era fazer intervir no processo, na qualidade de réu, o sujeito passivo de uma relação conexa com a que era discutida.

A figura deixou de estar tipificada no Código de Processo Civil, encontrando-se integrada na intervenção principal provocada, podendo "qualquer das partes [...] chamar a juízo o interessado com direito a intervir na causa, seja como seu associado, seja como associado da parte contrária"; porém, como observa Lebre de Freitas *Código de Processo Civil anotado,* Volume 1.°, Coimbra, 1999, pág. 560, o seu regime apresenta particularidades, designadamente a "de o réu só poder requerê-la no prazo da contestação e de poder pedir, quando a obrigação é solidária, a condenação do chamado na satisfação do direito de regresso (novo art. 329)".

V. artigos 325.° e segs., C.P.C..

V. *Incidente; Condevedores; Contestação; Condenação do réu; Réu; Requerimento; Prazo judicial; Letra; Nomeação à acção; Chamamento à autoria; Intervenção de terceiros; Intervenção principal; Intervenção provocada; Parte; Solidariedade; Direito de regresso.*

Chefe de família (Dir. Civil) – Nos termos da versão originária do Código Civil, era o marido a pessoa que assegurava a direcção material e moral da família competindo-lhe representá-la e decidir em todos os actos da vida conjugal comum, pertencendo à mulher o governo doméstico durante a vida em comum.

Esta disposição era inconstitucional face aos artigos 13.°, n.° 2, e 36.°, n.° 3, da Constituição da República Portuguesa, pelo que foi suprimida pelo Decreto-Lei n.° 496/77, de 25 de Novembro, estabelecendo o artigo 1671.°, C.C., que o casamento se baseia na igualdade de direitos e deveres dos cônjuges e que "a direcção da família pertence a ambos [...], que devem acordar sobre a orientação da vida em comum tendo em conta o bem da família e os interesses de um e outro".

V. *Princípio da igualdade; Princípio da igualdade dos cônjuges; Governo doméstico; Casamento; Família.*

Cheque (Proc. Civil; Dir. Com.) – Título de crédito que enuncia uma ordem de pagamento dada a uma empresa bancária, no estabelecimento da qual há um fundo depositado pelo seu emitente.

O Decreto-Lei n.° 23 721, de 29 de Março de 1934, aprovou para ratificação a Convenção Internacional assinada em Genebra em 19 de Março de 1931, contendo a Lei Uniforme relativa ao Cheque.

Nos termos do artigo 1.° deste diploma, o cheque deve conter, sob pena de não produzir efeitos:

"1 – A palavra "cheque" inserta no próprio texto do título e expressa na língua empregada para a redacção desse título;

2 – O mandato puro e simples de pagar uma quantia determinada;

3 – O nome de quem deve pagar (sacado);

4 – A indicação do lugar em que o pagamento se deve efectuar;

5 – A indicação da data em que e do lugar onde o cheque e passado;

6 – A assinatura de quem passa o cheque (sacador)".

O cheque pode ser emitido "a uma determinada pessoa, com ou sem cláusula expressa "à ordem"; a uma determinada pessoa, com a cláusula "não à ordem", ou outra equivalente; ao portador" (artigo 5.°).

Nos termos do artigo 7.°, "considera-se como não escrita qualquer estipulação de juros inserta no cheque".

O artigo 9.° estabelece que "o cheque cuja importância for expressa por extenso e em algarismos vale, em caso de divergência, pela quantia designada por extenso", e que "o cheque cuja importância for expressa várias vezes, quer por extenso, quer em algarismos, vale, em caso de divergência, pela menor quantia indicada".

O sacador garante o pagamento do cheque, considerando-se "como não escrita qualquer declaração pela qual o sacador se exima a esta garantia" (artigo 12.°).

Os artigos 14.° a 24.° contêm regras sobre a transmissão do cheque, os artigos 25.° a 27.° sobre o aval, os artigos 28.° a 36.° sobre a apresentação e o pagamento, os artigos 37.° a 39.° sobre os cheques cruzados e os cheques a levar em conta, os artigos 40.° a 48.° sobre a acção por falta de pagamento, os artigos 49.° e 50.° sobre a pluralidade de exemplares, os artigos 51.° e 52.° sobre alterações ao cheque e o artigo 53.° sobre a prescrição, contendo os artigos 54.° a 57.° as disposições finais.

Os cheques podem servir de base à execução nos termos do artigo 46.°, n.° 1-*c)*, C.P.C., não sendo para tal necessário o reconhecimento notarial da assinatura do devedor, nos termos do artigo 51.°, C.P.C., na redacção do Decreto-Lei n.° 38/2003, de 8 de Março, rectificado pela Declaração de rectificação n.° 5-C/2003, de 30 de Abril.

O Decreto-Lei n.° 454/91, de 28 de Dezembro, alterado pelos Decretos-Leis n.°s 316/97, de 19 de Novembro, 323/2001, de 17 de Dezembro, e 83/2003, de 24 de Abril, e pela Lei n.° 48/2005, de 29 de Agosto, estabelece o regime jurídico do cheque sem provisão. O último diploma citado aumentou para € 150 o valor até ao qual a instituição de crédito sacada é obrigada a pagar qualquer cheque emitido através de módulo por ela fornecido, independentemente da existência de provisão.

V. *Lugar do cumprimento; Assinatura; Juros; Garantia; Aval; Prescrição; Título executivo; Execução; Reconhecimento de letra e assinatura.*

Choque (Dir. Civil) – Segundo alguns autores, designa-se assim o embate de um veículo em movimento com outro parado, reservando aqueles o termo colisão para significar o embate de dois veículos em movimento. A seguir esta orientação, não se aplicaria o artigo 506.°, C.C., ao choque de dois veículos. Não é esta a interpretação de Pires de Lima e Antunes Varela, *Código Civil Anotado*, Vol. I, 4.ª edição, pág. 519, que, aliás, designam por choque a colisão de dois veículos em movimento, e por abalroamento a colisão de um veículo em marcha com outro parado ou que abrande a marcha, entendendo que a referida disposição se aplica a ambas as hipóteses.

Independentemente de minudências terminológicas, é entendimento maioritário o de que o regime do referido artigo 506.° é aplicável aos embates de veículos independentemente da posição em que se encontrassem no momento dele.

V. *Acidente de viação; Veículo.*

Cidadania – É a qualidade de um sujeito de pertença a certo Estado, condição a que estão associados o exercício dos direitos e o cumprimento dos deveres inerentes. A forma de aquisição originária – aquela que se verifica pelo nascimento ou por acto ou facto jurídico que se refere ao nascimento – da nacionalidade ou cidadania é definida pelo direito interno de cada Estado, sendo, no essencial, dois os critérios em função dos quais se determina: o *jus soli* e o *jus sanguinis*.

V. Lei n.° 37/81, de 3 de Outubro, alterada pela Lei n.° 25/94, de 19 de Agosto, pelos Decretos-Leis n.°s 22-A/2001, de 14 de Dezembro, 194/2003, de 23 de Agosto de 2003, e pelas Leis Orgânicas n.°s 1/2004, de 15 de Janeiro, e 2/2006, de 17 de Abril – Lei da Nacionalidade.

Nos termos do artigo 1.°, n.° 1, deste diploma, "são portugueses de origem:

a) Os filhos de mãe portuguesa ou de pai português nascidos no território português;

b) Os filhos de mãe portuguesa ou de pai português nascidos no estrangeiro se o progenitor português aí se encontrar ao serviço do Estado Português;

c) Os filhos de mãe portuguesa ou de pai português nascidos no estrangeiro se tiverem o seu nascimento inscrito no registo civil português ou se declararem que querem ser portugueses;

d) Os indivíduos nascidos no território português, filhos de estrangeiros, se pelo menos um dos progenitores também aqui tiver nascido e aqui tiver residência, independentemente de título, ao tempo do nascimento;

e) Os indivíduos nascidos no território português, filhos de estrangeiros que não se encontrem ao serviço do respectivo Estado, se declararem que querem ser portugueses e desde que, no momento do nascimento, um dos progenitores aqui resida legalmente há pelo menos cinco anos;

f) Os indivíduos nascidos no território português e que não possuam outra nacionalidade".

O n.° 2 do mesmo artigo presume "nascidos no território português, salvo prova em contrario, os recém-nascidos que aqui tenham sido expostos".

A nacionalidade portuguesa pode ainda ser adquirida, por efeito de declaração:

- Pelos filhos menores ou incapazes de pai ou mãe que, por sua vez, tenham adquirido a nacionalidade portuguesa (artigo 2.°);

- Por estrangeiro casado há mais de três anos com nacional português - devendo, neste caso, a declaração ser feita na constância do matrimónio, não prejudicando a aquisição "a declaração de nulidade ou anulação do casamento [...] pelo cônjuge que o contraiu de boa fé" (artigo 3.°, n.°s 1 e 2);

- Por estrangeiro que viva em união de facto há mais de três anos com nacional português, sendo necessária uma acção judicial de reconhecimento dessa situação, a interpor no tribunal cível (artigo 3.°, n.° 3).

"Os que hajam perdido a nacionalidade portuguesa por efeito de declaração prestada durante a sua incapacidade podem adquiri-la, quando capazes, mediante declaração" (artigo 4.°).

Também adquire a nacionalidade portuguesa o adoptado plenamente por nacional português, mesmo que a adopção tenha sido anterior à entrada em vigor da lei (artigos 5.° e 29.°).

Nos termos do artigo 6.°, n.° 1, a nacionalidade portuguesa pode ser concedida pelo Governo, por naturalização, "aos estrangeiros que satisfaçam cumulativamente os seguintes requisitos:

a) Serem maiores ou emancipados à face da lei portuguesa;

b) Residirem legalmente no território português há pelo menos seis anos;

c) Conhecerem suficientemente a língua portuguesa;

d) Não terem sido condenados, com trânsito em julgado da sentença, pela prática de crime punível com pena de prisão de máximo igual ou superior a 3 anos, segundo a lei portuguesa".

A naturalização pode ainda ser concedida – a requerimento do interessado –nas situações previstas nos restantes números do mesmo artigo 6.°, designadamente:

– "aos menores, nascidos no território português, filhos de estrangeiros, desde que preencham os requisitos das alíneas *c)* e *d)* do número anterior e desde que, no momento do pedido, se verifique uma das seguintes condições: *a)* um dos progenitores aqui resida legalmente há pelo menos cinco anos; *b)* o menor aqui tenha concluído o 1.° ciclo do ensino básico";

– aos indivíduos que tenham tido a nacionalidade portuguesa e que, tendo-a perdido, nunca tenham adquirido outra nacionalidade", ainda que não preencham os requisitos das alíneas *b)* e *c)* acima referidas;

– "aos indivíduos nascidos no estrangeiro com, pelo menos, um ascendente do 2.° grau da linha recta de nacionalidade portuguesa e que não tenha perdido esta nacionalidade", independentemente do requisito da alínea *b) supra;*

– "a indivíduos nascidos no território português, filhos de estrangeiros, que aqui tenham permanecido habitualmente nos 10 anos imediatamente anteriores ao pedido", também independentemente do requisito da alínea *b);*

– "aos indivíduos que, não sendo apátridas, tenham tido a nacionalidade portuguesa, aos que forem havidos como descendentes de portugueses, aos membros de comunidades de ascendência portuguesa e aos estrangeiros que tenham prestado ou sejam chamados a prestar serviços relevantes ao Estado Português ou à comunidade nacional", com dispensa dos requisitos das alíneas *b)* e *c).*

Nos termos do artigo 9.°, "constituem fundamento de oposição à aquisição da nacionalidade portuguesa ("a oposição é deduzida pelo Ministério Público no prazo de um ano a contar da data do facto de que dependa a aquisição [...] em processo a instaurar [...]", sendo obrigatória para todos a participação ao Ministério Público destes factos):

a) A inexistência de ligação efectiva à comunidade nacional;

b) A condenação, com trânsito em julgado da sentença, pela prática de crime punível com pena de prisão de máximo igual ou superior a 3 anos, segundo a lei portuguesa;

c) O exercício de funções públicas sem carácter predominantemente técnico ou a prestação de serviço militar não obrigatório a Estado estrangeiro".

Os artigos 11.° e 12.° da referida Lei estabelecem, respectivamente, que "a atribuição da nacionalidade portuguesa produz efeitos desde o nascimento, sem prejuízo da validade das relações jurídicas anteriormente estabelecidas com base em outra nacionalidade", e que "os efeitos das alterações de nacionalidade só se produzem a partir da data do registo dos actos ou factos de que dependem".

Em caso de conflito de leis sobre a nacionalidade, devem ter-se em conta os artigos 27.° e 28.°: "se alguém tiver duas ou mais nacionalidades e uma delas for portuguesa, só esta releva face à lei portuguesa"; "nos conflitos positivos de duas ou mais nacionalidades estrangeiras releva apenas a nacionalidade do Estado em cujo território o plurinacional tenha a sua residência habitual ou, na falta desta, a do Estado com o qual mantenha uma vinculação mais estreita".

"Perdem a nacionalidade portuguesa os que, sendo nacionais de outro Estado, declarem que não querem ser portugueses" – artigo 8.°.

A reaquisição de nacionalidade portuguesa por quem a tenha perdido, nos termos da Lei n.° 2098, de 29 de Julho de 1959, revogada pela actual Lei da Nacionalidade, ou de legislação anterior a esta, por aquisição voluntária de nacionalidade estrangeira, ocorre:

"*a)* Desde que não tenha sido lavrado o registo definitivo da perda de nacionalidade, excepto se declarar que não quer adquirir a nacionalidade portuguesa;

b) Mediante declaração, quando tenha sido lavrado o registo definitivo da perda da nacionalidade" – artigo 31.°, n.° 1, na redacção da já referida Lei n.° 1/2004.

Nos termos do artigo 30.°, n.° 2, na redacção da Lei n.° 1/2004, "sem prejuízo da validade das relações jurídicas anteriormente estabelecidas com base em outra nacionalidade, a aquisição da nacionalidade portuguesa nos termos previstos no número anterior [reaquisição da nacionalidade portuguesa por mulher que a tivesse perdido pelo casamento] produz efeitos desde a data do casamento".

"É da competência do Tribunal Central Administrativo Sul a decisão sobre a perda ou manutenção da nacionalidade portuguesa nos casos de naturalização directa ou indirectamente imposta por Estado estrangeiro a residentes no seu território" (artigo 32.°).

"As declarações de que dependem a atribuição, a aquisição ou a perda da nacionalidade portuguesa devem constar do registo central da nacionalidade, a cargo da Conservatória dos Registos Centrais" – artigo 16.°; o artigo 17.° esclarece que "as declarações de nacionalidade podem ser prestadas perante os agentes diplomáticos ou consulares portugueses e, neste caso, são registadas oficiosamente em face dos necessários documentos comprovativos, a enviar para o efeito à Conservatória dos Registos Centrais".

São obrigatoriamente registadas as declarações para atribuição, aquisição ou perda da nacionalidade, assim como a naturalização de estrangeiros, sendo o acto que importe qualquer destes efeitos lavrado por assento ou por averbamento (artigos 18.° e 19.°).

O registo das alterações de nacionalidade por efeito do casamento ou por aquisição voluntária de nacionalidade estrangeira em conformidade com a lei anterior é lavrado oficiosamente ou a requerimento dos interessados, sendo obrigatório para fins de identificação – artigo 33.°.

De acordo com o artigo 34.°, "a aquisição e a perda da nacionalidade que resultem de actos cujo registo não era obrigatório no domínio da lei anterior continuam a provar-se pelo registo ou pelos documentos comprovativos dos actos de que dependem", sendo a prova destes actos "feita pelo respectivo registo ou consequentes averbamentos ao assento de nascimento", para fins de identificação. O artigo 35.° esclarece que "os efeitos das alterações de nacionalidade dependentes de actos ou factos não obrigatoriamente sujeitos a registo no domínio da lei anterior são havidos como produzidos desde a data da verificação dos actos ou factos que as determinaram", salvo quanto à perda de nacionalidade fundada na aquisição voluntária de nacionalidade estrangeira, "a qual continua a só produzir efeitos para com terceiros, no domínio das relações de direito privado, desde que seja levada ao registo e a partir da data em que este se realize".

Os artigos 21.° e 22.° ocupam-se da prova da nacionalidade, tratando os artigos 25.° e 26.° do "contencioso da nacionalidade".

Os registos de nacionalidade encontram-se regulados pelo Decreto-Lei n.° 322/82, de 12 de Agosto, alterado pelos Decretos-Leis n.°s 117/93, de 13 de Abril, 253/94, de 20 de Outubro, 37/97, de 31 de Janeiro, e pela Lei n.° 33/99, de 18 de Maio.

O Decreto-Lei n.° 135/2005, de 17 de Agosto, define as taxas a aplicar pelos actos relativos à aquisição de nacionalidade por naturalização.

O n.° 2 do artigo 101.° do Código do Registo Civil, na redacção do Decreto-Lei n.° 36/97, de 31 de Janeiro, dispõe que, "para efeitos dos assentos de nascimento ocorrido em território português, a lavrar antes da entrada em vigor deste diploma e de que não haja registo anterior, considera-se naturalidade o lugar em que o nascimento ocorreu ou o lugar, em território português, da residência habitual da mãe do registando, à data do nascimento, cabendo a opção ao registando, aos pais, a qualquer pessoa por eles incumbida de prestar a declaração ou a quem tenha o registando a seu cargo; na falta de acordo entre os pais, a naturalidade será a do lugar de nascimento".

A Lei n.° 33/99, de 18 de Maio, alterada pelos Decretos-Leis n.°s 323/2001, de 17 de Dezembro, e 194/2003, de 23 de Agosto, que regula a identificação civil e a emissão do bilhete de identidade de cidadão nacional estabelece, no seu artigo 22.°, que, para "além dos elementos identificadores que constam do bilhete de identidade, são recolhidos [outros] dados pessoais do respectivo titular", entre os quais a "perda da nacionalidade"; esta "é recolhida da comunicação da Conservatória dos Registos Centrais" e "deve ser efectuada à Direcção de Serviços de Identificação Civil até ao dia 8 do mês seguinte ao da feitura do registo (artigos 23.°, n.° 4, e 40.°)" – a título de deplorável curiosidade refere-se que o artigo 40.° do Decreto-Lei n.° 76-A/2006, de 29 de Março, determina que o termo "direcção" utilizado "em qualquer acto normativo, estatuto [...]", considera-se substituído por "conselho de administração executivo".

A Resolução da Assembleia da República n.° 19/2000, de 6 de Março, aprovou, para ratificação, a Convenção Europeia sobre a Nacionalidade, aberta à assinatura dos Estados membros do Conselho da Europa em Estrasburgo em 27 de Novembro de 1997, tendo sido ratificada pelo Decreto do Presidente da República n.° 7/2000, da mesma data; segundo o Aviso n.° 120/ /2001, de 28 de Novembro, o Governo português depositou, em 15 de Outubro de 2001, o seu instrumento de ratificação junto do Secretariado do Conselho da Europa.

V. *Direito subjectivo; Dever jurídico; "Jus soli"; "Jus sanguinis"; Nascimento; Filiação; Estrangeiros; Residência; Menor; Incapacidade; Casamento; Invalidade do casamento; União de facto; Acção; Validade; Relação jurídica; Adopção; Emancipação; Trânsito em julgado; Ascendente; Linha; Grau de parentesco; Descendente; Apátrida; Ministério Público; Conflito de leis; Registo civil; Assento; Averbamento; Prova da nacionalidade; Residência habitual; Identificação da pessoa; Bilhete de identidade.*

"C.I.F." (Dir. Civil; Dir. Com.) – Iniciais de *Coast, Insurance and Freight*, que, seguidas da indicação do local de destino, representam uma cláusula usual em contratos de compra e venda ou fornecimento de mercadorias a enviar. Significa tal cláusula que o vendedor custeia as despesas de transporte, seguro e outras (por exemplo, direitos de exportação, se for caso disso) até ao porto de destino. O comprador terá de pagar as despesas de descarga e outras após a chegada (por exemplo, direitos de importação, se for esse o caso).

V. *Cláusula; Compra e venda; Contrato de fornecimento; "F.O.B.".*

"C.I.F.C." (Dir. Civil; Dir. Com.) – Iniciais de *Coast, Insurance, Freight and Commission* que, seguidas da indicação do local de destino da mercadoria vendida ou fornecida, representam uma cláusula cujo conteúdo é essencialmente idêntico ao da cláusula *C.I.F.*, com o aditamento de que o preço inclui o quantitativo a receber pelo distribuidor a título de comissão.

V. *"C.I.F.".*

Círculo judicial (Org. Judiciária) – Circunscrição judicial, que abrange uma ou várias comarcas, e em que exerce jurisdição um tribunal de 1.ª instância, denominado tribunal de círculo.

V. artigos 15.°, n.° 1, e 66.° da Lei de Organização e Funcionamento dos Tribunais Judiciais (Lei n.° 3/99, de 13 de Janeiro, rectificada pela Declaração de rectificação n.° 7/99, de 16 de Fevereiro, e alterada pela Lei n.° 101/99, de 26 de Julho, pelos Decretos-Leis n.°s 323/2001, de 17 de Dezembro, e 38/2003, de 8 de Março – este rectificado pela Declaração de rectificação n.° 5-C/2003, de 30 de Abril –, pela Lei n.° 105/2003, de 10 de Dezembro, pelo Decreto-Lei n.° 53/2004, de 18 de Março, pela Lei n.° 42/2005, de 29 de Agosto, e pelo Decreto-Lei n.° 76-A/2006, de 29 de Março – este rectificado pela Declaração de rectificação n.° 28-A/2006, de 26 de Maio) e Decreto-Lei n.° 186-A/99, de 31 de Maio, que regulamenta aquela Lei (alterado pelos Decretos-Leis n.°s 290/99, de 30 de Julho, 27-B/2000, de 3 de Março, 178/2000, de 9 de Agosto, 246-A/2001, de 14 de Setembro, 74/2002, de 16 de Março, 148//2004, de 21 de Junho, e 219/2004, de 26 de Outubro).

V. *Comarca; Tribunal de 1.ª instância; Tribunal de círculo.*

Circunscrição judicial (Org. Judiciária) – Divisão do país para efeitos judiciais, isto é, de organização dos tribunais.

O artigo 15.°, n.° 1, da Lei de Organização e Funcionamento dos Tribunais Judiciais (Lei n.° 3/99, de 13 de Janeiro, rectificada pela Declaração de rectificação n.° 7/99, de 16 de Fevereiro, e alterada pela Lei n.° 101/99, de 26 de Julho, pelos Decretos-Leis n.°s 323/2001, de 17 de Dezembro, e 38/2003, de 8 de Março, este último rectificado pela Declaração de rectificação n.° 5-C/2003, de 30 de Abril, pela Lei n.° 105/2003, de 10 de Dezembro, pelo Decreto-Lei n.° 53/2004, de 18 de Março, pela Lei n.° 42/2005, de 29 de Agosto, e pelo Decreto-Lei n.° 76-A/2006, de 29 de Março – o último rectificado pela Declaração de rectificação n.° 28-A/2006, de 26 de Maio) dispõe que o território se divide em "distritos judiciais, círculos judiciais e comarcas".

V. *Tribunal; Distrito judicial; Círculo judicial; Comarca.*

Cisão da pessoa colectiva (Dir. Civil) – Verifica-se quando uma pessoa colectiva se divide, formando duas ou mais pessoas colectivas.

A cisão qualifica-se como *total* quando a pessoa colectiva originária se extingue, constituindo-se à sua custa as novas pessoas colectivas, dizendo-se parcial sempre que a pessoa em que a cisão ocorre se mantém, embora modificada, pois a partir dela constitui-se outra (ou outras).

V. *Pessoa colectiva.*

Citação (Proc. Civil) – "A citação é o acto pelo qual se dá conhecimento ao réu de que foi proposta contra ele determinada acção e se chama ao processo para se defender. Emprega-se ainda para chamar, pela primeira vez, ao processo alguma pessoa interessada na causa".

Distingue-se da notificação que serve para, nos restantes casos, chamar alguém a juízo ou dar conhecimento de um facto. Tanto as citações como as notificações devem ser sempre acompanhadas de todos os elementos necessários para a plena compreensão do seu objecto.

V. artigo 228.°, C.P.C., na redacção do Decreto-Lei n.° 329-A/95, de 12 de Dezembro.

A propositura da acção não produz efeitos em relação ao réu senão a partir do momento da citação (artigo 267.°, n.° 2, C.P.C.).

As diligências necessárias à citação do réu incumbem à secretaria, nos termos da actual versão do artigo 479.°, C.P.C., que tem a redacção do referido DL n.° 329-A/95. Antes, o artigo 478.°, n.° 1, C.P.C., determinava que, uma vez apresentada em juízo uma petição inicial, se não houvesse motivo para indeferimento liminar, e ela se encontrasse em termos de ser recebida, devia ser ordenada, por despacho do juiz, a citação do réu.

Se a citação não for feita por solicitador de execução ou promovida por mandatário judicial, "incumbe à secretaria promover oficiosamente, sem necessidade de despacho prévio, as diligências que se mostrem adequadas à efectivação da regular citação pessoal do réu e à rápida remoção das dificuldades que obstem à realização do acto"; não se efectuando a citação no prazo de 30 dias, o autor deve ser informado das diligências efectuadas e dos motivos da não realização do acto; passados 30 dias sobre o fim deste último prazo, "sem que a citação se mostre efectuada, é o processo imediatamente concluso ao juiz, com informação das diligências efectuadas e das razões da não realização atempada do acto".

"A citação depende, porém, de prévio despacho judicial: *a)* Nos casos especialmente previstos na lei; *b)* Nos procedimentos cautelares e em todos os casos em que incumba ao juiz decidir da prévia audiência do requerido; *c)* Nos casos em que a propositura da acção deva ser anunciada, nos termos da lei; *d)* Quando se trate de citar terceiros chamados a intervir em causa pendente; *e)* No processo executivo, nos termos do n.° 1 do artigo 812.° e do n.° 2 do artigo 812.°-A [em todos os casos previstos nas alíneas anteriores, "pode o juiz, em vez de ordenar a citação, indeferir liminarmente a petição, quando o pedido seja manifestamente improcedente ou ocorram, de forma evidente, excepções dilatórias insupríveis e de que o juiz deva conhecer oficiosamente" [...]; *f)* Quando se trate de citação urgente, que deva preceder a distribuição".

Segundo o artigo 478.°, C.P.C., também na redacção do DL n.° 329-A/95, a citação pode preceder a distribuição, no caso de, não devendo efectuar-se editalmente, o autor o requerer e o juiz, atentos os motivos indicados, considerar justificada a precedência. Neste caso, "a petição é logo apresentada a despacho e, se a citação prévia for ordenada, depois dela se fará a distribuição".

No acto da citação, o réu é prevenido de que contra ele foi proposta a acção, informado do respectivo objecto e fundamentos (visto que lhe é entregue um duplicado da petição inicial) e de que deve apresentar a sua defesa dentro de certo prazo, sob pena de se considerarem confessados os factos articulados pelo autor (artigo 480.°, C.P.C.) ou mesmo, sendo o processo sumário ou sumaríssimo, de ser condenado no pedido (artigos 783.°, 784.° e 794.°, C.P.C.).

A citação produz os efeitos prescritos na lei e, em especial, "faz cessar a boa fé do possuidor", "torna estáveis os elementos essenciais da causa, nos termos do artigo 268.°, C.P.C. ["citado o réu, a instância deve manter-se a mesma quanto às pessoas, ao pedido e à causa de pedir, salvas as possibilidades de modificação consignadas na lei"]", e "inibe o réu de propor contra o autor acção destinada à apreciação da mesma questão jurídica" (artigo 481.°-*c*), C.P.C., na redacção do Decreto-Lei n.° 180/ /96, de 25 de Setembro).

Quanto à forma da citação, tem-se assistido nos últimos anos a várias alterações legislativas, tendo os artigos 233.° e segs., C.P.C., que contêm o seu regime actual, sido na generalidade alterados pelo Decreto-Lei n.° 38/2003, de 8 de Março, rectificado pela Declaração de rectificação n.° 5--C/2003, de 30 de Abril.

A citação era, em princípio, pessoal, feita pelo funcionário judicial na própria pessoa do citando, só podendo ser feita noutra pessoa nos casos em que a lei expressamente o permitia ou quando o réu tivesse constituído mandatário, há menos de quatro anos, com poderes especiais para receber a citação. A citação de pessoas colectivas e sociedades podia ser feita por meio de carta registada com aviso de recepção, tendo esta citação pelo correio o valor de citação pessoal (antigos artigos 228.°-A e 238.°-A, C.P.C., que tinham sido introduzidos pelo Decreto-Lei n.° 242/85, de 9 de Julho, e que foram entretanto revogados). A citação podia efectuar-se em qualquer lugar onde a pessoa se encontrasse, excepto dentro dos templos ou quando o citando se encontrasse ocupado por acto de serviço público que não devesse ser interrompido, não podendo ser ninguém citado no dia do casamento, no dia do falecimento do seu cônjuge, pai, mãe ou filho, nem nos oito dias seguintes, como também não o podia no dia do falecimento de outro ascendente ou descendente, de irmão ou afim nos mesmos graus, nem nos três dias seguintes; se o citado se recusasse a receber o duplicado da petição inicial, o funcionário devia declarar-lhe, na presença de duas testemunhas, quando possível, que o papel ficava à disposição dele na secretaria judicial – antigo artigo 242.°, n.° 2, C.P.C., na redacção do já citado DL n.° 242/85). O antigo artigo 234.°, C.P.C., permitia a citação das pessoas colectivas e das sociedades na pessoa de qualquer empregado, quando não se encontrassem os respectivos representantes na sua sede, determinando que a citação assim feita na pessoa de um empregado tinha o mesmo valor que a citação feita na própria pessoa do representante.

Actualmente, a citação é pessoal ou edital, só tendo lugar esta última quando o citando se encontre ausente em parte incerta, nos termos dos artigos 244.° e 248.°, C.P.C., ou quando sejam incertas as pessoas a citar, ao abrigo do artigo 251.°, C.P.C..

A citação pessoal pode fazer-se pelas seguintes formas: "entrega ao citando de carta registada com aviso de recepção, seu depósito, nos termos do n.° 5 do artigo 237.°-A", ou "certificação da recusa de recebimento, nos termos do n.° 3 do mesmo artigo" ou, ainda, "contacto pessoal do solicitador de execução ou do funcionário judicial com o citando".

O artigo 236.°, C.P.C., contém o regime da citação do meio de carta registada com aviso de recepção. A carta obedece a um modelo oficialmente aprovado (cfr. Portaria n.° 953/2003, de 9 de Setembro) e deve ser "dirigida ao citando e endereçada para a sua residência ou local de trabalho ou, tratando-se de pessoa colectiva ou sociedade, para a respectiva sede ou local onde funciona normalmente a administração, incluindo todos os elementos a que se refere o artigo 235.° [duplicado da petição inicial e cópia dos documentos que a acompanham, comunicação ao citando de "que fica citado para a acção a que o duplicado se refere" e indicação do tribunal, juízo, vara e secção por onde corre o processo, se já tiver havido distribuição, do prazo dentro do qual pode ser oferecida a defesa, da necessidade de patrocínio judiciário e das cominações no caso de revelia] e ainda a advertência, dirigida ao terceiro que a receba, de que a não entrega ao citando, logo que possível, o fará incorrer em responsabilidade, em termos equiparados aos da litigância de má fé".

Caso o citando seja uma pessoa singular, "a carta pode ser entregue, após assinatura do aviso de recepção, ao citando ou a qualquer pessoa que se encontre na sua residência ou local de trabalho e que declare encontrar-se em condições de a entregar prontamente ao citando". Note-se que o n.° 4 do artigo 233.°, C.P.C., equipara à citação pessoal a efectuada em pessoa diversa do citando, encarregada de lhe transmitir o conteúdo do acto. "Antes da assinatura do aviso de recepção, o distribuidor do serviço postal procede à identificação do citando ou do terceiro a quem a carta seja entregue, anotando os elementos constantes do bilhete de identidade ou de outro documento oficial que permita a identificação". Sendo a carta entregue a terceiro, o distribuidor do serviço postal deve "adverti-lo expressamente do dever de pronta entrega ao citando".

No caso de não ser possível entregar a carta, deve ser deixado um aviso ao destinatário, "identificando-se o tribunal de onde provém e o processo a que respeita, averbando-se os motivos da impossibilidade de entrega e permanecendo a carta durante oito dias à sua disposição em estabelecimento postal devidamente identificado". Se o citando ou o terceiro se recusar a assinar o aviso de recepção ou a receber a carta, "o distribuidor do serviço postal lavra nota do incidente, antes de a devolver".

Nos casos em que não é possível a citação de pessoa colectiva por via postal registada na sua sede ou no local onde normalmente funciona a administração, por não se encontrar nesse local o representante legal ou um empregado, "procede-se à citação do representante, mediante carta registada com aviso de recepção, remetida para a sua residência ou local de trabalho", aplicando-se, então, o regime que ficou descrito (artigo 237.°, C.P.C.).

Nas acções para cumprimento de obrigações pecuniárias emergentes de contrato reduzido a escrito cujo valor não exceda a alçada do tribunal da Relação ou, excedendo, a obrigação respeite a fornecimento continuado de bens ou serviços, a citação efectua-se no domicílio convencionado pelas partes, nos termos do artigo 237.°-A, C.P.C.. Se o citando recusar a assinatura do aviso de recepção, o distribuidor lavra nota do incidente antes de devolver a carta ao tribunal "e a citação considera-se efectuada face à certificação da ocorrência" (esta constitui a forma de citação pessoal a que alude a parte final da alínea *a)* do n.° 2 do artigo 233.°, C.P.C., que remete para o n.° 3 do artigo 237.°-A).

Ainda na hipótese de não recebimento da carta, se o expediente for devolvido por o destinatário não ter procedido ao levantamento daquela ou, se se tratar de pessoa diversa do citando, por ter sido recusada a assinatura do aviso de recepção ou a recepção da carta, é repetida a citação, sendo deixada no local a própria carta, no caso de não ser recebida, contendo cópia dos já referidos elementos previstos no artigo 235.°, e advertindo-se o destinatário de que a citação se considera "efectuada, [conforme a situação], na data certificada pelo distribuidor do serviço postal ou, no caso de ter sido deixado o aviso, no 8.° dia posterior a essa data, presumindo-se que o destinatário teve oportuno conhecimento dos elementos que lhe foram deixados" (esta é a situação de depósito a que se refere a segunda parte da alínea *a)* do n.° 2 do artigo 233.°, C.P.C.). No caso de deixar o aviso, o distribuidor do serviço postal deve certificar a data e o local exacto onde o facto ocorreu e remeter de imediato a certidão ao tribunal.

V. artigos 234.°, 234.°-A e 479.°, C.P.C..

Nos termos do artigo 239.°, C.P.C., a citação mediante contacto pessoal do solicitador de execução com o citando é efectuada apenas quando se frustra a via postal. Neste caso, devem ser fornecidos ao citando o duplicado da petição inicial e a cópia dos documentos que a acompanham, a comunicação de "que fica citado para a acção a que o duplicado se refere" e a indicação do tribunal, juízo, vara e secção por onde corre o processo, se já tiver havido distribuição, do prazo dentro do qual pode ser oferecida a defesa, da necessidade de patrocínio judiciário e das cominações no caso de revelia. O citado deve assinar a certidão lavrada pelo solicitador de execução; recusando-se a assiná-la ou a receber o duplicado, "o solicitador dá-lhe conhecimento de que o mesmo fica à sua disposição na secretaria judicial, mencionando tais ocorrências na certidão do acto"; neste caso, o citando é ainda notificado pela secretaria.

A citação também é efectuada por solicitador de execução no caso de o autor declarar na petição inicial que o pretende. O autor pode ainda declarar que pretende que a citação seja efectuada, da forma que se deixou exposta, por funcionário judicial, devendo pagar para o efeito a taxa de justiça fixada no Código das Custas (cfr. artigo 32.°, n.° 1-*f)*, do Código das Custas Judiciais, na redacção que lhe foi dada pelo

Decreto-Lei n.° 324/2003, de 27 de Dezembro, rectificado pela Declaração de rectificação n.° 26/2004, de 24 de Fevereiro). A citação também é feita da forma enunciada por funcionário judicial, mesmo que o autor não o requeira, "quando não haja solicitador de execução inscrito em comarca do círculo judicial a que o tribunal pertence".

O artigo 240.°, C.P.C., regula a situação em que o solicitador de execução ou o funcionário judicial apura que o citando reside ou trabalha no local indicado, mas ele não pôde ser encontrado. Nesta hipótese, "deixará nota com indicação de hora certa para a diligência na pessoa encontrada que estiver em melhores condições de a transmitir ao citando ou, quando tal for impossível, afixará o respectivo aviso no local mais indicado". "No dia e hora designados, o solicitador ou o funcionário fará a citação na pessoa do citando, se o encontrar; não o encontrando, a citação é feita na pessoa capaz que esteja em melhores condições de a transmitir ao citando, incumbindo-a [...] de transmitir o acto ao destinatário e sendo a certidão assinada por quem recebeu a citação". Se não for possível obter a colaboração de terceiros, "a citação é feita mediante afixação, no local mais adequado e na presença de duas testemunhas, da nota de citação [...], declarando-se que o duplicado e os documentos anexos ficam à disposição do citando na secretaria judicial". A citação efectuada nestes termos considera-se pessoal.

"Constitui crime de desobediência a conduta de quem, tendo recebido a citação, não entregue logo que possível ao citando os elementos deixados pelo funcionário, do que será previamente advertido; tendo a citação sido efectuada em pessoa que não viva em economia comum com o citando, cessa a responsabilidade se entregar tais elementos a pessoa da casa, que deve transmiti-los ao citando".

O artigo 241.°, C.P.C., determina que, quando a citação seja efectuada em pessoa diversa do citando, nas várias situações que já ficaram referidas, a secretaria deve enviar a este uma carta registada, "comunicando-lhe a data e o modo por que o acto se considera realizado, o prazo para o oferecimento da defesa e as cominações aplicáveis à falta desta, o destino dado ao duplicado e a identidade da pessoa em quem a citação foi realizada".

As situações de incapacidade de facto do citando e de ausência deste em parte certa ou incerta estão previstas (neste último caso, a citação é, em princípio, edital), respectivamente, nos artigos 242.°, 243.° e 244.°, C.P.C..

Os incapazes, os incertos, as pessoas colectivas, as sociedades, os patrimónios autónomos e o condomínio são citados na pessoa dos seus representantes, mas há a notar que os inabilitados têm de ser citados, sob pena de se verificar a nulidade correspondente à falta de citação, ainda que tenha sido citado o respectivo curador. V. artigos 231.° e 13.°, C.P.C..

Nos termos do artigo 14.°, C.P.C., as pessoas que por motivo grave estejam impedidas de receber a citação devem ser representadas por um curador especial, representação que cessa quando julgada desnecessária ou quando seja nomeado representante ao incapaz em consequência de declaração de interdição ou de inabilitação.

A citação pode ainda ser promovida por mandatário judicial, seguindo-se, então, com adaptações, o regime previsto para a citação por solicitador de execução ou funcionário judicial. Se a citação não se efectuar num determinado prazo, o mandatário judicial deve dar conta do facto, procedendo-se à citação nos termos gerais". V. artigos 233.°, n.° 3, 245.° e 246.°, C.P.C..

Se o réu residir no estrangeiro, devem aplicar-se os Tratados e Convenções internacionais, sendo a citação feita, na sua falta, "por via postal, em carta registada com aviso de recepção, aplicando-se as determinações do regulamento local dos serviços postais". Se esta se frustrar, a citação é feita, se o réu for português, através do consulado português mais próximo e, se for estrangeiro ou não for viável o recurso ao consulado, por carta rogatória, sendo ouvido o autor acerca da expedição da carta. V. artigo 247.°, C.P.C..

A citação edital tem lugar nas seguintes situações, juntando-se ao processo, em todas delas, uma cópia do edital:

1. – Se o citando não residir em Portugal e não for possível localizá-lo, averiguando-

-se previamente a sua última residência em território português (cfr. artigo 247.°, n.° 4, C.P.C.).

2. – Se o lugar em que o citando se encontra não for conhecido. Neste caso, impõe o artigo 248.°, C.P.C., que se afixem "três editais, um na porta do tribunal, outro na porta da casa da última residência que o citando teve no país e outro na porta da sede da respectiva junta de freguesia", e que o autor providencie pela publicação de anúncios "em dois números seguidos de um dos jornais, de âmbito regional ou nacional, mais lidos na localidade em que esteja a casa da última residência do citando". Os anúncios não são publicados "nos inventários em que a herança haja sido deferida a incapazes, ausentes ou pessoas colectivas, no processo sumaríssimo e em todos os casos de diminuta importância em que o juiz os considere dispensáveis". Nos editais, tal como nos anúncios, que devem reproduzir o teor dos editais, "individualizar-se-á a acção para que o ausente é citado, indicando-se quem a propôs e qual é, em substância, o pedido do autor; além disso, designar-se-á o tribunal em que o processo corre, a vara ou juízo e secção respectivos, a dilação, o prazo para a defesa e a cominação, explicando-se que o prazo para a defesa só começa a correr depois de finda a dilação e que esta se conta da publicação do último anúncio ou, não havendo lugar a anúncios, da data da afixação dos editais, que destes constará então". "A citação considera-se feita no dia em que se publique o último anúncio ou, não havendo anúncios, no dia em que sejam afixados os editais"; "a partir da data da citação conta-se o prazo da dilação [quando a citação é edital, a dilação é de 30 dias]; finda esta, começa a correr o prazo para o oferecimento da defesa". Cfr. artigos 249.°, 250.° e 252.°-A, n.° 3, C.P.C..

3. – Quando forem incertas as pessoas a citar: a citação é então feita nos termos referidos no parágrafo anterior com duas modificações (artigo 251.°, C.P.C.): em primeiro lugar, "afixar-se-á um só edital na porta do tribunal, salvo se os incertos forem citados como herdeiros ou representantes de pessoa falecida, porque neste caso também são afixados editais na porta da casa da última residência do falecido e na porta da sede da respectiva junta de freguesia, se forem conhecidas e no País"; por outro lado, "os anúncios são publicados num dos jornais, de âmbito regional ou nacional, mais lidos na sede da comarca".

A falta de citação do réu ou do Ministério Público, quando este deva intervir como parte principal na acção, determina a nulidade de todo o processado após a petição inicial – artigo 194.°, C.P.C..

O artigo 195.°, C.P.C., dispõe que há falta de citação não só quando o acto tenha sido completamente omitido, como quando tenha havido erro de identidade do citado, quando se tenha indevidamente empregado a citação edital, quando haja sido efectuada depois do falecimento ou extinção do citando, conforme se trate de pessoa singular ou colectiva ou quando se demonstre que o destinatário da citação pessoal não chegou a ter conhecimento do acto, por facto que não lhe seja imputável.

No entanto, se o réu ou Ministério Público vierem intervir no processo e não arguirem a falta da sua citação, a nulidade fica sanada (artigo 196.°, C.P.C.).

Se houver vários réus, o artigo 197.°, C.P.C., determina as consequências da falta de citação de um deles. "No caso de litisconsórcio necessário, anular-se-á tudo o que se tenha processado depois das citações; [...] no caso de litisconsórcio voluntário, nada se anula. Mas, se o processo ainda não estiver na altura de ser designado dia para a discussão e julgamento da causa, pode o autor requerer que o réu seja citado; neste caso, não se realiza a discussão sem que o citado seja admitido a exercer, no processo, a actividade de que foi privado pela falta de citação oportuna".

Quando a citação não haja sido feita com observância das formalidades que a lei prescreve, ela é nula, mas a nulidade tem de ser arguida pela parte e só é atendida se a falta cometida for susceptível de prejudicar a defesa do citado. V. artigo 198.°, C.P.C..

Se a falta ou nulidade da citação for arguida pelo citando, a notificação do despacho que a atenda equivale a nova citação, desde que contenha um duplicado da petição inicial e uma cópia dos documentos que a acompanham, a informação de que o citando "fica citado para a acção a que o duplicado se refere" e a indicação do tribunal, juízo, vara e secção por onde corre o processo, se já tiver havido distribuição, do prazo dentro do qual pode ser oferecida a defesa, da necessidade de patrocínio judiciário e das cominações no caso de revelia. V. artigos 198.°-A e 235.°, C.P.C..

Quer a citação seja pessoal quer seja edital, pode acrescer ao prazo de defesa do citando uma dilação. A dilação é de cinco dias quando a citação tenha sido realizada em pessoa diversa do réu ou "quando o réu tenha sido citado fora da área da comarca sede do tribunal onde pende a acção"; a dilação é de 15 dias "quando o réu haja sido citado para a causa no território das regiões autónomas, correndo a acção no continente ou em outra ilha, ou vice-versa"; a dilação é de 30 dias "quando o réu haja sido citado para a causa no estrangeiro, a citação haja sido edital ou se verifique o caso do n.° 5 do artigo 237.°-A [o expediente tiver sido devolvido por o destinatário não ter procedido ao levantamento da carta ou, se se tratar de pessoa diversa do citando, por ter sido recusada a assinatura do aviso de recepção ou a recepção da carta, sendo deixada no local a própria carta, no caso de não ser recebida]". A dilação resultante de a citação ter sido efectuada a pessoa diversa do réu pode acrescer às demais. V. artigo 252.°-A, C.P.C..

Nos processos instaurados nos julgados de paz, a secretaria deve citar o demandado quando este não esteja presente no momento da apresentação do requerimento. A citação deve conter a indicação da data da sessão de pré-mediação, do prazo para apresentação da contestação e das cominações em que incorre no caso de revelia, e ser acompanhada de cópia do requerimento do demandante. A citação pode ser feita por via postal ou, em alternativa, pessoalmente, pelo funcionário, não se admitindo a citação edital – artigos 45.° e 46.° da Lei n.° 78/2001, de 13 de Julho.

Num procedimento de arbitragem, embora as partes possam, em regra, acordar sobre as regras de processo, o demandado tem sempre de ser citado para se defender – artigo 16.°-*b)* da Lei n.° 31/86, de 29 de Agosto, alterada pelo Decreto-Lei n.° 38/2003, de 8 de Março.

Regime aparentemente excepcional – desde logo em relação ao princípio do contraditório – é o previsto no artigo 12.° do Código da Insolvência e da Recuperação de Empresas (aprovado pelo Decreto-Lei n.° 53/2004, de 18 de Março, alterado pelos Decretos-Leis n.°s 200/2004, de 18 de Agosto, e 76-A/2006, de 29 de Março – este último rectificado pela Declaração de rectificação n.° 28-A/2006, de 26 de Maio), já que este admite a dispensa de audiência do devedor, "incluindo a citação [...], quando acarrete demora excessiva, pelo facto de o devedor, sendo uma pessoa singular, residir no estrangeiro, ou por ser desconhecido o seu paradeiro"; nestes casos, "deve, sempre que possível, ouvir-se um representante do devedor, ou, na falta deste, o seu cônjuge ou um seu parente, ou pessoa que com ele viva em união de facto", normas idênticas se aplicando, "com as devidas adaptações, relativamente aos administradores do devedor, quando este não seja uma pessoa singular".

V. Convenção Relativa à Citação e à Notificação no Estrangeiro dos Actos Judiciais e Extrajudiciais em Matéria Civil ou Comercial, assinada na Haia a 15 de Novembro de 1965, aprovada para ratificação pelo Decreto-Lei n.° 210/71, de 18 de Maio, e publicada no *Diário do Governo*, 1.ª série, de 18 de Maio de 1971; o instrumento de ratificação por parte de Portugal foi depositado junto do Ministério dos Negócios Estrangeiros do Reino dos Países Baixos em 27 de Dezembro de 1973, conforme aviso publicado no *Diário do Governo*, 1.ª série, de 24 de Janeiro de 1974, tendo a Convenção entrado em vigor para Portugal em 25 de Fevereiro de 1974.

V. *Réu; Contestação; Acção; Propositura da acção; Causa; Notificação; Secretaria judicial; Petição inicial; Indeferimento liminar; Despacho de citação; Distribuição; Edital; Autor; Citação prévia; Duplicados; Confissão; Processo sumário; Processo sumaríssimo; Pedido; Condenação do réu; Boa fé; Possuidor; Instância; Causa de pedir; Modificações objectivas da instância; Modificações subjectivas da instância; Caso julgado; Funcionário de justiça; Mandatário judicial; Pessoa colectiva; Sociedade; Ausência; Incertos; Solicitador de execução; Residência; Sede; Tribunal; Juízo; Vara cível; Prazo; Patrocínio judiciário; Revelia; Terceiro; Liti-*

gância de má fé; Pessoa singular; Assinatura; Bilhete de identidade; Incidente; Representação legal; Representante; Alçada; Relação; Certidão; Conclusão; Procedimento cautelar; Execução; Indeferimento liminar; Procedência; Excepção dilatória; Conhecimento oficioso; Cópia; Documento; Comarca; Círculo judicial; Testemunha; Cidadania; Carta rogatória; Inventário; Herança; Incapaz; Dilação; Herdeiro; Património autónomo; Condomínio; Nulidade; Curatela; Curador especial; Interdição; Inabilitação; Ministério Público; Parte; Extinção de pessoa colectiva; Litisconsórcio; Audiência de discussão e julgamento; Julgado de paz; Arbitragem; Insolvência; Recuperação de empresas; Devedor; Princípio do contraditório; Paradeiro; Parentesco; União de facto; Administrador.

Citação edital (Proc. Civil) – Diz-se edital a citação que é realizada por editais.

Tem lugar quando o citando se encontre ausente em parte incerta, nos termos dos artigos 244.° e 248.°, C.P.C., ou quando sejam incertas as pessoas a citar, ao abrigo do artigo 251.°, C.P.C. (artigo 233.°, n.° 6, C.P.C., na redacção do Decreto-Lei n.° 183//2000, de 10 de Agosto).

No regime agora substituído, a citação edital ocorria quando o réu se encontrasse em parte incerta, quando fossem incertas as pessoas a citar e, por vezes, quando o réu residia no estrangeiro; era o juiz que determinava, no despacho de citação, se a citação deveria ser edital.

No regime actual, são as seguintes as situações em que a citação se faz editalmente, juntando-se ao processo, em todas delas, uma cópia do edital:

– Se o citando não residir em Portugal mas não for possível localizá-lo, averiguando-se previamente a sua última residência em território português – cfr. artigo 247.°, n.° 4, C.P.C..

– Se o lugar em que o citando se encontra não for conhecido. Nesta hipótese, impõe o artigo 248.°, C.P.C., que se afixem "três editais, um na porta do tribunal, outro na porta da casa da última residência que o citando teve no país e outro na porta da sede da respectiva junta de freguesia", mais se determinando que o autor providencie pela publicação de anúncios "em dois números seguidos de um dos jornais, de âmbito regional ou nacional, mais lidos na localidade em que esteja a casa da última residência do citando"; os anúncios não são publicados "nos inventários em que a herança haja sido deferida a incapazes, ausentes ou pessoas colectivas, no processo sumaríssimo e em todos os casos de diminuta importância em que o juiz os considere dispensáveis". Nos editais, tal como nos anúncios, que devem reproduzir o teor dos editais, "individualizar-se-á a acção para que o ausente é citado, indicando-se quem a propôs e qual é, em substância, o pedido do autor; além disso, designar-se-á o tribunal em que o processo corre, a vara ou juízo e secção respectivos, a dilação, o prazo para a defesa e a cominação, explicando-se que o prazo para a defesa só começa a correr depois de finda a dilação e que esta se conta da publicação do último anúncio ou, não havendo lugar a anúncios, da data da afixação dos editais, que destes constará então". "A citação considera-se feita no dia em que se publique o último anúncio ou, não havendo anúncios, no dia em que sejam afixados os editais"; "a partir da data da citação conta-se o prazo da dilação [quando a citação é edital, a dilação é de 30 dias]; finda esta, começa a correr o prazo para o oferecimento da defesa". Cfr. artigos 249.° (que tem a redacção do Decreto-Lei n.° 329-A/95, de 12 de Dezembro), 250.° e 252.°-A, n.° 3, C.P.C. (com a redacção do Decreto-Lei n.° 199/2003, de 10 de Setembro – rectificado pela Declaração de rectificação n.° 16-B/2003, de 31 de Outubro).

– Quando forem incertas as pessoas a citar. A citação é então feita nos termos que se deixaram referidos com duas modificações (artigo 251.°, C.P.C., na redacção do Decreto-Lei n.° 180/96, de 25 de Setembro): "afixar-se-á um só edital na porta do tribunal, salvo se os incertos forem citados como herdeiros ou representantes de pessoa falecida, porque neste caso também são afixados editais na porta da casa da última residência do falecido e na porta da sede da respectiva junta de freguesia, se forem conhecidas e no País", e "os anúncios são publicados num dos jornais, de âmbito regional ou nacional, mais lidos na sede da comarca".

Quando, num processo de adopção, houver de citar editalmente os pais, os parentes designados na lei ou o tutor do adoptando, o n.° 5 do artigo 164.° da antes chamada O.T.M. (Decreto-Lei n.° 314/78, de 27 de Outubro, com as alterações introduzidas pelos Decretos-Leis n.°s 185/93, de 22 de Maio, 48/95, de 15 de Março, 58//95, de 31 de Março, 120/98, de 8 de Maio, e pelas Leis n.°s 133/99, de 28 de Agosto, 166/99, de 14 de Setembro, e 31/2003, de 22 de Agosto) determina que "a citação deverá sempre salvaguardar o segredo de identidade previsto no artigo 1985.° do Código Civil, para o que serão feitas as adaptações adequadas ao caso".

Sobre a afixação de editais no caso de designação de dia e hora para a venda judicial, v. artigo 890.°, C.P.C., com a redacção dos Decretos-Leis n.°s 38/2003, de 8 de Março (rectificado pela Declaração de rectificação n.° 5-C/2003, de 30 de Abril), e 199/2003; sobre a publicitação da propositura da acção de interdição ou de inabilitação através de editais, v. artigo 945.°, C.P.C.; finalmente, o artigo 1452.°, C.P.C., ocupa-se da publicação por editais da sentença que defira a curadoria provisória dos bens do ausente.

Nos processos que correm nos julgados de paz, não se admite a citação edital – artigo 46.°, n.° 2, da Lei n.° 78/2001, de 13 de Julho.

Considera-se haver falta de citação quando a citação edital tenha sido indevidamente empregue (artigo 195.°, n.° 1-*c*), C.P.C.). Verificando-se esta situação, é nulo todo o processado depois da petição inicial (artigo 194.°-*a*)), embora possa haver sanação da nulidade nos termos do artigo 196.°, C.P.C.. A nulidade da citação pode, de acordo com a alínea *e)* do artigo 771.°, C.P.C., fundar o recurso de revisão.

V. *Citação; Edital; Réu; Incertos; Residência; Autor; Inventário; Herança; Incapaz; Ausente; Pessoa colectiva; Processo sumaríssimo; Propositura da acção; Pedido; Vara cível; Juízo; Dilação; Prazo; Incertos; Herdeiro; Representante; Adopção; Parentes; Tutor; Venda judicial; Interdição; Inabilitação; Curadoria; Ausência; Julgado de paz; Petição inicial; Nulidade processual; Recurso; Revisão.*

Citação pessoal (Proc. Civil) – É a que é feita na própria pessoa do réu. É esta a forma normal de citação.

A citação pessoal pode fazer-se por duas formas:

"*a)* Entrega ao citando de carta registada com aviso de recepção, seu depósito, nos termos do n.° 5 do artigo 237.°-A [aditado ao C.P.C. pelo Decreto-Lei n.° 38//2003, de 8 de Março, rectificado pela Declaração de rectificação n.° 5-C/2003, de 30 de Abril], ou certificação da recusa de recebimento, nos termos do n.° 3 do mesmo artigo;

b) Contacto pessoal do solicitador de execução ou do funcionário judicial com o citando [v. artigo 239.°, C.P.C.]".

Os incapazes, os incertos, as pessoas colectivas, as sociedades, os patrimónios autónomos e o condomínio são citados na pessoa dos seus representantes.

V. artigos 231.° e 233.°, C.P.C., tendo os dois primeiros a redacção do Decreto-Lei n.° 329-A/95, de 12 de Dezembro e o último a do DL n.° 38/2003.

Há legislação avulsa que exige, em certos processos nela regulados, a citação pessoal: assim sucede, por exemplo, no n.° 1 do artigo 29.° do Código da Insolvência e da Recuperação de Empresas, aprovado pelo Decreto-Lei n.° 53/2004, de 18 de Março, alterado pelos Decretos-Leis n.°s 200/2004, de 18 de Agosto, e 76-A/2006, de 29 de Março (este rectificado pela Declaração de rectificação n.° 28-A/2006, de 26 de Maio), para a citação do devedor contra quem tenha sido requerida a declaração de insolvência.

V. *Citação; Réu; Solicitador de execução; Funcionário de justiça; Incapaz; Incertos; Pessoa colectiva; Sociedade; Património autónomo; Condomínio; Representação; Representante; Insolvência; Recuperação de empresas.*

Citação postal (Proc. Civil) – Uma das formas de citação, qualificada actualmente pela lei como pessoal, prevista no artigo 233.°, n.° 2-*a*), C.P.C., consiste na entrega ao citando de carta registada com aviso de recepção.

O artigo 236.°, C.P.C., com a redacção do Decreto-Lei n.° 38/2003, de 8 de Março (rectificado pela Declaração de rectificação n.° 5-C/2003, de 30 de Abril), trata da citação por via postal e estabelece que ela se faz "por meio de carta registada com aviso de recepção, de modelo oficialmente aprovado [cfr. Portaria n.° 953/2003, de 9 de Setembro], dirigida ao citando e endereçada para a sua residência ou local de trabalho ou, tratando-se de pessoa colectiva ou sociedade, para a respectiva sede ou para o local onde funciona normalmente a administração, incluindo todos os elementos a que se refere o artigo 235.° e ainda a advertência, dirigida ao terceiro que a receba, de que a não entrega ao citando, logo que possível, o fará incorrer em responsabilidade, em termos equiparados aos da litigância de má fé".

Esta citação "considera-se feita no dia em que se mostre assinado o aviso de recepção e tem-se por efectuada na própria pessoa do citando, mesmo quando o aviso de recepção haja sido assinado por terceiro, presumindo-se, salvo demonstração em contrário, que a carta foi oportunamente entregue ao destinatário" (artigo 238.°, n.° 1, C.P.C., na redacção que lhe foi dada pelo DL n.° 38/2003).

V. *Citação; Citação pessoal; Residência; Pessoa colectiva; Sociedade; Sede; Formalidades da citação; Terceiro; Litigância de má fé; Presunção legal.*

Citação prévia (Proc. Civil) – O artigo 478.°, C.P.C., na redacção do Decreto-Lei n.° 329-A/95, de 12 de Dezembro, permite que a citação preceda a distribuição, se aquela não dever efectuar-se editalmente, se o autor o requerer e se o juiz considerar justificada a precedência, atentos os motivos indicados. Neste caso, "a petição é logo apresentada a despacho e, se a citação prévia for ordenada, depois dela se fará a distribuição".

Esta expressão surge igualmente no regime da acção executiva e, designadamente, no artigo 812.°-B, C.P.C., aditado pelo Decreto-Lei n.° 38/2003, de 8 de Março (rectificado pela Declaração de rectificação n.° 5-C/2003, de 30 de Abril), sendo que aqui o adjectivo prévio é utilizado por referência à penhora.

A regra, quanto à citação do executado, é a de que este não seja citado antes da penhora, em duas situações que não são no entanto excepcionais: em primeiro lugar, quando não haja lugar a despacho liminar (cfr. artigo 812.°-A, C.P.C., também aditado pelo DL n.° 38/2003) e, em segundo lugar, nas situações previstas no n.° 7 do artigo 812.°, C.P.C. ("*a)* quando, em execução movida apenas contra o devedor subsidiário, o exequente não tenha pedido a dispensa da citação prévia; *b)* no caso do n.° 4 do artigo 805.° [o título executivo não seja uma sentença e a liquidação não dependa de simples cálculo aritmético, caso em que o executado é logo citado para contestar]; *c)* nas execuções fundadas em título extrajudicial de empréstimo contraído para aquisição de habitação própria hipotecada em garantia").

Fora destes casos, "o exequente pode requerer que a penhora seja efectuada sem a citação prévia do executado, tendo para o efeito de alegar factos que justifiquem o receio de perda da garantia patrimonial do seu crédito e oferecer de imediato os meios de prova". Neste caso, "o juiz, produzidas as provas, dispensa a citação prévia do executado quando se mostre justificado o alegado receio de perda da garantia patrimonial do crédito exequendo; a dispensa tem sempre lugar quando, no registo informático de execuções, conste a menção da frustração, total ou parcial, de anterior acção executiva movida contra o executado". "Ocorrendo especial dificuldade em a efectuar, designadamente por ausência do citando em parte certa, o juiz pode dispensar a citação prévia, a requerimento superveniente do exequente, quando, nos termos do número anterior, a demora justifique o justo receio de perda da garantia patrimonial do crédito".

V. *Citação; Distribuição; Penhora; Execução; Despacho liminar; Título executivo; Sentença; Liquidação; Contestação; Mútuo; Hipoteca; Garantia; Crédito; Prova; Ausência; Incertos.*

Citação quase-pessoal (Proc. Civil) – Designava-se assim a citação que, sendo feita em pessoa diversa do réu ou mediante a afixação de uma nota pelo funcionário de justiça na porta da casa do citado, tinha, por força de lei, os mesmos efeitos da citação pessoal.

Hoje, o artigo 233.°, n.° 4, C.P.C., na redacção do Decreto-Lei n.° 329-A/95, de 12 de Dezembro, prevê que, "nos casos expressamente previstos na lei, é equiparada à citação pessoal a efectuada em pessoa diversa do citando, encarregada de lhe transmitir o conteúdo do acto, presumindo-se, salvo prova em contrário, que o citando dela teve oportuno conhecimento".

V. *Citação; Réu; Funcionário de justiça; Citação pessoal; Presunção.*

"Citra petita" (Proc. Civil) – Expressão que significa aquém do pedido. O tribunal pode condenar em menos do que lhe foi pedido; não pode condenar é em mais do que o pedido.

V. *Pedido; Condenação do réu; "Ultra-petita".*

"Civilis ratio naturalia jura corrumpere non potest" – Brocardo segundo o qual o direito positivo não pode violar o direito natural.

V. *Direito constituído; Direito natural.*

Classes de sucessíveis (Dir. Civil) – Os herdeiros legítimos são agrupados em classes para efeitos sucessórios (cônjuge e descendentes, cônjuge e ascendentes, irmãos e respectivos descendentes, outros colaterais até ao quarto grau e Estado).

"O cônjuge sobrevivo integra a primeira classe de sucessíveis, salvo se o autor da sucessão falecer sem descendentes e deixar ascendentes, caso em que integra a segunda classe".

V. artigo 2133.°, C.C..

De acordo com o artigo 2134.°, C.C., "os herdeiros de cada uma das classes de sucessíveis preferem aos das classes imediatas".

Dentro de cada classe, preferem os parentes de grau mais próximo – artigo 2135.°, C.C..

V. *Sucessível; Herdeiro legítimo; Descendente; Ascendente; Colateral; Grau de parentesco; Autor da sucessão.*

Classificação da falência (Dir. Com.; Proc. Civil) – A falência era classificada como casual, culposa ou fraudulenta – era o que dispunha o artigo 1274.°, C.P.C., depois revogado pelo Código dos Processos Especiais de Recuperação da Empresa e de Falência, aprovado pelo Decreto-Lei n.° 132/93, de 23 de Abril (rectificado pela Declaração de rectificação n.° 141/93, de 31 de Julho), alterado pelos Decretos-Leis n.°s 157/97, de 24 de Junho, 315/98, de 20 de Outubro, 323/2001, de 17 de Dezembro, e 38/2003, de 8 de Março, este entretanto também revogado pelo Código da Insolvência e da Recuperação de Empresas, aprovado pelo Decreto-Lei n.° 53/2004, de 18 de Março, alterado pelos Decretos-Leis n.°s 200/2004, de 18 de Agosto, e 76-A//2006, de 29 de Março (rectificado pela Declaração de rectificação n.° 28-A/2006, de 26 de Maio).

Chegando ao conhecimento do tribunal factos que indiciem a prática de qualquer dos crimes previstos e punidos nos artigos 227.° a 229.° do Código Penal, o juiz mandará dar conhecimento da ocorrência ao Ministério Público, para efeitos da acção penal. Estas disposições do Código Penal prevêem os crimes de insolvência dolosa, de insolvência negligente e de favorecimento de credores.

V. *Falência; Falência casual; Falência culposa; Falência dolosa; Ministério Público; Insolvência; Favorecimento de credores.*

Cláusula (Dir. Civil) – Disposição voluntária – *maxime* convencional – que resolve uma questão particular de um negócio jurídico. A cláusula é, pois, um elemento do conteúdo do negócio jurídico, que releva da vontade do seu autor ou das partes.

A doutrina utiliza, por vezes, embora sem propriedade, o termo cláusula em sentido mais amplo, abrangendo também as regras que se incluem no negócio por força da lei.

As partes não têm de fixar nos negócios uma regulamentação muito minuciosa se o não quiserem: a lei supre as omissões e insuficiências através de normas supletivas, justamente destinadas a funcionarem para a regulação das questões sobre as quais as partes não se pronunciaram. Apenas é imprescindível que as partes estabeleçam regras mínimas correspondentes à caracterização do próprio contrato: os chamados elementos essenciais específicos do contrato (por exemplo, no contrato de compra e venda, é necessário que as partes digam que uma vende e outra compra, identifiquem a coisa e determinem o preço).

No entanto, todas as questões suscitadas por qualquer das partes devem encontrar-se reguladas por acordo, para que haja contrato; isto é, enquanto, relativamente a uma questão que uma das partes entenda dever ser regulada, não tenha havido acordo, não pode entender-se concluído o contrato (v. artigo 232.°, C.C.).

V. *Negócio jurídico; Norma supletiva; Contrato; Elementos essenciais do contrato; Elementos específicos do contrato; Compra e venda; Perfeição do contrato.*

Cláusula acessória (Dir. Civil) – Num dos sentidos desta expressão, cláusula acessória é um elemento acidental do contrato: através da sua inserção no regulamento negocial as partes adaptam aos seus interesses e conveniências o conteúdo contratual que a lei prefigura.

A validade das cláusulas acessórias depende do âmbito de liberdade de estipulação deixado às partes em cada tipo negocial.

Num outro sentido – que parece ser aquele que a lei adopta (v. artigos 221.° e 222.°, C.C.) – cláusula acessória é sinónimo de cláusula adicional, isto é, de cláusula acordada pelos contraentes em momento diverso – e também muitas vezes em forma diferente – do restante conteúdo convencional.

V. *Cláusula; Contrato; Elementos acidentais do contrato; Validade; Contrato típico; Liberdade contratual; Cláusula adicional; Forma.*

Cláusula "ad cautelam" (Dir. Civil) – A cláusula *ad cautelam* era a declaração anterior à declaração negocial, pela qual se estabelecia uma reserva a esta, isto é, se dizia que o negócio a realizar não correspondia à vontade do declarante.

Actualmente, é completamente irrelevante fazer preceder o negócio de uma declaração destas.

V. *Cláusula; Negócio jurídico; Declaração negocial; Declarante.*

Cláusula adicional (Dir. Civil) – Cláusula inserida num negócio jurídico em momento diverso do da celebração deste.

A cláusula adicional caracteriza-se, pois, por ser estabelecida destacadamente do negócio, podendo ser estipulada em momento anterior, contemporâneo ou posterior ao da conclusão dele.

As estipulações anteriores ou contemporâneas do negócio, que não tenham observado a forma legalmente exigida para ele, só são válidas se as razões determinantes da exigência formal lhes não forem aplicáveis e se se provar que correspondem à vontade do autor da declaração; quanto às cláusulas posteriores ao negócio, elas só estão sujeitas à exigência formal que a lei estabeleça para o negócio, "se as razões da exigência especial da lei lhes forem aplicáveis" – artigo 221.°, C.C..

Não exigindo a lei qualquer forma para a celebração do negócio, mas tendo o seu (ou seus) autor(es) adoptado a forma escrita, a validade das cláusulas adicionais que não tenham sido estabelecidas pela mesma forma tem o seu regime no artigo 222.°, C.C..

No entanto, o artigo 394.°, C.C., determina que "é inadmissível a prova por testemunhas, se tiver por objecto quaisquer convenções contrárias ou adicionais ao conteúdo de documento autêntico ou dos documentos particulares mencionados nos artigos 373.° a 379.°, quer as convenções sejam anteriores à formação do documento ou contemporâneas dele, quer sejam posteriores". Enquanto as disposições anteriormente citadas respeitam à validade formal das cláusulas adicionais, esta última do artigo 394.°, bem como a do artigo 393.°, C.C., ocupam-se do regime da prova.

V. *Cláusula; Negócio jurídico; Forma; Validade; Forma voluntária; Prova testemunhal; Documento autêntico; Documento particular; Prova; Convenção;*

Cláusula a retro (Dir. Civil) – V. *Cláusula; Venda a retro.*

Cláusula compromissória (Dir. Civil; Proc. Civil) – Convenção pela qual as partes acordam em submeter à decisão de árbitros os eventuais futuros litígios que entre elas venham a surgir, em consequência de uma determinada relação jurídica contratual ou extracontratual. Nos termos da convenção, podem ainda ser cometidas aos árbitros as decisões que hajam de se tomar em consequência de necessidades de precisar, completar, actualizar ou até rever os contratos e as relações jurídicas que estão na origem da cláusula.

Requisito formal de validade da chamada cláusula compromissória é a sua redução a escrito, sendo requisito substancial a especificação da relação jurídica a que os litígios respeitam.

Se bem que a lei utilize a designação de *cláusula*, trata-se, em rigor, de uma convenção que pode não integrar o conteúdo de qualquer negócio jurídico, antes ser autónoma dele, o mesmo é dizer que pode não ser uma cláusula em sentido próprio, mas uma convenção *a se*.

A convenção pode ser validamente revogada por escrito, assinado pelas partes até à pronúncia da decisão arbitral, e fica sem efeito:

"*a)* Se algum dos árbitros falecer, se escusar ou se impossibilitar permanentemente para o exercício da função ou se a designação ficar sem efeito, desde que não seja substituído [...];

b) Se, tratando-se de tribunal colectivo, não puder formar-se maioria na deliberação dos árbitros;

c) Se a decisão não for proferida no prazo estabelecido [...]".

Esta matéria, bem como as regras relativas aos árbitros e ao tribunal arbitral, é objecto da Lei n.° 31/86, de 29 de Agosto, alterada pelo Decreto-Lei n.° 38/2003, de 8 de Março (rectificado pela Declaração de rectificação n.° 5-C/2003, de 30 de Abril), que revogou o Título I do Livro IV do Código de Processo Civil.

V. artigos 1.° a 4.° do referido diploma.

V. *Convenção; Convenção de arbitragem; Árbitro; Litígio; Relação jurídica; Contrato; Tribunal arbitral; Forma; Validade; Documento particular; Escusa; Tribunal colectivo; Prazo.*

Cláusula "cum potuerit" (Dir. Civil) – Convenção relativa ao tempo do cumprimento da obrigação e nos termos da qual aquele só tem de ser realizado quando o devedor puder fazê-lo.

Para que o credor possa, procedentemente, exigir do seu devedor o cumprimento, tem de fazer prova da possibilidade de cumprir daquele. Só estará dispensado de tal prova quando o devedor falecer, momento em que o cumprimento da obrigação pode ser exigido dos seus herdeiros.

V. artigo 778.°, n.° 1, C.C..

V. *Cláusula; Obrigação; Cumprimento; Devedor; Tempo do cumprimento; Credor; Herdeiro.*

Cláusula "cum voluerit" (Dir. Civil) – Estipulação contratual nos termos da qual o devedor cumprirá a sua obrigação quando quiser.

A existência desta cláusula impede o vencimento da obrigação em vida do devedor – uma vez que o momento do cumprimento é deixado ao arbítrio dele –, podendo o credor exigir a prestação dos seus herdeiros.

V. artigo 778.°, n.° 2, C.C..

V. *Cláusula; Obrigação; Cumprimento; Vencimento; Devedor; Credor; Prestação; Herdeiro.*

Cláusula de agravamento da responsabilidade (Dir. Civil) – Estipulação convencional nos termos da qual o devedor assume a responsabilidade pelo incumprimento da obrigação, ainda que o facto motivador desse incumprimento não lhe seja imputável.

Constitui também uma cláusula de agravamento da responsabilidade a fixação convencional de um mínimo indemnizatório que o devedor pagará em caso de não cumprimento, ainda que o montante dos danos seja inferior a esse valor.

Estas convenções, que não se encontram previstas expressamente na lei portuguesa, são consideradas, em princípio, válidas pelas doutrina e jurisprudência.

V. *Cláusula; Devedor; Incumprimento; Obrigação; Responsabilidade contratual; Culpa; Dano; Validade.*

Cláusula de equidade (Dir. Civil; Proc. Civil) – Em regra, é lícito às partes estipular que os litígios que entre elas venham a emergir de um contrato sejam julgados por tribunal arbitral segundo a equidade. A convenção pode integrar-se no próprio contrato, ser posterior a ele e ser mesmo estabelecida quando o litígio a que se reporta já se encontrar afecto a um tribunal judicial.

O artigo 4.°-*c)*, C.C., dispõe que o tribunal pode resolver segundo a equidade quando as partes o tenham previamente convencionado, nos termos aplicáveis à cláusula compromissória.

Existindo convenção de arbitragem com cláusula de equidade, é segundo esta que os árbitros julgam, não sendo então a sua decisão susceptível de recurso.

V. artigos 1.°, 22.° e 29.°, n.° 2, da Lei n.° 31/86, de 29 de Agosto, alterada pelo Decreto-Lei n.° 38/2003, de 8 de Março, rectificado pela Declaração de rectificação n.° 5-C/2003, de 30 de Abril.

V. *Cláusula; Equidade; Litígio; Contrato; Convenção de arbitragem; Tribunal arbitral; Tribunal judicial; Cláusula compromissória; Recurso.*

Cláusula de escolha de legislação (Dir. Civil) – Convenção pela qual as partes estabelecem qual o direito aplicável às obrigações provindas do negócio jurídico.

Segundo o n.° 2 do artigo 41.°, C.C., "a designação ou referência das partes só pode, todavia, recair sobre lei cuja aplicabilidade corresponda a um interesse sério dos declarantes ou esteja em conexão com algum dos elementos do negócio jurídico atendíveis no domínio do direito internacional privado".

V. *Cláusula; Negócio jurídico; Obrigação.*

Cláusula de estilo (Dir. Civil) – Cláusula que se encontra frequentemente nos negócios do mesmo género.

V. *Cláusula; Negócio jurídico.*

Cláusula de exclusão da responsabilidade (Dir. Civil) – Chama-se cláusula de exclusão da responsabilidade ao acordo das partes, nos termos do qual o devedor não será obrigado a indemnizar o credor no caso de vir a incumprir culposamente a sua obrigação.

A doutrina maioritária entende que esta cláusula é nula nos termos do artigo 809.°, C.C., apenas quando o devedor tenha incumprido a obrigação com dolo ou culpa grave; a convenção é admitida, quando se refira a actos de terceiros, representantes, substitutos ou auxiliares do devedor, desde que os actos destes não constituam violação de deveres impostos por normas de ordem pública (artigo 800.°, n.° 2, C.C.).

Quando a cláusula de exclusão da responsabilidade seja uma cláusula contratual geral, inserida em contratos celebrados entre empresários ou os que exerçam profissões liberais, ou entre uns e outros, é "em absoluto proibida", se o seu objecto for:

a) "a responsabilidade por danos causados à vida, à integridade moral ou física ou à saúde das pessoas";

b) "a responsabilidade por danos patrimoniais extracontratuais, causados na esfera da contraparte ou de terceiros";

c) "a responsabilidade por não cumprimento definitivo, mora ou cumprimento defeituoso, em caso de dolo ou de culpa grave";

d) "a responsabilidade por actos de representantes ou auxiliares, em caso de dolo ou de culpa grave".

V. artigo 18.° do Decreto-Lei n.° 446/ /85, de 25 de Outubro (este diploma foi, sucessivamente, alterado pelos Decretos-Leis n.°s 220/95, de 31 de Agosto, 249/99, de 7 de Julho, e 323/2001, de 17 de Dezembro, muito embora este artigo tenha mantido a sua redacção inicial).

Nos contratos, celebrados com base em cláusulas contratuais gerais, com consumidores finais, são igualmente nulas as cláusulas de exclusão da responsabilidade que antes se referiram, por força do artigo 20.° do mesmo diploma, com a redacção que lhe foi dada pelo DL n.° 220/95.

O Decreto-Lei n.° 32/2003, de 17 de Fevereiro, alterado pelo Decreto-Lei n.° 107/ /2005, de 1 de Julho, que transpôs para a ordem jurídica interna a Directiva n.° 2000/35/CE, do Parlamento Europeu e do Conselho, de 29 de Junho, aplicável a "todos os pagamentos efectuados como remunerações de transacções comerciais", à excepção dos "*a)* [...] contratos celebrados com consumidores; *b)* [...] juros relativos a outros pagamentos que não os efectuados para remunerar transacções comerciais; *c)* [...] pagamentos efectuados a título de indemnização por responsabilidade civil, incluindo os efectuados por companhias de seguros", dispõe, no seu artigo 5.°, que "nas transacções comerciais [nele] previstas [...] são nulas as cláusulas [...] que, sem motivo atendível e justificado face às circunstâncias concretas [...]: *b)* Excluam ou limitem, de modo directo ou indirecto, a responsabilidade pela mora"; quando tal aconteça, estabelece o n.° 2 do mesmo artigo que os contratos se mantêm, "vigorando na parte afectada as normas supletivas aplicáveis, com recurso, se necessário, às regras de integração dos negócios jurídicos"; segundo o n.° 4, "a invocação da nulidade pode ser feita judicial ou extrajudicialmente, devendo, neste caso, ser efectuada por escrito, com a devida fundamentação"; o n.° 5 acrescenta que "as cláusulas referidas neste artigo, sendo cláusulas contratuais gerais, podem ser objecto da acção inibitória prevista no Decreto-Lei n.° 446/85, de 25 de Outubro, [...] aplicando-se os respectivos artigos 25.° a 34.°, com as necessárias adaptações".

Nos termos dos artigos 6.°, n.° 1, e 10.° do Decreto-Lei n.° 383/89, de 6 de Novembro, que transpôs a Directiva n.° 85/374/ /CEE, do Conselho, de 25 de Julho, relativa à aproximação das disposições legislativas, regulamentares e administrativas dos Estados membros em matéria de responsabilidade decorrente de produtos defeituosos, e foi alterado pelo Decreto-Lei n.° 131/2001, de 24 de Abril, a responsabilidade do produtor prevista no diploma "não pode ser excluída ou limitada [...] perante o lesado, tendo-se por não escritas as estipulações em contrário".

O artigo 21.° do Decreto-Lei n.° 239/2003, de 4 de Outubro – que tem por objecto o regime do contrato de transporte rodoviário nacional de mercadorias – estabelece que, "sempre que a perda, avaria ou demora resultem de actuação dolosa do transportador, este não pode prevalecer-se das disposições que excluem ou limitam a sua responsabilidade".

O Decreto-Lei n.° 383/89, de 6 de Novembro, que transpôs a Directiva n.° 85/374/CEE, do Conselho, de 25 de Julho, relativa à aproximação das disposições legislativas, regulamentares e administrativas dos Estados membros em matéria de responsabilidade decorrente de produtos defeituosos, e foi alterado pelo Decreto-Lei n.° 131/2001, de 24 de Abril, estabelece, no seu artigo 1.°, que "o produtor é responsável, independentemente de culpa, pelos danos causados por defeitos dos produtos que põe em circulação", estabelecendo o artigo 10.° que esta responsabilidade "não pode ser excluída ou limitada [...] perante o lesado, tendo-se por não escritas as estipulações em contrário".

V. *Cláusula; Devedor; Credor; Obrigação; Culpa; Indemnização; Incumprimento; Nulidade; Dolo; Culpa grave; Terceiro; Representante; Substituto; Auxiliar; Ordem pública; Cláusulas contratuais gerais; Dano; Mora; Cumprimento defeituoso; Consumidor; Transacção; Responsabilidade civil; Norma supletiva; Integração do negócio jurídico; Acção inibitória; Contrato de transporte; Responsabilidade do produtor; Responsabilidade do transportador; Responsabilidade do produtor; Responsabilidade objectiva.*

Cláusula de fixação de domicílio (Dir. Civil) – O artigo 84.°, C.C., permite "estipular domicílio particular para determinados negócios, contanto que a estipulação seja reduzida a escrito".

V. *Cláusula; Domicílio; Negócio jurídico; Documento particular.*

Cláusula de garantia (Dir. Civil) – É uma convenção de agravamento da responsabilidade do devedor, segundo a qual este se compromete a responder face ao credor pelo incumprimento que resulte de facto não imputável a qualquer deles.

Existindo uma cláusula destas no contrato, a obrigação do devedor caracteriza-se como obrigação de garantia (por contraposição à obrigação de meios e à obrigação de resultado): o seu objecto é a consecução do resultado para que tende a prestação debitória, seja qual for a dificuldade ou obstáculo que tal objectivo encontre.

V. *Cláusula; Cláusula de agravamento da responsabilidade; Devedor; Credor; Incumprimento; Culpa; Obrigação de meios; Obrigação de resultado; Prestação.*

Cláusula de inalienabilidade (Dir. Civil) – A inalienabilidade convencional é, em regra, válida, mas os efeitos de tal cláusula são apenas obrigacionais (artigo 1306.°, C.C.): isto é, proibida convencionalmente a alienação do bem, fica o seu proprietário devedor da obrigação de não o alienar, mas não fica o direito de propriedade limitado quanto à faculdade de disposição que o integra. O que tem como consequência que qualquer alienação que o proprietário realize seja válida, muito embora, porque consubstancia ilícito obrigacional, o possa constituir na obrigação de indemnizar o respectivo credor.

A disposição testamentária que vede a alienação dos bens hereditários é havida como fideicomissária (artigo 2295.°, n.°s 1-*a)* e 2, C.C.), sendo também esse o regime da cláusula de inalienabilidade inserta em doação (artigo 962.°, C.C.).

V. *Cláusula; Validade; Alienação; Direito de propriedade; Devedor; Obrigação; Responsabilidade obrigacional; Indemnização; Credor; Testamento; Fideicomisso; Doação.*

Cláusula de indivisão (Dir. Civil) – Designação legal da convenção pela qual todos ou alguns dos comproprietários se tenham obrigado a manter a coisa comum indivisa.

Tal cláusula não pode, nos termos do n.° 2 do artigo 1412.°, C.C., fixar um prazo superior a cinco anos para a indivisão, embora esse prazo possa ser sucessivamente prorrogado por novas convenções. Identicamente, estabelece o artigo 2101.°, n.° 2, C.C., que os co-herdeiros podem convencionar a manutenção do património hereditário indiviso por um prazo máximo de cinco anos. A lei não determina a solução a aplicar no caso de a cláusula de indivisão estabelecer um prazo superior ao máximo legal permitido, devendo, pois, entender-se que, por aplicação do artigo 292.°, C.C., o prazo deve ser então reduzido a cinco anos, salvo se se mostrar que a cláusula não teria sido estabelecida por prazo inferior ao acordado, hipótese em que ela tem d considerar-se totalmente nula.

O n.° 3 do artigo 1412.°, C.C., estabelece que "a cláusula de indivisão vale em relação a terceiros, mas deve ser registada para tal efeito, se a compropriedade respeitar a coisas imóveis ou a coisas móveis sujeitas a registo". O artigo 94.°-*d)* do Código do Registo Predial – aprovado pelo Decreto-Lei n.° 224/84,, de 6 de Julho (rectificado por declaração publicada no *Diário da República*, I série, de 29 de Setembro de 1984), alterado pelos Decretos-Leis n.°s 355/85, de 2 de Outubro, 60/90, de 14 de Fevereiro (este último rectificado por declaração publicada no *Diário da República*, I-A série, de 31 de Março de 1990), 80/92, de 7 de Maio, 30/93, de 12 de Fevereiro, 227/94, de 8 de Setembro, 267/94, de 25 de Outubro, 67/96, de 31 de Maio, 375-A/99, de 20 de Setembro, 533/99, de 11 de Dezembro, 273/2001, de 13 de Outubro, 323/2001, de 17 de Dezembro, 38/2003, de 8 de Março (este rectificado pela Declaração de rectificação n.° 5-C/2003, de 30 de Abril), e 194/ /2003, de 23 de Agosto, e pela Lei n.° 6/ /2006, de 27 de Fevereiro –, dispõe que a cláusula de indivisão da compropriedade, "quando estipulada no título de constituição ou aquisição", constará obrigatoriamente do extracto da inscrição registral.

A cláusula de indivisão, não obstando, em princípio, a que os comproprietários que a estabeleceram alienem as suas quotas, continua, pois, a vincular os adquirentes dessas quotas, desde que, sendo o bem imóvel ou móvel sujeito a registo, se encontre registada.

V. *Cláusula; Convenção; Compropriedade; Coisa comum; Acção de divisão de coisa comum; Herança; Herdeiro; Nulidade; Redução; Terceiro; Registo; Imóvel; Móvel; Inscrição; Quota; Obrigação.*

Cláusula de limitação da responsabilidade (Dir. Civil) – V. *Cláusula; Cláusula limitativa da responsabilidade.*

Cláusula de reserva de propriedade (Dir. Civil) – V. *Cláusula; Reserva de propriedade.*

Cláusula de reserva de usufruto (Dir. Civil) – V. *Cláusula; Reserva de usufruto.*

Cláusula de resgate (Dir. Civil) – Cláusula nos termos da qual o devedor de uma obrigação pode não realizar a respectiva prestação debitória, pagando ao credor certa quantia em dinheiro.

A cláusula de resgate consubstancia, pois, uma *obrigação com faculdade alternativa* (v. esta expressão).

V. *Cláusula; Obrigação; Devedor; Prestação; Credor.*

Cláusula de reversão (Dir. Civil) – Cláusula inserta numa doação segundo a qual a coisa doada reverterá para o doador no caso de este sobreviver ao donatário ou a este e a todos os seus descendentes: se a cláusula for omissa quanto ao momento da reversão, dispõe o artigo 960.°, n.° 2, C.C., que se entende que a coisa só reverterá se falecer o donatário e seus descendentes.

"A cláusula de reversão que respeite a coisas imóveis, ou a coisas móveis sujeitas a registo, carece de ser registada", e isto porque, quando, nos termos da cláusula, os bens "regressem ao património do doador, passam livres dos encargos que lhes tenham sido impostos enquanto estiveram em poder do donatário ou de terceiros a quem tenham sido transmitidos". O artigo 94.°-*b)* do Código do Registo Predial – aprovado pelo Decreto-Lei n.° 224/84,, de 6 de Julho (rectificado por declaração publicada no *Diário da República,* I série, de 29 de Setembro de 1984), e alterado pelos Decretos-Leis n.°s 355/85, de 2 de Outubro, 60/90, de 14 de Fevereiro (este último rectificado por declaração publicada no *Diário da República,* I-A série, de 31 de Março de 1990), 80/92, de 7 de Maio, 30/ /93, de 12 de Fevereiro, 227/94, de 8 de Setembro, 267/94, de 25 de Outubro, 67/96, de 31 de Maio, 375-A/99, de 20 de Setembro, 533/99, de 11 de Dezembro, 273/2001, de 13 de Outubro, 323/2001, de 17 de Dezembro, 38/2003, de 8 de Março (rectificado pela Declaração de rectificação n.° 5--C/2003, de 30 de Abril), e 194/2003, de 23 de Agosto, e pela Lei n.° 6/2006, de 27 de Fevereiro – dispõe que a cláusula de reversão aposta a contrato de doação constará obrigatoriamente da inscrição do contrato.

V. artigos 960.° e 961.°, C.C..

A convenção antenupcial pode também conter cláusulas de reversão relativas às liberalidades que aí sejam feitas, sendo tais cláusulas livremente revogáveis a todo o tempo pelo autor da liberalidade.

V. artigos 1700.°, n.° 2, e 1707.°, C.C..

V. *Cláusula; Doação; Descendente; Imóvel; Móvel; Registo; Encargos; Terceiro; Inscrição; Convenção antenupcial; Liberalidade; Revogação da doação.*

Cláusula derrogatória do testamento (Dir. Civil) – É a disposição testamentária pela qual o testador declara que não valerá qualquer outro testamento que venha a fazer ulteriormente.

Tratando-se de uma estipulação unilateral, a designação de cláusula não é, pois, rigorosa.

Esta disposição é nula, nos termos do artigo 2311.°, C.C., que estabelece, no seu n.° 1, que "o testador não pode renunciar à faculdade de revogar, no todo ou em parte, o seu testamento", e declara, no n.° 2, que se tem por "não escrita qualquer cláusula que contrarie a faculdade de revogação".

V. *Cláusula; Testamento; Nulidade; Revogação do testamento.*

Cláusula fideicomissária (Dir. Civil) – V. *Cláusula; Fideicomisso.*

Cláusula fiduciária (Dir. Civil) – Convenção pela qual alguém assume a obrigação de utilizar os poderes jurídicos que lhe são conferidos pela outra parte dentro dos limites e para o fim para que lhe foram atribuídos.

V. *Cláusula; Negócio fiduciário.*

Cláusula geral (Dir. Civil) – V. *Cláusulas gerais.*

Cláusula judicial (Dir. Civil; Proc. Civil) – Há autores que designam, genericamente, por cláusula judicial aquela que se refere a um futuro e eventual litígio relativo ao negócio jurídico em que é inserida.

Exemplos de cláusulas judiciais são, pois, a *cláusula compromissória* e o *pacto de aforamento* (v. estas expressões).

V. *Cláusula; Litígio; Negócio jurídico.*

Cláusula legal (Dir. Civil) – Para os autores que qualificam como cláusulas todas as disposições negociais, provenham elas da vontade das partes ou da lei, cláusula legal é a estipulação que se inclui no contrato por força da lei.

V. *Cláusula; Contrato.*

Cláusula leonina (Dir. Civil) – Sinónimo de *pacto leonino* (v. esta expressão).

Cláusula limitativa da responsabilidade (Dir. Civil) – 1. Convenção pela qual as partes limitam antecipadamente o montante indemnizatório a pagar pelo devedor, no caso de vir a haver incumprimento culposo da obrigação assumida por parte dele.

Segundo uma corrente doutrinária, esta cláusula é, nos termos do artigo 809.°, C.C., nula. Porém, a doutrina maioritária entende que a nulidade decorrente desta disposição só se verifica se o incumprimento for doloso ou gravemente culposo ou se – independentemente da gravidade da culpa – a convenção estipular um montante indemnizatório tão reduzido que deva ser entendida como substancialmente de exclusão – e não apenas de limitação – da responsabilidade do devedor.

A cláusula será válida se respeitar ao incumprimento obrigacional actuado por um terceiro, representante, substituto ou auxiliar do devedor, de acordo com o artigo 800.°, n.° 2, C.C.; mesmo neste caso de a limitação convencional da responsabilidade debitória visar os actos de terceiros que intervenham no cumprimento, a cláusula não é válida sempre que tais actos "representem a violação de deveres impostos por normas de ordem pública".

Quando a cláusula de limitação da responsabilidade do devedor se integrar em cláusulas contratuais gerais num contrato celebrado entre empresários ou os que exerçam profissões liberais, ou entre uns e outros, é-lhe aplicável o artigo 18.° do Decreto-Lei n.° 446/85, de 25 de Outubro, alterado pelos Decretos-Leis n.°s 220/95, de 31 de Agosto, 249/99, de 7 de Julho, e 323/2001, de 17 de Dezembro; nos termos desta disposição, "são em absoluto proibidas" as cláusulas que limitem de modo directo ou indirecto:

a) "a responsabilidade por danos causados à vida, integridade moral ou física ou à saúde das pessoas";

b) "a responsabilidade por danos patrimoniais extracontratuais, causados na esfera da contraparte ou de terceiros";

c) "a responsabilidade por não cumprimento definitivo, mora ou cumprimento defeituoso, em caso de dolo ou de culpa grave";

d) "a responsabilidade por actos de representantes ou auxiliares em caso de dolo ou de culpa grave".

Também nos contratos, celebrados com base em cláusulas contratuais gerais, com consumidores finais, estas cláusulas são nulas, sendo proibidas em alguns casos, "consoante o quadro negocial padronizado", as cláusulas que "limitem a responsabilidade de quem as predisponha, por vício da prestação, a reparações ou a indemnizações pecuniárias predeterminadas" (cfr. artigos 20.° e 22.° do Decreto-Lei n.° 446/85, cuja redacção actual resulta do mencionado DL n.° 220/95; a alteração não incidiu, porém, nas normas citadas).

O Decreto-Lei n.° 32/2003, de 17 de Fevereiro, alterado pelo Decreto-Lei n.° 107/2005, de 1 de Julho, que transpôs para a ordem jurídica interna a Directiva n.° 2000/35/CE, do Parlamento Europeu e do Conselho, de 29 de Junho, aplicável a "todos os pagamentos efectuados como remunerações de transacções comerciais", à excepção dos "*a)* [...] contratos celebrados com consumidores; *b)* [...] juros relativos a outros pagamentos que não os efectuados para remunerar transacções comerciais; *c)* [...] pagamentos efectuados a título de indemnização por responsabilidade civil, incluindo os efectuados por companhias de seguros", dispõe, no seu artigo 5.°, que "nas transacções comerciais [nele] previstas [...] são nulas as cláusulas [...] que, sem motivo atendível e justificado face às circunstâncias concretas [...], excluam ou limitem, de modo directo ou indirecto, a responsabilidade pela mora"; quando tal aconteça, estabelece o n.° 2 do mesmo artigo que os contratos se mantêm, "vigorando na parte afectada as normas supletivas aplicáveis, com recurso, se necessário, às regras de integração dos negócios jurídicos"; segundo o n.° 4, "a invocação da nulidade pode ser feita judicial ou extrajudicialmente, devendo, neste caso, ser efectuada por escrito, com a devida fundamentação"; o n.° 5 acrescenta que "as cláusulas referidas neste artigo, sendo cláusulas contratuais gerais, podem ser objecto da acção inibitória prevista no Decreto-Lei n.° 446/ /85, de 25 de Outubro, [...] aplicando-se os respectivos artigos 25.° a 34.°, com as necessárias adaptações".

Nos termos dos artigos 6.°, n.° 1, e 10.° do Decreto-Lei n.° 383/89, de 6 de Novembro, que transpôs a Directiva n.° 85/374/CEE, do Conselho, de 25 de Julho, relativa à aproximação das disposições legislativas, regulamentares e administrativas dos Estados membros em matéria de responsabilidade decorrente de produtos defeituosos, e foi alterado pelo Decreto-Lei n.° 131/2001, de 24 de Abril, a responsabilidade do produtor prevista no diploma "não pode ser excluída ou limitada [...] perante o lesado, tendo-se por não escritas as estipulações em contrário".

O artigo 21.° do Decreto-Lei n.° 239/ /2003, de 4 de Outubro – que tem por objecto o regime do contrato de transporte rodoviário nacional de mercadorias – estabelece que, "sempre que a perda, avaria ou demora resultem de actuação dolosa do transportador, este não pode prevalecer-se das disposições que excluem ou limitam a sua responsabilidade".

V. *Cláusula; Devedor; Obrigação; Culpa; Indemnização; Incumprimento; Nulidade; Cláusula de exclusão da responsabilidade; Terceiro; Representante; Auxiliar; Substituto; Ordem pública; Cláusulas contratuais gerais; Mora; Cumprimento defeituoso; Dolo; Culpa grave; Consumidor; Transacção; Responsabilidade civil; Norma supletiva; Integração do negócio jurídico; Acção inibitória; Responsabilidade do produtor; Contrato de transporte; Responsabilidade do transportador.*

2. Numa outra acepção, pode falar-se de cláusula limitativa da responsabilidade para referir a cláusula pela qual as partes restringem o âmbito da garantia patrimonial da obrigação.

Neste caso, a convenção, não tendo por objecto a limitação do montante indemnizatório a pagar pelo devedor ao seu credor, visa antes excluir parte dos bens do devedor da garantia da obrigação.

Dispõe o artigo 602.°, C.C., que, "salvo quando se trate de matéria subtraída à disponibilidade das partes, é possível, por convenção entre elas, limitar a responsabilidade do devedor a alguns dos seus bens, no caso de a obrigação não ser voluntariamente cumprida".

Por outro lado, e de acordo com o artigo 603.°, C.C., também por determinação de um terceiro pode ser limitada a responsabilidade do devedor, por não responderem pelo incumprimento certos bens: assim acontecerá quando o terceiro doe ou deixe ao devedor bens com a cláusula de exclusão da responsabilidade relativamente às dívidas contraídas antes da liberalidade e desde que a cláusula tenha sido registada antes do registo da penhora do bem.

V. *Responsabilidade patrimonial; Garantia; Doação; Deixa; Liberalidade; Registo; Penhora.*

Cláusula modal (Dir. Civil) – V. *Cláusula; Modo.*

Cláusula modificativa (Dir. Civil) – É a estipulação que altera o conteúdo de um negócio jurídico anteriormente realizado, entendendo, em regra, a doutrina que constitui uma cláusula modificativa aquela pela qual se suprimam cláusulas insertas no negócio, mas que já o não é a convenção pela qual se extinga integralmente o negócio.

O artigo 394.°, n.° 1, C.C., estabelece que é inadmissível a prova testemunhal de cláusulas modificativas do conteúdo de negócio celebrado por documento autêntico ou pelos documentos particulares mencionados nos artigos 373.° a 379.°, C.C..

V. *Cláusula; Negócio jurídico; Cláusula adicional; Prova; Prova testemunhal; Documento autêntico; Documento particular.*

Cláusula ouro-efectivo (Dir. Civil) – O artigo 552.°, C.C., determina que "o curso legal ou forçado da nota de banco não prejudica a validade do acto pelo qual alguém se comprometa a pagar em moeda metálica". Esta cláusula, por vezes inserida em contratos de longa duração, implica, portanto, a obrigação para o devedor de pagar a dívida em moedas de ouro.

Há contratos em que a cláusula é proibida, como acontece, por força do artigo 19.° do Regime do Arrendamento Urbano, aprovado pelo Decreto-Lei n.° 321-B/90, de 15 de Outubro, rectificado por declaração publicada no *Diário da República*, I-A série, de 30 de Novembro de 1990, e alterado pelo Decreto-Lei n.° 278/93, de 10 de Agosto (por seu lado, alterado, por ratificação, pela Lei n.° 13/94, de 11 de Maio), pelo Decreto-Lei n.° 163/95, de 13 de Julho, pela Lei n.° 89/95, de 1 de Setembro, pelo Decreto-Lei n.° 257/95, de 30 de Setembro, pela Lei n.° 135/99, de 28 de Agosto, pelos Decretos-Leis n.°s 64-A/ /2000, de 22 de Abril, e 329-B/2000, de 22 de Dezembro, e pelas Leis n.°s 6/2001 e 7/2001, ambas de 11 de Maio, nos contratos de arrendamento urbano.

V. *Cláusula; Contrato; Devedor; Credor; Arrendamento urbano.*

Cláusula ouro-valor (Dir. Civil) – Convenção pela qual o devedor de uma obrigação pecuniária se compromete a pagar um quantitativo na moeda corrente determinado em função do valor da moeda de ouro.

Esta cláusula é, em regra, válida, nos termos do artigo 552.°, C.C., sendo proibida em alguns contratos, como, por exemplo, o de arrendamento urbano – artigo 19.° do Regime do Arrendamento Urbano, aprovado pelo Decreto-lei n.° 321-B/90, de 15 de Outubro, rectificado por declaração publicada no *Diário da República*, I-A série, de 30 de Novembro de 1990, e alterado pelo Decreto-Lei n.° 278/93, de 10 de Agosto (por seu lado, alterado, por ratificação, pela Lei n.° 13/94, de 11 de Maio), pelo Decreto-Lei n.° 163/95, de 13 de Julho, pela Lei n.° 89/95, de 1 de Setembro, pelo Decreto-Lei n.° 257/95, de 30 de Setembro, pela Lei n.° 135/99, de 28 de Agosto, pelos Decretos-Leis n.°s 64-A//2000, de 22 de Abril, e 329-B/2000, de 22 de Dezembro, e pelas Leis n.°s 6/2001 e 7/2001, ambas de 11 de Maio.

V. *Cláusula; Devedor; Obrigação pecuniária; Contrato; Arrendamento urbano.*

Cláusula penal (Dir. Civil) – Num contrato, é a cláusula que fixa antecipadamente o montante da indemnização a pagar pelo devedor em caso de não cumprimento culposo da obrigação. A cláusula penal diz-se *compensatória* ou *moratória*, consoante tenha sido estipulada para o não cumprimento definitivo da obrigação ou apenas para a mora do devedor.

Exceptuadas as limitações do artigo 935.°, C.C., para a venda a prestações, e do artigo 1146.°, n.° 2, C.C. (na redacção do Decreto-Lei n.° 262/83, de 16 de Junho), quanto ao mútuo oneroso, as partes são livres na fixação do montante da cláusula penal.

Uma vez estabelecida, no entanto, não pode, em princípio – a menos que as próprias partes expressamente o tenham admitido –, ser exigida indemnização superior à convencionada, ainda que se prove que os danos sofridos excederam o previsto aquando da convenção. Mas, provando-se que a cláusula penal é manifestamente excessiva, ainda que por causa superveniente, ou em caso de cumprimento parcial da obrigação, poderá ela ser reduzida pelo tribunal de acordo com a equidade.

V. artigos 810.° a 812.°, C.C..

V. *Cláusula; Contrato; Obrigação; Indemnização; Culpa; Incumprimento definitivo; Mora; Devedor; Venda a prestações; Mútuo; Dano; Cumprimento parcial; Redução da cláusula penal.*

Cláusula "rebus sic stantibus" (Dir. Civil) – Cláusula contratual que, segundo uma concepção doutrinária hoje posta de parte, se encontraria implícita em todos os contratos que não se destinam a ser executados imediata ou instantaneamente, nos termos da qual o contrato, celebrado em dado condicionalismo económico e social, só será mantido tal qual, e cumprido, se não se alterar de forma significativa e não previsível esse condicionalismo.

A teoria da cláusula *rebus sic stantibus* encontra-se há muito abandonada e o problema que ela tinha em vista resolver foi equacionado e solucionado doutrinariamente por várias outras formas, encontrando-se hoje esta expressão sobretudo utilizada para significar a existência da questão, independentemente da solução que se defenda dever ser-lhe dada.

Na lei portuguesa, é o artigo 437.°, C.C., que prevê o problema da insubsistência do condicionalismo vigente ao tempo da celebração de um contrato e estabelece os parâmetros da sua alterabilidade ou extinção, quando aquela insubsistência se reflicta na economia própria do contrato ou afecte gravemente a sua função.

V. *Contrato; Alteração das circunstâncias; Extinção de contratos.*

Cláusula resolutiva (Dir. Civil) – Sendo a resolução do contrato admitida desde que tenha um fundamento na lei ou em convenção (artigo 432.°, C.C.), a cláusula resolutiva é aquela que prevê que um dado facto constitua um dos contraentes no direito a resolver o contrato.

Há casos em que a lei proíbe expressamente, cominando-a com a nulidade, uma cláusula resolutiva. Assim acontece, por exemplo, com o n.° 2 do artigo 119.° do Código da Insolvência e da Recuperação de

Empresas, aprovado pelo Decreto-Lei n.° 53/2004, de 18 de Março, alterado pelos Decretos-Leis n.°s 200/2004, de 18 de Agosto, e 76-A/2006, de 29 de Março (este rectificado pela Declaração de rectificação n.° 28-A/2006, de 26 de Maio), que estabelece que é "nula a cláusula que atribua à situação de insolvência de uma das partes o valor de uma condição resolutiva do negócio ou confira nesse caso à parte contrária um direito de [...] resolução [...] em termos diversos dos previstos neste capítulo", acrescentando o n.° 3 que esta disposição proibitiva "não obsta a que a situação de insolvência possa configurar justa causa de resolução [...] em atenção à natureza e conteúdo das prestações contratuais".

V. *Cláusula; Contrato; Resolução do contrato; Nulidade; Insolvência; Recuperação de empresas; Negócio jurídico; Prestação.*

Cláusula "salvo regresso de melhor fortuna" (Dir. Civil; Dir. Com.; Proc. Civil) – Cláusula – que a lei presumia inserida na concordata adoptada em assembleia de credores de uma empresa em situação de insolvência como providência recuperatória – constante de acordo de redução ou modificação da totalidade ou de parte dos débitos entre devedor e credor ou credores, que significava que tal acordo ficava subordinado durante um longo período à melhoria da situação económica do devedor, no sentido em que, se esta se verificasse, dispondo o devedor de meios para solver totalmente os débitos reduzidos ou modificados, teria ele de o fazer, podendo essa satisfação pontual ser reclamada pelo credor ou credores – artigo 67.° do Código dos Processos Especiais de Recuperação da Empresa e de Falência, actualmente revogado pelo Código da Insolvência e da Recuperação de Empresas, aprovado pelo Decreto-Lei n.° 53/2004, de 18 de Março, alterado pelos Decretos-Leis n.°s 200//2004, de 18 de Agosto, e 76-A/2006, de 29 de Março (rectificado pela Declaração de rectificação n.° 28-A/2006, de 26 de Maio).

V. *Presunção legal; Assembleia de credores; Insolvência; Devedor; Credor; Recuperação da empresa; Concordata; Insolvência; Recuperação de empresas.*

Cláusulas contratuais gerais (Dir. Civil) – O Decreto-Lei n.° 446/85, de 25 de Outubro, alterado pelos Decretos-Leis n.°s 220/95, de 31 de Agosto (rectificado pela Declaração de rectificação n.° 114-B/95, de 31 de Agosto), 249/99, de 7 de Julho, e 323/2001, de 17 de Dezembro, veio estabelecer um regime próprio para um sector do tráfego contratual, que a doutrina habitualmente designa por contratos de adesão ou condições gerais de contratação, e a que a lei veio a referir-se com a expressão "cláusulas contratuais gerais". Trata-se dos contratos cujo conteúdo é – em regra, na totalidade – prévia e unilateralmente elaborado por uma das partes, sendo proposto ao destinatário ou destinatários, que não podem discuti-lo, estando colocados perante a alternativa de, aceitando globalmente o clausulado, celebrar o contrato ou, rejeitando-o, prescindir daquela celebração.

O artigo 1.° do DL n.° 446/85, com a redacção dada pelo já referido DL n.° 220/95, dispõe que o diploma é aplicável a quaisquer "cláusulas contratuais gerais elaboradas sem prévia negociação individual, que proponentes ou destinatários indeterminados se limitem, respectivamente, a subscrever ou aceitar"; acrescenta o n.° 3 da disposição que "o ónus da prova de que uma cláusula contratual resultou de negociação prévia entre as partes recai sobre quem pretenda prevalecer-se do seu conteúdo". A redacção conferida ao artigo 1.°, n.° 2, do diploma pelo mencionado DL n.° 249/99, veio, finalmente, de forma inequívoca, esclarecer que ele se aplica "igualmente às cláusulas inseridas em contratos individualizados, mas cujo conteúdo previamente elaborado o destinatário não pode influenciar".

Segundo o artigo 2.° daquele diploma, este abrange, "salvo disposição em contrário, todas as cláusulas contratuais gerais, independentemente da forma da sua comunicação ao público, da extensão que assumam ou que venham a apresentar nos contratos a que se destinem, do conteúdo que as informe ou de terem sido elaboradas pelo proponente, pelo destinatário ou por terceiros".

Este diploma, para além de disposições que procuram acautelar o efectivo conhecimento e aceitação das cláusulas por parte dos aderentes a elas (artigos 4.° a 9.°), proíbe, cominando-as com a nulidade, algumas cláusulas quando se configurem como cláusulas contratuais gerais (artigos 12.° e segs.).

Na sua actual redacção, os artigos 34.° e 35.° prevêem que os tribunais remetam para serviço público a designar cópias das decisões transitadas em julgado que tenham proibido o uso ou a recomendação de cláusulas contratuais gerais ou declarem a nulidade de cláusulas inseridas em contratos singulares. Em execução da referida determinação, a Portaria n.° 1093/95, de 6 de Setembro, incumbe o Gabinete de Direito Europeu (actual Gabinete para as Relações Internacionais, Europeias e de Cooperação) de organizar e manter actualizado o registo das cláusulas consideradas abusivas nos termos enunciados.

O Decreto-Lei n.° 7/2004, de 7 de Janeiro, que transpõe para a ordem jurídica portuguesa a Directiva n.° 2000/31/CE, do Parlamento Europeu e do Conselho, de 8 de Junho de 2000, proíbe, no seu artigo 25.°, n.° 4, as cláusulas contratuais gerais que imponham a celebração por via electrónica de contratos com consumidores.

Há contratos celebrados na base de cláusulas contratuais gerais em que a lei sentiu necessidade de regular especialmente alguns aspectos: assim acontece, por exemplo, com o Decreto-Lei n.° 214/97, de 16 de Agosto, que institui regras destinadas a assegurar uma maior transparência nos contratos de seguro automóvel que incluam coberturas facultativas relativas aos danos próprios sofridos pelos veículos seguros, e se ocupa do valor seguro, e sua actualização, e da imposição de específicos deveres pré-contratuais (e não só) de informação.

V. *Contrato; Cláusula; Ónus da prova; Nulidade; Trânsito em julgado; Contrato de seguro; Dever pré-contratual; Dano pessoal; Contratação electrónica; Consumidor.*

Cláusulas gerais – Designam-se, tradicional e habitualmente, assim os conceitos normativos de conteúdo indeterminado que dispõem de grande grau de abertura, enunciados de forma a permitir ao intérprete e aplicador do Direito o seu preenchimento com uma variabilidade que lhe viabilize a sua adaptação às condições históricas, bem como às características específicas do facto ou situação a que se destina.

É, por exemplo, o caso da noção de boa fé.

V. *Conceito indeterminado; Boa fé.*

Cláusula "si voluerit" (Dir. Civil) – Cláusula pela qual se estabelece que o devedor cumprirá se quiser: ficando o cumprimento da obrigação na absoluta dependência da vontade discricionária do devedor, entende a doutrina que não se está aqui perante uma verdadeira obrigação jurídica.

V. *Cláusula; Devedor; Cumprimento; Obrigação.*

Cláusula "solve et repete" (Dir. Civil) – Cláusula de um contrato, nos termos da qual o devedor se compromete a cumprir a sua obrigação sem previamente discutir a sua exigibilidade. Nos termos de tal cláusula, só após o cumprimento poderia o devedor vir exigir judicialmente a repetição do que houvesse prestado.

Numa acepção mais restrita, a cláusula *solve et repete* caracteriza-se como a convenção pela qual o devedor renuncia à invocação de excepções, a fim de se eximir ao cumprimento ou de o retardar. Assim, será uma cláusula *solve et repete* aquela pela qual uma das partes num contrato bilateral se compromete a não invocar a excepção do não cumprimento, cumprindo mesmo que a obrigação da contraparte, já vencida, ainda não tenha sido realizada.

A lei portuguesa não estabelece regime para esta cláusula, salvo quando ela constitua uma cláusula contratual geral, em contrato celebrado entre empresários ou os que exerçam profissões liberais ou entre uns e outros ou em contratos celebrados com consumidores finais (artigos 18.°-*f*) e 20.° do Decreto-Lei n.° 446/85, de 25 de Outubro, alterado pelos Decretos-Leis n.°s 220/95, de 31 de Agosto – rectificado pela Declaração de rectificação n.° 114-B/95, de 31 de Agosto –, 249/99, de 7 de Julho, e 323/2001, de 17 de Dezembro), em que ela é nula.

Apesar da ausência de regime proibitivo da cláusula, vários autores propendem no sentido da sua nulidade: v., por exemplo, Castro Mendes, *Direito Processual Civil*, I, 1980, págs. 130 e 131.

V. *Cláusula; Devedor; Cumprimento; Nulidade; Excepção; Contrato sinalagmático; Excepção de não cumprimento; Vencimento; Cláusulas contratuais gerais; Consumidor.*

Cláusula típica (Dir. Civil) – Cláusula que, pelo seu aparecimento frequente na prática contratual, a lei tipificou e regulou. Assim acontece, por exemplo, com a condição, o termo, o modo ou a cláusula penal.

V. *Cláusula; Condição; Termo; Modo; Cláusula penal.*

Coabitação (Dir. Civil) – Dever a que os cônjuges estão reciprocamente vinculados de viverem em comum, mantendo relações sexuais. V. artigo 1672.°, C.C..

Para efectivar esta obrigação, a lei impõe, em princípio, que haja uma residência comum, a casa de morada da família, escolhida pelos cônjuges de comum acordo ou fixada pelo tribunal, na falta de acordo (artigo 1673.°, C.C.).

Nos termos da redacção originário do Código Civil (artigos 86.° e 1672.°), a mulher casada tinha como domicílio necessário o do marido, que só não era obrigada a adoptar verificadas circunstâncias especiais e graves. Por seu lado, o marido podia ser compelido a receber a mulher na sua residência. Estas disposições foram revogadas pelo Decreto-Lei n.° 496/77, de 25 de Novembro, por serem inconstitucionais.

A recusa injustificada de coabitação por parte do outro cônjuge constituía fundamento de separação de pessoas e bens e de divórcio, desde que se prolongasse por tempo superior a três anos (artigos 1778.°-*f)* e 1792.°, C.C., na redacção original). Actualmente, os artigos 1779.° e 1794.°, C.C., determinam que o divórcio ou a separação judicial de pessoas e bens possam ser requeridos sempre que haja violação culposa dos deveres conjugais, desde que essa violação, pela sua gravidade ou reiteração, comprometa a possibilidade de vida em comum. É ao juiz que cabe, em última análise, apreciar da gravidade da violação. O Assento do Supremo Tribunal de Justiça n.° 5/94, de 26 de Janeiro de 1994, publicado no *Diário da República*, I-A série, de 24 de Março de 1994, decidiu que: "No âmbito e para efeitos do n.° 1 do artigo 1779.° do Código Civil, o autor tem o ónus da prova da culpa do cônjuge infractor do dever conjugal de coabitação".

Por outro lado, e nos termos dos artigos 1781.°-*a)* (este na redacção que lhe foi dada pela Lei n.° 47/98, de 10 de Agosto) e 1794.°, C.C., constitui ainda fundamento de divórcio a separação de facto por três anos consecutivos (e não seis anos como antes, também não sendo necessária a prova de que não haja, da parte de ambos os cônjuges ou de um deles apenas, intenção de reatar a vida em comum); nos termos do mesmo artigo, é ainda fundamento de divórcio litigioso "a separação de facto por um ano se o divórcio for requerido por um dos cônjuges sem oposição do outro".

Antes da dissolução do casamento, pode ser suspenso ou mesmo extinto o dever de coabitação: é suspenso quando é autorizado judicialmente o divórcio ou a separação provisórios (v. artigos 1776.°, n.° 3, C.C., e 1421.°, n.° 2, C.P.C.), e é extinto quando é decretada a separação judicial de pessoas e bens (artigo 1795.°-A, C.C.).

Há ainda de referir o artigo 1829.°, C.C., que determina a cessação da presunção de paternidade se o nascimento de filho ocorrer passados trezentos dias depois de finda a coabitação dos cônjuges (presumindo-se finda a coabitação: na data da 1.ª conferência, se houver divórcio ou separação por mútuo consentimento; na data da citação do réu para a acção de divórcio ou separação litigiosos ou na data que a sentença fixar como a da cessação da coabitação; na data em que tenha deixado de haver notícias do marido, conforme decisão proferida em acção de nomeação de curador provisório, justificação de ausência ou declaração de morte presumida).

V. *Deveres conjugais; Casa de morada da família; Domicílio necessário; Divórcio; Separação judicial de pessoas e bens; Autor; Ónus da prova; Culpa; Separação de facto; Dissolução do casamento; Presunção de paternidade; Conferência; Citação; Réu; Sentença; Ausência.*

Coacção (Dir. Civil) – Acto exercido por alguém sobre o declarante que impede ou vicia a formação da vontade deste.

A coacção pode ser *física* ou *moral*.

Há coacção física ou absoluta quando alguém é fisicamente obrigado ou impedido de emitir uma declaração negocial: tal declaração é totalmente ineficaz (artigo 246.°, C.C.). A coacção física exclui completamente a vontade do declarante, pelo que há quem entenda que o acto é nulo e quem o considere mesmo inexistente.

Há coacção moral, psicológica ou relativa quando a formação da vontade é viciada pelo receio de um mal de que o declarante foi ilicitamente ameaçado com o fim de obter dele a declaração; a ameaça tanto pode dizer respeito à pessoa, à honra ou património do declarante como de terceiro: a declaração emitida sob coacção moral é anulável. Se a coacção provier de terceiro, a anulabilidade da declaração emitida em sua consequência depende de ser grave o mal e justificado o receio da sua consumação. A lei esclarece que não constituem coacção moral nem a ameaça do exercício normal de um direito nem o temor reverencial (artigos 255.° e 256.°, 1638.°, 1860.° e 2201.°, C.C.).

Há casos em que a lei se refere especialmente à coacção: assim acontece, por exemplo, no artigo 1990.°, n.° 1-*d)*, C.C., a propósito da revisão da adopção plena, dizendo que ela é admitida quando "o consentimento do adoptante ou dos pais do adoptado tiver sido determinado por coacção moral, contanto que seja grave o mal com que eles foram ilicitamente ameaçados e justificado o receio da sua consumação".

V. *Declaração negocial, Vícios na formação da vontade; Nulidade; Inexistência; Anulabilidade; Património; Terceiro; Direito subjectivo; Exercício de um direito; Temor reverencial; Adopção plena; Revisão da adopção; Consentimento para adopção.*

Coacção física (Dir. Civil) – V. *Coacção.*

Coacção moral (Dir. Civil) – V. *Coacção.*

Coacção psicológica (Dir. Civil) – O mesmo que coacção moral.

V. *Coacção.*

Coadjuvação (Proc. Civil) – V. *Cooperação.*

Co-assunção de dívida (Dir. Civil) – É a modalidade de assunção de dívida em que o primitivo devedor não fica liberado, continuando obrigado ao lado do assuntor.

Não havendo declaração expressa de credor no sentido da exoneração do devedor originário, a transmissão de uma dívida consubstancia uma co-assunção, pois aquele responde solidariamente com o assuntor perante o credor (artigo 595.°, n.° 2, C.C.).

V. *Dívida; Assunção de dívida; Devedor; Credor; Solidariedade.*

Código – Um Código é uma compilação de normas legais, organizada segundo um plano sistemático, elaborado de acordo com critérios da ciência jurídica, e destinada a regular de uma forma unitária uma área relativamente importante da realidade económico-social.

Tem-se assistido, recentemente, à utilização da designação para conjuntos normativos que, ou pela sua extensão ou pela da área que regulam ou, ainda, pela ausência de critérios rigorosos que presidam à respectiva organização, não deveriam, em bom rigor, ser considerados Códigos.

V. *Lei.*

Coercibilidade – Susceptibilidade de recurso à coacção para impor a aplicação da regra, quer pela sua actuação forçada quer pela imposição de uma sanção em caso da sua violação.

A coercibilidade é uma característica definidora e inalienável das normas jurídicas.

V. *Norma jurídica.*

Co-herdeiro (Dir. Civil) – É o sujeito que, conjuntamente com outro ou outros, aceitou uma herança.

V. *Herança; Herdeiro; Aceitação da herança.*

Coima – Sanção de natureza pecuniária aplicável a quem comete uma contra-ordenação, que não tem natureza penal. É aplicável por entidades administrativas, embora a decisão que aplica uma coima possa ser objecto de impugnação judicial, por via de recurso para os tribunais judiciais.

O não pagamento da coima dá lugar à respectiva execução.

O regime geral do ilícito de mera ordenação social encontra-se consagrado no Decreto-Lei n.° 433/82, de 27 de Outubro.

V. *Execução; Impugnação; Recurso.*

Coisa (Dir. Civil) – "Diz-se coisa tudo aquilo que pode ser objecto de relações jurídicas" – artigo 202.°, n.° 1, C.C..

Pires de Lima e Antunes Varela, *Código Civil anotado*, Vol. I, 4.ª edição, págs. 192 e 193, na anotação do artigo 202.°, C.C., fazem as seguintes observações, a propósito do âmbito do conceito:

"A noção dada neste artigo é bastante mais restrita que o conceito correspondente do Código de 1867, para o qual (artigo 369.°) coisa era tudo aquilo que carecesse de personalidade.

Há, na verdade, muitas realidades ou objectos que, embora não tenham personalidade, não podem ser objecto de direitos ou de relações jurídicas, e, por isso, não devem ser consideradas coisas *sub species juris.*

Haverá, entretanto, quem diga que a noção deste artigo 202.° também peca ainda pelo facto de as relações jurídicas poderem ter por objecto, nem sempre coisas, mas também *pessoas,* como sucede no poder paternal e no poder tutelar.

Tem-se duvidado, porém, que essa concepção corresponda à melhor forma de transportar para o domínio do conceitualismo doutrinário o regime daqueles dois institutos".

V. artigos 203.° e segs., C.C. – classificação e regime das coisas.

V. *Relação jurídica; Personalidade jurídica; Direito subjectivo; Poder paternal; Tutela.*

Coisa abandonada (Dir. Civil) – Diz-se abandonada a coisa quando o dono a afastou da sua disponibilidade com intenção de se demitir do direito que sobre ela tinha, sem concomitante vontade de o transferir para outrem.

Os bens móveis abandonados, perdidos ou escondidos pelo proprietário, bem como os que nunca tiveram dono, podem, em princípio, ser ocupados por outrem, que constitui, assim, um direito de propriedade sobre eles.

V. artigos 1318.° e segs., C.C..

Pelo que respeita aos imóveis, desde que não tenham dono conhecido, consideram-se património do Estado (artigo 1345.°, C.C.).

O n.° 1 do artigo 88.° da Constituição da República determina que "os meios de produção em abandono podem ser expropriados em condições a fixar pela lei, que terá em devida conta a situação específica da propriedade dos trabalhadores emigrantes", acrescentando o n.° 2 que, "os meios de produção em abandono injustificado podem ainda ser objecto de arrendamento ou de concessão de exploração compulsivos, em condições a fixar por lei".

V. *Coisa; Móvel; Direito de propriedade; Coisa imóvel; Expropriação; Arrendamento; Ocupação; Imóvel.*

Coisa absolutamente futura (Dir. Civil) – É aquela que não tem existência física ou autonomia jurídica ao tempo da declaração negocial a ela respeitante.

Constituem exemplos de coisas absolutamente futuras as crias de um animal que ainda não nasceram ou as fracções autónomas de um prédio urbano que ainda não está constituído em propriedade horizontal.

V. *Coisa; Coisa futura; Declaração negocial; Animais; Fracção autónoma; Prédio urbano; Propriedade horizontal.*

Coisa acessória (Dir. Civil) – A lei designa por coisas acessórias ou pertenças as coisas móveis que não sejam partes integrantes e que se encontrem afectadas de forma duradoura ao serviço ou ornamentação de outras – as principais – que podem ser móveis ou imóveis.

A ligação existente entre a coisa acessória e a coisa principal é fundamentalmente de tipo económico e não uma ligação material, como observam Pires de Lima e Antunes Varela, *Código Civil anotado*, 4.ª edição, Vol. I, pág. 203, na anotação ao artigo 210.°, C.C., acrescentando estes autores que se devem considerar como coisas acessórias "os animais e as alfaias agrícolas afectadas à exploração de certo prédio rústico, ou os móveis, adornos e utensílios pertencentes a certo prédio urbano".

"Os negócios jurídicos que têm por objecto a coisa principal não abrangem, salvo declaração em contrário, as coisas acessórias" – artigo 210.°, n.° 2, C.C..

V. *Coisa; Coisa imóvel; Coisa principal; Móvel; Animais; Prédio rústico; Prédio urbano; Negócio jurídico.*

Coisa alheia (Dir. Civil) – Qualifica-se a coisa (ou o bem) como alheio sempre que ela, não sendo *res nullius*, não pertence a nenhuma das partes que intervêm no negócio jurídico. Isto é, é alheia a coisa quando a parte que sobre ela contrata não tem o direito – ou outra forma de legitimidade – que lhe permita a realização do negócio.

Os contratos de disposição de bens alheios são, em regra, nulos (assim, por exemplo, a compra e venda – artigo 892.°, C.C. – e a doação – artigo 956.°, n.° 1, C.C.). A lei admite, porém, por vezes a validade da alienação de bem alheio, desde que as partes o tenham tomado como futuro – assim, na compra e venda (artigo 893.°, C.C.), mas já não na doação (artigo 942.°, n.° 1, C.C.).

Note-se que, na venda de bens alheios, se o comprador estiver de boa fé, "o vendedor é obrigado a sanar a nulidade da venda, adquirindo a propriedade da coisa ou o direito vendido" (artigo 897.°, n.° 1, C.C.), pelo que esta é uma nulidade atípica.

V. *Coisa; "Res nullius"; Negócio jurídico; Contrato; Legitimidade; Nulidade; Validade; Coisa futura; Compra e venda; Venda de bens alheios; Doação; Sanação da invalidade; Nulidade atípica.*

Coisa composta (Dir. Civil) – Diz o artigo 206.°, C.C., que "é havida como coisa composta, ou universalidade de facto, a pluralidade de coisas móveis que, pertencendo à mesma pessoa, têm um destino unitário", dispondo que as diversas coisas que integram a universalidade são susceptíveis de ser objecto de relações jurídicas próprias.

A noção de coisa composta releva de um critério de natureza jurídica e, em consequência, o mesmo conjunto de coisas pode ser tomado como um conjunto de coisas simples ou como uma coisa composta, consoante são os seus vários elementos objecto de relações jurídicas diversas e distintas, ou é o conjunto, em si, económica e juridicamente relevante e unitário, objecto de um único regime jurídico.

Conceito diverso do de coisa composta ou universalidade de facto é o de *universalidade de direito* (v. esta expressão).

V. *Coisa; Móvel; Relação jurídica.*

Coisa comum (Dir. Civil) – Designavam-se por comuns as coisas insusceptíveis de apropriação individual, encontrando-se no uso comum de um conjunto de pessoas.

O Código Civil de 1867 continha, no artigo 381.°, uma noção autónoma de coisas comuns, que era a seguinte: "são comuns as coisas naturais ou artificiais, não individualmente apropriadas, das quais só é permitido tirar proveito, guardados os regulamentos administrativos, aos indivíduos compreendidos em certa circunscrição administrativa, ou que fazem parte de certa corporação pública".

No direito português actual, esta categoria não existe como tal, integrando-se as coisas comuns nas coisas fora do comércio (artigo 202.°, n.° 2, C.C.).

A lei utiliza, por vezes, a expressão para designar coisa havida em compropriedade: assim, por exemplo, nos artigos 1052.° a 1056.° e segs., C.P.C., que se ocupam da acção de divisão de coisa comum.

V. *Coisa; Coisa fora do comércio; Compropriedade; Acção de divisão de coisa comum.*

Coisa consumível (Dir. Civil) – "São consumíveis as coisas cujo uso regular importa a sua destruição ou a sua alienação" – artigo 208.°, C.C..

A lei portuguesa admite a existência do usufruto de coisas consumíveis no artigo 1451.°, C.C., estabelecendo aí o respectivo regime.

V. *Coisa; Alienação; Usufruto.*

Coisa corpórea (Dir. Civil) – Coisa que, pela sua natureza física, faz parte do mundo sensível.

O artigo 1302.°, C.C., determina que só as coisas corpóreas podem ser objecto do direito de propriedade regulado no Código Civil.

No entanto, também coisas incorpóreas podem ser objecto de direito de propriedade: é o caso dos direitos de autor e da propriedade industrial.

V. *Coisa; Direito de propriedade; Direito de autor; Propriedade industrial.*

Coisa defeituosa (Dir. Civil) – A coisa considera-se defeituosa quando seja portadora de um vício que, económica ou funcionalmente, a desvaloriza, ou careça de uma qualidade cuja existência seria necessária para a realização da respectiva função ou para a considerar conforme com a legítima expectativa de quem a recebeu (assim, designadamente, quando o devedor da entrega de uma coisa se tinha comprometido a que ela revestisse certas características).

Quando a coisa defeituosa constitui objecto de uma obrigação *de dare*, estar-se-á perante um cumprimento defeituoso; sendo a obrigação emergente de um contrato de empreitada, aplica-se-lhe um regime próprio, diverso daquele que é aplicável no caso de a coisa defeituosa ter sido objecto de contrato de compra e venda.

V. *Coisa; Devedor; Obrigação "de dare"; Cumprimento defeituoso; Empreitada; Defeitos da obra Compra e venda; Venda de coisas defeituosas.*

Coisa de género (Dir. Civil) – Designa a mesma realidade que coisa fungível.

As obrigações que têm por objecto coisas de género chamam-se genéricas.

V. artigos 539.° a 542.°, C.C..

V. *Coisa; Coisa fungível; Obrigação genérica.*

Coisa deteriorável (Dir. Civil) – E aquela que, não sendo embora consumível, sofre uma progressiva deterioração em consequência do seu uso regular.

V. *Coisa; Coisa consumível.*

Coisa determinada (Dir. Civil) – A coisa diz-se determinada, especificada ou concentrada quando, para a sua individualização, não é necessária qualquer operação suplementar, de escolha ou outra.

Se bem que o objecto negocial não seja necessariamente uma coisa, tem cabimento observar que, para que seja válido o negócio jurídico, não tem de se encontrar determinado o seu objecto, apenas tendo de ser determinável – v. artigo 280.°, n.° 1, C.C..

V. *Coisa; Especificação; Concentração; Negócio jurídico; Objecto negocial; Determinabilidade.*

Coisa determinável (Dir. Civil) – É determinável a coisa que, não estando embora ainda individualizada, é susceptível de identificação, por estarem enunciados os respectivos critérios e/ou indicados os sujeitos que a hão-de realizar.

Para a validade do negócio jurídico, não é necessária a determinação do seu objecto, bastando a respectiva determinabilidade – artigo 280.°, n.° 1, C.C..

Quanto à determinação da prestação, dispõe o artigo 400.°, C.C., que ela "pode ser confiada a uma ou outra das partes ou a terceiro", devendo "em qualquer dos casos [...] ser feita segundo juízos de equidade, se outros critérios não tiverem sido estipulados"; a disposição acrescenta que, "se a determinação não puder ser feita ou não tiver sido feita no tempo devido, sê-lo-á pelo tribunal, sem prejuízo do disposto acerca das obrigações genéricas e alternativas".

V. *Coisa; Negócio jurídico; Objecto negocial; Validade; Determinabilidade; Prestação; Equidade; Obrigação genérica; Obrigação alternativa.*

Coisa divisível (Dir. Civil) – V. *Coisa; Coisa indivisível.*

Coisa empenhada (Dir. Civil) – Coisa móvel que é objecto de um penhor e por cujo valor o credor tem, consequentemente, direito a ver o seu crédito satisfeito com preferência sobre os restantes credores.

A coisa empenhada (ou documento que confira a sua exclusiva disponibilidade) tem de ser entregue ao credor (ou a terceiro) para que o contrato de constituição do penhor se considere celebrado: este é, pois, um contrato real *quoad constitutionem.*

O credor pignoratício fica com obrigação de guardar e administrar a coisa empenhada, podendo usá-la na medida em que isso seja indispensável à sua conservação, tendo o direito de usar em relação a ela das acções de defesa da posse, mesmo contra o respectivo dono e ficando obrigado a restituí-la quando a obrigação garantida se extinguir.

V. artigos 666.° e 669.° e segs., C.C..

V. *Coisa; Móvel; Penhor; Documento; Contrato real; Acto de administração; Obrigação; Extinção das obrigações; Acções possessórias.*

Coisa específica (Dir. Civil) – Coisa específica ou determinada é a que se encontra identificada pelas suas características próprias.

V. *Coisa; Coisa determinada; Coisa fungível.*

Coisa fora do comércio (Dir. Civil) – Todas as coisas que não podem ser objecto de direitos privados, tais como as que se encontram no domínio público e as que, por sua natureza, são insusceptíveis de apropriação individual.

V. artigo 202.°, n.° 2, C.C..

V. *Coisa; Domínio público.*

Coisa frugífera (Dir. Civil) – Coisa que produz frutos.

V. *Coisa; Frutos.*

Coisa fungível (Dir. Civil) – "São fungíveis as coisas que se determinam pelo seu género, qualidade e quantidade [...]" (artigo 207.°, C.C.), como certa quantidade de um cereal ainda não especificado ou certo número de bens de determinado género, como, por exemplo, *x* garrafas de água mineral de certa marca.

Fungível é, pois, a coisa que pode ser substituída por outra do mesmo género, qualidade e quantidade.

Sendo o critério de classificação das coisas em fungíveis e infungíveis de natureza jurídica e não naturalística, pode uma coisa fisicamente fungível ser juridicamente infungível, por as partes a terem considerado nessa qualidade: assim, por exemplo, um livro, uma caneta, um isqueiro, uma moeda ou outro qualquer objecto podem, num concreto negócio jurídico, ser considerados como fungíveis ou não fungíveis, dependentemente dos termos da convenção das partes.

Quando a obrigação tem por objecto uma prestação de coisas fungíveis diz-se genérica, tendo o respectivo regime previsto e regulado nos artigos 539.° e segs., C.C..

O empréstimo de coisa fungível é um mútuo (v. artigo 1142.°, C.C.), dizendo-se irregular o depósito que tenha coisas fungíveis por objecto (cfr. artigo 1205.°, C.C.).

V. *Coisa; Fungibilidade; Especificação; Convenção; Interpretação do negócio jurídico; Obrigação genérica; Mútuo; Depósito.*

Coisa futura (Dir. Civil) – O conceito legal de coisa futura (artigo 211.°, C.C.) abrange, para além das coisas que não têm ainda existência material ou que, tendo-a, não possuem autonomia jurídica, aquelas que, embora já existindo, não estão em poder daquele que delas dispõe ou a que ele não tem direito quando sobre elas realiza um negócio jurídico.

Ou seja, dito por outras palavras, no conceito de coisa futura incluem-se as coisas absolutamente futuras e as relativamente futuras. São, pois, absolutamente futuras as que não existem material ou juridicamente, e são futuras em relação ao declarante aquelas quanto às quais ele carece de legitimidade para realizar o negócio, celebrando-o na perspectiva de vir a adquirir essa legitimidade em momento ulterior.

O artigo 399.°, C.C., estabelece que a prestação de coisa futura é permitida sempre que não haja disposição de lei em contrário.

Assim, a lei admite a venda de bens futuros (artigo 880.°, C.C.) e também a venda de bens alheios, desde que as partes os tomem na qualidade de bens futuros (artigo 893.°, C.C.); o mesmo regime se aplica ao legado de coisa alheia (artigo 2251.°, C.C.).

Quanto às doações de coisas alheias ou futuras, a lei proíbe-as, sendo em consequência nulas (artigos 942.° e 956.°, C.C.).

V. *Coisa; Negócio jurídico; Prestação; Compra e venda; Venda de bens alheios; Legado; Doação; Nulidade.*

Coisa genérica (Dir. Civil) – V. *Coisa; Coisa fungível; Obrigação genérica.*

Coisa imóvel (Dir. Civil; Proc. Civil) – São coisas imóveis, nos termos do artigo 204.°, n.° 1, C.C., os prédios rústicos e urbanos e respectivas partes integrantes (entendendo a lei por parte integrante a coisa móvel que se encontre ligada materialmente ao prédio com carácter de permanência), as águas, as árvores, arbustos e frutos naturais enquanto estiverem ligados ao solo, e os direitos inerentes aos imóveis mencionados.

As coisas móveis são todas as que não estão enumeradas aqui, todas as que a lei não qualifica expressamente como imóveis (artigo 205.°, C.C.).

As acções relativas a direitos reais ou direitos pessoais de gozo sobre imóveis devem ser propostas no tribunal da situação dos bens, de acordo com o artigo 73.°, n.° 1, C.P.C., na redacção do Decreto-Lei n.° 329-A/95, de 12 de Dezembro.

V. *Coisa; Prédio rústico; Prédio urbano; Águas; Árvores e arbustos; Frutos; Direito subjectivo; Acção; Direito real; Direito pessoal de gozo; Competência em razão do território.*

Coisa incorpórea (Dir. Civil) – Coisa cuja realidade é meramente ideal, jurídica ou social, não tendo realidade sensível, como, por exemplo, os bens intelectuais (obras literárias, artísticas, inventos), os direitos, os bens da personalidade, etc..

A propriedade artística e industrial encontra-se regulada em legislação especial: Código do Direito de Autor e dos Direitos Conexos (aprovado pelo Decreto-Lei n.° 63/85, de 14 de Março, alterado pelas Leis n.°s 45/85, de 17 de Setembro, e 114//91, de 3 de Setembro, pelos Decretos-Leis n.°s 332/97, 333/97 e 334/97, todos de 27 de Novembro, e pela Lei n.° 50/2004, de 24 de Agosto) e Código da Propriedade Industrial (Decreto-Lei n.° 36/2003, de 5 de Março).

V. artigo 1303.°, C.C..

V. *Coisa; Direito de autor; Propriedade industrial.*

Coisa indivisível (Dir. Civil) – Por contraposição a coisa divisível, é aquela cujo fraccionamento implica alteração da sua substância, diminuição de valor ou prejuízo funcional.

A divisibilidade/indivisibilidade da coisa não depende apenas de características naturais, pois coisa que, pela sua natureza, seja divisível, pode, por convenção das partes, dever ser tida como indivisível. Por outro lado, pode a lei impor a divisibilidade de um bem ou, ao invés, a sua indivisibilidade. Assim, por exemplo, o artigo 1412.°, n.° 2, C.C., limita a liberdade das partes quanto ao pacto de indivisão de coisa comum a cinco anos; por outro lado, o artigo 1376.°, C.C., proíbe a divisão de "terrenos aptos para cultura" "em parcelas de área inferior a determinada superfície correspondente à unidade de cultura fixada para cada zona do Pais", bem como o fraccionamento "quando dele possa resultar o encrave de qualquer das parcelas, ainda que seja respeitada a área fixada para a unidade de cultura".

Há, em consequência, de distinguir a divisibilidade/indivisibilidade em natural, legal e convencional.

V. *Coisa; Convenção; Liberdade contratual; Cláusula de indivisão; Fraccionamento; Prédio rústico; Encrave.*

Coisa infungível (Dir. Civil) – Bem individualizado, identificado especificamente e insusceptível de ser substituído por outro.

Uma coisa pode ser por sua natureza infungível (infungibilidade natural) ou, não o sendo naturalmente, sê-lo, em dado caso, por as partes terem manifestado a sua vontade nesse sentido (infungibilidade convencional).

Quando uma coisa infungível é objecto de um empréstimo, este constitui um contrato de comodato (v. artigo 1129.°, C.C.).

V. *Coisa; Comodato.*

Coisa litigiosa (Dir. Civil) – Uma coisa considera-se litigiosa quando a sua titularidade seja objecto de disputa judicial, ainda que em tribunal arbitral.

O artigo 876.°, C.C., proíbe a venda de coisa litigiosa, directamente ou por interposta pessoa, a juízes, magistrados do Ministério Público, funcionários de justiça e mandatários judiciais que exerçam habitualmente a sua actividade na área em que o processo decorre e a peritos ou outros auxiliares de justiça que tenham intervenção no processo. A venda celebrada em violação desta proibição é nula, não podendo, porém, o comprador invocar a nulidade, e ficando obrigado à indemnização dos danos nos termos gerais (v. artigos 579.° e 580.°, C.C.).

Há, no entanto, casos que a lei excepciona da proibição de venda enunciada e que se encontram previstos no artigo 581.°, C.C..

V. *Coisa; Compra e venda; Direito litigioso; Tribunal arbitral; Juiz; Ministério Público; Funcionário de justiça; Mandatário judicial; Perito; Auxiliares processuais; Nulidade; Indemnização; Dano.*

Coisa móvel (Dir. Civil) – Nos termos do artigo 205.°, n.° 1, C.C., é toda a coisa que a lei não considere imóvel.
V. *Coisa; Coisa imóvel; Móvel.*

Coisa móvel sujeita a registo (Dir. Civil) – V. *Coisa; Móvel; Registo; Registo de bens móveis.*

Coisa no comércio (Dir. Civil) – São consideradas no comércio todas as que são susceptíveis de ser objecto de relações jurídicas privadas.
V. *Coisa; Relação jurídica; Coisa fora do comércio.*

Coisa particular (Dir. Civil) – Dizia o Código Civil de 1867, no seu artigo 862.°: "são particulares as coisas cuja propriedade pertence a pessoas singulares ou colectivas, e de que ninguém pode tirar proveito senão essas pessoas ou outras com o seu consentimento".
Actualmente, não existe no Código Civil disposição correspondente, qualificando o artigo 1385.° como particulares – por contraposição a públicas – as águas que, enumeradas nos artigos 1386.° e 1387.°, estão submetidas ao regime dos artigos seguintes.
V. *Coisa; Pessoa singular; Pessoa colectiva; Águas.*

Coisa perdida (Dir. Civil) – É a coisa que saiu do poder do seu proprietário sem o concurso da sua vontade e cujo paradeiro ele ignora. A coisa perdida mantém-se na titularidade do respectivo proprietário se e enquanto não for constituído novo direito de propriedade sobre ela.
O artigo 1323.°, C.C., com a redacção do Decreto-Lei n.° 323/2001, de 17 de Dezembro, enuncia regras aplicáveis à situação de um animal ou outra coisa móvel perdida ser achada por alguém, dispondo que, se o achador "souber a quem pertence deve restituir o animal ou a coisa a seu dono, ou avisar este do achado; se não souber a quem pertence, deve anunciar o achado pelo modo mais conveniente, atendendo ao valor da coisa e às possibilidades locais, ou avisar as autoridades, observando os usos da terra, sempre que os haja". "Anunciado o achado, o achador faz sua a coisa perdida, se não for reclamada pelo dono dentro do prazo de um ano a contar do anúncio ou aviso", e, se for reclamada tempestivamente pelo proprietário e restituída, "o achador tem direito à indemnização do prejuízo havido e das despesas realizadas, bem como a um prémio dependente do valor do achado no momento da entrega, calculado pela forma seguinte: até ao valor de € 4,99, dez por cento; sobre o excedente desse valor, até € 24,94, cinco por cento; sobre o restante, dois e meio por cento".
V. *Coisa; Direito de propriedade; Animais; Móvel; Indemnização; Dano; Achador (de tesouro).*

Coisa presente (Dir. Civil) – Por contraposição a coisa futura, qualifica-se como presente a que existe material e juridicamente, se encontra em poder do declarante – ou a que ele tem direito – ao tempo da declaração a ela referente.
V. *Coisa; Coisa futura; Declarante; Declaração negocial.*

Coisa principal (Dir. Civil) – É aquela que tem um fim económico próprio, que preenche autonomamente.
V. *Coisa; Coisa acessória.*

Coisa produtiva (Dir. Civil) – É a que é susceptível de produzir outros bens.
V. *Coisa.*

Coisa pública (Dir. Civil) – O Código Civil de 1867 continha uma definição de coisas públicas e uma enumeração de coisas dessa natureza. Actualmente, no Código Civil, não se encontra disposição semelhante, dizendo o n.° 2 do artigo 202.° que se consideram "[...] fora do comércio todas as coisas que não podem ser objecto de direitos privados, tais como as que se encontram no domínio público e as que são, por sua natureza, insusceptíveis de apropriação individual".
O Assento do Supremo Tribunal de Justiça de 19 de Abril de 1989, publicado no *Diário da República*, I-A série, de 2 de Junho de 1989, decidiu que "são públicos os caminhos que, desde tempos imemoriais, estão no uso directo e imediato do público".
V. *Coisa; Direito subjectivo.*

Coisa relativamente futura (Dir. Civil) – Qualifica-se assim a coisa que, já tendo existência material e autonomia jurídica, ainda não pertence ao disponente ou sobre a qual ele não tem direito que o legitime a realizar o negócio sobre ela. A coisa é, pois, tomada, pelo autor ou pelas partes, como futura, isto é, como vindo a pertencer ao disponente em momento temporal diferido relativamente ao da sua declaração negocial (v. artigo 211.°, C.C.).

V. *Coisa; Coisa futura; Negócio jurídico; Legitimidade.*

Coisa simples (Dir. Civil) – Por contraposição à coisa composta, a coisa simples é a que, de um ponto de vista económico-social, é considerada como uma unidade, assim sendo igualmente tomada pelo direito.

V. *Coisa; Coisa composta.*

Coisas indivisíveis – Dir. Civil) –V. *Coisa; Coisa indivisível; Obrigação indivisível; Cláusula de indivisão.*

Coisas no comércio (Dir. Civil) – São as coisas que são susceptíveis de constituir objecto de direitos privados.

V. *Coisa; Coisa fora do comércio; Direito subjectivo.*

Colaboração (Proc. Civil) – V. *Cooperação.*

Colação (Dir. Civil) – Operação pela qual os descendentes que pretendam entrar na sucessão do ascendente restituem à massa da herança os bens ou valores que lhes foram doados por aquele, para efeitos de igualação da partilha.

Estão sujeitos à colação os descendentes que, à data da doação, eram presuntivos herdeiros legitimários do doador, não o estando os cônjuges daqueles a quem o *de cuius* tenha doado bens ou valores.

A colação pode consistir na restituição dos próprios bens que haviam sido doados ou na imputação do seu valor na quota hereditária, considerando-se, neste último caso, o valor que tiverem à data da morte do *de cuius*.

Havendo a liberalidade sido realizada por contrato a favor de terceiro, "só no que respeita à contribuição do promissário para a prestação a terceiro são aplicáveis as disposições relativas à colação" – artigo 450.°, n.° 1, C.C..

Não são, no entanto, objecto de colação as coisas doadas que tiverem perecido em vida do autor da doação por facto não imputável ao donatário, não o sendo igualmente "as despesas com o casamento, alimentos, estabelecimento e colocação dos descendentes, na medida em que se harmonizem com os usos e com a condição social e económica do falecido".

Pode não haver lugar à colação pelo facto de o doador, no acto da doação ou posteriormente a ela, a haver dispensado, presumindo-se ter havido dispensa nas doações remuneratórias e nas doações manuais; quando não haja lugar à colação, a doação é imputada na quota disponível.

A colação é, pois, um instituto funcionalmente dirigido à protecção dos co-herdeiros legitimários do donatário do *de cuius*, fundado na vontade presuntiva deste.

V. artigos 2104.° e segs., C.C..

V. *Sucessão; Descendente; Ascendente; Herança; Doação; Partilha da herança; Herdeiro legitimário; "De cuius"; Quota; Contrato a favor de terceiros; Promissário; Culpa; Casamento; Alimentos; Presunção; Doação remuneratória; Doação manual; Quota disponível.*

Colateral (Dir. Civil) – Adjectivo que qualifica a linha de parentesco existente entre um indivíduo e uma ou várias pessoas que procedem de um progenitor comum, mas não descendem umas das outras.

O termo é também usado como substantivo.

Na linha colateral, há tantos graus quantas as pessoas que formam a linha de parentesco, subindo por um dos ramos e descendo pelo outro, excluindo o progenitor comum.

Os efeitos do parentesco na linha colateral produzem-se, em regra, até ao sexto grau.

Tal como acontece com o parentesco, também pode haver afinidade na linha colateral.

V. artigos 1580.° a 1582.° e 1585.°, C.C..

V. *Parentesco; Afinidade; Grau de parentesco.*

Colectivo (Org. Judiciária) – V. *Tribunal colectivo.*

Coligação (Proc. Civil) – Em processo civil, cada uma das partes pode ser plural, isto é, pode haver vários autores e vários réus: numa situação destas, em que exista um único pedido, diz-se que há litisconsórcio; se forem vários os pedidos, há coligação.

Há, pois, coligação quando, sendo vários os interessados, várias são também as relações jurídicas controvertidas. A diversidade das relações materiais tem como consequência o carácter facultativo da coligação.

O artigo 30.°, C.P.C., expressamente permite a coligação de autores contra um ou vários réus, bem como a coligação destes, desde que aos vários pedidos corresponda a mesma causa de pedir (isto é, provenham todos do mesmo facto jurídico) ou os pedidos se encontrem entre si numa relação de prejudicialidade ou de dependência. É ainda permitida a coligação quando, embora sendo diversas as causas de pedir, "a procedência dos pedidos principais dependa essencialmente da apreciação dos mesmos factos ou da interpretação e aplicação das mesmas regras de direito ou de cláusulas de contratos perfeitamente análogas". De salientar que, nos termos da redacção dada ao n.° 3 deste artigo 30.°, C.P.C., pelo Decreto-Lei n.° 329-A/95, de 12 de Dezembro, é também "admitida a coligação quando os pedidos deduzidos contra os vários réus se baseiam na invocação da obrigação cartular, quanto a uns, e da respectiva relação subjacente, quanto a outros". Por outro lado, nos termos do n.° 2 do artigo 31.°, C.P.C., na redacção do Decreto-Lei n.° 180/96, de 25 de Setembro, "pode o juiz autorizar a cumulação, sempre que nela haja interesse relevante ou quando a apreciação conjunta das pretensões seja indispensável para a justa composição do litígio".

O artigo 31.°, C.P.C., estabelece, no entanto, nos seus n.°s 1 e 4, obstáculos à coligação que são, designadamente, a diversidade das formas de processo correspondentes aos diferentes pedidos (desde que a diversidade não resulte unicamente do valor dos pedidos) ou a diversidade de tribunais competentes na ordem internacional ou em razão da matéria ou da hierarquia. Há, ainda, casos em que, "não obstante a verificação dos requisitos da coligação", "se o tribunal, oficiosamente ou a requerimento de algum dos réus, entender que [...] há inconveniente grave em que as causas sejam instruídas, discutidas e julgadas conjuntamente, determinará, em despacho fundamentado, a notificação do autor para indicar, no prazo fixado, qual o pedido ou os pedidos que continuarão a ser apreciados no processo, sob cominação de, não o fazendo, ser o réu absolvido da instância quanto a eles, aplicando-se o disposto nos n.°s 2 e 3 do artigo 31.°-A". Nesta última disposição regula-se a situação em que ocorra uma coligação "sem que entre os pedidos exista a conexão exigida" por lei, estabelecendo-se que, então, "o juiz notificará o autor para, no prazo fixado, indicar qual o pedido que pretende ver apreciado no processo, sob cominação de, não o fazendo, o réu ser absolvido da instância quanto a todos eles".

No processo executivo, é também possível a coligação de exequentes contra um ou vários devedores litisconsortes, de vários credores litisconsortes ou coligados contra vários "devedores coligados, desde que obrigados no mesmo título". A coligação, em processo executivo só não é permitida quando se verificar "incompetência absoluta do tribunal", "as execuções tiverem fins diferentes" ou "a alguma das execuções corresponder processo especial diferente do processo que deva ser empregado para as outras, sem prejuízo do disposto nos n.°s 2 e 3 do artigo 31.°". O n.° 2 do artigo 58.°, C.P.C., na redacção que lhe foi dada pelo referido DL n.° 180/96, esclarece que "não obsta à cumulação a circunstância de ser ilíquida alguma das quantias, desde que a liquidação dependa unicamente de operações aritméticas". A coligação distingue-se da mera cumulação de execuções, dado que nesta há um só exequente e um só executado, enquanto na coligação há uma pluralidade de exequentes e/ou de executados.

Nos processos instaurados nos julgados de paz, só no momento da propositura da acção é admitida a coligação de partes – artigo 39.° da Lei n.° 78/2001, de 13 de Julho.

V. *Autor; Réu; Pedido; Litisconsórcio; Relação jurídica; Cumulação de pedidos; Causa de pedir; Prejudicialidade; Procedência; Pedido principal; Cláusula; Litígio; Forma de processo; Valor da causa; Competência internacional; Competência em razão da matéria; Competência em razão da hierarquia; Requerimento; Instrução; Julgamento; Despacho; Notificação; Absolvição da instância; Execução; Exequente; Título executivo; Competência; Processo especial; Coligação de execuções; Executado; Cumulação de execuções; Julgado de paz.*

Coligação de contratos (Dir. Civil) – V. *Contrato; Contratos coligados; União de contratos.*

Coligação de execuções (Proc. Civil) – Existe quando vários credores exequentes reclamam ao mesmo devedor executado várias prestações diferentes, quando os diversos exequentes reclamam de vários devedores executados, obrigados no mesmo título, diferentes prestações, ou quando os devedores coligados sejam "titulares de quinhões no mesmo património autónomo ou de direitos relativos ao mesmo bem indiviso, sobre os quais se faça incidir a penhora".

V. artigo 58.°, C.P.C., na redacção do Decreto-Lei n.° 38/2003, de 8 de Março, rectificado pela Declaração de rectificação n.° 5-C/2003, de 30 de Abril.

V. *Execução; Coligação; Título executivo; Quinhão; Credor; Exequente; Devedor; Prestação; Património autónomo; Penhora; Cumulação de execuções.*

Coligação subsidiária (Proc. Civil) – O artigo 31.°-B, aditado ao C.P.C. pelo Decreto-Lei n.° 180/96, de 25 de Setembro, dispõe que "é admitida a coligação subsidiária do mesmo pedido, ou a dedução de pedido subsidiário, por autor ou contra réu diverso do que demanda ou é demandado a título principal, no caso de dúvida fundamentada sobre o sujeito da relação controvertida". Isto é, a lei permite a dedução de um pedido principal por um autor contra um réu e a de um pedido subsidiário por outro autor ou contra outro réu. V. artigo 469.° C.P.C., sobre pedidos subsidiários.

V. *Coligação; Pedido; Pedido subsidiário; Autor; Réu; Pedido principal; Relação jurídica.*

Colisão de deveres (Dir. Civil) – Sempre que sobre o mesmo sujeito jurídico impendam dois ou mais deveres, sendo impossível o seu cumprimento cumulado e simultâneo, diz-se que há colisão de deveres.

Não tendo sido o próprio sujeito jurídico a colocar-se culposamente na situação de incompatibilidade de cumprimento dos vários deveres, a colisão destes pode relevar juridicamente, pois o cumprimento de um deles constitui – ou pode constituir – causa justificativa do incumprimento do outro (ou outros).

Assim será quando o dever cujo cumprimento se omitiu era de importância inferior à daquele que foi cumprido.

V. *Dever jurídico; Cumprimento; Culpa; Causas justificativas.*

Colisão de direitos (Dir. Civil) – Coloca-se um problema de colisão de direitos quando o exercício simultâneo de dois ou mais direitos, igualmente válidos, pertencentes a sujeitos diversos, é incompatível entre si.

O artigo 335.°, C.C., estabelece que, "havendo colisão de direitos iguais ou da mesma espécie, devem os titulares ceder na medida do necessário para que todos produzam igualmente o seu efeito, sem maior detrimento para qualquer das partes", prevalecendo o que deva considerar-se superior, se eles forem desiguais ou de espécie diferente.

V. *Direito subjectivo.*

Colisão de veículos (Dir. Civil) – V. *Choque; Acidente de viação.*

Colonia (Dir. Civil) – Era um direito real, de fonte consuetudinária, que existia na Região Autónoma da Madeira e que se traduzia na coexistência sobre o mesmo prédio rústico de um direito de propriedade e de um outro direito, que cabia àquele que explorava o solo e que comportava a faculdade de usar e fruir a terra e a propriedade sobre as benfeitorias realizadas, implicando o pagamento de uma prestação (demídia) correspondente a metade das colheitas ou de certas colheitas; a colonia podia extinguir-se em qualquer momento por decisão unilateral e discricionária do proprietário do prédio, mediante a indemnização das benfeitorias.

O Decreto-Lei n.° 47 937, de 15 de Setembro de 1967, proibiu a futura constituição da colonia, tendo esta sido extinta e convertida em arrendamento rural pelo Decreto Regional n.° 13/77/M, de 18 de Outubro. O Decreto Legislativo Regional n.° 1/87/M, de 10 de Janeiro, veio prorrogar os prazos de remição da propriedade do solo ao colono-rendeiro, tendo tais prazos sido objecto de nova prorrogação pelo Decreto Legislativo Regional n.° 13/90/M, de 23 de Maio.

O Assento do Supremo Tribunal de Justiça de 22 de Novembro de 1995, publicado no *Diário da República*, I-A série, de 27 de Janeiro de 1996, entendeu que: "Na remição de colonia, o valor actual do solo considerado para fins agrícolas e por desbravar a que se referem o n.° 2 do artigo 7.° do Decreto Regional n.° 13/77/M, de 18 de Outubro, e o n.° 2 do artigo 1.° da Lei n.° 62/91, de 13 de Agosto, é reportado à data em que se procede à arbitragem, na fase administrativa". O decreto regulamentar regional n.° 15/99/M, de 30 de Novembro, alterou o decreto regulamentar regional n.° 13/94/M, de 7 de Novembro, que estabelecia a estrutura orgânica e o quadro de pessoal do Fundo Especial para a Extinção da Colonia; este Fundo foi extinto pelo decreto regulamentar regional n.° 19/2005/ /M, de 20 de Abril.

O n.° 2 do artigo 96.° da Constituição da República proíbe o regime da colonia.

V. *Direito real; Costume; Prédio rústico; Direito de propriedade; Benfeitorias; Indemnização.*

Comarca (Org. Judiciária) – Circunscrição judicial que abrange normalmente a área do concelho.

Em cada comarca, há um tribunal de 1.ª instância, denominado tribunal de comarca.

Os tribunais de comarca são, regra geral, de competência genérica, mas podem ter uma competência especializada (por exemplo, tribunais de instrução criminal, tribunais de família, tribunais de menores, tribunais de trabalho), uma competência específica ou uma competência específica mista (nestes, a jurisdição é limitada em função da forma do processo).

V. artigos 15.°, 16.° e 62.° e segs. da Lei de Organização e Funcionamento dos Tribunais Judiciais (Lei n.° 3/99, de 13 de Janeiro, rectificada pela Declaração de rectificação n.° 7/99, de 16 de Fevereiro, e alterada pela Lei n.° 101/99, de 26 de Julho, pelos Decretos-Leis n.°s 323/2001, de 17 de Dezembro, e 38/2003, de 8 de Março – este rectificado pela Declaração de rectificação n.° 5-C/2003, de 30 de Abril –, pela Lei n.° 105/2003, de 10 de Dezembro, pelo Decreto-Lei n.° 53/2004, de 18 de Março, pela Lei n.° 42/2005, de 29 de Agosto, e pelo Decreto-Lei n.° 76-A/2006, de 29 de Março – o último rectificado pela Declaração de rectificação n.° 28-A/2006, de 26 de Maio).

V. *Tribunal de 1.ª instância; Tribunal de comarca; Tribunal de competência genérica; Tribunal de competência especializada; Tribunal de família; Tribunal de menores; Tribunal de competência específica; Forma de processo.*

Combinação (Dir. Civil) – V. *Teoria da combinação; Contrato misto.*

Começo da personalidade (Dir. Civil) – V. *Personalidade jurídica.*

Comissão (Dir. Civil)

1. V. *Comissões especiais.*

2. No artigo 500.°, C.C., o termo comissão tem o sentido de actividade, acto ou serviço, realizado por alguém por conta e sob a direcção de outrem; a actividade pode ser de natureza material ou intelectual, traduzir-se na prática de um único acto ou revestir carácter duradouro, e a relação em função da qual é realizada ter natureza gratuita ou onerosa.

O comitente é, nos termos da citada disposição, responsável pelos prejuízos causados a terceiros pelo comissário no exercício da função que lhe foi por ele confiada. A responsabilidade do comitente é independente de culpa sua, mas só existe se houver responsabilidade do comissário e se o acto lesivo houver sido realizado no exercício das funções do comissário (embora contra as ordens ou instruções do comitente). Entende a doutrina que só há responsabilidade do comitente quando exista responsabilidade subjectiva do comissário (o que não parece inequívoco face ao artigo

500.°, C.C.), mas sustenta que tal responsabilidade se estende aos actos do comissário que, não se integrando directamente no exercício das funções, tenham com estas uma relação adequada, isto é, correspondam, segundo um critério de experiência, a actos vulgarmente propiciados por aquele exercício.

O n.° 3 do mesmo artigo 500.° determina que "o comitente que satisfizer a indemnização tem o direito de exigir do comissário o reembolso de tudo quanto haja pago, excepto se houver também culpa da sua parte [...]"; neste último caso, o direito de regresso existe na medida das respectivas culpas e das consequências danosas que delas advieram, presumindo-se, salvo prova em contrário, iguais as culpas do comitente e comissário, nos termos do artigo 497.°, n.° 2, C.C..

A responsabilidade do comitente fundada no artigo 500.°, C.C., é, pois, uma responsabilidade objectiva que, segundo a doutrina, encontra justificação na relação de subordinação do comissário ao comitente e no aproveitamento por este das vantagens da actuação daquele.

Em qualquer caso, há de notar que a responsabilidade imposta ao comitente por esta disposição é, funcionalmente, uma responsabilidade de garantia, visto que ele tem um direito de regresso por inteiro contra o comissário sempre que a sua própria actuação não haja sido culposa.

V. *Comitente; Comissário; Terceiro; Culpa; Responsabilidade subjectiva; Direito de regresso; Responsabilidade objectiva; Presunção.*

3. V. *Contrato de comissão.*

Comissão de credores (Dir. Civil; Dir. Com.; Proc. Civil)

1 – Quando tivesse sido desencadeada uma acção de recuperação de empresa e ela houvesse de prosseguir, o juiz, no despacho que ordenasse o prosseguimento, deveria "nomear a comissão de credores incumbida de defender os interesses de todos eles", nos termos do artigo 28.°-*b)* do Código dos Processos Especiais de Recuperação da Empresa e de Falência, aprovado pelo Decreto-Lei n.° 132/93, de 23 de Abril, alterado pelos Decretos-Leis n.°s 157/97, de 24 de Junho, 315/98, de 20 de Outubro, 323/2001, de 17 de Dezembro, e 38/2003, de 8 de Março. A comissão de credores iniciava funções imediatamente após a posse, sendo composta por três ou cinco membros, presidida de preferência pelo maior credor da empresa, e sendo a escolha dos restantes membros destinada a assegurar a adequada representação das várias classes de credores, com excepção daqueles que fossem sócios, membros do órgão de administração, titulares de empresa individual ou entidades com interesse patrimonial equiparável; em qualquer caso, um dos membros da comissão representaria os trabalhadores que titulassem créditos sobre a empresa, sendo a escolha feita pelo juiz, de acordo com a designação feita pelos próprios trabalhadores ou pela respectiva comissão. A comissão não podia deliberar sem a presença da maioria dos seus membros, sendo as deliberações tomadas por maioria dos presentes e cabendo ao presidente, em caso de empate, voto de qualidade. Àquela cabia fiscalizar a gestão da empresa e auxiliar a actividade do gestor judicial. Nos termos do mesmo diploma, na sentença que declarasse a falência, deveria o tribunal nomear a comissão de credores, se ainda não tivesse sido constituída ou houvesse necessidade de substituir os membros designados no processo de recuperação. À comissão competia, em geral, colaborar com o liquidatário judicial e fiscalizar a actividade deste (artigo 140.°). Eram muitos os actos do liquidatário judicial que careciam de prévia concordância da comissão de credores. A comissão podia impugnar os actos do liquidatário judicial, "com base na sua ilegalidade ou na sua inconveniência para os interesses da massa falida, em requerimento fundamentado dirigido ao juiz", podendo este, ouvida a comissão de credores, destituir justificadamente o liquidatário judicial e substituí-lo por outro.

O Código dos Processos Especiais de Recuperação da Empresa e de Falência foi revogado pelo Decreto-Lei n.° 53/2004, de 18 de Março, alterado pelos Decretos-Leis n.°s 200/2004, de 18 de Agosto, e 76-A/ /2006, de 29 de Março (este último rectificado pela Declaração de rectificação n.° 28- -A/2006, de 26 de Maio), que aprovou o Código da Insolvência e da Recuperação de Empresas.

Neste, a comissão de credores encontra-se prevista como um dos órgãos da insolvência, embora eventual, nos respectivos artigos 66.° e segs..

"Anteriormente à primeira assembleia de credores, designadamente na própria sentença de declaração da insolvência, o juiz nomeia uma comissão de credores composta por três ou cinco membros e dois suplentes, devendo o encargo da presidência recair de preferência sobre o maior credor da empresa e a escolha dos restantes assegurar a adequada representação das várias classes de credores" – sendo um deles representante dos trabalhadores que tenham créditos sobre a empresa, devendo a escolha deste recair sobre quem for designado pelos trabalhadores ou pela comissão de trabalhadores, quando esta exista –, com excepção dos credores subordinados.

O juiz pode não proceder à nomeação da comissão "quando o considere justificado, em atenção à exígua dimensão da massa insolvente, à simplicidade da liquidação ou ao reduzido número de credores da insolvência"; "os membros da comissão podem ser pessoas singulares ou colectivas"; "o Estado e as instituições de segurança social só podem ser nomeadas para a presidência da comissão de credores desde que se encontre nos autos despacho, do membro do Governo com supervisão sobre as entidades em causa, a autorizar o exercício da função e a indicar o representante" (v. artigo 66.°). Também a assembleia de credores pode deliberar prescindir da existência da comissão de credores, podendo substituir quaisquer membros ou suplentes daquela que foi nomeada pelo juiz, "eleger dois membros adicionais e, se o juiz não a tiver constituído, criar ela mesma uma comissão, composta por três, cinco ou sete membros e dois suplentes, designar o presidente e alterar, a todo o momento, a respectiva composição, independentemente da existência de justa causa"; os membros eleitos pela assembleia "não têm de ser credores, e, na sua escolha, tal como na designação do presidente, a assembleia não está vinculada à observância dos critérios [...] [já referidos] devendo apenas respeitar o critério imposto pelo número 3 [...] [representação dos trabalhadores]"; todas estas deliberações têm de ser tomadas por maioria dos votantes e dos votos emitidos, não sendo consideradas as abstenções – salvo a de destituição de membro sem justa causa.

"À comissão compete, para além de outras tarefas que lhe sejam especialmente cometidas, fiscalizar a actividade do administrador da insolvência e prestar-lhe colaboração", podendo "examinar livremente os elementos da contabilidade do devedor e solicitar ao administrador [...] as informações e a apresentação dos elementos que considere necessários" (artigo 68.°). As suas reuniões realizam-se sempre que convocadas pelo presidente ou por dois outros membros, não podendo deliberar "sem a presença da maioria dos seus membros, sendo as deliberações tomadas por maioria de votos dos membros presentes, e cabendo ao presidente, em caso de empate, voto de qualidade"; o voto escrito é admitido se, antes da deliberação, todos os membros tiverem acordado nisso; as deliberações, que devem ser comunicadas ao juiz pelo respectivo presidente, são insusceptíveis de reclamação para o tribunal. Porém, nos termos do artigo 80.°, "todas as deliberações da comissão [...] são passíveis de revogação pela assembleia de credores [...]".

O artigo 70.° impõe aos membros da comissão de credores uma obrigação de indemnização pelos danos que causem aos credores da insolvência se decorrentes do incumprimento culposo dos seus deveres, sendo o prazo de prescrição desta obrigação de indemnizar de "dois anos a contar da data em que o lesado teve conhecimento do direito que lhe compete, mas nunca depois de decorrido igual período sobre a data da cessação de funções".

Os membros da comissão não têm direito a qualquer remuneração, mas as despesas que fizerem e que sejam "estritamente necessárias ao desempenho das suas funções" são-lhes reembolsadas.

V. *Falência; Liquidatário judicial; Devedor; Massa falida; Requerimento; Recuperação da empresa; Empresa; Credor; Sócio; Gestor judicial; Despacho; Insolvência, Recuperação de empresas; Assembleia de credores; Sentença; Declaração de insolvência; Crédito subordinado; Massa insolvente; Pessoa singular; Pessoa colectiva; Deliberação; Justa causa; Admi-*

nistrador da insolvência; Responsabilidade civil; Indemnização; Dano; Credor da insolvência; Dever jurídico; Culpa; Prescrição.

Comissão de protecção de menores – V. *Menor; Protecção de menores.*

Comissão Nacional de Protecção de Dados (CNPD) – Entidade administrativa independente, com poderes de autoridade, que funciona junto da Assembleia da República, com a função de controlar e fiscalizar o cumprimento das disposições legais e regulamentares em matéria de protecção de dados pessoais, "em rigoroso respeito pelos direitos do homem e pelas liberdades e garantias consagradas na Constituição e na lei".

A CNPD dispõe:

"*a)* de poderes de investigação e de inquérito, podendo aceder aos dados objecto de tratamento e recolher todas as informações necessárias ao desempenho das suas funções de controlo;

b) de poderes de autoridade, designadamente o de ordenar o bloqueio, apagamento ou destruição dos dados, bem como o de proibir, temporária ou definitivamente, o tratamento de dados pessoais, ainda que incluídos em redes abertas de transmissão de dados a partir de servidores situados em territórios português;

c) do poder emitir pareceres prévios ao tratamento de dados pessoais, assegurando a sua publicitação".

"A CNPD tem legitimidade para intervir em processos judiciais no caso de violação das disposições da presente lei e deve denunciar ao Ministério Público as infracções penais de que tiver conhecimento, no exercício das suas funções e por causa delas, bem como praticar os actos cautelares necessários e urgentes para assegurar os meios de prova".

A CNPD é representada em juízo pelo Ministério Público e está isenta de custas nos processos em que intervenha.

As entidades públicas e privadas devem prestar a sua colaboração à CNPD, facultando-lhe todas as informações que por esta, no exercício das suas competências, lhes forem solicitadas.

A CNPD é composta por sete membros de integridade e reconhecido mérito, dos quais o presidente e dois dos vogais são eleitos pela Assembleia da República, segundo o método da média mais alta de *Hondt*.

V. artigos 21.°, 22.°, 23.°, 24.°, 25.° e 26.° da Lei n.° 67/98, de 26 de Outubro, rectificada pela Declaração de rectificação n.° 22/98, de 28 de Novembro – Lei da Protecção de Dados Pessoais.

V. *Dados pessoais; Base de dados; Legitimidade; Ministério Público; Processo; Meios de prova; Custas; Competência.*

Comissário (Dir. Civil) – Pessoa que age sob a direcção de outra, chamada comitente, isto é, pessoa que é encarregada de uma comissão.

V. *Comissão.*

Comissões especiais (Dir. Civil) – O regime das comissões especialmente constituídas para realizar qualquer plano de socorro ou beneficência ou promover a execução de obras públicas, monumentos, festivais, exposições, festejos e actos semelhantes, e que não adquiram personalidade jurídica, por não preencherem os requisitos para tal aquisição, consta dos artigos 200.° e 201.°, C.C. (artigo 199.°, C.C.).

A redacção do artigo 199.°, C.C., que não foi alterada pelo Decreto-Lei n.° 496/77, de 25 de Novembro, é obviamente desconforme com o actual regime jurídico das associações, designadamente porque para estas não é necessário reconhecimento, como o era anteriormente à entrada em vigor da Constituição da República de 1976.

As comissões especiais que não tenham personalidade jurídica têm, porém, nos termos do artigo 6.°-*b)*, C.P.C., personalidade judiciária.

O Decreto-Lei n.° 129/98, de 13 de Maio, alterado pelos Decretos-Leis n.°s 12/2001, de 25 de Janeiro (rectificado pela Declaração de rectificação n.° 3-B/2001, de 31 de Janeiro), 323/2001, de 17 de Dezembro, e 2/2005, de 4 de Janeiro, ocupa-se do regime do registo nacional de pessoas colectivas, que abrange as "entidades que, prosseguindo objectivos próprios e actividades diferenciadas das dos seus associados, não sejam dotadas de personalidade jurídica", devendo aí estar inscritos a denominação, modificação dela, se ocorrer, sede ou domicílio e endereço postal, objecto social ou actividade exercida, início e cessação desta. Estas normas são aplicáveis às comissões especiais na medida em que, pelo respectivo escopo, elas se mantenham existentes e em actividade durante um período de tempo que justifique tal aplicabilidade. A comissão especial deve solicitar ao Registo Nacional de Pessoas Colectivas, no prazo de 90 dias a contar da sua verificação, a inscrição da finalização das formalidades legais de constituição, podendo a inscrição ser feita oficiosamente quando não tenha sido cumprida a obrigação legal antes referida.

A cada comissão inscrita no Ficheiro Central de Pessoas Colectivas é atribuído um número de identificação próprio, podendo ela solicitar a emissão de um cartão de identificação, que conterá o seu número de identificação.

V. artigos 4.°, n.° 1-*d)*, e 10.° e segs. do referido diploma.

V. *Associação; Personalidade jurídica; Personalidade judiciária; Pessoa colectiva; Registo das pessoas colectivas; Sede; Domicílio; Ficheiro central de pessoas colectivas.*

Comitente (Dir. Civil) – É aquele que encarrega outrem de qualquer comissão, tendo o poder de escolher e dirigir a pessoa escolhida.

Pelos danos causados pelo comissário pode com ele ser responsável solidariamente o comitente. Sê-lo-á se actuou culposamente, ou na escolha do comissário (*culpa in eligendo*) ou relativamente às instruções que lhe deu (*culpa in instruendo)* ou ainda na fiscalização da actividade do comissário (*culpa in vigilando*).

Sê-lo-á também, independentemente de culpa própria, pelos actos que o comissário praticar no exercício das funções que lhe foram cometidas, desde que tais actos sejam constitutivos de responsabilidade civil para o comissário.

V. artigo 500.°, C.C..

V. *Comissão; Dano; Solidariedade; Culpa; Responsabilidade objectiva.*

"Commodum" de representação (Dir. Civil) – Tornando-se a prestação impossível, por causa imputável ou não ao devedor, a lei dá ao credor a faculdade de exigir a este aquilo que, no seu património, vier substituir a coisa primitivamente devida: é o chamado *commodum* de representação.

Quer dizer, se o devedor, em virtude do facto que tornou a prestação impossível, adquirir algum direito sobre uma coisa ou contra terceiro, o credor pode exigir-lhe, em substituição da prestação devida, a prestação dessa coisa ou substituir-se ao devedor na titularidade do direito contra o terceiro.

V. artigos 794.° e 803.°, C.C..

V. *Prestação; Impossibilidade da prestação; Culpa; Devedor; Credor; Coisa; Direito subjectivo; Terceiro.*

"Commodum repraesentationis" (Dir. Civil) – Expressão latina que designa o *"commodum" de representação* (v. esta última expressão).

"Commodum subrogationis" (Dir. Civil) – Designa a substituição ou sub-rogação no objecto da prestação que se verifica no caso de o credor utilizar a faculdade, que a lei lhe concede, de se substituir ao devedor na titularidade do direito que este tenha adquirido contra terceiro em virtude do facto que determinou a sua impossibilidade de cumprimento (*commodum* de representação).

V. *Prestação; Credor; Devedor; "Commodum" de representação; Impossibilidade do cumprimento.*

Comodato (Dir. Civil) – "Comodato é o contrato gratuito pelo qual uma das partes entrega à outra certa coisa, móvel ou imóvel, para que se sirva dela, com a obrigação de a restituir" (artigo 1129.°, C.C.): o comodato é, pois, um empréstimo de coisa infungível.

Não sendo o comodato um contrato formal, é, porém, um contrato real *quoad constitutionem*, isto é, um contrato que só pode considerar-se celebrado quando, alem das declarações negociais, houver entrega da coisa pelo comodante ao comodatário.

A coisa deve ser aplicada ao fim a que, nos termos do contrato, se destina e, se daquele nada resultar quanto ao destino da coisa, o comodatário pode aplicá-la a quaisquer fins lícitos dentro da função normal das coisas de igual natureza, sendo certo que, em qualquer caso, sempre ao comodatário é vedado fazer da coisa uma utilização imprudente ou proporcionar a terceiro o uso dela sem autorização do comodante.

V. artigos 1130.° e segs., C.C..

Para os efeitos do Código do Direito de Autor e dos Direitos Conexos, aprovado pelo Decreto-Lei n.° 63/85, de 14 de Março, alterado pelas Leis n.°s 45/85, de 17 de Setembro, e 114/91, de 3 de Setembro, pelos Decretos-Leis n.°s 332/97, 333/97 e 334//97, todos de 27 de Novembro, e pela Lei n.° 50/2004, de 24 de Agosto, entende-se por comodato "o acto de colocar à disposição do público, para utilização, o original ou cópias da obra, durante um período de tempo limitado e sem benefícios económicos ou comerciais, directos ou indirectos, quando efectuado através de estabelecimento acessível ao público" (artigo 3.°). O artigo 4.° do mesmo diploma dispõe que o direito de comodato não se esgota com a "venda ou qualquer outro acto de distribuição do original ou de cópias da obra", esclarecendo que não são objecto de comodato "as obras de arquitectura e de artes aplicadas". O artigo 6.° estabelece que "o autor tem direito a remuneração no caso de comodato público do original ou de cópias da obra", sendo "o proprietário do estabelecimento que coloca à disposição do público o original ou cópias da obra" o responsável pelo pagamento daquela remuneração, a qual, na falta de acordo, será fixada "por via arbitral, nos termos da lei". O direito de comodato, a que se fez referência, "é igualmente reconhecido: *a)* ao artista intérprete ou executante, no que respeita à fixação da sua prestação; *b)* ao produtor de fonogramas e videogramas, no que respeita aos seus fonogramas e videogramas; *c)* ao produtor das primeiras fixações de um filme, no que respeita ao original e às cópias desse filme".

V. *Contrato gratuito; Móvel; Imóvel; Coisa infungível; Forma; Contrato real; Terceiro; Mútuo; Direito de autor.*

Comoriência (Dir. Civil) – Morte simultânea de duas ou mais pessoas.

A lei portuguesa (artigo 68.°, n.° 2, C.C.) estabelece uma presunção de comoriência para o caso de algum efeito jurídico depender da sobrevivência de uma a outra pessoa, e haver dúvidas sobre o momento da morte de cada uma.

Esta presunção tem especial interesse para o direito das sucessões, já que impede qualquer transmissão *mortis causa* entre os comorientes.

V. artigo 26.°, n.° 2, C.C., sobre a lei aplicável à situação, quando haja conflito de leis no espaço.

V. *Morte; Presunção legal; Premoriência; Sucessão; "Mortis causa"; Conflito de leis.*

Compartes – Nos termos do artigo 1.°, n.° 3, da Lei dos Baldios (Lei n.° 68/93, de 4 de Setembro, alterada pela Lei n.° 89/97, de 30 de Julho), "são compartes os moradores de uma ou mais freguesias ou parte delas que, segundo os usos e costumes, têm direito ao uso e fruição do baldio".

V. *Baldios; Costume.*

Compáscuo (Dir. Civil) – Comunhão de pastos em prédios pertencentes a vários proprietários (artigo 2262.° do Código Civil de 1867).

O n.° 2 do artigo 1306.°, C.C., determina que os compáscuos constituídos até à entrada em vigor deste Código – onde este direito foi eliminado – subsistam sujeitos à legislação anterior.

V. *Prédio; Quinhão.*

Compensação (Dir. Civil)

1. Designa-se por compensação legal a extinção de duas dívidas recíprocas mediante declaração de uma das partes à outra. A compensação só é possível se ambas as obrigações tiverem por objecto coisas fungíveis da mesma espécie e qualidade e se o crédito daquele que opera a compensação for exigível judicialmente e contra ele não proceder qualquer excepção, peremptória ou dilatória, de direito material.

Não se exige, no entanto, que os créditos sejam de igual valor (podendo existir compensação parcial), nem que sejam líquidos.

Embora a compensação não se verifique *ope legis,* sendo necessário que uma das partes declare à outra a vontade de compensar – judicial ou extrajudicialmente –, a verdade é que, uma vez feita esta declaração, produz efeitos retroactivos desde o momento em que os créditos preenchiam os requisitos legais da compensação, isto é, desde que eram (ou se tornaram) compensáveis.

Há a notar que o obrigado a alimentos não pode exonerar-se da sua obrigação por compensação, mesmo tratando-se de prestações já vencidas (artigo 2008.°, n.° 2, C.C.). O artigo 853°, C.C., proíbe a compensação de vários créditos, entre os quais os "do Estado ou de outras pessoas colectivas de direito público, excepto quando a lei o autorize".

O artigo 153.° do Código dos Processos Especiais de Recuperação da Empresa e de Falência, aprovado pelo Decreto-Lei n.° 132/93, de 23 de Abril, alterado pelos Decretos-Leis n.°s 157/97, de 24 de Junho, 315/98, de 20 de Outubro, 323/2001, de 17 de Dezembro, e 38/2003, de 8 de Março, determinava que, a partir da data da sentença da declaração de falência, os credores perdiam a faculdade de compensar os seus débitos com quaisquer créditos que tivessem sobre o falido; este diploma foi inteiramente revogado pelo Código da Insolvência e da Recuperação de Empresas, aprovado pelo Decreto-Lei n.° 53/2004, de 18 de Março, alterado pelos Decretos-Leis n.°s 200/2004, de 18 de Agosto, e 76-A//2006, de 29 de Março (rectificado pela Declaração de rectificação n.° 28-A/2006, de 26 de Maio), cujo artigo 99.° dispõe, que, "sem prejuízo do estabelecido noutras disposições deste Código, a partir da declaração de insolvência, os titulares de créditos sobre a insolvência só podem compensá-los com dívidas à massa desde que se verifique pelo menos um dos seguintes requisitos: *a)* Ser o preenchimento dos pressupostos legais da compensação anterior à data da declaração de insolvência; *b)* Ter o crédito sobre a insolvência preenchido antes do contra-crédito da massa os requisitos estabelecidos no artigo 847.° do Código Civil [não relevando, para este efeito, a perda do benefício do prazo nem o vencimento antecipado e a conversão em dinheiro resultantes do disposto nos artigos 91.°, n.° 1, e 96.°]". O n.° 3 deste artigo 99.° diz que "a compensação não é prejudicada pelo facto de as obrigações terem por objecto divisas ou unidades de cálculo distintas, se for livre a sua conversão recíproca no lugar do pagamento do contra-crédito [...]"; o n.° 4 proíbe, porém, a compensação nos casos em que "a dívida à massa se tiver constituído após a data da declaração de insolvência, designadamente em consequência da resolução de actos em benefício da massa [...]", em que o credor tenha adquirido o seu direito de outrem depois da data da declaração de insolvência, "com dívidas do insolvente pelas quais a massa não seja responsável" e "entre dívidas à massa e créditos subordinados sobre a insolvência".

V. artigos 847.° e segs., C.C..

Além desta compensação que uma das partes pode impor à outra – compensação legal –, podem, evidentemente e dentro dos limites da lei, as partes acordar na compensação dos seus créditos respectivos, não sendo necessária então a verificação dos requisitos enunciados no artigo 847.°, C.C., (compensação *voluntária*).

O Decreto-Lei n.° 70/97, de 3 de Abril, cujas normas prevalecem "sobre qualquer outra disposição legal, ainda que de natureza especial" (artigo 3.°), veio determinar que "o negócio jurídico através do qual as partes, na qualidade de intervenientes em contratos sobre instrumentos financeiros, de que decorrem direitos e obrigações similares, acordam em que todos as obrigações entre elas contraídas no âmbito desse negócio se considerarão compensadas, na parte relevante, se uma das partes vier a ser declarada em estado de falência [actualmente, insolvência], é oponível à massa falida [massa insolvente] e aos credores dessa massa"; o artigo 2.° deste diploma esclarece que, para os seus efeitos, "são considerados instrumentos financeiros os valores mobiliários, os contratos a prazo relativos a divisas, as taxas de juros e as taxas de câmbio, os *swaps*, as opções e outros contratos de natureza análoga".

O Decreto-Lei n.° 1/97, de 7 de Janeiro, ocupa-se da intervenção do Estado em contratos financeiros, admitindo expressamente que, quanto a créditos e débitos do Estado, emergentes desses contratos, desde que sejam da mesma natureza ou de natureza similar, possa o Estado aceitar cláusulas de compensação; também se estabelece que "o Ministro das Finanças pode, por despacho, autorizar outras pessoas colectivas públicas a aceitar cláusulas de compensação em contratos financeiros" (artigo 4.°). O artigo 3.°, n.° 1, deste diploma determina que "as cláusulas de compensação que podem ser aceites pelo Estado têm por conteúdo a determinação de valores ou taxas no termo dos contratos financeiros em causa, mediante a sua compensação, de forma que se fixe o montante líquido devido por uma parte à outra e apenas tal montante seja exigível na data dos termos dos contratos". No diploma que se tem vindo a citar enunciam-se os contratos financeiros a que se reporta, nestes se incluindo, designadamente, *swaps* de taxas de juro, contratos a prazo relativos a taxas de juro (*forward rate agreements swaps-fras*), contratos de futuros ou contratos de opções relativos a taxas de juro, *swaps* cruzados (relativos a taxas de juro e taxas cambiais), contratos de futuros de câmbios e contratos de opções sobre divisas.

V. *Extinção das obrigações; Dívida; Declaração negocial; Coisa fungível; Excepção peremptória; Excepção dilatória; Excepção material; Obrigação líquida; Alimentos; Vencimento; "Swap"; Contrato de futuros; Contrato de opção; Falência; Sentença; Credor; Negócio jurídico; Contrato; Massa falida; Insolvência; Recuperação de empresas; Declaração de insolvência; Crédito sobre a insolvência; Massa insolvente; Benefício do prazo; Perda do benefício do prazo; Vencimento antecipado; Crédito subordinado; Lugar do cumprimento.*

2. Indemnização devida, aquando da dissolução e partilha da comunhão, pelos patrimónios próprios dos cônjuges ao património comum, ou por este àqueles, quando houve um enriquecimento de um dos patrimónios à custa do outro.

V. artigos 1726.°, n.° 2 (aquisição de bens em parte com dinheiro e bens próprios e noutra parte com dinheiro e bens comuns), 1727.° (aquisição de bens indivisos já pertencentes em parte a um dos cônjuges, que continuam sendo próprios), e 1728.° (bens adquiridos por virtude da titularidade de bens próprios), todos do C.C..

V. *Partilha; Comunhão de bens; Bens próprios; Bens comuns.*

3. Sendo os danos morais, por sua natureza, inindemnizáveis – no sentido em que nunca se pode retirar ao lesado o dano, isto é, torná-lo indemne –, a indemnização que para eles seja atribuída (nos termos do artigo 496.°, C.C.) tem a natureza e a função de uma compensação.

V. *Danos morais; Indemnização.*

Compensação convencional (Dir. Civil) – É a que é acordada entre credor e devedor e que prescinde da verificação de todos os requisitos da compensação legal.

V. *Compensação.*

Compensação de lucros com danos (Dir. Civil) – A regra de que, para efeitos de cálculo da indemnização, ao valor do prejuízo deve ser deduzida a vantagem que o facto danoso provocou ao lesado é frequentemente significada pela doutrina através da expressão latina *"compensatio lucri cum damno"* (v. esta expressão).

V. *Indemnização; Dano.*

Compensação judicial (Dir. Civil; Proc. Civil) – Fala-se de compensação judicial ou judiciária para significar a que opera mediante decisão judicial de natureza constitutiva.

Esta forma de compensação não se encontra hoje regulada na nossa lei.

V. *Compensação; Sentença constitutiva.*

Compensação legal (Dir. Civil) – Verificando-se os requisitos legalmente enunciados, a compensação opera por declaração de vontade unilateral de uma das partes: é esta forma de compensação que se qualifica como legal.

V. *Compensação; Declaração negocial.*

Compensação voluntária (Dir. Civil) – Compensação contratual, convencional ou voluntária é a acordada entre credor e devedor.

V. *Compensação; Compensação convencional; Credor; Devedor.*

"Compensatio lucri cum damno" (Dir. Civil) – Princípio segundo o qual, para efeitos de cálculo do montante indemnizatório, ao dano sofrido pelo lesado deve ser abatido o valor de uma vantagem que para ele, eventualmente, tenha advindo do próprio facto danoso.

Antunes Varela, *Das Obrigações em Geral*, Vol. I, 10.ª edição, págs. 937-938, dá o seguinte exemplo: "O lavrador, convencido de que a cultura do tomate começava a ser ruinosa, encomendou sementes para uma outra cultura. Como o fornecedor destas faltou culposamente ao contrato que celebrara para o efeito, teve que renovar à última hora a cultura de tomate.

Simplesmente, ao contrário de todas as previsões, esta veio a mostrar-se bastante rendosa.

Se assim for, para determinarmos o prejuízo efectivo do credor aos lucros cessantes da colheita que o lavrador deixou de fazer, haverá naturalmente que abater o lucro que ele obteve com a cultura que fez, e não poderia ter feito, se o fornecedor cumprisse a obrigação.

Para que esta dedução se faça, torna-se mister, no entanto, que entre o facto danoso e a *vantagem* obtida pelo lesado haja um verdadeiro *nexo de causalidade* e não uma simples *coincidência acidental, fortuita ou casual*".

Não obstante a lei não formalizar expressamente este princípio, ele encontra-se inequivocamente contido na noção de indemnização do artigo 562.°, C.C., que dispõe que esta visa "reconstituir a situação que existiria, se não se tivesse verificado o evento que obriga à reparação". Ora, se esse evento teve consequências danosas e vantajosas, a reconstituição da situação impõe inevitavelmente a ponderação de ambas.

V. *Responsabilidade civil; Indemnização; Culpa; Contrato; Incumprimento; Credor; Lucro cessante; Obrigação; Causalidade.*

Competência

1. (Proc. Civil) – Designa-se por competência do tribunal a medida do respectivo poder jurisdicional. As regras sobre competência destinam-se a determinar o tribunal em que cada acção deve ser proposta.

Os tribunais portugueses têm competência internacional, regulada nos termos dos artigos 65.° e 65.°-A, C.P.C., com a redacção do Decreto-Lei n.° 38/2003, de 8 de Março (rectificado pela Declaração de rectificação n.° 5-C/2003, de 30 de Abril), e competência na ordem interna, distribuída entre eles de acordo com a matéria e o valor das acções, a hierarquia dos tribunais, a forma de processo aplicável e o território (artigo 62.°, n.° 2, C.P.C.).

Segundo o artigo 22.° da Lei de Organização e Funcionamento dos Tribunais Judiciais (Lei n.° 3/99, de 13 de Janeiro, rectificada pela Declaração de rectificação n.° 7/99, de 16 de Fevereiro, e alterada pela Lei n.° 101/99, de 26 de Julho, pelos Decretos-Leis n.°s 323/2001, de 17 de Dezembro, e 38/2003, de 8 de Março, pela Lei n.° 105/2003, de 10 de Dezembro, pelo Decreto-Lei n.° 53/2004, de 18 de Março, pela Lei n.° 42/2005, de 29 de Agosto, e pelo Decreto-Lei n.° 76-A/2006, de 29 de Março – este rectificado pela Declaração de rectificação n.° 28-A/2006, de 26 de Maio), "a competência fixa-se no momento em que a acção se propõe, sendo irrelevantes as modificações de facto que ocorram posteriormente". "Quando ocorra alteração da lei reguladora da competência considerada relevante quanto aos processos pendentes, o juiz ordena oficiosamente a sua remessa para o tribunal que a nova lei considere competente" – artigo 64.°, C.P.C., na redacção do Decreto-Lei n.° 329-A/95, de 12 de Dezembro.

É, em princípio, proibido o desaforamento, isto é, a deslocação de uma causa do tribunal competente para a conhecer e julgar para outro que o não seja: daí que o artigo 113.°, C.P.C., determine que, quando se tenha demandado uma pessoa estranha à causa "para se desviar o verdadeiro réu do tribunal territorialmente competente", "a decisão que julgue incompetente o tribunal condenará o autor em multa e indemnização como litigante de má fé". Há, no entanto, casos em que a lei permite o desaforamento, assim acontecendo, por exemplo, na apensação de acções (artigo 275.°, C.P.C.), nos casos em que as partes convencionem validamente sobre competência em razão do valor ou do território (artigo 100.°, C.P.C., na redacção do referido DL n.° 329-A/95), ou nos casos de incompetência relativa, em que esta não seja arguida, nem haja no processo elementos que permitam o seu conhecimento oficioso (v. artigos 109.° e 110.°, C.P.C., com a redacção do mesmo DL n.° 329-A/95, tendo o último a redacção dada pela Lei n.° 14/2006, de 26 de Abril).

V. artigos 61.° e segs., C.P.C., e 17.° e segs. da Lei Organização e Funcionamento dos Tribunais Judiciais.

V. Convenção Relativa à Competência Judiciária e à Execução de Decisões em Matéria Civil e Comercial, celebrada em Lugano em 16 de Setembro de 1988, aprovada, para ratificação, pela Resolução da Assembleia da República n.° 34/91, de 30 de Outubro (rectificada pela Rectificação n.° 7/92, de 6 de Agosto, esta, por sua vez, rectificada pela Declaração de rectificação n.° 11/92, de 14 de Novembro), ratificada pelo Decreto do Presidente da República n.° 52/91, de 30 de Outubro, e cujo instrumento de ratificação por parte de Portugal foi depositado em 15 de Abril de 1992, tendo a Convenção entrado em vigor em 1 de Julho de 1992, segundo aviso publicado no *Diário da República*, I-A série, de 10 de Julho de 1992; o Decreto do Presidente da República n.° 148/99, de 21 de Junho, ratifica a referida Convenção, bem como o Protocolo Relativo à Sua Interpretação pelo Tribunal de Justiça, com as adaptações que lhes foram introduzidas pela Convenção Relativa à Adesão do Reino da Dinamarca, da Irlanda e do Reino Unido da Grã-Bretanha e Irlanda do Norte, pela Convenção Relativa à Adesão do República Helénica, e pela Convenção Relativa à Adesão do Reino Espanha e da República Portuguesa, assinada em Bruxelas em 29 de Novembro de 1996, aprovada, para ratificação pela Resolução da Assembleia da República n.° 46/99, de 21 de Junho; o Aviso n.° 92/2000, de 29 de Março, torna público que Portugal depositou o instrumento de ratificação desta Convenção, bem como do Protocolo referido, em 31 de Julho de 1999. Portugal depositou, em 26 de Outubro de 1999, junto do Conselho Federal Suíço uma Comunicação, nos termos do artigo VI do Protocolo anexo à Convenção Relativa à Competência Judiciária e à Execução de Decisões em Matéria Civil e Comercial, segundo aviso publicado no *Diário da República*, I-A série, de 29 de Março de 2000, de onde consta o texto da Comunicação. Segundo aviso publicado no *Diário da República*, I-A série, de 7 de Junho de 2000, foi tornado público que Portugal depositou a comunicação que consta do mesmo aviso, nos termos do artigo VI do Protocolo de 27 de Setembro, anexo à já mencionada Convenção Relativa à Competência Judiciária e à Execução de Decisões em Matéria Civil e Comercial.

V. o Regulamento (CE) n.° 44/2001 do Conselho, de 22 de Dezembro de 2000, relativo à Competência Judiciária, ao Reconhecimento e à Execução de Decisões em Matéria Civil e Comercial. Este Regulamento veio substituir a Convenção de Bruxelas, de 27 de Setembro de 1968, a qual apenas se mantém em vigor entre a Dinamarca e os restantes Estados-Membros.

V. Acção; Propositura da acção; Competência internacional; Competência em razão da matéria; Competência em razão do valor; Valor da causa; Competência em razão da hierarquia; Competência em razão do território, Forma de processo; Incompetência absoluta; Incompetência relativa; Desaforamento; Réu; Autor; Multa; Indemnização; Litigância de má fé; Apensação de acções; Competência convencional; Conhecimento oficioso; Extensão da competência; Modificação da competência; Execução.

2. (Dir. Civil) – Cada órgão de uma pessoa colectiva tem um conjunto de poderes destinado ao exercício das atribuições da pessoa colectiva: é o que se chama competência do órgão.

V. Pessoa colectiva; Órgãos da pessoa colectiva.

Competência convencional (Proc. Civil) – As partes não podem afastar, por sua vontade, as normas de competência em razão da matéria, da hierarquia, do valor e da forma de processo, mas já o podem fazer quanto às regras de competência em razão do território.

Para ser válida a convenção, tem de revestir a mesma forma do contrato de que emerge a obrigação e, em qualquer caso, tem de ser escrita e de conter o enunciado das questões a que respeita e a indicação do tribunal que fica a ter competência.

A competência que resulta da convenção tem a mesma força obrigatória do que aquela que resulta da lei.

V. artigo 100.°, C.P.C., na redacção do Decreto-Lei n.° 329-A/95, de 12 de Dezembro.

Também as partes podem convencionar que um determinado litígio deva ser decidido por árbitros e não pelo tribunal judicial, e isto mesmo que ele já se encontre pendente judicialmente, nos termos da Lei n.° 31/86, de 29 de Agosto, alterada pelo Decreto-Lei n.° 38/2003, de 8 de Março (rectificado pela Declaração de rectificação n.° 5-C/2003, de 30 de Abril).

V. *Competência; Convenção de arbitragem; Competência em razão da matéria; Competência em razão da hierarquia; Competência em razão do valor; Competência em razão do território; Forma de processo; Forma; Contrato; Documento escrito; Obrigação; Tribunal judicial; Árbitro.*

Competência em razão da hierarquia (Proc. Civil) – "Os tribunais judiciais encontram-se hierarquizados para efeitos de recurso das suas decisões" – artigo 19.°, n.° 1, da Lei de Organização e Funcionamento dos Tribunais Judiciais (Lei n.° 3/ /99, de 13 de Janeiro, rectificada pela Declaração de rectificação n.° 7/99, de 16 de Fevereiro, e alterada pela Lei n.° 101/99, de 26 de Julho, pelos Decretos-Leis n.°s 323/ /2001, de 17 de Dezembro, e 38/2003, de 8 de Março – rectificado pela Declaração de rectificação n.° 5-C/2003, de 30 de Abril –, pela Lei n.° 105/2003, de 10 de Dezembro, pelo Decreto-Lei n.° 53/2004, de 18 de Março, pela Lei n.° 42/2005, de 29 de Agosto, e pelo Decreto-Lei n.° 76-A/2006, de 29 de Março – este último rectificado pela Declaração de rectificação n.° 28-A/ /2006, de 26 de Maio).

As normas de competência em razão da hierarquia dizem respeito fundamentalmente a recursos, a conflitos de competência e a acções propostas contra magistrados judiciais ou do Ministério Público, em virtude do exercício das suas funções.

De um modo geral, o princípio que norteia tais normas é o de que o recurso deve ser interposto para o tribunal imediatamente superior àquele que proferiu a decisão recorrida, sendo também o tribunal imediatamente superior àquele onde exercem funções o competente para conhecer das acções contra magistrados, e igualmente o tribunal imediatamente superior ao tribunal, ou tribunais, em conflito que deve conhecer dos respectivos conflitos de competência.

V. artigos 70.° a 72.°, C.P.C., e 36.° e 56.° da Lei de Organização e Funcionamento dos Tribunais Judiciais.

V. *Competência; Recurso; Conflito de competência; Acção de indemnização contra magistrados; Magistratura judicial; Ministério Público.*

Competência em razão da matéria (Proc. Civil) – "São da competência dos tribunais judiciais as causas que não sejam atribuídas a outra ordem jurisdicional".

V. artigos 66.° e 67.°, C.P.C., e 18.°, 36.° e 56.° da Lei de Organização e Funcionamento dos Tribunais Judiciais (Lei n.° 3/ /99, de 13 de Janeiro, rectificada pela Declaração de rectificação n.° 7/99, de 16 de Fevereiro, e alterada pela Lei n.° 101/99, de 26 de Julho, pelos Decretos-Leis n.°s 323/ /2001, de 17 de Dezembro, e 38/2003, de 8 de Março, este rectificado pela Declaração de rectificação n.° 5-C/2003, de 30 de Abril, pela Lei n.° 105/2003, de 10 de Dezembro, pelo Decreto-Lei n.° 53/2004, de 18 de Março, pela Lei n.° 42/2005, de 29 de Agosto, e pelo Decreto-Lei n.° 76-A/2006, de 29 de Março – este rectificado pela Declaração de rectificação n.° 28-A/2006, de 26 de Maio).

O artigo 67.°, C.P.C., na redacção do Decreto-Lei n.° 329-A/95, de 12 de Dezembro, dispõe que são "as leis de organização judiciária [que] determinam quais as causas que, em razão da matéria, são da competência dos tribunais judiciais dotados de competência especializada".

A infracção das regras de competência em razão da matéria determina, em princípio, a incompetência absoluta do tribunal, nos termos do artigo 101.°, C.P.C.. A incompetência absoluta é uma excepção dilatória que pode ser suscitada pelas partes e deve ser conhecida oficiosamente pelo tribunal "em qualquer estado do processo, enquanto não houver sentença com trânsito em julgado proferida sobre o fundo da causa" (artigo 102.°, n.° 1, C.P.C.); porém, o n.° 2 do mesmo artigo, na redacção do DL n.° 329-A/95, estabelece que "a violação das regras de competência em razão da matéria que apenas respeitem aos tribunais judiciais só pode ser arguida, ou oficiosamente conhecida, até ser proferido despacho saneador, ou, não havendo lugar a este, até ao início da audiência de discussão e julgamento".

V. artigos 101.° a 107.° (encontrando-se revogado o artigo 104.° pelo já referido DL n.° 329-A/95), 493.°, 494.°-*a)* (este na redacção do Decreto-Lei n.° 180/96, de 25 de Setembro), e 495.°, C.P.C. (este último na redacção dada pelo mencionado DL n.° 329-A/95).

O Assento n.° 1/92 (processo n.° 2964//90), publicado no *Diário da República*, I-A série, de 11 de Janeiro de 1992, estabeleceu a seguinte doutrina: "O despacho a conhecer de determinada questão relativa à competência em razão da matéria do tribunal, não sendo objecto de recurso, constitui caso julgado em relação à questão concreta da competência que nele tenha sido decidida".

A Lei n.° 78/2001, de 13 de Julho, que veio regular "a competência, organização e funcionamento dos julgados de paz e a tramitação dos processos da sua competência", dispõe no artigo 9.° que, quanto à matéria, "os julgados de paz são competentes para apreciar e decidir:

a) Acções destinadas a efectivar o cumprimento de obrigações, com excepção das que tenham por objecto prestação pecuniária e de que seja ou tenha sido credor originário uma pessoa colectiva;

b) Acções de entrega de coisas móveis;

c) Acções resultantes de direitos e deveres de condóminos, sempre que a respectiva assembleia não tenha deliberado sobre a obrigatoriedade de compromisso arbitral para a resolução de litígios entre condóminos ou entre condóminos e o administrador;

d) Acções de resolução de litígios entre proprietários de prédios relativos a passagem forçada momentânea, escoamento natural de águas, obras defensivas das águas, comunhão de valas, regueiras e valados, sebes vivas; abertura de janelas, portas, varandas e obras semelhantes; estilicídio, plantação de árvores e arbustos, paredes e muros divisórios;

e) Acções possessórias, usucapião e acessão;

f) Acções que respeitem ao direito de uso e administração da compropriedade, da superfície, do usufruto, de uso e habitação e ao direito real de habitação periódica;

g) Acções que digam respeito ao arrendamento urbano, excepto as acções de despejo;

h) Acções que respeitem à responsabilidade civil contratual e extracontratual;

i) Acções que respeitem a incumprimento contratual, excepto contrato de trabalho e arrendamento rural;

j) Acções que respeitem à garantia geral das obrigações".

Segundo o artigo 7.° desta Lei, "a incompetência dos julgados de paz é por estes conhecida e declarada oficiosamente ou a pedido de qualquer das partes e determina a remessa do processo para o julgado de paz ou para o tribunal judicial competente".

V. *Competência; Tribunal judicial; Tribunal de competência especializada; Incompetência absoluta; Excepção dilatória; Parte; Conhecimento oficioso; Mérito da causa; Sentença; Trânsito em julgado; Despacho saneador; Audiência; Despacho; Caso julgado; Recurso; Julgado de paz; Obrigação; Cumprimento; Obrigação pecuniária; Credor; Pessoa colectiva; Móvel; Condómino; Assembleia dos condóminos; Compromisso arbitral; Litígio; Administrador na propriedade horizontal; Prédio rústico; Águas; Valas; Regueiras; Sebes vivas; Janela; Servidão de estilicídio; Árvores e arbustos; Acções possessórias; Usucapião; Acessão; Direito de superfície; Usufruto; Uso (direito de); Habitação (direito de); Direito de habitação periódica; Arrendamento urbano; Despejo; Responsabilidade civil; Responsabilidade contratual; Incumprimento; Contrato de trabalho; Garantia.*

Competência em razão do território (Proc. Civil) – O artigo 21.°, n.° 1, da Lei de Organização e Funcionamento dos Tribunais Judiciais (Lei n.° 3/99, de 13 de Janeiro, rectificada pela Declaração de rectificação n.° 7/99, de 16 de Fevereiro, e alterada pela Lei n.° 101/99, de 26 de Julho, pelos Decretos-Leis n.°s 323/2001, de 17 de Dezembro, e 38/2003, de 8 de Março (rectificado pela Declaração de rectificação n.° 5-C/2003, de 30 de Abril), pela Lei n.° 105/2003, de 10 de Dezembro, pelo Decreto-Lei n.° 53/2004, de 18 de Março, pela Lei n.° 42/2005, de 29 de Agosto, e pelo Decreto-Lei n.° 76-A/2006, de 29 de Março – o último rectificado pela Declaração de rectificação n.° 28-A/2006, de 26 de Maio), dispõe que "o Supremo Tribunal de Justiça tem competência em todo o território, os tribunais da Relação no respectivo distrito judicial, e os tribunais judiciais de 1.ª instância na área das respectivas circunscrições".

Os artigos 73.° a 95.°, C.P.C. – tendo os artigos 74.°, 90.° e 94.° a redacção dada pela Lei n.° 14/2006, de 26 de Abril –, estabelecem quais os tribunais territorialmente competentes para a propositura de acções, procedimentos cautelares, recursos, execuções e requerimento de notificações judiciais avulsas.

A regra geral, quando a lei não determine especialmente em contrário, é a de que o tribunal competente para a acção é o do domicílio do réu e, para a execução (desde que fundada em decisão proferida por tribunais portugueses), o tribunal do lugar em que a causa foi julgada – v. artigos 85.° e 90.°, C.P.C., este último na redacção que lhe foi dada pelo mencionado DL n.° 38/2003 e pela Lei n.° 14/2006. "Se, porém, o réu não tiver residência habitual ou for incerto ou ausente, será demandado no tribunal do domicílio do autor [...]"; "Se o réu tiver o domicílio e a residência em país estrangeiro, será demandado no tribunal do lugar em que se encontrar; não se encontrando em território português, será demandado no do domicílio do autor, e, quando este domicílio for em país estrangeiro, será competente para a causa o tribunal de Lisboa" – artigo 85.°, n.°s 2 e 3, C.P.C.. Já se o réu for o Estado, "ao tribunal do domicílio do réu substitui-se o do domicílio do autor" e, se "for outra pessoa colectiva ou uma sociedade, será demandado no tribunal da sede da administração principal ou no da sede da sucursal, agência, filial, delegação ou representação, conforme a acção seja dirigida contra aquela ou contra estas; mas a acção contra pessoas colectivas ou sociedades estrangeiras que tenham sucursal, agência, filial, delegação ou representação em Portugal pode ser proposta no tribunal da sede destas, ainda que seja pedida a citação da administração principal" – artigo 86.°, C.P.C.. Finalmente, o artigo 87.°, C.P.C., na redacção do Decreto-Lei n.° 329-A/95, de 12 de Dezembro, dispõe sobre a hipótese de haver mais do que um réu, dizendo que a acção deve então ser proposta "no tribunal do domicílio do maior número" e, "se for igual o número nos diferentes domicílios, pode o autor escolher o de qualquer deles".

O DL n.° 53/2004, alterado pelos Decretos-Leis n.°s 200/2004, de 18 de Agosto, e 76-A/2006, que aprovou o chamado Código da Insolvência e da Recuperação de Empresas, dispõe, no seu artigo 7.°, n.°s 1 e 2, que o tribunal competente para o processo de insolvência é o "da sede ou do domicílio do devedor ou do autor da herança à data da morte, consoante os casos", sendo "igualmente competente o tribunal do lugar em que o devedor tenha o centro dos seus principais interesses, entendendo-se por tal aquele em que ele os administre, de forma habitual e cognoscível por terceiros".

A infracção das regras de competência em razão do território determina a incompetência relativa do tribunal – artigo 108.°, C.P.C., na redacção do DL n.° 329-A/95.

A Lei n.° 78/2001, de 13 de Julho, que veio regular "a competência, organização e funcionamento dos julgados de paz e a tramitação dos processos da sua competência", dispõe que, em geral, é competente para a acção o julgado de paz do domicílio do demandado; no entanto, "devem ser propostas no julgado de paz da situação dos bens as acções referentes a direitos reais ou pessoais de gozo sobre imóveis e as acções de divisão de coisa comum"; "a acção destinada a exigir o cumprimento de obrigações, a indemnização pelo não cumprimento ou pelo cumprimento defeituoso e a resolução do contrato por falta de cumprimento é proposta, à escolha do credor, no julgado de paz do lugar em que a obrigação devia ser cumprida ou no julgado de paz do domicílio do demandado" e, "se a acção se destinar a efectivar a responsabilidade civil baseada em facto ilícito ou fundada no risco, o julgado de paz competente é o correspondente ao lugar onde o facto ocorreu" (artigos 11.° a 13.°). Segundo o artigo 7.°, "a incompetência dos julgados de paz é por estes conhecida e declarada oficiosamente ou a pedido de qualquer das partes e determina a remessa do processo para o julgado de paz ou para o tribunal judicial competente".

No regime do Decreto-Lei n.° 269/98, de 1 de Setembro (rectificado pela Declaração de rectificação n.° 16-A/98, de 30 de Setembro), alterado pelos Decretos-Leis n.°s 383/99, de 23 de Setembro, 183/2000, de 10 de Agosto, 323/2001, 32/2003, de 17 de Fevereiro, 38/2003 e 107/2005, de 1 de Julho (rectificado pela Declaração de rectificação n.° 63/2005, de 19 de Agosto), e pela Lei n.° 14/2006 –, que se ocupa "dos procedimentos destinados a exigir o cumprimento de obrigações pecuniárias emergentes de contratos de valor não superior à alçada da Relação [na versão antiga era do tribunal de 1.ª instância]" "ou das obrigações emergentes de transacções comerciais abrangidas pelo Decreto-Lei n.° 32/2003, de 17 de Fevereiro" –, determina o artigo 8.°, n.° 1, que "o requerimento de injunção é apresentado, à escolha do credor, na secretaria do tribunal do lugar do cumprimento da obrigação ou na secretaria do tribunal do domicílio do devedor", devendo, no entanto, segundo o n.° 2 da mesma disposição, se existirem tribunais de competência especializada ou de competência específica, ser respeitadas as respectivas regras de competência. A Portaria n.° 808/ /2005, de 9 de Setembro, rectificada e republicada pela Declaração de rectificação n.° 72/2005, de 11 de Outubro, aprovou o modelo de requerimento de injunção.

V. *Competência; Supremo Tribunal de Justiça; Relação; Distrito judicial; Tribunal de 1.ª instância; Circunscrição judicial; Acção; Propositura da acção; Procedimento cautelar; Recurso; Execução; Requerimento; Notificação judicial avulsa; Domicílio; Réu; Residência; Incertos; Ausência; Autor; Pessoa colectiva; Sociedade; Agência; Sede; Citação; Incompetência relativa; Insolvência; Recuperação de empresas; Autor da sucessão; Herança; Julgado de paz; Direito real; Direito pessoal de gozo; Imóvel; Acção de divisão de coisa comum; Cumprimento; Obrigação; Indemnização; Incumprimento; Cumprimento defeituoso; Resolução do contrato; Credor; Responsabilidade civil; Responsabilidade subjectiva; Responsabilidade pelo risco; Conhecimento oficioso; Injunção; Contrato; Obrigação pecuniária; Alçada; Secretaria judicial; Devedor; Tribunal de competência especializada; Tribunal de competência específica.*

Competência em razão do valor (Proc. Civil) – Todas as acções, independentemente do seu valor, devem ser propostas no tribunal de comarca. Quando o Código de Processo Civil se refere a tribunal de comarca, deve entender-se que se reporta ao tribunal de 1.ª instância.

V. artigo 68.°, C.P.C..

Para as injunções é competente, à escolha do credor, o tribunal do lugar do cumprimento da obrigação pecuniária ou o tribunal do domicílio do devedor: este o regime estabelecido pelo artigo 8.° do Decreto-Lei n.° 269/98, de 1 de Setembro (rectificado pela Declaração de rectificação n.° 16-A/98, de 30 de Setembro), alterado pelos Decretos-Leis n.°s 383/99, de 23 de Setembro, 183/2000, de 10 de Agosto, 323/ /2001, de 17 de Dezembro, 32/2003, de 17 de Fevereiro, 38/2003, de 8 de Março (rectificado pela Declaração de rectificação n.° 5-C/2003, de 30 de Abril), e 107/2005, de 1 de Julho (rectificado pela Declaração de rectificação n.° 63/2005, de 19 de Agosto), e pela Lei n.° 14/2006, de 26 de Abril, que se ocupa "dos procedimentos destinados a exigir o cumprimento de obrigações pecuniárias emergentes de contratos de valor não superior à alçada da Relação [era do tribunal de 1.ª instância, na versão antiga]" ou das obrigações emergentes de transacções comerciais abrangidas pelo Decreto-Lei n.° 32/2003, de 17 de Janeiro.

"O Supremo Tribunal de Justiça conhece, em recurso, das causas cujo valor exceda a alçada dos tribunais da Relação, e estes, também em recurso, das causas cujo valor exceda a alçada dos tribunais de 1.ª instância" (artigo 19.°, n.° 2, da Lei de Organização e Funcionamento dos Tribunais Judiciais – Lei n.° 3/99, de 13 de Janeiro, rectificada pela Declaração de rectificação n.° 7/99, de 16 de Fevereiro, e alterada pela Lei n.° 101/99, de 26 de Julho, pelos Decretos-Leis n.°s 323/2001 e 38/2003, pela Lei n.° 105/2003, de 10 de Dezembro, pelo Decreto-Lei n.° 53/2004, de 18 de Março, pela Lei n.° 42/2005, de 29 de Agosto, e pelo Decreto-Lei n.° 76-A/2006, de 29 de Março – o último rectificado pela Declaração de rectificação n.° 28-A/2006, de 26 de Maio).

A infracção das regras de competência do tribunal em razão do valor tem como consequência a incompetência relativa do tribunal – artigo 108.°, C.P.C..

A Lei n.° 78/2001, de 13 de Julho, que veio regular "a competência, organização e funcionamento dos julgados de paz e a tramitação dos processos da sua competência", dispõe, no artigo 8.°, que eles têm competência para questões cujo valor da não exceda a alçada do tribunal da 1ª instância. Segundo o seu artigo 7.°, "a incompetência dos julgados de paz é por estes conhecida e declarada oficiosamente ou a pedido de qualquer das partes e determina a remessa do processo para o julgado de paz ou para o tribunal judicial competente".

V. *Competência; Valor da causa; Acção; Tribunal de comarca; Tribunal de 1.ª instância; Injunção; Credor; Cumprimento; Obrigação pecuniária; Domicílio; Devedor; Contrato; Alçada; Supremo Tribunal de Justiça; Recurso; Relação; Incompetência relativa; Julgado de paz; Conhecimento oficioso.*

Competência especializada (Proc. Civil; Org. Judiciária) – V. *Competência; Tribunal de competência especializada.*

Competência específica (Proc. Civil; Org. Judiciária) – V. *Competência; Tribunal de competência específica.*

Competência interna (Proc. Civil) – Num dos sentidos desta expressão, fala-se de competência interna dos tribunais para designar a repartição, dentro de cada tribunal, dos processos entre as respectivas secções ou entre os respectivos juízes.

Noutra acepção, é pertinente citar o artigo 62.°, n.° 2, C.P.C., na redacção do Decreto-Lei n.° 329-A/95, de 12 de Dezembro, que diz que, "na ordem interna, a jurisdição reparte-se pelos diferentes tribunais segundo a matéria, a hierarquia judiciária, o valor da causa, a forma de processo aplicável e o território".

V. *Competência; Juiz; Competência em razão da matéria; Competência em razão da hierarquia; Competência em razão do valor; Valor da causa; Forma de processo; Competência em razão do território.*

Competência internacional (Proc. Civil) – Os tribunais portugueses têm competência internacional, no caso de se verificar alguma das seguintes circunstâncias:

"*a)* Ter o réu ou algum dos réus domicílio em território português, salvo tratando-se de acções relativas a direitos reais ou pessoais de gozo sobre imóveis sitos em país estrangeiro;

b) Dever a acção ser proposta em Portugal, segundo as regras de competência territorial estabelecidas na lei portuguesa;

c) Ter sido praticado em território português o facto que serve de causa de pedir na acção, ou alguns dos factos que a integram;

d) Não poder o direito invocado tornar-se efectivo senão por meio de acção proposta em território português, ou constituir para o autor dificuldade apreciável a sua propositura no estrangeiro, desde que entre o objecto do litígio e a ordem jurídica nacional haja algum elemento ponderoso de conexão, pessoal ou real".

V. artigos 61.° e 65.°, C.P.C..

Nos termos do artigo 65.°-A, C.P.C., aditado pela Lei n.° 21/78, de 3 de Maio, e alterado pelo Decreto-Lei n.° 38/2003, de 8 de Março (este rectificado pela Declaração de rectificação n.° 5-C/2003, de 30 de Abril), "[...] os tribunais portugueses têm competência exclusiva para:

a) As acções relativas a direitos reais ou pessoais de gozo sobre bens imóveis sitos em território português;

b) Os processos especiais de recuperação da empresa e de falência, relativos a pessoas domiciliadas em Portugal ou a pessoas colectivas ou sociedades cuja sede esteja situada em território português [actualmente, com a aprovação do Código da Insolvência e da Recuperação de Empresas, pelo Decreto-Lei n.° 53/2004, de 18 de Março, alterado pelos Decretos-Leis n.°s 200/2004, de 18 de Agosto, e 76-A//2006, de 29 de Março (este último rectificado pela Declaração de rectificação n.° 28-A/2006, de 26 de Maio), deve entender-se que esta alínea se refere aos processos de insolvência e de recuperação de empresas];

c) As acções relativas à apreciação da validade do acto constitutivo ou ao decretamento da dissolução de pessoas colectivas ou sociedades que tenham a sua sede em território português, bem como à apreciação da validade das deliberações dos respectivos órgãos;

d) As acções que tenham como objecto principal a apreciação da validade da inscrição em registos públicos de quaisquer direitos sujeitos a registo em Portugal;

e) As execuções sobre bens existentes em território português".

O artigo 99.°, C.P.C., tem uma nova redacção, dada pelos Decretos-Leis n.°s 329-A/95, de 12 de Dezembro, e 180/96, de 25 de Setembro, que permite às partes convencionar validamente, desde que "a relação controvertida tenha conexão com mais de uma ordem jurídica" – e verificados que sejam certos requisitos –, "qual a jurisdição competente para dirimir um litígio determinado, ou os litígios eventualmente decorrentes de certa relação jurídica". Esta convenção "pode envolver a atribuição de competência exclusiva ou meramente alternativa com a dos tribunais portugueses, quando esta exista, presumindo-se que seja alternativa, em caso de dúvida".

A infracção das regras de competência internacional, salvo quando se trate de mera violação dum pacto privativo de jurisdição (caso em que há incompetência relativa do tribunal), determina incompetência absoluta do tribunal (artigo 101.°, C.P.C.).

V. o Regulamento (CE) n.° 44/2001 do Conselho, de 22 de Dezembro de 2000, relativo à Competência Judiciária, ao Reconhecimento e à Execução de Decisões em Matéria Civil e Comercial. Este Regulamento veio substituir a Convenção de Bruxelas de 27 de Setembro de 1968, a qual, no entanto, se mantém em vigor entre a Dinamarca e os restantes Estados-Membros.

V. *Competência; Competência em razão do território; Autor; Réu; Domicílio; Propositura da acção; Direito real; Direito pessoal de gozo; Imóvel; Propositura da acção; Causa de pedir; Direito subjectivo; Litígio; Falência; Pessoa colectiva; Sede; Órgãos da pessoa colectiva; Dissolução de pessoa colectiva; Deliberação; Inscrição; Registo; Execução; Pacto atributivo de jurisdição; Pacto privativo de jurisdição; Litígio; Relação jurídica; Presunção; Incompetência relativa; Incompetência absoluta.*

Competência nacional (Proc. Civil) – Segundo o artigo 62.°, n.° 2, C.P.C., na redacção do Decreto-Lei n.° 329-A/95, de 12 de Dezembro, "na ordem interna, a jurisdição reparte-se pelos diferentes tribunais segundo a matéria, a hierarquia judiciária, o valor da causa, a forma de processo aplicável e o território".

O artigo 22.° da Lei de Organização e Funcionamento dos Tribunais Judiciais (Lei n.° 3/99, de 13 de Janeiro, rectificada pela Declaração de rectificação n.° 7/99, de 16 de Fevereiro, e alterada pela Lei n.° 101/99, de 26 de Julho, pelos Decretos-Leis n.°s 323/2001, de 17 de Dezembro, e 38//2003, de 8 de Março, pela Lei n.° 105//2003, de 10 de Dezembro, pelo Decreto-Lei n.° 53/2004, de 18 de Março, pela Lei n.° 42/2005, de 29 de Agosto, e pelo Decreto-Lei n.° 76-A/2006, de 29 de Março – este rectificado pela Declaração de rectificação n.° 28-A/2006, de 26 de Maio) estabelece que "a competência fixa-se no momento em que a acção se propõe, sendo irrelevantes as modificações de facto que ocorram posteriormente", sendo também, em princípio, irrelevantes as modificações de direito, salvo "se for suprimido o órgão a que a causa estava afecta ou se lhe for atribuída competência de que inicialmente carecesse, para o conhecimento da causa".

Exemplos de acções em que a competência do tribunal é fixada em função da qualidade do réu são as previstas no artigo 89.°, C.P.C.: acções em que seja parte o juiz, seu cônjuge, descendente, ascendente ou pessoa que com ele viva em economia comum.

V. *Competência; Competência em razão do valor; Valor da causa; Competência em razão da matéria; Competência em razão da hierarquia; Forma de processo; Competência em razão do território; Propositura da acção; Modificações subjectivas da instância; Modificações objectivas da instância; Réu; Parte; Juiz; Descendente; Ascendente; Economia comum.*

Competência territorial (Proc. Civil) – V. *Competência; Competência em razão do território.*

"Competentia ratione loci" (Proc. Civil) – Competência em razão do lugar, o que, abreviando, tem que ver com *competência em razão do território* (v. esta expressão).

"Competentia ratione materiae" (Proc. Civil) – O mesmo que *competência em razão da matéria* (v. esta expressão).

"Competentia ratione valori" (Proc. Civil) – O mesmo que *competência em razão do valor* (v. esta expressão).

Composição amigável (Proc. Civil) – Sempre que se trate de causa que admita transacção, o juiz pode tentar obter a conciliação das partes, em qualquer estado do processo, desde que as partes o requeiram ou o juiz a considere oportuna. As partes só podem ser convocadas por uma vez com esse fim.

V. artigo 509.°, C.P.C..

Independentemente da tentativa de conciliação, deve sempre o presidente do tribunal colectivo procurar "conciliar as partes, se a causa estiver no âmbito do seu poder de disposição", no início da audiência de discussão e julgamento – artigos 652.°, n.° 2 (na redacção do Decreto-Lei n.° 329-A/95, de 12 de Dezembro), 791.° e 796.°, todos do C.P.C..

Nos termos do artigo 35.° da Lei n.° 31/ /86, de 29 de Agosto, alterada pelo Decreto-Lei n.° 38/2003, de 8 de Março (rectificado pela Declaração de rectificação n.° 5-C/2003, de 30 de Abril), tratando-se de arbitragem internacional, "se as partes lhe tiverem confiado essa função, o tribunal poderá decidir o litígio por apelo à composição das partes na base do equilíbrio dos interesses em jogo".

O artigo 16.°, n.°s 1 e 2, da Lei n.° 78/ /2001, de 13 de Julho (que regula "a competência, organização e funcionamento dos julgados de paz e a tramitação dos processos da sua competência"), dispõe que "em cada julgado de paz existe um serviço de mediação que disponibiliza a qualquer interessado a mediação, como forma de resolução alternativa de litígios", tendo "como objectivo estimular a resolução, com carácter preliminar, de litígios por acordo das partes". O artigo 26.°, n.° 1, da mesma Lei, estabelece que "compete ao juiz de paz proferir, de acordo com a lei ou a equidade, as decisões relativas a questões que sejam submetidas aos julgados de paz, devendo, previamente, procurar conciliar as partes".

No âmbito da arbitragem internacional, regulada pelos artigos 32.° a 35.° da Lei da Arbitragem Voluntária – Lei n.° 31/86, de 29 de Agosto, alterada pelo Decreto-Lei n.° 38/2003, de 8 de Março (rectificado pela Declaração de rectificação n.° 5-C/2003, de 30 de Abril) –, estabelece-se que o tribunal arbitral pode proceder a uma composição amigável das partes na base do equilíbrio dos interesses em jogo, se as partes lhe tiverem atribuído essa função.

V. *Transacção; Parte; Litígio; Equidade; Requerimento; Audiência preliminar; Tentativa de conciliação; Tribunal colectivo; Audiência de discussão e julgamento; Arbitragem internacional; Julgado de paz; Mediação; Arbitragem internacional; Tribunal arbitral.*

Composição do litígio (Proc. Civil) – O fim do processo é a composição de um litígio: é esse o objecto do pedido do autor quando propõe a acção.

Porque há diferentes tipos de composição de litígio que podem ser visados, o artigo 4.°, C.P.C., classifica as acções, em razão do seu fim, em declarativas e executivas e, dentro destas, em subespécies.

V. *Acção; Litígio; Pedido; Autor; Acção declarativa; Execução.*

Composse (Dir. Civil) – É a situação jurídica caracterizada pela existência de uma pluralidade de possuidores de uma mesma coisa.

O n.° 3 do artigo 1286.°, C.C., manda aplicar à composse as disposições relativas à posse, determinando o n.° 1 desta disposição que "cada um dos compossuidores, seja qual for a parte que lhe cabe, pode usar contra terceiro dos meios facultados nos artigos precedentes, quer para defesa da própria posse, quer para defesa da posse comum, sem que ao terceiro seja lícito opor-lhe que ela não lhe pertence por inteiro".

V. *Posse; Acções possessórias; Terceiro.*

Compra e venda (Dir. Civil) – É um contrato com eficácia real, pelo qual se transmite a propriedade de uma coisa ou outro direito, mediante um preço.

Para além deste efeito essencial do contrato que é a transmissão da titularidade do direito, decorrem ainda da compra e venda obrigações para as partes: são elas a de entregar a coisa vendida e a de pagar o respectivo preço.

A compra e venda de coisas imóveis deve constar de escritura pública. Porém, o Decreto-Lei n.° 255/93, de 15 de Julho, veio permitir a celebração "por documento particular, com reconhecimento de assinaturas, segundo o modelo a aprovar por portaria conjunta dos Ministros das Finanças, da Justiça e das Obras Públicas, Transportes e Comunicações", da "compra e venda com mútuo, com ou sem hipoteca, referente a prédio urbano destinado a habitação, ou fracção autónoma para o mesmo fim, desde que o mutuante seja uma instituição de crédito autorizada a conceder crédito à habitação"; estes documentos particulares têm, nos termos do artigo 2.°, n.° 4, do mesmo diploma, a natureza de título executivo.

V. artigos 874.° e segs., C.C..

A compra e venda de coisas móveis sujeitas a registo teria, em princípio, de revestir forma escrita, com reconhecimento das assinaturas dos outorgantes, nos termos do artigo 20.°, n.° 2, do Código do Registo de Bens Móveis; porém, o artigo 7.°, n.° 1, do Decreto-Lei n.° 277/95, de 25 de Outubro (rectificado pela Declaração de rectificação n.° 131/95, de 31 de Outubro), alterado pelo Decreto-Lei n.° 311-A/95, de 21 de Novembro, que aprovou o Código do Registo de Bens Móveis, dispõe que "o presente diploma e o Código entram em vigor simultaneamente com o regulamento a que se refere o artigo 4.° [Regulamento do Registo de Bens Móveis, a aprovar por Portaria do Ministro da Justiça]", o que ainda não aconteceu.

O Decreto-Lei n.° 67/2003, de 8 de Abril, transpôs a Directiva n.° 1999/44/ /CE, do Parlamento Europeu e do Conselho, de 25 de Maio, relativa a certos aspectos da venda de bens de consumo e das garantias a ela relativas.

Há casos em que a lei limita a liberdade de contratar dos sujeitos jurídicos, declarando proibida a recusa de conclusão de um contrato de compra e venda. Assim acontece nos termos do artigo 2.°, n.° 1-*c)* e *e)*, do Decreto-Lei n.° 111/2000, de 4 de Julho, alterado pelo Decreto-Lei n.° 251/ /2002, de 22 de Novembro, que regulamenta a Lei n.° 134/99, de 28 de Agosto, e onde se dispõe que se consideram "práticas discriminatórias as acções ou omissões que, em razão da pertença de qualquer pessoa a determinada cor, nacionalidade ou origem étnica, violem o princípio da igualdade, designadamente: [...] a recusa de fornecimento ou impedimento de fruição de bens ou serviços, por parte de qualquer pessoa singular ou colectiva; [...] a recusa ou condicionamento de venda [...] de imóveis".

O Decreto-Lei n.° 78/2006, de 4 de Abril, que transpõe parcialmente a Directiva n.° 2002/91/CE, do Parlamento Europeu e do Conselho, de 16 de Dezembro, criando o Sistema Nacional de Certificação Energética e da Qualidade do Ar Interior dos Edifícios, impõe ao proprietário de edifícios existentes, para habitação e para serviços, aquando da celebração de contratos de venda, que apresente ao potencial comprador o certificado emitido no âmbito do SCE.

V. *Direito de propriedade; Coisa; Direito subjectivo; Venda a retro; Venda a prestações; Venda de bens alheios; Venda de bens futuros; Venda de coisas defeituosas; Venda a contento; Venda sobre documentos; Venda sujeita a prova; Eficácia real; Obrigação; Escritura pública; Documento particular; Reconhecimento de letra e assinatura; Mútuo; Hipoteca; Prédio urbano; Fracção autónoma; Título executivo; Venda de bens de consumo; Liberdade contratual; Princípio da igualdade; Contrato de fornecimento; Recusa de contratar; Pessoa singular; Pessoa colectiva; Imóvel; Edifício.*

Compra e venda a prestações (Dir. Civil) – V. *Compra e venda; Venda a prestações.*

Compra e venda com reserva de propriedade (Dir. Civil) – V. *Compra e venda; Reserva de propriedade.*

Compras em grupo (Dir. Civil; Dir. Com.) – O originário regime instituído pelo Decreto-Lei n.° 393/87, de 31 de Dezembro, foi substituído pelo do Decreto-Lei n.° 237/91, de 2 de Julho, alterado pelo Decreto-Lei n.° 22/94, de 27 de Janeiro, cujo artigo 2.°-*a)* caracteriza as compras em grupo como "o sistema de aquisição de bens ou serviços pelo qual um conjunto determinado de pessoas, designadas 'participantes', constitui um fundo comum, mediante a entrega periódica de prestações pecuniárias, com vista à aquisição, por cada participante, daqueles bens ou serviços ao longo de um período de tempo previamente estabelecido". "A fixação do elenco de bens e serviços susceptíveis de serem adquiridos através do sistema de compras em grupos, bem como a duração máxima dos grupos, em função da natureza dos bens ou serviços" "será objecto de portaria conjunta do Ministro das Finanças e do ministro responsável pela área do comércio".

O artigo 4.° estabelece os seguintes princípios fundamentais do sistema de compras em grupo:

"*a)* Que as prestações periódicas dos participantes para o fundo comum do grupo sejam equivalentes ao preço do bem ou serviço a adquirir, dividido pelo número de períodos previstos no respectivo plano de pagamentos;

b) Que o conjunto das prestações dos participantes seja, em cada período considerado, pelo menos, equivalente ao preço do bem ou serviço a adquirir;

c) Que, ocorrida alteração do preço dos bens ou serviços, as prestações periódicas de todos os participantes aos quais os mesmos respeitem sejam ajustadas na devida proporção, ainda que em relação a alguns dos participantes se tenha verificado a sua atribuição;

d) Que ao participante seja assegurada, com as garantias adequadas, a aquisição do bem ou serviço objecto do contrato;

e) Que a atribuição do bem ou serviço seja feita por sorteio ou por sorteio e licitação, nos termos previstos no respectivo regulamento".

V. *Compra e venda; Obrigação pecuniária; Obrigação fraccionada; Licitação.*

Compromisso arbitral (Proc. Civil) – Nos termos da Lei n.° 31/86, de 29 de Agosto, alterada pelo Decreto-Lei n.° 38//2003, de 8 de Março (rectificado pela Declaração de rectificação n.° 5-C/2003, de 30 de Abril), podem as partes convencionar submeter à decisão de árbitros um litígio actual que se encontre afecto a um tribunal judicial, desde que ele não deva, por disposição especial da lei, ser decidido exclusivamente por tribunal judicial e não respeite a direitos indisponíveis: é esta convenção, que tem de ser realizada por escrito, que constitui o compromisso arbitral.

Requisito de validade substancial do compromisso arbitral é a determinação nele, com precisão, do objecto do litígio. O compromisso arbitral extingue-se por revogação, se as partes procederem a esta por escrito, assinado por ambas até à pronúncia da decisão arbitral e caduca nos casos enunciados no artigo 4.°, n.° 1, da Lei n.° 31/86.

O artigo 324.°, n.° 1, C.C., determina que "o compromisso arbitral interrompe a prescrição relativamente ao direito que se pretende tornar efectivo".

V. *Convenção de arbitragem; Tribunal judicial; Litígio; Árbitro; Tribunal arbitral; Direito indisponível; Documento escrito; Validade; Revogação; Caducidade; Prescrição; Interrupção da prescrição.*

Compromisso de honra (Proc. Civil) – Acto solene pelo qual as pessoas que em juízo prestam declarações se comprometem, sob palavra de honra, a dizer a verdade.

A fórmula do compromisso de honra encontra-se consignada na lei processual (artigo 559.°, n.° 2, C.P.C.), sendo actualmente, e nos termos da redacção dada à disposição pelo Decreto-Lei n.° 368/77, de 3 de Setembro, a única fórmula de juramento existente, tendo sido banido o juramento perante Deus anteriormente admitido.

V. *Juramento.*

Compropriedade (Dir. Civil) – Modalidade do direito de propriedade em que há uma pluralidade de titulares (contitularidade) do direito sobre a mesma coisa.

A medida da participação de cada um dos comproprietários define-se por uma quota (1/2, 1/3, 1/4), de que o comproprietário pode dispor, tendo os restantes comproprietários direito de preferência, no caso de venda ou dação em cumprimento da quota de qualquer dos consortes.

Todos os direitos que pertencem ao proprietário singular são exercidos em conjunto pelos comproprietários, participando estes nas vantagens e encargos da coisa na proporção das suas quotas.

A coisa comum, não havendo acordo quanto ao seu uso, pode ser usada por qualquer dos comproprietários, contanto que não faça dela uma utilização diferente daquela a que a coisa se destina e não prive os outros comproprietários de igualmente a usarem.

Nenhum dos comproprietários é obrigado a permanecer na indivisão, podendo obter a divisão da coisa comum, amigável ou judicialmente (nos termos dos artigos 1052.° e segs., C.P.C., neste último caso).

As regras da compropriedade aplicam-se, com as necessárias adaptações, à contitularidade de quaisquer outros direitos (artigo 1404.°, C.C.).

V. artigos 1403.° e segs., C.C..

V. *Direito de propriedade; Contitularidade; Coisa; Direito de preferência; Compra e venda; Dação em cumprimento; Coisa comum; Cláusula de indivisão; Acção de divisão de coisa comum.*

Cômputo de graus de parentesco (Dir. Civil) – V. *Parentesco; Grau de parentesco.*

Cômputo do termo (Dir. Civil) – As regras aplicáveis ao cômputo do termo, quando haja dúvidas sobre a fixação deste, encontram-se no artigo 279.°, C.C., e são as seguintes:

1 – Os prazos que se refiram ao princípio, meio ou fim do mês, reportam-se respectivamente ao dia 1, 15 e último dia do mês; referindo-se ao princípio, meio e fim do ano, referem-se respectivamente ao dia 1 de Janeiro, 30 de Junho e 31 de Dezembro;

2 – O prazo conta-se a partir do dia subsequente ao do facto a partir do qual começa a correr;

3 – Se o prazo for de horas, também na sua contagem não se inclui a hora em que se produz o evento a partir do qual ele corre;

4 – Sendo o prazo marcado em semanas, meses ou anos, a contar de determinada data, termina às 24 horas do dia que corresponda a essa data, dentro da última semana, mês ou ano; caso não exista data correspondente no último mês de contagem do prazo, deve entender-se que ele finda no último dia desse mês;

5 – Quando se diz que o prazo é de oito ou quinze dias, deve entender-se que é uma ou duas semanas, respectivamente, sendo de um ou dois dias o prazo que for designado por 24 ou 48 horas;

6 – O prazo que termine em domingo ou feriado transfere-se para o primeiro dia útil seguinte; o mesmo acontece quando o acto sujeito a prazo tiver de ser praticado num processo e o prazo termine em férias judiciais.

O artigo 296.°, C.C., estabelece que as regras enunciadas são aplicáveis a todos os "prazos e termos fixados por lei, pelos tribunais ou por qualquer outra autoridade", a menos que exista disposição legal em contrário.

De acordo com o artigo 143.°, C.P.C., que tem a redacção do Decreto-Lei n.° 183/2000, de 10 de Agosto, os actos judiciais não podem ser praticados nos dias em que os tribunais estejam encerrados (a versão anterior da lei especificava que os dias em que não podiam ser praticados os referidos actos eram os domingos, dias feriados ou durante as férias) – salvo tratando-se de acto destinado a evitar um prejuízo irreparável. "As partes podem praticar os actos processuais através de telecópia ou por correio electrónico, em qualquer dia e independentemente da hora da abertura ou encerramento dos tribunais" (a Portaria n.° 642/2004, de 16 de Junho, regula a forma de apresentação a juízo dos actos processuais enviados através de correio electrónico).

O artigo 144.°, C.P.C., na redacção do Decreto-Lei n.° 329-A/95, de 12 de Dezembro, determina que o prazo judicial se suspende durante as férias judiciais, excepto se a sua duração for igual ou superior a seis meses ou se tratar de actos a praticar em processos que a lei considere urgentes. No caso de o prazo terminar em dia em que os tribunais se encontrem encerrados ou em que seja concedida tolerância de ponto, transfere-se o seu termo para o dia útil seguinte. Os prazos para a propositura de acções também seguem o regime descrito.

V. Convenção Europeia sobre o Cômputo dos Prazos, aprovada, para ratificação, pelo Decreto n.° 31/82, de 9 de Março.

V. *Termo; Prazo; Prazo judicial; Férias judiciais; Feriados; Actos processuais; Telecópia; Suspensão de prazo judicial; Processo urgente; Propositura da acção.*

Comunhão (Dir. Civil) – Numa acepção corrente, o mesmo que *contitularidade* (v. este termo).

Comunhão conjugal (Dir. Civil) – Forma particular de contitularidade sobre um conjunto, mais ou menos extenso, de bens do casal.

V. *Comunhão de bens; Bens comuns.*

Comunhão de adquiridos (Dir. Civil) – Regime matrimonial de bens que vigora supletivamente no direito português, isto é, que se aplica na falta de convenção antenupcial, ou nos casos de caducidade, invalidade ou ineficácia desta – artigo 1717.°, C.C..

Este regime implica, simultaneamente, a comunhão de certos bens (a maior parte dos adquiridos depois do casamento, incluindo o produto do trabalho dos cônjuges) e a separação de outros, que ficam sendo próprios dos cônjuges (bens que já tinham aquando da celebração do casamento, bens que lhes advieram depois, por sucessão ou doação, bens adquiridos depois do casamento mas em virtude de direito próprio anterior, bens sub-rogados no lugar de bens próprios, etc.).

V. artigos 1717.° e 1721.° e segs., C.C..

V. *Regime de bens do casamento; Convenção antenupcial; Caducidade; Invalidade; Ineficácia; Bens comuns; Bens próprios; Sucessão; Doação; Sub-rogação.*

Comunhão de bens (Dir. Civil) – Situação em que uma parte – maior ou menor, dependentemente do regime de bens de casamento – dos bens dos cônjuges se encontra após a celebração do casamento. Trata-se de uma forma especial de compropriedade, cujo regime diverge do desta em dois aspectos: quanto à administração dos bens comuns e quanto à possibilidade de obter a partilha dos bens.

As regras relativas à administração dos bens comuns constam dos artigos 1678.° e segs., C.C., não sendo as do artigo 1407.°, C.C.. Por outro lado, a comunhão conjugal de bens só pode cessar no caso de dissolução do casamento, de separação judicial de pessoas e bens ou de separação judicial de bens, diversamente do que acontece na compropriedade, em que qualquer dos comproprietários lhe pode pôr termo (artigos 1412.° e 1413.°, C.C.).

V. *Regime de bens do casamento; Administração dos bens do casal; Partilha de bens do casal; Compropriedade; Dissolução do casamento; Separação judicial de pessoas e bens; Separação judicial de bens.*

Comunhão geral de bens (Dir. Civil) – Regime matrimonial de bens em virtude do qual o património comum é constituído por todos os bens presentes e futuros dos cônjuges, exceptuados os enumerados no artigo 1733.°, C.C., que têm carácter estritamente pessoal (por exemplo, bens doados ou deixados a um dos cônjuges com a cláusula de incomunicabilidade, o uso, usufruto e habitação e outros direitos estritamente pessoais, roupas e outros objectos de uso pessoal e exclusivo de cada um dos cônjuges, seus diplomas, correspondência e recordações de família de reduzido valor económico).

Para que vigore este regime de bens é necessário que os cônjuges convencionem nesse sentido antes do casamento. Porém, o n.° 2 do artigo 1699.°, C.C., dispõe que, "se o casamento for celebrado por quem tenha filhos, ainda que maiores ou emancipados, não poderá ser convencionado o regime da comunhão geral nem estipulada a comunicabilidade dos bens referidos no n.° 1 do artigo 1722.°"; relativamente a esta disposição, v. o Parecer do Conselho Consultivo da Procuradoria-Geral da República de 10 de Novembro de 1994, homologado por despacho da Secretária de Estado da Justiça de 28 de Dezembro de 1994, e publicado no *Diário da República,* II série, de 18 de Abril de 1995, onde se entende o seguinte: "1. Inexiste fundamento para a proibição prevista no n.° 2 do artigo 1699.° do Código Civil, na redacção do Decreto-Lei n.° 496/77, de 25 de Novembro, se os nubentes, seja em primeiras, seja em segundas núpcias, apenas tiverem filhos comuns. 2. Consequentemente, os nubentes podem convencionar o regime da comunhão geral de bens se apenas tiverem filhos comuns".

V. artigos 1732.° a 1734.°, C.C..
V. *Regime de bens do casamento; Bens comuns; Doação; Deixa; Uso (direito de); Usufruto; Habitação (direito de); Convenção antenupcial; Emancipação; Nubente.*

Comunhão "pro diviso" (Dir. Civil) – Alguns autores designam o condomínio por comunhão *pro diviso:* situação em que vários sujeitos, sendo contitulares de uma coisa comum, têm direitos de propriedade exclusivos sobre fracções individualizadas da coisa.

Segundo outros autores, a expressão serve para designar a situação em que, mantendo-se o direito de propriedade indiviso entre os vários titulares, a cada um destes pertence o uso ou fruição de certa parte do bem comum.

V. *Condomínio; Direito de propriedade; Fracção autónoma.*

Comunhão "pro indiviso" (Dir. Civil) – É a comunhão ou contitularidade em sentido próprio, isto é, a situação em que vários sujeitos jurídicos são titulares de um único direito.

V. *Contitularidade; Direito subjectivo.*

Comunicabilidade do arrendamento (Dir. Civil) – V. *Arrendamento; Incomunicabilidade do arrendamento.*

Comunicação de actos do processo (Proc. Civil) – V. *Notificação; Citação; Actos processuais.*

Comunicação electrónica (Dir. Civil) – A Lei n.° 41/2004, de 18 de Agosto, que regula o tratamento de dados pessoais e a protecção da privacidade no sector das comunicações electrónicas, caracteriza esta última, de forma algo tautológica, no seu artigo 2.°, n.° 1-*a*), como "qualquer informação trocada ou enviada entre um número finito de partes mediante a utilização de um serviço de comunicações electrónicas acessível ao público".

A Lei das Comunicações Electrónicas foi aprovada pela Lei n.° 5/2004, de 10 de Fevereiro, rectificada pela Declaração de rectificação n.° 32-A/2004, de 10 de Abril, estabelecendo o regime jurídico aplicável às redes e serviços de comunicações electrónicas e aos recursos e serviços conexos e definindo as competências da autoridade reguladora nacional neste domínio, no âmbito do processo de transposição das Directivas n.°s 2002/19/CE, 2002/20/CE, 2002/21/CE e 2002/22/CE, todas do Parlamento Europeu e do Conselho, de 7 de Março, e da Directiva n.° 2002/77/CE, da Comissão, de 16 de Setembro.

V. *Dados pessoais; Protecção de dados pessoais; Intimidade.*

Concausalidade (Dir. Civil) – Situação em que os danos são produzidos conjuntamente por vários factos, não sendo nenhum deles, só por si, apto à produção da globalidade do resultado danoso.

No domínio da responsabilidade extracontratual, sendo as várias concausas actos geradores de responsabilidade civil para os seus autores, determina o artigo 497.°, n.° 1, C.C., que a responsabilidade destes é solidária. Nos termos do n.° 2 da mesma disposição, "o direito de regresso entre os responsáveis existe na medida das respectivas culpas e das consequências que delas advieram, presumindo-se iguais as culpas das pessoas responsáveis".

Tratando-se de responsabilidade extracontratual objectiva, em consequência de acidente causado por veículos, determina o artigo 507.°, n.° 1, C.C., que, "se a responsabilidade pelo risco recair sobre várias pessoas, todas respondem solidariamente pelos danos mesmo que haja culpa de alguma ou algumas"; porém, o n.° 2 acrescenta que, "nas relações entre os diferentes responsáveis, a obrigação de indemnizar reparte-se de harmonia com o interesse de cada um na utilização do veículo" e que, "se houver culpa de algum ou de alguns, apenas os culpados respondem [...]".

Quando uma das causas da produção dos danos ou do seu agravamento seja um facto culposo do próprio lesado, diz o artigo 570.°, n.° 1, C.C., que o tribunal determinará, "com base na gravidade das culpas de ambas as partes e nas consequências que delas resultaram, se a indemnização deve ser totalmente concedida, reduzida ou mesmo excluída".

V. *Causalidade; Dano; Responsabilidade civil; Solidariedade; Direito de regresso; Culpa; Grau de culpabilidade; Presunção legal; Res-*

ponsabilidade objectiva; Acidente de viação; Culpa do lesado; Indemnização.

Conceito indeterminado – Há numerosas normas jurídicas que contêm noções de conteúdo indeterminado, flexível, destinado a ser preenchido valorativamente pelo intérprete e, em particular, pelo julgador. A função de adaptabilidade da ordem jurídica às exigências da evolução social, económica e ideológica dos conceitos indeterminados, bem como a de adaptabilidade dos conteúdos normativos às particularidades relevantes do caso ou situação concreta, é a principal razão de ser e vantagem, deste tipo de normas. São exemplos, de entre muitos, de conceitos indeterminados o de bom pai de família, o de justa causa ou o de escassa importância.

Dentro dos conceitos indeterminados podem autonomizar-se as chamadas cláusulas gerais de direito privado, que se caracterizam especificamente pela sua grande abertura, de forma a autorizar um preenchimento dotado de um grande grau de variabilidade. São paradigmas de cláusulas gerais a boa fé ou os bons costumes.

V. *Norma jurídica; Bom pai de família; Justa causa; Boa fé; Bons costumes.*

Concentração (Dir. Civil) – A concentração de uma obrigação genérica consiste na individualização da respectiva prestação, operação que transforma a obrigação de genérica em específica.

A obrigação concentra-se, em princípio, com o cumprimento, excepto quando a escolha ou especificação resultar de acordo das partes, quando o género se extinguir a ponto de restar apenas uma das coisas nele compreendidas, quando o credor incorrer em mora, ou ainda nos termos do artigo 797.°, C.C. (obrigação de envio de coisa para lugar diverso do do cumprimento).

V. artigos 541.° e 542.°, C.C..

V. *Obrigação genérica; Prestação; Especificação; Cumprimento; Mora; Lugar do cumprimento.*

Concentração da defesa (Proc. Civil) – De acordo com o artigo 489.°, C.P.C., que, no essencial, reproduz o anterior artigo 493.° e, depois, o artigo 506.°, "toda a defesa deve ser deduzida na contestação, exceptuados os incidentes que a lei mande deduzir em separado", enunciando os casos de defesa separada. Trata-se de um princípio que visa a celeridade do processo, muito embora haja autores, como Castro Mendes, que o criticaram por pôr em causa o princípio da igualdade, já que impõe ao réu um comportamento diverso daquele que norteia a actuação do autor.

Lebre de Freitas, *Código de Processo Civil anotado*, Volume 2.°, Coimbra, 2001, pág. 295, discorda de Castro Mendes, e afirma que: "corolário do princípio da concentração é a **preclusão**. O réu tem o ónus de, na contestação, **impugnar** os factos alegados pelo autor, **alegar** factos que sirvam de base a qualquer excepção dilatória ou peremptória [...] e **deduzir as excepções** não previstas no art. 289-2. Se não o fizer, preclude a possibilidade de o fazer".

V. *Contestação; Incidente; Defesa separada; Réu; Princípio da igualdade das partes; Autor; Ónus; Impugnação; Excepção.*

Concepção (Dir. Civil) – No direito civil português, a personalidade jurídica "adquire-se no momento do nascimento completo e com vida" – artigo 66.°, n.° 1, C.C..

No entanto, a lei reconhece certos direitos aos nascituros desde a sua concepção, ou mesmo antes dela, direitos cuja efectivação fica dependente do seu nascimento – artigo 66.°, n.° 2, C.C..

Esses direitos são sobretudo do domínio sucessório (os nascituros concebidos ao tempo da abertura da sucessão têm capacidade sucessória, sendo certo que na sucessão testamentária ou contratual têm mesmo capacidade os nascituros ainda não concebidos, desde "que sejam filhos de pessoa determinada, viva ao tempo da abertura da sucessão" – artigo 2033.°, n.°s 1 e 2-*a*), C.C.), mas não só; e, assim, nos termos do artigo 952.°, C.C., "os nascituros concebidos ou não concebidos podem adquirir por doação, sendo filhos de pessoa determinada, viva ao tempo da declaração de vontade do doador".

O artigo 1855.°, C.C., determina que é válida a perfilhação de nascituro, desde que seja posterior à concepção e nela o perfilhante identifique a mãe.

Desde a concepção e até ao termo do primeiro ano de vida do filho, tem aliás a mãe não casada direito a alimentos do pai – podendo exercer tal direito desde o momento em que seja estabelecida a paternidade (podendo requerer alimentos provisórios na acção de investigação de paternidade, se esta for proposta antes do termo do primeiro ano de idade do filho) – artigo 1884.°, C.C..

V. *Personalidade jurídica; Nascimento; Nascituro; Capacidade sucessória; Abertura da sucessão; Sucessão testamentária; Sucessão contratual; Doação; Perfilhação; Alimentos; Alimentos provisórios; Paternidade; Investigação de paternidade; Período legal da concepção.*

Concepturo (Dir. Civil) – Aquele que ainda não foi concebido.

A lei protege os interesses dos concepturos em certos casos. Têm capacidade sucessória testamentária ou contratual desde que sejam filhos de pessoa determinada, viva ao tempo da abertura da sucessão (artigos 2033.°, n.° 2-*a)*, e 2240.°, C.C.), tendo, nos mesmos termos, capacidade para adquirir por doação (artigo 952.°, C.C.).

A lei designa o concepturo por nascituro não concebido.

V. *Concepção; Nascituro; Capacidade sucessória; Sucessão testamentária; Sucessão contratual; Doação.*

Concessão de exploração (Dir. Civil; Dir. Com.) – V. *Cessão de exploração.*

Conciliação – 1. (Proc. Civil) – V. *Tentativa de conciliação.*

2. – A Convenção sobre Conciliação e Arbitragem no Quadro da Conferência para a Segurança e Cooperação na Europa – CSCE, concluída em Estocolmo em 15 de Dezembro de 1992, foi aprovada, para ratificação, pela Resolução da Assembleia da República n.° 43/2000, de 20 de Maio.

V. *Arbitragem.*

"Concilium fraudis" (Dir. Civil) – Acordo para enganar ou defraudar. Há casos, como sucede na simulação, em que faz parte da caracterização de uma figura jurídica o pacto ou acordo destinado a enganar terceiros.

V. *Simulação.*

Conclusão (Proc. Civil) – 1. "Conclusão é o acto por que a secretaria judicial afecta determinado processo à decisão do juiz, apresentando-lho para tal. E a declaração, feita pelo chefe de secção, de que em determinada data fez essa afectação ao juiz chama-se, por sua vez, termo de conclusão. Fazer os autos ou os processos conclusos é isto: apresentá-los ao juiz para que despache ou sentencie" (Paulo Cunha, *Da Marcha do Processo*, Vol. I, pág. 264, cit. por Castro Mendes nas *Lições de Direito Processual Civil*, Vol. II, ed. 1968, pág. 107).

O artigo 166.°, C.P.C., estabelece que, "salvos os casos de urgência", no prazo de cinco dias (os prazos de duração inferior a cinco dias tinham passado a ter essa duração, por força do disposto no artigo 2.° do Decreto-Lei n.° 457/80, de 10 de Outubro), a secretaria deve fazer os processos conclusos, contando-se o prazo para conclusão do processo a que se junte qualquer requerimento da data de apresentação deste ou da ordem de junção.

V. *Secretaria judicial; Despacho; Sentença; Prazo judicial; Requerimento.*

2. O artigo 690.°, n.° 1, C.P.C., na redacção do Decreto-Lei n.° 329-A/95, de 12 de Dezembro, faz impender sobre aquele que interpõe um recurso o ónus de alegar e de formular conclusões, que indiquem sinteticamente os "fundamentos por que pede a alteração ou anulação da decisão [recorrida]"; o n.° 4 da mesma disposição determina que, "quando as conclusões faltem, sejam deficientes, obscuras, complexas ou nelas se não tenha procedido às especificações a que alude o n.° 2 [indicação das "normas jurídicas violadas", do "sentido com que, no entender do recorrente, as normas que constituem fundamento jurídico da decisão deviam ter sido interpretadas e aplicadas" e, "invocando-se erro na determinação da norma aplicável, [da] norma jurídica que, no entendimento do recorrente, devia ter sido aplicada"], o relator deve convidar o recorrente a apresentá-las, completá-las, esclarecê-las ou sintetizá-las, sob pena de não se conhecer do recurso, na parte afectada; os juízes adjuntos podem sugerir esta diligência, submetendo-se a proposta a decisão da conferência".

V. *Recurso; Ónus; Recorrente; Alegações; Norma jurídica; Interpretação da lei; Juiz relator; Juiz adjunto; Conferência.*

Conclusão do contrato (Dir. Civil) – O mesmo que celebração do contrato.
V. *Celebração do contrato.*

Concordata
1. (Dir. Civil) – Tratado assinado, pela primeira vez, entre Portugal e a Santa Sé, em 7 de Maio de 1949, na cidade do Vaticano, destinado a regular as relações entre o Estado Português e a Igreja Católica. Em 15 de Fevereiro de 1975, foi assinado um Protocolo Adicional à Concordata, alterando o artigo XXIV daquela, no sentido de deixar de impor ao Estado Português a indissolubilidade civil do casamento canonicamente celebrado. A Resolução da Assembleia da República n.° 39/2000, de 19 de Abril, decidiu que o Estado Português deveria adoptar as "medidas necessárias e adequadas à abertura e à realização, nos termos da Constituição da República e do direito internacional, do processo de revisão da Concordata de 7 de Maio de 1940".
O Decreto do Presidente da República n.° 80/2004, de 16 de Novembro, ratificou a Concordata entre a República Portuguesa e a Santa Sé, assinada no Vaticano em 18 de Maio de 2004, que fora aprovada, para ratificação, pela Resolução da Assembleia da República n.° 74/2004, de 30 de Setembro de 2004.
V. *Dissolução do casamento; Casamento católico; Divórcio.*
2. (Dir. Com.; Proc. Civil) – 1. Designava-se assim a convenção estabelecida entre um comerciante ou sociedade comercial e respectivos credores, pela qual estes consentiam num retardamento do pagamento (moratória) ou aceitavam um pagamento parcial dos seus créditos. A concordata podia ou não ficar condicionada à cláusula "salvo regresso de melhor fortuna", podendo ser extrajudicial ou judicial. Quando se iniciasse a instância de falência por apresentação do comerciante ou sociedade comercial, desde que se não tratasse de falência fraudulenta, poderia ser pelo devedor, proposta uma concordata, por requerimento apresentado até cinco dias antes da data fixada para a reunião da assembleia de credores. A proposta de concordata era discutida na assembleia definitiva de credores; finda a discussão, as bases da concordata eram votadas pelos credores comuns e pelos preferentes que tivessem renunciado à preferência, não tendo, em qualquer caso, direito de voto o cônjuge do devedor, nem os seus parentes até ao 2.° grau por consanguinidade ou afinidade. Para que fosse aceita era necessário que obtivesse o voto favorável da maioria absoluta dos credores com direito a voto, representando pelo menos 75 por cento dos créditos correspondentes. Aprovada a concordata, ela era, desde logo, objecto de registo e, no prazo de oito dias, podiam os credores não aceitantes ou o Ministério Público deduzir embargos, com um dos fundamentos que o artigo 1156.°, C.P.C., enunciava; contestados estes, a sentença que os julgasse concluía pela homologação ou rejeição da concordata; não havendo dedução de embargos, a concordata era também objecto de sentença que a homologava ou rejeitava. A homologação tornava a concordata obrigatória para todos os credores não preferentes, incluindo os que não tivessem intervindo no processo, sendo nulos todos os actos celebrados entre o devedor e qualquer dos credores, que alterassem os termos da concordata em algum ponto. Homologada a concordata, cessavam as funções do administrador da falência, recuperando o devedor o direito a dispor livremente dos seus bens e a gerir o seu património, embora pudesse ficar submetido à fiscalização da execução da concordata por um ou mais credores, que teriam o direito de examinar a escrita e poderiam proceder contra o devedor em caso de incumprimento das obrigações assumidas. Depois da homologação, se alguns dos credores, por crédito anterior à mesma, quisesse requerer a declaração de falência, só o podia fazer com fundamento em fuga ou ausência do comerciante, dissipação ou extravio de bens por este, de modo a que fosse manifesta a intenção de iludir os credores e frustrar o cumprimento das obrigações assumidas, ou incumprimento efectivo destas. A concordata podia ser anulada dentro do condicionalismo estabelecido pelo artigo 1166.°, C.P.C..

Os artigos 1147.° e 1152.° e segs., C.P.C., que se ocupavam do regime deste meio preventivo da falência foram revogados pelo Código dos Processos Especiais de Recuperação da Empresa e de Falência, aprovado pelo Decreto-Lei n.° 132/93, de 23 de Abril (rectificado pela Declaração de rectificação n.° 141/93, de 31 de Julho), alterado pelos Decretos-Leis n.°s 157/97, de 24 de Junho, 315/98, de 20 de Outubro, 323/2001, de 17 de Dezembro, e 38/2003, de 8 de Março. Foram também revogados os artigos 1266.° e segs., C.P.C., que estabeleciam que, estando em curso processo de falência e já depois de ter sido proferida sentença de verificação de créditos em 1.ª instância, podia o falido, seus herdeiros ou representantes, bem como os credores que representassem mais de metade dos créditos comuns verificados ou ainda o administrador da falência requerer a convocação de uma assembleia de credores para deliberar sobre a conveniência de uma concordata; se esta fosse aceita e recebida no processo, havia a possibilidade de lhe opor embargos, sendo finalmente homologada ou rejeitada, por sentença. Quando se tratasse de sociedades em nome colectivo ou em comandita, os credores podiam conceder concordata ou à sociedade ou só a um ou mais sócios de responsabilidade ilimitada (já que a falência da sociedade implicava a destes sócios). Tratando-se de sociedade de responsabilidade limitada, os credores podiam conceder-lhe concordata, nos termos gerais. Era o que resultava dos artigos 1299.° e 1300.°, C.P.C., igualmente revogados pelo citado diploma.

O mesmo diploma, que previa e regulava um processo especial de recuperação da empresa, estabelecia no seu artigo 4.° que a concordata era uma das providências de recuperação da empresa, consistente na redução ou modificação da totalidade ou de parte dos seus débitos, podendo a modificação limitar-se a uma simples moratória (artigo 66.°). Na falta de estipulação em contrário, a concordata ficava subordinada à cláusula «salvo regresso de melhor fortuna», que produzia efeitos durante 10 anos, ficando a empresa obrigada, logo que melhorasse de situação económica, a pagar rateadamente aos credores concordatários, sem prejuízo de novos credores, com preferência sobre aqueles; quando a concordata ficasse subordinada à cláusula «salvo regresso de melhor fortuna», qualquer dos credores concordatários podia, durante a vigência da cláusula, alegando fundamentadamente que o devedor dispunha de meios bastantes para o efeito, requerer o pagamento do valor integral dos débitos que tivessem sido reduzidos pela concordata, seguindo a acção destinada a obter o pagamento integral os termos do processo sumário e correndo por apenso ao processo de recuperação da empresa. Quando houvesse concordata, os administradores da empresa podiam manter os anteriores poderes de gestão ou ser condicionados no exercício deles, podendo a concordata ser sujeita a fiscalização por parte da comissão de credores ou de um ou alguns deles. A lei cominava com a nulidade os actos celebrados entre a empresa e qualquer dos seus credores concordatários que modificassem de qualquer modo os termos da concordata ou concedessem ao credor benefícios especiais relativamente a créditos por ela abrangidos. Uma vez homologada, a concordata era obrigatória para todos os credores que não dispusessem de garantia real sobre os bens do devedor ou a ela tivessem renunciado, sem excepção daqueles cujos créditos não tivessem sido reclamados ou verificados para efeitos da assembleia de credores, desde que se tratasse de créditos anteriores à entrada da petição inicial em juízo, embora de vencimento posterior, podendo ainda ser obrigatória para os credores que, não tendo renunciado à garantia real sobre os bens do devedor, lhe tivessem dado o seu acordo. A concordata podia ser anulada nos casos previstos no n.° 1 do artigo 72.°, extinguindo a anulação as garantias prestadas ao cumprimento da concordata, e renunciando os credores que tivessem aceitado a concordata, no todo ou em parte, às garantias reais que possuíam, readquiriam os seus direitos; sendo anulada, juiz convocaria nova assembleia de credores.

A concordata caducava com a homologação de nova concordata ou com a declaração de falência do devedor, não podendo, em qualquer dos casos, a empresa ser objecto de outro processo de recuperação.

A falência da empresa concordatária podia ser requerida pelos credores por créditos anteriores à deliberação da assembleia de credores que tivesse aprovado a concordata, quando se verificasse uma das circunstâncias enunciadas no n.° 1 do artigo 76.°do mesmo Código.

O Código citado previa ainda a chamada concordata particular.

Este diploma foi completamente revogado pelo Código da Insolvência e da Recuperação de Empresas, aprovado pelo Decreto-Lei n.° 53/2004, de 18 de Março, alterado pelos Decretos-Leis n.°s 200/2004, de 18 de Agosto, e 76-A/2006, de 29 de Março (rectificado pela Declaração de rectificação n.° 28-A/2006, de 26 de Maio).

V. *Credor; Crédito; Cumprimento parcial; Cláusula "salvo regresso de melhor fortuna"; Falência; Falência fraudulenta; Recuperação da empresa; Débito; Moratória; Apensação de acções; Empresa; Processo sumário; Nulidade; Comissão de credores; Reclamação de créditos; Verificação de créditos; Garantias reais; Petição inicial; Vencimento; Caducidade; Requerimento; Assembleia de credores; Credor comum; Credor privilegiado; Parentesco; Grau de parentesco; Consanguinidade; Afinidade; Registo; Ministério Público; Embargos; Contestação; Sentença; Homologação; Administrador da falência; Incumprimento; Obrigação; Anulação; Tribunal de 1.ª instância; Herdeiro; Representante; Concordata particular; Insolvência; Recuperação de empresas.*

Concordata particular (Dir. Civil; Dir. Com.; Proc. Civil) – O artigo 27.°, n.° 1, do Código dos Processos Especiais de Recuperação da Empresa e de Falência, aprovado pelo Decreto-Lei n.° 132/93, de 23 de Abril, (rectificado pela Declaração de rectificação n.° 141/93, de 31 de Julho), alterado pelos Decretos-Leis n.°s 157/97, de 24 de Junho, 315/98, de 20 de Outubro, 323/2001, de 17 de Dezembro, e 38/2003, de 8 de Março, dispunha que o devedor insolvente, que não fosse titular de empresa ou cuja empresa não exercesse actividade à data em que o processo fosse instaurado poderia ser declarado em situação de falência, podendo evitar esta declaração mediante a apresentação de concordata particular que o juiz homologasse.

O regime da concordata contava dos artigos 240.° a 245.°, cuja proposta poderia ser apresentada pelo devedor ao juiz, para homologação, ou até à data da sentença no processo de falência desencadeado pelos credores ou, independentemente deste processo, quando o devedor estivesse insolvente. A proposta de concordata deveria ser acompanhada do rol de todos os credores do devedor insolvente e carecia da aceitação dos credores que representassem, pelo menos, dois terços do valor de todos os créditos aprovados nos termos do artigo 48.° e não ter a oposição de credores que representassem 51%, ou mais, dos créditos directamente atingidos pela providência; tanto a proposta como a aceitação deveriam constar de documento autêntico ou autenticado.

Não sendo liminarmente indeferido, o requerimento de homologação da concordata determinava a suspensão dos termos do processo de falência, que voltaria a prosseguir, se por decisão definitiva a concordata não fosse homologada; tendo a proposta de concordata sido apresentada antes do pedido de declaração de falência, a não homologação dela determinava a abertura da instância de falência. Recebida a proposta de concordata particular, eram citados os credores incertos por editais com a dilação de 10 dias e anúncio no *Diário da República*, e notificados os credores certos que a não tivessem aceitado, bem como o Ministério Público, para oporem, no prazo de 10 dias após o termo da dilação edital, embargos à proposta (na versão anterior da lei os prazos referidos eram de 14 dias). Os embargos podiam ser contestados nos cinco dias subsequentes à notificação da sua dedução, realizando-se em seguida todas as diligências de prova, concluindo a sentença pela homologação ou rejeição da concordata.

O regime da concordata particular era, por remissão do artigo 245.°, o aplicável à concordata como providência de recuperação da empresa.

O Código dos Processos Especiais de Recuperação da Empresa e de Falência foi completamente revogado pelo Código da Insolvência e da Recuperação de Empresas, aprovado pelo Decreto-Lei n.° 53/ /2004, de 18 de Março, alterado pelos

Decretos-Leis n.°s 200/2004, de 18 de Agosto, e 76-A/2006, de 29 de Março (rectificado pela Declaração de rectificação n.° 28-A/2006, de 26 de Maio).

V. *Devedor; Recuperação da empresa; Falência; Insolvência; Empresa; Homologação; Sentença; Documento autêntico; Documento autenticado; Indeferimento liminar; Requerimento; Citação; Incertos; Edital; Dilação; Ministério Público; Embargos; Contestação; Notificação; Prova; Recuperação de empresas.*

Concorrência (Dir. Civil) – O artigo 990.°, C.C., estabelece para o sócio de uma sociedade civil uma proibição de concorrência com ela: "O sócio que, sem expressa autorização de todos os outros, exercer, por conta própria ou alheia, actividade igual à da sociedade, fica responsável pelos danos que lhe causar podendo ainda ser excluído, nos termos da alínea *a)* do artigo 1003.° [violação grave das obrigações para com a sociedade]".

V. *Sociedade; Exclusão de sócio; Responsabilidade civil; Dano.*

Concorrência de causas (Dir. Civil) – A concorrência ou concurso de causas de um dano corresponde, genericamente, à situação em que para a produção do resultado danoso contribuíram, cumulativa ou sucessivamente, vários factos.

Fala-se de concorrência *real* quando cada um dos factos desempenhou o papel de concausa do dano, e de concorrência *virtual* sempre que só um dos factos constituiu causa do dano, sendo o outro uma causa hipotética ou virtual.

V. *Causalidade; Concausalidade; Dano; Causa virtual.*

Concredores (Dir. Civil) – Sendo a obrigação plural pelo lado activo, designam-se assim os vários credores da obrigação comum.

V. *Obrigação plural; Credor; Obrigação.*

Concubinato (Dir. Civil) – Designação – actualmente quase por completo abandonada – da situação de um homem e de uma mulher que vivem maritalmente sem que o respectivo casamento tenha sido celebrado.

Tal situação releva para efeitos de presunção de paternidade: estabelece a alínea *c)* do n.° 1 do artigo 1871.°, C.C., que, na acção de investigação de paternidade, se deve esta considerar presumida se, durante o período legal da concepção, tiver "existido comunhão duradoura de vida em condições análogas às dos cônjuges ou concubinato duradouro entre a mãe e o pretenso pai".

As alterações ao Código Civil, introduzidas pelo Decreto-Lei n.° 496/77, de 25 de Novembro, vieram atribuir efeitos inovadores a esta situação de facto, sendo de assinalar, em particular, a atribuição do direito a alimentos sobre a herança àquele "[...] que, no momento da morte de pessoa não casada ou separada judicialmente de pessoas e bens, vivia com ela há mais de dois anos em condições análogas às dos cônjuges [...]" (artigo 2020.°, C.C.).

Actualmente, é a Lei n.° 7/2001, de 11 de Maio, que prevê medidas de protecção das uniões de facto.

Deixou de ter interesse – salvo histórico – o Assento do Supremo Tribunal de Justiça, de 23 de Abril de 1987, publicado no *Diário da República,* I-A série, em 28 de Maio do mesmo ano, e nos termos do qual "as normas dos n.°s 2, 3 e 4 do artigo 1110.° do Código Civil não são aplicáveis às uniões de facto, mesmo que destas haja filhos menores".

V. *Presunção de paternidade; Investigação de paternidade; Concepção; Período legal da concepção; Alimentos; Herança; Separação judicial de pessoas e bens; União de facto.*

Conculpabilidade (Dir. Civil) – Embora haja autores que reservam o termo para designar a situação em que um facto culposo do próprio lesado contribuiu para a produção ou agravamento dos danos, pode falar-se com propriedade de conculpabilidade quando foram vários os agentes do facto danoso, todos eles tendo tido condutas culposas.

V. *Culpa; Culpa do lesado; Dano.*

Concurso de causas do dano (Dir. Civil) – Um mesmo dano, ou conjunto de danos, pode ter sido consequência de uma pluralidade de causas: diz-se então que há concurso real de causas. Havendo um nexo causal adequado entre os vários factos – considerados no processo causal em que se inserem – e o dano, há, em princípio, responsabilidade solidária dos respectivos autores face ao lesado.

Diz-se haver concurso virtual de causas do dano sempre que este, tendo sido produzido por um dado facto, teria sido susceptível de ser provocado por um outro, se aquele não se tivesse verificado.

V. *Causalidade; Concausalidade; Teoria da causalidade adequada; Responsabilidade civil; Solidariedade; Causa virtual.*

Concurso de credores (Dir. Civil; Proc. Civil) – Existindo vários credores de um mesmo devedor, todos eles têm, em princípio, o direito a ser pagos proporcionalmente pelo preço dos bens do devedor, se aquele não for suficiente para satisfazer integralmente todas as suas dívidas. Mas podem existir credores que devam ser pagos com preferência sobre os outros pelo preço de certo bem ou bens; são causas de preferência, entre outras, a consignação de rendimentos, a hipoteca, o penhor, o privilégio creditório e o direito de retenção (v. artigo 604.°, C.C.).

Na execução, o exequente adquire, pela penhora, o direito de ser pago com preferência a qualquer outro credor, que não tenha garantia real constituída anteriormente – artigo 822.°, n.° 1, C.C..

Os credores que tenham garantia real sobre os bens penhorados são citados para a execução, logo após a penhora, podendo todos os credores nessas condições – e só esses – reclamar o pagamento dos seus créditos, pelo produto dos bens.

Depois de apreciadas as reclamações e verificados os créditos, são os credores graduados a fim de serem pagos.

V. artigos 865.° e segs., C.P.C., na redacção do Decreto-Lei n.° 38/2003, rectificado pela Declaração de rectificação n.° 5-C/ /2003, de 30 de Abril.

V. *Credor; Devedor; Credor comum; Credor privilegiado; Direito de preferência; Garantia; Consignação de rendimentos; Hipoteca; Penhor; Privilégio creditório; Direito de retenção; Execução; Penhora; Garantias reais; Citação; Reclamação de créditos; Verificação de créditos; Graduação de credores.*

Concurso de direitos (Dir. Civil) – Numa das acepções da expressão, diz-se que há uma situação de concurso de direitos quando, sobre uma mesma coisa, incidem dois direitos reais de natureza diversa.

Assim acontece, por exemplo, quando sobre um prédio incide um direito de propriedade e um usufruto.

V. *Direito real; Coisa; Nua propriedade; Usufruto.*

Concurso de normas – Existe sempre que um mesmo facto ou situação preenche a previsão de duas ou mais normas jurídicas. O concurso é *aparente* quando se verifica que afinal só uma das normas é aplicável ao caso, e *real* sempre que o facto desencadeia em simultâneo a aplicação dos vários preceitos.

V. *Norma jurídica; Previsão.*

Concurso público (Dir. Civil) – O Código Civil contém uma disposição relativa ao regime de concursos públicos, modalidade de negócio jurídico unilateral, segundo a qual "a oferta da prestação como prémio de um concurso só é válida quando se fixar no anúncio público o prazo para a apresentação dos concorrentes"; "a decisão sobre a admissão dos concorrentes ou a concessão do prémio a qualquer deles pertence exclusivamente às pessoas designadas no anúncio ou, se não houver designação, ao promitente".

V. artigo 463.°, C.C..

V. *Negócio jurídico unilateral; Prestação; Anúncio público; Promitente.*

Condenação do réu (Proc. Civil) – Diz-se que há condenação do réu quando a sentença, numa acção de condenação, dá, total ou parcialmente, acolhimento ao pedido do autor.

Castro Mendes, *Direito Processual Civil*, I, 1980, pág. 114, entende que condenação, em sentido amplo, designa ainda as sentenças que declaram a procedência do pedido do autor em qualquer processo declarativo, seja ele de condenação ou outro.

V. *Acção de condenação; Sentença; Autor; Réu; Pedido; Processo declarativo.*

Condenação genérica (Proc. Civil) – Diz-se que a condenação é indeterminada ou genérica quando, não havendo elementos que permitam fixar o objecto ou a quantidade da condenação, se defere a respectiva determinação para momento ulterior. Dispõe o artigo 661.°, n.° 2, C.P.C., na redacção do Decreto-Lei n.° 38/2003, de 8 de Março (rectificado pela Declaração de rectificação n.° 5-C/2003, de 30 de Abril), que, "se não houver elementos para fixar o objecto ou a quantidade, o tribunal condenará no que vier a ser liquidado em execução de sentença, sem prejuízo de condenação imediata na parte que já seja líquida".

V. *Condenação do réu; Liquidação; Sentença; Execução.*

Condensação (Proc. Civil) – V. *Fase da condensação.*

Condevedores (Dir. Civil) – Diz-se que são condevedores os vários obrigados por uma única dívida. Os condevedores podem encontrar-se conjunta ou solidariamente obrigados.

V. *Devedor; Obrigação plural; Conjunção; Solidariedade.*

Condição (Dir. Civil) – É uma cláusula acessória típica dos negócios jurídicos.

Diz-se que um negócio jurídico é celebrado sob condição, quando as partes subordinam a um acontecimento futuro e incerto a produção dos seus efeitos (condição suspensiva) ou a sua destruição (condição resolutiva).

V. artigo 270.°, C.C..

Como os efeitos do preenchimento da condição retroagem, em princípio, à data da conclusão do negócio, no caso de a condição ser suspensiva, o direito (ou outros efeitos jurídicos) não surge senão no momento em que o acontecimento se produz, e, se a condição for resolutiva, a superveniência do acontecimento faz desaparecer os efeitos jurídicos produzidos retroactivamente.

Quando seja certo que a condição se não pode verificar, a situação é equivalente à da sua não verificação.

A condição, para ser válida, tem de ser lícita, física e legalmente possível. Se a condição for ilícita (contrária a lei, à ordem pública ou aos bons costumes), é nulo o negócio jurídico a ela subordinado; sendo a condição física ou legalmente impossível, há de distinguir consoante ela é suspensiva ou resolutiva: no primeiro caso, é nulo todo o negócio, no segundo, o negócio é válido, considerando-se a condição como não escrita, isto é, há uma redução *ope legis* – v. artigo 271.°, C.C..

O período que decorre entre a celebração do negócio e a verificação (ou não verificação) da condição chama-se pendência da condição (v. artigos 272.° a 274.°, C.C.). Durante esse tempo devem as partes no negócio agir de acordo com a boa fé e de modo a que não fique comprometido o direito da outra parte. Se a condição é resolutiva, os efeitos do negócio produzem-se desde logo e, se a condição é suspensiva, nenhum efeito se produz, salvo se a condição apenas se referir a parte dos efeitos), tendo o adquirente do direito uma expectativa jurídica.

Há negócios jurídicos que não podem ser celebrados condicionalmente; é o que acontece, por exemplo, com a declaração de compensação (. artigo 848.°, C.C.), o casamento (artigo 1618.°, n.° 2, C.C.), a perfilhação (artigo 1852.°, C.C.), a aceitação ou repúdio da herança (artigos 2054.°, n.° 1, e 2064.°, C.C.) e a aceitação da testamentaria (artigo 2323.°, n.° 2, C.C.).

Numa disposição algo bizarra, o artigo 50.° do Código da Insolvência e da Recuperação de Empresas, aprovado pelo Decreto-Lei n.° 53/2004, de 18 de Março, alterado pelos Decretos-Leis n.°s 200/2004, de 18 de Agosto, e 76-A/2006, de 29 de Março (este rectificado pela Declaração de rectificação n.° 28-A/2006, de 26 de Maio), diz que, "para efeitos deste Código consideram-se créditos sob condição suspensiva e resolutiva, respectivamente, aqueles cuja constituição ou subsistência se encontrem sujeitos à verificação ou à não verificação de um acontecimento futuro e incerto tanto por força da lei como de negócio jurídico", sendo tidos como créditos sob condição suspensiva, designadamente, os que resultem "da recusa de execução ou denúncia antecipada, por parte do administrador da insolvência, de contratos bilaterais em curso à data da declaração da insolvência, ou da resolução de actos em benefício da massa insolvente, anteriormente à verificação dessa denúncia, recusa ou resolução", os que não possam ser exercidos contra o insolvente sem prévia excussão do património de outrem, enquanto não se verificar tal excussão, e aqueles "pelos quais o insolvente não responda pessoalmente, enquanto a dívida não for exigível". Aos créditos sob condição suspensiva o juiz atribui uma percentagem de votos considerando a probabilidade da verificação da condição (artigo 73.°, n.° 2) enquanto aqueles que se encontrem sob condição resolutiva, "são tratados como incondicionados até ao momento em que a condição de preencha, sem prejuízo do dever de restituição dos pagamentos recebidos, verificada que seja a condição" (artigo 94.°).

V. *Cláusula; Cláusula acessória; Cláusula típica; Negócio jurídico; Condição suspensiva; Condição resolutiva; Validade; Ilicitude; Nulidade; Possibilidade do objecto; Ordem pública; Bons costumes; Boa fé; Expectativa jurídica; Compensação; Casamento; Herança; Aceitação da herança; Repúdio; Perfilhação; Testamentaria; Insolvência; Recuperação de empresas; Crédito; Crédito sobre a insolvência; Denúncia; Administrador da insolvência; Contrato sinalagmático; Resolução do contrato; Acto jurídico; Massa insolvente; Benefício de excussão; Património; Dívida; Exigibilidade; Execução.*

Condição abusiva (Dir. Civil) – É abusiva a condição que não se destine a realizar qualquer interesse atendível do autor do negócio.

Em princípio, aplicável à condição abusiva o mesmo regime que à condição ilícita, isto é, é nulo o negócio jurídico a que ela tenha sido aposta.

V. *Condição; Condição ilícita; Nulidade; Negócio jurídico.*

Condição arbitrária (Dir. Civil) – V. *Condição; Condição potestativa.*

Condição captatória (Dir. Civil) – É a condição, imposta numa disposição *mortis causa*, de o herdeiro ou o legatário fazerem igualmente, em seu testamento, alguma disposição a favor do testador ou de outrem: tal condição torna nula a referida disposição (artigo 2231.°, C.C.).

V. *Condição; "Mortis causa"; Testamento; Herdeiro; Legatário; Nulidade.*

Condição casual (Dir. Civil) – Condição em que o evento é estranho à vontade das partes, tanto podendo ser um facto natural como um acto de terceiro. è este o paradigma da condição.

V. *Condição; Condição potestativa; Terceiro.*

Condição complexa (Dir. Civil) – Designação doutrinária da condição que é integrada por mais de um facto; por exemplo, se *A* casar e tiver filhos.

V. *Condição; Condição simples.*

Condição exaustiva (Dir. Civil) – Designa-se por exaustiva a condição quando nela se abrange toda e qualquer hipótese de devir futuro. A condição exaustiva é, pois, uma modalidade de condição necessária, devendo ter os mesmos efeitos desta.

V. *Condição; Condição necessária.*

Condição ilícita (Dir. Civil) – Segundo grande parte da doutrina, é a condição que se consubstancia num facto que, sendo possível, é contrário à lei, à ordem pública ou aos bons costumes.

Castro Mendes, *Teoria geral do direito civil*, Vol. II, Lisboa, 1979, pág. 227, entende que a condição ilícita não é aquela em que o evento condicionante é ilícito, mas antes "aquela que, aposta a um negócio jurídico, tem como efeito trazer uma vantagem a quem pratique um acto contrário à lei ou à ordem pública, ou ofensivo dos bons costumes".

Nos termos do artigo 271.°, n.° 1, C.C., é nulo o negócio jurídico que se encontre subordinado a uma condição ilícita. Nos testamentos e nas doações, porém, a condição contrária à lei ou à ordem pública, ou ofensiva dos bons costumes, tem-se por não escrita, mesmo que o testador ou doador tenham declarado o contrário (salvo se da interpretação do testamento ou da doação resultar que eles foram essencialmente determinados por um fim ilícito, caso em que é nulo o testamento, a disposição testamentária ou a doação): v. artigos 2230.°, n.° 2, 2186.° e 967.°, C.C..

V. *Condição; Ilicitude; Ordem pública; Bons costumes; Nulidade; Negócio jurídico; Testamento; Doação; Interpretação do negócio jurídico.*

Condição impossível (Dir. Civil) – É aquela que se consubstancia num facto que é, natural ou materialmente, insusceptível de ocorrência (*condição fisicamente impossível*) ou num facto que não pode legalmente verificar-se (*condição legalmente impossível*).

Segundo o n.° 2 do artigo 271.°, C.C., é "nulo o negócio sujeito a uma condição suspensiva que seja física ou legalmente impossível. Se for resolutiva, tem-se a condição por não escrita", isto é, verifica-se uma redução *ope legis*.

O artigo 2230.°, n.° 1, C.C., estabelece, porém, que a condição impossível, aposta a testamento, se considera "não escrita e não prejudica o herdeiro ou legatário, salvo declaração do testador em contrário". Este mesmo regime se aplica às condições impossíveis incluídas na doação, por remissão do artigo 967.°, C.C..

V. *Condição; Nulidade; Negócio jurídico; Redução; Testamento; Herdeiro; Legatário; Doação.*

Condição imprópria (Dir. Civil) – Sendo os elementos caracterizadores da condição o carácter futuro e incerto do evento condicionante e a sua estipulação convencional e não legal, designam-se por condições impróprias aquelas em que falta um destes elementos.

Assim acontece, por exemplo, se a condição se refere a um facto passado ou presente, se o facto condicionante, sendo futuro, é certo, se a condição é impossível, se ela é legal ou ainda se se trata da chamada condição resolutiva tácita.

V. *Condição; Condição necessária; Condição impossível; Condição legal; Condição resolutiva tácita.*

Condição legal (Dir. Civil) – É a condição que provém da lei e não de convenção interprivada. É exemplo desta condição imprópria a estabelecida nos artigos 1716.° e 1760.°, n.° 1-*a)*, C.C.: a celebração do casamento no prazo de um ano, contado da realização da convenção antenupcial, é condição de eficácia da convenção e das doações para casamento que dela constem.

Nesta utilização do termo não se está perante uma condição em sentido técnico-jurídico, mas sim em sentido comum.

V. *Condição; Condição imprópria; Convenção antenupcial; Casamento; Eficácia; Doação.*

Condição meramente potestativa (Dir. Civil) – V. *Condição; Condição potestativa.*

Condição mista (Dir. Civil) – Aquela que é simultaneamente potestativa e casual.

V. *Condição; Condição potestativa; Condição casual.*

Condição necessária (Dir. Civil) – É a condição imprópria que se traduz num facto futuro, mas não incerto quanto à verificação, isto é, num facto que se sabe que ocorrerá.

Segundo Castro Mendes, *Direito e Justiça*, Vol. I, n.° 1, pág. 63, "a condição necessária suspensiva é irrelevante, o negócio feito sob tal condição mantém-se puro" e "a condição resolutiva torna, em princípio, ineficaz o negócio".

V. *Condição; Condição imprópria; Condição suspensiva; Condição resolutiva; Negócio jurídico; Ineficácia.*

Condição negativa (Dir. Civil) – A doutrina designa assim a condição quando o facto em que ela se consubstancia consiste na inalteração de uma situação já existente.

V. *Condição.*

Condição perplexa (Dir. Civil) – A doutrina dá esta designação à condição que representa uma declaração contraditória com a vontade que o negócio jurídico, a que é aposta, consubstancia. Assim, por exemplo, "dou-te esta jóia, se ma roubarem". A condição perplexa torna o negócio nulo.

V. *Condição; Declaração negocial; Negócio jurídico; Nulidade.*

Condição positiva (Dir. Civil) – Designação doutrinária da condição em que o facto condicionante consiste na alteração de uma situação anterior.

V. *Condição.*

Condição potestativa (Dir. Civil) – É a que depende da vontade de uma das partes.

Distinguem-se dentro desta categoria a condição meramente potestativa, ou arbitrária, e a condição propriamente potestativa, ou não arbitrária, sendo esta última aquela em que o acto condicionante da parte tem uma relevância razoável, tendo em atenção os interesses em causa.

Segundo outro critério, distinguem-se as condições potestativas *a parte creditoris* (aquelas em que o evento condicionante depende da vontade do credor) das condições potestativas *a parte debitoris* (nestas, o facto depende da vontade do devedor).

V. *Condição; Condição casual; Credor; Devedor.*

Condição resolutiva (Dir. Civil) – É resolutiva a condição quando da sua verificação resulta a resolução (extinção) dos efeitos do negócio condicional.

O artigo 50.° do Código da Insolvência e da Recuperação de Empresas, aprovado pelo Decreto-Lei n.° 53/2004, de 18 de Março, e alterado pelos Decretos-Leis n.°s 200/2004, de 18 de Agosto, e 76-A/2006, de 29 de Março (este rectificado pela Declaração de rectificação n.° 28-A/2006, de 26 de Maio), diz que, "para efeitos deste Código consideram-se créditos sob condição resolutiva, respectivamente, aqueles cuja constituição ou subsistência se encontrem sujeitos à verificação ou à não verificação de um acontecimento futuro e incerto tanto por força da lei como de negócio jurídico"; o artigo 119.°, n.° 2, do mesmo Código estabelece que é "nula a cláusula que atribua à situação de insolvência de uma das partes o valor de uma condição resolutiva do negócio [...]". O artigo 94.° do mesmo diploma dispõe que, "no processo de insolvência, os créditos sobre a insolvência sujeitos a condição resolutiva são tratados como incondicionados até ao momento em que a condição de preencha, sem prejuízo do dever de restituição dos pagamentos recebidos, verificada que seja a condição".

V. *Condição; Negócio jurídico; Insolvência; Recuperação de empresas; Nulidade; Condição imprópria; Cláusula; Negócio jurídico; Crédito; Crédito sobre a insolvência.*

Condição resolutiva tácita (Dir. Civil) – Designação doutrinária de um dos aspectos do regime legal privativo dos contratos sinalagmáticos: a atribuição do direito à resolução do contrato ao credor de uma das obrigações sinalagmáticas cujo cumprimento se impossibilite, por causa imputável ao devedor, ou que seja definitivamente incumprida por culpa deste.

V. artigo 801.°, n.° 2, C.C..

V. *Contrato sinalagmático; Resolução do contrato; Impossibilidade do cumprimento; Incumprimento definitivo; Devedor; Culpa.*

Condição simples (Dir. Civil) – Por contraposição à designada por complexa, a condição diz-se simples quando se consubstancia num único evento.

V. *Condição.*

Condição "sine qua non" (Dir. Civil) – V. *Causalidade; Teoria da equivalência das condições.*

Condição suspensiva (Dir. Civil) – Diz-se suspensiva a condição quando a produção dos efeitos jurídicos do negócio fica dependente da sua verificação. O negócio jurídico a que é aposta uma condição é, pois, total ou parcialmente ineficaz, dependentemente do âmbito convencional da condição.

O artigo 50.° do Código da Insolvência e da Recuperação de Empresas, aprovado pelo Decreto-Lei n.° 53/2004, de 18 de Março, alterado pelos Decretos-Leis n.°s 200/2004, de 18 de Agosto, e 76-A/2006, de 29 de Março (rectificado pela Declaração de rectificação n.° 28-A/2006, de 26 de Maio), diz que, "para efeitos deste Código consideram-se créditos sob condição suspensiva [...] aqueles cuja constituição ou subsistência se encontrem sujeitos à verificação ou à não verificação de um acontecimento futuro e incerto tanto por força da lei como de negócio jurídico", sendo tidos como créditos sob condição suspensiva, designadamente, os que resultem "da recusa de execução ou denúncia antecipada, por parte do administrador da insolvência, de contratos bilaterais em curso à data da declaração da insolvência, ou da resolução de actos em benefício da massa insolvente, anteriormente à verificação dessa denúncia, recusa ou resolução", os que não possam ser exercidos contra o insolvente sem prévia excussão do património de outrem, enquanto não se verificar tal excussão, e aqueles "pelos quais o insolvente não responda pessoalmente, enquanto a dívida não for exigível". Aos créditos sob condição suspensiva o juiz atribui uma percentagem de votos considerando a probabilidade da verificação da condição (artigo 73.°, n.° 2), sendo "atendidos pelo seu valor nominal nos rateios parciais, devendo continuar, porém, depositadas as quantias que por estes lhes sejam atribuídas, na pendência da condição" (artigo 181.°, n.° 1).

V. *Condição; Negócio jurídico; Ineficácia; Insolvência; Recuperação de empresas; Crédito sobre a insolvência; Condição imprópria; Execução; Denúncia; Administrador da insolvência, Contrato sinalagmático; Acto jurídico; Resolução do contrato; Massa insolvente; Benefício da excussão; Património; Dívida; Exigibilidade; Pendência da condição.*

Condições da acção (Proc. Civil) – São os requisitos necessários para que a acção seja julgada procedente, isto é, para que seja concedida a providência pretendida pelo demandante.

V. *Acção; Procedência.*

Condições gerais de contratação (Dir. Civil) – V. *Cláusulas contratuais gerais.*

"Conditio indebiti" (Dir. Civil) – Expressão vulgarmente usada pela doutrina para referir a *repetição do indevido* (v. esta expressão).

"Conditio juris" (Dir. Civil) – V. *Condição legal.*

"Conditio sine qua non" (Dir. Civil) – Condição necessária. Trata-se de conceito relevante em matéria de estabelecimento da relação causal entre o acto constitutivo de responsabilidade civil e o dano.

V. *Causalidade; Teoria da equivalência das condições; Responsabilidade civil.*

Condomínio (Dir. Civil) – Situação jurídica em que se encontram vários sujeitos que, sendo contitulares de uma coisa materialmente unitária, têm direitos exclusivos sobre fracções juridicamente autonomizadas da coisa. É esta situação que se verifica, designadamente, em consequência da propriedade horizontal, em que "cada condómino é proprietário exclusivo da fracção que lhe pertence e comproprietário das partes comuns do edifício" – artigo 1420.°, n.° 1, C.C..

O condomínio é, pois, distinto da contitularidade, situação em que os vários sujeitos são titulares de um *mesmo* direito.

O n.° 2-*b)* e *c)* do artigo 1418.°, C.C., na redacção do Decreto-Lei n.° 267/94, de 25 de Outubro, dispõe que o título constitutivo da propriedade horizontal pode conter o "regulamento do condomínio, disciplinando o uso, fruição e conservação, quer das partes comuns, quer das fracções autónomas", bem como "a previsão do compromisso arbitral para a resolução dos litígios emergentes da relação de condomínio". Este regulamento, caso não faça parte do título constitutivo, deve ser elaborado, sempre que haja mais de quatro condóminos, competindo a sua elaboração – quando não conste do título constitutivo – "à assembleia de condóminos ou ao administrador, se aquela o não houver elaborado" (artigo 1429.°-A, C.C., introduzido pelo mencionado DL n.° 267/94). O regulamento do condomínio pode conter disposição, "aprovada sem oposição por maioria representativa de dois terços do valor total do prédio", segundo a qual as despesas relativas ao pagamento de serviços de interesse comum podem "ficar a cargo dos condóminos em partes iguais ou em proporção à respectiva fruição, desde que devidamente especificadas e justificados os critérios que determinam a sua imputação" (artigo 1424.°, n.° 2, C.C., na versão do já citado diploma legal de 1994).

Todas as notificações dirigidas ao condomínio, designadamente as provenientes das autoridades administrativas, ficam à guarda do administrador da propriedade horizontal que tem o dever de as guardar e de as dar a conhecer aos condóminos.

O artigo 4.° do Decreto-Lei n.° 268/94, de 25 de Outubro, impõe a "constituição, em cada condomínio, de um fundo comum de reserva para custear as despesas de conservação do edifício ou conjunto de edifícios", fundo que "deve ser depositado em instituição bancária, competindo à assembleia de condóminos a respectiva administração". A disciplina das chamadas "contas poupança-condomínio" resulta do Decreto-Lei n.° 269/94, de 25 de Outubro, alterado pelas Leis n.°s 52-C/96, de 27 de Dezembro, 87-B/98, de 31 de Dezembro, 3-B/2000, de 4 de Abril, 30-C/2000 e 30-G/2000, ambas de 29 de Dezembro, e pelo Decreto-Lei n.° 323/2001, de 17 de Dezembro.

O artigo 6.°-*e)*, C.P.C., determina que "o condomínio resultante da propriedade horizontal, relativamente às acções que se inserem no âmbito dos poderes do administrador", tem personalidade judiciária.

V. *Propriedade horizontal, Contitularidade; Título constitutivo da propriedade horizontal; Fracção autónoma; Partes comuns; Compromisso arbitral; Litígio; Administrador na propriedade horizontal; Assembleia dos condóminos; Notificação; Fundo comum de reserva; Conta poupança-condomínio; Personalidade judiciária.*

Condómino (Dir. Civil) – É o sujeito que, sendo contitular com outros de uma coisa comum, tem um direito de propriedade próprio sobre uma fracção individualizada dessa coisa.

A lei e a doutrina portuguesas reservam o termo para designar os vários sujeitos que são titulares de um imóvel em regime de propriedade horizontal. Neste âmbito, "cada condómino é proprietário exclusivo da fracção que lhe pertence e comproprietário das partes comuns do edifício", sendo "o conjunto dos dois direitos [...] incindível; nenhum deles pode ser alienado separadamente, nem é lícito renunciar à parte comum como meio de o condómino se desonerar das despesas necessárias à sua conservação ou fruição" – artigo 1420.°, C.C..

O artigo 1422.°, n.° 1, C.C., na redacção do Decreto-Lei n.° 267/94, de 25 de Outubro, determina que "os condóminos, nas relações entre si, estão sujeitos, de um modo geral, quanto às fracções que exclusivamente lhes pertencem e quanto às partes comuns, às limitações impostas aos proprietários e aos comproprietários de coisas imóveis", estabelecendo o n.° 2 da mesma disposição que são proibidos aos condóminos vários actos, susceptíveis de prejudicar os restantes condóminos; o n.° 3 do preceito dispõe que "as obras que modifiquem a linha arquitectónica ou o arranjo estético do edifício podem ser realizadas se para tal se obtiver prévia autorização da assembleia de condóminos, aprovada por maioria representativa de dois terços do valor total do prédio", estabelecendo o respectivo n.° 4 que, "sempre que o título constitutivo não disponha sobre o fim de cada fracção autónoma, a alteração ao seu uso carece da autorização da assembleia de condóminos, aprovada por maioria representativa de dois terços do valor total do prédio".

Os artigos 1423.° e segs., C.C., ocupam-se do regime dos direitos e deveres dos condóminos.

V. *Propriedade horizontal; Contitularidade; Direito de propriedade; Fracção autónoma; Compropriedade; Partes comuns; Edifício; Imóvel; Título constitutivo da propriedade horizontal; Assembleia dos condóminos.*

Conexão de causas (Proc. Civil) – Deduzido o incidente de oposição, "se ambas as partes impugnarem o direito do opoente, a instância segue entre as três partes, havendo neste caso duas causas conexas, uma entre as partes primitivas e a outra entre o opoente e aquelas".

V. artigo 346.°, n.° 2, C.P.C., na redacção do Decreto-Lei n.° 329-A/95, de 12 de Dezembro.

V. *Incidente; Oposição; Parte; Instância; Réu; Legitimidade; Sentença.*

Conferência (Dir. Civil; Proc. Civil)

1. Acto processual que tem obrigatoriamente lugar em certos processos, e que consiste na reunião das partes ou dos interessados com o juiz, a fim de resolver por acordo certas questões.

No processo de divórcio por mútuo consentimento, o artigo 1776.°, C.C., prevê a convocação de uma conferência dos cônjuges, em que o juiz procurará conciliá-los, apreciará os acordos juntos ao requerimento de divórcio e, não havendo conciliação, adverte-os de que terão de renovar o pedido de divórcio daí a três meses. Deixou de haver lugar a uma segunda conferência no divórcio por mútuo consentimento, por ter sido revogado o artigo 1777.°, C.C., que a previa, pelo Decreto-Lei n.° 272/2001, de 13 de Outubro. V. também artigos 1420.° a 1422.°, C.P.C..

No processo de inventário, prevêem os artigos 1352.° e segs., C.P.C., na redacção do Decreto-Lei n.° 227/94, de 8 de Setembro, uma conferência de interessados, em que estes podem acordar – se o fizerem por unanimidade – sobre as verbas que hão-de compor, no todo ou em parte, o quinhão de cada um deles e os valores por que devem ser adjudicadas ou em que as verbas sejam sorteadas, separadamente ou em lotes, pelos respectivos quinhões ou ainda sobre a venda total ou parcial dos bens da herança e distribuição do respectivo produto entre os interessados.

V. *Actos processuais; Inventário; Divórcio; Quinhão; Adjudicação; Herança.*

2. Designa-se também assim a reunião do tribunal colectivo para decidir de qualquer questão relativa ao processo, que imponha a intervenção de todos os juízes.

V. *Tribunal colectivo.*

Confiadores (Dir. Civil) – Pluralidade de pessoas que, em conjunto ou separadamente, afiançam um devedor por uma mesma dívida.

O regime da responsabilidade dos confiadores é diverso, consoante as obrigações tenham sido assumidas separada ou conjuntamente. Se vários "tiverem, isoladamente, afiançado o devedor pela mesma dívida, responde cada [um] [...] pela satisfação integral do crédito, excepto se foi convencionado o benefício da divisão; são aplicáveis, naquele caso, com as ressalvas necessárias, as regras das obrigações solidárias"; "se os fiadores se houverem obrigado conjuntamente, ainda que em momentos diferentes, é lícito a qualquer deles invocar o benefício da divisão, respondendo, porém, cada um deles, proporcionalmente, pela quota do confiador que se encontre insolvente [sendo equiparado ao insolvente aquele que não puder ser demandado no território nacional, por facto posterior à constituição da fiança]".

V. artigos 649.° e 650.°, C.C..

V. *Fiança; Devedor; Dívida; Obrigação; Subfiança; Benefício da divisão; Solidariedade; Insolvência.*

Confiança de menor (Dir. Civil) – O artigo 1978.°, C.C., na redacção do Decreto-Lei n.° 120/98, de 8 de Maio, e da Lei n.° 31/2003, de 22 de Agosto, estabelece:

"1 – Com vista a futura adopção, o tribunal pode confiar o menor a casal, a pessoa singular ou a instituição quando não existam ou se encontrem seriamente comprometidos os vínculos afectivos próprios da filiação, pela verificação objectiva de qualquer das situações seguintes:

a) Se o menor for filho de pais incógnitos ou falecidos;

b) Se tiver havido consentimento prévio para a adopção;

c) Se os pais tiverem abandonado o menor;

d) Se os pais, por acção ou omissão, mesmo que por manifesta incapacidade devida a razões de doença mental, puserem em perigo grave a segurança, a saúde, a formação, a educação ou o desenvolvimento do menor;

e) Se os pais do menor acolhido por um particular ou por uma instituição tiverem revelado manifesto desinteresse pelo filho, em termos de comprometer seriamente a qualidade e a continuidade daqueles vínculos, durante, pelo menos, os três meses [eram seis meses na versão anterior da lei] que precederam o pedido de confiança.

2 – Na verificação das situações previstas no número anterior o tribunal deve atender prioritariamente aos direitos e interesses do menor.

3 – Considera-se que o menor se encontra em perigo quando se verificar alguma das situações assim qualificadas pela legislação relativa à protecção e à promoção dos direitos dos menores.

4 – A confiança com fundamento nas situações previstas nas alíneas *a), c), d)* e *e)* do número anterior não pode ser decidida se o menor se encontrar a viver com ascendente, colateral até ao 3.° grau ou tutor e a seu cargo, salvo se aqueles familiares ou o tutor puserem em perigo, de forma grave, a segurança, a saúde, a formação moral ou a educação do menor ou se o tribunal concluir que a situação não é adequada a assegurar suficientemente o interesse do menor.

5 – Têm legitimidade para requerer a confiança judicial do menor o Ministério Público, o organismo de segurança social da área da residência do menor, a pessoa a

quem o menor tenha sido administrativamente confiado e o director do estabelecimento público ou a direcção da instituição particular que o tenha acolhido (a título de curiosidade, refere-se que o artigo 40.° do Decreto-Lei n.° 76-A/2006, de 29 de Março, determina que o termo "direcção" utilizado "em qualquer acto normativo [...]", considera-se substituído por "conselho de administração executivo").

6 – Têm ainda legitimidade para requerer a confiança judicial do menor:

a) O candidato a adoptante seleccionado pelos serviços competentes, quando, por virtude de anterior decisão judicial, tenha o menor a seu cargo;

b) O candidato a adoptante seleccionado pelos serviços competentes, quando, tendo o menor a seu cargo e reunidas as condições para a atribuição da confiança administrativa, o organismo de segurança social não decida pela confirmação da permanência do menor, depois de efectuado o estudo da pretensão para a adopção ou decorrido o prazo para esse efeito".

O tribunal competente para decidir da confiança judicial do menor com vista à adopção é o tribunal de família – artigo 146.°-*c)* do Decreto-Lei n.° 314/78, de 27 de Outubro (O.T.M.); nos termos do artigo 149.° do mesmo diploma, na redacção da Lei n.° 133/99, de 28 de Agosto, "fora das áreas abrangidas pela jurisdição dos tribunais de família e de menores, cabe ao tribunal da respectiva comarca conhecer das causas que àqueles estão atribuídas", constituindo-se então o tribunal em tribunal de família e de menores.

O artigo 8.° do Decreto-Lei n.° 185/93, de 22 de Maio (rectificado pela Declaração de rectificação n.° 103/93, de 28 de Junho), na redacção da citada Lei n.° 31/2003, dispõe que "o candidato a adoptante só pode tomar menor a seu cargo, com vista a futura adopção, mediante confiança administrativa, confiança judicial ou medida de promoção e protecção de confiança a pessoa seleccionada para a adopção", resultando a primeira "de decisão que entregue o menor, com idade superior a seis semanas, ao candidato a adoptante ou confirme a permanência de menor a seu cargo", só podendo "ser atribuída se, após audição do representante legal e de quem tiver a guarda de direito e de facto do menor e, ainda, do menor com idade superior a 12 anos, resultar, inequivocamente, que estes não se opõem a tal decisão"; estando pendente processo de promoção e protecção ou tutelar cível, é ainda necessário que o tribunal considere que a confiança administrativa corresponde ao interesse do menor".

"Requerida a confiança judicial do menor, são citados para contestar, salvo se tiverem prestado consentimento prévio, os pais e, sendo caso disso, os parentes ou o tutor referidos no artigo 1981.° do Código Civil e o Ministério Público, quando não for o requerente", não sendo, em princípio, a confiança decidida sem prévia audição do organismo de segurança social da área da residência do menor; "o processo de confiança judicial é apensado ao processo de adopção". "Na sentença que decida a confiança judicial, o tribunal designa curador provisório ao menor, o qual exercerá funções até ser decretada a adopção ou instituída a tutela", sendo o curador provisório a pessoa a quem o menor tenha sido confiado e, no caso de confiança a instituição, de preferência aquela que com ele tenha um contacto mais directo (artigos 164.°, 165.° e 167.°, antiga O.T.M., na redacção do referido DL n.° 120/98 e da Lei n.° 31/2003).

O artigo 9.° do DL n.° 185/93, na redacção da Lei n.° 31/2003, enuncia os termos do processo a seguir, nos serviços de segurança social, após o estabelecimento da confiança, administrativa, judicial ou a pessoa seleccionada, do menor com vista à sua adopção.

O artigo 35.°, n.° 1-*c)*, da Lei n.° 147/99, de 1 de Setembro, alterada pela Lei n.° 31/ /2003, prevê, como medida de protecção de crianças e jovens em perigo, a confiança a pessoa idónea. Esta "consiste na colocação da criança ou do jovem sob a guarda de uma pessoa que, não pertencendo à sua família, com eles tenha estabelecido relação de afinidade recíproca" (artigo 43.° do mesmo diploma). O artigo 35.°, n.° 1, prevê ainda na alínea *g)*, aditada pela referida Lei n.° 31/2003, a "confiança a pessoa seleccionada para a adopção ou a instituição com vista a futura adopção", que consiste:

"*a)* Na colocação da criança ou do jovem sob a guarda de candidato seleccionado para a adopção pelo competente organismo de segurança social;

b) Ou na colocação da criança ou do jovem sob a guarda de instituição com vista a futura adopção".

O artigo 1978.°-A, aditado ao Código Civil pela já referida Lei n.° 31/2003, dispõe que, "decretada a confiança judicial do menor ou a medida de promoção e protecção de confiança a pessoa seleccionada para a adopção ou a instituição com vista a futura adopção, ficam os pais inibidos do exercício do poder paternal".

Não costuma falar-se de confiança de menor quando este tenha pais que exerçam o poder paternal. Porém, no caso de os pais se encontrarem separados judicialmente de pessoas e bens, divorciados, separados de facto ou tendo o seu casamento sido declarado nulo ou anulado, conservando ambos o poder paternal em relação ao filho menor, pode este, na falta de acordo dos progenitores sobre o exercício conjunto desse poder, ser exercido por um dos progenitores, por decisão judicial fundamentada, sendo então ele "exercido pelo progenitor a quem o filho for confiado" (artigo 1906.°, n.° 2, C.C.). Isto é, o menor poderá ser confiado, naquelas situações de não coabitação dos pais, a um deles.

V. *Menor; Adopção; Pessoa singular; Abandono de menor; Ascendente; Colateral; Grau de parentesco; Tutor; Legitimidade; Ministério Público; Residência; Competência; Tribunal de comarca; Representante; Representação legal; Medida tutelar; Citação; Contestação; Parentesco; Apensação de acções; Sentença; Curador; Tutela; Protecção de menores; Poder paternal; Separação judicial de pessoas e bens; Divórcio; Separação de facto; Invalidade do casamento; Inibição do poder paternal.*

Confiança de processos (Proc. Civil) – Os artigos 169.° e segs., C.P.C., prevêem que os mandatários constituídos pelas partes, bem como aqueles que exerçam o patrocínio por nomeação oficiosa e os magistrados do Ministério Público, possam requerer que os processos pendentes lhes sejam confiados para exame fora da secretaria do tribunal.

Quanto a processos findos, qualquer pessoa capaz de exercer o mandato judicial tem o mesmo direito.

No regime anterior, requerida a confiança do processo, o juiz, quando não houvesse inconveniente, deferia, fixando um prazo para o exame; a secretaria, ao entregar os autos, registava a entrega em livro especial, dando a respectiva baixa quando o processo era devolvido; o prazo concedido para o exame não podia ser prorrogado e, se não fosse respeitado, dava lugar à aplicação de penas de suspensão e multa ao mandatário, podendo levar à instauração de processo crime contra ele por desobediência, se, ao cabo de dois meses, o processo ainda não tivesse sido devolvido.

Actualmente, é à secretaria que compete facultar a confiança do processo, por um prazo máximo de cinco dias, que pode ser reduzido quando o andamento da causa o justifique.

Da recusa da confiança, fundamentada e comunicada por escrito, cabe reclamação para o juiz.

"O mandatário judicial que não entregue o processo dentro do prazo que lhe tiver sido fixado será notificado para, em dois dias, justificar o seu procedimento"; "caso o mandatário judicial não apresente justificação ou esta não constitua facto do conhecimento pessoal do juiz ou justo impedimento nos termos do artigo 146.° [C.P.C.], será condenado no máximo de multa; esta será elevada ao dobro se, notificado da sua aplicação, não entregar o processo no prazo de cinco dias". Caso a entrega não seja feita neste último prazo, é dado conhecimento do facto ao Ministério Público, devendo ser promovido procedimento pelo crime de desobediência contra o mandatário judicial.

Quando, por lei ou por despacho do juiz, o mandatário tenha prazo para exame do processo, este será confiado pela secretaria, a simples pedido verbal do mandatário.

O Estatuto da Câmara dos Solicitadores (Decreto-Lei n.° 88/2003, de 26 de Abril, alterado pelas Leis n.°s 49/2004, de 24 de Agosto, e 14/2006, de 26 de Abril) prevê, no seu artigo 7.°, que os órgãos desta associação pública possam requerer a confiança de processos.

Encontram-se, em legislação avulsa, regras que, em nome da celeridade processual, excluem o direito à confiança de processos: assim acontece nos recursos nos processos de insolvência, em que o artigo 14.°, n.°s 3 e 4, do Código da Insolvência e da Recuperação de Empresas, aprovado pelo Decreto-Lei n.° 53/2004, de 18 de Março alterado pelos Decretos-Leis n.°s 200/2004, de 18 de Agosto, e 76-A/2006, de 29 de Março (este rectificado pela Declaração de rectificação n.° 28-A/2006, de 26 de Maio), dispõe que, "durante o prazo para alegações, o processo é mantido na secretaria judicial para exame e consulta pelos interessados", para tal fim sendo "extraída das alegações e contra-alegações uma única cópia, que fica à disposição dos mesmos na secretaria [...]".

V. *Processo; Mandatário judicial; Nomeação oficiosa; Ministério Público; Mandato judicial; Secretaria judicial; Multa; Despacho; Exame de processos; Reclamação; Notificação; Justo impedimento; Restituição de processos; Câmara dos Solicitadores; Insolvência; Recuperação de empresas; Alegações.*

Confirmação (Dir. Civil) – Modo de sanar a anulabilidade de um acto jurídico, consubstanciado numa declaração de reiteração da vontade negocial, expressa ou tácita, da pessoa a quem pertencer o direito de anulação, e que tem eficácia retroactiva.

A confirmação do acto anulável só é válida quando for posterior à cessação do vício que fundamenta a anulabilidade e tenha o seu autor conhecimento do vício e do direito à anulação.

V. artigo 288.°, C.C..

Quanto aos actos praticados por menores, dispõe o artigo 125.°, n.° 2, C.C., que a sua "anulabilidade é sanável mediante confirmação do menor depois de atingir a maioridade ou ser emancipado, ou por confirmação do progenitor que exerça o poder paternal, tutor ou administrador de bens, tratando-se de acto que algum deles pudesse celebrar como representante do menor".

Embora não se trate da mesma figura, refere-se o artigo 968.°, C.C., que, com a epígrafe "confirmação das doações nulas", determina que "não pode prevalecer-se da nulidade da doação o herdeiro do doador que a confirme depois da morte deste ou lhe dê voluntária execução, conhecendo o vício e o direito à declaração de nulidade". Em sentido paralelo, o artigo 2309.°, C.C., estabelece que "não pode prevalecer-se da nulidade ou anulabilidade do testamento ou da disposição testamentária aquele que a tiver confirmado".

V. *Anulabilidade; Sanação; Declaração negocial; Declaração tácita; Validade; Menor; Emancipação; Poder paternal; Tutor; Administração de bens; Representação legal; Nulidade; Doação; Herdeiro; Testamento.*

Confirmação de sentença estrangeira (Proc. Civil) – A revisão e confirmação de sentença estrangeira – necessárias para que aquela produza efeitos, diversos dos probatórios, em Portugal – são realizadas pela "[...] Relação do distrito judicial em que esteja domiciliada a pessoa contra quem se pretende fazer valer a sentença" – artigo 1095.°, C.P.C..

O artigo 1096.°, C.P.C., enuncia os requisitos da sentença estrangeira, necessários para que haja confirmação; são eles:

"*a)* Que não haja dúvidas sobre a autenticidade do documento de que conste a sentença nem sobre a inteligência da decisão;

b) Que tenha transitado em julgado segundo a lei do país em que foi proferida;

c) Que provenha de tribunal estrangeiro cuja competência não tenha sido provocada em fraude à lei e não verse sobre matéria da exclusiva competência dos tribunais portugueses;

d) Que não possa invocar-se a excepção de litispendência ou de caso julgado com fundamento em causa afecta a tribunal português, excepto se foi o tribunal estrangeiro que preveniu a jurisdição;

e) Que o réu tenha sido devidamente citado para a acção, nos termos da lei do país do tribunal de origem, e que no processo hajam sido observados os princípios do contraditório e da igualdade das partes;

f) Que não contenha decisão cujo reconhecimento conduza a um resultado manifestamente incompatível com os princípios da ordem pública internacional do Estado Português".

Nos casos das alíneas *a)* e *f)*, o tribunal tem de oficiosamente verificar o preenchimento dos requisitos, mas, já quanto àqueles que constam das restantes alíneas, não está obrigado a investigar da sua verificação, devendo o requerido deduzir a sua oposição e provar a procedência desta; no entanto, também nestes casos, se o exame do processo ou o conhecimento derivados do exercício das suas funções levarem o tribunal a constatar a falta de qualquer deles, deverá negar a confirmação.

Da decisão da Relação, que confirme ou negue a confirmação, cabe recurso de revista e, caso a Relação não decida sobre o mérito, caberá recurso de agravo.

V. artigos 1094.° a 1102.°, C.P.C..

Sobre o valor da sentença estrangeira não confirmada, decidiu o Assento do Supremo Tribunal de Justiça de 16 de Dezembro de 1988, publicado no *Diário da República*, I série, de 1 de Março de 1989, o seguinte: "A sentença estrangeira não revista nem confirmada pode ser invocada em processo pendente em tribunal português como simples meio de prova, cujo valor é livremente apreciado pelo julgador".

Neste domínio, há hoje de ter em atenção a Convenção sobre o Reconhecimento e Execução de Sentenças Estrangeiras em Matéria Civil e Comercial e o seu Protocolo, concluídos na Haia em 1 de Fevereiro de 1971, aprovados, para ratificação, pelo Decreto do Governo n.° 13/83, de 24 de Fevereiro, e já ratificados por Portugal, segundo aviso publicado no *Diário da República*, I-A série, de 22 de Julho de 1983.

V. também a Convenção sobre o Reconhecimento e a Execução de Sentenças Arbitrais Estrangeiras, concluída em Nova Iorque em 10 de Junho de 1958, no âmbito da Nações Unidas, aprovada, para ratificação, pela Resolução da Assembleia da República n.° 37/94, de 8 de Julho, tendo Portugal depositado o respectivo instrumento de adesão em 18 de Outubro de 1994, segundo o Aviso n.° 142/95, de 21 de Junho de 1995; Portugal formulou a seguinte reserva à Convenção: "No âmbito do princípio da reciprocidade, Portugal só aplicará a Convenção no caso de as sentenças estrangeiras terem sido proferidas no território de Estados a ela vinculados"; a Convenção entrou em vigor para Portugal no dia 16 de Janeiro de 1995.

V. o Regulamento (CE) n.° 44/2001 do Conselho, de 22 de Dezembro de 2000, relativo à Competência Judiciária, ao Reconhecimento e à Execução de Decisões em Matéria Civil e Comercial. Este Regulamento veio substituir a Convenção de Bruxelas, de 27 de Setembro de 1968, a qual se mantém em vigor entre a Dinamarca e os restantes Estados-Membros.

V. o Acordo de Cooperação Jurídica e Judiciária entre a República Portuguesa e a República de Angola, assinado em Luanda em 30 de Agosto de 1995, aprovado, para ratificação, pela Resolução da Assembleia da República n.° 11/97, de 4 de Março, e ratificado pelo Decreto do Presidente da República N.° 9/97, da mesma data.

V. também o Acordo entre a República Portuguesa e o Reino de Espanha Relativo à Cooperação Judiciária em Matéria Penal e Civil, assinado em Madrid a 19 de Novembro de 1997 e aprovado, para ratificação, pelo Decreto n.° 14/98, de 27 de Maio.

O Acordo de Cooperação Jurídica e Judiciária entre a República Portuguesa e a República de Cabo Verde, assinado na Praia, em 2 de Dezembro de 2003, foi aprovado pelo Decreto n.° 10/2005, de 15 de Fevereiro, tendo sido emitidas notas, respectivamente pelo Ministério dos Negócios Estrangeiros, Cooperação e Comunidades de Cabo Verde e pelo Ministério dos Negócios Estrangeiros de Portugal, em que se comunica terem sido as formalidades respectivas constitucionais internas de aprovação; nos termos do n.° 1 do artigo 86.° do Acordo, este entrou em vigor na data de recepção da última notificação sobre o cumprimento das formalidades internas exigidas, isto é, em 8 de Julho de 2005.

V. *Sentença estrangeira; Relação; Distrito judicial; Domicílio; Documento; Competência; Trânsito em julgado; Fraude à lei; Litispendência; Caso julgado; Réu; Princípio do contraditório; Princípio da igualdade das partes; Citação; Ordem pública; Conhecimento oficioso; Recurso; Mérito da causa; Revista; Agravo; Prova; Força probatória; Execução.*

Confirmação do divórcio (Dir. Civil) – V. *Divórcio; Divórcio definitivo.*

Confirmação tácita (Dir. Civil) – Confirmação de um negócio anulável, resultante não de uma directa manifestação de vontade nesse sentido, mas de uma conduta daquele a quem cabe o poder de confirmar, que revele com toda a probabilidade essa vontade.

V. *Confirmação; Anulabilidade; Negócio jurídico; Declaração tácita.*

Confissão (Dir. Civil; Proc. Civil)

1. "Confissão é o reconhecimento que a parte faz da realidade de um facto que lhe é desfavorável e favorece a parte contrária" - artigo 352.°, C.C..

Pode ser judicial ou extrajudicial, tendo a primeira força probatória plena contra o confitente e podendo a segunda tê-la ou não.

Tem, em princípio, legitimidade para confessara pessoa que tem capacidade e poder dispositivo do direito a que o facto confessado se refere. Porém, nos termos do artigo 38.°, C.P.C., "as afirmações e confissões expressas de factos, feitas pelo mandatário nos articulados, vinculam a parte, salvo se forem rectificadas ou retiradas enquanto a parte contrária as não tiver aceitado especificadamente".

A confissão diz-se judicial quando é feita "em juízo, competente ou não, mesmo quando arbitral, e ainda que o processo seja de jurisdição voluntária", podendo a confissão, quando judicial, ser espontânea ou provocada: é espontânea a realizada nos articulados ou em qualquer outro acto do processo; é provocada se for feita em depoimento de parte ou em prestação de informação ou esclarecimento ao tribunal.

A confissão extrajudicial pode ser feita em documento autêntico ou particular e, quando não constar de documento, só pode ser provada por testemunhas, nos termos gerais de admissibilidade de prova testemunhal.

Não podem ser objecto de confissão direitos indisponíveis, factos cujo reconhecimento ou investigação a lei proíba ou ainda factos impossíveis ou notoriamente inexistentes.

A confissão é indivisível, no sentido de que, a ser acompanhada do relato de factos "tendentes a infirmar a eficácia do facto confessado ou a modificar ou extinguir os seus efeitos, a parte que dela quiser aproveitar-se como prova plena tem de aceitar também como verdadeiros os outros factos ou circunstâncias, salvo se provar a sua inexactidão".

Finalmente, há de referir a hipótese de haver um reconhecimento pela parte de factos que lhe são desfavoráveis, embora não podendo tal reconhecimento valer como confissão (quando, por exemplo, se trate de confissão feita por incapaz ou por quem não tem poderes dispositivos do direito a que se refere o facto confessado): nesse caso, o artigo 361.°, C.C., determina que o tribunal apreciará livremente o chamado reconhecimento não confessório para efeitos probatórios.

V. artigos 352.° e segs., C.C..

V. *Prova; Força probatória; Legitimidade; Direito subjectivo; Mandatário judicial; Facto notório; Prova plena; Articulados; Tribunal arbitral; Processos de jurisdição voluntária; Depoimento de parte; Documento autêntico; Documento particular; Prova testemunhal; Direito indisponível; Declaração confessória; Incapacidade.*

2. Diversa da confissão que constitui um meio de prova, pode verificar-se, no processo, a confissão do pedido pelo réu, tendo esta o efeito de alteração do pedido ou a cessação da instância, consoante se trate de confissão parcial ou total.

A confissão pode "fazer-se por documento autêntico ou particular, sem prejuízo das exigências de forma da lei substantiva, ou por termo no processo", sendo o termo "tomado pela secretaria a simples pedido verbal dos interessados".

Os representantes das pessoas colectivas, sociedades, incapazes ou ausentes só podem confessar total ou parcialmente o pedido dentro dos limites das suas atribuições ou com autorização especial para o efeito.

V. artigos 287.°-*d)*, 293.°, 294.° e 297.° a 301.°, C.P.C..

Por outro lado, o n.° 2 do artigo 37.°, C.P.C., dispõe que "os mandatários judiciais só podem confessar a acção [...] quando estejam munidos de procuração que os autorize expressamente a praticar [... esse acto]".

3. No caso de o réu, citado de forma regular, não apresentar contestação, consideram-se confessados os factos articulados pelo autor (cfr. artigo 484.°, n.° 1, C.P.C.). Este efeito não se produz se se verificar uma das situações previstas no artigo 485.°, C.P.C.: "*a)* Quando, havendo

vários réus, algum deles contestar, relativamente aos factos que o contestante impugnar; *b)* Quando o réu ou algum dos réus for incapaz, situando-se a causa no âmbito da incapacidade ou houver sido citado editalmente e permaneça na situação de revelia absoluta; *c)* Quando a vontade das partes for ineficaz para produzir o efeito jurídico que pela acção se pretende obter; *d)* Quando se trate de factos para cuja prova se exija documento escrito".

Nos processos instaurados nos julgados de paz, nos termos do artigo 58.° da Lei n.° 77/2001, de 13 de Julho, "quando o demandado, tendo sido regularmente citado, não comparecer, não apresentar contestação escrita nem justificar a falta no prazo de três dias, consideram-se confessados os factos articulados pelo autor"; "compete à secretaria marcar, sem possibilidade de adiamento, nova data para a audiência de julgamento, dentro dos cinco dias seguintes à apresentação de justificação"; "reiterada a falta, operam as cominações [referidas]".

V. *Pedido; Réu; Modificações objectivas da instância; Extinção da instância; Termo; Secretaria judicial; Pessoa colectiva; Sociedade; Ausente; Procuração; Contestação; Citação; Citação edital; Autor; Revelia; Documento escrito; Julgado de paz; Demandado; Audiência; Justificação de falta.*

Confissão complexa (Dir. Civil; Proc. Civil) – A doutrina fala de confissão complexa para referir a situação em que o confitente aceita um facto, aditando à sua declaração outros factos, com o primeiro conexos, que são susceptíveis de fundamentar uma excepção ou uma reconvenção em seu favor.

Dado o princípio da indivisibilidade da confissão, "a parte que dela quiser aproveitar-se como prova plena tem de aceitar também como verdadeiros os outros factos ou circunstâncias, salvo se provar a sua inexactidão" – artigo 360.°, C.C..

V. *Confissão; Excepção; Reconvenção; Prova plena.*

Confissão do pedido (Proc. Civil) – É o reconhecimento feito pelo réu do direito do autor.

Segundo o artigo 287.°-*d)*, C.P.C., a confissão constitui uma causa de extinção da instância. Podendo a confissão do pedido ser parcial, o seu efeito será então a modificação do pedido.

A confissão realiza-se por termo no processo – termo tomado pela secretaria a simples pedido verbal dos interessados – ou por documento autêntico ou particular.

V. artigos 293.° a 301.°, C.P.C..

V. *Confissão; Pedido; Réu; Autor; Extinção da instância; Modificações objectivas da instância; Termo; Secretaria judicial; Documento autêntico; Documento particular.*

Confissão extrajudicial (Dir. Civil; Proc. Civil) – Diz-se extrajudicial a confissão tanto quando é feita fora de qualquer processo como quando é realizada em processo diferente daquele a que se reporta o facto confessado.

A confissão extrajudicial é autêntica quando é realizada por documento autêntico, sendo particular sempre que o não seja; a confissão particular pode ainda ser escrita (quando consta de documento particular) ou verbal (quando não tenha sido feita por escrito).

V. *Confissão; Processo; Documento autêntico; Documento particular.*

Confissão judicial (Dir. Civil; Proc. Civil) – "Confissão judicial é a feita em juízo, competente ou não, mesmo quando arbitral, e ainda que o processo seja de jurisdição voluntária" – artigo 355.°, n.° 1, C.C..

O n.° 3 do mesmo artigo dispõe que "a confissão feita num processo só vale como judicial nesse processo; a realizada em qualquer procedimento preliminar ou incidental só vale como confissão judicial na acção correspondente".

A confissão judicial pode ser espontânea ou provocada, podendo ser feita nos articulados "ou em qualquer outro acto do processo, firmado pela parte pessoalmente ou por procurador especialmente autorizado" (artigo 356.°, n.° 1, C.C.). É espontânea a que o confitente faz por sua livre iniciativa e é provocada aquela que ocorre em acto requerido pela parte contrária ou decidido pelo tribunal.

V. artigos 355.° e 356.°, C.C..

V. *Confissão; Competência; Tribunal arbitral; Processos de jurisdição voluntária; Incidente; Articulados; Actos processuais; Procurador.*

Confissão qualificada (Dir. Civil; Proc. Civil) – A doutrina designa assim a confissão quando o confitente, reconhecendo certo facto, lhe atribui características que alteram a sua essência ou natureza jurídica.

Por contraposição, fala-se de confissão simples sempre que o confitente se limita a reconhecer o facto que lhe é desfavorável.

V. *Confissão.*

Confissão simples (Dir. Civil; Proc. Civil) – V. *Confissão; Confissão qualificada.*

Confissão tácita (Dir. Civil; Proc. Civil) – A doutrina fala, por vezes, em confissão tácita para significar as situações em que o comportamento omissivo de uma das partes no processo implica, nos termos da lei, a confissão de certos factos. Assim acontece, por exemplo, por força dos artigos 484.°, n.° 1, 490.°, n.°s 1 e 2, e 505.°, C.P.C..

Também a lei se refere, expressamente, à confissão tácita no artigo 314.°, C.C., dispondo que se considera confessada a dívida cujo prazo de prescrição presuntiva tenha decorrido, "se o devedor se recusar a depor ou a prestar juramento no tribunal, ou praticar em juízo actos incompatíveis com a presunção de cumprimento".

Em todos estes casos, porém, parece mais correcto falar-se de presunção inilidível de confissão do que de confissão tácita.

V. *Confissão; Declaração tácita; Dívida; Prescrição presuntiva; Juramento; Presunção de cumprimento; Presunção.*

Conflito de competência (Proc. Civil) – Verifica-se quando dois ou mais tribunais da mesma ordem jurisdicional se consideram competentes (*conflito positivo*) ou incompetentes (*conflito negativo*) para conhecer da mesma questão.

Não há conflito enquanto as decisões proferidas sobre competência possam ser objecto de recurso.

"Os conflitos de competência são solucionados pelo tribunal de menor categoria que exerça jurisdição sobre as autoridades em conflito", e a sua resolução pode ser requerida por qualquer das partes ou pelo Ministério Público, através de requerimento, dirigido ao presidente do tribunal competente, "em que se especifiquem os factos que o exprimem".

V. artigos 115.° e segs., C.P.C., tendo os artigos 115.° e 116.° a redacção do Decreto-Lei n.° 329-A/95, de 12 de Dezembro.

V. *Competência; Recurso; Parte; Ministério Público; Requerimento.*

Conflito de consumo (Dir. Civil; Proc. Civil) – A lei não contém qualquer noção daquilo que o Decreto-Lei n.° 146/99, de 4 de Maio, designa por conflitos de consumo. Trata-se de litígios entre consumidores e fornecedores ou prestadores de bens ou serviços, aparentemente sem dependência de limite de valor.

Para a respectiva resolução, veio este diploma instituir um sistema extrajudicial em que podem intervir "as entidades que pretendam instituir procedimentos de resolução extrajudicial de conflitos de consumo através de serviços de mediação, de comissões de resolução de conflitos ou de provedores de cliente, qualquer que seja a denominação ou forma que revistam, [desde que] solicitem o respectivo registo junto do Instituto do Consumidor, ficando sujeitas aos princípios e regras de procedimento previstas no presente diploma", do qual está excluída a arbitragem. As condições de garantia de independência e de imparcialidade que aquelas entidades têm de oferecer encontram-se enunciadas no artigo 2.°. Dispõe o artigo 6.° que "os profissionais que se comprometam previamente a submeter o litígio de consumo a qualquer entidade referida no n.° 1 do artigo 1.° ficam sujeitos às respectivas decisões" e, "salvo disposição em contrário, a adesão do consumidor ao procedimento extrajudicial [...] não o priva do direito que lhe assiste de recorrer aos órgãos jurisdicionais competentes para resolver o litígio" (artigo 7.°). "A decisão da entidade competente pode constituir título executivo, desde que se verifiquem os requisitos para esse efeito fixados na lei processual civil" (artigo 8.°).

A Resolução do Conselho de Ministros n.° 18/2001, de 21 de Fevereiro, incumbiu "o Instituto do Consumidor e a Direcção-

-Geral da Administração Extrajudicial de desenvolverem as diligências necessárias à participação de Portugal na rede europeia de organismos nacionais de resolução extrajudicial de conflitos de consumo [...]" e designou o mesmo Instituto "para, através do Centro Europeu do Consumidor, desempenhar funções de ponto de contacto nacional (centro de cooperação) da rede europeia de organismos nacionais de resolução extrajudicial de conflitos de consumo [...]". Ao Instituto do Consumidor cabe, no exercício destas funções, "a prestação de informação, orientação e apoio prático aos consumidores de forma a facilitar o seu acesso aos organismos extrajudiciais competentes a nível nacional ou, se for caso disso, no país do fornecedor de bens ou prestador de serviços" e "a articulação com os pontos de contacto nos outros Estados membros, nomeadamente através da prestação de informações e da recepção e encaminhamento das reclamações que forem veiculadas pelos mesmos.

A Portaria n.° 328/2000, de 9 de Junho, aprovou o Regulamento do registo das entidades que pretendam instituir procedimentos de resolução extrajudicial de conflitos de consumo através de serviços de mediação, de comissões de resolução de conflitos ou de provedores de cliente, qualquer que seja a denominação ou a forma que revistam.

V. *Consumidor; Direitos do consumidor; Mediação; Arbitragem; Litígio; Título executivo.*

Conflito de jurisdição (Proc. Civil) – Verifica-se sempre que dois ou mais tribunais de espécie diferente ou duas ou mais autoridades, integradas em diversas actividades do Estado, simultaneamente se arroguem (*conflito positivo*) ou declinem (*conflito negativo*) o poder de conhecer da mesma questão.

A resolução destes conflitos cabe ao Tribunal dos Conflitos, sempre que se derem entre autoridades administrativas, entre estas e os tribunais administrativos e entre aquelas ou estes e tribunais judiciais.

Nos restantes casos, é da competência do Supremo Tribunal de Justiça.

V. artigos 115.° e segs., 107.°, n.°s 2 e 3, e 72.°, n.° 2, C.P.C., os últimos na redacção do Decreto-Lei n.° 329-A/95, de 12 de Dezembro.

V. *Tribunal judicial; Supremo Tribunal de Justiça.*

Conflito de leis – Existe um conflito de leis sempre que um dado facto ou relação jurídica podem, em função dos elementos que os integram ou das circunstâncias em que se verificaram, ser referidos a várias ordens jurídicas alternativamente, isto é, sempre que se encontram em conexão com vários ordenamentos, designadamente estaduais.

O estudo das regras que, em cada ordem jurídica, definem as conexões relevantes, ou não, e determinam qual é o ordenamento que deve regular os factos ou relações em questão, é objecto do direito internacional privado.

V. *Lei; Relação jurídica.*

Conflito negativo (Proc. Civil) – V. *Conflito de competência; Conflito de jurisdição.*

Conflito positivo (Proc. Civil) – V. *Conflito de competência; Conflito de jurisdição.*

Conflitos de consumo (Dir. Civil; Proc. Civil) – V. *Conflito de consumo.*

Conflitos de leis – V. *Conflito de leis; Conflitos de leis no tempo.*

Conflitos de leis no tempo – Problemas que são colocados pela sucessão no tempo de uma lei nova a uma lei anterior.

O princípio vigente no nosso ordenamento é o da não retroactividade, sendo, pois, a lei nova imediatamente aplicável, sem retroactividade. Se lhe for atribuída eficácia retroactiva, o artigo 12.°, n.° 1, *in fine*, C.C., estabelece uma presunção de que "ficam ressalvados os efeitos já produzidos pelos factos que a lei se destina a regular".

Há áreas do direito, como, por exemplo, o direito penal, em que o princípio da não retroactividade da lei nova tem assento constitucional: assim, o n.° 1 do artigo 29.° da Constituição da República dispõe que "ninguém pode ser sentenciado criminalmente senão em virtude de lei anterior que declare punível a acção ou a omissão, nem sofrer medida de segurança cujos pressupostos não estejam fixados em lei anterior". Porém, ainda no domínio do direito penal, e também por força de disposição constitucional - o n.° 4 do artigo a se que faz referência -, há a regra da chamada retroactividade *in mitius*, isto é, a da aplicabilidade retroactiva da lei nova, se ela for mais favorável ao arguido.

O Acórdão n.° 11/2005 do Supremo Tribunal de Justiça, publicado no *Diário da República*, I-A série, de 19 de Dezembro, fixou a seguinte jurisprudência: "Sucedendo-se no tempo leis sobre o prazo de prescrição do procedimento contra-ordenacional, não poderão combinar-se, na escolha do regime concretamente mais favorável, os dispositivos mais favoráveis de cada uma das leis concorrentes".

Também no âmbito da lei fiscal, a Constituição contém uma norma impositiva da não retroactividade: o artigo 103.°, n.° 3, dispõe que "ninguém pode ser obrigado a pagar impostos [...] que tenham natureza retroactiva [...]".

O n.° 2 do já citado artigo 12.° do C.C. esclarece que a lei nova que "dispõe sobre as condições de validade substancial ou formal de quaisquer factos ou sobre os seus efeitos" só se aplica a factos novos, mas aquela que "dispuser directamente sobre o conteúdo de certas relações jurídicas, abstraindo dos factos que lhes deram origem" aplica-se às relações já constituídas à data da sua entrada em vigor.

Daqui decorre, por exemplo, que os negócios jurídicos válidos face à lei vigente no momento da sua conclusão não verão essa validade - e a correspondente eficácia - afectada pela entrada em vigor de uma nova lei que passe a exigir para eles requisitos de substância ou de forma que não preenchem, por não serem necessários antes; já os negócios jurídicos, *maxime* os contratos, de execução duradoura, criadores de uma relação entre os contraentes que se prolonga no tempo, podem ver os seus termos alterados em consequência da entrada em vigor de uma nova lei que os regule, se a alteração disser respeito ao conteúdo da relação jurídica criada e existente e não às respectivas condições de validade e eficácia; daí que, se uma nova lei vier permitir a alteração do montante das rendas no arrendamento urbano, por exemplo, ela seja aplicável aos contratos que existam e que tivessem sido celebrados no quadro e na vigência da lei antiga.

Quanto aos efeitos das leis interpretativas, uma vez que elas se integram nas leis interpretadas, têm eficácia retroactiva, embora não possam prejudicar "os efeitos já produzidos pelo cumprimento da obrigação, por sentença passada em julgado, por transacção, ainda que não homologada, ou por actos de análoga natureza" - artigo 13.°, n.° 1, C.C..

V. *Lei; Eficácia retroactiva da lei; Presunção legal; Teoria dos direitos adquiridos; Teoria do facto pretérito; Validade; Forma legal; Negócio jurídico; Contrato; Entrada em vigor; Arrendamento urbano; Relação jurídica; Lei interpretativa; Cumprimento; Obrigação; Sentença; Trânsito em julgado; Transacção; Homologação.*

Conformidade (Dir. Civil) - O vendedor de bens de consumo deve entregar ao consumidor bens que sejam conformes com o contrato de compra e venda, nos termos do artigo 2.° do Decreto-Lei n.° 67/ /2003, de 8 de Abril.

A falta de conformidade dos bens presume-se nos seguintes casos:

"*a)* Não serem conformes com a descrição que deles é feita pelo vendedor ou não possuírem as qualidades do bem que o vendedor tenha apresentado ao consumidor como amostra ou modelo;

b) Não serem adequados ao uso específico para o qual o consumidor os destine e do qual tenha informado o vendedor quando celebrou o contrato e que o mesmo tenha aceitado;

c) Não serem adequados às utilizações habitualmente dadas aos bens do mesmo tipo;

d) Não apresentarem as qualidades e o desempenho habituais nos bens do mesmo tipo e que o consumidor pode razoavelmente esperar, atendendo à natureza do bem e, eventualmente, às declarações públicas sobre as suas características concretas feitas pelo vendedor, pelo produtor ou pelo seu representante, nomeadamente na publicidade ou na rotulagem".

"Não se considera existir falta de conformidade, na acepção do presente artigo, se, no momento em que for celebrado o contrato, o consumidor tiver conhecimento dessa falta de conformidade ou não puder razoavelmente ignorá-la ou se esta decorrer dos materiais fornecidos pelo consumidor"; "a falta de conformidade resultante de má instalação do bem de consumo é equiparada a uma falta de conformidade do bem, quando a instalação fizer parte do contrato de compra e venda e tiver sido efectuada pelo vendedor, ou sob sua responsabilidade, ou quando o produto, que se prevê que seja instalado pelo consumidor, for instalado pelo consumidor e a má instalação se dever a incorrecções existentes nas instruções de montagem".

Nos termos do artigo 4.°, n.° 1, "em caso de falta de conformidade do bem com o contrato, o consumidor tem direito a que esta seja reposta sem encargos, por meio de reparação ou de substituição, à redução adequada do preço ou à resolução do contrato", desde que a falta de conformidade se manifeste num prazo de dois ou cinco anos a contar da entrega, respectivamente, de coisa móvel corpórea ou de coisa imóvel. A falta de conformidade deve ser denunciada ao vendedor no prazo de dois meses ou de um ano, conforme se trate de um bem móvel ou de um bem imóvel.

V. *Venda de bens de consumo; Consumidor; Compra e venda; Presunção legal; Amostra; Celebração do contrato; Resolução do contrato; Publicidade; Móvel; Coisa corpórea; Coisa imóvel; Denúncia; Tutela do consumidor.*

Confusão (Dir. Civil) – 1. Modo de extinção de uma obrigação pela reunião na mesma pessoa das qualidades de credor e devedor.

Por exemplo: se o credor é herdeiro do seu devedor, acumula as duas situações jurídicas opostas que implicam a confusão e verifica-se, portanto, a extinção da relação obrigacional.

A confusão não prejudica os direitos de terceiros.

V. artigos 868.° a 873.°, C.C..

V. *Obrigação; Extinção das obrigações; Credor; Devedor; Herdeiro; Terceiro.*

2. Há quem fale de confusão no domínio dos direitos reais para descrever a situação que se verifica quando, coexistindo vários direitos reais sobre o mesmo bem, eles vêm a reunir-se na titularidade do mesmo sujeito.

V. *Direito real.*

3. Também se utiliza na lei o termo confusão para designar a mistura operada entre dois objectos pertencentes a donos diferentes, no domínio da acessão industrial mobiliária.

V. artigos 1333.° e segs., C.C..

V. *Acessão.*

Confusão de coisas (Dir. Civil) – V. *Coisa; União de coisas.*

Confusão imprópria (Dir. Civil) – Há autores que utilizam esta expressão para referir situações em que, não havendo confusão, há reunião no mesmo sujeito das qualidades de credor (ou devedor) e de garante da obrigação, ou aquelas em que um devedor (ou credor) solidário sucede na posição de um seu condevedor (ou concredor).

O artigo 871.°, n.° 3, C.C., estabelece que se extingue a fiança, salvo se o credor tiver legítimo interesse na sua subsistência, quando se reunirem na mesma pessoa as qualidades de devedor e de fiador. Por seu lado, o n.° 4 da mesma norma determina que "a reunião na mesma pessoa das qualidades de credor e de proprietário da coisa hipotecada ou empenhada não impede que a hipoteca ou o penhor se mantenha, se o credor nisso tiver interesse e na medida em que esse interesse se justifique".

V. *Credor; Devedor; Obrigação; Garantias especiais; Solidariedade; Condevedores; Concredores; Fiança; Direito de propriedade; Hipoteca; Penhor.*

Conhecimento oficioso (Proc. Civil) – Há casos em que determinados factos e seus efeitos jurídicos devem ser conhecidos pelo tribunal, independentemente de as partes no processo os invocarem. Quando nos encontramos perante a situação de a lei determinar que o tribunal tem o dever de conhecer, por ofício, qualquer facto, diz-se que ele é de conhecimento oficioso do tribunal.

Por exemplo, o artigo 495.°, C.P.C., na redacção do Decreto-Lei n.° 329-A/95, de 12 de Dezembro, determina que a maior parte das excepções dilatórias são do conhecimento oficioso do tribunal, o mesmo se passando com as excepções peremptórias cuja invocação a lei não torne dependente da vontade do interessado, por determinação do artigo 496.° do mesmo diploma, na redacção do Decreto-Lei n.° 180/96, de 25 de Setembro; também da nulidade de certos actos processuais (a dos actos mencionados nos artigos 193.°, 194.°, 199.° e 200.°, C.P.C.) "pode o tribunal conhecer oficiosamente, a não ser que devam considerar-se sanadas" - artigo 202.°, C.P.C., cuja última redacção resulta do referido DL n.° 180/96.

Por seu lado, a nulidade dos negócios jurídicos é, em regra de conhecimento oficioso do tribunal, nos termos do artigo 286.°, C.C..

A este propósito, refere-se o decidido pelo Assento do Supremo Tribunal de Justiça de 28 de Março de 1995, publicado no *Diário da República*, I-A série, de 17 de Maio do mesmo ano: "Quando o Tribunal conhecer oficiosamente da nulidade de negócio jurídico invocado no pressuposto da sua validade, e se na acção tiverem sido fixados os necessários factos materiais, deve a parte ser condenada na restituição do recebido, com fundamento no n.° 1 do artigo 289.° do Código Civil".

V. *Parte; Excepção dilatória; Excepção peremptória; Nulidade processual; Actos processuais; Sanação; Nulidade; Negócio jurídico.*

Cônjuge culpado (Dir. Civil; Proc. Civil) – No divórcio ou separação judicial de pessoas e bens – não sendo feitos por mútuo consentimento –, o tribunal tem de declarar qual dos cônjuges é culpado e, sendo-o ambos em medidas diversas, de indicar qual deles é o principal culpado – artigo 1787.°, C.C..

São variadas as consequências da determinação judicial da culpa do cônjuge; por exemplo: na atribuição do arrendamento da casa que o casal habitava, nos termos do artigo 84.°, n.° 2, do Regime do Arrendamento Urbano, aprovado pelo Decreto-Lei n.° 321-B/90, de 15 de Outubro, rectificado por declaração publicada no *Diário da República*, I-A série, de 30 de Novembro de 1990, e alterado pelo Decreto-Lei n.° 278/ /93, de 10 de Agosto (por seu lado, alterado, por ratificação, pela Lei n.° 13/94, de 11 de Maio), pelo Decreto-Lei n.° 163/95, de 13 de Julho, pela Lei n.° 89/95, de 1 de Setembro, pelo Decreto-Lei n.° 257/95, de 30 de Setembro, pela Lei n.° 135/99, de 28 de Agosto, pelos Decretos-Leis n.°s 64-A/2000, de 22 de Abril, e 329-B/2000, de 22 de Dezembro, e pelas Leis n.°s 6/2001 e 7/2001, ambas de 11 de Maio; também quanto à subsistência das doações que foram feitas para o casamento (artigo 1760.°, n.°s 1-*b*) e 2, C.C.); na partilha dos bens do casal (artigo 1790.°, C.C.); quanto ao direito recíproco a alimentos (artigo 2016.°, C.C.); ou quanto a responsabilidade por custas do inventário (artigo 1405.°, C.P.C.).

V. *Divórcio; Separação judicial de pessoas e bens; Culpa; Arrendamento; Doações para casamento; Partilha de bens do casal; Alimentos; Inventário.*

Cônjuge inocente (Dir. Civil; Proc. Civil) – É aquele que não deu causa, por acção ou omissão culposas, ao divórcio ou à separação judicial de pessoas e bens.

V. *Divórcio; Separação judicial de pessoas e bens; Cônjuge culpado; Culpa.*

Cônjuge meeiro (Dir. Civil) – Cônjuge a quem pertence metade do património comum do casal, por ter o casamento sido celebrado sob o regime de comunhão geral de bens ou de comunhão de adquiridos.

V. *Regime de bens do casamento; Comunhão geral de bens; Comunhão de adquiridos; Partilha de bens do casal.*

Cônjuge supérstite (Dir. Civil; Proc. Civil) – Cônjuge que sobrevive à morte do outro.

O artigo 1392.°, C.P.C., dispõe que, "quando o inventário do cônjuge supérstite haja de correr no tribunal em que se procedeu a inventário por óbito do cônjuge predefunto, os termos necessários para a segunda partilha são lavrados no processo da primeira".

V. *Morte; Inventário; Partilha.*

Conjunção

1. (Dir. Civil) – Quando uma obrigação tem vários credores e/ou vários devedores e a cada um deles cabe apenas uma parte do direito ou do dever comum, diz-se que

o seu regime é o da conjunção. Daqui decorre que, sendo vários os devedores, de cada um deles o credor só pode exigir a parte que lhe cabe na obrigação comum, e, sendo diversos os credores, a cada um deles o devedor apenas tem de prestar o que a ele competir no crédito comum.

A regra no direito civil é justamente esta de as obrigações, sendo plurais, serem conjuntas, só vigorando a solidariedade quando lei especial o determinar ou as partes assim convencionarem.

V. artigo 513.°, C.C..

V. *Obrigação plural; Credor; Devedor; Obrigação conjunta; Obrigação solidária.*

2. (Proc. Civil) – A doutrina designa por conjunção a coligação de réus.

V. *Coligação; Réu.*

Consanguíneos (Dir. Civil) – São os irmãos, filhos do mesmo pai mas de mães diferentes. Concorrendo à sucessão irmãos germanos e irmãos consanguíneos ou uterinos, a parte que cabe a cada um dos irmãos germanos corresponde ao dobro da parte que cabe aos irmãos consanguíneos.

V. artigo 2146.°, C.C..

V. *Sucessão; Germanos; Uterinos.*

Consanguinidade (Dir. Civil) – Consanguinidade é sinónimo de *parentesco*, embora por vezes se fale, incorrectamente, em parentes por consanguinidade e parentes por *afinidade*.

Num outro sentido, a palavra pode referir os irmãos consanguíneos.

V. *Parentesco; Afinidade; Consanguíneos.*

Conselheiro (Org. Judiciária) – Juiz do Supremo Tribunal de Justiça.

V. artigo 20.°, n.° 1, do Estatuto dos Magistrados Judiciais – Lei n.° 21/85, de 30 de Julho, alterada pelo Decreto-Lei n.° 342/ /88, de 28 de Setembro, e pelas Leis n.°s 2/90, de 20 de Janeiro, 10/94, de 5 de Maio, 44/96, de 3 de Setembro, 81/98, de 3 de Dezembro, 143/99, de 31 de Agosto, 3- -B/2000, de 4 de Abril, e 42/2005, de 29 de Agosto.

Se for oposta suspeição a conselheiro, ela é julgada pelo Presidente do Supremo Tribunal de Justiça – artigo 131.°, C.P.C..

V. *Supremo Tribunal de Justiça; Suspeição.*

Conselho Consultivo da Justiça (Org. Judiciária) – Órgão consultivo para assuntos relativos à concepção e avaliação da política da justiça no quadro das atribuições do Ministério da Justiça, cuja regulamentação foi aprovada pelo Decreto-Lei n.° 187/ /2000, de 12 de Agosto.

O Conselho tem as seguintes competências:

"*a)* Aconselhar o Ministro sobre todos os assuntos respeitantes ao sector da justiça que lhe sejam submetidos;

b) Dar parecer sobre os projectos de iniciativas legislativas que lhe sejam submetidos pelo Ministro da Justiça;

c) Formular propostas, sugestões e recomendações que entenda convenientes relativamente às políticas da justiça;

d) Apreciar o impacte de reformas ou outras medidas de intervenção no sector da justiça;

e) Sugerir a realização e apreciar estudos de diagnóstico, avaliação ou prospectiva com vista a um melhor conhecimento e a uma intervenção mais fundamentada no sector da justiça;

f) Acompanhar a formação das profissões jurídicas".

Conselho Consultivo da Procuradoria--Geral da República (Org. Judiciária) – É um órgão, composto pelo procurador-geral da República e por procuradores-gerais--adjuntos, que desempenha as funções consultivas que cabem à Procuradoria--Geral da República.

Os pareceres do Conselho Consultivo sobre disposições de ordem genérica, quando homologados pelas entidades que os tenham solicitado ou a cujo sector respeite o assunto apreciado, "são publicados na 2.ª série do Diário da República para valerem como interpretação oficial, perante os respectivos serviços, das matérias que se destinam a esclarecer".

V. artigos 36.° e segs. do agora designado por Estatuto do Ministério Público (antiga Lei Orgânica do Ministério Público) – Lei n.° 47/86, de 15 de Outubro, alterada pelas Leis n.°s 2/90, de 20 de Janeiro, 23/92, de 20 de Agosto, 10/94, de 5 de Maio, 60/98, de 27 de Agosto e 42/2005, de 29 de Agosto.

V. *Ministério Público; Procuradoria-Geral*

da República; Procurador-geral da República; Procurador-geral adjunto; Interpretação da lei.

Conselho de família (Dir. Civil) – É um órgão de tutela e administração dos bens do menor ou outro incapaz sujeito ao regime de tutela (artigo 1924.°, C.C.), sendo constituído por dois vogais, escolhidos, em princípio, entre os parentes ou afins do menor ou incapaz (artigo 1952.°, C.C.) e pelo agente do Ministério Público, que preside (artigo 1951.°, C.C.).

O conselho de família tem como atribuições específicas vigiar o modo por que são desempenhadas as funções do tutor e todas as outras que a lei especialmente lhe confere (artigo 1954.°, C.C.). Um dos vogais do conselho de família, denominado protutor, tem funções especiais, designadamente cooperando permanentemente com o tutor, substituindo-o nas suas faltas e impedimentos e representando o menor em juízo ou fora dele, quando haja oposição entre os interesses do menor e os do tutor.

V. artigos 1951.° e segs., C.C..

O C.P.C., nos seus artigos 1442.° a 1445.°, prevê o processo de constituição, reunião e deliberação do conselho de família.

V. *Tutela; Administração de bens; Menor; Incapacidade; Parentesco; Afinidade; Ministério Público; Tutor; Representação.*

Conselho do Notariado – Órgão que funciona no âmbito do Ministério da Justiça, "composto pelo bastonário da Ordem dos Notários, pelo director-geral dos Registos e do Notariado, por um elemento designado pelo Ministro da Justiça, por um notário indicado pela Ordem dos Notários e por um jurista de reconhecido mérito, cooptado pelos anteriores", cuja competência, enunciada no artigo 53.° do Estatuto do Notariado, aprovado pelo Decreto-Lei n.° 26/2004, de 4 de Fevereiro, compreende, designadamente, deliberar sobre concursos para atribuição do título de notário, de licença de instalação de cartórios notariais e o exercício da acção disciplinar sobre os notários.

V. *Notário; Ordem dos Notários; Cartório notarial.*

Conselho fiscal (Dir. Civil) – O artigo 162.°, C.C., impõe que, entre os órgãos da pessoa colectiva, exista um conselho fiscal, constituído "por um número ímpar de titulares, dos quais um será o presidente".

V. *Pessoa colectiva; Órgãos da pessoa colectiva.*

Conselho pedagógico (Org. Judiciária) – Era um dos órgãos de gestão dos *centros de observação e acção social* (v. esta expressão).

Conselhos (Dir. Civil) – O artigo 485.°, n.° 1, C.C., estabelece que "os simples conselhos, recomendações ou informações não responsabilizam quem os dá, ainda que haja negligência da sua parte". No entanto, o n.° 2 salvaguarda a possibilidade de aquele que aconselha haver assumido a responsabilidade pelos danos, ou de se tratar de situação em que haja o dever jurídico de dar o conselho, a recomendação ou a informação e ter havido negligência ou intenção de prejudicar, e ainda a de o procedimento daquele que aconselha ou informa constituir um facto, ele próprio, punível.

V. *Responsabilidade civil; Negligência; Dever jurídico; Dano.*

Conselho Superior da Magistratura (Org. Judiciária) – Os artigos 217.° e 218.° da Constituição referem-se ao Conselho Superior da Magistratura, órgão com competência para a nomeação, colocação, transferência e promoção dos juízes dos tribunais judiciais e para o exercício da acção disciplinar em relação a eles.

O artigo 218.° define a constituição do Conselho, determinando que, além do seu presidente – que é o presidente do Supremo Tribunal de Justiça –, o Conselho tem dezasseis vogais, dos quais dois são designados pelo Presidente da República [deixou de se exigir que um deles fosse necessariamente magistrado judicial], sete são eleitos pela Assembleia da República, e outros sete são "juízes eleitos pelos seus pares, de harmonia com o princípio da representação proporcional".

O artigo 148.°, n.° 1, do Estatuto dos Magistrados Judiciais (Lei n.° 21/85, de 30 de Julho, alterada pelo Decreto-Lei n.°

342/88, de 28 de Setembro, e pelas Leis n.°s 2/90, de 20 de Janeiro, 10/94, de 5 de Maio, 44/96, de 3 de Setembro, 81/98, de 3 de Dezembro, 143/99, de 31 de Agosto, 3-B//2000, de 4 de Abril, e 42/2005, de 29 de Agosto), dispõe que "aos vogais do Conselho Superior da Magistratura que não sejam juízes é aplicável o regime de garantias dos magistrados judiciais".

V. artigos 136.° e segs. do Estatuto dos Magistrados Judiciais.

V. *Juiz; Tribunal judicial; Supremo Tribunal de Justiça; Magistratura judicial.*

Conselho Superior do Ministério Público (Org. Judiciária) – É o órgão através do qual a Procuradoria-Geral da República exerce a sua competência de disciplina e gestão dos quadros do Ministério Público.

As regras relativas a este Conselho encontram-se consagradas no Estatuto do Ministério Público – Lei n.° 47/86, de 15 de Outubro, alterada pelas Leis n.°s 2/90, de 20 de Janeiro, 23/92, de 20 de Agosto, 10/94, de 5 de Maio, 60/98, de 27 de Agosto, e 42/2005, de 29 de Agosto.

V. artigos 15.° e segs. do Estatuto do Ministério Público.

V. *Ministério Público; Procuradoria-Geral da República; Procurador-geral da República; Procurador-geral-adjunto; Procurador da República; Delegado do procurador da República.*

Conselho Superior Judiciário (Org. Judiciária) – Era o órgão de organização judiciária que veio a ser substituído pelo *Conselho Superior da Magistratura* (v. esta expressão).

Consensualidade (Dir. Civil) – Usa-se o termo consensualidade em duas acepções.

Por um lado, significa que os contratos com eficácia real produzem os seus efeitos reais pelo mero consenso das partes, isto é, no momento da sua celebração válida e independentemente de qualquer outra formalidade. É este o regime geral consagrado na nossa lei – v. artigo 408.°, n.° 1, C.C..

Por outro lado, designa-se também assim o princípio segundo o qual a validade da declaração negocial não depende da observância de forma especial, excepto quando a lei a prescrever, podendo, portanto, a vontade das partes manifestar-se validamente de qualquer modo; nesta última acepção, o termo é, pois, sinónimo de liberdade de forma.

V. artigo 219.°, C.C..

V. *Contrato; Eficácia real; Declaração negocial; Forma; Formalismo.*

Consentimento (Dir. Civil) – V. *Autorização; Suprimento de consentimento.*

Consentimento do lesado (Dir. Civil) – É a autorização do titular de um direito ou de um interesse legalmente protegido para a prática de um acto lesivo desse direito ou interesse. O artigo 81.°, C.C., dispõe que "toda a limitação voluntária ao exercício dos direitos de personalidade é nula, se for contraria aos princípios da ordem pública", sendo, quando válida, "sempre revogável, ainda que com obrigação de indemnizar os prejuízos causados às legítimas expectativas da outra parte".

O consentimento do lesado constitui uma causa de justificação (ou causa de exclusão da ilicitude) do acto do lesante, retirando a este o carácter ilícito que teria, não fora aquele.

Não é, no entanto, relevante o consentimento do lesado quando o acto lesivo for contrário a uma proibição legal, aos bons costumes ou, como já se referiu, à ordem pública. A lei presume ser consentida a lesão que "se deu no interesse do lesado e de acordo com a sua vontade presumível".

V. artigo 340.°, C.C..

Há casos em que, exigindo a lei o consentimento do lesado para certos actos em especial, caracteriza aquele; assim acontece, por exemplo, com a Lei n.° 67/98, de 26 de Outubro, rectificada pela Declaração de rectificação n.° 22/98, de 28 de Novembro (Lei de Protecção de Dados Pessoais), cujo artigo 3.°-*h)* diz que "«consentimento do titular dos dados» [é] qualquer manifestação de vontade, livre, específica e informada, nos termos da qual o titular aceita que os seus dados pessoais sejam objecto de tratamento"; a informação que tem de ser prestada ao titular dos dados encontra-se enunciada nos n.°s 1 a 4 do artigo 10.°, dispondo os n.°s 5 e 6 desta norma os casos em que a informação pode ser dispensada.

V. *Direito subjectivo; Direitos de personalidade; Nulidade; Ordem pública; Revogação; Indemnização; Causas justificativas; Ilicitude; Bons costumes; Presunção legal; Dados pessoais; Protecção de dados pessoais.*

Consentimento para a adopção (Dir. Civil) – O artigo 1981.°, C.C., na redacção dos Decretos-Leis n.°s 185/93, de 22 de Maio, e 120/98, de 8 de Maio, e pela Lei n.° 31/2003, de 22 de Agosto, impõe a existência de consentimento para a adopção plena das seguintes pessoas:

"*a)* Do adoptando maior de 12 anos;

b) Do cônjuge do adoptante não separado judicialmente de pessoas e bens;

c) Dos pais do adoptando, ainda que menores e mesmo que não exerçam o poder paternal, desde que não tenha havido confiança judicial nem medida de promoção e protecção de confiança a pessoa ou a instituição com vista a futura adopção;

d) Do ascendente, do colateral até ao 3.° grau ou do tutor, quando, tendo falecido os pais do adoptando, tenha este a seu cargo e com ele viva".

No caso de o menor se encontrar a viver com ascendente, colateral até ao 3.° grau ou tutor e a seu cargo, tendo havido confiança administrativa do menor com fundamento nas situações previstas nas alíneas *c), d)* e *e)* do n.° 1 do artigo 1978.°, C.C. [terem os pais abandonado o menor, terem os pais posto em perigo, de forma grave, a segurança, a saúde, a formação, a educação ou o desenvolvimento do menor, ou terem os pais de menor acolhido por particular ou em instituição revelado manifesto desinteresse pelo filho, em termos comprometedores do vínculo próprio da filiação durante, pelo menos, os três meses anteriores ao pedido de confiança; eram seis meses na redacção anterior], não é exigido o consentimento dos pais, mas é necessário o do ascendente ou do tutor, salvo se tiver sido decidida a confiança judicial ou uma medida de promoção e protecção de confiança a pessoa ou a instituição com vista a futura adopção do menor.

Há casos em que o tribunal pode dispensar o consentimento das pessoas que teriam de prestá-lo; são eles:

a) O de tais pessoas estarem privadas do uso das faculdades mentais ou o de, por qualquer outra razão, haver grave dificuldade em as ouvir;

b) O consentimento dos pais do adoptando, do ascendente, do colateral até ao 3.° grau, que tenham a seu cargo o adoptando e que com ele vivam, bem como o do tutor pode também ser dispensado quando tenham posto em perigo, de forma grave, a segurança, a saúde, a formação, a educação ou o desenvolvimento do menor, ou ainda se o tribunal concluir que a situação de convívio deles com o menor não é adequada a assegurar suficientemente o interesse deste último;

c) Encontrarem-se os "pais do adoptando inibidos do exercício do poder paternal, quando, passados 18 ou 6 meses, respectivamente, sobre o trânsito em julgado da sentença de inibição ou da que houver desatendido outro pedido", o Ministério Público ou os pais não tenham solicitado o levantamento da inibição.

Nos termos do artigo 1982.°, C.C., também na redacção dos citados DL n.°s 185/93 e 120/98, "o consentimento reportar-se-á inequivocamente à adopção plena e será prestado perante o juiz, que deve esclarecer o declarante sobre o significado e os efeitos do acto".

Quanto ao consentimento dos pais, há de ter em conta as duas seguintes regras:

a) "O consentimento pode ser prestado independentemente da instauração do processo de adopção, não sendo necessária a identificação do futuro adoptante";

b) "A mãe não pode dar o seu consentimento antes de decorridas seis semanas após o parto".

De acordo com o artigo 162.° da antiga O.T.M. (Decreto-Lei n.° 314/78, de 27 de Outubro, na redacção que lhe foi dada pelos Decretos-Leis n.°s 185/93, de 22 de Maio, 48/95, de 15 de Março, 58/95, de 31 de Março, e 120/98, de 8 de Maio, e pelas Leis n.°s 133/99, de 28 de Agosto, 166/99, de 14 de Setembro, e 31/2003, de 22 de Agosto), "o consentimento prévio para a adopção pode ser prestado em qualquer tribunal competente em matéria de família, independentemente da residência do menor ou das pessoas que o devam prestar", podendo esse consentimento "ser requerido pelas pessoas que o devam prestar, pelo Ministério Público ou pelos organismos de segurança social"; "recebido o requerimento, o juiz designa imediatamente dia para prestação do consentimento no mais curto prazo possível", devendo o incidente ser apensado ao processo de adopção, uma vez requerida esta.

Finalmente, o artigo 1983.°, C.C., na redacção da Lei n.° 31/2003, estabelece que "o consentimento caduca se, no prazo de três anos, o menor não tiver sido adoptado nem confiado mediante confiança administrativa, confiança judicial ou medida de promoção e protecção de confiança a pessoa ou a instituição com vista a futura adopção".

V. *Adopção; Adopção plena; Separação judicial de pessoas e bens; Menor; Poder paternal; Inibição do poder paternal; Ministério Público; Confiança de menor; Ascendente; Colateral; Grau de parentesco; Tutor; Abandono de menor; Trânsito em julgado; Sentença; Competência; Residência; Requerimento; Incidente; Apensação de acções; Caducidade.*

Conservação da garantia patrimonial (Dir. Civil) – V. *Garantia; Meios de conservação da garantia.*

Conservação da posse (Dir. Civil) – De acordo com o disposto no artigo 1257.°, C.C., "a posse mantém-se enquanto durar a situação correspondente ao exercício do direito ou a possibilidade de a continuar", presumindo-se que ela continua em nome de quem a começou.

V. *Posse; Presunção legal.*

Consignação (Dir. Civil) – V. *Contrato de consignação.*

Consignação de rendimentos

1. (Dir. Civil) – Garantia do cumprimento de uma obrigação, que permite ao credor receber os rendimentos de certos bens imóveis ou de certos bens móveis sujeitos a registo, durante um prazo estabelecido ou até ao cumprimento da dívida garantida, não podendo, em qualquer caso, exceder o prazo de quinze anos quando incida sobre os rendimentos de bens imóveis.

A consignação é *voluntária*, quando constituída pelo devedor ou terceiro, por testamento ou negócio entre vivos, e *judicial*, quando resulte da decisão do tribunal em processo executivo.

V. artigos 656.° e segs., C.C..

O artigo 2.° do Código do Registo Predial, aprovado pelo Decreto-Lei n.° 224//84,, de 6 de Julho (rectificado por declaração publicada no *Diário da República*, I série, de 29 de Setembro de 1984), alterado pelos Decretos-Leis n.°s 355/85, de 2 de Outubro, 60/90, de 14 de Fevereiro (este rectificado por declaração publicada no *Diário da República*, I-A série, de 31 de Março de 1990), 80/92, de 7 de Maio, 30/93, de 12 de Fevereiro, 227/94, de 8 de Setembro, 267/94, de 25 de Outubro, 67/96, de 31 de Maio, 375-A/99, de 20 de Setembro, 533/99, de 11 de Dezembro (rectificado pela Declaração de rectificação n.° 5-A/2000, de 29 de Fevereiro), 273//2001, de 13 de Outubro, 323/2001, de 17 de Dezembro, 38/2003, de 8 de Março (este rectificado pela Declaração de rectificação n.° 5-C/2003, de 30 de Abril), e 194/2003, de 23 de Agosto, e pela Lei n.° 6/2006, de 27 de Fevereiro, estabelece no seu n.° 1-*h)* que está sujeita a registo "a consignação de rendimentos", dispondo a alínea *i)* da mesma norma que está também sujeita a registo "a transmissão de créditos garantidos por [...] consignação de rendimentos, quando importe transmissão da garantia".

V. *Garantia; Garantias especiais; Garantias reais; Obrigação; Credor; Imóvel; Móvel; Devedor; Terceiro; Testamento; Acto entre vivos; Execução; Registo predial; Cessão de créditos.*

2. (Proc. Civil) – A consignação judicial de rendimentos é uma forma de pagamento ao exequente na acção executiva. Depois de feita a penhora e antes de os bens serem vendidos ou adjudicados, o exequente pode requerer que lhe sejam consignados os rendimentos dos imóveis ou dos móveis sujeitos a registo, em pagamento do seu crédito.

Uma vez feita a consignação e pagas as custas da execução, esta extingue-se.

Os artigos 879.° a 881.°, C.P.C., na redacção do referido DL n.° 38/2003, tratam do regime da consignação de rendimentos em processo executivo.

V. *Execução; Penhora; Venda judicial; Adjudicação; Exequente; Requerimento; Custas.*

Consignação em depósito (Dir. Civil) – Nos casos em que ao devedor, sem culpa sua, não seja possível efectuar a prestação ou não seja possível efectuá-la com segurança, e ainda quando o credor se encontre em mora, ao devedor é facultada a possibilidade de se libertar da obrigação, depositando a coisa devida na Caixa Geral de Depósitos ou junto de depositário nomeado *ad hoc* (v. artigos 841.° e segs., C.C., e 1024.° e segs., C.P.C.). Também ao terceiro, a quem seja lícito efectuar a prestação, é facultada a consignação em depósito.

Uma vez operada a consignação, fica o consignatário com o dever de entregar a coisa ao credor, tendo este o direito de a exigir. A consignação em depósito é revogável, em princípio, até ao momento em que o credor declare no processo que a aceita ou em que seja considerada válida por sentença transitada em julgado.

Dado o condicionalismo específico do depósito de rendas, este será tratado em rubrica independente (v. *Depósito de rendas*).

V. *Devedor; Prestação; Culpa; Credor; Mora; Extinção das obrigações; Terceiro; Cumprimento por terceiro; Revogação; Sentença; Trânsito em julgado.*

Consolidação (Dir. Civil) – Estando o direito de propriedade sobre uma coisa limitado por qualquer direito real menor sobre a mesma coisa (por exemplo, usufruto – artigos 1439.° e segs., C.C.), ao extinguir-se o direito menor, o proprietário volta a dispor da totalidade dos poderes inerentes à propriedade. A esta expansão do direito se chama consolidação do direito de propriedade.

V. *Direito de propriedade; Direito real menor; Usufruto.*

Consorte (Dir. Civil) – O mesmo que contitular.

A lei usa o termo para designar, por exemplo, o comproprietário (v. artigos 1403.°, n.° 2, e 1405, n.° 2, C.C.).

O termo também é usado para designar o cônjuge: assim por exemplo, no artigo 264.°, n.° 2, do Código da Insolvência e da Recuperação de Empresas, aprovado pelo Decreto-Lei n.° 53/2004, de 18 de Março, alterado pelos Decretos-Leis n.°s 200/2004, de 18 de Agosto, e 76-A/2006, de 29 de Março (rectificado pela Declaração de rectificação n.° 28-A/2006, de 26 de Maio).

V. *Contitularidade; Compropriedade; Insolvência.*

Constituição de advogado (Proc. Civil) – V. *Advogado; Constituição obrigatória de advogado; Mandato judicial.*

Constituição de direito (Dir. Civil) – Há constituição de um direito quando é criado um direito que não existia anteriormente e que, no momento mesmo da sua constituição, é adquirido por um sujeito.

Assim acontece, por exemplo, quando alguém ocupa uma *res nullius*, constituindo por essa forma um direito de propriedade sobre ela, a seu favor.

V. *Direito subjectivo; "Res nullius"; Ocupação; Direito de propriedade.*

Constituição da posse (Dir. Civil) – O artigo 1263.°, C.C., enuncia os modos de aquisição da posse; sobre eles, v. *Posse.*

Constituição de servidões (Dir. Civil) – V. *Servidão predial.*

Constituição obrigatória de advogado (Proc. Civil) – O n.° 1 do artigo 32.°, C.P.C., na redacção do Decreto-Lei n.° 329-A/95, de 12 de Dezembro, enuncia os casos em que é obrigatória a constituição de advogado em processo civil; são, essencialmente, os seguintes:

"*a)* Nas causas da competência de tribunais com alçada, em que seja admissível recurso ordinário;

b) Nas causas em que seja sempre admissível recurso, independentemente do valor;

c) Nos recursos e nas causas propostas nos tribunais superiores".

De acordo com o artigo 60.°, n.° 1, C.P.C., que tem a redacção do Decreto-Lei n.° 38/2003, de 8 de Março (rectificado pela Declaração de rectificação n.° 5-C//2003, de 30 de Abril), é também necessária a constituição de advogado "nas execuções de valor superior à alçada da Relação e nas de valor inferior a esta quantia, mas excedentes à alçada do tribunal de 1.ª instância, quando tenha lugar algum procedimento que siga os termos do processo declarativo".

"Se a parte não constituir advogado, quando essa constituição é obrigatória, o tribunal, oficiosamente ou a requerimento da parte contrária, fá-la-á notificar para o constituir dentro de prazo certo, sob pena de o réu ser absolvido da instância, de não ter seguimento o recurso ou de ficar sem efeito a defesa" – artigo 33.°, C.P.C..

No regime do Decreto-Lei n.° 269/98, de 1 de Setembro (rectificado pela Declaração de rectificação n.° 16-A/98, de 30 de Setembro), alterado pelos Decretos-Leis n.°s 383/99, de 23 de Setembro, 183/2000, de 10 de Agosto, 323/2001, de 17 de Dezembro, 32/2003, de 17 de Fevereiro, 38/ /2003, de 8 de Março, e 107/2005, de 1 de Julho (rectificado pela Declaração de rectificação n.° 63/2005, de 19 de Agosto), e pela Lei n.° 14/2006, de 26 de Abril, que se ocupa "dos procedimentos destinados a exigir o cumprimento de obrigações pecuniárias emergentes de contratos de valor não superior à alçada da Relação [anteriormente era o valor da alçada do tribunal de 1.ª instância]" e de "obrigações emergentes de transacções comerciais abrangidas pelo Decreto-Lei n.° 32/2003, de 17 de Fevereiro", "nas acções de valor não superior à alçada do tribunal de 1.ª instância, quando as partes não tenham constituído mandatário judicial ou este não comparecer [na audiência], a inquirição das testemunhas é efectuada pelo juiz" (artigo 4.°, n.° 4).

V. *Advogado; Patrocínio judiciário; Intervenção obrigatória de advogado; Alçada; Recurso; Execução; Relação; Valor da causa; Tribunal de 1.ª instância; Processo declarativo; Conhecimento oficioso; Requerimento; Notificação; Réu; Absolvição da instância; Cumprimento; Obrigação pecuniária; Contrato; Audiência; Inquirição; Testemunha.*

Constituto possessório (Dir. Civil) – Forma de aquisição da posse que é independente da detenção da coisa: quando o titular do direito real sobre uma coisa que é simultaneamente seu possuidor transfere o seu direito a outrem, considera-se que a posse foi também transferida a este, mesmo que o primeiro continue a deter a coisa ou que ela esteja a ser e continue detida por um terceiro – artigo 1264.°, C.C..

V. *Posse; Detenção; Direito real; Terceiro.*

Consulta de processos (Proc. Civil) – V. *Processo; Confiança de processos; Exame de processos.*

Consulta jurídica

1. A consulta jurídica é um direito conferido pelo artigo 20.°, n.° 2, da Constituição da República.

Constitui uma das modalidades da protecção jurídica, atribuída inicialmente pela Lei n.° 30-E/2000, de 20 de Dezembro, alterada pelo Decreto-Lei n.° 38/2003, de 8 de Março, e hoje regulada pela Lei n.° 34/ /2004, de 29 de Julho, que revogou a Lei anteriormente referida.

O artigo 15.°, n.° 1, desta lei estabelece que, "em cooperação com a Ordem dos Advogados e com as autarquias interessadas, o Ministério da Justiça garante a existência de gabinetes de consulta jurídica, com vista à gradual cobertura territorial do País", podendo tais gabinetes "abranger a prestação de serviços por solicitadores, em moldes a convencionar entre a respectiva Câmara e a Ordem dos Advogados".

"A consulta jurídica pode compreender a realização de diligências extrajudiciais ou comportar mecanismos informais de mediação e conciliação, conforme constar dos regulamentos dos gabinetes de consulta jurídica", regulamento cuja aprovação compete ao Ministro da Justiça, sob proposta da Ordem dos Advogados (artigo 14.° da Lei n.° 34/2004).

A Portaria n.° 1102/89, de 26 de Dezembro (alterada pela Portaria n.° 1159/ /93, de 8 de Novembro), aprovou o Regulamento dos Gabinetes de Consulta Jurídica de Lisboa e do Porto, aos quais "compete assegurar a orientação e conselho jurídico a todos aqueles que, por insuficiência de meios económicos, não tenham a possibilidade de custear os serviços de advogados, de acordo com os princípios estabelecidos no convénio celebrado entre o Ministério da Justiça e a Ordem dos Advogados e sem prejuízo do que se encontra estabelecido na Lei Orgânica do Ministério Público [actual Estatuto do Ministério Público]".

V. ainda:

– Portaria n.° 1231-A/90, de 26 de Dezembro, que aprova o Regulamento do Gabinete de Consulta Jurídica de Guimarães;

– Portaria n.° 993/91, de 30 de Setembro, que aprova o Regulamento do Gabinete de Consulta Jurídica de Évora;

– Portaria n.° 1000/91, de 1 de Outubro, que aprova o Regulamento do Gabinete de Consulta Jurídica de Lamego;

– Portaria n.° 1207/92, de 23 de Dezembro, que aprova o Regulamento do Gabinete de Consulta Jurídica da Covilhã;

– Portaria n.° 679/93, de 20 de Julho, que aprova o Regulamento do Gabinete de Consulta Jurídica de Ponta Delgada;

– Portaria n.° 741/93, de 16 de Agosto, que aprova o Regulamento do Gabinete de Consulta Jurídica de Vila do Conde;

– Portaria n.° 1256/93, de 9 de Dezembro, que aprova o Regulamento do Gabinete de Consulta Jurídica de Faro;

– Portaria n.° 506/95, de 27 de Maio, que aprova o Regulamento do Gabinete de Consulta Jurídica de Angra do Heroísmo;

– Portaria n.° 511/95, de 29 de Maio, que aprova o Regulamento do Gabinete de Consulta Jurídica de Vila Nova de Gaia;

– Portaria n.° 1471/95, de 22 de Dezembro, que aprova o Regulamento do Gabinete de Consulta Jurídica de Viana do Castelo;

– Portaria n.° 403/97, de 19 de Junho, que aprova o Regulamento do Gabinete de Consulta Jurídica de Matosinhos;

– Portaria n.° 1233/97, de 16 de Dezembro, que aprova o Regulamento do Gabinete de Consulta Jurídica de Sintra;

– Portaria n.° 622/98, de 28 de Agosto, que aprova o Regulamento do Gabinete de Consulta Jurídica da Guarda;

– Portaria n.° 272/99, de 13 de Abril, que aprova o Regulamento do Gabinete de Consulta Jurídica de Oliveira do Bairro;

– Portaria n.° 722/2000, de 6 de Setembro, que aprova o Regulamento do Gabinete de Consulta Jurídica da Horta;

– Portaria n.° 238/2001, de 20 de Março, que homologa o Regulamento do Gabinete de Consulta Jurídica do Barreiro;

– Portaria n.° 239/2001, de 20 de Março, que homologa o Regulamento do Gabinete de Consulta Jurídica de Albufeira;

– Portaria n.° 1150/2001, de 29 de Setembro, que homologa o Regulamento do Gabinete de Consulta Jurídica do Cadaval;

– Portaria n.° 1151/2001, de 29 de Setembro, que homologa o Regulamento do Gabinete de Consulta Jurídica de Castelo Branco;

– Portaria n.° 1152/2001, de 29 de Setembro, que homologa o Regulamento do Gabinete de Consulta Jurídica de Seia;

– Portaria n.° 1153/2001, de 29 de Setembro, que homologa o novo Regulamento do Gabinete de Consulta Jurídica de Coimbra, que veio substituir aquele que tinha sido aprovado pela Portaria n.° 421/ /91, de 21 de Maio;

– Portaria n.° 1154/2001, de 29 de Setembro, que homologa o Regulamento do Gabinete de Consulta Jurídica de Setúbal;

– Portaria n.° 1155/2001, de 29 de Setembro, que homologa o Regulamento do Gabinete de Consulta Jurídica do Estremoz;

– Portaria n.° 1156/2001, de 29 de Setembro, que homologa o Regulamento do Gabinete de Consulta Jurídica de Pombal.

A Portaria n.° 1386/2004, de 10 de Novembro, "aprova a tabela de honorários dos advogados, advogados estagiários e solicitadores pelos serviços que prestem no âmbito da protecção jurídica [...]", estabelecendo o artigo 6.°, n.° 1, que "pela consulta jurídica efectuada para apreciação liminar da existência de fundamento legal da pretensão são devidos honorários no montante de um unidade de referência"; "ao patrono que, no âmbito da consulta jurídica prestada nos termos do número anterior, comprovadamente alcance a superação extrajudicial do litígio por transacção ou a sua resolução por meios alternativos, designadamente promovendo a mediação ou arbitragem, são devidos honorários no montante de cinco unidades de referência, que acrescem à remuneração prevista no número anterior" (n.° 2 deste artigo 6.°); "os honorários, a pagar pelo Cofre Geral dos Tribunais, devem ser solicitados em requerimento dirigido ao Instituto de Gestão Financeira e Patrimonial da Justiça, que [...] [nos casos de resolução do litígio sem recurso aos tribunais judicias que ficaram mencionados] procede ao pagamento após parecer da Direcção-Geral da Administração Extrajudicial".

V. também o Decreto-Lei n.° 71/2005, de 17 de Março, que completa a transposição da Directiva n.° 2003/8/CE, do Conselho, de 27 de Janeiro, "relativa à melhoria do acesso à justiça nos litígios transfronteiriços, através do estabelecimento de regras mínimas comuns relativas ao apoio judiciário no âmbito desses litígios, desenvolvendo o regime previsto na Lei n.° 34//2004 [...]".

V. *Protecção jurídica; Apoio judiciário; Ministério Público; Solicitador; Câmara dos Solicitadores; Ordem dos Advogados; Advogado; Advogado estagiário; Honorários; Patrocínio judiciário; Transacção; Mediação; Arbitragem; Mediação; Acesso à justiça; Litígio transfronteiriço.*

2. A Lei n.° 49/2004, de 24 de Agosto, vem estabelecer, no seu artigo 1.°, n.° 5-*b)*, que é acto próprio dos advogados e solicitadores "a consulta jurídica". O mesmo artigo, no seu n.° 2, dispõe que, além dos advogados e dos solicitadores, "podem ainda exercer consulta jurídica juristas de reconhecido mérito e os mestres e doutores em Direito cujo grau seja reconhecido em Portugal, inscritos para o efeito na Ordem dos Advogados nos termos de processo especial a definir no Estatuto da Ordem dos Advogados".

A consulta jurídica é caracterizada pelo artigo 3.° do mesmo diploma como "a actividade de aconselhamento jurídico que consiste na interpretação e aplicação das normas jurídicas mediante solicitação de terceiro".

V. *Norma jurídica; Interpretação da lei.*

Consumidor (Dir. Civil) – O artigo 60.° da Constituição da República ocupa-se dos direitos dos consumidores, declarando que eles "têm direito à qualidade dos bens e serviços consumidos, à formação e à informação, à protecção da saúde, da segurança e dos seus interesses económicos, bem como à reparação de danos"; no n.° 3 desta disposição estabelece-se que "as associações de consumidores e as cooperativas de consumo têm direito, nos termos da lei, ao apoio do Estado e a ser ouvidas sobre as questões que digam respeito à defesa dos consumidores, sendo-lhes reconhecida legitimidade processual para defesa dos seus associados ou de interesses colectivos ou difusos". Ao Estado incumbe "garantir a defesa dos interesses e os direitos dos consumidores" (artigo 81.°-*i)* da Constituição). Importa ainda ter em consideração o artigo 52.°, n.° 3, da Constituição da República, que atribui o direito de acção popular, "incluindo o direito de requerer para o lesado ou lesados a correspondente indemnização, nomeadamente para:

a) Promover a prevenção, a cessação ou a perseguição judicial das infracções contra a saúde pública, os direitos dos consumidores [...]".

Não sendo incontroversa nas doutrinas europeias a noção de consumidor, reproduz-se aquela que consta do artigo 2.° da Lei de Defesa do Consumidor (Lei n.° 24/96, de 31 de Julho – rectificada pela Declaração de rectificação n.° 16/96, de 13 de Novembro –, alterada pela Lei n.° 85/98, de 16 de Dezembro, e pelo Decreto-Lei n.° 67/2003, de 8 de Abril): "considera-se consumidor todo aquele a quem sejam fornecidos bens, prestados serviços ou transmitidos quaisquer direitos, destinados a uso não profissional, por pessoa que exerça com carácter profissional uma actividade económica que vise a obtenção de benefícios".

O Decreto-Lei n.° 359/91, de 21 de Setembro, rectificado pela Declaração de rectificação n.° 199-B/91, de 21 de Setembro, e alterado pelo Decreto-Lei n.° 101/2000, de 2 de Junho, e 82/2006, de 3 de Maio, ocupa-se da disciplina de várias formas de crédito ao consumo e define consumidor como a "pessoa singular que, nos negócios jurídicos abrangidos pelo [...] diploma, actua com objectivos alheios à sua actividade comercial ou profissional".

De forma semelhante, o Decreto-Lei n.° 95/2006, de 29 de Maio, que transpõe a Directiva n.° 2002/65/CE, do Parlamento Europeu e do Conselho, de 23 de Setembro, que se ocupa do regime da informação pré-contratual e dos contratos relativos a serviços financeiros prestados a consumidores através de meios de comunicação à distância, caracteriza consumidor, no seu artigo 2.°-*e)*, como "qualquer pessoa singular que, nos contratos à distância, actue de acordo com objectivos que não se integrem no âmbito da sua actividade comercial ou profissional".

A lei inicial de defesa do consumidor (Lei n.° 29/81, de 22 de Agosto) enunciava os direitos deste, previa e definia o estatuto das associações de defesa do consumidor e criava o Instituto Nacional de Defesa do Consumidor (cuja orgânica foi definida pelo decreto regulamentar n.° 8/83, de 5 de Fevereiro, alterado pelo decreto regulamentar n.° 67/86, de 28 de Novembro).

A lei actual, que revogou a anterior, enuncia também os direitos dos consumidores, relativamente aos quais dispõe o respectivo artigo 16.° que, "sem prejuízo do regime das cláusulas contratuais gerais, qualquer convenção ou disposição contratual que exclua ou restrinja os direitos atribuídos pela presente lei é nula", tal nulidade apenas podendo ser invocada pelo consumidor ou pelos seus representantes, e admitindo-se que o consumidor opte pela manutenção do contrato quando só algumas das suas cláusulas forem nulas, nos termos da disposição que tem vindo a citar-se. A lei em vigor ocupa-se, tal como acontecia com a anterior, do estatuto e do regime das associações de consumidores, equiparando a estas as cooperativas de consumo. Finalmente, os artigos 21.° e 22.° dispõem acerca do Instituto do Consumidor e do Conselho Nacional do Consumo; este foi regulamentado pelo Decreto-Lei n.° 154/97, de 20 de Junho. O enquadramento jurídico dos poderes conferidos pela Lei n.° 24/96 ao Instituto do Consumidor foi estabelecido pelo Decreto-Lei n.° 234/99, de 25 de Junho.

Importa salientar o mencionado DL n.° 67/2003 que trata da venda de bens de consumo e das garantias relativas a esses contratos, com vista a assegurar a protecção dos consumidores. Este diploma revogou as disposições da Lei de Defesa do Consumidor que tratavam desta matéria.

V. também o Código da Publicidade (Decreto-Lei n.° 330/90, de 23 de Outubro, alterado pelos Decretos-Leis n.°s 74/93, de 10 de Março, 6/95, de 17 de Janeiro, 61/97, de 25 de Março, 275/98, de 9 de Setembro, 51/2001, de 15 de Fevereiro, e 332/2001, de 24 de Dezembro, pelas Leis n.°s 31-A/98, de 14 de Julho, e 32/2003, de 22 de Agosto, e pelo Decreto-Lei n.° 224/2004, de 4 de Dezembro) que estabelece no artigo 6.° que "a publicidade rege-se pelos princípios da licitude, identificabilidade, veracidade e respeito pelos direitos dos consumidores".

Dado que uma grande parte dos conflitos na área do consumo tem um pequeno valor, o que torna o recurso aos tribunais pouco frequente, o Decreto-Lei n.° 146/99, de 4 de Maio, veio instituir um sistema de resolução extrajudicial deste tipo de conflitos. De acordo com o n.° 2 do artigo 1.° deste diploma, "as entidades que pretendam instituir procedimentos de resolução extrajudicial de conflitos de consumo através de serviços de mediação, de comissões de resolução de conflitos ou de provedores de cliente, qualquer que seja a denominação ou forma que revistam, solicitam o respectivo registo junto do Instituto do Consumidor, ficando sujeitas aos princípios e regras de procedimento previstas no presente diploma", do qual está excluída a arbitragem. A Portaria n.° 328/2000, de 9 de Junho, aprovou o Regulamento do registo das entidades que pretendam instituir procedimentos de resolução extrajudicial de conflitos de consumo.

Regime próprio, informado por preocupações de defesa do consumidor, têm os chamados *contratos celebrados à distância* (v. esta expressão).

O regime do Decreto-Lei n.° 7/2004, de 7 de Janeiro – que transpôs a Directiva n.° 2000/31/CE, do Parlamento Europeu e do Conselho, de 8 de Junho de 2000 –, relativo ao comércio electrónico no mercado interno, dispõe que a liberdade de circulação "de um determinado serviço da sociedade da informação proveniente de outro Estado membro da União Europeia" pode ser restringida pelos tribunais ou por outras entidades competentes, nomeadamente as de supervisão, "se lesar ou ameaçar gravemente" "os consumidores, incluindo os investidores".

V. *Direitos do consumidor; Tutela do consumidor; Dano; Associação de defesa do consumidor; Legitimidade; Interesses difusos; Indemnização; Pessoa singular; Dever pré-contratual; Instituto do Consumidor; Cláusulas contratuais gerais; Nulidade; Representante; Publicidade; Contrato de crédito; Venda de bens de consumo; Garantia; Conflito de consumo; Mediação; Arbitragem; Princípio da licitude;*

Princípio da veracidade; Princípio da identificabilidade; Negócio jurídico.

Consumível (Dir. Civil) – V. *Coisa consumível.*

Conta (Proc. Civil) – O artigo 50.° do Código das Custas Judiciais – aprovado pelo Decreto-Lei n.° 224-A/96, de 26 de Novembro (rectificado pela Declaração de rectificação n.° 4-B/97, de 31 de Janeiro), alterado pelo Decreto-Lei n.° 91/97, de 22 de Abril, pela Lei n.° 59/98, de 25 de Agosto, e pelos Decretos-Leis n.°s 304/99, de 6 de Agosto, 320-B/2000, de 15 de Dezembro, 323/2001, de 17 de Dezembro, 38/ /2003, de 8 de Março, e 324/2003, de 27 de Dezembro (rectificado pela Declaração de rectificação n.° 26/2004, de 24 de Fevereiro), e pelas Leis n.°s 45/2004, de 19 de Agosto, e 60-A/2005, de 30 de Dezembro –, determina que "[...] as contas dos processos são elaboradas no tribunal que funcionou em 1.ª instância, após o trânsito em julgado da decisão final".

V. *Processo; Custas; Tribunal de 1.ª instância; Trânsito em julgado.*

Conta poupança-condomínio (Dir. Civil) – Na sequência da imposição, pelo artigo 4.° do Decreto-Lei n.° 268/94, de 25 de Outubro, da "constituição, em cada condomínio, de um fundo comum de reserva para custear as despesas de conservação do edifício ou conjunto de edifícios", o Decreto-Lei n.° 269/94, da mesma data, alterado pelas Leis n.°s 52-C/96, de 27 de Dezembro, 87-B/98, de 31 de Dezembro, 3-B/2000, de 4 de Abril, 30-C/2000 e 30-G/2000, ambas de 29 de Dezembro, e pelo Decreto-Lei n.° 323/2001, de 17 de Dezembro, veio permitir aos administradores da propriedade horizontal que, mediante prévia deliberação da assembleia de condóminos, abram "contas de depósito a prazo denominadas «contas poupança-condomínio»", que se destinam "exclusivamente à constituição de um fundo de reserva para a realização, nas partes comuns dos prédios, de obras de conservação ordinária, de conservação extraordinária e de beneficiação". Estas contas podem ser mobilizadas – através de cheque ou ordem de pagamento, emitidos a favor do construtor ou credor do preço de venda dos materiais ou serviços para a realização das obras nas partes comuns do prédio – pelo administrador ou pelos condóminos autorizados em assembleia para o efeito, após o decurso do primeiro prazo contratual.

O diploma citado concede alguns benefícios fiscais a estas contas poupança-condomínio, autorizando os respectivos titulares, a todo o tempo e após deliberação da assembleia de condóminos, a "comunicar à instituição depositária a alteração dos objectivos que se propôs com a abertura da conta, desde que sejam repostos os benefícios fiscais que lhes tenham sido aplicados". "Aos titulares de contas poupança-condomínio constituídas há mais de três anos e que pretendam mobilizar o saldo é garantido o direito à concessão de um empréstimo", cujo montante é determinado segundo as regras do n.° 2 do artigo 7.° do referido DL n.° 269/94.

V. *Propriedade horizontal; Condomínio; Fundo comum de reserva; Administrador na propriedade horizontal; Assembleia dos condóminos; Deliberação; Partes comuns; Prédio urbano; Obras.*

Contagem de prazos (Dir. Civil; Proc. Civil) – V. *Prazo; Prazo judicial; Cômputo do termo.*

Contas (Dir. Civil; Proc. Civil) – V. *Prestação de contas.*

"Contemplatio domini" (Dir. Civil) – Expressão latina que significa a actuação de alguém em nome alheio, isto é, em representação de outrem.

V. *Representação.*

Contestação (Proc. Civil) – Articulado em que o réu, depois de citado, apresenta a sua defesa e respectivos fundamentos de facto e direito.

A defesa pode ser feita *por impugnação* – contradição dos factos enunciados na petição – e *por excepção* – alegação de factos que obstem à apreciação do mérito da acção ou que, sendo causa impeditiva, modificativa ou extintiva do direito invocado pelo autor, determinem a improcedência total ou parcial do pedido.

O n.° 1 do artigo 489.°, C.P.C., estabelece a regra de que toda a defesa deve ser deduzida na contestação. Apenas se exceptuam desta regra os incidentes que a lei mande deduzir em separado ou depois da contestação e as excepções, incidentes e meios de defesa que sejam supervenientes ou de que o tribunal deva conhecer oficiosamente.

Cada um dos factos invocados na petição e que o réu não impugnar na contestação é considerado admitido por ele, a menos que se encontre em manifesta oposição com o conjunto da sua defesa ou que se trate de facto relativamente ao qual se não admita confissão ou ainda de facto que só possa ser provado por documento escrito.

Quando haja lugar à formulação de pedido reconvencional, é também na contestação que ela deve ser feita, expondo-se os respectivos fundamentos – artigo 501.°, n.° 1, C.P.C..

Os prazos para a apresentação da contestação são os seguintes:

a) Em processo ordinário, 30 dias a contar da citação (eram vinte dias na redacção anterior da lei) – artigo 486.°, C.P.C..

b) Em processo sumário, 20 dias (eram 10 dias na redacção anterior da lei) – artigo 783.°, C.P.C..

c) Em processo sumaríssimo, 15 dias (eram oito dias na redacção anterior da lei) – artigo 794.°, C.P.C..

Aos prazos aqui referidos pode acrescer uma dilação, variável consoante as circunstâncias.

A contestação pode ser apresentada em juízo com a entrega na secretaria judicial, com a remessa pelo correio, sob registo, ou com o envio através de telecópia, de correio electrónico, com aposição de assinatura electrónica avançada, ou de outro meio de transmissão electrónica de dados (artigo 150.°, n.° 1, C.P.C., que tem a redacção do Decreto-Lei n.° 324/2003, de 27 de Dezembro – rectificado pela Declaração de rectificação n.° 26/2004, de 24 de Fevereiro); a Portaria n.° 642/2004, de 16 de Junho, regula a forma de apresentação a juízo dos actos processuais enviados através de correio electrónico.

O artigo 152.°, C.P.C., impõe a entrega da contestação em duplicado.

V. artigos 486.° e segs., C.P.C..

Sendo o processo ordinário, a falta de contestação do réu, quando ele foi ou tem de considerar-se ter sido "citado regularmente na sua própria pessoa ou tendo juntado procuração a mandatário judicial no prazo da contestação", tem como efeito considerarem-se "confessados os factos articulados pelo autor"; neste caso, o processo é facultado para exame, pelo prazo de 10 dias, sucessivamente aos advogados das partes, "para alegarem por escrito, e em seguida é proferida sentença, julgando a causa conforme for de direito". O que acabou de enunciar-se quanto às consequências da falta de contestação – e que resulta do artigo 484.°, C.P.C. – não se aplica nos casos referidos no artigo 485.°, e que são:

"*a)* Quando, havendo vários réus, algum deles contestar, relativamente aos factos que o contestante impugnar;

b) Quando o réu ou algum dos réus for incapaz, situando-se a causa no âmbito da incapacidade, ou houver sido citado editalmente e permaneça na situação de revelia absoluta;

c) Quando a vontade das partes for ineficaz para produzir o efeito jurídico que pela acção se pretende obter;

d) Quando se trate de factos para cuja prova se exija documento escrito".

Em processo sumário, a falta de apresentação da contestação dentro de prazo pode importar condenação do réu no pedido – artigo 784.°, C.P.C., na redacção do Decreto-Lei n.° 329-A/95, de 12 de Dezembro (na redacção anterior, importava necessariamente a condenação do réu no pedido).

Nos processos instaurados nos julgados de paz, nos termos do artigo 58.°, n.° 2, da Lei n.° 78/2001, de 13 de Julho, "quando o demandado, tendo sido regularmente citado, não comparecer, não apresentar contestação escrita nem justificar a falta no prazo de três dias, consideram-se confessados os factos articulados pelo autor".

Embora, em regra, a contestação careça de forma articulada (cfr. artigo 151.°, n.° 2, C.P.C.), há casos em que tal não se verifica. Assim, por exemplo, no regime definido pelo Decreto-Lei n.° 269/98, de 1 de Setembro (rectificado pela Declaração de rectificação n.° 16-A/98, de 30 de Setembro), alterado pelos Decretos-Leis n.°s 383/99, de 23 de Setembro, 183/2000, de 10 de Agosto, 323/2001, de 17 de Dezembro, 32/ /2003, de 17 de Fevereiro, 38/2003, de 8 de Março (este rectificado pela Declaração de rectificação n.° 5-C/2003, de 30 de Abril), e 107/2005, de 1 de Julho (rectificado pela Declaração de rectificação n.° 63/2005, de 19 de Agosto), e pela Lei n.° 14/2006, de 26 de Abril, que se ocupa "dos procedimentos destinados a exigir o cumprimento de obrigações pecuniárias emergentes de contratos de valor não superior à alçada da Relação [antes era a do tribunal de 1.ª instância]", ou das obrigações emergentes de transacções comerciais abrangidas pelo Decreto-Lei n.° 32/2003, de 17 de Fevereiro – artigo 1.°, n.° 3. Nestes processos, o prazo para a contestação é de "15 dias, se o valor da acção não exceder a alçada do tribunal de 1.ª instância, ou [...] de 20 dias, nos restantes casos", sendo o duplicado da contestação "remetido ao autor simultaneamente com a notificação da data para da audiência de julgamento"; a falta de contestação, quando o réu tiver sido citado pessoalmente, determina, de acordo com o artigo 2.°, que "o juiz, com valor de decisão condenatória, limitar-se-á a conferir força executiva à petição, a não ser que ocorram, de forma evidente, excepções dilatórias ou que o pedido seja manifestamente improcedente".

V. *Articulados; Réu; Citação; Petição inicial; Impugnação; Excepção; Mérito da causa; Facto impeditivo; Facto extintivo; Direito subjectivo; Autor; Modificação do direito; Extinção de direitos; Procedência; Pedido; Incidente; Conhecimento oficioso; Confissão; Documento escrito; Duplicados; Reconvenção; Prazo; Processo ordinário; Processo sumário; Condenação do réu; Processo sumaríssimo; Dilação; Secretaria judicial; Telecópia; Assinatura electrónica; Procuração; Mandatário judicial; Exame de processos; Advogado; Alegações; Sentença; Litisconsórcio; Incapacidade; Citação edital; Revelia; Ineficácia; Prova; Julgado de paz; Demandado; Falta; Justificação de falta; Injunção; Cumprimento; Obrigação pecuniária; Contrato; Alçada; Tribunal de 1.ª instância; Relação; Obrigação; Transacção; Audiência; Título executivo.*

Contestação por excepção (Proc. Civil) – V. *Contestação; Excepção.*

Contestação por impugnação (Proc. Civil) – V. *Contestação; Impugnação.*

Contestação por negação (Proc. Civil) – Há autores que designam assim a contestação que nega em conjunto toda a matéria articulada na petição. O artigo 488.°, C.P.C., na redacção do Decreto-Lei n.° 180/ /96, de 25 de Setembro, dispõe que "na contestação deve o réu individualizar a acção e expor as razões de facto e de direito por que se opõe à pretensão do autor, especificando separadamente as excepções que deduza", o mesmo é dizer que não se admite a contestação por negação.

V. *Contestação; Petição inicial; Excepção.*

Contestação por simples junção de documentos (Proc. Civil) – Sempre que o demandado se limita a requerer a junção ao processo de documentos que provam os factos que constituem a matéria da defesa, fala-se desta forma de contestação, que pode até dispensar que o requerimento em que se pede a referida junção assuma a forma típica da contestação, isto é, impugne especificadamente os factos enunciados pelo autor e cuja não veracidade os documentos cuja junção é requerida visam demonstrar.

V. *Contestação; Documento; Apresentação de documentos; Requerimento.*

Conteúdo da declaração (Dir. Civil) – É a vontade e o sentido que a declaração negocial objectivamente exprime.

Segundo o artigo 236.°, n.° 1, C.C., "a declaração negocial vale com o sentido que um declaratário normal, colocado na posição do real declaratário, possa deduzir do comportamento do declarante, salvo se este não puder razoavelmente contar com ele".

No caso de o declaratário conhecer a vontade real do declarante, é de acordo com ela que se apura o sentido da declaração – artigo 236.°, n.° 2, C.C..

V. *Declaração negocial; Interpretação do negócio jurídico; Declaratário; Declarante.*

Conteúdo da destinação (Dir. Civil) – V. *Doutrina do conteúdo da destinação.*

Conteúdo da obrigação (Dir. Civil) – Conteúdo ou objecto da obrigação é a prestação, isto é, aquilo que o devedor está vinculado perante o credor a fazer ou a omitir.

Dado que o conteúdo da obrigação pode ser – e é-o em muitíssimos casos – moldado pelas partes, a interpretação das declarações destas é essencial à respectiva definição. E esta, por sua vez, decisiva para saber se há ou não – e em que medida – cumprimento da obrigação.

V. *Obrigação; Prestação; Devedor; Credor; Declaração negocial; Interpretação do negócio jurídico; Cumprimento; Incumprimento.*

Conteúdo do contrato (Dir. Civil) – O conteúdo de um contrato é constituído pela regulamentação dos interesses das partes que o contrato opera, isto é, pelo conjunto de cláusulas que o formam, acrescido das disposições legais que supletivamente lhe sejam aplicáveis.

Há quem use a expressão para referir o conjunto de efeitos jurídicos que a vontade negocial visa produzir, sendo, neste sentido, a expressão sinónima de objecto do contrato.

V. *Contrato; Cláusula; Norma supletiva.*

Conteúdo do direito (Dir. Civil) – É o conjunto de poderes ou faculdades que um direito subjectivo contém.

V. *Direito subjectivo.*

Continuidade da audiência (Proc. Civil) – O n.° 2 do artigo 656.°, C.P.C., na redacção do Decreto-Lei n.° 329-A/95, de 12 de Dezembro, prescreve que a audiência seja contínua, só podendo, excepcionalmente, ser interrompida por motivo de força maior, por absoluta necessidade ou nos casos previstos no n.° 4 do artigo 650.°, C.P.C. (suspensão da audiência por as provas não poderem ser logo requeridas e produzidas), e no n.° 2 do artigo 654.°, C.P.C. (caso algum dos juízes fique impossibilitado durante a discussão da causa, desde que a impossibilidade seja temporária e as circunstâncias não aconselhem a repetição dos actos já praticados).

Em qualquer caso, há-de observar-se a regra do n.° 3 do artigo 651.°, C.P.C.: não pode adiar-se a audiência por mais do que uma vez, excepto quando não for possível constituir o tribunal colectivo e nenhuma das partes prescindir do julgamento pelo mesmo.

A disposição já citada no n.° 2 do artigo 656.°, C.P.C., impõe que o prosseguimento da audiência seja feito no dia imediato, salvo se for domingo ou feriado.

V. *Audiência; Suspensão da audiência; Prova; Adiamento da audiência; Tribunal colectivo.*

Continuidade do prazo judicial (Proc. Civil) – "O prazo processual, estabelecido por lei ou fixado por despacho do juiz, é contínuo, suspendendo-se, no entanto, durante as férias judiciais, salvo se a sua duração for igual ou superior a seis meses ou se tratar de actos a praticar em processos que a lei considere urgentes".

"Quando o prazo para a prática do acto processual terminar em dia em que os tribunais estiverem encerrados, transfere-se o seu termo para o primeiro dia útil seguinte", considerando-se, para este efeito, "encerrados os tribunais quando for concedida tolerância de ponto".

"Os prazos para a propositura de acções previstos neste Código seguem o regime dos números anteriores".

V. artigo 144.°, C.P.C., na redacção do Decreto-Lei n.° 329-A/95, de 12 de Dezembro.

V. *Prazo judicial; Despacho; Suspensão de prazo judicial; Férias judiciais; Processo urgente; Propositura da acção.*

Contitularidade (Dir. Civil) – Situação em que dois ou mais sujeitos são simultaneamente titulares de um dado direito, como acontece, por exemplo, com a compropriedade).

As situações de contitularidade de direitos são aplicáveis, com as necessárias adaptações, as disposições relativas à compropriedade (artigo 1404.°, C.C.).

V. *Direito subjectivo; Compropriedade.*

"Contractus re" (Dir. Civil) – No direito romano, era o contrato real, isto é, aquele para cuja celebração era necessária, além das declarações de vontade, a entrega da coisa (*datio rei*).

No direito português, corresponde a esta figura o contrato real *quoad constitu-*

tionem, também designado apenas por contrato real.

V. *Contrato; Contrato real; Declaração negocial.*

Contradição (Proc. Civil) – Aquele que pode ser prejudicado com a procedência em juízo de uma pretensão alheia tem o direito de contradição, isto é, a possibilidade de se defender. Por isso que a lei processual civil defina a legitimidade passiva em função do interesse em contradizer, esclarecendo que este se exprime pelo prejuízo que da procedência da acção advenha.

V. artigo 26.°, C.P.C..

V. *Legitimidade; Acção; Procedência.*

Contradição de causas de pedir (Proc. Civil) – A nossa lei processual civil não mencionava no antigo artigo 193º, n.° 2, a contradição de causas de pedir enunciadas pelo autor entre os fundamentos de ineptidão da petição inicial, mas, como alguns autores reconheciam, se fossem realmente contraditórias as causas de pedir invocadas pelo autor, tal poderia tornar ininteligível, fosse o pedido fosse, com mais probabilidade, a própria causa de pedir, sendo tal ininteligibilidade fundamento de ineptidão da petição inicial.

Actualmente, o artigo 193.°, n.° 2-*c)*, C.P.C., na redacção do Decreto-Lei n.° 329-A/95, de 12 de Dezembro, estabelece que a petição inicial é inepta "quando se cumulem causas de pedir ou pedidos substancialmente incompatíveis".

V. *Causa de pedir; Autor; Petição inicial; Ineptidão da petição; Pedido.*

Contradição do pedido com a causa de pedir (Proc. Civil) – A alínea *b)* do n.° 2 do artigo 193.°, C.P.C., declara inepta a petição inicial "quando o pedido esteja em contradição com a causa de pedir".

V. *Petição inicial; Pedido; Causa de pedir; Ineptidão da petição.*

Contradita (Proc. Civil) – Faculdade de a parte, contra quem é apresentada uma testemunha, reagir contra a credibilidade desta, invocando qualquer facto susceptível de pôr em dúvida a fé que o seu depoimento deve merecer.

A contradita pode fundamentar-se em factos respeitantes à vida ou costumes da testemunha, ao interesse directo que ela tenha na decisão da causa, a suborno, ou presunção deste, de que tenha sido objecto ou no desconhecimento ou insuficiente conhecimento que tenha dos factos sobre os quais versou o seu depoimento.

Em princípio, a contradita destina-se a abalar o mérito do conjunto do depoimento e não apenas de uma parte dele, consistindo, porém, não num ataque ao depoimento, mas à pessoa da testemunha.

Deduzida e recebida a contradita, depois de terminado o depoimento da testemunha, esta é ouvida sobre a matéria invocada; caso não confesse essa matéria, a parte pode oferecer prova testemunhal e documental sobre ela, devendo as testemunhas (até ao limite de três por cada facto) ser oferecidas imediatamente e os documentos apresentados até ao momento em que deva ser proferida a decisão relativa aos factos controvertidos.

V. artigos 640.° e 641.°, C.P.C..

V. *Testemunha; Inquirição; Parte; Acareação; Confissão; Impugnação de testemunha; Prova testemunhal; Prova documental; Apresentação de documentos.*

Contraditório (Proc. Civil) – V. *Princípio do contraditório.*

Contraente débil (Dir. Civil) – Fala-se de contraente fraco ou débil nas situações em que uma das partes no contrato tem um poder de negociação contratual diminuído ou, até, eliminado.

A razão da debilidade contratual de uma das partes pode ser de natureza económica ou não, não sendo forçoso que a parte negocialmente fraca num contrato disponha, relativamente à outra, de património inferior. São, frequentemente, as condições do mercado no sector em que o contrato se inscreve que determinam o acrescido poder contratual de um dos sujeitos em relação ao outro, também podendo esta situação decorrer do específico interesse contratual de um dos contraentes, por motivos ou interesses pessoais que só aquele contrato pode satisfazer.

Nos casos em que, tipicamente, uma das partes é um contraente fraco, o regime legal do contrato contém normas imperativas, destinadas a evitar a inserção de cláusulas abusivas por vontade da contraparte, vontade a que a parte débil, se quiser concluir o contrato, não pode deixar de se submeter.

Esta é a motivação, ou *ratio*, do regime das chamadas cláusulas contratuais gerais, hoje inequivocamente aplicáveis à generalidade dos chamados contratos de adesão.

V. *Contrato; Norma imperativa; Cláusulas contratuais gerais; Contrato de adesão.*

Contrafacção (Dir. Penal; Dir. Civil) – Estabelece o n.° 1 do artigo 196.° do Código do Direito de Autor e dos Direitos Conexos, aprovado pelo Decreto-Lei n.° 63/85, de 14 de Março, alterado pelas Leis n.°s 45/85, de 17 de Setembro, 114/91, de 3 de Setembro, pelos Decretos-Leis n.°s 332//97, 333/97 e 334/97, todos de 27 de Novembro, e pela Lei n.° 50/2004, de 24 de Agosto, que "comete o crime de contrafacção quem utilizar, como sendo criação ou prestação sua, obra, prestação de artista, fonograma, videograma ou emissão de radiodifusão que seja mera reprodução total ou parcial de obra ou prestação alheia, divulgada ou não divulgada, ou por tal modo semelhante que não tenha individualidade própria".

V. também artigos 197.° e 198.° do mesmo diploma.

V. *Direito de autor.*

"Contra legem" – Contra a lei. Esta expressão é utilizada ora para qualificar o costume ora a interpretação da lei.

O costume *contra legem* é muitas vezes considerado irrelevante na ordem jurídica portuguesa, com o argumento de que o artigo 7.° do Código Civil parece só admitir a cessação de vigência da lei por revogação ou caducidade e não pela substituição da regra legal por uma regra consuetudinária a ela contrária.

Tal entendimento releva, por um lado, daquele outro de que o costume não pode ser considerado fonte de direito em Portugal, por não o incluir o Código Civil no elenco das fontes que enuncia; ora, é, pelo menos, discutível que possa extrair-se de uma fonte de (a lei, neste caso) a resposta à questão de saber quais são – ou podem ser – as outras fontes de Direito, sendo esta objecção reforçada pelo facto de se estar perante uma norma legal ordinária e não constitucional. Por outro lado, pouco pode realmente retirar-se do referido artigo 7.°, dado que basta uma interpretação extensiva dele, que alargue o sentido da palavra *lei* a para o de *norma jurídica*, para que nele se possa encontrar admitida a possibilidade de uma norma consuetudinária revogar uma legal.

Haverá, pois, de verificar na ordem jurídica se o costume *contra legem* não existe em algumas situações, em Portugal designadamente, tendo substituído a norma legal que lhe é oposta e esse é problema cuja solução supõe uma averiguação sociológica que em geral não se encontra realizada, embora se possa, em alguns casos – necessariamente escassos e restritos geográfica e/ou socialmente, o mesmo é dizer pertinentes a normas locais, profissionais ou semelhantes quanto ao âmbito de aplicabilidade –, identificar normas costumeiras *contra legem* vigentes.

A interpretação *contra legem*, expressão aparentemente contraditória nos seus próprios termos, verificar-se-ia quando o intérprete houvesse concluído pela necessidade de não aceitar a norma legal com o sentido que ela comporta, dada a iniquidade ou absurdo das suas consequências, e lhe atribuísse, por via interpretativa, um sentido diverso. Esta forma de interpretação da lei parece estar claramente excluída pelo artigo 9.°, C.C., e, para quem a admita, terá sempre de ser realizada com uma extrema cautela, dado o risco de o intérprete poder estar a criar uma nova norma sem que para tal disponha de legitimidade constitucional.

V. *Costume; Interpretação da lei; Interpretação abrogante; Caducidade da lei; Revogação da lei.*

"Contra proferentem" (Dir. Civil) – V. *"Ambiguitas contra stipulatorem est"; Interpretação do negócio jurídico.*

Contraproposta (Dir. Civil) – Quando o destinatário de uma proposta contratual, manifestando-se positivamente sobre ela, lhe introduz, porém, modificações, aditamentos ou limitações precisas, a sua resposta é considerada como uma nova proposta ou contraproposta.

Para que a declaração assim possa ser qualificada é, naturalmente, necessário que preencha os requisitos formais e substanciais de qualquer proposta contratual.

V. artigo 233.°, C.C..

V. *Proposta de contrato.*

Contraprova (Dir. Civil; Proc. Civil) – Designa-se por contraprova "a actividade ou meio ou conjunto de meios probatórios, que têm como eficácia lançar no espírito do julgador uma dúvida séria acerca da verdade dos factos que foram objecto deste tipo de prova" (Castro Mendes, *Direito Processual Civil*, III, 1980, pág. 196).

O artigo 346.°, C.C., dispõe que, quando sobre alguém recaia o ónus da prova de determinado facto e a produza, a parte contrária pode opor contraprova relativa aos mesmos factos, com o fim de os tornar duvidosos. Se assim for posta em causa (no sentido de abalada, isto é, tornada duvidosa) a verdade dos factos e a prova que havia sido produzida sobre eles, a questão é decidida contra a parte que tinha o respectivo ónus da prova.

V. *Prova; Ónus da prova.*

"Contrario sensu" (Dir. Civil) – V. *"A contrario sensu"; Interpretação da lei.*

"Contrarius consensus" (Dir. Civil) – Expressão latina por vezes usada na doutrina como sinónimo de *distrate* (v. esta expressão).

"Contra stipulatorem" (Dir. Civil) – V. *"Ambiguitas contra stipulatorem est"; Interpretação do negócio jurídico.*

Contratação electrónica (Dir. Civil; Dir. Com.) – O Decreto-Lei n.° 7/2004, de 7 de Janeiro, que transpõe para a ordem jurídica portuguesa a Directiva n.° 2000/31/CE, do Parlamento Europeu e do Conselho, de 8 de Junho de 2000, contém, no seu capítulo V, um regime que se aplica ao que na sua epígrafe designa por *contratação electrónica,* sendo o respectivo âmbito, nos termos do artigo 24.°, "todo o tipo de contratos celebrados por via electrónica ou informática, sejam ou não qualificáveis como comerciais".

O artigo 25.° enuncia, no seu n.° 1, o princípio da liberdade de celebração de contratos por esta via, "sem que a validade ou eficácia destes seja prejudicada pela utilização deste meio". O n.° 2 da mesma disposição exclui, porém, desta forma de contratação os negócios jurídicos familiares e sucessórios, os que "exijam a intervenção de tribunais, entes públicos ou outros entes que exerçam poderes públicos, nomeadamente quando aquela intervenção condicione a produção de efeitos em relação a terceiros (como acontece, por exemplo, quando essa produção dependa de registo), e ainda os negócios legalmente sujeitos a reconhecimento ou autenticação notariais", os reais, os relativos a imóveis, à excepção do arrendamento, e os constitutivos de caução e de garantia, "quando não se integrarem na actividade profissional de quem os presta". O n.° 3 deste mesmo artigo dispõe que "só tem de aceitar a via electrónica para a celebração de um contrato quem se tiver vinculado a proceder dessa forma". Finalmente, o n.° 4 proíbe as cláusulas contratuais gerais que imponham a celebração por via electrónica de contratos com consumidores.

Pelo que respeita à forma, estabelece o artigo 26.° que "as declarações negociais emitidas por via electrónica satisfazem a exigência legal de forma escrita quando contidas em suporte que ofereça as mesmas garantias de fidelidade, inteligibilidade e conservação", valendo o documento electrónico como "documento assinado quando satisfizer os requisitos da legislação sobre assinatura electrónica e certificação" (v. o Decreto-Lei n.° 290-D/99, de 2 de Agosto, alterado pelos Decretos-Leis n.°s 62/2003, de 3 de Abril, e 165/2004, de 6 de Julho).

"O prestador de serviços em rede que celebre contratos por via electrónica deve disponibilizar aos destinatários dos serviços, salvo acordo em contrário das partes que não sejam consumidores, meios técnicos eficazes que lhes permitam identificar e corrigir erros de introdução antes de formular uma ordem de encomenda" – artigo 27.°; a infracção desta regra constitui contra-ordenação sancionável com coima de € 2500 a € 50000, segundo o artigo 37.°, sendo a contra-ordenação sancionável com coima de € 5000 a € 100000, se o agente for reincidente, e agravada em um terço destes limites se for praticada por uma pessoa colectiva; este regime sancionatório pode ser complementado com as sanções previstas no artigo 38.°, não prejudicando a sua aplicação a dos regimes especiais vigentes.

O artigo 28.° contém o enunciado de um conjunto de informações pré-contratuais a que está vinculado o prestador de serviços em rede que celebre contratos por este meio, dispondo a lei que tais informações são mínimas e que têm de ser prestadas de forma "inequívoca", constituindo a omissão da prestação delas contra-ordenação sancionável nos termos do já referido artigo 37.°; as informações respeitam: ao processo de conclusão do contrato; ao arquivamento ou não do contrato pelo prestador de serviço e à respectiva acessibilidade pelo destinatário; à língua ou línguas em que o contrato pode ser celebrado; aos meios técnicos que são disponibilizados para poderem ser identificados e corrigidos erros de introdução de dados que possam constar da ordem de encomenda; aos termos do contrato e respectivas cláusulas, incluídas as cláusulas gerais; aos códigos de conduta de que seja subscritor e à forma de os consultar electronicamente. Tais deveres pré-contratuais são passíveis de afastamento convencional, salvo se a parte que acorda em tal afastamento for um consumidor. Mais adiante, numa sede algo inesperada do ponto de vista sistemático, o artigo 31.°, n.° 1, estabelece que "os termos contratuais e as cláusulas gerais [...] devem ser sempre comunicadas de maneira que permita ao destinatário armazená-los e reproduzi-los, o que corresponde a mais um dever pré-contratual, cuja omissão é considerada contra-ordenação sancionável nos termos do já referido artigo 37.°.

Relativamente à questão do momento da produção dos efeitos jurídicos das declarações das partes, mormente do aceitante, começa por impor o artigo 29.° um dever ao prestador de serviços de comunicar à contraparte a recepção da ordem de encomenda por via exclusivamente electrónica, sendo tal comunicação feita por via idêntica, "salvo acordo em contrário com a parte que não seja consumidora", só sendo dispensada a comunicação quando haja imediata prestação em linha do produto ou serviço encomendado; a falta de pronto envio deste aviso constitui contra-ordenação sancionável nos termos do artigo 37.°; "o aviso de recepção deve conter a identificação fundamental do contrato a que se refere" e ser sempre comunicado de maneira que permita ao destinatário armazená-lo e reproduzi-lo; "a encomenda torna-se definitiva com a confirmação do destinatário, dada na sequência do aviso de recepção, reiterando a ordem transmitida"; o artigo 31.°, n.° 2, esclarece que "a ordem de encomenda, o aviso de recepção e a confirmação da encomenda consideram-se recebidos logo que os destinatários têm a possibilidade de aceder a eles". Significa este regime que a aceitação dos termos contratuais só produz os seus efeitos de conclusão do contrato, quando haja dever de acusar a sua recepção nos termos que se deixaram expostos, no momento em que o aceitante reitere a vontade contratual de aceitar; confirmando isto mesmo, o artigo 32.°, n.° 2, dispõe que "o mero aviso de recepção da ordem de encomenda não tem significado para a determinação do momento da conclusão do contrato".

Os citados artigos 27.° e 29.° "não são aplicáveis aos contratos celebrados exclusivamente por correio electrónico ou outro meio de comunicação individual equivalente".

"À contratação celebrada exclusivamente por meio de computadores, sem intervenção humana, é aplicável o regime comum, salvo quando este pressuponha uma actuação"; são, designadamente, aplicáveis as regras legais sobre o erro na formação da vontade "se houver erro de programação"; sobre o erro na declaração "se houver defeito de funcionamento da máquina", e sobre erro na transmissão da declaração "se a mensagem chegar deformada ao seu destino". "A outra parte não pode opor-se à impugnação por erro sempre que lhe fosse exigível que dele se apercebesse, nomeadamente pelo uso de dispositivos de detecção de erros de introdução" – artigo 33.°.

Finalmente, o artigo 34.° permite a resolução extrajudicial de conflitos entre prestadores de serviços e destinatários destes, "com observância das disposições concernentes à validade e eficácia dos documentos referidas no presente capítulo".

V. *Contrato; Liberdade contratual; Validade; Ineficácia; Negócio jurídico; Contrato familiar; Contrato sucessório; Tribunal; Registo; Autenticação; Notário; Contrato real; Imóvel; Arrendamento; Caução; Garantia; Garantias especiais; Consumidor; Forma; Declaração negocial; Documento escrito; Assinatura; Assinatura electrónica; Contrato de prestação de serviços; Ordem de encomenda; Pessoa colectiva; Vícios na formação da vontade; Dever pré-contratual; Cláusula; Convenção; Norma imperativa; Norma supletiva; Cláusulas contratuais gerais; Aceitação; Perfeição do contrato; Erro.*

Contrato (Dir. Civil) – É o negócio jurídico bilateral ou plurilateral, isto é, integrado por duas ou mais declarações negociais exprimindo vontades convergentes no sentido da realização de um objectivo comum que justifica a tutela do direito. É, pois, a convenção pela qual duas ou mais pessoas constituem, regulam, modificam ou extinguem relações jurídicas, regulando assim juridicamente os seus interesses.

O contrato é, o instrumento que a ordem jurídica faculta aos sujeitos para, por acordo, realizarem as operações económicas e sociais que lhes convêm, atribuindo a esses acordos carácter jurídico, isto é, vinculativo.

V. *Convenção; Parte; Acordo; Liberdade contratual.*

Contrato abolitivo (Dir. Civil) – Alguns autores falam de contrato abolitivo ou extintivo para designar o acordo das partes num contrato pelo qual elas lhe põem termo, isto é, a revogação, ou distrate, do contrato.

V. *Contrato; Revogação; Parte; Distrate.*

Contrato acessório (Dir. Civil) – É o que depende juridicamente de outro contrato ou negócio, chamado principal.

A acessoriedade implica, em regra, que o contrato acessório dependa, na sua validade e subsistência, do principal e que, em geral, se molde em função deste último. Exemplos de contratos acessórios são os de constituição de um penhor ou de uma hipoteca para garantir a dívida emergente de certo contrato.

V. *Contrato; Acessoriedade; Validade; Penhor; Hipoteca; Dívida.*

V. *Contrato; Credor.*

Contrato a favor de terceiros – (Dir. Civil) – Consiste esta figura, regulada nos artigos 443.° e segs., C.C., em uma das partes (promitente) assumir perante a outra (promissário), desde que esta tenha em tal promessa um interesse digno de protecção legal, a obrigação de efectuar uma prestação (ou de atribuir, por outra forma, uma vantagem) a um terceiro, que não é parte no contrato.

Pelo contrato a favor de terceiros podem também remitir-se dívidas, ceder-se créditos, constituir, modificar, transmitir ou extinguir direitos reais.

Pela conclusão do contrato, o terceiro adquire desde logo o direito de crédito (se for este, como é o mais frequente, o efeito do contrato para ele) contra o promitente. Porém, o terceiro é livre de rejeitar a promessa ou de aderir a ela.

Enquanto não for manifestada a adesão do beneficiário, a promessa é revogável e, tratando-se de promessa a cumprir depois da morte do promissário, ela é revogável em qualquer momento durante a vida deste. Significa isto que o efeito essencial da aceitação – que tem de ser comunicada tanto ao promitente como ao promissário – é precludir o direito de revogação da promessa (salvo se ela for para cumprir depois da morte do promissário). Quanto à rejeição – que deve ser declarada ao promitente que, por sua vez, tem obrigação de a comunicar ao promissário –, o efeito é o de destruir retroactivamente na esfera do terceiro o efeito jurídico do contrato.

Exemplo muito frequente no mercado de contrato a favor de terceiros é o contrato de seguro de vida celebrado entre uma pessoa e uma empresa seguradora a favor de outrem.

V. *Contrato; Obrigação; Prestação; Crédito; Declaração recipienda; Terceiro; Remissão; Cessão de créditos; Direito real; Revogação; Contrato de seguro.*

Contrato a favor do credor (Dir. Civil) – Designação que pode ser dada à *promessa de liberação* (v. esta expressão).

Contrato aleatório (Dir. Civil) – Contrato a título oneroso, no qual a existência ou o valor de uma das prestações, ou até de ambas, depende de acontecimento futuro e incerto.

Esta incerteza relativa ao resultado patrimonial do contrato para as partes é um elemento caracterizador do contrato aleatório, pois, sem essa margem de risco, não estaremos perante um contrato desta natureza.

Exemplos de contratos aleatórios são o de renda vitalícia – artigos 1238.° e segs., C.C. – ou o jogo e a aposta – artigos 1245.° e segs., C.C..

V. *Contrato; Contrato oneroso; Prestação; Renda vitalícia; Jogo; Aposta; Contrato comutativo; Álea.*

Contrato ao domicílio (Dir. Civil) – O Decreto-Lei n.° 143/2001, de 26 de Abril (rectificado pela Declaração de rectificação n.° 13-C/2001, de 31 de Maio), que transpõe a Directiva n.° 97/7/CE, do Parlamento Europeu e do Conselho, de 20 de Maio, relativa à protecção dos consumidores quanto a contratos celebrados à distância, ocupa-se dos chamados contratos ao domicílio.

O contrato ao domicílio é caracterizado no n.° 1 do artigo 13.° como "aquele que, tendo por objecto o fornecimento de bens ou de serviços, é proposto e concluído no domicílio do consumidor, pelo fornecedor ou seu representante, sem que tenha havido prévio pedido expresso por parte do mesmo consumidor". O regime dos chamados contratos ao domicílio aplica-se igualmente a outras realidades jurídicas enunciadas nos n.°s 2 a 5 deste artigo 13.° e que são:

1 – Contratos "celebrados no local de trabalho do consumidor", "celebrados em reuniões, em que a oferta de bens ou de serviços é promovida através de demonstração realizada perante um grupo de pessoas reunidas no domicílio de uma delas a pedido do fornecedor ou seu representante", "celebrados durante uma deslocação organizada pelo fornecedor ou seu representante, fora do respectivo estabelecimento comercial" ou "celebrados no local indicado pelo fornecedor, ao qual o consumidor se desloque, por sua conta e risco, na sequência de uma comunicação comercial feita pelo fornecedor ou pelos seus representantes";

2 – Contratos "que tenham por objecto o fornecimento de outros bens ou serviços que não aqueles a propósito dos quais o consumidor tenha pedido a visita do fornecedor ou seu representante, desde que o consumidor, ao solicitar essa visita, não tenha podido razoavelmente saber que o fornecimento de tais bens ou serviços fazia parte da actividade comercial do fornecedor ou seus representantes";

3 – "Contratos relativos ao fornecimento de bens ou de serviços e à sua incorporação nos imóveis e os contratos relativos à actividade de reparação de bens imóveis";

4 – "Proposta contratual efectuada pelo consumidor, em condições semelhantes às descritas nos n.°s 1 e 2", quer o consumidor tenha ou não tenha ficado vinculado por essa proposta antes da aceitação dela pelo fornecedor.

O regime aplicável a estas situações está excluído quando se trate de "contratos relativos a: *a)* construção, venda e locação de bens imóveis, bem como aos que tenham por objecto quaisquer outros direitos sobre esses bens; *b)* fornecimento de bens alimentares, bebidas ou outros bens de consumo doméstico corrente, fornecidos pelos vendedores com entregas domiciliárias frequentes e regulares; *c)* seguros; *d)* valores mobiliários".

Os contratos, a que se aplica o regime que adiante se expõe sumariamente, são aqueles cujo valor seja igual ou superior a € 60. Tais contratos têm de feitos por escrito, datados e assinados pelo consumidor, que ficará com uma cópia em seu poder assinada também pela contraparte; devem conter todos os elementos enumerados no n.° 1 do artigo 16.°, dos quais se destacam a "forma e condições de pagamento e, no caso de pagamento em prestações, os seus montantes, datas do respectivo vencimento e demais elementos exigidos pela legislação que regula o crédito ao consumo", "forma, lugar e prazos de entrega dos bens ou da prestação do serviço", "regime de garantia e de assistência pós-venda quando a natureza do bem o justifique, com indicação do local onde se podem efectuar e para o qual o consumidor possa dirigir as suas reclamações" e "informação sobre o direito que assiste ao consumidor de resolver o contrato no prazo referido no artigo 18.°, n.° 1 ["14 dias, a contar da data da sua assinatura ou até 14 dias ulteriores à entrega dos bens, se esta for posterior àquela data"], bem como a indicação do nome e endereço da pessoa perante a qual o consumidor pode exercer esse direito". O n.° 2 deste artigo 16.° determina que "quaisquer outras condições e cláusulas devem ser expressas em termos claros e inequívocos, não sendo exigíveis ao consumidor quaisquer outras obrigações para além daquelas que resultam da lei geral".

Para a validade de contratos ao domicílio de valor inferior a € 60, "é suficiente uma nota de encomenda ou documento equivalente, devidamente assinada pelo consumidor" (artigo 16.°, n.° 4).

De acordo com o disposto no artigo 17.°, "quando as vendas ao domicílio sejam acompanhadas ou precedidas de catálogos, revistas ou qualquer outro meio gráfico ou áudio-visual [desde que não se trate de "mensagens publicitárias genéricas que não envolvam uma proposta concreta para aquisição de um bem ou a prestação de um serviço"], devem os mesmos conter os elementos referidos nas alíneas *b)* a *g)* do n.° 1 do artigo anterior, salvo quanto à alínea *d)*, em que é apenas obrigatória a indicação do preço total, forma e condições de pagamento".

Também nestes contratos, como já ficou aludido, há um direito de resolução (ou arrependimento) por parte do consumidor –, direito de cuja existência o fornecedor tem de o informar por escrito num dos prazos enunciados no n.° 2 do artigo 18.° – no prazo mínimo "de 14 dias, a contar da data da sua assinatura ou até 14 dias ulteriores à entrega dos bens, se esta for posterior àquela data". Este direito de resolução é irrenunciável contratualmente, tal como o são o direito a ser informado dele, considerando-se "não escrita" cláusula em que se estipule "uma indemnização ou penalização de qualquer tipo no caso de o consumidor exercer aqueles direitos". O direito de resolução considera-se exercido pelo consumidor "através da expedição, no prazo [...] previsto [neste diploma], de carta registada com aviso de recepção comunicando a vontade de o resolver ao outro contraente ou à pessoa para tal designada no contrato". Sendo o contrato resolvido, "o fornecedor fica obrigado a reembolsar no prazo máximo de 30 dias os montantes pagos pelo consumidor, sem quaisquer despesas para este", devendo o consumidor, por sua vez, restituir os bens "em devidas condições de utilização em prazo não superior a 30 dias a contar da sua recepção à entidade fornecedora ou à pessoa para tal designada no contrato" – artigos 18.° e 19.°.

Nos chamados contratos ao domicílio, "não pode ser exigido ao consumidor qualquer pagamento antes da recepção dos bens ou da prestação do serviço", considerando o n.° 2 do artigo 20.° "como prova do contrato e [...] como entregue por conta do preço, se aquele [o contrato] se concluir", "qualquer quantia entregue pelo consumidor antes de findos os prazos previstos no artigo 18.° [prazos de resolução do contrato, que se deixaram mencionados e prazos de informação do direito de resolução do mesmo, que foram referidos]".

V. *Contrato; Contrato celebrado à distância; Domicílio; Consumidor; Compra e venda; Contrato de fornecimento; Contrato de prestação de serviços; Representante; Estabelecimento comercial; Imóvel; Móvel; Proposta de contrato; Aceitação; Empreitada; Locação; Forma; Escrito particular; Pagamento em prestações; Vencimento; Crédito ao consumo; Lugar do cumprimento; Assistência pós-venda; Resolução do contrato; Resolução do contrato; Arrependimento; Documento; Publicidade; Obrigação de informação; Dever pré-contratual; Irrenunciabilidade; Cláusula; Indemnização; Redução; Prova; Antecipação do cumprimento.*

Contrato a termo (Dir. Civil) – O contrato diz-se a termo quando a sua duração tem um termo fixado, verificado o qual o contrato se extingue por caducidade; se o termo for certo, o contrato será a prazo.

V. *Contrato; Termo; Prazo; Caducidade do contrato.*

Contrato atípico (Dir. Civil) – Figura contratual estabelecida pelas partes, que não corresponde a qualquer dos tipos previstos e regulados normativamente.

O artigo 405.°, C.C., determina que as partes são livres de celebrar contratos diversos dos que se acham legalmente previstos.

Há autores que tomam como sinónimo de contrato atípico o contrato inominado, mas tal posição não parece de acolher, uma vez que um dado contrato pode encontrar-se legalmente previsto e, no entanto, a lei não lhe atribuir qualquer *nomen*; ao invés, pode a lei referir-se a certo contrato por dada designação, não estabelecendo, a seu propósito quaisquer regras que o configurem como um tipo legal.

Há ainda quem inclua na categoria dos contratos típicos aqueles que, não se encontrando normativamente regulados, são habitualmente concluídos no mercado em condições de razoável uniformidade; este entendimento parece corresponder a um tão grande alargamento do conceito que o torna de difícil identificabilidade e consequente utilidade.

V. *Contrato; Liberdade contratual; Contrato inominado.*

Contrato a título gratuito (Dir. Civil) – V. *Contrato gratuito.*

Contrato a título oneroso (Dir. Civil) – V. *Contrato oneroso.*

Contrato automático (Dir. Civil) – Muito embora esta designação não se encontre na lei, referindo-se o Decreto-Lei n.° 143/2001, de 26 de Abril (rectificado pela Declaração de rectificação n.° 13-C/ /2001, de 31 de Maio), que transpõe a Directiva n.° 97/7/CE, do Parlamento Europeu e do Conselho, de 20 de Maio, nos seus artigos 21.° e segs. apenas a "vendas automáticas", dado que o regime dele constante se aplica também a contratos de prestações de serviços, parece não abusivo enunciar tal regime sob esta epígrafe.

Na verdade e de acordo com o n.° 1 do artigo 21.°, do referido diploma, "para efeitos do disposto no presente capítulo, a venda automática consiste na colocação de um bem ou serviço à disposição do consumidor para que este o adquira mediante a utilização de qualquer tipo de mecanismo e pagamento antecipado do seu custo".

"Todo o equipamento destinado à venda automática de bens ou serviços deve permitir a recuperação da importância introduzida em caso de não fornecimento do bem ou serviço solicitado" – artigo 22.°, n.° 1. O n.° 2 desta disposição enumera as informações que têm de encontrar-se "afixadas, de forma clara e perfeitamente legível", no "equipamento destinado à venda automática de bens e serviços", respeitando tais informações à identificação da empresa fornecedora, ao bem ou serviço e ao preço.

Quando o equipamento se encontrar instalado "num local pertencente a uma entidade pública ou privada, é solidária, entre o proprietário do equipamento e o titular do espaço onde se encontra instalado [...] a responsabilidade pela restituição ao consumidor da importância por este introduzida na máquina no caso de não fornecimento do bem ou serviço solicitado ou de deficiência de funcionamento do mecanismo afecto a tal restituição", sendo, do mesmo modo, solidária a responsabilidade pelo cumprimento das obrigações de informação a que se deixou feita referência.

V. *Contrato; Vendas automáticas; Compra e venda; Contrato de prestação de serviços; Consumidor; Responsabilidade civil; Solidariedade; Cumprimento; Obrigação; Obrigação de informação.*

Contrato bilateral (Dir. Civil) – O mesmo que *contrato sinalagmático* (v. esta expressão).

Contrato celebrado à distância (Dir. Civil; Dir. Com.) – Os chamados contratos celebrados à distância tiveram um regime próprio, originariamente decorrente do Decreto-Lei n.° 272/87, de 3 de Julho, com a redacção que lhe fora dada pelo Decreto-Lei n.° 243/95, de 13 de Setembro. Tal regime foi substituído pelo do Decreto-Lei n.° 143/2001, de 26 de Abril (rectificado pela Declaração de rectificação n.° 13-C/ /2001, de 31 de Maio), que transpõe a Directiva n.° 97/7/CE, do Parlamento Europeu e do Conselho, de 20 de Maio, relativa à protecção dos consumidores quanto a contratos celebrados à distância.

Nos termos da alínea *a)* do artigo 2.° deste diploma, "contrato celebrado à distância [é] qualquer contrato relativo a bens ou serviços celebrado entre um fornecedor e um consumidor ["qualquer pessoa singular que actue com fins que não pertençam ao âmbito da sua actividade profissional" – artigo 1.°, n.° 3-*a)*], que se integre num sistema de venda ou prestação de serviços à distância organizado pelo fornecedor que, para esse contrato, utilize exclusivamente uma ou mais técnicas de comunicação à distância até à celebração do contrato, incluindo a própria celebração".

Há técnicas de comunicação à distância cuja utilização implica prévio consentimento do consumidor; assim acontece quando se trate de "sistema automatizado de chamada sem intervenção humana, nomeadamente os aparelhos de chamada automática" ou "telefax"; de acordo com o n.° 2 do artigo 11.°, as técnicas de comunicação diversas das *supra* referidas "e que permitam uma comunicação individual só podem ser utilizadas quando não haja oposição manifesta do consumidor, nos termos da legislação aplicável".

À excepção dos contratos enunciados no artigo 3.° deste diploma, tem a conclusão dos contratos aqui contemplados de ser precedida da prestação, "em tempo útil", de certas informações ao consumidor, designadamente: "*a)* Identidade do fornecedor e, no caso de contratos que exijam pagamento adiantado, o respectivo endereço; *b)* Características essenciais do bem ou do serviço; *c)* Preço do bem ou do serviço, incluindo taxas e impostos; *d)* Despesas de entrega, caso existam; *e)* Modalidades de pagamento, entrega ou execução; *f)* Existência do direito de resolução do contrato, excepto nos casos referidos no artigo 7.° [salvo acordo diverso, o consumidor não pode resolver livremente o contrato no prazo de 14 dias sobre a respectiva conclusão, quando se trate de prestação de serviços já iniciada com o seu consentimento, quando esteja em causa o fornecimento de bens ou a prestação de serviços "cujo preço dependa de flutuações do mercado financeiro que o fornecedor não possa controlar", quando se refira a "fornecimento de bens confeccionados de acordo com especificações do consumidor ou manifestamente personalizados ou que, pela sua natureza, não possam ser reenviados ou sejam susceptíveis de se deteriorarem ou perecerem rapidamente", quando esteja em causa o "fornecimento de gravações áudio e vídeo, de discos e de programas informáticos a que o consumidor tenha retirado o selo de garantia de inviolabilidade", quando se trate de fornecimento de jornais ou revistas ou de serviços de apostas e lotarias]; *g)* Custo de utilização da técnica de comunicação à distância, quando calculado com base numa tarifa que não seja a de base; *h)* Prazo de validade da oferta ou proposta contratual; *i)* Duração mínima do contrato, sempre que necessário, em caso de fornecimento de bens ou de prestação de serviços de execução continuada ou periódica" – artigo 4.°, n.° 1. O n.° 2 desta disposição acentua – sublinhando o que decorre do princípio enunciado no artigo 227.°, C.C., e dos artigos 5.° e 6.° do Decreto-Lei n.° 446/85, de 25 de Outubro (regime das chamadas "cláusulas contratuais gerais") – que o objectivo comercial da prestação destas informações "tem de ser inequivocamente explicado", devendo "ser fornecidas de forma clara e compreensível por qualquer meio adaptado à técnica de comunicação à distância utilizada, com respeito pelos princípios da boa fé, da lealdade nas transacções comerciais e da protecção das pessoas com incapacidade de exercício dos seus direitos, especialmente os menores".

Nos contratos relativos a "serviços cuja execução seja efectuada através de uma técnica de comunicação à distância, desde que tais serviços sejam prestados de uma só vez e facturados pelo operador da técnica de comunicação", tem ainda de ser obrigatoriamente prestada informação relativa ao "endereço geográfico do estabelecimento do fornecedor no qual o consumidor pode apresentar as suas reclamações"; em todos os restantes contratos, para além das informações já enunciadas, tem de ser fornecida ao consumidor "uma informação por escrito sobre as condições e modalidades do exercício do direito de resolução mesmo nos casos referidos no artigo 7.°, alínea *a)* [prestação de serviços cuja execução tenha tido início, com o acordo do consumidor, antes do termo do prazo de 14 dias, prazo em que o consumidor pode arbitrariamente resolver o contrato]".

As informações correspondentes às alíneas *a)* a *f) supra* indicadas devem ser confirmadas ao consumidor "por escrito ou através de outro suporte durável à sua [do consumidor] disposição", "em tempo útil e, no que diz respeito a bens que não tenham de ser entregues a terceiros, o mais tardar no momento da sua entrega"; esta obrigação de confirmação é dispensada "se, previamente à celebração do contrato, as informações em causa já tiverem sido fornecidas ao consumidor por escrito ou através de outro suporte durável à sua disposição facilmente utilizável" - artigo 5.°, n.°s 1 e 2.

Dispõe o artigo 9.° que, "salvo acordo entre as partes, o fornecedor deve dar cumprimento à encomenda o mais tardar no prazo de 30 dias a contar do dia seguinte àquele em que o consumidor lha transmitiu", devendo informar o consumidor "e reembolsá-lo dos montantes que eventualmente tenha pago, no prazo máximo de 30 dias" a contar da data em que tenha conhecimento da indisponibilidade do bem.

O "direito de resolução do contrato" conferido ao consumidor pode ser exercido num "prazo mínimo de 14 dias", contado: "*a)* No que se refere ao fornecimento de bens, a partir do dia da sua recepção pelo consumidor sempre que tenham sido cumpridas as obrigações referidas no artigo 5.° [confirmação das informações que se deixou mencionada]; *b)* No que se refere à prestação de serviços, a partir do dia da celebração do contrato ou a partir do dia em que tenham sido cumpridas as obrigações referidas no artigo 5.° se tal suceder após aquela celebração, desde que não se exceda o prazo de três meses referido no número seguinte; *c)* Se o fornecedor não tiver cumprido as obrigações referidas no artigo 5.°, o prazo referido no n.° 1 [14 dias] é de três meses a contar da data da recepção dos bens pelo consumidor ou, tratando-se de serviços, da data da celebração do contrato; *d)* Caso o fornecedor venha a cumprir as obrigações referidas no artigo 5.° no decurso do prazo de resolução referido no número anterior e antes de o consumidor ter exercido esse direito, este dispõe de 14 dias para resolver o contrato a partir da data de recepção dessas informações". O direito de resolução considera-se exercido pelo consumidor "através da expedição, nos prazos [...] previstos [neste diploma], de carta registada com aviso de recepção comunicando ao outro contraente ou à pessoa para tal designada a vontade de resolver o contrato" (n.° 5 do mesmo artigo).

Exercido o "direito de resolução pelo consumidor, "o fornecedor fica obrigado a reembolsar no prazo máximo de 30 dias os montantes pagos pelo consumidor, sem quaisquer despesas para este, salvo eventuais despesas directamente decorrentes da devolução do bem quando não reclamadas pelo consumidor" - artigo 8.°, n.° 1. O n.° 2 desta disposição impõe ao consumidor a obrigação de conservação dos bens "de modo a poder restituí-los, ao fornecedor ou à pessoa para tal designada no contrato, em devidas condições de utilização, no prazo de 30 dias a contar da sua recepção".

Pelo que respeita aos contratos à distância relativos a serviços financeiros celebrados com consumidores, v. o Decreto-Lei n.° 95/2006, de 29 de Maio, que transpõe a Directiva n.° 2002/65/CE, do Parlamento Europeu e do Conselho, de 23 de Setembro, cujo artigo 2.°-*a)* contém a seguinte definição de contrato celebrado à distância: "qualquer contrato cuja formação e conclusão sejam efectuadas exclusivamente através de meios de comunicação à distância, que se integrem num sistema de venda ou prestação de serviços organizados, com esse objectivo pelo prestador".

V. *Contrato; Consumidor; Tutela do consumidor; Pessoa singular; Compra e venda; Contrato de prestação de serviços; Celebração do contrato; Autorização; Obrigação de informação; Dever pré-contratual; Resolução do contrato; Arrependimento; Proposta de contrato; Contrato de fornecimento; Cláusulas contratuais gerais; Boa fé; Incapacidade; Menor; Aposta.*

Contrato colectivo (Dir. Civil) - Modalidade de contrato normativo, estabelecido entre grupos de pessoas ligadas por um mesmo interesse profissional ou económico, e destinado a fixar os parâmetros dos

contratos que venham a celebrar-se no seu âmbito, mesmo entre pessoas que não hajam intervindo no acordo.
V. *Contrato; Contrato normativo.*

Contrato combinado (Dir. Civil) – Designação dada por alguns autores a uma modalidade de contrato misto, caracterizado por uma das partes ficar obrigada a duas ou várias prestações relevantes de vários tipos contratuais, enquanto a contraparte se vincula a uma contraprestação unitária.
É exemplo de contrato combinado o *contrato de albergaria* (v. esta expressão).
V. *Contrato; Contrato misto; Prestação.*

Contrato com eficácia de protecção para terceiros (Dir. Civil) – Designam assim alguns autores os contratos em que, como no arrendamento para habitação, certos terceiros têm uma posição juridicamente protegida, que, sendo violada, os torna credores de uma indemnização por responsabilidade contratual.
Os terceiros não adquirem direitos subjectivos em consequência do contrato, mas obtêm uma posição jurídica de tutela de certos interesses e a violação de tal posição constitui-os num direito subjectivo, o direito a indemnização.
V. *Contrato; Terceiro; Arrendamento para habitação; Indemnização; Responsabilidade contratual; Direito subjectivo.*

Contrato com eficácia obrigacional (Dir. Civil) – É o contrato pelo qual se constituem, se modificam, se transmitem ou se extinguem obrigações.
Muito embora a maioria dos contratos sejam fontes de obrigações e, por isso, contratos obrigacionais, reserva-se, em regra, a expressão para, por contraposição à de contratos com eficácia real, designar os contratos que apenas produzem efeitos de natureza obrigacional e não já efeitos reais.
V. *Contrato; Obrigação; Eficácia real.*

Contrato com eficácia real (Dir. Civil) – V. *Contrato; Eficácia real.*

Contrato com eficácia sucessiva (Dir. Civil) – V. *Contrato; Contrato de eficácia sucessiva.*

Contrato complementar (Dir. Civil) – Designação que alguns autores dão a um tipo de contrato misto, caracterizado por ter, ao lado de uma obrigação principal, correspondente a um tipo contratual, obrigações acessórias, correspondentes a um ou a outros tipos.
É um contrato complementar aquele em que uma das partes se obriga, contra retribuição, a proporcionar à outra o gozo de um imóvel, fornecendo-lhe aquecimento e água, por exemplo.
V. *Contrato; Contrato misto; Obrigação principal; Obrigação acessória; Imóvel.*

Contrato comutativo (Dir. Civil) – Contrato a título oneroso em que se conhecem os valores patrimoniais das prestações recíprocas no momento da conclusão do contrato, sendo as vantagens e os sacrifícios das respectivas partes tendencialmente equivalentes.
V. *Contrato; Contrato oneroso; Prestação; Celebração do contrato; Contrato aleatório.*

Contrato consensual (Dir. Civil) – Num dos sentidos desta expressão, contrato consensual é aquele para cuja validade a lei não exige forma especial, podendo as partes manifestar as respectivas vontades por qualquer forma. Em regra, e por aplicação do princípio do artigo 219.°, C.C., os contratos são consensuais.
Neste sentido, ao contrato consensual contrapõe-se o contrato formal.
Noutro sentido, contrato consensual significa contrato com eficácia real, cujos efeitos não dependem, na sua produção, de qualquer formalidade posterior ao contrato, designadamente de qualquer entrega, material ou simbólica, da coisa. É também esta a regra da nossa lei, por força do artigo 408.°, n.° 1, C.C..
Neste outro sentido, ao contrato consensual contrapõe-se o contrato real *quoad constitutionem.*
V. *Contrato; Eficácia real; Forma; Contrato real.*

Contrato consigo mesmo (Dir. Civil) – V. *Contrato; Negócio consigo mesmo.*

Contrato cumulativo (Dir. Civil) – Designação dada por alguns autores ao contrato misto que realiza simultaneamente as funções correspondentes a dois tipos contratuais, embora, na sua estrutura, seja correspondente a apenas um desses tipos.

Paradigmática desta categoria de contratos é a *doação mista* (v. esta expressão).

V. *Contrato; Contrato misto.*

Contrato de abertura de crédito (Dir. Civil; Dir. Com.) – V. *Contrato; Abertura de crédito.*

Contrato de adesão (Dir. Civil) – Contrato em que uma das partes estabelece, prévia e unilateralmente, as cláusulas que a outra, de facto, não pode discutir, apenas podendo aceitar ou recusar o conteúdo global da proposta de contrato.

Este tipo de contrato é muito utilizado, pois, designadamente nas relações com as grandes empresas (por exemplo, transportes, seguros), o público tem de se submeter ao modelo de contrato que foi fixado sem a sua prévia intervenção.

Se não podem considerar-se rigorosamente sinónimos contrato de adesão e contrato celebrado na base de cláusulas contratuais gerais, já que, enquanto o segundo implica que o formulário contratual, unilateralmente elaborado e proposto sem negociação prévia, se destine a um número indeterminado de eventuais contraentes, o primeiro pode ser celebrado uma única vez entre dois sujeitos, é certo que os segundos são tipicamente contratos de adesão; daí que pudesse sustentar-se que a grande maioria dos chamados contratos de adesão tinha já um regime jurídico, consagrado no Decreto-Lei n.° 446/85, de 25 de Outubro, com as alterações dos Decretos-Leis n.°s 220/95, de 31 de Agosto, 249/99, de 7 de Julho, e 323/2001, de 17 de Dezembro.

A alteração do artigo 1.°, n.° 2, pelo DL n.° 249/99 veio dissipar quaisquer dúvidas, ao estabelecer que o diploma se aplica "igualmente às cláusulas inseridas em contratos individualizados, mas cujo conteúdo previamente elaborado o destinatário não pode influenciar".

V. *Contrato; Cláusula; Cláusulas contratuais gerais; Proposta de contrato.*

Contrato de agência (Dir. Civil; Dir. Com.) – A noção mais divulgada na doutrina é a de contrato pelo qual um dos contraentes se obriga, perante o outro, a promover com carácter de permanência, em nome e por conta do último, a celebração de contratos em certa zona ou em determinado círculo de clientes, mediante retribuição.

O regime jurídico deste contrato foi instituído pelo Decreto-Lei n.° 178/86, de 3 de Julho. O Decreto-Lei n.° 118/93, de 13 de Abril, que transpôs para a ordem jurídica interna a Directiva n.° 86/653/CEE do Conselho, de 18 de Dezembro de 1986, veio alterar aquele diploma, definindo a agência como o "contrato pelo qual uma das partes se obriga a promover por conta da outra a celebração de contratos, de modo autónomo e estável e mediante retribuição, podendo ser-lhe atribuída certa zona ou determinado círculo de clientes".

V. *Contrato; Obrigação; Representação.*

Contrato de agenciação (Dir. Civil; Dir. Com.) – Contrato de agenciação ou de corretagem é aquele em que uma das partes se obriga, contra remuneração, a realizar um serviço, podendo este traduzir-se na obtenção de informações ou na realização de contratos com terceiros, que o próprio corretor há-de descobrir.

O regime das sociedades corretoras e das sociedades financeiras de corretagem resulta do Decreto-Lei n.° 262/2001, de 28 de Setembro.

V. *Contrato; Contrato de prestação de serviços; Terceiro.*

Contrato de albergaria (Dir. Civil) – Designa-se por contrato de albergaria ou pousada o contrato misto, nos termos do qual uma das partes fica obrigada a prestar à outra habitação e serviços com ela relacionados e/ou alimentação, mediante uma retribuição.

O Código Civil de 1867 continha a seguinte noção de contrato de albergaria no seu artigo 1419.°: "Dá-se contrato de albergaria quando alguém presta a outrem albergue e alimento, ou só albergue, mediante a retribuição ajustada ou do costume".

O actual Código Civil não se ocupa expressamente do regime deste contrato, fazendo-lhe apenas referência, no texto original, a propósito da locação, no artigo 1109.°, entretanto revogado pelo Decreto-Lei n.° 321-B/90, de 15 de Outubro, que aprovou o Regime do Arrendamento Urbano.

V. *Contrato; Contrato misto; Hóspede; Locação.*

Contrato de aprendizagem (Dir. Civil) – V. *Contrato; Aprendizagem.*

Contrato de arrendamento (Dir. Civil) – V. *Contrato; Arrendamento.*

Contrato de cessão de exploração (Dir. Civil; Dir. Com.) – V. *Contrato; Cessão de exploração.*

Contrato de comissão (Dir. Com.; Dir. Civil) – Por este contrato alguém se encarrega de realizar um ou vários negócios por conta de outrem, mas em seu próprio nome, contra o pagamento de uma retribuição que é normalmente fixada numa percentagem do preço dos bens vendidos.

Trata-se, pois, no essencial, de um contrato oneroso de mandato sem representação.

V. *Contrato; Compra e venda; Mandato sem representação; Contrato oneroso.*

Contrato de consignação (Dir. Civil; Dir. Com.) – Contrato pelo qual uma das partes entrega à outra certa quantidade de bens, para que esta os venda, recebendo uma percentagem do preço e restituindo os que não houver vendido.

V. *Contrato; Compra e venda.*

Contrato de consumo (Dir. Com.) – Há autores que acolhem, como categoria funcional, o contrato de consumo que integra todos os contratos "que tenham em comum certos elementos de composição estrutural relativos ao objecto, às pessoas e à função económico-social". Em primeiro lugar, o objecto será, necessariamente, um bem de consumo, uma das partes será "uma empresa ou um profissional de certa actividade económica, não podendo a outra parte actuar nessa qualidade" e sendo "a função económico-social [...] a satisfação das necessidades pessoais dos consumidores". Os contratos de consumo têm um regime parcialmente unitário essencialmente composto por normas de protecção do consumidor. Neste sentido, Carlos Ferreira de Almeida, Negócio jurídico de consumo, *in Boletim do Ministério da Justiça* n.° 347, Junho de 1985, págs. 11 e segs., em especial 15 e segs..

V. *Contrato; Consumidor; Tutela do consumidor.*

Contrato de conta-corrente (Dir. Civil; Dir. Com.) – Contrato em que as partes, reciprocamente obrigadas à entrega de valores, convencionaram que estes seriam escriturados a crédito e a débito, apenas sendo exigível o saldo final apurado.

V. *Contrato; Obrigação.*

Contrato de corretagem (Dir. Civil; Dir. Com.) – V. *Contrato; Contrato de agenciação.*

Contrato de co-seguro (Dir. Civil; Dir. Com.) – V. *Contrato; Co-seguro.*

Contrato de crédito (Dir. Civil; Dir. Com.) – O Decreto-Lei n.° 359/91, de 21 de Setembro, rectificado pela Declaração de rectificação n.° 199-B/91, de 21 de Setembro, e alterado pelos Decretos-Leis n.°s 101/2000, de 2 de Junho, e 82/2006, de 3 de Maio, que disciplina várias formas de crédito ao consumo, caracteriza o contrato de crédito como aquele "por meio do qual um credor concede ou promete conceder a um consumidor um crédito sob a forma de diferimento de pagamento, mútuo, utilização de cartões de crédito ou qualquer outro acordo de financiamento semelhante".

O Decreto Legislativo Regional n.° 25/ /2006/A, de 31 de Julho, cria um regime de apoio ao microcrédito bancário, através de um risco partilhado entre o Governo Regional e as instituições de crédito, do qual podem ser beneficiários "os desempregados, à procura de primeiro ou de novo emprego, com idade igual ou superior a 18 anos, sem recursos económicos para o acesso a crédito bancário pelas vias normais, nomeadamente desempregados de longa duração, beneficiários do rendimento social de inserção e outros em situações particulares de desfavorecimento social, profissional ou económico".

V. *Contrato; Credor; Consumidor; Mútuo.*

Contrato de edição (Dir. Civil) – Nos termos do artigo 83.° do Código do Direito de Autor e dos Direitos Conexos (Decreto-Lei n.° 63/85, de 14 de Março, alterado pelas Leis n.°s 45/85, de 17 de Setembro, 114/91, de 3 de Setembro, pelos Decretos-Leis n.°s 332/97, 333/97 e 334/97, todos de 27 de Novembro e pela Lei n.° 50/2004, de 24 de Agosto), "considera-se contrato de edição o contrato pelo qual o autor concede a outrem, nas condições nele estipuladas ou previstas na lei, autorização para reproduzir por conta própria um número determinado de exemplares de uma obra ou conjunto de obras, assumindo a outra parte a obrigação de os distribuir e vender".

O artigo 85.° do mesmo diploma esclarece que "o contrato de edição pode ter por objecto uma ou mais obras, existentes ou futuras, inéditas ou publicadas", estabelecendo o artigo 87.° que o contrato de edição deve ser celebrado por escrito, presumindo-se imputável ao editor a inobservância da forma legal, que só pode ser invocada pelo autor. Está-se aqui perante uma nulidade atípica, já que é retirada legitimidade para a invocar a um dos contraentes.

O principal efeito do contrato de edição é a concessão de autorização ao editor para reproduzir e comercializar a obra nos termos do contrato.

O contrato de edição presume-se oneroso, estabelecendo os artigos 91.° e 92.° do Código do Direito de Autor regras relativas à retribuição do autor.

O artigo 742.°, C.C., atribui ao autor de obra intelectual um privilégio sobre os exemplares da sua obra existentes em poder do editor, relativamente ao crédito fundado em contrato de edição.

V. *Contrato; Obra intelectual; Direito de autor; Documento escrito; Presunção; Culpa; Nulidade atípica; Legitimidade; Contrato oneroso; Privilégio creditório.*

Contrato de eficácia sucessiva (Dir. Civil) – Contrato que perdura no tempo e que dá origem, periodicamente, a relações jurídicas autónomas umas relativamente às outras, embora ligadas pela sua comum origem.

No contrato de eficácia sucessiva, renovam-se periodicamente os efeitos do contrato, surgindo obrigações desligadas umas das outras.

É exemplo de contrato deste tipo o de fornecimento.

V. *Contrato; Relação jurídica; Obrigação; Contrato de fornecimento.*

Contrato de empreitada (Dir. Civil) – V. *Contrato; Empreitada.*

Contrato de escambo (Dir. Civil) – V. *Contrato; Troca.*

Contrato de execução continuada (Dir. Civil) – V. *Contrato; Contrato de prestação duradoura.*

Contrato de execução instantânea (Dir. Civil) – V. *Contrato; Contrato de prestação instantânea.*

Contrato de execução periódica (Dir. Civil) – V. *Contrato; Contrato de prestação duradoura.*

Contrato de execução permanente (Dir. Civil) – V. *Contrato; Contrato de prestação duradoura.*

Contrato de formação desportiva (Dir. Civil) – Nos termos dos artigos 31.° e segs. do regime jurídico do contrato de trabalho do praticante desportivo e do contrato de formação desportiva, aprovado pela Lei n.° 28/98, de 26 de Junho (que revogou o anterior Decreto-Lei n.° 305/95, de 18 de Novembro), alterada pela Lei n.° 114/99, de 3 de Agosto, contrato de formação desportiva é aquele que é celebrado entre uma entidade formadora e um formando, nos termos do qual a primeira se obriga a prestar ao último os conhecimentos necessários à prática de uma modalidade desportiva, ficando o formando obrigado a realizar, com zelo e diligência, essas tarefas. V. também artigo 2.°-*c)*, do mesmo diploma.

Só podem ser contratados como formandos pessoas que tenham cumprido a escolaridade obrigatória e que tenham uma idade compreendida entre os 14 e os 18 anos. A forma do contrato é o escrito particular, sendo realizado em triplicado, a fim de um dos exemplares ficar para o formador, outro para o formando ou seu representante legal e um outro para a federação desportiva.

É duração mínima do contrato o período correspondente a uma época desportiva, sendo a máxima a de quatro épocas desportivas.

O regime jurídico da formação desportiva, no quadro da formação profissional inserida no mercado de trabalho, encontra-se estabelecido no Decreto-Lei n.° 407/99, de 15 de Outubro.

V. *Contrato; Obrigação; Menor; Documento particular; Representação legal.*

Contrato de fornecimento (Dir. Civil) – Contrato pelo qual uma das partes se obriga a entregar à outra, durante um certo período, em momentos pré-fixados ou quando lhe forem exigidas, dadas quantidades de uma coisa móvel, contra remuneração.

A Lei n.° 23/96, de 26 de Julho, cria mecanismos destinados a proteger os sujeitos privados nos contratos de fornecimento de bens e serviços públicos essenciais, como os de água, electricidade e gás. O artigo 127.°, n.° 2, da Lei n.° 5/2004, de 10 de Fevereiro (Lei das Comunicações Electrónicas), excluiu o serviço de telefone do âmbito de aplicação da Lei n.° 23/96.

O artigo 3.° da Lei n.° 23/96 estabelece o princípio geral de que "o prestador do serviço deve proceder de boa fé e em conformidade com os ditames que decorram da natureza pública do serviço, tendo igualmente em conta a importância dos interesses dos utentes que se pretende proteger". Já o artigo 4.° impõe ao prestador do serviço público essencial o dever de "informar convenientemente a outra parte das condições em que o serviço é fornecido e prestar-lhe todos os esclarecimentos que se justifiquem, de acordo com as circunstâncias". "A prestação do serviço não pode ser suspensa sem pré-aviso adequado, salvo caso fortuito ou de força maior" (artigo 5.°, n.° 1). "A prestação de qualquer serviço deverá obedecer a elevados padrões de qualidade, neles devendo incluir-se o grau de satisfação dos utentes, especialmente quando a fixação do preço varie em função desses padrões" (artigo 7.°), sendo "proibidas a imposição e a cobrança de consumos mínimos" (artigo 8.°). Nos termos do artigo 9.°, "o utente tem direito a uma factura que especifique devidamente os valores que apresenta". O n.° 1 do artigo 10.° estabelece que "o direito de exigir o pagamento do preço do serviço prestado prescreve no prazo de seis meses após a sua prestação".

V. também o Decreto-Lei n.° 195/99, de 8 de Junho, alterado pela Lei n.° 5/2004, de 10 de Fevereiro, que estabelece no n.° 2 do artigo 1.° que "é proibida a exigência de prestação de caução, sob qualquer forma ou denominação, para garantir o cumprimento de obrigações decorrentes do fornecimento dos serviços públicos essenciais mencionados [nos parágrafos anteriores]".

V. *Contrato; Contrato de eficácia sucessiva; Móvel; Águas; Instalações de energia eléctrica; Instalações de gás; Comunicação electrónica; Contrato de prestação de serviços; Boa fé; Caso fortuito; Caso de força maior; Prescrição; Caução.*

Contrato de futuros (Dir. Civil; Dir. Com.) – Contrato que consubstancia operações a prazo, que podem ser realizadas em bolsa. Nos termos do artigo 253.° do Código dos Valores Mobiliários, "os futuros podem consistir:

a) Numa compra e venda a prazo; ou

b) Na transmissão de posições contratuais a prazo; ou

c) Na entrega, em data estipulada, da diferença entre o preço fixado no contrato e um preço de referência futuro".

V. *Contrato; Compra e venda; Prazo.*

Contrato de hospedagem (Dir. Civil) – O mesmo que contrato de albergaria.

V. *Contrato; Contrato de albergaria; Hóspede.*

Contrato de mandato (Dir. Civil) – V. *Contrato; Mandato.*

Contrato de mediação (Dir. Civil; Dir. Com.) – Contrato inominado, nos termos do qual uma das partes fica obrigada a procurar um interessado para certo negócio e a pô-lo em contacto com a sua contraparte, podendo intervir ou não na fase da conclusão do negócio.

O Decreto-Lei n.° 285/92, de 19 de Dezembro, depois revogado e substituído pelo Decreto-Lei n.° 77/99, de 16 de Março, entretanto alterado pelo Decreto-Lei n.° 204/2000, de 5 de Abril, e 258/2001, de 25 de Setembro, viera estabelecer o regime da actividade de mediação imobiliária, caracterizando esta como a actividade "em que, por contrato, uma empresa se obriga a diligenciar no sentido de conseguir interessado na compra ou na venda de bens imóveis ou na constituição de quaisquer direitos reais sobre os mesmos, bem como para o seu arrendamento e trespasse, desenvolvendo para o efeito acções de promoção e recolha de informações sobre os negócios pretendidos e sobre as características dos respectivos imóveis"; nele se dizia que, no âmbito dos contratos de mediação imobiliária, as empresas podiam "ainda prestar serviços relativos à obtenção de documentação conducente à concretização dos negócios visados e que não [...] [estivessem] legalmente atribuídos em exclusivo a outras profissões"; o artigo 24.° deste diploma impunha às empresas de mediação a prestação de uma caução e a realização de um contrato de seguro de responsabilidade civil para garantia da responsabilidade emergente da sua actividade perante os clientes. Este DL n.° 77/99 foi revogado pelo Decreto-Lei n.° 211//2004, de 20 de Agosto, que, de novo, anuncia, no seu artigo 1.°, n.° 1, que define o regime "das actividades de mediação imobiliária e de angariação imobiliária", quer quando exercidas por entidades com sede ou domicílio em Portugal quer em outro Estado da União Europeia, desde que, quanto a estas últimas, os bens sobre que incide a actividade se encontrem situados em Portugal. A caracterização da actividade de mediação imobiliária, realizada pelo artigo 2.° desta lei, não é substancialmente diversa da da lei anterior, incluindo expressamente quaisquer negócios que tenham por objecto a aquisição de direitos reais sobre imóveis e a cessão da posição contratual "em contratos cujo objecto seja um bem imóvel"; também, como na anterior, aqui se impõe um seguro de responsabilidade civil às empresas de mediação pelos danos que possam causar no exercício da sua actividade (artigo 23.°).

A Portaria n.° 1326/2004, de 19 de Outubro, "estabelece a avaliação da capacidade profissional, bem como os critérios da adequação da formação, no acesso e permanência nas actividades de mediação imobiliária e de angariação imobiliária"; a Portaria n.° 1327/2004, de 19 de Outubro, regulamenta os procedimentos administrativos previstos no Decreto-Lei n.° 211//2004, de 20 de Agosto, que rege o regime jurídico das actividades de mediação imobiliária e de angariação imobiliária; a Portaria n.° 1328/2004, de 19 de Outubro, fixa os montantes das taxas devidas no âmbito dos procedimentos administrativos previstos no regime jurídico das actividades de mediação imobiliária e de angariação imobiliária; a Portaria n.° 66/2005, de 25 de Janeiro, fixa as condições mínimas de seguro de responsabilidade civil nas actividades de mediação imobiliária e de angariação imobiliária.

O Decreto-Lei n.° 144/2006, de 31 de Julho, regula as condições de acesso e de exercício da actividade de mediação de seguros, a qual é definida no diploma como "qualquer actividade que consista em apresentar ou propor um contrato de seguro ou praticar outro acto preparatório da sua celebração, em celebrar o contrato de seguro, ou em apoiar a gestão e execução desse contrato".

V. a Convenção sobre a Lei Aplicável aos Contratos de Mediação e à Representação, concluída na Haia a 14 de Março de 1978, aprovada, para ratificação, pelo Decreto n.° 101/79, de 18 de Setembro, tendo o instrumento de ratificação sido depositado em 4 de Fevereiro de 1982.

V. *Contrato; Contrato inominado; Empresa; Compra e venda; Imóvel; Direito real; Arrendamento; Trespasse; Caução; Seguro de responsabilidade; Sede; Domicílio; Cessão da posição contratual.*

Contrato de opção (Dir. Civil; Dir. Com.) – Contrato pelo qual uma ambas as partes acordam o conteúdo de um futuro contrato, ficando uma delas imediatamente vinculada à sua celebração, que ocorrerá quando a contraparte declarar desejar tal conclusão, isto é, logo que esta última exerça o direito potestativo em que ficou investida; o contrato de opção resolve-se, pois, num acordo quanto ao conteúdo do futuro contrato, que constitui simultaneamente o substrato de uma proposta irrevogável de um dos contraentes, que a contraparte poderá se quiser aceitar, aperfeiçoando assim, por vontade e declaração unilaterais, o contrato.

Alguma doutrina confunde o contrato de opção com o contrato-promessa unilateral.

Quanto às opções financeiras, estabelece o artigo 254.° do Código dos Valores Mobiliários que "pelo contrato de opção uma das partes adquire o direito de, até ao termo do contrato ou exclusivamente nessa data:

a) Receber ou entregar o activo subjacente; ou

b) Transmitir ou assumir uma posição contratual a prazo; ou

c) Receber ou entregar a diferença entre o preço de exercício e um preço de referência futuro".

V. *Contrato; Direito potestativo; Proposta de contrato; Celebração do contrato; Declaração negocial; Contrato-promessa.*

Contrato de pousada (Dir. Civil) – V. *Contrato; Contrato de albergaria.*

Contrato de prestação de serviços (Dir. Civil) – "É aquele em que uma das partes se obriga a proporcionar à outra certo resultado do seu trabalho intelectual ou manual, com ou sem retribuição" – artigo 1154.°, C.C..

São modalidades típicas deste contrato o mandato, o depósito e a empreitada.

V. artigos 1154.° e segs., C.C..

V. *Contrato; Contrato atípico; Mandato; Depósito; Empreitada.*

Contrato de prestação duradoura (Dir. Civil) – Contrato de que emerge uma obrigação que tem por objecto uma sucessão de actos – sucessão com intervalos de tempo (prestação periódica, como, por exemplo, o contrato de assinatura de um jornal) ou sucessão contínua (prestação continuada, como, por exemplo, no de locação a de proporcionar o gozo da coisa) –, isto é, em que a prestação não se esgota num único acto e em que a duração da prestação no tempo influi decisivamente na determinação do seu objecto e, em particular, na do seu montante global.

Determina o artigo 434.°, n.° 2, C.C., que, "nos contratos de execução continuada ou periódica, a resolução não abrange as prestações já efectuadas, excepto se entre estas e a causa da resolução existir um vínculo que legitime a resolução de todas elas".

V. *Contrato; Obrigação; Obrigação duradoura; Prestação; Locação; Resolução de contrato.*

Contrato de prestação instantânea (Dir. Civil) – Contrato cuja execução consiste numa única prestação, satisfeita a qual a obrigação que dele emergiu se extingue.

O carácter instantâneo da prestação reconhece-se por ela ser susceptível de execução num único momento temporal, sendo essa forma de realização a que corresponde ao melhor modo de satisfazer o interesse do credor.

V. *Contrato; Obrigação; Prestação; Interesse do credor.*

Contrato de prestação por terceiro (Dir. Civil) – É aquele em que um dos contraentes se obriga para com o outro a que um terceiro lhe efectue uma dada prestação.

Não sendo o terceiro parte do contrato, ele não fica vinculado à realização da prestação, podendo a sua recusa de o realizar envolver ou não responsabilidade para o contraente que assumiu o compromisso, dependentemente dos termos convencionais deste.

Se a parte se obrigou a diligenciar no sentido de obter do terceiro a realização da prestação, só haverá responsabilidade se ela não houver realizado as diligências necessárias com vista a tal objectivo, não a havendo se, tendo procedido com a diligência exigível, o terceiro houver recusado a prestação. Se, diversamente, a parte se comprometeu a obter a prestação do terceiro, será responsável pela omissão desta que não seja devida a causa fortuita ou de força maior. Finalmente, se a parte garantiu a prestação do terceiro, haverá responsabilidade sua quando ela não se verifique, seja qual for a causa de tal omissão.

V. *Contrato; Obrigação; Terceiro; Prestação; Responsabilidade contratual; Diligência; Caso fortuito; Caso de força maior; Obrigação de meios; Obrigação de resultado; Obrigação de garantia.*

Contrato de publicação (Dir. Civil) – V. *Contrato; Contrato de edição.*

Contrato de representação (Dir. Civil) – Os artigos 107.° e segs. do Código do Direito de Autor e dos Direitos Conexos (Decreto-Lei n.° 63/85, de 14 de Março, alterado pelas Leis n.°s 45/85, de 17 de Setembro, e 114/91, de 3 de Setembro, pelos Decretos-Leis n.°s 332/97, 333/97 e 334//97, todos de 27 de Novembro e pela Lei n.° 50/2004, de 24 de Agosto) ocupam-se do regime jurídico do contrato de representação. Este é o contrato oneroso pelo qual o autor de uma obra dramática, dramático-musical, coreográfica, pantomímica ou de natureza análoga, autoriza um empresário a promover a exibição da obra, perante espectadores, por meio de ficção dramática, canto, dança, música ou outros processos adequados, separadamente ou combinados entre si.

O contrato de representação tem de ser celebrado por escrito.

O artigo 121.° do mesmo diploma equipara à representação "a recitação de uma obra literária e a execução por instrumentos ou por instrumentos e cantores de uma obra musical ou literário-musical", determinando que o contrato celebrado para recitação e execução de tais obras se rege, salvo no que não for compatível com a natureza da obra e da execução, pelas normas relativas ao contrato de representação.

V. *Contrato; Direito de autor; Contrato oneroso; Documento particular.*

Contrato de seguro (Dir. Civil; Dir. Com.) – É um contrato aleatório pelo qual uma das partes se compromete a pagar um quantitativo, que fica desde logo determinado mas pode variar em função de factos futuros, no caso de se verificar certo facto, futuro e, em alguma medida, pelo menos, incerto, obrigando-se a contraparte a pagar um montante periódico (o chamado prémio) durante um período de tempo que é variável.

As partes no contrato são o tomador do seguro e o segurador; o segurado pode ser também o tomador do seguro – e, em regra, é-o –, mas pode não o ser; o beneficiário do seguro pode também ser o segurado ou tratar-se de um contrato a favor de terceiro, sendo o beneficiário um terceiro, alheio, portanto, a ele. Paradigma de seguro a favor de terceiro é o seguro de vida.

Quando estamos perante um seguro de responsabilidade, o segurador obriga-se perante o segurado a cumprir a obrigação de indemnizar a que este venha a estar adstrito perante alguém em certo tipo de situações.

O Decreto-Lei n.° 142/2000, de 15 de Julho, alterado pelo Decreto-Lei n.° 248-B//2000, de 12 de Outubro, e 122/2005, de 29 de Julho (este alterado, no que respeita à data da produção dos seus efeitos, pelo Decreto-Lei n.° 199/2005, de 10 de Novembro), veio estabelecer o regime do pagamento dos prémios de seguro em todos os contratos, salvo nos "respeitantes aos seguros dos ramos colheitas, ao ramo 'Vida', bem como aos seguros temporários celebrados por períodos inferiores a 90 dias". O artigo 2.°, n.° 1, deste diploma dispõe que "os prémios de seguro devem ser pagos, pontualmente, pelo tomador do seguro directamente à empresa de seguros ou a outra entidade por esta expressamente designada para o efeito".

Muito embora o prémio possa ser fraccionado para efeitos de pagamento, ele é "devido por inteiro" no "correspondente a cada período de duração do contrato de seguro", sendo "o prémio ou fracção inicial [...] devido na data da celebração do contrato" (artigos 3.° e 4.°, n.° 1).

De acordo com o artigo 6.°, n.° 1, "a cobertura dos riscos apenas se verifica a partir do momento do pagamento do prémio ou fracção"; o n.° 2 determina que "as partes podem convencionar que o início da produção de efeitos do contrato seja reportado a data posterior ou anterior à sua celebração, data esta que não pode ser anterior à da recepção da proposta de seguro pela empresa de seguros; o n.° 3 da mesma disposição diz que "o momento do início da cobertura dos riscos deve constar expressamente das condições particulares da apólice e, quando estiver dependente do pagamento do prémio ou fracção inicial, comprova-se pelo respectivo recibo ou, na falta deste, pelo recibo provisório referido no n.° 2 do artigo 4.° [recibo emitido pela empresa de seguros "em caso de impossibilidade de emissão do recibo no momento do pagamento do prémio ou fracção inicial", que não exclui o dever de emitir o recibo definitivo]". O artigo 7.° estabelece, para a empresa seguradora, a obrigação de "avisar, por escrito, o tomador do seguro", "até 60 dias [eram 30 na versão anterior] antes da data em que os prémios ou fracções subsequentes sejam devidos", "indicando a data do pagamento, o valor a pagar e a forma e o lugar de pagamento", e ainda "as consequências da falta de pagamento [...]". Nos termos do artigo 8.°, n.° 1, "a falta de pagamento do prémio de anuidades subsequentes, ou da primeira fracção deste, impede a renovação do contrato que por esse facto se não opera, e o não pagamento de uma qualquer fracção do prémio no decurso de uma anuidade determina a resolução automática e imediata do contrato, na data em que o pagamento dessa fracção era devido [na versão anterior, a resolução operava automaticamente decorridos que fossem 30 dias sobre a constituição do tomador do seguro em mora].

O Decreto-Lei n.° 94-B/98, de 17 de Abril, rectificado pela Declaração de rectificação n.° 11-D/98, de 30 de Junho, e alterado pelos Decretos-Leis n.°s 8-A/2002, de 11 de Janeiro, 169/2002, de 25 de Julho, 72-A/2003, de 14 de Abril, 90/2003, de 30 de Abril, 251/2003, de 14 de Outubro, 76-A/2006, de 29 de Março – este rectificado pela Declaração de rectificação n.° 28-A/2006, de 26 de Maio –, e 145/2006, de 31 de Julho, que regula as condições de acesso e de exercício da actividade seguradora e resseguradora, contém várias disposições aplicáveis ao contrato de seguro, nomeadamente os artigos 176.° e seguintes.

O Decreto-Lei n.° 176/95, de 26 de Julho, rectificado pela Declaração de rectificação n.° 118/95, de 30 de Setembro, e alterado pelo Decreto-Lei n.° 60/2004, de 22 de Março, impõe à seguradora a prestação de determinados elementos de informação e o dever de transparência na relação com o tomador do seguro.

O Decreto-Lei n.° 214/97, de 16 de Agosto, contém regras destinadas a garantir uma maior transparência nos contratos de seguro automóvel que incluam coberturas facultativas relativas aos danos próprios sofridos pelos veículos segurados.

V. *Contrato; Contrato aleatório; Obrigação; Contrato a favor de terceiros; Seguro de responsabilidade; Indemnização; Contrato a termo; Cumprimento a terceiro; Obrigação fraccionada; Celebração do contrato; Proposta de contrato; Recepção da declaração; Recibo; Lugar do cumprimento; Renovação do contrato; Resolução do contrato; Mora; Dever pré-contratual; Veículo.*

Contrato de serviço doméstico (Dir. Civil) – V. *Contrato; Serviço doméstico.*

Contrato de sociedade (Dir. Civil) – V. *Contrato; Sociedade.*

Contrato de tipo duplo (Dir. Civil) – O mesmo que *contrato geminado* (v. esta expressão).

Contrato de trabalho (Dir. Civil) – "É aquele pelo qual uma pessoa se obriga, mediante retribuição, a prestar a sua actividade intelectual ou manual a outra pessoa, sob a autoridade e direcção desta" – artigo 1152.°, C.C..

Distingue-se do contrato de prestação de serviços por ser necessariamente remunerado e por a actividade devida se desenvolver sob a autoridade e direcção da parte que dela é credora.

O contrato de trabalho rege-se por legislação especial.

V. a Lei n.° 99/2003, de 27 de Agosto (rectificada pela Declaração de rectificação n.° 15/2003, de 28 de Outubro), que aprova o Código do Trabalho. O artigo 10.° deste Código apresenta uma noção próxima da do artigo 1152.° do Código Civil: "Contrato de trabalho é aquele pelo qual uma pessoa se obriga, mediante retribuição, a prestar a sua actividade a outra ou outras pessoas, sob a autoridade e direcção destas".

A Lei n.° 35/3004, de 29 de Julho, alterada pela Lei n.° 9/2006, de 20 de Março, em matérias relativas a negociação e contratação colectiva, regulamentou a Lei n.° 99/2003.

O Código do Trabalho foi adaptado à Região Autónoma da Madeira pelo Decreto Legislativo Regional n.° 3/2004/M, de 18 de Março, e à Região Autónoma dos

Açores pelo Decreto Legislativo Regional n.° 19/2006/A, de 2 de Junho.

Há regimes especiais, como, por exemplo, o do contrato de trabalho doméstico, fixado pelo Decreto-Lei n.° 235/92, de 24 de Outubro (rectificado pela Declaração de rectificação n.° 174/92, de 31 de Outubro), alterado pela Lei n.° 114/99, de 3 de Agosto, ou o do contrato individual de trabalho a bordo das embarcações de pesca, estabelecido pela Lei n.° 15/97, de 31 de Maio, alterada pela citada Lei n.° 114/99.

V. *Contrato; Contrato oneroso; Obrigação; Contrato de prestação de serviços; Credor; Serviço doméstico; Pesca.*

Contrato de trabalho desportivo (Dir. Civil) – O artigo 2.°-*a)* do regime jurídico do contrato de trabalho do praticante desportivo e do contrato de formação desportiva, aprovado pela Lei n.° 28/98, de 26 de Junho (que revogou o Decreto-Lei n.° 305/ /95, de 18 de Novembro), alterada pela Lei n.° 114/99, de 3 de Agosto, define contrato de trabalho desportivo como "aquele pelo qual o praticante desportivo se obriga, mediante retribuição, a prestar actividade desportiva a uma pessoa singular ou colectiva que promova ou participe em actividades desportivas, sob a autoridade e a direcção desta".

"Só podem celebrar contratos de trabalho desportivo os menores que hajam completado 16 anos de idade e que reúnam os requisitos exigidos pela lei geral do trabalho", devendo o contrato, que tem de ser celebrado por escrito, de ser assinado também pelo representante legal do praticante desportivo se ele for menor. O artigo 5.° deste diploma enuncia os elementos de conteúdo que têm de figurar no contrato; a duração do contrato não pode ser inferior ao período de uma época desportiva nem superior ao de oito épocas (artigo 8.°, n.° 1).

V. também o Decreto-Lei n.° 303/99, de 6 de Agosto, que define os parâmetros para o reconhecimento da natureza profissional das competições desportivas.

A Lei n.° 8/2003, de 12 de Maio, rectificada pela Declaração de rectificação n.° 9-E/2003, de 9 de Julho, "prevê o regime específico relativo à reparação dos danos emergentes de acidentes de trabalho dos praticantes desportivos profissionais".

V. *Contrato; Contrato de trabalho; Contrato oneroso; Pessoa singular; Pessoa colectiva; Menor; Documento escrito; Representação legal; Dano; Danos emergentes; Indemnização.*

Contrato de transporte (Dir. Civil) – É o que se estabelece, geralmente a título oneroso, entre um sujeito que pretende ser deslocado ou ver deslocado um bem e aquele que se compromete a realizar essa deslocação.

O regime do contrato de transporte rodoviário nacional de mercadorias foi definido pelo Decreto-Lei n.° 239/2003, de 4 de Outubro, que, no seu artigo 2.°, n.° 1, o caracteriza como o "celebrado entre transportador e expedidor nos termos do qual o primeiro se obriga a deslocar mercadorias, por meio de veículos rodoviários, entre locais situados no território nacional e a entregá-las ao destinatário"; o n.° 3 desta norma estabelece que, "quando, ao abrigo de um único contrato, as mercadorias sejam transportadas em parte por meio rodoviário e em parte por meio aéreo, ferroviário, marítimo ou fluvial, aplica-se à parte rodoviária o regime jurídico constante deste diploma". Dele estão excluídos, nos termos do n.° 4 deste artigo 2.°, "os contratos de transporte de envios postais a efectuar no âmbito dos serviços postais e os transportes de mercadorias sem valor comercial".

O transportador por veículo de circulação terrestre responde pelos danos que a pessoa e coisas por ela transportadas hajam sofrido, em resultado de acidente, ainda que não tenha havido culpa da sua parte, desde que o transporte seja oneroso (artigo 504.°, n.° 2, C.C.); sendo o transporte gratuito, a responsabilidade do transportador pelos danos sofridos, em consequência de acidente, abrange apenas os danos pessoais da pessoa transportada – artigo 504.°, n.° 3, C.C., na redacção do Decreto-Lei n.° 14/96, de 6 de Março (de notar, porém, que os qualificativos *oneroso* e *gratuito* utilizados neste artigo 504.° não têm o significado da corrente classificação do contrato como de um ou outro tipo).

Para os efeitos do Decreto-Lei n.° 321/ /89, de 25 de Setembro, alterado pelo Decreto-Lei n.° 279/95, de 26 de Outubro, que impôs a responsabilidade objectiva do transportador aéreo, bem como a do proprietário ou explorador de aeronave, transporte aéreo é o "transporte em aeronave de pessoas, bagagens, carga e ou correio" (artigo 2.°-*j*)).

V. *Contrato; Contrato oneroso; Transporte; Obrigação; Acidente de viação; Transporte gratuito; Dano; Dano pessoal; Culpa; Transporte aéreo; Acidente de aviação; Responsabilidade objectiva; Aeronave.*

Contrato de troca (Dir. Civil) – V. *Contrato; Troca.*

Contrato de viagem organizada (Dir. Civil: Dir. Com.) – O Decreto-Lei n.° 209/97, de 13 de Agosto, rectificado pela Declaração de rectificação n.° 21-D/97, de 13 de Novembro, e alterado pelos Decretos-Leis n.°s 12/99, de 11 de Janeiro, e 76-A/2006, de 29 de Março, regula nos artigos 20.° e segs. os contratos de viagem organizada.

Considera-se viagem organizada a viagem que integre dois serviços de entre transporte, alojamento e "serviços turísticos não subsidiários do transporte, nomeadamente os relacionados com eventos desportivos, religiosos e culturais, desde que representem uma parte significativa da viagem", e que seja vendida ou proposta para venda "a um preço com tudo incluído, quando excedam vinte e quatro horas ou incluam uma dormida".

Os contratos devem conter de forma clara e precisa as menções referidas no artigo 22.°, devendo ser prestada, em tempo útil, toda a informação sobre a viagem. O cliente pode ceder a sua posição contratual, desde que informe a agência, por escrito, até 7 dias antes da viagem, excepto se se tratar de cruzeiros ou viagens aéreas de longo curso, em que o prazo é de 15 dias. O preço da viagem não pode ser revisto, excepto nas circunstâncias previstas no artigo 26.°, n.° 2. O cliente pode resolver o contrato a todo o tempo, devendo reembolsar a agência das despesas feitas e pagar um valor máximo não superior a 15% do valor da viagem.

O artigo 30.° prevê a situação em que o contrato não é cumprido, e os direitos do cliente no decurso da viagem, ocupando-se o artigo 31.° do dever de assistência que incumbe à agência.

V. *Contrato; Contrato misto; Obrigação de informação; Cessão da posição contratual; Resolução do contrato; Incumprimento.*

Contrato duradouro (Dir. Civil) – V. *Contrato; Contrato de prestação duradoura.*

Contrato entre ausentes (Dir. Civil) – Um contrato considera-se celebrado entre ausentes quando entre as declarações negociais dos dois contraentes medeia um intervalo temporal juridicamente relevante.

Assim, por exemplo, é, do ponto de vista jurídico, um contrato entre presentes aquele que for concluído telefonicamente entre dois sujeitos, sendo tratado como contrato entre ausentes o que for celebrado entre uma pessoa que dirige a outra uma proposta por escrito, ficando o destinatário de se pronunciar sobre ela em momento ulterior, e isto ainda que ambos os sujeitos residam no mesmo local e se encontrem para a entrega da proposta e da aceitação.

Sendo o contrato celebrado entre ausentes, coloca-se desde logo a questão de saber qual o prazo de duração da proposta contratual, isto é, durante quanto tempo fica o proponente sujeito a que, pela recepção da aceitação, o contrato fique concluído. O artigo 228.°, n.° 1, C.C., ocupa-se da fixação do prazo de duração da proposta contratual, estabelecendo que, na falta de acordo das partes ou de estipulação do próprio proponente, a proposta se mantém durante cinco dias acrescido do tempo necessário para que, em condições normais, ela e a aceitação cheguem aos respectivos destinos; no caso de o proponente pedir resposta imediata, a proposta só se manterá durante o período necessário para que cheguem aos seus destinos ela própria e a aceitação.

A revogação da proposta é possível quando o proponente se tenha reservado o direito de a revogar ou, na falta de tal declaração, quando a revogação chegue ao poder ou ao conhecimento do destinatário da proposta ao mesmo tempo do que esta ou antes dela – cfr. artigo 230.°, C.C..

A recepção da aceitação da proposta dentro do prazo de duração desta fixa o momento da celebração do contrato, desde que a aceitação contenha um sim incondicional, podendo a celebração do contrato resultar de uma aceitação tácita (artigos 233.° e 234.°, C.C.).

V. *Contrato; Celebração do contrato; Proposta de contrato; Sujeição; Aceitação; Contraproposta; Revogação da proposta contratual; Declaração tácita; Perfeição do contrato.*

Contrato estimatório (Dir. Civil; Dir. Com.) - Modelo contratual que a nossa lei não prevê expressamente, mas que é utilizado com grande frequência, designadamente nas relações entre os comerciantes por grosso e os retalhistas.

Os primeiros fornecem os seus produtos aos segundos, ficando estes obrigados a pagar o preço ou a devolver a mercadoria dentro do prazo fixado convencionalmente. A vantagem do retalhista, para além de consistir na desnecessidade de empatar grandes capitais na aquisição de mercadoria, traduzir-se-á, na operação, pela diferença entre o preço que pague ao grossista e aquele por que venda a mercadoria ao público. Por outro lado, e enquanto tem os produtos em seu poder, suporta o risco a eles inerente, sendo obrigado a pagar o respectivo preço ao grossista se aqueles perecerem por caso fortuito ou de força maior.

V. *Contrato; Caso fortuito; Caso de força maior.*

Contrato familiar (Dir. Civil) - Contrato do qual emergem relações jurídicas do âmbito do direito de família, como, por exemplo, o casamento.

V. *Contrato; Casamento.*

Contrato forçado (Dir. Com.; Dir. Civil) - O Decreto-Lei n.° 143/2001, de 26 de Abril (rectificado pela Declaração de rectificação n.° 13-C/2001, de 31 de Maio) - que transpõe a Directiva n.° 97/7/CE, do Parlamento Europeu e do Conselho, de 20 de Maio -, designa por venda forçada o contrato de compra e venda ou de prestação de serviços em que um comerciante dirige a um consumidor uma oferta ou proposta de venda (ou de fornecimento), declarando que, na falta de resposta, presumirá ter havido aceitação da oferta, proibindo esta prática comercial (artigo 28.°).

A expressão pode também ser utilizada para designar os casos em que a lei impõe a obrigação de conclusão de dado contrato, estabelecendo assim um limite (positivo) à liberdade de celebração de contratos enunciada, como princípio, no artigo 405.°, C.C.. É o que acontece, por exemplo, nos casos em que é imposta a celebração de um contrato de seguro de responsabilidade civil àqueles que desenvolvem certas actividades.

V. *Contrato; Venda forçada; Consumidor; Proposta de contrato; Compra e venda; Contrato de prestação de serviços; Contrato de fornecimento; Aceitação; Silêncio; Liberdade contratual; Obrigação legal de contratar; Responsabilidade civil; Seguro de responsabilidade; Seguro obrigatório.*

Contrato formal (Dir. Civil) - Designa-se assim o contrato para cuja validade a lei exige a observância de forma especial.

V. *Contrato; Forma; Negócio formal; Validade; Contrato consensual.*

Contrato fraudulento (Dir. Civil) - Contrato que visa a prossecução de um fim proibido pela lei, utilizando meios lícitos. Pela combinação destes meios, as partes obtêm, por forma indirecta, um resultado idêntico ou equivalente àquele que legalmente é proibido, violando assim o espírito da lei.

V. *Contrato; Fraude à lei.*

Contrato geminado (Dir. Civil) - Designação doutrinária de uma espécie de contrato misto, em que obrigações típicas de duas espécies contratuais se acham contrapostas.

É exemplo de um contrato geminado aquele em que alguém se obriga a prestar serviços a outrem que, em contrapartida, lhe proporciona o gozo de uma casa.

V. *Contrato; Contrato misto; Obrigação; Contrato de prestação de serviços; Arrendamento.*

Contrato gratuito (Dir. Civil) - É o contrato nos termos do qual uma das partes apenas sofre um sacrifício patrimonial e a contraparte só aufere uma atribuição ou vantagem.

É o caso típico da doação, por força da qual só o doador realiza um sacrifício patrimonial, beneficiando o donatário da correlativa vantagem; e isto é assim ainda que a doação seja onerada com um encargo, pois, encontrando-se o donatário obrigado ao seu cumprimento apenas até ao limite do valor do bem doado, ele nunca pode sofrer uma perda patrimonial, considerado o seu património originário.

Em caso de dúvida na interpretação de um contrato gratuito, o artigo 237.°, C.C., estabelece que prevalece o sentido "menos gravoso para o disponente".

V. *Contrato; Contrato oneroso; Doação; Encargos; Interpretação do negócio jurídico.*

Contrato inominado (Dir. Civil) – Contrato para o qual não existe um nome legal, sendo também em regra desprovido de disciplina legal própria, isto é, sendo, muitas vezes simultaneamente, um contrato atípico.

Pode, porém, acontecer que a lei discipline, mais ou menos minuciosamente, certo contrato e não lhe atribua qualquer designação; o mesmo é dizer que pode haver contratos típicos inominados, tal como podem existir contratos nominados, mas atípicos, porque a lei se limita a referir-se-lhes pelo nome, sem os prover de qualquer regime.

V. *Contrato; Contrato atípico.*

Contrato imposto (Dir. Civil) – A doutrina chama contrato imposto ou ditado àquele cuja celebração é imposta por determinação legal, na se encontrando também definido o respectivo conteúdo.

V. *Contrato; Obrigação legal de contratar.*

Contrato misto (Dir. Civil) – Chama-se misto o contrato que reúne elementos de dois ou mais contratos, total ou parcialmente regulados na lei (cfr. artigo 405.°, n.° 2, C.C.).

A doutrina distingue diversas modalidades dentro dos contratos mistos (contratos múltiplos, geminados, cumulativos e complementares, segundo a classificação de Galvão Telles). Contrato misto *stricto sensu* será aquele que, correspondendo estruturalmente a um único tipo contratual, é funcionalmente dirigido também à realização do fim de um outro contrato (paradigma de contrato misto em sentido estrito é a doação mista).

Os contratos mistos colocam frequentemente a questão da determinação do respectivo regime jurídico, já que, se forem atípicos, não se encontrarão normativamente regulados. Não pode ignorar-se, contudo, que alguns contratos mistos são típicos e até nominados (assim, por exemplo, o contrato de viagem organizada) e que, quanto a estes não se coloca esse problema.

Quanto ao regime jurídico dos contratos mistos atípicos, duas orientações podem seguir-se: se os elementos contratuais de um tipo são preponderantes na figura contratual, adoptar-se-á a teoria da absorção, sendo, em consequência e com as necessárias adaptações, aplicável ao contrato misto o regime da figura contratual nele dominante; se, ao invés, os elementos das diversas espécies contratuais entram, em termos de igualdade, no contrato misto, deve ser a teoria da combinação a adoptada, de tal modo que no regime do contrato se utilizem as regras combinadas dos diversos tipos contratuais que o compõem.

Por vezes, a própria lei determina a forma de encontrar o regime jurídico de um contrato misto: por exemplo, o artigo 2.° do Regime do Arrendamento Urbano, aprovado pelo Decreto-Lei n.° 321-B/90, de 15 de Outubro, rectificado por declaração de rectificação publicada no *Diário da República,* I-A série, de 30 de Novembro de 1990, e alterado pelo Decreto-Lei n.° 278/93, de 10 de Agosto (este último alterado, por ratificação, pela Lei n.° 13/94, de 11 de Maio), pelo Decreto-Lei n.° 163/95, de 13 de Julho, pela Lei n.° 89/95, de 1 de Setembro, pelo Decreto-Lei n.° 257/95, de 30 de Setembro, pela Lei n.° 135/99, de 28 de Agosto, pelos Decretos-Leis n.°s 64-A/2000, de 22 de Abril, e 329-B/2000, de 22 de Dezembro, e pelas Leis n.°s 6/2001 e 7/2001, ambas de 11 de Maio, dispõe que, se o contrato de arrendamento envolver uma parte rústica e uma parte urbana, se deve entender o arrendamento como urbano se a parte urbana for de valor superior à rústica.

Também no domínio do direito público se encontram, por vezes, critérios para identificar o regime de certos contratos mistos. Assim, por exemplo, no Decreto-Lei n.° 59/99, de 2 de Março, alterado pela Lei n.° 163/99, de 14 de Setembro, pelo Decreto-Lei n.° 159/2000, de 27 de Julho, e pela Lei n.° 13/2002, de 19 de Fevereiro – que contém o regime da empreitada de obras públicas –, dispõe-se, no respectivo artigo 5.°, n.° 1, que, "na contratação pública que abranja simultaneamente prestações autónomas de aquisição de serviços ou de bens e empreitadas de obras públicas aplica-se o regime previsto para a componente de maior expressão financeira".

Não resolvendo a lei o problema da indicação do regime a aplicar ao contrato misto e não sendo possível encontrá-lo por aplicação da teoria da absorção ou da da combinação, estará então o jurista perante um caso omisso, pelo que, de acordo com a teoria da aplicação analógica, haverá de aplicar-se-lhe o regime de contrato análogo.

V. *Contrato; Doação mista; Contrato típico; Contrato inominado; Contrato de viagem organizada; Teoria da absorção; Teoria da combinação; Arrendamento urbano; Empreitada; Teoria da aplicação analógica.*

Contrato múltiplo (Dir. Civil) – Designação que alguns autores dão a uma espécie de contratos mistos que se caracterizam por integrarem elementos de tipos contratuais vários, realizando simultaneamente uma pluralidade de funções.

Assim, por exemplo, *A* vende a *B* um relógio, obrigando-se a repará-lo e a transportá-lo para casa de *B*, contra um preço global.

V. *Contrato; Contrato misto; Compra e venda; Contrato de prestação de serviços; Contrato de transporte.*

Contrato nominado (Dir. Civil) – V. *Contrato; Contrato inominado.*

Contrato normativo (Dir. Civil) – Escrevia Galvão Telles, *Manual dos Contratos em Geral*, 3.ª edição, pág. 413, para caracterizar este tipo de contratos: "Os contratos-tipo quando as suas prescrições são *genéricas*, aplicáveis a uma generalidade de pessoas e não apenas aos contraentes, tomam a natureza e a designação de *contratos normativos*. No nosso direito, como sabemos, pertencem a este número os *contratos colectivos de trabalho*".

V. *Contrato; Contrato-tipo.*

Contrato obrigacional (Dir. Civil) – É o contrato que constitui, modifica, transmite ou extingue obrigações.

V. *Contrato; Obrigação.*

Contrato oneroso (Dir. Civil) – Contrato em que cada uma das partes sofre um sacrifício patrimonial – seja este consubstanciado numa prestação constitutiva do próprio contrato (por exemplo, mútuo oneroso) ou objecto de obrigação decorrente de contrato (por exemplo, compra e venda) – auferindo, simultaneamente, uma vantagem.

"As normas da compra e venda são aplicáveis aos outros contratos onerosos pelos quais se alienam bens ou se estabeleçam encargos sobre eles, na medida em que sejam conformes com a sua natureza e não estejam em contradição com as disposições legais respectivas" – artigo 939.°, C.C..

Quando haja dúvidas na interpretação de um contrato oneroso, o artigo 237.°, C.C., dispõe que prevalece o sentido "que conduzir ao maior equilíbrio das prestações".

V. *Contrato; Contrato gratuito; Contrato real; Mútuo; Obrigação; Compra e venda; Interpretação do negócio jurídico; Prestação.*

Contrato para pessoa a nomear (Dir. Civil) – Diz-se contrato para pessoa a nomear aquele em que uma das partes se reserva o direito de indicar posteriormente um terceiro que, com carácter retroactivo, vai adquirir os direitos e assumir as obrigações que do contrato emergem; após a designação da pessoa, o contrato tem-se como efectuado por esta e, não sendo feita a designação, o contrato produz efeitos em relação ao contraente primitivo, a menos que as partes tenham convencionado em contrário.

Não é possível celebrar contratos deste tipo nos casos em que não é admitida a representação ou é indispensável a determinação dos contraentes (assim, por exemplo, não é admissível a reserva de nomeação do donatário no contrato de doação).

O artigo 456.°, n.° 1, C.C., estabelece que, "se o contrato estiver sujeito a registo, pode este ser feito em nome do contraente originário, com indicação da cláusula para pessoa a nomear, fazendo-se posteriormente os necessários averbamentos"; esta regra é extensiva "a qualquer outra forma de publicidade a que o contrato esteja sujeito". O artigo 94.°-*b)* do Código do Registo Predial – aprovado pelo Decreto-Lei n.° 224/84, de 6 de Julho (rectificado por declaração publicada no *Diário da República*, I série, de 29 de Setembro de 1984), e alterado pelos Decretos-Leis n.°s 355/85, de 2 de Outubro, 60/90, de 14 de Fevereiro (este último rectificado por Declaração publicada no *Diário da República*, I-A série, de 31 de Março de 1990), 80/92, de 7 de Maio, 30/93, de 12 de Fevereiro, 227/94, de 8 de Setembro, 267/94, de 25 de Outubro, 67/ /96, de 31 de Maio, 375-A/99, de 20 de Setembro, 533/99, de 11 de Dezembro, 273/ /2001, de 13 de Outubro, 323/2001, de 17 de Dezembro, 38/2003, de 8 de Março (este rectificado pela Declaração de rectificação n.° 5-C/2003, de 30 de Abril), e 194/2003, de 23 de Agosto, e pela Lei n.° 6/2006, de 27 de Fevereiro – dispõe que a cláusula de reserva de nomeação aposta a um contrato constará obrigatoriamente do extracto da inscrição, dizendo o artigo 55.° que a "nomeação de terceiro, em contrato para pessoa a nomear, é registada com base no respectivo instrumento de ratificação, acompanhada de declaração do contraente originário da qual conste que foi validamente comunicada ao outro contraente"; o n.° 2 do mesmo artigo dispõe que, "não tendo sido feita a nomeação nos termos legais, esta circunstância é registada com base em declaração do contraente originário; se houver estipulação que obste à produção dos efeitos do contrato relativamente ao contraente originário, é cancelada a inscrição"; em qualquer dos casos das declarações aqui mencionadas, as respectivas assinaturas devem ser reconhecidas presencialmente.

Segundo Pires de Lima e Antunes Varela, *Código Civil Anotado*, Vol. I, 4.ª edição, anotação ao artigo 452.°, pág. 435, "o contrato para pessoa a nomear tem interesse prático (justificativo da sua consagração legal) nos casos em que uma pessoa não quer aparecer ostensivamente na celebração de determinado negócio (ora para evitar que a contraparte faça exigências excessivas, ora para evitar a competição de outras pessoas), e ainda nos casos em que o contraente, no momento do contrato, não sabe se há-de ceder este a outra pessoa ou reservá-lo para si, ou não se sabe se essa outra pessoa está disposta a aceitá-lo".

V. artigos 452.° e segs., C.C..

V. *Contrato; Terceiro; Direito subjectivo; Obrigação; Representação; Doação; Nomeação; Registo; Registo predial; Ratificação; Averbamento; Inscrição; Reconhecimento de letra e assinatura.*

Contrato parciário (Dir. Civil) – Sub-modalidade de contrato oneroso, nos termos do qual uma das partes se obriga a determinada prestação, ficando constituída no direito de participar nos proventos que o outro contraente obtenha em virtude dessa prestação.

É exemplo deste tipo de contratos o de consignação.

V. *Contrato; Contrato oneroso; Prestação; Contrato de consignação.*

Contrato plurilateral (Dir. Civil) – São plurilaterais aqueles que têm mais de duas partes, como tipicamente acontece no contrato de sociedade.

V. *Contrato; Contrato de sociedade.*

Contrato preliminar (Dir. Civil) – Trata-se de um conceito amplo que abrange vários tipos contratuais que têm em comum o serem prévios e relativos a um outro futuro contrato.

Sob esta designação incluem-se, entre outros, os contratos-promessa, os pactos de preferência, as convenções sobre forma, os contratos-tipo e os contratos normativos.

V. *Contrato; Contrato-promessa; Pacto de preferência; Forma convencional; Contrato-tipo; Contrato normativo.*

Contrato probatório (Dir. Civil; Proc. Civil) – Convenção pela qual as partes estabelecem os modos de avaliação das provas.

Estas convenções são consideradas nulas por força quer das normas que atribuem certa força probatória a alguns meios de prova, quer do princípio, consagrado no artigo 655.°, C.P.C., na redacção do

Decreto-Lei n.° 329-A/95, de 12 de Dezembro, da livre apreciação das provas pelo tribunal.

V. *Contrato; Prova; Nulidade; Força probatória; Princípio da livre apreciação das provas.*

Contrato processual (Dir. Civil) – Contrato relativo a uma relação jurídica processual.

Exemplos típicos destes contratos são a transacção judicial e a convenção de arbitragem.

V. *Contrato; Transacção judicial; Convenção de arbitragem.*

Contrato-promessa (Dir. Civil) – É a convenção pela qual as partes se comprometem a celebrar, entre si ou com terceiro, um outro contrato ou um negócio jurídico unilateral (contrato ou negócio prometido).

A lei admite que pelo contrato-promessa apenas uma das partes se obrigue à futura realização do contrato: é a chamada *promessa unilateral.*

Ao contrato-promessa aplicam-se as disposições legais que regem o contrato prometido, excepto as que dizem respeito à forma e aquelas que, pela sua razão de ser, não devam ser-lhe estendidas.

Sendo o contrato-promessa, em princípio, não formal, deixará de o ser sempre que o seu objecto seja um contrato para o qual a lei exija documento autêntico ou particular: neste caso, a validade do contrato-promessa depende de ser celebrado por documento assinado pelas partes (ou apenas pela que se vincula, se se tratar de contrato-promessa unilateral). As dúvidas que tem suscitado o problema do valor negativo de um contrato-promessa formal bilateral constante de documento apenas subscrito por um dos promitentes provocaram o seguinte Assento do Supremo Tribunal de Justiça, de 29 de Novembro de 1989, publicado no *Diário da República,* I-A série, de 23 de Fevereiro de 1990: "No domínio do texto primitivo do n.° 2 do artigo 410.° do Código Civil vigente, o contrato-promessa bilateral de compra e venda de imóvel exarado em documento assinado apenas por um dos contraentes é nulo, mas pode considerar-se válido como contrato-promessa unilateral, desde que essa tivesse sido a vontade das partes".

O n.° 3 do artigo 410.°, C.C., na redacção do Decreto-Lei n.° 379/86, de 11 de Novembro, estabelece o seguinte: "No caso de promessa relativa à celebração de contrato oneroso de transmissão ou constituição de direito real sobre edifício, ou fracção autónoma dele, já construído, em construção ou a construir, o documento [...] deve conter o reconhecimento presencial da assinatura do promitente ou promitentes e a certificação, pelo notário, da existência da licença respectiva de utilização ou de construção; contudo, o contraente que promete transmitir ou constituir o direito só pode invocar a omissão destes requisitos quando a mesma tenha sido culposamente causada pela outra parte". O Assento do Supremo Tribunal de Justiça de 28 de Junho de 1994, publicado no *Diário da República,* I-A série, de 12 de Outubro de 1994, estabeleceu a seguinte doutrina: "No domínio do n.° 3 do artigo 410.° do Código Civil (redacção do Decreto-Lei n.° 236/80, de 18 de Julho), a omissão das formalidades previstas nesse número não pode ser invocada por terceiros"; não obstante o Assento se referir à redacção de 80, não há razão para não considerar a sua doutrina extensiva à versão de 86 da mesma disposição. Por seu lado, o Assento do Supremo Tribunal de Justiça n.° 3/95, de 1 de Fevereiro de 1995, publicado no *Diário da República,* I-A série, de 22 de Abril de 1995, veio decidir que, "no domínio do n.° 3 do artigo 410.° do Código Civil (redacção do Decreto-Lei n.° 236/80, de 18 de Julho), a omissão das formalidades previstas nesse número não pode ser oficiosamente conhecida pelo tribunal"; também quanto a este Assento, é de entender que, apesar de ele aludir apenas à redacção de 1980, nenhuma razão existe para não considerar a sua doutrina extensiva à redacção de 1986 da norma em causa.

Legislação especial impõe, por vezes, requisitos suplementares ou regimes diversos em alguns aspectos para certos contratos-promessa: é o que sucede com os artigos 17.° a 19.° do Decreto-Lei n.° 275/93, de 5 de Agosto, alterado pelos Decretos-Leis n.°s 180/99, de 22 de Maio, e 22/2002, de 31 de Janeiro, que dispõem que "os contratos-promessa de transmissão de direitos reais de habitação periódica vinculam ambas as partes e devem ser reduzidos a escrito", devendo conter obrigatoriamente os seguintes elementos essenciais:

a) Identidade, domicílio e qualidade jurídica em que intervém no contrato do proprietário das unidades de alojamento em regime de direitos reais de habitação periódica;

b) Identificação do promitente-comprador;

c) Identificação do empreendimento, com menção do número da descrição predial e da respectiva localização;

d) Classificação provisória atribuída ao empreendimento turístico, se ainda não se encontrar em funcionamento, ou classificação definitiva, se já tiverem decorrido dois meses sobre a respectiva abertura ao público;

e) Escritura de constituição da propriedade horizontal que garanta a utilização das instalações e equipamentos de uso comum por parte dos titulares dos direitos reais de habitação periódica;

g) Licença camarária de construção, se o empreendimento se encontrar nessa fase;

h) Indicação de ónus ou encargos que existam;

i) Data prevista para a abertura do empreendimento;

j) Critério de fixação e actualização da prestação periódica devida pelo titular do direito e a percentagem dela destinada a remunerar a gestão;

l) Poderes dos titulares, designadamente sobre as partes do empreendimento de uso comum;

m) Deveres dos titulares, nomeadamente relacionados com o exercício do direito, e com o tempo, o lugar e a forma de pagamento da prestação periódica;

n) Poderes e deveres do proprietário do empreendimento;

o) Capacidade máxima de cada uma das unidades de alojamento;

p) Data e cartório em que foi celebrada a escritura de constituição do direito real de habitação periódica;

q) Identificação do titular do direito;

r) Identificação da unidade de alojamento e tipo e classificação do empreendimento turístico;

s) Capacidade máxima da unidade de alojamento;

t) Indicação exacta do período durante o qual o direito pode ser exercido e duração do regime instituído;

u) "Indicação expressa, aposta imediatamente antes da assinatura das partes, de que o promitente-adquirente do direito real de habitação periódica pode resolver o contrato, sem indicar o motivo e sem quaisquer encargos, no prazo de dez dias úteis a contar da data de assinatura deste, por meio de carta registada, com aviso de recepção, enviada até ao termo daquele prazo".

O n.° 2 do artigo 17.°, na redacção dada pelo DL n.° 22/2002, impõe que o "vendedor" entregue "ao adquirente uma tradução do contrato-promessa [...], certificada nos termos legais, na ou numa das línguas do Estado-Membro de residência do adquirente ou na ou numa das línguas do Estado-Membro de que este é nacional, à escolha do adquirente, acompanhada de uma tradução do contrato na língua do Estado em que se situe o imóvel"; o n.° 3, na redacção do mesmo diploma, determina que, "no espaço do contrato-promessa [...] imediatamente anterior ao destinado a assinaturas deve constar a menção de que o adquirente pode resolver o contrato, sem indicar o motivo e sem quaisquer encargos, no prazo de 10 dias úteis a contar da data da celebração desse contrato"; finalmente, o n.° 4, também introduzido pelo DL n.° 22/2002, proíbe que, "antes do termo do prazo para o exercício do direito de resolução previsto no n.° 1 do artigo 16.° [...]" sejam efectuados pagamentos ou recebidas quantias "como forma de pagamento ou com qualquer outro objectivo directa ou indirectamente relacionado com o negócio jurídico a celebrar". Nestes contratos-promessa, "é nula a convenção que faça depender a celebração do contrato prometido da alienação de direitos reais de habitação periódica sobre as restantes unidades de alojamento", sendo os direitos conferidos aos promitentes-adquirentes irrenunciáveis, e nulas, portanto, quaisquer convenções que os excluam ou limitem.

Também os contratos-promessa de transmissão de direitos de habitação turística têm regras especiais, contidas no artigo 48.° do mesmo diploma, na redacção do citado DL n.° 22/2002.

A Lei n.° 28/98, de 26 de Junho, alterada pela Lei n.° 114/99, de 3 de Agosto, que regula o contrato de trabalho desportivo e o contrato de formação desportiva, contém, no seu artigo 7.°, uma regra relativa ao contrato-promessa de trabalho desportivo, nela se exigindo que o mesmo, além dos elementos previstos na lei geral do trabalho, contenha "indicação do início e do termo do contrato prometido ou a menção a que se refere a alínea *b)* do n.° 2 do artigo 8.° [hipóteses em que o praticante é contratado "para participar numa competição ou em determinado número de prestações que constituam uma unidade identificável no âmbito da respectiva modalidade desportiva]". A mesma Lei, no seu artigo 37.°, n.° 1, diz, inutilmente aliás, que "vale como promessa de contrato de trabalho desportivo o acordo pelo qual o formando se obriga a celebrar com a entidade formadora um contrato de trabalho desportivo após a cessação do contrato de formação"; as regras dos números seguintes relativas a este contrato-promessa, são especiais: por um lado, o contrato de trabalho prometido "não pode exceder quatro épocas desportivas, considerando-se reduzida a essa duração em caso de estipulação de duração superior"; por outro, determina-se que "a promessa de contrato de trabalho [...] caduca caso o contrato de formação cesse antes do termo fixado"; finalmente, numa regra de cuja redacção o menos que pode observar-se é que não é clara, diz-se que "o incumprimento do contrato, sem justa causa, de formação por parte do formando inibirá este de celebrar contrato de trabalho desportivo com clube diverso do clube formador até ao final do prazo pelo qual se tinha comprometido com este".

O contrato-promessa tem, em princípio, mera eficácia *inter partes*, e o seu não cumprimento espontâneo por uma das partes dá à outra – se não se tiver impossibilitado o cumprimento – o direito de se dirigir ao tribunal, pedindo sentença que produza os mesmos efeitos do próprio contrato prometido: é a chamada execução específica do contrato-promessa. O Acórdão uniformizador de jurisprudência n.° 4/98, de 5 de Novembro, publicado no *Diário da República* I-A série, de 18 de Dezembro, enuncia a seguinte doutrina: "A execução específica do contrato-promessa sem eficácia real, nos termos do artigo 830.° do Código Civil, não é admitida no caso de impossibilidade de cumprimento por o promitente-vendedor haver transmitido o seu direito real sobre a coisa objecto do contrato prometido antes de registada a acção de execução específica, ainda que o terceiro adquirente não haja obtido o registo da aquisição antes do registo da acção; o registo da acção não confere eficácia real à promessa".

Embora a eficácia do contrato-promessa seja, em princípio, meramente obrigacional, as partes podem, em certos casos, atribuir-lhe eficácia real: tratando-se de promessa de alienação ou oneração de bens imóveis ou de móveis sujeitos a registo, desde que o contrato conste de escritura pública e esteja registado. O artigo 413.°, n.° 2, C.C., na redacção que lhe foi dada pelo referido DL n.° 379/86, dispensa o requisito formal da escritura pública para os contratos-promessa a que seja atribuída eficácia real quando a lei não exija tal forma para o contrato prometido; basta então o "documento particular com reconhecimento da assinatura da parte que se vincula ou de ambas, consoante se trate de contrato-promessa unilateral ou bilateral". Tendo o contrato-promessa eficácia real, o direito do promissário dele emergente prevalece sobre todos os direitos que posteriormente venham a ser constituídos sobre a coisa, pois, além do direito de crédito à celebração do contrato prometido, o promissário fica constituído num direito real de aquisição.

As obrigações e direitos emergentes de um contrato-promessa transmitem-se aos sucessores das partes, a menos que tenham natureza exclusivamente pessoal.

O artigo 2.°-*f)* do Código do Registo Predial, aprovado pelo Decreto-Lei n.° 224/84, de 6 de Julho (rectificado por declaração publicada no *Diário da República*, I série, de 29 de Setembro de 1984), e alterado pelos Decretos-Leis n.°s 355/85, de 2 de Outubro, 60/90, de 14 de Fevereiro (este rectificado por declaração publicada no *Diário da República*, I série, de 31 de Março de 1990), 80/92, de 7 de Maio, 67/96, de 31 de Maio, 30/93, de 12 de Fevereiro, 227/94, de 8 de Setembro, 267/94, de 25 de Outubro, 67/

/96, de 31 de Maio, 375-A/99, de 20 de Setembro, 533/99, de 11 de Dezembro (rectificado pela Declaração de rectificação n.° 5--A/2000, de 29 de Fevereiro), 273/2001, de 13 de Outubro, 323/2001, de 17 de Dezembro, 38/2003, de 8 de Março (rectificado pela Declaração de rectificação n.° 5-C//2003, de 30 de Abril), e 194/2003, de 23 de Agosto, e pela Lei n.° 6/2006, de 27 de Fevereiro, dispõe que estão sujeitos a registo os contratos-promessa de alienação ou oneração se lhes tiver sido atribuída eficácia real, "bem como a cessão da posição contratual emergente desses factos". O artigo 47.°, n.° 3, deste Código, estabelece ainda que "o registo provisório de aquisição de um direito "pode [...] ser feito com base em contrato-promessa de alienação".

V. artigos 410.° a 413.°, 441.° e 442.° e 830.°, C.C..

V. *Contrato; Negócio jurídico unilateral; Contrato unilateral; Contrato formal; Documento autêntico; Documento particular; Validade; Contrato sinalagmático; Nulidade; Forma; Contrato oneroso; Eficácia real; Direito real; Promessa de compra e venda; Edifício; Fracção autónoma; Reconhecimento de letra e assinatura; Notário; Culpa; Terceiro; Conhecimento oficioso; Direito de habitação periódica; Identificação da pessoa; Domicílio; Propriedade horizontal; Partes comuns; Encargos; Escritura pública; Determinabilidade; Tempo do cumprimento; Lugar do cumprimento; Resolução do contrato; Arrependimento; Residência; Convenção; Contrato de trabalho desportivo; Contrato de formação desportiva; Redução; Caducidade; Incapacidade; Justa causa; Imóvel; Hipoteca; Alienação; Direito irrenunciável; Execução específica; Registo; Registo de acções; Direito real de aquisição; Oneração de bens; Móvel; Crédito; Sucessor; Execução específica do contrato--promessa; Impossibilidade do cumprimento; Registo predial; Cessão da posição contratual.*

Contrato prometido (Dir. Civil) – Contrato prometido ou definitivo é aquele que constitui o objecto do contrato-promessa, isto é, a cuja celebração apenas uma das partes ou ambas ficam obrigadas.

V. *Contrato; Contrato-promessa; Objecto negocial.*

Contrato-quadro (Dir. Civil) – V. *Acordo--quadro.*

Contrato real (Dir. Civil) – O contrato real *quoad effectum* é o que produz efeitos de natureza real, isto é, aquele que tem como efeito a constituição, modificação, transmissão ou extinção de direitos reais.

V. *Contrato; Eficácia real; Direito real.*

O contrato real *quoad constitutionem* – que normalmente se designa apenas pela expressão contrato real – é aquele para cuja *constituição* (ou celebração) a lei exige, além das declarações negociais das partes, a entrega da coisa que constitui o seu objecto. É, por exemplo, o caso da doação não escrita de bens móveis, do penhor, do depósito, do comodato ou do mútuo.

V. *Declaração negocial; Doação; Móvel; Penhor; Depósito; Comodato; Mútuo.*

Contratos acoplados (Dir. Civil) – Designação que certos autores dão à modalidade de contrato misto em que a cada uma das partes cabe uma obrigação característica de certo tipo contratual, relevando a obrigação da contraparte de um outro tipo de contrato.

Assim, por exemplo, *A* obriga-se a prestar serviços a *B* que, em contrapartida lhe cede o gozo habitacional de um imóvel.

V. *Contrato; Contrato misto; Obrigação; Contrato de prestação de serviços; Imóvel; Arrendamento para habitação.*

Contratos celebrados à distância (Dir. Civil; Dir. Com.) – V. *Contrato celebrado à distância.*

Contratos coligados (Dir. Civil) – Há autores que usam a expressão *contratos coligados* em sinonímia com a de *união de contratos* para referir quer a junção ou união extrínseca de contratos, quer a união de contratos propriamente dita, isto é, a união intrínseca.

V. *Contrato; União de contratos.*

Contratos de desenvolvimento para habitação (Dir. Econ.; Dir. Civil) – O regime jurídico dos chamados contratos de desenvolvimento para habitação (CDH) foi instituído pelo Decreto-Lei n.° 39/89, de 2 de Fevereiro, tendo vindo a ser substituído pelo do Decreto-Lei n.° 165/93, de 7 de Maio, alterado pelo Decreto-Lei n.° 109/97, de 8 de Maio.

Este último define o contrato de desenvolvimento para habitação como "o contrato celebrado entre as instituições financiadoras, por si só ou em associação, e as empresas privadas que se dediquem à construção civil, com vista à construção de habitação de custos controlados para venda, destinados a habitação própria ou a arrendamento para habitação", acrescentando que "podem também intervir no CDH outras entidades contratualmente autorizadas, sem prejuízo de a responsabilidade pela execução do contrato caber sempre à empresa construtora".

Os financiamentos concedidos a empresas privadas de construção civil para a construção de habitação de custos controlados ao abrigo de CDH podem ser concedidos pelo Instituto Nacional de Habitação ou por qualquer instituição de crédito legalmente autorizada para os conceder.

O artigo 4.° enuncia as condições de que devem dispor as empresas para terem acesso aos financiamentos, estabelecendo o artigo 6.° as condições dos financiamentos a conceder.

Nos termos do artigo 10.°, "as habitações construídas no âmbito de CDH podem ser destinadas aos seguintes fins:

a) Venda para habitação própria permanente dos adquirentes;

b) Venda para arrendamento habitacional em regime de renda condicionada;

c) Venda a municípios ou a instituições particulares de solidariedade social (IPSS) para arrendamento em regime de renda apoiada".

V. *Contrato; Compra e venda; Arrendamento para habitação; Renda condicionada; Cumprimento; Empréstimo; Renda apoiada.*

Contratos de duplo efeito (Dir. Civil) – Expressão usada em sinonímia com a de *contratos acoplados* (v. esta expressão).

V. *Contrato; Contrato misto.*

Contrato sinalagmático (Dir. Civil) – Contrato sinalagmático ou bilateral (na terminologia da lei) é o que impõe obrigações recíprocas às partes, isto é, obrigações que, sendo principais e caracterizadoras do contrato, impendem sobre ambas as partes e se encontram ligadas por um nexo de correspectividade, o chamado sinalagma (assim, por exemplo, o contrato de compra e venda, do qual resulta para o vendedor a obrigação de entregar a coisa vendida e para o comprador a obrigação de pagar o respectivo preço).

Os contratos não sinalagmáticos, ou unilaterais, são os que fazem impender obrigações sobre uma das partes apenas, ou aqueles em que, havendo obrigações para ambos os contraentes, elas não têm qualquer ligação entre si.

A doutrina fala, por vezes, de contratos imperfeitamente sinalagmáticos para significar aqueles de que não derivam emergir no decurso da vida do contrato, ou em que a obrigação de cada uma das partes não é contrapartida da obrigação da outra, isto é, em que há obrigações para ambas as partes mas não ligadas pelo sinalagma. Na verdade, os chamados contratos sinalagmáticos imperfeitos não são sinalagmáticos.

Os contratos sinalagmáticos têm algumas especificidades de regime, as mais importantes das quais são a excepção do não cumprimento do contrato e a resolução por incumprimento. V. artigos 428.° e segs., 795.° e 801.°, n.° 2, C.C..

V. *Contrato; Sinalagma; Obrigação; Compra e venda; Excepção do não cumprimento; Resolução do contrato.*

Contrato solene (Dir. Civil) – Parte da doutrina utiliza esta expressão em sinonímia com a de contrato formal, reservando outros autores a designação para aqueles contratos que, sendo formais, têm uma forma rigorosamente enunciada na lei, isto é, em que as próprias declarações das partes têm de ter o conteúdo que a lei prescreve.

Neste último sentido, é, por exemplo, um contrato solene o casamento.

V. *Contrato; Contrato formal; Casamento.*

Contrato sucessivo (Dir. Civil) – O contrato sucessivo ou de eficácia sucessiva é fonte de obrigações sucessivas, periódicas ou não, obrigações que são distintas umas das outras, embora tenham uma fonte comum (é deles exemplo o contrato de fornecimento).

V. *Contrato; Obrigação; Contrato de fornecimento.*

Contrato sucessório (Dir. Civil) – V. *Contrato; Sucessão contratual.*

Contrato típico (Dir. Civil) – Contrato cujo modelo se acha legalmente prefigurado, isto é, que dispõe de um regime previsto na lei. Embora tal seja assim entendido por certos autores, o contrato típico não tem de ser um contrato nominado, isto é, provido de designação legal, bem podendo acontecer que a não tenha.

V. *Contrato; Contrato atípico; Contrato inominado.*

Contrato-tipo (Dir. Civil) – Modelo contratual estabelecido pelas partes, no sentido de vir a reger as suas futuras relações, sem que, em qualquer caso, haja desde logo a assunção de uma obrigação de contratar.

No caso de as partes virem a decidir contratar, hão-de fazê-lo nos termos estabelecidos no contrato-tipo que previamente celebraram.

Embora alguns autores tomem como sinónimos contrato-tipo e contrato normativo, é mais correcto reservar a expressão contrato normativo para designar o contrato-tipo acordado e destinado a modelar as relações contratuais entre uma generalidade de sujeitos, como acontece nas convenções colectivas de trabalho.

V. *Contrato; Contrato normativo.*

Contrato unilateral (Dir. Civil) – Contrato do qual emergem obrigações apenas para uma das partes ou obrigações para ambas, mas não ligadas entre si pelo sinalagma.

É exemplo a doação pura – cfr. artigo 940.°, C.C..

V. *Contrato; Contrato sinalagmático; Sinalagma; Doação.*

Contrato unilateral imperfeito (Dir. Civil) – Designação dada por alguns autores aos contratos que, tipicamente, não criam obrigações para ambas as partes, embora elas possam vir a surgir durante a vida do contrato, sem que, em qualquer caso, se encontrem ligadas por qualquer nexo de correspectividade. É o que acontece, por exemplo, no contrato de mandato gratuito que, só produzindo obrigações para o mandatário, constitui o mandante na obrigação de reembolsar aquele de despesas que haja realizado (cfr. artigo 1167.°-*c)*, C.C.).

O chamado contrato unilateral imperfeito é um contrato unilateral.

V. *Contrato; Contrato unilateral; Obrigação; Sinalagma; Mandato; Contrato gratuito.*

Contribuição para as despesas domésticas (Dir. Civil; Proc. Civil) – V. *Despesas domésticas.*

Convalescença do contrato (Dir. Civil) – Diz-se que um contrato inválido convalesce quando é sanada a invalidade que o afectava.

Sendo o contrato anulável, o modo de o fazer convalescer é, normalmente, a confirmação.

Sendo ele nulo, o regime-regra é o da sua insanabilidade; porém, em certos casos, decorrendo a nulidade da falta de um requisito de validade, pode ele convalescer pela superveniência desse requisito (v., por exemplo, artigos 895.° e 906.° e segs., C.C., relativos, respectivamente, à venda de bens alheios e à venda de bens onerados). Quando a lei admite a convalescença de um contrato nulo, está-se perante uma nulidade atípica.

V. *Contrato; Invalidade; Nulidade; Anulabilidade; Confirmação; Validade; Venda de bens alheios; Venda de bens onerados; Nulidade atípica.*

Convalidação (Dir. Civil) – Quando num contrato nulo é sanada a nulidade pela superveniência do requisito de validade que lhe faltava, diz-se que convalesceu, convalidando-se.

Tendo-se efectuado, por exemplo, uma venda de bem alheio e tendo, posteriormente, o vendedor adquirido a propriedade do bem, o contrato de compra e venda, que era nulo, torna-se, em princípio, válido, isto é, convalida-se (v. artigos 895.° e 896.°, C.C.). Aliás, na compra e venda nula por falta de legitimidade do vendedor, tem este a obrigação de convalidar o contrato, se o comprador estiver de boa fé (artigo 897.°, C.C.), sendo obrigado a indemnizar este no caso de não o fazer (artigo 900.°, C.C.).

À convalidação de casamento católico nulo se refere o artigo 1661.°, C.C., ocupando-se o artigo 1633.° dos pressupostos da validação do casamento civil anulável.

V. *Validação do negócio; Contrato; Nulidade; Validade; Venda de bens alheios; Legitimidade; Direito de propriedade; Obrigação; Boa fé; Indemnização; Casamento católico; Invalidade do casamento; Casamento civil.*

Convenção (Dir. Civil) – Acordo de vontades tendente à produção de efeitos jurídicos conformes com as correspondentes declarações negociais.

Embora o termo seja, muitas vezes, utilizado para designar os acordos negociais *a se*, isto é, contratos, também é frequente a sua utilização em sinonímia com cláusula.

V. *Declaração negocial; Cláusula.*

Convenção adicional (Dir. Civil) – Sinónimo de *cláusula adicional* (v. esta expressão).

Convenção antenupcial (Dir. Civil) – Convenção, celebrada antes do casamento – que devia ser realizada por escritura pública, mas que, nos termos da actual redacção dada ao artigo 1710.°, C.C., pelo Decreto-Lei n.° 163/95, de 13 de Julho, pode também ser feita "por auto lavrado perante o conservador do registo civil" –, pela qual os futuros cônjuges estabelecem o regime de bens do casamento, escolhendo um dos regimes previstos na lei para além do supletivo (comunhão geral ou separação de bens) ou estipulando outras regras dentro dos limites legais.

Há casos em que a lei impõe a celebração do casamento no regime de separação de bens, não podendo então ser tal regime afastado por convenção antenupcial: assim acontece quando o casamento é celebrado sem precedência do processo de publicações ou quando qualquer dos nubentes tenha completado sessenta anos de idade (artigo 1720.°, n.° 1, C.C.).

Há também um caso em que a lei proíbe a celebração de casamento em regime de comunhão geral de bens, não podendo então tal regime ser validamente estabelecido por convenção antenupcial: assim acontece quando o casamento é celebrado por quem tenha filhos, mesmo que estes sejam maiores; neste caso, proíbe-se também a estipulação da comunicabilidade dos bens referidos no artigo 1722.°, n.° 1 (artigo 1699.°, n.° 2, C.C.). Quanto a esta última hipótese, o Parecer do Conselho Consultivo da Procuradoria-Geral da República, de 10 de Novembro de 1994, homologado por despacho da Secretária de Estado da Justiça, e publicado no *Diário da República*, II série, de 18 de Abril de 1995, concluiu: "1. Inexiste fundamento legal para a proibição prevista no n.° 2 do artigo 1699.° do Código Civil, na redacção do Decreto-Lei n.° 496/77, de 25 de Novembro, se os nubentes, seja em primeiras, seja em segundas núpcias, apenas tiverem filhos comuns; 2. Consequentemente, os nubentes podem convencionar o regime da comunhão geral de bens se apenas tiverem filhos comuns.".

Por outro lado, há, genericamente, questões que não podem ser objecto de convenção antenupcial, isto é, que a lei regula com carácter imperativo: assim sucede, em princípio, com a sucessão hereditária dos cônjuges (e isto, muito embora, dentro de certo condicionalismo, a lei admita que a convenção antenupcial contenha disposições por morte – v. artigo 1700.°, C.C.), os deveres e direitos paternais e conjugais, as regras sobre administração de bens do casal ou a estipulação de comunicabilidade relativamente aos bens que a lei diz serem incomunicáveis.

As convenções antenupciais não podem, em princípio, ser alteradas depois do casamento. Isto não significa, naturalmente, que a própria convenção não possa prever mudanças no regime de bens, dependentes de termo ou condição.

A convenção só é oponível a terceiros depois de registada e, em qualquer caso, caduca se o casamento não for celebrado no prazo de um ano, ou se for declarado nulo ou anulado, ressalvando-se, embora, o regime do casamento putativo.

Na falta de convenção antenupcial, vigora o regime da comunhão de adquiridos como regime supletivo.

V. artigos 1698.° e segs., C.C..

V. *Casamento; Escritura pública; Registo civil; Regime de bens do casamento; Comunhão geral de bens; Separação de bens; Processo preliminar de publicações; Nubente; Maioridade;*

Sucessão; Poder paternal; Deveres conjugais; Administração dos bens do casal; Bens incomunicáveis; Comunhão de adquiridos; Termo; Condição; Registo; Oponibilidade a terceiros; Caducidade; Invalidade do casamento; Casamento putativo.

Convenção de arbitragem (Dir. Civil; Proc. Civil) – Acordo ou convenção pela qual as partes cometem à decisão de árbitros um litígio entre elas. A convenção de arbitragem é válida desde que o litígio não haja de ser, por determinação da lei, submetido exclusivamente a tribunal judicial ou a arbitragem necessária, e não respeite a direitos indisponíveis.

A convenção de arbitragem consubstancia um compromisso arbitral quando tem por objecto um litígio actual já afecto a tribunal judicial, designando-se por cláusula compromissória quando o seu objecto seja constituído por eventuais litígios emergentes de uma relação jurídica contratual ou extracontratual.

O litígio cometido a árbitros pode abranger, convencionalmente, questões que não sejam controvertidas entre as partes, como as impostas pela "necessidade de precisar, completar, actualizar ou mesmo rever os contratos ou as relações jurídicas que estão na origem da convenção de arbitragem".

Também o Estado e outras pessoas colectivas de direito público podem celebrar convenções de arbitragem, quando para tal se encontrem autorizados ou quando se trate de litígio relativo a relações de direito privado.

A convenção de arbitragem deve ser realizada por escrito, precisando o artigo 2.°, n.° 2, da Lei n.° 31/86, de 29 de Agosto, alterada pelo Decreto-Lei n.° 38/2003, de 8 de Março (rectificado pela Declaração de rectificação n.° 5-C/2003, de 30 de Abril), os termos em que esse requisito formal se considera preenchido. O n.° 4 da referida disposição admite a revogação da convenção até à pronúncia da decisão arbitral, desde que a revogação seja feita por escrito assinado pelas partes.

O artigo 4.° do mesmo diploma enuncia os factos que determinam a caducidade da convenção, esclarecendo que entre eles não se encontra, salvo convenção em contrário, a morte ou extinção das partes.

No caso de a convenção de arbitragem ser "manifestamente nula", diz o n.° 4 do artigo 12.°, na redacção do já citado DL n.° 38/2003, que "deve o presidente do tribunal da relação declarar não haver lugar à designação de árbitros; da decisão cabe reclamação para a conferência, precedendo distribuição, e do acórdão que esta proferir cabe recurso, nos termos gerais".

"A nulidade do contrato em que se insira uma convenção de arbitragem não acarreta a nulidade desta, salvo quando se mostre que ele não teria sido concluído sem a referida convenção" – esta regra de redução do contrato que inclua uma convenção de arbitragem, constante do artigo 21.°, n.° 2, da Lei n.° 31/86, encontra-se formulada em termos que suscitam, no mínimo, perplexidade, pois são inversos daqueles que a lógica imporia; não é, porém, condenável o preceito, já que a nulidade do contrato pode, ela própria, ser o objecto do litígio, caso em que a salvaguarda da convenção de arbitragem permitirá que seja mantida a vontade das partes de afastamento dos tribunais comuns e de possibilidade de intervenção do tribunal arbitral para apreciar a questão da nulidade do negócio.

V. *Arbitragem; Convenção; Árbitro; Tribunal arbitral; Tribunal judicial; Direito indisponível; Compromisso arbitral; Cláusula compromissória; Litígio; Relação; Conferência; Distribuição; Acórdão; Recurso; Relação jurídica; Contrato; Pessoa colectiva; Direito privado; Documento escrito; Revogação; Caducidade; Morte; Extinção de pessoa colectiva; Nulidade; Redução; Negócio jurídico.*

Convenção de domicílio (Dir. Civil) – V. *Convenção; Domicílio convencionado.*

Convenção sobre forma (Dir. Civil) – V. *Convenção; Forma convencional.*

Convenção sobre provas (Dir. Civil; Proc. Civil) – A lei exclui a possibilidade de as partes validamente convencionarem a inversão do ónus da prova, a admissão de meio de prova diverso dos legalmente previstos ou a não admissão de qualquer destes últimos, sempre que a convenção se refira a um direito indisponível ou tenha o efeito de tornar extremamente difícil a uma das partes o exercício do direito.

Em qualquer caso, é também cominada com a nulidade a convenção sobre provas, seja qual for o seu objecto e o seu alcance, sempre que as disposições legais quanto à prova, que se pretende afastar, tiverem por fundamento razões de ordem pública.

V. artigo 345.°, C.C..

V. *Convenção; Prova; Ónus da prova; Inversão do ónus da prova; Direito indisponível; Meios de prova; Nulidade; Ordem pública; Contrato probatório.*

Conversão (Dir. Civil)

1. Um negócio jurídico totalmente nulo ou anulado pode ser transformado num negócio válido de tipo ou conteúdo diferente, desde que contenha deste os requisitos essenciais de substância e forma e sempre que o fim prosseguido pelas partes permita supor que elas o teriam querido, se tivessem tido conhecimento da invalidade – artigo 293.°, C.C..

Há casos em que a lei determina, ela própria, a conversão de actos inválidos em actos válidos: assim acontece, por exemplo, no caso da doação por morte (que a lei proíbe, em princípio) – o artigo 946.°, n.° 2, C.C., dispõe que deve ser tida como disposição testamentária a doação que tiver de produzir os seus efeitos por morte do doador, desde que as formalidades próprias dos testamentos tenham sido observadas.

V. *Negócio jurídico; Nulidade; Anulação; Forma; Invalidade; Doação "mortis causa"; Testamento.*

2. V. *Conversão da separação em divórcio.*

Conversão da adopção (Dir. Civil) – A adopção restrita pode, em qualquer momento, ser convertida em adopção plena, desde que tal seja requerido e se verifiquem os requisitos desta última.

V. artigo 1977.°, n.° 2, C.C..

V. também artigos 162.° e segs. da anteriormente designada por O.T.M., na redacção do Decreto-Lei n.° 120/98, de 8 de Maio, e das Leis n.°s 133/99, de 28 de Agosto, 166/99, de 14 de Setembro, e 32/2003, de 22 de Agosto, aplicáveis por força do artigo 173.° do mesmo diploma.

V. *Adopção; Adopção restrita; Adopção plena.*

Conversão da execução em falência (Proc. Civil) – Dispõe o artigo 870.°, C.P.C., na redacção do Decreto-Lei n.° 329-A/95, de 12 de Dezembro: "Qualquer credor pode obter a suspensão da execução, a fim de impedir os pagamentos, mostrando que foi requerido processo especial de recuperação da empresa ou de falência do executado".

Nos termos do artigo 88.° do Código da Insolvência e da Recuperação de Empresas, aprovado pelo Decreto-Lei n.° 53//2004, de 18 de Março alterado pelos Decretos-Leis n.°s 200/2004, de 18 de Agosto, e 76-A/2006, de 29 de Março (este rectificado pela Declaração de rectificação n.° 28-A/2006, de 26 de Maio), "a declaração de insolvência determina a suspensão de quaisquer diligências executivas ou providências requeridas pelos credores da insolvência que atinjam os bens integrantes da massa insolvente e obsta à instauração ou ao prosseguimento de qualquer acção executiva intentada pelos credores da insolvência; porém, se houver outros executados, a execução prossegue contra estes".

V. *Execução; Credor; Pagamento; Falência; Insolvência.*

Conversão da separação em divórcio (Dir. Civil; Proc. Civil) – A separação judicial de pessoas e bens, quer litigiosa quer por mútuo consentimento, pode ser convertida em divórcio, a requerimento de um dos cônjuges ou de ambos, nos termos e prazos estabelecidos no artigo 1795.°-D, C.C..

Quando o requerimento provenha de ambos os cônjuges, ele poderá ser apresentado sem dependência de prazo; mas, se apenas um deles a requerer, só o pode fazer decorridos dois anos sobre o trânsito em julgado da sentença que tiver decretado a separação, sem que tenha havido reconciliação (a menos que um dos cônjuges tenha cometido adultério, caso em que ao outro assiste, em princípio, o direito a requerer a conversão sem dependência de prazo).

Finalmente, o n.° 4 deste artigo 1795.°-D determina que "a sentença que converta a separação em divórcio não pode alterar o que tiver sido decidido sobre a culpa dos cônjuges, nos termos do artigo 1787.°, no processo de separação".

O artigo 1417.°, C.P.C., determina que "o requerimento da conversão da separação judicial de pessoas e bens em divórcio é autuado por apenso ao processo de separação" e que, "requerida a conversão por ambos os cônjuges, é logo proferida a sentença"; se a conversão for requerida por um dos cônjuges apenas, "será o outro notificado pessoalmente ou na pessoa do seu mandatário, quando o houver, para no prazo de quinze dias deduzir oposição", só podendo esta última fundamentar-se na reconciliação dos cônjuges.

O Decreto-Lei n.° 272/2001, de 13 de Outubro, rectificado pela Declaração de rectificação n.° 20-AR/2001, de 30 de Novembro, veio alargar a competência das conservatórias de registo civil, designadamente transferindo para estas um conjunto de decisões que cabiam aos tribunais judiciais em certos processos de jurisdição voluntária. De acordo com os artigos 5.° e segs. deste diploma, cabe assim às conservatórias de registo civil competência para procedimento tendente à obtenção de acordo das partes nos casos – entre outros – de "conversão de separação judicial de pessoa e bens em divórcio". Para este procedimento, é competente a conservatória "da área da residência de qualquer dos cônjuges ou outra por ambos escolhida e expressamente designada [...]" (artigo 6.°, n.°1-*c*)). "O pedido é apresentado mediante requerimento entregue na conservatória, fundamentado de facto e de direito, sendo indicadas as provas e junta a prova documental"; se o requerimento for apresentado por um dos cônjuges apenas, é citado o outro para, "no prazo de 15 dias, apresentar oposição [...]" e juntar as provas; "não sendo apresentada oposição [...], o conservador, depois de verificado o preenchimento dos pressupostos legais [para o que pode "determinar a prática de actos e a produção da prova necessária"], declara a procedência do pedido"; "tendo sido apresentada oposição, o conservador marca tentativa de conciliação, a realizar no prazo de 15 dias" (artigo 7.°). Dispõe o artigo 8.° que, "tendo havido oposição do requerido e constatando-se a impossibilidade de acordo, são as partes notificadas para, em oito dias, alegarem e requererem a produção de novos meios de prova, sendo de seguida o processo, devidamente instruído, remetido ao tribunal judicial de 1.ª instância competente em razão da matéria no âmbito da circunscrição a que pertence a conservatória". Quando o processo é remetido ao tribunal, "o juiz ordena a produção de prova e marca audiência de julgamento", sendo aplicáveis, com as necessárias adaptações os artigos 1409.° a 1411.°, C.P.C.. Dispõe o artigo 11.° deste DL n.° 272/2001 que, "quando a conversão é requerida por ambos os cônjuges, o conservador decide de imediato".

V. *Divórcio; Separação judicial de pessoas e bens; Requerimento; Sentença; Trânsito em julgado; Reconciliação; Adultério; Declaração de cônjuge culpado; Apensação de acções; Notificação; Mandatário judicial; Registo civil; Tribunal judicial; Processos de jurisdição voluntária, Residência; Prova; Prova documental; Citação; Tentativa de conciliação; Meios de prova; Tribunal de 1.ª instância; Competência em razão da matéria; Audiência.*

Conversão do arresto em penhora (Proc. Civil) – Se os bens a penhorar já estiverem arrestados, o arresto será convertido em penhora, por despacho e, sendo os bens imóveis ou móveis sujeitos a registo, far-se-á o respectivo averbamento no registo – artigos 846.° e 855.°, C.P.C., na redacção dada pelo Decreto-Lei n.° 38/2003, de 8 de Março, rectificado pela Declaração de rectificação n.° 5-C/2003, de 30 de Abril.

Os efeitos da penhora assim feita retroagem à data do arresto anteriormente feito – artigo 822.°, n.° 2, C.C..

V. *Arresto; Penhora; Despacho; Imóvel; Móvel; Averbamento; Registo de bens móveis; Registo predial.*

Convite para contratar (Dir. Civil) – Declaração que não contém os necessários requisitos de forma ou de fundo para poder ser qualificada como proposta contratual e que se destina a provocar esta.

A doutrina reserva, por vezes, a expressão para referir a declaração destinada a provocar propostas contratuais por parte do público.

O Decreto-Lei n.° 7/2004, de 7 de Janeiro – que transpôs a Directiva n.° 2000/

/31/CE, do Parlamento Europeu e do Conselho, de 8 de Junho de 2000 –, contém o regime da chamada contratação electrónica; o seu artigo 32.°, n.° 1, dispõe, desnecessariamente embora, que "a oferta de produtos ou serviços em linha representa uma proposta contratual quando contiver os elementos necessários para que o contrato fique concluído com a simples aceitação do destinatário, representando, caso contrário, um convite a contratar".

V. *Proposta de contrato; Declaração negocial; Contratação electrónica; Aceitação; Perfeição do contrato.*

Convocação de credores (Proc. Civil)

1. Uma vez realizada a penhora, são chamados à execução os credores do executado que tenham garantia real relativamente aos bens penhorados, podendo eles reclamar o pagamento dos seus créditos pelo produto daqueles bens.

A convocação dos credores realiza-se por citação, sendo admitidos à execução ainda que os respectivos créditos não se encontrem vencidos; quando se trate de obrigação incerta ou ilíquida, deve o credor reclamante torná-la certa ou líquida pelos meios de que dispõe o exequente.

V. artigos 864.° e segs., C.P.C., com a redacção do Decreto-Lei n.° 38/2003, de 8 de Março, rectificado pela Declaração de rectificação n.° 5-C/2003, de 30 de Abril.

V. *Penhora; Execução; Credor; Executado; Garantias reais; Reclamação de créditos; Citação; Vencimento; Obrigação ilíquida; Exequente; Verificação de créditos.*

2. O artigo 1140.°, n.° 1, C.P.C., entretanto revogado pelo Código dos Processos Especiais de Recuperação da Empresa e de Falência (aprovado pelo Decreto-Lei n.° 132/93, de 23 de Abril), dispunha que todo o comerciante que se encontrasse impossibilitado de cumprir as suas obrigações comerciais deveria, antes de cessar efectivamente os pagamentos, ou nos 30 dias seguintes à cessação, apresentar-se ao tribunal competente para a declaração de falência, requerendo a convocação dos credores, salvo se estivesse pendente processo especial de recuperação de empresa e protecção dos credores. O artigo 6.° do citado Código dispunha em que circunstâncias deveria a empresa requerer a sua declaração de falência ou uma providência de recuperação, estabelecendo o artigo 16.°, n.° 1-*a)*, que o devedor, requerente ou apresentante, deveria juntar relação de todos os credores e respectivos domicílios, com a indicação dos montantes dos seus créditos, datas de vencimento e garantias de que beneficiassem. Não havendo motivo para indeferimento liminar da petição, devia o juiz mandar citar: o devedor e os restantes credores, quando o requerimento tivesse sido feito por um ou mais credores; todos os credores indicados, se o requerimento tivesse sido apresentado pelo devedor; o devedor e todos credores indicados, caso o requerimento procedesse do Ministério Público.

O Código dos Processos Especiais de Recuperação da Empresa e de Falência foi revogado pelo Decreto-Lei n.° 53/2004, de 18 de Março, alterado pelos Decretos-Leis n.°s 200/2004, de 18 de Agosto, e 76-A/ /2006, de 29 de Março (este rectificado pela Declaração de rectificação n.° 28-A/ /2006, de 26 de Maio) –, que aprovou o Código da Insolvência e da Recuperação de Empresas, diploma em que não há referência a esta figura.

V. *Falência; Recuperação da empresa; Apresentação à falência; Requerimento; Empresa; Domicílio; Crédito; Vencimento; Garantias especiais; Petição inicial; Indeferimento liminar; Citação; Devedor; Ministério Público; Insolvência; Recuperação de empresas.*

Cooperação (Proc. Civil; Dir. Civil)

1. Dispõe o artigo 519.°, C.P.C., no seu n.° 1, que "todas as pessoas, sejam ou não partes na causa, têm o dever de prestar a sua colaboração para a descoberta da verdade, respondendo ao que lhes for perguntado, submetendo-se às inspecções necessárias, facultando o que for requisitado e praticando os actos que forem determinados", e no n.° 2 que "aqueles que recusem a colaboração devida serão condenados em multa, sem prejuízo dos meios coercitivos que forem possíveis; se o recusante for parte, o tribunal apreciará livremente o valor da recusa para efeitos probatórios [...]". O n.° 3 da mesma disposição fixa os casos em que a recusa de colaboração é legítima.

Por sua vez, o artigo 13.° da Lei de Organização e Funcionamento dos Tribunais

Judiciais (Lei n.° 3/99, de 13 de Janeiro, rectificada pela Declaração de rectificação n.° 7/99, de 16 de Fevereiro, e alterada pela Lei n.° 101/99, de 26 de Julho, pelos Decretos-Leis n.°s 323/2001, de 17 de Dezembro, e 38/2003, de 8 de Março, pela Lei n.° 105/2003, de 10 de Dezembro, pelo Decreto-Lei n.° 53/2004, de 18 de Março, pela Lei n.° 42/2005, de 29 de Agosto, e pelo Decreto-Lei n.° 76-A/2006, de 29 de Março – este último rectificado pela Declaração de rectificação n.° 28-A/2006, de 26 de Maio) determina que, "no exercício das suas funções, os tribunais judiciais têm direito à ser coadjuvação pelas autoridades".

O artigo 266.°, C.P.C., consagra o princípio da cooperação, segundo o qual, "na condução e intervenção no processo, devem os magistrados, os mandatários judiciais e as próprias partes cooperar entre si, concorrendo para se obter, com brevidade e eficácia, a justa composição do litígio".

V. artigos 529.°, 532.°, 535.° a 537.°, todos do C.P.C., e 357.°, n.° 2, C.C..

V. ainda artigos 147.°-B, n.° 2, e 160.°-A da antes chamada O.T.M. (Decreto-Lei n.° 314/78, de 27 de Outubro, com as alterações introduzidas pelos Decretos-Leis n.°s 185/93, de 22 de Maio, 48/95, de 15 de Março, 58/95, de 31 de Março, 120/98, de 8 de Maio, e pelas Leis n.°s 133/99, de 28 de Agosto, 166/99, de 14 de Setembro, e 31/2003, de 22 de Agosto).

Em outros diplomas legais se impõe o dever de cooperação com certas entidades. É o que sucede, por exemplo, no artigo 24.° da Lei da Protecção de Dados Pessoais – Lei n.° 67/98, de 26 de Outubro, rectificada pela Declaração de rectificação n.° 22/98, de 28 de Novembro – que determina que "as entidades públicas e privadas devem prestar a sua colaboração à CNPD [Comissão Nacional de Protecção de Dados], facultando-lhe todas as informações que por esta, no exercício das suas competências, lhes forem solicitadas".

V. o Acordo de Cooperação Jurídica e Judiciária entre a República Portuguesa e a República de Angola, assinado em Luanda em 30 de Agosto de 1995, aprovado, para ratificação, pela Resolução da Assembleia da República n.° 11/97, de 4 de Março, e ratificado pelo Decreto do Presidente da República n.° 9/97, da mesma data.

O Decreto n.° 14/98, de 27 de Maio, aprovou o Acordo entre a República Portuguesa e o Reino de Espanha Relativo à Cooperação Judiciária em Matéria Penal e Civil, que entrou em vigor para Portugal em 19 de Dezembro de 1998 – v. o Aviso n.° 274/98, de 3 de Dezembro.

O Acordo de Cooperação Jurídica e Judiciária entre a República Portuguesa e a Região Administrativa Especial de Macau da República Popular da China, assinado em Lisboa em 17 de Janeiro de 2001, foi aprovado, para ratificação, pela Resolução da Assembleia da República n.° 19/2002, de 6 de Março, tendo sido ratificado pelo Decreto do Presidente da República n.° 17/2002, da mesma data; segundo o Aviso n.° 110/2002, de 6 de Dezembro, em 23 de Fevereiro de 2001, foi emitida nota e, em 2 de Abril de 2002, foi entregue nota, respectivamente pela Região Administrativa Especial de Macau e pelo Consulado-Geral de Portugal em Macau, em que se comunica terem sido cumpridas as formalidades constitucionais internas.

O Acordo de Cooperação Jurídica e Judiciária entre a República Portuguesa e a República de Cabo Verde, assinado na Praia em 2 de Dezembro de 2003, foi aprovado, para ratificação, pela Resolução da Assembleia da República n.° 6/2005, de 15 de Fevereiro, tendo sido ratificado pelo Decreto do Presidente da República n.° 10/2005, da mesma data; nos termos do Aviso n.° 281/2005, de 9 de Agosto, foram emitidas notas, respectivamente pelo Ministério dos Negócios Estrangeiros, Cooperação e Comunidades de Cabo Verde e pelo Ministério dos Negócios Estrangeiros de Portugal, em que se comunica terem sido cumpridas as respectivas formalidades constitucionais internas de aprovação; nos termos do n.° 1 do artigo 86.° do Acordo, este entrou em vigor na data de recepção da última notificação sobre o cumprimento das formalidades internas exigidas, isto é, em 8 de Julho de 2005.

V. *Parte; Multa; Tribunal judicial; Magistrado; Mandatário judicial; Litígio; Dados pessoais; Protecção de dados pessoais.*

2. O artigo 1672.°, C.C., determina que os cônjuges estão, entre outros, vinculados reciprocamente ao dever de cooperação, precisando o artigo 1674.° do mesmo Có-

digo que tal dever "importa para os cônjuges a obrigação de socorro e auxílio mútuos e a de assumirem em conjunto as responsabilidades inerentes à vida da família que fundaram".

A violação deste dever conjugal, como, aliás, de qualquer dos deveres impostos pelo artigo 1672.°, é, em dadas condições, fundamento de divórcio litigioso ou de separação judicial de pessoas e bens.

V. *Deveres conjugais; Família; Divórcio; Separação judicial de pessoas e bens.*

3. A Lei n.° 13/2004, de 14 de Abril, estabelece o enquadramento jurídico do agente da cooperação portuguesa e define o respectivo estatuto jurídico, caracterizando agente de cooperação como "o cidadão que, ao abrigo de um contrato, participe na execução de uma acção de cooperação financiada pelo Estado Português, promovida ou executada por uma entidade portuguesa de direito público ou por uma entidade de direito privado de fins não lucrativos em países beneficiários" (artigo 2°, n.° 1).

Cópia

1. (Proc. Civil) – O artigo 541.°, C.P.C., dispõe que, se a letra de documento apresentado por uma parte for de difícil leitura, ela é obrigada a apresentar cópia legível dele e, não o fazendo, "incorrerá em multa e juntar-se-á cópia à custa dela".

Nos termos do artigo 150.°, n.° 1, C.P.C., que tem a redacção do Decreto-Lei n.° 324/ /2003, de 27 de Dezembro, os actos processuais que devam ser praticados por escrito podem ser apresentados a juízo com a entrega na secretaria judicial, com a remessa pelo correio, sob registo, ou com o envio através de telecópia, de correio electrónico, com aposição de assinatura electrónica avançada (a Portaria n.° 642/2004, de 16 de Junho, regula a forma de apresentação a juízo dos actos processuais enviados através de correio electrónico), ou de outro meio de transmissão electrónica de dados.

O artigo 152.°, C.P.C., cujo n.° 3 tem a redacção do Decreto-Lei n.° 180/96, de 25 de Setembro, o n.° 5 a do Decreto-Lei n.° 329--A/95, de 12 de Dezembro, e os n.°s 6 a 8 a do já referido DL n.° 324/2003, regula a obrigatoriedade de entrega de duplicados, dispondo o seguinte:

"1 – Os articulados são apresentados em duplicado; quando o articulado seja oposto a mais de uma pessoa, oferecer-se-ão tantos duplicados quantos forem os interessados que vivam em economia separada, salvo se forem representados pelo mesmo mandatário.

2 – Os requerimentos, as alegações e os documentos apresentados por qualquer das partes devem ser igualmente acompanhados de tantas cópias, em papel comum, quantos os duplicados previstos no número anterior. Estas cópias são entregues à parte contrária com a primeira notificação subsequente à sua apresentação.

3 – Se a parte não fizer entrega de qualquer dos duplicados e cópias exigidos nos números anteriores, é notificada oficiosamente pela secretaria para os apresentar no prazo de dois dias, pagando de multa a quantia fixada na primeira parte do n.° 5 do artigo 145.°, não podendo exceder, porém, 1 UC. Não o fazendo, é extraída certidão dos elementos em falta, pagando a parte, além do respectivo custo, a multa mais elevada prevista no n.° 5 do artigo 145.°.

4 – Quando razões especiais o justifiquem, o juiz pode dispensar a apresentação das cópias a que se refere o n.° 2 ou marcar um prazo suplementar para a sua apresentação.

5 – Além dos duplicados a entregar à parte contrária, deve a parte oferecer mais um exemplar de cada articulado para ser arquivado e servir de base à reforma do processo em caso de descaminho. Se a parte não juntar o duplicado, mandar-se-á extrair cópia do articulado, pagando o responsável o triplo das despesas a que a cópia der lugar, a qual é para o efeito contada como se de certidão se tratasse.

6 – O disposto nos números anteriores não prejudica o dever de as partes representadas por mandatário facultarem ao tribunal, sempre que o juiz o solicite, um ficheiro informático contendo as peças processuais escritas apresentadas pela parte em suporte de papel.

7 – A parte que proceda à apresentação de peça processual através de correio electrónico ou outro meio de transmissão electrónica de dados fica dispensada de oferecer os duplicados ou cópias, devendo a

secretaria extrair tantos exemplares quantos os previstos nos números anteriores.

8 – A dispensa prevista no número anterior não é, porém, aplicável aos documentos, cujas cópias são sempre oferecidas pela parte que os apresenta".

V. *Documento; Parte; Apresentação de documentos; Multa; Actos processuais; Secretaria judicial; Telecópia; Assinatura electrónica; Articulados; Duplicados; Mandatário judicial; Requerimento; Alegações; Notificação; Certidão; Prazo judicial; Reforma de autos;*

2. (Dir. Civil) – Ao ocupar-se do regime dos documentos electrónicos, o Decreto-Lei n.° 290-D/99, de 2 de Agosto, alterado pelos Decretos-Leis n.°s 62/2003, de 3 de Abril, e 165/2004, de 6 de Julho, estabelece, no seu artigo 4.°, que "as cópias de documentos electrónicos, sobre idêntico ou diferente tipo de suporte, são válidas e eficazes nos termos gerais de direito e têm a força probatória atribuída às cópias fotográficas pelo n.° 2 do artigo 387.° do Código Civil e pelo artigo 168.° do Código de Processo Penal, se forem observados os requisitos aí previstos". Aquele DL n.° 290-D/99 foi regulamentado pelo Decreto Regulamentar n.° 25/2004, de 15 de Julho.

V. *Documento electrónico; Validade; Força probatória; Reproduções fotográficas.*

Cópia de segurança

1. (Proc. Civil) – A lei designa assim, por vezes (por exemplo, no artigo 3.°, n.° 3, do Decreto-Lei n.° 200/2003, de 10 de Setembro), a cópia em papel que a parte fica obrigada a remeter à secretaria judicial de um articulado enviado em formato digital.

V. *Cópia; Parte; Secretaria judicial; Articulados.*

2. (Dir. Com.) – A lei também designa assim os meios de segurança que permitem a conservação de registos contidos em suporte informático.

V., por exemplo, o artigo 65.°, n.° 2, do Código dos Valores Mobiliários.

"Corpus" (Dir. Civil) – O *corpus* constitui o elemento material da posse, designando a situação de facto que se traduz no exercício dos poderes sobre a coisa correspondentes ao conteúdo de um direito real ou na possibilidade física desse exercício.

O termo também se usa para designar a prática reiterada de um comportamento que constitui a base de uma norma consuetudinária.

V. *Posse; "Animus"; Direito real; Costume.*

"Corpus Juris Civilis" – Compilação normativa elaborada no tempo do Imperador romano Justiniano.

Co-responsabilidade (Dir. Civil) – "Se forem vários os autores, instigadores ou auxiliares do acto ilícito, todos eles respondem pelos danos que hajam causado" – artigo 490.°, C.C.. Por outro lado, o artigo 497.°, n.° 1, C.C., dispõe que, "se forem várias as pessoas responsáveis pelos danos, é solidária a sua responsabilidade", tendo o direito de regresso a medida resultante das culpas dos co-responsáveis e das consequências que delas tiverem advindo; se não for possível graduar as culpas, elas presumem-se iguais. Este é o regime da co-responsabilidade quando ela é extra-obrigacional subjectiva, sendo também solidária a responsabilidade dos vários obrigados a indemnizar se a responsabilidade não depender de culpa (v. artigo 507.°, C.C.).

Já no domínio da responsabilidade contratual, a responsabilidade dos condevedores inadimplentes só será solidária se solidária fosse a obrigação plural incumprida.

V. *Responsabilidade civil; Ilicitude; Dano; Solidariedade; Direito de regresso; Culpa; Presunção; Responsabilidade objectiva; Responsabilidade contratual; Condevedores; Inadimplemento; Obrigação plural.*

Correcção extraordinária de renda (Dir. Civil) – A Lei n.° 46/85, de 20 de Setembro, falava de correcção extraordinária da renda para designar a possibilidade, por ela conferida, de alterar as rendas dos contratos de arrendamento para habitação celebrados anteriormente a 1 de Janeiro de 1980, com a aplicação dos factores de correcção extraordinária referidos ao ano da última fixação da renda e constantes da tabela anexa à mesma lei. Estava afastada, em dados termos, a aplicabilidade da correcção extraordinária, relativamente a arrendamentos cujas rendas houvessem sido ou pudessem ser ajustadas nos termos do

Decreto-Lei n.° 294/82, de 27 de Julho, do artigo 1051.°, n.° 2, C.C., dos Decretos-Leis n.°s 704/76, de 30 de Setembro, e 449/83, de 26 de Dezembro. Aos inquilinos, cujas rendas houvessem sido objecto de correcção extraordinária podia ser atribuído, nos termos da Lei n.° 46/85, um subsídio de renda, estando o regime deste previsto no Decreto-Lei n.° 68/86, de 27 de Março.

A Lei n.° 46/85 foi revogada (à excepção dos artigos 11.° a 15.°, que se mantêm em vigor, nos termos do artigo 9.° do Decreto-Lei n.° 321-B/90, de 15 de Outubro, rectificado por declaração publicada no *Diário da República*, I-A série, de 30 de Novembro de 1990), podendo as rendas ser actualizadas nos termos dos artigos 30.° e segs. do Regime do Arrendamento Urbano, aprovado pelo referido DL n.° 321-B/90, e alterado pelo Decreto-Lei n.° 278/93, de 10 de Agosto (este, por sua vez, alterado, por ratificação, pela Lei n.° 13/94, de 11 de Maio), pelo Decreto-Lei n.° 163/95, de 13 de Julho, pela Lei n.° 89/95, de 1 de Setembro, pelo Decreto-Lei n.° 257/95, de 30 de Setembro, pela Lei n.° 135/99, de 28 de Agosto, pelos Decretos-Leis n.°s 64-A/ /2000, de 22 de Abril, e 329-B/2000, de 22 de Dezembro, e pelas Leis n.°s 6/2001 e 7/2001, ambas de 11 de Maio.

V. *Arrendamento urbano; Arrendamento para habitação; Renda; Actualização de rendas; Subsídio de renda.*

Correcção monetária (Dir. Civil) – Princípio oposto ao do nominalismo é o da correcção monetária ou indexação.

V. *Princípio do nominalismo; Indexação.*

Corregedor (Org. Judiciária) – Categoria da magistratura judicial que foi extinta pela Lei Orgânica dos Tribunais Judiciais de 1977.

V. *Magistratura judicial.*

Correição (Proc. Civil) – É obrigatória a sujeição de todos os livros, processos e papéis findos a correição do juiz ou do magistrado do Ministério Público, consoante os casos, antes de se proceder ao seu arquivo.

V. artigo 126.° da Lei de Organização e Funcionamento dos Tribunais Judiciais (Lei n.° 3/99, de 13 de Janeiro, rectificada pela Declaração de rectificação n.° 7/99, de 16 de Fevereiro, e alterada pela Lei n.° 101/99, de 26 de Julho, pelos Decretos-Leis n.°s 323/2001, de 17 de Dezembro, e 38/ /2003, de 8 de Março, pela Lei n.° 105/ /2003, de 10 de Dezembro, pelo Decreto-Lei n.° 53/2004, de 18 de Março, pela Lei n.° 42/2005, de 29 de Agosto, e pelo Decreto-Lei n.° 76-A/2006, de 29 de Março – rectificado pela Declaração de rectificação n.° 28-A/2006, de 26 de Maio).

V. *Juiz; Ministério Público.*

Co-seguro (Dir. Civil; Dir. Com.) – É o contrato de seguro celebrado por um sujeito com várias seguradoras, que assumem conjuntamente um certo risco; em regra, de entre as várias co-seguradoras, há uma que é líder.

V. *Contrato de seguro.*

Costume – Regra não ditada em forma de comando pelos poderes públicos, mas resultante de um uso geral e prolongado e da existência da generalizada convicção da conformidade dessa prática com o Direito.

Ele pode constituir assim uma fonte de direito.

Em Portugal, o problema de saber se o costume é ou não fonte de direito não pode ser simplistamente resolvido pela invocação do artigo 1.°, C.C., que determina que só a lei constitui fonte de direito, já porque não é razoável perguntar a uma das fontes existentes na ordem jurídica se admite uma outra, já porque o Código Civil é um diploma ordinário que não tem legitimidade para se pronunciar acerca de problemas, como este, em que está em causa a conformação de todo o sistema jurídico. Também disposições como a do artigo 3.°, C.C., em nada relevam para a solução da questão, não só pelas razões já enunciados mas também porque esta norma se refere aos usos, que não se confundem com o costume. O uso caracteriza-se apenas pela prática reiterada, não havendo qualquer convicção da jurisdicidade dela, nem dos sujeitos que a seguem nem das autoridades encarregadas da aplicação do direito.

Um dos problemas mais delicados que a identificação de uma norma costumeira coloca, pelo menos num sistema jurídico como o nosso, é o da duração da prática que consubstancia o respectivo *corpus*: sem que se possa daqui retirar mais do que uma pequena indicação, não pode, porém, deixar de se referir uma disposição, como a do artigo 1400.°, n.° 1, C.C., que confere relevância ao costume "seguido há mais de vinte anos"; sublinha-se que esta não é, contudo, indicação de grande relevância, já porque, à uma, se trata de um regime muito restrito, já porque, à outra, estamos perante uma indicação legal, o que, como já se referiu, não pode ser decisivo para o carácter normativo do costume.

O artigo 348.°, C.C., determina que "àquele que invocar direito consuetudinário [...] compete fazer a prova da sua existência e conteúdo; mas o tribunal deve procurar, oficiosamente, obter o respectivo conhecimento"; e acrescenta que "o conhecimento oficioso incumbe também ao tribunal, sempre que este tenha de decidir com base no direito consuetudinário [...] e nenhuma das partes o tenha invocado, ou a parte contrária tenha reconhecido a sua existência e conteúdo ou não haja deduzido oposição".

No Direito Internacional Público, o costume é inquestionavelmente fonte de direito.

V. *Fontes de direito; Prova; Conhecimento oficioso; "Contra legem".*

Costume "contra legem" – V. *Costume; "Contra legem".*

Costume jurisprudencial – Falam alguns autores de costume jurisprudencial para significar a situação caracterizada pela adopção recorrente de uma dada orientação pelos tribunais e pela generalização da convicção da obrigatoriedade da regra informadora de tal orientação.

V. *Jurisprudência; Precedente.*

Costume "praeter legem" – V. *Costume; "Praeter legem".*

Costume "secundum legem" – V. *Costume; "Secundum legem".*

Crédito (Dir. Civil) – 1. O direito de crédito é a posição activa na relação obrigacional: é, portanto, o direito a exigir de outrem uma prestação (v. artigo 397.°, C.C.).

Parte da doutrina entendia que a patrimonialidade era característica essencial do direito de crédito. O problema, que foi muito discutido, está resolvido na lei, no artigo 398.°, C.C.; dispõe este, no seu n.° 1, que as partes podem fixar livremente o conteúdo positivo ou negativo da prestação e, no n.° 2, que "a prestação não necessita de ter valor pecuniário, mas deve corresponder a um interesse do credor, digno de protecção legal".

V. *Dívida; Obrigação; Prestação; Credor; Interesse do credor.*

2. V. *Ofensa ao crédito.*

Crédito ao consumo (Dir. Civil) – O Decreto-Lei n.° 359/91, de 21 de Setembro, rectificado pela Declaração de rectificação n.° 199-B/91, de 21 de Setembro, e alterado pelos Decretos-Leis n.°s 101/2000, de 2 de Junho, e 82/2006, de 3 de Maio, disciplina várias formas de crédito ao consumo, e caracteriza o contrato de crédito como aquele "por meio do qual um credor concede ou promete conceder a um consumidor um crédito sob a forma de diferimento de pagamento, mútuo, utilização de cartões de crédito ou qualquer outro acordo de financiamento semelhante".

O contrato de crédito deve ser reduzido a escrito, contendo os elementos referidos no artigo 6.°, e assinado pelas partes, sendo obrigatoriamente entregue ao consumidor uma cópia. Caso falte algum destes elementos, o contrato será inválido, nulo ou anulável, conforme o elemento em falta.

O consumidor tem direito a um período de reflexão de sete dias úteis a contar da assinatura do contrato, só se tornando o contrato eficaz no caso de este direito não ser exercido. O consumidor pode renunciar a este direito, em caso de entrega imediata do bem, através de declaração separada e exclusiva para o efeito (v. artigo 8.°).

V. *Credor; Consumidor; Contrato; Contrato de crédito; Tempo do cumprimento; Mútuo; Documento escrito; Nulidade; Anulabilidade; Arrependimento; Renúncia; Entrega da coisa.*

Crédito comum (Dir. Civil) – V. *Credor comum.*

Crédito hipotecário (Dir. Civil) – Crédito que se encontra garantido por uma hipoteca.

V. *Crédito; Garantia; Hipoteca.*

Crédito litigioso (Dir. Civil) – Direito de crédito que foi objecto de contestação em juízo, ainda que arbitral.

V. *Crédito; Direito litigioso; Tribunal arbitral.*

Crédito privilegiado (Dir. Civil) – V. *Credor privilegiado.*

Crédito quirográfico (Dir. Civil) – É o direito de crédito que não goza de nenhuma garantia especial, apenas dispondo da garantia geral que é constituída pelo património do devedor.

V. *Crédito; Garantias especiais; Garantia; Património; Devedor.*

Crédito sobre a insolvência (Dir. Civil; Dir. Com.; Proc. Civil) – O artigo 47.° do Código da Insolvência e da Recuperação de Empresas, aprovado pelo Decreto-Lei n.° 53/2004, de 18 de Março, alterado pelos Decretos-Leis n.°s 200/2004, de 18 de Agosto, e 76-A/2006, de 29 de Março (este rectificado pela Declaração de rectificação n.° 28-A/2006, de 26 de Maio), dispõe que os créditos de natureza patrimonial sobre o insolvente ou que se encontrem garantidos por bens que integrem a massa insolvente, cujo fundamento seja anterior à declaração de insolvência, e ainda aqueles que tenham sido adquiridos na pendência do processo, se denominam créditos sobre a insolvência.

O n.° 4 deste artigo diz que, "para efeitos deste Código, os créditos sobre a insolvência são:

a) «Garantidos» e «privilegiados», os créditos que beneficiem, respectivamente, de garantias reais, incluindo os privilégios creditórios especiais, e de privilégios creditórios gerais sobre bens integrantes da massa insolvente, até ao montante correspondente ao valor dos bens objecto das garantias ou dos privilégios gerais, tendo em conta as eventuais onerações prevalecentes;

b) «Subordinados», os créditos enumerados no artigo seguinte ["créditos detidos por pessoas especialmente relacionadas com o devedor, desde que a relação especial existisse já aquando da respectiva aquisição, e por aqueles a quem eles tenham sido transmitidos nos dois anos anteriores ao processo de insolvência", "os juros dos créditos não subordinados constituídos após a declaração de insolvência, com excepção dos abrangidos por garantia real e por privilégios creditórios gerais, até ao valor dos bens respectivos", "os créditos cuja subordinação tenha sido convencionada pelas partes", "os créditos que tenham por objecto prestações do devedor a título gratuito", "os créditos sobre a insolvência que, como consequência da resolução em benefício da massa insolvente, resultem para o terceiro de má fé", "os juros de créditos subordinados constituídos após a declaração de insolvência", e "os créditos por suprimentos"], excepto quando beneficiem de privilégios creditórios, gerais ou especiais, ou hipotecas legais, que não se extingam por efeito da declaração de insolvência";

c) «Comuns», os demais créditos".

Nos termos do artigo 50.°, "para efeitos deste Código consideram-se créditos sob condição suspensiva e resolutiva, respectivamente, aqueles cuja constituição ou subsistência se encontrem sujeitos à verificação ou à não verificação de um acontecimento futuro e incerto tanto por força da lei como de negócio jurídico", sendo tidos como créditos sob condição suspensiva, designadamente, os que resultem "da recusa de execução ou denúncia antecipada, por parte do administrador da insolvência, de contratos bilaterais em curso à data da declaração da insolvência, ou da resolução de actos em benefício da massa insolvente, enquanto não se verificar essa denúncia, recusa ou resolução", os que "não possam ser exercidos contra o insolvente sem prévia excussão do património de outrem, enquanto não se verificar tal excussão", e aqueles "pelos quais o insolvente não responda pessoalmente, enquanto a dívida não for exigível".

No caso de haver plano de insolvência com execução fiscalizada pelo administrador da insolvência, dispõe o artigo 221.° que, naquele, pode estipular-se " que terão prioridade sobre os créditos sobre a insolvência, em novo processo de insolvência aberto antes de findo o período de fiscalização, os créditos que, até certo limite global, sejam constituídos nesse período, desde que essa prioridade lhes seja reconhecida expressamente e por escrito, com indicação do montante abrangido e confirmação pelo administrador [...]", sendo tal prioridade "igualmente válida face a outros créditos de fonte contratual constituídos durante o período da fiscalização".

V. *Insolvência; Recuperação de empresas; Crédito; Garantia; Garantias reais; Bem, Massa insolvente; Declaração de insolvência; Privilégio creditório; Relação especial; Cessão de créditos; Juros; Prestação; Terceiro; Má fé; Hipoteca legal; Condição; Condição suspensiva; Condição resolutiva; Negócio jurídico; Denúncia; Administrador da insolvência; Contrato sinalagmático; Resolução de contrato; Benefício da excussão; Exigibilidade; Plano de insolvência.*

Crédito subordinado (Dir. Civil; Dir. Com.; Proc. Civil) – O artigo 48.° do Código da Insolvência e da Recuperação de Empresas, aprovado pelo Decreto-Lei n.° 53/2004, de 18 de Março, alterado pelos Decretos-Leis n.°s 200/2004, de 18 de Agosto, e 76-A/2006, de 29 de Março (este rectificado pela Declaração de rectificação n.° 28-A/2006, de 26 de Maio), enuncia os créditos sobre a insolvência que qualifica como subordinados e que são os seguintes: *a)* os detidos por pessoas especialmente relacionadas com o devedor, desde que a relação especial existisse já aquando da respectiva aquisição, bem por aqueles a quem eles tenham sido transmitidos nos dois anos anteriores ao início do processo de insolvência; *b)* os juros de créditos não subordinados, constituídos após a declaração de insolvência, com excepção dos que tenham garantia real ou privilégios creditórios gerais, até ao valor dos bens que os garantem; *c)* aqueles em que a subordinação resulte de convenção; *d)* os que tenham por objecto prestações a título gratuito; *e)* os que resultem para terceiros de má fé em consequência da resolução de actos em benefício da massa insolvente; *f)* os juros de créditos subordinados que tenham sido constituídos depois da declaração de insolvência; e *g)* os créditos por suprimentos.

De acordo com a mesma disposição, os créditos subordinados são graduados depois de todos os outros.

Nos termos do artigo 73.°, n.° 3, "os créditos subordinados não conferem direito de voto, excepto quando a deliberação da assembleia de credores incida sobre a aprovação de um plano de insolvência". Os credores subordinados estão excluídos da pertença à comissão de credores pelo n.° 1 do artigo 66.°.

O artigo 99.°, n.° 4 proíbe a compensação "entre dívidas à massa e créditos subordinados sobre a insolvência".

De acordo com o artigo 177.°, "o pagamento dos créditos subordinados só tem lugar depois de integralmente pagos os créditos comuns", sendo a ordem pela qual são satisfeitos a indicada no artigo 48.° que se deixou citado, "na proporção dos respectivos montantes, quanto aos que constem da mesma alínea, se a massa for insuficiente para o seu pagamento integral"; só no caso de subordinação convencional, podem as partes atribuir ao crédito subordinado uma prioridade diversa.

V. *Insolvência; Recuperação de empresas; Crédito; Crédito sobre a insolvência; Relação especial; Cessão de créditos; Juros; Declaração de insolvência; Garantias reais; Privilégio creditório; Bem; Convenção; Massa insolvente; Prestação; Terceiro; Má fé; Graduação de credores; Assembleia de credores; Plano de insolvência; Comissão de credores; Compensação.*

Credor (Dir. Civil) – Titular de um direito de crédito.

É a pessoa que é portadora do interesse que a prestação do devedor visa satisfazer e que pode exigir o seu cumprimento, embora não seja necessariamente aquela a quem a prestação é realizada.

V. *Crédito; Interesse do credor; Prestação; Cumprimento; Devedor; "Accipiens".*

Credor aparente (Dir. Civil) – Pessoa que não é credor, mas tem a aparência de o ser, criando a convicção generalizada de que o é.

Não havendo na lei portuguesa disposição expressa relativa ao cumprimento realizado a credor aparente por devedor de boa fé, não poderá deixar de se entender que, em regra, esse cumprimento é nulo.

Mesmo no domínio do direito civil, há, porém, casos em que a lei considera liberatório o cumprimento feito ao credor aparente. Assim, por exemplo, o artigo 583.°, C.C., determina que, no caso de cessão de crédito não notificada ao devedor nem aceite por este, o cumprimento da dívida ao cedente (que já não é o credor, por ter cedido o deu direito) é oponível ao cessionário (credor actual), salvo se este provar que o devedor tinha conhecimento da cessão.

V. *Credor; Cumprimento; Devedor; Boa fé; Nulidade; Extinção das obrigações; Cessão de créditos; Notificação.*

Credor comum (Dir. Civil) – Credor cujo direito não goza de nenhuma causa de preferência, em relação a outros credores, no respectivo cumprimento.

Nos termos do artigo 604.°, C.C., os credores comuns têm o direito de ser pagos proporcionalmente pelo preço dos bens do devedor, quando este não chegue para integral satisfação de todos os créditos.

V. *Credor; Garantias especiais; Garantia; Responsabilidade patrimonial; Credor privilegiado.*

Credor da insolvência (Dir. Civil; Dir. Com.; Proc. Civil) – O artigo 47.°, n.° 1, do Código da Insolvência e da Recuperação de Empresas, aprovado pelo Decreto-Lei n.° 53/2004, de 18 de Março – este alterado pelos Decretos-Leis n.°s 200/2004, de 18 de Agosto, e 76-A/2006, de 29 de Março (o último rectificado pela Declaração de rectificação n.° 28-A/2006, de 26 de Maio) –, dispõe que "todos os titulares de créditos de natureza patrimonial sobre o insolvente ou garantidos por bens integrantes da massa insolvente, cujo fundamento seja anterior à data dessa declaração, são considerados credores da insolvência, qualquer que seja a sua nacionalidade e domicílio"; nos termos do n.° 3 do mesmo artigo, são equiparados aos titulares de créditos sobre a insolvência à data da declaração desta aqueles que provem tê-los adquirido na pendência da acção.

V. *Credor; Insolvência; Recuperação de empresas; Crédito; Crédito sobre a insolvência; Garantias reais; Massa insolvente; Cidadania; Domicílio; Declaração de insolvência; Cessão de créditos.*

Credor hipotecário (Dir. Civil) – Credor que beneficia de um direito de hipoteca sobre um imóvel ou coisa equiparada, pertencente ao devedor ou a terceiro.

A hipoteca constitui uma garantia que lhe permite obter o pagamento do seu crédito pelo valor da venda do referido imóvel, com preferência sobre os outros credores.

V. artigos 686.° e segs., C.C..

V. *Credor; Hipoteca; Imóvel; Devedor; Venda judicial.*

Credor preferente (Dir. Civil) – V. *Credor; Credor privilegiado.*

Credor pignoratício (Dir. Civil) – Credor cujo direito se encontra garantido por um penhor.

"O penhor confere ao credor o direito à satisfação do seu crédito, bem como dos juros, se os houver, com preferência sobre os demais credores, pelo valor de certa coisa móvel, ou pelo valor de créditos ou outros direitos não susceptíveis de hipoteca, pertencentes ao devedor ou a terceiro" – artigo 666.°, n.° 1, C.C.: O n.° 2 deste artigo qualifica como penhor – ou manda aplicar-lhe o respectivo regime – o "depósito de dinheiro, títulos de crédito, pedras ou metais preciosos", realizado a título de prestação de caução a que se refere o artigo 623.°, n.° 1, C.C..

O credor pignoratício tem o direito de usar das acções possessórias relativamente à coisa empenhada, mesmo contra o próprio dono desta, devendo, aquando da restituição da coisa, ser indemnizado das benfeitorias necessárias e úteis que haja feito nela. Se a coisa empenhada perecer ou o seu valor se tornar insuficiente para garantir a dívida, tem o credor direito de exigir a substituição ou o reforço do penhor, ou, até, o cumprimento imediato da obrigação, se a diminuição for devida a causa imputável ao devedor, nos termos do artigo 780.°, C.C.). Cfr. artigos 670.° e 701.°, C.C..

Por outro lado, o artigo 671.°, C.C., enuncia os deveres do credor pignoratício em relação à coisa empenhada; são eles: "*a)* [...] guardar e administrar como um proprietário diligente a coisa empenhada, respondendo pela sua existência e conservação;

b) [...] não usar dela sem consentimento do autor do penhor, excepto se o uso for indispensável à conservação da coisa;

c) [...] restituir a coisa, extinta a obrigação a que serve de garantia".

"Vencida a obrigação, adquire o credor o direito de se fazer pagar pelo produto da venda executiva da coisa empenhada, podendo a venda ser feita extraprocessualmente, se as partes assim o tiverem convencionado" (artigo 675.°, n.° 1, C.C.).

V. artigos 666.° e segs., C.C..

V. *Credor; Penhor; Crédito; Juros; Móvel; Hipoteca; Devedor; Terceiro; Caução; Acções possessórias; Indemnização; Benfeitoria; Reforço de garantias; Substituição de garantia; Cumprimento; Culpa; Benefício do prazo; Diligência; Acto de administração; Vencimento; Venda judicial; Convenção; Extinção das obrigações.*

Credor privilegiado (Dir. Civil) – Genericamente, é o credor que, em consequência de garantia real, da natureza do seu crédito ou de qualquer outra causa, tem direito a ser pago preferentemente relativamente aos outros credores do mesmo devedor.

Assim, o credor cujo direito se encontra garantido por uma garantia real (penhor, hipoteca, privilégio creditório, consignação de rendimentos, direito de retenção) tem direito a ser pago preferentemente quanto aos outros credores (comuns) pelo valor dos respectivos bens ou rendimentos.

Também a penhora e o arresto atribuem ao credor exequente, ou que requereu o arresto, uma garantia de pagamento com preferência sobre os outros credores.

O artigo 2070.°, n.° 1, C.C., determina que "os credores da herança e os legatários gozam de preferência sobre os credores pessoais do herdeiro, e os primeiros sobre os segundos".

Em processo de falência, na graduação de créditos não era atendida a preferência resultante de hipoteca judicial nem a proveniente da penhora (era o que dispunha o artigo 200.°, n.° 3, do Código dos Processos Especiais de Recuperação da Empresa e de Falência, aprovado pelo Decreto-Lei n.° 132/93, de 23 de Abril, alterado pelos Decretos-Leis n.°s 157/97, de 24 de Junho, 315/98, de 20 de Outubro, 323/2001, de 17 de Dezembro, e 38/2003, de 8 de Março). Este diploma foi revogado pelo Decreto-Lei n.° 53/2004, de 18 de Março, alterado pelos Decretos-Leis n.°s 200/2004, de 18 de Agosto, e 76-A/2006, de 29 de Março (este rectificado pela Declaração de rectificação n.° 28-A/2006, de 26 de Maio), que aprovou o Código da Insolvência e da Recuperação de Empresas. Este último qualifica, no seu artigo 47.°, n.° 4-*a)*, como "créditos garantidos" e "créditos privilegiados" "os que beneficiem, respectivamente, de garantias reais, incluindo os privilégios creditórios especiais, e de privilégios creditórios gerais sobre bens integrantes da massa insolvente, até ao montante correspondente ao valor dos bens objecto das garantias ou dos privilégios gerais, tendo em conta eventuais onerações prevalecentes".

Nos termos do artigo 172.° deste Código, são, antes do pagamento dos créditos sobre a insolvência, deduzidos da massa, pelo administrador da insolvência, "os bens ou direitos necessários à satisfação das dívidas desta, incluindo as que previsivelmente se constituirão até ao encerramento do processo", sendo as dívidas da massa imputadas – até ao limite de "10% do produto de bens objecto de garantias reais, salvo na medida do indispensável à satisfação integral das dívidas da massa [...] ou do que não prejudique a satisfação integral dos créditos garantidos" – aos rendimentos desta. O artigo 174.°, n.° 1, dispõe que, "liquidados os bens onerados com garantia real, e abatidas as correspondentes despesas, é imediatamente feito o pagamento aos credores garantidos, com respeito pela prioridade que lhes caiba; quanto àqueles que não fiquem integralmente pagos e perante os quais o devedor responda com a generalidade do seu património, são os saldos respectivos incluídos entre os créditos comuns [...]". De acordo com o artigo 175.°, n.° 1, "o pagamento dos créditos privilegiados é feito à custa dos bens não afectos a garantias reais prevalecentes, com respeito da prioridade que lhes caiba, e na proporção dos seus montantes, quanto aos que sejam igualmente privilegiados".

V. *Credor; Garantias reais; Credor comum; Devedor; Penhor; Hipoteca; Privilégio credito-*

rio; Consignação de rendimentos; Direito de retenção; Penhora; Arresto; Exequente; Graduação de credores; Falência; Herança; Legatário; Herdeiro; Insolvência; Recuperação de empresas; Massa insolvente; Crédito sobre a insolvência; Administrador da insolvência; Oneração de bens; Património; Responsabilidade patrimonial.

Criança (Dir. Civil) – V. *Menor.*

Credor putativo (Dir. Civil) – V. *Credor aparente.*

Credor subordinado (Dir. Civil; Dir. Com.; Proc. Civil) – V. *Crédito subordinado.*

"Cuius commoda eius incommoda" (Dir. Civil) – Princípio, considerado justificativo da responsabilidade pelo risco, segundo o qual quem retira as vantagens de uma situação deve também suportar os inconvenientes ou consequências danosas da mesma situação.

V. *"Ubi commoda ibi incommoda"; Responsabilidade pelo risco.*

Culpa (Dir. Civil) – Em sentido amplo, culpa é a imputação do acto ao respectivo agente.

Em sentido restrito, culpa ou mera culpa, por contraposição a dolo, é a conduta omissiva da diligência exigível, isto é, a negligência, leviandade, imponderação ou imprudência.

Para ser susceptível do juízo de culpabilidade, o agente tem de ser imputável.

A lei considera não imputáveis as pessoas que, no momento do facto estavam, por qualquer razão, incapacitadas "de entender e de querer", salvo se houver sido o próprio agente a colocar-se culposamente nesse estado, se este for transitório. Em relação aos menores de sete anos e aos interditos por anomalia psíquica, a lei estabelece uma presunção de inimputabilidade – artigo 488.°, C.C.. No entanto, mesmo os inimputáveis podem ser condenados a reparar os danos, total ou parcialmente, por motivo de equidade, "desde que não seja possível obter a devida reparação das pessoas a quem incumbe a sua vigilância" – artigo 489.°, C.C..

A culpa é, em princípio, apreciada segundo a diligência do *bonus pater familias* ou do homem médio (apreciação em abstracto), e apenas nos casos em que a lei expressamente o estabeleça, pela diligência habitual do autor do facto (apreciação em concreto) – artigo 487.°, C.C..

Ao lesado incumbe o ónus da prova da culpa do autor da lesão, salvo havendo presunção legal de culpa.

A doutrina distingue tradicionalmente na culpa dois graus: a *culpa consciente* (em que o agente teria previsto a possibilidade do resultado ilícito, mas teria agido para alcançar um fim lícito, na esperança temerária de que aquele não se produzisse) e a *culpa inconsciente* (o agente não previra o resultado ilícito, mas este era objectivamente previsível, usando a diligência exigível).

A determinação do grau de culpa do agente é relevante para certos efeitos, como, por exemplo, para fixar a quota na dívida indemnizatória dos vários responsáveis (artigo 497.°, n.° 2, C.C.), para determinar o montante da indemnização por danos não patrimoniais (artigo 496.°, n.° 3, 1.ª parte), ou para reduzir ou excluir a indemnização em função da contribuição causal de acto culposo do próprio lesado para a produção ou agravamento dos prejuízos (artigo 570.°, n.° 1, C.C.).

Quando a responsabilidade se funda em mera culpa, o artigo 494.°, C.C., admite a possibilidade de uma limitação equitativa da indemnização fixada pelo tribunal, "desde que o grau de culpabilidade do agente, a situação económica deste e a do lesado e as demais circunstâncias do caso o justifiquem".

V. *Culpa consciente; Culpa inconsciente; Dolo; Diligência; Ilicitude; Indemnização; Dano moral; Responsabilidade civil; Ónus da prova; Presunção legal; Presunção de culpa; Responsabilidade contratual; Imputabilidade; Interdição; Anomalia psíquica; Equidade; Dever de vigilância; Bom pai de família; Grau de culpabilidade; Co-responsabilidade; Culpa do lesado.*

Culpa consciente (Dir. Civil) – A doutrina caracteriza a culpa consciente como a situação em que o agente, tendo previsto a possibilidade de a sua conduta produzir um resultado ilícito e danoso, a adopta, por se convencer, temerariamente, de que poderá evitar tal resultado. A violação do dever de diligência encontrar-se-ia aqui na imprudência, na leviandade, na temeridade da conduta, de que o bom pai de família se teria abstido.

Uma vez que é de difícil ou impossível prova o que se passou no foro psicológico do agente, tem o julgador de, a partir do significado de vontade que a sua conduta exprime e da consideração das circunstâncias que a envolveram, realizar um juízo de probabilidade sobre a respectiva motivação, a fim de qualificar a culpa como consciente ou como inconsciente.

V. *Culpa; Culpa inconsciente; Diligência; Ilicitude; Dano; Bom pai de família.*

Culpa do lesado (Dir. Civil) – Determina o artigo 570.°, n.° 1, C.C., que, "quando um facto culposo do lesado tiver concorrido para a produção ou agravamento dos danos, cabe ao tribunal determinar, com base na gravidade das culpas de ambas as partes e nas consequências que delas resultaram, se a indemnização deve ser totalmente concedida, reduzida ou mesmo excluída". O n.° 2 desta disposição estabelece que a verificação de um facto culposo do lesado excluirá completamente, na falta de disposição em contrário, o dever indemnizatório quando a responsabilidade do agente se fundar numa presunção de culpa. Se, existindo uma presunção de culpa, o lesado produzir prova da culpa do agente, esta norma não será evidentemente aplicável.

Estes mesmos efeitos verificam-se também quando tenha constituído concausa dos danos ou causa do seu agravamento um facto culposo do representante legal do lesado ou de pessoa que tenha intervindo na situação por iniciativa dele (artigo 571.°, C.C.).

O artigo 572.° dispõe que o ónus da prova da culpa do lesado incumbe àquele que a alegar, determinando, porém, que o tribunal dela conheça oficiosamente, ainda que não seja alegada.

V. *Culpa; Dano; Grau de culpabilidade; Indemnização; Presunção de culpa; Representante; Prova; Ónus da prova; Conhecimento oficioso.*

Culpa em abstracto (Dir. Civil) – Aprecia-se em abstracto a culpa quando, para formular o juízo de culpabilidade, se compara a conduta do agente com aquela que teria tido o bom pai de família colocado nas mesmas circunstâncias.

É esta a forma por que a nossa lei civil (artigo 487.°, n.° 2, C.C.) manda apreciar a culpa.

V. *Culpa; Bom pai de família.*

Culpa em concreto (Dir. Civil) – A culpa será apreciada em concreto sempre que o juízo de culpabilidade decorra da conclusão de que o agente, naquele caso concreto, empregou uma diligência inferior àquela que em regra utiliza nos seus próprios assuntos.

V. *Culpa; Diligência.*

Culpa grave (Dir. Civil) – Segundo uma antiga tradição, distinguia a doutrina, dentro da culpa *stricto sensu,* três graus:

a) Culpa grave – a negligência grosseira que só uma pessoa excepcionalmente descuidada comete;

b) Culpa leve – a negligência em que o *bonus pater familias* não incorreria;

c) Culpa levíssima – a negligência que a generalidade das pessoas cometeria e que só alguém excepcionalmente cauteloso evitaria.

Embora se possa dizer que a lei portuguesa não desconhece inteiramente esta classificação (v., por exemplo, o artigo 1323.°, n.° 4, C.C., ou o artigo 186.° do Código da Insolvência e da Recuperação de Empresas, aprovado pelo Decreto-Lei n.° 53/2004, de 18 de Março, alterado pelos Decretos-Leis n.°s 200/2004, de 18 de Agosto, e 76-A/2006, de 29 de Março, rectificado pela Declaração de rectificação n.° 28-A/2006, de 26 de Maio), a doutrina emite geralmente dúvidas quanto ao seu acolhimento, chamando, designadamente, a atenção para a irrelevância da culpa levíssima. Isto não tem obstado a que, em certas áreas, se tenha revalorizado a ideia de culpa grave – cuja caracterização está longe de ser clara e pacífica –, defendendo-se a equiparação do seu regime ao do dolo.

V. *Culpa; Bom pai de família; Insolvência; Recuperação de empresas; "Culpa lata dolo aequiparatur"; Dolo.*

Culpa inconsciente (Dir. Civil) – O que caracteriza a culpa como inconsciente é o facto de o agente ter actuado sem ter sequer previsto a possibilidade de o seu comportamento vir a ter o resultado ilícito e danoso; nesta hipótese, a omissão do dever de diligência reside, pois, na imponderação das consequências da conduta, que o agente podia e devia ter previsto, desistindo da actuação em razão de tal ponderação.

Para qualificar a culpa como inconsciente, tem o julgador, se não puder ser feita prova da motivação do agente, de avaliar o significado de vontade que a conduta exprime nas circunstâncias em que foi adoptada.

V. *Culpa; Diligência; Ilicitude; Dano; Prova; Culpa consciente.*

Culpa "in contrahendo" (Dir. Civil) – A teoria da culpa *in contrahendo*, da autoria de Jhering, traduzia-se, originariamente, no entendimento de que, sempre que entre a vontade real e a declarada existisse divergência que conduzisse à invalidade do negócio, e tal divergência resultasse de culpa do declarante, este deveria ser responsabilizado face ao declaratário pelos danos que a invalidade lhe houvesse causado.

Hoje fala-se de culpa *in contrahendo* para significar a *responsabilidade pré-contratual* em geral.

V. *Responsabilidade pré-contratual; Negócio jurídico; Divergência entre a vontade e a manifestação; Culpa; Invalidade; Responsabilidade civil; Dano.*

Culpa "in eligendo" (Dir. Civil) – Há culpa *in eligendo* quando alguém escolhe, para realizar um qualquer acto ou actividade, uma pessoa que não tem as necessárias qualidades ou qualificações, quando podia e deveria ter escolhido pessoa diversa.

Quando o devedor de uma obrigação faz intervir no cumprimento desta um terceiro que, por falta de aptidões ou de preparação, desencadeia um não cumprimento, é o devedor responsável pelos danos resultantes, fundando-se tal responsabilidade no acto próprio da culposa escolha do substituto ou auxiliar.

Fora do âmbito da relação obrigacional, é também directamente responsável o sujeito (comitente) que escolheu pessoa não apta ao exercício de uma função, quando desse exercício tenham emergido danos para terceiros. A responsabilidade do comitente é solidária com a do comissário, existindo direito de regresso na medida das respectivas culpas e das consequências que delas tiverem advindo (artigos 500.°, n.° 3, e 497.°, n.° 2, C.C.).

V. *Culpa; Devedor; Obrigação; Cumprimento; Substituto; Auxiliar; Responsabilidade contratual; Responsabilidade civil; Dano; Comitente; Comissão; Obrigação solidária; Comissário; Direito de regresso.*

Culpa "in instruendo" (Dir. Civil) – Sempre que alguém, que deva dar a outrem indicações, ordens ou instruções relativas a acto ou actividade a realizar por este, não o faça ou o faça de modo deficiente ou errado, diz-se que há culpa *in instruendo*.

O devedor é responsável por acto próprio quando não tenha fornecido – ou tenha fornecido mal – ao seu auxiliar ou substituto na execução da obrigação as informações ou instruções necessárias a tal execução, e o não cumprimento resulte dessa omissão ou deficiente informação.

Também o comitente é responsável – podendo sê-lo solidariamente com o comissário – sempre que os danos provocados pelo comissário a terceiro, no exercício da função, tenham resultado da falta de instruções do comitente ou da observância de ordens erradas ou deficientes fornecidas por este (artigos 500.°, n.° 3, e 497.°, n.° 2, C.C.).

V. *Culpa; Devedor; Auxiliar; Substituto; Obrigação; Incumprimento; Responsabilidade contratual; Responsabilidade civil; Dano; Comitente; Comissário; Solidariedade; Comissão.*

Culpa "in vigilando" (Dir. Civil) – Quando um dano é produzido por uma pessoa afectada de uma incapacidade natural – por ser uma criança, um demente, etc. – é a pessoa que, por lei ou por negócio jurídico, esteja obrigado a vigiá-la que responde civilmente perante o lesado, a menos que demonstre ter cumprido o seu dever de vigilância ou que prove que o dano se teria produzido mesmo que o tivesse cumprido.

No entanto, quando, havendo embora vigilante e sendo este responsável pelos danos, por razões de equidade, se a pessoa a quem incumbia a vigilância não tiver património que possibilite ao lesado obter a indemnização, pode ser o inimputável obrigado a reparar total ou parcialmente os danos à custa dos seus bens.

V. artigos 491.° e 489.°, n.° 1, C.C..

Também quanto à responsabilidade do comitente pelos prejuízos resultantes da actividade do comissário, no exercício da função, se fala em culpa *in vigilando* para referir as situações em que a actuação negligente do comitente na vigilância do comissário contribuiu para a produção dos danos.

Haverá, finalmente, culpa *in vigilando* do devedor que não tenha realizado a supervisão e controlo da actividade de terceiro que, como auxiliar ou substituto, faça intervir no cumprimento da obrigação, quando haja danos para o credor resultantes de tal actividade.

V. *Culpa; Dano; Dever de vigilância; Negócio jurídico; Responsabilidade civil; Equidade; Imputabilidade; Comitente; Comissário; Devedor; Auxiliar; Substituto; Cumprimento; Obrigação; Responsabilidade contratual.*

"Culpa lata dolo aequiparatur" (Dir. Civil) – Brocardo de origem justinianeia segundo o qual a culpa grave deve ter um regime equiparado ao do dolo.

Embora, no direito civil português, não se encontre norma consagradora deste princípio, há autores que tendem a defender a sua procedência na generalidade dos casos e uma corrente doutrinária mais numerosa que sustenta a assimilação de regime em alguns casos.

O Decreto-Lei n.° 446/85, de 25 de Outubro, alterado pelos Decretos-Leis n.°s 220/95, de 31 de Agosto, 249/99, de 7 de Julho, e 323/2001, de 17 de Dezembro, relativo ao regime das cláusulas contratuais gerais, veio consagrar a uniformidade de regime num dos casos em que mais vulgarmente a doutrina a defendia: a proibição das cláusulas de exclusão ou limitação da responsabilidade do devedor em caso de incumprimento dolo ou culpa grave (cfr. artigo 18.°-*c)* e *d)*).

V. *Culpa; Dolo; Culpa grave; Cláusulas contratuais gerais; Cláusula de exclusão da responsabilidade; Cláusula limitativa da responsabilidade.*

"Culpa lata" (Dir. Civil) – Sinónimo de *culpa grave* (v. esta expressão).

Culpa leve (Dir. Civil) – V. *Culpa; Culpa grave.*

Culpa levíssima (Dir. Civil) – V. *Culpa; Culpa grave.*

Culpa presumida (Dir. Civil) – Fundando-se, em regra, a responsabilidade civil na culpa do agente, caberá, nos termos gerais do artigo 342.°, n.° 1, C.C., ao lesado fazer a prova dessa culpa, salvo, também nos termos gerais, agora do artigo 350.°, n.° 1, se houver uma presunção legal de culpa.

No âmbito da responsabilidade contratual, estabelece o artigo 799.°, n.° 1, C.C., uma presunção de culpa do devedor e, no domínio da responsabilidade delitual, há também casos em que a lei presume a culpa do agente: assim acontece nas situações previstas nos artigos 491.°, 492.° e 493.°, C.C.. Baseando-se a responsabilidade em culpa presumida, pode, naturalmente, o agente afastá-la, ilidindo a presunção, podendo também obter tal exoneração, nos casos dos artigos 491.° a 493.° referidos, se fizer a prova de uma causa virtual dos danos. A responsabilidade do agente que se funda em culpa presumida é também, em princípio, afastada, se um facto culposo do lesado tiver concorrido para a produção dos danos (artigo 570.°, n.° 2, C.C.).

V. *Culpa; Ónus da prova; Presunção; Devedor; Responsabilidade contratual; Responsabilidade delitual; Causa virtual; Relevância da causa virtual; Dano; Culpa do lesado.*

Cumprimento (Dir. Civil) – Designa-se por cumprimento da obrigação a realização da prestação a que o devedor está vinculado (artigo 762.°, n.° 1, C.C.). A doutrina não é unânime no entendimento de que deva qualificar-se como cumprimento a realização da prestação por outrem que não o devedor, bem como a realização forçada dela através da intervenção do órgão jurisdicional; as divergências são, contudo, essencialmente terminológicas e irrelevantes do ponto de vista do regime jurídico.

A lei determina que, no cumprimento da obrigação assim como no exercício do correspondente direito, devem as partes actuar segundo os princípios da boa fé.

O artigo 763.°, n.° 1, C.C., estabelece o princípio da realização integral da prestação pelo devedor, ressalvando, porém, os casos em que as partes tenham convencionado poder a prestação ser realizada por partes e os casos em que a própria lei o permita (por exemplo, o artigo 39.° da Lei Uniforme sobre Letras e Livranças estabelece que ao portador de uma letra não é permitido recusar qualquer pagamento parcial feito por conta dela; o mesmo se encontra disposto no que respeita a cheques pelo artigo 34.° da respectiva Lei Uniforme).

Sobre o problema de saber quem pode cumprir, esclarece o artigo 767.°, n.° 1, C.C., que "a prestação pode ser feita tanto pelo devedor como por terceiro, interessado ou não no cumprimento da obrigação", salvaguardando-se, no entanto, o direito de o credor recusar a prestação efectuada por terceiro, se existir acordo expresso das partes em que ela deve ser realizada pelo devedor ou no caso de a substituição o prejudicar (é o que acontece nas obrigações infungíveis).

"A prestação deve ser feita ao credor ou ao seu representante" – artigo 769.°, C.C.; se se tratar de representante voluntário, o devedor pode recusar fazer-lhe a prestação, a menos que haja convenção das partes nesse sentido. Fora dos casos em que a lei ou convenção admitam que o cumprimento a terceiro seja liberatório, a prestação feita a terceiro, em princípio, não extingue a obrigação (v. artigo 770.°, C.C.).

Sobre o lugar do cumprimento, estabelece a lei que ele é o do domicílio do devedor, na falta de disposição em contrário das partes ou de norma especial: disposições especiais são, por exemplo, as dos artigos 773.° (prestação de coisa móvel determinada, que deverá ser feita no lugar onde a coisa se encontrava ao tempo da celebração do negócio), 774.° (o cumprimento de obrigação pecuniária deve ser feito no lugar do domicílio do credor), 885.°, n.° 1 (o preço na compra e venda deve ser pago no momento e no lugar da entrega da coisa vendida), todos do Código Civil.

No que respeita ao tempo de cumprimento, v. *Obrigação pura; Obrigação a prazo; Obrigação "cum potuerit"* e *Obrigação "cum voluerit"*.

V. *Obrigação; Prestação; Devedor; Cumprimento por terceiro; Execução específica; Boa fé; Princípio da integralidade do cumprimento; Letra; Cheque; Credor; Representante; Terceiro; Extinção das obrigações; Domicílio; Lugar do cumprimento; Coisa móvel; Negócio jurídico; Celebração do contrato; Obrigação pecuniária; Compra e venda; Obrigação infungível; Incumprimento.*

Cumprimento antecipado (Dir. Civil) – V. *Cumprimento; Antecipação do cumprimento.*

Cumprimento a terceiro (Dir. Civil) – O cumprimento deve ser realizado ao credor ou ao representante deste, não liberando, em regra, o devedor um cumprimento feito a terceiro.

O artigo 770.°, C.C., enuncia os casos em que a prestação feita a um terceiro excepcionalmente extingue a obrigação; são eles: "*a)* Se assim foi estipulado ou consentido pelo credor;

b) Se o credor a ratificar;

c) Se quem a recebeu houver adquirido posteriormente o crédito;

d) Se o credor vier a aproveitar-se do cumprimento e não tiver interesse em não a considerar como feita a si próprio;

e) Se o credor for herdeiro de quem a recebeu e responder pelas obrigações do autor da sucessão;

f) Nos demais casos em que a lei o determinar".

"A prestação feita a terceiro pode ser repetida pelo devedor enquanto não se tornar liberatória nos termos do artigo 770.°" – artigo 476.°, n.° 2, C.C..

V. *Cumprimento; Credor; Representante; Prestação; Terceiro; Ratificação; Herdeiro; Autor da sucessão; Repetição do indevido.*

Cumprimento defeituoso (Dir. Civil) – Cumprimento da obrigação através da realização de uma prestação que contém vícios, defeitos ou falta de qualidades, que a tornam imprópria ou inadequada para a prossecução do fim que visava.

Aparentemente, o Código Civil não trata genericamente das consequências do cumprimento defeituoso, limitando-se a, no n.° 1 do artigo 799.°, dizer que é ao devedor que incumbe provar que o cumprimento defeituoso não resultou de culpa sua. A propósito de alguns contratos em especial, e designadamente da compra e venda e da empreitada, a lei estabelece o regime do cumprimento defeituoso. Fundamentalmente, pode dizer-se que, nestes casos, o credor tem o direito de exigir a eliminação dos defeitos, a reparação da coisa ou a sua substituição, além do direito a indemnização pelos danos que haja sofrido.

Na venda de bens de consumo, estabelece o artigo 2.°, n.° 1, do Decreto-Lei n.° 67/2003, de 8 de Abril, que o "vendedor tem de entregar ao consumidor bens que sejam conformes com o contrato de compra e venda". Este diploma determina quais os direitos que assistem ao consumidor no caso de o bem ser desconforme.

O artigo 74.°, n.° 1, C.P.C., na redacção da Lei n.° 14/2006, de 26 de Abril dispõe: "A acção destinada a exigir o cumprimento de obrigações, a indemnização pelo não cumprimento ou pelo cumprimento defeituoso e a resolução do contrato por falta de cumprimento é proposta no tribunal do domicílio do réu [devedor], podendo o credor optar pelo tribunal do lugar em que a obrigação deveria ser cumprida, quando o réu seja pessoa colectiva ou quando, situando-se o domicílio do credor na área metropolitana de Lisboa ou do Porto, o réu tenha domicílio na mesma área metropolitana".

V. *Cumprimento; Obrigação; Prestação; Devedor; Ónus da prova; Culpa; Venda de coisas defeituosas; Empreitada; Indemnização; Venda de bens de consumo; Consumidor; Conformidade; Compra e venda; Acção; Resolução do contrato; Competência; Réu; Devedor; Domicílio; Credor; Lugar do cumprimento; Pessoa colectiva.*

Cumprimento de um dever (Dir. Civil) – O cumprimento de um dever jurídico pode constituir uma causa de justificação da omissão de cumprimento de um outro dever. Para que estejamos perante uma situação em que o cumprimento de um dever exclua a ilicitude do incumprimento de outro, é necessário, em princípio, que não tenha sido o sujeito a colocar-se culposamente na situação de incompatibilidade de cumprimento dos vários deveres que sobre ele impendem, devendo, face à impossibilidade de cumprimento simultâneo dos dois deveres, optar o sujeito pelo cumprimento do dever de maior valor jurídico. Nem sempre é fácil hierarquizar os deveres em conflito, não podendo dizer-se que os deveres de conteúdo ou natureza pessoal são sempre de valor superior aos de natureza patrimonial; só a consideração concreta dos deveres de cumprimento incompatível é susceptível de fornecer os elementos de ponderação que permitem proceder à hierarquização. Ponto é que o agente, colocado na situação, tenha optado pelo cumprimento do dever que ao bom pai de família se afigurasse de maior valor em detrimento do outro.

Porque a invocação do cumprimento do dever de obediência hierárquica, para excluir a ilicitude de um acto, é estatisticamente frequente, expor-se-á de seguida o regime constitucional desta causa de justificação. Determina o artigo 271.° da Constituição da República, nos seus n.°s 2 e 3, que só "é excluída a responsabilidade do funcionário ou agente que actue no cumprimento de ordens ou instruções emanadas do legítimo superior hierárquico e em matéria de serviço, se previamente delas tiver reclamado ou tiver exigido a sua transmissão ou confirmação por escrito", nunca o dever de obediência justificando "a prática de qualquer crime".

Os termos em que esta norma regula esta causa de exclusão da ilicitude dos "funcionários e agentes do Estado e das demais entidades públicas" são aplicáveis, por maioria de razão aos sujeitos privados, no quadro em que se encontrem legitimados/obrigados a dar ordens por virtude uma relação, designadamente laboral, que implique subordinação hierárquica.

V. *Dever jurídico; Responsabilidade civil; Ilicitude; Causas justificativas; Culpa; Bom pai de família.*

Cumprimento integral (Dir. Civil) – É integral o cumprimento quando a globalidade da prestação debitória é realizada de uma só vez.

O artigo 763.°, n.° 1, C.C., determina que "a prestação deve ser realizada integralmente e não por partes, excepto se outro for o regime convencionado ou imposto por lei ou pelos usos".

V. *Cumprimento; Prestação; Princípio da integralidade do cumprimento; Pagamento em prestações; Cumprimento parcial.*

Cumprimento parcial (Dir. Civil) – É a realização de parte apenas da prestação debitória.

Só quando convenção o permitir ou a lei ou os usos o impuserem é que o devedor pode, sem a anuência do credor, realizar parcialmente a prestação. Ao credor é, todavia, lícito exigir uma parte da prestação, embora tal não prive o devedor da possibilidade de oferecer o cumprimento integral. V. artigo 763.°, C.C..

Quando o cumprimento parcial resulta de impossibilidade não imputável de realização da prestação integral, determina o artigo 793.°, n.° 1, C.C., que "o devedor exonera-se mediante a prestação do que for possível, devendo, neste caso, ser proporcionalmente reduzida a contraprestação a que a outra parte estiver vinculada". Mas, nos termos do n.° 2 da mesma disposição, "o credor que não tiver, justificadamente, interesse no cumprimento parcial da obrigação pode resolver o negócio".

Se o incumprimento parcial ou a parcial impossibilitação do cumprimento forem imputáveis ao devedor, "o credor tem a faculdade de resolver o negócio ou de exigir o cumprimento do que for possível, reduzindo neste caso a sua contraprestação, se for devida; em qualquer dos casos o credor mantém o direito à indemnização" (artigo 802.°, n.° 1, C.C.). O n.° 2 deste artigo estabelece que "o credor não pode, todavia, resolver o negócio, se o não cumprimento parcial, atendendo ao seu interesse, tiver escassa importância".

O Decreto-Lei n.° 365/99, de 17 de Setembro, que se ocupa do que designa por actividade prestamista – celebração de contratos de mútuo garantidos com penhor, quando constituam o objecto da actividade profissional de uma pessoa singular ou colectiva –, estabelece no seu artigo 17.°, n.° 2, que a amortização parcial do empréstimo é permitida, desde que efectuada no momento da renovação do contrato e seja de valor não inferior a 10% do capital em dívida, incidindo os juros vincendos, neste caso, apenas sobre o capital em dívida.

V. *Cumprimento; Prestação; Princípio da integralidade do cumprimento; Convenção; Usos; Devedor; Credor; Impossibilidade parcial; Culpa; Extinção das obrigações; Interesse do credor; Incumprimento; Resolução do contrato; Indemnização; Prestamista; Mútuo; Penhor; Pessoa singular; Pessoa colectiva; Amortização; Renovação do contrato; Juros; Juros vincendos.*

Cumprimento pontual (Dir. Civil) – V. *Cumprimento; Pontualidade do cumprimento.*

Cumprimento por terceiro (Dir. Civil) – Salvo se a obrigação for, natural ou convencionalmente, infungível, "a prestação pode ser feita tanto pelo devedor como por terceiro, interessado ou não no cumprimento" – artigo 767.°, C.C..

Porque assim é, o credor que recuse a prestação que lhe é regularmente oferecida por terceiro incorre em mora perante o devedor, só não se constituindo em mora em consequência de tal recusa, se o devedor se tiver oposto ao cumprimento por terceiro e este não tiver um interesse directo no cumprimento.

A pontual realização da prestação por terceiro extingue a dívida do devedor para com o credor, podendo o terceiro ficar sub-rogado nos direitos do credor contra o devedor, se este ou aquele o sub-rogarem, nos termos, respectivamente, dos artigos 590.° e 589.°, C.C., e ficando sub-rogado, independentemente de declaração, "quando tiver garantido o cumprimento, ou quando, por outra causa, estiver directamente interessado na satisfação do crédito" – artigo 592.°, C.C..

O terceiro *solvens* tem os mesmos direitos do devedor quanto à exigência de quitação, de restituição do título da dívida ou de menção neste do cumprimento efectuado – v. artigos 787.° e 788.°, C.C..

V. *Cumprimento; Obrigação; Obrigação infungível; Prestação; Devedor; Terceiro; "Solvens"; Credor; Mora; Extinção das obrigações; Sub-rogação; Quitação; Restituição do título; Menção do cumprimento.*

Cumprimento retardado (Dir. Civil) – Verifica-se quando, no momento do vencimento da obrigação, a prestação não é realizada, sendo ainda possível o cumprimento e subsistindo o interesse do credor na sua realização.

O atraso no cumprimento pode ser imputável ao devedor, caso em que há mora deste (artigo 804.°, n.° 2, C.C.), ou dever-se a causa que seja estranha às partes, situação em que existe uma impossibilidade temporária (artigo 792.°, C.C.), podendo ainda resultar de mora do credor (artigo 813.°, C.C.).

V. *Cumprimento; Obrigação; Vencimento; Prestação; Interesse do credor; Culpa; Mora; Impossibilidade temporária.*

Cumulação de acções (Proc. Civil) – V. *Acção; Litisconsórcio.*

Cumulação de execuções (Proc. Civil) – Verifica-se quando, no mesmo processo, o mesmo credor (ou vários credores litisconsortes) instaura contra o mesmo devedor (ou vários devedores litisconsortes) várias execuções relativas a créditos diversos (*cumulação originária* ou *inicial*). O artigo 53.°, n.° 1, C.P.C., na redacção do Decreto-Lei n.° 180/96, de 25 de Setembro, permite "ao credor, ou a vários credores litisconsortes, cumular execuções, ainda que fundadas em títulos diferentes, contra o mesmo devedor ou contra vários devedores litisconsortes, salvo quando:

a) Ocorrer incompetência absoluta do tribunal para alguma das execuções;

b) As execuções tiverem fins diferentes;

c) A alguma das execuções corresponder processo especial diferente do processo que deva ser empregado quanto às outras, sem prejuízo do disposto nos n.°s 2 e 3 do artigo 31.°".

Fala-se de *cumulação sucessiva* a propósito da situação que se verifica quando, não tendo ainda a execução sido julgada extinta, o exequente requer, no mesmo processo, a execução de outro título, o que, de acordo com o artigo 54.°, C.P.C., na redacção do Decreto-Lei n.° 329-A/95, de 12 de Dezembro, é possível sempre que não se verifique uma das circunstâncias, já enumeradas, que impedem a cumulação inicial. Porém, o obstáculo derivado de as execuções terem fins diferentes "cessa [...] quando a execução iniciada com vista à entrega de coisa certa ou de prestação de facto haja sido convertida em execução para pagamento de quantia certa".

V. *Execução; Credor; Litisconsórcio; Devedor; Crédito; Título executivo; Competência; Incompetência absoluta; Processo especial; Extinção da execução; Exequente; Execução para entrega de coisa; Execução para prestação de facto; Execução para pagamento de quantia certa; Execução de custeamento.*

Cumulação de inventários (Proc. Civil) – V. *Inventário.*

Cumulação de medidas tutelares (Dir. Civil) – Salva a possibilidade de cumulação das medidas de acompanhamento educativo com a de imposição de regras de conduta ou de obrigações e ainda a de frequência de programas escolares, não podem, em princípio e de acordo com o artigo 19.°, n.° 1, da Lei Tutelar Educativa (Lei n.° 166/99, de 14 de Setembro), "ser aplicadas cumulativamente por um mesmo facto ao mesmo menor" várias medidas tutelares.

Excepciona-se também deste princípio, nos termos do n.° 2 da disposição citada, a cumulabilidade de outra medida com a de "privação do direito de conduzir ciclomotores ou de obter permissão para conduzir [estes veículos]".

V. artigo 16.°, n.° 2, da Lei Tutelar Educativa.

V. *Medida tutelar; Menor; Acompanhamento educativo; Imposição de regras de conduta; Imposição de obrigações; Frequência de programa formativo; Privação do direito a conduzir.*

Cumulação de pedidos (Proc. Civil) – O artigo 470.°, C.P.C., com a redacção do Decreto-Lei n.° 180/96, de 25 de Setembro, dispõe que o autor pode deduzir contra o mesmo réu cumulativamente vários pedidos, desde que estes sejam substancialmente compatíveis (se o não forem, a petição inicial é inepta e pode ser liminarmente indeferida, e, não o sendo, o réu deve ser absolvido da instância – artigos 193.°, 234.°-A, 288.°, n.° 1, 494.°-*b)* e 493.°, n.° 2, todos do C.P.C.) e ainda desde que a todos os pedidos corresponda a mesma forma de processo (excepto se a diversidade resultar apenas do montante dos pedidos) e seja o mesmo tribunal competente, internacionalmente, em razão da matéria e da hierarquia (artigo 31.°, n.° 1, C.P.C.).

O n.° 2 do mesmo artigo 470.° estabelece que "nos processos de divórcio ou separação litigiosos é admissível a dedução de pedido tendente à fixação do direito a alimentos".

Em processo executivo, é também possível a cumulação, ainda que as execuções se fundem em títulos diferentes e qualquer que seja o valor de cada uma delas, desde que o tribunal competente seja o mesmo para todas, todas tenham o mesmo fim e a todas corresponda a mesma forma de processo. É ainda possível, antes de ser julgada extinta uma execução, que o exequente requeira outra no mesmo processo, desde que se verifiquem os requisitos antes enunciados.

V. artigos 53.° e 54.°, C.P.C..

Havendo cumulação de pedidos, o valor da causa é o da soma dos valores dos pedidos cumulados, excepto se, como acessório do pedido principal, se pedirem juros, rendas e rendimentos vencidos e a vencer durante a pendência da causa, pois, neste caso, para a determinação do valor, atende-se apenas aos interesses já vencidos (artigos 306.°, n.° 2, C.P.C.).

"Se o autor cumular pedidos para cuja apreciação sejam territorialmente competentes diversos tribunais, pode escolher qualquer deles para a propositura da acção, salvo se a competência para apreciar algum dos pedidos depender de algum dos elementos de conexão que permitem o conhecimento oficioso da incompetência relativa; nesse caso, a acção será proposta nesse tribunal"; "quando se cumulem, porém, pedidos entre os quais haja uma relação de dependência ou subsidiariedade, deve a acção ser proposta no tribunal competente para a apreciação do pedido principal" – artigo 87.°, n.°s 2 e 3, C.P.C., na redacção do Decreto-Lei n.° 329-A/95, de 12 de Dezembro.

Nos processos instaurados nos julgados de paz, só no momento da propositura da acção é admitida a cumulação de pedidos – artigo 44.° da Lei 78/2001, de 13 de Julho.

V. *Autor; Réu; Pedido; Petição inicial; Ineptidão da petição; Absolvição da instância; Forma de processo; Competência internacional; Competência em razão da matéria; Competência em razão da hierarquia; Divórcio; Separação judicial de pessoas e bens; Alimentos; Execução; Título executivo; Extinção da execução; Exequente; Valor da causa; Pedido acessório; Renda; Juros; Competência em razão do território; Propositura da acção; Conhecimento oficioso; Incompetência relativa; Pedidos dependentes; Pedido subsidiário; Pedido principal; Julgado de paz.*

Cumulação sucessiva de pedidos (Proc. Civil) – Designação que alguma doutrina dá à formulação de dois ou mais pedidos, para ser atendido o segundo só na hipótese de o não ser o primeiro, e assim sucessivamente.

V. *Pedido; Pedido subsidiário.*

Curador (Dir. Civil)

1. Pessoa encarregada de assistir a um inabilitado e de administrar o respectivo património, no todo ou em parte, de acordo com a decisão do tribunal.

V. artigos 153.° e segs., C.C..

V. *Inabilitação; Curatela; Acto de administração; Património.*

2. Curador provisório – Relativamente a alguém que "desapareceu sem que dele se saiba parte" e sem ter deixado legal representante, é nomeado um curador provisório pelo tribunal, para administrar os seus bens, sendo possível a nomeação de um curador especial para certos negócios.

O curador provisório será o cônjuge do ausente, algum dos seus presumíveis herdeiros ou alguém interessado na conservação dos seus bens. Finda a curadoria, o curador prestará contas, havendo, como remuneração, dez por cento da receita líquida que realizar.

V. artigos 89.° e segs., C.C..

Sobre a noção de curador provisório em processo civil, v. *Curador provisório.*

Curador definitivo – Decorridos dois anos sobre a data do desaparecimento do ausente (se não houver representante) ou cinco (se o houver), pode entrar-se na fase de justificação da ausência, sendo então os herdeiros e demais interessados, a quem sejam entregues os bens do ausente, havidos como curadores definitivos.

V. artigos 99.° e segs., C.C..

V. *Curadoria; Representante; Ausência; Herdeiro; Prestação de contas; Justificação da ausência.*

3. Pode, em outros casos, haver lugar à nomeação de curador especial para um fim determinado: por exemplo, ao menor, que não tenha representante legal, pode ser nomeado curador especial para aceitar ou rejeitar liberalidades.

V. artigo 1891.°, C.C..

Quando haja herança jacente, pode ser nomeado um curador "para evitar a perda ou deterioração dos bens, por não haver quem legalmente os administre" – artigo 2048.°, C.C..

V. *Curador especial; Menor; Liberalidade; Representação legal; Herança jacente.*

4. Curador de menores – Designavam-se curadores de menores os magistrados do Ministério Público que exerciam funções nos tribunais de menores. Os curadores tinham a seu cargo "defender os direitos e velar pelos interesses dos menores, podendo exigir aos pais, tutores ou pessoas encarregadas da sua guarda os esclarecimentos necessários", competindo-lhes, em particular, "representar os menores em juízo, como parte principal, intentando acções e usando de quaisquer meios judiciários em defesa dos seus direitos e interesses".

V. *Menor; Ministério Público; Tribunal de menores; Tutor; Representação; Parte principal.*

Curador "ad litem" (Proc. Civil) – V. *Suprimento de incapacidade judiciária; Curador; Curador especial.*

Curador de menores (Proc. Civil) – V. *Curador; Menor.*

Curador especial (Dir. Civil; Proc. Civil) – O artigo 1891.°, C.C., prevê a nomeação de um curador especial ao menor, que não tenha quem legalmente o represente, para efeitos de aceitar herança ou legado ou de aceitar doação feita ao menor; o curador é nomeado pelo tribunal a requerimento de qualquer parente do menor, do Ministério Público, do doador ou de algum interessado nos bens deixados. Quando os pais, como representantes legais do menor, não tiverem obtido autorização judicial para rejeitar liberalidade feita ao menor, o tribunal nomeará, oficiosamente, um curador para a aceitar.

A disposição do Código Civil (artigo 1889.°-*l*)) que impunha autorização judicial aos pais do filho menor para aceitar herança, doação ou legado com encargos foi alterada pelo Decreto-Lei n.° 227/94, de 8 de Setembro, que passou a exigir idêntica autorização para a convenção de partilha extrajudicial, determinando o artigo 1890.°, n.° 4, C.C., na redacção que lhe foi dada pelo mesmo diploma, que, "no processo em que os pais requeiram autorização judicial para aceitar herança, quando dela necessitem, poderão requerer autorização para convencionar a respectiva partilha extrajudicial, bem como a nomeação de curador especial para nela outorgar, em representação do menor, quando com ele concorram à sucessão ou a ela concorram vários incapazes por eles representados".

Também em processo civil se fala de curador especial para significar pessoa designada pelo tribunal para representar um incapaz em juízo nos casos em que este não tenha representante geral e isso seja promovido pelo Ministério Público; a designação pode ser requerida "por qualquer parente sucessível, quando o incapaz haja de ser autor, devendo sê-lo pelo autor, quando o incapaz figure como réu" – artigo 11.°, C.P.C.. Por seu lado, o artigo 14.° do mesmo Código prevê a representação por curador especial das "pessoas que, por anomalia psíquica ou outro motivo grave, estejam impossibilitadas de receber a citação para a causa"; a representação por este curador especial "cessa, quando for julgada desnecessária [desnecessidade que "é apreciada sumariamente, a requerimento do curatelado, que pode produzir quaisquer provas"], ou quando se juntar documento que mostre ter sido declarada a interdição ou a inabilitação e nomeado representante ao incapaz". Finalmente, o artigo 21.°, n.°s 2 e 3, também do C.P.C., não utilizando a expressão curador especial, refere-se a um representante especial, designado pelo juiz, "salvo se a lei estabelecer outra forma de assegurar a respectiva representação em juízo", para pessoa colectiva ou sociedade que tenham sido demandadas e não tenham quem as represente. As funções deste representante especial "cessam logo que a representação seja assumida por quem deva, nos termos da lei, assegurá-la".

V. *Curador; Menor; Representação legal; Requerimento; Liberalidade; Incapaz; Herança; Aceitação da herança; Legado; Doação; Encargos; Parentesco; Ministério Público; Autorização; Partilha da herança; Capacidade judiciária; Sucessível; Autor; Réu; Anomalia psíquica; Citação; Prova; Documento; Interdição; Inabilitação; Pessoa colectiva.*

Curadoria (Dir. Civil) – Instituto jurídico destinado a "prover acerca da administração dos bens de quem desapareceu sem que dele se saiba parte e sem ter deixado representante legal ou procurador".

V. artigos 89.° e segs., C.C..

V. *Curador; Ausência; Acto de administração; Representação legal; Procurador.*

Curador provisório (Dir. Civil)

1. V. *Ausência.*

2. "O candidato a adoptante que, mediante confiança administrativa, haja tomado o menor a seu cargo com vista a futura adopção pode requerer ao tribunal a sua designação como curador provisório do menor até ser decretada a adopção ou instituída a tutela" – artigo 163.° da anteriormente chamada O.T.M. (Decreto-Lei n.° 314/78, de 27 de Outubro), na redacção do Decreto-Lei n.° 120/98, de 8 de Maio. Segundo o artigo 167.° do mesmo diploma, cuja última redacção resulta da Lei n.° 31//2003, de 22 de Agosto, no processo preliminar à adopção, quando o menor é confiado judicialmente a alguém ou a alguma instituição, "na sentença que decida a confiança judicial, o tribunal designa curador provisório ao menor, o qual exercerá funções até ser decretada a adopção ou instituída a tutela", sendo o curador "a pessoa a quem o menor tiver sido confiado" ou, quando se trate de confiança a instituição, aquela que "tenha um contacto mais directo com o menor"; "se o menor for confiado a uma instituição, a curadoria provisória do menor deve, a requerimento do organismo de segurança social, ser transferida para o candidato a adoptante logo que seleccionado".

V. *Curador; Menor; Adopção; Confiança de menor; Tutela.*

(Proc. Civil) – O Código de Processo Civil utiliza a expressão curador provisório para designar a pessoa nomeada pelo tribunal para representar, em caso de urgência, numa acção um incapaz, quando este não tenha representante geral. Muito embora o artigo 11.°, que se refere ao curador provisório, não deixe muito clara a distinção entre este e o curador especial, de que também se ocupa, parece que aquele é a pessoa que em regra suprirá, por nomeação imediata do tribunal, a incapacidade judiciária do incapaz em caso de urgência e até que o representante geral seja nomeado.

Ao curador provisório cabe praticar, "tanto no decurso do processo como na execução da sentença", "os mesmos actos que competiriam ao representante geral".

V. *Acção; Incapacidade; Capacidade judiciária; Representação; Execução; Sentença.*

Curatela (Dir. Civil) – Instituto destinado a prover à assistência a certos indivíduos maiores, declarados inabilitados em virtude de anomalia psíquica, surdez-mudez ou cegueira, de carácter permanente, mas sem gravidade que justifique a interdição; podem ainda ser inabilitados "aqueles que, pela sua habitual prodigalidade ou pelo abuso de bebidas alcoólicas ou de estupefacientes, se mostrem incapazes de reger convenientemente o seu património" – artigo 152.°, C.C..

Os actos do inabilitado que carecem de autorização de curador são todos os actos de disposição de bens entre vivos e, além destes, todos os que forem especificados na sentença que declara a inabilitação.

Só haverá conselho de família no caso de a administração do património do inabilitado ser entregue ao curador.

V. artigos 153.° e segs., C.C..

V. *Inabilitado; Anomalia psíquica; Interdição; Pródigo; Alcoólico; Estupefaciente; Patri-*

mónio; Autorização; Acto de disposição; Acto entre vivos; Contrato; Conselho de família.

Custas (Proc. Civil) – Despesas judiciais relativas ao processo cível que compreendem a taxa de justiça e os encargos.

O pagamento das custas de um processo é, regra geral, da responsabilidade da parte vencida na proporção em que o for e, caso a acção tenha terminado sem vencimento de uma das partes, da parte que do processo tirou proveito.

V. artigo 446.° e segs., C.P.C..

O Código das Custas Judiciais em vigor foi aprovado pelo Decreto-Lei n.° 224-A/ /96, de 26 de Novembro (rectificado pela Declaração de rectificação n.° 4-B/97, de 31 de Janeiro), alterado pelo Decreto-Lei n.° 91/97, de 22 de Abril, pela Lei n.° 59/ /98, de 25 de Agosto, pelos Decretos-Leis n.°s 304/99, de 6 de Agosto, 320-B/2000, de 15 de Dezembro, 323/2001, de 17 de Dezembro, 38/2003, de 8 de Março (este rectificado pela Declaração de rectificação n.° 5-C/2003, de 30 de Abril), e 324/2003, de 27 de Dezembro (rectificado pela Declaração de rectificação n.° 26/2004, de 24 de Fevereiro), e pelas Leis n.°s 45/2004, de 19 de Agosto, e 60-A/2005, de 30 de Dezembro.

Depois de estabelecer, no artigo 1.°, n.° 1, a regra geral de que os processos estão sujeitos a custas, os artigos 2.° e 3.° contêm, respectivamente, as isenções subjectivas e objectivas.

São isentos de custas (artigo 2.°, n.° 1): "*a)* O Ministério Público, nas acções, procedimentos e recursos em que age em nome próprio, na defesa dos direitos e interesses que lhe são confiados por lei;

b) As pessoas colectivas de utilidade pública administrativa;

c) As instituições particulares de solidariedade social;

d) Qualquer cidadão, associação ou fundação que seja parte activa em processos destinados à defesa de valores e bens constitucionalmente protegidos, nos termos do n.° 3 do artigo 52.° da Constituição da República Portuguesa, salvo em caso de manifesta improcedência do pedido;

e) Os sinistrados em acidente de trabalho e os portadores de doença profissional nas causas emergentes do acidente ou da doença, quando representados ou patrocinados pelo Ministério Público;

f) Os familiares dos trabalhadores referidos na alínea anterior a que a lei confira direito a pensão, nos casos em que do acidente ou da doença tenha resultado a morte do trabalhador e se proponham fazer valer ou manter os direitos emergentes do acidente ou da doença, quando representados ou patrocinados pelo Ministério Público;

g) Os agravados que, não tendo dado causa ou expressamente aderido à decisão recorrida, a não acompanhem;

h) Os funcionários de justiça quanto às custas do processado inútil a que deram causa, se o juiz, em despacho fundamentado, lhes relevar a falta".

Não há lugar a custas (artigo 3.°, n.°. 1): "*a)* Nos processos de adopção;

b) Nos processos de jurisdição de menores, se as custas devessem ficar a seu cargo;

c) Nos processos de liquidação e partilha de bens de instituições de previdência social e de organismos sindicais;

d) Na fase arbitral dos processos de expropriação por utilidade pública, sem prejuízo do disposto no n.° 3 [nestes casos, "os encargos com a remuneração e transporte dos árbitros e com a deslocação do tribunal são suportados pelo expropriante"];

e) Nas reclamações para a conferência julgadas procedentes sem oposição;

f) Nos recursos com subida diferida que não cheguem a subir por desinteresse ou desistência do recorrente;

g) Nas remições obrigatórias;

h) Nos depósitos e levantamentos a realizar pelas partes, que constituam actos normais da tramitação específica da respectiva forma de processo, bem como nos levantamentos nas cauções, nos inventários e nas execuções;

i) Nos incidentes de verificação do valor para efeito de contagem, no que respeita à taxa de justiça".

O artigo 4.° do referido DL n.° 324/ /2003, para além de ter revogado expressamente várias normas que atribuíam isenções de custas, revogou, em geral, no seu n.° 7, "todas as normas contidas em legislação avulsa que consagram isenções de custas a favor do Estado e demais entidades públicas".

A legitimidade para promover a execução por custas cabe ao Ministério Público – artigo 59.°, C.P.C..

O artigo 98.°, n.° 3, do Estatuto da Ordem dos Advogados (Lei n.° 15/2005, de 26 de Janeiro) estabelece que "o advogado apenas pode ser responsabilizado pelo pagamento de preparos, despesas ou quaisquer outros encargos que tenham sido provisionados para tal efeito pelo cliente e não é obrigado a dispor das provisões que tenha recebido para honorários, desde que a afectação destas aos honorários seja do conhecimento do cliente".

O Decreto-Lei n.° 103/91, de 8 de Março, veio isentar de custas o exequente em acções de execução destinadas a obter o cumprimento de sentença condenatória proferida pelo tribunal arbitral dos centros de arbitragem de conflitos de consumo. A Lei de Defesa do Consumidor (Lei n.° 24/96, de 31 de Julho, alterada pela Lei n.° 85/98, de 16 de Dezembro, e pelo Decreto-Lei n.° 67/2003, de 8 de Abril), por seu lado, permite a condenação em montante inferior, "tendo em conta a sua situação económica e a razão formal ou substantiva da improcedência" (artigo 14.°, n.° 4).

De acordo com o n.° 5 do artigo 84.° da Lei n.° 28/82, de 15 de Novembro (Lei de Organização, Funcionamento e Processo do Tribunal Constitucional), na redacção que lhe foi dada pela Lei n.° 13-A/98, de 26 de Fevereiro, o regime das custas no Tribunal Constitucional deve ser definido por decreto-lei, sendo o Decreto-Lei n.° 303/98, de 7 de Outubro, que se ocupa actualmente do regime dessas custas.

A Lei n.° 78/2001, de 13 de Julho, regula "a competência, organização e funcionamento dos julgados de paz e a tramitação dos processos da sua competência", dispõe, no seu artigo 5.°, que "nos julgados de paz há lugar a pagamento de custas", sendo a tabela de custas aprovada por portaria do Ministro da Justiça (v. Portaria n.° 1456/2001, de 28 de Dezembro, alterada pela Portaria n.° 209/2005, de 24 de Fevereiro).

O Decreto-Lei n.° 36/2002, de 26 de Fevereiro, aprova as custas correspondentes às competências atribuídas pelo Decreto-Lei n.° 272/2001, de 13 de Outubro, ao Ministério Público em matéria de protecção dos incapazes e dos ausentes.

O artigo 102.°-A, n.° 3, da Lei de Organização e Funcionamento dos Tribunais Judiciais (Lei n.° 3/99, de 13 de Janeiro, rectificada pela Declaração de rectificação n.° 7/99, de 16 de Fevereiro, e alterada pela Lei n.° 101/99, de 26 de Julho, pelos Decretos-Leis n.°s 323/2001 e 38/2003, pela Lei n.° 105/2003, de 10 de Dezembro, pelo Decreto-Lei n.° 53/2004, de 18 de Março, pela Lei n.° 42/2005 e pelo Decreto-Lei n.° 76-A/2006, de 29 de Março – este rectificado pela Declaração de rectificação n.° 28-A/2006, de 26 de Maio) dispõe que "compete também aos juízos de execução exercer, no âmbito dos processos de execução por dívidas de custas cíveis e multas aplicadas em processo cível, as competências previstas no Código de Processo Civil não atribuídas aos tribunais de competência especializada referidos no número anterior ["tribunais de família e de menores, aos tribunais do trabalho, aos tribunais de comércio e aos tribunais marítimos e as execuções de sentenças proferidas por tribunal criminal que, nos termos da lei processual penal, não devam correr perante o tribunal civil"]".

V. *Encargos; Taxa de justiça; Parte; Parte vencida; Ministério Público; Acção; Recurso; Pessoa colectiva; Interesses difusos; Associação; Fundação; Pedido; Procedência; Agravo; Funcionário de justiça; Acto inútil; Adopção; Menor; Liquidação; Partilha; Expropriação; Reclamação; Conferência; Subida do recurso; Remição; Caução; Inventário; Incidente; Valor da causa; Legitimidade; Execução; Advogado; Preparo; Provisão; Honorários; Exequente; Sentença condenatória; Tribunal arbitral; Centro de Arbitragem de Conflitos de Consumo; Consumidor; Julgado de paz; Incapaz; Ausente; Tribunal de competência especializada; Tribunal de família; Tribunal de menores; Tribunal de comércio; Sentença.*

Custas de parte (Proc. Civil) – A parte vencedora numa acção tem direito a receber da parte vencida as quantias que tenha gasto com o processo. Isto é, quando o juiz condena a parte vencida em custas, estas são a totalidade das custas do processo: as que ainda se encontram em dívida no momento da condenação e as que a parte vencedora já houver adiantado.

Na redacção do artigo 33.°, n.° 1, do Código das Custas Judiciais, dada pelo Decreto-Lei n.° 324/2003, de 27 de Dezembro – rectificado pela Declaração de rectificação n.° 26/2004, de 24 de Fevereiro –, dispõe-se que "as custas de parte compreendem tudo o que a parte haja despendido com o processo a que se refere a condenação e de que tenha direito a ser compensada em virtude da mesma, designadamente:

a) As custas adiantadas;
b) As taxas de justiça pagas;
c) A procuradoria;
d) Os preparos para despesas e gastos;
e) As remunerações pagas ao solicitador de execução".

O artigo 33.°-A do Código das Custas Judiciais, que regula o pagamento das custas de parte, foi aditado pelo referido DL n.° 324/2003, tratando o artigo 4.°, que também tem a redacção dada por este diploma, do reembolso das custas de parte em caso de isenção ou dispensa do pagamento de custas.

V. *Custas; Parte; Taxa de justiça; Condenação do réu; Procuradoria; Preparo; Solicitador de execução.*

Custódia (Dir. Civil) – V. *Direito de custódia.*

D

Dação em cumprimento (Dir. Civil) – Forma de extinção de uma obrigação que consiste na prestação, com o acordo do credor, de coisa diversa da que constitui o objecto da obrigação: a prestação assim realizada exonera, pois, o devedor da sua obrigação.

Por exemplo, o devedor de uma prestação em dinheiro pode exonerar-se, entregando uma coisa ou realizando um serviço, desde que o credor nisso concorde.

V. artigos 837.° a 839.°, C.C..

V. *Obrigação; Prestação; Credor; Extinção das obrigações.*

Dação em função do cumprimento (Dir. Civil) - Forma de extinção de uma obrigação, nos termos da qual o devedor presta coisa diferente da devida, para que o credor obtenha, pela realização do valor dela, a satisfação do seu crédito.

O credor não adquire a coisa em pagamento da sua dívida: adquire-a para a vender (ou cobrar, se se tratar de um crédito) e pagar-se pelo produto da venda.

A obrigação só se extingue, neste caso, quando o crédito for efectivamente satisfeito e na medida respectiva. V. artigo 840.°, C.C..

Esta figura difere da dação em cumprimento - embora sejam ambas formas extintivas da obrigação - porque não a extingue imediatamente: destina-se, antes, a facilitar a sua extinção, isto é, a satisfação do interesse do credor. Na dação em cumprimento, a obrigação extingue-se pela realização de prestação diversa do cumprimento; na dação em função do cumprimento, a obrigação só se extingue, *se* e *na medida em que* o crédito for satisfeito à custa da prestação realizada. O n.° 2 do artigo 840.°, C.C., presume que constitui dação *pro solvendo* aquela que "tiver por objecto a cessão de um crédito ou a assunção de uma dívida".

V. *Obrigação; Extinção das obrigações; Prestação; Devedor; Interesse do credor; Crédito; Presunção legal; Cessão de créditos; Assunção de dívida.*

Dação "pro solvendo" (Dir. Civil) - O mesmo que *dação em função do cumprimento* (v. esta expressão).

Dados pessoais (Dir. Civil) - O artigo 35.°, n.° 1, da Constituição da República estabelece que "todos os cidadãos têm direito de acesso aos dados informatizados que lhes digam respeito, podendo exigir a sua rectificação e actualização, e o direito de conhecer a finalidade a que se destinam, nos termos da lei". No n.° 3 da mesma disposição diz-se que "a informática não pode ser utilizada para tratamento de dados referentes a convicções filosóficas ou políticas, filiação partidária ou sindical, fé religiosa, vida privada e origem étnica, salvo mediante consentimento expresso do titular, autorização prevista por lei com garantias de não discriminação ou para processamento de dados estatísticos não individualmente identificáveis". O n.° 4 deste artigo proíbe "o acesso a dados pessoais de terceiros, salvo em casos excepcionais previstos na lei". Finalmente, o n.° 7 deste artigo 35.° determina que as regras de protecção enunciadas nos números anteriores da norma são extensivas a "dados pessoais constantes de ficheiros manuais".

A Lei da Protecção de Dados Pessoais – Lei n.° 67/98, de 26 de Outubro (rectificada pela Declaração de rectificação n.° 22/98, de 28 de Novembro) - define, no seu artigo 3.°-*a)*, dados pessoais como "qualquer informação, de qualquer natureza e independentemente do respectivo suporte, incluindo som e imagem, relativa a uma pessoa singular identificada ou identificável ('titular dos dados'); é considerada identificável a pessoa que possa ser identificada directa ou indirectamente por referência a um número de identificação ou a um ou mais elementos específicos da sua identidade física, fisiológica, psíquica, económica, cultural ou social".

Diversamente do que sucedia com o anterior regime (decorrente da Lei n.° 10/91, de 29 de Abril, alterada pela Lei n.° 28/94, de 29 de Agosto), o diploma em vigor na matéria não faz referência aos chamados dados públicos, que eram antes caracterizados como "os dados pessoais constantes de documento público oficial, exceptuados os elementos confidenciais, tais como a profissão e a morada, ou as incapacidades averbadas no assento de nascimento".

A Lei cria a Comissão Nacional de Protecção de Dados com a atribuição geral "de controlar e fiscalizar o cumprimento das disposições legais e regulamentares em matéria de protecção de dados pessoais, em rigoroso respeito pelos direitos do homem e pelas liberdades e garantias consagradas na Constituição e na lei", enunciando o n.° 1 do artigo 23.° as competências da Comissão e determinando o respectivo n.° 3 que, "no exercício das suas funções, a CNDP profere decisões com força obrigatória, passíveis de reclamação e de recurso para o Tribunal Central Administrativo". A composição e o funcionamento da CNPD estão regulados nos artigos 25.° e 26.° desta Lei. A organização e o funcionamento da Comissão Nacional de Protecção de Dados são regidos pela Lei n.° 43/2004, de 18 de Agosto.

O artigo 5.° da Lei da Protecção de Dados Pessoais enuncia regras relativas aos dados pessoais, determinando o respectivo artigo 6.° que o "tratamento de dados pessoais só pode ser efectuado se o seu titular tiver dado de forma inequívoca o seu consentimento ou se o tratamento for necessário para:

a) Execução de contrato ou contratos em que o titular dos dados seja parte ou de diligências prévias à formação do contrato ou declaração da vontade negocial efectuadas a seu pedido;

b) Cumprimento de obrigação legal a que o responsável pelo tratamento esteja sujeito;

c) Protecção de interesses vitais do titular dos dados, se este estiver física ou legalmente incapaz de dar o seu consentimento;

d) Execução de uma missão de interesse público ou no exercício de autoridade pública em que esteja investido o responsável pelo tratamento ou um terceiro a quem os dados sejam comunicados;

e) Prossecução de interesses legítimos do responsável pelo tratamento ou de terceiro a quem os dados sejam comunicados, desde que não devam prevalecer os interesses ou os direitos, liberdades e garantias do titular dos dados".

O consentimento, quando necessário – o que, dada a amplitude dos casos que ficaram transcritos como de tratamento independente de autorização, não é tão frequente quanto desejável –, tem de corresponder a uma "qualquer manifestação de vontade, livre específica e informada, nos termos da qual o titular aceita que os seus dados pessoais sejam objecto de tratamento"; a informação que tem de ser prestada ao titular dos dados encontra-se enunciada nos n.°s 1 a 4 do artigo 10.°, dispondo os n.°s 5 e 6 desta norma os casos em que a informação pode ser dispensada.

Nos termos do artigo 7.°, n.° 1, "é proibido o tratamento de dados pessoais referentes a convicções filosóficas ou políticas, filiação partidária ou sindical, fé religiosa, vida privada e origem racial ou étnica, bem como o tratamento de dados relativos à saúde e à vida sexual, incluindo os dados genéticos". Admite-se, todavia, que o tratamento dos dados pessoais que acabam de ser referidos possa ser efectuado, "mediante disposição legal ou autorização da CNPD [Comissão Nacional de Protecção de Dados]", desde que, "por motivos de interesse público importante", ele seja "indispensável ao exercício das atribuições legais ou estatutárias do seu responsável, ou quando o titular dos dados tiver dado o seu consentimento expresso", sempre "com garantias de não discriminação e com as medidas de segurança previstas no artigo 15.°"; também o tratamento dos dados que agora estão em causa é permitido nos casos previstos no n.° 3 do artigo 7.°, sendo ainda autorizado "o tratamento dos dados referentes à saúde e à vida sexual, incluindo os dados genéticos", "quando for necessário para efeitos de medicina preventiva, de diagnóstico médico, de prestação de cuidados ou tratamentos médicos ou de gestão de serviços de saúde, desde que o tratamento desses dados seja efectuado por um profissional de saúde obrigado a sigilo ou por outra pessoa sujeita igualmente a segredo profissional, seja notificado à CNPD, nos termos do artigo 27.°, e sejam garantidas medidas adequadas de segurança da informação". O titular dos dados tem, "salvo disposição legal em contrário, e pelo menos nos casos referidos nas alíneas *d)* e *e)* do artigo 6.° ["execução de uma missão de interesse público ou no exercício de autoridade..." e "prossecução de interesses legítimos do responsável pelo tratamento..."], o direito de se opor em qualquer altura, por razões ponderosas e legítimas relacionadas com a sua situação particular, a que os dados que lhe digam respeito sejam objecto de tratamento, devendo, em caso de oposição justificada, o tratamento efectuado pelo responsável deixar de poder incidir sobre esses dados"; pode igualmente o titular opor-se, "a seu pedido e gratuitamente, ao tratamento dos dados [...] que lhe digam respeito previsto pelo responsável [...] para efeitos de *marketing* directo ou qualquer outra forma de prospecção, ou de ser informado, antes de os dados serem comunicados pela primeira vez a terceiros para fins de *marketing* directo ou utilizados por conta de terceiros, e de lhe ser expressamente facultado o direito de se opor, sem despesas, a tais comunicações ou utilizações". O artigo 8.° respeita ao tratamento de dados pessoais relativos a pessoas suspeitas de actividades ilícitas, infracções penais e contra-ordenações e a decisões que apliquem penas, medidas de segurança, coimas e sanções acessórias e, em geral, ao tratamento de dados para fins de investigação policial.

A lei prevê o tratamento de dados existentes em ficheiros manuais (artigo 50.°), dispondo que este tem de cumprir os respectivos artigos 7.°, 8.°, 10.° e 11.° no prazo de cinco anos, podendo, "em qualquer caso, o titular dos dados [...] obter, a seu pedido e, nomeadamente aquando do exercício do direito de acesso, a rectificação, o apagamento ou o bloqueio dos dados incompletos, inexactos ou conservados de modo incompatível com os fins legítimos prosseguidos pelo responsável pelo tratamento"; pode a CNPD (Comissão Nacional de Protecção de Dados) "autorizar que os dados existentes em ficheiros manuais e conservados unicamente com finalidades de investigação histórica não tenham de cumprir os artigos 7.°, 8.° e 9.°, desde que não sejam em nenhum caso reutilizados para finalidade diferente".

É proibida a interconexão de dados pessoais sem autorização da CNPD, salvas as excepções previstas na lei, devendo a interconexão ser "adequada à prossecução das finalidades legais ou estatutárias e de interesses legítimos dos responsáveis dos tratamentos, não implicar discriminação ou diminuição dos direitos, liberdades e garantias dos titulares dos dados, ser rodeada de adequadas medidas de segurança e ter em conta o tipo de dados objecto de interconexão" (artigo 9.°).

O artigo 13.° dispõe que "qualquer pessoa tem o direito de não ficar sujeita a uma decisão que produza efeitos na sua esfera jurídica ou que a afecte de modo significativo, tomada exclusivamente com base num tratamento automatizado de dados destinado a avaliar determinados aspectos da sua personalidade, designadamente a sua capacidade profissional, o seu crédito, a confiança de que é merecedora ou o seu comportamento", podendo ficar sujeita a tal, desde que isso "ocorra no âmbito da celebração ou da execução de um contrato, e sob condição de o seu pedido de celebração ou execução do contrato ter sido satisfeito, ou de existirem medidas adequadas que garantam a defesa dos seus interesses legítimos, designadamente o seu direito de representação e expressão" ou, nos casos em que a CNPD o autorizar, "definindo medidas de garantia de defesa dos interesses legítimos do titular dos dados".

As medidas de segurança do tratamento dos dados encontram-se consagradas nos artigos 14.° e 15.°.

O artigo 17.° da Lei faz impender um dever de sigilo profissional sobre "os responsáveis do tratamento de dados pessoais, bem como [sobre] as pessoas que, no exercício das suas funções, tenham conhecimento dos dados pessoais tratados [...], mesmo após o termo das suas funções" e sobre os "funcionários, agentes ou técnicos que exerçam funções de assessoria à CNDP ou aos seus vogais". A violação deste dever de sigilo, "sem justa causa e sem o devido consentimento", é punida com prisão até dois anos ou multa até 240 dias, sendo a pena agravada de metade dos seus limites se o agente:

"*a)* For funcionário público ou equiparado, nos termos da lei penal;

b) For determinado pela intenção de obter qualquer vantagem patrimonial ou outro benefício ilegítimo;

c) Puser em perigo a reputação, a honra e consideração ou a intimidade da vida privada de outrem".

A tentativa do crime de violação do sigilo profissional é sempre punível – artigos 47.° e 48.°.

O responsável pelo tratamento de dados que tiver provocado prejuízo ao respectivo titular pela prática de acto ilícito ou violador de qualquer disposição legal relativa à protecção de dados pessoais fica obrigado a indemnizar o lesado, sobre ele impendendo uma presunção de culpa, nos termos do artigo 34.°.

A Lei n.° 69/98, de 28 de Outubro (que transpôs para a ordem jurídica nacional a Directiva n.° 97/66/CE, do Parlamento Europeu e do Conselho, de 15 de Dezembro de 1997), tinha por objecto o "tratamento de dados pessoais no sector das telecomunicações, especificando e complementando as disposições da Lei da Protecção de Dados Pessoais", sendo "aplicável ao tratamento de dados pessoais em ligação com a oferta de serviços de telecomunicações acessíveis ao público nas redes públicas de telecomunicações, nomeadamente através da Rede Digital com Integração de Serviços (RDIS) e das redes públicas móveis digitais". Impunham-se aos prestadores de serviços obrigações de adopção de "todas as medidas técnicas e organizacionais necessárias para garantir a segurança dos serviços de telecomunicações" e de garantia da confidencialidade e do sigilo das comunicações; quanto aos "dados do tráfego relativos aos utilizadores e assinantes tratados para estabelecer chamadas e armazenados pelo operador de uma rede pública" ou "pelo prestador de um serviço de telecomunicações acessível ao público", determinava o n.° 1 do artigo 6.° que eles fossem "apagados ou tornados anónimos após a conclusão da chamada". Esta lei determinava que competia à Comissão Nacional de Protecção de Dados o processamento das contra-ordenações e a aplicação das coimas por violação dos artigos 5.°, n.° 3, 6.°, 11.° e 12.°, cabendo o processamento das restantes contra-ordenações ao Instituto de Comunicações de Portugal.

A referida Lei n.° 69/98 foi revogada pela Lei n.° 41/2004, de 18 de Agosto, que se ocupa da mesma matéria, transpondo a Directiva n.° 2002/58/CE, do Parlamento Europeu e do Conselho, de 12 de Julho. Também neste diploma se encontram numerosas normas que, quanto ao "tratamento de dados pessoais no contexto das redes e serviços de comunicações electrónicas acessíveis ao público", especificam e complementam as disposições da Lei da Protecção de Dados Pessoais. Para efeitos desta Lei, consideram-se "dados de tráfego quaisquer dados tratados para o efeito do envio de uma comunicação através de uma rede de comunicações electrónicas ou para efeitos de facturação da mesma" – artigo 2.°, n.° 1-*d*).

De acordo com o artigo 3.° deste diploma, ele visa assegurar "a protecção dos interesses legítimos dos assinantes que sejam pessoas colectivas na medida em que tal protecção seja compatível com a sua natureza", constituindo excepções às normas desta lei as que foram "definidas em legislação especial" e que "se mostrem estritamente necessárias para a protecção de actividades relacionadas com a segurança pública, a defesa, a segurança do Estado e a prevenção, investigação e repressão de infracções penais" (n.° 4). O artigo 4.° dispõe que "as empresas que oferecem redes ou serviços de comunicações electrónicas devem garantir a inviolabilidade das comunicações e respectivos dados de tráfego realizadas através de redes públicas de comunicações e de serviços de comunicações electrónicas acessíveis ao público", proibindo "a escuta, a instalação de dispositivos de escuta, o armazenamento ou outros meios de intercepção ou vigilância de comunicações e dos respectivos dados de tráfego por terceiros sem o consentimento prévio e expresso dos utilizadores, com excepção dos casos previstos na lei"; acrescenta, porém, que estas regras não impedem "as gravações legalmente autorizadas de comunicações e dos respectivos dados de tráfego, quando realizadas no âmbito de práticas comerciais lícitas, para o efeito de prova de uma transacção comercial nem de qualquer outra comunicação feita no âmbito de uma relação contratual, desde que o titular dos dados tenha sido informado e dado o seu consentimento". O artigo 6.° estabelece a regra de que "os dados de tráfego relativos aos assinantes e utilizadores tratados e armazenados pelas empresas que oferecem redes e ou serviços de comunicações electrónicas devem ser eliminados ou tornados anónimos quando deixem de ser necessários para efeitos da transmissão da comunicação", enunciando as excepções a este princípio. "Nos casos em que sejam processados dados de localização, para além dos dados de tráfego, relativos a assinantes ou utilizadores das redes públicas de comunicações ou de serviços de comunicações electrónicas acessíveis ao público, o tratamento destes dados é permitido apenas se os mesmos forem tornados anónimos" – artigo 7.°, n.° 1. "As empresas que oferecem redes e ou serviços de comunicações [...] devem conciliar os direitos dos assinantes que recebem facturas detalhadas com o direito à privacidade dos utilizadores autores das chamadas, nomeadamente submetendo à aprovação da Comissão Nacional de Protecção de Dados propostas quanto aos meios que permitam aos assinantes um acesso anónimo ou estritamente privado a serviços de comunicações electrónicas acessíveis ao público"; esta aprovação "está obrigatoriamente sujeita a parecer prévio da Autoridade Nacional de Comunicações (ICP--ANACOM)" – artigo 8.°, n.°s 2 e 3. Nesta Lei impõem-se várias obrigações ou proibições às empresas "que oferecem redes" ou que "oferecem serviços de comunicações electrónicas"; delas, destacam-se as seguintes, que especialmente têm que ver com dados pessoais e sua protecção:

– a obrigação de garantir a "inviolabilidade das comunicações e respectivos dados de tráfego realizadas através e redes públicas de comunicações electrónicas acessíveis ao público" – artigo 4.°, n.° 1;

– a proibição de escuta, de instalação de dispositivos de escuta, o armazenamento ou outros meios de intercepção ou vigilância das comunicações e dos respectivos dados por terceiros "sem o consentimento prévio e expresso dos utilizadores, com excepção dos casos previstos na lei (entre outros, os constantes dos artigos 4.°, n.°s 3 e 4, e 5.°, n.° 2, da Lei) – artigo 4.°, n.° 2;

– a restrição da permissão de utilização das redes de comunicações electrónicas para armazenamento de informação ou para obter acesso à informação armazenada no equipamento terminal de um assinante ou de qualquer utilizador aos casos em que se verifiquem cumulativamente as seguintes circunstâncias: *a)* serem fornecidas ao assinante ou utilizador informações claras e completas, nomeadamente sobre os objectivos do processamento, em conformidade com o disposto na Lei de Protecção da Dados Pessoais; *b)* ser dado o direito de recusar esse processamento – artigo 5.°, n.°1;

– a obrigação de eliminar ou de tornar anónimos os dados de tráfego quando deixem de ser necessários para efeitos da transmissão da comunicação, salvo se tais dados forem necessários à facturação aos assinantes e ao pagamento de interligações, nos termos dos n.°s 2, 4, 5, 6 e 7 do artigo 6.°, e só pelo período durante o qual a factura pode ser legalmente contestada ou o pagamento reclamado – artigo 6.°, n.°s 1 e 3;

– a restrição da permissão de registo, tratamento e transmissão de dados de localização, relativos a assinantes ou utilizadores das redes públicas de comunicações ou de serviços de comunicações electrónicas acessíveis ao público, aos casos em que se trate de organizações com competência legal para receber chamadas de emergência e para efeitos de resposta a tais chamadas, ou "na medida e pelo tempo necessários para a prestação de serviços de valor acrescentado, desde que seja obtido consentimento prévio por parte dos assinantes ou utilizadores", devendo tal consentimento ser precedido da informação indicada no n.° 4 do artigo 7.° – artigo 7.°, n.°s 1 e 2;

– a obrigação de garantir aos assinantes e utilizadores a possibilidade de, "através de um meio simples e gratuito": *a)* retirar a qualquer momento o consentimento concedido e que ficou referido; *b)* recusar temporariamente o tratamento dos dados para cada ligação à rede ou para cada transmissão de uma comunicação – artigo 7.°, n.° 5;

– a obrigação de conciliar os direitos dos assinantes que recebem facturação detalhada com o direito à privacidade dos utilizadores autores das chamadas e dos assinantes chamados, "nomeadamente submetendo à aprovação da Comissão Nacional de Protecção de Dados propostas quanto a meios que permitam aos assinantes um acesso anónimo ou estritamente privado a serviços de comunicações electrónicas acessíveis ao público", estando a aprovação por parte da Comissão condicionada a parecer favorável prévio da Autoridade Nacional de Comunicações, "nunca podendo as chamadas facultadas ao assinante a título gratuito, incluindo as dirigidas a serviços de emergência, constar da facturação detalhada" – artigo 8.°, n.°s 2, 3 e 4;

– quando for oferecida a apresentação da identificação da linha chamadora, obrigação de "garantir, linha a linha, aos assinantes que efectuam chamadas e, em cada chamada, aos demais utilizadores a possibilidade de, através de um meio simples e gratuito, impedir, a apresentação da identidade da linha chamadora", bem como a de garantir ao assinante chamado a possibilidade de impedir, também através de um meio simples e gratuito, no caso de uma utilização razoável dessa função, a apresentação da identificação da linha chamadora nas chamadas de entrada", e ainda, quando aquela apresentação for possível antes de a chamada ser atendida, a de garantir ao assinante chamado a possibilidade de rejeitar, do modo já enunciado, chamadas de entrada não identificadas – artigo 9.°, n.°s 1 a 3;

– quando for oferecida a apresentação da identificação da linha conectada, a obrigação de garantir ao assinante chamado a possibilidade de impedir, sempre através de um meio simples e gratuito, a apresentação da identificação da linha conectada ao utilizador que faz a chamada – artigo 9.°, n.° 4;

– a obrigação de "disponibilizar ao público, e em especial aos assinantes, informações transparentes e actualizadas sobre as possibilidades que acabaram de ser mencionadas – artigo 9.°, n.° 7;

"Os assinantes devem ser informados, gratuitamente e antes da inclusão dos respectivos dados em listas, impressas ou electrónicas, acessíveis ao público ou que possam ser obtidas através de serviços de informação de listas, sobre os fins a que se destinam e quaisquer outras possibilidades de utilização baseadas em funções de procura incorporada em versões electrónicas das listas", tendo o direito de decidir da inclusão dos seus dados pessoais numa lista pública e, em caso afirmativo, decidir quais os dados a incluir, na medida em que eles sejam pertinentes para os fins das listas, devendo ser garantida aos assinantes a possibilidade gratuita de verificar, corrigir, alterar ou retirar os dados incluídos nas listas; "deve ser obtido o consentimento adicional expresso dos assinantes para qualquer utilização de uma lista pública que não consista na busca de coordenadas das pessoas com base no nome e, se necessário, num mínimo de outros elementos de identificação" – artigo 13.°.

A violação do dever de confidencialidade, a proibição de intercepção ou a vigilância das comunicações e dos respectivos dados de tráfego, assim como a não observância das condições de armazenamento e acesso à informação previstas no artigo 5.° constituem contra-ordenações puníveis com a coima mínima de € 1 500 e máxima de € 25 000 – artigo 14.°, n.° 1. "Constitui contra-ordenação punível com a coima mínima de € 500 e máxima de € 20 000: *a)* a não observância das condições de tratamento e armazenamento de dados de tráfego e de dados de localização previstas nos artigos 6.° e 7.°"; *b)* a violação das obrigações previstas nos artigos 8.°, n.°s 1, 2 e 4, 9.° a 11.°; *c)* a criação, organização ou actualização de listas de assinantes em violação do artigo 13.°, sendo puníveis a tentativa e a negligência (artigo 14.°).

O Decreto-Lei n.° 352/99, de 3 de Setembro, estabelece o regime jurídico dos ficheiros informáticos da Polícia Judiaria, que "têm por finalidade organizar e manter actualizada a informação necessária ao exercício das funções que são atribuídas pelos artigos 1.°, 2.° e 4.° do Decreto-Lei n.° 295-A/90, de 21 de Setembro, bem como fornecer os correspondentes elementos estatísticos". Nos termos do artigo 2.° deste diploma, "a recolha de dados pessoais para tratamento automatizado limita-se ao estritamente necessário à prevenção de um perigo concreto ou à repressão de infracções penais determinadas"; por outro lado, "as diferentes categorias de dados recolhidos devem, na medida do possível, ser diferenciadas em função do grau de exactidão ou de fidedignidade, devendo ser distinguidos os dados factuais dos que comportem uma apreciação sobre os mesmos". "Independentemente dos prazos de conservação dos dados pessoais registados previstos no presente diploma, estes deverão ser imediatamente apagados logo que sejam consideradas infundadas as razões que levaram à sua criação", e, "nos casos de extinção do procedimento criminal e quando ocorra sentença absolutória, terão de justificar-se, se necessário para fins de investigação e caso a caso, as razões que levam à manutenção das informações registadas, nunca podendo estas ultrapassar, porém, os prazos máximos de conservação previstos no presente diploma" (artigo 11.°, n.°s 3 e 4). O artigo 15.° estabelece que, "por solicitação escrita de qualquer pessoa, devidamente identificada, é reconhecido o direito de conhecer o conteúdo do registo dos seus dados pessoais, nos termos previstos no artigo 11.° da Lei n.° 67/98, de 26 de Outubro"; "de igual modo, qualquer pessoa devidamente identificada tem o direito de exigir a rectificação, o apagamento ou o bloqueio de informações inexactas e o complemento das total ou parcialmente omissas, bem como a supressão das que tenham sido obtidas por meios ilícitos ou enganosos ou cujo registo ou conservação não sejam permitidos".

A Lei n.° 6/99, de 27 de Janeiro, que se ocupa do regime da publicidade domiciliária, por via postal, distribuição directa, telefone e telecópia, dispõe, quanto à publicidade que for endereçada, por via postal ou por distribuição directa, que o seu envio é proibido "quando o destinatário tenha expressamente manifestado o desejo de não [a] receber"; para este efeito, as pessoas "têm o direito de se opor, gratuitamente, a que o seu nome e endereço sejam tratados e utilizados para fins de mala directa ou de serem informad[a]s antes de os dados pessoais serem comunicados pela primeira vez a terceiros para fins de *marketing* directo ou utilizados por conta de terceiros, em termos idênticos aos previstos na alínea *b)* do artigo 12.° da Lei n.° 67/98, de 26 de Outubro".

Pelo que respeita às pessoas colectivas, é o Decreto-Lei n.° 129/98, de 13 de Maio, alterado pelos Decretos-Leis n.°s 12/2001, de 25 de Janeiro (rectificado pela Declaração de rectificação n.° 3-B/2001, de 31 de Janeiro), 323/2001, de 17 de Dezembro, e 2/2005, de 4 de Janeiro, que se ocupa de regular a inscrição dos respectivos dados no chamado Ficheiro Central de Pessoas Colectivas, a sua função e os modos de proteger esses dados.

Encontram-se diplomas avulsos que se referem à protecção dos dados pessoais no respectivo âmbito; assim, por exemplo, o Decreto-Lei n.° 274/99, de 22 de Julho, que declara que as entidades autorizadas a dissecar cadáveres ou a extrair deles peças, tecidos ou órgãos para fins de ensino e de investigação científica "devem criar um sistema de documentação, procedendo ao registo em suporte próprio do serviço, de modo a permitir a rigorosa identificação" do cadáver, do processo da respectiva utilização, do nome do responsável que autorizou a realização dos actos, bem como destes; determina o artigo 9.° deste DL n.° 274/99 que "os dados pessoais constantes do sistema de documentação são recolhidos e actualizados mediante a informação constante do certificado do óbito", devendo o acesso ao sistema de documentação "obedecer às disposições gerais de protecção de dados constantes da Lei n.° 67/98, de 26 de Outubro, e, designadamente: *a)* respeitar as finalidades para as quais foi autorizada a consulta, limitando o acesso estritamente necessário e não utilizando a informação para outros fins; *b)* não transmitir a informação a terceiros" (artigo 10.°, n.° 1). "As autoridades judiciárias e policiais podem ter acesso aos dados constantes da base de dados, nos termos previstos nas leis de processo", só podendo a comunicação de dados registados na base ser efectuada nos termos previstos nesta lei (artigo 11.°). Os artigos seguintes ocupam-se das regras relativas à segurança da informação, à conservação dos dados e ao dever de sigilo sobre eles.

O Código do Registo Predial, aprovado pelo Decreto-Lei n.° 224/84, de 6 de Julho (rectificado por Declaração publicada no *Diário da República*, I série, de 29 de Setembro de 1984), e alterado pelos Decretos-Leis n.°s 355/85, de 2 de Outubro, 60/90, de 14 de Fevereiro (este último rectificado por Declaração publicada no *Diário da República*, I-A série, de 31 de Março de 1990), 80/92, de 7 de Maio, 30/93, de 12 de Fevereiro, 227/94, de 8 de Setembro, 267/94, de 25 de Outubro, 67/96, de 31 de Maio, 375--A/99, de 20 de Setembro, 533/99, de 11 de Dezembro (rectificado pela Declaração de rectificação n.° 5-A/2000, de 29 de Fevereiro), 273/2001, de 13 de Outubro, 323//2001, de 17 de Dezembro, 38/2003, de 8 de Março (rectificado pela Declaração de rectificação n.° 5-C/2003, de 30 de Abril), e 194/2003, de 23 de Agosto, e pela Lei n.° 6/2006, de 27 de Fevereiro, na redacção que lhe foi dada pelo já referido DL n.° 533/99, um Capítulo II, no Título V, que se ocupa das bases de dados, dispondo o respectivo artigo 106.° que "as bases de dados do registo predial têm por finalidade organizar e manter actualizada a informação respeitante à situação jurídica dos prédios, com vista à segurança do comércio jurídico, nos termos e para os efeitos previstos na lei, não podendo ser utilizada para qualquer outra finalidade com aquela incompatível"; a responsabilidade pelo tratamento das bases de dados é atribuída ao director-geral dos Registos e do Notariado, "sem prejuízo da responsabilidade que, nos termos da lei, é atribuída aos conservadores". O artigo 108.° enuncia os dados que são recolhidos para tratamento automatizado e que são o nome, o estado civil e, sendo solteiro, menção de maioridade ou menoridade, o nome do cônjuge e regime de bens e a residência habitual, e ainda quaisquer outros dados relativos à situação jurídica dos prédios. Os artigos 109.°-A e seguintes ocupam-se da comunicação e acesso aos dados, estabelecendo que "os dados referentes à situação jurídica de qualquer prédio constantes das bases de dados podem ser comunicados a qualquer pessoa que o solicite, nos termos previstos neste Código", podendo os dados pessoais que se deixaram referidos ser "ainda comunicados aos organismos e serviços do Estado e demais pessoas colectivas de direito público para prossecução das respectivas atribuições legais e estatutárias"; determina o artigo 109.°-B, n.° 1, que "a comunicação de dados deve obedecer às disposições gerais de protecção de dados pessoais constantes da Lei n.° 67/98, de 26 de Outubro, designadamente respeitar as finalidades para as quais foi autorizada a consulta, limitando o acesso ao estritamente necessário e não utilizando a informação para outros fins".

O registo nacional do transportador terrestre foi instituído pelo Decreto-Lei n.° 2//2000, de 29 de Janeiro, tendo sido criada na Direcção-Geral de Transportes Terrestres a respectiva base de dados. Nos termos do artigo 4.° deste diploma, "o registo nacional do transportador pode conter dados pessoais e é constituído por dados relativos às empresas transportadoras, às que exercem actividades auxiliares ou complementares de transportes e às pessoas habilitadas para o exercício de profissões do sector de transportes rodoviários, bem como por dados relativos a infracções à regulamentação destas actividades".

O Decreto-Lei n.° 54/75, de 12 de Fevereiro, com a redacção dos Decretos-Leis n.°s 242/82, de 22 de Junho, 217/83, de 25 de Maio, 54/85, de 4 de Março, 182/2002, de 20 de Agosto, 178-A/2005, de 28 de Outubro, e 85/2006, de 23 de Maio, aprova o registo da propriedade automóvel; de acordo com o n.° 1 do artigo 27.°, "o registo automóvel encontra-se organizado em ficheiro central informatizado", sendo o director-geral dos Registos e do Notariado "o responsável pelo tratamento da base de dados, nos termos e para os efeitos definidos na alínea *d)* do artigo 3.° da Lei n.° 67/98, de 26 de Outubro, sem prejuízo da responsabilidade que, nos termos da lei, é atribuída aos conservadores dos registos de automóveis". V. artigos 27.°-B a 27.°-I do DL n.° 54/75, com a redacção dada pelo DL n.° 182/2002.

O Decreto-Lei n.° 309/98, de 14 de Outubro, regulamenta a manutenção de uma base de dados pessoais pela Secretaria-Geral do Ministério da Administração Interna no âmbito da actividade de segurança privada. "A base de dados do sistema integrado de informação tem por finalidade organizar e manter actualizada a informação necessária para a instrução de processos de autorização de actividades de segurança privada e de cadastro das entidades a quem forem aplicadas sanções, nos termos do diploma legal regulamentador da actividade de segurança privada".

O Decreto-Lei n.° 294/2001, de 20 de Novembro, estabelece, no âmbito da actividade estatística oficial do Sistema Estatístico Nacional (SEN), regras relativas ao acesso, recolha e tratamento pelo Instituto Nacional de Estatística (INE), de dados pessoais de carácter administrativo. "O tratamento de dados pessoais para fins estatísticos oficiais deve processar-se de forma transparente e no estrito respeito pela reserva da vida privada, bem como pelos direitos fundamentais". "O tratamento de dados pessoais levado a cabo pelo INE destina-se exclusivamente à prossecução de finalidades estatísticas oficiais, nos termos legalmente definidos, não podendo ser tratados de forma incompatível com essa finalidade" (artigo 4.°, n.° 1). O INE está ainda obrigado, quando recolha dados directamente dos seus titulares, "no momento da recolha, [a] prestar informação sobre o responsável e a finalidade do tratamento, o carácter obrigatório ou facultativo da resposta, as consequências da não resposta, bem como sobre as condições como se exerce o direito de acesso e de rectificação" (artigo 5.°, n.° 1); de facto, nos termos do artigo seguinte, "qualquer indivíduo tem o direito de conhecer o conteúdo do registo ou registos que lhe respeitam, bem como corrigir eventuais inexactidões desde que o solicite, pessoalmente ou por escrito, ao INE". O artigo 9.° trata da segurança e confidencialidade dos dados, competindo ao INE "a definição das medidas técnicas e organizativas, adequadas à eficaz protecção dos dados pessoais que utiliza, contra a destruição, acidental ou ilícita, a perda acidental, a alteração, a difusão ou o acesso não autorizados, nomeadamente quando o tratamento implicar a sua transmissão por rede, e contra qualquer outra forma de tratamento ilícito. Estas medidas devem assegurar, atendendo aos conhecimentos técnicos disponíveis e aos custos resultantes da sua aplicação, um nível de segurança adequado em relação aos riscos que o tratamento apresenta e à natureza dos dados a proteger".

O Decreto-Lei n.° 236/2000, de 26 de Setembro, rectificado pela Declaração de rectificação n.° 16-A/2000, de 27 de Novembro, cria uma aplicação informática de tratamento de dados pessoais a funcionar na Inspecção-Geral das Actividades Económicas (actual Autoridade de Segurança Alimentar e Económica, criada pelo Decreto-Lei n.° 237/2005, de 30 de Dezembro) denominada «GESTIGAE». "Os dados pessoais recolhidos no âmbito da GESTIGAE são:

a) O nome, a nacionalidade, a situação profissional, a morada, o telefone, o fax e o endereço do correio electrónico, caso existam, bem como o número dos respectivos documentos de identificação;

b) A identificação dos processos, o tipo de infracção e a descrição sumária dos respectivos termos relevantes, nomeadamente quanto ao seu destino final, sanção acessória eventualmente aplicada e entidade decisora".

O artigo 9.°, que trata do direito de acesso, actualização e rectificação de dados pelo respectivo titular, reconhece "a qualquer pessoa, devidamente identificada e que assim o solicite, por escrito, ao responsável pela GESTIGAE, [...] o direito de conhecer o conteúdo do registo ou registos dos seus dados pessoais"; "no caso de tratamento de dados pessoais relativos à segurança do Estado e à prevenção ou investigação criminal, o direito de acesso é exercido através da Comissão Nacional de Protecção de Dados ou de outra autoridade independente a quem a lei atribua a verificação do cumprimento da legislação de protecção de dados pessoais"; "a actualização e a correcção de dados pessoais inexactos, o preenchimento dos que forem omissos e a supressão dos que forem indevidamente registados depende de solicitação nesse sentido, efectuada por escrito, ao responsável da GESTIGAE".

V. ainda a Lei n.° 323-E/2000, de 20 de Dezembro, que regulamenta a Lei n.° 166/99, de 14 de Setembro (Lei Tutelar Educativa) e organiza e estabelece o regime de funcionamento do registo das medidas tutelares educativas.

O regime do Decreto-Lei n.° 7/2004, de 7 de Janeiro – que transpôs a Directiva n.° 2000/31/CE, do Parlamento Europeu e do Conselho, de 8 de Junho de 2000 –, relativo ao comércio electrónico no mercado interno não é aplicável ao tratamento de dados pessoais.

Tendo em conta o elevado número de estrangeiros menores a residir em Portugal em situação irregular, o Decreto-Lei n.° 67/ /2004, de 25 de Março, veio criar, para eles, um registo nacional, destinado "exclusivamente a assegurar o acesso dos menores ao benefício dos cuidados de saúde e à educação pré-escolar e escolar"; o artigo 2.°, n.° 2, diz que "os dados a recolher devem cingir-se ao estritamente necessário à identificação do menor, nomeadamente o nome [...] [dele], o [...] dos progenitores, o nome de quem exerça o poder paternal e o lugar de residência do menor", estabelecendo os n.°s 3 e 4 que, "em caso nenhum", os elementos constantes deste registo poderão servir "de fundamento ou meio de prova para qualquer procedimento administrativo ou judicial, contra qualquer cidadão estrangeiro que exerça o poder paternal do menor, "salvo na medida necessária para a protecção dos interesses deste", nem "poderão servir de base à legalização do menor registado ou do cidadão ou cidadãos que, sobre este, exerçam o poder paternal". Este registo deve ser "efectuado oficiosamente, a solicitação de qualquer serviço da Administração Pública, ou por requerimento de quem exerça o poder paternal". Porém, o artigo 4.° deste DL dispôs que " a regulamentação da recolha e do tratamento dos dados pessoais dos menores abrangidos pelo artigo 1.° será aprovada, no prazo de 90 dias contados a partir da entrada em vigor do presente diploma, por portaria do Ministério da Presidência"; a Portaria n.° 995/2004, de 9 de Agosto, procedeu à referida regulamentação.

O Decreto-Lei n.° 92/2004, de 20 de Abril, "regula a forma, extensão e limites da interconexão a efectivar entre os serviços da administração fiscal e as instituições da segurança social no domínio do acesso e tratamento da informação de natureza tributária e contributiva relevante para assegurar o controlo do cumprimento das obrigações fiscais e contributivas, garantindo a atribuição rigorosa das prestações sociais e a concessão de benefícios fiscais, bem como promovendo a eficácia na prevenção e combate à fraude e evasão fiscal e contributiva no âmbito das respectivas competências".

V. a Convenção para a Protecção das Pessoas relativamente ao Tratamento de Dados de Carácter Pessoal, aberta à assinatura em Estrasburgo em 28 de Janeiro de 1981, aprovada, para ratificação, pela Resolução da Assembleia da República n.° 23/93, de 9 de Julho (rectificada pela Rectificação n.° 10/93, de 20 de Agosto), tendo o instrumento de ratificação sido depositado por Portugal em 2 de Setembro de 1993 e tendo a Convenção entrado em vigor no nosso País em 1 de Janeiro de 1994.

V. *Protecção de dados pessoais; Base de dados; Pessoa singular; Incapacidade; Assento; Autorização; Contrato; Declaração negocial; Negociações preliminares; Obrigação; Esfera jurídica; Sigilo profissional; Averbamento; Registo civil; Pessoa colectiva; Reclamação; Recurso; Obrigação; Publicidade; Responsabilidade civil; Presunção de culpa; Ficheiro central de pessoas colectivas; Cadáver; Registo predial; Prédio; Nome; Estado civil; Maioridade; Menoridade; Regime de bens do casamento; Cidadania; Transporte; Registo de bens móveis; Bilhete de identidade; Segurança privada; Medida tutelar; Menor; Estrangeiros; Poder paternal; Residência.*

Dados públicos (Dir. Civil) – V. *Dados pessoais.*

Dano (Dir. Civil) – Prejuízo patrimonial (perda ou deterioração de um bem, realização de uma despesa, perda de um ganho...) ou moral (sofrimento físico ou psicológico, atentado à dignidade, ao respeito da vida privada...) sofrido por uma pessoa, por facto de um terceiro.

Para que haja obrigação de indemnizar, é necessário que o prejuízo seja *certo* (isto é, de verificação certa ou muito provável, o que tem especial importância no domínio dos lucros cessantes e, sobretudo, no dos danos futuros), *minimamente grave* (um prejuízo extremamente insignificante não merecerá, obviamente, a tutela do direito, não sendo susceptível de constituir o responsável no dever de indemnizar) e *resultante do acto lesivo* (este requisito do nexo da causalidade entre o facto e o dano vem enunciado no artigo 563.°, C.C.: "a obrigação de indemnização só existe em relação aos danos que o lesado provavelmente não teria sofrido se não fosse a lesão").

Os prejuízos podem, pois, ser, patrimoniais ou não patrimoniais (também designados por morais).

Diversa da distinção entre danos patrimoniais e não patrimoniais é a que se estabelece entre danos *materiais* e *pessoais*.

Dentro dos danos patrimoniais, há os que consistem numa diminuição efectiva do património (*danos emergentes*) e os que representam a frustração de um ganho, traduzindo-se num não-aumento patrimonial (*lucros cessantes*).

O dano pode, segundo uma significativa corrente da doutrina, distinguir-se em *positivo* (resultante do incumprimento de uma obrigação) ou *negativo* (derivado de se ter celebrado um negócio inválido ou ineficaz ou de se não ter chegado a celebrar contrato); pode também ser actual ou *presente* (no caso de já se ter verificado no momento em que o tribunal aprecia a situação) ou *futuro* (no caso de, não se tendo verificado no momento da apreciação judicial, ser previsível, mesmo que não determinável) – artigo 564.°, n.° 2, C.C..

Verificado o dano, ele deve ser reparado por forma a "reconstituir a situação que existiria, se não se tivesse verificado o evento que obriga à reparação" – artigo 562.°, C.C..

V. *Responsabilidade civil; Indemnização; Dano patrimonial; Dano moral; Lucro cessante; Dano emergente; Dano futuro; Causalidade; Dano positivo; Dano negativo; Dano presente; Dano futuro; Dano material; Dano pessoal.*

Dano abstracto (Dir. Civil) – O dano abstracto ou de cálculo consiste no valor representativo da diferença entre a situação actual do património do lesado e aquela que existiria se não tivesse ocorrido a lesão.

O artigo 566.°, n.° 2, C.C., manda calcular segundo este critério a indemnização, quando ela haja de ser pecuniária.

V. *Indemnização; Teoria da diferença.*

Dano ambiental (Dir. Civil) – A Lei de Bases do Ambiente (Lei n.° 11/87, de 7 de Abril, alterada pela Lei n.° 13/2002, de 19 de Fevereiro) enuncia na alínea *h)* do respectivo artigo 3.°, como um dos princípios especificadores do princípio geral do direito de todos os cidadãos a um ambiente humano e ecologicamente equilibrado e do dever de o defender, o que designa por princípio da responsabilização, o qual "aponta para a assunção pelos agentes das consequências, para terceiros, da sua acção, directa ou indirecta, sobre os recursos naturais". De acordo com tal princípio, estabelece o artigo 41.° da mesma Lei que "existe obrigação de indemnizar, independentemente de culpa, sempre que o agente tenha causado danos significativos no ambiente, em virtude de uma acção especialmente perigosa, muito embora com respeito do normativo aplicável", remetendo o n.° 2 desta disposição os critérios de fixação da indemnização por danos causados no ambiente para legislação complementar.

Nesta área, há de ter em conta o disposto no artigo 3.°, n.° 1, do Decreto-Lei n.° 153/96, de 30 de Agosto – derrogado pelo Decreto-Lei n.° 165/2002, de 17 de Julho, na parte em que contrarie as suas disposições –, que faz impender sobre as entidades licenciadas para a posse, detenção, utilização ou transporte de fontes radioactivas seladas um responsabilidade independente de culpa pelos danos que afectem o ambiente ou as pessoas e seus bens "na sequência de uma acção acidental ou de qualquer anomalia de operação, mesmo que a utilização da fonte seja efectuada com respeito pelo normativo aplicável".

V. *Dano; Ambiente; Protecção do ambiente; Indemnização; Culpa; Responsabilidade objectiva; Seguro de responsabilidade.*

Dano continuado (Dir. Civil) – O acto gerador de responsabilidade civil pode provocar danos que se protelam, continuadamente, por um período mais ou menos longo. Assim acontece, tipicamente embora não só, quando o lesado perde ou vê diminuída a sua capacidade para o trabalho.

Tendo em vista situações deste tipo, determina o artigo 567.°, n.° 1, C.C., que, "atendendo à natureza continuada dos danos, pode o tribunal, a requerimento do lesado, dar à indemnização, no todo ou em parte, a forma de renda vitalícia ou temporária, determinando as providências necessárias para garantir o seu pagamento". A renda está, nos termos do n.° 2 da mesma disposição, sujeita a modificações, a requerimento de qualquer das partes, se sofrerem alteração sensível as circunstâncias em que assentou o seu estabelecimento, o seu montante ou duração, ou a dispensa ou imposição de garantias.

V. *Dano; Responsabilidade civil; Indemnização; Indemnização em renda; Renda vitalícia; Renda temporária; Requerimento; Garantias especiais.*

Dano de cálculo (Dir. Civil) – O mesmo que *dano abstracto* (v. esta expressão).

Dano de confiança (Dir. Civil) – O mesmo que *dano negativo* (v. esta expressão).

Dano de cumprimento (Dir. Civil) – Expressão também utilizada para designar o dano positivo, isto é, aquele que – segundo uma consistente corrente doutrinária – resultou do incumprimento de uma obrigação.

V. *Dano; Obrigação; Incumprimento; Responsabilidade contratual.*

Dano directo (Dir. Civil) – É aquele que constitui efeito imediato (no sentido de não mediatizado por qualquer outro facto) do acto constitutivo de responsabilidade civil. A autonomização desta categoria não tem relevância, dado que todos os prejuízos causalmente resultantes do facto são indemnizáveis, sejam ou não suas consequências directas.

V. *Dano; Responsabilidade civil; Causalidade.*

Dano ecológico (Dir. Civil) – V. *Dano; Dano ambiental.*

Dano emergente (Dir. Civil) – Prejuízo patrimonial resultante para alguém de facto ilícito de outrem, para o credor da inexecução da obrigação pelo devedor ou, genericamente, de um acto alheio gerador de responsabilidade civil. O dano emergente, por contraposição ao lucro cessante, representa uma diminuição do património do lesado, enquanto que este outro se configura como a frustração de um ganho.

O artigo 564.°, n.° 1, C.C., diz que "o dever de indemnizar compreende não só o prejuízo causado, como os benefícios que o lesado deixou de obter em consequência da lesão", estabelecendo assim o princípio da ressarcibilidade dos danos emergentes e dos lucros cessantes.

V. *Dano; Responsabilidade civil; Ilicitude; Credor; Devedor; Incumprimento; Obrigação; Lucro cessante; Indemnização.*

Dano eventual (Dir. Civil) – O dano diz-se eventual, incerto ou hipotético quando ainda não ocorreu, nem pode formular-se um juízo de certeza quanto à sua produção. O dano eventual é indemnizável, na medida em que, como qualquer dano futuro, seja previsível com grande probabilidade a sua verificação. V. artigo 564.°, n.° 2, C.C..

V. *Dano; Dano futuro.*

Dano futuro (Dir. Civil) – É o prejuízo que ainda não se verificou no momento da apreciação da situação do lesado pelo tribunal, mas cuja verificação é previsível com elevado grau de probabilidade. Os danos futuros podem ser eventuais – quando a sua produção é previsível – ou certos – quando a sua verificação é praticamente infalível.

O artigo 564.°, n.° 2, C.C., admite que o tribunal atenda, na fixação da indemnização, "aos danos futuros, desde que sejam previsíveis", estabelecendo que, "se não forem determináveis, a fixação da indemnização correspondente será remetida para decisão ulterior".

Se bem que não tenha exclusiva aplicabilidade aos danos futuros, é aqui pertinente referir que o artigo 565.°, C.C., dispõe que, "devendo a indemnização ser fixada em execução de sentença, pode o tribunal condenar desde logo o devedor no pagamento de uma indemnização, dentro do quantitativo que considere já provado".

V. *Dano; Indemnização; Dano presente; Indemnização provisória.*

Dano "in contractus" (Dir. Civil) – O mesmo que dano positivo ou dano de cumprimento.

V. *Dano; Dano de cumprimento; Dano negativo.*

Dano "in contrahendo" (Dir. Civil) – Em regra, é entendido como sinónimo de *dano negativo* (v. esta expressão).

V. *Responsabilidade pré-contratual.*

Dano indemnizável (Dir. Civil) – Indemnizável é todo o prejuízo provocado a alguém por outrem que se encontrar causalmente ligado ao facto constitutivo de responsabilidade civil.

V. *Dano; Indemnização; Causalidade; Responsabilidade civil.*

Dano indirecto (Dir. Civil) – É aquele que não resulta directamente do facto constitutivo de responsabilidade, antes constituindo consequência mediata dele. O dano, se bem que indirecto, é indemnizável, se, de acordo com a teoria da causalidade adequada, puder ser considerado consequência do facto gerador da responsabilidade.

Se se utilizar a expressão, como por vezes acontece, para referir o prejuízo que um terceiro sofre em resultado do dano do lesado – como, por exemplo, o prejuízo que a entidade empregadora sofre pelo facto de ficar privada durante certo período da actividade laboral de um seu trabalhador excepcionalmente qualificado, por este ter sofrido ferimentos graves causados por outrem –, então está em causa uma categoria de danos que, em princípio, não são indemnizáveis pelo agente, porquanto o titular do direito à indemnização é, salvo diversa disposição legal, apenas o titular do direito ou interesse que o acto lesou.

V. *Dano; Responsabilidade civil; Indemnização; Causalidade; Teoria da causalidade adequada.*

Dano irreparável (Dir. Civil; Proc. Civil) – O dano diz-se irreparável sempre que seja insusceptível de ressarcimento. Em direito civil, quase não pode, em bom rigor, falar-se de danos irreparáveis, dado que, mesmo aqueles que são, por sua própria natureza, irreparáveis, como os não patrimoniais, são objecto de uma indemnização que funciona como compensação do lesado.

No Código de Processo Civil, alude-se a danos irreparáveis, por exemplo, no artigo 143.°, n.° 2, na redacção do Decreto-Lei n.° 329-A/95, de 12 de Dezembro, não sendo pacífico o entendimento da expressão, pois, enquanto alguns (assim, José Alberto dos Reis, *in Comentário ao Código de Processo Civil*, Vol. II, pág. 49) consideram que dano irreparável é o que efectivamente for insusceptível de reparação, há jurisprudência que se tem pronunciado no sentido de que a expressão visa significar um prejuízo muito grave e de difícil reparação.

V. *Dano; Dano moral; Indemnização.*

Dano material (Dir. Civil) – É o prejuízo causado em coisas, isto é, em direitos ou interesses relativos a coisas. O dano material traduzir-se-á as mais das vezes em danos patrimoniais, mas também pode corresponder a danos morais.

Há casos em que a categoria dos danos materiais tem de ser autonomizada, porque tem relevância própria: assim acontece, por exemplo, para os efeitos do artigo 339.°, C.C., em que se prevê o estado de necessidade objectivo, como causa de justificação do acto produtor de danos materiais e já não de danos pessoais.

V. *Dano; Coisa; Dano pessoal; Dano patrimonial; Dano moral; Estado de necessidade; Causas justificativas.*

Dano moral (Dir. Civil) – Lesão que se produz em interesses insusceptíveis de avaliação pecuniária. Assim acontece com as dores físicas ou os sofrimentos psicológicos que decorrem para o lesado de um comportamento de outrem, constitutivo deste na obrigação de indemnização.

A lei civil portuguesa veio tomar, expressa e positivamente, posição quanto à ressarcibilidade dos danos não patrimoniais, dizendo que devem ser atendidos, na fixação da indemnização, quando, "pela sua gravidade, mereçam a tutela do direito".

Estes danos são, pois, compensáveis, sendo a respectiva indemnização fixada equitativamente pelo tribunal, tendo em conta o grau de culpabilidade do agente, a situação económica deste e a do lesado e quaisquer outras circunstâncias que considere deverem ser atendidas.

Se a vítima falecer, serão considerados os danos morais por ela sofridos até ao momento da morte e, pela própria morte, existe também direito a uma indemnização. Para além disso, e sempre em caso de morte da vítima, têm um direito de indemnização pelos danos morais próprios, resultantes do desgosto com essa morte, o cônjuge da vítima e os parentes dela que se acham enunciados no artigo 496.°, n.° 2, C.C..

V. artigo 496.°, C.C..

V. *Dano; Dano Patrimonial; Indemnização; Culpa; Morte; Dano morte; Grau de culpabilidade; Parentesco.*

Dano morte (Dir. Civil) – É o dano que se consubstancia na ofensa do direito à vida de alguém, isto é, na própria perda da vida.

Questão muito discutida na doutrina portuguesa é a de saber se este dano é objecto de uma autónoma indemnização, sendo maioritária a opinião afirmativa. Na jurisprudência, é hoje praticamente pacífico o entendimento de que o dano morte é indemnizável. Mas, mesmo entre os defensores da ressarcibilidade do dano morte, há divergências quanto à questão de saber a quem é atribuído o direito indemnizatório, entendendo alguns que ele entra na esfera jurídica da vítima, transmitindo-se depois *mortis causa* aos seus herdeiros, e defendendo outros que o direito é atribuído originariamente às pessoas enunciadas no n.° 2 do artigo 496.°, C.C..

V. *Dano; Morte; Indemnização; Esfera jurídica; Herdeiro.*

Dano não patrimonial (Dir. Civil) – O mesmo que *dano moral* (v. esta expressão).

Dano negativo (Dir. Civil) – No domínio da responsabilidade obrigacional, costuma grande parte da doutrina distinguir os danos negativos dos danos positivos. Embora a fronteira não seja muito clara, enquanto estes últimos seriam os que decorreriam do incumprimento das obrigações, aqueles derivariam da celebração de um negócio inválido, ineficaz ou que veio a perder retroactivamente a sua eficácia, ou da não celebração de qualquer negócio.

A indemnização dos danos positivos visaria, pois, colocar o lesado na situação em que ele se encontraria se a obrigação tivesse sido cumprida, enquanto a indemnização dos danos negativos teria como objectivo colocá-lo na situação em que estaria se não tivesse celebrado o negócio inválido ou ineficaz ou se não tivesse iniciado as negociações que se romperam. É entendimento maioritário da doutrina portuguesa o de que os danos indemnizáveis no âmbito da responsabilidade pré-contratual são apenas os negativos.

V. artigo 227.°, C.C..

V. *Dano; Responsabilidade obrigacional; Indemnização; Obrigação; Incumprimento; Negociações preliminares; Invalidade; Ineficácia; Responsabilidade pré-contratual.*

Dano patrimonial (Dir. Civil) – Aquele que se traduz na lesão de interesses de ordem patrimonial, tanto podendo consistir numa diminuição do património como num seu não aumento, isto é, num dano emergente como num lucro cessante.

V. *Dano; Dano emergente; Lucro cessante.*

Dano pessoal (Dir. Civil) – Por contraposição a dano material, diz-se pessoal o dano que se consubstancia na lesão de um direito de personalidade.

Esta distinção tem relevância em vários aspectos de regime. Assim, por exemplo, os actos causadores de danos pessoais não podem ser justificados por estado de necessidade, nos termos do artigo 339.°, n.° 1, C.C.; de acordo com o artigo 504.°, n.° 3, C.C., na redacção do Decreto-Lei n.° 14/96, de 6 de Março, em caso de transporte gratuito só são indemnizáveis, com fundamento em responsabilidade pelo risco, "os danos pessoais da pessoa transportada".

V. *Dano; Dano material; Direitos de personalidade; Causas justificativas; Estado de necessidade; Transporte gratuito; Indemni-*

zação; Acidente de viação; Responsabilidade pelo risco.

Dano positivo (Dir. Civil) - V. *Dano; Dano negativo.*

Dano presente (Dir. Civil) – Aquele que já se verificou à data em que se considera a situação, designadamente no momento da fixação, pelo tribunal, da indemnização.
V. *Dano; Dano futuro; Indemnização.*

Dano real (Dir. Civil) – É a efectiva lesão de um bem, isto é, o prejuízo sofrido pelo lesado em sentido natural.
V. *Dano; Dano abstracto.*

Dano ressarcível (Dir. Civil) – O mesmo que *dano indemnizável* (v. esta expressão).

Danos ambientais (Dir. Civil) – V. *Dano; Dano ambiental; Ambiente; Protecção do ambiente; Responsabilidade por danos ao ambiente.*

Data (Proc. Civil) - O n.° 3 do artigo 162.°, C.P.C., que tinha sido introduzido pelo Decreto-Lei n.° 323/70, de 11 de Julho, permitia que, nos termos, autos e certidões judiciais, as datas fossem escritas por algarismos. Actualmente, é o n.° 4 do artigo 138.°, C.P.C., na redacção do Decreto-Lei n.° 329-A/95, de 12 de Dezembro, que, genericamente em relação aos actos processuais, dispõe que "as datas e os números podem ser escritos por algarismos, excepto quando respeitem à definição de direitos ou obrigações das partes ou de terceiros; nas ressalvas, porém, os números que tenham sido rasurados ou emendados devem ser sempre escritos por extenso".
Pelo seu lado, o artigo 157.°, n.° 1, C.P.C., com a redacção do Decreto-Lei n.° 242/85, de 9 de Julho, determina que "as decisões judiciais serão datadas e assinadas pelo juiz ou relator [...]".
V. *Auto; Termo; Certidão; Direito subjectivo; Obrigação; Parte; Terceiro; Juiz; Juiz relator.*

Data da dívida de alimentos (Dir. Civil; Proc. Civil) – Quando o credor dos alimentos requeira a fixação judicial provisória deles, estes são devidos "a partir do primeiro dia do mês subsequente à data da dedução do respectivo pedido" - artigo 401.°, n.° 1, C.P.C., na redacção do Decreto-Lei n.° 329-A/95, de 12 de Dezembro.
V. *Alimentos; Alimentos provisórios; Acção de alimentos; Pedido.*

Data da falência (Dir. Com.; Proc. Civil) – O artigo 1231.°, n.° 3, C.P.C., estabelecia que, na acção de falência, "se nenhum dos créditos [tivesse] sido impugnado ou a verificação dos impugnados não [dependesse] de prova a produzir, o saneador [tinha] a forma e o valor de sentença que os [declarasse] reconhecidos ou verificados e os [graduasse] em harmonia com as disposições legais, fixando logo a data da falência", dispondo o artigo 1235.° do mesmo diploma que, se a verificação de algum dos créditos estivesse dependente de prova, a graduação de todos eles ficaria para a sentença final, caso em que "a sentença [graduava] em conformidade com a lei os créditos verificados ou reconhecidos e [fixava] a data da falência".
Estes preceitos foram depois revogados pelo Código dos Processos Especiais de Recuperação da Empresa e de Falência, aprovado pelo Decreto-Lei n.° 132/93, de 23 de Abril (rectificado pela Declaração de rectificação n.° 141/93, de 31 de Julho), alterado pelos Decretos-Leis n.°s 157/97, de 24 de Junho, 315/98, de 20 de Outubro, 323/2001, de 17 de Dezembro, e 38/2003, de 8 de Março (rectificado pela Declaração de rectificação n.° 5-C/2003, de 30 de Abril), determinando o n.° 1 do respectivo artigo 200.° que, na sentença, deveria o juiz proceder à verificação e graduação dos créditos, independentemente do apuramento das operações de liquidação; o n.° 4 da mesma disposição dispunha que a fixação da data da falência estabelecia presunção legal de insolvência contra terceiros alheios ao processo e fazia prova plena desse facto contra os credores que a ele tivessem concorrido.
O Código dos Processos Especiais de Recuperação da Empresa e de Falência foi posteriormente integralmente revogado pelo Código da Insolvência e da Recuperação de Empresas, aprovado pelo Decreto-Lei n.° 53/2004, de 18 de Março, alterado pelos Decretos-Leis n.°s 200/2004, de 18 de

Agosto, e 76-A/2006, de 29 de Março (rectificado pela Declaração de rectificação n.° 28-A/2006, de 26 de Maio).

V. *Falência; Crédito; Despacho saneador; Sentença; Graduação de credores; Verificação de créditos; Insolvência; Presunção legal; Prova plena; Terceiro; Recuperação de empresas.*

Data da interposição do recurso (Proc. Civil) – Dispunha o n.° 1 artigo 687.°, n.° 1, C.P.C., na sua anterior redacção, que o recurso se considerava interposto na data em que desse entrada na secretaria judicial o requerimento respectivo. Actualmente, não se estabelece legalmente a data de interposição do recurso, o que não prejudicará a regra antes existente, salvo nos casos em que o recurso é interposto oralmente. De facto, o artigo 150.°, C.P.C., na redacção do Decreto-Lei n.° 324/2003, de 27 de Dezembro (rectificado pela Declaração de rectificação n.° 26/2004, de 24 de Fevereiro), estabelece, genericamente, quanto aos actos processuais, que, quando sejam entregues na secretaria, vale "como data da prática do acto processual a de respectiva entrega"; quando for remetido pelo correio, sob registo, a data será a "da efectivação do respectivo registo postal"; quando se tratar de envio por telecópia, vale como data "a da expedição"; e, finalmente, quando o meio usado for o "correio electrónico, com aposição de assinatura electrónica avançada, [...] [vale] como data da prática do acto processual a da expedição, devidamente certificada" (a Portaria n.° 642/2004, de 16 de Junho, regula a forma de apresentação a juízo dos actos processuais enviados através de correio electrónico).

V. *Recurso; Interposição de recurso; Secretaria judicial; Requerimento; Recurso oral; Actos processuais; Telecópia; Assinatura electrónica.*

Data da lei – "A data do diploma [legal] é a da sua publicação [no *Diário da República*]" – artigo 1.°, n.° 2, da Lei n.° 74/98, de 11 de Novembro, alterada pela Lei n.° 2/2005, de 24 de Janeiro.

V. *Lei; Publicação da lei; Diário da República.*

Data da propositura da acção (Proc. Civil) – Muito embora a acção se deva considerar proposta ou intentada "logo que seja recebida na secretaria a respectiva petição inicial", "o acto de proposição não produz efeitos em relação ao réu senão a partir do momento da citação, salvo disposição legal em contrário" – artigo 267.°, C.P.C., na redacção do Decreto-Lei n.° 329-A/95, de 12 de Dezembro. Por isso que, para efeitos de caducidade do direito de acção, esta se deva considerar proposta no momento da entrega da respectiva petição inicial, enquanto, para efeitos de interrupção do prazo de prescrição do direito exercido na acção, o momento relevante seja o da citação do réu.

V. *Acção; Propositura da acção; Petição inicial; Secretaria judicial; Réu; Citação; Caducidade; Prescrição; Interrupção da prescrição.*

"Datio in solutum" (Dir. Civil) – V. *Dação em cumprimento.*

"Datio pro solvendo" (Dir. Civil) – V. *Dação em função do cumprimento.*

"Datio rei" (Dir. Civil) – A *datio rei* ou entrega da coisa é elemento constitutivo de certos contratos, os contratos reais *quoad constitutionem*, que, por isso, não se consideram celebrados enquanto ela não se verificar. A categoria dos contratos reais é contestada por alguns sectores da doutrina, embora, pelo menos em Portugal, seja largamente maioritária a corrente que os admite e considera estarem consagrados na lei.

V. *Contrato real.*

Débito (Dir. Civil) – O mesmo que *dívida* (v. este termo).

Decaimento (Proc. Civil) – O termo é usado como sinonimo de improcedência, isto é, para significar que o autor na acção nela não obteve êxito ou vencimento, o mesmo se aplicando ao recorrente num recurso.

V. *Procedência; Autor; Acção; recorrente; Recurso.*

Decisão arbitral (Proc. Civil) – Decisão proferida por um tribunal arbitral sobre litígio que lhe tenha sido cometido pelas partes, nos termos da Lei n.° 31/86, de 29 de Agosto, alterada pelo Decreto-Lei n.° 38/2003, de 8 de Março (rectificado pela Declaração de rectificação n.° 5-C/2003, de 30 de Abril).

A decisão arbitral deve ser proferida no prazo fixado pelas partes ou, na falta de fixação, no prazo de seis meses contado da designação do último árbitro, salvo convenção em contrário. Sendo o tribunal arbitral colectivo, a decisão é, salvo exigência convencional de maioria qualificada, tomada por maioria de votos, em deliberação em que todos os árbitros participam; pode, por convenção das partes, ser a decisão atribuída ao presidente no caso de não se formar a necessária maioria.

"O tribunal arbitral pode pronunciar-se sobre a sua própria competência, mesmo que para esse fim seja necessário apreciar a existência, a validade ou a eficácia da convenção de arbitragem ou do contrato em que ela se insira, ou a aplicabilidade da referida convenção", só podendo esta decisão sobre a sua competência ser apreciada pelo tribunal judicial depois de proferida a decisão sobre o fundo da causa, e pelos meios enunciados nos artigos 27.° e 31.°.

Determina o artigo 23.° da Lei n.° 31/86 que a decisão final do tribunal arbitral deve ser reduzida a escrito e conter, obrigatoriamente, a identificação das partes, referência à convenção de arbitragem, o objecto do litígio, a identificação e assinatura dos árbitros, indicação daqueles que não puderem ou não quiserem assinar (devendo, em qualquer caso, conter um número de assinaturas pelo menos igual ao da maioria dos árbitros), os votos de vencido devidamente identificados, o lugar da arbitragem e o local e a data em que foi proferida, os seus fundamentos e a fixação e repartição pelas partes dos encargos do processo.

A decisão, depois de proferida, é notificada a cada uma das partes, a quem é remetido, por carta registada, um exemplar dela, sendo o original depositado na secretaria do tribunal judicial do lugar da arbitragem (salvo diversa convenção das partes).

Considera-se a decisão arbitral transitada em julgado logo que, uma vez notificada às partes e, se for caso disso, depositada no tribunal judicial, não seja susceptível de recurso ordinário, tendo então a mesma força executiva da sentença do tribunal judicial de 1.ª instância.

A decisão arbitral pode ser anulada pelo tribunal judicial quando se verifique algum dos fundamentos enunciados no n.° 1 do artigo 27.° da Lei n.° 31/86, devendo a anulação ser requerida no âmbito do recurso da decisão, quando ele caiba e haja sido interposto, ou em acção de anulação própria, intentada no prazo de um mês a contar da notificação da decisão, sem prejuízo de os seus fundamentos poderem ser invocados na oposição à execução da decisão.

Da decisão arbitral cabem os recursos que caberiam da sentença proferida pelo tribunal de comarca, salvo se as partes a eles tiverem renunciado, considerando-se que implica renúncia aos recursos a autorização dada ao tribunal para julgar segundo a equidade.

"A execução da decisão arbitral corre no tribunal de 1.ª instância, nos termos da lei de processo civil", podendo os fundamentos de anulação da decisão ser invocados, mesmo depois de decorrido o prazo para intentar a acção de anulação, em via de oposição à execução da decisão.

Tratando-se de arbitragem internacional, a decisão arbitral não é, em princípio, recorrível, salvo se as partes tiverem acordado a possibilidade de recurso e regulado os respectivos termos.

V. artigos 19.° a 21.°, 23.°, 24.°, 26.° a 31.° e 34.° da Lei n.° 31/86.

V. a Convenção sobre o Reconhecimento e a Execução de Sentenças Arbitrais Estrangeiras, concluída em Nova Iorque em 10 de Junho de 1958, que foi aprovada, para adesão, com uma reserva, pela Resolução da Assembleia da República n.° 37/94, de 8 de Julho, tendo o instrumento de adesão sido depositado em 18 de Outubro de 1994, conforme o Aviso n.° 142/95, de 21 de Junho, e tendo a Convenção entrado em vigor para Portugal em 16 de Janeiro de 1995.

V. *Tribunal arbitral; Árbitro; Convenção; Tribunal colectivo; Convenção de arbitragem; Contrato; Competência; Validade; Mérito da causa; Identificação da pessoa; Parte; Litígio; Encargos; Secretaria judicial; Tribunal judicial; Voto de vencido; Força executiva; Notificação;*

Anulação; Trânsito em julgado; Tribunal de 1.ª instância; Recurso; Tribunal de comarca; Renúncia ao recurso; Equidade; Execução; Arbitragem internacional; Sentença estrangeira; Confirmação de sentença estrangeira.

Decisão cautelar (Proc. Civil) – O tribunal de menores poderá ordenar, em qualquer fase do processo tutelar cível, as providências que entenda necessárias para garantir a execução efectiva da decisão. Assim, pode, por exemplo, decretar a interdição de saída do menor para o estrangeiro.

V. *Menor; Processo tutelar; Tribunal de menores; Providências cautelares.*

Declaração (Dir. Civil) – V. *Declaração negocial.*

Declaração confessória (Dir. Civil) – Declaração que consubstancia a confissão. A declaração confessória deve ser inequívoca, excepto quando a lei o dispensar.

V. artigo 357.º, C.C..

V. *Confissão.*

Declaração de amortização (Dir. Civil) – O devedor, que cumpra parcialmente a sua obrigação, não podendo exigir do respectivo credor a restituição do título da obrigação, pode, porém, exigir que ele realize no título a declaração de amortização correspondente à parte do cumprimento efectuado. Recusada a declaração de amortização pelo credor, tem o devedor a faculdade de não realizar o cumprimento parcial.

V. artigos 788.º e 787.º, n.º 2, C.C..

V. *Devedor; Obrigação; Restituição do título; Cumprimento parcial.*

Declaração de ausência (Dir. Civil) – V. *Ausência declarada.*

Declaração de ciência (Dir. Civil) – É a declaração produtora de efeitos jurídicos, cujo conteúdo não corresponde à manifestação de uma vontade, mas à afirmação de um facto.

A declaração de ciência pode consubstanciar um negócio jurídico (assim acontece, por exemplo, com a perfilhação) ou constituir um simples acto jurídico.

V. *Declaração negocial; Negócio jurídico; Perfilhação; Acto jurídico.*

Declaração de cônjuge culpado (Dir. Civil; Proc. Civil) – A sentença que decreta a separação de pessoas e bens ou o divórcio (litigioso) tem de declarar qual dos cônjuges é o culpado ou se ambos o são, e, neste caso, se a culpa de um for "consideravelmente superior à do outro", deve ainda declarar qual deles é o principal culpado – artigo 1787.º, C.C..

Sobre a relevância desta declaração, v. *Cônjuge culpado.*

V. *Sentença; Separação judicial de pessoas e bens; Divórcio; Culpa.*

Declaração de falência (Dir. Com.; Proc. Civil) – Anteriormente à vigência do Código dos Processos Especiais de Recuperação da Empresa e de Falência, aprovado pelo Decreto-Lei n.º 132/93, de 23 de Abril, alterado pelos Decretos-Leis n.ºs 157/97, de 24 de Junho, 315/98, de 20 de Outubro, 323/2001, de 17 de Dezembro, e 38/2003, de 8 de Março, só podia ser judicialmente declarada a falência de um comerciante ou de uma sociedade comercial. No regime do referido Código, podia ser declarada a falência de uma empresa insolvente, economicamente inviável e insusceptível de recuperação financeira, bem como a de um devedor insolvente que não fosse titular de qualquer empresa, desde que este não obtivesse concordata particular. A falência era imediatamente declarada no despacho que ordenasse o prosseguimento da respectiva acção, se tivesse sido o devedor a apresentar-se à falência sem oposição de qualquer dos credores, bem como no caso de o requerimento de falência ter sido apresentado por qualquer dos credores, também sem oposição (artigo 122.º). Tendo havido oposição à apresentação ou ao requerimento de falência e não se verificando a prossecução da acção como processo de recuperação da empresa, era "logo marcada audiência de julgamento para um dos cinco dias [eram sete dias na versão anterior] subsequentes ao despacho de prosseguimento da acção" – artigo 123.º, n.º 1. O artigo 128.º dispunha que da sentença que declarasse a falência era "logo notificada ao Ministério Público, registada oficiosamente na conservatória competente com base na respectiva certidão, para o efeito remetida pela secretaria, e publicada por extracto no *Diário da República*, e num dos jornais mais lidos na comarca e por editais afixados à porta da sede e das sucursais do falido ou do local da sua actividade, consoante os casos, e ainda no lugar próprio do tribunal", devendo todas estas diligências destinadas à execução e publicidade da sentença ser realizadas no prazo de cinco dias (eram também sete dias na versão anterior). À sentença podiam opor embargos o devedor, qualquer credor, o Ministério Público (nos casos em que os interesses a seu cargo o justificassem), o cônjuge do falido, seus ascendentes ou descendentes e afins no 1.° grau da linha recta (se a falência se fundasse na fuga do devedor relacionada com a sua falta de liquidez); se o devedor falecesse antes da declaração de falência ou antes de esgotado o prazo para a oposição por embargos, podiam embargar o respectivo cônjuge, herdeiro, legatário ou representante. Os embargos deveriam ser deduzidos dentro dos cinco dias (igualmente sete dias na versão anterior) subsequentes à publicação da sentença declaratória da falência no *Diário da República*. A sentença que declarasse a falência poderia ser revogada, mas a revogação não afectava os efeitos dos actos legalmente praticados pelos órgãos da falência. Da decisão sobre os embargos opostos à sentença declaratória da falência cabia recurso, que subia imediatamente, com efeito meramente devolutivo; se a decisão sobre os embargos houvesse mantido a declaração de falência, a interposição do recurso suspendia a liquidação do activo e também os termos subsequentes à sentença de verificação e graduação de créditos; o recurso do despacho de indeferimento liminar subia de imediato, nos próprios autos dos embargos, que para esse efeito eram desapensados; sempre que não tivesse sido oferecida prova ou esta tivesse sido rejeitada sem impugnação do recorrente, estando o valor da causa fora da alçada da Relação, o recurso das decisões proferidas sobre embargos pelo tribunal de 1.ª instância subia directamente ao Supremo Tribunal de Justiça (artigo 228.°). O recurso interposto contra a sentença que denegasse a declaração de falência subia imediatamente e nos próprios autos, com efeito meramente devolutivo e todos os demais recursos no processo de falência subiam com efeito meramente devolutivo.

O Código dos Processos Especiais de Recuperação da Empresa e de Falência foi revogado pelo Decreto-Lei n.° 53/2004, de 18 de Março, entretanto alterado pelos Decretos-Leis n.°s 200/2004, de 18 de Agosto, e 76-A/2006, de 29 de Março (este rectificado pela Declaração de rectificação n.° 28-A/2006, de 26 de Maio), que, por sua vez, aprovou o Código da Insolvência e da Recuperação de Empresas, pelo que actualmente não há, na ordem jurídica portuguesa, previsão de falência, nem, em consequência, da respectiva declaração.

V. *Falência; Empresa; Insolvência; Recuperação da empresa; Concordata particular; Despacho; Apresentação à falência; Audiência de discussão e julgamento; Sentença; Ministério Público; Certidão; Secretaria judicial; Edital; Devedor; Credor; Ascendente; Descendente; Afim; Grau de parentesco; Linha; Herdeiro; Legatário; Representante; Recurso; Subida do recurso; Efeito devolutivo do recurso Verificação de créditos; Graduação de credores; Prova; Alçada; Relação; Tribunal de 1.ª instância; Supremo Tribunal de Justiça; Comissão de credores; Efeitos da falência; Recuperação de empresas.*

Declaração de indignidade (Dir. Civil) – A indignidade, quando invocada como causa de incapacidade sucessória, tem de ser judicialmente declarada.

O artigo 2036.°, C.C., estabelece um prazo para intentar essa acção, que é de dois anos a contar da abertura da sucessão, ou de um ano a contar quer da condenação pelos crimes que determinam a indignidade quer do conhecimento das outras causas de indignidade previstas na lei.

V. *Indignidade; Capacidade sucessória; Abertura da sucessão.*

Declaração de insolvência (Dir. Civil; Dir. Com.; Proc. Civil) – Nos termos do Código da Insolvência e da Recuperação de Empresas, aprovado pelo Decreto-Lei n.° 53/2004, de 18 de Março, alterado pelos Decretos-Leis n.°s 200/2004, de 18 de Agosto, e 76-A/2006, de 29 de Março (este rectificado pela Declaração de rectificação n.° 28-A/2006, de 26 de Maio), esta é feita por sentença judicial em processo próprio.

Segundo o artigo 18.°, o devedor que "se encontre impossibilitado de cumprir as suas obrigações vencidas" "deve requerer a declaração da sua insolvência dentro dos 60 dias seguintes à data do conhecimento da situação [...] ou à data em que devesse conhecê-la", salvo se se tratar de "pessoas singulares que não sejam titulares de uma empresa na data em que incorram em situação de insolvência"; quanto ao conhecimento da situação de insolvência, o n.° 3 da mesma disposição presume-o inilidivelmente, se o devedor for titular de uma empresa, "decorridos pelo menos três meses sobre o incumprimento generalizado de obrigações de algum dos tipos referidos na alínea *g)* do n.° 1 do artigo 20.° [são estas obrigações tributárias, de contribuições e quotizações para a segurança social, emergentes de contrato de trabalho ou da violação ou cessação deste, de "rendas de qualquer tipo de locação, incluindo financeira, prestações do preço da compra ou de empréstimo garantido pela respectiva hipoteca, relativamente a local em que o devedor realize a sua actividade ou tenha a sua sede ou residência"]". Caso o devedor não seja pessoa singular capaz, "a iniciativa da apresentação à insolvência cabe ao órgão social incumbido da sua administração, ou, se não for o caso, a qualquer dos seus administradores" (artigo 19.°). O artigo 20.°, no seu n.° 1, enuncia as pessoas que têm legitimidade para requerer a declaração de insolvência de um devedor e as circunstâncias que condicionam tal legitimidade.

"A apresentação à insolvência ou o pedido de declaração desta faz-se por meio de petição escrita, na qual são expostos os factos que integram os pressupostos [...] e se conclui pela formulação do correspondente pedido": este o teor do n.° 1 do artigo 23.°, cujos números seguintes enunciam os elementos que têm de constar da petição; o artigo 24.° enumera os documentos que devem ser juntos à petição pelo devedor, quando for ele o apresentante. Se o pedido não provier do devedor, "o requerente [...] deve justificar na petição a origem, natureza e montante do seu crédito, ou a sua responsabilidade pelos créditos sobre a insolvência, consoante o caso, e oferecer com ela os elementos que possua relativamente ao activo e passivo do devedor", devendo "ainda oferecer todos os meios de prova de que disponha, ficando obrigado a apresentar as testemunhas arroladas [...]" – artigo 25.°.

Sendo o devedor a apresentar-se à insolvência, não está prevista na lei a hipótese de desistência sua do pedido ou instância, mas, se aquela tiver sido requerida por outrem, o artigo 21.° admite a desistência "até ser proferida sentença, [embora] sem prejuízo do procedimento criminal que ao caso couber". Independentemente da responsabilidade criminal, constituir-se-á em responsabilidade civil o devedor que se apresente sem fundamento à insolvência, pelos danos causados aos credores, mas só se o agente tiver actuado com dolo (artigo 22.°).

"No próprio dia da distribuição, ou, não sendo tal viável, até ao 3.° dia útil subsequente, o juiz: *a)* Indefere liminarmente o pedido [...] quando seja manifestamente improcedente, ou ocorram, de forma evidente, excepções dilatórias insupríveis de que deva conhecer oficiosamente; *b)* Concede ao requerente, sob pena de indeferimento do requerimento, o prazo máximo de cinco dias para corrigir os vícios sanáveis da petição, designadamente quando esta careça de requisitos legais ou não venha acompanhada dos documentos que hajam de instruí-la, nos casos em que tal falta não seja devidamente justificada" – artigo 27.°, n.° 1. No caso de apresentação do devedor à insolvência, "o despacho de indeferimento liminar que não se baseie, total ou parcialmente, na falta de junção dos documentos [...] exigidos é objecto da publicidade prevista pelo n.° 1 do artigo 38.° [publicação de anúncio no *Diário da República* de que constem, entre outros elementos, a identificação do devedor, indicação da sua sede ou residência], aplicável com as necessárias adaptações, no prazo previsto no n.° 5 do mesmo artigo [cinco dias]".

"A apresentação à insolvência por parte do devedor implica o reconhecimento por este da sua situação de insolvência, que é declarada até ao 3.° dia útil seguinte ao da distribuição da petição inicial ou, existindo vícios corrigíveis, ao do respectivo suprimento" (artigo 28.°).

Exceptuados os casos – previstos e regulados no n.° 3 do artigo 31.° – em que seja decidida a adopção de medidas cautelares anteriormente à citação do devedor, esta (que tem de ser pessoal) terá lugar, sempre que a declaração de insolvência tenha sido requerida por terceiros, por ordem do juiz, até ao 3.° dia útil seguinte ao da distribuição da petição inicial; "no acto de citação, é o devedor advertido da cominação prevista no n.° 5 do artigo seguinte [não tendo sido dispensada a respectiva audiência e não deduzindo ele oposição, "consideram-se confessados os factos alegados na petição inicial, e a insolvência é declarada no dia útil seguinte ao termo do prazo [...] [de dez dias], se tais factos preencherem a hipótese de alguma das alíneas do n.° 1 do artigo 20.° [pressupostos do pedido de declaração de insolvência por terceiros]".

O devedor tem 10 dias para deduzir oposição – com o oferecimento de todos os meios de prova de que disponha –, a esta devendo juntar, "sob pena de não recebimento", "lista dos seus cinco maiores credores, com exclusão do requerente, com indicação do respectivo domicílio"; a oposição "pode basear-se na inexistência do facto em que se fundamenta o pedido formulado ou na inexistência da situação de insolvência", cabendo ao devedor opoente provar a sua solvência, "baseando-se na escrituração legalmente obrigatória, se for o caso, devidamente organizada e arrumada [...]", salva a aplicação de regras especiais enunciadas no artigo 3.°, n.° 3; não se opondo o devedor, "consideram-se confessados os factos alegados na petição inicial, e a insolvência é declarada no dia útil seguinte ao termo do prazo [...] [que tinha para deduzir oposição]", se os factos constituírem fundamento para essa declaração (artigo 30.°).

Quando o devedor deduza oposição, "é logo marcada audiência de discussão e julgamento para um dos cinco dias subsequentes, notificando-se o requerente e o devedor para comparecerem pessoalmente ou para se fazerem representar por quem tenha poderes para transigir": este o teor do n.° 1 do artigo 35.°, cujo n.° 2 diz que, não comparecendo o devedor – pessoalmente ou por representante –, se terão "por confessados os factos alegados na petição inicial, se a audiência não tiver sido dispensada nos termos do artigo 12.°"; o n.° 3 determina que, estando presente o devedor e faltando o requerente à audiência, tal vale como desistência do pedido. O mesmo artigo, no n.° 4, dispõe que "o juiz dita logo para a acta, consoante o caso, sentença de declaração da insolvência, se os factos alegados na petição inicial forem subsumíveis no n.° 1 do artigo 20.°, ou sentença homologatória da desistência do pedido"; já na hipótese de terem comparecido ambas as partes, ou só o requerente quando a audiência do devedor tiver sido dispensada, "o juiz selecciona a matéria de facto relevante que considere assente e a que constitui a base instrutória" (n.° 5), sendo as reclamações apresentadas decididas e seguindo-se de imediato a produção da prova, finda a qual têm lugar alegações orais de facto e de direito, ao que se segue a decisão da matéria de facto (n.°s 6 e 7); "se a sentença não puder ser logo proferida, sê-lo-á no prazo de cinco dias" (n.° 8).

O extenso artigo 36.° enumera as menções que devem constar da sentença que declarar a insolvência; são elas: *a)* hora e data da respectiva prolação, "considerando-se que [...] teve lugar ao meio-dia na falta de outra indicação"; *b)* identificação do devedor insolvente, sua sede ou residência; *c)* fixação de residência aos administradores do devedor e ao próprio devedor, se este for uma pessoa singular, *d)* nomeação do administrador da insolvência com indicação do respectivo domicílio profissional; *e)* atribuição ao devedor da administração da massa insolvente, se tal tiver sido por ele requerido e assim tiver sido deliberado pelos credores, nos termos do artigo 224.° (para que tal aconteça, é necessário que o devedor o tenha requerido, que tenha apresentado, ou se comprometa a fazê-lo no prazo de 30 dias contado da declaração de insolvência, um plano de insolvência que preveja a continuidade da exploração da empresa por si próprio, que não haja motivos para recear atrasos na marcha do processo ou outras desvantagens para os credores e que o requerente da insolvência dê o seu acordo; ou que, tendo o devedor requerido, assim o deliberar a assembleia de credores, mesmo que não estejam preenchidos todos os pressupostos antes enumerados); *f)* determinação ao devedor que entregue imediatamente ao administrador da insolvência os documentos necessários e que ainda não constem dos autos; *g)* decisão de "apreensão, para imediata entrega ao administrador da insolvência, dos elementos da contabilidade do devedor e de todos os seus bens, ainda que arrestados, penhorados ou por qualquer forma apreendidos ou detidos [...]"; *h)* ordem de entrega ao Ministério Público dos elementos que indiciem a prática de infracção penal; *i)* declaração de abertura do incidente de qualificação da insolvência, com carácter pleno ou limitado; *j)* designação de prazo, até 30 dias, para reclamações; *l)* advertência aos credores "de que devem comunicar prontamente ao administrador da insolvência as garantias reais de que beneficiem"; *m)* advertência aos "devedores do insolvente de que as prestações a que estejam obrigados deverão ser feitas ao administrador da insolvência [...]"; *n)* designação de "dia e hora, entre os 45 e os 75 dias subsequentes, para a realização da assembleia de credores aludida no artigo 156.°, neste Código designada assembleia de apreciação do relatório".

Uma vez proferida, a sentença é notificada pessoalmente (nos termos da citação pessoal) aos administradores do devedor a quem tenha sido fixada residência, sendo-lhes enviadas cópias da petição inicial; também o requerente da declaração insolvência e o devedor são notificados, sendo-o este último pessoalmente; "os cinco maiores credores conhecidos, com exclusão do requerente, são citados [...] [pessoalmente] ou por carta registada, consoante tenham ou não residência habitual, sede ou domicílio em Portugal"; também os restantes credores conhecidos que tenham residência, sede ou domicílio em qualquer Estado membro da União Europeia são citados por carta registada, também este sendo o meio de citação do Estado, de institutos públicos sem natureza de empresas públicas ou de instituições da segurança social, quando sejam credores; os demais credores e outros interessados são citados por edital, sendo notificado o Ministério Público e, "se o devedor for titular de uma empresa, [...] [a] comissão de trabalhadores [se existir]; quando esta comissão não exista, a sentença é objecto de publicação mediante a afixação de editais na sede e nos estabelecimentos da empresa" – artigo 37.°.

O artigo 38.° ocupa-se das formas de publicidade da sentença – publicação no *Diário da República*, afixação de edital à porta da sede e das sucursais do insolvente ou do local da sua actividade, consoante os casos, e no lugar próprio do tribunal, tudo isto sem prejuízo de outras formas de publicidade complementares consideradas justificadas e adequadas pelo juiz – e do seu registo – que, relativamente à declaração de insolvência e à nomeação do administrador dela, é realizado oficiosamente, "com base na respectiva certidão, para o efeito remetida pela secretaria", na conservatória do registo civil, se o devedor for pessoa singular, na conservatória do registo comercial, se este for pertinente, ou na "entidade encarregada de outro registo público a que o devedor esteja eventualmente sujeito"; em matéria de registo, o n.° 3 deste artigo determina que a secretaria registe oficiosamente a declaração de insolvência e a nomeação do administrador no registo informático de execuções, que promova a inclusão destas informações e do prazo para delas reclamar na página informática do tribunal, e que comunique "a declaração de insolvência ao Banco de Portugal para que este proceda à sua inscrição na central de riscos de crédito"; finalmente, o n.° 5 da mesma disposição impõe que todas as diligências destinadas a dar publicidade e registo que se deixaram referidas sejam realizadas no prazo de cinco dias.

Se o juiz considerar que o património do devedor é insuficiente para satisfazer as custas do processo e as dívidas previsíveis da massa insolvente e tal satisfação não estiver por outra forma garantida, "faz menção desse facto na sentença [...] e dá nela cumprimento apenas [...] [a uma parte do conteúdo da sentença enunciado no artigo 36.° e que já se deixou mencionado], declarando aberto o incidente de qualificação com carácter limitado"; nestas situações, "qualquer interessado pode pedir, no prazo de cinco dias, que a sentença seja complementada com as restantes menções do artigo 36.°"; aplicam-se à citação, notificação, publicidade e registo as regras que já ficaram referidas, com as necessárias adaptações, devendo em todas as comunicações mencionar-se a possibilidade do requerimento por interessado da complementação, também já mencionada, da sentença; os restantes números do artigo 39.° que estabelece este regime ocupam-se de outros aspectos do complemento da sentença, determinando o n.° 8 que a possibilidade que ao juiz é conferida pela norma de limitar a qualificação da insolvência "não é aplicável quando o devedor, sendo uma pessoa singular, tenha requerido, anteriormente à sentença de declaração da insolvência, a exoneração do passivo restante".

A sentença de declaração da insolvência pode ser impugnada através de embargos, dela se podendo também recorrer, alternativa ou cumulativamente; tanto os embargos como o recurso podem, em princípio, provir do devedor ou dos terceiros que são referidos nas alíneas *b)* a *f)* do n.° 1 do artigo 40.°; ao devedor é permitido recorrer, mesmo quando a oposição de embargos lhe esteja vedada (quando não tenha estado em situação de revelia absoluta, se não tiver sido citado) – artigo 42.°, n.° 2.

"A revogação da sentença de declaração da insolvência não afecta os efeitos dos actos legalmente praticados pelos órgãos da insolvência" – artigo 43.°.

Se a sentença indeferir o pedido de declaração da insolvência, é ela notificada apenas ao requerente e ao devedor (artigo 44.°, n.° 1), contra ela só podendo reagir o próprio requerente e apenas através de recurso (artigo 45.°).

V. *Insolvência; Recuperação de empresas; Sentença; Devedor; Obrigação; Vencimento; Cumprimento; Pessoa singular; Presunção; Presunção "juris et de jure"; Empresa; Incumprimento; Locação; Locação financeira; Compra e venda; Compra e venda a prestações; Empréstimo; Garantias especiais; Hipoteca; Sede; Residência; Órgãos da pessoa colectiva; Administrador; Legitimidade; Apresentação à insolvência; Petição inicial; Pedido; Documento; Crédito; Crédito sobre a insolvência; Meios de prova; Prova; Testemunha; Rol de testemunhas; Desistência; Responsabilidade civil; Dano; Credor; Dolo; Distribuição; Indeferimento liminar; Procedência; Excepção dilatória; Conhecimento oficioso; Requerimento; Despacho de aperfeiçoamento; Medidas cautelares; Citação; Citação pessoal; Confissão; Domicílio; Ónus da prova; Audiência de discussão e julgamento; Notificação; Representante; Transacção; Homologação; Base instrutória; Reclamação; Alegações; Administrador da insolvência; Domicílio profissional; Massa insolvente; Plano de insolvência; Assembleia de credores; Auto; Arresto; Penhora; Ministério Público; Incidente; Qualificação da insolvência; Reclamação; Garantias reais; Prestação; Edital; Certidão; Secretaria judicial; Registo civil; Registo informático de execuções; Património; Custas; Embargos à sentença de insolvência; Recurso; Revelia.*

Declaração de maternidade (Dir. Civil) – Quando se declarar o nascimento de um indivíduo, deve identificar-se a respectiva mãe, a menos que não seja possível: a maternidade declarada é logo mencionada no registo.

Se o nascimento que se declara tiver ocorrido há menos de um ano, a maternidade indicada e registada considera-se estabelecida, devendo o conteúdo do assento ser comunicado à mãe através de notificação pessoal, a menos que não seja possível fazê-lo ou que a declaração tenha sido feita por ela ou pelo marido; no caso de o nascimento declarado ter ocorrido há um ano ou mais, só se considera estabelecida a maternidade indicada se a mãe for o declarante, se estiver presente no acto ou estiver nele representada por procurador com poderes especiais para o efeito; não se verificando qualquer dos casos enunciados, a pessoa indicada como mãe terá de ser notificada pessoalmente para, no prazo de 15 dias, vir declarar se confirma a maternidade, sob pena de o filho ser havido como seu, se nada disser; se a pretensa mãe negar a maternidade ou não for notificada, o registo fica omisso nesse ponto, ficando sem efeito a menção feita. Sendo o registo omisso no que respeita à maternidade, pode a mãe fazer a declaração de maternidade, excepto se se tratar de filho nascido ou concebido na constância do matrimónio e perfilhado por pessoa diferente do marido.

No caso de a maternidade estabelecida ser falsa, pode, em qualquer momento, ser judicialmente impugnada pela pessoa indicada como mãe, pelo registado, por quem tiver interesse moral ou patrimonial na procedência da acção ou pelo Ministério Público.

V. artigos 1803.° e segs., C.C..

V. *Nascimento; Maternidade; Registo civil; Assento; Notificação; Representação; Procurador; Poderes representativos; Perfilhação; Presunção de paternidade; Ministério Público.*

Declaração de nascimento (Dir. Civil) – Nos termos do Código do Registo Civil, aprovado pelo Decreto-Lei n.° 131/95, de 6 de Junho (rectificado pela Declaração de rectificação n.° 96/95, de 31 de Julho), alterado pelos Decretos-Leis n.°s 36/97, de 31 de Janeiro, 120/98, de 8 de Maio, 375-A//99, de 20 de Setembro, 228/2001, de 20 de Agosto, 273/2001, de 13 de Outubro, 323//2001, de 17 de Dezembro, e 113/2002, de 20 de Abril, "o nascimento ocorrido em território português deve ser declarado verbalmente, dentro dos 20 dias imediatos, em qualquer conservatória do registo civil [...]", competindo essa declaração, obrigatória e sucessivamente, "aos pais", "a qualquer pessoa incumbida de prestar a declaração pelo pai ou pela mãe do registando ou por quem o tenha a seu cargo", "ao parente capaz mais próximo que tenha conhecimento do nascimento", "ao director do estabelecimento onde o parto ocorreu ou aos donos da casa onde o nascimento se verificou", e "ao médico ou à parteira assistente e, na sua falta, a quem tiver assistido ao nascimento". A falta de declaração deve ser participada ao conservador ou ao Ministério Público, "a fim de ser suprida a omissão do registo".

"O assento de nascimento de abandonado ["recém-nascidos de pais desconhecidos que forem encontrados ao abandono em qualquer lugar e, bem assim, os indivíduos de idade aparente inferior a 14 anos, ou dementes, cujos pais, conhecidos ou não, se hajam ausentado para lugar não sabido, deixando-os ao desamparo"] é lavrado na conservatória da área do lugar em que foi encontrado [...]". Por outro lado, "quando, em viagem por mar ou por ar, nascer algum indivíduo em navio ou aeronave portugueses, a autoridade de bordo, dentro das vinte e quatro horas posteriores à verificação do facto, deve lavrar o registo de nascimento com as formalidades e requisitos previstos neste Código, acrescentando a indicação da latitude e longitude em que o nascimento tenha ocorrido"; "se o nascimento tiver ocorrido em viagem por terra dentro do território nacional, o registo de nascimento pode ser lavrado na conservatória do primeiro lugar sito em território português onde a mãe do registando permanecer por espaço de vinte e quatro horas ou for estabelecer a sua residência, caso em que o prazo para a declaração do nascimento se conta a partir do dia da chegada ao lugar onde a mãe vai residir".

V. *Nascimento; Registo civil; Registo de nascimento; Parentesco; Capacidade; Ministério Público; Assento; Abandono de menor; Navio; Aeronave; Residência.*

Declaração de nulidade (Dir. Civil) – A nulidade não carece de ser judicialmente declarada para que o acto ou negócio não produza os respectivos efeitos, mas pode sê-lo, tendo legitimidade para requerer essa declaração qualquer interessado, podendo ser feita a todo o tempo e conhecendo o tribunal dela oficiosamente – artigo 286.°, C.C..

Se bem que se trate, essencialmente, de um afloramento do regime geral, fala-se autonomamente de declaração de nulidade para referir um dos meios de conservação da garantia patrimonial concedidos legalmente aos credores, e que consiste na atribuição de legitimidade aos credores "para invocar a nulidade dos actos praticados pelo devedor, quer estes sejam anteriores, quer posteriores à constituição do crédito, desde que tenham interesse na declaração da nulidade, não sendo necessário que o acto produza ou agrave a insolvência do devedor"; "a nulidade aproveita não só ao credor que a tenha invocado, como a todos os demais" – artigo 605.°, C.C..

V. *Nulidade; Acto jurídico; Negócio jurídico; Legitimidade; Conhecimento oficioso; Meios de conservação da garantia; Credor; Devedor; Insolvência.*

Declaração de vontade (Dir. Civil) – Expressão vulgarmente utilizada em sinonímia com a de *declaração negocial* (v. esta expressão).

Declaração "docendi causa" (Dir. Civil) – Modalidade de declaração não séria, emitida, com propósitos didácticos, para exemplificar uma qualquer situação, e que, por ter um sentido ostensivamente não sério, não é produtora de qualquer efeito jurídico (artigo 245.°, n.° 1, C.C.).
V. *Declaração não séria.*

Declaração em nome de outrem (Dir. Civil) – Declaração em nome alheio ou declaração em representação de outrem é aquela que é feita por alguém em representação de um terceiro, de quem o declarante tem ou não poderes representativos: se os tiver, os efeitos jurídicos da declaração produzem-se imediatamente na esfera jurídica do representado; se não os tiver, os efeitos da declaração, que só podem produzir-se na esfera do representado, produzir-se-ão ou não, dependentemente de ele ratificar a declaração.
Completamente diferente desta situação é a de a declaração ser produzida sob o nome de outrem.
V. *Declaração negocial; Representação; Esfera jurídica; Terceiro; Poderes representativos; Ratificação; Declaração sob nome de outrem.*

Declaração expressa (Dir. Civil) – V. *Declaração negocial.*

Declaração ficta (Dir. Civil) – Muito embora se trate de expressão sobre cujo sentido a doutrina não é pacífica, se se pretender, como parece melhor, não a confundir com o silêncio a que a lei atribua valor declarativo, será de caracterizar não propriamente como uma declaração, mas como uma consequência jurídica que a lei atribui a certa declaração.
É, porém, duvidoso que a categoria tenha utilidade, tendo a desvantagem de ser, umas vezes, confundida com declarações tácitas e, outras, com declarações presumidas inilidivelmente.
Assim, por exemplo, o artigo 2165.°, n.° 2, C.C., que dispõe que "a aceitação do legado implica a perda do direito à legítima, assim como a aceitação da legítima envolve a perda do direito ao legado", é considerado um caso de declaração *ficta*, podendo discutir-se se não se trata de uma declaração tácita presumida *iuris et de iure.*
V. *Declaração negocial; Silêncio; Declaração tácita; Declaração presumida; Presunção legal; Presunção "juris et de jure"; Legado; Legítima.*

Declaração "jocandi causa" (Dir. Civil) – Espécie de declaração não séria em que a falta de seriedade é patente pelo contexto de ironia ou brincadeira em que é proferida. Tal declaração não produz quaisquer efeitos, de acordo com o n.° 1 do artigo 245.°, C.C.. "Se, porém, a declaração for feita em circunstâncias que induzam o declaratário a aceitar justificadamente a sua seriedade, tem ele o direito de ser indemnizado pelo prejuízo que sofrer" (n.° 2 do mesmo artigo).
V. *Declaração não séria; Declaratário; Indemnização.*

Declaração "ludendi causa" (Dir. Civil) – Declaração que, porque proferida no contexto de uma representação teatral, não se destina patentemente a produzir efeitos jurídicos, não os produzindo realmente (v. artigo 245.°, n.° 1, C.C.).
V. *Declaração não séria.*

Declaração não recipienda (Dir. Civil) – Diz-se não recipienda ou não receptícia a declaração que não tem um destinatário e que, por isso, nos termos do n.° 1 do artigo 224.°, C.C., produz os respectivos efeitos "logo que a vontade do declarante se manifesta na forma adequada".
V. *Declaração negocial; Forma; Declaração recipienda.*

Declaração não receptícia (Dir. Civil) – O mesmo que *declaração não recipienda* (v. esta expressão).

Declaração não séria (Dir. Civil) – Há declarações negociais que, pela forma por que são feitas ou pelo condicionalismo em que o são, têm um sentido imediato e ostensivamente não sério, não lhes atribuindo a lei, em consequência, qualquer efeito jurídico (v. artigo 245.°, n.° 1, C.C.). É o caso, por exemplo, das afirmações produzidas no decurso de uma representação teatral (declarações *ludendi causa*), feitas por brincadeira ou ironia (declarações *jocandi causa*) ou feitas com objectivos didácticos (declarações *docendi causa*).

Nestes casos, há, pois, uma divergência intencional entre a vontade e a declaração, sem intuito enganoso, pois o declarante espera que tal divergência não seja desconhecida do declaratário.

No entanto, o n.° 2 do citado artigo 245.° ressalva o caso de a "declaração [ser] feita em circunstâncias que induzam o declaratário a aceitar justificadamente a sua seriedade", hipótese em que o declarante terá de indemnizar aquele pelos prejuízos que sofrer.

V. *Declaração negocial; Declarante; Declaratário; Indemnização.*

Declaração negocial (Dir. Civil) – Expressão, juridicamente relevante, da vontade de uma pessoa. A declaração pode ser realizada através de linguagem falada ou escrita, de linguagem gestual ou mímica, ou através de outro meio directo de expressão: diz-se então que se trata de uma *declaração expressa*; mas pode deduzir-se a vontade de uma pessoa de um comportamento, da ausência de comportamento, de um facto que, com grande probabilidade, a revele: trata-se aí de uma *declaração tácita*.

A lei admite ambas estas formas de declaração de vontade. Embora tal não seja frequente, há situações em que a lei impõe que certa declaração negocial seja expressa, não admitindo, pois, que seja tácita: são disso exemplos os artigos 413.°, n.° 1 (que se ocupa da atribuição de eficácia real ao contrato-promessa), 731.°, na redacção do Decreto-Lei n.° 163/95, de 13 de Julho (que regula a renúncia à hipoteca), ambos do C.C., e o artigo 100.°, n.° 1, C.P.C. (que regula as convenções sobre competência do tribunal).

Normalmente, a validade da declaração negocial não se encontra dependente da observância de qualquer forma; casos há, no entanto, em que a lei impõe o respeito de uma dada forma ou em que as próprias partes convencionam a forma por que ela se fará. V. artigos 217.° e segs., C.C..

A declaração negocial pode ser não recipienda (isto é, não ter destinatário), produzindo então os seus efeitos logo que é feita na forma adequada, ou ter um destinatário, caso em que a produção dos respectivos efeitos fica dependente da sua recepção ou do seu conhecimento por aquele a quem se dirige.

Pelo que respeita à interpretação da vontade e à integração de eventuais lacunas que contenha, a lei civil contém regras nos artigos 236.° a 239.°, C.C..

V. *Declaração recipienda; Silêncio; Validade; Forma; Contrato-promessa; Eficácia real; Hipoteca; Renúncia; Competência; Interpretação do negócio jurídico; Lacunas.*

Declaração negocial ficta (Dir. Civil) – Utiliza-se frequentemente esta expressão para referir os casos em que a lei atribui, sem admissão de prova em contrário, um significado a um dado comportamento: está-se, então, perante uma presunção inilidível.

Sobre as divergências de entendimento quanto ao que deva ter-se em consideração quando se usa esta expressão, v. *Declaração ficta*.

V., por exemplo, artigo 484.°, n.° 1, C.P.C., na redacção do Decreto-Lei n.° 329-A/95, de 12 de Dezembro, onde se estabelece que a falta de contestação se traduz na confissão "dos factos articulados pelo autor" na acção, quando o réu tenha sido ou deva considerar-se ter sido "citado regularmente na sua própria pessoa" ou tenha juntado procuração a mandatário judicial no prazo da contestação.

V. *Declaração negocial; Presunção; Contestação; Confissão; Réu; Autor; Citação pessoal; Procuração; Mandatário judicial.*

Declaração presumida (Dir. Civil) – Existe quando a lei atribui a certo comportamento o sentido de exprimir dado conteúdo de vontade negocial. Em regra, a presunção é ilidível por prova em contrário; quando o não é, está-se, no entender de uma corrente doutrinária, perante uma declaração negocial ficta. Exemplos de declarações presumidas encontram-se no regime do contrato-promessa, quer no artigo 441.°, C.C. – onde se presume ter carácter de sinal toda a quantia entregue pelo promitente-comprador ao promitente-vendedor no contrato-promessa de compra e venda – quer no n.° 2 do artigo 830.°, C.C. – onde se presume constituir o sinal ou a cláusula penal convenção afastadora da execução específica da obrigação de contratar emergente de um contrato-promessa.

V. *Declaração negocial; Presunção; Declaração negocial ficta; Declaração ficta; Contrato-promessa; Sinal; Execução específica de contrato-promessa; Convenção; Cláusula penal.*

Declaração quase negocial (Dir. Civil) – Designação que alguns autores dão à declaração – que tanto pode ser de vontade como de ciência – que produz um efeito jurídico que é independente de a vontade do declarante se dirigir a essa produção, como sucede, por exemplo, quando se declara à autoridade competente o nascimento de alguém.

V. *Declaração negocial; Declaração de ciência; Declaração de nascimento; Nascimento.*

Declaração recipienda (Dir. Civil) – Os negócios jurídicos são constituídos por manifestações ou declarações de vontade das pessoas.

Tais declarações podem ter um destinatário, isto é, serem dirigidas a alguém, de tal modo que só produzem efeitos quando chegam ao seu poder ou ao seu conhecimento: são as declarações *recipiendas* ou *receptícias;* outras, porque não se dirigem a ninguém em especial, não carecem de ser recebidas para que sejam eficazes: são as declarações *não recipiendas.*

O artigo 224.°, C.C., dispõe que a eficácia da declaração negocial recipienda depende da sua recepção ou do seu conhecimento pelo destinatário; é, no entanto, considerada eficaz a declaração que só por culpa do destinatário não tenha sido por ele oportunamente recebida; mas, por outro lado, "a declaração recebida pelo destinatário em condições de, sem culpa sua, não poder ser conhecida é ineficaz".

São muito numerosos os exemplos de declarações recipiendas: assim, a proposta contratual, a interpelação do credor ao devedor ou a resolução de um contrato.

Embora, porque nada acrescenta ou altera, não se entenda cabalmente a razão de ser da norma, cita-se o artigo 31.°, n.° 2, do Decreto-Lei n.° 7/2004, de 7 de Janeiro – que transpôs para a ordem jurídica portuguesa a Directiva n.° 2000/31/CE, do Parlamento Europeu e do Conselho, de 8 de Junho de 2000 –, diploma que se ocupa, entre outras matérias, da chamada contratação electrónica e que diz que "a ordem de encomenda, o aviso de recepção e a confirmação da encomenda consideram-se recebidos logo que os destinatários têm a possibilidade de aceder a eles".

Quanto à declaração não recipienda, nos termos da mesma disposição, é eficaz desde e logo que a vontade do declarante se manifeste na forma adequada. Exemplos de declarações não receptícias encontram-se na procuração, no testamento ou na confissão.

V. *Declaração negocial; Proposta de contrato; Aceitação; Culpa; Proposta de contrato; Interpelação; Resolução do contrato; Contratação electrónica; Ordem de encomenda; Procuração; Testamento; Confissão.*

Declaração receptícia (Dir. Civil) – O mesmo que *declaração recipienda* (v. esta expressão).

Declaração sob o nome de outrem (Dir. Civil) – É aquela que é emitida por um sujeito fazendo-se passar por outrem, ou porque declina a identidade alheia ou porque falsifica a assinatura de outrem, por exemplo. Nestas hipóteses, não há qualquer comportamento por parte do sujeito a quem a declaração é atribuída, pelo que ela nunca o vincula, ainda que o seu destinatário haja sido terceiro de boa fé.

V. *Declaração negocial; Assinatura; Falsidade; Terceiro; Boa fé.*

Declaração tácita (Dir. Civil) – A declaração negocial é tácita "quando se deduz de factos que, com toda a probabilidade, a revelam", não impedindo o carácter formal da declaração "que ela seja emitida tacitamente, desde que a forma tenha sido observada quanto aos factos de que a declaração se deduz" (artigo 217.°, C.C.).

Há, pois, uma declaração de vontade tácita sempre que o seu autor pratica actos de que se deduz a existência da vontade; esta dedução corresponde a uma presunção, em regra judicial, mas que pode também ser legal (v., por exemplo, o artigo 925.°, n.° 3, C.C., sobre venda sujeita a prova, o artigo 945.°, n.° 2, sobre a perfeição da doação, e o artigo 2225.°, C.C., sobre a disposição testamentária feita a uma generalidade de pessoas).

A declaração tácita não se confunde com o silêncio, já que nela, diversamente do que sucede neste, há uma manifestação de vontade, *rectius*, uma declaração, e neste há a ausência de qualquer comportamento declarativo.

Muito embora se admita, genericamente, a declaração tácita, há casos em que a lei exige que a declaração negocial seja expressa: assim, por exemplo, o artigo 957.°, n.° 1, C.C., impõe a forma expressa para a responsabilização convencional do doador por ónus ou vícios do direito ou da coisa doada, quando não tenha havido dolo da sua parte; a vontade de casar tem também de ser expressamente manifestada (v. artigo 1617.°, C.C.); o artigo 413.°, n.° 1, C.C., determina igualmente que tenha de ser expressa a atribuição convencional de eficácia real ao contrato-promessa.

V. *Declaração negocial; Declaração expressa; Forma; Presunção; Venda sujeita a prova; Doação; Testamento; Silêncio; Dolo; Casamento; Contrato-promessa; Eficácia real.*

Declarante (Dir. Civil) – É aquele que emite uma declaração.

V. *Declaração negocial.*

Declaratário (Dir. Civil) – É aquele a quem é dirigida uma declaração.

V. *Declaração negocial.*

Decreto

1. Acto do Governo de natureza regulamentar, promulgado ou, ao menos, forçosamente assinado pelo Presidente da República (artigos 134.°-*b)* e 137.° da Constituição da República) e referendado pelo Governo (artigos 197.°, n.° 1-*a)*, e 140.° da Constituição). São promulgados pelo Presidente da República "os regulamentos necessários à boa execução das leis" da competência do Governo, no exercício de funções administrativas (artigo 199.°-*c)* da Constituição), sendo por aquele assinados os tratados e acordos internacionais aprovados pelo Governo (artigo 197.°, n.° 2, da Constituição).

A Lei n.° 74/98, de 11 de Novembro, alterada pela Lei n.° 2/2005, de 24 de Janeiro, contém, no artigo 14.°, n.° 1, o formulário dos decretos regulamentares do Governo.

V. *Lei; Lei regulamentar.*

2. Têm também a designação de decretos actos do Presidente da República que têm de ser publicados na 1.ª série do *Diário da República* e que, tendo, em regra, conteúdo genérico (assim acontece, por exemplo, com os decretos do Presidente da República cujo objecto é a aprovação, para ratificação, de tratados internacionais), podem não o ter, como sucede com os decretos de nomeação ou exoneração de membros do Governo.

V. referida Lei n.° 74/98, em especial artigos 3.°, n.° 2-*d)*, e 10.°.

V. *Publicação da lei; Diário da República; Tratado.*

Decreto legislativo regional – Diploma legal emanado dos órgãos legislativos próprios das regiões autónomas – as Assembleias Legislativas das regiões autónomas (a Lei Constitucional n.° 1/2004, de 24 de Julho, substituiu, em toda a Constituição, a expressão "Assembleias Legislativas Regionais" por "Assembleias Legislativas das regiões autónomas"); (também a restrição constitucional anterior, formulada como segue: "com respeito pelos princípios fundamentais das leis gerais da República, em matérias de interesse específico para as regiões que não estejam reservadas à competência própria dos órgãos de soberania", desapareceu do actual texto da Constituição).

V. artigos 227.°, 228.°, 229.°, 232.° e 233.° da Constituição da República, alterados pela referida Lei Constitucional n.° 1/2004.

"Os decretos legislativos regionais aprovados ao abrigo de uma autorização legislativa, ou que desenvolvam para o âmbito regional princípios ou bases gerais de regimes jurídicos contidos em leis que a eles se circunscrevam, devem invocar expressamente as respectivas leis de autorização ou as leis cujos princípios ou bases desenvolvam" – artigo 16.°, n.° 2, da Lei n.° 74/98, de 11 de Novembro, na redacção dada pela Lei n.° 2/2005, de 24 de Janeiro, que se ocupa dos restantes aspectos do formulário destes decretos.

V. *Lei.*

Decreto-Lei – Normas elaboradas pelo Governo. Nos termos do artigo 198.° da Constituição da República, "compete ao Governo, no exercício de funções legislativas:

a) Fazer decretos-leis em matérias não reservadas à Assembleia da República;

b) Fazer decretos-leis em matérias de reserva relativa da Assembleia da República, mediante autorização desta;

c) Fazer decretos-leis de desenvolvimento dos princípios ou das bases gerais dos regimes jurídicos contidos em leis que a eles se circunscrevam".

Os decretos-leis previstos nas duas últimas alíneas "devem invocar expressamente a lei de autorização legislativa ou a lei de bases ao abrigo da qual são aprovados".

O artigo 112.° da Constituição estabelece que os decretos-leis são actos legislativos, com o mesmo valor das leis, "sem prejuízo da subordinação às correspondentes leis dos decretos-leis publicados no uso de autorização legislativa e dos que desenvolvam as bases gerais dos regimes jurídicos". A transposição de actos jurídicos da União Europeia para a ordem jurídica interna pode assumir a forma de decreto-lei.

V. a Lei n.° 74/98, de 11 de Novembro, alterada pelas Leis n.°s 2/2005, de 24 de Janeiro, e 26/2006, de 30 de Junho, que estabelece o regime a que deve obedecer a publicação e a identificação dos diplomas legais. É este diploma que se ocupa também do formulário dos actos legislativos (v., em especial, artigo 12.°).

V. Resolução do Conselho de Ministros n.° 63/2006, de 18 de Maio, que aprova o Programa Legislar Melhor.

V. *Fontes de direito; Lei; Decreto legislativo regional.*

"De cuius" (Dir. Civil) – Primeiras palavras da fórmula *de cuius sucessione agitur* (aquele de cuja sucessão se trata), utilizadas hoje em dia para designar o defunto, autor da sucessão

V. *Sucessão; Autor da sucessão.*

Dedução de articulados supervenientes (Proc. Civil) – V. *Articulados supervenientes.*

Dedução de reconvenção (Proc. Civil) – V. *Reconvenção.*

"De facto" – V. *"De jure".*

Defeitos da obra (Dir. Civil) – É obrigação do empreiteiro executar a obra "sem vícios que excluam ou reduzam o valor dela, ou a sua aptidão para o uso ordinário ou previsto no contrato".

As alterações que o empreiteiro introduza ao plano convencionado, sem autorização do dono da obra, têm como consequência – a menos que sejam necessárias em consequência de direitos de terceiro ou de regras técnicas – que a obra seja considerada como defeituosa.

Antes de aceitar a obra, deve o dono verificar se ela está nas condições convencionadas e sem vícios, importando a falta da verificação ou a omissão de comunicação dos resultados desta ao empreiteiro aceitação da obra. Por sua vez, a aceitação sem reserva da obra, quando o dono tinha conhecimento dos defeitos dela, irresponsabiliza o empreiteiro por eles, sendo certo que a lei presume "conhecidos os defeitos aparentes, tenha ou não havido verificação da obra".

Verificando a existência de vícios da coisa depois da aceitação, o dono da obra deve, salvo se lhe tiver dado a sua concordância expressa, denunciá-los ao empreiteiro no prazo de trinta dias contados do seu descobrimento. A partir desta denúncia ou da recusa de aceitação da obra ou da sua aceitação com reservas, tem o dono da obra o prazo de um ano para exercer os direitos que a lei lhe confere contra o empreiteiro: direito à eliminação dos defeitos ou à realização de nova obra, se os defeitos não puderem ser suprimidos, direito à redução do preço, se não houver eliminação dos defeitos ou nova construção, direito à resolução do contrato, se os defeitos não suprimidos tornarem a obra inadequada ao fim a que se destina e, em qualquer caso, direito à indemnização pelos danos que tenha sofrido.

Estes direitos caducam ainda, quando se trate de defeitos desconhecidos ao tempo da entrega da obra, decorridos dois anos sobre esta.

Se o objecto da empreitada for "a construção, modificação ou reparação de edifícios ou outros imóveis destinados por sua natureza a longa duração e, no decurso de cinco anos a contar da entrega, ou no decurso do prazo de garantia convencionado, a obra, por vício do solo ou da construção, modificação ou reparação, ou por erros na execução dos trabalhos, ruir total ou parcialmente, ou apresentar defeitos, o empreiteiro é responsável pelo prejuízo causado ao dono da obra ou a terceiro adquirente", devendo, neste caso, a denúncia ser feita no prazo de um ano e a indemnização ser pedida no ano seguinte à denúncia; estes últimos prazos são também aplicáveis ao direito à eliminação dos defeitos, previstos no artigo 1221.°.

As regras que ficaram enunciadas são, pela redacção do artigo 1225.°, C.C. dada pelo Decreto-Lei n.° 267/94, de 25 de Outubro, aplicáveis "ao vendedor do imóvel que o tenha construído, modificado ou reparado".

V. artigos 1208.°, 1214.°, 1215.° e 1218.° e segs., C.C..

O Decreto-Lei n.° 67/2003, de 8 de Abril, que procedeu à transposição da Directiva n.° 1999/44/CE, do Parlamento Europeu e do Conselho, de 25 de Maio, relativa a certos aspectos da venda de bens de consumo e das garantias a ela relativas, com vista a assegurar a protecção dos interesses dos consumidores, é aplicável, com as necessárias adaptações, aos contratos de fornecimento de bens de consumo a fabricar ou a produzir (ou seja, a alguns contratos de empreitada), aplicando-se o respectivo regime em caso de falta de conformidade do bem com o contrato.

V. *Empreitada; Dono da obra; Cumprimento defeituoso; Aceitação da obra; Responsabilidade contratual; Presunção; Denúncia; Modificação do contrato; Resolução do contrato; Dano; Indemnização; Caducidade; Convenção; Imóvel; Terceiro; Venda de coisas defeituosas; Venda de bens de consumo; Conformidade.*

Defeitos da prestação (Dir. Civil) – V. *Execução defeituosa; Produto defeituoso; Desconformidade; Defeitos da obra.*

Defensor oficioso (Proc. Civil) – Profissional do foro que exerce as suas funções numa causa por nomeação. Pode tratar-se de advogado, nomeado pela respectiva Ordem, designado pelo tribunal, podendo também ser solicitador nomeado pela Câmara dos Solicitadores.

V. *Apoio judiciário; Advogado; Ordem dos Advogado; Nomeação oficiosa de advogado; Solicitador, Câmara dos Solicitadores.*

Defesa do consumidor – V. *Consumidor; Tutela do consumidor.*

Defesa da posse (Dir. Civil) – Ao possuidor é facultada pela lei a utilização de um conjunto de providências tendentes a defender a sua posse contra qualquer perturbação ou ameaça dela.

Tais providências ou consistem numa actuação directa do possuidor defensiva da posse (acção directa, nos termos do artigo 336.°, C.C., aplicável *ex vi* do artigo 1277.°, C.C.), ou no recurso aos tribunais. As acções possessórias deixaram de constituir processo especial com a publicação do Decreto-Lei n.° 329-A/95, de 12 de Dezembro, que alterou o Código de Processo Civil.

Todos estes meios são igualmente facultados ao credor pignoratício (mesmo contra o dono da coisa empenhada), ao locatário (mesmo contra o locador), ao parceiro pensador (mesmo contra o parceiro proprietário), ao comodatário (mesmo contra o comodante) e ao depositário (mesmo contra o depositante), por força respectivamente dos artigos 670.°-*a)*, 1037.°, n.° 2, 1125.°, n.° 2, 1133.°, n.° 2, e 1188.°, n.° 2, todos do C.C..

V. artigos 1276.° e segs., C.C..

V. *Posse; Acção directa; Acções possessórias; Embargos de terceiro; Restituição provisória da posse; Processo especial; Credor pignoratício; Penhor; Locação; Parceiro pensador; Parceria pecuária; Comodato; Depósito.*

Defesa directa (Proc. Civil) – Expressão que é usada em sinonímia com a de defesa por impugnação.

V. *Contestação; Impugnação.*

Defesa indirecta (Proc. Civil) – Designação dada à defesa por excepção.

V. *Contestação; Excepção.*

Defesa por excepção (Proc. Civil) – V. *Contestação; Excepção.*

Defesa por impugnação (Proc. Civil) – V. *Contestação; Impugnação.*

Defesa separada (Proc. Civil) – "Chama-se defesa separada àquela que deve ser deduzida, por imposição da lei, no prazo da contestação, mas em separado" (Castro Mendes, *Direito Processual Civil*, III, pág. 92).

O artigo 489.°, n.° 1, C.P.C., determina que só seja deduzida em separado a defesa relativa aos incidentes quando a lei o determinar., estabelecendo o n.° 2 que "depois da contestação só podem ser deduzidas as excepções, incidentes e meios de defesa que sejam supervenientes, ou que a lei expressamente admita passado esse momento, ou de que deva conhecer oficiosamente".

V. artigos 128.°, n.° 1, e 129.°, n.° 1, C.P.C., sobre suspeição oposta ao juiz; artigo 323.°, n.° 1, C.P.C. (na redacção do Decreto-Lei n.° 329-A/95, de 12 de Dezembro) sobre a antes chamada nomeação à acção, actualmente intervenção principal; artigo 326.°, n.° 1, C.P.C. (na redacção do Decreto-Lei n.° 180/96, de 25 de Setembro) sobre chamamento à autoria ou à demanda, actualmente designado, no quadro geral da intervenção provocada, por chamamento para intervenção.

Segundo Castro Mendes (*op.* e *loc. cit.*), a defesa separada é *preliminar* quando suspende a apresentação da contestação (como acontece nos incidentes de nomeação à acção e de chamamento à autoria), sendo *independente* quando não suspende a apresentação da contestação (como sucede no caso de suspeição oposta ao juiz).

V. *Concentração da defesa; Contestação; Excepção; Incidente; Conhecimento oficioso; Suspeição; Nomeação à acção; Intervenção principal; Chamamento à autoria; Chamamento à demanda; Intervenção provocada.*

Deficiência da petição inicial (Proc. Civil) – V. *Petição inicial; Irregularidade da petição inicial.*

Deficiente (Dir. Civil) – O artigo 71.° da Constituição ocupa-se dos especiais direitos dos "cidadãos portadores de deficiência", estabelecendo, no seu n.° 1, que estes "gozam plenamente dos direitos e estão sujeitos aos deveres consignados na Constituição, com ressalva do exercício ou do cumprimento daqueles para os quais se encontrem incapacitados". O n.° 2 do mesmo artigo declara que o Estado se obriga "a realizar uma política nacional de prevenção e de tratamento, reabilitação e integração dos cidadãos portadores de deficiência e de apoio às suas famílias, a desenvolver uma pedagogia que sensibilize a sociedade quanto aos deveres de respeito e solidariedade para com eles e a assumir o encargo da efectiva realização dos seus direitos, sem prejuízo dos direitos e deveres dos pais ou tutores". Finalmente, o n.° 3 declara que "o Estado apoia as organizações de cidadãos portadores de deficiência".

A Lei n.° 38/2004, de 18 de Agosto, define as bases gerais do regime jurídico da prevenção, habilitação, reabilitação e participação da pessoa com deficiência. Nos termos do artigo 2.° deste diploma, "considera-se pessoa com deficiência aquela que, por motivo de perda ou anomalia, congénita ou adquirida, de funções ou de estruturas do corpo, incluindo as funções psicológicas, apresente dificuldades específicas susceptíveis de, em conjugação com os factores do meio, lhe limitar ou dificultar a actividade e a participação em condições de igualdade com as demais pessoas".

Constituem objectivos desta Lei "a realização de uma política global, integrada e transversal de prevenção, habilitação, reabilitação e participação da pessoa com deficiência, através, nomeadamente, de:

a) Promoção da igualdade de oportunidades, no sentido de que a pessoa com deficiência disponha de condições que permitam a plena participação na sociedade;

b) Promoção de oportunidades de educação, formação e trabalho ao longo da vida;

c) Promoção do acesso a serviços de apoio;

d) Promoção de uma sociedade para todos através da eliminação de barreiras e da adopção de medidas que visem a plena participação da pessoa com deficiência".

Nos artigos 4.° a 15.°, a Lei refere-se aos seguintes princípios fundamentais: princípio da singularidade, princípio da cidadania, princípio da não discriminação, princípio da autonomia, princípio da informação, princípio da participação, princípio da globalidade, princípio da qualidade, princípio do primado da responsabilidade pública, princípio da transversalidade, princípio da cooperação e princípio da solidariedade.

O artigo 24.° da referida Lei n.° 38/2004, determina que "o Estado deve promover, directa ou indirectamente, todas as acções necessárias à efectivação da prevenção ["medidas que visam evitar o aparecimento ou agravamento da deficiência e eliminar ou atenuar as suas consequências"], nomeadamente de informação e sensibilização sobre: *a)* Acessibilidades; *b)* Sinistralidade, em especial resultante da circulação de veículos e de actividades laboral, doméstica e de tempos livres; *c)* Consumo de substâncias que afectem a saúde, em especial álcool, droga e tabaco; *d)* Hábitos alimentares; *e)* Cuidados peri, pré e pós-natais; *f)* Segurança, higiene e saúde no trabalho".

As associações de deficientes são reguladas pela Lei n.° 127/99, de 20 de Agosto, alterada pela Lei n.° 37/2004, de 13 de Agosto, designadamente quantos aos respectivos direitos de participação e de intervenção junto da administração central, regional e local, "tendo por finalidade a eliminação de todas as formas de discriminação e a promoção da igualdade entre pessoas portadoras de deficiência e os restantes cidadãos".

O Decreto Legislativo Regional n.° 5//98/A, de 11 de Março, "regula as modalidades de apoios a conceder às associações de portadores de deficiência e às associações que exerçam actividades nos domínios da prevenção da deficiência, da reabilitação e da educação especial".

A Portaria n.° 394/98, de 11 de Julho, concede aos amadores de radiocomunicações que sejam portadores de diminuição física uma redução do valor da taxa de utilização de estação de amador.

Em matéria de acessibilidades, o Decreto-Lei n.° 123/97, de 22 de Maio, torna obrigatória a adopção de um conjunto de normas técnicas de eliminação de barreiras arquitectónicas em edifícios públicos, equipamentos colectivos e vias públicas para facilitar a acessibilidade das pessoas com mobilidade condicionada.

O Decreto-Lei n.° 118/99, de 14 de Abril, estabelece "o direito de acessibilidade dos deficientes visuais acompanhados de cães-guia a locais, transportes e estabelecimentos de acesso público, e, bem assim, as condições a que estão sujeitos estes animais quando no desempenho da sua missão".

O Decreto-Lei n.° 307/2003, de 10 de Dezembro, aprovou um cartão de estacionamento de modelo comunitário para as pessoas com deficiência condicionadas na sua mobilidade.

A Lei n.° 8/2002, de 11 de Fevereiro, alterou a anterior Lei da Televisão (Lei n.° 31-A/98, de 14 de Julho, alterada pelas Leis n.°s 8/2002, de 11 de Fevereiro, e 18-A/2002, de 18 de Julho), com vista a "assegurar igualdade de acesso à informação e à programação em geral a todos os cidadãos, garantindo por isso que as emissões possam também ser acompanhadas por pessoas surdas ou com deficiência auditiva, recorrendo para o efeito à legendagem ou à interpretação através da língua gestual". A actual Lei da Televisão (Decreto-Lei n.° 32/2003, de 22 de Agosto), prevê, no artigo 47.°, n.° 2-*f)*, que os operadores que actuem ao abrigo de concessão do serviço público de televisão, promovam "a possibilidade de acompanhamento das emissões por pessoas surdas ou com deficiência auditiva".

No que respeita à posição do deficiente no mercado de trabalho, o Decreto-Lei n.° 29/2001, de 3 de Fevereiro, "estabelece o sistema de quotas de emprego para pessoas com deficiência, com um grau de incapacidade igual ou superior a 60%, nos serviços e organismos da administração central e local, bem como nos institutos públicos que revistam a natureza de serviços personalizados do Estado ou de fundos públicos". Este diploma foi adaptado às regiões autónomas da Madeira e dos Açores, respectivamente, pelos Decretos Legislativos Regionais n.°s 25/2001/M, de 24 de Agosto, e 4/2002/A, de 1 de Março.

Os artigos 73.° a 78.° do Código do Trabalho (Lei n.° 99/2003, de 27 de Agosto, rectificada pela Declaração de rectificação n.° 15/2003, de 28 de Outubro, e alterada pela Lei n.° 9/2006, de 20 de Março), ocupam-se do trabalhador com deficiência ou doença crónica, estabelecendo o princípio da igualdade de tratamento, nos termos do qual este trabalhador "é titular dos mesmos direitos e está adstrito aos mesmos deveres dos demais trabalhadores no acesso ao emprego, à formação e promoção profissionais e às condições de trabalho, sem prejuízo das especificidades inerentes à sua situação". A lei impõe a promoção de medidas de acção positiva por parte do empregador e atribui ao trabalhador o "direito a dispensa de horários de trabalho organizados de acordo com o regime de adaptabilidade do tempo de trabalho se for apresentado atestado médico do qual conste que tal prática pode prejudicar a sua saúde ou a segurança no trabalho", não o sujeitando à obrigação de prestar trabalho suplementar e, em certos casos, trabalho no período nocturno.

O Decreto-Lei n.° 299/86, de 19 de Setembro, alterado pelo Decreto-Lei n.° 125/ /91, de 21 de Março, estabelece incentivos às entidades patronais, mediante desagravamento contributivo, para facilitar a integração dos deficientes no mundo do trabalho.

A Lei n.° 31/98, de 13 de Julho, estabelece o regime de incentivos ao emprego domiciliário de trabalhadores portadores de deficiência.

A Lei n.° 61/99, de 30 de Junho, altera o regime do Decreto-Lei n.° 409/71, de 27 de Setembro, alterado já pela Lei n.° 21/96, de 23 de Julho, e pelos Decretos-Leis n.°s 421/83, de 2 de Dezembro, 56/87, de 6 de Fevereiro, 398/91, de 16 de Outubro, e 96/99, de 23 de Março, com vista a regular a dispensa de horários de trabalho com adaptabilidade aos trabalhadores portadores de deficiência, simplificando alguns procedimentos na organização do tempo de trabalho, designadamente os que envolvem actos de relacionamento entre os empregadores e a Inspecção-Geral do Trabalho.

A posição dos formandos, ainda que portadores de deficiência, de acções de formação profissional e dos trabalhadores deficientes em regime de emprego protegido perante a segurança social é regulada pelo Decreto-Lei n.° 8/98, de 15 de Janeiro, alterado pelo Decreto-Lei n.° 12/2002, de 29 de Janeiro.

O Decreto-Lei n.° 18/2002, de 29 de Janeiro, "visa estabelecer os efeitos no âmbito da pensão social de invalidez do exercício de actividade profissional e da frequência de acções de formação profissional por pessoas com deficiência".

Ainda no âmbito do direito do trabalho, a lei atribui direitos, em determinados casos, a familiares de deficientes, com vista a um maior acompanhamento destes.

O artigo 37.° do Código do Trabalho estabelece que "a mãe ou o pai têm direito a condições especiais de trabalho, nomeadamente a redução do período normal de trabalho, se o menor for portador de deficiência ou doença crónica", sendo este regime "aplicável, com as necessárias adaptações, à tutela, à confiança judicial ou administrativa e à adopção, de acordo com o respectivo regime". O artigo 42.° determina que "o disposto no artigo 40.° [faltas para assistência a menores] aplica-se, independentemente da idade, caso o filho, adoptado ou filho do cônjuge que com este resida seja portador de deficiência ou doença crónica". O artigo 44.° atribui ao pai ou à mãe "direito a licença por período até seis meses, prorrogável com limite de quatro anos, para acompanhamento de filho, adoptado ou filho de cônjuge que com este resida, que seja portador de deficiência ou doença crónica, durante os primeiros doze anos de vida".

O Código do Trabalho foi regulamentado pela Lei n.° 35/2004, de 29 de Julho, alterada pela Lei n.° 9/2006, de 20 de Março. Este diploma indica, no artigo 70.°, que "para efeitos do n.° 1 do artigo 37.° do Código do Trabalho, o trabalhador tem direito, nomeadamente, à redução de cinco horas do período normal de trabalho semanal para assistência a filho até 1 ano de idade com deficiência ou doença crónica se o outro progenitor exercer actividade profissional ou estiver impedido ou inibido totalmente de exercer o poder paternal", sendo que, "se ambos os progenitores forem titulares do direito, a redução do período normal de trabalho pode ser utilizada por qualquer deles ou por ambos em períodos sucessivos". No artigo 77.°, estabelece-se que "para efeitos [...] do n.° 1 do artigo 44.° do Código do Trabalho, o trabalhador tem direito [...] a licença para assistência a pessoa com deficiência ou doença crónica se o outro progenitor exercer actividade profissional ou estiver impedido ou inibido totalmente de exercer o poder paternal", sendo que, "se houver dois titulares, a licença pode ser gozada por qualquer deles ou por ambos em períodos sucessivos". Nos termos do artigo 81.°, "a prestação de trabalho a tempo parcial pode ser prorrogada até ao máximo de [...] quatro anos no caso de filho com deficiência ou doença crónica, sendo aplicável à prorrogação o disposto para o pedido inicial". O artigo 106.° atribui ao trabalhador, "durante a licença prevista no artigo 44.° do Código do Trabalho, [...] direito a um subsídio para assistência a deficientes profundos e doentes crónicos, nos termos da legislação da segurança social". Por fim, o artigo 108.° determina que "as licenças especiais previstas nos artigos 43.° e 44.° do Código do Trabalho são consideradas para efeitos de aposentação, pensão de sobrevivência e atribuição dos benefícios da Assistência na Doença aos Servidores do Estado (ADSE)".

O Decreto-Lei n.° 176/2003, de 2 de Agosto, rectificado pela Declaração n.° 11-G/2003, de 30 de Setembro, e alterado pelo Decreto-Lei n.° 41/2006, de 21 de Fevereiro, que institui o abono de família para crianças e jovens e define a protecção na eventualidade de encargos familiares no âmbito do subsistema de protecção familiar, estabelece, no artigo 11.°, n.° 2-*e)*, que "o abono de família para crianças e jovens é concedido [...] até aos 24 anos, tratando-se de crianças ou jovens portadores de deficiência, em função da qual sejam devidas prestações por encargos com deficiência no âmbito do subsistema de protecção familiar". Nos termos do artigo 55.°, "mantém-se a bonificação por deficiência prevista no Decreto-Lei n.° 133-B/97, de 30 de Maio [v. artigos 21.° e 22.°], que acresce ao abono de família para crianças e jovens concedido nos termos deste diploma".

Por seu turno, a Lei n.° 109/97, de 16 de Setembro, regula os termos em que deficientes hospitalizados podem ser acompanhados permanentemente por um seu familiar, de entre descendentes, ascendentes, cônjuge ou equiparado, ou, ainda, por pessoa que, "na falta ou impedimento" daquelas pessoas, as substituam.

Quanto aos militares, o Decreto-Lei n.° 43/76, de 20 de Janeiro, alterado pelos Decretos-Leis n.°s 93/83, de 17 de Fevereiro, 203/87, de 16 de Maio, 224/90, de 10 de Julho, 183/91, de 17 de Maio, e 259/93, de 22 de Julho, e pela Lei n.° 46/99, de 16 de Junho, reconhece o direito à reparação material e moral que assiste aos deficientes das forças armadas e institui medidas e meios que concorram para a sua plena integração na sociedade. O Decreto-Lei n.° 314/90, de 13 de Outubro, alterado pelos Decretos-Leis n.°s 146/92, de 21 de Julho, e 248/98, de 11 de Agosto, consagra o estatuto de grande deficiente das Forças Armadas, estabelecendo um conjunto de direitos e benefícios que visam atenuar as dificuldades desses sujeitos quando não abrangidos pelo regime jurídico dos deficientes das Forças Armadas. O Decreto-Lei n.° 240/98, de 7 de Agosto, consagra medidas de apoio à reintegração sócio-profissional de deficientes militares. A tutela dos cidadãos que durante a prestação do serviço militar efectivo normal tenham "adquirido uma diminuição permanente na sua capacidade geral de ganho igual ou superior a 80%" é estabelecida pelo Decreto-Lei n.° 250/99, de 7 de Julho.

V. a Portaria n.° 1011/2005, de 6 de Outubro, que estabelece os valores máximos e as normas reguladoras das mensalidades a praticar pelas cooperativas e associações de ensino especial para efeitos de atribuição do subsídio de educação especial e da determinação das comparticipações financeiras aos estabelecimentos de educação especial sem fins lucrativos para o exercício da acção educativa; a Portaria n.° 1012/2005, de 6 de Outubro, que consagra os valores máximos e as normas reguladoras das mensalidades a praticar pelos estabelecimentos de educação especial com fins lucrativos; e a Portaria n.° 1015/2005, de 7 de Outubro, que determina os valores e critérios de determinação das comparticipações das famílias na frequência de estabelecimentos de educação especial por crianças e jovens com deficiência.

O Decreto-Lei n.° 202/96, de 23 de Outubro, rectificado pela Declaração de rectificação n.° 16-B/96, de 30 de Novembro (cuja entrada em vigor foi diferida para 30 de Novembro de 1996), alterado pelo Decreto-Lei n.° 174/97, de 19 de Julho, veio estabelecer o regime de avaliação de incapacidade das pessoas com deficiência para efeitos de acesso às medidas e benefícios, previstos legalmente, para facilitar a respectiva participação plena na sociedade (o Decreto Legislativo Regional n.° 31/99/A, de 17 de Dezembro – que revogou o Decreto Legislativo Regional n.° 6/97/A de 22 de Maio – aplica, com as necessárias adaptações, este diploma à Região Autónoma dos Açores este diploma).

Foi criado o Conselho Nacional para a Reabilitação e Integração das Pessoas com Deficiência pelo Decreto-Lei n.° 225/97, de 27 de Agosto. Trata-se de um "órgão de consulta do Ministro da Solidariedade e da Segurança Social para a definição e execução da política de reabilitação e integração das pessoas com deficiência". A Lei n.° 30/98, de 13 de Julho, cria o Observatório para a Integração das Pessoas Portadoras de Deficiência, com o objectivo geral de estudar as situações, colaborar com entidades públicas e privadas na promoção da integração de deficientes e de formular propostas, a apresentar ao Governo, no sentido de viabilizar essa integração.

Pela Resolução da Assembleia da República n.° 96/99, de 26 de Agosto, foi criada a Iniciativa Nacional para os Cidadãos com Necessidades Especiais na Sociedade da Informação e aprovado o respectivo Documento Orientador, que contempla em especial a situação dos portadores de deficiência; paralelamente, a Resolução da Assembleia da República n.° 97/99, da mesma data, estabelece regras sobre a acessibilidade pelos cidadãos com necessidades especiais aos conteúdos de organismos públicos na Internet.

A Resolução da Assembleia da República n.° 63/98, de 2 de Dezembro, aprova, para ratificação, a Convenção n.° 159 da Organização Internacional do Trabalho, respeitante à readaptação profissional e ao emprego do deficientes, adoptada pela Conferência Internacional do Trabalho em 20 de Junho de 1983; o Decreto do Presidente da República n.° 56/98, da mesma data, ratifica esta Convenção.

V., ainda, a Carta Social Europeia Revista, aberta à assinatura dos Estados Membros do Conselho da Europa em Estrasburgo em 3 de Maio de 1996, e assinada pela República Portuguesa nessa data, aprovada, para ratificação, pela Resolução da Assembleia da República n.° 16-A/2001, de 21 de Setembro, e ratificada pelo Decreto do Presidente da República n.° 54-A/2001, de 17 de Outubro, em especial, o seu artigo 15.°.

V. *Capacidade; Tutor; Maternidade; Paternidade; Tutela; Confiança de menor; Adopção; Descendente; Ascendente.*

Definição legal – Muitas normas legais contêm definições, sendo contestada, na doutrina, tanto a utilidade quanto a legitimidade e a vinculatividade das definições legais, de acordo com o adágio segundo o qual, em direito, *omnis definitio periculosa est*. Uma forte corrente doutrinária entende que as disposições definitórias têm carácter prescritivo, já que o seu conteúdo corresponde sempre a uma vontade ou decisão normativa, sendo, as mais das vezes, a sua função a de estabelecer o âmbito de aplicabilidade de certo regime jurídico.

A questão do valor das definições é antiga; porém, actualmente e por influência do direito inglês, a inclusão de definições legais tornou-se muito mais frequente, quer nas Directivas comunitárias quer nos diplomas que as transpõem para o direito português, quer ainda, por um efeito mimético, em diplomas nacionais. Assim, por exemplo, entre muitos, o Decreto-Lei n.° 143/2001, de 26 de Abril (rectificado pela Declaração de rectificação n.° 13-C/2001, de 31 de Maio) – protecção dos consumidores em contratos celebrados à distância –, que transpôs a Directiva n.° 97/7/CE, do Parlamento Europeu e do Conselho, de 20 de Maio, define, no seu artigo 1.°, n.° 3, consumidor e fornecedor, e, no seu artigo 2.°, contrato celebrado a distância, técnica de comunicação à distância, operador de técnica de comunicação e suporte durável.

V. *Lei; Directiva; Consumidor; Contrato celebrado à distância; Venda à distância.*

Deixa (Dir. Civil) – Disposição *mortis causa*, testamentária ou contratual (na medida em que esta última é admissível).

V. *Testamento; Sucessão contratual.*

Deixa remuneratória (Dir. Civil) – As deixas testamentárias ou contratuais dizem-se remuneratórias quando tenham por objectivo a remuneração de serviços prestados ao autor da sucessão, que não tivessem a natureza de dívida exigível.

Trata-se, consequentemente, de situação paralela à da doação remuneratória, com a diferença de que, na deixa remuneratória, a liberalidade é contratual *mortis causa* ou testamentária.

Quando haja de proceder à redução de liberalidades inoficiosas, aquela abrange, em primeiro lugar, as disposições testamentárias a título de herança, e, em segundo lugar, os legados, como dispõe o artigo 2171.°, C.C.. No entanto, aí, gozam as deixas remuneratórias de um regime preferencial, pois só serão reduzidas se o valor integral das restantes for insuficiente para o preenchimento da legítima (artigo 2172.°, n.°s 2 e 3, C.C.).

V. *Testamento; Sucessão contratual; Autor da sucessão; Doação remuneratória; "Mortis causa"; Inoficiosidade; Redução de liberalidades; Herança; Legado; Legítima.*

"De jure" – Expressão que significa "de um ponto de vista jurídico", e que se contrapõe a *de facto*, significativa de que se aborda uma questão numa perspectiva puramente factual.

"De jure condito" – O mesmo que *"de lege condita"* (v. esta expressão).

"De jure constituendo" – O mesmo que *"de lege ferenda"* (v. esta expressão).

"De jure constituto" – O mesmo que *"de lege condita"* (v. esta expressão).

Delação (Dir. Civil) – O mesmo que *devolução* (v. este termo).

Delegação (Dir. Civil; Proc. Civil)

1. Designa-se assim o contrato – não previsto em termos gerais na lei civil portuguesa – em que uma pessoa (delegante) encarrega outra (delegado) de fazer uma prestação a terceiro (delegatário), que a recebe em nome próprio. Se o delegante for devedor do delegatário e o contrato visar substituí-lo na relação com este ou colocar a seu lado um novo devedor na mesma obrigação, a delegação resolve-se numa *assunção de dívida* (v. esta expressão).

V. *Contrato; Prestação; Terceiro.*

2. Não parecendo inequívoco que a lei se refira à figura que antes se deixou caracterizada, mais parecendo que se trata de uma transmissão de funções ou de competências ou, ainda, de uma substituição semelhante à de mandatário, o Estatuto da Câmara dos Solicitadores (Decreto-Lei n.° 88/2003, de 26 de Abril, alterado pelas Leis n.°s 49/2004, de 24 de Agosto, e 14/2006, de 26 de Abril), diz, no respectivo artigo 128.°, que "o solicitador de execução pode delegar a execução de determinados actos noutro solicitador de execução, mantendo-se a responsabilidade a título solidário e comunicando prontamente tal facto à parte que o designou e ao tribunal"; esta "delegação" "não pode exceder o prazo máximo de 60 dias, excepto se existir autorização expressa e devidamente fundamentada da secção regional deontológica, por se verificar incapacidade temporária do solicitador".

V. *Substituição do procurador; Câmara dos Solicitadores; Solicitador; Solicitador de execução; Responsabilidade civil; Solidariedade; Parte; Tribunal.*

3. O artigo 7.°, C.P.C., na redacção do Decreto-Lei n.° 180/96, de 25 de Setembro, reconhece personalidade judiciária às delegações, sucursais, representações, agências e filiais de uma sociedade, dispondo que "podem demandar ou ser demandadas quando a acção proceda de facto por elas praticado", e acrescentando que, "se a administração principal tiver a sede ou o domicílio em país estrangeiro, as sucursais, agências, filiais, delegações ou representações estabelecidas em Portugal podem demandar e ser demandadas, ainda que a acção derive de facto praticado por aquela, quando a obrigação tenha sido contraída com um português ou com um estrangeiro domiciliado em Portugal". A representação em juízo da delegação é feita "pelas pessoas que ajam como directores, gerentes ou administradores" – artigo 22.°, C.P.C..

V. *Personalidade judiciária; Sociedade; Acção; Sede; Domicílio; Obrigação; Estrangeiros; Órgãos da pessoa colectiva.*

Delegado do Ministério Público (Org. Judiciária) – V. *Ministério Público; Delegado do procurador da República.*

Delegado do procurador da República (Org. Judiciária) – Magistrado do Ministério Público a quem cabia a representação deste, junto dos tribunais de 1.ª instância.

Actualmente, desempenham esta função os procuradores da República e os procuradores-adjuntos, nos termos do artigo 113.°, n.° 1-*c)*, da Lei de Organização e Funcionamento dos Tribunais Judiciais (Lei n.° 3/99, de 13 de Janeiro, rectificada pela Declaração de rectificação n.° 7/99, de 16 de Fevereiro, e alterada pela Lei n.° 101/99, de 26 de Julho, pelos Decretos-Leis n.°s 323/2001, de 17 de Dezembro, e 38/2003, de 8 de Março – rectificado pela Declaração de rectificação n.° 5-C/2003, de 30 de Abril –, pela Lei n.° 105/2003, de 10 de Dezembro, pelo Decreto-Lei n.° 53/ /2004, de 18 de Março, pela Lei n.° 42/ /2005, de 29 de Agosto, e pelo Decreto-Lei n.° 76-A/2006, de 29 de Março – este rectificado pela Declaração de rectificação n.° 28-A/2006, de 26 de Maio), e dos artigos 63.° e segs. do Estatuto do Ministério Público (Lei n.° 47/86, de 15 de Outubro, alterada pelas Leis n.°s 2/90, de 20 de Janeiro, 23/92, de 20 de Agosto, 10/94, de 5 de Maio, 60/98, de 27 de Agosto, e 42 /2005, de 29 de Agosto, e pelo já mencionado DL n.° 76-A/2006).

V. *Ministério Público; Tribunal de 1.ª instância; Procurador da República.*

"De lege condita" – Expressão que significa que se considera a lei tal qual ela existe, como pressuposto de determinada posição ou opinião.

"De lege ferenda" – Expressão que significa que se manifesta uma opinião, não tomando em consideração o direito positivo, tal qual existe, mas referindo-se à lei como se entende que ela deveria ser ou ter sido feita.

V. *Direito positivo.*

"De lege lata" – Expressão sinónima de *de lege condita* (v. esta expressão).

Deliberação (Dir. Civil) – Designação da manifestação de vontade de um órgão colegial, apurada por um conjunto maioritário de declarações de vontade paralelas dos membros do órgão.

V. *Órgão colegial.*

Deliberações sociais (Dir. Civil; Dir. Com.; Proc. Civil) – A vontade formada em órgãos colegiais traduz-se em deliberações e, em órgãos singulares, em decisões. Nas associações, nas sociedades civis – sob forma comercial ou não – e comerciais, o órgão deliberativo máximo é colegial e chama-se assembleia geral. O Código das Sociedades Comerciais (aprovado pelo Decreto-Lei n.° 262/86, de 2 de Setembro) permite que os sócios das sociedades comerciais ou civis sob forma comercial deliberem sem reunir a assembleia geral e, por isso, fala genericamente em deliberações dos sócios, nelas abrangendo as deliberações tomadas dentro e fora das assembleias gerais (v. artigos 53.°, 54.° e 247.°). As deliberações sociais traduzem o sentido do voto maioritário dos respectivos membros (sócios ou associados) e consubstanciam a vontade da assembleia, a qual é imputada à sociedade ou associação da qual é órgão.

O Código Civil, nos seus artigos 177.° a 179.°, ocupa-se da invalidade das deliberações das assembleias gerais das associações "contrárias à lei ou aos estatutos, seja pelo seu objecto, seja por virtude de irregularidades havidas na convocação dos associados ou no funcionamento da assembleia", determinando que elas são anuláveis; a anulabilidade "pode ser arguida, dentro do prazo de seis meses, pelo órgão da administração ou por qualquer associado que não tenha votado a deliberação", prazo que só começa a correr, para associado que não tenha sido convocado regularmente para a reunião da assembleia, "a partir da data em que ele teve conhecimento da deliberação"; "a anulação das deliberações da assembleia não prejudica os direitos que terceiro de boa fé haja adquirido em execução das deliberações anuladas".

O processo para a suspensão de deliberações sociais encontra-se previsto e regulado nos artigos 396.° e segs., C.P.C., tendo os artigos 396.° e 397.° a redacção do Decreto-Lei n.° 329-A/95, de 12 de Dezembro.

V. *Órgão colegial; Associação; Sociedade; Assembleia geral; Órgãos da pessoa colectiva; Anulabilidade; Terceiro; Boa fé; Suspensão de deliberações sociais.*

Delito (Dir. Civil) – Numa classificação tradicional – e hoje abandonada – das fontes das obrigações, o delito era o facto ilícito e doloso praticado por alguém.

Pode hoje caracterizar-se o delito civil como o facto voluntário ilícito e culposo de um sujeito.

Quando, em consequência de um delito, se tenha produzido um dano para outrem, fica o agente constituído em responsabilidade civil perante o lesado, isto é, fica obrigado a indemnizá-lo do dano sofrido.

V. *Fontes da obrigações; Responsabilidade civil; Dolo; Culpa; Dano; Indemnização; Ilicitude.*

Demandado (Proc. Civil) – Designação genérica daquele contra quem é pedida uma providência judicial em processo cível.

V. *Processo civil; Réu; Executado; Requerido.*

Demandante (Proc. Civil) – Designação genérica da parte principal que solicita a adopção de uma providência judicial.

V. *Autor; Exequente; Requerente.*

Demarcação (Dir. Civil; Proc. Civil) – Delimitação das estremas de dois prédios contíguos através da colocação de marcos ou outros sinais visíveis. O direito a exigir a demarcação faz parte do direito de propriedade, podendo ser exercido judicial ou extrajudicialmente e sendo imprescritível.

O artigo 1354.°, C.C., enuncia o modo de proceder à demarcação, estabelecendo que ela é feita conformemente aos títulos de cada um dos proprietários confinantes, atendendo-se, na falta de títulos suficientes, à posse em que aqueles se encontrem ou a outros meios de prova; na ausência de qualquer destes meios, o terreno em litígio deve ser dividido em partes iguais.

V. *Prédio rústico; Direito de propriedade; Prescrição; Posse; Meios de prova; Prova.*

Demência (Dir. Civil) – O Código Civil de 1867 chamava demência à situação que o Código de 66 designa por anomalia psíquica.

A doutrina continua a utilizar o termo para significar qualquer anomalia que se manifeste, quer no domínio do entendimento quer da vontade, e que incapacite o indivíduo de reger a sua pessoa e/ou de governar os seus bens.

O Código actual ainda utiliza, por vezes, a expressão, como acontece no artigo 1601.°-*b)*, onde se estabelece que constitui impedimento dirimente absoluto do casamento "a demência notória, mesmo durante os intervalos lúcidos [...]".

V. *Anomalia psíquica; Incapacidade; Casamento; Impedimentos dirimentes; Facto notório.*

Demídia (Dir. Civil) – Na colonia, actualmente abolida, era o ónus real impendente sobre o colono e que se consubstanciava em prestações periódicas realizadas ao dono do solo, correspondentes, em regra, a metade dos produtos da colheita.

V. *Colonia; Ónus real.*

"De more uxorio" (Dir. Civil) – Expressão latina que significa segundo o costume do casamento e que se usa frequentemente para qualificar a união de facto.

V. *União de facto; Casamento.*

Denegação de justiça (Proc. Civil) – O artigo 8.°, C.C., impõe aos tribunais a obrigação de julgar, determinando que eles não possam abster-se de o fazer "invocando a falta ou obscuridade da lei ou alegando dúvida insanável acerca dos factos em litígio".

Do mesmo modo, dispõe o n.° 2 do artigo 3.° do Estatuto dos Magistrados Judiciais (Lei n.° 21/85, de 30 de Julho, alterado pelo Decreto-Lei n.° 342/88, de 28 de Setembro, pelas Leis n.°s 2/90, de 20 de Janeiro, 10/94, de 5 de Maio, 44/96, de 3 de Setembro, 81/98, de 3 de Dezembro, 143/99, de 31 de Agosto, 3-B/2000, de 4 de Abril, e 42/2005, de 29 de Agosto) que "os magistrados judiciais não podem abster-se de julgar com fundamento na falta, obscuridade ou ambiguidade da lei ou em dúvida insanável sobre o caso em litígio, desde que este deva ser juridicamente regulado".

Na sua versão anterior, o artigo 1083.°, n.° 1-*d*), C.P.C., dispunha que os magistrados, quer judiciais quer do Ministério Público, seriam responsáveis pelos danos que causassem quando denegassem justiça. Muito embora esta norma tenha desaparecido, a regra nele contida mantém-se inequivocamente: o artigo 156.°, n.° 1, C.P.C., dispõe que "os juízes têm o dever de administrar justiça, proferindo despacho ou sentença sobre matérias pendentes e cumprindo, nos termos da lei, as decisões dos tribunais superiores".

O artigo 7.°, n.° 1, da Lei de Organização e Funcionamento dos Tribunais Judiciais (Lei n.° 3/99, de 13 de Janeiro, rectificada pela Declaração de rectificação n.° 7/99, de 16 de Fevereiro, e alterada pela Lei n.° 101/99, de 26 de Julho, pelos Decretos-Leis n.°s 323/2001, de 17 de Dezembro, e 38/2003, de 8 de Março – rectificado pela Declaração de rectificação n.° 5-C//2003, de 30 de Abril –, pela Lei n.° 105//2003, de 10 de Dezembro, pelo Decreto-Lei n.° 53/2004, de 18 Março, pela Lei n.° 42/2005, de 29 de Agosto, e pelo Decreto-Lei n.° 76-A/2006, de 29 de Março – este rectificado pela Declaração de rectificação n.° 28-A/2006, de 26 de Maio) garante a todos o acesso aos tribunais judiciais, proibindo a denegação de justiça por insuficiência económica (o que constitui aplicação do artigo 20.°, n.° 1, da Constituição da República). Em 29 de Dezembro de 1987, foi publicado o Decreto-Lei n.° 387-B/87, que se ocupava do sistema de acesso ao direito e aos tribunais, com o fim de "promover que a ninguém seja dificultado ou impedido, em razão da sua condição social ou cultural, ou por insuficiência de meios económicos, de conhecer, fazer valer ou defender os seus direitos". Este diploma deveria ter sido seguido da publicação – no prazo de 90 dias – de um decreto-lei regulamentador do sistema de apoio judiciário e respectivo regime financeiro, estando a sua entrada em vigor diferida para 30 dias após tal publicação (v. artigos 56.° e 58.° do Decreto-Lei n.° 387-B/87); a publicação do diploma regulamentador só veio a ocorrer em 26 de Outubro de 1988 (Decreto-Lei n.° 391/88, de 26 de Outubro, alterado pelos Decretos-Leis n.°s 102/92, de 30 de Maio, e 231/99, de 24 de Junho). Todo este regime foi entretanto substituído pela Lei n.° 30-E/2000, de 20 de Dezembro, alterada pelo referido DL n.° 38/2003. A Lei n.° 34/2004, de 29 de Julho, veio entretanto revogar a mencionada Lei n.° 30-E/2000, consagrando esta agora o regime de aceso ao direito e aos tribunais, com o propósito de que "a ninguém seja dificultado ou impedido, em razão da sua condição social ou cultural, ou por insuficiência de meios económicos, o conhecimento, o exercício ou a defesa dos seus direitos". V. também o Decreto-Lei n.° 71/2005, de 17 de Março, que completa a transposição da Directiva n.° 2003/8/CE, do Conselho, de 27 de Janeiro, "relativa à melhoria do acesso à justiça nos litígios transfronteiriços, através do estabelecimento de regras mínimas comuns relativas ao apoio judiciário no âmbito desses litígios, desenvolvendo o regime previsto na Lei n.° 34/2004 [...]".

V. *Tribunal; Magistrado; Magistratura judicial; Ministério Público; Dano; Acção de indemnização contra magistrados; Acesso à justiça; direito subjectivo; Litígio transfronteiriço.*

Denúncia (Dir. Civil)

1. Forma de extinção dos contratos de execução duradoura sem prazo, que opera pela comunicação de uma das partes à outra de que não deseja a manutenção do contrato. Em virtude do princípio da boa fé, a comunicação deve ser feita com uma razoável antecedência relativamente ao momento em que a parte pretende ver extinto o contrato: o chamado pré-aviso.

Em regra, a denúncia consubstancia-se, pois, numa manifestação unilateral e discricionária de vontade de uma das partes, produzindo-se os respectivos efeitos extintivos do contrato apenas para o futuro.

Diversa da denúncia é a oposição à renovação do contrato a prazo, findo este, declaração que a lei qualifica, por vezes, como denúncia. É o que se passa no domínio do arrendamento urbano, em que a oposição à renovação do contrato é, em certos casos, livre: – o inquilino pode denunciar livremente o arrendamento, respeitando os prazos de pré-aviso estabelecidos no artigo 1055.°, C.C., de acordo com o n.° 1 do artigo 68.° do Regime do Arrendamento Urbano (aprovado pelo Decreto-Lei n.° 321-B/90, de 15 de Outubro, rectificado por Declaração publicada no *Diário da República,* I-A série, de 30 de Novembro de 1990, e alterado pelo Decreto-Lei n.° 278/93, de 10 de Agosto, este, por sua vez, alterado, por ratificação, pela Lei n.° 13/94, de 11 de Maio, pelo Decreto-Lei n.° 163/95, de 13 de Julho, pela Lei n.° 89/95, de 1 de Setembro, pelo Decreto-Lei n.° 257/95, de 30 de Setembro, pela Lei n.° 135/99, de 28 de Agosto, pelos Decretos-Leis n.°s 64-A/2000, de 22 de Abril, e 329-B/2000, de 22 de Dezembro, e pelas Leis n.°s 6/2001 e 7/2001, ambas de 11 de Maio); e, em outros, condicionada: – o senhorio só goza de tal direito nos casos previstos no artigo 69.° do R.A.U. (tendo a anterior redacção do n.° 1 deste artigo sido declarado inconstitucional, com força obrigatória geral, pelo Acórdão n.° 55/99, do Tribunal Constitucional, publicado no *Diário da República,* I-A série, de 19 de Fevereiro, e sendo a actual a que resultou do DL n.° 329-B/2000) e devendo a denúncia ser judicial e feita com uma dada antecedência em relação ao fim do prazo do contrato – artigo 70.° do mesmo diploma. O n.° 1-*b)* do artigo 107.° do R.A.U. – que estabelecia que "o direito de denúncia do contrato de arrendamento, facultado ao senhorio [...] não pode ser exercido quando no momento em que deva produzir efeitos [...]" o arrendatário se mantenha no local arrendado há 30 ou mais anos – foi declarado inconstitucional, com força obrigatória geral, pelo Acórdão do Tribunal Constitucional n.° 97/2000, publicado *Diário da República,* I-A série, de 17 de Março do mesmo ano, pelo que esta limitação deixou de existir.

Usando, como frequentemente sucede e se deixou exposto no arrendamento urbano, o termo em sentido não técnico, encontram-se casos em que a lei proíbe expressamente, cominando-a com a nulidade, o que chama uma cláusula de denúncia: assim acontece, por exemplo, com o n.° 2 do artigo 119.° do Código da Insolvência e da Recuperação de Empresas, aprovado pelo Decreto-Lei n.° 53/2004, de 18 de Março – este alterado pelos Decretos-Leis n.°s 200/2004, de 18 de Agosto, e 76-A/2006, de 29 de Março (o último rectificado pela Declaração de rectificação n.° 28-A/2006, de 26 de Maio) –, que estabelece que é "nula a cláusula que atribua à situação de insolvência de uma das partes o valor de uma condição resolutiva do negócio ou confira nesse caso à parte contrária um direito de [...] denúncia [...] em termos diversos dos previstos neste capítulo", acrescentando o n.° 3 que esta disposição proibitiva "não obsta a que a situação de insolvência possa configurar justa causa de [...] denúncia em atenção à natureza e conteúdo das prestações contratuais"; o mesmo Código estabelece, no seu artigo 108.°, n.° 1, que, nos contratos de locação em que o locatário seja o insolvente, "a declaração de insolvência não suspende o contrato [...], mas [que] o administrador da insolvência pode sempre denunciá-lo com um pré-aviso de 60 dias, se nos termos da lei ou do contrato não for suficiente um pré-aviso inferior", deste regime se exceptuando a hipótese de o locado se destinar à habitação do insolvente. O mesmo Código, no seu artigo 111.°, estabelece, quanto a contratos de prestação de serviços diversos do mandato e da comissão, que eles não são suspensos com a declaração de insolvência, mas podem ser denunciados por qualquer das partes, aplicando-se o regime previsto para a locação com as necessárias adaptações.

V. *Extinção dos contratos; Contrato de prestação duradoura; Boa fé; Oposição à renovação do contrato; Arrendamento urbano; Despejo; Cláusula; Nulidade; Insolvência; Recuperação de empresas; Condição resolutiva, Negócio jurídico; Justa causa; Prestação; Locação; Declaração de insolvência; Administrador da insolvência; Contrato de prestação de serviços; Mandato; Contrato de comissão.*

2. A lei fala, por vezes, em denúncia no sentido de comunicação. Por exemplo, no artigo 916.°, C.C., estabelece-se que, tendo a coisa vendida qualquer defeito, o comprador tem de o denunciar ao vendedor dentro de dados prazos, sob pena de caducidade da acção de anulação da venda por erro. V. também artigo 1220.°, C.C., sobre denúncia dos defeitos da obra na empreitada.

V. *Venda de coisas defeituosas; Caducidade; Anulação; Erro; Defeitos da obra; Empreitada.*

Denúncia do arrendamento (Dir. Civil) – V. *Arrendamento; Denúncia; Caducidade do arrendamento; Oposição à renovação do contrato.*

Depoimento (Proc. Civil) – V. *Inquirição.*

Depoimento de parte (Proc. Civil) – Em processo civil, o depoimento de parte pode ser promovido pelo juiz ou requerido por qualquer das partes, não só em relação à parte contrária como em relação às respectivas compartes, desde que se trate de pessoas com capacidade judiciária, devendo ser indicados, sob pena de não admissão, os factos sobre que deva recair.

Os inabilitados, os representantes de incapazes, pessoas colectivas ou sociedades podem prestar depoimento de parte, mas o valor deste como confissão é limitado aos termos em que os primeiros possam obrigar-se e os representantes possam obrigar os seus representados.

O objecto do depoimento de parte é restrito a factos pessoais ou de que o depoente deva ter conhecimento, não podendo, em qualquer caso, ser admitido depoimento sobre factos criminosos ou torpes de que seja arguida a parte.

A parte presta o seu depoimento na audiência de discussão e julgamento, salvo se for urgente ou o depoente estiver impossibilitado de comparecer no tribunal; na versão legal anterior também assim era, se o depoente residisse fora da circunscrição judicial em que a causa corre e a deslocação comportasse grande sacrifício; porém, o n.° 2 do artigo 556.°, com a redacção do Decreto-Lei n.° 183/2000, de 10 de Agosto, determina que "o regime de prestação de depoimentos através de teleconferência previsto no artigo 623.° é aplicável às partes residentes fora do círculo judicial, ou da respectiva ilha, no caso das Regiões Autónomas".

O depoimento é prestado sob juramento, sendo o interrogatório feito pelo juiz – se bem que os advogados das partes possam pedir esclarecimentos ao depoente – e será necessariamente reduzido a escrito "na parte em que houver confissão do depoente, ou em que este narre factos ou circunstâncias que impliquem indivisibilidade da declaração confessória" (na versão anterior era este o regime sempre que o depoimento não fosse prestado perante o tribunal colectivo).

V. artigos 552.° e segs., C.P.C., tendo o artigo 555.° a redacção do Decreto-Lei n.° 180/96, de 25 de Setembro.

V. *Parte; Requerimento; Capacidade judiciária; Inabilitado; Representante; Incapaz; Pessoa colectiva; Sociedade; Confissão; Audiência; Círculo judicial; Juramento; Juiz; Advogado; Tribunal colectivo.*

Depoimento por escrito (Proc. Civil) – No regime do Decreto-Lei n.° 269/98, de 1 de Setembro (rectificado pela Declaração de rectificação n.° 16-A/98, de 30 de Setembro), alterado pelos Decretos-Leis n.°s 383/99, de 23 de Setembro, 183/2000, de 10 de Agosto, 323/2001, de 17 de Dezembro, 32/2003, de 17 de Fevereiro, 38/2003, de 8 de Março (rectificado pela Declaração de rectificação n.° 5-C/2003, de 30 de Abril), e 107/2005, de 1 de Julho (rectificado pela Declaração de rectificação n.° 63/2005, de 19 de Agosto), e pela Lei n.° 14/2006, de 26 de Abril, que se ocupa "dos procedimentos destinados a exigir o cumprimento de obrigações pecuniárias emergentes de contratos de valor não superior à alçada da Relação [na anterior versão do diploma era a do tribunal de 1.ª instância]" ou das obrigações emergentes de operações comerciais abrangidas pelo Decreto-Lei n.° 32/ /2003, de 17 de Fevereiro, e de acordo com o respectivo artigo 5.°, "se a testemunha tiver conhecimento de factos por virtude do exercício das suas funções, pode o depoimento ser prestado através de documento escrito, datado e assinado pelo seu autor, com indicação da acção a que respeita e do qual conste relação discriminada dos factos e das razões de ciência invocados", devendo o escrito ser "acompanhado de cópia de documento de identificação do depoente e indicar [...] se existe alguma relação de parentesco, afinidade, amizade ou dependência com as partes ou qualquer interesse na acção"; o n.° 3 deste artigo 5.° dispõe que, "quando o entenda necessário, poderá o juiz, oficiosamente ou a requerimento das partes, determinar, sendo ainda possível, a renovação do depoimento na sua presença".

Por seu lado, o artigo 639.°, C.P.C., na redacção do Decreto-Lei n.° 180/96, de 25 de Setembro, que se ocupa da inquirição de testemunhas, dispõe, no respectivo n.° 1, que, "quando se verificar impossibilidade ou grave dificuldade de comparência no tribunal, pode o juiz autorizar, havendo acordo das partes, que o depoimento da testemunha seja prestado através de documento escrito, datado e assinado pelo seu autor, do qual conste a relação discriminada dos factos a que assistiu ou que verificou pessoalmente e das razões de ciência invocadas".

V. *Injunção; Obrigação pecuniária; Cumprimento; Contrato; Alçada; Relação; Tribunal de 1.ª instância; Testemunha; Documento escrito; Acção; Parentesco; Afinidade; Parte; Inquirição.*

Depoimento por teleconferência (Proc. Civil) – O artigo 623.°, C.P.C., na redacção do Decreto-Lei n.° 183/2000, de 10 de Agosto, dispõe que "as testemunhas residentes fora do círculo judicial, ou da respectiva ilha, no caso das Regiões Autónomas, são apresentadas pelas partes, nos termos do n.° 2 do artigo 628.°, quando estas assim o tenham declarado aquando do seu oferecimento, ou são ouvidas por teleconferência na própria audiência e a partir do tribunal da comarca da área da sua residência ou, caso nesta não existam ainda os meios necessários para tanto, a partir do tribunal da sede do círculo judicial da sua residência"; depois de o tribunal da causa ter designado a data da audiência, procede à notificação da testemunha. "No dia da inquirição, a testemunha identifica-se perante o funcionário judicial do tribunal onde o depoimento é prestado, mas a partir desse momento a inquirição é efectuada perante o tribunal da causa e os mandatários das partes, via teleconferência, sem necessidade de intervenção do juiz do tribunal onde o depoimento é prestado"; "as testemunhas residentes no estrangeiro são inquiridas por teleconferência sempre que no local da sua residência existam os meios técnicos necessários".

Por seu lado, quanto ao depoimento de parte, o n.° 2 do artigo 556.°, com a redacção dada pelo mesmo DL n.° 183/2000, determina que "o regime de prestação de depoimentos através de teleconferência previsto no artigo 623.° é aplicável às partes residentes fora do círculo judicial, ou da respectiva ilha, no caso das Regiões Autónomas".

V. *Testemunha; Tribunal de comarca; Círculo judicial; Audiência; Comarca; Residência; Notificação; Funcionário de justiça; Mandatário judicial; Parte; Juiz; Depoimento de parte.*

Depositante (Dir. Civil) – No contrato de depósito, é a parte que entrega o bem para que ele seja guardado pela contraparte, ficando ou não obrigada ao pagamento de uma remuneração, consoante o contrato seja, convencionalmente, oneroso ou gratuito.

V. artigos 1185.° e segs., C.C..

V. *Depósito; Contrato oneroso; Contrato gratuito.*

Depositário (Dir. Civil; Proc. Civil) – Num contrato de depósito, é a parte que guarda o bem, restituindo-o findo o prazo ou, na falta de prazo, quando lhe for exigido pelo depositante.

V. artigos 1185.° e segs., C.C..

Em processo civil, pode ser, em certos casos, nomeado pelo tribunal um depositário para determinados bens, objecto de litígio. Por exemplo, a providência cautelar de arrolamento consiste na "descrição, avaliação e depósito dos bens" (v. artigo 424.°, C.P.C., na redacção do Decreto-Lei n.° 180/96, de 25 de Setembro).

Em processo executivo, também os bens a penhorar são confiados a um depositário, em regra o agente de execução. Não será o agente de execução "se o exequente consentir que seja depositário o próprio executado ou ocorrer alguma das seguintes circunstâncias: *a)* O bem penhorado ser a casa de habitação efectiva do executado, caso em que é este o depositário; *b)* O bem estar arrendado, caso em que é depositário o arrendatário [caso haja mais do que um arrendatário, de entre eles será escolhido o depositário, "que cobrará as rendas dos outros arrendatários"]; *c)* O bem ser objecto de direito de retenção, em consequência de incumprimento contratual judicialmente verificado, caso em que é depositário o retentor".

V. artigos 839.° e 840.°, C.P.C., na redacção do Decreto-Lei n.° 38/2003, de 8 de Março, rectificado pela Declaração de rectificação n.° 5-C/2003, de 30 de Abril.

Além dos deveres gerais do depositário (cfr. artigos 1187.° e segs., C.C.), incumbe ao depositário judicial o dever de administrar os bens com a diligência e zelo de um bom pai de família, tendo a obrigação de prestação de contas (v. artigos 1020.°, 1021.° e 1023.°, C.P.C., os dois primeiros com a redacção do Decreto-Lei n.° 329-A/ /95, de 12 de Dezembro).

V. *Depósito; Providências cautelares; Arrolamento; Execução; Penhora; Agente de execução; Exequente; Executado; Arrendamento; Direito de retenção; Incumprimento; Bom pai de família, Prestação de contas.*

Depositário judicial (Proc. Civil) – V. *Depositário.*

Depósito (Dir. Civil) – "Contrato pelo qual uma das partes entrega à outra uma coisa, móvel ou imóvel, para que a guarde, e a restitua quando for exigida" – artigo 1185.°, C.C..

Depósito, em sentido próprio, é o contrato que tem por objecto coisas infungíveis, ou coisas fungíveis quando a obrigação de restituição se refira à própria coisa depositada; o depósito de coisas fungíveis (isto é, aquele em que a obrigação de restituir tem por objecto coisas do mesmo género e quantidade) é qualificado pela lei de irregular (artigo 1205.°, C.C.), sendo-lhe aplicáveis as normas que regem o mútuo (artigo 1206.°, C.C.).

O depositário deve guardar a coisa, não podendo usá-la nem dá-la em depósito a outrem, a não ser com autorização do depositante.

O depositário tem de guardar a coisa pelo modo que houver sido convencionado, salvo "quando haja razões para supor que o depositante aprovaria a alteração, se conhecesse as circunstâncias que a fundamentam", tendo obrigação, neste caso, de participar, logo que possível, a mudança ao depositante; e, se a coisa se encontrar "encerrada nalgum invólucro ou recipiente, deve o depositário guardá-la e restituí-la no mesmo estado, sem a devassar".

A coisa deve ser restituída com os respectivos frutos ao depositante, não podendo a restituição ser recusada com o fundamento de que o depositante não é o seu proprietário ou não tem qualquer direito sobre ela; as despesas da restituição são da conta do depositante.

V. artigos 1185.° e segs., C.C..

V. *Contrato; Imóvel; Móvel; Coisa infungível; Mútuo; Frutos; Acções possessórias.*

Depósito cerrado (Dir. Civil) – Depósito de coisa "encerrada nalgum invólucro ou recipiente". Deve o depositário guardar e restituir a coisa sem violar o invólucro, presumindo a lei que houve culpa sua se houver violação; neste caso, e se o depositário não ilidir a presunção de culpa, presume-se verdadeira a descrição da coisa feita pelo depositante.

V. artigo 1191.°, C.C..

V. *Depósito; Depositário; Presunção; Culpa; Presunção de culpa; Depositante.*

Depósito condicional de rendas (Dir. Civil; Proc. Civil) – Quando a acção de despejo se fundar na falta de pagamento da renda e o réu impugnar esse fundamento, pode este depositar condicionalmente o montante das rendas em dívida, acrescido da indemnização fixada na lei; nesta hipótese, se a falta de pagamento das rendas for dada como provada, subsistirá o arrendamento, podendo o senhorio levantar a totalidade do depósito, à custa do arrendatário; se não for feita aquela prova, "o senhorio apenas tem direito às rendas, podendo o arrendatário levantar o restante à custa daquele" – artigos 1042.°, n.° 2, C.C., e 28.° do Regime do Arrendamento Urbano, aprovado pelo Decreto-Lei n.° 321-B/90, de 15 de Outubro, rectificado por declaração publicada no *Diário da República*, I-A série, de 30 de Novembro de 1990, e alterado pelo Decreto-Lei n.° 278/93, de 10 de Agosto (por seu lado, alterado, por ratificação, pela Lei n.° 13/94, de 11 de Maio), pelo Decreto-Lei n.° 163/95, de 13 de Julho, pela Lei n.° 89/95, de 1 de Setembro, pelo Decreto-Lei n.° 257/95, de 30 de Setembro, pela Lei n.° 135/99, de 28 de Agosto, pelos Decretos-Leis n.°s 64-A/ /2000, de 22 de Abril, e 329-B/2000, de 22 de Dezembro, e pelas Leis n.°s 6/2001 e 7/2001, ambas de 11 de Maio.

V. *Arrendamento urbano; Renda; Réu; Indemnização; Despejo; Depósito de rendas.*

Depósito de coisa controvertida (Dir. Civil) – "Se duas ou mais pessoas disputam a propriedade de uma coisa ou outro direito sobre ela, podem por meio de depósito entregá-la a terceiro, para que este a guarde e, resolvida a controvérsia, a restitua à pessoa a quem se apurar que pertence" – artigo 1202.°, C.C..

Os artigos 1203.° e 1204.° estabelecem que este depósito se presume oneroso e que, "salvo convenção em contrário, cabe ao depositário a obrigação de administrar a coisa".

V. *Depósito; Direito de propriedade; Terceiro; Presunção; Contrato oneroso; Acto de administração.*

Depósito de menor (Proc. Civil) – O depósito de menor é um preliminar nos processos de entrega judicial de menor e de inibição do poder paternal.

Em qualquer dos casos, desde que o juiz verifique que a situação do menor requer uma providência urgente por carecer de idoneidade aquele a quem o menor está entregue, pode ordenar o depósito do menor, que será feito em casa de pessoa idónea, preferindo-se os parentes mais próximos obrigados a alimentos. Se tal não for possível ou conveniente, o menor é internado em estabelecimento de educação ou assistência.

V. artigos 192.° e 199.° da antiga O.T.M. (Decreto-Lei n.° 314/78, de 19 de Novembro), que continuam em vigor, na medida em que não contrariam a Lei Tutelar Educativa (Lei n.° 166/99, de 14 de Setembro).

V. *Menor; Entrega judicial de menor; Inibição do poder paternal; Parentes; Alimentos.*

Depósito de rendas (Dir. Civil; Proc. Civil) – O arrendatário pode depositar a renda nos oito dias imediatos à data do vencimento, quando, sem culpa sua, não puder pagá-la ou não o puder fazer com segurança, por qualquer motivo relativo à pessoa do credor, quando o senhorio se recusar injustificadamente a recebê-la ou ainda quando esteja pendente acção de despejo.

"O depósito é feito na Caixa Geral de Depósitos, perante um documento em dois exemplares, assinado pelo arrendatário ou por outrem, em seu nome, e do qual constem:

a) A identidade do senhorio e do arrendatário;

b) A identificação e localização do prédio, ou parte de prédio, arrendado;

c) O quantitativo da renda;

d) O período de tempo a que ela diz respeito;

e) O motivo por que se pede o depósito".

"Enquanto subsistir a causa do depósito, o arrendatário pode depositar as rendas posteriores, sem necessidade de nova oferta de pagamento nem de notificação dos depósitos sucessivos"; "os depósitos posteriores são considerados dependência e consequência do depósito inicial, valendo quanto a eles o que for decidido em relação a estes" – artigo 25.°, n.°s 1 e 2, R.A.U. – aprovado pelo Decreto-Lei n.° 321-B/90, de 15 de Outubro, rectificado por declaração publicada no *Diário da República*, I-A série, de 30 de Novembro de 1990, e alterado pelo Decreto-Lei n.° 278/ /93, de 10 de Agosto (por seu lado, alterado, por ratificação, pela Lei n.° 13/94, de 11 de Maio), pelo Decreto-Lei n.° 163/95, de 13 de Julho, pela Lei n.° 89/95, de 1 de Setembro, pelo Decreto-Lei n.° 257/95, de 30 de Setembro, pela Lei n.° 135/99, de 28 de Agosto, pelos Decretos-Leis n.°s 64- -A/2000, de 22 de Abril, e 329-B/2000, de 22 de Dezembro, e pelas Leis n.°s 6/2001 e 7/2001, ambas de 11 de Maio.

"O depósito fica à ordem do tribunal da situação do prédio ou, quando efectuado na pendência da acção de despejo, do respectivo tribunal". O arrendatário pode notificar o senhorio do depósito, produzindo os efeitos da notificação "a junção do duplicado ou duplicados das guias de depósito à contestação da acção de despejo baseada na falta de pagamento de renda".

O depósito pode ser impugnado pelo senhorio, "no prazo de 14 dias contados da notificação, seguindo-se, depois, o disposto na lei de processo sobre a impugnação da consignação em depósito"; caso não o tenha impugnado nem o queira fazer, e assim o declare por escrito, o senhorio pode levantar o depósito. Em caso contrário, o depósito só pode ser levantado depois de julgada definitivamente a impugnação e de harmonia com a decisão.

V. artigo 841.°, C.C., e artigos 22.° a 29.°, R.A.U..

Quando o arrendatário se encontrar em mora em relação ao pagamento das rendas, pode depositar as rendas em atraso com uma indemnização correspondente a 50% do que for devido, requerendo no prazo de cinco dias a notificação judicial do depósito ao senhorio. Neste caso, o artigo 1042.°, n.° 1, C.C., dispõe que se presume que o arrendatário fez cessar a mora, oferecendo o pagamento ao senhorio e que este recusou.

Proposta a acção de despejo com fundamento na falta de pagamento de rendas, fará o inquilino caducar o direito à resolução do arrendamento se fizer o depósito das rendas devidas e da correspondente indemnização (artigos 64.°, n.° 1-*a)*, e 22.°, R.A.U.).

V. *Arrendamento; Renda; Vencimento; Culpa; Despejo; Consignação em depósito; Prédio; Notificação; Contestação; Impugnação; Mora; Indemnização; Notificação judicial avulsa; Presunção legal; Caducidade; Resolução do arrendamento.*

Depósito de testamento cerrado (Dir. Civil) – O testador pode depositar o seu testamento cerrado em qualquer repartição notarial. O instrumento de depósito de testamento cerrado é sempre feito em duplicado.

V. artigos 2209.°, n.° 1, C.C., e 109.° e 110.°, Código de Notariado.

V. *Testamento cerrado; Notário.*

Depósito irregular (Dir. Civil) – "Diz-se irregular o depósito que tem por objecto coisas fungíveis" (artigo 1205.°, C.C.): é, portanto, irregular o depósito quando a coisa depositada é fungível e é considerada nessa qualidade pelas partes que, consequentemente, estabelecem que o depositário restituirá coisa do mesmo género e quantidade, e não a própria coisa depositada. A este tipo de depósito aplicam-se, na medida do possível, as normas que regem o contrato de mútuo (artigo 1206.°, C.C.).

V. *Depósito; Coisa fungível; Mútuo.*

Depósito simples de renda (Dir. Civil; Proc. Civil) – Quando for proposta contra o arrendatário acção de despejo com fundamento em falta de pagamento de rendas e a lei autorizar o respectivo depósito, pode o réu fazer caducar o direito à resolução do contrato, depositando as rendas em dívida e a indemnização legalmente fixada até à contestação (artigos 1041.°, n.° 2, e 1048.°, C.C.): neste caso, o artigo 973.°, C.P.C., entretanto revogado pelo Regime do Arrendamento Urbano (aprovado pelo Decreto-Lei n.° 321-B/90, de 15 de Outubro, rectificado por declaração publicada no *Diário da República*, I-A série, de 30 de Novembro de 1990, e alterado pelo Decreto-Lei n.° 278/93, de 10 de Agosto – por seu lado, alterado, por ratificação, pela Lei n.° 13/94, de 11 de Maio –, pelo Decreto-Lei n.° 163/95, de 13 de Julho, pela Lei n.° 89/95, de 1 de Setembro, pelo Decreto-Lei n.° 257/95, de 30 de Setembro, pela Lei n.° 135/99, de 28 de Agosto, pelos Decretos-Leis n.°s 64-A/2000, de 22 de Abril, e 329-B/2000, de 22 de Dezembro, e pelas Leis n.°s 6/2001 e 7/2001, ambas de 11 de Maio) determinava que "o réu [suportava] as custas da acção e os honorários dos mandatários do autor, que o juiz [fixasse], bem como as despesas do levantamento do depósito"; tal disposição não foi reproduzida no Regime do Arrendamento Urbano.

V. *Renda; Depósito de rendas; Arrendamento; Caducidade; Resolução do arrendamento; Despejo; Indemnização; Contestação; Custas; Honorários; Mandatário judicial; Autor.*

Deprecada (Proc. Civil) – O mesmo que *carta precatória* (v. esta expressão).

Deprecante (Proc. Civil) – Tribunal ou autoridade que dirige a outro uma carta precatória.

V. *Carta precatória.*

"Derelictio" (Dir. Civil) – Diz-se do abandono de uma coisa com intenção de renunciar à posse dela ou, mais completamente, de extinguir o próprio direito de propriedade sobre ela.

V. *Abandono; Renúncia; Posse; Direito de propriedade.*

Derrogação – Revogação parcial de um diploma legal.

V. *Revogação da lei.*

Desaforamento (Proc. Civil) – Deslocação de uma causa do tribunal competente para outro.

A proibição genérica do desaforamento e as respectivas excepções desapareceram da actual redacção do artigo 64.°, C.P.C., que hoje não se ocupa do problema.

O artigo 100.°, C.P.C., na redacção do Decreto-Lei n.° 329-A/95, de 12 de Dezembro, determina que "as regras de competência em razão da matéria, da hierarquia, do valor e da forma de processo não podem ser afastadas por vontade das partes; mas é permitido a estas afastar, por convenção expressa, a aplicação das regras de competência em razão do território, salvo nos casos a que se refere o artigo 110.° [casos de conhecimento oficioso da incompetência relativa do tribunal]".

O artigo 99.°, C.P.C., que tem a redacção do Decreto-Lei n.° 180/96, de 25 de Setembro, regula, por seu lado, os pactos de jurisdição.

V. o artigo 23.° da Lei de Organização e Funcionamento dos Tribunais Judiciais (Lei n.° 3/99, de 13 de Janeiro, rectificada pela Declaração de rectificação n.° 7/99, de 16 de Fevereiro, e alterada pela Lei n.° 101/99, de 26 de Julho, pelos Decretos-Leis n.°s 323/2001, de 17 de Dezembro, e 38//2003, de 8 de Março – rectificado pela Declaração de rectificação n.° 5-C/2003, de 30 de Abril –, pela Lei n.° 105/2003, de 10 de Dezembro, pelo Decreto-Lei n.° 53/2004, de 18 Março, pela Lei n.° 42/2005, de 29 de Agosto, e pelo Decreto-Lei n.° 76-A/2006, de 29 de Março – este rectificado pela Declaração de rectificação n.° 28-A/2006, de 26 de Maio).

Quando o autor proponha a acção contra uma pessoa estranha à causa, com o propósito de não observar as regras que definem a competência territorial dos tribunais, o tribunal, ao reconhecer-se incompetente, deve condenar o autor em multa e indemnização como litigante de má fé – artigo 113.°, C.P.C..

V. *Apensação de acções; Competência; Competência em razão da matéria; Competência em razão da hierarquia; Convenção; Declaração negocial; Competência em razão do valor; Competência em razão do território; Forma de processo; Conhecimento oficioso; Pacto de competência; Pacto atributivo de jurisdição; Pacto privativo de jurisdição; Autor; Multa; Indemnização; Incompetência relativa; Litigância de má fé.*

Desaparecimento (Dir. Civil)

1. Quando o desaparecimento de uma pessoa se tiver dado em circunstâncias que não deixem dúvidas sobre a sua morte, embora o cadáver não pudesse ser encontrado ou reconhecido, a pessoa tem-se por falecida (artigo 68.°, n.° 3, C.C.).

V. *Morte.*

2. Quando alguém desaparece "sem que dele se saiba parte" e sem ter deixado representante legal ou procurador, o tribunal nomeia-lhe um curador provisório para administrar os seus bens – artigo 89.°, C.C..

Prolongando-se a ausência, nos termos do artigo 99.°, C.C., pode passar-se à fase de justificação da ausência, sendo nomeado um curador definitivo.

E, decorridos dez anos sobre a data das últimas notícias, ou passados cinco anos, se entretanto o ausente tiver completado oitenta anos de idade, podem os interessados (v. artigo 100.°) requerer a declaração de morte presumida – artigo 114.°, C.C..

V. *Ausência; Representação legal; Procurador; Curadoria; Ausência declarada; Morte presumida.*

Descendente (Dir. Civil) – Aquele que descende de outrem, o seu ascendente.

V. *Ascendente.*

Desconhecimento da lei – O artigo 6.°, C.C., consagra o princípio geral da irrelevância do desconhecimento ou má interpretação da lei, dispondo que estas não justificam a falta do seu cumprimento nem isentam as pessoas das sanções nela estabelecidas. Tal não significa, porém, que o desconhecimento da lei, nem mesmo o seu incumprimento sejam necessariamente culposos.

V. *Norma jurídica; Lei; Interpretação da lei; Sanção jurídica; Culpa.*

Descrição (Dir. Civil; Proc. Civil)

1. As descrições feitas no registo predial têm por fim a identificação física, econó-

mica e fiscal dos prédios. De cada prédio é feita uma descrição distinta. As inscrições e as descrições são ligadas por cotas de referência, que "são trancadas e rubricadas logo que se cancelem ou caduquem as inscrições correspondentes ou quando os efeitos destas se transfiram mediante novo registo".

V. artigos 79.° e segs. do Código do Registo Predial, aprovado pelo Decreto-Lei n.° 224/84, de 6 de Julho (rectificado por declaração publicada no *Diário da República*, I série, de 29 de Setembro de 1984), alterado pelos Decretos-Leis n.°s 355/85, de 2 de Outubro, 60/90, de 14 de Fevereiro (este último rectificado por declaração publicada no *Diário da República*, I-A série, de 31 de Março de 1990), 80/92, de 7 de Maio, 30/93, de 12 de Fevereiro, 227/94, de 8 de Setembro, 267/94, de 25 de Outubro, 67/96, de 31 de Maio, 375-A/99, de 20 de Setembro, 533/99, de 11 de Dezembro (rectificado pela Declaração de rectificação n.° 5-A/2000, de 29 de Fevereiro), 273/2001, de 13 de Outubro, 323/2001, de 17 de Dezembro, 38/2003, de 8 de Março, e 194/2003, de 23 de Agosto, e pela Lei n.° 6/2006, de 27 de Fevereiro.

V. *Registo predial; Inscrição; Prédio.*

2. Consistindo o arrolamento "na descrição, avaliação e depósito dos bens", o n.° 2 do artigo 424.°, C.P.C., determina que "será lavrado auto em que se descrevam os bens, em verbas numeradas, como em inventário, se declare o valor fixado pelo louvado e se certifique a entrega ao depositário ou o diverso destino que tiveram".

V. *Arrolamento; Louvado; Auto; Inventário; Depositário.*

Desculpabilidade (Dir. Civil) – Há circunstâncias cuja ocorrência exclui o juízo de culpabilidade relativamente à conduta do agente, funcionando, pois, como causas de escusa.

Pode dizer-se que são, genericamente, as situações em que não era exigível ao agente uma conduta diferente, porque o *bonus pater familias*, perante circunstâncias idênticas, também não a teria tido.

V. *Culpa; Causas de escusa; Bom pai de família.*

Desculpabilidade do erro (Dir. Civil) – O erro é desculpável quando foi cometido apesar de o sujeito ter tido as cautelas, a reflexão e o zelo que lhe eram exigíveis, ou seja, dito de outro modo, quando o bom pai de família, colocado nas mesmas circunstâncias também o tivesse cometido.

O artigo 338.°, C.C., dispõe que aquele que agir na convicção errónea desculpável de que se encontram preenchidos os pressupostos da acção directa ou da legítima defesa não é obrigado a indemnizar os prejuízos causados.

Independentemente desta regra, o erro, quando desculpável e essencial (isto é, causador ou motivador essencial da adopção do comportamento), é uma causa de exclusão da culpabilidade.

V. *Erro; Culpa; Bom pai de família; Acção directa; Legítima defesa; Responsabilidade civil; Causa de escusa.*

Desembargador (juiz) (Org. Judiciária) – Juiz do tribunal da Relação.

O n.° 3 do artigo 215.° da Constituição da República determina que "o recrutamento dos juízes dos tribunais judiciais de segunda instância faz-se com prevalência do critério do mérito, por concurso público curricular entre juízes da primeira instância".

V. artigo 20.°, n.° 1, do Estatuto dos Magistrados Judiciais (Lei n.° 21/85, de 30 de Julho, alterada pelo Decreto-Lei n.° 342//88, de 28 de Setembro, pelas Leis n.°s 2//90, de 20 de Janeiro, 10/94, de 5 de Maio, 44/96, de 3 de Setembro, 81/98, de 3 de Dezembro, 143/99, de 31 de Agosto, 3-B//2000, de 4 de Abril, e 42/2005, de 29 de Agosto).

V. *Relação; Juiz; Tribunal de 1.ª instância.*

Desembarque (Dir. Civil) – O Decreto-Lei n.° 321/89, de 25 de Setembro, alterado pelos Decretos-Leis n.°s 279/95, de 26 de Outubro, e 208/2004, de 19 de Agosto, que impõe a responsabilidade objectiva do transportador aéreo, bem como a do proprietário ou explorador de aeronave, esclarece que, para os efeitos do regime nele estabelecido, desembarque é a "acção de deixar uma aeronave após a aterragem, salvo para os membros da tripulação e passageiros que devam prosseguir a sua viagem até uma escala seguinte do mesmo serviço aéreo directo" (artigo 2.°-*i*)).

V. *Acidente de aviação; Aeronave; Responsabilidade objectiva; Transporte aéreo.*

Desembolso inicial (Dir. Civil; Dir. Com.) – A legislação especial relativa à compra e venda a prestações designava assim a primeira prestação do preço, paga na data da celebração do contrato e cujo quantitativo mínimo era, em muitos casos, fixado legalmente em 50% do preço de venda a contado, pela Portaria n.° 229-A//89, de 18 de Março. Esta Portaria foi revogada, em consequência da revogação do Decreto-Lei n.° 457/79, de 21 de Novembro, pelo Decreto-Lei n.° 63/94, de 28 de Fevereiro.

V. *Venda a prestações.*

Deserção da instância (Proc. Civil) – A instância considera-se deserta e consequentemente extinta, quando, independentemente de qualquer decisão judicial, esteja interrompida durante dois anos (eram cinco, na versão anterior) – artigo 291.°, n.° 1, C.P.C., na redacção do Decreto-Lei n.° 329-A/95, de 12 de Dezembro. Uma vez que, nos termos do artigo 285.°, C.P.C., se verifica a interrupção da instância "quando o processo estiver parado durante um ano por negligência das partes em promover os seus termos ou os de algum incidente do qual dependa o seu andamento", a deserção da instância produz-se pela paralisação do processo, devida a inércia das partes, durante três anos e um dia, pelo menos (eram seis na redacção anterior da lei).

Quanto aos recursos, dispõe o artigo 291.°, n.° 2, C.P.C., na redacção do já citado DL n.° 329-A/95, que eles "são julgados desertos pela falta de alegação do recorrente ou quando, por inércia deste, estejam parados durante mais de um ano"; o n.° 3 acrescenta que, "tendo surgido algum incidente com efeito suspensivo, o recurso é julgado deserto se decorrer mais de um ano sem que se promovam os termos do incidente"; finalmente, o n.° 4 da mesma disposição estabelece que "a deserção é julgada no tribunal onde se verifique a falta, por simples despacho do juiz ou do relator".

V. artigo 287.°-*c)*, C.P.C., na redacção do Decreto-Lei n.° 180/96, de 25 de Setembro.

V. *Instância; Interrupção da instância; Negligência; Parte; Termo; Incidente; Recurso; Alegações; Deserção dos recursos; Despacho; Juiz; Juiz relator; Extinção da instância.*

Deserção dos recursos (Proc. Civil) – "Os recursos são julgados desertos pela falta de alegação do recorrente ou quando, por inércia deste, estejam parados durante mais de um ano". "Tendo surgido algum incidente com efeito suspensivo, o recurso é julgado deserto se decorrer mais de um ano sem que se promovam os termos do incidente". Na versão anterior do Código de Processo Civil, eram ainda julgados desertos pela falta de preparo ou de pagamento de custas nos termos legais.

"A deserção é julgada no tribunal onde se verifique a falta, por simples despacho do juiz ou do relator".

V. artigo 291.°, n.°s 2 a 4, C.P.C., na redacção do Decreto-Lei n.° 329-A/95, de 12 de Dezembro.

O artigo 3.°-*f)* do Código das Custas Judiciais, aprovado pelo Decreto-Lei n.° 224-A/96, de 26 de Novembro (rectificado pela Declaração de rectificação n.° 4-B/97, de 31 de Janeiro), e alterado pelo Decreto-Lei n.° 91/97, de 22 de Abril, pela Lei n.° 59/98, de 25 de Agosto, pelos Decretos-Leis n.°s 304/99, de 6 de Agosto, 320-B//2000, de 15 de Dezembro, 323/2001, de 17 de Dezembro, 38/2003, de 8 de Março, e 324/2003, de 27 de Dezembro (este rectificado pela Declaração de rectificação n.° 26/2004, de 24 de Fevereiro), e pelas Leis n.°s 45/2004, de 19 de Agosto, e 60-A/2005, de 30 de Dezembro, dispõe que "não há lugar a custas [...] nos recursos com subida diferida que não cheguem a subir por desinteresse ou desistência do recorrente".

V. *Recurso; Alegações; Incidente; Preparo; Custas; Despacho; Juiz; Juiz relator; Recorrente; Subida do recurso.*

Deserção fiscal (Proc. Civil) – Há autores que designavam assim a causa de extinção da instância que se consubstancia na falta de pagamento do preparo inicial pelo autor, nos termos da anterior redacção do artigo 287.°-*f)*, C.P.C..

O artigo 287.°, C.P.C., na redacção do Decreto-Lei n.° 180/96, de 25 de Setembro, não enuncia esta circunstância como causa de extinção da instância.

V. *Instância; Extinção da instância; Preparo; Autor.*

Deserdação (Dir. Civil) – Declaração em testamento, devidamente justificada, pela qual o testador priva os seus herdeiros legitimários dos seus direitos sucessórios. As causas que podem justificar a deserdação estão expressamente indicadas no Código Civil (artigo 2166.°, n.° 1, alíneas *a), b)* e *c)*) e traduzem-se, nomeadamente, na condenação do sucessível por crime doloso ou de denúncia caluniosa ou, ainda, de falso testemunho, cometido contra a pessoa, bens ou honra do autor da sucessão, do seu cônjuge ou parentes em linha recta, ou em ter ele, sem justa causa, recusado ao *de cuius* ou ao cônjuge deste os alimentos devidos.

A deserdação pode ser impugnada judicialmente com fundamento na inexistência da causa invocada, caducando tal acção ao fim de dois anos, contados desde a abertura do testamento – artigo 2167.°, C.C..

V. *Testamento; Herdeiro legitimário; Autor da sucessão; Parentes; Linha; Alimentos; Justa causa; Impugnação; Caducidade; Acção.*

Designação sucessória (Dir. Civil) – Indicação dos sucessíveis, antes da morte do *de cuius*, que pode ser feita por lei ou por testamento e ainda por doação *mortis causa*.

V. *Sucessível; "De cuius"; Sucessão legal; Testamento; Doação "mortis causa".*

Desistência (Proc. Civil) – Diz o artigo 293.°, n.° 1, C.P.C., que "o autor pode, em qualquer altura, desistir de todo o pedido ou de parte dele [...]", extinguindo-se com a desistência do pedido o direito que se pretendia fazer valer, que assim não pode voltar a ser invocado – v. artigo 295.°, n.° 1, C.P.C.. O artigo 297.°, C.P.C., dispõe que "os representantes das pessoas colectivas, sociedades, incapazes ou ausentes só podem desistir [...] nos precisos limites das suas atribuições ou precedendo autorização especial".

O artigo 296.°, n.° 1, C.P.C., determina que o autor pode também desistir da instância, mas, neste caso, é necessária a aceitação do réu, se este já tiver contestado a acção, e não é prejudicada a reconvenção, se houver sido formulada, a menos que seja dependente do pedido formulado pelo autor. A desistência da instância não prejudica o direito, fazendo apenas cessar o processo instaurado – artigo 295.°, n.° 2, C.P.C..

A desistência, quer do pedido quer da instância, é feita por termo no processo ou por documento autêntico ou particular, sendo o termo tomado pela secretaria judicial a simples pedido verbal dos interessados". O artigo 300.°, C.P.C., na redacção do Decreto-Lei n.° 180/96, de 25 de Setembro, que se ocupa desta matéria, dispõe, no n.° 2, que, "lavrado o termo ou junto o documento, examinar-se-á se, pelo seu objecto e pela qualidade das pessoas que nela intervieram, a [...] desistência [...] é válida e, no caso afirmativo, assim será declarado por sentença, [...] absolvendo-se nos seus precisos termos". Não é permitida a desistência quando seja relativa a direitos indisponíveis, ressalvados os casos de divórcio e de separação judicial de pessoas e bens (artigo 299.°, C.P.C.).

V. artigo 287.°-*d)*, C.P.C..

O artigo 13.°, n.° 2, C.C., permite a revogação da desistência não homologada judicialmente quando seja entretanto publicada lei interpretativa favorável à pretensão do desistente.

Nos termos do artigo 451.°, n.° 1, C.P.C., as custas são pagas pela parte que desistir; mas, se a desistência for parcial, as custas são proporcionais à parte de que se desistiu.

V. o Assento de 15 de Junho de 1988 do Supremo Tribunal de Justiça, publicado no *Diário da República*, I série, de 1 de Agosto do mesmo ano, que decidiu que "o desistente do pedido de simples apreciação prescinde do conhecimento do respectivo direito, e por isso, o caso julgado impedi-lo-á de estruturar nele um pedido de condenação".

A desistência pode ser declarada nula ou anulada, não obstando o trânsito em julgado da sentença proferida sobre a desistência "a que se intente a acção destinada à declaração de nulidade ou à anulação" dela, nem que "se peça a revisão da sentença com esse fundamento" – artigo 301.°, C.P.C., na redacção do Decreto-Lei n.° 38/2000, de 8 de Março.

Também em processo executivo se pode verificar a desistência do exequente, caso em que a execução se extingue; "mas, se já tiverem sido vendidos ou adjudicados bens sobre cujo produto hajam sido graduados outros credores, a estes será paga a parte que lhes couber nesse produto"; "se estiver pendente oposição à execução, a desistência da instância depende da aceitação do opoente" – artigo 918.°, C.P.C., na redacção do Decreto-Lei n.° 38/2003, de 8 de Março (rectificado pela Declaração de rectificação n.° 5-C/2003, de 30 de Abril).

Nos processos instaurados nos julgados de paz, nos termos do artigo 58.°, n.° 1, da Lei n.° 78/2001, de 13 de Julho, se o demandante faltar à audiência, tendo sido devidamente notificado, e não apresentar justificação da falta no prazo de três dias, "considera-se tal falta desistência do pedido".

O Decreto-Lei n.° 269/98, de 1 de Setembro (rectificado pela Declaração de rectificação n.° 16-A/98, de 30 de Setembro), alterado pelos Decretos-Leis n.°s 383/99, de 23 de Setembro, 183/2000, de 10 de Agosto, 323/2001, de 17 de Dezembro, 32/2003, de 17 de Fevereiro, 38/2003, de 8 de Março (este rectificado pela Declaração de rectificação n.° 5-C/2003, de 30 de Abril), e 107/2005, de 1 de Julho (rectificado pela Declaração de rectificação n.° 63/2005, de 19 de Agosto), e pela Lei n.° 14/2006, de 26 de Abril, que regula a injunção – "providência que tem por fim conferir força executiva a requerimento destinado a exigir o cumprimento das obrigações pecuniárias emergentes de contrato cujo valor não exceda o valor da alçada da Relação [era a do tribunal de 1.ª instância, na versão anterior da lei]" ou "das obrigações emergentes de transacções comerciais abrangidas pelo Decreto-Lei n.° 32/2003, de 17 de Fevereiro" (artigo 7.°) –, dispõe, no respectivo artigo 15.°-A, que, "até à dedução de oposição ou, na sua falta, até ao termo do prazo de oposição, o requerente pode desistir do procedimento" e que, "em caso de desistência do pedido, a secretaria devolve ao requerente o expediente respeitante ao procedimento de injunção e notifica o requerido daquele facto, se este já tiver sido notificado do requerimento de injunção".

V. *Autor; Pedido; Direito subjectivo; Representação orgânica; Pessoa colectiva; Sociedade; Representante; Incapaz; Ausente; Autorização; Instância; Réu; Contestação; Reconvenção; Termo; Documento autêntico; Homologação; Sentença; Absolvição; Direito indisponível; Divórcio; Separação judicial de pessoas e bens; Lei interpretativa; Custas; Acção de simples apreciação; Caso julgado; Acção de condenação; Nulidade; Anulação; Trânsito em julgado; Revisão; Execução; Venda judicial; Adjudicação; Graduação de credores; Oposição à execução; Julgado de paz; Demandante; Notificação; Audiência; Falta; Justificação de falta; Injunção; Força executiva; Requerimento; Contrato; Alçada; Relação; Tribunal de 1.ª instância; Obrigação pecuniária; Secretaria judicial; Requerimento de injunção.*

Desistência da execução (Proc. Civil) – O artigo 918.°, n.° 1, C.P.C., na redacção do Decreto-Lei n.° 38/2003, de 8 de Março, rectificado pela Declaração de rectificação n.° 5-C/2003, de 30 de Abril, dispõe que "a desistência do exequente extingue a execução; mas, se já tiverem sido vendidos ou adjudicados bens sobre cujo produto hajam sido graduados outros credores, a estes será paga a parte que lhes couber nesse produto"; o n.° 2 condiciona a extinção da execução por desistência à aceitação do opoente quando estiver pendente oposição à execução.

V. *Execução; Exequente; Extinção da execução; Venda judicial; Adjudicação; Graduação de credores; Oposição à execução.*

Desistência da instância (Proc. Civil) – O autor pode desistir da instância livremente até ao oferecimento da contestação pelo réu, dependendo a desistência da aceitação deste, se sobrevier àquele oferecimento.

A desistência da instância faz cessar o processo que se instaurou.

V. artigos 295.°, n.° 2, e 296.° e segs., C.P.C., tendo o artigo 300.° a redacção do Decreto-Lei n.° 180/96, de 25 de Setembro, e o artigo 301.° a que resultou do Decreto-Lei n.° 38/2000, de 8 de Março.

V. *Desistência; Autor; Instância; Réu; Contestação; Extinção da instância.*

Desistência de prova (Proc. Civil) – O artigo 576.°, C.P.C., na redacção do Decreto-Lei n.° 329-A/95, de 12 de Dezembro, condiciona a desistência de uma prova pericial requerida à "anuência da parte contrária"; segundo José Alberto dos Reis, *Código de Processo Civil anotado*, Volume IV, pág. 182, o preceito (que reproduz, no essencial, o anterior artigo 571.°, C.P.C.) tem por fim evitar que o requerente, desistindo da diligência, consiga que a contraparte não faça a prova que podia produzir, por não ter, ela própria, requerido o arbitramento, confiada, como estava, na realização do requerido pela parte que entretanto dele desistiu.

V. *Prova; Prova pericial; Arbitramento; Parte.*

Desistência do pedido (Proc. Civil) – V. *Pedido; Desistência.*

Desistência do recurso (Proc. Civil) – Não é discutida a questão da admissibilidade da desistência do recurso por parte do recorrente.

O artigo 682.°, n.° 3, C.P.C., faz uma referencia à desistência a propósito dos casos em que há um recurso independente e outro subordinado, para dispor que, "se o primeiro recorrente desistir do recurso [...], caduca o recurso subordinado, sendo todas as custas da responsabilidade do recorrente principal".

V. *Recurso; Recorrente; Recurso subordinado; Caducidade; Custas.*

Deslocação patrimonial (Dir. Civil) – Fala-se de deslocação patrimonial no domínio do enriquecimento sem causa para significar o acto que teve como efeito o aumento do património de um sujeito (aumento do activo, diminuição do passivo ou poupança de despesa) à custa do património de outrem.

V. *Enriquecimento sem causa; Património.*

Despacho (Proc. Civil) – Decisão proferida pelo juiz num processo sobre matéria pendente ou para cumprimento de decisões dos tribunais superiores.

Despacho é toda a decisão que não respeita à causa principal ou a incidente que, segundo a lei, se prefigure como uma causa. Quando o despacho condene no cumprimento de uma obrigação, ele é equiparado a sentença "sob o ponto de vista da força executiva" – artigo 48.°, n.° 1, C.P.C., na redacção do Decreto-Lei n.° 180/96, de 25 de Setembro.

O despacho tem de ser datado e assinado pelo juiz ou relator, que deve rubricar as folhas não manuscritas e fazer as ressalvas que considere necessárias.

Os despachos "proferidos oralmente no decurso de acto de que deva lavrar-se auto ou acta são aí reproduzidos. A assinatura do auto ou da acta, por parte do juiz, garante a fidelidade da reprodução".

Não havendo prazo especialmente determinado na lei, o juiz deve proferir os despachos num prazo de dez dias (eram cinco anteriormente), salvo os de mero expediente que, em princípio, serão proferidos num prazo de dois dias (antes deviam ser proferidos no próprio dia).

V. artigos 156.° e segs., C.P.C., tendo os artigos 156°, 159.° e 160.° a redacção do Decreto-Lei n.° 329-A/95, de 12 de Dezembro.

Dos despachos pode normalmente interpor-se recurso, que será de agravo, excepto se se recorrer de despacho saneador que conheça do mérito da causa (artigos 691.° e 733.°, C.P.C., o primeiro na redacção do já citado DL n.° 180/96), não o admitindo, no entanto, os despachos de mero expediente e os que forem proferidos no uso legal de um poder discricionário (artigo 679.°, C.P.C., com a redacção do DL n.° 329-A/95). Há outros casos em que a lei afasta o direito de recorrer relativamente a certos despachos; é o que sucede, por exemplo, com o artigo 147.°-E, n.° 2, da antiga O.T.M., introduzido pela Lei n.° 133/ /99, de 28 de Agosto, onde se determina que, em processo tutelar cível, podendo as partes "pedir esclarecimentos, juntar outros elementos ou requerer a solicitação de informações que considerem necessários", "o juiz indefere, por despacho irrecorrível, os requerimentos que se mostrarem inúteis, de realização impossível ou com intuito manifestamente dilatório".

V. *Incidente; Causa; Sentença; Obrigação; Condenação do réu; Cumprimento; Força executiva; Juiz; Juiz relator; Auto; Prazo judicial; Despacho de mero expediente; Recurso; Agravo; Despacho saneador; Mérito da causa; Despacho no uso de poder discricionário;*

Trânsito em julgado; Processo tutelar; Requerimento.

Despacho de admissão do recurso (Proc. Civil) – Interposto recurso de uma decisão judicial, o respectivo requerimento é objecto de um despacho que admite o recurso ou que o indefere com qualquer dos fundamentos enunciados no artigo 687.°, n.° 3, C.P.C.. "No despacho que admita o recurso deve declarar-se se sobe ou não imediatamente e, no primeiro caso, se sobe nos próprios autos ou em separado; deve declarar-se ainda o efeito do recurso" – artigo 741.°, C.P.C.. "A decisão que admita o recurso, fixe a sua espécie ou determine o efeito que lhe compete não vincula o tribunal superior, e as partes só a podem impugnar nas suas alegações" – artigo 687.°, n.° 4, C.P.C..

V. *Despacho; Recurso; Requerimento; Subida do recurso; Efeito devolutivo do recurso; Efeito suspensivo do recurso; Alegações.*

Despacho de aperfeiçoamento (Proc. Civil) – O artigo 477.°, n.° 1, C.P.C., actualmente revogado na totalidade pelo Decreto-Lei n.° 329-A/95, de 12 de Dezembro, permitia ao juiz proferir um despacho liminar convidando o autor a completar ou a corrigir a petição inicial na acção declarativa (ou o requerimento para a acção executiva), marcando prazo para a apresentação de nova petição, no caso de ela não poder ser recebida por falta de requisitos legais ou por não ser acompanhada de determinados documentos, ou ainda quando apresentasse irregularidades ou deficiências susceptíveis de comprometer o êxito da acção. Tratava-se de um despacho que se entendia ser proferido no uso de um poder discricionário e, consequentemente, insusceptível de recurso. Quando a petição aperfeiçoada era entregue dentro do prazo fixado pelo juiz, a acção considerava-se proposta na data em que a primeira petição tinha dado entrada na secretaria. Havia um outro caso em que o juiz podia proferir despacho semelhante: o de a petição não ser acompanhada dos duplicados exigidos por lei, caso em que o juiz, quando razões especiais o justificassem, podia marcar um prazo suplementar para a sua apresentação.

Actualmente, num propósito de simplificação processual e de limitação da intervenção dos magistrados na apreciação de situações que não o justifiquem, a lei prevê que a secretaria judicial recuse a petição com um dos fundamentos enunciados no artigo 474.°, C.P.C. (na redacção do DL n.° 329-A/95 e do Decreto-Lei n.° 183/2000, de 10 de Agosto, este alterado pela Lei n.° 30-D/2000, de 20 de Dezembro) que tem de ser indicado por escrito; por outro lado, o n.° 3 do artigo 152.° do mesmo Código (também na redacção do DL n.° 329-A/95 e do Decreto-Lei n.° 180/96, de 25 de Setembro), dispõe que a secretaria notifique oficiosamente a parte, que não tenha feito a entrega de qualquer dos duplicados e cópias exigidos, "para os apresentar no prazo de dois dias, pagando de multa a quantia fixada na primeira parte do n.° 5 do artigo 145.° ["um oitavo da taxa de justiça que seria devida a final pelo processo, ou parte do processo"], não podendo exceder, porém, 1 UC".

No regime da acção executiva, dispõe o n.° 4 do artigo 812.°, C.P.C., na redacção dos Decretos-Leis n.°s 38/2003, de 8 de Março, e 199/2003, de 10 de Setembro (rectificado pela Declaração de rectificação n.° 16-B/2003, de 31 de Outubro), que, fora dos casos em que haja lugar a indeferimento liminar do requerimento executivo, "o juiz convida o exequente a suprir as irregularidades do requerimento [...], bem como a sanar a falta de pressupostos, aplicando-se, com as necessárias adaptações, o disposto no n.° 2 do artigo 265.° ["o juiz providenciará, mesmo oficiosamente, pelo suprimento da falta dos pressupostos processuais susceptíveis de sanação, determinando a realização dos actos necessários à regularização da instância ou, quando estiver em causa alguma modificação subjectiva da instância, convidando as partes a praticá-los"]", acrescentando o n.° 5 do mesmo artigo que, "não sendo o vício suprido ou a falta corrigida dentro do prazo marcado, é indeferido o requerimento executivo".

O artigo 27.°, n.° 1-*b)*, do Código da Insolvência e da Recuperação de Empresas, aprovado pelo Decreto-Lei n.° 53/2004, de 18 de Março, alterado pelos Decretos-Leis n.°s 200/2004, de 18 de Agosto, e 76-

-A/2006, de 29 de Março (este rectificado pela Declaração de rectificação n.° 28-A/ /2006, de 26 de Maio), estabelece que, "no próprio dia da distribuição, ou, não sendo tal viável, até ao 3.° dia útil subsequente, o juiz: [...] concede ao requerente, sob pena de indeferimento do requerimento, o prazo máximo de cinco dias para corrigir os vícios sanáveis da petição, designadamente quando esta careça de requisitos legais ou não venha acompanhada dos documentos que hajam de instruí-la, nos casos em que tal falta não seja devidamente justificada"; nestes casos, o prazo de três dias para a declaração da situação de insolvência, previsto no artigo 28.°, corre a partir do suprimento dos vícios da petição.

No regime definido pelo Decreto-Lei n.° 269/98, de 1 de Setembro (rectificado pela Declaração de rectificação n.° 16-A/98, de 30 de Setembro), alterado pelos Decretos-Leis n.°s 383/99, de 23 de Setembro, 183/2000, 323/2001, de 17 de Dezembro, 32/2003, de 17 de Fevereiro, 38/2003, de 8 de Março (este rectificado pela Declaração de rectificação n.° 5-C/2003, de 30 de Abril), e 107/2005, de 1 de Julho (rectificado pela Declaração de rectificação n.° 63/2005, de 19 de Agosto), e pela Lei n.° 14/2006, de 26 de Abril, que se ocupa "dos procedimentos destinados a exigir o cumprimento de obrigações pecuniárias emergentes de contratos de valor não superior à alçada da Relação [era o valor da alçada do tribunal de 1.ª instância anteriormente]" e de "obrigações emergentes de transacções comerciais abrangidas pelo Decreto-Lei n.° 32/2003, de 17 de Fevereiro", o artigo 17.°, n.° 3, dispõe que, "recebidos os autos, o juiz pode convidar as partes a aperfeiçoar as peças processuais".

V. *Despacho; Autor; Petição inicial; Acção declarativa; Requerimento; Execução; Documento; Irregularidade da petição inicial; Despacho no uso de poder discricionário; Recurso; Recusa da petição; Notificação; Parte; Cópia; Multa; Propositura da acção; Secretaria judicial; Duplicados; Requerimento executivo; Exequente; Sanação; Modificações subjectivas da instância; Insolvência; Recuperação de empresas; Declaração de insolvência; Distribuição; Injunção; Obrigação pecuniária; Alçada; Relação; Tribunal de 1.ª instância; Auto.*

Despacho decisório (Proc. Civil) – É o despacho que resolve qualquer dúvida ou questão suscitada no processo. Qualificar-se-á de *vinculado* se o juiz, na sua decisão, tiver de se pautar por critérios de legalidade estrita, e será *discricionário* se o juiz decide, segundo o seu prudente arbítrio, em atenção a critérios de conveniência e oportunidade, quando a lei lhe confere esse poder.

V. artigo 156.°, n.°s 1 e 3, C.P.C., na redacção do Decreto-Lei n.° 329-A/95, de 12 de Dezembro.

V. *Despacho; Juiz.*

Despacho decisório discricionário (Proc. Civil) – V. *Despacho; Despacho decisório; Despacho no uso de poder discricionário.*

Despacho decisório vinculado (Proc. Civil) – V. *Despacho; Despacho decisório.*

Despacho de citação (Proc. Civil) – Nos termos da anterior redacção do Código de Processo Civil, dispunha este que, se não houvesse motivo para indeferimento liminar, e a petição inicial na acção declarativa ou o requerimento inicial na acção executiva estivessem em condições de ser recebidos, o juiz proferiria despacho, ordenando a citação do réu (que não poderia ser feita sem despacho que a ordenasse). Desse despacho não cabia recurso

Actualmente, "incumbe à secretaria promover oficiosamente, sem necessidade de despacho prévio, as diligências que se mostrem adequadas à efectivação da regular citação pessoa do réu e à rápida remoção das dificuldades que obstem à realização do acto".

"A citação depende, porém, de prévio despacho judicial:

a) Nos casos especialmente previstos na lei;

b) Nos procedimentos cautelares e em todos os casos em que incumba ao juiz decidir da prévia audiência do requerido;

c) Nos casos em que a propositura da acção deva ser anunciada, nos termos da lei;

d) Quando se trate de citar terceiros chamados a intervir em causa pendente;

e) No processo executivo, nos termos do n.° 1 do artigo 812.° e do n.° 2 do artigo 812.°-A;

f) Quando se trate de citação urgente, que deva preceder a distribuição".

Nestas situações, excepto na da alínea *f)*, "pode o juiz, em vez de ordenar a citação, indeferir liminarmente a petição [...]".

V. artigos 234.° e 234.°-A, C.P.C., na redacção do Decreto-Lei n.° 38/2003, de 8 de Março, rectificado pela Declaração de rectificação n.° 5-C/2003, de 30 de Abril.

O artigo 29.° do Código da Insolvência e da Recuperação de Empresas, aprovado pelo Decreto-Lei n.° 53/2004, de 18 de Março, alterado pelos Decretos-Leis n.°s 200/2004, de 18 de Agosto, e 76-A/2006, de 29 de Março (este rectificado pela Declaração de rectificação n.° 28-A/2006, de 26 de Maio), prevê que, salva a hipótese de terem sido ordenadas medidas cautelares antes da citação do devedor, tendo sido a declaração de insolvência requerida por pessoa diversa do devedor e não tendo havido indeferimento liminar, "o juiz manda citar pessoalmente o devedor" até ao 3.° dia útil depois da distribuição da petição inicial ou, em caso de despacho de aperfeiçoamento desta, contado do suprimento dos respectivos vícios.

V. *Despacho; Citação; Indeferimento liminar; Petição inicial; Acção declarativa; Requerimento; Execução; Réu; Recurso; Secretaria judicial; Procedimento cautelar; Requerido; Terceiro; Distribuição; Insolvência; Recuperação de empresas; Medidas cautelares; Devedor; Declaração de insolvência; Citação pessoal; Despacho de aperfeiçoamento.*

Despacho de condensação (Proc. Civil) – Designação que por vezes é dada ao conjunto do despacho saneador com a selecção de matéria de facto, ou incluída na base instrutória ou considerada como assente (anteriormente designada como questionário e especificação, respectivamente).

V. artigos 510.° e 511.°, C.P.C., ambos na redacção do Decreto-Lei n.° 180/96, de 25 de Setembro.

V. *Despacho; Despacho saneador; Matéria de facto; Especificação; Questionário; Base instrutória.*

Despacho de indeferimento (Proc. Civil) – V. *Despacho; Despacho liminar; Indeferimento liminar*.

Despacho de mero expediente (Proc. Civil) – Diz o n.° 2 do artigo 156.°, C.P.C., na redacção do Decreto-Lei n.° 329-A/95, de 12 de Dezembro, que "os despachos de mero expediente destinam-se a prover ao andamento regular do processo, sem interferir no conflito de interesses entre as partes"; de acordo com o artigo 679.°, C.P.C., na redacção do mesmo DL n.° 329-A/95, estes despachos não admitem recurso, embora parte da doutrina entenda que o recurso é possível sempre que o despacho não seja proferido de harmonia com a lei.

Dispõe o n.° 2 do artigo 160.°, C.P.C., na redacção do mesmo diploma, que "os despachos [...] de mero expediente, bem como os considerados urgentes, devem ser proferidos no prazo máximo de dois dias".

São despachos de mero expediente, por exemplo, os proferidos sobre impedimentos, suspeições ou escusas de peritos (cfr. artigo 572.°, C.P.C., também este com a redacção do DL citado) ou o que designa, "para cada dia de inquirição, o número de testemunhas que provavelmente possam ser inquiridas" (artigo 628.°, n.° 1, C.P.C.).

V. *Despacho; Parte; Recurso; Impedimentos; Suspeição; Escusa; Perito; Inquirição; Testemunha.*

Despacho de penhora (Proc. Civil) – Era o despacho em que o juiz ordenava a penhora dos bens, nomeando o respectivo depositário, quando se tratasse de bens imóveis. O despacho de penhora era notificado ao executado.

Actualmente, a penhora de coisas imóveis realiza-se, em princípio, "por comunicação electrónica à conservatória do registo predial competente, a qual vale como apresentação para o efeito da inscrição no registo", sendo constituído como depositário, em regra, o agente de execução.

A penhora de coisas móveis realiza-se "com a efectiva apreensão dos bens e a sua imediata remoção para depósitos, assumindo o agente de execução que efectuou a diligência a qualidade de fiel depositário". O juiz apenas intervém "quando, para a realização da penhora, haja que forçar a entrada no domicílio do executado ou de terceiro [...]".

"A penhora de créditos consiste na notificação ao devedor [...] de que o crédito fica à ordem do agente de execução".

V. artigos 838.°, 839.°, 848.° e 856.°, C.P.C., na redacção do Decreto-Lei n.° 38/ /2003, de 8 de Março, rectificado pela Declaração de rectificação n.° 5-C/2003, de 30 de Abril.

V. *Despacho; Penhora; Imóvel; Depositário; Notificação; Executado; Registo predial; Inscrição; Agente de execução; Móvel; Domicílio; Terceiro; Crédito.*

Despacho de reparação (Proc. Civil)

1. Interposto recurso de agravo na 1.ª instância e apresentadas as alegações das partes, o juiz pode decidir reparar o agravo.

Ao despacho de reparação – que se consubstancia, essencialmente, na alteração da decisão agravada pelo próprio juiz que a proferiu – pode o agravado reagir, requerendo que o processo de agravo suba para que seja decidida a questão sobre que foram proferidos os dois despachos opostos; nesta hipótese, fica o agravado investido, a partir de então, na posição de agravante.

V. artigo 744.°, C.P.C., cujo n.° 3 tem a redacção do Decreto-Lei n.° 329-A/95, de 12 de Dezembro.

V. *Despacho; Agravo; Tribunal de 1.ª instância; Alegações.*

2. Interposto recurso judicial da recusa do notário de praticar um acto, pode aquele lavrar despacho a reparar o recurso, no prazo de quarenta e oito horas contadas da autuação da petição e dos respectivos documentos.

V. artigo 178.°, n.° 1, Código do Notariado.

V. *Notário; Recusa de acto notarial; Documento.*

Despacho de sustentação (Proc. Civil)

1. Interposto recurso de agravo de uma decisão na 1.ª instância, o agravante deve apresentar a respectiva alegação no prazo de quinze dias (eram oito na versão anterior da lei), contado da notificação do despacho que admita o recurso. Apresentada a alegação e a resposta a que tem direito a parte contrária, a secretaria junta as alegações das partes, respectivas certidões e documentos, e faz tudo concluso ao juiz que pode tomar uma de duas decisões: sustentar o despacho ou reparar o agravo.

Proferido o despacho de sustentação (ou de manutenção) do despacho recorrido, "o juiz pode mandar juntar ao processo as certidões que entenda necessárias e o processo é remetido em seguida ao tribunal superior" – artigo 744.°, n.° 2, C.P.C..

V. *Despacho; Agravo; Tribunal de 1.ª instância; Alegações; Notificação; Despacho de admissão do recurso; Secretaria judicial; Certidão; Documento; Despacho de reparação; Conclusão.*

2. Recusada pelo notário a prática de um acto notarial e interposto recurso judicial dessa recusa, é a petição com respectivos documentos entregue ao notário, que pode decidir sustentar – isto é, manter – a recusa.

Proferida a decisão de sustentação, o notário remete "o processo a juízo, completando a sua instrução com os documentos que julgue necessários".

V. artigo 178.°, n.° 2, do Código do Notariado.

V. *Notário; Recusa de acto notarial; Recurso; Documento.*

Despacho discricionário (Proc. Civil) – V. *Despacho; Despacho no uso de poder discricionário; Despacho decisório.*

Despacho interlocutório (Proc. Civil) – A doutrina designa assim qualquer despacho proferido pelo juiz entre o primeiro despacho no processo e a sentença final.

V. *Despacho; Despacho liminar; Sentença.*

Despacho liminar (Proc. Civil) – Designava-se assim o primeiro despacho que o juiz proferia no processo, em acção declarativa, num momento em que daquele constava tão-somente a petição inicial.

Esse despacho podia ser de indeferimento (antigo artigo 474.°, C.P.C., cuja redacção actual resulta dos Decretos-Leis n.°s 329-A/95, de 12 de Dezembro, 180/96, de 25 de Setembro, e 183/2000, de 10 de Agosto), de aperfeiçoamento (antigo artigo 477.°, C.P.C., revogado pelo DL n.° 329- -A/95) ou de citação do réu (artigo 478.°, C.P.C., cuja redacção resulta do mesmo DL n.° 329-A/95).

Actualmente, só há lugar a indeferimento liminar nos casos excepcionais previstos no n.° 4 do artigo 234.°, C.P.C., que tem a redacção dada pelos DL n.°s 329-A/95, e 180/96 (v. artigo 234.°-A, C.P.C., com a redacção do citado DL n.° 180/96). "Incumbe à secretaria promover oficiosamente, sem necessidade de despacho prévio, as diligências que se mostrem adequadas à efectivação da regular citação pessoal do réu […]" (artigo 234.°, n.° 1, C.P.C., na redacção dada pelo já amplamente citado DL n.° 329-A/95).

V. *Despacho; Acção declarativa; Petição inicial; Despacho de aperfeiçoamento; Indeferimento liminar; Despacho de citação; Réu; Secretaria judicial; Citação; Citação pessoal.*

Despacho liminar anómalo (Proc. Civil) – A doutrina designava assim o despacho liminar cujo conteúdo não o caracterizava como despacho de indeferimento, de aperfeiçoamento ou de citação.

V. *Despacho; Despacho liminar; Indeferimento liminar; Despacho de aperfeiçoamento; Despacho de citação.*

Despacho no uso de poder discricionário (Proc. Civil) – O artigo 156.°, n.° 4, parte final, C.P.C., com a redacção do Decreto-Lei n.° 329-A/95, de 12 de Dezembro, caracteriza os despachos "proferidos no uso de um poder legal discricionário […] [como os] que decidam matérias confiadas ao prudente arbítrio do julgador".

Quando a lei faculta ao tribunal um poder discricionário para a adopção de certas decisões, o despacho proferido no uso desse poder é insusceptível de recurso – artigo 679.°, C.P.C., que tem a redacção dada pelo referido DL n.° 329-A/95.

São exemplos de normas atributivas de um poder discricionário ao tribunal o artigo 265.°, n.° 3, C.P.C. (correspondente ao anterior n.° 3 do artigo 264.°), que confere ao juiz o poder de "realizar ou ordenar, mesmo oficiosamente, todas as diligências necessárias ao apuramento da verdade e à justa composição do litígio, quanto aos factos de que lhe é lícito conhecer", o artigo 535.°, C.P.C. (na redacção dada pelo mesmo DL n.° 329-A/95), que autoriza o tribunal a requisitar "aos organismos oficiais, às partes ou a terceiros" "informações, pareceres técnicos, plantas, fotografias, desenhos, objectos ou outros documentos necessários ao esclarecimento da verdade", e o artigo 645.°, n.° 1, C.P.C. (igualmente na redacção do mencionado diploma), que autoriza que o tribunal ordene que seja notificada para depor como testemunha pessoa que, pela inquirição de testemunha, ele reconheça ter "conhecimento de factos importantes para a boa decisão da causa".

V. *Despacho; Recurso; Diligência; Litígio; Parte; Documento; Notificação; Testemunha.*

Despacho saneador (Proc. Civil) – Despacho proferido após a realização da audiência preliminar ou, se a ela não houver lugar, no prazo de 20 dias após o fim dos articulados, "destinado a: *a)* conhecer das excepções dilatórias e nulidades processuais que hajam sido suscitadas pelas partes, ou que, face aos elementos constantes dos autos, deva apreciar oficiosamente; *b)* conhecer imediatamente do mérito da causa, sempre que o estado do processo permitir, sem necessidade de mais provas, a apreciação, total ou parcial, do ou dos pedidos deduzidos ou de alguma excepção peremptória".

"Não havendo lugar à realização de audiência preliminar, se a acção tiver sido contestada e houver de prosseguir, o juiz, no despacho saneador, selecciona a matéria de facto, mesmo por remissão para os articulados; as reclamações das partes são, após contraditório, logo decididas" (na versão legal anterior, a decisão era tomada no início da audiência final) – artigo 508.°-B, n.° 2, C.P.C., na redacção do Decreto-Lei n.° 38/2003, de 8 de Março, rectificado pela Declaração de rectificação n.° 5-C/2003, de 30 de Abril.

"Se houver lugar a audiência preliminar, o despacho saneador é logo ditado para a acta; quando, porém, a complexidade das questões a resolver o exija, o juiz poderá excepcionalmente proferi-lo por escrito, no prazo de 20 dias, suspendendo-se a audiência e fixando-se logo data para a sua continuação, se for caso disso" – artigo 510.°, C.P.C., na redacção do Decreto-Lei n.° 180/96, de 25 de Setembro.

Nos casos em que no despacho saneador se conheça de alguma excepção dilatória ou de nulidade processual, aquele "constitui, logo que transite, caso julgado formal quanto às questões concretamente apreciadas"; se conhecer do mérito da causa ou de alguma excepção peremptória, "fica tendo, para todos os efeitos, o valor de sentença" – artigo 510.°, n.° 3, C.P.C., na redacção do DL n.° 180/96.

"Quando o processo houver de prosseguir e se não tiver realizado a audiência preliminar, a secretaria notifica as partes do despacho saneador e para, em 15 dias, apresentarem o rol de testemunhas, requererem outras provas ou alterarem os requerimentos probatórios que hajam feito nos articulados e requererem a gravação da audiência final ou a intervenção do colectivo" – artigo 512.°, n.° 1, C.P.C., na redacção do Decreto-Lei n.° 375-A/99, de 20 de Setembro.

O Assento do Supremo Tribunal de Justiça de 13 de Abril de 1994, publicado no *Diário da República*, I-A série, de 26 de Maio do mesmo ano, estabeleceu: "Não é admissível recurso para o Supremo Tribunal de Justiça do acórdão da Relação que, revogando o saneador-sentença que conhecera do mérito da causa, ordena o prosseguimento do processo, com elaboração da especificação e questionário".

Se o despacho saneador, por falta de elementos, deixar para a sentença o conhecimento das matérias de que lhe cumpre conhecer, não cabe dele recurso (artigo 510.°, n.° 4).

Não finalizando o processo com o despacho saneador, o juiz no próprio despacho lavra a especificação e o questionário, termos que o Código de Processo Civil deixou de utilizar expressamente, passando a designar as duas figuras, genericamente, por selecção da matéria de facto, que se divide entre aquela que está incluída na base instrutória e aquela que pode ser considerada como assente.

As partes podem reclamar contra esta selecção, mas o despacho proferido sobre as reclamações só pode ser impugnado no recurso interposto da decisão final.

No processo sumaríssimo, não há lugar a despacho saneador, excepto se a complexidade da causa ou a necessidade de actuar o princípio do contraditório o determinarem – artigo 787.°, C.P.C., na redacção do DL n.° 375-A/99.

V. artigos 510.° e 511.°, C.P.C., na redacção que lhes foi dada pelo DL n.° 180/96.

Nos processos regulados pelo Código da Insolvência e da Recuperação de Empresas, aprovado pelo Decreto-Lei n.° 53/ /2004, de 18 de Março, alterado pelos Decretos-Leis n.°s 200/2004, de 18 de Agosto, e 76-A/2006, de 29 de Março (este rectificado pela Declaração de rectificação n.° 28-A/2006, de 26 de Maio), o artigo 136.°, n.°s 3 e 6, dispõem que, uma vez concluída a tentativa de conciliação, o processo vai ao juiz para proferir despacho saneador, seleccionando a matéria de facto que integra a base instrutória; este despacho tem, quanto aos créditos reconhecidos, "a forma e o valor de sentença, que os declara verificados e os gradua em harmonia com as disposições legais".

V. *Despacho; Audiência preliminar; Excepção dilatória; Articulados; Nulidade processual; Parte; Conhecimento oficioso; Pedido; Questão de direito; Excepção peremptória; Contestação; Articulados; Questão de facto; Princípio do contraditório; Suspensão da audiência; Trânsito em julgado; Caso julgado; Secretaria judicial; Notificação; Rol de testemunhas; Gravação da audiência; Tribunal colectivo; Sentença; Recurso; Supremo Tribunal de Justiça; Acórdão; Relação; Mérito da causa; Especificação; Questionário; Base instrutória; Reclamação; Processo sumaríssimo; Insolvência; Recuperação de empresas; Tentativa de conciliação; Crédito; Graduação de credores.*

Despacho vinculado (Proc. Civil) – V. *Despacho; Despacho decisório.*

Despejo – 1. (Dir. Civil, Proc. Civil) – Desalojamento forçado dos prédios que ocupam os arrendatários, e acção tendente a tal fim.

O artigo 55.° do Regime do Arrendamento Urbano (aprovado pelo Decreto-Lei n.° 321-B/90, de 15 de Outubro, rectificado por declaração publicada no *Diário da República*, I-A série, de 30 de Novembro de 1990, alterado pelo Decreto-Lei n.° 278/93, de 10 de Agosto – por seu lado, alterado, por ratificação, pela Lei n.° 13/94, de 11 de Maio –, pelo Decreto-Lei n.° 163/95, de 13 de Julho, pela Lei n.° 89/95, de 1 de Setembro, pelo Decreto-Lei n.° 257/95, de 30 de Setembro, pela Lei n.° 135/99, de 28 de

Agosto, pelos Decretos-Leis n.°s 64-A//2000, de 22 de Abril, e 329-B/2000, de 22 de Dezembro, e pelas Leis n.°s 6/2001 e 7/2001, ambas de 11 de Maio) dispõe, no seu n.° 1, que "a acção de despejo destina-se a fazer cessar a situação jurídica do arrendamento, sempre que a lei imponha o recurso à via judicial para promover tal cessação"; e o n.° 2 acrescenta que "a acção de despejo é, ainda, o meio processual idóneo para efectivar a cessação do arrendamento quando o arrendatário não aceite ou não execute o despedimento resultante de qualquer outra causa".

O senhorio tem de recorrer à acção de despejo para efectivar a resolução do contrato de arrendamento, quando tenha por fundamento uma das causas enunciadas no artigo 64.° do Regime do Arrendamento Urbano, (correspondente ao antigo artigo 1093.°, C.C.) – v. artigo 63.°, n.° 2, do mesmo diploma. Também em caso de caducidade do arrendamento é através da acção de despejo que o senhorio pode obter a restituição forçada do prédio locado, só podendo então exigi-lo passados três meses sobre a verificação do facto determinante da caducidade (salvo se este for o fim do prazo do contrato) – artigo 1053.°, C.C..

Finalmente, a denúncia do contrato de arrendamento pelo senhorio deve ser feita em acção judicial "com a antecedência mínima de seis meses relativamente ao fim do prazo do contrato, mas não obriga ao despejo enquanto não decorrerem três meses sobre a decisão definitiva" (artigo 70.°, R.A.U.).

O tribunal competente para a acção de despejo é o da situação do imóvel arrendado – artigo 73.°, n.° 1, C.P.C., na redacção do Decreto-Lei n.° 329-A/95, de 12 de Dezembro.

A acção de despejo segue os termos do processo comum, com as alterações constantes do R.A.U., admitindo sempre recurso para a Relação, independentemente do valor da causa; o recurso de apelação interposto de sentença que decrete o despejo tem sempre efeito suspensivo (v. artigos 56.° e 57.°, R.A.U.).

O valor da acção é o valor da renda anual, acrescido das rendas em dívida e da indemnização requerida – artigo 307.°, n.° 1, C.P.C..

V. *Arrendamento; Acção; Resolução do arrendamento; Caducidade do arrendamento; Diferimento da desocupação; Competência em razão do território; Imóvel; Sustação do mandado de despejo; Processo comum; Recurso; Relação; Apelação; Efeito suspensivo do recurso, Valor da causa; Renda; Indemnização.*

2. A lei prevê o chamado despejo administrativo, estabelecendo o artigo 92.° do Decreto-Lei n.° 555/99, de 16 de Dezembro (rectificado pela Declaração de rectificação n.° 5-B/2000, de 29 de Fevereiro), alterado pelo Decreto-Lei n.° 177/2001, de 4 de Abril (rectificado pela Declaração de rectificação n.° 13-T/2001, de 30 de Junho), e pelas Leis n.°s 15/2002, de 22 de Fevereiro, e 4-A/2003, de 19 de Fevereiro, que a câmara municipal pode ordenar o despejo sumário dos prédios ou de parte deles, nos quais hajam de realizar-se obras de conservação "necessárias à correcção de más condições de segurança ou de salubridade" ou obras "de demolição total ou parcial das construções que ameacem ruína ou ofereçam perigo para a saúde pública e para a segurança das pessoas", quando umas ou outras forem determinadas pela câmara. Este despejo terá lugar sempre que se mostre necessário à execução das obras referidas, podendo ser ordenado oficiosamente, "ou, quando o proprietário pretenda proceder às mesmas, a requerimento deste". "A deliberação que ordene o despejo é eficaz a partir da sua notificação aos ocupantes", devendo o despejo "executar-se no prazo de 45 dias a contar da sua notificação aos ocupantes, salvo quando houver risco iminente de desmoronamento ou grave perigo para a saúde pública, em que poderá executar-se imediatamente". O n.° 5 da disposição que tem vindo a citar-se dispõe que "fica garantido o direito à reocupação dos prédios, uma vez concluídas as obras realizadas, havendo lugar a aumento de renda nos termos gerais".

V. *Prédio; Obras; Notificação; Requerimento; Actualização de rendas.*

Despejo provisório (Dir. Civil; Proc. Civil) – O artigo 974.°, n.° 1, C.P.C., revogado pelo artigo 3.°-*b)* do Decreto-Lei n.° 321-B/90, de 15 de Outubro, dispunha o seguinte: "Estando reconhecida a existência do contrato de arrendamento, ordenar-

-se-á no despacho saneador o despejo provisório, quando se trate de arrendamento rural e haja fundadas razões para crer que a contestação é meramente dilatória, ou quando a acção se funde na falta de pagamento de renda e o réu não tenha provado por documento algum dos seguintes factos: *a)* Ter feito, em tempo oportuno, o pagamento ou o depósito da renda; *b)* Não estar ainda vencida a renda em virtude de alteração da época do vencimento; *c)* Ter depositado condicionalmente, no prazo da contestação, não se tratando de arrendamento rural, o montante da renda em dívida e da indemnização fixada por lei." O n.° 3 da mesma disposição dizia que o despejo provisório não seria ordenado "se o réu tive[sse] pedido benfeitorias que autoriz[assem] a retenção [...] enquanto o autor não prova[sse], por documento, o pagamento ou o depósito da quantia pedida".

V. *Arrendamento; Despacho saneador; Contestação; Renda; Réu; Documento; Vencimento; Indemnização; Depósito de rendas; Benfeitorias; Prova documental; Direito de retenção.*

Despesas de justiça (Proc. Civil) – V. *Despesas judiciais.*

Despesas do cumprimento (Dir. Civil) – As despesas que a realização da prestação implicar são, na falta de diversa convenção, da conta do devedor, o sujeito obrigado à prestação. Porém, se houver agravamento de tais despesas por facto do credor, a este caberá suportá-las, por força do disposto no artigo 816.°, C.C., que, para o caso de mora do credor, dispõe: "O credor em mora indemnizará o devedor das maiores despesas que este seja obrigado a fazer com o oferecimento infrutífero da prestação e a guarda e conservação do respectivo objecto".

V. *Cumprimento; Prestação; Convenção; Devedor; Credor; Mora.*

Despesas do funeral (Dir. Civil) – Compreendem todas as que se realizam antes de sepultar o corpo, e respeitam, por exemplo, à preparação e transporte do cadáver, aos ritos funerários, enterramento e trasladação, participação e agradecimentos, conforme os usos do lugar e condição do defunto.

Determina o artigo 2068.°, C.C., que "a herança responde pelas despesas com o funeral e sufrágios do seu autor". Se a morte for consequência de acto constitutivo de responsabilidade civil para alguém, o responsável é obrigado a indemnizar as despesas do funeral da vítima (artigo 495.°, n.° 1, C.C.).

V. *Morte; Cadáver; Herança; Encargos da herança; Responsabilidade civil; Indemnização.*

Despesas domésticas (Dir. Civil; Proc. Civil) – As despesas domésticas ou, mais genericamente, os encargos da vida familiar são suportados por ambos os cônjuges, na proporção das respectivas possibilidades, podendo esta obrigação ser cumprida "por qualquer deles, pela afectação dos seus recursos àqueles encargos e pelo trabalho despendido no lar ou na manutenção e educação dos filhos". Em caso de não cumprimento por parte de qualquer dos cônjuges, pode o outro dirigir-se ao tribunal, requerendo que este fixe a quantia correspondente à parte dos proventos ou rendimentos a afectar a esses encargos, que lhe será entregue directamente (v. artigo 1676.°, C.C.).

O artigo 1416.°, C.P.C., regula os termos do processo a seguir, dispondo que este se rege, no que for aplicável, pelas normas do processo para fixação de alimentos provisórios.

Este dever de contribuição para os encargos da vida familiar é parte integrante do dever de assistência a que os cônjuges se encontram reciprocamente vinculados (artigos 1672.° e 1675.°, C.C.) e a sua violação culposa, reiterada e grave pode ser judicialmente considerada como fundamento de divórcio ou separação judicial de pessoas e bens (artigos 1779.° e 1773.°, C.C.).

V. *Família; Obrigação; Cumprimento; Incumprimento; Alimentos provisórios; Deveres conjugais; Assistência; Divórcio; Separação judicial de pessoas e bens.*

Despesas do transporte (Dir. Civil) – Quando o bem que é objecto da prestação tem de ser transportado do local em que se encontra até àquele em que o cumprimento deve ser realizado, as despesas de transporte são da conta do devedor, salvo se as partes dispuserem diversamente; já se o lugar do cumprimento for aquele em que a coisa se encontra, as despesas de transporte desta para o lugar em que o credor pretende tê-la são, na falta de convenção, suportadas pelo credor.

Tudo isto mais não significa do que a consequência da regra geral de que ao devedor cabem todas as despesas e encargos inerentes à realização do cumprimento da obrigação, mas apenas esses.

V. *Prestação; Lugar do cumprimento; Convenção; Devedor; Credor; Cumprimento; Obrigação.*

Despesas judiciais (Proc. Civil; Dir. Civil) – São todos os encargos que a parte tem de suportar com o processo, tais como custas, multas e honorários dos seus mandatários judiciais.

O n.° 1 do artigo 738.°, C.C., dispõe que "os créditos por despesas de justiça feitas directamente no interesse comum dos credores, para conservação, execução ou liquidação de bens móveis, têm privilégio sobre estes bens", paralelamente estabelecendo o artigo 743.°, C.C., que créditos semelhantes, no caso de serem imóveis os bens, têm igualmente privilégio sobre eles. Finalmente, o artigo 746.° determina que "os privilégios por despesas de justiça, quer sejam mobiliários, quer imobiliários, têm preferência não só sobre os demais privilégios, como sobre as outras garantias, mesmo anteriores, que onerem os mesmos bens, e valem contra os terceiros adquirentes".

A Portaria n.° 42/2004, de 14 de Janeiro, aprova os procedimentos relativos ao sistema de gestão e controlo das operações contabilísticas a realizar no âmbito processual.

V. *Parte; Custas; Multa; Honorários; Mandatário judicial; Crédito; Móvel; Credor; Liquidação; Coisa imóvel; Privilégio creditório; Garantias especiais; Terceiro.*

Desposórios (Dir. Civil) – V. *Promessa de casamento.*

Destinação do pai de família (Dir. Civil) – Forma de constituição de uma servidão predial – artigo 1547.°, n.° 1, C.C..

Sendo uma pessoa proprietária de um único prédio com duas fracções, ou de dois prédios, e aí houver sinais visíveis e permanentes de que um deles fornecia serventia ao outro, entende-se que, se as duas fracções do prédio único ou os dois prédios vierem a separar-se, a existência de tais sinais vale como prova de servidão, a menos que ao tempo da separação coisa diversa se declare no documento respectivo.

V. artigo 1549.°, C.C..

A designação dada a esta forma de constituição de servidão resulta do facto de ser, frequentemente, na divisão de imóveis pertencentes à herança que ela se verifica, por o *de cuius* ter criado a situação de proveito para um prédio à custa do outro.

V. *Servidão predial; Imóvel; Prova; documento; Herança; Partilha da herança; "De cuius".*

Destituição de administrador (Dir. Civil; Dir. Com.; Proc. Civil) – O artigo 1484.°-B, C.P.C., na redacção do Decreto-Lei n.° 180/96, de 25 de Setembro, estabelece que o sócio que, nos termos do artigo 986.° do Código Civil, pretenda a revogação judicial da cláusula do contrato que atribua a outro a administração da sociedade, "indicará no requerimento os factos que justificam o pedido" (v. n.° 1, por remissão do n.° 4), sendo o administrador citado para contestar e a decisão tomada com prévia audição dos sócios restantes, salvo se isso não for possível (n.° 3 do mesmo artigo). O mesmo processo se aplica, por remissão do artigo 1485.° do mesmo Código, à exoneração do administrador na propriedade horizontal, quando ela for "requerida por qualquer condómino com fundamento na prática de irregularidades ou em negligência".

V. *Sociedade; Cláusula; Administrador; Requerimento; Pedido; Citação; Contestação; Condómino; Propriedade horizontal; Administrador na propriedade horizontal; Negligência.*

Destruição de documentos (Dir. Civil) – O artigo 37.° do Código do Registo Civil – aprovado pelo Decreto-Lei n.° 131/95, de 6 de Junho (rectificado pela Declaração de rectificação n.° 96/95, de 31 de Julho), alterado pelos Decretos-Leis n.°s 36/97, de 31 de Janeiro, 120/98, de 8 de Maio, 375-A/99, de 20 de Setembro, 228/2001, de 20 de Agosto, 273/2001, de 13 de Outubro,

323/2001, de 17 de Dezembro, e 113/2002, de 20 de Abril), 194/2003, de 23 de Agosto, e 53/2004, de 18 de Março –, dispõe que "podem ser destruídos, desde que tenham mais de três anos, os papéis arquivados que não tenham servido de base a qualquer registo, devendo ser feita a sua prévia identificação em auto, segundo a natureza e data, bem como a devida anotação no livro de inventário", podendo igualmente ser destruídos "os boletins para averbamento, o livro Diário e o livro de receitas e despesas, bem como os documentos que a este respeitam, [...] desde que tenham mais de 10 anos, nos termos referidos no número anterior". Podem ainda "ser destruídas, desde que tenham mais de 20 anos, as certidões de sentenças que regulem ou homologuem o exercício do poder paternal, que decretem a sua inibição ou suspensão e as relativas a providências dele limitativas"; também "os livros de extractos podem ser destruídos, mediante a sua prévia identificação em auto [...]". Finalmente, podem "ser destruídos, seja qual for a sua espécie, os documentos que hajam sido substituídos por microfilmes".

V *Documento; Registo civil; Averbamento; Certidão; Sentença; Poder paternal; Homologação; Inibição do poder paternal; Suspensão do poder paternal.*

"Desuetudo" – Termo latino que significa desuso e que se utiliza para designar o costume revogador de uma lei.

V. *Desuso da lei; Costume; "Contra legem".*

Desuso da lei – Diz-se que uma lei caiu em desuso quando se formou um costume *contra legem*, isto é, se generalizou socialmente uma prática contrária a essa norma legal, acompanhada da convicção da juridicidade dessa prática tanto pelos sujeitos que a seguem como pelos órgãos encarregados da aplicação do direito; a consequência jurídica é, pois, a da caducidade da lei.

V. *Lei; Costume; "Contra legem"; Caducidade da lei.*

Detenção (Dir. Civil) – Nos termos do artigo 1253.°, C.C., é detenção ou posse precária o poder de facto exercido por alguém sobre uma coisa, sem intenção de agir como beneficiário do direito; designa-se ainda por detenção toda a posse em nome de outrem e a situação de quem apenas se aproveita da tolerância do titular do direito.

Segundo o artigo 1290.° do mesmo Código, "os detentores ou possuidores precários não podem adquirir para si, por usucapião, o direito possuído, excepto achando-se invertido o título da posse", começando, neste último caso, o prazo para a usucapião a correr desde a inversão do título.

V. *Posse; Usucapião; Direito real; Inversão do título da posse.*

Detentor (Dir. Civil)

1. Detentor ou possuidor precário é aquele que exerce o poder de facto, correspondente a um direito real, sobre uma coisa, sem *animus possidendi*. V. artigo 1253.°, C.C..

V. *Detenção; "Animus possidendi"; Direito real; Posse.*

2. Quando, no âmbito da responsabilidade objectiva por acidentes causados por veículos, se fala em detentor de veículo de circulação terrestre, tem-se em vista a pessoa que exerce o poder de facto sobre ele, independentemente do título jurídico em que o faça. O detentor do veículo, quando o utiliza no próprio interesse, responde pelos danos que provenham dos riscos próprios do veículo.

Ser detentor do veículo não coincide necessariamente com ser o seu condutor, já que a lei expressamente refere a hipótese de o veículo ser utilizado "por intermédio de comissário". Por outro lado, tem-se assistido a uma progressiva extensão interpretativa do conceito, por parte da doutrina e da jurisprudência, abrangendo no âmbito dos detentores sujeitos que não têm nem o poder de facto sobre o veículo nem, em rigor, pode considerar-se que tenham interesse na sua "utilização": assim acontece com o comodante ou o locador, por exemplo.

V. artigo 503.°, C.C..

V. *Acidente de viação; Responsabilidade objectiva; Comissário; Comodante; Locador.*

3. O Decreto-Lei n.° 312/2003, de 17 de Dezembro, que estabelece o regime de detenção de animais perigosos e potencial-

mente perigosos como animais de companhia, caracteriza o detentor de animal de companhia como "qualquer pessoa, individual ou colectiva, que mantenha sob sua responsabilidade, mesmo que a título temporário, um animal perigoso ou potencialmente perigoso".

V. *Animais; Pessoa singular; Pessoa colectiva.*

Deterioração da coisa (Dir. Civil) – Quando o bem que é objecto da prestação se deteriora por causa imputável ao devedor, este realiza um cumprimento defeituoso – podendo até incumprir completamente, se a deterioração for de tal extensão ou gravidade que a coisa tenha de ser considerada como um *aliud* relativamente à devida – e responde pelos danos que da inexactidão do cumprimento derivarem para o credor, nos termos gerais da responsabilidade contratual. Se a deterioração se tiver ficado a dever a facto do credor, o devedor exonera-se mediante a prestação da coisa no estado em que se encontrar. Caso a deterioração não seja devida a culpa de nenhuma das partes, o devedor exonera-se pela prestação do bem tal como existe, mas o credor pode resolver o negócio se provar que não tem, justificadamente, interesse na coisa no estado em que ela se encontra (artigo 793.°, n.° 2, C.C.); se a deterioração não culposa ocorrer depois de o devedor estar constituído em mora, o artigo 807.°, C.C., impõe ao devedor a responsabilidade pelo prejuízo que o credor sofrer em consequência da deterioração, só podendo o devedor excluir esta responsabilidade se fizer relevar negativamente a causa virtual, isto é, se "provar que o credor teria sofrido igualmente os danos se a obrigação tivesse sido cumprida em tempo".

No domínio da locação, determina o artigo 1044.°, C.C., que o locatário responde pelas deteriorações da coisa locada, salvo se se tratar de "deteriorações inerentes a uma prudente utilização, em conformidade com os fins do contrato" ou "se resultarem de causa que lhe não seja imputável nem a terceiro a quem tenha permitido a utilização dela". O artigo 4.° do Regime do Arrendamento Urbano – aprovado pelo Decreto-Lei n.° 321-B/90, de 15 de Outubro, rectificado por declaração publicada no *Diário da República*, I-A série, de 30 de Novembro de 1990, e alterado pelo Decreto-Lei n.° 278/93, de 10 de Agosto (este último alterado, por ratificação, pela Lei n.° 13/94, de 11 de Maio), pelo Decreto-Lei n.° 163/95, de 13 de Julho, pela Lei n.° 89/95, de 1 de Setembro, pelo Decreto-Lei n.° 257/95, de 30 de Setembro, pela Lei n.° 135/99, de 28 de Agosto, pelos Decretos-Leis n.°s 64-A/2000, de 22 de Abril, e 329-B/2000, de 22 de Dezembro, e pelas Leis n.°s 6/2001 e 7/2001, ambas de 11 de Maio – dispõe que, no arrendamento urbano, "é lícito ao arrendatário realizar pequenas deteriorações no prédio arrendado, quando elas se tornem necessárias para assegurar o seu conforto ou comodidade", devendo, porém, tais deteriorações "ser reparadas pelo arrendatário antes da restituição do prédio, salvo estipulação em contrário".

V. *Obrigação; Prestação; Culpa; Devedor; Cumprimento defeituoso; Incumprimento total; "Aliud pro alio"; Responsabilidade contratual; Credor; Extinção das obrigações; Resolução do contrato; Interesse do credor; Mora; Inversão do risco; Causa virtual; Locação; Terceiro; Arrendamento urbano.*

Determinabilidade (Dir. Civil) – O objecto do negócio jurídico tem de ser determinável, sendo nulo aquele cujo objecto o não seja (artigo 280.°, C.C.).

V. *Negócio jurídico; Objecto negocial; Nulidade.*

Determinação da prestação (Dir. Civil) – A prestação, não podendo ser indeterminável, sob pena de nulidade do contrato de que emerge a obrigação (artigo 280.°, C.C.), pode ser indeterminada no momento da celebração do contrato, vindo a determinar-se em momento posterior.

Dispõe o artigo 400.°, C.C., que "a determinação da prestação pode ser confiada a uma das partes ou a terceiro", devendo, em qualquer caso, ser feita segundo juízos de equidade, se não tiver sido fixado outro critério; o tribunal pode proceder a essa determinação, não tendo ela sido feita oportunamente ou não podendo ser feita: o processo para tal determinação encontra-se previsto no artigo 1429.°, C.P.C., na redacção do Decreto-Lei n.° 329-A/95, de 12 de Dezembro.

Sendo a obrigação genérica ou alternativa, há também necessidade de determinação do respectivo objecto; sobre tal determinação, v. as regras dos artigos 539.° e segs. e 543.° e segs., C.C..

V. *Prestação; Nulidade; Contrato; Obrigação; Celebração do contrato; Parte; Terceiro; Equidade; Obrigação genérica; Obrigação alternativa.*

Devedor (Dir. Civil) – Pessoa adstrita para com outra à realização de uma prestação.

O devedor, sujeito passivo da obrigação, podendo não ser a pessoa que realiza a prestação debitória, é o único a quem ela pode ser exigida.

V. *Prestação; Obrigação; Credor; "Solvens".*

Dever (Dir. Civil) – V. *Dever jurídico.*

Dever acessório (Dir. Civil) – A relação obrigacional comporta, muitas vezes, funcionalmente conexos com o dever da prestação principal e dele instrumentais, deveres acessórios deste, destinados a preparar a respectiva execução ou a assegurar uma sua integral realização.

Tais deveres acessórios são variáveis na sua existência, medida e extensão, em função do tipo de prestação e do interesse creditório que ela visa satisfazer.

Assim, por exemplo, na compra e venda, o vendedor tem de entregar a coisa vendida no estado em que ela se encontrava ao tempo da conclusão do contrato: os deveres acessórios que sobre ele recaem dependem do período que interceder entre a conclusão do contrato e o cumprimento da obrigação de entrega (caso tal cumprimento seja imediatamente sucessivo à celebração do contrato, não haverá tipicamente qualquer dever acessório), da natureza da coisa vendida (caso se trate de bem que seja valioso, os cuidados com a sua guarda são diversos daqueles que requer uma coisa de valor pouco significativo; se for uma coisa perecível ou deteriorável, terá de ser mantida em condições que assegurem a sua integridade).

V. Obrigação; *Prestação; Interesse do credor; Cumprimento; Relação obrigacional complexa; Compra e venda.*

Dever de abstenção (Dir. Civil) – Dever de não praticar dados actos *(non facere)* ou, mesmo, de suportar uma actuação alheia *(pati).*

Tanto o dever como a obrigação podem ter como objecto um comportamento omissivo, uma abstenção.

Fala-se muitas vezes – embora o conceito não seja incontroverso – em dever geral de abstenção para significar a posição jurídica passiva, contraposta aos direitos reais ou, genericamente, aos direitos absolutos.

V. *Dever jurídico; Obrigação; Prestação negativa; Direito real; Direito absoluto.*

Dever de administrar justiça – O artigo 8.°, n.° 1, C.C., proíbe o tribunal de se abster de julgar com fundamento em falta ou obscuridade da lei ou em "dúvida insanável acerca dos factos em litígio". Por seu lado, o artigo 156.°, n.° 1, C.P.C. (na redacção do Decreto-Lei n.° 329-A/95, de 12 de Dezembro), dispõe que "os juízes têm o dever de administrar justiça, proferindo despacho ou sentença sobre as matérias pendentes e cumprindo, nos termos da lei, as decisões dos tribunais superiores".

V. também o artigo 3.° do Estatuto dos Magistrados Judiciais (Lei n.° 21/85, de 30 de Julho, alterada pelo Decreto-Lei n.° 342/88, de 28 de Setembro, e pelas Leis n.°s 2/90, de 20 de Janeiro, 10/94, de 5 de Maio, 44/96, de 3 de Setembro, 81/98, de 3 de Dezembro, 143/99, de 31 de Agosto, 3-B/2000, de 4 de Abril, e 42/2005, de 29 de Agosto).

V. *Denegação de justiça; Despacho; Sentença; Magistrado judicial; Acção de indemnização contra magistrados.*

Dever de assistência (Dir. Civil) – V. *Assistência.*

Dever de coabitação (Dir. Civil) – V. *Coabitação.*

Dever de conduta (Dir. Civil) – Os deveres de conduta ou de protecção, integrados na relação obrigacional, visam essencialmente garantir que o cumprimento da obrigação seja conforme à boa fé (artigo 762.°, n.° 2, C.C.) e podem resolver-se em deveres de conteúdos diversos, dependentementе do objecto da obrigação e das circunstâncias da sua execução.

Um exemplo claro de dever deste tipo – que vem sendo progressivamente reconhecido pela doutrina e pela jurisprudência portuguesas – é o de o obrigado à preferência, na comunicação que faz ao preferente para o exercício do direito deste, indicar a identidade do terceiro que está disposto a concluir o contrato nos termos enunciados. Esta informação não é imposta pelo artigo 416.°, decorrendo da boa fé no cumprimento da obrigação.

V. *Obrigação; Cumprimento; Boa fé; Relação obrigacional complexa; Obrigação de preferência; Notificação para a preferência.*

Dever de cooperação (Proc. Civil) – V. *Cooperação.*

Dever de fidelidade (Dir. Civil) – V. *Fidelidade conjugal.*

Dever de fundamentação das decisões (Proc. Civil) – V. *Fundamentação das decisões.*

Dever de guarda (Dir. Civil) – V. *Direito de custódia; Guarda de menores.*

Dever de informação (Dir. Civil) – V. *Obrigação de informação.*

Dever de lealdade (Dir. Civil) – Nas negociações preliminares à celebração de um negócio, a boa fé que tem, por força do artigo 227.°, C.C., de regular o comportamento das partes negociadoras, impõe a estas uma conduta honesta e correcta, o que importa, designadamente, o dever de avisar a contraparte de qualquer dificuldade ou risco de insucesso das negociações e o dever de não romper estas inesperada e abusivamente, podendo implicar ainda outros deveres, como o de sigilo acerca dos conhecimentos que se obtiveram da contraparte por causa das negociações ou, até, sobre a existência destas mesmas. A violação culposa do dever de lealdade pré-negocial constitui o inadimplente na obrigação de reparar os danos que a sua conduta tenha causado à contraparte.

V. *Negociações preliminares; Boa fé; Culpa; Dano; Responsabilidade pré-contratual.*

Dever de obediência (Dir. Civil)

1. O artigo 128.°, C.C., determina que, "em tudo quanto não seja ilícito ou imoral, devem os menores não emancipados obedecer a seus pais ou tutor e cumprir os seus preceitos".

O n.° 2 do artigo 1878.°, C.C., depois de reafirmar o dever de obediência dos menores a seus pais, precisa, no entanto, que estes, "[...] de acordo com a maturidade dos filhos, devem ter em conta a sua opinião nos assuntos familiares importantes e reconhecer-lhes autonomia na organização da própria vida".

Os tribunais de menores são competentes para "apreciar e decidir pedidos de protecção de menores contra o exercício abusivo de autoridade na família ou nas instituições a que estejam entregues" – artigo 83.°, n.° 3-*d)*, da Lei de Organização e Funcionamento dos Tribunais Judiciais, aprovada pela Lei n.° 3/99, de 13 de Janeiro, rectificada pela Declaração de rectificação n.° 7/99, de 16 de Fevereiro, e alterada pela Lei n.° 101/99, de 26 de Julho, pelos Decretos-Leis n.°s 323/2001, de 17 de Dezembro, e 38/2003, de 8 de Março – este rectificado pela Declaração de rectificação n.° 5-C/2003, de 30 de Abril –, pela Lei n.° 105/2003, de 10 de Dezembro, pelo Decreto-Lei n.° 53/2004, de 18 Março, pela Lei n.° 42/2005, de 29 de Agosto, e pelo Decreto-Lei n.° 76-A/2006, de 29 de Março (rectificado pela Declaração de rectificação n.° 28-A/2006, de 26 de Maio).

O artigo 34.° da Lei de Protecção de Crianças e Jovens em Perigo (aprovada pela Lei n.° 147/99, de 1 de Setembro) dispõe que as "medidas de promoção e protecção visam [...] afastar o perigo em que estes se encontram [...], proporcionar-lhes as condições que permitam proteger e promover a sua segurança, saúde, formação, educação, bem-estar e desenvolvimento integral [...] [e] garantir a recuperação física e psicológica das crianças e jovens vítimas de qualquer forma de exploração ou abuso". Os artigos 64.° e segs. deste diploma enunciam as pessoas obrigadas à comunicação das situações de perigo referidas, dispondo o artigo 66.°, n.° 2, que "a comunicação é obrigatória para qualquer pessoa que tenha conhecimento de situações que ponham em risco a vida, a integridade física ou psíquica ou a liberdade da criança ou do jovem".

V. *Menor; Emancipação; Tutor; Poder paternal; Tribunal de menores; Família; Medida.*

2. Os funcionários e agentes do Estado têm, relativamente aos respectivos superiores hierárquicos e em matéria de serviço, um dever de obediência hierárquica. O cumprimento deste dever constitui causa de justificação de acto ilícito praticado pelo funcionário ou agente, desde que o acto haja sido realizado "no cumprimento de ordens ou instruções emanadas de legítimo superior hierárquico e em matéria de serviço, se previamente delas tiver reclamado ou tiver exigido a sua transmissão ou confirmação por escrito" – artigo 271.°, n.° 2, da Constituição da República. O cumprimento do dever de obediência hierárquica nunca é causa justificativa de acto que constitua ilícito criminal (artigo 271.°, n.° 3).

V. *Responsabilidade civil; Ilicitude; Causas justificativas; Obediência hierárquica.*

Dever de respeito (Dir. Civil) – Os cônjuges encontram-se reciprocamente vinculados ao dever de respeito, que essencialmente impõe a qualquer deles que não viole a integridade física e moral do outro. A violação culposa deste dever, bem como a de qualquer outro dos deveres conjugais, constitui fundamento de divórcio ou de separação judicial de pessoas e bens, desde que, pela sua gravidade e/ou reiteração, comprometa a possibilidade da vida em comum dos cônjuges.

V. artigos 1672.°, 1773.° e 1779.°, C.C..

V. *Deveres conjugais; Culpa; Divórcio; Separação judicial de pessoas e bens.*

Dever de sigilo (Dir. Civil)

1. V. *Sigilo profissional.*

2. Aqueles que negoceiam com vista à celebração de qualquer contrato têm de pautar o seu comportamento pela boa fé, da qual emerge o dever de não divulgar informações relativas à contraparte que tenham sido obtidas no decurso e por causa das negociações; o dever de sigilo pré-contratual pode abranger as próprias negociações, bem como os motivos da sua ruptura. A violação culposa deste dever constitui o inadimplente em responsabilidade pelos danos que da violação resultarem para a outra parte.

V. artigo 227.°, C.C..

V. *Negociações preliminares; Boa fé; Dever pré-contratual; Culpa; Dano; Responsabilidade pré-contratual.*

Dever de socorro (Dir. Civil; Dir. Com.) – O artigo 3.° do Decreto-Lei n.° 203/98, de 10 de Julho, rectificado pela Declaração de rectificação n.° 11-M/98, de 31 de Julho, impõe o dever de "prestar socorro a pessoas em perigo no mar, desde que isso não acarrete risco grave para a sua [do respectivo capitão, sujeito passivo do dever] embarcação ou para as pessoas embarcadas, devendo a sua acção ser conformada com o menor prejuízo ambiental"; a omissão deste dever pode implicar – além de outra, se couber – responsabilidade civil, desde que haja culpa, dano e nexo causal entre a omissão do dever e o prejuízo.

V. *Navio; Omissão; Responsabilidade civil; Salvação marítima; Culpa; Causalidade; Dano; Protecção do ambiente.*

Dever de vigilância

1. (Dir. Civil) – Dever, que tanto pode resultar da lei como de negócio jurídico, de vigiar uma pessoa que seja naturalmente incapaz de se reger (em razão da menoridade, de anomalia psíquica ou de qualquer outra fragilidade física ou psicológica).

Os obrigados à vigilância de um incapaz (natural, no sentido *supra* enunciado) respondem civilmente pelos danos que este causar a terceiros, a menos que provem que cumpriram o seu dever de vigilância ou que os danos se teriam produzido ainda que o tivessem cumprido.

V. artigo 491.°, C.C..

O dever de vigilância pode existir relativamente a coisas, móveis ou imóveis ou a animais, sendo o obrigado à vigilância responsável pelos danos que as coisas ou animais causarem, "salvo se provar que nenhuma culpa houve da sua parte ou que os danos se teriam igualmente produzido ainda que não houvesse culpa sua".

V. artigo 493.°, C.C..

Há também dever de vigilância por parte do comitente relativamente ao seu comissário e por parte do devedor em relação aos seus substitutos ou auxiliares, podendo quer o comitente quer o devedor ser responsabilizados por acto próprio, se os danos provocados, a terceiros ou ao credor respectivamente, tiverem sido causados por omissão desse dever de vigilância.

Há não um dever, mas um poder de vigilância, relativamente ao progenitor que não exerça o poder paternal, quanto à "educação e [...] condições de vida do filho" (artigo 1906.°, n.° 4, C.C., na redacção da Lei n.° 59/99, de 30 de Junho).

V. *Negócio jurídico; Menoridade; Anomalia psíquica; Culpa "in vigilando"; Responsabilidade civil; Dano; Imputabilidade; Dano; Móvel; Imóvel; Animais; Culpa; Causa virtual; Comitente; Comissário; Devedor; Substituto; Auxiliar; Pode paternal.*

Deveres conjugais (Dir. Civil) – "Os cônjuges estão reciprocamente vinculados pelos deveres de respeito, fidelidade, coabitação, cooperação e assistência" – artigo 1672.°, C.C.. A violação culposa de qualquer destes deveres constitui fundamento de divórcio ou de separação judicial de pessoas e bens, desde que, pela sua reiteração e/ou gravidade, comprometa a possibilidade de vida em comum dos cônjuges.

V. artigos 1773.° e 1779.°, C.C..

V. *Dever de respeito; Fidelidade conjugal; Coabitação; Cooperação; Assistência; Divórcio; Culpa; Separação judicial de pessoas e bens.*

Dever jurídico (Dir. Civil) – Situação jurídica passiva, que determina para uma pessoa a necessidade de praticar ou não praticar determinado facto. O cumprimento de um dever pode, normalmente, ser obtido pelo titular do direito correspondente, através de uma acção judicial, ou, caso o incumprimento seja definitivo, atribui ao titular o direito a ser indemnizado pelos prejuízos que o incumprimento lhe acarretar.

O dever jurídico pode ter um titular determinado (quando lhe corresponde um direito de crédito de alguém) ou recair sobre todas as pessoas, exceptuando o titular do direito correspondente (quando este tem um direito real ou outro direito absoluto); pode ainda recair sobre a generalidade dos sujeitos ou sobre um grupo e não existir nenhum direito subjectivo que se lhe contraponha: assim sucede quando o dever é imposto no interesse geral ou no interesse público.

Por vezes o cumprimento de um dever exclui o carácter ilícito do incumprimento de um outro dever.

V. *Direito subjectivo; Ónus; Poder funcional; Sujeição; Incumprimento definitivo; Indemnização; Dano; Crédito; Direito real; Direito absoluto; Cumprimento de um dever; Causas justificativas.*

Dever lateral (Dir. Civil) – Expressão que se usa em sinonímia com a de *dever de conduta* (v. esta expressão).

Dever pré-contratual (Dir. Civil) – Na fase dos preliminares de um contrato ou de qualquer negócio jurídico, o artigo 227.°, C.C., impõe aos sujeitos negociadores um conjunto de deveres que emergem da boa fé e cuja culposa violação faz incorrer o infractor em responsabilidade perante a outra parte pelos danos resultantes dessa violação.

Se pode, em geral, dizer-se que entre esses deveres se contam o de informação, o de esclarecimento, o de clareza, o de lealdade ou o de sigilo, só em concreto, tendo em conta a natureza do negócio, a condição dos sujeitos envolvidos nas negociações ou os termos e fase destas, é que pode dizer-se não apenas quais os deveres que vinculam os negociadores, como a extensão e intensidade deles.

Porque os deveres emergentes da boa fé na fase dos preliminares se traduzem na imposição de comportamentos, positivos e omissivos, a um sujeito determinado face a (e no interesse de) outro sujeito determinado, eles constituem verdadeiras obrigações em sentido técnico-jurídico.

Há diplomas, em especial aqueles que se ocupam da protecção dos consumidores, enquanto partes em contratos, que desenvolvem o enunciado e regime dos deveres pré-contratuais. Assim e principalmente, o Decreto-Lei n.° 446/85, de 25 de Outubro, alterado pelos Decretos-Leis n.°s 220/95, de 31 de Agosto (rectificado pela Declaração de rectificação n.° 114-B/95, de 31 de Agosto), 249/99, de 7 de Julho, e 323/2001, de 17 de Dezembro, dispõe, no seu artigo 5.°, que "as cláusulas contratuais gerais devem ser comunicadas na íntegra aos aderentes que se limitem a subscrevê-las ou a aceitá-las", devendo a comunicação "ser realizada de modo adequado e com a antecedência necessária para que, tendo em conta o importância do contrato e a extensão e complexidade das cláusulas, se torne possível o seu conhecimento completo e efectivo por quem use de comum diligência"; o artigo 6.° acrescenta que "o contraente que recorra a cláusulas contratuais gerais deve informar, de acordo com as circunstâncias, a outra parte dos aspectos nela compreendidos cuja aclaração se justifique", sendo ainda obrigado a prestar "todos os esclarecimentos razoáveis solicitados".

Outro, de entre os muitos exemplos de dispositivos legais informados pela preocupação de sublinhar os deveres pré-contratuais, em certos tipos de contratos, é o Decreto-Lei n.° 95/2006, de 29 de Maio, que transpõe a Directiva n.° 2002/65/CE, do Parlamento Europeu e do Conselho, de 23 de Setembro, que se ocupa do regime da informação pré-contratual nos contratos relativos a serviços financeiros prestados a consumidores através de meios de comunicação à distância. No artigo 9.° deste, se estabelece que, "sempre que o consumidor seja português, a informação pré-contratual, os termos do contrato à distância e todas as demais comunicações relativas ao contrato são efectuadas em língua portuguesa, excepto quando o consumidor aceite a utilização de outro idioma", fazendo o artigo 10.° impender sobre o prestador dos serviços "o ónus da prova do cumprimento da obrigação de informação ao consumidor, assim como do consentimento deste em relação à celebração do contrato", cominando com a nulidade cláusulas que disponham o contrário. Os artigos 11.° a 18.° deste diploma tratam da informação pré-contratual em termos exaustivos.

V. *Negociações preliminares; Contrato; Negócio jurídico; Boa fé; Obrigação; Responsabilidade pré-contratual; Cláusulas contratuais gerais; Contrato de adesão; Cláusula; Obrigação de informação; Diligência; Consumidor; Tutela do consumidor; Contrato celebrado à distância; Nulidade; Ónus da prova.*

Dever principal (Dir. Civil) – Dever principal ou primário de prestação é o comportamento essencial a que o devedor fica adstrito e que caracteriza a obrigação.

V. *Obrigação; Prestação.*

Dever secundário (Dir. Civil) – Além do dever principal ou primário de prestação, o devedor tem ou pode ter – em consequência do princípio da boa fé, de disposição legal ou de convenção – outros deveres, uns desempenhando uma função instrumental do dever primário (dever de conservar a coisa entregue, de a embalar ou fazer transportar, por exemplo), outros dotados de prestação autónoma (por exemplo, o dever de indemnização ao credor pela mora).

V. *Obrigação; Devedor; Prestação; Boa fé; Convenção; Relação obrigacional complexa; Responsabilidade obrigacional; Mora.*

Devolução (Dir. Civil) – Em direito das sucessões, devolução é o chamamento de uma ou mais pessoas à sucessão de alguém que faleceu, com a atribuição de um direito potestativo de aceitar ou repudiar a herança (cfr. Galvão Telles, *Direito das Sucessões*, pág. 89).

A lei distingue entre o chamamento dos herdeiros à titularidade das relações patrimoniais (*sucessão*) e a consequente entrega dos bens (*devolução*) – v. artigo 2024.°, C.C..

V. *Sucessão; Herança; Direito potestativo; Aceitação da herança; Repúdio; Herdeiro.*

Diário da República – As leis, para vigorarem, têm de ser, obrigatoriamente, publicadas no jornal oficial, o *Diário da República* (artigo 5.°, n.° 1, C.C.).

V. também artigo 1.° da Lei n.° 74/98, de 11 de Novembro, alterada pela Lei n.° 2/2005, de 24 de Janeiro.

O artigo 3.° desta Lei enuncia a composição formal do *Diário da República* e respectivos conteúdos, dispondo que, na sua 1.ª série, ele compreende duas partes, a A e a B.

"São objecto de publicação na parte A da 1.ª série do *Diário da República*:

a) As leis constitucionais;

b) As convenções internacionais, os respectivos decretos presidenciais e avisos de ratificação, bem como os restantes avisos a elas respeitantes;

c) As leis orgânicas, as leis, os decretos-leis e os decretos legislativos regionais;

d) Os decretos do Presidente da República;

e) As resoluções da Assembleia da República;

f) Os decretos dos Representantes da República de nomeação e exoneração dos Presidentes e membros dos Governos Regionais dos Açores e da Madeira;

g) Os regimentos da Assembleia da República, do Conselho de Estado e das Assembleias Legislativas das Regiões Autónomas;

h) As decisões e as declarações do Tribunal Constitucional que a lei mande publicar na 1.ª série do *Diário da República;*

i) As decisões de uniformização de jurisprudência do Supremo Tribunal de Justiça e do Tribunal de Contas e as decisões do Supremo Tribunal Administrativo a que a lei confira força obrigatória geral;

j) Os resultados dos referendos e das eleições para o Presidente da República, a Assembleia da República, as Assembleias Legislativas das Regiões Autónomas e o Parlamento Europeu, nos termos da respectiva legislação aplicável;

l) A mensagem de renúncia do Presidente da República;

m) As moções de rejeição do Programa do Governo, de confiança e de censura;

n) Os pareceres do Conselho de Estado previstos nas alíneas *a)* a *e)* do artigo 145.° da Constituição e aqueles que o próprio Conselho de Estado delibere publicar".

"São objecto de publicação na parte B da 1.ª série do *Diário da República:*

a) Os demais decretos do governo;

b) As resoluções do Conselho de Ministros e as portarias que contenham disposições genéricas;

c) As resoluções das Assembleias Legislativas das Regiões Autónomas e os decretos regulamentares regionais;

d) Os despachos normativos dos membros do Governo;

e) As decisões de outros tribunais não mencionados no número anterior às quais a lei confira força obrigatória geral;

f) Os resultados das eleições para os órgãos das autarquias locais;

g) Os orçamentos dos serviços do Estado que a lei mande publicar na 1.ª série e as declarações sobre transferências de verbas;

h) As declarações relativas à renúncia ou à perda de mandato dos deputados à Assembleia da República e às Assembleias Legislativas das Regiões Autónomas".

O Diário da República tem actualmente uma versão electrónica, que "inclui um registo de acesso livre e gratuito, do qual constam as datas da sua efectiva distribuição", fazendo este registo "prova para todos os efeitos legais" e devendo abranger "as edições do *Diário da República* desde 25 de Abril de 1974" (artigo 18.° da citada Lei).

V. *Lei; Decreto legislativo regional; Decreto; Tribunal Constitucional; Uniformização da jurisprudência.*

Dias úteis (Dir. Civil) – Dias destinados, em princípio, ao exercício de actividades profissionais.

A propósito da contagem de prazos, o artigo 279.°-*e)*, C.C., apenas exclui dos dias úteis os domingos e feriados.

Os prazos judiciais suspendem-se, em princípio, durante as férias judiciais (cfr. artigo 12.° da Lei de Organização e Funcionamento dos Tribunais Judiciais, aprovada pela Lei n.° 3/99, de 13 de Janeiro, rectificada pela Declaração de rectificação n.° 7/99, de 16 de Fevereiro, e alterada pela Lei n.° 101/99, de 26 de Julho, pelos Decretos-Leis n.°s 323/2001, de 17 de Dezembro, e 38/2003, de 8 de Março, pela Lei n.° 105/2003, de 10 de Dezembro, pelo Decreto-Lei n.° 53/2004, de 18 Março, pela Lei n.° 42/2005, de 29 de Agosto, e pelo Decreto-Lei n.° 76-A/2006, de 29 de Março – este rectificado pela Declaração de rectificação n.° 28-A/2006, de 26 de Maio), e, se o prazo para a prática de acto processual terminar em sábados, domingos, dias feriados ou dias em que for concedida tolerância de ponto, "transfere-se para o primeiro dia útil seguinte" – artigo 144.°, n.°s 1 a 3, C.P.C., cuja redacção é a do Decreto-Lei n.° 329-A/95, de 12 de Dezembro.

V. *Cômputo do termo; Feriados; Prazo; Prazo judicial; Férias judiciais; Actos processuais; Suspensão de prazo judicial.*

"Dies ad quem" (Dir. Civil; Proc. Civil) – A expressão *dies ad quem* (dia no qual) significa o último dia de um prazo.

V. *Prazo; Cômputo do termo.*

"Dies a quo" (Dir. Civil; Proc. Civil) – Expressão que designa o dia a partir do qual é contado um prazo.

V. *Prazo; Cômputo do termo.*

"Dies certus an certus quando" (Dir. Civil) – Fórmula latina significativa de *termo certo* (v. esta expressão).

"Dies certus an incertus quando" (Dir. Civil) – Expressão que significa *termo incerto* (v. esta expressão).

"Dies incertus an incertus quando" (Dir. Civil) – Expressão que significa facto incerto quanto à ocorrência e quanto à data de verificação, isto é, *condição* (v. este termo).

"Dies interpellat pro homine" (Dir. Civil) – Expressão que se utiliza para significar que o vencimento de uma obrigação a prazo depende não da interpelação do credor ao devedor, mas tão-somente do esgotamento do prazo.

V. *Vencimento; Obrigação a prazo; Credor; Devedor; Interpelação.*

Diferença (Dir. Civil) – V. *Teoria da diferença.*

Diferimento da desocupação (Dir. Civil) – Nos termos do artigo 70.° do Regime do Arrendamento Urbano – aprovado pelo Decreto-Lei n.° 321-B/90, de 15 de Outubro, rectificado por declaração publicada no *Diário da República*, I-A série, de 30 de Novembro de 1990, e alterado pelo Decreto-Lei n.° 278/93, de 10 de Agosto, este último alterado, por ratificação, pela Lei n.° 13/94, de 11 de Maio, pelo Decreto-Lei n.° 163/95, de 13 de Julho, pela Lei n.° 89/95, de 1 de Setembro, pelo Decreto-Lei n.° 257/95, de 30 de Setembro, pela Lei n.° 135/99, de 28 de Agosto, pelos Decretos-Leis n.°s 64-A/2000, de 22 de Abril, e 329-B/2000, de 22 de Dezembro, e pelas Leis n.°s 6/2001 e 7/2001, ambas de 11 de Maio – (correspondente ao antigo artigo 1097.°, C.C.), a decisão judicial em acção de despejo de prédio urbano, quando fundada em denúncia do contrato pelo senhorio, só obriga à desocupação do prédio três meses após o seu trânsito em julgado.

Quanto ao arrendamento para habitação, o artigo 102.°, R.A.U., estabelece que "a desocupação de um local arrendado para habitação, motivado pela cessação do respectivo contrato, pode ser diferida por razões sociais imperiosas [...]", sendo tal diferimento "facultado na decisão da acção de despejo", "de acordo com o prudente arbítrio do tribunal [tendo em conta "as exigências da boa fé, a circunstância de o réu não dispor imediatamente de outra habitação, o número de pessoas que habitam com o réu, a sua idade, o seu estado de saúde e, em geral, a situação económica e social das pessoas evolvidas"], quando se demonstre alguma das seguintes circunstâncias": causar a desocupação imediata "ao réu um prejuízo muito superior à vantagem conferida ao autor"; no caso de o despejo ter como fundamento a resolução do contrato "por não pagamento de rendas, a falta do mesmo [...] [se dever] a carência de meios do réu" – artigo 103.°. Este diferimento "por razões sociais" "não pode exceder o prazo máximo de um ano a contar da data do trânsito em julgado da sentença que tenha decretado o despejo", absorvendo este prazo "quaisquer outros diferimentos permitidos por leis gerais ou especiais" – artigo 104.°. De acordo com o artigo 105.°, "o pedido de diferimento formulado pelo réu ou pelo Ministério Público deve ser apresentado até ao momento da designação do dia para a audiência final", sendo o autor ouvido e podendo opor-se "na resposta à contestação ou no prazo de sete dias, conforme o pedido tenha sido formulado na própria contestação ou depois dela"; tanto o pedido como a oposição a ele devem ser acompanhados das provas disponíveis e da indicação das "testemunhas, a apresentar, até ao limite de três por cada parte". Finalmente, o artigo 106.°, sempre do mesmo diploma, define o regime de pagamento de rendas durante o período do diferimento.

Nos arrendamentos para comércio ou indústria ou exercício de profissão liberal que tiverem durado um ou mais anos e cessarem por caducidade ou denúncia do senhorio, têm os respectivos arrendatários um prazo de um ano, após o termo do contrato ou da renovação, para desocupar o prédio, sendo este prazo de dois anos, se os arrendamentos tiverem durado dez ou mais anos (v. artigos 114.° – correspondente ao antigo artigo 1116.°, C.C. – e 121.°, R.A.U.).

O R.A.U. também prevê casos de suspensão do despejo nos seus artigos 60.° e 61.°, justificando-se fazer alusão ao considerado no artigo 61.°, pela natureza do respectivo fundamento, muito embora se esteja aqui na fase de execução de um despejo já decretado judicialmente e não na fase de discussão que precede a decisão judicial: aí se estabelece que se sobrestará no despejo, quando, "tratando-se de arrendamento para habitação, se mostre, por atestado médico, que a diligência põe em risco de vida, por razões de doença aguda, a pessoa que se encontra no local".

V. *Arrendamento urbano; Despejo; Denúncia; Trânsito em julgado; Prédio urbano; Arrendamento para habitação; Boa fé; Resolução do arrendamento; Caducidade do arrendamento; Autor; Réu; Renda; Ministério Público; Requerimento; Contestação; Resposta à contestação; Audiência; Prova; Testemunha; Arrendamento comercial; Renovação do contrato; Execução; Sustação do mandado de despejo.*

"Difficultas praestandi" (Dir. Civil) – Sempre que o cumprimento da obrigação, não se tendo propriamente impossibilitado, se apresente como extraordinariamente gravoso ou extremamente difícil para o devedor, diz-se que há uma impossibilidade relativa ou *difficultas praestandi.*

Não é pacífica a doutrina portuguesa quanto à solução a dar ao problema de saber se, nestas circunstâncias, deve ou não considerar-se o devedor igualmente vinculado. Embora haja autores, como Vaz Serra, que propendem para o entendimento de que a doutrina do "limite do sacrifício" resulta, no direito português, do princípio da boa fé, a maioria da doutrina defende que, em regra, a exigibilidade do crédito não é afectada pelo facto de a prestação se ter tornado excessivamente onerosa ou difícil para o devedor. Há porém, autores, como Galvão Telles, que, embora não aderindo à doutrina do limite do sacrifício, entendem que o incumprimento (temporário ou definitivo) do devedor não o constitui em responsabilidade, sempre que a prestação se tenha tornado extraordinariamente onerosa ou difícil, por não haver, nesses casos, culpa debitória.

Nas situações que se deixaram sumariamente caracterizadas, poderá evidentemente o devedor, se se encontrarem reunidos os requisitos nele previstos, recorrer ao artigo 437.° do Código Civil, obtendo a resolução do contrato ou a sua modificação segundo juízos de equidade.

V. *Obrigação; Cumprimento; Boa fé; Impossibilidade de cumprimento; Doutrina do limite do sacrifício; Incumprimento; Responsabilidade obrigacional; Culpa; Alteração das circunstâncias; Resolução do contrato; Modificação do contrato.*

Dilação (Dir. Civil; Proc. Civil) – Termo que designa genericamente o prolongamento de um prazo ou a atribuição de um prazo suplementar.

A versão do Código de Processo Civil anterior à última reforma continha a previsão de vários casos de dilação que foram suprimidos. Assim por exemplo, quando o réu tivesse domicílio em comarca diversa daquela em que fora proposta a acção, a sua citação era ordenada por carta precatória ao tribunal da comarca do respectivo domicílio, devendo a carta declarar a dilação, isto é, o prazo suplementar concedido para a dedução da defesa do réu; o n.° 2 do antigo artigo 180.°, C.P.C., enunciava os limites dentro dos quais seria fixada a dilação, dispondo o n.° 4 da mesma norma que, "quando, por motivo de força maior, se registe grave perturbação nos meios de comunicação com o lugar onde deva ser efectuada a diligência, podem os limites fixados no n.° 2 ser ampliados ou prorrogados na medida do que fundadamente se julgue necessário". Nos casos em que a citação fosse realizada por meio de editais, determinava o n.° 1 do artigo 249.°, C.P.C.: "Nos editais individualizar-se-á a acção para que o ausente é citado, [...]; além disso, designar-se-á o tribunal em que o processo corre [...], a dilação, o prazo para a defesa e a cominação, explicando-se que o prazo para a defesa só começa a correr depois de finda a dilação e que esta se conta da publicação do último anúncio ou, não havendo lugar a anúncios, da data da afixação dos editais, que destes constará então"; o n.° 3 da mesma disposição determinava que "a dilação [era] fixada entre trinta e cento e oitenta dias".

Introduzido pelo Decreto-Lei n.° 329-A/95, de 12 de Dezembro, e com uma redacção entretanto resultante dos Decretos-Leis n.°s 180/96, de 25 de Setembro, e 199/2003, de 10 de Setembro (este rectificado pela Declaração de rectificação n.° 16-B/2003, de 31 de Outubro), o artigo 252.°-A, C.P.C., dispõe:

– que "ao prazo de defesa do citando acresce uma dilação de cinco dias, quando" "a citação tenha sido realizada em pessoa diversa do réu, nos termos do n.° 2 do artigo 236.° [citação por via postal de pessoa singular, sendo a carta entregue a uma pessoa que se encontre na respectiva residência ou local de trabalho e declare encontrar-se em condições de a entregar ao citando com prontidão] e dos n.°s 2 e 3 do artigo 240.° [citação na residência ou local de trabalho com prévia indicação de hora certa, quando o funcionário, não encontrando o citando, faz a citação "na pessoa que esteja em melhores condições de a transmitir ao citando [...]", e, nos casos em que, "não sendo possível obter a colaboração de terceiros, a citação é feita mediante afixação no local mais adequado da nota de citação, [...] declarando-se que o duplicado e documentos ficam à sua disposição na secretaria judicial";

– que idêntico prazo de dilação acresce ao da defesa, quando "o réu tenha sido citado fora da área da comarca sede de tribunal onde pende a acção [...], [salvo] quando o réu haja sido citado para a causa no território das Regiões Autónomas, correndo a acção no continente ou em outras ilhas ou vice-versa", caso em que o prazo de dilação é de 15 dias;

– que a dilação a acrescer ao prazo da defesa é de 30 dias sempre que "o réu haja sido citado para a causa no estrangeiro, a citação haja sido edital ou se verifique o caso do n.° 5 do artigo 237.°-A [havendo domicílio convencionado e não tendo o destinatário recebido o expediente, este é deixado na sua caixa de correio]";

– que à dilação de 5 dias *supra* referida em primeiro lugar acresce a que eventualmente possa resultar dos outros casos mencionados.

V. *Prazo; Réu; Comarca; Propositura da acção; Domicílio; Citação; Citação edital; Carta precatória; Caso de força maior; Diligência; Anúncio público; Edital; Pessoa singular; Funcionário de justiça; Secretaria judicial; Comarca.*

Diligência (Dir. Civil) – Segundo Pessoa Jorge, *Ensaio sobre os pressupostos da responsabilidade civil*, pág. 76, diligência normativa ou dever de diligência é "o grau de esforço exigível para determinar e executar a conduta que representa o cumprimento de um dever".

Quando, para executar uma obrigação ou, em geral, para cumprir um dever jurídico, seja necessário adoptar um comportamento, cujo exacto conteúdo se não encontra na lei nem em convenção, mas sem o qual a obrigação ou o dever não serão cabalmente cumpridos com satisfação do interesse que se pretende salvaguardar, assume importância autónoma a diligência. Esta compreende a realização de todos os comportamentos (positivos e negativos) necessários ao integral cumprimento do dever, que só no caso concreto, em face das circunstâncias e do fim a que se destina, se pode apurar.

O artigo 487.°, n.° 2, C.C., estabelece que "a culpa é apreciada, na falta de outro critério legal, pela diligência de um bom pai de família, em face das circunstâncias de cada caso".

Significa isto, pois, que a diligência devida constitui um conceito indeterminado, corolário indissociável do, igualmente indeterminado, conceito de bom pai de família.

V. *Obrigação; Dever jurídico; Interesse do credor; Culpa; Bom pai de família.*

(Proc. Civil) – O termo é frequentemente utilizado pelo Código de Processo Civil para designar um ou vários actos processuais, *maxime* de natureza probatória. Assim acontece, por exemplo, nos artigos 521.°, n.° 2, 538.°, 545.°, n.° 3, e 568.°, n.° 2, C.P.C..

V. *Actos processuais; Diligência probatória; Prova.*

Diligência probatória (Proc. Civil) – Acto ou conjunto de actos processuais dirigidos a realizar a prova de um ou vários factos alegados pela parte.

V. *Diligência; Prova.*

"Diligentia quam in suis" (Dir. Civil) – A *diligentia quam in suis rebus* corresponde ao grau de diligência que o agente ou devedor coloca habitualmente nos seus próprios assuntos ou negócios. Este é o padrão com o qual se compara a conduta do agente ou devedor, quando, nos termos da lei ou de convenção (sendo esta válida), a culpa deva ser apreciada em concreto.

A nossa lei determina (artigos 487.°, n.° 2, e 799.°, n.° 2, C.C.) que a culpa seja apreciada, tanto no domínio da responsabilidade delitual como no da contratual, em abstracto.

V. *Diligência; Agente; Devedor; Culpa; Apreciação da culpa; Responsabilidade civil; Responsabilidade contratual.*

Direcção (Dir. Civil) – Órgão colegial de administração de uma pessoa colectiva, composto pelo menos por um presidente e outros dois membros (podendo haver mais titulares, mas sempre em número ímpar), eleitos normalmente em assembleia geral.

V. artigos 162.° e 170.°, n.° 1, C.C..

O artigo 40.° do Decreto-Lei n.° 76-A/ /2006, de 29 de Março, determina que o termo "direcção" utilizado "em qualquer acto normativo [?], estatuto, negócio unilateral ou contrato", considera-se substituído por "conselho de administração executivo". É inegável que se trata de designação mais pomposa, mas incompreende-se a *ratio* da norma.

V. *Pessoa colectiva; Órgão colegial; Associação; Fundação; Assembleia geral; Negócio jurídico unilateral; Contrato.*

Direcção da família (Dir. Civil) – O n.° 2 do artigo 1671.°, C.C., diz que "a direcção da família pertence a ambos os cônjuges, que devem acordar sobre a orientação da vida em comum tendo em conta o bem da família e os interesses de um e outro".

V. *Família.*

Direcção do processo (Proc. Civil) – Em processo civil, predomina o princípio dispositivo, incumbindo às partes "alegar os factos que integram a causa de pedir e aqueles em que se baseiam as excepções", só podendo o juiz "fundar a decisão nos factos alegados pelas partes [...]" (artigo 264.°, n.°s 1 e 2, C.P.C., com a redacção do Decreto-Lei n.° 180/96, de 25 de Setembro).

Isto não significa que ao juiz não caibam poderes de direcção do processo, cumprindo-lhe designadamente "[...] providenciar pelo andamento regular e célere do processo, promovendo oficiosamente as diligências necessárias ao normal prosseguimento da acção e recusando o que for impertinente ou meramente dilatório", providenciando, "mesmo oficiosamente, pelo suprimento da falta de pressupostos processuais susceptíveis de sanação, determinando a realização dos actos necessários à regularização da instância ou, quando estiver em causa alguma modificação subjectiva da instância, convidando as partes a praticá-la", incumbindo-lhe "realizar ou ordenar, mesmo oficiosamente, todas as diligências necessárias ao apuramento da verdade e à justa composição do litígio, quanto aos factos de que lhe é lícito conhecer" (artigo 265.°, C.P.C., com a redacção dada pelo DL n.° 180/96).

V. *Processo civil; Princípio dispositivo; Princípio inquisitório; Parte; Causa de pedir; Excepção; Diligência; Actos processuais; Instância; Modificações subjectivas da instância; Litígio.*

Direcção efectiva de veículo

1. (Dir. Civil) – A direcção efectiva de um veículo de circulação terrestre pertence à pessoa que, independentemente da qualidade jurídica em que o faz, tem o poder de facto sobre o veículo. Se é, normalmente, o seu proprietário quem tem a direcção efectiva do veículo, tal pode não acontecer: assim, por exemplo, se o veículo foi comodatado, terá a direcção efectiva o comodatário (embora haja quem entenda que, porque o comodato satisfaz simultaneamente um interesse, de ordem não material, do comodante, também este mantém a direcção efectiva, por o veículo estar a ser utilizado de algum modo também no seu interesse); se tiver havido aluguer, a direcção efectiva pertence ao locatário (e, segundo o raciocínio já sumariado, para alguns, também ao locador); e, se foi furtado, é o autor do furto que passa a ter a direcção efectiva.

"Aquele que tiver a direcção efectiva de qualquer veículo de circulação terrestre e o utilizar no seu próprio interesse, ainda que por intermédio de comissário, responde pelos danos provenientes dos riscos próprios do veículo, mesmo que este não se encontre em circulação" – artigo 503.°, n.° 1, C.C..

V. *Acidente de viação; Veículo; Comodato; Aluguer; Comissário.*

2. A condução de um veículo automóvel supõe a obtenção prévia de uma licença para o efeito, a chamada carta de condução. Sobre esta, v. Decreto-Lei n.° 45/2005, de 23 de Fevereiro, alterado pelo Decreto-Lei n.° 103/2005, de 24 de Junho.

V. *Carta de condução.*

Directiva – O conceito de Directiva encontra-se enunciado no artigo 249.° (antigo artigo 189.°), n.° 3, do Tratado da Comunidade Europeia: "a directiva vincula o Estado-membro destinatário quanto ao resultado a alcançar, deixando, no entanto, às instâncias nacionais a competência quanto à forma e aos meios".

Segundo esta disposição, a criação de direito pela directiva supõe um processo em duas fases: o Conselho adopta uma Directiva que se dirige aos Estados-membros, os quais a devem transpor para o direito nacional de forma a garantir o efeito útil da mesma (obrigação de perfeita transposição). Segundo o artigo 112.°, n.° 8, da Constituição da República, "a transposição de actos jurídicos da União Europeia para a ordem jurídica interna assume a forma de lei, decreto-lei ou [...] decreto legislativo regional".

Quanto aos efeitos, há a ter em conta que, apesar da necessidade de transposição, a jurisprudência do Tribunal de Justiça das Comunidades Europeias reconhece efeito directo às Directivas para garantir o efeito útil das mesmas – quando ele fosse posto em causa pela não transposição –, desde que se verifiquem as seguintes condições:

– a Directiva não ter sido transposta no prazo fixado ou não ter sido transposta de forma completa e correcta;

– as estipulações da Directiva serem suficientemente claras e precisas;

– a sua aplicação não estar subordinada a qualquer condição, e a sua execução e validade não dependerem de nenhuma outra medida comunitária ou nacional.

Verificados estes pressupostos, o efeito directo permite que as disposições da Directiva possam ser invocadas nos tribunais nacionais contra o Estado-membro e os organismos dele dependentes (efeito directo vertical). A jurisprudência não tem, no entanto, reconhecido efeito directo às Directivas nas relações entre particulares (efeito directo horizontal).

Em relação com a recusa do efeito horizontal das Directivas, deve referir-se que o Tribunal de Justiça das Comunidades Europeias tem acentuado regularmente o dever de os tribunais nacionais de fazerem uma interpretação do direito interno conforme com as disposições da Directiva, devendo esgotar todas as possibilidades, no quadro da interpretação, para atingir os resultados nela previstos. Esta obrigação de interpretação em conformidade com as Directivas existe, mesmo nos casos em que ainda não decorreu o prazo de transposição das mesmas para o direito interno.

Com fundamento no "efeito útil" e na proibição de *venire contra factum proprium*, o Tribunal de Justiça das Comunidades Europeias considera que o Estado-membro é responsável pelos prejuízos causados aos particulares pela não transposição, quando se verifiquem os seguintes pressupostos:

– o Estado-membro tenha violado o seu dever de transpor correctamente e dentro do prazo a Directiva;

– a Directiva contenha uma protecção de interesses juridicamente reconhecidos dos particulares nela claramente definidos;

– exista um nexo causal entre os prejuízos sofridos pelo particular e a falta de transposição.

Tem-se verificado, pois, uma clara evolução na noção de Directiva, que constituía um mero acto normativo comunitário não directamente aplicável nas ordens jurídicas internas de cada um dos Estados-membros; nesta concepção, actualmente pelo menos em parte ultrapassada, as Directivas vinculavam apenas aqueles a praticar os actos, *maxime* legislativos, de direito nacional necessários à realização dos objectivos nelas definidos, alterando, por isso, só indirectamente, as mais das vezes, os direitos internos.

V. *Fontes de direito; Lei; Decreto-Lei; Decreto legislativo regional; Interpretação da lei;*

"Venire contra factum proprium"; Dano; Responsabilidade civil; Causalidade.

Direito – O termo direito usa-se, fundamentalmente, em duas acepções:

1 – *Direito objectivo* – Conjunto de regras gerais, abstractas, hipotéticas e dotadas de coercibilidade, que regem as relações inter-subjectivas e sociais numa dada comunidade; nesta acepção, o direito desempenha, pois, uma função de instrumento de disciplina social fundamental, visando realizar valores como a justiça, a oportunidade, a exequibilidade, a certeza e a segurança.

2 – *Direito subjectivo* – Poder ou faculdade, provindos do direito objectivo, de que dispõe uma pessoa, e que se destina, normalmente, à realização de um interesse juridicamente relevante.

Direito absoluto (Dir. Civil) – É o direito oponível *erga omnes*, isto é, aquele que impõe a todos os outros sujeitos jurídicos um dever geral de respeito. A violação deste dever, quando cause danos ao titular de direito, constitui o lesante em responsabilidade civil extracontratual (artigo 483.°, n.° 1, C.C.). Paradigmáticos de direitos absolutos são os direitos de personalidade e os direitos reais.

V. *Direito subjectivo; Direito relativo; Responsabilidade delitual; Direitos de personalidade; Direito real.*

Direito adjectivo – Fala-se de direito adjectivo para significar o direito processual, isto é, o ramo do direito que disciplina a forma de resolução dos litígios surgidos em consequência do não acatamento das regras que regulam as relações entre os sujeitos de direito. O processo civil é, assim, instrumental da aplicação do direito civil e comercial, constituindo estes direito substantivo ou material.

V. *Processo civil; Litígio; Direito civil.*

Direito adquirido (Dir. Civil) – É o direito em que alguém se encontra regularmente investido.

Em caso de conflito entre duas leis que se sucedem no tempo, diz-se de um direito atribuído pela lei antiga e que se mantém apesar das disposições contrárias da nova lei.

Como é, muitas vezes, difícil determinar quais os direitos que devem ser considerados como adquiridos (por oposição às simples expectativas), a teoria dos direitos adquiridos, como critério de estabelecimento das regras de aplicação da lei no tempo, é hoje controvertida.

V. *Direito subjectivo; Conflitos de leis no tempo; Expectativa jurídica.*

Direito à imagem (Dir. Civil) – O direito à imagem encontra-se consagrado no artigo 79.°, C.C., que dispõe que "o retrato de uma pessoa não pode ser exposto, reproduzido ou lançado no comércio sem o consentimento dela".

O consentimento será dado pelo cônjuge ou qualquer descendente, irmão, sobrinho ou herdeiro da pessoa, caso esta tenha falecido. Dispensa-se o consentimento, quando "a sua notoriedade, o cargo que desempenhe, exigências de polícia ou de justiça, finalidades científicas, didácticas ou culturais" o justifiquem, "ou quando a reprodução da imagem vier enquadrada na de lugares públicos, ou na de factos de interesse público ou que hajam decorrido publicamente", não podendo, mesmo nestes casos, o retrato "ser reproduzido, exposto ou lançado no comércio, se do facto resultar prejuízo para a honra, reputação ou simples decoro da pessoa retratada".

O artigo 14.° do Decreto-Lei n.° 303/83, de 28 de Junho, viera proibir as formas publicitárias que, sem autorização do interessado, usassem ou sugerissem a sua imagem; actualmente, o artigo 7.°, n.° 2-*e)*, do Código da Publicidade (Decreto-Lei n.° 330/90, de 23 de Outubro, alterado pelos Decretos-Leis n.°s 74/93, de 10 de Março, 6/95, de 17 de Janeiro, 61/97, de 25 de Março, 275/98, de 9 de Setembro, 51/2001, de 15 de Fevereiro, e 332/2001, de 24 de Dezembro, pelas Leis n.°s 31-A/98, de 14 de Julho, e 32/2003, de 22 de Agosto, e pelo Decreto-Lei n.° 224/2004, de 4 de Dezembro), proíbe a publicidade que "utilize, sem autorização da própria, a imagem [...] de alguma pessoa".

A Lei n.° 28/98, de 26 de Junho, alterada pela Lei n.° 114/99, de 3 de Agosto, que regula os contratos de trabalho desportivo e de formação desportiva, contém, no seu artigo 10.°, uma regra relativa ao direito à imagem do praticante desportivo: aí se dispõe que este "tem direito a utilizar a sua imagem pública ligada à prática desportiva e a opor-se a que outrem a use ilicitamente para exploração comercial ou para outros fins económicos", ficando ressalvado "o direito de uso de imagem do colectivo dos praticantes, o qual poderá ser objecto de regulamentação em sede de contratação colectiva".

V. *Direito subjectivo; Direitos de personalidade; Autorização; Descendente; Herdeiro; Publicidade; Contrato de trabalho desportivo; Contrato de formação desportiva.*

Direito à informação

1. O artigo 268.° da Constituição da República estabelece que "os cidadãos têm o direito de ser informados pela Administração, sempre que o requeiram, sobre o andamento dos processos em que sejam directamente interessados, bem como o de conhecer as resoluções definitivas que sobre eles forem tomadas", tendo também direito "de acesso aos arquivos e registos administrativos [...]".

O artigo 573.°, C.C., estabelece que o direito à informação existe "sempre que o titular de um direito tenha dúvida fundada acerca da sua existência ou do seu conteúdo e outrem esteja em condições de prestar as informações necessárias".

Há muitos casos em que um sujeito tem direito a obter informações, como acontece, por exemplo, com o titular dos dados pessoais relativamente às enunciadas no artigo 10.°, n.°s 1 a 4, da Lei n.° 67/98, de 26 de Outubro – Lei da Protecção de Dados Pessoais (rectificada pela Declaração de rectificação n.° 22/98, de 28 de Novembro) –, a ser prestadas pelo responsável pelo respectivo tratamento. O artigo 11.° da mesma lei designa por "direito de acesso" aquele que é substancialmente um direito à (ou ao acesso à) informação do titular dos dados pessoais relativamente ao responsável pelo respectivo tratamento.

Em matéria submetida aos tribunais, há de ter em conta o artigo 147.°-E da anteriormente designada por O.T.M. (Decreto-Lei n.° 314/78, de 27 de Outubro, alterado sucessivamente, pelos Decretos-Leis n.°s 185/93, de 22 de Maio, 48/95, de 15 de Março, 58/95, de 31 de Março, 120/98, de 8 de Maio, e pelas Leis n.°s 133/99, de 28 de Agosto, 147/99, de 1 de Setembro, 166/99, de 14 de Setembro, e 31/2003, de 22 de Agosto), que estabelece que "as partes [em processos tutelares cíveis] têm direito a conhecer as informações, relatórios, exames e pareceres constantes do processo, podendo pedir esclarecimentos, juntar outros elementos ou requerer a solicitação de informações que considerem necessários".

O Decreto-Lei n.° 86/2000, de 12 de Maio, alterado pelo Decreto-Lei n.° 139//2006, de 26 de Julho, que criou a base de dados de emissão de passaportes e cometeu a respectiva gestão ao Serviço de Estrangeiros e Fronteiras, dispõe, no seu artigo 10.°, que "qualquer indivíduo tem o direito a conhecer o conteúdo do registo ou registos que lhe respeitem".

V. *Direito subjectivo; Requerimento; Dados pessoais; Protecção de dados pessoais, Obrigação de informação; Processo tutelar; Relatório; Exame; Parecer; Passaporte.*

2. A Lei de Imprensa (Lei n.° 2/99, de 13 de Janeiro, rectificada pela Declaração de rectificação n.° 9/99, de 4 de Março, e alterada pela Lei n.° 18/2003, de 11 de Junho) garante a liberdade de imprensa, da qual faz parte "o direito de informar, de se informar e de ser informado, sem impedimentos nem discriminações", e determina que este "não pode ser impedido ou limitado por qualquer tipo ou forma de censura".

Os artigos 24.° e segs. desta Lei ocupam-se em especial do direito à informação.

Direito à meação (Dir. Civil) – Chama-se direito à meação – ou meação à quota – aquele que qualquer dos cônjuges tem nos bens comuns do casal.

Dissolvido o casamento, tem, pois, cada um dos cônjuges – ou o cônjuge sobrevivo, caso a dissolução tenha sido consequência da morte de um deles – o direito a retirar a sua quota ou meação na partilha dos bens comuns.

Sobre os termos em que o direito à meação responde pelas dívidas de cada um dos cônjuges, v. artigo 1696.°, n.° 1, C.C., na redacção do Decreto-Lei n.° 329-A/95, de 12 de Dezembro.

V. *Bens comuns; Dissolução do casamento; Partilha de bens do casal; Dívidas próprias; Dívidas comuns dos cônjuges.*

Direito ao nome (Dir. Civil) – É o direito que cada um tem de usar o seu nome e de se opor a que outrem o use.

V. artigo 72.°, C.C..

V. *Nome; Privação do direito ao nome do cônjuge.*

Direito ao processo (Proc. Civil) – V. *Direito de acção.*

Direito ao resguardo (Dir. Civil) – Designação correntemente utilizada para o direito de qualquer pessoa à reserva da sua intimidade, isto é, a que terceiros não acedam, sem consentimento seu, ao conhecimento de aspectos ou eventos da sua vida privada, e isto independentemente de haver risco de ofensa da sua reputação.

O artigo 26.°, n.° 1, da Constituição da República dispõe que "a todos são reconhecidos os direitos [...] à reserva da intimidade da vida privada e familiar [...]", dizendo o n.° 2 que "a lei estabelecerá garantias efectivas contra a obtenção e utilização abusivas, ou contrárias à dignidade humana, de informações relativas às pessoas e famílias".

Por seu lado, o artigo 80.°, C.C., determina que "todos devem guardar reserva quanto à intimidade da vida privada de outrem".

A Lei n.° 41/2004, de 18 de Agosto, transpõe para a ordem jurídica portuguesa a Directiva n.° 2002/58/CE, do Parlamento Europeu e do Conselho, de 12 de Julho, relativa ao tratamento de dados pessoais e à protecção da privacidade no sector das comunicações electrónicas acessíveis ao público, "especificando e complementando as disposições da Lei n.° 61/98, de 26 de Outubro [...]". De acordo com o n.° 3 deste diploma, ele visa assegurar "a protecção dos interesses legítimos dos assinantes que sejam pessoas colectivas na medida em que tal protecção seja compatível com a sua natureza".

O artigo 4.° dispõe que "as empresas que oferecem redes ou serviços de comunicações electrónicas devem garantir a inviolabilidade das comunicações e respectivos dados de tráfego realizadas através de redes públicas de comunicações e de serviços de comunicações electrónicas acessíveis ao público", proibindo "a escuta, a instalação de dispositivos de escuta, o armazenamento ou outros meios de intercepção ou vigilância de comunicações e dos respectivos dados de tráfego por terceiros sem o consentimento prévio e expresso dos utilizadores, com excepção dos casos previstos na lei"; acrescenta, porém, que estas regras não impedem "as gravações legalmente autorizadas de comunicações e dos respectivos dados de tráfego, quando realizadas no âmbito de práticas comerciais lícitas, para o efeito de prova de uma transacção comercial nem de qualquer outra comunicação feita no âmbito de uma relação contratual, desde que o titular dos dados tenha sido informado e dado o seu consentimento".

V. *Direitos de personalidade; Intimidade; Dados pessoais; Pessoa colectiva; Prova; Autorização.*

Direito à quitação (Dir. Civil) – Quitação é a declaração do credor de que o seu direito de crédito se encontra satisfeito, isto é, de que a obrigação está cumprida.

"Quem cumpre a obrigação tem o direito de exigir quitação daquele a quem a prestação é feita, devendo a quitação constar de documento autêntico ou autenticado ou ser provida de reconhecimento notarial, se aquele que cumpriu tiver nisso interesse legítimo" – artigo 787.°, n.° 1, C.C.; o n.° 2 da mesma disposição estabelece que "o autor do cumprimento pode recusar a prestação enquanto a quitação não for dada, assim como pode exigir a quitação depois do cumprimento".

Quando a quitação constar de documento autónomo, tem a designação de recibo.

V. *Obrigação; Prestação; Cumprimento; Quitação; Documento autêntico; Documento autenticado; Reconhecimento de letra e assinatura; "Solvens"; Recusa de cumprimento.*

Direito civil – Conjunto sistemático de regras que regulam as relações entre particulares que não se encontrem sujeitas a um outro ramo de direito privado especial, como o direito do trabalho ou o direito comercial. As regras comuns do direito civil encontram-se, a par da generalidade das regras de direito privado comum e de algumas (poucas) regras de direito comercial, contidas no Código Civil.

Neste Código regulam-se, nas partes, chamadas livros, em que se divide: o regime das relações obrigacionais (Livro II, Direito das Obrigações, artigos 397.° a 1250.°); os direitos reais e as características e efeitos da posse de coisas corpóreas (Livro III, Direito das Coisas, artigos 1251.° a 1575.°); as relações familiares, decorrentes do casamento, parentesco, afinidade e adopção (Livro IV, Direito da Família, artigos 1576.° a 2020.°); a transmissão, por morte, das relações jurídicas patrimoniais de uma pessoa falecida aos seus sucessores (Livro V, Direito das Sucessões, artigos 2024.° a 2334.°).

O Código Civil regula, no seu Livro I, Parte Geral, as fontes de direito e, dentro destas, em particular as leis, sua interpretação e aplicação (Título I, artigos 1.° a 65.°) e as relações jurídicas (Título II, artigos 66.° a 396.°). As normas contidas neste Livro I são, na sua quase totalidade, normas de direito privado comum, sendo algumas delas comuns a todos os ramos do direito, mesmo não privado. Tal organização explica-se historicamente pelo importância que os Códigos Civis, sobretudo a partir do *Code Civil* de 1804, assumiram no enquadramento das ordens jurídicas: constituindo o direito privado, na perspectiva liberal, o espaço da generalidade das relações entre todas as pessoas privadas – por contraposição ao direito público cujo objecto era essencialmente constituído pela organização politica do Estado e pelo elenco dos direitos dos privados contra aquele –, neste cabia o regime comum de todo o direito, e, por outro lado, dentro do direito privado, o direito civil, o direito dos cidadãos, assumia o papel de direito privado comum.

V. *Direito privado; Obrigação; Direito real; Coisa corpórea; Posse; Casamento; Parentesco; Afinidade; Adopção; Sucessão; Interpretação da lei; Relação jurídica.*

Direito comum – Expressão que designa o conjunto de normas jurídicas normalmente aplicáveis, por contraposição a direito especial.

V. *Direito especial; Norma especial.*

Direito constituído – Expressão que é usada como sinonima de *direito positivo* (v. esta expressão).

Direito consuetudinário – Direito constituído por um conjunto de regras costumeiras juridicamente relevantes.

O direito consuetudinário é um direito não escrito.

Quanto à admissibilidade do direito consuetudinário na ordem jurídica portuguesa, v. *Costume.*

O artigo 348.°, C.C., estabelece que cabe a quem invoque o direito consuetudinário a respectiva prova, embora o tribunal deva, oficiosamente, procurar confirmar a sua existência.

V. *Prova; Conhecimento oficioso.*

Direito das coisas (Dir. Civil) – Embora a expressão *direito das coisas* seja, normalmente, usada como sinónimo de *direitos reais,* há autores que chamam a atenção para que a primeira designaria com maior propriedade o ramo do direito objectivo que encerra o regime jurídico das coisas consideradas em si mesmas, independentemente dos direitos subjectivos que sobre elas podem incidir, enquanto a segunda seria mais restrita, designando os direitos subjectivos de natureza real.

O direito das coisas está, no essencial, contido no Livro III do Código Civil, nos artigos 1251.° a 1575.°.

V. *Direito real; Coisa, Direito subjectivo.*

Direito de acção (Proc. Civil) – É o direito subjectivo de recorrer aos tribunais, formulando uma pretensão e obtendo deles uma decisão. Trata-se de um direito consagrado constitucionalmente no artigo 20.°, n.° 1, onde se estabelece que "a todos é assegurado o acesso ao direito e aos tribunais para defesa dos seus direitos e interesses legalmente protegidos, não podendo a justiça ser denegada por insuficiência de meios económicos".

Segundo o artigo 2.°, n.° 2, C.P.C., a todo o direito corresponde uma acção, salvo quando a lei determinar o contrário (como acontece, por exemplo, nas obrigações naturais). O direito de acção compreende o *direito ao processo,* isto é, a que o órgão jurisdicional abra um processo, sobre ele se pronunciando através de uma decisão fundamentada.

Por contrariarem o direito de acção, estabelecido nestas disposições, há autores (v. J. de Castro Mendes, *Direito Processual Civil*, Volume I, 1980, pág. 130) que entendem serem nulos os acordos pelos quais alguém renuncie ou limite o exercício do direito de acção, designadamente os chamados *pacti de non petendo*, convenções pelas quais o titular de um direito se vincula a não agir judicialmente para o fazer valer.

Há diplomas que se referem ao exercício do direito de acção numa acepção um pouco diferente, embora ligada à que se deixou enunciada, a de alguém não poder ser privado de qualquer vantagem ou objecto de qualquer sanção em virtude desse exercício. É o que acontece, por exemplo, com o Decreto-Lei n.° 111/2000, de 4 de Julho, alterado pelo Decreto-Lei n.° 251//2002, de 22 de Novembro, cujo artigo 2.°, n.° 2, determina que "é proibido despedir, aplicar sanções ou prejudicar por qualquer outro meio o trabalhador por motivo do exercício de direito ou de acção judicial contra prática discriminatória" (as práticas consideradas discriminatórias encontram-se enumeradas, exemplificativamente, no n.° 1 do mesmo artigo).

V. *Acção; Direito subjectivo; Obrigação natural; Acesso à justiça; Denegação de justiça; Nulidade; "Pactum de non petendo"; Princípio da igualdade.*

Direito de acrescer (Dir. Civil) – Consiste na ampliação de um direito que, conjuntamente com outro de igual ou diferente natureza, incidia sobre um mesmo bem, por força da extinção deste.

A figura do direito de acrescer é comum a vários ramos do direito civil e vem prevista designadamente: no artigo 419.°, n.° 1, C.C., quanto à contitularidade do direito de preferência resultante de pactos de preferência; no artigo 1241.°, C.C., quanto à pluralidade de beneficiários da renda vitalícia; nos artigos 1442.° e 944.°, n.° 2, quanto a pluralidade de usufrutuários.

No direito das sucessões, vem o direito de acrescer consagrado entre sucessíveis da mesma classe e grau quanto à sucessão legítima (artigos 2137.°, n.° 2, e 2143.°, C.C.), quanto à sucessão legitimária (por remissão do artigo 2157.°, C.C.) e, ainda, quanto à sucessão testamentária (artigos 2301.° a 2307.°, C.C.). É nesta forma de sucessão por morte que o direito de acrescer se apresenta mais complexo e com um regime mais detalhado. Há direito de acrescer entre herdeiros, independentemente quer de terem sido instituídos no mesmo testamento quer da grandeza relativa das quotas, determinando-se apenas que, sendo vários os herdeiros titulares do direito de acrescer e desiguais as quotas em que foram instituídos, se ampliem as quotas dos herdeiros que aceitam a herança respeitando-se a proporção entre elas existente (artigo 2301.°, C.C.). O direito de acrescer entre legatários é também independente da instituição conjunta, mas limitado a um mesmo objecto e mantendo a regra do respeito da proporção entre eles, se for caso disso. Pode ainda haver direito de acrescer, por força de um legatário não querer ou não poder aceitar e não ter sido nomeado nenhum outro legatário em relação ao mesmo objecto, acrescendo o objecto desse legado ao objecto do herdeiro ou legatário onerado com o encargo do seu cumprimento, salvo se o objecto do legado estivesse genericamente integrado noutro legado (artigos 2302.° e 2303.°, C.C.). Poderá o testador afastar o direito de acrescer e este não funcionará sempre que o legado tiver natureza puramente pessoal ou houver direito de representação (artigo 2304.°, C.C.).

No domínio sucessório, distingue-se, doutrinariamente, o direito de acrescer do direito de não decrescer.

Haverá um direito de acrescer quando ao direito primitivo se soma, por força de um novo título ou de uma nova devolução, um direito novo, incidindo sobre um novo objecto ou sobre outra parte do mesmo e, sendo assim, susceptível de aceitação ou repúdio autónomos. Há uma relação nova que leva à entrada de um novo direito nesse património, que acresce.

Estar-se-á apenas perante um direito de não decrescer quando um direito se expande, abrangendo um outro objecto ou uma parte nova daquele sobre que já incidia. Há, pois, apenas um vínculo, um título, uma devolução, sendo o acrescer automático e por força da lei, sem necessidade nem possibilidade de aceitação ou repúdio autónomos para a parte acrescida, salvo se sobre esta recaírem encargos pessoais impostos pelo testador (artigo 2306.°, C.C.). No nosso direito sucessório, a regra é a do direito de não decrescer, havendo apenas um caso de direito de acrescer *proprio sensu*, que é considerado no artigo 2306.°, C.C., *in fine*, onde se prevê a hipótese de repúdio da parte acrescida, por sobre ela recaírem encargos especiais impostos pelo testador, e se determina a reversão da parte acrescida para a ou as pessoas a favor de quem os encargos houvessem sido constituídos. Ora, esta pessoa ou pessoas, a favor de quem os encargos hajam sido constituídos, não recebem automaticamente, tendo de aceitar e podendo repudiar essa parte. É evidente que, no caso de aceitação da parte acrescida, o direito aos encargos se extingue por confusão na mesma pessoa desse direito e do direito à coisa sobre que estes recaem.

Sempre que existe direito de acrescer, os herdeiros ou legatários, que houverem essa parte acrescida, sucedem nos mesmos direitos e obrigações de natureza não puramente pessoal, que caberiam àquele que não pôde ou não quis aceitar (artigo 2307.° C.C.).

Como já se deixou aludido, não se verifica o funcionamento do direito de acrescer sempre que puder funcionar o direito de representação, afastando este aquele (artigos 2138.°, 2157.°, 2304.° e 2039.° a 2145.° C.C.).

V. *Direito subjectivo; Bem; Contitularidade; Pacto de preferência; Contitularidade; Renda vitalícia; Usufruto; Classes de sucessíveis; Sucessão legítima; Sucessão legitimária; Sucessão testamentária; Herdeiro; Legatário; Devolução; Aceitação da herança; Repúdio; Cláusula de reversão; Confusão; Obrigação; Direito de representação.*

Direito de apanágio (Dir. Civil) – V. *Apanágio do cônjuge sobrevivo.*

Direito de arrependimento (Dir. Civil) – V. *Arrependimento.*

Direito de autor – É o direito atribuído ao criador de uma obra intelectual, seja qual for o género desta ou a sua forma de expressão (por exemplo, escritos literários, científicos e artísticos, conferências, lições, alocuções, composições musicais com ou sem palavras, obras cinematográficas, televisivas, fonográficas, videográficas, radiofónicas, obras de desenho, pintura, tapeçaria, cerâmica, azulejo, gravura, arquitectura, obras fotográficas, ilustrações e cartas geográficas), que consiste na faculdade de reivindicar a autoria da obra e de assegurar a sua integridade e genuinidade, reagindo, designadamente, contra usurpações, plágios, mutilações ou deturpações, e abrangendo igualmente direitos de carácter patrimonial.

Os direitos morais inerentes ao direito de autor são inalienáveis, irrenunciáveis e imprescritíveis, transmitindo-se por morte aos sucessores do autor da obra.

"O direito de autor caduca, na falta de disposição especial, 70 anos após a morte do criador intelectual, mesmo que a obra só tenha sido publicada ou divulgada postumamente" – artigo 31.° do Código do Direito de Autor, na redacção que lhe foi dada pelo Decreto-Lei n.° 334/97, de 27 de Novembro.

Nos termos da lei civil (artigo 1303.°, C.C.), os direitos de autor regem-se por legislação especial, sendo-lhes, contudo aplicáveis subsidiariamente as disposições relativas ao direito de propriedade (Título II do Livro III do Código Civil.

V. Código do Direito de Autor e dos Direitos Conexos (Decreto-Lei n.° 63/85, de 14 de Março, alterado pelas Leis n.°s 45/85, de 17 de Setembro, e 114/91, de 3 de Setembro, pelos Decretos-Leis n.°s 332/97, 333/97 e 334/97, todos de 27 de Novembro, e pela Lei n.° 50/2004, de 24 de Agosto – transpondo esta última a Directiva n.° 2001/29/CE, do Parlamento Europeu e do Conselho, de 22 de Maio), em especial os seus artigos 1.° a 66.°.

A lei aplicável aos direitos de autor é a "do lugar da primeira publicação da obra e, não estando esta publicada, a lei pessoal do autor, sem prejuízo do disposto em legislação especial" – artigo 48.°, n.° 1, C.C..

O Decreto-Lei n.° 122/2000, de 4 de Julho – que transpôs a Directiva n.° 96/9//CE, do Parlamento Europeu e do Conselho, de 11 de Março – confere uma protecção às bases de dados, nos termos do direito de autor, que "não é extensiva aos programas de computador utilizados no fabrico ou no funcionamento de bases de dados acessíveis por meios electrónicos". O artigo 1.°, n.° 2, diz que, "para o efeito do disposto no presente diploma, entende-se por «base de dados» a colectânea de obras, dados ou outros elementos independentes, dispostos de modo sistemático ou metódico e susceptíveis de acesso individual por meios electrónicos ou outros". Estabelece o artigo 4.° do mesmo diploma que "as bases de dados que, pela selecção ou disposição dos respectivos conteúdos, constituam criações intelectuais são protegidas em sede de direito de autor", não incidindo esta tutela "sobre o seu [da bases] conteúdo e não prejudica eventuais direitos de subsistam sobre o mesmo". De acordo com o artigo 6.°, n.° 1, deste DL n.° 122/2000, "o direito sobre a base de dados atribuído ao criador intelectual extingue-se 70 anos após a morte deste". O artigo 7.° enuncia os poderes do criador de uma base de dados; são eles "o direito exclusivo de efectuar ou autorizar: *a)* a reprodução permanente ou transitória, por qualquer processo ou forma, de toda ou parte da base de dados; *b)* a tradução, a adaptação, a transformação ou qualquer outra modificação da base de dados; *c)* a distribuição do original ou de cópias da base de dados; *d)* qualquer comunicação pública, exposição ou representação pública da base de dados; *e)* qualquer reprodução, distribuição, comunicação, exposição ou representação pública da base dados derivada, sem prejuízo dos direitos de quem realiza a transformação". De acordo com o artigo 8.°, "o titular originário da base de dados goza do direito à menção do nome na base e do direito de reivindicar a autoria desta", cabendo ao criador intelectual individualizável, se existir, "o direito a ser reconhecido como tal e a ter o seu nome mencionado na base". A tutela instituída por este diploma "não prejudica a conferida por regras de diversa natureza relativas, nomeadamente, ao direito de autor, aos direitos conexos ou a quaisquer outros direitos ou obrigações que subsistam sobre os dados, obras, prestações ou outros elementos incorporados num base de dados, às patentes, às marcas, aos desenhos e modelos [...], à segurança, à confidencialidade, à protecção dos dados pessoais e da vida privada, ao acesso aos documentos públicos ou ao direito dos contratos"; "a protecção conferida pelo presente diploma às bases de dados realiza-se sem prejuízo das disposições constantes do Decreto-Lei n.° 252/94, de 20 de Outubro, e dos Decretos-Leis n.°s 332/97, 333/97 e 334/97, todos de 27 de Novembro".

A constituição, organização, funcionamento e atribuições das entidades de gestão colectiva do direito de autor e dos direitos conexos encontram-se reguladas pela Lei n.° 83/2001, de 3 de Agosto.

Nos termos do artigo 29.° do Código da Publicidade (Decreto-Lei n.° 330/90, de 23 de Outubro, alterado pelos Decretos-Leis n.°s 74/93, de 10 de Março, 6/95, de 17 de Janeiro, 61/97, de 25 de Março, 275/98, de 9 de Setembro, 51/2001, de 15 de Fevereiro, e 332/2001, de 24 de Dezembro, pelas Leis n.°s 31-A/98, de 14 de Julho, e 32/2003, de 22 de Agosto, e pelo Decreto-Lei n.° 224/2004, de 4 de Dezembro), "as disposições legais sobre direitos de autor aplicam-se à criação publicitária [...]"; "os direitos de carácter patrimonial sobre a criação publicitária presumem-se, salvo convenção em contrário, cedidos em exclusivo ao seu criador intelectual"; "é ilícita a utilização de criações publicitárias sem a autorização dos titulares dos respectivos direitos".

O Decreto-Lei n.° 57/97, de 18 de Março, alterado pelo Decreto-Lei n.° 229/99, de 22 de Junho, cria o Gabinete do Direito de Autor, serviço de apoio técnico ao Ministro da Cultura, ao qual cabe designadamente:

"*a)* Promover a recolha e o tratamento de informação e documentação no domínio dos direitos de autor e direitos conexos;

b) Elaborar estudos e pareceres jurídicos;

c) Propor a adopção de medidas legislativas e acompanhar tecnicamente a sua execução;

d) Participar em reuniões nacionais e internacionais no domínio do direito de autor, neste último caso em articulação com o MNE;

e) Acompanhar e estudar as medidas necessárias à actualização do ordenamento jurídico, visando, nomeadamente, a sua harmonização com o sistema vigente na União Europeia no domínio do direito de autor;

f) Coordenar os trabalhos e as acções desenvolvidos pelo Conselho Nacional do Direito de Autor [...]".

Quanto ao regime jurídico do direito de autor, há de ter em consideração a Convenção de Berna para Protecção das Obras Literárias e Artísticas, de 9 de Setembro de 1886, completada em Paris a 4 de Maio de 1896, revista em Berlim a 13 de Novembro de 1908, completada em Berna a 20 de Março de 1914, e revista em Roma a 2 de Junho de 1928, em Bruxelas a 26 de Junho de 1948, e em Estocolmo a 14 de Julho de 1967 (aprovada para ratificação pelo Decreto-Lei n.° 38 304, de 16 de Junho de 1951, e ratificada por Portugal, segundo aviso publicado no *Diário do Governo,* 1.ª série, de 20 de Março de 1954), e o Acto de Paris desta Convenção, de 24 de Julho de 1971 (aprovado, para ratificação, pelo Decreto n.° 73/78, de 26 de Julho).

V. o Decreto n.° 9/75, de 14 de Janeiro, que aprova, para ratificação, a Convenção que instituiu a Organização Mundial da Propriedade Intelectual; a Resolução da Assembleia Nacional de 11 de Maio de 1956, que aprova, para ratificação, a Convenção Universal sobre o Direito de Autor, assinada em Genebra em 6 de Setembro de 1952, e já ratificada por Portugal, segundo aviso publicado no *Diário do Governo,* 1.ª série, de 11 de Outubro de 1956.

A Resolução da Assembleia da República n.° 61/99, de 22 de Julho, aprovou, para adesão, a Convenção Internacional para a Protecção dos Artistas Intérpretes ou Executantes, dos Produtores de Fonogramas e dos Organismos de Radiodifusão (Convenção de Roma), aprovada em Roma em 26 de Outubro de 1961, Convenção que foi ratificada por Decreto do Presidente da República da mesma data; o instrumento de ratificação foi depositado em 17 de Junho de 2002, conforme o Aviso n.° 52/2002, de 8 de Julho, tendo a Convenção entrado em vigor para Portugal nesse mesmo dia.

V. *Direito subjectivo; Obra intelectual; Direito patrimonial; Direito moral; Inalienabilidade; Irrenunciabilidade; Imprescritibilidade; Sucessão; Caducidade; Norma especial; Direito de propriedade; Conflitos de leis; Lei pessoal; Base de dados; Autorização; Protecção de dados pessoais; Contrato; Publicidade; Convenção; Presunção legal.*

Direito de conflitos – V. *Normas de conflitos.*

Direito de crédito (Dir. Civil) – V. *Crédito.*

Direito de custódia (Dir. Civil) – Chama-se assim o direito – que é também um dever – que os pais têm de ter consigo (ou em local por eles escolhido) os filhos menores. O artigo 85.°, n.° 1, C.C., estabelece que "o menor tem domicílio no lugar da residência da família; se ela não existir, tem por domicílio o do progenitor a cuja guarda estiver".

V. *Menor; Guarda de menores; Poder paternal; Poder funcional; Domicílio; Residência da família.*

Direito de demarcação (Dir. Civil) – V. *Demarcação.*

Direito de família (Dir. Civil) – Conjunto de normas jurídicas que disciplinam as relações familiares – casamento, parentesco, afinidade e adopção – e as relações jurídicas que se estabelecem e desenvolvem na dependência das relações de família (por exemplo, obrigação de alimentos).

V. artigos 1576.° a 2020.°, C.C..

V. *Família; Casamento; Parentesco; Afinidade; Adopção; Alimentos.*

Direito de guarda (Dir. Civil) – V. *Direito de custódia; Guarda de menores; Poder paternal.*

Direito de habitação (Dir. Civil) – Direito real que consiste na faculdade que alguém tem de se servir de uma casa de morada alheia, na medida quer das suas necessidades (fixadas segundo a sua condição social) quer das da sua família (compreendendo-se na família o cônjuge não separado judicialmente, os filhos solteiros, outros parentes a quem sejam devidos alimentos e as pessoas que vivam com o titular e estejam ao serviço dele ou da família).

O direito de habitação constitui-se por contrato, testamento ou disposição de lei (artigos 1485.°, 1440.° e 1293.°-*b*), C.C.) e extingue-se por morte do seu titular ou findo o respectivo prazo, pela reunião do direito de habitação e da propriedade na mesma pessoa, pelo seu não exercício durante vinte anos, qualquer que seja o motivo, pela perda total da casa usada, e por renúncia (artigos 1485.° e 1476.°, n.° 1, C.C.).

O morador usuário "não pode trespassar ou locar o seu direito, nem onerá-lo por qualquer modo" – artigo 1488.°, C.C..

V. artigos 1484.° e segs., C.C..

O artigo 2.° do Código do Registo Predial, aprovado pelo Decreto-Lei n.° 224/84, de 6 de Julho (rectificado por declaração publicada no *Diário da República,* I série, de 29 de Setembro de 1984), e alterado pelos Decretos-Leis n.°s 355/85, de 2 de Outubro, 60/90, de 14 de Fevereiro (este rectificado por declaração publicada no *Diário da República,* I-A série, de 31 de Março de 1990), 80/92, de 7 de Maio, 30/93, de 12 de Fevereiro, 227/94, de 8 de Setembro, 267/94, de 25 de Outubro, 67/96, de 31 de Maio, 375-A/99, de 20 de Setembro, 533/99, de 11 de Dezembro (rectificado pela Declaração de rectificação n.° 5-A/2000, de 29 de Fevereiro), 273/2001, de 13 de Outubro, 323/2001, de 17 de Dezembro, 38/2003, de 8 de Março, e 194/2003, de 23 de Agosto, e pela Lei n.° 6/2006, de 27 de Fevereiro, estabelece no seu n.° 1-*a)* que estão sujeitos a registo "os factos jurídicos que determinem a constituição, o reconhecimento, a aquisição ou a modificação dos direitos de [...] uso e habitação [...]".

V. *Direito subjectivo; Direito real; Família; Separação judicial de pessoas e bens; Parentes; Alimentos; Contrato; Testamento; Confusão; Direito de propriedade; Renúncia; Trespasse; Locação; Oneração de bens; Uso (direito de); Registo predial.*

Direito de habitação periódica (Dir. Civil) – Direito real de habitação de exercício temporalmente limitado a período certo de tempo de cada ano. Este direito pode constituir-se sobre "unidades de alojamento integradas em hotéis-apartamentos, aldeamentos turísticos e apartamentos turísticos".

O diploma que regula o direito real de habitação periódica é o Decreto-Lei n.° 275/93, de 5 de Agosto, alterado pelos Decretos-Leis n.°s 180/99, de 22 de Maio, 22/2002, de 31 de Janeiro, e 76-A/2006, de 29 de Março, o último rectificado pela Declaração de rectificação n.° 28-A/2006, de 26 de Maio.

O Decreto-Lei n.° 167/97, de 4 de Julho, alterado pelos Decretos-Leis n.°s 305/99, de 6 de Agosto, e 55/2002, de 11 de Março, define empreendimentos turísticos como "os estabelecimentos que se destinam a prestar serviços de alojamento temporário, restauração ou animação de turistas, dispondo para o seu funcionamento de um adequado conjunto de estruturas, equipamentos e serviços complementares". O decreto regulamentar n.° 20/99, de 13 de Setembro, alterado pelo decreto regulamentar n.° 22/2002, de 2 de Abril, define conjunto turístico e prevê os requisitos exigidos aos empreendimentos para o constituírem e funcionarem.

O direito de habitação periódica, facultando ao respectivo titular o direito de habitar a unidade de alojamento ou apartamento, que é seu objecto, durante um período certo de tempo (que pode variar entre o mínimo de 7 dias seguidos e o máximo de 30 dias, de acordo com o estabelecido no título constitutivo) em cada ano, é, no entanto, em princípio, perpétuo, embora possa ser-lhe fixado no respectivo título constitutivo um limite de duração não inferior a 15 anos (contado, em princípio, da data da celebração da escritura pública que o constitui) – artigo 3.° do referido DL n.° 275/93.

O titular do direito de habitação periódica tem a faculdade de "habitar a unidade de alojamento pelo período a que respeita o seu direito", de usar as instalações e equipamentos comuns do empreendimento, de beneficiar dos serviços prestados pelo titular do empreendimento, de, em caso de impossibilidade de utilização da unidade de alojamento objecto do contrato sem culpa de qualquer das partes, exigir que o proprietário lhe faculte um alojamento alternativo em outro empreendimento da mesma categoria ou de categoria superior e em local próximo, e ainda de ceder o exercício destes direitos; tem, por outro lado, a obrigação de pagar ao proprietário do empreendimento uma prestação pecuniária anual, fixada no título constitutivo e que pode "variar consoante a época do ano a que se reporta o direito real de habitação periódica, mas [que] deve ser proporcional à fruição do empreendimento pelo titular do direito" (artigos 21.° e 22.° do mesmo diploma).

O direito de habitação periódica é constituído e alterado por escritura pública, "instruída com cópia da certidão referida no n.° 3 do artigo anterior [certidão emitida pela Direcção-Geral do Turismo, após autorização do projecto de constituição e exploração do empreendimento, de que devem constar os elementos indicados no n.° 2 do artigo 5.° do referido DL n.° 275/93], devendo o notário mencionar que o conteúdo daquela certidão faz parte integrante da escritura".

Este direito pode ser onerado ou alienado, dispondo o artigo 12.° que "a oneração ou a transmissão por acto entre vivos de direitos reais de habitação periódica faz-se mediante declaração das partes no certificado predial, com reconhecimento presencial das assinaturas do constituinte do ónus ou do alienante, respectivamente, e está sujeita a registo nos termos gerais", devendo ser indicado o valor da transmissão, se ela for feita a título oneroso.

O artigo 42.° do citado DL n.° 275/93 dispõe que "o titular do direito real de habitação periódica pode a ele renunciar mediante declaração de renúncia no certificado predial, com reconhecimento presencial da assinatura", carecendo a declaração de renúncia de ser notificada ao proprietário do empreendimento e à Direcção-Geral do Turismo e de ser registada nos termos gerais.

Este DL n.° 275/93 determina ainda, no n.° 6 do seu artigo 60.°, que o regime nele estabelecido se aplica também "aos direitos obrigacionais de habitação turística constituídos ao abrigo do Decreto-Lei n.° 130/89, de 18 de Abril, salvo o disposto no n.° 1 do artigo 47.°"; o n.° 7, por seu lado, estende a aplicabilidade deste regime "a todos os contratos, por períodos de tempo limitados em cada ano, relativos a direitos reais de habitação periódica e a direitos de habitação turística em empreendimentos que tenha por objecto imóveis sitos em Portugal ou em qualquer outro Estado-membro da União Europeia"; o n.° 8 esclarece que, no caso de os contratos respeitarem a direitos "em empreendimentos turísticos sitos no território de outro Estado-membro da Comunidade Europeia [...], aplicam-se as disposições correspondentes desse Estado-membro, qualquer que seja o lugar e a forma da sua celebração e a lei escolhida pelas partes para regular o contrato".

"O título de constituição do direito real de habitação periódica está sujeito a inscrição no registo predial", sendo emitido pela conservatória do registo predial competente, relativamente a cada direito real de habitação periódica, "um certificado predial que titule o direito e legitime a transmissão ou oneração deste", só podendo o certificado predial "ser emitido a favor do proprietário das unidades de alojamento sujeitas ao regime de direitos reais de habitação periódica e depois de efectuado o registo definitivo do título" constitutivo do direito. V. artigos 6.°, 8.° e 10.° do DL n.° 275/93.

O Decreto Legislativo Regional n.° 4/ /94/M, de 23 de Março, adapta à Região Autónoma da Madeira o regime do DL n.° 275/93.

Por seu lado, o artigo 2.° do Código do Registo Predial, aprovado pelo Decreto-Lei n.° 224/84, de 6 de Julho, (rectificado por declaração publicada no *Diário da República*, I série, de 29 de Setembro de 1984), alterado pelos Decretos-Leis n.°s 355/85, de 2 de Outubro, 60/90, de 14 de Fevereiro (este último rectificado por declaração publicada no *Diário da República*, I-A série, de 31 de Março de 1990), 80/92, de 7 de Maio, 30/93, de 12 de Fevereiro, 227/94, de 8 de Setembro, 267/94, de 25 de Outubro, 67/ /96, de 31 de Maio, 375-A/99, de 20 de Setembro, 533/99, de 11 de Dezembro (rectificado pela Declaração de rectificação n.° 5-A/2000, de 29 de Fevereiro), 273/2001, de 13 de Outubro, 323/2001, de 17 de Dezembro, 38/2003, de 8 de Março, e 194/2003, de 23 de Agosto, e pela Lei n.° 6/2006, de 27 de Fevereiro, estabelece no seu n.° 1-*b)* que estão sujeitos a registo "os factos jurídicos que determinem a constituição ou a modificação [...] do direito de habitação periódica".

V. *Direito subjectivo; Direito real; Contrato de prestação de serviços; Contrato misto; Edifício; Escritura pública; Impossibilidade do cumprimento; Culpa; Certidão; Notário; Oneração de bens; Alienação; Transmissão; Acto entre vivos; Reconhecimento de letra e assinatura; Negócio a título oneroso; Renúncia; Direito de habitação turística; Declaração negocial; Direito obrigacional de habitação periódica; Conflito de leis; Registo predial.*

Direito de habitação turística (Dir. Civil; Dir. Com.) – O Decreto-Lei n.° 275/93, de 5 de Agosto, alterado pelos Decretos-Leis n.°s 180/99, de 22 de Maio, 22/2002, de 31 de Janeiro, e 76-A/2006, de 29 de Março (rectificado pela Declaração de rectificação n.° 28-A/2006, de 26 de Maio), que estabeleceu o regime do direito real de habitação periódica, veio submeter imperativamente ao mesmo regime "os direitos de habitação em empreendimentos turísticos e casas e empreendimentos de turismo no espaço rural por períodos de tempo limitados em cada ano e que não constituam direitos reais de habitação periódica, bem como os contratos pelos quais, directa ou indirectamente, mediante um pagamento antecipado completado ou não por prestações periódicas, se transmita ou prometa transmitir direitos de habitação turística" – artigo 45.°.

Os direitos de habitação turística têm a duração mínima de 3 anos, sendo perpétuos, na falta de indicação em contrário (artigo 47.°).

Os contratos ou contratos-promessa de transmissão de direitos de habitação turística têm de respeitar os requisitos enunciados no artigo 48.°.

Dispõe o artigo 49.°, n.° 1, do citado diploma que, "nos contratos de aquisição de direitos de habitação turística ou nos respectivos contratos-promessa, o adquirente ou o promitente-adquirente têm a faculdade de resolver o contrato, sem indicar o motivo e sem quaisquer encargos, no prazo de 10 dias úteis a contar da data da assinatura deste, por meio de carta registada com aviso de recepção, enviada até ao termo daquele prazo"; uma vez resolvido o contrato, "o vendedor deve restituir ao adquirente todas as quantias recebidas até à data da resolução do mesmo".

"O contrato de aquisição de direito de habitação turística pode estabelecer uma prestação periódica a pagar pelo titular ao proprietário ou ao cessionário da exploração do empreendimento", podendo o valor dessa prestação ser actualizado nos termos do contrato, mas não podendo convencionar-se o pagamento antecipado das prestações periódicas respeitantes a anos subsequentes – artigo 51.°.

O regime de instalação e funcionamento dos empreendimentos turísticos foi definido pelo Decreto-Lei n.° 167/97, de 4 de Julho, alterado pelos Decretos-Leis n.°s 305/99, de 6 de Agosto, e 55/2002, de 11 de Março.

V. *Direito subjectivo; Direito real; Norma imperativa; Direito de habitação periódica; Contrato; Contrato-promessa; Resolução do contrato; Prestação periódica; Cessionário; Antecipação do cumprimento; Arrependimento.*

Direito de não decrescer (Dir. Civil) – V. *Direito subjectivo; Direito de acrescer.*

Direito de opção (Dir. Civil) – Expressão por vezes utilizada pela doutrina para significar o mesmo que *direito de preferência* (v. esta expressão).

Em rigor, o direito de opção não se confunde com o direito de preferência, pois, enquanto naquele o titular tem a faculdade de, mediante declaração unilateral, desencadear a conclusão de um contrato, cujo conteúdo se encontra convencionalmente pré-definido pelas partes, no segundo, o titular apenas terá direito a celebrar o contrato se e quando o obrigado à preferência se declarar disposto a tal celebração e esta far-se-á nas condições enunciadas pelo obrigado, que são aquelas em que um terceiro está disposto a concluir o negócio.

V. *Direito subjectivo; Pacto de opção; Declaração negocial; Celebração do contrato; Terceiro.*

Direito de petição – Dispõe o artigo 52.°, n.° 1, da Constituição da República que "todos os cidadãos têm o direito de apresentar, individual ou colectivamente, aos órgãos de soberania, aos órgãos de governo próprio das regiões autónomas ou a quaisquer autoridades petições, representações, reclamações ou queixas para defesa dos seus direitos, da Constituição, das leis ou do interesse geral"; o n.° 2 da mesma disposição determina que "a lei fixa as condições em que as petições apresentadas colectivamente à Assembleia da República e às Assembleias Legislativas das regiões autónomas são apreciadas em reunião plenária".

A Lei n.° 43/90, de 10 de Agosto, alterada pelas Leis n.°s 6/93, de 1 de Março, e 15/2003, de 4 de Junho, "regula e garante o exercício do direito de petição para defesa dos direitos dos cidadãos, da Constituição, das leis ou do interesse geral, mediante a apresentação aos órgãos de soberania, ou a quaisquer autoridades públicas, com excepção dos tribunais, de petições, representações, reclamações ou queixas". O n.° 1 do artigo 2.° deste diploma dispõe que se entende "por petição, em geral, a apresentação de um pedido ou de uma proposta a um órgão de soberania ou a qualquer autoridade pública no sentido de que tome, adopte ou proponha determinadas medidas", esclarecendo o n.° 5 que as petições se dizem "colectivas quando apresentadas por um conjunto de pessoas através de um único instrumento e em nome colectivo quando apresentadas por uma pessoa colectiva em representação dos respectivos membros". Neste diploma, o termo "petição" designa quer a petição, quer a representação, a reclamação ou a queixa.

"A apresentação de petições constitui direito universal e gratuito e não pode, em caso algum, dar lugar ao pagamento de quaisquer impostos ou taxas", não podendo "nenhuma entidade pública ou privada [...] proibir ou por qualquer forma impedir ou dificultar o exercício do direito de petição, designadamente na livre recolha de assinaturas e na prática dos demais actos necessários", de igual modo sendo proibido que alguém seja "prejudicado, privilegiado ou privado de qualquer direito em virtude do exercício do direito de petição". "O exercício do direito de petição não está sujeito a qualquer forma ou a processo específico", devendo, no entanto, ser reduzida a escrito assinado pelos titulares qualquer petição, sendo apresentada nos serviços das entidades a que seja dirigida. Será liminarmente indeferida a petição "quando for manifesto que:

a) A pretensão deduzida é ilegal;

b) Visa a apreciação de decisões dos tribunais ou de actos administrativos insusceptíveis de recurso;

c) Visa a apreciação, pela mesma entidade, de casos já anteriormente apreciados na sequência do exercício do direito de petição, salvo se forem invocados ou tiverem ocorrido novos elementos de apreciação".

Deve ser também indeferida liminarmente a petição que "for apresentada a coberto de anonimato e do seu exame não for possível a identificação da pessoa ou pessoas de quem provém" ou que "carecer de qualquer fundamento".

V. *Lei; Reclamação; Queixa; Pessoa colectiva; Documento escrito; Recurso; Indeferimento liminar.*

Direito de preferência (Dir. Civil)

1. Direito que certa pessoa tem de preferir a qualquer outra na compra de certo bem (ou na realização de outro contrato compatível com a preferência), desde que se disponha a celebrar o contrato em igualdade de condições com terceiro.

Os direitos de preferência podem provir de contrato (pacto de preferência) ou da lei: no primeiro caso, estão os direitos convencionais e, no segundo, os direitos legais de preferência.

Enunciam-se, em seguida, alguns casos de direitos legais de preferência:

a) "Os proprietários de terrenos confinantes, de área inferior à unidade de cultura, gozam reciprocamente do direito de preferência nos casos de venda, dação em cumprimento ou aforamento de qualquer dos prédios a quem não seja proprietário confinante" (artigo 1380.°, n.° 1, C.C.). O artigo 18.°, n.° 1, do Decreto-Lei n.° 384/88, de 25 de Outubro (diploma que estabelece o regime do emparcelamento rural), dispõe que "os proprietários de terrenos confinantes gozam do direito de preferência previsto no artigo 1380.° do Código Civil, ainda que a área daqueles seja superior à unidade de cultura", excluindo-se, no n.° 2, tal direito "em relação aos terrenos que, integrados numa área a emparcelar, sejam adquiridos pela Direcção-Geral de Hidráulica e Engenharia Agrícola para fins de emparcelamento após a aprovação ou a autorização para elaboração do respectivo projecto";

b) O comproprietário tem direito de preferência na venda ou dação em cumprimento da quota de qualquer outro consorte (artigo 1409.°, n.° 1, C.C.);

c) "Quando seja vendido ou dado em cumprimento a estranhos um quinhão hereditário, os co-herdeiros gozam do direito de preferência nos termos em que este direito assiste aos comproprietários" (artigo 2130.°, n.°, 1, C.C.);

d) O Decreto-Lei n.° 385/88, de 25 de Outubro, alterado pelo Decreto-Lei n.° 524/99, de 10 de Dezembro, que disciplina o regime geral do arrendamento rural, estabelece, no artigo 28.°, que, "no caso de venda ou dação em cumprimento do prédio arrendado, aos respectivos arrendatários com, pelo menos, três anos de vigência do contrato assiste o direito de preferirem na transmissão"; "o direito de preferência do arrendatário cede perante o exercício desse direito por co-herdeiro ou comproprietário"; "sempre que o arrendatário exerça o direito de preferência referido no presente artigo, tem de cultivar o prédio directamente, como seu proprietário, durante, pelo menos, cinco anos, salvo caso de força maior, devidamente comprovado";

e) O arrendatário de imóvel urbano ou de fracção autónoma de imóvel urbano tem direito de preferência na venda ou dação em cumprimento do local arrendado há mais de um ano (artigo 47.° do Regime do Arrendamento Urbano – aprovado pelo Decreto-Lei n.° 321-B/90, de 15 de Outubro, rectificado por Declaração publicada no *Diário da República,* I-A série, de 30 de Novembro de 1990, e depois alterado pelo Decreto-Lei n.° 278/93, de 10 de Agosto (este alterado, por ratificação, pela Lei n.° 13/94, de 11 de Maio), pelo Decreto-Lei n.° 163/95, de 13 de Julho, pela Lei n.° 89/95, de 1 de Setembro, pelo Decreto-Lei n.° 257/95, de 30 de Setembro, pela Lei n.° 135/99, de 28 de Agosto, pelos Decretos-Leis n.°s 64-A/2000, de 22 de Abril, e 329-B/2000, de 22 de Dezembro, e pelas Leis n.°s 6/2001 e 7/2001, ambas de 11 de Maio); quanto a este, v. o Assento do Tribunal Pleno de 1 de Fevereiro de 1995, publicado no *Diário da República,* I-A série, de 20 de Abril de 1995, onde se decidiu: "Vendido um prédio urbano a locatário habitacional de parte dele, sem que o proprietário tenha cumprido o disposto no artigo 416.°, n.° 1, do Código Civil quanto aos restantes locatários, o comprador não perde, pelo simples facto da aquisição, o respectivo direito legal de preferência. E qualquer desses locatários preteridos, como detentor de direito concorrente, não o poderá ver judicialmente reconhecido sem recorrer ao meio processual previsto no artigo 1465.° do Código de Processo Civil, aplicável com as devidas adaptações".

f) As pessoas referidas na alínea *a)* do n.° 1 do artigo 76.° do Regime do Arrendamento Urbano – correspondente ao antigo artigo 1109.° do C.C. –, desde que convivam com o inquilino há mais de 5 anos, bem como os subarrendatários (cujo contrato seja eficaz em relação ao senhorio), no caso de o arrendamento caducar por morte do inquilino, têm direito a novo arrendamento, direito que começou por ser concebido legalmente como um direito de preferência e que entretanto veio a ser claramente configurado como um direito a contratar pelo artigo 90.° do citado R.A.U.;

g) O Decreto-Lei n.° 196/89, de 14 de Junho (rectificado por declaração publicada no *Diário da República,* I série, de 31 de Agosto de 1989), alterado pelos Decretos-Leis n.°s 274/92, de 12 de Dezembro, e 278/95, de 25 de Outubro, que estabelece o regime jurídico da Reserva Agrícola Nacional, atribui, no seu artigo 12.°, um direito de preferência "na venda ou dação em cumprimento de prédios rústicos" sitos numa área da RAN (Reserva Agrícola Nacional) aos proprietários de prédios rústicos incluídos na mesma área da RAN, determinando que "o tribunal notifica os preferentes [...] por meio de éditos a afixar na sede ou sedes das zonas agrárias com competência na área da RAN em que se situe o prédio em causa, devendo os preferentes exercer o seu direito nos 30 dias imediatos à afixação, aplicando-se em tudo o mais o disposto na lei processual civil, com as necessárias adaptações", sendo aplicável, no caso de violação deste regime, "o disposto no artigo 1410.° do Código Civil, excepto se a alienação ou dação em cumprimento tiver sido efectuada a favor de um dos preferentes";

h) O artigo 116.°, n.° 1, do citado R.A.U. atribui ao senhorio um direito de preferência "no trespasse por venda ou dação em cumprimento do estabelecimento comercial".

Não pode pretender-se ser exaustivo em matéria de direitos legais de preferência, de tal modo são numerosos e se encontram dispersos em legislação extravagante; pode, porém, referir-se que o Decreto-Lei n.° 105/96, de 31 de Julho, atribuiu ao município de Coimbra o direito de preferência, nas transmissões, a título oneroso entre particulares, de terrenos ou de edifícios situados na área da zona histórica intramuros da cidade, área que veio a ser declarada "crítica de recuperação e reconversão urbanística pelo Decreto n.° 44/2003, de 24 de Setembro, que manteve o direito de preferência atribuído, sem dependência de prazo; o Decreto n.° 52/99, de 22 de Novembro, que declara como área crítica de recuperação e reconversão urbanística a zona histórica de Viseu, confere "ao município de Viseu, nos termos do n.° 1 do artigo 27.° do Decreto-Lei n.° 794/76, de 5 de Novembro, e legislação complementar, o direito de preferência, [pelo prazo de três anos], nas transmissões, a título oneroso entre particulares, de terrenos ou de edifícios situados na área a que faz referência o artigo 1.° [do mesmo DL]"; regras semelhantes resultam do Decreto n.° 58/99, de 16 de Dezembro, relativamente ao centro histórico de Santiago do Cacém e Quinta do Barroso, sendo o direito de preferência atribuído à Câmara Municipal de Santiago do Cacém; entretanto, o Decreto n.° 25/2005, de 23 de 8 de Novembro, veio conceder ao município de Santiago do Cacém o direito de preferência nas transmissões a título oneroso, "entre particulares", de terrenos ou edifícios situados na área crítica de recuperação e reconversão urbanística do centro histórico de Santiago do Cacém e Quinta do Barroso, delimitada pelo supra citado DL n.° 58/99; quanto à área crítica de recuperação e reconversão urbanística do Centro Histórico de Évora, foi o Decreto regulamentar n.° 2/2001, de 2 de Fevereiro, que concedeu o direito de preferência ao município de Évora; de forma idêntica, o Decreto n.° 12/2001, de 3 de Março, atribui o direito de preferência à Câmara Municipal de Castelo de Vide quanto à área do núcleo intramuros da vila; em termos semelhantes, o direito de preferência foi conferido ao município de Santarém quanto às transmissões onerosas de terrenos ou edifício situados nos núcleos urbanos da Ribeira de Santarém e de Alfange; quanto à área crítica de recuperação e reconversão urbanística do núcleo urbano do Lamarão, em Ovar, o Decreto n.° 12/2002, de 18 de Abril, atribuiu o direito de preferência à Câmara Municipal de Ovar nas transmissões onerosas, "entre particulares", de terrenos ou edifício situados naquela área, pelo prazo de cinco anos; já o Decreto n.° 14/2002, de 19 de Abril, declarou como área crítica de recuperação e reconversão urbanística o Bairro das Galinheiras, em Lisboa, e concedeu a este município o direito de preferência nas transmissões a título oneroso, "entre particulares", de terrenos ou edifício situados na mesma área; por seu lado, o Decreto n.° 15/2002, de 19 de Abril, declarou como área crítica de recuperação e reconversão urbanística o Centro Histórico de Moura, concedendo ao respectivo município o direito de preferência nas transmissões a título oneroso, "entre particulares", de terrenos ou edifícios situados naquela área; o Decreto n.° 16/2002, de 22 de Abril, declarou como área crítica de recuperação e reconversão urbanística o Bairro de Almeida Araújo, em Queluz, no município de Sintra, concedendo a este o direito de preferência nas transmissões a título oneroso, "entre particulares", de terrenos ou edifícios situados nessa área; o Decreto n.° 28/2002, de 30 de Agosto, declarou o Bairro da Liberdade, no município de Lisboa, área crítica de recuperação e reconversão urbanística e concedeu a este município o direito de preferência nas transmissões a título oneroso, "entre particulares", de terrenos ou edifício situados na mesma área pelo prazo de três anos; o Decreto n.° 17/2003, de 22 de Abril, concedeu direito de preferência ao município de Ourém, nas transmissões a título oneroso, "entre particulares", de terrenos ou edifícios situados em áreas dos aglomerados urbanos de Ourém e Fátima; o Decreto n.° 18/2003, de 22 de Abril, declarou como área crítica de recuperação e reconversão urbanística o centro histórico e arrabalde da vila de Mértola, concedendo ao respectivo município o direito de preferência nas transmissões a título oneroso, "entre particulares", de terrenos ou edifício situados naquela área pelo prazo de cinco anos; o Decreto n.° 22/2003, de 8 de Maio, declarou como área crítica de recuperação e reconversão urbanística o centro histórico de Beja e concedeu ao respectivo município direito de preferência nas transmissões a título oneroso, "entre particulares", de terrenos ou edifícios situados na mesma área pelo prazo de cinco anos; o Decreto n.° 28/2003, de 11 de Junho, declarou área crítica de recuperação e reconversão urbanística a zona histórica da cidade de Viseu e concedeu ao respectivo município direito de preferência nas transmissões a título oneroso, "entre particulares", de terrenos ou edifícios situados na mesma área pelo prazo de três anos; o Decreto n.° 41/2003, de 19 de Setembro, concedeu ao município de Évora direito de preferência nas transmissões a título oneroso, "entre particulares", de terrenos ou edifícios situados na área crítica de recuperação e reconversão urbanística do centro histórico de Évora; o Decreto n.° 48/2003, de 23 de Outubro, concedeu ao município de Vila Franca de Xira o direito de preferência nas transmissões a título oneroso, "entre particulares", de terrenos ou edifícios situados na área crítica de recuperação e reconversão urbanística da zona antiga de Alhandra; o Decreto n.° 49/2003, de 23 de Outubro, concedeu ao município de Vila Franca direito de preferência nas transmissões a título oneroso, "entre particulares", de terrenos ou edifícios situados na área crítica de recuperação e reconversão urbanística da zona antiga de Vila Franca de Xira; o Decreto n.° 52/2003, de 25 de Novembro, declarou área crítica de recuperação e reconversão urbanística a área do núcleo urbano da Brandoa, atribuindo ao município da Amadora direito de preferência nas transmissões a título oneroso, "entre particulares", de terrenos ou edifícios aí situados; o Decreto n.° 53/2003, de 11 de Dezembro, declarou área crítica de recuperação e reconversão urbanística o Bairro da Cova da Moura e concedeu ao município da Amadora direito de preferência nas transmissões a título oneroso, "entre particulares", de terrenos ou edifícios aí situados; o Decreto n.° 54/2003, de 11 de Dezembro, declarou área crítica de recuperação e reconversão urbanística o núcleo de A da Beja e concedeu ao município da Amadora direito de preferência nas transmissões a título oneroso, "entre particulares", de terrenos ou edifícios situados nessa área; o Decreto n.° 6/2004, de 26 de Março, declarou área crítica de recuperação e reconversão urbanística a área central do Cacém e atribuiu ao município de Sintra direito de preferência nas transmissões a título oneroso, "entre particulares", de terrenos ou edifícios situados nesta área; o Decreto n.° 12/2004, de 20 de Maio, declarou área crítica de recuperação e reconversão urbanística o núcleo histórico da vila do Sabugal e concedeu a este município direito de preferência nas transmissões a título oneroso, "entre particulares", de terrenos ou edifícios situados naquela área; o Decreto n.° 16/2004, de 23 de Julho, declarou área crítica de recuperação e reconversão urbanística a zona do Bom Sucesso//Arcena, em Alverca do Ribatejo e concedeu ao município de Vila Franca de Xira o direito de preferência nas transmissões a título oneroso, "entre particulares", de terrenos ou edifícios situados nessa área; o Decreto n.° 18/2004, de 30 de Julho, concedendo ao município de Santarém direito de preferência nas transmissões a título oneroso, "entre particulares", de terrenos ou edifícios situados na zona da área crítica de recuperação e reconversão urbanística da Ribeira de Santarém e de Alfange; o Decreto n.° 34/2004, de 30 de Outubro, declarou área crítica de recuperação e reconversão urbanística o Centro Histórico de Avis e atribuiu ao município respectivo direito de preferência nas transmissões a título oneroso, "entre particulares", de terrenos ou edifícios situados naquela área; o Decreto n.° 8/2005, de 23 de Março, declarou zona de área crítica de recuperação e reconversão urbanística o núcleo histórico de Tomar atribui ao município respectivo o direito de preferência nas transmissões a título oneroso, "entre particulares", de terrenos ou edifícios situados naquela área.

Em qualquer caso, isto é, seja o direito de preferência contratual ou legal, ao obrigado à preferência não é imposta a obrigação de vender o bem, mas, decidindo-se a vendê-lo, tem de comunicar ao preferente essa decisão e as condições em que pretende efectuar o contrato. Na falta de prazo especialmente estipulado por lei ou convencionado pelas partes, o preferente tem de exercer o seu direito no prazo de oito dias, sob pena de caducidade (artigo 416.°, C.C.).

Caso o obrigado venda, não cumprindo a sua obrigação de dar preferência, o preferente convencional apenas pode pedir indemnização pelos prejuízos que sofrer, salvo se o pacto de preferência tiver eficácia real, caso em que ao preferente assiste o direito a requerer judicialmente a coisa vendida, pagando o respectivo preço (acção de preferência). Se o direito de preferência for legal, tem sempre o seu titular ao seu dispor a acção de preferência (artigos 1410.°, tendo o n.° 1 deste a redacção do Decreto-Lei n.° 68/96, de 31 de Maio, e 421.°, C.C.).

Existindo vários direitos de preferência sobre uma mesma coisa, a lei estabelece uma ordem de prioridades para o seu exercício: o comproprietário é o primeiro de entre os preferentes legais; estes são depois graduados caso a caso, vindo, finalmente, os preferentes convencionais; de entre estes, será graduado em primeiro lugar aquele cujo direito dispuser de eficácia real.

Quando as regras legais não forem suficientes para hierarquizar os preferentes, encontrando-se vários em igualdade de circunstâncias, será aberta licitação entre eles e o excesso reverterá para o alienante. Parece ser esta a solução mais conforme aos princípios que informam o regime do direito de preferência (cfr. artigos 419.°, n.° 2, e 1555.°, n.° 3, C.C.), pois a aplicação da regra do artigo 335.°, relativa à colisão de direitos, não poderia resolver, em caso nenhum, o conflito.

V. artigos 414.° e segs., C.C..

O artigo 2.°, n.° 1-*f)*, do Código do Registo Predial, aprovado pelo Decreto-Lei n.° 224/84, de 6 de Julho (rectificado por declaração publicada no *Diário da República*, I série, de 29 de Setembro de 1984), e alterado pelos Decretos-Leis n.°s 355/85, de 2 de Outubro, 60/90, de 14 de Fevereiro (rectificado por declaração publicada no *Diário da República*, I-A série, de 31 de Março de 1990), 80/92, de 7 de Maio, 30/93, de 12 de Fevereiro, 227/94, de 8 de Setembro, 267/94, de 25 de Outubro, 67/96, de 31 de Maio, 375-A/99, de 20 de Setembro, 533/99, de 11 de Dezembro (rectificado pela Declaração de rectificação n.° 5-A/2000, de 29 de Fevereiro), 273/2001, de 13 de Outubro, 323/2001, de 17 de Dezembro, 38/2003, de 8 de Março (rectificado pela Declaração de rectificação n.° 5-C/2003, de 30 de Abril), e 194/2003, de 23 de Agosto, e pela Lei n.° 6/2006, de 27 de Fevereiro, estabelece que estão sujeitos a registo os pactos de preferência, se lhes tiver sido atribuída eficácia real, a disposição testamentária de preferência, bem como a cessão da posição contratual emergente daqueles contratos.

O Assento do Supremo Tribunal de Justiça de 25 de Junho de 1987, publicado no *Diário da República*, I série, de 10 de Outubro de 1988, decidiu que, "com a entrada em vigor da C. R. P. de 1976, e mesmo antes da modificação introduzida no artigo 1463.° do C.P.C. pelo Decreto-Lei n.° 368/77, de 3 de Setembro, a notificação para o exercício do direito de preferência deve ser feita a ambos os cônjuges, por aplicação do princípio da igualdade jurídica estabelecida no artigo 36.°, n.° 3, da C. R. P.".

V. *Direito subjectivo; Pacto de preferência; Compra e venda; Dação em cumprimento; Aforamento; Emparcelamento; Unidade de cultura; Compropriedade; Quota; Consorte; Quinhão; Herdeiro; Arrendamento, Prédio rústico; Caso de força maior; Arrendamento urbano; Fracção autónoma; Sublocação; Caducidade do arrendamento; Notificação; Edital; Indemnização; Responsabilidade contratual; Notificação para a preferência; Acção de preferência; Preferência no arrendamento; Trespasse; Caducidade; Estabelecimento comercial; Eficácia real; Licitação; Colisão de direitos; Registo predial; Princípio da igualdade; Testamento; Cessão da posição contratual.*

2. No âmbito dos direitos reais, preferência ou prevalência é a característica daqueles, em razão da qual eles se sobrepõem a qualquer situação jurídica que tenha sido posteriormente constituída sobre o bem que é seu objecto.

V. *Direito real.*

3. Fala-se ainda de preferência no domínio dos direitos reais de garantia para sig-

nificar que os titulares destes (credores hipotecários, pignoratícios, etc.) são pagos preferentemente pelo valor pecuniário do objecto da garantia, antes que o sejam os demais credores.

V. *Direito real de garantia; Garantias reais; Credor hipotecário; Credor pignoratício.*

Direito de presa de água (Dir. Civil) – É o direito que tem o proprietário de águas de fazer obras de represa ou derivação delas.

O proprietário de águas particulares tem as faculdades inerentes ao direito de propriedade com as limitações enunciadas nos artigos 1390.° e segs.. Destas, salienta-se, quanto à questão que está aqui em causa, a do artigo 1392.°, n.° 1, que dispõe que "ao proprietário da fonte ou nascente não é lícito mudar o seu curso costumado, se os habitantes de uma povoação ou casal há mais de cinco anos se abastecerem dela ou das suas águas vertentes para gastos domésticos".

V. *Direito subjectivo; Direito de propriedade; Águas.*

Direito de propriedade (Dir. Civil) – Direito real que integra todas as prerrogativas que se podem ter sobre uma coisa. De acordo com o artigo 1305.°, C.C., "o proprietário goza de modo pleno e exclusivo dos direitos de uso, fruição e disposição das coisas que lhe pertencem, dentro dos limites da lei e com observância das restrições por ela impostas".

O n.° 1 do artigo 62.° da Constituição garante "o direito à propriedade privada e à sua transmissão em vida ou por morte [...]".

O artigo 1316.°, C.C., enuncia as formas de aquisição da propriedade, sendo elas o contrato, a sucessão por morte, a usucapião, a ocupação, a acessão e ainda outras formas que a lei expressamente previr.

Os artigos 1344.° e segs., C.C., ocupam-se do regime da propriedade de bens imóveis, determinando os seus limites, os direitos, deveres e sujeições do seu titular; os artigos 1385.° e segs., por sua vez, tratam de problemas atinentes à propriedade das águas; os artigos 1403.° e segs. estabelecem as regras respeitantes à compropriedade; finalmente, os artigos 1414.° e segs. (com as alterações decorrentes do Decreto-Lei n.° 267/94, de 25 de Outubro), sempre do C.C., ocupam-se do regime da propriedade horizontal.

O artigo 2.° do Código do Registo Predial, aprovado pelo Decreto-Lei n.° 224/84, de 6 de Julho, (rectificado por declaração publicada no *Diário da República*, I série, de 29 de Setembro de 1984), e alterado pelos Decretos-Leis n.°s 355/85, de 2 de Outubro, 60/90, de 14 de Fevereiro (este último rectificado por declaração publicada no *Diário da República*, I-A série, de 31 de Março de 1990), 80/92, de 7 de Maio, 30/ /93, de 12 de Fevereiro, 227/94, de 8 de Setembro, 267/94, de 25 de Outubro, 67/96, de 31 de Maio, 375-A/99, de 20 de Setembro, 533/99, de 11 de Dezembro (rectificado pela Declaração de rectificação n.° 5-A/2000, de 29 de Fevereiro), 273/2001, de 13 de Outubro, 323/2001, de 17 de Dezembro, 38/2003, de 8 de Março (rectificado pela Declaração de rectificação n.° 5-C/ /2003, de 30 de Abril), e 194/2003, de 23 de Agosto, e pela Lei n.° 6/2006, de 27 de Fevereiro, estabelece no seu n.° 1-*a)* que estão sujeitos a registo "os factos jurídicos que determinem a constituição, o reconhecimento, a aquisição ou a modificação dos direitos de propriedade [...]"; nos termos da alínea *u)* da mesma disposição, estão também sujeitas a registo "quaisquer outras restrições ao direito de propriedade e quaisquer outros encargos sujeitos, por lei, a registo".

V. *Direito subjectivo; Direito real; Fruição; Disposição; Coisa; Contrato; Sucessão; Usucapião; Ocupação; Acessão; Dever jurídico; Sujeição; Águas; Imóvel; Compropriedade; Propriedade temporária; Propriedade resolúvel; Propriedade horizontal; Registo predial; Encargos.*

Direito de propriedade intelectual (Dir. Civil) – Diz-se propriedade intelectual genericamente da propriedade industrial e da propriedade a que se referem os direitos de autor.

Para além dos diplomas indicados nas rubricas respectivas, v. Decreto n.° 9/75, de 14 de Janeiro, que aprovou, para ratificação, a Convenção que institui a Organização Mundial da Propriedade Intelectual, assinada em Estocolmo a 14 de Julho de

1967 (Convenção que foi objecto de várias emendas, entradas em vigor em 1 de Junho de 1984, segundo avisos publicados nos *Diários da República*, I série, de 29 de Junho e 14 de Julho de 1984, e de 18 de Janeiro de 1985). V. também a Resolução da Assembleia Nacional de 11 de Maio de 1956, que aprovou, para ratificação, a Convenção Universal sobre o Direito de Autor, assinada em Genebra em 6 de Setembro de 1952, e já ratificada por Portugal, segundo aviso publicado no *Diário do Governo*, 1.ª série, de 11 de Outubro de 1956.

V. *Propriedade industrial; Direito de autor.*

Direito de regresso (Dir. Civil) – Se bem que a expressão possa ser encontrada na lei para designar realidades diversas, embora em geral ligadas a esta, ela refere-se, em regra, ao direito que tem o devedor solidário contra o(s) seu(s) condevedor(es), quando satisfez integralmente a dívida perante o credor.

O devedor solidário, que satisfaça integralmente o direito do credor, tem direito a receber dos outros devedores a parte da dívida que a cada um deles competia (artigo 524.°, C.C.). E, se outra coisa não resultar da relação jurídica, presume-se que todos os devedores comparticipam em partes iguais na dívida (artigo 516.°, C.C.).

A partir do cumprimento ao credor por um dos devedores solidários surge uma obrigação conjunta entre os vários condevedores, de que o devedor que cumpriu é o credor.

O Decreto-Lei n.° 67/2003, de 8 de Abril, que se ocupa de certos aspectos relacionados com a venda de bens de consumo, também trata de uma situação de direito de regresso; com efeito, prevê-se no artigo 7.° que os vendedores que tenham removido a desconformidade do bem por uma das formas previstas no diploma, gozam "de direito de regresso contra o profissional a quem adquiriram a coisa, por todos os prejuízos causados pelo exercício daqueles direitos" por parte do consumidor. "O demandado pode afastar o direito de regresso provando que o defeito não existia quando entregou a coisa ou, se o defeito for posterior à entrega, que não foi causado por si". O artigo 8.° trata do exercício deste direito de regresso.

O Acórdão do Supremo Tribunal de Justiça, proferido em recurso ampliado de revista, em 28 de Maio de 2002, publicado no *Diário da República*, I-A série, de 18 de Julho do mesmo ano, veio estabelecer a seguinte doutrina: "a alínea *c)* do artigo 19.° do Decreto-Lei n.° 522/85, de 31 de Dezembro, exige para a procedência do direito de regresso contra o condutor por ter agido sob influência do álcool o ónus da prova pela seguradora do nexo de causalidade adequada entre a condução sob o efeito do álcool e o acidente".

V. *Direito subjectivo; Solidariedade; Devedor; Presunção legal; Condevedores; Dívida; Cumprimento; Obrigação conjunta; Venda de bens de consumo; Conformidade; Consumidor; Demandado; Acórdão uniformizador de jurisprudência; Recurso ampliado de revista; Ónus da prova; Acidente de viação; Causalidade; Causalidade adequada.*

Direito de remição (Dir. Civil) – V. *Direito subjectivo; Remição.*

Direito de representação (Dir. Civil)

1. V. *Representação.*

2. Há direito de representação no direito sucessório quando a lei chama os descendentes de um herdeiro ou de um legatário a ocupar a posição daquele que não pôde ou não quis aceitar a herança ou legado, descendentes estes que, assim, sucedem ao *de cuius* por direito de representação do sucessível que, por exemplo, se tornou incapaz de suceder, repudiou ou é pré-morto.

O direito de representação sucessória está consagrado na lei tanto para a sucessão legal como para a sucessão testamentária (artigo 2040.°, C.C.).

Na sucessão testamentária, só há direito de representação se não houver outra causa de caducidade da vocação sucessória e não tiver sido designado substituto ao herdeiro ou legatário; tão-pouco há direito de representação na sucessão testamentária em relação ao fideicomissário e no caso de legado de usufruto ou outro direito pessoal (artigo 2041.°, C.C.). Na sucessão legal, a representação sucessória tem lugar na linha recta em benefício de descendentes do filho do autor da sucessão e, na linha colateral, em benefício dos descendentes do irmão do falecido, sempre independentemente do grau de parentesco (artigo 2042.°, C.C.).

O direito de representação não é prejudicado pelo facto de os descendentes chamados a representar o sucessível serem incapazes por indignidade em relação a ele ou terem repudiado a sucessão deste (artigo 2043.°, C.C.).

Funcionando o direito de representação sucessória, a cada estirpe cabe aquilo em que sucederia o ascendente respectivo, o mesmo acontecendo no interior de cada estirpe quando esta contenha vários ramos (artigo 2044.°, C.C.). Pelo facto de o direito de representação funcionar, não é chamado o sucessível seguinte em relação ao representado, e é afastado o direito de acrescer.

A lei determina que a vocação sucessória seja feita por representação, mesmo que todos os membros das várias estirpes estejam, relativamente ao autor da sucessão, no mesmo grau de parentesco ou exista uma só estirpe (artigo 2045.°, C.C.).

V. *Sucessão; Descendente; Herdeiro; Legatário; Aceitação da herança; Legado; "De cuius"; Sucessível; Capacidade sucessória; Repúdio; Sucessão legal; Sucessão testamentária; Caducidade; Vocação sucessória; Fideicomisso; Usufruto; Direito pessoal; Linha; Autor da sucessão; Grau de parentesco; Indignidade; Estirpe; Direito de acrescer.*

Direito de resistência (Dir. Civil) – "Todos têm o direito de resistir a qualquer ordem que ofenda os seus direitos, liberdades e garantias e de repelir pela força qualquer agressão, quando não seja possível recorrer à autoridade pública".

Trata-se de um princípio de auto-tutela ou de justiça privada, com o inerente carácter excepcional.

V. *Justiça privada; Tutela privada de direitos.*

Direito de resolução (Dir. Civil) – V. *Resolução do contrato; Arrependimento.*

Direito de retenção (Dir. Civil) – Genericamente, é o direito do credor, que tem em seu poder um bem pertencente ao devedor, de recusar a entrega daquele enquanto não for pago o seu crédito.

No nosso direito positivo (artigo 754.°, C.C.), o direito de retenção existe para o devedor obrigado à entrega de uma coisa, quando, em resultado de despesas feitas por causa dela ou de danos por ela causados, disponha de um crédito contra o seu credor (artigo 755.°, C.C.), e nos demais casos especificados na lei.

O direito de retenção encontra-se excluído relativamente a pessoas que tenham obtido ilicitamente a coisa que devam entregar, àquelas que tenham realizado de má fé as despesas de que o seu crédito provém, não existindo igualmente quando as coisas sejam impenhoráveis ou a outra parte tenha prestado caução suficiente.

O exercício do direito de retenção coloca o respectivo titular na situação legal do credor pignoratício ou hipotecário, conforme a coisa seja móvel ou imóvel, prevalecendo o direito de retenção, quando versa sobre imóvel, sobre a hipoteca, mesmo que esta tenha sido anteriormente registada.

Este direito é transmissível, desde que seja transmitido o crédito que ele garante, e extingue-se pela entrega da coisa, pela extinção da obrigação que garante, por prescrição, a favor de terceiro adquirente do prédio retido, "decorridos vinte anos sobre o registo da aquisição e cinco sobre o vencimento da obrigação", pelo perecimento da coisa retida (sem prejuízo dos direitos de indemnização, de substituição ou de reforço da garantia que no caso couberem) e ainda pela renúncia do credor.

V. artigos 756.° e segs., C.C..

Há casos especialmente previstos na lei de atribuição do direito de retenção. O artigo 755.°, n.° 1, C.C., enuncia vários, como, por exemplo, o do "albergueiro, sobre as coisas que as pessoas albergadas hajam trazido para a pousada ou acessórios dela, pelo crédito da hospedagem", o do "mandatário, sobre as coisas que lhe tiverem sido entregues para execução do mandato, pelo crédito proveniente da sua actividade", o do depositário, "sobre as coisas que lhe tiverem sido entregues em consequência do respectivo contrato, pelos créditos dele resultantes", ou o do "beneficiário da promessa de transmissão ou constituição de direito real que obteve a tradição da coisa a que se refere o contrato prometido, sobre essa coisa, pelo crédito resultante do não cumprimento imputável à outra parte, nos termos do artigo 442.° [valor do sinal ou da coisa, deduzido o preço convencionado]". Fora do Código Civil, v., por exemplo, o Decreto-Lei n.° 203/98, de 10 de Julho, rectificado pela Declaração de rectificação n.° 11-M/98, de 31 de Julho, cujo artigo 14.° confere ao salvador direito de retenção "sobre a embarcação e os restantes bens salvos para garantia dos créditos emergentes da salvação marítima". V. também o n.° 1 do artigo 14.° do Decreto-Lei n.° 239/2003, de 4 de Outubro, que prevê e regula o contrato de transporte rodoviário nacional, dispondo que "o transportador goza do direito de retenção sobre as mercadorias transportadas como garantia de pagamento de créditos vencidos de que seja titular relativamente a serviços de transporte prestados", acrescentando o n.° 2 que, "sempre que exercer o direito de retenção, o transportador deve notificar o destinatário e o expedidor, se um e outro forem pessoas diversas, dentro dos três dias imediatos à data prevista para a entrega da mercadoria".

V. *Direito subjectivo; Direito real; Garantias reais; Devedor; Credor; Ilicitude; Dano; Detenção; Posse; Má fé; Impenhorabilidade; Caução; Credor pignoratício; Credor hipotecário; Hipoteca; Móvel; Imóvel; Registo predial; Extinção das obrigações; Prescrição; Vencimento; Indemnização; Substituição de garantia; Reforço de garantias; Renúncia; Albergaria; Mandato; Depósito; Contrato-promessa; Tradição da coisa; Incumprimento; Culpa; Sinal; Salvação marítima; Navio; Contrato de transporte; Notificação.*

Direito de sequela (Dir. Civil) – Consiste na susceptibilidade que tem o direito real de ser invocado contra quem quer que materialmente detenha a coisa sobre que recai. Não é, portanto, um direito autónomo, mas uma mera característica dos direitos reais.

Por exemplo, no domínio dos direitos reais de garantia, o credor hipotecário ou privilegiado pode fazer-se pagar pelo valor do imóvel dado em garantia do cumprimento da dívida, esteja ele em poder de quem estiver, mesmo nas mãos de um terceiro adquirente.

Há autores, como Almeida Costa, *Noções de Direito Civil*, 3.ª edição, pág. 396, que designam esta característica dos direitos reais também por direito de seguimento ou de persecução.

V. *Direito real; Garantias reais; Hipoteca; Privilégio creditório; Imóvel; Direito real de garantia.*

Direito de servidão (Dir. Civil) – V. *Direito subjectivo; Direito real; Servidão predial.*

Direito de superfície (Dir. Civil) – Segundo o artigo 1524.°, C.C., "o direito de superfície consiste na faculdade de construir ou manter, perpétua ou temporariamente, uma obra em terreno alheio, ou de nele fazer ou manter plantações".

Pode constituir-se este direito por contrato, testamento ou usucapião, podendo também resultar da alienação de obra ou árvores já existentes, separadamente da propriedade do solo (v. artigo 1528.°, C.C.). No acto de constituição, pode convencionar-se que o pagamento do preço se fará de uma única vez ou em prestações anuais, necessariamente pecuniárias, podendo estas ser temporárias ou perpétuas.

O artigo 1536.°, C.C., enumera os casos em que se extingue o direito de superfície.

V. artigos 1524.° e segs., C.C., tendo o artigo 1525.° a redacção do Decreto-Lei n.° 257/91, de 18 de Julho.

O artigo 2.°, n.° 1-*a*), do Código do Registo Predial, aprovado pelo Decreto-Lei n.° 224/84, de 6 de Julho (rectificado por declaração publicada no *Diário da República*, I série, de 29 de Setembro de 1984), alterado pelos Decretos-Leis n.°s 355/85, de 2 de Outubro, 60/90, de 14 de Fevereiro (rectificado por declaração publicada no *Diário da República*, I-A série, de 31 de Março de 1990), 80/92, de 7 de Maio, 30/ /93, de 12 de Fevereiro, 227/94, de 8 de Setembro, 267/94, de 25 de Outubro, 67/96, de 31 de Maio, 375-A/99, de 20 de Setembro, 533/99, de 11 de Dezembro (rectificado pela Declaração de rectificação n.° 5- -A/2000, de 29 de Fevereiro), 273/2001, de 13 de Outubro, 323/2001, de 17 de Dezembro, 38/2003, de 8 de Março (rectificado pela Declaração de rectificação n.° 5-C/ /2003, de 30 de Abril), e 194/2003, de 23 de Agosto, e pela Lei n.° 6/2006, de 27 de Fevereiro, estabelece que estão sujeitos a registo "os factos jurídicos que determinem a constituição, o reconhecimento, a aquisição ou a modificação dos direitos de [...] superfície [...]".

V. *Direito subjectivo; Direito real; Obras; Contrato; Testamento; Usucapião; Alienação; Pagamento em prestações; Obrigação pecuniária; Registo predial.*

Direito de tapagem (Dir. Civil) – V. *Tapagem.*

Direito de uso (Dir. Civil) – V. *Uso (direito de).*

Direito-dever (Dir. Civil) – É o direito que a lei confere a um sujeito não no seu interesse, mas no de outrem, e que, consequentemente, tem de ser exercido em conformidade com a função para que foi conferido.

Paradigmas de direitos-deveres são os inerentes ao poder paternal.

V. *Poder funcional; Poder paternal.*

Direito de visita (Dir. Civil) – Prerrogativa reconhecida aos ascendentes de receberem os seus descendentes menores (filhos ou netos) confiados à guarda de um dos pais ou de um terceiro.

Não havendo acordo sobre as visitas, a sentença que regula o exercício do poder paternal tem de se pronunciar sobre as visitas daquele dos pais com quem o filho não vive (no caso de viver com um deles) ou das visitas de ambos (caso o menor fique confiado a um terceiro ou a um estabelecimento). Excepcionalmente, pode não ser estabelecido regime de visitas quando o interesse do menor o desaconselhe.

V. artigos 1919.°, n.° 2, C.C., e 180.° da anteriormente designada por O.T.M. (Decreto-Lei n.° 314/78, de 19 de Novembro, com as alterações introduzidas pelos Decretos-Leis n.°s 185/93, de 22 de Maio, 48/95, de 15 de Março, 58/95, de 31 de Março, 120/98, de 8 de Maio, e pelas Leis n.°s 133/99, de 28 de Agosto, 166/99, de 14 de Setembro, e 31/2003, de 22 de Agosto).

Entretanto, por força do artigo 1887.°-A, C.C., aditado pela Lei n.° 84/95, de 31 de Agosto, o chamado direito de visita parece estender-se também aos irmãos, já que nesta disposição se estabelece que "os pais não podem injustificadamente privar os filhos do convívio com os irmãos e ascendentes". Por outro lado, a mesma Lei alterou a redacção do artigo 1905.°, C.C., determinando agora a disposição que a homologação judicial do acordo de regulação do poder paternal "será recusada se o acordo não corresponder ao interesse do menor, incluindo o interesse deste em manter com aquele progenitor a quem não seja confiado uma relação de grande proximidade", e, ainda, que, quando a regulação seja estabelecida judicialmente, o tribunal "decidirá de harmonia com o interesse do menor, incluindo o de manter uma relação de grande proximidade com o progenitor a quem não seja confiado".

V. artigo 8.° da Convenção Europeia sobre o Estatuto Jurídico das Crianças Nascidas fora do Casamento, aprovada, para ratificação, pelo Decreto n.° 34/82, de 15 de Março; v. também a Convenção Europeia sobre o Reconhecimento e Execução das Decisões Relativas à Guarda de Menores e sobre o Restabelecimento da Guarda de Menores, adoptada em 20 de Maio de 1980 pelo Conselho da Europa, aprovada, para ratificação, pelo Decreto n.° 136/82, de 21 de Dezembro (segundo aviso publicado no *Diário da República,* I série, de 20 de Abril de 1983, o respectivo instrumento de ratificação por parte de Portugal foi depositado); v. ainda a Convenção de Cooperação Judiciária Relativa à Protecção de Menores entre o Governo da República Portuguesa e o Governo da República Francesa, assinada em Lisboa em 20 de Julho de 1983, aprovada, para adesão, pela Resolução da Assembleia da República n.° 1/84, de 3 de Fevereiro, e já entrada em vigor (segundo aviso publicado no *Diário da República,* I série, de 17 de Setembro de 1984). V. também a Convenção entre o Governo da República Portuguesa e o Grão-Ducado do Luxemburgo Relativa ao Auxílio Judiciário em Matéria de Direito de Guarda e de Direito de Visita, assinada em Lisboa em 12 de Julho de 1992, aprovada, para ratificação, pela Resolução da Assembleia da República n.° 6/94, em 4 de Novembro de 1993 (rectificada pela Rectificação n.° 9/94, de 2 de Maio), e ratificada pelo Decreto do Presidente da República n.° 4/94, de 5 de Fevereiro, relativamente à qual o Aviso n.° 141/95, de 21 de Junho, tornou público encontrar-se concluído o respectivo processo de ratificação, tendo entrado em vigor no dia 1 de Junho de 1995.

V. *Ascendente; Descendente; Menor; Guarda de menores; Sentença; Poder paternal; Homologação; Regulação do poder paternal.*

Direito de voto – O artigo 49.° da Constituição da República dispõe, no seu n.° 1, que "têm direito de sufrágio todos os cidadãos maiores de dezoito anos, ressalvadas as incapacidades previstas na lei geral", acrescentando o n.° 2 que o exercício deste direito "é pessoal e constitui um dever cívico".

Os menores sofrem, pois, de uma incapacidade de gozo relativamente a este direito.

V. *Menor; Incapacidade.* (Dir. Civil) – V. *Voto.*

Direito especial – Qualifica-se como direito especial o ramo do direito cujo âmbito de aplicação é caracterizado e delimitado em função de um dado critério, que o distingue, como espécie, do direito comum, mas não justifica que o seu conteúdo seja contrário ao daquele.

V. *Direito comum; Norma especial.*

Direito estrangeiro – O artigo 22.°, C.C., determina que "não são aplicáveis os preceitos da lei estrangeira indicados pela norma de conflitos, quando essa aplicação envolva ofensa dos princípios fundamentais da ordem pública internacional do Estado português", devendo, nesse caso, ser aplicadas "as normas mais apropriadas da legislação estrangeira competente ou, subsidiariamente, as regras do direito interno português".

Caso seja aplicável a lei estrangeira, ela deve ser "interpretada dentro do sistema a que pertence e de acordo com as regras interpretativas nele fixadas" - artigo 23.°, n.° 1, C.C..

"Àquele que invocar direito [...] estrangeiro compete fazer a prova da sua existência e conteúdo; mas o tribunal deve procurar, oficiosamente, obter o respectivo conhecimento", cabendo este conhecimento oficioso ao tribunal "sempre que este tenha de decidir com base no direito [...] estrangeiro e nenhuma das partes o tenha invocado, ou a parte contrária tenha reconhecido a sua existência e conteúdo ou não haja deduzido oposição" - artigo 348.°, C.C..

Se for impossível averiguar o conteúdo da lei estrangeira aplicável, o n.° 2 do já citado artigo 23.° dispõe que se recorrerá "à lei que for subsidiariamente competente, devendo adoptar-se igual procedimento sempre que não for possível determinar os elementos de facto ou de direito de que dependa a designação da lei aplicável".

V. a Convenção Europeia no Domínio da Informação sobre o Direito Estrangeiro, aberta à assinatura em Londres a 7 de Junho de 1968, e respectivo Protocolo Adicional, aberto para assinatura em Estrasburgo a 15 de Março de 1978; Portugal é parte desta Convenção que foi aprovada, para ratificação, pelo Decreto n.° 43/78, de 28 de Abril, tendo o respectivo instrumento de ratificação sido depositado em 7 de Agosto de 1978, conforme aviso publicado no *Diário da República*, 1.ª série, de 3 de Outubro de 1978.

V. *Norma de conflitos; Interpretação da lei; Prova; Ordem pública; Conhecimento oficioso; Conflito de leis.*

Direito excepcional – Diz-se excepcional o direito que, em contradição com os princípios gerais, regula uma situação ou um conjunto de situações cujas características específicas são de tal modo diferenciadoras dele que se justifica o regime contrário ao aplicável como regra.

V. *Norma excepcional.*

Direito imobiliário (Dir. Civil) – Direito sobre um imóvel.

No Código Civil português, os direitos sobre imóveis estão sujeitos ao regime dos próprios imóveis.

V. artigo 204.°, C.C..

V. *Direito subjectivo; Imóvel.*

Direito indisponível (Dir. Civil) – Direito que não é susceptível de ser objecto de actos de disposição por parte do seu titular, isto é, direito relativamente ao qual a vontade do titular é ineficaz para a sua transmissão ou extinção. Os direitos de personalidade só são disponíveis na medida em que tal não contrarie a ordem pública, uma proibição legal ou os bons costumes (v. artigos 81.° e 340.°, C.C.).

"O direito a alimentos não pode ser renunciado ou cedido, bem que estes possam deixar de ser pedidos e possam renunciar-se as prestações vencidas" – n.° 1 do artigo 2008.°, C.C..

Determina o artigo 354.°, C.C., que "a confissão não faz prova contra o confitente [...] se recair sobre factos relativos a direitos indisponíveis".

V. *Direito subjectivo; Indisponibilidade; Acto de disposição; Ordem pública; Bons costumes; Direitos de personalidade; Consentimento do lesado; Alimentos; Prestação; Vencimento, Confissão; Prova.*

Direito intertemporal – Designação que alguns autores dão ao direito que regula a sucessão das leis no tempo.

V. *Conflitos de leis no tempo; Direito transitório.*

Direito intransmissível (Dir. Civil) – São intransmissíveis os direitos que não podem ser transferidos da esfera jurídica do seu titular para outra.

A intransmissibilidade pode resultar da própria natureza do direito (por exemplo, direitos de personalidade, direito a alimentos, etc.) ou de norma legal que proíba a transferência (por exemplo, o direito de uso e habitação – v. artigo 1488.°, C.C.), podendo mesmo, em alguns casos, resultar da vontade manifestada pelos sujeitos (cfr. o n.° 2 do artigo 2025.°, C.C., que determina que se extinguem à morte do seu titular, não se transmitindo por sucessão, os direitos renunciáveis, desde que aquele tenha manifestado a sua vontade nesse sentido).

Há direitos absolutamente intransmissíveis (isto é, que não são susceptíveis de transferência por qualquer forma); outros há que, não podendo transmitir-se *mortis causa*, podem transferir-se por acto entre vivos, como sucede com o usufruto – v. artigos 1443.°, 1444.° e 1476.°, n.° 1-*a)*, C.C..

Por outro lado, há direitos que, sendo transmissíveis, o são condicionadamente, como, por exemplo, acontece com a cessão de quota nas sociedades civis, nos termos do artigo 995.°., n.° 1, C.C.. Há ainda direitos cuja transmissibilidade está condicionada à transmissão do direito de que dependem: é o que acontece, por exemplo, com os direitos reais de garantia.

Quanto à intransmissibilidade convencional, v. *Cláusula de inalienabilidade.*

V. *Direito subjectivo; Esfera jurídica; Direitos de personalidade; Alimentos; Direito irrenunciável; Uso (direito); Direito de habitação; Sucessão; Renúncia; "Mortis causa"; Usufruto; Acto entre vivos; Sociedade; Direito real de garantia; Garantias reais.*

Direito irrenunciável (Dir. Civil) – É aquele que o respectivo titular não pode extinguir ou alienar por um acto da sua vontade. Por exemplo, o direito a alimentos (artigo 2008.°, C.C.) ou o direito a revogar uma doação por ingratidão do donatário (artigo 977.°, C.C.)

Os direitos que não sejam irrenunciáveis podem extinguir-se por morte do seu titular, quando este tenha manifestado neste sentido a sua vontade (artigo 2025.°, n.° 2, C.C.).

V. *Direito subjectivo; Renúncia; Alimentos; Doação; Revogação da doação; Ingratidão.*

Direito judiciário – Conjunto de regras atinentes ao funcionamento da justiça e à orgânica dos tribunais.

V. *Tribunal.*

Direito litigioso (Dir. Civil) – "Diz-se litigioso o direito que tiver sido contestado em juízo contencioso, ainda que arbitral, por qualquer interessado" – artigo 579.°, n.° 3, C.C.. O mesmo artigo, no seu n.° 1, determina que é nula a cessão de créditos ou outros direitos litigiosos feita, quer directamente quer por interposta pessoa, a juízes ou magistrados do Ministério Público, funcionários de justiça ou mandatários judiciais, quando o processo em que o direito é discutido correr na área em que estes exercem habitualmente a sua actividade ou profissão; é do mesmo modo nula a cessão de tais direitos a peritos ou outros auxiliares da justiça que tenham intervenção no respectivo processo. O artigo 876.°, C.C., proíbe, por seu turno, a venda de direito litigioso nos mesmos termos em que é proibida a cessão. A cessão ou venda de direitos litigiosos sujeita o cessionário ou comprador à obrigação de indemnizar os danos causados, não podendo qualquer deles invocar a nulidade do contrato.

V. *Direito subjectivo; Tribunal arbitral; Nulidade; Crédito; Cessão de créditos; Interposição de pessoa; Juiz; Ministério Público; Funcionário de justiça; Perito; Mandatário judicial; Auxiliares processuais; Compra e venda; Cessionário; Indemnização; Dano; Contrato.*

Direito local – Conjunto normativo cujo âmbito de aplicabilidade geográfico é restrito a uma circunscrição territorial em regra de pequena dimensão.

O artigo 348.°, C.C., determina que "àquele que invocar direito [...] local [...] compete fazer a prova da sua existência e conteúdo; mas o tribunal deve procurar, oficiosamente, obter o respectivo conhecimento"; incumbe igualmente ao tribunal o conhecimento oficioso do direito local sempre que deva decidir com base nele "e nenhuma das partes o tenha invocado, ou a parte contrária tenha reconhecido a sua existência e conteúdo ou não haja deduzido oposição"; finalmente, dispõe-se que, se for impossível "determinar o conteúdo do direito [local] aplicável, o tribunal recorrerá às regras do direito comum português".

V. *Norma jurídica; Prova; Conhecimento oficioso.*

Direito material – Por contraposição ao direito processual ou adjectivo, diz-se substantivo ou material o direito que regula as relações entre os sujeitos, os direitos e deveres destes ou a situação das coisas.

V. *Direito adjectivo; Direito subjectivo; Dever jurídico; Relação jurídica; Pessoa jurídica; Coisa.*

Direito mobiliário (Dir. Civil) – Direito que recai sobre um móvel.

V. *Direito subjectivo; Móvel.*

Direito moral (Dir. Civil) – Direito cujo objecto é um interesse insusceptível de avaliação patrimonial.

V. *Direito subjectivo; Interesse.*

Direito não patrimonial (Dir. Civil) – Direito não patrimonial ou pessoal (numa das acepções desta expressão) é o direito insusceptível de avaliação pecuniária.

V. *Direito subjectivo; Direito patrimonial.*

Direito natural – Designa-se por esta expressão ora um conjunto de princípios universais e imutáveis, concretizadores da justiça, e que se encontrariam acima e para além do direito vigente em cada época e em cada comunidade, ora um conjunto de princípios consubstanciadores da justiça num dado momento histórico e numa dada comunidade, variáveis, pois, com o tempo e com o espaço.

Diversos autores têm defendido a existência de um direito natural, ainda que com origem diversa: simplificando muito, por exemplo, para a escola clássica, aquele teria por fonte a Razão, enquanto que, para a escola histórica, era o espírito de cada povo e de cada época que ditaria os princípios do direito natural.

O positivismo jurídico nega a existência de qualquer direito natural, afirmando que só a vontade humana é fundamento do direito.

V. *Direito; Direito positivo.*

Direito objectivo

V. *Direito; Direito subjectivo.*

Direito obrigacional de habitação turística (Dir. Civil; Dir. Com.) – O Decreto-Lei n.° 275/93, de 5 de Agosto, alterado pelos Decretos-Leis n.°s 180/99, de 22 de Maio, 22/2002, de 31 de Janeiro, e 76-A/2006, de 29 de Março (este rectificado pela Declaração de rectificação n.° 28-A/ /2006, de 26 de Maio), dispõe, no artigo 60.°, n.° 6, "que o [...] diploma aplica-se aos direitos obrigacionais de habitação turística, constituídos ao abrigo do disposto no Decreto-Lei n.° 130/89, de 18 de Abril, salvo o disposto no n.° 1 do artigo 47.° [que respeita à duração dos direitos de habitação turística]".

V. *Direito subjectivo; Direito de habitação periódica.*

Direito patrimonial (Dir. Civil) – Direito que tem por objecto utilidades económicas, sendo avaliável em dinheiro e, por isso, normalmente transmissível ou alienável.

V. *Direito subjectivo; Transmissibilidade; Alienabilidade.*

Direito pessoal (Dir. Civil) – Direito de tal modo inerente à pessoa (direitos de personalidade, direitos de família, entre outros) que é inalienável e intransmissível, não sendo passível de se traduzir num valor económico.

A expressão *direito pessoal* é frequentemente empregada como sinónima de direito não patrimonial, isto é, como significativa, em termos amplos, de direito cujo objecto é insusceptível de avaliação pecuniária; noutra classificação, direito pessoal opõe-se a direito real, significando então, em regra, direito de crédito (cfr. artigo 407.°, C.C.).

Segundo o artigo 2025.°, n.° 1, C.C., "não constituem objecto de sucessão as relações jurídicas que devam extinguir-se por morte do respectivo titular, em razão da sua natureza ou por força da lei", nestes se compreendendo os direitos pessoais na primeira acepção enunciada.

V. *Direito subjectivo; Direito intransmissível; Direito patrimonial; Direitos de personalidade; Inalienabilidade; Direito real; Crédito; Sucessão.*

Direito pessoal de gozo (Dir. Civil) – É o direito subjectivo que, não tendo natureza real, proporciona ao seu titular o gozo de uma coisa corpórea, como acontece, por exemplo, com o direito do locatário ao gozo da coisa locada. O direito pessoal de gozo é, pois, um direito creditício que se traduz na possibilidade de o respectivo titular ter o gozo de um bem.

Determina o artigo 407.°, C.C., que, "quando, por contratos sucessivos, se constituírem, a favor de pessoas diferentes, mas sobre a mesma coisa, direitos pessoais de gozo incompatíveis entre si, prevalece o direito mais antigo em data, sem prejuízo das regras próprias do registo".

Há casos em que a lei equipara o regime dos direitos pessoais de gozo ao dos direitos reais: assim acontece, por exemplo, em matéria de atribuição de competência internacional aos tribunais portugueses como no regime da competência exclusiva destes para certas acções (artigos 65.°, n.° 1-*a)* e 66.°-A-*a)*, C.P.C.) ou no da competência territorial dos tribunais (artigo 73.°, n.° 1, C.P.C.).

V. *Direito subjectivo; Direito real; Coisa corpórea; Crédito; Locação; Contrato; Registo; Competência; Competência internacional; Competência em razão da matéria; Competência em razão do território.*

Direito pessoalíssimo (Dir. Civil) – Alguns autores designam assim os direitos que, por se encontrarem intimamente ligados à personalidade, são intransmissíveis.

V. *Direito subjectivo; Direitos de personalidade; Direito intransmissível.*

Direito positivo – O direito positivo é constituído pelo conjunto das normas jurídicas efectivamente em vigor, em dado momento e em dada comunidade.

V. *Norma jurídica.*

Direito potestativo (Dir. Civil) – Diz-se potestativo o direito que se caracteriza por o seu titular o exercer por sua vontade exclusiva, desencadeando efeitos na esfera jurídica de outrem independentemente da vontade deste.

O sujeito passivo nada pode fazer, nem para cooperar na realização do direito nem para a impedir.

Por exemplo, o inquilino tem o direito potestativo de se opor à renovação do contrato de arrendamento, findo o prazo dele: a este direito não corresponde um dever do senhorio, mas tão-somente um estado de sujeição; ainda no quadro da extinção dos contratos, também o direito de resolução é potestativo: quando uma das partes tem fundamento, na lei ou no próprio contrato, resolve-o por declaração unilateral dirigida ao outro contraente, que vê o contrato e respectivos efeitos jurídicos extintos na sua esfera, independentemente do que queira ou faça.

Em função dos efeitos jurídicos que produzem, a doutrina distingue entre direitos potestativos *constitutivos, modificativos* e *extintivos* (são seus exemplos, respectivamente, o direito à constituição de uma servidão legal, o direito modificação do contrato por alteração das circunstâncias ou o direito ao divórcio). Em razão da forma da sua constituição, alguns autores distinguem entre direitos potestativos *puros* – os que existem por si, com fundamento na lei, como, por exemplo, o direito de constituição de uma servidão legal – e os *mistos* – os que resultam da violação de um direito, maxime, de crédito, como o direito de resolução de um contrato.

O direito potestativo não perde as suas características quando o seu titular só possa exercê-lo judicialmente, como acontece, por exemplo, com o direito à resolução do arrendamento por parte do senhorio.

V. *Modificação do contrato; Esfera jurídica; Sujeição; Arrendamento; Oposição à renovação do contrato; Extinção de contratos; Resolução do contrato; Servidão legal; Alteração das circunstâncias; Crédito; Incumprimento; Divórcio; Despejo; Resolução do arrendamento.*

Direito privado – Conjunto de normas que disciplinam as relações entre os sujeitos privados, ou entre estes e o Estado ou qualquer outro sujeito de direito público, quando estes últimos intervenham nas relações em situação de paridade com os particulares; sendo este o critério maioritariamente reconhecido, na doutrina portuguesa, para distinguir entre o direito público e o privado, convém, em qualquer caso, sublinhar que, mesmo quem o aceita não deixa de reconhecer que a fronteira nem sempre é fácil de estabelecer, dúvidas subsistindo quanto à natureza de certos sectores do direito.

As normas que são comuns a todas estas relações constituem o direito privado comum. Dentro do direito privado existem ramos especiais, como o são, entre outros, o direito civil, o direito comercial e o direito do trabalho. O direito do trabalho regula as relações decorrentes da (ou pertinentes à) celebração de um ou mais contratos de trabalho e ainda as relações colectivas de trabalho. O direito comercial regula as relações emergentes da prática de um acto de comércio (v. artigos 2.° e 99.° do Código Comercial), bem como o estatuto e funcionamento das sociedades comerciais. O direito civil ocupa-se das relações que não caibam em nenhum dos outros ramos especiais do direito privado.

V. *Norma jurídica; Direito civil.*

Direito probatório (Dir. Civil; Proc. Civil) – Conjunto de normas que regulam a actividade probatória. Fala-se de direito probatório *formal* para significar as regras que disciplinam o modo de produção das provas em juízo, e em direito probatório *material* para referir as normas que regulam a admissibilidade das provas, indicando os meios probatórios que podem ser utilizados e o respectivo valor.

V. *Norma jurídica; Prova; Meios de prova; Força probatória.*

Direito real (Dir. Civil) – É um direito subjectivo que recai directamente sobre coisas ou realidades a elas juridicamente assimiladas, conferindo ao seu titular poderes sobre elas, bem como o direito de exigir de todos os outros uma atitude de respeito pela utilização que delas faça, de acordo com os poderes que o direito lhe confere; trata-se, portanto, de um direito absoluto, isto é, oponível pelo seu titular a todas as pessoas (por exemplo, direito de propriedade, usufruto, hipoteca).

V. *Direito subjectivo; Coisa; Direito absoluto; Direito de propriedade; Usufruto; Hipoteca.*

Direito real de aquisição (Dir. Civil) – É o direito que confere ao respectivo titular a possibilidade de adquirir um dado bem com prevalência sobre qualquer outro sujeito. É um direito real de aquisição aquele em que fica investido o promitente-comprador de um bem imóvel ou de um móvel sujeito a registo, quando ao respectivo contrato-promessa haja sido atribuída eficácia real (artigo 413.°, C.C.). Outro exemplo típico de direito real de aquisição é o que cabe ao preferente legal ou ao titular de um direito convencional de preferência quando ao pacto tenha sido atribuída eficácia real (artigo 421.°, C.C.).

V. *Direito subjectivo; Direito real; Contrato-promessa; Eficácia real; Direito de preferência; Pacto de preferência.*

Direito real de garantia (Dir. Civil) – Direito, que, tendo a função de garantir especialmente um crédito, se traduz no poder de o credor ser pago, com preferência sobre todos os outros, pelo valor de uma coisa ou dos seus rendimentos.

V. *Direito subjectivo; Direito real; Garantias reais; Crédito.*

Direito real de gozo (Dir. Civil) – Direito real que proporciona o uso e fruição de certa coisa.

São direitos reais de gozo a propriedade, o usufruto, a superfície, o direito de habitação periódica ou a servidão.

V. *Direito subjectivo; Direito real; Direito de propriedade; Usufruto; Direito de superfície; Direito de habitação periódica; Servidão; Fruição.*

Direito real de habitação periódica (Dir. Civil) – V. *Direito subjectivo; Direito real; Direito de habitação periódica.*

Direito real limitado (Dir. Civil) – Sinónimo de *direito real menor* (v. esta expressão).

Direito real menor (Dir. Civil) – É a designação que a doutrina, tradicional e correntemente, dá aos direitos reais diversos da propriedade, por estes não conferirem ao respectivo titular a plenitude dos poderes sobre a coisa. É o caso, por exemplo, do usufruto, do direito de superfície, dos direitos reais de garantia ou das servidões prediais.

V. *Direito subjectivo; Direito real; Direito de propriedade; Usufruto; Direito de superfície; Garantias reais; Servidão.*

Direito relativo (Dir. Civil) – É o direito subjectivo que apenas produz efeitos *inter partes*, isto é, que só pode ser exercido contra o respectivo sujeito passivo.

V. *Direito subjectivo; Direito absoluto; Obrigação.*

Direito renunciável (Dir. Civil) – É renunciável o direito quando o respectivo titular puder demitir-se dele por um acto de sua vontade, independentemente do destino que o direito venha a ter. A regra nos direitos subjectivos é a da sua renunciabilidade, sendo tipicamente irrenunciáveis muitos dos direitos de personalidade, *maxime* o direito à vida.

V. *Direito subjectivo; Direito irrenunciável; Direitos de personalidade; Renúncia.*

Direitos da personalidade (Dir. Civil) – V. *Direitos de personalidade.*

Direitos de personalidade (Dir. Civil) – Os direitos de personalidade encontram-se regulados no Código Civil, nos artigos 70.° e segs.. Ainda que uma pessoa não disponha de quaisquer direitos patrimoniais, ela é necessariamente titular do conjunto de direitos absolutos que respeitam às várias manifestações, físicas e morais, da sua personalidade: é a tal conjunto que se dá a designação de direitos da personalidade.

Os artigos 1474.° e 1475.°, C.P.C., prevêem a possibilidade de se pedirem ao tribunal "providências destinadas a evitar a consumação de qualquer ameaça à personalidade física ou moral ou a atenuar os efeitos de ofensa já cometida".

Os direitos da personalidade são irrenunciáveis, embora possam, dentro de certos limites, ser objecto de limitações voluntárias por parte do seu titular; aquele que voluntariamente limite o seu exercício pode – caso a limitação seja válida, o que depende de ela não contrariar os princípios da ordem pública – sempre revogar a limitação, "ainda que com obrigação de indemnizar os prejuízos causados às legítimas expectativas da outra parte" – artigo 81.°, C.C. (v. também artigo 340.°, C.C.).

Portugal assinou, a 4 de Abril de 1997, a Convenção para a Protecção dos Direitos do Homem e da Dignidade de Ser Humano face às Aplicações da Biologia e da Medicina: Convenção sobre os Direitos Humanos e a Biomedicina, aberta à assinatura dos Estados Membros do Conselho da Europa em Oviedo, na mesma data; esta Convenção foi aprovada, para ratificação, pela Resolução da Assembleia da República n.° 1/2001, de 3 de Janeiro, e ratificada pelo Decreto do Presidente da República n.° 1/2001, da mesma data, tendo o respectivo instrumento de ratificação sido depositado em 13 de Agosto de 2001, conforme aviso publicado no Diário da República, I-A série, de 1 de Outubro de 2001.

V. *Direito subjectivo; Direito patrimonial; Direito absoluto; Direito à imagem; Direito ao nome; Irrenunciabilidade; Validade; Ordem pública; Indemnização; Biomedicina.*

Direitos do consumidor (Dir. Civil) – O artigo 60.° da Constituição da República ocupa-se dos direitos dos consumidores, declarando que eles "têm direito à qualidade dos bens e serviços consumidos, à formação e à informação, à protecção da saúde, da segurança e dos seus interesses económicos, bem como à reparação de danos"; no n.° 3 desta disposição estabelece-se que "as associações de consumidores e as cooperativas de consumo têm direito, nos termos da lei, ao apoio do Estado e a ser ouvidas sobre as questões que digam respeito à defesa dos consumidores, sendo-lhes reconhecida legitimidade processual para defesa dos seus associados ou de interesses colectivos ou difusos". Importa ainda ter em consideração o artigo 52.°, n.° 3, também da Constituição, que atribui o direito de acção popular, "incluindo o direito de requerer para o lesado a correspondente indemnização, nomeadamente para:

a) Promover a prevenção, a cessação ou a perseguição judicial das infracções contra a saúde pública, os direitos dos consumidores [...]".

Foi a Lei n.° 29/81, de 22 de Agosto, que, inovatoriamente, se ocupou inicialmente do regime jurídico da tutela do consumidor, enunciando um conjunto de direitos que cabem a estes e prevendo uma série de medidas destinadas a prevenir riscos a que se encontram expostos no comércio jurídico.

A Lei n.° 24/96, de 31 de Julho, rectificada pela Declaração de rectificação n.° 16/96, de 13 de Novembro, e alterada pela Lei n.° 85/98, de 16 de Dezembro, e pelo Decreto-Lei n.° 67/2003, de 8 de Abril (Lei de Defesa do Consumidor), que revogou o dispositivo citado, tem como objecto o enunciado e regime dos direitos dos consumidores.

De acordo com o respectivo artigo 3.°, tem o consumidor direito "à qualidade dos bens e serviços", "à protecção da saúde e da segurança física", "à formação e à educação para o consumo", "à informação para o consumo", "à protecção dos interesses económicos", "à prevenção e à reparação dos danos patrimoniais ou não patrimoniais que resultem da ofensa de interesses ou direitos individuais homogéneos, colectivos ou difusos", "à protecção jurídica e a uma justiça acessível e pronta", e "à participação, por via representativa, na definição legal ou administrativa dos seus direitos e interesses". As restantes disposições do Capítulo I desta Lei ocupam-se das medidas tendentes a concretizar e a garantir os meios para o efectivo exercício dos direitos enumerados.

É numerosa a legislação avulsa que confere direitos aos consumidores, da qual se destacam o Decreto-Lei n.° 446/85, de 25 de Outubro, alterado pelos Decretos-Leis n.°s 220/95, de 31 de Agosto, 249/99, de 7 de Julho, e 323/2001, de 17 de Dezembro, que estabelece o regime das cláusulas contratuais gerais e protege, especialmente os consumidores, contra as cláusulas abusivas; o Decreto-Lei n.° 67/2003, de 8 de Abril, que trata da venda de bens de consumo e que atribui ao consumidor o direito a que lhe sejam entregues bens conformes com o contrato; e o Decreto-Lei n.° 143/ /2001, de 26 de Abril (rectificado pela Declaração de rectificação n.° 13-C/2001, de 31 de Maio), que se refere aos contratos celebrados à distância, aos contratos ao domicílio, às vendas automáticas, às vendas em cadeia, às vendas forçadas e ao fornecimento de bens não encomendados.

V. *Consumidor; Tutela do consumidor; Legitimidade; Interesses difusos; Responsabilidade civil; Responsabilidade contratual; Dano patrimonial; Dano moral; Protecção jurídica; Cláusulas contratuais gerais; Venda de bens de consumo; Conformidade; Contrato celebrado à distância; Contrato ao domicílio; Contrato automático; Vendas em cadeia; Contrato forçado.*

Direitos dos estrangeiros (Dir. Civil) – V. *Estrangeiros.*

Direitos sem sujeito (Dir. Civil) – Há situações em que, em regra transitoriamente, se pode verificar a atribuição de bens sem que haja sujeito que titule o respectivo direito: é o que acontece, paradigmaticamente, quando é feita uma doação ou uma deixa a um nascituro ou até a um concepturo. Se há autores que falam, nestes casos, de direitos sem sujeito, outros entendem que tal concepção não é necessária nem aceitável, preferível sendo considerar a situação como a de estado de vinculação de certos bens em vista do futuro surgimento de um sujeito que terá um direito sobre eles.

V. *Direito subjectivo; Nascituro; Concepturo; Doação; Deixa.*

Direitos sobre direitos (Dir. Civil) – Quando o bem, que é objecto de um direito subjectivo, é, ele próprio, um direito, está-se perante a figura do direito sobre direito.

Embora a figura seja controversa na doutrina, a lei civil trata de alguns direitos deste tipo: assim, por exemplo, o usufruto de rendas vitalícias (artigo 1463.°, C.C.), a hipoteca de direito de superfície ou de usufruto (artigo 688.°, n.° 1-*c)* e *e)*, C.C.) ou o penhor de direitos (artigos 679.° e segs., C.C.).

V. *Direito subjectivo; Usufruto; Renda vitalícia; Hipoteca; Direito de superfície; Penhor.*

Direito subjectivo (Dir. Civil) – O direito subjectivo é o poder conferido pela ordem jurídica a um sujeito para tutela de um seu interesse juridicamente relevante, isto é, merecedor da tutela do Direito.

V. *Direito; Interesse; Faculdade; Poder; Poder funcional.*

Direito subordinado (Dir. Civil) – Direito subjectivo que tem por função coadjuvar um outro, sendo, em relação a este, acessório. Por exemplo, o direito de garantia é subordinado ao direito de crédito.

V. *Direito subjectivo; Garantias especiais; Crédito.*

Direito substantivo – V. *Direito material; Direito adjectivo.*

Direito sucessório (Dir. Civil) – É o conjunto das normas jurídicas que se ocupam do regime da transmissão *mortis causa* do património das pessoas singulares.

V. artigos 2024.° a 2334.°, C.C..

V. *Norma jurídica; Sucessão; Pessoa singular; Património.*

Direito transitório – Sucedendo no tempo dois regimes legais de um mesmo facto ou situação, pode a lei vir definir um regime aplicável às hipóteses que se situem na fronteira daqueles dois regimes: são estas disposições legais, que se ocupam da disciplina própria das situações cujo regime seria parcialmente definido pelas duas leis que se sucederam temporalmente, que constituem o chamado direito transitório.

O direito transitório pode ser material: assim é quando a lei estabeleça um regime próprio para os factos ou situações temporalmente situados em certo período. Pode também ser apenas formal, como acontece quando a lei se limita a estabelecer que às situações ou aos factos ocorridos em dado período se aplica o regime novo ou o regime antigo.

V. *Lei; Conflitos de leis no tempo.*

Direito transmissível (Dir. Civil) – Direito susceptível de ser transmitido de uma esfera jurídica para outra.

Em regra, são transmissíveis os direitos patrimoniais; casos há, porém, em que a lei proíbe a sua transmissão *inter vivos* (artigo 2008.°, n.° 1, C.C.) e está excluída, pela sua função, a respectiva transmissão *mortis causa* (artigo 20025.°, n.° 1., C.C.), como acontece com o direito a alimentos.

Há direitos que, não sendo transmissíveis *mortis causa*, são-no por acto entre vivos: é o caso do usufruto (v. artigos 1443.°, 1444.° e 1476.°, n.° 1, C.C.); há direitos que só são transmissíveis conjuntamente com outros dos quais dependem: é o que sucede com os direitos reais de garantia que só se transmitem conjuntamente com o direito de crédito que garantem.

V. *Direito subjectivo; Esfera jurídica; Direito patrimonial; "Inter vivos"; "Mortis causa"; Alimentos; Usufruto; Direito real de garantia; Crédito.*

Discussão (Proc. Civil) – É a fase do processo que é preenchida pelos debates entre os mandatários das partes, debates que, respeitando à apresentação das pretensões daquelas e à apreciação da prova produzida, são orais, e, referindo-se ao aspecto jurídico da causa, podem ser orais ou escritos.

Os mandatários judiciais das partes debatem a matéria da causa na audiência.

A discussão da matéria de facto destina-se a que os advogados procurem fixar os factos que devem ter-se como provados e os que o não foram.

Em processo ordinário, cada advogado tem a palavra e, durante a sua intervenção, "pode ser interrompido por qualquer dos juízes ou pelo advogado da parte contrária, mas neste caso só com o seu consentimento e o do presidente, devendo a interrupção ter sempre por fim o esclarecimento ou rectificação de qualquer afirmação" - artigo 652º, n.° 5, C.P.C., na redacção do Decreto-Lei n.° 329-A/95, de 12 de Dezembro.

"Encerrada a discussão, o tribunal recolhe à sala das conferências para decidir [...]" - artigo 653.°, n.° 1, C.P.C., na redacção do Decreto-Lei n.° 180/96, de 25 de Setembro.

O aspecto jurídico da causa pode ser discutido oralmente após o julgamento da matéria de facto, ou, caso não haja acordo nesse sentido, haverá alegação por escrito de interpretação e aplicação da lei aos factos que tiverem ficado assentes, sendo facultado para esse fim, pela secretaria, "o processo para exame ao advogado do autor e depois ao do réu, pelo prazo de dez dias a cada um deles". V. artigos 652.°, 653.° e 657.°, C.P.C..

Em processo sumário, "a discussão do aspecto jurídico da causa é oral e em cada um dos debates os advogados só podem usar uma vez da palavra e por tempo não excedente a uma hora" - v. artigo 790.°, n.° 1, C.P.C., na redacção do referido DL n.° 180/96.

Finalmente, em processo sumaríssimo, determina o artigo 796.°, n.° 6, C.P.C., na redacção do Decreto-Lei n.° 183/2000, de 10 de Agosto, que, "finda a produção da prova, pode cada um dos advogados fazer uma breve alegação oral".

V. *Mandatário judicial; Prova; Audiência; Processo ordinário; Juiz presidente; Matéria de facto; Matéria de direito; Alegações; Interpretação da lei; Secretaria judicial; Exame de processos; Processo sumário; Processo sumaríssimo.*

Dispensa (Dir. Civil)

1. Os impedimentos do casamento constituídos por parentesco no terceiro grau da linha colateral, vínculo de adopção restrita, tutela, curatela ou administração legal de bens, são susceptíveis de dispensa. Esta só podia ser concedida pelo tribunal; actualmente, por força da redacção dada ao artigo 1609.°, C.C., pelo Decreto-Lei n.° 163/95, de 13 de Julho, a competência para conceder a dispensa é atribuída ao conservador do registo civil.

Se bem que a lei não o inclua nos casos de *dispensa*, o n.° 2 do artigo 1605.°, C.C., permite novo casamento de mulher antes de esgotado o prazo internupcial, devendo estender-se a referência contida nesta disposição à "declaração judicial" como substituída pela declaração do conservador do registo civil, por aplicação do artigo 12.°, n.°1-*c)*, do Decreto-Lei n.° 272/2001, de 13 de Outubro, que atribui às conservatórias de registo civil competência exclusiva para esta declaração.

"A concessão de dispensa de impedimentos matrimoniais deve ser requerida na conservatória escolhida para a organização do processo de publicações", devendo os interessados justificar os motivos da pretensão. "Organizado e instruído o processo, o conservador profere decisão fundamentada, de facto e de direito, sobre a concessão ou denegação da dispensa". "Se algum dos nubentes for menor, são ouvidos os pais ou o tutor, sempre que possível". A decisão, que é da exclusiva competência do conservador, é notificada aos interessados, dela cabendo recurso para o juiz da comarca.

Quando a competência para decidir acerca da dispensa cabia aos tribunais, eram os tribunais de família os competentes, nos termos do artigo 61.°, n.° 1-*j)*, da então chamada Lei Orgânica dos Tribunais Judiciais e do artigo 146.°-*j)* da O.T.M., sendo o respectivo processo regulado pelo Código de Registo Civil.

V. artigos 253.° e 254.° do Código de Registo Civil.

V. *Impedimentos; Casamento; Parentesco; Grau de parentesco; Linha; Adopção restrita; Tutela; Curatela; Administração legal; Prazo internupcial; Nubente; Menor; Tutor; Registo civil; Processo preliminar de publicações; Notificação; Recurso; Comarca; Tribunal de família.*

2. A dispensa de casamento rato e não consumado é uma das formas de dissolução do casamento canónico admitida pelo *Codex Juris Canonicis.*

V. *Casamento rato; Casamento não consumado; Dissolução do casamento.*

3. Fala-se de *dispensa de colação* para referir a estipulação do doador - inserta no próprio contrato de doação ou em testamento - no sentido de os bens doados não serem sujeitos à colação. A lei presume haver dispensa de colação nas doações manuais e remuneratórias.

V. artigo 2113.°, C.C..

V. *Colação; Testamento; Doação; Presunção legal; Doação manual; Doação remuneratória.*

Dispensa de alegação e de prova (Dir. Civil; Proc. Civil) – De acordo com o artigo 514.°, C.P.C., não carecem de alegação nem de prova os factos notórios, bem como aqueles "de que o tribunal tem conhecimento por virtude do exercício das suas funções; quando o tribunal se socorra destes factos, deve fazer juntar ao processo documento que os comprove".

V. *Facto notório; Alegações; Prova; Conhecimento oficioso; Documento.*

Dispensa de prazo internupcial (Dir. Civil) – V. *Prazo internupcial.*

Dispensa de preparos (Org. Judiciária) – A assistência judiciária traduzia-se, além do mais, na dispensa, total ou parcial, do pagamento de preparos na acção para que era concedida.

O equivalente ao da chamada a assistência judiciária designa-se por apoio judiciário e está actualmente previsto na Lei n.° 34/2004, de 29 de Julho (que revogou a anterior Lei n.° 30-E/2000, de 20 de Dezembro, alterada pelo Decreto-Lei n.° 38/2003, de 8 de Março). O artigo 16.°-*a)* do diploma prevê que o apoio judiciário compreenda a "dispensa, total ou parcial, de taxa de justiça e demais encargos com o processo".

No actual Código das Custas Judiciais, aprovado pelo Decreto-Lei n.° 224-A/96, de 26 de Novembro (rectificado pela Declaração de rectificação n.° 4-B/97, de 31 de Janeiro), e alterado pelo Decreto-Lei n.° 91/97, de 22 de Abril, pela Lei n.° 59/98, de 25 de Agosto, pelos Decretos-Leis n.°s 304/99, de 6 de Agosto, 320-B/2000, de 15 de Dezembro, 323/2001, de 17 de Dezembro, 38/2003, de 8 de Março, e 324/2003, de 27 de Dezembro (rectificado pela Declaração de rectificação n.° 26/2004, de 24 de Fevereiro), e pelas Leis n.°s 45/2004, de 19 de Agosto, e 60-A/2005, de 30 de Dezembro, deixou de se falar em preparos, sendo a designação de taxa de justiça aplicável quer aos pagamentos iniciais quer aos subsequentes num processo judicial.

V. *Preparo; Apoio judiciário; Custas; Taxa de justiça; Dispensa de taxa de justiça.*

Dispensa de taxa de justiça (Org. Judiciária) – O regime de acesso ao direito e aos tribunais encontra-se previsto na Lei n.° 34/2004, de 29 de Julho (que revogou a anterior Lei n.° 30-E/2000, de 20 de Dezembro, alterada pelo Decreto-Lei n.° 38/2003, de 8 de Março), dispondo o artigo 16.°-*a)* deste diploma que o apoio judiciário compreende a "dispensa, total ou parcial, de taxa de justiça e demais encargos com o processo".

Nos casos em que está pendente impugnação da decisão relativa à concessão de apoio judiciário e o autor pretende beneficiar deste para dispensa da taxa de justiça, deve juntar à petição inicial documento comprovativo da apresentação do respectivo pedido" – artigo 24.°, n.° 2.

V. também o Decreto-Lei n.° 71/2005, de 17 de Março, que completa a transposição da Directiva n.° 2003/8/CE, do Conselho, de 27 de Janeiro, "relativa à melhoria do acesso à justiça nos litígios transfronteiriços, através do estabelecimento de regras mínimas comuns relativas ao apoio judiciário no âmbito desses litígios, desenvolvendo o regime previsto na Lei n.° 34/2004 [...]".

V. *Acesso à justiça; Apoio judiciário; Taxa de justiça; Encargos; Impugnação; Autor; Petição inicial; Documento; Litígio transfronteiriço.*

Dispensa do ónus da prova (Dir. Civil) – Diz-se que há dispensa ou liberação do ónus da prova sempre que o sujeito a quem caberia, segundo as regras gerais, a prova de certo facto é dispensado ou liberado de tal prova, por a lei tomar como certo o facto, salvo se se produzir prova em contrário.

Há, pois, em regra, dispensa do ónus da prova sempre que exista uma presunção legal; nos termos do n.° 1 do artigo 344.°, C.C., verifica-se inversão do ónus da prova quando haja dispensa desse ónus, bem como quando há presunção legal ou convenção válida nesse sentido. Esta disposição mostra claramente que a dispensa do ónus da prova não se confunde – ou reduz – às presunções.

V. *Prova; Ónus da prova; Presunção; Presunção legal; Inversão do ónus da prova.*

Disponibilidade (Dir. Civil) – V. *Indisponibilidade.*

Disposição (Dir. Civil) – 1. O termo disposição é frequentemente utilizado em sinonímia com norma, seja legal seja negocial: fala-se assim de disposição legal ou de disposição negocial ou contratual.
V. *Norma jurídica; Convenção; Estipulação.*
2. Por disposição entende-se também a forma de exercício de um direito que tem como consequência a sua perda, total ou parcial, absoluta ou relativa.
V. *Acto de disposição; Direito subjectivo.*

Disposição a título gratuito (Dir. Civil) – Alienação de um direito ou de um bem sem contrapartida, quer por acto entre vivos quer *mortis causa.*
Quando a disposição a título gratuito é realizada por espírito de liberalidade, está-se, em regra, perante uma doação, se se tratar de acto *inter vivos.*
V. *Alienação; Direito subjectivo; Bem; Acto a título gratuito; Acto entre vivos; Acto "mortis causa"; Liberalidade; Doação.*

Disposição do remanescente (Dir. Civil) – Em direito das sucessões, fala-se de disposição do remanescente quando o autor da sucessão, depois de instituir herdeiros e/ou legatários, declara que os bens restantes – o remanescente – caberão a certa pessoa que indica.
V. *Sucessão; Autor da sucessão; Testamento; Herdeiro; Legatário.*

Disposição especial – V. *Norma especial.*

Disposição excepcional – Norma jurídica que consagra um regime excepcional para um dado conjunto de relações, em oposição ao regime-regra que vigora para essas relações ou situações.
V. *Norma jurídica; Norma excepcional.*

Disposição geral – Designa-se assim a disposição que regula um conjunto de situações caracterizadas pelo género a que pertencem.
V. *Norma jurídica; Norma geral.*

Disposição repristinatória – Disposição legal que estabelece que uma norma que foi revogada renasce pela revogação da lei que a revogou.
Não existindo uma disposição repristinatória expressa, vale o princípio, constante do artigo 7.°, n.° 4, C.C., de que "a revogação da lei revogatória não importa o renascimento da lei que esta revogara".
V. *Lei; Repristinação; Revogação da lei.*

Disposição testamentária (Dir. Civil) – O conteúdo do testamento é formado pelas disposições do seu autor.
V. artigos 2224.° e segs., C.C..
V. *Testamento.*

Disposição transitória – V. *Norma transitória.*

Dispositivo
1. (Proc. Civil) – V. *Princípio dispositivo.*
2. Utiliza-se, por vezes, o termo para significar um diploma legal, isto é, um conjunto de normas pertinentes a certo objecto e organizado sistematicamente.
V. *Norma jurídica.*

Dissenso (Dir. Civil) – Designação que alguns autores dão à situação em que dois sujeitos celebram um contrato, dando interpretações diferentes ao conteúdo dele. O dissenso diz-se *manifesto* quando as partes conhecem a divergência entre as suas declarações, qualificando-se como *oculto* se as partes crêem erroneamente ter exprimido um acordo de vontades.
Também se utiliza o termo, no contexto da expressão *mútuo dissenso,* para significar o acordo das partes em extinguir um contrato por elas anteriormente celebrado; neste sentido, mútuo dissenso é sinónimo de distrate ou revogação do contrato.
V. *Interpretação do negócio jurídico; Contrato; Declaração negocial; Extinção de contratos; Revogação; Distrate.*

Dissolução (Dir. Civil) – Alguns autores utilizam o termo para designar, genericamente, as formas de extinção do contrato que não têm efeitos retroactivos. A dissolução compreenderá, assim, quer a resolução cuja eficácia extintiva não seja retroactiva, quer a revogação ou distrate, quer ainda a caducidade e a denúncia.

Outros autores reservam o conceito para significar a resolução do contrato cujos efeitos extintivos apenas se produzem para o futuro.

V. *Extinção de contratos; Resolução do contrato; Revogação; Distrate; Caducidade; Denúncia; Dissolução do casamento; Dissolução da união de facto.*

Dissolução da compropriedade (Dir. Civil; Proc. Civil) – Cessação da situação de compropriedade por divisão da coisa comum.

V. *Compropriedade; Acção de divisão de coisa comum.*

Dissolução da união de facto (Dir. Civil) – A união de facto dissolve-se, nos termos do artigo 8.°, n.° 1, da Lei n.° 7/2001, de 11 de Maio, nas seguintes situações:

a) Pelo falecimento de um dos membros;

b) Por vontade de um dos seus membros (nos termos do n.° 2 da mesma disposição, a dissolução "apenas terá de ser judicialmente declarada quando se pretendam fazer valer direitos da mesma dependentes, a proferir na acção onde os direitos reclamados são exercidos, ou em acção que siga o regime processual das acções de estado");

c) Pelo casamento de um dos membros.

V. *União de facto; Morte; Direito subjectivo; Acção de estado; Casamento.*

Dissolução de pessoa colectiva (Dir. Civil) – Chama-se dissolução à verificação do facto extintivo da pessoa colectiva.

As associações dissolvem-se por deliberação da assembleia geral, pelo decurso do prazo para que foram constituídas, por qualquer outra causa extintiva prevista no acto de constituição ou nos estatutos, pelo desaparecimento de todos os associados, por decisão judicial que declare a sua insolvência, ou por decisão judicial quando o seu fim se tenha esgotado ou impossibilitado, quando ele não corresponda ao fim expresso no acto constitutivo, quando seja prosseguido por meios ilícitos ou imorais ou quando a sua existência se torne contrária à ordem pública (v. artigos 182.° e 183.°, C.C.).

Dissolvida a associação, entra-se na fase de liquidação, tendo os seus órgãos os respectivos poderes limitados à prática de actos meramente conservatórios e dos necessários à liquidação do património social e à ultimação dos negócios pendentes (artigo 184.°, C.C.). O destino do património da associação está regulado no artigo 166.°, C.C..

Os factos determinantes da dissolução das fundações encontram-se enunciados no artigo 192.°, C.C., sendo semelhantes àqueles que ficaram indicados para as associações; a liquidação do património da fundação cabe à entidade competente para declarar o facto produtor da dissolução. O destino do respectivo património é o que se encontrar previsto no acto de instituição ou nos estatutos ou, na falta de previsão, o estabelecido no artigo 166.°, C.C..

V. artigos 192.°, 193.°, 194.° e 186.°, n.° 2, C.C..

Quanto à *dissolução de sociedades*, v. esta expressão.

O artigo 42.° do Decreto-Lei n.° 76-A//2006, de 29 de Março, estabelece que "não é instruída nem pode prosseguir qualquer execução por dívidas de emolumentos e outros encargos que sejam devidos pelos actos e processos registrais, se a dívida for de montante tão reduzido que não se justifique a actividade ou as despesas a que o processo daria lugar", cabendo ao director-geral dos Registos e do Notariado determinar, por despacho, o montante abaixo do qual não são promovidas acções executivas para cobrança [...] [destas dívidas]", o mesmo regime sendo "aplicável se os serviços de registo, por qualquer meio idóneo, designadamente no decurso de processo de dissolução ou liquidação, apurarem que a situação patrimonial da entidade devedora não permite assegurar o pagamento da quantia em dívida e das custas do processo executivo".

V. *Pessoa colectiva; Associação; Insolvência; Assembleia geral; Deliberação; Estatutos; Ilicitude; Acto conservatório; Negócio jurídico; Ordem pública; Património; Liquidação; Órgãos da pessoa colectiva; Fundação; Execução; Dívida; Registo; Notário; Custas.*

Dissolução de sociedades (Dir. Civil; Dir. Com.) – Acto ou facto jurídico por cuja verificação uma sociedade deixa de existir, excepto para efeitos de liquidação e partilha.

Quando as sociedades civis assumam a forma comercial, as suas causas de extinção encontram-se previstas no artigo 141.° (causas de dissolução imediata) e no artigo 142.° (causas de dissolução administrativa ou por deliberação dos sócios) do Código das Sociedades Comerciais. O artigo 143.°, 145.° estatui sobre a forma e o registo da dissolução. O Código das Sociedades Comerciais contém ainda normas especiais sobre dissolução para cada tipo societário: artigos 195.° (sociedades em nome colectivo), 270.° (sociedades por quotas), 464.° (sociedades anónimas) e 473.° (sociedades em comandita).

Pelo que respeita às sociedades civis submetidas ao regime do C.C., é no artigo 1007.° deste que se encontram enunciadas as causas de dissolução, sendo estas:

a) O acordo dos sócios, que tem de ser unânime, a menos que o contrato disponha diversamente;

b) O decurso do prazo fixado no contrato, a menos que haja prorrogação, podendo esta ser tácita, o que ocorre no caso de os sócios prosseguirem a actividade social para além do prazo;

c) A realização do objecto social ou a sua impossibilidade superveniente;

d) O desaparecimento da pluralidade dos sócios, a menos que, dentro de seis meses, se reconstitua;

e) A sentença que decrete a sua insolvência;

f) Qualquer causa prevista no contrato.

Dissolvida a sociedade, procede-se à liquidação e partilha do seu património.

V. artigos 1007.° e segs., C.C..

O artigo 42.° do Decreto-Lei n.° 76-A/ /2006, de 29 de Março, estabelece que "não é instruída nem pode prosseguir qualquer execução por dívidas de emolumentos e outros encargos que sejam devidos pelos actos e processos registrais, se a dívida for de montante tão reduzido que não se justifique a actividade ou as despesas a que o processo daria lugar", cabendo ao director-geral dos Registos e do Notariado determinar, por despacho, o montante abaixo do qual não são promovidas acções executivas para cobrança [...] [destas dívidas]", o mesmo regime sendo "aplicável se os serviços de registo, por qualquer meio idóneo, designadamente no decurso de processo de dissolução ou liquidação, apurarem que a situação patrimonial da entidade devedora não permite assegurar o pagamento da quantia em dívida e das custas do processo executivo".

V. *Sociedade; Deliberação; Sócio; Insolvência; Declaração de insolvência; Liquidação de patrimónios; Execução; Dívida; Registo; Notário; Custas.*

Dissolução do casamento (Dir. Civil) – Causa de cessação do vínculo conjugal, tanto no casamento civil como no casamento católico, é a morte.

No que diz respeito às causas de dissolução do casamento em vida de ambos os cônjuges, elas eram, na versão originária do Código Civil, diversas para os casamentos civis e para os canónicos, já que estes últimos se regiam nesta matéria exclusivamente pelo direito canónico. Entretanto, nos termos do Protocolo Adicional à Concordata de 1975, já assim não é, sendo os efeitos e dissolução do casamento, canónico ou civil, regidos exclusivamente pela legislação do Estado português.

Quanto às causas de inexistência do casamento civil – e não se trata aqui de dissolução, já que um casamento inexistente nunca chegou a produzir efeitos para que possa, em momento posterior, ser *dissolvido* –, o artigo 1628.°, C.C., determina que são:

a) ter sido o casamento celebrado por quem não tivesse competência para o acto (salvo os casamentos urgentes) ou não ter sido homologado o casamento urgente; *b)* ter faltado a declaração de vontade de um ou ambos os nubentes, ou a do procurador de um deles; *c)* ter sido contraído por intermédio de procurador sem poderes ou cuja procuração não contivesse a designação expressa do outro contraente; *d)* ter sido contraído entre duas pessoas do mesmo sexo.

O artigo 1631.°, C.C., enumera as causas de anulabilidade do casamento civil (também aqui não se está perante uma *dissolução* do casamento, mas invalidade dele):

a) casamento contraído apesar da existência de qualquer impedimento dirimente; *b)* casamento celebrado por parte de um ou ambos os nubentes com falta de vontade ou com a vontade viciada por erro ou coacção; *c)* casamento celebrado sem a presença das testemunhas que a lei exija.

O casamento pode ser dissolvido por divórcio.

V. *Casamento; Morte; Casamento civil; Casamento católico; Invalidade do casamento; Casamento urgente; Homologação; Nubente; Declaração negocial; Casamento por procuração; Poderes representativos; Impedimentos dirimentes; Anulabilidade; Erro; Coacção; Divórcio.*

O artigo 1625.°, C.C., determina que "o conhecimento das causas respeitantes à nulidade do casamento católico e à dispensa do casamento rato e não consumado é reservado aos tribunais e às repartições eclesiásticas competentes".

Segundo o direito canónico, o casamento obedece muito rigorosamente ao princípio da indissolubilidade que é absoluto, salvo em caso de *casamento rato e não consumado* (casamento válido entre baptizados e em que não tenha havido relações sexuais entre os cônjuges).

Tratando-se de casamento rato e não consumado ou de casamento entre um baptizado e um não baptizado, então há possibilidade de ele ser dissolvido: o casamento não consumado dissolve-se por profissão religiosa solene de um dos cônjuges e pode dissolver-se por graça ou dispensa pontifícia, devidamente justificada.

Dispõe o artigo 1626.°, C.C., que as decisões dos tribunais e repartições eclesiásticas, quando definitivas, sobem ao Supremo Tribunal da Assinatura Apostólica para verificação, sendo, subsequentemente, enviadas ao Tribunal da Relação territorialmente competente, que as tornará executórias, sem mais formalidades, mandando-as averbar no registo civil.

V. *Nulidade; Casamento rato e não consumado; Relação; Competência em razão do território; Averbamento; Registo civil.*

Distrate (Dir. Civil) – Extinção de um contrato por acordo das partes que o celebraram (v. referência ao distrate, por exemplo, no artigo 596.°, n.° 1, C.C.).

O distrate não tem, em regra, eficácia retroactiva, embora a possa ter, em certos casos, atenta a sua finalidade ou a vontade das partes. Não pode, em qualquer caso, a eficácia retroactiva do distrate envolver prejuízo para os direitos ou interesses de terceiros.

V. *Contrato; Extinção de contratos; Revogação; Retroactividade; Direito subjectivo; Interesse; Terceiro.*

Distribuição (Proc. Civil) – As acções propostas num tribunal são distribuídas, através de tratamento automático, entre as suas várias secções e entre os diferentes juízos ou varas, quando se trate de comarca em que haja mais do que um juiz e se o tribunal dispuser de sistema informático: tal operação tem por finalidade a repartição igualitária do serviço entre as diversas secções da secretaria e entre os diversos juízos do tribunal. Quando for possível o tratamento automático, ele será utilizado, a fim de garantir "o mesmo grau de aleatoriedade no resultado e de igualdade na distribuição do serviço"; nestes casos, "as listagens produzidas por computador, quando assinadas ou rubricadas por magistrado ou funcionário que intervém no acto por elas documentado, têm o mesmo valor que os livros, pautas e listas que visam substituir" – artigo 209.°-A, aditado ao C.P.C. pelo Decreto-Lei n.° 180/96, de 25 de Setembro.

Nos tribunais superiores, os processos são distribuídos entre os diversos juízes, a fim de se determinar quem é o respectivo relator.

O artigo 211.°, C.P.C., enuncia os "papéis sujeitos a distribuição na 1.ª instância"; a distribuição é feita por sorteio, depois de os papéis se encontrarem classificados, segundo a espécie a que pertencem, e numerados, quando dentro da mesma espécie haja mais de um papel.

Na 1.ª instância, "a distribuição é feita às segundas e quintas-feiras, pelas 14 horas, sob a presidência do juiz da comarca ou de turno, abrangendo apenas os papéis entrados até às 10 horas desses dias, nas comarcas de Lisboa e Porto, ou até às 12 horas nas restantes comarcas, sendo o distribuidor auxiliado pelos funcionários da secretaria que o juiz designar" – artigo 214.°, n.° 1, C.P.C..

O artigo 222.°, C.P.C., com a redacção dos Decretos-Leis n.°s 269/98, de 1 de Setembro, 199/2003, de 10 de Setembro – este rectificado pela Declaração de rectificação n.° 16-B/2003, de 31 de Outubro –, e 53//2004, de 18 de Março, enuncia as espécies existentes na distribuição:

- acções de processo ordinário;
- acções de processo sumário;
- acções de processo sumaríssimo e acções especiais para cumprimento de obrigações pecuniárias emergentes de contratos;
- acções de processo especial;
- divórcio e separação litigiosos;
- execuções ordinárias que não provenham de acções propostas no tribunal;
- execuções comuns que, não sendo por custas, multas ou outras quantias contadas, não provenham de acções propostas no tribunal;
- execuções por custas, multas ou outras quantias contadas, execuções especiais por alimentos e outras execuções que não provenham de acções propostas no tribunal;
- inventários (a distinção entre "inventários obrigatórios" e "inventários entre maiores" foi eliminada, encontrando-se hoje reunidos numa única espécie);
- processos especiais de insolvência (anteriormente, a disposição referia-se aos processos de recuperação de empresa e de falência, que aquele DL n.° 53/2004 veio extinguir);
- cartas precatórias ou rogatórias, recursos de conservadores, notários e outros funcionários, reclamações e quaisquer outros papéis não classificados.

Não são objecto de distribuição as petições para execução de sentença (visto que a execução, nos termos dos artigos 90.° e 91.°, C.P.C., corre nos próprios autos da acção) e as petições para acções que devam considerar-se dependentes de outras (porque o n.° 2 do artigo 211.°, C.P.C., determina que sejam apensadas àquelas de que dependem).

Também "não dependem de distribuição as notificações avulsas, as arrecadações, os actos preparatórios, os procedimentos cautelares e quaisquer diligências urgentes feitas antes de começar a causa ou antes da citação do réu" (artigo 212.°, C.P.C.).

Nos tribunais da Relação e no Supremo Tribunal de Justiça, os papéis são distribuídos na primeira sessão seguinte ao recebimento ou apresentação.

V. artigos 209.° e segs., C.P.C., tendo o artigo 209.°-A sido, como se disse, aditado pelo DL n.° 180/96.

V. *Acção; Comarca; Vara cível; Juiz relator; Tribunal de 1.ª instância; Secretaria judicial; Magistrado; Funcionário de justiça; Processo ordinário; Processo sumário; Processo sumaríssimo; Processo especial; Obrigação pecuniária; Contrato; Divórcio; Separação judicial de pessoas e bens; Execução; Custas; Multa; Alimentos; Injunção; Inventário; Insolvência; Recuperação de empresas; Falência; Carta precatória; Carta rogatória; Recurso; Reclamação; Sentença; Apensação de acções; Notário; Notificação judicial avulsa; Procedimento cautelar, Citação; Réu; Relação; Supremo Tribunal de Justiça; Falta da distribuição; Erro na distribuição.*

Distribuição dos lucros e perdas (Dir. Civil) – O fim do contrato de sociedade civil é a repartição entre os sócios dos lucros e perdas resultantes da actividade exercida em comum. É este fim lucrativo que constitui o critério distintivo entre a sociedade civil e associação.

Os sócios das sociedades civis têm direito a que lhes sejam atribuídos os lucros de cada exercício, se outro destino não tiver sido fixado no contrato de sociedade, depois de deduzidas as quantias afectadas, por deliberação da maioria dos sócios, à prossecução dos fins sociais (v. artigo 991.°, C.C.).

Em princípio, os sócios quinhoam nas perdas na mesma proporção em que participam nos lucros (artigo 992.°, n.° 4, C.C.) e, salvo estipulação em contrário, participam nestes e quinhoam naquelas na proporção das respectivas entradas (v. artigo 992.°, n.° 1, C.C.).

São proibidos os pactos leoninos, sendo nula a cláusula que exclua um sócio da participação nos lucros ou o isente de quinhoar nas perdas (artigo 994.°, C.C.), com excepção dos sócios de indústria que não respondem, nas relações internas, pelas perdas sociais (têm direito de regresso em relação aos outros sócios por tudo o que hajam pago a terceiros), salvo estipulação em contrário (artigo 992.°, n.° 2, C.C.).

Se no contrato não ficou fixado o quinhão do sócio de indústria nos lucros, ele será estimado pelo tribunal, segundo juízos de equidade, o mesmo regime se aplicando relativamente ao cálculo da parte nas perdas e lucros do sócio que apenas se tenha obrigado a facultar à sociedade o uso e fruição de uma coisa (v. artigo 992.°, n.° 3, C.C.).

Nos termos do artigo 993.°, C.C., é possível convencionar no contrato de sociedade, que a divisão dos ganhos e perdas seja feita por terceiro.

V. *Sociedade; Associação; Entrada; Pacto leonino; Nulidade; Cláusula; Sócio de indústria; Direito de regresso; Equidade; Fruição; Coisa; Terceiro.*

Distrito judicial (Org. Judiciária) – Circunscrição judicial que abrange vários círculos judiciais e em que exerce jurisdição um tribunal de Relação. O território nacional dividia-se em quatro distritos judiciais, com sede em Lisboa, Porto, Coimbra e Évora. Para além destes, o Decreto-Lei n.° 186-A/99, de 31 de Maio, previa já a criação dos Tribunais da Relação de Faro e de Guimarães, "sem que daí resulte a criação de novos distritos judiciais". O Tribunal da Relação de Guimarães foi instalado no dia 2 de Abril de 2002.

V. artigos 15.°, n.° 1, 21.°, n.°s 1 e 2, e 47.° e segs. da Lei de Organização e Funcionamento dos Tribunais Judiciais (Lei n.° 3/99, de 13 de Janeiro, rectificada pela Declaração de rectificação n.° 7/99, de 16 de Fevereiro, e alterada pela Lei n.° 101/99, de 26 de Julho, pelos Decretos-Leis n.°s 323/2001, de 17 de Dezembro, e 38/2003, de 8 de Março, pela Lei n.° 105/2003, de 10 de Dezembro, pelo Decreto-Lei n.° 53//2004, de 18 Março, pela Lei n.° 42/2005, de 29 de Agosto, e pelo Decreto-Lei n.° 76-A/2006, de 29 de Março – este rectificado pela Declaração de rectificação n.° 28-A/2006, de 26 de Maio).

V. *Círculo judicial; Relação.*

Divergência entre a vontade e a declaração (Dir. Civil) – Para celebrar um negócio jurídico, é necessário que exista uma ou mais vontades e que cada uma seja manifestada por qualquer forma (quando a lei não prescreva uma dada forma, caso em que a validade da manifestação se encontra dependente da observância da forma legalmente imposta).

Há casos em que a vontade real não corresponde à declaração que dela é feita, podendo tal divergência ser deliberada ou, pelo contrário, involuntária ou, até, inconsciente.

Há divergência intencional entre a vontade real e a declaração nas situações de simulação, de reserva mental e de declarações não sérias.

A divergência não intencional provém de erro do autor ao emitir a sua declaração.

É frequente encontrar, na doutrina, a coacção física e a falta de consciência da declaração referidas como casos de divergência não intencional entre a vontade e a declaração. Porém, havendo coacção física, não chega a formar-se vontade do acto: há, apenas, uma declaração obtida pela força física; também não se pode falar em vontade – e, consequentemente, em divergência entre esta e a declaração – quando há falta de consciência da declaração, isto é, quando o autor se encontra em situação que não lhe permita ter consciência que declarou algo.

V. artigos 240.° a 250.°, C.C..

V. *Negócio jurídico; Declaração negocial; Forma; Forma legal; Validade; Simulação; Reserva mental; Declaração não séria; Coacção; Erro; Falta de consciência da declaração.*

Problemas diversos dos que ficaram enunciados são os atinentes aos vícios na formação da vontade, isto é, às situações em que a vontade expressa é a vontade real, mas esta última se formou viciada por qualquer facto, temática que a lei regula a partir do artigo 251.°, C.C..

V. *Vícios na formação da vontade.*

Divergência entre a vontade e a manifestação (Dir. Civil) – V. *Divergência entre a vontade e a declaração.*

Dívida (Dir. Civil) – Dívida ou obrigação são termos sinónimos, pelos quais se designa o lado passivo da relação obrigacional: a prestação a cuja realização está vinculado o devedor perante o respectivo credor.

A prestação não tem de ter um valor pecuniário (embora, na linguagem corrente, se utilize frequentemente dívida como sinónimo de prestação em dinheiro), mas tem de corresponder a um interesse juridicamente relevante do credor (artigo 398.°, C.C.). Assim, se a dívida for constituída por uma prestação irrisória ou corresponder a um mero capricho do credor, o direito não lhe atribui protecção, não existindo consequentemente relação obrigacional.

V. *Obrigação; Prestação; Interesse do credor; Crédito; Devedor; Credor.*

Dívida a prestações (Dir. Civil) – Embora, em regra, a prestação debitória deva "ser realizada integralmente e não por partes", pode convencionar-se que a dívida seja cumprida em fracções ou prestações. Quando assim é, a prestação não deixa de ser instantânea, sendo o seu objecto fraccionado em parcelas que se vencem sucessivamente.

V. *Dívida; Princípio da integralidade do cumprimento, Cumprimento; Convenção; Prestação; Obrigação instantânea; Prestação fraccionada; Pagamento em prestações.*

Dívida comunicável (Dir. Civil) – Fala-se de dívidas comunicáveis dos cônjuges para aludir às dívidas comuns deles, isto é, àquelas que impendem sobre ambos os cônjuges.

O artigo 1691.°., n.° 1, C.C., enuncia as dívidas que são comuns a ambos os cônjuges, estabelecendo o seu n.° 2 que, "no regime de comunhão geral de bens, são ainda comunicáveis as dívidas contraídas antes do casamento por qualquer dos cônjuges, em proveito comum do casal". Por outro lado, nos termos do artigo 1694.°, C.C., são comunicáveis as dívidas que oneram bens comuns dos cônjuges, podendo também sê-lo as que onerem bens próprios de um dos cônjuges, desde que tenham como causa a percepção dos respectivos rendimentos, e estes sejam considerados comuns por força do regime de bens aplicável.

V. *Dívida;* Casamento; *Dívidas comuns dos cônjuges; Dívidas próprias; Comunhão geral de bens; Proveito comum do casal; Oneração de bens; Bens comuns; Bens próprios; Regime de bens do casamento.*

Dívida da insolvência (Dir. Civil; Dir. Com.; Proc. Civil) – O artigo 47.° do Código da Insolvência e da Recuperação de Empresas, aprovado pelo Decreto-Lei n.° 53/2004, de 18 de Março, alterado pelos Decretos-Leis n.°s 200/2004, de 18 de Agosto, e 76-A/2006, de 29 de Março (rectificado pela Declaração de rectificação n.° 28-A/2006, de 26 de Maio), dispõe que as dívidas que correspondem aos créditos de natureza patrimonial sobre o insolvente ou que se encontrem garantidos por bens que integrem a massa insolvente, cujo fundamento seja anterior à declaração de insolvência, e ainda àqueles que tenham sido adquiridos na pendência do processo, denominam-se dívidas da insolvência.

Por seu lado, o artigo 51.° diz que, "salvo preceito expresso em contrário, são *dívidas da massa insolvente* [não já, note-se, dívidas da insolvência], para além de outras como tal qualificadas neste Código:

a) As custas do processo de insolvência;

b) As remunerações do administrador da insolvência e as despesas deste e dos membros da comissão de credores;

c) As dívidas emergentes dos actos de administração, liquidação e partilha da massa insolvente;

d) As dívidas resultantes da actuação do administrador da insolvência no exercício das suas funções;

e) Qualquer dívida resultante de contrato bilateral cujo cumprimento não possa ser recusado pelo administrador da insolvência, salvo na medida em que se reporte a período anterior à declaração de insolvência;

f) Qualquer dívida resultante de contrato bilateral cujo cumprimento não seja recusado pelo administrador da insolvência, salvo na medida correspondente à contraprestação já realizada pela outra parte anteriormente à declaração de insolvência ou em que se reporte a período anterior a essa declaração;

g) Qualquer dívida resultante de contrato que tenha por objecto uma prestação duradoura, na medida correspondente à contraprestação já realizada pela outra parte e cujo cumprimento tenha sido exigido pelo administrador judicial provisório;

h) As dívidas constituídas por actos praticados pelo administrador judicial provisório no exercício dos seus poderes;

i) As dívidas que tenham por fonte o enriquecimento sem causa da massa insolvente;

j) A obrigação de prestar alimentos relativa a período posterior à data da declaração de insolvência, nas condições do artigo 93.° [que dispõe que o direito a alimentos só pode ser exercido contra a massa insolvente se nenhum dos obrigados a alimentos "estiver em condições de os prestar, e apenas se o juiz o autorizar, fixando o respectivo montante"]".

O artigo 89.° determina que, "durante os três meses seguintes à data da declaração de insolvência, não podem ser propostas execuções para pagamento de dívidas da massa insolvente", correndo por apenso ao processo de insolvência todas as acções relativas a dívidas da massa, à excepção das execuções por dívidas tributárias.

V. *Dívida; Insolvência; Recuperação de empresas; Crédito; Direito patrimonial; Garantias reais; Bem; Massa insolvente; Declaração de insolvência; Custas; Administrador da insolvência; Comissão de credores; Acto de administração; Liquidação; Contrato sinalagmático; Cumprimento; Obrigação duradoura; Administrador judicial; Administrador provisório; Enriquecimento sem causa; Alimentos; Obrigação de alimentos; Efeitos da insolvência.*

Dívida da massa insolvente (Dir. Civil; Dir. Com.; Proc. Civil) – V. *Dívida; Dívida da insolvência.*

Dívida de envio (Dir. Civil) – Há autores que chamam dívida de envio ou de remessa àquela que é cumprida no lugar de envio ou remessa do bem devido.

V. *Dívida; Cumprimento; Lugar do cumprimento.*

Dívida de valor (Dir. Civil) – É a dívida cujo objecto, não sendo uma quantia em dinheiro, tem por referência o dinheiro, como meio da respectiva determinação. A obrigação de indemnização é paradigmática de uma dívida de valor – quando não se trate de indemnização específica –, pois, sendo o seu objecto a reparação de danos, a sua determinação é feita em dinheiro.

O Acórdão n.° 13/96, de 15 de Outubro de 1996, do Supremo Tribunal de Justiça, para uniformização de jurisprudência, publicado no *Diário da República*, I-A série, de 26 de Novembro, alterado pela Declaração de rectificação n.° 2/97, de 13 de Janeiro, entendeu que "o tribunal não pode, nos termos do artigo 661.°, n.° 1, do Código de Processo Civil, quando condenar em dívida de valor, proceder oficiosamente à sua actualização em montante superior ao valor do pedido do autor".

V. *Dívida; Indemnização; Indemnização específica; "Ultra petita"; Autor.*

Dívida em prestações (Dir. Civil) – V. *Dívida; Dívida a prestações.*

Dívida exequenda (Proc. Civil) – V. *Dívida; Obrigação exequenda.*

Dívidas comunicáveis (Dir. Civil) – A lei designa por dívidas comunicáveis aquelas de que são devedores ambos os cônjuges, isto é, as *dívidas comuns dos cônjuges* (v. esta expressão).

V. *Dívida; Dívida comunicável.*

Dívidas comuns dos cônjuges (Dir. Civil) – São dívidas comuns, ou da responsabilidade de ambos os cônjuges, as seguintes:

a) as contraídas, antes ou depois da celebração do casamento, pelos dois cônjuges, ou por um deles com o consentimento do outro;

b) as contraídas por qualquer deles, antes ou depois do casamento, para ocorrer aos encargos normais da vida familiar;

c) as contraídas na constância do casamento, e em proveito comum do casal, pelo cônjuge administrador, dentro dos respectivos poderes de administração;

d) as contraídas por qualquer dos cônjuges no exercício do comércio, salvo provando-se que não foram contraídas em proveito comum do casal ou vigorando o regime da separação de bens (há a notar que, nos termos do artigo 15.°, Código Comercial, as dívidas comerciais do cônjuge comerciante se presumem contraídas no exercício do comércio);

e) as dívidas que onerem bens doados, herdados ou legados, se, em razão do regime de bens adoptado, aqueles bens ingressarem no património comum;

f) as dívidas que onerem bens comuns (quer se tenham vencido antes, quer depois da comunicação dos bens) e as que onerem bens próprios de um dos cônjuges, sempre que tenham tido como causa a percepção dos respectivos rendimentos, e estes, segundo o regime aplicável, devam ser considerados comuns;

g) no regime da comunhão geral de bens, são ainda comuns as dívidas contraídas, antes do casamento, por qualquer dos cônjuges, em proveito comum do casal.

V. artigos 1691.°, 1693.°, n.° 2, e 1694.°, C.C..

O Assento do Supremo Tribunal de Justiça de 26 de Janeiro de 1994, publicado no *Diário da República,* I série, de 23 de Março do mesmo ano, estabeleceu que: "A dívida de restituição do sinal em dobro, por incumprimento de contrato-promessa de compra e venda de coisa imóvel, celebrado por um dos cônjuges, comerciante, no exercício da sua actividade comercial, é da responsabilidade de ambos os cônjuges, nos termos e com as ressalvas previstas no artigo 1691.°, n.° 1, alínea *d),* do Código Civil".

Pelas dívidas comuns respondem os bens comuns do casal e, na sua falta ou insuficiência, solidariamente (ou conjuntamente, se o regime de bens do casamento for o de separação), os bens próprios de qualquer dos cônjuges (artigo 1695.°, C.C.).

V. *Dívida; Casamento; Autorização; Despesas domésticas; Proveito comum do casal; Acto de administração; Presunção legal; Doação; Herança; Legado; Regime de bens do casamento; Oneração de bens; Separação de bens; Bens comuns; Vencimento; Bens próprios; Comunhão geral de bens; Sinal; Incumprimento; Contrato-promessa; Solidariedade; Conjunção.*

Dívidas dos cônjuges (Dir. Civil) – Tanto o marido como a mulher têm legitimidade para contrair dívidas sem o consentimento do outro cônjuge (artigo 1690.°, n.° 1, C.C.), mas, dados os efeitos patrimoniais do casamento, a lei estabelece um conjunto de regras sobre quem é responsável pelas dívidas contraídas pelos cônjuges, definindo os termos em que os respectivos bens respondem.

Para a determinação da responsabilidade dos cônjuges, é relevante a data do facto que deu origem à dívida (artigo 1690.°, n.° 2, C.C.).

No artigo 1691.°, C.C., encontram-se enunciadas as dívidas que impendem sobre ambos os cônjuges, e no artigo 1692.° as que são da responsabilidade de um deles apenas.

Pelas dívidas comuns respondem os bens comuns e, na falta ou insuficiência deles, solidariamente (salvo se vigorar o regime de separação de bens, caso em que a responsabilidade dos cônjuges é conjunta), os bens próprios de qualquer dos cônjuges (v. artigo 1695.°, C.C.); pelas dívidas próprias respondem os bens próprios do cônjuge devedor e, subsidiariamente, a sua meação nos bens comuns (v. artigo 1696.°, C.C., com a redacção do Decreto-Lei n.° 329-A/95, de 12 de Dezembro).

V. *Dívida; Legitimidade; Bens comuns; Bens próprios; Dívidas comuns dos cônjuges; Dívidas próprias; Solidariedade; Separação de bens; Conjunção; Meação.*

Dívidas incomunicáveis (Dir. Civil) – Expressão que refere as dívidas que apenas impendem sobre um dos cônjuges, isto é, que lhe são próprias.

V. *Dívida; Dívidas próprias.*

Dívidas próprias (Dir. Civil) – Dívidas próprias, ou da responsabilidade de um dos cônjuges, são aquelas por cujo cumprimento respondem os bens próprios do cônjuge devedor e, subsidiariamente, a sua meação nos bens comuns; ao mesmo tempo que os bens próprios, respondem ainda: "*a)* Os bens por ele [cônjuge devedor] levados para o casal ou posteriormente adquiridos a título gratuito, bem como os respectivos rendimentos; *b)* O produto do trabalho e os direitos de autor do cônjuge devedor; *c)* Os bens sub-rogados no lugar dos referidos na alínea *a)*" – v. artigo 1696.°, n.° 1, C.C., na redacção do Decreto-Lei n.° 329-A/95, de 12 de Dezembro.

Tais dívidas são, no essencial, definidas na lei pela negativa: todas as contraídas, antes ou depois do casamento, por cada um dos cônjuges sem o consentimento do outro, com excepção das que, tendo sido contraídas nestas circunstâncias, o tenham sido para ocorrer aos encargos normais da vida familiar ou pelo cônjuge administrador, em proveito comum do casal e nos limites dos seus poderes de administração; quanto às dívidas contraídas no exercício do comércio, serão próprias, "se se provar que não foram contraídas em proveito comum do casal, ou se vigorar entre os cônjuges o regime de separação de bens".

A lei declara ainda exclusivas do cônjuge a que respeitam "as dívidas provenientes de crimes e as indemnizações, restituições, custas judiciais ou multas devidas por factos imputáveis a cada um dos cônjuges, salvo se esses factos, implicando responsabilidade meramente civil [...]", estiverem abrangidos no artigo 1691.°, que enuncia as dívidas comuns.

São igualmente próprias as dívidas que onerem doações, heranças ou legados, salva a excepção prevista no artigo 1693.°, n.° 2, C.C., e aquelas que onerem bens próprios dos cônjuges, salvo se tiverem sido contraídas instrumentalmente à percepção dos respectivos rendimentos, e estes devessem ser considerados comuns, em função do regime de bens adoptado (artigo 1694.°, n.° 2, C.C.).

Respondem pelas dívidas próprias de um dos cônjuges, em primeira linha, os seus bens próprios e, simultaneamente com estes, os levados para o casal pelo cônjuge devedor ou posteriormente adquiridos a título gratuito, bem como os respectivos rendimentos, os bens sub-rogados no lugar destes e o produto do trabalho e os direitos de autor do cônjuge devedor (artigo 1692.°, n.° 2, C.C.). A lei estabelece que, se os bens antes indicados faltarem ou forem insuficientes para o pagamento das dívidas próprias de um dos cônjuges, responderá subsidiariamente a sua meação nos bens do casal ou comuns.

Antes da entrada em vigor do referido DL n.° 329-A/95, no caso de ser chamada a responder a meação do cônjuge devedor nos bens comuns, a lei estabelecia uma moratória forçada, só permitindo que o cumprimento fosse exigível depois de dissolvido, declarado nulo ou anulado o casamento, ou depois de decretada a separação judicial de pessoas e bens ou a simples separação judicial de bens. Esta moratória forçada não tinha, porém, lugar quando a dívida, cujo cumprimento se pretendia exigir, sendo própria de um dos cônjuges, consistisse em indemnização ou restituição, respeitasse a custas judiciais ou multas por factos imputáveis ao cônjuge devedor (artigos 1692.°-*b)* e 1696.°, n.° 3, C.C.), fosse proveniente de acto de comércio, ainda que este o fosse apenas em relação a uma das partes (artigo 10.° do Código Comercial, alterado pelo Decreto-Lei n.° 363/77, de 2 de Setembro), ou de crime. Após a publicação do diploma referido, a meação passou a responder imediatamente, tendo deixado de haver lugar à moratória forçada. Em processo de execução, o cônjuge do executado, caso os bens próprios do executado não sejam suficientes, deve ser citado para requerer, no prazo de 20 dias, a separação de bens ou juntar certidão comprovativa da pendência de acção em que a separação já tenha sido requerida (v. artigo 825.°, C.P.C., na redacção do Decreto-Lei n.° 38/2003, de 8 de Março, rectificado pela Declaração de rectificação n.° 5-C/2003, de 30 de Abril).

V. *Dívida; Cumprimento; Meação; Bens comuns; Bens próprios; Devedor; Acto a título gratuito; Direito de autor; Autorização; Despesas domésticas; Acto de administração; Dívidas comuns dos cônjuges; Proveito comum do casal; Presunção legal; Indemnização; Custas; Multa; Responsabilidade civil; Oneração de bens; Doação; Herança; Legado; Regime de bens do casamento; Sub-rogação; Responsabilidade patrimonial; Dissolução do casamento; Invalidade do casamento; Separação judicial de pessoas e bens; Separação judicial de bens; Separação de bens; Execução; Citação; Requerimento; Certidão.*

Dividendo (Dir. Civil; Dir. Com.) – Participação de cada sócio nos lucros líquidos da sociedade.

Nas sociedades civis, determina o artigo 991.°, C.C., que os sócios têm, na falta de estipulação em contrário, direito a que os lucros de cada exercício lhes sejam atribuídos, "depois de deduzidas as quantias afectadas, por deliberação da maioria, à prossecução dos fins sociais". Segundo o artigo 992.°, n.° 1, C.C., "na falta de convenção em contrário, os sócios participam nos lucros e perdas da sociedade segundo a proporção das respectivas entradas".

O crédito de dividendos das sociedades prescreve no prazo de cinco anos – artigo 310.°-*d)*, C.C..

V. *Sociedade; Lucros; Deliberação; Convenção; Entrada; Prescrição.*

Divisão de águas (Dir. Civil; Proc. Civil) – Quando os co-utentes de águas pretendam pôr termo à situação de compropriedade, devem fazê-lo nos termos dos artigos 1399.° e segs., C.C., propondo, para o efeito, uma acção que seguirá o processo estabelecido nos artigos 1052.° e segs. do C.P.C., por remissão do artigo 1057.° do mesmo diploma, tendo este último a redacção do Decreto-Lei n.° 329-A/95, de 12 de Dezembro.

V. *Águas; Compropriedade; Acções de arbitramento.*

Divisão de coisa comum (Dir. Civil; Proc. Civil) – Tomando a expressão *coisa comum* como significativa de coisa havida em compropriedade, há de ter em conta o artigo 1412.°, n.° 1, C.C., que estabelece que, em princípio, "nenhum dos comproprietários é obrigado a permanecer na indivisão", dizendo o n.° 1 do artigo 1413.° que "a divisão é feita amigavelmente ou nos termos da lei de processo".

Quando a divisão seja feita judicialmente, tem de propor-se uma acção (que se designava por acção de arbitramento), cujos trâmites estão regulados nos artigos 1052.° a 1056.°, C. P. C, tendo os artigos 1052.°, 1053.° e 1056.° a redacção do Decreto-Lei n.° 329-A/95, de 12 de Dezembro, e os artigos 1054.° e 1055.° a resultante do Decreto-Lei n.° 180/96, de 25 de Setembro.

O tribunal competente para a acção de divisão de coisa comum é o da localização do bem (artigo 73.°, n.° 1, C.P.C., na redacção do citado diploma de 1995).

V. *Coisa; Compropriedade; Indivisão; Acção; Competência em razão do território.*

Divisão de fracções autónomas (Dir. Civil) – No regime da propriedade horizontal, o n.° 3 do artigo 1422.°-A, aditado ao Código Civil pelo Decreto-Lei n.° 267/94, de 25 de Outubro, veio proibir expressamente "a divisão de fracções em novas fracções autónomas, salvo autorização do título constitutivo ou da assembleia de condóminos, aprovada sem qualquer oposição"; nos termos dos n.°s 4 e 5 do mesmo preceito, "cabe aos condóminos que [...] cindiram as fracções o poder de, por acto unilateral constante de escritura pública, introduzir a correspondente alteração no título constitutivo", devendo a realização da escritura "ser comunicada ao administrador no prazo de 30 dias".

V. *Propriedade horizontal; Fracção autónoma; Condómino; Título constitutivo da propriedade horizontal; Assembleia dos condóminos; Escritura pública; Administrador na propriedade horizontal.*

Divisibilidade (Dir. Civil) – As coisas qualificam-se como divisíveis ou indivisíveis, consoante possam ou não ser "fraccionadas sem alteração da sua substância, diminuição de valor ou prejuízo para o uso a que se destinam" – artigo 209.°, C.C..

As obrigações podem também ser divisíveis ou indivisíveis, dependentemente da sua natureza ou de convenção das partes. Fala-se de divisibilidade *natural* quando a possibilidade do seu fraccionamento deriva da sua própria natureza, e de divisibilidade *convencional* quando foram as partes, por convenção, a estabelecê-la.

V. *Coisa; Coisa indivisível; Obrigação divisível; Convenção.*

Divórcio (Dir. Civil) – Forma de extinção do casamento em vida de ambos os cônjuges, introduzida no direito português pelo Decreto de 3 de Novembro de 1910.

Nos termos do direito actual, o divórcio pode ser decretado na sequência de processo litigioso, pode resultar da conversão em divórcio da separação judicial de pessoas e bens, litigiosa ou por mútuo consentimento, e pode, finalmente, ser obtido por mútuo consentimento dos cônjuges.

1. *Divórcio litigioso* – Anteriormente ao Decreto-Lei n.° 496/77, de 25 de Novembro, os fundamentos do divórcio litigioso encontravam-se taxativamente enunciados no artigo 1778.°, C.C., já não na redacção original deste diploma, mas na que lhe havia sido dada pelo Decreto-Lei n.° 561/ /76, de 17 de Julho, e eram os seguintes: "*a)* Adultério do outro cônjuge; *b)* Práticas anticoncepcionais ou de aberração se-

xual exercidas contra a vontade do requerente; *c)* Condenação definitiva do outro cônjuge, por crime doloso, em pena de prisão superior a dois anos, seja qual for a natureza deste; *d)* Condenação definitiva pelo crime de lenocínio praticado contra descendente ou irmã do requerente, ou por homicídio doloso, ainda que não consumado, contra o requerente ou qualquer parente deste na linha recta ou até ao terceiro grau da linha colateral; *e)* Vida e costumes desonrosos do outro cônjuge; *f)* Abandono completo do lar conjugal por parte do outro cônjuge por tempo superior a três anos; *g)* O decaimento em acção de divórcio ou separação na qual tenham sido feitas imputações ofensivas da honra e dignidade do outro cônjuge; *h)* A separação de facto por seis anos consecutivos; *i)* Qualquer outro facto que ofenda gravemente a integridade física ou moral do requerente".

Actualmente, o artigo 1779.°, C.C., determina que é fundamento de divórcio a violação culposa dos deveres conjugais, desde que essa violação revista um carácter de gravidade ou de reiteração susceptível de comprometer a possibilidade de vida em comum; ao tribunal compete a apreciação da gravidade dos factos, devendo tomar em consideração a culpa que possa ser imputada ao cônjuge faltoso e o grau de educação e sensibilidade moral dos cônjuges.

Os deveres conjugais, cuja violação é, portanto, fundamento de divórcio, vêm enunciados no artigo 1672.°, C.C., e são o respeito, a fidelidade, a coabitação, a cooperação e a assistência.

Não há, pois, uma enumeração de fundamentos de divórcio, que tipifiquem a violação dos deveres conjugais, existindo tal enunciado, no entanto, quanto a outro tipo de fundamentos que se encontram no artigo 1781.°, na redacção da Lei n.° 47/98, de 10 de Agosto:

a) A separação de facto por três anos consecutivos, entendendo-se por separação de facto, nos termos do n.° 1 do artigo 1782.°, a inexistência de comunhão de vida entre os cônjuges e a inexistência, por parte de um ou de ambos, do propósito de a reatar (anteriormente, como se deixou aludido, exigia-se que a separação tivesse durado por seis anos consecutivos);

b) A separação de facto, por um ano, se o divórcio for requerido por um dos cônjuges sem oposição do outro (trata-se de uma inovação da Lei n.° 47/98);

c) A alteração das faculdades mentais do outro cônjuge, quando dure há mais de três anos e, pela sua gravidade, comprometa a possibilidade de vida em comum, sendo certo que o disposto no artigo 1784.°, C.C. – que determinava que o pedido de divórcio formulado com este fundamento fosse indeferido quando fosse presumível que o divórcio contribuísse para agravar consideravelmente o estado mental do réu –, desapareceu, por revogação desta norma (que também reduziu o período de duração da situação de patologia do cônjuge de seis para três anos);

d) A ausência, sem que do ausente haja notícias, por tempo não inferior a dois anos (reduziu-se o período de duração da ausência de quatro para dois anos).

O artigo 1780.°, C.C., exclui o direito de requerer o divórcio com fundamento na violação dos deveres conjugais, quando o cônjuge requerente "tiver instigado o outro a praticar o facto invocado como fundamento do pedido ou tiver intencionalmente criado condições propícias à sua verificação", ou quando "houver revelado pelo seu comportamento posterior, designadamente por perdão, expresso ou tácito, não considerar o acto praticado como impeditivo da vida em comum".

Proposta a acção de divórcio, o juiz fixará data para uma tentativa de conciliação (em que as partes têm de comparecer pessoalmente ou, estando ausentes do continente ou da ilha onde correr o processo, fazer-se representar por mandatário com poderes especiais para o acto, sob pena de multa), em que, não se obtendo a conciliação dos cônjuges, o juiz procurará obter o seu acordo no que respeita a alimentos e à regulação do exercício do poder paternal dos filhos (podendo o juiz, nesse ou em qualquer outro momento, fixar um regime provisório no que respeita a alimentos e ao exercício do poder paternal). Na tentativa de conciliação ou em qualquer outro momento do processo, os cônjuges podem acordar no divórcio por mútuo consentimento, desde que se verifiquem os requisitos deste. Não havendo reconciliação, nem acordo quanto ao divórcio por mútuo consentimento, o réu é notificado para contestar. Havendo contestação, o divórcio litigioso segue a forma do processo ordinário, mas, não a havendo, o autor é notificado para juntar o rol de testemunhas (no máximo de oito) e requerer outras provas, no prazo de 10 dias.

V. artigo 1774.°, C.C., e artigos 1407.° (na redacção dos Decretos-Leis n.°s 605/76, de 24 de Julho, (n.°s 3 e 4), 329-A/95, de 12 de Dezembro (n.°s 1, 5 e 6), e 207/80, de 1 de Julho (n.°s 2 a 7)) e 1408.° (na redacção dos Decretos-Leis n.°s 605/76, de 24 de Julho, (n.°s 1 e 5), e 329-A/95, de 12 de Dezembro (n.°s 2 a 4)), C.P.C..

Para a acção de divórcio é competente o tribunal do domicílio ou da residência do autor (artigo 75.°, C.P.C.).

A sentença que decrete o divórcio litigioso deve declarar qual dos cônjuges é culpado e, sendo-o ambos, qual deles é o principal culpado (artigos 1787.°, 1779.°, n.° 2, 1782.°, n.° 2, e 1783.°, C.C.).

O Assento do Supremo Tribunal de Justiça de 26 de Janeiro de 1994, publicado no *Diário da República*, I-A série, de 24 de Março de 1994, estabeleceu a seguinte doutrina: "No âmbito e para os efeitos do n.° 1 do artigo 1779.° do Código Civil, o autor tem o ónus da prova da culpa do cônjuge infractor de dever conjugal de coabitação".

2. *Divórcio por conversão da separação de pessoas e bens litigiosa* – Os fundamentos para requerer a separação judicial de pessoas e bens litigiosa são os do divórcio litigioso. Transitada em julgado, há mais de dois anos, a sentença que tiver decretado a separação de pessoas e bens litigiosa, sem que os cônjuges se tenham reconciliado, qualquer deles pode requerer que a separação seja convertida em divórcio (artigo 1795.°-D, n.° 1, C.C.), dispensando-se o decurso do prazo de dois anos se a conversão for requerida por ambos os cônjuges (n.° 2 da mesma disposição).

O requerimento da conversão da separação judicial de pessoas e bens em divórcio é autuado por apenso ao processo de separação, não sendo obrigatória a intervenção de advogado; se a conversão for requerida por ambos os cônjuges, é logo proferida a sentença que decreta o divórcio; se o for apenas por um deles, o outro é notificado para deduzir oposição, o que poderá fazer com fundamento em reconciliação – artigo 1417.°, C.P.C., na redacção do DL n.° 329-A/95; se houver oposição, seguem-se os termos do processo ordinário – artigo 1417.°-A, C.P.C., introduzido pelo Decreto-Lei n.° 513-X/79, de 27 de Dezembro.

3. *Divórcio por conversão da separação judicial de pessoas e bens por mútuo consentimento* – O requerimento da conversão é possível nos termos acima enunciados.

4. *Divórcio por mútuo consentimento*– Nos termos dos artigos 1773.° (este na redacção do Decreto-Lei n.° 163/95, de 13 de Julho) e 1775.° (este com a redacção da Lei n.° 47/98, de 10 de Agosto), C.C., podem, a todo o tempo, os cônjuges requerer o divórcio por mútuo consentimento (no domínio da anterior legislação, exigia-se que os cônjuges tivessem completado vinte e cinco anos de idade e ainda que estivessem casados há mais de três anos). Neste caso, os cônjuges não têm de indicar os fundamentos do divórcio, mas têm de acordar no que respeita à prestação de alimentos, à regulação do poder paternal relativamente aos filhos menores e ao destino da casa de morada da família.

Até à entrada em vigor do já referido DL n.° 163/95, o divórcio por mútuo consentimento implicava intervenção necessária do tribunal. A partir daquele diploma, passou aquele a poder ser requerido, nas circunstâncias adiante indicadas, na conservatória do registo civil. Com a entrada em vigor do Decreto-Lei n.° 272/2001, de 13 de Outubro (rectificado pela Declaração de rectificação n.° 20-AR/2001, de 30 de Novembro), passou para as conservatórias do registo civil a competência exclusiva para a separação e o divórcio por mútuo consentimento, restando para os tribunais tal competência "nos casos resultantes de acordo obtido no âmbito de processo de separação ou divórcio litigiosos".

O artigo 12.°, n.° 2, do citado DL n.° 272/2001 dispõe que a competência para estes processos pertence à "conservatória [...] da residência de qualquer dos cônjuges ou [a] outra por ambos escolhida e expressamente designada"; segundo o artigo 13.°, "o processo [...] é instaurado mediante requerimento assinado pelos cônjuges ou seus procuradores na conservatória

[...]", sendo o pedido "instruído com o conjunto de documentos referido no artigo 272.° do Código do Registo Civil, a que é acrescentado acordo sobre o exercício do poder paternal quando existam filhos menores e não tenha havido previamente regulação judicial"; o conservador "convoca os cônjuges para uma conferência em que tenta conciliá-los; mantendo os cônjuges o propósito de se divorciar, e observado o disposto no n.° 5 do artigo 12.° [verificação pelo conservador dos pressupostos legais], é [...]" a separação decretada; se for apresentado acordo sobre o exercício do poder paternal relativo a filhos menores, "o processo é enviado ao Ministério Público junto do tribunal judicial de 1.ª instância competente em razão da matéria no âmbito da circunscrição a que pertença a conservatória antes da fixação do dia da conferência [...], para que este se pronuncie sobre o acordo no prazo de 30 dias"; "caso o Ministério Público considere que o acordo não acautela devidamente os interesses dos menores, podem os requerentes alterar o acordo em conformidade ou apresentar novo acordo, sendo neste último caso dada nova vista ao Ministério Público"; se o Ministério Público entender que o acordo serve os interesses dos menores "ou tendo os cônjuges alterado o acordo nos termos indicados pelo Ministério Público, segue-se o disposto no n.° 3 do presente artigo [convocação dos cônjuges pelo conservador para a conferência]"; nos casos em que "os requerentes não se conformem com as alterações indicadas pelo Ministério Público e mantenham o propósito de se divorciar, o processo é remetido ao tribunal da comarca a que pertença a conservatória".

Da decisão do conservador cabe recurso para o tribunal da Relação, sendo que, decidido o recurso, "o processo baixa à conservatória para cumprimento da decisão" (v. artigo 274.°, Cód. Reg. Civil).

Quando para o divórcio por mútuo consentimento são competentes os tribunais judiciais, o respectivo requerimento, devidamente instruído com os documentos referidos no artigo 1419.°, C.P.C. (na redacção do Decreto-Lei n.° 180/96, de 25 de Setembro) deve ser assinado por ambos os cônjuges ou seus procuradores e, sendo admitido, será marcada uma conferência dos cônjuges em que podem intervir parentes ou afins dos cônjuges ou outras pessoas, se o juiz o entender conveniente; ficará exarado em acta o acordo quanto ao divórcio, bem como a confirmação dos acordos sobre o exercício do poder paternal relativamente a filhos menores, sobre a prestação de alimentos ao cônjuge que deles careça e sobre o destino da casa de morada de família, ficando suspenso o dever de coabitação e podendo qualquer dos cônjuges requerer o arrolamento dos seus bens próprios e o dos bens comuns; decorridos três meses, e dentro do ano subsequente à data da primeira conferência, deverão renovar o pedido de divórcio, sob pena de aquele ficar sem efeito.

Caso o casal não tenha filhos menores ou, tendo-os, o exercício do respectivo poder paternal se mostrar já judicialmente regulado, passou a poder, como se disse, o divórcio por mútuo consentimento ser requerido por ambos os cônjuges na conservatória do registo civil (v. artigo 1773.°, n.° 2, C.C., na redacção do DL n.° 163/95), dispondo o artigo 1778.°-A, C.C., introduzido pelo já citado DL n.° 163/95, que são aplicáveis ao divórcio por mútuo consentimento decretado pelo conservador do registo civil, com as necessárias adaptações, as regras relativas ao divórcio decretado judicialmente, produzindo as decisões proferidas pelos conservadores os mesmos efeitos das sentenças judiciais em idêntica matéria. Neste último caso, "o processo de divórcio ou de separação de pessoas e bens é instaurado mediante requerimento assinado pelos cônjuges ou seus procuradores", sendo "competente a conservatória do registo civil da área da residência de qualquer dos cônjuges ou outra por ambos expressamente designada" (artigo 271.° do Código do Registo Civil, na redacção do Decreto-Lei n.° 36/97, de 31 de Janeiro). Nos termos do artigo 272.° do Código do Registo Civil, o pedido deve ser instruído com os documentos referidos no n.° 1, aplicando-se a este processo os artigos 1420.° a 1424.°, C.P.C. (n.° 3 do mesmo artigo).

V. a Convenção para Regular os Conflitos de Leis e de Jurisdições em Matéria de Divórcio e de Separação de Pessoas, celebrada na Haia em 12 de Junho de 1902, de que Portugal é parte, tendo sido confirmada e ratificada por Carta Régia de 7 de Fevereiro de 1907, e tendo o instrumento de ratificação por parte de Portugal sido depositado em 2 de Março de 1907, conforme *Diário do Governo* de 18 de Março de 1907; v. também a XVIII Convenção da Haia sobre Reconhecimento de Divórcios e Separações de Pessoas, de 1 de Junho de 1970, aprovada, para ratificação, pela Resolução da Assembleia da República n.° 23/84, de 27 de Novembro de 1984, tendo Portugal depositado o respectivo instrumento de ratificação em 10 de Maio de 1985, segundo aviso publicado no *Diário da República*, I série, de 19 de Julho de 1985.

V. *Casamento; Separação judicial de pessoas e bens; Conversão da separação em divórcio; Adultério; Descendente; Parente; Linha de parentesco; Grau de parentesco; Abandono do lar conjugal; Separação de facto; Deveres conjugais; Culpa; Fidelidade conjugal; Dever de respeito; Coabitação; Cooperação; Assistência; Réu; Ausência; Perdão; Tentativa de conciliação; Mandatário judicial; Poderes representativos; Multa; Cônjuge culpado; Declaração de cônjuge culpado; Alimentos; Alimentos provisórios; Poder paternal; Regulação do poder paternal; Reconciliação; Notificação; Contestação; Processo ordinário; Rol de testemunhas; Prova; Domicílio; Residência; Competência em razão do território; Autor; Ónus da prova; Trânsito em julgado; Apensação de acções; Advogado; Casa de morada da família; Requerimento; Documento; Procurador; Conferência; Menor; Tribunal de comarca; Recurso; Relação; Baixa do processo; Registo civil.*

Divórcio definitivo (Dir. Civil; Proc. Civil) – A lei falava em divórcio definitivo, por contraposição a divórcio provisório, no âmbito do divórcio por mútuo consentimento para designar a situação que resulta da sentença final que decreta o divórcio – artigo 1423.°, C.P.C., na redacção do Decreto-Lei n.° 605/76, de 24 de Julho, entretanto revogado pelo Decreto-Lei n.° 272/2001, de 13 de Outubro, havendo agora apenas uma conferência, e devendo o divórcio ser posteriormente confirmado.

V. *Divórcio; Sentença.*

Divórcio litigioso (Dir. Civil) – V. *Divórcio.*

Divórcio por conversão (Dir. Civil) – É aquele que resulta da conversão da separação de pessoas e bens, a requerimento de um ou de ambos os cônjuges.

V. *Conversão da separação em divórcio; Separação judicial de pessoas e bens; Requerimento; Divórcio.*

Divórcio por mútuo consentimento (Dir. Civil) – V. *Divórcio.*

Divórcio provisório (Dir. Civil) – No quadro do divórcio por mútuo consentimento, o antigo artigo 1423.°, C.P.C., designava por divórcio provisório a situação resultante da primeira conferência. Esta disposição foi revogada pelo Decreto-Lei n.° 272/2001, de 13 de Outubro, havendo agora apenas lugar a uma conferência e devendo o pedido de divórcio ser renovado pelos cônjuges após aquilo que a lei designa por período de reflexão.

De qualquer forma, a partir da conferência, "o dever de coabitação fica suspenso [...] e qualquer [... dos cônjuges] pode requerer arrolamento dos seus bens próprios e dos bens comuns" – artigo 1776.°, n.° 3, C.C..

V. *Divórcio; Conferência; Coabitação; Arrolamento; Bens próprios; Bens comuns.*

Divórcio-remédio (Dir. Civil) – Expressão utilizada para designar uma concepção do divórcio segundo a qual este é considerado como a solução de situações relacionais insustentáveis, quer relevem quer não de violação culposa dos deveres conjugais. A maioria dos fundamentos de divórcio litigioso previstos no artigo 1781.°, C.C., correspondem essencialmente a esta concepção do divórcio.

V. *Divórcio.*

Divórcio-sanção (Dir. Civil) – Esta, que é a teoria tradicional relativa à função do divórcio, concebe-o como uma sanção pela violação culposa e grave dos deveres conjugais por parte de um dos cônjuges e supõe, em consequência, que ele só possa ser judicialmente declarado a requerimento do cônjuge inocente.

Muito embora a nossa lei civil enuncie, como fundamento geral do divórcio por decisão unilateral de um dos cônjuges, a violação culposa dos deveres conjugais, ela admite outros fundamentos que não relevam da concepção do divórcio-sanção, mas da do divórcio-remédio.

V. *Divórcio; Deveres conjugais; Culpa; Cônjuge culpado.*

Doação (Dir. Civil) – Contrato pelo qual uma pessoa (o doador), por espírito de liberalidade e à custa do seu património, dispõe gratuitamente de uma coisa ou direito ou assume uma obrigação em benefício de outra (o donatário), que aceita – artigo 940.°, C.C..

A doação não pode ter por objecto coisas futuras ou coisas alheias. É proibida a doação por morte, mas é havida como disposição testamentária a doação que tiver de produzir os seus efeitos por morte do doador, se se tiver realizado com as formalidades exigíveis para os testamentos.

Quando este contrato tenha por objecto coisas imóveis, deve ser feito por escritura pública; tratando-se de doação de coisas móveis, tem de ser feita por escrito, a menos que a coisa doada seja logo entregue, caso em que a doação dispensa quaisquer formalidades.

O doador pode estabelecer uma cláusula de reversão para si dos bens doados, depois da morte do donatário ou da deste e seus descendentes

Pode também estabelecer cláusulas modais, isto é, onerar a doação com encargos que o donatário tem de satisfazer dentro dos limites de valor da coisa doada. Quando a doação com encargos seja feita a um menor, estabelece o artigo 1889.°, n.° 1-*l)*, C.C., na redacção do Decreto-Lei n.° 227/94, de 8 de Setembro, que os pais não podem, em representação do filho, aceitá-la, sem autorização judicial.

Os artigos 969.° e segs., C.C., ocupam-se da regime da revogação da doação, encontrando-se excluída a originária possibilidade de revogar a doação com fundamento em superveniência de filhos, por terem sido revogados os artigos 971.° a 973.°, C.C., pelo Decreto-Lei n.° 496/77, de 25 de Novembro.

V. artigos 940.° a 979.°, C.C..

O artigo 40.°, n.° 3, do Código do Registo Predial, aprovado pelo Decreto-Lei n.° 224/84, de 6 de Julho (rectificado por Declaração publicada no *Diário da República*, I série, de 29 de Setembro de 1984), e alterado pelos Decretos-Leis n.°s 355/85, de 2 de Outubro, 60/90, de 14 de Fevereiro (este último rectificado por Declaração publicada no *Diário da República*, I-A série, de 31 de Março de 1990), 80/92, de 7 de Maio, 30/93, de 12 de Fevereiro, 227/94, de 8 de Setembro, 267/94, de 25 de Outubro, 67/96, de 31 de Maio, 375-A/99, de 20 de Setembro, 533/99, de 11 de Dezembro (rectificado pela Declaração de rectificação n.° 5-A/2000, de 29 de Fevereiro), 273/2001, de 13 de Outubro, 323/2001, de 17 de Dezembro, 38/2003, de 8 de Março (rectificado pela Declaração de rectificação n.° 5-C/2003, de 30 de Abril), e 194/2003, de 23 de Agosto, e pela Lei n.° 6/2006, de 27 de Fevereiro, dispõe que cabe a obrigação de requerer o registo ao doador de imóvel, nos casos em que a doação produza efeitos independentemente de aceitação.

V. *Contrato; Liberalidade; Património; Obrigação; Contrato gratuito; Donativos; Coisa futura; Coisa alheia; Testamento; Coisa imóvel; Escritura pública; Móvel; Doação manual; Documento particular; Cláusula; Cláusula de reversão; Descendente; Modo; Menor; Poder paternal; Representação; Autorização; Revogação da doação; Registo predial.*

Doação com encargos (Dir. Civil) – V. *Doação; Encargos.*

Doação conjunta (Dir. Civil) – É a doação de um mesmo bem ou direito a vários sujeitos. O artigo 944.°, C.C., dispõe que "a doação feita a várias pessoas conjuntamente considera-se feita por partes iguais, sem que haja direito de acrescer entre os donatários, salvo se o doador houver declarado o contrário"; isto não prejudica, porém, o direito de acrescer existente entre usufrutuários, "quando o usufruto tenha sido constituído por doação".

V. *Doação; Direito de acrescer; Usufruto.*

Doação manual (Dir. Civil) – A doutrina designa assim a doação de coisa móvel acompanhada da sua entrega.

O artigo 947.°, n.° 2, C.C., dispõe que "a doação de coisas móveis não depende de formalidade alguma externa, quando acompanhada de tradição da coisa doada; não sendo acompanhada de tradição da coisa, só pode ser feita por escrito". Considera-se que a doação manual é um contrato real *quoad constitutionem* porque só fica celebrado quando, alem das declarações negociais das partes, a coisa for entregue. Porém, se se tratar de doação entre casados, a doação de coisa móvel tem sempre de ser feita por escrito, ainda que seja acompanhada da entrega da coisa doada – artigo 1763.°, n.° 1, C.C..

Presume-se inilidivelmente dispensada a colação nas doações manuais, nos termos do artigo 2113.°, n.° 3, C.C..

V. *Móvel; Contrato real; Documento particular; Doações entre casados; Presunção legal; Colação.*

Doação mista (Dir. Civil) – Contrato misto que se consubstancia, estruturalmente, numa compra e venda, realizando a função própria da doação.

A doação mista é, pois, o contrato de compra e venda, em que o preço é sensivelmente inferior ao de mercado, não porque haja erro do vendedor mas porque este quer realizar uma liberalidade em relação ao comprador.

Só pode falar-se de doação mista quando as partes, não discriminando, material e juridicamente, entre a componente onerosa e gratuita dos elementos contratuais envolvidos, celebrem um único contrato, em que cumulem elementos da compra e venda e da doação, desta forma: os elementos de estrutura são da compra e venda, a função é da doação.

V. *Compra e venda; Doação; Contrato misto; Contrato gratuito; Contrato oneroso.*

Doação modal (Dir. Civil) – V. *Doação; Encargos; Modo.*

Doação "mortis causa" (Dir. Civil) – Salvo quando a lei especialmente a admitir, a doação por morte é proibida.

Quando se fizer uma doação para produzir efeitos depois da morte do doador, a lei determina que ela seja havida como testamento, desde que tenham sido respeitadas as formalidades necessárias para aquele.

V. artigo 946.°, C.C..

V. *Doação; "Mortis causa"; Sucessão contratual; Testamento.*

Doação onerosa (Dir. Civil) – O Código Civil de 1867 designava assim as doações com encargos ou doações modais.

Ainda hoje se encontra uma referência à doação onerosa no artigo 956.°, n.° 2-*d*), C.C., embora a expressão não possa considerar-se rigorosa, já que a doação, mesmo modal, nunca é um contrato oneroso, porque o património do donatário não sofre diminuição em sua consequência: a obrigação daquele está restringida, no seu cumprimento, aos "limites do valor da coisa ou do direito doado" (artigo 963.°, n.° 2, C.C.).

V. *Doação; Modo; Encargos; Contrato oneroso; Contrato gratuito.*

Doação por conta da legítima (Dir. Civil) – A estipulação de que uma doação é feita por conta da legítima significa que os bens que constituem o seu objecto, ficam sujeitos à colação.

V. *Doação; Colação; Legítima.*

Doação por morte (Dir. Civil) – V. *Doação; Doação "mortis causa".*

Doação promissória (Dir. Civil) – A doutrina designa por doação promissória ou obrigatória a doação pela qual o doador assume perante o donatário a obrigação de lhe entregar certa coisa ou quantia em dinheiro. É, pois, uma doação com efeitos obrigacionais e não, como é regra, com efeitos reais. Pode ser difícil interpretativamente distinguir uma doação obrigacional de um contrato-promessa de doação.

V. *Doação; Eficácia relativa; Obrigação; Eficácia real; Interpretação do negócio jurídico; Contrato-promessa.*

Doação pura (Dir. Civil) – Designa-se assim a doação em que não se estabelece qualquer cláusula modal, isto é, em que o donatário não fica constituído em qualquer obrigação.

V. *Doação; Modo.*

Doação remuneratória (Dir. Civil) – Quando alguém, por espírito de liberalidade e sem que isso lhe seja exigível, faz uma doação para remunerar serviços que lhe tenham sido prestados, a lei considera que há doação pura e simples – artigo 941.°, C.C..

No entanto, a doação remuneratória goza de especificidades de regime, não sendo designadamente revogável por ingratidão do donatário (artigo 975.°-*b*), C.C.) e sendo graduada em último lugar, quando haja de se proceder à redução de liberalidades inoficiosas (artigos 2173.°, n.° 2, e 2172.°, n.° 3, C.C.). O regime, no que respeita à redução de liberalidade remuneratória inoficiosa, é idêntico ao que é estabelecido no que toca à redução das disposições quando sejam constituídas por deixas remuneratórias. Quanto à colação, estabelece o n.° 3 do artigo 2113.°, C.C., uma presunção inilidível de dispensa de colação nas doações remuneratórias.

Também, por força do artigo 953.°, C.C., é aplicável às doações remuneratórias a disposição da alínea *a)* do artigo 2195.°, C.C., que determina que, excepcionalmente, elas são válidas e não nulas, quando feitas às pessoas indicadas no artigo 2194.°, C.C.: médico ou enfermeiro que tratar do testador, ou do sacerdote que lhe prestar assistência espiritual, se a doação for feita durante a doença e o doador vier a falecer dela.

V. *Doação; Revogação da doação; Liberalidades inoficiosas; Redução de liberalidades; Colação; Presunção legal; Validade; Nulidade.*

Doações de mão comum (Dir. Civil) – Designam-se assim as doações feitas reciprocamente no mesmo acto.

V. *Doação.*

Doações entre casados (Dir. Civil) – São as doações feitas na constância do casamento por um dos cônjuges ao outro.

O regime das doações entre casados contém especialidades importantes em relação ao regime do contrato de doação, que são determinadas nomeadamente pela necessidade de assegurar o princípio da imutabilidade das convenções antenupciais e do regime de bens do casamento.

a) Se vigorar entre os cônjuges, por imperativo legal, o regime da separação de bens (v. artigo 1720.°, n.° 1, C.C.), as doações não são permitidas, cominando-as a lei com a nulidade – artigo 1762.°, C.C.;

b) As doações entre casados são livremente revogáveis pelo doador, não podendo ele renunciar a esse direito – artigo 1765.°, C.C.;

c) Quanto à forma, há a notar que, mesmo em relação à doação de bens móveis, acompanhada da entrega da coisa, se exige documento escrito;

d) As doações caducam nos casos do artigo 1766.°, C.C., e que são: *a)* falecimento do "donatário antes do doador, salvo se este confirmar a doação nos três meses subsequentes à morte daquele"; *b)* vir o casamento "a ser declarado nulo ou anulado, sem prejuízo do disposto em matéria de casamento putativo"; *c)* ocorrer "divórcio ou separação judicial de pessoas e bens por culpa do donatário, se este for considerado único ou principal culpado".

V. artigos 1761.° e segs., C.C..

V. *Doação; Casamento; Convenção antenupcial; Regime de bens do casamento; Separação de bens; Nulidade; Revogação da doação; Direito irrenunciável; Renúncia; Forma; Móvel; Doação manual; Documento escrito; Caducidade; Morte; Invalidade do casamento; Casamento putativo; Divórcio; Separação judicial de pessoas e bens; Culpa; Declaração de cônjuge culpado.*

Doações para casamento (Dir. Civil) – Doação feita na convenção antenupcial a um dos esposados ou a ambos, em vista do seu casamento; pode ser feita por um dos esposados ao outro, por ambos reciprocamente, ou por terceiro a um ou a ambos.

Em qualquer dos casos – e a menos que hajam de produzir efeitos por morte do doador – produzem, em princípio, os seus efeitos a partir da celebração do casamento. "As doações entre esposados não são revogáveis por mútuo consentimento dos contraentes" – artigo 1758.°, C.C..

Caducam as doações para casamento no caso de este não ser celebrado no prazo de um ano, ser declarado nulo ou anulado ou se houver separação judicial de pessoas e bens ou divórcio, por culpa do donatário.

V. artigos 1753.° e segs., C.C..

V. *Doação; Casamento; Convenção antenupcial; Revogação da doação; Terceiro; Cadu-*

cidade; Invalidade do casamento; Separação judicial de pessoas e bens; Divórcio; Culpa; Cônjuge culpado.

Documento (Dir. Civil) – "Qualquer objecto elaborado pelo homem com o fim de reproduzir ou representar uma pessoa, coisa ou facto" – artigo 362.°, C.C..

Os documentos podem ser escritos ou não escritos.

Constituem modalidades de documentos escritos os *autênticos*, os *particulares* e os *autenticados*.

V. artigos 362.° e segs., C.C..

A divulgação das comunicações e do comércio electrónico vieram tornar necessário que o Direito regulasse a validade, eficácia e valor probatório dos documentos electrónicos. Dessa matéria se ocupa o Decreto-Lei n.° 290-D/99, de 2 de Agosto, muito alterado pelo Decreto-Lei n.° 62/ /2003, de 3 de Abril, e ainda pelo Decreto-Lei n.° 165/2004, de 6 de Julho – que foi regulamentado pelo Decreto Regulamentar n.° 25/2004, de 15 de Julho.

V. *Apresentação de documentos; Documento escrito; Documento autêntico; Documento particular; Documento autenticado; Documento electrónico; Validade; Força probatória.*

Documento "ad probationem" (Dir. Civil) – É aquele que se destina apenas a fazer prova do acto ou negócio documentado. Quando a lei impõe a celebração documental do negócio somente para fins probatórios, a falta do documento não tem como consequência a nulidade do negócio, mas tão-somente a impossibilidade de fazer a sua prova por qualquer outro meio que não seja confissão ou um documento de força probatória superior.

V. artigo 364.°, C.C..

V. *Documento; "Ad probationem"; Documento probatório; Prova; Forma legal; Negócio jurídico; Nulidade; Confissão; Força probatória.*

Documento "ad substantiam" (Dir. Civil) – Diz-se que um documento ou, melhor, a forma documental de um acto ou negócio jurídico é imposta por lei *ad substantiam*, quando a consequência da sua inobservância é a nulidade do acto ou do negócio. É esta a regra quando a forma documental é imposta legalmente, por força do disposto no artigo 220.°, C.C..

V. *Documento; "Ad substantiam"; Forma legal; Nulidade; Acto jurídico; Negócio jurídico.*

Documento autenticado (Dir. Civil) – "Os documentos particulares são havidos por autenticados, quando confirmados pelas partes, perante notário, nos termos prescritos nas leis notariais" – artigo 363.°, n.° 3, C.C.. V. artigos 35.°, n.°s 1 e 3, e 150.° a 152.° do Código do Notariado.

Autenticado é, pois, o documento particular cujo conteúdo é confirmado pelas partes perante o notário que, em consequência, nele lavra um termo de autenticação.

Não são frequentes os casos em que a lei exige, para a validade de um acto ou negócio jurídico, documento autenticado: um exemplo pode encontrar-se na redacção que o Decreto-Lei n.° 163/95, de 13 de Julho, veio dar ao artigo 731.°, C.C., que se ocupa da renúncia à hipoteca; aí se estabelece que esta, para ser válida, tem de ser "expressa e exarada em documento autenticado [...]".

O Decreto-Lei n.° 76-A/2006, de 29 de Março, rectificado pela Declaração de rectificação n.° 28-A/2006, de 26 de Maio, dispõe, no seu artigo 38.°, n.° 1, que, "sem prejuízo da competência atribuída a outras entidades, as câmaras de comercio e indústria, reconhecidas nos termos do Decreto-Lei n.° 244/92, de 29 de Outubro, os conservadores, os oficiais de registo, os advogados e os solicitadores podem [...] autenticar documentos particulares, certificar, ou fazer certificar, traduções de documentos nos termos previstos na lei notarial", determinando o n.° 2 da mesma disposição que estes reconhecimentos, autenticações e certificações "conferem ao documento a mesma força probatória que teria se tais actos tivessem sido realizados com intervenção notarial".

V. *Documento; Documento particular; Notário; Validade; Hipoteca; Renúncia; Declaração negocial; Registo; Advogado; Solicitador; Certificação; Tradução; Força probatória.*

Documento autêntico (Dir. Civil) – É o documento "exarado, com as formalidades legais, pelas autoridades públicas, nos limites da sua competência ou, dentro do círculo de actividade que lhe é atribuído, pelo notário ou outro oficial público provido de fé pública" – artigo 363.°, n.° 2, C.C..

Nos termos do artigo 35.°, n.° 2, do Código do Notariado, são autênticos não apenas os documentos exarados pelo notário nos livros ou em instrumentos avulsos, mas também "os certificados, certidões e outros documentos análogos por ele expedidos".

Como notam Pires de Lima e Antunes Varela, *Código Civil Anotado*, Vol. I, 4.ª ed., págs. 321 e 322, "os documentos autênticos podem ser exarados por qualquer autoridade ou oficial público, como o notário. Exige-se, no entanto, para que sejam havidos como autênticos, que sejam exarados com as formalidades legais, e, além disso, quando provenientes de uma autoridade pública, que sejam lavrados dentro dos limites da sua competência, e, quando provenientes de um oficial público, que este seja provido de fé pública, isto é, tenha competência legal para atribuir fé pública ao documento.

Um atestado de residência ou de pobreza passado por uma Junta de Freguesia é um documento autêntico, nos termos deste n.° 2, mas já o não é o atestado em que a Junta declare que pagou certa dívida. Não foi exarado dentro do círculo de actividades que lhe é atribuído (cfr. Vaz Serra, *Provas*, n.° 62)"

O n.° 1 do artigo 369.°, C.C., estabelece que a autoridade ou oficial público que exara o documento tem de ser competente em razão da matéria e do lugar, e não pode estar legalmente impedido de o lavrar, embora no n.° 2 se disponha que se considera autoridade ou oficial público competente aquele que, exercendo publicamente as respectivas funções, lavrou o documento, a menos que "os intervenientes ou beneficiários conhecessem, no momento da sua feitura, a falsa qualidade da autoridade ou oficial público, a sua incompetência ou a irregularidade da sua investidura".

Tais documentos fazem "prova plena dos factos que referem como praticados pela autoridade ou oficial público respectivo, assim como dos factos que neles são atestados com base nas percepções da entidade documentadora; os meros juízos pessoais do documentador só valem como elementos sujeitos à livre apreciação do julgador".

Esta "força probatória só pode ser ilidida com base na [...] falsidade [do documento]". Há falsidade do documento quando se atesta como tendo sido objecto da percepção da autoridade ou oficial um facto que não se verificou ou como tendo sido praticado pela entidade responsável um acto que o não foi.

V. artigos 369.° e segs., C.C..

O recurso extraordinário de revisão pode ser interposto quando "se verifique a falsidade de documento ou acto judicial, de depoimento ou das declarações de peritos, que possam em qualquer dos casos ter determinado a decisão a rever. A falsidade de documento ou acto judicial não é, todavia, fundamento de revisão se a matéria tiver sido discutida no processo em que foi proferida a decisão a rever".

V. *Documento; Notário; Certificado; Certidão; Competência; Prova plena; Prova livre; Incidente de falsidade; Recurso; Revisão; Perito.*

Documento confessório (Dir. Civil) – É o documento narrativo que contém uma declaração de reconhecimento da realidade de um facto desfavorável ao seu autor.

V. *Documento; Confissão.*

Documento constitutivo (Dir. Civil) – Distinguem-se os documentos em constitutivos e reprodutivos, consoante através deles se celebra um negócio, ou tão-somente se reproduz um negócio já celebrado.

"Quando é no momento da elaboração do documento, e através dessa elaboração, que se celebra o contrato, o documento diz-se *constitutivo*; se o acordo se estabelece validamente, e só em data posterior se faz o documento, simples operação material destinada a recolher e fixar as anteriores declarações de vontade, neste caso o documento chamar-se-á *reprodutivo*". (Galvão Telles, *Manual dos Contratos em Geral*, pág. 137).

V. *Documento; Negócio jurídico; Contrato; Declaração negocial.*

Documento electrónico (Dir. Civil) – De acordo com a caracterização da alínea *a)* do artigo 2.° do Decreto-Lei n.° 290-D/99, de 2 de Agosto, alterado pelos Decretos-Leis n.°s 62/2003, de 3 de Abril, e 165/2004, de 6 de Julho, é o "documento elaborado mediante processamento electrónico de dados". O diploma foi regulamentado pelo Decreto Regulamentar n.° 25/2004, de 15 de Julho.

O artigo 3.°, n.° 1, do DL n.° 290-D/99 dispõe que este documento "satisfaz o requisito legal de forma escrita quando o seu conteúdo seja susceptível de representação como declaração escrita", tendo a força probatória do documento particular assinado "quando lhe seja aposta uma assinatura electrónica qualificada certificada por uma entidade certificadora credenciada". Já nos casos em que os documentos electrónicos não sejam passíveis de representação como declarações escritas, mas lhes sejam apostas assinaturas digitais com os requisitos legais, eles "fazem prova plena dos factos e das coisas que representem, se a parte contra quem os documentos são apresentados não impugnar a sua exactidão" (artigo 368.°, C.C.).

Estas regras não obstam "à utilização de outro meio de comprovação da autoria e integridade de documentos electrónicos, incluindo outras modalidades de assinatura electrónica, desde que tal meio seja adoptado pelas partes ao abrigo de válida convenção sobre prova ou seja aceite pela pessoa a quem for oposto o documento" (artigo 3.°, n.° 4, do DL citado). Determina o n.° 5 da mesma disposição que "o valor probatório dos documentos electrónicos aos quais não seja aposta uma assinatura digital qualificada certificada por uma entidade certificadora credenciada é apreciada nos termos gerais de direito".

Também os organismos públicos podem emitir documentos electrónicos com assinatura digital, tratando da matéria o artigo 5.°.

Dispõe o n.° 1 do artigo 6.° que "o documento electrónico comunicado por um meio de telecomunicações considera-se enviado e recebido pelo destinatário se for transmitido para o endereço electrónico definido por acordo das partes e neste for recebido"; acrescenta o n.° 2 que "são oponíveis entre as partes e a terceiros a data e a hora da criação, da expedição ou da recepção de um documento electrónico que contenha uma validação cronológica emitida por uma entidade certificadora". "A comunicação do documento electrónico, ao qual seja aposta assinatura electrónica qualificada, por meio de telecomunicações que assegure a efectiva recepção equivale a remessa por via postal registada e, se a recepção for comprovada por mensagem de confirmação dirigida ao remetente pelo destinatário que revista idêntica forma, equivale à remessa por via postal registada com aviso de recepção" (n.° 3 do mesmo artigo); finalmente, determina o n.° 4 que "os dados e documentos comunicados por meio de telecomunicações consideram-se em poder do remetente até à recepção pelo destinatário".

"A aposição de uma assinatura electrónica qualificada a um documento electrónico equivale à assinatura autógrafa dos documentos com forma escrita sobre suporte de papel e cria a presunção de que: *a)* A pessoa que apôs a assinatura electrónica qualificada é o titular desta ou representante, com poderes bastantes, da pessoa colectiva titular da assinatura electrónica qualificada, *b)* A assinatura electrónica qualificada foi aposta com intenção de assinar o documento electrónico; *c)* O documento electrónico não sofreu alteração desde que lhe foi aposta a assinatura electrónica qualificada" – artigo 7.°, n.° 1.

O artigo 26.° do Decreto-Lei n.° 7/2004, de 7 de Janeiro, que transpôs a Directiva n.° 2000/31/CE, do Parlamento Europeu e do Conselho, de 8 de Junho de 2000, ocupando-se, entre outras matérias, da chamada contratação electrónica, estabelece que "as declarações negociais emitidas por via electrónica satisfazem a exigência legal de forma escrita quando contidas em suporte que ofereça as mesmas garantias de fidelidade, inteligibilidade e conservação", valendo o documento electrónico como "documento assinado quando satisfizer os requisitos da legislação sobre assinatura electrónica e certificação".

O Decreto-Lei n.° 234/2000, de 25 de Setembro, criou o Conselho Técnico de Credenciação como estrutura de apoio ao Instituto das Tecnologias de Informação na Justiça no exercício das funções de autoridade credenciadora de entidades certificadoras de assinaturas digitais.

A Resolução do Conselho de Ministros n.° 171/2005, de 3 de Novembro, aprovou a criação da Entidade de Certificação Electrónica do Estado (ECEE).

O Decreto-Lei n.° 12/2001, de 25 de Janeiro (rectificado pela Declaração de rectificação n.° 3-B/2001, de 31 de Janeiro), veio permitir o pedido de certificados de admissibilidade de firma ou denominação e de certidões de actos de registo por via electrónica, alterando o Decreto-Lei n.° 129/98, de 13 de Maio (regime do Registo Nacional de Pessoa Colectivas).

O Decreto-Lei n.° 197/99, de 8 de Junho, definiu medidas dirigidas à generalização da prática de aquisição de bens e de celebração de contratos de prestação de serviços, pela Administração Pública, por via electrónica, tendo o Decreto-Lei n.° 104/2002, de 12 de Abril, regulado a conclusão de tais contratos; o artigo 2.°-*c)* deste diploma dispõe que "a assinatura digital aposta a um documento electrónico equivale, para todos os efeitos, à aposição de assinatura autógrafa, carimbo, selo ou outro sinal identificador feito em documento em suporte de papel", dizendo a alínea *e)* que "a remessa de documentos electrónicos a que seja aposta assinatura digital e cujo conteúdo seja encriptado equivale, para todos os efeitos, ao envio dos mesmos em invólucro opaco e fechado".

O artigo 21.°, n.° 2, do Estatuto do Notariado, aprovado pelo Decreto-Lei n.° 26/2004, de 4 de Fevereiro (alterado pela Lei n.° 51/2004, de 29 de Outubro), prevê que o notário possa usar, além do selo branco, "o correspondente digital [...] [deste], de acordo como disposto na lei reguladora dos documentos públicos electrónicos".

V. *Documento; Forma legal; Documento particular; Força probatória; Assinatura; Assinatura digital; Prova; Prova plena; Impugnação; Falsidade de documento; Convenção sobre provas; Parte; Terceiro; Presunção legal; Representante; Poderes representativos; Certificado; Certidão; Pessoa colectiva; Representação orgânica; Factura; Registo das pessoas colectivas; Notário.*

Documento escrito (Dir. Civil) – "Os documentos escritos podem ser autênticos ou particulares" – artigo 363.°, n.° 1, C.C.. Se a lei exigir, como forma da declaração negocial, documento escrito, "não pode este ser substituído por outro meio de prova ou por outro documento que não seja de força probatória superior", salvo se "resultar claramente da lei que o documento é exigido apenas para prova da declaração", caso em que "pode ser substituído por confissão expressa, judicial ou extrajudicial, contanto que, neste último caso, a confissão conste de documento de igual ou superior valor probatório" – artigo 364.°, C.C..

O artigo 3.°, n.° 1, do Decreto-Lei n.° 290-D/99, de 2 de Agosto, alterado pelos Decretos-Leis n.°s 62/2003, de 3 de Abril, e 165/2004, de 6 de Julho, dispõe que "o documento electrónico satisfaz o requisito legal de forma escrita quando o seu conteúdo seja susceptível de representação como declaração escrita", tendo a força probatória do documento particular assinado, "quando lhe seja aposta uma assinatura electrónica qualificada certificada por uma entidade certificadora credenciada". Aquele diploma foi regulamentado pelo Decreto Regulamentar n.° 25/2004, de 15 de Julho.

Dispõe o artigo 366.°, C.C., que "a força probatória do documento escrito a que falte algum dos requisitos exigidos na lei é apreciada livremente pelo tribunal".

Se o documento tiver desaparecido, pode ser reformado judicialmente, através do processo previsto e regulado nos artigos 1069.° a 1072.°, C.P.C., os quais têm, à excepção do artigo 1070.°, a redacção do Decreto-Lei n.° 329-A/95, de 12 de Dezembro.

O artigo 26.° do Decreto-Lei n.° 7/2004, de 7 de Janeiro, que transpôs para a ordem jurídica portuguesa a Directiva n.° 2000/ /31/CE, do Parlamento Europeu e do Conselho, de 8 de Junho de 2000, ocupando-se, entre outras matérias, da chamada contratação electrónica, estabelece que "as declarações negociais emitidas por via electrónica satisfazem a exigência legal de forma escrita quando contidas em suporte que ofereça as mesmas garantias de fidelidade, inteligibilidade e conservação", valendo o documento electrónico como "documento assinado quando satisfizer os requisitos da legislação sobre assinatura electrónica e certificação".

V. *Documento; Documento autêntico; Documento particular; Forma; Força probatória; Prova; Confissão; Documento electrónico; Prova livre; Reforma de documentos; Contratação electrónica; Declaração negocial; Assinatura; Assinatura electrónica.*

Documento estrangeiro (Dir. Civil) – V. *Documento; Documento passado em pais estrangeiro.*

Documento legalizado (Dir. Civil) – Há quem assim designe, embora sem grande propriedade, os documentos particulares cuja letra e assinatura, ou só a assinatura, se encontrem notarialmente reconhecidas, sendo o reconhecimento presencial, dado que o reconhecimento por semelhança foi abolido por força do artigo 1.° do Decreto-Lei n.° 250/96, de 24 de Dezembro, rectificado pela Declaração de rectificação n.° 4-A/97, de 14 de Janeiro.

Quando tal se verifica, está-se, pois, perante um documento particular com reconhecimento notarial de letra e assinatura ou só de assinatura.

V. *Documento; Documento particular; Reconhecimento de letra e assinatura.*

Documento narrativo (Dir. Civil) – É o documento que contém uma declaração não de vontade, mas de ciência, isto é, a narração de um facto, a descrição de uma coisa ou de uma situação de que o seu autor tem conhecimento.

V. *Documento; Declaração negocial; Declaração de ciência.*

Documento particular (Dir. Civil) – É qualquer documento escrito e assinado pelo seu autor (pessoalmente ou por outrem a seu rogo, se ele não puder ou não souber assinar) que não seja documento autêntico nem tenha sido confirmado pelas partes perante notário. O documento particular, cuja autoria seja reconhecida nos termos legais ou não tenha sido impugnado, faz prova plena quanto às declarações atribuídas ao seu autor e contrárias aos seus interesses, podendo, no entanto, ser arguida a sua falsidade.

A força probatória do documento pode ser livremente fixada pelo julgador quando o mesmo tiver vícios externos (rasuras, notas marginais, palavras entrelinhadas ou emendas sem a devida ressalva).

Quando a lei exige, para a validade de uma declaração, documento escrito, entende-se que se refere a documento particular.

V. artigos 373.° e segs., C.C..

O artigo 3.°, n.° 1, do Decreto-Lei n.° 290-D/99, de 2 de Agosto, alterado pelos Decretos-Leis n.°s 62/2003, de 3 de Abril, e 165/2004, de 6 de Julho, dispõe que "o documento electrónico satisfaz o requisito legal de forma escrita quando o seu conteúdo seja susceptível de representação como declaração escrita", tendo a força probatória do documento particular assinado "quando lhe seja aposta uma assinatura electrónica qualificada certificada por uma entidade certificadora credenciada" (n.° 2). Aquele diploma foi regulamentado pelo Decreto Regulamentar n.° 25/2004, de 15 de Julho. Também o artigo 26.° do Decreto-Lei n.° 7/2004, de 7 de Janeiro – que transpôs para a ordem jurídica portuguesa a Directiva n.° 2000/31/CE, do Parlamento Europeu e do Conselho, de 8 de Junho de 2000 –, estabelece que "as declarações negociais emitidas por via electrónica satisfazem a exigência legal de forma escrita quando contidas em suporte que ofereça as mesmas garantias de fidelidade, inteligibilidade e conservação", valendo o documento electrónico como "documento assinado quando satisfizer os requisitos da legislação sobre assinatura electrónica e certificação".

V. *Documento; Documento escrito; Assinatura; Assinatura a rogo; Documento autêntico; Documento autenticado; Notário; Prova plena; Força probatória; Incidente de falsidade; Prova livre; Forma legal; Documento electrónico; Assinatura digital.*

Documento passado em país estrangeiro (Dir. Civil; Proc. Civil) – Nos termos do artigo 365.°, n.° 1, C.C., "os documentos autênticos ou particulares passados em país estrangeiro, na conformidade da respectiva lei, fazem prova como o fariam os documentos da mesma natureza exarados em Portugal".

A legalização pode ser exigida se houver fundadas dúvidas acerca da sua autenticidade ou da autenticidade do reconhecimento.

A legalização é feita de acordo com o disposto no artigo 540.°, C.P.C., do seguinte modo:

a) Nos documentos autênticos feitos em conformidade com a lei do país em que foram passados, é necessário o reconhecimento da assinatura do funcionário público, feito por agente diplomático ou consular português no Estado respectivo, e que a assinatura deste agente se encontre autenticada com o selo branco consular respectivo;

b) Para os documentos particulares lavrados fora de Portugal, ainda que legalizados por funcionário público estrangeiro, exigem-se os reconhecimentos referidos na alínea anterior.

Sendo oferecidos em juízo "documentos escritos em língua estrangeira, que careçam de tradução, o juiz, oficiosamente ou a requerimento de alguma das partes, ordena que o apresentante a junte". "Surgindo dúvidas fundadas sobre a idoneidade da tradução, o juiz ordenará que o apresentante junte tradução feita por notário ou autenticada por funcionário diplomático ou consular do Estado respectivo; na impossibilidade de obter a tradução ou não sendo a determinação cumprida no prazo fixado, pode o juiz determinar que o documento seja traduzido por perito designado pelo tribunal" – artigo 140.°, C.P.C., na redacção dos Decretos-Leis n.°s 329-A/95, de 12 de Dezembro, e 180/96, de 25 de Setembro.

O artigo 44.° do Código do Notariado determina que os documentos passados em país estrangeiro, em conformidade com a respectiva lei, podem ser admitidos a instruir actos notariais, independentemente de legalização, salvo se houver fundadas dúvidas sobre a sua autenticidade, caso em que pode ser exigida a legalização. Já o documento em língua estrangeira deve ser acompanhado de tradução, feita nos termos legais, já descritos.

Pela Convenção Relativa à Supressão da Exigência da Legalização dos Actos Públicos Estrangeiros (Convenção da Haia de 5 de Outubro de 1961), aprovada para ratificação pelo Decreto-Lei n.° 48 450, de 24 de Junho de 1968, os Estados contratantes passaram a dispensar a legalização dos actos públicos seguintes:

a) Os documentos provenientes de uma autoridade ou de um funcionário dependentes de qualquer jurisdição do Estado, compreendidos os provenientes do Ministério Público, de um escrivão de direito ou de um oficial de diligências;

b) Os documentos administrativos;

c) Os actos notariais;

d) As declarações oficiais, tais como menções de registo, vistos para data determinada e reconhecimentos de assinatura, inseridos em actos de natureza privada.

A única formalidade que pode ser exigida para atestar a veracidade da assinatura, a qualidade em que o signatário do acto actuou e, sendo caso disso, a autenticidade do selo ou do carimbo que constam do acto, consiste na aposição de uma apostila, tal como definida no anexo ao diploma antes referido, a qual é aposta no documento ou em folha anexa, a requerimento do signatário ou de qualquer portador do acto, pelas autoridades determinadas por cada Estado contratante.

V. *Documento; Documento autêntico; Documento particular; Prova; Tradução; Notário; Perito; Ministério Público; Escrivão; Oficial de diligências; Funcionário de justiça; Registo; Reconhecimento de letra e assinatura.*

Documento probatório (Dir. Civil) – Documento probatório, ou formalidade *ad probationem*, é aquele que apenas serve para prova do acto a que se refere, não sendo necessário à sua validade.

Nos termos da lei, as declarações das partes podem ser expressas por qualquer forma (tendo, portanto, qualquer documento que utilizem carácter meramente probatório), excepto quando a lei impuser uma dada forma: neste caso, trata-se, normalmente, de uma formalidade *ad substantiam*, sendo consequentemente, o documento exigido requisito de validade do acto que, se carecer dessa forma, será nulo (artigo 220.°, C.C.).

Há, no entanto, casos em que a lei faz a exigência formal apenas para prova do acto (não se incluindo nestes aqueles em que, não obstante a forma imposta se destinar à prova do acto, esse meio de prova é insubstituível por qualquer outro): nessas hipóteses, o documento exigido *ad probationem* "[...] pode ser substituído por confissão expressa judicial ou extrajudicial, contanto que neste último caso, a confissão conste de documento de igual ou superior valor probatório" (artigo 364.°, n.° 2, C.C.), não podendo, em consequência, ser substituído por prova testemunhal (artigo 393.°, n.° 1, C.C.), nem admitida a prova por presunção judicial (artigo 351.°, C.C.).

V. artigos 219.° e segs., C.C..

V. *Documento; Prova; Validade; Declaração negocial; Forma; Forma legal; "Ad substantiam"; Nulidade; Confissão; Força probatória; Prova testemunhal; Presunção.*

Documento recognitivo (Dir. Civil) – A doutrina designa assim o documento elaborado depois da celebração do negócio jurídico e destinado a recolher ou a precisar o conteúdo e alcance dele.

V. *Documento; Negócio jurídico.*

Documento reprodutivo (Dir. Civil) – V. *Documento; Documento constitutivo.*

Documento substancial (Dir. Civil) – Diz-se que um documento é substancial (ou que certo tipo de documento constitui uma formalidade *ad substantiam* de um acto ou negócio), quando a lei impõe que o acto ou o negócio jurídico se realize sob a forma que este documento consubstancia. Quando assim aconteça – isto é, quando a lei exija para a prática de um acto ou negócio a observância de determinada forma –, o acto ou o negócio é nulo, se e enquanto não for feito por essa forma.

O documento substancial (ou a formalidade *ad substantiam*) é, pois, requisito de validade do acto jurídico.

V. os artigos 219.° e segs., em especial o artigo 220.°, C.C..

A este tipo de documento ou formalidade contrapõe-se o documento probatório ou formalidade *ad probationem*.

V. *Documento; Nulidade; Forma; Forma legal; Validade; Acto jurídico; Negócio jurídico; Nulidade; Documento "ad probationem".*

Documento superveniente (Proc. Civil) – Qualifica-se como superveniente o documento, cuja junção ao processo só se tenha tornado possível em momento posterior àquele em que normalmente deveria ter sido apresentado, e que se destine a provar factos posteriores a certa fase do processo ou cuja apresentação se tenha tornado necessária em virtude de ocorrência posterior a tal fase – v. artigo 524.°, C.P.C., que determina que só é possível a junção de novos documentos depois do encerramento da discussão na 1.ª instância, se, havendo recurso, a apresentação não tivesse sido possível anteriormente; quanto aos "documentos destinados a provar factos posteriores aos articulados, ou cuja apresentação se tenha tornado necessária por virtude de ocorrência posterior", admite-se que eles sejam "oferecidos em qualquer estado do processo".

V. também os artigos 706.°, 727.° e 743.°, n.° 3, C.P.C. (este na redacção do Decreto-Lei n.° 329-A/95, de 12 de Dezembro), sobre junção de documentos com as alegações em recurso.

V. *Documento; Prova; Discussão; Tribunal de 1.ª instância; Apresentação de documentos; Articulados; Recurso; Alegações.*

Doença (Proc. Civil) – Em processo civil, a doença que impeça qualquer dos intervenientes no processo de comparecer em juízo é relevante; assim, se for a parte cujo depoimento devia ser prestado a impossibilitada de comparecer, diz o n.° 1 do artigo 557.°, C.P.C., na redacção do Decreto-Lei n.° 183/2000, de 10 de Agosto, que, atestada tal impossibilidade, "o juiz pode fazer verificar por médico de sua confiança a veracidade da alegação e, em caso afirmativo, a possibilidade de a parte depor"; se esta última se verificar, a prestação do depoimento terá lugar "no dia, hora e local que o juiz designar, ouvido o médico assistente, se for necessário"; no caso de a doença afectar uma testemunha, observar-se-á o que ficou enunciado, determinando o artigo 627.°, C.P.C., que "o juiz presidente fará o interrogatório, bem como as instâncias"; se for o advogado o impossibilitado de comparecer à audiência por doença, ele deverá, nos termos gerais do n.° 6 do artigo 651.°, C.P.C. (que tem a redacção do Decreto-Lei n.° 242/85, de 7 de Julho), justificar a sua falta no prazo de cinco dias, constituindo tal falta fundamento de adiamento (n.° 1-*d)* do mesmo artigo, do Decreto-Lei n.° 180/96, de 25 de Setembro).

A doença aguda de pessoa que se encontre em casa arrendada para habitação e em relação à qual existe mandado de despejo fundamenta a suspensão do despejo, quando "se mostre, por atestado médico, que a diligência põe em risco de vida, por razões de doença aguda, a pessoa que se encontra no local" – artigo 61.° do Regime do Arrendamento Urbano, aprovado pelo Decreto-Lei n.° 321-B/90, de 15 de Outubro, rectificado por Declaração publicada no *Diário da República,* I-A série, de 30 de Novembro de 1990, e alterado pelo Decreto-Lei n.° 278/93, de 10 de Agosto (este alterado, por ratificação, pela Lei n.° 13/94, de 11 de Maio), pelo Decreto-Lei n.° 163/95, de 13 de Julho, pela Lei n.° 89/95, de 1 de Setembro, pelo Decreto-Lei n.° 257/95, de 30 de Setembro, pela Lei n.° 135/99, de 28 de Agosto, pelos Decretos-Leis n.°s 64-A/2000, de 22 de Abril, e 329-B/2000, de 22 de Dezembro, e pelas Leis n.°s 6/2001 e 7/2001, ambas de 11 de Maio. O n.° 2 do mesmo artigo estabelece que o atestado "deve indicar de modo fundamentado o prazo durante o qual se deve sustar o despejo".

V. *Parte; Depoimento de parte; Testemunha; Falta; Juiz presidente; Instância; Advogado; Audiência; Justificação de falta; Adiamento da inquirição; Adiamento da audiência; Arrendamento para habitação; Despejo; Sustação do mandado de despejo.*

Dogmática – Designação genérica do trabalho jurídico que consiste na análise do sistema jurídico, interpretando os seus elementos (normas) e construindo a partir dele os seus conceitos, categorias, institutos e princípios.

V. *Norma jurídica; Princípio.*

Dolo (Dir. Civil) – 1. Segundo o artigo 253.°, C.C., "entende-se por dolo qualquer sugestão ou artifício que alguém empregue com a intenção ou consciência de induzir ou manter em erro o autor da declaração, bem como a dissimulação, pelo declaratário ou terceiro, do erro do declarante".

Há, pois, dolo quer o agente tenha actuado com intenção de enganar, quer a sua actuação não tenha sido intencionalmente enganadora, mas apenas conscientemente indutora de engano, quer ele tenha, intencionalmente ou apenas conscientemente, por acção ou por omissão, mantido o erro em que o declarante se encontrava.

Nos termos do artigo 254.°, C.C., "o declarante, cuja vontade tenha sido determinada por dolo, pode anular a declaração".

Para que o dolo seja relevante, é necessário que ele tenha sido a causa do erro do declarante e que este, por sua vez, tenha sido determinante da sua vontade e consequente declaração.

O regime do dolo difere, porém, consoante a pessoa que tenha sido seu autor; com efeito, dispõe o n.° 2 do artigo 254.°, C.C.: "Quando o dolo provier de terceiro, a declaração só é anulável se o destinatário tinha ou devia ter conhecimento dele; mas, se alguém tiver adquirido directamente algum direito por virtude da declaração, esta é anulável em relação ao beneficiário, se tiver sido ele o autor do dolo ou se o conhecia ou devia ter conhecido".

Temos, portanto, o seguinte regime: o dolo da contraparte no negócio torna este sempre anulável, o mesmo sucedendo com o dolo provindo de um beneficiário directo do negócio; se o dolo provier de terceiro, o negócio só é anulável se o destinatário da declaração ou o seu beneficiário tinham ou deviam ter tido dele conhecimento.

A anulabilidade do negócio consequente ao dolo não é excluída pelo facto de ambas as partes terem actuado com dolo, isto é, pelo facto de ele ter sido bilateral (artigo 254.°, n.° 1, parte final, C.C.).

Para além da consequência da invalidade do negócio viciado por dolo, há de ter em conta que a parte que requereu a anulação pode obter indemnização dos danos que lhe tiverem advindo da celebração do negócio anulado, se o dolo da contraparte, tendo sido culposo (como quase inevitavelmente será), tiver consubstanciado uma actuação (ou omissão) violadora das regras da boa fé: haverá uma situação de responsabilidade pré-contratual, prevista no artigo 227.°, C.C..

V. *Vícios na formação da vontade; Erro; Anulação; Declaração negocial; Terceiro; Negócio jurídico; Invalidade; Anulabilidade; Indemnização; Culpa; Boa fé; Responsabilidade pré-contratual.*

2. No domínio da responsabilidade civil, designa-se por dolo, por contraposição a mera culpa, a conduta do agente quando houve adesão da sua vontade à prática do acto ilícito.

Doutrinariamente, distinguem-se três graus dentro do dolo: o *dolo directo* (o agente actuou visando exactamente a produção do fim ilícito), o *dolo necessário* (o agente actuou para alcançar um resultado lícito, mas sabendo que o resultado ilícito seria consequência suplementar forçosa ou inevitável da sua acção) e *o dolo eventual* (o agente actuou, prosseguindo um fim lícito, mas sabendo que o resultado ilícito era possível, o que não o determinou a evitar a conduta).

O artigo 483.°, n.° 1, C.C., refere-se expressamente à distinção entre dolo e mera culpa, e o artigo 494.°, C.C., determina que, "quando a responsabilidade se fundar na mera culpa, poderá a indemnização ser fixada, equitativamente, em montante inferior ao que corresponderia aos danos causados, desde que o grau de culpabilidade do agente, a situação económica deste e do lesado e as demais circunstâncias do caso o justifiquem".

V. *Culpa; Responsabilidade civil; Equidade; Dano; Grau de culpabilidade.*

Dolo comissivo (Dir. Civil) – Sinónimo de *dolo positivo* (v. esta expressão).

Dolo directo (Dir. Civil) – A doutrina qualifica o dolo como directo quando o agente representou e quis o resultado ilícito da sua conduta, dirigindo esta à consecução dessa finalidade.

V. *Dolo; Ilicitude.*

Dolo essencial (Dir. Civil) – É essencial o dolo quando o erro do declarante se deveu apenas a ele, por um lado, e quando, por outro, tal erro desencadeado pelo dolo foi o motivo determinante da celebração do negócio. O dolo essencial é fundamento de anulação do negócio.

V. *Dolo; Erro; Vícios na formação da vontade; Anulação; Negócio jurídico.*

Dolo eventual (Dir. Civil) – Qualifica-se correntemente o dolo como eventual sempre que o agente prevê a possibilidade de da sua conduta resultar uma consequência ilícita e tal previsão não o determina a abster-se dela. Dada a impossibilidade de averiguar o que se passou no foro psicológico do agente aquando da prática do acto, para proceder a esta operação de qualificação do seu dolo, tem o tribunal, as mais das vezes, de recorrer a prova indiciária e à representação da atitude psicológica do bom pai de família, colocado nas circunstâncias em que o agente se encontrava.

V. *Dolo; Ilicitude; Bom pai de família.*

Dolo incidental (Dir. Civil) – Qualifica-se assim o dolo que induziu em erro o declarante, mas não foi a causa determinante da celebração do negócio, antes apenas das condições em que ele foi concluído; neste caso, pois, o declarante, induzido ou mantido em erro, não deixaria de realizar o negócio, apenas o concluiria em termos diversos. Em regra, o erro incidental não confere ao declarante o direito a requerer a anulação do negócio, mas apenas o de obter a respectiva modificação, de forma a reconduzi-lo aos termos que teriam sido os seus, não fora o erro. Esta última possibilidade não se encontra expressamente prevista na lei, decorrendo – se se encontrarem presentes os respectivos pressupostos – da indemnização específica fundada em responsabilidade pré-contratual.

V. *Dolo; Negócio jurídico; Erro; Anulação; Dolo essencial; Indemnização específica; Responsabilidade pré-contratual.*

Dolo indirecto (Dir. Civil) – Designação que alguns autores dão ao *dolo necessário* (v. esta expressão).

Dolo necessário (Dir. Civil) – O dolo é necessário quando o agente – cujo objectivo é outro que não o ilícito – prefigura o resultado ilícito como uma consequência forçosa do seu comportamento, o que não o determina a desistir dele.

V. *Dolo; Ilicitude.*

Dolo negativo (Dir. Civil) – Consubstancia-se na dissimulação, pelo declaratário ou por terceiro, do erro do declarante.

O dolo negativo só é ilícito quando as concepções dominantes no comércio jurídico, uma estipulação negocial ou a lei imponham o dever de elucidar o declarante. O dever de informação de origem legal é hoje especialmente amplo e relevante quanto aos chamados contratos de adesão, por força do Decreto-Lei n.° 446/85, de 25 de Outubro, alterado pelos Decretos-Leis n.°s 220/95, de 31 de Agosto, 249/99, de 7 de Julho, e 323/2001, de 17 de Dezembro, e, em geral, quanto aos contratos celebrados com consumidores, nos termos do artigo 8.° da Lei de Defesa do Consumidor (Lei n.° 24/96, de 31 de Julho, alterada pela Lei n.° 85/98, de 16 de Dezembro, e pelo Decreto-Lei n.° 67/2003, de 8 de Abril), sendo a sua fonte geral a boa fé nos preliminares, como decorre do artigo 227.°, n.° 1, C.C..

V. artigo 253.°, n.° 2, C.C..

V. *Dolo; Declaratário; Terceiro; Erro; Declarante; Contrato de adesão; Cláusulas contratuais legais; Consumidor; Tutela do consumidor; Boa fé; Dever pré-contratual; Negociações preliminares.*

Dolo omissivo (Dir. Civil) – Sinónimo de *dolo negativo* (v. esta expressão).

Dolo positivo (Dir. Civil) – Existe quando alguém emprega uma sugestão ou artifício "com a intenção ou consciência de induzir ou manter em erro o autor da declaração".

O dolo positivo não é ilícito quando se traduza em "sugestões ou artifícios usuais, considerados legítimos segundo as concepções dominantes no comércio jurídico". Alguma doutrina chama, justificadamente, a atenção para a necessidade de fazer uma interpretação restritiva do âmbito das sugestões e artifícios considerados legítimos, de forma a circunscrever o âmbito do chamado *dolus bonus*.

V. artigo 253.°, C.C..

V. *Dolo; Erro; Ilicitude; Interpretação restritiva; "Dolus bonus".*

"Dolus bonus" (Dir. Civil) – Expressão que a doutrina utiliza para referir as condutas, omissivas ou positivas, que, visando induzir ou manter em erro o autor da declaração, não são, porém, consideradas ilegítimas pelas concepções que vigoram num certo sector do comércio jurídico. Dada a extensão dos deveres de informação e de esclarecimento que podem impender sobre as partes na fase pré-negocial em virtude do princípio da boa fé, há de ser cauteloso e parcimonioso na qualificação como lícitas de condutas que possam induzir ou manter em erro uma das partes no período das negociações.

Ao *dolus bonus* contrapõe-se o *dolus malus*, previsto no artigo 253.°, n.° 1, C.C., que constitui uma conduta ilícita e, induzindo ou mantendo em erro o autor da declaração negocial, determina a anulabilidade desta.

V. *Dolo; Erro; Declaração negocial; Obrigação de informação; Dever pré-contratual; Boa fé; Negociações preliminares; Anulabilidade.*

"Dolus malus" (Dir. Civil) – V. *Dolo; "Dolus bonus".*

Domicílio (Dir. Civil) – O domicílio, sede jurídica de uma pessoa singular, é o lugar onde a pessoa tem a sua residência habitual.

Tendo a pessoa residência alternadamente em diversos lugares, o domicílio será em qualquer deles; não havendo residência habitual, entende-se que o domicílio é no lugar da sua residência ocasional ou, não sendo esta determinada, no lugar onde se encontrar. Este é o que a lei chama o *domicílio voluntário geral* – artigo 82.°, C.C..

O artigo 34.°, n.°s 1 a 3, da Constituição da República estabelece que o domicílio é inviolável, que "a entrada no domicílio dos cidadãos contra a sua vontade só pode ser ordenada pela autoridade judicial competente, nos casos e segundo as formas previstas na lei" e que "ninguém pode entrar durante a noite no domicílio de qualquer pessoa sem o seu consentimento, salvo em situação de flagrante delito ou mediante autorização judicial em casos de criminalidade especialmente violenta ou altamente organizada, incluindo o terrorismo e o tráfico de pessoas, de armas e de estupefacientes, nos termos previstos na lei".

A residência do titular é um dos elementos identificadores que deve constar do bilhete de identidade, nos termos do artigo 5.°-*f)* da Lei n.° 33/99, de 18 de Maio, alterada pelos Decretos-Leis n.°s 323/2001, de 17 de Dezembro, e 194/2003, de 23 de Agosto, dispondo o artigo 3.°, n.° 2, desta Lei que "o bilhete de identidade cujo prazo de validade estiver excedido não pode ser usado para comprovação da residência do seu titular".

O domicílio das pessoas colectivas designa-se por sede.

A Lei n.° 6/99, de 27 de Janeiro, ocupa-se do regime da publicidade domiciliária, por via postal, distribuição directa, telefone e telecópia. Quanto à que for entregue no domicílio do destinatário, tem de ser identificável exteriormente de forma clara (artigo 2.°), sendo proibida a distribuição directa no domicílio de publicidade não endereçada "sempre que a oposição do destinatário seja reconhecível no acto de entrega, nomeadamente através da afixação, por forma visível, no local destinado à recepção de correspondência, de dístico apropriado contendo mensagem clara e inequívoca nesse sentido" (artigo 3.°). Quanto àquela que for endereçada, por via postal ou por distribuição directa, o seu envio é proibido "quando o destinatário tenha expressamente manifestado o desejo de não [a] receber"; para este efeito, as pessoas "têm o direito de se opor, gratuitamente, a que o seu nome e endereço sejam tratados e utilizados para fins de mala directa ou de serem informados antes de os dados pessoais serem comunicados pela primeira vez a terceiros para fins de *marketing* directo ou utilizados por conta de terceiros, em termos idênticos aos previstos na [...] Lei n.° 67/98, de 26 de Outubro [Lei de Protecção de Dados Pessoais]" (artigo 4.°).

V. *Pessoa singular; Residência; Estupefaciente; Bilhete de identidade; Pessoa colectiva; Sede; Publicidade; Dados pessoais; Protecção de dados pessoais.*

Domicílio convencionado (Proc. Civil) – O artigo 237.°-A, C.P.C., aditado pelo Decreto-Lei n.° 38/2003, de 8 de Março (rectificado pela Declaração de rectificação n.° 5-C/2003, de 30 de Abril), dispõe que, "nas acções para cumprimento de obrigações pecuniárias emergentes de contrato reduzido a escrito em que as partes tenham convencionado o local onde se têm por domiciliadas para o efeito da citação em caso de litígio, a citação por via postal efectua-se, nos termos dos artigos anteriores, no domicílio convencionado, desde que o valor da acção não exceda a alçada do tribunal da relação ou, excedendo, a obrigação respeite ao fornecimento de continuado de bens ou serviços" (n.° 1); o n.° 2 deste artigo determina que, "enquanto não se extinguirem as relações emergentes do contrato, é inoponível a quem na causa figure como autor qualquer alteração do domicílio convencionado, salvo se a contraparte o tiver notificado dessa alteração, mediante carta registada com aviso de recepção, em data anterior à propositura da acção ou nos 30 dias subsequentes à respectiva ocorrência, não produzindo efeito a citação que, apesar da notificação feita, tenha sido realizada no domicílio anterior em pessoa diversa do citando ou nos termos do n.° 5"; de acordo com o n.° 4, se a carta de citação for devolvida, "por o destinatário não ter procedido, no prazo legal, ao levantamento [dela] no estabelecimento postal ou por ter sido recusada a assinatura do aviso de recepção ou o recebimento da carta por pessoa diversa do citando, nos termos do n.° 2 do artigo 236.° do Código de Processo Civil, é repetida a citação, enviando-se nova carta registada com aviso de recepção ao citando [...]"; o n.° 5, por sua vez, enuncia o modo como deve proceder-se no caso previsto no n.° 4 que se deixou citado.

O artigo 2.°, n.° 2, do Decreto-Lei n.° 269/98, de 1 de Setembro, na redacção que lhe foi dada pelo já referido DL n.° 38/ /2003, dispõe que "a alteração do domicílio convencionado nos termos do número anterior ["nos contratos reduzidos a escrito que sejam susceptíveis de desencadear os procedimentos destinados a exigir o cumprimento de obrigações pecuniárias emergentes de contratos de valor não superior à alçada do tribunal da Relação, podem as partes convencionar o local onde se consideram domiciliadas, para efeito de realização de realização da citação ou da notificação, em caso de litígio"] está sujeita, com as necessárias adaptações, ao regime de oponibilidade do n.° 2 do artigo 237.°-A do Código de Processo Civil". O artigo 1.°-A do regime aprovado pelo diploma referido, cuja última redacção resulta do Decreto-Lei n.° 107/2005, de 1 de Julho (rectificado pela Declaração de rectificação n.° 63//2005, de 19 de Agosto), estabelece que, "nos caso de domicílio convencionado, nos termos do [mencionado] n.° 1 do artigo 2.° do diploma preambular, a citação efectua-se nos termos dos n.°s 3 a 5 do artigo 237.°-A do Código de Processo Civil, com o efeito disposto no n.° 2 do artigo 238.° do mesmo Código".

V. *Domicílio; Cumprimento; Acção de cumprimento; Obrigação pecuniária; Contrato; Documento escrito; Convenção; Litígio; Citação; Citação postal; Valor da causa; Alçada; Relação; Tribunal; Contrato de fornecimento; Inoponibilidade; Autor; Notificação; Propositura da acção.*

Domicílio electivo (Dir. Civil) – Lugar estipulado por escrito pelas partes como domicílio particular para determinado negócio, para evitar dificuldades na sua execução e atribuir, eventualmente, competência a um tribunal – artigo 84.°, C.C..

V. *Domicílio; Documento escrito; Negócio jurídico; Competência.*

Domicílio legal (Dir. Civil) – Diz-se que há domicílio legal ou necessário, quando a sua fixação não depende da vontade do sujeito, antes sendo imposto pela lei.

Os menores e interditos têm, em princípio, o domicílio do respectivo representante (artigo 85.°, C.C.); os empregados públicos, sem prejuízo do seu domicílio voluntário geral, têm domicílio necessário no lugar do exercício dos seus empregos (artigo 87.° C.C.); os agentes diplomáticos portugueses, quando invoquem a extraterritorialidade, consideram-se domiciliados em Lisboa (artigo 88.°, C.C.).

Antes da entrada em vigor (em 1 de Abril de 1978) do Decreto-Lei n.° 496/77, de 25 de Novembro, a mulher casada tinha como domicílio legal o do marido, por força do artigo 86.°, C.C., que, justamente, aquele diploma revogou.

O artigo 8.° do Estatuto dos Magistrados Judiciais (Lei n.° 21/85, de 30 de Julho, alterada pelo Decreto-Lei n.° 342/88, de 28 de Setembro, pelas Leis n.°s 2/90, de 20 de Janeiro, 10/94, de 5 de Maio, 44/96, de 3 de Setembro, 81/98, de 3 de Dezembro, 143/99, de 31 de Agosto, 3-B/2000, de 4 de Abril, e 42/2005, de 29 de Agosto) impõe aos magistrados que tenham domicílio "na sede do tribunal em que exercem funções", permitindo-lhes, todavia, que residam "em qualquer ponto da circunscrição judicial, desde que não haja inconveniente para o cabal exercício da função". "Os juízes do Supremo Tribunal de Justiça e das Relações estão dispensados da obrigação de domicílio, salvo determinação em contrário do Conselho Superior da Magistratura, por motivo de serviço".

Também "os Magistrados do Ministério Público têm domicílio necessário na sede do tribunal ou do serviço, podendo, todavia, residir em qualquer ponto da circunscrição, desde não haja inconveniente para o exercício da funções". "Quando as circunstâncias o justifiquem, e não haja prejuízo para o exercício das suas funções, os magistrados do Ministério Público podem ser autorizados a residir em local diferente do previsto no número anterior". V. artigo 85.° do Estatuto do Ministério Público (Lei n.° 47/86, de 15 de Outubro, alterada pelas Leis n.° 2/90, de 20 de Janeiro, 23/92, de 20 de Agosto, 10/94, de 5 de Maio, 60/98, de 27 de Agosto, e 42/2005, de 29 de Agosto).

Finalmente, o artigo 64.°, n.° 1, do Estatuto dos Funcionários de Justiça (Decreto-Lei n.° 343/99, de 26 de Agosto, alterado pelos Decretos-Leis n.°s 175/2000, de 9 de Agosto, 96/2002, de 12 de Abril, e 169//2003, de 1 de Agosto, e pela Lei n.° 42//2005, de 29 de Agosto) determina que os funcionários de justiça devem, em princípio, "residir na localidade onde se encontra instalado o tribunal em que exercem funções, podendo, todavia, fazê-lo em qualquer ponto da comarca sede do tribunal, desde que eficazmente servido por transporte público regular". O n.° 2 determina que "o director-geral dos Serviços Judiciários pode autorizar a residência em qualquer outra localidade, desde que fique assegurado o cumprimento dos actos de serviço".

V. decreto regulamentar regional n.° 6//89/M, de 16 de Fevereiro de 1989, do Governo Regional da Madeira, que estabelece que "os funcionários e agentes da administração pública regional, dos institutos públicos que revistam a natureza de serviços personalizados ou de fundos públicos e demais organismos sob a tutela do Governo Regional podem fixar a sua residência permanente em localidade diversa daquela onde exerçam funções, sem prejuízo do cumprimento dos deveres de assiduidade e pontualidade", exceptuando-se "aqueles que, por legislação especial, sejam obrigados a ter a sua residência permanente na localidade onde prestam serviço".

Quando, nos termos da Lei n.° 107/99, de 3 de Agosto – que estabelece o quadro geral da rede pública de casas de apoio às mulheres vítimas de violência doméstica –, e do Decreto-Lei n.° 323/2000, de 19 de Dezembro, que a regulamentou, a mulher se encontre acolhida em casa de abrigo, "considera-se domiciliada no centro de atendimento que processou a respectiva admissão".

V. *Domicílio; Interdição; Menor; Representação legal; Magistratura judicial; Circunscrição judicial; Supremo Tribunal de Justiça; Relação; Conselho Superior da Magistratura; Ministério Público; Funcionário de justiça; Comarca.*

Domicílio necessário (Dir. Civil) – V. *Domicílio; Domicílio legal.*

Domicílio profissional (Dir. Civil) – Quanto às relações referentes à profissão da pessoa, esta considerar-se-á domiciliada no lugar onde exerce a profissão; quando a actividade profissional da pessoa seja exercida em vários locais, "cada um deles constitui domicílio para as relações que lhe correspondem".

V. artigo 83.°, C.C..

Há casos em que a lei impõe a certos profissionais a adopção de domicílio profissional. Assim acontece, por exemplo, com os solicitadores, dizendo o artigo 109.°-*e)* do Estatuto da Câmara dos Solicitadores (Decreto-Lei n.° 88/2003, de 26 de Abril, alterado pelas Leis n.°s 49/2004, de 24 de Agosto, e 14/2006, de 26 de Abril) que é dever do solicitador "ter domicílio profissional e comunicar ao respectivo conselho regional a sua alteração, no prazo de 15 dias".

O artigo 86.°-*h)* do Estatuto da Ordem dos Advogados – Lei n.° 15/2005, de 26 de Janeiro – estabelece, como dever destes para com a respectiva Ordem "manter um domicílio profissional dotado de uma estrutura que assegure o cumprimento dos seus deveres deontológicos, nos termos de regulamento a aprovar pelo conselho geral"; o artigo 179.°, n.° 3, do mesmo Estatuto dispõe que "o domicílio profissional do advogado estagiário é o do seu patrono".

V. *Domicílio; Solicitador; Câmara dos Solicitadores; Advogado; Advogado estagiário; Patrono.*

Domicílio voluntário geral (Dir. Civil) – V. *Domicílio.*

Domínio (Dir. Civil) – Termo que a lei e a doutrina muitas vezes utilizam como sinónimo de *direito de propriedade* (v. esta expressão).

Domínio directo (Dir. Civil) – Era a designação do direito do senhorio na enfiteuse, instituto actualmente abolido na ordem jurídica portuguesa.

V. *Enfiteuse.*

Domínio privado do Estado (Dir. Civil) – Dado que o Estado, no exercício de actividades de gestão privada, se submete ao direito privado, o artigo 1304.°, C.C., dispõe que "o domínio das coisas pertencentes ao Estado ou a quaisquer outras pessoas colectivas públicas está igualmente sujeito às disposições deste Código em tudo o que não for especialmente regulado e não contrarie a natureza própria daquele domínio".

V. Decreto-Lei n.° 307/94, de 21 de Dezembro, que estabelece os princípios gerais da aquisição, gestão e alienação dos bens móveis do domínio privado do Estado, e a Portaria n.° 1152-A/94, de 27 de Dezembro, que os regulamenta.

O Decreto-Lei n.° 32/99, de 5 de Fevereiro, alterado pela Lei n.° 131/99, de 28 de Agosto (rectificada pela Declaração de rectificação n.° 15/99, de 15 de Setembro). Define o regime de "alienação dos imóveis excedentários ou desadequados pertencentes ao domínio privado do Estado afectos ao Ministério da Defesa Nacional, bem como o regime da afectação ou reafectação dos mesmos a um órgão ou serviço do Estado".

V. *Direito privado; Coisa; Alienação; Móvel; Imóvel.*

Domínio público – O domínio público é o poder que o Estado e outras pessoas colectivas de direito público têm sobre certas categorias de bens, submetidas ao direito público.

Domínio público é expressão também vulgarmente usada para significar o conjunto de bens sobre os quais existe tal poder.

As coisas que se encontram no domínio público são coisas fora do comércio (v. artigo 202.°, n.° 2, C.C.).

V. o Decreto-Lei n.° 276/2003, de 4 de Novembro, que estabelece o regime jurídico dos bens do domínio público ferroviário.

V. *Bem; Coisa fora do comércio.*

Domínio útil (Dir. Civil) – Era a designação do direito do enfiteuta.

V. *Enfiteuse.*

"Dominus negotii" (Dir. Civil) – O mesmo que *dono do negócio* (v. esta expressão).

Donatário (Dir. Civil) – Aquele que aceita uma doação (artigo 940.°, C.C.).

Em princípio, todas as pessoas podem aceitar doações, a não ser que estejam inibidas por lei de o fazer, sendo a capacidade do donatário fixada no momento da aceitação.

A doação feita a incapaz tem de ser aceite pelo seu representante legal se estiver onerada com encargos, não tendo sequer de ser aceite para produzir todos os seus efeitos em tudo o que aproveite ao donatário, se for pura (é discutível se, neste último caso, a doação não deve ser qualificada como negócio jurídico unilateral).

As doações feitas a nascituros ou concepturos, que sejam filhos de pessoa determinada e viva ao tempo da doação, são válidas, estabelecendo a lei uma presunção de que o doador reserva para si o usufruto dos bens até ao nascimento do donatário.

V. artigos 950.° e segs. e 2192.° a 2198.°, todos do C.C..

V. *Doação; Capacidade; Aceitação; Incapaz; Representação legal; Encargos; Doação pura; Negócio jurídico unilateral; Nascituro; Concepturo; Presunção legal; Usufruto.*

Donativos (Dir. Civil) – Presentes dados por ocasião de acontecimentos geralmente festejados da vida das pessoas (casamento, aniversário e semelhantes) que não se configuram como excessivos em relação à situação económica do autor da liberalidade.

Assim caracterizados, os donativos conformes aos usos sociais não são considerados doações (artigo 940.°, n.° 2, C.C.), não se encontrando submetidos ao respectivo regime.

Quanto aos "donativos em dinheiro ou em espécie, concedidos sem contrapartidas [...] às entidades públicas ou privadas n[o Estatuto do Mecenato] previstas, cuja actividade consista predominantemente na realização de iniciativas nas áreas social, cultural, ambiental, científica ou tecnológica, desportiva e educacional", v. o Decreto-Lei n.° 74/99, de 16 de Março, alterado pelas Leis n.°s 160/99, de 14 de Setembro, 176-A/99, de 30 de Dezembro, 3-B/2000, de 4 de Abril, 30-C/2000 e 30-G/ /2000, ambas de 29 de Dezembro, e 109-B/2001, de 27 de Dezembro (Estatuto do Mecenato).

V. *Doação; Liberalidade.*

Dono da obra (Dir. Civil) – No contrato de empreitada, é o contraente que fica com direito a que a obra seja realizada, tendo, em contrapartida, a obrigação de pagar o preço. A designação justifica-se porquanto ele é ou torna-se proprietário da obra, tanto nos casos em que esta é uma coisa nova como naqueles em que ela consubstancia um simples melhoramento de coisa já existente. Dispõe o artigo 1212.°, n.° 1, C.C., que, "no caso de empreitada de construção de coisa móvel com materiais fornecidos, no todo ou sua maior parte, pelo empreiteiro, a aceitação da obra importa a transferência da propriedade para o dono da obra; se os materiais foram fornecidos por este, continuam a se propriedade dele, assim como é propriedade sua a coisa logo que seja concluída"; o n.° 2 dispõe que, no caso de empreitada de construção de imóveis, sendo o solo ou a superfície pertença do dono da obra, a coisa é propriedade deste, ainda que seja o empreiteiro quem fornece os materiais; estes consideram-se adquiridos pelo dono da obra à medida que vão sendo incorporados no solo". O risco de a coisa perecer ou se deteriorar corre por conta do proprietário", correndo por conta do dono da obra se este estiver em mora quanto à aceitação da coisa –artigo 1228.°, C.C..

"O dono da obra pode exigir que sejam feitas, alterações ao plano convencionado, desde que o seu valor não exceda a quinta parte do preço estipulado e não haja modificação da natureza da obra", salvo se se tratar de alterações posteriores à entrega da obra ou a obras "que tenham autonomia em relação às previstas no contrato"; "o dono da obra tem o direito de recusar as alterações e as obras referidas no número anterior, se as não tiver autorizado; pode, além disso, exigir a sua eliminação, se esta for possível, e, em qualquer caso, uma indemnização pelo prejuízo, nos termos gerais" (artigos 1216.°, n.° 1, e 1217.°, C.C.). "O dono da obra pode fiscalizar, à sua custa, a execução dela, desde que não perturbe o andamento ordinário da empreitada", não o impedindo esta fiscalização, "findo o contrato, de fazer valer os seus direitos contra o empreiteiro, embora sejam aparentes os vícios da coisa ou notória a má execução do contrato, excepto se tiver havido da sua parte concordância expressa com a obra executada" (artigo 1209.°, C.C.). O artigo 1218.° impõe ao dono da obra o que chama dever (mas que, na verdade, é um ónus) de "verificar, antes de a aceitar, se ela se encontra nas condições convencionadas e sem vícios", ocupando-se do prazo e termos em que tal fiscalização será feita. "O dono da obra pode desistir da empreitada a todo o tempo, ainda que tenha sido iniciada a sua execução, contanto que indemnize o empreiteiro dos seus gastos e trabalho e do proveito que poderia tirar da obra" (artigo 1229.°, C.C.). Dispõe o artigo 1230.°, n.° 1, C.C., que a empreitada não se extingue por morte do dono da obra.

O Decreto-Lei n.° 12/2004, de 9 de Janeiro, estabelece o regime do exercício da actividade de construção, caracterizando o artigo 2.° do diploma esta como a "que tem por objecto a realização de obra, englobando todo o conjunto de actos que sejam necessários à sua concretização". O capítulo V – artigos 29.° e segs. – deste DL contém aspectos do regime do "contrato de empreitada de obra particular" que prevalecem sobre o do Código Civil (v. Portaria n.° 1300/2005, de 20 de Dezembro, que fixa a correspondência entre as classes de habilitações contidas nos alvarás de construção civil e o valor dos trabalhos que os seus titulares ficam habilitados a realizar).

Os artigos 31.° e 32.° contêm regras aplicáveis aos donos das obras, estabelecendo o n.° 3 da primeira daquelas disposições que "os donos de obras públicas, os donos de obras particulares nos casos de isenção ou dispensa de licença ou autorização administrativa [...] devem assegurar que as obras sejam executadas por detentores de alvará ou título de registo contendo as habilitações correspondentes à natureza e valor dos trabalhos a realizar [...]", devendo também, por força do artigo 32.°, "comunicar ao IMOPPI [Instituto dos Mercados de Obras Públicas e Particulares e do Imobiliário] o conhecimento de qualquer ocorrência ou conduta que ponha em causa a boa execução da obra por motivo imputável à empresa ou a qualquer das suas subcontratadas" e devendo finalmente comunicar àquela entidade, "no prazo de vinte e quatro horas, os acidentes de que resulte morte ou lesão grave de trabalhadores ou de terceiros ou que, independentemente da produção de tais danos, assumam particular gravidade", comunicação sendo também imposta em caso de incumprimento de qualquer obrigação sancionável nos termos deste diploma.

V. *Empreitada; Contrato; Obras; Móvel; Imóvel; Risco da prestação; Aceitação da obra; Responsabilidade contratual; Dever jurídico; Ónus; Forma; Subempreitada; Empreiteiro; Morte; Terceiro; Incumprimento; Obrigação.*

Dono do negócio (Dir. Civil) – Pessoa no interesse e por conta de quem age o gestor de negócios: é o titular do assunto cuja gestão é assumida pelo gestor.

Tendo a gestão "sido exercida em conformidade com o interesse e a vontade, real ou presumível, do dono do negócio, é este obrigado a reembolsar o gestor das despesas que ele fundadamente tenha considerado indispensáveis, com juros legais a contar do momento em que foram feitas, e a indemnizá-lo do prejuízo que haja sofrido". Se a gestão houver correspondido à actividade profissional do gestor, tem ainda o dono do negócio obrigação de o remunerar.

"A aprovação da gestão implica a renúncia ao direito de indemnização pelos danos devidos a culpa do gestor e vale como reconhecimento dos direitos que a este são conferidos no n.° 1 do artigo anterior" – artigo 269.°, C.C..

Não tendo a gestão sido regular, isto é, exercida em conformidade com o interesse e a vontade, real ou presumível, do dono do negócio, responde este perante o gestor, em princípio, apenas nos termos do enriquecimento sem causa (artigo 468.°, n.° 2, C.C.), podendo, nesta última hipótese, haver responsabilidade obrigacional do gestor perante o *dominus*, se estiverem reunidos os respectivos requisitos.

V. artigos 464.° e segs., C.C..

V. *Gestão de negócios; Obrigação; Juros legais; Renúncia; Enriquecimento sem causa; Responsabilidade obrigacional.*

Dotação (Dir. Civil) – Constituição do dote.

V. *Dote.*

Dote (Dir. Civil) – Designação dada ao conjunto de bens levados pela mulher para o casal ou doados a esta pelo marido ou por terceiro, caracterizados pela sua inalienabilidade e imprescritibilidade durante a vigência do casamento, quando este tivesse sido celebrado em regime dotal.

O regime dotal foi suprimido pelo Decreto-Lei n.° 496/77, de 25 de Novembro, que alterou a redacção do C.C., tendo sido revogadas todas as disposições a ele respeitantes (os artigos 1738.° e segs.).

V. *Regime dotal; Casamento; Inalienabilidade; Imprescritibilidade.*

Doutrina – Designa-se assim o conjunto dos escritos publicados acerca de problema jurídicos, designadamente comentários ou anotações a leis, lições universitárias, monografias, tratados, artigos de revista, pareceres e outros, à excepção das decisões dos tribunais.

Quando se coloca o problema de saber se a doutrina é fonte de direito na actualidade só pode estar em causa saber se ela é uma fonte mediata e, mesmo quanto a esta questão, para já não referir o carácter controverso das chamadas fontes mediatas, a resposta não pode ser liminarmente positiva, embora haja casos em que as posições defendidas por certos autores em relação a dadas matérias venham a inspirar as soluções legais. O frequente acolhimento pelos tribunais das interpretações e posições sustentadas por jurisconsultos em textos publicados é, essencialmente, indiferente para a solução do problema que aqui se considera: à uma, porque, na esmagadora maioria dos casos, se trata de entendimentos interpretativos de normas jurídicas e, à outra, porque tal adesão não releva da convicção de que tais posições constituem normas jurídicas, com as suas características próprias.

Tempos houve, no entanto, em que a doutrina definia o direito aplicável: assim aconteceu em certos períodos do direito romano, em que à doutrina de alguns jurisconsultos foi atribuída *auctoritas*, isto é, aos seus pareceres foi conferida força vinculante, para além dos casos concretos que tinham constituído seu motivo ou pretexto. Também na época medieval tal aconteceu, encontrando-se vestígio disso nas nossas Ordenações, que reconheciam às opiniões dos doutrinadores força vinculativa, pelo menos na ausência de preceito legal aplicável; neste último caso, não se tratava, em rigor, de a doutrina ser autónoma fonte de direito, pois a força normativa provinha-lhe das Ordenações, isto é, da lei que para ela remetia: a lei como que apropriava o conteúdo normativo das posições doutrinárias que passavam a constituir o seu objecto.

V. *Fontes de direito; Norma jurídica.*

Doutrina do conteúdo da destinação (Dir. Civil) – A doutrina do conteúdo da destinação ou afectação, de origem alemã, traduz-se na ideia de que os direitos reais têm, de par com um conteúdo de exclusão – em razão do qual todos, que não o respectivo titular, se encontram proibidos de interferir no seu exercício ou de fazer qualquer uso ou apropriação dos bens que são seu objecto –, uma componente positiva, de afectação ao titular das vantagens inerentes aos actos ou actividades correspondentes ao seu exercício. Isto é, ao titular de um direito real (ou direito absoluto afim), além de caber a faculdade de exigir de todos os terceiros que se abstenham de actos que possam perturbar o exercício do seu direito, competem todos os benefícios decorrentes do uso, consumo, fruição e alienação dos bens sobre os quais o direito incide. Esta dupla vertente – externa e interna – do direito real corresponde à concepção dominante deste. Dela resulta o entendimento de que é obtida à custa do titular de um bem uma vantagem patrimonial que tenha sido conseguida por outrem, sem título jurídico, mesmo nos casos em que o titular não estivesse na disposição de realizar o acto ou actividade de que resultou a vantagem.

No domínio do enriquecimento sem causa, a teoria do conteúdo da destinação ou afectação veio permitir defender que a obrigação de restituição existe, mesmo quando o empobrecido não tenha sofrido qualquer empobrecimento patrimonial ou concreto. É que, mesmo nestes casos, o enriquecimento deverá ser considerado obtido à custa de outrem e dar, consequentemente, origem à obrigação de restituir, cujo objecto será então fixado pela teoria do duplo limite, sendo o segundo limite o do empobrecimento real ou abstracto e não o do empobrecimento patrimonial ou concreto, inexistente ou inferior ao real ou abstracto.

V. *Direito real; Enriquecimento sem causa; Obrigação de restituir; Teoria do duplo limite; Empobrecimento patrimonial; Empobrecimento real.*

Doutrina do limite do sacrifício (Dir. Civil) – Posição doutrinária de origem alemã, segundo a qual a exigibilidade do cumprimento ao devedor cessa quando a execução pontual da prestação comporte um sacrifício excessivamente gravoso, considerado excedente dos limites da boa fé. Quando tal se verifique, deve a situação de excessiva dificuldade ou impossibilidade económica ser considerada liberatória (total ou parcialmente) do devedor, nos termos em que a impossibilidade objectiva o é.

A doutrina portuguesa tende, maioritariamente, a rejeitar esta ideia.

V. *"Difficultas praestandi"; Cumprimento; Pontualidade do cumprimento; Devedor; Boa fé; Impossibilidade de cumprimento.*

Dualidade de casamentos (Dir. Civil) – A lei permite que duas pessoas casadas civilmente possam contrair casamento católico – que "é averbado à margem do assento, independentemente do processo preliminar de publicações" –, não autorizando "o casamento civil de duas pessoas unidas por matrimónio católico anterior" (artigo 1589.°, C.C.).

V. *Casamento; Casamento católico; Averbamento; Assento; Processo preliminar de publicações; Casamento civil.*

Duplicados (Proc. Civil) – O artigo 152.°, C.P.C. (na redacção dos Decretos-Leis n.°s 329-A/95, de 12 de Dezembro, 180/96, de 25 de Setembro, 183/2000, de 10 de Agosto, e 324/2003, de 27 de Dezembro – este último rectificado pela Declaração de rectificação n.° 26/2004, de 24 de Fevereiro), impõe que os articulados sejam apresentados em duplicado, determinando que os requerimentos, alegações e documentos apresentados por qualquer das partes sejam acompanhados de cópias; os duplicados e cópias serão tantos quantas as pessoas a quem os documentos são opostos, que vivam em economia separada, a menos que o respectivo mandatário seja um único.

Não sendo feita a entrega dos duplicados exigidos, a parte "é notificada oficiosamente pela secretaria para os apresentar no prazo de dois dias, pagando de multa a quantia fixada na primeira parte do n.° 5 do artigo 145.°". Em casos especialmente justificados, o juiz pode dispensar a apresentação das cópias ou marcar prazo suplementar para essa apresentação.

Os duplicados destinam-se um a ser entregue à parte contrária e outro a ser arquivado no tribunal, a fim de servir de base à reforma do processo, em caso de descaminho deste.

O regime descrito anteriormente não prejudica o dever de as partes representadas por mandatário facultarem ao tribunal, se o juiz o solicitar, "um ficheiro informático contendo as peças processuais escritas apresentadas em suporte de papel".

No caso de a peça processual ser apresentada através de correio electrónico ou de outro meio de transmissão electrónica de dados, a parte fica dispensada de oferecer duplicados ou cópias, não se aplicando esta dispensa no que respeita aos documentos, cujas cópias devem ser sempre oferecidas pela parte que os apresenta.

Estão sujeitos à exigência de duplicados: a petição inicial, a contestação e os demais articulados nas acções declarativas, executivas e embargos; os requerimentos de intervenção principal (artigos 321.° a 324.°, C.P.C., todos alterados pelo DL n.° 329-A/95), de chamamento à autoria (artigos 325.°, 326.°, n.° 1, a 328°, C.P.C., todos com a redacção dada pelo DL n.° 329-A/95), de chamamento à demanda (artigo 331.°, C.P.C., também na redacção do DL n.° 329-A/95), de oposição (artigos 342.° a 346.°, C.P.C., com a redacção do mesmo DL n.° 329-A/95), de liquidação de pedido genérico e de oposição a ele (artigos 379.° e 380.°, n.° 1, C.P.C.); os requerimentos para notificação avulsa (artigo 261.°, n.° 4, C.P.C., ainda na redacção do DL n.° 329-A/95), e a impugnação da genuinidade de documentos (artigo 544.°, C.P.C.), entre outros.

No regime do Decreto-Lei n.° 269/98, de 1 de Setembro (rectificado pela Declaração de rectificação n.° 16-A/98, de 30 de Setembro), alterado pelos Decretos-Leis n.°s 383/99, de 23 de Setembro, 183/2000, de 10 de Agosto, 323/2001, de 17 de Dezembro, 32/2003, de 17 de Fevereiro, 38/2003, de 8 de Março (rectificado pela Declaração de rectificação n.° 5-C/2003, de 30 de Abril), e 107/2005, de 1 de Julho (rectificado pela Declaração de rectificação n.° 63/2005, de 19 de Agosto), e pela Lei n.° 14/2006, de 26 de Abril, que se ocupa "dos procedimentos destinados a exigir o cumprimento de obrigações pecuniárias emergentes de contratos de valor não superior à alçada da Relação [era a do tribunal de 1.ª instância, na versão anterior]" ou das obrigações emergentes de operações comerciais abrangidas pelo Decreto-Lei n.° 32/2003, de 17 de Fevereiro, e de acordo com o artigo 9.°, n.° 1, "o requerimento de injunção é apresentado, num único exemplar, na secretaria judicial". Porém, a petição e a contestação devem ser acompanhadas de duplicados; o da contestação "será remetido ao autor simultaneamente com a notificação da data da audiência de discussão e julgamento" (artigo 1.°, n.° 4). A Portaria n.° 808/2005, de 9 de Setembro, aprovou o modelo de requerimento de injunção.

V. *Articulados; Requerimento; Alegações; Documento; Parte; Cópia; Mandatário judicial; Notificação; Secretaria judicial; Multa; Reforma de autos; Petição inicial; Contestação; Acção declarativa; Execução; Embargos; Incidente; Nomeação à acção; Chamamento à autoria; Chamamento à demanda; Oposição; Intervenção principal; Incidente de falsidade; Liquidação; Pedido genérico; Notificação judicial avulsa; Injunção; Cumprimento; Obrigação pecuniária; Alçada; Relação; Tribunal de 1.ª instância; Audiência de discussão e julgamento.*

Duplo grau de jurisdição (Proc. Civil) – Existe duplo grau de jurisdição sempre que as decisões dos tribunais de 1.ª instância sejam susceptíveis de recurso, isto é, sejam apreciáveis, do ponto de vista da matéria de facto como do da de direito, por um tribunal superior.

V. *Tribunal de 1.ª instância; Recurso; Matéria de facto; Matéria de direito.*

Duplo limite (Dir. Civil) – V. *Teoria do duplo limite.*

Duração da proposta contratual (Dir. Civil) – V. *Proposta de contrato; Aceitação; Revogação da proposta contratual.*

E

Economia comum (Dir. Civil) – A Lei n.° 6/2001, de 11 de Maio, prevê medidas de protecção das pessoas que vivam em economia comum há mais de dois anos.

Nos termos do artigo 2.° deste diploma, "entende-se por economia comum a situação de pessoas que vivam em comunhão de mesa e habitação há mais de dois anos e tenham estabelecido uma vivência em comum de entreajuda ou partilha de recursos". A aplicação desta Lei está afastada, nos termos do seu artigo 3.°, nas situações de:

"*a)* [...] existência entre as pessoas de vínculo contratual, designadamente sublocação e hospedagem, que implique a mesma residência ou habitação comum;

b) [...] obrigação de convivência por prestação de actividade laboral para com uma das pessoas com quem viva em economia comum;

c) [...] situações em que a economia comum esteja relacionada com a prossecução de finalidades transitórias;

d) Encontrar-se alguma das pessoas submetida a situação de coacção física ou psicológica ou atentatória da autodeterminação individual".

O artigo 4.° determina quais os direitos atribuídos às pessoas que vivam em economia comum:

a) "Benefício do regime jurídico de férias, faltas e licenças e preferência na colocação dos funcionários da Administração Pública equiparado ao dos cônjuges, nos termos da lei";

b) "Benefício do regime jurídico das férias, feriados e faltas, aplicável por efeito de contrato individual de trabalho, equiparado ao dos cônjuges, nos termos da lei";

c) "Aplicação do regime do imposto de rendimento das pessoas singulares nas mesmas condições dos sujeitos passivos casados e não separados judicialmente de pessoas e bens, nos termos do disposto no artigo 7.° [aplica-se o artigo 14.° do Código do IRS, correspondente ao anterior artigo 14.°-A]";

d) "Protecção da casa de morada comum, nos termos da presente lei"; em caso de morte do proprietário da casa de morada comum, as pessoas que viviam em economia comum com este têm "direito real de habitação sobre a mesma, pelo prazo de cinco anos, e, no mesmo prazo, direito de preferência na sua venda" (v. artigo 5.°, cujos n.°s 2 e 3 afastam este regime em casos expressamente previstos);

e) "Transmissão do arrendamento por morte". O artigo 6.° deste diploma aditou ao artigo 85.°, n.° 1, do Regime do Arrendamento Urbano uma nova alínea, a *f)*, que estabelece que "o arrendamento para habitação não caduca por morte do primitivo arrendatário ou daquele a quem tiver sido cedida a sua posição contratual, se lhe sobreviver[em] [...] pessoas que com ele vivessem em economia comum há mais de dois anos".

"Não constitui facto impeditivo da aplicação [desta] lei a coabitação em união de facto" (artigo 1.°, n.° 3).

Porém, de acordo com o artigo 4.°, n.° 2, "quando a economia comum integrar mais de duas pessoas, os direitos consagrados nas alíneas *a)* e *b)* do número anterior apenas podem ser exercidos, em cada ocorrência, por uma delas".

Antes e diversamente da previsão e tutela desta situação de vida em economia comum, encontram-se referências na ordem jurídica portuguesa a "economia comum" em diplomas, como, por exemplo, no Regime do Arrendamento Urbano (aprovado pelo Decreto-Lei n.° 321-B/90, de 15 de Outubro, rectificado por declaração publicada no *Diário da República*, I-A série, de 30 de Novembro de 1990, alterado pelo Decreto-Lei n.° 278/93, de 10 de Agosto – este alterado, por ratificação, pela Lei n.° 13/94, de 11 de Maio –, pelo Decreto-Lei n.° 163/95, de 13 de Julho, pela Lei n.° 89/95, de 1 de Setembro, pelo Decreto-Lei n.° 257/95, de 30 de Setembro, pela Lei n.° 135/99, de 28 de Agosto, pelos Decretos-Leis n.°s 64-A/2000, de 22 de Abril, e 329-B/2000, de 22 de Dezembro, e pelas Leis n.°s 6/2001 e 7/2001, ambas de 11 de Maio), cujo artigo 76.°, respeitante ao arrendamento para habitação, define quais as pessoas que podem residir no prédio, não obstante convenção em contrário, dizendo que se consideram "sempre como vivendo com o arrendatário em economia comum os seus parentes ou afins na linha recta ou até ao 3.° grau da linha colateral [...]" "[...] e bem assim as pessoas relativamente às quais, por força da lei ou de negócio jurídico que não respeite directamente à habitação, haja obrigação de convivência ou de alimentos".

V. *Sublocação; Hospedagem; Residência; Coacção; Pessoa singular; Separação judicial de pessoas e bens; Casa de morada da família; Habitação (Direito de); Direito de preferência; Compra e venda; Caducidade do arrendamento; Transmissão do arrendamento; Cessão da posição contratual; União de facto; Arrendamento urbano; Arrendamento para habitação; Convenção; Norma imperativa; Parente; Afim; Linha; Grau de parentesco; Alimentos.*

Economia processual (Dir. Civil) – Princípio segundo o qual, na tramitação dos processos, devem ser evitadas dilações de qualquer ordem.

Nos termos do artigo 137.°, C.P.C., não é lícito praticar actos inúteis no processo e, segundo o artigo 138.° (com a redacção dos Decretos-Leis n.°s 329-A/95, de 12 de Dezembro, 180/96, de 25 de Setembro, e 199/2003, de 10 de Setembro), a forma dos actos processuais deve ser a mais simples e a mais adequada ao objectivo que pretendam atingir.

V. *Acto inútil; Actos processuais; Forma dos actos processuais.*

Edição (Dir. Civil) – V. *Contrato de edição.*

Edifício (Dir. Civil) – Não existe na nossa lei civil uma noção de edifício, havendo, porém, várias disposições legais que se referem a esta realidade. Em termos gerais, edifício é uma construção constituída por paredes delimitadoras do espaço e provida de uma cobertura, podendo o mesmo edifício comportar várias construções, quando umas se encontram instrumentalizadas ou afectadas a uma delas, que se considera principal.

O artigo 204.°, n.° 2, C.C., diz que se entende por prédio urbano "qualquer edifício incorporado no solo, com os terrenos que lhe sirvam de logradouro". O artigo 410.°, n.° 3, C.C., na redacção do Decreto-Lei n.° 379/86, de 11 de Novembro, determina que o contrato-promessa relativo à celebração de contrato oneroso de transmissão ou constituição de direito real sobre edifício ou sua fracção autónoma deve constar de documento que contenha as assinaturas dos promitentes reconhecidas presencialmente e a certificação, pelo notário, da respectiva licença de construção ou utilização; estes contratos-promessa de contratos com eficácia real relativos a edifícios ou suas fracções autónomas são, nos termos do n.° 3 do artigo 830.°, C.C. (na redacção do mesmo diploma), sempre susceptíveis de execução específica.

Por seu lado, o Decreto-Lei n.° 275/93, de 5 de Agosto, alterado pelos Decretos-Leis n.°s 180/99, de 22 de Maio, 22/2002, de 31 de Janeiro, e 76-A/2006, de 29 de Março, que se ocupa do regime do direito real de habitação periódica, dispõe que "o proprietário das unidades de alojamento sujeitas ao regime de direitos reais de habitação periódica não pode constituir outros direitos reais sobre as mesmas", o que não impede que a constituição deste direito "seja precedida da sujeição do edifício ou conjunto imobiliário ao regime da propriedade horizontal" (artigo 2.°).

V. o Regulamento Geral das Edificações Urbanas, aprovado pelo Decreto-Lei n.° 38 382, de 7 de Agosto de 1951, na redacção dos Decretos-Leis n.°s 44 258, de 31 de Março de 1962, 43/82, de 8 de Fevereiro, 463/85, de 4 de Novembro, 64/90, de 21 de Fevereiro, e 61/93, de 3 de Março, e substituído pelo Decreto-Lei n.° 555/99, de 16 de Dezembro (rectificado pela Declaração de rectificação n.° 5-B/2000, de 29 de Fevereiro), que define o regime jurídico da urbanização e da edificação; este regime foi novamente alterado pelo Decreto-Lei n.° 177/2001, de 4 de Junho – rectificado pela Declaração de rectificação n.° 13-T/ /2001, de 30 de Junho –, pelas Leis n.°s 15/2002, de 22 de Fevereiro, e 4-A/2003, de 19 de Fevereiro, e pelo Decreto-Lei n.° 65/2003, de 3 de Abril.

V. também o Regulamento de Segurança contra Incêndio em Edifícios de Habitação, aprovado pelo Decreto-Lei n.° 64/ /90, de 21 de Fevereiro, alterado pelos Decretos-Leis n.°s 250/94, de 15 de Outubro, e 66/95, de 8 de Abril, e tornado extensivo à Região Autónoma da Madeira e à Região Autónoma dos Açores, respectivamente, pelos Decretos Legislativos Regionais n.°s 24/92/M, de 15 de Setembro, e 8/94/A, de 26 de Março.

A Resolução da Assembleia da República n.° 24/2003, de 2 de Abril, recomendou ao Governo que inventariasse, no prazo máximo de um ano, todos os edifícios públicos que contenham amianto, procedendo à sua remoção e proibindo de futuro a respectiva utilização.

O Decreto-Lei n.° 78/2006, de 4 de Abril, transpõe parcialmente a Directiva n.° 2002/91/CE, do Parlamento Europeu e do Conselho, de 16 de Dezembro, criando o Sistema Nacional de Certificação Energética e da Qualidade do Ar Interior dos Edifícios, cujos objectivos são, essencialmente, o de "assegurar a aplicação regulamentar [...] à utilização de sistemas de energias renováveis e, ainda, às condições de garantia da qualidade do ar interior, de acordo com as exigências e disposições contidas no Regulamento das Características de Comportamento Térmico dos Edifícios (RCCTE) e no Regulamento dos Sistemas Energéticos e de Climatização em Edifícios (RSECE)", "certificar o desempenho energético e a qualidade do ar interior nos edifícios" e "identificar as medidas correctivas ou de melhoria de desempenho aplicáveis aos edifícios e respectivos sistemas energéticos, nomeadamente caldeiras e equipamentos de ar condicionado [...]". Este Sistema de Certificação é aplicável: *a)* aos "novos edifícios, bem como [a]os existentes sujeitos a grandes intervenções de reabilitação [...], independentemente de estarem ou não sujeitos a licenciamento ou a autorização, e da entidade competente para o licenciamento ou autorização, se for o caso"; *b)* aos "edifícios de serviços existentes, sujeitos, periodicamente a auditorias, conforme especificado no RSECE"; *c)* aos "edifícios existentes, para habitação e para serviços, aquando da celebração de contratos de venda ou de locação, incluindo o arrendamento [?], casos em que o proprietário deve apresentar ao potencial comprador, locatário ou arrendatário o certificado emitido no âmbito do SCE". Este certificado deve ser obtido, ficando os promotores ou proprietários "responsáveis, perante o SCE, pelo cumprimento de todas as obrigações [...] decorrentes das exigências o do presente decreto-lei, do RCCTE e do RSECE", ficando ainda "obrigados a requerer a inspecção dos sistemas de aquecimento com caldeiras e equipamentos de ar condicionado [...]", bem como "a participar, no prazo de cinco dias, qualquer reclamação que lhes seja apresentada a propósito da violação do disposto [...] [no RSECE]", sendo "responsáveis pela afixação de cópia de um certificado energético e da qualidade do ar interior, válido, em local acessível e bem visível junto à entrada" (artigos 1.° e 9.°) do DL n.° 78/2006. O artigo 13.° deste diploma estabelece que "a ADENE pode ordenar a fiscalização, por iniciativa própria, nomeadamente nas seguintes circunstâncias: *a)* Sempre que haja indícios de que um edifício representa perigo, quer para os seus utilizadores ou para terceiros, quer para os prédios vizinhos ou serventias públicas; *b)* Quando, na sequencia de reclamações ou de participações, se afigurar possível que tenha ocorrido ou possa vir a ocorrer uma situação susceptível de colocar em risco a saúde dos utentes", acrescentando que "as actividades de fiscalização podem ser contratadas pela ADENE a organismos públicos ou privados". O artigo 18.° dispõe que, "quando, em edifício existente que ainda não possua plano de manutenção ou sistema centralizado aprovado, se verifique uma situação de perigo iminente ou de perigo grave para o ambiente ou para a saúde pública, a ADENE deve comunicar esse facto à Inspecção-Geral do Ambiente e do Ordenamento do Território e ao delegado concelhio de saúde, que podem determinar as providências que em cada caso se justifiquem para prevenir ou eliminar tal situação", o mesmo regime sendo aplicável "aos edifícios novos, caso em que a imposição de medidas cautelares cabe à entidade licenciadora, à Inspecção-Geral do Ambiente e do Ordenamento do Território e ao delegado concelhio de saúde, no âmbito das respectivas competências"; "as medidas referidas [...] podem consistir na suspensão do funcionamento do edifício, no encerramento provisório do edifício ou de parte dele ou, ainda, na apreensão de equipamento, no todo ou em parte, mediante selagem, por determinado período de tempo", podendo dar a "obstrução à execução das providências [...] lugar à interrupção de energia eléctrica, através de notificação aos respectivos distribuidores, a concretizar pela entidade competente, nos termos da legislação aplicável"; "o levantamento das medidas cautelares é determinado após vistoria ao edifício da qual resulte terem cessado as circunstâncias que lhe deram origem".

O Regulamento dos Sistemas Energéticos e de Climatização em Edifícios (RSECE) foi aprovado pelo Decreto-Lei n.° 79/2006, também de 4 de Abril, tendo o Decreto-Lei n.° 80/2006, da mesma data aprovado o Regulamento das Características de Comportamento Térmico dos Edifícios (RCCTE).

No domínio da protecção do consumidor, o Decreto-Lei n.° 68/2004, de 25 de Março, "estabelece um conjunto de mecanismos que visam reforçar os direitos dos consumidores à informação e à protecção dos seus interesses económicos no âmbito da aquisição de prédio urbano para habitação, bem como promover a transparência do mercado" (artigo 1.°). Nos termos do artigo 4.°, n.°1, deste diploma, "o promotor imobiliário está obrigado a elaborar um documento descritivo das características técnicas e funcionais do prédio urbano para fim habitacional, documento que toma a designação «Ficha técnica da habitação»", sendo que as características técnicas e funcionais descritas nesta ficha se reportam "ao momento de conclusão das obras de construção, reconstrução, ampliação ou alteração do prédio urbano de acordo com o conteúdo das telas finais devidamente aprovadas" (n.° 2). O modelo da ficha técnica da habitação foi aprovado pela Portaria n.° 817/2004, de 16 de Julho.

A compra e venda de coisas imóveis deve constar de escritura pública; porém, o Decreto-Lei n.° 255/93, de 15 de Julho, veio permitir a celebração "por documento particular, com reconhecimento de assinaturas, segundo o modelo a aprovar por portaria conjunta dos Ministros das Finanças, da Justiça e das Obras Públicas, Transportes e Comunicações", da "compra e venda com mútuo, com ou sem hipoteca, referente a prédio urbano destinado a habitação, ou fracção autónoma para o mesmo fim, desde que o mutuante seja uma instituição de crédito autorizada a conceder crédito à habitação"; estes documentos particulares têm, nos termos do artigo 2.°, n.° 4, do mesmo diploma, a natureza de título executivo.

As actividades de mediação imobiliária e de angariação imobiliária são reguladas pelo Decreto-Lei n.° 211/2004, de 20 de Agosto.

V. *Contrato-promessa; Contrato oneroso; Direito real; Fracção autónoma; Documento; Reconhecimento de letra e assinatura; Notário; Execução específica de contrato-promessa; Direito de habitação periódica; Propriedade horizontal; Obrigação; Consumidor; Tutela do consumidor; Obrigação de informação; Compra e venda Locação; Escritura pública; Arrendamento; Título executivo; Contrato de mediação.*

Edifício incorporado (Dir. Civil) – O edifício encontra-se incorporado no solo quando está ligado a ele com carácter de permanência, através de alicerces, colunas, estacas ou por qualquer outra forma.

O edifício incorporado no solo com os terrenos que lhe sirvam de logradouro constituem um prédio urbano, segundo o n.° 2 do artigo 204.°, C.C..

V. *Edifício; Prédio urbano.*

Edital (Proc. Civil) – Anúncio afixado em lugares públicos ou publicado na imprensa por ordem de uma autoridade, a fim de levar ao conhecimento público certo facto.

Quando não se conhece o paradeiro do demandado judicialmente ou é incerta a pessoa a citar, a respectiva citação é feita editalmente.

V. *Anúncio público; Demandado; Citação edital.*

Educação dos filhos (Dir. Civil) – É um dos deveres dos pais, integrado no poder paternal, o de, "de acordo com as suas possibilidades, promover o desenvolvimento físico, intelectual e moral dos filhos", devendo proporcionar-lhes, "em especial aos diminuídos física e mentalmente, adequada instrução geral e profissional, correspondente, na medida do possível, às aptidões e inclinações de cada um" (artigo 1885.°, C.C.).

Dispõe, por seu turno, o artigo 1886.°, C.C., que "pertence aos pais decidir sobre a educação religiosa dos filhos menores de dezasseis anos".

Se o poder paternal for exercido em comum por ambos os pais e eles não chegarem a acordo sobre a orientação da educação do filho, "pode qualquer deles requerer ao tribunal a resolução do diferendo". O tribunal tentará a conciliação e, se ela não for possível, decidirá, ouvindo, em princípio, o filho, se este tiver catorze anos ou mais (cfr. artigo 1901.°., C.C., e artigo 184.° da anteriormente designada por O.T.M. – Decreto-Lei n.° 314/78, de 19 de Novembro).

O tribunal competente para o efeito é o tribunal de família. V. artigo 82.°, n.° 1-*d),* da Lei de Organização e Funcionamento dos Tribunais Judiciais – Lei n.° 3/99, de 13 de Janeiro, rectificada pela Declaração de rectificação n.° 7/99, de 16 de Fevereiro, e alterada pela Lei n.° 101/99, de 26 de Julho, pelos Decretos-Leis n.°s 323/2001, de 17 de Dezembro, e 38/2003, de 8 de Março (este rectificado pela Declaração de rectificação n.° 5-C/2003, de 30 de Abril), pela Lei n.° 105/2003, de 10 de Dezembro, pelo Decreto-Lei n.° 53/2004, de 18 Março, pela Lei n.° 42/2005, de 29 de Agosto, e pelo Decreto-Lei n.° 76-A/2006 de 29 de Março, (rectificado pela Declaração de rectificação n.° 28-A/2006, de 26 de Maio), – e artigo 146.°-*d),* O.T.M..

V. *Poder paternal; Tentativa de conciliação; Competência; Tribunal de família.*

Efeito constitutivo (Dir. Civil) – V. *Sentença constitutiva.*

Efeito devolutivo do recurso (Dir. Civil) – Num sentido amplo, pode dizer-se que os recursos têm sempre efeito devolutivo, na medida em que constituem o meio de impugnação de decisões judiciais e, consequentemente, por eles se submete o litígio a uma reapreciação por um tribunal superior (devolve-se-lhe a apreciação), seja quanto às questões de facto e de direito (Relação), seja somente quanto às questões jurídicas (Supremo).

A expressão tem um sentido técnico mais restrito: significa que um recurso tem efeito *meramente* devolutivo, isto é, que a interposição de recurso não tem um efeito suspensivo quanto à execução da decisão recorrida, ou, sendo o recurso de agravo, quanto à marcha do processo.

De acordo com o artigo 47.°., n.° 1, C.P.C., "a sentença só constitui título executivo depois do trânsito em julgado, salvo se o recurso contra ela interposto tiver efeito meramente devolutivo". Significa isto que, embora se encontre pendente um recurso, a decisão recorrida pode ser objecto de uma execução sempre que aquele tenha efeito meramente devolutivo.

Em geral, a sentença é, portanto, imediatamente exequível, embora, enquanto se encontrar pendente o recurso, o exequente ou qualquer credor não possam ser pagos sem prévia prestação de caução (artigo 47.°., n.° 3, C.P.C.) e, caso a decisão do recurso seja diversa da da sentença recorrida, a execução iniciada extingue-se ou modifica-se em conformidade com o acórdão final ou com as decisões intermédias – artigo 47.° n.° 2, C.P.C..

O recurso de apelação tem efeito meramente devolutivo – artigo 692.°, n.° 1, C.P.C., na redacção do Decreto-Lei n.° 38//2003, de 8 de Março, rectificado pela Declaração de rectificação n.° 5-C/2003, de 30 de Abril – (antes tinha efeito devolutivo só em certos casos e desde que o recorrido o requeresse), tendo, no entanto, efeito suspensivo nas hipóteses previstas no n.° 2:

"*a)* Nas acções sobre o estado das pessoas;

b) Nas acções referidas no n.° 5 do artigo 678.° [acções em que se aprecie a validade ou a subsistência de contratos de arrendamento para a habitação] e nas que respeitem à posse ou à propriedade da casa de habitação do réu".

A parte vencida pode, no entanto, requerer, "ao interpor o recurso, que a apelação tenha efeito suspensivo quando a execução lhe cause prejuízo considerável e se ofereça para prestar caução, ficando a atribuição desse efeito condicionada à efectiva prestação da caução no prazo fixado pelo tribunal".

Sendo o recurso de revista, ele tem efeito meramente devolutivo, a menos que se trate de questão relativa ao estado das pessoas (artigo 723.°, C.P.C.); o n.° 2 do artigo 724.°, na redacção do Decreto-Lei n.° 199/2003, de 10 de Setembro (rectificado pela Declaração de rectificação n.° 16-B//2003, de 31 de Outubro), dispõe que, sendo o efeito meramente devolutivo, "pode o recorrido requerer que se extraia traslado, o qual compreende unicamente o acórdão, salvo se o recorrido fizer, à sua custa, inserir outras peças".

Se o recurso for de agravo interposto na 1.ª instância, é o artigo 740.°, C.P.C. (cujos n.°s 1 e 2 têm a redacção do Decreto-Lei n.° 329-A/95, de 12 de Dezembro, e o n.° 4 foi aditado pelo DL n.° 38/2003) que determina qual o respectivo efeito; o efeito do agravo é, em regra, meramente devolutivo, assim não sendo quanto aos:

a) que subam imediatamente nos próprios autos (por exemplo, os interpostos de decisão que ponha termo ao processo no tribunal recorrido, do despacho que julgue o tribunal absolutamente incompetente, do despacho que indefira liminarmente o requerimento de uma providência cautelar ou que não ordene o seu decretamento, do despacho que não admita um incidente deduzido);

b) interpostos de despachos que tenham aplicado multas, condenado no cumprimento de obrigação pecuniária, garantida por depósito ou caução, ou determinado o cancelamento de um registo;

c) a que a lei mande especialmente atribuir tal efeito, como acontece, por exemplo, nos casos dos artigos 154.°, n.° 6 ("das decisões que retirem a palavra, ordenem a expulsão do local ou condenem em multa"), e 186.°, n.° 3 (agravo interposto pelo Ministério Público do despacho que mande cumprir carta rogatória, seja qual for o valor da causa), C.P.C.;

d) a que o juiz atribua esse efeito, por o agravante o ter pedido no requerimento de interposição do recurso e o juiz ter entendido, depois de ouvir o agravado, "que a execução imediata do despacho é susceptível de causar ao agravante prejuízo irreparável ou de difícil reparação"; a atribuição de efeito suspensivo, neste caso, pode ser condicionada pelo juiz à prestação de caução.

Sendo o agravo interposto na 2.ª instância, a regra é também a de que tenha efeito meramente devolutivo, à excepção dos que tenham subido da 1.ª instância nos próprios autos e daqueles a que tenha sido atribuído efeito suspensivo na 1.ª instância (artigo 758.°, C.P.C., com a redacção dada pelo DL n.° 38/2003, de 8 de Março).

Quer na 1.ª quer na 2.ª instância, é no despacho que admitir o agravo que deve declarar-se o efeito do recurso (artigos 741.° e 759.°, C.P.C.).

Os recursos interpostos de quaisquer decisões proferidas em acções de regulação do exercício do poder paternal têm efeito meramente devolutivo, de acordo com o artigo 185.°, n.° 1, da antes chamada O.T.M. (D-L n.° 314/78).

Têm efeito devolutivo os recursos interpostos nos processos de insolvência, de acordo com o artigo 14.°, n.° 5, do Código da Insolvência e da Recuperação de Empresas, aprovado pelo Decreto-Lei n.° 53//2004, de 18 de Março, alterado pelos Decretos-Leis n.°s 200/2004, de 18 de Agosto, e 76-A/2006, de 29 de Março (rectificado pela Declaração de rectificação n.° 28-A//2006, de 26 de Maio).

"As decisões proferidas pelos julgados de paz têm o valor de sentença proferida por tribunal de 1.ª instância", podendo "ser impugnadas por meio de recurso a interpor para o tribunal da comarca ou para o tribunal de competência específica que for competente, em que esteja sediado o julgado de paz", quando o valor do processo "exceda metade do valor da alçada do tribunal de 1.ª instância"; "o recurso tem efeito meramente devolutivo e segue o regime do agravo" – artigos 61.° e 62.° da Lei n.° 78/2001, de 13 de Julho.

V. *Recurso; Litígio; Relação; Supremo Tribunal de Justiça; Questão de facto; Questão de direito; Interposição de recurso; Efeito suspen-*

sivo do recurso; Agravo; Sentença; Ministério Público; Carta rogatória; Valor da causa; Cumprimento; Obrigação pecuniária; Título executivo; Trânsito em julgado; Arrendamento para habitação; Apelação; Acção de estado; Posse; Propriedade; Réu; Requerimento; Execução; Exequente; Credor; Caução; Acórdão; Revista; Multa; Registo; Traslado; Subida do recurso; Despacho; Incompetência absoluta; Indeferimento liminar; Procedimento cautelar; Incidente; Poder paternal; Regulação do poder paternal; Insolvência; Recuperação de empresas; Julgado de paz; Tribunal de 1.ª instância; Alçada; Tribunal de comarca.

Efeito "ex nunc" (Dir. Civil) – V. *"Ex nunc"*.

Efeito externo das obrigações (Dir. Civil) – O problema que se coloca sob esta epígrafe é o de saber se um terceiro, que coopera com o devedor no incumprimento da obrigação, pode, ou não, ser responsabilizado pela sua conduta perante o credor. Sustentar que sim equivale a afirmar que as obrigações têm, ao lado do seu efeito interno, circunscrito ao devedor, um efeito externo, relativo a terceiros que, assim, estariam obrigados a respeitar o direito do credor. Isto é, o direito do credor seria oponível não apenas ao devedor, mas também a qualquer terceiro, cúmplice no incumprimento.

A doutrina portuguesa recusa, maioritariamente, o chamado efeito externo das obrigações, invocando, principalmente, o artigo 406.°, n.° 2, C.C. (que, no entanto, apenas se refere aos contratos).

O problema coloca-se, frequentemente, a propósito dos contratos de que emerge uma obrigação de contratar no futuro, designadamente a propósito do contrato-promessa e do pacto de preferência. Nestes casos, quando um terceiro contrata com o devedor da obrigação de contratar, comprometendo-se assim o cumprimento desta, defende, maioritariamente, a doutrina portuguesa que o credor pode exigir também do terceiro indemnização, se a conduta deste último puder ser qualificada como abuso do direito. Isto é, o terceiro tem direito a celebrar o contrato com o devedor, mas não pode exercer tal direito em desconformidade com o respectivo fim económico e social, nem com tal exercício violar as regras da boa fé e dos bons costumes: se usou o direito de contratar para, por exemplo, prejudicar o direito do credor, poderá ser responsabilizado por este, nos termos dos artigos 334.° e 483.° e segs., C.C..

Em termos gerais – para além dos casos em que a própria lei consagra um efeito externo em algumas obrigações, como acontece no artigo 495.°, n.° 3, C.C. – pode, pois, dizer-se que a maioria da doutrina portuguesa apenas admite a responsabilidade do terceiro, que impediu o cumprimento ou colaborou no incumprimento do devedor, face ao credor, quando a conduta do terceiro consubstancie abuso de direito.

Trata-se de um entendimento muito recuado relativamente ao de outras civilísticas europeias, em que se admite a responsabilidade do terceiro face ao credor desde que, havendo prejuízo, seja identificável um comportamento culposo do terceiro.

V. *Obrigação; Devedor; Terceiro; Incumprimento; Credor; Abuso do direito; Contrato-promessa; Pacto de preferência; Indemnização; Culpa; Dano.*

Efeito "ex tunc" (Dir. Civil) – V. *"Ex tunc"*.

Efeito "erga omnes" (Dir. Civil) – V. *Eficácia "erga omnes"*.

Efeito relativo (Dir. Civil) – V. *Eficácia relativa.*

Efeitos da declaração de insolvência (Dir. Com.; Dir. Civil; Proc. Civil) – V. *Insolvência; Efeitos da insolvência; Declaração de insolvência.*

Efeitos da falência (Dir. Com.; Dir. Civil; Proc. Civil) – Entre outros efeitos, a falência produzia a inibição do falido para administrar e dispor dos seus bens, presentes e futuros, impedia-o de exercer o comércio e determinava a inoponibilidade dos actos por ele praticados à massa falida; a declaração de falência tornava imediatamente exigíveis todas as obrigações do falido, mesmo as que tivessem prazo ainda não vencido, e determinava o encerramento de todas as contas correntes; aos trabalhadores do falido aplicava-se, quanto à manutenção dos seus contratos, o regime geral de cessação do contrato de trabalho.

Estas as regras, contidas nos artigos 147.° a 174.° do Código dos Processos Especiais de Recuperação da Empresa e de Falência, aprovado pelo Decreto-Lei n.° 132/93, de 23 de Abril, alterado pelos Decretos-Leis n.°s 157/97, de 24 de Junho, 315/98, de 20 de Outubro, 323/2001, de 17 de Dezembro, e 38/2003, de 8 de Março, e que foi revogado pelo Decreto-Lei n.° 53/2004, de 18 de Março – alterado pelos Decretos-Leis n.°s 200/2004, de 18 de Agosto, e 76-A/2006, de 29 de Março (este rectificado pela Declaração de rectificação n.° 28-A/2006, de 26 de Maio) –, que aprovou o Código da Insolvência e da Recuperação de Empresas.

V. *Falência; Inibição do falido; Acto de administração; Acto de disposição; Coisa presente; Coisa futura; Inoponibilidade; Massa falida; Exigibilidade; Obrigação; Obrigação a prazo; Vencimento; Insolvência; Recuperação de empresas.*

Efeitos da insolvência (Dir. Com.; Dir. Civil; Proc. Civil) – O artigo 81.° do Código da Insolvência e da Recuperação de Empresas, aprovado pelo Decreto-Lei n.° 53/2004, de 18 de Março, alterado pelos Decretos-Leis n.°s 200/2004, de 18 de Agosto, e 76-A/2006, de 29 de Março (rectificado pela Declaração de rectificação n.° 28-A/2006, de 26 de Maio), dispõe que "a declaração de insolvência priva imediatamente o insolvente, por si ou pelos seus administradores, dos poderes de administração e de disposição dos bens integrantes da massa insolvente, os quais passam a competir ao administrador da insolvência", ficando interditada ao devedor "a cessão de rendimentos ou a alienação de bens futuros susceptíveis de penhora, qualquer que seja a sua natureza, mesmo tratando-se de rendimentos que obtenha ou de bens que adquira posteriormente ao encerramento do processo".

É o administrador da insolvência que assume a representação do devedor para todos os efeitos de carácter patrimonial, não se estendendo a representação "à intervenção do devedor no âmbito do próprio processo de insolvência, seus incidentes e apensos, salvo expressa disposição em contrário"; os actos realizados pelo insolvente em contravenção do disposto nas regras que se deixaram mencionadas "são ineficazes", "respondendo a massa insolvente pela restituição do que lhe tiver sido prestado apenas segundo as regras do enriquecimento sem causa, salvo se esses actos, cumulativamente:

a) Foram celebrados a título oneroso com terceiros de boa fé anteriormente ao registo da sentença da declaração da insolvência efectuado nos termos do n.° 2 do artigo 38.°;

b) Não forem de algum dos tipos referidos no n.° 1 do artigo 121.° ["partilha celebrada menos de um ano antes da data do início do processo de insolvência em que o quinhão do insolvente haja sido essencialmente preenchido com bens de fácil sonegação, cabendo aos co-interessados a generalidade dos imóveis e dos valores nominativos", "actos celebrados pelo devedor a título gratuito dentro dos dois anos anteriores à data do início do processo [...], incluindo o repúdio de herança ou legado, com excepção dos donativos conformes aos usos sociais", "constituição pelo devedor de garantias reais relativas a obrigações preexistentes ou de outras que as substituam, nos seis meses anteriores à data do início do processo [...]", "fiança, subfiança, aval e mandatos de crédito, em que o insolvente haja outorgado no período [...] [de seis meses anteriores à data do início do processo] e que não respeitem a operações negociais com real interesse para ele", "constituição pelo devedor de garantias reais em simultâneo com a criação das obrigações garantidas, dentro dos 60 dias anteriores à data do início do processo [...]", "pagamento ou outros actos de extinção de obrigações cujo vencimento fosse posterior à data do início do processo [...], ocorridos nos seis meses anteriores à data do início do processo [...], ou depois desta mas anteriormente ao seu vencimento", actos extintivos de obrigações realizados nos seis meses anteriores ao início do processo "em termos não usuais no comércio jurídico e que o credor não pudesse exigir", "actos a título oneroso realizados pelo insolvente dentro do ano anterior à data do início do processo [...], em que as obrigações por ele assumidas excedam manifestamente as da contraparte", e reembolso de suprimentos, quando tenha lugar dentro do mesmo prazo de um ano]".

O n.° 8 deste artigo 81.° estabelece o seguinte regime para os actos praticados pelo insolvente após a declaração de insolvência, quando para eles tenha capacidade, o mesmo é dizer quando não tenha de ser representado pelo administrador da insolvência:

"*a)* Pelas dívidas do insolvente respondem os seus bens não integrantes da massa insolvente;

b) A prestação feita ao insolvente extingue a obrigação da contraparte;

c) A contraparte pode opor à massa todos os meios de defesa que lhe seja lícito invocar contra o insolvente".

Quanto aos órgão sociais do devedor – se os houver –, eles mantêm-se em funções depois da declaração da insolvência, mas os seus titulares não são remunerados, salvo enquanto couber ao devedor a administração da insolvência. Na pendência do processo de insolvência, só o respectivo administrador tem legitimidade para propor ou fazer seguir: *a)* acções de responsabilidade em benefício do devedor, contra os fundadores, os administradores de direito ou facto, os membros do órgão de fiscalização do devedor e os sócios, associados ou outros membros, independentemente do acordo do devedor ou dos seus órgãos, sócios ou outros membros; *b)* acções para obter indemnização pelos danos causados aos credores da insolvência pela diminuição da massa insolvente, tanto antes como depois da declaração de insolvência; *c)* acções contra os responsáveis legais pelas dívidas do insolvente; também só o administrador da insolvência pode exigir dos sócios, associados ou outros membros do devedor as entradas de capital diferidas e as prestações acessórias em dívida, independentemente dos respectivos prazos de vencimento, para o efeito propondo as acções necessárias. As acções referidas correm por apenso ao processo de insolvência.

"Se o devedor carecer absolutamente de meios de subsistência e os não puder angariar pelo seu trabalho, pode o administrador da insolvência, com o acordo da comissão de credores, ou da assembleia de credores, se aquela não existir, atribuir-lhe um subsídio à custa dos rendimentos da massa insolvente, a título de alimentos", podendo esta atribuição cessar em qualquer estado do processo, por decisão do administrador – artigo 84.°.

Os efeitos da insolvência quanto a processos em curso vêm enunciados nos artigos 85.° a 89.°. Uma vez declarada a insolvência, todas as acções, intentadas contra o devedor ou contra terceiros, que tenham relação com bens integrados na massa insolvente, e ainda aquelas que, propostas contra o devedor, tenham "natureza exclusivamente patrimonial", "são apensadas ao processo de insolvência, desde que a apensação seja requerida pelo administrador da insolvência, com fundamento na conveniência para os fins do processo", requisitando o juiz ao tribunal ou entidade competente a remessa, para a apensação, "de todos os processos nos quais se tenha efectuado qualquer acto de apreensão ou detenção de bens compreendidos na massa insolvente"; em todas estas acções, o administrador da insolvência substitui o insolvente, "independentemente da apensação ao processo de insolvência e do acordo da parte contrária". São também apensados ao processo aqueles em que tenha sido declarada a insolvência de pessoas que legalmente respondam pelas dívidas do insolvente ou, se este for pessoa singular casada, do seu cônjuge, salvo se o regime de bens do casamento for o da separação, o mesmo regime se aplicando se o devedor for uma sociedade comercial, quanto "aos processos em que tenha sido declarada a insolvência de sociedades que, nos termos do Código das Sociedades Comerciais, ela domine ou com ela se encontrem em relação de grupo".

Para efeitos de apensação, se os processos correrem em tribunais com competência diferente em razão da matéria, aquela só ocorre "se for requerida pelo administrador da insolvência do processo instaurado em tribunal de competência especializada".

"Fica suspensa a eficácia das convenções arbitrais em que o insolvente seja parte, respeitantes a litígios cujo resultado possa influenciar o valor da massa, sem prejuízo do disposto em tratados internacionais", prosseguindo, porém e em princípio, os processos arbitrais pendentes os seus termos, nada dizendo a lei sobre a possibilidade de apensação destes processos ao de insolvência, o que parece dever ser entendido como não admissão da apensação, dada a diversa natureza dos tribunais envolvidos.

"A declaração de insolvência determina a suspensão de quaisquer diligências executivas ou providências requeridas pelos credores da insolvência que atinjam os bens integrantes da massa insolvente e obsta à instauração ou ao prosseguimento de qualquer acção executiva intentada pelos credores da insolvência; porém, se houver outros executados, a execução prossegue contra estes". "Durante os três meses seguintes à data da declaração de insolvência, não podem ser propostas execuções para pagamento de dívidas da massa insolvente", correndo por apenso ao processo de insolvência todas as acções relativas a dívidas da massa, à excepção das execuções por dívidas tributárias.

Quanto aos créditos, são os artigos 90.° a 101.° que estabelecem os efeitos que a declaração de insolvência sobre eles tem. "A declaração de insolvência determina o vencimento de todas as obrigações do insolvente não subordinadas a uma condição suspensiva"; quanto às obrigações ainda não exigíveis, pelas quais não fossem devidos juros remuneratórios, ou o fossem fixados por taxa inferior à legal, passam a considerar-se reduzidas para "o montante que, se acrescido de juros calculados sobre esse mesmo montante, respectivamente, à taxa legal, ou a uma taxa igual à diferença entre a taxa legal e a taxa convencionada, pelo período de antecipação do vencimento, corresponderia ao valor da obrigação em causa", sendo estas regras aplicáveis, nas obrigações fraccionadas, a cada uma das prestações; "a sub-rogação nos direitos do credor perante terceiro decorrente do pagamento terá lugar na proporção da quantia paga relativamente ao montante da dívida desse terceiro, actualizada [...] [nos termos *supra* enunciados]", o mesmo regime se aplicando ao direito de regresso face a condevedores. O direito a alimentos contra o insolvente, após a declaração de insolvência, só pode ser exercido contra a massa insolvente se nenhum dos obrigados a alimentos estiver em condições de os prestar e só se o juiz o autorizar, fixando o respectivo montante. Numa disposição que se afigura inútil, o artigo 94.° diz que os créditos sobre a insolvência que sejam condicionados resolutivamente "são tratados como incondicionados até ao momento em que a condição se preencha, sem prejuízo do dever de restituição dos pagamentos recebidos, verificada que seja a condição". "O credor pode concorrer pela totalidade do seu crédito a cada uma das massas insolventes de devedores solidários e garantes, sem embargo de o somatório das quantias que receber de todas elas não poder exceder o montante do crédito"; "o direito contra o devedor insolvente decorrente do eventual pagamento futuro da dívida por um condevedor solidário ou por um garante só pode ser exercido no processo de insolvência, como crédito sob condição suspensiva, se o próprio credor da referida dívida a não reclamar".

Há um conjunto de garantias reais e de privilégios creditórios que se extinguem com a declaração de insolvência, como determina o n.° 1 do artigo 97.°, cujo n.° 2 dispõe que, depois daquela, "não é admissível o registo de hipotecas legais que garantam créditos sobre a insolvência, inclusive após o encerramento do processo, salvo se o pedido respectivo tiver sido apresentado em momento anterior ao da referida declaração, ou, tratando-se das hipotecas a que alude a alínea *c)* do número anterior [aquelas cujo registo tenha sido requerido dentro dos dois meses anteriores à data do início do processo, e que forem acessórias de créditos sobre a insolvência de que sejam titulares o Estado, autarquias locais e instituições de segurança social], com uma antecedência de dois meses sobre a mesma data". Por outro lado, estabelece o artigo 98.° que os créditos não subordinados do requerente da declaração de insolvência "passam a beneficiar de privilégio creditório geral, graduado em último lugar, sobre todos os bens da massa insolvente, relativamente a um quarto do seu montante, num máximo correspondente a 500 unidades de conta", e que, se o seguimento de um processo de insolvência intentado por um credor for prejudicado pela declaração de insolvência do devedor em processo instaurado posteriormente, o privilégio referido é atribuído ao requerente no processo mais antigo. São estabelecidas restrições à compensação de créditos sobre a massa com créditos desta no artigo 99.°, e o artigo 100.° dispõe que "a sentença de declaração da insolvência determina a suspensão de todos os prazos de prescrição e de caducidade oponíveis pelo devedor, durante o decurso do processo".

No que respeita aos negócios jurídicos, também a declaração de insolvência produz efeitos, nos termos dos artigos 102.° a 127.° do Código, sendo imperativas as normas enunciadas nos artigos 102.° a 117.°, de acordo com o n.° 1 do artigo 119.°.

Assim e em princípio, "em qualquer contrato bilateral em que, à data da declaração de insolvência, não haja ainda total cumprimento pelo insolvente como pela outra parte, o cumprimento fica suspenso até que o administrador da insolvência declare optar pela execução ou recusar o cumprimento", podendo, no entanto, a outra parte fixar um prazo razoável ao administrador para ele escolher, "findo o qual se considera que recusa o cumprimento"; recusado este, "nenhuma das partes tem direito à restituição do que prestou"; "a massa insolvente tem o direito de exigir o valor correspondente à prestação já efectuada pelo devedor, na medida em que não tenha sido ainda realizada pela outra parte", esta última "tem direito a exigir, como crédito sobre a insolvência, o valor da prestação do devedor, na parte incumprida, deduzido do valor da contraprestação correspondente que ainda não tenha sido realizada"; "a opção pela execução é abusiva se o cumprimento pontual das obrigações contratuais por parte da massa insolvente for manifestamente improvável"; a indemnização por incumprimento tem aparentemente limites enunciados na alínea *d)* da mesma disposição, mas, na verdade, a norma apenas aplica a chamada teoria da diferença, consagrada já, como regra geral quanto ao cálculo da indemnização, no artigo 566.°, n.° 2, C.C., de relevante apenas dispondo que a indemnização a que tiver direito a contraparte constitui crédito sobre a insolvência.

"Se o contrato impuser à outra parte o cumprimento de prestação que tenha natureza infungível, ou que seja fraccionável na entrega de várias coisas, não facilmente substituíveis, entre as quais interceda uma conexão funcional, e o administrador [...] recusar o cumprimento: *a)* O direito referido na alínea *b)* do n.° 3 do artigo anterior [direito da massa de exigir o valor da contraprestação correspondente à já realizada pelo devedor, na medida em que ainda não tiver havido cumprimento pela contraparte] é substituído pelo direito de exigir à outra parte a restituição do que lhe tiver sido prestado na medida do seu enriquecimento à data da declaração de insolvência; *b)* O direito previsto na alínea *c)* do n.° 3 do artigo anterior [direito da contraparte em contrato bilateral a exigir, como crédito sobre a insolvência, o valor da prestação incumprida, deduzido do valor da contraprestação não realizada] tem por objecto a diferença, se favorável à outra parte, entre os valores da totalidade das prestações contratuais; *c)* A outra parte tem direito, como credor da insolvência, ao reembolso do custo ou à restituição do valor da parte da prestação realizada anteriormente à declaração de insolvência, consoante tal prestação seja ou não infungível" – artigo 103.°, n.° 1.

Se se tratar contrato de compra e venda com reserva de propriedade, em que o insolvente seja o vendedor, dispõe o artigo 104.° que o comprador "poderá exigir o cumprimento do contrato se a coisa já lhe tiver sido entregue na data da declaração da insolvência", aplicando-se também este regime ao contrato de locação financeira, em que o insolvente seja o locador, bem como à "locação com a cláusula de que a coisa locada se tornará propriedade do locatário depois de satisfeitas todas as rendas pactuadas"; se, nestes contratos, o insolvente for o comprador ou o locatário, "encontrando-se ele na posse da coisa, o prazo fixado ao administrador da insolvência [...] [para que escolha entre o cumprimento do contrato ou a recusa dele] não pode esgotar-se antes de decorridos cinco dias sobre a data da assembleia de apreciação do relatório, salvo se o bem for passível de desvalorização considerável durante esse período e a outra parte advertir expressamente o administrador da insolvência dessa circunstância"; só é oponível à massa a cláusula de reserva de propriedade, nos contratos de alienação de coisa determinada, se tiver sido reduzida a escrito até ao momento da entrega da coisa.

Tendo sido celebrada uma compra e venda com produção do efeito transmissivo da propriedade – ou de outro direito real de gozo –, se a coisa ainda não tiver sido entregue, o administrador não pode recusar esta entrega no caso de o insolvente ser o vendedor; já se for o comprador, pode a administrador recusar o pagamento do preço devido, sendo este débito – calculado como diferença, se existir, entre o valor da coisa na data da recusa e o montante do preço já pago actualizado para a data da declaração da insolvência – considerado como crédito do vendedor sobre a insolvência (artigo 105.°).

Sendo o contrato uma promessa de compra e venda, "no caso de insolvência do promitente-vendedor, o administrador da insolvência não pode recusar o cumprimento de contrato-promessa com eficácia real, se já tiver havido tradição da coisa a favor do promitente-comprador"; "à recusa de cumprimento de contrato-promessa de compra e venda pelo administrador [...] é aplicável o disposto no n.° 5 do artigo 104.° [que se deixou referido], com as necessárias adaptações, quer a insolvência respeite ao promitente-comprador quer ao promitente-vendedor".

Sob a bizarra epígrafe "operações a prazo", o artigo 107.° ocupa-se, essencialmente, do regime de contratos de compra e venda com prazo para a entrega dos bens vendidos ou para o pagamento do preço, em especial nos casos em que este seja convencionado num das seguintes modalidades: entrega de valores mobiliários ("excepto se se tratar de acções representativas de, pelo menos, 10% do capital da sociedade, e não tiver carácter meramente financeiro a liquidação contratualmente prevista"), de metais preciosos, de dinheiro "cujo montante seja directa ou indirectamente determinado pela taxa de câmbio de uma divisa estrangeira, pela taxa de juro legal, ou por uma unidade de cálculo ou pelo preço de outros bens ou serviços" ou por "opções ou outros direitos à venda ou à entrega de bens referidos [...] [antes] [...]"; nestes contratos, "se a entrega de mercadorias, ou a realização de prestações financeiras [...] tiver de se efectuar em determinada data ou dentro de certo prazo, e a data ocorrer ou o prazo se extinguir depois de declarada a insolvência, a execução não pode ser exigida por nenhuma das partes, e o comprador ou vendedor, consoante o caso, tem apenas direito ao pagamento da diferença entre o preço ajustado e o preço de mercado do bem ou prestação financeira no 2.° dia posterior ao da declaração de insolvência, relativamente a contratos com a mesma data ou prazo de cumprimento, a qual, sendo exigível ao insolvente, constitui crédito sobre a insolvência".

Quanto aos contratos de locação em que o locatário seja o insolvente, diz o artigo 108.° que "a declaração de insolvência não suspende o contrato [...], mas [que] o administrador da insolvência pode sempre denunciá-lo com um pré-aviso de 60 dias, se nos termos da lei ou do contrato não for suficiente um pré-aviso inferior", deste regime se exceptuando a hipótese de o locado se destinar à habitação do insolvente, "caso em que o administrador da insolvência poderá apenas declarar que o direito ao pagamento de rendas vencidas depois de transcorridos 60 dias sobre tal declaração não será exercível no processo de insolvência, ficando o senhorio, nessa hipótese, constituído no direito de exigir, como crédito sobre a insolvência, indemnização dos prejuízos sofridos em caso de despejo por falta de pagamento de alguma ou algumas das referidas rendas, até ao montante das correspondentes a um trimestre"; se o administrador optar pela denúncia do contrato, o locador pode exigir, como crédito sobre a insolvência, o pagamento "das retribuições correspondentes ao período intercedente entre a data de produção dos seus efeitos e a do fim do prazo contratual estipulado, ou a data para a qual de outro modo teria sido possível a denúncia pelo insolvente, deduzidas dos custos inerentes à prestação do locador por esse período, bem como dos ganhos obtidos através de uma aplicação alternativa do locado, desde que imputáveis à antecipação do fim do contrato, com actualização de todas as quantias, nos termos do n.° 2 do artigo 91.°, para a data da produção dos efeitos da denúncia"; determina-se ainda que o locador não possa resolver o contrato, depois da declaração de insolvência do locatário, com fundamento quer em falta de pagamento de rendas ou alugueres respeitantes ao período anterior à declaração da insolvência, quer em deterioração da situação financeira do locatário; nas locações – seja o insolvente locatário ou locador – em que a coisa ainda não tiver sido entregue ao locatário, tanto o administrador da insolvência como a contraparte pode resolver o contrato, "sendo lícito a qualquer deles fixar ao outro um prazo razoável para o efeito, findo o qual cessa o direito de resolução". Sempre nos contratos de locação, agora quando o insolvente for o locador, o artigo 109.°, n.° 1, dispõe que "a declaração de insolvência não suspende a execução [...] [do contrato], e a sua denúncia por qualquer das partes apenas é possível para o fim do prazo em curso, sem prejuízo dos casos de renovação obrigatória"; "a alienação da coisa locada no processo de insolvência não priva o locatário dos direitos que lhe são reconhecidos pela lei civil em tal circunstância".

Os contratos de mandato e os de comissão – assim como outros contratos "pelos quais o insolvente tenha confiado a outrem a gestão de assuntos patrimoniais, com um mínimo de autonomia, nomeadamente [...] contratos de gestão de carteira e de gestão do património" –, à excepção daqueles que sejam estranhos à massa insolvente, "caducam com a insolvência do mandante, ainda que o mandato tenha sido conferido também no interesse do mandatário ou de terceiro, sem que o mandatário tenha direito a indemnização pelo dano sofrido"; desta regra excepcionam-se os casos em que seja necessária a prática de actos pelo mandatário para evitar danos para a massa, mas apenas até momento em que o administrador da insolvência tome as providências devidas, e aqueles em que, durante certo período, "o mandatário tenha exercido funções desconhecendo, sem culpa, a declaração de insolvência do mandante"; a remuneração e o reembolso de despesas do mandatário constituem dívidas da massa (artigo 110.°).

Quanto a outros contratos de prestação de serviços de execução duradoura no interesse do insolvente, o regime estabelecido no artigo 111.° é o de que não são suspensos com a declaração de insolvência, mas podem ser denunciados por qualquer das partes, aplicando-se o regime já referido para a locação com as necessárias adaptações.

Já as procurações, conferidas por quem venha a ser declarado insolvente, caducam sempre que respeitem ao património integrante da massa, mesmo que tivessem sido conferidas no interesse do procurador ou de terceiro, dispondo o artigo 112.° que "o procurador que desconheça sem culpa a declaração de insolvência do representado não é responsável perante terceiros pela ineficácia do negócio derivada da falta de poderes de representação".

Outros negócios estão previstos nos artigos 113.° a 117.°, designadamente contratos de trabalho, de prestação de serviços pelo insolvente, de cessão e de constituição de penhores sobre créditos futuros, de conta corrente, de associação em participação e de constituição de agrupamentos complementares de empresas.

O artigo 120.°, n.° 1, contém o princípio geral de que "podem ser resolvidos em benefício da massa insolvente os actos prejudiciais [...] [a ela] praticados ou omitidos dentro dos quatro anos anteriores à data do início do processo de insolvência", considerando-se como tal "os actos que diminuam, frustrem, ponham em perigo ou retardem a satisfação dos credores da insolvência"; existe uma presunção legal absoluta de prejudicialidade à massa relativamente aos seguintes actos: *a)* partilha realizada menos de um ano antes do início do processo de insolvência, "em que o quinhão do insolvente haja sido essencialmente preenchido com bens de fácil sonegação, cabendo aos co-interessados a generalidade dos imóveis e dos valores nominativos"; *b)* actos realizados a título gratuito pelo insolvente nos dois anos anteriores ao início do processo, incluindo repúdio de herança ou legado, com excepção de donativos conformes com os usos sociais; *c)* garantias reais constituídas pelo insolvente relativas a obrigações preexistentes nos seis meses anteriores à data de início do processo; *d)* fiança, subfiança, aval e mandato de crédito em que o insolvente tenha intervindo nos seis meses anteriores à data de início do processo e "que não respeitem a operações negociais com real interesse para ele"; *e)* constituição pelo insolvente de garantias reais em simultâneo com a criação das obrigações garantidas dentro dos 60 dias anteriores à data do início do processo; *f)* cumprimento ou outros actos extintivos de obrigações realizados nos seis meses anteriores à data do início do processo, ou depois desta mas antes do respectivo vencimento; *g)* cumprimento ou outros actos extintivos de obrigações efectuados nos seis meses anteriores à data do início do processo "em termos não usuais no comércio jurídico" e inexigíveis pelo respectivo credor; *h)* actos onerosos realizados pelo insolvente no ano anterior ao início do processo, "em que as obrigações por ele assumidas excedam manifestamente as da contraparte"; *i)* reembolso de suprimentos no ano anterior ao início do processo. À excepção dos actos que se deixaram referidos, "a resolução pressupõe a má fé do terceiro, a qual se presume quanto a actos cuja prática ou omissão tenha ocorrido dentro dos dois anos anteriores ao início do processo de insolvência e em que tenha participado ou de que tenha aproveitado pessoa especialmente relacionada com o insolvente, ainda que essa relação especial não existisse a essa data", entendendo-se por má fé o conhecimento, à data do acto, de que o devedor se encontrava em situação de insolvência, ou do carácter prejudicial do acto e da iminência da insolvência do devedor ou de que tinha tido início o processo de insolvência.

O artigo 123.° dispõe que a resolução "pode ser efectuada pelo administrador da insolvência por carta registada com aviso de recepção nos seis meses seguintes ao conhecimento do acto, mas nunca depois de decorridos dois anos sobre a data da declaração de insolvência", salvo se o negócio não estiver ainda cumprido, pois, aí, "a resolução pode ser declarada, sem dependência de prazo, por via de excepção". A oponibilidade da resolução do acto a transmissários posteriores pressupõe a má fé destes, salvo tratando-se de sucessores a título universal ou quando a nova transmissão tenha sido a título gratuito, sendo esta regra aplicável, "com as necessárias adaptações, à constituição de direitos sobre os bens transmitidos em benefício de terceiro" (artigo 124.°).

A resolução tem, como é regra geral, efeitos retroactivos e, caso seja exercida judicialmente, é-o na dependência do processo de insolvência, "ao terceiro que não apresente os bens ou valores que hajam de ser restituídos à massa dentro do prazo fixado na sentença, [*sic*] são aplicadas as sanções previstas na lei de processo para o depositário de bens penhorados que falte à oportuna entrega deles"; "a restituição do objecto prestado pelo terceiro só tem lugar se o mesmo puder ser identificado e separado dos que pertencem à parte restante da massa" e, caso tal não se verifique, "a obrigação de restituir o valor correspondente constitui dívida da massa insolvente na medida do respectivo enriquecimento à data da declaração de insolvência, e dívida da insolvência quanto ao eventual remanescente"; "a obrigação de restituir a cargo do adquirente a título gratuito só existe na medida do seu próprio enriquecimento, salvo caso de má fé, real ou presumida" (artigo 126.°).

Não podem, porém, ser objecto de resolução "actos compreendidos no âmbito de um sistema de pagamentos tal como definido pela alínea *a)* do artigo 2.° da Directiva n.° 98/26/CE, do Parlamento Europeu e do Conselho, de 19 de Maio, ou equiparável" – acordo formal "entre três ou mais participantes, sem contar com um eventual agente de liquidação, uma eventual contraparte central, uma eventual câmara de compensação ou um eventual participante indirecto, com regras comuns e procedimentos padronizados para a execução de ordens de transferência entre os participantes, regulado pela legislação de um Estado-membro escolhido pelos participantes; contudo, os participantes apenas podem escolher a legislação de um Estado-membro em que pelo menos um deles tenha a sua sede e designado, sem prejuízo de outras condições mais rigorosas de aplicação geral previstas na legislação nacional, como sistema e notificado à Comissão pelo Estado-membro cuja legislação é aplicável, depois de esse Estado-membro se ter certificado da aplicação das regras do sistema"; nas mesmas condições do primeiro parágrafo, os Estados-membros podem designar como sistema de pagamentos um acordo formal, cuja actividade consista na execução de ordens de transferência tal como definidas no segundo travessão da alínea *i)* e que, em medida limitada, execute ordens relacionadas com outros instrumentos financeiros, quando os Estados-membros considerarem que essa designação se justifica em termos de risco sistémico. Os Estados-membros podem ainda, caso a caso, designar como sistema um dos referidos acordos formais entre dois participantes, sem contar com um eventual agente de liquidação, uma eventual contraparte central, uma eventual câmara de compensação ou um eventual participante indirecto, quando considerarem que essa designação se justifica em termos de risco sistémico".

O artigo 127.° veda aos credores da insolvência "a instauração de novas acções de impugnação pauliana de actos praticados pelo devedor cuja resolução haja sido decretada [*sic*] pelo administrador da insolvência"; quanto àquelas que se encontrarem pendentes à data da declaração de insolvência ou que tenham sido propostas depois "não serão apensas ao processo [...], e, em caso de resolução do acto pelo administrador [...], só prosseguirão os seus termos se tal resolução vier a ser declarada ineficaz por decisão definitiva, a qual terá força vinculativa no âmbito daquelas acções quanto às questões que tenha apreciado, desde que não ofenda caso julgado de formação anterior"; "julgada procedente a acção de impugnação, o interesse do credor que a tenha instaurado é aferido, para efeitos do artigo 616.° do Código Civil, com abstracção das modificações introduzidas ao seu crédito por um eventual plano de insolvência ou de pagamentos",.

V. *Insolvência, Recuperação de empresas; Declaração de insolvência; Acto de administração; Acto de disposição; Administrador da insolvência; Massa insolvente; Devedor; Responsabilidade patrimonial; Alienação; Coisa futura; Penhora; Representação; Incidente; Apensação de acções; Ineficácia; Enriquecimento sem causa; Negócio a título oneroso; Terceiro; Boa fé; Registo; Sentença; Partilha; Quinhão; Imóvel; Acto a título gratuito; Repúdio; Herança; Legado; Donativos; Garantias reais; Obrigação; Prestação; Legitimidade; Fiança; Subfiança; Aval; Mandato de crédito; Extinção das obrigações; Vencimento; Credor; Acção; Responsabilidade civil; Órgãos da pessoa colectiva; Indemnização; Dano; Entrada; Comissão de credores; Assembleia de credores; Alimentos; Requerimento; Casamento; Separação de bens; Regime de bens do casamento; Competência; Competência em razão da matéria; Tribunal de competência especializada; Convenção de arbitragem; Execução; Dividas da insolvência; Executado; Crédito; Vencimento; Documento particular; Condição; Exigibilidade; Juros; Juros remuneratórios; Juros legais; Obrigação fraccionada; Fixação judicial de prazo; Renovação do contrato; Alimentos; Verificação da condição; Solidariedade; Condevedores; Obrigação pecuniária; Privilégio creditório; Hipoteca legal; Crédito subordinado; Compensação; Prescrição; Suspensão da prescrição; Caducidade; Suspensão da caducidade; Norma imperativa; Contrato sinalagmático; Cumprimento; Pontualidade do cumprimento; Teoria da diferença; Fungibilidade; Infungibilidade; Compra e venda; Reserva de propriedade; Locação financeira; Locação; Cláusula; Locação-venda; Coisa determinada; Direito real; Direito real de gozo; Contrato-promessa; Eficácia real; Tradição de coisa; Contrato-promessa de compra e venda; Denúncia; Pré-aviso; Renda; Senhorio; Despejo; Resolução do contrato; Sub-rogação; Direito de regresso; Mandato; Mandante; Mandatário; Caducidade do contrato; Contrato de prestação de serviços; Procuração; Poderes representativos; Acto jurídico; Presunção legal; Má fé; Relação especial; Excepção; Oponibilidade a terceiros; Sucessor; Sucessão universal; Notificação; Impugnação pauliana; Caso julgado.*

Efeitos do contrato (Dir. Civil) – V. *Contrato; Eficácia do contrato.*

Efeitos do parentesco (Dir. Civil) – Os efeitos que a lei atribui ao parentesco, produzem-se sempre na linha recta e até ao sexto grau na linha colateral.

V. artigo 1582.°, C.C..

São muitos os aspectos em que o parentesco tem efeitos jurídicos: por exemplo, na sucessão legítima (v. artigos 2132.° e 2133.°, C.C.), na sucessão legitimária (v. artigo 2157.°, C.C.), nos impedimentos do casamento (v. artigo 1602.°, C.C.) e na obrigação de alimentos (v. artigo 2009.°, C.C.).

V. *Parentesco; Grau de parentesco; Linha; Sucessão legítima; Sucessão legitimária; Impedimentos; Casamento; Alimentos.*

Efeitos indirectos do negócio (Dir. Civil) – Há autores que designam por efeitos indirectos ou laterais do negócio aqueles que, em caso de invalidade, ele produz e que são, obviamente, diferentes daqueles que se destinava a alcançar. Assim, serão efeitos indirectos de um negócio inválido – nulo ou anulado – os previstos no artigo 289.°, C.C..

A este propósito, estabeleceu o Assento do Supremo Tribunal de Justiça de 28 de Março de 1995, publicado no *Diário da República*, I-A série, de 17 de Maio do mesmo ano, a seguinte doutrina: "Quando o Tribunal conhecer oficiosamente da nulidade de negócio jurídico invocado no pressuposto da sua validade, e se na acção tiverem sido fixados os necessários factos materiais, deve a parte ser condenada na restituição do recebido, com fundamento no n.° 1 do artigo 289.° do Código Civil".

V. *Negócio jurídico; Invalidade; Nulidade; Anulação; Conhecimento oficioso.*

Efeitos típicos do negócio (Dir. Civil) – São típicos ou específicos do negócio jurídico os efeitos que, nos negócios tipificados, a lei enuncia como próprios daquele negócio; assim, por exemplo, a compra e venda tem como efeitos típicos, de acordo com o artigo 879.°, C.C., "a transmissão da propriedade da coisa ou da titularidade do direito", "a obrigação de entregar a coisa" e "a obrigação de pagar o preço".

V. *Negócio jurídico; Contrato típico; Compra e venda; Direito de propriedade; Coisa; Direito subjectivo; Obrigação.*

Efeito suspensivo do recurso (Dir. Civil) – Designa-se assim o efeito da interposição do recurso que se traduz na suspensão dos efeitos da decisão recorrida, nomeadamente da sua exequibilidade, ou na suspensão, nalguns casos, da própria marcha do processo.

Dentro de cada espécie de recurso, há casos de efeito suspensivo e outros de efeito meramente devolutivo. Têm efeito suspensivo:

1 – O recurso de apelação nas hipóteses previstas no n.° 2 do artigo 692.°, com a redacção do Decreto-Lei n.° 38/2003, de 8 de Março (rectificado pela Declaração de rectificação n.° 5-C/2003, de 30 de Abril):

"*a)* Nas acções sobre o estado das pessoas;

b) Nas acções referidas no n.° 5 do artigo 678.° [acções em que se aprecie a validade ou a subsistência de contratos de arrendamento para a habitação] e nas que respeitem à posse ou à propriedade da casa de habitação do réu". (Na versão legal anterior, como regra, todos os recursos de apelação, em processo ordinário, quer os interpostos dos tribunais que não tinham alçada quer dos tribunais de comarca – embora, neste último caso, com algumas excepções – tinham efeito suspensivo, nunca o tendo as apelações em processo sumário).

A parte vencida pode, no entanto, requerer, "ao interpor o recurso, que a apelação tenha efeito suspensivo quando a execução lhe cause prejuízo considerável e se ofereça para prestar caução, ficando a atribuição desse efeito condicionada à efectiva prestação da caução no prazo fixado pelo tribunal" (artigo 692.°, n.° 3, C.P.C.).

Dispõe o artigo 694.°, n.° 1, C.P.C., na redacção do Decreto-Lei n.° 199/2003, de 10 de Setembro (rectificado pela Declaração de rectificação n.° 16-B/2003, de 31 de Outubro), que, "requerida a declaração do efeito suspensivo, é ouvido o apelado".

2 – "O recurso de revista só tem efeito suspensivo em questões sobre o estado de pessoas" – artigo 723.°, C.P.C..

O n.° 2 do artigo 724.°, C.P.C., na redacção pelo mencionado DL n.° 199/2003, determina que, "se o recurso for admitido no efeito suspensivo, pode o recorrido exigir a prestação de caução, sendo neste caso aplicável o disposto no n.° 2 do artigo 693.° […]".

3 – Os agravos interpostos na 1.ª instância que subam imediatamente nos próprios autos (cfr. os artigos 734.° e 736.°, e 738.°, n.° 1-*a)*, e 739.°, n.° 1-*a)*, C.P.C.) têm efeito suspensivo; quanto aos que não têm este

regime de subida, só têm efeito suspensivo os previstos no n.° 2 do artigo 740.°, C.P.C.:

a) os agravos interpostos de despachos que tenham aplicado multas;

b) os agravos de despachos que hajam condenado no cumprimento de obrigação pecuniária, garantida por depósito ou caução;

c) os agravos de decisões que tenham ordenado o cancelamento de qualquer registo;

d) os agravos a que o juiz fixar esse efeito;

e) todos os demais a que a lei atribuir expressamente o mesmo efeito (por exemplo, o previsto nos artigos 154.°, n.° 6, e 186.°, n.° 3, C.P.C., o primeiro na redacção do Decreto-Lei n.° 180/96, de 25 de Setembro).

Os requisitos de fixação pelo juiz de efeito suspensivo ao agravo vêm enunciados no n.° 3 do artigo 740.°, C.P.C., e são os seguintes: requerimento do agravante nesse sentido e provável prejuízo irreparável ou de difícil reparação, decorrente da execução imediata do despacho. O n.° 4 do mesmo artigo, aditado pelo referido DL n.° 38/2003, estabelece que a atribuição do efeito suspensivo pode ser condicionada pelo juiz à prestação de caução.

Pelo que toca aos agravos interpostos na 2.ª instância, "têm efeito suspensivo os agravos que tiverem subido da 1.ª instância nos próprios autos" e aqueles a que na 1.ª instância foi atribuído tal efeito (artigo 758.°, C.P.C., com a redacção do Decreto-Lei n.° 329-A/95, de 12 de Dezembro).

V. *Recurso; Interposição de recurso; Efeito devolutivo do recurso; Apelação; Acção de estado; Arrendamento para habitação; Posse; Direito de propriedade; Réu; Processo ordinário; Alçada; Tribunal de comarca; Processo sumário, Sentença; Processo especial; Revista; Tribunal de 1.ª instância; Multa; Despacho; Subida do recurso; Caução; Agravo; Obrigação pecuniária; Registo; Revisão; Requerimento; Execução.*

Eficácia do contrato (Dir. Civil) – Produção dos efeitos jurídicos próprios do contrato.

Quando um contrato contenha todos os requisitos, substanciais e formais, necessários à sua formação, é válido e por isso, em princípio, apto a produzir os respectivos efeitos jurídicos.

No entanto, pode não ser eficaz – ainda ou nunca – ou não os produzir todos. Por exemplo, se o contrato foi celebrado sob condição suspensiva, não produz efeitos enquanto não se verificar a condição.

O efeito mais frequente dos contratos é o de criação de obrigações, mas podem também ter efeitos extintivos de obrigações existentes (por exemplo, a remissão), ou efeitos modificativos delas (por exemplo, a novação); para além dos efeitos obrigacionais, os contratos podem produzir efeitos constitutivos de relações familiares (por exemplo, o casamento), de relações sucessórias (v. *Sucessão contratual*) ou de constituição, modificação, transferência ou extinção de direitos reais.

De acordo com o artigo 406.°, n.° 2, C.C., os contratos têm, em princípio, uma eficácia meramente relativa, isto é, os seus efeitos são restritos às partes; naturalmente que esta disposição tem em vista os efeitos obrigacionais e não os reais. A oponibilidade do contrato a terceiros dependerá de disposição legal que lha atribua.

Discute-se, no entanto, se, ao lado desta eficácia interna, circunscrita às partes, se não pode encontrar, nos contratos obrigacionais, uma eficácia externa; v., sobre este problema, *Efeito externo das obrigações*.

V. *Contrato; Validade; Forma; Condição suspensiva; Obrigação; Eficácia real; Remissão; Novação; Casamento; Direito real.*

Eficácia "erga omnes" (Dir. Civil) – Diz-se que um negócio jurídico (*maxime* um contrato) ou um direito subjectivo têm eficácia *erga omnes* quando é oponível a todos os outros sujeitos.

Os contratos têm, em princípio, eficácia apenas relativa, nos termos do artigo 406.°, C.C., muito embora os terceiros tenham de reconhecer os efeitos jurídicos que eles produzem entre as partes. Quanto ao problema de saber se, ao lado dos efeitos relativos, os contratos ou, melhor, as obrigações produzem também efeitos em relação a terceiros, v. *Efeito externo das obrigações*.

Quanto aos direitos subjectivos, enquanto os direitos de crédito são relativos, os direitos reais e os de personalidade são absolutos, isto é, oponíveis *erga omnes*.

V. *Negócio jurídico; Contrato; Direito absoluto; Terceiro; Obrigação; Eficácia relativa; Direito subjectivo; Crédito; Direito real; Direitos de personalidade.*

Eficácia externa das obrigações (Dir. Civil) – V. *Efeito externo das obrigações.*

Eficácia obrigatória (Dir. Civil) – Embora a expressão signifique eficácia obrigacional, ela é muitas vezes usada como sinónima de *eficácia relativa* (v. esta expressão).

V. *Obrigação.*

Eficácia real (Dir. Civil)

1. Diz-se que um contrato tem eficácia real quando produz efeitos de natureza real.

Os contratos com eficácia real, ou contratos reais *quoad effectum,* têm como efeito a constituição, a modificação, a extinção ou a transferência de um direito real (é o caso, por exemplo, da compra e venda ou da doação).

Nos contratos que implicam a constituição ou a transferência de um direito real, tal constituição ou transferência dá-se por mero efeito da válida conclusão do contrato e no momento daquele, quando o respectivo objecto seja coisa determinada – artigo 408.°, n.° 1, C.C..

Sendo a coisa indeterminada ou futura, fruto natural, parte componente ou integrante, dispõe o n.° 2 do mesmo artigo que o direito sobre a coisa se transfere no momento da sua determinação com conhecimento de ambas as partes, no momento do seu surgimento, da sua aquisição pelo alienante, ou no momento da colheita ou separação, respectivamente. Tratando-se de coisa genérica, o regime da transmissão decorre dos artigos 541.° e 542.°, C.C..

As partes podem, em qualquer caso, estipular que tal constituição ou transferência se opere em momento posterior ao do contrato: na venda com *reserva de propriedade,* convenciona-se que o comprador só adquire a propriedade em momento posterior à celebração do contrato, por exemplo, quando tiver pago a totalidade do preço, tendo este prazo ou sendo pago a prestações (v. artigo 409.°, C.C.).

Diversos destes são os contratos reais *quoad constitutionem,* para os quais é exigida a entrega da coisa como elemento formativo do próprio contrato (é o que acontece, por exemplo, no mútuo ou no depósito).

2. O C.C. estabelece que, em certas condições, se pode atribuir eficácia real ao contrato-promessa de alienação ou oneração de bens imóveis ou de móveis sujeitos a registo – artigo 413.°, C.C. (na redacção do Decreto-Lei n.° 379/86, de 11 de Novembro), e também ao pacto de preferência (artigo 421.°, C.C., com a redacção que lhe foi dada pelo mesmo diploma).

Nesse caso, qualquer destes contratos é oponível a terceiros, não tendo, portanto, uma mera eficácia *inter partes.* Discute-se se, nestas situações, haverá um direito real de aquisição da coisa, objecto do contrato definitivo ou do contrato que é objecto da preferência, ou se se trata tão-somente de um direito de crédito, embora mais fortemente tutelado, propendendo a doutrina maioritária para o entendimento de que se constitui um direito real de aquisição.

V. *Direito real; Compra e venda; Validade; Coisa futura; Frutos; Parte componente; Parte integrante; Obrigação genérica; Reserva de propriedade; Direito de propriedade; Contrato real; Mútuo; Depósito; Pagamento em prestações; Contrato-promessa; Pacto de preferência; Alienação; Oneração de bens; Imóvel; Móvel; Registo de bens móveis Direito real de aquisição.*

Eficácia relativa (Dir. Civil) – Os contratos têm, em regra, uma eficácia relativa, isto é, os seus efeitos apenas se produzem relativamente aos sujeitos que neles intervieram ou que na respectiva posição jurídica lhes sucederem por acto entre vivos ou *mortis causa.* "Em relação a terceiros, o contrato só produz efeitos nos casos e termos especialmente previstos na lei" – artigo 406.°, n.° 2, C.C..

Também os direitos de crédito se qualificam como relativos, dado que só podem ser exercidos pelos respectivos titulares contra os seus devedores.

V. *Contrato; Sucessão; Acto entre vivos; Acto "mortis causa"; Terceiro; Crédito; Devedor.*

Eficácia retroactiva da lei – É a aplicabilidade da lei a factos ou situações que lhe são anteriores.

O artigo 12.°, n.° 1, C.C., determina que "a lei só dispõe para o futuro; ainda que lhe seja atribuída eficácia retroactiva, presume-se que ficam ressalvados os efeitos produzidos pelos factos que a lei se destina a regular".

Significa isto que, no nosso direito, o princípio é o da não retroactividade da lei. Há mesmo áreas do direito, como o direito penal, em que o princípio da não retroactividade se encontra consagrado constitucionalmente: assim, o n.° 1 do artigo 29.° da Constituição da República dispõe que "ninguém pode ser sentenciado criminalmente senão em virtude de lei anterior que declare punível a acção ou a omissão, nem sofrer medida de segurança cujos pressupostos não estejam fixados em lei anterior". Porém, ainda no domínio do direito penal, e nos termos do n.° 4 do artigo a que faz referência, há a regra da chamada retroactividade *in mitius*, isto é, da aplicabilidade retroactiva da lei nova, se ela for mais favorável ao arguido. Paralelamente, quanto à lei fiscal, dispõe o artigo 103.°, n.° 3, da Constituição que "ninguém pode ser obrigado a pagar impostos [...] que tenham natureza retroactiva [...]".

O Acórdão n.° 11/2005 do Supremo Tribunal de Justiça, publicado no *Diário da República*, I-A série, de 19 de Dezembro, fixou a seguinte jurisprudência: "Sucedendo-se no tempo leis sobre o prazo de prescrição do procedimento contra-ordenacional, não poderão combinar-se, na escolha do regime concretamente mais favorável, os dispositivos mais favoráveis de cada uma das leis concorrentes".

V. *Lei; Conflitos de leis no tempo.*

Eficácia sucessiva (Dir. Civil) – V. *Contrato de eficácia sucessiva.*

"Electio amici" (Dir. Civil) – Declaração de nomeação do terceiro que vem assumir a posição contratual do contraente originário, no contrato para pessoa a nomear. Esta declaração de nomeação deve ser feita por escrito dentro do prazo convencionado – ou, na falta de convenção, no prazo de cinco dias contados da celebração do contrato – e acompanhada do instrumento de ratificação do contrato ou de procuração anterior à celebração dele.

V. artigo 453.°, C.C..

V. *Contrato para pessoa a nomear; Declaração negocial; Declaração recipienda; Documento escrito; Ratificação; Procuração.*

Elemento gramatical – Sinónimo de *elemento literal* (v. esta expressão).

Elemento histórico – Elemento de interpretação da lei que consiste na consideração das regras que vigoravam ao tempo da elaboração da lei (e que ela visou substituir, complementar ou alterar), das normas que lhe serviram de modelo ou inspiração, dos trabalhos preparatórios e do circunstancialismo histórico que se verificava ao tempo da sua elaboração e publicação.

Nos termos do artigo 9.°, n.° 1, C.C., a interpretação da lei deve ter em conta "as circunstâncias em que a lei foi elaborada".

V. *Interpretação da lei.*

Elemento literal – Um dos elementos – porventura o mais importante – de interpretação da lei é o elemento literal, também designado, por vezes, por gramatical, ou *letra da lei* (v. esta expressão).

V. *Interpretação da lei.*

Elemento racional – A *ratio legis* ou elemento racional – muitas vezes designada por elemento teleológico – é o elemento interpretativo da lei que se consubstancia no apuramento da sua razão de ser ou finalidade.

A identificação do problema que a lei procura resolver é um passo indispensável ao apuramento do sentido da lei e das consequências jurídicas de uma dada interpretação e da consequente aplicação. A consideração deste elemento interpretativo conduz frequentemente a interpretações extensivas ou restritivas.

V. *Interpretação da lei; Interpretação extensiva; Interpretação restritiva.*

Elementos acidentais do contrato (Dir. Civil) – Elementos acidentais, ou cláusulas acessórias do contrato, são as estipulações contratuais que as partes inserem no regulamento contratual com o fim de ajustar este à disciplina particular dos seus interesses. Não são, no entanto, elementos necessários, nem sequer normais, do contrato, e a sua validade está dependente da margem de liberdade concedida às partes para a fixação do conteúdo de cada tipo contratual.

V. *Contrato; Cláusula; Liberdade contratual.*

Elementos específicos do contrato (Dir. Civil) – São aqueles que caracterizam ou identificam o contrato como pertencente a um dado tipo.

V. *Contrato.*

Elementos essenciais do contrato (Dir. Civil) – São os elementos que caracterizam o tipo contratual (elementos específicos) e todos os outros que a lei, imperativamente, faça incluir no contrato. Os primeiros são, normalmente, de conteúdo voluntário e sem eles não há contrato ou não há o contrato que se pretendia; os segundos não carecem de estipulação pelas partes, pois a lei fá-los incluir forçadamente no contrato, constituindo requisitos de validade do negócio.

V. *Contrato; Cláusula; Contrato típico; Validade.*

Elemento sistemático – Na interpretação da lei, o elemento sistemático é constituído pela consideração da inserção da norma a interpretar num conjunto de normas jurídicas e pela da necessária articulação dela com todas as outras, de forma a identificar regimes semelhantes (lugares paralelos) e relações entre aquela e outras normas (relações género-espécie, regra-excepção, por exemplo).

O artigo 9.°, n.° 1, C.C., determina que o intérprete tenha "em conta a unidade do sistema jurídico". Cada disposição legal insere-se no conjunto jurídico integrado pelas normas vigentes, pelo que o apuramento do seu sentido não pode prescindir da consideração desse contexto em que a norma se enquadra.

V. *Interpretação da lei; Norma jurídica.*

Elementos naturais do contrato (Dir. Civil) – Designam-se assim os elementos que, não sendo imprescindíveis à existência ou validade do contrato, são conformes com a natureza dele. Encontram-se, geralmente, consagrados em normas supletivas, integrando-se no conteúdo contratual, se as partes não estipularem diversamente.

V. *Contrato; Validade; Norma supletiva.*

Elementos interpretativos – V. *Interpretação da lei; Elemento literal; Elemento histórico; Elemento racional; Elemento sistemático.*

Elemento teleológico – A teleologia da lei é a sua finalidade.

Interpretar um preceito em função do respectivo elemento teleológico significa identificar o tipo de problema que a lei tem em vista resolver e o sentido da solução que ela quer dar-lhe.

V. *Interpretação da lei.*

Emancipação (Dir. Civil) – Situação em que o menor adquire capacidade para o exercício de direitos.

A emancipação resulta da lei: o menor é emancipado de pleno direito pelo casamento.

Adquirindo-se a capacidade (de gozo) para casar aos dezasseis anos, o menor que houver casado sem autorização dos pais ou do tutor continua, no entanto, a ser considerado menor quanto aos bens que leve para o casal ou que posteriormente lhe advenham por título gratuito até à maioridade, sendo tais bens administrados pelos pais, tutor ou administrador legal, e não podendo, em caso algum, sê-lo pelo cônjuge do menor; os bens subtraídos à administração do menor e seu cônjuge não respondem, nem antes nem depois do casamento, pelas dívidas contraídas por ambos ou por um dos cônjuges durante o período da menoridade.

V. artigos 132.°, 133.° e 1649.°, C.C..

Nos termos da primitiva redacção do C.C., a emancipação podia também ser voluntária, resultando de uma manifestação de vontade dos titulares do poder paternal sobre o menor, e podendo ser tal emancipação plena ou restrita. Os artigos 134.° a 137.° C.C., que se referiam ao regime da emancipação voluntária, foram revogados pelo Decreto-Lei n.° 496/77, de 25 de Novembro.

V. *Menor; Capacidade; Casamento; Casamento de menor; Tutor; Autorização; Admi-*

nistração legal; Acto a título gratuito; Maioridade; Dívidas dos cônjuges.

Embargo de obra nova (Dir. Civil) – Quando, em consequência de obra, trabalho ou serviço novo, alguém seja ou possa ser prejudicado e ofendido no seu direito de propriedade, na sua posse ou em qualquer outro direito real ou pessoal de gozo sobre uma coisa, pode requerer, no prazo de trinta dias a contar da data em que teve conhecimento do facto, que a obra, trabalho ou serviço seja mandado imediatamente suspender.

A lei permite mesmo o embargo directo extrajudicial, através de notificação verbal do dono da obra ou, na sua falta, do encarregado ou de quem o substituir, para que a obra não continue; esta notificação deverá ser feita perante duas testemunhas, só sendo este embargo eficaz se for requerida, dentro de cinco dias, a sua ratificação judicial.

A lei proíbe o embargo de "obras do Estado, das demais pessoas colectivas públicas e das entidades concessionárias de obras ou serviços públicos quando, por o litígio se reportar a uma relação jurídico-administrativa, a defesa dos direitos ou interesses lesados se deva efectivar através dos meios previstos na lei de processo administrativo contencioso".

V. artigos 412.° a 420.°, C.P.C., na redacção dos Decretos-Leis n.°s 329-A/95, de 12 de Dezembro, e 180/96, de 25 de Setembro, que também revogaram os artigos 415.° a 417.°, C.P.C..

O tribunal competente para o embargo é o do lugar da obra – artigo 83.°, n.° 1-*b)*, C.P.C..

V. *Direito de propriedade; Posse; Direito real; Direito pessoal de gozo; Coisa; Requerimento; Notificação; Ratificação; Procedimento cautelar; Competência; Competência em razão do território.*

Embargos (Dir. Civil) – Meio judicial ou extrajudicial de defesa dos direitos reais contra actos de particulares ou diligências judiciais, que os ameacem ou ofendam.

A lei deixou de se referir, na generalidade dos casos, a embargos, quando antes o fazia relativamente a qualquer providência cautelar não especificada (antiga redacção do artigo 401.°, C.P.C.), ao arresto (antiga redacção dos artigos 405.°, 406.° e 407.°, C.P.C.), ao arrolamento de bens (antiga redacção do artigo 427.°, C.P.C.) e à execução (antiga redacção dos artigos 812.° a 820.°, 925.°, 926.° e 929.°, C.P.C.).

Mantém-se a referência, podendo ainda ser deduzidos embargos à execução de obra, trabalho ou serviço novo (artigos 412.° a 420.°, C.P.C.), à declaração de insolvência (artigos 40.° a 42.° do Código da Insolvência e da Recuperação de Empresas, aprovado pelo Decreto-Lei n.° 53/2004, de 18 de Março, e alterado pelos Decretos-Leis n.°s 200/2004, de 18 de Agosto, e 76-A/ /2006, de 29 de Março, este rectificado pela Declaração de rectificação n.° 28-A/2006, de 26 de Maio).

V. *Direito real; Diligência; Procedimento cautelar; Arresto; Arrolamento; Execução; Embargo de obra nova; Insolvência; Recuperação de empresas.*

Embargos à falência (Dir. Civil; Proc. Civil) – V. *Falência; Embargos à sentença de falência.*

Embargos ao arresto (Proc. Civil) – Meio de oposição ao arresto – que podia ser usado simultaneamente com o recurso de agravo do despacho que o decretasse – que se destinava especialmente a alegar factos que afastassem os fundamentos daquele, ou a pedir que a providência se reduzisse aos justos limites, quando tivesse abrangido mais bens do que os necessários.

O C.P.C. deixou de ser referir a embargos ao arresto após a reforma do Decreto-Lei n.° 329-A/95, de 12 de Dezembro; v. artigos 405.° a 407.°, C.P.C..

V. *Embargos; Arresto; Agravo; Despacho.*

Embargos à sentença de falência (Dir. Civil; Dir. Com.; Proc. Civil) – Ocupavam-se desta matéria os artigos 1184.° e segs. do C.P.C., revogados pelo Código dos Processos Especiais de Recuperação da Empresa e de Falência, aprovado pelo Decreto-Lei n.° 132/93, de 23 de Abril, alterado pelos Decretos-Leis n.°s 157/97, de 24 de Junho, 315/98, de 20 de Outubro, 323/2001, de 17 de Dezembro, e 38/2003, de 8 de Março, cujo artigo 129.°, n.° 1, dizia que podiam opor embargos à sentença, quando houvesse razões que afectassem a sua regularidade ou fundamentação: *a)* o devedor, desatendido na sua apresentação à falência, ou que, não se tendo apresentado para tal, tivesse sido declarado falido; *b)* qualquer credor que como tal se legitimasse; *c)* o Ministério Público, nos casos em que os interesses a seu cargo o justificassem; *d)* o cônjuge, os ascendentes ou descendentes e os afins em 1.° grau da linha recta da pessoa considerada falida, caso a falência se fundasse na fuga do devedor relacionada com a sua falta de liquidez; *e)* o cônjuge, herdeiro, legatário ou representante do devedor, quando a falência tivesse sido declarada depois da morte do falido ou quando o falecimento tivesse ocorrido antes de findo o prazo para a oposição por embargos. O prazo para a dedução dos embargos era de cinco dias (eram sete, na versão legal anterior) contados da publicação da sentença declaratória da falência no *Diário da República;* a sua dedução suspendia a liquidação do activo – exceptuada a venda imediata, mediante prévia concordância da comissão de credores, de alguns dos bens da massa falida, bem como os termos do processo subsequentes à sentença de verificação e graduação de créditos. Os embargos eram deduzidos em petição, com a qual teriam de ser oferecidos os meios de prova, sendo aquela imediatamente autuada por apenso e o processo concluso no mesmo dia ao juiz, para o despacho liminar; se não fossem liminarmente indeferidos, era ordenada a notificação do liquidatário judicial e da parte contrária para contestarem, no prazo de cinco dias, com as contestações sendo também oferecidas as provas. Após a contestação, produzir-se-iam, no prazo máximo de 10 dias as provas que devessem realizar-se antecipadamente, seguindo-se a audiência de julgamento dentro dos cinco dias imediatos.

O Código dos Processos Especiais de Recuperação da Empresa e de Falência foi inteiramente revogado pelo Decreto-Lei n.° 53/2004, de 18 de Março, alterado pelos Decretos-Leis n.°s 200/2004, de 18 de Agosto, e 76-A/2006, de 29 de Março (este rectificado pela Declaração de rectificação n.° 28-A/2006, de 26 de Maio), que, por sua vez, aprovou o Código da Insolvência e da Recuperação de Empresas.

V. *Falência; Devedor; Apresentação à falência; Credor; Ministério Público; Ascendente; Descendente; Afim; Linha; Herdeiro; Legatário; Representante; Liquidação do activo; Venda judicial; Massa falida; Graduação de credores; Verificação de créditos; Petição inicial; Contestação; Prova; Apensação de acções; Despacho liminar; Indeferimento liminar; Notificação; Audiência; Insolvência; Recuperação de empresas.*

Embargos à sentença de insolvência (Dir. Civil; Dir. Com.; Proc. Civil) – O artigo 40.° do Código da Insolvência e da Recuperação de Empresas, aprovado pelo Decreto-Lei n.° 53/2004, de 18 de Março, alterado pelos Decretos-Leis n.°s 200/2004, de 18 de Agosto, e 76-A/2006, de 29 de Março (este rectificado pela Declaração de rectificação n.° 28-A/2006, de 26 de Maio) –, dispõe que podem opor embargos à sentença que declara a insolvência:

"*a)* O devedor em situação de revelia absoluta, se não tiver sido pessoalmente citado;

b) O cônjuge, os ascendentes ou descendentes e os afins em 1.° grau da linha recta da pessoa singular considerada insolvente, no caso de a declaração [...] se fundar na fuga do devedor relacionada com a sua falta de liquidez;

c) O cônjuge, herdeiro, legatário ou representante do devedor, quando o falecimento tenha ocorrido antes de findo o prazo para a oposição [...] [pelo devedor];

d) Qualquer credor que como tal se legitime;

e) Os responsáveis legais pelas dívidas do insolvente;

f) Os sócios, associados ou membros do devedor".

Estabelece o n.° 2 que "os embargos devem ser deduzidos dentro dos 5 dias subsequentes à notificação da sentença ao embargante ou ao fim da dilação aplicável, e apenas são admissíveis desde que o embargante alegue factos ou requeira meios de prova que não tenham sido tidos em conta pelo tribunal e que possam afastar os fundamentos da declaração de insolvência"; o n.° 3 deste artigo determina que "a oposição de embargos à sentença declaratória da insolvência, bem como o recurso da decisão que mantenha a declaração, suspende a liquidação e a partilha do activo, sem prejuízo do disposto no n.° 2 do artigo 158.° ["venda imediata dos bens da massa insolvente que não possam ou não se devam conservar por estarem sujeitos a deterioração ou depreciação", pelo administrador, com concordância da comissão de credores ou do juiz]". Alternativa ou cumulativamente com os embargos, podem as pessoas que têm legitimidade para os deduzir e que ficaram indicadas "interpor recurso da sentença [...], quando entendam que, face aos elementos apurados, ela não devia ter sido proferida", podendo o devedor recorrer, mesmo quando não possa deduzir embargos – artigo 42.°.

Deduzidos os embargos, a respectiva petição "é imediatamente autuada por apenso, sendo o processo concluso ao juiz, para despacho liminar, no dia seguinte ao termo do prazo [...] [para a sua dedução]; aos embargos opostos por várias entidades corresponde um único processo"; não havendo indeferimento liminar, "é ordenada a notificação do administrador da insolvência e da parte contrária para contestarem, querendo, no prazo de cinco dias"; havendo contestação e produção de prova – que terá lugar no prazo máximo de dez dias –, procede-se à audiência de julgamento dentro dos cinco dias imediatos (artigo 41.°).

"A revogação da sentença de declaração de insolvência [que pode resultar da procedência dos embargos] não afecta os efeitos dos actos legalmente praticados pelos órgãos da insolvência" (artigo 43.°).

O artigo 14.°, n.° 1, determina que, "no processo de insolvência, e nos embargos opostos à sentença de declaração [...], não é admitido recurso dos acórdãos proferidos por tribunal da relação, salvo se o recorrente demonstrar que o acórdão de que pretende recorrer está em oposição com outro, proferido por alguma das relações, ou pelo Supremo Tribunal de Justiça, no domínio da mesma legislação e que haja decidido de forma divergente a mesma questão fundamental de direito e não houver sido fixada pelo Supremo, nos termos dos artigos 732-A e 732-B do Código de Processo Civil, jurisprudência com ele conforme"; esta disposição limita, pois, ressalvados os casos nela previstos, o recurso a um só grau.

V. *Embargos; Insolvência; Recuperação de empresas; Sentença; Declaração de insolvência; Devedor; Revelia; Citação pessoal; Ascendentes; Descendentes; Afinidade; Grau de parentesco; Linha; Pessoa singular; Herdeiro; Legatário; Representante; Morte; Credor, Sócio; Associado; Notificação; Dilação; Meios de prova; Liquidação; Recurso; Venda judicial; Massa insolvente; Legitimidade; Petição inicial; Autuação; Apensação de acções; Despacho liminar; Indeferimento liminar; Administrador da insolvência; Comissão de credores; Contestação; Prova; Audiência; Órgãos da insolvência; Acórdão; Relação; Supremo Tribunal de Justiça; Acórdão uniformizador de jurisprudência.*

Embargos de executado (Dir. Civil) – O executado podia opor-se à execução por duas formas: agravando do despacho que tivesse ordenado a sua citação e/ou deduzindo embargos, nos termos da anterior redacção do artigo 812.°, C.P.C..

A lei deixou de se referir a embargos, designando actualmente a reacção do executado à execução por *oposição à execução* (v. esta expressão).

V. *Embargos; Execução; Agravo; Despacho; Citação; Oposição à execução.*

Embargos de terceiro (Dir. Civil) – Meio processual adequado para alguém, que é lesado na sua posse por acto judicial (penhora, arresto, arrolamento, posse judicial, despejo ou outro que não seja apreensão de bens em processo de falência – a referência deve entender-se como feita para o processo de insolvência) e que é terceiro em relação ao processo, reagir contra tal ofensa, fazendo-se restituir à sua posse (v. artigo 1285.°, C.C., na redacção do Decreto-Lei n.° 38/2003, de 8 de Março, rectificado pela Declaração de rectificação n.° 5-C/2003, de 30 de Abril).

Terceiro será todo aquele que não tenha intervindo no processo ou no acto jurídico de que emana a diligência judicial, nem represente quem haja sido condenado no processo nem no acto se tenha obrigado.

Os embargos podem ser deduzidos mesmo antes da ofensa efectiva da posse, desde que a diligência esteja já ordenada, embora não realizada, tendo, neste caso, o objectivo não da restituição da posse mas da sua manutenção.

O cônjuge, que tenha a posição de terceiro, pode embargar, sem autorização do outro cônjuge, para defender a sua posse quanto aos bens próprios e aos bens comuns, nos termos do artigo 352.°, C.P.C., na redacção do Decreto-Lei n.° 329-A/95, de 12 de Dezembro.

Na versão anterior, mesmo o próprio condenado ou obrigado podia deduzir embargos de terceiro quanto aos bens que, pelo título da sua aquisição ou qualidade em que os possuísse, se não devessem ter por abrangidos na diligência ordenada.

Os embargos de terceiro seguem os termos do processo ordinário ou sumário, conforme o valor.

V. artigos 1285.°, C.C., na redacção do já referido DL n.° 38/2003, e 351.° a 359.°, C.P.C., na redacção que lhes foi dada pelo mesmo diploma.

V. *Embargos; Terceiro; Posse; Defesa da posse; Penhora; Arresto; Arrolamento; Posse judicial; Despejo; Falência; Insolvência; Diligência; Restituição da posse; Manutenção da posse; Bens próprios; Bens comuns; Processo ordinário; Processo sumário; Valor da causa.*

Embarque (Dir. Civil) – O Decreto-Lei n.° 321/89, de 25 de Setembro, alterado pelos Decretos-Leis n.°s 279/95, de 26 de Outubro, e 208/2004, de 19 de Agosto, que estabelece a responsabilidade objectiva do transportador aéreo, bem como a do proprietário ou explorador de aeronave, caracteriza o embarque como a "acção de subir a bordo de uma aeronave com o objectivo de começar um voo, salvo para os membros da tripulação e passageiros que tenham embarcado numa escala anterior do mesmo serviço aéreo directo".

V. *Acidente de aviação; Transporte aéreo; Aeronave; Responsabilidade objectiva; Desembarque.*

Embriaguez (Dir. Civil) – O estado de embriaguez, se colocar o sujeito em situação de incapacidade de entender ou querer, pode excluir a sua responsabilidade pelos actos ilícitos, causadores de danos, que praticar. Será assim, sendo o sujeito considerado inimputável, sempre que a embriaguez não tenha sido culposamente causada pelo próprio. Tendo a situação resultado de culpa do agente, a sua responsabilidade não será afastada. V. artigo 488.°, n.° 1, C.C..

A verificação de uma situação de habitual embriaguez de um sujeito, quando tenha a consequência de o tornar incapaz "de reger convenientemente o seu património", constitui fundamento de inabilitação. V. artigos 152.° e segs., C.C..

Se uma declaração negocial for emitida por quem, nesse momento, se encontrava acidentalmente incapacitado de entender o sentido dela ou não tinha o livre exercício da sua vontade, é anulável, desde que o facto fosse notório ou conhecido do declaratário.

V. artigo 257.°, C.C..

V. *Imputabilidade; Responsabilidade civil; Ilicitude; Dano; Culpa; Inabilitação; Incapacidade acidental; Declaração negocial; Anulabilidade; Facto notório; Declaratário.*

Emenda à partilha (Dir. Civil, Proc. Civil) – Tendo havido "erro de facto na descrição ou qualificação dos bens ou qualquer outro erro susceptível de viciar a vontade das partes", a sentença que tenha decretado a partilha de bens, mesmo que já tenha transitado em julgado, pode ser emendada no mesmo inventário por acordo de todos os interessados. Verificando-se erro capaz de viciar a vontade sem que haja acordo dos interessados na emenda, esta pode ser requerida "em acção proposta dentro de um ano, a contar do conhecimento do erro, contanto que este conhecimento seja posterior à sentença". A emenda apenas corrige o que carece de correcção, não alterando no essencial a partilha.

Tratando-se de simples erro material devido a manifesto lapso, pode a correcção ser feita por despacho, a requerimento de qualquer das partes ou por iniciativa do juiz.

V. artigos 1386.°, 1387.° e 667.°, C.P.C..

V. *Partilha; Sentença; Trânsito em julgado; Inventário; Erro; Acção Propositura da acção; Despacho; Requerimento; Juiz.*

Emenda da mora (Dir. Civil) – Expressão sinónima de *purgação da mora.*

V. *Mora; "Purgatio morae".*

Emendas (Dir. Civil; Proc. Civil) – Os documentos autênticos com "palavras emendadas, truncadas ou escritas sobre rasuras ou entrelinhas, sem a devida ressalva", vêem a sua força probatória excluída ou diminuída na medida em que o julgador o considerar justificado em razão desses vícios – artigo 371.°, n.° 2, C.C.; também nos documentos particulares o artigo 376.°, n.° 3, C.C., atribui ao julgador a livre fixação da medida em que tais vícios excluem ou reduzem a respectiva força probatória.

O artigo 163.°, n.° 2, C.P.C., determina que "os actos da secretaria não devem conter espaços em branco que não sejam inutilizados, nem entrelinhas, rasuras ou emendas que não sejam ressalvadas"; por seu lado, o artigo 157.°, n.° 1, C.P.C., manda proceder às ressalvas que forem necessárias nas sentenças e despachos; v. ainda o n.° 1 do artigo 1379.°, C.P.C., sobre ressalva de emendas, rasuras ou entrelinhas no mapa da partilha.

V. *Documento autêntico; Força probatória; Documento particular; Actos processuais; Secretaria judicial; Sentença; Despacho; Mapa da partilha.*

Emissões (Dir. Civil) – Nos termos do artigo 1346.°, C.C., "o proprietário de um imóvel pode opor-se à emissão de fumo, fuligem, vapores, cheiros, calor ou ruídos, bem como à produção de trepidações e a outros quaisquer factos semelhantes, provenientes de prédio vizinho, sempre que tais factos importem um prejuízo substancial para o uso do imóvel ou não resultem da utilização normal do prédio de que emanam".

V. *Imóvel.*

Emparcelamento (Dir. Civil) – O n.° 1 do artigo 1382.°, C.C., caracteriza o emparcelamento como "o conjunto de operações de remodelação predial destinadas a pôr termo à fragmentação e dispersão dos prédios rústicos pertencentes ao mesmo titular, com o fim de melhorar as condições técnicas e económicas da exploração agrícola".

O emparcelamento pode ainda ser realizado "com o objectivo de assegurar a conservação da Natureza e o correcto ordenamento do território" (artigo 1.°, n.° 2, do Decreto-Lei n.° 384/88, de 25 de Outubro).

O artigo 3.° deste diploma diz que "as operações de emparcelamento podem assumir as seguintes formas:

a) Emparcelamento integral; *b)* Emparcelamento simples; *c)* Emparcelamento de exploração; *d)* Redimensionamento de explorações agrícolas; *e)* Troca de terrenos e árvores".

Estas várias modalidades de emparcelamento são reguladas nos artigos 4.° e segs. do mesmo diploma.

Por seu lado, o Decreto-Lei n.° 103/90, de 22 de Março, rectificado por declaração publicada no *Diário da República*, I-A série, de 30 de Junho de 1990, e alterado pelo Decreto-Lei n.° 59/91, de 30 de Janeiro, desenvolve as bases gerais do regime de emparcelamento dos prédios rústicos, estabelecendo regras relativas ao emparcelamento da iniciativa do Estado e atinentes àquele que for da iniciativa das autarquias ou dos particulares.

O Decreto n.° 16/91, de 4 de Abril, aprova o Acordo Especial, por troca de notas, concluído em Lisboa, a 19 de Novembro de 1990, entre o Governo da República Portuguesa e o Governo da República Federal da Alemanha, relativo ao projecto, no âmbito da cooperação técnica luso-alemã, "Apoio na racionalização do emparcelamento".

V. *Prédio rústico.*

Empobrecimento abstracto (Dir. Civil) – V. *Empobrecimento real.*

Empobrecimento concreto (Dir. Civil) – V. *Empobrecimento patrimonial.*

Empobrecimento patrimonial (Dir. Civil) – A doutrina chama empobrecimento patrimonial ou concreto ao valor da projecção que teve no património do empobrecido a deslocação patrimonial que consubstanciou o enriquecimento sem causa. O empobrecimento tanto pode consubstanciar uma diminuição do activo como um aumento do passivo.

O empobrecimento patrimonial apura-se pela diferença entre o valor do património actual do empobrecido e aquele que ele teria se não se tivesse verificado a deslocação.

V. *Enriquecimento sem causa; Teoria da diferença; Teoria do duplo limite.*

Empobrecimento real (Dir. Civil) – Designa-se por empobrecimento real ou abstracto o valor da deslocação patrimonial – em si mesma considerada, independentemente do reflexo que teve nos patrimónios dos sujeitos envolvidos – que consubstanciou o enriquecimento sem causa.

V. *Enriquecimento sem causa; Empobrecimento patrimonial; Teoria do duplo limite.*

Emposse (Dir. Civil) – Emposse ou apossamento é a actuação de facto do sujeito que inicia o exercício de poderes sobre a coisa, com base na qual lhe vem a ser atribuída a respectiva posse. Embora nem todas as formas de aquisição da posse suponham necessariamente esta actividade material – assim, por exemplo, não a pressupõe o constituto possessório –, em regra, pressupõem-na.

V. *Posse; Apossamento; Constituto possessório; Aquisição da posse.*

Emprazamento (Dir. Civil) – O mesmo que enfiteuse.

V. *Enfiteuse.*

Empreendimento turístico (Dir. Civil; Dir. Com.) – Para efeitos do direito real de habitação periódica, o Decreto-Lei n.° 167/ /97, de 4 de Julho, alterado pelos Decretos-Leis n.°s 305/99, de 6 de Agosto, e 55/ /2002, de 11 de Março, define empreendimentos turísticos como "os estabelecimentos que se destinam a prestar serviços de alojamento temporário, restauração ou animação de turistas, dispondo para o seu funcionamento de um adequado conjunto de estruturas, equipamentos e serviços complementares". O decreto regulamentar n.° 20/99, de 13 de Setembro, alterado pelo decreto regulamentar n.° 22/2002, de 2 de Abril, define conjunto turístico e prevê os requisitos exigidos aos empreendimentos para o constituírem e funcionarem.

V. *Direito real; Direito de habitação periódica; Contrato de prestação de serviços; Contrato misto.*

Empreitada (Dir. Civil) – "Empreitada é o contrato pelo qual uma das partes se obriga em relação à outra a realizar certa obra, mediante um preço" – artigo 1207.°, C.C..

O empreiteiro tem de executar a obra de acordo com o convencionado, não podendo introduzir alterações ao plano acordado, mas conserva a sua independência na execução do trabalho, podendo o dono da obra fiscalizar, à sua custa, a execução, desde que não perturbe o seu andamento ordinário.

A menos que haja convenção ou uso em sentido diverso, os materiais e utensílios necessários a obra serão fornecidos pelo empreiteiro e, se nada estiver estipulado quanto à sua qualidade, esta não poderá ser inferior à média.

"O dono da obra deve verificar, antes de a aceitar, se ela se encontra nas condições convencionadas e sem vícios", devendo a verificação "ser feita dentro do prazo usual ou, na falta de uso, dentro do período que se julgue razoável, depois de o empreiteiro colocar o dono da obra em condições de a poder fazer", tendo ainda qualquer das partes "o direito de exigir que a verificação seja feita, à sua custa, por peritos".

A não verificação ou a não denúncia atempada dos defeitos determina a caducidade dos direitos que tem o dono da obra à sua eliminação ou, caso esta não seja possível, à exigência de nova construção e ainda, e em qualquer caso, à indemnização dos prejuízos. Também caducam estes direitos, "se não forem exercidos dentro de um ano a contar da recusa da aceitação da obra ou da aceitação com reserva".

O artigo 1225.°, C.C., na redacção do Decreto-Lei n.° 267/94, de 25 de Outubro, estabelece um prazo de garantia do empreiteiro, "se a empreitada tiver por objecto a construção, modificação ou reparação de edifícios ou outros imóveis destinados por sua natureza a longa duração": esse prazo é de cinco anos a contar da entrega da obra, ou outro que tenha sido convencionado, e durante ele o empreiteiro é responsável para com o dono da obra, se esta "ruir, total ou parcialmente, ou apresentar defeitos", desde que tais situações se devam a vício do solo ou da construção da modificação ou reparação efectuadas, ou a erro na execução dos trabalhos.

Nestes casos, a denúncia terá de ser feita dentro do prazo de um ano e a indemnização pedida no ano seguinte à denúncia.

"O dono da obra pode desistir da empreitada a todo o tempo, ainda que tenha sido iniciada a sua execução contanto que indemnize o empreiteiro dos seus gastos e trabalho e do proveito que poderia tirar da obra".

V. artigos 1207.° e segs., C.C..

O Decreto-Lei n.° 67/2003, de 8 de Abril, que transpôs a Directiva n.° 1999/ /44/CE, do Parlamento Europeu e do Conselho, de 25 de Maio, relativa a certos aspectos da venda de bens de consumo e das garantias a ela relativas, aplica-se, com as necessárias adaptações, aos contratos de fornecimento de bens a fabricar ou a produzir, ou seja, a uma parte substancial dos contratos de empreitada celebrados entre profissionais e consumidores.

O regime da empreitada de obras públicas, definido pelo Decreto-Lei n.° 405/93, de 10 de Dezembro, foi entretanto substituído pelo do Decreto-Lei n.° 59/99, de 2 de Março (que entrou em vigor "três meses após a data da sua publicação", só sendo "aplicável às obras postas a concurso após essa data"), entretanto alterado pela Lei n.° 163/99, de 14 de Setembro, pelo Decreto-Lei n.° 159/2000, de 27 de Julho, pela Lei n.° 13/2002, de 19 de Fevereiro (este regime transpôs as Directivas n.°s 93/ /37/CE, e 97/52/CE, do Parlamento Europeu e do Conselho, de 13 de Outubro de 1997), e o Decreto-Lei n.° 245/2003, de 7 de Outubro, alterado pelo Decreto-Lei n.° 43/ /2005, de 22 de Fevereiro (que transpõe a Directiva n.° 2001/78/CE, da Comissão, de 13 de Setembro). O Decreto Legislativo Regional n.° 11/2001/M, de 10 de Maio, adapta à Região Autónoma da Madeira o regime antes referido.

O regime de revisão de preços das empreitadas de obras públicas e de obras particulares e de aquisição de bens e serviços foi definido pelo Decreto-Lei n.° 6/2004, de 6 de Janeiro.

Não tendo sido expressamente revogados e porque contêm regras especiais, admite-se que tenham continuado em vigor os seguintes diplomas: *a)* Decreto-Lei n.° 118/95, de 30 de Maio, criou "um regime excepcional de contratação de empreitadas de obras públicas, fornecimento de bens, bem como de aquisição de serviços, quando tenham em vista acorrer ou prevenir situações extraordinárias de seca, motivadas por condições climatéricas adversas"; *b)* Decreto-Lei n.° 204/97, de 9 de Agosto, que, no respectivo artigo 6.°, estabelece um "regime especial de exigibilidade do imposto sobre o valor acrescentado nas empreitadas e subempreitadas de obras públicas".

O Decreto-Lei n.° 197/99, de 8 de Junho, alterado pelos Decretos-Leis n.°s 245/2003, de 7 de Outubro, e 1/2005, de 4 de Janeiro, estabelece, entre outros, o regime de realização de despesas públicas com empreitadas de obras públicas e aquisição de bens. O Decreto-Lei n.° 223/2001, de 9 de Agosto, define os procedimentos a observar na contratação das empreitadas, fornecimentos e prestações de serviços nos sectores da água, da energia, dos transportes e das telecomunicações.

Também o Decreto-Lei n.° 134/98, de 15 de Maio, alterado pelas Leis n.°s 15/2002, de 22 de Fevereiro, e 4-A/2003, de 19 de Fevereiro, que tinha transposto a Directiva n.° 89/665/CEE, do Conselho, de 21 de Dezembro, respeitante a procedimentos a adoptar em matéria de recursos no âmbito da celebração de contratos de direito público de obras, de prestação de serviços e de fornecimento de bens, estabelecendo "o regime jurídico do recurso contencioso dos actos administrativos relativos à formação dos contratos de empreitada de obras públicas, de prestação de serviços e de fornecimento de bens", parece não ter sido revogado tacitamente pelo DL 59/99, cujo Título IX se ocupa do regime do "contencioso dos contratos", mas, aparentemente, apenas do que surge após a sua conclusão.

Quanto aos empreiteiros de obras públicas, é o Decreto-Lei n.° 61/99, de 2 de Março, alterado pela Lei n.° 155/99, de 14 de Setembro, e pela Portaria n.° 1547/2002, de 24 de Dezembro, que regula as condições de acesso e permanência na actividade. Entretanto, as Portarias n.°s 412-E/ /99, 412-F/99 (esta foi substituída por várias Portarias, vigorando actualmente a Portaria n.° 1547/2002, de 24 de Dezembro), 412-G/99, 412-H/99, 412-I/99 (esta alterada pela Portaria n.° 660/99, de 17 de Agosto) e 412-J/99, todas de 4 de Junho, ocupam-se, respectivamente: *a)* da fixação das taxas destinadas a cobrir os encargos com a gestão do sistema de organização das actividades de empreiteiro de obras públicas e de industrial de construção civil; *b)* da definição da avaliação e dos valores de referência dos indicadores financeiros dos mesmos sujeitos; *c)* da fixação das classes e correspondentes valores das autorizações contidas nos certificados de classificação destes profissionais; *d)* do estabelecimento da documentação necessária à comprovação dos requisitos de acesso e permanência nestas actividades; *e)* da fixação das categorias e subcategorias relativas ao acesso e permanência nas mesmas actividades; *f)* da fixação do quadro mínimo de pessoal das empresas que queiram aceder e permanecer nestas áreas de actividade profissional. Finalmente, a Portaria n.° 907/99, de 13 de Outubro, rectificada pela Declaração de rectificação n.° 17-D/ /99, de 30 de Outubro, e alterada pela Portaria n.° 987/2000, de 16 de Junho, estabelece a composição da Comissão de Classificação de Empresas de Obras Públicas e Particulares e da Comissão de Índices e Fórmulas de Empreitadas. Aquele DL n.° 61/99 foi adaptado à Região Autónoma dos Açores pelo Decreto Legislativo Regional n.° 20/2003/A, de 6 de Maio.

O Decreto-Lei n.° 12/2004, de 9 de Janeiro, veio estabelecer o regime do exercício da actividade de construção, caracterizando o artigo 2.° do diploma esta como a "que tem por objecto a realização de obra, englobando todo o conjunto de actos que sejam necessários à sua concretização". O capítulo V – artigos 29.° e segs. – deste diploma contém aspectos do regime do "contrato de empreitada de obra particular" que prevalecem sobre o do Código Civil. Assim, é imposta a forma escrita para a empreitada ou subempreitada, sempre que o valor da obra "ultrapasse 10% do limite fixado para a classe 1" (v. Portaria n.° 1300/2005, de 20 de Dezembro, que fixa a correspondência entre as classes de habilitações contidas nos alvarás de construção civil e o valor dos trabalhos que os seus titulares ficam habilitados a realizar); a falta de forma, quando imposta, implica, como é regime geral, a nulidade do contrato, contendo o n.° 2 do artigo 29.° uma presunção de culpa do empreiteiro quanto à omissão da forma, bem como do conteúdo mínimo do contrato enunciado no n.° 1 do mesmo artigo. As empreitadas e subempreitadas para as quais é necessária a forma escrita têm de conter os seguintes elementos: identificação completa das partes, identificação dos alvarás de que os empreiteiros ou subempreiteiros têm de dispor para o exercício da actividade, o objecto do contrato, "incluindo as peças escritas e desenhadas, quando as houver", o "valor do contrato", o prazo da respectiva execução, e a forma e prazos de pagamento. Os contratos têm de ser guardados pelos empreiteiros, quando neles tenham sido partes, pelo prazo de cinco anos a contar da data da conclusão das obras. O artigo 24.°, n.° 1, dispõe, redundantemente com o regime geral, que "as empresas [designação que o diploma utiliza para empreiteiro ou construtor], no exercício da sua actividade devem agir segundo as regras da boa fé na formação do contrato e proceder à realização da obra em conformidade com o que foi convencionado, sem vícios que excluam ou reduzam o valor dela ou a sua aptidão para o uso ordinário ou o previsto no contrato, no respeito pelas disposições legais e regulamentos aplicáveis". O n.° 2 deste artigo enuncia, exemplificativamente, um conjunto de comportamentos que constituem violação do princípio que se deixou transcrito e que consta do n.° 1.

V. *Contrato; Obrigação; Empreiteiro; Dono da obra; Convenção; Perito; Defeitos da obra; Denúncia; Caducidade; Indemnização; Aceitação da obra; Imóvel; Edifício; Venda de bens de consumo; Consumidor; Subempreitada; Contrato de prestação de serviços; Forma; Documento escrito; Nulidade; Presunção de culpa; Identificação da pessoa; Celebração do contrato; Boa fé.*

Empreitada "à forfait" (Dir. Civil) – A empreitada diz-se *à forfait* ou por preço fixo, quando a remuneração do empreiteiro é estabelecida antecipadamente num quantitativo certo.

V. *Empreitada.*

Empreiteiro (Dir. Civil) – É a parte no contrato de empreitada que fica obrigada a realizar certa obra contra o pagamento de um preço.

No que respeita aos empreiteiros de obras públicas, era o Decreto-Lei n.° 100/ /88, de 23 de Março, que regulava as condições de acesso e permanência na actividade; hoje esse regime encontra-se revogado e substituído pelo do Decreto-Lei n.° 61/99, de 2 de Março, entretanto alterado pela Lei n.° 155/99, de 14 de Setembro; v. também artigos 54.° a 58.° e 67.° a 71.° do Decreto-Lei n.° 59/99, de 2 de Março, sendo que o último artigo referido tem a redacção que lhe foi dada pela Lei n.° 163/99, de 14 de Setembro.

O Decreto-Lei n.° 12/2004, de 9 de Janeiro, estabelece o regime do exercício da actividade de construção, caracterizando o artigo 3.° o empreiteiro ou construtor como "o empresário em nome individual ou sociedade comercial que, nos termos do presente diploma, se encontra habilitado a exercer a actividade da construção". O artigo 28.° deste diploma determina que a morte, interdição ou inabilitação do empreiteiro em nome individual, bem como a sua falência (o Decreto-Lei n.° 53/2004, de 18 de Março, aprovou o Código da Insolvência e da Recuperação de Empresas, tendo revogado o Código dos Processos Especiais de Recuperação da Empresa e de Falência, pelo que onde se lê "falência" deve ler-se "insolvência"), provocam a caducidade do alvará; porém, "se existirem obras em curso à data do falecimento, interdição ou inabilitação, podem os herdeiros, o tutor ou o curador, respectivamente, requerer autorização para concluir os trabalhos por executar, desde que comprovem dispor dos necessários meios técnicos e financeiros e que o dono da obra aceite que eles tomem sobre si o encargo do cumprimento do contrato"; já em caso de falência (insolvência), "podem as obras em curso ser concluídas desde que o dono da obra o permita e exista, da parte do liquidatário judicial, acordo nesse sentido".

V. as Portarias n.°s 15/2004, 16/2004, 18/2004, e 19/2004, todas de 10 de Janeiro, e 1384/2004, de 5 de Novembro.

V. *Empreitada; Obras; Morte; Interdição; Inabilitação; Falência; Insolvência; Herdeiro; Tutor; Curador; Dono da obra.*

Empresa (Dir. Com.; Proc. Civil) – Para os efeitos do Código da Insolvência e da Recuperação de Empresas, aprovado pelo Decreto-Lei n.° 53/2004, de 18 de Março, alterado pelos Decretos-Leis n.°s 200/2004, de 18 de Agosto, e 76-A/2006, de 29 de Março (este rectificado pela Declaração de rectificação n.° 28-A/2006, de 26 de Maio), "considera-se empresa toda a organização de capital e de trabalho destinada ao exercício de qualquer actividade económica" (artigo 5.°).

Esta noção substitui aquela que constava do artigo 2° do Código dos Processos Especiais de Recuperação da Empresa e de Falência, aprovado pelo Decreto-Lei n.° 132/93, de 23 de Abril, alterado pelos Decretos-Leis n.°s 157/97, de 24 de Junho, 315/98, de 20 de Outubro, 323/2001, de 17 de Dezembro, e 38/2003, de 8 de Março – "toda a organização dos factores de produção destinada ao exercício de qualquer actividade agrícola, comercial ou industrial ou de prestação de serviços" –, dado que o Código da Insolvência substituiu o referido, que foi revogado expressamente pelo mencionado DL n.° 53/2004.

Para os efeitos do Decreto-Lei n.° 316/ /98, de 20 de Outubro, alterado Decreto-Lei n.° 201/2004, de 18 de Agosto, que prevê um procedimento extrajudicial de conciliação tendente à recuperação de empresas, empresa é "toda a pessoa colectiva dotada de personalidade jurídica e com património autónomo" (artigo 1.°, n.° 2).

V. *Insolvência; Recuperação de empresas; Procedimento de conciliação; Pessoa colectiva; Personalidade jurídica; Património.*

Empréstimo (Dir. Civil) – Contrato pelo qual uma das partes põe à disposição da outra uma coisa, para que a use e restitua.

O empréstimo de coisas fungíveis (empréstimo para consumo) chama-se mútuo; o empréstimo de coisas infungíveis (empréstimo para uso) tem a designação de comodato.

V. *Comodato; Mútuo.*

"Emptio rei speratae" (Dir. Civil) – Compra da coisa esperada.

Expressão que designa a compra e venda de bens futuros que não tem carácter aleatório, isto é, em que o comprador só fica obrigado a pagar o preço se e quando os bens se tornarem presentes e, consequentemente, se der a aquisição do direito sobre eles.

Caso as partes não convencionem nada diverso, a venda de bens futuros é considerada uma *emptio rei speratae* (cfr. artigo 880.°, n.° 2, C.C.).

V. *Compra e venda; Coisa futura; Venda de bens futuros; Coisa presente; Contrato aleatório.*

"Emptio spei" (Dir. Civil) – Compra da esperança.

É a compra e venda de bens futuros a que as partes atribuíram carácter aleatório: neste caso, o preço é devido ainda que os bens não venham a surgir e, consequentemente, a transmitir-se para o comprador (v. artigo 880.°, n.° 2, C.C.).

V. *Compra e venda; Coisa futura; Venda de bens futuros; Contrato aleatório.*

Emulação (Dir. Civil) – Designação tradicional dada ao e exercício de direitos com o objectivo não de obter uma utilidade ou de satisfazer um interesse próprios, mas de prejudicar outrem.

V. *Direito subjectivo; Acto emulativo.*

Encampação do prazo (Dir. Civil) – Direito que, nos termos dos artigos 1501.°-*e)* e 1509.° do Código Civil, tinha o enfiteuta de abandonar o prazo se, por caso fortuito, o prédio enfitêutico se deteriorasse ou inutilizasse em parte, de tal modo que o respectivo valor se tornasse inferior ao que era na data da constituição da enfiteuse, e o senhorio se opusesse à redução do foro.

Estas disposições foram revogadas pelos Decretos-Leis n.°s 195-A/76, de 16 de Março, e 233/76, de 2 de Abril, que extinguiram a enfiteuse, em relação a prédios rústicos e urbanos, respectivamente.

V. *Enfiteuse; Prédio rústico; Prédio urbano.*

Encargos (Dir. Civil; Proc. Civil)

1. Designam-se por encargos (cláusulas ou disposições modais) as cláusulas da doação ou as disposições do testamento que imponham ao donatário, herdeiro ou legatário o cumprimento de dadas obrigações.

V. artigos 963.° e 2244.°, C.C..

Sendo os encargos impossíveis, contrários à lei ou à ordem pública ou ofensivos dos bens costumes, consideram-se como não escritos, valendo a doação, a instituição do herdeiro e a nomeação do legatário sem tais disposições (v. artigos 967.°, 2245.° e 2230.°, C.C.).

O donatário, bem como o herdeiro e o legatário, só são obrigados a cumprir os encargos dentro dos limites do valor da doação, herança ou legado (v. artigos 963.°, n.° 2, e 2276.°, n.° 1, C.C.).

O cumprimento dos encargos pode ser exigido pelo doador ou herdeiros deste e ainda por qualquer interessado, quer se trate de doação quer de disposição testamentária.

Na doação, pode estar previsto o direito à resolução do próprio contrato por incumprimento dos encargos, caso em que tal direito pode ser exercido pelo doador ou pelos seus herdeiros (v. artigo 966.°, C.C.); no caso de disposição testamentária, é a qualquer dos interessados que cabe o direito a pedir a resolução da disposição por incumprimento dos encargos, desde que o testador assim o tenha determinado ou seja lícito prever que essa era a sua vontade (v. artigo 2248.°, C.C.).

O artigo 1889.°-*l)*, C.C., na redacção do Decreto-Lei n.° 227/94, de 8 de Setembro, determina que "como representantes do filho não podem os pais, sem autorização do tribunal, [...] aceitar herança, doação ou legado com encargos [...]".

V. *Cláusula; Doação; Testamento; Obrigação; Herança; Legado; Ordem pública; Bons costumes, Herdeiro; Legatário; "Intra vires hereditatis"; Resolução do contrato; Representação legal; Autorização; Aceitação da herança; Aceitação da doação.*

2. A lei civil também utiliza o termo *encargos* numa outra acepção: a de despesas com uma coisa ou resultantes da titularidade de um direito – v., por exemplo, os artigos 1474.° (encargos anuais que incidem sobre o rendimento de bens usufruídos), 1272.° (encargos com a coisa possuída) e 1424.°, na redacção do DL n.° 227/94 (encargos de conservação e fruição das partes comuns do edifício em

regime de propriedade horizontal), todos do C.C..

V. *Coisa; direito subjectivo; Partes comuns; Usufruto; Posse; Propriedade horizontal.*

3. Não raro o termo é usado para referir a constituição de direitos reais menores sobre bens. É este, tanto quanto parece, o sentido com que, por exemplo o artigo 961.°, C.C., o utiliza.

V. *Direito real menor.*

4. Finalmente, nos termos da lei processual, o termo encargos designa despesas realizadas concretamente no processo e que se incluem nas custas a pagar pelas respectivas partes.

Nos termos do n.° 2 do artigo 1.° do Código das Custas Judiciais (cuja redacção é a do Decreto-Lei n.° 324/2003, de 27 de Dezembro, rectificado pela Declaração de rectificação n.° 26/2004, de 24 de Fevereiro), "as custas compreendem a taxa de justiça e os encargos". O artigo 32.°, n.° 1, deste diploma determina que "as custas compreendem os seguintes encargos:

a) Os reembolsos ao Cofre Geral dos Tribunais por despesas adiantadas, incluindo, entre outras, as relativas à transcrição das provas produzidas oralmente;

b) Os pagamentos devidos ou adiantados a quaisquer entidades, nomeadamente documentos, pareceres, plantas, outros elementos de informação ou de prova e serviços que o tribunal tenha requisitado, excepto o custo de certidões extraídas oficiosamente pelo tribunal;

c) As retribuições devidas a quem interveio acidentalmente no processo, incluindo as compensações legalmente estabelecidas;

d) As despesas de transporte e ajudas de custo;

e) O reembolso ao Estado do dispêndio com o apoio judiciário, incluindo, entre outros, o relativo a honorários pagos ou adiantados no âmbito do mesmo;

f) O custo da citação por funcionário judicial no caso de o autor declarar pretendê-la, nos termos do n.° 8 do artigo 239.° do Código de Processo Civil [o autor deve declará-lo na petição inicial]".

V. *Custas; Parte; Taxa de justiça; Prova; Documento; Parecer; Certidão; Apoio judiciário; honorários; Citação; Funcionário de justiça; Petição inicial.*

Encargos da herança (Dir. Civil) – Os encargos da herança, isto é, as situações patrimoniais passivas por que a herança é responsável, estão enumerados no artigo 2068.°, C.C., e são as despesas com o funeral e sufrágios do seu autor, os encargos com a testamentaria, administração e liquidação do património hereditário, as dívidas do falecido e o cumprimento dos legados.

V. artigos 2068.° e segs., C.C., nomeadamente sobre preferências no modo como são satisfeitos os encargos e responsabilidade dos herdeiros pelo cumprimento deles.

Para além destes encargos ordinários da herança, pode o *de cuius* haver, em testamento, imposto encargos especiais a certos herdeiros ou legatários (cfr. artigos 2244.° e segs., C.C.). Porém, o artigo 2163.°, C.C., proíbe o testador de impor encargos sobre a legítima.

V. *Herança; Testamentaria; Legado; Liquidação; Dívida; Herdeiro; Legatário; Legítima.*

Encargos da vida familiar (Dir. Civil) – V. *Despesas domésticas.*

Encargos dos condóminos (Dir. Civil) – Na propriedade horizontal, "salvo disposição em contrário, as despesas necessárias à conservação e fruição das partes comuns do edifício e ao pagamento de serviços de interesse comum são pagas pelos condóminos em proporção do valor das suas fracções" (artigo 1424.°, n.° 1, C.C., na redacção do Decreto-Lei n.° 267/94, de 25 de Outubro), devendo também os condóminos custear, nestes termos, as obras que constituam inovações aprovadas por uma maioria que represente dois terços do valor total do prédio (artigo 1426.°, n.° 1, C.C., na redacção do mesmo diploma). No entanto, a lei estabelece algumas restrições a esta obrigação de contribuir para os encargos do prédio:

a) "as despesas relativas aos diversos lanços de escada ou às partes comuns do prédio que sirvam exclusivamente algum dos condóminos ficam a cargo dos que delas se servem" (artigo 1424.°, n.° 3, C.C., também com a redacção do DL n.° 267/94);

b) "nas despesas dos ascensores só participam os condóminos cuja fracções por eles possam ser servidas" (artigo 1424.°, n.° 4, C.C.);

c) não há obrigação de participar nos encargos com a inovação para o condómino que a não tenha aprovado (desde que a sua desaprovação não tenha sido considerada judicialmente infundada) – artigo 1426, n.° 2, C.C..

V. *Propriedade horizontal; Partes comuns; Edifício; Condómino; Fracção autónoma; Obras.*

Encrave (Dir. Civil) – Situação de um prédio que não tenha comunicação com a via pública nem condições que permitam estabelecê-la sem excessiva onerosidade, ou em que tal comunicação exista mas seja insuficiente.

O encrave é *absoluto* quando o prédio não tem qualquer comunicação com a via pública, por existir, entre esta e ele, outro ou outros prédios alheios. De encrave *relativo* fala-se para significar as situações em que o prédio não está completamente privado de comunicação, mas ela é insuficiente, ou em que as condições para a obter sejam excessivamente gravosas ou onerosas.

O encrave dá ao proprietário do prédio o direito à constituição de servidão de passagem, mas, quando tiver sido provocado sem justo motivo por aquele, essa constituição encontra-se dependente do pagamento de indemnização agravada (fixada, tendo em atenção a culpa do proprietário, até ao dobro da que normalmente seria devida).

V. artigos 1550.° e 1552.°, C.C..

V. *Prédio; Prédio encravado; Servidão de passagem; Indemnização; Culpa; Responsabilidade por actos lícitos.*

Enfiteuse (Dir. Civil) – Nos termos da lei civil (antigos artigos 1491.° e segs., C.C.), a enfiteuse, também denominada *emprazamento* ou *aforamento*, consistia no desmembramento do direito de propriedade em dois domínios (directo e útil), dando lugar ao pagamento de um foro pelo enfiteuta, titular do domínio útil, (que podia usar e fruir o prédio como seu, constituindo ou extinguindo sobre ele direitos de superfície e servidões) ao senhorio (titular do domínio directo). A extinção da enfiteuse era possível por remição em favor do enfiteuta, contra o pagamento de quantia correspondente a vinte foros.

O Decreto-Lei n.° 195-A/76, de 16 de Março (cuja redacção foi alterada pelas Leis n.°s 22/87 e 108/97, respectivamente de 24 de Junho e de 16 de Setembro), aboliu a enfiteuse respeitante a prédios rústicos, determinando que o domínio directo deles se transferisse para o titular do domínio útil, e que o Estado indemnizasse o titular do domínio directo, quando este fosse pessoa singular cujo rendimento mensal fosse inferior ao salário mínimo nacional, e o requeresse judicialmente nos termos prescritos no mesmo diploma.

O artigo 6.° do mesmo diploma declarou extintos os créditos de foros em dívida há mais de um ano (a contar da data da entrada em vigor do diploma) bem como abolido o direito do senhorio ao recebimento em triplo dos foros em dívida.

O Decreto-Lei n.° 233/76, de 2 de Abril (cuja redacção foi alterada, pela última vez, pelo Decreto-Lei n.° 335/84, de 18 de Outubro), decretou igualmente a extinção da enfiteuse relativa a prédios urbanos, ficando o enfiteuta como titular do direito de propriedade do prédio; ao senhorio foi reconhecido o direito a indemnização equivalente ao que seria o preço da remição do foro (o prazo para o exercício deste direito a indemnização foi alargado pelo Decreto-Lei n.° 82/78, de 2 de Maio, tendo o Decreto-Lei n.° 226/80, de 15 de Julho, estabelecido o prazo de seis anos, contados da sua publicação, para esse exercício).

As alterações introduzidas pela Lei n.° 108/97 dizem respeito à constituição da enfiteuse por usucapião, estabelecendo o n.° 5 do respectivo artigo 1.° que se considera que houve tal constituição se, "desde, pelo menos, 15 de Março de 1946 até à extinção da enfiteuse o prédio rústico, ou a sua parcela, foi cultivado por quem não era proprietário com a obrigação para o cultivador de pagamento de uma prestação anual ao senhorio" ou se "tiverem sido feitas pelo cultivador ou seus antecessores no prédio ou sua parcela benfeitorias, mesmo que depois de 16 de Março de 1976, de valor igual ou superior a, pelo menos, metade do valor do prédio ou da parcela, considerados no estado de incultos e sem atender a eventual aptidão para urbanização ou outros fins não agrícolas"; o n.° 6 do mesmo artigo, aditado pela Lei n.° 108/97, diz que "pode pedir o reconhecimento da constituição da enfiteuse por usucapião quem tenha sucedido ao cultivador inicial por morte ou por negócio entre vivos, mesmo que sem título, desde que as sucessões hajam sido acompanhadas das correspondentes transmissões da posse".

V. *Direito de propriedade; Fruição; Direito de superfície; Servidão; Remição; Prédio rústico; Indemnização; Pessoa singular; Crédito; Usucapião; Benfeitorias; Sucessão; Posse; Prédio urbano.*

Enriquecimento abstracto (Dir. Civil) – V. *Enriquecimento real; Enriquecimento sem causa.*

Enriquecimento injusto (Dir. Civil) – Sinónimo de *enriquecimento sem causa* (v. esta expressão).

Enriquecimento patrimonial (Dir. Civil) – A doutrina chama enriquecimento patrimonial ou concreto ao aumento de valor do património do enriquecido em consequência da deslocação patrimonial. O enriquecimento tanto pode consubstanciar um aumento do activo como uma diminuição do passivo, como ainda uma poupança de despesa.

O enriquecimento patrimonial corresponde à diferença entre a situação patrimonial actual do enriquecido e aquela em que se encontraria se não tivesse havido a deslocação patrimonial.

V. *Enriquecimento sem causa; Teoria da diferença; Teoria do duplo limite.*

Enriquecimento real (Dir. Civil) – Designação doutrinária do valor da deslocação patrimonial que consubstancia enriquecimento sem causa.

O enriquecimento real ou abstracto é sempre igual ao empobrecimento real, pois corresponde ao valor da deslocação patrimonial verificada, independentemente do reflexo que essa deslocação teve nos patrimónios dos sujeitos.

V. *Enriquecimento sem causa; Teoria do duplo limite.*

Enriquecimento sem causa (Dir. Civil) – Enriquecimento de uma pessoa relacionado com o empobrecimento de uma outra, quando o desequilíbrio dos patrimónios não se justifica por uma razão jurídica, embora o facto ou acto de que deriva o enriquecimento não seja ilícito. Entende-se "por *causa justificativa* todo o facto jurídico (compra, troca, usucapião, etc.) que, segundo o direito, tem o efeito de produzir a aquisição ou liberação patrimonial considerada" (*in* Dias Marques, *Código Civil*, Lisboa, 1.ª edição, págs. 131, nota ao artigo 473.°); há enriquecimento sem causa quando não há um facto dessa natureza que o justifique, ainda que tenha anteriormente existido, ou quando a deslocação patrimonial tivesse tido em vista um efeito que se não verificou.

Para o enriquecido surge a obrigação de restituir tudo aquilo com que injustamente se locupletou ou, se a restituição em espécie não for possível, o valor correspondente. A restituição não pode, em princípio, ser superior ao enriquecimento efectivo (isto é, ao enriquecimento patrimonial) à data da citação judicial para a ela proceder ou à data em que o enriquecido teve "conhecimento da falta de causa do seu enriquecimento ou da falta do efeito que [...] pretendia obter com a prestação".

O enriquecimento sem causa tem natureza subsidiária, pelo que não haverá lugar à restituição "quando a lei facultar ao empobrecido outro meio de ser indemnizado ou restituído, negar o direito à restituição ou atribuir outros efeitos ao enriquecimento"; por outro lado, a obrigação de restituir também não existe "se, ao efectuar a prestação, o autor sabia que o efeito com ela previsto era impossível, ou se, agindo contra a boa fé, impediu a sua verificação".

O direito à restituição prescreve no prazo de três anos, a contar da data em que o credor teve conhecimento do seu direito e da pessoa do responsável, sem prejuízo da prescrição ordinária (vinte anos), que sempre conta a partir do enriquecimento.

V. artigos 473.° e segs., C.C..

V. *Património; Facto jurídico; Compra e venda; Troca; Usucapião; Repetição do indevido; Obrigação de restituir; enriquecimento patrimonial; Citação; Boa fé; Prescrição.*

Enteado (Dir. Civil) – Filho do cônjuge. O artigo do 2009.°-*f)*, C.C., determina que estão vinculados à prestação de alimentos "o padrasto e a madrasta, relativamente a enteados menores que estejam, ou estivessem no momento da morte do cônjuge, a cargo deste".

No âmbito do direito do trabalho, a lei atribui direitos aos padrastos, com vista ao acompanhamento do enteado. O artigo 42.° do Código do Trabalho (Lei n.° 99/ /2003, de 27 de Agosto, rectificada pela Declaração de rectificação n.° 15/2003, de 28 de Outubro, e alterada pela Lei n.° 9/ /2006, de 20 de Março) determina que "o disposto no artigo 40.° [faltas para assistência a menores] aplica-se, independentemente da idade, caso o [...] filho do cônjuge que com este resida seja portador de deficiência ou doença crónica". Os direitos previstos no artigo 43.°, "para assistência a filho ou adoptado [...] até aos 6 anos de idade da criança", são também atribuídos "para assistência a filho de cônjuge ou de pessoa em união de facto que com este resida, nos termos do presente artigo". O artigo 44.° atribui ao pai ou à mãe "direito a licença por período até seis meses, prorrogável com limite de quatro anos, para acompanhamento de [...] filho de cônjuge que com este resida, que seja portador de deficiência ou doença crónica, durante os primeiros doze anos de vida".

O Código do Trabalho foi regulamentado pela Lei n.° 35/2004, de 29 de Julho, alterada pela Lei n.° 9/2006, de 20 de Março. Este diploma estabelece, no artigo 77.°, que "para efeitos [...] do n.° 1 do artigo 44.° do Código do Trabalho, o trabalhador tem direito [...] a licença para assistência a pessoa com deficiência ou doença crónica se o outro progenitor exercer actividade profissional ou estiver impedido ou inibido totalmente de exercer o poder paternal", sendo que, "se houver dois titulares, a licença pode ser gozada por qualquer deles ou por ambos em períodos sucessivos". Nos termos do artigo 81.°, "a prestação de trabalho a tempo parcial pode ser prorrogada até ao máximo de [...] quatro anos no caso de filho com deficiência ou doença crónica, sendo aplicável à prorrogação o disposto para o pedido inicial". O artigo 106.° atribui o trabalhador, "durante a licença prevista no artigo 44.° do Código do Trabalho, [...] direito a um subsídio para assistência a deficientes profundos e doentes crónicos, nos termos da legislação da segurança social". Por fim, o artigo 108.° determina que "as licenças especiais previstas nos artigos 43.° e 44.° do Código do Trabalho são consideradas para efeitos de aposentação, pensão de sobrevivência e atribuição dos benefícios da Assistência na Doença aos Servidores do Estado (ADSE)".

V. *Alimentos; Menor; Poder paternal; Deficiente; União de facto.*

Entrada – 1. (Proc. Civil) – Até à entrada em vigor do Decreto-Lei n.° 329-A/95, de 12 de Dezembro, a propositura da acção ocorria, em princípio, com a recepção da petição inicial pela secretaria do tribunal a que era dirigida, que registava tal entrada em livro próprio para o efeito, sendo essa a data de tal propositura da acção; também os restantes documentos processuais eram recebidos pela secretaria, sendo a respectiva entrada registada em livro próprio.

Já o Decreto-Lei n.° 28/92, de 27 de Fevereiro, tinha vindo a admitir o envio da petição inicial por telecópia.

Actualmente, o artigo 150.°, C.P.C., na redacção do Decreto-Lei n.° 324/2003, de 27 de Dezembro, rectificado pela Declaração de rectificação n.° 26/2004, de 24 de Fevereiro, admite que a apresentação dos actos processuais que tenham de ser praticados por escrito seja feita por várias formas: "*a)* Entrega na secretaria judicial, valendo como data da prática do acto processual a da respectiva entrega; *b)* Remessa pelo correio, sob registo, valendo como data da prática do acto processual a da efectivação do respectivo registo postal; *c)* Envio através de telecópia, valendo como data da prática [...] a da expedição; *d)* Envio através de correio electrónico, com aposição de assinatura electrónica avançada, valendo como data da prática do acto [...] a da expedição, devidamente certificada [...]; *e)* Envio através de outro meio de transmissão electrónica de dados".

A Portaria n.° 642/2004, de 16 de Junho, "regula a forma de apresentação a juízo dos actos processuais enviados através de correio electrónico".

V. *Secretaria judicial; Petição inicial; Propositura da acção; Documento; Telecópia; Actos processuais; Assinatura electrónica.*

2. (Dir. Civil) – Chama-se entrada aquilo com que cada sócio é obrigado a contribuir para a sociedade. Podem as entradas consistir em bens ou serviços (artigos 980.°, 1003.° e 1004.°, C.C.) e presumir-se-ão iguais em valor, se este não for determinado no contrato (v. artigo 983.°, n.° 2, C.C.).

V. *Sociedade; Presunção legal; Contrato.*

Entrada em vigor – A lei não entra em vigor no dia da sua publicação no *Diário da República*, mas, sim, decorrido um certo lapso de tempo (*vacatio legis*) após essa publicação (artigo 2.°, n.° 1, da Lei n.° 74/ /98, de 11 de Novembro, alterada pela Lei n.° 2/2005, de 24 de Janeiro).

O período de *vacatio legis* pode encontrar-se fixado na própria lei; não o estando, será de cinco dias no continente, de quinze dias nos Açores e Madeira, e de trinta dias no estrangeiro, contando-se estes prazos "a partir do dia imediato ao da publicação do diploma, ou da sua efectiva distribuição, se esta tiver sido posterior" (artigo 2.° da mesma Lei).

O artigo 5.°, C.C., determina que "a lei só se torna obrigatória depois de publicada no jornal oficial" e que "entre a publicação e a vigência da lei decorrerá o tempo que a própria lei fixar ou, na falta de fixação, o que for determinado em legislação especial".

V. *Lei; Publicação da lei.*

Entrega da coisa (Dir. Civil) – Em sentido técnico, entre outros no contrato de compra e venda e no de doação, é o objecto da obrigação de entregar a coisa alienada no estado em que se encontrava ao tempo da venda ou da aceitação, respectivamente.

V. artigos 879.°-*b)*, 882.°, n.° 1, 954.°-*b)* e 955.°, todos do C.C..

A lei designa, genericamente, por entrega ou tradição da coisa o acto material de entrega que tem como efeito jurídico a transmissão da posse ou da detenção da coisa. V., por exemplo, artigo 442.°, n.° 2, C.C..

O Decreto-Lei n.° 67/2003, de 8 de Abril, que transpôs a Directiva n.° 1999/44/CE, do Parlamento Europeu e do Conselho, de 25 de Maio, relativa a certos aspectos da venda de bens de consumo e das garantias a ela relativas, estabelece o momento da entrega como o momento determinante para a aferição da conformidade do bem com o contrato.

V. *Doação; Compra e venda; Obrigação; Posse; Detenção; Venda de bens de consumo; Conformidade.*

Entrega dos bens do ausente (Dir. Civil) – Na fase da justificação da ausência, podem os legatários, bem como todos aqueles que por morte do ausente teriam direito a bens determinados, requerer, independentemente da partilha, que esses bens lhes sejam entregues (artigos 102.°, C.C., e 1108.°, n.° 4, C.P.C., este último na redacção do Decreto-Lei n.° 329-A/95, de 12 de Dezembro).

Aos herdeiros do ausente à data das últimas notícias, ou aos herdeiros daqueles que, entretanto, tiverem falecido, os bens só são entregues depois da partilha (artigo 103.°, C.C.), pertencendo até então a sua administração ao cabeça-de-casal.

Todos estes a quem tenham sido entregues os bens do ausente são havidos como curadores definitivos (artigo 104.°, C.C.).

V. *Ausência; Ausência declarada; Legatário; Herdeiro; Partilha; Administração de bens; Cabeça-de-casal; Curador.*

Entrega judicial (Dir. Civil) – Processo executivo especial em que alguém, que tivesse a seu favor título que transmitisse a propriedade de uma coisa, requeria que esta lhe fosse entregue.

Os artigos 1044.° e segs., C.P.C. – no quadro dos quais este processo estava regulado –, foram revogados pelo Decreto-Lei n.° 329-A/95, de 12 de Dezembro. Actualmente, não existe qualquer processo executivo especial com este objecto.

V. *Execução; Direito de propriedade; Posse judicial.*

Entrega judicial de menor (Dir. Civil) – Quando o menor se encontra fora do poder da pessoa ou do estabelecimento a quem esteja legalmente confiado, deve essa pessoa ou estabelecimento requerer, ao tribunal de família da comarca em que o menor se encontre, a entrega deste.

Se o juiz verificar que o requerente não é idóneo para lhe ser confiado o menor, decretará que este seja depositado em casa de família idónea, com preferência para os parentes mais próximos obrigados por lei a alimentos, ou então será internado num estabelecimento de educação.

V. artigos 191.° e segs., antiga O.T.M. (Decreto-Lei n.° 314/78, de 27 de Outubro), que parecem ainda estar em vigor, na medida em que não contrariam a Lei de Protecção de Crianças e Jovens em Perigo (Lei n.° 147/99, de 1 de Setembro).

V. artigos 17.° e segs. da Convenção de Cooperação Judiciária relativa à Protecção de Menores entre o Governo da República Portuguesa e o Governo da República Francesa, assinada em Lisboa a 20 de Julho de 1983 e aprovada, para adesão, pela Resolução da Assembleia da República n.° 1/84, de 3 de Fevereiro.

V. *Menor; Confiança de menor; Tribunal de família; Comarca; Parentesco; Alimentos; Protecção de menores.*

Entrelinhas (Dir. Civil; Proc. Civil) – V. *Emendas.*

Enxames de abelhas (Dir. Civil) – O proprietário de um enxame de abelhas pode entrar em prédio vizinho em perseguição dele, tendo, contudo, o dever de, em qualquer caso, indemnizar pelos prejuízos que causar. Não perseguindo o enxame logo que saiba da sua fuga ou não o capturando no espaço de dois dias, perde o seu direito, podendo ele ser capturado pelo dono do prédio onde se encontre ou por qualquer outra pessoa com consentimento deste.

V. artigo 1322.°, C.C..

V. *Prédio; Indemnização; dano; Responsabilidade por actos lícitos.*

Equidade – Chama-se juízo de equidade àquele que o julgador formula para resolver o litígio de acordo com um critério de justiça, sem recorrer a uma norma pré-estabelecida. Julgar segundo a equidade significa, pois, dar a um conflito a solução que se entende ser a mais justa, atendendo apenas às características da situação e sem recurso à norma jurídica eventualmente aplicável. A equidade tem, consequentemente, conteúdo indeterminado, variável, de acordo com as concepções de justiça dominantes em cada sociedade e em cada momento histórico. Independentemente da questão de saber se é fonte de direito, ela pode constituir um critério de correcção na aplicação do direito constituído.

Na ordem jurídica portuguesa, os tribunais só podem resolver segundo a equidade quando haja disposição legal que o permita (por exemplo, artigos 339.°, n.° 2, 437.°, n.° 1, e 489.°, n.° 1, C.C.), ou haja acordo das partes e a relação jurídica não seja indisponível, e ainda quando as partes tenham previamente convencionado o recurso à equidade nos termos de convenção de arbitragem (cfr. artigo 22.° da Lei n.° 31/86, de 29 de Agosto, alterada pelo Decreto-Lei n.° 38/2003, de 8 de Março, rectificado pela Declaração de rectificação n.° 5-C/2003, de 30 de Abril).

Os juízes de paz, nos termos do n.° 2 do artigo 26.° da Lei n.° 78/2001, de 13 de Julho, não estão sujeitos "a critérios de legalidade estrita, podendo, se as partes assim o acordarem, decidir segundo juízos de equidade quando o valor da acção não exceda metade do valor da alçada do tribunal de 1.ª instância".

Como fonte de direito, no sistema português, a equidade carece, pois, de autonomia como tal, só sendo permitido o recurso a ela, se existir disposição legal que o admita ou quando as partes tenham validamente deliberado nesse sentido.

V. artigo 4.°, C.C..

V. *Fontes de direito; Litígio; Norma jurídica; Relação jurídica; Direito indisponível; Convenção de arbitragem; Juiz de paz; Valor da causa; Alçada Tribunal de 1.ª instância; Direito positivo.*

Equivalência das condições (Dir. Civil) – V. *Teoria da equivalência das condições.*

"Erga omnes" (Dir. Civil) – Expressão latina que significa *contra todos* ou *em relação a todos*. Usa-se sobretudo para qualificar um direito subjectivo que é oponível a terceiros.

V. *Direito subjectivo; Oponibilidade a terceiros; Direito absoluto; "Inter partes".*

Erro – 1. (Dir. Civil) – De um modo geral, o erro consiste numa representação inexacta da existência ou qualidades de uma coisa ou facto ou da existência ou interpretação de uma regra de direito.

No domínio dos negócios jurídicos, a existência de erro de uma das partes pode ser relevante e ter consequências sobre a validade do próprio negócio. Esse erro pode ser de dois tipos: erro na formação da vontade (*erro-vício*) ou erro na transmissão da vontade, isto é, na declaração (*erro-obstáculo*).

O erro na formação da vontade é tomado em consideração pela lei quando é essencial. Há casos em que, além da essencialidade, a lei exige a desculpabilidade, para que o erro tenha consequências na validade do negócio ou acto jurídico, como sucede, por exemplo, no regime do casamento (artigo 1636.°, C.C.) ou nos dos artigos 476.°, n.° 3, e 477.°, n.° 1, C.C. (cumprimento da obrigação antes do respectivo vencimento e relativo a obrigação alheia, respectivamente). E pode referir-se à pessoa da outra parte ou ao objecto do negócio: nesse caso, o negócio é anulável quando a outra parte conhecesse ou não devesse ignorar a essencialidade para o declarante do elemento sobre que incidiu o erro (v. artigos 251.° e 247.°, C.C.); mas o erro pode também referir-se a outros motivos determinantes da vontade, que não sejam a pessoa do declaratário nem o objecto do negócio, e nesse caso só é fundamento de anulação do negócio se as partes tiverem reconhecido, por acordo, a essencialidade do motivo sobre que incidiu o erro (v. artigo 252.°, n.° 1, C.C.); se o erro "recair sobre as circunstâncias que constituem a base do negócio, é aplicável ao erro do declarante o [...] [regime do artigo 437.°, C.C.]" (n.° 2 do artigo 252.°).

O erro que intervém no processo de formação da vontade pode ser *simples* ou *qualificado* por dolo. Diz-se que há erro qualificado por dolo, quando a causa do erro foi o dolo ou engano de outrem, relevante para o regime de invalidade do negócio viciado; sempre que a causa do erro não é tomada em consideração no regime anulatório do negócio, está-se em presença de um erro simples; dado que o erro qualificado o é, tipicamente, por dolo do declaratário ou de terceiro, a este se aplicam os artigos 253.° e 254.°, C.C., tendo os artigos 251.° e 262.° por objecto o erro simples.

No caso de se tratar de erro na declaração, o negócio é anulável, "desde que o declaratário conhecesse ou não devesse ignorar a essencialidade, para o declarante, do elemento sobre que incidiu o erro" (v. artigo 247.°, C.C.).

Quando resultar da própria declaração ou das circunstâncias em que foi emitida que se trata de um erro de cálculo ou de escrita, não há direito à anulação do negócio, mas tão-somente à rectificação do erro, não havendo igualmente direito à anulação quando a outra parte declarar aceitar o negócio tal como o declarante o queria (v. artigos 248.° e 249.°, C.C.).

Quanto ao erro de direito, dispõe o artigo 6.°, C.C., que "a ignorância ou má interpretação da lei não justifica a falta do seu cumprimento nem isenta as pessoas das sanções nela estabelecidas". Não significa isto, porém, que todo o erro de direito seja irrelevante juridicamente; por exemplo, no âmbito da responsabilidade pré-contratual, o dever de informação pode compreender o de esclarecer a outra parte acerca do regime do negócio que visa concluir-se ou sobre o significado jurídico de certas cláusulas propostas.

Quanto à possibilidade de anulação de disposição testamentária por erro, v. artigos 2201.° a 2203.°, C.C..

No domínio da responsabilidade civil subjectiva, quer obrigacional quer extra-obrigacional, o erro de facto, quando houver sido essencial e desculpável, constitui causa de exclusão da culpa do agente e de consequente afastamento da sua responsabilidade.

V. *Negócio jurídico; Validade; Acto jurídico; Erro essencial; Erro desculpável; Casamento; Cumprimento; Vencimento; Obrigação; Anulação; Vícios na formação da vontade; Erro na declaração; Declaratário; Base do negócio; "Error in futurum"; Dolo; Responsabilidade pré-contratual; Dever pré-contratual; Obrigação de informação; Testamento; Responsabilidade civil; Causas de escusa.*

2. Na actividade publicitária, disciplinada pelo Decreto-Lei n.° 330/90, de 23 de Outubro, alterado pelos Decretos-Leis n.°s 74/93, de 10 de Março, 6/95, de 17 de Ja-

neiro, 61/97, de 25 de Março, 275/98, de 9 de Setembro, 51/2001, de 15 de Fevereiro, e 332/2001, de 24 de Dezembro, pelas Leis n.°s 31-A/98, de 14 de Julho, e 32/2003, de 22 de Agosto, e pelo Decreto-Lei n.° 224/2004, de 4 de Dezembro, é proibida a utilização de formas publicitárias que possam induzir em erro o destinatário, independentemente de causar qualquer prejuízo económico (artigo 11.° do referido diploma).

V. Publicidade; Consumidor.

3. (Proc. Civil) – Se a sentença contiver erros materiais, "omitir o nome das partes, for omissa quanto a custas, ou contiver erros de escrita ou de cálculo ou quaisquer inexactidões devidas a outra omissão ou lapso manifesto, pode ser corrigida por simples despacho, a requerimento de qualquer das partes ou por iniciativa do juiz" – artigo 667.°, C.P.C..

O artigo 670.°, n.° 2, C.P.C., dispõe que "do despacho que indeferir o requerimento de rectificação [...] não cabe recurso. A decisão que deferir considera-se parte integrante da sentença".

Estes erros materiais, que podem ser rectificados, nada têm que ver com eventual *erro de julgamento* (v. esta expressão).

V. *Sentença; Custas; Despacho; Requerimento; Juiz; Rectificação da sentença; Recurso.*

Erro causal (Dir. Civil) – Qualifica-se como causal o erro quando ele constitui a causa da celebração do negócio ou dos termos que essa celebração revestiu.

Também pode utilizar-se esta expressão para significar o erro que, tendo constituído a causa da actuação do agente, deve considerar-se causa de escusa.

V. *Erro; Erro essencial; Negócio jurídico, Erro incidental; Causas de escusa.*

Erro cognoscível (Dir. Civil) – É cognoscível o erro quando o declaratário, usando de normal diligência, o podia aperceber. A nossa lei, no artigo 247.°, C.C., não exige a cognoscibilidade do erro como condição da sua relevância para a anulabilidade do negócio, exigindo antes a cognoscibilidade da essencialidade, para o declarante, do elemento sobre que incidiu o erro.

No quadro da boa fé pré-contratual, sendo o erro cognoscível, o artigo 253.°, n.° 1, C.C., impõe ao declaratário o dever de o esclarecer, constituindo dolo "a dissimulação, pelo declaratário ou terceiro, do erro do declarante"; se pode dizer-se que, em regra, existe um dever pré-contratual de conhecer e esclarecer o erro cognoscível da contraparte, nos termos do artigo 227.°, n.° 1, C.C., já não é certo que o seu não esclarecimento consubstancie forçosamente dolo, pois este só existe inequivocamente quando o declaratário, tendo apercebido o erro, o dissimula ou mantém.

V. *Erro; Declaratário; Diligência; Anulabilidade; Negócio jurídico; Dever pré-contratual; Responsabilidade pré-contratual; Dolo; Terceiro.*

Erro conhecido (Dir. Civil) – É conhecido o erro quando o declaratário conhece a vontade real do declarante, sabendo, pois, que a vontade negocial se encontra viciada ou que entre a vontade e a declaração há uma divergência não intencional, motivada por erro. Sempre que o erro seja conhecido, tem o declaratário o dever pré-contratual de o desfazer, constituindo a sua dissimulação dolo.

V. *Declaratário; Declarante; Dever pré-contratual; Dolo.*

Erro de direito (Dir. Civil) – Consubstancia-se na ignorância de uma norma, na errada suposição da sua existência ou numa sua incorrecta interpretação ou aplicação.

O erro de direito, que não justifica o incumprimento de um dever jurídico, nem isenta o infractor das correspondentes sanções, nem sempre pode considerar-se culposo, constituindo, se revestir os restantes requisitos para isso, fundamento de anulação do negócio.

Pode, até, o erro de direito – como qualquer outro –, se criado, mantido ou não esclarecido pela outra parte, constituir esta em responsabilidade pré-contratual, por impender sobre ela o dever de o prevenir ou eliminar.

V. *Erro; Ignorância da lei; Culpa; Anulação; Negócio jurídico; Responsabilidade pré-contratual; Obrigação de informação.*

Erro de facto (Dir. Civil) – É aquele que respeita a qualquer elemento ou característica da situação, que não seja de natureza jurídica.

V. *Erro.*

Erro de julgamento (Dir. Civil) – Verifica-se quando a decisão judicial foi tomada *contra legem* ou contra os factos apurados. José Alberto dos Reis distingue o erro de julgamento do erro material da sentença, para explicar que ao primeiro não pode aplicar-se o artigo 667.° do C.P.C., pois, ainda que o juiz se aperceba de que decidiu mal, isto é, se aperceba do erro depois de proferir a sentença, não pode rectificá-la nos termos daquela norma (*Código de Processo Civil anotado,* vol. V., Coimbra, 1952, pág. 130).

"**O erro de julgamento**, quer respeite ao apuramento dos factos da causa, quer respeite à aplicação do direito aos factos apurados, faz-se normalmente valer em recurso da sentença, **recurso** este que é de apelação quando a sentença conhece do mérito da causa (art. 691-1) e de agravo quando é de absolvição da instância (art. 733)" – Lebre de Freitas *Código de Processo Civil anotado,* Volume 2.° Coimbra, 2001, pág. 673.

V. *Sentença; Rectificação da sentença; Recurso; Apelação; Mérito da causa; Agravo; Absolvição da instância.*

Erro desculpável (Dir. Civil) – Designa-se assim o erro em que incorre uma pessoa, não obstante ter actuado diligentemente; é, pois, o erro invencível com um grau médio de diligência e inteligência, ou, dito de outro modo, aquele em que incorreria o bom pai de família colocado na mesma situação.

O erro de facto, sendo essencial e desculpável, constitui uma causa de escusa do agente, não sendo este, em consequência, obrigado a indemnizar. A lei não consagra, genericamente, esta causa de escusa, embora se encontrem disposições que contêm expressão desta ideia geral (assim, por exemplo, o artigo 338.°, C.C., sobre o erro acerca dos pressupostos da acção directa ou da legítima defesa).

Há outros aspectos para os quais releva a desculpabilidade do erro: assim, por exemplo, quando se trate de revisão da adopção plena, o artigo 1990., n.° 1-*c),* C.C., estabelece que ela pode fundar-se em erro desculpável e essencial quanto à pessoa do adoptado que tenha viciado o consentimento do adoptante; também quando se trate de cumprimento de uma obrigação antes do respectivo vencimento, dispõe o artigo 476.°, n.° 3, C.C., que só se tal se dever a erro desculpável do *solvens* há "lugar à repetição daquilo com que o credor se enriqueceu por efeito do cumprimento antecipado"; em matéria de casamento, o artigo 1636.°, C.C., exige igualmente a desculpabilidade do erro viciador da vontade para a anulação, "quando ele recaia sobre qualidades essenciais da pessoa do outro cônjuge".

V. *Erro; Diligência; Bom pai de família; Culpa; Causas de escusa; Acção directa; Legítima defesa; Erro essencial; Adopção plena; Revisão da adopção; Consentimento para a adopção; Cumprimento; Obrigação; Vencimento; "Solvens"; Enriquecimento sem causa; Casamento; Invalidade do casamento.*

Erro essencial (Dir. Civil) – O erro caracteriza-se como essencial quando constitui o motivo determinante da vontade do seu autor.

O erro na formação da vontade constitui causa de anulabilidade do negócio jurídico quando respeite aos "motivos determinantes da vontade" (cfr. artigos 251.° e 252.°, n.° 1, C.C.).

O erro de facto consubstancia causa de escusa quando tenha sido essencial, isto é, quando tenha constituído motivo determinante da conduta do agente (v. artigo 338.°, C.C.).

V. *Erro; Vícios na formação da vontade; Anulabilidade; Negócio jurídico; Causas de escusa.*

Erro incidental (Dir. Civil) – O erro não essencial, ou incidental, é aquele que, não tendo constituído razão determinante da vontade de celebrar o negócio, recaiu sobre os respectivos elementos acidentais, isto é, motivou alguma(s) das suas cláusulas acessórias. Revestindo este erro as características que o tornam juridicamente relevante, a consequência da sua verificação será, tipicamente, a anulabilidade parcial do negócio e a sua consequente redutibilidade, nos termos do artigo 292.°, C.C..

No quadro da responsabilidade civil, o erro incidental não constituirá em princípio causa de escusa, embora possa relevar para a graduação da culpa.

V. *Erro; Cláusula acessória; Anulabilidade; Negócio jurídico; Redução; Responsabilidade civil; Causas de escusa; Culpa; Grau de culpabilidade.*

Erro indesculpável (Dir. Civil) – V. *Erro; Erro desculpável.*

Erro indiferente (Dir. Civil) – É aquele que, embora existindo, não determinou o sujeito à celebração do negócio, nem condicionou os termos dessa celebração, isto é, que foi irrelevante para a formação da vontade negocial, pelo que nenhum efeito jurídico tem quanto ao negócio.

V. *Erro; Negócio jurídico.*

Erro material da sentença (Proc. Civil) – V. *Erro; Sentença; Rectificação da sentença.*

Erro-motivo (Dir. Civil) – O erro-motivo ou erro-vício é o erro que se insere no processo de formação da vontade do declarante.

V. *Erro; Vícios na formação da vontade.*

Erro na declaração (Dir. Civil) – Existe erro na declaração ou erro-obstáculo quando uma pessoa quer declarar uma coisa e objectivamente declara outra. O erro na declaração torna a declaração negocial anulável, "desde que o declaratário conhecesse ou não devesse ignorar a essencialidade, para o declarante, do elemento sobre que incidiu o erro" – artigo 247.°, C.C..

V. *Erro; Declaração negocial; Anulabilidade; Declaratário.*

Erro na distribuição (Proc. Civil) – Quando se verifique erro na distribuição, ele deve, nos termos do artigo 220.°, C.P.C., ser corrigido da seguinte forma:

"*a)* Quando afecte a designação do juiz, nas comarcas em que haja mais do que um, faz-se nova distribuição e dá-se baixa da anterior;

b) Nos outros casos, o processo continua a correr na mesma secção, carregando-se na espécie competente e descarregando-se da espécie em que estava".

O mesmo regime é aplicável "ao caso de sobrevirem circunstâncias que determinem alteração da espécie do papel distribuído" – artigo 221.°, C.P.C..

V. *Distribuição; Comarca.*

Erro na forma de processo (Proc. Civil) – Verifica-se quando a acção de que se lançou mão é inadequada à natureza ou ao valor do pedido que se formula.

O artigo 199.°, C.P.C., na redacção do Decreto-Lei n.° 180/96, de 25 de Setembro, determina que "o erro na forma de processo importa unicamente a anulação dos actos que não possam ser aproveitados, devendo praticar-se os que forem estritamente necessários para que o processo se aproxime, quanto possível, da forma estabelecida na lei", não devendo aproveitar-se actos quando desse facto resulte uma diminuição de garantias do réu.

A nulidade resultante de erro na forma do processo é do conhecimento oficioso do tribunal (cfr. artigo 202.°, C.P.C., na redacção dada pelo mesmo DL n.° 180/96), devendo esse conhecimento ter lugar até ao despacho saneador ou neste, salvo nos casos em que não há lugar a este despacho, pois então pode o tribunal conhecer da nulidade até à sentença final (artigo 206.°, n.° 2, C.P.C., ainda na redacção do diploma referido); a arguição da nulidade pela parte contrária só pode ser feita até à contestação ou nesta (artigo 204.°, n.° 1, C.P.C.).

O antigo artigo 474.°, n.° 3, C.P.C., dispunha que, quando o juiz conhecesse da nulidade, consubstanciada em erro na forma do processo, no despacho liminar, mandaria seguir a forma adequada ou, caso a petição não pudesse ser utilizada para essa forma, indeferiria liminarmente a petição.

V. *Acção; Pedido; Valor da causa; Pedido; Réu; Nulidade; Conhecimento oficioso; Despacho saneador; Sentença; Contestação; Despacho liminar; Petição inicial; Indeferimento liminar.*

Erro-obstáculo (Dir. Civil) – Expressão sinónima de *erro na declaração* (v. esta expressão).

V. *Erro.*

Erro obstativo (Dir. Civil) – Erro obstativo é sinónimo de *erro na declaração* (v. esta expressão).
V. *Erro.*

Erro qualificado (Dir. Civil) – A doutrina fala em erro qualificado para significar o erro cuja causa é juridicamente relevante, designadamente no regime de anulação do negócio jurídico viciado.
Assim, tipicamente, o erro é qualificado quando resulta de dolo, nos termos do artigo 253.°, C.C..
V. *Erro; Anulação; Negócio jurídico; Dolo.*

"Error communis facit jus" (Dir. Civil) – Brocardo latino segundo o qual o erro comum não tem como consequência a invalidade do negócio jurídico por ele viciado.
No domínio do Código de Seabra, discutia-se a relevância legal desta posição, a propósito do seu artigo 664.°, que dizia que "o erro, comum e geral, não produz nulidade".
Actualmente não existe, no regime geral do erro, qualquer disposição que possa ser interpretada no sentido de acolher esta doutrina.
V. *Erro; Invalidade; Negócio jurídico.*

"Error facti" (Dir. Civil) – V. *Erro; Erro de facto.*

"Error in futurum" (Dir. Civil) – Grande parte da doutrina designa assim o erro que recai sobre as circunstâncias que constituem a base do negócio, a que se refere o n.° 2 do artigo 252.°, C.C., e a que é aplicável o regime do artigo 437.°, C.C..
Verificando-se que o negócio foi viciado por erro sobre a base negocial, ele será, portanto, anulável ou modificável segundo juízos de equidade, nos termos do artigo 437.°.
A caracterização das circunstâncias constitutivas da base negocial, e das consequências que atribuem relevância ao erro que sobre elas incida, são as enunciadas no artigo 437.°, mas, diversamente do que este dispõe, a consequência do preenchimento da previsão do artigo 252.°, n.° 2, deve ser a anulação do negócio e não a sua resolução. E isto porque de erro se trata neste caso e não de alteração de circunstâncias: isto é, na hipótese prevista no artigo 252.°, n.° 2, não há qualquer alteração das circunstâncias que integram a base negocial; a parte é que fez uma representação de tais (inalteradas) circunstâncias desconforme com elas.
V. *Erro; Base do negócio; Alteração das circunstâncias; Anulação; Resolução do contrato.*

"Error juris" (Dir. Civil) – V. *Erro; Erro de direito.*

Erro simples (Dir. Civil) – Por contraposição ao erro qualificado, o erro diz-se simples quando a sua causa é irrelevante no respectivo regime de anulação do negócio jurídico viciado por ele.
V. *Erro; Erro qualificado; Anulação; Negócio jurídico.*

Erro sobre a base do negócio (Dir. Civil) – V. *"Error in futurum".*

Erro-vício (Dir. Civil) – V. *Erro; Vícios na formação da vontade.*

Esbulho (Dir. Civil) – Acto pelo qual alguém priva outrem, total ou parcialmente, da posse de uma coisa.
O esbulho pode ser praticado com ou sem violência, entendendo a doutrina e a jurisprudência que a violência tanto pode consubstanciar-se em coacção física como moral.
O possuidor esbulhado pode restituir-se à sua posse, ou directamente (se se verificarem os pressupostos da acção directa, enunciados no artigo 336.°, C.C.) ou através de uma acção judicial (que antes se chamava acção de restituição da posse).
O artigo 1279.°, C.C., estabelece que o possuidor que for violentamente esbulhado pode usar de um procedimento cautelar, previsto nos artigos 393.° e segs., C.P.C., sendo restituído provisoriamente à sua posse, sem audiência do esbulhador.
V. artigos 1276.° e segs., C.C..
V. *Posse; Defesa da posse; Coacção; Acção directa; Restituição da posse; Procedimento cautelar.*

Escambo (Dir. Civil) – Designação, que tem vindo a ser progressivamente abandonada, de troca.
V. *Troca.*

Escavações (Dir. Civil) – Encontra-se incluído nos poderes do proprietário o de fazer escavações no seu prédio, abrir minas ou poços, tendo sempre em atenção os prédios vizinhos, a fim de não provocar desmoronamentos ou deslocações de terras: a surgirem danos para os vizinhos, eles têm de ser indemnizados, mesmo que se tenham tomado todas as precauções entendidas necessárias.

V. artigo 1348.°, C.C..

O artigo 1357.°, C.C., enuncia o condicionalismo dentro do qual o proprietário pode abrir valas, regueiras e valados no seu prédio.

A Lei n.° 2037, de 19 de Agosto de 1949, no seu artigo 89.° (redacção do Decreto-Lei n.° 13/71, de 23 de Janeiro), define o regime das escavações feitas junto a estradas nacionais.

V. Decreto Legislativo Regional n.° 20/ /89/M, de 28 de Julho, com a redacção dada pelo decreto regulamentar regional n.° 27/93/M, de 27 de Agosto, que estabeleceu a obrigatoriedade de cobertura ou resguardo de poços, tanques, fossos ou outras cavidades destinadas ao armazenamento de águas para fins agrícolas ou industriais, e previu a concessão de apoios aos proprietários dos poços já existentes à data da sua entrada em vigor que, por dificuldades económicas, se encontrassem impossibilitados de cumprir a imposição.

V. *Direito de propriedade; Prédio; Responsabilidade por actos lícitos; Dano; Indemnização.*

Esclarecimento de acórdão (Proc. Civil) – V. *Acórdão; Aclaração de sentença.*

Esclarecimento de sentença (Dir. Civil) – V. *Sentença; Aclaração de sentença.*

Escoamento de águas (Dir. Civil) – Por força do artigo 1351.°, C.C., "os prédios inferiores estão sujeitos a receber as águas que, naturalmente e sem obra do homem, decorrem dos prédios superiores", não sendo lícito aos respectivos proprietários fazer obras que impeçam o escoamento, nem ao dono do prédio superior realizar obras que agravem esse escoamento. Os donos dos prédios para onde derivam águas podem, aliás, aproveitá-las nos seus prédios, embora esse aproveitamento não constitua um direito, já que, se o proprietário da fonte ou nascente quiser aproveitar diferentemente as águas, privando-os do seu uso, pode fazê-lo, sem incorrer em responsabilidade civil (v. artigo 1391.°, C.C.), se bem que esta possibilidade seja concedida com algumas restrições (v. artigo 1392.°, C.C.).

A lei permite a constituição forçada de servidão de escoamento em dadas circunstâncias previstas no n.° 1 do artigo 1563.°, C.C., embora haja obrigatoriedade de indemnizar por parte do dono do prédio dominante (v. artigo 1563.°, C.C.).

V. *Águas; Prédio; Prédio rústico; Direito subjectivo; Interesse reflexamente protegido; Responsabilidade por actos lícitos; Servidão de aqueduto; Prédio dominante.*

Escolha da prestação (Dir. Civil) – Nas obrigações genéricas como nas alternativas, para que haja cumprimento, é necessário que, previamente a este, se haja procedido à escolha da prestação a realizar, pois só então o seu objecto fica determinado.

Em ambos os casos, a regra geral supletiva é a de que a escolha cabe ao devedor da obrigação.

Regras relativas à escolha e ao risco se encontram nos artigos 540.° e 544.°, C.C., que dispõem, respectivamente: "enquanto a obrigação for possível em coisas do género estipulado, não fica o devedor exonerado pelo facto de perecerem aquelas com que se dispunha a cumprir" e "se uma ou algumas das prestações se tornarem impossíveis por causa não imputável às partes, a obrigação considera-se limitada às prestações que forem possíveis".

V. *Prestação; Obrigação genérica; Obrigação alternativa; Devedor; Risco da prestação.*

Escrito particular (Dir. Civil) – Esta expressão ou, mesmo, o termo "escrito", sem mais qualificações, é usada, em regra pela lei, para estabelecer a forma que deve ser adoptada por uma declaração ou por um negócio jurídico, significando documento particular.

V. *Forma; Forma legal; Declaração negocial; Negócio jurídico; Documento particular.*

Escritos (Dir. Civil; Proc. Civil) – Designam-se por escritos pedaços de papel branco, quadrados ou rectangulares, que em certas épocas e em certas localidades se colam nas janelas de um imóvel ou fogo urbano para significar que aquele se encontra no mercado para arrendar.

O Regime do Arrendamento Urbano, aprovado pelo Decreto-Lei n.° 321-B/90, de 15 de Outubro, rectificado por declaração publicada no *Diário da República*, I-A série, de 30 de Novembro de 1990, e alterado pelo Decreto-Lei n.° 278/93, de 10 de Agosto (por seu lado, alterado, por ratificação, pela Lei n.° 13/94, de 11 de Maio), pelo Decreto-Lei n.° 163/95, de 13 de Julho, pela Lei n.° 89/95, de 1 de Setembro, pelo Decreto-Lei n.° 257/95, de 30 de Setembro, pela Lei n.° 135/99, de 28 de Agosto, pelos Decretos-Leis n.°s 64-A//2000, de 22 de Abril, e 329-B/2000, de 22 de Dezembro, e pelas Leis n.°s 6/2001 e 7/2001, ambas de 11 de Maio, dispõe nos n.°s 2 a 4 do artigo 54.° que, com a interpelação para a cessação do arrendamento – que pode ter de ser feita judicialmente, através de citação para a acção de despejo – "o senhorio pode exigir ao arrendatário a colocação de escritos, quando correspondam ao uso da terra", devendo o arrendatário, "em qualquer caso, mostrar o local a quem pretenda tomá-lo de arrendamento, em horário acordado com o senhorio" ou, na falta de acordo, "nos dias úteis, das 17 horas e 30 minutos às 19 horas e 30 minutos e aos sábados e domingos, das 15 às 19 horas, respectivamente".

A cessação do contrato de arrendamento verifica-se, independentemente de interpelação, pelo "reconhecimento, pelo arrendatário, do facto jurídico que conduz à cessação do arrendamento, seja pela aposição de escritos, seja por documento por ele assinado" (artigo 53.°, n.° 3, do mesmo diploma).

V. *Imóvel; Prédio urbano; Arrendamento urbano; Interpelação; Citação; Despejo; Documento escrito; Assinatura.*

Escritos confidenciais (Dir. Civil) – Os "escritos que tenham carácter confidencial ou se refiram à intimidade da vida privada" (como diários, livros de apontamentos ou contas pessoais) gozam da protecção legal que é dispensada às cartas-missivas confidenciais (artigo 77.°, C.C.).

V. *Intimidade; Carta-missiva.*

Escritura pública (Dir. Civil) – É um documento autêntico, realizado pelo notário, que constitui a forma legal de alguns negócios jurídicos.

O Código do Notariado enunciava, embora não taxativamente, os actos para cuja validade a lei exigia a escritura pública no seu artigo 89.°, contendo o novo Código, aprovado pelo Decreto-Lei n.° 207/95, de 14 de Agosto, no respectivo artigo 80.° – cuja última redacção é a do Decreto-Lei n.° 76-A/2006, de 29 de Março (rectificado pela Declaração de rectificação n.° 28-A//2006, de 26 de Maio), –, uma enumeração muito mais sucinta. O n.° 1 deste artigo estabelece que se celebram, "em geral, por escritura pública, os actos que importem reconhecimento, constituição, aquisição, modificação, divisão ou extinção dos direitos de propriedade, usufruto, uso e habitação, superfície ou servidão sobre coisas imóveis".

V. o Decreto-Lei n.° 36/2000, de 14 de Março, que alterou algumas disposições do Código das Sociedades Comerciais, dispensando a escritura pública para certos actos, designadamente, a dissolução de sociedade, a ampliação da competência do respectivo secretário, a constituição de sociedades unipessoais, a constituição do estabelecimento individual de responsabilidade limitada e o contrato de constituição de agrupamentos complementares de empresas. O Decreto-Lei n.° 237/2001, de 30 de Agosto, veio também dispensar deste documento um outro conjunto de actos relativos a sociedades, assim alterando o Código das Sociedades Comerciais, o Código do Notariado e o Decreto-Lei n.° 513-Q/79, de 26 de Dezembro (este último entretanto revogado pelo Decreto-Lei n.° 229/2004, de 10 de Dezembro, o que é irrelevante para o efeito – dispensa de escritura pública para a constituição de sociedades de advogados). O referido DL n.° 76-A/2006 tem, entre os seus objectivos, "a eliminação da obrigatoriedade das escrituras públicas relativas aos actos da vida das empresas, ressalvando situações como quando seja exigida forma mais solene para a transmissão dos bens com que os sócios entram para a sociedade".

V. *Documento autêntico; Notário; Negócio jurídico; Forma legal; Validade; Reconhecimento de direito; Constituição de direito; Aquisição derivada; Aquisição originária; Modificação do direito; Divisão de coisa comum; Direito de propriedade; Usufruto; Uso (direito de); Habitação (direito de); Direito de superfície; Servidão predial; Imóvel; Sociedade de advogados.*

Escrivão (Org. Judiciária) – Funcionário judicial cuja competência varia consoante se trate de escrivão de direito, de escrivão-adjunto ou de escrivão auxiliar. Qualquer das categorias está abrangida no pessoal oficial de justiça.

V. artigos 3.° e 7.° e segs. do Decreto-Lei n.° 343/99, de 26 de Agosto, alterado pelos Decretos-Leis n.°s 175/2000, de 9 de Agosto, 96/2002, de 12 de Abril, e 169/2003, de 1 de Agosto, e pela Lei n.° 42/2005, de 29 de Agosto (Estatuto dos Funcionários de Justiça).

O artigo 808.°, n.°s 2 e 3, C.P.C., prevê que, em determinadas situações e nas execuções por custas, as funções de agente de execução sejam desempenhadas por um oficial de justiça. A Portaria n.° 946/2003, de 6 de Setembro, dispõe qual o oficial de justiça que desempenha as referidas funções; estabelece esta Portaria, no respectivo artigo 1.°, que o "agente de execução é o escrivão de direito, titular da secção onde corre termos o processo de execução", aplicando-se "nas [suas] faltas e impedimentos [...] o regime da substituição previsto no Estatuto dos Funcionários de Justiça"; acrescenta o artigo 4.° que "o escrivão de direito agente de execução pode delegar a execução noutro oficial de justiça da mesma secção".

V. *Funcionário de justiça; Execução; Custas; Agente de execução.*

Escusa

1. (Proc. Civil) – Quando se verifique a existência de qualquer das circunstâncias indicadas no artigo 127.°, C.P.C. (na redacção do Decreto-Lei n.° 368/77, de 3 de Setembro), que fundamentam suspeição do juiz, este pode, por sua iniciativa, pedir dispensa de intervir na causa, podendo de igual modo fazê-lo sempre que, por quaisquer outras circunstâncias, entenda que pode haver suspeitas sobre a sua imparcialidade na mesma.

O pedido deve conter indicação precisa dos factos que o fundamentam e será dirigido ao presidente da Relação respectiva ou ao presidente do Supremo Tribunal de Justiça, se o juiz pertencer a este último. "O presidente pode colher quaisquer informações e, quando o pedido tiver por fundamento algum dos factos especificados no artigo seguinte [fundamentos de suspeição], ouvirá, se o entender conveniente, a parte que poderia opor a suspeição, mandando-lhe entregar cópia da exposição do juiz. Concluídas estas diligências ou não havendo lugar a elas, o presidente decide sem recurso" (artigo 126.°, n.° 4, C.P.C.).

V. artigos 126.° e 133.°, C.P.C..

De acordo com o artigo 571.° do mesmo Código (na redacção do Decreto-Lei n.° 329-A/95, de 12 de Dezembro), "é aplicável aos peritos o regime de impedimentos e suspeições que vigora para os juízes, com as necessárias adaptações"; "estão dispensados do exercício da função de perito os titulares dos órgãos de soberania ou dos órgãos equivalentes das Regiões Autónomas, bem como aqueles que, por lei, lhes estejam equiparados, os magistrados do Ministério Público em efectividade de funções e os agentes diplomáticos de países estrangeiros"; "podem pedir escusa da intervenção como peritos todos aqueles a quem seja inexigível o desempenho da tarefa, atentos os motivos pessoais invocados". "As escusas serão requeridas pelo próprio perito, no prazo de cinco dias a contar do conhecimento da nomeação", não cabendo recurso da decisão proferida sobre este pedido – artigo 572.°, n.°s 2 e 3, C.P.C., na redacção do DL n.° 329-A/95.

Qualquer pessoa que haja sido nomeada para um tribunal arbitral, e haja aceitado o encargo, só pode pedir escusa com fundamento em impossibilidade absoluta superveniente, respondendo pelos danos que causar, se se escusar injustificadamente ao exercício da função (artigo 9.° da Lei n.° 31/86, de 29 de Agosto, alterada pelo Decreto-Lei n.° 38/2003, de 8 de Março, este rectificado pela Declaração de rectificação n.° 5-C/2003, de 30 de Abril).

Quando, no âmbito do apoio judiciário, um advogado, advogado estagiário ou solicitador é nomeado patrono do requerente, dispõe o artigo 34.° da Lei n.° 34//2004, de 29 de Julho, que pode pedir escusa, mediante requerimento dirigido ao presidente do conselho distrital da Ordem dos Advogados ou ao presidente da secção da Câmara dos Solicitadores, no qual se contenha a alegação dos motivos da escusa.

O solicitador de execução pode, nos termos do n.° 1 do artigo 122.° do Estatuto da Câmara dos Solicitadores (Decreto-Lei n.° 88/2003, de 26 de Abril, alterado pelas Leis n.°s 49/2004, de 24 de Agosto, e 14/2006, de 26 de Abril), requerer "à secção regional deontológica, em casos excepcionais e devidamente fundamentados, a suspensão de aceitar novos processos".

V. *Suspeição; Impedimentos; Imparcialidade; Relação; Supremo Tribunal de Justiça; Recurso; Perito; Ministério Público; Tribunal arbitral; Responsabilidade civil; Dano; Apoio judiciário; Advogado; Advogado estagiário; Nomeação oficiosa; Ordem dos Advogados; Câmara dos Solicitadores; Solicitador de execução.*

2. (Dir. Civil) – O artigo 1934.°, n.° 1, C.C., contém o enunciado dos fundamentos de escusa da tutela, ocupando-se o artigo 2085.°, n.° 1, do mesmo Código dos motivos de escusa do cabeça-de-casal.

V. *Tutela; Cabeça-de-casal; Causas de escusa.*

Escusabilidade (Dir. Civil) – Sinónimo de *desculpabilidade* (v. este termo).

Esfera jurídica (Dir. Civil) – Conjunto de direitos e deveres de que uma pessoa, singular ou colectiva, é titular em determinado momento.

V. *Direito subjectivo; Dever jurídico; Pessoa singular; Pessoa colectiva.*

Esfera patrimonial (Dir. Civil) – Conjunto de direitos e deveres susceptíveis de avaliação pecuniária de que um sujeito é titular em determinado momento.

V. *Direito; Dever jurídico.*

Especificação – 1. (Proc. Civil) – Designava-se por especificação o acto do tribunal consistente na consignação dos factos que, na fase dos articulados, tivessem ficado provados por confissão, acordo das partes ou documentos podendo a especificação ser organizada por simples remissão para o artigo pertinente dos articulados.

Quando o processo não terminasse no despacho saneador, neste mesmo o juiz lavrava a especificação e o questionário.

Esta designação foi afastada pela reforma do Código de Processo Civil realizada em 1995/96, que agora se refere a esta figura como matéria de facto "considerada como assente" (cfr. artigo 511.°, C.P.C., na redacção do Decreto-Lei n.° 180/96, de 25 de Setembro).

As partes podem reclamar contra ela, nos termos do n.° 2 deste artigo, "com fundamento em deficiência, excesso ou obscuridade"; "o despacho proferido sobre as reclamações apenas pode ser impugnado no recurso interposto da decisão final" (n.° 3).

V. *Articulados; Confissão; Documento; Despacho saneador; Questionário; Matéria de facto; Reclamação; Despacho; Recurso.*

2. (Dir. Civil) – Em direito civil, designa-se por especificação a incorporação de trabalho de alguém em coisa móvel pertencente a outrem, quando do trabalho resulte uma coisa transformada em termos tais que se possa considerar haver uma coisa nova.

O artigo 1338.°, C.C., esclarece que "constituem casos de especificação a escrita, a pintura, o desenho, a fotografia, a impressão, a gravura e outros actos semelhantes, feitos com utilização de materiais alheios".

Não podendo a coisa ser restituída ao estado anterior ou não podendo sê-lo sem perda do valor criado pela especificação, e encontrando-se aquele que realizou o trabalho de boa fé, tem direito a guardar a coisa transformada; no caso de o valor da especificação não exceder o da matéria, pode, contudo, o dono desta ficar com a coisa. Em ambas as hipóteses, há dever de indemnizar o outro sujeito por parte de quem guardou a coisa.

"Se a especificação tiver sido feita de má fé, será a coisa especificada restituída a seu dono no estado em que se encontrar, com indemnização dos danos, sem que o dono seja obrigado a indemnizar o especificador, se o valor da especificação não tiver aumentado em mais de um terço o valor da coisa especificada; se o aumento for superior, deve o dono da coisa repor o que exceder o dito terço".

V. artigos 1336.° a 1338.°, C.C..

V. *Móvel; Boa fé; Indemnização; Má fé.*

Especulação (Dir. Civil; Dir. Penal) – O artigo 14.° do Decreto-Lei n.° 321-B/90, de 15 de Outubro (rectificado por declaração publicada no *Diário da República,* I-A série, de 30 de Novembro de 1990) – que aprovou o Regime do Arrendamento Urbano –, dispunha que os senhorios que recebessem rendas superiores às fixadas na lei, recusassem recibo de renda ou recebessem quantia superior ao mês de caução na celebração do contrato de arrendamento e os inquilinos que recebessem qualquer quantia que não lhes fosse devida, pela desocupação do local arrendado, quando cessasse o arrendamento, punível nos termos da legislação respectiva.

V. *Arrendamento urbano; Renda; Recibo.*

Esponsais (Dir. Civil) – V. *Promessa de casamento.*

"Essentialia negotii" (Dir. Civil) – Expressão latina que designa os elementos essenciais do negócio jurídico.

V. *Elementos essenciais do contrato.*

Estabelecimento comercial (Dir. Com.; Dir. Civil) – É o conjunto de bens e serviços organizado pelo comerciante em nome individual ou por uma sociedade comercial com vista ao exercício da exploração de certo ramo de actividade comercial ou industrial.

O estabelecimento comercial é susceptível de trespasse, com este se transmitindo, sem dependência de autorização do senhorio, a posição de arrendatário do respectivo imóvel.

V. artigo 115.° do Regime do Arrendamento Urbano – Decreto-Lei n.° 321-B/90, de 15 de Outubro, rectificado por declaração publicada no *Diário da República,* I-A série, de 30 de Novembro de 1990, e alterado pelo Decreto-Lei n.° 278/93, de 10 de Agosto (este alterado, por ratificação, pela Lei n.° 13/94, de 11 de Maio), pelo Decreto-Lei n.° 163/95, de 13 de Julho, pela Lei n.° 89/95, de 1 de Setembro, pelo Decreto-Lei n.° 257/95, de 30 de Setembro, pela Lei n.° 135/99, de 28 de Agosto, pelos Decretos-Leis n.°s 64-A/2000, de 22 de Abril, e 329-B/2000, de 22 de Dezembro, e pelas Leis n.°s 6/2001 e 7/2001, ambas de 11 de Maio.

O Decreto-Lei n.° 129/98, de 13 de Maio, que se ocupa do Registo Nacional de Pessoas Colectivas, determina, no seu artigo 44.°, que "o adquirente, por qualquer título entre vivos, de um estabelecimento comercial pode aditar à sua própria firma a menção de haver sucedido na firma do anterior titular do estabelecimento, se esse titular o autorizar por escrito" e que, "tratando-se de firma de sociedade onde figure o nome do sócio, a autorização deste é também indispensável", estabelecendo ainda que "é proibida a aquisição de uma firma sem a do estabelecimento a que se achar ligada". De acordo com o artigo 57.° do mesmo DL n.° 129/98, "a realização de registo de nome de estabelecimento deve ser precedida da exibição de certificado comprovativo de que não existe registo de firma ou denominação idêntica ou por tal forma semelhante que seja susceptível de gerar confusão ou possa induzir em erro, face aos critérios constantes do presente diploma […]", dispensando-se o certificado "no caso de o titular do estabelecimento provar a sua legitimidade para usar a firma ou denominação que pretende registar como componente do nome desse estabelecimento".

O Decreto-Lei n.° 368/99, de 18 de Setembro – que revogou o Decreto-Lei n.° 61/90, de 15 de Fevereiro – aprova o regime de protecção contra riscos de incêndio em estabelecimentos comerciais.

O Decreto-Lei n.° 370/99, de 18 de Setembro, alterado pelo Decreto-Lei n.° 9/ /2002, de 24 de Janeiro, aprova o regime jurídico de instalação dos estabelecimentos que vendem produtos alimentares e de alguns outros estabelecimentos comerciais (de produtos não alimentares e de prestação de serviços) que podem envolver riscos para a saúde e segurança das pessoas.

O regime de inscrição no cadastro dos estabelecimentos comerciais, considerados como quaisquer instalações, "de carácter fixo e permanente, onde seja exercida, exclusiva ou principalmente, de modo habitual e profissional, uma ou mais actividades de comércio, por grosso ou a retalho, tal como são definidas, respectivamente, nas alíneas *a)* e *b)* do n.° 1 do artigo 1.° do Decreto-Lei n.° 339/85, de 21 de Agosto [...], ficando abrangidos nesta definição os lugares de venda em mercados municipais e abastecedores", consta do Decreto-Lei n.° 462/99, de 5 de Novembro.

O Decreto Legislativo Regional n.° 1//2006/M, de 3 de Janeiro, que adapta a Lei n.° 12/2004, de 30 de Março, e "estabelece o regime de autorização a que estão sujeitas a instalação e a modificação dos estabelecimentos de comércio a retalho e de comércio por grosso em livre serviço e a instalação dos conjuntos comerciais abrangidos pelo artigo 4.° [requisitos de área de venda ou de titularidade por um mesmo grupo]", define, para os efeitos da sua aplicação, no respectivo artigo 3.°, alíneas *a), c), d), e)* e *f)*, respectivamente, "estabelecimento de comércio por grosso", "estabelecimento de comércio a retalho", "estabelecimento de comércio alimentar", "estabelecimento de comércio não alimentar" e "estabelecimento de comércio misto".

V. *Trespasse; Arrendamento urbano; Imóvel; Registo das pessoas colectivas; Acto entre vivos; Autorização; Escrito; Princípio da novidade; Compra e venda; Contrato de prestação de serviços.*

Estabelecimento de reeducação (Org. Judiciária) – Era uma espécie de estabelecimento tutelar de menores, especialmente destinado "a promover por meios educativos, a progressiva readaptação social dos menores neles internados", nos termos dos artigos 89.° e segs. da antiga O.T.M.. A Lei Tutelar Educativa, aprovada pela Lei n.° 166/99, de 14 de Setembro, que revogou quase por completo a O.T.M., não se refere a estes estabelecimentos, mas a centros educativos.

V. *Menor; Estabelecimentos tutelares de menores; Medida tutelar; Internamento; Centro educativo.*

Estabelecimentos tutelares de menores (Org. Judiciária) – Chamavam-se assim as instituições, dependentes do Ministério da Justiça, que se destinavam "ao exercício de acção social sobre os menores e o seu meio, à sua observação, à aplicação de medidas de protecção, à execução de medidas tutelares decretadas pelos tribunais e à acção de pós-cura" (artigos 71.° e 72.° da antiga O.T.M., diploma que foi parcialmente revogado pela Lei Tutelar de Menores e, depois, pela Lei Tutelar Educativa – Lei n.° 166/99, de 14 de Setembro).

Eram várias as espécies de estabelecimentos tutelares: centros de observação e acção social, institutos médico-psicológicos, estabelecimentos de reeducação, lares de semi-internato, lares de transição, lares residenciais e centros de acolhimento especializado.

V. *Menor; Medida tutelar.*

Estabilidade da instância (Dir. Civil) – Princípio segundo o qual, iniciada a instância, dever-se-ão manter os mesmos elementos, o mesmo quadro, até ao fim.

Encontra-se enunciado no artigo 268.° C.P.C., que dispõe: "Citado o réu, a instância deve manter-se a mesma quanto às pessoas, ao pedido e à causa de pedir, salvas as possibilidades de modificação consignadas na lei".

Tais modificações da instância podem ser objectivas e subjectivas.

V. *Instância; Réu; Citação; Pedido; Causa de pedir; Modificações objectivas da instância; Modificações subjectivas da instância.*

Estado civil (Dir. Civil) – Situação integrada pelo conjunto das qualidades definidoras do estado pessoal que constam obrigatoriamente do registo civil.

A Comissão Internacional do Estado Civil foi criada em Berna em 25 de Setembro de 1950, tendo os respectivos estatutos e os textos internacionais relativos à sua constituição e outros sido aprovados, para adesão, pelo Decreto n.° 563/73, de 27 de Outubro, data a partir da qual Portugal se tornou membro de pleno direito da Comissão.

V. a Convenção Relativa à Dispensa de Legalização para certas Certidões de Registo Civil e Documentos, assinada em Atenas em 15 de Setembro de 1977 e aprovada, para ratificação, pelo Decreto n.° 135//82, de 20 de Dezembro. V. também a Convenção Relativa à Troca de Informações em

Matéria de Estado Civil, de 4 de Setembro de 1958, aprovada, para adesão, pelo Decreto n.° 39/80, de 26 de Junho, que entrou em vigor para Portugal em 14 de Novembro de 1980. V. ainda a Convenção Relativa à Emissão de Determinadas Certidões de Registo de Estado Civil Destinadas ao Estrangeiro, de 27 de Setembro de 1956, aprovada para adesão pela Lei n.° 33/81, de 27 de Agosto, tendo entrado em vigor para Portugal em 27 de Fevereiro de 1982.

V. *Estado pessoal, Registo civil; Certidão; Legalização de documento.*

Estado de abandono (Dir. Civil) – Na sua primitiva redacção, o artigo 1978.°, C.C., dispunha que, quando os pais de um menor tivessem revelado manifesto desinteresse pelo filho, em termos de comprometer a subsistência dos vínculos afectivos próprios da filiação durante um ano pelo menos, podia ser declarado o menor em estado de abandono pelo tribunal, com vista a futura adopção.

Mais tarde, este mesmo artigo, na redacção do Decreto-Lei n.° 185/93, de 22 de Maio, passou a estabelecer, no seu n.° 1-*c)*, que, "com vista a futura adopção, o tribunal pode confiar o menor a casal, a pessoa singular ou a instituição […], se os pais tiverem abandonado o menor". O Decreto-Lei n.° 120/98, de 8 de Maio, e a Lei n.° 31/2003, de 22 de Agosto, alteraram este artigo, mas não quanto a este aspecto.

V. *Menor; Abandono de menor; Adopção; Confiança de menor.*

Estado de necessidade (Dir. Civil) – Situação em que se encontra uma pessoa que, para remover o perigo actual de um dano (quer do agente, quer de terceiro), destrói ou danifica coisa alheia, provocando um prejuízo inferior ao que estava iminente.

V. artigo 339.°, C.C..

O estado de necessidade traduz-se numa conduta lícita, funcionando como causa de justificação do acto lesivo, isto é, como causa de exclusão da ilicitude deste.

O autor do dano, embora não tenha praticado um acto ilícito, deve, no entanto, indemnizar o lesado pelo prejuízo sofrido, se o perigo tiver sido provocado unicamente por sua culpa, podendo aliás, em qualquer caso, o tribunal fixar uma indemnização, a pagar pelo agente ou/e por aqueles que lucraram com o acto ou contribuíram para o estado de necessidade.

Esta é a situação de estado de necessidade *objectivo*, a única que a lei contempla como causa justificativa; deste se distingue o estado de necessidade *subjectivo*, que configura uma situação de medo, que pode constituir causa de escusa.

V. *Dano; Ilicitude; Dano material; Causas justificativas; Responsabilidade civil; Responsabilidade por acto lícito; Culpa; Causas de escusa.*

Estado de necessidade subjectivo (Dir. Civil) – Designa-se assim a situação da pessoa que actua sob o efeito do medo da ocorrência de um mal maior, sacrificando um bem para evitar a ocorrência de um prejuízo superior.

O estado de necessidade subjectivo, quando essencial e desculpável, constitui uma causa de escusa, não sendo, consequentemente, o agente obrigado a indemnizar os prejuízos que causar.

V. *Causas de escusa; Culpa; Responsabilidade civil.*

Estado de sujeição (Dir. Civil) – V. *Sujeição.*

Estado pessoal (Dir. Civil) – Situação jurídica da pessoa, especialmente no que toca, entre outras, à idade (menoridade, maioridade, emancipação), relações familiares (casado, solteiro, divorciado, viúvo), relações com o Estado (nacional, estrangeiro, naturalizado, etc.), à situação jurídica (interdito, inabilitado, etc.) e situação económica (insolvência).

Na definição de Castro Mendes, *Teoria Geral do Direito Civil*, Vol. I, Lisboa, 1978, pág. 101, "*estado pessoal* será a qualidade que condiciona a atribuição de uma massa pré-determinada de direitos e vinculações, cuja titularidade ou não titularidade é aspecto fundamental da situação jurídica […] da pessoa".

V. *Pessoa singular; Maioridade; Menoridade; Emancipação; Cidadania; Estrangeiros; Naturalização; Interdito; Inabilitado; Insolvência; Direito subjectivo.*

Estágio – Os licenciados em Direito que pretendam exercer a advocacia têm de se inscrever na Ordem dos Advogados e realizar um estágio de dois anos, cuja orientação geral cabe à Ordem. O estágio compreende dois períodos, sendo que o primeiro, "com a duração mínima de seis meses, destina-se a fornecer aos estagiários os conhecimentos técnico-profissionais e deontológicos fundamentais e a habilitá-los para a prática de actos próprios de profissão de competência limitada e tutelada, após aprovação nas respectivas provas de aferição daqueles conhecimentos". "A segunda fase do estágio visa uma formação alargada, complementar e progressiva dos advogados estagiários através da vivência da profissão, baseada no relacionamento com os patronos tradicionais, intervenções judiciais em práticas tuteladas, contactos com a vida judiciária e demais serviços relacionados com a actividade profissional, assim como o aprofundamento dos conhecimentos técnicos e apuramento da consciência deontológica mediante a frequência de acções de formação temática e participação no regime do acesso ao direito e à justiça no quadro legal vigente".

Do estágio encontram-se dispensados os "doutores em Ciências Jurídicas, com efectivo exercício da docência", e "os antigos magistrados com exercício profissional por período igual ou superior ao do estágio, que possuam boa classificação".

V. artigos 184.° a 189.° do Estatuto da Ordem dos Advogados (Lei n.° 15/2005, de 26 de Janeiro). O artigo 192.°, n.° 1, do Estatuto estabelece que "a inscrição como advogado depende do cumprimento das obrigações de estágio com classificação positiva, nos termos do regulamento dos centros distritais de estágio aprovado".

Os candidatos a solicitadores têm de obter a aprovação em estágio para que possam inscrever-se na respectiva Câmara, condição necessária ao exercício da profissão; o estágio tem a duração de 12 a 18 meses, dividindo-se em dois períodos, o primeiro com a duração mínima de seis meses e máxima de 12, destinado a "um aprofundamento técnico dos estudos ministrados nas escolas e ao relacionamento com as matérias directamente ligadas à prática da solicitadoria", e o segundo tendo por fim "integrar o solicitador estagiário no normal funcionamento de um escritório, dos tribunais e de outros serviços relacionados com a administração da justiça e com o exercício efectivo dos conhecimentos previamente adquiridos" – artigos 75.°, n.° 1, 77.°, n.° 1, 94.°, n.° 1, e 95.° do Estatuto da Câmara dos Solicitadores (Decreto-Lei n.° 88/2003, de 26 de Abril, alterado pelas Leis n.°s 49/2004, de 24 de Agosto, e 14/2006, de 26 de Abril).

V. *Advogado; Advogado estagiário; Ordem dos Advogados; Acesso à justiça; Magistrado; Solicitador; Câmara dos Solicitadores.*

Estatuição – O conteúdo da norma compõe-se frequentemente de duas partes: a previsão, integrada pela caracterização abstracta da situação de facto a que se reporta; e a estatuição, composta pelo enunciado da regra que lhe é aplicável ou dos efeitos jurídicos que a verificação concreta da situação prevista desencadeia.

V. *Norma jurídica.*

Estatuto – É uma lei que se ocupa de uma forma sistemática e unitária de uma certa actividade, carreira ou profissão, como acontece, por exemplo, com o Estatuto do Ministério Público ou o Estatuto Disciplinar dos Funcionários Civis do Estado.

V. *Ministério Público.*

Estatutos (Dir. Civil) – É o conjunto de regras fixadas, em princípio, pelas pessoas que intervieram na constituição de uma pessoa colectiva, e pelas quais esta se rege.

Os estatutos são fixados pelos associados no acto de constituição quanto às associações, e pelo instituidor no caso das fundações.

Se a fundação tiver sido instituída em testamento e deste não constarem ou forem insuficientes os estatutos, deverão eles ser elaborados ou completados pelos executores do testamento, no prazo de um ano a partir da abertura da sucessão; a elaboração dos estatutos incumbe à autoridade competente para o reconhecimento, quando nenhuma das hipóteses enunciadas se tiver verificado e quando, não tendo a fundação sido instituída por testamento, não houver estatutos; "na elaboração dos estatutos ter-se-á em conta, na medida do possível, a vontade real ou presumível do fundador".

Dos estatutos das pessoas colectivas devem constar a sede, os órgãos, seu funcionamento e a duração. Além destes elementos, podem ainda os estatutos regular outras matérias, tais como a extinção da pessoa colectiva e o processo de liquidação. Dos actos de constituição ou instituição devem ainda constar necessariamente o fim da pessoa colectiva e os bens ou serviços com que os associados concorrem para o património social, ou os bens que são destinados pelo instituidor à fundação.

Mas, se ao acto de constituição de uma associação se encontram necessariamente ligados os estatutos, ao ponto de aquele com estes se confundir e, consequentemente, se poder dizer que a fixação do fim e dos elementos do património deles fazem parte, já nas fundações o acto de instituição não poderá deixar de fixar aqueles dois elementos, mesmo que o instituidor nada diga quanto a estatutos.

Os estatutos das pessoas colectivas em que existe elemento pessoal (associações e sociedades) poderão ainda especificar os direitos e deveres dos associados, as condições da sua admissão, saída e exclusão.

Os estatutos das fundações poderão ainda determinar o destino dos bens em caso de extinção, e regular a transformação da fundação.

A lei civil é omissa quanto à questão da personalidade jurídica das sociedades civis, excepto quando as mesmas forem constituídas segundo um dos tipos da lei comercial e de acordo com os preceitos da mesma legislação (artigos 1.°, n.° 4, e 5.° do Código das Sociedades Comerciais). Daqui resulta que a lei fala, a respeito das sociedades civis, nos artigos 980.° e segs., C.C., de "contrato de sociedade" e nunca de estatutos, expressão que reserva para as formas associativas, às quais expressamente atribui personalidade jurídica (artigo 158.°, C.C.).

É, no entanto, corrente doutrinariamente falar-se de estatutos em referência àquelas regras que, sobre as matérias antes referidas, os sócios fixam no contrato de sociedade.

Os estatutos das associações, tal como o próprio acto de constituição, devem constar de escritura pública, revestindo a mesma forma qualquer alteração que seja deliberado introduzir-lhes (o que só pode ser feito com o voto favorável de três quartos dos associados presentes na assembleia geral para o efeito convocada, e caso os próprios estatutos não exijam um número de votos superior).

A alteração dos estatutos das fundações pode ser feita a todo o tempo pela entidade competente para o seu reconhecimento sob proposta da respectiva administração, contanto que não haja alteração essencial do fim da instituição e se não contrarie a vontade do fundador.

V. artigos 157.°, 158.°, 159.°, 162.°, 163.°, 164.°, 166.° (pessoas colectivas em geral), 167.°, 168.°, 170.°, 171.°, 172.°, 173.°, 175.°, 177.°, 180.° e 182.° a 184.° (quanto às associações), 186.°, 187.°, 189.° e 192.° a 194.° (quanto às fundações), C.C..

V. *Pessoa colectiva; Associação; Fundação; Testamento; Abertura da sucessão; Sede; Órgãos da pessoa colectiva; Extinção de pessoa colectiva; Património; Sociedade; Personalidade jurídica; Escritura pública; Assembleia geral.*

Estilicídio (Dir. Civil) – V. *Servidão de estilicídio.*

Estipulação (Dir. Civil) – Estipulação é um termo frequentemente utilizado como sinónimo de cláusula, havendo, porém, autores que distinguem entre os dois conceitos, estabelecendo entre eles uma relação género/espécie: para estes, estipulação é a cláusula negocial que é por si eficaz.

Também se encontra quem restrinja a utilização do termo à designação de um elemento de um negócio jurídico unilateral, fixado pelo respectivo autor.

V. Cláusula; Negócio jurídico unilateral.

Estipulação acessória (Dir. Civil) – Expressão que a lei (por exemplo, artigos 221.° e 222.°, C.C.) utiliza para significar *cláusula adicional* (v. esta expressão).

Estipulante (Dir. Civil) – No contrato a favor de terceiros, o promissário ou estipulante é a parte perante quem o promitente assume a obrigação de realizar uma prestação ao terceiro beneficiário.

V. *Contrato a favor de terceiros; Promissário; Promitente; Prestação; Beneficiário.*

Estirpe (Dir. Civil) – Para efeitos sucessórios, é o ramo composto por um parente do *de cuius* (filho ou irmão) e respectivos descendentes.

V. *Sucessão; Parente; Descendente; Direito de representação.*

Estrangeiros (Dir. Civil) – O artigo 15.° da Constituição da República estabelece, no seu n.° 1, que "os estrangeiros e os apátridas que se encontrem ou residam em Portugal gozam dos direitos e estão sujeitos aos deveres do cidadão português", deste regime se excepcionando "os direitos políticos, o exercício das funções públicas que não tenham carácter predominantemente técnico e os direitos e deveres reservados pela Constituição e pela lei exclusivamente aos cidadãos portugueses". O n.° 3 deste artigo estabelece o seguinte regime para os cidadãos de Estados de língua portuguesa com residência permanente em Portugal: a estes "são reconhecidos, nos termos da lei e em condições de reciprocidade, direitos não conferidos a estrangeiros, salvo o acesso aos cargos de Presidente da República, Presidente da Assembleia da República, Primeiro-Ministro, Presidentes dos tribunais supremos e o serviço nas Forças Armadas e na carreira diplomática". "A lei pode atribuir a estrangeiros residentes no território nacional, em condições de reciprocidade, capacidade eleitoral activa e passiva para a eleição dos titulares dos órgãos de autarquias locais" (n.° 4). Finalmente, o n.° 5 dispõe que "a lei pode ainda atribuir, em condições de reciprocidade, aos cidadãos dos Estados membros da União Europeia residentes em Portugal o direito de elegerem e serem eleitos Deputados ao Parlamento Europeu".

Há ainda a ter em conta o artigo 33.° da Constituição, em particular os respectivos n.°s 8 e 9, que garantem o direito de asilo "aos estrangeiros e aos apátridas perseguidos ou gravemente ameaçados de perseguição, em consequência da sua actividade em favor da democracia, da libertação social e nacional, da paz entre os povos, da liberdade e dos direitos da pessoa humana", remetendo para a lei ordinária a definição do estatuto do refugiado político. O Protocolo Adicional à Convenção Relativa ao Estatuto dos Refugiados – esta celebrada em Genebra em 28 de Julho de 1951 –, concluído em Nova Iorque em 31 de Janeiro de 1967, foi aprovado para adesão pelo Decreto-Lei n.° 207/75, de 17 de Abril, tendo a Carta de Adesão ao Protocolo sido depositada em 13 de Julho de 1976, conforme aviso publicado no *Diário da República*, 1.ª série, de 28 de Setembro de 1976. No quadro da política de asilo comum, objecto do Tratado da Comunidade Europeia, foi criado o Fundo Europeu para os Refugiados, pela Decisão n.° 2000/596/CE, do Conselho, de 28 de Setembro. O Decreto-Lei n.° 218/2001, de 4 de Agosto, estabelece o regime que lhe é aplicável.

"Os estrangeiros são equiparados aos nacionais quanto ao gozo de direitos civis, salvo disposição legal em contrário"; "não são, porém, reconhecidos aos estrangeiros os direitos que, sendo atribuídos pelo respectivo Estado aos seus nacionais, o não sejam aos portugueses em igualdade de circunstâncias" – artigo 14.°, C.C..

"Aos direitos de personalidade, no que respeita à sua existência e tutela e às restrições impostas ao seu exercício, é [...] aplicável a lei pessoal", mas o estrangeiro não goza "de qualquer forma de tutela jurídica que não seja reconhecida na lei portuguesa" – artigo 27.°, C.C..

O Decreto-Lei n.° 244/98, de 8 de Agosto – cujos artigos 101.°, n.°s 1-*a*), *b*) e *c*), e 2, e 125.°, n.° 2, foram declarados inconstitucionais, com força obrigatória geral, pelo Acórdão do Tribunal Constitucional n.° 232/2004, publicado no *Diário da República*, I-A série, de 25 de Maio de 2004 –, alterado pela Lei n.° 97/99, de 26 de Julho, e pelos Decretos-Leis n.°s 4/2001, de 10 de Janeiro (rectificado pela Declaração de rectificação n.° 3-A/2001, de 31 de Janeiro), e 34/2003, de 25 de Fevereiro (este rectificado pela Declaração de rectificação n.° 2-D/2003, de 31 de Março), ocupa-se do regime de entrada, permanência, saída e afastamento (o termo usado pela versão legal anterior era expulsão) de estrangeiros do território nacional; este diploma foi regulamentado pelo Decreto Regulamentar n.° 6/2004, de 26 de Abril.

A Lei n.° 24/2000, de 23 de Agosto, concedera autorização ao Governo para alterar as atribuições e competências do Serviço de Estrangeiros e Fronteiras e "para legislar em matéria de expulsão e direito de asilo de cidadãos estrangeiros". Esse regime foi aprovado pelo Decreto-Lei n.° 252/2000, de 16 de Outubro, alterado pelo Decreto-Lei n.° 290-A/2001, de 17 de Novembro.

A Lei n.° 15/98, de 26 de Março, alterada pela Leis n.°s 67/2003, de 23 de Agosto, e 20/2006, de 23 de Junho, define as condições de concessão, recusa e perda do asilo político, bem como as normas processuais a seguir e as entidades competentes para o fazerem, sendo aplicável aos pedidos de asilo pendentes. A referida Lei n.° 20/2006 aprova disposições complementares do regime estabelecido pela Lei n.° 15/98, transpondo a Directiva n.° 2003/ /9/CE, do Conselho, de 27 de Janeiro.

A Portaria n.° 30/2001, de 17 de Janeiro, estabelece as modalidades de assistência médica e medicamentosa a prestar nas várias fases do procedimento de concessão do direito de asilo, desde a apresentação do respectivo pedido até à decisão final do mesmo.

A Lei Orgânica n.° 1/2001, de 14 de Agosto, rectificada pela Declaração de rectificação n.° 20-A/2001, de 17 de Outubro, e alterada pela Lei Orgânica n.° 5-A/2001, de 26 de Novembro, pela Lei n.° 19/2003, de 20 de Junho, e pela Lei Orgânica n.° 3/ /2005, de 29 de Agosto, que regula a eleição dos titulares dos órgãos das autarquias locais, estabelece no artigo 6.°, n.° 2, que "são [...] inelegíveis para os órgãos das autarquias locais [...] os cidadãos eleitores estrangeiros que, em consequência de decisão de acordo com a lei do seu Estado de origem, tenham sido privados do direito de sufrágio activo ou passivo"; o respectivo artigo 24.°, n.° 1, determina que, "no acto de apresentação da candidatura, o candidato estrangeiro deve apresentar uma declaração formal, especificando: *a)* A nacionalidade e a residência habitual no território português; *b)* A última residência no Estado de origem; *c)* A não privação da capacidade eleitoral passiva no Estado de origem".

O objecto da Lei n.° 134/99, de 28 de Agosto, tem uma relação directa com a situação dos estrangeiros, pois ele é o da prevenção e proibição da "discriminação racial sob todas as suas formas", e o do sancionamento da "prática de actos que se traduzam na violação de quaisquer direitos fundamentais, ou na recusa ou condicionamento do exercício de quaisquer direitos económicos, sociais ou culturais, por quaisquer pessoas, em razão da sua pertença a determinada raça, cor, nacionalidade ou origem étnica"; é criada pelo mencionado diploma a Comissão para a Igualdade e contra a Discriminação Racial, à qual cabe recomendar a adopção das medidas legislativas que considere adequadas a prevenir práticas discriminatórias em razão da raça, da cor, da nacionalidade ou da origem étnica, a publicitação de casos de violação do princípio da igualdade, bem como a elaboração de um relatório anual sobre a situação da igualdade em Portugal. De acordo com a definição que a Lei contém de discriminação racial, esta consiste em "qualquer distinção, exclusão, restrição ou preferência em função da raça, cor, ascendência, origem nacional ou étnica, que tenha por objectivo ou produza como resultado a anulação ou restrição do reconhecimento, fruição ou exercício, em condições de igualdade, de direitos, liberdades e garantias ou de direitos económicos, sociais e culturais". A figura do mediador sócio-cultural, cuja função é "colaborar na integração de imigrantes e minorias étnicas, na perspectiva do reforço do diálogo intercultural e da coesão social" foi criada e tem o respectivo estatuto jurídico na Lei n° 105/2001, de 31 de Agosto. O Decreto-Lei n.° 251/2002, de 22 de Novembro, alterado pelo Decreto-Lei n.° 27/2005, de 4 de Fevereiro, criou o Alto-Comissariado para a Imigração e Minorias Étnicas.

O regime jurídico das associações representativas dos imigrantes e seus descendentes foi definido pela Lei n.° 115/99, de 3 de Agosto, tendo o Decreto-Lei n.° 75/ /2000, de 9 de Maio, regulamentado aquela Lei.

Na transposição da Directiva n.° 2001/ /55/CE, do Conselho, de 20 de Julho, a Lei n.° 67/2003, de 23 de Agosto, estabelece normas mínimas em matéria de concessão de protecção temporária no caso de afluxo maciço de pessoas deslocadas.

O artigo 35.° do Decreto-Lei n.° 83/ /2000, de 11 de Maio – que foi alterado pelo Decreto-Lei n.° 108/2004, de 11 de Maio, e pela Lei n.° 13/2005, de 26 de Janeiro –, estabelece que o passaporte para estrangeiros pode ser emitido para "indivíduos que, autorizados a residir em território português, sejam apátridas ou nacionais de países sem representação diplomática ou consular em Portugal ou que demonstrem, de forma inequívoca, não poder obter outro passaporte", para "indivíduos estrangeiros que, sem passaporte próprio, no estrangeiro recorram à protecção diplomática ou consular portuguesa ao abrigo de acordos de cooperação consular celebrados entre Portugal e os seus países de origem" e para "indivíduos estrangeiros que se encontrem fora do território português, quando razões excepcionais recomendem a concessão do passaporte para estrangeiros". Este passaporte é válido por um período máximo de dois anos (artigo 38.°, n.° 1).

Tendo em conta o elevado número de estrangeiros menores a residir em Portugal em situação irregular, o Decreto-Lei n.° 67/ /2004, de 25 de Março, criou para eles um registo nacional, destinado "exclusivamente a assegurar o acesso dos menores ao benefício dos cuidados de saúde e à educação pré-escolar e escolar"; o artigo 2.°, n.° 2, dispõe que "os dados a recolher devem cingir-se ao estritamente necessário à identificação do menor, nomeadamente o nome [...] [dele], o [...] dos progenitores, o nome de quem exerça o poder paternal e o lugar de residência do menor", estabelecendo os n.°s 3 e 4 que, "em caso nenhum", os elementos constantes deste registo poderão servir "de fundamento ou meio de prova para qualquer procedimento administrativo ou judicial, contra qualquer cidadão estrangeiro que exerça o poder paternal do menor, "salvo na medida necessária para a protecção dos interesses deste", nem "poderão servir de base à legalização do menor registado ou do cidadão ou cidadãos que, sobre este, exerçam o poder paternal". Este registo deve ser "efectuado oficiosamente, a solicitação de qualquer serviço da Administração Pública, ou por requerimento de quem exerça o poder paternal". Porém, o artigo 4.° deste diploma dispôs que "a regulamentação da recolha e do tratamento dos dados pessoais dos menores abrangidos pelo artigo 1.° será aprovada, no prazo de 90 dias contados a partir da entrada em vigor do presente diploma, por portaria do Ministério da Presidência" (v. Portaria n.° 995/2004, de 9 de Agosto).

Na transposição da Directiva n.° 2001/ /40/CE, do Conselho, de 28 de Maio, a Lei n.° 53/2003, de 22 de Agosto, "disciplina o reconhecimento de uma decisão de afastamento tomada por uma autoridade competente de um Estado membro da União Europeia ou da Islândia e da Noruega contra um nacional de um país terceiro ["qualquer pessoa que não possua a nacionalidade de um dos Estados-membros da União Europeia, dos Estados parte no Acordo sobre o Espaço Económico Europeu ou da Suíça"]".

O Decreto-Lei n.° 41/2006, de 21 de Fevereiro, alterando o Decreto-Lei n.° 176/ /2003, de 2 de Agosto, dispõe, no seu artigo 7.°, n.° 3, que se consideram "equiparados a residentes para efeitos de atribuição da prestação de subsídio de funeral os estrangeiros portadores de títulos válidos de autorização de permanência ou visto de trabalho, bem como os refugiados ou apátridas portadores de título de protecção temporária válidos"; nos termos do n.° 4 da mesma disposição, "consideram-se ainda equiparados a residentes para efeitos de atribuição da prestação de abono de família a crianças e jovens: *a)* os refugiados ou apátridas portadores de título de protecção temporária válido; *b)* os cidadãos estrangeiros portadores de títulos válidos de permanência, ou respectivas prorrogações, nos termos e condições a definirem portaria conjunta dos Ministros de Estado e da Administração Interna, da Presidência e do Trabalho e da Solidariedade Social". A Portaria n.° 458/2006, de 18 de Maio, fixa as condições para os cidadãos estrangeiros serem equiparados a residentes para os efeitos de atribuição das prestações familiares previstas no DL n.° 41/2006.

O artigo 1.°, n.° 1-*d)* a *f)*, da Lei da Nacionalidade (Lei n.° 37/81, de 3 de Outubro, alterada pela Lei n.° 25/94, de 19 de

Agosto, pelos Decretos-Leis n.°s 22-A//2001, de 14 de Dezembro, 194/2003, de 23 de Agosto de 2003, e pelas Leis Orgânicas n.°s 1/2004, de 15 de Janeiro, e 2/2006, de 17 de Abril), dispõem que "são portugueses de origem [...] os indivíduos nascidos no território português, filhos de estrangeiros, se pelo menos um dos progenitores também aqui tiver nascido e aqui tiver residência, independentemente de título, ao tempo do nascimento; [...] os indivíduos nascidos no território português, filhos de estrangeiros que não se encontrem ao serviço do respectivo Estado, se declararem que querem ser portugueses e desde que, no momento do nascimento, um dos progenitores aqui resida legalmente há pelo menos cinco anos; [...] [e] os indivíduos nascidos no território português e que não possuam outra nacionalidade". O n.° 2 do mesmo artigo presume "nascidos no território português, salvo prova em contrário, os recém-nascidos que aqui tenham sido expostos".

A nacionalidade portuguesa pode ainda ser adquirida, por efeito de declaração:

– Pelos filhos menores ou incapazes de pai ou mãe que, por sua vez, tenham adquirido a nacionalidade portuguesa (artigo 2.°);

– Por estrangeiro casado há mais de três anos com nacional português – devendo, neste caso, a declaração ser feita na constância do matrimónio, não prejudicando a aquisição "a declaração de nulidade ou anulação do casamento [...] pelo cônjuge que o contraiu de boa fé" (artigo 3.°, n.°s 1 e 2);

– Por estrangeiro que viva em união de facto há mais de três anos com nacional português, sendo necessária uma acção judicial de reconhecimento dessa situação, a interpor no tribunal cível (artigo 3.°, n.° 3).

Também adquire a nacionalidade portuguesa o adoptado plenamente por nacional português, mesmo que a adopção fosse anterior à entrada em vigor da lei (artigos 5.° e 29.°).

Nos termos do artigo 6.°, n.° 1, a nacionalidade portuguesa pode ser concedida pelo Governo, por naturalização, "aos estrangeiros que satisfaçam cumulativamente os seguintes requisitos:

a) Serem maiores ou emancipados à face da lei portuguesa;

b) Residirem legalmente no território português há pelo menos seis anos;

c) Conhecerem suficientemente a língua portuguesa;

d) Não terem sido condenados, com trânsito em julgado da sentença, pela prática de crime punível com pena de prisão de máximo igual ou superior a 3 anos, segundo a lei portuguesa".

A naturalização pode ainda ser concedida – a requerimento do interessado – nas situações previstas nos restantes números do mesmo artigo 6.°, designadamente:

– "aos menores, nascidos no território português, filhos de estrangeiros, desde que preencham os requisitos das alíneas *c)* e *d)* do número anterior e desde que, no momento do pedido, se verifique uma das seguintes condições: *a)* um dos progenitores aqui resida legalmente há pelo menos cinco anos; *b)* o menor aqui tenha concluído o 1.° ciclo do ensino básico";

– aos indivíduos que tenham tido a nacionalidade portuguesa e que, tendo-a perdido, nunca tenham adquirido outra nacionalidade", ainda que não preencham os requisitos das alíneas *b)* e *c)* acima referidas;

– "aos indivíduos nascidos no estrangeiro com, pelo menos, um ascendente do 2.° grau da linha recta de nacionalidade portuguesa e que não tenha perdido esta nacionalidade", independentemente do requisito da alínea *b) supra;*

– "a indivíduos nascidos no território português, filhos de estrangeiros, que aqui tenham permanecido habitualmente nos 10 anos imediatamente anteriores ao pedido" também independentemente do requisito da alínea *b);*

– "aos indivíduos que, não sendo apátridas, tenham tido a nacionalidade portuguesa, aos que forem havidos como descendentes de portugueses, aos membros de comunidades de ascendência portuguesa e aos estrangeiros que tenham prestado ou sejam chamados a prestar serviços relevantes ao Estado Português ou à comunidade nacional", com dispensa dos requisitos das alíneas *b)* e *c).*

Nos termos do artigo 9.°, "constituem fundamento de oposição à aquisição da nacionalidade portuguesa ["a oposição é deduzida pelo Ministério Público no prazo de um ano a contar da data do facto de que dependa a aquisição [...] em processo a instaurar [...]", sendo obrigatória para todos a participação ao Ministério Público destes factos]:

a) A inexistência de ligação efectiva à comunidade nacional;

b) A condenação, com trânsito em julgado da sentença, pela prática de crime punível com pena de prisão de máximo igual ou superior a 3 anos, segundo a lei portuguesa;

c) O exercício de funções públicas sem carácter predominantemente técnico ou a prestação de serviço militar não obrigatório a Estado estrangeiro".

Os artigos 11.° e 12.° da referida Lei estabelecem, respectivamente, que "a atribuição da nacionalidade portuguesa produz efeitos desde o nascimento, sem prejuízo da validade das relações jurídicas anteriormente estabelecidas com base em outra nacionalidade", e que "os efeitos das alterações de nacionalidade só se produzem a partir da data do registo dos actos ou factos de que dependem".

Em caso de conflito de leis sobre a nacionalidade, devem ter-se em conta os artigos 28.° e 29.°: "se alguém tiver duas ou mais nacionalidades e uma delas for portuguesa, só esta releva face à lei portuguesa"; "nos conflitos positivos de duas ou mais nacionalidades estrangeiras releva apenas a nacionalidade do Estado em cujo território o plurinacional tenha a sua residência habitual ou, na falta desta, a do Estado com o qual mantenha uma vinculação mais estreita".

"As declarações de que dependem a atribuição, a aquisição ou a perda da nacionalidade portuguesa devem constar do registo central da nacionalidade, a cargo da Conservatória dos Registos Centrais" – artigo 16.°; o artigo 17.° esclarece que "as declarações de nacionalidade podem ser prestadas perante os agentes diplomáticos ou consulares portugueses e, neste caso, são registadas oficiosamente em face dos necessários documentos comprovativos, a enviar para o efeito à Conservatória dos Registos Centrais". São obrigatoriamente registadas as declarações para atribuição, aquisição [...] da nacionalidade, assim como a naturalização de estrangeiros, sendo o acto que importe qualquer destes efeitos lavrado por assento ou por averbamento (artigos 18.° e 19.°). O registo das alterações de nacionalidade por efeito do casamento ou por aquisição voluntária de nacionalidade estrangeira em conformidade com a lei anterior é lavrado oficiosamente ou a requerimento dos interessados, sendo obrigatório para fins de identificação" – artigo 33.°. De acordo com o artigo 34.°, "a aquisição [...] da nacionalidade que resulte[...] de actos cujo registo não era obrigatório no domínio da lei anterior continuam a provar-se pelo registo ou pelos documentos comprovativos dos actos de que depende[...]", sendo a prova destes actos "feita pelo respectivo registo ou consequentes averbamentos ao assento de nascimento", para fins de identificação. O artigo 35.° esclarece que "os efeitos das alterações de nacionalidade dependentes de actos ou factos não obrigatoriamente sujeitos a registo no domínio da lei anterior são havidos como produzidos desde a data da verificação dos actos ou factos que as determinaram".

O artigo 194.° do Estatuto da Ordem dos Advogados – Lei n.° 15/2005, de 26 de Janeiro – determina que "os estrangeiros diplomados por qualquer Faculdade de Direito de Portugal podem inscrever-se na Ordem dos Advogados, nos mesmos termos dos portugueses, se a estes o seu país conceder reciprocidade", podendo os advogados brasileiros diplomados por Faculdade de Direito portuguesa ou brasileira inscrever-se na Ordem "em regime de reciprocidade"; também os advogados que, nos respectivos países membros da União Europeia, estejam autorizados a exercer as actividades profissionais com um dos títulos profissionais constantes do artigo 196.°, podem exercer a advocacia em Portugal com o título profissional de origem, sendo este exercício livre, "sem prejuízo de estes deverem dar prévio conhecimento desse facto à Ordem dos Advogados"; já o "estabelecimento permanente em Portugal de advogados da União Europeia que pretendam exercer a sua actividade com o título profissional de advogado, em plena igualdade de direitos e deveres com os advogados portugueses, depende de prévia inscrição na Ordem dos Advogados" (artigo 200.°, n.° 1). O artigo 201.°, n.° 1, dispõe que "os advogados da União Europeia que exerçam a sua actividade com o seu título profissional de origem estão sujeitos às sanções disciplinares previstas para os advogados portugueses, devendo o respectivo processo disciplinar ser instruído em colaboração com a organização profissional equivalente do Estado de origem, a qual é informada da sanção aplicada".

O n.° 5 do artigo 2.° da Lei n.° 33/99, de 18 de Maio, alterada pelos Decretos-Leis n.°s 323/2001, de 17 de Dezembro, e 194//2003, de 23 de Agosto, dispõe que "aos cidadãos brasileiros a que, nos termos da Convenção Luso-Brasileira, aprovada por Resolução de 29 de Dezembro de 1971, tenha sido concedido o estatuto geral de igualdade de direitos e deveres, é atribuído bilhete de identidade de acordo com as disposições do Decreto-Lei n.° 126/72, de 22 de Abril". Entre a República Portuguesa e a República Federativa do Brasil foi assinado, em Porto Seguro em 22 de Abril de 2000, o Tratado de Amizade, Cooperação e Consulta, aprovado, para ratificação, pela Resolução da Assembleia da República n.° 83/2000, de 28 de Setembro, e ratificado pelo Decreto do Presidente da República n.° 79/2000, de 14 de Dezembro; este Tratado revogou a Convenção sobre Igualdade de Direitos e Deveres entre Brasileiros e Portugueses de 1971; o Decreto-Lei n.° 154/2003, de 15 de Julho, regulamentou a aplicação do Tratado. O Acordo de Cooperação entre a República Portuguesa e a República Federativa do Brasil para a Prevenção e a Repressão do Tráfico Ilícito de Migrantes, assinado em Lisboa em 11 de Julho de 2003, foi aprovado pelo Decreto n.° 42/2003, de 20 de Setembro. O Decreto n.° 43/2003, de 24 de Setembro, aprova o Acordo entre a República Portuguesa e a República Federativa do Brasil sobre a Facilitação de Circulação de Pessoas, assinado em Lisboa em 11 de Julho de 2003. Na mesma data foi também assinado o Acordo entre a República Portuguesa e a República Federativa do Brasil sobre Contratação Recíproca de Nacionais, aprovado pelo Decreto n.° 40/2003, de 19 de Setembro; o Aviso n.° 206/2003, de 4 de Outubro, tornou público que, em 25 de Julho e em 19 de Setembro de 2003, foram emitidas notas, respectivamente pelo Ministério dos Negócios Estrangeiros da República Federativa do Brasil e pelo Ministério dos Negócios Estrangeiros de Portugal, em que se comunica terem sido cumpridas as formalidades constitucionais internas de aprovação do Acordo.

A Declaração n.° 9/2005, de 8 de Julho, dos Ministérios da Administração Interna e dos Negócios Estrangeiros torna público que é reconhecida capacidade eleitoral activa nas eleições dos órgãos das autarquias locais aos cidadãos dos países da União Europeia, do Brasil, de Cabo Verde, da Noruega, da Islândia, do Uruguai, da Venezuela, do Chile e da Argentina, e capacidade eleitoral passiva, nas mesmas eleições, aos cidadãos dos países da União Europeia, do Brasil e de Cabo Verde.

A Convenção Quadro para a Protecção das Minorias Nacionais, aberta à assinatura dos Estados membros do Conselho da Europa em Estrasburgo, em 1 de Fevereiro de 1995, aprovada para ratificação pela Resolução da Assembleia da República n.° 42/2001, em 5 de Abril de 2001, foi ratificada pelo Decreto do Presidente da República n.° 33/2001, de 25 de Junho; pelo Aviso n.° 59/2002, de 2 de Julho, foi tornado público que o Governo da República portuguesa depositou, em 7 de Maio de 2002, junto do Secretário-Geral do Conselho da Europa, o seu instrumento de ratificação desta Convenção; o Aviso n.° 92/2004, de 20 de Maio, veio, de novo, tornar público o mesmo facto.

Entre os Governos da República Portuguesa e da República da Hungria foi assinado em Lisboa, em 28 de Janeiro de 2000, o Acordo sobre a Readmissão de Pessoas em Situação Irregular, tendo este sido aprovado pela Resolução da Assembleia da República n.° 62/2001, publicada no *Diário da República*, I-A série, de 6 de Outubro de 2001; a este Acordo foi acrescentado um parágrafo, segundo informação constante do Aviso n.° 111/2003, de 15 de Março; o Aviso n.° 9/2003, tornou público que, em 23 de Janeiro e 3 de Outubro de 2002 foram emitidas notas, respectivamente pelo Ministério dos Negócios Estrangeiros português e pela Embaixada da República da Hungria em Lisboa, em que se comunica terem sido cumpridas as formalidades constitucionais internas de aprovação deste Acordo.

Entre a República Portuguesa e a República da Roménia foi assinado em Lisboa, em 26 de Setembro de 2002, o Acordo sobre a Readmissão de Pessoas em Situação Irregular, tendo este sido aprovado pela Resolução da Assembleia da República n.° 43/2003, publicada no *Diário da República*, I-A série, de 23 de Maio de 2003, e ratificado pelo Decreto do Presidente da República n.° 32/2003, da mesma data; o Aviso n.° 192/2003, de 14 de Agosto, tornou público terem sido emitidas notas, em 28 de Maio e em 2 de Julho de 2003, respectivamente pelo Ministério dos Negócios Estrangeiros da Roménia e pelo Ministério dos Negócios Estrangeiros de Portugal, em que se comunica terem sido cumpridas as formalidades constitucionais internas de aprovação do Acordo.

O Decreto n.° 18/2005, de 6 de Setembro, rectificado pela Declaração de rectificação n.° 77/2005, de 2 de Novembro, aprovou o Acordo entre o Governo da República Portuguesa e o Governo da República da Roménia sobre a Permanência Temporária de Cidadãos Romenos para a Prestação de Trabalho em Portugal, assinado em Lisboa em 19 de Julho de 2001; o Aviso n.° 299/2006, de 10 de Fevereiro, torna público que, em 7 de Setembro de 2001 e em 11 de Janeiro de 2006, foram emitidas notas, respectivamente pelo Ministério dos Negócios Estrangeiros da Roménia e pelo Ministério dos Negócios Estrangeiros português, em que se comunica terem sido cumpridas as formalidades internas de aprovação do Acordo.

O Acordo sobre a Readmissão de Pessoas em Situação Irregular, assinado em Lisboa, em 12 de Novembro de 2001, entre a República Portuguesa e a República da Estónia, foi aprovado pela Resolução da Assembleia da República n.° 46/2003, publicada no *Diário da República*, I-A série, de 23 de Maio de 2003, e ratificado pelo Decreto do Presidente da República n.° 35/ /2003, da mesma data; o Aviso n.° 207/ /2003, de 15 de Outubro, tornou público terem, em 17 de Dezembro de 2001 e 3 de Julho de 2003, sido emitidas notas, respectivamente pelo Ministério dos Negócios Estrangeiros da República da Estónia e pelo Ministério dos Negócios Estrangeiros de Portugal, em que se comunica o cumprimento das respectivas formalidades constitucionais de aprovação deste Acordo.

A Resolução da Assembleia da República n.° 32/2004, de 12 de Fevereiro, aprovou para ratificação o Protocolo Adicional contra o Tráfico Ilícito de Migrantes por via Terrestre, Marítima e Aérea, adoptado pela Assembleia Geral das Nações Unidas em 15 de Novembro de 2000, tendo o mesmo sido ratificado pelo Decreto do Presidente da República n.° 19/2004, de 2 de Abril.

O Acordo sobre Concessão de Vistos de Múltiplas Entradas para Determinadas Categorias de Pessoas, assinado em Brasília em 30 de Julho de 2002, aprovado pelo Decreto do Governo n.° 34/2003, de 30 de Julho, entrou em vigor em 1 de Outubro de 2003 para a República Portuguesa, República de Angola, República Democrática de São Tomé e Príncipe e República de Cabo Verde, segundo o Aviso n.° 34/2004, de 10 de Abril.

O Acordo sobre Isenção de Taxas e Emolumentos Devidos à Emissão e Renovação de Autorizações de Residência para os Cidadãos da Comunidade dos Países de Língua Portuguesa foi assinado em Brasília em 30 de Julho de 2002, tendo sido aprovado pelo Decreto do Governo n.° 37/ /2003, de 30 de Julho; entrou em vigor em 1 de Outubro de 2003 para a República Portuguesa, República de Angola, República Democrática de São Tomé e Príncipe e República de Cabo Verde, segundo o Aviso n.° 35/2004, de 10 de Abril.

O Acordo sobre Estabelecimento de Requisitos Comuns Máximos para a Instalação de Processo de Visto de Curta Duração, assinado em Brasília em 30 de Julho de 2002, aprovado pelo Decreto do Governo n.° 35/2003, de 30 de Julho, entrou em vigor em 1 de Outubro de 2003 para a República Portuguesa, República de Angola, República Democrática de São Tomé e Príncipe e República de Cabo Verde, segundo o Aviso n.° 36/2004, de 10 de Abril.

O Acordo sobre Estabelecimento de Balcões Específicos nos Postos de Entrada e

Saída para o Atendimento de Cidadãos da Comunidade dos Países de Língua Portuguesa foi assinado em Brasília em 30 de Julho de 2002, tendo sido aprovado pelo Decreto do Governo n.° 33/2003, de 30 de Julho; entrou em vigor em 1 de Outubro de 2003 para a República Portuguesa, República de Angola, República Democrática de São Tomé e Príncipe e República de Cabo Verde, segundo o Aviso n.° 37/2004, de 10 de Abril.

O Acordo sobre Concessão de Visto Temporário para Tratamento Médico a Cidadãos da Comunidade dos Países de Língua Portuguesa foi assinado em Brasília em 30 de Julho de 2002, tendo sido aprovado pelo Decreto do Governo n.° 32/ /2003, de 30 de Julho; entrou em vigor em 1 de Outubro de 2003 para a República Portuguesa, República de Angola, República Democrática de São Tomé e Príncipe e República de Cabo Verde, segundo o Aviso n.° 40/2004, de 10 de Abril.

O Decreto n.° 35/2004, de 6 de Novembro, aprovou o Acordo de Cooperação entre o Governo da República Portuguesa e o Governo do Reino de Marrocos em Matéria de Controlo de Fronteiras e de Fluxos Migratórios, assinado em Tânger em 7 de Setembro de 1999; nos termos do Aviso n.° 307/2005, de 19 de Agosto, foram emitidas notas, respectivamente pelo Ministério dos Negócios Estrangeiros de Marrocos e pela Embaixada de Portugal em Rabat, em que se comunica terem sido cumpridas as formalidades constitucionais internas da respectiva aprovação.

O Decreto n.° 3/2005, de 14 de Fevereiro, aprovou o Acordo entre a República Portuguesa e a Ucrânia sobre Migração Temporária de Cidadãos Ucranianos para Prestação de Trabalho na República Portuguesa, assinado em Kiev em 12 de Fevereiro de 2003; o Aviso n.° 114/2005, de 15 de Abril, tornou público que, em 30 de Dezembro de 2003 e em 25 de Fevereiro de 2005, foram emitidas notas, respectivamente pela Embaixada da Ucrânia em Lisboa e pelo Ministério dos Negócios Estrangeiros de Portugal, em que se comunica terem sido cumpridas as respectivas formalidades constitucionais internas de aprovação.

V. *Apátrida; Direitos de personalidade; Residência; Cidadania; Lei ordinária; Lei pessoal; Princípio da igualdade; Passaporte; Bilhete de identidade; Associação; Menor; Dados pessoais; Nome; Registo; Poder paternal; Presunção legal; Incapaz; Casamento; Invalidade do casamento; Boa fé; União de facto; Acção; Tribunal cível; Adopção plena; Naturalização; Maioridade; Emancipação; Trânsito em julgado; Requerimento; Ascendente; Grau de parentesco; Linha; Aquisição de nacionalidade; Ministério Público; Relação jurídica; Nascimento; Registo civil; Assento; Averbamento; Identificação da pessoa; documento; Documento; Prova.*

Estupefaciente (Dir. Civil) – Substância com características que provocam alterações no estado físico e/ou psicológico de quem a consome e criadora de dependência no consumidor.

O artigo 152.°, C.C., estabelece que "podem ser inabilitados os indivíduos [...] que, [...] pelo abuso de bebidas alcoólicas ou de estupefacientes, se mostrem incapazes de reger convenientemente o seu património".

O Código da Estrada, aprovado pelo Decreto-Lei n.° 114/94, de 3 de Maio, alterado pelos Decretos-Leis n.°s 214/96, de 20 de Novembro, 2/98, de 3 de Janeiro, e 162/2001, de 22 de Junho, e pelas Leis n.°s 1/2002, de 2 de Janeiro, e 20/2002, de 21 de Agosto, e pelo Decreto-Lei n.° 44/2005, de 23 de Fevereiro, contém, no artigo 81.°, uma norma relativa à condução sob influência de substâncias legalmente consideradas como psicotrópicas ou estupefacientes. O Decreto Regulamentar n.° 24/98, de 30 de Outubro, regulamenta os procedimentos para a fiscalização da condução sob a influência do álcool ou de substâncias estupefacientes ou psicotrópicas. A Portaria n.° 1005/98, de 30 de Novembro, rectificada pela Declaração de rectificação n.° 22-V/98, de 31 de Dezembro, fixa as taxas a cobrar pelos exames de fiscalização da condução sob a influência de substâncias psicotrópicas, estabelecendo a Portaria n.° 1006/98, de 30 de Novembro, rectificada pela Declaração de rectificação n.° 22-X/98, de 31 de Dezembro, as regras sobre as análises para confirmação da de substâncias estupefacientes ou psicotrópicas no sangue.

As regras relativas ao controlo do mercado lícito de estupefacientes, substâncias psicotrópicas, precursores e outros produtos químicos susceptíveis de utilização no fabrico de droga, encontram-se estabelecidas pelo Decreto Regulamentar n.° 61/94, de 12 de Outubro, alterado pelos Decreto Regulamentares n.°s 23/99, de 22 de Outubro, e 19/2004, de 30 de Abril.

O Decreto-Lei n.° 31/99, de 5 de Fevereiro, criou o Instituto Português da Droga e da Toxicodependência, que "visa[va] recolher, tratar e divulgar dados e informações relativos ao consumo e ao tráfico ilícitos de drogas, bem como promover junto dos jovens e da população em geral a prevenção do consumo de drogas". Entretanto, o Decreto-Lei n.° 269-A/2002, de 29 de Novembro, alterado pelo Decreto-Lei n.° 172/2005, de 14 de Outubro, criou o Instituto da Droga e da Toxicodependência (IDT) que resultou da fusão do Serviço de Prevenção e Tratamento da Toxicodependência e do Instituto Português da Droga e da Toxicodependência, que "tem por missão garantir a unidade intrínseca do planeamento, da concepção, da gestão, da fiscalização e da avaliação das diversas fases da prevenção, do tratamento e da reinserção no domínio da droga e da toxicodependência, na perspectiva da melhor eficácia da coordenação e execução das políticas e estratégias definidas". O Serviço Regional de Prevenção da Toxicodependência da Madeira foi criado pelo decreto regulamentar regional n.° 9/2002/M, de 25 de Junho.

A Lei Tutelar Educativa (Lei n.° 166/99, de 14 de Setembro), que substituiu parcialmente a chamada O.T.M., estabelece no artigo 13.°, n.° 2, que podem ser impostas regras de conduta aos menores e, nomeadamente, a proibição de consumir bebidas alcoólicas; do mesmo modo, pode ser imposta às crianças e jovens a frequência de programas de tratamento da habituação alcoólica, do consumo habitual de estupefacientes [...]" (artigo 14.°). O artigo 21.° refere que o juiz deve providenciar para que estas medidas sejam cumpridas em instituições ou entidades específicas.

O Decreto-Lei n.° 72/99, de 15 de Março, estabelece o regime jurídico de apoio às instituições privadas de tratamento e de reinserção social de toxicodependentes.

A Lei n.° 109/99, de 3 de Agosto, prevê núcleos de acompanhamento médico aos toxicodependentes reclusos.

O Decreto-Lei n.° 15/93, de 22 de Janeiro, alterado pelo Decreto-Lei n.° 81/95, de 22 de Abril, pela Lei n.° 45/96, de 3 de Setembro, pelo Decreto-Lei n.° 214/2000, de 2 de Setembro, pela Lei n.° 30/2000, de 29 de Novembro, pelo Decreto-Lei n.° 69/2001, de 24 de Fevereiro, pelas Leis n.°s 101/2001 e 104/2001, ambas de 25 de Agosto, pelo Decreto-Lei n.° 323/2001, de 17 de Dezembro, e pelas Leis n.°s 3/2003, de 15 de Janeiro (que transpõe a Directiva n.° 2001/8/CE, da Comissão, de 8 de Fevereiro), 47/2003, de 22 de Agosto, 17/2004, de 11 de Maio, e 14/2005, de 26 de Janeiro, enumera "as plantas, substâncias e preparações que, em cumprimento das obrigações decorrentes das Convenções das Nações Unidas sobre Estupefacientes (1961) e sobre Substâncias Psicotrópicas (1971), estão sujeitas a medidas de controlo e à aplicação de sanções em caso de ocorrência de contra-ordenações na sua produção, tráfico ou consumo".

A referida Lei n.° 30/2000 veio descriminalizar o consumo de estupefacientes, substituindo as penas por sanções de mera ordenação social, criando os órgãos necessários à respectiva aplicação. Por seu lado, o Decreto Legislativo Regional n.° 7/2001/ /A, de 27 de Abril, criou e estabeleceu "a distribuição geográfica e a composição das «comissões para a dissuasão da toxicodependência», bem como a competência para a nomeação dos seus membros, definindo os serviços com intervenção nos processos de contra-ordenação e o destinos das coimas aplicadas". O Decreto Legislativo Regional n.° 22/2001/M, de 4 de Agosto, adapta e regulamenta o regime jurídico do consumo de estupefacientes e outras substâncias e introduz medidas de protecção sanitária e social das pessoas que os consomem sem prescrição médica. A Portaria n.° 540/2001, de 28 de Maio, estabeleceu procedimentos no âmbito do consumo de estupefacientes e substâncias psicotrópicas, na aplicação da citada Lei n.° 30/2000. V. também a Resolução da Assembleia Legislativa Regional n.° 23/2001/A, de 15 de Dezembro, que resolveu encarregar a Comissão Permanente dos Assuntos Sociais de estudar a situação existente na Região relativamente às toxicodependências e às respostas dadas pelas diversas entidades.

Por seu lado, o Decreto-Lei n.° 183/ /2001, de 21 de Junho, tendo como "objectivo a criação de programas e de estruturas sócio-sanitárias destinadas à sensibilização e ao encaminhamento para tratamento de toxicodependentes bem como a prevenção e redução de atitudes ou comportamentos de risco acrescido e minimização de danos individuais e socais provocados pela toxicodependência", estabelece o regime de gabinetes de apoio a toxicodependentes sem enquadramento familiar, de centros de acolhimento, de pontos de contacto e de informação, de espaços móveis de prevenção de doenças infecto-contagiosas, de programas de substituição, de programas de troca de seringas, de equipas de rua e de programas para consumo vigiado. A Portaria n.° 1112/2001, de 20 de Setembro, aprova o Regulamento da Criação e Certificação dos Pontos de Contacto e Informação; a Portaria n.° 1114/2001, também de 20 de Setembro, aprova o Regulamento da Criação e Funcionamento das Equipas de Rua, enquanto as Portarias n.°s 1113/2001 e 1115/2001, da mesma data, aprovam os respectivos regimes de financiamento.

O Decreto-Lei n.° 1/2003, de 6 de Janeiro, reorganiza as estruturas de coordenação do combate à droga e à toxicodependência.

Portugal é membro da Convenção Única, de 1961, sobre Estupefacientes, adoptada pela Assembleia Geral das Nações Unidas em 30 de Março de 1961, que foi aprovada para ratificação pelo Decreto-Lei n.° 435/ /70, de 12 de Setembro, tendo o respectivo instrumento de ratificação sido depositado em 30 de Dezembro de 1971, conforme aviso publicado no *Diário do Governo*, 1.ª série, de 10 de Janeiro de 1973.

V. também a Convenção sobre as Substâncias Psicotrópicas, adoptada em Viena em 21 de Fevereiro de 1971, de que Portugal é parte, tendo a Convenção sido aprovada, para adesão, pelo Decreto n.° 10/79, de 30 de Janeiro; o instrumento de adesão foi depositado em 10 de Abril de 1979, conforme aviso publicado no *Diário da República*, I série, de 5 de Julho de 1979. V. ainda a Convenção das Nações Unidas Contra o Tráfico Ilícito de Estupefacientes e Substâncias Psicotrópicas, adoptada pela Assembleia Geral das Nações Unidas em 20 de Dezembro de 1988, sendo Portugal parte desta Convenção, que foi aprovada para ratificação pela Resolução da Assembleia da República n.° 29/91, de 6 de Setembro.

A Convenção das Nações Unidas contra o Tráfico Ilícito de Estupefacientes e Substâncias Psicotrópicas, adoptada em Viena em 20 de Dezembro de 1998, foi aprovada para ratificação pela Resolução da Assembleia da República n.° 29/1991, de 6 de Setembro, tendo sido ratificada pelo Decreto do Presidente da República n.° 45/1991, da mesma data, e o instrumento de ratificação sido depositado em 3 de Dezembro do mesmo ano, conforma aviso publicado no *Diário da República*, I-A série, de 5 Março de 1992.

O Protocolo Adicional à Convenção Única sobre Estupefacientes, concluído em Genebra em 25 de Março de 1972, foi aprovado para adesão pelo Decreto n.° 161/78, de 21 de Dezembro, encontrando-se Portugal a ele vinculado.

O Decreto n.° 41/98, de 10 de Novembro, aprova o Acordo entre a República Portuguesa e a República de Cuba sobre Cooperação na Prevenção do Uso Indevido e Repressão do Tráfico Ilícito de Estupefacientes e Substâncias Psicotrópicas, assinado em Havana em 8 de Julho de 1998.

O Decreto n.° 43/98, de 13 de Novembro, aprova o Convénio entre o Governo da República Portuguesa e a República e o Governo da República Oriental do Uruguai para a Prevenção do Uso Indevido e Repressão do Tráfico Ilícito de Estupefacientes e Substâncias Psicotrópicas e Seus Precursores e Produtos Químicos Essenciais, assinado em 20 de Julho de 1998, em Lisboa; pelo Aviso n.° 112/2001, de 26 de Outubro, foi tornado público que, em 26 de Novembro de 1998 e em 29 de Junho de 2001, foram remetidas notas verbais, respectivamente pelo Ministério dos Negócios Estrangeiros de Portugal e pelo Ministério das Relações Exteriores do Uruguai, a comunicar terem sido cumpridas as formalidades requeridas pelas ordens jurídicas de ambos os países para a aprovação deste Convénio.

A Resolução da Assembleia da República n.° 40/99, de 15 de Maio, aprova para ratificação o Acordo Bilateral entre a República Portuguesa e a República de Moçambique no Domínio do Combate ao Tráfico Ilícito de Estupefacientes, Substâncias Psicotrópicas e Criminalidade Conexa, assinado em Maputo em 13 de Abril de 1995; este Acordo foi ratificado pelo Decreto do Presidente da República n.° 144/99, de 15 de Maio.

A Resolução da Assembleia da República n.° 9/2000, publicada no *Diário da República*, I-A série, de 28 de Janeiro, aprova o Tratado entre a República Portuguesa e o Reino de Espanha para a Repressão do Tráfico Ilícito de Drogas no Mar, tendo o Aviso n.° 32/2001, de 10 de Abril, tornado público que, em 27 de Setembro de 2000 e em 22 de Dezembro do mesmo ano, foram emitidas notas em que se comunica a aprovação do Tratado, que entrou em vigor em 21 de Janeiro de 2001. O Aviso n.° 75/2001, de 2 de Agosto, torna público que, "em 6 de Junho e em 5 de Julho de 2001, respectivamente pelo Ministério dos Negócios Estrangeiros de Portugal e pelo Ministério das Relações Exteriores da Argentina, em que se comunica terem sido cumpridas as formalidades requeridas pelos ordenamentos jurídicos de ambos os países para a aprovação do Convénio sobre Prevenção de Uso Indevido e Repressão do Tráfico Ilícito de Estupefacientes e de Substâncias Psicotrópicas entre o Governo da República Portuguesa e o Governo da República da Argentina, assinado em Buenos Aires em 21 de Julho de 1997; este Convénio foi aprovado pelo Decreto do Presidente da República n.° 66/97, de 30 de Dezembro, tendo entrado em vigor no dia 4 de Agosto de 2001.

O Decreto n.° 3/2003, de 24 de Janeiro, aprova o Acordo de Cooperação entre a República Portuguesa e a República do Paraguai para a Luta contra o Tráfico Ilícito de Estupefacientes e Substâncias Psicotrópicas e Delitos Conexos, assinado em Assunção em 3 de Setembro de 2001.

Entre a República Portuguesa e a República Federativa do Brasil foi assinado em Lisboa, em 11 de Julho de 2003, o Acordo de Cooperação para a Prevenção e a Repressão do Tráfico Ilícito de Drogas, que foi aprovado pelo Decreto do Governo n.° 42/2003, de 20 de Setembro, tendo o Aviso n.° 183/2004, de 2 de Dezembro, tornado público que, em 3 de Fevereiro e em 12 de Agosto de 2004, foram emitidas notas, respectivamente pelo Ministério dos Negócios Estrangeiros de Portugal e pela Embaixada da República Federativa do Brasil, em que se comunica terem sido cumpridas as respectivas formalidades constitucionais internas de aprovação. O Decreto n.° 5/2004, de 26 de Março, aprovou o Protocolo de Cooperação entre a República Portuguesa e a República Federativa do Brasil para a Redução da Procura, Combate à Produção e Repressão ao Tráfico Ilícito de Drogas e Substâncias Psicotrópicas, para o Estabelecimento de um Plano de Formação de Técnicos, assinado em Brasília em 12 de Junho de 2002.

V. *Inabilitação; Menor; Imposição de regras de conduta; Medida tutelar.*

Euro – Moeda europeia única, adoptada no quadro da União Económica e Monetária de que Portugal é parte.

A introdução em Portugal do euro foi preparada por medidas legais progressivas, em que avultam o Decreto-Lei n.° 138/98, de 16 de Maio, alterado pelos Decretos-Leis n.°s 343/98, de 6 de Novembro (rectificado pela Declaração n.° 3-D/99, de 31 de Janeiro), e 295/2003, de 21 de Novembro, e as alterações, introduzidas por este diploma nos Decretos-Leis n.°s 333/81, de 7 de Dezembro (este já antes alterado pelo Decreto-Lei n.° 479/82, de 23 de Dezembro), 293/86, de 12 de Setembro, e 13/90, de 8 de Janeiro. Algumas disposições do Código Civil (artigos 558.°, 1143.° e 1239.°), do Código das Sociedades Comerciais, do Código Cooperativo e do Código do Mercado de Valores Mobiliários, além de outros diplomas avulsos, foram alteradas pelo referido DL n.° 343/98.

O Decreto-Lei n.° 323/2001, de 17 de Dezembro, procedeu à conversão de valores expressos em escudos para euros em legislação da área da justiça; o artigo 1.°, n.° 2, estabelece que "é aplicada, automaticamente, a taxa de conversão em euros prevista no artigo 1.° do Regulamento CE n.° 2866/98, do Conselho, a todas as referências feitas a escudos em actos na área da justiça [...]".

O Decreto-Lei n.° 136/2002, de 16 de Maio, clarifica o critério de conversão em euros de todas as referências monetárias em escudos constantes em toda a legislação bem como em actos administrativos.

O processo de cunhagem, armazenagem, segurança, pagamento e lançamento em circulação das moedas metálicas correntes de euro, destinadas a substituir as de escudo, foi regulado pelo Decreto-Lei n.° 329/99, de 20 de Agosto.

O Decreto-Lei n.° 283/2000, de 10 de Novembro (rectificado pela Declaração de rectificação n.° 16-C/2000, de 30 de Novembro), regulou a marcação do preço, na unidade escudo ou nas unidades escudo e euro, nas embalagens das especialidades farmacêuticas durante o período de transição. O Decreto-Lei n.° 117/2001, de 17 de Abril, regulamentou, em sede monetária, o período de circulação fiduciária a decorrer entre 1 de Janeiro e 28 de Fevereiro de 2002.

O Decreto-Lei n.° 132/2001, de 24 de Abril, estabeleceu a obrigatoriedade da dupla indicação dos preços em euros e escudos.

O Decreto-Lei n.° 339-A/2001, de 28 de Dezembro, estabeleceu as regras de redenominação automática em euros de valores mobiliários e do capital das sociedades comerciais e outras entidades, bem como dos valores mobiliários representativos de dívida no final do período de transição.

Evicção (Dir. Civil) – Privação da coisa ou diminuição do respectivo gozo em consequência de um direito que sobre ela tenha um terceiro e que prevaleça sobre o do adquirente. Tal ocorre, nomeadamente, por reivindicação de um bem, pelo seu titular, de outrem que o adquirira de boa fé mas ilegitimamente, isto é, que o adquirira de alguém que não era seu proprietário. nem tinha legitimidade para dele dispor.

O C.C. não prevê esta figura, embora lhe faça uma referência no artigo 903.°, n.° 2, admitindo que, na compra e venda, se possa incluir cláusula que exclua a responsabilidade do vendedor pela evicção, caso em que aquele não é responsável pela convalidação da venda.

V. *Coisa; Direito subjectivo; Terceiro; Compra e venda; Reivindicação; Boa fé; Compra e venda; Legitimidade; Acto de disposição; Venda de bens alheios; Convalidação.*

"Ex aequo et bono" (Dir. Civil) – Julgar *ex aequo et bono* significa julgar segundo a equidade.

V. *Equidade.*

Exame (Dir. Civil) – Nos termos dos antigos artigos 568.° e 570.° e segs., C.P.C., consistia numa "averiguação feita por peritos, de factos que [tivessem] deixado vestígios ou [fossem] susceptíveis de inspecção ou exame ocular", sempre que a averiguação recaísse sobre coisas móveis ou pessoas. O exame podia ser requerido por qualquer das partes ou ordenado oficiosamente pelo tribunal, só podendo recair sobre os factos constantes do questionário.

O Código de Processo Civil deixou de se referir expressamente a este conceito naqueles preceitos, mas o artigo 580.°, n.° 2, estabelece que, "quando se trate de exames a efectuar em institutos ou estabelecimentos oficiais, o juiz requisita ao director daqueles a realização da perícia, indicando o seu objecto e o prazo de apresentação do relatório pericial", e o artigo 584.° trata do exame de reconhecimento de letra (ambos os preceitos têm a redacção do Decreto-Lei n.° 329-A/95, de 12 de Dezembro).

V. *Perito; Prova pericial; Móvel; Questionário.*

Exame de processos (Proc. Civil) – As partes num processo ou qualquer pessoa capaz de exercer o mandato judicial (advogado ou solicitador) têm o direito de examinar na secretaria do tribunal os processos, quer estes se encontrem pendentes ou já arquivados.

O artigo 167.°, C.P.C. (cujos n.°s 1, 2 e 3 têm a redacção do Decreto-Lei n.° 329-A/95, de 12 de Dezembro, e o n.° 4 foi aditado pelo Decreto-Lei n.° 180/96, de 25 de Setembro), enuncia a regra de que "o processo civil é público", estabelecendo o artigo 168.° (com a redacção dos diplomas já citados) os casos em que o exame do processo só pode ser facultado às partes e seus mandatários.

O regime que o Código de Processo Civil hoje consagra é diverso do que vigorava anteriormente, explicando Lebre de Freitas, *Código de Processo Civil anotado*, volume 1.° Coimbra, 1999, págs. 290-291, o seguinte, a este propósito: "Ao consagrar o princípio da publicidade, o art. 206 de Constituição limita-se a estabelecer que as audiências dos tribunais são públicas, o que o art. 656-1 do código repete. Mas a transparência da função jurisdicional exige o direito de acesso ao processo [...]. Outrora consagrada no CPC de 1876, cujo art. 67 concedia a 'qualquer pessoa' o exame dos processos pendentes ou arquivados, esta derivação do princípio da publicidade, incómoda num Estado autoritário, foi abandonada em 1928 [...] para só voltar com a recente revisão do código".

"Os mandatários judiciais constituídos pelas partes, os magistrados do Ministério Público e os que exerçam o patrocínio por nomeação oficiosa podem solicitar, por escrito ou verbalmente, que os processos pendentes lhes sejam confiados para exame fora da secretaria do tribunal", e o mesmo direito têm todas as pessoas capazes de exercer o mandato judicial relativamente aos processos findos.

Nestes casos, compete à secretaria facultar a confiança do processo, pelo prazo de cinco dias (deixou der o juiz a fixar prazo para exame do processo), findo o qual o mandatário deve devolvê-lo, sob as sanções estabelecidas no artigo 170.°, C.P.C. (cuja redacção é a do Decreto-Lei n.° 329--A/95, de 12 de Dezembro).

O artigo 657.° C.P.C., prevê que, "se as partes não prescindirem da discussão por escrito do aspecto jurídico da causa, a secretaria, uma vez concluído o julgamento da matéria de facto, facultará o processo para exame ao advogado do autor e depois ao do réu, pelo prazo de 10 dias a cada um deles, a fim de alegarem [...]".

Quando, por disposição da lei ou despacho do juiz, o mandatário tenha prazo para exame do processo, a confiança deste não depende de requerimento, bastando o pedido verbal na secretaria (artigo 171.°, na redacção do DL n.° 329-A/95).

Quando se tratar de processo de adopção, o artigo 173.°-C da O.T.M. (Decreto--Lei n.° 314/78, de 27 de Outubro, alterado pelos Decretos-Leis n.°s 185/93, de 22 de Maio, 48/95, de 15 de Março, 58/95, de 31 de Março, 120/98, de 8 de Maio, e pelas Leis n.°s 133/99, de 28 de Agosto, 166/99, de 14 de Setembro, e 31/2003, de 22 de Agosto) determina que "deverá sempre ser preservado o segredo de identidade, nos termos previstos pelo artigo 1985.° do Código Civil".

Encontram-se, em legislação avulsa, regras que, em nome da celeridade processual, excluem o direito à confiança de processos, circunscrevendo a possibilidade do respectivo exame à secretaria do tribunal: assim acontece nos recursos nos processos de insolvência, em que o artigo 14.°, n.°s 3 e 4, do Código da Insolvência e da Recuperação de Empresas, aprovado pelo Decreto-Lei n.° 53/2004, de 18 de Março, alterado pelos Decretos-Leis n.°s 200/2004, de 18 de Agosto, e 76-A/2006, de 29 de Março (rectificado pela Declaração de rectificação n.° 28-A/2006, de 26 de Maio), que dispõe que, "durante o prazo para alegações, o processo é mantido na secretaria judicial para exame e consulta pelos interessados", para tal fim sendo "extraída das alegações e contra-alegações uma única cópia, que fica à disposição dos mesmos na secretaria [...]"; o mesmo diploma, no seu artigo 134.°, n.° 5, estabelece que, "durante o prazo para as impugnações [de créditos] e respostas, o processo é mantido na secretaria judicial para exame e consulta pelos interessados".

V. *Mandato judicial; Advogado; Solicitador; Secretaria judicial; Audiência; Ministério Público; Requerimento; Confiança de processos; Nomeação oficiosa; Despacho; Matéria de direito; Matéria de facto; Autor; Réu; Adopção; Insolvência; Recuperação de empresas; Alegações; Impugnação de créditos reclamados.*

Exame preliminar do relator (Proc. Civil) – "Distribuído o processo, o relator aprecia se o recurso é o próprio, se deve manter-se o efeito que lhe foi atribuído, se alguma circunstância obsta ao conhecimento do seu objecto, ou se as partes devem ser convidadas a aperfeiçoar as conclusões das alegações apresentadas", podendo "ainda [...] julgar sumariamente o objecto do recurso nos termos previstos no artigo 705.° [quando entender que a questão a decidir é simples, "designadamente por ter já sido jurisdicionalmente apreciada, de modo uniforme e reiterado, ou que o recurso é manifestamente infundado, profere decisão sumária, que pode consistir em simples remissão para as precedentes decisões, de que se juntará cópia"]" – artigo 701.°, C.P.C., na redacção do Decreto-Lei n.° 180/96, de 25 de Setembro.

V. *Recurso; Conclusão; Juiz relator; Efeito do recurso; Objecto do recurso; Alegações.*

Excepção (Proc. Civil) – Forma de defesa do réu no processo civil, que consiste na alegação por este de factos que obstam à apreciação do mérito da causa (questão de fundo) – *excepção dilatória* – ou que, servindo de causa impeditiva, modificativa ou extintiva do direito invocado pelo autor, determinam a improcedência total ou parcial do pedido – *excepção peremptória.*

As excepções podem ainda ser de direito substantivo ou material (por exemplo., a excepção do não cumprimento do contrato – excepção dilatória – ou a excepção da nulidade do negócio – excepção peremptória) ou de direito adjectivo ou processual (por exemplo a excepção da incompetência relativa do tribunal – excepção dilatória).

A excepção corresponde, portanto, à invocação de um facto, diverso dos alegados pelo autor, que obsta temporariamente à apreciação do pedido ou determina a improcedência deste.

V. artigo 487.°, C.P.C..

V. *Réu; Mérito da causa; Facto modificativo; Facto extintivo; Facto impeditivo; Procedência; Pedido; Direito material; Excepção do não-cumprimento; Nulidade; Negócio jurídico; Direito adjectivo; Incompetência relativa; Caso julgado.*

Excepção dilatória (Dir. Civil) – Constitui excepção dilatória a invocação pelo réu de um facto susceptível de impedir o conhecimento do mérito da causa pelo tribunal. Exemplo típico de excepção dilatória de direito material é a excepção do não-cumprimento do contrato, prevista nos artigos 428.° e segs., C.C..

Excepção dilatória de direito processual é a invocação pelo réu de qualquer irregularidade ou vício de natureza processual, que obsta – se não for sanado, quando o possa ser – a que o tribunal conheça da questão de fundo do processo.

A verificação de uma excepção dilatória leva à absolvição da instância ou à remessa do processo para outro tribunal.

"São dilatórias, entre outras, as excepções seguintes:

a) A incompetência, quer absoluta, quer relativa, do tribunal;

b) A nulidade de todo o processo;

c) A falta de personalidade ou de capacidade judiciária de alguma das partes;

d) A falta de autorização ou deliberação que o autor devesse obter;

e) A ilegitimidade de alguma das partes;

f) A coligação de autores ou réus, quando entre os pedidos não exista a conexão exigida no artigo 30.°;

g) A pluralidade subjectiva subsidiária, fora dos casos previstos no artigo 31.°-B;

h) A falta de constituição de advogado por parte do autor, nos processos a que se refere o n.° 1 do artigo 32.°, e a falta, insuficiência ou irregularidade de mandato judicial por parte do mandatário que propôs a acção;

i) A litispendência ou o caso julgado;

j) A preterição do tribunal arbitral necessário ou a violação de convenção de arbitragem".

As excepções dilatórias são de conhecimento oficioso do tribunal, excepto a de incompetência relativa do tribunal (salvo nos casos previstos no artigo 110.°, n.° 2, C.P.C.) e a de preterição do tribunal arbitral voluntário.

V. artigos 493.°, 494.° (este na redacção do Decreto-Lei n.°s 180/96, de 25 de Setembro) e 495.° (na redacção do Decreto-Lei n.° 329-A/95, de 12 de Dezembro), C.P.C..

Nos processos cujo regime se encontra no Decreto-Lei n.° 269/98, de 1 de Setembro (rectificado pela Declaração de rectificação n.° 16-A/98, de 30 de Setembro), alterado pelos Decretos-Leis n.°s 383/99, de 23 de Setembro, 183/2000, de 10 de Agosto, 323/2001, de 17 de Dezembro, 32/2003, de 17 de Fevereiro, 38/2003, de 8 de Março (rectificado pela Declaração de rectificação n.° 5-C/2003, de 30 de Abril), e 107/2005, de 1 de Julho (rectificado pela

Declaração de rectificação n.° 63/2005, de 19 de Agosto), e pela Lei n.° 14/2006, de 26 de Abril, que se ocupa "dos procedimentos destinados a exigir o cumprimento de obrigações pecuniárias emergentes de contratos de valor não superior à alçada da Relação [era do tribunal de 1.ª instância, na versão antiga]" ou das obrigações emergentes de "transacções comerciais" abrangidas pelo referido DL n.° 32/2003, dispõe o artigo 3.°, n.° 1, que, "se acção tiver de prosseguir [depois dos articulados ou da falta de contestação], pode o juiz julgar logo procedente alguma excepção dilatória [...] que lhe cumpra conhecer [...]".

V. *Excepção; Réu; Mérito da causa; Direito material; Excepção do não-cumprimento; Direito adjectivo; Sanação; Absolvição da instância; Incompetência absoluta; Incompetência relativa; Nulidade processual; Personalidade judiciária; Capacidade judiciária; Legitimidade; Coligação; Autor; Parte; Pedido; Pluralidade de partes; Advogado; Mandato judicial; Litispendência; Caso julgado; Tribunal arbitral; Convenção de arbitragem; Conhecimento oficioso; Injunção; Obrigação pecuniária; Alçada; Relação; Tribunal de 1.ª instância; Articulados; Contestação; Procedência.*

Excepção do não-cumprimento (Dir. Civil) – Designa-se por esta expressão a faculdade que tem cada uma das partes num contrato sinalagmático de, não havendo prazos diversos para o cumprimento de cada uma das obrigações, "recusar a sua prestação enquanto o outro não efectuar a que lhe cabe ou não oferecer o seu cumprimento simultâneo". E, mesmo que haja prazos diferentes, tem ainda assim aquele que deve cumprir em primeiro lugar o direito de invocar a excepção do não-cumprimento do contrato se, posteriormente à celebração do contrato, a outra parte se tornar insolvente ou se, por causa que lhe seja imputável, houverem diminuído as garantias prestadas ou não houver sido feita a prestação delas como convencionado. No caso por último referido – e contrariamente ao que se passa não havendo prazos diferentes – a outra parte pode afastar a excepção, prestando as garantias ou reforçando as que tinha prestado.

Mesmo que o crédito de uma das partes se encontre prescrito, o seu titular continua a gozar da excepção de não-cumprimento, a menos que se trate de prescrição presuntiva (pois neste caso a prescrição funda-se justamente na presunção de que a outra parte já cumpriu a sua obrigação). Não é indiscutível, nem indiscutida, embora seja claramente dominante, a interpretação do artigo 429.°, C.C., que se deixou enunciada.

V. artigos 428.° a 431.°, C.C..

Sendo o regime legal o que sumariamente ficou exposto, é pertinente acrescentar duas observações. A primeira respeita ao facto de a excepção do não-cumprimento ser invocável sempre que há obrigações sinalagmáticas entre dois sujeitos, ainda que a respectiva fonte não tenha sido um contrato (v., por exemplo, o artigo 290.°, C.C.). A segunda para esclarecer que, existindo um contrato sinalagmático, a excepção só pode ser invocada quando esteja em causa o cumprimento das obrigações sinalagmáticas, não sendo utilizável relativamente ao cumprimento de qualquer outra obrigação que do contrato também emerja.

V. *Excepção; Contrato sinalagmático; Cumprimento; Tempo do cumprimento; Prestação; Insolvência; Garantias especiais; Culpa; Reforço de garantias; Prescrição; Prescrição presuntiva; Presunção.*

Excepção material (Dir. Civil) – A excepção, dilatória ou peremptória, é material ou de direito material quando se consubstancia em razões de direito substantivo. Assim, por exemplo, a excepção do não-cumprimento do contrato ou a prescrição são excepções materiais.

Há casos em que apenas as excepções de direito material são relevantes para certos efeitos diversos dos processuais, como acontece nos requisitos da compensação legal: de acordo com o artigo 847.°, n.° 1-*a)*, C.C., para que ela se verifique é necessário que o crédito do compensante seja exigível judicialmente e não proceda "contra ele excepção, peremptória ou dilatória, de direito material".

V. *Excepção; Excepção do não-cumprimento; Prescrição; Compensação.*

Excepção peremptória (Dir. Civil) – Facto que, servindo de causa impeditiva, modificativa ou extintiva do efeito jurídico dos factos invocados pelo autor, determina a improcedência total ou parcial do pedido, importando a absolvição total ou parcial do réu do pedido.

São excepções peremptórias, entre outras, a nulidade e a prescrição. O regime geral é o do conhecimento oficioso pelo tribunal das excepções peremptórias, devendo a prescrição ser invocada para que produza os seus efeitos.

Antes da alteração da redacção do artigo 494.°, C.P.C., pelo Decreto-Lei n.° 329-A/95, de 12 de Dezembro, o caso julgado era considerado excepção peremptória, qualificação que era discutida e que foi abandonada, tendo passado a constar do elenco das excepções dilatórias, sendo a opção legislativa objecto de crítica (v. por exemplo, Lebre de Freitas, *Código de Processo Civil anotado*, vol. 2.°, pág. 309).

V. artigos 487.°, n.° 2, 493.°, n.° 3, e 496.°, C.P.C. (o último na redacção do Decreto-Lei n.° 180/96, de 25 de Setembro), e ainda, quanto à prescrição, o artigo 303.°, C.C..

V. *Excepção; Facto impeditivo; Facto modificativo; Facto extintivo; Procedência; Pedido; Absolvição; réu; Caso julgado; Prescrição; Nulidade; Conhecimento oficioso.*

Excepção processual (Dir. Civil) – Uma excepção, dilatória ou peremptória, diz-se processual quando se funda em razões de natureza processual.

As excepções dilatórias enunciadas no artigo 494.°, C.P.C., são excepções processuais.

V. *Excepção; Excepção material; Excepção dilatória; Excepção peremptória.*

"Exceptio doli" (Dir. Civil) – Invocação, por parte daquele contra quem uma posição jurídica ou direito é exercido, de que o respectivo titular actua contra a boa fé, com a consequência de paralisar tal exercício.

V. *Direito subjectivo; Abuso do direito.*

"Exceptio non adimpleti contractus" (Dir. Civil) – V. *Excepção do não-cumprimento.*

"Exceptio plurium" (Dir. Civil; Proc. Civil) – Designação usual da forma de defesa do investigado, em acção de investigação de paternidade, que consiste em alegar que a mãe do investigante teve relações sexuais com outros homens durante o período legal da concepção.

V. *Investigação de paternidade; Período legal da concepção.*

Excessiva onerosidade (Dir. Civil) – A obrigação pode tornar-se, após a sua constituição, excessivamente onerosa para o devedor, colocando-se então a questão de saber se ele continua ou não vinculado ao seu cumprimento pontual.

Para além dos casos em que a excessiva onerosidade se refere a uma obrigação contratual e se encontram preenchidos os requisitos do artigo 437.°, C.C., para a resolução ou modificação do contrato, é muito discutido na doutrina portuguesa o problema de saber se a onerosidade excessiva pode constituir causa de liberação, total ou parcial, definitiva ou temporária, do devedor.

V. *Obrigação; Cumprimento; Pontualidade do cumprimento; Alteração das circunstâncias; Resolução do contrato; Modificação do contrato; "Difficultas praestandi"; "Beneficium competentiae".*

Excesso de legítima defesa (Dir. Civil) – V. *Legítima defesa.*

Excesso de poderes (Dir. Civil) – O representante excede os seus poderes quando pratica actos que não estão contidos nos poderes de representação que lhe foram conferidos. Neste caso, os actos praticados fora dos poderes de representação são ineficazes em relação ao representado, se não forem por este ratificados, podendo a outra parte, enquanto o negócio não for ratificado, revogá-lo ou rejeitá-lo, salvo se, no momento da respectiva celebração, conhecia a falta de poderes do representante. Em suma, sempre que o representante, actuando enquanto tal, pratica actos para que não tem poderes representativos, ele é simplesmente um representante sem poderes.

V. artigo 268.°, C.C..

V. *Representante; Acto jurídico; Poderes representativos; Ineficácia; Ratificação; Negócio jurídico; Representação sem poderes.*

Excessos (Proc. Civil) – O artigo 154.°, C.P.C., com a redacção dos Decretos-Leis n.°s 329-A/95, de 12 de Dezembro, e 180//96, de 25 de Setembro, ocupa-se da previsão da prática de actos excessivos pelos mandatários judiciais, pelos magistrados do Ministério Público, pelas partes no processo ou por outras pessoas, estabelecendo que "a manutenção da ordem nos actos processuais compete ao magistrado que a eles presida, o qual tomará as providências necessárias contra quem perturbar a sua realização, nomeadamente advertindo com urbanidade o infractor, ou retirando-lhe mesmo a palavra, quando ele se afaste do respeito devido ao tribunal ou às instituições vigentes, especificando e fazendo consignar em acta os actos que determinaram a providência, sem prejuízo do procedimento criminal ou disciplinar que no caso couber"; acrescenta que, "sempre que seja retirada a palavra a advogado ou advogado estagiário, é dado conhecimento circunstanciado do facto à Ordem dos Advogados, para efeitos disciplinares"; se os excessos tiverem sido cometidos por magistrados do Ministério Público, deles "é dado conhecimento ao respectivo superior hierárquico"; finalmente, "sendo as faltas cometidas pelas partes ou outras pessoas, pode o presidente aplicar-lhes [...] [as mesmas sanções que aos mandatários judiciais] e condená-las em multa, conforme a gravidade da infracção".

"Se o infractor não acatar a decisão, pode o presidente fazê-lo sair do local em que o acto se realiza".

"Das decisões que retirem a palavra, ordenem a expulsão do local ou condenem em multa cabe agravo, com efeito suspensivo; interposto recurso da decisão que retire a palavra ou ordene a saída do local em que o acto se realize ao mandatário judicial, suspende-se o acto até que o agravo, a processar como urgente, seja julgado".

O n.° 3 do referido artigo 154.° esclarece que "não é considerado ilícito o uso das expressões e imputações indispensáveis à defesa da causa".

V. *Mandatário judicial; Ministério Público; Parte; Advogado; Advogado estagiário; Ordem dos Advogados; Multa; Agravo; Efeito suspensivo do recurso; Actos processuais; Suspensão da prática de actos processuais.*

Exclusão do sócio (Dir. Civil) – O sócio pode ser excluído da sociedade nos casos previstos no contrato e na lei. O artigo 1003.°, C.C., enuncia os fundamentos legais da exclusão:

a) Violação grave das suas obrigações para com a sociedade;

b) Ser interditado ou inabilitado ou, sendo sócio de indústria, ficar impossibilitado de prestar à sociedade os serviços a que ficara obrigado;

c) Perecer a coisa ou direito que constituía a respectiva entrada (desde que tal perecimento não se deva a causa imputável aos administradores), se esta consistir na transferência ou constituição de um direito real sobre uma coisa, e o perecimento ocorrer antes da entrega ou se o sócio tiver entrado para a sociedade apenas com o uso e fruição da coisa perdida.

Nos termos do artigo 1005.°, C.C., para que um sócio seja excluído, é necessária deliberação tomada por maioria, sendo esta eficaz trinta dias após a comunicação que seja feita ao sócio excluído. Tendo a sociedade dois sócios apenas, a exclusão de qualquer deles tem de ser decidida judicialmente.

A exclusão do sócio não o isenta da responsabilidade pelas obrigações sociais contraídas até ao momento em que ela se tornou eficaz (artigo 1006.°, C.C.).

V. *Sócio; Sociedade; Obrigação; Interdito; Inabilitado; Sócio de indústria; Coisa; Direito subjectivo; Entrada; Culpa; Direito real; Fruição; Deliberação.*

Excussão (Dir. Civil) – V. *Fiança; Benefício da excussão.*

Execução – 1. (Proc. Civil) – O n.° 3 do artigo 205.° da Constituição da República dispõe que "a lei regula os termos da execução das decisões dos tribunais relativamente a qualquer autoridade e determina as sanções a aplicar aos responsáveis pela sua inexecução".

A execução é o processo destinado a fazer actuar "as providências adequadas à reparação efectiva do direito violado" – artigo 4.°, n.° 3, C.P.C..

Dispõe o artigo 817.°, C.C., que, se a obrigação não for voluntariamente cumprida, o credor tem o direito de exigir judicialmente o respectivo cumprimento e de executar o património do devedor com esse fim. No processo declarativo, o tribunal declara o direito e condena o réu a satisfazer uma prestação: se este não cumpre voluntariamente aquilo a que foi condenado, o autor tem de recorrer à acção executiva para obter a efectiva realização da obrigação.

O direito de execução abrange, em princípio, todos os bens do executado (salvo os que a lei declara impenhoráveis e os que, por estipulação de terceiro ou convenção válida das partes, não possam ser penhorados) e, "nos casos especialmente previstos na lei", os bens de terceiro que se encontrem vinculados à garantia do crédito ou que tenham sido objecto de acto praticado em prejuízo do credor e que ele haja impugnado, desde que a execução tenha sido movida contra ele (v. artigos 601.°, 602.° e 818.°, C.C., e 821.° e segs., C.P.C.).

Para além da sentença de condenação, a acção executiva pode basear-se em outros títulos que no artigo 46.°, C.P.C., na redacção do Decreto-Lei n.° 38/2003, de 8 de Março, se encontram enunciados. É nos termos do respectivo título executivo que são determinados o fim e limites da acção executiva.

Dispõe o n.° 2 do artigo 45.°, C.P.C., que "o fim da execução, para o efeito do processo aplicável, pode consistir no pagamento de quantia certa, na entrega de coisa certa ou na prestação dum facto, quer positivo, quer negativo". O processo comum de execução segue uma forma única, conforme se estabelece no artigo 465.°, C.P.C., na redacção do Decreto-Lei n.° 38/2003, de 8 de Março, rectificado pela Declaração de rectificação n.° 5-C/2003, de 30 de Abril (anteriormente, cada um daqueles processos executivos admitia a forma ordinária e a sumária).

O processo de execução é regulado pelas normas que lhe são próprias, e se encontram no Código de Processo Civil, a partir do artigo 801.°, e ainda subsidiariamente pelas normas aplicáveis ao processo declarativo "que se mostrem compatíveis com a natureza da acção executiva" (artigo 466.°, C.P.C., na redacção do mesmo DL n.° 38/2003). Este diploma alterou profundamente todo o processo executivo, tendo havido novas alterações introduzidas pelo Decreto-Lei n.° 199/2003, de 10 de Setembro, rectificado pela Declaração de rectificação n.° 16-B/2003, de 31 de Outubro. V. artigos 45.° e segs., C.P.C..

O processo executivo pode ser comum ou especial, sendo este último aplicável nos casos expressamente designados na lei (cfr. artigo 460.°, n.° 2, C.P.C.); exemplo deste último é a execução especial por alimentos (artigos 1118.° e segs., C.P.C., tendo aquele artigo a redacção dada pelo referido DL n.° 38/2003), tendo o processo especial de venda e adjudicação de penhor sido eliminado, com a revogação dos anteriores artigos 1008.° e segs., C.P.C., pelo artigo 3.° do Decreto-Lei n.° 329-A/95, de 12 de Dezembro.

Quando se trate de execução de uma obrigação, "salvos os casos especiais prevenidos noutras disposições, é competente [...] o tribunal do lugar onde a obrigação deva ser cumprida"; sendo a execução "para entrega de coisa certa ou por dívidas com garantia real, são, respectivamente, competentes o tribunal do lugar onde a coisa se encontre ou o da situação dos bens onerados".

Dispõe o artigo 90.°, C.P.C., que, "para a execução que se funde em decisão proferida por tribunais portugueses, é competente o tribunal do lugar em que a causa tenha sido julgada", sendo competente para a execução o tribunal da comarca da arbitragem, "se a decisão tiver sido proferida por árbitros em arbitragem que tenha tido lugar em território português" (esta regra do n.° 2 tem a redacção da Lei n.° 31//86, de 29 de Agosto), acrescentando, no n.° 3 – cuja redacção é a que resulta da Lei n.° 14/2006, de 26 de Abril –, que "a execução corre por apenso, excepto quando, em comarca com competência executiva específica, a sentença haja sido proferida por tribunal com competência específica cível ou com competência genérica e quando o processo tenha entretanto subido em recurso, casos em que corre no traslado, sem prejuízo da possibilidade de o juiz da execução poder, se entender conveniente, apensar à execução o processo já findo".

Tratando-se de execução de decisão proferida pelos tribunais superiores, é competente "o tribunal do domicílio do executado", de acordo com o artigo 91.°, C.P.C.; se se tratar de execução "fundada em sentença estrangeira", a regra é a mesma, por remissão do artigo 95.°, C.P.C..

"Para a execução por custas, por multas ou pelas indemnizações referidas no artigo 456.° e preceitos análogos, é competente o tribunal do lugar em que haja corrido o processo em que tenha tido lugar a notificação da respectiva conta ou liquidação [...]", correndo a execução "no tribunal do lugar em que o processo tenha sido instaurado", sempre que a condenação naqueles valores "tenha sido proferida na Relação ou no Supremo" - artigos 92.° e 93.°, C.P.C..

Os artigos 90.° a 93.°, e 95.°, C.P.C., citados, têm todos a redacção dada pelo já referido DL n.° 38/2003. O artigo 94.°, n.° 1, cuja redacção é a da mencionada Lei n.° 14/2006, dispõe que, "salvos os caos especiais previstos noutras disposições, é competente para a execução o tribunal do domicílio do executado, podendo o exequente optar pelo tribunal do lugar em que a obrigação deva ser cumprida, quando o executado seja pessoa colectiva ou quando, situando-se o domicílio do exequente na área metropolitana de Lisboa ou do Porto, o executado tenha domicílio na mesma área metropolitana". O artigo 90.°, n.° 3, na redacção da mesma Lei, estabelece que "a execução corre por apenso, excepto quando, em comarca com competência executiva específica, a sentença haja sido proferida por tribunal com competência genérica e quando o processo tenha entretanto subido em recurso, casos em que corre o traslado, sem prejuízo da possibilidade de o juiz poder, se entender conveniente, apensar à execução o processo já findo".

O artigo 806.°, C.P.C., com a redacção do Decreto-Lei n.° 53/2004, de 18 de Março, ocupa-se do registo informático de execuções, dispondo que este "contém o rol dos processos de execução pendentes" e, relativamente a cada um deles, um conjunto de informações enunciadas na lei e que são introduzidos diariamente pela secretaria de execução, podendo ainda, "na sequência de despacho judicial", proceder-se à introdução dos dados enunciados no n.° 4 deste artigo. O artigo 807.°, C.P.C., cuja última redacção é a do referido DL n.° 38/2003, dispõe, no seu n.° 1, que "a rectificação ou actualização dos dados inscritos no registo informático de execuções pode ser requerida pelo respectivo titular, a todo o tempo".

V. ainda os Decretos-Leis n.°s 200/2003, de 10 de Setembro (que aprova o modelo de requerimento executivo), 201/2003, de 10 de Setembro (que regula o registo informático de execuções), alterados pelo Decreto-Lei n.° 53/2004, de 18 de Março, e pela Lei n.° 60-A/2005, de 30 de Dezembro, e 202/2003, de 10 de Setembro (que regula o regime das comunicações por meios telemáticos entre as secretarias judiciais e os solicitadores de execução); este DL n.° 202/2003 foi alterado pela Lei n.° 14/2006, de 26 de Abril, passando o seu artigo 2.° a estabelecer que, "sempre que os meios técnicos assim o permitam, na tramitação de quaisquer documentos, informações ou outras mensagens dirigidas ao solicitador de execução, deve a secretaria judicial utilizar meios telemáticos que garantam a segurança das comunicações, designadamente as respectivas confidencialidade e fiabilidade, bem como a identificação inequívoca do transmissor e do destinatário", devendo o solicitador utilizar os mesmos meios nas suas comunicações às secretarias. O Decreto-Lei n.° 204/2003, de 12 de Setembro, estabelece o regime das custas judiciais nas acções executivas.

A Portaria n.° 969/2003, de 13 de Setembro, cria a Secretaria-Geral de Execução das Varas Cíveis, dos Juízos Cíveis e dos Juízos de Pequena Instância Cível de Lisboa, que passou a designar-se, na sequência da Portaria n.° 1322/2004, de 16 de Outubro, por Secretaria-Geral de Execução de Lisboa; v. também a Portaria n.° 822/ /2005, de 14 de Setembro.

As Portarias n.°s 985-A/2003 e 985-B/ /2003, ambas de 15 de Setembro, estabelecem, respectivamente, que a entrega em formato digital do requerimento executivo deve realizar-se por transmissão electrónica e o modelo de requerimento de acesso ao registo informático de execuções.

O artigo 42.° do Decreto-Lei n.° 76-A/ /2006, de 29 de Março, estabelece que "não é instruída nem pode prosseguir qualquer execução por dívidas de emolumentos e outros encargos que sejam devidos pelos actos e processos registrais, se a dívida for de montante tão reduzido que não se justifique a actividade ou as despesas a que o processo daria lugar", cabendo ao director-geral dos Registos e do Notariado determinar, por despacho, o montante abaixo do qual não são promovidas acções executivas para cobrança [...] [destas dívidas]", o mesmo regime sendo "aplicável se os serviços de registo, por qualquer meio idóneo, designadamente no decurso de processo de dissolução ou liquidação, apurarem que a situação patrimonial da entidade devedora não permite assegurar o pagamento da quantia em dívida e das custas do processo executivo".

O artigo 102.°-A da Lei de Organização e Funcionamento dos Tribunais Judiciais (Lei n.° 3/99, de 13 de Janeiro, rectificada pela Declaração de rectificação n.° 7/99, de 16 de Fevereiro, e alterada pela Lei n.° 101//99, de 26 de Julho, pelos Decretos-Leis n.°s 323/2001, de 17 de Dezembro, e 38//2003, pela Lei n.° 105/2003, de 10 de Dezembro, pelo Decreto-Lei n.° 53/2004, de 18 de Março, pela Lei n.° 42/2005, de 29 de Agosto, e pelo DL n.° 76-A/2006) dispõe, no seu n.° 1, que "compete aos juízos de execução exercer, no âmbito dos processos de execução de natureza cível, as competências previstas no Código de Processo Civil", estando "excluídos [...] os processos atribuídos aos tribunais de família e de menores, aos tribunais do trabalho, aos tribunais de comércio e aos tribunais marítimos e as execuções de sentenças proferidas por tribunal criminal que, nos termos da lei processual penal, não devam correr perante o tribunal civil"; o n.° 3 estabelece que "compete também aos juízos de execução exercer, no âmbito dos processos de execução por dívidas de custas cíveis e multas aplicadas em processo cível, as competências previstas no Código de Processo Civil não atribuídas aos tribunais de competência especializada referidos no número anterior"; finalmente o artigo 103.° da mesma Lei determina que, "sem prejuízo da competência dos juízos de execução, os tribunais de competência especializada e de competência específica são competentes para executar as respectivas decisões".

V. a Convenção Relativa à Competência Judiciária e à Execução de Decisões em Matéria Civil e Comercial, concluída em Lugano, em 16 de Setembro de 1988 – que reproduz, no essencial, o regime constante da Convenção de Bruxelas –, aprovada para ratificação pela Resolução da Assembleia da República n.° 33/91, de 30 de Outubro (rectificada pela Rectificação n.° 7/92, de 6 de Agosto, esta, por sua vez, rectificada pela Rectificação n.° 11/92, de 14 de Novembro), cujo instrumento de ratificação por parte de Portugal foi depositado em 14 de Abril de 1992, tendo a Convenção entrado em vigor em Portugal em 1 de Julho de 1992, segundo aviso publicado no *Diário da República*, I-A série, de 10 de Julho de 1992; o Decreto do Presidente da República n.° 148/99, de 21 de Junho, ratifica a referida Convenção, bem como o Protocolo Relativo à Sua Interpretação pelo Tribunal de Justiça, com as adaptações que lhes foram introduzidas pela Convenção Relativa à Adesão do Reino da Dinamarca, da Irlanda e do Reino Unido da Grã-Bretanha e Irlanda do Norte, pela Convenção Relativa à Adesão do República Helénica, e pela Convenção Relativa à Adesão do Reino Espanha e da República Portuguesa, assinada em Bruxelas em 29 de Novembro de 1996, aprovada, para ratificação, pela Resolução da Assembleia da República n.° 46/99, de 21 de Junho; o Aviso n.° 92//2000, de 29 de Março, torna público que Portugal depositou o instrumento de ratificação desta Convenção bem como do Protocolo referido, em 31 de Julho de 1999. Portugal depositou, em 26 de Outubro de 1999, junto do Conselho Federal Suíço uma Comunicação, nos termos do artigo VI do Protocolo anexo à Convenção relativa à Competência e à Execução de Decisões em Matéria Civil e Comercial, segundo aviso publicado no *Diário da República*, I-A série, de 29 de Março de 2000, de onde consta o texto da Comunicação.

V. ainda o Regulamento CE n.° 44/2001, do Conselho, de 22 de Dezembro de 2000, relativo à competência judiciária, ao reconhecimento e à execução de decisões em matéria civil e comercial, e que substituiu as Convenções anteriormente referidas, excepto nas relações entre os Estados-membros e a Dinamarca. Nos termos do artigo 38º, n.º 1, do Regulamento, "as decisões proferidas num Estado-Membro e que nesse Estado tenham força executiva podem ser executadas noutro Estado-Membro depois de nele terem sido declaradas executórias, a requerimento de qualquer parte interessada".

V. *Direito subjectivo; Obrigação; Cumprimento; Património; Acção declarativa; Acção de condenação; Réu; Prestação; Executado; Penhora; Impenhorabilidade; Convenção; Terceiro; Garantias reais; Impugnação; Sentença; Titulo executivo; Execução para pagamento de quantia certa; Execução para entrega de coisa; Execução para prestação de facto; Execução para prestação de facto negativo; Processo ordinário; Processo sumário; Processo comum; Processo especial; Execução por alimentos; Alimentos; Penhor; Alçada; Exequente; Lugar do cumprimento; Pessoa colectiva; Apensação de acções; Tribunal de competência genérica; Recurso; Traslado; Lugar do cumprimento; Pessoa colectiva; Reclamação de créditos; Direito de retenção; Garantia; Arbitragem; Apensação de acções; Traslado; Domicílio; Revisão de sentença estrangeira; Custas; Agente de execução; Solicitador de execução; Secretaria judicial; Conta; Relação; Supremo Tribunal de Justiça; Tribunal de família; Tribunal de menores; Tribunal de comércio; Sentença; Tribunal de competência especializada; Tribunal de competência específica; Registo; Dívida; Dissolução de sociedades; Liquidação.*

2. (Dir. Civil) – Designa-se por execução o cumprimento de uma obrigação, isto é, a realização da prestação devida.

V. *Obrigação; Prestação; Cumprimento.*

Execução colectiva (Dir. Civil) – É a execução em que podem intervir todos os credores do executado a fim de obterem a satisfação dos respectivos créditos.

No Código de Processo Civil de 1939, permitia-se que os restantes credores do executado viessem à execução que houvesse sido movida por um deles, a fim de, em condições de igualdade com este, obterem a satisfação dos respectivos direitos.

Actualmente, a lei apenas admite que venham à execução deduzir e fazer valer os seus direitos os credores que tenham direito real de garantia sobre os bens penhorados, pelo que a execução deixou de ser colectiva, passando a ser mista (cfr. artigos 864.º e segs., C.P.C., na redacção do Decreto-Lei n.º 38/2003, de 8 de Março, rectificado pela Declaração de rectificação n.º 5--C/2003, de 30 de Abril).

Mas o artigo 53.º, C.P.C., na redacção do mesmo diploma, permite "ao credor, ou a vários credores litisconsortes, cumular execuções, ainda que fundadas em títulos diferentes, contra o mesmo devedor ou contra vários devedores litisconsortes", salvo quando "ocorrer incompetência absoluta do tribunal para alguma das execuções"; ou quando "as execuções tiverem fins diferentes" ou "a alguma das execuções corresponder processo especial diferente do processo que deva ser empregado quanto às outras, sem prejuízo do disposto nos n.ºs 2 e 3 do artigo 31.º [situações em que o juiz pode autorizar a cumulação de pedidos, apesar de lhes corresponderem formas de processo diferentes]".

V. *Execução; Credor; Executado; Crédito; Convocação de credores; Direito real de garantia; Penhora; Litisconsórcio; Cumulação de execuções; Título executivo; Incompetência absoluta; Processo especial; Pedido; Forma de processo.*

Execução de custeamento (Dir. Civil) – Quando o credor de uma obrigação de facto fungível pretenda a respectiva execução específica, nos termos do artigo 828.º, C.C., o processo executivo assume a forma de uma execução de custeamento, isto é, cujo fim é obter do devedor o dinheiro necessário para custear a realização da prestação por outrem. Daí que o exequente, que pretenda a prestação de facto por outrem, tenha de requerer a nomeação de perito que avalie o custo da prestação, seguindo-se os termos da execução para pagamento de quantia certa.

A realização da prestação por terceiro pode, aliás, ser anterior ou posterior à execução de custeamento, tendo, em qualquer caso, o exequente de prestar contas, a fim de lhe ser liquidado o seu crédito.

V. artigos 933.º e segs., C.P.C., na redacção do Decreto-Lei n.º 38/2003, de 8 de Março, rectificado pela Declaração de rectificação n.º 5-C/2003, de 30 de Abril.

De igual modo, tratando-se de execução específica de uma obrigação de *non facere*, nos termos do artigo 829.º, C.C., o processo executivo destinado a obter a demolição da obra à custa do executado assume a forma de uma execução de custeamento (artigo 942.°, C.P.C.).

V. *Credor; Prestação de facto; Obrigação fungível; Execução específica; Devedor; Exequente; Perito; "Non facere"*.

Execução defeituosa (Dir. Civil) – Cumprimento irregular da obrigação, por a prestação ser defeituosa ou viciada.

Este cumprimento imperfeito da prestação pode revestir tal desconformidade com aquilo que devia ser que a lei o trata como puro e simples incumprimento (assim acontece, por exemplo, no artigo 918.°, C.C., relativo à venda, e no artigo 1032.°, C.C., relativo à locação). Pode, ao contrário, a prestação realizada não ser, por exemplo, da qualidade convencionada ou imposta por lei, mas o credor não sofrer com isso qualquer dano, aceitando a prestação e tudo se passando como se o cumprimento fosse pontual.

O regime próprio da execução defeituosa deve aplicar-se aos casos em que o defeito ou vício prejudique o credor, por desvalorizar a prestação ou torná-la inadequada ou de difícil adequação ao fim a que se destinava, e, no entanto, não haver motivo para uma recusa pura e simples do cumprimento assim feito.

A nossa lei civil não trata genericamente dos efeitos do cumprimento defeituoso, tratando essa questão no quadro do regime de alguns contratos, e, em particular, da compra e venda (artigos 913.° e segs., C.C.) e da empreitada (artigos 1218.° e segs., C.C.).

De um modo geral, pode dizer-se que o credor tem o direito de exigir a reparação da coisa prestada ou, caso seja possível e necessário, a sua substituição (artigo 914.°, C.C.), ou ainda a eliminação dos defeitos da prestação, quando eles puderem ser suprimidos (artigo 1221.°, C.C.), tendo, em todo o caso, o direito a ser indemnizado pelos prejuízos que sofra, e cabendo ao devedor provar que não resultou de culpa sua o cumprimento defeituoso da obrigação (artigo 799.°, n.° 1, C.C.).

Os direitos de credor a que se fez referência dependem, normalmente, da denúncia do defeito, que ele deve fazer ao devedor, dentro de certos prazos fixados na lei (artigos 916.°, 917.° e 1220.°, C.C.).

O Decreto-Lei n.° 67/2003, de 8 de Abril, que transpôs a Directiva n.° 1999/ /44/CE, do Parlamento Europeu e do Conselho, de 25 de Maio, que tem por objecto certos aspectos da venda de bens de consumo e das garantias a ela relativas, contém regras específicas sobre a execução regular ou irregular dos contratos por ele abrangidos.

O artigo 74.°, n.° 1, C.P.C., na redacção da Lei n.° 14/2006, de 26 de Abril, dispõe: "A acção destinada a exigir o cumprimento de obrigações, a indemnização pelo não cumprimento ou pelo cumprimento defeituoso e a resolução do contrato por falta de cumprimento é proposta no tribunal do domicílio do réu [devedor] podendo o credor optar pelo tribunal do lugar em que a obrigação deveria ser cumprida, quando o réu seja pessoa colectiva ou quando, situando-se o domicílio do credor na área metropolitana de Lisboa ou do Porto, o réu tenha domicílio na mesma área metropolitana".

V. *Cumprimento; Obrigação; Prestação; Incumprimento; Dano; Pontualidade do cumprimento; Locação; Indemnização; Compra e venda; Empreitada; Culpa; Presunção de culpa; Denúncia; Venda de bens de consumo; Acção; Resolução do contrato; Competência; Competência em razão do território; Réu; Devedor; Domicílio; Credor; Lugar do cumprimento; Pessoa colectiva.*

Execução específica (Dir. Civil; Proc. Civil) – A execução específica de uma obrigação é a realização forçada, por intervenção judicial, da prestação debitória que o devedor não executou voluntariamente. O credor pode recorrer à execução específica, se a obrigação tiver por objecto a entrega de uma coisa determinada ou de uma quantia em dinheiro ou se a prestação constituir um facto fungível, um facto negativo ou uma declaração negocial integrante de um contrato. A execução específica supõe que, não tendo sido a obrigação voluntariamente cumprida, o seu cumprimento ainda seja possível e mantenha interesse para o credor, isto é, que não haja incumprimento definitivo, qualificado ou não por impossibilidade.

V. artigos 827.° e segs., C.C., e 928.° e segs., C.P.C., tendo estes últimos a redacção do Decreto-Lei n.° 199/2003, de 10 de Setembro.

Quando se trate de um imóvel, o tribunal competente para a execução específica é o da situação do bem, de acordo com o n.° 1 do artigo 73.°, C.P.C., na redacção do Decreto-Lei n.° 329-A/95, de 12 de Dezembro.

V. *Obrigação; Credor; Devedor; Prestação; Prestação de coisa; Prestação de facto; Prestação fungível; Prestação negativa; Declaração negocial; Contrato; Incumprimento definitivo; Interesse do credor; Impossibilidade do cumprimento; Coisa imóvel; Competência em razão do território.*

Execução específica de contrato-promessa (Dir. Civil; Proc. Civil) – A obrigação de contratar, emergente do contrato-promessa, é susceptível de execução específica, isto é, o seu credor pode, em caso de não cumprimento voluntário do devedor, requerer ao tribunal que profira uma sentença que produz os mesmos efeitos que o contrato omitido. Esta possibilidade não existe quando a obrigação de contratar seja incompatível com ela (por exemplo, obrigação resultante de promessa de casamento) ou quando as partes a tenham, convencionalmente, afastado. Presume-se, legalmente, haver convenção afastadora da execução específica do contrato-promessa, quando as partes tenham estabelecido uma cláusula penal ou tenham constituído sinal, sendo, no entanto, tal presunção ilidível, nos termos gerais. A lei atribui, porém, carácter imperativo à execução específica quando se trata de contratos-promessa relativos "à celebração de contrato oneroso de transmissão ou constituição de direito real sobre edifício ou fracção autónoma dele, já construído, em construção ou a construir".

Esta acção não é de natureza executiva, mas, antes, uma acção declarativa constitutiva.

O Acórdão uniformizador de jurisprudência n.° 4/98, de 5 de Novembro, publicado no *Diário da República* I-A série, de 18 de Dezembro, enuncia a seguinte doutrina: "A execução específica do contrato-promessa sem eficácia real, nos termos do artigo 830.° do Código Civil, não é admitida no caso de impossibilidade de cumprimento por o promitente-vendedor haver transmitido o seu direito real sobre a coisa objecto do contrato prometido antes de registada a acção de execução específica, ainda que o terceiro adquirente não haja obtido o registo da aquisição antes do registo da acção; o registo da acção não confere eficácia real à promessa".

V. artigo 830.°, C.C., na redacção do Decreto-Lei n.° 379/86, de 11 de Novembro.

Problema controverso na doutrina portuguesa é o de saber se à obrigação de contratar, provinda não de contrato mas da lei, é aplicável o artigo 830.°, C.C.. Embora a doutrina maioritária propenda para a solução negativa, há autores (como Almeida Costa e Vaz Serra, por exemplo) que entendem que, também nesses casos, a obrigação ou dever de contratar são passíveis de execução em espécie, *ex vi* artigo 830.°.

V. *Obrigação; Contrato-promessa; Cumprimento; Sentença; Contrato; Promessa de casamento; Convenção; Presunção legal; Cláusula penal; Sinal; Contrato oneroso; Edifício; Fracção autónoma; Acção constitutiva; Eficácia real; Impossibilidade do cumprimento; Registo de acções; Obrigação legal de contratar.*

Execução não específica (Dir. Civil; Proc. Civil) – É a que, não atribuindo ao credor a própria prestação devida, lhe proporciona um equivalente (indemnização específica) ou um sucedâneo (indemnização pecuniária) dela.

V. *Execução; Prestação; Indemnização específica; Indemnização pecuniária.*

Execução para entrega de coisa (Dir. Civil) – Admitindo o artigo 827.°, C.C., que o credor da entrega de coisa determinada possa requerer que essa entrega lhe seja feita judicialmente, quando o não for espontaneamente pelo devedor, prevêem e regulam os artigos 928.° e segs., C.P.C., na redacção do Decreto-Lei n.° 199/2003, de 10 de Setembro, o processo de execução para entrega de coisa certa.

V. *Execução; Credor; Devedor.*

Execução para pagamento de quantia certa (Dir. Civil) – O processo de execução para pagamento de quantia certa encontra-se previsto e regulado nos artigos 810.° e segs., C.P.C., na redacção do Decreto-Lei n.° 38/2003, de 8 de Março, rectificado pela Declaração de rectificação n.° 5-C/2003, de 30 de Abril, sendo a primeira fase desse processo a penhora, pois é pelo produto da venda dos bens que o credor exequente irá ser pago.

Há de ter em atenção a especial providência (instituída inicialmente pelo Decreto-Lei n.° 404/93, de 10 de Dezembro) prevista no Decreto-Lei n.° 269/98, de 1 de Setembro (rectificado pela Declaração de rectificação n.° 16-A/98, de 30 de Setembro), alterado pelos Decretos-Leis n.°s 383/ /99, de 23 de Setembro, 183/2000, de 10 de Agosto, 323/2001, de 17 de Dezembro, 32/ /2003, de 17 de Fevereiro, 38/2003, e 107/ /2005, de 1 de Julho (rectificado pela Declaração de rectificação n.° 63/2005, de 19 de Agosto), e pela Lei n.° 14/2006, de 26 de Abril, que tem por fim conferir força executiva a requerimento destinado a exigir o cumprimento das obrigações pecuniárias decorrentes de contrato cujo valor não exceda o da alçada da Relação ou das obrigações abrangidas pelo Decreto-Lei n.° 32/ /2003, de 17 de Fevereiro, a chamada injunção. De acordo com o artigo 21.°, n.° 1, do referido diploma, "a execução tem como limites as importâncias a que se refere a alínea *d)* do artigo 13.°", não havendo redução da taxa de justiça na oposição à execução" (n.° 3). A Portaria n.° 808/ /2005, de 9 de Setembro, aprovou o modelo de requerimento de injunção, e a Portaria n.° 810/2005, da mesma data, aprovou outras formas de pagamento da taxa de justiça– diversas das previstas no Código das Custas Judiciais – devida pela injunção.

O artigo 42.° do Decreto-Lei n.° 76-A/ /2006, de 29 de Março, estabelece que "não é instruída nem pode prosseguir qualquer execução por dívidas de emolumentos e outros encargos que sejam devidos pelos actos e processos registrais, se a dívida for de montante tão reduzido que não se justifique a actividade ou as despesas a que o processo daria lugar", cabendo ao director-geral dos Registos e do Notariado determinar, por despacho, o montante abaixo do qual não são promovidas acções executivas para cobrança [...] [destas dívidas]", o mesmo regime sendo "aplicável se os serviços de registo, por qualquer meio idóneo, designadamente no decurso de processo de dissolução ou liquidação, apurarem que a situação patrimonial da entidade devedora não permite assegurar o pagamento da quantia em dívida e das custas do processo executivo".

V. *Execução; Penhora; Venda judicial; Exequente; Obrigação pecuniária; Valor da causa; Alçada; Relação; Injunção; Oposição à execução; Requerimento de injunção; Secretaria judicial; Taxa de justiça; Custas; Registo; Notário; Dissolução de pessoa colectiva; Dissolução de sociedades.*

Execução para prestação de facto (Dir. Civil) – O artigo 828.°, C.C., permite ao credor de uma prestação de facto fungível, que não seja espontaneamente realizada pelo devedor, que requeira, em acção executiva, a prestação por terceiro, prevendo e regulando os artigos 933.° e segs., C.P.C., na redacção do Decreto-Lei n.° 38/2003, de 8 de Março, (rectificado pela Declaração de rectificação n.° 5-C/2003, de 30 de Abril) os termos desse processo executivo.

V. *Execução; Credor; Prestação fungível; Devedor; Terceiro; Execução de custeamento.*

Execução para prestação de facto negativo (Dir. Civil) – O artigo 829.°, C.C., prevê a execução de uma obrigação de *non facere* que haja sido violada pelo respectivo devedor, encontrando-se os termos desse processo executivo regulados nos artigos 941.° e 942.°, C.P.C., na redacção do Decreto-Lei n.° 38/2003, de 8 de Março, rectificado pela Declaração de rectificação n.° 5-C/2003, de 30 de Abril.

V. *Obrigação; Prestação de facto; "Non facere"; Devedor; Execução de custeamento.*

Execução parcial (Dir. Civil) – O n.° 1 do artigo 763.°, C.C., estabelece o princípio da integralidade do cumprimento, isto é, determina que a realização da prestação seja integral e não feita por partes, a menos que os sujeitos hajam convencionado diversamente ou diverso seja o regime especialmente imposto por lei ou pelos usos. Pode portanto, e sempre que não se verifique nenhuma das mencionadas excepções, o credor recusar um cumprimento parcial, sem incorrer em mora, antes nela incorrendo o devedor no que respeita à totalidade do débito, se a obrigação se encontrar vencida. O credor tem ainda "a faculdade de exigir uma parte da prestação", não ficando, por isso, impedido de exercer o seu direito em relação à parte restante, mas também tal exigência não privando o devedor de oferecer a prestação por inteiro.

Há casos em que, pela execução parcial, se libera o devedor: assim acontece quando a prestação se torna parcialmente impossível por causa que lhe não seja imputável (a menos que ao credor não interesse, justificadamente, o cumprimento parcial, caso em que pode resolver o negócio). Já se a impossibilidade parcial for devida a culpa do devedor, o credor pode, em princípio, escolher entre exigir o cumprimento do que for ainda possível ou resolver o negócio, mantendo, em qualquer hipótese, o direito a ser indemnizado (artigos 793.° e 802.°, C.C.).

V. *Prestação; Princípio da integralidade do cumprimento; Mora; Vencimento; Impossibilidade parcial; Culpa; Interesse do credor; Cumprimento; Resolução do contrato; Indemnização.*

Execução por alimentos (Proc. Civil) – O artigo 1118.°, n.° 1, C.P.C., na redacção do Decreto-Lei n.° 38/2003, de 8 de Março, rectificado pela Declaração de rectificação n.° 5-C/2003, de 30 de Abril, dispõe que, "na execução por prestação de alimentos, o exequente pode requerer a adjudicação de parte das quantias, vencimentos ou pensões que o executado esteja percebendo, ou a consignação de rendimentos pertencentes a este, para pagamento das prestações vencidas e vincendas, fazendo-se a adjudicação ou a consignação independentemente de penhora".

Nos termos do n.° 5 deste artigo, "o executado é sempre citado depois de efectuada a penhora e a sua oposição à execução ou à penhora não suspende a execução".

V. *Execução; Alimentos; Exequente; Executado; Adjudicação; Consignação de rendimentos; Vencimento; Vincendo; Penhora; Citação; Oposição à execução; Oposição à penhora.*

Execução por equivalente (Dir. Civil) – Quando o credor não pode obter a execução específica da obrigação – por esta, por sua natureza, não ser dela susceptível ou por se ter impossibilitado o cumprimento ou o credor ter perdido nele o interesse –, ela transforma-se numa outra obrigação. A execução por equivalente ou sucedâneo é aquela que proporciona ao credor uma indemnização dos danos que resultaram do não cumprimento da obrigação.

V. *Execução específica; Obrigação; Cumprimento; Impossibilidade do cumprimento; Interesse do credor; Responsabilidade contratual.*

Execução singular (Dir. Civil) – É a execução em que apenas o exequente obtém a satisfação do seu crédito.

Na nossa lei processual civil, sendo o sistema adoptado tendencialmente o da execução singular, admite-se, no entanto, que intervenham na execução os credores que gozam de garantia real sobre os bens penhorados (artigo 865.°, C.P.C., na redacção do Decreto-Lei n.° 38/2003, de 8 de Março – rectificado pela Declaração de rectificação n.° 5-C/2003, de 30 de Abril).

V. *Execução; Exequente; Garantias reais; Penhora; Execução colectiva.*

Execução universal (Proc. Civil) – Designa-se assim a que abrange todo o património e todos os credores do devedor executado.

V. *Execução; Património; Credor; Devedor; Executado; Execução singular.*

Executado (Dir. Civil) – Pessoa contra quem é instaurada uma execução e que, em regra, é quem figura no titulo executivo como devedor ou aquela que lhe sucedeu na obrigação exequenda. Caso a obrigação que se executa tenha uma garantia real sobre bens de terceiro, a execução "seguirá directamente contra este, se o exequente pretender fazer valer a garantia, sem prejuízo de poder desde logo ser também demandado o devedor"; "quando a execução tiver sido movida apenas contra o terceiro e se reconheça a insuficiência dos bens onerados com a garantia real, pode o exequente requerer, no mesmo processo, o prosseguimento da acção executiva contra o devedor, que será demandado para completa satisfação do crédito exequendo"; "pertencendo os bens onerados ao devedor, mas estando eles na posse de terceiro, poderá este ser desde logo demandado juntamente com o devedor". Se a execução se fundar em sentença condenatória, "pode ser promovida, não só contra o devedor, mas ainda contra as pessoas em relação às quais a sentença tenha força de caso julgado".

V. artigos 55.° a 58.°, C.P.C., tendo o artigo 56.° a redacção do Decreto-Lei n.° 38//2003, de 8 de Março, rectificado pela Declaração de rectificação n.° 5-C/2003, de 30 de Abril.

V. *Execução; Título executivo; Devedor; Sucessão; Obrigação; Garantias reais; Terceiro; Oneração de bens; Posse; Sentença condenatória; Caso julgado.*

Exegese – Análise dos textos legais, sua interpretação e explicação.

"Exequatur" (Dir. Civil) – Este termo (que significa execute-se, cumpra-se, autorização) é, por vezes, utilizado para designar a confirmação, pelo tribunal português, de sentença estrangeira, que é condição para que ela produza os seus efeitos em Portugal.

V. *Confirmação de sentença estrangeira.*

Exequente (Dir. Civil) – Pessoa que instaura uma acção executiva, devendo, para ter legitimidade para o fazer, figurar no título executivo como credor ou ser o sucessor de quem tenha tal posição; sendo o título ao portador, a legitimidade para promover a respectiva execução cabe ao seu portador.

Nas execuções por custas e multas impostas em qualquer processo, é o Ministério Público parte legítima como exequente.

Pode haver coligação de exequentes contra um ou vários devedores.

V. artigos 55.° a 59.°, C.P.C., tendo o artigo 56.° a redacção do Decreto-Lei n.° 38//2003, de 8 de Março, rectificado pela Declaração de rectificação n.° 5-C/2003, de 30 de Abril.

V. *Execução; Legitimidade; Titulo executivo; Credor; Sucessão; Custas; Multa; Ministério Público; Coligação.*

Exequibilidade (Dir. Civil) – Susceptibilidade de ser judicialmente executado, isto é, de servir de base a uma acção executiva.

Os artigos 47.° a 52.°, C.P.C., regulam os requisitos da exequibilidade dos vários títulos executivos enumerados no artigo 46.°, este na redacção do Decreto-Lei n.° 38/2003, de 8 de Março, rectificado pela Declaração de rectificação n.° 5-C/2003, de 30 de Abril., o mesmo acontecendo com os artigos 47.°e 49°; por seu lado, os artigos 48.°, 50.° e 52.° têm a redacção do Decreto-Lei n.° 180/96, de 25 de Setembro, e o artigo 51.° a do Decreto-Lei n.° 329-A/95, de 12 de Dezembro.

V. *Execução; Título executivo.*

Exercício (Dir. Civil; Dir. Com.) – Período anual durante o qual se exerceu uma actividade económica que não tenha sido de mera fruição, e que é coincidente com o ano civil. Com referência a cada período desses fala-se em balanço do exercício (que serve para dar a conhecer o activo e passivo de quem exerceu essa actividade, no fim de cada exercício), lucros do exercício, contas do exercício, etc..

V. artigos 31.°, 33.°, 65.°, 217.° e 294.°, Código das Sociedades Comerciais.

Exercício da caça (Dir. Civil) – Só é permitido o exercício da caça aos "titulares de carta de caçador, de seguro de responsabilidade civil por danos causados a terceiros e demais documentos legalmente exigidos" (artigo 63.° do Decreto-Lei n.° 202//2004, de 18 de Agosto, alterado pelo Decreto-Lei n.° 201/2005, de 24 de Novembro – Regime jurídico da conservação, fomento e exploração dos recursos cinegéticos). Os documentos exigidos são: licença de caça, licença dos cães que acompanhem o caçador, licença de uso e porte de arma e o livrete de manifesto, o recibo comprovativo do pagamento do prémio de seguro de caça válido, o bilhete de identidade ou passaporte e, quando menor, a autorização escrita da pessoa que legalmente o represente.

O caçador tem obrigação de "trazer consigo [estes documentos] e apresentá-los às autoridades com competência para a fiscalização sempre que sejam exigidos" – artigo 65.° do referido diploma legal.

V. *Caça; Carta de caçador; Bilhete de identidade; Passaporte; Menor; Representante.*

Exercício de um direito (Dir. Civil) – Quando um acto que, em princípio, seria ilícito, seja praticado no exercício de um direito do respectivo titular, ele encontra-se juridicamente justificado, perdendo, pois, o seu carácter ilícito e não constituindo, em consequência, o seu autor em responsabilidade civil face a alguém que tenha ficado lesado pelo acto. Assim, por exemplo, se um jornalista, no exercício da respectiva profissão e, por isso, do seu direito a informar, divulgar um facto relativo a outrem que seja susceptível de lesar o seu bom nome, o seu acto que, em circunstâncias diversas, seria ilícito, não o é, desde que contido no exercício do direito à informação.

Ponto é que o agente não abuse do seu direito nem o exerça sem obedecer às regras relativas à colisão de direitos que o artigo 335.°, C.C., enuncia.

O exercício de um direito é, pois, uma causa justificativa do facto.

V. *Direito subjectivo; Ilicitude; Causas justificativas; Responsabilidade civil; Bom nome; Abuso do direito; Colisão de direitos.*

Exercício do poder paternal (Dir. Civil) – V. *Poder paternal.*

Exercício ilegal da advocacia

Exerce ilegalmente a advocacia aquele que pratica actos próprios da profissão sem se encontrar inscrito na Ordem dos Advogados.

"Os magistrados, conservadores, notários e responsáveis pelas repartições públicas têm obrigação de comunicar à Ordem dos Advogados qualquer facto que indicie o exercício ilegal ou irregular da advocacia, designadamente, do patrocínio judiciário".

V. artigos 61.° e 82.° do Estatuto da Ordem dos Advogados (aprovado pela Lei n.° 15/2005, de 26 de Janeiro) e Lei n.° 49//2004, de 24 de Agosto.

V. *Ordem dos Advogados; Magistrado; Notário; Patrocínio judiciário.*

Exigibilidade (Dir. Civil) – Sendo a obrigação exigível (em sentido que alguma doutrina qualifica como *fraco)* logo que se constitua validamente, o credor só pode, porém, exigir o seu cumprimento quando ela se vencer. Vencida a obrigação, torna-se então exigível em sentido *forte,* isto é, o credor pode exercer judicialmente o seu direito no caso de o devedor a não cumprir voluntariamente, executando o respectivo património para satisfação do seu crédito.

V. artigos 777.° e segs., C.C..

V. *Obrigação; Credor; Cumprimento; Vencimento; Execução; Responsabilidade patrimonial.*

Exigibilidade antecipada (Dir. Civil) – Sempre que o devedor de uma obrigação a termo perde o benefício do prazo (nos termos dos artigos 780.° e 781.°, C.C.), a sua obrigação torna-se pura, podendo o respectivo cumprimento ser exigido desde logo pelo credor que, com tal exigência interpelando o devedor, faz assim vencer a obrigação.

Se o prazo tiver sido estabelecido em benefício do credor, pode este, renunciando a ele, exigir o cumprimento antes de findo o prazo.

V. *Devedor; Obrigação; Tempo do cumprimento; Antecipação do cumprimento; Benefício do prazo; Obrigação pura; Interpelação; Vencimento.*

"Ex novo" (Dir. Civil) – Expressão que significa de novo, a partir de agora.

"Ex nunc" (Dir. Civil) – Expressão que significa desde agora. Efeito *ex nunc* é o que se produz apenas a partir da prática do acto ou da ocorrência do facto.

V. *Acto jurídico; Facto jurídico; "Ex tunc".*

"Ex officio" (Dir. Civil; Proc. Civil) – Expressão latina que significa em virtude ou por força da função, por dever de ofício ou oficiosamente.

V. *Conhecimento oficioso.*

Exoneração (Dir. Civil) – 1. Diz-se que o devedor se exonera da sua obrigação quando, por cumprimento ou por outra causa extintiva da mesma, ele fica liberado dela (não tendo também obrigação de indemnizar). É neste sentido que o artigo 835.°, C.C., utiliza a expressão.

V. *Obrigação; Cumprimento; Extinção das obrigações; Indemnização.*

2. Um outro sentido do termo exoneração na lei civil é o seguinte: desvinculação de uma pessoa de uma qualidade ou de um cargo que exerce, por vontade própria ou por decisão de outrem, normalmente do tribunal. Neste sentido falam os artigos 146.° e 1950.°, C.C., de exoneração do tutor, o artigo 1972.°, C.C., de exoneração do administrador dos bens do menor, o artigo 1002.°, C.C., de exoneração do sócio, e o artigo 1960.°, C.C., de exoneração de vogais do conselho de família.

V. *Tutor; Administrador legal; Menor; Sócio; Vogal do conselho de família.*

Expectativa jurídica (Dir. Civil) – Nos chamados factos complexos de formação sucessiva – facto resultante da conjugação de vários factos parcelares, cuja produção não é simultânea –, a lei protege a situação que se verifica quando já se produziram alguns dos factos de que resultam efeitos jurídicos, mas não se produziram ainda todos.

Diz-se que tem uma expectativa jurídica a pessoa em benefício da qual o efeito definitivo se produzirá previsivelmente.

Por exemplo, para alguém ser herdeiro de outrem, é necessária a designação por lei ou testamento, a morte do autor da sucessão, a aceitação da herança, etc..

V. *Facto jurídico; Herdeiro; Autor da sucessão; Designação sucessória; Herança; Aceitação da herança; Testamento.*

Expectativa real (Dir. Civil) – É uma modalidade de expectativa jurídica, em que o efeito jurídico a produzir é a aquisição de um direito real; a especificidade desta situação consiste na afectação, munida de inerência, da coisa ao titular da expectativa, sendo mesmo, na maior parte dos casos, a aquisição automática.

É o que se passa no direito de superfície, com a expectativa do fundeiro à aquisição da obra, quando realizada, se a superfície for constituída por tempo limitado. O decurso do prazo produz aquisição automática da propriedade da obra ou plantação.

V. artigo 1538.°, n.° 1, C.C..

V. *Direito real; Direito de superfície; Propriedade.*

Expedição da sentença (Proc. Civil) – Lavrada a sentença, era registada num livro próprio, enviando-se cópias aos advogados das partes. Não se encontra hoje norma paralela.

V. *Sentença; Registo da sentença; Advogado; Parte.*

Expedição do recurso (Proc. Civil) – Interposto e admitido o recurso, são as partes notificadas da admissão, devendo ou não alegar no tribunal a *quo*, consoante o tipo de recurso; também dependentemente de o recurso subir em separado ou nos próprios autos, é ele instruído com as certidões das peças processuais pertinentes, ou não. Uma vez completado o recurso com as alegações (se elas já tiverem sido apresentadas) e com as certidões necessárias (se o recurso não subir nos próprios autos), é ele expedido para o tribunal *ad quem*, isto é, para o tribunal competente para a sua apreciação.

V. artigos 698.° e 699.°, 725.° e 742.° a 748.°, C.P.C., tendo os três primeiros a redacção do Decreto-Lei n.° 180/96, de 25 de Setembro, e os seguintes a do Decreto-Lei n.° 329-A/95, de 12 de Dezembro.

V. *Recurso; Interposição de recurso; Notificação; Alegações; Tribunal "a quo"; Certidão; Subida do recurso; Tribunal "ad quem".*

Expromissão (Dir. Civil) – Forma de transmissão singular de dívida, que é definida por Antunes Varela como "[...] a convenção pela qual um terceiro (expromitente), sem delegação do devedor, assume perante o credor a obrigação de efectuar a prestação devida por outrem" (*Das Obrigações em Geral*, Vol. II, 7.ª edição, pág. 370). O mesmo autor dá desta figura o seguinte exemplo: "*A*, sabendo que o vizinho (doente ou ausente) tem uma dívida para pagar e que o credor se propunha executá-lo, obriga-se a solver o débito" (*ibid.*).

V. *Dívida; Transmissão de dívidas; Terceiro; Devedor; Credor.*

Expropriação (Dir. Civil) – A lei civil contém o princípio de que ninguém pode ser expropriado, total ou parcialmente, senão nos casos legalmente fixados e de que, sendo-o, quer por utilidade pública quer particular, terá sempre direito a uma indemnização (v. artigos 1308.° e 1310.°, C.C.).

O artigo 62.°, n.° 2, da Constituição estabelece igualmente o princípio de que a expropriação por utilidade pública só pode ser efectuada "mediante o pagamento de justa indemnização", sendo por lei fixados os critérios de determinação das indemnizações.

O artigo 88.° da Constituição da República determina, por seu lado, que "os meios de produção em abandono podem ser expropriados em condições a fixar pela lei" (cfr. também artigo 165.°, n.° 1-*l*), da Constituição)

O Decreto-Lei n.° 845/76, de 11 de Dezembro (anterior Código das Expropriações), viu o seu artigo 30.°, n.° 1, ser declarado inconstitucional pelo Acórdão n.° 131/88 do Tribunal Constitucional, publicado no *Diário da República*, I série, de 29 de Junho de 1988; este DL n.° 845/76 foi sucessivamente alterado pelos Decretos-Leis n.°s 323/77, de 8 de Agosto (este, por sua vez, alterado pelo Decreto-Lei n.° 173/78, de 8 de Julho), 513-G/79, de 24 de Dezembro (este também alterado pelo Decreto-Lei n.° 27/90, de 24 de Janeiro), 32/82, de 1 de Fevereiro, 154/83, de 12 de Abril, 413/83, de 23 de Novembro, 125/85, de 24 de Abril, e 231/87, de 11 de Junho.

O actual Código das Expropriações foi aprovado pela Lei n.° 168/99, de 18 de Setembro, tendo revogado, no seu artigo 3.°, o Decreto-Lei n.° 438/91, de 9 de Novembro (que, por seu lado, já tinha revogado o referido DL n.° 845/76). Esta Lei n.° 168/ /99 foi entretanto alterada pelas Leis n.°s 13/2002, de 19 de Fevereiro, e 4-A/2003, de 19 de Fevereiro.

V. também a Lei n.° 80/77, de 26 de Outubro (alterada pelo Decreto-Lei n.° 343/ /80, de 2 de Setembro, pela Lei n.° 36/81, de 31 de Agosto, e pelos Decretos-Leis n.°s 5/84, de 7 de Abril, e 332/91, de 6 de Setembro), o Decreto-Lei n.° 49/79, de 14 de Março (alterado, por ratificação, pela Lei n.° 7/79, de 15 de Outubro), o Decreto-Lei n.° 213/79, de 14 de Julho (rectificado pela Declaração n.° 804/79, de 10 de Setembro), e a Portaria n.° 933/83, de 18 de Outubro.

V. ainda o Assento do Supremo Tribunal de Justiça de 24 de Julho de 1979, publicado no *Diário da República*, I série, de 3 de Novembro do mesmo ano, em que se decidiu que "é susceptível de recurso para o Supremo Tribunal de Justiça, nos termos gerais, o acórdão da relação que, em processo de expropriação por utilidade pública, julgue sobre a forma de pagamento da indemnização fixada". Em 27 de Outubro de 1988, no *Diário da República* I série, foi publicado o Assento do Supremo Tribunal de Justiça de 13 de Julho do mesmo ano, em que se decidiu que "o exercício da faculdade conferida pelo artigo 84.° n.° 2, do Código das Expropriações (Decreto-Lei n.° 845/76, de 11 de Dezembro) não depende da alegação e prova da insuficiência de meios financeiros para a entidade expropriante efectuar de imediato o pagamento da totalidade da indemnização". Em 15 de Maio de 1997, foi publicado, no *Diário da República* I-A série, o Assento de 30 de Maio de 1995, segundo o qual "o Código das Expropriações, aprovado pelo Decreto-Lei n.° 438/91, de 9 de Novembro, consagra a não admissibilidade de recurso para o Supremo Tribunal de Justiça que tenha por objecto a decisão sobre a indemnização devida".

Sendo expropriado por utilidade pública um imóvel urbano arrendado, o artigo 67.° do Regime do Arrendamento Urbano (aprovado pelo Decreto-Lei n.° 321-B/90, de 15 de Outubro, rectificado por declaração publicada no *Diário da República*, I-A série, de 30 de Novembro de 1990, e alterado pelo Decreto-Lei n.° 278/ /93, de 10 de Agosto – por seu lado, alterado, por ratificação, pela Lei n.° 13/94, de 11 de Maio –, pelo Decreto-Lei n.° 163/95, de 13 de Julho, pela Lei n.° 89/95, de 1 de Setembro, pelo Decreto-Lei n.° 257/95, de 30 de Setembro, pela Lei n.° 135/99, de 28 de Agosto, pelos Decretos-Leis n.°s 64-A/ /2000, de 22 de Abril, e 329-B/2000, de 22 de Dezembro, e pelas Leis n.°s 6/2001 e 7/2001, ambas de 11 de Maio) dispõe que a caducidade do arrendamento, consequente da expropriação "obriga o expropriante a indemnizar o arrendatário, cuja posição é, para o efeito, considerada como um encargo autónomo", sendo a indemnização "calculada nos termos do Código das Expropriações, que pode fixar ainda outras prestações ressarcitórias".

O Decreto-Lei n.° 125/2002, de 10 de Maio, regula o exercício da função de perito avaliador nos processos de expropriação.

O artigo 52.° do Código do Registo Predial – aprovado pelo Decreto-Lei n.° 224/ /84, de 6 de Julho (rectificado por declaração publicada no *Diário da República*, I série, de 29 de Setembro de 1984), e alterado pelos Decretos-Leis n.°s 355/85, de 2 de Outubro, 60/90, de 14 de Fevereiro (rectificado por declaração publicada no *Diário da República*, I-A série, de 31 de Março de 1990), 80/92, de 7 de Maio, 30/93, de 12 de Fevereiro, 227/94, de 8 de Setembro, 267/ /94, de 25 de Outubro, 67/96, de 31 de Maio, 375-A/99, de 20 de Setembro, 533/ /99, de 11 de Dezembro, 273/2001, de 13 de Outubro, 323/2001, de 17 de Dezembro, e 38/2003, de 8 de Março (este rectificado pela Declaração de rectificação n.° 5-C/ /2003, de 30 de Abril), e 194/2003, de 23 de Agosto, e pela Lei n.° 6/2006, de 27 de Fevereiro – estabelece que "o registo da renúncia a indemnização é feito com base na declaração do proprietário ou possuidor inscrito perante a entidade expropriante".

O Acórdão uniformizador de jurisprudência n.° 1/99, de 12 de Janeiro de 1999, publicado no *Diário da República*, I-A série, de 13 de Fevereiro de 1999, estabelece o seguinte: "A percentagem de 15% estabelecida na alínea *h)* do n.° 3 de artigo 25.° do Código das Expropriações, aprovado pelo Decreto-Lei n.° 348/91, de 9 de Novembro – elemento uniformizador de critério de avaliação –, perderá a sua fixidez, passando a maleabilizar-se, no momento da sua aplicação, a cada caso concreto, de acordo com a avaliação que se faça da «localização e qualidade ambiental» do bem expropriado, visando alcançar a constitucional justa indemnização". Por seu lado, o Acórdão uniformizador de jurisprudência n.° 4/2000, publicado no *Diário da República*, I-A série, de 28 de Outubro do mesmo ano, fixa a seguinte doutrina: "Na vigência do Código das Expropriações constante do Decreto-Lei n.° 845/76, de 11 de Dezembro, à indemnização devida ao locatário habitacional cujo contrato caducou em consequência de expropriação por utilidade pública é aplicável o disposto nas normas conjugadas dos artigos 36.°, n.° 2, daquele Código e 1099.°, n.° 1, do Código Civil – posteriormente artigo 72.°, n.° 1, do Regime do Arrendamento Urbano, aprovado pelo Decreto-Lei n.° 321-A/90, de 15 de Outubro –, excepto na parte em que limitam a indemnização em montante nunca inferior ao equivalente a dois anos e meio de renda à data da desocupação por se considerarem materialmente inconstitucionais". O Acórdão uniformizador de jurisprudência n.° 7/2001, publicado no *Diário da República*, I-A série, de 28 de Outubro do mesmo ano, decidiu: "Em processo de expropriação por utilidade pública, havendo recurso da arbitragem e não tendo esta procedido à actualização do valor inicial, o valor fixado na decisão final é actualizado até à notificação do despacho que autoriza o levantamento de uma parcela do depósito. Daí em diante a actualização incidirá sobre a diferença entre o valor fixado na decisão final e o valor cujo levantamento foi autorizado"; "tendo havido actualização na arbitragem, só há lugar à actualização desde a data da publicação da declaração de utilidade pública até à decisão final, sobre a diferença entre o valor fixado na decisão final e o valor cujo levantamento foi autorizado".

Quanto aos prédios rústicos, v. a Lei n.° 86/95, de 1 de Setembro (Lei de Bases da modernização e desenvolvimento do sector agrário), que manteve em vigor o Decreto-Lei n.° 158/91, de 26 de Abril (alterado pelos Decretos-Leis n.°s 79/99, de 16 de Março, 212/99, de 14 de Junho, e 60/ /2001, de 19 de Fevereiro), o qual veio estabelecer o regime de entrega em exploração dos prédios expropriados ou nacionalizados; o Decreto-Lei n.° 38/95, de 14 de Fevereiro, determinou a indemnização devida pela expropriação e nacionalização resultantes da Reforma Agrária.

O Decreto-Lei n.° 95/2003, de 3 de Maio, regula o regime de expropriação, por razões de interesse público, da rede básica de telecomunicações ou dos bens que a integram.

V. *Indemnização; Arrendamento urbano; Caducidade; Perito; Registo predial; Renúncia; Prédio rústico.*

Expropriação por utilidade particular (Dir. Civil; Proc. Civil) – A expressão designa as situações em que o titular de um direito legal de servidão (de passagem ou de águas) o exerce, indemnizando o titular do prédio serviente.

V. artigos 1550.° e segs. e 1557.° e segs., C.C..

A acção de expropriação por utilidade particular era uma acção de arbitramento, prevista e regulada nos artigos 1052.° e segs., C.P.C., que têm a redacção dos Decretos-Leis n.°s 329-A/95, de 12 de Dezembro (artigos 1052.°, 1053.°, 1056.° e 1057.°) e 180/96, de 25 de Setembro (artigos 1054.° e 1055.°), tendo os artigos 1058.° a 1062.° sido revogados pelo DL n.° 329-A/95.

V. *Servidão legal; Acções de arbitramento.*

Expurgação de hipotecas (Dir. Civil) – Faculdade que tem aquele que adquiriu um bem hipotecado, "registou o título de aquisição e não é pessoalmente responsável pelo cumprimento das obrigações garantidas", de fazer extinguir as hipotecas que sobre o bem incidem, mediante o pagamento integral aos credores hipotecários das dívidas que as hipotecas garantem ou declarando que está pronto a entregar aos credores, para pagamento dos seus créditos, até à quantia pela qual obteve o bem (ou aquela em que o bem for avaliado, se a aquisição foi a título gratuito ou se não tiver havido fixação de preço) – artigos 721.° e segs., C.C..

O processo a seguir para a expurgação de hipotecas encontra-se regulado nos artigos 998.° e segs., C.P.C.. O tribunal competente para esta acção é o da situação dos bens hipotecados, se estes forem imóveis; se se tratar de navio ou aeronave, o tribunal competente é o da matrícula do bem; havendo vários móveis matriculados em circunscrições diversas, pode o autor optar pelo tribunal de uma delas; constituindo os bens hipotecados uma universalidade de facto ou se forem simultaneamente móveis e imóveis ou vários imóveis situados em circunscrições diferentes, a acção deve ser proposta "no tribunal correspondente à situação dos imóveis de maior valor, devendo-se atender para esse efeito aos valores da matriz predial".

V. artigo 73.°, C.P.C., tendo o n.° 1 a redacção do Decreto-Lei n.° 329-A/95, de 12 de Dezembro.

V. Hipoteca; Cumprimento; Registo; Obrigação; Credor hipotecário; Acto a título gratuito; Competência em razão do território; Imóvel; Navio; Aeronave; Móvel; Universalidade de facto.

Extensão da competência (Dir. Civil) – A competência do tribunal estende-se às questões conexas com aquela que lhe é submetida, mesmo nas hipóteses em que, caso aquelas fossem colocadas autonomamente, o tribunal fosse incompetente para a sua apreciação.

Assim, determina o artigo 96.°, n.° 1, C.P.C., que "o tribunal competente para a acção é também competente para conhecer dos incidentes que nela se levantem e das questões que o réu suscite como meio de defesa", dispondo o artigo 98.°, n.° 1, do mesmo Código, na redacção do Decreto-Lei n.° 329-A/95, de 12 de Dezembro: "O tribunal da acção é competente para as questões deduzidas por via de reconvenção, desde que tenha competência para elas em razão da nacionalidade, da matéria e da hierarquia; se a não tiver, é o reconvindo absolvido da instância".

Pode ainda verificar-se uma extensão da competência do tribunal em razão de outras causas: por exemplo, da coligação de autores ou de réus – cfr. artigos 30.° (redacção dos DL n.°s 329-A/95, e 315/98, de 20 de Outubro) e 275.° (redacção dos DL n.°s 329-A/95 e 38/2003, de 8 de Março, este rectificado pela Declaração de rectificação n.° 5-C/2003, de 30 de Abril), C.P.C. – ou da cumulação de pedidos (cfr. artigo 470.°, C.P.C., na redacção do DL n.° 180/96).

V. *Competência; Incidente; Réu; Reconvenção; Competência em razão da matéria; Competência em razão da hierarquia; Absolvição da instância; Coligação; Autor; Pedido; Cumulação de pedidos.*

Extensão da penhora (Dir. Civil) – A penhora de um imóvel "abrange o prédio com todas as suas partes integrantes e os seus frutos, naturais ou civis, desde que não sejam expressamente excluídos e nenhum privilégio exista sobre eles" – artigo 842.°, C.P.C..

Na medida em que lhe seja extensível, também à penhora de móveis e de direitos se aplica esta regra, por força respectivamente dos artigos 855.° e 863.°, C.P.C..

V. *Penhora; Imóvel; Frutos; Móvel; Privilégio creditório.*

Extensão teleológica – Opera-se a extensão teleológica de uma norma quando, pela sua interpretação à luz do respectivo elemento teleológico, se chega a compreender nela uma situação que ela directamente não visava e, em consequência, se estende a aplicabilidade da norma a um caso que, não estando previsto nem na sua letra nem, directamente, no seu espírito, justifica a mesma solução jurídica.

V. *Analogia; Interpretação da lei; Elemento teleológico.*

Extinção da acção (Proc. Civil) – V. *Extinção da instância.*

Extinção da execução (Proc. Civil) – O processo executivo é declarado extinto uma vez realizado, pelo executado ou por terceiro, o pagamento da dívida exequenda e respectivas custas, o que pode ocorrer em qualquer estado do processo. "Quem pretenda usar desta faculdade solicita na secretaria, ainda que verbalmente, guias para depósito da parte líquida ou já liquidada do crédito do exequente que não esteja solvida pelo produto da venda ou adjudicação de bens; feito o depósito, susta-se a execução, a menos que ele seja manifestamente insuficiente, e tem lugar a liquidação de toda a responsabilidade do executado"; "quando o requerente junte documento comprovativo de quitação, perdão ou renúncia por parte do exequente ou qualquer outro título extintivo, suspende-se logo a execução e liquida-se a responsabilidade do executado". "A liquidação compreende sempre as custas dos levantamentos a fazer pelos titulares dos créditos liquidados e é notificada ao exequente, aos credores interessados, ao executado e ao requerente, se for pessoa diversa". "A execução extingue-se logo que se efectue o depósito da quantia liquidada [...]".

Também "a desistência do exequente extingue a execução", dependendo a desistência da aceitação do opoente, se estiver pendente oposição à execução.

"A extinção é notificada ao executado, ao exequente e aos credores reclamantes".

V. artigos 916.° a 919.°, C.P.C., na redacção do Decreto-Lei n.° 38/2003, de 8 de Março, rectificado pela Declaração de rectificação n.° 5-C/2003, de 30 de Abril.

A execução extinta pode ser renovada nos termos do artigo 920.°, C.P.C., na redacção que lhe foi dada pelo DL n.° 38/2003.

Muito embora não se trate de extinção de execução, mas do seu não início, faz-se referência ao artigo 42.° do Decreto-Lei n.° 76-A/2006, de 29 de Março, que estabelece que "não é instruída nem pode prosseguir qualquer execução por dívidas de emolumentos e outros encargos que sejam devidos pelos actos e processos registrais, se a dívida for de montante tão reduzido que não se justifique a actividade ou as despesas a que o processo daria lugar", cabendo ao director-geral dos Registos e do Notariado determinar, por despacho, o montante abaixo do qual não são promovidas acções executivas para cobrança [...] [destas dívidas]", o mesmo regime sendo "aplicável se os serviços de registo, por qualquer meio idóneo, designadamente no decurso de processo de dissolução ou liquidação, apurarem que a situação patrimonial da entidade devedora não permite assegurar o pagamento da quantia em dívida e das custas do processo executivo"

V. *Execução; Executado; Terceiro; Custas; Obrigação exequenda; Secretaria judicial; Venda judicial; Adjudicação; Documento; Quitação; Perdão; Notificação; Exequente; Desistência da execução; Oposição à execução; Renovação da execução; Registo; Dívida; Dissolução de sociedade; Dissolução de pessoa colectiva; Custas.*

Extinção da instância (Proc. Civil) – Nos termos do artigo 287.°, C.P.C., com a redacção do Decreto-Lei n.° 329-A/95, de 12 de Dezembro, tratando-se de acção declarativa, a instância extingue-se com o julgamento, o compromisso arbitral, a deserção, a desistência, confissão ou transacção, e a impossibilidade ou inutilidade superveniente da lide.

Constitui ainda causa de extinção da instância a falta de qualquer requisito legal da petição inicial, quando a parte não o tenha suprido depois de, nos termos do artigo 508.°, n.° 2, C.P.C., ter sido convidada a fazê-lo. "Assim acontece com a falta de indicação do valor da acção (art. 314-3)" – Lebre de Freitas *Código de Processo Civil anotado*, volume 1.°, Coimbra, 1999, pág. 512.

De acordo com o artigo 8.°, n.° 3, do Código da Insolvência e da Recuperação de Empresas, aprovado pelo Decreto-Lei n.° 53/2004, de 18 de Março, alterado pelos Decretos-Leis n.°s 200/2004, de 18 de Agosto, e 76-A/2006, de 29 de Março (o último rectificado pela Declaração de rectificação n.° 28-A/2006, de 26 de Maio), "declarada a insolvência no âmbito de certo processo, deve a instância ser suspensa em quaisquer outros processos de insolvência que corram contra o mesmo devedor e considerar-se extinta com o trânsito em julgado da sentença, independentemente da prioridade temporal das entradas em juízo das petições iniciais".

A extinção da instância verifica-se independentemente de qualquer declaração ou comunicação nesse sentido.

Porém, o artigo 261.°, n.° 2, do mesmo Código, dispõe que, "em derrogação do disposto no artigo 8.°, a pendência de um processo de insolvência em que tenha sido apresentado um plano de pagamentos não obsta ao prosseguimento de outro processo instaurado contra o mesmo devedor por titulares de créditos não incluídos na relação anexa ao plano, nem a declaração de insolvência proferida no primeiro, nos termos do n.° 1 do artigo 259.° [homologação judicial do plano de pagamentos e declaração de insolvência], suspende ou extingue a instância do segundo".

V. *Instância; Acção declarativa; Julgamento; Compromisso arbitral; Deserção da instancia; Desistência; Confissão; Transacção; Impossibilidade superveniente da lide; Inutilidade superveniente da lide; Petição inicial; Despacho de aperfeiçoamento; Valor da causa; Insolvência; Recuperação de empresas; Suspensão da instância; Devedor; Trânsito em julgado; Sentença; Plano de pagamentos; Crédito.*

Extinção das obrigações (Dir. Civil) – As causas extintivas das obrigações são, para além do cumprimento – que é a forma normal de extinção da obrigação, realizando esta o fim a que se destinava e que era a satisfação do interesse do credor –, a *dação em cumprimento*, a *consignação em depósito*, a *compensação*, a *novação*, a *remissão* e a *confusão* (v. estas expressões).

Também extinguem as obrigações a impossibilidade superveniente definitiva e não culposa da prestação, a extinção do contrato de que a obrigação era fonte, a caducidade e a prescrição (quanto à prescrição, a extinção não é total, já que, se a obrigação deixa de ser judicialmente exigível, continua a persistir como obrigação natural).

V. *Obrigação; Cumprimento; Interesse do credor; Impossibilidade da prestação; Culpa; Prescrição; Extinção de contratos; Caducidade; Obrigação natural.*

Extinção de contratos (Dir. Civil)

1. O artigo 406.°, C.C., diz que "o contrato deve ser pontualmente cumprido e só pode modificar-se ou extinguir-se por mútuo consentimento dos contraentes ou nos casos admitidos na lei".

Em princípio, pode pois o contrato extinguir-se por acordo das partes: é a chamada revogação ou distrate do contrato. Pode um contrato extinguir-se por declaração unilateral de um dos contraentes ao outro, desde que para ela exista, na lei ou no próprio contrato, fundamento: está-se aqui perante a resolução do contrato; assim por exemplo a lei admite a resolução do arrendamento pelo senhorio quando se verifique um dos fundamentos enunciados no artigo 64.° do Regime do Arrendamento Urbano – aprovado pelo Decreto-Lei n.° 321-B/90, de 15 de Outubro, rectificado por declaração publicada no *Diário da República*, I-A série, de 30 de Novembro de 1990, e alterado pelo Decreto-Lei n.° 278/ /93, de 10 de Agosto – por seu lado, alterado, por ratificação, pela Lei n.° 13/94, de 11 de Maio –, pelo Decreto-Lei n.° 163/95, de 13 de Julho, pela Lei n.° 89/95, de 1 de Setembro, pelo Decreto-Lei n.° 257/95, de 30 de Setembro, pela Lei n.° 135/99, de 28 de Agosto, pelos Decretos-Leis n.°s 64-A/ /2000, de 22 de Abril, e 329-B/2000, de 22 de Dezembro, e pelas Leis n.°s 6/2001 e 7/2001, ambas de 11 de Maio – (correspondente ao antigo artigo 1093.°, C.C.), admitindo igualmente a resolução dos contratos quando, posteriormente à sua celebração, se verifique uma alteração anormal das circunstâncias em que as partes hajam fundado a sua decisão de contratar (artigo 437.°, n.° 1, C.C.).

O regime e efeitos da resolução do contrato encontram-se fixados nos artigos 432.° a 436.°, C.C..

Para além da resolução e da revogação, existem outras formas de extinção dos contratos: caducidade (por exemplo, artigo 1051.°, C.C., quanto à locação) e denúncia.

V. *Pontualidade do cumprimento; Modificação do contrato; Arrendamento urbano; Alteração das circunstâncias; Caducidade; Denúncia; Resolução do contrato; Distrate.*

2. A Lei n.° 49/2004, de 24 de Agosto, diz, no seu artigo 6.°-*a)*, que são actos próprios dos advogados e solicitadores "[...] a prática dos actos preparatórios tendentes à [...] extinção de negócios jurídicos, designadamente os praticados junto de conservatórias e cartórios notariais".

V. *Advogado; Solicitador; Contrato; Negócio jurídico; Registo; Notário.*

Extinção de direitos (Dir. Civil) – Verifica-se a *extinção subjectiva* de um direito quando ele deixa de existir na esfera jurídica do sujeito que era seu titular. Nestes casos, o direito continua a existir, mas na esfera de outrem, que o adquire.

Há *extinção objectiva* do direito sempre que ele desaparece, extinguindo-se tanto para o respectivo titular como para qualquer outro sujeito, o que pode acontecer por perecimento da coisa sobre a qual o direito incidia ou por renúncia ao direito.

V. *Direito subjectivo; Esfera jurídica; Renúncia.*

Extinção de pessoa colectiva (Dir. Civil; Proc. Civil) – "As associações extinguem-se: *a)* Por deliberação da assembleia geral; *b)* Pelo decurso do prazo, se tiverem sido constituídas temporariamente; *c)* Pela verificação de qualquer outra causa extintiva prevista no acto de constituição ou nos estatutos; *d)* Pelo falecimento ou desaparecimento de todos os associados; *e)* Por decisão judicial que declare a sua insolvência [ou "quando o seu fim se tenha esgotado ou se haja tornado impossível", "quando o seu fim real não coincida com o fim expresso no acto de constituição", "quando o seu fim seja sistematicamente prosseguido por meios ilícitos ou imorais" e "quando a sua existência se torne contraria à ordem pública"] - artigo 182.°, C.C.; a extinção "só se produzirá se, nos trinta dias subsequentes à data em que devia operar-se, a assembleia geral não decidir a prorrogação ou a modificação do estatutos", nos casos previstos nas alíneas *b)* e *c)* enunciadas; tratando-se de extinção por decisão judicial, esta pode ser pedida pelo Ministério Público ou por qualquer interessado; sendo o fundamento da extinção a insolvência, aquela dá-se em consequência da declaração de insolvência (artigo 183.°, C.C.). "Extinta a associação, os poderes dos seus órgãos ficam limitados à prática de actos meramente conservatórios e dos necessários, quer à ultimação dos negócios pendentes; pelos actos restantes e pelos danos que deles advenham à associação respondem solidariamente os administradores que os praticarem"; "pelas obrigações que os administradores contraírem, a associação só responde perante terceiros se estes estavam de boa fé e à extinção não tiver sido dada a devida publicidade" – artigo 184.°, C.C..

"As fundações extinguem-se: *a)* Pelo decurso do prazo, se tiverem sido constituídas temporariamente; *b)* Pela verificação de qualquer outra causa extintiva prevista no acto de instituição; *c)* Por decisão que declare a sua insolvência" (n.° 1 do artigo 192.°, C.C.); o n.° 2 acrescenta que também podem extinguir-se "pela entidade competente para o seu reconhecimento: *a)* Quando o seu fim se tenha esgotado ou se haja tornado impossível; *b)* Quando o seu fim real não coincida com o fim expresso no acto de instituição; *c)* Quando o seu fim seja sistematicamente prosseguido por meios ilícitos ou imorais; *d)* Quando a sua existência se torne contraria à ordem pública" (artigo 192.°, n.° 2, C.C.); no caso das causas extintivas do n.° 1 transcrito, "a administração [...] comunicará o facto à autoridade competente para o reconhecimento, a fim de esta declarar a extinção e tomar as providências que julgue convenientes para liquidação do património" – artigo 193.°, C.C.. "Extinta a fundação, na falta de providências especiais em contrario tomadas pela autoridade competente, é aplicável o disposto no artigo 184.° [supra referido]" – artigo 194.°, C.C..

O artigo 166.°, C.C., estabelece que, no caso de extinção de uma pessoa colectiva, "se existirem bens que lhe tenham sido doados ou deixados com qualquer encargo ou que estejam afectados a um certo fim, o tribunal, a requerimento do Ministério Público, dos liquidatários, de qualquer associado ou interessado, ou ainda de herdeiros do doador ou do autor da deixa testamentária, atribuí-los-á, com o mesmo encargo ou afectação, a outra pessoa colectiva".

V. também os artigos 1507.°-A a 1507.°-D, C.P.C., introduzidos pelo Decreto-Lei n.° 513-X/79, de 27 de Dezembro.

V. *Pessoa colectiva; Associação; Deliberação; Assembleia geral; Estatutos; Insolvência; Ministério Público; Declaração de insolvência; Órgãos da pessoa colectiva; Dano; Solidariedade; Obrigação; Terceiro; Boa fé; Fundação; Reconhecimento; Herdeiro; Doador; Testamento.*

Extinção de servidões (Dir. Civil; Proc. Civil) – Para além dos factos extintivos das servidões enumerados no n.° 1 do artigo 1569.°, C.C. – e que são: a "reunião dos dois prédios, dominante e serviente, no domínio da mesma pessoa"; o "não uso durante vinte anos, qualquer que seja o motivo"; a "aquisição, por usucapião, da liberdade do prédio"; a renúncia e o "decurso do prazo, se tiverem sido constituídas temporariamente" –, admite o n.° 2 da mesma disposição que "as servidões constituídas por usucapião [sejam] judicialmente declaradas extintas, a requerimento do proprietário do prédio serviente, desde que se mostrem desnecessárias ao prédio dominante", esclarecendo o n.° 3 que esta possibilidade existe relativamente a servidões legais, "qualquer que tenha sido o título da sua constituição".

A acção de cessação de servidão era uma acção de arbitramento, cujos trâmites se encontravam regulados nos artigos 1052.° e segs. do C.P.C., substituídos pelos Decretos-Leis n.°s 329-A/95, de 12 de Dezembro, e 180/96, de 25 de Setembro.

V. *Servidão predial; Prédio dominante; Prédio serviente; Não uso; "Usucapio libertatis"; Usucapião; Renúncia; Acções de arbitramento.*

Extinção do casamento (Dir. Civil) – V. *Casamento; Dissolução do casamento.*

Extracto de conta (Dir. Civil) – "Os extractos de conta passados pelas sociedades com sede em Portugal que, devidamente autorizadas, se dediquem à concessão de crédito a favor de residentes no País mediante a emissão de cartões de crédito" servem de títulos executivos, desde que contenham os nomes da entidade emitente, do devedor-utilizador do cartão e dos estabelecimentos onde as compras foram efectuadas, a indicação do montante das compras, das entregas feitas pelo devedor e da importância total da dívida, e desde que sejam acompanhados das facturas passadas pelos estabelecimentos onde as compras foram feitas, assinadas pelo devedor (não carecendo a assinatura de reconhecimento notarial, mas devendo a identidade do devedor ser comprovado pelo bilhete de identidade ou passaporte, indicação que tem de constar da factura).

V. o Decreto-Lei n.° 45/79, de 9 de Março.

V. *Título executivo; Sede; Título executivo; Factura; Estabelecimento comercial; Reconhecimento de letra e assinatura; Bilhete de identidade; Passaporte.*

Extracto de factura (Dir. Com.; Proc. Civil) – O extracto de factura, criado pelo Decreto n.° 19 490, de 21 de Março de 1931, é um título à ordem, análogo à letra, que deve acompanhar a factura passada, no acto da entrega (real ou simbólica) das mercadorias, sempre que o contrato de compra e venda for celebrado entre comerciantes, a prazo e sem que o preço seja representado por letras.

Nos contratos de compra e venda mercantil a prazo, celebrados entre comerciantes domiciliados no continente e nas regiões autónomas, sempre que o preço não seja representado por letras, deve pois no acto da entrega real, presumida ou simbólica, da mercadoria, passar-se uma factura ou conta, que será acompanhada de um extracto. O comprador ficará com a factura e o vendedor com o extracto, depois de por aquele conferido e aceite.

Quando o preço haja de ser pago em prestações, deverá o vendedor passar tantos extractos quantas forem as prestações acordadas, e indicará em cada um o número da prestação a que corresponde.

O extracto, base indispensável de qualquer procedimento judicial destinado a tornar efectivos os direitos do vendedor, deve conter:

a) o número de ordem da factura; *b)* a data da emissão; *c)* o nome e domicílio do vendedor; *d)* o nome e domicílio do comprador; *e)* o saldo líquido da factura original ou a importância da prestação a que corresponde; *f)* o número do copiador e respectivos fólios; *g)* a época do pagamento; *h)* o lugar onde este deva ser efectuado; *i)* a assinatura do vendedor.

Serve de título executivo, mesmo sem reconhecimento notarial da assinatura do devedor, nos termos do artigo 46.°, C.P.C..

V. *Factura; Letra; Compra e venda; Domicílio; Venda a prestações; Execução; Título executivo; Lugar do cumprimento; Reconhecimento de letra e assinatura.*

"Ex tunc" (Dir. Civil) – Expressão que significa "desde então".

O efeito *ex tunc* produz retroactivamente, a partir do início do facto, do acto ou da situação a que se refere.

Por exemplo, os efeitos extintivos da resolução do contrato produzem-se, em regra *ex nunc*.

V. *Facto jurídico; Acto jurídico; "Ex nunc"; Resolução do contrato.*

"Ex vi" – Expressão latina que significa *por força;* utiliza-se frequentemente seguida da indicação de uma disposição legal para significar que um certo regime jurídico é aplicável por determinação da disposição citada.

F

"Facere" (Dir. Civil) – Este termo significa *actividade* e utiliza-se muito frequentemente para caracterizar as obrigações cujo objecto é a prática de um acto ou a realização de uma actividade pelo devedor.

V. *Obrigação "de facere"*.

"Facta concludentia" (Dir. Civil) – Nos termos do n.° 1 do artigo 217.°, C.C., os *facta concludentia, facta ex quibus voluntas concludi potest,* são os actos que exprimem uma vontade negocial, isto é, aqueles que revelam "com toda a probabilidade" uma dada vontade, consubstanciando, por isso, uma *declaração tácita* (v. esta expressão).

V. *Declaração negocial.*

Facto constitutivo (Dir. Civil; Proc. Civil) – Factos constitutivos de um direito são aqueles que lhe dão origem ou em que esse direito se fundamenta.

O autor, na petição inicial, deve expor os factos constitutivos do seu direito, cabendo-lhe o ónus da prova desses factos.

V. artigos 467.°, n.° 1-*d),* C.P.C., na redacção do Decreto-Lei n.° 183/2000, de 10 de Agosto, e 342.°, C.C..

V. *Direito subjectivo; Autor; Petição inicial; Ónus da prova.*

Facto do príncipe (Dir. Civil) – Expressão utilizada para significar uma decisão do Estado, do poder público ou da Administração, que se impõe a um sujeito privado e que é relevante, designadamente, para excluir a responsabilidade deste, quando fique, em consequência, impedido de cumprir uma sua obrigação. Sempre que o devedor não cumpra, temporária ou definitivamente, total ou parcialmente, a obrigação por virtude de facto do príncipe, o regime aplicável é o da impossibilidade superveniente não culposa (artigos 790.° e segs., C.C.).

V. *Obrigação; Responsabilidade contratual; Impossibilidade do cumprimento.*

Facto extintivo (Dir. Civil; Proc. Civil) – Factos extintivos são todos aqueles que hajam determinado a extinção de um direito, como, por exemplo, a prescrição, a caducidade, o cumprimento, a condição resolutiva verificada, o perdão ou a renúncia.

Nos termos do n.° 2 do artigo 342.°, C.C., é sobre aquele contra quem o direito é invocado que recai o ónus da prova do respectivo facto extintivo.

O réu, na contestação, pode alegar um facto que determine a improcedência total ou parcial do pedido do autor, por servir de causa extintiva do direito invocado por este: diz-se, então, que se defende por excepção (peremptória).

V. artigos 487.°, 493.°, 496.° (este na redacção do Decreto-Lei n.° 180/96, de 25 de Setembro) e 506.° (na redacção do Decreto-Lei n.° 329-A/95, de 12 de Dezembro), C.P.C..

V. *Direito subjectivo; Extinção de direitos; Contestação; Excepção; Pedido; Prescrição; Caducidade; Cumprimento; Condição; Perdão; Renúncia; Ónus da prova; Autor; Réu; Procedência.*

Facto ilícito (Dir. Civil) – A ilicitude supõe a violação de um dever jurídico e, embora esta não tenha de provir de facto voluntário em sentido próprio, podendo o facto humano ser realizado sem controlo da vontade em concreto, desde que seja objectivamente controlável pela vontade, difícil será identificar factos jurídicos que não sejam actos jurídicos.

V. *Ilicitude; Dever jurídico; Acto ilícito.*

Facto impeditivo (Dir. Civil; Proc. Civil) – Impeditivos são os factos que obstam a que um direito se tenha validamente constituído (o erro, o dolo, a coacção, a simulação, a incapacidade...), aqueles que impedem o surgimento do direito (a condição suspensiva) ou a possibilidade do seu exercício (termo).

O n.° 2 do artigo 342.°, C.C., determina que a prova dos factos impeditivos do direito invocado cabe àquele contra quem a invocação do direito é feita.

Na contestação, o réu pode defender-se, alegando a existência de factos que sirvam de causa impeditiva do direito do autor: designa-se esta forma de contestar por *defesa por excepção* (excepção peremptória) e a sua procedência determina a absolvição total ou parcial do réu do pedido.

V. artigos 487.°, 493.°, 496.° (este na redacção do Decreto-Lei n.° 180/96, de 25 de Setembro) e 506.° (este na do Decreto-Lei n.° 329-A/95, de 12 de Dezembro), C.P.C..

V. *Direito subjectivo; Erro; Dolo; Coacção; Simulação; Incapacidade; Condição; Termo; Ónus da prova; Contestação; Réu; Absolvição do pedido; Excepção.*

Facto jurídico (Dir. Civil) – Qualquer facto, natural ou humano, que produz efeitos de direito.

Em sentido estrito, facto jurídico, por contraposição a acto jurídico, é aquele que não consiste num acto de vontade humana.

V. *Acto jurídico.*

Facto jurídico complexo (Dir. Civil) – O facto jurídico qualifica-se como complexo sempre que é integrado por uma pluralidade de factos jurídicos simples. Um facto jurídico complexo pode ser de formação instantânea, se os seus elementos ocorrem simultaneamente (isto é, se o tempo que medeia entre a sua verificação é juridicamente irrelevante) ou de formação sucessiva, se os seus diversos componentes se verificam em sucessão cronológica. Assim, enquanto um contrato entre presentes é, em regra, um facto jurídico complexo de formação instantânea, já o contrato entre ausentes é um facto de formação sucessiva.

Nos factos jurídicos complexos de formação sucessiva, há de considerar a situação jurídica em que já se verificaram alguns dos respectivos elementos, ainda não se tendo completado o conjunto: essa situação dá, desde logo, lugar à produção de efeitos jurídicos que não são, porém, os efeitos próprios do facto jurídico completo ou perfeito.

V. *Facto jurídico; Contrato; Contrato entre ausentes; Expectativa jurídica; Facto jurídico simples.*

Facto jurídico simples (Dir. Civil) – Por contraposição a facto jurídico complexo, o facto jurídico simples é aquele que é integrado por um único elemento, como, por exemplo, o negócio jurídico unilateral, o nascimento ou a morte de uma pessoa.

V. *Facto jurídico; Negócio jurídico unilateral; Nascimento; Morte.*

Facto modificativo (Dir. Civil; Proc. Civil) – São modificativos todos os factos que tenham alterado o conteúdo do direito (a escolha da prestação nas obrigações genéricas ou alternativas, a moratória, etc.).

Aquele contra quem um direito é invocado tem o ónus de provar qualquer facto modificativo dele (artigo 342.°, n.° 2, C.C.).

A defesa do réu diz-se por excepção (peremptória), quando ele alega um facto que serve de causa modificativa do direito do autor, determinando a improcedência total ou parcial do pedido deste.

V. artigos 487.°, 493.°, 496.° e 506.°, C.P.C..

V. *Facto jurídico; Direito subjectivo; Escolha da prestação; Obrigação genérica; Obrigação alternativa; Moratória; Ónus da prova; Réu; Excepção; Autor; Procedência; Pedido.*

Facto notório (Dir. Civil; Proc. Civil) – Factos notórios são, de acordo com o n.° 1 do artigo 514.°, C.P.C., aqueles que são do conhecimento geral.

O Código Civil precisa que um facto deve ser considerado notório "quando uma pessoa de normal diligência [a diligência normal é aquela que teria tido o bom pai de família colocado na situação em que se encontrava a pessoa cujo comportamento se aprecia] o teria podido notar" (v. artigo 257.°, n.° 2).

Tais factos, para serem considerados pelo tribunal, não carecem de ser alegados nem provados pelas partes.

V. *Diligência; Bom pai de família; Prova.*

Facto superveniente (Proc. Civil) – Consideram-se supervenientes os factos que ocorreram após o decurso dos prazos legalmente estabelecidos para a apresentação dos articulados das partes (*factos objectivamente supervenientes*) e ainda aqueles que, tendo ocorrido antes, só vieram ao conhecimento da parte depois de esgotados aqueles prazos (*factos subjectivamente supervenientes*).

Cfr. artigos 506.° e 507.°, C.P.C., ambos na redacção do Decreto-Lei n.° 329-A/95, de 12 de Dezembro.

V. *Articulados; Articulados supervenientes.*

Factura (Dir. Com.; Proc. Civil) – Documento escrito em que se discriminam as coisas vendidas e entregues, sua qualidade, quantidade e preço, e cuja entrega o vendedor não pode recusar ao comprador, se a compra e venda for comercial.

V. artigo 476.°, Código Comercial.

O Decreto-Lei n.° 256/2003, de 21 de Outubro, alterou o Código do IVA, consagrando no seu artigo 35.°, n.° 10, a regra de que "as facturas ou documentos equivalentes podem, sob reserva de aceitação pelo destinatário, ser emitidos por via electrónica, desde que seja garantida a autenticidade da sua origem e a integridade do seu conteúdo, mediante assinatura electrónica avançada ou intercâmbio electrónico de dados".

V. *Compra e venda; Extracto de conta; Extracto de factura; Título executivo; Documento electrónico; Assinatura electrónica.*

Faculdade (Dir. Civil) – Embora o seu sentido jurídico não seja rigorosamente unívoco, usa-se geralmente este termo para designar os poderes que um direito contém, isto é, o conjunto de possibilidades de actuação que o titular de um direito tem ao seu dispor.

Porém, a doutrina fala também em faculdade para significar um poder atribuído a um sujeito, cujo exercício é totalmente livre.

V. *Direito subjectivo.*

Falência (Dir. Com.; Proc. Civil) – Inicialmente, a falência caracterizava-se como o estado do comerciante impossibilitado de solver as suas dívidas comerciais, podendo ser uma mera situação de facto ainda não judicialmente reconhecida ou um estado judicialmente declarado, com efectivas consequências jurídicas. O seu regime constava essencialmente dos artigos 1135.° e segs. do C.P.C., revogados pelo Decreto-Lei n.° 132/93, de 23 de Julho, que aprovou o Código dos Processos Especiais de Recuperação da Empresa e de Falência, depois alterado pelos Decretos-Leis n.°s 157/97, de 24 de Junho, 315/98, de 20 de Outubro, 323/2001, de 17 de Dezembro, e 38/2003, de 8 de Março. De acordo com o artigo 2.° do DL n.° 315/98, os regimes de recuperação da empresa e de falência não eram aplicáveis às pessoas colectivas públicas, às empresas de seguros, às instituições de crédito, às sociedades financeiras, às empresas de investimento que prestassem serviços que implicassem a detenção de fundos ou de valores mobiliários de terceiros, aos organismos de investimento colectivo, nem prejudicavam a legislação especial relativa às empresas públicas.

Nos termos deste Código, podia ser declarado em regime de falência quer o devedor insolvente que não fosse titular de empresa, quer a empresa em situação económica difícil ou em situação de insolvência, eliminando-se a distinção anteriormente existente entre insolvência e falência, a primeira apenas aplicável a não comerciantes e a segunda só aos últimos. O devedor não titular de empresa podia evitar a declaração de falência através da apresentação de concordata particular, que o juiz homologasse, e a empresa insolvente, que não fosse economicamente inviável ou cuja recuperação financeira não fosse impossível, "em face das circunstâncias", evitá-la-ia pela adopção de uma ou mais providências de recuperação. O n.° 3 do artigo 1.° a que se vem a fazer referência dispunha que, sem prejuízo dos efeitos patrimoniais da existência de personalidade jurídica distinta, era permitida a coligação activa ou passiva de sociedades que se encontrassem em relação de domínio ou de grupo, nos termos do Código das Sociedades Comerciais, ou que tivessem os seus balanços e contas aprovados consolidadamente. A empresa tinha o dever de se apresentar à falência, salvo se, tendo razões para tal, optasse pelo requerimento de providência de recuperação adequada", através do seu titular, do órgão da sua administração ou da assembleia geral nos 60 dias posteriores à falta de cumprimento de uma das suas obrigações, se se verificasse um dos seguintes factos: *a)* falta de cumprimento de uma ou mais obrigações que, pelo seu montante ou pelas circunstâncias do incumprimento, revelasse a impossibilidade de satisfazer pontualmente a generalidade das suas obrigações; *b)* fuga do titular da empresa ou dos titulares do seu órgão de gestão, relacionada com a falta de solvabilidade do devedor e sem designação de substituto idóneo, ou abandono do local em que a empresa tinha sede ou exercia a sua principal actividade; *c)* dissipação ou extravio de bens, constituição fictícia de créditos ou qualquer outro procedimento anómalo que revelasse o propósito de o devedor se colocar em situação de impossibilidade de cumprir pontualmente as suas obrigações.

Quando ocorresse um dos factos enunciados, podia a falência da empresa ser requerida por qualquer credor, ainda que preferente e fosse qual fosse a natureza do seu crédito, quando a não considerasse economicamente viável, e também pelo Ministério Público em representação dos interesses que lhe estão legalmente confiados. De acordo com o artigo 9.°, no caso de o devedor ter falecido ou cessado a sua actividade, a falência podia ainda ser requerida por qualquer credor interessado ou pelo Ministério Público, dentro do ano posterior a qualquer dos factos referidos nas alíneas acima referidas, quer a situação de insolvência se tivesse revelado antes, quer depois da morte ou da cessação de actividade do devedor. Havia casos, especialmente previstos na lei – por exemplo, se fosse deduzida oposição ao prosseguimento da acção de recuperação, por credores que representassem, pelo menos, 51% do valor dos créditos conhecidos e fosse alegada a inviabilidade económica da empresa e fosse reconhecida a existência de qualquer dos factos antes enunciados, devia o juiz declarar a falência da empresa, depois de ouvido o respectivo representante legal (artigo 23.°, n.° 1) –, em que a falência podia ser oficiosamente decretada pelo tribunal. Nos casos em que contra o pedido de recuperação fosse deduzida oposição pelo devedor e credores que representassem, pelo menos, 30% do valor dos créditos conhecidos, nela alegando e justificando a inviabilidade económica da empresa, o juiz podia mandar prosseguir a acção como processo de falência, se entendesse que não existia qualquer probabilidade séria da sua recuperação, desse despacho cabendo recurso (artigo 25.°, n.°s 4 e 5).

O requerimento de declaração de falência, bem como a apresentação a esta, fazia-se por meio de petição escrita, na qual eram expostos os factos que integravam os pressupostos respectivos e se concluía pela formulação do pedido; o requerente devia identificar os titulares dos órgãos de administração da empresa e, sendo esta individual, se o seu titular fosse casado, identificar o cônjuge e indicar o regime de bens do casamento; quando ao requerente não fosse possível fazer as indicações referidas, deveriam ser prestadas pelo próprio devedor (artigo 15.°). Com a petição, fosse apresentada pelo devedor ou por um credor, deveriam ser juntos elementos de prova de que o requerente dispusesse, podendo ser requeridos outros meios de prova; sendo a falência requerida por credor ou pelo Ministério Público, deveria o requerente, na petição, justificar a origem, natureza e montante do seu crédito, oferecer os elementos que possuísse relativamente ao activo e passivo do devedor e fundamentar sumariamente o pedido (artigo 17.°).

O processo de falência, incluindo os recursos e embargos a que houvesse lugar, tinha carácter urgente e gozava de precedência sobre o serviço ordinário do tribunal, não se suspendendo nem pelo falecimento do devedor, nem pelo de qualquer dos credores (artigo 10.°).

Não sendo liminarmente indeferida a petição, o juiz mandaria citar o devedor – podendo este não ser citado, no início da acção de falência, se fosse considerada inconveniente a sua imediata audição – e os restantes credores, quando o requerimento tivesse sido feito por um ou mais credores; todos os credores indicados, se o requerimento tivesse sido apresentado pelo devedor; o devedor e todos os credores indicados, caso o requerimento procedesse do

Ministério Público. A citação do devedor e dos cinco maiores credores conhecidos era pessoal, sendo os demais credores "chamados por edital, com as formalidades determinadas pela incerteza das pessoas, com prazo de dilação de 10 dias e com anúncios no *Diário da República* e num jornal diário de grande circulação nacional"; os citados podiam, no prazo de 10 dias, deduzir oposição ou justificar os seus créditos e propor qualquer providência diferente da requerida, devendo em todos os casos oferecer logo os meios de prova de que dispusessem. Caso as citações não fossem realizadas no prazo de 60 dias, por facto imputável ao requerente, seria declarada extinta a instância (artigo 20º). A pretensão formulada era também notificada à comissão de trabalhadores ou, quando esta não existisse, tornada pública mediante a afixação de editais na sede ou no estabelecimento principal da empresa (artigo 21.°). Uma vez proferido o despacho de citação, o processo continuava com vista ao Ministério Público, a fim de que este, havendo créditos do Estado, de institutos públicos sem a natureza de empresas públicas ou de instituições da segurança social, desse imediato conhecimento da pendência da acção ao Instituto de Apoio às Pequenas e Médias Empresas e ao Investimento, bem como aos membros do Governo com jurisdição para participarem nas deliberações sobre as providências de recuperação (artigo 22.°).

Se, antes de declarada a falência requerida, fosse deduzida oposição ao prosseguimento do processo por credores que representassem, pelo menos, 51% do valor dos créditos (exigia-se 75% do valor dos créditos na primeira versão) conhecidos e estes alegassem a viabilidade económica da empresa, deveria o juiz, quando reconhecesse "a existência de qualquer dos factos mencionados no n.° 1 do artigo 8.°, depois de ouvido o apresentante ou requerente da falência, mandar a acção prosseguir como processo de recuperação"; também poderia o juiz mandar prosseguir a acção como processo de recuperação, se contra o pedido de declaração de falência fosse deduzida oposição do devedor e de credores que representassem, pelo menos, 30% do valor dos créditos conhecidos e nela se alegasse e justificasse a viabilidade económica da empresa e se, ponderados os elementos recolhidos, concluísse pela probabilidade séria da dita recuperação (artigos 23.°, n.° 2, e 25.°, n.° 3). Ordenado o prosseguimento da acção de falência, deveria "o juiz, no caso de apresentação do devedor à falência, sem oposição de qualquer dos credores, bem como no caso de requerimento da falência por parte de qualquer dos credores, também sem oposição, declarar no mesmo despacho a falência do devedor" – artigo 122.°.

De acordo com o artigo 3.° do já referido DL n.° 157/97, o processo de recuperação da empresa ou de falência podia ser suspenso pelo juiz após a junção ao processo pela empresa, por qualquer credor ou pelo Ministério Público, de documento emitido pelo Gabinete de Coordenação para a Recuperação de Empresas em que se certificasse estar em curso um procedimento conducente à celebração de um contrato de consolidação financeira e de reestruturação empresarial, tendo a suspensão a duração de 90 dias e "podendo ser prorrogada, por uma só vez, por prazo a fixar livremente pelo juiz, a requerimento da empresa, de qualquer credor ou do Ministério Público"; terminado o prazo da suspensão, o juiz declararia imediatamente a falência, excepto se a empresa, qualquer credor ou o Ministério Público requeressem a prossecução do processo, juntando documento emitido pelo Gabinete de Coordenação para a Recuperação de Empresas que certificasse que fora celebrado o contrato já referido.

Tendo havido oposição à apresentação ou ao requerimento de falência e não se verificando oposição do devedor e de credores que representassem, pelo menos, 30% do valor dos créditos conhecidos, com alegação e justificação da viabilidade económica da empresa, que levassem o juiz a concluir pela probabilidade séria da sua recuperação e, em consequência, a mandar prosseguir a acção como processo de recuperação, era logo marcada audiência de julgamento para um dos cinco dias subsequentes ao despacho de prosseguimento da acção – artigo 123.°, n.° 1.

Se o devedor fosse uma associação, comissão especial ou sociedade sem personalidade jurídica, só os seus sócios, associados ou membros civilmente responsáveis eram declarados em situação de falência; no caso de insolvência do estabelecimento individual de responsabilidade limitada, a declaração de falência só abrangia o estabelecimento, mas estender-se-ia também ao seu titular, se a separação de patrimónios não tivesse tido lugar; havendo exercício de actividade económica, quer sob a falsa aparência de sociedade sujeita à disciplina do Código das Sociedades Comerciais, quer depois de celebrado o contrato de sociedade mas antes de realizado o seu registo definitivo, só as pessoas directamente responsáveis perante terceiros poderiam ser declaradas falidas; esta declaração quanto a uma sociedade submetida ao Código das Sociedades Comerciais envolvia a de todos os sócios de responsabilidade ilimitada; também a falência de cooperativa determinava a de todos os cooperantes de responsabilidade ilimitada; se respeitasse a um agrupamento complementar de empresas, a declaração de falência implicava a de todos os seus membros que fossem solidariamente responsáveis por qualquer das dívidas objecto do processo de falência; "respeitando a declaração a um agrupamento europeu de interesse económico, ela não determinava necessariamente a de todos os seus membros, mas os credores podiam requerer a declaração de falência daqueles que se encontrassem insolventes" (artigos 125.° e 126.°).

O n.° 1 do artigo 127.° permitia ao requerente da declaração de falência que desistisse do pedido ou da instância até ser proferida sentença, salvo se se tivessem alegado factos indiciadores dos crimes de insolvência dolosa, de insolvência negligente ou de favorecimento de credores, previstos e punidos nos artigos 227.°, 228.° e 229.° do Código Penal, na redacção da Lei n.° 65/98, de 2 de Setembro. Também o próprio apresentante podia desistir, mas só até ser proferido o despacho de citação para a acção.

A sentença que declarasse a falência devia conter vários elementos, nomeadamente, fixação de residência ao falido, nomeação do liquidatário judicial da falência e da comissão de credores, se ainda não tivesse sido constituída ou houvesse necessidade de substituir os membros designados no processo de recuperação, decisão de apreensão, para imediata entrega ao liquidatário judicial, dos elementos da contabilidade do devedor e de todos os seus bens, ainda que arrestados, penhorados ou por qualquer outra forma apreendidos ou detidos, ordem de entrega ao Ministério Público dos elementos que indiciassem a prática de infracção penal, e designação de prazo, até 30 dias, para a reclamação de créditos. À sentença podiam ser opostos embargos pelo: *a)* devedor, desatendido na sua apresentação à falência, ou que, não se tendo apresentado, tivesse sido declarado em situação de falência; *b)* qualquer credor que como tal se legitimasse; *c)* Ministério Público, nos casos em que os interesses a seu cargo o justificassem; *d)* cônjuge, ascendentes ou descendentes e afins em 1.° grau da linha recta da pessoa declarada falida, no caso de a falência se ter fundado na fuga do devedor relacionada com a sua falta de liquidez; *e)* cônjuge, herdeiro, legatário ou representante do devedor, quando a falência houvesse sido declarada depois da morte do falido ou quando o falecimento tivesse ocorrido antes de findo o prazo para a oposição por embargos. Os embargos deveriam ser deduzidos nos cinco dias subsequentes à publicação da sentença declaratória da falência no *Diário da República,* suspendendo a sua dedução a liquidação do activo (sem prejuízo da venda imediata, mediante prévia concordância da comissão de credores, dos bens da massa falida que não pudessem ou devessem conservar-se por estarem sujeitos a deterioração ou depreciação, ou por haver manifesta vantagem na antecipação da venda), bem como os termos do processo subsequentes à sentença de verificação e graduação de créditos.

Declarada a falência e nomeado o liquidatário judicial, a este cabia, com a cooperação e fiscalização da comissão de credores, preparar o pagamento das dívidas do falido à custa do produto da alienação dos bens que integrassem o património dele; o liquidatário exercia pessoalmente as competências do seu cargo, não podendo substabelecê-las em ninguém, sem prejuízo dos casos de recurso obrigatório ao patrocínio judiciário, podendo, no entanto, ser coadjuvado sob a sua responsabilidade por técnicos ou outros auxiliares, incluindo o próprio falido, mediante prévia concordância da comissão de credores – artigo 134.°, n.°s 1 a 3. Ao liquidatário competia a administração dos bens integrantes da massa falida, durante o período da liquidação, sob a direcção do juiz e com a cooperação e fiscalização da comissão de credores (artigo 141.°). O n.° 4 do referido artigo 134.° estabelecia que ao liquidatário competia ainda: representar a massa em juízo, activa e passivamente; prestar todas as informações necessárias sobre a administração e a liquidação da massa à comissão de credores e ao tribunal; exercer, relativamente aos trabalhadores do falido, todas as competências decorrentes do regime jurídico da cessação do contrato individual de trabalho, pelas formas de cessação aí previstas.

O liquidatário judicial cessava funções depois de transitada em julgado a decisão que aprovasse as contas da liquidação da massa falida – artigo 138.°.

A declaração de falência privava imediatamente o falido, por si, ou, no caso de sociedade ou pessoa colectiva, pelos respectivos órgãos, da administração e do poder de disposição dos seus bens presentes ou futuros, que passavam a integrar a massa falida, sujeita à administração e poder de disposição do liquidatário judicial, assumindo este a representação do falido para todos os efeitos de carácter patrimonial que interessassem à falência. A declaração implicava também a inibição do falido "para o exercício do comércio, incluindo a possibilidade de ocupação de qualquer cargo de titular de órgão de sociedade comercial ou civil, associação ou fundação privada de actividade económica, empresa pública ou cooperativa"; no caso de declaração de falência de sociedade ou de pessoa colectiva, a inibição seria aplicada pelo juiz, ouvido o liquidatário judicial, aos gerentes, administradores ou directores; a pessoa que fosse objecto de inibição podia ser autorizada pelo juiz, a seu pedido ou sob proposta do liquidatário, a exercer as actividades acima enunciadas, desde que a autorização se justificasse pela necessidade de angariar os meios indispensáveis de subsistência e não prejudicasse a liquidação da massa. Se o falido ou os administradores de sociedades ou pessoas colectivas, tendo sido estas declaradas falidas, carecessem absolutamente de meios de subsistência e os não pudessem angariar pelo seu trabalho, podia "o liquidatário, com o acordo da comissão de credores, arbitrar-lhes um subsídio, a título de alimentos e à custa dos rendimentos da massa falida", podendo esta atribuição cessar, por decisão do tribunal, em qualquer estado do processo, havendo justo motivo, por sugestão do liquidatário ou requerimento de qualquer credor (artigos 147.° a 150.°).

A declaração de falência tornava imediatamente exigíveis todas as obrigações do falido, ainda que não vencidas, e determinava o encerramento de todas as contas correntes, cessando com ela a contagem de juros ou de outros encargos sobre as obrigações do falido e era rigorosamente apurado o respectivo montante em moeda nacional, correspondente à liquidação das obrigações expressas em moeda estrangeira ou sujeitas a qualquer factor de actualização; a declaração determinava também a extinção dos privilégios creditórios do Estado, das autarquias locais e das instituições de segurança social, passando os respectivos créditos a ser exigíveis apenas como créditos comuns. A declaração de falência implicava que fossem apensadas ao processo de falência todas as acções – à excepção das que respeitassem ao estado e capacidade das pessoas – em que se apreciassem questões relativas a bens compreendidos na massa, intentadas contra o falido, ou mesmo contra terceiros, mas cujo resultado pudesse influenciar o valor da massa, desde que a apensação fosse requerida pelo liquidatário judicial, com fundamento na conveniência para a liquidação, e obstava à instauração ou prosseguimento de quaisquer execuções contra o falido, podendo, no entanto, elas prosseguir contra outro executados, se os houvesse.

Todos os negócios jurídicos realizados pelo falido, posteriormente à sentença que declarasse a falência, eram inoponíveis à massa falida, salvo se o liquidatário judicial os confirmasse, por entender haver nisso interesse para a massa.

O processo de falência cessaria se entre a maioria absoluta dos credores reconhecidos, que representasse, pelo menos, dois terços do valor dos créditos comuns verificados, e o falido se concluísse um acordo extraordinário, constante de documento autêntico ou autenticado, que fosse homologado pelo tribunal (v. artigos 231.° a 237.°).

Os efeitos decorrentes da declaração de falência, relativos ao falido, poderiam ser levantados pelo juiz, a pedido do interessado, nos seguintes casos: havendo acordo extraordinário entre os credores reconhecidos e o falido, homologado; depois do pagamento integral ou da remissão de todos os créditos reconhecidos; pelo decurso de cinco anos sobre o trânsito em julgado da decisão que tivesse apreciado as contas finais do liquidatário; quando não tivesse havido instauração de procedimento criminal e o juiz reconhecesse que o devedor ou, tratando-se de sociedade ou pessoa colectiva, o respectivo administrador, agira com lisura e diligência normal. Esta decisão de levantamento dos efeitos da falência em relação ao falido era proferida no processo de falência e averbada à inscrição do registo da falência, a pedido do interessado, em sua consequência decretando o juiz a reabilitação do falido, desde que se mostrassem extintos os efeitos penais; a decisão de reabilitação era igualmente averbada no registo à inscrição de falência, a pedido do interessado" (artigos 238.° e 239.°).

O Decreto-Lei n.° 70/97, de 3 de Abril, cujas normas prevalecem "sobre qualquer outra disposição legal, ainda que de natureza especial" (artigo 3.°), veio determinar que "o negócio jurídico através do qual as partes, na qualidade de intervenientes em contratos sobre instrumentos financeiros, de que decorram direitos e obrigações similares, acordam em que todos as obrigações entre elas contraídas no âmbito desse negócio se considerarão compensadas, na parte relevante, se uma das partes vier a ser declarada em estado de falência, é oponível à massa falida e aos credores da mesma(não encontrando qualquer alteração deste diploma e admitindo que continua em vigor inalterado, deve ler-se insolvência em vez de "falência" e massa insolvente no lugar de "massa falida"); o artigo 2.° deste diploma esclarece que, para os seus efeitos, "são considerados instrumentos financeiros os valores mobiliários, os contratos a prazo relativos a divisas, a taxas de câmbios, os *swaps*, as opções e outros contratos de natureza análoga".

A Lei n.° 37/96, de 31 de Agosto, criara os tribunais de recuperação da empresa e de falência, tribunais de 1.ª instância de competência especializada, que funcionavam como tribunais singulares com competência para os processos de falência e de recuperação da empresa, seus incidentes, apensos e respectivas execuções. Actualmente e nos termos do artigo 89.°, n.° 1-*a)*, da Lei de Organização e Funcionamento dos Tribunais Judiciais (Lei n.° 3/99, de 13 de Janeiro, rectificada pela Declaração de rectificação n.° 7/99, de 16 de Fevereiro, e alterada pela Lei n.° 101/99, de 26 de Julho, pelos Decretos-Leis n.°s 323/2001, de 17 de Dezembro, e 38/2003, de 8 de Março, pela Lei n.° 105/2003, de 10 de Dezembro, pelo Decreto-Lei n.° 53/2004, de 18 Março, pela Lei n.° 42/2005, de 29 de Agosto, e pelo Decreto-Lei n.° 76-A/2006 de 29 de Março – este rectificado pela Declaração de rectificação n.° 28-A/2006, de 26 de Maio), é aos tribunais de comércio que compete preparar e julgar "os processos de insolvência".

De acordo com o longo e prolixo Preâmbulo do Decreto-Lei n.° 53/2004, de 18 de Março – entretanto alterado pelos Decretos-Leis n.°s 200/2004, de 18 de Agosto, e 76-A/2006–, que revogou o mencionado Código dos Processos Especiais de Recuperação da Empresa e de Falência e aprovou o Código da Insolvência e da Recuperação de Empresas, foram várias as circunstâncias que "tornaram premente a necessidade de uma ampla reforma", designadamente a reclamação de maior celeridade e eficácia dos processos, provinda das "estruturas representativas dos trabalhadores e [d]os agentes económicos", explicada, entre outras, pelo "carácter muitas vezes tardio do impulso do processo, [pel]a demora da tramitação em muitos casos, [...] [pela] duplicação de chamamentos dos credores ao processo, que deriva da existência de uma fase de oposição preliminar, comum ao processo de recuperação e ao de falência, a par de uma nova fase de reclamação de créditos uma vez proferido o despacho de prosseguimento da acção, [...] [pelas] múltiplas possibilidades de convolação de uma forma de processo na outra, [...] [pelo] carácter típico e taxativo das providências de recuperação". Como no mesmo texto se assume claramente, a reforma consubstanciada neste novo normativo "não se limita, porém, à colmatação pontual das deficiências da legislação em vigor, antes assenta no que se julga ser uma mais correcta perspectivação e delineação das finalidades e da estrutura do processo, a que preside uma filosofia autónoma e distinta [...]". Contudo, como o actual Código manteve, "ainda que nem sempre com a mesma formulação ou inserção sistemática, vários dos seus [do Código anterior] e [...] [aproveitou] inúmeros dos seus regimes, deixou-se, no essencial, exposto tal regime, a fim de que o intérprete possa tê-lo em conta na interpretação do actual. Não se transcreve, embora com pesar, tanto quanto apeteceria deste preâmbulo, por razões de equilíbrio, a que o legislador é indiferente, mas a que os juristas não podem sê-lo; ficam, pois, apenas algumas das passagens caracterizadoras dos aspectos inovadores, numa escolha que resulta, aliás, magnânima para o legislador material. A ideia central do novo diploma é a de permitir aos credores decidirem "se o pagamento se obterá por meio da liquidação integral do património do devedor, nos termos do regime disposto no Código ou nos que constem de um plano de insolvência que venham a aprovar, ou através da manutenção em actividade e reestruturação da empresa, na titularidade do devedor ou de terceiros, nos moldes também constantes de um plano". Porém, acrescenta, não pode pensar-se que "no novo Código é dada primazia à liquidação do património do insolvente", pois "a primazia que efectivamente existe, não é demais reiterá-lo, é a da vontade dos credores, enquanto titulares do principal interesse que o direito concursal visa acautelar: o pagamento dos respectivos créditos, em condições de igualdade quanto ao prejuízo decorrente de o património do devedor não ser, à partida e na generalidade dos casos, suficiente para satisfazer os seus direitos de forma integral". É banida a designação de falência, dizendo-se que "a insolvência não se confunde com a «falência», tal como actualmente entendida, dado que a impossibilidade de cumprir obrigações vencidas, em que a primeira noção fundamentalmente consiste, não implica a inviabilidade económica da empresa ou a irrecuperabilidade financeira postuladas pela segunda". "Elimina-se igualmente, a distinção entre a figura do gestor judicial (designado no âmbito do processo de recuperação) e a do liquidatário judicial (incumbido de proceder à liquidação do património do falido, uma vez decretada a sua falência), passando a existir a figura única do administrador da insolvência". "Cessa ainda o carácter taxativo das medidas de recuperação da empresa tal como constantes do CPEREF. O plano de insolvência é livremente fixado pelos credores, limitando-se o juiz, quando actue oficiosamente, a um controlo de legalidade, com vista à respectiva homologação". Não sendo possível – sempre de acordo com o preâmbulo – "desjudicializar" completamente o processo, reduz-se a "intervenção do juiz ao que estritamente releva do exercício da função jurisdicional, permitindo a atribuição da competência para tudo o que com ela não colida aos demais sujeitos processuais. É assim que, por um lado, ao juiz cabe apenas declarar ou não a insolvência, sem que para tal tenha de se pronunciar quanto à recuperabilidade financeira da empresa (como antes sucedia para efeitos do despacho de prosseguimento da acção). A desnecessidade de proceder a tal apreciação permite obter ganhos do ponto de vista da celeridade do processo, justificando a previsão de que a declaração de insolvência deva ter lugar, no caso de apresentação à insolvência ou de não oposição do devedor a pedido formulado por terceiro, no próprio dia da distribuição ou nos três dias úteis subsequentes, ou no dia seguinte ao termo do prazo para a oposição, respectivamente. Ainda na vertente da desjudicialização, há também de mencionar o desaparecimento da possibilidade de impugnar junto do juiz tanto as deliberações da comissão de credores (que podem, não obstante, ser revogadas pela assembleia de credores), como os actos do administrador da insolvência (sem prejuízo dos poderes de fiscalização e de destituição por justa causa). "A desjudicialização [...] não envolve diminuição dos poderes que ao juiz devem caber no âmbito da sua competência própria": afirma-se expressamente, no artigo 11.° do diploma, a vigência no processo de insolvência do princípio do inquisitório "que permite ao juiz fundar a decisão em factos que não tenham sido alegados pelas partes. [...]. Uma das causas de insucesso de muitos processos de recuperação ou de falência residiu no seu tardio início, seja porque o devedor não era suficientemente penalizado pela não atempada apresentação, seja porque os credores são negligentes no requerimento de providências de recuperação ou de declaração de falência, por falta dos convenientes estímulos. [...] Com o intuito de promover o cumprimento do dever de apresentação à insolvência, que obriga o devedor pessoa colectiva ou pessoa singular titular de empresa a requerer a declaração da sua insolvência dentro dos 60 dias seguintes à data em que teve, ou devesse ter, conhecimento da situação de insolvência, estabelece-se uma presunção de culpa grave dos administradores, de direito ou de facto, responsáveis pelo incumprimento daquele dever, para efeitos da qualificação desta como culposa. O favorecimento do desencadeamento do processo por parte dos credores traduz-se, entre outros aspectos, como a extensão e aperfeiçoamento do elenco dos factos que podem servir de fundamento ao pedido da declaração de insolvência [...], na concessão de privilégio mobiliário geral, graduado em último lugar, aos créditos de que seja titular o credor requerente da declaração [...], até ao limite de 500 UC. Por outro lado, o novo regime [...] quanto à extinção parcial das hipotecas legais e privilégios creditórios que sejam acessórios de créditos detidos pelo Estado, pelas instituições de segurança social e pelas autarquias locais visa constituir um estímulo para que essas entidades não deixem decorrer demasiado tempo desde o incumprimento por parte do devedor. No plano da tramitação de processo já instaurado, a celeridade é potenciada por inúmeros factores, de que se destaca: a extensão do carácter urgente também aos apensos do processo [...]; a supressão da duplicação de chamamento de credores ao processo, existindo agora uma única fase de citação de credores com vista à reclamação dos respectivos créditos, a ocorrer apenas após a sentença de declaração de insolvência; a atribuição de carácter urgente aos registos de sentenças e despachos proferidos no processo [...], bem como aos de quaisquer actos praticados no âmbito da administração e liquidação da massa insolvente ou previstos em plano de insolvência ou de pagamentos; a proclamação expressa da regra da insusceptibilidade de suspensão do processo de insolvência; o regime expedito de notificações de certos actos praticados no processo de insolvência, seus incidentes e apensos. A necessidade de rápida estabilização das decisões judiciais, que no processo de insolvência se faz sentir com particular intensidade, motivou a limitação do direito de recurso a um grau apenas, salvo nos casos de oposição de acórdãos em matéria relativamente à qual não exista ainda uniformização de jurisprudência. [...] O presente diploma procede a uma clarificação conceptual e terminológica, juntamente com um aperfeiçoamento do respectivo regime, nas matérias respeitantes aos pressupostos, objectivos e subjectivos, do processo de insolvência, bem como nas relativas à definição da massa insolvente e respectivas dívidas, e das classes de credores. Simplificando a pluralidade de pressupostos objectivos presente no CEEREF, o actual diploma assenta num único pressuposto objectivo: a insolvência".

Obedecendo à lei – como os juristas devem, em princípio, fazer, mesmo, como no caso presente (que está longe de ser inédito), quando tudo aponta para que se não o faça com grande rigor –, deixa-se para outra rubrica a exposição do regime contido neste Código, que, gabando-se de precisão conceptual e terminológica, aboliu o conceito de falência; v., sobre tal regime, *Insolvência.*

V. *Recuperação da empresa; Devedor; Situação económica difícil; Empresa; Coligação; Concordata particular; Homologação; Credor; Apresentação à falência; Cumprimento; Obrigação; Incumprimento; Credor; Credor privilegiado; Ministério Público; Representação legal; Recurso; Embargos; Prazo judicial; Férias judi-*

ciais; Valor da causa; Requerimento; Petição inicial; Extinção da instância; Competência; Audiência; Domicílio; Tribunal de comarca; Documento; Prova; Indeferimento liminar; Associação; Comissões especiais; Sociedade; Personalidade jurídica; Desistência; Falência culposa; Favorecimento de credores; Citação; Citação edital; Dilação; Anúncio público; Despacho de citação; Solidariedade; Liquidatário judicial; Comissão de credores; Arresto; Penhora; Ascendente; Descendente; Afim; Linha; Grau de parentesco; Herdeiro; Legatário; Representante; Verificação de créditos; Graduação de credores; Custas; Substabelecimento; Patrocínio judiciário; Auxiliar; Acto de administração; Trânsito em julgado; Pessoa singular; Pessoa colectiva, Inibição do falido; Massa falida; Alimentos; Obrigação a prazo; Vencimento; Privilégio creditório; Credor comum; Apensação de acções; Execução; Negócio jurídico; Remissão; Diligência; Registo; Averbamento; Documento autêntico; Documento autenticado; Reabilitação do falido; Tribunal de comércio.

Falência casual (Dir. Civil; Proc. Civil) – A falência dizia-se casual quando o devedor actuara com diligência e honestidade normais, tendo o estado de falência sido causado por motivos que lhe haviam sido alheios.

Dado que o conceito de falência foi suprimido da nossa ordem jurídica pela revogação do Código dos Processos Especiais de Recuperação da Empresa e de Falência, operada pelo Código da Insolvência e da Recuperação de Empresas, aprovado pelo Decreto-Lei n.° 53/2004, de 18 de Março, alterado pelos Decretos-Leis n.°s 200/2004, de 18 de Agosto, e 76-A/2006, de 29 de Março (rectificado pela Declaração de rectificação n.° 28-A/2006, de 26 de Maio), o conceito deixou de ter sentido.

V. *Falência; Devedor; Diligência; Insolvência; Recuperação de empresas.*

Falência culposa (Dir. Civil; Dir. Com.; Dir. Penal) – A falência culposa ou "não intencional" constituía um crime previsto no artigo 326.° do Código Penal, na redacção do artigo 3.° do Decreto-Lei n.° 132/93, de 23 de Abril.

Actualmente, está previsto no artigo 228.° do Código Penal, que tem a redacção do Decreto-Lei n.° 53/2004, de 18 de Março (diploma que revogou o Código dos Processos Especiais de Recuperação da Empresa e de Falência, aprovando o Código da Insolvência e da Recuperação de Empresas), o crime de "insolvência negligente" que substituiu, no essencial, aquele. A alteração de designação já resultara, no entanto, da Lei n.° 65/98, de 2 de Setembro.

Nos termos do referido artigo do Código Penal, "o devedor que: *a)* por grave incúria ou imprudência, prodigalidade ou despesas manifestamente exageradas, especulações ruinosas, ou grave negligência no exercício da sua actividade, criar um estado de insolvência; ou *b)* tendo conhecimento das dificuldades económicas e financeiras da sua empresa, não requerer em tempo nenhuma providência de recuperação; é punido, se ocorrer a situação de insolvência e esta vier a ser reconhecida judicialmente, com pena de prisão até um ano ou com pena de multa até 120 dias".

V. *Falência; Culpa; Insolvência; Devedor; Prodigalidade; Negligência; Recuperação da empresa.*

Falência derivada (Dir. Civil; Dir. Com.; Proc. Civil) – O artigo 126.° do Código dos Processos Especiais de Recuperação da Empresa e de Falência, aprovado pelo Decreto-Lei n.° 132/93, de 23 de Abril, alterado pelos Decretos-Leis n.°s 157/97, de 24 de Junho, 315/98, de 20 de Outubro, 323/2001, de 17 de Dezembro, e 38/2003, de 8 de Março (este rectificado pela Declaração de rectificação n.° 5-C/2003, de 30 de Abril), falava de falências derivadas para significar as situações em que a falência de uma pessoa colectiva ou agrupamento se estendia aos respectivos sócios, cooperantes ou membros.

Aí se dispunha que a declaração de falência de uma sociedade sujeita à disciplina do Código das Sociedades Comerciais envolvia a de todos os sócios de responsabilidade ilimitada; também a falência de cooperativa determinava a de todos seus cooperantes de responsabilidade ilimitada; se respeitasse a um agrupamento complementar de empresas, a declaração de falência determinava a de todos os seus membros que fossem solidariamente responsáveis por qualquer das dívidas objecto do processo de falência;

respeitando a declaração de falência a um agrupamento europeu de interesse económico, ela não determinava necessariamente a de todos os seus membros, mas os credores podiam requerer a declaração de falência daqueles que se encontrassem insolventes; nos casos de falências derivadas, era só uma a administração da massa social, mas os bens sociais eram inventariados, mantidos e liquidados em separado dos pertencentes a cada um dos sócios, cooperantes ou membros abrangidos na declaração judicial; os credores sociais eram ouvidos sobre os actos respeitantes ao património social; sobre os actos relativos aos bens pessoais eram ouvidos não só os credores pessoais como os credores sociais (artigo 142.°).

Todos estes regimes foram revogados pela revogação do Código dos Processos Especiais de Recuperação da Empresa e de Falência, operada pelo Código da Insolvência e da Recuperação de Empresas, aprovado pelo Decreto-Lei n.° 53/2004, de 18 de Março, alterado pelos Decretos-Leis n.°s 200/2004, de 18 de Agosto, e 76-A//2006, de 29 de Março (rectificado pela Declaração de rectificação n.° 28-A/2006, de 26 de Maio).

V. *Falência; Pessoa colectiva; Sociedade; Solidariedade; Inventário; Insolvência; Requerimento; Recuperação de empresas.*

Falência dolosa (Dir. Civil; Dir. Penal; Proc. Civil) – A lei não fala actualmente em falência, mas em insolvência dolosa.

V. *Falência; Insolvência; Dolo.*

Falência fraudulenta (Dir. Civil; Dir. Penal) – A expressão não é agora utilizada pela lei, que apenas se ocupa da insolvência dolosa.

V. *Falência; Insolvência; Dolo.*

Falência não intencional (Dir. Civil; Dir. Penal; Proc. Civil) – V. *Falência.*

Falido (Dir. Civil; Dir. Com.; Proc. Civil) – Pessoa singular ou empresa que se encontrasse em estado de insolvência, isto é, impossibilitada de cumprir as suas obrigações por o seu passivo ser superior ao respectivo activo, não obtendo, se fosse pessoa singular, uma concordata particular, e, se fosse empresa, a adopção de uma ou mais providências de recuperação da empresa.

A declaração judicial de falência tinha para o falido vastas consequências jurídicas, nomeadamente, a inibição para administrar e dispor dos bens que tivesse e viesse a adquirir, passando a ser representado pelo liquidatário judicial para todos os efeitos de carácter patrimonial que interessassem à falência; inoponibilidade de todos os seus negócios jurídicos relativamente aos bens que integravam a massa falida, sem prejuízo da possibilidade de confirmação pelo liquidatário judicial; proibição do exercício do comércio, bem como da ocupação de qualquer cargo de titular de órgão de sociedade comercial ou civil, associação privada de actividade económica, empresa pública ou cooperativa, salvo, tratando-se de pessoa singular, se, a seu pedido ou sob proposta do liquidatário, fosse autorizado pelo juiz a exercer tais actividades, por tal se justificar pela necessidade de angariar os meios indispensáveis de subsistência e não prejudicar a boa liquidação da massa; obrigatoriedade de não se ausentar do seu domicílio, que era fixado na sentença, enquanto durasse a acção; obrigatoriedade de apresentação pessoal no tribunal, sempre que o juiz ou o liquidatário o determinassem, salvo quando ocorresse legítimo impedimento ou expressa permissão de se fazer representar por mandatário.

Este o regime que resultava dos artigos 128.°, n.° 1-*a)*, 147.° a 149.°, 155.° e 240.° do Código dos Processos Especiais de Recuperação da Empresa e de Falência, entretanto revogado pelo Código da Insolvência e da Recuperação de Empresas, aprovado pelo Decreto-Lei n.° 53/2004, de 18 de Março, alterado pelos Decretos-Leis n.°s 200/2004, de 18 de Agosto, e 76-A/2006, de 29 de Março (rectificado pela Declaração de rectificação n.° 28-A/2006, de 26 de Maio).

V. *Falência; Pessoa singular; Concordata particular; Empresa; Insolvência; Recuperação da empresa; Inibição do falido; Representação; Liquidatário judicial; Negócio jurídico; Massa falida; Órgãos das pessoas colectivas; Sociedade; Associação; Domicílio; Mandatário; Recuperação de empresas.*

Falsidade (Dir. Civil; Proc. Civil) – Um documento autêntico é falso quando o facto, que nele se diz ter sido presenciado pela autoridade ou oficial público, na realidade nunca ocorreu, ou quando atesta que foi praticado pela entidade responsável um facto que, na verdade, o não foi. Só pela demonstração da falsidade do documento autêntico se pode ilidir a sua força probatória plena, podendo a arguição de falsidade ser feita no processo em que o documento seja apresentado ou pela propositura de uma acção própria, destinada a apreciar e a declarar a falsidade. Ainda, "se a falsidade for evidente em face dos sinais exteriores do documento, pode o tribunal, oficiosamente, declará-lo falso".

V. artigo 372.°, C.C.

A arguição de falsidade de documentos particulares e autenticados faz-se nos termos processuais já expostos e só essa arguição e respectiva prova podem ilidir a força probatória de tais documentos.

V. artigos 373.° e segs., C.C..

V. artigos 544.° e segs., C.P.C., na redacção do Decreto-Lei n.° 180/96, de 25 de Setembro.

Os actos judiciais podem ser arguidos de falsidade em incidente no próprio processo, tendo o DL n.° 180/96 revogado os artigos 369.° e 370.°, C.P.C.; "a invocação da falsidade deixou de dar lugar a um incidente específico, tendo-se a figura diluído entre os fundamentos do incidente probatório dos artigos 546 a 551-A, que recebeu o anterior incidente de falsidade, adaptando-as ao novo figurino, muitas das normas dos artigos revogados" (Lebre de Freitas, *Código de Processo Civil anotado*, Volume 1.°, Coimbra, 1999, pág. 631).

O artigo 153.°, n° 1, do Código do Registo Predial – aprovado pelo Decreto-Lei n.° 224/84, de 6 de Julho (rectificado por Declaração publicada no *Diário da República*, I série, de 29 de Setembro de 1984), alterado pelos Decretos-Leis n.°s 355/85, de 2 de Outubro, 60/90, de 14 de Fevereiro (este último rectificado por Declaração publicada no *Diário da República*, I-A série, de 31 de Março de 1990), 80/92, de 7 de Maio, 30/93, de 12 de Fevereiro, 227/94, de 8 de Setembro, 267/94, de 25 de Outubro, 67/96, de 31 de Maio, 375-A/99, de 20 de Setembro, 533/99, de 11 de Dezembro, 273/2001, de 13 de Outubro, 323/2001, de 17 de Dezembro, 38/2003, de 8 de Março (rectificado pela Declaração de rectificação n.° 5-C/2003, de 30 de Abril), e 194/2003, de 23 de Agosto, e pela Lei n.° 6/2006, de 27 de Fevereiro – estabelece que "quem fizer registar um acto falso [...], para além da responsabilidade criminal em que possa incorrer, responde pelos danos a que der causa".

V. *Documento autêntico; Documento particular; Documento autenticado; Força probatória; Incidente de falsidade; Actos processuais; Conhecimento oficioso; Acção de falsidade; Registo predial; Responsabilidade civil.*

Falsidade de documento (Dir. Civil; Proc. Civil) – V. *Documento; Falsidade; Incidente de falsidade.*

"Falsus procurator" (Dir. Civil) – É o sujeito que se apresenta e actua como procurador de outrem, não dispondo de poderes de representação.

"O negócio que uma pessoa, sem poderes de representação, celebre em nome de outrem é ineficaz em relação a este, se não for por ele ratificado". Desconhecendo a outra parte a falta de poderes representativos do suposto procurador, tem a faculdade de revogar ou rejeitar o negócio enquanto não houver ratificação.

V. artigo 268.°, C.C..

V. *Procurador; Poderes representativos; Ineficácia; Revogação; Representação; Negócio jurídico; Ratificação.*

Falta (Proc. Civil) – Em processo ordinário, a falta de qualquer pessoa (parte ou testemunha) que tenha sido convocada para a audiência de discussão e julgamento deixou de ser causa de adiamento desta; na versão anterior da lei, era-o, desde que dela não se prescindisse e o tribunal entendesse que havia grave inconveniente em que a audiência continuasse sem a presença dessa pessoa, podendo o tribunal, no entanto, prosseguir a audiência, interrompendo-a antes das alegações orais dos advogados e designando logo dia para ser ouvida a pessoa que faltara, e não podendo a interrupção prolongar-se para além de trinta dias; a falta de qualquer dos advogados "por motivo ponderoso e inesperado" constituía também causa de adiamento da audiência, se bem que esta não pudesse ser adiada mais do que uma vez por falta de advogado ou de pessoas que tivessem sido convocadas.

O regime actual é o seguinte: a audiência será adiada "se o juiz não tiver providenciado pela marcação mediante acordo prévio com os mandatários judiciais [...] e faltar algum dos advogados" ou "se faltar algum dos advogados que tenha comunicado a impossibilidade da sua comparência [...]"; "a falta de alguma ou de ambas as partes que tenham sido convocadas para a tentativa de conciliação não é motivo de adiamento, mesmo que não se tenham feito representar por advogado com poderes especiais para transigir".

"A falta de advogado a um acto judicial não carece de ser justificada nem pode dar lugar à sua condenação em custas" – artigo 1.° do Decreto-Lei n.° 330/91, de 5 de Setembro; o mesmo regime foi estendido aos solicitadores pelo Decreto-Lei n.° 47/92, de 4 de Abril.

A falta de qualquer pessoa (excepto de advogado) que devesse comparecer à audiência tem de ser justificada na própria audiência ou nos cinco dias imediatos, a menos que se trate de pessoa cuja audição seja prescindida pela parte que a indicou.

V. artigo 651.°, C.P.C., com a redacção dos Decretos-Leis n.°s 183/2000, de 10 de Agosto, rectificado pela Declaração de rectificação n.° 7-S/2000, de 31 de Agosto, e 38/2003, de 8 de Março, rectificado pela Declaração de rectificação n.° 5-C/2003, de 30 de Abril.

Quando o faltoso justifique a falta por doença, pode o juiz "fazer verificar por médico da sua confiança a veracidade da alegação e, em caso afirmativo, a possibilidade de [...] [o sujeito] depor" – artigos 557.° (na redacção do mencionado DL n.° 183/2000) e 627.°, C.P.C..

Não justificando a testemunha a falta no prazo legal, o juiz pode ordenar que ela venha depor sob custódia e fica sujeita a multa, fixada desde logo na respectiva acta (artigo 629.°, n.° 4, C.P.C.). As consequências do não comparecimento da testemunha estão previstas no artigo 629.°, na redacção dos referidos DL n.°s 183/ /2000 e 38/2003, sendo que, no caso de a parte não prescindir da testemunha, se observa o seguinte:

"*a)* Se ocorrer impossibilidade definitiva para depor, posterior à sua indicação, a parte tem a faculdade de a substituir;

b) Se a impossibilidade for meramente temporária ou a testemunha tiver mudado de residência depois de oferecida, bem como se não tiver sido notificada, devendo tê-lo sido, ou se deixar de comparecer por outro impedimento legítimo, a parte pode substituí-la ou requerer o adiamento da inquirição pelo prazo que se afigure indispensável, nunca excedente a 30 dias";

c) Se faltar sem motivo justificado e não for encontrada para vir depor nos termos do número seguinte, pode ser substituída".

O artigo 630.°, C.P.C., na redacção do referido DL n.° 38/2003, estabelece que, "salvo acordo das partes, não pode haver segundo adiamento da inquirição de testemunha faltosa".

Quando o processo é sumaríssimo, "a falta de qualquer das partes ou seus mandatários, ainda que justificada, não é motivo de adiamento" (artigo 796.°, n.° 2, C.P.C., na redacção dada pelo DL n.° 183/ /2000); no regime anterior, a falta de qualquer dos advogados, bem como a de qualquer das partes era justificativa do adiamento da audiência, incumbindo ao juiz decidir sobre o adiamento ou suspensão da audiência, se faltassem testemunhas que tivessem sido convocadas; este regime relativo ao processo sumaríssimo não podia ser considerado como pacificamente aceite pela nossa jurisprudência que, frequentemente, já entendia não ser a falta, em caso algum, fundamento de adiamento da audiência.

Nos processos de insolvência, previstos e regulados no Código da Insolvência e da Recuperação de Empresas, aprovado pelo Decreto-Lei n.° 53/2004, de 18 de Março, alterado pelos Decretos-Leis n.°s 200/2004, de 18 de Agosto, e 76-A/2006, de 29 de Março (este rectificado pela Declaração de rectificação n.° 28-A/2006, de 26 de Maio), diz o respectivo artigo 35.° que, nos casos em que, tendo havido requerimento de declaração da insolvência e tendo havido oposição do devedor, este tem de comparecer pessoalmente na audiência ou fazer-se representar por quem tenha poderes para transigir; se não se verificar a comparência do devedor ou de seu representante, "têm-se por confessados os factos alegados na petição inicial, se a audiência do devedor não tiver sido dispensada nos termos do artigo 12.° [por acarretar demora excessiva]"; se for o requerente a faltar, sem representação adequada, a lei determina que tal "vale como desistência do pedido"; em qualquer das hipóteses, "o juiz dita logo para a acta, consoante o caso, a sentença de declaração da insolvência, se os factos alegados na petição inicial forem subsumíveis ao n.° 1 do artigo 20.°, ou sentença homologatória da desistência do pedido".

No regime do Decreto-Lei n.° 269/98, de 1 de Setembro (rectificado pela Declaração de rectificação n.° 16-A/98, de 30 de Setembro), alterado pelos Decretos-Leis n.°s 383/99, de 23 de Setembro, 183/2000, de 10 de Agosto, 323/2001, de 17 de Dezembro, 32/2003, de 17 de Fevereiro, 38//2003, de 8 de Março (rectificado pela Declaração de rectificação n.° 5-C/2003, de 30 de Abril), 324/2003, de 27 de Dezembro, e 107/2005, de 1 de Julho (rectificado pela Declaração de rectificação n.° 63/2005, de 19 de Agosto), e pela Lei n.° 14/2006, de 26 de Abril, – que se ocupa "dos procedimentos destinados a exigir o cumprimento de obrigações pecuniárias emergentes de contratos de valor não superior à alçada da Relação [era a do tribunal de 1.ª instância, na versão anterior]" "ou das obrigações emergentes de transacções comerciais abrangidas pelo Decreto-Lei n.° 32/2003, de 17 de Fevereiro", "não é motivo de adiamento [da audiência] a falta, ainda que justificada, de qualquer das partes e, nas acções de valor não superior à alçada do tribunal de 1.ª instância, também a dos seus mandatários" (artigo 4.°, n.° 2).

Nos processos instaurados nos julgados de paz, nos termos do artigo 58.° da Lei n.° 78/2001, de 13 de Julho, se o demandante faltar à audiência, tendo sido devidamente notificado, e não apresentar justificação da falta no prazo de três dias, "considera-se tal falta desistência do pedido"; "quando o demandado, tendo sido regularmente citado, não comparecer, não apresentar contestação escrita nem justificar a falta no prazo de três dias, consideram-se confessados os factos articulados pelo autor"; "compete à secretaria marcar, sem possibilidade de adiamento, nova data para a audiência de julgamento, dentro dos cinco dias seguintes à apresentação de justificação"; "reiterada a falta, operam as cominações previstas nos números anteriores".

V. *Processo ordinário; Parte; Testemunha; Audiência; Continuidade da audiência; Adiamento de audiência; Alegações; Advogado; Mandatário judicial; Tentativa de conciliação; Poderes representativos; Transacção; Solicitador; Justificação de falta; Custas; Multa; Inquirição; Substituição de testemunhas; Residência; Notificação; Processo sumaríssimo; Suspensão da audiência; Insolvência; Recuperação de empresas; Declaração de insolvência; Confissão; Petição inicial; Desistência; Pedido; Sentença oral; Acta; Obrigação pecuniária; Alçada; Relação; Tribunal de 1.ª instância; Julgado de paz; Demandante; Demandado; Citação; Contestação; Secretaria judicial.*

Falta da distribuição (Proc. Civil) – O artigo 210.°, n.° 1, C.P.C., dispõe que "a falta ou irregularidade da distribuição não produz nulidade de nenhum acto do processo, mas pode ser reclamada por qualquer interessado ou suprida oficiosamente até à decisão final".

V. *Distribuição; Erro na distribuição; Nulidade processual; Actos processuais.*

Falta de citação (Proc. Civil) – Dispõe o artigo 195.°, n.° 1, C.P.C.:

"Há falta de citação:

a) Quando o acto tenha sido completamente omitido;

b) Quando tenha havido erro de identidade do citado;

c) Quando se tenha empregado indevidamente a citação edital;

d) Quando se mostre que foi efectuada depois do falecimento do citando ou da extinção deste, tratando-se de pessoa colectiva ou sociedade;

e) Quando se demonstre que o destinatário da citação pessoal não chegou a ter conhecimento do acto, por facto que não lhe seja imputável".

O n.° 2 desta disposição, na redacção do Decreto-Lei n.° 38/2003, de 8 de Março (rectificado pela Declaração de rectificação n.° 5-C/2003, de 30 de Abril), estabelece que, "quando a carta para citação haja sido enviada para o domicílio convencionado, a prova da falta de conhecimento do acto deve ser acompanhada da prova da mudança de domicílio em data posterior àquela em que o destinatário alegue terem-se extinto [*sic*] as relações emergentes do contrato; a nulidade da citação decretada ficará sem efeito se, no final, não se provar o facto extintivo invocado".

A falta de citação considera-se sanada se o réu ou o Ministério Público intervierem no processo sem arguir a falta de citação (artigo 196.°, C.P.C.), mas, caso não seja sanada, dela decorre a nulidade de todo o processo, exceptuada a petição (artigo 194.°, C.P.C.).

A falta de citação e a nulidade daí decorrente pode ser arguida em qualquer momento do processo, podendo o tribunal dela conhecer oficiosamente enquanto não estiver sanada (v. artigos 202.° – na redacção do Decreto-Lei n.° 180/96, de 25 de Setembro – e 204.°, C.P.C.).

Da falta de citação distingue a lei a hipótese de a citação haver sido feita com preterição de formalidades prescritas na lei, caso em que é nula. Tal nulidade só é, porém, relevante e atendível se a irregularidade cometida for susceptível de prejudicar a defesa do citado; "o prazo para arguição da nulidade é o que tiver sido indicado para a contestação; sendo a citação edital ou não tendo sido indicado prazo para a defesa, a nulidade pode ser arguida quando da primeira "intervenção do citado no processo" (artigo 198.°, C.P.C.).

A falta ou nulidade da citação podem fundamentar o recurso de revisão ("quando, tendo corrido a acção e a execução à revelia, por falta absoluta de intervenção do réu, se mostre que faltou a sua citação ou é nula a citação feita" – artigo 771.°-*e*), C.P.C., na sistematização que lhe foi dada pelo DL n.° 38/2003), e ainda a oposição à execução fundada em sentença ("falta ou nulidade da primeira citação para a acção, quando o réu não tenha intervindo no processo" – artigo 814.°-*d*), C.P.C., na redacção do mesmo diploma).

V. *Citação; Citação edital; Pessoa colectiva; Sociedade; Citação pessoal; Nulidade processual; Domicílio; Domicílio convencionado; Prova; Sanação; Facto extintivo; Ministério Público; Réu; Petição inicial; Conhecimento oficioso; Contestação; Revelia; Revisão; Execução; Oposição à execução.*

Falta de consciência da declaração (Dir. Civil) – Nos casos em que ao declarante falta em absoluto a vontade negocial, por não ter consciência de emitir uma declaração negocial, a lei determina que a sua declaração não produza qualquer efeito. A situação de falta de consciência da declaração caracteriza-se por não se ter querido qualquer declaração, não se tendo tido a noção de se poder estar, objectivamente, a emiti-la. Exemplo clássico desta hipótese é o da pessoa que, num leilão, levanta o braço, não para licitar mas para cumprimentar alguém que chega.

Inexistindo qualquer vontade, a declaração é, pois, nula, podendo mesmo entender-se que é inexistente.

No entanto, se a falta de consciência do declarante se dever a culpa sua, terá de indemnizar o declaratário dos prejuízos que lhe cause.

V. artigo 246.°, C.C..

V. *Declaração negocial; Declarante; Nulidade; Inexistência; Culpa; Indemnização; Declaratário; Responsabilidade pré-contratual.*

Falta de mandato (Dir. Civil; Proc. Civil) – Muito embora se possam pôr problemas por alguém realizar actos jurídicos por conta de outrem, sem ter mandato para tal, a situação em regra não será difícil de resolver juridicamente, estando-se, pelo menos na maioria dos casos, perante uma gestão de negócios.

Já no quadro do processo civil, a questão se coloca em termos diversos, dado que o Código de Processo Civil não distingue claramente entre mandato e procuração, pelo que a realidade a que a epígrafe do respectivo artigo 40.° – cuja redacção resulta do Decreto-Lei n.° 329-A/95, de 12 de Dezembro – se refere com a expressão "falta do mandato" é realmente, na maioria dos casos, a falta de procuração do advogado que representa a parte no processo. A disposição referida determina que "a falta de procuração [...] pode [...], em qualquer altura, ser arguida [...] pela parte contrária e suscitada [...] oficiosamente pelo tribunal", fixando o juiz o prazo dentro do qual a falta deve ser suprida e ratificado o processado; "findo este prazo sem que esteja regularizada a situação, fica sem efeito tudo o que tiver sido praticado pelo mandatário, devendo este ser condenado nas custas respectivas e, se tiver agido culposamente, na indemnização dos prejuízos a que tenha dado causa".

V. *Mandato; Acto jurídico; Gestão de negócios, Mandato judicial; Procuração forense; Conhecimento oficioso; Custas; Culpa; Indemnização.*

Falta de poderes (Dir. Civil; Proc. Civil) – Apesar de a expressão poder ser usada para designar outras situações, em especial todas aquelas em que alguém carece de legitimidade para a prática de certo acto, o mais frequente é falar de falta de poderes quando se trata de representação. Neste caso, alguém actua representativamente, isto é, em nome de outrem, sem para tal ter poderes representativos. O acto jurídico que o representante pratica em nome do representado sem poderes é ineficaz em relação a este até que seja por ele ratificado, nos termos do artigo 268.°, n.° 1, C.C..

No domínio da lei processual civil, a falta de poderes do mandatário judicial é tratada como se de falta de mandato se tratasse, dado que não se distingue claramente entre mandato e procuração. A questão é tratada no artigo 40.°, C.P.C., com a redacção do Decreto-Lei n.° 329-A/95, de 12 de Dezembro.

V. *Legitimidade; Representação; Representação sem poderes; Ineficácia; Ratificação; Mandato judicial; Falta de mandato; Procuração forense.*

Família (Dir. Civil) – Em sentido lato, é o conjunto de pessoas unidas pelos vínculos do casamento, parentesco, afinidade e adopção. V. artigo 1576.°, C.C..

O artigo 1582.°, C.C., determina que os efeitos do parentesco se produzam, em princípio, em qualquer grau na linha recta e até ao sexto grau na colateral.

Além destes vínculos, outros podem congregar os membros da comunidade familiar: a relação entre duas pessoas pelo facto de terem um parente comum (contraparentes) ou de uma delas, embora estranha, se integrar na vida familiar e doméstica (aderentes).

Em sentido restrito, é o grupo formado pelos progenitores e seus descendentes ou mesmo, mais restritamente ainda, pelos pais e seus filhos menores. É este o sentido em que, por exemplo, os artigos 1577.° e 1674.°, C.C., tomam o conceito.

Quanto ao sentido consagrado constitucionalmente, o artigo 36.°, n.° 1, da Constituição da República, dispondo que "todos têm o direito de constituir família e de contrair casamento em condições de plena igualdade", claramente distingue entre a constituição da família e a celebração de casamento, não admitindo "a redução do conceito de família à união conjugal baseada no casamento, isto é, à família «matrimonializada»" (cfr. J. J. Gomes Canotilho e Vital Moreira, *Constituição da República Portuguesa anotada,* 3.ª edição, pág. 220).

Outros preceitos legais alargam o conceito de família, nela fazendo reentrar mesmo os trabalhadores domésticos que vivam em economia conjunta: é o que acontece, por exemplo, nos artigos 1040.°, n.° 3 (v. também artigo 75.°, n.° 3, do Regime do Arrendamento Urbano – aprovado pelo do Decreto-Lei n.° 321-B/90, de 15 de Outubro, rectificado por declaração publicada no *Diário da República,* I-A série, de 30 de Novembro de 1990, e depois alterado não apenas pelo Decreto-Lei n.° 278//93, de 10 de Agosto, este, por seu lado, alterado, por ratificação, pela Lei n.° 13/94, de 11 de Maio, mas também pelo Decreto-Lei n.° 163/95, de 13 de Julho, pela Lei n.° 89/95, de 1 de Setembro, pelo Decreto-Lei n.° 257/95, de 30 de Setembro, pela Lei n.° 135/99, de 28 de Agosto, pelos Decretos-Leis n.°s 64-A/2000, de 22 de Abril, e 329-B/2000, de 22 de Dezembro, e pelas Leis n.°s 6/2001 e 7/2001, ambas de 11 de Maio), e 1487.°, C.C..

A propósito da extensão da noção legal de família, é curioso assinalar como a citada Lei n.° 7/2001 designa por casa de morada de família aquela em que os membros da união de facto coabitam, mas a Lei nº 6/2001, da mesma data, que se ocupa do regime daqueles que vivam em economia comum, já utiliza a expressão "casa de morada comum" para referir a residência dos que vivam em economia comum. Não surge clara a razão da cuidadosa diversidade de designações, já que a união de facto não supõe, nos termos expressos da lei, que as pessoas tenham sexo diferente. Se puder entender-se que a Lei n.° 6/2001 prevê situações de agregação económica com motivação diversa da familiar, então talvez possa dizer-se que destas Leis deriva um alargamento do conceito legal de família à união de pessoas que vivam, em coabitação, um projecto de vida comum, independentemente do sexo de cada uma delas.

O artigo 67.° da Constituição da República ocupa-se da família, caracterizando-a "como elemento fundamental da sociedade" e declarando que ela "tem direito à protecção da sociedade e do Estado e à efectivação de todas as condições que permitam a realização pessoal dos seus membros"; o n.° 2 desta disposição enuncia as tarefas que ao Estado incumbem para a protecção da família.

O objectivo de protecção da família emerge em muitos preceitos do nosso sistema jurídico, podendo citar-se, em sede constitucional, o n.° 1-*b)* do artigo 59.°, que dispõe que "todos os trabalhadores, sem distinção de idade, sexo, raça, cidadania, território de origem, religião, convicções políticas ou ideológicas, têm direito [...] a organização do trabalho em condições socialmente dignificantes, de forma a [...] permitir a conciliação da actividade profissional com a vida familiar".

A Lei n.° 3/84, de 24 de Março, dispõe que "incumbe ao Estado, para protecção da família, promover, pelos meios necessários, a divulgação dos métodos de planeamento familiar e organizar as estruturas jurídicas e técnicas que permitam o exercício de uma maternidade e paternidade conscientes".

V. Resolução do Conselho de Ministros n.° 30/92, de 18 de Agosto, que cria o Projecto de Apoio à Família e à Criança.

O Decreto-Lei n.° 3/2003, de 7 de Janeiro, criou o cargo de Coordenador Nacional para os Assuntos da Família, a quem compete "contribuir para o desenvolvimento e a valorização da família" (v. artigos 2.° a 5.°), o Conselho Consultivo para os Assuntos da Família, que "visa assegurar a participação e colaboração dos órgãos políticos e das organizações não governamentais representativas da família" (v. artigos 6.° a 9.°), e o Observatório para os Assuntos da Família, que "constitui uma sede de análise conjunta da problemática relativa aos assuntos da família que funciona na dependência do coordenador nacional" (v. artigos 10.° a 12.°). "Todos os serviços e organismos da Administração Pública devem prestar ao Coordenador Nacional, ao Conselho Consultivo e ao Observatório a colaboração por eles solicitada e devem dar sequência às medidas a desenvolver nas respectivas áreas de competência" (artigo 13.°).

A Lei n.° 9/97, de 12 de Maio, estabelece a constituição e os direitos e deveres das associações representativas das famílias. "Às associações de família, que gozam de representatividade genérica, é reconhecido o estatuto de parceiro social", cabendo à entidade governamental responsável pelas questões da igualdade e da família o reconhecimento da representatividade genérica [...], nos termos a regulamentar". O Decreto-Lei n.° 247/98, de 11 de Agosto, define as condições de atribuição de representatividade genérica e de apoio às associações de família que pretendam ter esse estatuto.

V., ainda, a Carta Social Europeia Revista, aberta à assinatura dos Estados-Membros do Conselho da Europa em Estrasburgo em 3 de Maio de 1996, e assinada pela República Portuguesa nessa mesma data, aprovada para ratificação pela Resolução da Assembleia da República n.° 16-A/2001, em 21 de Setembro, tendo sido ratificada pelo Decreto do Presidente da República n.° 54-A/2001, de 17 de Outubro, em especial, o seu artigo 16.°.

V. *Casamento; Parentesco; Afinidade; Adopção; Grau de parentesco; Linha; Princípio da igualdade; Descendente; Menor; Arrendamento para habitação; União de facto; Economia comum; Alimentos; Associação.*

Familiares (Dir. Civil) – Não sendo uniforme a extensão deste conceito, a lei por vezes especifica o que devem considerar-se familiares para certos efeitos. Assim acontece no domínio do contrato de locação, com particular incidência no arrendamento para habitação, contrato em virtude do qual alguns terceiros – e, em especial, alguns familiares do arrendatário – adquirem direitos e contraem obrigações. O artigo 1040.°, n.° 3, C.C., dispõe que, para os efeitos dessa disposição, se consideram "familiares os parentes, afins ou serviçais que vivam habitualmente em comunhão de mesa e habitação com o locatário ou o locador" (cfr. remissão para esta disposição do artigo 75.°, n.° 3, do Regime do Arrendamento Urbano, aprovado pelo Decreto-Lei n.° 321-B/90, de 15 de Outubro, rectificado por declaração publicada no *Diário da República*, I-A série, de 30 de Novembro de 1990, e, posteriormente, alterado pelo Decreto-Lei n.° 278/93, de 10 de Agosto – este, por seu lado, alterado, por ratificação, pela Lei n.° 13/94, de 11 de Maio –, pelo Decreto-Lei n.° 163/95, de 13 de Julho, pela Lei n.° 89/95, de 1 de Setembro, pelo Decreto-Lei n.° 257/95, de 30 de Setembro, pela Lei n.° 135/99, de 28 de Agosto, pelos Decretos-Leis n.°s 64-A//2000, de 22 de Abril, e 329-B/2000, de 22 de Dezembro, e pelas Leis n.°s 6/2001 e 7/2001, ambas de 11 de Maio).

O artigo 76.° do Regime do Arrendamento Urbano, respeitante ao arrendamento para habitação, que define quais as pessoas que podem residir no prédio, não obstante convenção em contrário, diz que se consideram "sempre como vivendo com o arrendatário em economia comum os seus parentes ou afins na linha recta ou até ao 3.° grau da linha colateral [...]" "[...] e bem assim as pessoas relativamente às quais, por força da lei ou de negócio jurídico que não respeite directamente à habitação, haja obrigação de convivência ou de alimentos".

Por sua vez, o artigo 1487.°, C.C., que define o âmbito da família para efeitos de exercício dos direitos de uso e de habitação, diz que "na família do usuário ou do morador usuário compreendem-se apenas o cônjuge, não separado judicialmente de pessoas e bens, os filhos solteiros, outros parentes a quem sejam devidos alimentos e as pessoas que, convivendo com o respectivo titular, se encontrem ao seu serviço ou ao serviço das pessoas designadas".

V. *Família; Locação; Arrendamento urbano; Arrendamento para habitação; Direito subjectivo; Obrigação; Parente; Afim; Linha; Grau de parentesco; Convenção; Norma imperativa; Uso (direito de); Direito de habitação; Negócio jurídico; Alimentos; Separação judicial de pessoas e bens.*

"FAR" (Dir. Civil; Dir. Com.) – Iniciais da expressão *free along side railway*, que significa cláusula nos termos da qual corre por conta do vendedor ou fornecedor de coisa o encargo de a colocar no cais ferroviário, cabendo ao adquirente todos os encargos e o risco do transporte.

V. *Cláusula; Compra e venda; Contrato de fornecimento; "FAS"; Risco da prestação.*

"FAS" (Dir. Civil; Dir. Com.) – Iniciais da expressão *free along side ship*, que caracteriza uma cláusula contratual, segundo a qual o vendedor ou fornecedor fica obrigado a fazer a entrega da coisa vendida no cais, cabendo ao adquirente todos os encargos de transporte, incluindo o que seja necessário realizar até ao navio, se ele se encontrar não acostado, bem como o risco da coisa a partir do momento daquela entrega.

V. *Cláusula; Compra e venda; Contrato de fornecimento; Obrigação; "FAR"; "FOB"; Risco da prestação.*

Fase da instrução (Proc. Civil) – Regulada no Código de Processo Civil, nos artigos 513.° a 645.°, é a fase do processo em que se realizam todas as diligências de recolha e produção de prova sobre os factos, relevantes para o exame e decisão da causa, que devam considerar-se controvertidos.

V. *Instrução; Prova.*

Fase da penhora (Proc. Civil) – Fase do processo executivo em que se procede à penhora dos bens do executado.

V. *Execução; Despacho de penhora; Penhora; Executado.*

Fase decisória (Dir. Civil) – Por contraposição à fase das negociações preliminares ou fase negociatória, designa-se por fase decisória aquela em que as partes num contrato emitem as respectivas declarações negociais.

Na fase decisória ou da formação do contrato, devem as partes proceder segundo as regras da boa fé (v. artigo 227.°, C.C.).

V. *Negociações preliminares; Contrato; Declaração negocial; Celebração do contrato; Boa fé; Responsabilidade pré-contratual.*

Fase de condensação (Proc. Civil) – Designação doutrinária, que J. Alberto dos Reis, *Código de Processo Civil Anotado*, Volume III, Coimbra, 1950, pág. 164, atribui a Paulo Cunha, da fase processual em que, findos os articulados, o tribunal procede à audiência preparatória (se a ela houver lugar), profere o despacho saneador, fixa a base instrutória, seleccionando a matéria de facto relevante para a decisão da causa, e se fixam as diligências de prova a efectuar.

O processo pode terminar desde logo, se o tribunal puder no despacho saneador conhecer do mérito da causa, julgar procedente alguma excepção que conduza à absolvição do réu da instância, anule todo o processo ou absolva o réu do pedido, decidindo que procede uma excepção peremptória.

Nos casos em que assim não sucede, esta fase processual destina-se efectivamente a condensar o processo ou, como diz J. Alberto dos Reis, *ibid.*, pág. 165, todos os actos que então se praticam "[...] visam realmente a *depurar* o processo, quer expurgando-o de questões que constituem factores de perturbações e embaraço (afastamento de nulidades e excepções), quer reduzindo o pleito aos pontos essenciais e relevantes (especificação, questionário, fixação de diligências probatórias)".

V. *Articulados; Audiência preliminar; Despacho saneador; Base instrutória; Matéria de facto; Prova; Mérito da causa; Absolvição; Réu; Pedido; Absolvição da instância; Nulidade processual; Excepção.*

Fase de instrução (Proc. Civil) – V. *Fase da instrução.*

Fase dos articulados (Proc. Civil) – É a primeira fase do processo declarativo comum, durante a qual as partes apresentam os respectivos articulados.

V. *Articulados; Acção declarativa; Processo comum.*

Fase negociatória (Dir. Civil) – É o período em que os futuros contraentes preparam o conteúdo do contrato, encontrando-se, desde logo, vinculados à observância dos deveres decorrentes da boa fé nas suas relações (cfr. artigo 227.°, C.C.).

V. *Contrato; Negociações preliminares; Boa fé; Dever pré-contratual; Responsabilidade pré-contratual; Fase decisória.*

"Fattispecie" – Situação fáctica abstracta prevista numa norma e a cuja verificação concreta se segue a produção dos efeitos jurídicos previstos nessa norma (estatuição).

V. *Norma jurídica; Estatuição.*

"Favor debitoris" (Dir. Civil) – Princípio legal de protecção do devedor, que determina alguns aspectos do regime das obrigações.

Por exemplo, na falta de estipulação ou disposição especial da lei, a prestação deve ser efectuada no domicílio do devedor (artigo 772.°, n.° 1, C.C.); quando a obrigação tem prazo, este tem-se, em princípio, por estabelecido a favor do devedor (artigo 779.°, C.C.); nas obrigações genéricas e alternativas, a escolha da prestação cabe, em regra, ao devedor (artigos 539.° e 543.°, n.° 2, C.C.); quando isso não prejudique o credor e não tenha sido convencionalmente excluído, o cumprimento tanto pode ser realizado pelo devedor como por terceiro (artigo 767.°, C.C.).

V. *Devedor; Obrigação; Lugar do cumprimento; Domicílio; Obrigação a prazo; Prazo da prestação; Benefício do prazo; Obrigação genérica; Obrigação alternativa; Cumprimento; Cumprimento por terceiro.*

Favorecimento de credores (Dir. Civil; Dir. Com.; Dir. Penal) – O artigo 229.° do Código Penal, prevê o crime de favorecimento de credores que se considera praticado quando o devedor, conhecendo a sua situação de insolvência ou prevendo a sua iminência e com intenção de favorecer certos credores em prejuízo de outros, solver dívidas ainda não vencidas ou as solver de maneira diferente do pagamento em dinheiro ou valores usuais, ou der garantias a que não é obrigado.

O artigo 229.°-A do mesmo Código agrava a pena se, em consequência da prática do crime, "resultarem frustrados créditos de natureza laboral, em sede de processo executivo ou processo especial de insolvência".

V. *Insolvência; Devedor; Credor; Vencimento; Garantia; Execução.*

"Favor negotii" (Dir. Civil) – Segundo o princípio do *favor negotii*, os negócios jurídicos devem ser encarados na perspectiva da sua validade, isto é, do seu regime deve resultar, tanto quanto possível, o aproveitamento ou a salvação dos negócios total ou parcialmente inválidos.

Este princípio de salvaguarda ou conservação do negócio explica alguns dos aspectos do seu regime geral, designadamente os institutos da redução e da conversão do negócio jurídico.

V. *Negócio jurídico; Invalidade; Conversão; Redução.*

Feriados (Dir. Civil; Proc. Civil) – A legislação relativa a feriados sofreu desde 1974 alterações no que respeita à fixação dos dias em que os mesmos recaem.

O 1 de Maio foi instituído como feriado nacional obrigatório pelo Decreto-Lei n.° 175/74, de 27 de Abril, enquanto que o 25 de Abril o foi pelo Decreto-Lei n.° 210-A/ /75, de 18 de Abril.

O Decreto-Lei n.° 874/76, de 28 de Dezembro, que regulava as férias, os feriados e as faltas, foi revogado pela Lei n.° 99/ /2003, de 27 de Agosto (rectificada pela Declaração de rectificação n.° 15/2003, de 28 de Outubro), que aprova o Código do Trabalho. As alterações não são significativas, mantendo-se como são feriados obrigatórios os dias 1 de Janeiro, Sexta-feira Santa, 25 de Abril, 1 de Maio, Corpo de Deus (festa móvel), 10 de Junho, 15 de Agosto, 5 de Outubro, 1 de Novembro, 1 de Dezembro, 8 de Dezembro e 25 de Dezembro (sendo permitido que o feriado de Sexta-feira Santa possa ser observado em qualquer outro dia com significado local no período da Páscoa), tendo-se apenas acrescentado a esta lista o Domingo de Páscoa. Prevê-se, no entanto, actualmente que, "mediante legislação especial, determinados feriados obrigatórios podem ser observados na segunda-feira da semana subsequente". Além dos feriados que têm de ser obrigatoriamente observados, a lei dispõe que, facultativamente, ainda o possam ser o feriado municipal da localidade ou, não existindo esse, o feriado do distrito, e a terça-feira de Carnaval (ou, em substituição dos indicados feriados facultativos, qualquer outro dia em que acordem a entidade patronal e os trabalhadores).

O Código do Trabalho foi adaptado à Região Autónoma dos Açores pelo Decreto Legislativo Regional n.° 19/2006/A, de 2 de Junho, estabelecendo o artigo 6.° deste diploma que, para além dos feriados referidos, "acresce como feriado regional já consagrado a Segunda-Feira do Espírito Santo, considerado como Dia da Região Autónoma dos Açores".

As disposições de contrato de trabalho ou de instrumento de regulamentação colectiva de trabalho que estabeleçam feriados diferentes dos referidos são nulas.

V. artigos 208.° a 210.° do Código do Trabalho.

Quanto à função pública, foi o Decreto-Lei n.° 335/77, de 13 de Agosto, que procedeu à fixação dos feriados obrigatórios. São eles essencialmente os já enumerados e constantes do DL n.° 874/76. Para além destes, que obrigatoriamente serão observados, só o poderão ser, nos termos do mesmo diploma, o feriado municipal da localidade (ou, caso este não exista, o feriado distrital) e a terça-feira de Carnaval.

Muito embora o Código de Processo Civil não se refira a feriados, determina no seu artigo 143.°, n.°s 1 e 2, na redacção do Decreto-Lei n.° 329-A/95, de 12 de Dezembro, que "não se praticam actos processuais nos dias em que os tribunais estiverem encerrados [...]", à excepção das "citações, notificações e [d]os actos que se destinem a evitar dano irreparável". Por seu lado, o artigo 144.°, na redacção do mesmo diploma, diz que, "quando o prazo para a prática do acto processual terminar em dia em que os tribunais estiverem encerrados, transfere-se o seu termo para o primeiro dia útil seguinte", esclarecendo que se consideram "encerrados os tribunais quando for concedida tolerância de ponto" (n.°s 2 e 3); o Acórdão para fixação de jurisprudência do Supremo Tribunal de Justiça, de 10 de Outubro de 1996, publicado no *Diário da República*, I-A série, de 2 de Novembro do mesmo ano, em que se fixara a doutrina de que "a tolerância de ponto não se integra no conceito de feriado", perdeu a sua relevância com a nova redacção, citada, do artigo 144.°, n.° 3, C.P.C.. Refira-se ainda que o n.° 4 do artigo 143.°, aditado pelo Decreto-Lei n.° 183/ /2000, de 10 de Agosto, estabelece que "as partes podem praticar os actos processuais através de telecópia ou por correio electrónico, em qualquer dia e independentemente da hora da abertura e do encerramento dos tribunais". A Portaria n.° 642/ /2004, de 16 de Junho, "regula a forma de apresentação a juízo dos actos processuais enviados através de correio electrónico".

O artigo 14.° da Lei n.° 16/2001, de 22 de Junho (Lei da Liberdade Religiosa), estabelece que "os funcionários e agentes do Estado e demais entidades públicas, bem como os demais trabalhadores em regime de contrato de trabalho, têm o direito de, a seu pedido, suspender o trabalho no dia de descanso semanal, nos dias das festividades e nos períodos horários que lhes sejam prescritos pela confissão que professam, nas seguintes condições: *a)* trabalharem em regime de flexibilidade de horário; *b)* serem membros de igreja ou comunidade religiosa inscrita que enviou no ano anterior ao membro do Governo competente em razão da matéria a indicação dos referidos dias e períodos horários no ano em curso; *c)* haver compensação integral do respectivo período de trabalho".

V. *Cômputo do termo; Actos processuais; Citação; Notificação; Prazo; Dano irreparável; Liberdade religiosa.*

Férias judiciais (Proc. Civil) – São férias judiciais os períodos que decorrem entre 22 de Dezembro e 3 de Janeiro, entre o Domingo de Ramos e a segunda-feira de Páscoa e entre 1 e 31 de Agosto (este último período era, na versão anterior, entre 16 de Julho e 14 de Setembro).

V. artigos 12.° da Lei de Organização e Funcionamento dos Tribunais Judiciais (Lei n.° 3/99, de 13 de Janeiro, rectificada pela Declaração de rectificação n.° 7/99, de 16 de Fevereiro, e alterada pela Lei n.° 101/ /99, de 26 de Julho, pelos Decretos-Leis n.°s 323/2001, de 17 de Dezembro, e 38/ /2003, de 8 de Março, pela Lei n.° 105/ /2003, de 10 de Dezembro, pelo Decreto-Lei n.° 53/2004, de 18 de Março, pela Lei n.° 42/2005, de 29 de Agosto, e pelo Decreto-Lei n.° 76-A/2006, de 29 de Março – o último rectificado pela Declaração de rectificação n.° 28-A/2006, de 26 de Maio).

V. artigos 28.° e 28.°-A do Estatuto dos Magistrados Judiciais (Lei n.° 21/85, de 30 de Julho, alterada pelo Decreto-Lei n.° 342/88, de 28 de Setembro, e pelas Leis n.°s 2/90, de 20 de Janeiro, 10/94, de 5 de Maio, 44/96, de 3 de Setembro, 81/98, de 3 de Dezembro, 143/99, de 31 de Agosto, 3-B/ /2000, de 4 de Abril, e 42/2005).

V. artigos 105.° e 105.°-A do Estatuto do Ministério Público (Lei n.° 47/86, de 15 de Outubro, alterada pelas Leis n.°s 21/90, de 20 de Janeiro, 23/92, de 20 de Agosto, 10/ /94, de 5 de Maio, 60/98, de 27 de Agosto, e 42/2005.

V. artigos 59.° e 59.°-A do Estatuto dos Funcionários de Justiça (Decreto-Lei n.° 343/99, de 26 de Agosto, entretanto alterado pelos Decretos-Leis n.°s 175/2000, de 9 de Agosto, 96/2002, de 12 de Abril, e 169/2003, de 1 de Agosto, e pela Lei n.° 42/2005).

A referida Lei n.° 42/2005 teve por objecto a diminuição do período de férias judiciais no Verão, tendo alterado ou aditado os artigos enunciados.

O artigo 143.°, n.°s 1 e 2, C.P.C., na redacção do Decreto-Lei n.° 329-A/95, de 12 de Dezembro, dispõe que "não se praticam actos processuais nos dias em que os tribunais estiverem encerrados, nem durante o período de férias judiciais", exceptuando "as citações, notificações e os actos que se destinem a evitar dano irreparável". No entanto, o n.° 4 do mesmo preceito, aditado pelo Decreto-Lei n.° 183/2000, de 10 de Agosto, estabelece que "as partes podem praticar os actos processuais através de telecópia ou por correio electrónico, em qualquer dia e independentemente da hora da abertura e do encerramento dos tribunais". A Portaria n.° 642/2004, de 16 de Junho, "regula a forma de apresentação a juízo dos actos processuais enviados através de correio electrónico".

Embora o artigo 144.°, n.° 1, C.P.C., determine que os prazos judiciais se suspendem durante as férias judiciais, há processos urgentes cujo andamento prossegue durante aquelas: assim acontece com os processos tutelares, nomeadamente cuja demora possa causar prejuízo aos menores (artigo 44.° da Lei Tutelar Educativa, aprovada pela Lei n.° 166/99, de 14 de Setembro); o mesmo se passava, em princípio, com os prazos relativos aos processos de recuperação da empresa e de falência (artigo 10.°, n.° 1, do Código dos Processos Especiais de Recuperação da Empresa e de Falência, aprovado pelo Decreto-Lei n.° 132/93, de 23 de Abril, alterado pelos Decretos-Leis n.°s 157/97, de 24 de Junho, 315/98, de 20 de Outubro, 323/2001, de 17 de Dezembro, e 38/20039, de 8 de Março, mas este diploma foi entretanto revogado pelo Decreto-Lei n.° 53/2004, de 18 de Março – alterado pelos Decretos-Leis n.°s 200/2004, de 18 de Agosto, e 76-A/2006, de 29 de Março (este rectificado pela Declaração de rectificação n.° 28-A/2006, de 26 de Maio) –, que também aprovou o Código da Insolvência e da Recuperação de Empresas.

V. *Tribunal judicial; Magistrado judicial; Ministério Público; Funcionário de justiça; Actos processuais; Prazo judicial; Citação; Notificação; Dano irreparável; Telecópia; Suspensão de prazo judicial; Processo urgente; Processo tutelar; Menor; Falência; Insolvência, Recuperação de empresas.*

Fiança (Dir. Civil) – É uma das garantias especiais das obrigações, de natureza pessoal.

"O fiador garante a satisfação do direito de crédito, ficando pessoalmente obrigado perante o credor" – artigo 627.°, n.° 1, C.C..

A fiança, que normalmente é convencional, mas que também pode ser imposta por lei, "tem o conteúdo da obrigação principal e cobre as consequências legais e contratuais da mora ou culpa do devedor" – artigo 634.°, C.C..

Nos casos em que a lei obriga o devedor a oferecer um fiador, o credor pode recusar o que lhe é oferecido, se este não tiver capacidade para se obrigar ou carecer de bens suficientes para garantir a obrigação.

"Se o fiador nomeado mudar de fortuna, de modo que haja risco de insolvência, tem o credor a faculdade de exigir o reforço da fiança" – n.° 2 do artigo 633.°, C.C.. Essa exigência pode ser feita judicialmente, através de um processo que se encontrava previsto nos artigos 437.° e segs. do C.P.C., revogados pelo Decreto-Lei n.° 329-A/95, de 12 de Dezembro, que deslocou o seu conteúdo normativo para os artigos 991.° e segs., sendo o devedor citado para contestar o pedido, oferecer novo fiador ou outra garantia idónea.

Não sendo a fiança reforçada ou substituída por outra idónea no prazo que o tribunal fixar, o credor tem o direito de exigir o imediato cumprimento da obrigação – cfr. n.° 3 do artigo 633.°, C.C..

A invalidade ou a extinção da dívida principal acarretam, respectivamente, a invalidade ou a extinção de fiança.

Característica típica do regime geral da fiança é a sua subsidiariedade em relação à obrigação principal: isto é, o cumprimento da obrigação pelo fiador só pode ser exigido quando o devedor não a cumpra e não a possa cumprir. Pode, por consequência, o fiador recusar o cumprimento enquanto o credor não tiver excutido (ou esgotado) todos os bens do devedor sem obter a satisfação do seu crédito, e ainda, mesmo após a excussão, se o fiador provar que o crédito não foi satisfeito por culpa do credor – é o chamado *benefício da excussão prévia*. Havendo, em relação ao mesmo crédito, alguma garantia real constituída por terceiro, tem ainda o fiador o direito de exigir a prévia excussão dos bens sobre que essa garantia recai, desde que ela seja contemporânea ou anterior à fiança.

No artigo 640.°, C.C., prevêem-se duas situações em que não goza o fiador do benefício da prévia excussão:

a) se houver renunciado a ele ("salvo declaração expressa em contrário no processo, a falta de chamamento do devedor à demanda importa renúncia ao benefício da excussão" – artigo 641.°, n.° 2, C.C.);

b) "se o devedor ou o dono dos bens onerados com a garantia não puder, em virtude de facto posterior à constituição da fiança, ser demandado ou executado no território continental ou das ilhas adjacentes".

O fiador de obrigações comerciais é solidário com o devedor, mesmo que não seja comerciante (artigo 101.°, Cód. Comercial), não gozando, pois, do benefício da prévia excussão.

"O fiador que cumprir a obrigação fica sub-rogado nos direitos do credor, na medida em que estes foram por ele satisfeitos" (artigo 644.°, C.C.), desde que avise o devedor do seu cumprimento.

Tendo existido várias pessoas a afiançar um devedor por uma mesma dívida, ou convencionaram o benefício da divisão (caso em que cada um responde, proporcionalmente, pela dívida) ou nada foi estabelecido, respondendo cada um deles pela satisfação integral do crédito, aplicando-se então o regime das obrigações solidárias.

O Acórdão uniformizador de jurisprudência n.° 4/2001, publicado no *Diário da República* I-A série, de 8 de Março, decidiu: "É nula, por indeterminabilidade do objecto, a fiança de obrigações futuras, quando o fiador se constitua garante de todas as responsabilidades provenientes de qualquer operação em direito consentida, sem menção expressa da sua origem ou natureza e independentemente da qualidade em que o afiançado intervenha".

V. *Garantias especiais; Garantias pessoais; Obrigação; Mora; Culpa; Insolvência; Capacidade; Reforço de garantias; Substituição de garantia; Exigibilidade; Cumprimento; Extinção das obrigações; Citação; Invalidade; Benefício da excussão; Renúncia; Chamamento à demanda; Execução; Oneração de bens; Subfiança; Acessoriedade; Solidariedade; Sub-rogação; Benefício da divisão; Nulidade; Determinabilidade; Objecto negocial.*

Ficção legal – Designação que alguns autores dão à técnica legal que consiste em a lei estabelecer que certo facto ou situação se deva considerar como idêntica a um ou uma outra que se encontre legalmente prevista e regulada. Trata-se, pois, da assimilação de realidades diversas para o efeito de as submeter a um mesmo regime jurídico.

Assim acontece, por exemplo, com o n.° 2 do artigo 275.°, C.C., que determina que se tenha por verificada a condição quando tal verificação tiver sido impedida contra as regras da boa fé, ou com o n.° 2 do artigo 805.°, C.C., que dispõe que o devedor se considere interpelado na data em que deveria tê-lo sido sempre que tenha sido ele a impedir a interpelação.

Embora nem sempre fácil, a linha de distinção entre as chamadas ficções legais e as presunções inilidíveis está em que, enquanto as primeiras se traduzem na atribuição a um facto, que a lei sabe e declara que não ocorreu, do regime jurídico de outro, nas segundas a lei afirma a verificação de um facto que é presumido sem que seja possível refutar essa afirmação.

V. *Condição; Verificação da condição; Boa fé; Devedor; Interpelação; Presunção.*

Ficheiro automatizado (Dir. Civil) – O artigo 2.°-*d)* da Lei n.° 10/91, de 29 de Abril, alterada pela Lei n.° 28/94, de 29 de Agosto – Lei da Protecção de Dados Pessoais face à Informática – definia ficheiro automatizado como "o conjunto estruturado de informações objecto de tratamento automatizado, centralizado ou repartido por vários locais".

Estas leis foram revogadas pela Lei n.° 67/98, de 26 de Outubro (rectificada pela Declaração de rectificação n.° 22/98, de 28 de Novembro), que constitui a actual Lei da Protecção de Dados Pessoais, onde não se encontra referência autónoma a ficheiros automatizados. A alínea *c)* do artigo 3.° desta Lei define "ficheiro de dados pessoais" ou "ficheiro" como "qualquer conjunto estruturado de dados pessoais, acessível segundo critérios determinados, quer seja centralizado, descentralizado ou repartido de modo funcional ou geográfico". Como facilmente se compreende, o desaparecimento da referência aos ficheiros automatizados decorre de uma mais ampla tutela legal do tratamento de dados pessoais.

A lei previu o tratamento de dados existentes em ficheiros manuais, dispondo que aquele teria de cumprir algumas das normas da nova lei no prazo de cinco anos, podendo, "em qualquer caso, o titular dos dados [...] obter, a seu pedido e, nomeadamente aquando do exercício do direito de acesso, a rectificação, o apagamento ou o bloqueio dos dados incompletos, inexactos ou conservados de modo incompatível com os fins legítimos prosseguidos pelo responsável pelo tratamento"; pode a CNPD (Comissão Nacional de Protecção de Dados) "autorizar que os dados existentes em ficheiros manuais e conservados unicamente com finalidades de investigação histórica não tenham de cumprir os artigos 7.°, 8.° e 9.°, desde que não sejam em nenhum caso reutilizados para finalidade diferente" (cfr. artigo 50.°).

O Decreto regulamentar n.° 27/95, de 31 de Outubro, que regulamentara a utilização e manutenção dos ficheiros automatizados existentes na Polícia Judiciária – determinando que a respectiva finalidade era "organizar e manter actualizada a informação necessária ao exercício das funções que lhe [eram] atribuídas pelos artigos 1.°, 2.° e 4.° do Decreto-Lei n.° 295-A/ /90, de 21 de Setembro, bem como fornecer os correspondentes elementos estatísticos" –, deve, ao que parece, considerar-se tacitamente revogado.

No domínio da identificação criminal e de contumazes, o Decreto-Lei n.° 62/99, de 2 de Março (rectificado pela Declaração de rectificação n.° 10-C/99, de 31 de Março), estabeleceu o regime jurídico dos ficheiros informáticos da Direcção-Geral dos Serviços Judiciários.

A Lei n.° 33/99, de 18 de Maio, alterada pelos Decretos-Leis n.°s 323/2001, de 17 de Dezembro, e 194/2003, de 23 de Agosto, que regula a identificação civil e a emissão do bilhete de identidade de cidadão nacional, contém várias normas relativas à protecção da segurança da informação contida em ficheiros informáticos, dispondo o respectivo artigo 47.°, n.° 1, que "a violação das normas relativas a ficheiros informatizados de identificação civil é punida nos termos dos artigos 35.° e seguintes da Lei n.° 67/98, de 26 de Outubro". O n.° 2 do mesmo artigo 47.° estabelece que "quem, por forma indevida, obtiver, fornecer a outrem ou fizer uso de dados ou informações constantes de ficheiros não automatizados de identificação civil, desviando-os da finalidade legal, é punido com pena de prisão ou multa até 120 dias".

O regime dos ficheiros informáticos dos Institutos de Medicina Legal de Lisboa, do Porto e de Coimbra encontra-se no Decreto-Lei n.° 395/99, de 13 de Outubro.

V. *Dados pessoais; Protecção de dados pessoais; Comissão Nacional de Protecção de Dados (CNPD); Identificação da pessoa; Bilhete de identidade.*

Ficheiro central de pessoas colectivas (Dir. Civil; Dir. Com.) – O Ficheiro Central de Pessoas Colectivas integra informação relativa a todos os tipos de pessoas colectivas, portuguesas ou não, desde que exerçam habitualmente a sua actividade em Portugal, abrangendo mesmo a informação sobre entidades sem personalidade jurídica (quando prossigam objectivos próprios e diferentes dos dos seus associados), "organismos e serviços da Administração Pública, não personalizados, que constituam uma unidade organizativa e funcional", estabelecimentos individuais de responsabilidade limitada, comerciantes individuais e heranças indivisas quando o autor da sucessão fosse comerciante em nome individual.

Para além dos elementos de identificação, encontram-se sujeitos a inscrição no Ficheiro os actos e factos relativos às pessoas colectivas enunciados artigo 6.° do Decreto-Lei n.° 129/98, de 13 de Maio – cuja actual redacção é a do Decreto-Lei n.° 2/2005, de 4 de Janeiro –, ocupando-se os artigos seguintes das inscrições relativas a outros entidades que o não sejam.

"A cada entidade inscrita no FCPC é atribuído um número de identificação próprio, designado número de identificação de pessoa colectiva (NIPC)", que se traduz numa sequência de nove dígitos, "variando o primeiro dígito da esquerda entre os algarismos 5 e 9, com exclusão do algarismo 7" – artigo 13.° do DL n.° 129/98. Qualquer entidade inscrita no FCPC pode solicitar a emissão de um cartão de identificação, que conterá o seu número de identificação (NIPC), denominação, sede, natureza jurídica e actividade principal.

O destino dos dados do FCPC está enunciado no artigo 21.° do diploma já referido, ocupando-se os preceitos seguintes do regime do modo de utilização deles e dos mecanismos da respectiva protecção.

V. *Pessoa colectiva; Personalidade jurídica; Herança indivisa; Autor da sucessão; Sede; Registo das pessoas colectivas.*

Ficheiro informático (Dir. Civil) – V. *Ficheiro automatizado.*

Ficheiro manual (Dir. Civil) – V. *Ficheiro automatizado.*

"Ficta confessio" (Proc. Civil) – Expressão usada para significar o efeito confessório dos factos articulados pelo autor atribuído por lei, quando o réu não os contesta, ou porque é revel ou porque, embora apresentando contestação, não os impugna ou declara que não sabe se são reais (nesta última hipótese, quando se trate de factos pessoais ou de que deva ter conhecimento) – v. artigos 484.° e 490.°, n.°s 2 e 3, C.P.C., ambos na redacção do Decreto-Lei n.° 329--A/95, de 12 de Dezembro.

V. *Confissão; Articulados; Autor; Réu; Contestação; Revelia; Impugnação; Ónus de impugnação.*

Fideicomissário (Dir. Civil) – V. *Fideicomisso.*

Fideicomisso (Dir. Civil; Proc. Civil) – Disposição pela qual o testador impõe ao herdeiro ou legatário instituído (fiduciário) o encargo de conservar a herança para que ela reverta, por sua morte, a favor de outrem (fideicomissário).

O fiduciário administra os bens sujeitos ao fideicomisso, não os podendo alienar ou onerar, sendo aqueles entregues ao fideicomissário no momento da morte do fiduciário. A lei determina que se aplicam ao fiduciário as normas relativas ao usufruto.

Ocorrendo circunstâncias que tornem necessária ou útil, para os bens, a sua alienação ou oneração, o tribunal pode autorizá-las, o mesmo acontecendo quando tais negócios forem obviamente necessários para o fiduciário, mas, neste último caso, é preciso que os interesses do fideicomissário não sejam afectados.

A lei equipara a fideicomisso a disposição pela qual o testador proíbe o herdeiro de dispor dos bens herdados, bem como aquela que chama alguém a suceder nos bens por morte do herdeiro ou por extinção da pessoa colectiva.

V. artigos 2286.° e segs., C.C..

O fideicomisso é também admitido nas doações (artigo 962.°, C.C.) e nas convenções antenupciais (artigo 1700.°, n.° 2, C.C.).

O artigo 94.°-*b)* do Código do Registo Predial – aprovado pelo Decreto-Lei n.° 224/84, de 6 de Julho (rectificado por declaração publicada no *Diário da República*, I série, de 29 de Setembro de 1984), alterado pelos Decretos-Leis n.°s 355/85, de 2 de Outubro, 60/90, de 14 de Fevereiro (este último rectificado por declaração publicada no *Diário da República*, I-A série, de 31 de Março de 1990), 80/92, de 7 de Maio, 30/93, de 12 de Fevereiro, 227/94, de 8 de Setembro, 267/94, de 25 de Outubro, 67/ /96, de 31 de Maio, 375-A/99, de 20 de Setembro, 533/99, de 11 de Dezembro, 273/ /2001, de 13 de Outubro, 323/2001, de 17 de Dezembro, e 38/2003, de 8 de Março (rectificado pela Declaração de rectificação n.° 5-C/2003, de 30 de Abril), 194/2003, de 23 de Agosto, e pela Lei n.° 6/2006, de 27 de Fevereiro – dispõe que a cláusula fideicomissária aposta a um contrato de alienação (em regra, de doação) constará obrigatoriamente do extracto da inscrição do contrato.

O processo para obtenção de autorização judicial para alienação ou oneração de bens sujeitos a fideicomisso encontra-se regulado no artigo 1438.°, C.P.C., na redacção do Decreto-Lei n.° 329-A/95, de 12 de Dezembro.

V. *Testamento; Herdeiro; Legatário; Herança; Acto de administração; Alienação; Oneração de bens; Usufruto; Pessoa colectiva; Extinção de pessoa colectiva; Doação; Convenção antenupcial; Registo predial; Inscrição.*

Fidelidade conjugal (Dir. Civil) – Dever recíproco dos cônjuges (artigo 1672.°, C.C.), cuja violação culposa e grave pode constituir fundamento de divórcio (v. artigos 1773.° e 1779.°, C.C.).

O dever de fidelidade conjugal mantém--se após a separação judicial de pessoas e bens (v. artigo 1795.°-A, C.C., *a contrario*), podendo qualquer dos cônjuges requerer a conversão da separação em divórcio, sem dependência de prazo, se o outro cometer adultério (artigo 1795.°-D, n.° 3, C.C.).

V. *Deveres conjugais; Adultério; Divórcio; Separação judicial de pessoas e bens; Conversão da separação em divórcio.*

Fidúcia (Dir. Civil) – Figura existente no direito romano, que consistia numa alienação aparente, pela qual a coisa se transmitia para dado fim e durante certo lapso de tempo, decorrido o qual voltava à posse do primitivo proprietário (*fiducia cum amico*), ou em que funcionava como garantia obtida pelo credor num contrato, sendo este adquirente aparente de um bem, que lhe era transmitido pelo seu devedor e que seria restituído a este último quando a dívida se extinguisse (*fiducia cum creditore*).

Os contratos fiduciários são admitidos na ordem jurídica portuguesa, desde que não consubstanciem fraude à lei, em especial à proibição de pactos comissórios.

V. *Alienação; Credor; Extinção das obrigações; Fraude à lei; Pacto comissório.*

Fiduciário (Dir. Civil) – V. *Fideicomisso.*

Filho adulterino (Dir. Civil) – V. *Filiação adulterina.*

Filho espúrio (Dir. Civil) – Designava-se assim, no antigo direito português, o filho que não podia ser perfilhado, encontrando-se nesta situação os filhos adulterinos, os incestuosos e os sacrílegos (artigo 134.° do Código Civil de 1867).

V. *Perfilhação; Filiação adulterina; Filiação incestuosa; Filho sacrílego.*

Filho ilegítimo (Dir. Civil) – V. *Filiação ilegítima.*

Filho incestuoso (Dir. Civil) – V. *Filiação incestuosa.*

Filho legitimado (Dir. Civil) – V. *Legitimação.*

Filho sacrílego (Dir. Civil) – Antes da vigência do Código Civil de 1867, designavam-se por filhos sacrílegos os nascidos de pessoa que tivesse ordens sacras e profissão religiosa.

Filiação (Dir. Civil) – Vínculo jurídico que une duas pessoas em virtude de uma ter gerado a outra.

Correspondendo a filiação a um vínculo natural, a sua relevância jurídica depende, em princípio, do seu reconhecimento jurídico; assim, dispõe o artigo 1797.°, C.C., que "os poderes e deveres emergentes da filiação ou do parentesco nela fundado só são atendíveis se a filiação se encontrar legalmente estabelecida", tendo porém este estabelecimento eficácia retroactiva.

A prova da filiação só pode fazer-se, em regra, "pela forma estabelecida nas leis do registo civil" (artigo 1802.°, C.C.).

O artigo 212.°, n.° 4, do Código do Registo Civil (aprovado pelo Decreto-Lei n.° 131/95, de 6 de Junho, rectificado pela Declaração de rectificação n.° 96/95, de 31 de Julho, e alterado pelos Decretos-Leis n.°s 36/97, de 31 de Janeiro, 120/98, de 8 de Maio, 375-A/99, de 20 de Setembro, 228/2001, de 20 de Agosto, 273/2001, de 13 de Outubro, 323/2001, de 17 de Dezembro, e 113/2002, de 20 de Abril, 194/2003, de 23 de Agosto, e 53/2004, de 18 de Março), determina que "as certidões de registos que contenham menções discriminatórias de filiação são obrigatoriamente dactilografadas, com eliminação das referidas menções, seja qual for a espécie e o fim a que se destinem, excepto se o registado, quem o representar, ou seu ascendente ou descendente requerer por escrito certidão por fotocópia do respectivo assento".

A filiação é um dos elementos de identificação que deve constar do bilhete de identidade, nos termos do artigo 5.°-*b)* da Lei n.° 33/99, de 18 de Maio, alterada pelos Decretos-Leis n.°s 323/2001, de 17 de Dezembro, e 194/2003, de 23 de Agosto. "A filiação do titular é inscrita no bilhete de identidade de harmonia com o que constar do assento de nascimento", não podendo "ser inscritos mais de quatro apelidos dos progenitores, a começar pelo último apelido, a não ser que o requerente escolha outra ordem ou declare aceitar o uso de iniciais" (artigo 8.°).

A Lei n.° 4/84, de 5 de Abril, alterada pelas Leis n.°s 17/95, de 9 de Junho, 102/97, de 13 de Setembro, 18/98, de 28 de Abril, 118/99, de 11 de Agosto, e 142/99, de 31 de Agosto, e pelo Decreto-Lei n.° 70/2000, de 4 de Maio (que também rectificou a lei anterior e republicou o diploma), instituiu um especial regime de protecção da maternidade e da paternidade; esta Lei foi regulamentada, na parte aplicável aos trabalhadores da função pública central, regional e local, dos institutos públicos, dos serviços públicos com autonomia administrativa e financeira e das demais pessoas colectivas de direito público, pelo Decreto-Lei n.° 194/96, de 16 de Outubro; "no que se refere à protecção de trabalhadores abrangidos pelo regime do contrato individual de trabalho, incluindo os trabalhadores agrícolas e do serviço doméstico", pelo Decreto-Lei n.° 230/2000, de 23 de Setembro; quanto aos "trabalhadores das caixas de previdência e casas do povo", pelo Decreto-Lei n.° 107/87, de 6 de Março; "na adopção e na assistência a descendentes menores dos beneficiários do regime geral de segurança social dos trabalhadores por conta de outrem e dos beneficiários do regime de segurança social dos trabalhadores independentes", pelo Decreto-Lei n.° 154/88, de 29 de Abril, alterado pelos Decretos-Leis n.°s 333/95, de 23 de Dezembro, 347/98, de 9 de Novembro, 77/2000, de 9 de Maio, e 77/2005, de 13 de Abril.

Note-se que o artigo 21.°, n.° 2-*d)*, da Lei n.° 99/2003, de 27 de Agosto (rectificada pela Declaração de rectificação n.° 15/2003, de 28 de Outubro, e regulamentada pela Lei n.° 35/2004, de 29 de Julho), que aprova o Código do Trabalho, determina que, "com a entrada em vigor das normas regulamentares", é revogada a Lei n.° 4/84, de 5 de Abril.

A filiação é um dos elementos determinantes da atribuição de nacionalidade portuguesa às pessoas, isto é, aquela funda-se, em muitos casos, no *jus sanguinis* – v. Lei n.° 37/81, de 3 de Outubro, alterada pela Lei n.° 25/94, de 19 de Agosto, pelos Decretos-Leis n.°s 22-A/2001, de 14 de Dezembro, 194/2003, de 23 de Agosto de 2003, e pelas Leis Orgânicas n.°s 1/2004, de 15 de Janeiro, e 2/2006, de 17 de Abril – Lei da Nacionalidade. Assim, por exemplo, o artigo 1.°, n.° 1, desta Lei dispõe que são "portugueses de origem: *a)* Os filhos de mãe portuguesa ou de pai português nascidos no território português; *b)* Os filhos de mãe portuguesa ou de pai português nascidos no estrangeiro se o progenitor português aí se encontrar ao serviço do Estado Português; *c)* Os filhos de mãe portuguesa ou de pai português nascidos no estrangeiro se tiverem o seu nascimento inscrito no registo civil português ou se declararem que querem ser portugueses"; o artigo 2.° da mesma Lei estabelece que "os filhos menores ou incapazes de pai ou mãe que, por sua vez, tenham adquirido a nacionalidade portuguesa podem também adquiri-la, mediante declaração"; finalmente, o artigo 14.° determina que "só a filiação estabelecida durante a menoridade produz efeitos relativamente à nacionalidade".

V. *Poder paternal; Parentesco; Princípio da igualdade; Certidão; Representação; Ascendente; Descendente; Assento; Prova; Registo civil; Bilhete de identidade; Nome; Maternidade; Paternidade; Cidadania; "Jus sanguinis"; Registo civil; Menoridade; Incapacidade; Aquisição de nacionalidade.*

Filiação adoptiva (Dir. Civil) – V. *Adopção.*

Filiação adulterina (Dir. Civil) – A perfilhação dos filhos adulterinos foi permitida por um Decreto de 25 de Dezembro de 1910, que alterou o Código Civil de 1867.

A primitiva redacção do artigo 1909.°, n.° 2, C.C., designava por adulterino o filho havido por pessoa casada durante todo o período legal da concepção, de outra que não fosse o seu consorte.

Esta disposição foi entretanto substituída, não havendo no Código Civil referência a filhos adulterinos, dado a expressão se encontrar constitucionalmente abolida por força do artigo 36.°, n.° 4, que proíbe o uso de designações discriminatórias relativamente à filiação, do mesmo modo se encontrando revogados os aspectos de regime que importem qualquer discriminação em relação aos filhos adulterinos.

V. *Filiação; Perfilhação; Período legal da concepção; Princípio da igualdade.*

Filiação ilegítima (Dir. Civil) – Na redacção original do Código Civil, designavam-se em geral por filhos ilegítimos todos os nascidos fora do matrimónio.

A designação de "filho ilegítimo" foi banida pelo artigo 36.°, n.° 4, da Constituição da República, que determina que "os filhos nascidos fora do casamento não podem, por esse motivo, ser objecto de qualquer discriminação e a lei ou as repartições oficiais não podem usar designações discriminatórias relativas à filiação". Na actual redacção do C.C. (dada pelo Decreto-Lei n.° 496/77, de 25 de Novembro), não se lhe faz qualquer referência. O artigo 212.°, n.° 4, do Código do Registo Civil, na dada pelo Decreto-Lei n.° 228/2001, de 20 de Agosto, dispõe que "as certidões de registos que contenham menções discriminatórias de filiação são obrigatoriamente dactilografadas, com eliminação das referidas menções, seja qual for a espécie e o fim a que se destinem, excepto se o registado, quem o representar ou seu ascendente ou descendente, requerer por escrito certidão por fotocópia do respectivo assento".

V. a Convenção Europeia sobre o Estatuto Jurídico das Crianças Nascidas fora do Casamento, aberta à assinatura, em Estrasburgo, a 15 de Outubro de 1975, aprovada e publicada, para ratificação, pelo Decreto n.° 34/82, de 15 de Março, tendo o instrumento de ratificação sido depositado em 7 de Maio de 1982, conforme aviso publicado no *Diário da República,* I série, de 8 de Junho de 1982.

V. também a Convenção Destinada a Alargar a Competência das Autoridades Qualificadas para Aceitar o Reconhecimento de Filhos Naturais, celebrada em Roma em 14 de Setembro de 1961, aprovada para adesão pela Resolução da Assembleia da República n.° 6/84, de 28 de Fevereiro, e cujo instrumento de ratificação por parte de Portugal se encontra depositado (segundo aviso publicado no *Diário da República,* I série, de 16 de Julho de 1984).

V. *Filiação; Casamento; Princípio da igualdade; Reconhecimento de filho; Registo civil; Certidão; Assento; Representante; Ascendente; Descendente.*

Filiação incestuosa (Dir. Civil) – Na primitiva redacção do artigo 1867.°, n.° 1, C.C., dizia-se incestuoso o filho de pessoas que não pudessem "contrair casamento entre si por motivo de impedimento dirimente de parentesco ou afinidade", acrescentando o artigo 1869.° que "a perfilhação de filhos incestuosos e o seu reconhecimento em acção de investigação só são permitidos em relação a um dos progenitores".

A designação de "filho incestuoso" foi proibida pelo artigo 36.°, n.° 4, da Constituição da República, que determina que a lei e as repartições oficiais não possam usar designações discriminatórias relativamente à filiação, e todo o regime da filiação incestuosa, importando situação discriminatória para as pessoas, foi revogado pelo Decreto-Lei n.° 496/77, de 25 de Novembro, que alterou o Código Civil.

Actualmente, no entanto, a acção de averiguação oficiosa de maternidade não pode ser intentada, se o filho já se encontrar perfilhado e a pretensa mãe for parente ou afim em linha recta ou parente no 2.° grau da linha colateral do perfilhante (artigo 1809.°, n.° 1, C.C.); também não poderá ser intentada oficiosamente a acção de averiguação da paternidade, "se a mãe e o pretenso pai forem parentes ou afins em linha recta ou parentes no segundo grau da linha colateral" (artigo 1866.°-*a),* C.C.). Os casos referidos são justamente os indicados nas alíneas *a), b)* e *c)* do artigo 1602.°, C.C., como constituindo impedimentos dirimentes de parentesco ou afinidade, obstando à celebração de casamento entre essas pessoas.

Encontram-se, portanto, ainda limitações, embora de âmbito mais restrito, ao estabelecimento da filiação, nos casos em que os pais se encontram ligados por vínculos de parentesco ou afinidade.

V. *Filiação; Casamento; Impedimento dirimente; Parentesco; Afinidade; Reconhecimento de filho; Princípio da igualdade; Investigação de maternidade; Investigação de paternidade; Averiguação de maternidade; Perfilhação; Linha; Grau de parentesco; Averiguação de paternidade.*

Filiação legítima (Dir. Civil) – Na redacção original do Código Civil, designava-se assim a filiação caracterizada pelo nascimento dos filhos na constância do matrimónio dos pais.

Actualmente, e por força do artigo 36.°, n.° 4, da Constituição da República, nos termos do qual a situação dos filhos não pode ser afectada pelo facto de terem ou não nascido na constância do matrimónio, sendo proibida qualquer designação discriminatória da filiação, o Código Civil foi alterado, não se encontrando nele referência à filiação legítima.

V. *Filiação; Princípio da igualdade.*

Filial (Proc. Civil) – V. *Agência.*

Fixação da subida e efeito do recurso (Proc. Civil) – O artigo 741.°, C.P.C., determina que "no despacho que admita o recurso deve declarar-se se sobe ou não imediatamente e, no primeiro caso, se sobe nos próprios autos ou em separado; deve declarar-se ainda o efeito do recurso".

V. *Recurso; Subida do recurso; Efeito devolutivo do recurso; Efeito suspensivo do recurso.*

Fixação judicial da concepção (Dir. Civil) – A lei admite que qualquer interessado, ou o Ministério Público, intente acção judicial destinada a fazer prova da data provável da concepção, dentro do período legal da mesma, ou tendente a provar que o período da gestação do filho foi inferior a cento e oitenta dias ou superior a trezentos.

Esta acção tem, naturalmente, como objectivo fornecer elementos probatórios da paternidade do filho.

V. artigo 1800.°, C.C..

V. *Ministério Público; Período legal da concepção; Prova; Paternidade.*

Fixação judicial de prazo (Dir. Civil; Proc. Civil) – Algumas vezes, a lei dispõe que um dos sujeitos de uma relação jurídica requeira ao tribunal que este fixe um prazo em que a outra parte pratique determinado acto, no exercício de um direito ou no cumprimento de um dever (por exemplo, artigos 411.° e 777.°, n.°s 2 e 3, C.C.). O processo a seguir, para obter a fixação judicial do prazo, encontra-se previsto nos artigos 1456.° e 1457.°, C.P.C., o último com a redacção do Decreto-Lei n.° 329-A/95, de 12 de Dezembro.

V. *Prazo; Relação jurídica; Prazo; Direito subjectivo; Dever jurídico.*

"FOB" (Dir. Civil; Dir. Com.) – São as iniciais da expressão *free on board* que, aposta a um contrato de compra e venda ou de fornecimento, significa que o vendedor se obriga a colocar a coisa vendida a bordo de um navio, sendo o risco e as despesas até esse momento – e só até esse momento – da sua conta.

V. *Compra e venda; Contrato de fornecimento; Risco da prestação; "FAS"; "FOR"; "FOT"; "CIF".*

Fogo (Dir. Civil) – Termo que, na linguagem comum e também na jurídica, significa o espaço de uma habitação.

O Decreto-Lei n.° 68/2004, de 25 de Março, que "estabelece um conjunto de mecanismos que visam reforçar os direitos dos consumidores à informação e à protecção dos seus interesses económicos no âmbito da aquisição de prédio urbano para habitação, bem como promover a transparência do mercado", caracteriza, na alínea *c)* do seu artigo 3.°, n.° 1, fogo como "o conjunto dos espaços e compartimentos privados nucleares de cada habitação (tais como salas, quartos, cozinha, instalações sanitárias, arrumos, despensa, arrecadações em cave ou em sótão, corredores, vestíbulos), conjunto esse confinado por uma envolvente que separa o fogo do ambiente exterior e do resto do edifício"; a alínea seguinte diz que são "dependências do fogo" "os espaços privados periféricos desse fogo (tais como varandas, balcões, terraços, arrecadações em cave ou em sótão ou em corpos anexos, logradouros pavimentados, telheiros e alpendres), espaços esses exteriores à envolvente que confina o fogo". Nos termos do artigo 7.°, n.° 5, a ficha técnica – documento descritivo das características técnicas e funcionais do prédio urbano destinado a habitação, reportadas ao momento de conclusão das obras de construção, reconstrução, ampliação ou alteração do prédio "de acordo com o conteúdo das telas finais devidamente aprovadas – deve conter: *b)* "descrição da habitação, nomeadamente do fogo e das dependências do fogo, com indicação da área bruta da habitação, da área bruta do fogo, da área útil do fogo, da área útil de cada compartimento e da área útil de cada dependência do fogo"; *g)* planta simplificada do piso de acesso ao fogo, com destaque para a localização deste e dos espaços comuns, e com indicação da localização dos extintores portáteis e das saídas de emergência; *h)* "plantas simplificadas da habitação, incluindo planta do fogo com identificação de todos os compartimentos e a localização dos equipamentos incorporados, fixos ou móveis".

V. *Consumidor; Obrigação de informação; Tutela do consumidor; Prédio urbano; Documento; Compra e venda.*

Fonograma (Dir. Civil) – V. *Registo fonográfico.*

Fontes (Dir. Civil) – V. *Nascentes.*

Fontes das obrigações (Dir. Civil) – Designam-se por fontes das obrigações os factos de que estas emergem. Essencialmente, são fontes das obrigações, no direito português, além da lei, os contratos, a responsabilidade civil extraobrigacional, a gestão de negócios, o enriquecimento sem causa e os negócios jurídicos unilaterais (com as limitações decorrentes do princípio da tipicidade, quanto a estes últimos).

V. *Obrigação; Lei; contrato; Responsabilidade civil; Gestão de negócios; Enriquecimento sem causa; Negócio jurídico unilateral.*

Fontes de direito – Em sentido técnico, fontes de direito costumam ser definidas como os processos de criação e revelação de normas jurídicas.

De acordo com o artigo 1.°, C.C., é fonte imediata de direito a lei – leis constitucionais, leis da Assembleia da República, decretos-leis do Governo e decretos legislativos regionais (v. artigos 112.°, 161.°, 164.° e segs., 198.°, 227.° e 228.° da Constituição, tendo em conta as alterações introduzidas pela Lei Constitucional n.° 1//2004, de 24 de Julho) e as normas corporativas. A persistência da referência às normas corporativas como fontes imediatas de direito, após a nova ordem constitucionalmente definida em 1976, não pode compreender-se senão como lapso do legislador que procedeu à revisão do Código Civil; há, porém, uma corrente na doutrina que entende esta referência como designadora das normas regulamentares de certas pessoas colectivas, designadamente públicas ou de utilidade pública.

Nos termos da lei, os usos, não sendo fonte imediata de direito, podem ter relevância normativa quando a lei assim o determine e desde que não sejam contrários aos princípios da boa fé (artigo 3.°, C.C.); significa isto que os usos não são fonte de direito, já que, nos casos em que a lei para eles remeta, a fonte é a própria lei que faz seu o conteúdo normativo do uso. Saber se, na ordem jurídica portuguesa, o costume deve ser considerado fonte de direito supõe averiguar da existência de regras, de origem consuetudinária, generalizadamente observadas e em relação às quais exista também generalizada convicção da sua jurisdicidade.

Pelo que respeita à jurisprudência, ela, nominal embora excepcionalmente, funcionava como fonte de direito: sempre que o Supremo Tribunal de Justiça proferisse, no domínio da mesma legislação, dois acórdãos com orientações opostas relativamente à mesma questão de direito, ou quando a Relação proferisse acórdão em oposição a outro dessa ou doutra Relação sobre a mesma questão fundamental de direito, e dele não fosse admitido recurso por motivo estranho à alçada do tribunal, podia recorrer-se para o Tribunal Pleno, que decidia, por meio de assento, a questão. A lei dizia que os assentos fixavam doutrina com força obrigatória geral, constituindo fonte de direito (v. artigos 2.°, C.C., e 763.°, C.P.C., revogados pelo Decreto-Lei n.° 329-A/95, de 12 de Dezembro). A doutrina e a jurisprudência não eram unânimes sobre a qualificação dos assentos como fontes de direito. V. a situação do problema em *Assento.*

Finalmente, o artigo 4.°, C.C., faz referência a uma outra fonte de direito, a equidade: trata-se de uma fonte não imediata, porquanto só é legítimo o recurso a ela quando a lei o permita ou quando as partes o tenham acordado, no caso de a relação jurídica não ser indisponível.

Há autores que utilizam a expressão *fonte de direito* para significar as sedes em que se encontra vertido ou localizado o direito que vigora: trata-se de uma acepção pouco comum.

V. *Norma jurídica; Lei; Decreto legislativo regional; Pessoa colectiva; Usos; Boa fé; Costume; Jurisprudência; Supremo Tribunal de Justiça; Acórdão; Questão de direito; Relação; Recurso; Alçada; Recurso para o tribunal pleno; Equidade; Direito indisponível.*

"FOR" (Dir. Civil; Dir. Com.) – Iniciais da expressão *free on railway*, que, num contrato de compra e venda ou de fornecimento de mercadorias, consubstancia uma cláusula, nos termos da qual o vendedor ou fornecedor se compromete a colocar os bens no vagão em que eles serão transportados, correndo até esse momento por sua conta as despesas e riscos respectivos.

V. *Compra e venda; Contrato de fornecimento; Cláusula; Risco da prestação; "FOB"; "FAS"; "FOT"; "CIF".*

Força executiva (Proc. Civil) – Efeito ligado às decisões judiciais e demais títulos executivos, que permite dar cumprimento efectivo ao direito exarado nesse título através dos meios normais judiciais ou administrativos, recorrendo, se necessário, à força pública.

O Decreto-Lei n.° 404/93, de 10 de Dezembro, revogado pelo Decreto-Lei n.° 269/98, de 1 de Setembro – rectificado pela Declaração de rectificação n.° 16-A/98, de 30 de Setembro, e alterado pelos Decretos-Leis n.°s 383/99, de 23 de Setembro, 183/ /2000, de 10 de Agosto, 323/2001, de 17 de Dezembro, 32/2003, de 17 de Fevereiro, 38/2003, de 8 de Março (este rectificado pela Declaração de rectificação n.° 5-C/ /2003, de 30 de Abril), e 107/2005, de 1 de Julho (este rectificado pela Declaração de rectificação n.° 63/2005, de 19 de Agosto), e pela Lei n.° 14/2006, de 26 de Abril –, que se ocupa da matéria, instituiu uma "providência que tem por fim conferir força executiva a requerimento destinado a exigir o cumprimento das obrigações" pecuniárias emergentes de contratos cujo valor não exceda o valor da alçada da Relação [era a do tribunal de 1.ª instância, na versão anterior do diploma]" "ou das obrigações emergentes de transacções comerciais abrangidas pelo Decreto-Lei n.° 32/2003, de 17 de Fevereiro": é a chamada injunção. Nestes processos, a falta de contestação, quando o réu tiver sido citado pessoalmente, determina, de acordo com o respectivo artigo 2.°, que "o juiz, com valor de decisão condenatória, limitar-se-á a conferir força executiva à petição, a não ser que ocorram, de forma evidente, excepções dilatórias ou que o pedido seja manifestamente improcedente". A Portaria n.° 808/2005, de 9 de Setembro, aprovou o modelo de requerimento de injunção.

V. *Direito subjectivo; Execução; Título executivo; Penhora; Despejo; Requerimento de injunção; Obrigação pecuniária; Alçada; Relação; Tribunal de 1.ª instância; Injunção; Petição inicial; Contestação; Réu; Citação pessoal; Excepção; Excepção dilatória; Pedido.*

Força maior (Dir. Civil) – V. *Caso de força maior.*

Força probatória (Dir. Civil) – Grau de certeza com que as provas demonstram a realidade dos factos a que se referem, isto é, eficácia de um meio de prova.

A uma prova pode a parte contrária opor contraprova, isto é, reduzir o grau de certeza com que a prova demonstrava a realidade de um facto, tornando-o, pela contraprova, duvidoso (artigo 346.°, C.C.).

A força probatória varia de tipo de prova para tipo de prova e, dentro de um tipo de prova, em função de vícios da prova.

A força probatória pode ser *plena*, demonstrando assim cabalmente a realidade dos factos a que se refere (artigos 358.°, n.°s 1 e 2, 368.°, 371.°, n.° 1, 376.°, n.°s 1 e 2, e 377.°, C.C.) ou o grau de certeza com que demonstrou os factos ser livremente apreciado pelo julgador (artigos 358.°, n.°s 3 e 4, 361.°, 366.°, 371.°, n.°s 1, *in fine*, e 2, 376.°, n.° 3, 389.°, 391.° e 396.°, C.C.).

Os documentos autênticos (exarados com as formalidades legais pelas autoridades públicas nos limites da sua competência ou, dentro do círculo de actividade que lhe é atribuído, pelo notário ou outro oficial público provido de fé pública) fazem prova plena dos factos neles atestados, desde que não seja impugnada a sua veracidade.

Os documentos particulares, quando reconhecida a sua autoria pelo notário ou por ambas as partes, fazem prova plena quanto às afirmações atribuídas ao seu autor, sem prejuízo da arguição de falsidade. Os documentos particulares, quando confirmados pelas partes perante o notário, dizem-se autenticados e têm a força probatória dos documentos autênticos.

Quando a lei exigir, como forma da declaração negocial, documento autêntico, autenticado ou particular, não pode este ser substituído por outro meio de prova ou por outro documento que não seja de força probatória superior.

V. artigos 363.°, 364.°, 371.° e 376.°, C.C..

O Decreto-Lei n.° 76-A/2006, de 29 de Março, rectificado pela Declaração de rectificação n.° 28-A/2006, de 26 de Maio, dispõe, no seu artigo 38.°, n.° 1, que, "sem prejuízo da competência atribuída a outras entidades, as câmaras de comercio e indústria, reconhecidas nos termos do Decreto-Lei n.° 244/92, de 29 de Outubro, os conservadores, os oficiais de registo, os advogados e os solicitadores podem fazer reconhecimentos simples e com menções especiais, presenciais e por semelhança, autenticar documentos particulares, certificar, ou fazer certificar, traduções de documentos nos termos previstos na lei notarial", determinando o n.° 2 da mesma disposição que estes reconhecimentos, autenticações e certificações "conferem ao documento a mesma força probatória que teria se tais actos tivessem sido realizados com intervenção notarial".

V. *Meios de prova; Prova; Contraprova; Prova plena; Prova livre; Documento autêntico; Notário; Acção de falsidade; Incidente de falsidade; Documento particular; Documento autenticado; Forma; Declaração negocial; Advogado; Solicitador; Registo; Reconhecimento de letra e assinatura; Tradução.*

Foreiro (Dir. Civil) – Foreiro ou enfiteuta era o titular do domínio útil no regime da enfiteuse, instituto hoje abolido.

V. *Enfiteuse.*

Forma (Dir. Civil) – Os negócios jurídicos podem, em princípio, ser validamente celebrados por qualquer forma: este o princípio da liberdade da forma ou da consensualidade, que se encontra consagrado no artigo 219.°, C.C..

No entanto, a lei excepciona numerosos negócios deste princípio, prescrevendo para a sua celebração uma determinada forma (forma legal); por outro lado, as próprias partes podem convencionar que o ou os futuros contratos que vierem a celebrar terão de revestir uma dada forma (forma convencional).

Quando o acto carece da forma legalmente prescrita, é nulo – artigo 220.°, C.C.. Do mesmo modo, são nulas "as estipulações verbais acessórias anteriores ao documento legalmente exigido para a declaração negocial, ou contemporâneas dele [...], salvo quando a razão determinante da forma lhes não seja aplicável e se prove que correspondem à vontade do autor da declaração". Quanto às "estipulações posteriores ao documento, só estão sujeitas à forma legal prescrita para a declaração se as razões da exigência especial da lei lhes forem aplicáveis". V. artigo 221.°, C.C..

Tendo sido as partes a convencionar uma dada forma, é o artigo 223.°, C.C., que estabelece quais as consequências da inobservância dessa forma:

a) Sendo a convenção relativa à forma anterior ao negócio, o n.° 1 deste artigo declara que se presume que o negócio é inválido se não for feito na forma convencionada; como a generalidade das presunções legais, também esta é ilidível por prova em contrário (cfr. artigo 350.°, n.° 2, C.C.).

b) Se a forma foi convencionada após o negócio ou simultaneamente com ele, presume-se que as partes não quiseram, com a convenção, substituir o negócio, mas apenas consolidá-lo, tornando-o mais claro ou mais facilmente objecto de prova (artigo 223.°, n.° 2, C.C.).

O artigo 26.° do Decreto-Lei n.° 7/2004, de 7 de Janeiro – transpôs a Directiva n.° 2000/31/CE, do Parlamento Europeu e do Conselho, de 8 de Junho de 2000 –, que se ocupa, entre outras matérias, da contratação electrónica, diz que "as declarações negociais emitidas por via electrónica satisfazem a exigência legal de forma escrita quando contidas em suporte que ofereça as mesmas garantias de fidelidade, inteligibilidade e conservação", valendo o documento electrónico como "documento assinado quando satisfizer os requisitos da legislação sobre assinatura electrónica e certificação". V. Decreto-Lei n.° 290-D/99, de 2 de Agosto, alterado pelos Decretos-Leis n.°s 62/2003, de 3 de Abril, e 165/2004, de 6 de Julho.

V. *Negócio jurídico; Contrato; Nulidade; Elementos acidentais do contrato; Declaração negocial; Presunção legal; Invalidade; Prova; Documento; Contratação electrónica; Documento electrónico; Assinatura; Assinatura electrónica.*

Formação do contrato (Dir. Civil) – V. *Contrato; Celebração do contrato.*

Forma convencional (Dir. Civil) – É a forma que certo negócio jurídico tem de revestir em consequência de as partes haverem acordado nesse sentido. Havendo convenção sobre a forma a adoptar num futuro negócio, o artigo 223.°, n.° 1, C.C., contém a presunção de que "as partes se não querem vincular senão pela forma convencionada".

O n.° 2 da mesma disposição estabelece que, "se, porém, a forma só for convencionada depois de o negócio estar concluído ou no momento da sua conclusão, e houver fundamento para admitir que as partes se quiseram vincular desde logo, presume-se que a convenção teve em vista a consolidação do negócio, ou qualquer outro efeito, mas não a sua substituição".

V. *Forma; Negócio jurídico; Presunção legal.*

Forma de processo (Proc. Civil) – As acções podem ser de várias espécies (declarativas e executivas) consoante os seus fins, conforme dispõe o artigo 4.°, C.P.C..

"O processo pode ser comum ou especial"; "o processo especial aplica-se aos casos expressamente designados na lei; o processo comum é aplicável a todos os casos a que não corresponda processo especial" (artigo 460.°, C.P.C.). "O processo comum é ordinário, sumário e sumaríssimo" (artigo 461.°, C.P.C.).

O artigo 142.°, n.° 2, C.P.C., na redacção do Decreto-Lei n.° 329-A/95, de 12 de Dezembro, estabelece que a forma de processo se determina pela "lei vigente à data em que a acção é proposta", dispondo o n.° 1 do mesmo artigo que "a forma dos diversos actos processuais é regulada pela lei que vigore no momento em que são praticados".

V. *Acção; Acção declarativa; Execução; Processo comum; Processo especial; Processo ordinário; Processo sumário; Processo sumaríssimo; Conflitos de leis no tempo; Actos processuais.*

Forma determinada (Dir. Civil) – Por oposição a forma livre, a forma é determinada quando, por força de lei ou de convenção, está fixada para certo negócio jurídico.

O princípio vigente na nossa lei civil é o da liberdade de forma, decorrente do artigo 219.°, C.C..

V. *Forma; Negócio jurídico; Forma legal; Forma convencional.*

Forma dos actos processuais (Proc. Civil) – Embora o artigo 138.°, n.° 1, C.P.C., determine que "os actos processuais terão a forma que, nos termos mais simples, melhor corresponda ao fim que visam atingir", há actos sujeitos a determinadas exigências quanto à sua forma. O não preenchimento destas exigências dá lugar a vários tipos de sanções, desde a nulidade de todo o processado posterior (por exemplo, quando se tenha empregado indevidamente a citação edital, nos termos do artigo 195.°, n.° 1-*c)*, C.P.C., com a redacção do Decreto-Lei n.° 329-A/95, de 12 de Dezembro) até à anulação dos actos que não possam ser aproveitados (como no erro na forma do processo, previsto no artigo 199.°, C.P.C.).

A lei reguladora da forma dos actos processuais é aquela que vigorar no momento da sua prática (artigo 142.°, C.P.C., na redacção do referido DL n.° 329-A/95).

V. *Actos processuais; Nulidade processual; Citação; Citação edital; Forma de processo; Erro na forma de processo.*

Forma legal (Dir. Civil) – Designa-se assim a forma que é exigida por lei para um certo negócio jurídico.

Fala-se, em regra, de forma legal para referir as formalidades *ad substantiam* e não aquelas que a lei apenas exige para a prova do acto.

Nos termos do artigo 220.°, C.C., "a declaração negocial que careça da forma legalmente prescrita é nula, quando outra não seja a sanção especialmente prevista na lei".

Muitas vezes, a lei exige a escritura pública (assim, em todos os casos previstos no artigo 80.° do Código do Notariado, mas não só), outras, o escrito particular (por exemplo, o artigo 410.°, n.° 2, C.C., relativo ao contrato-promessa, ou o artigo 1143.°, para o mútuo de valor superior a 2 000 euros).

V. *Forma; Negócio jurídico; "Ad substantiam"; Prova; Nulidade; Escritura pública; Documento particular; Contrato-promessa; Mútuo.*

Formalidade (Dir. Civil; Proc. Civil) – Num dos sentidos deste termo, formalidade é sinónimo de forma, sendo, porém, o termo normalmente utilizado para designar actos relativos ao aspecto exterior da fase de preparação do negócio jurídico (neste sentido, o processo preliminar, previsto nos artigos 1610.° e segs., C.C., é uma formalidade do casamento) e actos relativos à eficácia do negócio, cuja prática constitui um ónus para as partes ou para uma delas (neste sentido, o registo constitui uma formalidade do contrato-promessa com eficácia real, nos termos do artigo 413.°, C.C.).

No primeiro sentido mencionado, distingue-se entre formalidades *ad substantiam* e formalidades *ad probationem:* enquanto as primeiras são condição de validade do negócio (cfr. artigo 220.°, C.C.), as segundas só são necessárias para prova do negócio. Referindo-se quer a umas quer a outras, dispõe o artigo 655.°, n.° 2, C.P.C., que, "[...] quando a lei exija, para a existência ou prova do facto jurídico, qualquer formalidade especial, não pode esta ser dispensada".

V. *Forma; Negócio jurídico; Processo preliminar de publicações; Casamento; Registo; Ónus; Contrato-promessa; Eficácia real; "Ad substantiam"; "Ad probationem"; Validade; Prova; Documento substancial; Documento probatório.*

Formalidade "ad probationem" (Dir. Civil) – V. *Formalidade; "Ad probationem".*

Formalidade "ad oppositionem" (Dir. Civil) – V. *Formalidade; "Ad oppositionem".*

Formalidade "ad substantiam" (Dir. Civil) – V. *Formalidade; "Ad substantiam".*

Formalidades da citação (Proc. Civil) – O regime das formalidades da citação foi alterado pela última reforma do Código de Processo Civil. Na versão legal anterior, o n.° 2 do artigo 195.°, C.P.C., exigia, na citação feita na pessoa do réu, a entrega a este do duplicado da petição inicial e a assinatura do citado na certidão ou a intervenção de duas testemunhas quando o citado não assinasse; no caso de citação feita em pessoa diversa do citando (e, quando o citando fosse pessoa diversa do réu, esta tinha de ser a designada pela lei e apenas nos casos em que a lei permitia a substituição), a entrega do duplicado, a assinatura da mesma pessoa na certidão ou a intervenção de duas testemunhas, e a expedição da carta registada, com aviso de recepção, ao réu, a afixação da nota no lugar e com os requisitos que o texto exigia; na citação postal em conformidade com o artigo 244.°, a assinatura do aviso de recepção e a entrega do duplicado; na citação edital, a afixação de um edital nalgum dos lugares indicados pelo artigo 248.° e, se a lei exigisse, também a publicação de anúncios, a publicação no jornal próprio.

No regime actual, a citação é pessoal ou edital, só tendo lugar esta última "quando o citando se encontre ausente em parte incerta, nos termos dos artigos 244.° e 248.°", C.P.C., ou quando sejam incertas as pessoas a citar, nos termos da redacção do Decreto-Lei n.° 38/2003, de 8 de Março, rectificado pela Declaração de rectificação n.° 5-C/2003, de 30 de Abril.

O número 2, do mesmo artigo, estabelece que a citação pessoal deve ser feita com a "entrega ao citando de carta registada com aviso de recepção, seu depósito [...], ou certificação da recusa de recebimento [...]", ou através de "contacto pessoal do solicitador de execução ou do funcionário judicial com o citando".

"A citação por via postal faz-se por meio de carta registada com aviso de recepção, de modelo oficialmente aprovado, dirigida ao citando e endereçada para a sua residência ou local de trabalho ou, tratando-se de pessoa colectiva ou sociedade, para a respectiva sede ou para o local onde funciona normalmente a administração, incluindo todos os elementos a que se refere o artigo 235.° [entrega do duplicado da petição inicial e de cópia dos documentos que a acompanhem, e informação acerca da acção a que se refere, onde corre o processo, o prazo para a defesa, a necessidade de patrocínio judiciário e as cominações em caso de revelia] [...]". "Frustrando-se a via postal, a citação é efectuada mediante contacto pessoal do solicitador de execução com o citando", devendo ser entregue a este uma nota com as indicações já referidas.

Para além dos casos em que se considera, nos termos do artigo 195.°, n.° 1, que há falta de citação, sendo então nulo tudo o que se tiver processado depois da petição inicial, salvando-se apenas esta (artigo 194.°, C.P.C.), "é nula a citação quando não hajam sido, na sua realização, observadas as formalidades prescritas na lei", só sendo, porém, a arguição de nulidade "atendida se a falta cometida puder prejudicar a defesa do citado" – artigo 198.°, C.P.C..

V. *Citação; Réu; Duplicados; Petição inicial; Certidão; Citação edital; Citação pessoal; Ausência; Incertos; Citação postal; Anúncio público; Solicitador de execução; Funcionário de justiça; Residência; Pessoa colectiva; Sede; Documento; Patrocínio judiciário; Revelia; Nulidade processual.*

Formalismo (Dir. Civil) – Princípio em virtude do qual uma forma particular é exigida pela lei para a validade de determinado acto.

Este não é o regime-regra na nossa lei. Mas, em alguns casos, exige-se forma para a validade de certos actos. Assim, por exemplo, é exigida escritura pública para o acto de constituição, estatutos e suas alterações das associações (artigo 168.°, n.° 1, C.C.); é também exigida escritura pública para a válida venda ou doação de bens imóveis (v. artigos 875.° e 947.°, n.° 1, C.C., respectivamente); o contrato-promessa, em determinados casos, tem de ser reduzido a escrito (artigo 410.°, n.° 2, C.C.).

V. *Forma; Validade; Consensualismo; Escritura pública; Documento autêntico; Associação; Estatutos; Compra e venda; Doação; Imóvel; Contrato-promessa; Documento particular.*

Forma livre (Dir. Civil) – O artigo 219.°, C.C., dispõe que "a validade da declaração negocial não depende da observância de forma especial, salvo quando a lei a exigir", consagrando assim o princípio da liberdade de forma.

V. *Forma; Declaração negocial; Validade.*

Forma voluntária (Dir. Civil) – Designa-se por forma voluntária aquela que, não sendo legalmente imposta, é espontaneamente adoptada pelo autor de um acto ou negócio jurídico.

O artigo 222.°, C.C., determina que, quando o autor da declaração negocial haja adoptado a forma escrita que não era legalmente exigível, "as estipulações verbais acessórias anteriores ao escrito, ou contemporâneas dele, são válidas, quando se mostre que correspondem à vontade do declarante e a lei as não sujeite à forma escrita". "As estipulações verbais posteriores ao documento são válidas, excepto se, para o efeito, a lei exigir a forma escrita".

V. *Forma; Negócio jurídico; Acto jurídico; Declaração negocial; Documento escrito; Elementos acessórios do contrato; Validade; Declarante.*

Fórmula executória (Proc. Civil) – O Decreto-Lei n.° 269/98, de 1 de Setembro (rectificado pela Declaração de rectificação n.° 16-A/98, de 30 de Setembro), alterado pelos Decretos-Leis n.°s 383/99, de 23 de Setembro, 183/2000, de 10 de Agosto, 323/2001, de 17 de Dezembro, 32/2003, de 17 de Fevereiro, 38/2003, de 8 de Março (rectificado pela Declaração de rectificação n.° 5-C/2003, de 30 de Abril), e 107/2005, de 1 de Julho (rectificado pela Declaração de rectificação n.° 63/2005, de 19 de Agosto), e pela Lei n.° 14/2006, de 26 de Abril, regula a injunção, "providência que tem por fim conferir força executiva a requerimento destinado a exigir o cumprimento das obrigações" pecuniárias emergentes de contrato cujo valor não exceda o valor da alçada da Relação (era a do tribunal de 1.ª instância, na versão anterior da lei) ou "das obrigações emergentes de transacções comerciais abrangidas pelo Decreto-Lei n.° 32/2003, de 17 de Fevereiro" (artigo 7.°). A Portaria n.° 808/2005, de 9 de Setembro, aprovou o modelo de requerimento de injunção, estabelecendo o artigo 1.° da Portaria n.° 809/2005 da mesma data as formas de apresentação na secretaria judicial desse requerimento.

"Se, depois de notificado, o requerido não deduzir oposição, o secretário aporá no requerimento de injunção a seguinte fórmula: «Este documento tem força executiva»". O "despacho de aposição da fórmula executória é datado, rubricado e selado ou, em alternativa, autenticado com recurso a assinatura electrónica avançada", só podendo ser recusada a aposição da fórmula executória quando o pedido não se ajuste ao montante ou finalidade do procedimento; "do acto de recusa cabe reclamação nos termos previstos no n.° 2 do artigo 11.° ["para o juiz ou, no caso de tribunais com mais de um juiz, para o que estiver de turno à distribuição"]". "Aposta a fórmula executória, a secretaria devolve ao requerente todo o expediente respeitante à injunção ou disponibiliza àquele, por meios electrónicos, em termos a definir por portaria do Ministro da Justiça, o requerimento de injunção no qual tenha sido aposta a fórmula executória" - artigos 13.° e 14.°.

V. *Injunção; Força executiva; Contrato; Alçada; Relação; Tribunal de 1.ª instância; Obrigação pecuniária; Requerimento de injunção; Notificação; Assinatura electrónica; Pedido; Reclamação; Juiz; Distribuição; Secretaria judicial.*

Fornecimento (Dir. Civil) - V. *Contrato de fornecimento.*

Foro

1. (Dir. Civil) - Por foro ou canon designava-se a prestação anual que o enfiteuta fazia ao senhorio, calculada em espécie e quantidade, certas e determinadas. Essa prestação podia consistir em géneros ou dinheiro (se a enfiteuse fosse de prédio urbano, o foro seria sempre em dinheiro) - era o que dispunham os artigos 1499.°-*a)*, e 1502.° e segs., C.C., actualmente revogados.

A enfiteuse encontra-se hoje abolida tanto em relação a prédios rústicos como urbanos (Decreto-Lei n.° 195-A/76, de 16 de Março, alterado pelas Leis n.°s 22/87, de 24 de Junho, e 108/97, de 16 de Setembro, e Decreto-Lei n.° 233/76, de 2 de Abril, este alterado quanto ao prazo para o exercício do direito à indemnização do senhorio pelos Decretos-Leis n.°s 82/78, de 2 de Maio, 73-A/79, de 3 de Abril, e 226/80, de 15 de Julho).

V. *Enfiteuse; Prédio rústico; Prédio urbano; Indemnização.*

2. (Proc. Civil) - Expressão que designa um tribunal e, por extensão, a sua competência.

V. *Tribunal; Competência.*

"FOT" (Dir. Civil; Dir. Com.) - Iniciais da expressão *free on truck*, que, num contrato de venda ou fornecimento de bens, exprime uma cláusula segundo a qual são suportadas pelo vendedor ou fornecedor os riscos e as despesas até ao momento em que os bens se encontrem a bordo do veículo terrestre que os transportará até ao adquirente.

V. *Compra e venda; Contrato de fornecimento; Risco da prestação; "FAS"; "FAR"; "FOB"; "CIF".*

Fotocópia de documentos (Dir. Civil) - A fotocópia de documentos arquivados nas repartições notariais ou noutras repartições públicas tem a força probatória do original, desde que a sua conformidade com este se encontre atestada pelo notário ou outro depositário público autorizado a expedir certidões. Cfr. artigos 164.° a 171.°-A do Código do Notariado.

O Decreto-Lei n.° 40/96, de 7 de Maio, aditou ao Código do Notariado um artigo 171.°-A, cujo n.° 1 estabelece que "o notário pode conferir fotocópias que tenham sido extraídas de documentos não arquivados no cartório, desde que tanto a fotocópia como o documento lhe sejam apresentados para esse fim"; por seu lado, o n.° 2 determina que, "quando a natureza ou a extensão desses documentos implique uma conferência excessivamente demorada, pode o notário exigir que a fotocópia seja extraída no próprio cartório".

O artigo 4.°, n.° 2-*g)*, do Estatuto do Notariado, aprovado pelo Decreto-Lei n.° 26//2004, de 4 de Fevereiro (alterado pela Lei n.° 51/2004, de 29 de Outubro), diz que compete ao notário "[...] certificar as fotocópias extraídas pelos interessados".

O Decreto-Lei n.° 28/2000, de 13 de Março, rectificado pela Declaração de rectificação n.° 5-H/2000, de 31 de Março, confere competência para certificação da conformidade de fotocópias com os documentos originais às juntas de freguesia, ao serviço público de correios, CTT - Correios de Portugal, S.A.-, às câmaras de comércio e indústria reconhecidas nos termos do Decreto-Lei n.° 244/92, de 29 de Dezembro, aos advogados e aos solicitadores. As fotocópias assim conferidas têm a força probatória dos originais.

O Decreto-Lei n.° 30/2000, de 13 de Março, prevê que a fotocópia de documento autêntico ou autenticado seja bastante para a instrução "de actos e processos dos registos e notariado", "desde que conferida com o original [...]"; o n.° 2 do artigo 1.° dispõe que "o conservador, notário ou oficial dos registos e notariado apõe a sua rubrica na fotocópia, declarando a conformidade com o original ou documento autenticado"; o n.° 3 da mesma disposição diz que, "se o documento original constar de arquivo de serviço público, o funcionário competente apõe a sua assinatura na respectiva fotocópia, declarando a sua conformidade com o original".

Entretanto, o Decreto-Lei n.° 237/2001, de 30 de Agosto, veio, no respectivo artigo 5.°, permitir às Câmaras de Comércio e Indústria, reconhecidas nos termos do Decreto-Lei n.° 244/92, de 29 de Outubro, aos advogados e aos solicitadores, que façam os reconhecimentos com menções especiais, por semelhança, nos termos previstos no Código do Notariado. Mais tarde, o Decreto-Lei n.° 76-A/2006, de 29 de Março, rectificado pela Declaração de rectificação n.° 28-A/2006, de 26 de Maio, veio dispor, no seu artigo 38.°, n.° 1, que, "sem prejuízo da competência atribuída a outras entidades, as câmaras de comércio e indústria, reconhecidas nos termos do Decreto-Lei n.° 244/92, de 29 de Outubro, os conservadores, os oficiais de registo, os advogados e os solicitadores podem fazer reconhecimentos simples e com menções especiais, presenciais e por semelhança, autenticar documentos particulares, certificar, ou fazer certificar, traduções de documentos nos termos previstos na lei notarial", determinando o n.° 2 da mesma disposição que estes reconhecimentos, autenticações e certificações "conferem ao documento a mesma força probatória que teria se tais actos tivessem sido realizados com intervenção notarial".

Para invalidar ou modificar a força probatória da fotocópia, é necessário o confronto com o original, podendo a pessoa contra quem foi apresentada exigir que o confronto seja feito na sua presença.

Se a fotocópia houver sido feita de documento estranho aos arquivos públicos e a sua conformidade com o original for atestada por notário, tem também a mesma força probatória que o original, mas, neste caso, se a pessoa contra quem for apresentada exigir a exibição do original, esta tem de ser efectuada, sob pena de se perder o referido valor probatório.

V. artigos 385.°, 386.° e 387.°, C.C..

O Código do Registo Predial – aprovado pelo Decreto-Lei n.° 224/84, de 6 de Julho, (rectificado por Declaração publicada no *Diário da República*, I série, de 29 de Setembro de 1984), e alterado pelos Decretos-Leis n.°s 355/85, de 2 de Outubro, 60/ /90, de 14 de Fevereiro (este último rectificado por Declaração publicada no *Diário da República*, I-A série, de 31 de Março de 1990), 80/92, de 7 de Maio, 30/93, de 12 de Fevereiro, 227/94, de 8 de Setembro, 267/94, de 25 de Outubro, 67/96, de 31 de Maio, 375-A/99, de 20 de Setembro, 533/ /99, de 11 de Dezembro, 273/2001, de 13 de Outubro, 323/2001, de 17 de Dezembro, 38/2003, de 8 de Março (rectificado pela Declaração de rectificação n.° 5-C/2003, de 30 de Abril), e 194/2003, de 23 de Agosto, e pela Lei n.° 6/2006, de 27 de Fevereiro – dispõe, no seu artigo 110.°, que "o registo prova-se por meio de certidões e fotocópias", podendo o prazo de validade destes documentos "ser prorrogado por períodos sucessivos de igual duração, através de confirmação da conservatória".

V. *Documento; Certidão; Notário; Advogado; Solicitador; Pública-forma; Força probatória; Documento autêntico; Documento autenticado; Registo predial; Certidão; Reconhecimento de letra e assinatura; Autenticação; Tradução.*

Fotografia (Dir. Civil; Proc. Civil) – V. *Reproduções fotográficas.*

Fracção autónoma (Dir. Civil) – Na propriedade horizontal, designa-se por fracção autónoma qualquer parte do edifício que, como tal, tenha sido especificada no título constitutivo, desde que constitua uma unidade independente, seja distinta e isolada de todas as outras, e disponha de saída própria para uma parte comum do edifício ou para a via pública. Diz o artigo 1414.°, C.C., que "as fracções de que um edifício se compõe, em condições de constituírem unidades independentes, podem pertencer a proprietários diversos em regime de propriedade horizontal".

É no título constitutivo da propriedade horizontal que "serão especificadas as partes do edifício correspondentes às várias fracções, por forma que estas fiquem devidamente individualizadas", também aí sendo "fixado o valor relativo de cada fracção, expresso em percentagem ou permilagem, do valor total do prédio" (artigo 1418.°, C.C.). O n.° 2 do artigo 1418.°, aditado ao C.C. pelo Decreto-Lei n.° 267/94, de 25 de Outubro, dispõe que do título constitutivo pode ainda constar a menção do fim a que se destina cada fracção, determinando a nulidade daquele a desconformidade entre esse fim "e o que foi fixado no projecto aprovado pela entidade pública competente" (n.° 3 da mesma disposição, também aditado pelo citado DL). O n.° 4 do artigo 1422.°, na redacção do mencionado DL n.° 267/94, determina que, "sempre que o título constitutivo não disponha sobre o fim de cada fracção autónoma, a alteração ao seu uso carece da autorização da assembleia de condóminos, aprovada por maioria representativa de dois terços do valor total do prédio".

Existe, pois, actualmente, na terminologia legal, uma aparente distinção entre o fim de cada fracção – que pode constar do título constitutivo e que, em qualquer caso, tem de ser conforme com o que foi fixado no projecto aprovado pela entidade pública competente – e o seu uso que, na ausência de fixação do fim no título constitutivo, pode ser alterado por uma deliberação da assembleia de condóminos, aprovada por uma maioria representativa de dois terços do valor total do prédio.

De igual modo acrescentado ao C.C. pelo referido diploma, o artigo 1422.°-A estabelece, no seu n.° 1, que "não carece de autorização dos restantes condóminos a junção, numa só, de duas ou mais fracções do mesmo edifício, desde que estas sejam contíguas"; o n.° 3 do mesmo artigo dispõe que "não é permitida a divisão de fracções em novas fracções autónomas, salvo autorização do título constitutivo ou da assembleia de condóminos, aprovada sem qualquer oposição".

O Decreto-Lei n.° 68/2004, de 25 de Março, que "estabelece um conjunto de mecanismos que visam reforçar os direitos dos consumidores à informação e à protecção dos seus interesses económicos no âmbito da aquisição de prédio urbano para habitação, bem como promover a transparência do mercado", veio impor aos profissionais da actividade de construção a disponibilização de informação, constante da chamada ficha técnica – documento descritivo das características técnicas e funcionais do prédio urbano destinado a habitação, reportadas ao momento de conclusão das obras de construção, reconstrução, ampliação ou alteração do prédio "de acordo com o conteúdo das telas finais devidamente aprovadas" –, "redigida em língua portuguesa, em termos claros e compreensíveis para o comprador, de modo a ser facilmente legível e sem remissões para textos técnicos cuja compreensão pressuponha conhecimentos específicos"; esta ficha técnica "deve conter informação sobre os principais profissionais envolvidos no projecto, construção, reconstrução, ampliação ou alteração, bem como na aquisição da habitação, e ainda sobre o loteamento, o prédio urbano e a fracção autónoma ou a habitação unifamiliar"; os n.°s 2 a 9 do artigo 7.° contêm o enunciado minucioso de todas as informações que devem constar daquela ficha, que deve ser mantida arquivada pelo promotor imobiliário por um período mínimo de 10 anos; destas informações, destacam-se aqui as constantes do n.° 5, relativas às fracções autónomas e que são: *a)* identificação da fracção, com indicação da localização e do número e data da licença de utilização; *b)* "descrição da habitação, nomeadamente do fogo e das dependências do fogo, com indicação da área bruta da habitação, da área bruta do fogo, da área útil do fogo, da área útil de cada compartimento e da área útil de cada dependência do fogo"; *c)* "caracterização das soluções construtivas dos principais elementos de construção, nomeadamente das paredes exteriores e interiores, dos pavimentos e escadas, dos tectos e coberturas, das portas exteriores e interiores, da caixilharia exterior e dos sistemas de protecção solar dos vãos"; *d)* descrição dos principais materiais e produtos utilizados na construção, "especialmente aqueles que estejam em contacto directo com os moradores, e lista dos respectivos fabricantes, contendo os seus contactos e moradas"; *e)* "caracterização das instalações na habitação, nomeadamente de distribuição de água, de drenagem de águas residuais domésticas, de drenagem de águas pluviais, de distribuição de gás, de distribuição de energia eléctrica, de climatização e aquecimento, de ventilação e evacuação de fumos e gases e de comunicações telefónicas e telecomunicações"; *f)* "descrição dos equipamentos incorporados na habitação, nomeadamente dos da cozinha e das instalações sanitárias, e lista dos respectivos fabricantes, contendo os seus contactos e moradas"; *g)* planta simplificada do piso de acesso ao fogo, com destaque para a localização deste e dos espaços comuns, e com indicação da localização dos extintores portáteis e das saídas de emergência; *h)* "plantas simplificadas da habitação, incluindo planta do fogo com identificação de todos os compartimentos e a localização dos equipamentos incorporados, fixos ou móveis"; *i)* plantas simplificadas das redes de distribuição de água, de drenagem de águas, de distribuição de energia eléctrica, de gás, de climatização e aquecimento e de comunicações e entretenimento existentes na habitação. A obrigação de fazer constar da ficha técnica as informações referidas na lei "não prejudica a possibilidade de o promotor imobiliário incluir na ficha [...] informações complementares que considere importantes". Esta ficha deve ser conservada pelo proprietário do prédio ou fracção. Para além destas informações, o artigo 11.° impõe que, nos locais de atendimento e de venda ao público, o vendedor, a empresa de mediação imobiliária ou outro profissional, que se encontre incumbido de comercializar prédios urbanos destinados à habitação disponibilizem, entre outra, informação documentada em especial sobre a ficha técnica ou a sua versão provisória, conforme os casos, o preço por metro quadrado da área útil, e o preço total, com indicação dos impostos e outras obrigações que incidam sobre a aquisição, bem como as formas de pagamento propostas.

V. *Propriedade horizontal; Edifício; Título constitutivo da propriedade horizontal; Nulidade; Assembleia dos condóminos; Deliberação; Divisão de fracções autónomas; Junção de fracções autónomas; Consumidor; Obrigação de informação; Fogo; Águas; Águas pluviais; Instalações de gás; Instalações de energia eléctrica; Contrato de mediação; Partes comuns.*

Fraccionamento (Dir. Civil) – Divisão de um imóvel em fracções ou lotes.

O direito ao fraccionamento de prédios rústicos (constituídos por terrenos aptos para cultura) é, em princípio, limitado pelo C.C. (artigo 1376.°), determinando-se que as parcelas resultantes não podem ter área inferior à correspondente à unidade de cultura fixada para cada zona do País. Também não é autorizado o fraccionamento se dele resultar o encrave de qualquer das parcelas.

Os actos de fraccionamento que infrinjam estas disposições são anuláveis.

O artigo 1377.°, C.C., excepciona, porém, algumas situações da proibição de fraccionamento emergente do artigo 1376.°.

Ao fraccionamento e à troca de terrenos com aptidão agrícola ou florestal são aplicáveis, além das regras que o Código Civil estabelece, as do Decreto-Lei n.° 384/88, de 25 de Outubro (cfr. artigos 19.° e segs. deste diploma).

V. também o Decreto-Lei n.° 103/90, de 22 de Março, rectificado por declaração publicada no *Diário da República*, I série, de 30 de Junho de 1990, e alterado pelo Decreto-Lei n.° 59/91, de 30 de Janeiro, que desenvolve as bases gerais do regime de emparcelamento e fraccionamento de prédios rústicos.

O regime jurídico dos loteamentos urbanos, aprovado pelo Decreto-Lei n.° 448/91, de 29 de Novembro, foi revogado pelo Decreto-Lei n.° 555/99, de 16 de Dezembro (rectificado pela Declaração de rectificação n.° 5-B/2000, de 29 de Fevereiro, e alterado pelo Decreto-Lei n.° 177/2001, de 4 de Abril, este rectificado pela Declaração de rectificação n.° 13-T/2001, de 30 de Junho, e pelas Leis n.°s 15/2002, de 22 de Fevereiro, e 4-A/2003, de 19 de Fevereiro), que estabelece o regime jurídico da urbanização e edificação.

V. *Imóvel; Prédio rústico; Unidade de cultura; Encrave; Emparcelamento; Anulabilidade.*

Fraude à lei (Dir. Civil) – Em termos gerais, quando, usando a permissão conferida por uma norma, se praticam actos que visam um resultado proibido por outra norma, diz-se que há fraude à lei.

No domínio do Direito Internacional Privado, esta figura tem particular relevância.

V. *Norma jurídica.*

"Fraus omnia corrumpit" (Dir. Civil) – Fórmula latina (a fraude corrompe tudo) que exprime a ideia da invalidade dos actos jurídicos, directa ou indirectamente, essencial ou acidentalmente, baseados em fraude.

V. *Acto jurídico; Invalidade.*

Frequência de programa formativo (Dir. Civil) – É uma medida tutelar educativa, prevista na Lei Tutelar Educativa (que substituiu a O.T.M.), aprovada pela Lei n.° 166/99, de 14 de Setembro, que consiste "na participação em:

a) Programas de ocupação de tempos livres;

b) Programas de educação sexual;

c) Programas de educação rodoviária;

d) Programas de orientação psico-pedagógica;

e) Programas de despiste e orientação profissional;

f) Programas de aquisição de competências pessoais e sociais;

g) Programas desportivos".

Trata-se de uma medida cuja "duração máxima [é] de seis meses, salvo nos casos em que o programa tenha duração superior, não podendo exceder um ano"; "a título excepcional, e para possibilitar a execução da medida, o tribunal pode decidir que o menor resida junto de pessoa idónea ou em instituição de regime aberto não dependente do Ministério da Justiça que faculte o alojamento necessário para a frequência do programa" – artigo 15.°.

Antes de aplicar esta medida, "o tribunal pode pedir aos serviços de reinserção social informação sobre instituições ou entidades junto das quais o menor deve cumprir a medida, respectivos programas, horários, condições de frequência e vagas disponíveis", tendo aqueles serviços de informar em prazo não superior a 20 dias (artigo 21.° do mesmo diploma).

A Lei n.° 323-D/2000, de 20 de Dezembro, que aprova o Regulamento Geral e Disciplinar dos Centros Educativos, ocupa-se, nos artigos 17.° e segs., da organização da intervenção educativa.

V. *Menor; Medida tutelar; Centro educativo.*

Frestas (Dir. Civil) – Frestas são aberturas estreitas feitas na parede com o objectivo de dar entrada a ar e luz. As frestas que se situem pelo menos a um metro e oitenta de altura do solo ou sobrado e não tenham, numa das suas dimensões, mais de quinze centímetros, são sempre admitidas, mas não impedem a construção, em qualquer momento, de casa ou contramuro, mesmo que as vede – v. artigo 1363.°, C.C..

V. *Servidão de vistas.*

"Fructus" (Dir. Civil) – Termo latino que designa um dos atributos do direito de propriedade, o direito de perceber os frutos da coisa, no sentido lato do termo, compreendendo quer os frutos naturais, quer os frutos civis.

V. *Direito de propriedade; Frutos.*

Fruição (Dir. Civil) – O direito de fruição é a faculdade que tem o proprietário de uma coisa de retirar dela, em seu proveito, todas as suas utilidades e, designadamente, de receber os seus frutos e rendimentos.

Outros direitos contêm a faculdade de fruição da coisa, para além da propriedade: assim, por exemplo, o usufruto (artigo 1446.°, C.C.).

V. *Direito de propriedade; Frutos; Usufruto.*

Frutos (Dir. Civil) – Segundo o artigo 212.°, n.° 1, C.C., "diz-se fruto de uma coisa tudo o que ela produz periodicamente, sem prejuízo da sua substância".

Distinguem-se na lei os frutos *naturais*, que compreendem os que provêm directa e espontaneamente da coisa, e os frutos *civis*, que são rendas ou interesses que a coisa produz em consequência de uma relação jurídica.

Há também de distinguir entre frutos *pendentes* (os que ainda não foram separados da coisa principal) e os *percebidos*, falando a doutrina de frutos *percipiendos* para se referir àqueles que, podendo e devendo já ter sido percebidos, o não foram, ou não foram por culpa do possuidor da coisa (cfr., por exemplo, o artigo 480.°, C.C.).

V. *Relação jurídica; Coisa principal; Produtos; Culpa; Posse.*

Frutos pendentes (Dir. Civil) – São os frutos naturais que não se encontram ainda separados da coisa que os produz.
V. *Frutos.*

Frutos percipiendos (Dir. Civil) – São aqueles que, devendo ter sido produzidos e percebidos, ainda o não foram ou, num sentido mais restrito, não o foram por culpa do possuidor da coisa.
V. *Frutos; Posse; Culpa.*

Fumos (Dir. Civil) – V. *Emissões.*

"Fumus boni juris" (Proc. Civil) – Expressão latina que significa probabilidade ou verosimilhança da existência de um direito.
O *fumus boni juris* constitui o pressuposto necessário da emissão de uma providência cautelar.
V. artigos 381.° e segs., C.P.C..
V. *Direito subjectivo; Procedimento cautelar.*

Função jurisdicional – A função que compete ao Estado de dirimir os litígios, impondo as soluções que adopte, é pela Constituição da República cometida aos tribunais (cfr. artigo 202.°).
O artigo 2.° da Lei de Organização e Funcionamento dos Tribunais Judiciais (Lei n.° 3/99, de 13 de Janeiro, rectificada pela Declaração de rectificação n.° 7/99, de 16 de Fevereiro, e alterada pela Lei n.° 101/99, de 26 de Julho, pelos Decretos-Leis n.°s 323/2001, de 17 de Dezembro, e 38/2003, de 8 de Março, pela Lei n.° 105/2003, de 10 de Dezembro, pelo Decreto-Lei n.° 53/2004, de 18 Março, pela Lei n.° 42/2005, de 29 de Agosto, e pelo Decreto-Lei n.° 76-A/2006, de 29 de Março – rectificado pela Declaração de rectificação n.° 28-A/2006, de 26 de Maio) estabelece que a estes compete "assegurar a defesa dos direitos e interesses legalmente protegidos, reprimir a violação da legalidade democrática e dirimir os conflitos de interesses públicos e privados".
V. *Litígio; Tribunal; Jurisdição.*

Função notarial (Dir. Civil) – V. *Notário.*

Funcionário de justiça (Org. Judiciária) – Têm esta designação genérica os funcionários das secretarias dos tribunais ou de serviços do Ministério Público.
A acção disciplinar sobre os funcionários de justiça relativamente às penas de gravidade inferior à de multa compete ao Presidente do Supremo Tribunal de Justiça, cabendo reclamação da sua decisão para o plenário do Conselho Superior da Magistratura, segundo o artigo 43.° da Lei de Organização e Funcionamento dos Tribunais Judiciais – Lei n.° 3/99, de 13 de Janeiro, rectificada pela Declaração de rectificação n.° 7/99, de 16 de Fevereiro, e alterada pela Lei n.° 101/99, de 26 de Julho, pelos Decretos-Leis n.°s 323/2001, de 17 de Dezembro, e 38/2003, de 8 de Março, pela Lei n.° 105/2003, de 10 de Dezembro, pelo Decreto-Lei n.° 53/2004, de 18 Março, pela Lei n.° 42/2005, de 29 de Agosto, e pelo Decreto-Lei n.° 76-A/2006, de 29 de Março (este rectificado pela Declaração de rectificação n.° 28-A/2006, de 26 de Maio).
V. Estatuto dos Funcionários de Justiça, aprovado pelo Decreto-Lei n.° 343/99, de 26 de Agosto, alterado pelos Decretos-Leis n.°s 175/2000, de 9 de Agosto, 96/2002, de 12 de Abril (as normas constantes dos artigos 98.° e 11°-*a)* foram declaradas inconstitucionais, com força obrigatória geral, pelo Acórdão do Tribunal Constitucional n.° 73/2002, publicado no *Diário da República*, I-A série, de 16 de Março de 2002), e 169//2003, de 1 de Agosto, e pela Lei n.° 42//2005, de 29 de Agosto; o Regulamento da Prova de Acesso nas Carreiras de Pessoal Oficial de Justiça foi aprovado pela Portaria n.° 174/2000, de 23 de Março.
A Portaria n.° 850/99, de 4 de Outubro, aprova o modelo de cartão de identidade e livre trânsito para identificação dos oficiais de justiça e dos restantes funcionários de justiça. A Portaria n.° 486/2003, de 17 de Junho, aprova os modelos de capa dos funcionários de justiça para uso nas sessões e audiências a que tenham de assistir.
V. Portaria n.° 961/89, de 31 de Julho, que aprova o Regulamento das Acções de Recrutamento, Selecção e Formação para Ingresso e Acesso nas Carreiras do Grupo de Pessoal Oficial de Justiça. A Portaria n.°

174/2000, de 23 de Março, aprova o Regulamento da Prova de Acesso nas Carreiras de Pessoal Oficial de Justiça. A Portaria n.° 217/2000, de 11 de Abril, reconhece o curso de técnico de serviços jurídicos, aprovado pela Portaria n.° 948/99, de 27 de Outubro, como requisito de habilitação para o ingresso de pessoal oficial de justiça nas secretarias judiciais. V. também o Decreto-Lei n.° 28/95, de 9 de Fevereiro, que "descongelou" as admissões ao estágio para ingresso na carreira de oficial de justiça.

V. *Secretaria judicial; Ministério Público; Supremo Tribunal de Justiça; Conselho Superior da Magistratura; Audiência.*

Fundação (Dir. Civil) – Pessoa colectiva, cujo elemento fundamental é um conjunto de bens afectados de forma permanente à realização de determinada finalidade, de natureza altruística.

O respectivo acto de instituição (que tanto pode ser acto entre vivos como testamento) tem de indicar o fim que prossegue e de especificar os bens que lhe são destinados, podendo os estatutos ser feitos ou não pela pessoa do instituidor. O acto de instituição de uma fundação, os seus estatutos e respectivas alterações devem constar de escritura pública (artigos 185.°, n.° 5, e 168.°, C.C., e artigo 80.°, n.° 2-*f*), do Código do Notariado). Nos termos do artigo 54.° do Decreto-Lei n.° 129/98, de 13 de Maio, alterado pelos Decretos-Leis n.°s 12/2001, de 25 de Janeiro, 323/2001, de 17 de Dezembro, e 2/2005, de 4 de Janeiro, a escritura pública de instituição de uma fundação, bem como a de outra qualquer pessoa colectiva, deve "mencionar a data do certificado de admissibilidade da [...] denominação adoptada, emitido em conformidade com a lei e dentro do prazo de validade", não sendo admissível que a escritura seja lavrada sem essa exibição e, se o for, é nula. São os artigos 45.° e segs. do mesmo diploma que se ocupam do regime do procedimento tendente a obter o referido certificado. A denominação da fundação deve "ser composta [...] por forma a dar a conhecer a sua natureza [...] institucional, podendo conter siglas, expressões de fantasia ou composições", admitindo ainda o artigo 36.° do DL n.° 129/98 "denominações sem referência explícita à natureza [...] institucional, desde que corresponda[m] a designações tradicionais ou não induzam em erro sobre a natureza da pessoa colectiva".

Só a fundação cujo fim seja considerado de interesse social pela entidade pública competente para o seu reconhecimento poderá ser objecto deste e, consequentemente, se constituirá validamente; o reconhecimento será negado "quando os bens afectados à fundação se mostrem insuficientes para a prossecução do fim visado e não haja fundadas expectativas de suprimento da insuficiência".

Sendo o reconhecimento recusado por insuficiência de bens, a fundação fica sem efeito no caso de ser vivo o instituidor; caso este tenha já falecido, os bens são entregues a associação ou fundação, designada pela entidade pública, que prossiga fim análogo, a menos que o instituidor haja disposto o contrário.

O artigo 190.°, C.C., prevê as situações em que a fundação pode ser afectada a fim diverso daquele para que se instituiu, e o artigo 192.° enumera as causas de extinção das fundações.

V. artigos 185.° e segs., C.C..

O já referido DL n.° 129/98 ocupa-se do regime do registo nacional de pessoas colectivas, que abrange as fundações, devendo aí estar inscritos o acto da respectiva instituição, modificação da denominação, se ocorrer, alteração do objecto, da localização, sede ou endereço postal, cessação de actividade, dissolução, encerramento da liquidação ou regresso à actividade. A fundação deve solicitar ao Registo Nacional de Pessoas Colectivas, no prazo de 90 dias a contar da sua verificação, a inscrição da finalização das formalidades legais de constituição, podendo a inscrição ser feita oficiosamente quando não tenha sido cumprida a obrigação legal antes referida; a cada fundação inscrita no Ficheiro Central de Pessoas Colectivas é atribuído um número de identificação próprio, podendo ela solicitar a emissão de um cartão de identificação que conterá o seu número de identificação (NIPC), denominação, sede, natureza jurídica e actividade principal.

V. *Pessoa colectiva; Acto entre vivos; Testamento; Estatutos; Escritura pública; Nulidade; Reconhecimento; Associação; Extinção de pes-*

soa colectiva; Registo das pessoas colectivas; Sede; Dissolução de pessoa colectiva; Ficheiro central de pessoas colectivas.

Fundamentação das decisões (Proc. Civil) – Determina o n.° 1 do artigo 205.° da Constituição da República que "as decisões dos tribunais que não sejam de mero expediente são fundamentadas na forma prevista na lei". Segundo o artigo 158.°, n.° 1, C.P.C., "as decisões proferidas sobre qualquer pedido controvertido ou sobre alguma dúvida suscitada no processo são sempre fundamentadas", estabelecendo o n.° 2 da mesma disposição que a fundamentação "não pode consistir na simples adesão aos fundamentos alegados no requerimento ou na oposição".

Por seu lado, o n.° 5 do artigo 712.°, C.P.C., com a redacção do Decreto-Lei n.° 180/96, de 25 de Setembro, dispõe que, "se a decisão proferida sobre algum facto essencial para o julgamento da causa não estiver devidamente fundamentada, pode a Relação, a requerimento da parte, determinar que o tribunal de 1.ª instância a fundamente, tendo em conta os depoimentos gravados ou registados ou repetindo a produção da prova, quando necessário; sendo impossível obter a fundamentação com os mesmos juízes ou repetir a produção da prova, o juiz da causa limitar-se-á a justificar a razão da impossibilidade".

Mesmo fora do processo civil, como, por exemplo, na área de resolução extrajudicial de conflitos instituída pelo Decreto-Lei n.° 146/99, de 4 de Maio, o artigo 4.°, n.° 4, determina que "a decisão final relativa ao procedimento é fundamentada, exarada em acta e comunicada aos interessados, por escrito ou por qualquer outra forma apropriada, no mais curto prazo após a sua adopção, que não poderá nunca exceder 30 dias".

V. *Pedido; Requerimento; Sentença; Despacho; Relação; Tribunal de 1.ª instância; Prova; Registo da prova; Conflito de consumo.*

Fundamento de divórcio (Dir. Civil) – V. *Divórcio.*

Fundeiro (Dir. Civil) – No direito de superfície, designa-se assim o dono do solo onde a obra é construída ou a plantação efectuada.

V. *Direito de superfície.*

Fundo comum de reserva (Dir. Civil) – O artigo 4.° do Decreto-Lei n.° 268/94, de 25 de Outubro, veio impor "a constituição, em cada condomínio, de um fundo comum de reserva para custear as despesas de conservação do edifício ou conjunto de edifícios", determinando que "cada condómino contribui para esse fundo com uma quantia correspondente a, pelo menos, 10% da sua quota-parte nas restantes despesas do condomínio"; estabelece-se ainda que "o fundo comum de reserva deve ser depositado em instituição bancária, competindo à assembleia de condóminos a respectiva administração".

O Decreto-Lei n.° 269/94, de 25 de Outubro, entretanto alterado por vários diplomas, veio, por sua vez, disciplinar as chamadas contas poupança-condomínio – que gozam de algumas vantagens, fiscais e outras – exclusivamente destinadas à constituição de fundos de reserva "para a realização, nas partes comuns dos prédios, de obras de conservação ordinária, de conservação extraordinária e de beneficiação". O artigo 3.° do referido diploma, que se ocupava da concessão de benefícios fiscais, foi revogado pela Lei n.° 30-G/2000, de 29 de Dezembro.

V. *Propriedade horizontal; Condomínio; Edifício; Condómino; Assembleia dos condóminos; Conta poupança-condomínio; Partes comuns.*

Fungibilidade (Dir. Civil) – Qualidade das coisas que são fungíveis, determinando-se pelo seu género, quantidade e qualidade, e que podem ser substituídas indiferentemente umas pelas outras.

V. artigo 207.°, C.C..

Também as prestações se qualificam como fungíveis se o devedor puder fazer-se substituir por outra pessoa no respectivo cumprimento.

V. artigo 767.°, C.C..

V. *Infungibilidade; Coisa; Coisa fungível; Prestação; Devedor; Cumprimento; Cumprimento por terceiro.*

G

Garante (Dir. Civil) – É o sujeito que prestou uma garantia pessoal – fiança ou aval – a uma obrigação de outrem.

Pode também, embora sem grande propriedade, designar-se por garante o sujeito que é titular de um bem dado em garantia real de uma obrigação (penhor, hipoteca ou consignação de rendimentos).

V. *Fiança; Aval; Obrigação; Garantias especiais; Garantias reais; Penhor; Hipoteca; Consignação de rendimentos.*

Garantia (Dir. Civil)

1. *Garantia da relação jurídica* é o conjunto de providências sancionatórias que o Estado predispõe, em particular através dos tribunais, para coagir ao cumprimento dos seus deveres o sujeito passivo da relação ou para o sancionar pelo incumprimento.

Garantia é, pois, o elemento da relação que se traduz na possibilidade de utilização da força pública para assegurar ao sujeito activo a realização do seu direito.

No direito privado, o Estado procede contra os bens do obrigado faltoso, em ordem a obter, à custa deles, a satisfação do direito do sujeito activo ou o seu equivalente.

V. *Dever jurídico; Relação jurídica; Sanção civil; Cumprimento; Direito subjectivo.*

2. No direito das obrigações, fala-se em *garantia geral* para designar o património do devedor. É este que constitui a garantia do cumprimento da obrigação.

Dispõe o artigo 601.°, C.C., que "pelo cumprimento da obrigação respondem todos os bens do devedor susceptíveis de penhora [...]".

A lei prevê os meios jurídicos que permitem ao credor prevenir-se contra o risco da insolvabilidade do devedor: são, portanto, meios tendentes a assegurar a conservação do património do devedor.

No C.C., estes meios estão regulados nos artigos 605.° e segs., e são: a possibilidade para o credor de fazer declarar nulos actos do devedor, o exercício pelo credor de direitos de conteúdo patrimonial do devedor contra terceiros (sub-rogação); o direito de o credor impugnar actos do devedor que envolvam diminuição da garantia patrimonial do crédito (impugnação pauliana); e, por último, a apreensão judicial de bens do devedor, que torna ineficazes quaisquer actos posteriores de disposição desses bens em relação ao credor requerente (arresto).

V. *Património; Cumprimento; Obrigação; Penhora; Meios de conservação da garantia patrimonial; Declaração de nulidade; Sub-rogação; Impugnação pauliana; Arresto.*

Ao lado da garantia geral das obrigações, podem constituir-se:

3. *Garantias especiais das obrigações.* Estas podem ter natureza pessoal, ficando outros patrimónios, além do do devedor, vinculados ao cumprimento da obrigação (fiança e aval) ou ter natureza real, ficando o credor com direito de se pagar, de preferência a qualquer outro, pelo valor ou pelos rendimentos de certos bens do devedor ou de terceiros (consignação de rendimentos, penhor, hipoteca, privilégios creditórios e direito de retenção).

V. *Garantias especiais; Garantias pessoais; Garantias reais; Fiança; Aval; Consignação de rendimentos; Penhor; Hipoteca; Privilégio creditório; Direito de retenção.*

4. V. *Garantia da obra; Garantia de bom estado; Garantia de bom funcionamento.*

5. O Código da Publicidade (Decreto-Lei n.° 330/90, de 23 de Outubro, alterado pelos Decretos-Leis n.°s 74/93, de 10 de Março, 6/95, de 17 de Janeiro, 61/97, de 25 de Março, 275/98 de 9 de Setembro, 51//2001, de 15 de Fevereiro, e 332/2001, de

24 de Dezembro, pelas Leis n.°s 31-A/98, de 14 de Julho, e 32/2003, de 22 de Agosto, e pelo Decreto-Lei n.° 224/2004, de 4 de Dezembro) estabelece, no seu artigo 22.°-B, que é proibida a publicidade a bens ou serviços milagrosos, revelando-se através de garantia da produção de certos efeitos na saúde, bem-estar, sorte ou felicidade, "sem uma objectiva comprovação científica das propriedades, características ou efeitos propagandeados ou sugeridos".

V. *Publicidade.*

Garantia bancária autónoma (Dir. Com.) – Garantia pessoal constituída por contrato celebrado entre uma pessoa (mandante) e um banco (garante), a favor de um terceiro (beneficiário).

O banco obriga-se a pagar ao beneficiário um determinado valor pecuniário, podendo convencionar-se que realiza esse pagamento à primeira solicitação (por isso é também designada como garantia *on first demand*).

O garante não pode opor ao beneficiário as excepções que derivem da relação principal existente entre o banco e o mandante, mas apenas as que constem do texto da garantia. Por isso se diz que a garantia é autónoma.

V. *Garantias pessoais; Excepção.*

Garantia comercial (Dir. Civil) – V. *Garantia de bom estado; Garantia de bom funcionamento; Garantia bancária autónoma.*

Garantia da obra (Dir. Civil) – No âmbito do regime do contrato de empreitada, o artigo 1225.°, C.C., na redacção do Decreto-Lei n.° 267/94, de 25 de Outubro, estabelece um prazo de garantia do empreiteiro, "se a empreitada tiver por objecto a construção, modificação ou reparação de edifícios ou outros imóveis destinados por sua natureza a longa duração": esse prazo é de cinco anos a contar da entrega da obra, ou outro que tenha sido convencionado, e durante ele o empreiteiro é responsável para com o dono da obra, se esta "ruir, total ou parcialmente ou apresentar defeitos", desde que tais situações se devam a vício do solo, da construção, da modificação ou da reparação efectuadas, ou ainda a erros na execução dos trabalhos.

Nestes casos, a denúncia terá de ser feita dentro do prazo de um ano e a indemnização pedida no ano seguinte à denúncia, sob pena de caducidade dos direitos do dono da obra.

V *Empreitada; Imóvel; Edifício; Denúncia; Indemnização; Caducidade.*

Garantia de bom estado (Dir. Civil) – O artigo 2.°, n.° 1, do Decreto-Lei n.° 67/2003, de 8 de Abril, que trata da venda de bens de consumo e das garantias associadas a estes contratos, estabelece que "o vendedor tem o dever de entregar ao consumidor bens que sejam conformes com o contrato de compra e venda", respondendo pela falta de conformidade que exista no momento da entrega do bem. "As faltas de conformidade que se manifestem num prazo de dois ou de cinco anos a contar da data de entrega de coisa móvel corpórea ou de coisa imóvel, respectivamente, presumem-se existentes já nessa data, salvo quando tal for incompatível com a natureza da coisa ou com as características da falta de conformidade".

Nesses casos, "o consumidor tem direito a que [a conformidade] seja reposta sem encargos, por meio de reparação ou de substituição, à redução adequada do preço ou à resolução do contrato" (artigo 4.°, n.° 1). Estes direitos podem ser exercidos pelo consumidor dentro de um prazo de dois ou cinco anos, consoante se trate de coisa móvel ou imóvel, devendo a falta de conformidade ser denunciada num prazo de dois meses ou um ano, respectivamente. Os direitos caducam findo qualquer um destes prazos (artigo 5.°).

O consumidor pode ainda exigir directamente do produtor, à escolha deste, a reparação ou a substituição da coisa (artigo 6.°).

O diploma trata ainda, no artigo 9.°, das garantias comerciais, ou voluntárias, estabelecendo que estas vinculam "o seu autor nas condições constantes dela e da correspondente publicidade", para além de impor forma escrita cuja omissão não afecta, contudo, a invocação pelo consumidor da garantia.

V. *Venda de bens de consumo; Consumidor; Tutela do consumidor; Compra e venda; Conformidade; Entrega da coisa; Coisa corpórea;*

Coisa móvel; Coisa imóvel; Presunção legal; Resolução do contrato; Denúncia; Caducidade; Produtor; Publicidade; Forma; Documento escrito.

Garantia de bom funcionamento (Dir. Civil) – Dos usos ou de convenção das partes pode resultar para o vendedor a obrigação de garantir o bom funcionamento da coisa vendida, isto é, a aptidão ou adequação funcional da coisa para a realização do fim a que ela se destina. Esta obrigação de garantir o bom funcionamento tem a duração convencionalmente estabelecida ou imposta pelos usos, sendo o seu prazo de seis meses, se do contrato ou dos usos não resultar prazo mais extenso.

Existindo para o vendedor obrigação de garantia de bom funcionamento da coisa vendida, "cabe-lhe repará-la, ou substituí-la quando a substituição for necessária e a coisa tiver natureza fungível, independentemente de culpa sua ou de erro do comprador".

Verificando qualquer defeito da coisa, deve o comprador denunciá-lo dentro do prazo da garantia "e, salvo estipulação em contrário, até trinta dias depois de conhecido", caducando a acção se decorrer o prazo para a denúncia sem que o comprador a tenha feito, ou passados seis meses sobre a data em que ela foi efectuada.

Se se tratar de coisa que deva ser transportada de um lado para outro, o prazo de garantia só começa a correr no dia em que o credor receba a coisa.

V. artigos 921.° e 922.°, C.C..

A Lei de Defesa do Consumidor (Lei n.° 24/96, de 31 de Julho, alterada pela Lei n.° 85/98, de 16 de Dezembro, e pelo Decreto-Lei n.° 67/2003, de 8 de Abril) previa, no seu artigo 4.°, n.° 2, o seguinte: "sem prejuízo do estabelecimento de prazos mais favoráveis por convenção das partes ou pelos usos, o fornecedor de bens móveis não consumíveis está obrigado a garantir [...] o seu bom funcionamento por período nunca inferior a um ano". Na última alteração ao diploma, operada pelo referido DL n.° 67/2003, este número foi revogado. Este Decreto-Lei, que se ocupa da venda de bens de consumo e das garantias, não se refere à garantia de bom funcionamento, mas apenas a garantia de bom estado, ou de conformidade do bem com o contrato, estabelecendo no entanto o artigo 3.°, n.° 2, que "as faltas de conformidade que se manifestem num prazo de dois [...] anos a contar da data de entrega de coisa móvel corpórea [...] presumem-se existentes já nessa data [...]".

V. *Compra e venda; Usos; Obrigação; Coisa fungível; Erro; Culpa; Denúncia; Caducidade; Coisa consumível; Venda de bens de consumo; Consumidor; Garantia de bom estado; Conformidade; Entrega da coisa; Coisa corpórea.*

Garantia de inamovibilidade (Org. Judiciária) – Traduz-se em o funcionário independente não poder ser deslocado do cargo que desempenha sem o seu consentimento, fora dos casos legalmente estabelecidos.

V. *Inamovibilidade dos magistrados.*

Garantia "on first demand" (Dir. Com.) – V. *Garantia bancária autónoma.*

Garantias de imparcialidade (Proc. Civil) – V. *Imparcialidade.*

Garantias especiais (Dir. Civil) – Podem as partes convencionar, o tribunal determinar ou a lei impor a constituição de garantias especiais relativamente a uma obrigação.

Dentro das garantias especiais, há de distinguir as pessoais das reais.

Nas primeiras, de que é paradigma a fiança, fica o património de outro sujeito – para além do do devedor – responsável pelo cumprimento.

Nas garantias reais, o produto da venda de um (ou vários) bens, ou os respectivos rendimentos, destinam-se preferencialmente à garantia de um crédito.

V. *Garantia; Convenção; Obrigação; Garantias pessoais; Garantias reais; Património; Devedor; Fiança; Venda judicial; Crédito.*

Garantias pessoais (Dir. Civil; Dir. Com.) – Dizem-se pessoais as garantias especiais das obrigações em que o património de pessoa diversa do devedor responde, ao lado do deste, pelo incumprimento da obrigação. São exemplos de garantias pessoais a fiança, o aval ou a garantia bancária autónoma.

A Lei n.º 112/97, de 16 de Setembro, estabelece o regime de "concessão de garantias pessoais pelo Estado e por outras pessoas colectivas de direito público", atribuindo a essa concessão carácter excepcional e impondo que ela se fundamente "em manifesto interesse para a economia nacional" e se faça "com respeito pelo princípio da igualdade, pelas regras de concorrência nacionais e comunitárias e em obediência ao disposto na [...] lei". Nos termos deste diploma, "o Estado adoptará na concessão de garantias pessoais a fiança ou o aval" (artigo 7.º). Os requisitos cujo cumulativo preenchimento tem de verificar-se para a concessão de garantias pessoais pelo Estado ou outras pessoas colectivas públicas encontram-se enunciados no artigo 9.º, encontrando-se o processo de concessão e execução das garantias regulado nos artigos 13.º e segs..

V. *Garantia; Obrigação; Garantias especiais; Devedor; Incumprimento; Fiança; Aval; Garantia bancária autónoma.*

Garantias reais (Dir. Civil) – Nas garantias reais, há um ou vários bens, ou os respectivos rendimentos, que são afectados preferencialmente à garantia de um crédito.

A lei civil regula a consignação de rendimentos, nos artigos 656.º e segs., o penhor, nos artigos 666.º e segs., a hipoteca, nos artigos 686.º e segs., os privilégios creditórios, nos artigos 733.º e segs., e o direito de retenção, nos artigos 754.º e segs., todos do C.C..

V. *Garantia; Crédito; Consignação de rendimentos; Penhor; Hipoteca; Privilégio creditório; Direito de retenção.*

Gastos domésticos (Dir. Civil) – Para efeitos de constituição de uma servidão legal de águas para o seu aproveitamento para gastos domésticos, estes últimos são os que se verificam na satisfação das necessidades quotidianas da vida do agregado familiar do proprietário do prédio dominante, que com ele coabite, abrangendo também as necessidades dos animais domésticos. O artigo 1556.º, C.C., estabelece: "Quando para seus gastos domésticos os proprietários não tenham acesso às fontes, poços e reservatórios públicos destinados a esse uso, bem como às correntes de domínio público, podem ser constituídas servidões de passagem nos termos aplicáveis dos artigos anteriores", só sendo estas servidões constituídas "depois de se verificar que os proprietários que as reclamam não podem haver água suficiente de outra proveniência, sem excessivo incómodo ou dispêndio".

"Quando não seja possível ao proprietário, sem excessivo incómodo ou dispêndio, obter água para seus gastos domésticos pela forma indicada no artigo anterior [o citado artigo 1556.º], os proprietários dos prédios vizinhos podem ser compelidos a permitir, mediante indemnização, o aproveitamento das águas sobrantes das suas nascentes ou reservatórios, na medida indispensável para aqueles gastos", estando isentos desta servidão os prédios urbanos e as "quintas muradas, quintais, jardins, ou terreiros adjacentes a prédios urbanos" – artigo 1557.º, C.C..

V. *Servidão legal; Águas; Servidão de águas; Prédio dominante; Servidão de passagem; Prédio urbano; Indemnização; Nascentes.*

Generalidade – Característica *sine qua non* das normas jurídicas, de acordo com a qual estas se dirigem necessariamente a uma pluralidade de destinatários, de sujeitos ou de situações não individualizados, e nunca a um ou vários sujeitos determinados.

V. *Norma jurídica; Norma individual.*

"Genera non pereunt" (Dir. Civil) – As coisas de género não perecem.

Quando se é devedor de uma coisa de género, não pode invocar-se, para se subtrair à execução da obrigação, que os bens que constituíam o seu objecto desapareceram, visto poderem sempre procurar-se bens equivalentes para satisfazer a obrigação.

Estabelece o artigo 540.º, C.C., para as obrigações genéricas, que, "enquanto a prestação for possível com coisas do género estipulado, não fica o devedor exonerado pelo facto de perecerem aquelas com que se dispunha a cumprir".

Essencial, para a aplicação deste regime, é delimitar o género, o mesmo é dizer determinar com clareza, o mesmo é dizer determinar com rigor e clareza o âmbito das coisas fungíveis dentro qual se compreende a (ou as) devida. Isto porque, se o género não incluir todas as possíveis coisas que, em abstracto, poderiam integrar o género, não continua o devedor obrigado à prestação, se o universo das que foram consideradas convencionalmente desaparecer. Trata-se, em regra, de um problema de interpretação do negócio jurídico que é fonte da obrigação.

V. *Coisa fungível; Execução; Obrigação; Prestação; Obrigação genérica; Convenção; Impossibilidade do cumprimento; Negócio jurídico; Devedor; Interpretação do negócio jurídico.*

"Genera specialibus non derogant" – As normas gerais não derrogam as especiais.

É o seguinte o teor do artigo 7.°, n.° 2, C.C.: "A lei geral não revoga a lei especial, excepto se outra for a intenção inequívoca do legislador".

V. *Norma geral; Norma especial.*

"Gentlemen's agreement" (Dir. Civil) – Acordo que tanto pode constituir uma fase preliminar à celebração de um negócio jurídico – sendo então a sua eficácia vinculativa duvidosa e dependente da vontade das partes – como, reportando-se a uma matéria que, em regra, é objecto de negócios jurídicos, ter sido concluído sem intenção negocial, isto é, não se destinar a produzir efeitos jurídicos. Muito embora seja este último o sentido com que mais frequentemente a doutrina emprega a expressão, não pode desconhecer-se o uso cada vez mais generalizado dela pelas partes que negoceiam com vista à celebração de um contrato para designar acordos alcançados durante os preliminares, em que muitas vezes há produção de efeitos de direito (sempre os haveria, por força do artigo 227.°, C.C., e nunca eles poderão violar os limites legais, designadamente o do artigo 232.°, C.C.).

V. *Negociações preliminares; Negócio jurídico; Responsabilidade pré-contratual; Celebração do contrato.*

Germanos (Dir. Civil) – Dizem-se irmãos germanos os filhos do mesmo pai e da mesma mãe.

A distinção tem especial importância em direito das sucessões, já que, "concorrendo à sucessão irmãos germanos e irmãos consanguíneos ou uterinos, o quinhão de cada um dos irmãos germanos, ou dos descendentes que o representem, é igual ao dobro do quinhão de cada um dos outros".

V. artigo 2146.°, C.C..

V. *Consanguíneos; Uterinos; Sucessão; Descendente; Quinhão; Direito de representação.*

Gestão controlada (Dir. Civil; Dir. Com.; Proc. Civil) – Era uma das providências de recuperação da empresa, previstas no Código dos Processos Especiais de Recuperação da Empresa e de Falência, aprovado pelo Decreto-Lei n.° 132/93, de 23 de Abril (rectificado pela Declaração de rectificação n.° 141/93, de 31 de Julho), alterado pelos Decretos-Leis n.°s 157/97, de 24 de Junho, 315/98, de 20 de Outubro, 323/2001, de 17 de Dezembro, e 38/2003, de 8 de Março (rectificado pela Declaração de rectificação n.° 5-C/2003, de 30 de Abril).

Nos termos do respectivo artigo 97.°, a gestão controlada era o meio de recuperação da empresa insolvente que assentava num plano de actuação global, concertado entre os credores e o executado por intermédio de nova administração, com regime próprio de fiscalização. Os artigos 98.° a 101.° ocupavam-se da caracterização do conteúdo do plano e da forma da sua execução. A deliberação da assembleia de credores que aprovasse as providências de gestão controlada, depois de homologada, valia nas relações entre os credores e a empresa e relativamente a terceiros, constituindo a certidão da deliberação e da respectiva homologação "título executivo, quanto às obrigações dela decorrentes", e servindo de título bastante para a inscrição dos actos sujeitos a registo (artigos 102.° e 94.°). A gestão controlada tinha a duração fixada no plano, não excedente a dois anos, podendo o prazo ser prorrogado por um ano mais, de uma só vez, mediante decisão do juiz – artigo 103.°, n.° 1.

Dispunha o artigo 105.° que, durante o período de execução da gestão controlada, ficava suspenso o funcionamento da assembleia geral e do órgão de fiscalização, bem como o exercício dos direitos de voto dos titulares do capital da empresa, cabendo à assembleia de credores, convocada pela nova administração ou pelo órgão de fiscalização, a apreciação e aprovação do relatório e contas da administração, a deliberação sobre o preenchimento de vagas, a destituição e substituição de membros da administração e ainda a deliberação sobre eventual resolução do contrato de gestão e a subsequente celebração de novo contrato ou a designação de nova administração. Cabia também à assembleia de credores a designação de um órgão de fiscalização "especialmente incumbido, durante o período de gestão controlada, de velar pela execução do meio de recuperação aprovado" e de "exercer as funções que cabiam ao fiscal único ou ao conselho fiscal das sociedades" (artigo 106.°).

Findo o prazo fixado para a sua duração, cessava a gestão controlada, retomando a empresa a sua actividade normal, para que os credores insatisfeitos pudessem livremente exercer os seus direitos, não afectando a cessação da gestão controlada "a validade das providências adoptadas pela assembleia de credores no processo de recuperação, nem a eficácia dos actos praticados pela administração durante a gestão controlada da empresa" (artigo 115.°). O artigo 116.° previa a possibilidade de o juiz, a requerimento da administração ou do órgão de fiscalização, de credores que representassem, pelo menos, 51% do passivo da empresa, do titular desta ou, tratando-se de sociedade, de titulares da maioria do capital social, e ouvida a administração e o órgão de fiscalização, quando não tivessem sido os requerentes, "deliberar a cessação da gestão controlada antes do termo do prazo, com fundamento na frustração substancial e irreversível dos objectivos do plano"; a cessação antecipada da gestão controlada equivalia ao reconhecimento do não cumprimento das obrigações assumidas pela empresa e podia ser invocada como causa de vencimento antecipado das obrigações ainda não exigíveis.

De acordo com o artigo 3.° do DL n.° 157/97, o processo de recuperação da empresa ou de falência podia ser suspenso pelo juiz após a junção ao processo, pela empresa, por qualquer credor ou pelo Ministério Público, de documento emitido pelo Gabinete de Coordenação para a Recuperação de Empresas em que se certificasse estar em curso um procedimento conducente à celebração de um contrato de consolidação financeira e de reestruturação empresarial, tendo a suspensão a duração de 90 dias e "podendo ser prorrogada, por uma só vez, por prazo a fixar livremente pelo juiz, a requerimento da empresa, de qualquer credor ou do Ministério Público"; terminado o prazo da suspensão, o juiz declararia imediatamente a falência, excepto se a empresa, qualquer credor ou o Ministério Público requererem a prossecução do processo, juntando documento emitido pelo Gabinete de Coordenação para a Recuperação de Empresas que certificasse que fora celebrado o contrato referido.

V. *Recuperação da empresa; Empresa; Insolvência; Credor; Homologação; Terceiro; Título executivo; Certidão; Obrigação; Registo; Assembleia geral; Conselho fiscal; Resolução do contrato; Assembleia de credores; Validade; Sociedade; Cumprimento; Vencimento antecipado; Ministério Público.*

Gestão de negócios (Dir. Civil; Proc. Civil) – Diz o artigo 464.°, C.C., que se dá "gestão de negócios, quando uma pessoa [gestor] assume a direcção de negócio alheio no interesse e por conta do respectivo dono, sem para tal estar autorizada".

Sendo "negócio" sinónimo de assunto, para efeitos desta disposição, a gestão de negócios pode consubstanciar-se na prática de actos materiais ou jurídicos.

O gestor deve actuar com diligência, de acordo com a vontade real ou presumível do dono do negócio, a quem, aliás, deve, logo que possa, participar a gestão e prestar todas as informações a ela relativas. Finda a gestão, deve prestar contas e entregar ao dono tudo o que tenha recebido em resultado da gestão.

Sendo a gestão regular, para além do reembolso das despesas que haja feito, por ter considerado, fundadamente, que eram indispensáveis (com juros legais) e indemnização pelo prejuízo sofrido, o gestor só terá direito a uma remuneração se a gestão corresponder à sua actividade profissional.

Tratando-se de gestão consubstanciada na realização de actos ou negócios jurídicos, costuma dizer-se (em sem grande rigor, pois o que é representativo não é a gestão na sua globalidade considerada, mas cada um dos actos ou negócios) *representativa*, quando o gestor actua em nome do dono do negócio (havendo então uma representação sem poderes – cfr. artigos 471.° e 268.°, C.C.) e *não representativa*, quando o gestor age em seu próprio nome (aplicando-se aos negócios jurídicos assim realizados o regime do mandato sem representação – cfr. artigos 471.° e 1180.° e segs., C.C.).

O artigo 41.°, C.P.C., estabelece que, "em casos de urgência, o patrocínio judiciário pode ser exercido como gestão de negócios", fixando o juiz, por despacho, prazo para a ratificação, despacho que será "notificado pessoalmente à parte cujo patrocínio o gestor assumiu"; "[...] se a parte não ratificar a gestão dentro do prazo assinado pelo juiz, o gestor será condenado nas custas que provocou e na indemnização do dano causado à parte contrária ou à parte cuja gestão assumiu".

V. *Juros legais; Dono do negócio; Indemnização; Diligência; Prestação de contas; Acto jurídico; Negócio jurídico; Representação sem poderes; Mandato sem representação; Patrocínio judiciário; Despacho; Ratificação; Notificação; Custas.*

Gestão de negócios imprópria (Dir. Civil) – Sempre que alguém intervém na gestão de negócio alheio sem *animus negotia aliena gerendi*, isto é, sempre que o gestor actue no seu interesse exclusivo, com intenção de conservar no seu património todos os proveitos que obtenha com a intervenção, diz-se que há gestão de negócios imprópria.

O artigo 472.°, n.° 2, C.C., determina que, "se houver culpa do gestor na violação do direito alheio, são aplicáveis ao caso as regras da responsabilidade civil".

V. *Gestão de negócios; Património; Culpa; Responsabilidade civil.*

Gestão privada (Dir. Civil) – Os actos de gestão privada do Estado e de outras pessoas colectivas de direito público são aqueles que, embora praticados pelos respectivos órgãos, agentes ou representantes, se encontram submetidos ao mesmo regime que teriam se tivessem sido praticados por sujeitos privados, porque neles o Estado ou a pessoa colectiva pública intervém sem uso do *jus imperii*, isto é, do seu poder de soberania.

O artigo 501.°, C.C., dispõe que "o Estado e demais pessoas colectivas públicas, quando haja danos causados a terceiro pelos seus órgãos, agentes ou representantes no exercício de actividades de gestão privada, respondem civilmente por esses danos nos termos em que os comitentes respondem pelos danos causados pelos seus comissários".

As acções propostas contra o Estado ou qualquer pessoa colectiva em consequência de actos ou omissões por eles praticados que consubstanciem actos de gestão privada são da competência dos tribunais judiciais.

V. *Direito privado; Dano; Responsabilidade objectiva; Comitente; Competência; Tribunal judicial.*

Gestor de negócios (Dir. Civil) – Sujeito que intervém na direcção de um assunto alheio no interesse e por conta do respectivo titular e sem se encontrar por este autorizado a fazê-lo.

V. *Gestão de negócios.*

Gestor judicial (Dir. Civil; Dir. Com.; Proc. Civil) – Era um órgão da recuperação da empresa, designado pelo juiz no despacho que ordenasse o prosseguimento da respectiva acção judicial, nos termos do artigo 32.° do Código dos Processos Especiais de Recuperação de Empresas e da Falência. Este foi revogado pelo Decreto-Lei n.° 53/ /2004, de 18 de Março, alterado pelos Decretos-Leis n.°s 200/2004, de 18 de Agosto, e 76- -A/2006, de 29 de Março (rectificado pela Declaração de rectificação n.° 28-A/2006, de 26 de Maio), que aprovou o Código da Insolvência e da Recuperação de Empresas.

Neste último, encontra-se a figura do administrador provisório que tem correspondência essencial com a do gestor judicial entretanto banida.

V. *Recuperação da empresa; Empresa; Despacho; Insolvência; Administrador provisório.*

Governo doméstico (Dir. Civil) – Na sua redacção original, o artigo 1677.°, n.° 1,

C.C., afirmava que pertencia à mulher, durante a vida em comum, o governo doméstico, conforme os usos e a condição dos cônjuges.

Esta disposição foi revogada pelo Decreto-Lei n.° 496777, de 25 de Novembro.

O artigo 1676.°, n.° 1, C.C., determina que o dever dos cônjuges de contribuir para os encargos da vida familiar "[...] pode ser cumprido, por qualquer deles [...] pelo trabalho despendido no lar ou na manutenção e educação dos filhos".

V. *Despesas domésticas; Princípio da igualdade.*

Gozo (Dir. Civil) – Utilização de uma coisa, cujos frutos em princípio se percebem. Gozo significa, pois, o uso, ou o uso e fruição de uma coisa.

Os direitos reais de gozo (por contraposição aos direitos reais de garantia e aos direitos reais de aquisição) são os que se exercem pelo uso ou pelo uso e fruição de uma coisa.

Os direitos de gozo podem não ser reais, mas pessoais (no sentido de creditícios) – v. artigo 407.°, C.C.; assim, no contrato de locação, o locador tem a obrigação de proporcionar e assegurar ao locatário o gozo da coisa locada para os fins a que ela se destina (artigo 1031.°-*b)*, C.C.), sendo ao locatário lícito aproveitar as utilidades da coisa nos termos do contrato ou, na falta de indicação contratual, "aplicá-la a quaisquer fins lícitos, dentro da função normal das coisas de igual natureza" (artigo 1027.°, C.C.).

V. *Coisa; Frutos; Fruição; Direito real; Direito real de garantia; Direito real de aquisição; Direito pessoal de gozo; Locação.*

Graduação da culpa (Dir. Civil) – V. *Grau de culpabilidade.*

Graduação de créditos (Proc. Civil) – V. *Graduação de credores.*

Graduação de credores (Proc. Civil) – No processo de execução, os créditos reclamados – e verificados, se tiverem sido impugnados – são graduados por sentença, para serem pagos.

A ordenação ou graduação dos créditos, para efeitos do respectivo pagamento, deve ser realizada de acordo com as normas de direito substantivo.

V. o artigo 868.°, C.P.C., com a redacção do Decreto-Lei n.° 38/2003, de 8 de Março, rectificado pela Declaração de rectificação n.° 5-C/2003, de 30 de Abril.

O mesmo se passava no processo de falência – artigos 188.° e segs. do Código dos Processos Especiais de Recuperação da Empresa e de Falência, aprovado pelo Decreto-Lei n.° 132/93, de 23 de Abril, alterado pelos Decretos-Leis n.°s 157/97, de 24 de Junho, 315/98, de 20 de Outubro, 323/2001, de 17 de Dezembro, e 38/2003, de 8 de Março, diploma que foi revogado pelo Decreto-Lei n.° 53/2004, de 18 de Março, alterado pelos Decretos-Leis n.°s 200/2004, de 18 de Agosto, e 76-A/2006, de 29 de Março (este último rectificado pela Declaração de rectificação n.° 28-A//2006, de 26 de Maio), que aprovou o Código da Insolvência e da Recuperação de Empresas.

Neste último diploma, o artigo 37.°, n.°s 3 a 6, determina os termos em que alguns dos credores do devedor, cuja insolvência tenha sido judicialmente declarada, são citados da sentença (se assim é possível dizer) para dela recorrerem, quando tenham legitimidade para tal recurso, ou para reclamarem os seus créditos; por seu lado, os artigos 66.° a 71.° e 72.° a 80.° regulam, respectivamente, a composição e funcionamento da comissão de credores e da assembleia de credores, estabelecendo o artigo 129.° que, nos 15 dias posteriores ao fim do prazo para a reclamação de créditos, "o administrador da insolvência apresenta na secretaria uma lista de todos os credores por si reconhecidos e uma lista dos não reconhecidos, ambas por ordem alfabética, relativamente não só aos que tenham deduzido reclamação como àqueles cujos direitos constem dos elementos da contabilidade do devedor ou sejam por outra forma do seu conhecimento", indicando a lista dos credores não reconhecidos os motivos desse não reconhecimento; todos os titulares de créditos não reconhecidos e aqueles cujos créditos tenham sido reconhecidos sem que os tenham reclamado, ou em termos diversos dos da reclamação "devem ser disso avisados pelo administrador da insolvência, por carta registada, com observância, com as devidas adaptações, do disposto nos artigos 40.° a 42.° do Regulamento (CE) n.° 1346/ /2000, do Conselho, de 29 de Maio, tratando-se de credores com residência habitual, domicílio ou sede em outros Estados-membros da União Europeia que não tenham sido citados nos termos do n.° 3 do artigo 37.° [comunicação a cada credor com indicação dos prazos a observar, das sanções previstas para a inobservância desses prazos, do órgão ou autoridade habilitado a receber a reclamação dos créditos e de outras medidas, informações que devem ser prestadas na língua oficial ou numa das línguas oficiais do Estado de abertura do processo, sendo, para o efeito, utilizado um formulário em que figura, em todas as línguas oficiais das Instituições da União Europeia, o título «Aviso de reclamação de créditos. Prazos legais a observar»]".

Nos termos do artigo 130.° deste Código, qualquer interessado pode, no prazo de dez dias contados da elaboração das listas de credores, impugnar "a lista de credores reconhecidos através de requerimento dirigido ao juiz, com fundamento na indevida inclusão ou exclusão de créditos, ou na incorrecção do montante dos créditos reconhecidos", o mesmo podendo fazer os credores que tenham sido avisados por carta registada. Se não houver impugnações, é de imediato proferida sentença de verificação e graduação dos créditos, em que, salvo caso de erro manifesto, é homologada a lista de credores reconhecidos pelo administrador da insolvência e são graduados os créditos conforme o que consta dessa lista. Caso haja impugnações, o administrador da insolvência, bem como qualquer interessado que assuma posição contrária, incluindo o próprio devedor, pode responder, só tendo legitimidade para o fazer o próprio titular do crédito em certas condições; "a resposta às impugnações terá lugar dentro dos dez dias seguintes ao fim do prazo para as impugnações "ou à notificação ao titular do crédito objecto de impugnação [...], sob pena de a impugnação ser julgada procedente". "As listas de créditos reconhecidos e não reconhecidos pelo administrador [...], as impugnações e as respostas são autuadas por um único apenso" – artigo 132.°. "Durante o prazo fixado para as impugnações e as respostas, e a fim de poderem ser examinados por qualquer interessado e pela comissão de credores, deve o administrador [...] patentear as reclamações de créditos, os documentos que as instruam e os documentos da escrituração do insolvente no local mais adequado, o qual é objecto de indicação a final das listas de credores reconhecidos e não reconhecidos" (artigo 133.°). O artigo 134.° trata dos meios de prova admissíveis, das cópias e das notificações a fazer. "Dentro dos 10 dias posteriores ao termo do prazo das respostas às impugnações, deve a comissão de credores juntar aos autos o seu parecer sobre as impugnações" – artigo 135.°. Uma vez junto este, é designada pelo juiz data para a tentativa de conciliação, "a realizar dentro dos 10 dias seguintes, para a qual são notificados, a fim de comparecerem pessoalmente ou de se fazerem representar por procuradores com poderes especiais para transigir, todos os que tenham apresentado impugnações e respostas, a comissão de credores e o administrador da insolvência"; nesta, "são considerados como reconhecidos os créditos que mereçam a aprovação de todos os presentes e nos precisos termos em que o forem"; uma vez concluída a tentativa de conciliação, o processo vai ao juiz para proferir despacho saneador, seleccionando a matéria de facto que integra a base instrutória; este despacho tem, quanto aos créditos reconhecidos – e sê-lo-ão os que, incluídos na respectiva lista, não tiverem sido impugnados e os que tiverem sido aprovados na tentativa de conciliação, bem como aqueles que possam sê-lo em face dos elementos de prova contidos nos autos –, "a forma e o valor de sentença, que os declara verificados e os gradua em harmonia com as disposições legais"; se a verificação de algum crédito depender da produção de prova, a graduação de todos eles só terá lugar na sentença final. Nesta última hipótese, pode haver diligências probatórias que o juiz ordenará que estejam concluídas dentro de 20 dias a contar do despacho que as determine, "aproveitando a todos os interessados a prova produzida por qualquer deles"; uma vez produzidas tais provas, "é marcada a audiência de discussão e julgamento para um dos 10 dias posteriores"; na realização desta última são observados os termos do processo declarativo sumário, sendo, sempre que necessário e em altura em que o tribunal o decida, ouvidos o administrador da insolvência e a comissão de credores, sendo as provas produzidas segundo a ordem por que tiverem sido apresentadas as impugnações, e podendo usar da palavra, na discussão, os advogados dos impugnantes e os dos respondentes, não havendo lugar a réplica. Finda a audiência, "o juiz profere sentença de verificação e graduação dos créditos, nos 10 dias subsequentes". O artigo 140.°, que se ocupa desta audiência, estabelece ainda que "a graduação é geral para os bens da massa insolvente e é especial para os bens a que respeitem direitos reais de garantia e privilégios creditórios", e que "na graduação de créditos não é atendida a preferência resultante de hipoteca judicial, nem a proveniente da penhora, mas as custas pagas pelo autor ou exequente constituem dívidas da massa insolvente".

V. *Execução; Credor; Crédito; Reclamação de créditos; Verificação de créditos; Sentença; Direito material; Falência; Insolvência; Recuperação de empresas; Declaração de insolvência; Citação; Recurso; Legitimidade; Comissão de credores; Assembleia de credores; Administrador da insolvência; Secretaria judicial; Residência habitual; Domicílio; Sede; Impugnação; Requerimento; Homologação; Notificação; Procedência; Documento; Meios de prova; Tentativa de conciliação; Procurador; Poderes representativos; Transacção; Despacho saneador; Matéria de facto; Base instrutória; Audiência de discussão e julgamento; Processo sumário; Massa insolvente; Direito real de garantia; Privilégio creditório; Hipoteca judicial; Penhora; Custas; Autor; Exequente; Dívida da insolvência.*

Grau de culpabilidade (Dir. Civil) – A determinação do grau de culpa do agente do acto ilícito gerador de responsabilidade civil faz-se – de acordo com o entendimento dominante na doutrina – tomando em consideração a medida em que a vontade do lesante aderiu às consequências ilícitas do seu acto e, no caso de mera culpa, a medida do desfasamento entre a diligência empregada e a devida.

Há casos em que a lei toma em consideração o grau de culpabilidade do agente, sendo, em função dele, diverso o regime jurídico aplicável, designadamente quanto ao valor da indemnização devida ao lesado. Assim, paradigmaticamente, o artigo 494.°, C.C., autoriza o tribunal a fixar a indemnização em extensão inferior à dos danos sofridos, se, tendo o lesante actuado com mera culpa, o grau desta, a situação económica do lesante e a do lesado e as demais circunstâncias do caso o justificarem. Também estes factores são relevantes, de acordo com a primeira parte do n.° 3 do artigo 496.°, C.C., para o cálculo da indemnização por danos não patrimoniais. Quando sejam vários os responsáveis pelo ilícito danoso, o artigo 497.°, C.C., dispõe que a quota de cada um na obrigação de indemnizar que sobre todos impende é fixada na proporção das respectivas culpas e dos danos que delas advieram. Finalmente, quando exista concorrência de culpa do lesado, o tribunal decidirá se a indemnização deve ser totalmente concedida, reduzida ou mesmo excluída com base na gravidade da culpa de ambas as partes (artigo 570.°, n.° 1, C.C.).

V. *Culpa; Agente; Acto ilícito; Responsabilidade civil; Mera culpa; Dolo; Diligência; Indemnização; Dano moral; Co-responsabilidade; Dano; Culpa do lesado.*

Grau de jurisdição (Org. Judiciária) – Em cada espécie de jurisdição (comum, administrativa, etc.), há várias ordens de tribunais, hierarquicamente dispostos uns em relação aos outros. Cada ordem de tribunais, dentro da mesma espécie de jurisdição, forma um grau desta.

V. *Tribunal.*

Grau de parentesco (Dir. Civil) – Cada geração que, dentro de uma linha, vincula dois parentes, forma um grau – artigo 1579.°, C.C..

O cômputo dos graus faz-se nos termos do artigo 1581.°, C.C., que dispõe:

"1. Na linha recta há tantos graus quantas as pessoas que formam a linha de parentesco, excluindo o progenitor.

2. Na linha colateral os graus contam-se pela mesma forma, subindo por um dos

ramos e descendo pelo outro, mas sem contar o progenitor comum".

V. *Parentesco; Linha; Efeitos do parentesco.*

Grau hipotecário (Dir. Civil) – Quando tenham sido constituídas várias hipotecas sobre os mesmos bens para garantia de diversas obrigações, os vários credores hipotecários encontram-se graduados, isto é, hierarquizados, por forma a determinar-se qual a ordem por que hão-de ser pagos pelo valor dos bens hipotecados; a graduação das hipotecas faz-se, em regra, em função da data dos respectivos registos.

O artigo 729.°, C.C., permite a cessão do grau hipotecário por um dos credores a favor de qualquer outro que tenha registado posteriormente o seu direito sobre os mesmos bens, desde que sejam observadas também as regras respeitantes à cessão do respectivo crédito.

V. *Hipoteca; Garantias reais; Obrigação; Registo; Crédito; Cessão de créditos.*

Gravação da audiência (Proc. Civil) – Qualquer das partes pode requerer a gravação das "audiências finais e [d]os depoimentos, informações e esclarecimentos nelas prestados", com fundamento em "não prescindir da documentação da prova nelas produzida", nos termos do artigo 522.°-B, C.P.C., aditado pelo Decreto-Lei n.° 39/95, de 15 de Fevereiro, e cuja redacção actual é a dos Decretos-Leis n.°s 329-A/95, de 12 de Dezembro, e 183/2000, de 10 de Agosto.

Tal gravação ocorrerá ainda "quando o tribunal oficiosamente determinar [...] e nos casos especialmente previstos na lei [por exemplo, nos termos do n.° 5 do artigo 651.°, C.P.C., quando ocorra falta de advogado que não determine o adiamento da audiência]".

Nos termos do artigo 522.°-C, introduzido no C.P.C. pelo citado DL n.° 39/95 e alterado pelo também referido DL n.° 183/ /2000, "a gravação é efectuada, em regra, por sistema sonoro, sem prejuízo do uso de meios audiovisuais ou de outros processos técnicos semelhantes de que o tribunal possa dispor", determinando que, "quando haja lugar a registo áudio ou vídeo, deve ser assinalado na acta o início e o termo da gravação de cada depoimento, informação ou esclarecimento".

No regime do Decreto-Lei n.° 269/98, de 1 de Setembro (rectificado pela Declaração de rectificação n.° 16-A/98, de 30 de Setembro), alterado pelos Decretos-Leis n.°s 383/99, de 23 de Setembro, 183/2000, de 10 de Agosto, 323/2001, de 17 de Dezembro, 32/2003, de 17 de Fevereiro, 38/ /2003, de 8 de Março (rectificado pela Declaração de rectificação n.° 5-C/2003, de 30 de Abril), e 107/2005, de 1 de Julho (este rectificado pela Declaração de rectificação n.° 63/2005, de 19 de Agosto), e pela Lei n.° 14/2006, de 26 de Abril – que se ocupa "dos procedimentos destinados a exigir o cumprimento de obrigações pecuniárias emergentes de contratos de valor não superior à alçada da Relação" "ou das obrigações emergentes de transacções comerciais abrangidas pelo Decreto-Lei n.° 32/ /2003, de 17 de Fevereiro" –, determina o artigo 3.°, n.° 3, que, "quando a decisão final admita recurso ordinário, pode qualquer das partes requerer a gravação da prova".

V. *Audiência; Parte; Requerimento; Inquirição; Depoimento de parte; Falta; Advogado; Adiamento da audiência; Injunção; Obrigação pecuniária; Alçada; Relação; Recurso ordinário; Prova.*

Gravações

1. (Dir. Civil; Proc. Civil) – Quanto à possibilidade de utilizar gravações como meio de prova, e respectiva força probatória, v. *Registo fonográfico.*

O Decreto-Lei n.° 39/95, de 15 de Fevereiro, introduziu a possibilidade de gravação da prova no processo português, tendo aditado ao C.P.C. o artigo 522.°-A. Neste se dispõe que "os depoimentos das partes, testemunhas ou quaisquer pessoas que devam prestá-los no processo são sempre gravados, quando prestados antecipadamente ou por carta", acrescentando que, "tornando-se impossível a gravação, o depoimento é reduzido a escrito, com a redacção ditada pelo juiz, podendo as partes ou os seus mandatários fazer as reclamações que entendam oportunas e cabendo ao depoente, depois de lido o texto do seu depoimento, confirmá-lo ou pedir as rectificações necessárias".

O artigo 522.°-B, aditado igualmente ao C.P.C. pelo DL n.° 39/95 e cuja actual redacção é a dos Decretos-Leis n.°s 329--A/95, de 12 de Dezembro, e 183/2000, de 10 de Agosto, permite a qualquer das partes requerer a gravação das "audiências finais e [d]os depoimentos, informações e esclarecimentos nelas prestados", com fundamento em "não prescindir da documentação da prova nelas produzida", e estabelece que tal gravação ocorrerá, "quando o tribunal oficiosamente determinar [...] e nos casos especialmente previstos na lei [por exemplo, nos termos do n.° 5 do artigo 651.°, C.P.C., quando ocorra falta de advogado que não determine o adiamento da audiência]".

Nos termos do artigo 522.°-C, introduzido pelo citado DL n.° 39/95 e alterado pelo referido DL n.° 183/2000, "a gravação é efectuada, em regra, por sistema sonoro, sem prejuízo do uso de meios audiovisuais ou de outros processos técnicos semelhantes de que o tribunal possa dispor", determinando-se que, "quando haja lugar a registo áudio ou vídeo, deve ser assinalado na acta o início e o termo da gravação de cada depoimento, informação ou esclarecimento".

No regime do Decreto-Lei n.° 269/98, de 1 de Setembro (rectificado pela Declaração de rectificação n.° 16-A/98, de 30 de Setembro), alterado pelos Decretos-Leis n.°s 383/99, de 23 de Setembro, 183/2000, de 10 de Agosto, 323/2001, de 17 de Dezembro, 32/2003, de 17 de Fevereiro, 38//2003, de 8 de Março (rectificado pela Declaração de rectificação n.° 5-C/2003, de 30 de Abril), e 107/2005, de 1 de Julho (rectificado pela Declaração de rectificação n.° 63/2005, de 19 de Agosto), e pela Lei n.° 14/2006, de 26 de Abril – que se ocupa "dos procedimentos destinados a exigir o cumprimento de obrigações pecuniárias emergentes de contratos de valor não superior à alçada da Relação" "ou das obrigações emergentes de transacções comerciais abrangidas pelo Decreto-Lei n.° 32//2003, de 17 de Fevereiro" –, determina o artigo 3.°, n.° 3, que, "quando a decisão final admita recurso ordinário, pode qualquer das partes requerer a gravação da prova".

V. *Prova; Força probatória; Inquirição; Depoimento de parte; Testemunha Carta rogatória; Carta precatória; Antecipação da inquirição; Mandatário judicial; Reclamação; Audiência; Falta; Adiamento da audiência; Injunção; Obrigação pecuniária; Alçada; Relação; Recurso ordinário.*

2. A Lei n.° 32/2003, de 22 de Agosto (Lei da Televisão), estabelece, no seu artigo 39.°, n.° 1, que "as emissões devem ser gravadas e conservadas pelo prazo mínimo de 90 dias, se outro mais longo não for determinado por lei ou por decisão judicial", dispondo o artigo 86.°, n.° 1, que "os registos das emissões qualificáveis como de interesse público, em função da sua relevância histórica ou cultural, ficam sujeitos a depósito legal, para efeitos de conservação a longo prazo e acessibilidade aos investigadores".

Gravidez (Dir. Civil) – V. *Verificação de gravidez.*

A protecção da mulher durante a gravidez faz parte do objecto da Lei n.° 4/84, de 5 de Abril (protecção da maternidade e da paternidade), alterada pelas Leis n.°s 17//95, de 9 de Junho, 102/97, de 13 de Setembro, 18/98, de 28 de Abril, 118/99, de 11 de Agosto, e 142/99, de 31 de Agosto, e pelo Decreto-Lei n.° 70/2000, de 4 de Maio; esta Lei n.° 4/84 foi regulamentada pelos Decretos-Leis n.°s 135/85, de 3 de Maio, 136/85, de 3 de Maio (ambos inteiramente revogados), 107/87, de 6 de Março, e 230//2000, de 23 de Setembro.

A Lei n.° 99/2003, de 27 de Agosto (rectificada pela Declaração de rectificação n.° 15/2003, de 28 de Outubro), que aprova o Código do Trabalho, veio determinar, no seu artigo 21.°, n.° 2-*d*), que, "com a entrada em vigor das normas regulamentares", é revogada a Lei n.° 4/84.

V. *Família; Maternidade.*

Guarda conjunta (Dir. Civil) – Designação frequentemente utilizada para significar as situações em que os pais do menor, encontrando-se separados (de facto ou *de jure*) ou divorciados, ou ainda quando o respectivo casamento tenha sido declarado nulo ou anulado, acordam "o exercício em comum do poder paternal, decidindo as questões relativas à vida do filho em condições idênticas às que vigoram para tal efeito na constância do matrimónio", nos termos do anterior n.° 2 do artigo 1906.°,

C.C., na redacção que lhe fora dada pela Lei n.° 84/95, de 31 de Agosto.

A Lei n.° 59/99, de 30 de Junho, alterou este artigo 1906.° que se ocupa do regime jurídico do exercício do poder paternal em caso de divórcio, separação judicial de pessoas e bens, declaração de nulidade ou anulação do casamento. Mais claramente do que na anterior redacção, esta disposição da lei civil estabelece o princípio de que o poder paternal deve ser exercido por ambos os progenitores, dizendo, no respectivo n.° 1, que, "desde que obtido o acordo dos pais, o poder paternal é exercido em comum por ambos, decidindo as questões relativas à vida do filho em condições idênticas às que vigoram para tal efeito na constância do matrimónio"; só quando não haja acordo dos pais se estabelece que o tribunal determine, "através de decisão fundamentada", que "o poder paternal seja exercido pelo progenitor a quem o filho for confiado", hipótese em que "os pais podem, acordar que determinados assuntos sejam resolvidos entre ambos, ou que a administração dos bens do filho seja assumida pelo progenitor a quem o menor tenha sido confiado"; caso o exercício do poder paternal caiba apenas a um dos progenitores, tem o outro "o poder de vigiar a educação e as condições de vida do menor".

V. *Menor; Poder paternal; Separação de facto; Separação judicial de pessoas e bens; Divórcio; Invalidade do casamento; Regulação do poder paternal; Administração de bens; Guarda de menores.*

Guarda de menores (Dir. Civil) – Direito-dever, integrado no conteúdo do poder paternal, de alojar e prover à guarda e segurança dos filhos menores.

Quando os pais se encontram separados, ainda que apenas de facto, a guarda dos filhos devia, nos termos da lei, ser confiada em regra a um deles, podendo, porém, desde a nova redacção dada ao artigo 1906.°, n.°s 2 e 3, C.C., pela Lei n.° 84/95, de 31 de Agosto, "os pais [...] acordar [...] o exercício em comum do poder paternal, decidindo as questões relativas à vida do filho em condições idênticas às que vigoram para tal efeito na constância do matrimónio". Actualmente, nos termos do n.° 1 do artigo 1906.° referido, na redacção dada pela Lei n.° 59/99, de 30 de Junho, "desde que obtido o acordo dos pais, o poder paternal é exercido em comum por ambos, decidindo as questões relativas à vida do filho em condições idênticas às que vigoram para tal efeito na constância do matrimónio", só podendo o exercício deste poder ser atribuído a um dos progenitores, "na ausência de acordo dos pais" e por decisão judicial fundamentada, determinando esta então "que o poder paternal seja exercido pelo progenitor a quem o filho for confiado", hipótese em que "os pais podem acordar que determinados assuntos sejam resolvidos entre ambos [...]"; caso o exercício do poder paternal caiba apenas a um dos progenitores, tem o outro "o poder de vigiar a educação e as condições de vida do menor".

O Assento do Supremo Tribunal de Justiça n.° 6/95, de 4 de Julho de 1995, publicado no *Diário da República*, I-A série, de 10 de Outubro do mesmo ano, e rectificado pela Rectificação n.° 7/95, de 29 de Novembro de 1995, estabeleceu que, "sob pena de ilegitimidade, por se tratar de um litisconsórcio necessário, deve também ser proposta contra o progenitor que tenha a seu cargo a guarda do menor a acção intentada pelo Ministério Público para nova regulação do poder paternal para alteração da pensão de alimentos devida ao menor pelo outro progenitor".

Tratando-se de menor em relação ao qual tenha sido requerida a confiança judicial, "o tribunal, ouvido o Ministério Público e o organismo de segurança social da área da residência do menor, quando não forem requerentes, poderá atribuir a guarda provisória do menor ao candidato à adopção, sempre que, face aos elementos dos autos, for de concluir pela probabilidade séria de procedência da acção" – artigo 166°, n.° 1, da anteriormente chamada O.T.M. (Decreto-Lei n.° 314/78, de 27 de Outubro, na redacção dos Decretos-Leis n.°s 185/93, de 22 de Maio, 48/95, de 15 de Março, 58/95, de 31 de Março, 120/98, de 8 de Maio, e pelas Leis n.°s 133/99, de 28 de Agosto, e 166/99, de 14 de Setembro, e 31/2003, de 22 de Agosto).

A Lei n.° 4/84, de 5 de Abril, alterada pelas Leis n.°s 17/95, de 9 de Junho, 102/

/97, de 13 de Setembro, 18/98, de 28 de Abril, 118/99, de 11 de Agosto (entretanto revogada pelo Decreto-Lei n.° 230/2000, de 23 de Setembro), e 142/99, de 31 de Agosto, e pelo Decreto-Lei n.° 70/2000, de 4 de Maio (que também rectificou a lei anterior e republicou o diploma), instituíra um especial regime de protecção da maternidade e da paternidade; ela foi regulamentada pelo Decreto-Lei n.° 230/2000, de 23 de Setembro, cujo artigo 19.° determinava que, "para efeito da redução do período normal de trabalho para assistência a menor com deficiência ou justificação de faltas em caso de doença ou acidente, o trabalhador [...] a quem tenha sido confiada a sua [de menor] guarda, por decisão judicial, deve mencionar esta condição na declaração sob compromisso de honra que apresentar à entidade patronal". A Lei n.° 99/2003, de 27 de Agosto (rectificada pela Declaração de rectificação n.° 15/2003, de 28 de Outubro), que aprova o Código do Trabalho, determina, no respectivo artigo 21.°, n.° 2-*d)*, que, "com a entrada em vigor das normas regulamentares", é revogada a Lei n.° 4/84, de 5 de Abril.

V. a Convenção Europeia sobre o Reconhecimento e a Execução das Decisões em Matéria de Guarda de Crianças e o Restabelecimento da Guarda de Crianças, adoptada no Luxemburgo em 20 de Maio de 1980 pelo Conselho da Europa, aprovada para ratificação pelo Decreto n.° 136/ /82, de 21 de Dezembro, e ratificada por Portugal, segundo aviso publicado no *Diário da República*, I série, de 20 de Abril de 1983; a autoridade central designada por Portugal, nos termos desta Convenção, é o Instituto de Reinserção Social, conforme o Aviso n.° 166/97, de 7 de Junho. V. também a Convenção entre o Governo da República Portuguesa e o Grão-Ducado do Luxemburgo Relativa ao Auxílio Judiciário em Matéria de Direito de Guarda e de Direito de Visita, assinada em Lisboa em 12 de Junho de 1992, aprovada para ratificação pela Resolução da Assembleia da República n.° 6/94, em 4 de Novembro de 1993 (rectificada pela Rectificação n.° 9/94, de 2 de Maio), e ratificada pelo Decreto do Presidente da República n.° 4/94, de 5 de Fevereiro, tendo o Aviso n.° 141/95, de 21 de Junho, tornado público que o respectivo processo de ratificação se encontra concluído; a Convenção entrou em vigor no dia 1 de Junho de 1995.

V. *Menor; Poder paternal; Regulação do poder paternal; Separação de facto; Separação judicial de pessoas e bens; Divórcio; Litisconsórcio; Alimentos; Direito de visita; Confiança de menor; Ministério Público; Adopção; Deficiente; Execução; Reconhecimento de sentença estrangeira; Apoio judiciário.*

H

Habilitação (Dir. Civil; Proc. Civil) – Quando, na pendência de uma acção, falece uma das partes, devem os seus sucessores ou alguns deles promover naquela um incidente, designado por habilitação, a fim de nela poderem substituir o falecido. A habilitação pode também ser promovida pela parte sobreviva. Consoante quem a requerer, a habilitação é promovida contra a parte sobreviva ou contra os sucessores do falecido, sendo-o sempre contra estes, desde que não sejam requerentes.

"O incidente é autuado por apenso" – n.° 2 do artigo 372.°, C.P.C., na redacção do Decreto-Lei n.° 329-A/95, de 12 de Dezembro.

Quando os sucessores da parte falecida não forem conhecidos, a sua citação faz-se editalmente e, caso aqueles não compareçam, a acção segue com o Ministério Público, cumprindo-se o preceituado para a representação de incertos – artigos 375.° e 16.°, C.P.C., ambos na redacção do citado DL n.° 329-A/95.

V. artigos 371.° a 377.°, C.P.C..

Independentemente de estar em curso qualquer acção judicial, pode uma pessoa habilitar-se judicialmente como sucessora de outra falecida sendo então o tribunal competente o do lugar da abertura da sucessão – artigo 77.°, n.° 1, C.P.C..

A habilitação de herdeiros pode também ser feita extrajudicialmente, quando não haja lugar a inventário obrigatório e quando, havendo embora herdeiros menores ou equiparados, não integrem a herança bens situados em território nacional. Sendo extrajudicial, consiste a habilitação "na declaração, feita em escritura pública, por três pessoas que o notário considere dignas de crédito, de que os habilitandos são herdeiros do falecido e não há quem lhes prefira na sucessão ou quem concorra com eles". A habilitação notarial, quando admitida, tem efeitos idênticos aos da habilitação judicial.

As regras relativas à habilitação notarial de herdeiros são aplicáveis à habilitação de legatários, "quando estes forem indeterminados ou instituídos genericamente, ou quando a herança for toda distribuída em legados".

V. artigos 82.° a 88.° do Código do Notariado.

V. *Acção; Parte; Sucessor; Incidente; Citação edital; Ministério Público; Incertos; Competência; Competência em razão do território; Abertura da sucessão; Herdeiro; Menor; Inventário; Escritura pública; Notário; Legado.*

Habitação (Direito de) (Dir. Civil) – Direito real de se servir de uma casa de morada alheia, na medida das necessidades quer do titular, quer da sua família, fixadas segundo a respectiva condição social.

V. artigos 1484.° e segs., C.C..

V. *Direito real; Uso (direito de); Família.*

Habitação periódica (Dir. Civil) – V. *Direito de habitação periódica.*

Habitação turística (Dir. Civil; Dir. Com.) – V. *Direito de habitação turística.*

Hasta pública (Proc. Civil) – V. *Venda judicial.*

Herança (Dir. Civil; Proc. Civil) – É o objecto da sucessão: conjunto das relações jurídicas patrimoniais de que uma pessoa singular é titular ao tempo da sua morte e que, em consequência desta, se transmitem aos seus sucessores.

A herança, cujo titular ainda não se encontre determinado, tem personalidade judiciária – artigo 6.°-*a)*, C.P.C., na redacção dos Decretos-Leis n.os 329-A/95, de 12 de Dezembro, e 180/96, de 25 de Setembro.

V. a Convenção sobre a Administração Internacional de Heranças, aprovada para ratificação pelo Decreto n.° 734/75, de 23 de Dezembro, encontrando-se regulamentado pelo Decreto-Lei n.° 327/77, de 10 de Agosto, o processo de reconhecimento do certificado previsto na Convenção.

V. *Sucessão; Relação jurídica; Pessoa singular; Morte; Personalidade judiciária.*

Herança deficitária (Dir. Civil) – É a herança em que os valores do passivo excedem os do activo.

V. *Herança.*

Herança indivisa (Dir. Civil) – Encontra-se indivisa a herança cujos bens ainda não se encontram partilhados entre os sucessores do *de cuius.* Relativamente à herança indivisa, não têm os sucessores direitos próprios sobre qualquer dos bens, sendo titulares em comunhão de todo o património hereditário.

A administração da herança indivisa pertence ao cabeça-de-casal – artigo 2079.°, C.C..

"Os bens da herança indivisa respondem colectivamente pela satisfação dos respectivos encargos" (artigo 2097.°, C.C.).

A herança indivisa deve encontrar-se registada no quadro do Registo Nacional de Pessoas Colectivas, nos termos do Decreto-Lei n.° 129/98, de 13 de Maio, estando sujeitos a inscrição no Ficheiro Central de Pessoas Colectivas, a sua firma ou denominação, se a houver, a respectiva sede ou domicílio e endereço postal, a actividade exercida, seu início e cessação e ainda idênticos factos respeitantes ao autor da sucessão, os elementos de identificação do cabeça-de-casal e respectivas alterações (artigo 10.°, n.° 1). De acordo com o n.° 2 do artigo 4.° deste diploma, o Ficheiro Central de Pessoas Colectivas (FCPC) pode ainda, "enquanto for necessário para efeitos fiscais, incluir informação respeitante a [...] heranças indivisas quando o autor da sucessão fosse empresário individual [...]".

Determina o artigo 41.° do DL n.° 129//98 que "as heranças indivisas, quando se comportem, na sua actividade, com características de permanência e relevância económica, podem adoptar uma firma ou denominação", sendo ela "constituída pelo nome ou firma do autor da sucessão, antecedido de «Herdeiros de» ou «Sucessores de» ou, em alternativa, seguido de «Herdeiros» ou «Sucessores»". "O âmbito de uso exclusivo da firma da herança indivisa é o que correspondia à do autor da sucessão".

O artigo 37.°, n.° 1, do Código do Registo Predial, Decreto-Lei n.° 224/84, de 6 de Julho (rectificado por declaração publicada no *Diário da República,* I série, de 29 de Setembro de 1984), alterado pelos Decretos-Leis n.os 355/85, de 2 de Outubro, 60/90, de 14 de Fevereiro (este rectificado por declaração publicada no *Diário da República,* I série, de 31 de Março de 1990), 80/92, de 7 de Maio, 30/93, de 12 de Fevereiro, 227/94, de 8 de Setembro, 267/94, de 25 de Outubro, 67/96, de 31 de Maio, 375-A/99, de 20 de Setembro, 533/99, de 11 de Dezembro (rectificado pela Declaração de rectificação n.° 5--A/2000, de 29 de Fevereiro), 273/2001, de 13 de Outubro, 323/2001, de 17 de Dezembro, 38/2003, de 8 de Março (rectificado pela Declaração de rectificação n.° 5--C/2003, de 30 de Abril), e 194/2003, de 23 de Agosto, e pela Lei n.° 6/2006, de 27 de Fevereiro, dispõe que "o meeiro ou qualquer dos herdeiros pode pedir, a favor de todos os titulares, o registo de aquisição de bens e direitos que façam parte de herança indivisa"; por seu lado, o artigo 49.° do mesmo Código determina que "o registo de aquisição em comum e sem determinação de parte ou direito é feito com base em documento comprovativo da habilitação e em declaração que identifique os bens a registar como fazendo parte da herança".

O Código da Insolvência e da Recuperação de Empresas, aprovado pelo Decreto-Lei n.° 53/2004, de 18 de Março, alterado pelos Decretos-Leis n.os 200/2004, de 18 de Agosto, e 76-A/2006, de 29 de Março (este rectificado pela Declaração de rectificação n.° 28-A/2006, de 26 de Maio), dispõe, no artigo 10.°-*a)*, que, falecido o devedor, o processo de insolvência "passa a correr contra a herança jacente, que se manterá indivisa até ao encerramento do mesmo".

V. *Herança; Sucessor; Partilha; "De cuius"; Contitularidade; Cabeça-de-casal; Encargos da herança; Registo das pessoas colectivas; Ficheiro central de pessoas colectivas; Sede; Domicílio; Autor da sucessão; Identificação da pessoa; Registo predial; Meação; Documento; Habilitação; Insolvência; Recuperação de empresas; Devedor; Herança jacente.*

Herança jacente (Dir. Civil) – É a herança que não foi aceite nem repudiada nem declarada vaga para o Estado.

V. artigo 2046.°, C.C..

A herança jacente é administrada pelo sucessível ou sucessíveis a ela chamados (mas que ainda não aceitaram nem repudiaram), podendo, no entanto, ser nomeado um curador à herança, "para evitar a perda ou deterioração dos bens, por não haver quem legalmente os administre" – artigo 2048.°, C.C..

"No caso de herança jacente, por não serem conhecidos os sucessores, por o Ministério Público pretender contestar a legitimidade dos que se apresentarem, ou por os sucessores conhecidos haverem repudiado a herança, tomar-se-ão as providências necessárias para assegurar a conservação dos bens e em seguida são citados, por éditos, quaisquer interessados incertos para deduzir a sua habilitação como sucessores dentro de 30 dias depois de findar o prazo dos éditos" – artigo 1132.°, n.° 1, C.P.C., na redacção do Decreto-Lei n.° 329-A/95, de 12 de Dezembro.

Sendo conhecidos os sucessores, encontra-se previsto no C.P.C. um processo destinado a provocar a aceitação ou repúdio da herança jacente – artigos 1467.° a 1469.°, o primeiro na redacção do já mencionado DL n.° 329-A/95.

A herança jacente, cujo titular não se encontrar determinado, tem personalidade judiciária, nos termos do artigo 6.°-*a)*, C.P.C., na redacção dos Decretos-Leis n.os 329-A/95 e 180/96, de 25 de Setembro.

O artigo 2.°-*b)* do Código da Insolvência e da Recuperação de Empresas, aprovado pelo Decreto-Lei n.° 53/2004, de 18 de Março, alterado pelos Decretos-Leis n.os 200/2004, de 18 de Agosto, e 76-A/2006, de 29 de Março (rectificado pela Declaração de rectificação n.° 28-A/2006, de 26 de Maio), dispõe "que pode ser objecto de processo de insolvência a herança jacente". O artigo 10.° do mesmo diploma diz, por seu lado, que, "no caso de falecimento do devedor, o processo: *a)* Passa a correr contra a herança jacente, que se manterá indivisa até ao encerramento do mesmo; *b)* É suspenso pelo prazo, não prorrogável, de cinco dias, quando o sucessor do devedor o requeira e o juiz considere conveniente a suspensão".

V. *Herança; Aceitação da herança; Repúdio; Sucessível; Curador; Sucessor; Ministério Público; Legitimidade; Citação edital; Habilitação; Incertos; Personalidade judiciária; Insolvência; Recuperação de empresas; Devedor; Herança indivisa; Suspensão da instancia; Requerimento.*

Herança vaga (Dir. Civil) – A herança é judicialmente declarada vaga para o Estado, quando, na falta de testamento, do cônjuge e de qualquer parente sucessível, aquele é chamado à sucessão.

Neste caso, o Estado adquire a herança automaticamente, não carecendo de aceitação, nem podendo repudiá-la.

V. artigos 2152.° e segs., C.C..

Sendo a herança declarada vaga para o Estado, procede-se à sua liquidação, "cobrando-se as dívidas activas, vendendo-se judicialmente os bens, satisfazendo-se o passivo e adjudicando-se ao Estado o remanescente" – n.° 2 do artigo 1133.°, C.P.C.. V. artigo 1134.°, C.P.C., na redacção do Decreto-Lei n.° 180/96, de 25 de Setembro, sobre reclamação e verificação dos créditos por parte dos credores da herança.

V. *Herança; Testamento; Parentesco; Sucessível; Aceitação da herança; Repúdio; Venda judicial; Reclamação de créditos; Verificação de créditos; Encargos da herança.*

Herança vazia (Dir. Civil) – A doutrina designa assim a situação que se verifica quando alguém falece sem que na sua titularidade, ao tempo da morte, se encontrassem quaisquer relações jurídicas patrimoniais, activas ou passivas.

V. *Herança; Relação jurídica; Património.*

Herdeiro (Dir. Civil) – É todo aquele que sucede na totalidade ou numa quota do património do falecido, contrapondo-se ao legatário, que sucede em bens ou valores determinados (artigo 2030.°, n.° 2, C.C.).

Os herdeiros legais são legítimos ou legitimários, conforme possam ou não ser afastados pela vontade do *de cuius*, sendo testamentários, os que o autor da herança institua no caso ou de não ter herdeiros legitimários ou, tendo-os, na parte correspondente à quota disponível.

V. *Herança; Património; Legatário; Legítima; Quota disponível; Herdeiro legítimo; Herdeiro legitimário; "De cuius"; Justificação da qualidade de herdeiro.*

Herdeiro aparente (Dir. Civil) – Designa-se assim o sujeito que, apresentando-se de boa ou má fé como herdeiro, é reputado como tal por todos, "por força de erro comum ou geral".

Nesta situação, coloca-se o problema de saber qual o destino jurídico dos negócios de alienação que o herdeiro aparente realize com terceiros. O artigo 2076.°, C.C., estabelece:

"1. Se o possuidor de bens da herança tiver disposto deles, no todo ou em parte, a favor de terceiro, a acção de petição pode ser também proposta contra o adquirente, sem prejuízo da responsabilidade do disponente pelo valor dos bens alienados.

2. A acção não procede, porém, contra terceiro que haja adquirido do herdeiro aparente, por título oneroso e de boa fé, bens determinados ou quaisquer direitos sobre eles; neste caso, estando também de boa fé, o alienante é apenas responsável segundo as regras do enriquecimento sem causa".

V. *Herança; Má fé; Negócio jurídico; Erro; Alienação; Terceiro; Petição da herança; Negócio a título oneroso; Boa fé; Direito subjectivo; Enriquecimento sem causa.*

Herdeiro legal (Dir. Civil) – É aquele que é chamado à herança por disposição da lei. Os herdeiros legais podem ser legítimos ou legitimários.

V. *Herdeiro; Herdeiro legítimo; Herdeiro legitimário.*

Herdeiro legitimário (Dir. Civil) – Herdeiros legitimários são aqueles que, nos termos da lei, beneficiam obrigatoriamente de uma porção de bens do *de cuius* – a chamada legítima ou quota indisponível.

São herdeiros legitimários o cônjuge, os descendentes e os ascendentes (v. artigos 2157.° e 2133.° a 2138.°, todos do C.C.).

Uma das grandes inovações da revisão do Código Civil, operada pelo Decreto-Lei n.° 496/77, de 25 de Novembro, foi a de ter passado o cônjuge a ser herdeiro legitimário do *de cuius.*

Aliás, para além da qualificação do cônjuge sobrevivo como herdeiro legitimário, aquele diploma veio ainda proteger particularmente a estabilidade de vida e a segurança do cônjuge, estabelecendo que ele tem direito, no momento da partilha, a ser encabeçado no direito de habitação da casa de morada da família e no direito ao uso do respectivo recheio ("mobiliário e demais objectos e utensílios destinados ao cómodo, serviço e ornamentação da casa"). Estes direitos persistem, mesmo no caso de o valor recebido exceder o da sua parte sucessória e meação, se a houver, devendo, no entanto, nessa hipótese, tornas aos co-herdeiros.

V. artigos 2103.°-A, 2103.°-B e 2103.°-C, C.C..

Não existindo herdeiros legitimários, todo o património é disponível.

V. *Herdeiro; "De cuius"; Sucessão testamentária; Sucessão legítima; Sucessão legitimária; Legítima; Ascendente; Descendente; Partilha; Direito de habitação; Casa de morada da família; Meação; Tornas.*

Herdeiro legítimo (Dir. Civil) – Herdeiros legítimos são os sucessíveis chamados no caso de o falecido não ter disposto, válida e eficazmente, dos bens que integravam a sua quota disponível.

"São herdeiros legítimos o cônjuge, os parentes e o Estado [...]", pela seguinte ordem: cônjuge e descendentes, cônjuge e ascendentes, irmãos e seus descendentes, outros colaterais até ao quarto grau e o Estado.

"O cônjuge sobrevivo integra a primeira classe de sucessíveis, salvo se o autor da sucessão falecer sem descendentes e deixar ascendentes, caso em que integra a segunda classe".

V. artigos 2131.° e segs., C.C..

V. *Herdeiro; Sucessão legítima; Sucessível; Quota disponível; Parentesco; Descendente; Ascendente; Colateral; Grau de parentesco; Autor da sucessão.*

Herdeiro testamentário (Dir. Civil) – É aquele que é instituído por testamento do *de cuius*.

V. *Herdeiro; Sucessão testamentária; "De cuius"; Testamento.*

Hierarquia (Proc. Civil)

1. V. *Competência em razão da hierarquia.*

2. Diz-se que a magistratura do Ministério Público está sujeita ao princípio da hierarquia para significar que os magistrados de grau inferior se encontram subordinados aos de grau superior, devendo acatar as respectivas directivas, ordens e instruções. Devem, no entanto, os magistrados recusar o cumprimento daquelas, quando sejam ilegais, e podem ainda recusá-lo com fundamento em grave violação da sua consciência jurídica. Os termos em que a recusa é feita encontram-se estabelecidos no artigo 79.° do Estatuto do Ministério Público (Lei n.° 47/86, de 15 de Outubro, alterada pelas Leis n.os 21/90, de 20 de Janeiro, 23/92, de 20 de Agosto, 10/94, de 5 de Maio, 60/98, de 27 de Agosto, e 42/2005, de 29 de Agosto).

V. *Ministério Público.*

Hipoteca (Dir. Civil) – É, na prática, a mais importante das garantias especiais das obrigações.

Segundo o artigo 686.°, C.C., "a hipoteca confere ao credor o direito de ser pago pelo valor de certas coisas imóveis, ou equiparadas [automóveis, navios, aviões...], pertencentes ao devedor ou a terceiro, com preferência sobre os demais credores que não gozem de privilégio especial ou de prioridade de registo".

A hipoteca não acarreta o desapossamento do proprietário do bem hipotecado, sendo um direito real acessório. Como tal, é oponível não só ao devedor ou ao terceiro que a constituiu, mas também a qualquer terceiro que posteriormente adquira o bem onerado.

As hipotecas podem ser voluntárias, legais ou judiciais, consoante resultem de negócio jurídico (unilateral ou contrato), da lei ou de decisão judicial.

A hipoteca extingue-se pela extinção da obrigação a que serve de garantia, pela usucapião por terceiro do prédio hipotecado, desde que tenham decorrido vinte anos sobre o registo da aquisição e cinco sobre o vencimento da obrigação, pelo perecimento da coisa hipotecada (embora, neste caso, os titulares da hipoteca conservem sobre a indemnização, a que o proprietário da coisa tenha direito, as mesmas preferências que tinham em relação à coisa hipotecada ou possam pedir a substituição da hipoteca (v. artigos 692.° e 701.°, C.C.) e ainda por renúncia do credor (devendo a renúncia, para ser válida, ser expressa e feita por documento autenticado).

V. artigos 686.° a 732.°, C.C., tendo o artigo 731.° a redacção do Decreto-Lei n.° 163/95, de 13 de Julho.

De acordo com o regime estabelecido pelo Decreto-Lei n.° 255/93, de 15 de Julho, permite-se a celebração "por documento particular, com reconhecimento de assinaturas, segundo modelo a aprovar por portaria conjunta dos Ministros das Finanças, da Justiça e das Obras Públicas, Transportes e Comunicações" dos contratos de "compra e venda com mútuo, com ou sem hipoteca, referente[s] a prédio urbano destinado a habitação, ou fracção autónoma para o mesmo fim, desde que o mutuante seja uma instituição de crédito autorizada a conceder crédito à habitação", bem como dos "contratos de mútuo com hipoteca nos quais se titulem novos empréstimos relativos ao mesmo prédio ou fracção, celebrados pelo respectivo proprietário, com instituições de crédito autorizadas a conceder crédito à habitação"; os documentos particulares a que o diploma se reporta têm a natureza de títulos executivos.

O Decreto-Lei n.° 125/90, de 16 de Abril, alterado pelos Decretos-Leis n.os 17/95, de 27 de Janeiro, 343/98, de 6 de Novembro, e 52/2006, de 15 de Março, que continha o regime jurídico das obrigações hipotecárias foi revogado pelo Decreto-Lei n.° 59/2006, de 20 de Março, que estabelece o novo regime aplicável às obrigações hipotecárias e às instituições de crédito hipotecário, bem como às obrigações sobre o sector público.

O artigo 2.° do Código do Registo Predial, aprovado pelo Decreto-Lei n.° 224/ /84, de 6 de Julho, (rectificado por declaração publicada no *Diário da República,* I série, de 29 de Setembro de 1984), alterado pelos Decretos-Leis n.os 355/85, de 2 de Outubro, 60/90, de 14 de Fevereiro (rectificado por declaração publicada no *Diário da República,* I-A série, de 31 de Março de 1990), 80/92, de 7 de Maio, 30/93, de 12 de Fevereiro, 227/94, de 8 de Setembro, 267/94, de 25 de Outubro, 67/96, de 31 de Maio, 375-A/99, de 20 de Setembro, 533/99, de 11 de Dezembro, 273/2001, de 13 de Outubro, 323/2001, de 17 de Dezembro, 38/2003, de 8 de Março (rectificado pela Declaração de rectificação n.° 5-C/2003, de 30 de Abril), e 194/2003, de 23 de Agosto, e pela Lei n.° 6/2006, de 27 de Fevereiro, estabelece no seu n.° 1-*h)* que está sujeita a registo "a hipoteca, a sua cessão ou modificação, a cessão do grau de prioridade do respectivo registo [...]", dispondo a alínea *i)* da mesma norma que está também sujeita a registo "a transmissão de créditos garantidos por hipoteca [...], quando importe transmissão da garantia"; de acordo com o artigo 96.° do mesmo diploma, "o extracto da inscrição de hipoteca deve conter [...] o fundamento da hipoteca, o crédito e seus acessórios e o montante máximo assegurado [...]". O artigo 6.°, n.° 1, deste Código estabelece que "o direito inscrito em primeiro lugar prevalece sobre os que se lhe seguirem relativamente aos mesmos bens, por ordem da data dos registos e, dentro da mesma data, pelo número de ordem das apresentações correspondentes", exceptuando-se, quanto a este último aspecto, "as inscrições hipotecárias da mesma data, que concorrem entre si na proporção dos respectivos créditos". O artigo 56.° deste Código dispõe que "o cancelamento do registo de hipoteca é feito com base em documento autêntico ou autenticado de que conste o consentimento do credor", ocupando-se o artigo seguinte do regime do cancelamento de hipoteca para garantia de pensões periódicas. O artigo 59.° do Código estabelece, no seu n.° 1, que *"o cancelamento* dos registos [...] de hipoteca voluntária [...] *são feitos* com base em declaração do respectivo titular", devendo a assinatura do declarante "ser reconhecida presencialmente, salvo se for feita perante o funcionário da conservatória competente para o registo" (n.° 2); o n.° 3 diz que "no caso de existirem registos dependentes dos registos referidos no número anterior é igualmente necessário o consentimento dos respectivos titulares, prestado em declaração com idêntica formalidade".

Determina o artigo 3.°, n.° 2, do Código do Registo de Bens Móveis (Decreto-Lei n.° 277/95, de 25 de Outubro, rectificado pela Declaração de rectificação n.° 131/95, de 31 de Outubro, e alterado pelo Decreto-Lei n.° 311-A/95, de 21 de Novembro) que "a hipoteca [que recaia sobre um móvel registável] só produz efeitos entre as partes depois da realização do registo"; por ouro lado, o artigo 14.° do mesmo diploma estabelece que "os registos de hipoteca judicial, [...] tal como os de hipoteca voluntária de valor não superior ao fixado por portaria do Ministro da Justiça, caducam decorridos 10 anos sobre a datada sua realização", podendo no entanto "ser renovados por períodos de igual duração".

V. *Garantias especiais; Obrigação; Credor; Imóvel; Devedor; Terceiro; Oneração de bens; Privilégio creditório; Acessoriedade; Oponibilidade a terceiros; Negócio jurídico; Contrato; Sentença; Extinção das obrigações; Usucapião; Expurgação de hipotecas; Redução da hipoteca; Usucapião; Vencimento; Indemnização; Substituição de garantia; Reforço de garantia; Documento particular; Reconhecimento de letra e assinatura; Compra e venda; Mútuo; Prédio urbano; Fracção autónoma; Grau hipotecário; Transmissão de hipoteca; Cessão de créditos; Renúncia à hipoteca; Validade; Forma; Título executivo; Registo predial; Documento autêntico; Documento autenticado; Móvel; Registo de bens móveis; Caducidade.*

Hipoteca judicial (Dir. Civil) – De acordo com o disposto no artigo 710.°, n.° 1, C.C., o credor, que disponha de sentença condenatória do devedor à realização de uma prestação em dinheiro ou outra coisa fungível, pode registar hipoteca sobre quaisquer bens do obrigado, ainda que a sentença não tenha transitado em julgado.

Do mesmo modo, as sentenças estrangeiras, quando revistas e confirmadas em Portugal, "podem titular o registo da hipoteca judicial, na medida em que a lei do país onde foram proferidas lhes reconheça igual valor".

A preferência decorrente de hipoteca judicial nem sempre é reconhecida; assim, por exemplo, o determina o artigo 140.°, n.° 3, do Código da Insolvência e da Recuperação de Empresas, aprovado pelo Decreto-Lei n.° 53/2004, de 18 de Março, alterado pelos Decretos-Leis n.os 200/2004, de 18 de Agosto, e 76-A/2006, de 29 de Março (o último rectificado pela Declaração de rectificação n.° 28-A/2006, de 26 de Maio), quanto à graduação de créditos nestes processos.

O artigo 50.° do Código do Registo Predial, aprovado pelo Decreto-Lei n.° 224/ /84, de 6 de Julho (rectificado por declaração publicada no *Diário da República*, I série, de 29 de Setembro de 1984), alterado pelos Decretos-Leis n.os 355/85, de 2 de Outubro, 60/90, de 14 de Fevereiro (este rectificado por declaração publicada no *Diário da República*, I-A série, de 31 de Março de 1990), 80/92, de 7 de Maio, 30/93, de 12 de Fevereiro, 227/94, de 8 de Setembro, 267/94, de 25 de Outubro, 67/96, de 31 de Maio, 375-A/99, de 20 de Setembro, 533/99, de 11 de Dezembro, 273/2001, de 13 de Outubro, 323/2001, de 17 de Dezembro, 38/2003, de 8 de Março (rectificado pela Declaração de rectificação n.° 5-C/2003, de 30 de Abril), e 194/2003, de 23 de Agosto, e pela Lei n.° 6/2006, de 27 de Fevereiro, dispõe que "o registo de hipoteca [...] judicial é feito com base em certidão do título de que resulta a garantia e em declaração que identifique os bens, se necessário".

V. *Hipoteca; Credor; Sentença; Prestação; Coisa fungível; Registo; Trânsito em julgado; Sentença estrangeira; Revisão de sentença estrangeira; Insolvência; Recuperação de empresas; Graduação de credores; Registo predial; Certidão.*

Hipoteca legal (Dir. Civil) – A lei prevê casos de credores com hipoteca sobre dados bens e relativamente a determinados tipos de dívida.

A constituição da hipoteca, quando legalmente prevista, depende da existência da obrigação que garante: surgida esta, pode desde logo proceder-se ao respectivo registo.

V. artigos 704.° e segs., C.C..

O artigo 50.° do Código do Registo Predial (aprovado pelo Decreto-Lei n.° 224/ /84, de 6 de Julho – rectificado por Declaração publicada no *Diário da República*, I série, de 29 de Setembro de 1984 –, alterado pelos Decretos-Leis n.os 355/85, de 2 de Outubro, 60/90, de 14 de Fevereiro (este último rectificado por Declaração publicada no *Diário da República*, I-A série, de 31 de Março de 1990), 80/92, de 7 de Maio, 30/93, de 12 de Fevereiro, 227/94, de 8 de Setembro, 267/94, de 25 de Outubro, 67/96, de 31 de Maio, 375-A/99, de 20 de Setembro, 533/99, de 11 de Dezembro, 273/2001, de 13 de Outubro, 323/2001, de 17 de Dezembro, e 38/2003, de 8 de Março – rectificado pela Declaração de rectificação n.° 5-C/2003, de 30 de Abril – e 194/ /2003, de 23 de Agosto, e pela Lei n.° 6/ /2006, de 27 de Fevereiro) dispõe que "o registo de hipoteca legal [...] é feito com base em certidão do título de que resulta a garantia e em declaração que identifique os bens, se necessário".

V. *Hipoteca; Obrigação; Registo predial; Certidão.*

Hipoteca voluntária (Dir. Civil) – "Hipoteca voluntária é a que nasce de contrato ou declaração unilateral" – artigo 712.°, C.C..

Pode hipotecar quem tiver legitimidade para alienar os bens, sendo necessário o testamento ou a escritura pública para o acto de constituição da hipoteca, quando esta tenha por objecto bens imóveis. Também é requisito de validade da hipoteca a especificação, no respectivo título constitutivo, dos bens (do devedor ou de terceiro) que constituem o seu objecto.

V. artigos 712.° e segs., C.C..

Porém, segundo o regime do Decreto--Lei n.° 255/93, de 15 de Julho, permite-se a celebração "por documento particular, com reconhecimento de assinaturas, segundo modelo a aprovar por portaria conjunta dos Ministros das Finanças, da Justiça e das Obras Públicas, Transportes e Comunicações" dos contratos de "compra e venda com mútuo, com ou sem hipoteca, referente[s] a prédio urbano destinado a habitação, ou fracção autónoma para o mesmo fim, desde que o mutuante seja uma instituição de crédito autorizada a conceder crédito à habitação", bem como dos "contratos de mútuo com hipoteca nos quais se titulem novos empréstimos relativos ao mesmo prédio ou fracção, celebrados pelo respectivo proprietário, com instituições de crédito autorizadas a conceder crédito à habitação"; os documentos particulares a que o diploma se reporta têm a natureza de títulos executivos.

V. *Hipoteca; Contrato; Negócio jurídico unilateral; Legitimidade; Alienação; Escritura pública; Testamento; Imóvel; Devedor; Terceiro; Documento particular; Reconhecimento de letra e assinatura; Compra e venda; Mútuo; Prédio urbano; Fracção autónoma; Título executivo.*

Hipoteticidade – Característica necessária das normas jurídicas, de acordo com a qual a situação nestas prevista não é, nem é configurada, como uma situação concreta, antes como uma hipótese abstracta, em que podem reentrar numerosos casos concretos – todos os que revistam as características da situação prevista.

V. *Norma jurídica.*

Historicismo – Corrente de interpretação da lei segundo a qual esta deveria valer sempre com o seu sentido originário, estando pois definitivamente vinculada às condições históricas em que foi produzida, sendo irrelevantes para o respectivo sentido as evoluções ideológicas, sociais e económicas entretanto verificadas.

Sem que se prescinda do elemento histórico na actividade interpretativa, pode dizer-se que o pensamento historicista se encontra actualmente maioritariamente abandonado a favor do chamado actualismo na interpretação da lei.

V. *Interpretação da lei; Elemento histórico; Actualismo.*

Homologação (Dir. Civil) – Em direito privado, o termo homologação designa actos de aprovação.

(Proc. Civil) – Por vezes, o tribunal tem de homologar acordos ou actos celebrados pelas partes (por exemplo, o tribunal de família tem de homologar o acordo dos pais sobre regulação do poder paternal; o mesmo sucede com os acordos ou actos pelos quais as partes podem pôr fim a um processo cível) ou por terceiros (por exemplo, o tribunal de menores – o artigo 39.° da Lei Tutelar Educativa fala em tribunal de família e de menores, que não está previsto na Lei de Organização e Funcionamento dos Tribunais Judiciais – tem de homologar o projecto educativo elaborado pelos serviços de reinserção social para inserir o menor sujeito à medida de acompanhamento educativo).

O Código da Insolvência e da Recuperação de Empresas, aprovado pelo Decreto-Lei n.° 53/2004, de 18 de Março, alterado pelos Decretos-Leis n.os 200/2004, de 18 de Agosto, e 76-A/2006, de 29 de Março (rectificado pela Declaração de rectificação n.° 28-A/2006, de 26 de Maio), dispõe, no artigo 130.°, que, se não houver impugnações de créditos reclamados, é de imediato proferida sentença de verificação e graduação dos créditos, em que, salvo caso de erro manifesto, é homologada a lista de credores reconhecidos pelo administrador da insolvência e são graduados os créditos conforme o que consta dessa lista.

V. *Tribunal de família; Poder paternal; Regulação do poder paternal; Transacção; Menor; Tribunal de menores; Medida tutelar; Acompanhamento educativo; Insolvência; Recuperação de empresas; Reclamação de créditos; Sentença; Administrador da insolvência; Graduação de credores.*

Homologação da partilha (Dir. Civil; Proc. Civil) – Uma vez elaborado o mapa da partilha e realizado o sorteio dos lotes, "o processo é concluso ao juiz para, no prazo de cinco dias [era de quarenta e oito horas na redacção anterior], proferir sentença homologando a partilha constante do mapa e as operações de sorteio"; "da sentença homologatória da partilha cabe recurso de apelação, com efeito meramente devolutivo" – artigo 1382.°, C.P.C..

V. *Homologação; Partilha; Mapa da partilha; Sentença; Apelação; Efeito devolutivo do recurso.*

Homologação do casamento (Dir. Civil) – O casamento urgente, uma vez provisoriamente registado, tem de ser homologado pelo funcionário do registo civil, sendo juridicamente considerado inexistente, se o não for.

Não poderá ser homologado o casamento:

"*a)* se não se verificarem os requisitos exigidos por lei, ou não tiverem sido observadas as formalidades prescritas para a celebração do casamento urgente e para a realização do respectivo registo provisório;

b) se houver indícios sérios de serem supostos ou falsos esses requisitos ou formalidades;

c) se existir algum impedimento dirimente;

d) se o casamento tiver sido considerado como católico pelas autoridades eclesiásticas e, como tal, se encontrar transcrito".

Não sendo homologado o casamento, o assento provisório é cancelado, podendo recorrer judicialmente do despacho que recuse a homologação os cônjuges ou seus herdeiros e o Ministério Público.

Sendo o casamento homologado, faz-se o respectivo registo por transcrição com base no despacho de homologação.

V. artigos 1622.° a 1624.°, 1628.°-*b)*, 1662.° e 1663.°, C.C..

V. *Homologação; Casamento urgente; Registo civil; Inexistência; Invalidade do casamento; Formalidade; Impedimentos dirimentes; Casamento católico; Assento; Despacho; Recurso; Herdeiro; Ministério Público.*

Honorários (Proc. Civil) – Remuneração de serviços prestados por profissionais, geralmente exercendo profissões liberais.

A fixação dos honorários pelo advogado é extremamente variável, sendo estabelecidos certos princípios gerais quanto a ela no artigo 65.° do Estatuto da Ordem dos Advogados (Lei n.° 15/2005, de 26 de Janeiro, que revogou o Decreto-Lei n.° 84/ /84, de 16 de Março); os honorários devem "corresponder a uma compensação económica adequada pelos serviços efectivamente prestados, que deve ser saldada em dinheiro e que pode assumir a forma de retribuição fixa"; "na falta de convenção prévia reduzida a escrito, o advogado apresenta ao cliente a respectiva conta de honorários com discriminação dos serviços prestados". "Na fixação dos honorários deve o advogado atender à importância dos serviços prestados, à dificuldade e urgência do assunto, ao grau de criatividade intelectual da sua prestação, ao resultado obtido, ao tempo despendido, às responsabilidades por ele assumidas e aos demais usos profissionais".

V. também o artigo 111.° do Estatuto da Câmara dos Solicitadores (Decreto-Lei n.° 88/2003, de 26 de Abril, alterado pelas Leis n.ºs 49/2004, de 24 de Agosto, e 14/ /2006, de 26 de Abril).

O apoio judiciário, regulado pela Lei n.° 34/2004, de 29 de Julho, compreende, entre as suas modalidades, o "pagamento de honorários de patrono", o "pagamento da remuneração do solicitador de execução designado", o "pagamento faseado de taxa de justiça e demais encargos com o processo, de honorários de patrono nomeado e de remuneração do solicitador de execução designado" e o "pagamento de honorários de defensor oficioso".

A Portaria n.° 150/2002, de 19 de Fevereiro, estabelecera os valores de honorários a atribuir aos advogados, advogados estagiários e solicitadores pelos serviços prestados no âmbito do apoio judiciário; esta foi revogada pela Portaria n.° 1386/ /2004, de 10 de Novembro, que "aprova a tabela de honorários dos advogados, advogados estagiários e solicitadores pelos serviços que prestem no âmbito da protecção jurídica [...]"; nos termos do artigo 2.°, n.° 2, deste diploma, "os honorários devidos aos advogados estagiários são os constantes da tabela [...] reduzidos a dois terços", sendo os devidos aos solicitadores "reduzidos a dois terços ou a um quarto, consoante intervenham isoladamente ou o façam coadjuvados por um advogado, sendo os honorários do advogado, neste caso, reduzidos a quatro quintos" (n.° 3); o n.° 4 da mesma disposição dispõe que "o advogado e o solicitador podem acordar na distribuição dos honorários em proporção diversa da referida [...] [no caso de intervirem em conjunto]"; o artigo 4º determina que, "em caso de intervenção ocasional em acto ou diligência processuais, os honorários são atribuídos de forma individualizada pelo tribunal ao interveniente ocasional e deduzidos aos honorários devidos ao interveniente principal em função do tipo de processo". O artigo 6.°, n.° 1, estabelece que "pela consulta jurídica efectuada para apreciação liminar da existência de fundamento legal da pretensão são devidos honorários no montante de um unidade de referência"; "ao patrono que, no âmbito da consulta jurídica prestada nos termos do número anterior, comprovadamente alcance a superação extrajudicial do litígio por transacção ou a sua resolução por meios alternativos, designadamente promovendo a mediação ou arbitragem, são devidos honorários no montante de cinco unidades de referência, que acrescem à remuneração prevista no número anterior" (n.° 2 deste artigo 6.°); "os honorários, a pagar pelo Cofre Geral dos Tribunais, devem ser solicitados em requerimento dirigido ao Instituto de Gestão Financeira e Patrimonial da Justiça, que [...] [nos casos de resolução do litígio sem recurso aos tribunais judicias que ficaram mencionados] procede ao pagamento após parecer da Direcção-Geral da Administração Extrajudicial".

O artigo 317.°-*c)*, C.C., estabelece um prazo de prescrição presuntiva de dois anos para "os créditos pelos serviços prestados no exercício de profissões liberais [...]":

Os honorários, quando não são voluntariamente pagos, podem ser exigidos judicialmente, por uma acção de honorários (v. artigo 76.°, C.P.C.).

V. *Advogado; Advogado estagiário; Contrato de prestação de serviços; Usos; Solicitador; Ordem dos Advogados; Câmara dos Solicitadores; Apoio judiciário; Patrono; Solicitador de execução; Taxa de justiça; Protecção jurídica; Actos processuais; Diligência; Consulta jurídica; Litígio; Transacção; Mediação; Arbitragem; Prescrição presuntiva; Defensor oficioso; Acção de honorários.*

Hospedagem (Dir. Civil) – Contrato de albergaria ou hospedagem é o contrato misto de arrendamento, aluguer e prestação de serviços, pelo qual uma das partes cede à outra o gozo de um local mobilado e lhe presta serviços relacionados com a habitação ou alimentação, contra uma retribuição.

No quadro do arrendamento para habitação, v. artigo 76.°, n.° 1-*b)*, do Regime do Arrendamento Urbano, aprovado pelo Decreto-Lei n.° 321-B/90, de 15 de Outubro, rectificado por Declaração publicada no *Diário da República*, I série, de 30 de Novembro de 1990, alterado pelo Decreto-Lei n.° 278/93, de 10 de Agosto – este alterado, por ratificação, pela Lei n.° 13/94, de 11 de Maio –, pelo Decreto-Lei n.° 163/95, de 13 de Julho, pela Lei n.° 89/95, de 1 de Setembro, pelo Decreto-Lei n.° 257/95, de 30 de Setembro, pela Lei n.° 135/99, de 28 de Agosto, pelos Decretos-Leis n.os 64-A/2000, de 22 de Abril, e 329-B/2000, de 22 de Dezembro, e pelas Leis n.os 6/2001 e 7/2001, ambas de 11 de Maio.

O Decreto-Lei n.° 47/99, de 16 de Fevereiro, alterado pelo Decreto-Lei n.° 56/2002, de 11 de Março, que estabelece o regime do chamado turismo de natureza, contém normas especiais sobre hospedagem aplicáveis no respectivo âmbito. V. também o decreto regulamentar n.° 2/99, de 17 de Fevereiro.

V. *Contrato misto; Arrendamento; Aluguer; Contrato de prestação de serviços; Arrendamento para habitação; Hóspede.*

Hóspede (Dir. Civil) – Pessoa que, mediante retribuição, recebe habitação e serviços relacionados com ela.

Sendo o arrendamento para habitação, o inquilino pode ter em sua casa até três hóspedes, sem autorização do senhorio, salvo se houver convenção em contrário.

V. artigo 76.°, n.° 1-*b)*, do Regime do Arrendamento Urbano (aprovado pelo Decreto-Lei n.° 321-B/90, de 15 de Outubro, rectificado por Declaração publicada no *Diário da República*, I série, de 30 de Novembro de 1990, e alterado pelo Decreto-Lei n.° 278/93, de 10 de Agosto – por seu lado, alterado, por ratificação, pela Lei n.° 13/94, de 11 de Maio –, pelo Decreto-Lei n.° 163/95, de 13 de Julho, pela Lei n.° 89/95, de 1 de Setembro, pelo Decreto-Lei n.° 257/95, de 30 de Setembro, pela Lei n.° 135/99, de 28 de Agosto, pelos Decretos-Leis n.os 64-A/2000, de 22 de Abril, e 329-B/2000, de 22 de Dezembro, e pelas Leis n.os 6/2001 e 7/2001, ambas de 11 de Maio), que substituiu o antigo artigo 1109.°, C.C..

Se o número de hóspedes não autorizados for superior a três e o prédio não se destinar, nos termos do arrendamento, a hospedaria, o senhorio pode resolver o contrato (artigo 64.°, n.° 1-*e)*, RAU, correspondente ao antigo artigo 1093.°, n.° 1-*e)*, C.C.).

V. *Hospedagem; Arrendamento para habitação; Contrato de prestação de serviços; Resolução do arrendamento.*

I

Idade núbil (Dir. Civil) – Idade núbil ou nupcial é aquela que a lei fixa como sendo a idade mínima para a celebração do casamento. Segundo o artigo 12.° da Convenção Europeia dos Direitos do Homem, "a partir da idade núbil, o homem e a mulher têm o direito de casar-se e de constituir família, segundo as leis nacionais que regem o exercício deste direito".

Na lei civil portuguesa, essa idade é dezasseis anos, constituindo a idade inferior a esse limite impedimento dirimente absoluto do casamento, cuja violação constitui causa de anulabilidade deste. Cfr. artigos 1601.°-*a)* e 1631.°-*a)*, C.C..

O artigo 1639.°, C.C., enuncia as pessoas com legitimidade para intentar a acção de anulação do casamento fundada em impedimento dirimente, estabelecendo o artigo 1643.° os prazos dentro dos quais a acção pode ser intentada.

Considera-se, porém, "sanada a anulabilidade, e válido o casamento desde o momento da celebração, se antes de transitar em julgado a sentença de anulação [...]" for "o casamento de menor não núbil confirmado por este, perante o funcionário do registo civil e duas testemunhas, depois de atingir a maioridade" – artigo 1633.°, n.° 1-*a)*, C.C..

V. *Casamento; Impedimentos dirimentes; Anulabilidade do casamento; Legitimidade; Trânsito em julgado; Sanação da invalidade; Confirmação; Registo civil; Maioridade.*

Identificabilidade – V. *Princípio da identificabilidade; Publicidade.*

Identificação civil (Dir. Civil) – V. *Identificação da pessoa.*

Identificação da pessoa (Dir. Civil) – Uma pessoa singular é identificada, em primeira linha, pelo respectivo nome, podendo ser complementada a sua identificação ou individualização por recurso a elementos naturais – como o sexo, cor dos olhos, altura, impressões digitais – e circunstanciais – como a filiação, estado civil, profissão.

A Lei n.° 12/91, de 21 de Maio – Lei de Identificação Civil e Criminal –, encontra-se parcialmente revogada pela Lei n.° 33/ /99, de 18 de Maio, alterada pelos Decretos-Leis n.°s 323/2001, de 17 de Dezembro, e 194/2003, de 23 de Agosto, que regula a identificação civil e a emissão do bilhete de identidade de cidadão nacional. Esta última estabelece, no seu artigo 1.°, que "a identificação civil tem por objecto a recolha, tratamento e conservação dos dados pessoais individualizadores de cada cidadão com o fim de estabelecer a sua identidade civil", declarando que serão garantidos na identificação civil os princípios da legalidade, autenticidade, veracidade, univocidade e segurança dos dados identificadores dos cidadãos.

"A base de dados de identificação tem por finalidade organizar e manter actualizada a informação necessária ao estabelecimento da identidade dos cidadãos e à emissão do correspondente bilhete de identidade" – artigo 21.° da Lei n.° 33/99. "Além dos elementos identificadores que constam do bilhete de identidade, são recolhidos os seguintes dados pessoais do respectivo titular:

a) Número e ano do assento de nascimento e conservatória onde foi lavrado;

b) Filiação;

c) Impressão digital;

d) Endereço postal;

e) Estado civil e, se casado, o nome do cônjuge;

f) Perda da nacionalidade;

g) Data do óbito".

"Os dados pessoais constantes da base de dados são recolhidos e actualizados a partir de declarações dos seus titulares ou de impressos próprios por eles preenchidos ou a seu pedido, exceptuando o número do bilhete de identidade, atribuído automaticamente na sua primeira emissão"; "a impressão digital é reconhecida no momento da entrega do pedido", sendo "a data da morte [...] recolhida da comunicação da conservatória do registo civil detentora do assento de óbito", e "a perda da nacionalidade [...] recolhida da comunicação da Conservatória dos Registos Centrais". V. artigos 22.° e 23.° da Lei n.° 33/99.

Confere-se ao titular da informação o direito a tomar conhecimento dos dados que lhe digam respeito, bem como a obter "a reprodução exacta dos registos", de igual modo se atribuindo o direito de exigir a respectiva correcção e o completamento das omissões – artigos 29.° e 30.°.

"Os dados registados na base [...], bem como os constantes do respectivo pedido e do verbete onomástico, podem ser comunicados às entidades policiais e judiciárias, para efeitos de investigação ou de instrução criminal, sempre que os dados não possam ou não devam ser obtidos das pessoas a quem respeitam e as entidades em causa não tenham acesso à base de dados ou esta não contenha a informação referida", dependendo esta comunicação "de solicitação fundamentada do próprio magistrado ou de autoridade da polícia criminal [...]"; "a comunicação deve ser recusada quando o pedido se não mostrar fundamentado" (artigo 24.°).

Dispõe o artigo 27.°:

"1 – Podem ainda aceder à informação sobre identificação civil os descendentes, ascendentes, o cônjuge, tutor ou curador do titular da informação ou, em caso de falecimento deste, os presumíveis herdeiros, desde que mostrem interesse legítimo e não haja risco de intromissão na vida privada do titular da informação;

2 – Mediante solicitação fundamentada, pode o Ministro da Justiça, ouvido o director-geral dos Registos e do Notariado, autorizar o acesso à informação sobre identificação civil a outras entidades, desde que se mostre comprovado o fim a que se destina, não haja risco de intromissão na vida privada do titular e a informação não seja utilizada para fins incompatíveis com os que determinaram a sua recolha".

De acordo com o artigo 34.°, n.° 3, do Código do Registo Civil, na redacção do Decreto-Lei n.° 36/97, de 31 de Janeiro, "o exame dos registos para fins de investigação científica ou genealógica só pode ser autorizado pelo director-geral dos Registos e do Notariado, a requerimento fundamentado dos interessados e desde que se mostre assegurado o respeito pela vida privada e familiar das pessoas a quem respeitem".

O Decreto-Lei n.° 148/93, de 3 de Maio, alterado pelos Decretos-Leis n.°s 87/94, de 30 de Março, e 173/94, de 25 de Junho, pela Lei n.° 33/99, de 18 de Maio, e pelo Decreto-Lei n.° 87/2001, de 17 de Março, tinha extinguido o Centro de Identificação Civil e Criminal, passando a respectiva competência para a Direcção-Geral dos Registos e do Notariado, onde fora criada a Direcção de Serviços de Identificação Civil. Muito embora estes diplomas hajam sido parcialmente revogados pela Lei n.° 33/99, esta orgânica mantém-se, competindo a esta Direcção de Serviços, às suas delegações e às conservatórias do registo civil que para tal sejam designadas por Portaria do Ministro da Justiça, "o tratamento dos dados de identificação civil e a emissão do bilhete de identidade de nacionais portugueses" (a título de curiosidade, espero que apenas, refere-se que o artigo 40.° do Decreto-Lei n.° 76-A/2006, de 29 de Março, determina que o termo "direcção" utilizado "em qualquer acto normativo [...]", considera-se substituído por "conselho de administração executivo").

A Lei n.° 5/95, de 21 de Fevereiro, alterada pela Lei n.° 49/98, de 11 de Agosto, veio estabelecer, no seu artigo 1.°, que os agentes das forças ou serviços de segurança "podem exigir a identificação de qualquer pessoa que se encontre ou circule em lugar público, aberto ao público ou sujeito a vigilância policial, sempre que sobre a mesma [...] existam fundadas suspeitas da prática de crimes contra a vida e a integridade das pessoas, a paz e a humanidade, a ordem democrática, os valores e interesses da vida em sociedade e o Estado ou tenha penetrado ou permaneça irregularmente no território nacional ou contra a qual penda processo de extradição ou de expulsão"; esta exigência de identificação só pode ter lugar depois de os agentes que a ela procedam "exibirem prova da sua qualidade e de terem comunicado ao identificando os seus direitos e, de forma objectiva, as circunstâncias concretas que fundam a obrigação de identificação e os vários meios por que se pode identificar", determinando a omissão deste dever de comunicação a nulidade da ordem de identificação. "Os cidadãos maiores de 16 anos devem ser portadores de documento de identificação sempre que se encontrem em lugares públicos, abertos ao público ou sujeitos a vigilância policial"; a identificação deve ser feita através do bilhete de identidade, de passaporte, de documento original ou cópia autenticada que contenha o nome completo, a assinatura e a fotografia do titular, para os cidadãos portugueses; quanto aos cidadãos nacionais de Estados membros da Comunidade Europeia, a identificação é feita pelo título de residência, pelo bilhete de identidade, pelo passaporte, por documento original ou cópia autenticada, nos termos já enunciados; por fim, os estrangeiros nacionais de países terceiros identificam-se pelo título de residência, pelo bilhete de identidade de estrangeiro ou pelo passaporte.

Nos termos do artigo 4.° da mesma Lei n.° 5/95, "quando o cidadão não possa identificar-se, por não ser portador de documento de identificação, o recurso ao procedimento a que se refere o artigo 3.° [e que será descrito de seguida] só terá lugar na impossibilidade de utilização dos seguintes meios:

a) Identificação por um terceiro, devidamente identificado, que garanta a veracidade dos dados pessoais oferecidos pelo cidadão não portador de documento com que possa identificar-se;

b) Comunicação do identificando com pessoa da sua confiança, no sentido de apresentar, por via dela, os meios de identificação;

c) Acompanhamento do identificando ao lugar onde se encontrem os seus documentos de identificação".

Segundo os n.°s 1 e 2 do artigo 3.° e este artigo 4.°, caso não seja possível a identificação pelos documentos enunciados ou pelas formas neste último previstas, ou ela seja recusada, "terá lugar um procedimento de identificação que consiste em conduzir o identificando ao posto policial mais próximo, onde permanecerá pelo tempo estritamente necessário à identificação e que não poderá, em caso algum, exceder duas horas", podendo tal procedimento "incluir, em caso de necessidade, provas dactiloscópicas, fotográficas ou de análoga natureza, as quais são destruídas, na presença do identificando, não se confirmando a suspeita, e ainda a indicação, pelo identificando, de residência onde possa ser encontrado e receber comunicações"; "a redução a auto do procedimento de identificação é obrigatória em caso de recusa de identificação e é nos demais casos dispensada, a solicitação da pessoa a identificar"; quando seja lavrado auto, do mesmo será entregue cópia ao identificando e ao Ministério Público – n.°s 3 e 4 da mesma disposição. "O procedimento de identificação será sempre comunicado a pessoa da confiança do identificando, quando este o solicite" (artigo 3.°, n.° 6).

A Portaria n.° 953/99, de 29 de Outubro, veio fixar as taxas a cobrar pelos serviços de identificação civil.

V. *Pessoa singular; Nome; Filiação; Estado civil; Bilhete de identidade; Assento; Nascimento; Cidadania; Perda da nacionalidade; Descendente; Ascendente; Tutor; Curador; Herdeiro; Intimidade; Magistratura judicial; Registo civil; Nulidade; Passaporte; Documento autenticado; Residência; Estrangeiros; Dados pessoais; Princípio da veracidade; Princípio da univocidade; Protecção de dados pessoais; Terceiro; Ministério Público.*

Idoneidade do fiador (Dir. Civil) – O fiador é idóneo se tiver capacidade para se obrigar e possuir bens suficientes para garantir a obrigação.

Sendo o devedor obrigado a dar fiador, só pode o credor recusar aquele que for dado, se não for idóneo.

V. artigo 633.°, C.C..

V. *Fiador; Fiança; Capacidade; Garantia; Obrigação; Devedor; Credor.*

Idoneidade do objecto negocial (Dir. Civil) – Diz-se que o objecto negocial é idóneo quando não se encontra afectado por qualquer vício, isto é, quando é lícito, física e legalmente possível, e determinável.

V. *Objecto negocial; Ilicitude; Possibilidade do objecto; Determinabilidade.*

"Id quod interest" (Dir. Civil) – Expressão latina que é usada para significar o *equivalente* e, mais propriamente, a indemnização dos danos sofridos por alguém.

V. *Indemnização; Dano.*

Ignorância da lei – Diz o artigo 6.°, C.C., que "a ignorância ou má interpretação da lei não justifica a falta do seu cumprimento nem isenta as pessoas das sanções nela estabelecidas".

V. *Lei; Erro de direito; Sanção civil.*

Igualdade – V. *Princípio da igualdade.*

Ilegalidade (Dir. Civil) – A doutrina reserva, muitas vezes, o termo ilegalidade para significar a inobservância de um ónus, situações em que a consequência não é uma sanção, mas apenas a inexistência de uma vantagem ou verificação de uma desvantagem.

Assim, por exemplo, dir-se-á que é ilegal a venda de um bem imóvel por forma diversa da escritura pública: os contraentes não sofrem qualquer sanção, mas o contrato celebrado é nulo, não produzindo, por isso, os efeitos jurídicos que eram os visados.

V. *Ónus; Sanção civil; Compra e venda; Imóvel; Escritura pública; Nulidade.*

Ilegitimidade (Dir. Civil; Proc. Civil) – V. *Legitimidade.*

Ilicitude (Dir. Civil) – Ilícito é o acto que de traduz no incumprimento de um dever imposto por uma norma jurídica ou consubstancia uma prática por ela proibida.

A prática culposa de actos ilícitos, violadores de direitos alheios e de que resultem prejuízos, obriga o seu autor a indemnizar o lesado, o mesmo se passando quando os prejuízos resultem da violação de uma norma destinada a proteger interesses alheios.

V. artigo 483.°, n.° 1, C.C..

No domínio obrigacional, considera-se ilícito o comportamento do devedor que é desconforme com aquele a que se encontrava obrigado. O ilícito obrigacional, quando culposo, constitui o devedor na obrigação de reparar ao credor os danos dele advindos, nos termos do artigo 798.°, C.C..

Quer no âmbito obrigacional, quer no extraobrigacional, a ilicitude do acto pode ser excluída pela verificação de circunstâncias que juridicamente o justificam, as chamadas causas de justificação do acto ou de exclusão da sua ilicitude.

Também no que respeita ao objecto negocial se põe o problema da ilicitude, dizendo o artigo 280.°, C.C., que é nulo o negócio cujo objecto seja contrário à lei, à ordem pública ou ofensivo dos bons costumes.

O objecto do negócio é ilícito quando consiste num facto material proibido normativamente ou num acto jurídico que a norma proíbe, mas que não comina com a nulidade (nesta última hipótese, o objecto negocial será não ilícito, mas legalmente impossível). A ilicitude do objecto do negócio pode também resultar da violação da ordem pública, isto é, dos interesses superiores da colectividade que não se acham expressamente consignados em qualquer preceito legal, ou da violação dos bons costumes, isto é, das regras de moral social vigentes numa época em dada comunidade.

Em casos em que, além do ilícito civil, há um ilícito criminal, decidiu o Assento n.° 5/2000, de 19 de Janeiro de 2000, publicado no *Diário da República*, I-A série, de 2 de Março, que "a dedução, perante a jurisdição civil, do pedido de indemnização, fundado nos mesmos factos que constituem objecto da acusação, não determina a extinção do procedimento quando o referido pedido cível tiver sido apresentado depois de exercido o direito de queixa, se o processo estiver sem andamento há mais de oito meses após a formulação da acusação".

O Protocolo para a Repressão de Actos Ilícitos de Violência nos Aeroportos ao Serviço da Aviação Civil Internacional, assinado em Montreal em 24 de Fevereiro de 1988, Complementar àquela Convenção, foi aprovado, para ratificação, pela Resolução da Assembleia da República n.° 32/98, tendo sido ratificado pelo Decreto do Presidente da República n.° 22/98, ambos de 17 de Junho, tendo o instrumento de ratificação sido depositado em 19 de Dezembro de 2001, conforme o Aviso n.° 32/2002, de 6 de Abril.

V. *Acto jurídico; Norma jurídica; Direito subjectivo; Dano; Responsabilidade civil; Responsabilidade contratual; Culpa; Devedor; Obrigação; Nulidade; Negócio jurídico; Causas justificativas; Objecto negocial; Possibilidade do objecto; Indemnização; Pedido.*

Ilicitude subjectiva (Dir. Civil) – Parte da doutrina qualifica como ilícito subjectivo o acto que, além de ser objectivamente ilícito, é também culposo.

V. *Ilicitude; Culpa.*

Imagem (Dir. Civil) – V. *Direito à imagem.*

Imediação (Proc. Civil) – V. *Princípio da imediação.*

Imigrantes (Dir. Civil) – V. *Estrangeiros.*

Imóvel (Dir. Civil) – De um modo geral, são coisas imóveis a terra e as coisas a ela, natural ou materialmente, ligadas com carácter de permanência.

O artigo 204.°, C.C., inclui ainda nos imóveis as águas e os próprios direitos sobre os imóveis.

O Decreto Legislativo Regional n.° 11/ /2000/A, publicado no *Diário da República*, I-A série, de 19 de Maio, aprova o Regulamento de Protecção aos Imóveis Classificados.

V. *Móvel; Águas; Direito subjectivo.*

Imparcialidade (Proc. Civil) – A nossa lei processual prevê casos em que o juiz, por ter ou poder ter qualquer interesse directo ou indirecto na causa, não pode exercer, em relação a ela, as suas funções em jurisdição contenciosa ou voluntária; são os casos de impedimento do juiz.

Também as partes podem opor suspeição ao juiz, nos casos previstos na lei; sendo esta julgada procedente, inibe de igual modo o juiz do exercício das suas funções.

Por outro lado, o artigo 7.° do Estatuto dos Magistrados Judiciais (Lei n.° 21/85, de 30 de Julho, alterada pelo Decreto-Lei n.° 342/88, de 28 de Setembro, pelas Leis n.°s 2/90, de 20 de Janeiro, 10/94, de 5 de Maio, 44/96, de 3 de Setembro, 81/98, de 3 de Dezembro, e 143/99, de 31 de Agosto, 3-B/2000, de 4 de Abril, e 42/2005, de 29 de Agosto) estabelece regras que visam garantir a imparcialidade dos juízes no exercício das suas funções. Assim, é-lhes vedado:

"*a)* Exercer funções em tribunal ou juízo em que sirvam juízes de direito, magistrados do Ministério Público ou funcionários de justiça a que estejam ligados por casamento, parentesco ou afinidade em qualquer grau da linha recta ou até ao 3.° grau da linha colateral;

b) Servir em tribunais em que tenham desempenhado funções de Ministério Público nos últimos três anos, ou que pertençam ao círculo judicial em que, em igual período, tenham tido escritório de advogado".

Também os magistrados do Ministério Público estão abrangidos por impedimentos (v. artigos 125.°, C.P.C., na redacção do Decreto-Lei n.° 329-A/95, de 12 de Dezembro, e 83.° do Estatuto do Ministério Público – antes designado por Lei Orgânica do Ministério Público – Lei n.° 47/86, de 15 de Outubro, alterada pelas Leis n.°s 2/90, de 20 de Janeiro, 23/92, de 20 de Agosto, 10/94, de 5 de Maio, 60/98, de 27 de Agosto, e 42/2005).

Os funcionários de justiça estão, igualmente, abrangidos por causas de impedimento (artigo 125.°, C.P.C.) e pode ser-lhes oposta suspeição (artigo 134.°, C.P.C.).

V. artigos 122.° a 136.°, C.P.C., o primeiro com a redacção dos Decretos-Leis n.°s 329-A/95 e 180/96, de 25 de Setembro.

Finalmente, "os administradores da insolvência estão sujeitos aos impedimentos e suspeições aplicáveis aos juízes [...]" – artigo 8.° da Lei n.° 32/2004, de 22 de Julho.

V. *Juiz; Jurisdição contenciosa; Jurisdição graciosa; Impedimentos; Parte; Suspeição; Magistratura judicial; Juízo; Ministério Público; Funcionário de justiça; Parentesco; Afinidade; Grau de parentesco; Linha; Colateral; Círculo judicial; Advogado; Insolvência; Administrador da insolvência.*

Impedimentos – 1. (Proc. Civil) – Circunstâncias que impedem o juiz de exercer as suas funções em relação a uma dada causa. Fundamentalmente, consistem em ser o juiz, o seu cônjuge ou algum seu parente próximo parte na causa ou em, de algum modo, ter, ou poder ter, interesse nela.

Sobre a questão, dispõe, desde logo, o artigo 89.°, C.P.C. (com a redacção dos Decretos-Leis n.°s 329-A/95, de 12 de Dezembro, e 180/96, de 25 de Setembro), que, "para as acções em que seja parte o juiz de direito, seu cônjuge, algum seu descendente ou ascendente ou quem com ele conviva em economia comum e que devessem ser propostas na circunscrição em que o juiz exerce jurisdição, é competente o tribunal da circunscrição judicial cuja sede esteja a menor distância da sede daquela", salvo se se tratar de circunscrição em que haja mais de um juiz.

Verificando-se alguma das causas de impedimento enumeradas no artigo 122.°, C.P.C. (cuja redacção é a dos Decretos-Leis n.°s 368/77, de 3 de Setembro, 329-A/95 e 180/96), o juiz deve declarar-se impedido, por despacho nos próprios autos. Se o não fizer, qualquer das partes pode requerer tal declaração em qualquer momento e até à sentença. "Seja qual for o valor da causa, é sempre admissível recurso da decisão de indeferimento, para o tribunal imediatamente superior; o recurso sobe imediatamente e em separado, seja qual for a forma do processo" – artigo 123.°, n.° 1, C.P.C.. Nos tribunais colectivos, é o artigo 124.°, C.P.C., cuja redacção decorre, quanto aos n°s 1 a 3, do Decreto-Lei n.° 368/77, e, quanto ao n.° 4, do DL n.° 329-A/95, que se ocupa das causas de impedimento dos magistrados.

Os representantes do Ministério Público, bem como os funcionários da secretaria do tribunal encontram-se igualmente abrangidos por causas de impedimento – v. artigo 125.°, C.P.C., na redacção dada pelo DL n.° 329-A/95. V. também artigo 83.° do Estatuto do Ministério Público e artigo 67.° do Decreto-Lei n.° 343/99, de 26 de Agosto (alterado pelos Decretos-Leis n.°s 175/2000, de 9 de Agosto, 96/2002, de 12 de Abril, e 169/2003, de 1 de Agosto, e pela Lei n.° 42/2005, de 29 de Agosto), que aprova o Estatuto dos Funcionários de Justiça.

V. artigos 122.° e segs., C.P.C..

Encontram-se impedidas de servir como peritos em processos judiciais as pessoas que se encontrem abrangidas pelas causas de impedimento aplicáveis aos juízes e ainda as que desempenhem os cargos ou se encontrem nas situações previstas no artigo 571.°, C.P.C., na redacção do DL n.° 329-A/95.

"Os administradores da insolvência estão sujeitos aos impedimentos e suspeições aplicáveis aos juízes [...]" – artigo 8.° da Lei n.° 32/2004, de 22 de Julho.

Profissionais, como os solicitadores por exemplo, também têm impedimentos, *in casu*, o de exercer o mandato judicial; assim acontece nas situações previstas no artigo 115.° do Estatuto da Câmara dos Solicitadores (Decreto-Lei n.° 88/2003, de 26 de Abril, alterado pelas Leis n.°s 49/2004, de 24 de Agosto, e 14/2006, de 26 de Abril): sendo deputados à Assembleia da República, como autores em acção cível contra o Estado; sendo vereadores, em acções em que sejam partes os respectivos municípios; sendo "funcionários ou agentes administrativos, na situação de aposentados, de inactividade, de licença ilimitada ou de reserva, em quaisquer assuntos em que estejam em causa os serviços públicos ou administrativos a que estiveram ligados, durante um período de três anos a contar da data em que tenham passado a estar numa daquelas referidas situações"; quanto ao que foi solicitador de execução, encontra-se impedido, como solicitador, "de exercer o mandato judicial, em representação do exequente ou do executado durante três anos contados a partir da extinção do processo de execução no qual tenha assumido as funções de agente de execução". Os impedimentos dos solicitadores de execução encontram-se enunciados no artigo 121.° deste Estatuto, dispondo o artigo 121.° que "é aplicável ao solicitador de execução, com as necessárias adaptações, o regime estabelecido no Código de Processo Civil acerca dos impedimentos e suspeições dos funcionários da secretaria".

V. *Juiz; Parentesco; Parte; Descendente; Ascendente; Economia comum; Circunscrição judicial; Despacho; Requerimento; Sentença;*

Valor da causa; Recurso; Subida do recurso; Forma de processo; Tribunal colectivo; Ministério Público; Funcionário de justiça; Perito; Administrador da insolvência; Insolvência; Solicitador; Câmara dos Solicitadores; Mandato judicial; Autor; Solicitador de execução; Execução; Exequente; Executado; Suspeição; Secretaria judicial.

2. (Proc. Civil) – V. *Justo impedimento.*

3. (Dir. Civil) – Diz-se impedimento matrimonial tudo o que obsta juridicamente à celebração do casamento.

Se o obstáculo é tal que o casamento celebrado apesar dele é anulável, o impedimento é *dirimente* (artigos 1601.°, 1602.° e 1631.°-*a*), C.C.). O impedimento é *impediente* se do casamento apenas podem resultar sanções de ordem penal, civil ou disciplinar para os cônjuges ou para o funcionário celebrante, sendo o casamento válido (artigos 1604.°, 1649.° e 1650.°, C.C.).

Até ao momento da celebração do casamento, qualquer pessoa pode declarar os impedimentos de que tenha conhecimento, sendo tal declaração obrigatória para o Ministério Público e para os funcionários do registo civil que conheçam qualquer impedimento (artigo 1611.°, C.C.).

A declaração de impedimento susta o andamento do processo de casamento até que o impedimento cesse, seja objecto de uma dispensa ou seja julgado improcedente por sentença judicial (v. artigos 142.°, 148.° e 253.° e segs., Cód. Reg. Civil).

O processo de impedimento do casamento está regulado nos artigos 245.° a 252.°, Código do Registo Civil.

V. *Casamento; Impedimentos dirimentes; Anulabilidade do casamento; Impedimentos impedientes; Anulação; Ministério Público; Registo civil; Dispensa; Sentença.*

4. O actual Estatuto da Ordem dos Advogados, aprovado pela Lei n.° 15/2005, de 26 de Janeiro, enuncia, no seu artigo 77.°, um conjunto de cargos, funções e actividades, cuja titularidade ou exercício é incompatível com o exercício da advocacia; assim, por exemplo, o de presidente de câmara municipal, "respectivos adjuntos, assessores, secretários, funcionários, agentes ou outros contratados dos respectivos gabinetes ou serviço", o de funcionário, agente ou contratado do Tribunal Constitucional, do Tribunal de Contas, do serviço do Provedor de Justiça, o de "magistrado, ainda que não integrado em órgão ou função jurisdicional", o de "assessor, administrador, funcionário, agente ou contratado de qualquer tribunal", o de "notário ou conservador de registos e funcionários, agentes ou contratados do respectivo serviço", o de "gestor público", o de "membro de órgão de administração, executivo ou director com poderes de representação orgânica" de "quaisquer serviços ou entidades que possuam natureza pública ou prossigam finalidades de interesse público, de natureza central, regional ou local" (salvo se a advocacia for prestada em regime de subordinação e em exclusividade ao serviço das entidades referidas, ou se as pessoas forem providas em cargos de entidades ou estruturas com carácter temporário, "sem prejuízo do disposto no estatuto do pessoal dirigente dos serviços e organismos da administração central, regional e local do Estado"), o de "membro das Forças Armadas ou militarizadas", "revisor oficial de contas ou técnico oficial de contas e funcionários, agentes ou contratados do respectivo serviço", o de "gestor judicial ou liquidatário judicial ou pessoa que exerça idênticas funções [administrador da insolvência, actualmente]", o de "mediador mobiliário ou imobiliário, leiloeiro e funcionários, agentes ou contratados do respectivo serviço", e, como previsão aberta (ou inútil), os de "quaisquer cargos, funções e actividades que por lei sejam considerados incompatíveis com o exercício da advocacia"; a disposição esclarece que as incompatibilidades nela previstas "verificam-se qualquer que seja o título, designação, natureza e espécie de provimento ou contratação, o modo de remuneração e, em termos gerais, qualquer que seja o regime jurídico do respectivo cargo, função ou actividade, com excepção [...]" dos "membros da Assembleia da República, bem como dos respectivos adjuntos, assessores, secretários, funcionários, agentes ou outros contratados dos respectivos gabinetes ou serviços", "dos que estejam aposentados, reformados, inactivos, com licença ilimitada ou na reserva", "dos docentes" e "dos que estejam contratados em regime de prestação de serviços". Dispõe o artigo 78.°, n.° 1, que "os impedimentos

diminuem a amplitude do exercício da advocacia [*sic*], constituem incompatibilidades relativas do mandato forense e da consulta jurídica [?], tendo em vista determinada relação com o cliente, com os assuntos em causa ou por inconciliável disponibilidade para a profissão [*sic*]". "Os conselhos distritais ou o conselho geral podem solicitar às entidades com quem os advogados possam ter estabelecido relações profissionais, bem como a estes, as informações que entendam necessárias para a verificação da existência de incompatibilidade" (artigo 79.°, n.° 1). Diz o artigo 82.°, n.° 1, que "os magistrados, conservadores, notários e responsáveis pelas repartições públicas têm obrigação de comunicar à Ordem dos Advogados qualquer facto que indicie o exercício ilegal ou irregular da advocacia, designadamente, do patrocínio judiciário". Porém, "as incompatibilidades e impedimentos criados pelo presente Estatuto não prejudicam os direitos legalmente adquiridos ao abrigo de legislação anterior" – artigo 81.°.

V. *Advogado; Ordem dos Advogados; Funcionário de justiça; Tribunal Constitucional; Magistrado; Notário; Registo; Administrador da insolvência; Contrato de mediação; Contrato de prestação de serviços; Mandato forense; Consulta jurídica.*

5. O artigo 5.° do Código do Notariado, aprovado pelo Decreto-Lei n.° 26/2004, de 4 de Fevereiro, enuncia os casos de impedimento dos notários, determinando o artigo 6.° do mesmo Código que "o impedimento do notário é extensivo aos adjuntos e oficiais do cartório a que pertença o notário impedido", salvo quanto aos actos enunciados no n.° 2 da mesma disposição.

O artigo 13.° do Estatuto do Notariado estabelece o chamado princípio da imparcialidade quanto às funções do notário, dizendo que este não pode "praticar actos notariais nos seguintes casos:

a) Quando neles tenha interesse pessoal;

b) Quando neles tenha interesse o seu cônjuge, ou pessoa em situação análoga há mais de dois anos, algum parente ou afim em linha recta ou até ao segundo grau da linha colateral;

c) Quando neles intervenha como procurador ou representante legal o seu cônjuge, ou pessoa em situação análoga há mais de dois anos, algum parente ou afim em linha recta ou até ao segundo grau da linha colateral".

O artigo 14.° deste Estatuto esclarece que "os impedimentos do notário são extensivos aos seus trabalhadores", à excepção das "procurações e [d]os substabelecimentos com simples poderes forenses e [d]os reconhecimentos de letra e de assinatura apostas em documentos que não titulem actos de natureza contratual, nos quais os trabalhadores podem intervir, ainda que o representado, representante ou signatário seja o próprio notário".

V. *Notário; Princípio da imparcialidade; União de facto; Parentesco; Afinidade; Linha; Grau de parentesco; Procurador; Representação legal; Procurador; Procuração; Substabelecimento; Poderes forenses; Reconhecimento de letra e assinatura; Documento; Contrato; Acto jurídico.*

Impedimentos dirimentes (Dir. Civil) – Os impedimentos matrimoniais dirimentes determinam a anulabilidade do casamento celebrado apesar deles – artigo 1631.°-*a)*, C.C.. Classificam-se em:

1. *Absolutos* (artigo 1601.°, C.C.), quando obstam, em qualquer caso, à celebração do casamento: a idade inferior a dezasseis anos, a demência notória, mesmo durante os intervalos lúcidos, a interdição ou inabilitação por anomalia psíquica e ainda o casamento anterior, católico ou civil, não dissolvido.

2. *Relativos* (artigos 1602.° e 1603.°, C.C.), os que apenas obstam ao casamento com determinadas pessoas: o parentesco na linha recta e no segundo grau da linha colateral, a afinidade na linha recta e a condenação anterior de um dos nubentes, como autor ou cúmplice, por homicídio doloso, ainda que não consumado, contra o cônjuge do outro.

Para a acção de anulação do casamento, fundada em impedimento dirimente, têm legitimidade "os cônjuges ou qualquer parente deles na linha recta ou até ao quarto grau na linha colateral, bem como os herdeiros e adoptantes dos cônjuges e o Ministério Público" (artigo 1639.°, n.° 1, C.C.); no caso de o impedimento que fundamenta o pedido de anulação ser a bigamia, têm ainda legitimidade, além dos já indicados, o cônjuge do infractor; no caso de menoridade, interdição ou inabilitação por anomalia psíquica, podem ainda intentar a acção ou prosseguir nela o tutor ou curador.

Os prazos para a propositura da acção de anulação variam consoante o impedimento que a fundamente e vêm indicados no artigo 1643.°, C.C..

Algumas das anulabilidades do casamento, provenientes de impedimentos, são sanáveis, considerando-se o casamento válido desde a sua celebração, se antes de transitar em julgado a sentença de anulação ocorrer um dos factos enunciados no n.° 1 do artigo 1633.°, C.C.: "ser o casamento de menor não núbil confirmado por este, perante o funcionário do registo civil e de duas testemunhas, depois de atingir a maioridade"; "ser o casamento do interdito ou inabilitado por anomalia psíquica confirmado por ele, nos termos [...] [antes enunciados], depois de lhe ser levantada a interdição ou inabilitação ou, tratando-se de demência notória, depois de o demente fazer verificar judicialmente o seu estado de sanidade mental"; "ser declarado ou anulado o primeiro casamento do bígamo"; e "ser a falta de testemunhas devida a circunstâncias atendíveis, como tais reconhecidas pelo Ministro da Justiça, desde que não haja dúvidas sobre a celebração do acto".

V. *Casamento; Anulabilidade do casamento; Idade núbil; Doidice; Facto notório; Interdição; Inabilitação; Anomalia psíquica; Casamento católico; Casamento civil; Dissolução do casamento; Bigamia; Parentesco; Afinidade; Linha; Grau de parentesco; Colateral; Nubente; Legitimidade; Herdeiro; Adoptante; Ministério Público; Menoridade; Tutor; Curador; Propositura da acção; Trânsito em julgado.*

Impedimentos impedientes (Dir. Civil) – Os impedimentos impedientes ao casamento encontram-se enumerados no artigo 1604.°, C. C, na redacção do Decreto-Lei n.° 163/95, de 13 de Julho, e são:

a) A falta de autorização dos pais ou do tutor para o casamento do nubente menor, quando não suprida pelo conservador do registo civil;

b) O prazo internupcial;

c) O parentesco no terceiro grau da linha colateral;

d) O vínculo de tutela, curatela ou administração legal de bens;

e) O vínculo de adopção restrita;

f) A pronúncia do nubente pelo crime de homicídio doloso, ainda que não consumado, contra o cônjuge do outro, enquanto não houver despronúncia ou absolvição por decisão passada em julgado.

A forma como tais impedimentos actuam vem estabelecida nos artigos 1605.°, 1607.° e 1608.°, C.C., sendo susceptíveis de dispensa pelo conservador do registo civil (este é o regime que veio substituir o da dispensa judicial obrigatória), havendo razões que justifiquem a celebração do casamento, os impedimentos de parentesco no 3.° grau da linha colateral, vínculo de adopção restrita e vínculo de tutela, curatela ou administração legal de bens, desde que estejam já aprovadas as respectivas contas (v. artigo 1609.°, C.C., na redacção dada pelo já referido DL n.° 163/95).

Os casamentos celebrados com impedimento impediente são válidos, estando, no entanto, os cônjuges sujeitos a determinadas sanções, geralmente de natureza patrimonial (v. artigos 1649.° e 1650.°, C.C.).

V. *Casamento; Nubente; Menor; Autorização; Tutor; Casamento de menor; Prazo internupcial; Parentesco; Grau de parentesco; Linha; Colateral; Tutela; Curatela; Administração legal; Adopção restrita; Trânsito em julgado; Dispensa; Prestação de contas.*

Impenhorabilidade (Dir. Civil; Proc. Civil) – Qualidade daquilo que não pode ser penhorado – isto é, que não pode ser apreendido pelo tribunal, no processo de execução, para satisfazer uma dívida a que está vinculado o seu proprietário – por razões de ordem pública, de humanidade, de ordem moral, etc..

A impenhorabilidade pode ser *absoluta* (os bens não podem ser penhorados de nenhum modo), *relativa* (os bens podem ser apreendidos, mas apenas em relação a certas dívidas ou verificando-se certas circunstâncias), *total* ou *parcial* (os bens só podem ser penhorados em parte).

O C.P.C., nos seus artigos 821.° a 831.°, muito alterados pelo Decreto-Lei n.° 38/ /2003, de 8 de Março, estabelece, em pormenor, as regras sobre penhora de bens, podendo, para além dos casos aí referidos de impenhorabilidade, existir casos de impenhorabilidade convencional (artigo 602.°, C.C.).

A regra geral é a da penhorabilidade de todos os bens: há, no entanto, bens absolutamente impenhoráveis (por exemplo, as coisas inalienáveis, os utensílios imprescindíveis à economia doméstica, os bens do domínio público do Estado, os túmulos, os instrumentos indispensáveis aos deficientes, etc.), há outros parcialmente impenhoráveis (vencimentos, salários, prestações pagas a título de aposentação, reforma, doença, invalidez, etc., que só podem ser penhorados na proporção estabelecida pela lei, dado o seu carácter de manutenção alimentar); finalmente, há bens relativamente impenhoráveis (bens do Estado e de pessoas colectivas públicas ou de utilidade pública, que se encontrem afectados ou estejam aplicados a fins de utilidade pública, que só podem ser penhorados se a execução for para pagamento de dívidas com garantia real).

Para além das situações de impenhorabilidade decorrentes da lei, pode ainda aquela resultar de convenção das partes, como já ficou referido. Na verdade, a estas é lícito, nos termos do artigo 602.°, C.C., "limitar a responsabilidade do devedor a alguns dos seus bens no caso de a obrigação não ser voluntariamente cumprida", "salvo quando se trate de matéria subtraída à disponibilidade das partes".

A impenhorabilidade de certos bens, doados ou deixados por terceiro ao executado, pode ainda resultar de cláusula ou de disposição unilateral de exclusão da responsabilidade desses bens por dívidas do beneficiário. Tal cláusula só exclui a penhorabilidade dos bens em execuções relativas a obrigações anteriores à liberalidade, desde que a cláusula haja sido registada antes do registo da penhora; tratando-se de bens não sujeitos a registo, "a cláusula só é oponível aos credores cujo direito seja anterior à liberalidade" – artigo 603.°, C.C..

V. *Penhora; Execução; Inalienabilidade; Execução para pagamento de quantia certa; Garantias reais; Obrigação; Convenção; Cumprimento; Direito indisponível; Doação; Deixa; Liberalidade; Registo.*

Imperatividade – Numa das suas acepções, imperatividade é um dos caracteres essenciais das normas jurídicas, consistindo então na imposição das condutas por elas prescritas, sob pena da aplicação de uma sanção; neste sentido, as normas são imperativas porque podem ser coercivamente impostas.

Noutro sentido, muito usado pela doutrina, imperatividade é apenas característica das normas cujo regime não pode ser afastado por diversa convenção das partes; neste sentido, as normas imperativas contrapõem-se às supletivas ou dispositivas.

V. *Norma jurídica; Norma imperativa; Norma supletiva.*

Imperícia (Dir. Civil) – A imperícia caracteriza-se, geralmente, pela ausência de conhecimentos práticos necessários à realização de uma certa actividade (profissional ou não), pela sua não utilização segundo as regras que orientam essa actividade ou ainda pela falta de aptidão do sujeito para a conduta que vai desenvolver.

Problema que a doutrina discutiu foi o de saber se pode ser qualificada como culposa a conduta do agente que, tendo embora empenhado a sua vontade e esforço na realização de dado comportamento, vem a realizá-lo deficientemente, por inabilidade ou imperícia. A doutrina inclina-se hoje, maioritariamente, para o entendimento de que a culpa, isto é, a omissão da diligência devida pode consubstanciar-se numa conduta deficiente, mesmo quando não exista uma deficiência da vontade do agente, o mesmo é dizer que a falta da perícia exigível consubstancia culpa.

V. *Culpa; Agente; Diligência.*

"Imperitia culpa aequiparatur" (Dir. Civil) – Brocardo que significa que a falta de perícia, destreza ou habilidade é equiparada à culpa.

Esta ideia corresponde ao entendimento, admitido generalizadamente pelas doutrinas civilísticas, de a culpa ser considerada não como uma deficiência da vontade, mas como um comportamento deficiente e não correspondente ao que teria tido o bom pai da família nas mesmas circunstâncias.

V. *Imperícia; Culpa; Diligência.*

Imposição de obrigações (Dir. Civil) – É uma medida tutelar educativa, prevista na Lei Tutelar Educativa (que em parte substituiu a O.T.M., que já fora depois chamada Lei Tutelar de Menores), aprovada pela Lei n.° 166/99, de 14 de Setembro.

O seu objectivo é, nos termos do artigo 14.°, "contribuir para o melhor aproveitamento na escolaridade ou na formação profissional e para o fortalecimento de condições psicobiológicas necessárias ao desenvolvimento da personalidade do menor".

Antes de aplicar a medida, "o tribunal pode pedir aos serviços de reinserção social informação sobre instituições ou entidades junto das quais o menor deve cumprir a medida, respectivos programas, horários, condições de frequência e vagas disponíveis", tendo aqueles serviços de informar em prazo não superior a 20 dias (artigo 21.°).

As obrigações podem ser a de o menor:

"*a)* Frequentar um estabelecimento de ensino com sujeição a controlo de assiduidade e aproveitamento;

b) Frequentar um centro de formação profissional ou seguir uma formação profissional, ainda que não certificada;

c) Frequentar sessões de orientação em instituição psicopedagógica e seguir as directrizes que lhe forem fixadas;

d) Frequentar actividades de clubes ou associações juvenis;

e) Submeter-se a programas de tratamento médico, médico-psiquiátrico, médico-psicológico ou equiparado junto de entidade ou de instituição oficial ou particular, em regime de internamento ou em regime ambulatório".

A imposição de programas de tratamento visa, nomeadamente, as seguintes situações: "*a)* habituação alcoólica; *b)* consumo habitual de estupefacientes; *c)* doença infecto-contagiosa ou sexualmente transmissível; *d)* anomalia psíquica"; nestes casos de imposição de obrigação de tratamentos, a lei determina que o juiz procure obter a adesão do menor ao programa, "sendo necessário o consentimento do menor quando tiver idade superior a 14 anos". Por remissão para o n.° 3 do artigo 13.°, a imposição de obrigações não pode representar limitações abusivas ou desrazoáveis à autonomia de decisão e de condução de vida do menor e está limitada temporalmente a dois anos.

V. *Menor; Medida tutelar; Alcoólico; Estupefaciente; Anomalia psíquica; Consentimento.*

Imposição de regras de conduta (Dir. Civil) – Medida tutelar educativa, prevista na Lei Tutelar Educativa (designação actual da antiga O.T.M., que já fora chamada Lei Tutelar de Menores), aprovada pela Lei n.° 166/99, de 14 de Setembro.

"Tem por objectivo criar ou fortalecer condições para que o comportamento do menor se adeqúe às normas e valores jurídicos essenciais da vida em sociedade", podendo ser impostas, nomeadamente, as seguintes regras "com a obrigação de:

a) Não frequentar certos meios, locais ou espectáculos;

b) Não acompanhar determinadas pessoas;

c) Não consumir bebidas alcoólicas,

d) Não frequentar certos grupos ou associações;

e) Não ter em seu poder certos objectos".

Antes de aplicar a medida, "o tribunal pode pedir aos serviços de reinserção social informação sobre instituições ou entidades junto das quais o menor deve cumprir a medida, respectivos programas, horários, condições de frequência e vagas disponíveis", tendo aqueles serviços de informar em prazo não superior a 20 dias (artigo 21.°).

O artigo 13.°, cujo n.° 2 se deixou citado, determina, no n.° 3, que "as regras de conduta não podem representar limitações abusivas ou desrazoáveis à autonomia de decisão e de condução da vida do menor e têm a duração máxima de dois anos".

V *Menor; Medida tutelar.*

Imposição de selos (Proc. Civil) – "Quando haja urgência no arrolamento e não seja possível efectuá-lo imediatamente ou quando se não possa concluí-lo no dia em que foi iniciado, impor-se-ão selos nas portas das casas ou nos móveis em que estejam os objectos sujeitos a extravio, adoptando-se as providências necessárias para a sua segurança e continuando-se a diligência no dia que for designado" – n.° 1 do artigo 425.°, C.P.C..

O n.º 2 da mesma disposição determina que "os objectos, papéis ou valores de que não seja necessário fazer uso e que não sofram deterioração por estarem fechados são, depois de arrolados, encerrados em caixas lacradas com selo, que se depositarão na Caixa Geral de Depósitos".

V. *Selos; Arrolamento; Móvel; Diligência.*

Impossibilidade absoluta (Dir. Civil) – A impossibilidade absoluta, ou impossibilidade *tout court*, do objecto negocial ou do cumprimento da obrigação é a situação em que, física ou juridicamente, aquele objecto é irrealizável ou irrealizável é o cumprimento da obrigação.

V. *Impossibilidade do cumprimento; Objecto negocial; Obrigação.*

Impossibilidade acessória (Dir. Civil) – Por contraposição à impossibilidade essencial (ou impossibilidade sem mais), a doutrina utiliza esta expressão para significar as situações em que se verifica uma impossibilidade – do objecto negocial ou do cumprimento da obrigação – num aspecto secundário ou marginal da caracterização do objecto ou do cumprimento.

Assim, por exemplo, a impossibilidade de o cumprimento se realizar no lugar fixado pelas partes revestirá, as mais das vezes, a natureza de uma impossibilidade acessória; daí que o artigo 776.º, C.C., determine que a sua verificação tenha como efeito a aplicação das regras dos artigos 772.º a 774.º, C.C., salvo nos casos em que o lugar do cumprimento fosse essencial à satisfação do interesse creditório, isto é, salvo nos casos em que a impossibilidade não se configure como acessória, mas sim como essencial.

V. *Objecto negocial; Obrigação; Impossibilidade do cumprimento; Lugar do cumprimento; Interesse do credor.*

Impossibilidade da prestação (Dir. Civil) – Quando a prestação é objectivamente impossível no momento em que se celebra o negócio jurídico que é fonte da obrigação, aquele negócio é nulo, a menos que a obrigação tenha sido "assumida para o caso de a prestação se tornar possível, ou se, estando o negócio dependente de condição suspensiva ou de termo inicial, a prestação se tornar possível até à verificação da condição ou até ao vencimento do termo"; no caso de a impossibilidade respeitar à pessoa do devedor, não tem este efeito, salvo se se tratar de obrigação infungível.

V. artigo 401.º, C.C..

Se a prestação, possível no momento da constituição da obrigação, se vem a impossibilitar supervenientemente até ao momento do cumprimento, e essa impossibilidade não é atribuível a culpa do devedor, a obrigação, em princípio, extingue-se. Já se a impossibilidade resultar de causa imputável ao devedor, este tem de indemnizar o credor pelos prejuízos que para ele resultarem do incumprimento.

V. artigos 790.º e 801.º, C.C..

V. *Prestação; Objecto negocial; Negócio jurídico; Obrigação; Impossibilidade do cumprimento; Condição; Termo; Impossibilidade objectiva; Impossibilidade subjectiva; Obrigação infungível; Culpa; Devedor; Responsabilidade obrigacional; Extinção das obrigações.*

Impossibilidade definitiva (Dir. Civil) – Diz-se definitiva a impossibilidade do cumprimento da obrigação quando, tendo em vista a evolução normal previsível, não é de esperar que ela venha a cessar, isto é, que venha a tornar-se possível aquele cumprimento, pelo menos em tempo de ainda poder satisfazer o interesse do credor.

O regime da impossibilidade definitiva depende de ela ser, por um lado, originária ou superveniente, e, por outro, de ela se dever ou não a culpa do devedor.

V. *Impossibilidade do cumprimento; Obrigação; Impossibilidade temporária; Interesse do credor; Culpa; Devedor; Impossibilidade originária da prestação; Impossibilidade superveniente.*

Impossibilidade do cumprimento (Dir. Civil) – Diz-se que há impossibilidade de execução ou de cumprimento nos casos em que, chegado o momento de cumprir uma obrigação, o devedor não o faz, ou não o faz nos exactos termos em que está obrigado, por existir um qualquer obstáculo que o impede. Esse obstáculo, que o impossibilita de cumprir, podia existir já no momento em que a obrigação se constituiu (tratar-se-á então de uma impossibilidade originária que determina, se se referir ao objecto da obrigação, a nulidade do negócio jurídico de que aquela resultou), ou ter ocorrido posteriormente ao momento da constituição da obrigação, verificando-se a impossibilidade no momento do vencimento daquela, isto é, no momento de a cumprir (será então uma impossibilidade superveniente, que terá consequências diversas consoante se deva a causa imputável ao devedor ou não).

Assim, sendo a impossibilidade do cumprimento resultante de a prestação se haver tornado objectivamente impossível por causa não imputável ao devedor, a obrigação extingue-se; o regime é o mesmo se a impossibilidade do cumprimento resultar de causa não culposa relativa à pessoa do devedor e este não puder fazer-se substituir por outra pessoa no cumprimento da obrigação.

Já se a impossibilidade do cumprimento resultar de causa imputável ao devedor, este responde pelos prejuízos que do incumprimento resultarem para o credor.

A impossibilidade do cumprimento pode – quer seja imputável, quer não, ao devedor – ser apenas temporária ou apenas parcial. Se for temporária (isto é, se for transitória e se mantiver o interesse do credor no cumprimento, apesar do retardamento) e não houver culpa do devedor, não tem este obrigação de indemnizar pelo atraso, o contrário acontecendo se a impossibilidade temporária resultar de facto que lhe seja imputável; se a impossibilidade for parcial e não culposa, o devedor fica liberado da obrigação prestando aquilo que for possível, a menos que o credor não tenha, justificadamente, interesse no cumprimento parcial, caso em que a este assiste o direito de resolver o contrato fonte da obrigação; se a impossibilidade parcial provier de facto imputável ao devedor, é ao credor que cabe escolher entre o cumprimento parcial ou a resolução do contrato, tendo, em qualquer dos casos, direito a ser indemnizado pelos prejuízos que tiver.

V. artigos 401.°, 790.° e segs. e 801.° e segs., C.C..

A doutrina distingue ainda, por vezes, entre impossibilidade absoluta e relativa: enquanto a primeira consiste numa verdadeira impossibilidade, a segunda traduz-se numa dificuldade ou onerosidade excessivas que o cumprimento implica. É muito discutido na doutrina o problema de saber quais as consequências jurídicas da chamada impossibilidade relativa de cumprimento.

V. *Obrigação; Cumprimento; Impossibilidade originária da prestação; Impossibilidade objectiva; Nulidade; Negócio jurídico; Contrato; Vencimento; Impossibilidade superveniente; Culpa; Extinção das obrigações; Responsabilidade obrigacional; Impossibilidade temporária; Impossibilidade parcial; Interesse do credor; Resolução do contrato; Indemnização; "Beneficium competentiae"; "Difficultas praestandi".*

Impossibilidade do objecto negocial (Dir. Civil) – A impossibilidade originária, física ou legal – melhor, jurídica –, do objecto negocial determina a nulidade do negócio jurídico. O objecto negocial é fisicamente impossível quando é insusceptível de realização material por qualquer sujeito; a sua impossibilidade jurídica consubstancia-se em existir norma que comine com a invalidade o acto jurídico que o constitui.

V. *Objecto negocial; Nulidade; Negócio jurídico; Impossibilidade física; Impossibilidade legal; Norma jurídica.*

Impossibilidade física (Dir. Civil) – Há impossibilidade física do objecto da obrigação quando a prestação é irrealizável, ou seja, quando ela consistir num facto, se o facto não puder ser realizado por ninguém porque excede a capacidade humana, e, quando se consubstanciar na prestação de uma coisa, quando esta não exista nem seja previsível que venha a existir.

A impossibilidade física originária da prestação tem como consequência a nulidade do negócio que é fonte da obrigação, se se tratar de impossibilidade objectiva – artigo 401.°, n.° 1, C.C..

Se a impossibilidade física respeitar a um objecto negocial que não seja uma prestação, a consequência é também a nulidade do negócio, nos termos gerais do artigo 280.°, C.C..

Sendo a impossibilidade física superveniente, o regime aplicável depende de tal impossibilidade ser ou não imputável ao devedor: no primeiro caso, o devedor responde pelos danos derivados do incumprimento e, se o contrato for bilateral, tem o credor direito a resolvê-lo, ficando desvinculado da sua própria obrigação e, se já a tiver realizado, tendo direito à restituição dela por inteiro (artigo 801.°, C.C.); não sendo a impossibilidade imputável ao devedor, a sua obrigação extingue-se e, se o contrato for bilateral, tem o credor o direito a reaver a prestação que já tenha realizado nos termos prescritos para o enriquecimento sem causa ou, se ainda não tiver prestado, fica desobrigado, salvo diverso regime de risco (artigo 795.°, C.C.).

V. *Obrigação; Prestação; Nulidade; Negócio jurídico; Impossibilidade legal; Impossibilidade originária da prestação; Impossibilidade objectiva; Impossibilidade superveniente; Impossibilidade imputável ao devedor; Impossibilidade não imputável ao devedor; Responsabilidade obrigacional; Extinção das obrigações; Enriquecimento sem causa; Contrato sinalagmático; Resolução do contrato; Risco da prestação.*

Impossibilidade imputável ao devedor (Dir. Civil) – Impossibilitando-se o cumprimento da obrigação depois da sua constituição, por culpa do devedor, este responde pelos prejuízos que do incumprimento advierem para o credor, podendo este, se o contrato for sinalagmático, resolvê-lo, ficando assim desobrigado da sua própria prestação ou, se já a tiver realizado, tendo direito à respectiva restituição por inteiro – artigo 801.°, C.C..

V. *Obrigação; Cumprimento; Culpa; Devedor; Impossibilidade não imputável ao devedor; Responsabilidade contratual; Contrato sinalagmático; Resolução do contrato.*

Impossibilidade jurídica (Dir. Civil) – Coerentemente com a restrição das fontes de Direito que enuncia, o Código Civil refere-se apenas à impossibilidade legal.

Podendo haver normas jurídicas diversas das legais, mais próprio é falar de impossibilidade jurídica.

Quando aqui se trata da chamada impossibilidade legal, está-se a referir a impossibilidade jurídica.

V. *Fontes de direito; Impossibilidade da prestação; Impossibilidade do objecto negocial; Impossibilidade legal.*

Impossibilidade legal (Dir. Civil) – A prestação é legalmente impossível quando consiste num acto ou negócio jurídico que não pode produzir os seus efeitos jurídicos, por a lei o considerar inválido. Assim, por exemplo, o contrato-promessa de compra e venda de um bem do domínio público.

Se a impossibilidade é contemporânea da constituição da obrigação, é nulo o negócio de que ela provinha (artigo 401.°, C.C.). A impossibilidade legal do objecto do negócio jurídico – que não se consubstancie numa prestação – tem igualmente como efeito a nulidade do negócio jurídico, nos termos gerais do artigo 280.°, C.C..

Se a impossibilidade for superveniente e não imputável ao devedor, a sua consequência é a extinção da obrigação, extinguindo-se também, em princípio, a obrigação da contraparte, se o contrato for bilateral; no caso de a impossibilitação legal superveniente resultar de culpa do devedor, este responde perante o credor pelos danos que este tenha sofrido com o incumprimento, tendo o credor direito a resolver o contrato, se este for bilateral.

V. *Prestação; Obrigação; Acto jurídico; Negócio jurídico; Domínio público; Objecto negocial; Impossibilidade física; Impossibilidade originária; Impossibilidade superveniente; Impossibilidade imputável ao devedor; Impossibilidade não imputável ao devedor; Extinção das obrigações; Culpa; Responsabilidade obrigacional; Contrato-promessa; Contrato sinalagmático; Resolução do contrato.*

Impossibilidade material (Dir. Civil) – Muito embora não seja esta a terminologia da lei civil, há quem utilize a expressão como sinónima de *impossibilidade física* (v. esta expressão).

Impossibilidade não imputável ao devedor (Dir. Civil) – A impossibilidade de cumprimento não é imputável ao devedor quando a sua causa não reside em facto culposo dele; sendo a impossibilidade superveniente não culposa, extingue-se, em princípio, a obrigação – artigo 790.°, n.° 1,

C.C.. O mesmo regime se aplica nas situações em que a prestação é de facto e o devedor estiver impedido, sem culpa sua, de a realizar, desde que não possa fazer-se substituir no cumprimento por terceiro – artigo 791.°, C.C..

Se a causa da impossibilitação do cumprimento for facto culposo do credor e o contrato for sinalagmático, não fica o credor desobrigado da contraprestação, "mas, se o devedor tiver algum benefício com a exoneração, será o valor do benefício descontado na contraprestação" – artigo 795.°, n.° 2, C.C..

V. *Impossibilidade imputável ao devedor; Devedor; Impossibilidade do cumprimento; Culpa; Extinção das obrigações; Obrigação infungível; Cumprimento por terceiro; Impossibilidade superveniente; Contrato sinalagmático; "Compensatio lucri cum damno".*

Impossibilidade objectiva (Dir. Civil) – Verifica-se impossibilidade objectiva da prestação quando aquela atinge todos, porque é humanamente irrealizável, isto é, quando é o próprio objecto da obrigação que é insusceptível de realização. Em princípio, tal como só a impossibilidade objectiva originária produz nulidade do negócio de que provém a obrigação (artigo 401.°, n.° 3, C.C.), também só a impossibilidade superveniente não imputável que seja objectiva extingue a obrigação (artigo 790.°, n.° 1, C.C.). Porém, se a obrigação for infungível e a impossibilidade impedir o devedor de cumprir pessoalmente, o regime aplicável é o que se descreveu, já que, embora a impossibilidade seja subjectiva, a pessoa do devedor como que integra o conteúdo da prestação.

V. *Obrigação; Prestação; Nulidade; Negócio jurídico; Impossibilidade subjectiva; Impossibilidade originária da prestação; Impossibilidade superveniente; Extinção das obrigações; Impossibilidade não imputável ao devedor; Obrigação infungível.*

Impossibilidade originária da prestação (Dir. Civil) – A prestação é originariamente impossível quando a impossibilidade é contemporânea da constituição da obrigação que a tem por objecto.

"A impossibilidade originária da prestação produz a nulidade do negócio jurídico", se for objectiva – artigo 401.°, n.° 1, C.C..

V. *Obrigação; Prestação; Nulidade; Negócio jurídico; Impossibilidade superveniente; Impossibilidade objectiva.*

Impossibilidade parcial (Dir. Civil) – É aquela que não atinge toda a prestação, mas apenas uma sua parte. Quando a impossibilidade afecta uma parte da prestação e não é imputável ao devedor, a lei só permite ao credor resolver o contrato se este "não tiver, justificadamente, interesse no cumprimento parcial da obrigação"; se o interesse do credor no cumprimento parcial se mantiver, "o devedor exonera-se mediante a prestação do que for possível, devendo, neste caso, ser proporcionalmente reduzida a contraprestação a que a outra parte estiver vinculada" – artigo 793.°, C.C..

Se a impossibilidade parcial se dever a culpa do devedor, o credor, sendo o contrato bilateral, só não poderá resolvê-lo, "se o não cumprimento parcial, atendendo ao seu interesse, tiver escassa importância"; nessa hipótese, o credor, além do direito a indemnização pelos prejuízos resultantes do incumprimento parcial, pode exigir do devedor "o cumprimento do que for possível, reduzindo neste caso a sua contraprestação, se for devida" – artigo 802.°, C.C..

V. *Prestação; Impossibilidade total; Interesse do credor; Impossibilidade imputável ao devedor; Impossibilidade não imputável ao devedor; Resolução do contrato; Contrato sinalagmático; Culpa; Responsabilidade contratual.*

Impossibilidade real (Dir. Civil) – Há quem utilize esta fórmula para designar a *impossibilidade física* (v. esta expressão).

Impossibilidade relativa (Dir. Civil) – A doutrina fala em impossibilidade relativa, contrapondo-a à impossibilidade absoluta, para designar as situações em que a impossibilidade de cumprimento (originária ou superveniente) não é definitiva (no sentido de invencível), mas a dificuldade ou gravosidade que o cumprimento implicaria é tão grande que, na prática, a situação é próxima da impossibilidade.

Sobre este problema, v. *"Difficultas praestandi"; Doutrina do limite do sacrifício.*

V. *Impossibilidade originária da prestação; Impossibilidade superveniente; Cumprimento.*

Impossibilidade subjectiva da prestação (Dir. Civil) – A prestação diz-se subjectivamente impossível quando a impossibilidade diz respeito à pessoa do devedor e não à própria prestação. Assim, sempre que a prestação possa ser realizada por pessoa diversa do devedor, isto é, sempre que a obrigação seja fungível, a impossibilidade subjectiva não tem, em princípio, qualquer efeito jurídico. Se, ao invés, se tratar de obrigação infungível – por sua natureza ou por convenção das partes –, a impossibilidade subjectiva tem o mesmo regime jurídico da impossibilidade objectiva.

Sendo a impossibilidade subjectiva originária e a prestação fungível, o artigo 401.°, n.° 3, C.C., determina que a prestação não se considera impossível, não tendo, pois, o efeito de tornar nulo o negócio jurídico.

Relativamente à impossibilidade subjectiva superveniente, dispõe o artigo 791.°, C.C., como já ficou referido, que ela só importa "a extinção da obrigação, se o devedor, no cumprimento desta, não puder fazer-se substituir por terceiro".

V. *Prestação; Devedor; Cumprimento por terceiro; Fungibilidade; Impossibilidade objectiva; Impossibilidade originária; Nulidade; Negócio jurídico; Impossibilidade superveniente; Extinção das obrigações.*

Impossibilidade superveniente (Dir. Civil) – O cumprimento da obrigação impossibilita-se supervenientemente quando, após a constituição dela, por causa jurídica ou material, ele deixa de ser possível.

Se não houver culpa do devedor na ocorrência da causa da impossibilidade e esta for objectiva, isto é, respeitar ao próprio objecto da obrigação, esta extingue-se, nos termos do artigo 790.°, C.C.. Se a impossibilidade do cumprimento relevar de culpa do devedor, este fica constituído em responsabilidade obrigacional face ao credor, podendo este, se o contrato de que emerge a obrigação for sinalagmático, resolvê-lo (artigo 801.°, C.C.).

Encontram-se, por vezes, regras especiais no regime de alguns contratos. Assim acontece, por exemplo, quanto ao do contrato de transporte rodoviário nacional de mercadorias, previsto e regulado no Decreto-Lei n.° 239/2003, de 4 de Outubro, que, no seu artigo 13.°, dispõe que, "no caso de impossibilidade de cumprimento do contrato de transporte nas condições acordadas, o transportador deve pedir instruções ao expedidor ou, se tal estiver convencionado, ao destinatário"; "caso o transportador não possa obter em tempo útil as instruções [...] e não seja possível a devolução das mercadorias ao expedidor, deve tomar as medidas mais adequadas à sua conservação"; "tratando-se de mercadorias perecíveis, o transportador pode vendê-las, devendo o produto da venda ser posto à disposição do expedidor", tendo "direito ao reembolso das despesas causadas pelo pedido de instruções ou pela sua execução, bem como das ocasionadas pela devolução, pelas medidas de conservação ou venda das mercadorias, a não ser que estas despesas sejam consequência de falta de transporte"; a lei presume "que não é possível a devolução da mercadoria ao expedidor quando o tempo necessário para o efeito puder provocar uma depreciação na mercadoria de, pelo menos, 30% do respectivo valor, se este estiver determinado, ou do valor calculado nos termos do artigo 32.°".

V. *Obrigação; Cumprimento; Impossibilidade da prestação; Impossibilidade objectiva; Extinção das obrigações; Culpa; Devedor; Responsabilidade obrigacional; Contrato sinalagmático; Resolução do contrato; Contrato de transporte; Presunção legal.*

Impossibilidade superveniente da lide (Proc. Civil) – A acção, depois de proposta, pode tornar-se impossível e nesse caso extingue-se a instância – v. artigo 287.°-*e),* C.P.C..

A morte ou extinção de uma das partes pode constituir fundamento de tal impossibilidade: assim é quando tenha como consequência tal impossibilidade – artigo 276.°, n.° 3, C.P.C..

Extinguindo-se a instância por impossibilidade superveniente da lide, as respectivas custas ficam a cargo do autor, a menos que tenha sido facto imputável ao réu que tenha determinado tal impossibilidade (artigo 447.°, C.P.C., na redacção do Decreto-Lei n.° 180/96, de 25 de Setembro).

Decidiu o Assento n.° 4, de 23 de Novembro de 1977, do Supremo Tribunal de Justiça: "O disposto no n.° 1 do artigo 447.° [actual corpo do artigo 447.°] do Código de Processo Civil é aplicável independentemente da natureza do facto que determine a impossibilidade ou inutilidade da lide".

V. *Instância; Extinção da instância; Autor; Réu; Culpa; Custas; Inutilidade superveniente da lide.*

Impossibilidade temporária (Dir. Civil) – Por contraposição à impossibilidade definitiva, diz-se temporária a impossibilidade da prestação, quando seja previsível que a sua causa venha a cessar em tempo de tornar a obrigação susceptível de cumprimento em que o credor mantenha interesse.

Referindo-se à impossibilidade não imputável ao devedor, o artigo 792.°, C.C., dispõe que ela "só se considera temporária enquanto, atenta a finalidade da obrigação, se mantiver o interesse do credor", determinando que, quando assim é, "o devedor não responde pela mora no cumprimento".

Tratando-se de impossibilidade culposa, o seu carácter definitivo ou temporário depende igualmente da previsibilidade da sua cessação em tempo de a prestação poder satisfazer o interesse do credor, respondendo o devedor pelos danos que a sua mora tenha causado ao credor.

V. *Obrigação; Prestação; Impossibilidade definitiva; Interesse do credor; Impossibilidade imputável ao devedor; Impossibilidade não imputável ao devedor; Cumprimento; Mora; Responsabilidade obrigacional.*

Impossibilidade total (Dir. Civil) – A impossibilidade da prestação, isto é, do cumprimento da obrigação, é total quando a afecta inteiramente. O seu regime é diverso consoante ela for originária ou superveniente, imputável ou não ao devedor.

V. *Prestação; Obrigação; Impossibilidade parcial; Impossibilidade originária da prestação; Impossibilidade superveniente; Impossibilidade imputável ao devedor; Impossibilidade não imputável ao devedor.*

Imprescritibilidade (Dir. Civil) – Há direitos que não são susceptíveis de se extinguir ou de se adquirir por prescrição.

Assim, o n.° 3 do artigo 298.°, C.C., estabelece que "os direitos de propriedade, usufruto, uso e habitação, enfiteuse, superfície e servidão não prescrevem, mas podem extinguir-se pelo não uso nos casos especialmente previstos na lei, sendo aplicáveis nesses casos, na falta de disposição em contrário, as regras da caducidade". De assinalar que a referência à enfiteuse tem de considerar-se como não escrita, já que esta figura foi extinta pelos Decretos-Leis n.°s 195-A/76, de 16 de Março, alterado pelas Leis n.°s 22/87 e 108/97, respectivamente de 24 de Junho e de 16 de Setembro, e n.° 233/76, de 2 de Abril, alterado, pela última vez, pelo Decreto-Lei n.° 335/84, de 18 de Outubro.

Paralelamente, o artigo 1313.°, C.C., determina que a acção de reivindicação não prescreve, regra que expressamente não prejudica quaisquer direitos adquiridos por usucapião.

Pelo que respeita à prescrição aquisitiva (ou usucapião), o artigo 1293.°, C.C., exclui dela expressamente as servidões prediais não aparentes (v. artigo 1548.°, C.C.) e os direitos de uso e de habitação.

Por seu lado, o artigo 56.°, n.° 2, do Código do Direito de Autor e dos Direitos Conexos (Decreto-Lei n.° 63/85, de 14 de Março, na redacção que lhe foi dada pelas Leis n.°s 45/85, de 17 de Setembro, e 114/ /91, de 3 de Setembro, pelos Decretos-Leis n.°s 332/97, 333/97 e 334/97, todos de 27 de Novembro e pela Lei n.° 50/2004, de 24 de Agosto) estabelece que os direitos morais inerentes ao direito de autor são imprescritíveis.

V. *Direito subjectivo; Prescrição; Direito de propriedade; Usufruto; Uso (direito de); Direito de habitação; Direito de superfície; Servidão predial; Não uso; Caducidade; Reivindicação; Usucapião; Direito de autor.*

Imprevisão (teoria da) (Dir. Civil) – Teoria segundo a qual deve ser possível restabelecer o equilíbrio de um contrato, cujas condições de execução tenham sido significativamente modificadas em grave detrimento de uma das partes, como consequência de acontecimentos supervenientes que eram razoavelmente imprevisíveis aquando da respectiva celebração.

O Código Civil admite expressamente, no artigo 437.°, a possibilidade de resolver o contrato, a requerimento da parte lesada, ou de o modificar segundo juízos de equidade, quando as circunstâncias em que as partes fundaram a decisão de contratar tenham sofrido uma alteração anormal, desde que a exigência do cumprimento das obrigações assumidas pela parte lesada afecte gravemente os princípios da boa fé e não esteja coberta pelos riscos do próprio contrato.

V. *Contrato; Alteração das circunstâncias; Modificação do contrato; Resolução do contrato.*

Improcedência (Proc. Civil) – V. *Procedência.*

Impuberdade (Dir. Civil) – Estado de uma pessoa que não tem a idade mínima legalmente fixada para contrair casamento: dezasseis anos.

A idade inferior a este limite legal é impedimento dirimente absoluto do casamento (artigo 1601.°-*a)*, C.C.), tendo como consequência a anulabilidade deste (artigo 1631.°, C.C.).

V. *Idade núbil; Casamento; Impedimentos dirimentes; Anulabilidade do casamento.*

Impugnabilidade (Dir. Civil) – Diz Castro Mendes, *Lições de Direito Civil (Teoria Geral)* copiografadas, ed. Associação Académica da Faculdade de Direito de Lisboa, 1968, págs. 454 e 455, que "alguns autores, designadamente Paulo Cunha, falam de impugnabilidade do negócio jurídico, exprimindo por esse termo a qualidade do acto, que, não sendo em si viciado, pode ser resolvido por terceiro, por ser contrário aos legítimos interesses deste. Tal se verificará no acto sujeito a impugnação pauliana (cfr. artigos 610.° e segs.)".

Em geral, a impugnabilidade é, como é óbvio, a susceptibilidade de impugnação.

V. *Negócio jurídico; Terceiro; Impugnação pauliana; Impugnação.*

Impugnação (Proc. Civil) – Uma das duas modalidades (com a excepção) que pode revestir a defesa do réu na contestação. Por ela, também chamada defesa directa, o réu opõe-se ao pedido do autor, contradizendo os factos por este apresentados na petição ou sustentando que de tais factos não decorrem os efeitos jurídicos que o autor deles pretende extrair.

O réu tem o ónus de impugnação especificada dos factos constantes da petição, que lhe é imposto pelo artigo 490.°, C.P.C., na redacção do Decreto-Lei n.° 329-A/95, de 12 de Dezembro: diz essa disposição que o réu deve "tomar posição definida perante os factos articulados na petição", considerando-se, em princípio, admitidos por acordo os factos que não forem impugnados, a menos que estejam em oposição com a defesa no seu conjunto, que não seja admissível confissão sobre eles ou que apenas possam ser provados documentalmente. A admissibilidade de que a impugnação fosse feita, "total ou parcialmente, por simples menção dos números dos artigos da petição inicial em que se narram os factos contestados", consagrada no n.° 5 do artigo 490.°, introduzido pelo Decreto-Lei n.° 242/85, de 9 de Julho, desapareceu com a redacção dada ao preceito pelo já referido DL n.° 329-A/95.

Há de notar, porém, que, se o réu declarar que ignora se dado facto é verdadeiro e este for facto que ele não tenha obrigação de conhecer, tal declaração equivale a impugnação.

O ónus de expressa impugnação e as consequências da sua inobservância, estabelecidos nos n.°s 1 e 2 do artigo 490.°, não são aplicáveis "aos incapazes, ausentes e incertos, quando representados pelo Ministério Público ou por advogado oficioso".

O termo é também usado, na linguagem jurídica, para significar genericamente contestação em sentido não técnico, isto é, qualquer modo juridicamente admitido de pôr em causa uma decisão.

V. *Excepção; Réu; Contestação; Pedido; Autor; Petição inicial; Ónus de impugnação; Confissão; Prova documental; Advogado; Nomeação oficiosa; Ministério Público; Incapaz; Ausente; Incertos.*

Impugnação da partilha (Dir. Civil; Proc. Civil) – O artigo 2121.°, C.C., dispõe que "a partilha extrajudicial só é impugnável nos casos em que o sejam os contratos", estabelecendo o artigo 2122.° que "a omissão de bens da herança não determina a nulidade da partilha, mas apenas a partilha adicional dos bens omitidos"; finalmente, o artigo 2123.° dispõe sobre a partilha de bens não pertencentes à herança.

O artigo 1379.°, C.P.C., na redacção do Decreto-Lei n.° 329-A/95, de 12 de Dezembro, ocupa-se das reclamações contra o mapa de partilha, enunciando os artigos 1386.° e segs. do mesmo Código o regime de emenda e anulação da partilha.

V. *Partilha; Contrato; Herança; Nulidade; Partilha adicional; Reclamação; Mapa da partilha; Emenda à partilha.*

Impugnação de acto de conservador – V. *Recurso de acto de conservador.*

Impugnação de créditos reclamados (Proc. Civil) – No processo executivo, findo o prazo para a reclamação de créditos, dela são notificados o executado, o exequente e os credores reclamantes; "as reclamações podem ser impugnadas pelo exequente e pelo executado no prazo de 15 dias, a contar da respectiva notificação"; "dentro do prazo concedido ao exequente, podem os restantes credores impugnar os créditos garantidos por bens sobre os quais tenham invocado também qualquer direito real de garantia, incluindo o crédito exequendo, bem como as garantias reais invocadas, quer pelo exequente, quer pelos outros credores"; "a impugnação pode ter por fundamento qualquer das causas que extinguem ou modificam a obrigação ou que impedem a sua existência".

"O credor cujo crédito haja sido impugnado mediante defesa por excepção pode responder nos 10 dias seguintes à notificação das impugnações apresentadas".

V. artigos 866.° e 867.°, C.P.C., com a redacção dada, ao primeiro, pelo Decreto-Lei n.° 38/2003, de 8 de Março, rectificado pela Declaração de rectificação n.° 5-C/2003, de 30 de Abril, e, ao segundo, pelo Decreto-Lei n.° 329-A/95, de 12 de Dezembro.

No processo de declaração de insolvência, o artigo 129.° do Código da Insolvência e da Recuperação de Empresas, aprovado pelo Decreto-Lei n.° 53/2004, de 18 de Março, alterado pelos Decretos-Leis n.°s 200/2004, de 18 de Agosto, e 76-A/2006, de 29 de Março (rectificado pela Declaração de rectificação n.° 28-A/2006, de 26 de Maio), estabelece que, nos 15 dias posteriores ao fim do prazo para a reclamação de créditos, "o administrador da insolvência apresenta na secretaria uma lista de todos os credores por si reconhecidos e uma lista dos não reconhecidos, ambas por ordem alfabética, relativamente não só aos que tenham deduzido reclamação como àqueles cujos direitos constem dos elementos da contabilidade do devedor ou sejam por outra forma do seu conhecimento", indicando a lista dos credores não reconhecidos os motivos desse não reconhecimento; todos os titulares de créditos não reconhecidos e aqueles cujos créditos tenham sido reconhecidos sem que os tenham reclamado, ou em termos diversos dos da reclamação, "devem ser disso avisados pelo administrador da insolvência, por carta registada [...]". Nos termos do artigo 130.° deste Código, qualquer interessado pode, no prazo de dez dias contados da elaboração das listas de credores, impugnar "a lista de credores reconhecidos através de requerimento dirigido ao juiz, com fundamento na indevida inclusão ou exclusão de créditos, ou na incorrecção do montante dos créditos reconhecidos", o mesmo podendo fazer os credores que tenham sido avisados por carta, contando-se então o prazo "a partir do 3.° dia útil posterior à data da respectiva expedição". "Se não houver impugnações, é de imediato proferida sentença de verificação e graduação dos créditos, em que, salvo o caso de erro manifesto, se homologa a lista de credores reconhecidos elaborada pelo administrador da insolvência e se graduam os créditos em atenção ao que consta dessa lista". Caso haja impugnações, o administrador da insolvência, bem como qualquer interessado que assuma posição contrária, incluindo o devedor, pode responder, só tendo legitimidade para o fazer o próprio titular do crédito no caso de a impugnação ter como fundamento a indevida inclusão de um crédito, a omissão das condições a que ele se encontre sujeito ou o facto de lhe ter sido atribuído um montante excessivo ou uma qualificação de grau superior; a resposta deve ser apresentada nos dez dias subsequentes ao termo do prazo de dez dias, referido *supra*, "ou à notificação ao titular do crédito objecto de impugnação, consoante o caso, sob pena de a impugnação ser julgada procedente". "As listas de créditos reconhecidos e não reconhecidos pelo administrador [...], as impugnações e as respostas são autuadas por um único apenso" – artigo 132.°. "Durante o prazo fixado para as impugnações e as respostas, e a fim de poderem ser examinados por qualquer interessado e pela comissão de credores, deve o administrador [...] patentear as reclamações de créditos, os documentos que as instruam e os documentos da escrituração do insolvente no local mais adequado, o qual é objecto de indicação a final das listas de credores reconhecidos e não reconhecidos" (artigo 133.°). O artigo 134.° trata dos meios de prova admissíveis, das cópias e das notificações a fazer, estabelecendo, no seu n.° 5, que, "durante o prazo para as impugnações e respostas, o processo é mantido na secretaria judicial para exame e consulta dos interessados". "Dentro dos 10 dias posteriores ao termo do prazo das respostas às impugnações, deve a comissão de credores juntar aos autos o seu parecer sobre as impugnações" – artigo 135.°. Junto este parecer, é designada pelo juiz data para a tentativa de conciliação, "a realizar dentro dos 10 dias seguintes, para a qual são notificados, a fim de comparecerem pessoalmente ou de se fazerem representar por procuradores com poderes especiais para transigir, todos os que tenham apresentado impugnações e respostas, a comissão de credores e o administrador da insolvência"; na tentativa de conciliação, "são considerados como reconhecidos os créditos que mereçam a aprovação de todos os presentes e nos precisos termos em que o forem"; uma vez concluída a tentativa de conciliação, o processo vai ao juiz para proferir despacho saneador, seleccionando a matéria de facto que integra a base instrutória; este despacho tem, quanto aos créditos reconhecidos – e sê-lo-ão os que, incluídos na respectiva lista, não tiverem sido impugnados e os que tiverem sido aprovados na tentativa de conciliação, bem como aqueles que possam sê-lo em face dos elementos de prova contidos nos autos –, "a forma e o valor de sentença, que os declara verificados e os gradua em harmonia com as disposições legais"; se a verificação de algum crédito depender da produção de prova, a graduação de todos eles só terá lugar na sentença final. Nesta última hipótese, pode haver diligências probatórias que o juiz ordenará que estejam concluídas dentro de 20 dias a contar do despacho que as determine, "aproveitando a todos os interessados a prova produzida por qualquer deles"; uma vez produzidas as provas, "é marcada a audiência de discussão e julgamento para um dos 10 dias posteriores"; na realização desta última, são observados os termos do processo declarativo sumário, sendo, sempre que necessário e no momento em que o tribunal o determine, ouvidos o administrador da insolvência e a comissão de credores, sendo as provas produzidas segundo a ordem por que tiverem sido apresentadas as impugnações, e podendo usar da palavra, na discussão, os advogados dos impugnantes e os dos respondentes, não havendo lugar a réplica. Finda a audiência, "o juiz profere sentença de verificação e graduação dos créditos, nos 10 dias subsequentes".

V. *Execução; Reclamação de créditos; Notificação; Exequente; Executado; Garantias reais; Direito real de garantia; Prova; Extinção das obrigações; Modificação da obrigação; Excepção; Insolvência; Recuperação de empresas; Administrador da insolvência; Requerimento; Sentença; Graduação de credores; Verificação de créditos; Homologação; Legitimidade; Procedência; Apensação de acções; Documento; Comissão de credores; Meios de prova; Secretaria judicial; Exame de processos; Tentativa de conciliação; Procurador; Poderes representativos; Transacção; Despacho saneador; Base instrutória; Audiência de discussão e julgamento; Processo declarativo; Processo sumário; Advogado; Réplica; Massa insolvente; Privilégio creditório; Hipoteca judicial; Penhora; Custas; Autor; Dívida da insolvência.*

Impugnação de documento (Dir. Civil, Proc. Civil) – V. *Documento; Falsidade.*

Impugnação de maternidade (Dir. Civil) – Não sendo verdadeira a maternidade mencionada no registo, nos termos dos artigos 1803.° a 1806.°, C.C., "pode a todo o tempo ser impugnada em juízo pela pessoa declarada como mãe, pelo registado, por quem tiver interesse moral ou patrimonial na procedência da acção ou pelo Ministério Público" - artigo 1807.°, C.C..

A acção de impugnação da maternidade é uma acção de estado.

V. *Maternidade; Registo civil; Procedência; Ministério Público; Acção de estado.*

Impugnação de paternidade (Dir. Civil; Proc. Civil) – O artigo 1826.°, n.° 1, C.C., estabelece uma presunção de paternidade ("presume-se que o filho nascido ou concebido na constância do matrimónio tem como pai o marido da mãe"), só podendo a paternidade assim estabelecida ser impugnada em acção proposta para o efeito, nos termos dos artigos 1838.° e segs., C.C..

A acção de impugnação pode ser intentada pelo marido da mãe (no prazo de dois anos, a contar do momento em que teve conhecimento de circunstâncias em função das quais tenha concluído não ser o pai da criança), pela própria mãe (no prazo de dois anos contados desde o nascimento do filho), pelo filho (devendo a propositura da acção ser feita no prazo de um ano, a contar da maioridade ou da emancipação ou, posteriormente, dentro de um ano a contar do momento em que teve conhecimento de circunstâncias que lhe permitam concluir não ser filho do marido da mãe), ou pelo Ministério Público, a requerimento de quem se declarar pai da criança, se a viabilidade da acção de impugnação for reconhecida pelo tribunal.

Se o titular do direito de acção de impugnação de paternidade falecer no decurso da acção, ou sem a haver intentado, mas antes de findarem os prazos que acima se referiram, têm legitimidade para a intentar ou nela prosseguir as pessoas mencionadas no artigo 1844.°, C.C., tendo-a também, se o titular do direito se encontrar ausente e a ausência estiver justificada (artigo 1845.°, C.C.).

"Na acção de impugnação de paternidade devem ser demandados a mãe, o filho e o presumido pai, quando nela não figurem como autores", sendo o filho, se menor, representado por um curador especial, nomeado pelo tribunal (artigo 1846.°, C.C.).

Há um outro caso em que a lei (artigo 1823.°, C.C.) expressamente permite a impugnação da paternidade fundada na presunção do artigo 1826.°, n.° 1: é o de ser intentada acção de investigação de maternidade, relativamente a filho nascido ou concebido na constância do matrimónio da pretensa mãe; nessa acção pode, portanto, impugnar-se a presunção de paternidade do marido da mãe.

V. *Paternidade; Presunção de paternidade; Propositura da acção; Maioridade; Emancipação; Ministério Público; Requerimento; Legitimidade; Ausência; Autor; Menor; Representação; Curador especial; Investigação de maternidade.*

Impugnação de testamento (Dir. Civil) – A validade de testamento, afectado de vício que determine a sua nulidade ou anulabilidade (por exemplo, por ter sido feito por pessoa incapaz, por a vontade do testador ter sido viciada), pode ser impugnada judicialmente, caducando a acção de declaração de nulidade e a de anulação, respectivamente, nos prazos de dez e dois anos, a contar da data em que o interessado teve conhecimento do testamento e da causa da nulidade ou da anulabilidade.

Dispõe o artigo 2309.°, C.C., que não pode, no entanto, "prevalecer-se da nulidade ou da anulabilidade do testamento ou da disposição testamentária aquele que a tiver confirmado". O testador não pode proibir a impugnação do seu testamento quando haja fundamento de nulidade ou de anulabilidade deste.

V. artigos 2308.° a 2310.°, C.C..

V. *Testamento; Nulidade; Anulabilidade; Incapaz; Vícios na formação da vontade; Caducidade; Confirmação.*

Impugnação de testemunha (Proc. Civil) – Findo o interrogatório preliminar da testemunha, a parte contra quem ela for produzida pode impugnar a sua admissão, se se verificar que ela é inábil ou que não é a pessoa que fora oferecida (artigos 636.° e 635.°, n.° 2, C.P.C.).

Admitida a impugnação, "a testemunha é perguntada à matéria de facto e, se a não confessar, pode o impugnante comprová-la por documento ou testemunhas que apresente nesse acto, não podendo produzir mais de três testemunhas a cada facto", decidindo a tribunal imediatamente se a testemunha deve ou não depor (artigo 637.°, C.P.C.).

V. *Testemunha; Inabilidades; Interrogatório preliminar; Matéria de facto; Confissão; Documento.*

Impugnação especificada (Proc. Civil) – V. *Impugnação; Ónus de impugnação.*

Impugnação pauliana (Dir. Civil) – Acção pauliana ou impugnação pauliana (na terminologia da lei portuguesa) é a acção pela qual um credor, agindo em seu nome pessoal, pode impugnar os actos do seu devedor "que envolvam diminuição da garantia patrimonial do crédito e não sejam de natureza pessoal".

Os pressupostos da impugnação são:

– a anterioridade do crédito em relação ao acto impugnado, ou, sendo posterior ao acto, que este tenha sido praticado com o fim de, dolosamente, impedir o cumprimento da obrigação para com o futuro credor;

– a impossibilidade para o devedor de satisfazer integralmente o seu crédito em virtude do acto, ou o agravamento dessa impossibilidade;

– a má fé do devedor e do terceiro, se o acto for oneroso (a má fé é definida pela lei como "a consciência do prejuízo que o acto causa ao credor").

Julgada procedente a acção, são restituídos os bens, na medida do interesse do credor, podendo este executá-los no património do obrigado à restituição, praticando os actos de conservação da garantia permitidos por lei, aproveitando os efeitos da impugnação apenas ao credor que a requereu.

O direito de acção caduca ao fim de cinco anos, a contar da data do acto que se pretende impugnar.

V. artigos 610.° e segs., C.C..

O artigo 1201.°, C.P.C., determinava que, após a falência e até à reabilitação do falido, eram impugnáveis pelo administrador da falência ou por qualquer credor os actos celebrados pelo falido, desde que a situação se encontrasse prevista nos artigos 610.° e segs. do C.C.; para efeitos da impugnação referida, o artigo 1202.°, C.P.C., estabelecia uma presunção de má fé relativamente à celebração de um conjunto de actos que enunciava. Entretanto, estas disposições do Código de Processo Civil foram revogadas pelo Código dos Processos Especiais de Recuperação da Empresa e de Falência, aprovado pelo Decreto-Lei n.° 132/93, de 23 de Abril, alterado pelos Decretos-Leis n.°s 157/97, de 24 de Junho, 315/98, de 20 de Outubro, 323/2001, de 17 de Dezembro, e 38/2003, de 8 de Março. Aqui se dispunha serem impugnáveis em benefício da massa falida todos os actos susceptíveis de impugnação pauliana nos termos da lei civil (artigo 157.°), enumerando o artigo 158.° um conjunto de actos que se presumiam celebrados de má fé para os efeitos da impugnação pauliana; por seu lado, o artigo 159.° determinava que, julgada procedente a impugnação, os bens ou os valores correspondentes revertessem para a massa falida, devendo ser apresentados ao liquidatário dentro do prazo fixado na sentença, sob pena de ao infractor serem aplicadas as sanções previstas na lei de processo para o depositário de bens penhorados que falte à oportuna entrega deles. A acção de impugnação pauliana era dependência do processo de falência e podia ser proposta pelo liquidatário judicial ou por qualquer credor cujo crédito se encontrasse já reconhecido, sendo permitido impugnar no mesmo processo diversos actos, ainda que no caso não concorressem os requisitos exigidos para a coligação de autores ou de demandados – artigo 160.°.

O Código dos Processos Especiais de Recuperação da Empresa e de Falência foi integralmente revogado pelo Código da Insolvência e da Recuperação de Empresas, aprovado pelo Decreto-Lei n.° 53/ /2004, de 18 de Março, alterado pelos Decretos-Leis n.°s 200/2004, de 18 de Agosto, e 76-A/2006, de 29 de Março (rectificado pela Declaração de rectificação n.° 28-A/2006, de 26 de Maio). Não se encontra neste regime semelhante ao antes descrito, embora o artigo 120.°, sem se referir à impugnação pauliana, estabeleça que, "salvo nos casos a que respeita o artigo seguinte [hipóteses de resolução incondicional], a resolução pressupõe a má fé do terceiro, a qual se presume quanto a actos cuja prática ou omissão tenha ocorrido dentro dos dois anos anteriores ao início do processo de insolvência e em que tenha participado [...]"; o artigo 127.° deste Código veda aos credores da insolvência "a instauração de novas acções de impugnação pauliana de actos praticados pelo devedor cuja resolução haja sido decretada pelo administrador da insolvência"; quanto àquelas que se encontrarem pendentes à data da declaração de insolvência ou que tenham sido propostas depois, "não serão apensas ao processo [...], e, em caso de resolução do acto pelo administrador [...], só prosseguirão os seus termos se tal resolução vier a ser declarada ineficaz por decisão definitiva, a qual terá força vinculativa no âmbito daquelas acções quanto às questões que tenha apreciado, desde que não ofenda caso julgado de formação anterior"; "julgada procedente a acção de impugnação, o interesse do credor que a tenha instaurado é aferido, para efeitos do artigo 616.° do Código Civil, com abstracção das modificações introduzidas ao seu crédito por um eventual plano de insolvência ou de pagamentos".

O Acórdão uniformizador de jurisprudência n.° 3/2001, publicado no *Diário da República*, I-A série, decidiu: "Tendo o autor, em acção de impugnação pauliana, pedido a declaração de nulidade ou a anulação do acto jurídico impugnado, tratando-se de erro na qualificação jurídica do efeito pretendido, que é a ineficácia do acto em relação ao autor (n.° 1 do artigo 616.° do Código Civil), o juiz deve corrigir oficiosamente tal erro e declarar a ineficácia, como permitido pelo artigo 664.° do Código de Processo Civil".

O Acórdão uniformizador de jurisprudência n.° 6/2004, publicado no *Diário da República*, I-A série, de 14 de Julho de 2004, decidiu que "a acção pauliana individual não está sujeita a registo predial".

V. *Garantia; Meios conservatórios da garantia; Credor; Acto jurídico; Dolo; Cumprimento; Má fé; Acto oneroso; Devedor; Terceiro; Execução; Caducidade; Presunção; Falência; Massa falida; Liquidatário judicial; Depositário; Penhora; Coligação; Insolvência; Recuperação de empresas; Administrador da insolvência; Apensação de acções; Caso julgado; Plano de insolvência; Autor; Demandado; Nulidade; Anulação; Ineficácia; Conhecimento oficioso; Registo predial.*

Impulso processual (Proc. Civil) – Em processo cível, a iniciativa e o impulso processual incumbem às partes, muito embora o juiz tenha o poder de realizar ou ordenar oficiosamente algumas diligências que considere necessárias para o apuramento da verdade.

V. *Princípio dispositivo.*

Imputabilidade (Dir. Civil) – Para que a uma pessoa sejam imputáveis os actos que pratica, é necessário que ela disponha de um mínimo de discernimento, de modo a representar as situações, prevendo os efeitos dos seus actos, e de liberdade de actuação, de modo a que possa determinar-se a agir de dado modo, de acordo com os juízos que faz.

Não se encontrando em situação em que seja imputável, a pessoa não é, em princípio, responsável civilmente pelos actos que pratica, visto não lhe poder ser atribuída culpa na prática dos mesmos.

Determina o artigo 488.°, n.° 1, C.C., que "não responde pelas consequências do facto danoso quem, no momento em que o facto ocorreu, estava, por qualquer causa, incapacitado de entender ou querer, salvo se o agente se colocou culposamente nesse estado, sendo este transitório"; o n.° 2 da mesma disposição diz que se presume "falta de imputabilidade nos menores de sete anos e nos interditos por anomalia psíquica".

Quando as pessoas sejam naturalmente incapazes, é àquelas que tenham, legal ou convencionalmente, o dever de as vigiar que cabe a responsabilidade pelos danos que causem a terceiro, a menos que demonstrem haver cumprido o dever de vigilância que lhes incumbia ou que provem que os danos se teriam produzido ainda que o tivessem cumprido (artigo 491.°, C.C.). Problema que a interpretação deste artigo coloca é o de saber se as pessoas afectadas de "incapacidade natural" a que se refere são apenas aquelas que o artigo 488.° qualifica como não imputáveis ou se, para além destas, outras devem ser entendidas como naturalmente incapazes e, nesse caso, aplicar-se-lhes este regime de responsabilidade dos respectivos vigilantes.

No entanto, excepcionalmente embora, pode o inimputável ser condenado a reparar, total ou parcialmente, os danos que provoque, se não for possível obter a indemnização da pessoa a quem incumbe a vigilância e se o inimputável puder pagar a indemnização que, em qualquer caso, será sempre "calculada por forma a não o [o inimputável] privar dos alimentos necessários, conforme o seu estado e condição, nem dos meios indispensáveis para cumprir os seus deveres legais de alimentos" – artigo 489.°, C.C..

V. *Responsabilidade civil; Culpa; Agente; Presunção legal; Menor; Interdito; Anomalia psíquica; Culpa "in vigilando"; Indemnização; Inimputável; Alimentos.*

Imputação (Dir. Civil) – Consiste na atribuição de um acto àquele que é o seu autor. O nexo de imputação entre o acto e o respectivo autor constitui a culpa (em sentido amplo), pressuposto da responsabilidade civil subjectiva.

V. *Responsabilidade civil; Culpa.*

Imputação do cumprimento (Dir. Civil) – Quando o devedor está obrigado por várias dívidas da mesma espécie em relação a um único credor, pode escolher a dívida ou dívidas a que se refere uma prestação que não seja suficiente para as extinguir a todas: é o que se chama imputação do cumprimento.

Há regras que condicionam a escolha do devedor, nomeadamente a de que, salvo concordância do credor, a soma entregue para pagamento de uma dívida e respectivos juros, se for insuficiente, se imputa primeiramente nos juros e só depois no capital, a menos que haja também indemnização a pagar pela mora, caso em que é esta que se entende paga em primeiro lugar; "a imputação no capital só pode fazer-se em último lugar, salvo se o credor concordar em que se faça antes".

Se o devedor nada disser, a lei dispõe que o cumprimento se reporta à dívida que se encontrar vencida; havendo várias nessa situação, àquela que ofereça menos garantia ao credor; não existindo dívidas com garantias diversas, à de montante mais elevado; se forem igualmente onerosas, à que se tenha vencido em primeiro lugar; havendo várias vencendo-se simultaneamente, à mais antiga delas; caso não seja possível, em concreto, aplicar nenhum dos critérios enunciados, a prestação presume-se feita rateadamente por conta de todas as dívidas.

V. artigos 783.° a 785.°, C.C..

V. *Obrigação; Prestação; Cumprimento; Vencimento; Garantias especiais; Juros; Indemnização; Mora.*

Imputável (Dir. Civil) – Imputável é o sujeito que tem a capacidade de entender e de querer, que lhe permita prever os efeitos do acto que vai praticar e de se determinar livremente quanto à sua prática. Só os imputáveis são susceptíveis de ser objecto de um juízo de culpabilidade, pelo que só eles podem responder subjectivamente pelas consequências danosas dos seus actos.

Nos termos do artigo 488.°, n.° 2, C.C., "presume-se falta de imputabilidade nos menores de sete anos e nos interditos por anomalia psíquica".

V. *Imputabilidade; Inimputável; Culpa; Responsabilidade civil; Presunção legal; Menor; Interdito; Anomalia psíquica.*

Imutabilidade (Dir. Civil) – Carácter de certos actos e situações jurídicas que, por força da lei, não são susceptíveis de ser modificados ou transformados, mesmo que os interessados o desejem.

São imutáveis, por exemplo, as convenções antenupciais e os regimes de bens legalmente fixados, depois da celebração do casamento.

V. artigo 1714.°, C.C..

V. *Convenção antenupcial; Regime de bens do casamento.*

Inabilidades – 1. (Proc. Civil) – Os artigos 616.° a 618.°, C.P.C. (os dois primeiros com a redacção do Decreto-Lei n.° 329-A/95, de 12 de Dezembro, e o último com a do Decreto-Lei n.° 180/96, de 25 de Setembro), tratam do problema das inabilidades para depor como testemunha: a inabilidade pode provir de incapacidade natural ("têm capacidade para depor como testemunhas todos aqueles que, não estando interditos por anomalia psíquica, tiverem aptidão física e mental para depor sobre os factos que constituam objecto da prova") ou de motivo de ordem moral a que a lei atribua esse efeito; nos termos do artigo 617.°, C.P.C., são legalmente inábeis por motivo de ordem moral aqueles que podem depor como partes. O artigo 618.°, C.P.C., dispõe que se podem recusar a depor como testemunhas, salvo "nas acções que tenham como objecto verificar o nascimento ou o óbito dos filhos", os ascendentes nas causas dos descendentes e vice-versa, os adoptantes nas dos adoptados e vice-versa, o sogro ou sogra nas causas do genro ou da nora e vice-versa, o marido nas causas da mulher e vice-versa; por outro lado, devem escusar-se a depor os que estejam vinculados ao sigilo profissional, quanto aos factos abrangidos por este.

Ao inquirir as testemunhas, e após o juramento, o juiz fará um interrogatório preliminar destinado a apurar se o depoente é hábil para depor, nos termos da lei, devendo perguntar-lhe "se é parente, amigo ou inimigo de qualquer das partes, se está para com elas nalguma relação de dependência e se te interesse, directo ou indirecto, na causa"; caso verifique a sua inabilidade, não admitirá o depoimento, podendo, igualmente, a parte contra quem for oferecida a testemunha impugnar a sua admissão com fundamento na existência de qualquer causa de inabilidade.

V. artigos 635.° e 636.°, C.P.C..

2. (Dir. Civil; Dir. Com,; Proc. Civil) – Por simplificação, inclui-se aqui referência ao regime do artigo 189.° do Código da Insolvência e da Recuperação de Empresas, aprovado pelo Decreto-Lei n.° 53/2004, de 18 de Março, alterado pelos Decretos-Leis n.°s 200/2004, de 18 de Agosto, e 76-A/2006, de 29 de Março (este rectificado pela Declaração de rectificação n.° 28-A/2006, de 26 de Maio), que não é uma inabilidade; este dispõe que, se a insolvência for qualificada como culposa, o juiz, deve declarar as pessoas afectadas inibidas para o exercício do comércio durante um período de 2 a 10 anos, bem como para a ocupação de qualquer cargo de titular de órgão de sociedade comercial ou civil, associação ou fundação privada de actividade económica, empresa pública ou cooperativa. "A inibição para o exercício do comércio tal como a inabilitação são oficiosamente registadas na Conservatória do Registo Civil, e bem assim, quando a pessoa afectada fosse comerciante em nome individual, na conservatória do registo comercial, com base em certidão da sentença remetida pela secretaria".

V. *Testemunha; Inquirição; Interdito; Prova; Parte; Depoimento de parte; Anomalia psíquica; Descendente; Ascendente; Adoptante; Adoptado; Sigilo profissional; Juramento; Interrogatório preliminar; Impugnação de testemunha; Insolvência; Recuperação de empresas; Inibição do insolvente; Insolvência culposa; Órgãos das pessoas colectivas; Fundação; Registo; Certidão; Sentença; Secretaria judicial.*

Inabilitação

1. (Dir. Civil; Proc. Civil) – Situação jurídica de uma pessoa que, em virtude de decisão judicial, não pode, por si só, realizar determinados actos jurídicos, carecendo da autorização de um curador. Tais actos são, nomeadamente, os de disposição de bens entre vivos, podendo ainda a administração do património do inabilitado ser entregue, no todo ou em parte, ao curador. "Podem ser inabilitados os indivíduos cuja anomalia psíquica, surdez-mudez ou cegueira, embora de carácter permanente, não seja de tal modo grave que justifique a sua interdição, assim como aqueles que, pela sua habitual prodigalidade ou pelo abuso de bebidas alcoólicas ou de estupefacientes, se mostrem incapazes de reger convenientemente o seu património" – artigo 152.°, C.C..

A inabilitação tem, pois, causas comuns em relação à interdição, tendo, como causas próprias, a prodigalidade, o alcoolismo e a toxicodependência. A prodigalidade manifesta-se na realização habitual de despesas excessivas e injustificadas.

Quanto aos efeitos, também a interdição e a inabilitação diferem, correspondendo esta última a uma limitação de menor extensão da capacidade de exercício do sujeito. Enquanto os interditos são equiparados aos menores, sendo a sua incapacidade suprida pela representação, os inabilitados carecem de autorização do curador, pelo qual são assistidos e não representados, e apenas quanto aos actos já referidos.

Os inabilitados podem intervir em todas as acções em que sejam partes e devem ser citados quando tiverem nelas a posição de réus, cominando a lei com a nulidade correspondente à falta de citação tal omissão, mesmo quando o curador haja, ele, sido citado. No entanto, a intervenção do inabilitado no processo encontra-se subordinada à orientação do curador, cuja opinião prevalece sempre que haja discordância. V. artigo 13.°, C.P.C., na redacção do Decreto-Lei n.° 513-X/79, de 27 de Dezembro.

O processo a seguir para a inabilitação encontra-se regulado nos artigos 944.° e segs., C.P.C., que têm a redacção do Decreto-Lei n.° 329-A/95, de 12 de Dezembro.

A inabilitação pode converter-se em interdição, podendo, aliás, quando requerida a primeira, decretar o tribunal a interdição, e vice-versa.

O Decreto-Lei n.° 162/2003, de 24 de Julho, qualifica como contra-ordenação a venda e a cedência de imitações de arma de fogo a inabilitados por anomalia psíquica, ou a sua posse ou uso por eles.

2. (Dir. Civil; Dir. Com.; Proc. Civil) – O artigo 189.° do Código da Insolvência e da Recuperação de Empresas, aprovado pelo Decreto-Lei n.° 53/2004, de 18 de Março, alterado pelos Decretos-Leis n.°s 200/2004, de 18 de Agosto, e 76-A/2006, de 29 de Março (este rectificado pela Declaração de rectificação n.° 28-A/2006, de 26 de Maio), dispõe que, se a insolvência for qualificada como culposa, o juiz, deve decretar a inabilitação das pessoas afectadas pela qualificação por um período de 2 a 10 anos. O artigo 190.° estabelece que "o juiz, ouvidos os interessados, nomeia um curador para cada um dos inabilitados, fixando os poderes que lhe competem"; a nomeação do curador e sua destituição estão sujeitas a registo nos termos *supra* expostos. A inabilitação é oficiosamente registada na Conservatória do Registo Civil, e bem assim, quando a pessoa afectada fosse comerciante em nome individual, na conservatória do registo comercial, com base em certidão da sentença remetida pela secretaria.

V. *Pessoa singular; Interdição; Curatela; Curador; Acto de disposição; Acto entre vivos; Administração de bens; Anomalia psíquica; Prodigalidade; Alcoólico; Estupefaciente; Património; Capacidade; Representação legal; Assistência; Autorização; Citação; Réu; Nulidade processual; Insolvência; Recuperação de empresas; Insolvência culposa; Registo; Certidão; Sentença.*

Inabilitado (Dir. Civil) – Pessoa declarada incapaz de reger, total ou parcialmente, o seu património e sujeita a um regime de assistência por curador.

V. *Curatela; Inabilitação; Assistência.*

Inabilitação provisória (Dir. Civil; Proc. Civil) – V. *Interdição provisória.*

Inadimplemento (Dir. Civil) – O mesmo que *incumprimento* (v. este termo).

Inalegabilidade formal (Dir. Civil) – Está-se perante uma inalegabilidade formal quando não é admitida a arguição da invalidade de um negócio com fundamento em vício de forma, por ser considerado contrário à boa fé o comportamento daquele que a invoca; são discutidas as fronteiras do comportamento do sujeito que, por ofensa à boa fé, não deve ser admitido a invocar o vício formal e a obter a consequente declaração de nulidade de negócio: pode dizer-se que se encontra de acordo a doutrina dominante no entendimento de que esta situação se verifica quando foi o próprio sujeito que vem invocar o vício a dar-lhe causa, designadamente nos casos em que o fez com o propósito de vir mais tarde a invocá-lo para obter a sua desvinculação do negócio; discute-se, porém, em particular, se tal também deverá acontecer quando o sujeito que alega o vício, tendo concorrido com culpa para a sua verificação, só vem invocá-lo com o propósito de não cumprir as obrigações que para si derivam do negócio viciado. Em ambos os casos, é possível identificar abuso do direito, nos termos do artigo 334.°, C.C., em ambos a consequência sancionatória mais adequada parecendo ser a de não permitir que a alegação do vício surta o seu efeito de, provocando a declaração de nulidade do negócio, desvincular o agente das suas obrigações.

V. *Invalidade; Negócio jurídico; Forma; Vício de forma; Nulidade; Culpa; Obrigação; Boa fé; Abuso do direito.*

Inalienabilidade (Dir. Civil) – Característica do direito ou coisa que não é alienável, isto é, que não pode mudar de titular.

A inalienabilidade é *absoluta*, quando a situação jurídica está essencialmente ligada à pessoa (direitos de personalidade e direitos morais inerentes ao direito de autor) ou foi constituída tendo em vista as condições de certa pessoa (direito de alimentos).

Mais frequentemente, a inalienabilidade é *relativa*: por exemplo, a servidão não é alienável, a menos que se transfira conjuntamente com o direito de propriedade a que se subordine.

A sanção da violação da inalienabilidade é a nulidade do acto de disposição.

Exemplo de proibição legal de alienação é a estabelecida pelo Decreto-Lei n.° 109/ /97, de 8 de Maio, em relação a "habitações construídas com empréstimos bonificados concedidos ao abrigo de regimes de crédito à promoção municipal, cooperativa e privada de habitações a custos controlados para venda"; o n.° 1 do artigo 2.° deste diploma estabelece que estas habitações "estão sujeitas a um ónus de inalienabilidade pelo prazo de cinco anos a contar da data da primeira aquisição".

Pode existir uma *inalienabilidade negocial* ou *convencional*, que só vincula as partes, e cuja violação só dá, portanto, direito de indemnização ao lesado.

Os bens inalienáveis não podem ser penhorados (artigo 822.°-*a*), C.P.C.).

V. *Pessoa singular; Direitos de personalidade; Direito de autor; Alimentos; Servidão; Nulidade; Acto de disposição; Indemnização; Impenhorabilidade.*

Inamovibilidade dos magistrados (Org. Judiciária) – Trata-se de uma das garantias de independência da magistratura, consagrada constitucionalmente, e que consiste na proibição de transferência, suspensão, aposentação, demissão ou mudança de situação, por qualquer outra forma, dos magistrados, fora dos casos legalmente estabelecidos.

V. artigo 216.°, n.° 1, da Constituição da República, artigo 6.° do Estatuto dos Magistrados Judiciais (Lei n.° 21/85, de 30 de Julho, alterada pelo Decreto-Lei n.° 342/ /88, de 28 de Setembro, e pelas Leis n.°s 2/90, de 20 de Janeiro, 10/94, de 5 de Maio, 44/96, de 3 de Setembro, 81/98, de 3 de Dezembro, 143/99, de 31 de Agosto, 3- -B/2000, de 4 de Abril, e 42/2005, de 29 de Agosto) e artigo 4.°, n.° 2, da Lei de Organização e Funcionamento dos Tribunais Judiciais (Lei n.° 3/99, de 13 de Janeiro, rectificada pela Declaração de rectificação n.° 7/99, de 16 de Fevereiro, e alterada pela Lei n.° 101/99, de 26 de Julho, pelos Decretos-Leis n.°s 323/2001, de 17 de Dezembro, e 38/2003, de 8 de Março – este rectificado pela Declaração de rectificação n.° 5-C/2003, de 30 de Abril –, pela Lei n.° 105/2003, de 10 de Dezembro, pelo Decreto-Lei n.° 53/2004, de 18 Março, pela Lei n.° 42/2005, e pelo Decreto-Lei n.° 76-A/ /2006, de 29 de Março – este rectificado pela Declaração de rectificação n.° 28-A/ /2006, de 26 de Maio).

O artigo 148.°, n.° 1, do Estatuto dos Magistrados Judiciais determina que "aos vogais do Conselho Superior da Magistratura que não sejam juízes é aplicável o regime de garantias dos magistrados judiciais".

V. *Magistrado; Independência dos tribunais; Conselho Superior da Magistratura.*

"In articulo mortis" (Dir. Civil) – Expressão latina significativa de que um certo acto se realiza estando uma das partes em situação de perigo grave e/ou iminente de perder a vida.

Sobre o casamento *in articulo mortis*, v. *Casamento urgente.*

Incapacidade (Dir. Civil; Proc. Civil) – Qualidade da pessoa privada pela lei do gozo ou do exercício de certos direitos.

A incapacidade diz-se *de exercício* quando a pessoa não pode exercer os seus direitos ou cumprir os seus deveres, por si só e livremente.

Incapazes de exercício, embora em termos algo diversos, são os menores, os interditos e os inabilitados. De um modo geral, são anuláveis os actos praticados por incapaz de exercício.

A incapacidade diz-se *de gozo* quando a pessoa não pode ser titular de um ou mais direitos ou deveres. A capacidade de gozo das pessoas colectivas acha-se, por força do artigo 160.°, C.C., limitada aos direitos e obrigações necessários ou convenientes à prossecução dos seus fins, dela se encontrando excluídos "os direitos e obrigações vedados por lei ou que sejam inseparáveis da personalidade singular". A capacidade de gozo das pessoas singulares não sofre restrições de princípio, embora, em alguns casos, se possam em concreto verificar em virtude de decisões judiciais; como regra, a capacidade de gozo dos menores não integra, por exemplo, o direito a testar (artigo 2189.°-*a)*, C.C.), o direito de voto (artigo 49.°, n.° 1, da Constituição da República), nem o direito a casar até aos dezasseis anos de idade (artigo 1601.°-*a)*, C.C.). Os actos praticados por quem não tenha capacidade de gozo são nulos.

A *incapacidade judiciária* – insusceptibilidade de estar por si em juízo –, tem, em princípio, como base e medida, a capacidade de exercício de direitos (artigo 9.°, C.P.C.).

A incapacidade de exercício é suprida pela representação, tal como a incapacidade judiciária.

Pode falar-se em *incapacidade acidental* (situação de uma pessoa embriagada, perturbada psicologicamente ou em situação equiparável, que a torne ocasionalmente privada do uso da razão e da vontade – v. artigo 257.°, C.C.) ou em *incapacidade de facto* (situação de uma pessoa, na realidade inapta para exercer os seus direitos, mas que não se encontra interdita ou inabilitada), mas trata-se de situações de facto, embora com consequências jurídicas, e não de situações jurídicas, como as anteriores.

V. artigos 122.° e segs., C.C., e artigos 10.° e segs., C.P.C..

V. *Capacidade; Direito subjectivo; Menor; Interdito; Inabilitado; Anulabilidade; Pessoa colectiva; Nulidade; Capacidade judiciária; Representação; Incapacidade acidental; Incapacidade de facto; Obrigação; Pessoa singular; Capacidade testamentária; Idade núbil.*

Incapacidade acidental (Dir. Civil) – Dispõe o artigo 257.°, C.C.:

"1. A declaração negocial feita por quem, devido a qualquer causa, se encontrava acidentalmente incapacitado de entender o sentido dela ou não tinha o livre exercício da sua vontade é anulável, desde que o facto seja notório ou conhecido do declaratário.

2. O facto é notório, quando uma pessoa de normal diligência o teria podido notar".

O regime aqui enunciado aplica-se tanto nos casos em que o declarante sofra de uma incapacidade de facto permanente como naqueles em que a incapacidade seja puramente transitória. Procurando a lei tutelar a posição do declarante cuja vontade foi viciada, limita, porém, tal tutela em função do legítimo interesse do declaratário, desconhecedor sem culpa da situação de diminuição do declarante.

A situação de incapacidade de facto acidental é também relevante, por vezes, para afastar a imputabilidade do sujeito (cfr. artigo 488.°, C.C.).

V. *Declaração negocial; Anulabilidade; Diligência; Declarante; Vícios na formação da vontade; Declaratário; Imputabilidade.*

Incapacidade conjugal (Dir. Civil) – Há autores que falam de incapacidade conjugal para significar a situação em que um dos cônjuges não pode praticar, por si só e livremente, certos actos, carecendo do consentimento do outro para tal prática.

A doutrina maioritária entende, porém, e bem, que não se está aqui perante uma incapacidade, mas antes perante uma ilegitimidade.

V. *Regime de bens do casamento; Legitimidade.*

Incapacidade de exercício (Dir. Civil) – V. *Incapacidade.*

Incapacidade de facto (Dir. Civil) – Situação em que se encontram as pessoas que, não tendo a sua capacidade juridicamente afectada, sofrem de perturbação ou anomalia que as torna inaptas para o exercício dos seus direitos e cumprimento dos seus deveres (ou de alguns deles).

A lei toma, por vezes, essa inaptidão como situação de facto a que atribui relevância jurídica duradoura: assim, por exemplo, quem seja notoriamente demente não pode casar, mesmo que esteja lúcido no momento do casamento (cfr. artigo 1601.°-*b)*, C.C.), como não pode ser tutor (cfr. artigo 1933.°, n.° 1-*b)*, C.C.) ou vogal do conselho de família (v. artigo 1953.°, n.° 1, C.C.).

Outras vezes, a lei toma a inaptidão não como situação, mas como estado momentâneo, apreciado em função de cada acto que o incapaz pretenda praticar. V. o artigo 257.°, C.C., que contém o regime da *incapacidade acidental* (v. esta expressão), e o artigo 488.°, C.C., que se ocupa dos requisitos de imputabilidade do sujeito autor de um acto ilícito.

V. *Direito subjectivo; Dever jurídico; Casamento; Impedimentos; Tutor; Conselho de família; Imputabilidade.*

Incapacidade de gozo (Dir. Civil) – V. *Incapacidade.*

Incapacidade judiciária (Proc. Civil) – Situação da pessoa que não pode estar, por si, em juízo (v. artigo 9.°, C.P.C.), só podendo está-lo por intermédio do seu representante ou autorizada pelo seu curador (cfr. artigos 10.° e segs., C.P.C.).

A incapacidade judiciária tem por base e medida a incapacidade de exercício do sujeito.

V. *Incapacidade; Juízo; Capacidade judiciária; Representante; Curador.*

Incapacidade sucessória (Dir. Civil) – V. *Capacidade sucessória; Indignidade.*

Incapacidade testamentária (Dir. Civil) – Determina o artigo 2189.°, C.C., que são incapazes de testar os menores não emancipados e os interditos por anomalia psíquica, sendo, nos termos do artigo 2190.°, nulo o testamento feito por incapaz.

Está-se aqui perante uma incapacidade de gozo, isto é, uma situação que se caracteriza juridicamente pela não existência do direito a testar na esfera jurídica daqueles sujeitos que, por não serem dele titulares, não o podem exercer, nem pessoal nem representativamente; daí que a consequência jurídica da realização do testamento por incapaz seja a nulidade e não a anulabilidade.

V. *Testamento; Menor; Emancipação; Interdição; Anomalia psíquica; Nulidade; Capacidade; Incapacidade; Anulabilidade.*

Incapaz (Dir. Civil) – Diz-se de uma pessoa afectada por uma incapacidade. Na lei portuguesa, o termo incapaz refere-se normalmente à pessoa afectada por uma incapacidade de exercício: menores, interditos e inabilitados.

V. *Incapacidade; Menoridade; Inabilitação; Interdição.*

Incentivo ao arrendamento por jovens (Dir. Civil) – O Decreto-Lei n.° 162/92, de 5 de Agosto, instituiu um incentivo ao arrendamento para jovens arrendatários de imóveis habitacionais destinados a habitação própria, cujos contratos tenham sido celebrados ao abrigo do Regime do Arrendamento Urbano (aprovado pelo Decreto-Lei n.° 321-B/90, de 15 de Outubro, rectificado por declaração publicada no *Diário da República*, I-A série, de 30 de Novembro de 1990, e alterado pelo Decreto-Lei n.° 278/ /93, de 10 de Agosto – este alterado, por ratificação, pela Lei n.° 13/94, de 11 de Maio –, pelo Decreto-Lei n.° 163/95, de 13 de Julho, pela Lei n.° 89/95, de 1 de Setembro, pelo Decreto-Lei n.° 257/95, de 30 de Setembro, pela Lei n.° 135/99, de 28 de Agosto, pelos Decretos-Leis n.°s 64-A/ /2000, de 22 de Abril, e 329-B/2000, de 22 de Dezembro, e pelas Leis n.°s 6/2001 e 7/2001, ambas de 11 de Maio) em regime de renda livre ou condicionada, desde que sejam cidadãos nacionais e preencham cumulativamente as seguintes condições:

"*a)* Tenham menos de 30 anos ou, quando se trate de casal, nenhum dos cônjuges tenha mais de 30 anos;

b) Possuam um rendimento anual bruto corrigido do agregado familiar, calculado nos termos do Decreto-Lei n.° 328-B/86, de 30 de Setembro, que se enquadre nos escalões de rendimento para acesso ao crédito e ao regime de prestações constantes com bonificações decrescentes;

c) Tenham um rendimento anual bruto, calculado nos termos da alínea anterior, compatível com uma taxa de esforço máximo de 50% relativa ao valor da renda suportado pelo próprio à data de atribuição inicial do incentivo ou sempre que a sua renovação não seja consecutiva;

d) Não sejam proprietários de habitação própria permanente nem arrendatários de outra habitação."

O incentivo que é atribuído pelo Estado por um ano, renovável por igual período, até ao limite máximo de cinco anos, consecutivos ou não, tem um valor que é fixado "em portaria dos membros do Governo responsáveis pelas áreas das finanças, da habitação e da juventude, para cada um dos escalões de rendimento anual bruto corrigido do agregado familiar, não podendo, em caso algum, o seu montante ultrapassar 75% do valor da renda efectivamente paga".

V. Portarias n.°s 835/92 e 836/92, ambas de 28 de Agosto.

V. *Arrendamento urbano; Arrendamento para habitação; Renda livre; Renda condicionada.*

Incertos (Proc. Civil) – Pode uma acção ser proposta contra incertos e, neste caso, são estes – caso seja reconhecida a sua legitimidade e enquanto não comparecerem – representados pelo Ministério Público.

Se a acção for proposta pelo Ministério Público (em representação do Estado, por exemplo), é nomeado defensor oficioso para representar os incertos.

"A representação do Ministério Público ou do defensor oficioso só cessa quando os citados como incertos se apresentem para intervir como réus e a sua legitimidade se encontre devidamente reconhecida".

V. artigo 16.°, C.P.C., cuja redacção é a do Decreto-Lei n.° 329-A/95, de 12 de Dezembro.

Os incertos "são citados ou notificados na pessoa dos seus legais representantes [...]" – artigo 231.°, n.° 1, C.P.C., na redacção do já referido DL n.° 329-A/95. As pessoas ausentes em parte incerta são, em princípio, citadas editalmente, após realização de diligências para obter informações acerca do último paradeiro do citando, nos termos do artigo 244.°, C.P.C., com a redacção do Decreto-Lei n.° 38/2003, de 8 de Março, rectificado pela Declaração de rectificação n.° 5-C/2003, de 30 de Abril (v. ainda artigos 248.° e segs., C.P.C.).

V. *Propositura da acção; Legitimidade; Ministério Público; Defensor oficioso; Réu; Citação edital; Notificação; Paradeiro; Representante.*

Incesto (Dir. Civil) – Relações sexuais entre duas pessoas ligadas por vínculos de parentesco na linha recta ou no segundo grau da linha colateral, ou de afinidade na linha recta.

Estes vínculos familiares constituem impedimentos dirimentes ao casamento – v. artigo 1602.°-*a)* a *c)*, C.C..

V. *Parentesco; Linha; Grau de parentesco; Colateral; Afinidade; Casamento; Impedimentos dirimentes; União de facto.*

Incidente (Proc. Civil) – Diz-se incidente da instância a ocorrência estranha ao desenrolar normal de um processo, que dê lugar a processado próprio e tenha fins específicos, embora limitados, a alcançar.

"O tribunal competente para a acção é também competente para conhecer dos incidentes que nela se levantem [...]" – n.° 1 do artigo 96.°, C.P.C.. Porém, a decisão do incidente "não constitui [...] caso julgado fora do processo respectivo, excepto se alguma das partes requerer o julgamento com essa amplitude e o tribunal for competente do ponto de vista internacional e em razão da matéria e da hierarquia".

O C.P.C. regula, nos artigos 305.° a 380.°-A – o último aditado pelo Decreto-Lei n.° 38/2003, de 8 de Março, rectificado pela Declaração de rectificação n.° 5-C/2003, de 30 de Abril –, os vários incidentes da instância.

Os artigos 302.° a 304.° definem algumas regras comuns ao processamento de todos os incidentes: oferecimento de todas as provas com o requerimento em que se suscite o incidente, prazo de dez dias para vir deduzir oposição ao pedido, limite do número de testemunhas oferecidas pelas partes (número máximo de três por cada facto e de oito no total) e gravação ou redução a escrito, no caso de impossibilidade de gravação, dos depoimentos, sempre que sejam prestados antecipadamente ou por carta precatória ou rogatória (v. artigos 304.°, n.° 2, e 522.°-A, n.° 2, C.P.C., o primeiro na redacção do Decreto-Lei n.° 180/96, de 25 de Setembro, e o segundo aditado pelo Decreto-Lei n.° 39/95, de 15 de Fevereiro).

O artigo 739.°, C.P.C., na redacção do Decreto-Lei n.° 329-A/95, de 12 de Dezembro, estabelece o regime de subida dos recursos de agravo nos incidentes.

Dispõe o artigo 313.°, n.° 1, C.P.C., que, em princípio, o valor dos incidentes é o da causa a que respeitam, valor, aliás, que lhes é atribuído caso a parte omita a sua indicação (cfr. artigo 316.°, C.P.C.).

V. *Instância; Nomeação à acção; Chamamento à autoria; Chamamento à demanda; As-*

sistência; Oposição; Intervenção principal; Incidente de falsidade; Habilitação, Liquidação; Apoio judiciário; Competência; Caso julgado; Competência internacional; Competência em razão da matéria; Competência em razão da hierarquia; Requerimento; Prova; Pedido; Testemunha; Gravações; Carta precatória; Carta rogatória; Subida do recurso; Agravo; Valor da causa.

Incidente de falsidade (Proc. Civil) – A falsidade de qualquer documento apresentado em juízo devia ser deduzida através de um incidente no próprio processo em que o documento era apresentado.

Os artigos 360.° a 370.°, C.P.C., foram revogados pelo Decreto-Lei n.° 180/96, de 25 de Setembro, em cujo preâmbulo se diz que, "de acordo com a melhor doutrina, insere-se no âmbito da prova documental a regulamentação [*sic*] da matéria referente à impugnação da genuinidade dos documentos e à elisão da autenticidade ou força probatória dos mesmos, estabelecendo-se regime articulado com as soluções do Código Civil e derrogando-se, consequentemente, os preceitos que regulam o incidente de falsidade".

Actualmente, o artigo 546.°, C.P.C., determina que a falsidade de documento deve ser arguida no prazo de 10 dias, contados da data de apresentação do documento ou da data do conhecimento do facto que fundamenta a arguição.

V. *Incidente; Falsidade; Documento; Prova documental; Força probatória; Apresentação de documentos.*

Incidente de liquidação (Proc. Civil) – V. *Incidente; Liquidação; Ónus de liquidação.*

Incidente de qualificação da insolvência (Dir. Civil; Dir. Com.; Proc. Civil) – V. *Incidente; Insolvência; Qualificação da insolvência.*

"In claris non fit interpretatio" (Dir. Civil) – Brocardo latino segundo o qual não cabe interpretação quando a lei ou a declaração negocial são claras.

A orientação expressa por esta fórmula é criticada por alguns autores, com o argumento óbvio de que a interpretação é sempre indispensável, quanto mais não seja para permitir a conclusão de que o sentido da lei ou da declaração é claro, não carecendo de um trabalho interpretativo mais complexo.

V. *Interpretação da lei; Interpretação do negócio jurídico.*

"In communione vel societate nemo compellitur invitus detineri" (Dir. Civil) – Princípio segundo o qual nenhum dos comproprietários de coisa comum é obrigado a permanecer na indivisão, salvo quando e na medida em que o tiver convencionado.

É essencialmente este o regime consagrado no artigo 1412.°, n.° 1, C.C..

V. *Compropriedade; Acção de divisão de coisa comum; Cláusula de indivisão.*

Incompetência (Dir. Civil; Proc. Civil) – Qualidade ou atributo do órgão ou representante em cujo âmbito de poderes funcionais não cabe a prática de certo acto ou da categoria de actos que se considere.

Em direito processual, é a qualidade ou atributo do tribunal em cujo âmbito de poderes jurisdicionais não cabe o de julgar certo litígio ou categoria de litígios (ou o de preparar o seu julgamento). Pode ser absoluta ou relativa: a absoluta, que deve ser conhecida oficiosamente pelo tribunal, diz respeito à incompetência internacional, em razão da matéria e da hierarquia; a relativa, que só pode ser arguida pelo réu, diz respeito à incompetência territorial, em razão do valor ou fundada na forma do processo.

V. artigos 61.° a 100.° (regras sobre competência), 101.° a 114.° (garantias de competência), e 115.° a 121.° (conflitos de competência), C.P.C..

V. *Competência; Órgão; Representante; Poder funcional; Tribunal; Litígio; Julgamento; Incompetência absoluta; Incompetência relativa; Conhecimento oficioso; Competência internacional; Competência em razão da matéria; Competência em razão da hierarquia; Competência em razão do valor; Competência em razão do território; Réu; Conflitos de competência; Forma de processo.*

Incompetência absoluta (Proc. Civil) – Há incompetência absoluta do tribunal quando são infringidas as regras de competência em razão da matéria e da hierarquia ou as que definem a competência internacional dos tribunais.

"A incompetência absoluta pode ser arguida pelas partes e deve ser suscitada oficiosamente pelo tribunal em qualquer estado do processo, enquanto não houver sentença com trânsito em julgado proferida sobre o fundo da causa" – n.° 1 do artigo 102.° do C.P.C., na redacção do Decreto-Lei n.° 329-A/95, de 12 de Dezembro (cfr. artigo 495.°, C.P.C., com a redacção que lhe deu o mesmo diploma). Porém, "a violação das regras de competência em razão da matéria que apenas respeitem aos tribunais judiciais só pode ser arguida, ou oficiosamente conhecida, até ser proferido despacho saneador, ou, não havendo lugar a este, até ao início da audiência de discussão e julgamento" (artigo 102.°, n.° 2, C.P.C., sempre na redacção DL n.° 329-A/95).

"Se a incompetência for arguida antes de ser proferido o despacho saneador, pode conhecer-se dela imediatamente ou reservar-se a apreciação para esse despacho; se for arguida posteriormente ao despacho, deve conhecer-se logo da arguição" – artigo 103.°, C.P.C., na redacção do DL n.° 329-A/95.

A incompetência absoluta constitui uma excepção dilatória (artigo 494.°, n.° 1-*a)*, C.P.C., na redacção do Decreto-Lei n.° 180/96, de 25 de Setembro) e da sua verificação resulta, em princípio, a absolvição do réu da instância (v. artigos 105.°, n.° 1 – na redacção do DL n.° 329-A/95 –, 288.°, n.° 1-*a)*, e 493.°, n.° 2, todos do C.P.C.).

No entanto, "se a incompetência só for decretada depois de findos os articulados, podem estes aproveitar-se, desde que, estando as partes de acordo sobre o aproveitamento, o autor requeira a remessa do processo ao tribunal em que a acção deveria ter sido proposta" – artigo 105.°, n.° 2, C.P.C., com a redacção do DL n.° 329-A/95.

"A decisão sobre incompetência absoluta do tribunal, embora transite em julgado, não tem valor algum fora do processo em que foi proferida [...]" – artigo 106.°, C.P.C..

V. artigos 101.° a 103.° e 105.° a 107.°, C.P.C..

V. *Incompetência; Competência em razão da matéria; Competência em razão da hierarquia; Competência internacional; Parte; Conhecimento oficioso; Sentença; Trânsito em julgado; Despacho saneador; Audiência; Excepção dilatória; Absolvição da instância; Articulados; Autor; Requerimento.*

Incompetência relativa (Proc. Civil) – Há incompetência relativa do tribunal quando são infringidas as regras de competência em razão do valor, as que regem a forma do processo aplicável, as que definem a competência territorial dos tribunais ou outras semelhantes (por exemplo, a violação de pacto atributivo ou privativo de jurisdição).

A incompetência relativa deve, em alguns casos, ser conhecida oficiosamente pelo tribunal até ao despacho saneador (ou, não havendo lugar a este, até ao primeiro despacho subsequente aos articulados), podendo também ser arguida pelo réu no prazo da contestação, oposição ou resposta, ou de outro meio de defesa a que haja lugar. A incompetência relativa é arguida em articulado, em que desde logo se indicarão as provas, o mesmo acontecendo com a resposta do autor.

Se se tratar de incompetência do tribunal de recurso, o prazo para a arguir é de dez dias, "a contar da primeira notificação que for feita ao recorrido ou da primeira intervenção que ele tiver no processo".

"Produzidas as provas indispensáveis à apreciação da excepção [de incompetência relativa] deduzida, o juiz decide qual é o tribunal competente para a acção", decisão que, uma vez transitada em julgado, "resolve definitivamente a questão da competência, mesmo que esta tenha sido oficiosamente suscitada".

Constitui a incompetência relativa uma excepção dilatória (artigo 494.°, n.° 1-*a)*, C.P.C.) e, sendo considerada procedente, tem como consequência o envio do processo ao tribunal competente (artigo 493.°, n.° 2, C.P.C.).

V. artigos 108.° (na redacção do Decreto-Lei n.° 329-A/95, de 12 de Dezembro), 109.° (redacção dos Decretos-Leis n.°s 329-A/95, e 180/96, de 25 de Setembro), 110.° e 111.° (na redacção do referido DL n.° 329-A/95), 112.°, 113.° e 114.° (cujo n.° 1 tem a redacção do citado DL n.° 329-A/95), todos do C.P.C..

V. *Incompetência; Competência em razão do valor; Competência em razão do território; Forma de processo; Conhecimento oficioso; Despacho saneador; Articulados; Réu; Excepção dilatória; Pacto atributivo de jurisdição; Pacto privativo de jurisdição; Contestação; Prova; Autor; Recurso; Notificação; Excepção dilatória; Trânsito em julgado.*

Incomunicabilidade do arrendamento (Dir. Civil) – O artigo 83.° do Regime do Arrendamento Urbano – aprovado pelo Decreto-Lei n.° 321-B/90, de 15 de Outubro, rectificado por declaração publicada no *Diário da República,* I série, de 30 de Novembro de 1990, alterado pelo Decreto-Lei n.° 278/93, de 10 de Agosto, (este alterado, por ratificação, pela Lei n.° 13/94, de 11 de Maio), pelo Decreto-Lei n.° 163/95, de 13 de Julho, pela Lei n.° 89/95, de 1 de Setembro, pelo Decreto-Lei n.° 257/95, de 30 de Setembro, pela Lei n.° 135/99, de 28 de Agosto, pelos Decretos-Leis n.°s 64-A/2000, de 22 de Abril, e 329-B/2000, de 22 de Dezembro, e pelas Leis n.°s 6/2001 e 7/2001, ambas de 11 de Maio – que reproduz o antigo n.° 1 do artigo 1110.°, C.C., contém a seguinte regra: "seja qual for o regime matrimonial, a posição do arrendatário não se comunica ao cônjuge e caduca por morte [...]". No entanto, o artigo 84.° do mesmo diploma estabelece um regime de transmissibilidade do arrendamento no caso de divórcio ou de separação judicial de pessoas e bens.

O Assento do Supremo Tribunal de Justiça de 23 de Abril de 1987, publicado no *Diário da República,* I série, de 28 de Maio do mesmo ano, decidiu que "as normas dos n.°s 2, 3 e 4 do artigo 1110.° do C.C. não são aplicáveis às uniões de facto, mesmo que destas haja filhos menores"; tal doutrina não é hoje aplicável, por força do artigo 4.° do Decreto-Lei n.° 7/2001, de 11 de Maio, que estabelece que "[...] o n.° 2 do artigo 84.° do R.A.U. é aplicável à união de facto se o tribunal entender que tal é necessário, designadamente tendo em conta, consoante os casos, o interesse dos filhos [...]".

O artigo 85.° do R.A.U. (correspondente ao antigo artigo 1111.°, C.C., com a redacção dada pelas Leis n.°s 6/2001 e 7/2001), por sua vez, determina que "o arrendamento para habitação não caduca por morte do primitivo arrendatário ou daquele a quem tiver sido cedida a sua posição contratual, se lhe sobreviver:

a) Cônjuge não separado judicialmente de pessoas e bens ou de facto; *b)* Descendente com menos de um ano de idade ou que com ele convivesse há mais de um ano; *c)* Pessoa que com ele viva em união de facto há mais de dois anos, quando o arrendatário não seja casado ou esteja separado judicialmente de pessoas e bens; *d)* Ascendente que com ele convivesse há mais de um ano; *e)* Afim na linha recta, nas condições referidas nas alíneas *b)* e *c)*; *e)* Pessoas que com ele vivessem em economia comum há mais de dois anos".

"A transmissão a favor dos parentes ou afins também se verifica por morte do cônjuge sobrevivo quando, nos termos deste artigo, lhe tenha sido transmitido o arrendamento" – artigo 85.°, n.° 4, R.A.U..

V. *Arrendamento urbano; Caducidade do arrendamento; Regime de bens do casamento; Divórcio; Separação judicial de pessoas e bens; União de facto; Arrendamento para habitação; Cessão da posição contratual; Separação de facto; Descendente; Ascendente; Parentesco; Afinidade; Linha; Economia comum.*

Inconstitucionalidade – Uma norma é inconstitucional quando contraria a Constituição. A inconstitucionalidade pode ser orgânica, material ou formal.

Uma norma jurídica é organicamente inconstitucional quando o órgão do qual emanou não é o competente. É materialmente inconstitucional quando viola regras ou princípios fixados na Constituição. Quando a inconstitucionalidade é formal, isso significa que não reveste a forma exigida.

V. *Norma jurídica; Competência; Princípio.*

Incumprimento (Dir. Civil) – Verifica-se o incumprimento, inexecução, inadimplemento ou não cumprimento de uma obrigação sempre que a prestação devida deixe de ser efectuada nos exactos termos acordados ou impostos por lei. Define Antunes Varela, *Das Obrigações em Geral,* Vol. II, 7.ª edição, pág. 620, o não cumprimento como "[...] a não realização da prestação debitória, sem que entretanto se tenha verificado qualquer das causas extintivas típicas da relação obrigacional".

Devem distinguir-se, por de tais situações resultarem efeitos jurídicos em certa medida diversos, os casos de incumprimento *stricto sensu* dos casos de impossibilidade de cumprimento: nos primeiros, o devedor não cumpre porque não quer; nos segundos, o devedor não cumpre porque não pode. Quanto à caracterização da situação de impossibilidade de cumprimento e suas consequências, v. *Impossibilidade do cumprimento*.

No domínio do incumprimento *stricto sensu,* importa distinguir situações no que respeita à sua causa. Umas vezes, o incumprimento resulta de facto imputável ao devedor; outras, o incumprimento decorre de facto respeitante ao credor; finalmente, há casos em que o incumprimento tem uma causa alheia a qualquer das partes. E ainda, em qualquer dos casos, a obrigação, não tendo sido executada, já não é realizável, porque perdeu o interesse que tinha para o credor (incumprimento definitivo) ou, não tendo sido realizada a tempo, ainda corresponde a um interesse do credor, pelo que o que se verifica é um mero retardamento ou atraso da prestação (mora).

O artigo 798.°, C.C., dispõe que "o devedor que falta culposamente ao cumprimento da obrigação torna-se responsável pelo prejuízo que causa ao credor". É ao devedor que incumbe provar que o incumprimento não resultou de culpa sua, sendo certo que o devedor é responsável perante o credor, em situação de incumprimento, quer pelos seus próprios actos, quer pelos dos seus representantes legais ou pelos das pessoas que tenha utilizado para o cumprimento da obrigação.

Se o incumprimento do devedor for apenas temporário, isto é, se se tratar de mero atraso no cumprimento (ou, nos termos da lei – artigo 804.°, n.° 2, C.C. – "[...] quando, por causa que lhe seja imputável, a prestação, ainda possível, não foi efectuada no tempo devido"), o devedor continua obrigado a cumprir, constituindo-se na obrigação de reparar os danos que ao credor advenham do atraso no cumprimento. Por outro lado, "pelo facto de estar em mora, o devedor torna-se responsável pelo prejuízo que o credor tiver em consequência da perda ou deterioração daquilo que deveria entregar, mesmo que estes factos lhe não sejam imputáveis", só deixando de responder pelo risco nestes termos se conseguir provar que o credor teria sofrido igualmente os danos se a obrigação tivesse sido cumprida em tempo (artigo 807.°, C.C.).

Não sendo razoável que o credor tenha de ficar indefinidamente à espera do cumprimento, o artigo 808.°, C.C., concede-lhe a faculdade de, uma vez verificada a mora, fixar um prazo razoável para que o devedor cumpra, com a cominação de que, no caso de ele o não fazer, se considerará a obrigação como definitivamente não cumprida para todos os efeitos. Também se, em consequência da mora, o credor perder o interesse que tinha na prestação (e essa falta de interesse é apreciada objectivamente, isto é, não pode ser devida a mero capricho do credor, mas tem de fundar-se em razões justificativas objectivas), a obrigação se deve considerar definitivamente incumprida (artigo 808.°, C.C.).

Quanto ao momento da constituição em mora, v. *Mora*.

O Código dos Processos Especiais de Recuperação da Empresa e de Falência, aprovado pelo Decreto-Lei n.° 132/93, de 23 de Julho, alterado pelos Decretos-Leis n.°s 157/97, de 24 de Junho, 315/98, de 20 de Outubro, 323/2001, de 17 de Dezembro, e 38/2003, de 8 de Março, previa, nos seus artigos 1.° e 27.°, que pudesse ser declarado em regime de falência ou ser objecto de uma ou mais providências de recuperação quer o devedor insolvente que não fosse titular de empresa, quer a empresa em situação económica difícil ou em situação de insolvência, caracterizando o artigo 3.°, n.° 2, deste Código a situação económica difícil como aquela em que a empresa, "não devendo considerar-se em situação de insolvência, [...] [indiciasse] dificuldades económicas e financeiras, designadamente por incumprimento das suas obrigações". Este Código foi revogado pelo Decreto-Lei n.° 53/2004, de 18 de Março, alterado pelos Decretos-Leis n.°s 200/2004, de 18 de Agosto, e 76-A/2006, de 29 de Março (rectificado pela Declaração de rectificação n.° 28-A/2006, de 26 de

Maio), que aprovou o Código da Insolvência e da Recuperação de Empresas.

Analisa-se sumariamente, em seguida, a situação de incumprimento que proceda de facto do credor. Muitas vezes, para que a obrigação seja cumprida, é necessária a colaboração do credor (que pode ter de ir ao domicílio do devedor ou a outro lugar recebê-la, por exemplo). Nos casos em que a obrigação não pôde ser realizada no momento que a lei ou o negócio fixavam, porque o credor, sem causa justificativa, recusou o recebimento da prestação que lhe foi regularmente oferecida ou não praticou os actos necessários ao cumprimento, diz-se que há mora do credor. Desde o momento em que o credor incorre em mora, a responsabilidade do devedor pela coisa que é objecto da prestação passa a estar limitada aos danos que provenham de dolo seu; e, no caso de a coisa produzir frutos, ele só terá de entregar ao credor os que haja realmente percebido (não sendo sua obrigação percebê-los); por outro lado, o risco da impossibilidade superveniente da prestação passa a correr por conta do credor, a menos que essa impossibilidade venha a proceder de facto doloso do devedor; finalmente, "o credor em mora indemnizará o devedor das maiores despesas que este seja obrigado a fazer com o oferecimento infrutífero da prestação e a guarda e conservação do respectivo objecto" (v. artigos 814.° a 816.°, C.C.). Encontrando-se o credor em mora, pode o devedor consignar a coisa devida em depósito, através do processo previsto e regulado nos artigos 1024.° e segs., C.P.C., livrando-se assim da obrigação. Pode, aliás, usar este meio de se exonerar da obrigação quando, não havendo mora do credor, não possa, no entanto, sem culpa sua, efectuar a prestação ou não possa fazê-lo com segurança, por qualquer motivo relativo à pessoa do credor. V. artigos 841.° e segs., C.C..

Além do incumprimento definitivo e da mora, existe uma outra situação em que o cumprimento não satisfaz o interesse do credor: a que resulta de cumprimento defeituoso (v. *Execução defeituosa*).

De acordo com o artigo 74.°, n.° 1, C.P.C., na redacção da Lei n.° 14/2006, de 26 de Abril, "a acção destinada a exigir o cumprimento de obrigações, a indemnização pelo não cumprimento ou pelo cumprimento defeituoso e a resolução do contrato por falta de cumprimento é proposta no tribunal do domicílio do réu [devedor] podendo o credor optar pelo tribunal do lugar em que a obrigação deveria ser cumprida, quando o réu seja pessoa colectiva ou quando, situando-se o domicílio do credor na área metropolitana de Lisboa ou do Porto, o réu tenha domicílio na mesma área metropolitana". Segundo o artigo 772.°, n.° 1, C.C., na falta de estipulação legal ou de convenção das partes em contrário, a obrigação deve ser cumprida no lugar do domicílio do devedor.

V. *Cumprimento; Obrigação; Prestação; Extinção das obrigações; Incumprimento definitivo; Responsabilidade obrigacional; Culpa; Ónus da prova; Auxiliar; Dano; Indemnização; Risco da prestação; Causa virtual; Interesse do credor; Domicílio; Recusa da prestação; Dolo; Frutos; Consignação em depósito; Insolvência; recuperação de empresas; Resolução do contrato; Competência em razão do território; Réu.*

Incumprimento definitivo (Dir. Civil) – É definitivo o incumprimento da obrigação quando, não tendo o devedor cumprido na data do respectivo vencimento, o cumprimento já não é possível ou nele perdeu o credor interesse.

Após a constituição do devedor em mora, esta pode transformar-se em definitivo não cumprimento ou pela objectiva perda de interesse do credor na prestação ou pela fixação, por este, ao devedor de um prazo suplementar razoável para que venha cumprir, sob pena de se considerar definitivamente incumprida a obrigação (artigo 808.°, C.C.).

V. *Incumprimento; Obrigação; Cumprimento; Vencimento; Interesse do credor; Impossibilidade do cumprimento; Mora.*

Incumprimento parcial (Dir. Civil) – Estando o devedor obrigado a cumprir a obrigação integralmente, salvo "se outro for o regime convencionado ou imposto por lei ou pelos usos" (artigo 763.°, C.C.), se o devedor não realizar integralmente a prestação, o seu incumprimento será havido como parcial ou total, dependentemente de ele ser completável com satisfação do interesse creditório ou de não o ser e de, não o sendo, ter o credor na parte da prestação realizada algum interesse ou de esta ser irrelevante para a satisfação de qualquer interesse do credor (v. artigos 793.°, n.° 2, e 802.°, n.° 2, C.C.).

V. *Incumprimento; Obrigação; Cumprimento; Princípio da integralidade do cumprimento; Interesse do credor; Prestação; Impossibilidade parcial; Impossibilidade total.*

Incumprimento temporário (Dir. Civil) – O incumprimento é temporário quando, vencida a obrigação, o devedor a não cumpriu – por facto a ele imputável, por facto do credor ou por causa não imputável a qualquer das partes –, mas ainda é possível cumpri-la e esse cumprimento mantém interesse para o credor. No incumprimento temporário cabem, pois, a mora do devedor, a mora do credor, bem como a impossibilidade temporária de cumprimento.

V. *Incumprimento; Obrigação; Cumprimento; Interesse do credor; Vencimento; Mora; Impossibilidade temporária.*

Incumprimento total (Dir. Civil) – É total o incumprimento quando o devedor não cumpriu de todo a prestação na data do respectivo vencimento ou quando, tendo cumprido uma parte ou tendo realizado a prestação com vícios ou defeitos, o credor não tem interesse na prestação que foi realizada, tudo se passando então como se a obrigação tivesse sido inteiramente incumprida.

V. *Incumprimento; Obrigação; Prestação; Interesse do credor; Vencimento; Incumprimento parcial; Impossibilidade total.*

Indeferimento de recurso (Proc. Civil) – V. *Recurso; Admissão de recurso.*

Indeferimento liminar (Proc. Civil) – Na anterior redacção do Código de Processo Civil, o juiz devia indeferir liminarmente a petição inicial na acção declarativa (ou o requerimento inicial para a acção executiva), não chegando, portanto, a existir processo, nos seguintes casos previstos no respectivo artigo 474.°, C.P.C., e que eram os seguintes:

a) quando ela fosse inepta – artigo 193.°, C.P.C.; *b)* quando houvesse manifesta incompetência absoluta do tribunal, falta de personalidade ou de capacidade judiciárias do autor ou do réu, ou qualquer destes fosse parte ilegítima (artigos 101.° e segs., 5.° e segs., 9.° e segs., e 26.° e segs., todos do C.P.C.); *c)* quando tivesse caducado o direito à acção, se a caducidade fosse do conhecimento oficioso do tribunal (artigos 328.° a 333.°, C.C.); *d)* quando, por qualquer motivo, fosse manifesta a inviabilidade da acção, isto é, quando fosse evidente que a pretensão formulada pelo autor não podia proceder; *e)* quando a forma de processo escolhida pelo autor não correspondesse à natureza ou ao valor da acção e não pudesse ser utilizada aquela petição na forma de processo adequada.

Do despacho de indeferimento cabia sempre recurso de agravo, fosse qual fosse o fundamento do indeferimento, e mesmo quando o valor da causa estivesse contido na alçada do tribunal de 1.ª instância; já da decisão da Relação só se poderia recorrer para o Supremo quando o valor da causa excedesse a alçada da Relação, a menos que se verificasse uma das situações previstas no artigo 678.°, n.° 2, C.P.C.. Sendo, em recurso, revogado o despacho que tivesse ordenado o indeferimento, o réu era notificado da decisão, começando a correr o prazo para a contestação a partir da data da notificação. Sendo a petição liminarmente indeferida, o autor tinha a faculdade de apresentar nova petição, no prazo de cinco dias a contar da notificação do despacho de indeferimento, considerando-se a acção proposta na data de entrada da primeira petição.

O indeferimento liminar foi, no essencial, abolido do C.P.C., determinando o actual artigo 474.° (cuja redacção resulta dos Decretos-Leis n.°s 329-A/95, de 12 de Dezembro, 180/96, de 25 de Setembro, e 183//2000, de 10 de Agosto, e da Lei n.° 30-D/2000, de 20 de Dezembro) que a secretaria possa recusar o recebimento da petição inicial, "indicando por escrito o fundamento da rejeição, quando ocorrer algum dos seguintes factos:

a) Não tenha endereço ou esteja endereçado a outro tribunal ou autoridade;

b) Omita a identificação das partes e dos elementos a que alude a alínea *a)* do n.° 1 do artigo 467.° que dela devam obrigatoriamente constar [designação do tribunal onde a acção é proposta, identificação das partes, com nomes, residências e, sempre que possível, profissões e locais de trabalho];

c) Não indique o domicílio profissional do mandatário judicial;

d) Não indique a forma do processo;

e) Omita a indicação do valor da causa;

f) Não tenha sido junto o documento comprovativo do prévio pagamento da taxa de justiça inicial ou o documento que ateste a concessão de apoio judiciário, excepto no caso previsto no n.° 4 do artigo 467.°;

g) Não esteja assinada;

h) Não esteja redigida em língua portuguesa;

i) O papel utilizado não obedeça aos requisitos regulamentares".

Havia ainda um outro caso em que a petição podia ser indeferida: era o de não vir acompanhada dos duplicados devidos, e o autor, dentro do prazo de sete dias, contados da notificação pela secretaria, ou dentro do prazo fixado pelo juiz, não os apresentasse. Actualmente, o n.° 3 do artigo 152.°, C.P.C., na redacção do Decreto-Lei n.° 180/96, de 25 de Setembro, determina que a secretaria notifique oficiosamente a parte que não tenha entregado algum dos duplicados ou cópias exigidos para os apresentar no prazo de dois dias, pagando multa.

Quando uma das partes ou o Ministério Público requeira a resolução de um conflito de jurisdição ou de competência e o juiz ou relator entenda que ele não existe, determina o artigo 118.°, n.° 1, C.P.C., que o requerimento seja liminarmente indeferido.

Mas encontram-se ainda no C.P.C. referências ao indeferimento liminar: assim acontece no artigo 234.°-A, introduzido pelo Decreto-Lei n.° 180/96, e que tem a redacção do Decreto-Lei n.° 38/2003, de 8 de Março, rectificado pela Declaração de rectificação n.° 5-C/2003, de 30 de Abril, cuja epígrafe é, justamente, "casos em que é admissível indeferimento liminar". Aí se regem situações em que a citação depende de prévio despacho judicial, que são os "casos especialmente previstos na lei", os "procedimentos cautelares e [os] casos em que incumba ao juiz decidir da prévia audiência do requerido", os "casos em que a propositura da acção deva ser anunciada, nos termos da lei", "quando se trate de citar terceiros chamados a intervir em causas pendente"; no processo executivo, "pode o juiz, em vez de ordenar a citação, indeferir liminarmente a petição", quando o pedido seja manifestamente improcedente ou ocorram, de forma evidente, excepções dilatórias insupríveis e de que o juiz deva conhecer oficiosamente.

É admitido recurso do despacho que indefira liminarmente a petição.

V. também o artigo 234.°, n.° 4, C.P.C..

De modo paralelo, o n.° 1 do artigo 817.°, com a redacção do DL n.° 38/2003, determina que a oposição à execução deve ser indeferida liminarmente, quando "tiver sido deduzida fora de prazo", o seu fundamento não for um dos que a lei admite ou "for manifestamente improcedente".

Há outras situações em que o juiz pode proferir um despacho análogo ao de indeferimento liminar relativamente a outros actos processuais das partes; assim, por exemplo: *a)* rejeição liminar da nomeação à acção (artigo 324.°, n.° 4, C.P.C., com a redacção do DL n.° 180/96); *b)* rejeição liminar do chamamento à autoria (artigo 326.°, n.° 2, C.P.C., também com a redacção resultante do DL n.° 180/96); *c)* indeferimento liminar do pedido de intervenção como assistente (artigo 336.°, n.° 3, C.P.C.); *d)* rejeição liminar da oposição (artigo 344.°, n.° 1, C.P.C., na redacção dada pelo DL n.° 329-A/95); *e)* rejeição liminar de articulado superveniente (artigo 506.°, n.° 4, C.P.C., com a redacção do já referido DL n.° 329-A/95); *f)* indeferimento liminar do requerimento de interposição de recurso (artigo 687.°, n.° 3, C.P.C., na redacção do DL n.° 180/96).

Em diplomas extravagantes, como, por exemplo, no Código da Insolvência e da Recuperação de Empresas, aprovado pelo Decreto-Lei n.° 53/2004, de 18 de Março, alterado pelos Decretos-Leis n.°s 200/2004, de 18 de Agosto, e 76-A/2006, de 29 de Março (rectificado pela Declaração de rectificação n.° 28-A/2006, de 26 de Maio), há referência à possibilidade de indeferimento liminar da petição; o artigo 27.°, n.° 1-*a)*, deste Código dispõe que, "no próprio dia da distribuição, ou, não sendo tal viável, até ao 3.° dia útil subsequente, o juiz: *a)* Indefere liminarmente o pedido [...] quando seja manifestamente improcedente, ou ocorram, de forma evidente, excepções dilatórias insupríveis de que deva conhecer oficiosamente"; o regime é, pois, diferente do geral, não se prevendo a possibilidade de recusa da petição pela secretaria.

V. *Acção declarativa; Petição inicial; Requerimento; Execução; Ineptidão da petição; Incompetência absoluta; Personalidade judiciária; Capacidade judiciária; Autor; Réu; Legitimidade; Caducidade; Conhecimento oficioso; Inviabilidade; Valor da causa; Tribunal de 1.ª instância; Agravo; Alçada; Relação; Supremo Tribunal de Justiça; Recurso; Despacho; Contestação; Apoio judiciário; Irregularidade da petição inicial; Duplicados; Secretaria judicial; Recusa da petição; Valor da causa; Mandatário judicial; Conflito de jurisdição; Conflito de competência; Citação; Procedimento cautelar; Propositura da acção; Excepção dilatória; Oposição à execução; Nomeação à acção; Chamamento à autoria; Assistência; Oposição; Articulados supervenientes; Interposição de recurso; Insolvência; Recuperação de empresas; Procedência; Excepção dilatória.*

2. A petição apresentada a um órgão de soberania ou a qualquer autoridade pública será liminarmente indeferida, nos termos do artigo 12.° da Lei n.° 43/90, de 10 de Agosto (alterada pelas Leis n.°s 6/93, de 1 de Março, e 15/2003, de 4 de Junho), "quando for manifesto que:

a) A pretensão deduzida é ilegal;

b) Visa a reapreciação de decisões dos tribunais ou de actos administrativos insusceptíveis de recurso;

c) Visa a reapreciação, pela mesma entidade, de casos já anteriormente apreciados na sequência do exercício do direito de petição, salvo se forem invocados ou tiverem ocorrido novos elementos de apreciação".

A petição será igualmente indeferida liminarmente quando "for apresentada a coberto de anonimato e do seu exame não for possível a identificação da pessoa ou pessoas de quem provém" ou se "carecer de qualquer fundamento".

V. *Direito de petição.*

Indemnização (Dir. Civil) – Em sentido lato, é a reparação do prejuízo sofrido por uma pessoa em consequência do incumprimento ou do deficiente cumprimento de uma obrigação, da violação de um direito absoluto ou da de uma norma que proteja interesses privados.

Também é, ainda que a título excepcional, indemnizável o dano provindo da prática de um acto lícito ou realizado sem culpa (por exemplo, constituição de uma servidão legal e casos de responsabilidade pelo risco). Como regra (v. artigo 483.°, n.° 2, C.C.), a obrigação de indemnizar pressupõe a culpa do agente, e essa culpa, consoante a sua graduação – isto é, a sua gravidade – pode influenciar a medida da obrigação de indemnizar. Assim, por exemplo, determina o artigo 494.°, C.C., que, quando a responsabilidade se funde em mera culpa, a indemnização pode ser equitativamente reduzida em relação ao total dos danos causados, tendo em conta o grau de culpabilidade do agente, a sua situação económica e a do lesado e outras circunstâncias atendíveis; para a fixação da indemnização por danos não patrimoniais, também a medida da culpa é relevante, por remissão do n.° 3 do artigo 496.° para o artigo 494.°; a culpa do lesado tem influência na extensão (ou na própria existência) do direito à indemnização, sendo as gravidades das culpas critério de decisão judicial (artigo 570.°, n.° 1, C.C.).

Para alguns casos de responsabilidade fundada em risco, a própria lei estabelece quantitativos máximos para a indemnização a pagar (cfr. artigos 508.° e 510.°, C.C., na redacção do Decreto-Lei n.°59/2004, de 19 de Março).

No quadro da responsabilidade extraobrigacional, havendo vários responsáveis pelos prejuízos, a respectiva obrigação de indemnização será solidária, como determinam os artigos 497.° e 507.°, C.C..

A forma ideal de indemnização é a reposição das coisas no estado em que elas se encontrariam se não fora a lesão (artigo 562.°, C.C.). Só quando "a reconstituição natural não seja possível, não repare integralmente os danos ou seja excessivamente onerosa para o devedor", a lei admite que a indemnização seja fixada em dinheiro. Não obsta este carácter subsidiário que a lei (artigo 566.°, n.° 1, C.C.) atribui à indemnização pecuniária a que seja ela, na prática, indiscutivelmente, a mais frequente.

Para o cálculo da indemnização devem ter-se em conta não só os danos emergentes como os lucros cessantes, prevendo também a lei expressamente a possibilidade de indemnização de danos não patrimoniais no artigo 496.°, C.C.; também são indemnizáveis não apenas os danos presentes mas igualmente os futuros.

Há casos em que o montante da indemnização se encontra fixado legalmente, sendo, consequentemente, independente dos danos efectivamente verificados: é o que se passa, por exemplo, com a indemnização em caso de mora do locatário (50% das rendas ou alugueres em atraso, nos termos do n.° 1 do artigo 1041.°, C.C.) ou com a devida em caso de mora no cumprimento de obrigação pecuniária (juros moratórios, segundo o artigo 806.°, n.° 1, C.C.).

Também é legalmente admitida a liquidação convencional e antecipada da indemnização por incumprimento de uma obrigação, isto é, a fixação do seu montante por acordo das partes, realizado no momento da constituição da obrigação ou em momento ulterior, desde que anterior ao incumprimento obrigacional: é o que se chama cláusula penal.

A Lei n.° 49/2004, de 24 de Agosto, contém, no respectivo artigo 11.°, um curioso regime de responsabilidade civil daqueles que, em infracção das regras relativas às profissões de advogado e de solicitador, pratiquem actos próprios destas profissões, pelos "danos decorrentes da lesão dos interesses públicos" que quer à Ordem dos Advogados quer à Câmara dos Solicitadores cumpre "assegurar e defender", "nos termos dos respectivos estatutos", conferindo a disposição legitimidade a estas entidades "para intentar [as] acções de responsabilidade civil"; dispõe-se que as indemnizações não visem ressarcir danos, mas revertam "para um fundo destinado à promoção de acções de informação e implementação de mecanismos de prevenção e combate à procuradoria ilícita, gerido em termos a regulamentar em diploma próprio".

O artigo 498.°, C.C., aplicável à responsabilidade extracontratual, determina que "o direito de indemnização prescreve no prazo de três anos, a contar da data em que o lesado teve conhecimento do direito que lhe compete, embora com desconhecimento da pessoa do responsável e da extensão integral dos danos". É evidente que a independência legal do conhecimento da pessoa do responsável para o início da contagem do prazo prescricional não determina, por si, a irrelevância de tal conhecimento para o efectivo exercício do direito à indemnização. E, assim, bem se pode conceber – e não será raro que aconteça – que todo o prazo tenha decorrido, estando, portanto, prescrito o direito, sem que, eventualmente não obstante os seus esforços, o respectivo titular não o haja podido exercer por desconhecer contra quem. Porque tão insólita situação há-de ter uma solução, admite-se que ela seja (não porque boa, mas porque é uma possível e não se vislumbra outra) a de considerar a prescrição suspensa, nos termos do artigo 321.°, C.C., sempre que o desconhecimento do obrigado impeça o titular da indemnização de exercer o seu direito.

Para além deste prazo especial de prescrição, começa a contar desde o facto causador do dano o prazo ordinário de vinte anos, que será sempre relevante, se o direito não prescrever anteriormente pelo decurso dos três anos.

A acção destinada a exigir a indemnização pelo não cumprimento de uma obrigação deve ser proposta no tribunal do domicílio do réu (devedor) ou, à escolha do credor, no lugar em que a respectiva obrigação devia ser cumprida, "quando o réu seja pessoa colectiva ou quando, situando-se o domicílio do credor na área metropolitana de Lisboa ou do Porto, o réu tenha domicílio na mesma área metropolitana" (artigo 74.°, n.° 1, C.P.C., na redacção da Lei n.° 14/2006, de 26 de Abril). Note-se que, na falta de disposição especial da lei ou das partes no negócio, a obrigação deve ser cumprida no lugar do domicílio do devedor – artigo 772.°, n.° 1, C.C.. A acção destinada a efectivar a responsabilidade civil fundada em acto ilícito ou no risco deve ser proposta no tribunal do lugar onde ocorreu o facto – artigo 74.°, n.° 2, C.P.C..

De salientar que, nos termos do n.° 3 do artigo 805.°, C.C. (na redacção do Decreto-Lei n.° 262/83, de 16 de Junho), o devedor de indemnização fundada em responsabilidade extra-contratual se constitui em mora desde o momento da citação para a acção. O Assento n.° 13/94, publicado no *Diário da República,* I-A série, de 19 de Agosto de 1994, estabeleceu a seguinte doutrina: "A alteração da norma do n.° 3 do artigo 805.° do Código Civil, operada pelo Decreto-Lei n.° 262/83, de 16 de Junho, tem natureza interpretativa, pelo que é aplicável a todas as relações jurídicas já constituídas à data da sua entrada em vigor que não tivessem sido definitivamente julgadas".

Por seu lado, o Assento n.° 5/2000, de 19 de Janeiro de 2000, publicado no *Diário da República,* I-A série, de 2 de Março, decidiu que "a dedução, perante a jurisdição civil, do pedido de indemnização, fundado nos mesmos factos que constituem objecto da acusação, não determina a extinção do procedimento quando o referido pedido cível tiver sido apresentado depois de exercido o direito de queixa se o processo estiver sem andamento há mais de oito meses após a formulação da a acusação".

O Acórdão de uniformização de jurisprudência n.° 1/2002, publicado no *Diário da República,* I-A série, de 21 de Maio de 2002, decidiu que: "No regime do Código de Processo Penal vigente – n.° 2 do artigo 400.°, na versão da Lei n.° 59/98, de 25 de Agosto – não cabe recurso ordinário da decisão final do tribunal da relação, relativa à indemnização civil, se for irrecorrível a correspondente decisão penal".

O Acórdão uniformizador de jurisprudência, proferido pelo Supremo Tribunal de Justiça em 9 de Maio de 2002 e publicado no *Diário da República,* I-A série, de 27 de Junho do mesmo ano, decidiu: "Sempre que a indemnização pecuniária por facto ilícito ou pelo risco tiver sido objecto de cálculo actualizado, nos termos do n.° 2 do artigo 566.° do Código Civil, vence juros de mora, por efeito do disposto nos artigos 805.°, n.° 3 (interpretado restritivamente), e 806.°, n.° 1, também do Código Civil, a partir da decisão actualizadora, e não a partir da citação".

No regime do contrato de transporte rodoviário nacional de mercadorias, previsto pelo Decreto-Lei n.° 239/2003, de 4 de Outubro, estabelece o respectivo artigo 24.° que "o direito à indemnização por danos decorrentes de responsabilidade [*sic*] do transportador prescreve no prazo de um ano", contando-se este prazo "a partir da data da entrega da mercadoria ao destinatário ou da sua devolução ao expedidor ou, em caso de perda total, do 30.° dia posterior à aceitação da mercadoria pelo transportador".

O artigo 59.°, n.° 4, do Código da Insolvência e da Recuperação de Empresas, aprovado pelo Decreto-Lei n.° 53/2004, de 18 de Março, alterado pelos Decretos-Leis n.°s 200/2004, de 18 de Agosto, e 76-A/2006, de 29 de Março (este rectificado pela Declaração de rectificação n.° 28-A/2006, de 26 de Maio), determina que a "responsabilidade do administrador da insolvência prescreve no prazo de dois anos a contar da data em que o lesado teve conhecimento do direito que lhe compete, mas nunca depois de decorrido igual período sobre a data da cessação de funções"; o mesmo prazo de prescrição se aplica à obrigação de indemnizar que impenda sobre os membros da comissão de credores pelos prejuízos causados aos credores da insolvência, em consequência do incumprimento culposo dos seus deveres, por remissão do artigo 70.° para o referido artigo 59.°, n.° 4.

A Lei n.° 129/99, de 20 de Agosto, veio estabelecer um regime de atribuição, pelo Estado, de um adiantamento de "indemnizações devidas às vítimas de violência conjugal, nomeadamente nas situações previstas no artigo 14.° da Lei n.° 61/91, de 13 de Agosto"; se a vítima vier a obter a reparação, total ou parcial, dos danos que sofreu, fica com a obrigação de restituir as importâncias recebidas a título de adiantamento e, caso não tenha havido reparação dos danos, o Estado fica sub-rogado no crédito indemnizatório até ao limite do quantitativo adiantado (artigos 9.° e 10.°).

V. o Decreto-Lei n.° 423/91, de 30 de Outubro, alterado pelas Leis n.°s 10/96, de 23 de Março, e 136/99, de 28 de Agosto, pelo Decreto-Lei n.° 62/2004, de 22 de Março, e pela Lei n.° 31/2006, de 21 de Julho, que determina o pagamento de uma indemnização, por parte do Estado, às vítimas de crimes violentos. "As vítimas de lesões corporais graves resultantes directamente de actos intencionais de violência praticados em território português ou a bordo de navios ou aeronaves portuguesas, bem como, no caso de morte, as pessoas a quem, nos termos do n.° 1 do artigo 2009.° do Código Civil, é concedido um direito a alimentos e as que, nos termos da Lei n.° 7/2001, de 11 de Maio, vivessem em união de facto com a vítima, podem requerer a concessão de uma indemnização pelo Estado, ainda que não se tenham constituído ou não possam constituir-se assistentes no processo penal", verificados determinados requisitos, previstos no artigo 1.°; a forma de determinação do montante da indemnização está prevista no artigo 2.°, estabelecendo o artigo 3.° que "a indemnização por parte do Estado poderá ser reduzida ou excluída tendo em conta a conduta da vítima ou do requerente antes, durante ou após a prática dos factos, as suas relações com o autor ou o seu meio, ou se se mostrar contrária ao sentimento de justiça ou à ordem pública".

Portugal assinou, em 6 de Março de 1997, em Estrasburgo, a Convenção Europeia Relativa à Indemnização das Vítimas de Crimes Violentos, aberta à assinatura em 24 de Novembro de 1983, e que entrou em vigor em 1 de Fevereiro de 1998, segundo o Aviso n.° 148/97, de 10 de Maio; o Decreto n.° 4/2000, de 6 de Março, do Presidente da República, ratificou esta Convenção que fora aprovada, para ratificação, pela Resolução da Assembleia da República n.° 16/2000, da mesma data; o mesmo Decreto designou como autoridade central a Comissão para a Instrução dos Pedidos de Indemnização às Vítimas de Crimes Violentos, prevista no artigo 6.° do referido DL n.° 423/91, e no Decreto Regulamentar n.° 4/93, de 22 de Fevereiro; Portugal depositou, em 13 de Agosto de 2001, junto do Secretariado do Conselho da Europa, o seu instrumento de ratificação, segundo aviso publicado do *Diário da República* I-A série, de 1 de Outubro de 2001.

V. *Dano; Obrigação; Incumprimento; Cumprimento defeituoso; Direito absoluto; Culpa; Servidão legal; Responsabilidade pelo risco; Culpa do lesado; Dolo; Obrigação solidária; Responsabilidade civil; Responsabilidade obrigacional; Responsabilidade objectiva; Agente; Grau de culpabilidade; Indemnização pecuniária; Indemnização específica, Dano emergente; Lucro cessante; Dano moral; Cláusula penal; Prescrição; Suspensão da prescrição; Lugar do cumprimento; Domicílio; Mora; Citação; Pedido; Insolvência; Administrador da insolvência; Comissão de credores; Crédito sobre a insolvência; Contrato de transporte; Recurso; Recurso ordinário; Sub-rogação; Alimentos; União de facto.*

Indemnização compensatória (Dir. Civil) – Por contraposição a indemnização moratória, designa-se assim a indemnização respeitante aos prejuízos que resultam do incumprimento definitivo da obrigação.

V. *Indemnização; Obrigação; Incumprimento definitivo.*

Indemnização definitiva (Dir. Civil) – V. *Indemnização; Indemnização provisória.*

Indemnização de imobilização (Dir. Civil) – Expressão usada, sobretudo pela doutrina francesa, para designar o quantitativo que o promissário de um contrato-promessa unilateral se obriga a pagar ao promitente do contrato definitivo, como contrapartida da vantagem com que fica de poder celebrar, durante o prazo convencionado, o contrato prometido nas condições já estabelecidas.

Tal quantitativo, que não se confunde com o sinal, não constitui qualquer indemnização, pois não visa reparar danos, antes representa o preço da obrigação de celebração do contrato que a contraparte assume.

V. *Indemnização; Contrato-promessa; Sinal; Indemnização.*

Indemnização do dano negativo (Dir. Civil) – V. *Indemnização; Dano negativo.*

Indemnização do dano positivo (Dir. Civil) – V. *Indemnização; Dano negativo.*

Indemnização em renda (Dir. Civil; Proc. Civil) – Se os danos forem de natureza continuada, produzindo-se de uma forma prolongada no tempo, o tribunal, a requerimento do lesado, pode atribuir a este uma indemnização sob a forma de renda vitalícia ou temporária, fixando desde logo as providências necessárias à garantia do seu pagamento.

Alterando-se posteriormente, de forma sensível, as circunstâncias que haviam determinado a fixação da renda, o seu montante ou a sua duração, a qualquer das partes é lícito recorrer ao tribunal, a fim de obter modificação da sentença.

V. artigo 567.°, C.C..

V. *Indemnização; Dano; Renda vitalícia; Renda temporária; Sentença.*

Indemnização específica (Dir. Civil) – A indemnização em espécie ou reconstituição natural é aquela que se traduz na reposição das coisas no estado em que se encontravam antes da lesão. O lesado, quando indemnizado em espécie, é restituído à situação em que se encontrava anteriormente à lesão não pela atribuição de um equivalente pecuniário dos danos, mas pela reconstituição *in natura* da sua situação material anterior.

É esta, nos termos do artigo 566.°, n.° 1, C.C., a forma privilegiada pela lei da indemnização, só podendo ser afastada e substituída (ou completada) pela indemnização em dinheiro, quando não seja possível, não repare integralmente os danos ou seja excessivamente gravosa para o lesante.

Há casos especiais em que a lei impõe, em termos mais incisivos, a indemnização em espécie: é o que acontece com o artigo 48.°, n.° 1, da Lei n.° 11/87, de 7 de Abril, alterada pela Lei n.° 13/2002, de 19 de Fevereiro (Lei de Bases do Ambiente), só admitindo o n.° 3 da mesma disposição a indemnização pecuniária quando aquela não for possível.

V. *Indemnização; Indemnização pecuniária; Dano; Protecção do ambiente.*

Indemnização moratória (Dir. Civil) – Designa-se assim a indemnização relativa aos prejuízos resultantes do atraso culposo no cumprimento da obrigação, isto é, da mora do devedor.

V. *Indemnização; Obrigação; Cumprimento; Culpa; Mora.*

Indemnização pecuniária (Dir. Civil) – Sempre que a indemnização em espécie não for possível, não reparar integralmente os danos ou for excessivamente onerosa para o devedor, a lei permite que a indemnização seja fixada em dinheiro. Há de distinguir: se a indemnização específica não tiver aptidão para a reparação integral dos danos, esta disposição não a afasta, antes impõe que ela seja complementada por uma indemnização em dinheiro para compensar a margem de prejuízos não reparados *in natura*. Quando, por exemplo, houver, alem de danos patrimoniais, danos morais – sendo estes últimos só raramente ressarcíveis em espécie –, à indemnização específica a que haja lugar acresce uma indemnização pecuniária.

Sendo a indemnização pecuniária, ela tem "como medida a diferença entre a situação patrimonial do lesado, na data mais recente que puder ser atendida pelo tribunal, e a que teria nessa data se não existissem danos" – artigo 566.°, n.° 2, C.C.)

Segundo o n.° 3 da mesma disposição, "se não puder ser averiguado o valor exacto dos danos, o tribunal julgará equitativamente dentro dos limites que tiver por provados".

O Acórdão uniformizador de jurisprudência, proferido pelo Supremo Tribunal de Justiça em 9 de Maio de 2002, e publicado no *Diário da República*, I-A série, de 27 de Junho do mesmo ano, decidiu: "Sempre que a indemnização pecuniária por facto ilícito ou pelo risco tiver sido objecto de cálculo actualizado, nos termos do n.° 2 do artigo 566.° do Código Civil, vence juros de mora, por efeito do disposto nos artigos 805.°, n.° 3 (interpretado restritivamente), e 806.°, n.° 1, também do Código Civil, a partir da decisão actualizadora, e não a partir da citação".

V. *Indemnização; Indemnização específica; Dano; Dano patrimonial; Dano moral; Teoria da diferença; Acórdão uniformizador de jurisprudência; Responsabilidade civil; Responsabilidade pelo risco; Juros de mora; Citação.*

Indemnização por equivalente (Dir. Civil) – Por contraposição a indemnização em espécie, diz-se que há indemnização por equivalente, quando esta se traduz na entrega ao lesado de um quantitativo pecuniário correspondente ao montante dos danos que ele sofreu. A indemnização por equivalente é, pois, uma indemnização pecuniária, só sendo admitida quando a indemnização em espécie não for possível, quando for excessivamente gravosa para o lesante ou na medida em que não repare integralmente os danos – artigo 566.°, n.° 1, C.C..

V. *Indemnização; Indemnização específica; Indemnização pecuniária; Dano.*

Indemnização por magistrados (Proc. Civil) – V. *Indemnização; Acção de indemnização contra magistrados.*

Indemnização provisória (Dir. Civil) – Embora a indemnização vise, normalmente, a definitiva reparação dos danos sofridos pelo lesado, pode acontecer que este não se encontre, em certo momento, em condições de determinar a extensão integral das consequências danosas do acto, o que não o inibe de exercer desde logo o seu crédito indemnizatório. Tal pode suceder quer por não terem cessado as consequências danosas, quer por haver prováveis danos futuros ainda não determináveis no seu valor, quer por dificuldades de avaliação dos danos já produzidos.

O artigo 565.°, C.C., com a redacção do Decreto-Lei n.° 38/2003, de 8 de Março (rectificado pela Declaração de rectificação n.° 5-C/2003, de 30 de Abril), permite ao lesado a obtenção da uma indemnização provisória, correspondente ao quantitativo reparatório dos danos provados até ao momento, sempre que o montante global da indemnização haja de ser fixado em liquidação posterior.

Muito embora se trate de uma situação que, tecnicamente, nada tem que ver com a indemnização provisória, por ter, materialmente, semelhanças com ela, deixa-se aqui referido o regime instituído pela Lei n.° 129/99, de 20 de Agosto, que veio estabelecer um regime de atribuição, pelo Estado, de um adiantamento de "indemnizações devidas às vítimas de violência conjugal, nomeadamente nas situações previstas no artigo 14.° da Lei n.° 61/91, de 13 de Agosto". Nesta situações, se a vítima vier a obter a reparação, total ou parcial, dos danos que sofreu, fica com a obrigação de restituir as importâncias recebidas a título de adiantamento e, caso não tenha havido reparação dos danos, o Estado fica sub-rogado no crédito indemnizatório até ao limite do quantitativo adiantado (artigos 9.° e 10.°).

V. *Indemnização; Dano; Dano futuro; Sub-rogação.*

Independência dos tribunais – A independência dos tribunais está consagrada no artigo 203.° da Constituição da República, que determina que eles apenas se encontram sujeitos à lei.

O artigo 3.° da Lei de Organização e Funcionamento dos Tribunais Judiciais (Lei n.° 3/99, de 13 de Janeiro, rectificada pela Declaração de rectificação n.° 7/99, de 16 de Fevereiro, e alterada pela Lei n.° 101/99, de 26 de Julho, pelos Decretos-Leis n.°s 323/2001, de 17 de Dezembro, e 38/ /2003, de 8 de Março – este rectificado pela Declaração de rectificação n.° 5-C/2003, de 30 de Abril –, pela Lei n.° 105/2003, de 10 de Dezembro, pelo Decreto-Lei n.° 53/ /2004, de 18 Março, pela Lei n.° 42/2005, de 29 de Agosto, e pelo Decreto-Lei n.° 76-A/2006, de 29 de Março – este rectificado pela Declaração de rectificação n.° 28-A/2006, de 26 de Maio) reafirma a independência dos tribunais.

Quanto à independência dos magistrados judiciais, v. artigo 4.°, n.° 2, da L.O.F.T.J. e artigo 4.° do Estatuto dos Magistrados Judiciais (Lei n.° 21/85, de 30 de Julho, alterada pelo Decreto-Lei n.° 342/88, de 28 de Setembro, e pelas Leis n.°s 2/90, de 20 de Janeiro, 10/94, de 5 de Maio, 44/96, de 3 de Setembro, 81/98, de 3 de Dezembro, e 143/99, de 31 de Agosto, 3-B/2000, de 4 de Abril, e 42/2005).

A autonomia do Ministério Público está consagrada no artigo 219.°, n.° 2, da Constituição da República, no artigo 5.°, n.° 2, L.O.F.T.J., e no artigo 2.° do Estatuto do Ministério Público (Lei n.° 47/86, de 15 de Outubro, alterada pelas Leis n.°s 2/90, 23/ /92, de 20 de Agosto, 10/94, de 5 Maio, 60/98, de 27 de Agosto, e 42/2005).

V. *Tribunal; Magistratura judicial; Inamovibilidade dos magistrados; Imparcialidade; Ministério Público.*

Indevido (Dir. Civil) – V. *Repetição do indevido.*

Indexação (Dir. Civil) – Há indexação das obrigações pecuniárias quando elas são actualizáveis em função das variações de valor monetário ou do índice geral de preços.

Na nossa ordem jurídica, vigora o princípio oposto, consagrado no artigo 550.°, C.C., segundo o qual as obrigações pecuniárias são cumpridas na moeda que tenha curso legal no País e pelo valor nominal que ela tiver ao tempo do cumprimento (princípio nominalista).

Este princípio tem, no entanto, carácter supletivo, e o artigo 551.°, C.C., dispõe que o critério a seguir para a indexação das obrigações pecuniárias, que hajam de ser actualizadas nos termos da lei, é o dos índices de preços.

V. *Obrigação pecuniária; Princípio nominalista; Tempo do cumprimento; Norma supletiva.*

Indiciação do falido (Dir. Com.; Proc. Civil; Proc. Penal) – Quando, num processo de falência, fossem alegados ou chegassem ao conhecimento do tribunal factos que constituíssem indício da prática de um dos crimes previstos e punidos nos artigos 227.° a 229.° do Código Penal (insolvência dolosa ou negligente, frustração de créditos ou favorecimento de credores), o juiz deveria manda dar conhecimento da ocorrência ao Ministério Público, para efeitos do exercício da acção penal; se a denúncia fosse feita no requerimento inicial, as testemunhas eram ouvidas sobre os factos alegados na audiência de julgamento para a declaração de falência, ficando em acta extracto dos seus depoimentos sobre a matéria, destes se extraindo certidão, que era mandada entregar ao Ministério Público. A declaração de falência interrompia o prazo de prescrição do procedimento criminal. Estas regras resultavam dos artigos 224.° a 227.° do Código dos Processos Especiais de Recuperação da Empresa e de Falência, aprovado pelo Decreto-lei n.° 1327 /93, de 23 de Abril, alterado pelos Decretos-Leis n.°s 157/97, de 24 de Junho, 315/ /98, de 20 de Outubro, 323/2001, de 17 de Dezembro, e 38/2003, de 8 de Março, e artigos 227.° a 229.° do Código Penal, tendo os artigos 227.°, 228.° e 229.° a redacção da Lei n.° 65/98, de 2 de Setembro, e o artigo 227.°-A sido aditado pelo DL n.° 38/2003.

Aquele Código foi revogado por completo pelo Decreto-Lei n.° 53/2004, de 18 de Março, alterado pelos Decretos-Leis n.°s 200/2004, de 18 de Agosto, e 76-A/2006, de 29 de Março (este rectificado pela Declaração de rectificação n.° 28-A/2006, de 26 de Maio), que aprovou o Código da Insolvência e da Recuperação de Empresas e alterou as referidas disposições do Código Penal.

V. *Falência; Insolvência; Favorecimento de credores; Ministério Público; Testemunha; Audiência; Inquirição; Certidão; Prescrição; Interrupção da prescrição; Insolvência; Recuperação de empresas.*

Indignidade (Dir. Civil) – Causa de incapacidade sucessória do herdeiro que:

a) houver sido condenado como autor ou cúmplice de crime grave (homicídio doloso, falso testemunho, denúncia caluniosa) contra o autor da sucessão, seu cônjuge, ascendente ou descendente, adoptante ou adoptado;

b) por meio de dolo ou coacção, tiver intervindo na feitura do testamento, induzindo o seu autor a fazê-lo, a revogá-lo ou a modificá-lo, ou disso o tiver impedido;

c) dolosamente tenha subtraído, ocultado, inutilizado, falsificado ou suprimido o testamento, antes ou depois da morte do autor da sucessão, ou se tenha aproveitado de algum destes factos.

A declaração de indignidade deve ser obtida judicialmente, em acção proposta dentro de dois anos a contar da abertura da sucessão, ou dentro de um ano a contar da condenação pelos crimes que a determinam ou do conhecimento das outras causas previstas na lei acima enunciadas.

Uma vez declarada a indignidade, a devolução da sucessão é tida por inexistente e o indigno considerado equiparado ao possuidor de má fé quanto aos bens em que sucedera, isto muito embora a indignidade do herdeiro não prejudique o direito de representação dos seus descendentes.

O indigno pode, mesmo depois da declaração judicial, readquirir capacidade sucessória, se o autor da sucessão expressamente o reabilitar em testamento ou escritura pública, podendo, mesmo sem reabilitação expressa, suceder, por disposição testamentária e nos limites desta, quando a houver, se esta tiver sido feita quando o testador já conhecia a causa da indignidade.

V. artigos 2034.° a 2038.°, C.C..

As causas que determinam a incapacidade sucessória por indignidade justificam de igual modo a revogação das doações (artigo 974.°, C.C.).

A lei civil fala ainda de indignidade ao ocupar-se da obrigação conjugal de alimentos, determinando que o direito a eles cessa – tanto no caso de divórcio, de separação judicial de pessoas e bens, de declaração de nulidade ou anulação do casamento como no de morte de um dos cônjuges (situação em que a obrigação de alimentos cabe aos "herdeiros ou legatários a quem tenham sido transmitidos os bens [deixados pelo *de cuius*], segundo a proporção do respectivo valor") – se o alimentado "se tornar indigno do benefício pelo seu comportamento moral" – artigo 2019.°, C.C.. Neste caso, o conceito de indignidade é indeterminado, cabendo, pois, ao aplicador do direito o respectivo preenchimento.

V. *Capacidade sucessória; Herdeiro; Ascendente; Descendente; Adopção; Dolo; Coacção; Testamento; Autor da sucessão; Abertura da sucessão; Devolução; Inexistência; Posse; Má fé; Direito de representação; Reabilitação; Escritura pública; Doação; Revogação da doação; Deveres conjugais; Alimentos; Morte; Apanágio do cônjuge sobrevivo; Divórcio; Separação judicial de pessoas e bens; Invalidade do casamento; Legatário; Conceito indeterminado.*

Indisponibilidade (Dir. Civil) – Situação de um bem ou direito de que o respectivo titular não pode dispor, ou porque a lei determina que esse seja, temporária ou definitivamente, o seu regime, ou porque, por sua natureza, não é alienável.

A sanção dos actos dispositivos de bens ou direitos legalmente indisponíveis é a ineficácia (é o que sucede com os actos praticados pelo insolvente em relação à massa insolvente) ou a nulidade (assim, por exemplo, os actos dispositivos do direito a alimentos).

A indisponibilidade pode ser *absoluta* ou *relativa*: no primeiro caso, o titular não pode, em qualquer caso, dispor dos bens; no segundo, não pode dispor deles em certas circunstâncias ou relativamente a certas pessoas. Exemplo de indisponibilidade relativa é a doação ou a disposição testamentária feita por interdito ou inabilitado a favor do respectivo tutor, curador ou administrador de bens, que é nula – v. artigos 953.° e 2192.°, n.° 1, C.C..

Segundo outro critério, pode distinguir-se entre a indisponibilidade legal (aquela a que normalmente se faz referência quando se fala em indisponibilidade) e a convencional (a que se verifica em consequência de disposição negocial ou cláusula contratual).

V. *Direito subjectivo; Inalienabilidade; Acto de disposição; Nulidade; Alimentos; Massa insolvente; Ineficácia; Testamento; Doação; Interdito; Inabilitado; Tutor; Curador; Cláusula.*

Indisponibilidade relativa (Dir. Civil) – V. *Indisponibilidade.*

Individualização da pessoa (Dir. Civil) – V. *Identificação da pessoa.*

Indivisão (Dir. Civil) – Situação jurídica resultante da existência de um direito exercido sobre um mesmo bem em comum por pessoas diversas, sem que tenha havido divisão das respectivas partes. É, portanto, uma situação de contitularidade.

No Código Civil, trata-se esta situação a propósito da compropriedade, estabelecendo-se que ninguém é obrigado a permanecer na indivisão, salvo se se tiver previamente convencionado que a coisa se manterá indivisa por um prazo (que não pode exceder 5 anos, mas é renovável) – artigo 1412.°, C.C.. Quando se pretenda registar quota de prédio indiviso, deve, na respectiva requisição, "declarar-se [...] o nome, estado e residência de todos os comproprietários" – artigo 42.°, n.° 7, do Código do Registo Predial, na redacção do Decreto-Lei n.° 323/2001, de 17 de Dezembro.

Existem, contudo, limitações legais ao direito a exigir a divisão: por exemplo, os condóminos em regime de propriedade horizontal não gozam do direito de divisão das partes comuns.

O processo para divisão judicial de coisa comum vem regulado nos artigos 1052.° e segs., C.P.C., com a redacção do Decreto-Lei n.° 329-A/95, de 12 de Dezembro.

Constitui também uma situação de indivisão a de contitularidade de um direito sobre uma universalidade; é o que acontece com os direitos dos vários herdeiros sobre a herança; neste caso, o processo próprio para sair da indivisão é a partilha.

V. *Direito subjectivo; Contitularidade; Compropriedade; Divisão de coisa comum; Prédio; Registo predial; Nome; Estado civil; Residência; Condómino; Propriedade horizontal; Partes comuns; Universalidade; Herança; Partilha; Fraccionamento.*

Indivisibilidade (Dir. Civil) – Diz-se que são indivisíveis os direitos de crédito, e as respectivas obrigações, sempre que a respectiva execução parcial seja impossível, quer a indivisibilidade resulte da própria natureza da prestação quer da vontade das partes.

As obrigações indivisíveis têm um regime jurídico particular no direito português, que está consagrado nos artigos 535.° e segs., C.C..

Também os direitos reais são indivisíveis quando recaem sobre coisa indivisível (v. artigo 209.°, C.C.). Quanto aos direitos reais, a indivisibilidade pode ainda ser estabelecida por lei: por exemplo, a proibição de fraccionamento de terrenos aptos para cultura em parcelas de área inferior à unidade de cultura fixada por lei (v. artigo 1376.°, C.C.) ou a indivisibilidade da hipoteca (v. artigo 696.°, C.C.).

V. *Crédito; Obrigação; Execução; Cumprimento parcial; Prestação; Direito real; Coisa indivisível; Fraccionamento; Hipoteca.*

Indivisibilidade da confissão (Dir. Civil) – V. *Confissão.*

Indivisibilidade da hipoteca (Dir. Civil) – Recaindo a hipoteca sobre vários bens, o artigo 696.°, C.C., determina que, salvo convenção em contrário, ela "é indivisível, subsistindo por inteiro sobre cada uma das coisas oneradas e sobre cada uma das partes que as constituam, ainda que a coisa ou o crédito seja dividido ou este se encontre parcialmente satisfeito".

V. *Hipoteca; Convenção; Oneração de bens; Coisa; Crédito; Cumprimento parcial.*

Indivisibilidade das servidões (Dir. Civil) – Por imposição legal, as servidões são indivisíveis: quer isto dizer que, se o prédio serviente for dividido por vários titulares, cada porção dele fica sujeita à parte da servidão que sobre ele existia, e que, se for o prédio dominante o dividido, cada um dos seus donos pode usar da servidão nos termos em que esta existia.

V. artigo 1546.°, C.C..

V. *Servidão predial; Prédio serviente; Prédio dominante.*

Indústria doméstica (Dir. Civil) – Quando o arrendamento tiver por fim a habitação, pode o inquilino exercer no prédio arrendado qualquer indústria, ainda que tributada, desde que ela seja explorada pelo próprio ou pelos seus familiares ("parentes, afins ou serviçais que vivam em comunhão de mesa e habitação com o locatário") na sua residência, e que não ocupe mais de três assalariados.

V. artigo 75.° do Regime do Arrendamento Urbano – aprovado pelo Decreto-Lei n.° 321-B/90, de 15 de Outubro, rectificado por declaração publicada no *Diário da República*, I série, de 30 de Novembro de 1990, alterado pelo Decreto-Lei n.° 278/93, de 10 de Agosto (este alterado, por ratificação, pela Lei n.° 13/94, de 11 de Maio), pelo Decreto-Lei n.° 163/95, de 13 de Julho, pela Lei n.° 89/95, de 1 de Setembro, pelo Decreto-Lei n.° 257/95, de 30 de Setembro, pela Lei n.° 135/99, de 28 de Agosto, pelos Decretos-Leis n.°s 64-A/2000, de 22 de Abril, e 329-B/2000, de 22 de Dezembro, e pelas Leis n.°s 6/2001 e 7/2001, ambas de 11 de Maio – que corresponde ao anterior artigo 1108.°, C.C..

V. *Arrendamento para habitação; Parentesco; Afinidade.*

Ineficácia (Dir. Civil) – Quando um negócio jurídico não produz parte ou a totalidade dos efeitos que se destinava a produzir, diz-se que é ineficaz: este é o conceito de ineficácia em sentido amplo.

Em sentido restrito, ineficácia define-se por contraposição a invalidade: enquanto a invalidade resulta, em regra, da falta ou irregularidade de um elemento essencial do negócio, a ineficácia resulta de qualquer circunstância exterior ao mesmo.

Como é claro, os negócios jurídicos inválidos são normalmente também, e por isso mesmo, ineficazes – embora não necessariamente, como acontece com os anuláveis que, sendo inválidos, produzem efeitos enquanto (e se) não forem anulados –, mas os negócios ineficazes não têm de ser inválidos. Há casos em que a lei determina que é a ineficácia a consequência jurídica da celebração de negócios jurídicos em certo condicionalismo: assim, por exemplo, é ineficaz em relação ao representado o negócio celebrado por um representante sem poderes – artigo 268.°, n.° 1, C.C. – ou é ineficaz em relação à massa insolvente qualquer acto jurídico praticado pelo insolvente "em contravenção do disposto nos números anteriores [...]"– artigo 81.°, n.° 6°, do Código da Insolvência e da Recuperação de Empresas, aprovado pelo Decreto-Lei n.° 53/2004, de 18 de Março, alterado pelos Decretos-Leis n.°s 200/2004, de 18 de Agosto, e 76-A/2006, de 29 de Março (rectificado pela Declaração de rectificação n.° 28-A/2006, de 26 de Maio).

A ineficácia pode resultar da vontade das partes e não corresponder a qualquer valoração negativa do negócio: por exemplo, é ineficaz o negócio celebrado sob condição suspensiva, quando e enquanto esta não se verifique.

V. *Negócio jurídico; Invalidade; Elementos essenciais do contrato; Anulabilidade; Anulação; Representação sem poderes; Insolvência; Massa insolvente; Condição suspensiva.*

Ineficácia absoluta (Dir. Civil) – Um negócio diz-se absolutamente ineficaz quando, sendo válido, não produz qualquer efeito, podendo essa ineficácia ser invocada por qualquer interessado.

V. *Ineficácia; Negócio jurídico; Validade; Interessados.*

Ineficácia originária (Dir. Civil) – É originariamente ineficaz o negócio que, embora válido, não produz efeitos desde o momento da sua celebração; assim acontece, por exemplo, quando o negócio está dependente de condição suspensiva.

V. *Ineficácia; Negócio jurídico; Validade; Condição suspensiva.*

Ineficácia relativa (Dir. Civil) – É um tipo de ineficácia restrita a certos sujeitos e que, portanto, só eles podem, em princípio, invocar. Por exemplo, a declaração de nulidade e a anulação de um negócio são, em princípio, ineficazes em relação aos terceiros de boa fé que tenham adquirido onerosamente direitos sobre os bens imóveis ou os móveis registáveis que eram objecto do negócio declarado nulo ou que tenha sido anulado (v. artigo 291.°, C.C.).

V. *Ineficácia; Inoponibilidade; Negócio jurídico; Nulidade; Anulação; Terceiro; Acto oneroso; Boa fé; Imóvel; Móvel.*

Ineptidão da petição (Proc. Civil) – Diz-se inepta a petição "quando falte ou seja ininteligível a indicação do pedido ou da causa de pedir", "quando o pedido esteja em contradição com a causa de pedir" ou "quando se cumulem causas de pedir ou pedidos substancialmente incompatíveis" – artigo 193.°, n.° 2, C.P.C., na redacção do Decreto-Lei n.° 329-A/95, de 12 de Dezembro.

No entanto, pode a petição não ser considerada inepta, embora lhe falte o pedido ou este seja ininteligível, desde que o réu conteste, e o juiz, ouvido o autor, verifique que o réu interpretou convenientemente a petição inicial.

A ineptidão dá lugar à nulidade de todo o processo, mas esta só pode ser arguida até à contestação ou nesta, podendo o tribunal conhecer dela oficiosamente (artigos 202.° e 204.°, n.° 1, C.P.C., o primeiro com a redacção do Decreto-Lei n.° 180/96, de 25 de Setembro).

O juiz deve conhecer, no despacho saneador, desta nulidade, se não a tiver apreciado antes; caso não haja lugar a despacho saneador, pode conhecer dela até à sentença final – artigo 206.°, n.° 2, C.P.C., com a redacção dada do referido DL n.° 329-A/95.

V. artigos 201.° e segs., 288.° e 510.°, C.P.C., os dois últimos alterados pelo DL n.° 180/96.

V. *Petição inicial; Pedido; Causa de pedir; Cumulação de pedidos, Réu; Contestação; Autor; Nulidade processual; Conhecimento oficioso; Despacho saneador; Sentença.*

Inexactidão do registo (Dir. Civil) – V. *Registo; Registo predial; Registo civil; Invalidade do registo.*

Inexecução (Dir. Civil) – O mesmo que *incumprimento* (v. este termo).

Inexequibilidade do título (Proc. Civil) – É inexequível o título quando não reúna os requisitos legalmente exigidos para servir de base à execução, isto é, para ser qualificado como título executivo.

V. *Execução; Título executivo.*

Inexigibilidade (Dir. Civil) – Fala-se de inexigibilidade a propósito de uma obrigação, quando, estando ela validamente constituída, ainda não se venceu, isto é, o credor ainda não pode exigir do devedor o cumprimento e, se o fizer e este não cumprir, não se constitui por isso em mora.

Na apreciação da conduta do sujeito que causou danos a outrem, diz-se que não lhe era exigível outro comportamento quando se conclua que o bom pai de família, colocado em idênticas circunstâncias, agiria do mesmo modo, ou seja, quando se apure que não houve culpa do autor do dano.

V. *Obrigação; Exigibilidade; Vencimento; Mora; Dano; Responsabilidade civil; Bom pai de família; Culpa.*

Inexistência

1. (Proc. Civil) – O vício de inexistência, em processo civil, respeita a actos processuais de tal modo viciados na forma ou no fundo que não possam ter qualquer relevância jurídica (por exemplo, sentença dada pelo juiz no café).

V. *Actos processuais; Sentença.*

2. (Dir. Civil) – Fala-se de inexistência de um acto jurídico "quando nem sequer aparentemente se verifica o *corpus* de certo negócio jurídico (a materialidade correspondente à noção de tal negócio) ou, existindo embora essa aparência, a realidade não corresponde a tal noção" (Mota Pinto, *Teoria Geral do Direito Civil*, 3.ª edição, pág. 608). O acto inexistente não produz quaisquer efeitos, não havendo sequer necessidade de um reconhecimento judicial da sua invalidade, como acontece para os actos nulos. Estes actos, a que falta um elemento essencial à própria configuração do acto, não produzem quaisquer efeitos e a sua inexistência pode ser invocada por qualquer pessoa, a todo o tempo, independentemente de declaração judicial.

Nem toda a doutrina admite a autonomia da categoria da inexistência. Porém, quanto ao casamento, a lei qualifica-o como inexistente em várias situações; assim, por exemplo, quando na cuja celebração tenha faltado a declaração de vontade de um ou ambos os nubentes ou do procurador de um deles, ou quando tenha sido contraído por duas pessoas do mesmo sexo – v. artigo 1628.°, C.C.. Nos termos do artigo 1630.°, C.C., "o casamento juridicamente inexistente não produz qualquer efeito jurídico e nem sequer é havido como putativo", podendo "ser invocada por qualquer pessoa, a todo o tempo, independentemente de declaração judicial". Também no direito das sucessões, dispõe o artigo 2037.°, n.° 1, C.C., que, "declarada a indignidade, a devolução da sucessão ao indigno é havida como inexistente […]".

O artigo 153.°, nº 1, do Código do Registo Predial – aprovado pelo Decreto-Lei n.° 224/84, de 6 de Julho (rectificado por declaração publicada no *Diário da República*, I série, de 29 de Setembro de 1984), alterado pelos Decretos-Leis n.°s 355/85, de 2 de Outubro, 60/90, de 14 de Fevereiro (este último rectificado por declaração publicada no *Diário da República*, I-A série, de 31 de Março de 1990), 80/92, de 7 de Maio, 30/93, de 12 de Fevereiro, 227/94, de 8 de Setembro, 267/94, de 25 de Outubro, 67/ /96, de 31 de Maio, 375-A/99, de 20 de Setembro, 533/99, de 11 de Dezembro, 273/ /2001, de 13 de Outubro, 323/2001, de 17 de Dezembro, 38/2003, de 8 de Março (rectificado pela Declaração de rectificação n.° 5-C/2003, de 30 de Abril), e 194/2003, de 23 de Agosto, e pela Lei n.° 6/2006, de 27 de Fevereiro – estabelece que "quem fizer registar um acto […] juridicamente inexistente, para além da responsabilidade criminal em que possa incorrer, responde pelos danos a que der causa".

Quanto aos registos prediais declarados legalmente inexistentes, v. *Invalidade do registo.*

V. *Acto jurídico; Negócio jurídico; Invalidade; Nulidade; Ineficácia; Invalidade do casamento; Nubente; Procurador; Sucessão; Indignidade; Devolução; Registo predial; Responsabilidade civil.*

Inexistência do casamento (Dir. Civil) – V. *Inexistência; Casamento; Invalidade do casamento.*

Inexistência da lei – A lei pode sofrer de vícios que determinem a sua invalidade, sendo, nos termos dos artigos 137.° e 140.°, n.° 2, da Constituição da República, causas de inexistência da lei, respectivamente, a falta de promulgação ou de assinatura pelo Presidente da República e a falta de referenda do Governo.

V. *Lei; Promulgação da lei.*

Inexistência da sentença (Proc. Civil) – V. *Inexistência; Sentença; Vícios da sentença.*

"Infans conceptus pro nato habetur quoties de commodis eius agitur" (Dir. Civil) – O nascituro é tido como nascido sempre que isso lhe possa trazer qualquer vantagem é o que significa esta expressão.

Este é sentido essencial do regime vigente no direito civil português: assim, por exemplo, os nascituros, concebidos ou não, podem adquirir por doação, sendo filhos de pessoa determinada que se encontre viva ao tempo da declaração de vontade do doador – artigo 952.°, n.° 1, C.C., tendo, nas mesmas circunstâncias, capacidade sucessória – artigo 2033.°, n.°s 1 e 2-*a*), C.C..

Os direitos que a lei reconhece aos nascituros dependem do seu nascimento – artigo 66.°, n.° 2, C.C..

V. *Nascituro; Concepturo; Doação; Capacidade sucessória.*

Informação (Dir. Civil; Proc. Civil) – V. *Obrigação de informação; Direito à informação; Cooperação.*

Informação jurídica – O direito à informação jurídica, enunciado no artigo 20.°, n.° 2, da Constituição da República, é, fundamentalmente, instrumental do acesso à justiça, constituindo o conhecimento e o exercício dos seus direitos uma das condições para que "a todos [seja] assegurado o acesso ao direito e aos tribunais para defesa dos seus direitos e interesses legalmente protegidos, não podendo a justiça ser denegada ou por insuficiência de meios económicos".

Inicialmente, foi o Decreto-Lei n.° 387-B/87, de 29 de Dezembro, que se ocupou inicialmente do regime de acesso ao direito e aos tribunais. Actualmente, é a Lei n.° 34/2004, de 29 de Julho (que revogou a Lei n.° 30-E/2000, de 20 de Dezembro, alterada pelo Decreto-Lei n.° 38/2003, de 8 de Março), que se ocupa da definição do regime de acesso ao direito e aos tribunais, e que tem em vista "assegurar que a ninguém seja dificultado ou impedido, em razão da sua condição social ou cultural, ou por insuficiência de meios económicos, o conhecimento, o exercício ou a defesa dos seus direitos"; estabelece o seu artigo 4.° que "incumbe ao Estado realizar, de modo permanente e planeado, acções tendentes a tornar conhecido o direito e o ordenamento legal, através de publicações e de outras formas de comunicação, com vista a proporcionar um melhor exercício dos direitos e o cumprimento dos deveres legalmente estabelecidos"; o artigo 5.°, n.° 1, do mesmo diploma dispõe que "serão gradualmente criados os serviços de acolhimento nos tribunais e serviços judiciários".

V. ainda o Decreto-Lei n.° 71/2005, de 17 de Março, que completa a transposição da Directiva n.° 2003/8/CE, do Conselho, de 27 de Janeiro, "relativa à melhoria do acesso à justiça nos litígios transfronteiriços, através do estabelecimento de regras mínimas comuns relativas ao apoio judiciário no âmbito desses litígios, desenvolvendo o regime previsto na Lei n.° 34/2004 [...]", cujo artigo 4.° estabelece que, "no caso de litígio transfronteiriço em que os tribunais competentes pertençam a outro Estado membro da União Europeia, a protecção jurídica abrange o apoio pré-contencioso", visando este proporcionar assistência jurídica ao requerente "até à recepção do pedido de protecção jurídica no Estado membro do foro [...]".

V. *Acesso ao direito; Direito subjectivo; Apoio judiciário; Litígio transfronteiriço; Protecção jurídica.*

Informações (Dir. Civil) – A responsabilidade daquele que presta a outrem uma informação tem o respectivo regime no artigo 485.°, C.C.. A mesma regra é aplicável a quem dá um conselho ou faz uma recomendação.

V. *Conselhos; Responsabilidade civil.*

"Infra petita" (Proc. Civil) – Expressão que significa aquém do pedido.

O tribunal decide *infra petita* quando não decide acerca de todo o pedido.

V. *Pedido; "Ultra petita".*

Infungibilidade (Dir. Civil) – Característica dos bens que, por serem individualizados, não são susceptíveis de ser substituídos uns pelos outros.

De igual modo, as prestações qualificam-se como infungíveis (naturalmente ou por convenção das partes) quando, no seu cumprimento, o devedor não puder fazer-se substituir por outra pessoa, com satisfação do interesse do credor. O artigo 791.°, C.C., estabelece que a impossibilidade subjectiva casual superveniente determina a extinção da obrigação, quando a prestação for de facto infungível; por seu lado, o artigo 400.°, n.° 3, C.C., dispõe que só há impossibilidade originária da prestação se ela respeitar ao respectivo objecto e não apenas à pessoa do devedor, o mesmo é dizer se se tratar de obrigação infungível.

V. *Coisa infungível; Fungibilidade; Prestação; Cumprimento; Cumprimento por terceiro; Interesse do credor; Impossibilidade da prestação; Impossibilidade subjectiva da prestação; Impossibilidade originária.*

Ingratidão (Dir. Civil) – O doador tem o direito (irrenunciável antecipadamente) de revogar a doação por ingratidão, o que se verifica nos casos em que o donatário praticar qualquer dos actos que são causa de indignidade ou legitimam a deserdação (v. artigos 970.°, 974.° e 977.°, C.C.).

São exemplos de actos destes o atentado contra a vida do doador ou a recusa do donatário a prestar-lhe os alimentos devidos. A doação só não é revogável por ingratidão se houver sido feita para casamento, se for remuneratória ou se o doador houver perdoado.

A acção de revogação deve ser, em princípio, proposta pelo doador no prazo de um ano a contar do conhecimento por este do acto do donatário que legitima a revogação. No entanto, "se o donatário tiver cometido contra o doador o crime de homicídio, ou por qualquer causa o tiver impedido de revogar a doação, a acção pode ser proposta pelos herdeiros do doador dentro de um ano a contar da morte deste".

Revogada a doação, os efeitos da revogação retroagem à data da propositura da acção, devendo os bens ser restituídos ao doador ou aos seus herdeiros e, no caso de não existirem já, por haverem sido alienados ou terem perecido por causa imputável ao donatário, será devolvido o valor que tinham à data da alienação ou àquela em que se verificou a impossibilidade de restituição, acrescido esse valor dos juros legais a contar da data da propositura da acção; em princípio, a revogação da doação não produz efeitos em relação aos terceiros que hajam adquirido, antes da acção, direitos reais sobre os bens doados.

V. artigos 975.° a 979.°, 2034.° e segs. e 2166.°, C.C..

V. *Doação; Direito irrenunciável; Doações para casamento; Indignidade; Deserdação; Revogação da doação; Alimentos; Doação remuneratória; Perdão; Herdeiro; Propositura da acção; Culpa; Juros legais; Terceiro; Direito real.*

Inibição do falido (Dir. Com.; Proc. Civil) – O C.P.C. dispunha: "a declaração da falência produz a inibição do falido para administrar e dispor dos seus bens havidos ou que de futuro lhe advenham e susta, quanto a bens, o prosseguimento do processo judicial em razão do seu óbito", embora seja lícito ao falido trabalhar e adquirir assim meios de subsistência. Este regime fora alterado pelo Código dos Processos Especiais de Recuperação da Empresa e de Falência, aprovado pelo Decreto-Lei n.° 132/93, de 23 de Abril, alterado pelos Decretos-Leis n.°s 157/97, de 24 de Junho, 315/98, de 20 de Outubro, 323/2001, de 17 de Dezembro, e 38/2003, de 8 de Março, que revogou o C.P.C. na matéria, e que estabelecia, no seu artigo 147.°, que a declaração de falência privava imediatamente o falido, por si, ou, no caso de sociedade ou pessoa colectiva, pelos órgãos que o representassem, da administração e do poder de disposição dos seus bens presentes ou futuros, os quais passavam a integrar a massa falida, sujeita à administração e poder de disposição de liquidatário judicial, assumindo este a representação do falido para todos os efeitos de carácter patrimonial que interessassem à falência; por outro lado, o artigo 148.°, n.° 1, dispunha que a declaração de falência implicava a inibição do falido para o exercício do comércio, incluindo a possibilidade de ocupação de qualquer cargo de titular de órgão de sociedade comercial ou civil, associação ou fundação privada de actividade económica, empresa pública ou cooperativa; o n.° 3 da mesma norma admitia, no entanto, que o falido, se fosse pessoa singular, pudesse ser autorizado pelo juiz a exercer algumas actividades, desde que a autorização se justificasse pela necessidade de angariar os meios indispensáveis de subsistência e não prejudicasse a liquidação da massa. A inibição do falido cessava quando levantada nos seguintes casos: *a)* existência de acordo extraordinário de credores homologado judicialmente; *b)* pagamento integral ou remissão de todos os créditos reconhecidos; *c)* decurso de cinco anos sobre o trânsito em julgado da decisão que tivesse aprovado as contas finais do liquidatário; *d)* quando não tivesse havido instauração de procedimento criminal e o juiz reconhecesse que o devedor ou, sendo este sociedade ou pessoa colectiva, o respectivo administrador agira no exercício da sua actividade com lisura e diligência normal. Levantada a inibição, era decretada a reabilitação do falido, desde que se mostrassem extintos os efeitos penais decorrentes das infracções previstas no n.° 1 do artigo 224.°.

Todo este regime se encontra actualmente revogado pelo do Código da Insolvência e da Recuperação de Empresas, aprovado pelo Decreto-Lei n.° 53/2004, de 18 de Março, alterado pelos Decretos-Leis n.°s 200/2004, de 18 de Agosto, e 76-A/ /2006, de 29 de Março – rectificado pela Declaração de rectificação n.° 28-A/2006, de 26 de Maio.

V. *Falência; Pessoa colectiva; Órgãos das pessoas colectivas; Acto de administração; Acto de disposição; Coisa presente; Coisa futura; Massa falida; Liquidatário judicial; Representação; Sociedade; Associação; Fundação; Pessoa singular; Acordo de credores; Homologação; Trânsito em julgado; Remissão; Trânsito em julgado; Diligência; Reabilitação; Insolvência; Recuperação de empresas; Inibição do insolvente.*

Inibição do insolvente (Dir. Civil; Dir. Com.; Proc. Civil) – O artigo 189.°, n.° 2, do Código da Insolvência e da Recuperação de Empresas, aprovado pelo Decreto-Lei n.° 53/2004, de 18 de Março, alterado pelos Decretos-Leis n.°s 200/2004, de 18 de Agosto, e 76-A/2006, de 29 de Março (rectificado pela Declaração de rectificação n.° 28-A/2006, de 26 de Maio), dispõe que deve constar da sentença que qualifique como culposa a insolvência a declaração da inibição das pessoas afectadas pela qualificação da insolvência como culposa para o exercício do comércio, para a ocupação de qualquer cargo de titular de órgão de sociedade comercial ou civil, associação ou fundação privada de actividade económica, empresa pública ou cooperativa, por um período de 2 a 10 anos, estabelecendo o n.° 2 da mesma disposição que a inibição é oficiosamente registada na conservatória do registo civil e, quando a pessoa fosse comerciante em nome individual, na conservatória do registo comercial, com base em certidão da sentença remetida pela secretaria.

V. *Insolvência; Recuperação de empresas; Insolvência culposa; Órgãos da pessoa colectiva; Sociedade; Sociedade civil; Associação; Fundação; Empresa; Registo; Registo civil; Certidão; Secretaria judicial.*

Inibição do poder paternal (Dir. Civil) – Há casos em que os pais podem ser declarados inibidos do exercício do poder paternal. A inibição pode verificar-se *ope legis* (a chamada inibição de pleno direito) ou ser decretada pelo tribunal (inibição judicial), podendo ser *total* ou apenas *parcial:*

a) nos termos do n.° 1 do artigo 1913.°, C.C., são inibidos de pleno direito os condenados definitivamente por qualquer crime a que a lei atribua esse efeito, os interditos e os inabilitados por anomalia psíquica, e os ausentes, desde a nomeação de curador provisório;

b) de acordo com o n.° 2 do mesmo artigo 1913.°, C.C., são parcialmente inibidos, não podendo representar os filhos nem administrar os seus bens, os menores não emancipados, os interditos e inabilitados por razão diferente da anomalia psíquica;

c) para além dos casos de inibição de pleno direito, pode a mesma ser decretada pelo tribunal, a requerimento do Ministério Público, de qualquer parente do menor ou de qualquer pessoa a quem ele se encontre, de facto ou de direito, confiado (artigo 1915.°, n.° 1, C.C.).

Os fundamentos de tal requerimento vêm enumerados no n.° 1 do artigo 1915.°, C.C. (ver também o artigo 194.° da anteriormente chamada O.T.M.), e respeitam, na generalidade, a situações em que qualquer dos pais infrinja culposamente os deveres para com os filhos ou não se mostre em condições de os cumprir. O artigo 1978.°-A, aditado ao Código Civil pela Lei n.° 31/2003, de 22 de Agosto, dispõe que, "decretada a confiança judicial do menor ou a medida de promoção e protecção de confiança a pessoa seleccionada para a adopção ou a instituição com vista a futura adopção, ficam os pais inibidos do exercício do poder paternal".

Há de ter em atenção o n.° 6 do artigo 36.° da Constituição da República que determina que "os filhos não podem ser separados dos pais, salvo quando estes não cumpram os seus deveres fundamentais para com eles e sempre mediante decisão judicial".

Muito importante é o preceito do artigo 1917.°, C.C.: "a inibição do exercício do poder paternal em nenhum caso isenta os pais do dever de alimentarem o filho" (cfr. artigo 36.°, n.°s 3, 4 e 5, da Constituição).

Nos termos do artigo 1914.°, C.C., a inibição de pleno direito do poder paternal cessa pelo levantamento da interdição ou inabilitação e pelo termo da curadoria e, segundo o artigo 1916.°, a inibição decretada pelo tribunal é levantada a requerimento do Ministério Público ou de qualquer dos pais (cfr. artigo 201.°, antiga O.T.M. – Decreto-Lei n.° 314/78, de 19 de Novembro).

O requerimento de levantamento da inibição deve fundar-se na cessação das causas que deram origem àquela, podendo ser feito em qualquer momento, quando partir do Ministério Público, e só podendo ser apresentado passado um ano sobre o trânsito em julgado da sentença que decreta a inibição ou da que desatenda outro pedido de levantamento, quando for feito por qualquer dos pais.

O tribunal competente para decidir da inibição do poder paternal é o tribunal de família – artigo 82.°, n.° 1-*i)*, da Lei de Organização e Funcionamento dos Tribunais Judiciais, aprovada pela Lei n.° 3/99, de 13 de Janeiro, rectificada pela Declaração de rectificação n.° 7/99, de 16 de Fevereiro, e alterada pela Lei n.° 101/99, de 26 de Julho, pelos Decretos-Leis n.°s 323/2001, de 17 de Dezembro, e 38/2003, de 8 de Março, pela Lei n.° 105/2003, de 10 de Dezembro, pelo Decreto-Lei n.° 53/2004, de 18 de Março, pela Lei n.° 42/2005, de 29 de Agosto, e pelo Decreto-Lei n.° 76-A/2006, de 29 de Março (este rectificado pela Declaração de rectificação n.° 28-A/2006, de 26 de Maio), e artigo 146.°- *i)* da antiga O.T.M..

O artigo 43.° do Código do Trabalho (Lei n.° 99/2003, de 27 de Agosto, rectificada pela Declaração de rectificação n.° 15/2003, de 28 de Outubro, e alterada pela Lei n.° 9/2006, de 20 de Março) estabelece que "para assistência a filho ou adoptado e até aos 6 anos de idade da criança, o pai e a mãe que não estejam impedidos ou inibidos totalmente de exercer o poder paternal têm direito, alternativamente: *a)* A licença parental de três meses; *b)* A trabalhar a tempo parcial durante 12 meses, com um período normal de trabalho igual a metade do tempo completo; *c)* A períodos intercalados de licença parental e de trabalho a tempo parcial em que a duração total da ausência e da redução do tempo de trabalho seja igual aos períodos normais de trabalho de três meses".

O artigo 37.°, n.° 3, do Código do Registo Civil, na redacção do Decreto-Lei n.° 228/2001, de 20 de Agosto, dispõe que "podem ser destruídas desde que tenham mais de 20 anos, as certidões de sentenças que decretem a inibição do poder paternal [...]".

V. *Poder paternal; Interdição; Inabilitação; Anomalia psíquica; Ausência; Representação legal; Administração de bens; Emancipação; Ministério Público; Confiança de menor; Alimentos; Trânsito em julgado; Sentença; Tribunal de família; Depósito de menor; Tutela; Maternidade, Paternidade; Adopção; Deficiente; Registo civil; Certidão.*

Iniciativa legislativa – V. *Projecto de lei.*

Início da prescrição (Dir. Civil) – V. *Prescrição.*

"In illiquidis non fit mora" (Dir. Civil) – Princípio segundo o qual o devedor não se constitui em mora enquanto a sua obrigação for ilíquida.

O n.° 3 do artigo 805.°, C.C., na redacção do Decreto-Lei n.° 262/83, de 16 de Junho, consagra este princípio, estabelecendo que, "se o crédito for ilíquido, não há mora enquanto se não tornar líquido, salvo se a falta de liquidez for imputável ao devedor"; excepciona-se, porém, a situação de crédito resultante de responsabilidade por facto ilícito ou pelo risco, em que o devedor se constitui em mora desde a citação para a acção, salvo se já antes existir mora nos termos gerais.

O Assento n.° 13/94, publicado no *Diário da República*, I-A série, de 19 de Agosto de 1994, estabeleceu a seguinte doutrina: "A alteração da norma do n.° 3 do artigo 805.° do Código Civil, realizada pelo Decreto-Lei n.° 262/83, de 16 de Junho, tem natureza interpretativa, pelo que é aplicável a todas as relações jurídicas já constituídas à data da sua entrada em vigor que não tivessem sido definitivamente julgadas".

V. *Devedor; Obrigação ilíquida; Mora; Responsabilidade civil; Citação; Lei interpretativa.*

Inimputabilidade (Dir. Civil) – V. *Imputabilidade; Inimputável.*

Inimputável (Dir. Civil) – É o sujeito que não tem a capacidade de entendimento que lhe permita avaliar as consequências do acto que vai praticar, ou que não tem a liberdade que lhe permita decidir acerca de tal prática.

O inimputável, não sendo passível do juízo de culpabilidade, não é, em princípio, responsável pelas consequências danosas que do seu acto resultem para terceiro; porém, se o estado de inimputabilidade for transitório e nele o agente se tiver colocado culposamente, então a lei dispõe que é responsável pelos danos.

O n.° 2 do artigo 488.°, C.C., presume "falta de imputabilidade nos menores de sete anos e nos interditos por anomalia psíquica".

Excepcionalmente, o artigo 489.°, C.C., admite que a pessoa inimputável possa, "por motivo de equidade, ser condenada a repará-los [os danos causados a terceiro], total ou parcialmente, desde que não seja possível obter a devida reparação das pessoas a quem incumbe a sua vigilância", devendo, nesta hipótese, a indemnização ser obrigatoriamente "calculada por forma a não privar a pessoa não imputável dos alimentos necessários, conforme o seu estado e condição, nem dos meios indispensáveis para cumprir os seus deveres legais de alimentos".

V. *Imputabilidade; Culpa; Responsabilidade civil; Agente; Interdição; Anomalia psíquica; Dever de vigilância; Indemnização; Alimentos.*

Injunção (Proc. Civil) – Medida criada pelo Decreto-Lei n.° 404/93, de 10 de Dezembro, e hoje regida pelo Decreto-Lei n.° 269/98, de 1 de Setembro (rectificado pela Declaração de rectificação n.° 16-A/98, de 30 de Setembro), alterado pelos Decretos-Leis n.°s 383/99, de 23 de Setembro, 183/ /2000, de 10 de Agosto, 323/2001, de 17 de Dezembro, 32/2003, de 17 de Fevereiro, 38/2003, de 8 de Março (este rectificado pela Declaração de rectificação n.° 5-C/ /2003, de 30 de Abril), e 107/2005, de 1 de Julho (este último rectificado pela Declaração de rectificação n.° 63/2005, de 19 de Agosto), e pela Lei n.° 14/2006, de 26 de Abril, que consiste, nos termos do artigo 7.°, na "providência que tem por fim conferir força executiva a requerimento destinado a exigir o cumprimento das obrigações" pecuniárias emergentes de contrato cujo valor não exceda o valor da alçada da Relação (era a do tribunal de 1.ª instância, na versão anterior da lei) ou "das obrigações emergentes de transacções comerciais abrangidas pelo Decreto-Lei n.° 32/2003, de 17 de Fevereiro".

Trata-se de uma providência cujo objectivo é permitir ao credor de uma prestação pecuniária de montante não muito elevado obter um título executivo para o seu cumprimento coercivo, de modo rápido e simplificado.

"O requerimento de injunção é apresentado, à escolha do credor, na secretaria do tribunal do lugar do cumprimento da obrigação ou na secretaria do tribunal do domicílio do devedor", devendo, no entanto, se existirem tribunais de competência especializada ou de competência específica, ser respeitadas as respectivas regras de competência.

No requerimento de injunção, deve o requerente expor "sucintamente a sua pretensão e os respectivos fundamentos [...]". "O modelo de requerimento de injunção é aprovado por portaria do Ministro da Justiça", enunciando o artigo 10.°, n.° 2, os elementos que dele devem constar; este requerimento só pode ser recusado nos casos enunciados no artigo 11.°, n.° 1, cabendo do acto de recusa "reclamação para o juiz ou, no caso de tribunais com mais do um juiz, para o que estiver de turno à distribuição".

Recebido o pedido, "no prazo de 5 dias, o secretário judicial notifica o requerido, por carta registada com aviso de recepção, para, em 15 dias, pagar ao requerente a quantia pedida, acrescida da taxa de justiça por ele paga, ou para deduzir oposição à pretensão" – artigo 12.°, n.° 1, do referido diploma.

Frustrando-se "a notificação do requerido e o requerente não tiver indicado que pretende que os autos sejam apresentados à distribuição, nos termos da alínea *j)* do n.° 2 do artigo 10.°, a secretaria devolve ao requerente o expediente respeitante ao procedimento de injunção" – artigo 13.°-A. "Se, depois de notificado, o requerido não deduzir oposição, o secretário aporá no requerimento de injunção a seguinte fórmula: «Este documento tem força executiva»". O "despacho de aposição da fórmula executória é datado, rubricado e selado ou, em alternativa, autenticado com recurso a assinatura electrónica avançada", só podendo ser recusada a aposição da fórmula executória quando o pedido não se ajuste ao montante ou finalidade do procedimento; "do acto de recusa cabe reclamação nos termos previstos no n.° 2 do artigo 11.° [*supra* referido]". "Aposta a fórmula executória, a secretaria devolve ao requerente todo o expediente respeitante à injunção ou disponibiliza àquele, por meios electrónicos, em termos a definir por portaria do Ministro da Justiça, o requerimento de injunção no qual tenha sido aposta a fórmula executória" – artigos 13.° e 14.°.

"Até à dedução de oposição ou, na sua falta, até ao termo do prazo de oposição, o requerente pode desistir do procedimento", hipótese em que "a secretaria devolve ao requerente o expediente respeitante ao procedimento [...] e notifica o requerido daquele facto, se este já tiver sido notificado do requerimento [...]" – artigo 15.° -A.

O artigo 16.° trata da distribuição dos autos.

Quanto ao valor, determina o artigo 18.° que ele "é o do pedido, atendendo-se, quanto aos juros, apenas os vencidos até à data da apresentação do requerimento".

O processo de injunção pressupõe o pagamento de uma taxa de justiça (v. artigo 19.°).

A Portaria n.° 808/2005, de 9 de Setembro, rectificada pela Declaração de rectificação n.° 72/2005, de 11 de Outubro, aprovou o modelo de requerimento de injunção, estabelecendo o artigo 1.° da Portaria n.° 809/2005 da mesma data – alterada pela Portaria n.° 728-A/2006, de 24 de Julho –, as formas de apresentação na secretaria judicial desse requerimento. A Portaria n.° 728-A/2006 adopta as regras necessárias à entrega do requerimento de injunção por via electrónica. Finalmente a Portaria n.° 810/2005, de 9 de Setembro, alterada pela já referida Portaria n.° 728-A/2006, aprovou outras formas de pagamento da taxa de justiça– diversas das previstas no Código das Custas Judiciais – devida pela injunção.

V. *Força executiva; Título executivo; Requerimento de injunção; Obrigação pecuniária; Contrato; Alçada; Relação; Tribunal de 1.ª instância; Secretaria judicial; Lugar do cumprimento; Domicílio; Devedor; Tribunal de competência especializada; Tribunal de competência específica; Competência; Reclamação; Juiz; Distribuição; Notificação; Assinatura electrónica; Acção declarativa; Documento; Pedido; Audiência; Julgamento; Valor da causa; Juros; Taxa de justiça; Custas.*

"In limine litis" (Proc. Civil) – No limiar do processo, isto é, no momento em que se abre a instância.

Dizia-se indeferida *in limine* a petição inicial que era rejeitada pelo juiz antes da citação da parte contrária, nos termos do artigo 474.°, C.P.C.. Este regime foi alterado pela reforma do C.P.C., havendo agora, em regra, lugar a recusa da petição inicial pela secretaria.

V. *Instância; Petição inicial; Citação; Indeferimento liminar; Secretaria judicial.*

Inoficiosidade (Dir. Civil) – O instituto jurídico da inoficiosidade traduz-se na proibição, para o autor da sucessão, de fazer doações (em vida ou *mortis causa*) que atinjam a legítima dos herdeiros legitimários.

As doações são, consequentemente, consideradas no cômputo da herança e imputadas na quota disponível: excedendo o valor desta, são inoficiosas.

V. artigo 2168.°, C.C..

V. *Autor da sucessão; Doação; Herança; Liberalidade; Legítima; Quota disponível; Redução de liberalidades.*

Inoficiosidade das liberalidades (Dir. Civil) – V. *Inoficiosidade; Liberalidade; Liberalidades inoficiosas.*

Inoponibilidade (Dir. Civil) – Diz-se que um acto jurídico é inoponível a determinadas pessoas quando, em relação a elas, e só a elas, é ineficaz; pode, porém, o acto ser inoponível a um património ou conjunto de bens.

Genericamente, os contratos são inoponíveis a terceiros, só excepcionalmente, nos casos e termos especialmente previstos na lei, produzindo efeitos em relação a eles – artigo 406.°, n.° 2, C.C..

É, portanto, uma ineficácia relativa de um acto, estabelecida em benefício de certas pessoas e que só elas podem invocar. Por exemplo, a declaração de nulidade ou a anulação do negócio jurídico que respeite a imóveis (ou a móveis sujeitos a registo) é inoponível a terceiro de boa fé que tenha adquirido direitos sobre os mesmos bens, se o registo da aquisição for anterior ao registo da acção de nulidade ou anulação, e desde que esta não seja proposta e registada dentro dos três anos posteriores à celebração do negócio (artigo 291.°, C.C.).

Quando está em causa a inoponibilidade a uma massa patrimonial, protege a lei, em regra, os credores desse património: era o que acontecia, paradigmaticamente, com a inoponibilidade dos actos realizados pelo falido relativamente à massa falida, consagrada no Código dos Processos Especiais de Recuperação da Empresa e de Falência, revogado pelo Decreto-Lei n.° 53/ /2004, de 18 de Março, alterado pelos Decretos-Leis n.°s 200/2004, de 18 de Agosto, e 76-A/2006, de 29 de Março (este rectificado pela Declaração de rectificação n.° 28- -A/2006, de 26 de Maio) –, que aprovou o Código da Insolvência e da Recuperação de Empresas; neste não se fala em inoponibilidade dos actos do insolvente não excepcionados da sua capacidade, mas em ineficácia, sendo, pois, o sentido geral e a *ratio* os mesmos.

V. *Acto jurídico; Contrato; Negócio jurídico; Ineficácia; Património; Imóvel; Móvel; Terceiro; Boa fé; Registo de acções; Registo de bens móveis; Registo predial; Nulidade; Anulação; Falência; Insolvência; Recuperação de empresas.*

Inquérito judicial (Proc. Civil; Dir. Com.) – O C.P.C. regula, nos seus artigos 1479.° e segs., o processo especial de inquérito judicial, que pode ser requerido pelos sócios de uma sociedade relativamente aos livros, documentos, contas e papéis da mesma.

O inquérito judicial é o meio de tornar efectivo o direito à informação dos sócios – genericamente consagrado no artigo 21.°, n.° 1-*c)*, do Código das Sociedades Comerciais – quando ao sócio é recusado o exercício de tal direito, nomeadamente por lhe ter sido recusada a informação ou por ter recebido informação falsa, incompleta ou não elucidativa, ou quando for de presumir que a informação não será prestada (v. artigos 181.°, n.° 6, 216.° e 292.° do Código das Sociedades Comerciais).

O inquérito judicial é também o meio estabelecido no artigo 450.° do Código das Sociedades Comerciais, para se apurar da existência de conhecimento, por membro do órgão de administração ou do órgão de fiscalização de uma sociedade anónima, de factos não públicos relativos à sociedade, e da sua utilização por aquele para obter lucros ou evitar perdas, adquirindo ou alienando títulos por ela emitidos. No processo de inquérito judicial, será ordenada a destituição do infractor, se disso for caso.

V. *Sociedade; Sócio; Direito à informação.*

Inquilino (Dir. Civil) – Sinónimo de arrendatário urbano.

V. *Arrendatário; Arrendamento urbano.*

Inquirição (Proc. Civil) – Acto de instrução do processo, no qual o juiz ouve os depoimentos prestados pelas testemunhas.

A inquirição é normalmente feita na audiência final, podendo todavia sê-lo antecipadamente, se houver fundado receio de se tornar muito difícil ou impossível na altura própria, ou quando a testemunha resida fora da comarca, goze da prerrogativa de ser inquirida na sua residência ou na sede dos serviços, em virtude do cargo que ocupa, ou não possa comparecer no tribunal por motivo de doença.

V. artigos 621.° e segs., C.P.C., tendo o artigo 621.° a redacção dos Decretos-Leis n.°s 183/2000, de 10 de Agosto, e 38/2003, de 8 de Março (este rectificado pela Declaração de rectificação n.° 5-C/2003, de 30 de Abril).

Dispõe o artigo 634.°, n.° 1, C.P.C., que, "antes de começar a inquirição, as testemunhas são recolhidas a uma sala donde saem para depor pela ordem em que estiverem mencionadas no rol, primeiro as do autor e depois as do réu, salvo se o juiz determinar que a ordem seja alterada ou as partes acordarem na alteração".

Depois de prestado o juramento, a testemunha é identificada pelo juiz que lhe perguntará "se é parente, amigo ou inimigo de qualquer das partes, se está para com elas nalguma relação de dependência e se tem interesse, directo ou indirecto, na causa" – artigo 635.°, C.P.C..

Tendo assim verificado que nada se opõe ao depoimento, a testemunha passa a ser interrogada sobre os factos "que tenham sido articulados ou impugnados pela parte que a ofereceu, e deporá com precisão, indicando a razão de ciência e quaisquer outras circunstâncias que possam justificar o conhecimento dos factos; a razão de ciência invocada será, quanto possível, fundamentada".

Sendo o depoimento prestado perante tribunal colectivo, "o interrogatório é feito pelo advogado da parte que a ofereceu, podendo o advogado da outra parte fazer-lhe, quanto aos factos sobre que tiver deposto, as instâncias indispensáveis para se completar ou esclarecer o depoimento". No entanto, os membros do tribunal podem "fazer as perguntas que julguem convenientes para o apuramento da verdade", bem como pedir à testemunha os esclarecimentos que entendam; se o presidente do tribunal o entender necessário para assegurar a tranquilidade da testemunha ou para pôr termo a instâncias inconvenientes, fará ele próprio o interrogatório.

V. artigo 638.°, C.P.C., na redacção do Decreto-Lei n.° 329-A/95, de 12 de Dezembro.

A testemunha não pode trazer o seu depoimento escrito, mas pode socorrer-se de documentos ou apontamentos de datas ou de factos para responder às perguntas, podendo também consultar o processo, exigir que lhe sejam mostrados documentos nele existentes e apresentar documentos destinados a corroborar o seu depoimento.

A parte contra quem a testemunha depôs, logo que acabe o depoimento, pode contraditá-la, alegando quaisquer factos que possam abalar a sua credibilidade – artigo 640.°, C.P.C..

Determina o artigo 642.°, C.P.C., que, "se houver oposição directa, acerca de determinado facto, entre os depoimentos das testemunhas ou entre eles e o depoimento da parte, pode ter lugar oficiosamente ou a requerimento de qualquer das partes, a acareação das pessoas em contradição".

Se o tribunal entender que a inquirição de uma outra pessoa que não foi oferecida como testemunha tem interesse para a decisão da causa, pode ordenar que esta última seja notificada para depor, nos termos do artigo 645.°, n.° 1, C.P.C., cuja redacção é a do DL n.° 329-A/95.

Com efeito, há casos em que a inquirição não é realizada na audiência final; aqueles que dão lugar a inquirição antecipada (ou a adiamento da audiência para adiamento da inquirição), mas em que esta continua a ser feita no tribunal onde o processo corre seus termos, são analisados autonomamente em rubrica própria.

Resta analisar, sumariamente, os casos em que a inquirição de testemunhas não é feita no tribunal. Se a testemunha residir fora do círculo judicial, ou da respectiva ilha, no caso das Regiões Autónomas, é apresentada pela parte, quando esta assim o tenha declarado aquando do seu oferecimento, ou é ouvida por teleconferência na própria audiência e a partir do tribunal da comarca da área da sua residência ou, caso nesta não existam ainda os meios necessários para tanto, a partir do tribunal da sede do círculo judicial da sua residência.

Os artigos 624.° a 626.°, C.P.C., ocupam-se da enunciação das pessoas que gozam da prerrogativa de ser ouvidas na sua residência ou na sede dos respectivos serviços (são elas: o Presidente da República e os agentes diplomáticos estrangeiros de países que concedem idêntica regalia aos representantes de Portugal) e daqueles que gozam da prerrogativa de depor por escrito (entre outros, os membros dos órgãos de soberania, com exclusão dos tribunais, os juízes dos tribunais superiores, o provedor de Justiça, o Procurador-Geral e vice-procurador-geral da República, o bastonário da Ordem dos Advogados), esclarecendo o regime a seguir em tais casos.

Finalmente, quando se mostre e o tribunal verifique que a testemunha está impossibilitada de comparecer no tribunal por doença, mas não está impossibilitada de depor, o juiz designa o local, dia e hora, para o depoimento – artigos 627.° e 557.°, C.P.C..

Há ainda um caso – o do artigo 622.°, C.P.C. – em que a inquirição não se fará no edifício do tribunal, embora não constitua uma excepção à sua realização na audiência: é o de o tribunal determinar, por sua iniciativa ou a requerimento de alguma das partes, que a inquirição seja feita no local da questão

No regime do Decreto-Lei n.° 269/98, de 1 de Setembro (rectificado pela Declaração de rectificação n.° 16-A/98, de 30 de Setembro), alterado pelos Decretos-Leis n.°s 383/99, de 23 de Setembro, 183/2000, 323/2001, de 17 de Dezembro, 32/2003, de 17 de Fevereiro, 38/2003 e 107/2005, de 1 de Julho (rectificado pela Declaração de rectificação n.° 63/2005, de 19 de Agosto), e pela Lei n.° 14/2006, de 26 de Abril, que se ocupa "dos procedimentos destinados a exigir o cumprimento de obrigações pecuniárias emergentes de contratos de valor não superior à alçada da Relação [era antes o da do tribunal de 1.ª instância]", ou "das obrigações emergentes de transacções comerciais abrangidas pelo Decreto-Lei n.° 32/2003, de 17 de Fevereiro", de acordo com o respectivo artigo 4.°, n.° 4, "nas acções de valor não superior à alçada do tribunal de 1.ª instância, quando as partes não tenham constituído mandatário judicial ou este não comparecer [na audiência de julgamento], a inquirição das testemunhas é efectuada pelo juiz". O artigo 5.° deste regime estabelece que, "se a testemunha tiver conhecimento de factos por virtude do exercício das suas funções, pode o depoimento ser prestado através de documento escrito, datado e assinado pelo seu autor, com indicação da acção a que respeita e do qual conste relação discriminada dos factos e das razões de ciência invocados", devendo o escrito ser "acompanhado de cópia de documento de identificação do depoente e indicará se existe alguma relação de parentesco, afinidade, amizade ou dependência com as partes ou qualquer interesse na acção"; o n.° 3 deste mesmo artigo 5.° dispõe que, "quando o entenda necessário, poderá o juiz, oficiosamente ou a requerimento das partes, determinar, sendo ainda possível, a renovação do depoimento na sua presença".

Em processo sumaríssimo, dispõe o n.° 3 do artigo 796.°, na redacção dos Decretos-Leis n.°s 329-A/95 e 375-A/99, de 20 de Setembro, que "a inquirição das testemunhas é efectuada pelo juiz quando as partes não tenham constituído mandatário judicial ou este não comparecer".

V. *Testemunha; Audiência; Antecipação da inquirição; Adiamento da inquirição; Comarca; Rol de testemunhas; Interrogatório preliminar; Juramento; Tribunal singular; Tribunal colectivo; Advogado; Contradita; Acareação; Instância; Documento; Notificação; Adiamento da audiência; Residência; Círculo judicial; Procurador-geral da República; Vice-procurador-geral da República; Bastonário da Ordem dos Advogados; Ordem dos Advogados; Injunção; Obrigação pecuniária; Contrato; Alçada; Relação; Tribunal de 1.ª instancia; Mandatário judicial; Parentesco; Afinidade; Processo sumaríssimo.*

"In re ipsa" (Dir. Civil) – Expressão latina que significa *inerente à própria coisa, intrínseco.*

V. *Coisa.*

Inscrição (Dir. Civil) – Forma de lavrar um assento, que consiste no registo originário de um facto.

V. artigo 52.° do Código do Registo Civil, aprovado pelo Decreto-Lei n.° 131/95, de 6 de Junho (rectificado pela Declaração de rectificação n.° 96/95, de 31 de Julho), alterado pelos Decretos-Leis n.°s 36/97, de 31 de Janeiro, 120/98, de 8 de Maio, 375-A/99, de 20 de Setembro, 228/2001, de 20 de Agosto, 273/2001, de 13 de Outubro, 323/2001, de 17 de Dezembro, e 113/2002, de 20 de Abril, tendo sido revogado o Decreto-Lei n.° 51/78, de 30 de Março (que aprovara o anterior Código), bem como o artigo 1.° do Decreto-Lei n.° 418/79, de 17 de Outubro, os Decretos-Leis n.°s 379/82, de 14 de Setembro, 20/87, de 12 de Janeiro, os artigos 1.°, 2.°, 6.° e 7.° do Decreto-Lei n.° 29/87, de 14 de Janeiro, e o artigo 1.° do Decreto-Lei n.° 54/90, de 13 de Fevereiro, os artigos 11.°, 12.°, 19.°, 51.°, 64.°, 86.° e 87.° do Decreto-Lei n.° 519-F2/79, de 29 de Dezembro, o artigo 53.°, n.° 3, do Decreto-Lei n.° 414-A/86, de 15 de Dezembro, a Portaria n.° 19 856, de 16 de Maio de 1963, e os artigos 18.°, 64.°, 90.°, 2.ª parte, 113.° e 148.° da Tabela Geral do Imposto do Selo.

V. artigos 91.° e segs. do Código do Registo Predial, aprovado pelo Decreto-Lei n.° 224/84, de 6 de Julho (rectificado por declaração publicada no *Diário da República*, I série, de 29 de Setembro de 1984), alterado pelos Decretos-Leis n.°s 355/85, de 2 de Outubro, 60/90, de 14 de Fevereiro (este rectificado por declaração publicada no *Diário da República*, I-A série, de 31 de Março de 1990), 80/92, de 7 de Maio, 30/93, de 12 de Fevereiro, 227/94, de 8 de Setembro, 267/94, de 25 de Outubro, 67/96, de 31 de Maio, 375-A/99, de 20 de Setembro, 533/99, de 11 de Dezembro, 273/2001, de 13 de Outubro, 323/2001, de 17 de Dezembro, 38/2003, de 8 de Março (rectificado pela Declaração de rectificação n.° 5-C/2003, de 30 de Abril) e 194/2003, de 23 de Agosto, e pela Lei n.° 6/2006, de 27 de Fevereiro. O artigo 91.° deste último Código estabelece que "as inscrições visam definir a situação jurídica dos prédios, mediante extracto dos factos a eles referentes", só podendo ser lavradas "com referência a descrições genéricas ou subordinadas"; por seu lado, segundo o 80.°, n.° 1, do mesmo diploma, "as descrições são feitas na dependência de uma inscrição ou de um averbamento".

V. *Registo civil; Assento; Registo predial; Prédio; Descrição; Averbamento.*

Inseparabilidade das servidões (Dir. Civil) – Em princípio, as servidões não são susceptíveis de ser separadas dos prédios (dominante e serviente) a que pertencem.

V. artigo 1545.°, C.C..

V. *Servidão predial; Prédio dominante; Prédio serviente.*

Insolvência (Dir. Civil; Dir. Com.; Proc. Civil; Dir. Penal) – A insolvência caracterizava a situação do devedor não comerciante ou da sociedade civil cujo património apresentasse um passivo superior ao activo. A insolvência podia ser um mero estado de facto ou encontrar-se judicialmente declarada.

O Código dos Processos Especiais de Recuperação da Empresa e de Falência, aprovado pelo Decreto-Lei n.° 132/93, de 23 de Abril, alterado pelos Decretos-Leis n.°s 157/97, de 24 de Junho, 315/98, de 20 de Outubro, 323/2001, de 17 de Dezembro, e 38/2003, de 8 de Março, viera estabelecer que a insolvência constituía sempre uma situação factual de insuficiência patrimonial de qualquer sujeito jurídico, traduzida na insusceptibilidade de cumprimento das suas obrigações; desta situação patrimonial podia decorrer, para qualquer devedor, a declaração de falência, se, além de insolvente, tratando-se de uma empresa, se verificasse a sua inviabilidade económica ou a impossibilidade da sua recuperação financeira ou da adopção de uma providência de recuperação da empresa. O artigo 1.°, n.° 1, deste Código dispunha que qualquer empresa em situação de insolvência podia ser objecto de uma medida ou de uma ou mais providências de recuperação ou ser declarada em regime de falência, caracterizando o artigo 3.° a situação de insolvência como a da empresa (ou do sujeito não titular de empresa, por força do artigo 27.°) que se encontrasse impossibilitada de cumprir pontualmente as suas obrigações, em virtude de o seu activo disponível ser insuficiente para satisfazer o seu passivo exigível. Por seu lado, o artigo

8.°, n.° 1, enunciava um conjunto de circunstâncias que considerava reveladoras da situação de insolvência, afigurando-se que, verificada qualquer delas, a insolvência se achava legalmente presumida sem admissão de prova em contrário, sendo elas: a falta de cumprimento de uma ou mais obrigações que, pelo seu montante ou pelas circunstâncias do incumprimento, revelasse a impossibilidade de o devedor satisfazer pontualmente a generalidade das suas obrigações; a fuga do titular da empresa ou dos titulares do seu órgão de gestão, relacionada com a falta de solvabilidade do devedor e sem designação de substituto idóneo, ou o abandono do local em que a empresa tivesse a sede ou exercesse a sua principal actividade; a dissipação ou o extravio de bens, a constituição fictícia de créditos ou qualquer outro procedimento anómalo que revelasse o propósito de o devedor se colocar em situação impossibilitadora de cumprir pontualmente as suas obrigações.

O Decreto-Lei n.° 53/2004, de 18 de Março, alterado pelos Decretos-Leis n.°s 200/2004, de 18 de Agosto, e 76-A/2006, de 29 de Março (rectificado pela Declaração de rectificação n.° 28-A/2006, de 26 de Maio), aprovou o chamado Código da Insolvência e da Recuperação de Empresas, revogando o Código dos Processos Especiais de Recuperação da Empresa e de Falência e introduzindo também alterações em outros diplomas, como o Código do Registo Civil.

"É considerado em situação de insolvência o devedor que se encontre impossibilitado de cumprir as suas obrigações vencidas"; "as pessoa colectivas e os patrimónios autónomos por cujas dívidas nenhuma pessoa singular responda pessoal e ilimitadamente, por forma directa ou indirecta, são também consideradas insolventes quando o seu passivo seja manifestamente superior ao activo, avaliados segundo as normas contabilísticas aplicáveis", salvo se o activo se mostrar superior ao passivo, "avaliados segundo as seguintes regras: *a)* Consideram-se no activo e no passivo os elementos identificáveis, mesmo que não constantes do balanço, pelo seu justo valor; *b)* Quando o devedor seja titular de uma empresa, a valorização baseia-se numa perspectiva de continuidade ou de liquidação, consoante o que se afigure mais provável, mas em qualquer caso com exclusão da rubrica de trespasse; *c)* Não se incluem no passivo dívidas que apenas hajam de ser pagas à custa de fundos distribuíveis ou do activo restante depois de satisfeitos ou acautelados os direitos dos demais credores do devedor" – artigo 3.° do Código da Insolvência, cujo n.° 4 acrescenta que se equipara "à situação de insolvência actual a que seja meramente iminente, no caso de apresentação pelo devedor à insolvência".

De acordo com o artigo 1.° deste novo Código, "o processo de insolvência é um processo de execução universal que tem como finalidade a liquidação do património de um devedor insolvente e a repartição do produto obtido pelos credores, ou a satisfação destes pela forma prevista num plano de insolvência, que nomeadamente se baseie na recuperação da empresa compreendida na massa insolvente".

Diversamente do que sucedia no Código dos Processos Especiais de Recuperação da Empresa e de Falência revogado, o processo tem agora como finalidade principal a satisfação dos direitos dos credores, constituindo a recuperação da empresa – que surge prevista no âmbito de um plano de insolvência – um meio de obter aquela finalidade.

Diz o artigo 2° que "podem ser objecto de processo de insolvência:

a) Quaisquer pessoas singulares ou colectivas;

b) A herança jacente;

c) As associações sem personalidade jurídica e as comissões especiais;

d) As sociedades civis;

e) As sociedades comerciais e as sociedades civis sob forma comercial até à data do registo definitivo do contrato pelo qual se constituem;

f) As cooperativas antes do registo da sua instituição;

g) O estabelecimento individual de responsabilidade limitada;

h) Quaisquer outros patrimónios autónomos", deste elenco se exceptuando as pessoa colectivas públicas, as entidades públicas empresariais, "as empresas de seguros, as instituições de crédito, as sociedades financeiras, as empresas de investimento que prestem serviços que impliquem a detenção de fundos ou de valores mobiliários de terceiros e os organismos de investimento colectivo, na medida em que a sujeição a processo de insolvência seja incompatível com os regimes especiais previstos para tais entidades".

O artigo 18.° impõe um dever de apresentação à insolvência, cuja declaração judicial deve ser requerida "dentro dos 60 dias seguintes à data do conhecimento da situação de insolvência, tal como descrita no n.° 1 do artigo 3.°, ou à data em que devesse conhecê-la"; o n.° 2 exceptua deste dever "as pessoas singulares que não sejam titulares de uma empresa na data em que incorram em situação de insolvência"; quanto ao conhecimento da situação de insolvência, o n.° 3 da mesma disposição presume-o inilidivelmente, se o devedor for titular de uma empresa, "decorridos pelo menos três meses sobre o incumprimento generalizado de obrigações de algum dos tipos referidos na alínea *g)* do n.° 1 do artigo 20º [são estas obrigações tributárias, de contribuições e quotizações para a segurança social, emergentes de contrato de trabalho ou da violação ou cessação deste, de "rendas de qualquer tipo de locação, incluindo financeira, prestações do preço da compra ou de empréstimo garantido pela respectiva hipoteca, relativamente a local em que o devedor realize a sua actividade ou tenha a sua sede ou residência"]". Caso o devedor não seja pessoa singular capaz, "a iniciativa da apresentação à insolvência cabe ao órgão social incumbido da sua administração, ou, se não for o caso, a qualquer dos seus administradores" [artigo 19.°). O artigo 20.°, no seu n.° 1, enuncia as pessoas que têm legitimidade para requerer a declaração de insolvência de um devedor e as circunstâncias que condicionam tal legitimidade: esta existe para quem for legalmente responsável pelas dívidas do devedor, para qualquer credor, "ainda que condicional e qualquer que seja a natureza do seu crédito", para o Ministério Público, "em representação das entidades cujos interesses lhe estão legalmente confiados, verificando-se um dos seguintes factos:

a) Suspensão generalizada do pagamento das obrigações vencidas;

b) Falta de cumprimento de uma ou mais obrigações que, pelo seu montante, pelas circunstâncias do incumprimento, revele a impossibilidade de o devedor satisfazer pontualmente a generalidade das suas obrigações;

c) Fuga do titular da empresa ou dos administradores do devedor ou abandono do local em que a empresa tem a sede ou exerce a sua principal actividade, relacionados com a falta de solvabilidade do devedor e sem designação de substituto idóneo;

d) Dissipação, abandono, liquidação apressada ou ruinosa de bens e constituição fictícia de créditos;

e) Insuficiência de bens penhoráveis para pagamento do crédito do exequente verificada em processo executivo movido contra o devedor;

f) Incumprimento de obrigações previstas em plano de insolvência ou em plano de pagamentos, nas condições previstas na alínea *a)* do n.° 1 e no n.° 2 do artigo 218.°.

g) Incumprimento generalizado, nos últimos seis meses, de dívidas de algum dos seguintes tipos:

i) Tributárias,

ii) De contribuições e quotizações para a segurança social;

iii) Créditos emergentes de contrato de trabalho, ou da violação ou cessação deste contrato;

iv) Rendas de qualquer tipo de locação, incluindo financeira, prestações do preço da compra ou de empréstimo garantido pela respectiva hipoteca, relativamente a local em que o devedor realize a sua actividade ou tenha a sua sede ou residência;

h) Sendo o devedor uma das entidades referidas no n.° 2 do artigo 3.° [pessoas colectivas ou patrimónios autónomos], manifesta superioridade do passivo sobre o activo segundo o último balanço aprovado, ou atraso superior a nove meses na aprovação e depósito das contas, se a tanto estiver legalmente obrigado".

"As entidades públicas titulares de créditos podem [...] confiar a mandatários especiais, designados nos termos legais ou estatutários, a sua representação no processo de insolvência, em substituição do Ministério Público", podendo também ser representadas por "um mandatário comum, se tal for determinado por despacho conjunto do membro do Governo responsável pelo sector económico a que pertença a empresa do devedor e do membro do Governo que tutele a entidade a entidade credora", pelo que pode qualquer destes mandatários requerer a declaração de insolvência do devedor, quando para tal seja contratado, desde que se verifiquem os pressupostos enunciados no n.° 1 do artigo 20.° que se deixaram transcritos.

"A apresentação à insolvência ou o pedido de declaração desta faz-se por meio de petição escrita, na qual são expostos os factos que integram os pressupostos [...] e se conclui pela formulação do correspondente pedido"; este o teor do n.° 1 do artigo 23.°, cujos números seguintes enunciam os elementos que têm de constar da petição; o artigo 24.° enumera os documentos que devem ser juntos à petição pelo devedor, sendo ele o apresentante; o artigo 25.° estabelece que, quando o requerente seja pessoa diversa do devedor, ele "deve justificar na petição a origem, natureza e montante do seu crédito, ou a sua responsabilidade pelos créditos sobre a insolvência, consoante o caso, e oferecer com ela os elementos que possua relativamente ao activo e passivo do devedor", oferecendo todos os meios de prova de que disponha.

No próprio dia da distribuição, ou, não sendo viável até ao terceiro dia útil seguinte, o juiz indefere liminarmente o pedido "quando seja manifestamente improcedente, ou ocorram, de forma evidente, excepções dilatórias insupríveis de que deva conhecer oficiosamente" ou profere despacho de aperfeiçoamento (artigo 27.°); sendo o devedor a apresentar-se à insolvência, "o despacho de indeferimento liminar que não se baseie, total ou parcialmente, na falta de junção dos documentos [...] exigidos é objecto da publicidade prevista pelo n.° 1 do artigo 38.° [publicação de anúncio no *Diário da República* de que constem, entre outros elementos, a identificação do devedor, indicação da sua sede ou residência], aplicável com as necessárias adaptações, no prazo previsto no n.° 5 do mesmo artigo [cinco dias]".

"A apresentação à insolvência por parte do devedor implica o reconhecimento por este da sua situação de insolvência, que é declarada até ao 3.° dia útil seguinte ao da distribuição da petição inicial ou, existindo vícios corrigíveis, ao do respectivo suprimento" (artigo 28.°).

Caso seja o devedor a apresentar-se à insolvência, não está prevista na lei a hipótese de desistência sua do pedido ou instância, mas, se aquela tiver sido requerida por outrem, o artigo 21.° admite a desistência "até ser proferida sentença, [embora] sem prejuízo do procedimento criminal que ao caso couber". Independentemente da responsabilidade criminal, constituir-se-á em responsabilidade civil aquele que deduzir infundadamente pedido de insolvência ou o devedor que se apresente sem fundamento à insolvência, pelos danos causados respectivamente ao devedor ou aos credores, mas só se o agente tiver actuado com dolo (artigo 22.°).

Salvo a hipótese de terem sido ordenadas medidas cautelares antes da citação do devedor – situação de que se falará de seguida –, tendo sido a declaração de insolvência requerida por pessoa diversa do devedor e não tendo havido indeferimento liminar, "o juiz manda citar pessoalmente o devedor" até ao 3° dia útil depois da distribuição da petição inicial ou, em caso de despacho de aperfeiçoamento desta, contado do suprimento dos respectivos vícios; "no acto de citação é o devedor advertido da cominação prevista no n.° 5 do artigo seguinte [caso não deduza oposição, "consideram-se confessados os factos alegados na petição inicial, e a insolvência é declarada no dia útil seguinte ao termo do prazo" de 10 dias, se tais factos preencherem a hipótese de alguma das alíneas do n.° 1 do artigo 20.° factos que já se deixaram referidos e que legitimam o pedido de declaração de insolvência] e de que os documentos referidos no n.° 1 do artigo 24.° [aqueles que o devedor tem de juntar ao seu pedido de declaração de insolvência] devem estar prontos para imediata entrega ao administrador da insolvência na eventualidade de [...] [esta] ser declarada" (artigo 29.°).

Quando a insolvência for requerida por terceiro, "o devedor pode, no prazo de 10 dias, deduzir oposição [...]", com a qual deve oferecer todos os meios de prova de que disponha, ficando obrigado a apresentar as testemunhas arroladas e indicando a lista dos seus cinco maiores credores – à excepção do próprio requerente, naturalmente – e respectivos domicílios; esta última exigência – que é condição do recebimento da oposição – não tem pertinência quando a oposição do devedor se basear "na inexistência do facto em que se fundamenta o pedido formulado ou na inexistência da situação de insolvência"; é ao devedor que cabe o ónus da prova da sua solvência, "baseando-se na escrituração legalmente organizada e arrumada, sem prejuízo [...] [da aplicação das regras especiais enunciadas no artigo 3.°, n.° 3, que se deixaram já referidas]"; "se a audiência do devedor não tiver sido dispensada [...] [por acarretar demora excessiva] e o devedor não deduzir oposição, consideram-se confessados os factos alegados na petição inicial, e a insolvência é declarada no dia útil seguinte ao termo do prazo referido no n.° 1 [10 dias], se tais factos preencherem a hipótese de alguma das alíneas do n.° 1 do artigo 20.° [os que podem fundamentar o pedido de declaração de insolvência]" – artigo 30.°.

O artigo 31.° prevê a possibilidade de serem adoptadas "medidas cautelares" "que se mostrem necessárias ou convenientes para impedir o agravamento da situação patrimonial do devedor, até que seja proferida sentença", o que ocorre por decisão do juiz, nos termos do n.° 1, se houver "justificado receio da prática de actos de má gestão", quer oficiosamente quer a pedido do requerente da insolvência; tais medidas "podem designadamente consistir na nomeação de um administrador judicial provisório com poderes exclusivos para a administração do património do devedor, ou para assistir o devedor nessa administração"; a adopção destas medidas "pode ter lugar previamente à citação do devedor, no caso de a antecipação ser julgada indispensável para não pôr em perigo o seu efeito útil, mas sem que a citação possa ser retardada mais de 10 dias relativamente ao prazo que de outro modo interviria", podendo mesmo a adopção das medidas preceder a distribuição "quando o requerente o solicite e o juiz considere justificada a precedência". Nos termos do artigo 32.°, "a escolha do administrador judicial provisório recai em entidade inscrita na lista oficial de administradores da insolvência, tendo o juiz em conta a proposta eventualmente feita na petição inicial"; este administrador "manter-se-á em funções até que seja proferida a sentença, sem prejuízo da possibilidade da sua substituição ou remoção em momento anterior, ou da sua recondução como administrador da insolvência". Pelo seu lado, o artigo 33.° dispõe, no seu n.° 1, que este administrador provisório "a quem forem atribuídos poderes exclusivos de administração do património do devedor deve providenciar pela manutenção e preservação desse património, e pela continuidade da exploração da empresa, salvo se considerar que a suspensão da actividade é mais vantajosa para os interesses dos credores e tal medida for autorizada pelo juiz"; no n.° 2, enunciam-se os critérios a que o juiz tem de obedecer ao fixar as competências e deveres destes administradores, dizendo, finalmente, o n.° 3 que, em qualquer caso, o administrador "tem o direito de acesso à sede e às instalações empresariais do devedor e de proceder a quaisquer inspecções e a exames, designadamente dos elementos da sua contabilidade, e o devedor fica obrigado a fornecer-lhe todas as informações necessárias ao desempenho das suas funções, aplicando-se, com as devidas adaptações, o artigo 83.° [que respeita aos deveres de informação, de apresentação e de colaboração do devedor]".

Quando tenha havido oposição do devedor ao pedido de declaração de insolvência ou a audiência dele tenha sido dispensada, a audiência de discussão e julgamento deve ser marcada "para um dos cinco dias subsequentes, notificando-se o requerente e o devedor para comparecerem pessoalmente ou para se fazerem representar por quem tenha poderes para transigir"; caso o devedor não compareça nem se faça representar nos termos enunciados, "têm-se por confessados os factos alegados na petição inicial, se a audiência do devedor não tiver sido dispensada nos termos do artigo 12º [por acarretar demora excessiva]"; se for o requerente a faltar, sem representação adequada, a lei determina que tal "vale como desistência do pedido"; "o juiz dita logo para a acta, consoante o caso, sentença de declaração da insolvência, se os factos alegados na petição inicial forem subsumíveis no n.° 1 do artigo 20.°, ou sentença homologatória da desistência do pedido"; "comparecendo ambas as partes, ou só o requerente ou um seu representante, mas tendo a audiência do devedor sido dispensada, o juiz selecciona a matéria de facto relevante que considere assente e a que constitui a base instrutória"; "as reclamações apresentadas são logo decididas, seguindo-se de imediato a produção das provas"; finda esta, "têm lugar alegações de facto e de direito, e o tribunal decide em seguida a matéria de facto"; "se a sentença não puder ser logo proferida, sê-lo-á no prazo de cinco dias" (artigo 35.°).

O artigo 36.° enuncia os elemento que têm de constar da sentença que declara a insolvência, dos quais se destacam os seguintes: identificação do insolvente, sua sede ou residência; fixação de residência dos administradores do devedor e também a este último, se for pessoa singular; nomeação do administrador da insolvência; determinação da pessoa que administra a massa insolvente (pode ser o próprio devedor em algumas situações previstas no artigo 224.° ou será, como regra, o administrador da insolvência); designação de prazo, até 30 dias, para a reclamação de créditos; advertência quer aos credores quer aos devedores do insolvente das comunicações que devem fazer ou dos actos que devem praticar; fixação do dia para a realização da assembleia de credores, chamada assembleia de apreciação do relatório; caso o juiz conclua "que o património do devedor não é presumivelmente suficiente para a satisfação das custas do processo e das dívidas previsíveis da massa insolvente e não estando essa satisfação por outra forma garantida, faz menção desse facto na sentença [...]".

"Os administradores do devedor a quem tenha sido fixada residência são notificados pessoalmente da sentença [...], sendo-lhes [...] enviadas cópias da petição inicial" – artigo 37.°, n.° 1; o mesmo artigo, no seu n.° 3, estabelece que "os cinco maiores credores conhecidos, com exclusão do [...] requerente, são citados [...] [pessoalmente] ou por carta registada, consoante tenham ou não residência habitual, sede ou domicílio em Portugal"; os restantes credores conhecidos "que tenham residência habitual, domicílio ou sede em outros Estados membros da União Europeia, são citados por carta registada, em conformidade com os artigos 40.° e 42.° do Regulamento (CE) n.° 1346/2000, do Conselho, de 29 de Maio [informação prestada na língua oficial ou numa das línguas oficiais do Estado de abertura do processo, para o que é utilizado um formulário em que figura, em todas as línguas oficiais das Instituições da União Europeia, o título «Aviso de reclamação de créditos. Prazos legais a observar»; no caso de os credores terem residência habitual, domicílio ou sede num Estado-membro que não seja o da abertura do processo, podem os créditos ser reclamados na língua oficial ou numa das línguas oficiais do Estado-membro, devendo, neste caso, a reclamação mencionar o título «Reclamação de crédito» na língua oficial ou numa das línguas oficiais do Estado de abertura do processo, podendo ainda ser-lhes exigida uma tradução na língua oficial ou numa das línguas oficiais do Estado de abertura do processo]"; o Estado, os institutos públicos sem natureza de empresas públicas ou de instituições de segurança social, quando credores, são citados por carta registada; "os demais credores e outros interessados são citados por edital, com as formalidades determinadas pela incerteza das pessoas, com prazo de dilação de cinco dias e com anúncios no *Diário da República* e num jornal diário de grande circulação nacional [...]"; "a sentença é igualmente notificada ao Ministério Público e, se o devedor for titular de uma empresa, à comissão de trabalhadores; quando esta [...] não exista, a sentença é objecto de publicação mediante a afixação de editais na sede e nos estabelecimentos da empresa" (v. artigo 37.°), nos termos do artigo 318.°, n.° 4-*a*), da Lei n.° 35/2004, de 29 de Julho, é ainda notificada ao Fundo de Garantia Salarial.

Dispõe o artigo 38.°, n.° 2, que "a declaração de insolvência e a nomeação de um administrador [...] são registadas oficiosamente, com base na respectiva certidão, para o efeito remetida pela secretaria:

a) Na conservatória do registo civil, se o devedor for uma pessoa singular;

b) Na conservatória do registo comercial, se houver quaisquer factos relativos ao devedor insolvente sujeitos a esse registo;

c) Na entidade encarregada de outro registo público a que o devedor esteja eventualmente sujeito". "Todas as diligências destinadas à publicidade e registo da sentença devem ser realizadas no prazo de cinco dias" (artigo 38.°, n.° 5).

Quando o juiz conclua "que o património do devedor não é presumivelmente suficiente para a satisfação das custas do processo e das dívidas previsíveis da massa insolvente e não estando essa satisfação por outra forma garantida, faz menção desse facto na sentença [...], declara aberto o incidente de qualificação com carácter limitado"; nestas situações, as notificações, citações, actos de publicidade e registo da sentença realizam-se "com as modificações exigidas", podendo qualquer interessado pedir, no prazo de cinco dias, que a sentença seja complementada com todas as menções necessárias numa sentença de declaração de insolvência em que esta hipótese não ocorra, devendo o requerente do complemento da sentença depositar "à ordem do tribunal o montante que o juiz especificar segundo o que razoavelmente entenda necessário para garantir o pagamento das referidas custas e dívidas, ou caucionа[r] esse pagamento mediante garantia bancária, sendo o depósito movimentado ou a caução accionada apenas depois de comprovada a efectiva insuficiência da massa, e na medida dessa insuficiência"; requerido o mencionado complemento da sentença, deve a acção prosseguir nos termos gerais, podendo o requerente do complemento "exigir o reembolso das quantias despendidas às pessoas que, em violação dos seus deveres como administradores, se hajam abstido de requerer e declaração de insolvência do devedor, ou o tenham feito com demora"; nos casos em que não haja sido requerido o complemento da sentença, "o devedor não fica privado dos poderes de administração e disposição do seu património, nem se produzem quaisquer dos efeitos que normalmente correspondem à declaração de insolvência [...]", sendo o processo declarado findo logo que a sentença transite em julgado, "sem prejuízo da tramitação, até final do incidente limitado de qualificação da insolvência", e limitando-se o administrador da insolvência a elaborar parecer sobre os factos relevantes, identificando, se for esse o caso, as pessoas que devem ser responsabilizadas pela qualificação como culposa da insolvência; no entanto, mesmo "após o trânsito em julgado [da sentença], qualquer legitimado pode instaurar a todo o tempo novo processo de insolvência, mas o prosseguimento dos autos depende de que seja depositado à ordem do tribunal o montante que o juiz razoavelmente entenda necessário para garantir o pagamento das custas e dívidas previsíveis. Todas as regras que se deixaram sumariadas para os casos em que o tribunal considere que se verifica insuficiência da massa insolvente e que constam do artigo 39.° não são aplicáveis, nos termos do n.° 8 da mesma disposição, "quando o devedor, sendo uma pessoa singular, tenha requerido, anteriormente à sentença de declaração de insolvência, a exoneração do passivo restante". Neste caso, bem como naquele em que o administrador verificar a insuficiência da massa "para a satisfação das custas do processo e das outras dívidas e em que, "ouvidos o devedor, a assembleia de credores e os credores da massa insolvente, o juiz declare encerrado o processo" (artigo 232.°, n.° 5), o artigo 191.° determina que se aplica o incidente limitado de qualificação da insolvência, sendo regido pelos artigos 188.° e 189.°, com as seguintes adaptações: "*a)* O prazo para qualquer interessado alegar o que tiver por conveniente para efeito da qualificação da insolvência como culposa é de 45 dias contados da data da sentença de declaração [...] e o administrador [...] apresenta o seu parecer nos 15 dias subsequentes; *b)* Os documentos da escrituração do insolvente são patenteados pelo próprio a fim de poderem ser examinados por qualquer interessado; *c)* Da sentença que qualifique a insolvência como culposa constam apenas as menções referidas nas alíneas *a)* a *c)* do n.° 2 do artigo 189.° [identificação das pessoas afectadas pela qualificação, decretamento da inabilitação destas por um período de 2 a 10 anos, declaração de inibição destas pessoas para o exercício do comercio por um período de 2 a 10 anos]".

O artigo 40.°, n.° 1, enuncia as pessoas que podem opor embargos à sentença que declara a insolvência – "o devedor em situação de revelia absoluta, se não tiver sido pessoalmente citado", "o cônjuge, os ascendentes ou descendentes e os afins em 1.° grau da linha recta da pessoa singular considerada insolvente, no caso de a declaração [...] se fundar na fuga do devedor relacionada com a sua falta de liquidez", o cônjuge, herdeiro, legatário ou representante do devedor, quando o falecimento tenha ocorrido antes de findo o prazo para a oposição [...] [pelo devedor]", "qualquer credor que como tal se legitime", "os responsáveis legais pelas dívidas do insolvente", "os sócios, associados ou membros do devedor" –, estabelecendo o n.° 2 que "os embargos devem ser deduzidos dentro dos 5 dias subsequentes à notificação da sentença ao embargante ou ao fim da dilação aplicável, e apenas são admissíveis desde que o embargante alegue factos ou requeira meios de prova que não tenham sido tidos em conta pelo tribunal e que possam afastar os fundamentos da declaração de insolvência"; o n.° 3 deste artigo determina que "a oposição de embargos à sentença declaratória da insolvência, bem como o recurso da decisão que mantenha a declaração, suspende a liquidação e a partilha do activo [...]". Alternativa ou cumulativamente com os embargos, podem as pessoas que têm legitimidade para os deduzir e que ficaram indicadas "interpor recurso da sentença [...], quando entendam que, face aos elementos apurados, ela não devia ter sido proferida", podendo o devedor recorrer mesmo quando não possa deduzir embargos – artigo 42.°. Deduzidos os embargos, a respectiva petição "é imediatamente autuada por apenso, sendo o processo concluso ao juiz, para despacho liminar, no dia seguinte ao termo do prazo [...] [para a sua dedução]; aos embargos opostos por várias entidades corresponde um único processo"; não havendo indeferimento liminar, "é ordenada a notificação do administrador da insolvência e da parte contrária para contestarem, querendo, no prazo de cinco dias"; havendo contestação e produção de prova – que terá lugar no prazo máximo de dez dias –, procede-se à audiência de julgamento dentro dos cinco dias imediatos [...]" – artigo 41.°.

"A revogação da sentença de declaração de insolvência não afecta os efeitos dos actos legalmente praticados pelos órgãos da insolvência" (artigo 43.°).

Neste processo vigora o princípio do inquisitório, consagrado no artigo 11°, que tem o seguinte teor: "No processo de insolvência, embargos e incidente de qualificação da insolvência, a decisão do juiz pode ser fundada em factos que não tenham sido alegados pelas partes".

Caso a sentença indefira o pedido de declaração de insolvência, ela é notificada ao requerente e ao devedor, e, se tiver sido nomeado um administrador judicial provisório, é publicada e registada nos termos que já se deixaram expostos, embora com as necessárias adaptações; contra esta sentença "só pode reagir o próprio requerente, e unicamente através de recurso" – v. artigos 44.° e 45.°.

"Declarada a insolvência, todos os titulares de créditos de natureza patrimonial sobre o insolvente, ou garantidos por bens integrantes da massa insolvente [esta "abrange todo o património do devedor à data da declaração de insolvência, bem como os bens e direitos que ele adquira na pendência da acção", não sendo nela integrados os bens impenhoráveis, salvo se o devedor os apresentar e a impenhorabilidade não for absoluta], cujo fundamento seja anterior à data dessa declaração, são considerados credores da insolvência, qualquer que seja a sua nacionalidade e domicílio"; aos titulares de direitos de crédito sobre a insolvência à data da respectiva declaração são equiparados "aqueles que mostrem tê-los adquirido na pendência do processo – v. artigos 47.°, n.°s 1 a 3, e 46.°.

De acordo com o artigo 8.°, n.° 1, "a instância do processo de insolvência não é passível de suspensão, excepto nos casos expressamente previstos neste Código", dispondo o n.° 2 do mesmo artigo que, "sem prejuízo do disposto na alínea *b)* do n.° 3 do artigo 264.° [se o cônjuge de um devedor contra o qual tenha sido instaurado processo de insolvência, se apresentar, ele próprio à insolvência, com o consentimento do respectivo consorte, é suspenso "qualquer processo de insolvência anteriormente instaurado apenas contra o apresentante e em que a insolvência não haja sido declarada, se for acompanhado de confissão expressa da situação de insolvência ou caso seja apresentada pelos cônjuges uma proposta de plano de pagamentos"], o tribunal ordena a suspensão da instância se contra o mesmo devedor correr processo de insolvência instaurado por outro requerente cuja petição tenha primeiramente dado entrada em juízo"; ainda este artigo 8.°, agora no seu n.° 3, diz que "a pendência da outra causa [outro processo de insolvência contra o mesmo devedor] deixa de se considerar prejudicial se o pedido for indeferido, independentemente do trânsito em julgado da decisão"; o n.° 4 dispõe que, "declarada a insolvência no âmbito de certo processo, deve a instância ser suspensa em quaisquer outros processos de insolvência que corram contra o mesmo devedor e considerar-se extinta com o trânsito em julgado da sentença, independentemente da prioridade temporal das entradas em juízo das petições iniciais".

"No caso de falecimento do devedor, o processo: *a)* Passa a correr contra a herança jacente, que se manterá indivisa até ao encerramento do mesmo; *b)* É suspenso pelo prazo, não prorrogável, de cinco dias, quando o sucessor do devedor o requeira e o juiz considere conveniente a suspensão" – artigo 10.°.

"O processo de insolvência, incluindo todos os seus incidentes, apensos e recursos, tem carácter urgente e goza de precedência sobre o serviço ordinário do tribunal" (artigo 9.°, n.° 1); "têm carácter urgente os registos das sentenças e despachos proferidos no processo de insolvência, bem como os de quaisquer actos de apreensão de bens da massa insolvente ou praticados no âmbito da administração e liquidação dessa massa ou previstos em plano de insolvência ou de pagamentos" (artigo 9.°, n.° 5). Informadas pela mesma *ratio* de celeridade do processo são as disposições dos restantes números deste artigo 9.°; assim, o n.° 2 dispõe que, "salvo disposição em contrário, as notificações de actos processuais praticados no processo de insolvência, seus incidentes e apensos, com excepção de actos das partes, podem ser efectuadas por qualquer das formas previstas no n.° 5 do artigo 176.° do Código de Processo Civil [via postal, telecópia e meios telemáticos, telegrama, comunicação telefónica ou outro meio análogo de telecomunicações]"; o nº 3 permite que a publicação obrigatória de quaisquer sentenças e despachos seja "promovida por iniciativa de qualquer interessado que o justifique e requeira ao juiz"; finalmente, o nº 4 dispõe que, "com a publicação, nos lugares próprios, dos anúncios requeridos neste Código, acompanhada da afixação de editais, se exigida, respeitantes a quaisquer sentenças ou despachos, à convocação das assembleias de credores e às respectivas deliberações, consideram-se citados ou notificados todos os credores, incluindo aqueles para os quais a lei exija formas diversas de comunicação e que não devam já haver-se por citados ou notificados em momento anterior". Sempre na prossecução do objectivo de celeridade processual do diploma, o artigo 12.° dispensa a audiência do devedor, "incluindo a citação [...], quando acarrete demora excessiva, pelo facto de o devedor, sendo uma pessoa singular, residir no estrangeiro, ou por ser desconhecido o seu paradeiro"; nestes casos, "deve, sempre que possível, ouvir-se um representante do devedor, ou, na falta deste, o seu cônjuge ou um seu parente, ou pessoa que com ele viva em união de facto", normas idênticas se aplicando, "com as devidas adaptações, relativamente aos administradores do devedor, quando este não seja uma pessoa singular". Ainda com o mesmo propósito, o artigo 14.° prevê, no seu n.° 1, que, nestes processos, "e nos embargos opostos à sentença de declaração de insolvência, não é admitido recurso dos acórdãos proferidos por tribunal da relação, salvo se o recorrente demonstrar que o acórdão de que pretende recorrer está em oposição com outro proferido por alguma das relações, ou pelo Supremo Tribunal de Justiça, no domínio da mesma legislação e que haja decidido de forma divergente a mesma questão fundamental de direito e não houver sido fixada pelo Supremo, nos termos dos artigos 732-A e 732-B [recurso ampliado de revista] do Código de Processo Civil, jurisprudência com ele conforme"; o nº 2 da mesma disposição determina que, "em todos os recursos interpostos no processo ou em qualquer dos seus apensos, o prazo para alegações é um para todos os recorrentes, correndo em seguida um outro para todos os recorridos"; e o n.° 4 diz que, "durante o prazo para alegações, o processo é mantido na secretaria judicial para exame e consulta pelos interessados [das "alegações e contra-alegações será extraída uma única cópia, que fica à disposição dos [...] [interessados para consulta] na secretaria [...]" – n.° 3]"; os nºs 5 e 6 deste artigo 14.° estabelecem o regime de subida e os efeitos dos recursos nos processos de insolvência.

O tribunal competente para o processo de insolvência é o "da sede ou do domicílio do devedor ou do autor da herança à data da morte, consoante os casos"; "é igualmente competente o tribunal do lugar em que o devedor tenha o centro dos seus principais interesses, entendendo-se por tal aquele em que ele os administre, de forma habitual e cognoscível por terceiros"; "a instrução e decisão de todos os termos do processo [...], bem como dos seus incidentes e apensos, compete sempre ao juiz singular" – artigo 7.°; nos termos do artigo 89.°, n.° 1-*a)* da Lei de Organização e Funcionamento dos Tribunais Judiciais (Lei n.° 3/99, de 13 de Janeiro, rectificada pela Declaração de rectificação n.° 7/99, de 16 de Fevereiro, e alterada pela Lei n.° 101/99, de 26 de Julho, pelos Decretos-Leis n.°s 323/2001, de 17 de Dezembro, e 38/2003, de 8 de Março – rectificado pela Declaração de rectificação n.° 5-C/2003, de 30 de Abril –, pela Lei n.° 105/2003, de 10 de Dezembro, pelo DL n.° 53/2004, pela Lei n.° 42/2005, de 29 de Agosto, e pelo DL n.° 76-A/2006), são competentes os tribunais de comércio para os processos de insolvência em que o devedor seja uma sociedade comercial ou a massa integrar uma empresa; nos outros casos, são competentes os tribunais comuns.

O valor da causa nos processos de insolvência "é determinado sobre o valor do activo do devedor indicado na petição, que é corrigido logo que se verifique ser diferente o valor real" (artigo 15.°); todavia, para efeitos custas, o artigo 301.° dispõe que "o valor da causa no processo [...] em que a insolvência não chegue a ser declarada ou em que [...] [ele] seja encerrado antes da elaboração do inventário a que se refere o artigo 153.° é o equivalente ao da alçada da relação, ou ao valor aludido no artigo 15.°, se este for inferior; nos demais casos, o valor é atribuído ao activo no referido inventário, atendendo-se aos valores mais elevados dos bens, se for o caso".

O artigo 227.° do Código Penal, também na redacção resultante do referido DL n.° 53/2004, ocupa-se da insolvência dolosa, estabelecendo:

"1 – O devedor que, com intenção de prejudicar os credores:

a) Destruir, danificar, inutilizar ou fizer desaparecer parte do seu património;

b) Diminuir ficticiamente o seu activo, dissimulando coisas, invocando dívidas supostas, reconhecendo créditos fictícios, incitando terceiros a apresentá-los ou simulando, por qualquer outra forma, uma situação patrimonial inferior à realidade, nomeadamente por meio de contabilidade inexacta, falso balanço, destruição ou ocultação de documentos contabilísticos ou não organizando a contabilização, apesar de devida;

c) Criar ou agravar artificialmente prejuízos ou reduzir lucros; ou,

d) Para retardar a declaração de falência, comprar mercadorias a crédito com o fim de as vender ou utilizar em pagamento por preço sensivelmente inferior ao corrente;

é punido, se ocorrer a situação de insolvência e esta vier a ser reconhecida judicialmente, com pena de prisão até 5 [eram 3 na versão anterior] anos ou com pena de multa até 600 dias.

2 – O terceiro que praticar algum dos factos descritos no n.° 1 deste artigo com o conhecimento do devedor ou em benefício deste é punido com a pena prevista nos números anteriores, conforme os casos, especialmente atenuada.

3 – Sem prejuízo do disposto no artigo 12.°, é punível nos termos dos n.°s 1 e 2 deste artigo, no caso de o devedor ser pessoa colectiva, sociedade ou associação de

facto, quem tiver exercido de facto a respectiva gestão ou direcção efectiva e houver praticado algum dos factos previstos no n.° 1".

Embora não qualificando a insolvência assim provocada, o artigo 229.° do Código Penal, na redacção do diploma de 2004 mencionado, prevê e pune a prática que designa por favorecimento de credores da seguinte forma:

"1 – O devedor que, conhecendo a sua situação de insolvência ou prevendo a sua iminência e com intenção de favorecer certos credores em prejuízo de outros, solver dívidas ainda não vencidas ou as solver de maneira diferente do pagamento em dinheiro ou valores usuais, ou der garantias para as suas dívidas a que não era obrigado, é punido com pena de prisão até 2 anos ou com pena de multa até 240 dias, se vier a ser reconhecida judicialmente a insolvência [na versão anterior referia-se a declaração de falência, entretanto desaparecida com a aprovação do Código da Insolvência e da Recuperação de Empresas];

2 – É correspondentemente aplicável o disposto no n.° 3 do artigo 227.°".

Finalmente, o artigo 228.° do Código Penal, cuja última redacção resulta do mesmo DL n.° 53/2004, prevê a insolvência negligente, situação que decorre de o devedor:

"*a)* Por grave incúria ou imprudência, prodigalidade ou despesas manifestamente exageradas, especulações ruinosas, ou grave negligência no exercício da sua actividade, criar um estado de insolvência; ou,

b) Tendo conhecimento das dificuldades económicas e financeiras da sua empresa, não requerer em tempo nenhuma providência de recuperação".

Nos termos do artigo 780.°, n.° 1, C.C., a insolvência, ainda que não judicialmente declarada, do devedor importa a perda do benefício do prazo relativamente às suas obrigações.

V. *Sociedade civil; Falência; Património; Cumprimento; Obrigação; Devedor; Empresa; Acção de simples apreciação; Presunção legal; Órgão; Concordata; Favorecimento de credores; Vencimento; Garantia; Benefício do prazo; Pessoa colectiva; Pessoa singular; Património autónomo; Apresentação à insolvência; Plano de insolvência; Herança jacente; Associação; Personalidade jurídica; Comissões especiais; Locação; Locação financeira; Hipoteca; Sede Residência; Ministério Público; Impenhorabilidade; Exequente; Execução; Mandatário; Declaração de insolvência; Pedido; Crédito sobre a insolvência; Meios de prova; Distribuição; Excepção dilatória; Conhecimento oficioso; Despacho de aperfeiçoamento; Indeferimento liminar; Desistência; Responsabilidade civil; Dolo; Citação; Citação pessoal; Confissão; Petição inicial; Administrador da insolvência; Testemunha; Rol de testemunhas; Domicílio; Ónus da prova; Administrador provisório; Audiência de discussão e julgamento; Poderes representativos; Transacção; Homologação; Matéria de facto; Base instrutória; Alegações; Massa insolvente; Reclamação de créditos; Assembleia de credores; Citação edital; Dilação; Registo civil; Certidão; Dívida da insolvência; Qualificação da insolvência; Caução; Trânsito em julgado; Custas; Embargos à sentença de insolvência; Revelia; Ascendente; Descendente; Afinidade; Linha; Grau de parentesco; Herdeiro; Legatário; Representante; Recurso; Contestação; Princípio inquisitório; Garantias reais; Cidadania; Suspensão da instância; Extinção da instância; Processo urgente; Registo da sentença; Telecópia; Paradeiro; União de facto; Acórdão Relação; Supremo Tribunal de Justiça; Recurso ampliado de revista; Jurisprudência; Secretaria judicial; Exame de processos; Subida do recurso; Competência em razão do território; Instrução; Tribunal singular; Tribunal de comércio; Valor da causa; Inventário; Alçada; Pródigo; Perda do benefício do prazo.*

Insolvência culposa (Dir. Civil; Dir. Com.; Proc. Civil) – O artigo 186.° do Código da Insolvência e da Recuperação de Empresas, aprovado pelo Decreto-Lei n.° 53/2004, de 18 de Março, alterado pelos Decretos-Leis n.°s 200/2004, de 18 de Agosto, e 76-A/2006, de 29 de Março (rectificado pela Declaração de rectificação n.° 28-A/2006, de 26 de Maio), diz que "a insolvência é culposa quando a situação tiver sido criada ou agravada em consequência da actuação, dolosa ou com culpa grave, do devedor, ou dos seus administradores, de direito ou de facto, nos três anos anteriores ao início do processo de insolvência".

O n.° 2 da mesma disposição contém uma presunção inilidível de culpa na insolvência quando os administradores, de direito ou de facto, do devedor, que não seja uma pessoa singular, tenham:

"*a)* Destruído, danificado, inutilizado, ocultado, ou feito desaparecer, no todo ou em parte considerável, o património do devedor;

b) Criado ou agravado artificialmente passivos ou prejuízos, ou reduzido lucros, causando, nomeadamente, a celebração pelo devedor de negócios ruinosos em seu proveito ou no de pessoas com eles especialmente relacionadas;

c) Comprando mercadorias a crédito, revendendo-as ou entregando-as em pagamento por preço sensivelmente inferior ao corrente, antes de satisfeita a obrigação;

d) Disposto dos bens do devedor em proveito pessoal ou de terceiros;

e) Exercido, a coberto da personalidade colectiva da empresa, se for o caso, uma actividade em proveito pessoal ou de terceiros e em prejuízo da empresa;

f) Feito do crédito ou dos bens do devedor uso contrário ao interesse deste, em proveito pessoal ou de terceiros, designadamente para favorecer outra empresa na qual tenham interesse directo ou indirecto;

g) Prosseguido, no seu interesse pessoal ou de terceiro, uma exploração deficitária, não obstante saberem ou deverem saber que esta conduziria com grande probabilidade a uma situação de insolvência;

h) Incumprido em termos substanciais a obrigação de manter contabilidade organizada, mantido uma contabilidade fictícia ou uma dupla contabilidade ou praticado irregularidade com prejuízo relevante para a compreensão da situação patrimonial e financeira do devedor;

i) Incumprido, de forma reiterada, os seus deveres de apresentação e de colaboração até à data da elaboração do parecer referido no n.º 2 do artigo 188.º [parecer do administrador da insolvência sobre os factos relevantes para a qualificação da insolvência como culposa]".

Por seu lado, o n.º 3 sempre do mesmo artigo consagra uma presunção, relativa esta, de culpa grave "quando os administradores, de direito ou de facto, do devedor que não seja uma pessoa singular tenham incumprido:

a) O dever de requerer a declaração de insolvência;

b) A obrigação de elaborar as contas anuais, no prazo legal, de submetê-las à devida fiscalização ou de as depositar na conservatória do registo comercial".

Ambas as presunções são aplicáveis, "com as devidas adaptações, à actuação de pessoa singular insolvente e seus administradores, onde a isso não se opuser a diversidade das situações". "Se a pessoa singular insolvente não estiver obrigada a apresentar-se à insolvência, esta não será considerada culposa em virtude da mera omissão ou retardamento na apresentação, ainda que determinante de um agravamento da situação económica do insolvente" – n.º 3 do artigo 186.º.

Se se tratar de devedor que já tenha sido declarado insolvente em processo anterior, só se aprecia a qualificação da insolvência como culposa se o não tiver sido naquele outro processo "em virtude da aprovação de um plano de pagamentos aos credores, ou for provado que a situação de insolvência não se manteve ininterruptamente desde a data da sentença de declaração anterior" (artigo 187.º).

Os artigos 188.º a 190.º ocupam-se do que designam por "incidente pleno de qualificação da insolvência", estabelecendo o artigo 188.º que, "até 15 dias depois da realização da assembleia de apreciação do relatório, qualquer interessado pode alegar, por escrito, o que tiver por conveniente para efeito da qualificação da insolvência como culposa"; dentro dos 15 dias seguintes, "o administrador da insolvência apresenta parecer, devidamente fundamentado e documentado, sobre os factos relevantes, que termina com a formulação de uma proposta, identificando, se for o caso, as pessoas que devem ser afectadas pela qualificação da insolvência como culposa"; este parecer vai ao Ministério Público para este se pronunciar no prazo de 10 dias. "Se tanto o administrador da insolvência como o Ministério Público propuserem a qualificação da insolvência como fortuita, o juiz profere de imediato decisão nesse sentido, a qual é insusceptível de recurso". "No caso contrário, o juiz manda notificar o devedor e citar pessoalmente aqueles que, segundo o administrador da insolvência ou o Ministério Público, devam ser afectados pela qualificação da insolvência como culposa para se oporem, querendo, no prazo de 15 dias [...]"; "o administrador da insolvência, o Ministério Público e qualquer interessado que assuma posição contrária à das oposições pode responder-lhe dentro dos 10 dias subsequentes ao termo do prazo referido no número anterior [15 dias]".

O artigo 189º determina que a sentença qualifica a insolvência como culposa ou como fortuita"; se a qualificar como culposa, deve:

a) Identificar as pessoas afectadas pela qualificação;

b) Decretar a inabilitação das pessoas afectadas por um período de 2 a 10 anos;

c) Declarar essas pessoas inibidas para o exercício do comércio durante um período de 2 a 10 anos, bem como para a ocupação de qualquer cargo de titular de órgão de sociedade comercial ou civil, associação ou fundação privada de actividade económica, empresa pública ou cooperativa;

d) Determinar a perda de quaisquer créditos sobre a insolvência ou sobre a massa insolvente detidos pelas pessoas afectadas pela qualificação e a sua condenação na restituição dos bens ou direitos já recebidos em pagamento desses créditos".

"A inibição para o exercício do comércio tal como a inabilitação são oficiosamente registadas na Conservatória do Registo Civil, e bem assim, quando a pessoa afectada fosse comerciante em nome individual, na conservatória do registo comercial, com base em certidão da sentença remetida pela secretaria".

Finalmente, o artigo 190.° estabelece que "o juiz, ouvidos os interessados, nomeia um curador para cada um dos inabilitados, fixando os poderes que lhe competem"; a nomeação do curador e sua destituição estão sujeitas a registo nos termos *supra* expostos.

O artigo 39.° prevê que o tribunal considere que se verifica insuficiência da massa insolvente para a satisfação das custas do processo e das outras dívidas previsíveis da massa, ocupando-se o artigo 232.°, n.° 5, da hipótese de ser o administrador a verificar a insuficiência da massa; neste último caso, "ouvidos o devedor, a assembleia de credores e os credores da massa insolvente, o juiz declara encerrado o processo, e o artigo 191.° determina que se aplica o incidente limitado de qualificação da insolvência, sendo regido pelos artigos 188.° e 189.°, com as seguintes adaptações: "*a)* O prazo para qualquer interessado alegar o que tiver por conveniente para efeito da qualificação da insolvência como culposa é de 45 dias contados da data da sentença de declaração [...] e o administrador [...] apresenta o seu parecer nos 15 dias subsequentes; *b)* Os documentos da escrituração do insolvente são patenteados pelo próprio a fim de poderem ser examinados por qualquer interessado; *c)* Da sentença que qualifique a insolvência como culposa constam apenas as menções referidas nas alíneas *a)* a *c)* do n.° 2 do artigo 189.°".

Há de ter em consideração o regime estabelecido pelo Decreto-Lei n.° 316/98, de 20 de Outubro, alterado pelo Decreto-Lei n.° 201/2004, de 18 de Agosto, que veio prever que qualquer empresa em condições de requerer judicialmente a sua insolvência ou qualquer credor que tenha legitimidade para requerer aquela possa "requerer ao Instituto de Apoio às Pequenas e Médias Empresas e ao Investimento (IAPMEI)" um procedimento de conciliação, destinado "a obter a celebração de acordo, entre a empresa e todos ou alguns dos credores, que viabilize a recuperação da empresa em situação de insolvência, ainda que meramente iminente. De acordo com o artigo 1.°, n.° 4, deste diploma, "a apresentação de requerimento de procedimento de conciliação pela empresa suspende, durante a pendência do procedimento, o prazo para a apresentação à insolvência fixado no artigo 18.° do CIRE", cessando esta suspensão "logo que o procedimento se extinga ou decorram 60 dias sobre a data em que haja sido proferido o despacho referido no n.° 1 do artigo 4.° [despacho de recusa liminar do requerimento de conciliação pelo IAPMEI]".

V. *Insolvência; Recuperação de empresas; Culpa; Dolo; Culpa grave; Devedor; Presunção legal; Declaração de insolvência; Pessoa singular; Património; Relação especial; Pessoa colectiva; Empresa; Acto de disposição; Administrador da insolvência; Incidente; Qualificação da insolvência; Apresentação à insolvência; Plano de pagamentos; Ministério Público; Recurso; Notificação; Citação pessoal; Identificação da pessoa; Inabilitação; Inibição do insolvente; Órgão; Associação; Fundação; Crédito sobre a insolvência; Massa insolvente; Registo civil; Certidão; Sentença; Curador; Custas; Assembleia de credores; Documento.*

Insolvência dolosa (Dir. Civil; Dir. Com.; Dir. Penal) – V. *Insolvência.*

Insolvência fortuita (Dir. Civil; Dir. Com.) – V. *Insolvência.*

Insolvente (Dir. Civil; Proc. Civil) – Pessoa, singular ou colectiva, que se encontra numa situação patrimonial em que o passivo é superior ao activo, de tal modo que se encontra impossibilitada de cumprir pontualmente as suas obrigações.

A insolvência era uma mera situação de facto ou podia encontrar-se judicialmente reconhecida. Depois da publicação do Código dos Processos Especiais de Recuperação da Empresa e de Falência, aprovado pelo Decreto-Lei n.° 132/93, de 23 de Abril, alterado pelos Decretos-Leis n.°s 157/97, de 24 de Junho, 315/98, de 20 de Outubro, 323/2001, de 17 de Dezembro, e 38/2003, de 8 de Março, deixara de haver processo para o efeito, tendo a insolvência passado a constituir uma situação fáctica, de que podia decorrer a declaração de falência ou a adopção de uma providência de recuperação, se o insolvente fosse uma empresa.

Entretanto, aquele Código foi revogado pelo Código da Insolvência e da Recuperação de Empresas, aprovado pelo Decreto-Lei n.° 53/2004, de 18 de Março, alterado pelos Decretos-Leis n.°s 200/2004, de 18 de Agosto, e 76-A/2006, de 29 de Março (rectificado pela Declaração de rectificação n.° 28-A/2006, de 26 de Maio), que aboliu, por sua vez, a falência, e nos termos de cujo artigo 3.°, n.° 1, é considerado insolvente "o devedor que se encontre impossibilitado de cumprir as suas obrigações vencidas".

V. *Insolvência; Pessoa singular; Pessoa colectiva; Cumprimento; Obrigação; Falência; Empresa; Recuperação de empresas, Devedor; Recuperação de empresas; Vencimento.*

Inspecção de veículos – V. *Veículo.*

Inspecção judicial (Proc. Civil) – De acordo com o artigo 390.°, C.C., "a prova por inspecção tem por fim a percepção directa de factos pelo tribunal".

Na verdade, para esclarecimento de qualquer facto pertinente para a decisão de uma causa pendente em tribunal, pode este, com ressalva da intimidade da vida privada e familiar e da dignidade humana, por sua iniciativa ou a requerimento de uma das partes, proceder à inspecção de coisas ou pessoas, podendo deslocar-se ao local da ocorrência dos factos e fazer a sua reconstituição.

Na inspecção podem intervir terceiros, designados pelo tribunal e encarregados de o elucidar sobre os factos em causa ou sobre a sua interpretação, sendo para ela notificadas as partes que, por si ou pelos seus advogados, podem prestar esclarecimentos, fazer observações ou sugestões que entendam úteis.

Da diligência é obrigatoriamente "lavrado auto em que se registem todos os elementos úteis para o exame e decisão da causa, podendo o juiz determinar que se tirem fotografias para serem juntas ao processo".

A força probatória da inspecção é de apreciação livre pelo tribunal – artigo 391.°, C.C..

V. artigos 612.° a 615.°, C.P.C., tendo os artigos 612.° e 615.° a redacção do Decreto-Lei n.° 329-A/95, de 12 de Dezembro.

V. *Prova; Intimidade; Requerimento; Notificação; Auto; Força probatória.*

Instalações de energia eléctrica (Dir. Civil) – O artigo 509.°, C.C., estabelece que responde tanto pelos danos que resultem da condução ou entrega de electricidade, como por aqueles que derivem da própria instalação, aquele que tiver a direcção efectiva da instalação destinada a condução ou entrega de energia, e a utilizar no seu interesse. Esta responsabilidade, que a doutrina vulgarmente considera objectiva (situando-se a disposição na subsecção relativa à responsabilidade pelo risco), não parece configurar-se como totalmente desvinculada de culpa, pois a lei determina que ela será afastada se o seu titular provar que, ao tempo do acidente, a instalação estava de acordo com as regras técnicas em vigor e em perfeito estado de conservação. Não é, aliás, claro se a lei permite esta prova exoneratória da responsabilidade tanto no caso de os danos provirem da condução ou da entrega de electricidade como no de eles resultarem da própria instalação, ou se o afastamento da responsabilidade apenas se encontra admitido quanto aos prejuízos resultantes da instalação (esta última é a interpretação de Pires de Lima e Antunes Varela, *Código Civil Anotado*, Vol. I, 4.ª edição, pág. 525).

Seja como for, na medida em que a responsabilidade fica afastada se se fizer a prova de que, ao tempo da produção dos danos, a instalação não sofria de qualquer defeito de colocação ou conservação, a responsabilidade que este preceito prevê parece aproximar-se mais daquela que se funda em culpa presumida do que daquela outra que se baseia no risco.

Não há, em qualquer caso, responsabilidade civil quando os danos derivem de causa de força maior alheia ao funcionamento e utilização da coisa, também não sendo reparáveis, nos termos deste artigo 509.°, os danos causados por utensílios de uso de energia.

A responsabilidade prevista no artigo 509.° tem os limites máximos estabelecidos no artigo 510.°, na redacção que a este foi dada pelo Decreto-Lei n.° 59/2004, de 19 de Março.

V. Regulamento de Licenças para Instalações Eléctricas, aprovado pelo Decreto-Lei n.° 26 852, de 30 de Julho de 1936, alterado pelos Decretos-Leis n.°s 40 722, de 2 de Agosto de 1956, 446/76, de 5 de Junho, e 131/87, de 17 de Março, pela Portaria n.° 344/89, de 13 de Maio (rectificada por declaração publicada no Suplemento ao *Diário da República*, I série, de 30 de Junho de 1989), e pelos Decretos-Leis n.°s 272/92, de 3 de Dezembro, 4/93, de 8 de Janeiro, e pela Lei n.° 30/2006, de 11 de Julho.

A Lei n.° 23/96, de 26 de Julho, cria mecanismos destinados a proteger os sujeitos privados nos contratos de fornecimento, entre outros bens e serviços públicos essenciais, de electricidade. Em seu complemento, veio o Decreto-Lei n.° 195/99, de 8 de Junho, estabelecer, no respectivo artigo 1.°, n.° 2, que "é proibida a exigência de prestação de caução, sob qualquer forma ou denominação, para garantir o cumprimento de obrigações decorrentes do fornecimento dos serviços públicos essenciais mencionados no número anterior", apenas podendo os fornecedores de electricidade a consumidores "exigir a prestação de caução, nas situações de restabelecimento de fornecimento, na sequência de interrupção decorrente de incumprimento contratual imputável ao consumidor"; esta segunda norma, contida no artigo 2.° do mencionado diploma, é acompanhada de outra que determina que "a caução poderá ser prestada em numerário, cheque ou transferência electrónica ou através de garantia bancária ou seguro-caução". "O fornecedor deve utilizar o valor da caução para satisfação dos valores em dívida pelo consumidor", devendo a caução ser restituída, deduzida dos montantes em dívida, no termo do contrato de fornecimento – artigos 3.° e 4.°.

O regime do trânsito de energia eléctrica entre redes de transporte de muito alta tensão ou de alta tensão, aplicável também às entidades que se ocupem da exploração destas redes, encontra-se no Decreto-Lei n.° 386/99, de 28 de Setembro. O Decreto-Lei n.° 68/2002, de 25 de Março, regula o exercício da actividade de produção de energia eléctrica em baixa tensão, desde que a potência a entregar à rede pública não seja superior a 150 KW; a Portaria n.° 764/2002, de 1 de Julho, estabelece o tarifário aplicável às instalações licenciadas nos termos do DL n.° 68/2002 *supra* mencionado.

O Decreto-Lei n.° n.° 29/2006, de 15 de Fevereiro, estabelece as bases gerais da organização e funcionamento do Sistema Eléctrico Nacional (SEN) e as aplicáveis ao exercício das actividades de produção, transporte, distribuição e comercialização de electricidade, transpondo a Directiva n.° 2003/54/CE, do Parlamento Europeu e do Conselho, de 26 de Junho, que "estabelece regras comuns para o mercado interno de electricidade; o diploma aplica-se a todo o território nacional, encontrando-se no respectivo Capítulo VII (artigos 66.° a 68.°) regras relativas às Regiões Autónomas.

V. *Responsabilidade civil; Responsabilidade objectiva; Responsabilidade pelo risco; Dano; Culpa; Culpa presumida; Caso de força maior; Contrato de fornecimento; Caução.*

Instalações de gás (Dir. Civil) – O artigo 509.°, C.C., define um regime de responsabilidade civil idêntico quanto aos danos derivados de instalação destinada à condução ou entrega de energia eléctrica ou de gás.

Tal regime foi exposto a propósito das *Instalações de energia eléctrica* (v. esta expressão).

Os proprietários e os que tiverem a direcção efectiva de estabelecimentos hoteleiros, aldeamentos turísticos, apartamentos turísticos, parques de campismo, quaisquer meios complementares de alojamento turístico, unidades de alojamento ou outras instalações integradas nas anteriores e ainda quaisquer instalações que sejam locadas por períodos não superiores a dois meses, são solidariamente responsáveis pelos danos causados por instalações (redes internas ou ramais de distribuição) de combustíveis gasosos ou por aparelhos ou utensílios destinados ao uso dos gases, designadamente quando se trate de prejuízos "derivados da sua deficiente instalação, dos sistemas de evacuação dos produtos da combustão, da ventilação dos locais e da ausência de certificados dos aparelhos nos termos da lei".

Esta responsabilidade, fundada no artigo 509.°, C.C., tem o seu regime mais pormenorizadamente estabelecido no Decreto-Lei n.° 449/85, de 25 de Outubro, que também impõe a obrigação de celebrar contrato de seguro da responsabilidade nele prevista (v. Portaria n.° 490/87, de 11 de Junho).

V. o Decreto-Lei n.° 521/99, de 10 de Dezembro (que revogou o Decreto-Lei n.° 262/89, de 17 de Agosto), que fixa as regras relativas às instalações de gás combustível em edifícios, adaptado à Região Autónoma da Madeira pelo Decreto Legislativo Regional n.° 6/2002/M, de 9 de Abril, e à Região Autónoma dos Açores pelo Decreto Legislativo Regional n.° 13/ /2003/A, de 27 de Março; o Decreto-Lei n.° 263/89, também de 17 de Agosto, alterado pelo Decreto-Lei n.° 232/90, de 16 de Julho (que aprova o estatuto das entidades instaladoras e montadoras e define os grupos profissionais associados à indústria dos gases combustíveis); v. também o Decreto-Lei n.° 232/90, de 16 de Julho, alterado pelos Decretos-Leis n.°s 183/94, de 1 de Julho, e 7/2000, de 3 de Fevereiro, que estabelece os princípios a que deve obedecer o projecto, a construção, a exploração e a manutenção do sistema de abastecimento dos gases combustíveis canalizados. A Portaria n.° 361/98, de 26 de Junho, alterada pela Portaria n.° 690/2001, de 10 de Julho, aprovou o Regulamento Técnico Relativo ao Projecto, Construção, Exploração e Manutenção das Instalações de Gás Combustível Canalizado em Edifícios (revogando a Portaria n.° 376/94, de 14 de Junho). A Portaria n.° 1270/2001, de 8 de Novembro, aprova o Regulamento Técnico Relativo ao Projecto, Construção, Exploração e Manutenção de Postos de Enchimento de Gás Natural; por seu lado, a Portaria n.° 5/2002, de 4 de Janeiro, aprova o Regulamento das Condições para a Atribuição de Licenças de Distribuição e Fornecimento de Gás Natural através da Exploração de Redes Locais Autónomas. O Decreto-Lei n.° 124/97, de 23 de Maio, enuncia as normas relativas à aprovação de regulamentos de segurança das instalações de armazenagem de gases de petróleo liquefeito e as relativas à construção e manutenção dos parques de garrafas desses gases, bem como à instalação de aparelhos de gás com potências elevadas. O Decreto-Lei n.° 125/97, da mesma data, estabelece as disposições relativas ao projecto, à construção e à exploração das redes de distribuição alimentadas com gases combustíveis da 3.ª família, isto é, os designados por gases de petróleo liquefeitos. A Portaria n.° 362/2000, de 20 de Junho, alterada pelas Portarias n.°s 690/2001, de 10 de Julho, e 1358/2003, de 13 de Dezembro, aprova os procedimentos relativos às inspecções e à manutenção de redes e ramais de distribuição e instalações de gás e o Estatuto das entidades inspectoras das redes e ramais de distribuição e instalações de gás.

A Lei n.° 23/96, de 26 de Julho, cria mecanismos destinados a proteger os sujeitos privados nos contratos de fornecimento, entre outros bens e serviços públicos essenciais, de gás. Em seu complemento, veio o Decreto-Lei n.° 195/99, de 8 de Junho, estabelecer, no respectivo artigo 1.°, n.° 2, que "é proibida a exigência de prestação de caução, sob qualquer forma ou denominação, para garantir o cumprimento de obrigações decorrentes do fornecimento dos serviços públicos essenciais mencionados no número anterior", apenas podendo os fornecedores de gás a consumidores "exigir a prestação de caução, nas situações de restabelecimento de fornecimento, na sequência de interrupção decorrente de incumprimento contratual imputável ao consumidor"; esta segunda norma, contida no artigo 2.° do mencionado diploma, é acompanhada de outra que determina que "a caução poderá ser prestada em numerário, cheque ou transferência electrónica ou através de garantia bancária ou seguro-caução". "O fornecedor deve utilizar o valor da caução para satisfação dos valores em dívida pelo consumidor", devendo a caução ser restituída, deduzida dos montantes em dívida, no termo do contrato de fornecimento – artigos 3.° e 4.°.

O Decreto-Lei n.° 30/2006, de 15 de Fevereiro, estabelece as bases gerais da organização e funcionamento do Sistema Nacional de Gás Natural em Portugal e as aplicáveis ao exercício das actividades de recepção, armazenamento, transporte, distribuição e comercialização de gás natural, transpondo a Directiva n.° 2003/55/CE, do Parlamento Europeu e do Conselho, de 26 de Junho, que "estabelece regras comuns para o mercado interno de gás natural; o diploma aplica-se a todo o território nacional, encontrando-se no respectivo Capítulo VII (artigos 60.° a 63.°) regras relativas às Regiões Autónomas.

V. *Responsabilidade civil; Dano; Locação; Solidariedade; Imóvel; Seguro de responsabilidade; Edifício; Contrato de fornecimento; Caução; Incumprimento; Culpa; Consumidor.*

Instância (Proc. Civil)

1. É a sucessão dos actos processuais que compõem um processo judicial.

Diz o artigo 267.° do C.P.C., na redacção do Decreto-Lei n.° 329-A/95, de 12 de Dezembro, que a instância se inicia pela propositura da acção e esta se considera proposta quando na secretaria judicial é recebida a respectiva petição inicial.

"[...] a instância deve manter-se a mesma quanto às pessoas, ao pedido e à causa de pedir", após a citação do réu (cfr. artigo 268.°, C.P.C.). No entanto, a lei admite modificações, quer subjectivas – respeitantes às pessoas – quer objectivas – respeitantes ao pedido e à causa de pedir.

Iniciada a instância, pode esta suspender-se ou interromper-se.

Os artigos 276.° e segs., C.P.C., tratam os casos de suspensão da instância (por exemplo, morte de alguma das partes, quando continuar a ser possível e útil o processo, morte do advogado, quando a intervenção deste é obrigatória, etc.).

Durante a suspensão, "só podem praticar-se validamente os actos urgentes destinados a evitar dano irreparável", não correndo os prazos judiciais – v. artigo 283.°, n.°s 1 e 2.

A interrupção da instância verifica-se, nos termos do artigo 285.°, C.P.C., quando o processo se mantiver parado por mais de um ano por negligência das partes. A interrupção cessa quando o autor requerer algum acto de que dependa o andamento do processo; no entanto, se o processo se encontrar parado durante dois anos (na versão anterior da lei, eram cinco), considera-se deserta a instância.

V. artigos 286.° e 291.°, n.° 1, C.P.C., o segundo na redacção dada pelo já referido DL n.° 329-A/95.

A instância extingue-se com o julgamento, o compromisso arbitral, a deserção, a desistência, confissão ou transacção e com a impossibilidade ou inutilidade superveniente da lide – artigo 287.°, C.P.C..

V. *Actos processuais; Propositura da acção; Secretaria judicial; Petição inicial; Pedido; Causa de pedir; Citação; Réu; Modificações subjectivas da instância; Modificações objectivas da instância; Suspensão da instância; Interrupção da instância; Parte; Advogado; Prazo judicial; Dano irreparável; Negligência; Autor; Julgamento; Desistência; Confissão; Transacção; Impossibilidade superveniente da lide; Inutilidade superveniente da lide; Deserção da instância; Compromisso arbitral.*

2. Diz-se também do tribunal que julga de facto e de direito: tribunal de 1.ª instância (aquele em que se propõe a acção) que é, em regra, o tribunal da comarca; tribunal de 2.ª instância é o tribunal da Relação.

O Supremo Tribunal de Justiça, que só aprecia questões de direito, não se ocupa da matéria de facto, não é tribunal de instância, mas tribunal de revista.

V. *Tribunal de 1.ª instância; Tribunal de comarca; Relação; Supremo Tribunal de Justiça; Questão de direito; Matéria de facto; Revista.*

3. O termo é ainda usado para designar as perguntas que, numa inquirição, se destinam a esclarecer ou completar certos pontos de um depoimento; v., neste sentido, por exemplo, o artigo 638.°, n.°s 2 e 4, C.P.C..

V. *Inquirição; Depoimento de parte.*

Instauração da acção (Proc. Civil) – V. *Acção; Propositura da acção.*

Instituto do Consumidor – Designação do instituto público que se ocupa da promoção da política de salvaguarda dos direitos dos consumidores e de apoio às respectivas organizações, e que veio a substituir a anterior designação de Instituto Nacional de Defesa do Consumidor

Nos termos do artigo 21.°, n.° 1, da Lei de Defesa do Consumidor (Lei n.° 24/96, de 31 de Julho, alterada pelo Decreto-Lei n.° 67/2003, de 8 de Abril), "o Instituto do Consumidor é o instituto público destinado a promover a política de salvaguarda dos direitos dos consumidores, bem como a coordenar e executar as medidas tendentes à sua protecção, informação e educação e de apoio às organizações de consumidores". Dispõe o n.° 2 que, "para a prossecução das suas atribuições, o Instituto do Consumidor é considerado autoridade pública e goza dos seguintes poderes:

a) Solicitar e obter dos fornecedores de bens e prestadores de serviços, bem como das entidades referidas no n.° 2 do artigo 2.° [organismos da Administração Pública, pessoas colectivas públicas, empresas de capitais públicos ou detidos maioritariamente pelo Estado, Regiões Autónomas ou autarquias locais e empresas concessionárias de serviços públicos], mediante pedido fundamentado, as informações, os elementos e as diligências que entender necessários à salvaguarda dos direitos e interesses dos consumidores;

b) Participar na definição do serviço público de rádio e de televisão em matéria de informação e educação dos consumidores;

c) Representar em juízo os direitos e interesses colectivos e difusos dos consumidores;

d) Ordenar medidas cautelares de cessação, suspensão ou interdição de fornecimentos de bens ou prestações de serviços que, independentemente de prova de uma perda ou um prejuízo real, pelo seu objecto, forma ou fim, acarretem ou possam acarretar riscos para a saúde, a segurança e os interesses económicos dos consumidores".

A orgânica do Instituto do Consumidor foi aprovada pelo Decreto-Lei n.° 195/93, de 24 de Maio, alterado pelo Decreto-Lei n.° 154/97, de 20 de Junho. V. ainda o Decreto-Lei n.° 234/99, de 25 de Junho, que procede ao enquadramento jurídico dos poderes conferidos ao Instituto do Consumidor.

V. *Consumidor; Tutela do consumidor; Interesses difusos; Contrato de fornecimento; Contrato de prestação de serviços; Juízo; Dano.*

Instituto Nacional de Defesa do Consumidor – Criado pelo artigo 15.° da Lei n.° 29/81, de 22 de Agosto, o Instituto Nacional de Defesa do Consumidor encontra-se actualmente substituído, nos termos da Lei n.° 24/96, de 31 de Julho, pelo Instituto do Consumidor.

V. *Consumidor; Tutela do consumidor; Instituto do Consumidor.*

Institutos médico-psicológicos (Org. Judiciária) – Eram assim denominados os estabelecimentos tutelares de menores destinados "à observação de menores mentalmente deficientes ou irregulares e à colocação dos mesmos, com excepção dos deficientes irrecuperáveis" (artigo 109.° da antiga O.T.M.).

Entretanto, a O.T.M. foi substituída, nesta matéria, pela Lei Tutelar Educativa, aprovada pela Lei n.° 166/99, de 14 de Setembro. Não se encontra nesta qualquer referência a estabelecimentos tutelares de menores, sendo os estabelecimentos encarregados de executar a medida de internamento designados por centros educativos – artigos 143.° e segs. da Lei Tutelar Educativa.

V. *Menor; Estabelecimentos tutelares de menores; Deficiente; Centro educativo; Medida tutelar; Internamento.*

Instrução (Proc. Civil) – Fase do processo no decurso da qual as partes produzem as provas dos factos que fundamentam, respectivamente, as suas pretensões e oposições, e na qual o tribunal reúne os elementos que lhe permitem decidir sobre estas. "Não carecem de prova nem de alegação os factos notórios, devendo considerar-se como tais os factos que são do conhecimento geral"; "salvo disposição em contrário, as provas não serão admitidas nem produzidas sem audiência contraditória da parte a quem hajam de ser opostas".

V. artigos 513.° a 645.°, C.P.C..

V. *Prova; Parte; Princípio do contraditório.*

Instruções (Dir. Civil) – São ordens ou indicações relativas à forma de realizar certo facto ou de desenvolver certa actividade, dadas por alguém que tem poder hierárquico sobre outrem àquele que é seu inferior. Em direito civil, há casos em que o cometimento por um sujeito de um acto ou tarefa a outro deve ser acompanhado do fornecimento de instruções atinentes ao modo da respectiva realização, de modo que, se do acto resultarem danos para terceiro em consequência da omissão, insuficiência ou erro de instruções, a responsabilidade por esses danos recai sobre o sujeito que encarregou o outro da prática do acto, por culposamente ter incumprido o seu dever de dar as completas, correctas e necessárias instruções; fala-se, nestes casos, de culpa *in instruendo.*

A responsabilidade por culpa *in instruendo* pode recair sobre o devedor que se socorre de terceiros para o cumprimento da obrigação ou neste se faz substituir por eles, tal como pode impender sobre o comitente pelos actos danosos do respectivo comissário. Em ambos os casos se trata de uma responsabilidade subjectiva, por acto próprio do devedor e/ou do comitente, e não de qualquer responsabilidade objectiva pelos danos causados culposamente pelos encarregados, autores dos actos, a terceiros.

V. *Culpa "in instruendo"; Devedor; Responsabilidade contratual; Obrigação; Cumprimento; Auxiliar; Substituto; Comissão; Responsabilidade civil; Culpa; Responsabilidade subjectiva; Responsabilidade objectiva.*

Instrumento (Dir. Civil) – Muitas vezes a lei utiliza o termo no sentido de *documento* (v. este termo).

V. *Instrumento público.*

Instrumento público (Dir. Civil) – A lei – em especial a notarial – designa assim, por vezes, os documentos autênticos que não devem constar dos livros das escrituras públicas dos cartórios notariais.

Assim, por exemplo, o Estatuto do Notariado, aprovado pelo Decreto-Lei n.° 26/ /2004, de 4 de Fevereiro, ao ocupar-se da função dos notários, diz, no respectivo artigo 4.°, que lhes "compete, em geral, [...] redigir o instrumento público conforme a vontade dos interessados [...]", competindo-lhes em especial "lavrar [...] instrumentos de aprovação, depósito e abertura de testamentos cerrados e de testamentos internacionais" (n.° 2-*a*)), "lavrar outros instrumentos públicos nos livros de notas e fora deles" (n.° 2-*b*)), "passar certidões de instrumentos públicos [...]" (n.° 2-*g*)), "transmitir por telecópia, sob forma certificada, o teor dos instrumentos públicos [...] que se achem arquivados no cartório, a outros serviços públicos perante os quais tenham de fazer fé [...]" (n.° 2-*j*)).

Também se utiliza o termo instrumento no sentido de documento – assim, por exemplo, o mesmo artigo 4.°, n.° 2-*h*) e *i*).

V. *Notário; Cartório notarial; Documento autêntico; Escritura pública; Testamento; Testamento cerrado; Aprovação de testamento cerrado; Abertura de testamento cerrado; Depósito de testamento cerrado; Certidão; Telecópia; Documento.*

Insuficiência económica (Proc. Civil) – Nos termos do disposto no artigo 8.° da Lei n.° 34/2004, de 29 de Julho (que transpõe a Directiva n.° 2003/8/CE, do Conselho, de 27 de Janeiro, relativa à melhoria do acesso à justiça), "encontra-se em situação de insuficiência económica aquele que, tendo em conta factores de natureza económica e a respectiva capacidade contributiva, não tem condições objectivas para suportar pontualmente os custos de um processo".

Aplica-se esta noção de insuficiência económica também às pessoas colectivas (sociedades, comerciantes em nome individual, estabelecimentos individuais de responsabilidade limitada).

V. *Acesso à justiça; Apoio judiciário; Pessoa colectiva.*

Integração de lacunas – V. *Lacunas.*

Integração do negócio jurídico (Dir. Civil) – Dispõe o artigo 239.°, C.C.: "Na falta de disposição especial, a declaração negocial deve ser integrada de harmonia com a vontade que as partes teriam tido se houvessem previsto o ponto omisso, ou de acordo com os ditames da boa fé, quando outra seja a solução por eles imposta".

A integração das lacunas de um negócio jurídico é, pois, feita, segundo esta disposição, recorrendo sucessivamente à lei, à boa fé e à vontade conjectural das partes.

V. *Negócio jurídico; Declaração negocial; Lacunas; Lei; Boa fé; Vontade hipotética.*

Integralidade do cumprimento (Dir. Civil) – V. *Cumprimento; Princípio da integralidade do cumprimento.*

Interdependência das obrigações (Dir. Civil) – Diz-se que duas obrigações são sinalagmáticas quando se encontram ligadas entre si por um vínculo de dependência recíproca, tendo cada uma delas, originariamente, a sua razão de ser na outra obrigação e, consequentemente, devendo o cumprimento de cada uma realizar-se, em princípio, aquando do cumprimento da outra, tal como a extinção de uma arrasta a extinção da outra.

Quando as obrigações sinalagmáticas têm por fonte um contrato, sendo as obrigações principais dele emergentes para cada um dos contraentes, o contrato designa-se, ele próprio, como sinalagmático ou bilateral.

V. *Obrigação; Sinalagma; Cumprimento; Contrato; Contrato sinalagmático; Extinção das obrigações.*

Interdição (Dir. Civil) – Situação jurídica de uma pessoa que se encontra, total ou parcialmente, privada do exercício pessoal e livre dos seus direitos, em virtude de uma decisão judicial.

Podem ser declarados interditos todos aqueles que, por anomalia psíquica, surdez-mudez ou cegueira, se mostrem incapazes de governar a sua pessoa e bens (artigo 138.°, C.C.), pelo processo estabelecido nos artigos 944.° e segs., C.P.C., a maioria dos quais tem a redacção do Decreto-Lei n.° 329-A/95, de 12 de Dezembro.

Os factos fundamentadores de interdição, acima enumerados, só o são quando se caracterizarem pela actualidade, incapacitação natural e permanência, isto é, a interdição só pode ser decretada quando a pessoa, afectada por qualquer daquelas situações, o esteja actualmente, sendo essa afectação incapacitante e permanente para o governo da sua pessoa e bens, embora não tenha de ser necessariamente irremediável.

A interdição torna o sujeito incapaz de exercício, equiparando-o à situação de menor. Há, porém, de distinguir entre a interdição por anomalia psíquica (cujos efeitos incapacitantes juridicamente são mais extensos) e a interdição por outra causa (em que, por exemplo, não há privação do direito a casar – v. artigo 1601.°-*b)*, C.C. –, do direito a perfilhar sem autorização – v. artigo 1850.° n.°s 1 e 2, C.C. –, do exercício do poder paternal em parte do seu conteúdo pessoal – artigo 1913.°, n.°s 1 e 2, C.C. – ou do direito a testar, independentemente de autorização – v. artigos 2188.° e 2189.°-*b)*, C.C.).

A interdição desencadeia, em alguns casos, a inibição do exercício de certas actividades profissionais: assim, por exemplo, dispõe o artigo 88.°-*a)* do Estatuto da Câmara dos Solicitadores (Decreto-Lei n.° 88/2003, de 26 de Abril, alterado pelas Leis n.° 49/2004, de 24 de Agosto, e 14/2006, de 26 de Abril) que "é cancelada a inscrição" de solicitador por interdição dele.

O Decreto-Lei n.° 162/2003, de 24 de Julho, qualifica como contra-ordenação a venda e a cedência de imitações de arma de fogo a interditos por anomalia psíquica, ou a sua posse ou uso por eles.

V. a Convenção Relativa à Interdição e às Medidas de Protecção Análogas, concluída na Haia a 17 de Julho de 1905, publicada no *Diário do Governo* n.° 175, de 27 de Julho de 1912, tendo o instrumento de ratificação, por parte de Portugal, sido depositado em 24 de Junho de 1912.

V. *Interdito; Direito subjectivo; Incapacidade; Tutela; Menor; Anomalia psíquica; Casamento; Impedimentos dirimentes; Perfilhação; Poder paternal; Testamento; Capacidade testamentária; Solicitador; Câmara dos Solicitadores.*

Interdição provisória (Dir. Civil; Proc. Civil) – "Em qualquer altura do processo [de interdição], pode o juiz, oficiosamente ou a requerimento do autor ou do representante do requerido, proferir decisão provisória [nomeadamente interdição provisória], nos próprios autos, nos termos previstos no artigo 142.° do Código Civil" – artigo 953.°, C.P.C., na redacção do Decreto-Lei n.° 329-A/95, de 12 de Dezembro. Desta decisão de decretamento da interdição provisória cabe agravo, que sobe imediatamente em separado e sem efeito suspensivo. O mesmo regime era aplicável à inabilitação que se fundasse em anomalia psíquica, surdez-mudez ou cegueira, tendo deixado de o ser.

O n.° 2 do artigo 142.°, C.C., estabelece que "pode [...] ser decretada a interdição provisória, se houver necessidade urgente de providenciar quanto à pessoa e bens do interditando".

V. *Interdição; Requerimento; Autor; Representante; Agravo; Subida do recurso; Efeito suspensivo do recurso; Inabilitação.*

Interdito (Dir. Civil) – É a pessoa singular cuja capacidade de exercício de direitos foi judicialmente suprimida, em virtude de anomalia psíquica, surdez-mudez ou cegueira, que a torne incapaz de governar a sua pessoa e bens – artigo 138.°, C.C..

O interdito é equiparado ao menor, sendo colocado sob tutela (artigo 139.°, C.C.).

É, no entanto, mais forte a limitação de capacidade dos interditos por anomalia psíquica do que a dos interditos por surdez-mudez ou cegueira: entre outras diferenças de regime, os primeiros não podem casar (artigo 1601.°-*b)*, C.C.), nem perfilhar (artigo 1850.°, n.° 1, C.C.), não exercem o poder paternal (artigos 1913.°, n.° 1-*b)*, C.C.), e não podem testar (artigo 2189.°-*b)*, C.C.).

A interdição pode ser requerida pelo cônjuge, tutor ou curador do interditando, por qualquer parente sucessível ou pelo Ministério Público; no caso de o interditando ser menor e estar sob o poder paternal, só podem requerer a interdição os pais que exercem aquele poder e o Ministério Público (artigo 141.°, C.C.).

Qualquer das pessoas que tem legitimidade para requerer a interdição pode também requerer o seu levantamento logo que cesse a causa que a determinou – artigo 151.°, C.C..

O processo para interdição encontra-se regulado nos artigos 944.° e segs., C.P.C., muito alterados pelo Decreto-Lei n.° 329-A/95, de 12 de Dezembro, sendo um processo especial de cuja sentença cabe recurso de apelação.

O levantamento da interdição corre por apenso ao processo em que ela tenha sido decretada, podendo a interdição ser substituída por inabilitação quando a situação evolua no sentido da diminuição da incapacidade do sujeito, mantendo-se na medida que justifique esta (artigo 958.°, n.° 3, C.P.C., com a redacção do referido DL n.° 329-A/95).

V. *Pessoa singular; Capacidade; Incapacidade; Menor; Tutela; Anomalia psíquica; Casamento; Impedimentos dirimentes; Perfilhação; Poder paternal; Inibição do poder paternal; Testamento; Capacidade testamentária; Tutor; Curador; Parentesco; Sucessível; Ministério Público; Processo especial; Legitimidade; Recurso; Apelação; Apensação de acções; Inabilitação.*

Interessados (Dir. Civil) – Há terceiros que, não sendo titulares de um direito incompatível com o das partes no negócio, se encontram numa situação de dependência da relação negocial, sendo, por isso, interessados na vida e nos efeitos do negócio.

Dentro dos terceiros interessados, costuma a doutrina distinguir entre os terceiros directa ou imediatamente interessados – aqueles que são atingidos directamente pelos efeitos do negócio jurídico, como acontece, por exemplo, com o terceiro beneficiário do contrato a favor de terceiros – e os terceiros indirecta ou mediatamente interessados – categoria integrada pelos sujeitos que podem ver interesses seus atingidos com a realização de um dado negócio; também a estes, por exemplo, a lei permite a arguição da nulidade do negócio, nos termos do artigo 286.°, C.C..

V. *Terceiro; Negócio jurídico; Contrato a favor de terceiros; Beneficiário; Nulidade.*

Interesse (Dir. Civil) – Numa concepção dita objectivista, o interesse caracteriza-se como a relação que existe entre um sujeito e um bem jurídico que é apto a satisfazer uma sua necessidade.

Escreve Castro Mendes, *Teoria Geral do Direito Civil*, Vol. I, Lisboa, 1978, págs. 324-

-325: "A situação de interesse é uma situação potencialmente dinâmica. Se certo bem é utilizável para satisfazer necessidades de certa pessoa, pode ser utilizado – a utilização nesse sentido chama-se *prossecução* desse interesse. A prossecução dum interesse pode ser feita pelo seu próprio titular ou por outrem – não interessa".

Quando o direito tutela directamente a prossecução de um interesse, fá-lo em regra através da atribuição de um direito subjectivo.

V. *Direito subjectivo.*

Interesse contratual negativo (Dir. Civil) – Interesse contratual negativo ou interesse de confiança são expressões utilizadas vulgarmente em sinonímia com a de *dano negativo* (v. esta expressão).

Interesse contratual positivo (Dir. Civil) – Interesse contratual positivo é expressão usada como sinónima de *dano positivo.*

V. *Dano negativo.*

Interesse do credor (Dir. Civil) – O interesse do credor constitui a razão de ser da obrigação, sendo, consequentemente, a satisfação dele o fim da obrigação.

O artigo 398.°, n.° 2, C.C., dispõe que, não necessitando a prestação de ter valor pecuniário, "deve corresponder a um interesse do credor, digno de protecção legal". O interesse do credor tem, pois, de ser um interesse sério, justificativo da tutela jurídica, não podendo reduzir-se a um capricho ou a um compromisso de ordem social, moral ou de cortesia.

A relevância do interesse do credor avulta em muitos aspectos da vida da obrigação, sendo, designadamente, decisivo para qualificar um incumprimento como temporário ou definitivo, ou como total ou parcial.

V. *Obrigação; Crédito; Credor; Prestação; Incumprimento temporário; Incumprimento definitivo; Incumprimento parcial; Incumprimento total.*

Interesse em agir (Proc. Civil) – Em processo civil, a legitimidade das partes depende de cada uma delas ter na acção um interesse directo.

Assim, dispõe o artigo 26.°, C.P.C., que "o autor é parte legítima quando tem interesse directo em demandar; o réu é parte legítima quando tem interesse directo em contradizer" (n.° 1); o n.° 2 esclarece: "o interesse em demandar exprime-se pela utilidade derivada da procedência da acção; o interesse em contradizer, pelo prejuízo que dessa procedência advenha". Finalmente, o n.° 3, na redacção dada pelo Decreto-Lei n.° 180/96, de 25 de Setembro, dispõe que, "na falta de indicação da lei em contrário, são considerados titulares do interesse relevante para o efeito da legitimidade os sujeitos da relação controvertida, tal como é configurada pelo autor".

A falta de interesse constitui o vício da ilegitimidade, que, verificado pelo tribunal, determina a absolvição do réu da instância.

V. *Legitimidade; Parte; Autor; Réu; Procedência; Absolvição da instância.*

Interesse em contradizer (Proc. Civil) – Segundo o n.° 2 do artigo 26.° do C.P.C., o interesse em contradizer traduz-se no prejuízo que para o réu pode advir da procedência da acção, sendo a existência de interesse directo em contradizer condição de legitimidade passiva para a acção.

V. *Legitimidade; Réu; Procedência.*

Interesse em demandar (Proc. Civil) – "O interesse em demandar exprime-se pela utilidade derivada da procedência da acção" – artigo 26.°, n.° 2, C.P.C.; o n.° 1 desta disposição condiciona a legitimidade do autor à existência de interesse directo em demandar.

V. *Legitimidade; Autor; Procedência.*

Interesse e ordem pública (Dir. Civil) – V. *Ordem pública.*

Interesse negativo (Dir. Civil) – Expressão utilizada como sinónima de *dano negativo* (v. esta expressão).

Interesse positivo (Dir. Civil) – Expressão utilizada como sinónima de dano positivo.

V. *Dano negativo.*

Interesse processual (Proc. Civil) – O mesmo que *interesse em agir* (v. esta expressão).

Interesse reflexamente protegido (Dir. Civil) – Há disposições legais que, não atribuindo qualquer direito subjectivo a sujeitos privados, têm em vista, embora não prioritária ou directamente, a protecção de interesses particulares. Assim acontece, por exemplo, com a generalidade das normas reguladoras do trânsito ou com as que se referem à higiene ou estado de conservação de bens alimentares.

Quando uma norma deste tipo é culposamente violada, com lesão de um daqueles interesses que se encontrava entre os que ela visava proteger, o titular do interesse tem direito a ser indemnizado pelo lesante dos prejuízos que o ilícito lhe causou. V. artigo 483.°, n.° 1, C.C..

Nestas situações, não tendo, portanto, o sujeito o direito a exigir a adopção da conduta que satisfaz o seu interesse – pois a este não corresponde um direito –, tem direito a ser indemnizado pelos danos que aquela não-adopção lhe venha provocar.

V. *Direito subjectivo; Norma jurídica; Lei; Consumidor; Dano; Indemnização; Responsabilidade civil.*

Interesses difusos (Dir. Const.; Proc. Civil) – O artigo 52.°, n.° 3, da Constituição da República, confere "a todos, pessoalmente ou através de associações de defesa dos interesses em causa, o direito de acção popular nos casos e termos previstos na lei, incluindo o direito de requerer para o lesado ou lesados a correspondente indemnização, nomeadamente para:

a) Promover a prevenção, cessação ou a perseguição judicial das infracções contra a saúde pública, os direitos dos consumidores, a qualidade de vida e a preservação do ambiente e do património cultural;

b) Assegurar a defesa dos bens do Estado, das regiões autónomas e das autarquias locais".

A Lei n.° 83/95, de 31 de Agosto, rectificada pela Declaração de rectificação n.° 4/95, de 12 de Outubro, "define os casos e termos em que são conferidos e podem ser exercidos o direito de participação popular em procedimentos administrativos e o direito de acção popular para a prevenção, a cessação ou a perseguição judicial das infracções previstas no n.° 3 do artigo 52.° da Constituição" (artigo 1.°, n.° 1). O artigo 2.° deste diploma determina que "são titulares do direito procedimental de participação popular e do direito de acção popular quaisquer cidadãos no gozo dos seus direitos civis e políticos e as associações e fundações defensoras dos interesses previstos no artigo anterior, independentemente de terem ou não interesse directo na demanda", bem como "as autarquias locais, em relação aos interesses de que sejam titulares residentes na área da respectiva circunscrição". São requisitos da legitimidade activa das associações e fundações, nos termos do artigo 3.°:

"*a)* A personalidade jurídica;

b) O incluírem expressamente nas suas atribuições ou nos seus objectivos estatutários a defesa dos interesses em causa no tipo de acção de que se trate;

c) Não exercerem qualquer tipo de actividade profissional concorrente com empresas ou profissionais liberais".

O C.P.C., no seu artigo 26.°-A, aditado pelo Decreto-Lei n.° 329-A/95, de 12 de Dezembro, e alterado pelo Decreto-Lei n.° 180/96, de 25 de Setembro, veio determinar que "têm legitimidade para propor e intervir nas acções e procedimentos cautelares destinados, designadamente, à defesa da saúde pública, do ambiente, da qualidade de vida, do património cultural e do domínio público, bem como à protecção do consumo de bens e serviços, qualquer cidadão no gozo dos seus direitos civis e políticos, as associações e fundações defensoras dos interesses em causa, as autarquias locais e o Ministério Público [...]".

V. *Associação; Indemnização; Consumidor; Tutela do consumidor; Protecção do ambiente; Património cultural; Interesse em agir; Fundação; Personalidade jurídica; Estatutos; Legitimidade; Acção; Procedimento cautelar; Ministério Público.*

Internamento (Proc. Civil) – O internamento em centro educativo é uma das medidas tutelares educativas – a única institucional – aplicável aos menores sujeitos à jurisdição dos tribunais de família e de menores (note-se que estes tribunais não estão previstos na Lei de Organização e Funcionamento dos Tribunais Judiciais, aprovada pela Lei n.° 3/99, de 13 de Janeiro, rectificada pela Declaração de rectificação n.°

7/99, de 16 de Fevereiro, e alterada pela Lei n.° 101/99, de 26 de Julho, pelos Decretos-Leis n.°s 323/2001, de 17 de Dezembro, e 38/2003, de 8 de Março, pela Lei n.° 105//2003, de 10 de Dezembro, pelo Decreto-Lei n.° 53/2004, de 18 Março, pela Lei n.° 42/2005, de 29 de Agosto, e pelo Decreto-Lei n.° 76-A/2006, de 29 de Março – este rectificado pela Declaração de rectificação n.° 28-A/2006, de 26 de Maio).

Esta medida encontra-se prevista e regulada nos artigos 4.°, n.°s 1-*i)* e 2, 17.°, 18.°, 143.° e segs. da Lei Tutelar Educativa, aprovada pela Lei n.° 166/99, de 14 de Setembro.

"A medida de internamento visa proporcionar ao menor, por via do afastamento temporário do seu meio habitual e da utilização de programas e métodos pedagógicos, a interiorização de valores conformes ao direito e a aquisição de recursos que lhe permitam, no futuro, conduzir a sua vida de modo social e juridicamente responsável"; "a medida de internamento em regime aberto, em regime semiaberto e em regime fechado é executada em centro educativo classificado com o correspondente regime de funcionamento e grau de abertura ao exterior"; "a medida de internamento em regime semiaberto é aplicável quando o menor tiver cometido facto qualificado como crime contra as pessoas a que corresponda pena máxima, abstractamente aplicável, de prisão superior a três anos ou tiver cometido dois ou mais factos qualificados como crimes a que corresponda pena máxima, abstractamente aplicável, superior a três anos".

"A medida de internamento em regime fechado é aplicável quando se verifiquem cumulativamente os seguintes pressupostos:

a) Ter o menor cometido facto qualificado como crime a que corresponda pena máxima, abstractamente aplicável, de prisão superior a cinco anos ou ter cometido dois ou mais factos contra as pessoas qualificados como crimes a que corresponda pena máxima, abstractamente aplicável, de prisão superior a três anos; e

b) Ter o menor idade superior a 14 anos à data da aplicação da medida".

"A medida de internamento em regime aberto e semiaberto tem a duração mínima de três meses e a máxima de dois anos" e "a medida de internamento em regime fechado tem a duração mínima de seis meses e a máxima de dois anos [..., podendo ir até três anos], "quando o menor tiver praticado facto qualificado como crime a que corresponda pena máxima, abstractamente aplicável, de prisão superior a oito anos, ou dois ou mais factos qualificados como crimes contra as pessoas a que corresponda a pena máxima, abstractamente aplicável, de prisão superior a cinco anos".

V. artigos 17.° e 18.° da Lei Tutelar Educativa

A Lei n.° 323-D/2000, de 20 de Dezembro, aprova o Regulamento Geral e Disciplinar dos Centros Educativos. Os artigos 12.° a 16.° desta Lei ocupam-se dos regimes de execução do internamento, tratando os artigos 35.° a 37.° da afectação, transferência e cessação dele.

V. *Menor; Tribunal de menores; Medida tutelar; Centro educativo.*

"Inter partes" (Dir. Civil) – Expressão latina que significa entre as partes.

V. *Direito relativo; Eficácia relativa; "Erga omnes".*

Interpelação (Dir. Civil) – É o acto pelo qual o credor ordena ao devedor que cumpra a obrigação a que está vinculado.

Nas obrigações *puras*, isto é, que não têm prazo (ou termo, ainda que incerto) estabelecido para o cumprimento, o devedor só fica constituído em mora se não cumprir após a interpelação do credor (artigo 805.°, C.C.).

A interpelação pode ser judicial (por notificação judicial avulsa – artigo 261.°, C.P.C., na redacção dos Decretos-Leis n.°s 329-A/95, de 12 de Dezembro, e 38/2003, de 8 de Março, rectificado pela Declaração de rectificação n.° 5-C/2003, de 30 de Abril – ou pela citação do devedor para a acção – artigo 662.°, n.° 2-*b)*, C.P.C.) – ou extrajudicial (esta é feita pelo credor ao devedor por qualquer forma, sendo prudente acautelar a possibilidade de posterior prova dela).

Sendo a interpelação judicial, ela interrompe a prescrição do direito de crédito (v. artigo 323.°, C.C.).

Para que se verifique o vencimento da obrigação, não há necessidade de interpelação nas obrigações de prazo certo e nas obrigações provenientes de facto ilícito.

Por outro lado, se o devedor impedir a interpelação, deve considerar-se interpelado na data em que normalmente o teria sido, para efeitos de constituição em mora – v. artigo 805.°, n.° 2, C.C..

V. *Obrigação; Credor; Devedor; Cumprimento; Notificação judicial avulsa; Vencimento; Citação; Execução; Mora; Prescrição; Interrupção da prescrição; Obrigação a prazo; Acto ilícito.*

Interpelação admonitória (Dir. Civil) – Designação doutrinária da declaração prevista no n.° 1 do artigo 808.°, C.C., que consiste em o credor se dirigir ao devedor em mora, fixando-lhe um prazo suplementar razoável para que cumpra a obrigação, sob pena de a considerar definitivamente não cumprida, exercendo todos os direitos em que esse definitivo não cumprimento o constitui.

V. *Declaração negocial; Mora; Cumprimento; Obrigação; Incumprimento definitivo.*

Interposição de pessoa (Dir. Civil) – Pessoa Jorge, *Mandato sem representação*, Lisboa, 1961, pág. 162, define a interposição de pessoa como "a realização por alguém de um acto jurídico alheio por conta e no interesse do *dominus*, mas em nome próprio".

Costuma distinguir-se entre interposição real, que corresponde à noção dada, e interposição fictícia, em que há uma interposição simulada, porquanto o negócio é realizado entre os interessados, figurando a interposta pessoa simuladamente como parte nele.

À interposição fictícia fazem referência, por exemplo, os artigos 579.° e 876.°, C.C., que proíbem, respectivamente, a cessão e a venda de direitos e coisas litigiosas a certas pessoas, directamente ou por interposta pessoa. Também o artigo 1892.°, C.C., proíbe que os pais adquiram ou tomem de arrendamento, directamente ou por interposta pessoa, bens ou direitos dos filhos sujeitos ao poder paternal.

V. *Acto jurídico; Dono do negócio; Gestão de negócios; Testa de ferro; Simulação; Direito litigioso; Coisa litigiosa; Cessão de direitos litigiosos; Poder paternal; Arrendamento.*

Interposição de recurso (Proc. Civil) – Os recursos ordinários devem ser interpostos no prazo de dez dias a contar da data da notificação da decisão (sentença ou despacho) de que se recorre, excepto no caso de se ter pedido rectificação, aclaração ou reforma da sentença (artigos 685.° e 686.°, n.° 1, C.P.C., ambos na redacção do Decreto-Lei n.° 180/96, de 25 de Setembro). O prazo para o recurso extraordinário de revisão é normalmente de sessenta dias, contados a partir do conhecimento do facto que fundamenta o recurso; quanto ao recurso extraordinário de oposição de terceiro, o prazo é de três meses a contar do trânsito em julgado da sentença na acção de simulação, que serve de fundamento ao recurso, devendo, por sua vez, a acção de simulação ser intentada dentro dos cinco anos seguintes ao trânsito em julgado da sentença recorrida.

V. artigos 772.°, n.° 2 (este na redacção dos Decretos-Leis n.°s 329-A/95, de 12 de Dezembro, e 38/2003, de 8 de Março, rectificado pela Declaração de rectificação n.° 5-C/2003, de 30 de Abril), e 780.°, C.P.C..

"Os recursos interpõem-se por meio de requerimento dirigido ao tribunal que proferiu a decisão recorrida e no qual se indique a espécie de recurso interposto [...]" – n.° 1 do artigo 687.°, C.P.C., com a redacção do DL n.° 180/96; o n.° 2 deste artigo dispõe que, "tratando-se de despachos ou sentenças orais, reproduzidos no processo, o requerimento de interposição pode ser ditado para a acta".

Em princípio, a data de entrada do requerimento na secretaria judicial fixa a data de interposição do recurso.

V. *Recurso; Recurso ordinário; Notificação; Sentença; Despacho; Despacho saneador; Aclaração de sentença; Reforma de sentença; Rectificação da sentença; Recurso extraordinário; Revisão; Oposição de terceiro; Trânsito em julgado; Simulação; Requerimento; Secretaria judicial; Sentença oral.*

Interposição fictícia (Dir. Civil) – V. *Interposição de pessoa.*

Interposição gestória (Dir. Civil) – Fala-se de interposição gestória para referir a gestão de negócios, em que há intervenção ou interposição de uma pessoa em negócio de outra, na qualidade de gestor desse negócio.

V. *Gestão de negócios.*

Interposição real (Dir. Civil) – V. *Interposição de pessoa.*

Interpretação ab-rogante – Haverá uma interpretação ab-rogante da lei quando o intérprete, presumindo embora "que o legislador consagrou as soluções mais acertadas e soube exprimir o seu pensamento em termos adequados" (v. artigo 9.°, n.° 3, C.C.), haja de concluir que uma disposição legal não comporta qualquer sentido útil, designadamente por ela se encontrar em situação de incompatibilidade ou contradição insanável com outra ou outras regras do sistema jurídico.

V. *Lei; Interpretação da lei.*

Interpretação actualista – A interpretação da lei deve ser actualista, isto é, ter em conta as circunstâncias em que vai ser aplicada, de forma a dar-lhe o sentido que, em tais condições, seja o mais adequado a prosseguir o fim que ela quis assegurar ou o que, com a sua aplicação actual, permita adoptar, para o problema nela previsto, a solução que visou consagrar.

O artigo 9.°, n.° 1, *in fine*, C.C., determina que a lei deve ser interpretada "tendo sobretudo em conta [...] as condições específicas do tempo em que é aplicada".

V. *Lei; Interpretação da lei; Actualismo; Historicismo.*

Interpretação autêntica – É a interpretação de uma lei, operada por uma outra norma legal de valor hierárquico não inferior ao da norma que é objecto da interpretação; há, porém, autores que entendem que só pode falar-se de interpretação autêntica quando a norma interpretativa proveio do mesmo órgão legislativo que produziu a norma interpretada.

Só se está, em qualquer caso, no domínio da interpretação autêntica quando a norma interpretativa adoptar um dos sentidos em que a norma interpretada o poderia ser, o mesmo é dizer quando de efectiva interpretação se trate, e não de norma de conteúdo diverso, isto é, em alguma medida inovador.

V. *Lei; Interpretação da lei; Lei interpretativa.*

Interpretação correctiva – Fala-se de interpretação correctiva para significar a situação em que o intérprete, considerando o carácter nocivo das consequências jurídicas decorrentes da aplicação de uma norma, restringe, ou elimina mesmo, o seu sentido normativo, entendendo que a lei não poderia ter pretendido tais consequências e que a subsistência da norma tal qual não pode deixar de ser imputada à imprevisão ou imprudência legislativa.

A interpretação correctiva não é admitida pela generalidade da doutrina portuguesa.

V. *Lei; Interpretação da lei.*

Interpretação da lei – Operação técnico-jurídica tendente a determinar o conteúdo e o sentido das normas jurídicas.

A interpretação pode assumir, ela própria, o carácter de norma jurídica e isso acontecerá se um ou vários preceitos de um diploma esclarecerem o sentido de outro ou outros preceitos desse mesmo diploma ou se, após a publicação de uma lei, se publica uma outra tendente a fixar o sentido da primeira e a eliminar dúvidas que na sua aplicação se tenham suscitado. Em qualquer destes casos, a lei interpretativa pode provir do órgão que elaborou a lei interpretada (falando-se neste caso – e, segundo alguns autores, só nestes – em *interpretação autêntica*) ou pode emanar de órgão legislativo diverso. As leis interpretativas integram-se nas leis interpretadas, pelo que a sua aplicação no tempo tem carácter retroactivo, embora com algumas limitações (v. artigo 13.°, C.C.).

Mas, a maioria das vezes, não é por via legislativa que se faz a interpretação da lei, antes são os tribunais, os juristas e, genericamente, todas as pessoas, ainda que sem preparação jurídica, que têm de fazer essa interpretação. É quanto a esta que existem regras que lhe determinam critérios, métodos, extensão e limites.

O primeiro passo na interpretação de uma lei consiste na sua interpretação literal, isto é, na apreensão do sentido puramente gramatical ou textual da lei; uma vez operada essa interpretação da letra da lei, e de acordo com o n.° 1 do artigo 9.°, C.C., o intérprete deve recorrer a elementos extraliterais que lhe permitam "reconstituir a partir dos textos o pensamento legislativo".

Fundamentalmente, tais elementos respeitam, por um lado, à averiguação de qual o fim da lei (*ratio legis*), isto é, de qual o objectivo que se pretendeu alcançar com a lei, para o que se deverão ter em atenção as circunstâncias em que ela foi elaborada, tanto quanto aquelas em que ela vai ser efectivamente aplicada; por outro lado, tem de se ter em consideração o conjunto do sistema jurídico em que a lei se integra e com o qual tem de estar de acordo (*elemento sistemático*); finalmente, deve ainda atender-se às circunstâncias histórico-jurídicas em que a lei foi elaborada, designadamente à norma que ela substituiu, à evolução geral do sistema jurídico à data da sua elaboração, à sua fonte inspiradora e aos trabalhos preparatórios da lei (*elemento histórico*).

Considerados todos os elementos sumariamente enunciados, pode concluir-se que o sentido da lei é conforme ao seu texto (*interpretação declarativa*) ou, pelo contrário, que existe uma desconformidade entre a letra da lei e o pensamento legislativo, carecendo aquela de uma interpretação destinada a corrigir essa inadequação do texto ao sentido da norma; neste último caso, pode caber uma *interpretação restritiva*, se se concluir que a lei usou uma formulação demasiado ampla, ou uma *interpretação extensiva*, se, ao contrário, a lei usou uma forma de expressão excessivamente restrita, não abarcando todas as situações carecidas de regulação e que manifestamente era objectivo da lei prevenir e regular.

Existem uma série de argumentos interpretativos que, pela frequência da sua utilização, convém referir, e que são estes: permitido o mais, entende-se igualmente permitido o menos; havendo um certo regime jurídico para um determinado conjunto de situações, entende-se que as que não são abrangidas por ele devem considerar-se reguladas por uma regra oposta (interpretação *a contrario sensu*); e, finalmente, qualquer fim visado pela lei deve entender-se que legitima os meios necessários à sua prossecução.

O n.° 2 do já citado artigo 9.° impõe uma limitação importante ao intérprete, ao determinar que "não pode, porém, ser considerado [...] o pensamento legislativo que não tenha na letra da lei um mínimo de correspondência verbal, ainda que imperfeitamente expresso". O n.° 3 da mesma disposição consagra um princípio de razoabilidade que deve presidir à interpretação, afirmando que, "na fixação do sentido e alcance da lei, o intérprete presumirá que o legislador consagrou as soluções mais acertadas e soube exprimir o seu pensamento em termos adequados".

O artigo 11.°, C.C., estabelece, quanto às normas excepcionais, que elas admitem interpretação extensiva, não comportando, porém, aplicação analógica.

V. *Lei; Interpretação autêntica; Lei interpretativa; Actualismo; Historicismo; Objectivismo; Subjectivismo; Conflitos de leis no tempo; Argumentos interpretativos; Analogia; Norma excepcional.*

Interpretação declarativa – A interpretação da lei diz-se declarativa quando se limita a extrair do texto um sentido que corresponde à sua letra, por o intérprete ter considerado que esse é o que corresponde à *mens legis*.

V. *Lei; Interpretação da lei; Elemento literal; "Mens legis".*

Interpretação de sentença (Proc. Civil) – Quando suscite dúvidas a interpretação de uma sentença, qualquer das partes pode pedir ao tribunal que a proferiu o esclarecimento das formulações daquela cujo sentido não seja claro.

V. artigo 669.°, C.P.C., que tem a redacção dos Decretos-Leis n.°s 329-A/95, de 12 de Dezembro, e 180/96, de 25 de Setembro.

V. *Sentença; Parte; Aclaração de sentença.*

Interpretação do negócio jurídico (Dir. Civil) – Doutrinariamente, são duas as posições normalmente adoptadas no que respeita à interpretação do negócio jurídico: uma, predominantemente voluntarista ou subjectivista, que entende que deve tender-se, na interpretação do negócio, a apurar a vontade real das partes; outra, declarativista ou objectivista, que pretende que o intérprete se deve remeter a um entendimento objectivo daquilo que foi efectivamente declarado.

O artigo 236.°, C.C., determina que o sentido a atribuir à declaração negocial deve ser aquele que uma pessoa normal, colocada na posição do real declaratário (isto é, dispondo de todos os elementos complementares de interpretação de que eventualmente disponha o declaratário) possa apreender do comportamento do declarante; ao referir a posição do declaratário normal, como critério de entendimento do sentido da declaração, significa a lei um padrão que se exprime quer na capacidade média de percepção do teor dela, quer na diligência média na recolha e utilização dos elementos interpretativos auxiliares da descoberta do sentido da vontade expresso.

De acordo, porém, com o mesmo preceito, esta interpretação objectivista deve ser preterida nos casos em que o declaratário conheça a vontade real do declarante, pois, nesses casos, é de acordo com tal vontade que deve ser entendida a declaração.

No entanto, sendo o negócio formal, o artigo 238.°, C.C., determina que "não pode a declaração valer com um sentido que não tenha um mínimo de correspondência no texto do respectivo documento, ainda que imperfeitamente expresso", embora esse sentido possa valer, se corresponder à vontade real das partes e as razões determinantes da forma de negócio se não opuserem a essa validade.

Surgindo casos duvidosos, a interpretação deve ser a que menos gravosa resulte para o disponente, se o negócio for gratuito, ou aquela que mais favoreça o equilíbrio das prestações, sendo o negócio oneroso (v. artigo 237.°, C.C.).

Para os testamentos, enuncia o artigo 2187.°, C.C., regras interpretativas tendentes ao apuramento da vontade real do testador, isto é, consagradoras de uma interpretação mais subjectivista. Dispõe aquele artigo: "1. Na interpretação das disposições testamentárias, observar-se-á o que parecer mais ajustado com a vontade do testador, conforme o contexto do testamento. 2. É admitida prova complementar, mas não surtirá qualquer efeito a vontade do testador que não tenha no contexto um mínimo de correspondência, ainda que imperfeitamente expressa".

Relativamente aos contratos celebrados com base em cláusulas contratuais gerais, o artigo 11.°, n.° 1, do Decreto-Lei n.° 446/85, de 25 de Outubro, alterado pelos Decretos-Leis n.°s 220/95, de 31 de Agosto, 249/99, de 7 de Julho, e 323/2001, de 17 de Dezembro, estabelece que "as cláusulas contratuais gerais ambíguas têm o sentido que lhes daria o contraente indeterminado normal que se limitasse a subscrevê-las ou aceitá-las, quando colocado na posição de aderente real"; o n.° 2 consagra o princípio *contra proferentem*, ao determinar que, existindo dúvidas, prevalece o sentido mais favorável ao contraente que aderiu às cláusulas contratuais gerais.

V. *Negócio jurídico; Declaração negocial; Diligência; Declarante; Declaratário; Forma; Documento; Contrato gratuito; Contrato oneroso; Prestação; Prova; Testamento; Cláusulas contratuais gerais; "Contra proferentem"*.

Interpretação do testamento (Dir. Civil) – V. *Testamento; Interpretação do negócio jurídico*.

Interpretação enunciativa – O mesmo que *interpretação declarativa* (v. esta expressão).

V. *Interpretação da lei*.

Interpretação extensiva – Quando o intérprete conclua que a expressão literal da lei é insuficiente para exprimir tudo quanto ela queria dizer, isto é, quando verifique que ela diz literalmente menos do que quereria dizer, deve realizar uma interpretação extensiva que, designadamente, alargue a sua previsão a todas as situações que ela tinha em vista regular.

V. *Lei; Interpretação da lei; Elemento literal*.

Interpretação restritiva – É restritiva a interpretação da lei quando o intérprete, verificando que o alcance literal do texto legal é mais amplo do que aquele que a lei pretendia regular, restringe o seu sentido, de forma a torná-lo adequado àquele que corresponde à *mens legis*.

V. *Lei; Interpretação da lei; Elemento literal; "Mens legis"*.

Interpretação revogatória – Sinónimo de *interpretação ab-rogante* (v. esta expressão).

V. *Interpretação da lei*.

"Interpretatio abrogans" – V. *Interpretação ab-rogante; Interpretação da lei.*

Intérprete (Dir. Civil; Proc. Civil) – Encontram-se previstos na lei processual portuguesa casos de nomeação de intérpretes para os actos judiciais:

a) Quando tenha de ser ouvido um estrangeiro em juízo;

b) Quando tenha de ser interrogado um surdo, mudo ou surdo-mudo.

Em ambos os casos, o intérprete actua sob juramento.

V. artigos 139.°, n.° 2, e 141.°, C.P.C., o último na redacção do Decreto-Lei n.° 183/ /2000, de 10 de Agosto.

Também em actos notariais há lugar à intervenção de intérprete, que actua sob juramento, quando algum outorgante não compreenda a língua portuguesa e o notário não domine a língua daquele, em termos de lhe fazer a tradução verbal do instrumento. Não pode ser intérprete em actos notariais pessoa em relação à qual se verifique qualquer das circunstâncias previstas no artigo 68.° do Código do Notariado, podendo o notário recusar ainda a intervenção de intérprete que não considere digno de crédito, mesmo que não se trate de pessoa abrangida por qualquer daquelas proibições.

V. artigos 65.°, 66.°, 69.° e 70.°-*d)* do Código do Notariado.

Refira-se que as condições de acesso e exercício da actividade de intérprete de língua gestual foram estabelecidas pela Lei n.° 89/99, de 5 de Julho.

V. *Actos processuais; Estrangeiros; Juramento; Notário.*

Interrogatório (Proc. Civil) – No depoimento de parte, é ao juiz que cabe o interrogatório do depoente, nos termos do artigo 560.°, C.P.C.; a parte contrária pode requerer "as instancias necessárias para se esclarecerem ou completarem as respostas" (artigo 561.°, n.° 1, C.P.C.). "Os advogados das partes podem pedir esclarecimentos ao depoente"; "se algum dos advogados entender que a pergunta é inadmissível, pela forma ou pela substância, pode deduzir oposição, que será logo julgada definitivamente" – artigo 562.° do mesmo Código.

O interrogatório das testemunhas é feito "pelos mandatários das partes, sem prejuízo dos esclarecimentos pedidos pelos membros do tribunal", sendo este colectivo; "o presidente do tribunal avocará o interrogatório quando tal se mostre necessário para assegurar a tranquilidade da testemunha ou pôr termo a instâncias inconvenientes". V. artigo 638.°, C.P.C., na redacção do Decreto-Lei n.° 329-A/95 de 12 de Dezembro.

V. *Depoimento de parte; Juiz; Parte; Instância; Advogado; Inquirição; Testemunha; Mandatário judicial; Tribunal colectivo; Juiz presidente.*

Interrogatório do menor (Proc. Civil) – Nos processos tutelares de menores, constituía uma das diligências instrutórias, prevista na O.T.M., o interrogatório do menor.

A Lei Tutelar Educativa, aprovada pela Lei n.° 166/99, de 14 de Setembro, e que substituiu em parte aquele diploma, não prevê expressamente o interrogatório do menor, estabelecendo-se apenas que, "aberto o inquérito, o Ministério Público ouve o menor, no mais curto prazo" – artigo 77.°, n.° 1.

V. *Menor; Processo tutelar; Ministério Público.*

Interrogatório preliminar (Proc. Civil) – Depois de a testemunha ter prestado o juramento, o juiz procurará identificá-la e far-lhe-á um breve interrogatório preliminar, averiguando "se é parente, amigo ou inimigo de qualquer das partes, se está para com elas nalguma relação de dependência e se tem interesse, directo ou indirecto, na causa".

Se, pelas respostas, o juiz verificar que existe alguma causa de inabilidade ou que o declarante não é a pessoa que fora oferecida como testemunha, não a admitirá a depor; também a parte contra quem for produzida a testemunha se pode opor a que ela seja admitida pelos mesmos fundamentos.

V. artigos 635.° e segs., C.P.C..

V. *Testemunha; Juramento; Identificação da pessoa; Inabilidades; Impugnação de testemunha.*

Interrupção da audiência (Proc. Civil) – V. *Audiência; Continuidade da audiência.*

Interrupção da caducidade (Dir. Civil) – Os prazos de caducidade, uma vez iniciados, em regra não se interrompem como acontece com a prescrição.

No entanto, por vezes a lei manda aplicar a alguns prazos de caducidade as regras relativas à interrupção da prescrição: é o que acontece, por exemplo, com o n.° 3 do artigo 2308.°, C.C. (caducidade da acção de nulidade ou anulação do testamento).

V. artigo 328.°, C.C..

V. *Caducidade; Prescrição; Interrupção da prescrição; Nulidade; Anulação; Testamento.*

Interrupção da causalidade (Dir. Civil) – V. *Causalidade; Interrupção do nexo causal.*

Interrupção da instância (Proc. Civil) – Como consequência de o processo estar parado por mais de um ano por negligência das partes em promover os seus termos – ou os de algum incidente de que dependa o seu andamento –, a instância interrompe-se.

Encontrando-se interrompida durante dois anos (eram cinco na versão anterior do C.P.C.), a instância considera-se deserta, independentemente de qualquer decisão judicial.

A interrupção cessa logo que o autor requeira algum acto do processo ou do incidente, salvo se entretanto tiver ocorrido caducidade do direito que se exerce.

V. os artigos 285.°, 286.° e 291.°, n.° 1, C.P.C., o último na redacção do Decreto-Lei n.° 329-A/95, de 12 de Dezembro.

O artigo 126.°, n.° 1-*c*), da Lei de Organização e Funcionamento dos Tribunais Judiciais (Lei n.° 3/99, de 13 de Janeiro, rectificada pela Declaração de rectificação n.° 7/99, de 16 de Fevereiro, e alterada pela Lei n.° 101/99, de 26 de Julho, pelos Decretos-Leis n.°s 323/2001, de 17 de Dezembro, e 38/2003, de 8 de Março, pela Lei n.° 105/2003, de 10 de Dezembro, pelo Decreto-Lei n.° 53/2004, de 18 Março, pela Lei n.° 42/2005, de 29 de Agosto, e pelo Decreto-Lei n.° 76-A/2006, de 29 de Março – este rectificado pela Declaração de rectificação n.° 28-A/2006, de 26 de Maio) dispõe que se consideram findos para efeitos de arquivo "os processos em que se verifique a interrupção da instância".

V. *Instância; Parte; Negligência; Incidente; Autor; Deserção da instância; Caducidade; Direito subjectivo.*

Interrupção da prescrição (Dir. Civil) – A contagem do prazo prescricional pode ser interrompida por um acto que inutiliza para a prescrição todo o prazo até aí decorrido, começando a correr, em princípio, novo prazo a partir do acto interruptivo.

O acto interruptivo pode ser do próprio titular do direito, por citação ou notificação judicial que exprima, directa ou indirectamente, a intenção daquele de exercer o seu direito.

Resultando a interrupção de citação, notificação ou acto equiparado – e estas produzem os seus efeitos interruptivos no momento em que se verificam ou, não se verificando nos cinco dias posteriores ao seu requerimento por causa não imputável ao requerente, tem-se a prescrição por interrompida logo que decorram os cinco dias –, o novo prazo prescricional só começa, em princípio, a correr depois de transitada em julgado a decisão que põe termo ao processo.

O compromisso arbitral também interrompe a prescrição do direito a que se refere.

Mas, "a prescrição é ainda interrompida pelo reconhecimento do direito, efectuado perante o respectivo titular por aquele contra quem o direito pode ser exercido", sendo o reconhecimento tácito relevante – como é regra com as declarações tácitas – quando resulte de factos que inequivocamente o exprimam.

O Acórdão uniformizador de jurisprudência n.° 3/98, de 26 de Março de 1998, publicado no *Diário da República*, I-A série, veio decidir que "a notificação judicial avulsa pela qual se manifesta a intenção do exercício de um direito é meio adequado à interrupção da prescrição desse direito, nos termos do n.° 1 do artigo 323.° do Código Civil".

V. artigos 323.° e segs., C.C..

O Assento do Supremo Tribunal de Justiça de 28 de Março de 1995, publicado no *Diário da República*, I-A série, de 20 de Maio do mesmo ano, veio estabelecer a seguinte doutrina: "Por força do disposto no artigo 71.° da Lei Uniforme sobre Letras e Livranças, aplicável por via do seu artigo 78.°, a interrupção da prescrição da obrigação cambiária contra o subscritor de uma livrança não produz efeito em relação ao respectivo avalista".

V. *Prescrição; Direito subjectivo; Suspensão da prescrição; Citação; Notificação judicial avulsa; Requerimento; Culpa; Trânsito em julgado; Compromisso arbitral; Reconhecimento de direito; Declaração negocial; Letra; Livrança.*

Interrupção do nexo causal (Dir. Civil) – Fala-se de interrupção do nexo causal, ou de causalidade interrompida, quando um facto adequado à produção de um dado resultado danoso não chega na realidade a produzi-lo porque, entretanto, o mesmo resultado foi causado por um outro facto. Nestes casos, o processo causal estava já em curso e só não desencadeou o seu efeito normal porque uma outra causa se interpôs, dando origem ao mesmo resultado.

Esta situação coloca o problema de saber se o autor do facto inicial pode ser responsabilizado – ou co-responsabilizado – pelo prejuízo verificado, isto é, coloca a questão da relevância positiva da causa virtual. A resposta a esta questão é negativa, pois o autor da causa virtual é, na realidade, completamente alheio à produção do dano, na medida em que aquela em nada afecta o processo causal real.

V. *Causalidade; Causa virtual; Responsabilidade civil; Dano.*

"Interusurium" (Dir. Civil; Proc. Civil) – Designa este termo os juros que se vencem no período compreendido entre o momento do cumprimento de uma obrigação pecuniária e o momento do vencimento desta, sempre que o primeiro seja anterior ao segundo, isto é, sempre que, por qualquer razão, haja antecipação do cumprimento.

Se o prazo do cumprimento houver sido estabelecido em benefício exclusivo do devedor, pode este renunciar a esse benefício, antecipando o cumprimento da sua obrigação, pagando a dívida ao credor – ou, se for caso disso, consignando em depósito –, não tendo, em regra, de pagar os juros correspondentes ao tempo não decorrido, se ainda o não tiver feito.

Quando o prazo beneficie o credor ou ambas as partes, o devedor terá sempre de pagar os juros até ao fim do prazo, mesmo antecipando o pagamento da dívida (e, assim, o artigo 1147.°, C.C., estabelece que no mútuo oneroso o prazo se presume estabelecido em benefício de ambas as partes, podendo, no entanto, o mutuário liquidar antecipadamente a dívida, "desde que satisfaça os juros por inteiro").

No caso de o pagamento antecipado ser forçado, o devedor não terá de liquidar a totalidade dos juros (v. artigo 868.°, n.° 3, C.P.C., relativamente à graduação dos créditos não vencidos em processo executivo).

V. *Juros; Obrigação pecuniária; Cumprimento; Vencimento; Antecipação do cumprimento; Benefício do prazo; Consignação em depósito; Mútuo; Presunção legal; Execução; Graduação de credores.*

Intervenção acessória (Proc. Civil) 1. Nos termos do artigo 5.°, n.° 4, do hoje designado por Estatuto do Ministério Público (Lei n.° 47/86, de 15 de Outubro, alterada pelas Leis n.°s 2/90, de 20 de Janeiro, 23/92, de 20 de Agosto, 10/94, de 5 de Maio, 60/98, de 27 de Agosto, e 42//2005, de 29 de Agosto), o Ministério Público intervém nos processos acessoriamente:

"*a)* Quando, não se verificando nenhum dos casos do n.° 1 [não se esteja, portanto, perante um caso de intervenção principal], sejam interessados na causa as regiões autónomas, as autarquias locais, outras pessoas colectivas públicas, pessoas colectivas de utilidade pública, incapazes ou ausentes, ou a acção vise a realização de interesses colectivos ou difusos;

b) Nos demais casos previstos na lei".

O artigo 6.° do Estatuto dispõe que, nos casos em que a intervenção é acessória, ao Ministério Público cabe apenas promover o que tiver por conveniente para zelar pelos interesses que lhe estão confiados, situando-se numa posição de acessoriedade relativamente à intervenção da parte, devidamente representada nos termos das leis do processo.

V. *Ministério Público; Intervenção principal; Pessoa colectiva; Incapaz; Ausência; Interesses difusos; Parte; Representação.*

2. Modalidade de incidente de intervenção de terceiros em processo civil, que "abrange todos os casos em que o terceiro se constitui parte acessória, com a finalidade de coadjuvar uma das partes principais, sem possibilidade de tomar posição

contrária à que esta tome ou de praticar acto que ela tenha perdido o direito de praticar" – Lebre de Freitas, *Código de Processo Civil anotado*, Volume 1.°, Coimbra, 1999, pág. 561.

V. *Incidente; Intervenção de terceiros; Terceiro; Parte acessória; Parte principal; Actos processuais.*

Intervenção de terceiros (Proc. Civil) – Esta expressão designa genericamente os incidentes processuais destinados a fazer intervir no processo terceiros alheios à relação processual, mas que têm nela um interesse directo ou indirecto.

Trata-se de matéria que foi profundamente alterada pela revisão do Código de Processo Civil. Antes desta, eram seis os incidentes tipificados: a nomeação à acção, o chamamento à autoria, o chamamento à demanda, a assistência, a oposição e a intervenção principal.

"Os três primeiros, que tinham de comum só poderem ter lugar por iniciativa do réu, desapareceram, sem prejuízo de as situações em que fundavam poderem continuar a dar lugar à intervenção de terceiros: as duas situações-base da **nomeação à acção** [...] deixaram de ser objecto de previsão autónoma, mas podem fundar, nos termos gerais, a intervenção principal; o **chamamento à autoria** [...] passou a constituir a intervenção acessória provocada (novo art. 330), possibilidade já anteriormente existente (anterior art. 327-3) mas alternativa à possibilidade, que a revisão eliminou, de o chamado se constituir como parte principal, em litisconsórcio impróprio com o réu primitivo (anterior art. 328-1) ou, quando este se excluísse da causa, em sua substituição processual (anterior art. 328-2); o **chamamento à demanda** [...] foi expressamente integrado na intervenção principal provocada e subordinado ao respectivo regime, com [...] particularidades [...]. Em consequência da eliminação destes três incidentes, o esquema dos incidentes de intervenção de terceiros apresenta-se simplificado: dum lado, a intervenção principal abrange todos os casos em que o terceiro se constitui parte principal em litisconsórcio com o autor ou o réu primitivo, coligado com o autor ou, no caso do art. 325-2, coligado com o réu; de outro, a intervenção acessória abrange todos os casos em que o terceiro se constitui parte acessória, com a finalidade de coadjuvar uma das partes principais, sem possibilidade de tomar posição contrária à que esta tome ou de praticar acto que ela tenha perdido o direito de praticar; finalmente, dá-se **oposição** quando o terceiro se constitui parte principal em posição incompatível com a do autor e, como a deste, contrária à do réu, de tal modo que ocupará, se ambas as partes primitivas permanecerem na causa, uma terceira posição, independente da de qualquer delas. Qualquer dos incidentes pode surgir por iniciativa do terceiro (intervenção ou oposição espontânea) ou por iniciativa duma das partes primitivas (intervenção ou oposição provocada)" – Lebre de Freitas, *Código de Processo Civil anotado*, Volume 1.°, Coimbra, 1999, págs. 560-561.

V. artigos 320.° e segs., C.P.C..

V. *Incidente; Terceiro; Réu; Intervenção principal; Intervenção acessória; Parte principal; Litisconsórcio; Modificações subjectivas da instância; Coligação; Autor; Réu; Oposição; Intervenção espontânea; Intervenção provocada.*

Intervenção espontânea (Proc. Civil) – Dentro dos casos de intervenção de terceiros, há de distinguir aqueles em que tal intervenção se caracteriza como espontânea daqueles em que ela é provocada por qualquer das partes.

Dispõe o artigo 320.°, C.P.C., na redacção do Decreto-Lei n.° 329-A/95, de 12 de Dezembro, que, "estando pendente uma causa entre duas ou mais pessoas, pode nela intervir como parte principal:

a) Aquele que, em relação ao objecto da causa, tiver um interesse igual ao do autor ou do réu, nos termos dos artigos 27.° e 28.° [que se ocupam do litisconsórcio voluntário e necessário, respectivamente];

b) Aquele que, nos termos do artigo 30.°, pudesse coligar-se com o autor, sem prejuízo do disposto no artigo 31.°".

"A intervenção fundada na alínea *a)* do artigo 320.° é admissível a todo o tempo, enquanto não estiver definitivamente julgada a causa; a que se baseia na alínea *b)* só é admissível enquanto o interveniente possa deduzir a sua pretensão em articulado próprio", tendo o interveniente, em qualquer dos casos, de aceitar "a causa no estado em que se encontrar, sendo considerado revel quanto aos actos e termos anteriores; mas goza de todos os direitos de parte principal a partir do momento da sua intervenção" – artigo 322.°, C.P.C., sempre na redacção dada pelo DL n.° 329-A/95.

V. *Intervenção de terceiros; Intervenção provocada; Parte principal; Autor; Réu; Litisconsórcio; Coligação; Articulados; Revelia.*

Intervenção obrigatória de advogado (Proc. Civil) – Em processo civil, a lei impõe a constituição obrigatória de advogado:

1. Em processo declarativo:

a) Nas acções que sejam da competência de tribunais com alçada, em que seja admissível recurso ordinário;

b) Nas acções em que caiba recurso, independentemente do valor;

c) Nos tribunais superiores, quer em recursos quer em acções aí directamente propostas;

d) "Nos inventários, seja qual for a sua natureza ou valor", quando se suscitem ou discutam questões de direito.

O n.° 4 do artigo 32.°, C.P.C., a cujo regime se tem vindo a fazer referência e que tem a redacção do Decreto-Lei n.° 329--A/95, de 12 de Dezembro, permite, porém, que, "quando não haja advogado na comarca, o patrocínio [...] [possa] ser exercido por solicitador".

A falta de constituição de advogado por parte do autor, nos processos declarativos em que a lei a impõe, constitui excepção dilatória de conhecimento oficioso do tribunal, que, não sendo sanada, obsta a que este conheça do mérito da causa e dá lugar à absolvição do réu da instância. V. artigos 493.°, 494.°, n.° 1-*h)*, e 495.°, C.P.C..

2. Em processo executivo, a intervenção de advogado é imposta quando o valor da execução seja superior à alçada da Relação e quando, sendo o valor superior à alçada do tribunal de 1ª instância, "[...] tenha lugar algum procedimento que siga os termos do processo declarativo". De qualquer forma, nas execuções de valor superior à alçada do tribunal de 1ª instância, "as partes têm de se fazer representar por advogado, advogado estagiário ou solicitador".

V. artigo 60.°, C.P.C., na redacção do Decreto-Lei n.° 38/2003, de 8 de Março, rectificado pela Declaração de rectificação n.° 5-C/2003, de 30 de Abril.

V. *Advogado; Alçada; Patrocínio judiciário; Acção declarativa; Recurso; Recurso ordinário; Valor da causa; Inventário; Comarca; Solicitador; Excepção dilatória; Conhecimento oficioso; Mérito da causa; Absolvição da instância; Execução; Relação; Tribunal de 1.ª instância; Solicitador de execução; Advogado estagiário; Autor.*

Intervenção principal (Proc. Civil)

1. Este incidente da instância caracteriza-se pela intervenção de um terceiro numa causa que se encontre pendente, para aí fazer valer um direito próprio, paralelo ao do autor ou do réu.

A intervenção é admissível nos mesmos termos em que o são o litisconsórcio voluntário e a coligação.

Além da intervenção espontânea, a lei prevê o caso de qualquer das partes chamar o terceiro a intervir, quer como réu quer como autor, o que se designa por intervenção provocada.

V. artigos 320.° e segs., C.P.C..

V. *Incidente; Terceiro; Direito subjectivo; Autor; Réu; Litisconsórcio; Coligação.*

2. Nos termos do artigo 5.°, n.° 1, do chamado Estatuto do Ministério Público (Lei n.° 47/86, de 15 de Outubro, alterada pelas Leis n.°s 2/90, de 20 de Janeiro, 23//92, de 20 de Agosto, 10/94, de 5 de Maio, 60/98, de 27 de Agosto, e 42/2005, de 29 de Agosto), este tem intervenção principal nos processos, para além dos demais casos previstos na lei:

a) quando representa o Estado (v. artigo 219.°, n.° 1, da Constituição e artigo 20.°, C.P.C.);

b) quando representa as regiões autónomas e as autarquias locais;

c) quando representa incertos (v. artigo 16.°, C.P.C., na redacção do Decreto-Lei n.° 329-A/95, de 12 de Dezembro);

d) quando representa incapazes ou ausentes em parte incerta, por não ter sido deduzida oposição em seu nome (v. artigo 15.°, C.P.C.);

e) quando representa interesses colectivos ou difusos;

f) nos inventários exigidos pela lei;

g) quando exerce o patrocínio oficioso dos trabalhadores e respectivas famílias na defesa dos seus direitos de carácter social.

Qualifica-se a intervenção do Ministério Público como principal nos casos em que representa ou é o principal representante da parte.

V. *Ministério Público; Incertos; Incapaz; Ausência; Inventário; Interesses difusos.*

Intervenção provocada (Proc. Civil) – Dentro dos casos de intervenção de terceiros na instância, distinguem-se aqueles em que tal intervenção se caracteriza como espontânea daqueles em que ela é provocada por qualquer das partes.

Diz o artigo 325.°, C.P.C., na redacção do Decreto-Lei n.° 180/96, de 25 de Setembro, que "qualquer das partes pode chamar a juízo o interessado com direito a intervir na causa, seja como seu associado, seja como associado da parte contrária", podendo "ainda o autor chamar a intervir como réu o terceiro contra quem pretenda dirigir o pedido", nos casos em que exista "dúvida fundamentada sobre o sujeito da relação controvertida"; "o autor do chamamento alega a causa do chamamento e justifica o interesse que, através dele, pretende acautelar".

O artigo 326.°, na redacção do mesmo DL n.° 180/96, determina, por seu lado, que "o chamamento para a intervenção só pode ser requerido em articulado da causa ou em requerimento autónomo, até ao momento em que podia deduzir-se a intervenção espontânea em articulado próprio, sem prejuízo do disposto no artigo 269.°, no n.° 1 do artigo 329.° e no n.° 2 do artigo 869.°", sendo decidida a admissibilidade do chamamento depois de ouvida a parte contrária.

"Admitida a intervenção, o interessado é chamado por meio de citação" – artigo 327.°, n.° 1, C.P.C..

Finalmente, o artigo 328.°, sempre na redacção do diploma já referido, estabelece que, "se o chamado intervier no processo, a sentença apreciará o seu direito e constituirá caso julgado em relação a ele"; "se não intervier, a sentença só constitui, quanto a ele, caso julgado: *a)* nos casos da alínea *a)* do artigo 320.° [ser pessoa que, em relação ao objecto da causa, tenha um interesse igual ao do autor ou réu, nos termos que justificam o litisconsórcio], salvo tratando-se de chamamento dirigido pelo autor a eventuais litisconsortes voluntários activos; b) nos casos do n.° 2 do artigo 325.° [ser o chamado como réu, quando exista "dúvida fundamentada sobre o sujeito da relação controvertida"]".

V. *Intervenção de terceiros; Instância; Intervenção espontânea; Parte; Autor; Réu; Pedido; Articulados; Requerimento; Citação; Sentença; Caso julgado; Litisconsórcio.*

"Inter vivos" (Dir. Civil) – Expressão que significa *entre vivos*, e que é usada para qualificar o acto celebrado entre sujeitos jurídicos vivos e destinado a produzir os respectivos efeitos durante a vida desses sujeitos, ou para qualificar a situação em que alguém sucede num direito de outrem em razão de facto que não é a morte do anterior titular do direito.

V. *Acto jurídico; Negócio jurídico; Sucessão; "Mortis causa".*

Intimidade (Dir. Civil) – O artigo 26.°, n.° 1, da Constituição da República garante o direito à reserva da intimidade da vida privada e familiar; por seu lado, o artigo 34.° garante a inviolabilidade do domicílio, da correspondência e de todos os meios de comunicação privada, ocupando-se o artigo 35.° dos limites e regras de utilização da informática, determinando nomeadamente que ela "não pode ser utilizada para tratamento de dados referentes a convicções filosóficas ou políticas, filiação partidária ou sindical, fé religiosa, vida privada e origem étnica, salvo mediante consentimento expresso do titular, autorização prevista por lei com garantias de não discriminação ou para processamento de dados estatísticos não individualmente identificáveis".

Segundo o artigo 80.°, C.C., "todos devem guardar reserva quanto à intimidade da vida privada de outrem". Os artigos 76.° e 77.°, C.C., ocupam-se da protecção da reserva de cartas-missivas confidenciais, das memórias familiares e pessoais e de outros escritos "que tenham carácter confidencial ou se refiram à intimidade da vida privada".

Foi a Lei n.° 3/73, de 5 de Abril, que inicialmente adoptou medidas respeitantes à protecção da intimidade da vida privada, instituindo penas para quem, nomeadamente: *a)* "sem justa causa e com o propósito de devassar a intimidade da vida privada de outrem", escutasse e divulgasse qualquer conversa particular, observasse às ocultas pessoas que se encontrassem em lugar privado, captasse e/ou divulgasse imagem de uma pessoa ou seus bens, sem o consentimento desta; *b)* fornecesse "elementos a um ficheiro, base ou banco de dados, gerido por ordenador ou por outro equipamento fundado nos princípios da cibernética" ou utilizasse esses elementos para fins ilícitos, e ainda para quem, "com o propósito de importunar alguém", se lhe dirigisse "pelo telefone, ou através de mensagens", ou se apresentasse diante do seu domicílio ou de outro lugar privado". Posteriormente, a Lei n.° 10/91, de 29 de Abril, alterada pela Lei n.° 28/94, de 29 de Agosto (Lei da Protecção de Dados Pessoais face à Informática) estabelecia um conjunto de regras relativas ao uso da informática, determinado que esta deveria "processar-se de forma transparente e no estrito respeito pela reserva da vida privada e familiar e pelos direitos, liberdades e garantias fundamentais do cidadão" (artigo 1.°).

A actual Lei da Protecção de Dados Pessoais – Lei n.° 67/98, de 26 de Outubro, rectificada pela Declaração de rectificação n.° 22/98, de 28 de Novembro – que revogou os dois diplomas anteriormente referidos, ocupa-se genericamente da protecção das pessoas relativamente quer ao tratamento dos seus dados quer à "videovigilância e outras formas de captação, tratamento de sons e imagens que permitam identificar pessoas"; no mesmo sentido da protecção da reserva da intimidade das pessoas e da sua vida privada se orienta igualmente a Lei n.° 41/2004, de 18 de Agosto, que revogou a anterior Lei n.° 69/ /98, de 28 de Outubro, e que, transpondo a Directiva n.° 2002/58/CE, do Parlamento Europeu e do Conselho, de 12 de Julho, e se ocupa do tratamento de dados pessoais e da protecção da privacidade no sector das telecomunicações electrónicas, "especificando e complementando as disposições da Lei n.° 67/98, de 26 de Outubro [...]". De acordo com o artigo 1.° deste diploma, ele visa assegurar "a protecção dos interesses legítimos dos assinantes que sejam pessoas colectivas na medida em que tal protecção seja compatível com a sua natureza", constituindo excepções ao regime desta lei as normas que forem "definidas em legislação especial" e que "se mostrem estritamente necessárias para a protecção de actividades relacionadas com a segurança pública, a defesa, a segurança do Estado e a prevenção, investigação e repressão de infracções penais" (n.° 4). O artigo 4.° dispõe que "as empresas que oferecem redes ou serviços de comunicações electrónicas devem garantir a inviolabilidade das comunicações e respectivos dados de tráfego realizadas através de redes públicas de comunicações e de serviços de comunicações electrónicas acessíveis ao público", proibindo "a escuta, a instalação de dispositivos de escuta, o armazenamento ou outros meios de intercepção ou vigilância de comunicações e dos respectivos dados de tráfego por terceiros sem o consentimento prévio e expresso dos utilizadores, com excepção dos casos previstos na lei"; acrescenta, porém, que estas regras não impedem "as gravações legalmente autorizadas de comunicações e dos respectivos dados de tráfego, quando realizadas no âmbito de práticas comerciais lícitas, para o efeito de prova de uma transacção comercial nem de qualquer outra comunicação feita no âmbito de uma relação contratual, desde que o titular dos dados tenha sido informado e dado o seu consentimento". A utilização de redes de comunicação electrónica para "o armazenamento de informações ou para obter acesso à informação armazenada no equipamento terminal de um assinante ou de qualquer utilizador" apenas é permitida quando se verifiquem as circunstâncias previstas nas alíneas *a)* e *b)* do n.° 1 do artigo 5.°. Por seu lado, o artigo 6.° estabelece a regra de que "os dados de tráfego relativos aos assinantes e utilizadores tratados e armazenados pelas empresas que oferecem redes e ou serviços de comunicações electrónicas devem ser eliminados ou tornados anónimos quando deixem de ser necessários para efeitos da transmissão da comunicação", enunciando as excepções a este princípio. "Nos casos em que sejam processados dados de localização, para além dos dados de tráfego, relativos a assinantes ou utilizadores das redes públicas de comunicações ou de serviços de comunicações electrónicas acessíveis ao público, o tratamento destes dados é permitido apenas se os mesmos forem tornados anónimos" - artigo 7.°, n.° 1. "As empresas que oferecem redes e ou serviços de comunicações [...] devem conciliar os direitos dos assinantes que recebem facturas detalhadas com o direito à privacidade dos utilizadores autores das chamadas, nomeadamente submetendo à aprovação da Comissão Nacional de Protecção de Dados propostas quanto aos meios que permitam aos assinantes um acesso anónimo ou estritamente privado a serviços de comunicações electrónicas acessíveis ao público"; esta aprovação "está obrigatoriamente sujeita a parecer prévio da Autoridade nacional de Comunicações (ICP-ANACOM)" - artigo 8.°, n.°s 2 e 3. "Quando for oferecida a apresentação da identificação da linha chamadora, as empresas que oferecem serviços de comunicações [...] devem garantir, linha a linha, aos assinantes que efectuam as chamadas e, em cada chamada, aos demais utilizadores a possibilidade de, através de um meio simples e gratuito, impedir a apresentação da identificação da linha chamadora", estendendo-se esta regra "às chamadas para países que não pertençam à União Europeia originadas em território nacional - artigo 9.°, n.°s 1 e 5; o n.° 2 do mesmo artigo dispõe que, "quando for oferecida a apresentação da linha chamadora, as empresas que oferecem serviços de comunicações [...] devem garantir ao assinante chamado a possibilidade de impedir, através de um meio simples e gratuito, no caso de uma utilização razoável dessa função, a apresentação da identificação da linha chamadora nas chamadas de entrada"; o n.° 3 trata das situações em que é oferecida a identificação da linha chamadora antes do atendimento da chamada, impondo às empresas que garantam "a possibilidade de rejeitar, através de um meio simples, chamadas de entrada não identificada" - sendo ambas as normas "aplicáveis a chamadas de entrada originadas em países que não pertençam à União Europeia" (n.° 6); o n.° 4 da disposição determina que, "quando for oferecida a apresentação da identificação da linha conectada, as empresas [...] devem garantir ao assinante chamado a possibilidade de impedir, através de um meio simples e gratuito, a apresentação da linha conectada ao utilizador que efectua a chamada"; finalmente, o n.° 7 impõe às empresas referidas a obrigação de disponibilizar ao público, e [*sic*] em especial aos assinantes, informações transparentes e actualizadas sobre as possibilidades referidas nos números anteriores". O artigo 10.° da mesma lei impõe às empresas já referidas, "quando tal for compatível com os princípios da necessidade, da adequação e da proporcionalidade", a obrigação - de "anular por um período de tempo não superior a 30 dias a eliminação da apresentação da linha chamadora, a pedido, feito por escrito e devidamente fundamentado, de um assinante que pretenda determinar a origem de chamadas não identificadas perturbadoras da paz familiar ou da intimidade da vida privada, caso em que o número de telefone dos assinantes chamadores que tenham eliminado a identificação da linha é registado e comunicado ao assinante chamado"; nas situações que acabam de ser referidas, "a anulação da eliminação da apresentação da linha chamadora deve ser [*sic*] precedida de parecer obrigatório por parte da Comissão Nacional de Protecção de Dados"; não se esgota o regime deste artigo 10.°, deixando-se referida apenas esta obrigação, por parecer a mais representativa da protecção da intimidade no quadro do regime referido.

Incidentalmente, embora, outros diplomas contêm regras destinadas a preservar a intimidade da vida privada dos sujeitos: assim, por exemplo, o artigo 34.°, n.° 3, do Código do Registo Civil, na redacção do Decreto-Lei n.° 36/97, de 31 de Janeiro, determina que "o exame dos registos para fins de investigação científica ou genealógica só pode ser autorizado pelo director-geral dos Registos e do Notariado, a requerimento fundamentado dos interessados e desde que se mostre assegurado o respeito da vida privada e familiar das pessoas a quem respeitem".

V. *Carta-missiva; Escritos confidenciais; Memórias familiares; Justa causa; Domicílio; Dados pessoais; Base de dados; Protecção de dados pessoais; Princípio da igualdade; Autori-*

zação; Contrato; Direito subjectivo; Registo civil; Pessoa colectiva.

"Intra vires hereditatis" (Dir. Civil) – Expressão que significa "dentro das forças da sucessão".

Os herdeiros só são responsáveis *intra vires hereditatis*, isto é, a sua responsabilidade pelos encargos da herança (despesas com o funeral e sufrágios do seu autor, encargos com a testamentaria, administração e liquidação do património hereditário, dívidas do falecido e cumprimento dos legados – v. artigo 2068.°, C.C.) não pode exceder o valor dos bens herdados.

O artigo 2071.°, C.C., dispõe que, se a herança houver sido aceita a benefício de inventário, só os bens inventariados respondem pelos encargos daquela, a menos que os credores ou legatários provem a existência de outros bens; e que, "sendo a herança aceita pura e simplesmente, a responsabilidade pelos encargos também não excede o valor dos bens herdados, mas incumbe, neste caso, ao herdeiro provar que na herança não existem valores suficientes para cumprimento dos encargos".

Não sendo os bens da herança suficientes para cobrir os legados, são estes pagos rateadamente, a menos que sejam remuneratórios, pois nesse caso são considerados como dívida da herança (artigo 2278.°, C.C.).

A regra *intra vires hereditatis* vale também para os legatários que tenham de responder pelo cumprimento de legados e de outros encargos que lhes sejam impostos, sendo a responsabilidade daqueles igualmente restrita aos limites do valor da coisa legada (artigo 2276.°, n.° 1, C.C.); se a herança houver sido toda distribuída em legados, é aos legatários que cabe, em princípio e na proporção dos seus legados, o cumprimento de todos os encargos de herança (artigo 2277.°, C.C.).

V. *Sucessão; Herança; Encargos da herança; "Ultra vires hereditatis"; Testamentaria; Aceitação da herança; Benefício de inventário; Credor; Legado; Legado remuneratório.*

"Intuitus personae" (Dir. Civil) – Expressão latina que significa *consideração da pessoa.*

Diz-se que uma obrigação é *intuitu personae* quando ela foi assumida tendo em consideração as qualidades próprias da pessoa do devedor, podendo qualificar-se um negócio jurídico *intuitu personae,* quando a sua realização teve lugar em razão das características específicas de uma das suas partes.

Por exemplo, em muitos contratos de prestação de serviços, pode dizer-se que eles, ou as obrigações deles emergentes, são *intuitu personae.* Há contratos, como a doação – para não falar do caso, evidentíssimo, do casamento –, que são necessariamente *intuitu personae,* já que o "espírito de liberalidade" que a caracteriza implica inevitavelmente que o doador forme a sua vontade em consideração das características pessoais e da sua relação com o donatário.

Quando a obrigação é *intuitu personae,* ela é, em regra, infungível, não podendo, consequentemente, o devedor fazer-se substituir por outrem no seu cumprimento. Sendo a obrigação desta natureza e o seu objecto uma prestação de facto, a impossibilidade superveniente subjectiva não culposa determina a sua extinção (artigo 791., C.C.).

V. *Obrigação; Negócio jurídico; Contrato de prestação de serviços; Contrato; Doação; Casamento; Impossibilidade de cumprimento; Impossibilidade subjectiva da prestação; Infungibilidade; Extinção das obrigações.*

Inutilidade superveniente da lide (Proc. Civil) – Tornando-se inútil a continuação de uma acção pendente em tribunal, aquela extingue-se – artigo 287.°-*e),* C.P.C..

A morte de uma das partes pode constituir fundamento de tal inutilidade (cfr. artigo 276.°, n.° 3, C.P.C.): é o que acontece, por exemplo, em acção de divórcio ou separação de pessoas e bens.

A obrigação de pagamento das custas num processo que tenha terminado por inutilidade superveniente é do autor, a menos que a inutilidade derive de facto imputável ao réu, caso em que será este a pagá-las (cfr. artigo 447.°, C.P.C., com a redacção do Decreto-Lei n.° 180/96, de 25 de Setembro).

O Assento n.° 4/77, de 9 de Novembro de 1977, decidiu que o disposto neste artigo 447.° "é aplicável independentemente da natureza do facto que determine a impossibilidade ou inutilidade da lide".

V. *Instância; Extinção da instância; Parte; Divórcio; Separação judicial de pessoas e bens; Custas; Autor; Réu; Culpa; Impossibilidade superveniente da lide.*

Invalidade (Dir. Civil) - Qualidade do acto jurídico ao qual faltam ou em que são irregulares elementos internos essenciais, o que determina a sua insusceptibilidade para produzir os efeitos jurídicos para que tendia.

Consoante a gravidade do vício que afecta o acto, assim ele pode ser inexistente, nulo ou anulável; conforme, por outro lado, o vício atinja integralmente o acto, ou não, a respectiva invalidade será total ou parcial.

Sendo a invalidade (nulidade ou anulação) parcial, pode, em princípio, aproveitar-se a parte do acto ou negócio não viciada, "salvo quando se mostre que este não teria sido concluído sem a parte viciada" (artigo 292.°, n.° 1, C.C.). Mesmo nos casos em que a invalidade é total, o artigo 293.°, C.C., permite o respectivo aproveitamento através da sua conversão "num negócio de tipo ou conteúdo diferente, do qual contenha os requisitos essenciais de substância e de forma, quando o fim prosseguido pelas partes permita supor que elas o teriam querido, se tivessem previsto a invalidade".

V. *Acto jurídico; Negócio jurídico; Ineficácia; Inexistência; Nulidade; Anulabilidade; Redução; Conversão.*

Invalidade do casamento (Dir. Civil) - O casamento inválido pode ser inexistente ou anulável, não prevendo a lei civil a nulidade do casamento.

Já o casamento católico, podendo ser inexistente ou nulo, não é susceptível de ser anulável nos termos da lei canónica; "o conhecimento das causas respeitantes à nulidade do casamento católico [...] é reservado aos tribunais e repartições eclesiásticas competentes" - artigo 1625.°, C.C..

O casamento civil é juridicamente inexistente:

a) Quando foi "celebrado perante quem não tinha competência funcional para o acto, salvo tratando-se de casamento urgente";

b) Quando se tratar de casamento urgente não homologado;

c) Quando na sua "celebração tenha faltado a declaração da vontade de um ou ambos os nubentes, ou do procurador de um deles";

d) Quando se tratar de casamento celebrado através de procurador em momento em que já tinham cessado os efeitos da procuração, "ou quando esta não tenha sido outorgada por quem nela figura como constituinte, ou quando seja nula por falta de concessão de poderes especiais para o acto ou de designação expressa do outro contraente";

e) Quando tenha sido "contraído por duas pessoas do mesmo sexo" (v. artigo 1628.°, C.C.).

Sendo o casamento inexistente, ele "não produz qualquer efeito jurídico e nem sequer é havido como putativo" - artigo 1630.°, n.° 1, C.C..

"É anulável o casamento:

a) Contraído com algum impedimento dirimente;

b) Celebrado, por parte de um ou de ambos os nubentes, com falta de vontade ou com a vontade viciada por erro ou coacção;

c) Celebrado sem a presença das testemunhas, quando exigida por lei" (artigo 1631.°, C.C.).

A anulabilidade do casamento só é invocável depois de ter sido reconhecida por sentença, em acção especialmente intentada para esse fim, sendo sanável nos termos do artigo 1633.°, C.C..

"A sanação da anulabilidade do casamento celebrado sem intervenção de testemunhas, quando obrigatórias, deve ser requerida pelos interessados, em petição dirigida ao Ministro da Justiça, por intermédio da conservatória detentora do respectivo assento" - artigo 258.°, n.° 1, do Código do Registo Civil, na redacção do Decreto-Lei n.° 36/97, de 31 de Janeiro.

V. artigos 1631.° e segs., C.C..

V. *Casamento; Anulabilidade do casamento; Casamento católico; Casamento civil; Casamento urgente; Nubente; Procuração; Nulidade; Casamento putativo; Impedimento dirimente; Erro; Coacção; Testemunha instrumentária; Assento; Registo de casamento.*

Invalidade do registo (Dir. Civil) – O artigo 14.° do Código do Registo Predial, aprovado pelo Decreto-Lei n.° 224/84, de 6 de Julho (rectificado por Declaração publicada no *Diário da República*, I série, de 29 de Setembro de 1984), e alterado pelos Decretos-Leis n.°s 355/85, de 2 de Outubro, 60/90, de 14 de Fevereiro (este último rectificado por Declaração publicada no *Diário da República*, I série, de 31 de Março de 1990), 80/92, de 7 de Maio, 30/93, de 12 de Fevereiro, 227/94, de 8 de Setembro, 267/94, de 25 de Outubro, 67/96, de 31 de Maio, 375-A/99, de 20 de Setembro, 533/99, de 11 de Dezembro (rectificado pela Declaração de rectificação n.° 5--A/2000, de 29 de Fevereiro), 273/2001, de 13 de Outubro, 323/2001, de 17 de Dezembro, 38/2003, de 8 de Março (rectificado pela Declaração de rectificação n.° 5--C/2003, de 30 de Abril), e 194/2003, de 23 de Agosto, e pela Lei n.° 6/2006, de 27 de Fevereiro, dispõe que "o registo é juridicamente inexistente quando tiver sido lavrado em conservatória territorialmente incompetente [e] quando for insuprível a falta de assinatura do registo". Tal registo não produz qualquer efeito, podendo a inexistência ser invocada por qualquer pessoa e a todo o tempo, independentemente de declaração judicial. Se o fundamento da inexistência for a incompetência territorial da conservatória, dispõe o n.° 3 do artigo 15.° que "o conservador transferirá os documentos e cópia dos registos para a conservatória competente, que efectuará oficiosamente o registo com comunicação ao interessado".

Os fundamentos de nulidade do registo encontram-se enunciados no artigo 16.°, dispondo o artigo 17.° que "a nulidade do registo só pode ser invocada depois de declarada por decisão judicial com trânsito em julgado", e que "a declaração de nulidade do registo não prejudica os direitos adquiridos a título oneroso por terceiro de boa fé, se o registo dos correspondentes factos for anterior ao registo da acção de nulidade".

Finalmente, o artigo 18.° determina que "o registo é inexacto quando se mostre lavrado em desconformidade com o título que lhe serviu de base ou enferme de deficiências provenientes desse título que não sejam causa de nulidade"; os registos inexactos são rectificados nos termos dos artigos 120.° e seguintes do mesmo Código.

"As acções que tenham por fim, principal ou acessório, [...] a declaração de nulidade ou a anulação de um registo ou do seu cancelamento" estão sujeitas a registo, bem como as decisões finais nessas acções após o respectivo trânsito em julgado (artigo 3.°, n.° 1-*b)* e *c)*).

O artigo 153.°, nº 1, do Código do Registo Predial, estabelece que "quem fizer registar um acto [...] juridicamente inexistente, para além da responsabilidade criminal em que possa incorrer, responde pelos danos a que der causa".

V. *Registo predial; Nulidade; Trânsito em julgado; Negócio a título oneroso; Terceiro; Boa fé; Registo de acções; Cancelamento do registo; Dano; Responsabilidade civil.*

Invalidade mista (Dir. Civil) – Esta expressão é usada pela doutrina para designar os casos em que o regime da nulidade ou o da anulabilidade apresentam particularidades que os tornam diferentes dos regimes típicos dessas figuras.

Assim, sendo em regra a nulidade insanável, casos há em que a lei admite a sua sanação. É o que se verifica, por exemplo, no regime da compra e venda de bens alheios, pela aquisição superveniente da legitimidade que faltava ao vendedor (artigo 895.°, C.C.); também o artigo 1939.°, C.C., estabelecendo que "são nulos os actos praticados pelo tutor em contravenção do disposto no artigo 1937.°", admite a sanação dessa nulidade "mediante confirmação do pupilo, depois de maior ou emancipado, mas somente enquanto não for declarada por sentença com trânsito em julgado". No regime do arrendamento de prédio indiviso feito por um dos consortes, admite o artigo 1024.°, n.° 2, C.C., a sanação da nulidade do contrato pela manifestação superveniente do consentimento dos restantes comproprietários. Em outros casos, não sendo indiscutível que se verifique uma sanação da nulidade, proíbe a lei a sua invocação pela pessoa que teria interesse em dela se prevalecer, quando tenha havido confirmação do negócio nulo por essa pessoa: é o que acontece quanto à doação nula, nos termos do artigo 968.°, C.C., em que se estabelece que a nulidade não é invocável pelo herdeiro do doador que tenha confirmado a doação ou lhe tenha dado execução, conhecendo a causa da nulidade; é também o que se verifica quanto ao testamento, por força do artigo 2309.°, C.C., em que se determina que "não pode prevalecer-se da nulidade ou anulabilidade do testamento ou da disposição testamentária aquele que a tiver confirmado".

Sendo, por outro lado, a nulidade em regra invocável por qualquer interessado, casos há em que a lei exclui o direito à invocação para (ou relativamente a) certas pessoas: assim acontece, por exemplo, no artigo 243.°, n.° 1, C.C. (a nulidade decorrente da simulação não pode ser invocada pelo simulador contra terceiro de boa fé); no artigo 410.°, n.° 3, C.C. (a nulidade proveniente da omissão dos requisitos formais do contrato-promessa que a mesma norma impõe não é, em princípio, invocável pelo promitente-alienante ou onerador contra a outra parte); no artigo 580.°, n.° 2, C.C. (a nulidade da cessão de créditos não é invocável pelo cessionário); no artigo 876.°, n.° 3, C.C. (a nulidade da venda de coisa ou direito litigioso não pode ser invocada pelo comprador).

Por outro lado, quanto à anulabilidade, sendo ela, em regra, só invocável pelas pessoas em benefício de quem a lei a estabelece (artigo 287.°, C.C.), no caso previsto no artigo 1640.°, C.C., permite-se que a anulabilidade fundada em simulação no casamento seja arguida por qualquer pessoa prejudicada com ele.

V. *Nulidade; Anulabilidade; Venda de bens alheios; Legitimidade; Tutor; Confirmação; Pupilo; Maior; Emancipação; Sentença; Trânsito em julgado; Arrendamento; Compropriedade; Doação; Herdeiro; Testamento; Interessados; Simulação; Terceiro; Boa fé; Contrato-promessa; Cessão de créditos; Casamento.*

Inventário – 1. (Proc. Civil) – Acção com processo especial, regulado nos artigos 1326.° e segs., C.P.C., a maioria dos quais na redacção do Decreto-Lei n.° 227/94, de 8 de Setembro (rectificado pela Declaração de rectificação n.° 263-A/94, de 31 de Dezembro), e que tem por finalidade distribuir, segundo certas regras legais (por exemplo, as leis sucessórias), um dado património por determinadas pessoas, pondo termo à comunhão, podendo ainda destinar-se "a relacionar os bens que constituem objecto de sucessão e a servir de base à eventual liquidação da herança". De acordo com o n.° 3 do artigo único do Decreto-Lei n.° 3/95, de 14 de Janeiro, "as disposições do Decreto-Lei n.° 227/94, de 8 de Setembro, são aplicáveis à tramitação processual dos inventários facultativamente requeridos após a sua entrada em vigor, mesmo que fundados em sucessão antes dela aberta".

O inventário podia ser *obrigatório* ou *facultativo*: quando a lei (artigo 2053.°, n.° 1, C.C., hoje revogado pelo referido DL n.° 227/94) exigia que a aceitação da herança fosse feita a benefício de inventário (por exemplo, no caso de ela ser deferida a incapaz, pessoa colectiva ou ausente, a requerimento do Ministério Público), aquele era obrigatório. Actualmente, o inventário nunca é obrigatório; quando os interessados não cheguem a acordo na partilha da herança, qualquer deles pode requerer inventário facultativo, o mesmo acontecendo com os cônjuges divorciados, separados judicialmente de pessoas e bens ou cujo casamento tenha sido declarado nulo ou anulado, se o regime daquele era o de comunhão geral de bens ou de comunhão de adquiridos. O DL n.° 3/95 veio dispor, no n.° 1 do seu artigo único, que "é admitido o arquivamento dos inventários obrigatórios instaurados em consequência de sucessões abertas anteriormente à data da entrada em vigor do Decreto-Lei n.° 227/94, de 8 de Setembro, se tal for requerido pelos representantes dos incapazes neles interessados ou pelo Ministério Público e desde que este, quando não seja o requerente, e os demais interessados, já citados para a causa, não deduzam oposição ao requerido".

O inventário poderá ser requerido por qualquer interessado na partilha dos bens e, quando o Ministério Público entenda "que o interesse do incapaz a quem a herança é deferida implica aceitação beneficiária, e ainda nos casos em que algum dos herdeiros não possa, por motivo de ausência em parte incerta ou por incapacidade de facto permanente, outorgar em partilha extrajudicial", deverá requerê-lo

– artigo 2102.°, n.° 2, C.C., na redacção do DL n.° 227/94.

Aquele que requerer processo de inventário deverá juntar logo documento comprovativo do óbito do autor da herança.

O tribunal competente para o inventário é o do lugar da abertura da sucessão, sendo o tribunal onde se tenha procedido a inventário por morte de um dos cônjuges o competente para o inventário que vier a ter lugar por óbito do outro cônjuge, excepto se entre eles vigorava o regime de separação de bens – v. artigo 77.°, C.P.C., cujos n.°s 3 e 4 têm a redacção do Decreto-Lei n.° 329-A/95, de 12 de Dezembro, disposição onde também se estabelecem as regras de competência territorial do tribunal para os casos em que a sucessão tenha sido aberta fora de Portugal, para o incidente de habilitação e para outras situações.

Quando se trate de inventário para pôr termo à comunhão conjugal patrimonial, qualquer dos cônjuges o pode requerer, e o inventário correrá por apenso ao processo de separação, divórcio, declaração de nulidade ou anulação do casamento (v. artigo 1404.°, n.° 3, C.P.C.).

Desde o início do processo e até ao trânsito em julgado da sentença que homologa a partilha, os bens são administrados por uma pessoa, designada segundo certas regras do direito civil, e a que se chama cabeça-de-casal. No caso de inventário para pôr termo à comunhão patrimonial conjugal, as funções de cabeça-de-casal cabem ao cônjuge mais velho.

O cabeça-de-casal deverá fornecer os elementos necessários ao prosseguimento do processo: por exemplo, a identificação do autor da herança, de todas as pessoas directamente interessadas na partilha dos bens e dos credores do autor da herança, a relação de todos os bens que hão-de figurar no inventário, indicação de ter o autor da herança falecido com testamento ou não (v. artigo 1340.°, C.P.C., com a redacção do Decreto-Lei n.° 180/96, de 25 de Setembro).

Não havendo fundamento para o inventário, o que resultará das declarações do cabeça-de-casal, do requerente, do Ministério Público ou de documentos apresentados, o processo é dado por findo.

Se o processo dever prosseguir, serão citadas todas as pessoas com interesse directo na partilha, "o Ministério Público, quando a sucessão seja deferida a incapazes, ausentes em parte incerta ou pessoas colectivas, os legatários, os credores da herança e, havendo herdeiros legitimários, os donatários". O cabeça-de-casal, o requerente ou qualquer das pessoas citadas ou notificadas podem intervir nos termos dos n.°s 2 e 3 do artigo 1327.°, C.P.C..

Se houver questões prejudiciais "de que dependa a admissibilidade do processo ou a definição dos direitos dos interessados directos na partilha que, atenta a sua natureza ou a complexidade da matéria de facto que lhes está subjacente, não devam ser incidentalmente decididas", a instância suspende-se até que ocorra decisão definitiva, podendo ainda ordenar-se a suspensão da instância quando estiver pendente causa prejudicial em que se debata alguma das questões antes referidas (artigo 1335.°, n.° 1, C.P.C., com a redacção do DL n.° 329-A/95).

Relacionados os bens pelo cabeça-de-casal, segundo certas regras de especificação e ordenação constantes do C.P.C., e acompanhados os bens, quando de certa natureza (por exemplo, prédios inscritos na matriz, direitos de crédito, títulos de crédito, dinheiro, moedas estrangeiras e objectos de ouro, prata, pedras preciosas ou semelhantes, estabelecimento comercial ou industrial, acções e partes ou quotas de sociedades, e móveis de pequeno valor), da indicação do seu valor, será a relação assinada e rubricada pelo cabeça-de-casal e serão notificados os interessados, que poderão dizer o que se lhes ofereça quanto à relação ou à sua falta, no prazo de dez dias, podendo ainda as reclamações ser apresentadas posteriormente, "mas o reclamante será condenado em multa, excepto se demonstrar que a não pôde oferecer no momento próprio, por facto que não lhe é imputável" (artigo 1348.°, n.° 6, C.P.C.).

Os credores podem reclamar a descrição de dívidas que não tenham sido relacionadas pelo cabeça-de-casal, igualmente o podendo os devedores fazer em relação a dívidas que considerem não existir.

Uma vez decididas as reclamações, segue-se a conferência dos interessados, à qual compete acordar sobre as verbas que hão-de compor, no todo ou em parte, o quinhão de cada um e os valores por que devem ser adjudicadas, acordar que as verbas sejam sorteadas pelos respectivos quinhões, ou ainda acordar na venda total ou parcial dos bens da herança e na distribuição do respectivo produto pelos interessados (artigo 1353.°, C.P.C.); à conferência dos interessados compete ainda deliberar sobre a aprovação do passivo e forma do seu pagamento.

Se não houver questões sobre a relação de bens ou estas estiverem já resolvidas, serão avaliados por um louvado os bens, cujo valor não deva o cabeça-de-casal indicar e sobre que não haja acordo dos interessados (artigo 1362.°, n.° 4, C.P.C., na redacção do DL n.° 180/96).

Se não houver acordo entre os interessados na conferência, abre-se a licitação entre os mesmos. Feita regularmente a licitação entre os interessados, será proferido despacho sobre o modo como deve ser organizada a partilha, procedendo-se ao preenchimento dos quinhões segundo certas regras. De acordo com o despacho de partilha e o preenchimento dos quinhões, organiza-se o mapa da partilha. Organizado o mapa, o juiz põe-no à reclamação, sendo ele modificado pela decisão das reclamações e, se necessário, proceder-se-á à organização de novo mapa. Definitivamente organizado o mapa, proceder-se-á ao sorteio dos lotes, caso seja necessário, por não ter havido acordo de todos os interessados na respectiva conferência, e, sorteados os lotes, o processo é concluso ao juiz para que este profira a sentença homologatória da partilha constante do mapa e das operações de sorteio.

Da sentença de homologação cabe recurso, podendo haver lugar a nova partilha por efeito da decisão daquele.

Feita a partilha, poderá haver emendas por acordo de todos os interessados ou por acção proposta para o efeito no prazo de um ano, quando tenha havido erro de facto na descrição e qualificação dos bens ou outro erro susceptível de viciar a vontade das partes.

É ainda, excepcionalmente, admitida a anulação da partilha judicial.

Quando se verificar a situação de insolvência da herança, "seguir-se-ão, a requerimento de algum credor ou por deliberação de todos os interessados, os termos do processo de falência [actualmente, processo de insolvência] que se mostrem adequados, aproveitando-se, sempre que possível, o processado" – artigo 1361.°, C.P.C..

O processo de inventário sofre ligeiras alterações quando se trata da partilha de bens em consequência de separação, divórcio, declaração de nulidade ou anulação de casamento e de separação de bens em casos especiais, como os de penhora da meação em bens do casal e de insolvência de um dos cônjuges (v. artigos 1404.° a 1406.°, C.P.C., o último dos quais na redacção do DL n.° 329-A/95).

A isenção de custas nos inventários, "quando a herança [fosse] deferida a incapazes, ausentes em parte incerta ou pessoas colectivas, se o seu valor não [excedesse] 30 UC", deixou de estar prevista no artigo 3.°-*c)* do Código das Custas Judiciais, após as alterações introduzidas neste diploma pelo Decreto-Lei n.° 324/2003, de 27 de Novembro (rectificado pela Declaração de rectificação n.° 26/2004, de 24 de Fevereiro). O artigo 6.° deste Código estabelece regras especiais para a determinação do valor da acção, para efeitos de custas: assim, "nos inventários, ainda que haja cumulação, [o valor é] o da soma dos bens a partilhar, sem dedução de legados nem de dívidas"; "nos inventários em que não chegue a ser determinado o valor dos bens, o da relação apresentada na repartição de finanças ou o resultante de avaliação que o juiz entenda necessária"; e, "nos incidentes do inventário posteriores à partilha, o dos quinhões das pessoas neles interessadas, a não ser que por sua natureza tenham valor diferente e do processo constem os elementos necessários para o determinar".

O artigo 40.° do Código do Registo Predial, aprovado pelo Decreto-Lei n.° 224/84, de 6 de Julho (rectificado por declaração publicada no *Diário da República*, I série, de 29 de Setembro de 1984), e alterado pelos Decretos-Leis n.°s 355/85, de 2 de Outubro, 60/90, de 14 de Fevereiro (este último rectificado por declaração publicada no *Diário da República*, I-A série, de 31 de Março de 1990), 80/92, de 7 de Maio, 30/

/93, de 12 de Fevereiro, 227/94, 267/94, de 25 de Outubro, 67/96, de 31 de Maio, 375--A/99, de 20 de Setembro, 533/99, de 11 de Dezembro (rectificado pela Declaração de rectificação n.° 5-A/2000, de 29 de Fevereiro), 273/2001, de 13 de Outubro, 323/2001, de 17 de Dezembro, 38/2003, de 8 de Março (rectificado pela Declaração de rectificação n.° 5-C/2003, de 30 de Abril), e 194/2003, de 23 de Agosto, e pela Lei n.° 6/2006, de 27 de Fevereiro, dispõe que "compete ao Ministério Público requerer o registo quando, em inventário judicial, for adjudicado a incapaz ou ausente em parte incerta qualquer direito sobre imóveis", cabendo esta obrigação "ao representante legal do incapaz que outorgue na partilha extrajudicial em sua representação".

V. *Herança; Aceitação de herança; Benefício de inventário; Incapaz; Interdito; Pessoa colectiva; Inabilitado; Ausente; Ministério Público; Partilha; Divórcio; Separação judicial de pessoas e bens; Invalidade do casamento; Regime de bens do casamento; Comunhão geral de bens; Comunhão de adquiridos; Apensação de acções; Trânsito em julgado; Homologação; Sentença; Cabeça-de-casal; Testamento; Legatário; Donatário; Questão prejudicial; Legitimidade; Avaliação; Insolvência; Louvado; Adjudicação; Licitação; Quinhão; Mapa da partilha; Conclusão; Emenda à partilha; Recurso; Erro; Anulação; Incidente; Escusa; Tutela; Curatela; Penhora; Meação; Custas; Apoio judiciário; Registo predial; Imóvel; Representação legal.*

2. (Dir. Civil; Dir. Com.; Proc. Civil) – Nos processos de insolvência, regulados pelo Código da Insolvência e da Recuperação de Empresas, aprovado pelo Decreto--Lei n.° 53/2004, de 18 de Março, alterado pelos Decretos-Leis n.°s 200/2004, de 18 de Agosto, e 76-A/2006, de 29 de Março (rectificado pela Declaração de rectificação n.° 28-A/2006, de 26 de Maio), o artigo 153.°, n.°s 1 e 4, prevê que o administrador da insolvência elabore "um inventário dos bens e direitos integrados na massa insolvente na data anterior à do relatório, com indicação do seu valor, natureza, características, lugar em que se encontram, direitos que os onerem, e dados de identificação registral, se for o caso", bem como um rol dos litígios cujo desfecho possa afectar o conteúdo da massa, acrescentando o n.° 2 que, "se os valores dos bens ou direitos forem diversos consoante haja ou não continuidade da empresa, o administrador [...] consigna no inventário ambos os valores"; a avaliação pode ser cometida a peritos, quando for "particularmente difícil". O n.° 5 desta disposição prevê que o juiz dispense a elaboração do inventário, a requerimento fundamentado do administrador, com o parecer favorável da comissão de credores, se esta existir.

V. *Recuperação de empresas; Administrador da insolvência; Massa insolvente; Oneração de bens; Registo; Perito; Comissão de credores.*

Inversão da mora (Dir. Civil) – Encontrando-se o devedor de uma obrigação em mora, pode fazê-la cessar, oferecendo ao credor o respectivo cumprimento e a indemnização moratória a que houver lugar. Caso o credor não aceite, sem motivo justificativo, a prestação e indemnização que lhe são oferecidas, diz-se que há inversão da mora, pois passa a ser então o credor que fica constituído em mora.

V. *Obrigação; Cumprimento; Mora; Responsabilidade contratual; Indemnização moratória; Recusa da prestação.*

Inversão do ónus da prova (Dir. Civil) – As regras que determinam a quem cabe o ónus da prova invertem-se quando exista uma presunção legal, dispensa ou liberação do ónus da prova ou convenção válida nesse sentido (sendo nula a convenção que inverta o ónus da prova, no caso de se tratar de direito indisponível, de a inversão tornar demasiado difícil a uma das partes o exercício do seu direito, de excluir algum meio legal de prova, de admitir um meio diferente dos legalmente previstos, e ainda de as disposições legais sobre prova que a convenção pretendia alterar terem como fundamento razões de ordem pública) e, também, sempre que a lei o determine (v. artigos 344.°, n.° 1, e 345.°, C.C.). Exemplo de imposição legal de inversão do ónus da prova é a situação em que a parte contrária tiver culposamente tornado impossível a prova ao onerado (artigo 344.°, n.° 2, C.C.).

V. *Prova; Presunção legal; Ónus da prova; Convenção sobre provas; Direito indisponível; Direito subjectivo; Meios de prova; Liberação do ónus da prova; Ordem pública; Culpa.*

Inversão do risco (Dir. Civil) – A doutrina fala, geralmente, de inversão do risco para referir a situação, prevista no artigo 807.°, n.° 1, C.C., que dispõe: "pelo facto de estar em mora, o devedor torna-se responsável pelo prejuízo que o credor tiver em consequência da perda ou deterioração daquilo que deveria entregar, mesmo que estes factos lhe não sejam imputáveis". Fica, porém, salva ao devedor a possibilidade de provar que "o credor teria sofrido igualmente os danos se a obrigação tivesse sido cumprida em tempo", segundo o n.° 2 da mesma disposição.

É discutível que esteja aqui em causa um regime de risco, já que a lei impõe ao devedor uma obrigação de indemnizar o credor, não se limitando a determinar quem suporta a perda patrimonial da impossibilitação do cumprimento.

V. *Risco da prestação; Mora; Culpa; Causa virtual; Responsabilidade contratual.*

Inversão do título da posse (Dir. Civil) – É uma das formas possíveis de investidura na posse, pela transformação da mera detenção em posse em nome próprio. Tal ocorre pela substituição de uma posse precária, isto é, em nome alheio, por uma posse em nome próprio.

A substituição do título em que se baseava a detenção pode fazer-se, essencialmente, por duas formas:

– por facto de terceiro que, dizendo-se dono da coisa, isto é,, seu possuidor, transfira ao detentor essa posse;

– por oposição feita pelo detentor ao direito da pessoa em nome da qual exercia a detenção, e por esta não repelida no prazo e pelas formas legais.

Os actos de inversão devem ser materiais, jurídicos ou judiciários, já que é essencial para a sua eficácia que sejam praticados na presença ou, pelo menos, com o conhecimento daquele a quem se opõem.

A aquisição de direito possuído, por usucapião, é vedada aos detentores ou possuidores precários, a menos que se tenha invertido o título de posse, caso em que o prazo da usucapião começa a correr desde a inversão do título.

V. artigos 1263.°-*d*), 1265.° e 1290.°, C.C..

V. *Posse; Detenção; Direito de propriedade; Usucapião.*

Investidura

1. (Dir. Civil) – Há quem utilize o termo investidura em sinonímia com apossamento, para designar a actuação de facto de apropriação material da coisa ou de início do exercício dos poderes de facto sobre ela, que constitui a base de quase todas as formas de aquisição da posse.

V. *Posse; Apossamento; Aquisição da posse.*

2. (Dir. Civil; Dir. Com.; Proc. Civil) – O artigo 1500.°, n.° 1, C.P.C., na redacção do Decreto-Lei n.° 329-A/95, de 12 de Dezembro, dispõe que, "se a pessoa eleita ou nomeada para um cargo social for impedida de o exercer, pode requerer a investidura judicial, justificando por qualquer meio o seu direito ao cargo e indicando as pessoas a quem atribui a obstrução verificada". Dispõe o n.° 2 do mesmo artigo que estas pessoas são citadas para contestar, sob pena de deferimento da investidura. "Uma vez ordenada, é a investidura feita por funcionário da secretaria judicial na sede da sociedade ou no local em que o cargo haja de ser exercido e nesse momento se faz entrega ao requerente de todas as coisas de que deva ficar empossado, para o que se efectuarão as diligências necessárias, incluindo os arrombamentos que se tornem indispensáveis", sendo o acto "notificado aos requeridos com a advertência de que não podem impedir ou perturbar o exercício do cargo por parte do empossado" – artigo 1501.°, C.P.C., igualmente na redacção do DL n.° 329-A/95.

V. *Citação; Contestação; Funcionário de justiça; Secretaria judicial; Sociedade; Notificação.*

Investigação de maternidade (Dir. Civil) – Acção destinada a provar o vínculo de filiação entre o filho e a sua mãe.

Se a maternidade não se encontrar mencionada no registo de nascimento, o funcionário da respectiva conservatória deve remeter ao tribunal certidão do registo e cópia do auto de declarações, se as houver, para que o tribunal averigúe oficiosamente a maternidade. Finda a averiguação, se existirem provas seguras da maternidade, mas a pretensa mãe a não confirmar, o processo é enviado ao Ministério Público junto do tribunal competente, para a acção de investigação ser proposta.

"A improcedência da acção oficiosa não obsta a que seja intentada nova acção de investigação de maternidade, ainda que fundada nos mesmos factos" – artigo 1813.°, C.C..

O direito a propor acção de investigação de maternidade cabe ao filho e deve ser exercido, dentro dos prazos fixados no artigo 1817.°, C.C. – cuja redacção resulta da Lei n.° 21/98, de 12 de Maio –, contra a pretensa mãe ou, se esta tiver falecido, contra o cônjuge sobrevivo e ainda, sucessivamente, contra os descendentes, ascendentes ou irmãos, ou, na falta destas pessoas, contra um curador especial nomeado. O n.° 1 deste artigo dispunha que "a acção de investigação de maternidade só pode ser proposta durante a menoridade do investigante ou nos dois primeiros anos posteriores à sua maioridade" – esta norma foi declarada inconstitucional, com força obrigatória geral, pelo Acórdão n.° 23/2006 do Tribunal Constitucional, de 10 de Janeiro, publicado no *Diário da República*, I-A série, de 8 de Fevereiro de 2006, "por violação das disposições conjugadas dos artigos 16.°, n.° 1, 36.°, n.° 1, e 18.°, n.° 2 da Constituição da República Portuguesa".

Os novos números 4 e 5 e 6, aditados ao artigo 1817.°, C.C., pela Lei n.° 21/98, vêm estabelecer um regime especial de prazo para a propositura da acção de investigação da maternidade quando: "[...] o investigando for tratado como filho pela pretensa mãe, sem que tenha cessado voluntariamente esse tratamento", caso em que a acção "pode ser proposta até um ano posterior à data da morte daquela"; se o tratamento por ela como filho tiver cessado voluntariamente, então "a acção pode ser proposta dentro do prazo de um ano a contar da data em que o tratamento tiver cessado"; "se o investigante, sem que tenha cessado voluntariamente o tratamento como filho, falecer antes da pretensa mãe, a acção pode ser proposta até um ano posterior à data da morte daquele", sendo aplicável o regime *supra* enunciado se o tratamento como filho tiver cessado voluntariamente antes da morte dele; a prova de que cessou voluntariamente o tratamento como filho cabe, nestes casos, ao réu na acção de investigação.

Se o filho tiver nascido ou tiver sido concebido na constância do matrimónio da pretensa mãe, a acção deve ser intentada também contra o marido desta e, existindo perfilhação, ainda contra o perfilhante.

Ainda no caso de filho nascido ou concebido na constância do matrimónio, havendo perfilhação por pessoa que não seja o marido da mãe, esta pode requerer ao tribunal que declare a maternidade.

"O filho menor, interdito ou inabilitado tem direito a alimentos provisórios desde a proposição da acção, contanto que o tribunal considere provável o reconhecimento da maternidade" – artigo 1821.°, C.C..

V. artigos 1808.° e segs., C.C..

V. *Maternidade; Filiação; Registo civil; Certidão; Ministério Público; Propositura da acção; Competência; Procedência; Descendente; Ascendente; Curador especial; Menor; Posse de estado; Réu; Perfilhação; Interdito; Inabilitado; Alimentos provisórios.*

Investigação de paternidade (Dir. Civil) – Acção destinada a provar o vínculo de filiação natural entre o filho e o seu pai, isto é, a reconhecer a paternidade.

O artigo 1871.°, C.C., com a redacção da Lei n.° 21/98, de 12 de Maio, estabelece os casos em que há presunção de paternidade:

a) Quando o filho tenha sido tratado como tal pelo pretenso pai e reputado como tal pelo público;

b) Quando exista documento escrito em que o pretenso pai declare inequivocamente a sua paternidade;

c) Quando tenha havido, no período legal da concepção, comunhão duradoura de vida como marido e mulher, ou concubinato duradouro, entre a mãe e o pretenso pai;

d) Quando o pretenso pai tenha seduzido a mãe no referido período, se esta era virgem e menor no momento em que foi seduzida, ou se o consentimento dela foi obtido por meio de promessa de casamento, abuso de confiança ou abuso de autoridade;

e) Quando se prove que o pretenso pai teve relações sexuais com a mãe durante o período legal de concepção.

Tem legitimidade para a acção o filho (podendo a mãe, mesmo menor, representá-lo) e a acção deve ser proposta dentro dos prazos estabelecidos no artigo 1817.°, C.C., contra o pretenso pai ou, caso este tenha falecido, contra o seu cônjuge ou, sucessivamente, contra os descendentes, ascendentes ou irmãos, sendo, na falta destas pessoas, nomeado um curador especial (cfr. artigo 1873.°, C.C.). De notar que a disposição do n.° 1 do artigo 1817.°, aplicável à investigação de paternidade, por força da remissão do artigo 1873.°, e em que se dispõe que "a acção de investigação [...] só pode ser proposta durante a menoridade do investigante ou nos dois primeiros anos posteriores à sua maioridade", foi declarada inconstitucional, com força obrigatória geral, pelo Acórdão n.° 23/2006 do Tribunal Constitucional, de 10 de Janeiro, publicado no *Diário da República*, I-A série, de 8 de Fevereiro de 2006, "por violação das disposições conjugadas dos artigos 16.°, n.° 1, 36.°, n.° 1, e 18.°, n.° 2 da Constituição da República Portuguesa".

Tal como na acção de investigação de maternidade, também na pendência da acção de investigação de paternidade – e desde a sua propositura – o filho menor, inabilitado ou interdito tem direito a alimentos provisórios do pretenso pai, desde que o tribunal considere provável o reconhecimento.

V. *Paternidade; Presunção de paternidade; Posse de estado; Documento escrito; União de facto; Concubinato; Período legal da concepção; Promessa de casamento; Legitimidade; Representação; Descendente; Ascendente; Curador especial; Investigação de maternidade; Propositura da acção; Menor; Inabilitado; Interdito; Alimentos provisórios.*

Inviabilidade (Proc. Civil) – A petição inicial devia ser liminarmente indeferida quando, por um motivo diverso dos enunciados nas alíneas *a), b)* e *c)*, 1.ª parte, do n.° 1 do artigo 474.°, C.P.C., "fo[sse] evidente que a pretensão do autor não pod[ia] proceder". A inviabilidade do pedido era, pois, um vício de mérito, que determinava a sua improcedência e que, apercebido face à petição inicial, levava ao seu indeferimento liminar.

O actual artigo 474.°, C.P.C. (com a redacção dos Decretos-Leis n.°s 329-A/95, de 12 de Dezembro, e 183/2000, de 10 de Agosto, e da Lei n.° 30-D/2000, de 20 de Dezembro), não prevê a intervenção do juiz nesta fase inicial, pelo que a pretensão do autor não é nela avaliada. Sê-lo-á no despacho saneador, previsto no artigo 510.°, C.P.C., na redacção dos Decretos-Leis n.°s 329-A/95 e 180/96, de 25 de Setembro, que dispõe que o juiz deve "conhecer imediatamente o mérito da causa, sempre que o estado do processo permitir [...]".

V. *Petição inicial; Indeferimento liminar; Pedido; Procedência; Despacho saneador.*

"Invito beneficium non datur" (Dir. Civil) – Regra segundo a qual a liberalidade exige a manifestação de aceitação do seu beneficiário.

Assim, a doação é um contrato, as deixas testamentárias carecem também da aceitação dos seus beneficiários e mesmo a remissão de dívida tem natureza contratual.

Encontram-se algumas excepções à regra *invito beneficium non datur*: por exemplo, o artigo 951.°, n.° 2, C.C., estabelece que as doações puras feitas a incapazes "produzem efeitos independentemente da aceitação em tudo o que aproveite aos donatários".

V. *Liberalidade; Doação; Deixa; Aceitação da herança; Remissão; Incapaz.*

Invocação da prescrição (Dir. Civil; Proc. Civil) – A prescrição, para produzir efeitos, tem "de ser invocada judicial ou extrajudicialmente, por aquele a quem aproveita, pelo seu representante ou, tratando-se de incapaz, pelo Ministério Público", não podendo, portanto, o tribunal conhecer oficiosamente dela.

V. artigos 303.°, C.C..

V. *Prescrição; Representação legal; Incapaz; Ministério Público; Conhecimento oficioso.*

Irmãos consanguíneos (Dir. Civil) – V. *Consanguíneos.*

Irmãos germanos (Dir. Civil) – V. *Germanos.*

Irmãos unilaterais (Dir. Civil) – O artigo 2146.°, C.C., designa genericamente por unilaterais os irmãos consanguíneos e uterinos, isto é, aqueles que apenas sejam, respectivamente, filhos do mesmo pai ou da mesma mãe.

Cada um dos irmãos unilaterais, quando concorre à sucessão com irmãos germanos, tem um quinhão que é metade do valor do de cada irmão germano.

V. *Germanos; Consanguíneos; Uterinos; Sucessão; Quinhão.*

Irmãos uterinos (Dir. Civil) – V. *Uterinos.*

Irrecorribilidade (Proc. Civil) – Situação de uma decisão judicial que não pode ser objecto de recurso, o que pode acontecer por o valor da causa ser inferior à alçada do tribunal que decidiu, por a parte ter renunciado ao direito a recorrer ou tê-lo deixado caducar ou ainda por a lei excluir, quanto àquele tipo de decisão, a possibilidade de recurso.

Só pode, em princípio, interpor-se recurso ordinário das decisões (despachos ou sentenças) proferidas em causas cujo valor seja superior à alçada do tribunal de que se recorre.

Há despachos que a lei diz que não admitem recurso: os de mero expediente e os proferidos no uso de um poder legal discricionário (artigo 679.°, C.P.C., na redacção do Decreto-Lei n.° 329-A/95, de 12 de Dezembro). Há também outras decisões que a lei declara irrecorríveis: assim, por exemplo, o n.° 6 do artigo 712.°, C.P.C. (cuja redacção é a do Decreto-Lei n.° 375-A/99, de 20 de Setembro), dispõe que das decisões da Relação previstas nos números anteriores da mesma disposição – que têm, designadamente, por objecto os casos em que o acórdão da Relação pode alterar a matéria de facto, determinar "a renovação dos meios de prova produzidos em 1.ª instância", anular a decisão da 1.ª instância relativa a matéria de facto que repute deficiente, obscura ou contraditória, ordenar a repetição da produção da prova, decidir que o tribunal de 1.ª instância fundamente a decisão quanto a algum facto que considere essencial para o julgamento – não cabe recurso para o Supremo Tribunal de Justiça.

V. *Recurso; Interposição de recurso; Recurso ordinário; Sentença; Despacho; Alçada; Renúncia ao recurso; Caducidade; Despacho; Despacho de mero expediente; Despacho no uso de poder legal discricionário; Tribunal de 1.ª instância; Relação; Prova; Meios de prova; Matéria de facto; Fundamentação das decisões; Supremo Tribunal de Justiça.*

Irregularidade (Dir. Civil) – A irregularidade de um acto ou negócio jurídico provém, tal como a invalidade, de um vício interno do acto que, por ser menos grave, não acarreta a sua destruição, apenas dando lugar a sanções pela sua prática. O negócio jurídico irregular não é, portanto, afectado na sua validade ou eficácia, antes produzindo todos os seus efeitos normais, embora implicando a aplicação de sanções aos seus autores. Por exemplo, casamento celebrado com *impedimento impediente* (v. esta expressão).

V. *Acto jurídico; Negócio jurídico; Invalidade; Eficácia.*

(Proc. Civil) –V. *Irregularidade do mandato.*

Irregularidade da distribuição (Proc. Civil) – V. *Distribuição; Falta da distribuição.*

Irregularidade da petição inicial (Proc. Civil) – Dizia-se irregular a petição inicial na acção declarativa (ou o requerimento inicial na acção executiva) quando apresentada sem qualquer dos vícios ou faltas previstos na anterior redacção do artigo 474.°, C.P.C. (que conduziam ao seu indeferimento liminar), mas que carecesse de quaisquer requisitos legais ou não viesse acompanhada de determinados documentos, de tal modo que não pudesse ser recebida, ou enfermasse de irregularidades ou deficiências susceptíveis de comprometerem o êxito da acção. Nestes casos, o juiz podia proferir despacho convidando o autor a completar ou a corrigir a petição, fixando-lhe um prazo para o efeito.

Actualmente, este despacho de aperfeiçoamento deixou de se encontrar previsto na lei, competindo à secretaria recusar a petição que contenha as irregularidades mencionadas na nova redacção do artigo 474.° – que resulta dos Decretos-Leis n.°s 329-A/95, de 12 de Dezembro, 180/96, de 25 de Setembro, e 183/2000, de 10 de Agosto, e da Lei n.° 30-D/2000, de 20 de Dezembro –, tal como a ela cabe notificar oficiosamente a parte para que junte os duplicados ou cópias em falta (v. artigo 152.°, n.° 3, C.P.C., com a redacção do Decreto-Lei n.° 324/2003, de 27 de Dezembro, rectificado pela Declaração de rectificação n.° 26/2004, de 24 de Fevereiro).

V. *Petição inicial; Acção declarativa; Requerimento; Execução; Recusa da petição; Indeferimento liminar; Secretaria judicial; Duplicados.*

Irregularidade do mandato (Proc. Civil) – O artigo 40.°, C.P.C., na redacção do Decreto-Lei n.° 329-A/95, de 12 de Dezembro, que tem como epígrafe "Falta, insuficiência e irregularidade do mandato", ocupa-se realmente da procuração forense e determina que, quando ela faltar, for insuficiente ou irregular, tais vícios podem ser arguidos pela parte contrária e conhecidos oficiosamente pelo tribunal, que "fixa o prazo dentro do qual deve ser suprida a falta ou corrigido o vício e ratificado o processado"; "findo este prazo, sem que esteja regularizada a situação, fica sem efeito tudo o que tiver sido praticado pelo mandatário, devendo este ser condenado nas custas respectivas e, se tiver agido culposamente, na indemnização dos prejuízos a que tenha dado causa".

V. *Mandato judicial; Procuração forense; Conhecimento oficioso; Custas; Culpa; Indemnização.*

Irrelevância da causa virtual (Dir. Civil) – V. *Causa virtual; Relevância da causa virtual.*

Irrenunciabilidade (Dir. Civil) – Embora seja característico dos direitos subjectivos que o seu titular possa livremente decidir do seu exercício ou não exercício, podendo também, em princípio, renunciar a eles, há direitos relativamente aos quais a lei dispõe expressamente serem irrenunciáveis ou serem-no em dadas circunstâncias.

Por exemplo, o doador não pode renunciar antecipadamente ao direito que a lei lhe confere de revogar a doação por ingratidão do donatário (artigo 977.°, C.C.); o credor não pode renunciar antecipadamente aos direitos que lhe cabem em consequência da mora do devedor ou do incumprimento culposo da obrigação (artigos 809.° e 800.°, n.° 2, C.C.); os pais não podem renunciar ao poder paternal, nem a qualquer dos direitos que o integram (artigo 1882.°, C.C.); o autor da obra intelectual não pode renunciar aos direitos morais que integram o direito de autor (artigo 56.°, n.° 2, do Código do Direito de Autor e dos Direitos Conexos – Decreto-Lei n.° 63/85, de 14 de Março, na redacção que lhe foi dada pelas Leis n.°s 45/85, de 17 de Setembro, e 114/91, de 3 de Setembro, pelos Decretos-Leis n.°s 332/97, 333/97 e 334/97, todos de 27 de Novembro e pela Lei n.° 50/2004, de 24 de Agosto); os consumidores não podem renunciar aos direitos que lhes são atribuídos pelo Decreto-Lei n.° 95/2006, de 29 de Maio, que transpõe a Directiva n.° 2002/65/CE, do Parlamento Europeu e do Conselho, de 23 de Setembro, e que se ocupa do regime da informação pré-contratual e dos contratos relativos a serviços financeiros prestados a consumidores através de meios de comunicação à distância.

V. *Direito subjectivo; Doação; Revogação da doação; Ingratidão; Credor; Mora; Devedor; Incumprimento; Culpa; Obrigação; Poder paternal; Direito de autor; Consumidor; Tutela do consumidor; Dever pré-contratual; Contrato celebrado à distância.*

Irrepetibilidade (Dir. Civil) – É irrepetível a prestação cuja restituição não pode ser judicialmente obtida.

Assim, por exemplo, o devedor de uma obrigação natural que a cumpre espontaneamente não pode repetir o que prestou, "excepto se [...] não tiver capacidade para efectuar a prestação" – artigo 403.°, C.C..

Já o artigo 476.°, C.C., permite repetir o que foi prestado com intenção de cumprir uma obrigação, "se esta não existia no momento da prestação", igualmente autorizando a repetição da prestação feita a terceiro enquanto ela não se tornar liberatória; a mesma disposição só permite, porém, a "repetição daquilo com que o credor se enriqueceu por efeito do cumprimento antecipado", quando a prestação devida foi, por erro desculpável, realizada antes do vencimento.

O artigo 477.°, n.° 1, C.C., confere o direito à repetição do que foi prestado, "por erro desculpável, [para] cumprir uma obrigação alheia, julgando-a própria", "excepto se o credor, desconhecendo o erro do autor da prestação, se tiver privado do título ou das garantias do crédito, tiver deixado prescrever ou caducar o seu direito, ou não o tiver exercido contra o devedor ou contra o fiador enquanto solventes".

V. *Obrigação natural; Prestação; Capacidade para o cumprimento; Obrigação; Cumprimento a terceiro; Enriquecimento sem causa; Antecipação do cumprimento; Erro; Vencimento; Desculpabilidade; Credor; Garantias especiais; Prescrição; Caducidade; Fiança.*

Irresponsabilidade (Proc. Civil) – A lei consagra o princípio de que os magistrados judiciais são irresponsáveis pelas suas decisões (artigos 216.°, n.° 2, da Constituição da República, e 5.°, n.° 1, do Estatuto dos Magistrados Judiciais – Lei n.° 21/85, de 30 de Julho, alterada pelo Decreto-Lei n.° 342/88, de 28 de Setembro, pelas Leis n.°s 2/90, de 20 de Janeiro, 10/94, de 5 de Maio, 44/96, de 3 de Setembro, 81/98, de 3 de Dezembro, e 143/99, de 31 de Agosto, 3-B/2000, de 4 de Abril, e 42/ /2005, de 29 de Agosto). Significa este facto que os magistrados só podem ser sujeitos a responsabilidade civil, criminal ou disciplinar, em razão do exercício das suas funções, nos casos especialmente previstos na lei.

V. *Magistratura judicial; Responsabilidade civil; Acção de indemnização contra magistrados.*

Irretratibilidade da confissão (Dir. Civil) – V. *Confissão.*

Irretroactividade da lei – O artigo 12.°, C.C., consagra a não retroactividade da lei, dizendo que, "ainda que lhe seja atribuída eficácia retroactiva, presume-se que ficam ressalvados os efeitos já produzidos pelos factos que a lei se destina a regular".

A lei interpretativa, uma vez que se integra na lei interpretada, tem, de algum modo, efeitos retroactivos, só não sendo isto rigoroso na medida em que a lei interpretativa não tem, por natureza, carácter inovador; em qualquer caso, o n.° 1 do artigo 13.°, C.C., estabelece que ficam salvos "os efeitos já produzidos pelo cumprimento da obrigação, por sentença passada em julgado, por transacção, ainda que não homologada, ou por actos de natureza análoga".

Quanto à lei penal, é a própria Constituição da República, no seu artigo 29.°, que estabelece o princípio da irretroactividade, salvo se a lei nova for mais favorável ao arguido. Também no âmbito da lei fiscal, a Constituição contém uma norma impositiva da irretroactividade: o artigo 103.°, n.° 3, dispõe que "ninguém pode ser obrigado a pagar impostos [...] que tenham natureza retroactiva [...]".

V. *Lei; Conflitos de leis no tempo; Facto jurídico; Lei interpretativa; Cumprimento; Obrigação; Sentença; Trânsito em julgado; Transacção; Homologação.*

Irrevogabilidade (Dir. Civil) – Há actos jurídicos que, uma vez praticados, são, definitiva ou temporariamente, irrevogáveis.

Assim, e exemplificativamente, a proposta de contrato é irrevogável depois de recebida pelo destinatário ou de ser dele conhecida (artigo 230.°, C.C.); tanto a aceitação como o repúdio da herança são irrevogáveis (artigos 2061.° e 2066.°, C.C.); a adopção plena e a perfilhação também não são revogáveis (v., respectivamente, artigos 1989.° e 1858.°, C.C.).

V. *Acto jurídico; Proposta de contrato; Aceitação da herança; Repúdio; Adopção plena; Perfilhação.*

"Is de cuius sucessione agitur" (Dir. Civil) – Expressão que significa aquele de cuja sucessão se trata, e que está na origem da utilização da expressão abreviada *de cuius* para referir o autor da sucessão.

V. *Sucessão; Autor da sucessão.*

"Ius ad rem" (Dir. Civil) – Direito a uma coisa.

O credor de uma obrigação *de dare* tem direito à coisa que é objecto da prestação debitória, isto é, tem direito a exigir do devedor a sua entrega.

V. *Coisa; Obrigação "de dare"; Prestação.*

"Ius in re" (Dir. Civil) – Direito sobre uma coisa.

O titular de um direito real tem um direito sobre a coisa que constitui o respectivo objecto.
V. *Coisa; Direito real.*

"Ius singulare" – Designa-se assim um regime jurídico ou uma norma de carácter excepcional.
V. *Norma excepcional.*

J

Janela (Dir. Civil) – É uma abertura destinada a permitir a vista. A lei proíbe o proprietário, que levantar edifício ou outra construção, de abrir janelas "que deitem directamente sobre o prédio vizinho sem deixar entre este e cada uma das obras o intervalo de metro e meio", salvo se os prédios se encontrarem "separados entre si por estrada, caminho, rua, travessa ou outra passagem por terreno do domínio público" – artigos 1360.°, n.° 1, e 1361.°, C.C..

O artigo 1364.°, C.C., cuja epígrafe é "janelas gradadas", dispõe que "não se consideram abrangidas pelas restrições da lei" as "aberturas, quaisquer que sejam as suas dimensões, igualmente situadas a mais de um metro e oitenta centímetros do solo ou do sobrado, com grades fixas de ferro ou outro metal, de secção não inferior a um centímetro quadrado e cuja malha não seja superior a cinco centímetros", "podendo o vizinho levantar a todo o tempo a sua casa ou contramuro, ainda que vede tais aberturas".

V. *Edifício; Prédio; Servidão de vistas.*

Jogo (Dir. Civil) – O jogo é um contrato aleatório pelo qual as partes se comprometem reciprocamente a fazer uma prestação, que constitui, para o que a faz, uma perda e, para o que a recebe, um lucro, dependentemente do resultado de uma actividade competitiva (jogo) por elas levada a cabo. O jogo, enquanto actividade, em si mesmo, não é jurídico; a sua jurisdicidade resulta do facto de do seu resultado as partes participantes fazerem depender, com carácter obrigatório, a produção de um lucro para uma e de uma perda para a outra.

No direito português (artigo 1245.°, C.C.), o jogo e a aposta não são, por via de regra, contratos válidos nem fonte de obrigações civis.

O jogo e a aposta podem ser lícitos ou ilícitos. São ilícitos os jogos de fortuna ou azar, isto é, aqueles cujo resultado é contingente, por depender essencialmente da sorte, nos termos da definição do artigo 1.° do Decreto-Lei n.° 422/89, de 2 de Dezembro, salvo nos casos autorizados por lei.

Quando lícitos (são-no os que dependem no seu resultado, além da álea, da perícia do jogador), os jogos são fonte de obrigações naturais, excepto se neles concorrer qualquer outro motivo de nulidade ou anulabilidade, ou se houver fraude do credor na execução.

É muito abundante a legislação que tem regulado os contratos de jogo e aposta, afastando o regime geral do artigo 1245.° do C.C..

Segundo a legislação especial, ressalvada pelo artigo 1247.°, C.C., nomeadamente o referido Decreto-Lei n.° 422/89 (que reformulou a Lei do Jogo e revogou parte da legislação especial vigente na matéria) rectificado por declaração publicada no *Diário da República*, I-A série, de 30 de Dezembro de 1989, e alterado pelo Decreto-Lei n.° 10/95, de 19 de Janeiro, pela Lei n.° 28/2004, de 16 de Julho, e pelo Decreto-Lei n.° 40/2005, de 17 de Fevereiro), a prática de alguns jogos de fortuna e azar é autorizada nos casinos existentes nas zonas de jogo e nas épocas estabelecidas para o seu funcionamento.

Dentro das zonas de jogo, umas permanentes e outras temporárias, atribui-se a exploração do jogo a empresas concessionárias fiscalizadas pelo Estado (Inspecção-Geral de Jogos, cuja orgânica, competência e atribuições constam do Decreto-Lei n.° 184/88, de 25 de Maio, alterado pelos

Decretos-Leis n.ºs 191/90, de 8 de Junho, e 124/2000, de 5 de Julho).

Nessas zonas, os jogos de fortuna e azar são contratos como quaisquer outros, produzindo efeitos jurídicos civis.

O artigo 3.º, n.º 2, da Lei do Jogo dispõe que, "para efeitos de exploração e prática de jogos de fortuna ou azar, haverá zonas de jogo nos Açores, no Algarve, em Espinho, no Estoril, na Figueira da Foz, no Funchal, em Porto Santo, na Póvoa do Varzim, em Tróia e em Vidago-Pedras Salgadas".

São zonas de jogo permanentes o Estoril, o Funchal, o Algarve, a Figueira da Foz (Decreto-Lei n.º 474/80, de 14 de Outubro), Tróia (Decreto-Lei n.º 340/80, de 30 de Agosto; decreto regulamentar n.º 31/87, de 9 de Maio; Portaria n.º 520/87, de 26 de Junho; Decreto-Lei n.º 229/2000, de 23 de Setembro, alterado pelo Decreto-Lei n.º 83/2005, de 21 de Abril; Portaria n.º 252/2001, de 24 de Março), Vidago-Pedras Salgadas (Decreto-Lei n.º 372/85, de 19 de Setembro; decreto regulamentar n.º 30/99, de 20 de Dezembro; Portaria n.º 54/2000, de 10 de Fevereiro), a Póvoa do Varzim e Espinho (Decreto-Lei n.º 249/81, de 27 de Agosto, e decreto regulamentar n.º 40/81, de 27 de Agosto, alterado pelos decretos regulamentares n.ºs 2/86, de 2 de Janeiro, e 42/86, de 22 de Setembro). A Resolução do Conselho de Ministros n.º 107/95, de 18 de Outubro, adjudicou provisoriamente à Solverde, S.A., a concessão do exclusivo da exploração de jogos nos casinos de Vilamoura e do Barlavento e do Sotavento, o mesmo tendo feito a Resolução n.º 165/ /2001, de 21 de Novembro, em relação à zona de jogo de Vidago-Pedras Salgadas. O Decreto-Lei n.º 275/2001, de 17 de Outubro, veio autorizar a prorrogação dos contratos de concessão da exploração de jogos de azar nos casinos das zonas de jogo do Algarve, Espinho, Figueira da Foz, e Póvoa do Varzim, alterando o regime da concessão da Figueira da Foz. A Portaria n.º 384/2002, de 10 de Abril, determina o destino das contrapartidas prestadas ao Estado pelas concessionárias destas zonas de jogo.

Nas Regiões Autónomas dos Açores e da Madeira, é da competência dos respectivos Governos a adjudicação da concessão da exploração dos jogos de fortuna e azar, com excepção dos referentes a lotarias e concursos de prognósticos ou apostas mútuas (Decreto-Lei n.º 318/84, de 1 de Outubro). O Decreto Legislativo Regional n.º 15/2003/M, de 4 de Julho, revogou o Decreto Legislativo Regional nº 12/85/M, de 24 de Maio, que criara a zona de jogo permanente do Porto Santo, e regula a concessão do exclusivo da exploração de jogos de fortuna ou azar no casino de Porto Santo. Em 12 de Agosto, foi publicado o Decreto Legislativo Regional n.º 19/96/M, prorrogando por dez anos a concessão de exploração de jogos nos casinos da zona de jogo do Funchal, tendo o Decreto Legislativo Regional n.º 19/2006/M, de 5 de Junho, procedido a uma nova prorrogação, por igual período. O Decreto Legislativo Regional n.º 21/90/M, de 28 de Agosto, estabelece as regras de instalação e exploração de jogo fora do casino na Região Autónoma da Madeira. A zona de jogo dos Açores foi criada pelo citado DL n.º 422/89, na redacção do Decreto-Lei n.º 10/95, de 19 de Janeiro, da Lei n.º 28/2004, de 16 de Julho, e do Decreto-Lei n.º 40/2005, de 17 de Fevereiro, tendo o Decreto Legislativo Regional n.º 30/99/A, de 25 de Agosto, alterado pelo Decreto Legislativo Regional n.º 12/2000/A, de 20 de Maio, autorizado o Governo Regional dos Açores a abrir concursos públicos para a concessão do exclusivo da exploração de jogos de fortuna ou azar num casino na ilha de S. Miguel, em máquinas de jogos e sala de jogo de bingo na Região Autónoma; v. ainda o Decreto Legislativo Regional n.º 5/2003/A, de 17 de Fevereiro, alterado pelo Decreto Legislativo Regional n.º 27/2005/A, de 10 de Novembro, que define o regime específico de exercício da polícia administrativa na Região Autónoma dos Açores no que respeita, entre outros, às casas de jogo lícitas.

O Decreto-Lei n.º 15/2003, de 30 de Janeiro, define as normas aplicáveis à instalação de um segundo casino integrado na zona de jogo do Estoril; nos termos do artigo 1.º, "na zona de jogo do Estoril é autorizada a exploração de jogos de fortuna ou azar em dois casinos, um situado no Estoril e outro em Lisboa".

A Portaria n.º 1441/95, de 29 de Novembro, viera aprovar, nos termos do artigo 5.° do citado DL n.° 422/89, as regras de execução para a prática de vários jogos de fortuna ou azar: bacará *chemin de fer*, bacará ponto e banca, bacará ponto e banca/Macau, banca francesa, *black jack*/21, *craps, cussec*, máquinas automáticas, roleta americana e roleta francesa; esta portaria foi parcialmente revogada, na parte que respeita às regras de execução do jogo da roleta americana, pela Portaria n.° 894/2002, de 29 de Julho, e, na parte respeitante às regras de execução do jogo de *black jack*/21, pela Portaria n.° 1364/ /2001, de 6 de Dezembro; entretanto, todas estas portarias foram revogadas pela Portaria n.° 817/2005, de 13 de Setembro, que aprovou "as regras de execução dos jogos de fortuna ou azar designados por roleta americana, roleta francesa, banca francesa, *craps, cussec, black jack*/21, póquer sem descarte, bacará ponto e banca, bacará ponto e banca/Macau, bacará *chemin de fer*, póquer sintético e máquinas automáticas.

A Lei n.° 8/2006, de 15 de Março, fixa as condições de recrutamento e acesso à profissão de profissional de banca nos casinos.

São também proibidas as lotarias, salvo o direito conferido à Santa Casa da Misericórdia de Lisboa, desde a Portaria de 27 de Maio de 1834 e do Decreto de 5 de Outubro de 1838, de explorar em regime de monopólio a chamada Lotaria Nacional. O Regulamento da Lotaria Nacional em vigor foi aprovado pela Portaria n.° 551/2001, de 31 de Maio, alterada pelas Portarias n.°s 1048/2001, de 1 de Setembro, e 698/2003, de 30 de Julho (rectificada pela Declaração de rectificação n.° 11-C/2003, de 30 de Agosto). O Decreto-Lei n.° 182/2000, de 10 de Agosto, veio, por seu lado, permitir e regular a exploração e venda da Lotaria, através da utilização de terminais informáticos da rede interbancária do multibanco.

As apostas em corridas de galgos estão reguladas no Decreto-Lei n.° 36 889, de 29 de Maio de 1948, alterado pelo Decreto-Lei n.° 48 912, de 18 de Março de 1969.

O Decreto-Lei n.° 40 910, de 19 de Dezembro de 1956, alterado pelo DL n.° 48 912, regulou as apostas em corridas de cavalos ou concursos hípicos.

O direito a promover concursos de apostas mútuas é reservado ao Estado, que concede a sua organização e exploração, em regime de exclusivo para todo o território nacional, à Santa Casa da Misericórdia de Lisboa.

O concurso de apostas mútuas desportivas (totobola), concurso de prognósticos em competições desportivas, foi sucessivamente regulado pelos seguintes diplomas:

- Decreto-Lei n.° 43 777, de 3 de Julho de 1961 (hoje parcialmente revogado);
- Decreto-Lei n.° 47 866, de 28 de Agosto de 1967 (hoje parcialmente revogado);
- Decreto-Lei n.° 280/84, de 13 de Agosto (rectificado por declaração publicada no *Diário da República*, I série, de 13 de Maio de 1985, e hoje parcialmente revogado);
- Decreto-Lei n.° 84/85, de 28 de Março, alterado pelos Decretos-Leis n.°s 389/85, de 9 de Outubro 387/86, de 17 de Novembro, 285/88, de 12 de Agosto, 64/95, de 7 de Abril, 153/2000, de 21 de Julho, 317/ /2002, de 27 de Dezembro – rectificado pela Declaração de rectificação n.° 1-A/ /2003, de 31 de Janeiro –, e 37/2003, de 6 de Março;
- Portaria n.° 789/86, de 31 de Dezembro;
- Portaria n.° 926/87, de 5 de Dezembro;
- Portaria n.° 837/88, de 30 de Dezembro, que aprovara o Regulamento Geral dos Concursos do Totobola, alterada pelas Portarias n.°s 1108/92, de 2 de Dezembro, e 103/93, de 28 de Janeiro, e revogada pela Portaria n.° 1327/93, de 31 de Dezembro (v. também a Portaria n.° 1159/97, de 12 de Novembro), que instituiu o novo Regulamento Geral dos Concursos do Totobola (alterada pela Portaria n.° 25/98, de 10 de Janeiro, e pela Portaria n.° 524/98, de 14 de Agosto) entretanto também revogada;
- Portaria n.° 549/2001, de 31 de Maio, alterada pela Portaria n.° 1048/2001, de 1 de Setembro, entretanto revogada.

A Portaria n.° 39/2004, de 12 de Janeiro, alterada pela Portaria n.° 236/2004, de 3 de Março, aprovou o Regulamento do Totobola actualmente em vigor.

Inicialmente, o Decreto-Lei n.° 277/82, de 16 de Julho, alterado pelo Decreto-Lei n.° 13/84, de 9 de Janeiro, regulou a prática do jogo do bingo, tendo definindo o decreto regulamentar n.° 41/82, da mesma data (com as alterações introduzidas pelo decreto regulamentar n.° 18/85, de 19 de

Março, pelo decreto regulamentar n.° 76/ /85, de 25 de Novembro, e pelo decreto regulamentar n.° 76/86, de 31 de Dezembro – este alterado pelo decreto regulamentar n.° 19/93, de 5 de Julho) as condições de concessão da sua exploração. Entretanto, o Decreto-Lei n.° 314/95, de 24 de Novembro, revogou quer o DL n.° 277/82, acima citado, quer o decreto regulamentar n.° 76/86 e todos os diplomas que vieram alterar este, quer todas as normas regulamentares existentes, aprovando o regulamento da Exploração do Jogo do Bingo.

A aposta mútua sobre sorteio de números, designada por loto, criada pelo Decreto-Lei n.° 382/82, de 15 de Setembro, veio mais tarde a ser designada por totoloto pelo Decreto-Lei n.° 84/85, de 28 de Março; este diploma, alterado pelos Decretos-Leis n.°s 383/85, de 9 de Outubro, 387/86, de 17 de Novembro, 285/88, de 12 de Agosto, 174/92, de 13 de Agosto, e 258/97, de 30 de Setembro, 153/2000, de 21 de Julho, 317/2002, de 27 de Dezembro, e 37/2003, de 6 de Março, estabeleceu normas relativas à organização e exploração dos concursos de apostas mútuas denominadas "Totobola" e "Totoloto".

O Regulamento Geral dos Concursos do Totoloto, que constava da Portaria n.° 836/ /88, de 30 de Dezembro, com a redacção das Portarias n.°s 1116/89, de 30 de Dezembro, 1108/92, de 2 de Dezembro, e 103/93, de 28 de Janeiro, foi revogado pela Portaria n.° 1328/93, de 31 de Dezembro, alterada pelas Portarias n.°s 43/96, de 14 de Fevereiro, 87-A/97, de 4 de Fevereiro, 1141/97, de 7 de Novembro (rectificada pela Declaração de rectificação n.° 21- -G/97, de 29 de Novembro), 524/98, de 14 de Agosto, e 934/99, de 20 de Outubro, que aprovou um novo Regulamento Geral dos Concursos do Totoloto, entretanto também revogado.

A Portaria n.° 553/2001, de 31 de Maio, alterada pelas Portarias n.°s 1048/2001, de 1 de Setembro, 1215/2003, de 16 de Outubro, 256/2006, de 10 de Março, e 867/2006, de 28 de Agosto, aprova o Regulamento do Totoloto actualmente em vigor.

O Decreto-Lei n.° 210/2004, de 20 de Agosto, criou o jogo social do Estado denominado «EUROMILHÕES» e autorizou a Santa Casa da Misericórdia de Lisboa, através do seu Departamento de Jogos, a proceder à respectiva exploração em regime de exclusividade para todo o território nacional. A Portaria n.° 1267/2004, de 1 de Outubro, alterada pela Portaria n.° 1528/2004, de 31 de Dezembro – esta alterada pela Portaria n.° 147/2006, de 20 de Fevereiro –, aprovou o Regulamento deste jogo.

O Decreto-Lei n.° 310/2002, de 18 de Dezembro, alterado pelo Decreto-Lei n.° 156/2004, de 30 de Junho, estabeleceu o regime de licenciamento da exploração e registo de máquinas automáticas, mecânicas, eléctricas e electrónicas de diversão (que não desenvolvam temas próprios dos jogos de fortuna ou azar ou dependam, exclusiva ou essencialmente, da sorte) e definiu o regime da respectiva exploração, e prática de jogos fora dos casinos; v. ainda a Portaria n.° 144/2003, de 10 de Fevereiro. O Decreto Legislativo Regional n.° 28/ /2000/A, de 10 de Agosto, alterado pelos Decretos Legislativos Regionais n.°s 12/ /2000/A, de 4 de Agosto, 32/2003/A, de 1 de Julho, e 41/2006/A, de 31 de Outubro, define o regime de licenciamento de exploração e registo de máquinas de diversão.

O Decreto-Lei n.° 268/92, de 28 de Novembro (rectificado pela Declaração de rectificação n.° 27/93, de 27 de Fevereiro), estabelece o regime de exploração das apostas mútuas hípicas; a Resolução do Conselho de Ministros n.° 45/95, de 5 de Maio, alterada pela Resolução n.° 107/96, de 11 de Julho, veio, entretanto, definir as regras a que deverão obedecer o regulamento das corridas de cavalos, bem como o regulamento das apostas mútuas hípicas.

O Decreto-Lei n.° 412/93, de 21 de Dezembro, alterado pelo Decreto-Lei n.° 225/ /98, de 17 de Julho, autorizou a Santa Casa da Misericórdia de Lisboa a organizar e explorar um jogo denominado "Joker", tendo o Regulamento do JOKER sido aprovado pela Portaria n.° 550/2001, de 31 de Maio, alterada pelas Portarias n.°s 1214/2003, de 16 de Outubro, e 867/2006, de 28 de Agosto.

Por seu lado, o Decreto-Lei n.° 314/94, de 23 de Dezembro, autorizou a Santa Casa da Misericórdia de Lisboa a organizar e explorar um jogo denominado "Lotaria Instantânea", cujo Regulamento foi aprovado pela Portaria n.° 552/2001, de 31 de Maio, alterada pelas Portarias n.°s 1048/2001, de 1 de Setembro, e 431/2003, de 22 de Maio (rectificada pela Declaração de rectificação n.° 7-H/2003, de 31 de Maio), e 867/2006.

O Decreto-Lei n.° 225/98, de 17 de Julho, alterado pelo Decreto-Lei n.° 210/ /2004 de 20 de Agosto, criou uma nova modalidade de jogo de apostas mútuas designado "Totogolo", atribuindo à Santa Casa da Misericórdia o exclusivo da sua organização e exploração; o Regulamento do "Totogolo" foi aprovado pela Portaria n.° 554/2001, de 31 de Maio.

O Decreto-Lei n.° 282/2003, de 8 de Novembro, "autoriza o Departamento de Jogos da Santa Casa da Misericórdia de Lisboa a registar apostas e pagar prémios de lotarias e apostas mútuas nos canais de distribuição electrónica (Internet, multibanco, telemóvel, telefone, televisão, etc. [*sic*]), através de uma plataforma de acesso multicanal". Nos termos do artigo 3.° deste diploma, "o contrato de jogo é celebrado directamente entre o jogador e o Departamento de Jogos da Santa Casa da Misericórdia de Lisboa com ou sem intervenção dos mediadores"; "o contrato de jogo é aquele através do qual uma das partes, mediante o pagamento de uma quantia certa, adquire números ou prognósticos com os quais se habilita, como contrapartida da prestação, ao recebimento de um prémio, de montante fixo ou variável, a pagar pela outra parte, conforme o resultado de uma operação baseada exclusiva ou fundamentalmente na sorte e de acordo com regras predefinidas"; "o pagamento pelo jogador da quantia certa que habilita ao prémio de jogo pode ser efectuado em dinheiro, directamente por débito em conta bancária à ordem ou através do cartão do jogador"; "o contrato de jogo só está concluído quando o Departamento de Jogos da Santa Casa da Misericórdia de Lisboa recebe a quantia referida no número anterior e emite o comprovativo de confirmação da aposta efectuada".

A Portaria n.° 313/2004, de 23 de Março (rectificada pela Declaração de Rectificação n.° 34/2004, de 16 de Abril), aprovou o Regulamento dos Mediadores dos Jogos Sociais do Estado, que contém as regras aplicáveis à profissão, designadamente a autorização para – e o conteúdo jurídico – o seu exercício, clarificando a natureza do contrato entre o departamento de jogos da Santa Casa da Misericórdia de Lisboa, os mediadores e os apostadores.

O Decreto-Lei n.° 56/2006, de 15 de Março, rectificado pela Declaração de rectificação n.° 26/2006, de 28 de Abril, determina a forma de distribuição dos resultados líquidos dos jogos sociais explorados pela Santa Casa da Misericórdia de Lisboa.

O regime do Decreto-Lei n.° 7/2004, de 7 de Janeiro – que transpõe para a ordem jurídica portuguesa a Directiva n.° 2000/ /31/CE, do Parlamento Europeu e do Conselho, de 8 de Junho de 2000 –, relativo ao comércio electrónico no mercado interno não é aplicável aos jogos de azar, incluindo lotarias e apostas, quando estas são feitas em dinheiro.

O artigo 21.°, n.° 1, do Código da Publicidade (Decreto-Lei n.° 330/90, de 23 de Outubro, alterado pelos Decretos-Leis n.°s 74/93, de 10 de Março, 6/95, de 17 de Janeiro, 61/97, de 25 de Março, pela Lei n.° 31-A/98, de 14 de Julho 275/98, e pelos Decretos-Leis n.°s 275/98, de 9 de Setembro, 51/2001, de 15 de Fevereiro, e 332/ /2001, de 24 de Dezembro), proíbe a publicidade de "jogos de fortuna ou azar, enquanto objecto essencial da mensagem", exceptuando o n.° 2 da mesma disposição, da proibição "os jogos promovidos pela Santa Casa da Misericórdia de Lisboa".

Num outro plano, há a considerar a Convenção Europeia sobre a Violência e os Excessos de Espectadores por Ocasião de Manifestações Desportivas e nomeadamente Jogos de Futebol, aberta à assinatura em Estrasburgo, em 19 de Agosto de 1985, e já ratificada por Portugal. Em conexão com este problema, há de atender a Lei n.° 8/97, de 12 de Abril, que criminaliza, em dados termos, a conduta daquele que "transportar, detiver, trouxer consigo ou distribuir arma de fogo, arma de arremesso, arma destinada a projectar substâncias tóxicas, asfixiantes ou corrosivas, arma branca, substâncias ou engenhos explosivos ou pirotécnicos em [...] recinto onde ocorra manifestação [...] desportiva [...]".

V. *Contrato aleatório; Prestação; Aposta; Obrigação natural; Nulidade; Anulabilidade;*

Apostas mútuas desportivas; Lotaria; Publicidade; Celebração do contrato.

Jornalista – Nos termos do artigo 1.°, n.° 1, da Lei n.° 1/99, de 13 de Janeiro (Estatuto do Jornalista), "são considerados jornalistas aqueles que, como ocupação principal, permanente e remunerada, exercem funções de pesquisa, recolha, selecção e tratamento de factos, notícias ou opiniões, através de texto, imagem ou som, destinados a divulgação informativa pela imprensa, por agência noticiosa, pela rádio, pela televisão ou por outra forma de difusão electrónica". De acordo com o artigo 2.° da mesma Lei, "podem ser jornalistas os cidadãos maiores de 18 anos no pleno gozo dos seus direitos civis".

Nos termos do artigo 3.°, "o exercício da profissão de jornalista é incompatível com o desempenho de:

a) Funções de angariação, concepção ou apresentação de mensagens publicitárias;

b) Funções remuneradas de *marketing*, relações públicas, assessoria de imprensa e consultoria em comunicação ou imagem, bem como de orientação e execução de estratégias comerciais;

c) Funções em qualquer organismo ou corporação policial;

d) Serviço militar;

e) Funções de membro do Governo da República ou de governos regionais;

f) Funções de presidente de câmara ou de vereador, em regime de permanência, a tempo inteiro ou a meio tempo, em órgão de administração autárquica".

Os direitos fundamentais dos jornalistas, previstos no artigo 6.°, são "a liberdade de expressão e de criação", "a liberdade de acesso às fontes de informação", "a garantia de sigilo profissional", "a garantia de independência" e a "participação na orientação do respectivo órgão de informação".

Por outro lado, os principais deveres dos jornalistas estão enunciados no artigo 14.° e são, nomeadamente, os seguintes: "*a)* Exercer a actividade com respeito pela ética profissional, informando com rigor e isenção;

b) Respeitar a orientação e os objectivos definidos no estatuto editorial do órgão de comunicação social para que trabalhem;

c) Abster-se de formular acusações sem provas e respeitar a presunção de inocência;

d) Não identificar, directa ou indirectamente, as vítimas de crimes contra a liberdade e autodeterminação sexual, bem como os menores que tiverem sido objecto de medidas tutelares sancionatórias;

e) Não tratar discriminatoriamente as pessoas, designadamente em função da cor, raça, religião, nacionalidade ou sexo;

f) Abster-se de recolher declarações ou imagens que atinjam a dignidade das pessoas;

g) Respeitar a privacidade de acordo com a natureza do caso e a condição das pessoas;

h) Não falsificar ou encenar situações com intuitos de abusar da boa fé do público;

i) Não recolher imagens e sons com o recurso a meios não autorizados, a não ser que se verifique um estado de necessidade para a segurança das pessoas envolvidas e o interesse público o justifique".

A Portaria n.° 148/99, de 4 de Março, regulamenta as condições de emissão do cartão de identificação pela Comissão da Carteira Profissional do Jornalista, que titule a actividade dos correspondentes de órgãos de comunicação social estrangeiros em Portugal. A Portaria n.° 360/99, de 19 de Maio, define as condições de emissão do título de identificação dos jornalistas que exerçam a sua actividade em órgãos de comunicação social destinados às comunidades portuguesas no estrangeiro e aí sediados.

A Portaria n.° 318/99, de 12 de Maio, regula o estágio, cuja conclusão com aproveitamento é, em princípio, necessário para obtenção da carteira profissional.

Juiz (Org. Judiciária) – Todo aquele que, por lei ou designação das partes (por exemplo, o juiz arbitral), exercer funções jurisdicionais, isto é, de resolução de litígios (conflitos de interesses) entre particulares ou entre particulares e o Estado, e, por vezes, até entre Estados (por exemplo, juízes do Tribunal Internacional de Haia).

"Os juízes têm o dever de administrar justiça, proferindo despacho ou sentença sobre as matérias pendentes e cumprindo, nos termos da lei, as decisões dos tribunais superiores" – artigo 156.°, n.° 1, C.P.C..

O conjunto hierarquicamente organizado dos juízes forma a magistratura judicial, que se compõe de juízes do Supremo Tribunal de Justiça, juízes das Relações e juízes de direito, e que tem por missão julgar segundo a lei as questões que lhe são submetidas, e fazer executar as suas decisões.

O juiz ou magistrado judicial só pode exercer as suas funções dentro da área da sua circunscrição judicial, a menos que a lei autorize expressamente o contrário. É o que se estabelece, por exemplo, no artigo 89.°, C.P.C., que determina que, "para as acções em que seja parte o juiz, seu cônjuge, algum seu descendente ou ascendente ou quem com ele conviva em economia comum e que devessem ser propostas na circunscrição em que o juiz exerce jurisdição, é competente o tribunal da circunscrição judicial cuja sede esteja a menor distância da sede daquela"; "se a acção for proposta na circunscrição em que serve o juiz impedido de funcionar ou se este for aí colocado estando já pendente a causa, o processo é remetido para a circunscrição mais próxima [...], podendo a remessa ser requerida em qualquer estado da causa até à sentença"; o referido "não tem aplicação nas circunscrições em que houver mais de um juiz" – artigo 89.°, n.°s 1, 2 e 4, C.P.C., na redacção do Decreto-Lei n.° 329-A/95, de 12 de Dezembro; o artigo 7.° do Decreto-Lei n.° 180/96, de 25 de Setembro, rectificou algumas inexactidões do DL n.° 329-A/95 e da republicação do C.P.C. a ele anexa, surgindo o n.° 2 do artigo 89.°, na parte relativa à rectificação da republicação, com uma redacção diferente daquela que lhe foi dada pelo DL n.° 329-A/95, não alterada pelo DL n.° 180/96; em conclusão, uma vez que a rectificação da republicação não tem valor jurídico para determinar a redacção da norma, esta deve considerar-se ter a redacção daquele DL n.° 329-A/95.

A Lei n.° 3/2000, de 20 de Março, atribuiu ao Conselho Superior da Magistratura a faculdade de nomear temporariamente licenciados em Direito de reconhecida idoneidade, competência e experiência profissional como juízes nos tribunais de 1.ª instância, como medida excepcional para contribuir para a resolução do problema da morosidade dos tribunais. O Decreto-Lei n.° 179/2000, de 9 de Agosto, alterado pelo Decreto-Lei n.° 320-D/2000, de 15 de Dezembro, regulou a forma de selecção dos candidatos que se apresentem a concurso para estas funções.

V. *Magistratura judicial; Litígio; Tribunal arbitral; Despacho; Sentença; Supremo Tribunal de Justiça; Relação; Juiz de direito; Circunscrição judicial; Ascendente; Descendente; Economia comum; Propositura da acção; Competência; Impedimentos; Tribunal de 1.ª instância.*

Juiz adjunto (Org. Judiciária) – Membro de um tribunal colectivo: este é formado por três juízes, dos quais um é o juiz presidente e os outros dois se designam por vogais ou adjuntos.

Quando a discussão e julgamento da causa são feitos com intervenção do tribunal colectivo, o artigo 648.°, C.P.C., dispõe que "antes da discussão o processo vai com vista, por cinco dias, a cada um dos juízes adjuntos, salvo se o juiz da causa o julgar dispensável em atenção à simplicidade da causa".

V. *Tribunal colectivo; Juiz presidente.*

Juiz arbitral (Org. Judiciária) – V. *Árbitro; Tribunal arbitral.*

Juiz auxiliar (Org. Judiciária) – Magistrado judicial que é destacado temporariamente, pelo Conselho Superior da Magistratura, para um tribunal da Relação (v. artigo 50.° da Lei de Organização e Funcionamento dos Tribunais Judiciais – Lei n.° 3/99, de 13 de Janeiro, rectificada pela Declaração de rectificação n.° 7/99, de 16 de Fevereiro, e alterada pela Lei n.° 101/99, de 26 de Julho, pelos Decretos-Leis n.°s 323/2001, de 17 de Dezembro, e 38/2003, de 8 de Março – este rectificado pela Declaração de rectificação n.° 5-C/2003, de 30 de Abril –, pela Lei n.° 105/2003, de 10 de Dezembro, pelo Decreto-Lei n.° 53/2004, de 18 Março, pela Lei n.° 42/2005, de 29 de Agosto, e pelo Decreto-Lei n.° 76-A/2006, de 29 de Março – rectificado pela Declaração de rectificação n.° 28-A/2006, de 26 de

Maio) ou por um tribunal de 1.ª instância (v. artigo 70.° do mesmo diploma).

Os juízes auxiliares podem ser destacados "quando o serviço o justifique, designadamente pelo número ou complexidade dos processos". "O destacamento efectua-se por um ano, pode ser renovado por iguais períodos e depende da anuência do juiz e de cabimento orçamental". "A remuneração dos juízes auxiliares corresponde à que lhes competiria se exercessem funções como efectivos nos tribunais para que são destacados", sendo que, na Relação, a remuneração corresponde ao primeiro escalão remuneratório dos juízes desses tribunais.

V. *Magistratura judicial; Conselho Superior da Magistratura; Relação; Tribunal de 1.ª instância.*

Juiz de direito (Org. Judiciária) – Magistrado judicial que exerce funções num tribunal de 1.ª instância.

Em cada tribunal de 1.ª instância, há um ou vários juízes de direito. V. artigo 65.°, n.° 4, da Lei de Organização e Funcionamento dos Tribunais Judiciais (Lei n.° 3/ /99, de 13 de Janeiro, rectificada pela Declaração de rectificação n.° 7/99, de 16 de Fevereiro, e alterada pela Lei n.° 101/99, de 26 de Julho, pelos Decretos-Leis n.°s 323/2001, de 17 de Dezembro, e 38/2003, de 8 de Março –rectificado pela Declaração de rectificação n.° 5-C/2003, de 30 de Abril –, pela Lei n.° 105/2003, de 10 de Dezembro, pelo Decreto-Lei n.° 53/2004, de 18 Março, pela Lei n.° 42/2005, de 29 de Agosto, e pelo Decreto-Lei n.° 76-A/2006, de 29 de Março – rectificado pela Declaração de rectificação n.° 28-A/2006, de 26 de Maio).

O artigo 40.° do Estatuto dos Magistrados Judiciais (Lei n.° 21/85, de 30 de Julho, alterada pelo Decreto-Lei n.° 342/88, de 28 de Setembro, e pelas Leis n.°s 2/90, de 20 de Janeiro, 10/94, de 5 de Maio, 81/98, de 3 de Dezembro, e 143/99, de 31 de Agosto, 3-B/2000, de 4 de Abril, e 42/2005) enuncia os requisitos para se ser juiz de direito, e que são: ser cidadão português, estar no pleno gozo dos direitos políticos e civis, ser licenciado em Direito por universidade portuguesa ou estrangeira com equiparação do título em Portugal, ter frequentado com aproveitamento os cursos e estágios de formação e satisfazer outros requisitos estabelecidos na lei para a nomeação de funcionários do Estado.

Sobre o regime excepcional de formação de juízes enunciado na Lei n.° 7-A/2003, de 9 de Maio, determinado "por razões de carência de quadros", v. *Magistrado.*

V. *Magistratura judicial; Tribunal de 1.ª instância.*

Juiz de paz (Org. Judiciária) – Assim se designa o juiz que dirige uma secção de um julgado de paz.

Pode ser juiz de paz "quem reunir, cumulativamente, os seguintes requisitos:

a) Ter nacionalidade portuguesa;

b) Possuir licenciatura em Direito;

c) Ter idade superior a 30 anos;

d) Estar no pleno gozo dos direitos civis e políticos;

e) Não ter sofrido condenação, nem estar pronunciado por crime doloso;

f) Ter cessado, ou fazer cessar imediatamente antes da assunção das funções como juiz de paz, a prática de qualquer outra actividade pública ou privada".

"O recrutamento e a selecção dos juízes de paz á feito por concurso público [...], mediante avaliação curricular e provas públicas", das quais estão dispensados os magistrados judiciais ou do Ministério Público, quem tenha exercido funções de juiz de direito ou como representante do Ministério Público, os docentes universitários que possuam os graus de mestrado ou doutoramento em Direito, os antigos bastonários, presidentes dos conselhos distritais e membros do conselho geral da Ordem dos Advogados, os antigos membros do Conselho Superior da Magistratura, do Conselho Superior dos Tribunais Administrativos e Fiscais e do Conselho Superior do Ministério Público.

"Os juízes de paz em exercício não podem desempenhar qualquer outra função pública ou privada de natureza profissional", à excepção de "funções docentes ou de investigação científica não remuneradas, desde que autorizados pelo conselho de acompanhamento e que não envolvam prejuízo para o serviço".

"Compete ao juiz de paz proferir, de acordo com a lei ou a equidade, as decisões relativas a questões que sejam submetidas aos julgados de paz, devendo, previamente, procurar conciliar as partes". "O juiz de paz não está sujeito a critérios de legalidade estrita, podendo, se as partes assim o acordarem, decidir segundo juízos de equidade quando o valor da acção não exceda metade do valor da alçada do tribunal de 1.ª instância".

V. artigos 15.° e 23.° e segs. da Lei n.° 78/2001, de 13 de Julho.

V. *Julgado de paz; Cidadania; Magistratura judicial; Ministério Público; Juiz de direito; Bastonário da Ordem dos Advogados; Conselho Superior da Magistratura; Conselho Superior do Ministério Público; Equidade; Alçada; Tribunal de 1.ª instância.*

Juiz deprecado (Proc. Civil) – V. *Tribunal deprecado.*

Juiz deprecante (Proc. Civil) – V. *Tribunal deprecante.*

Juiz municipal (Org. Judiciária) – Assim se designava o juiz do tribunal municipal. Estes tribunais foram entretanto extintos, tal como foi revogado, pelo Decreto-Lei n.° 329-A/95, de 12 de Dezembro, o artigo 192.°, C.P.C., que ainda se referia ao juiz municipal.

V. *Tribunal municipal.*

Juízo (Org. Judiciária) – Órgão judicial resultante do desdobramento de um tribunal de 1.ª instância.

Os juízos podem ser de competência genérica, especializada ou específica. Num juízo, exercem funções um ou mais juízes de direito.

Podem ser criado juízos de competência especializada cível e de competência especializada criminal, competindo aos primeiros "a preparação e o julgamento dos processos de natureza cível não atribuídos a outros tribunais", e aos segundos, nomeadamente, "a preparação, o julgamento e os termos subsequentes das causas crime não atribuídas a outros tribunais".

Podem ainda ser criados juízos cíveis, juízos criminais, juízos de pequena instância cível, juízos de pequena instância criminal e juízos de execução de competência específica.

Os juízos cíveis são tribunais de competência específica, aos quais cabe "preparar e julgar os processos de natureza cível que não sejam de competência das varas cíveis e dos juízos de pequena instância cível"; aos juízos criminais de competência específica compete "proferir despacho nos termos do artigo 311.° a artigo 313.° do Código de Processo Penal e proceder ao julgamento e termos subsequentes nos processos de natureza criminal não atribuídos às varas criminais e aos juízos de pequena instância criminal"; "compete aos juízos de pequena instância cível preparar e julgar as causas cíveis a que corresponda a forma de processo sumaríssimo e as causas cíveis não previstas no Código de Processo Civil a que corresponda processo especial e cuja decisão não seja susceptível de recurso ordinário"; aos juízos de pequena instância criminal compete "preparar e julgar as causas a que corresponda a forma de processo sumário, abreviado e sumaríssimo", bem como, em princípio, "julgar os recursos das decisões das autoridades administrativas em processo de contra-ordenação [...]". Os juízos de execução foram criados pelo Decreto-Lei n.° 38/2003, de 8 de Março, rectificado pela Declaração de rectificação n.° 5-C/2003, de 30 de Abril, que aditou à Lei de Organização e Funcionamento dos Tribunais Judiciais o artigo 102.°-A, entretanto alterado pela Lei n.° 42/2005, de 29 de Agosto; a estes compete "exercer, no âmbito dos processos de execução de natureza cível, as competências previstas no Código de Processo Civil" (excluindo "os processos atribuídos aos tribunais de família e menores, aos tribunais do trabalho, aos tribunais de comércio e aos tribunais marítimos e as execuções de sentenças proferidas por tribunal criminal que, nos termos da lei processual penal, não devam correr perante o tribunal civil") e "exercer, no âmbito dos processos de execução por dívidas de custas cíveis e multas aplicadas em processo cível, as competências previstas no Código de Processo Civil não atribuídas [...]" especificamente a outros tribunais.

Na sequência da reforma da acção executiva, a Portaria n.° 969/2003, de 13 de Setembro, criou a Secretaria-Geral de Execução das Varas Cíveis, dos Juízos Cíveis e dos Juízos de Pequena Instância Cível de Lisboa. V. Portarias n.ºs 1322/2004, de 16 de Outubro, e 822/2005, de 14 de Setembro.

V. artigos 65.º, 93.º a 95.º e 99.º a 102.º-A da Lei de Organização e Funcionamento dos Tribunais Judiciais (Lei n.º 3/99, de 13 de Janeiro, rectificada pela Declaração de rectificação n.º 7/99, de 16 de Fevereiro, e alterada pela Lei n.º 101/99, de 26 de Julho, pelos Decretos-Leis n.ºs 323/2001, de 17 de Dezembro, e 38/2003, de 8 de Março, pela Lei n.º 105/2003, de 10 de Dezembro, pelo Decreto-Lei n.º 53/2004, de 18 Março, pela Lei n.º 42/2005, de 29 de Agosto, e pelo Decreto-Lei n.º 76-A/2006, de 29 de Março – rectificado pela Declaração de rectificação n.º 28-A/2006, de 26 de Maio).

V. *Tribunal de 1.ª instância; Tribunal de competência especializada; Tribunal de competência específica; Juiz de direito; Julgamento; Vara cível; Processo sumaríssimo; Processo especial; Recurso ordinário; Execução.*

Juízo cível (Org. Judiciária) – V. *Juízo.*

Juízo de execução (Org. Judiciária) – Órgão judicial resultante do desdobramento de um tribunal de 1.ª instância, ao qual compete, nos termos do artigo 102.º-A da Lei de Organização e Funcionamento dos Tribunais Judiciais (Lei n.º 3/99, de 13 de Janeiro, rectificada pela Declaração de rectificação n.º 7/99, de 16 de Fevereiro, e alterada pela Lei n.º 101/99, de 26 de Julho, pelos Decretos-Leis n.ºs 323/2001, de 17 de Dezembro, e 38/2003, de 8 de Março, pela Lei n.º 105/2003, de 10 de Dezembro, pelo Decreto-Lei n.º 53/2004, de 18 Março, pela Lei n.º 42/2005, de 29 de Agosto, e pelo Decreto-Lei n.º 76-A/2006, de 29 de Março – rectificado pela Declaração de rectificação n.º 28-A/2006, de 26 de Maio), "exercer, no âmbito dos processos de execução de natureza cível, as competências previstas no Código de Processo Civil" (excluindo "os processos atribuídos aos tribunais de família e menores, aos tribunais do trabalho, aos tribunais de comércio e aos tribunais marítimos e as execuções de sentenças proferidas por tribunal criminal que, nos termos da lei processual penal, não devam correr perante o tribunal civil") e "exercer, no âmbito dos processos de execução por dívidas de custas cíveis e multas aplicadas em processo cível, as competências previstas no Código de Processo Civil não atribuídas [...]" especificamente a outros tribunais.

"Sem prejuízo da competência dos juízos de execução, os tribunais de competência especializada e de competência específica são competentes para executar as respectivas decisões".

O Decreto-Lei n.º 35/2006, de 20 de Fevereiro, determinou que as acções executivas que se encontrem pendentes nos tribunais das comarcas de Guimarães, de Loures, da Maia, de Oeiras e de Sintra transitem para os novos juízos de execução aquando da sua instalação.

V. Portarias n.ºs 1322/2004, de 16 de Outubro, 822/2005, de 14 de Setembro, e 262/2006, de 16 de Março.

V. *Juízo; Execução; Tribunal de 1.ª instância; Tribunal de comércio; Custas; Multa; Tribunal de competência especializada; Tribunal de competência específica.*

Juízo de pequena instância cível (Org. Judiciária) – V. *Juízo.*

Juiz presidente (Org. Judiciária) – Nos tribunais colectivos, formados por três juízes, é aquele que preside.

O presidente do colectivo dirige a audiência e preside à reunião do colectivo, gozando "de todos os poderes necessários para tornar útil e breve a discussão e para assegurar a justa decisão da causa" (v. artigo 650.º, C.P.C.).

O artigo 107.º da Lei de Organização e Funcionamento dos Tribunais Judiciais (Lei n.º 3/99, de 13 de Janeiro, rectificada pela Declaração de rectificação n.º 7/99, de 16 de Fevereiro, e alterada pela Lei n.º 101/99, de 26 de Julho, pelos Decretos-Leis n.ºs 323/2001, de 17 de Dezembro, e 38/2003, de 8 de Março, pela Lei n.º 105/2003, de 10 de Dezembro, pelo Decreto-Lei n.º 53/2004, de 18 Março, pela Lei n.º 42/2005, de 29 de Agosto, e pelo Decreto-Lei n.º 76-A/2006, de 29 de Março – este rectificado pela Declaração de rectificação n.º 28-A/2006, de 26 de Maio) estabelece quem é que preside ao tribunal colectivo.

Segundo o artigo 108.°, n.° 1, do mesmo diploma, compete ao presidente do tribunal colectivo:

"*a)* Dirigir as audiências de discussão e julgamento;

b) Elaborar os acórdãos nos julgamentos penais;

c) Proferir a sentença final nas acções cíveis;

d) Suprir as deficiências das sentenças e dos acórdãos referidos nas alíneas anteriores, esclarecê-los, reformá-los e sustentá-los nos termos das leis de processo;

e) Exercer as demais funções atribuídas por lei".

V. *Tribunal colectivo; Audiência; Discussão; Julgamento; Acórdão; Sentença; Aclaração de sentença; Reforma de sentença; Despacho de sustentação.*

Juiz relator (Org. Judiciária) – Os acórdãos das Relações e do Supremo Tribunal de Justiça são redigidos por um juiz, a quem o processo foi distribuído e que o acompanhou desde a sua entrada: é o juiz-relator.

O artigo 700.°, n.° 1, C.P.C., com a redacção do Decreto-Lei n.° 329-A/95, de 12 de Dezembro, estabelece que ao relator compete deferir a todos os termos do processo até final; em alguns casos, o relator tem de apresentar o processo à conferência para tomar alguma decisão (por exemplo, no caso de entender que deve ser alterado o efeito do recurso, nos termos do artigo 703.°, C.P.C., na redacção do DL n.° 329-A/95) e, em outros casos, as partes podem requerer que sobre uma dada matéria, decidida por despacho do relator, recaia um acórdão, devendo também então o relator submeter a questão à conferência (artigo 700.°, n.° 3, C.P.C., com a redacção do Decreto-Lei n.° 180/96, de 25 de Setembro).

"No dia do julgamento, o relator faz sucinta apresentação do projecto de acórdão e, de seguida, dão o seu voto os juízes-adjuntos, pela ordem da sua intervenção no processo " (artigo 709.°, n.° 3, C.P.C., na redacção do DL n.° 329-A/95).

"O relator é substituído pelo primeiro adjunto nas faltas ou impedimentos que não justifiquem segunda distribuição e enquanto esta se não efectuar" (artigo 711.°, n.° 1, C.P.C.).

V. *Relação; Supremo Tribunal de Justiça; Conferência; Recurso; Efeito devolutivo do recurso; Efeito suspensivo do recurso; Requerimento; Despacho; Acórdão; Juiz adjunto; Distribuição.*

Juiz singular (Proc. Civil; Org. Judiciária) – Juiz que julga individualmente e não em colectivo. A sua competência determina-se em relação à do tribunal colectivo, isto é, são da sua competência as questões que não se encontrem legalmente afectadas a este último.

V. artigo 104.°, n.° 2, da Lei de Organização e Funcionamento dos Tribunais Judiciais (Lei n.° 3/99, de 13 de Janeiro, rectificada pela Declaração de rectificação n.° 7/99, de 16 de Fevereiro, e alterada pela Lei n.° 101/99, de 26 de Julho, pelos Decretos-Leis n.°s 323/2001, de 17 de Dezembro, e 38/2003, de 8 de Março, pela Lei n.° 105/2003, de 10 de Dezembro, pelo Decreto-Lei n.° 53/2004, de 18 Março, pela Lei n.° 42/2005, de 29 de Agosto, e pelo Decreto-Lei n.° 76-A/2006, de 29 de Março – rectificado pela Declaração de rectificação n.° 28-A/2006, de 26 de Maio).

O artigo 7.°, n.° 3, do Código da Insolvência e da Recuperação de Empresas, aprovado pelo Decreto-Lei n.° 53/2004, de 18 de Março, alterado pelos Decretos-Leis n.°s 200/2004, de 18 de Agosto, e 76-A/ /2006, estabelece que "a instrução e decisão de todos os termos do processo de insolvência, bem como dos seus incidentes e apensos, compete sempre ao juiz singular".

V. *Tribunal colectivo; Tribunal singular; Insolvência; Recuperação de empresas; Instrução; Incidente; Apensação de acções.*

Juiz social (Org. Judiciária) – O artigo 207.°, n.° 2, da Constituição da República dispõe que "a lei poderá estabelecer a intervenção de juízes sociais no julgamento das questões de trabalho, de infracções contra a saúde pública, de pequenos delitos, de execução de penas ou outras em que se justifique uma especial ponderação dos valores sociais ofendidos".

O artigo 67.°, n.° 2, da Lei de Organização e Funcionamento dos Tribunais Judiciais – Lei n.° 3/99, de 13 de Janeiro, rectificada pela Declaração de rectificação n.° 7/99, de 16 de Fevereiro, e alterada pela Lei n.° 101/99, de 26 de Julho, pelos Decretos-Leis n.°s 323/2001, de 17 de Dezembro, e 38/2003, de 8 de Março (rectificado pela Declaração de rectificação n.° 5-C//2003, de 30 de Abril), pela Lei n.° 105//2003, de 10 de Dezembro, pelo Decreto-Lei n.° 53/2004, de 18 Março, pela Lei n.° 42/2005, de 29 de Agosto, e pelo Decreto-Lei n.° 76-A/2006, de 29 de Março (rectificado pela Declaração de rectificação n.° 28-A/2006, de 26 de Maio) –estabelece que, "nos casos previstos na lei, podem fazer parte dos tribunais juízes sociais, designados de entre pessoas de reconhecida idoneidade". Este diploma prevê a intervenção de juízes sociais em acções da competência dos tribunais de menores (artigo 84.°, n.° 2) e dos tribunais do trabalho (artigo 88.°, n.°s 1 a 3).

O Decreto-Lei n.° 156/78, de 30 de Junho, estabelece os termos em que são recrutados e as funções dos juízes sociais. Assim, de acordo com o artigo 1.° deste diploma, podem ser nomeados juízes sociais "cidadãos portugueses de reconhecida idoneidade", desde que tenham mais de 25 e menos de 65 anos de idade, saibam ler e escrever, se encontrem no pleno gozo dos seus direitos civis e políticos e não se encontrem pronunciados nem nunca tenham sido condenados por crime doloso; o artigo 2.° exclui para algumas categorias de cidadãos capacidade de serem nomeados juízes sociais. Estabelece-se que o cargo é exercido por períodos de dois anos, constituindo esse exercício serviço público obrigatório e sendo considerado "para todos os efeitos, como prestado na profissão, actividade ou cargo do respectivo titular" (artigos 4.° e 5.°). Dispõe-se também sobre a forma de designação e o modo de exercício das respectivas funções dos juízes sociais para cada espécie de tribunal em que intervêm.

V. *Tribunal de menores; Cidadania.*

Juiz vogal (Org. Judiciária) – Sinónimo de *juiz adjunto* (v. esta expressão).

Julgado de paz (Org. Judiciária) – Circunscrição judicial que originariamente abrangia a área de uma freguesia e em que exercia jurisdição um juiz de paz.

A Constituição da República, na sua última versão, admite expressamente no n.° 2 do artigo 209.°, a existência de julgados de paz.

O Decreto-Lei n.° 539/79, de 31 de Dezembro, que estabelecera a organização e o funcionamento dos julgados de paz, não foi ratificado pela Assembleia da República – v. Resolução n.° 177/80, de 31 de Maio.

Porém, a Lei n.° 78/2001, de 13 de Julho, veio regular "a competência, organização e funcionamento dos julgados de paz e a tramitação dos processos da sua competência" (artigo 1.°).

"A actuação dos julgados de paz é vocacionada para permitir a participação cívica dos interessados e para estimular a justa composição dos litígios por acordo das partes"; "os procedimentos nos julgados de paz estão concebidos e são orientados por princípios de simplicidade, adequação, informalidade, oralidade e absoluta economia processual". O artigo 5.°, n.° 1, dispõe que "nos julgados de paz há lugar a pagamento de custas".

O diploma que criar o julgado de paz, que deve ser emitido pelo Governo, definirá a respectiva circunscrição territorial, podendo os julgados de paz ser "concelhios, de agrupamentos de concelhos contíguos, de freguesia ou de agrupamentos de freguesias contíguas do mesmo concelho" (artigos 2.° e 3.°).

A sua competência restringe-se a acções declarativas (artigo 6.°, n.° 1), desde que o valor da acção não exceda a alçada do tribunal da 1.ª instância (artigo 8.°). Quanto à matéria, estabelece o artigo 9.° que "os julgados de paz são competentes para apreciar e decidir:

a) Acções destinadas a efectivar o cumprimento de obrigações, com excepção das que tenham por objecto prestação pecuniária e de que seja ou tenha sido credor originário uma pessoa colectiva;

b) Acções de entrega de coisas móveis;

c) Acções resultantes de direitos e deveres de condóminos, sempre que a respectiva assembleia não tenha deliberado sobre a obrigatoriedade de compromisso arbitral para a resolução de litígios entre condóminos ou entre condóminos e o administrador;

d) Acções de resolução de litígios entre proprietários de prédios relativos a passagem forçada momentânea, escoamento natural de águas, obras defensivas das águas, comunhão de valas, regueiras e valados, sebes vivas; abertura de janelas, portas, varandas e obras semelhantes; estilicídio, plantação de árvores e arbustos, paredes e muros divisórios;

e) Acções possessórias, usucapião e acessão;

f) Acções que respeitem ao direito de uso e administração da compropriedade, da superfície, do usufruto, de uso e habitação e ao direito real de habitação periódica;

g) Acções que digam respeito ao arrendamento urbano, excepto as acções de despejo;

h) Acções que respeitem à responsabilidade civil contratual e extracontratual;

i) Acções que respeitem a incumprimento contratual, excepto contrato de trabalho e arrendamento rural;

j) Acções que respeitem à garantia geral das obrigações".

Segundo o artigo 7.°, "a incompetência dos julgados de paz é por estes conhecida e declarada oficiosamente ou a pedido de qualquer das partes e determina a remessa do processo para o julgado de paz ou para o tribunal judicial competente".

Em cada julgado de paz deve estar disponível um serviço de mediação, que permita aos interessados o recurso a esta forma de resolução alternativa de litígios (artigo 16.°).

"Aos juízes de paz e mediadores é aplicável o regime dos impedimentos e suspeições estabelecido na lei do processo civil para os juízes", estando ainda sujeitos a um dever de sigilo (artigos 21.° e 22.°). Os artigos 23.° e segs., e 30.° e segs. tratam, respectivamente, de questões relacionadas com a função de juiz de paz e de mediador.

Nos processos instaurados nos julgados de paz, podem, em princípio, ser partes quer pessoas singulares, com capacidade judiciária, quer colectivas. "Nos julgados de paz, as partes têm de comparecer pessoalmente, podendo-se fazer acompanhar por advogado, advogado estagiário ou solicitador", sendo esta assistência obrigatória "quando a parte seja cega, surda, muda, analfabeta, desconhecedora da língua portuguesa ou, por qualquer outro motivo, se encontrar num posição de manifesta inferioridade", sendo igualmente "obrigatória a constituição de advogado na fase de recurso, se a ela houver lugar".

Só no momento da propositura da acção são admitidos quer o litisconsórcio quer a coligação de partes, o mesmo sucedendo com a cumulação de pedidos (artigos 39.° e 44.°).

O regime do apoio judiciário é aplicável aos processos que corram nos julgados de paz e ao pagamento dos serviços do mediador (artigo 40.°).

O processo está regulado nos artigos 41.° e segs., iniciando-se com a apresentação do requerimento, verbalmente ou por escrito, na secretaria do julgado de paz. O demandado é citado para contestar, no prazo de dez dias a contar da citação, não se admitindo nem a citação edital nem, em regra, reconvenção. Após a pré-mediação e a mediação, na falta de acordo, total ou parcial, é marcado dia para a audiência de julgamento, na qual "são ouvidas as partes, produzida a prova e proferida sentença". Se o demandante faltar à audiência, tendo sido devidamente notificado, e não apresentar justificação da falta no prazo de três dias, "considera-se tal falta desistência do pedido". Caso seja o demandado a faltar, tendo sido regularmente citado, sem justificar a falta no prazo de três dias, ou se não apresentar contestação escrita, consideram-se confessados os factos articulados pelo autor"; "compete à secretaria marcar, sem possibilidade de adiamento, nova data para a audiência de julgamento, dentro dos cinco dias seguintes à apresentação de justificação"; "reiterada a falta, operam as cominações previstas nos números anteriores". Os meios de prova encontram-se regulados no artigo 59.° do seguinte modo: as testemunhas, que não podem ser em número superior a cinco por cada parte, são apresentadas por estas na audiência, não sendo notificadas; "requerida prova pericial, cessa a competência do julgado de paz, remetendo-se os autos ao tribunal competente para aí prosseguirem os seus termos, com aproveitamento dos actos já praticados".

Da sentença, que deve ser pessoalmente notificada às partes, antes do encerramento da audiência de julgamento, devem constar os elementos referidos no artigo 60.°, n.° 1. "As decisões proferidas pelos julgados de paz têm o valor de sentença proferida por tribunal de 1.ª instância" (artigo 61.°), podendo "ser impugnadas por meio de recurso a interpor para o tribunal da comarca ou para o tribunal de competência específica que for competente, em que esteja sediado o julgado de paz", quando o valor do processo "exceda metade do valor da alçada do tribunal de 1.ª instância"; "o recurso tem efeito meramente devolutivo e segue o regime do agravo" (artigo 62.°).

A Portaria n.° 1456/2001, de 28 de Dezembro, alterada pela Portaria n.° 209/ /2005, de 24 de Fevereiro, fixou uma taxa única por cada processo tramitado nos julgados de paz.

A Portaria n.° 1112/2005, de 28 de Outubro, que revogou a Portaria n.° 436/2002, de 22 de Abril, aprovou o regulamento que disciplina a organização e o funcionamento dos serviços de mediação disponíveis nos julgados de paz e estabeleceu as condições de acesso aos mesmos, bem como as regras por que deve pautar-se a actividade dos mediadores de conflitos.

O Decreto-Lei n.° 329/2001, de 20 de Dezembro, procedeu à criação dos seguintes julgados de paz (o Decreto-Lei n.° 140/ /2003, de 2 de Julho, que alterou este diploma, alargando a competência territorial dos julgados de paz):

a) Lisboa, instalado pela Portaria n.° 44/2002, de 11 de Janeiro, alterada pela Portaria n.° 891/2003, de 26 de Agosto, aprovando o respectivo regulamento interno;

b) Oliveira do Bairro, instalado pela Portaria n.° 72/2002, de 19 de Janeiro, que também aprovou o respectivo regulamento interno;

c) Seixal, instalado pela Portaria n.° 92/2002, de 30 de Janeiro, alterada pela Portaria n.° 892/2003, de 26 de Agosto, que aprovou o respectivo regulamento interno;

d) Vila Nova de Gaia, instalado pela Portaria n.° 162-A/2002, de 25 de Fevereiro, alterada pela Portaria n.° 886/2003, de 25 de Agosto, que também aprovou o respectivo regulamento interno.

A Portaria n.° 1006/2001, de 18 de Agosto, aprovou o Regulamento do Concurso de Recrutamento e Selecção dos Juízes de Paz de Lisboa, Oliveira do Bairro, Seixal e Vila Nova de Gaia; a Portaria n.° 202/2002, de 7 de Março, criou a Comissão de Fiscalização da Actividade dos Mediadores Inscritos nas Listas destes Julgados de Paz. A Portaria n.° 479/2006, de 26 de Maio, aprovou o Regulamento do Concurso de Selecção de Mediadores de Conflitos Habilitados a Prestar Serviço nos Julgados de Paz, revogando a Portaria n.° 1005/2001, de 18 de Agosto.

O Decreto-Lei n.° 9/2004, de 9 de Janeiro, procedeu à criação dos seguintes julgados de paz:

a) Julgado de Paz do Agrupamento dos Concelhos de Aguiar da Beira e Trancoso, que tem sede no concelho de Aguiar da Beira, instalado pela Portaria n.° 502/2004, de 10 de Maio, que aprovou o respectivo regulamento interno;

b) Julgado de Paz do Agrupamento dos Concelhos de Cantanhede, Mira e Montemor-o-Velho, que tem sede no concelho de Cantanhede, instalado pela Portaria n.° 324/2004, de 29 de Março, que também aprovou o respectivo regulamento interno;

c) Julgado de Paz do Concelho de Miranda do Corvo, instalado pela Portaria n.° 192/2004, de 28 de Fevereiro, que aprovou o respectivo regulamento interno;

d) Julgado de Paz do Concelho do Porto, instalado pela Portaria n.° 375/2004, de 13 de Abril, aprovando o respectivo regulamento interno;

e) Julgado de Paz do Agrupamento dos Concelhos de Santa Marta de Penaguião, Alijó, Murça, Peso da Régua, Sabrosa e Vila Real, que tem sede no concelho de Santa Marta de Penaguião, instalado pela Portaria n.° 289/2004, de 20 de Março, que também aprovou o respectivo regulamento interno;

f) Julgado de Paz do Agrupamento dos Concelhos de Tarouca, Armamar, Castro Daire, Lamego, Moimenta da Beira e Resende, que tem sede no concelho de Tarouca, instalado pela Portaria n.° 192/2004 que aprovou o respectivo regulamento interno;

g) Julgado de Paz do Concelho de Terras de Bouro, instalado pela Portaria n.° 193/

/2004, de 28 de Fevereiro, que também aprovou o respectivo regulamento interno;

h) Julgado de Paz do Concelho de Vila Nova de Poiares, instalado pela Portaria n.° 194/2004, de 28 de Fevereiro, aprovando o respectivo regulamento interno.

Por sua vez, o Decreto-Lei n.° 225/2005, de 28 de Dezembro, procedeu à criação dos seguintes julgados de paz:

a) Julgado de Paz do Concelho de Coimbra, instalado pela Portaria n.° 304/2006, de 24 de Março, que aprovou o respectivo regulamento interno;

b) Julgado de Paz do Concelho de Sintra, instalado pela Portaria n.° 209/2006, de 3 de Março, que também aprovou o respectivo regulamento interno;

c) Julgado de Paz do Concelho da Trofa, instalado pela Portaria n.° 210/2006, de 3 de Março, que aprovou o respectivo regulamento interno;

d) Julgado de Paz do Concelho de Santa Maria da Feira.

V. *Juiz de paz; Competência; Litígio; Circunscrição judicial; Princípio da oralidade; Economia processual; Custas; Acção declarativa; Valor da causa; Alçada; Tribunal de 1.ª instância; Competência em razão da matéria; Obrigação; Obrigação pecuniária; Credor; Pessoa colectiva; Entrega da coisa; Móvel; Condómino; Assembleia dos condóminos; Compromisso arbitral; Administrador na propriedade horizontal; Águas; Escoamento de águas; Valas; Regueiras; Sebes vivas; Janela; Servidão de vistas; Servidão de estilicídio; Árvores e arbustos; Muro; Acções possessórias; Usucapião; Acessão; Compropriedade; Direito de superfície; Usufruto; Uso (direito de); Direito de habitação; Direito de habitação periódica; Arrendamento urbano; Despejo; Responsabilidade contratual; Responsabilidade delitual; Incumprimento; Garantia; tribunal judicial; Mediação; Pré-mediação; Mediador; Impedimento; Suspeição; Dever de sigilo; Requerimento; Pessoa singular; Capacidade judiciária; Advogado; Advogado estagiário; Solicitador; Constituição obrigatória de advogado; Recurso; Propositura da acção; Litisconsórcio; Coligação; Pedido; Cumulação de pedidos; Apoio judiciário; Citação; Citação edital; Contestação; Reconvenção; Julgamento; Prova; Falta; Justificação de falta; Demandante; Desistência; Demandado; Confissão; Autor; Meios de prova; Notificação; Prova pericial; Testemunha; Recurso; Tribunal de comarca; Tribunal de competência específica; Efeito devolutivo do recurso; Agravo; Sentença.*

Julgado municipal (Org. Judiciária) – Circunscrição judicial em que exercia jurisdição um tribunal municipal.

Os tribunais municipais foram extintos pela Lei Orgânica dos Tribunais Judiciais de 1977.

Julgamento (Proc. Civil) – Acto processual pelo qual o tribunal aprecia as provas produzidas ao longo de todo o processo, e sobretudo na audiência, decidindo quais, de entre os factos que constituem a base instrutória, entende encontrarem-se provados e quais os que o não estão, e aplicando finalmente as regras de direito adequadas à situação de facto apurada.

O julgamento de uma causa materializa-se, em regra, numa sentença ou num acórdão.

Diz-se *julgamento de forma* o que incide sobre os pressupostos e condições necessárias ao correcto seguimento do processo, e *julgamento de fundo* ou *sobre o mérito da causa* aquele que decide o conflito de interesses que é objecto da relação jurídica controvertida.

V. artigos 653.° (na redacção dada pelo Decreto-Lei n.° 329-A/95, de 12 de Dezembro, rectificado pelo artigo 7.° do Decreto--Lei n.° 180/96, de 25 de Setembro), 654.°, 655.°, 658.° (os dois últimos com a redacção do DL n.° 329-A/95), 791.° (com a redacção dada pelo artigo 133.°, n.° 1, da Lei n.° 3//99, de 13 de Janeiro), e 796.° (com a redacção dos Decretos-Leis n.°s 375-A/99, de 20 de Setembro, e 183/2000, de 10 de Agosto), todos do C.P.C..

Chama-se também julgamento à audiência de discussão e julgamento.

V. *Actos processuais; Prova; Audiência; Base instrutória; Sentença; Acórdão; Mérito da causa; Audiência de discussão e julgamento.*

Julgamento ampliado de revista (Proc. Civil) – Os artigos 732.°-A e 732.°-B, aditados ao Código de Processo Civil pelo Decreto-Lei n.° 329-A/95, de 12 de Dezembro (o segundo dos quais entretanto alterado pelo Decreto-Lei n.° 180/96, de 25 de Setembro), vieram prever o chamado julgamento ampliado da revista que terá lugar quando tal for determinado pelo Presidente do Supremo Tribunal de Justiça, para ocorrer à necessidade de uniformização da jurisprudência, "até à prolação do acórdão", e em que intervém "o plenário das secções cíveis"; este julgamento "pode ser requerido por qualquer das partes ou pelo Ministério Público e deve ser sugerido pelo relator, por qualquer dos adjuntos, ou pelos presidentes das secções cíveis, designadamente quando verifiquem a possibilidade de vencimento de solução jurídica que esteja em oposição com jurisprudência anteriormente firmada, no domínio da mesma legislação e sobre a mesma questão fundamental de direito".

Decidida a realização deste julgamento alargado, "o processo vai com vista ao Ministério Público por 10 dias, para emissão de parecer sobre a questão que origina a necessidade de uniformização de jurisprudência"; "o julgamento só se realiza com a presença de, pelo menos, três quartos dos juízes em exercício nas secções cíveis", e "o acórdão proferido pelas secções reunidas sobre o objecto da revista é publicado na 1.ª série-A do jornal oficial".

V. *Assento; Revista; Supremo Tribunal de Justiça; Jurisprudência; Acórdão; Juiz relator; Juiz adjunto; Ministério Público; Diário da República.*

Julgamento à porta fechada (Proc. Civil) – V. *Audiência secreta.*

Julgamento "ex aequo et bono" (Proc. Civil) – O julgamento *ex aequo et bono* é um julgamento segundo a equidade.

V. *Equidade; Tribunal arbitral; Julgado de paz.*

Junção de acções (Proc. Civil) – V. *Apensação de acções.*

Junção de contratos (Dir. Civil) – V. *União de contratos.*

Junção de documentos (Proc. Civil) – V. *Documento; Apresentação de documentos.*

Junção de fracções autónomas (Dir. Civil) – O artigo 1422.°-A, aditado ao Código Civil pelo Decreto-Lei n.° 267/94, de 25 de Outubro, dispõe que "não carece de autorização dos restantes condóminos a junção, numa só, de duas ou mais fracções do mesmo edifício, desde que estas sejam contíguas"; o n.° 2 da mesma disposição estabelece que, para o efeito de junção previsto, "a contiguidade das fracções é dispensada quando se trate de fracções correspondentes a arrecadações e garagens"; nos termos do n.° 4 do citado artigo, "cabe aos condóminos que juntaram [...] as fracções o poder de, por acto unilateral constante de escritura pública, introduzir a correspondente alteração no título constitutivo", devendo a referida escritura pública ser comunicada ao administrador no prazo de 30 dias.

V. *Propriedade horizontal; Fracção autónoma; Condómino; Escritura pública; Título constitutivo da propriedade horizontal; Administrador na propriedade horizontal.*

Junção de pareceres (Proc. Civil) – V. *Parecer.*

Juntada (Proc. Civil) – Designação do termo pelo qual o escrivão documenta a junção ao processo de um documento ou de outra coisa.

O artigo 542.°, n.° 1, C.P.C., com a redacção do Decreto-Lei n.° 180/96, de 25 de Setembro, estabelece que, "independentemente de despacho, a secretaria juntará ao processo todos os documentos e pareceres apresentados para esse efeito, a não ser que eles sejam manifestamente extemporâneos; neste caso, a secretaria fará os autos conclusos, com a sua informação, e o juiz decidirá sobre a junção".

V. *Escrivão; Termo; Documento; Despacho; Secretaria judicial; Parecer; Auto; Conclusão.*

Juramento (Proc. Civil; Dir. Civil) – Acto solene pelo qual as pessoas que em juízo têm de prestar declarações se obrigam a dizer a verdade sobre os factos ou direitos que conhecem e sobre os quais têm de depor.

A lei processual civil consagra a fórmula do juramento que tem obrigatoriamente de ser prestado pelas partes (quando haja depoimento destas), pelas testemunhas e pelos peritos: "Juro pela minha honra que hei-de dizer toda a verdade e só a verdade".

O Decreto-Lei n.° 368/77, de 3 de Setembro, aboliu o juramento perante Deus.

A recusa a prestar juramento equivale, segundo a lei, à recusa a depor. O artigo 314.°, C.C., por exemplo, determina que se deve considerar confessada a dívida abrangida por uma prescrição presuntiva se o devedor se recusar a prestar juramento no tribunal.

V. artigos 559.° e 635.°, C.P.C..

V. *Prestação de juramento; Depoimento de parte; Testemunha; Perito; Confissão; Prescrição presuntiva.*

"Jura novit curia" (Proc. Civil) – Brocardo latino segundo o qual o tribunal não depende das alegações das partes "no tocante à indagação, interpretação e aplicação das regras de direito" (artigo 664.°, C.P.C.).

V. *Conhecimento oficioso; Norma jurídica.*

Jurisdição (Org. Judiciária)

1. Solução de conflitos concretos de interesses, ou de litígios, através de um órgão supra-partes (o tribunal), estranho aos interesses em causa e com autoridade sobre os titulares destes.

O artigo 202.°, n.° 2, da Constituição determina que "na administração da justiça incumbe aos tribunais assegurar a defesa dos direitos e interesses legalmente protegidos dos cidadãos, reprimir a violação da legalidade democrática e dirimir os conflitos de interesses públicos e privados".

2. Num sentido orgânico, diz-se do conjunto de tribunais da mesma espécie (judiciais, administrativos).

V. *Tribunal; Litígio; Direito subjectivo; Interesse; Tribunal judicial.*

Jurisdição arbitral (Org. Judiciária) – V. *Tribunal arbitral; Convenção de arbitragem; Cláusula compromissória; Árbitro.*

Jurisdição comum (Org. Judiciária) – Conjunto de tribunais a quem é cometida a função genérica de julgar, sem qualquer das restrições que afectam os tribunais especiais. Os tribunais comuns julgam, sobretudo, causas civis, comerciais e criminais. A orgânica dos tribunais comuns compõe-se dos tribunais de primeira instância, tribunais da Relação – com jurisdição sobre o distrito judicial respectivo – e o Supremo Tribunal de Justiça, com jurisdição sobre todo o território nacional.

V. artigos 209.° a 214.° da Constituição.

V. *Tribunal de 1.ª instância; Relação; Distrito judicial; Supremo Tribunal de Justiça.*

Jurisdição contenciosa (Proc. Civil; Org. Judiciária) – Por contraposição à jurisdição graciosa ou voluntária, designa-se por contenciosa aquela que tem por fim a composição de litígios.

V. *Jurisdição graciosa.*

Jurisdição especial (Org. Judiciária) – Os tribunais especiais são os que apenas conhecem de determinada categoria de causas, que lhes são afectadas por lei.

Diz-se também, embora não correctamente, dos tribunais de competência especializada (de menores, de família e de execução de penas, por exemplo).

O artigo 209.° da Constituição da República determina que haverá, além de um Tribunal Constitucional, tribunais judiciais, tribunais administrativos e fiscais, um Tribunal de Contas, podendo haver ainda tribunais marítimos e tribunais arbitrais.

Os tribunais judiciais de primeira instância podem ter uma competência específica e haver tribunais especializados para o julgamento de matérias determinadas, sendo "proibida a existência de tribunais com competência exclusiva para o julgamento de certas categorias de crimes", isto sem prejuízo do disposto quanto a tribunais militares, que "serão constituídos [...] durante a vigência do estado de guerra [...] para julgamento de crimes de natureza estritamente militar" (artigo 213.° da Constituição).

V. *Competência; Tribunal de competência especializada; Tribunal de menores; Tribunal de família; Tribunal arbitral; Tribunal Constitucional; Tribunal judicial; Tribunal de 1.ª instância; Tribunal de competência específica.*

Jurisdição graciosa (Proc. Civil) – Jurisdição graciosa ou voluntária é aquela que tem por fim a regulação de situações de interesses carecidos de composição, mas que não são propriamente litígios.

V. *Processos de jurisdição voluntária; Jurisdição contenciosa; Litígio.*

Jurisdição voluntária (Proc. Civil) – V. *Jurisdição graciosa; Processos de jurisdição voluntária.*

"Juris et de jure" (Dir. Civil) – Diz-se que uma presunção legal é inilidível ou *juris et jure* quando ela é absoluta, não podendo ser ilidida mediante prova em contrário, isto é, quando a lei proíbe que ela possa ser destruída por qualquer prova.

Exemplo de presunção *juris et jure* é a consagrada no n.° 3 do artigo 243.°, C.C., cujo texto é: "Considera-se sempre de má fé o terceiro que adquiriu o direito posteriormente ao registo da acção de simulação, quando a este haja lugar".

A regra é a de que as presunções legais são ilidíveis, só não o sendo nos casos em que a lei o proibir.

V. artigo 350.°, C.C..

V. *Presunção legal; Prova; Terceiro; Má fé; Simulação; Registo de acções.*

Jurisprudência – Por jurisprudência pode designar-se, se bem que raramente, a decisão irrecorrível de um tribunal; o termo é utilizado para significar o conjunto de decisões dos tribunais ou, mais vulgarmente, a doutrina que resulta de um conjunto de decisões judiciais proferidas num mesmo sentido sobre uma dada questão jurídica e provinda de tribunais da mesma instância ou do Supremo Tribunal de Justiça.

A jurisprudência não é, no sistema jurídico português, fonte imediata de direito, excepto, quanto muito enquanto existiram e para quem assim o entendesse, no caso dos assentos.

V. *Irrecorribilidade; Questão de direito; Fontes de direito; Assento; Precedente; Regra do precedente; Costume jurisprudencial; Supremo Tribunal de Justiça.*

Jurisprudência dos conceitos (Dir. Civil) – Corrente doutrinária originária da Alemanha, segundo a qual, sendo a função do jurista a de descobrir no sistema as soluções jurídicas dos problemas que as situações de facto suscitam, a ele caberia, tão-somente, o apuramento de tais soluções pela consideração das relações entre todos os elementos do sistema, no qual estariam necessariamente contidas as regras para todos os casos.

V. *Norma jurídica.*

Jurisprudência dos interesses (Dir. Civil) – Corrente doutrinária de origem alemã, segundo a qual o jurista deveria, na interpretação e aplicação das normas jurídicas como na integração das lacunas, atender aos interesses envolvidos na situação e às consequências que na sua regulação teria um dado regime.

V. *Norma jurídica; Interpretação da lei; Lacunas.*

"Juris tantum" (Dir. Civil) – Diz-se que uma presunção legal é *juris tantum* quando é possível destruí-la mediante prova em contrário. É este o regime-regra.

V. artigo 350.°, n.° 2, C.C..

V. *Presunção legal; "Juris et de jure".*

Juros (Dir. Civil) – O artigo 559.°, C.C., estabelecia uma taxa de juro legal de 5% ao ano.

Entretanto, por força da redacção que ao artigo 559.° foi dada pelo Decreto-Lei n.° 200-C/80, de 24 de Junho, a taxa dos juros legais é fixada em portaria conjunta dos Ministros da Justiça, das Finanças e do Plano. O mesmo preceito impõe a redução a escrito de estipulação convencional de taxa de juro superior, sob pena de redução à taxa de juro legal.

A Portaria n.° 339/87, de 24 de Abril, fixara a taxa de juro legal em 15%, tendo a Portaria n.° 1171/95, de 25 de Setembro, vindo fixá-la em 10%, e a Portaria n.° 263/ /99, de 12 de Abril, em 7%.; entretanto, a Portaria n.° 291/2003, de 8 de Abril, fixou a taxa anual dos juros legais em 4%.

No mútuo civil, a lei qualifica como usurário o contrato em que sejam convencionados juros superiores em 3% ou 5% aos juros legais, consoante exista ou não garantia real: no caso de a taxa estipulada ser superior, considera-se reduzida àqueles limites, mesmo que fosse outra a vontade dos contraentes (artigo 1146.°, n.°s 1 e 3, C.C., tendo o n.° 1 a redacção do Decreto-Lei n.° 262/83, de 16 de Junho). Note-se, no entanto, que o n.° 2 do Aviso n.° 3/93, do Banco de Portugal, de 20 de Maio, veio liberalizar as taxas de juros estipuladas pelas instituições bancárias, nos seguintes termos: "São livremente estabelecidas pelas instituições de crédito e sociedades financeiras as taxas de juro das suas operações, salvo nos casos em que sejam fixadas por diploma legal".

Em numerosas disposições, o Código Civil trata aspectos relacionados com os regimes dos juros; dessas, referem-se as seguintes:

a) O artigo 785.° determina que, encontrando-se em dívida, além do capital, os juros, e entregando o devedor prestação insuficiente para liquidar o débito total, a prestação se deve considerar feita por conta dos juros, em primeiro lugar, e só depois do capital.

b) O artigo 786.° contém duas presunções de cumprimento importantes: "1. Se o credor der quitação do capital sem reserva dos juros ou de outras prestações acessórias, presume-se que estão pagos os juros ou prestações; 2. Sendo devidos juros ou outras prestações periódicas e dando o credor quitação, sem reserva, de uma dessas prestações, presumem-se realizadas as prestações anteriores".

c) Em matéria de garantia, dispõe o artigo 693.°, n.° 2, que a hipoteca nunca assegura os juros relativos a mais de três anos, ainda que as partes convencionem diversamente; por sua vez, o artigo 734.° estabelece que "o privilégio creditório abrange os juros relativos aos últimos dois anos, se forem devidos".

d) O prazo de prescrição do crédito de juros é de cinco anos –artigo 310.°-*d)*.

Nos contratos de mútuo garantidos com penhor, quando constituam o objecto da actividade profissional de uma pessoa singular ou colectiva, o Decreto-Lei n.° 365/ /99, de 17 de Setembro – que designa essa actividade por prestamista e estabelece o respectivo regime –, determina, no seu artigo 13.°, que "os montantes máximos das taxas de juro remuneratório a cobrar para os mútuos garantidos, quer por ouro, prata e jóias, quer por outras coisas, são estabelecidos por portaria conjunta dos Ministros das Finanças e da Economia", sendo tais taxas "obrigatoriamente reveladas ao interessado antes da celebração do contrato de penhor". De acordo com o artigo 15.°, n.° 1, "os juros vencem-se com a celebração do contrato, sendo exigíveis a partir do 25.° dia da data da celebração ou da sua renovação, salvo se o mutuário proceder à amortização antecipada". "Em caso de mora do mutuário, é aplicada a taxa de juro supletiva legal para dívidas civis, salvo se esta for inferior à taxa de juro remuneratório vigente à data da celebração do contrato", incidindo os juros moratórios apenas sobre o capital em dívida e sendo calculados ao dia, não sendo "permitida a capitalização de juros" – artigo 16.°.

O Decreto-Lei n.° 32/2003, de 17 de Fevereiro, alterado pelo Decreto-Lei n.° 107/ /2005, de 1 de Julho, que transpôs para a ordem jurídica interna a Directiva n.° 2000/35/CE, do Parlamento Europeu e do Conselho, de 29 de Junho, é aplicável a "todos os pagamentos efectuados como remunerações de transacções comerciais", à excepção dos "*a)* [...] contratos celebrados com consumidores; *b)* [...] juros relativos a outros pagamentos que não os efectuados para remunerar transacções comerciais; *c)* [...] pagamentos efectuados a título de indemnização por responsabilidade civil, incluindo os efectuados por companhias de seguros". O n.° 1 do seu artigo 4.° dispõe que "os juros aplicáveis aos atrasos de pagamento das transacções previstas no presente diploma são os estabelecidos no Código Comercial", dizendo o n.° 2 que, "sempre que do contrato não conste a data ou o prazo de pagamento, são devidos juros, os quais se vencem automaticamente, sem necessidade de novo aviso: *a)* 30 dias após a data em que o devedor tiver recebido a factura ou documento equivalente; *b)* 30 dias após a data de recepção efectiva dos bens ou da prestação dos serviços quando a data de recepção da factura ou de documento equivalente seja incerta; *c)* 30 dias após a data de recepção efectiva dos bens ou da prestação dos serviços quando o devedor receba a factura ou e documento equivalente antes do fornecimento dos bens ou da prestação dos serviços; *d)* 30 dias após a data de aceitação quando esteja previsto um processo mediante o qual deva ser determinada a conformidade dos bens ou serviços e o devedor receba a factura ou documento equivalente antes dessa aceitação".

V. *Documento escrito; Juros legais; Anatocismo; Mútuo; Negócio usurário; Garantias reais; Prestação; Imputação do cumprimento; Presunção de cumprimento; Quitação; Prestação periódica; Hipoteca; Privilégio creditório;*

Prescrição; Penhor; Pessoa singular; Pessoa colectiva; Celebração do contrato; Vencimento; Mora; Juros de mora; Transacção; Consumidor; Renovação do contrato; Indemnização; Responsabilidade civil; Prazo da prestação; Compra e venda; Contrato de prestação de serviços; Contrato de fornecimento; Conformidade.

Juros compostos (Dir. Civil) – São os juros de juros ou os juros capitalizados.

Sobre os termos em que a nossa lei permite que os juros produzam juros, v. *Anatocismo*.

V. *Juros*.

Juros compulsórios (Dir. Civil) – O n.° 4 do artigo 829.°-A, C.C., tem o seguinte texto: "Quando for estipulado ou judicialmente determinado qualquer pagamento em dinheiro corrente, são automaticamente devidos juros à taxa de 5% ao ano, desde a data em que a sentença de condenação transitar em julgado, os quais acrescerão aos juros de mora, se estes forem também devidos, ou à indemnização a que houver lugar".

Esta obrigação de pagamento de juros visa, pois, exercer pressão sobre o devedor no sentido de realizar o cumprimento da dívida em que foi condenado.

V. *Juros; Sanção pecuniária compulsória; Sentença; Sentença condenatória; Condenação do réu; Trânsito em julgado; Juros de mora: Indemnização.*

Juros convencionais (Dir. Civil) – V. *Juros; Juros negociais.*

Juros de mora (Dir. Civil) – Sendo a obrigação pecuniária e encontrando-se o devedor em mora, a indemnização devida corresponde aos juros a contar do dia da constituição em mora por parte do devedor, sendo a taxa dos juros moratórios a fixada na lei, excepto quando, já anteriormente à mora, era devido um juro mais elevado ou quando as partes tiverem estipulado um juro moratório diferente.

Se a obrigação pecuniária em mora tiver provindo de responsabilidade por facto ilícito ou pelo risco, a lei permite ao credor exigir, além dos juros moratórios, uma indemnização suplementar correspondente ao dano superior que haja sofrido.

V. artigo 806.°, C.C., na redacção do Decreto-Lei n.° 262/83, de 16 de Junho.

A Portaria n.° 291/2003, de 8 de Abril, fixou a taxa anual dos juros legais em 4%.

Quanto às dívidas "ao Estado e a outras pessoas colectivas públicas que não tenham a forma, natureza ou denominação de empresas públicas [...], provenientes de: *a)* Contribuições, impostos, taxas e outros rendimentos quando pagos depois do prazo de pagamento voluntário, *b)* Alcance, desvios de dinheiro ou outros valores; *c)* Quantias autorizadas e despendidas fora das disposições legais; *d)* Custas contadas em processos de qualquer natureza, incluindo os de quaisquer tribunais ou de serviços da Administração Pública, quando não pagas nos prazos estabelecidos para o seu pagamento", os respectivos juros de mora estão regulados pelo Decreto-Lei n.° 73/99, de 16 de Março (que sofreu uma pequena alteração, irrelevante aliás para o regime aqui referido, operada pelo Decreto-Lei n.° 201/99, de 9 de Junho).

O Acórdão uniformizador de jurisprudência, proferido pelo Supremo Tribunal de Justiça em 9 de Maio de 2002, e publicado no *Diário da República,* I-A série, de 27 de Junho do mesmo ano, veio decidir: "Sempre que a indemnização pecuniária por facto ilícito ou pelo risco tiver sido objecto de cálculo actualizado, nos termos do n.° 2 do artigo 566.° do Código Civil, vence juros de mora, por efeito do disposto nos artigos 805.°, n.° 3 (interpretado restritivamente), e 806.°, n.° 1, também do Código Civil, a partir da decisão actualizadora, e não a partir da citação".

O Decreto-Lei n.° 32/2003, de 17 de Fevereiro, alterado pelo Decreto-Lei n.° 107//2005, de 1 de Julho, transpôs para a ordem jurídica interna a Directiva n.° 2000//35/CE, do Parlamento Europeu e do Conselho, de 29 de Junho, e é aplicável a "todos os pagamentos efectuados como remunerações de transacções comerciais", à excepção dos "*a)* [...] contratos celebrados com consumidores; *b)* [...] juros relativos a outros pagamentos que não os efectuados para remunerar transacções comerciais; *c)* [...] pagamentos efectuados a título de indemnização por responsabilidade civil, incluindo os efectuados por companhias de seguros". O n.° 1 do seu artigo 4.° dispõe que "os juros aplicáveis aos atrasos de pagamento das transacções [aqui previstas] são os estabelecidos no Código Comercial", enunciando o n.° 2 deste artigo os prazos a partir dos quais se vencem tais juros, na falta de convenção diversa, e estabelecendo o respectivo n.° 3 que "o credor pode provar que a mora lhe causou dano superior aos juros referidos no n.° 1 e exigir indemnização suplementar correspondente". O artigo 6.° deste diploma altera o artigo 102.° do Código Comercial, cujo § 3.° passou a ter a seguinte redacção: "Os juros moratórios legais e os estabelecidos sem determinação de taxa ou quantitativo, relativamente aos créditos de que sejam titulares empresas comerciais, singulares ou colectivas, são os fixados em portaria conjunta dos Ministros das Finanças e da Justiça"; o § 4.°estabelece, por sua vez, que "a taxa de juro referida no parágrafo anterior não poderá ser inferior ao valor da taxa de juro aplicada pelo Banco Central Europeu à sua mais recente operação principal de refinanciamento efectuada antes do 1.° dia de Janeiro ou Julho, consoante se esteja, respectivamente, no 1.° ou no 2.° semestre do ano civil, acrescida de 7 pontos percentuais".

V. a Portaria n.° 597/2005, de 19 de Julho, que revogou a Portaria n.° 262/99, de 12 de Abril, a qual estabelecia que, relativamente aos créditos de que fossem titulares empresas comerciais, singulares ou colectivas, a taxa lega de juros moratórios era a taxa de juro aplicada pelo Banco Central Europeu à sua mais recente operação principal de refinanciamento efectuada antes do 1.° dia de Janeiro ou de Julho, consoante se estivesse, respectivamente, no n.° 1.° ou no 2.° semestre do ano civil, acrescida de 7%.

V. *Juros; Obrigação pecuniária; Mora; Responsabilidade civil; Responsabilidade pelo risco; Dano; Juros legais; Pessoa colectiva; Custas; Citação; Transacção; Consumidor; Convenção; Indemnização; Empresa; Pessoa singular; Credor.*

Juros legais (Dir. Civil) – Dizem-se juros legais aqueles que resultam da lei.

O artigo 559.°, n.° 1, C.C., estabelece que "os juros legais e os estipulados sem determinação de taxa ou quantitativo são os fixados em portaria conjunta dos Ministros da Justiça e das Finanças e do Plano", impondo o n.° 2 da mesma disposição que seja feita por escrito a estipulação de juros de taxa superior à dos juros legais, sob pena de se considerarem reduzidos à medida daqueles.

A Portaria n.° 339/87, de 24 de Abril, fixou inicialmente a taxa do juro legal em 15%, tendo a Portaria n.° 1171/95, de 25 de Setembro, vindo a alterá-la para 10%, e a Portaria n.° 263/99, de 12 de Abril, para 7%. A Portaria n.° 291/2003, de 8 de Abril, fixou a taxa anual dos juros legais em 4%.

V. *Juros; Documento escrito.*

Juros moratórios (Dir. Civil) – V. *Juros; Juros de mora.*

Juros negociais (Dir. Civil) – Juros convencionais, voluntários ou negociais são os contratualmente estabelecidos entre as partes.

O n.° 2 do artigo 559.°, C.C., determina que a estipulação de juros a taxa superior à dos juros legais "deve ser feita por escrito, sob pena de serem apenas devidos na medida dos juros legais". Sobre os limites legais à taxa dos juros convencionais, v. *Juros usurários.*

V. *Juros; Juros legais; Forma; Documento escrito.*

Juros remuneratórios (Dir. Civil) – São os juros convencionados como remuneração de um mútuo.

V. *Juros; Mútuo.*

Juros usurários (Dir. Civil) – Os limites estabelecidos pelo artigo 1146.°, C.C., para as taxas de juros no mútuo (e que são as dos juros legais, "acrescidos de 3% ou 5%, conforme exista ou não garantia real") e na cláusula penal moratória (que são "o correspondente a 7% ou 9% acima dos juros legais, conforme exista ou não garantia real") são aplicáveis, por força do artigo 559.°-A, C.C., "a toda a estipulação de juros ou quaisquer outras vantagens em negócios ou actos de concessão, outorga, renovação, desconto ou prorrogação do prazo de pagamento de um crédito e em outros análogos".

Os juros superiores aos legalmente permitidos são qualificados como usurários e são reduzidos ao máximo legalmente autorizado, "ainda que seja outra a vontade dos contraentes".

O n.° 2 do Aviso n.° 3/93, do Banco de Portugal, de 20 de Maio, estabelece que "são livremente estabelecidas pelas instituições de crédito e sociedades financeiras as taxas de juro das suas operações, salvo nos casos em que sejam fixadas por diploma legal", o que representa a liberalização das taxas de juros estipuladas por estas instituições.

V. *Juros; Mútuo; Cláusula penal; Negócio jurídico; Obrigação a prazo; Garantias reais; Juros legais.*

Juros vincendos (Dir. Civil) – Juros que hão-de vencer-se em momento posterior ao que se considera.

V. *Juros; Vincendo.*

Juros voluntários (Dir. Civil) – V. *Juros; Juros negociais.*

"Jus abutendi" (Dir. Civil) – Designação de uma das faculdades inerentes ao direito de propriedade, que se traduz no direito a dispor do bem que é seu objecto, quer consumindo-o, quer alienando-o, quer transformando-o.

V. *Direito de propriedade; "Jus utendi"; "Jus fruendi".*

"Jus cogens" – Expressão latina que designa o conjunto das normas imperativas ou injuntivas, isto é, insusceptíveis de afastamento por convenção das partes.

V. *Norma imperativa; Convenção.*

"Jus delationis" (Dir. Civil) – É o direito potestativo que tem o sucessível de aceitar ou repudiar o direito a suceder, uma vez aberta a sucessão.

V. *Direito potestativo; Sucessão; Sucessível; Aceitação da herança; Repúdio.*

"Jus donatum" (Dir. Civil) – A doutrina usa esta expressão para significar o valor dos bens doados em vida pelo *de cuius* e das despesas sujeitas a colação.

O *jus donatum* ou *donatum* é atendido para efeitos de cálculo da legítima (cfr. artigo 2162.°, C.C.).

V. *Doação; "De cuius"; Legítima; Colação.*

"Jus fruendi" (Dir. Civil) – Faculdade, inerente ao direito de propriedade, de retirar da coisa os frutos, proveitos ou rendimentos que ela é susceptível de proporcionar.

V. *Direito de propriedade; Frutos; "Jus utendi"; "Jus abutendi".*

"Jus in re aliena" (Dir. Civil) – Expressão latina que significa que alguém é titular de um direito real sobre coisa alheia: sempre que alguém tem um direito real sobre um bem cuja propriedade pertence a outrem (por exemplo, hipoteca ou usufruto), estamos perante uma situação de *jus in re aliena.*

V. *Direito real; Direito real menor; Direito de propriedade; Hipoteca; Usufruto.*

"Jus relictum" (Dir. Civil) – Expressão usada pela doutrina para designar os bens existentes à data da morte do *de cuius* e que integram o património hereditário.

V. *Sucessão; "De cuius".*

"Jus sanguinis"

O *jus sanguinis* é um dos critérios jurídicos usados para determinar a nacionalidade de uma pessoa singular: quando, numa ordem jurídica, é este o critério adoptado, tal significa que as pessoas se consideram nacionais do Estado da nacionalidade dos respectivos pais.

Nos termos do artigo 1.°, n.° 1-*a)* a *c)*, da Lei da Nacionalidade (Lei n.° 37/81, de 3 de Outubro, alterada pela Lei n.° 25/94, de 19 de Agosto, pelos Decretos-Leis n.°s 22-A/2001, de 14 de Dezembro, 194/2003, de 23 de Agosto de 2003, e pelas Leis Orgânicas n.°s 1/2004, de 15 de Janeiro, e 2/2006, de 17 de Abril), são portugueses de origem "os filhos de mãe portuguesa ou de pai português nascidos no território português; [...] os filhos de mãe portuguesa ou de pai português nascidos no estrangeiro se o progenitor português aí se encontrar ao serviço do Estado Português; [...] os filhos de mãe portuguesa ou de pai português nascidos no estrangeiro se tiverem o seu nascimento inscrito no registo civil português ou se declararem que querem ser portugueses".

Esta solução resulta, pois, do *jus sanguinis.*

V. *Cidadania; Pessoa singular; "Jus soli"; Registo civil.*

"Jus soli" – Constitui um dos critérios em função dos quais se determina a nacionalidade de uma pessoa singular: esta é a do local onde a pessoa nascer.

Nos termos do artigo 1.°, n.° 1-*d)* a *f)*, da Lei da Nacionalidade (Lei n.° 37/81, de 3 de Outubro, alterada pela Lei n.° 25/94, de 19 de Agosto, pelos Decretos-Leis n.°s 22-A/2001, de 14 de Dezembro, 194/2003, de 23 de Agosto de 2003, e pelas Leis Orgânicas n.°s 1/2004, de 15 de Janeiro, e 2/2006, de 17 de Abril), são portugueses de origem "os indivíduos nascidos no território português, filhos de estrangeiros, se pelo menos um dos progenitores também aqui tiver nascido e aqui tiver residência, independentemente de título, ao tempo do nascimento; [...] os indivíduos nascidos no território português, filhos de estrangeiros que não se encontrem ao serviço do respectivo Estado, se declararem que querem ser portugueses e desde que, no momento do nascimento, um dos progenitores aqui resida legalmente há pelo menos cinco anos; [...] os indivíduos nascidos no território português e que não possuam outra nacionalidade"; acrescenta o n.° 2 da mesma disposição que se presumem "nascidos no território português, salvo prova em contrário, os recém-nascidos que aqui tenham sido expostos".

Esta solução resulta do *jus soli*, pelo que se pode concluir que o critério para a definição da nacionalidade portuguesa é um critério misto.

V. *Cidadania; Pessoa singular; Estrangeiros; Residência; Presunção; "Jus sanguinis".*

Justa causa (Dir. Civil) – Conceito indeterminado utilizado frequentemente pela lei, em especial como fundamento da resolução de um contrato ou da cessação de uma função.

Quando, nos termos da lei ou de convenção, um contrato possa ser resolvido com justa causa, tal significa qualquer facto susceptível de pôr em risco a continuação da relação contratual ou a obtenção do fim contratual, tanto podendo consubstanciar-se numa conduta da contraparte como num facto alheio às partes; as mais das vezes, porém, a justa causa consiste num comportamento da outra parte, violador dos deveres contratuais, que torna intolerável e inexigível para o adimplente a manutenção da relação contratual.

Assim, quando, por exemplo, o artigo 1140.°, C.C., diz que, "não obstante a existência de prazo, o comodante pode resolver o contrato, se para isso tiver justa causa", esta última tanto pode traduzir-se numa conduta intolerável do comodatário na utilização do bem comodatado como na necessidade urgente e imprevista que o comodante venha a ter do bem.

Por exemplo, o artigo 56.°, n.° 1, do Código da Insolvência e da Recuperação de Empresas, aprovado pelo Decreto-Lei n.° 53/2004, de 18 de Março, alterado pelos Decretos-Leis n.°s 200/2004, de 18 de Agosto, e 76-A/2006, de 29 de Março (rectificado pela Declaração de rectificação n.° 28-A/2006, de 26 de Maio), dispõe que "o juiz pode, a todo o tempo, destituir o administrador da insolvência e substitui-lo por outro, se [...] fundadamente considerar existir justa causa".

V. *Conceito indeterminado; Contrato; Resolução do contrato; Convenção; Comodato; Comodante; Comodatário; Insolvência; Recuperação de empresas; Administrador da insolvência.*

Justiça privada (Proc. Civil; Dir. Civil) – O artigo 1.°, C.P.C., proíbe, como regra, a justiça privada: "a ninguém é lícito o recurso à força com o fim de realizar ou assegurar o próprio direito, salvo nos casos e dentro dos limites declarados na lei".

Os casos em que a lei prevê que o titular de um direito possa assegurá-lo ou realizá-lo sem recurso aos tribunais ou às autoridades públicas são, fundamentalmente, a acção directa, a legítima defesa e o estado de necessidade, bem como o direito de resistência, este último consagrado no artigo 21.° da Constituição.

V. *Direito subjectivo; Acção directa; Legítima defesa; Estado de necessidade; Direito de resistência.*

Justificação da ausência (Dir. Civil; Proc. Civil) – O artigo 99.°, C.C., dispõe que, "decorridos dois anos sem se saber do ausente, se este não tiver deixado representante legal nem procurador bastante, ou cinco anos, no caso contrário, pode o Ministério Público ou algum dos interessados requerer a justificação da ausência".

Justificação da ausência significa a sua declaração judicial, sendo o respectivo processo regulado pelos artigos 1103.° e segs., C.P.C., tendo os artigos 1104.°, 1108.° e 1112.° a redacção do Decreto-Lei n.° 329-A/95, de 12 de Dezembro, que também revogou os artigos 1115.° a 1117.°, e o artigo 1113.° a redacção do Decreto-Lei n.° 38/ /2003, de 8 de Março.

Neste processo, o tribunal verifica do preenchimento dos requisitos da justificação da ausência, concluindo por uma sentença que, sendo declarativa da ausência, só produz efeitos decorridos "quatro meses sobre a sua publicação por edital afixado na porta da sede da Junta de Freguesia do último domicílio do ausente e por anúncio inserto num dos jornais mais lidos da comarca a que essa freguesia pertença e também num dos jornais de Lisboa ou do Porto, que aí sejam mais lidos".

Decorrido este prazo de quatro meses, inicia-se o processo de inventário e de partilha dos bens, que são distribuídos pelas pessoas que seriam os sucessores do ausente, caso ele tivesse falecido; tais pessoas recebem, porém, os bens como curadores definitivos e não como proprietários.

A situação de ausência justificada e a correlativa curadoria definitiva terminam nos termos dos artigos 112.° e 113.°, C.C., isto é, designadamente, pelo regresso do ausente ou pela existência de notícia do seu paradeiro, pela sua morte ou pela declaração de morte presumida. Quando a cessação da situação tenha por fundamento o regresso do ausente, os bens ser-lhe-ão entregues logo que ele o requeira.

V. *Ausência; Representação legal; Procurador; Ministério Público; Interessados; Sentença; Edital; Domicílio; Anúncio público; Comarca; Inventário; Partilha; Paradeiro; Morte presumida.*

Justificação da qualidade de herdeiro (Proc. Civil) – Apesar da revogação dos artigos 1115.° e 1116.°, C.P.C., pelo Decreto-Lei n.° 329-A/95, de 12 de Dezembro, deve continuar a entender-se que, independentemente de estar em curso qualquer acção judicial, pode uma pessoa habilitar-se judicialmente como sucessora de outra falecida, seguindo o processo a forma comum.

O tribunal competente para esta acção é o do lugar da abertura da sucessão – artigo 77.°, C.P.C..

V. *Herdeiro; Habilitação; Processo comum; Competência; Competência em razão do território; Abertura da sucessão.*

Justificação de falta (Proc. Civil) – A regra geral, em processo cível, é a de que "a falta de qualquer pessoa que deva comparecer [à audiência] será justificada na própria audiência ou nos 5 dias imediatos, salvo tratando-se de pessoa de cuja audição prescinda a parte que a indicou".

V. artigo 651.°, n.° 6, C.P.C., tendo em conta a numeração dada ao artigo pelo Decreto-Lei n.° 183/2000, de 10 de Agosto.

Nos processos que correm nos julgados de paz, previstos e regulados pela Lei n.° 78/2001, de 13 de Julho, "se uma das partes não comparecer à sessão de pré-mediação [...], não apresentando justificação no prazo de cinco dias, o processo é remetido à secretaria para marcação da data de audiência de julgamento"; "compete à secretaria marcar, sem possibilidade de adiamento, nova data para a pré-mediação [...], dentro dos cinco dias seguintes à apresentação da justificação" (artigo 54.°).

V. *Audiência; Processo civil; Falta; Parte; Julgado de paz; Pré-mediação; Secretaria judicial; Audiência.*

Justificação do facto (Dir. Civil) – V. *Causas justificativas.*

Justificação judicial (Proc. Civil; Dir. Civil) – V. *Processo de justificação judicial.*

Justo impedimento (Proc. Civil) – Existindo um prazo judicial peremptório para a prática de um acto processual, o seu decurso extingue, em princípio, o direito a praticá-lo.

No entanto, a lei ressalva a hipótese de a parte ter sido impedida de o fazer por qualquer acontecimento imprevisível e alheio à sua vontade, caso em que o alegará e apresentará a respectiva prova.

O juiz apreciará a justificação e a prova, ouvirá a parte contrária e, entendendo que houve impedimento justificativo e que a parte se apresentou logo que aquele cessou, admiti-la-á a praticar o acto.

Se o facto que constitui justo impedimento é notório e é "previsível a impossibilidade da prática do acto dentro do prazo", a verificação do impedimento é do conhecimento oficioso do tribunal – esta a regra consagrada pelo n.° 3 do artigo 146.°, C.P.C., aditado pelo Decreto-Lei n.° 125/98, de 12 Maio, diploma a que foi atribuída eficácia retroactiva, a fim de o tornar aplicável a um período de greve dos funcionários judiciais, que motivou a sua publicação.

V. artigos 145.°, n.°s 3 e 4, e 146.° do C.P.C..

O Acórdão para uniformização de jurisprudência do Supremo Tribunal de Justiça de 10 de Outubro de 1996, publicado no *Diário da República*, I-A série, de 2 de Novembro do mesmo ano, veio entender o seguinte: "A tolerância de ponto não se integra no conceito de feriado". A doutrina deste acórdão perdeu interesse, dado que o artigo 145.°, C.P.C., foi alterado pelo Decreto-Lei n.° 329-A/95, de 12 de Dezembro, estabelecendo o n.° 3 que os tribunais se consideram encerrados, para efeitos da prática de acto processual no último dia previsto, quando for concedida tolerância de ponto.

V. *Prazo judicial; Actos processuais; Prova; Facto notório; Conhecimento oficioso; Feriado; Tolerância de ponto.*

Justo título (Dir. Civil) – Diz-se justo título qualquer modo legítimo de adquirir, independentemente do direito do transmitente ou da validade substancial do negócio jurídico: o que é essencial é que se tenha preenchido uma categoria abstracta legalmente prevista como modo de aquisição.

Assim, determina o artigo 1259.°, C.C., que a posse se diz titulada quando "fundada em qualquer modo legítimo de adquirir, independentemente, quer do direito do transmitente, quer da validade substancial do negócio jurídico". Existindo título aquisitivo e registo dele, o direito adquire-se por usucapião decorridos dez anos desde a data do registo, se a posse for de boa fé, e, sendo esta de má fé, desde que haja durado quinze anos a contar da mesma data (v. artigo 1294.°, C.C.).

V. *Direito subjectivo; Negócio jurídico; Validade; Posse; Usucapião; Registo.*

"Jus utendi" (Dir. Civil) – É a faculdade, inerente à propriedade, que se traduz no poder de dar ao bem qualquer uso a que ele se preste.

V. *Direito de propriedade; "Jus fruendi"; "Jus abutendi".*

"Jus utendi, jus fruendi, jus abutendi" (Dir. Civil) – *Jus utendi* (direito de utilizar a coisa), *jus fruendi* (direito de perceber os frutos da coisa) e *jus abutendi* (direito de dispor da coisa, quer consumindo-a quer alienando-a) são expressões latinas enunciativas dos direitos ou faculdades que tem o proprietário de uma coisa sobre ela.

V. artigo 1305.°, C.C..

V. *Direito de propriedade; Frutos; Alienação.*

L

Lacunas (Dir. Civil)

1. A expressão lacunas da lei ou, com mais propriedade, lacunas da ordem jurídica designa as situações que a lei ou uma norma jurídica não legal não prevê e, consequentemente, não regula, ou aquelas que, estando previstas, não têm regime jurídico.

Para se chegar à identificação de uma lacuna, é forçoso um prévio trabalho de interpretação, pois, se, designadamente, a situação couber na previsão de uma norma interpretada extensivamente, não há qualquer lacuna a integrar; por outro lado, das lacunas há que distinguir as situações que o direito não regula por se encontrarem fora do seu âmbito, isto é, as situações extra-jurídicas.

Lacunas são, pois, os casos omissos na disciplina jurídica que devem ser juridicamente regulados (cfr. artigo 3.°, n.° 2, da Lei n.° 21/85, de 30 de Julho, alterada pelo Decreto-Lei n.° 342/88, de 28 de Setembro, pelas Leis n.°s 2/90, de 20 de Janeiro, 10/94, de 5 de Maio, 44/96, de 3 de Setembro, 81/98, de 3 de Dezembro, e 143/99, de 31 de Agosto, 3-B/2000, de 4 de Abril, e 42/2005, de 29 de Agosto – Estatuto dos Magistrados Judiciais).

Dentro das lacunas, é possível distinguir as de previsão – que são as mais vulgares e que se traduzem em uma situação, que carece de regulação jurídica, não se encontrar prevista em qualquer norma – das de estatuição – a hipótese encontra-se normativamente prevista, mas não foi para ela definido qualquer regime.

O artigo 10.°, C.C., determina que as lacunas sejam integradas pelo recurso à analogia, isto é, pela norma jurídica existente no sistema e aplicável aos casos análogos; quando não se encontre caso análogo, "a situação é resolvida segundo a norma que o próprio intérprete criaria se houvesse de legislar dentro do espírito do sistema" – artigo 10.°, n.° 3, C.C..

V. *Norma jurídica; Interpretação da lei; Estatuição; Analogia.*

2. As questões omissas num negócio jurídico devem, quando a lei nada preveja especialmente, ser integradas de acordo com o que as partes teriam disposto se houvessem previsto a lacuna ou com o que resultar dos princípios da boa fé, se esta última solução for diversa (artigo 239.°, C.C.).

Para se aplicarem as regras que se deixaram enunciadas, é necessário que o negócio não regule aspectos que carecem de regulação e não exista regime legal supletivo que lhes seja aplicável.

V. *Negócio jurídico; Boa fé; Vontade hipotética; Norma supletiva.*

Lacunas de colisão – Designam alguns autores por lacunas de colisão aquelas que resultam da absoluta contraditoriedade de dois preceitos legais: quando isto se verifica (o que será raro), sendo impossível aplicar qualquer das normas, tal inaplicação cria um espaço jurídico lacunoso, isto é, para o qual não há norma.

V. *Lacunas; Norma jurídica.*

Lagoas (Dir. Civil) – Designação habitualmente dada a lagos de dimensões reduzidas e cujo regime é o mesmo dos lagos.

V. *Lagos.*

Lagos (Dir. Civil) – Um lago é um reservatório natural, ocupado por águas superficiais, provenientes de nascentes, das chuvas ou do extravasamento de correntes fluviais.

Os lagos são públicos, salvo se se encontrarem dentro de um prédio particular e não forem alimentados por corrente pública (artigo 1386.°, n.° 1-*c)*, C.C.); quando forem particulares, é-lhes aplicável o regime das águas particulares superficiais, por determinação do artigo 1393.°, C.C..

V. a Convenção sobre a Protecção e a Utilização dos Cursos de Água Transfronteiriços e dos Lagos Internacionais, concluída em Helsínquia a 17 de Março de 1992, a que Portugal aderiu e cujo instrumento de confirmação e ratificação foi depositado em 24 de Outubro de 1994, segundo aviso publicado no *Diário da República*, I-A série, de 9 de Fevereiro de 1995.

V. *Águas; Nascentes.*

Lanço (Proc. Civil) – Oferta de um preço para a compra de um determinado bem, no decurso de uma licitação.

V. *Licitação; Leilão.*

"Lapsus calami" (Dir. Civil) – Erro material de escrita que resulta ostensivo a qualquer declaratário como um mero lapso.

O artigo 249.°, C.C., dispõe que o simples erro de escrita, "revelado no próprio contexto da declaração ou através das circunstâncias em que a declaração é feita, apenas dá direito à rectificação desta".

V. *Erro; Declaração negocial; Declaratário.*

"Lapsus linguae" (Dir. Civil; Proc. Civil) – Designa-se assim o erro cometido na declaração verbal, consubstanciado na involuntária substituição da palavra ou expressão que queria dizer-se por outra, quando é patente para o declaratário que se tratou de um puro lapso. O lapso é juridicamente irrelevante, valendo a declaração com o conteúdo que deveria ter.

V. *Declaração negocial; Declaratário; Erro.*

Lar conjugal (Dir. Civil) – É o local em que habitualmente vivem em conjunto os cônjuges, a casa de morada ou residência da família, onde, dado o dever conjugal de coabitação, ambos os cônjuges devem morar. O abandono do lar conjugal por um dos cônjuges por um período de três anos consecutivos (eram seis, na versão legal anterior), bem como esse abandono por um período de dois anos (eram quatro, na versão legal anterior) sem notícias constituem fundamentos de separação judicial de pessoas e bens ou de divórcio litigiosos, desde que não haja, por parte de ambos os cônjuges ou de um deles, o propósito de restabelecer a vida em comum (v. artigos 1781.°-*a)* e *d)* – na redacção da Lei n.° 47/ /98, de 10 de Agosto –, 1782.°, n.° 1, e 1794.°, todos do C.C.).

V. *Casa de morada da família; Deveres conjugais; Coabitação; Abandono do lar conjugal; Ausência; Separação de facto; Divórcio; Separação judicial de pessoas e bens.*

Lares de internamento (Org. Judiciária) – V. *Centro educativo; Internamento.*

Lares de semi-internato (Org. Judiciária) – Designavam-se assim os estabelecimentos tutelares de menores, destinados a promover a readaptação social dos menores aí colocados pelo tribunal, através da sua permanência "numa comunidade de tipo familiar". Os menores, que eram "submetidos a um regime discreto de disciplina e vigilância destinado a estimular quanto possível a capacidade para se regerem a si próprios", deviam exercer regularmente uma actividade escolar ou profissional.

A colocação do menor em lar de semi-internato era uma medida tutelar, prevista e regulada na antiga O.T.M. – Decreto-Lei n.° 314/78, de 19 de Novembro (artigos 18.°-*i)* e 113.° a 119.°), hoje em grande parte revogada e substituída pela Lei Tutelar Educativa.

V. *Menor; Estabelecimentos tutelares de menores; Medida tutelar.*

Lares de transição (Org. Judiciária) – Na dependência dos institutos médico-psicológicos ou dos estabelecimentos de reeducação – ou ainda autonomamente – funcionavam os chamados lares de transição, que eram estabelecimentos tutelares de menores destinados "a assegurar a transição do internato para a vida normal, pela readaptação progressiva dos menores a condições comuns de vida e de trabalho". Os artigos 120.° e segs. da antiga O.T.M. foram revogados, como a quase totalidade do diploma, substituído pela Lei Tutelar Educativa.

V. *Menor; Centro educativo.*

Lares residenciais (Org. Judiciária) – Eram estabelecimentos tutelares de menores abertos, "destinados a receber menores em regime de pós-cura ou que, por quaisquer circunstâncias, necessitassem temporariamente de protecção dos serviços tutelares de menores", orientando a sua acção no sentido da autonomia dos menores e da sua integração no meio social, e em que excepcionalmente poderiam ser admitidos jovens com mais de 18 anos.

Os. artigos 123.° e segs. da antiga O.T.M. foram revogados, como a quase totalidade do diploma, entretanto substituído pela Lei Tutelar Educativa.

V. *Menor; Centro educativo.*

"Lato sensu" – Expressão que significa em sentido lato. Refere a interpretação extensiva de uma disposição legal, convencional ou de uma palavra.

V. *"Stricto sensu"; Interpretação da lei; Interpretação extensiva; Interpretação do negócio jurídico.*

Laudémio (Dir. Civil) – Era a prestação pecuniária devida ao titular do domínio directo, pelo enfiteuta, pela transmissão do prazo por acto oneroso entre vivos. O artigo 1500.°, C.C., proibia a convenção de laudémios para o futuro, determinando o artigo 1517.°, n.° 1, que "o laudémio relativo aos emprazamentos ou subemprazamentos anteriores a 22 de Março de 1868 é substituído, independentemente de nova convenção ou notificação, por uma prestação anual em dinheiro correspondente à vigésima parte do seu valor à data da entrada em vigor deste Código; a prestação é integrada no foro e como tal considerada para todos os efeitos legais".

Todo o regime da enfiteuse foi revogado pelo Decreto-Lei n.° 195-A/76, de 16 de Março (cuja redacção foi alterada pelas Leis n.°s 22/87 e 108/97, respectivamente de 24 de Junho e de 16 de Setembro), quanto a prédios rústicos, e pelo Decreto-Lei n.° 233/76, de 2 de Abril (cuja redacção foi alterada, pela última vez, pelo Decreto-Lei n.° 335/84, de 18 de Outubro), quanto a prédios urbanos.

V. *Enfiteuse; Foro; Acto oneroso; Acto entre vivos; Prédio rústico; Prédio urbano.*

"Leasing" (Dir. Civil; Dir. Com.) – V. *Locação financeira.*

Legado (Dir. Civil) – Bem ou valor determinado atribuído na sucessão a uma pessoa. É também legado um complexo de bens, desde que perfeitamente definido na sua composição e limites – por exemplo, uma biblioteca, todos os prédios... V. artigo 2030.°, n.° 2, C.C..

Para que os bens se possam considerar determinados – isto é, para que a sua atribuição sucessória seja qualificável como legado –, basta que, no momento da morte do *de cuius*, sejam determináveis. Importa, entretanto, ter em atenção a disposição do n.° 4 do artigo 2030.°, C.C., que qualifica como legatário o usufrutuário instituído *mortis causa*, ainda que o seu direito incida sobre todo o património.

Os legados são de natureza testamentária, não sendo, porém, lícito ao testador qualificar como legado a deixa que, nos termos da lei, constitua herança (artigo 2030.°, n.° 5, C.C.). Havia, na redacção primitiva do Código Civil, um caso de legado legítimo: o usufruto vitalício da herança atribuído ao cônjuge, quando a sucessão era deferida aos irmãos ou seus descendentes como herdeiros legítimos.

O autor da sucessão pode deixar um legado a um herdeiro legitimário em substituição da legítima, ou um legado por conta da legítima.

Aos legados são aplicáveis as regras sobre aceitação e repúdio da herança. O artigo 2250.°, C.C., estabelece que o legatário não pode aceitar um legado em parte, repudiando-o noutra parte, podendo, no entanto, em princípio, aceitar um legado e repudiar outro, ou, se for simultaneamente herdeiro e legatário, aceitar a herança e repudiar o legado ou vice-versa.

A responsabilidade do legatário pelo cumprimento dos encargos impostos pelo *de cuius*, tal como a do herdeiro, é restrita ao valor da coisa legada; no caso de toda a herança ser distribuída em legados, os encargos da herança são suportados por todos os legatários na proporção do valor dos respectivos legados, excepto se o testador tiver estipulado diversamente.

O artigo 2278.°, C.C., determina que, não sendo os bens da herança suficientes para cobrir os legados, estes sejam pagos rateadamente, exceptuando-se desta regra os legados remuneratórios, que devem ser considerados como dívidas da herança.

Neste caso de distribuição da totalidade da herança em legados, servirá de cabeça-de-casal o legatário mais beneficiado, preferindo, em igualdade de circunstâncias, o mais velho (v. artigo 2081.°, C.C.).

V. artigos 2249.° e segs., C.C..

V. *Sucessão; "De cuius"; Usufruto; Património; Testamento; Deixa; Herança; Descendente; Herdeiro legítimo; Autor da sucessão; Herdeiro legitimário; Legítima; Legado em substituição da legítima; Legado por conta da legítima; Aceitação da herança; Repúdio; "Intra vires hereditatis"; Encargos da herança; Legado remuneratório; Cabeça-de-casal.*

Legado de coisa genérica (Dir. Civil) – O artigo 2253.°, C.C., admite a validade do "legado de coisa indeterminada de certo género, ainda que nenhuma coisa deste género se encontrasse no património do testador à data do testamento e nenhuma aí se encontre à data da sua morte", salvo se o testador declarar que a coisa ou o género existe no seu património, caso em que, "se assim não suceder ao tempo da sua morte, é nulo o legado"; se a coisa ou género aí se encontrar, "mas não na quantidade legada, haverá o legatário o que existir" – v. também artigo 2254.°.

Por seu lado, o artigo 2266.°, C.C., dispõe que, "quando o legado for de coisa indeterminada pertencente a certo género, cabe a escolha dela a quem deva prestá-la, excepto se o testador tiver atribuído a escolha ao próprio legatário ou a terceiro", devendo a escolha recair sobre coisas existentes na herança, salvo diversa disposição do testador ou se nenhuma coisa do género for encontrada, sendo o legado válido; "se a escolha pertencer ao sucessor onerado ou ao legatário, e um ou outro falecer sem a ter efectuado, transmite-se esse direito aos seus herdeiros" – artigo 2268.°, C.C..

V. *Legado; Coisa fungível; Obrigação genérica; Testamento; Nulidade; Herança; Herdeiro.*

Legado de crédito (Dir. Civil) – O legado de um crédito produz efeitos apenas em relação à parte que dele subsista no momento da morte do *de cuius*. O cumprimento do legado pelo herdeiro, neste caso, considera-se realizado com a entrega ao legatário do título respeitante ao crédito.

V. artigo 2261.°, C.C..

Se o *de cuius* tiver legado a totalidade dos seus créditos, entender-se-á que só estão abrangidos os créditos em dinheiro – excluindo-se os depósitos bancários e os títulos ao portador ou nominativos –, se o testador nada tiver especificado ou se houver dúvidas quanto à sua vontade.

V. artigo 2262.°, C.C..

V. *Legado; Crédito; "De cuius"; Herdeiro.*

Legado de usufruto (Dir. Civil) – Diz o artigo 2258.°, C.C., que "a deixa de usufruto, na falta de indicação em contrário, considera-se feita vitaliciamente; se o beneficiário for uma pessoa colectiva, terá a duração de trinta anos".

V. *Legado; Deixa; Usufruto; Pessoa colectiva.*

Legado em substituição da legítima (Dir. Civil) – Se o *de cuius* deixar ao herdeiro legitimário um legado em substituição da legítima e este o aceitar, perde em consequência o direito à legítima; se, ao contrário, aceitar a legítima, perde o direito ao legado.

"O legado deixado em substituição da legítima é imputado na quota indisponível do autor da sucessão; mas, se exceder o valor da legítima do herdeiro, é imputado, pelo excesso, na quota disponível".

V. artigo 2165.°, C.C..

V. *Legado; "De cuius"; Herdeiro legitimário; Legítima; Quota disponível.*

Legado legítimo (Dir. Civil) – Existe quando a lei estabelece, a favor de certo sujeito, a sucessão singular em determinado direito do *de cuius*. O usufruto vitalício da herança atribuído ao cônjuge sobrevivo, quando a sucessão era deferida aos irmãos e respectivos descendentes, na redacção originária do Código Civil, constituía um caso de legado legítimo, actualmente suprimido.

V. *Legado; "De cuius"; Usufruto; Herança; Descendente.*

Legado pio (Dir. Civil) – Designa-se assim aquele que o testador instituiu para a criação, manutenção ou desenvolvimento de obras de assistência, previdência, educação ou outras análogas.

Dispõe o artigo 2280.°, C.C., que "os legados pios são regulados por legislação especial". V. Decretos-Leis n.°s 39 449 e 39 450, ambos de 24 de Novembro de 1953, o primeiro alterado pelo Decreto-Lei n.° 43 209, de 10 de Outubro de 1960.

V. *Legado; Testamento.*

Legado por conta da legítima (Dir. Civil) - Existe quando o *de cuius* compõe, no todo ou em parte, o quinhão de um herdeiro legitimário através de legados. Estando vedado ao autor da sucessão designar os bens que devam preencher a legítima, contra a vontade do herdeiro (artigo 2163.°, C.C.), é pois livre o herdeiro de aceitar o ou os legados por conta da sua legítima e, se o/os aceitar e este ou estes forem insuficientes para a preencher, tem direito ao seu completamento com bens da herança.

V. *Legado; "De cuius"; Quinhão; Herdeiro legitimário; Legítima; Autor da sucessão; Herança.*

Legado remuneratório (Dir. Civil) – O legado qualifica-se como remuneratório quando vise remunerar serviços recebidos pelo testador que não tivessem a natureza de dívida exigível.

A lei estabelece um regime especial para as deixas remuneratórias no que respeita à redução de liberalidades inoficiosas.

Pelo que toca especificamente aos legados remuneratórios, a lei excepciona-os da nulidade com que comina as disposições testamentárias a favor do médico ou do enfermeiro que tratar o testador ou do sacerdote que lhe prestar assistência espiritual (v. artigos 2194.° e 2195.°-*a*), C.C.), e determina que, sendo a herança toda distribuída em legados e não sendo o seu valor suficiente para o cumprimento de todos eles, se devam considerar, para efeitos de cumprimento, os legados remuneratórios como dívidas da herança, a cumprir com preferência sobre os outros, portanto (v. artigo 2278.°, C.C.).

V. *Legado; Testamento; Liberalidades inoficiosas; Nulidade; Encargos da herança.*

Legados alternativos (Dir. Civil) - "Os legados alternativos estão sujeitos ao regime, devidamente adaptado, das obrigações alternativas" - artigo 2267.°, C.C.; o artigo 2268.°, C.C., estabelece que, "[...] no legado alternativo, se a escolha pertencer ao sucessor onerado ou ao legatário, e um ou outro falecer sem a ter efectuado, transmite-se esse direito aos seus herdeiros".

V. *Legado; Obrigação alternativa; Herdeiro.*

Legalização de documento (Dir. Civil; Proc. Civil) – Pode falar-se de legalização de documento para referir o reconhecimento notarial da letra e assinatura de um documento particular (cfr. artigos 374.° a 377.°, C.C.).

Em sentido próprio, porém, utiliza-se a expressão para significar a legalização de documento passado em país estrangeiro, necessária quando "houver fundadas dúvidas acerca da sua autenticidade ou da autenticidade do reconhecimento" (artigo 365.°, n.° 2, C.C.).

Tendo sido o documento passado no estrangeiro em conformidade com a lei local e não havendo dúvidas sobre a sua autenticidade, pode ele ser admitido a instruir actos notariais independentemente de prévia legalização (cfr. artigo 44.° do Código do Notariado).

A Convenção Relativa à Supressão da Exigência de Legalização dos Actos Públicos Estrangeiros (Convenção da Haia de 5 de Outubro de 1961), aprovada, para ratificação, pelo Decreto-Lei n.° 48 450, de 24 de Junho de 1968, veio dispensar a legalização de vários actos públicos estrangeiros, bastando, quanto a eles, a aposição de uma apostilha pelas entidades determinadas por cada Estado contratante. As entidades portuguesas competentes para emitir a apostilha são a Procuradoria-Geral da República e as procuradorias-gerais distritais, conforme aviso publicado no *Diário do Governo*, 1.ª Série, de 2 de Abril de 1969.

V. a Convenção Europeia sobre a Supressão da Legalização dos Actos Exarados pelos Agentes Diplomáticos e Consulares, aprovada para ratificação pelo Decreto n.° 99/82, de 26 de Agosto (tendo Portugal depositado o respectivo instrumento de ratificação, segundo aviso publicado no *Diário da República*, I série, de 19 de Janeiro de 1983).

V. também a Convenção Relativa à Dispensa de Legalização para certas Certidões de Registo Civil e Documentos, assinada em Atenas em 15 de Setembro de 1977, e aprovada, para ratificação, pelo Decreto n.º 135/82, de 20 de Dezembro (tendo Portugal depositado o respectivo instrumento de ratificação segundo aviso publicado no *Diário da República*, I série, de 28 de Dezembro de 1984).

V. *Documento; Documento particular; Reconhecimento de letra e assinatura; Documento passado em país estrangeiro; Registo civil; Certidão.*

Legatário (Dir. Civil) – Legatário é o sucessor *mortis causa* que adquire bens ou valores determinados. O usufrutuário, ainda que o seu direito incida sobre a totalidade do património, é sempre considerado legatário. V. artigo 2030.º, C.C..

O artigo 102.º, C.C., dispõe que "os legatários, como todos aqueles que por morte do ausente teriam direito a bens determinados, podem requerer, logo que a ausência esteja justificada, independentemente da partilha, que esses bens lhes sejam entregues".

V. *Legado; Usufruto; Ausência; Justificação da ausência; Partilha.*

"Leges imperfectae" – V. *Lei imperfeita.*

"Leges minus quam perfectae" – V. *Lei menos que perfeita.*

"Leges perfectae" – V. *Lei perfeita.*

"Leges plus quam perfectae" – V. *Lei mais que perfeita.*

Legítima (Dir. Civil) – Porção do património de uma pessoa de que ela não pode dispor por doação ou testamento, por ser legalmente destinada aos seus herdeiros legitimários: esta é a *legítima objectiva* ou *quota indisponível*.

A *legítima subjectiva* constitui a fracção ou parcela da legítima objectiva que cabe a cada sucessível legitimário.

Os artigos 2158.º a 2161.º, C.C., contêm critérios de determinação do valor da legítima dos vários herdeiros legitimários: assim, a legítima do cônjuge é de metade da herança, se não concorrer com descendentes ou ascendentes, sendo a legítima do cônjuge e dos filhos de dois terços; a legítima dos filhos, não havendo cônjuge sobrevivo, é de metade da herança se existir um único, e de dois terços se existirem dois ou mais; a legítima dos descendentes do segundo grau e seguintes é a que caberia ao seu ascendente; a legítima do cônjuge e ascendentes, em caso de concurso, é de dois terços da herança e, no caso de não haver cônjuge nem descendentes, a legítima dos ascendentes é de metade ou de um terço da herança, conforme se trate dos pais ou dos ascendentes do 2.º grau e seguintes.

A legítima é calculada atendendo ao valor dos bens existentes no património do *de cuius* à data da morte (*jus relictum*) e ao dos bens doados (exceptuando os bens que tiverem perecido em vida do *de cuius*, por causa não imputável ao donatário, de acordo com o artigo 2112.º C.C.), às despesas sujeitas à colação (*jus donatum*) e às dívidas da herança – v. artigo 2162.º, C.C..

O *de cuius* pode deixar ao herdeiro legitimário um legado em substituição da legítima: a aceitação do legado implica a perda do direito à legítima e, inversamente, a aceitação da legítima implica a perda do direito ao legado. Pode ainda o *de cuius* deixar ao herdeiro legitimário um legado por conta da legítima, caso em que, aceite o legado e sendo os bens que o integram insuficientes para compor a sua legítima, pode o herdeiro exigir o que falta para perfazer a mesma.

O *de cuius* tem os seus direitos de disposição muito limitados em relação à legítima, não podendo impor encargos sobre ela, nem determinar os bens que a hão-de preencher (a menos que o herdeiro se não oponha), não podendo, em princípio, deserdar o herdeiro legitimário, a não ser que se verifique um dos factos constantes do artigo 2166.º, C.C., que constituem causa justificativa de deserdação. V. artigo 2163.º, C.C..

V. *Herdeiro legitimário; Doação; Testamento; Sucessível; Quota disponível; Descendente; Ascendente; Grau de parentesco; Culpa; Colação; Encargos da herança; Liberalidades inoficiosas; Legado em substituição da legítima; Legado por conta da legítima; Deserdação.*

Legitimação (Dir. Civil) – Designava este termo a aquisição do estado e título de filho legítimo por aquele que o não era, por não terem os respectivos pais casado um com o outro.

Em conformidade com o artigo 36.°, n.° 4, da Constituição, foram revogadas as disposições do Código Civil que relevavam da distinção entre filhos legítimos e ilegítimos.

V. *Filiação; Princípio da igualdade.*

Legítima defesa (Dir. Civil) – Um dos meios de tutela privada dos direitos permitidos por lei: considera-se justificado o acto destinado a afastar uma agressão (desde que esta seja actual e contrária à lei, o mesmo é dizer ilícita) contra a pessoa ou o património do agente ou de terceiro, mas só se não for possível, em tempo útil, o recurso aos meios coercitivos normais e se o prejuízo causado pelo acto de defesa não for manifestamente superior ao que resultaria da agressão.

Mesmo no caso de excesso de legítima defesa, a lei diz que o acto se tem por justificado, desde que tenham concorrido, determinantemente, factores de perturbação ou medo não culposo do agente; é, pelo menos, muito duvidoso que, nesta última hipótese, se deva falar de "acto justificado", isto é, lícito e não de acto que, continuando a ser ilícito, não é, porém, culposo.

Mas, se alguém actuar em legítima defesa, supondo que se verificam os pressupostos desta e isso não for verdade, então tem obrigação de indemnizar os prejuízos causados pelo seu acto, a menos que o seu erro seja desculpável.

V. artigo 21.° da Constituição da República e artigos 337.° e 338.°, C.C..

V. *Direito subjectivo; Ilicitude; Responsabilidade civil; Indemnização; Erro desculpável; Causas justificativas; Património; Agente; Terceiro; Medo; Culpa; Dano.*

Legítima defesa putativa (Dir. Civil) – Verifica-se quando o agente, por erro, actua no convencimento de que se verificam os pressupostos da legítima defesa. Sendo o erro desculpável, o artigo 338.°, C.C., admite a exclusão da responsabilidade do agente pelos prejuízos que tenha causado. Este afastamento da obrigação de indemnizar resulta da exclusão da culpa, pressuposto da responsabilidade civil.

Já não se estará perante uma situação deste tipo quando o agente, não se encontrando numa situação de erro de facto, suponha erroneamente que a lei lhe concede um direito de defesa, pois, sendo então o erro de direito e não de facto, ele não afasta a culpabilidade do agente.

V. *Legítima defesa; Causas de escusa; Agente; Erro desculpável; Responsabilidade civil; Erro de facto; Erro de direito; Culpa.*

Legitimidade

1. (Dir. Civil) – No direito civil, diz-se que uma pessoa tem legitimidade para praticar certo acto quando é sujeito (passivo ou activo) da situação jurídica sobre a qual o acto vai exercer o seu efeito, quando tem título jurídico que lhe permite desencadear efeitos em esfera jurídica alheia (por exemplo, poderes de representação) ou quando, excepcionalmente, a lei expressamente lhe permite a prática do acto (por exemplo, o cumprimento da obrigação pode em princípio ser feito por terceiro, interessado ou não nesse cumprimento – artigo 767.°, C.C.).

Trata-se, portanto, de uma qualidade do sujeito jurídico, mas que – diversamente da capacidade – é aferida em cada relação e diz respeito ao conteúdo concreto desta.

V. *Esfera jurídica; Poderes representativos; Cumprimento; Obrigação; Cumprimento por terceiro; Capacidade.*

2. (Proc. Civil) – Uma pessoa é parte legítima num processo declarativo quando tem neste um interesse directo, isto é, quando é titular da relação material que no processo é discutida – assim, "o autor é parte legítima quando tem interesse directo em demandar; o réu é parte legítima quando tem interesse directo em contradizer", exprimindo-se o interesse em demandar "pela utilidade derivada da procedência da acção", e o interesse em contradizer "pelo prejuízo que dessa procedência advenha"; a lei esclarece que, na falta de indicação legal em contrário, "são considerados titulares do interesse relevante para

o efeito de legitimidade os sujeitos na relação controvertida, tal como é configurada pelo autor" (artigo 26.°, C.P.C., com a redacção dos Decretos-Leis n.°s 329-A/95, de 12 de Dezembro, e 180/96, de 25 de Setembro).

Em muitos casos, é a própria lei que expressamente declara quem tem legitimidade para intentar certas acções – v., por exemplo, artigo 28.°-A, C.P.C. – cuja última redacção resulta do DL n.° 180/96 – (acções que têm de ser propostas por ambos os cônjuges); e artigos 73.° (defesa do nome), 125.° (requerimento da anulação de actos dos menores), 141.° (requerimento da interdição), 242.° e 243.° (invocação da simulação), 286.° e 287.° (nulidade e anulação do negócio jurídico), 605.° (arguição da nulidade de actos do devedor pelos credores), 610.° (impugnação pauliana), 976.° (revogação da doação), 1281.° (acções possessórias), 1785.° (requerimento do divórcio), 1814.°, 1818.° e 1819.° (reconhecimento da maternidade), 1839.° e 1846.° (impugnação de paternidade), 1870.ª (investigação de paternidade), 2075.° e 2078° (petição da herança), e 2279.° (reivindicação de coisa legada), todos estes do C.C.. Quando se trate de acções ou procedimentos cautelares para a tutela de interesses difusos, dispõe o artigo 26.°-A, introduzido no C.P.C. pelo DL n.° 180/96, que "têm legitimidade [...] qualquer cidadão no gozo dos seus direitos civis e políticos, as associações e fundações defensoras dos interesses em causa, as autarquias locais e o Ministério Público, nos termos previstos na lei".

Também quanto à legitimidade passiva, a lei dispõe, por vezes, quem a tem: assim acontece, por exemplo, com o já citado artigo 28.°-A, C.P.C., que estabelece, no respectivo n.° 3, que "devem ser propostas contra o marido e a mulher as acções emergentes de facto praticado por ambos os cônjuges, as acções emergentes de facto praticado por um deles, mas em que pretenda obter-se decisão susceptível de ser executada sobre bens próprios do outro, e ainda as acções compreendidas no n.° 1 [acções de que possa resultar a perda ou a oneração de bens que só por ambos possam ser alienados ou a perda de direitos que só por ambos possam ser exercidos, incluindo as acções que tenham por objecto, directa ou indirectamente, a casa de morada de família]".

O artigo 28.°, C.P.C., dispõe que é causa de ilegitimidade a falta de um dos interessados em juízo, quando a lei ou o negócio exigirem a intervenção de todos os interessados na relação discutida e ainda quando só com a intervenção de todos a decisão judicial sobre o conflito possa pôr definitivamente termo àquele, regulando a situação das partes: é o que se chama litisconsórcio necessário. O litisconsórcio necessário pode ser activo (por exemplo, no caso de exercício de um direito de preferência que pertença simultaneamente a vários titulares, nos termos do n.° 1 do artigo 419.°, C.C.) ou passivo (por exemplo, se tratar de uma obrigação indivisível com vários devedores, por força do artigo 535.°, n.° 1, C.C.).

A ilegitimidade das partes constitui excepção dilatória do conhecimento oficioso do tribunal (artigos 494.°, n.° 1-*e)*, e 495.°, C.P.C., o último com a redacção dos DL n.°s 329-A/95 e 180/96), devendo ser apreciada no despacho saneador e conduzindo à absolvição do réu da instância (artigos 288.°, n.° 1-*d)*, 493.°, n.° 2, e 510.°, n.°s 1-*a)*, 2 e 3, C.P.C.).

O Assento do Supremo Tribunal de Justiça n.° 6/95, de 4 de Julho de 1995, publicado no *Diário da República*, I-A série, de 10 de Outubro de 1995, e rectificado pela Rectificação n.° 7/95, de 29 de Novembro de 1995, decidiu que, "sob pena de ilegitimidade, por se tratar de um litisconsórcio necessário, deve ser proposta também contra o progenitor que tenha a seu cargo a guarda do menor a acção intentada pelo Ministério Público para nova regulação do poder paternal para alteração da pensão de alimentos devida ao menor pelo outro progenitor".

Quanto à legitimidade para a acção executiva, dispõe o artigo 55.°, C.P.C.: "1. A execução tem de ser promovida pela pessoa que no título executivo figure como credor e deve ser instaurada contra a pessoa que no título tenha a posição de devedor. 2. Se o título for ao portador, será a execução promovida pelo portador do título".

Os artigos 56.° (na redacção do Decreto-Lei n.° 38/2003, de 8 de Março, rectificado pela Declaração de rectificação n.° 5-C//2003, de 30 de Abril) e 57.°, C.P.C., contêm excepções à regra de legitimidade citada, admitindo a intervir na execução, como partes, pessoas diversas do credor e devedor constantes do título.

Tratando-se de execução por custas ou multas impostas num processo, é o Ministério Público quem tem legitimidade para a promover – artigo 59.°, C.P.C..

V. *Parte; Processo declarativo; Autor; Réu; Procedência; Negócio jurídico; Nome; Anulação; Menoridade; Interdição; Simulação; Nulidade; Impugnação pauliana; Doação; Revogação da doação; Acções possessórias; Divórcio; Reconhecimento de filho; Impugnação de paternidade; Investigação de paternidade; Petição de herança; Reivindicação; Legado; Procedimento cautelar; Interesses difusos; Associação; Fundação; Ministério Público; Bens próprios; Oneração de bens; Direito subjectivo; Casa de morada de família; Litisconsórcio; Direito de preferência; Obrigação indivisível; Excepção dilatória; Conhecimento oficioso; Despacho saneador; Absolvição da instância; Guarda de menores; Regulação do poder paternal; Alimentos; Execução; Título executivo; Custas.*

Legitimidade aparente (Dir. Civil) – Há legitimidade aparente sempre que o sujeito se encontra numa situação de facto que tem a aparência de titularidade de um direito ou poder jurídico, de que ele não é na verdade titular.

Por vezes, a lei, tendo em atenção a protecção da boa fé de terceiros, que confiaram sem culpa na legitimidade aparente do sujeito, atribui-lhe efeitos jurídicos: assim, por exemplo, tendo havido a cessão de um crédito sem conhecimento do respectivo devedor, se este vier a efectuar a prestação ao credor originário ou com ele celebrar algum negócio jurídico relativo ao crédito, o artigo 583.°, C.C., determina que tais actos são oponíveis ao cessionário, isto é, que o devedor fica liberado, apesar de ter cumprido a quem não tinha já legitimidade para receber a prestação.

V. *Legitimidade; Direito subjectivo; Boa fé; Terceiro; Culpa; Cessão de créditos; Credor aparente; Prestação; Negócio jurídico; Oponibilidade a terceiros.*

Legitimidade para cumprir (Dir. Civil) – O problema da legitimidade para o cumprimento da obrigação é resolvido pelo artigo 767.°, C.C., que dispõe que, se a obrigação não for, natural ou convencionalmente, infungível, o seu cumprimento pode ser realizado pelo devedor ou por qualquer terceiro, interessado ou não no cumprimento.

V. *Obrigação; Cumprimento; Infungibilidade; Terceiro; Cumprimento por terceiro; Interessados; "Solvens".*

Legitimidade para o cumprimento (Dir. Civil) – V. *Legitimidade para cumprir.*

Legitimidade para receber a prestação (Dir. Civil) – É o credor ou o seu representante quem tem legitimidade para receber o cumprimento: é o que resulta do artigo 769.°, C.C.. Há, porém, de notar que "o devedor não é obrigado a satisfazer a prestação ao representante voluntário do credor nem à pessoa por este autorizada a recebê-la, se não houver convenção nesse sentido" (artigo 771.°, C.C.). O que significa que, se o devedor cumprir ao representante do devedor, tal cumprimento o exonera, mas que, sendo o representante voluntário, não incorre em mora se o não fizer a este, nos casos em que não tenha convencionado com o credor cumprir desse modo.

Excepcionalmente, a prestação feita a um terceiro extingue a obrigação e, consequentemente, exonera o devedor; o artigo 770.°, C.C., enuncia o essencial dessas hipóteses, que são: *a)* ter sido assim estipulado ou consentido pelo credor; *b)* ter o *accipiens* adquirido posteriormente o crédito; *c)* ter o credor aproveitado do cumprimento e não ter "interesse fundado em não a [a prestação] considerar como feita a si próprio"; *d)* ser o credor herdeiro de que tenha recebido a prestação e responder pelas obrigações do *accipiens*. Para além destas situações, enumeradas no artigo 770.°, pode haver outros casos em que a lei disponha que o cumprimento feito a terceiro seja liberatório do devedor: assim acontece, por exemplo, nos processos de insolvência, cuja sentença declaratória deve conter a advertência aos "devedores do insolvente de que as prestações a que estejam obrigados deverão ser feitas ao administrador da insolvência e não ao próprio insolvente" – artigo 36.°-*m)* do Código da Insolvência e da Recuperação de Empresas, aprovado pelo Decreto-Lei n.° 53/ /2004, de 18 de Março, alterado pelos Decretos-Leis n.°s 200/2004, de 18 de Agosto, e 76-A/2006, de 29 de Março (rectificado pela Declaração de rectificação n.° 28-A/ /2006, de 26 de Maio).

V. *Prestação; Obrigação; Credor; Representante; Devedor; Exoneração; Mora; Terceiro; Convenção; Autorização; "Accipiens"; Herdeiro; Extinção das obrigações; Insolvência; Sentença; Declaração de insolvência; Administrador da insolvência; Recuperação de empresas.*

Lei – Fonte imediata de direito (artigo 1.°, n.° 1, C.C.), é toda a "disposição genérica provinda dos órgãos estaduais competentes".

Em sentido restrito ou formal, leis são apenas as normas elaboradas pela Assembleia da República (v. artigos 161.°-*c)*, 164.° e 165.° da Constituição da República). Em sentido material, leis são não apenas as leis da Assembleia da República como também os decretos-leis provenientes do Governo e os decretos legislativos regionais provindos dos órgãos legislativos das Regiões Autónomas (com âmbito de aplicação regional e cujo objecto sejam "matérias enunciadas no estatuto político-administrativo da respectiva região autónoma que não estejam reservadas aos órgãos de soberania, sem prejuízo do disposto nas alíneas *b)* e *c)* do n.° 1 do artigo 227.°"). O artigo 112.° da Constituição da República estabelece, no seu n.° 3, que "têm valor reforçado, além das leis orgânicas, as leis que carecem de aprovação por maioria de dois terços, bem como aquelas que, por força da Constituição, sejam pressuposto normativo necessário de outras leis ou que por outras devam ser respeitadas".

V. a Lei n.° 74/98, de 11 de Novembro (que revogou a Lei n.° 6/83, de 29 de Julho, e os Decretos-Leis n.°s 337/87, de 21 de Outubro, 113/88, de 8 de Abril, e 1/91, de 2 de Janeiro), alterada pela Lei n.° 2/2005, de 24 de Janeiro, que estabelece o regime a que deve obedecer a publicação e identificação dos diplomas legais. Esta última Lei determina, no n.° 1 do seu artigo 7.°, que os diplomas legais "são identificados por um número e pela data da respectiva publicação no *Diário da República*", sendo a numeração distinta para os vários tipos de actos legislativos, de acordo com o artigo 8.°, n.° 1, do mesmo diploma. É este diploma que se ocupa também do formulário dos actos legislativos.

V. Resolução do Conselho de Ministros n.° 63/2006, de 18 de Maio, que aprova o Programa Legislar Melhor.

V. *Fontes de direito; Decreto legislativo regional; Lei orgânica; Publicação da lei.*

Lei avulsa – Designa-se por lei avulsa ou extravagante o diploma que vem regular uma matéria que deveria estar, ou estava, integrada num Código, mas cuja potencial frequente alterabilidade aconselha a sua regulação em diploma autónomo.

V. *Lei.*

Lei especial – V. *Norma especial; Norma geral; Norma excepcional.*

Lei estrangeira – V. *Direito estrangeiro.*

Lei excepcional – V. *Norma excepcional; Norma geral; Interpretação da lei; Analogia; Interpretação extensiva.*

Lei extravagante – O mesmo que *lei avulsa* (v. esta expressão).

Lei facultativa – V. *Norma facultativa.*

Lei geral – V. *Norma geral; Norma especial; Norma excepcional.*

Lei imperativa – V. *Norma imperativa.*

Lei imperfeita – Numa classificação tradicional, baseada no critério das consequências da violação das normas, dizem-se imperfeitas aquelas cuja violação não desencadeia qualquer tipo de sanção directa. É questionada a natureza normativa destas disposições, designadamente pelos autores que entendem que a coercibilidade é característica identificadora das normas jurídicas.

São raras, no direito interno, as normas imperfeitas, o que não acontece no domínio do Direito Internacional Público.

V. *Lei; Sanção; Lei perfeita; Lei menos que perfeita; Lei mais que perfeita.*

Lei individual – V. *Norma individual; Generalidade.*

Lei interpretativa – Lei que tem a função de interpretar uma anterior lei, esclarecendo o sentido e âmbito dessa outra, quando nesta existe uma questão de direito cuja solução normativa não é pacífica, isto é, quando existem dúvidas e divergências sobre a interpretação da norma.

Entende – e bem – grande parte da doutrina que só pode falar-se de lei interpretativa quando se está perante uma lei que venha consagrar, na interpretação de uma norma anterior, uma das várias interpretações que esta comportava e de que tinha sido objecto pelos aplicadores do direito, *maxime* pelos tribunais.

O artigo 13.°, C.C., dispõe: "a lei interpretativa integra-se na lei interpretada, ficando salvos, porém, os efeitos já produzidos pelo cumprimento da obrigação, por sentença passada em julgado, por transacção, ainda que não homologada, ou por actos de análoga natureza".

A integração da lei interpretativa na lei interpretada tem o significado da sua eficácia retroactiva, tudo se passando como se ela tivesse sido publicada na data de publicação da lei que interpreta (salvas as restrições enunciadas neste artigo 13.°). Daí que, se o legislador qualificar como interpretativa uma lei que, substancialmente, o não seja, isso equivalha então a uma disposição de atribuição de retroactividade a tal lei.

Há autores, embora raros, como, por exemplo, Baptista Machado, *Introdução ao Direito e ao Discurso Legitimador*, Coimbra, 1985, pág. 97, que usam a expressão norma interpretativa também para significar a disposição legal "cuja função é determinar o alcance e sentido imputáveis a certas expressões ou a certas condutas declarativas ou actos das partes", como sucede com o artigo 840.°, C.C., que considera que, na cessão de um crédito pelo devedor ao respectivo credor para solver a sua dívida, deve entender-se estar-se perante uma dação *pro solvendo* e não perante uma dação em cumprimento.

V. *Lei; Interpretação da lei; Cumprimento; Obrigação; Sentença; Trânsito em julgado; Transacção; Homologação; Publicação da lei; Conflitos de leis no tempo; Cessão de crédito; Dação em função do cumprimento; Dação em cumprimento.*

Leilão (Proc. Civil) – A venda dos bens em processo executivo pode ser realizada em estabelecimento de leilão:

"*a)* Quando o exequente, o executado, ou credor reclamante com garantia sobre o bem em causa, proponha a venda em determinado estabelecimento e não haja oposição de qualquer dos restantes; ou

b) Quando, tratando-se de coisa móvel, o agente de execução entenda que, atentas as características do bem, se deve preterir a venda por negociação particular nos termos da alínea *e)* do artigo 904.° ["quando se frustre a venda em depósito público, por falta de proponentes ou não aceitação das propostas, e, atenta a natureza dos bens, tal seja aconselhável"]".

A venda, efectuada no estabelecimento de leilão indicado pelo agente de execução, é feita "segundo as regras que estejam em uso".

"Os credores, o executado e qualquer dos licitantes podem reclamar contra as irregularidades que se cometam no acto de leilão", o qual "será anulado quando as irregularidades cometidas hajam viciado o resultado final da licitação"; neste caso, "o leilão repete-se noutro estabelecimento e, se o não houver, procede-se à venda por propostas em carta fechada, se for caso disso, ou por negociação particular".

V. artigos 906.° e 907.°, C.P.C., na redacção do Decreto-Lei n.° 38/2003, de 8 de Março (rectificado pela Declaração de rectificação n.° 5-C/2003, de 30 de Abril).

V. *Execução; Venda executiva; Exequente; Executado; Credor; Garantias reais; Móvel; Agente de execução; Reclamação de créditos; Licitação; Anulação.*

Lei mais que perfeita – Termo de uma classificação tradicional composto pelas normas cuja inobservância tem como consequência a nulidade do acto realizado em sua infracção e ainda a aplicação de uma sanção.

V. *Lei; Norma jurídica; Nulidade; Sanção; Lei perfeita; Lei imperfeita; Lei menos que perfeita.*

Lei menos que perfeita – Numa classificação tradicional das normas em consideração das consequências jurídicas da sua violação, diz-se menos que perfeita a lei cuja violação implica a aplicação de uma sanção, mas não a nulidade do acto realizado.

Assim acontece, por exemplo, no nosso direito, com o casamento celebrado por menor núbil sem autorização dos pais ou do tutor (ou respectivo suprimento): o casamento é considerado válido, mas o sujeito fica submetido às sanções enunciadas no artigo 1649.°, C.C..

V. *Lei; Lei perfeita; Lei imperfeita; Lei mais que perfeita; Sanção; Nulidade; Casamento; Menor; Autorização; Tutor; Suprimento de consentimento.*

Lei ordinária – Designa-se por lei ordinária – por contraposição a lei constitucional – qualquer lei, decreto-lei e decreto legislativo regional.

V. *Lei.*

Lei orgânica – É a que se ocupa do regime da organização e do funcionamento de um certo serviço, como, por exemplo, a Lei Orgânica da Polícia Judiciária.

O artigo 112.° da Constituição da República estabelece, no seu n.° 3, que "têm valor reforçado [...] as leis orgânicas [...]".

Segundo o n.° 3 do artigo 9.° da Lei n.° 74/98, de 11 de Novembro, alterada pela Lei n.° 2/2005, de 24 de Janeiro, "[...] as leis orgânicas declaram expressamente a sua natureza, na fórmula do diploma correspondente".

V. *Lei.*

Lei perfeita – Diz-se perfeita a norma cuja violação importa a nulidade do acto realizado em desconformidade com ela, mas não a aplicação de uma sanção ou pena.

É esta a regra geral quanto aos negócios jurídicos celebrados contra norma legal imperativa – artigo 294.°, C.C..

V. *Lei; Norma jurídica; Nulidade; Sanção; Lei imperfeita; Lei mais que perfeita; Lei menos que perfeita; Negócio jurídico; Norma imperativa.*

Lei pessoal (Dir. Civil) – Em direito internacional privado, "a lei pessoal é a da nacionalidade do indivíduo" – artigo 31.°, n.° 1, C.C..

É o seguinte o texto do artigo 25.°, C.C.: "O estado dos indivíduos, a capacidade das pessoas, as relações de família e as sucessões por morte são reguladas pela lei pessoal dos respectivos sujeitos, salvas as restrições estabelecidas na presente secção".

Nos termos do artigo 27.° da Lei da Nacionalidade (Lei n.° 37/81, de 3 de Outubro, alterada pela Lei n.° 25/94, de 19 de Agosto, pelos Decretos-Leis n.°s 22-A/ /2001, de 14 de Dezembro, 194/2003, de 23 de Agosto de 2003, e pelas Leis Orgânicas n.°s 1/2004, de 15 de Janeiro, e 2/2006, de 17 de Abril), "se alguém tiver duas ou mais nacionalidades e uma delas for portuguesa, só esta releva face à lei portuguesa". O artigo 28.° estabelece que "nos conflitos positivos de duas ou mais nacionalidades estrangeiras releva apenas a nacionalidade do Estado em cujo território o plurinacional tenha a sua residência habitual ou, na falta desta, a do Estado com o qual mantenha uma vinculação mais estreita".

V. *Cidadania; Estado civil; Capacidade; Família; Sucessão; Conflito de leis; Residência habitual.*

Lei regulamentar – Lei regulamentar ou regulamento é a disposição legal que tem por objecto a concretização de regras legais de valor formal superior (leis ou decretos-leis), tornando estas exequíveis (cfr. artigo 199.°-*c)* da Constituição da República).

Dentro desta categoria, assim caracterizada em termos gerais, incluem-se os decretos, portarias e despachos normativos. O artigo 112.°, n.° 6, da Constituição estabelece que "os regulamentos do Governo revestem a forma de decreto regulamentar quando tal seja determinado pela lei que regulamentam, bem como no caso de regulamentos independentes". E o n.° 7 da mesma disposição determina que "os regulamentos devem indicar expressamente as leis que visam regulamentar ou que definem a competência subjectiva e objectiva para a sua emissão".

Também as Regiões Autónomas podem emitir regulamentos, nos termos do artigo 227.°-*d)* da Constituição.

Segundo o n.° 5 do artigo 9.° da Lei n.° 74/98, de 11 de Novembro, alterada pela Lei n.° 2/2005, de 24 de Janeiro, "os regulamentos devem indicar expressamente as leis que visam regulamentar ou que definem a competência subjectiva e objectiva para a sua emissão".

V. *Lei; Decreto.*

Lei repristinatória – É a lei que expressamente declara repor em vigor uma lei, que havia sido revogada por outra, que a lei repristinatória, por seu turno, vem revogar.

V. *Lei; Repristinação; Revogação da lei.*

Lei supletiva – V. *Norma supletiva.*

Lei temporária – Uma norma temporária é a que se destina a vigorar durante período de tempo, certo ou incerto na sua duração.

V. *Norma temporária; Caducidade da lei.*

Leito (Dir. Civil) – Leito ou álveo de um rio é a porção de terra por onde o rio corre; o n.° 2 do artigo 1387.°, C.C., dispõe: "Entende-se por leito ou álveo a porção do terreno que a água cobre sem transbordar para o solo natural, habitualmente enxuto"; os n.°s 3 e 4 da mesma disposição esclarecem, respectivamente, que, "quando a corrente passa entre dois prédios, pertence a cada proprietário o tracto compreendido entre a linha marginal e a linha média do leito ou álveo, sem prejuízo do disposto nos artigos 1328.° e seguintes", e que "as faces ou rampas e os capelos dos cômoros, valados, tapadas, muros de terra, alvenaria ou enrocamentos erguidos sobre a superfície natural do solo marginal não pertencem ao leito ou álveo da corrente, mas fazem parte da margem".

V. *Prédio; Direito de propriedade; Águas.*

Lei transitória – É a que se destina a vigorar apenas em dado período ou enquanto durarem certas circunstâncias.

Embora não se designe por lei transitória, dada a possível equivocidade, cabe aqui uma referência à disposições de direito transitório, que são aquelas que, numa situação de sucessão de leis no tempo, dispõem sobre o regime jurídico a adoptar nos casos que tanto poderiam ser regulados pela lei antiga como pela nova.

V. *Lei; Norma temporária; Conflitos de leis no tempo.*

Lei Tutelar de Menores – Designação dada globalmente à antiga *Organização Tutelar de Menores* (v. esta expressão) pelo Decreto-Lei n.° 314/78, de 27 de Outubro, e que foi substituída pela de Lei Tutelar Educativa – Lei n.° 166/99, de 14 de Setembro (regulamentada pelo Decreto-Lei n.° 323-E/2000, de 20 de Dezembro, tendo sido aprovadas normas de transição pelo Decreto-Lei n.° 5-B/2001, de 12 de Janeiro), que revogou quase totalmente as anteriores.

V. *Menor.*

Lesão (Dir. Civil) – É a perturbação ou afectação de um direito subjectivo ou interesse juridicamente protegido.

Se essa perturbação é voluntária e ilicitamente realizada por alguém com culpa, sobre este impende normalmente a obrigação de indemnizar os danos que dela advierem. Se a lesão resulta de acto ilícito (ou mesmo lícito) não culposo, pode, mesmo assim, haver obrigação de indemnizar.

Num outro sentido, fala-se de lesão para significar o grave desequilíbrio e desproporção das prestações nos contratos comutativos. Neste sentido, a lesão caracteriza a usura, sendo os negócios usurários (excluídos os casos de usura criminosa) anuláveis ou modificáveis segundo juízos de equidade (v. artigos 282.° e 283.°, C.C.).

Por outro lado, a lesão que resulte de um mero facto jurídico é também atendida por lei em alguns casos, como, por exemplo, na figura da alteração das circunstâncias (v. artigos 437.° a 439.°, C.C.).

V. *Responsabilidade civil; Direito subjectivo; Interesse reflexamente protegido; Ilicitude; Culpa; Indemnização; Dano; Responsabilidade objectiva; Responsabilidade por actos lícitos; Prestação; Contrato comutativo; Negócio usurário; Anulabilidade; Modificação do contrato; Equidade; Alteração das circunstâncias.*

Lesão enorme (Dir. Civil) – Diz Castro Mendes, *Direito Civil – Teoria Geral* –, lições copiografadas editadas em 1968 pela Associação Académica da Faculdade de Direito de Lisboa, págs. 142 e 143, que se "chamava *lesão* à desproporção entre as prestações ou atribuições patrimoniais nos contratos comutativos, que fosse só por si fonte de invalidade. Não bastava qualquer desproporção, mas a desproporção grosseira e escandalosa, *lesão enorme*, que no direito anterior ao Código Civil era a de uma prestação ser inferior a metade do justo valor da outra (*lesão ultra dimidium*).

Hoje a desproporção entre as prestações pode ser elemento do vício complexo *usura* previsto no artigo 282.° [....]".

V. *Usura; Prestação; Contrato comutativo; Invalidade.*

Letra (Dir. Com.; Proc. Civil) – Título de crédito pelo qual alguém (sacador) dá ordem a um devedor (sacado) para pagar uma certa soma, em certa data, a uma terceira pessoa (beneficiário ou portador) ou à sua ordem.

Nos termos dos artigos 46.°-*c)* e 51.°, C.P.C., (o primeiro na redacção do Decreto-Lei n.° 38/2003, de 8 de Março – rectificado pela Declaração de rectificação n.° 5-C/2003, de 30 de Abril), a letra é título executivo, desde que se encontre assinada pelo devedor.

V. a Lei Uniforme Relativa a Letras e Livranças (Convenção Internacional assinada em Genebra a 7 de Junho de 1930, aprovada em Portugal pelo Decreto-Lei n.° 23 721, de 29 de Março de 1934, e ratificada pela Carta de Confirmação e Ratificação, publicada no suplemento do *Diário do Governo*, n.° 144, de 21 de Junho de 1934).

São requisitos da letra, sem os quais, em princípio, o escrito não poderá valer como letra:

"1.° A palavra «letra» inserta no próprio texto do título e expressa na língua empregada para a redacção desse título;

2.° O mandato puro e simples de pagar uma quantia determinada;

3.° O nome daquele que deve pagar (sacado);

4.° A época de pagamento;

5.° A indicação do lugar em que se deve efectuar o pagamento;

6.° O nome da pessoa a quem ou à ordem de quem deve ser paga;

7.° A indicação da data em que, e do lugar onde a letra é passada;

8.° A assinatura de quem passa a letra (sacador)".

A letra pode ser à ordem do próprio sacador, pode ser sacada sobre o próprio sacador e pode ser sacada por ordem e conta de terceiro.

"O portador de uma letra é considerado portador legítimo se justifica o seu direito por uma série ininterrupta de endossos, mesmo se o último for em branco"; "as pessoas accionadas em virtude de uma letra não podem opor ao portador as excepções fundadas sobre as relações pessoais dela com o sacador ou com os portadores anteriores, a menos que o portador ao adquirir a letra tenha procedido conscientemente em detrimento do devedor".

V. artigos 1.° a 3.° e 16.° e 17.°, L. U. L. L..

A Portaria n.° 28/2000, de 27 de Janeiro, aprovou os modelos de letras e livranças.

V. *Devedor; Terceiro; Execução; Título executivo; Escrito particular; Mandato; Assinatura; Excepção; Livrança.*

Letra da lei – Elemento essencial de interpretação da lei é o elemento literal ou letra da lei, isto é, o texto da disposição a interpretar. Este é o ponto de partida da operação de interpretação, constituindo também um limite irremovível desta, na medida em que o artigo 9.°, n.° 2, C.C., estabelece que "não pode, porém, ser considerado pelo intérprete o pensamento legislativo que não tenha na letra da lei um mínimo de correspondência verbal, ainda que imperfeitamente expresso".

V. *Lei; Interpretação da lei.*

Levantamento da inabilitação (Dir. Civil) – A requerimento do próprio inabilitado ou de qualquer das pessoas com legitimidade para requerer a inabilitação, pode ser esta levantada pelo tribunal, desde que se prove que cessou a respectiva causa.

No entanto, o artigo 155.°, C.C., estabelece uma limitação ao levantamento de inabilitação que tenha tido por causa a prodigalidade ou o abuso de bebidas alcoólicas ou de estupefacientes: aquele não poderá ser deferido antes do decurso de cinco anos sobre o trânsito em julgado da sentença que a tenha decretado ou da decisão que tenha indeferido um anterior pedido de levantamento.

V. *Inabilitação; Inabilitado; Requerimento; Legitimidade; Pródigo; Alcoólico; Estupefaciente; Trânsito em julgado.*

Levantamento da inibição (Proc. Civil) – A lei previa a inibição do falido, sendo os efeitos para ele decorrentes da declaração de falência levantados no processo em que aquela tivesse sido declarada, nos termos e casos previstos no artigo 238.° do Código dos Processos Especiais de Recuperação da Empresa e de Falência, aprovado pelo Decreto-Lei n.° 132/93, de 23 de Abril, alterado pelos Decretos-Leis n.°s 157/97, de 24 de Junho, 315/98, de 20 de Outubro, 323/2001, de 17 de Dezembro, e 38/2003, de 8 de Março. Este diploma foi totalmente revogado pelo Código da Insolvência e da Recuperação de Empresas, aprovado pelo Decreto-Lei n.° 53/2004, de 18 de Março, alterado pelos Decretos-Leis n.°s 200/2004, de 18 de Agosto, e 76-A/2006, de 29 de Março (rectificado pela Declaração de rectificação n.° 28-A/2006, de 26 de Maio).

Neste, o artigo 189.°, n.° 2, prevê a declaração da inibição das pessoas afectadas pela qualificação da insolvência como culposa para o exercício do comércio, para a ocupação de qualquer cargo de titular de órgão de sociedade comercial ou civil, associação ou fundação privada de actividade económica, empresa pública ou cooperativa, por um período de 2 a 10 anos.

O artigo 233.°, n.° 1-*a*), estabelece que, "encerrado o processo [...], cessam todos os efeitos que resultam da declaração de insolvência, recuperando designadamente o devedor o direito de disposição dos seus bens e a livre gestão dos seus negócios, sem prejuízo dos efeitos da qualificação da insolvência como culposa e do disposto no artigo seguinte [o n.° 1 do artigo 234.° estabelece que "baseando-se o encerramento do processo na homologação de um plano de insolvência que preveja a continuidade da sociedade comercial, esta retoma a sua actividade independentemente de deliberação dos sócios"]".

V. *Falência; Insolvência; Recuperação de empresas; Inibição do insolvente; Órgãos da pessoa colectiva; Associação; Fundação; Insolvência culposa; Homologação; Plano de insolvência; Deliberação.*

Levantamento da interdição (Dir. Civil) – V. *Interdição.*

Levantamento da penhora (Proc. Civil) – Se a execução estiver parada por negligência do exequente durante seis meses ou se a penhora for ilegal (por recair sobre bens impenhoráveis), o executado pode requerer o levantamento da penhora – artigo 847.°, C.P.C., na redacção do Decreto-Lei n.° 38/2003, de 8 de Março (rectificado pela Declaração de rectificação n.° 5-C/ /2003, de 30 de Abril).

Consiste o levantamento no acto judicial pelo qual se fazem cessar os efeitos da penhora.

Se forem consignados os rendimentos de certos bens penhorados ao exequente, nos termos dos artigos 879.° e segs., C.P.C., são levantadas também as penhoras que incidem sobre outros bens (v. artigo 881.°, n.° 1, C.P.C., na redacção do mesmo DL n.° 38/2003).

V. *Execução; Penhora; Nomeação de bens à penhora; Negligência; Exequente; Executado; Consignação de rendimentos; Impenhorabilidade.*

Levantamento das providências cautelares (Proc. Civil) – Em caso de caducidade, por extinção do procedimento cautelar, as providências cautelares são levantadas por determinação do juiz, "com prévia audiência do requerente, logo que se mostre demonstrada nos autos a ocorrência do facto extintivo".

V. artigo 389.°, C.P.C., na redacção dos Decretos-Leis n.°s 329-A/95, de 12 de Dezembro, 180/96, de 25 de Setembro, e 199/ /2003, de 10 de Setembro.

V. *Caducidade; Procedimento cautelar; Caducidade de providências cautelares; Facto extintivo.*

"Lex fori" (Proc. Civil) – Expressão que significa a *lei do tribunal.*

A lei do Estado onde é proposta e corre os seus trâmites uma acção é a competente para regular a forma do respectivo processo.

V. *Competência; Acção.*

"Lex imperfecta" – V. *Lei imperfeita.*

"Lex minus quam perfecta" – V. *Lei menos que perfeita.*

"Lex perfecta" – V. *Lei perfeita.*

"Lex plus quam perfecta" – V. *Lei mais que perfeita.*

"Lex posterior derrogat legi priori" – A norma jurídica mais recente revoga em princípio a mais antiga, com a ressalva enunciada no n.° 3 do artigo 7.° do Código Civil de que a lei geral, ainda que posterior, não revoga a lei especial anterior, salvo se outra for a intenção da lei.

V. *Norma jurídica; Lei; Conflitos de leis no tempo; Lei geral; Lei especial; Revogação da lei.*

"Lex rei sitae" (Dir. Civil) – É o direito do lugar onde o bem se encontra.

O artigo 46.°, n.° 1, C.C., dispõe que "o regime da posse, propriedade e demais direitos reais é definido pela lei do Estado em cujo território se encontrem situadas [as coisas]".

V. *Coisa; Posse; Direito de propriedade; Direito real.*

"Lex superior derrogat legi inferiori" – De acordo com esta proposição, sempre que existam duas normas incompatíveis, provindas de fontes hierarquicamente diversas, a norma emanada da fonte superior revoga a outra.

No sistema jurídico português, não é assim: um decreto-lei do Governo pode revogar uma lei da Assembleia da República, bem como o inverso. Porém, uma norma de valor hierárquico superior revoga uma outra cujo valor seja inferior; assim, uma lei da Assembleia da República revoga um decreto simples ou um decreto regulamentar com ela incompatível.

V. *Lei; Norma jurídica.*

Liberação (Dir. Civil) – Usa-se o termo liberação para exprimir a ideia de cessação de uma posição passiva para o respectivo titular. Assim, aquele sobre quem impende um ónus, um dever, uma obrigação, uma sujeição, fica liberado quando, para ele, deixe de existir a vinculação em que qualquer daquelas posições se consubstanciava.

A liberação será *absoluta* quando a cessação da vinculação para o sujeito é acompanhada da extinção dela, designando-se por *relativa* quando, desvinculado o sujeito, a posição passiva se mantém relativamente a outro sujeito jurídico, para o qual se transferiu.

V. *Ónus; Dever jurídico; Obrigação; Sujeição.*

Liberação do ónus da prova (Dir. Civil) – Há liberação do ónus da prova de um facto, para aquele que teria tal ónus, sempre que a lei considera esse facto como certo, a menos que seja feita prova contrária. Em regra, embora não só, há pois liberação do ónus da prova sempre que exista uma presunção legal.

O artigo 344.°, n.° 1, C.C., determina que se verifica inversão do ónus da prova quando haja liberação desse ónus.

V. *Ónus da prova; Dispensa do ónus da prova; Presunção legal; Inversão do ónus da prova.*

Liberalidade (Dir. Civil) – De uma forma algo ligeira – porque se trata de questão cuja história é indispensável à compreensão e porque está longe de se encontrar devidamente analisada – pode dizer-se que o espírito de liberalidade consiste na intenção de atribuir a outrem um benefício sem contrapartida. É elemento essencial de determinados negócios jurídicos gratuitos, como a doação e o testamento.

A palavra liberalidade também se usa vulgarmente para designar o próprio negócio.

V. *Negócio jurídico; Doação; Testamento; Contrato gratuito.*

Liberalidades inoficiosas (Dir. Civil) – "Dizem-se inoficiosas as liberalidades, entre vivos ou por morte, que ofendam a legítima dos herdeiros legitimários" – artigo 2168.°, C.C. –, isto é, que ofendam o *officium pietatis* que o *de cuius* tinha para com os seus parentes mais próximos.

Tais liberalidades são anuláveis, a requerimento dos herdeiros legitimários ou dos seus sucessores, na parte em que excedam o montante da quota disponível.

V. *Liberalidade; Redução de liberalidades; Legítima; Herdeiro legitimário; "De cuius"; Anulabilidade; Requerimento; Sucessor; Quota disponível.*

Liberdade assistida (Proc. Civil) – Era uma medida de prevenção criminal aplicável aos menores sujeitos à jurisdição dos tribunais tutelares de menores, que já fora suprimida na última versão O.T.M. – Decreto-Lei n.° 314/78, de 27 de Outubro, que entretanto sofreu alterações introduzidas pelos Decretos-Leis n.°s 185/93, de 22 de Maio, 48/95, de 15 de Março, 58/95, de 31 de Março, 120/98, de 8 de Maio, e pelas Leis n.°s 133/99, de 28 de Agosto, 147/99, de 1 de Setembro, 166/99, de 14 de Setembro, e 31/2003, de 22 de Agosto.

V. *Menor; Medida tutelar; Tribunal de menores.*

Liberdade contratual (Dir. Civil) – De acordo com o artigo 405.°, C.C., são os sujeitos privados que determinam o conteúdo e os efeitos dos negócios jurídicos que celebram. São, fundamentalmente, dois os aspectos em que se manifesta a relevância da vontade das partes:

a) Liberdade de celebração: é às pessoas que compete a decisão sobre a celebração dos negócios, ninguém sendo obrigado a contratar ou a deixar de fazê-lo, salvos os casos em que a lei excepcionalmente o determinar.

Diz-se que há um *limite positivo* à liberdade de celebração quando a lei impõe a celebração do negócio, falando-se de *limite negativo* nos casos em que a lei proíbe a realização do negócio.

A obrigação de contratar pode resultar da lei (muitas vezes, a lei impõe, para certas empresas concessionárias de bens ou serviços, a obrigação de celebrar contratos de venda ou de fornecimento com todos os que o desejem).

Há casos em que a lei proíbe a celebração de certos contratos: por exemplo, os artigos 876.° e 877.°, C.C., que proíbem, respectivamente, a venda de coisas ou direitos litigiosos a certas pessoas, e a venda a filhos e netos sem consentimento dos outros descendentes ou do seu suprimento.

b) Liberdade de estipulação: as partes são livres de fixar o conteúdo dos contratos, de celebrar contratos diferentes dos previstos na lei ou de incluir, nos que aí estão previstos, as cláusulas que entenderem, desde que utilizem essa liberdade dentro dos limites que a lei lhes impõe.

Finalmente, é ainda permitido às partes celebrar contratos mistos, isto é, que integrem regras de dois ou mais contratos regulados legalmente.

Os limites à liberdade de estipulação são numerosos, constituindo limites positivos aqueles que se consubstanciam na necessidade de integrar dadas regimes legais no conteúdo do negócio, e sendo limites negativos todos os que se traduzem na proibição de certas cláusulas ou convenções.

V. *Negócio jurídico; Contrato; Obrigação legal de contratar; Compra e venda; Contrato de fornecimento; Coisa litigiosa; Direito litigioso; Descendente; Autorização; Suprimento de consentimento; Contrato atípico; Contrato inominado; Contrato misto; Cláusula.*

Liberdade de forma (Dir. Civil) – V. *Forma.*

Liberdade religiosa – A Lei n.° 16/2001, de 22 de Junho, dispõe, no seu artigo 1.°, que "a liberdade de consciência, de religião e de culto é inviolável e garantida a todos em conformidade com a Constituição, a Declaração Universal dos Direitos do Homem, o direito internacional aplicável e a presente lei".

Além de reafirmar o princípio da não discriminação dos sujeitos em razão de convicções ou prática religiosas, diz-se que "o Estado não discriminará nenhuma igreja ou comunidade religiosa em relação às outras". O artigo 3.° reafirma o princípio da separação entre o Estado e as igrejas ou comunidades religiosas, afirmando a liberdade de organização e de exercício destas nas suas funções e no culto. "O Estado não adopta qualquer religião nem se pronuncia sobre questões religiosas", sendo observado, "nos actos oficiais e no protocolo de Estado", "o princípio da não confessionalidade", proibindo-se ao Estado a programação da educação e da cultura "segundo quaisquer directrizes religiosas", e impondo-se que "o ensino público não [...] [seja] confessional" – artigo 4.°. Porém, o artigo 13.°, n.° 3, dispõe que "o Estado, com respeito pelo princípio da separação e de acordo com o princípio da cooperação, deverá criar as condições adequadas ao exercício da assistência religiosa" nas Forças Armadas, nas forças de segurança ou de polícia, nos hospitais, asilos, colégios, institutos ou estabelecimentos de saúde, de assistência, de educação ou similares, nos estabelecimentos prisionais ou outros lugares de detenção.

O artigo 6.° determina que "a liberdade religiosa só admite as restrições necessárias para salvaguardar direitos e interesses constitucionalmente protegidos", esclarecendo que "a liberdade de consciência, de religião e de culto não autoriza a prática de crimes".

Os vários direitos inerentes à liberdade de consciência, de religião e de culto encontram-se enunciados no artigo 8.° da Lei, acrescentando o artigo 10.° que esta liberdade "compreende o direito de, de acordo com os respectivos ministros do culto e segundo as normas da igreja ou comunidade religiosa escolhida: *a)* aderir à igreja ou comunidade religiosa que escolher, participar na vida interna e nos ritos religiosos praticados em comum e receber a assistência religiosa que pedir; *b)* celebrar casamento e ser sepultado com os ritos da própria religião; *c)* comemorar publicamente as festividades religiosas da própria religião".

A objecção de consciência é prevista e regulada no artigo 12.°, cujo n.° 1 dispõe que ela "compreende o direito de objectar ao cumprimento de leis que contrariem os ditames impreteríveis da própria consciência, dentro dos limites dos direitos e deveres impostos pela Constituição e nos termos da lei que eventualmente regular o exercício da objecção de consciência", esclarecendo o n.° 2 do mesmo artigo que se consideram "impreteríveis aqueles ditames da consciência cuja violação implica uma ofensa grave à integridade moral que torne inexigível outro comportamento"; o n.° 3 ocupa-se da objecção de consciência ao serviço militar, determinando que, "sem exceptuar os que invocam também objecção de consciência ao serviço cívico", os objectores de consciência "têm direito a um regime do serviço cívico que respeite, na medida em que isso for compatível com o princípio da igualdade, os ditames da sua consciência".

Os direitos colectivos de liberdade religiosa são regulados nos artigos 20.° e segs. desta Lei.

Porém, o artigo 58.° dispõe que à Igreja Católica não são "aplicáveis as disposições desta lei relativas às igrejas ou comunidades religiosas inscritas ou radicadas no País, sem prejuízo da adopção de quaisquer disposições por acordo entre o Estado e a Igreja Católica ou por remissão da lei".

"É criada a Comissão da Liberdade Religiosa, órgão independente de consulta da Assembleia da República e do Governo", cujo regime consta dos artigos 53.° a 57.° da Lei. O Decreto-Lei n.° 308/2003, de 10 de Dezembro, regulamenta a Lei da Liberdade Religiosa, estabelecendo o regime da Comissão da Liberdade Religiosa.

O Decreto-Lei n.° 134/2003, de 28 de Junho, aprova o registo das pessoas colectivas religiosas.

V. *Princípio da igualdade; Casamento; Casamento religioso; Pessoa colectiva.*

Licença de condução – V. *Carta de condução.*

Licitação (Proc. Civil)

1. Na arrematação em hasta pública, os bens ou lotes postos em leilão são objecto de licitação entre os interessados na sua aquisição. A licitação consiste na formulação de lanços: declaração do valor por que cada um se propõe adquirir o bem, valor esse que há-de ser superior àquele por que o bem está à venda ou superior ao valor proposto imediatamente antes para compra do objecto ou lote. A venda é feita "segundo as regras que estejam em uso".

V. artigo 906.°, C.P.C., com a redacção do Decreto-Lei n.° 38/2003, de 8 de Março, rectificado pela Declaração de rectificação n.° 5-C/2003, de 30 de Abril.

No caso de venda judicial por meio de propostas em carta fechada, também pode haver licitação, se, no momento da abertura das propostas, se verificar que o preço mais elevado é oferecido simultaneamente por mais de um proponente, a menos que estes declarem que pretendem adquirir os bens em compropriedade – artigo 893.°, n.° 2, C.P.C., na redacção do referido DL n.° 38/2003.

2. No processo de inventário, há necessariamente licitação quando os interessados não cheguem a acordo unânime sobre os bens que hão-de compor os respectivos quinhões ou sobre os valores por que esses bens devem vir a ser-lhes adjudicados, nem acordem em que as verbas sejam sorteadas, separadamente ou em lotes, pelos respectivos quinhões – artigos 1363.°, 1352.°, n.°s 2 e 3 (ambos os artigos na redacção do Decreto-Lei n.° 227/94, de 8 de Setembro), 1372.° (na redacção do Decreto-Lei n.° 329-A/95, de 12 de Dezembro) e 1373.° e segs., C.P.C..

V. *Venda judicial; Adjudicação; Arrematação; Compropriedade; Inventário; Quinhão.*

Licitude (Dir. Civil) – V. *Ilicitude.*

Licitude do objecto negocial (Dir. Civil) – O objecto do negócio jurídico tem de ser lícito – isto é, não pode consistir num acto material que a lei, a ordem pública ou os bons costumes proíbam –, sob pena de nulidade do negócio, nos termos do artigo 280.°, C.C..

V. *Negócio jurídico; Objecto negocial; Ordem pública; Bons costumes; Nulidade.*

Lide (Proc. Civil) – O mesmo que *acção* (v. este termo).

Limitação ao exercício do poder paternal (Dir. Civil) – V. *Limitação do exercício do poder paternal.*

Limitação da responsabilidade (Dir. Civil) – V. *Cláusula limitativa da responsabilidade.*

Limitação da responsabilidade patrimonial (Dir. Civil) – Sendo a regra a de que, pelo cumprimento da obrigação, respondem todos os bens penhoráveis do devedor, é, no entanto, permitido às partes convencionarem a limitação dessa responsabilidade a alguns dos bens do devedor, salvo se se tratar de matéria que a lei exclua da disponibilidade das partes.

Também terceiros podem excluir da responsabilidade por dívidas bens que deixam ou doem a outrem: os bens, deixados ou doados com tal estipulação, apenas respondem pelas obrigações do beneficiário da deixa ou doação que hajam sido constituídas posteriormente à liberalidade, a menos que o registo da penhora sobre os bens tenha sido feito anteriormente ao registo da cláusula da exclusão da responsabilidade. No caso de os bens deixados ou doados não serem sujeitos a registo, só a cláusula ou estipulação posteriores à constituição da obrigação são oponíveis ao respectivo credor.

V. artigos 602.° e 603.°, C.C..

V. *Responsabilidade patrimonial; Garantia; Obrigação; Cumprimento; Penhora; Devedor; Impenhorabilidade; Terceiro; Deixa; Doação; Cláusula; Registo.*

Limitação do exercício do poder paternal (Dir. Civil) – Há situações em que a lei prevê a possibilidade de o tribunal limitar o exercício do poder paternal, por haver perigo para a segurança, saúde, formação moral ou educação do menor, ou ainda para o património deste, sem que, no entanto, se justifique a inibição do poder paternal.

Assim, o artigo 1918.°, C.C., estabelece que, estando em perigo o menor, pode o Ministério Público, qualquer parente do menor ou pessoa a quem ele se encontre confiado, de direito ou de facto, requerer ao tribunal de menores o decretamento de providências adequadas, designadamente que o menor seja confiado a uma terceira pessoa ou a um estabelecimento de educação e assistência; nestes casos, os pais conservam o exercício do poder paternal em tudo o que não seja inconciliável com a providência decretada (artigo 1919.°, C.C.).

V. ainda artigos 46.° e segs. da Lei de Protecção de Crianças e Jovens em Perigo (Lei n.° 147/99, de 1 de Setembro).

Também, "quando a má administração ponha em perigo o património do filho e não seja caso de inibição do exercício do poder paternal, pode o tribunal, a requerimento do Ministério Público ou de qualquer parente, decretar as providências que julgue adequadas" – v. artigos 1920.°, C.C., e 200.° da anteriormente designada por O.T.M. (Decreto-Lei n.° 314/78, de 19 de Novembro).

As decisões judiciais que estabeleçam providências limitativas do exercício do poder paternal são oficiosamente comunicadas à repartição do registo civil competente, para serem registadas, não sendo oponíveis a terceiro de boa fé enquanto o não forem (v. artigos 1920.°-B e 1920.°-C, C.C.).

As decisões referidas podem, em qualquer momento, ser revogadas ou alteradas pelo tribunal que as proferiu, a requerimento do Ministério Público ou de qualquer dos pais (v. artigos 1920.°-A, C.C., e 201.°, O.T.M.).

V. *Poder paternal; Menor; Inibição do poder paternal; Ministério Público; Parentesco; Tribunal de menores; Confiança de menor; Administração de bens; Registo civil; Oponibilidade a terceiros; Boa fé.*

Limitação dos actos processuais (Proc. Civil) – V. *Actos processuais; Princípio da limitação dos actos processuais.*

Limitação do poder paternal (Dir. Civil) – V. *Limitação do exercício do poder paternal.*

Limitação voluntária dos direitos de personalidade (Dir. Civil) – O artigo 81.°, C.C., apenas autoriza as limitações voluntárias ao exercício dos direitos de personalidade que não forem contrárias à ordem pública (v. também artigo 340.°, n.° 2, C.C.) e, ainda assim, permite a revogação, a todo o tempo, da limitação, embora "com obrigação de indemnizar os prejuízos causados às legítimas expectativas da outra parte".

V. *Direitos de personalidade; Ordem pública; Consentimento do lesado; Revogação; Indemnização.*

Limitações ao exercício do poder paternal (Dir. Civil) – V. *Limitação do exercício do poder paternal*

Limite do sacrifício (Dir. Civil) – V. *Doutrina do limite do sacrifício.*

Limites da condenação (Proc. Civil) – O artigo 661.°, n.° 1, C.P.C., limita a decisão condenatória aos termos definidos pelas partes na relação processual, dizendo que "a sentença não pode condenar em quantidade superior ou em objecto diverso do que se pedir".

V. *Sentença condenatória; Condenação do réu; Pedido.*

Limites da propriedade (Dir. Civil) – V. *Direito de propriedade.*

Limites do parentesco (Dir. Civil) – O parentesco na linha recta produz sempre efeitos jurídicos, enquanto que o parentesco na linha colateral produz os seus efeitos até ao sexto grau.

V. artigo 1582.°, C.C..

V. *Parentesco; Linha; Colateral; Grau de parentesco.*

Língua portuguesa (Dir. Civil; Proc. Civil) – O artigo 11.°, n.° 3, da Constituição da República estabelece que "a língua oficial é o Português".

O artigo 139.°, C.P.C., determina que nos actos judiciais se usará a língua portuguesa, admitindo-se que os estrangeiros, quando hajam de ser ouvidos, se exprimam em língua diferente, se não conhecerem a língua portuguesa, devendo então, se necessário, ser nomeado um intérprete para, sob juramento de fidelidade, estabelecer a comunicação.

Quanto aos documentos escritos em língua estrangeira, estabelece o artigo 140.°, C.P.C., na redacção dos Decretos-Leis n.°s 329-A/95, de 12 de Dezembro, e 180/96, de 25 de Setembro, que, se não forem acompanhados de tradução legalmente idónea, o juiz pode ordenar que o apresentante junte tradução feita por notário ou autenticada por funcionário diplomático ou consular do respectivo Estado, podendo ainda o tribunal nomear perito para a realização da tradução, quando não seja possível obter aquela que foi ordenada ou quando a determinação não seja cumprida dentro do prazo fixado.

O artigo 40.°, n.° 1, da Lei n.° 32/2003, de 22 de Agosto (Lei da Televisão), estabelece que "as emissões devem ser faladas ou legendadas em português, sem prejuízo da eventual utilização de qualquer outra língua quando se trate de programas que preencham necessidades pontuais de tipo informativo ou destinados ao ensino de idiomas estrangeiros"; no n.° 2 determina-

-se que "os serviços de programas televisivos de cobertura nacional, com excepção daqueles cuja natureza e temática a tal se opuserem, devem dedicar pelo menos 50% das suas emissões, com exclusão do tempo consagrado à publicidade, televenda e teletexto, à difusão de programas originariamente em língua portuguesa", podendo, de acordo com o n.° 4 do mesmo artigo, estas percentagens "ser preenchidas até um máximo de 25% por programas originários de outros países lusófonos, para além de Portugal"; v. também artigos 43.° a 45.° da Lei referida.

O artigo 7.°, n.°s 3 e 4, do Código da Publicidade (Decreto-Lei n.° 330/90, de 23 de Outubro, alterado pelos Decretos-Leis n.°s 74/93, de 10 de Março, 6/95, de 17 de Janeiro, 61/97, de 25 de Março, pela Lei n.° 31-A/98, de 14 de Julho, pelos Decretos-Leis n.°s 275/98, de 9 de Setembro, 51//2001, de 15 de Fevereiro, e 332/2001, de 24 de Dezembro, pela Lei n.° 32/2003, de 22 de Agosto, e pelo Decreto-Lei n.° 224/2004, de 4 de Dezembro) dispõem que "só é permitida a utilização de línguas de outros países na mensagem publicitária, mesmo que em conjunto com a língua portuguesa, quando tenha os estrangeiros por destinatários exclusivos ou principais [...]", admitindo-se excepcionalmente a utilização "de palavras ou de expressões em línguas de outros países quando necessárias à obtenção do efeito visado na concepção da imagem".

O Decreto-Lei n.° 238/86, de 19 de Agosto, alterado pelo Decreto-Lei n.° 42//88, de 6 de Fevereiro, estabelece, no seu artigo 1.°, que "as informações sobre a natureza, características e garantias de bens ou serviços oferecidos ao público no mercado nacional, quer as constantes de rótulos, embalagens, prospectos, catálogos, livros de instruções para utilização ou outros meios informativos, quer as facultadas nos locais de venda ou divulgadas por qualquer meio publicitário, deverão ser prestadas em língua portuguesa"; nos termos do artigo 2.°, "no caso de as informações escritas se encontrarem redigidas em língua ou línguas estrangeiras aquando da venda de bens ou serviços no mercado nacional é obrigatória a sua tradução integral em língua portuguesa, devendo, conforme os casos, o texto traduzido ser aposto nos rótulos ou embalagens ou aditado aos meios informativos referidos no artigo anterior"; o artigo 3.° acrescenta ainda que "sem prejuízo de conterem versão em língua ou línguas estrangeiras, os contratos que tenham por objecto a venda de bens ou produtos ou a prestação de serviços no mercado interno, bem como a emissão de facturas ou recibos, deverão ser redigidos em língua portuguesa".

O Decreto-Lei n.° 560/99, de 18 de Dezembro (que transpôs as Directivas n.°s 97/4/CE, do Conselho, de 27 de Janeiro, 1999/10/CE, do Conselho, de 27 de Janeiro, e 1999/10/CE, da Comissão, de 8 de Março), alterado pelos Decretos-Leis n.°s 183/2002, de 20 de Agosto (rectificado pela Declaração de rectificação n.° 31/2002, de 7 de Outubro, e transpôs a Directiva n.° 2001/101/CE, da Comissão, de 26 de Novembro tendo, por sua vez, sido alterado pelo Decreto-Lei n.° 50/2003, de 25 de Março, que transpôs a Directiva n.° 2002//86/CE, da Comissão, de 6 de Novembro), 229/2003, de 27 de Setembro (que transpôs a Directiva n.° 2000/36/CE, do Parlamento Europeu e do Conselho, de 23 de Junho), 126/2005, de 5 de Agosto (que transpôs a Directiva n.° 2003/89/CE, do Parlamento Europeu e do Concelho, de 10 de Novembro), e 148/2005, de 29 de Agosto (que transpôs a Directiva n.° 2004/77/CE, da Comissão, de 29 de Abril), que se ocupa da rotulagem dos géneros alimentícios, dispõe, no seu artigo 24.°, que "as indicações obrigatórias a constar da rotulagem são sempre redigidas em português, sem prejuízo da sua reprodução noutras línguas", exceptuando desta regra "a indicação de denominação de venda, a qual pode ser redigida em língua estrangeira quando não for susceptível de ser traduzida para português ou esteja internacionalmente consagrada"; o n.° 3 desta disposição admite que a rotulagem em língua estrangeira em produtos que a tivessem possa ser mantida, "desde que as menções obrigatórias previstas neste diploma ou em legislação específica e as menções destinadas a acautelar a saúde e segurança dos consumidores sejam também redigidas em português, com caracteres com o mínimo de 3 mm ou, quando os caracteres do rótulo de origem forem inferiores, com dimensão idêntica à daqueles".

O Decreto n.° 19/99, de 16 de Junho, aprova os estatutos do Instituto Internacional da Língua Portuguesa, adoptados na Praia, Cabo Verde, em 17 de Julho de 1998, pelos Governos das Repúblicas de Angola, do Brasil, de Cabo Verde, de Guiné-Bissau, de Moçambique, de Portugal e de São Tomé e Príncipe.

O Decreto do Presidente da República n.° 1/2000, de 28 de Janeiro, ratifica o Protocolo Modificativo ao Acordo Ortográfico da Língua Portuguesa, assinado na Praia, em 17 de Julho de 1998, pelos Governos da República Federativa do Brasil, da República de Cabo Verde, da República da Guiné-Bissau, da República de Moçambique, da República Portuguesa e da República Democrática de São Tomé e Príncipe, e aprovado, pela Resolução da Assembleia da República n.° 8/2000, em 18 de Novembro de 1999.

Os Estatutos da Comunidade dos Países de Língua Portuguesa, assinados em Lisboa em 17 de Julho de 1966, foram aprovados, para ratificação, pela Resolução da Assembleia da República n.° 14/97, de 30 de Janeiro, e ratificados pelo Decreto do Presidente da República n.° 15/97, de 20 de Março; entraram em vigor em 17 de Abril de 2000, segundo o Aviso n.° 33//2004, de 10 de Abril. O Acordo entre o Governo Português e a Comunidade dos Países de Língua Portuguesa Referente ao Estabelecimento da Sede da Comunidade em Portugal, assinado em Lisboa em 3 de Julho de 1998, foi aprovado para ratificação pela Resolução da Assembleia da República n.° 23/99, de 26 de Março, e ratificado pelo Decreto do Presidente da República n.° 123/99, da mesma data, tendo o Aviso n.° 244/2006, de 25 de Janeiro, tornado público que, em 12 de Janeiro de 2006, foram trocados os respectivos instrumentos de ratificação.

V. *Actos processuais; Estrangeiros; Intérprete; Juramento; Documento escrito; Tradução; Documento em língua estrangeira; Notário; Perito; Publicidade; Tutela do consumidor.*

Linha (Dir. Civil) – Chama-se linha de parentesco à série dos graus que vinculam os parentes.

V. artigo 1579.°, C.C..

Dispõe o artigo 1580.°, n.° 1, C.C.: "A linha diz-se recta, quando um dos parentes descende do outro; diz-se colateral quando nenhum dos parentes descende do outro, mas ambos procedem de um progenitor comum".

A linha recta diz-se ascendente quando se toma como ponto de partida o descendente e se segue para o progenitor, e descendente quando se parte do ascendente para o que dele procede – artigo 1580.°, n.° 2, C.C..

De acordo com o artigo 1585.°, C.C., "a afinidade determina-se pelos mesmos graus e linhas que definem o parentesco [...]".

V. *Parentesco; Grau de parentesco; Afinidade.*

Linha colateral (Dir. Civil) – V. *Linha.*

Linha recta (Dir. Civil) – V. *Linha.*

Linha transversal (Dir. Civil) – O mesmo que linha colateral.

V. *Linha.*

Liquidação (Dir. Com.; Dir. Civil; Proc. Civil) – O termo liquidação, mesmo na lei, é equívoco: usa-se referido a dívidas como sinónimo de pagamento, isto é, para significar o cumprimento de uma obrigação, embora normalmente só se aplique quando a obrigação é pecuniária (cfr. artigo 781.°, C.C.: "dívida liquidável em prestações"); quando referido a patrimónios, liquidação designa o conjunto de operações destinadas a realizar o activo para satisfazer o passivo (cfr. artigos 1122.° e segs., C.P.C., sobre liquidação de patrimónios).

Admitindo a nossa lei processual (artigo 471.°, C.P.C., na redacção do Decreto-Lei n.° 38/2003, de 8 de Março, rectificado pela Declaração de rectificação n.° 5-C//2003, de 30 de Abril), nalguns casos, a formulação de pedidos genéricos, prevê também, para tais hipóteses, que, antes de começar a discussão da causa, o autor, sempre que possível, venha, através de um incidente na instância, tornar líquido o pedido (isto é, referido a um quantitativo numericamente determinado), quando este se refira a uma universalidade de facto ou de direito, ou às consequências de um facto ilícito. Esse incidente é julgado conjuntamente com a causa principal.

V. artigos 378.° a 380.°-A, C.P.C., na redacção dada pelo já citado DL n.° 38/2003.

Em processo executivo, é a fase da execução destinada a tornar líquida a quantia que o executado deve pagar.

A liquidação pode ser feita pelo exequente (fundamentalmente quando dependa de simples operações aritméticas), pelo tribunal ou por árbitros (artigo 805.°, C.P.C., na redacção do mesmo DL n.° 38//2003).

Em processo de falência, liquidação do activo era a venda de todos os bens e direitos da massa falida, feita pelo liquidatário judicial sob a direcção do juiz e com a cooperação e fiscalização da comissão de credores, nos termos dos artigos 179.° e segs. do Código dos Processos Especiais de Recuperação da Empresa e de Falência, aprovado pelo Decreto-Lei n.° 132/93, de 23 de Abril, alterado pelos Decretos-Leis n.°s 157/97, de 24 de Junho, 315/98, de 20 de Outubro, 323/2001, de 17 de Dezembro, e 38/2003, de 8 de Março. Este diploma foi revogado pelo Decreto-Lei n.° 53/2004, de 18 de Março, alterado pelos Decretos-Leis n.°s 200/2004, de 18 de Agosto, e 76-A/2006, de 29 de Março (rectificado pela Declaração de rectificação n.° 28-A/2006, de 26 de Maio), que aprovou o Código da Insolvência e da Recuperação de Empresas.

Neste último, a liquidação da massa insolvente consiste, do mesmo modo, essencialmente no processo de venda de todos os elementos do activo patrimonial da massa para pagamento aos credores (v. artigos 158.° e segs.).

V. *Obrigação; Cumprimento; Obrigação pecuniária; Património; Pedido; Pedido genérico; Acto ilícito; Incidente; Universalidade de facto; Universalidade de direito; Execução; Exequente; Liquidação da obrigação; Falência; Massa falida; Liquidatário judicial; Comissão de credores; Insolvência; Recuperação de empresas; Massa insolvente.*

Liquidação da obrigação (Proc. Civil) – Sendo a obrigação ilíquida, permite o artigo 471.°, C.P.C., na redacção dos Decretos-Leis n.°s 329-A/95, de 12 de Dezembro, e n.° 38/2003, de 8 de Março (rectificado pela Declaração de rectificação n.° 5-C//2003, de 30 de Abril), que ela constitua o objecto do pedido do autor nos casos nessa disposição enunciados.

Quando isso se verifique, deve o autor deduzir, se for possível, o incidente de liquidação, antes de começar a discussão da causa, nos termos dos artigos 378.° a 380.°-A, C.P.C., todos na redacção do DL n.° 38//2003 que também aditou ao Código o último artigo referido.

Na acção executiva, a liquidação é realizada pelo próprio exequente no requerimento inicial, quando ela dependa de simples cálculo aritmético.

Fora deste caso, deverá o exequente especificar no requerimento os valores que considera compreendidos na prestação devida e concluir por um pedido líquido, sendo então citada a parte contrária para contestar. Na falta de contestação, a obrigação considera-se fixada nos termos do requerimento executivo. A liquidação é, neste caso, realizada por decisão judicial.

A liquidação pode ainda ser realizada por árbitros.

V. artigo 805.°, C.P.C., na redacção dada pelo DL n.° 38/2003.

V. *Obrigação ilíquida; Pedido; Autor; Incidente; Artigos de liquidação; Execução; Exequente; Requerimento executivo; Contestação.*

Liquidação da quota (Dir. Civil) – Quando um sócio de uma sociedade faleça, seja exonerado ou excluído, procede-se à liquidação da respectiva quota.

O valor desta é calculado "com base no estado da sociedade à data em que ocorreu ou produziu efeitos o facto determinante da liquidação; se houver negócios em curso, o sócio ou os herdeiros participarão dos lucros e perdas deles resultantes".

A lei estabelece critérios para a avaliação da quota (v. artigo 1018.°, n.°s 1, 2 e 3, C.C.) e determina que o pagamento do valor da liquidação será feito, salvo convenção em contrário, no prazo de seis meses a contar do dia da ocorrência ou da produção de efeitos do facto determinante da liquidação.

V. artigo 1021.°, C.C..

V. *Sociedade; Sócio; Herdeiro.*

Liquidação da sociedade (Dir. Civil) – Diz o artigo 1010.°, C.C., que, "dissolvida a sociedade, procede-se à liquidação do seu património".

A forma da liquidação será a estabelecida no contrato ou a que, na falta de previsão contratual, for decidida por acordo de todos os sócios; não havendo esse acordo, aplicam-se as regras dos artigos 1012.° e segs., C.C., e as consignadas nos artigos 1122.° e segs., C.P.C. (os artigos 1123.° a 1130.° têm a redacção dada pelo Decreto-Lei n.° 329-A/95, de 12 de Dezembro, que também revogou o artigo 1131.°).

V. *Sociedade; Património; Dissolução de sociedade; Liquidação de patrimónios.*

Liquidação de patrimónios (Proc. Civil) – O C.P.C. regula, no seu Livro III, Título IV, Capítulo XV, artigos 1122.° e segs., vários processos de liquidação de patrimónios, que são processos com uma fase declarativa e uma fase executiva.

Os artigos 1122.° a 11310.° ocupam-se do processo de liquidação do património das sociedades (civis e comerciais) em benefício dos sócios; os artigos 1132.° a 1134.° da liquidação da herança declarada vaga para o Estado. A partir do artigo 1135.° eram regulados os processos de falência e insolvência; estas últimas disposições do Código de Processo Civil foram revogadas pelo Código dos Processos Especiais de Recuperação da Empresa e de Falência, aprovado pelo Decreto-Lei n.° 132/93, de 23 de Abril, alterado pelos Decretos-Leis n.°s 157/97, de 24 de Junho, 315/98, de 20 de Outubro, 323/2001, de 17 de Dezembro, e 38/2003, de 8 de Março, por sua vez, revogado pelo Código da Insolvência e da Recuperação de Empresas, aprovado pelo Decreto-Lei n.° 53/2004, de 18 de Março, alterado pelos Decretos-Leis n.°s 200/2004, de 18 de Agosto, e 76-A/2006, de 29 de Março (rectificado pela Declaração de rectificação n.° 28-A/2006, de 26 de Maio). O artigo 162.° deste último determina que "a empresa compreendida na massa insolvente é alienada como um todo, a não ser que não haja proposta satisfatória ou se reconheça vantagem na liquidação ou na alienação separada de certas partes".

V. *Liquidação; Património; Sociedade; Herança vaga; Falência; Insolvência; Insolvência; Recuperação de empresas; Empresa; Massa insolvente.*

Liquidação do activo (Proc. Civil) – Chamava-se liquidação do activo à venda de todos os bens e direitos do comerciante falido que constituíam a massa falida, feita pelo administrador da falência sob a direcção do síndico. Os artigos 1245.° a 1253.°, C.P.C. (os artigos 1245.°, 1247.° e 1251.° na redacção que lhes tinha sido dada pelo artigo 50.° do Decreto-Lei n.° 177/86, de 2 de Julho), que se ocupavam da matéria foram revogados pelo Código dos Processos Especiais de Recuperação da Empresa e de Falência, aprovado pelo Decreto-Lei n.° 132/93, de 23 de Abril, alterados pelos Decretos-Leis n.°s 157/97, de 24 de Junho, 315/98, de 20 de Outubro, 323/2001, de 17 de Dezembro, e 38/2003, de 8 de Março. O Capítulo VI do Título III deste diploma regia a liquidação do activo no processo de falência, dispondo o n.° 1 do artigo 179.° que, transitada a sentença declaratória da falência, ou proferida em 1.ª instância a decisão que rejeitasse os embargos que lhe tivessem sido opostos, sem que dela tivesse havido recurso, se procederia à venda de todos os bens arrolados para a massa falida, independentemente da verificação do passivo. A liquidação do activo era efectuada pelo liquidatário judicial, com a cooperação e fiscalização da comissão de credores, constituindo o processado relativo à liquidação um apenso ao processo de falência; a liquidação devia ser concluída no prazo de seis meses, prorrogável a pedido do liquidatário, por período não superior a seis meses; a venda dos bens da massa falida era feita segundo as modalidades estabelecidas para o processo de execução, cabendo a escolha da modalidade para cada caso ao liquidatário judicial, com a prévia concordância da comissão de credores; a venda podia também ser feita por negociação particular pelo liquidatário judicial, "por valor nunca abaixo do preço mínimo estabelecido e com o acordo prévio da comissão de credores (artigos 181.° e 182.°, o primeiro na redacção do Decreto-Lei n.° 38/2003, de 8 de Março). Contra actos da liquidação podiam, no prazo de cinco dias após a data em que fosse junto aos autos o relatório em que se encontrassem referidos os actos impugnados, os credores ou o falido apresentar reclamação escrita ao juiz, que decidiria, depois de ouvidos o liquidatário judicial e a comissão de credores, bem como as pessoas directamente interessadas na manutenção do acto, com a produção da prova (artigo 184.°). À medida em que se fosse fazendo a liquidação, o seu produto era depositado, à ordem da administração da massa, na Caixa Geral de Depósitos ou em outra instituição de crédito escolhida pelo liquidatário, com a concordância da comissão de credores. O produto da liquidação destinava-se ao pagamento das custas da falência e despesas de liquidação e, na parte sobrante, ao pagamento integral ou rateado dos créditos verificados (artigo 208.°).

O Código dos Processos Especiais de Recuperação da Empresa e de Falência foi revogado pelo Código da Insolvência e da Recuperação de Empresas, aprovado pelo Decreto-Lei n.° 53/2004, de 18 de Março, alterado pelos Decretos-Leis n.°s 200/2004, de 18 de Agosto, e 76-A/2006, de 29 de Março (rectificado este pela Declaração de rectificação n.° 28-A/2006, de 26 de Maio), neste se prevendo a liquidação do activo do insolvente para satisfação dos credores.

A assembleia de credores, depois da apreciação do relatório do administrador da insolvência – do qual tem de ser dado conhecimento ao devedor, à comissão de credores e à comissão de trabalhadores ou aos representantes destes, para poderem pronunciar-se sobre ele –, pode deliberar o encerramento do, ou dos, estabelecimento compreendido na massa insolvente e a liquidação desta. Se assim for, transitada em julgado a sentença declaratória da insolvência, "o administrador [...] procede com prontidão à venda de todos os bens apreendidos para a massa [...]", promovendo, "mediante prévia concordância da comissão de credores, ou, na sua falta, do juiz [...], a venda imediata dos bens da massa [...] que não possam ou não se devam conservar por estarem sujeitos a deterioração ou depreciação". V. artigos 156.° a 158.°.

Há actos de alienação para os quais é necessário o consentimento da assembleia, por assumirem especial relevo para o processo; encontram-se eles enunciados no artigo 161.°, n.° 3; o n.° 4 deste artigo estabelece que "a intenção de efectuar alienações que constituam actos de especial relevo por negociação particular, bem como a identidade do adquirente e todas as demais condições do negócio, deverão ser comunicadas não só à comissão de credores, se existir, como ao devedor, com a antecedência mínima de 15 dias relativamente à data da transacção"; finalmente, o n.° 5 dispõe que "o juiz manda sobrestar na alienação e convoca a assembleia [...] para prestar o seu consentimento à operação, se isso lhe for requerido pelo devedor ou por um credor ou grupo de credores cujos créditos representem [...] pelo menos um quinto do total dos créditos não subordinados, e o requerente demonstrar a plausibilidade de que a alienação a outro interessado seria mais vantajosa para a massa[...]". Sobre a alienação da empresa rege o artigo 162.°. O artigo 164.° ocupa-se das modalidades da alienação.

V. *Falência; Administrador da falência; Síndico de falências; Sentença; Trânsito em julgado; Recurso; Massa falida; Liquidatário judicial; Comissão de credores; Apensação de acções; Execução; Arrematação; Venda judicial; Reclamação; Custas; Verificação de créditos; Insolvência; Recuperação de empresas; Assembleia de credores; Administrador da insolvência; Massa insolvente; Trânsito em julgado; Alienação.*

Liquidação do pedido (Proc. Civil) – V. *Pedido; Pedido genérico; Liquidação da obrigação.*

Liquidatário (Dir. Civil; Dir. Com.; Proc. Civil) – Pessoa encarregada de uma liquidação.

V. *Liquidação.*

Liquidatário judicial (Dir. Civil; Dir. Com.; Proc. Civil) – Na sentença que declarasse a falência deveria ser nomeado pelo juiz, de entre as pessoas inscritas na lista oficial respectiva – devendo aquele ter em conta, na nomeação, os elementos apurados na fase inicial do processo, bem como as propostas dos credores e as indicações da própria empresa –, o respectivo liquidatário judicial. Logo que nomeado, o liquidatário assumia imediatamente as suas funções, "podendo livremente examinar todos os elementos da contabilidade do devedor, solicitar dele e dos credores as informações necessárias e sugerir ao tribunal a requisição dos elementos indispensáveis". Competia-lhe a administração dos bens componentes da massa falida, durante o período da liquidação, sob a direcção do juiz e com a cooperação e fiscalização da comissão de credores, podendo praticar, em relação à massa, todos os actos de administração ordinária e sendo-lhe aplicáveis, com as necessárias adaptações, as regras relativas ao contrato de mandato; cabia-lhe especialmente o encargo de preparar o pagamento das dívidas do falido à custa do produto da alienação – que lhe incumbia promover – dos bens que integrassem o património daquele. Exercia pessoalmente as competências do seu cargo, não podendo substabelecê-las em ninguém, sem prejuízo dos casos de recurso obrigatório ao patrocínio judiciário ou de necessidade de prévia concordância da comissão de credores; podia, porém, "no exercício das suas funções, ser coadjuvado sob sua responsabilidade por técnicos ou outros auxiliares, remunerados ou não, incluindo o próprio falido, mediante prévia concordância da comissão de credores". Competia-lhe ainda: representar a massa em juízo, activa e passivamente; prestar à comissão de credores e ao tribunal todas as informações necessárias sobre a administração e a liquidação da massa; exercer, relativamente aos trabalhadores do falido, todas as competências decorrentes do regime jurídico da cessação do contrato individual de trabalho.

O liquidatário devia agir como um gestor diligente, sendo aplicáveis aos bens da massa falida entregues ao liquidatário, com as necessárias adaptações, as regras do depósito em geral e, em especial, as que regem o depósito judicial de bens penhorados.

A liquidação do activo era feita pelo liquidatário, com a cooperação e fiscalização da comissão de credores, podendo os credores ou o falido reclamar por escrito ao juiz contra actos irregulares praticados no decurso da liquidação, cabendo a este decidir, depois de ouvidos o liquidatário, a comissão de credores e as pessoas directamente interessadas na manutenção do acto, com a produção da prova.

Os actos do liquidatário judicial podiam ser impugnados pela comissão de credores, ou pelo falido, com base na sua ilegalidade ou na sua inconveniência para os interesses da massa falida, em requerimento fundamentado dirigido ao juiz, podendo este, "a todo o tempo, ouvida a comissão de credores, destituir justificadamente o liquidatário judicial e substituí-lo por outro".

O liquidatário judicial cessava funções depois de transitada em julgado a decisão que aprovasse as contas de liquidação da massa falida, ou quando fosse por sentença homologado o acordo extraordinário a que se referiam os artigos 231.° a 237.°, embora, neste último caso, ainda tivesse de apresentar contas e exercer as atribuições que lhe fossem cometidas no acordo.

Este o regime estabelecido nos artigos 128.°, n.° 1-*a)*, 132.° e segs. e 179.° e segs. do Código dos Processos Especiais de Recuperação da Empresa e de Falência, aprovado pelo Decreto-Lei n.° 132/93, de 23 de Abril, alterado pelos Decretos-Leis n.°s 157/97, de 24 de Junho, 315/98, de 20 de Outubro, 323/2001, de 17 de Dezembro, e 38/2003, de 8 de Março, entretanto revogado pelo Código da Insolvência e da Recuperação de Empresas, aprovado pelo Decreto-Lei n.° 53/2004, de 18 de Março, alterado pelos Decretos-Leis n.°s 200/2004, de 18 de Agosto, e 76-A/2006, de 29 de Março (rectificado pela Declaração de rectificação n.° 28-A/2006, de 26 de Maio).

O Decreto-Lei n.° 254/93, de 15 de Julho, alterado pelo Decreto-Lei n.° 293/95, de 17 de Novembro, definia o processo de recrutamento dos liquidatários judiciais, determinando que ele fosse realizado de entre pessoas que oferecessem garantias de idoneidade técnica aferida, nomeadamente por habilitações na área da gestão de empresas ou experiência profissional adequada; em cada distrito judicial era elaborada, por uma comissão constituída para o efeito, uma lista contendo, por ordem alfabética, os nomes das pessoas habilitadas a exercer as funções de liquidatário judicial, sendo tais listas anualmente actualizadas e publicadas no *Diário da República;* os liquidatários judiciais inscritos nas listas distritais eram considerados disponíveis para o exercício das respectivas funções por um período de cinco anos, renovável por uma só vez, estando sujeitos aos impedimentos e suspeições aplicáveis aos juízes, bem como às regras sobre incompatibilidades aplicáveis aos titulares de órgãos sociais das sociedades. Por seu lado, o Decreto-Lei n.° 188/96, de 8 de Outubro, alterado pelo Decreto-Lei n.° 323/2001, de 17 de Dezembro, viera estabelecer limitações ao exercício de funções de liquidatário judicial em várias empresas, determinando que os liquidatários judiciais, enquanto no exercício das respectivas funções, não podiam integrar órgãos sociais ou dirigentes de empresas que prosseguissem actividades total ou predominantemente idênticas, não podendo também, bem como os seus cônjuges e parentes ou afins até ao 2.° grau da linha recta ou colateral, "por si ou por interposta pessoa, ser titulares de participações sociais nas empresas antes referidas"; finalmente, proibia os liquidatários judiciais, por si ou por interposta pessoa, de ser membros de órgãos sociais ou dirigentes de empresas em que tivessem exercido as referidas funções sem que tivessem decorrido dois anos após a cessação daquele exercício.

O Decreto-Lei n.° 79/98, de 2 de Abril, criou as sociedades de liquidatários judiciais.

Todos estes diplomas, com excepção do último, se encontram actualmente revogados, sendo a função de liquidatário judicial correspondente à de administrador da insolvência (v. Lei n.° 32/2004, de 22 de Julho).

V. *Falência; Credor; Empresa; Devedor; Acto de administração; Massa falida; Comissão de credores; Mandato; Substabelecimento; Patrocínio judiciário; Auxiliar; Diligência; Depósito; Penhora; Reclamação; Prova; Requerimento; Sentença; Trânsito em julgado; Homologação; Liquidação do activo; Acordo de credores; Distrito judicial; Impedimentos; Suspeição; Sociedade; Parentesco; Afinidade; Linha; Grau de parentesco; Interposição de pessoa; Insolvência; Recuperação de empresas; Administrador da insolvência.*

Liquidez (Dir. Civil; Proc. Civil) – Uma dívida diz-se líquida quando o seu montante está determinado. Na divida ilíquida, existe já uma obrigação de prestar, mas o montante da prestação não está (ou não pode ser) ainda calculado: assim sucede, por exemplo, com a obrigação de indemnizar quando não está ainda avaliado o total dos prejuízos sofridos pelo lesado.

Segundo artigo 805.°, C.C., na redacção do Decreto-Lei n.° 262/83, de 16 de Junho, não há mora do devedor enquanto a dívida se não tornar líquida, salvo se a falta de liquidez for imputável àquele; "tratando-se, porém, de responsabilidade por facto ilícito ou pelo risco, o devedor constitui-se em mora desde a citação, a menos que já haja então mora [...]".

V. também artigos 306.°, n.° 4 (início do curso da prescrição no caso de dívida ilíquida), e 847.°, n.° 3 (possibilidade de compensação com dívida ilíquida), C.C..

Antes de começar a discussão da causa, o autor deve, sempre que tal seja possível, promover a liquidação do pedido, deduzindo o respectivo incidente (v. artigos 378.° a 380.°-A, C.P.C., na redacção dada pelo Decreto-Lei n.° 38/2003, de 8 de Março – rectificado pela Declaração de rectificação n.° 5-C/2003, de 30 de Abril –, que aditou o último artigo referido).

V. *Obrigação ilíquida; Prestação; Indemnização; Responsabilidade civil; Responsabilidade pelo risco; Mora; Citação; Prescrição Compensação; Autor; Liquidação; Liquidação da obrigação; Pedido; Pedido genérico; Incidente.*

Litigância de má fé (Proc. Civil) – Diz o artigo 456.° do C.P.C., na redacção dos Decretos-Leis n.°s 329-A/95, de 12 de Dezembro, e 180/96, de 25 de Setembro, que litiga de má fé qualquer das partes num processo, que, com dolo ou culpa grave, defenda uma posição cuja falta de fundamento não deva ignorar, ou que falseie factos ou omita factos relevantes para a decisão da causa, que tenha praticado omissão grave do dever de cooperação, e ainda todo o que utilize o processo ou os meios processuais de modo "manifestamente reprovável, com o fim de conseguir um objectivo ilegal, impedir a descoberta da verdade, entorpecer a acção da justiça ou protelar, sem fundamento sério, o trânsito em julgado da decisão".

O n.° 3 deste artigo 456.° dispõe que, "independentemente do valor da causa e da sucumbência, é sempre admitido recurso, em um grau, da decisão que condene por litigância de má fé".

A parte que litigar de má fé é condenada em multa e indemnização à parte contrária, se esta a pedir, podendo esta indemnização cobrir todas as despesas a que a parte foi obrigada em consequência da má fé da outra (incluídas as de honorários dos mandatários ou técnicos) e ainda todos os prejuízos que directa ou indirectamente decorreram da má fé – artigo 457.°, C.P.C., cuja redacção resulta do DL n.° 329-A/95.

Sendo a parte incapaz, pessoa colectiva ou sociedade, a responsabilidade pela custas, multa e indemnização é do representante que no processo tenha litigado de má fé – artigo 458.°, C.P.C..

Se ao mandatário couber responsabilidade pela má fé, será feita participação à Ordem dos Advogados ou à Câmara dos Solicitadores – artigo 459.°, C.P.C..

Nos termos do artigo 10.°, n.° 1-*d)*, da Lei n.° 34/2004, de 29 de Julho, que aprova o regime de acesso ao direito e aos tribunais e transpõe para a ordem jurídica nacional a Directiva n.° 2003/8/CE, do Conselho, de 27 de Janeiro, relativa à melhoria do acesso à justiça nos litígios transfronteiriços através do estabelecimento de regras mínimas comuns relativas ao apoio judiciário no âmbito desses litígios, "a protecção jurídica é retirada, quer na sua totalidade quer relativamente a alguma das suas modalidades [...] se, em recurso, for confirmada a condenação do requerente como litigante de má fé".

V. *Má fé; Parte; Dolo; Culpa; Culpa grave; Cooperação; Trânsito em julgado; Valor da causa; Indemnização; Honorários; Mandatário judicial; Incapaz; Pessoa colectiva; Sociedade; Representante; Custas; Recurso; Ordem dos advogados; Câmara dos Solicitadores; Dano; Acesso à justiça.*

Litígio (Proc. Civil) – Conflito concreto de interesses digno de ser apresentado à consideração de uma entidade independente (em regra, o tribunal), para efeito de uma justa composição desses interesses.

V. *Interesse; Tribunal.*

Litígio de consumo (Dir. Civil; Proc. Civil) – V. *Conflito de consumo.*

Litígio transfronteiriço (Proc. Civil) – O Decreto-Lei n.° 71/2005, de 17 de Março, que completa a transposição da Directiva n.° 2003/8/CE, do Conselho, de 27 de Janeiro, "relativa à melhoria do acesso à justiça nos litígios transfronteiriços, através do estabelecimento de regras mínimas comuns relativas ao apoio judiciário no âmbito desses litígios, desenvolve o regime previsto na Lei n.° 34/2004 [...]". De acordo com o artigo 2.°, n.° 2, deste diploma, "entende-se por «litígio transfronteiriço» o litígio em que o requerente de protecção jurídica tem à data de apresentação do pedido domicílio ou residência habitual num Estado membro da União Europeia diferente do Estado membro do foro".

V. *Acesso à justiça; Apoio judiciário; Protecção jurídica; Domicílio; Residência habitual.*

Litisconsórcio (Proc. Civil) – Em sentido lato: pluralidade de partes principais no processo civil, isto é, situação que se verifica quando as partes principais em processo civil são mais de duas (autor e réu).

Pode ser inicial e sucessivo ou subsequente, conforme se verifica no momento da propositura da acção ou em momento posterior; simples ou recíproco, conforme se verifique ou não oposição entre os litisconsortes, activo (do lado dos autores) ou passivo (do lado dos réus).

A distinção mais importante é, no entanto, a que se estabelece entre litisconsórcio voluntário e necessário.

Designa-se por *litisconsórcio voluntário* a situação em que, por a relação material que se discute na acção respeitar a várias pessoas (por exemplo, tratar-se de uma obrigação solidária), a acção pode ser proposta por todos ou contra todos os interessados, embora o possa ser por um só ou contra um só deles. Isso passa-se sempre que a lei ou o próprio negócio o admitam ou, pelo menos, sejam omissos sobre tal questão. Se a acção, podendo ser proposta por todos ou contra todos, o não for, o tribunal conhece apenas do interesse ou da responsabilidade de quem a propôs ou daquele contra quem foi proposta, ainda que o pedido abranja a totalidade. Havendo litisconsórcio voluntário, há uma cumulação de acções, cada litigante mantendo uma posição de independência em relação aos seus compartes (v. artigo 29.°, C.P.C.), pelo que a falta de citação de um dos réus não tem como consequência a anulação do processo (artigo 197.°-*b)*, C.P.C.); é livre cada litigante de confessar, transigir ou desistir em relação aos seus interesses, independentemente dos outros (artigos 298.°, n.° 1, C.P.C., e 353.°, n.° 2, C.C.); o recurso interposto por um dos litisconsortes apenas aproveita aos não recorrentes se estes deram a sua adesão ao recurso na parte comum (o que pode ser feito por requerimento ou por subscrição da alegação do recorrente, até ao início dos vistos para julgamento), se tiverem um interesse que dependa essencialmente do interesse do recorrente (por exemplo, na fiança), ou se tiverem sido condenados como devedores solidários, a não ser que o recurso, pelos seus fundamentos, respeite apenas à pessoa do recorrente (v. artigo 683.°, C.P.C., na redacção do Decreto-Lei n.° 329-A/95, de 12 de Dezembro); na anterior redacção dos artigos 784.°, n.° 3 e 795.°, C.P.C., a contestação dos litisconsortes voluntários, em processos sumário e sumaríssimo, não aproveitava aos revéis, regime que foi revogado pelo já referido DL n.° 329-A/95.

Designa-se por *litisconsórcio necessário* a situação em que, por a lei ou o negócio exigirem a intervenção dos vários interessados na relação material, a acção tem de ser proposta por todos ou contra todos, sob pena de se verificar ilegitimidade. A esta situação a lei equipara a de, pela própria natureza da relação jurídica, ser necessária a intervenção de todos os interessados para que a decisão judicial "produza o seu efeito útil normal", isto é, para que possa ficar definitivamente regulada a situação das partes em relação ao pedido. Dito nas palavras de J. Alberto dos Reis, *Código de Processo Civil Anotado*, Vol. I, pág. 95, "o efeito útil normal da sentença é declarar o direito de modo definitivo, formando o caso julgado material".

A lei prevê vários casos de litisconsórcio necessário, quer passivo quer activo: são exemplos os artigos 28.°-A, C.P.C., cuja última redacção resulta do Decreto-Lei n.° 180/96, de 25 de Setembro (acções que têm de ser propostas por ou contra ambos os cônjuges), e 419.°, n.° 1 (direito de preferência com pluralidade de titulares), 535.° (obrigações indivisíveis com pluralidade de devedores), 608.° (sub-rogação exercida judicialmente), 613.° (devedor e terceiro adquirente na impugnação pauliana), 1405.°, n.° 1 (exercício judicial dos direitos na compropriedade), 1822.° (investigação de maternidade) e 2091.°, n.° 1 (exercício de direitos relativos à herança), todos do C.C..

Havendo litisconsórcio necessário, a acção é uma só, embora com uma pluralidade de sujeitos que ficam, em consequência, dependentes dos seus compartes (v. artigo 29.°, C.P.C.). Assim, faltando a citação de alguns dos réus, todo o processado após as citações é anulado (artigo 197.°-*a)*, C.P.C.), a confissão, desistência ou transacção de um dos litisconsortes só produz efeitos no que respeita a custas (artigos 353.°, n.° 2, C.C., e 298.°, n.° 2, C.P.C.), e a contestação e o recurso de um dos litisconsortes aproveita aos restantes (artigos 485.°-*a)* e 683.°, n.° 1, C.P.C., ambos com a redacção do DL n.° 329-A/95).

Nos processos instaurados nos julgados de paz, só no momento da propositura da acção é admitido o litisconsórcio – artigo 39.° da Lei 78/2001, de 13 de Julho.

O Assento do Supremo Tribunal de Justiça de 4 de Julho de 1995, publicado no *Diário da República*, I-A série, de 10 de Outubro do mesmo ano, entendeu que, "sob pena de ilegitimidade, por se tratar de um litisconsórcio, deve ser proposta também contra o progenitor que tenha a seu cargo a guarda do menor a acção intentada pelo Ministério Público para nova regulação do poder paternal para alteração da pensão de alimentos devida ao menor pelo outro progenitor".

O artigo 31.°-B, aditado ao C.P.C. pelo DL n.° 329-A/95, e alterado pelo DL n.° 180/96, veio introduzir a figura do *litisconsórcio subsidiário* ou *eventual*, sob a designação de "pluralidade subjectiva subsidiária", que consiste na "dedução subsidiária do mesmo pedido, ou a dedução do pedido subsidiário, por autor ou contra réu diverso do que demanda ou é demandado a título principal, no caso de dúvida fundamentada sobre o sujeito da relação controvertida". Está aqui, pois, em causa a formulação de pedidos subsidiários contra réus diversos (ou por autores diversos) dos que são as partes principais na demanda, quando isso se justifique pela incerteza de quem é o sujeito da relação. Assim, por exemplo, desconhece-se se o devedor é *A* ou *B*, por não se saber em que qualidade cada um deles interveio no contrato, ou por se desconhecer qual deles sucedeu *mortis causa* na relação jurídica obrigacional: o credor propõe a acção contra ambos, sendo o pedido o mesmo, um dos réus sendo demandado a título principal e outro a título subsidiário.

Situação semelhante à de litisconsórcio é a de coligação, mas nesta, além de pluralidade de partes, há também diversidade das relações materiais controvertidas (cfr. artigos 30.° e 58.°, C.P.C.).

V. *Parte principal; Autor; Réu; Propositura da acção; Solidariedade; Negócio jurídico; Pedido; Citação; Nulidade processual; Confissão; Transacção; Desistência; Contestação; Processo sumário; Processo sumaríssimo; Sentença; Caso julgado; Revelia; Recurso; Recurso por adesão; Requerimento; Alegações; Julgamento; Fiança; Ilegitimidade; Obrigação indivisível; Impugnação pauliana; Direito de preferência; Sub-rogação; Compropriedade; Investigação de maternidade; Herança; Guarda de menores; Ministério Público; Regulação do poder paternal; Alimentos; Custas; Pedido subsidiário; Sucessão; "Mortis causa"; Coligação; Julgado de paz.*

Litisconsórcio subsidiário (Proc. Civil) – O artigo 31.°-B, C.P.C., aditado pelo Decreto-Lei n.° 180/96, de 25 de Setembro, admite "a dedução subsidiária do mesmo pedido, ou a dedução de pedido subsidiário, por autor ou contra réu diverso do que demanda ou é demandado a título principal, no caso de dúvida fundamentada sobre o sujeito da relação controvertida". V. também artigo 469.°, C.P.C..

V. *Litisconsórcio; Pedido; Pedido subsidiário; Pedido principal; Autor; Réu.*

Litispendência (Proc. Civil) – Situação que se verifica quando, no mesmo ou em diferentes tribunais, se encontrem pendentes duas causas entre as mesmas partes e a respeito de um mesmo conflito de interesses ou da mesma relação jurídica controvertida (sendo o mesmo o pedido e a causa de pedir).

Tal situação serve de base à excepção de litispendência, que é uma excepção dilatória e deve ser deduzida na acção proposta em segundo lugar.

Não sendo suscitada pelo réu, a excepção de litispendência deve ser conhecida oficiosamente pelo tribunal e dá lugar à absolvição do réu da instância.

V. artigos 493.°, 494.°, n.° 1-*i*), 495.° e 497.° (estes com a redacção do Decreto-Lei n.° 329-A/95, de 12 de Dezembro) a 499.°, C.P.C..

O Código dos Processos Especiais de Recuperação da Empresa e de Falência, aprovado pelo Decreto-Lei n.° 132/93, de 23 de Julho, alterado pelos Decretos-Leis n.°s 157/97, de 24 de Junho, 315/98, de 20 de Outubro, 323/2001, de 17 de Dezembro, e 38/2003, de 8 de Março, dispunha, no seu artigo 12.°, haver litispendência sempre que, em relação à mesma empresa devedora, se encontrassem simultaneamente pendentes pedidos de recuperação e de declaração de falência", sendo a prioridade dos processos determinada pela ordem de entrada em juízo das respectivas petições. Este diploma foi totalmente revogado pelo Código da Insolvência e da Recuperação de Empresas, aprovado pelo Decreto-Lei n.° 53/2004, de 18 de Março, alterado pelos Decretos-Leis n.°s 200/2004, de 18 de Agosto, e 76-A/2006, de 29 de Março (rectificado pela Declaração de rectificação n.° 28-A/2006, de 26 de Maio), cujo artigo 8.°, n.° 2, dispõe que, "sem prejuízo do disposto na alínea *b*) do n.° 3 do artigo 264.° [suspensão de processo de insolvência antes instaurado apenas contra o apresentante e em que a insolvência não tenha sido declarada, se acompanhada da confissão expressa da situação de insolvência ou, no caso de ter sido apresentada pelos cônjuges uma proposta de plano de pagamentos], o tribunal ordena a suspensão da instância se contra o mesmo devedor correr processo de insolvência instaurado por outro requerente cuja petição inicial tenha primeiramente dado entrada em juízo" – não obstante a lei qualificar a situação como de prejudicialidade, é duvidoso que não se trate de uma hipótese de litispendência.

V. *Parte; Pedido; Causa de pedir; Excepção dilatória; Conhecimento oficioso; Absolvição da instância; Falência; Insolvência; Recuperação de empresas; Suspensão da instância; Confissão; Plano de pagamentos; Petição inicial; Prejudicialidade.*

Livrança (Proc. Civil; Dir. Com.) – Título à ordem, pelo qual alguém promete a outra pessoa, cujo nome deve vir indicado no título, pagar-lhe uma quantia determinada numa certa data (artigo 75.° da Lei Uniforme Relativa às Letras e Livranças).

A Convenção Estabelecendo uma Lei Uniforme em Matéria de Letras e Livranças, assinada em Genebra a 7 de Junho de 1930, foi aprovada, para adesão, pelo Decreto-Lei n.° 23 721, de 29 de Março de 1934.

Nos termos do artigo 75.° da L.U.L.L., são requisitos da livrança:

"1.° A palavra «livrança» inserta no próprio texto e expressa na língua empregada para redacção desse título;

2.° A promessa pura e simples de pagar uma quantia determinada;

3.° A época do pagamento;

4.° A indicação do lugar em que se deve efectuar o pagamento;

5.° O nome da pessoa a quem ou à ordem de quem deve ser paga;

6.° A indicação da data em que e do lugar onde a livrança é passada;

7.° A assinatura de quem passa a livrança (subscritor)".

As livranças são títulos executivos nos mesmos termos em que as letras o são (v. artigos 46.°-*c)* e 51.°, C.P.C., o primeiro na redacção do Decreto-Lei n.° 38/2003, de 8 de Março, diploma rectificado pela Declaração de rectificação n.° 5-C/2003, de 30 de Abril).

A Portaria n.° 28/2000, de 27 de Janeiro, aprovou os modelos de letras e livranças.

V. *Letra; Assinatura; Título executivo.*

Livre apreciação das provas (Proc. Civil) – V. *Prova; Princípio da livre apreciação das provas.*

Livro de lembranças (Proc. Civil) – Designa-se assim o livro em que se regista o que fica decidido pelo tribunal colectivo em certo processo, quando não seja possível lavrar o respectivo acórdão imediatamente após a discussão e tomada de decisão.

V. *Acórdão; Tribunal colectivo.*

Livro de protestos – Em cada cartório notarial tem de haver um livro de protestos de títulos de crédito, destinado "ao registo da apresentação de títulos a protesto e dos respectivos instrumentos de protesto" (v. artigos 7.°, n.° 1-*c)*, e 14.° do Código do Notariado).

V. *Notário; Protesto.*

Livro de reclamações – É um livro de que determinados fornecedores de bens e prestadores de serviços devem obrigatoriamente dispor para que os utentes possam formular observações ou apresentar reclamações relativas a uma qualquer situação anómala. O processamento da reclamação depende da natureza do reclamante, mas, na generalidade dos casos, o fornecedor deve remeter a folha na qual o utente redigiu a reclamação a uma entidade reguladora ou de controlo que toma, então, as providências necessárias. O utente também pode enviar cópia da reclamação à entidade reguladora ou de controlo. A existência do livro de reclamações tem de ser divulgada de forma visível no local onde seja efectuado o atendimento, devendo o aviso conter ainda, em caracteres facilmente legíveis pelo utente, a identificação completa e a morada da entidade junto da qual o utente deve apresentar a reclamação. Se o livro não for facultado ao utente, este pode requerer a presença de autoridade policial.

O Decreto-Lei n.° 156/2005, de 15 de Setembro, uniformizou o regime do livro de reclamações, revogando as normas que o contrariem, e alargou a obrigatoriedade da sua existência e disponibilização a outros estabelecimentos.

O livro de reclamações já era – e continua a ser – obrigatório:

– Nos serviços e organismos da Administração Pública, e nos locais onde seja efectuado atendimento ao público. V. Resolução do Conselho de Ministros n.° 189/ /96, de 28 de Novembro, Portaria n.° 355/ /97, de 28 de Maio, Decreto-Lei n.° 135/99, de 22 de Abril, e Portaria n.° 659/2006, de 3 de Julho; note-se que o referido DL n.° 156/2005 exclui do seu âmbito de aplicação estes serviços e organismos;

– Nos estabelecimentos de restauração ou de bebidas. V. artigo 37.° do Decreto-Lei n.° 168/97, de 4 de Julho, alterado pelos Decretos-Leis n.°s 139/99, de 24 de Abril, 222/2000, de 9 de Setembro, e 57/2002, de 11 de Março (este rectificado pela Declaração de rectificação n.° 19-Q/2002, de 10 de Maio), artigos 19.° e 26.° do Decreto Regulamentar n.° 38/97, de 25 de Setembro, alterado pelo Decreto Regulamentar n.° 4/99, de 1 de Abril, e Portaria n.° 1069/97, de 23 de Outubro, alterada pelas Portarias n.°s 365/99, de 19 de Maio, e 351/2001, de 9 de Abril;

– Nos empreendimentos turísticos, que incluem os estabelecimentos hoteleiros, os meios complementares de alojamento turístico, os parques de campismo públicos e privativos e os conjuntos hoteleiros. V. artigo 60.° do Decreto-Lei n.° 167/97, de 4 de Julho, alterado pelos Decretos-Leis n.°s 305/99, de 6 de Agosto, e 55/2002, de 11 de Março, artigo 16.°, n.° 5-*i)*, do Decreto Regulamentar n.° 33/97, de 17 de Setembro, alterado pelo Decreto Regulamentar n.° 14/2002, de 12 de Março, que regulamenta as normas a que estão sujeitos os parques de campismo públicos e privativos, artigo 18.°, n.° 2, alínea *e)*, do Decreto Regulamentar n.° 34/97, de 17 de Setembro, alterado pelo Decreto Regulamentar n.° 14/99, de 14 de Agosto, que regulamenta as normas a que estão sujeitos os meios complementares de alojamento turístico, artigo 21.°, n.° 2-*d)*, do Decreto Regulamentar n.° 36/97, de 25 de Setembro, alterado pelo Decreto Regulamentar n.° 16/99, de 18 de Agosto, que regulamenta as normas a que estão sujeitos os estabelecimentos hoteleiros, e Portaria n.° 1069/97, de 23 de Outubro, alterada pelas Portarias n.°s 365/99, de 19 de Maio, e 351/2001, de 9 de Abril;

– Nas agências de viagens e turismo. V. artigo 16.° do Decreto-Lei n.° 209/97, de 13 de Agosto (rectificado pela Declaração de rectificação n.° 21-D/97, de 29 de Novembro), alterado pelo Decreto-Lei n.° 12/99, de 11 de Janeiro, e Portaria n.° 1069/97, de 23 de Outubro, alterada pelas Portarias n.°s 365/99, de 19 de Maio, e 351/2001, de 9 de Abril;

– Nas casas de natureza. V. artigo 55.° do Decreto-Lei n.° 47/99, de 16 de Fevereiro, alterado pelo Decreto-Lei n.° 56/ /2002, de 11 de Março, artigo 6.°, n.° 1, alínea *e)*, do Decreto Regulamentar n.° 2/99, de 17 de Fevereiro, e Portaria n.° 1069/97, alterada pelas Portarias n.°s 365/99 e 351/2001;

– Nos empreendimentos de turismo no espaço rural. V. artigo 60.° do Decreto-Lei n.° 54/2002, de 11 de Março, artigo 8.°, n.° 1-*e)*, do Decreto Regulamentar n.° 13/2002, de 12 de Março, e Portaria n.° 1069/97, alterada pelas Portarias n.°s 365/99 e 351/2001;

– Nos estabelecimentos termais. V. artigo 15.° do Decreto-Lei n.° 142/2004, de 11 de Junho;

– Nas empresas de animação turística. V. artigo 17.° do Decreto-Lei n.° 204/2000, de 1 de Setembro, alterado pelo Decreto-Lei n.° 108/2002, de 16 de Abril, e Portaria n.° 96/2001, de 13 de Fevereiro;

– Nos recintos com diversões aquáticas. V. artigo 55.° do Decreto Regulamentar n.° 5/97, de 31 de Março, e Decreto-Lei n.° 65/97, de 31 de Março;

– Junto das entidades organizadoras de campos de férias. V. artigos 18.° e 22.° do Decreto-Lei n.° 304/2003, de 9 de Dezembro, e Portaria n.° 373/2004, de 13 de Abril;

– Junto dos operadores sujeitos à actividade reguladora da Entidade Reguladora da Saúde. V. artigo 32.° do Decreto-Lei n.° 309/2003, de 10 de Dezembro. O Decreto Regulamentar n.° 14/2003, de 30 de Junho, que aprova o caderno de encargos tipo dos contratos de gestão que envolvam as actividades de concepção, construção, financiamento, conservação e exploração de estabelecimentos hospitalares com responsabilidade pelas prestações de saúde, estabelece, no seu artigo 17.°, n.° 2, que "a entidade gestora do estabelecimento obriga-se a ter um livro de reclamações para os utentes nos mesmos termos que os restantes estabelecimentos do Serviço Nacional de Saúde";

– Nas unidades privadas que actuem na área do tratamento ou da recuperação de toxicodependentes. V. artigo 34.° do Decreto-Lei n.° 16/99, de 25 de Janeiro;

– Nas unidades de saúde privadas que utilizem, com fins de diagnóstico, de terapêutica e de prevenção, radiações ionizantes, ultra-sons ou campos magnéticos. V. artigos 31.° e 32.° do Decreto-Lei n.° 492/99, de 17 de Novembro, alterado pelo Decreto-Lei n.° 240/2000, de 26 de Setembro, e despacho n.° 21866/2002, do Ministro da Saúde, de 12 de Setembro (2.ª série), e artigo 19.° do Decreto Legislativo Regional n.° 13/2006/M, de 24 de Abril;

– Nas unidades privadas de diálise que prossigam actividades terapêuticas no âmbito da hemodiálise e técnicas de depuração extracorporal afins ou da diálise peritoneal crónica. V. artigos 43.° e 44.° do Decreto-Lei n.° 505/99, de 20 de Novembro, alterado pelos Decretos-Leis n.°s 241/2000, de 26 de Setembro, e 176/2001, de 1 de Junho, e o referido despacho n.° 21866/2002, do Ministro da Saúde;

– Nas unidades privadas de saúde, entendendo-se como tal "os estabelecimentos não integrados no Serviço Nacional de Saúde que tenham por objecto a prestação de quaisquer serviços médicos ou de enfermagem, com internamento ou sala de recobro". V. artigo 11.° do Decreto-Lei n.° 13/93, de 15 de Janeiro, rectificado pela Declaração de rectificação n.° 41/93, de 31 de Março, e o mencionado despacho n.° 21866/2002;

– Nas unidades de saúde privadas de medicina física, de reabilitação, de diagnóstico, terapêutica e prevenção e de reinserção familiar e sócio-profissional. V. artigos 27.° e 28.° do Decreto-Lei n.° 500/99, de 19 de Novembro, e o despacho n.° 21866/ /2002, do Ministro da Saúde;

– Nas clínicas e nos consultórios dentários privados. V. artigos 32.° e 33.° do Decreto-Lei n.° 233/2001, de 25 de Agosto, e o despacho n.° 21866/2002, do Ministro da Saúde, de 12 de Setembro (2.ª série);

– Nos laboratórios privados que prossigam actividades de diagnóstico, de monitorização terapêutica e de prevenção no domínio da patologia humana, independentemente da forma jurídica adoptada. V. artigos 27.° e 28.° do Decreto-Lei n.° 217/99, de 15 de Junho, alterado pelos Decretos-Leis n.°s 534/99, de 11 de Dezembro, e 111/2004, de 12 de Maio, e despacho n.° 21866/2002, do Ministro da Saúde, de 12 de Setembro (2.ª série);

– Nos estabelecimentos em que sejam exercidas actividades de apoio social do âmbito da segurança social relativas a crianças, jovens, pessoas idosas ou pessoas com deficiência, bem como os destinados à prevenção e reparação de situações de carência, de disfunção e de marginalização social. V. artigo 27.° do Decreto-Lei n.° 133-A/97, de 30 de Maio, alterado pelo Decreto-Lei n.° 268/99, de 15 de Julho;

– Junto das entidades responsáveis pelo serviço de apoio domiciliário, "resposta social que consiste na prestação de cuidados individualizados e personalizados no domicílio a indivíduos e famílias quando, por motivo de doença, deficiência ou outro impedimento, não possam assegurar, temporária ou permanentemente, a satisfação das suas necessidades básicas e ou as actividades da vida diária"; v. Norma V, alínea *h)*, das Normas anexas ao despacho normativo n.° 62/99, de 12 de Novembro, que regulam as condições de implantação, localização, instalação e funcionamento dos serviços de apoio domiciliário;

– Nos estabelecimentos em que seja exercida a actividade de mediação imobiliária ou de angariação imobiliária. V. artigos 20.° e 21.° do Decreto-Lei n.° 211/2004, de 20 de Agosto, e 7.° da Portaria n.° 1327/ /2004, de 19 de Outubro;

– Nas escolas de condução. V. artigos 19.° a 21.° do Decreto Regulamentar n.° 5/ /98, de 9 de Abril (rectificado pela Declaração de rectificação n.° 10-E/98, de 30 de Maio), alterado pelos Decretos Regulamentares n.°s 20/2000, de 19 de Dezembro, e 22/2004, de 7 de Junho;

– Nos centros de exames de condução. V. artigo 29.° do Decreto-Lei n.° 175/91, de 11 de Maio, alterado pelos Decretos-Leis n.°s 343/97, de 5 de Dezembro, e 209/98, de 15 de Julho, e pela Lei n.° 21/99, de 21 de Abril, e n.°s 89.° e 90.° da Portaria n.° 520/98, de 14 de Agosto, alterada pela Portaria n.° 528/2000, de 28 de Julho, que foi revogada pelo artigo 9.°, n.° 1, do Decreto-Lei n.° 45/2005, de 23 de Fevereiro, alterado pelo Decreto-Lei n.° 103/2005, de 24 de Junho, cujo n.° 2 estabelece que, "transitoriamente, são aplicáveis as disposições do Regulamento da Habilitação Legal para Conduzir [...]";

– Nos centros de inspecções técnicas periódicas de automóveis. V. artigos 5.° e 13.° do Decreto-Lei n.° 554/99, de 16 de Dezembro (rectificado pela Declaração de rectificação n.° 5-C/2000, de 29 de Fevereiro), alterado pelos Decretos-Leis n.°s 107/2002, de 16 de Abril, e 109/2004, de 12 de Maio;

– Nas agências funerárias. V. artigo 12.° do Decreto-Lei n.° 206/2001, de 27 de Julho, alterado pelo Decreto-Lei n.° 41/2005, de 18 de Fevereiro, e Portaria n.° 1223//2001, de 24 de Outubro;

– Nas salas de jogo do Bingo. V. artigo 38.°, n.° 2-*l)*, do Decreto-Lei n.° 314/95, de 24 de Novembro;

– Nos postos consulares. V. artigo 9.°, n.° 3, do Decreto-Lei n.° 381/97, de 30 de Dezembro.

O livro de reclamações passa a ser também obrigatório (cfr. anexo I do DL n.° 156/2005):

– Nos estabelecimento de comércio a retalho e nos conjuntos comerciais a que se refere a Lei n.° 12/2004, de 30 de Março;

– Nos postos de abastecimento de combustíveis;

– Nas lavandarias e nos estabelecimentos de limpeza a seco e de engomadoria;

– Nos salões de cabeleireiro, institutos de beleza ou outros de natureza similar, independentemente da denominação adoptada;

– Nos estabelecimentos de tatuagens e colocação de *piercings;*

– Nos estabelecimentos de venda e de reparação de automóveis novos e usados;

– Nos estabelecimentos de manutenção física, independentemente da designação adoptada;

– Nos recintos de espectáculos de natureza artística;

– Nos parques de estacionamento subterrâneo ou de superfície;

– Nas farmácias;

– Para os prestadores de serviços públicos essenciais a que se refere a Lei n.° 23//96, de 26 de Julho;

– Para os prestadores de serviços de transporte rodoviários, ferroviários, marítimos, fluviais, aéreos, de comunicações electrónicas e postais;

– Nos estabelecimentos das instituições particulares de segurança social, em relação aos quais existam acordos de cooperação celebrados com os centros distritais de segurança social: creches; pré-escolar; centros de actividade de tempos livres; lares para crianças e jovens; lares para idosos; centros de dia; apoio domiciliário; lares para pessoas com deficiência; centros de actividades ocupacionais para deficientes; centros comunitários; cantinas sociais; e casas-abrigos;

– Nas sucursais das empresas de seguros, bem como nos estabelecimentos de mediadores e corretores de seguros onde seja efectuado atendimento ao público;

– Nas instituições de crédito;

– Nos estabelecimentos dos ensinos básico, secundário e superior particular e cooperativo.

Na sequência do DL n.° 156/2005, a Portaria n.° 1288/2005, de 15 de Dezembro, aprovou os novos modelo, edição, preço, fornecimento e distribuição do livro de reclamações, bem como o novo modelo de letreiro a ser afixado nos estabelecimentos abrangidos.

V. *Tutela do consumidor.*

Livro de sinais – O artigo 7.°, n.° 1-*c)*, do Código do Notariado determinava que, em cada cartório notarial, haveria um livro de sinais, no qual eram lavrados os termos de abertura do sinal. Este artigo foi alterado, tal como foi revogado o artigo 13.° do mesmo Código, relativo à abertura de sinal, pelo Decreto-Lei n.° 250/96, de 24 de Dezembro.

O n.° 3 do artigo 10.° do Código, na redacção do Decreto-Lei n.° 40/96, de 7 de Maio, dispõe que "o livro de termos de abertura de sinais pode ser desdobrado em dois livros, um para o serviço interno e o outro para o serviço externo". Entretanto, por força da abolição, salvo nos casos de reconhecimentos com menções especiais, do reconhecimento de letra e assinatura, ou de assinatura, por semelhança, operada pelo mencionado DL n.° 250/96, o artigo 5.° deste diploma veio estabelecer que "os livros de sinais devem ser transferidos para a Torre do Tombo e para as bibliotecas do Estado e arquivos distritais nos termos a fixar por despacho do director-geral dos Registos e do Notariado".

V. *Sinal; Abertura de sinal; Notário.*

Locação (Dir. Civil) – Contrato pelo qual alguém se obriga a proporcionar a outrem o gozo temporário de uma coisa mediante retribuição – artigo 1022.°, C.C..

Elementos essenciais do contrato de locação são, pois, a cedência do gozo de uma coisa, o carácter temporário, isto é, a existência de prazo, e a retribuição.

Este contrato chama-se *arrendamento* quando a coisa sobre que incide é imóvel, e *aluguer* quando ela é móvel.

O contrato de locação tem uma duração máxima, estabelecida por lei, de trinta anos.

Da locação emerge para o locador a obrigação de entregar ao locatário a coisa locada e a de lhe assegurar o gozo dela para os fins a que, nos termos do contrato, se destina (devendo para tanto fazer as obras de reparação de que a coisa careça); o locatário, em contrapartida, fica constituído em diversas obrigações, das quais a mais importante é a de pagar a renda ou aluguer.

O contrato de locação é, pois, um contrato sinalagmático ou bilateral, sendo a obrigação do locador, de proporcionar ao locatário o gozo da coisa, sinalagmática da obrigação que este último tem de pagar a renda ou aluguer.

V. artigos 1022.° e segs., C.C..

O Decreto-Lei n.° 67/2003, de 8 de Abril, que transpôs para a ordem jurídica interna a Directiva n.° 1999/44/CE, do Parlamento Europeu e do Conselho, de 25 de Maio, relativa a certos aspectos da venda de bens de consumo e das garantias a ela relativas, aplica-se, com as necessárias adaptações, aos contratos de locação de bens de consumo.

O Código da Insolvência e da Recuperação de Empresas, aprovado pelo Decreto-Lei n.° 53/2004, de 18 de Março, alterado pelos Decretos-Leis n.°s 200/2004, de 18 de Agosto, e 76-A/2006, de 29 de Março (rectificado este pela Declaração de rectificação n.° 28-A/2006, de 26 de Maio), determina, no seu artigo 108.°, que "a declaração de insolvência não suspende o contrato de locação em que o insolvente seja locatário, mas o administrador da insolvência pode sempre denunciá-lo com um pré-aviso de 60 dias, se nos termos da lei ou do contrato não for suficiente um pré-aviso inferior", salvo se o locado se destinar à habitação do insolvente, caso em que o administrador apenas pode declarar que "o direito ao pagamento de rendas vencidas depois de transcorridos 60 dias sobre tal declaração não será exercível no processo de insolvência, ficando o senhorio, nessa hipótese, constituído no direito de exigir, como crédito sobre a insolvência, indemnização dos prejuízos sofridos em caso de despejo por falta de pagamento de alguma ou algumas das referidas rendas, até ao montante das correspondentes a um trimestre"; "não tendo a coisa locada sido ainda entregue ao locatário à data da declaração de insolvência deste, tanto o administrador [...] como o locador podem resolver o contrato [...]". Quando, na locação, for o insolvente o locador, o contrato mantém-se, salvo se a coisa ainda não tiver sido entregue ao locatário, hipótese em que se aplica o regime de resolução que antes ficou exposto nos seus traços gerais.

O Decreto-Lei n.° 78/2006, de 4 de Abril, que transpõe parcialmente a Directiva n.° 2002/91/CE, do Parlamento Europeu e do Conselho, de 16 de Dezembro, criando o Sistema Nacional de Certificação Energética e da Qualidade do Ar Interior dos Edifícios, impõe ao proprietário de edifícios existentes, para habitação e para serviços, aquando da celebração de contratos de venda ou de locação, incluindo o arrendamento, que apresente ao potencial locatário ou arrendatário o certificado emitido no âmbito do SCE.

V. *Móvel; Imóvel; Arrendamento urbano; Contrato sinalagmático; Prazo da locação; Direito pessoal de gozo; Obras; Renda; Aluguer; Arrendamento; Venda de bens de consumo; Consumidor; Insolvência; Recuperação de empresas; Administrador da insolvência; Denúncia; Pré-aviso; Vencimento; Senhorio; Crédito sobre a insolvência; Indemnização; Despejo; Resolução do contrato; Edifício.*

Locação de estabelecimento (Dir. Civil; Dir. Com.) – Designação doutrinária que alguns autores dão ao contrato de cessão de exploração.

V. o artigo 111.° do Regime do Arrendamento Urbano (Decreto-Lei n.° 321 B/90, de 15 de Outubro, rectificado por Declaração publicada no *Diário da República*, I-A série, de 30 de Novembro de 1990, e alterado pelo Decreto-Lei n.° 278/93, de 10 de Agosto – por seu lado, alterado, por ratificação, pela Lei n.° 13/94, de 11 de Maio –, pelo Decreto-Lei n.° 163/95, de 13 de Julho, pela Lei n.° 89/95, de 1 de Setembro, pelo Decreto-Lei n.° 257/95, de 30 de Setembro, pela Lei n.° 135/99, de 28 de Agosto, pelos Decretos-Leis n.°s 64-A/ /2000, de 22 de Abril, e 329-B/2000, de 22 de Dezembro, e pelas Leis n.°s 6/2001 e 7/ /2001, ambas de 11 de Maio).

V. *Estabelecimento comercial; Cessão de exploração; Arrendamento urbano.*

Locação financeira (Dir. Civil; Dir. Com.) – "Locação financeira é o contrato pelo qual uma das partes se obriga, mediante retribuição, a ceder à outra o gozo temporário de uma coisa, móvel ou imóvel, adquirida ou construída por indicação desta, e que o locatário poderá comprar, decorrido o período acordado, por um preço nele determinado ou determinável mediante simples aplicação dos critérios nele fixados" – artigo 1.° do Decreto-Lei n.° 149/95, de 24 de Junho (que revogou o Decreto-Lei n.° 171/79, de 6 de Junho, diploma que já tinha visto o seu artigo 4.°, n.° 2, revogado pelo Decreto-Lei n.° 168/89, de 24 de Maio, e o n.° 2 do artigo 6.° revogado pelo Decreto-Lei n.° 18/90, de 11 de Janeiro), alterado sucessivamente por vários diplomas, dos quais os últimos são os Decretos-Leis n.°s 265/97, de 2 de Outubro (rectificado pela Declaração de rectificação n.° 17-B/97, de 31 de Outubro), e 285/2001, de 3 de Novembro.

O Decreto-Lei n.° 10/91, de 9 de Janeiro, que aprovara o regime dos contratos de locação financeira de imóveis, foi revogado pelo DL n.° 265/97.

V. também o Decreto-Lei n.° 72/95, de 15 de Abril, que estabelece o regime das sociedades de locação financeira, tendo revogado o Decreto-Lei n.° 103/86, de 19 de Maio, e sido, por sua vez, alterado pelos Decretos-Leis n.°s 285/2001 e 186/2002, de 21 de Agosto.

O citado DL n.° 149/95 alargou o objecto da locação financeira a quaisquer bens susceptíveis de serem locados, simplificou formalmente o contrato, autorizou que o valor residual da coisa locada atinja valores próximos de 50% do seu valor total, e reduziu os prazos mínimos do contrato. Entretanto, em 2 de Outubro de 1997, foi publicado o DL n.° 265/97, a que já se deixou feita referência, que alterou algumas disposições do DL n.° 149/95, e que estabeleceu, como exigência formal geral, o documento particular e esclareceu que o regime geral dos contratos de locação financeira se aplica a todos os contratos, qualquer que seja o seu objecto. O artigo 1.°-A, aditado pelo referido DL n.° 285/ /2001, dispõe que se encontra "vedada às sociedades de locação financeira a prestação dos serviços complementares da actividade de locação operacional, nomeadamente a manutenção e assistência técnica dos bens locados, podendo, no entanto, contratar a prestação desses serviços por terceira entidade".

O artigo 2.° do Código do Registo Predial – aprovado pelo Decreto-Lei n.° 224/ /84, de 6 de Julho, (rectificado por declaração publicada no *Diário da República*, I série, de 29 de Setembro de 1984), e alterado pelos Decretos-Leis n.°s 355/85, de 2 de Outubro, 60/90, de 14 de Fevereiro (este rectificado por declaração publicada no *Diário da República*, I-A série, de 31 de Março de 1990), 80/92, de 7 de Maio, 30/ /93, de 12 de Fevereiro, 227/94, de 8 de Setembro, 267/94, de 25 de Outubro, 67/96, de 31 de Maio, 375-A/99, de 20 de Setembro, 533/99, de 11 de Dezembro (rectificado pela Declaração de rectificação n.° 5-A/2000, de 29 de Fevereiro), 273/2001, de 13 de Outubro, 323/2001, de 17 de Dezembro, 38/2003, de 8 de Março (rectificado pela Declaração de rectificação n.° 5-C/ /2003, de 30 de Abril) e 194/2003, de 23 de Agosto, e pela Lei n.° 6/2006, de 27 de Fevereiro – estabelece no seu n.° 1-*l)* que está sujeita a registo "a locação financeira e as suas transmissões".

V. *Imóvel; Móvel; Registo predial.*

Locação-venda (Dir. Civil) – Contrato de locação de um bem, em que se convenciona que o mesmo "se tornará propriedade do locatário depois de satisfeitas todas as rendas ou alugueres pactuados"; a este contrato se refere o n.° 2 do artigo 936.°, C.C., aí se dispondo que "a resolução do contrato por o locatário o não cumprir tem efeito retroactivo, devendo o locador restituir as importâncias recebidas, sem possibilidade de convenção em contrário, mas também sem prejuízo do seu direito a indemnização nos termos gerais e nos do artigo anterior [limitação da cláusula penal convencionada, para o caso de o locatário não cumprir, a metade do preço do bem, salvo se os danos verificados excederem esse limite e estiverem dentro do valor da pena convencional acordada]".

Estamos aqui perante um contrato misto de locação e de compra e venda, contrato que é nominado e típico.

De acordo com o artigo 163.° do Código dos Processos Especiais de Recuperação da Empresa e de Falência, aprovado pelo Decreto-Lei n.° 132/93, de 23 de Abril, alterado pelos Decretos-Leis n.°s 157/97, de 24 de Junho, 315/98, de 20 de Outubro, 323/2001, de 17 de Dezembro, e 38/2003, de 8 de Março, o liquidatário judicial podia optar entre o cumprimento e a resolução dos contratos de locação-venda em que o falido fosse locatário; este Código foi revogado pelo Decreto-Lei n.° 53/2004, de 18 de Março, alterado pelos Decretos-Leis n.°s 200/2004, de 18 de Agosto, e 76-A/2006, de 29 de Março – rectificado pela Declaração de rectificação n.° 28-A/2006, de 26 de Maio –, que aprovou o Código da Insolvência e da Recuperação de Empresas.

Nos termos do artigo 102.° deste último, se, à data da declaração da insolvência, não tiver havido ainda total cumprimento do contrato – de qualquer contrato sinalagmático – por nenhuma das partes, "o cumprimento fica suspenso até que o administrador da insolvência declare optar pela execução ou recusar o cumprimento", podendo a contraparte "fixar um prazo razoável ao administrador para que este decida, "findo o qual se considera que recusa o cumprimento"; de acordo com o artigo 104.°, n.° 2, nos contratos de locação financeira em que o locador seja o insolvente, "a outra parte poderá exigir o cumprimento do contrato se a coisa já lhe tiver sido entregue na data da declaração da insolvência"; o n.° 3 dispõe que, sendo o insolvente o locatário, "e encontrando-se ele na posse da coisa, o prazo fixado ao administrador [...] [nos termos que ficaram expostos] não pode esgotar-se antes de decorridos cinco dias sobre a data da assembleia de apreciação do relatório, salvo se o bem for passível de desvalorização considerável durante esse período e a outra parte advertir expressamente o administrador [...] dessa circunstância".

V. *Locação; Compra e venda; Renda; Aluguer; Resolução do contrato; Convenção; Norma imperativa; Cláusula penal; Indemnização; Dano; Contrato misto; Contrato inominado; Contrato típico; Falência; Liquidatário judicial; Insolvência; Recuperação de empresas; Cumprimento; Contrato sinalagmático; Administrador da insolvência; Posse; Assembleia de credores.*

Locador (Dir. Civil) – No contrato de locação, é aquele que se obriga a proporcionar à outra parte o gozo temporário da coisa mediante uma retribuição. São obrigações do locador entregar ao locatário a coisa locada, assegurando-lhe o gozo dela para os fins a que se destine, tendo, em consequência, de fazer as reparações necessárias à adequação da coisa a esse fim.

Porque sobre o locador impende a obrigação continuada de assegurar o gozo da coisa, a seu cargo ficam as obras de conservação. Não constituem obrigações do locador as reparações de deteriorações a que o locatário haja dado culposamente causa – cfr. artigo 1044.°, C.C..

No domínio do arrendamento urbano, modalidade da locação, o senhorio tem a obrigação de realizar as obras de conservação ordinária e extraordinária, e as de beneficiação, desde que, quanto às duas últimas categorias, "nos termos das leis administrativas em vigor, a sua execução lhe seja ordenada pela câmara municipal competente ou quando haja acordo escrito das partes no sentido da sua realização, com discriminação das obras a efectuar"; a realização de obras de conservação extraordinária e de obras de beneficiação, quando devidas, nos termos expostos, permite ao senhorio a actualização das rendas, segundo o regime dos artigos 38.° e 39.° do Regime do Arrendamento Urbano; v. artigos 11.° a 18.° do referido diploma – aprovado pelo Decreto-Lei n.° 321-B/90, de 15 de Outubro, rectificado por declaração publicada no *Diário da República*, I série, de 30 de Novembro de 1990, e alterado pelo Decreto-Lei n.° 278/93, de 10 de Agosto (este último, por sua vez, alterado, por ratificação, pela Lei n.° 13/94, de 11 de Maio), pelo Decreto-Lei n.° 163/95, de 13 de Julho, pela Lei n.° 89/95, de 1 de Setembro, pelo Decreto-Lei n.° 257/95, de 30 de Setembro, pela Lei n.° 135/99, de 28 de Agosto, pelos Decretos-Leis n.°s 64-A/2000, de 22 de Abril, e 329-B/2000, de 22 de Dezembro, e pelas Leis n.°s 6/2001 e 7/2001, ambas de 11 de Maio.

V. artigos 1022.°, 1030.°, 1031.°, 1036.°, 1037.° e 1040.°, C.C..

V. *Locação; Coisa; Direito pessoal de gozo; Arrendamento urbano; Senhorio; Obras; Actualização de rendas; Deterioração da coisa; Culpa.*

Locatário (Dir. Civil) – No contrato de locação, é aquele que obtém o direito de gozar temporariamente a coisa locada, mediante o pagamento de uma soma em dinheiro, chamada renda ou aluguer.

Nos termos do artigo 1038.°, C.C., são obrigações do locatário:

"*a)* Pagar a renda ou aluguer;

b) Facultar ao locador o exame da coisa locada;

c) Não aplicar a coisa a fim diverso daquele a que ela se destina;

d) Não fazer dela uma utilização imprudente;

e) Tolerar as reparações urgentes, bem como quaisquer obras ordenadas pela autoridade pública;

f) Não proporcionar a outrem o gozo total ou parcial da coisa por meio de cessão onerosa ou gratuita da sua posição jurídica, sublocação ou comodato, excepto se a lei o permitir ou o locador o autorizar;

g) Comunicar ao locador, dentro de quinze dias, a cedência do gozo da coisa por algum dos referidos títulos, quando permitida ou autorizada;

h) Avisar imediatamente o locador, sempre que tenha conhecimento de vícios na coisa, ou saiba que a ameaça algum perigo ou que terceiros se arrogam direitos em relação a ela, desde que o facto seja ignorado pelo locador;

i) Restituir a coisa locada findo o contrato".

O incumprimento da grande maioria destas obrigações permite ao senhorio (no arrendamento urbano) resolver o contrato, despejando o arrendatário (v. artigos 64.° e 65.° do Regime do Arrendamento Urbano – aprovado pelo Decreto-Lei n.° 321-B/90, de 15 de Outubro, rectificado por Declaração publicada no *Diário da República*, I série, de 30 de Novembro de 1990, e alterado pelo Decreto-Lei n.° 278/93, de 10 de Agosto, este, por seu lado, alterado, por ratificação, pela Lei n.° 13/94, de 11 de Maio, pelo Decreto-Lei n.° 163/95, de 13 de Julho, pela Lei n.° 89/95, de 1 de Setembro, pelo Decreto-Lei n.° 257/95, de 30 de Setembro, pela Lei n.° 135/99, de 28 de Agosto, pelos Decretos-Leis n.°s 64-A/2000, de 22 de Abril, e 329-B/2000, de 22 de Dezembro, e pelas Leis n.°s 6/2001 e 7/2001, ambas de 11 de Maio – correspondentes aos antigos artigos 1093.° e 1094.°, C.C.).

V. artigos 1022.° e segs., C.C..

V. *Locação; Coisa; Direito pessoal de gozo; Renda; Aluguer; Obras; Cessão da posição contratual; Sublocação; Comodato; Terceiro; Despejo; Arrendamento urbano; Resolução do arrendamento; Protecção do arrendatário.*

"Locatio operarum" (Dir. Civil) – Figura do direito romano que tem hoje como correspondente mais próximo o contrato de trabalho.

V. *Contrato de trabalho.*

"Locatio operis" (Dir. Civil) – A esta figura contratual do direito romano corresponde, no direito actual, o *contrato de prestação de serviços* (v. esta expressão).

Locupletamento à custa alheia (Dir. Civil) – O mesmo que *enriquecimento sem causa* (v. esta expressão).

Logradouro (Dir. Civil) – É constituído pela parcela de terreno adjacente a um prédio urbano e que, funcionalmente, se encontra conexa com ele, servindo de jardim, quintal ou pátio.

O artigo 204.°, n.° 2, C.C., diz que se entende "por prédio urbano qualquer edifí-

cio incorporado no solo, com os terrenos que lhe sirvam de logradouro".
V. *Edifício.*

Lotaria (Dir. Civil) – Espécie de jogo público, em que é posto à venda por um organismo um determinado número de bilhetes numerados, sendo os números premiados escolhidos por sorteio.

A lotaria não é rigorosamente um jogo, pois não implica nenhuma actividade por parte dos "compradores" de bilhetes, nem uma aposta, já que não supõe a tomada de posição sobre uma questão qualquer.

Em princípio, são proibidas as lotarias, salvo o direito conferido à Santa Casa da Misericórdia de Lisboa, desde a Portaria de 27 de Maio de 1834 e do Decreto de 5 de Outubro de 1838, de explorar em regime de monopólio a chamada Lotaria Nacional.

Tem sido, ao longo dos tempos, abundante a legislação relativa à Lotaria Nacional, explorada pela Santa Casa da Misericórdia: citam-se, além da Portaria de 27 de Maio de 1834 e do Decreto de 5 de Outubro de 1838, os seguintes diplomas: Decretos n.°s 8 260, de 11 de Julho de 1922; 12 790, de 30 de Novembro de 1926; 17 737, de 11 de Dezembro de 1929; 24 902, de 10 de Janeiro de 1935; 26 996, de 11 de Setembro de 1936; 29 041, de 7 de Outubro de 1938; 29 657, de 5 de Junho de 1939; 30 198, de 21 de Dezembro de 1939; 30 227, de 29 de Dezembro de 1939; 34 448, de 17 de Março de 1945; 39 005, de 24 de Novembro de 1952; 40 472, de 30 de Dezembro de 1955; 778/ /76, de 27 de Outubro; 319/77, de 5 de Agosto; 479/77, de 15 de Novembro (na redacção do Decreto-Lei n.° 11/88, de 15 de Janeiro); 488/77, de 17 de Novembro; e 434/83, de 17 de Dezembro.

O Regulamento da Lotaria Nacional em vigor foi aprovado pela Portaria n.° 551/ /2001, de 31 de Maio, alterada pelas Portarias n.°s 1048/2001, de 1 de Setembro, e 698/2003, de 30 de Julho (rectificada pela Declaração de rectificação n.° 11-C/2003, de 30 de Agosto). O Decreto-Lei n.° 182/ /2000, de 10 de Agosto, veio, por seu lado, permitir e regular a exploração e venda da lotaria, através da utilização de terminais informáticos da rede interbancária do Multibanco; já o Decreto-Lei n.° 282/2003, de 8 de Novembro, que revogou parcialmente o diploma anteriormente referido, autorizou o Departamento de Jogos da Santa Casa da Misericórdia de Lisboa a registar apostas e pagar prémios de lotarias nos canais de distribuição electrónica (Internet, Multibanco, telemóvel, telefone, televisão, etc.), através de uma plataforma de acesso multicanal.

O Decreto-Lei n.° 314/94, de 23 de Dezembro, concedeu à Santa Casa da Misericórdia de Lisboa o direito de organizar e explorar o jogo denominado "Lotaria Instantânea"; o Regulamento da Lotaria Instantânea foi aprovado pela Portaria n.° 552/ /2001, de 31 de Maio, alterada pelas Portarias n.°s 1048/2001, de 1 de Setembro, e 431/ /2003, de 22 de Maio (esta rectificada pela Declaração de rectificação n.° 7-B/2003, de 31 de Maio), e 867/2006, de 28 de Agosto.
V. *Jogo; Aposta.*

Louvado (Proc. Civil) – Perito que procede à determinação do valor de bens ou direitos, quando esta avaliação implique averiguações ou actos de inspecção.

O artigo 34.°, n.° 1-*a*), do Código das Custas Judiciais, estabelece que "[...] os louvados, em cada diligência que não requeira conhecimentos especiais, percebem a quinta parte de 1 UC, com o limite de 2 UC para todas as diligências efectuadas no mesmo dia".
V. *Prova pericial; Avaliação.*

Lucro cessante (Dir. Civil) – O prejuízo sofrido por alguém, por facto de outrem, pode traduzir-se – para além dos danos directa ou indirectamente produzidos – na frustração de benefícios que o lesado esperava fundadamente obter, e que só não foram obtidos por causa da lesão. Esses ganhos de que o lesado se vê privado em consequência da lesão são os lucros cessantes ou frustrados.

O artigo 564.°, n.° 1, C.C., preceitua a ressarcibilidade quer dos danos emergentes quer dos lucros cessantes, dizendo: "O dever de indemnizar compreende não só o prejuízo causado, como os benefícios que o lesado deixou de obter em consequência da lesão".
V. *Responsabilidade civil; Dano; Dano emergente; Indemnização.*

Lucros (Dir. Civil) – Salvo se o contrato dispuser em contrário, os lucros obtidos na actividade das sociedades civis devem ser distribuídos pelos sócios, depois de subtraídas as quantias que, por deliberação da maioria, devam ser afectadas ao prosseguimento dos fins sociais.

Não havendo convenção em contrário, a distribuição far-se-á na proporção das entradas dos sócios e, não se encontrando fixado no contrato o quinhão do sócio de indústria nos lucros nem o valor da sua contribuição para a sociedade, será o tribunal que, segundo juízos de equidade, fixará esse quinhão, sendo, de igual modo, avaliada a parte dos lucros do sócio que apenas se obrigou a permitir à sociedade o uso e fruição de uma coisa.

No caso de no contrato se haver estabelecido que a divisão dos lucros seja feita por terceiro, deve este em princípio fazê-la segundo juízos de equidade e, no caso de a não fazer, será ao tribunal que ela competirá.

Os sócios têm o direito de impugnar a divisão feita por terceiro, no prazo de seis meses contados do dia em que ela chegou ao seu conhecimento; extingue-se esse direito se o sócio receber os lucros, a menos que tenha anteriormente protestado contra a divisão, ou então se, aquando do recebimento, não conhecia o fundamento da impugnação. O processo a seguir para a impugnação rege-se pelo artigo 1429.°, C.P.C., com a redacção dada pelo Decreto-Lei n.° 329-A/95, de 12 de Dezembro (v. artigo 1430.°, C.P.C.).

Finalmente, há de atentar no preceito do artigo 994.°, C.C.: "É nula a cláusula que exclui um sócio da comunhão nos lucros ou que o isenta de participar nas perdas da sociedade [...]". É o chamado pacto leonino.

V. artigos 991.° a 994.°, C.C..

V. *Sociedade; Sócio; Deliberação; Entrada; Sócio de indústria; Equidade; Terceiro; Impugnação; Nulidade; Cláusula; Perdas.*

Lugar da abertura da sucessão (Dir. Civil) – É o do último domicílio do respectivo autor, nos termos do artigo 2031.°, C.C..

V. *Abertura da sucessão; Domicílio; Autor da sucessão.*

Lugar do cumprimento (Dir. Civil) – É o local onde, vencida a obrigação, o devedor deve apresentar-se para realizar a prestação debitória.

A regra geral, estabelecida no artigo 772.°, C.C., é a de que, nada tendo as partes convencionado e nada estabelecendo especialmente a lei quanto ao lugar do cumprimento da obrigação, este deva ser feito no lugar do domicílio que o devedor tiver nesse momento, excepto se, tendo o devedor mudado de domicílio após a constituição da obrigação, a mudança trouxer prejuízo para o credor, caso em que o cumprimento deve ser feito no lugar do primitivo domicílio do devedor.

Existem, no entanto, numerosos preceitos especiais que fixam o lugar do cumprimento. Assim, o artigo 773.°, C.C., determina que, tendo a prestação por objecto uma coisa móvel determinada, uma coisa genérica a ser escolhida de um conjunto determinado ou ainda uma coisa que deva ser produzida em certo lugar, a entrega da coisa se faça no lugar onde ela se encontrava ao tempo da celebração do negócio; o artigo 774.° estabelece que o lugar do cumprimento, nas obrigações pecuniárias, é o do domicílio que o credor tiver ao tempo do cumprimento.

As regras que ficam enunciadas são aplicáveis no caso de as partes não terem fixado o lugar do cumprimento ou, tendo-o feito, a prestação for ou se tornar impossível nesse lugar, não havendo, no entanto, razão para considerar a obrigação nula ou extinta. Casos há em que o lugar do cumprimento faz parte do próprio conteúdo da prestação, como acontece, por exemplo, com a obrigação do empreiteiro de realizar uma obra em local de que seja proprietário o dono da obra, ou com a do artista obrigado a actuar em certo recinto de espectáculos. Nestes, se for impossível realizar a prestação no lugar convencionado ao tempo da constituição da obrigação, é nulo o negócio jurídico de que ela provém, nos termos do artigo 401.°, C.C.; se a impossibilidade sobrevier sem culpa do devedor, extingue-se a obrigação, por força do artigo 790.°, n.° 1, C.C..

V. artigos 772.° a 776.°, C.C..

Outras regras se encontram na lei civil no que respeita ao lugar do cumprimento de certas obrigações; citam-se exemplificativamente as seguintes: o artigo 885.°, C.C., determina que, na compra e venda, o preço seja pago no momento e no lugar da entrega da coisa vendida e, se o preço não tiver de ser pago no momento da entrega da coisa, então seja pago no lugar do domicílio que o credor tiver ao tempo do cumprimento; o artigo 1039.°, C.C., respeitante à locação, preceitua que o pagamento da renda ou do aluguer seja feito no domicílio do locatário; por seu turno, a restituição de coisa móvel depositada deve ser feita no lugar onde o depositário, por força do contrato, tiver de a guardar (artigo 1195.°, C.C.); quanto à entrega do legado, dispõe o artigo 2270.°, C.C., que ela seja feita no lugar em que a coisa que é seu objecto se encontrava ao tempo da morte do testador.

V. *Cumprimento; Obrigação; Vencimento; Prestação; Domicílio; Móvel; Coisa fungível; Obrigação genérica; Credor; Devedor; Negócio jurídico; Coisa futura; Obrigação pecuniária; Nulidade; Extinção das obrigações; Empreitada; Compra e venda; Locação; Renda; Aluguer; Depósito; Legado.*

Lugar da prestação (Dir. Civil) – V. *Prestação; Lugar do cumprimento.*

Lutuosa (Dir. Civil) – A lutuosa era a prestação devida ao senhorio pela transmissão mortis causa do prazo nos emprazamentos de vida. Segundo Pires de Lima e Antunes Varela, Código Civil Anotado, Vol. III, Lisboa, 1972, pág. 501, "o seu nome provinha do facto de ser exigível logo a seguir ao funeral do enfiteuta, ou seja, no começo do luto do seu sucessor".

O artigo 1500.°, C.C., proibia aos interessados convencionar o pagamento da lutuosa. Todo o regime da enfiteuse foi revogado.

V. *Enfiteuse.*

M

Madrasta (Dir. Civil) – Mulher do pai.

A relação entre a madrasta e o/a enteado/a é de afinidade, encontrando-se a madrasta obrigada, nos termos do artigo 2009.°, C.C., a alimentos "relativamente a enteados menores que estejam, ou estivessem no momento da morte do cônjuge, a cargo deste".

Há outros aspectos para os quais a relação de afinidade aqui referida é relevante: por exemplo, para uma pessoa adoptar plenamente um menor, é, em princípio, necessário que tenha mais de 30 anos, mas, se o adoptando for seu enteado, a lei admite a adopção plena por quem tenha apenas mais de 25 anos; inversamente, é limite de idade para a adopção plena os 60 anos, ou uma diferença de 50 anos entre adoptado e adoptante ("à data em que o menor lhe tenha sido confiado, mediante confiança administrativa, confiança judicial ou medida de promoção e protecção de confiança a pessoa seleccionada para a adopção"), salvo se o adoptando for enteado do adoptante (artigo 1979.°, n.°s 2, 3 e 5, C.C., na redacção do Decreto-Lei n.° 120/98, de 8 de Maio, e pela Lei n.° 31/2003, de 22 de Agosto). Ainda no domínio da adopção, o n.° 2 do artigo 1980.°, C.C., na redacção do mesmo DL n.° 120/98, admite a adopção plena de um menor que tenha mais de 15 anos de idade se a adoptante for madrasta do adoptando, desde que este tenha menos de 18 anos de idade, não se encontre emancipado e tenha sido confiado à madrasta desde idade não superior a 15 anos. Quanto à adopção restrita, o n.° 2 do artigo 1992.°, C.C., na redacção da citada Lei n.° 31/2003, também a permite a quem tenha mais de 60 anos se o adoptando for seu enteado.

V. *Afinidade; Alimentos; Menor; Adopção; Adopção plena; Confiança de menor; Emancipação; Adopção restrita.*

Má fé (Dir. Civil; Proc. Civil) – Em direito civil, má fé corresponde ao conceito oposto ao de boa fé subjectiva, consubstanciando, pois, em regra, o conhecimento de uma situação ou de um facto de que se pretende retirar um benefício ilegítimo, ou provocar a lesão de um interesse de terceiro (cfr., por exemplo, artigos 179.°, 243.°, 612.° e 892.°, C.C.).

Em direito processual, "a má fé traduz-se, em última análise, na violação do dever de probidade que o [antigo] artigo 264.° impõe às partes" (Manuel de Andrade, *Noções Elementares de Processo Civil*, 1976, pág. 355). O dever de boa fé está actualmente consagrado no artigo 266.°-A, C.P.C., introduzido pelo Decreto-Lei n.° 329-A/95, de 12 de Dezembro. A caracterização legal da má fé processual resulta do artigo 456.°, C.P.C., com a redacção dos Decretos-Leis n.°s 329-A/95 e 180/96, de 25 de Setembro

V. *Boa fé; Litigância de má fé.*

Magistrado – Em sentido lato, pessoa que exerce funções de autoridade pública, com poderes autónomos de ordenar e decidir. Além dos magistrados judiciais, existem os magistrados administrativos e os do Ministério Público.

Em sentido restrito, pessoa que exerce funções jurisdicionais – juiz.

V. *Juiz; Magistratura; Ministério Público.*

Magistrado estagiário – São nomeados como magistrados estagiários – juízes de direito ou delegados do procurador da República – os auditores de justiça que obtiverem aprovação no período de actividades teórico-práticas no Centro de Estudos Judiciários. O estágio tem a duração de um ano judicial, podendo ser "prolongado, pelo tempo necessário, havendo motivo justificado, por deliberação do respectivo conselho superior ou sob proposta do director do CEJ.

"Os magistrados em regime de estágio exercem, com a assistência de formadores, mas sob responsabilidade própria, as funções inerentes à respectiva magistratura, com os respectivos direitos e incompatibilidades".

Os objectivos do estágio são:

"*a)* O aprofundamento dos conhecimentos adquiridos na fase anterior;

b) O adestramento dos magistrados na prática judiciária, em razão da qualidade e da eficiência normalmente exigidas para o exercício de funções em início de carreira;

c) O apuramento do sentido de responsabilidade e da capacidade de ponderação e de decisão dos magistrados."

"Terminada a fase de estágio, os magistrados são colocados em regime de efectividade; na falta de vagas, e até à sua ocorrência, são colocados como auxiliares".

V. artigos 68.° e segs. da Lei n.° 16/98, de 8 de Abril, alterada pela Lei n.° 3/2000, de 20 de Março, e pelo Decreto-Lei n.° 11/ /2002, de 24 de Janeiro.

V. *Juiz de direito; Delegado do procurador da República; Auditor de justiça; Centro de Estudos Judiciários.*

Magistrado judicial – V. *Magistratura judicial.*

Magistratura – Este termo designa ou uma classe e organização de magistrados ou o período durante o qual se exerce a função de magistrado.

Distinguem-se a magistratura judicial (independente, inamovível e irresponsável), a magistratura do Ministério Público (responsável e hierarquicamente organizada) e a magistratura administrativa.

A primeira é composta por juízes de direito, juízes das Relações e juízes do Supremo Tribunal de Justiça. A segunda é composta (em ordem hierárquica) pelo Procurador-Geral da República, vice-procurador-geral da República, procuradores-gerais-adjuntos, procuradores da República e procuradores-adjuntos. V. Estatuto dos Magistrados Judiciais – Lei n.° 21/85, de 30 de Julho, alterada pelo Decreto-Lei n.° 342/88, de 28 de Setembro, pelas Leis n.°s 2/90, de 20 de Janeiro, 10/94, de 5 de Maio, 44/96, de 3 de Setembro, 81/98, de 3 de Dezembro, 143/99, de 31 de Agosto, 3-B/2000, de 4 de Abril, e 42/2005, de 29 de Agosto – e Lei Orgânica do Ministério Público, hoje designada por Estatuto do Ministério Público – Lei n.° 47/86, de 15 de Outubro, alterada pelas Leis n.°s 2/90, de 20 de Janeiro, 23/92, de 20 de Agosto, 10/94, de 5 Maio, 60/98, de 27 de Agosto, e 42/2005, de 29 de Agosto.

A Lei n.° 7-A/2003, de 9 de Maio, estabelecera, no respectivo artigo 2.°, n.°s 1 e 2, que, "tendo em conta excepcionais razões de carência de quadros, o Ministério da Justiça, sob proposta do Conselho Superior da Magistratura ou do Conselho Superior do Ministério Público, pode determinar que o Centro de Estudos Judiciários organize cursos especiais de formação específica para recrutamento de magistrados judiciais ou para magistrados do Ministério Público, com dispensa da realização de testes de aptidão", sendo estes cursos "dirigidos a candidatos que ofereçam garantias de aptidão bastante, a recrutar, consoante a magistratura a que, especificamente, respeitem: *a)* De entre juízes de nomeação temporária em exercício efectivo de funções, ao abrigo do disposto na Lei n.° 3/ /2000, de 20 de Março, e no Decreto-Lei n.° 179/2000, de 7 de Agosto, independentemente do ano da sua licenciatura; *b)* De entre os assessores dos tribunais da relação e de 1ª. instância, estes últimos com mais de dois anos de exercício efectivo de funções; ou *c)* De entre substitutos dos procuradores-adjuntos que, durante os três anos que antecederam a publicação da presente lei, tenham exercido as respectivas funções durante um período não inferior a um ano, independentemente do ano da sua licenciatura, e assessores dos tribunais da relação e de 1ª. instância, com mais de dois anos de exercício efectivo de funções". Os n.°s 3 a 6 deste artigo enunciavam requisitos complementares de admissão aos cursos, em especial informações positivas ou do Conselho Superior da Magistratura ou do Conselho Superior do Ministério Público, ou a realização de provas de admissão; o n.° 8 estabelecia que "os doutores em direito que reunissem os requisitos previstos no n.° 1 do artigo 33.° da Lei n.° 16/98 ["*a)* Ser cidadão português; *b)* Possuir há, pelo menos, dois anos, na data de abertura do concurso, licenciatura em Direito por universidade portuguesa ou habilitação académica equivalente à face da lei portuguesa; *c)* Reunir os demais requisitos de ingresso na função pública"] podem ingressar, com preferência sobre os restantes candidatos, nos cursos [...]"; de acordo com o artigo 4.°, n.°s 1 e 2, os cursos especiais de formação específica compreendiam, "obrigatoriamente, uma fase de actividades teórico-práticas no Centro de Estudos Judiciários e uma fase de estágio nos tribunais", tendo "o curso especial de formação específica para juízes de direito [...] a duração de nove meses, sendo de três meses a fase de formação teórico-prática". Finda a fase de formação teórico-prática, os candidatos eram nomeados magistrados judiciais em regime de estágio pelo Conselho Superior da Magistratura ou pelo Conselho Superior dos Tribunais Administrativos e Fiscais, consoante os casos; "terminada a fase de estágio, os magistrados judiciais são definitivamente colocados nos tribunais judiciais ou nos tribunais administrativos e fiscais, pelo Conselho Superior da Magistratura ou pelo Conselho Superior dos Tribunais Administrativos e Fiscais, consoante se trate de juízes temporários e assessores ou de magistrados recrutados nos termos do artigo anterior, respectivamente"; "finda a fase de formação teórico-prática e, posteriormente, a fase de estágio, os candidatos referidos na alínea *c)* do n.° 2 do artigo 2.° são nomeados procuradores-adjuntos e colocados definitivamente nos tribunais pelo Conselho Superior do Ministério Público"; "os magistrados judiciais a que se refere o número anterior ficam sujeitos um período de permanência mínima de três anos nos tribunais da jurisdição em que foram definitivamente colocados, não podendo ser providos em tribunais de outra jurisdição antes do decurso do mesmo e sem que sejam previamente consultados os respectivos conselhos" (artigo 6.°). O artigo 7.° dispunha que aos cursos previstos nesta lei era subsidiariamente aplicável o regime da Lei n.° 16/98, de 8 de Abril, com as necessárias adaptações, e na medida em que não contrariassem o disposto no artigo 7.° da Lei n.° 13/2002, de 19 de Fevereiro, alterada pela Lei n.° 4-A/2003, de 19 de Fevereiro, e na própria lei.

Este regime, excepcional e transitório, vigorou até 31 de Dezembro de 2004.

V. *Magistrado; Magistratura judicial; Ministério Público; Inamovibilidade dos magistrados; Irresponsabilidade; Independência dos tribunais; Juiz de direito; Relação; Supremo Tribunal de Justiça; Procurador-Geral da República; Vice-procurador-geral da República; Procurador-geral adjunto; Procurador da República; Delegado do procurador da República; Conselho Superior da Magistratura; Conselho Superior do Ministério Público; Centro de Estudos Judiciários; Assessoria técnica; Tribunal de 1ª. instância; Cidadania; Tribunal judicial; Vigência da lei.*

Magistratura do Ministério Público – V. *Ministério Público.*

Magistratura judicial (Org. Judiciária) – Artigo 2.° do Estatuto dos Magistrados Judiciais (Lei n.° 21/85, de 30 de Julho, alterada pelo Decreto-Lei n.° 342/88, de 28 de Setembro, pelas Leis n.°s 2/90, de 20 de Janeiro, 10/94, de 5 de Maio, 44/96, de 3 de Setembro, 81/98, de 3 de Dezembro, 143/99, de 31 de Agosto, 3-B/2000, de 4 de Abril, e 42/2005, de 29 de Agosto): "A magistratura judicial é constituída por juízes do Supremo Tribunal de Justiça, juízes das relações e juízes de direito".

O artigo 215.° da Constituição da República determina que "os juízes dos tribunais judiciais formam um corpo único e regem-se por um só estatuto".

Têm funções jurisdicionais, isto é, de decisão das questões que lhes são submetidas, em harmonia com a lei, devendo, nos termos do artigo 202.°, n.° 2, da Constituição, "assegurar a defesa dos direitos e interesses legalmente protegidos dos cidadãos, reprimir a violação da legalidade democrática e dirimir os conflitos de interesses públicos e privados".

A magistratura judicial é independente, irresponsável e inamovível:

a) A independência consiste no facto de o magistrado exercer a função de julgar segundo a lei, sem sujeição a ordens ou instruções, salvo o dever de acatamento dos tribunais inferiores em relação às decisões dos tribunais superiores, proferidas por via de recurso;

b) A irresponsabilidade consiste em não responderem os juízes pelos seus julgamentos, sem prejuízo das excepções que a lei consignar e das sanções que, por abusos ou irregularidades no exercício da função, lhes possam caber à face das leis civis, criminais e disciplinares;

c) A inamovibilidade consiste na nomeação vitalícia dos juízes e em estes não poderem ser transferidos, promovidos, suspensos, aposentados, demitidos ou, por qualquer outra forma, mudados de situação, senão nos casos e pelo modo expressamente previstos no Estatuto dos Magistrados Judiciais.

A independência, irresponsabilidade e inamovibilidade da magistratura encontram-se constitucionalmente garantidas pelos artigos 215.° e 218.°.

O artigo 148.°, n.° 1, do Estatuto dos Magistrados Judiciais, na redacção dada pela Lei n.° 81/98, determina que "aos vogais do Conselho Superior da Magistratura que não sejam juízes é aplicável o regime de garantias dos magistrados judiciais".

O artigo 216.°, n.° 3, da Constituição determina ainda que os juízes em exercício não possam desempenhar qualquer outra função remunerada, quer pública, quer privada, salvo as funções docentes ou de investigação científica de natureza jurídica, não remuneradas.

A formação profissional de magistrados judiciais é atribuição do Centro de Estudos Judiciários – cuja estrutura e funcionamento são regidos pela Lei n.° 16/98, de 8 de Abril, alterada pela Lei n.° 3/2000, de 20 de Março, e pelo Decreto-Lei n.° 11/2002, de 24 de Janeiro –, sendo condições de ingresso no Centro "ser cidadão português [...], possuir há, pelo menos, dois anos, na data de abertura do concurso, licenciatura em Direito por universidade portuguesa ou habilitação académica equivalente à face da lei portuguesa [...] [e] reunir os demais requisitos de ingresso na função pública" – artigo 33.°, n.° 1, da citada Lei n.° 16/98.

V. *Magistrado; Supremo Tribunal de Justiça; Relação; Juiz de direito; Centro de Estudos Judiciários; Acção de indemnização contra magistrados; Recurso.*

Maior (Dir. Civil) – Sujeito que, por ter atingido 18 anos de idade, adquiriu capacidade de exercício.

V. *Maioridade; Capacidade.*

Maioria de razão – Argumento interpretativo de acordo com o qual, por exemplo, se deve entender que a norma que permite o mais permite o menos, como que aquela que proíbe o menos proíbe o mais.

V. *Interpretação da lei; Argumentos interpretativos; Norma jurídica; Norma permissiva; Norma proibitiva.*

Maioridade (Dir. Civil) – Idade fixada pela lei a partir da qual se adquire a capacidade para o exercício de direitos, ficando-se habilitado a reger a sua pessoa e a dispor dos seus bens.

Dezoito anos é a idade fixada na lei portuguesa, desde a entrada em vigor do Decreto-Lei n.° 496/77, de 25 de Novembro, que alterou o C.C., para a maioridade, só não adquirindo capacidade de exercício a partir dessa idade aqueles contra quem estiverem pendentes acções de interdição ou inabilitação.

V. artigos 122.°, 123.°, 130.° e 131.°, C.C..

V. *Capacidade; Interdição; Inabilitação.*

Maior onerosidade da prestação (Dir. Civil) – V. *Prestação; Agravamento da prestação.*

Mandado (Proc. Civil) – Ordem dada por um tribunal a uma entidade funcionalmente a ele subordinada para a prática de um acto processual. Os mandados são passados em nome do juiz ou relator e assinados pelo funcionário da secretaria.

Além da ordem do juiz, o mandado só deve conter as indicações indispensáveis para o seu cumprimento.

V. artigos 176.° (na redacção dos Decretos-Leis n.°s 329-A/95, de 12 de Dezembro, e 180/96, de 25 de Setembro), 189.° e 191.°, C.P.C..

V. *Actos processuais; Juiz; Juiz relator; Funcionário de justiça; Secretaria judicial; Carta precatória; Carta rogatória.*

Mandado de despejo (Proc. Civil) – Dispõe o n.° 1 do artigo 59.° do Regime do Arrendamento Urbano – aprovado pelo

Decreto-Lei n.° 321-B/90, de 15 de Outubro, rectificado por Declaração publicada no *Diário da República*, I-A série, de 30 de Novembro de 1990, e alterado pelo Decreto-Lei n.° 278/93, de 10 de Agosto, (este alterado, por ratificação, pela Lei n.° 13/94, de 11 de Maio), pelo Decreto-Lei n.° 163/95, de 13 de Julho, pela Lei n.° 89//95, de 1 de Setembro, pelo Decreto-Lei n.° 257/95, de 30 de Setembro, pela Lei n.° 135/99, de 28 de Agosto, pelos Decretos-Leis n.° 64-A/2000, de 22 de Abril, e 329-B/2000, de 22 de Dezembro, e pelas Leis n.° 6/2001 e 7/2001, ambas de 11 de Maio – (correspondente ao antigo n.° 1 do artigo 985.°, C.P.C.) que "o senhorio pode requerer um mandado para a execução do despejo, quando o arrendatário não entregue o prédio na data fixada na sentença"; o n.° 3 do mesmo artigo determina que, "quando seja necessário arrombar as portas ou vencer qualquer resistência material, o funcionário encarregado de executar o mandado deve requisitar a intervenção da força pública e a assistência de qualquer autoridade administrativa, em cuja presença se efectuará o despejo, lavrando-se auto da ocorrência".

Se bem que o n.° 1 do artigo 60.°, R.A.U., determine que "o mandado de despejo é executado seja quem for o detentor do prédio", o n.° 2 da mesma disposição e o artigo 61.° prevêem casos de suspensão do despejo.

V. *Mandado; Arrendamento urbano; Senhorio; Despejo; Sustação do mandado de despejo.*

Mandante (Dir. Civil) –Num contrato de mandato, é a parte que encarrega outrem da realização de actos jurídicos por sua conta.

De acordo com o artigo 1167.°, C.C., o mandante tem obrigação de "fornecer ao mandatário os meios necessários à execução do mandato, se outra coisa não foi convencionada", de "reembolsar o mandatário das despesas feitas que este fundadamente tenha considerado indispensáveis, com juros legais desde que foram efectuadas", de o indemnizar "do prejuízo sofrido em consequência do mandato, ainda que o mandante tenha procedido sem culpa" e ainda, se o mandato for oneroso, de pagar ao mandatário "a retribuição que ao caso competir".

"Sendo dois ou mais os mandantes, as suas obrigações para com o mandatário são solidárias, se o mandato tiver sido conferido para assunto de interesse comum" – artigo 1169.°, C.C..

Se o mandante for declarado insolvente, caduca, em princípio, o contrato de mandato por ele celebrado, salvo se for estranho à massa insolvente; manter-se-á, porém, "caso seja necessária a prática de actos pelo mandatário para evitar prejuízos previsíveis para a massa [...], até que o administrador [...] tome as devidas providências" ou "pelo período em que o mandatário tenha exercido funções desconhecendo, sem culpa, a declaração de insolvência" – artigo 110.° do Código da Insolvência e da Recuperação de Empresas, aprovado pelo Decreto-Lei n.° 53/2004, de 18 de Março, alterado pelos Decretos-Leis n.°s 200/2004, de 18 de Agosto, e 76-A//2006, de 29 de Março (este rectificado pela Declaração de rectificação n.° 28-A//2006, de 26 de Maio).

V. *Mandato; Acto jurídico; Obrigação; Mandatário; Juros legais; Indemnização; Culpa; Contrato oneroso; Solidariedade; Insolvência, Recuperação de empresas; Caducidade do contrato; Massa insolvente; Dano; Declaração de insolvência.*

Mandatário (Dir. Civil) – No contrato de mandato, o mandatário é a parte que se obriga a realizar actos jurídicos por conta do outro contraente.

As obrigações do mandatário, enunciadas no artigo 1161.°, C.C., consistem, no essencial, na prática dos actos compreendidos no contrato, segundo as instruções do mandante (podendo o mandatário, segundo o artigo 1162.°, "deixar de executar o mandato ou afastar-se das instruções recebidas, quando seja razoável supor que o mandante aprovaria a sua conduta, se conhecesse certas circunstâncias que não foi possível comunicar-lhe em tempo útil"), na prestação das informações que forem pedidas pelo mandante, na prestação de contas e na entrega ao mandante de tudo quanto haja recebido no exercício do mandato.

Determina o artigo 1165.°: "O mandatário pode, na execução do mandato, fazer-se substituir por outrem ou servir-se de auxiliares, nos mesmos termos em que o procurador o pode fazer", isto é, nos termos do artigo 264.°, C.C..

O artigo 110.° do Código da Insolvência e da Recuperação de Empresas, aprovado pelo Decreto-Lei n.° 53/2004, de 18 de Março, alterado pelos Decretos-Leis n.°s 200/2004, de 18 de Agosto, e 76-A/2006, de 29 de Março (rectificado pela Declaração de rectificação n.° 28-A/2006, de 26 de Maio), dispõe que os contratos de mandato, à excepção daqueles que sejam estranhos à massa insolvente, "caducam com a insolvência do mandante, ainda que o mandato tenha sido conferido também no interesse do mandatário ou de terceiro, sem que o mandatário tenha direito a indemnização pelo dano sofrido"; desta regra excepcionam-se os casos em que seja necessária a prática de actos pelo mandatário para evitar dano para a massa apenas até ao momento em que o administrador da insolvência tome as providências devidas, e aqueles em que, durante certo período, "o mandatário tenha exercido funções desconhecendo, sem culpa, a declaração de insolvência do mandante"; a remuneração e o reembolso de despesas do mandatário constituem dívida da massa insolvente, se se tiver tratado da prática de actos necessários para prevenir prejuízos à massa, e dívida da insolvência no caso de actos praticados pelo mandatário com desconhecimento desculpável da insolvência do mandante.

V. *Mandato; Acto jurídico; Mandante; Obrigação; Obrigação de informação; Prestação de contas; Substituto; Auxiliar; Procurador; Insolvência, Recuperação de empresas; Massa insolvente; Caducidade do contrato; Terceiro; Indemnização; Dano; Administrador da insolvência; Culpa; Dívida da insolvência.*

Mandatário judicial (Proc. Penal) – Profissional do foro que, em virtude da celebração de um contrato de mandato e da atribuição de poderes de representação em juízo pelo mandante, fica obrigado à prática dos actos processuais necessários à defesa dos interesses da sua contraparte. O âmbito dos poderes do mandatário judicial, na falta de diversa declaração do mandante, é o definido nos artigos 36.° e 37.°, C.P.C..

O artigo 154.°, C.P.C., na redacção do Decreto-Lei n.° 180/96, de 25 de Setembro, ocupa-se do regime dos excessos cometidos, por escrito ou oralmente, pelos mandatários judiciais.

Nos processos em que é obrigatória a constituição de advogado, a instância suspende-se quando aquele falecer ou ficar absolutamente impossibilitado de exercer o mandato, logo que seja feita prova de qualquer destes factos, salvo "se o processo estiver concluso para a sentença ou em condições de o ser", caso em que "a suspensão só se verificará depois da sentença" – artigos 276.°, n.° 1-*b*), e 278.°, Código de Processo Civil.

V. *Mandato; Mandatário; Mandato judicial; Poderes representativos; Actos processuais; Advogado; Constituição obrigatória de advogado; Excessos; Suspensão da instância; Conclusão; Sentença.*

Mandato (Dir. Civil) – "É o contrato pelo qual uma das partes se obriga a praticar um ou mais actos jurídicos por conta da outra" – artigo 1157.°, C.C..

O mandato é livremente revogável por qualquer das partes, sendo irrelevante convenção em contrário; "se, porém, o mandato tiver sido conferido também no interesse do mandatário ou de terceiro, não pode ser revogado pelo mandante sem acordo do interessado, salvo ocorrendo justa causa" – artigo 1170.°, n.° 2, C.C..

Trata-se, em princípio, de um contrato gratuito, salvo se as partes convencionarem diversamente ou se o contrato tiver por objecto actos que o mandatário pratique por profissão, caso em que a lei o presume oneroso.

Diz-se *mandato com representação* ou *mandato representativo* aquele em que o mandatário fica obrigado a agir não apenas por conta do mandante mas também em nome dele. Para o efeito, receberá em regra o mandatário do mandante, através de procuração, poderes para o representar. Muito embora a lei (artigo 1178.°, n.° 2, C.C.) contenha uma espécie de presunção de que o mandato é representativo se a sua conclusão tiver sido acompanhada da outorga de procuração pelo mandante ao mandatário, e pareça, na sua letra, associar o mandato com representação à existência de procuração válida, não se afigura necessário que assim seja: é, de facto, admissível que entre as partes tenha ficado acordado que o mandatário aja em nome do mandante, ainda que não lhe tenha sido passada procuração para o efeito, como o é (e isto a lei di-lo) que haja procuração e, no entanto, se tenha convencionado que o mandatário praticará os actos em seu próprio nome.

Fala-se de *mandato sem representação* para significar o contrato em que o mandatário fica vinculado a agir em nome próprio, adquirindo os direitos e assumindo as obrigações decorrentes dos actos que executa, direitos e obrigações que transferirá depois para o mandante.

V. artigos 1157.° e segs., C.C..

O artigo 110.° do Código da Insolvência e da Recuperação de Empresas, aprovado pelo Decreto-Lei n.° 53/2004, de 18 de Março, alterado pelos Decretos-Leis n.°s 200/2004, de 18 de Agosto, e 76-A/2006, de 29 de Março (rectificado pela Declaração de rectificação n.° 28-A/2006, de 26 de Maio), dispõe que os contratos de mandato, à excepção daqueles que sejam estranhos à massa insolvente, "caducam com a insolvência do mandante, ainda que o mandato tenha sido conferido também no interesse do mandatário ou de terceiro, sem que o mandatário tenha direito a indemnização pelo dano sofrido"; desta regra excepcionam-se os casos em que seja necessária a prática de actos pelo mandatário para evitar dano para a massa apenas até ao momento em que o administrador da insolvência tome as providências devidas, e aqueles em que, durante certo período, "o mandatário tenha exercido funções desconhecendo, sem culpa, a declaração de insolvência do mandante".

V. *Contrato; Contrato de prestação de serviços; Mandante; Mandatário; Terceiro; Revogação do mandato; Convenção; Norma imperativa; Renúncia do mandato; Justa causa; Contrato gratuito; Contrato oneroso; Presunção legal; Representação; Procuração; Poderes representativos; Insolvência; Recuperação de empresas; Efeitos da insolvência; Massa insolvente; Caducidade do contrato; Indemnização; Culpa.*

Mandato colectivo (Dir. Civil) – Mandato colectivo ou mandato plural é aquele em que há pluralidade de mandantes. O artigo 1169.°, C.C., dispõe que, "sendo dois ou mais os mandantes, as suas obrigações para com o mandatário são solidárias, se o mandato tiver sido conferido para assunto de interesse comum". Por seu lado, o artigo 1173.°, C.C., estabelece que, "sendo o mandato conferido por várias pessoas e para assunto de interesse comum, a revogação só produz efeito se for realizada por todos os mandantes".

V. *Mandato; Mandante; Mandato conjunto; Solidariedade; Revogação do mandato.*

Mandato com representação (Dir. Civil) – V. *Mandato; Mandato representativo.*

Mandato conjunto (Dir. Civil) – Diz-se conjunto o mandato em que, havendo pluralidade de mandatários, o mandante determinou que eles ajam conjuntamente (cfr. artigo 1160.°, C.C.). Trata-se, pois, de um mandato plural por parte do mandatário.

V. *Mandato; Mandatário; Obrigação plural; Mandato colectivo; Mandato disjunto.*

Mandato de crédito (Dir. Civil) – Diz-se que há mandato de crédito quando uma pessoa se obriga perante outrem, que disso a encarregou, a dar crédito a um terceiro, actuando em nome e por conta própria.

O autor do encargo fica na posição de fiador, tendo a faculdade de revogar o mandato em qualquer momento, enquanto o crédito não tiver sido concedido, e, após a concessão, também em qualquer momento o pode denunciar, desde que indemnize pelos danos que haja causado; o encarregado pode, por sua vez, recusar o encargo, no caso de a situação patrimonial dos outros contraentes pôr em risco o seu futuro direito.

V. artigo 629.°, C.C..

V. *Obrigação; Fiança; Terceiro; Revogação do mandato; Indemnização; Dano.*

Mandato disjunto (Dir. Civil) – Alguma doutrina designa assim a situação em que alguém incumbe "duas ou mais pessoas da prática dos mesmos actos jurídicos", não determinando que elas ajam conjuntamente; nesta hipótese, o artigo 1160.°, C.C., dispõe que "há tantos mandatos quantas as pessoas designadas".

V. *Mandato; Acto jurídico; Mandato conjunto.*

Mandato forense (Dir. Civil; Proc. Civil) – Designação que, tanto quanto pode ver-se – se bem que não seja perceptível a razão –, corresponde ao conceito de mandato judicial, e que foi adoptada pela Lei n.° 49/2004, de 24 de Agosto, cujo artigo 1.°, n.° 5-*a)*, diz tratar-se de acto próprio dos advogados e solicitadores "o exercício do mandato forense".

O actual Estatuto da Ordem dos Advogados – aprovado pela Lei n.° 15/2005, de 26 de Janeiro – dispõe, no seu artigo 62.°, que mandato forense é "o mandato judicial para ser exercido em qualquer tribunal, incluindo os tribunais ou comissões arbitrais e julgados de paz", "o exercício do mandato com representação, com poderes para negociar a constituição, alteração ou extinção de relações jurídicas [*sic*]", e "o exercício de qualquer mandato com representação em procedimentos administrativos, incluindo tributários, perante quaisquer pessoas colectivas públicas ou respectivos órgãos ou serviços, ainda que se suscitem ou discutam apenas questões de facto", não podendo o mandato forense "ser objecto, por qualquer forma, de medida ou acordo que impeça ou limite a escolha pessoal e livre do mandatário pelo mandante".

V. *Mandato; Mandato judicial; Advogado; Solicitador; Tribunal; Tribunal arbitral; Julgado de paz; Mandato representativo; Pessoa colectiva; Órgãos da pessoa colectiva; Questão de facto; Mandatário; Mandante.*

Mandato judicial (Dir. Civil; Proc. Civil) – Mandato acompanhado de outorga de poderes de representação em juízo a um profissional do foro: advogado, advogado estagiário ou solicitador.

O artigo 208.° da Constituição da República diz que "a lei assegura aos advogados as imunidades necessárias ao exercício do mandato e regula o patrocínio forense como elemento essencial à administração da justiça".

A lei impõe, em muitos casos, a intervenção obrigatória de advogado que represente as partes em juízo (v. artigos 32.° e 60.°, C.P.C., o primeiro na redacção do Decreto-Lei n.° 329-A/95, de 12 de Dezembro, e o segundo na daquele diploma e do Decreto-Lei n.° 38/2003, de 8 de Março, rectificado pela Declaração de rectificação n.° 5-C/2003, de 30 de Abril), podendo elas, mesmo nos casos em que tal não é obrigatório (v. artigos 34.° e 60.°, C.P.C.), constituir mandatário judicial.

Diversamente do que acontece com o regime geral do mandato (contrato) e da procuração (negócio jurídico unilateral), que podem não estar ligados e ser, portanto, realizados com independência um do outro, no mandato judicial, as regras do Código de Processo Civil parecem apontar claramente para que assim não seja, antes o mandato sendo "conferido" pela procuração que atribui os poderes de representação da parte em juízo.

Constituir advogado significa, pois, mandatar advogado para representar a parte em tribunal em todos os actos de um processo, sendo o mandato conferido por documento autêntico ou particular, ou por mera declaração verbal da parte no auto de qualquer diligência que se pratique no processo. O Decreto-Lei n.° 267/92, de 28 de Novembro, dispensou o reconhecimento notarial nas procurações passadas a advogados para a prática de actos que integrem o patrocínio judiciário, impendendo sobre o mandatário o dever de se certificar de que o mandante tem poderes para o acto que pratica; o mesmo regime se aplica às procurações passadas a solicitadores, nos termos do Decreto-Lei n.° 168/95, de 15 de Julho.

V. artigo 35.°, C.P.C., na redacção do Decreto-Lei n.° 180/96, de 25 de Setembro.

Os artigos 61.°, n.° 3, e 62.°, n.° 2, do Estatuto da Ordem dos Advogados (Lei n.° 15/2005, de 26 de Janeiro) estabelecem que o mandato judicial não pode ser impedido, designadamente para a defesa de direitos, patrocínio de relações controvertidas e composição de interesses, não podendo ser objecto "de medida ou acordo que impeça ou limite a escolha directa e livre do mandatário pelo mandante".

O mandato judicial não confere poderes para confessar a acção, transigir sobre o seu objecto e desistir do pedido ou da instância, a menos que a procuração identifique a acção e contenha autorização expressa para qualquer destes actos (artigo 37.°, n.° 2, C.P.C.).

Tanto a revogação do mandato por parte do mandante como a renúncia a ele por parte do mandatário, para serem eficazes, devem ser realizadas no próprio processo e notificadas tanto ao mandatário ou ao mandante, como à parte contrária.

Se a procuração for insuficiente ou irregular, ou não existir de todo, a parte contrária pode, em qualquer momento, levantar a questão, bem como o tribunal suscitá-la oficiosamente: será, então, marcado prazo à parte para vir suprir a falta ou corrigir o vício e, em qualquer caso, ratificar todo o processado anteriormente, sem o que ficam sem efeito os actos até aí praticados pelo mandatário, sendo este condenado em custas e também em indemnização, se tiver agido culposamente e dos seus actos tiverem resultado danos.

A falta de constituição de advogado, nas causas da competência de tribunais com alçada, em que seja admissível recurso ordinário, nas causas em que seja sempre admissível recurso, independentemente do valor da acção, e nos recursos e causas directamente propostas nos tribunais superiores constitui excepção dilatória, de conhecimento oficioso do tribunal; de igual modo o é a falta, insuficiência ou irregularidade do mandato por parte de quem propôs a acção. Em ambos os casos, não sendo a falta sanada, o tribunal absolverá o réu da instância, não conhecendo do mérito da causa - v. artigos 494.°, n.° 1-*h)* (na redacção dos DL n.°s 329-A/95, e 180/96), 493.°, 495.° (redacção do DL n.° 329-A/95) e 288.°, n.° 1-*e)* (redacção do DL n.° 180/96), C.P.C..

O artigo 61.°, n.° 1, do Estatuto da Ordem dos Advogados determina que "só os licenciados em Direito com inscrição em vigor na Ordem dos Advogados podem, em todo o território nacional, praticar actos próprios da advocacia [entre os quais se encontra o mandato judicial ou forense], nos termos definidos na Lei n.° 49/2004, de 24 de Agosto".

Quanto aos solicitadores, determina o artigo 99.° do Estatuto da Câmara dos Solicitadores (Decreto-Lei n.° 88/2003, de 26 de Abril, alterado pelas Leis n.°s 49/2004, de 24 de Agosto, e 14/2006, de 26 de Abril), em paralelo com a norma que se deixou citada do Estatuto da Ordem dos Advogados, que, "além dos advogados, apenas os solicitadores com inscrição em vigor na Câmara podem, em todo o território nacional e perante qualquer jurisdição, instância, autoridade ou entidade pública ou privada, praticar actos próprios da profissão, designadamente exercer o mandato judicial, nos termos da lei, em regime de profissão liberal remunerada".

V. *Mandato; Poderes representativos; Advogado; Advogado estagiário; Solicitador, Patrocínio judiciário; Intervenção obrigatória de advogado; Procuração forense; Documento autêntico; Documento particular; Confissão; Transacção; Desistência; Pedido; Instância; Revogação do mandato; Notificação; Custas; Indemnização; Renúncia do mandato; Alçada; Recurso ordinário; Valor da causa; Excepção; Conhecimento oficioso; Absolvição da instância; Mérito da causa; Câmara dos solicitadores.*

Mandato representativo (Dir. Civil) – O mandato diz-se representativo ou com representação quando o mandatário tenha recebido do mandante poderes para actuar em seu nome - artigo 1178.°, C.C..

Quando assim for, dispõe o artigo 1179.°, C.C., que "a revogação e a renúncia da procuração implicam revogação do mandato".

A caracterização do mandato com representação, bem como a regra do artigo 1179.° que se deixou transcrita estão longe de ser indiscutíveis do ponto de vista dogmático. Sendo o mandato um contrato, a sua caracterização legal depende, em primeiro lugar, da convenção das partes; acordem estas em que o mandatário fica obrigado os actos jurídicos em nome do mandante, e parece que o contrato deve qualificar-se como representativo; a outorga da procuração conferindo ao mandatário os poderes necessários constitui um instrumento (nem sequer indispensável, já que o mandatário pode cumprir a sua obrigação como representante sem poderes) para que o mandatário cumpra, sendo os actos eficazes directamente na esfera do mandante. Daí que a extinção da procuração não deva, por si só, extinguir o contrato, isto é, ser considerada como declaração *ficta* de vontade unilateral revogatória.

V. *Mandato; Acto jurídico; Representação; Poderes representativos; Procuração; Renúncia; Revogação da procuração; Contrato; Convenção; Representação sem poderes; Declaração ficta.*

Mandato sem representação (Dir. Civil) – Sendo o mandato o contrato pelo qual uma das partes se obriga a praticar um ou mais actos jurídicos por conta da outra, há mandato sem representação quando o mandatário age em nome próprio (artigos 1157.° e 1180.°, C.C.).

Neste caso, o mandatário adquire os direitos e assume as obrigações decorrentes dos actos que pratica, independentemente do conhecimento do mandato por terceiros intervenientes ou destinatários dos actos (artigo 1180.°, C.C.).

O mandatário é obrigado a transferir para o mandante os direitos que tenha adquirido em execução do mandato, devendo o mandante assumir as obrigações contraídas pelo mandatário em execução dele. Caso o mandante não possa assumir as obrigações, deverá entregar ao mandatário os meios necessários para as cumprir ou reembolsá-lo do que houver despendido no seu cumprimento – artigos 1181.° e 1182.°, C.C..

Salvo estipulação em contrário ou se devesse conhecer ou conhecesse, no momento da celebração do contrato, a insolvência das pessoas com quem haja contratado, o mandatário não é responsável pela falta de cumprimento das obrigações por estas assumidas – artigo 1183.°, C.C..

Dado que o mandato não é aparente, a lei estabelece que, para evitar prejuízos ao mandante, os bens adquiridos pelo mandatário no exercício do mandato, e que devem ser transferidos para o mandante, não respondam pelas dívidas do mandatário, desde que o mandato conste de documento anterior à data da penhora e não tenha sido feito o registo da aquisição, no caso de bens a ele sujeitos (artigo 1184.°, C.C.).

V. *Mandato; Acto jurídico; Direito subjectivo; Obrigação; Terceiro; Insolvência; Incumprimento; Responsabilidade patrimonial; Documento; Penhora; Registo.*

Manifestação de vontade (Dir. Civil) – Expressão, juridicamente relevante, da vontade de uma pessoa.

V. *Declaração negocial.*

Manutenção da posse (Dir. Civil; Proc. Civil) – Sendo perturbado o possuidor de uma coisa na sua posse, pode manter-se nesta, ou directamente, se se verificarem os pressupostos da acção directa (artigo 336.°, C.C.), ou judicialmente, através de uma acção possessória de manutenção da posse.

Se a posse daquele que recorrer ao tribunal não tiver mais de um ano, ele só poderá ser mantido contra quem não tiver melhor posse (sendo melhor a que foi titulada ou, na falta de título, a mais antiga e ainda, se tiverem igual antiguidade, a que for actual).

Tem legitimidade, para essa acção, aquele que for efectivamente perturbado ou os seus herdeiros, não podendo a acção ser intentada a não ser contra o perturbador. O prazo para a propositura da acção é de um ano contado do facto da turbação ou do conhecimento dele, se houver sido oculto.

Aquele que for mantido judicialmente na posse tem direito a uma indemnização pelos prejuízos que haja sofrido, podendo esta ser exigida quer ao perturbador, quer aos seus herdeiros, e podendo, nos termos gerais do artigo 470.°, C.P.C. – na redacção dos Decretos-Leis n.°s 329-A/95, de 12 de Dezembro, e 180/96, de 25 de Setembro –, cumular o pedido da manutenção na posse com o da indemnização.

Mantida judicialmente a posse, é havido como nunca perturbado o seu titular.

O referido DL n.° 329-A/95 revogou os artigos 1033.° e segs., C.P.C., pelo que as acções possessórias deixaram de seguir uma forma de processo especial, passando a seguir o processo comum. Manteve-se, no entanto, a restituição provisória de posse como procedimento cautelar especificado (artigos 393.° a 395.°, C.P.C.).

A acção de manutenção da posse pode ser proposta por qualquer dos compossuidores, seja qual for a parte que lhe cabe (artigo 1286.°, C.C.), pelo credor pignoratício, mesmo contra o dono da coisa (artigo 670.°-*a)*, C.C.), pelo locatário mesmo contra o locador (artigo 1037.°, n.° 2, C.C.), pelo parceiro pensador mesmo contra o parceiro proprietário (artigo 1125.°, n.° 2, C.C.), pelo comodatário mesmo contra o comodante (artigo 1133.°, n.° 2, C.C.) e pelo depositário mesmo contra o depositante (artigo 1188.°, n.° 2, C.C.).

V. artigos 1277.° a 1286.°, C.C..

Nesta matéria, há de ter em conta também os embargos de terceiro que podem ser deduzidos mesmo antes da ofensa efectiva da posse, desde que a diligência esteja já ordenada, embora não realizada, tendo, neste caso, o objectivo da manutenção da posse.

V. *Posse; Turbação da posse; Defesa da posse; Acção directa; Acções possessórias; Herdeiro; Propositura da acção; Indemnização; Cumulação de pedidos; Restituição provisória de posse; Forma de processo; Processo comum; Processo especial; Penhor; Credor pignoratício; Locação; Parceria pecuária; Parceiro pensador; Comodato; Depósito; Embargos de terceiro; Diligência.*

Mapa da partilha (Proc. Civil) – Nos processos de inventário, após o despacho sobre a forma da partilha, a secretaria, em conformidade com ele, organiza o mapa da partilha no prazo de dez dias (eram oito dias, na redacção do n.° 1 do artigo 1375.°, C.P.C., anterior ao Decreto-Lei n.° 329--A/95, de 12 de Dezembro); "para a formação do mapa acha-se, em primeiro lugar, a importância total do activo, somando-se os valores de cada espécie de bens conforme as avaliações e licitações efectuadas e deduzindo-se as dívidas, legados e encargos que devam ser abatidos; em seguida, determina-se o montante da quota de cada interessado e a parte que lhe cabe em cada espécie de bens; por fim, faz-se o preenchimento de cada quota com referência aos números das verbas da descrição" – artigo 1375.°, n.° 2, C.P.C.. Sobre reclamações contra o mapa, v. artigo 1379.°, C.P.C., na redacção do mesmo DL n.° 329-A/95, ocupando-se o artigo 1381.° da eventual elaboração de segundo e terceiro mapas.

V. *Inventário; Partilha; Despacho; Secretaria judicial; Encargos da herança; Avaliação; Licitação; Dívida; Legado.*

Massa falida (Dir. Civil; Proc. Civil; Dir. Com.) – Chamava-se massa falida à totalidade dos bens e direitos que, no momento da declaração da falência, integravam ou viessem a integrar o património do falido, e ainda todos aqueles que tivessem sido objecto de actos praticados pelo falido antes da falência e viessem a ser resolvidos ou procedentemente impugnados por via de acção pauliana.

A administração e liquidação da massa falida, que competia ao administrador da falência, sob a orientação do síndico, nos termos dos artigos 1210.° e segs., C.P.C., passou depois a caber ao liquidatário judicial, sob a direcção do juiz e com a cooperação e fiscalização da comissão de credores, de acordo com o artigo 141.° do Código dos Processos Especiais de Recuperação de Empresas e da Falência, aprovado pelo Decreto-Lei n.° 132/93, de 23 de Julho, alterado pelos Decretos-Leis n.° 157/97, de 24 de Junho, 315/98, de 20 de Outubro, e 323/2001, de 17 de Dezembro, e 38/2003, de 8 de Março, que revogou aquelas disposições do C.P.C.. A massa falida encontrava-se exclusivamente afectada ao pagamento integral ou rateado das dívidas dos credores determinados aquando da verificação do passivo, com ressalva das custas e despesas de liquidação, incluindo a remuneração do liquidatário judicial do processo, nos termos dos artigos 208.° e segs. do citado Código. Os negócios realizados pelo falido, posteriormente à declaração de falência, eram inoponíveis à massa falida, embora excepcionalmente pudessem não o ser, se fossem confirmados pelo liquidatário judicial, quando este entendesse que nisso havia interesse para a massa falida.

O Decreto-Lei n.° 70/97, de 3 de Abril, cujas normas prevalecem "sobre qualquer outra disposição legal, ainda que de natureza especial" (artigo 3.°), veio determinar que "o negócio jurídico através do qual as partes, na qualidade de intervenientes em contratos sobre instrumentos financeiros, de que decorram direitos e obrigações similares, acordam em que todas as obrigações entre elas contraídas no âmbito desse negócio se considerarão compensadas, na parte relevante, se uma das partes vier a ser declarada em estado de falência [a referência deve entender-se como feita à insolvência], é oponível à massa falida [massa insolvente] e aos credores da mesma"; o artigo 2.° deste diploma esclarece que, para os seus efeitos, "são considerados instrumentos financeiros os valores mobiliários, os contratos a prazo relativos a divisas, as taxas de câmbio, os *swaps*, as opções e outros contratos de natureza análoga".

Encontram-se outros regimes especiais, como, por exemplo, o do n.° 7 do artigo 5.° do Decreto-Lei n.° 453/99, de 5 de Novembro, alterado pelos Decretos-Leis n.°s 82/ /2002, de 5 de Abril, 303/2003, de 5 de Dezembro, e 52/2006, de 15 de Março, segundo o qual, "em caso de falência [insolvência] do gestor dos créditos, os montantes que estiverem na sua posse decorrentes de pagamentos relativos a créditos cedidos para titularização não integram a massa falida [massa insolvente]".

O Código dos Processos Especiais de Recuperação de Empresas e da Falência foi revogado pelo Decreto-Lei n.° 53/2004, de 18 de Março, alterado pelos Decretos-Leis n.°s 200/2004, de 18 de Agosto, e 76-A/ /2006, de 29 de Março – rectificado pela Declaração de rectificação n.° 28-A/2006, de 26 de Maio –, que aprovou o Código da Insolvência e da Recuperação de Empresas, pelo que existe hoje um regime que se aplica à massa insolvente e não à massa falida.

V. *Falência; Efeitos da falência; Património; Impugnação pauliana; Liquidatário judicial; Comissão de credores; Verificação de créditos; Custas; Negócio jurídico; Crédito; Cessão de créditos; Titularização de créditos; Insolvência; Recuperação de empresas; Massa insolvente.*

Massa insolvente (Dir. Civil; Dir. Com.; Proc. Civil) – O Código da Insolvência e da Recuperação de Empresas, aprovado pelo Decreto-Lei n.° 53/2004, de 18 de Março, alterado pelos Decretos-Leis n.°s 200/2004, de 18 de Agosto, e 76-A/2006, de 29 de Março (rectificado este pela Declaração de rectificação n.° 28-A/2006, de 26 de Maio), revogou o anterior Código dos Processos Especiais de Recuperação de Empresas e da Falência, designando-se, nos processos de insolvência, por massa insolvente o conjunto de bens e direitos de que certo sujeito é titular, quando esse sujeito "se encontre impossibilitado de cumprir as suas obrigações vencidas". O artigo 46.° deste Código dispõe que a massa insolvente se destina "à satisfação dos credores da insolvência, depois de pagas as suas próprias dívidas, e, salvo disposição em contrário, abrange todo o património do devedor à data da declaração de insolvência, bem como os bens e direitos que ele adquira na pendência do processo", só sendo os bens impenhoráveis integrados na massa "se o devedor voluntariamente os apresentar e a impenhorabilidade não for absoluta".

Quando ocorra aquela situação, pode o devedor apresentar-se à insolvência ou a declaração desta ser requerida por uma das pessoas a que a lei atribui legitimidade para tal.

Na sentença que declarar a insolvência, o juiz "determina que a administração da massa insolvente será assegurada pelo devedor, quando se verifiquem os pressupostos exigidos pelo n.° 2 do artigo 224.° [ter isso sido requerido pelo devedor, ter este apresentado, ou comprometer-se a fazê-lo no prazo de 30 dias depois da sentença, um plano de insolvência que preveja a continuidade da exploração da empresa por ele próprio, inexistirem motivos para recear atraso ou outros inconvenientes para os credores, e acordo do requerente se este não for o próprio devedor]" – artigo 36.°-*e)*; fora destes casos, a administração da massa insolvente é entregue a um administrador nomeado na sentença, que também decreta a apreensão, para imediata entrega a este administrador, "dos elementos da contabilidade do devedor e de todos os seus bens, ainda que arrestados, penhorados ou por qualquer forma apreendidos ou detidos e sem prejuízo do disposto no n.° 1 do artigo 150.° [que se ocupa do regime da entrega dos bens que constituem a massa insolvente]".

Quando o juiz conclua "que o património do devedor não é presumivelmente suficiente para a satisfação das custas do processo e das dívidas previsíveis da massa insolvente e não estando essa satisfação por outra forma garantida, faz menção desse facto na sentença [...], declarando aberto o incidente de qualificação com carácter limitado"; nestas situações, pode qualquer interessado pedir, no prazo de cinco dias, que a sentença seja complementada com todas as menções necessárias numa sentença de declaração de insolvência em que esta hipótese não ocorra, devendo o requerente do complemento da sentença depositar "à ordem do tribunal o montante que o juiz especificar segundo o que razoavelmente entenda necessário para garantir o pagamento das referidas custas e dívidas, ou cauciona[r] esse pagamento mediante garantia bancária, sendo o depósito movimentado ou a caução accionada apenas depois de comprovada a efectiva insuficiência da massa, e na medida dessa insuficiência"; requerido o mencionado complemento da sentença, deve a acção prosseguir nos termos gerais, podendo o requerente do complemento "exigir o reembolso das quantias despendidas às pessoas que, em violação dos seus deveres como administradores, se hajam abstido de requerer a declaração de insolvência do devedor, ou o tenham feito com demora"; nos casos em que não haja sido requerido o complemento da sentença, "o devedor não fica privado dos poderes de administração e disposição do seu património, nem se produzem quaisquer dos efeitos que normalmente correspondem à declaração de insolvência [...]", sendo o processo declarado findo logo que a sentença transite em julgado, "sem prejuízo da tramitação, até final do incidente limitado de qualificação da insolvência", e limitando-se o administrador da insolvência a elaborar parecer sobre os factos relevantes, identificando, se for esse o caso, as pessoas que devem ser responsabilizadas pela qualificação como culposa da insolvência (artigo 39.°).

O artigo 47.°, n.° 1, dispõe que "todos os titulares de créditos de natureza patrimonial sobre o insolvente ou garantidos por bens integrantes da massa insolvente, cujo fundamento seja anterior à data dessa declaração, são considerados credores da insolvência, qualquer que seja a sua nacionalidade e domicílio"; nos termos do n.° 3 do mesmo artigo, são equiparados aos titulares de créditos sobre a insolvência à data da declaração desta aqueles que provem tê-los adquirido na pendência da acção.

O artigo 51.° diz que, "salvo preceito expresso em contrário, são dívidas da massa insolvente [não, note-se, dívidas da insolvência], para além de outras como tal qualificada neste Código:

a) As custas do processo insolvência;

b) As remunerações do administrador da insolvência e as despesas deste e dos membros da comissão de credores;

c) As dívidas emergentes dos actos de administração, liquidação e partilha da massa insolvente;

d) As dívidas resultantes da actuação do administrador da insolvência no exercício das suas funções;

e) Qualquer dívida resultante de contrato bilateral cujo cumprimento não possa ser recusado pelo administrador da insolvência, salvo na medida em que se reporte a período anterior à declaração de insolvência;

f) Qualquer dívida resultante de contrato bilateral cujo cumprimento não seja recusado pelo administrador da insolvência, salvo na medida, correspondente à contraprestação já realizada pela outra parte anteriormente à declaração de insolvência ou em que se reporte a período anterior a essa declaração;

g) Qualquer dívida resultante de contrato que tenha por objecto uma prestação duradoura, na medida correspondente à contraprestação já realizada pela outra parte e cujo cumprimento tenha sido exigido pelo administrador judicial provisório;

h) As dívidas constituídas por actos praticados pelo administrador judicial provisório no exercício dos seus poderes;

i) As dívidas que tenham por fonte o enriquecimento sem causa da massa insolvente;

j) A obrigação de prestar alimentos relativa a período posterior à data da declaração de insolvência, nas condições do artigo 93.° [que dispõe que o direito a alimentos só pode ser exercido contra a massa insolvente se nenhum dos obrigados a alimentos "estiver em condições de os prestar, e apenas se o juiz o autorizar, fixando o respectivo montante"].

As dívidas da massa são satisfeitas com prioridade relativamente às dívidas sobre a insolvência, já que, de acordo com o artigo 172.°, n.° 1, "antes de proceder ao pagamento dos créditos sobre a insolvência, o administrador [...] deduz da massa [...] os bens ou direitos necessários à satisfação das dívidas desta, incluindo as que previsivelmente se constituirão até ao encerramento do processo".

V. *Insolvência; Recuperação de empresas; Bem; Direito subjectivo; Obrigação; Vencimento; Cumprimento; Credor; Património; Impenhorabilidade; Apresentação à insolvência; Legitimidade; Sentença; Devedor; Plano de insolvência; Requerimento; Administrador da insolvência; Arresto; Penhora; Dívida da insolvência; Custas; Caução; Acto de administração; Acto de disposição; Trânsito em julgado; Incidente; Qualificação da insolvência; Insolvência culposa; Custas; Administrador da insolvência; Comissão de credores, Acto de administração; Liquidação; Contrato sinalagmático; Obrigação duradoura; Administrador judicial; Administrador provisório; Enriquecimento sem causa; Obrigação de alimentos; Administração da massa insolvente.*

Matéria (Proc. Civil) – V. *Competência em razão da matéria; Matéria de direito; Matéria de facto.*

Matéria de direito (Proc. Civil) – É questão de direito tudo o que respeita à interpretação e aplicação da lei e seu regime; ou seja, sempre que para a se alcançar uma solução "há necessidade de recorrer a uma disposição legal" – Paulo Cunha, *Processo Comum de Declaração*, Tomo II, pág. 38.

V. *Lei; Interpretação da lei.*

Matéria de facto (Proc. Civil) – É questão de facto o apuramento de acontecimentos e de realidades que se faça à margem da aplicação directa da lei, por averiguação de factos, cuja existência ou não existência não depende do recurso a qualquer norma jurídica.

É em muitos aspectos relevante a noção: por exemplo, a base instrutória é apenas constituída pela matéria de facto (artigo 511.°, C.P.C., na redacção do Decreto-Lei n.° 180/96, de 25 de Setembro), devendo ter-se por não escritas as respostas do tribunal colectivo sobre questões de direito (artigo 646.°, n.° 4, C.P.C., na redacção do Decreto-Lei n.° 183/2000, de 10 de Agosto).

V. *Lei; Facto; Norma jurídica; Base instrutória; Tribunal colectivo; Respostas aos quesitos.*

Maternidade (Dir. Civil) – Vínculo jurídico que existe entre a mãe e o respectivo filho.

O artigo 68.° da Constituição da República dispõe, no seu n.° 1, que "os pais e as mães têm direito à protecção da sociedade e do Estado na realização da sua insubstituível acção em relação aos filhos, nomeadamente quanto à sua educação, com garantia de realização profissional e da participação na vida cívica do país"; o n.° 3 estabelece que "as mulheres têm direito a especial protecção durante a gravidez e após o parto, tendo as mulheres trabalhadoras ainda direito a dispensa do trabalho por período adequado, sem perda de retribuição ou de quaisquer regalias".

O Decreto-Lei n.° 503/80, de 20 de Outubro (entretanto revogado pelo Decreto-Lei n.° 136/85, de 3 de Maio, este, por sua vez, revogado pelo Decreto-Lei n.° 230/ /2000, de 23 de Setembro), afirmando o valor social da maternidade, viera estabelecer a instituição de uma licença, que permitisse à mãe a decisão de suspender temporariamente a sua actividade profissional – com garantia de reingresso e sem perda de regalias –, sempre que essa suspensão se mostrasse ou se presumisse indispensável ao cumprimento dos seus deveres para com os filhos.

O artigo 33.° do Código do Trabalho (Lei n.° 99/2003, de 27 de Agosto, rectificada pela Declaração de rectificação n.° 15/2003, de 28 de Outubro, e alterada pela Lei n.° 9/2006, de 20 de Março) estabelece que "a maternidade e a paternidade constituem valores sociais eminentes", atribuindo aos pais "direito à protecção da sociedade e do Estado na realização da sua insubstituível acção em relação aos filhos, nomeadamente quanto à sua educação".

Nos termos do artigo 35.°, "a trabalhadora tem direito a uma licença por maternidade de 120 dias consecutivos, 90 dos quais necessariamente a seguir ao parto, podendo os restantes ser gozados, total ou parcialmente, antes ou depois do parto. "No caso de nascimentos múltiplos, o período de licença previsto no número anterior é acrescido de 30 dias por cada gemelar além do primeiro". "Nas situações de risco clínico para a trabalhadora ou para o nascituro, impeditivo do exercício de funções, independentemente do motivo que determine esse impedimento, caso não lhe seja garantido o exercício de funções ou local compatíveis com o seu estado, a trabalhadora goza do direito a licença, anterior ao parto, pelo período de tempo necessário para prevenir o risco, fixado por prescrição médica, sem prejuízo da licença por maternidade [...]". "É obrigatório o gozo de, pelo menos, seis semanas de licença por maternidade a seguir ao parto". "Em caso de internamento hospitalar da mãe ou da criança durante o período de licença a seguir ao parto, este período é suspenso, a pedido daquela, pelo tempo de duração do internamento". "A licença [...], com a duração mínima de 14 dias e máxima de 30 dias, é atribuída à trabalhadora em caso de aborto espontâneo, bem como nas situações previstas no artigo 142.° do Código Penal".

O gozo da licença por maternidade "não determina[...] perda de quaisquer direitos e [é] considerada[...], salvo quanto à retribuição, como prestação efectiva de serviço" (artigo 50.°, n.° 1, do Código do Trabalho).

Este Código foi regulamentado pela Lei n.° 35/2004, de 29 de Julho, alterada pela Lei n.° 9/2006, de 20 de Março. O respectivo artigo 68.° estabelece que "a trabalhadora pode optar por uma licença por maternidade superior em 25% à prevista no n.° 1 do artigo 35.° do Código do Trabalho, devendo o acréscimo ser gozado necessariamente a seguir ao parto, nos termos da legislação da segurança social", devendo "a trabalhadora [...] informar o empregador até sete dias após o parto de qual a modalidade de licença por maternidade por que opta, presumindo-se, na falta de declaração, que a licença tem a duração de 120 dias". "A trabalhadora grávida que pretenda gozar parte da licença por maternidade antes do parto, nos termos do n.° 1 do artigo 35.° do Código do Trabalho, deve informar o empregador e apresentar atestado médico que indique a data previsível do mesmo". Esta informação "deve ser prestada com a antecedência de 10 dias ou, em caso de urgência comprovada pelo médico, logo que possível". "Em caso de internamento hospitalar da mãe ou da criança durante o período de licença a seguir ao parto, nos termos do n.° 5 do artigo 35.° do Código do Trabalho, a contagem deste período é suspensa pelo tempo de duração do internamento, mediante comunicação ao respectivo empregador, acompanhada de declaração emitida pelo estabelecimento hospitalar".

O Decreto-Lei n.° 77/2005, de 13 de Abril, estabelece as normas relativas ao pagamento do subsídio de maternidade correspondente à licença.

V. o Decreto do Governo n.° 63/84, de 10 de Outubro, que aprovou, para ratificação, a Convenção n.° 103 relativa à protecção da maternidade, adoptada pela Conferência Internacional do Trabalho na sua 35ª. sessão; o respectivo instrumento de ratificação por parte de Portugal foi depositado, segundo aviso publicado no *Diário da República*, I série, de 26 de Outubro de 1985.

V. também a Carta Social Europeia Revista, aberta à assinatura dos Estados-Membros do Conselho da Europa em Estrasburgo em 3 de Maio de 1996, e assinada pela República Portuguesa nessa data, aprovada para ratificação pela Resolução da Assembleia da República n.° 16-A//2001, em 21 de Setembro, tendo sido ratificada pelo Decreto do Presidente da República n.° 54-A/2001, de 17 de Outubro, em especial, o seu artigo 8.°.

V. *Filiação; Paternidade.*

Matrimónio (Dir. Civil) – É a situação jurídica decorrente da celebração do casamento.

V. *Casamento.*

Meação (Dir. Civil) – Diz-se do produto da divisão dos bens comuns do casal em partes iguais, por terem cessado as relações patrimoniais entre os cônjuges, por acto entre vivos ou *mortis causa.*

No processo de insolvência, regulado pelo Decreto-Lei n.° 53/2004, de 18 de Março, alterado pelos Decretos-Leis n.°s 200/2004, de 18 de Agosto, e 76-A/2006, de 29 de Março (rectificado pela Declaração de rectificação n.° 28-A/2006, de 26 de Maio), que aprovou o Código da Insolvência e da Recuperação de Empresas, pode o cônjuge do insolvente reclamar e exigir a restituição dos seus bens que integrem a sua meação e tenham sido apreendidos na massa insolvente (artigo 141.°, n.° 1-*b*)); esta separação pode, aliás, "ser ordenada pelo juiz, a requerimento do administrador da insolvência, instruído com parecer favorável da comissão de credores, se existir" (n.° 3 do mesmo artigo).

V. *Bens comuns; Direito à meação; "Inter vivos"; Separação de bens; "Mortis causa"; Insolvência; Recuperação de empresas; Massa insolvente; Administrador da insolvência; Requerimento; Comissão de credores.*

Mediação

1. (Dir. Civil; Dir. Com.) – V. *Contrato de mediação.*

2. (Dir. Civil) – A lei fala de actividade mediadora em matéria de adopção para designar:

"*a)* A informação e assessoria aos interessados em matéria de adopção internacional;

b) A recepção de pretensões de candidatos residentes no estrangeiro, previamente seleccionados pelo organismo competente, relativas à adopção de crianças e jovens residentes em Portugal;

c) A recepção de pretensões de candidatos residentes em Portugal, previamente seleccionados pelo organismo competente, relativas à adopção de crianças e jovens residentes no estrangeiro;

d) A assessoria e o apoio aos candidatos nos procedimentos e na tramitação dos processos que tenham de realizar perante as autoridades competentes, tanto em Portugal como no estrangeiro".

"Podem ser autorizados a exercer actividade mediadora os organismos que prossigam fins não lucrativos, que tenham como objectivo a protecção da criança e do jovem e que disponham dos meios financeiros e materiais adequados e de uma equipa técnica, integrada por pessoas com formação na área das ciências sociais".

"Os organismos candidatos ao exercício da actividade mediadora devem dirigir a sua pretensão aos Ministros da Justiça e do Trabalho e da Solidariedade, mediante requerimento a apresentar junto da entidade competente".

V. Decreto Regulamentar n.° 17/98, de 14 de Agosto, em especial os artigos 20.° a 23.°.

V. *Adopção; Protecção de menores.*

3. (Proc. Civil) – Fala-se ainda de mediação para designar uma das formas extrajudiciais de resolução de conflitos.

A mediação distingue-se da conciliação, na medida em que o mediador tem um papel mais activo, podendo propor às partes uma solução, enquanto o conciliador apenas trabalha no sentido de impulsionar o contacto entre as partes. A mediação diferencia-se da arbitragem, na medida em que nesta a decisão é vinculativa, ao contrário do que acontece na mediação.

A Lei n.° 78/2001, de 13 de Julho, que regula os julgados de paz, prevê que exista um serviço de mediação em cada julgado de paz, podendo *inclusive* mediar conflitos que estejam excluídos da competência do julgado de paz (artigo 16.°). O mediador deve proceder com imparcialidade, independência, credibilidade, competência, confidencialidade e diligência (artigo 30.°). A Portaria n.° 1112/2005, de 28 de Outubro, que revogou a Portaria n.° 436/2002, de 22 de Abril, aprovou o regulamento que disciplina a organização e o funcionamento dos serviços de mediação disponíveis nos julgados de paz e estabelece as condições de acesso aos mesmos, bem como as regras por que deve pautar-se a actividade dos mediadores de conflitos. A Portaria n.° 479/2006, de 26 de Maio, que revogou a Portaria n.° 1005/2001, de 18 de Agosto, aprovou o Regulamento do Concurso de Selecção de Mediadores de Conflitos Habilitados a Prestar Serviço nos Julgados de Paz.

Nos termos do artigo 35.°, n.° 1, da citada Lei n.° 78/2001, "a mediação é uma modalidade extrajudicial de resolução de litígios, de carácter privado, informal e confidencial, voluntário e natureza não contenciosa, em que as partes, com a sua participação activa e directa, são auxiliadas por um mediador a encontrar, por si próprias, uma solução negociada e amigável para o conflito que as opõe". Diz o n.° 2 desta disposição que "o mediador é um terceiro neutro, independente e imparcial, desprovido de poderes de imposição aos mediados de uma decisão vinculativa", competindo-lhe "organizar e dirigir a mediação, colocando a sua preparação teórica e o seu conhecimento prático ao serviço das pessoas que escolheram voluntariamente a sua intervenção, procurando conseguir o melhor e mais justo resultado útil na obtenção de um acordo que as satisfaça".

No quadro desta Lei, quando o processo se inicia, há uma fase de pré-mediação cujo objectivo é "explicar às partes em que consiste a mediação e verificar a predisposição destas para um possível acordo em fase de mediação" – artigo 50.°, n.° 1; para iniciar a mediação, "as partes devem subscrever, previamente, um acordo de mediação, nos termos do qual assumem que a mediação tem carácter confidencial" (artigo 52.°, n.° 1). Só depois desta fase e "afirmada positivamente a vontade das partes", "é marcada a primeira sessão de mediação". Se as partes, após esta fase preliminar, recusarem a mediação, "o mediador dá desse facto conhecimento ao juiz de paz, que designa data para a audiência de julgamento". O n.° 4 deste artigo determina que "o mediador que procede à pré-mediação não deve intervir como mediador na fase subsequente". Nos termos do artigo 51.°, n.° 1, da mesma Lei, "se as partes estiverem de acordo em passar à fase de mediação, é marcada data para a primeira sessão num dos dias imediatamente seguintes à sessão de pré-mediação, sem prejuízo de poder ser logo realizada caso o mediador esteja disponível".

É às partes que compete a escolha do mediador e só se não chegarem a acordo, será a secretaria a designá-lo.

O lugar em que se realiza a mediação é o da sede do julgado de paz.

De acordo com o artigo 53.°, "a mediação tem por principal objectivo proporcionar às partes a possibilidade de resolverem as suas divergências de forma amigável e concertada", cabendo ao "mediador avaliar do andamento das sessões e decidir da necessidade da sua continuação, devendo conduzir a mediação de forma que esta se conclua em prazo adequado à natureza e complexidade do litígio em causa", podendo o mediador, "com autorização das partes, ter encontros separados com cada uma delas, para clarificar as questões e buscar diferentes possibilidades de acordo".

"Se uma das partes não comparecer a uma sessão de [...] mediação, não apresentando justificação no prazo de cinco dias, o processo é remetido à secretaria para marcação da data de audiência de julgamento"; "compete à secretaria marcar, sem possibilidade de adiamento, nova data para a [...] sessão de mediação, dentro dos cinco dias seguintes à apresentação da justificação"; "reiterada a falta, o processo é remetido para a fase de julgamento, devendo a secretaria notificar as partes da data da respectiva audiência, a qual deve ter lugar num dos 10 dias seguintes" (artigo 54.°). Dispõe o artigo 55.° desta Lei que "as partes podem, a qualquer momento, desistir da mediação", sendo tal desistência comunicada à secretaria ou ao mediador, consoante ocorra antes ou durante a mediação.

O acordo obtido na sequência da mediação é escrito e assinado por todos os intervenientes, "para homologação pelo juiz de paz, tendo valor de sentença".

Caso as partes não cheguem a acordo, total ou parcialmente, o mediador comunica esse facto ao juiz de paz, que marca a audiência de julgamento para a qual as partes são notificadas.

O Decreto-Lei n.° 146/99, de 4 de Maio, que veio criar um sistema de resolução extrajudicial de conflitos de consumo, determina que "as entidades que pretendam instituir procedimentos de resolução extrajudicial de conflitos de consumo através de serviços de mediação, de comissões de resolução de conflitos ou de provedores de cliente, qualquer que seja a denominação ou forma que revistam, solicitam o respectivo registo junto do Instituto do Consumidor, ficando sujeitas aos princípios e regras de procedimento previstas no presente diploma". O Regulamento do Registo das Entidades que Pretendam Instituir Procedimentos de Resolução Extrajudicial de Conflitos de Consumo através de Serviços de Mediação, de Comissões de Resolução de Conflitos ou de Provedores de Cliente foi aprovado pela Portaria n.° 328/2000, de 9 de Junho.

É ainda neste sentido que os artigos 33.° e 34.° do Código dos Valores Mobiliários prevêem a organização de um serviço de mediação de conflitos entre investidores não institucionais e intermediários financeiros. Neste caso, os procedimentos de mediação devem obedecer a princípios de imparcialidade, celeridade e gratuitidade (v. Regulamento da CMVM n.° 23/2000, de 18 de Julho).

Também a anteriormente designada Organização Tutelar de Menores, entretanto parcialmente revogada pela Lei Tutelar Educativa e pela Lei de Protecção das Crianças e Jovens em Perigo – Decreto-Lei n.° 314/78, de 27 de Outubro, alterado sucessivamente pelos Decretos-Leis n.°s 185/ /93, de 22 de Maio, 48/95, de 15 de Março, 58/95, de 31 de Março, 120/98, de 8 de Maio, e pelas Leis n.°s 133/99, de 28 de Agosto, 147/99, de 1 de Setembro, 166/99, de 14 de Setembro, e 31/2003, de 22 de Agosto –, no respectivo artigo 147.°-D (introduzido pela Lei n.° 133/99), dispõe que, nos processos tutelares cíveis, "em qualquer estado da causa e sempre que o entenda conveniente, designadamente em processo de regulação do exercício do poder paternal, oficiosamente, com o consentimento dos interessados, ou a requerimento destes, pode o juiz determinar a intervenção de serviços públicos ou privados de mediação", homologando o juiz "o acordo obtido por via de mediação se este satisfizer o interesse do menor". Este artigo parece ter sido substituído pelo artigo 42.° da Lei Tutelar Educativa, aprovada pela Lei n.° 166/99, que prevê que "a autoridade judiciária [possa] determinar a cooperação de entidades públicas ou privadas de mediação" para a realização das finalidades do processo tutelar.

A Resolução do Conselho de Ministros n.° 175/2001, de 28 de Dezembro, reafirma o propósito de "promover e incentivar a resolução de litígios por meios alternativos, como a mediação [...], enquanto formas céleres, informais, económicas e justas de administração e realização da justiça", determinando que, "no desenvolvimento das suas atribuições, o Estado e outras pessoas colectivas públicas que integram a administração estadual indirecta proponham e adoptem soluções concretas de mediação [...] como modalidades, preventivas e alternativas, de composição de litígios com os cidadãos, as empresas e outras pessoas colectivas".

Se bem que não se trate de mediação em sentido próprio, é pertinente referir aqui o procedimento de conciliação previsto pelo Decreto-Lei n.° 316/98, de 20 de Outubro, alterado Decreto-Lei n.° 201/2004, de 18 de Agosto, que pode ser requerido, por qualquer empresa em condições de requerer judicialmente a sua insolvência ou por qualquer credor que tenha legitimidade para requerer aquela, ao Instituto de Apoio às Pequenas e Médias Empresas e ao Investimento (IAPMEI), e se destina "a obter a celebração de acordo entre a empresa e todos ou alguns dos credores, que viabilize a recuperação da empresa em situação de insolvência, ainda que meramente iminente; neste acordo podem intervir os sócios da empresa ou outros interessados, sendo a participação dos credores públicos obrigatória, desde que a regularização das suas dívidas contribua, de forma decisiva, para a recuperação da empresa. Este procedimento de conciliação "é requerido por escrito ao IAPMEI, devendo o requerente invocar os respectivos fundamentos, identificar as partes que nele devem intervir e indicar o conteúdo do acordo que pretende obter", sendo o requerimento acompanhado dos documentos que devessem ser apresentados com a petição em processo judicial de insolvência". "O IAPMEI deve recusar liminarmente o requerimento de conciliação em vários casos enunciados na lei, sendo este despacho proferido no prazo de 15 dias. Caso o requerimento seja recusado, "compete ao IAPMEI promover as diligências e os contactos necessários entre a empresa e os principais interessados, com vista à concretização de acordo que viabilize a recuperação da empresa, cabendo-lhe a orientação das reuniões que convocar". "O acordo obtido em procedimento de conciliação deve ser reduzido a escrito, dependendo de escritura pública nos casos em que a lei o exija". "A pendência de processo judicial de insolvência não obsta ao procedimento [...]", podendo a instância ser suspensa, "a requerimento da empresa ou de qualquer interessado, instruído com declaração emitida pelo IAPMEI", decidindo o juiz, ouvidas as partes, não podendo a suspensão da instância prolongar-se por mais de dois meses". O processo de conclusão do procedimento de conciliação, quando não exista processo de insolvência pendente, não excederá seis meses, embora este prazo possa ser prorrogado, por uma única vez, por três meses, "sempre que, de forma devidamente fundamentada, a empresa ou um dos credores o requeira e o IAPMEI dê o seu parecer favorável".

V. artigos 1.° a 5.°, 8.°, 10.° e 11.° do diploma citado.

V. *Conciliação; Arbitragem; Julgado de paz; Mediador; Litígio; Pré-mediação; Audiência; Secretaria judicial; Falta; Justificação de falta; Sentença; Audiência; Notificação; Consumidor; Direitos dos consumidores; Conflito de consumo; Processo tutelar; Poder paternal; Regulação do poder paternal; Menor; Empresa; Insolvência; Credor; Legitimidade; Requerimento; Documento; Petição inicial; Despacho; Escritura pública; Suspensão da instância.*

Mediador

1. (Proc. Civil) – A Lei n.° 78/2001, de 13 de Julho, que regula "a competência, organização e funcionamento dos julgados de paz e a tramitação dos processos da sua competência", prevê, no seu artigo 16.°, que exista um serviço de mediação em cada julgado de paz, podendo inclusive mediar conflitos que estejam excluídos da competência do julgado de paz, determinando, no artigo 30.°, que o mediador deve proceder com imparcialidade, independência, credibilidade, competência, confidencialidade e diligência. Nos termos desta última disposição, "os mediadores que colaboram com os julgados de paz são profissionais independentes, adequadamente habilitados a prestar serviços de mediação", encontrando-se "impedidos de exercer a advocacia no julgado de paz onde prestam serviço".

Para se ser mediador, é necessário que se reúnam os seguintes requisitos (artigo 31.°):

"*a)* Ter mais de 25 anos de idade;

b) Estar no pleno gozo dos seus direitos civis e políticos;

c) Possuir uma licenciatura adequada;

d) Estar habilitado com um curso de mediação reconhecido pelo Ministério da Justiça;

e) Não ter sofrido condenação nem estar pronunciado por crime doloso;

f) Ter o domínio da língua portuguesa;

g) Ser preferencialmente residente na área territorial abrangida pelo julgado de paz".

"A selecção de mediadores habilitados a prestar os serviços da sua especialidade em colaboração com os julgados de paz é feita por concurso curricular [...]", cujo regulamento é aprovado por portaria do Ministro da Justiça (artigo 32.°).

A Portaria n.° 1112/2005, de 28 de Outubro, que revogou a Portaria n.° 436/2002, de 22 de Abril, aprovou o regulamento que disciplina a organização e o funcionamento dos serviços de mediação disponíveis nos julgados de paz e estabelece as condições de acesso aos mesmos, bem como as regras por que deve pautar-se a actividade dos mediadores de conflitos. A Portaria n.° 479/2006, de 26 de Maio, que revogou a Portaria n.° 1005/2001, de 18 de Agosto, aprovou o Regulamento do Concurso de Selecção de Mediadores de Conflitos Habilitados a Prestar Serviço nos Julgados de Paz.

V. *Julgado de paz; Mediação.*

2. V. a Portaria n.° 313/2004, de 23 de Março, que aprovou o Regulamento dos Mediadores dos Jogos Sociais do Estado.

V. *Jogo.*

Medida cautelar

1. (Dir. Civil; Dir. Com.; Proc. Civil) – O Decreto-Lei n.° 53/2004, de 18 de Março, alterado pelos Decretos-Leis n.°s 200/2004, de 18 de Agosto, e 76-A/2006, de 29 de Março (rectificado pela Declaração de rectificação n.° 28-A/2006, de 26 de Maio), que aprovou o Código da Insolvência e da Recuperação de Empresas, prevê, no seu artigo 31.°, a possibilidade de, no respectivo processo, serem adoptadas medidas cautelares "que se mostrem necessárias ou convenientes para impedir o agravamento da situação patrimonial do devedor, até que seja proferida sentença", o que ocorre por decisão do juiz, nos termos do n.° 1, se houver "justificado receio da prática de actos de má gestão", quer oficiosamente quer a pedido do requerente da insolvência; tais medidas "podem designadamente consistir na nomeação de um administrador judicial provisório com poderes exclusivos para a administração do património do devedor, ou para assistir o devedor

nessa administração"; a adopção destas medidas "pode ter lugar previamente à citação do devedor, no caso de a antecipação ser julgada indispensável para não pôr em perigo o seu efeito útil, mas sem que a citação possa ser retardada mais de 10 dias relativamente ao prazo que de outro modo interviria", podendo mesmo a adopção das medidas preceder a distribuição "quando o requerente o solicite e o juiz considere justificada a precedência".

V. *Insolvência; Recuperação de empresas; Devedor; Administrador judicial; Administrador provisório; Assistência; Citação; Distribuição.*

2. O artigo 41.° do Código da Publicidade, aprovado pelo Decreto-Lei n.° 330/ /90, de 23 de Outubro, alterado pelos Decretos-Leis n.°s 74/93, de 10 de Março, 6/95, de 17 de Janeiro, 61/97, de 25 de Março, 275/98 de 9 de Setembro, 51/2001, de 15 de Fevereiro, e 332/2001, de 24 de Dezembro, pelas Leis n.°s 31-A/98, de 14 de Julho, e 32/2003, de 22 de Agosto, e pelo Decreto-Lei n.° 224/2004, de 4 de Dezembro, prevê que, "em caso de publicidade enganosa ou de publicidade que, pelo seu objecto, forma ou fim, acarrete ou possa acarretar riscos para a saúde, a segurança, os direitos ou os interesses legalmente protegidos dos seus destinatários, de menores ou do público, a entidade competente para a aplicação das coimas previstas no presente diploma, sob proposta das entidades com competência para a fiscalização das infracções em matéria de publicidade, po[ssa] ordenar medidas cautelares de suspensão, cessação ou proibição daquela publicidade, independentemente de culpa ou da prova de uma perda ou de um prejuízo real", devendo a adopção de tais medidas, "sempre que possível, ser precedida da audição do anunciante, do titular ou do concessionário do suporte publicitário, conforme os casos, que dispõem para o efeito do prazo de três dias úteis.

V. *Publicidade; Direito subjectivo; Interesse; Menor; Culpa; Prova; Dano.*

Medida dos alimentos (Dir. Civil) – O artigo 2004.°, C.C., estabelece que os critérios a utilizar para a fixação dos alimentos são, por um lado, a proporcionalidade com a capacidade económica daquele que tiver de prestá-los e com a necessidade do que houver de recebê-los, e, por outro lado, com a possibilidade que este último tiver de prover à sua subsistência.

V. *Alimentos.*

Medida tutelar (Proc. Civil) – Na caracterização da Lei Tutelar Educativa, que substituiu em parte a Organização Tutelar de Menores, tendo revogado expressamente as normas que contrariem as suas próprias disposições, aprovada pela Lei n.° 166/99, de 14 de Setembro (regulamentada pelo Decreto-Lei n.° 323-E/2000, de 20 de Dezembro, tendo sido aprovadas normas de transição pelo Decreto-Lei n.° 5-B/2001, de 12 de Janeiro), as medidas tutelares educativas "visam a educação do menor para o direito e a sua inserção, de forma digna e responsável, na vida em comunidade" (artigo 2.°, n.° 1). Só são aplicáveis pelo tribunal a menor com idade compreendida entre os 12 e os 16 anos que cometa facto qualificado pela lei como crime e passível de medida tutelar por lei anterior ao momento da sua prática, podendo a respectiva execução "prolongar-se até o jovem completar 21 anos, momento em que cessa obrigatoriamente" (artigos 3.° e 5.°).

De acordo com a exposição de motivos da referida Lei n.° 166/99, a medida tutelar é "ordenada ao interesse do menor, interesse [este] fundado no seu direito à realização de condições que lhe permitam desenvolver a sua personalidade de forma socialmente responsável".

São medidas tutelares: a admoestação, a privação do direito de conduzir ciclomotores ou de obter permissão para conduzir ciclomotores, a reparação ao ofendido, a realização de prestações económicas ou de tarefas a favor da comunidade, a imposição de regras de conduta, a imposição de obrigações, a frequência de programas formativos, o acompanhamento educativo e o internamento em centro educativo; à excepção da medida de internamento, que é qualificada como institucional, todas são não institucionais. A medida de internamento aplica-se segundo um dos seguintes regimes de execução: aberto, semi-aberto ou fechado.

Estas medidas encontram-se enumeradas no artigo 4.° da Lei Tutelar Educativa, podendo o tribunal aplicar "uma ou várias [...] de acordo com a concreta necessidade de educação do menor para o direito", "quando o menor for considerado autor da prática de uma pluralidade de factos qualificados como crime" (artigo 6.°, n.° 4). "A escolha da medida [...] aplicável é orientada pelo interesse do menor, devendo o tribunal dar "preferência, de entre as que se mostrem adequadas e suficientes, à [...] que represente menor intervenção na autonomia de decisão e de condução de vida do menor e que seja susceptível de obter a sua maior adesão e a adesão de seus pais, representante legal ou pessoa que tenha a sua guarda de facto", sendo estas últimas regras aplicáveis também "à fixação da modalidade ou do regime de execução da medida tutelar" (artigo 6.°, n.°s 1 a 3). A duração da medida "deve ser proporcionada à gravidade do facto e à necessidade de educação do menor para o direito manifestada na prática do facto e subsistente no momento da decisão", não podendo a medida de internamento em centro educativo, "em caso algum, exceder o limite máximo da pena de prisão prevista para o crime correspondente ao facto" (artigo 7.°); o n.° 5 do artigo 8.° determina que, "se for o caso de cumprimento sucessivo de medidas tutelares, o tempo total de duração não pode ultrapassar o dobro do tempo total de duração da medida mais grave aplicada, cessando, em qualquer caso, o cumprimento na data em que o seu destinatário completar 21 anos". O artigo 19.°, n.° 1, estabelece que, à excepção da imposição de regras de conduta ou de obrigações e da frequência de programas formativos, por um lado, e de prestações económicas e tarefas a favor da comunidade, por outro, "as medidas tutelares não podem ser aplicadas cumulativamente por um mesmo facto ao mesmo menor", se bem que o n.° 2 admita que "a medida de privação do direito de conduzir ciclomotores ou de obter permissão para [...os] conduzir pode cumular-se com outra medida". Nos termos do artigo 22.°, "o tribunal associa à execução de medidas tutelares não institucionais, sempre que for possível e adequado aos fins educativos visados, os pais e outras pessoas significativas para o menor, familiares ou não", delimitando a colaboração dessas pessoas "relativamente a serviços e entidades encarregados de acompanhar e assegurar a execução das medidas, em ordem a garantir a conjugação de esforços".

Os termos dos processos tutelares encontram-se regulados nos artigos 41.° e segs.. O processo tem inerentes três noções essenciais: a da dignidade do menor; a da celeridade do tempo processual, dada a necessidade de adequação a indivíduos em crescimento, e a da relação entre exigências de educação e necessidades de protecção.

O artigo 148.° da Organização Tutelar de Menores, na redacção da Lei n.° 133/99, de 28 de Agosto, dispõe que "as decisões que apliquem medidas tutelares cíveis e de protecção, ainda que provisórias, devem conjugar-se e harmonizar-se entre si, tendo em conta o interesse superior do menor", procedendo o juiz, "por despacho fundamentado, se necessário, à revisão da medida anteriormente decretada" para obter aquele objectivo. Impõe-se, no entanto, observar que esta disposição pode estar revogada, se se entender que o artigo 4.° da Lei n.° 166/99 revoga não apenas as normas que contrariem a Lei Tutelar Educativa, mas também aquelas que se refiram a matérias tratadas por esta última Lei.

V. artigos 83.° e 84.° da Lei de Organização e Funcionamento dos Tribunais Judiciais, aprovada pela Lei n.° 3/99, de 13 de Janeiro, rectificada pela Declaração de rectificação n.° 7/99, de 16 de Fevereiro, e alterada pela Lei n.° 101/99, de 26 de Julho, pelos Decretos-Leis n.°s 323/2001, de 17 de Dezembro, e 38/2003, de 8 de Março, pela Lei n.° 105/2003, de 10 de Dezembro, pelo Decreto-Lei n.° 53/2004, de 18 Março, pela Lei n.° 42/2005, de 29 de Agosto, e pelo Decreto-Lei n.° 76-A/2006, de 29 de Março (este rectificado pela Declaração de rectificação n.° 28-A/2006, de 26 de Maio).

V. *Menor; Tribunal de menores; Admoestação; Privação do direito de conduzir; Reparação ao ofendido; Prestações económicas a favor da comunidade; Tarefas a favor da comunidade; Imposição de regras de conduta; Imposição de obrigações; Frequência de programa formativo; Internamento; Representação legal; Guarda de menores; Despacho.*

Medidas cautelares (Dir. Civil; Dir. Com.; Proc. Civil) – O artigo 31.° do Código da Insolvência e da Recuperação de Empresas, aprovado pelo Decreto-Lei n.° 53/2004, de 18 de Março, alterado pelos Decretos-Leis n.°s 200/2004, de 18 de Agosto, e 76-A/2006, de 29 de Março (rectificado pela Declaração de rectificação n.° 28-A/2006, de 26 de Maio), dispõe que, "havendo justificado receio da prática de actos de má gestão, o juiz, oficiosamente, ou a pedido do requerente [da insolvência], ordena as medidas cautelares que se mostrem necessárias ou convenientes para impedir o agravamento da situação patrimonial do devedor, até que seja proferida sentença"; estas "podem designadamente consistir na nomeação de um administrador judicial provisório com poderes exclusivos para a administração do património do devedor, ou para assistir o devedor nessa administração".

A adopção destas medidas "pode ter lugar previamente à citação do devedor, no caso de a antecipação ser julgada indispensável para não pôr em perigo o seu efeito útil, mas sem que a citação possa ser retardada mais de 10 dias relativamente ao prazo que de outro modo interviria", podendo mesmo a adopção das medidas preceder a distribuição, "quando o requerente o solicite e o juiz considere justificada a precedência".

V. *Insolvência; Recuperação de empresas; Devedor; Sentença; Administrador provisório; Citação; Distribuição.*

Medo (Dir. Civil)

1. O receio de um mal, que está ou se julga estar iminente, pode constituir causa de exclusão da culpabilidade do agente, ou causa de escusa, quando tenha sido o motivo determinante da sua conduta e fosse desculpável (isto é, fosse tal que, em termos de normalidade, houvesse de considerar-se insuperável ou invencível). É em consideração desta causa de exclusão da culpa que o n.° 2 do artigo 337.°, C.C., determina que não há responsabilidade civil, mesmo quando tenha havido excesso de legítima defesa, "se o excesso for devido a perturbação ou medo não culposo do agente".

V. *Culpa; Causas de escusa; Responsabilidade civil; Legítima defesa.*

2. O medo, isto é, a previsão de um dano ou mal, acompanhada ou não de perturbação emocional, pode relevar juridicamente. Assim, o medo causado por coacção, a chamada coacção moral, constitui um vício da vontade, que pode ter como consequência a anulabilidade do negócio jurídico – v. artigos 255.° e 256.°, C.C..

V. *Vícios da formação da vontade; Coacção moral; Negócio jurídico; Anulabilidade.*

Meios de conservação da garantia (Dir. Civil) – V. *Meios de conservação da garantia patrimonial.*

Meios de conservação da garantia patrimonial (Dir. Civil) – Constituindo o património do devedor a garantia geral das suas obrigações, a lei faculta aos credores instrumentos jurídicos destinados a evitar que esse património seja diminuído em termos tais que fique em risco a possibilidade de, através dele, os credores verem satisfeitos os respectivos créditos. São esses meios:

a) A atribuição (desnecessária, face ao regime do artigo 286.°, C.C.) aos credores de legitimidade para fazer declarar nulos actos do devedor, sempre que provem ter interesse nessa declaração e independentemente de o acto produzir ou agravar a insolvência do devedor – artigo 605.°, C.C.;

b) A permissão ao credor de que se sub-rogue ao devedor, sempre que este não o faça, no exercício contra terceiros de "direitos de conteúdo patrimonial que competem àquele, excepto se, por sua própria natureza ou por disposição da lei, só puderem ser exercidos pelo respectivo titular" – artigos 606.° a 609.°, C.C.;

c) A possibilidade de impugnar actos do devedor "que envolvam diminuição da garantia patrimonial do crédito e não sejam de natureza pessoal", desde que o crédito seja "anterior ao acto ou, sendo posterior, ter sido o acto realizado dolosamente, com o fim de impedir a satisfação do direito do futuro credor", e desde que resulte "do acto a impossibilidade, para o credor, de obter a satisfação integral do seu crédito, ou agravamento dessa impossibilidade" – artigos 610.° a 618.°, C.C.;

d) A faculdade, concedida ao "credor que tenha justo receio de perder a garantia patrimonial do seu crédito", de "requerer o arresto dos bens do devedor, nos termos da lei do processo" - artigos 619.° a 622.°, C.C..

V. *Responsabilidade patrimonial; Património; Devedor; Obrigação; Garantia; Declaração de nulidade; Insolvência; Sub-rogação; Direito subjectivo; Impugnação pauliana; Dolo; Arresto.*

Meios de prova (Proc. Civil) – São os meios, legítimos e admissíveis, através dos quais se demonstra a ocorrência dos factos que constituem o objecto do processo.

Essencialmente, a prova pode ser realizada por documentos, depoimento de testemunhas e peritos, por inspecção, confissão e presunções.

V. *Prova; Objecto do processo; Presunção; Confissão; Documento; Perito; Testemunha; Inspecção judicial*

Meios preventivos da declaração de falência (Dir. Com.; Proc. Civil) – O antigo artigo 1140.°, C.P.C., dispunha que "todo o comerciante que se encontr[ass]e impossibilitado de cumprir as suas obrigações comerciais dev[eria], antes de cessar efectivamente os pagamentos, ou nos 30 dias seguintes à cessação, apresentar-se ao tribunal competente para a declaração de falência, requerendo a convocação dos credores, salvo se estive[sse] pendente processo especial de recuperação de empresa e protecção dos credores", acrescentando que os herdeiros do comerciante podiam intervir na instância por ele iniciada e podiam também instaurá-la nos trinta dias subsequentes ao seu falecimento. Esta apresentação do comerciante ao tribunal desencadeava um processo, no qual se procurava realizar uma concordata ou um acordo de credores, a fim de evitar a declaração de falência, só devendo esta ocorrer se não houvesse concordata nem acordo de credores ou se qualquer destes fosse rejeitado em recurso (antigo artigo 1173.°, C.P.C.).

Estas disposições do C.P.C., bem como todas as referentes ao processo de falência foram revogadas pelo Código dos Processos Especiais de Recuperação da Empresa e de Falência. O artigo 1.° deste, aprovado pelo Decreto-Lei n.°s 132/93, de 23 de Julho, alterado pelos Decretos-Leis n.°s 157/97, de 24 de Junho, 315/98, de 20 de Outubro, e 323/2001, de 17 de Dezembro, e 38/2003, de 8 de Março (rectificado pela Declaração de rectificação n.° 5-C/2003, de 30 de Abril), dispunha que qualquer empresa em situação económica difícil ou em situação de insolvência podia ser objecto de uma medida ou de uma ou mais providências de recuperação ou ser declarada em regime de falência, só devendo ser decretada a falência da empresa insolvente quando ela se mostrasse economicamente inviável ou não se considerasse possível, em face das circunstâncias, a sua recuperação financeira; significava isto que, antes de ser decidido o prosseguimento da acção de falência, tinha de ser averiguada a possibilidade de recuperação da empresa, sendo, em caso afirmativo, este o processo seguido (v. artigos 24.° a 27.°). A iniciativa do pedido de recuperação ou de declaração de falência por parte da empresa devedora cabia ao respectivo titular, ao órgão incumbido da sua administração ou à assembleia geral. Qualquer credor, fosse qual fosse a natureza do seu crédito, podia requerer, em relação a empresa que considerasse economicamente viável, a aplicação de providência de recuperação, desde que se verificasse um dos pressupostos legais. O Ministério Público também podia requerer a adopção da providência de recuperação adequada, em representação dos interesses que lhe estivessem legalmente confiados, podendo requerê-la ainda quando a empresa tivesse sido declarada em situação económica difícil e houvesse interesse económico e social na manutenção da sua actividade (artigo 8.°).

O devedor insolvente que não fosse titular de empresa não podia beneficiar do processo de recuperação, sendo-lhe, contudo, possível evitar a declaração de falência, mediante a apresentação de concordata que o juiz homologasse; esta concordata, designada por concordata particular, podia ser proposta pelo devedor, mas teria de ser aprovada por credores com direito de voto que representassem, pelo menos, dois terços do valor de todos os créditos aprovados e não ter a oposição de credores que representassem 51%, ou mais, dos créditos directamente atingidos pela providência (artigo 54.°, n.° 1, por remissão do artigo 241.°, n.° 1). A concordata particular deveria ser homologada pelo juiz após verificação da tramitação prevista nos artigos 240.° a 245.°.

O Código dos Processos Especiais de Recuperação da Empresa e de Falência foi totalmente revogado pelo Código da Insolvência e da Recuperação de Empresas, aprovado pelo Decreto-Lei n.° 53/2004, de 18 de Março, alterado pelos Decretos-Leis n.°s 200/2004, de 18 de Agosto, e 76-A/ /2006, de 29 de Março (rectificado pela Declaração de rectificação n.° 28-A/2006, de 26 de Maio), onde deixa de haver referencia à falência e, consequentemente, aos meios preventivos dela.

V. *Falência; Declaração de falência; Empresa; Acordo de credores; Insolvência; Concordata; Ministério Público; Concordata particular; Homologação; Recuperação de empresas.*

Meios suspensivos da falência (Dir. Com.; Proc. Civil) – A concordata ou o acordo de credores podiam sobrevir à sentença de verificação dos créditos em 1ª. instância, suspendendo assim a declaração de falência. O anterior artigo 1266.°, C.P.C., dispunha que, depois de proferida aquela sentença, podiam o falido, seus herdeiros ou representantes apresentar proposta de concordata, podendo também os credores que representassem mais de metade da importância dos créditos comuns verificados ou o administrador de falência requerer a convocação de uma assembleia de credores para deliberar sobre a conveniência de concordata ou acordo. A proposta de concordata por parte do falido tinha de ser acompanhada da sua aceitação pela "maioria absoluta dos credores com direito a voto, representando pelo menos 75 por cento dos créditos correspondentes", devendo tanto a proposta como a aceitação constar de título autêntico ou autenticado.

Os artigos 1266.° a 1273.°, C.P.C., que se ocupavam da matéria, foram entretanto revogados pelo Código dos Processos Especiais de Recuperação da Empresa e de Falência, aprovado pelo Decreto-Lei n.° 132/93, de 23 de Abril, alterado pelos Decretos-Leis n.°s 157/97, de 24 de Junho, 315/98, de 20 de Outubro, e 323/2001, de 17 de Dezembro, e 38/2003, de 8 de Março (rectificado pela Declaração de rectificação n.° 5-C/2003, de 30 de Abril). Neste diploma, os artigos 231.° a 237.° previam, como meio de pôr termo ao processo de falência, o acordo extraordinário entre o falido e os credores com créditos verificados.

Dispunha-se que, em qualquer fase da liquidação, mas depois de proferida a sentença de verificação de créditos, podia a maioria absoluta dos credores reconhecidos que representasse, pelo menos, dois terços do valor dos créditos comuns verificados requerer, conjuntamente com o falido, seus herdeiros ou representantes, a homologação de acordo extraordinário, constante de documento autêntico ou autenticado, que tivessem celebrado. Não havendo indeferimento liminar, suspendia-se então o processo de falência, sem prejuízo dos efeitos da indiciação das infracções criminais a que houvesse lugar; o processo de falência prosseguiria se, por decisão definitiva, o acordo não fosse homologado. Caso viesse a ser homologado, o processo de falência era declarado findo, recuperando o devedor, nos termos convencionados, o direito de disposição dos seus bens e a livre gestão dos seus negócios, cessando as atribuições da comissão de credores e do liquidatário judicial, com excepção das referentes à apresentação de contas e das estipuladas no acordo.

O Código dos Processos Especiais de Recuperação da Empresa e de Falência foi totalmente revogado pelo Código da Insolvência e da Recuperação de Empresas, aprovado pelo Decreto-Lei n.° 53/2004, de 18 de Março, alterado pelos Decretos-Leis n.°s 200/2004, de 18 de Agosto, e 76-A/ /2006, de 29 de Março (rectificado pela Declaração de rectificação n.° 28-A/2006, de 26 de Maio), onde deixa de haver referencia à falência e, consequentemente, aos meios suspensivos dela.

V. *Falência; Concordata; Verificação de créditos; Herdeiro; Representação; Homologação; Requerimento; Indeferimento liminar; Indiciação do falido; Documento autêntico; Documento autenticado; Liquidação; Comissão de credores; Liquidatário judicial; Prestação de contas; Insolvência; Recuperação de empresas.*

Melhoramentos (Dir. Civil) – V. *Benfeitorias.*

Memórias familiares (Dir. Civil) – Por remissão do artigo 77.° para o artigo 76.°, ambos do C.C., as "memórias familiares e pessoais", assim como "outros escritos que tenham carácter confidencial ou se refiram à intimidade da vida privada" só podem ser publicados "com o consentimento do seu autor ou com o suprimento judicial desse consentimento", cabendo o consentimento ao cônjuge sobrevivo ou qualquer descendente, ascendente, irmão, sobrinho ou herdeiro do autor, depois do falecimento deste, e sendo o suprimento prescindido quando se trate de utilizar tais documentos como elementos literários, históricos ou biográficos.

V. *Intimidade; Autorização; Suprimento de consentimento; Descendente; Ascendente; Herdeiro.*

Menção do cumprimento (Dir. Civil) – Quando o credor tiver motivo legítimo para não restituir ao devedor, depois do cumprimento, o título da obrigação, dispõe o n.° 1 do artigo 788.°, C.C., que "pode o devedor exigir que o credor mencione no título o cumprimento efectuado", do mesmo direito gozando "o terceiro que cumprir a obrigação, se ficar sub-rogado nos direitos do credor".

"Se o credor invocar a impossibilidade, por qualquer causa, de restituir o título ou de nele mencionar o cumprimento, pode o devedor exigir quitação passada em documento autêntico ou autenticado ou com reconhecimento notarial, correndo o encargo por conta do devedor" – artigo 789.°, C.C..

V. *Obrigação; Cumprimento; Cumprimento por terceiro; Restituição do título; Sub-rogação; Quitação; Documento autêntico; Documento autenticado; Reconhecimento notarial de letra e assinatura.*

Menor (Dir. Civil) – Pessoa que não atingiu ainda a maioridade (isto é, de idade inferior a 18 anos – artigo 122.°, C.C.), não tendo, consequentemente, capacidade de exercício.

A Constituição da República, sem se referir expressamente a menores, ocupa-se, no seu artigo 69.°, da "infância", aí estabelecendo que "as crianças têm direito à protecção da sociedade e do Estado, com vista ao seu desenvolvimento integral, especialmente contra todas as formas de abandono, de discriminação e de opressão e contra o exercício abusivo da autoridade na família e nas demais instituições", e ainda que "é proibido, nos termos da lei, o trabalho de menores em idade escolar".

O artigo 127.°, C.C., enuncia um conjunto de actos que considera válidos, apesar de praticados por menores, sendo, além destes, ainda válidos outros actos, como, por exemplo, o casamento celebrado por menor de 16 anos ou mais (artigos 1601.°-*a)* e 1612.°, C.C.) e a perfilhação realizada por menor com mais de 16 anos (artigo 1850.°, C.C.).

A situação jurídica do menor não é, pois, durante todo o período em que existe, sempre idêntica, havendo aspectos de regime que variam em função da idade do menor. Assim, por exemplo, o artigo 488.°, n.° 2, C.C., estabelece uma presunção de falta de imputabilidade relativamente aos menores até aos sete anos, não beneficiando os restantes de tal presunção, pelo que, para serem considerados inimputáveis, terão de fazer prova de tal condição no momento da prática do acto ilícito.

Do mesmo modo, significativo de diferenciação adequada à progressiva aptidão do menor é o regime do artigo 1981.°, n.° 1-*a)*, C.C., na redacção da Lei n.° 31/2003, de 22 de Agosto, que impõe a prestação de consentimento do menor para a adopção, quando ele tenha 12 anos ou mais.

Exemplo de diferenciação de situação jurídica era também o artigo 617.°-*c)*, C.P.C., que declarava inábeis para depor como testemunhas, por incapacidade natural, os menores até aos sete anos; actualmente, este regime não se mantém, determinando o artigo 617.°-c), C.P.C. (na redacção do Decreto-Lei n.° 329-A/95, de 12 de Dezembro), genericamente, que "têm capacidade para depor como testemunhas todos aqueles que, não estando interditos por anomalia psíquica, tiverem aptidão física e mental para depor sobre os factos que constituam objecto da prova", incumbindo ao juiz "verificar a capacidade natural das pessoas arroladas como testemunhas, com vista a avaliar da admissibilidade e da credibilidade do respectivo depoimento".

Neste sentido, também o artigo 263.°, C.C., apenas exige ao procurador "a capacidade de entender e querer exigida pela natureza do negócio que haja de efectuar".

Os menores, não tendo capacidade de exercício, não têm também capacidade judiciária, dado que esta tem a medida daquela, nos termos do artigo 9.°, C.P.C.. Quanto à representação dos menores em juízo, v. *Capacidade judiciária*.

O artigo 11.° da Lei n.° 16/2001, de 22 de Junho (Lei da Liberdade Religiosa), estabelece que "os menores, a partir dos 16 anos de idade, têm o direito de realizar por si as escolhas relativas a liberdade de consciência, de religião e de culto".

Algumas normas legais destinadas essencialmente a menores estendem a sua aplicação a pessoas com idade superior aos 18 anos; assim, por exemplo, o artigo 5.° da Lei Tutelar Educativa (Lei n.° 166/99, de 14 de Setembro) determina que a execução de medidas tutelares educativas podem ter a sua execução prolongada até "o jovem completar 21 anos".

Os artigos 53.° e segs. do Código do Trabalho, aprovado pela Lei n.° 99/2003, de 27 de Agosto, rectificada pela Declaração de rectificação n.° 15/2003, de 28 de Outubro, ocupam-se do trabalho de menores; o artigo 16.° do diploma que aprovou o Código determina a idade a partir da qual os menores podem realizar uma actividade remunerada prestada com autonomia.

O n.° 1 do artigo 23.° do Decreto-Lei n.° 83/2000, de 11 de Maio, alterado pelo Decreto-Lei n.° 108/2004, de 11 de Maio, pela Lei n.° 13/2005, de 26 de Janeiro, e pelo Decreto-Lei n.° 138/2006, de 26 de Julho, dispõe que "os menores, quando não forem acompanhados por quem exerça o poder paternal, só podem sair do território nacional exibindo autorização para o efeito", devendo essa autorização "constar de documento escrito, datado e com a assinatura de quem exerce o poder paternal, legalmente certificada, conferindo ainda poderes de acompanhamento por parte de terceiros, devidamente identificados"; esta autorização "pode ser utilizada um número ilimitado de vezes dentro do prazo de validade que o documento mencionar, a qual, no entanto, não poderá exceder o período de um ano civil". Nos termos do artigo 24.°, n.° 2," no caso dos menores de idade inferior a 4 anos, a validade do passaporte é de dois anos"; na redacção anterior, a validade do passaporte comum era de cinco anos para os menores de 25 anos de idade, sendo de dois anos para os menores de idade igual ou inferior, e de três anos para os menores de idade igual ou inferior a 5 anos e superior a 2 anos.

A Resolução da Assembleia da República n.° 20/2001, de 6 de Março, recomenda ao Governo o reforço das medidas de apoio às comissões de protecção de crianças e menores, a fim de combater os maus tratos e o abuso sexual sobre menores; por seu lado, a Resolução da Assembleia da República n.° 21/2001, de 6 de Março, recomenda ao Governo que proceda à regulamentação urgente do regime de execução das medidas de protecção de crianças e jovens em risco previstas no n.° 1 do artigo 35.° da Lei n.° 147/99, de 1 de Setembro, alterada pela Lei n.° 31/2003, de 22 de Agosto.

O Decreto-Lei n.° 98/98, de 18 de Abril, criou a Comissão Nacional de Protecção das Crianças e Jovens em Risco, à qual cabe, entre outras atribuições, "dinamizar [...] os protocolos entre as comissões de protecção de menores, os departamentos estatais com intervenção nesta área e as instituições particulares de solidariedade social ou outras entidades privadas", "dinamizar a criação de equipas interdisciplinares de menores e adopção e a sua formação especializada", "dinamizar a criação de centros de acolhimento de emergência nas zonas geográficas onde se mostrem necessários e para as problemáticas que o justifiquem", "dinamizar, coordenar e acompanhar a elaboração do diagnóstico da situação das crianças institucionalizadas e ou em enquadramento fora da família", e "acompanhar e apoiar as comissões de protecção de menores, permitindo-lhes melhorar a qualidade do seu desempenho".

A Lei de Protecção de Crianças e Jovens em Perigo, aprovada pela Lei n.° 147/99, de 1 de Setembro, alterada pela referida Lei n.° 31/2003, tem por objecto "a promoção dos direitos e a protecção das crianças e dos jovens em perigo, por forma a garantir o seu bem-estar e desenvolvimento integral". A lei aplica-se a menores de 18 anos ou a pessoas com menos de 21 anos que solicitem a continuação da intervenção iniciada antes de atingir os 18 anos.

O Decreto-Lei n.° 162/2003, de 24 de Julho, qualifica como contra-ordenação a venda e a cedência de imitações de arma de fogo a menores ou a sua posse ou uso por eles.

A Lei n.° 124/99, de 20 de Agosto, veio garantir aos jovens menores o livre exercício do direito de associação e simplificar o processo de constituição das associações juvenis: assim, atribui-se aos menores com idade inferior a 14 anos o direito de adesão a associações, "desde que previamente autorizados, por escrito, por quem detém o poder paternal"; a quaisquer menores, com idade igual ou superior a 14 anos, independentemente de autorização, confere-se o direito a constituir associações ou a aderir a elas, bem como o de ser titulares dos respectivos órgãos; nos termos do artigo 3.° desta Lei, "as associações objecto do presente diploma devem ter personalidade jurídica, não podendo prosseguir fins contrários à Constituição, à lei ou ao desenvolvimento físico e social do menor, nem fins de carácter lucrativo".

Há ainda normas que visam proteger os menores em relação a algumas condutas consideradas desviantes. Assim, por exemplo, o artigo 17.°, n.° 1-*a)*, do Código da Publicidade apenas admite a publicidade a bebidas alcoólicas quando não se dirija especialmente a menores e, em particular, não os apresente a beber tais bebidas.

Tendo em consideração o elevado número de estrangeiros menores a residir irregularmente em Portugal, o Decreto-Lei n.° 67/2004, de 25 de Março, veio criar, para eles, um registo nacional, destinado "exclusivamente a assegurar o acesso dos menores ao benefício dos cuidados de saúde e à educação pré-escolar e escolar"; o respectivo artigo 2.°, n.° 2, diz que "os dados a recolher devem cingir-se ao estritamente necessário à identificação do menor, nomeadamente o nome do menor, o nome dos progenitores, o nome de quem exerça o poder paternal e o lugar de residência do menor", estabelecendo os n.°s 3 e 4 que, "em caso nenhum", os elementos constantes deste registo poderão servir "de fundamento ou meio de prova para qualquer procedimento administrativo ou judicial, contra qualquer cidadão estrangeiro que exerça o poder paternal do menor, "salvo na medida necessária para a protecção dos interesses deste", nem "poderão servir de base à legalização do menor registado ou do cidadão ou cidadãos que, sobre este, exerçam o poder paternal". Este registo deve ser "efectuado oficiosamente, a solicitação de qualquer serviço da Administração Pública, ou por requerimento de quem exerça o poder paternal". O artigo 4.° deste DL dispôs que "a regulamentação da recolha e do tratamento dos dados pessoais dos menores abrangidos pelo artigo 1.° será aprovada, no prazo de 90 dias contados a partir da entrada em vigor do presente diploma, por portaria do Ministério da Presidência" (v. Portaria n.° 995/2004, de 9 de Agosto).

A Convenção n.° 138 da Organização Internacional do Trabalho, Relativa à Idade Mínima de Admissão ao Emprego, adoptada pela Conferência Internacional do Trabalho, em 26 de Julho de 1973, e aprovada para ratificação pela Resolução da Assembleia da República n.° 11/98, de 19 de Março, entrou em vigor em Portugal em 20 de Maio de 1999 e, nos seus termos, a idade mínima de admissão ao emprego no nosso país é de 16 anos, o que não coincide com aquela que é a estabelecida por todos os outros Estados aderentes; por curiosidade, refere-se que em alguns deles, como, por exemplo, a Alemanha, a Bélgica, o Chile, Cuba, a Croácia ou a Grécia, essa idade é de 15 anos, havendo também Estados em que tal idade é de 14 anos, como ocorre, por exemplo, na Nicarágua, no Egipto, nas Honduras, na Venezuela ou na Bolívia.

A Convenção n.° 182, relativa à Interdição das Piores Formas de Trabalho das Crianças e à Acção Imediata com vista à sua Eliminação, adoptada pela Conferência Internacional do Trabalho, em 17 de Junho de 1999, foi aprovada, para ratificação, pela Resolução da Assembleia da República n.° 47/2000, de 1 de Junho, e ratificada pelo Decreto do Presidente da República n.° 28/2000, da mesma data; o respectivo instrumento de ratificação foi depositado em 15 de Junho de 2000, segundo o Aviso n.° 173/2000, de 22 de Agosto.

A Convenção Europeia sobre o Reconhecimento e a Execução das Decisões Relativas à Guarda das Menores e sobre o Restabelecimento da Guarda das Menores, adoptada no Luxemburgo em 20 de Maio de 1980 pelo Conselho da Europa, foi aprovada para ratificação pelo Decreto n.° 136/82, de 21 de Dezembro, e ratificada por Portugal, segundo aviso publicado no *Diário da República*, I série, de 20 de Abril de 1983 (nos termos do artigo 1.°-*a)*, desta Convenção, para os efeitos dela, menor é uma pessoa que não tenha atingido a idade de 16 anos e que não goze do direito de fixar, ela própria, a sua residência).

A Convenção de Cooperação Judiciária Relativa à Protecção de Menores entre o Governo da República Portuguesa e o Governo da República Francesa, assinada em Lisboa em 20 de Julho de 1983, foi aprovada para adesão pela Resolução da Assembleia da República n.° 1/84, de 3 de Fevereiro, tendo entrado em vigor, segundo aviso publicado no *Diário da República*, I série, de 17 de Setembro de 1984.

A Convenção sobre os Aspectos Civis do Rapto Internacional de Crianças, concluída na Haia a 25 de Outubro de 1980, foi aprovada, para ratificação, pelo Decreto do Governo n.° 33/83, de 11 de Maio, tendo o instrumento de ratificação por parte de Portugal sido depositado a 29 de Setembro de 1983, conforme aviso publicado no *Diário da República*, I série, de 31 de Maio de 1984, tendo a Convenção entrado em vigor no nosso país em 1 de Dezembro de 1983, e tendo, finalmente, Portugal modificado a sua autoridade central para o Instituto de Reinserção Social, segundo o Aviso n.° 302/95, de 18 de Outubro.

A Convenção sobre os Direitos da Criança, assinada em Nova Iorque a 26 de Janeiro de 1990, foi aprovada para ratificação pela Resolução da Assembleia da República n.° 20/90, em 8 de Junho de 1990, e ratificada pelo Decreto do Presidente da República n.° 49/90, de 12 de Setembro, tendo o respectivo instrumento de ratificação sido depositado por parte de Portugal em 21 de Setembro de 1990, segundo aviso publicado no *Diário da República*, I-A série, de 26 de Outubro de 1990; esta Convenção teve uma alteração, no seu artigo 43.°, n.° 2, aprovada, para ratificação, pela Resolução da Assembleia da República n.° 12/98, de 19 de Março, e ratificada pelo Decreto do Presidente da República n.° 12/98, da mesma data; o Aviso n.° 267/98, de 20 de Novembro, tornou público que Portugal aceitou a alteração.

Portugal assinou, em 6 de Março de 1997, em Estrasburgo, a Convenção Europeia sobre o Exercício dos Direitos das Crianças, aberta à assinatura em 25 de Janeiro de 1996.

V. ainda a Convenção Relativa à Competência das Autoridades e à Lei Aplicável em Matéria de Protecção de Menores, celebrada na Haia em 5 de Outubro de 1961, aprovada para ratificação pelo Decreto-Lei n.° 48 494, de 22 de Julho de 1968, tendo Portugal depositado o respectivo instrumento de ratificação em 6 de Dezembro de 1968, conforme aviso publicado no *Diário do Governo*, 1ª. série, de 24 de Janeiro de 1969, e tendo a Convenção entrado em vigor para Portugal em 4 de Fevereiro de 1969; pelo Aviso n.° 287/95, de 4 de Outubro, tornou-se público que, por nota de 1 de Setembro de 1995 e nos termos do artigo 25.° da Convenção por último referida, o Ministério dos Negócios Estrangeiros do Reino dos Países Baixos notificou ter Portugal, por nota datada de 12 de Junho de 1995 e recebida em 10 de Agosto de 1995, informado de que a sua autoridade designada é o Instituto de Reinserção Social; o Aviso n.° 114/2001, de 3 de Novembro, tornou público que o Secretariado Permanente da Conferência da Haia de Direito Internacional Privado comunicou, no âmbito desta Convenção que, em conformidade com o artigo 21.°, alínea 3), da mesma, a República Portuguesa aceitou a adesão da República da Polónia à Convenção, com efeitos a partir de 2 de Outubro de 2001.

A Convenção Europeia sobre o Estatuto Jurídico das Crianças Nascidas fora do Casamento, aberta para assinatura em Estrasburgo em 15 de Outubro de 1975, foi aprovada, para ratificação, pelo Decreto n.° 34/82, de 15 de Março, tendo Portugal depositado o seu instrumento de ratificação em 7 de Maio de 1982, conforme aviso publicado no *Diário da República*, 1ª. série, de 8 de Junho de 1982.

A Convenção Internacional para a Supressão do Tráfico de Mulheres e Crianças foi aprovada para ratificação pela Lei n.° 1544, de 4 de Fevereiro de 1924, tendo o seu texto sido publicado no *Diário do Governo*, 1ª. série, de 4 de Fevereiro de 1924. O Decreto do Presidente da República n.° 6/2001, de 27 de Janeiro, ratifica o Protocolo de Emenda à Convenção para a Supressão do Tráfico de Mulheres e Crianças e à Convenção para Supressão do Tráfico de Mulheres Maiores, aberto à assinatura em Nova Iorque em 12 de Novembro de 1947, aprovado, para adesão, pela Resolução da Assembleia da República n.° 5/2001, em 28 de Setembro de 2000. A Resolução da Assembleia da República n.° 32/2004, de 12 de Fevereiro, aprovou, para ratificação, o Protocolo Adicional Relativo à Prevenção, à Repressão e à Punição do Tráfico de Pessoas, em especial de Mulheres e Crianças, adoptado pela Assembleia Geral das Nações Unidas em 15 de Novembro de 2000, tendo sido ratificado pelo Decreto do Presidente da República n.° 19/2004, de 2 de Abril.

V. a Convenção Relativa ao Reconhecimento e Execução de Decisões em Matéria de Obrigações Alimentares para com os Menores, aprovada para ratificação pelo Decreto-Lei n.° 246/71, de 3 de Junho.

A Convenção Relativa à Lei Aplicável em Matéria de Prestação de Alimentos a Menores, foi aprovada para ratificação pelo Decreto-Lei n.° 48 495, de 22 de Julho de 1968.

V. a Convenção Europeia sobre o Estatuto Jurídico das Crianças Nascidas fora do Casamento, aprovada para ratificação pelo Decreto n.° 34/82, de 15 de Março.

V. também a Convenção Relativa à Protecção das Crianças e à Cooperação em Matéria de Adopção Internacional, elaborada na Haia em 29 de Maio de 1993, que foi aprovada, para ratificação, pela Resolução da Assembleia da República n.° 8/2003, de 25 de Fevereiro, e ratificada pelo Decreto do Presidente da República n.° 6/2003, da mesma data.

A Resolução da Assembleia da República n.° 16/2003, de 5 de Março, aprova, para ratificação, o Protocolo Facultativo à Convenção sobre os Direitos da Criança Relativo à Venda de Crianças, Prostituição Infantil e Pornografia Infantil, adoptado em Nova Iorque em 25 de Maio de 2000, o qual foi ratificado pelo Decreto do Presidente da República n.° 12/2003, também de 5 de Março.

O Decreto do Presidente da República n.° 22/2003, de 28 de Março, ratifica o Protocolo Facultativo à Convenção sobre os Direitos da Criança Relativo à Participação em Conflitos Armados, adoptado em Nova Iorque em 25 de Maio de 2000, aprovado, para ratificação, pela Resolução da Assembleia da República n.° 22/2003; o instrumento de ratificação foi depositado em 19 de Agosto de 2003, conforme o Aviso n.° 211/2003, de 29 de Outubro.

V. *Maioridade; Capacidade; Protecção de menores; Princípio da igualdade; Casamento de menor; Perfilhação; Presunção; Imputabilidade; Acto ilícito; Liberdade religiosa; Testemunha; Inabilidades; Adopção; Procurador; Guarda de menores; Poder paternal; Passaporte; Medida tutelar; Capacidade judiciária; Publicidade; Adopção.*

Menor abandonado – Na redacção originária do Código Civil de 1966, eram considerados abandonados os menores filhos de pais incógnitos ou de pais que se ausentassem para parte incerta, deixando-os ao desamparo e ainda aqueles relativamente aos quais nenhuma das pessoas designadas pelo tribunal aceitasse o cargo de tutor.

A lei não fala, hoje, a este propósito, em menores abandonados, mas os menores que se encontrem numa das situações referidas são confiados à assistência pública, exercendo as funções de tutor o director do estabelecimento em que sejam internados (artigo 1962.°, C.C.).

Actualmente, e nos termos do artigo 1978.°, C.C., na redacção que lhe foi dada pelos Decretos-Leis n.°s 496/77, de 25 de Novembro, 185/93, de 22 de Maio, 120/98, de 8 de Maio, e pela Lei n.° 31/2003, de 22 de Agosto, o Ministério Público, o organismo de segurança social da área da residência do menor, a pessoa a quem ele tenha sido administrativamente confiado, o director (ou a direcção) do estabelecimento de educação ou de assistência que tenha acolhido o menor, o candidato a adoptante seleccionado pelos serviços competentes quando, por virtude de anterior decisão judicial, tenha o menor a seu cargo e o "candidato a adoptante seleccionado pelos serviços competentes, quando, tendo o menor a seu cargo e reunidas as condições para a atribuição da confiança administrativa, o organismo de segurança social não decida pela confirmação da permanência do menor, depois de efectuado o estudo da pretensão para a adopção ou decorrido o prazo para esse efeito", podem, com vista à adopção, requerer a confiança do menor, quando "não existam ou se encontrem seriamente comprometidos os vínculos afectivos próprios da filiação, pela verificação objectiva" de qualquer das situações previstas no n.° 1 do mesmo artigo.

O Código do Registo Civil também fala em menores abandonados, estabelecendo regras quanto ao respectivo registo nos artigos 105.° a 108.°. Estabelece o artigo 105.° que, "para efeito de registo de nascimento, consideram-se abandonados os recém-nascidos de pais desconhecidos que forem encontrados ao abandono em qualquer lugar e, bem assim, os indivíduos menores, de idade aparente inferior a 14 anos, ou dementes, cujos pais, conhecidos ou não, se hajam ausentado para lugar não sabido, deixando-os ao desamparo".

O artigo 3.°, n.° 2, da Lei de Protecção de Crianças e Jovens em Perigo, aprovada pela Lei n.° 147/99, de 1 de Setembro, alterada pela citada Lei n.° 31/2003, considera que uma das situações em que uma criança se encontra em perigo se verifica quando "está abandonada ou vive entregue a si própria".

V. *Menor; Ausência; Tutor; Abandono de menor; Ministério Público; Adopção; Confiança de menor; Registo civil.*

Menor em perigo (Dir. Civil) – Considera-se que uma criança ou um jovem está em perigo quando, entre outras circunstâncias, esteja abandonado ou viva entregue a si próprio. Nestes casos, há várias medidas de protecção previstas, entre as quais a confiança a pessoa idónea, o apoio para a autonomia de vida, o acolhimento familiar, o acolhimento em instituição e a confiança a pessoa seleccionada para a adopção ou a instituição com vista a futura adopção.

V. Lei n.° 147/99, de 1 de Setembro, alterada pela Lei n.° 31/2003, de 22 de Agosto – Lei de Protecção de Crianças e Jovens em Perigo.

V. *Menor; Protecção de menores; Abandono de menor; Confiança de menor; Adopção.*

Menoridade (Dir. Civil) – Situação daquele que não tiver ainda completado dezoito anos de idade – v. artigo 122.°, C.C..

V. *Menor; Incapacidade; Maioridade.*

"Mens legis" – Expressão que significa o pensamento da lei. A interpretação da lei visa, segundo a concepção objectivista hoje dominantemente acolhida, apurar o pensamento e os propósitos que se encontram objectivados na lei, sem dependência da consideração do sentido que o legislador material quis consagrar.

O artigo 9.°, C.C., determina que a interpretação da lei deve visar "reconstituir a partir dos textos o pensamento legislativo, tendo sobretudo em conta a unidade do sistema jurídico, as circunstâncias em que a lei foi elaborada e as condições específicas do tempo em que é aplicada".

V. *Lei; Interpretação da lei; Objectivismo; Subjectivismo.*

"Mens legislatoris" – Expressão que significa o pensamento do legislador, e que é usada para referir uma concepção subjectivista da interpretação da lei, segundo a qual ao intérprete caberia descobrir o pensamento e a vontade do legislador histórico, sendo a esses que corresponderia o sentido da norma legal. Trata-se de uma orientação interpretativa maioritariamente abandonada, entre outras razões, por ser incompatível com o actualismo na interpretação das normas.

V. *Lei; Interpretação da lei; Subjectivismo; Objectivismo; Actualismo.*

Mera administração (Dir. Civil) – O conceito de mera administração recobre, inequivocamente, os actos que visam a conservação dos bens administrados e aqueles que tendem a promover a sua normal frutificação, sendo discutível a inclusão na categoria da mera administração de actos tendentes a modificar os bens administrados ou a promover a sua frutificação

anormal. (nesta se incluindo a que envolva grandes ricos).
V. *Acto de administração.*

Mera culpa (Dir. Civil) - Expressão, sinónima de negligência, usada para designar a culpa, quando se quer contrapor esta ao dolo.
A lei utiliza-a nesta acepção, por exemplo, nos artigos 483.°, n.° 1, e 494.°, C.C..
V. *Culpa; Dolo.*

Mérito da causa (Proc. Civil) – É a questão substancial do processo, o objecto da relação jurídica processual. O mérito da causa é, pois, a relação jurídica material que constitui o objecto do processo.
Da decisão judicial - sentença final ou despacho saneador - que conheça do mérito da causa cabe recurso de apelação, esclarecendo o n.° 2 do artigo 691.°, C.P.C. (na redacção do Decreto-Lei n.° 180/96, de 25 de Setembro), que também conhecem do mérito da causa "a sentença e o despacho saneador que julguem da procedência ou improcedência de alguma excepção peremptória".
V. *Sentença; Despacho saneador; Apelação; Procedência; Excepção peremptória.*

Mero detentor (Dir. Civil) – V. *Detenção.*

Mero expediente (Proc. Civil) – V. *Despacho de mero expediente.*

Militar (Dir. Civil) – A lei civil contém algumas disposições especiais relativas a militares: assim, por exemplo, o artigo 319.°, C.C., determina que "a prescrição não começa nem corre contra militares em serviço, durante o tempo de guerra ou mobilização, dentro ou fora do País, ou contra as pessoas que estejam, por motivo de serviço, adstritas às forças militares". Por outro lado, os artigos 2210.° a 2213.°, C.C., ocupam-se do regime dos testamentos de militares ou de pessoas que se encontrem ao serviço das forças armadas, sempre que "se encontrem em campanha ou aquartelados fora do País, ou ainda dentro do País mas em lugares com os quais estejam interrompidas as comunicações e onde não exista notário, e também quando se encontrem prisioneiros do inimigo".
V. *Prescrição; Testamento militar; Notário.*

Minas (Dir. Civil) – A abertura de minas, isto é, de vias de acesso a jazidas de minerais existentes num prédio é facultada ao respectivo proprietário, "desde que não prive os prédios vizinhos do apoio necessário para evitar desmoronamentos ou deslocações de terra", tendo o proprietário que abriu a mina o dever de indemnizar os danos sofridos pelos proprietários vizinhos, "mesmo que tenham sido tomadas as precauções julgadas necessárias" – artigo 1348.°, C.C..
O artigo 1457.°, C.C., dispõe, no seu n.° 2, que "o usufrutuário de terrenos onde existam explorações mineiras tem direito às quantias devidas ao proprietário do solo, quer a título de renda, quer por qualquer outro título, em proporção do tempo que durar o usufruto"; o n.° 1 da mesma disposição determina que "o usufrutuário de concessão mineira deve conformar-se, na exploração das minas, com as praxes seguidas pelo respectivo titular".
V. Decreto-Lei n.° 90/90, de 16 de Março, e Decretos-Leis n.°s 84/90, 85/90, 86/90, 87/90 e 88/90, todos também de 16 de Março, e 270/2001, de 6 de Outubro (rectificado pela Declaração de rectificação n.° 20-AP/2001, de 30 de Novembro), diplomas que regulam o aproveitamento de cada tipo de recurso geológico.
V. *Prédio; Direito de propriedade; Indemnização; Responsabilidade por actos lícitos; Usufruto.*

Ministério Público (Org. Judiciária) – Órgão do Estado constituído por uma organização hierárquica de magistrados, encarregados, em especial, de representar junto dos tribunais o Estado, de "defender os interesses que a lei determinar", de, nos termos da lei, "participar na execução da política criminal definida pelos órgãos de soberania", de "exercer a acção penal orientada pelo princípio da legalidade" e de "defender a legalidade democrática".
V. artigo 219.° da Constituição da República, artigo 113.° da Lei de Organização e Funcionamento dos Tribunais Judiciais (aprovada pela Lei n.° 3/99, de 13 de Janeiro, rectificada pela Declaração de rectificação n.° 7/99, de 16 de Fevereiro, e alterada pela Lei n.° 101/99, de 26 de Julho, pelos Decretos-Leis n.°s 323/2001, de 17 de

Dezembro, e 38/2003, de 8 de Março, pela Lei n.° 105/2003, de 10 de Dezembro, pelo Decreto-Lei n.° 53/2004, de 18 Março, pela Lei n.° 42/2005, de 29 de Agosto, e pelo Decreto-Lei n.° 76-A/2006, de 29 de Março, este rectificado pela Declaração de rectificação n.° 28-A/2006, de 26 de Maio) e artigos 1.° e 3.° do Estatuto do Ministério Público, anteriormente designado por Lei Orgânica do Ministério Público (Lei n.° 47/86, de15 de Outubro, alterada pelas Leis n.°s 2/90, de 20 de Janeiro, 23/92, de 20 de Agosto, 10/94, de 5 Maio, 60/98, de 27 de Agosto, 42/2005, de 29 de Agosto, e pelo referido DL n.° 76-A/2006).

Relativamente à competência do Ministério Público, referenciam-se, a título de exemplo, os artigos 15.° e 16.° – este na redacção dada pelo Decreto-Lei n.° 329-A//95, de 12 de Dezembro – (representação de ausentes, incapazes e incertos), 20.° – na redacção dada pelo mencionado DL n.° 329-A/95 – (representação do Estado) e 59.° (legitimidade como exequente nas execuções por custas e multas impostas em qualquer processo), todos do C.P.C..

O Decreto-Lei n.° 272/2001, de 13 de Outubro, rectificado pela Declaração de rectificação n.° 20-AR/2001, de 30 de Novembro, veio alargar a competência do Ministério Público, designadamente transferindo para este um conjunto de decisões que cabiam aos tribunais judiciais em certos processos de jurisdição voluntária. Assim, nos termos do artigo 2.° deste diploma, passam a ser "da exclusiva competência do Ministério Público as decisões relativas a pedidos de:

a) Suprimento do consentimento, sendo a causa de pedir a incapacidade ou a ausência da pessoa;

b) Autorização para a prática de actos pelo representante legal do incapaz, quando legalmente exigida;

c) Autorização para a alienação ou oneração de bens do ausente, quando tenha sido deferida a curadoria provisória ou definitiva;

d) Confirmação de actos praticados pelo representante do incapaz sem a necessária autorização".

Também "as decisões relativas a pedidos de notificação do representante legal para providenciar acerca da aceitação ou rejeição de liberalidades a favor de incapaz" passam a caber ao Ministério Público – artigo 4.° do DL n.° 272/2001.

O Decreto-Lei n.° 36/2002, de 26 de Fevereiro, aprova as custas correspondentes às competências atribuídas por aquele DL n.° 272/2001 ao Ministério Público em matéria de protecção dos incapazes e dos ausentes.

Os magistrados do Ministério Público encontram-se abrangidos pela maior parte das causas de impedimento aplicáveis aos juízes (artigo 125.°, C.P.C., na redacção do mesmo DL n.° 329-A/95).

"Os agentes do Ministério Público são magistrados responsáveis, hierarquicamente subordinados, e não podem ser transferidos, suspensos, aposentados ou demitidos senão nos casos previstos na lei", encontrando-se na dependência da Procuradoria-Geral da República (artigos 219.°, n.° 4, e 220.° da Constituição).

"A responsabilidade consiste em responderem, nos termos da lei, pelo cumprimento dos seus deveres e pela observância das directivas, ordens e instruções que receberem"; a hierarquia significa a subordinação dos magistrados de grau inferior aos de grau superior, nos termos da lei, e a consequente obrigação de acatamento das directivas, ordens e instruções recebidas (v. artigo 76.° do Estatuto do Ministério Público); o artigo 79.° da mesma Lei enuncia os limites aos poderes directivos e os decorrentes direitos a recusar o cumprimento de ordens por parte dos magistrados do Ministério Público.

Não existe qualquer relação de subordinação ou dependência da magistratura do Ministério Público em relação à magistratura judicial, antes constituindo duas magistraturas independentes e paralelas (artigo 75.° do Estatuto do Ministério Público).

São magistrados do Ministério Público o Procurador-geral da República, o vice-procurador-geral da República, os procuradores-gerais-adjuntos, os procuradores da República e os procuradores-adjuntos (artigo 8.° do mesmo Estatuto).

Para se ingressar na magistratura do Ministério Público é necessário ser cidadão português no pleno uso dos direitos civis e políticos, ser licenciado em Direito por universidade portuguesa ou reconhecida em Portugal, ter frequentado com aproveitamento os cursos ou estágios de formação e preencher os demais requisitos estabelecidos na lei para a nomeação de funcionários do Estado (artigo 114.° do Estatuto do Ministério Público).

V. *Incapaz; Ausência; Incertos; Legitimidade; Execução; Exequente; Custas; Processos de jurisdição voluntária; Suprimento de consentimento; Representação legal; Alienação; Oneração de bens; Confirmação; Notificação; Liberalidade; Aceitação da doação; Impedimentos; Magistratura judicial; Procuradoria-Geral da República; Instância; Procurador-geral da República; Vice-procurador-geral da República; Procurador-geral adjunto; Procurador da República; Procurador-adjunto; Cidadania; Conselho Superior do Ministério Público.*

Minuta (Dir. Civil)

1. Designa-se, por vezes, por minuta do contrato o documento em que os sujeitos, que se encontram em negociações para a celebração de um futuro contrato, vão recolhendo os acordos parcelares alcançados e que hão-de vir a consubstanciar cláusulas no contrato a celebrar. A eficácia vinculativa da minuta é variável, dependendo a determinação da sua medida, em primeira linha, da interpretação da vontade das partes, e sendo de assinalar em qualquer caso que, sendo as relações entre aqueles que negoceiam tendo em vista a conclusão de um contrato regidas pela boa fé, em caso de ruptura das negociações por uma das partes, a minuta constituirá sempre um elemento valioso de apreciação do avanço do processo negociatório, da sua consistência, da medida da confiança razoavelmente depositada no êxito das negociações, isto é, um importante elemento para decidir se houve ou não responsabilidade pré-contratual daquele que rompeu as negociações (artigo 227.°, C.C.).

2. O documento que contém o projecto do negócio jurídico, que haja de ser realizado com intervenção do notário, constitui a respectiva minuta, podendo as partes apresentar esta ao notário, que a reproduzirá – adaptando-a no que for necessário –, salvo na medida em que infrinja leis de interesse e ordem pública.

V. artigo 43.° do Código do Notariado.

V. *Negociações preliminares; Contrato; Cláusula; Boa fé; Responsabilidade pré-contratual; Notário; Ordem pública.*

Modalidades das obrigações (Dir. Civil) – As obrigações podem reconduzir-se a vários tipos ou modalidades, quer quanto ao sujeito quer quanto ao objecto.

Assim, distinguindo as obrigações segundo critérios subjectivos, encontram-se as de sujeito determinado e as de sujeito indeterminado (artigo 511.°, C.C.), as obrigações singulares e as plurais (e, dentro destas, as conjuntas e as solidárias – artigos 512.° e segs., C.C.).

Quanto ao objecto, encontram-se as obrigações comummente classificadas em divisíveis e indivisíveis (artigos 534.° a 538.°, C.C.), genéricas e específicas (artigos 539.° a 542.°, C.C.), cumulativas, alternativas e com faculdade alternativa (artigos 543.° a 549.°, C.C.), pecuniárias (artigos 550.° a 561.°, C.C.) e obrigações de indemnização (artigos 562.° a 572.°, C.C.).

V. *Obrigação; Objecto da obrigação; Obrigação de sujeito determinado; Obrigação plural; Obrigação solidária; Obrigação divisível; Obrigação genérica; Obrigação cumulativa; Obrigação alternativa; Obrigação com faculdade alternativa; Obrigação pecuniária; Indemnização.*

Modificação da competência (Proc. Civil) – O artigo 64.°, C.P.C., com a redacção do Decreto-Lei n.° 329-A/95, de 12 de Dezembro, determina que, "quando ocorra alteração da lei reguladora da competência considerada relevante quanto aos processos pendentes, o juiz ordena oficiosamente a sua remessa para o tribunal que a nova lei considere competente".

Os artigos 99.° e 100.°, C.P.C. (o primeiro na redacção do Decreto-Lei n.° 180/96, de 25 de Setembro, e o segundo na do DL n.° 329-A/95), regulam, respectivamente, os pactos de jurisdição e de competência, determinando os termos e limites da respectiva validade. Para além destes, consubstancia uma hipótese de modificação da competência, legalmente permitida, o compromisso arbitral (v. artigo 290.°, C.P.C., e artigos 1.° e segs. da Lei n.° 31/86, de 29 de Agosto, alterada pelo Decreto-Lei n.° 38/2003, de 8 de Março).

V. *Competência; Pacto atributivo de jurisdição; Pacto privativo de jurisdição; Pacto de aforamento; Compromisso arbitral.*

Modificação da obrigação (Dir. Civil) – A obrigação modifica-se quando, mantendo-se inalterados os seus elementos essenciais e identificadores – sujeitos, objecto e causa –, se introduzem alterações em elementos secundários ou acessórios da relação obrigacional, como, por exemplo, no prazo ou no lugar do cumprimento, ou no aditamento ou supressão de deveres laterais. A modificação da obrigação tanto pode ser introduzida por acordo das partes (esta será a regra) como por determinação da lei ou por decisão judicial.

Sempre que a alteração introduzida, *maxime* convencionalmente, respeite a algum elemento essencial da relação obrigacional, é problema de interpretação da vontade das partes o de saber se se está ainda perante a mesma obrigação, apenas modificada, ou se se trata de uma nova obrigação constituída em substituição da anterior, ou seja, perante uma novação.

V. *Obrigação; Objecto da obrigação; Dever de conduta; Prazo da prestação; Lugar do cumprimento; Interpretação do negócio jurídico; Novação.*

Modificação do contrato (Dir. Civil)

1. O artigo 406.°, n.° 1, C.C., dispõe que "o contrato deve ser pontualmente cumprido, e só pode modificar-se ou extinguir-se por mútuo consentimento dos contraentes ou nos casos admitidos na lei".

Um dos casos em que a lei admite a modificação do contrato – realizada sem dependência de acordo dos contraentes, pelo tribunal – é o do artigo 437.°, C.C. (alteração anormal das circunstâncias, em que as partes fundaram a decisão de contratar, posteriormente ao contrato).

Outros casos há em que, independentemente da alteração das circunstâncias, a lei expressamente admite a modificação de certos contratos. Por exemplo, o artigo 884.°, C.C., determina que haja redução do preço na compra e venda quando, por força da lei, haja redução do objecto da venda (cfr. artigos 888.°, n.° 2, e 902.°, C.C.); de modo paralelo, o artigo 1222.°, C.C., dá ao dono da obra o direito a exigir uma redução do preço da empreitada, se a obra sofrer de defeitos que a tornem inadequada ao fim a que se destina; ainda na empreitada, o artigo 1215.°, C.C., dispõe que, no caso de se tornarem necessárias alterações, "em consequência de direitos de terceiro ou de regras técnicas", e de não haver acordo das partes, "compete ao tribunal determinar essas alterações e fixar as correspondentes modificações quanto ao preço e prazo de execução"; no contrato de locação, também o artigo 1040.°, C.C., vem admitir, dentro de certo condicionalismo, uma redução da renda ou aluguer, no caso de o locatário sofrer privação ou diminuição do gozo da coisa que não resultem de motivo atinente à sua pessoa ou à dos seus familiares.

V. *Contrato; Cumprimento; Pontualidade do cumprimento; Extinção de contratos; Alteração das circunstâncias; Compra e venda; Empreitada; Defeitos da obra; Locação; Renda; Aluguer.*

2. A Lei n.° 49/2004, de 24 de Agosto, diz, no seu artigo 6.°-*a)*, que são actos próprios dos advogados e solicitadores "a elaboração de contratos e a prática dos actos preparatórios tendentes à constituição, alteração [...] de negócios jurídicos, designadamente os praticados junto de conservatórias e cartórios notariais".

V. *Advogado; Solicitador; Negócio jurídico; Registo; Notário.*

Modificação do direito (Dir. Civil) – Diz-se que se verifica uma modificação de um direito subjectivo sempre que se altera um elemento dele, mantendo-se a respectiva identidade: a modificação será *subjectiva,* quando existe uma substituição do respectivo titular, e *objectiva,* se a alteração ocorre no conteúdo ou objecto do direito.

V. *Direito subjectivo.*

Modificações objectivas da instância (Proc. Civil) – O princípio da estabilidade da instância – que fundamentalmente designa a imutabilidade daquela no que respeita às partes, pedido e causa de pedir (cfr. artigos 268.° e 481.°-*b)*, C.P.C.) – admite excepções, que, quanto ao pedido e causa de pedir, se encontram previstas nos artigos 272.° e 273.°, C.P.C., o último com redacção dos Decretos-Leis n.°s 329-

-A/95, de 12 de Dezembro, e 180/96, de 25 de Setembro.

Como regra, são admitidas alterações do pedido e da causa de pedir em qualquer momento do processo, quer na 1ª. quer na 2ª. instância, desde que as partes estejam de acordo quanto a elas, a menos que haja inconveniente perturbação da instrução, discussão e julgamento da causa, em virtude de tais alterações (artigo 272.°).

Se não houver acordo das partes, as regras são as seguintes (artigo 273.°):

a) A causa de pedir só pode ser alterada ou ampliada na réplica, se no processo houver lugar a este articulado.

No entanto, se a alteração ou ampliação resultarem de confissão feita pelo réu e aceita pelo autor, são admitidas em qualquer momento do processo.

b) A alteração ou ampliação do pedido também só podem, em princípio, ser feitas na réplica. No entanto, a ampliação, que apenas consubstanciar o desenvolvimento ou for consequência do pedido anterior, é admitida até ao encerramento da discussão na 1ª. instância e, se for feita na audiência de discussão e julgamento, fica necessariamente a constar da respectiva acta.

O n.° 6 deste artigo 273.° admite, expressamente, "a modificação simultânea do pedido e da causa de pedir, desde que tal não implique convolação para relação jurídica diversa da controvertida".

Por outro lado, a redução do pedido é sempre admitida – artigo 293.°, n.° 1, e 273.°, n.° 1, C.P.C...

V. *Instância; Estabilidade da instância; Parte; Pedido; Causa de pedir; Instrução; Discussão; Julgamento; Réplica; Articulados; Confissão; Réu; Autor; Audiência.*

Modificações subjectivas da instância (Proc. Civil) – Embora em princípio após a citação do réu para a acção, não seja possível modificar esta no que respeita às partes (como no que respeita ao pedido e causa de pedir), a lei admite casos em que tais modificações são possíveis.

No que respeita às partes, as alterações estão previstas nos artigos 269.° a 271.°, C.P.C., e reportam-se aos casos em que, por meio de incidente, são chamadas a intervir – ou espontaneamente intervêm – no processo pessoas a ele alheias, mas que têm uma relação directa ou indirecta com o direito aí discutido, ou que vêm substituir uma das partes por haverem adquirido por sucessão a situação jurídica substantiva em discussão.

V. *Instância; Parte; Pedido; Causa de pedir; Modificações objectivas da instância; Citação; Estabilidade da instância; Incidente; Intervenção de terceiros; Sucessão.*

Modo (Dir. Civil) – Modo ou cláusula modal é uma cláusula acessória típica que, nas doações e nas liberalidades testamentárias, impõe ao respectivo beneficiário a obrigação de adoptar um determinado comportamento (uma obrigação a favor do autor da liberalidade ou de um terceiro) – v. artigos 963.°, C.C., para as doações, e 2244.°, C.C., para a instituição de herdeiros e nomeação de legatários.

Se for nula a cláusula modal (por ter um objecto física ou legalmente impossível, ilícito ou imoral), a liberalidade nem por isso é inválida (artigo 2230.°, C.C., por remissão dos artigos 967.° e 2245.°, C.C.).

A cláusula modal só obriga dentro dos limites da liberalidade, sendo redutível na medida em que os exceda (artigos 963.°, n.° 2, 2071.° e 2276.°, C.C.).

Se o beneficiário da liberalidade incumprir o encargo, o doador, os herdeiros do autor da liberalidade ou quaisquer interessados podem exigir-lhe o cumprimento (artigos 965.° e 2247.°, C.C.), sendo possível, até, resolver a liberalidade com fundamento no incumprimento, se o doador ou o testador assim o tiverem estabelecido (artigos 966.° e 2248.°, C.C.), ou, no caso do testamento, se se concluir dele "que a disposição não teria sido mantida sem o cumprimento do encargo" (artigo 2248.°, n.° 1, C.C.).

V. *Cláusula; Elementos acidentais do contrato; Liberalidade; Doação; Obrigação; Herança; Legado; Nulidade; Impossibilidade do objecto negocial; Impossibilidade legal; Impossibilidade física; Ilicitude; "Intra vires hereditatis"; Testamento.*

Momento da perfeição do contrato (Dir. Civil) – V. *Contrato; Perfeição do contrato.*

Mora (Dir. Civil) – Atraso no cumprimento da prestação devida. O atraso pode ser imputável ao credor (*mora accipiendi*) ou ao devedor (*mora solvendi*), podendo ainda resultar de facto alheio a qualquer deles (*impossibilidade temporária*).

1. Mora do devedor

"O devedor considera-se constituído em mora quando, por causa que lhe seja imputável, a prestação, ainda possível, não foi efectuada no tempo devido" – n.° 2 do artigo 804.°, C.C..

A constituição do devedor em mora depende pois, em primeiro lugar, de ter chegado o momento em que a obrigação devia ser cumprida – o momento do respectivo vencimento – e, em segundo, de o cumprimento ainda ser possível e ainda manter interesse para o credor.

Quando a obrigação não tem prazo, isto é, é pura, o seu vencimento depende de interpelação do credor ao devedor e, tendo prazo, vence-se na ocasião em que este se esgota.

O n.° 3 do artigo 805.°, C.C., na redacção do Decreto-Lei n.° 262/83, de 16 de Junho, determina que, tratando-se "de responsabilidade por facto ilícito ou pelo risco, o devedor constitui-se em mora desde a citação, a menos que já haja então mora, nos termos da primeira parte deste número". A este propósito, foi proferido pelo Supremo Tribunal de Justiça o Assento n.° 13/94, publicado no *Diário da República*, I-A série, de 19 de Agosto, que estabeleceu a seguinte doutrina: "A alteração da norma do n.° 3 do artigo 805.° do Código Civil, operada pelo Decreto-Lei n.° 262/83, de 16 de Junho, tem natureza interpretativa, pelo que é aplicável a todas as relações jurídicas já constituídas à data da sua entrada em vigor que ainda não tivessem sido definitivamente julgadas".

O devedor constituído em mora fica obrigado a reparar os danos causados por esse facto ao credor, estabelecendo a lei, nalguns casos, qual a indemnização: por exemplo, nas obrigações pecuniárias, aquela corresponde aos juros legais a contar da data da constituição em mora (artigo 806.°, C.C., cuja redacção é a do DL n.° 262/83); no contrato de locação, a indemnização é igual a 50% das rendas ou alugueres em atraso (artigo 1041.°, C.C.).

Pelo facto da mora, o devedor torna-se responsável pela perda ou deterioração da coisa devida, ainda que tais factos lhe não sejam imputáveis; ressalva a lei, no entanto, a hipótese de ele fazer prova de "que o credor teria sofrido igualmente os danos se a obrigação tivesse sido cumprida em tempo" – artigo 807.°, C.C..

Se o credor perder objectivamente o interesse que tinha na prestação, em consequência da mora, ou se o devedor não cumprir "dentro do prazo que razoavelmente for fixado pelo credor", a obrigação considera-se definitivamente não cumprida.

Há situações em que a lei, no regime especial de certos contratos, caracteriza especialmente a mora no cumprimento das obrigações emergentes deles: assim acontece, por exemplo, no contrato de transporte rodoviário nacional de mercadorias, previsto e regulado pelo Decreto-Lei n.° 239/2003, de 4 de Outubro, cujo artigo 19.° dispõe que "há demora na entrega quando a mercadoria não for entregue ao destinatário no prazo convencionado ou, não havendo prazo, nos sete dias seguintes à aceitação da mercadoria pelo transportador", acrescentando que se entende haver incumprimento definitivo (a norma qualifica-o como "total") se a mercadoria "não for entregue nos sete dias seguintes ao termo do prazo convencionado ou, não havendo prazo, nos 15 dias seguintes à aceitação da mercadoria pelo transportador". Embora o diploma não seja um modelo de técnica jurídico-legal, admite-se que estes sete dias suplementares de que se fala constituam um prazo de purgação da mora.

O Decreto-Lei n.° 32/2003, de 17 de Fevereiro, alterado pelo Decreto-Lei n.° 107/ /2005, de 1 de Julho, que transpôs para a ordem jurídica interna a Directiva n.° 2000/35/CE, do Parlamento Europeu e do Conselho, de 29 de Junho, aplicável a "todos os pagamentos efectuados como remunerações de transacções comerciais", à excepção dos "*a)* […] contratos celebrados com consumidores; *b)* […] juros relativos a outros pagamentos que não os efectuados para remunerar transacções comerciais; *c)* […] pagamentos efectuados a título de indemnização por responsabilidade civil, incluindo os efectuados por companhias de seguros", dispõe, no seu artigo 4.°, que "os juros aplicáveis aos atrasos de pagamento das transacções [aqui previstas] são os estabelecidos no Código Comercial", enunciando, no n.° 2 deste artigo, os prazos a partir dos quais se vencem tais juros, na falta de convenção diversa, e estabelecendo, no respectivo n.° 3, que "o credor pode provar que a mora lhe causou dano superior aos juros referidos no n.° 1 e exigir indemnização suplementar correspondente". O artigo 5.° deste DL determina que, "nas transacções comerciais [nele] previstas são nulas as cláusulas [...] que, sem motivo atendível e justificado face às circunstâncias concretas: *a)* estabeleçam prazos excessivos para o pagamento; *b)* excluam ou limitem, de modo directo ou indirecto, a responsabilidade pela mora"; nos casos de cláusulas de prazo nulas, "aplicam-se os prazos previstos no n.° 2 do artigo anterior, salvo se o juiz, atendendo às circunstâncias do caso, estabelecer prazo diverso". O artigo 6.° deste diploma dá nova redacção ao artigo 102.° do Código Comercial, onde passa a dispor-se que "há lugar ao decurso e contagem de juros em todos os actos comerciais em que for de convenção ou direito vencerem-se e nos demais casos especiais fixados no presente Código", que "[...] aos juros comerciais [se aplica] o disposto nos artigos 559.°-A e 1146.° do Código Civil", que "os juros moratórios legais e os estabelecidos sem determinação de taxa ou quantitativo, relativamente aos créditos de que sejam titulares empresas comerciais, singulares ou colectivas, são os fixados em portaria conjunta dos Ministros das Finanças e da Justiça, e ainda que "a taxa de juro referida no parágrafo anterior não poderá ser inferior ao valor da taxa de juro aplicada pelo Banco Central Europeu à sua mais recente operação principal de refinanciamento efectuada antes do 1.° dia de Janeiro ou Julho, consoante se esteja, respectivamente, no 1.°, ou no 2.° semestre do ano civil, acrescida de 7 pontos percentuais". Importa ainda ter em conta o artigo 7.° que estabelece que "o atraso de pagamento em transacções comerciais, nos termos do presente diploma, confere ao credor o direito a recorrer à injunção, independentemente do valor da dívida", determinando a dedução de oposição neste processo "a remessa dos autos para o tribunal competente, aplicando-se a forma de processo comum", quando estejam em causa valores superiores à alçada da Relação; quando o valor não seja superior à alçada da Relação, o processo segue "os termos da acção declarativa especial para cumprimento de obrigações pecuniárias emergentes de contratos".

V. *Obrigação; Prestação; Devedor; Credor; Culpa; Tempo do cumprimento; Vencimento; Interesse do credor; Interpelação; Responsabilidade civil; Responsabilidade pelo risco; Citação; Lei interpretativa; Responsabilidade contratual; Obrigação pecuniária; Juros legais; Locação; Renda; Aluguer; Risco da prestação; Causa virtual; Incumprimento definitivo; Transacção; Consumidor; Juros; Indemnização; Cláusula de exclusão da responsabilidade; Cláusula limitativa da responsabilidade; Nulidade; Prazo da prestação; Empresa; Injunção; Tribunal; Competência em razão do valor; Processo comum; Valor da causa; Alçada; Tribunal de 1ª. instância; Contrato de transporte; "Purgatio morae"; Relação.*

2. Mora do credor

"O credor incorre em mora quando, sem motivo justificado, não aceita a prestação que lhe é oferecida nos termos legais ou não pratica os actos necessários ao cumprimento da obrigação" – artigo 813.°, Código Civil.

Durante a mora do credor, a dívida deixa de vencer juros, quer legais quer convencionais. Sobre o credor moroso recai a obrigação de indemnizar "o devedor das maiores despesas que este seja obrigado a fazer com o oferecimento infrutífero da prestação e a guarda e conservação do respectivo objecto" – artigo 816.°, Código Civil.

Pelo facto da mora do credor, tem o devedor a faculdade de se exonerar da sua obrigação mediante a consignação em depósito – artigos 841.° a 846.°, C.C.. Não o querendo fazer, a sua responsabilidade em relação à coisa devida é menor, respondendo apenas pelo seu dolo; e sobre o credor recai o risco da impossibilidade superveniente da prestação, a menos que essa seja imputável a dolo do devedor – artigos 814.°, n.° 1, e 815.°, n.° 1, C.C..

Em matéria de obrigações genéricas, a obrigação concentra-se antes do cumprimento quando o credor incorrer em mora (artigo 541.°, C.C.); neste caso, não é necessária a entrega, bastando a separação unilateral pelo devedor, com a oferta ao credor, para que a obrigação passe a ser específica, transferindo-se a propriedade da coisa separada e, consequentemente, o respectivo risco.

V. *Recusa da prestação; Juros; Indemnização; Consignação em depósito; Dolo; Obrigação genérica; Concentração; Cumprimento; Entrega da coisa; Obrigação específica.*

3. Impossibilidade temporária

Se o devedor não puder cumprir tempestivamente por causa que não lhe seja imputável, não fica constituído na obrigação de indemnizar o credor pelos danos resultantes da mora – cfr. artigo 792.°, n.° 1, Código Civil.

Segundo o n.° 2 da mesma disposição, "a impossibilidade só se considera temporária enquanto, atenta a finalidade da obrigação, se mantiver o interesse do credor".

V. *Impossibilidade da prestação.*

"Mora accipiendi" (Dir. Civil) – O mesmo que *mora creditoris* ou mora do credor.

V. *Credor; Mora.*

"Mora credendi" (Dir. Civil) – Expressão latina com que muitas vezes se designa a mora do credor.

V. *Credor; Mora.*

"Mora creditoris" (Dir. Civil) – O mesmo que mora do credor.

V. *Credor; Mora.*

Morada da família (Dir. Civil) – V. *Casa de morada da família.*

"Mora debendi" (Dir. Civil) – *Mora debendi, mora solvendi* ou *mora debitoris* são as expressões latinas com que, muitas vezes, se designa a situação de mora em que incorre o devedor.

V. *Devedor; Mora.*

"Mora debitoris" (Dir. Civil) – O mesmo que mora do devedor.

V. *Devedor; Mora.*

"Mora debitoris obligatio perpetua fit" (Dir. Civil) – Expressão latina que significa a perpetuação da obrigação em consequência da mora do devedor, isto é, o que a lei portuguesa designa por inversão do risco.

V. *Mora; Inversão do risco.*

Morador usuário (Dir. Civil) – Titular de um direito real de habitação.

V. *Direito de habitação.*

"Mora litis" (Proc. Civil) – Período durante o qual decorre um processo judicial.

"Mora solvendi" (Dir. Civil) – Expressão latina com a qual se designa a mora do devedor.

V. *Devedor; Mora.*

Moratória (Dir. Civil) – É uma prorrogação do prazo de cumprimento da obrigação, estabelecida em regra em benefício do devedor.

A moratória pode ser convencional (estabelecida por acordo das partes), legalmente concedida em determinadas circunstâncias que tornam difícil o imediato cumprimento das obrigações (guerra, terramoto ou outras) e judicial (fixada pelo tribunal ao devedor quando se verifique uma circunstância que a justifique).

Uma modalidade *sui generis* de moratória era a prevista em versão anterior do artigo 1153.°, n.° 2, C.P.C. – *moratória em concordata*, que, estabelecida por convenção, estava sujeita a homologação do juiz, tornando-se obrigatória para todos os credores não preferentes – antigo artigo 1160.° do mesmo Código; estas disposições foram revogadas pelo Código dos Processos Especiais de Recuperação da Empresa e de Falência, aprovado pelo Decreto-Lei n.° 132/93, de 23 de Abril, alterado pelos Decretos-Leis n.°s 157/97, de 24 de Junho, 315/98, de 20 de Outubro, e 323/2001, de 17 de Dezembro, e 38/2003, de 8 de Março. Os artigos 66.° e segs. deste diploma previam, como providência recuperatória, a concordata que consistisse na simples redução ou modificação da totalidade ou de parte dos débitos da empresa insolvente, podendo a modificação limitar-se a uma simples moratória; previa-se, ainda, quanto ao processo de falência, a possibilidade de o devedor insolvente, que não fosse titular de empresa, evitar a declaração daquela através de uma concordata particular, homologada judicialmente e regulada nos artigos 240.° a 245.°; tal concordata poderia, nos termos do artigo 66.°, aplicável por remissão do artigo 245.°, "limitar-se a uma simples moratória".

O Código dos Processos Especiais de Recuperação da Empresa e de Falência foi integralmente revogado pelo Código da Insolvência e da Recuperação de Empresas, aprovado pelo Decreto-Lei n.° 53/ /2004, de 18 de Março, alterado pelos Decretos-Leis n.°s 200/2004, de 18 de Agosto, e 76-A/2006, de 29 de Março (rectificado pela Declaração de rectificação n.° 28-A/2006, de 26 de Maio).

V. *Obrigação; Tempo do cumprimento; Benefício do prazo; Devedor; Falência; Concordata; Concordata particular; Insolvência; Empresa; Homologação; Recuperação de empresas.*

Moratória forçada (Dir. Civil) – Utilizava-se, normalmente, esta expressão para significar o regime anteriormente estabelecido pelo artigo 1696.°, n.° 1, *in fine*, C.C., segundo o qual, na falta ou insuficiência de bens do cônjuge devedor, respondia pelas suas dívidas próprias a sua meação nos bens comuns do casal, só sendo, porém, o cumprimento exigível "depois de dissolvido, declarado nulo ou anulado o casamento, ou depois de decretada a separação judicial de pessoas e bens ou a simples separação judicial de bens". Após a penhora do direito à meação do cônjuge devedor, a execução ficava suspensa (de acordo com a antiga redacção do artigo 825.°, n.° 1, C.P.C.), esperando-se, pois, pelo momento em que fosse realizada a partilha dos bens. Este era o regime-regra, sendo excepcional a dispensa da moratória forçada.

O Decreto-Lei n.° 329-A/95, de 12 de Dezembro, deu nova redacção ao artigo 1696.°, n.° 1, C.C., tendo desaparecido a moratória forçada que protegia a meação. Assim, na falta de bens próprios, a meação do devedor nos bens comuns responde imediatamente.

V. *Dívidas próprias; Direito à meação; Bens próprios; Bens comuns; Dissolução do casamento; Invalidade do casamento; Separação judicial de pessoas e bens; Separação judicial de bens; Penhora; Execução; Partilha.*

Morte (Dir. Civil) – A personalidade jurídica cessa com a morte da pessoa.

"A sucessão abre-se no momento da morte do seu autor e no lugar do último domicílio dele" – artigo 2031.°, C.C..

O óbito é um facto que tem de ser registado, devendo a esse assento ser "especialmente averbado qualquer elemento de identificação ou referenciação do falecido de que o conservador venha a ter conhecimento depois de lavrado o registo" – artigo 71.° do Código do Registo Civil (aprovado pelo Decreto-Lei n.° 131/95, de 6 de Junho, rectificado pela Declaração de rectificação n.° 96/95, de 31 de Julho, e alterado pelos Decretos-Leis n.°s 36/97, de 31 de Janeiro, 120/98, de 8 de Maio, 375-A/99, de 20 de Setembro, 228/2001, de 20 de Agosto, 273/2001, de 13 de Outubro, 323/ /2001, de 17 de Dezembro, e 113/2002, de 20 de Abril). De acordo com o artigo 200.° deste diploma, "os registos referentes a indivíduos cujos cadáveres se encontrem depositados em delegação do Instituto Nacional de Medicina Legal são da competência da conservatória do registo civil da área em que aquela se situar, independentemente do lugar do óbito". O artigo 210.°, n.° 2, deste Código determina que, "até ao dia 8 de cada mês, deve o conservador remeter ao Instituto das Tecnologias de Informação na Justiça fotocópia dos autos relativos aos óbitos lavrados no mês anterior, devendo comunicar ainda os números de bilhetes de identidade ulteriormente conhecidos, bem como qualquer completamento ou rectificação de assento de óbito que respeite ao nome do falecido, idade, naturalidade ou filiação".

A Portaria n.° 1451/2001, de 22 de Dezembro, adopta, a partir de 1 de Janeiro de 2002, o modelo de certificado de óbito, revogando a Portaria n.° 692/79, de 19 de Dezembro. O artigo 209.°-A, aditado ao Código do Registo Civil pelo DL n.° 113/ /2002, estabelece que "é dispensado o certificado médico de morte fetal quando ocorra a interrupção voluntária da gravidez, prevista na alínea *c)* do n.° 1 do artigo 142.° do Código Penal, bem como, até às 24 semanas da gestação, quando a interrupção da gravidez seja espontânea".

O artigo 8.°-*b)* da Lei n.° 16/2001, de 22 de Junho (Lei da Liberdade Religiosa), estabelece que cada um tem o direito de ser sepultado com os ritos da própria religião.

O Decreto-Lei n.° 411/98, de 30 de Dezembro, alterado pelos Decretos-Leis n.°s 5/2000, de 29 de Janeiro, e 138/2000, de 13 de Julho, e pela Lei n.° 30/2006, de 11 de Julho, contém o regime jurídico da remoção, transporte, inumação, exumação, trasladação e cremação de cadáveres, bem como de alguns desses actos relativos a ossadas, cinzas, fetos mortos e peças anatómicas, e ainda da mudança de localização um cemitério.

O regime da dissecação de cadáveres e extracção de peças, tecidos ou órgãos para fins de ensino e de investigação científica encontra-se no Decreto-Lei n.° 274/99, de 22 de Julho.

O Decreto-Lei n.° 206/2001, de 27 de Julho, alterado pelo Decreto-Lei n.° 41/2005, de 18 de Fevereiro, regula o exercício da actividade das agências funerárias; a Portaria n.° 1230/2001, de 25 de Outubro, determina que as agências funerárias sejam obrigadas a dispor de um serviço de funeral social, que fica sujeito a regime especial de preços. O referido DL n.° 206/ /2001 foi aplicado à Região Autónoma dos Açores pelo Decreto Legislativo Regional n.° 23/2003/A, de 6 de Maio, e à Região Autónoma da Madeira pelo Decreto Legislativo Regional n.° 46/2006/M, de 24 de Agosto; a Portaria n.° 1223/2001, de 24 de Outubro, aprova o modelo e outras características do livro de reclamações para uso dos utentes das agências funerárias (v. o Decreto-Lei n.° 156/2005, de 15 de Setembro, que uniformizou o regime do livro de reclamações, revogando as normas que o contrariem).

Quando se verifica a morte de uma pessoa, em consequência de uma conduta de alguém que o faça incorrer em responsabilidade civil, os direitos indemnizatórios daí decorrentes podem incluir o da própria morte.

V. o Acordo sobre a Transferência dos Corpos de Defuntos, aberto à assinatura dos Estados membros do Conselho da Europa em 20 de Março de 1952, de que Portugal é parte. V. também o Acordo Relativo à Trasladação de Corpos de Pessoas Falecidas, aberto para assinatura em Estrasburgo, em 26 de Outubro de 1973, aprovado para ratificação pelo Decreto n.° 31/ /79, de 16 de Abril.

V. *Personalidade jurídica; Comoriência; Premoriência; Sucessão; Domicílio; Responsabilidade civil; Indemnização; Dano morte; Registo civil; Assento; Averbamento; Liberdade religiosa; Livro de reclamações.*

Morte presumida (Dir. Civil) – O artigo 114.°, C.C., estabelece que, "decorridos dez anos sobre a data das últimas notícias, ou passados cinco anos, se entretanto o ausente houver completado oitenta anos de idade, podem os interessados a que se refere o artigo 100.° requerer a declaração de morte presumida", não podendo esta ser proferida "antes de haverem decorrido cinco anos sobre a data em que o ausente, se fosse vivo, atingiria a maioridade"; "a declaração de morte presumida do ausente não depende de prévia instalação da curadoria provisória ou definitiva e referir-se-á ao fim do dia das últimas notícias que dele houve".

A declaração de morte presumida tem o seu processo regulado nos artigos 1110.° e segs., C.P.C., sendo, quanto aos efeitos, equiparada à morte. Assim, tem como consequência a abertura da sucessão do ausente declarado presumidamente morto; no domínio das relações pessoais, porém, a morte presumida não dissolve em princípio, o casamento. Dispõe o artigo 116.°, C.C., que "o cônjuge do ausente casado civilmente pode contrair novo casamento; neste caso, se o ausente regressar, ou houver notícia de que era vivo quando foram celebradas as novas núpcias, considera-se o primeiro matrimónio dissolvido por divórcio à data da declaração de morte presumida".

Regressado o ausente declarado presumidamente morto, ele tem direito à devolução dos bens, tendo tal direito medida diversa consoante exista boa ou má fé dos sucessores; se os sucessores desconheciam a sobrevivência do ausente à data da declaração de morte presumida, consideram-se de boa fé, só tendo então de devolver o património no estado em que se encontrar, compreendendo os bens sub-rogados; se os sucessores estavam de má fé, têm obrigação de devolver todos os bens, incluindo os sub-rogados, e devem ainda indemnizar o ausente pelos danos que este tiver sofrido.

V. artigo 119.°, C.C..

V. *Ausência; Maioridade; Curadoria; Sucessão; Abertura da sucessão; Casamento civil; Dissolução do casamento; Divórcio; Boa fé; Má fé; Sucessor; Património; Sub-rogação; Indemnização.*

"Mortis causa" (Dir. Civil) – Expressão latina que significa por causa da morte, e que se utiliza para qualificar o acto jurídico que há-de produzir os seus efeitos no momento da morte de alguém, ou para significar a situação em que alguém sucede num direito de outrem em razão da morte deste último.

V. *Acto jurídico; Sucessão; Direito subjectivo; "Inter vivos".*

Motivação da sentença (Proc. Civil) – A motivação da sentença é constituída pelo conjunto dos fundamentos de facto e de direito que justificam a decisão, e tem de constar obrigatoriamente da sentença, sendo a sua falta motivo de nulidade desta. Entendem a maioria da doutrina e da jurisprudência que apenas a total ausência de motivação produz a nulidade de sentença, prevista no artigo 668.°, n.° 1-*b)*, C.P.C., a mesma consequência não tendo a insuficiência, incompletude ou mediocridade. É ainda nula a sentença quando a decisão nela contida esteja em contradição com a motivação enunciada (artigo 668.°, n.° 1-*c)*, C.P.C.).

V. *Sentença; Vícios da sentença; Fundamentação das decisões.*

Motivação do julgamento (Proc. Civil) – V. *Julgamento; Fundamentação das decisões.*

Motivos (Dir. Civil) – São todas as considerações, isto é, todas as circunstâncias cuja representação intelectual determina o sujeito à prática de um acto ou à celebração de um negócio jurídico.

O artigo 251.°, C.C., dispõe que "o erro que atinja os motivos determinantes da vontade, quando se refira à pessoa do declaratário ou ao objecto do negócio, torna este anulável nos termos do artigo 247.°", isto é, "desde que o declaratário conhecesse ou não devesse ignorar a essencialidade, para o declarante, do elemento sobre que incidiu o erro".

Por seu lado, o artigo 252.°, C.C., estabelece o seguinte:

"1. O erro que recaia nos motivos determinantes da vontade, mas se não refira à pessoa do declaratário nem ao objecto do negócio, só é causa de anulação se as partes houverem reconhecido, por acordo, a essencialidade do motivo.

2. Se, porém, recair sobre as circunstâncias que constituem a base do negócio, é aplicável ao erro do declarante o disposto sobre a resolução ou modificação do contrato por alteração das circunstâncias vigentes no momento em que o negócio foi concluído".

V. *Acto jurídico; Negócio jurídico; Erro; Declaratário; Objecto negocial; Anulabilidade; Anulação; Base do negócio; Alteração das circunstâncias.*

Móvel (Dir. Civil) – O termo designa duas categorias de bens: os bens corpóreos que são susceptíveis de deslocação de um lugar para o outro, quer se movam por si próprios, como os animais, quer sejam coisas inanimadas, e os bens corpóreos imateriais, como as energias naturais. Na lei portuguesa, a categoria das coisas móveis é delimitada por exclusão de partes: todas as que não são imóveis – artigo 205.°, C.C..

Dentro dos bens móveis, há de distinguir os móveis sujeitos a registo dos restantes: móveis registáveis são, designadamente, os automóveis, os navios e as aeronaves. O regime dos móveis sujeitos a registo é o aplicável às coisas móveis "em tudo o que não seja especialmente regulado" – artigo 205.°, n.° 2, C.C..

O Decreto-Lei n.° 277/95, de 25 de Outubro (rectificado pela Declaração de rectificação n.° 131/95, de 31 de Outubro, e alterado pelo Decreto-Lei n.° 311-A/95, de 21 de Novembro), aprovou o Código do Registo de Bens Móveis, cujo artigo 1.° determina que, além dos veículos, navios e aeronaves, "podem ainda ser registados outros bens móveis que lei especial determine".

A transmissão ou oneração de bens móveis sujeitos registo deve ser feita, salvo disposição legal em contrário, por documento particular, com reconhecimento das assinaturas dos outorgantes: é isto que, aparentemente, estabelece o n.° 2 do artigo 20.° do citado Código, embora possa duvidar-se de que tal disposição se ocupe do regime formal da alienação ou oneração dos bens e não apenas dos documentos necessários ao respectivo registo.

Note-se, porém, que o artigo 7.°, n.° 1, do diploma que aprovou o Código do Registo de Bens Móveis, com a redacção que lhe foi dada pelo já referido DL n.° 311-A/95, dispõe que "o presente diploma e o Código entram em vigor simultaneamente com o regulamento a que se refere o artigo 4.° [Regulamento do Registo de Bens Móveis, a aprovar por Portaria do Ministro da Justiça]", o que ainda não aconteceu.

O Decreto-Lei n.° 54/75, de 12 de Fevereiro, com a redacção dada pelos Decretos-Leis n.°s 242/82, de 22 de Junho, 217/83, de 25 de Maio, 54/85, de 4 de Março, 182//2002, de 20 de Agosto, 178-A/2005, de 28 de Outubro, e 85/2006, de 23 de Maio, aprova o registo da propriedade automóvel. O Regulamento do Registo de Automóveis foi aprovado pelo Decreto Regulamentar n.° 55/75, de 12 de Fevereiro, alterado pelos Decretos Regulamentares n.°s 36/82, de 22 de Junho, e 130/82, de 27 de Novembro, e pelos Decretos-Leis n.°s e 226/84, de 6 de Julho, 323/2001, de 17 de Dezembro, 178-A/2005, de 28 de Outubro, e 85/2006, de 23 de Maio.

V. *Imóvel; Coisa corpórea; Animais; Veículo; Aeronave; Navio; Registo; Registo de bens móveis; Transmissão; Oneração de bens; Documento particular; Reconhecimento de letra e assinatura.*

Móvel sujeito a registo (Dir. Civil) – V. *Móvel; Registo de bens móveis.*

Mudança de servidão (Dir. Civil) – O artigo 1568.°, C.C., estabelece, no seu n.° 1, que "o proprietário do prédio serviente não pode estorvar o uso da servidão, mas pode, a todo o tempo, exigir a mudança dela para sítio diferente do primitivamente assinado, ou para outro prédio, se a mudança lhe for conveniente e não prejudicar os interesses do proprietário do prédio dominante, contanto que a faça à sua custa; com o consentimento de terceiro pode a servidão ser mudada para o prédio deste"; segundo o n.° 2 do mesmo preceito, "a mudança também pode dar-se a requerimento e à custa do proprietário do prédio dominante, se dela lhe advierem vantagens e com ela não for prejudicado o proprietário do prédio serviente"; o n.° 3 deste artigo permite ainda a alteração do "modo e [d]o tempo de exercício da servidão", "a pedido de qualquer dos proprietários", se estiverem preenchidos os requisitos anteriormente enunciados para a mudança da servidão; finalmente, o n.° 4 determina que "as faculdades conferidas neste artigo não são renunciáveis nem podem ser limitadas por negócio jurídico".

A acção judicial para obter a mudança de servidão era, até à Reforma de 1995/96 do C.P.C., uma acção de arbitramento; tendo sido abolida esta acção, deverá ser seguido o processo comum.

V. *Servidão predial; Prédio serviente; Prédio dominante; Autorização; Terceiro; Requerimento; Irrenunciabilidade; Negócio jurídico; Norma imperativa; Processo comum.*

Multa (Proc. Civil) – Sanção pecuniária destinada a punir a prática de um acto ilícito. A multa pode ter a natureza de sanção penal ou não; se a não tiver, tem a natureza de uma dívida, sendo executada nos termos das leis de processo civil.

O C.P.C. prevê a aplicação de multas em alguns casos e, designadamente, no de litigância de má fé (v. artigos 456.° e segs., C.P.C., tendo o artigo 456.° a redacção dos Decretos-Leis n.°s 329-A/95, de 12 de Dezembro, e 180/96, de 25 de Setembro, e o artigo 457.° a redacção do DL n.° 329-A/95), sendo a multa executada nos termos dos artigos 92.° e 93.°, ambos na redacção do Decreto-Lei n.° 38/2003, de 8 de Março, rectificado pela Declaração de rectificação n.° 5-C/2003, de 30 de Abril. A responsabilidade das custas, da multa e da indemnização recai sobre o representante do incapaz, da pessoa colectiva ou da sociedade, quando seja aquele a estar de má fé na causa – artigo 458.°, C.P.C.. "Quando se reconheça que o mandatário da parte teve responsabilidade pessoal e directa nos actos pelos quais se revelou a má fé na causa, dar-se-á conhecimento do facto à Ordem dos Advogados ou à Câmara dos Solicitadores, para que estas possam aplicar as sanções respectivas e condenar o mandatário na quota-parte das custas, multa e indemnização que lhes parecer justa" (artigo 459.°, C.P.C.).

V. *Acto ilícito; Litigância de má fé; Execução; Custas; Indemnização; Representante; Incapaz; Pessoa colectiva; Sociedade; Mandatário judicial; Ordem dos Advogados; Câmara dos Solicitadores.*

Multa penitencial (Dir. Civil) – É o quantitativo cujo pagamento permite ao devedor, por acordo entre as partes, liberar-se da sua obrigação. A designação também se aplica à própria cláusula ou convenção pela qual as partes na relação obrigacional estabelecem que o devedor poderá deixar de cumprir a sua obrigação mediante o pagamento de certa quantia ao credor.

A designação resulta do latim, em que *penitentiae* significa arrependimento.

V. *Devedor; Obrigação; Cláusula; Convenção; Liberação.*

Muro (Dir. Civil) – É uma construção em pedra, cimento ou outro material funcionalmente semelhante, podendo mesmo ser constituído por pedra solta, desde que revista alguma consistência.

O artigo 1356.°, C.C., permite ao proprietário de imóvel que, a qualquer momento, levante parede ou muro destinado a tapá-lo, exercendo por essa forma o direito de tapagem que a lei lhe atribui.

"O proprietário de prédio confinante com parede ou muro alheio pode adquirir nele comunhão, no todo ou em parte, quer quanto à sua extensão, quer quanto à sua altura, pagando metade do seu valor e metade do valor do solo sobre que estiver construído", do mesmo direito gozando o superficiário – artigo 1370.°, C.C..

O artigo 1371.°, C.C., estabelece presunções de compropriedade de muros divisórios entre prédios, dispondo o seu n.° 1 que "a parede ou muro divisório entre dois edifícios presume-se comum em toda a sua altura, sendo os edifícios iguais, e até à altura do inferior, se o não forem"; o n.° 2 do mesmo artigo presume também comuns "os muros entre prédios rústicos, ou entre pátios e quintais de prédios urbanos", salvo havendo sinais de divisão, sinais que são enumerados pelo n.° 3.

Sempre que o muro seja comum, não pode qualquer dos comproprietários "abrir nele janelas ou frestas, nem fazer outra alteração, sem consentimento do seu consorte", podendo, todavia, sem essa autorização, "edificar sobre a parede ou muro comum e [...] introduzir nele traves ou barrotes, contanto que não ultrapasse o meio da parede ou do muro", não se aplicando esta última restrição se a espessura da parede ou muro for inferior a cinco decímetros; também "a qualquer dos consortes é permitido altear a parede ou muro comum, contanto que o faça à sua custa, ficando a seu cargo todas as despesas de conservação da parte alteada"; "o consorte que não tiver contribuído para o alçamento pode adquirir comunhão na parte aumentada, pagando metade do valor dessa parte e, no caso de aumento da espessura, também metade do valor do solo correspondente a esse aumento" (v. artigos 1372.° a 1374.°, C.C.).

"A reparação ou reconstrução da parede ou muro comum é feita por conta dos consortes, em proporção das suas partes", dividindo-se a despesa, entre todos, em partes iguais, "se o muro for simplesmente de vedação", e sendo "rateada entre eles em proporção do proveito que cada um tirar", se um ou alguns tirarem proveito que não seja comum a todos; a lei permite, contudo, "ao consorte eximir-se dos encargos de reparação ou reconstrução da parede ou muro, renunciando ao seu direito nos termos dos n.°s 1 e 2 do artigo 1411.°" (v. artigo 1375.°, C.C.).

V. *Direito de propriedade; Imóvel; Tapagem; Superficiário; Presunção legal; Compropriedade; Edifício; Prédio rústico; Prédio urbano; Janela; Frestas; Autorização; Consorte; Renúncia.*

Mutuante (Dir. Civil) – No contrato de mútuo, é a parte que empresta à outra dinheiro ou outra coisa fungível.

V. *Mútuo; Coisa fungível.*

Mutuário (Dir. Civil) – É a parte, no contrato de mútuo, a quem é emprestado dinheiro ou outra coisa fungível.

V. *Mútuo; Coisa fungível.*

Mútuo (Dir. Civil) – "É o contrato pelo qual uma das partes empresta à outra dinheiro ou outra coisa fungível, ficando a segunda obrigada a restituir outro tanto do mesmo género e qualidade" – artigo 1142.°, C.C..

A propriedade da coisa passa, pois, para o mutuário.

O mútuo é oneroso ou gratuito, consoante as partes tenham convencionado ou não o pagamento de juros; havendo dúvidas, o mútuo presume-se oneroso.

No que respeita à forma, o mútuo civil de valor superior a 20 000 euros (anteriormente três mil contos) só é válido se for celebrado por escritura pública e, quanto ao de valor superior a 2000 euros (antes duzentos contos), a forma é a de documento particular assinado pelo mutuário.

V. artigos 1142.° e segs., C.C., tendo o artigo 1143.° a redacção do Decreto-Lei n.° 343/98, de 6 de Novembro, e o artigo 1146.° a do Decreto-Lei n.° 262/83, de 16 de Junho.

É de assinalar o regime do Decreto-Lei n.° 255/93, de 15 de Julho, que permite a celebração "por documento particular, com reconhecimento de assinaturas, segundo modelo a aprovar por portaria conjunta dos Ministros das Finanças, da Justiça e das Obras Públicas, Transportes e Comunicações" dos contratos de "compra e venda com mútuo, com ou sem hipoteca, referente[s] a prédio urbano destinado a habitação, ou fracção autónoma para o mesmo fim, desde que o mutuante seja uma instituição de crédito autorizada a conceder crédito à habitação"; a mesma forma é admitida para os "contratos de mútuo com hipoteca nos quais se titulem novos empréstimos relativos ao mesmo prédio ou fracção, celebrados pelo respectivo proprietário, com instituições de crédito autorizadas a conceder crédito à habitação"; os documentos particulares a que o diploma se reporta têm a natureza de títulos executivos. Os respectivos modelos foram aprovados pela Portaria n.° 669-A//93, de 16 de Julho, rectificada pela Declaração de rectificação n.° 159/93, de 31 de Agosto, e alterada pela Portaria n.° 882/94, de 1 de Dezembro.

Quando o mútuo é garantido com penhor e constitui o objecto da actividade profissional de uma pessoa singular ou colectiva, o Decreto-Lei n.° 365/99, de 17 de Setembro – que designa essa actividade por prestamista e estabelece o respectivo regime –, impõe, no seu artigo 11.°, que ele seja feito por escrito, "em dois exemplares e assinado por ambas as partes, ficando um deles na posse do mutuante, que se designará 'termo de penhor', e o outro, denominado 'cautela de penhor', destinar-se-á ao mutuário"; "no contrato são identificadas as partes [...], com menção do nome do mutuário, filiação, naturalidade, residência, número do bilhete de identidade e número fiscal, bem como a descrição pormenorizada das coisas dadas em penhor", devendo ainda constar do contrato "valor da avaliação, montante mutuado, taxa de avaliação e montante cobrado, taxa de juro, data de início e termo do contrato, regras indemnizatórias previstas no n.° 2 do artigo 32.°, condições de amortização do empréstimo [e] condições de resgate das coisas dadas em garantia". Nestes contratos de mútuo, há taxas de juros limitadas (estabelecidas por portaria ministerial, nos termos do n.° 1 do artigo 13.°) e que têm de ser "obrigatoriamente reveladas ao interessado antes da celebração do contrato"; o prazo do contrato é de um mês, "sendo renovável por períodos iguais e sucessivos, até ao máximo de dois anos", considerando-se automaticamente renovado com o pagamento dos juros relativos ao mês anterior, bem como os moratórios, se a eles houver lugar" (artigo 14.°, n.°s 1 e 2). A propósito destes mútuos, a lei fala de "amortização do empréstimo" para referir o cumprimento da obrigação do mutuário antes do prazo convencionado, tanto quanto pode perceber-se, estabelecendo o artigo 17.° que a amortização pode ter lugar "a qualquer tempo mediante o pagamento do capital e juros devidos", e acrescentando que "são permitidas amortizações parciais do empréstimo, a efectuar no momento da renovação do contrato, de valor não inferior a 10% do capital em dívida", incidindo os juros vincendos, neste caso, apenas sobre o capital em dívida; acrescenta o n.° 3 deste artigo que "os valores das amortizações parciais e os juros pagos são apensos ao contrato de penhor". Relativamente ao processo de venda das coisas dadas em penhor, em caso de não cumprimento da obrigação do mutuário, v. *Venda executiva*. "Deduzidos os valores em dívida à data da venda ao produto obtido na mesma, o remanescente, se o houver, é entregue ao mutuário respectivo desde que o reclame no prazo de seis meses a contar daquela data"; "quando o valor do remanescente seja superior a € 24,94 (v. Decreto-Lei n.° 323/2001, de 17 de Dezembro, relativo à conversão de valores expressos em escudos para euros), o prestamista fica obrigado, nos oito dias subsequentes à elaboração do mapa resumo da venda, a avisar o mutuário, por escrito, que poderá proceder ao seu levantamento até ao limite do prazo [de seis meses], podendo o prestamista debitar as correspondentes despesas no respectivo contrato"; "o pagamento do remanescente dará lugar à entrega da cautela e do recibo assinado pelo mutuário"; "os valores dos remanescentes não reclamados pelos mutuários no prazo [...] revertem para o Estado e para o mutuante em partes iguais" – artigo 29.°.

V. *Coisa fungível; Contrato oneroso; Contrato gratuito; Presunção; Usura; Juros; Escritura pública; Documento particular; Reconhecimento de letra e assinatura; Compra e venda; Hipoteca; Prédio urbano; Fracção autónoma; Título executivo; Penhor; Filiação; Residência; Bilhete de identidade; Juros; Indemnização; Renovação do contrato; Juros moratórios; Amortização; Vincendo.*

Mútuo consentimento (Dir. Civil) – V. *Divórcio.*

Mútuo dissenso (Dir. Civil) – Expressão tradicionalmente usada pela doutrina como sinónima de *distrate* (v. este termo).

N

Nacionalidade – V. *Cidadania.*

Não apresentação de documento (Proc. Civil) – Quando, num processo, uma das partes pretenda fazer uso de um documento que se encontre em poder da parte contrária ou de terceiro, deve requerer ao tribunal a respectiva notificação para que venha apresentar o documento dentro do prazo que for designado, indicando no requerimento os factos que pretende ver provados com ele.

O notificado não pode deixar de apresentar o documento, a menos que alegue não o possuir e o requerente não prove o contrário. No caso de recusa de apresentação do documento, o tribunal pode ordenar a sua apreensão, podendo ainda condenar o notificado em multa, quando ele não efectuar a entrega e não justificar tal atitude ou quando declarar que não possui o documento e o requerente provar que a declaração é falsa.

Se o notificado for a parte contrária, e não apresentar o documento, o tribunal apreciará livremente o valor da recusa para efeitos probatórios (artigo 519.°, n.° 2, por remissão do artigo 529.°, C.P.C., ambos na redacção do Decreto-Lei n.° 329-A/95, de 12 de Dezembro).

Também o tribunal, oficiosamente ou por sugestão das partes, pode requisitar de organismos oficiais, das partes ou de terceiros, os documentos necessários ao esclarecimento da verdade.

Nos termos do artigo 381.° do Código Penal, "o funcionário que, tendo recebido requisição legal de autoridade competente para prestar a devida cooperação à administração da justiça [...] se recusar a prestá-la, ou sem motivo legítimo a não prestar, é punido com pena de prisão até 1 ano ou com pena de multa até 120 dias".

"As partes e terceiros que não cumpram a requisição incorrem em multa salvo se justificarem o seu procedimento, sem prejuízo dos meios coercivos destinados ao cumprimento da requisição".

"As despesas a que der lugar a requisição entram em regra de custas, sendo logo abonadas aos organismos oficiais e a terceiros pela parte que tiver sugerido a diligência ou por aquela a que a diligência aproveitar".

V. artigos 528.° a 535.°, 537.° e 538.°, C.P.C..

V. *Documento; Parte; Terceiro; Cooperação; Notificação; Requerimento; Prova; Prova livre; Multa; Custas.*

Não cumprimento (Dir. Civil) – O mesmo que *incumprimento* (v. este termo).

Não uso (Dir. Civil) – É uma forma de extinção de direitos pelo decurso do tempo – tal como a prescrição e a caducidade –, aplicando-se exclusivamente a certos direitos reais, como o usufruto, o uso e habitação, a superfície e a servidão.

Assim, "o usufruto extingue-se pelo seu não exercício durante vinte anos, qualquer que seja o motivo" (artigo 1476.°, n.° 1-*c)*, C.C.), o mesmo acontecendo com os direitos de uso e habitação, por força do artigo 1490.°, C.C.. "O direito de superfície extingue-se se o superficiário não concluir a obra ou não fizer a plantação dentro do prazo fixado ou, na falta de fixação, dentro do prazo de dez anos", ou "se, destruída a obra ou as árvores, o superficiário não reconstruir a obra ou não renovar a plantação, dentro dos mesmos prazos a contar da destruição" (artigo 1536.°, n.° 1-*a)* e *b)*, C.C.), extinguindo-se também a obrigação de pagar as prestações anuais, se o beneficiário não pagar durante vinte anos (artigo

1537.°, C.C.). "As servidões prediais extinguem-se pelo não uso durante vinte anos, qualquer que seja o motivo" (artigo 1569.°, n.° 1-*b)*, C.C.), contando-se o prazo extintivo a partir do momento em que deixaram de ser usadas ou, se se tratar de servidão para cujo exercício não seja necessário facto do homem, a partir da verificação de qualquer facto impeditivo do seu exercício (v. artigos 1570.° a 1573.°, C.C.).

Ao não uso são, na falta de disposição em contrário, aplicáveis as regras da caducidade – artigo 298.°, n.° 3, C.C..

V. *Direito subjectivo; Direito real; Extinção de direitos; Prescrição; Caducidade; Direito de propriedade; Usufruto; Uso (direito de); Direito de habitação; Direito de superfície; Servidão predial.*

Não verificação da condição (Dir. Civil) – A situação de não verificação da condição é equivalente "a certeza de que a condição se não pode verificar" – artigo 275.°, n.° 1, C.C..

O n.° 2 do mesmo artigo, estabelece que, "se a verificação da condição for impedida, contra as regras da boa fé, por aquele a quem prejudica, tem-se por verificada; se for provocada, nos mesmos termos, por aquele a quem aproveita, considera-se como não verificada".

V. *Condição; Boa fé; Ficção legal.*

Nascentes (Dir. Civil) – Determina o artigo 1389.°, C.C., que "o dono do prédio onde haja alguma fonte ou nascente de água pode servir-se dela e dispor do seu uso livremente, salvas as restrições previstas na lei e os direitos que terceiro haja adquirido ao uso da água por título justo".

No entanto, e sem que tal constitua um direito, a lei permite que os donos de prédios, para onde as águas vertentes de qualquer fonte ou nascente se derivem, as aproveitem nos seus prédios.

Finalmente, o artigo 1392.°, C.C., estabelece uma limitação importante ao uso das águas provindas de fonte ou nascente: os seus proprietários não são livres de lhes alterar o costumado curso se os habitantes de uma povoação ou casal se abastecerem dessa água há mais de cinco anos.

Qualquer dos meios de aquisição do direito de propriedade de imóveis ou de constituição de servidões é justo título de aquisição da água de fontes ou nascentes.

V. artigos 1389.° a 1392.°, C.C..

V. ainda Decreto-Lei n.° 84/90, de 16 de Março, que aprova o regulamento da exploração das águas de nascente, e Decreto-Lei n.° 90/90, da mesma data, que estabelece o regime geral de revelação e aproveitamento dos recursos geológicos.

V. *Águas; Direito de propriedade; Terceiro; Direito subjectivo; Interesse reflexamente protegido; Imóvel; Servidão.*

Nascimento (Dir. Civil) – O momento do nascimento completo e com vida é aquele em que se adquire personalidade jurídica.

Os direitos reconhecidos pela lei aos nascituros dependem do seu nascimento.

V. artigo 66.°, C.C..

A conservatória do registo civil competente para lavrar o registo do nascimento é a da "área da naturalidade do registando" – artigo 101.°, n.° 1, do Código do Registo Civil, na redacção que lhe foi dada pelo Decreto-Lei n.° 36/97, de 31 de Janeiro; "o nascimento ocorrido em território português deve ser declarado verbalmente, dentro dos 20 dias imediatos, em qualquer conservatória do registo civil" (artigo 96.°); a declaração compete, "obrigatória e sucessivamente", aos pais, "a qualquer pessoa incumbida de prestar a declaração pelo pai ou pela mãe do registando ou por quem o tenha a seu cargo", "ao parente capaz mais próximo que tenha conhecimento do nascimento", "ao director do estabelecimento onde o parto ocorreu ou aos donos da casa onde o nascimento se verificou" e "ao médico ou à parteira assistente e, na sua falta, a quem tiver assistido ao nascimento" (artigo 97.°).

O Decreto-Lei n.° 13/2001, de 25 de Janeiro, estabelece um regime especial de procedimentos para o registo dos nascimentos ocorridos em unidades de saúde, públicas ou privadas.

Nos termos do artigo 1.°, n.° 1, da Lei da Nacionalidade – Lei n.° 37/81, de 3 de Outubro, alterada pela Lei n.° 25/94, de 19 de Agosto, pelos Decretos-Leis n.°s 22-A/2001, de 14 de Dezembro, 194/2003, de 23 de Agosto de 2003, e pelas Leis Orgânicas n.°s 1/2004, de 15 de Janeiro, e 2/

/2006, de 17 de Abril –, "são portugueses de origem:

a) Os filhos de mãe portuguesa ou de pai português nascidos no território português;

b) Os filhos de mãe portuguesa ou de pai português nascidos no estrangeiro se o progenitor português aí se encontrar ao serviço do Estado Português;

c) Os filhos de mãe portuguesa ou de pai português nascidos no estrangeiro se tiverem o seu nascimento inscrito no registo civil português ou se declararem que querem ser portugueses;

d) Os indivíduos nascidos no território português, filhos de estrangeiros, se pelo menos um dos progenitores também aqui tiver nascido e aqui tiver residência, independentemente de título, ao tempo do nascimento;

e) Os indivíduos nascidos no território português, filhos de estrangeiros que não se encontrem ao serviço do respectivo Estado, se declararem que querem ser portugueses e desde que, no momento do nascimento, um dos progenitores aqui resida legalmente há pelo menos cinco anos;

f) Os indivíduos nascidos no território português e que não possuam outra nacionalidade".

O n.° 2 do mesmo artigo presume "nascidos no território português, salvo prova em contrário, os recém-nascidos que aqui tenham sido expostos".

V. *Personalidade jurídica; Nascituro; Concepturo; Registo de nascimento; Declaração de ciência; Parentes; Capacidade; Cidadania; Estrangeiros; Adopção.*

Nascituro (Dir. Civil) – Em sentido estrito, nascituro é aquele que, tendo sido já concebido, ainda não nasceu.

O nascituro não tem personalidade jurídica, embora a lei tutele os seus interesses em certos casos, dependendo os direitos que a lei lhe reconhece do seu nascimento (artigo 66.°, C.C.).

O nascituro tem capacidade sucessória geral (v. artigos 2033.° e 2240.°, C.C.) e capacidade para receber doações (artigo 952.°, C.C.).

Os artigos 1847.°, 1854.° e 1855.°, C.C., permitem a perfilhação de nascituros. Quando é perfilhado um nascituro, dispõe o artigo 132.°, n.° 2, do Código do Registo Civil (aprovado pelo Decreto-Lei n.° 131/95, de 6 de Junho – rectificado pela Declaração de rectificação n.° 96/95, de 31 de Julho –, alterado pelos Decretos-Leis n.°s 36/97, de 31 de Janeiro, 120/98, de 8 de Maio, 375-A/99, de 20 de Setembro, 228/2001, de 20 de Agosto, 273/2001, de 13 de Outubro, 323/2001, de 17 de Dezembro, e 113/2002, de 20 de Abril), que este "assento, além dos requisitos gerais, deve conter a indicação do nome completo, data de nascimento, estado, naturalidade, residência habitual e filiação da mãe do perfilhando, época da concepção e data provável do parto".

A lei distingue entre nascituro concebido e não concebido, este vulgarmente designado por concepturo.

Tratando-se de nascituro já concebido (ou nascituro em sentido estrito) que faleça antes do nascimento, determina o artigo 209.° do Código do Registo Civil que, se o tempo de gestação for superior a 22 semanas à data do óbito, "deve ser apresentado e depositado na conservatória do registo civil competente o respectivo certificado médico para fins de arquivo e registo no ficheiro geral". É, no entanto, "dispensado o certificado médico de morte fetal quando ocorra a interrupção voluntária da gravidez, prevista na alínea *c)* do n.° 1 do artigo 142.° do Código Penal, bem como, até às 24 semanas da gestação, quando a interrupção da gravidez seja espontânea" (v. artigo 209.°-A do Código do Registo Civil, com a redacção que lhe foi dada pelo DL n.° 113/2002).

V. *Direito subjectivo; Nascimento; Capacidade sucessória; Doação; Personalidade jurídica; Perfilhação; Assento; Nome; Estado civil; Residência; Filiação; Concepturo.*

"Nasciturus pro jam nato habetur quotiens de commodis eius agitur" (Dir. Civil) – Proposição segundo a qual o nascituro se deve ter por nascido sempre que isso seja favorável aos seus interesses.

Esta ideia – sem implicar a ficção de tratar como pessoa jurídica o nascituro – tem algumas expressões no regime da lei civil portuguesa.

V. *Nascituro.*

"Naturalia negotii" (Dir. Civil) – V. *Elementos naturais do contrato.*

Naturalidade (Dir. Civil) – Designa-se assim o lugar em que uma pessoa nasceu.

O n.° 2 do artigo 101.° do Código do Registo Civil, na redacção que lhe foi dada pelo Decreto-Lei n.° 36/97, de 31 de Janeiro, dispõe que, "para efeitos dos assentos de nascimento ocorrido em território português, a lavrar antes da entrada em vigor deste diploma e de que não haja registo anterior, considera-se naturalidade o lugar em que o nascimento ocorreu ou o lugar, em território português, da residência habitual da mãe do registando, à data do nascimento, cabendo a opção ao registando, aos pais, a qualquer pessoa por eles incumbida de prestar a declaração ou a quem tenha o registando a seu cargo; na falta de acordo entre os pais, a naturalidade será a do lugar de nascimento".

V. *Nascimento; Registo civil; Assento; Residência.*

Naturalização (Dir. Civil) – Forma de aquisição da nacionalidade que, na ordem jurídica portuguesa, resulta de decisão do Governo, mais exactamente do Ministro da Justiça, "a requerimento do interessado".

Nos termos do artigo 6.°, n.° 1, da Lei da Nacionalidade – Lei n.° 37/81, de 3 de Outubro, alterada pela Lei n.° 25/94, de 19 de Agosto, pelos Decretos-Leis n.°s 22-A/2001, de 14 de Dezembro, 194/2003, de 23 de Agosto de 2003, e pelas Leis Orgânicas n.°s 1/2004, de 15 de Janeiro, e 2/2006, de 17 de Abril – a nacionalidade portuguesa pode ser concedida pelo Governo, por naturalização, "aos estrangeiros que satisfaçam cumulativamente os seguintes requisitos:

a) Serem maiores ou emancipados à face da lei portuguesa;

b) Residirem legalmente no território português há pelo menos seis anos;

c) Conhecerem suficientemente a língua portuguesa;

d) Não terem sido condenados, com trânsito em julgado da sentença, pela prática de crime punível com pena de prisão de máximo igual ou superior a 3 anos, segundo a lei portuguesa".

A naturalização pode ainda ser concedida – a requerimento do interessado – nas situações previstas nos restantes números do mesmo artigo 6.°, designadamente:

– "aos menores, nascidos no território português, filhos de estrangeiros, desde que preencham os requisitos das alíneas *c)* e *d)* do número anterior e desde que, no momento do pedido, se verifique uma das seguintes condições: *a)* um dos progenitores aqui resida legalmente há pelo menos cinco anos; *b)* o menor aqui tenha concluído o 1.° ciclo do ensino básico";

– "aos indivíduos que tenham tido a nacionalidade portuguesa e que, tendo-a perdido, nunca tenham adquirido outra nacionalidade", ainda que não preencham os requisitos das alíneas *b)* e *c)* acima referidas;

– "aos indivíduos nascidos no estrangeiro com, pelo menos, um ascendente do 2.° grau da linha recta de nacionalidade portuguesa e que não tenha perdido esta nacionalidade", independentemente do requisito da alínea *b) supra*;

– "a indivíduos nascidos no território português, filhos de estrangeiros, que aqui tenham permanecido habitualmente nos 10 anos imediatamente anteriores ao pedido", também independentemente do requisito da alínea *b)*;

–"aos indivíduos que, não sendo apátridas, tenham tido a nacionalidade portuguesa, aos que forem havidos como descendentes de portugueses, aos membros de comunidades de ascendência portuguesa e aos estrangeiros que tenham prestado ou sejam chamados a prestar serviços relevantes ao Estado Português ou à comunidade nacional", com dispensa dos requisitos das alíneas *b)* e *c)*.

Nos termos do artigo 9.°, "constituem fundamento de oposição à aquisição da nacionalidade portuguesa ["a oposição é deduzida pelo Ministério Público no prazo de um ano a contar da data do facto de que dependa a aquisição [...] em processo a instaurar [...]", sendo obrigatória para todos a participação ao Ministério Público destes factos]:

a) A inexistência de ligação efectiva à comunidade nacional;

b) A condenação, com trânsito em julgado da sentença, pela prática de crime punível com pena de prisão de máximo igual ou superior a 3 anos, segundo a lei portuguesa;

c) O exercício de funções públicas sem carácter predominantemente técnico ou a prestação de serviço militar não obrigatório a Estado estrangeiro".

"O procedimento de aquisição da nacionalidade portuguesa [...] por naturalização suspende-se durante o decurso do prazo de cinco anos a contar da data do trânsito em julgado de sentença que condene o interessado por crime previsto na lei portuguesa e em penas que, isolada ou cumulativamente, ultrapassem 1 ano de prisão", pelo mesmo tempo se suspendendo a contagem do prazo para a oposição à aquisição da nacionalidade deduzida pelo Ministério Público – artigo 13.°.

Os artigos 11.° e 12.° da referida Lei estabelecem, respectivamente, que "a atribuição da nacionalidade portuguesa produz efeitos desde o nascimento, sem prejuízo da validade das relações jurídicas anteriormente estabelecidas com base em outra nacionalidade", e que "os efeitos das alterações de nacionalidade só se produzem a partir da data do registo dos actos ou factos de que dependem".

É obrigatoriamente registada a naturalização de estrangeiros, sendo o acto que importe qualquer destes efeitos lavrado por assento ou por averbamento (artigos 18.° e 19.°).

O artigo 32.° dispõe que "é da competência do Tribunal Central Administrativo Sul a decisão sobre a perda ou manutenção da nacionalidade portuguesa nos casos de naturalização directa ou indirectamente imposta por Estado estrangeiro a residentes no seu território".

V. *Cidadania; Requerimento; Estrangeiros; Maioridade; Emancipação; Residência; Sentença; Trânsito em julgado; Menor; Nascimento; Ascendente; Linha; Grau de parentesco; Apátrida; Descendente; Ministério Público; Relação jurídica; Registo civil; Assento; Averbamento; Competência.*

Navio (Dir. Civil; Dir. Com.) – O Decreto-Lei n.° 202/98, de 10 de Julho, rectificado pela Declaração de rectificação n.° 11-Q/98, de 31 de Julho, e alterado pelo Decreto-Lei n.° 64/2005, de 15 de Março, que regula a responsabilidade do armador – seja ou não proprietário de navio – pelos danos provocados pelas pessoas ao serviço do navio, remetendo para o regime da responsabilidade do comitente pelos actos do respectivo comissário, define navio como "o engenho flutuante destinado à navegação". Também o Decreto-Lei n.° 201/98, de 10 de Julho, rectificado pela Declaração de rectificação n.° 11-P/98, de 31 de Julho, que define o estatuto legal do navio, caracteriza esta realidade em termos semelhantes, dizendo que "é o engenho flutuante destinado à navegação por água".

O n.° 1 do artigo 44.° do Código do Registo de Bens Móveis – aprovado pelo Decreto-Lei n.° 277/95, de 25 de Outubro, rectificado pela Declaração de rectificação n.° 131/95, de 31 de Outubro, e alterado pelo Decreto-Lei n.° 311-A/95, de 21 de Novembro –, diz que, para os respectivos efeitos, se considera "navio qualquer embarcação no comércio jurídico, obrigatoriamente sujeita a licenciamento nas repartições marítimas competentes e que seja destinada a comércio, pesca, recreio, reboque ou serviços auxiliares, salvo o disposto no n.° 3 ["não estão sujeitas a registo as embarcações da Armada, as embarcações existentes a bordo e simples auxiliares de pesca, bem como as de recreio sem motor"]"; o n.° 2 da mesma disposição estabelece que, "para efeitos de registo, consideram-se navios as embarcações que, não estando ainda construídas, sejam objecto de um contrato de construção". Note-se, porém, que o artigo 7.°, n.° 1, do diploma (DL n.° 277/95) que aprovou o Código do Registo de Bens Móveis, com a redacção que lhe foi dada pelo DL n.° 311-A/95, dispõe que "o presente diploma e o Código entram em vigor simultaneamente com o regulamento a que se refere o artigo 4.° [Regulamento do Registo de Bens Móveis, a aprovar por Portaria do Ministro da Justiça]", o que ainda não aconteceu.

Dispõe o Código do Registo Civil – aprovado pelo Decreto-Lei n.° 131/95, de 6 de Junho (rectificado pela Declaração de rectificação n.° 96/95, de 31 de Julho), alterado pelos Decretos-Leis n.°s 36/97, de 31 de Janeiro, 120/98, de 8 de Maio, 375-A/99, de 20 de Setembro, 228/2001, de 20 de Agosto, 273/2001, de 13 de Outubro,

323/2001, de 17 de Dezembro, e 113/2002, de 20 de Abril – que, "quando, em viagem por mar [...], nascer algum indivíduo em navio português [...], a autoridade de bordo, dentro das vinte e quatro horas posteriores à verificação do facto, deve lavrar o registo de nascimento com as formalidades e requisitos previstos neste Código, acrescentando a indicação da latitude e longitude em que o nascimento tenha ocorrido".

O Decreto-Lei n.° 329/95, de 9 de Dezembro – alterado pelo Decreto-Lei n.° 567/99, de 23 de Dezembro (rectificado pela Declaração de rectificação n.° 4-G/ /2000, de 31 de Janeiro) – aprovou o Regulamento da Náutica de Recreio, tendo entrado em vigor em 30 de Novembro de 1996, conforme decorre do artigo único do Decreto-Lei n.° 38/96, de 6 de Maio. Sem revogação expressa embora, o Decreto-Lei n.° 124/2004, de 25 de Maio, aprovou novo Regulamento da Náutica de Recreio, pelo que tem de entender-se que o anterior ficou revogado; dizendo isto mesmo, no respectivo preâmbulo, a Portaria n.° 127/ /2006, de 13 de Fevereiro, altera e republica o referido Regulamento.

A formação e avaliação dos navegadores de recreio, a emissão das respectivas cartas e a credenciação das entidades formadoras são regidas pelo Decreto-Lei n.° 478/99, de 9 de Novembro.

O Decreto-Lei n.° 192/2003, de 22 de Agosto, aprova o regulamento aplicável às embarcações de recreio registadas ou a registar no Registo Internacional de Navios de Madeira.

O Decreto-Lei n.° 168/2005, de 26 de Setembro, que transpõe a Directiva n.° 2003/ /44/CE, de 16 de Junho, aprovou "as regras de colocação no mercado de entrada em serviço das embarcações de recreio, das embarcações de recreio semiacabadas e dos componentes instalados ou destinados a ser instalados em embarcações de recreio e em embarcações semiacabadas, bem como das motas de água e dos motores de propulsão instalados ou destinados a ser instalados em embarcações de recreio ou em motas de água", a fim de prevenir "riscos para as pessoas e para o ambiente".

O Decreto Legislativo Regional n.° 35/ /2004/A, de 27 de Agosto, vem, na sequência de numerosa legislação anterior, estabelecer os limites da navegação de recreio na Região Autónoma dos Açores.

A responsabilidade civil por danos causados a terceiros em virtude da utilização de embarcações de recreio passou a ter de ser objecto de contrato de seguro por imposição daquele DL n.° 567/99, tendo o Regulamento citado estabelecido que compete aos Ministros do Equipamento Social e das Finanças, por portaria conjunta, definir as regras a observar na celebração desses contratos; neste quadro, a Portaria n.° 689/2001, de 10 de Julho, veio estabelecer tais regras.

Os equipamentos deste tipo de embarcações relativos a meios de salvação e de segurança, aos aparelhos e aos meios de radiocomunicações, aos instrumentos náuticos, ao material de navegação, às publicações náuticas e aos primeiros socorros encontram-se aprovados pela Portaria n.° 1464/2002, de 14 de Novembro. O Decreto-Lei n.° 51/97, de 1 de Março, alterado pelo Decreto-Lei n.° 103/2004, de 7 de Maio, estabelece o regime de aprovação das agulhas magnéticas a utilizar a bordo das embarcações nacionais.

O Decreto-Lei n.° 94/96, de 17 de Julho, alterado pelos Decretos-Leis n.°s 367/98, de 23 de Novembro (decorrente das Directivas n.°s 96/39/CE e 97/34/CE, respectivamente de 19 de Junho de 1966 e de 6 de Junho de 1997), 169/2000, de 8 de Agosto (na transposição da Directiva n.° 93/75/ /CEE, do Conselho, de 13 de Setembro), transpôs para a ordem jurídica portuguesa a Directiva n.° 93/75/CEE, do Conselho, de 13 de Setembro, relativa às condições mínimas exigidas aos navios com destino a portos marítimos da Comunidade ou que deles saiam transportando mercadorias perigosas ou poluentes.

Com o Decreto-Lei n.° 547/99, de 14 de Dezembro, alterado pelo Decreto-Lei n.° 51/2005, de 25 de Fevereiro, foi estabelecido o regime que obriga as companhias de navegação que explorem navios de passageiros a dispor de um sistema de registo de dados relativamente aos passageiros embarcados em ou com destino a portos nacionais; a regulamentação deste sistema de registo de dados foi realizada pelo Decreto-Lei n.° 287/2000, de 25 de Maio.

O Decreto-Lei n.° 293/2001, de 20 de Novembro (rectificado pela Declaração de rectificação n.° 21-A/2001, de 31 de Dezembro), alterado pelos Decretos-Leis n.°s 180/2003, de 14 de Agosto (em consequência da alteração da Directiva n.° 98/18/CE pela Directiva n.° 2002/25/CE, da Comissão, de 5 de Março), 51/2005, de 25 de Fevereiro (na transposição da Directiva n.° 2002/84/CE, do Parlamento Europeu e do Conselho, de 5 de Novembro), 210//2005, de 6 de Dezembro (em consequência da alteração da Directiva n.° 98/18/CE pela Directiva n.° 2003/24/CE, da Comissão, de 5 de Março), transpôs para a ordem jurídica interna a Directiva n.° 98/18/CE, do Conselho, de 17 de Março, que estabelece um conjunto de regras sobre a construção e os equipamentos dos navios de passageiros e das embarcações de passageiros de alta velocidade; este DL n.° 180/2003 foi entretanto alterado pelos Decretos-Leis n.°s 107/2004, de 8 de Maio (que transpôs a Directiva n.° 2003/75/CE, da Comissão, de 29 de Julho, que substitui o texto da secção 5.1 do capítulo III do anexo I da referida Directiva n.° 2002//25/CE), e 210/2005, de 6 de Dezembro; a Portaria n.° 575/2003, de 16 de Julho, alterando a Portaria n.° 1257/2002, de 11 de Setembro, aprova o certificado de segurança para os navios de passageiros.

O regime jurídico relativo à tripulação de navio encontra-se estabelecido no Decreto-Lei n.° 384/99, de 23 de Setembro.

O período de trabalho dos marítimos a bordo de navios que utilizem portos da Comunidade é objecto da Directiva n.° 1999/95/CE, do Parlamento Europeu e do Conselho, de 13 de Dezembro, que foi transposta para o direito interno pelo Decreto-Lei n.° 146/2003, de 3 de Julho.

O Decreto-Lei n.° 280/2001, de 23 de Outubro, alterado pelos Decretos-Leis n.°s 51/2005, de 25 de Fevereiro, e 206/2005, de 28 de Novembro (este transpõe a Directiva n.° 2003/103/CE, do Parlamento Europeu e do Conselho, de 17 de Novembro), define o regime aplicável à actividade profissional dos marítimos e à fixação da lotação das embarcações.

Na transposição das Directivas n.°s 97/70/CE, do Conselho, de 11 de Dezembro, e 1999/19/CE, da Comissão, de 18 de Março, que altera primeira, o Decreto-Lei n.° 248/2000, de 3 de Outubro (alterado pelo Decreto-Lei n.° 306/2001, de 6 de Dezembro), estabelece um regime de segurança harmonizado para os navios de pesca de comprimento igual ou superior a 24m. A Directiva n.° 2002/35/CE, da Comissão, de 25 de Abril, foi transposta pelo Decreto-Lei n.° 155/2003, de 17 de Julho (rectificado pela Declaração de rectificação n.° 11-A/2003, de 30 de Agosto), complementando o regime definido no DL n.° 248/2000.

As Directivas n.°s 2001/105/CE e 2002//84/CE, do Parlamento Europeu e do Conselho, respectivamente de 19 de Dezembro de 2001 e de 5 de Novembro de 2002, estabelecendo "regras relativas ao reconhecimento prévio e acompanhamento da actividade das organizações habilitadas a realizar as inspecções, aprovação de planos e esquemas, realização de provas e ensaios e aprovação de cadernos de estabilidade, vistorias e auditorias a navios de pavilhão nacional, sem prejuízo do disposto no Decreto-Lei n.° 167/99, de 18 de Maio [*infra* referido], sobre equipamentos marítimos", foram transpostas pelo Decreto-Lei n.° 321/2003, de 23 de Dezembro, rectificado pela Declaração de rectificação n.° 24/2004, de 21 de Fevereiro.

O Regulamento de Inspecção de Navios Estrangeiros foi aprovado pelo Decreto-Lei n.° 195/98, de 10 de Julho, alterado pelos Decretos-Leis n.°s 156/2000, de 22 de Julho, e 284/2003, de 8 de Novembro, que transpõe para a ordem interna várias Directivas europeias.

O Decreto-Lei n.° 190/98, de 10 de Julho (rectificado pela Declaração de rectificação n.° 13-H/98, de 31 de Agosto), aprovou o Regulamento do Serviço Radioeléctrico das Embarcações, que contém as regras relativas à aprovação e certificação dos equipamentos radioeléctricos e aos processos de instalação, de alteração, de utilização, de funcionamento e de licenciamento do equipamento radioeléctrico das embarcações.

Transpondo várias Directivas, o Decreto-Lei n.° 167/99, de 18 de Maio (rectificado pela Declaração de rectificação n.° 10--AO/99, de 30 de Junho), "estabelece as normas aplicáveis aos equipamentos marítimos a fabricar ou a comercializar no território nacional ou a instalar em embarcações nacionais sujeitas a certificação de segurança, por força do disposto nas convenções internacionais aplicáveis"; este diploma foi alterado pelo Decreto-Lei n.° 24/2004, de 23 de Janeiro, que transpôs a Directiva n.° 2002/75/CE, da Comissão, de 2 de Setembro.

O Decreto-Lei n.° 75/2001, de 27 de Fevereiro, regula o exercício da actividade de reboque de navios e embarcações nas áreas dos portos.

O Sistema Nacional para a Busca e Salvamento Marítimo foi criado pelo Decreto-Lei n.° 15/94, de 22 de Janeiro (rectificado pela Declaração de rectificação n.° 3/94, de 31 de Janeiro), alterado pelo Decreto-Lei n.° 399/99, de 14 de Outubro. O regime jurídico dos meios de salvação de embarcações nacionais foi aprovado pelo Decreto-Lei n.° 191/98, de 10 de Julho (rectificado pela Declaração de rectificação n.° 11-R/98, de 31 de Julho), alterado pelos Decretos-Leis n.°s 271/2001, de 13 de Outubro, e 138/2002, de 16 de Maio.

Na transposição da Directiva n.° 1999/35/CE, do Conselho, de 29 de Abril, o Decreto-Lei n.° 27/2002, de 14 de Fevereiro, alterado pelo DL n.° 51/2005, estabeleceu um regime de vistorias obrigatórias para as embarcações ferry ro-ro e de passageiros de alta velocidade exploradas em serviços regulares. O Decreto-Lei n.° 204/2005, de 25 de Novembro, transpõe para a ordem jurídica nacional a Directiva n.° 2003/25/CE, do Parlamento Europeu e do Conselho, de 14 de Abril, relativa a prescrições específicas de estabilidade para os navios ro-ro de passageiros, com o objectivo de evitar os acidentes e as perdas de vidas humanas que deles pode resultar.

A Directiva n.° 2001/96/CE, do Parlamento Europeu e do Conselho, de 14 de Dezembro, alterada pela Directiva n.° 2002/84/CE, também do Parlamento Europeu e do Conselho, de 5 de Novembro, foi transposta pelo Decreto-Lei n.° 323/2003, de 24 de Dezembro, ocupando-se das normas e procedimentos harmonizados para a segurança das operações de carga e descarga de navios graneleiros.

O Decreto-Lei n.° 73/2004, de 25 de Março, transpôs para o direito interno a Directiva n.° 2002/6/CE, do Parlamento Europeu e do Conselho, de 18 de Fevereiro, "que estabelece as formalidades de declaração harmonizadas a apresentar às autoridades públicas relativamente à escala de navios nos portos portugueses, conforme aprovadas pela Convenção FAL OMI".

O Decreto-Lei n.° 180/2004, de 27 de Julho, alterado pelos Decretos-Leis n.°s 236/2004, de 18 de Dezembro, e 51/2005, de 25 de Fevereiro, transpôs a Directiva n.° 2002/59/CE, do Parlamento Europeu e do Conselho, de 27 de Junho, relativa à instituição de um sistema comunitário de acompanhamento e de informação do tráfego de navios.

No domínio da prevenção da poluição por navios, há a ter em conta a Convenção Internacional da Prevenção da Poluição por Navios (MARPOL), de 1973, e o Protocolo a ela relativo, de 17 de Fevereiro de 1978, aprovados pelo Decreto n.° 25/87, de 10 de Julho (o Decreto n.° 19/98, de 10 de Julho, aprovou as emendas feitas ao texto inicial da MARPOL, tendo entretanto sido alterado pelo Decreto n.° 20/2000, de 11 de Agosto); as Emendas feitas ao Anexo IV do Protocolo de 1978 antes referido foram aprovadas pelo Decreto do Governo n.° 6/2006, de 6 de Janeiro, tendo o instrumento de ratificação delas sido depositado em 27 de Fevereiro de 2006, conforme o Aviso n.° 541/2006, de 10 de Abril. V. também o Decreto-Lei n.° 193/98, de 10 de Julho, que estabelece as normas necessárias à aplicação do Código Internacional de Gestão para a Segurança da Exploração dos Navios e para a Prevenção da Poluição (Código ISM) aos navios de pavilhão nacional e às companhias nacionais ou estrangeiras que os explorem, nos termos do Regulamento (CE) n.° 3051/95 e do capítulo IX do anexo à Convenção. Por seu lado, a Portaria n.° 959/98, de 10 de Novembro, enuncia as disposições que regulam a emissão de certificados e as verificações a realizar às companhias e aos navios no âmbito do Código ISM.

O Decreto-Lei n.° 96/97, de 24 de Abril, que transpusera a Directiva n.° 94/25/CE, do Parlamento Europeu e do Conselho, de 16 de Junho, foi revogado pelo Decreto-Lei n.° 168/2005, de 26 de Setembro, que transpõe a Directiva n.º 2003/44/CE, de 16 de Junho – que alterou a *supra* citada –, aprovando "as regras de colocação no mercado de entrada em serviço das embarcações de recreio, das embarcações de recreio semi-acabadas e dos componentes instalados ou destinados a ser instalados em embarcações de recreio e em embarcações semi-acabadas, bem como das motas de água e dos motores de propulsão instalados ou destinados a ser instalados em embarcações de recreio ou em motas de água", a fim de prevenir "riscos para as pessoas e para o ambiente".

A Convenção Internacional sobre o Limite de Responsabilidade dos Proprietários dos Navios de Alto Mar foi assinada em Bruxelas em 10 de Outubro de 1957, e aprovada para ratificação pelo Decreto-Lei n.º 48 036, de 14 de Novembro de 1967. O Protocolo a esta Convenção foi aprovado pelo Decreto n.º 6/82, de 21 de Janeiro, tendo o instrumento de ratificação sido depositado em 30 de Abril de 1982.

O mesmo DL n.º 48 036 aprovou a Convenção Internacional para a Unificação de Certas Regras Respeitantes à Limitação da Responsabilidade dos Proprietários de Navios, concluída em Bruxelas em 10 de Outubro de 1957, tendo sido ratificada em 8 de Abril de 1968, conforme aviso publicado no *Diário do Governo* de 27 de Maio de 1968 e o Aviso n.º 316/2006, de 13 de Fevereiro, tendo a Convenção entrado em vigor no dia 8 de Outubro de 1968.

A Convenção Internacional para a Unificação de Certas Regras sobre o Arresto de Navios de Mar foi assinada em Bruxelas em 10 de Maio de 1952, e aprovada para ratificação pelo Decreto-Lei n.º 41 007, de 16 de Fevereiro de 1957, tendo Portugal depositado o seu instrumento de ratificação em 4 de Maio de 1957, conforme aviso publicado no *Diário do Governo* de 27 de Maio de 1957, e a Convenção entrado em vigor para o nosso país em 27 de Novembro de 1957.

A Convenção Internacional sobre Arqueação dos Navios foi concluída em 23 de Junho de 1969, e aprovada pelo Decreto n.º 4/87, de 15 de Janeiro (regulamentada pelo Decreto-Lei n.º 245/94, de 26 de Setembro, rectificado pela Declaração de rectificação n.º 210/94, de 30 de Novembro).

A Convenção Internacional de Torremolinos para a Segurança das Embarcações de Pesca, de 1977, e o respectivo Protocolo, adoptado pela Conferência de Torremolinos de 1993, embora nunca tenham entrado em vigor por insuficiência de ratificações, têm inspirado medidas legislativas ou imposto a respectiva adopção.

A Convenção sobre o Regulamento Internacional para Evitar Abalroamentos no Mar, concluída em Londres em 20 de Outubro de 1972, foi aprovada, para ratificação, pelo Decreto n.º 55/78, de 27 de Junho; esta Convenção foi alterada pelas emendas adoptadas pela Organização Marítima Internacional em 19 de Novembro de 1981, em 19 de Novembro de 1987 e em 19 de Outubro de 1989, tendo estas sido introduzidas na ordem jurídica "portuguesa, respectivamente, pelo aviso publicado no *Diário da República*, I série de 9 de Novembro de 1983, pelo Decreto n.º 45/90, de 20 de Outubro, e pelo Decreto n.º 56/91, de 21 de Setembro"; o Decreto n.º 27/2005, de 28 de Dezembro, aprova as emendas introduzidas àquele Regulamento na 18ª. Sessão da Organização Marítima Internacional em 4 de Novembro de 1993, tendo Portugal depositado o respectivo instrumento de ratificação em 27 de Fevereiro de 2006, conforme o Aviso n.º 539/2006, de 10 de Abril; em 29 de Novembro de 2001, a 22ª. sessão da Organização Marítima Internacional adoptou novas emendas, que foram aprovadas pelo Decreto do Governo n.º 1/2006, de 2 de Janeiro, tendo Portugal depositado o respectivo instrumento de ratificação em 27 de Fevereiro de 2006, conforme o Aviso n.º 540/2006, de 10 de Abril.

Em 1973, foi adoptada em Londres a Convenção Internacional para a Prevenção da Poluição por Navios, cujo objectivo é prevenir todas as formas de poluição causadas por navios no mar. As normas desta Convenção foram enunciadas em cinco anexos. Em 1978, foi aprovado um Protocolo à Convenção, destinado a actualizar e aperfeiçoar algumas das regras da Convenção. Portugal aderiu à Convenção pelo Decreto do Governo n.º 25/87, de 10 de Julho; o Decreto n.º 19/98, de 10 de Julho, alterado pelo Decreto n.º 20/2000, de 11 de Agosto, aprova, para adesão, as emendas de 6 de Março de 1992 ao Protocolo de 1978 da Convenção Internacional para a Prevenção da Poluição por Navios; o Decreto n.° 20/98, de 10 de Julho, aprova, para adesão, as emendas de 6 de Março de 1992 ao anexo I ao Protocolo de 1978 relativo à Convenção Internacional para a Prevenção da Poluição por Navios; o Decreto n.° 22/ /98, de 10 de Julho, aprova, para adesão, as emendas de 17 de Março de 1989 – no âmbito da Organização Marítima Internacional – ao anexo II ao Protocolo de 1978 relativo à Convenção Internacional para a Prevenção da Poluição por Navios; finalmente, o Decreto n.° 23/98, de 10 de Julho, aprova, para adesão, as emendas 1991 – adoptadas em 4 de Julho de 1991 no âmbito da Organização Marítima Internacional – ao anexo I ao Protocolo de 1978 relativo à Convenção Internacional para a Prevenção da Poluição por Navios. O Decreto-Lei n.° 192/98, de 10 de Julho, identifica os Ministérios competentes para aplicar e executar as regras da Convenção que tem vindo a ser referida. Por seu lado, o já mencionado DL n.° 193/98, "estabelece as disposições necessárias à aplicação do Código Internacional de Gestão para a Segurança da Exploração dos Navios e para a Prevenção da Poluição aos navios de pavilhão nacional e às companhias nacionais ou estrangeiras que os explorem [...]".

V. *Responsabilidade civil; Responsabilidade por danos causados por navio; Comitente; Comissário; Móvel; Registo de bens móveis; Nascimento; Registo civil; Dano; Seguro de responsabilidade; Dados pessoais; Pesca; Salvação marítima; Poluição; Arresto.*

Necessidade (Dir. Civil) – 1. Designa-se por necessidade a situação de carência de qualquer coisa necessária ao equilíbrio, à existência ou ao bem-estar de uma pessoa.

Bem é tudo aquilo que é apto a satisfazer uma necessidade, designando-se tal aptidão para a satisfação de necessidades por utilidade.

2. V. *Estado de necessidade.*

3. V. *Negócio usurário.*

Negligência (Dir. Civil) – O conceito jurídico de negligência é assimilável ao de mera culpa, consubstanciando-se na omissão do dever de diligência. A diligência exigível é aquela que teria um bom pai de família em face das circunstâncias do caso (cfr. artigo 487.°, n.° 2, C.C.).

A negligência ou mera culpa refere-se, em primeiro lugar, aos actos em que o agente, prevendo o resultado ilícito como possível, não toma as precauções necessárias para o evitar, actuando descuidada e levianamente (culpa consciente); por outro lado, às situações em que o agente não prevê o resultado danoso, por imprevidência ou descuido, embora este resultado fosse previsível, se ele o houvesse ponderado e houvesse sido cauteloso (culpa inconsciente).

V. *Mera culpa; Culpa; Diligência; Bom pai de família; Agente.*

Negociações preliminares (Dir. Civil) – A celebração de muitos contratos é precedida de uma fase durante a qual as partes negoceiam os termos do contrato, discutem as respectivas cláusulas, acertam, enfim, o acordo que vão concluir. Esta fase não só é necessária como, frequentemente, imprescindível, já que o "contrato não fica concluído enquanto as partes não houverem acordado em todas as cláusulas sobre as quais qualquer delas tenha julgado necessário o acordo" (artigo 232.°, C.C.).

Em certos casos, esta fase apresenta-se como muito prolongada e, durante ela, a lei prescreve que as partes devem proceder segundo os princípios da boa fé, sob pena de terem de responder pelos danos que culposamente causem à outra parte.

Se, por exemplo, alguém inicia negociações, não tendo o propósito sério de celebrar um contrato e, em dado momento, as rompe abruptamente, pode ser obrigado a indemnizar a contraparte de despesas que, na expectativa do negócio, ela houvesse realizado, ou de ganhos de que, em virtude dessa expectativa, se houvesse privado.

Há um conjunto de obrigações que decorrem da boa fé pré-contratual e cuja violação culposa faz incorrer o sujeito na obrigação de indemnizar a contraparte nas negociações pelos danos que daquela resultem – artigo 227.°, C.C..

V. *Contrato; Cláusula; Boa fé; Celebração do contrato; Dever pré-contratual; Culpa; dano; Responsabilidade pré-contratual.*

Negócio abstracto (Dir. Civil) – Contraposto a negócio causal, designa-se por negócio jurídico abstracto aquele em cujo tipo não entra o elemento causal, isto é, aquele que se caracteriza independentemente da função económico-social que desempenha. Só há, pois, negócio abstracto quando a lei dispensar a relevância da causa.

Há autores que distinguem vários tipos de abstracção, podendo ela classificar-se em *absoluta* ou *relativa* (consoante a causa seja totalmente irrelevante ou, sendo-o para o negócio, já o não seja para a situação criada por ele), *parcial* ou *total* (conforme o negócio só valha como abstracto quanto a alguns ou à totalidade dos respectivos efeitos), *inicial* ou *subsequente* (conforme a causa seja irrelevante desde o momento da celebração do negócio ou essa irrelevância só tenha início em momento ulterior), *completa* ou *incompleta* (no primeiro caso, a abstracção implica que nenhum vício relativo à falta ou inidoneidade da causa seja invocável, enquanto, no segundo, alguns podem fundamentar a impugnação do negócio).

Exemplos característicos de negócio abstracto são as letras, livranças e cheques.

V. *Negócio jurídico; Causa do contrato; Negócio causal; Impugnação; Letra; Livrança; Cheque.*

Negócio alheio (Dir. Civil) – O artigo 464.°, C.C., ao caracterizar a gestão de negócios, utiliza a expressão *negócio alheio* no sentido, amplo e não técnico, de assunto ou interesse alheio. Daí que a gestão de negócios tanto possa traduzir-se na prática de actos materiais como na realização de negócios jurídicos.

V. *Gestão de negócios; Negócio jurídico.*

Negócio a título gratuito (Dir. Civil) – Diz-se gratuito o negócio pelo qual o seu autor atribui a outrem uma vantagem patrimonial sem contrapartida. Exemplo de negócio unilateral gratuito é o testamento.

Tratando-se de negócio bilateral, v. *Contrato gratuito.*

V. *Negócio jurídico; Negócio jurídico unilateral.*

Negócio a título oneroso (Dir. Civil) – Negócio pelo qual cada uma das partes simultaneamente obtém e concede um benefício: cada parte tem uma vantagem e um correspondente sacrifício.

Não deve confundir-se o contrato a título oneroso com o contrato sinalagmático, que implica obrigações recíprocas: o contrato oneroso, embora atribua vantagens a cada contratante, não cria necessariamente obrigações jurídicas recíprocas. Se, muitas vezes, a vantagem e o sacrifício patrimoniais das partes constituem juridicamente obrigações, nem sempre é assim.

Como exemplo de contrato que, não sendo sinalagmático, é oneroso, pode dar-se o ex do mútuo oneroso: para o mutuante, a perda patrimonial traduz-se na entrega da coisa fungível emprestada e na privação dela enquanto o contrato se mantiver; esta entrega não constitui uma obrigação, mas um elemento formativo do contrato que é, por isso, um contrato real quanto à constituição.

V. *Acto a título gratuito; Contrato oneroso; Contrato sinalagmático; Obrigação; Mútuo; Contrato real.*

Negócio causal (Dir. Civil) – Designa-se assim o negócio jurídico em que a respectiva função económico-social é elemento integrador do tipo negocial.

V. *Negócio jurídico; Causa do negócio; Negócio abstracto.*

Negócio consigo mesmo (Dir. Civil) – É o negócio celebrado por um único sujeito que intervém, a um tempo, a título pessoal e em representação de outrem, ou que actua como representante de duas partes simultaneamente.

O negócio celebrado pelo representante consigo mesmo, quer o faça em nome próprio, quer em representação de um terceiro, é anulável, a menos que o representado tenha consentido especificadamente na celebração, ou que o negócio exclua por sua natureza a possibilidade de um conflito de interesses.

V. artigo 261.°, C.C..

V. *Negócio jurídico; Representação; Poderes representativos; Autorização; Anulabilidade; Interesse.*

Negócio de pura obsequiosidade (Dir. Civil) – A doutrina designa, frequentemente, assim os acordos da vida social cujos intervenientes não visam a produção de efeitos jurídicos, como, por exemplo, o convite para jantar em casa de alguém.

A fronteira entre os acordos juridicamente vinculantes e os que o não são é muitas vezes difícil de estabelecer, dependendo no essencial da interpretação do acordo a respectiva caracterização.

Os chamados negócios de pura obsequiosidade não são, pois, negócios jurídicos.

V. *Negócio jurídico.*

Negócio dispositivo (Dir. Civil) – É o negócio jurídico pelo qual se transmite ou se extingue um direito existente, como, por exemplo, a doação, a compra e venda, o testamento ou a remissão de uma obrigação.

V. *Negócio jurídico; Acto de disposição; Direito subjectivo; Doação; Compra e venda; Testamento; Remissão; Obrigação.*

Negócio dissimulado (Dir. Civil) – Designa-se assim, na simulação relativa, o negócio que as partes quiseram realizar e que se encontra oculto por outro, o negócio simulado.

Ao negócio dissimulado aplica-se "o regime que lhe corresponderia se fosse concluído sem dissimulação, não sendo a sua validade prejudicada pela nulidade do negócio simulado" – artigo 241.°, n.° 1, C.C.. O n.° 2 do mesmo preceito estabelece, porém, que, sendo o negócio dissimulado de natureza formal, "só é válido se tiver sido observada a forma exigida por lei".

Segundo um sector da doutrina, significa este último preceito que o negócio dissimulado será formalmente inválido quando a forma exigida não foi observada para ele, ainda que a mesma forma tenha sido adoptada para o negócio simulado.

Castro Mendes, *Teoria geral do direito civil*, Vol. II, Lisboa, 1979, pág. 160, coloca o problema em termos diferentes, escrevendo a este propósito:

"Cremos que se tem de atender à diferença entre o negócio simulado e o dissimulado. Se essa diferença incide justamente num ponto que representa a razão de ser da exigência da forma legal, ambos os negócios são nulos, caso contrário, o dissimulado é válido.

Assim, dado que a compra e venda e doação de imóveis exige escritura pública e a de móveis não, a razão de exigência está em correlação com a natureza da coisa vendida – trata-se de dar certeza e publicidade à situação jurídica dos imóveis. Se é assim, se a diferença entre o negócio jurídico simulado e dissimulado diz respeito à situação em que fica o imóvel (finge-se vender, por exemplo, querendo-se só comodatar), ambos os negócios são nulos; se não diz (simulação de valor, por exemplo), o negócio dissimulado é válido.

Parece-nos que se o negócio simulado é a venda e o dissimulado doação ou vice-versa, os negócios dissimulados são nulos. Com efeito, a situação jurídica do donatário é, por lei, mais instável que a do comprador (cfr. artigos 969.° e segs., e 2168.° e segs.)".

V. *Simulação; Negócio jurídico; Validade; Nulidade; Forma; Nulidade; Compra e venda; Escritura pública; Móvel; Comodato; Doação; Imóvel.*

Negócio fiduciário (Dir. Civil) – Negócio pelo qual uma pessoa atribui a outra um direito ou poder jurídico, ficando esta com a obrigação de só o exercer de determinada maneira, tendo em vista um dado fim.

Sobre a questão da validade do negócio fiduciário, há divergências na doutrina, propendendo Castro Mendes, *Teoria geral do direito civil*, Vol. II, Lisboa, 1979, págs. 166 e 167, para o entendimento de que ele é válido, salvo se for celebrado em fraude à lei ou se sofrer de outro vício.

V. *Negócio jurídico; Validade; Fidúcia; Fraude à lei.*

Negócio formal (Dir. Civil) – Diz-se formal o negócio jurídico para cuja validade a lei exige a observância de determinada forma.

A regra geral, prevista no artigo 219.°, C.C., é a da liberdade de forma. Quando a lei imponha dada forma para a celebração de um negócio, a regra decorrente do artigo 220.°, C.C., é a de que essa forma é requisito de validade.

"Nos negócios formais não pode a declaração valer com um sentido que não tenha um mínimo de correspondência no texto do respectivo documento, ainda que imperfeitamente expresso"; "esse sentido pode, todavia, valer, se corresponder à vontade real das partes e as razões determinantes da forma do negócio se não opuserem a essa validade" - artigo 238.°, C.C..

Relativamente à interpretação do testamento, adopta o artigo 2187.°, C.C., uma concepção predominantemente voluntarista, isto é, orientada no sentido do apuramento da vontade real do testador, acrescentando, porém, que "é admitida prova complementar [ao texto do testamento], mas não surtirá qualquer efeito a vontade do testador que não tenha no contexto um mínimo de correspondência, ainda que imperfeitamente expressa".

Na simulação relativa, a validade do negócio dissimulado, se ele for de natureza formal, depende de ter "sido observada a forma exigida por lei" - artigo 241.°, n.° 2, C.C..

V. *Negócio jurídico; Validade; Forma; Formalidade "ad substantiam"; Interpretação do negócio jurídico; Documento; Testamento; Prova; Simulação; Negócio dissimulado.*

Negócio gratuito (Dir. Civil) – V. *Negócio jurídico; Negócio a título gratuito; Contrato gratuito.*

Negócio incondicionável (Dir. Civil) – Há negócios jurídicos que, por força de lei, não podem ser celebrados condicionalmente.

Assim acontece com a declaração de compensação de uma dívida (artigo 848.°, n.° 2, C.C.), com o casamento (artigo 1618.°, n.° 2, C.C.), com a perfilhação (artigo 1852.°, n.° 1, C.C.), com a aceitação ou o repúdio de uma herança ou de um legado (artigos 2054.°, n.° 1, 2064.°, n.° 1, e 2249.°, C.C.) ou com a aceitação da testamentaria (artigo 2323.°, n.° 2, C.C.).

Em regra, a aposição de uma condição a um negócio jurídico incondicionável torna o negócio nulo. No entanto, o artigo 1618.°, n.° 2, C.C., determina que se considera não escrita a cláusula pela qual "os nubentes, em convenção antenupcial, no momento da celebração do casamento ou em outro acto, pretendam [...] submetê-lo a condição [...]".

V. *Negócio jurídico; Condição; Compensação; Casamento; Perfilhação; Herança; Aceitação da herança; Repúdio; Testamentaria; Nulidade; Nubente; Convenção antenupcial.*

Negócio indirecto (Dir. Civil) – Negócio típico cujos efeitos são queridos pelas partes, mas que é celebrado para desempenhar uma função que não corresponde àquela que a lei lhe atribui.

Um exemplo característico de negócio indirecto é o da venda de um bem, pelo devedor ao credor, para garantia da dívida.

O negócio indirecto será nulo quando consubstancie fraude à lei, isto é, quando as partes alcancem através dele um resultado juridicamente proibido.

V. *Negócio jurídico; Compra e venda; Credor; Garantia; Fraude à lei; Nulidade; Pacto comissório.*

Negócio jurídico (Dir. Civil) – O negócio jurídico é o instrumento privilegiado da autonomia privada.

Manuel de Andrade, *Teoria Geral da Relação Jurídica*, Vol. II, pág. 25, define-o como o "[...] facto voluntário lícito cujo núcleo essencial é constituído por uma ou várias declarações de vontade privada, tendo em vista a produção de certos efeitos práticos ou empíricos, predominantemente de natureza patrimonial (económica), com ânimo de que tais efeitos sejam tutelados pelo direito – isto é, obtenham a sanção da ordem jurídica – e a que a lei atribui efeitos correspondentes, determinados *grosso modo*, em conformidade com a intenção do declarante ou declarantes (autores ou sujeitos do negócio)".

Os negócios jurídicos podem ser unilaterais ou bilaterais (contratos).

V. *Autonomia da vontade; Declaração negocial; Negócio jurídico unilateral; Contrato.*

Negócio jurídico bilateral (Dir. Civil) – Negócio jurídico bilateral é aquele que é integrado por duas ou mais declarações negociais de conteúdo diverso, mas convergente no sentido da produção de um resultado prático e jurídico unitário.

Negócio jurídico bilateral é, pois, sinónimo de contrato.

V. *Negócio jurídico; Declaração negocial; Contrato.*

Negócio jurídico de consumo (Dir. Civil; Dir. Com.) – Categoria conceitual criada por alguns autores, que recobre os negócios jurídicos unilaterais e os contratos que, em função das respectivas partes, do objecto e da função económico-social que desempenham, têm, em alguma medida, um tratamento jurídico comum, essencialmente caracterizado por normas de protecção do consumidor.

V. *Negócio jurídico; Negócio jurídico unilateral; Contrato; Contrato de consumo; Consumidor; Tutela do consumidor.*

Negócio jurídico parciário (Dir. Civil) – É uma espécie de negócio oneroso, em que uma das partes realiza uma prestação, ficando a contraparte obrigada a proporcionar-lhe uma participação nos lucros ou proventos que venha a obter por força dessa prestação.

V. *Negócio jurídico; Negócio a título oneroso; Contrato oneroso; Prestação.*

Negócio jurídico pessoal (Dir. Civil) – Negócio que não se destina a constituir, modificar ou extinguir relações de carácter patrimonial, mas a influir no estado das pessoas ou na sua situação familiar.

Assim acontece, paradigmaticamente, com o casamento, a perfilhação, ou a adopção.

V. *Negócio jurídico; Estado pessoal; Família; Casamento; Perfilhação; Adopção.*

Negócio jurídico unilateral (Dir. Civil) – Diz-se unilateral o negócio jurídico em que há uma única declaração negocial que, só por si, produz efeitos jurídicos.

É também unilateral o negócio jurídico em que, havendo várias manifestações de vontade, o conteúdo delas é idêntico, isto é, integrado por várias declarações negociais paralelas.

Foi problema muito discutido pela doutrina o de saber em que medida devia admitir-se a constituição de obrigações pela vontade exclusiva do devedor, estando embora a eficácia do negócio sujeita à vontade do beneficiário, que pode rejeitar a sua constituição em credor. A questão foi expressamente resolvida pelo Código Civil, cujo artigo 457.° dispõe que "a promessa unilateral de uma prestação só obriga nos casos previstos na lei", estabelecendo assim, no domínio dos negócios jurídicos unilaterais como fontes de obrigações, um princípio de tipicidade.

V. *Negócio jurídico; Declaração negocial; Obrigação; Princípio da tipicidade; Promessa de cumprimento; Reconhecimento de dívida; Promessa pública; Concurso público.*

Negócio oneroso (Dir. Civil) – V. *Negócio jurídico; Negócio a título oneroso; Contrato oneroso.*

Negócio simulado (Dir. Civil) – Na simulação, é o negócio aparente, o que as partes não quiseram realizar ou não o quiseram fazer nos termos declarados, sob o qual se esconde o negócio realmente querido, o dissimulado.

V. *Negócio jurídico; Simulação; Negócio dissimulado.*

Negócio usurário (Dir. Civil) – O artigo 282.°, C.C., na redacção do Decreto-Lei n.° 262/83, de 16 de Junho, qualifica como usurário o negócio jurídico em que "alguém, explorando a situação de necessidade, inexperiência, ligeireza, dependência, estado mental ou fraqueza de carácter de outrem, obtiver deste, para si ou para terceiro, a promessa ou a concessão de benefícios excessivos ou injustificados".

Para que o negócio seja considerado usurário, é necessário não apenas que uma das partes se encontre numa das situações de inferioridade enunciadas na disposição, mas ainda que a contraparte aproveite conscientemente tal situação para obter benefícios para si ou para terceiro, sendo tais benefícios manifestamente desproporcionados ou desrazoáveis.

A usura é um vício de que decorre a anulabilidade do negócio, permitindo o artigo 283.°, C.C., que o lesado possa, em lugar da anulação, obter "a modificação do negócio segundo juízos de equidade"; a mesma disposição admite que a parte contra quem a anulação for requerida se possa opor procedentemente a esta, declarando aceitar a modificação do negócio em termos de equidade.

Finalmente, o artigo 284.°, C.C., dispõe que, "quando o negócio usurário constituir crime, o prazo para o exercício do direito de anulação ou modificação não termina enquanto o crime não prescrever".

Há diplomas que, no âmbito da protecção dos consumidores, estabelecem regimes próprios para situações que, em geral, caberiam na previsão dos negócios usurários. Assim acontece, por exemplo, com o Decreto-Lei n.° 143/2001, de 26 de Abril (rectificado pela Declaração de rectificação n.° 13-C/2001, de 31 de Maio), que transpôs a Directiva n.° 97/7/CE, do Parlamento Europeu e do Conselho, de 20 de Maio, cujo artigo 28.°, n.° 2, proíbe "toda a prática comercial que se traduza no aproveitamento de uma situação de especial debilidade do consumidor, inerente à pessoa deste ou pelo agente voluntariamente provocada, com vista a fazê-lo assumir, sob qualquer forma, vínculos contratuais"; o n.° 3 da mesma disposição esclarece que, para os efeitos desta proibição, "verifica-se uma situação de especial debilidade do consumidor quando as circunstâncias de facto mostrem que este, no momento da celebração do contrato, não se encontrava em condições de apreciar devidamente o alcance e significado das obrigações assumidas ou de descortinar ou reagir aos meios utilizados para o convencer a assumi-las".

Com autonomia da figura do negócio usurário, prevê a nossa lei civil o mútuo usurário, sendo este caracterizado como "o contrato de mútuo em que sejam estipulados juros anuais que excedam os juros legais, acrescidos de 3% ou de 5%, conforme exista ou não garantia real" (artigo 1146.°, n.° 1, C.C., na redacção do já referido DL n.° 262/83). Sendo o mútuo usurário, considera-se reduzida a taxa de juros nele estabelecida aos limites máximos que a lei enuncia.

O regime do mútuo usurário é aplicável à cláusula penal "que fixar como indemnização devida pela falta de restituição do empréstimo relativamente ao tempo de mora mais do que o correspondente a 7% ou a 9% acima dos juros legais, conforme exista ou não garantia real".

Por força do artigo 559.°-A, C.C., o regime antes descrito é ainda aplicável "a toda a estipulação de juros ou quaisquer outras vantagens em negócios ou actos de concessão, outorga, renovação, desconto ou prorrogação do prazo de pagamento de um crédito e em outros análogos".

Refira-se que o n.° 2 do Aviso n.° 3/93, do Banco de Portugal, de 20 de Maio, estabelece que "são livremente estabelecidas pelas instituições de crédito e sociedades financeiras as taxas de juro das suas operações, salvo nos casos em que sejam fixadas por diploma legal", o que representa a liberalização das taxas de juros estipuladas pelas instituições bancárias, não se aplicando a estas os limites impostos pelo artigo 1146.°, C.C..

V. *Negócio jurídico; Terceiro; Anulabilidade; Anulação; Modificação do contrato; Equidade; Consumidor; Tutela do consumidor; Celebração do contrato; Obrigação; Mútuo; Juros; Juros legais; Garantias reais; Mora; Cláusula penal; Prazo da prestação; Crédito.*

"Negotiorum gestio" (Dir. Civil) – O mesmo que *gestão de negócios* (v. esta expressão).

"Negotium a semet ipso" (Dir. Civil) – V. *Negócio consigo mesmo.*

"Negotium mixtum cum donationae" (Dir. Civil) – Designação da *doação mista* (v. esta expressão).

"Nemo ad factum cogi potest" (Dir. Civil) – Expressão que significa que ninguém pode ser coagido pela força a realizar um facto a que se obrigou.

Sendo a obrigação de prestação de facto infungível, o credor não pode socorrer-se da execução específica, podendo, no entanto, requerer ao tribunal a condenação do devedor no "pagamento de uma quantia pecuniária por cada dia de atraso no cumprimento ou por cada infracção", salvo se se tratar de prestação que exija especiais qualidades científicas ou artísticas do obrigado.

V. *Obrigação; Obrigação infungível; Credor; Execução específica; Devedor; Sanção pecuniária compulsória.*

"Nemo auditur propriam turpitudinem allegans" (Dir. Civil; Proc. Civil) – É inadmissível a confissão de factos criminosos ou torpes de que o confitente seja arguido – v. artigos 354.°-*a)*, C.C., e 554.°, n.° 2, C.P.C..

V. *Confissão.*

"Nemo censetur ignorare legem" (Dir. Civil) – Ninguém é suposto ignorar a lei.

Adágio cujo sentido é a proibição de que alguém se furte ao cumprimento dos seus deveres jurídicos alegando ignorância da lei.

Em português, a ideia é normalmente expressa pela frase: "a ignorância da lei não aproveita a ninguém" (v. artigo 6.°, C.C.).

V. *Ignorância da lei; Erro de direito; Dever jurídico.*

"Nemo dat quod non habet" (Dir. Civil) – Ninguém pode transferir a propriedade de uma coisa que não lhe pertence, como em geral ninguém pode transmitir para outrem um direito que não tenha.

Em princípio, é nula a venda de bens alheios – artigos 892.° e segs., C.C. –, sendo igualmente cominada com a nulidade a doação de bens alheios – artigo 956.°, C.C..

V. *Acto de disposição; Direito de propriedade; Direito subjectivo; Venda de bens alheios; Doação; Nulidade.*

"Nemo plus jus in alium transferre potest quam ipse habet" (Dir. Civil) – Expressão latina que significa que ninguém pode transmitir a outrem mais do que aquilo que tem.

Nexo de causalidade (Dir. Civil) – V. *Causalidade.*

Nexo de competência (Proc. Civil) – Relação existente entre uma acção e o tribunal onde aquela deve ser proposta e julgada.

V. *Competência; Acção; Tribunal.*

Nome (Dir. Civil) – Vocábulo ou conjunto de vocábulos que identificam uma pessoa.

Nome patronímico (nome de família ou apelido): elemento do nome que, atribuído em função da filiação, é usado pelos membros de uma mesma família. Têm direito a usá-lo todos os descendentes e ainda os adoptados (v. artigos 1988.° e 1995.°, C.C., e artigo 36.°, n.° 4, da Constituição da República).

"O nome completo deve compor-se, no máximo, de seis vocábulos gramaticais, simples ou compostos, dos quais só dois podem corresponder ao nome próprio e quatro a apelidos", devendo, na respectiva composição, ser observadas as regras enunciadas nas várias alíneas do n.° 2 do artigo 103.° do Código do Registo Civil, na redacção do Decreto-Lei n.° 36/97, de 31 de Janeiro:

"*a)* Os nomes próprios devem ser portugueses, de entre os constantes da onomástica nacional ou adaptados, gráfica e foneticamente, à língua portuguesa, não devendo suscitar dúvidas sobre o sexo do registando;

b) São admitidos os nomes próprios estrangeiros sob a forma originária se o registando for estrangeiro, houver nascido no estrangeiro ou tiver outra nacionalidade além da portuguesa;

c) São ainda admitidos os nomes próprios estrangeiros sob a forma originária se algum dos progenitores do registando for estrangeiro ou tiver outra nacionalidade além da portuguesa;

d) A irmãos não pode ser dado o mesmo nome próprio, salvo se um deles for falecido;

e) Os apelidos são escolhidos entre os que pertençam a ambos ou só a um dos pais do registando ou a cujo uso qualquer deles tenha direito, podendo, na sua falta, escolher-se um dos nomes por que sejam conhecidos;

f) Se a filiação não ficar estabelecida, pode o declarante escolher os apelidos a atribuir ao registando e, se não o fizer, observa-se o disposto no artigo 108.°".

O artigo 1875.°, C.C., determina que "o filho usará apelidos do pai e da mãe ou só de um deles", pertencendo a escolha dos apelidos do menor aos pais, que decidirão por acordo, cabendo ao juiz a decisão na falta de acordo dos pais (v. artigo 146.°-*l)* da chamada O.T.M. – Decreto-Lei n.° 314/78, de 27 de Outubro, com a redacção e a numeração que lhe foi dada pela Lei n.° 133/99, de 28 de Agosto); sendo a maternidade ou paternidade estabelecidas posteriormente ao registo de nascimento, os apelidos do filho podem ser alterados.

Havendo adopção plena, o adoptado perde os seus apelidos de origem, constituindo-se o seu novo nome nos termos acima citados; "a pedido do adoptante, pode o tribunal, excepcionalmente, modificar o nome próprio do menor, se a modificação salvaguardar o seu interesse, nomeadamente o direito à identidade pessoal, e favorecer a integração na família" – artigo 1988.°, C.C., na redacção do Decreto-Lei n.° 185/93, de 22 de Maio. Se a adopção for restrita, só por decisão judicial e a requerimento do adoptante, ao adoptado serão atribuídos apelidos daquele, devendo, no entanto, no novo nome figurar um ou mais apelidos da sua família natural.

Se os pais forem desconhecidos ou, sendo conhecidos, se houverem ausentado para lugar não sabido, deixando os filhos ao desamparo, "compete ao conservador atribuir ao registando um nome completo, devendo escolhê-lo de preferência entre os nomes de uso vulgar ou derivá-lo de alguma característica particular ou do lugar em que foi encontrado, mas sempre de modo a evitar denominações equívocas ou capazes de recordarem a sua condição de abandonado", devendo, no entanto, "respeitar-se qualquer indicação escrita encontrada em poder do abandonado, ou junto dele, ou por ele próprio fornecida" (v. artigo 108.° do Código do Registo Civil).

Nome próprio: elemento do nome que permite distinguir os membros de uma mesma família, composto, no máximo de dois vocábulos gramaticais e relativamente ao qual já se deixaram enunciadas as regras aplicáveis.

Também o nome próprio do filho menor é escolhido por acordo dos pais ou, na falta de acordo, por decisão judicial – artigo 1875.°, n.° 2, C.C..

O artigo 72.°, C.C., estabelece que "toda a pessoa tem direito a usar o seu nome, completo ou abreviado, e a opor-se a que outrem o use ilicitamente para sua identificação ou outros fins"; o mesmo preceito prevê precauções a adoptar no caso de existirem nomes total ou parcialmente idênticos.

As alterações do nome oficial só são permitidas nos casos previstos no Código ou com autorização do Ministro da Justiça (artigo 104.°, Código do Registo Civil).

Após o casamento, qualquer dos cônjuges, conservando os seus apelidos, tem direito a usar apelidos do outro até ao máximo de dois (artigo 1677.°, C.C.), podendo ser privado judicialmente desse direito após a morte do cônjuge ou encontrando-se separado judicialmente de pessoas e bens ou divorciado (artigo 1677.°-C, C.C.).

Os artigos 1677.° a 1677.°-C, C.C., regulam minuciosamente os termos e condições em que cada um dos cônjuges pode usar os apelidos do outro, constituindo tais regras uma inovação significativa relativamente ao regime originário, que só permitia à mulher o uso do nome do marido.

O nome completo é um dos elementos de identificação que tem de constar do bilhete de identidade, de acordo com o artigo 5.°-*a)* da Lei n.° 33/99, de 18 de Maio, alterada pelos Decretos-Leis n.°s 323/2001, de 17 de Dezembro, e 194/2003, de 23 de Agosto. O nome do titular é inscrito de harmonia com o que constar do assento de nascimento, "devendo os nomes próprios respeitar a ortografia oficial"; o artigo 7.° desta Lei n.° 33/99 dispõe ainda que "o director-geral dos Registos e do Notariado pode autorizar ortografia do nome próprio diferente da oficial quando assim constar do respectivo assento de nascimento e lhe for solicitado pelo requerente [...]"; "tratando-se de erro ortográfico notório, deve ser promovida a rectificação oficiosa do assento de nascimento".

O Código de Processo Civil prevê a possibilidade de se pedirem providências ao tribunal para impedir o uso prejudicial de nome idêntico ao daquele que as requer (artigo 1474.°, n.° 2).

O artigo 28.° do Código do Direito de Autor e dos Direitos Conexos (Decreto-Lei n.° 63/85, de 14 de Março, alterado pelas Leis n.°s 45/85, de 17 de Setembro, 114/91, de 3 de Setembro, e 50/2004, de 24 de Agosto, pelos Decretos-Leis n.°s 332/97, 333/97 e 334/97, todos de 27 de Novembro, que transpuseram para a ordem jurídica interna várias directivas comunitárias) estabelece que o autor de obra intelectual se pode identificar "pelo nome próprio, completo ou abreviado, as iniciais deste, um pseudónimo ou qualquer sinal convencional", dispondo o artigo 29.°, n.° 1, do mesmo diploma que "não é permitida a utilização de nome literário, artístico ou científico susceptível de ser confundido com outro anteriormente usado em obra divulgada ou publicada, ainda que de género diverso, nem com nome de personagem célebre da história das letras, das artes ou das ciências".

V. artigo 97.° do mesmo Código.

Sobre os problemas jurídicos do nome, v. a Convenção n.° 4 da Comissão Internacional do Estado Civil (CIEC) Relativa a Alteração de Nomes Próprios e Apelidos, assinada em Istambul a 4 de Setembro de 1958, e aprovada, para adesão, pela Resolução da Assembleia da República n.° 5/ /84, de 16 de Fevereiro (tendo o instrumento de adesão de Portugal sido depositado, segundo aviso publicado no *Diário da República*, I série, de 13 de Julho de 1984). V. também a Convenção n.° 19 da mesma Comissão, Relativa à Lei Aplicável aos Nomes Próprios e Apelidos, concluída em Munique em 5 de Setembro de 1980, e aprovada, para adesão, pela Resolução da Assembleia da República n.° 8/84, de 3 de Março, cujo instrumento de vinculação foi depositado por parte de Portugal e registado em 3 de Julho de 1990, tendo a Convenção entrado em vigor no nosso país a 1 de Outubro de 1990.

V. *Identificação da pessoa; Filiação; Família; Descendente; Adopção; Estrangeiros; Cidadania; Menor; Maternidade; Paternidade; Registo civil; Requerimento; Abandono de menor; Direitos de personalidade; Casamento; Bilhete de identidade; Assento; Facto notório; Divórcio; Separação judicial de pessoas e bens; Direito de autor; Pseudónimo.*

Nomeação (Dir. Civil) – A designação do terceiro que, no contrato para pessoa a nomear, assumirá a posição de parte "deve ser feita mediante declaração por escrito ao outro contraente, dentro do prazo convencionado ou, na falta de convenção, dentro dos cinco dias posteriores à celebração do contrato".

Esta declaração de nomeação, para produzir efeitos, tem de ser acompanhada do instrumento de ratificação do contrato ou de procuração anterior à sua celebração. Sendo a nomeação válida e eficaz, "a pessoa nomeada adquire os direitos e assume as obrigações provenientes do contrato a partir da celebração dele". Não havendo nomeação, sendo ela inválida ou ineficaz, o contrato produz os seus efeitos relativamente ao contraente originário, salvo se as partes tiverem, convencionalmente, estipulado o contrário.

V. artigos 453.° e 455.°, C.C..

V. *Contrato para pessoa a nomear; Terceiro; Convenção; Declaração negocial; Celebração do contrato; Documento particular; Invalidade; Eficácia; Ratificação; Procuração; Direito subjectivo; Obrigação.*

Nomeação à acção (Proc. Civil) – Com a reforma de 1995/96 do C.P.C. deixou de haver referência ao incidente da nomeação à acção, que tinha tem lugar em duas situações que se encontravam legalmente previstas:

1 – Sendo uma pessoa demandada na qualidade de possuidora de uma coisa em nome próprio, quando na realidade a possuísse em nome alheio, deveria nomear à acção a pessoa em nome de quem possuía a coisa, pois, caso contrário, seria considerada possuidora em nome próprio e responderia para com a pessoa em nome de quem possuía por todos os prejuízos que lhe causasse com a falta de nomeação.

2 – Uma pessoa, que fosse demandada por ter praticado um facto ofensivo de um direito real e que pretendesse alegar que o tinha feito por ordem ou em nome de terceiro, deveria nomear este à acção.

Estas situações, no direito vigente, podem dar lugar a intervenção principal (v. artigos 325.° a 329.°, C.P.C.).

V. *Incidente; Demandado; Posse; Detenção; Responsabilidade civil; Dano; Direito real; Intervenção de terceiros; Intervenção principal.*

Nomeação de advogado (Proc. Civil) – V. *Advogado; Nomeação oficiosa de advogado.*

Nomeação de bens à penhora (Proc. Civil) – O artigo 811.°, C.P.C., estabelecia que o executado deveria ser citado para, no prazo de 20 dias, pagar ou nomear bens à penhora. Entretanto, por força da redacção que foi dada a variadíssimos preceitos que se ocupam do processo de execução pelo Decreto-Lei n.° 38/2003, de 8 de Março, rectificado pela Declaração de rectificação n.° 5-C/2003, de 30 de Abril, os bens são, na generalidade dos casos, penhorados antes de o executado ser citado (cfr. artigo 812.°-B, C.P.C.).

A indicação dos bens cabe agora ao exequente, no requerimento executivo, devendo este, nos termos do n.° 5 do artigo 810.°, C.P.C., com a redacção que lhe foi dada pelo DL n.° 38/2003:

"*a)* Quanto aos prédios, indicar a sua denominação ou número de polícia, se os tiverem, ou a sua situação e confrontações, o artigo matricial e o número da descrição, se estiverem descritos no registo predial;

b) Quanto aos móveis, designar o lugar em que se encontram e fazer a sua especificação;

c) Quanto aos créditos, declarar a identidade do devedor, o montante, a natureza e a origem da dívida, o título de que constam, as garantias existentes e a data do vencimento;

d) Quanto aos direitos a bens indivisos, indicar o administrador e os comproprietários, bem como a quota-parte que neles pertence ao executado".

O artigo 834.°, C.P.C., também na redacção do DL n.° 38/2003, indica critérios de prioridade a seguir na penhora dos bens, e o artigo 935.°, na redacção do mesmo diploma, determina que, se a dívida se encontrar garantida com uma garantia real (penhor ou hipoteca, por exemplo), são penhorados, em primeiro lugar, os bens que garantem a dívida, só podendo ser penhorados outros quando aqueles sejam insuficientes para a liquidar.

V. *Execução; Penhora; Citação; Executado; Exequente; Requerimento executivo; Imóvel; Registo predial; Móvel; Crédito; Garantias especiais; Vencimento; Indivisão; Administrador; Compropriedade; Direito real de garantia; Penhor; Hipoteca.*

Nomeação oficiosa de advogado (Proc. Civil) - O artigo 43.°, C. P C., na redacção do Decreto-Lei n.° 329-A/95, de 12 de Dezembro, dispõe que, se uma pessoa deseja propor uma acção, ou tem de defender-se numa que contra si tenha sido proposta, e não encontra na circunscrição judicial advogado que aceite ser seu mandatário, "pode dirigir-se ao presidente do Conselho Distrital da Ordem dos Advogados ou à respectiva delegação para que lhe nomeiem advogado". Não sendo a nomeação feita no prazo de dez dias ou tratando-se de caso de urgência, pode a nomeação ser feita pelo próprio juiz - artigo 44.°, C.P.C., na redacção do referido DL n.° 329-A/95.

Em qualquer caso, a nomeação é notificada ao advogado nomeado, que pode alegar motivo de escusa no prazo de cinco dias; caso o não faça ou quando o motivo alegado não for julgado justificativo, o advogado tem de exercer o patrocínio judiciário sob pena de procedimento disciplinar - artigo 43.°, n.° 2, C.P.C..

Os solicitadores podem ser oficiosamente nomeados nas mesmas condições que os advogados, mas sê-lo-ão sempre pelo juiz - artigo 44.°, C.P.C..

Para além destas disposições gerais que se ocupam do regime da nomeação oficiosa de advogado, também a esta se referem os artigos 15.°, n.° 2, e 16.°, n.° 2, C.P.C., o segundo com a redacção do DL n.° 329-A/95. No primeiro deles, prevê-se a hipótese de uma acção ser proposta pelo Ministério Público em representação de alguém contra incapaz ou ausente - que não tenham quem os represente ou cujos representantes não tenham deduzido oposição -, aí se determinando que o réu será então representado por um defensor oficioso nomeado pelo juiz; a intervenção deste defensor oficioso cessa "logo que o ausente ou o seu procurador compareça, ou logo que seja constituído mandatário judicial do ausente ou do incapaz". Semelhante é o regime estabelecido quando se trate de acção proposta pelo Ministério Público em representação do autor contra incertos.

Nos termos da Lei n.° 34/2004, de 29 de Julho, nos casos em que é concedido apoio judiciário, "na modalidade de nomeação de patrono, compete à Ordem dos Advogados a escolha e nomeação de advogado, de acordo com os respectivos estatutos, regras processuais e regulamentos internos"; "a nomeação de patrono deve, em regra, recair em advogado com escritório na comarca onde o processo corre termos"; "na observância dos estatutos, regras processuais e regulamentos internos da Câmara dos Solicitadores, a nomeação pode igualmente recair sobre solicitador, em moldes a convencionar entre a respectiva Câmara e a Ordem dos Advogados" (artigo 30.°).

"A nomeação de patrono é notificada pela Ordem dos Advogados ao requerente e ao patrono nomeado e, [...] para além de ser feita com a expressa advertência do início do prazo judicial, [...] é feita com menção expressa, quanto ao requerente, do nome e escritório do patrono bem como do dever de lhe dar colaboração, sob pena de o apoio judiciário lhe ser retirado" (artigo 31.°). Nos termos do artigo 32.°, "o beneficiário do apoio judiciário pode, em qualquer processo, requerer à Ordem dos Advogados a substituição do patrono nomeado, fundamentando o seu pedido".

"O patrono nomeado para a propositura da acção deve intentá-la nos 30 dias seguintes à notificação da nomeação, apresentando justificação à Ordem dos Advogados no caso de não instauração da acção naquele prazo" (artigo 33.°, n.° 1).

O patrono pode "pedir escusa, mediante requerimento dirigido ao presidente do Conselho Distrital da Ordem dos Advogados ou ao presidente da secção da Câmara dos Solicitadores, no qual se contenha a alegação dos motivos" (artigo 34.°, n.° 1). Neste caso, "a Ordem dos Advogados procede imediatamente à nomeação e designação de novo patrono, excepto no caso de fundamento do pedido de escusa ser a inexistência de fundamento legal da pretensão, caso em que pode recusar nova nomeação para o mesmo fim".

V. *Advogado; Advogado estagiário; Mandatário judicial; Ordem dos Advogados; Solicitador; Câmara dos Solicitadores; Notificação; Patrocínio judiciário; Ministério Público; Incapaz; Ausência; Procurador; Autor; Incertos; Apoio judiciário; Comarca; Prazo judicial; Propositura da acção; Escusa.*

Nome literário (Dir. Civil) – É o pseudónimo com o qual o escritor subscreve a sua obra.

V. *Pseudónimo.*

"Non facere" (Dir. Civil) – Expressão que significa não fazer ou omissão.

A obrigação que tem por objecto uma prestação *de non facere* é aquela em que o devedor se vinculou a omitir um dado comportamento, se comprometeu a abster-se de certa actuação.

Exemplo típico de uma obrigação *de non facere* é a de alguém se encontrar vinculado a não abrir um estabelecimento de dado ramo em certa zona (pacto de não concorrência).

V. *Obrigação; Prestação; Prestação de facto; Devedor; Pacto de não concorrência.*

"Non liquet" (Proc. Civil) – Declaração, feita pelo tribunal, de que lhe não é possível decidir do litígio que lhe foi submetido.

O artigo 8.°, n.° 1, C.C., proíbe o *non liquet:* "O tribunal não pode abster-se de julgar, invocando a falta ou obscuridade da lei ou alegando dúvida insanável acerca dos factos em litígio".

V. *Litígio; Denegação de justiça.*

Norma de conflitos – As normas de conflitos têm como objecto a definição do direito aplicável a situações que poderiam, pelas conexões que implicam, ser reguladas por uma de várias ordens jurídicas. Por vezes, trata-se de normas de direito material, isto é, que regulam, elas próprias a situação; na maior parte dos casos, porém, são regras que estabelecem qual o direito aplicável à situação.

O conjunto das normas de conflitos constitui o direito internacional privado.

V. *Norma jurídica; Conflito de leis; Direito material.*

Norma de interesse e ordem particular – É uma disposição que visa, dominante ou exclusivamente, a tutela de interesses privados e que é, por isso, em regra afastável por vontade das partes.

V. *Norma jurídica; Ordem pública; Norma supletiva.*

Norma de interesse e ordem pública – V. *Norma jurídica; Ordem pública.*

Norma dispositiva – Há quem use esta expressão para designar a norma que não é imperativa, isto é, que é supletiva.

V. *Norma jurídica; Norma supletiva.*

Norma especial – A norma especial consagra um regime que, não se encontrando em oposição ao regime geral, tem, em relação a este, certas particularidades, conformes com o sector específico de relações a que se aplica. Isto é, constituindo a previsão da norma especial um subconjunto da previsão da norma geral, caracterizado como uma espécie desta última, o regime estabelecido pela norma especial tem, relativamente ao regime geral, as especificidades adequadas à espécie que contempla.

Assim, por exemplo, o regime estabelecido pelo artigo 934.°, C.C., relativo à compra e venda a prestações, é especial relativamente ao regime geral dos artigos 781.° e 886.° do mesmo Código.

O artigo 7.°, n.° 3, C.C., determina que a "lei geral não revoga a lei especial, excepto se outra for a intenção inequívoca do legislador".

V. *Norma jurídica; Norma geral; Venda a prestações; Revogação da lei.*

Norma excepcional – Norma que regula um sector particular de situações ou relações, de forma oposta àquela que genericamente vigora para o conjunto das situações ou relações do mesmo género. As situações ou relações que têm um regime excepcional, fazendo parte do conjunto daquelas que são objecto do regime-regra, têm características identificadoras tão próprias e específicas que as distinguem essencialmente do conjunto em que se inscrevem, justificando por isso um regime contrário àquele regime-regra.

Assim acontece, por exemplo, os artigos 500.° a 508.°, C.C., que regulam situações de responsabilidade independentemente de culpa (cfr. artigo 483.°, n.° 2, C.C.).

O artigo 11.°, C.C., determina que "as normas excepcionais não comportam aplicação analógica, mas admitem interpretação extensiva".

V. *Norma jurídica; Norma geral; Responsabilidade civil; Culpa; Responsabilidade objectiva; Analogia; Interpretação extensiva.*

Norma facultativa – Norma que consubstancia uma regra que pode ser livremente afastada por convenção das partes.

V. *Norma jurídica; Norma supletiva; Convenção.*

Norma geral – Norma que constitui o regime-regra do tipo de situações ou de relações que regula.

Por exemplo, no domínio da forma dos negócios jurídicos, a regra é a da liberdade: esse é o princípio geral do artigo 219.°, C.C..

V. *Norma jurídica; Forma; Negócio jurídico; Consensualidade.*

Norma imperativa – Norma legal que contém um preceito que se impõe directa e imediatamente aos sujeitos privados, sendo insusceptível de ser afastada por vontade destes.

Por exemplo, o artigo 942.°, n.° 1, C.C., contém a regra de que a doação não pode abranger bens futuros: disposição que é imperativa.

Às normas imperativas ou injuntivas contrapõem-se as chamadas normas supletivas ou dispositivas.

V. *Norma jurídica; Lei; Doação; Coisa futura; Norma supletiva.*

Norma individual – Designa-se assim a norma cuja previsão não contempla uma pluralidade de destinatários ou de situações, mas um sujeito determinado ou uma situação específica. A lei individual encontra-se, portanto, desprovida da característica da generalidade, o que a torna inconstitucional, por violação designadamente do princípio da igualdade.

Tais normas, que alguns autores também designam por leis-medida, leis-provisão ou leis-providência, podem apresentar-se, formal ou normativamente, como genéricas, isto é, como referidas a uma pluralidade de sujeitos ou de situações, visando, realmente, um único sujeito ou situação.

V. *Norma jurídica; Lei; Generalidade; Princípio da igualdade.*

Norma injuntiva – Sinónimo de *norma imperativa* (v. esta expressão).

Norma interpretativa – V. *Lei interpretativa.*

Norma jurídica – Designa-se assim toda a regra destinada a regular relações inter-subjectivas que relevam na vida social e/ou económica, emanada dos órgãos ou pelos meios considerados competentes para definir o direito em certa sociedade, e dotadas das características da generalidade, abstracção, hipoteticidade e coercibilidade.

V. *Generalidade; Abstracção; Hipoteticidade; Coercibilidade; Fontes de direito.*

Norma local – Dizem-se locais as normas jurídicas que apenas se aplicam no âmbito de uma zona geográfica limitada. Assim acontece com aquelas que são aplicáveis no território de uma autarquia local, como, por exemplo, os regulamentos municipais (v. artigo 241.° da Constituição).

V. *Norma jurídica.*

Norma permissiva – É permissiva a norma que permite ou autoriza um dado comportamento.

V. *Norma jurídica.*

Norma preceptiva – Qualifica-se como preceptiva a norma jurídica que impõe uma dada conduta.

V. *Norma jurídica.*

Norma proibitiva – É proibitiva a norma que declara proibido certo comportamento. São, tipicamente, normas proibitivas as penais.

V. *Norma jurídica.*

Norma regional – Designam-se assim as normas que têm como âmbito de aplicabilidade as regiões autónomas, como, por exemplo, os decretos legislativos regionais.

V. artigos 226.° a 228.° da Constituição da República sobre a competência legislativa dos órgãos das regiões autónomas.

V. *Norma jurídica; Decreto legislativo regional.*

Norma remissiva – É a norma que não regula directamente certa matéria, limitando-se a remeter para outra (ou outras) norma(s), que contém a regra aplicável a essa matéria.

Por vezes, a remissão não se verifica para a estatuição de uma norma, antes se destina a preencher uma noção legal (assim, por exemplo, o artigo 974.°, C.C., que caracteriza a ingratidão do donatário por remissão para os factos que fundamentam a indignidade sucessória e a deserdação).

V. *Norma jurídica; Estatuição; Doação; Ingratidão; Indignidade; Deserdação.*

Normas de conflitos – V. *Norma de conflitos; Conflito de leis.*

Norma supletiva – Norma legal que contém um regime que se destina a aplicar-se apenas em caso de omissão das partes relativamente à disciplina de determinados aspectos dos negócios jurídicos que realizam. Por assim ser, os regimes supletivos podem ser afastados por declaração dos sujeitos.

Por exemplo, o lugar do cumprimento da obrigação é, de acordo com o artigo 772.°, C.C., o do domicílio do devedor; no entanto, as partes podem livremente estipular coisa diversa sobre tal lugar, nos contratos que celebrarem e, só no caso de o não fazerem, se aplicará esta regra ou outra que especialmente regule aquele tipo negocial.

V. *Norma jurídica; Negócio jurídico; Declaração negocial; Obrigação; Lugar do cumprimento; Domicílio; Devedor; Norma especial; Norma imperativa.*

Norma temporária – Qualifica-se assim a norma, *maxime* legal, que é publicada para vigorar apenas durante um dado período temporal ou durante a manutenção de um dado circunstancialismo, ou ainda que se destine à realização de um certo fim.

A norma temporária cessa a sua vigência por caducidade, independentemente, pois, do surgimento de outra norma, em especial da publicação de qualquer outra lei que a revogue ou substitua (cfr. artigo 7.°, n.° 1, C.C., *a contrario*).

V. *Norma jurídica; Lei; Caducidade da lei; Revogação da lei.*

Norma universal – Há quem qualifique como universais as normas cujo âmbito territorial de vigência é todo o território nacional, aquelas que o artigo 112.°, n.° 5, da Constituição da República designava por leis gerais da República, antes de ser revogado pela Lei Constitucional n.° 1/ /2004, de 24 de Julho.

V. *Norma jurídica;Lei.*

Notário – É o funcionário público incumbido da função notarial na área de jurisdição do seu cartório.

O Código do Notariado (que fora aprovado pelo Decreto-Lei n.° 47 619, de 31 de Março de 1967, alterado posteriormente por vários diplomas) resulta do Decreto--Lei n.° 207/95, de 14 de Agosto (rectificado pela Declaração de rectificação n.° 130/95, de 31 de Outubro), alterado pelos Decretos-Leis n.°s 40/96, de 7 de Maio (rectificado pela Declaração de rectificação n.° 10-A/96, de 31 de Maio), 250/96, de 24 de Dezembro (rectificado pela Declaração de rectificação n.° 4-A/97, de 31 de Janeiro), e 76-A/2006, de 29 de Março (rectificado pela Declaração de rectificação n.° 28-A/2006, de 26 de Maio), 257/96, de 31 de Dezembro (rectificado pela Declaração de rectificação n.° 5-A/97, de 28 de Fevereiro), 380/98, de 27 de Novembro, 375--A/99, de 20 de Setembro, 410/99, de 15 de Outubro, 64-A/2000, de 22 de Abril, 237/2001, de 30 de Agosto (rectificado pela Declaração de rectificação n.° 20-AS/2001, de 30 de Novembro), 273/2001, de 13 de Outubro, 322-A/2001, de 14 de Dezembro, 194/2003, de 23 de Agosto, 287/2003, de 12 de Novembro, e 2/2005, de 4 de Janeiro.

A função notarial tem, fundamentalmente, por fim dar forma e conferir autenticidade aos actos jurídicos extrajudiciais, participando na elaboração de documentos ou garantindo a sua autenticidade.

O Decreto-Lei n.° 26/2004, de 4 de Fevereiro, alterado pelo Decreto-Lei n.° 51//2004, de 29 de Outubro, aprovou o chamado Estatuto do Notariado, cujo artigo 1.° caracteriza o notário como "o jurista a cujos documentos escritos, elaborados no exercício da sua função, é conferida fé pública", sendo, "simultaneamente, um oficial público que confere autenticidade aos documentos e assegura o seu arquivamento e um profissional liberal que actua de forma independente, imparcial e por livre escolha dos interessados", sendo "a natureza pública e privada da função notarial [...] incindível". Trata-se de um diploma profundamente inovador na matéria, dado que transforma os notários em profissionais liberais embora com um estatuto especial, estabelecendo o respectivo artigo 2.° que, "no território da República Portuguesa, há uma classe única de notários", estando estes sujeitos "à fiscalização e acção disciplinar do Ministro da Justiça e dos órgãos competentes da Ordem dos Notários". Dado que este diploma vem estabelecer um regime muito inovador na matéria, o seu artigo 106.° contém normas transitórias que são as seguintes: "a transição do actual para o novo regime do notariado deve operar-se num período de dois anos contados da data de entrada em vigor do presente Estatuto", e "durante o período de transição deve proceder-se ao processo de transformação dos actuais cartórios, à abertura de concursos para atribuição de licenças, à resolução das situações funcionais dos notários e dos oficiais que deixem de exercer funções no notariado e demais operações necessárias à transição". Por outro lado, aos notários em funções ao tempo da entrada em vigor deste Estatuto, permitiu-se a opção entre a transição para o novo regime ou a integração em serviço da Direcção-Geral dos Registos e do Notariado, opção a fazer "mediante requerimento de admissão ao concurso para a atribuição de licença [...]", presumindo-se "da ausência de requerimento [...], após o período [...]" legalmente estabelecido que o notário optou pela integração em serviço daquela Direcção-Geral (artigo 107.°). Quanto aos oficiais do notariado, admitiu-se também a possibilidade de optarem entre a integração no novo regime ou a integração em serviço na Direcção-Geral dos Registos e do Notariado. Finalmente, o artigo 126.° determina que o Estatuto se aplica "aos notários que iniciem funções no âmbito do mesmo", e que "os notários que, durante o período transitório, continuem a exercer a respectiva função permanecem sujeitos à disciplina orgânica dos serviços dos Registos e do Notariado estabelecida no Decreto-Lei n.° 519-F2/79, de 29 de Dezembro, e ao estabelecido no Decreto-Lei n.° 322-A/2001, de 14 de Dezembro, bem como a todas as demais disposições legais que presentemente lhes são aplicáveis".

O conteúdo da função notarial encontra-se descrito no artigo 4.° deste DL; nos termos do artigo 10.°, "o notário exerce as suas funções em nome próprio e sob sua responsabilidade, com respeito pelos princípios da legalidade, autonomia, imparcialidade, exclusividade e livre escolha.

"O notário tem direito a usar, como símbolo da fé pública, selo branco, de forma circular, representando em relevo o escudo da República Portuguesa, circundado pelo nome do notário e pela identificação do respectivo cartório, de acordo com o modelo aprovado por portaria do Ministério da Justiça"; "o selo branco e o seu correspondente digital, pertença de cada notário, são registados no Ministério da Justiça e não podem ser alterados sem autorização do Ministro da Justiça"; "em caso de cessação definitiva de funções, o Ministério deve ser informado de imediato, podendo autorizar o uso do selo branco e do seu correspondente digital pelo substituto designado pela direcção da Ordem dos Notários, devendo, nesses casos, fazer-se expressa menção da situação em que é usado o selo branco ou o seu correspondente digital" (a título de curiosidade, refere-se que o artigo 40.° do Decreto-Lei n.° 76-A/2006, de 29 de Março, determina que o termo "direcção" utilizado "em qualquer acto normativo, estatuto [...]", considera-se substituído por "conselho de administração executivo") – artigo 21.°.

A Portaria n.° 483/2005, de 18 de Maio, aprova o modelo de selo branco, como símbolo de fé pública, a usar pelos notários no exercício das suas funções.

"O notário é retribuído pela prática dos actos notariais, nos termos constantes de tabela aprovada por portaria do Ministério da Justiça" – artigo 17.°, n.° 1, ocupando-se os n.°s 2 e 3 dos critérios de elaboração desta tabela e da forma de fixação dos montantes remuneratórios. V. Portaria n.° 385/2004, de 16 de Abril, alterada pela Portaria n.° 1416-A/2006, de 19 de Dezembro, que aprovou a tabela de honorários e encargos da actividade notarial.

Nos termos dos artigos 25.° e segs., para se ter acesso à função notarial é necessário: "*a)* não estar inibido do exercício de funções públicas ou interdito para o exercício de funções notariais; *b)* possuir licenciatura em Direito reconhecida pelas leis portuguesas; *c)* ter frequentado o estágio notarial [que é organizado pela Ordem dos Notários, "tem a duração de 18 meses e é realizado sob a orientação de notário com, pelo menos, sete anos de exercício de funções notariais, livremente escolhido pelo estagiário ou designado pela Ordem dos Notários", concluído o qual "o notário patrono elabora uma informação do estágio, na qual se pronuncia sobre a aptidão do estagiário para o exercício da função notarial"]; *d)* ter obtido aprovação em concurso realizado pelo Conselho do Notariado [aberto por aviso do Ministério da Justiça, publicado no *Diário da República*, ouvida a Ordem, e que "consiste na prestação de provas públicas de avaliação da capacidade para o exercício da função notarial", com uma componente escrita e uma oral]". Uma vez aprovado no concurso, é atribuído o título de notário, sendo estes graduados "segundo o seu mérito, tendo em conta as classificações obtidas nas provas do concurso e as constantes dos respectivos títulos académicos"; a graduação "tem a validade de dois anos, prorrogável por deliberação fundamentada da direcção da Ordem dos Notários".

O respectivo artigo 6.°, n.° 1, determina que "na sede de cada município existe, pelo menos, um notário, cuja actividade está dependente da atribuição de licença", sendo a "competência do notário [...] exercida na circunscrição territorial do município em que está instalado o respectivo cartório", muito embora ele possa "praticar todos os actos da sua competência ainda que respeitem a pessoas domiciliadas ou a bens situados fora da respectiva circunscrição territorial" (artigo 7.°). Ao notário é permitido pelo artigo 8.°, "sob sua responsabilidade, autorizar [devendo a autorização "ser expressa e o respectivo texto afixado no cartório notarial em local acessível ao público"] um ou vários trabalhadores com formação adequada a praticar determinados actos ou certas categoria de actos", salvo "actos titulados por escritura pública, testamentos públicos, instrumentos de aprovação, de abertura e de depósito de testamentos cerrados ou testamentos internacionais e respectivos averbamentos, actas de reuniões de órgãos sociais e, de um modo geral, todos os actos em que seja necessário interpretar a vontade dos interessados ou esclarecê-los juridicamente". A abertura de cartório notarial depende de atribuição da respectiva licença, regulada nos artigos 34.° e 35.°, dispondo o artigo 36.° que "os notários que não concorram a licença de cartório notarial ou não a obtenham no concurso podem integrar a bolsa de notários da Ordem [...]", sendo por esta última fixados quer o número dos que integram essa bolsa quer os critérios para a respectiva selecção.

Uma vez instalado o cartório notarial, deve o notário tomar posse nos 15 dias subsequentes, iniciando-se a respectiva actividade "com a tomada de posse mediante juramento perante o Ministro da Justiça e o bastonário da Ordem dos Notários"; "o início da actividade deve ser publicitado, por iniciativa e a expensas do empossado, num jornal da localidade, com menção do nome do notário e do local de exercício da actividade" (artigos 37.° e 38.°).

Os deveres dos notários encontram-se enunciados no artigo 23.° do Estatuto que tem vindo a referir-se.

O artigo 39.° do Estatuto da Ordem dos Notários, aprovado pelo Decreto-Lei n.° 27/2004, de 4 de Fevereiro, proíbe os notários de "publicitar a sua actividade recorrendo a qualquer forma de comunicação com o objectivo de promover a solicitação de clientela", termos idênticos aos do artigo 16.° do Estatuto do Notariado.

A cessação de actividade ocorre por exoneração – que tem lugar por decisão do Ministro da Justiça, a requerimento do notário "com a antecedência mínima de 60 dias", que pode ser feito a qualquer momento –, limite de idade – que é de 70 anos –, incapacidade – que se verifica quando o notário "sofra de perturbação física ou psíquica que impossibilite o desempenho normal da sua função, comprovada por junta médica competente", hipótese em que, "sempre que a situação o justifique, o Conselho do Notariado pode determinar a imediata suspensão da actividade do notário" –, morte ou interdição definitiva do exercício da actividade – esta última tem lugar "na sequência de sanção disciplinar ou criminal que a determine" (artigos 41.° a 46.° do Estatuto do Notariado). Uma vez cessada a actividade, "o notário encerra o cartório e informa de imediato o Ministério da Justiça e a Ordem dos Notários do encerramento": é o que estabelece o n.° 1 do artigo 47.°, ocupando-se os números seguintes da situação de cessação e consequente encerramento do cartório por morte do notário. A Ordem dos Notários, conhecida a situação de encerramento do cartório por cessação da actividade, "designa de imediato um notário para, a título transitório, assegurar o funcionamento do cartório". "A cessação da actividade do notário titular de licença de instalação de cartório notarial determina a realização de concurso para atribuição de nova licença" – artigo 50.°.

Dispõe o artigo 60.° do Estatuto que "os notários são disciplinarmente responsáveis perante o Ministro da Justiça e a Ordem dos Notários [...]". O Conselho do Notariado é o órgão que tem, entre outras atribuições, a acção disciplinar sobre os notários. O regime disciplinar encontra-se nos artigos 61.° a 105.° do Estatuto.

A Portaria n.° 398/2004, de 21 de Abril, aprovou o Regulamento de Atribuição do Título de Notário para vigorar durante o período transitório referido no Estatuto.

O Decreto-Lei n.° 87/2001, de 17 de Março (rectificado pela Declaração de rectificação n.° 10-B/2001, de 30 de Abril), alterado pelos Decretos-Leis n.°s 178-A//2005, de 28 de Outubro, e 76-A/2006, de 29 de Março (rectificado este pela Declaração de rectificação n.° 28-A/2006, de 26 de Maio), aprovou a Lei Orgânica da Direcção-Geral dos Registos e do Notariado.

A criação de cartórios notariais de competência especializada foi prevista pelo Decreto-Lei n.° 35/2000, de 14 de Março, cujo artigo 1.° dispõe que, "por portaria do Ministro da Justiça [estes] podem ser criados [...]", acrescentando que os que forem criados "podem funcionar nas instalações de organismos ou institutos públicos, associações patronais ou empresariais, associações de consumidores de representatividade genérica e de âmbito nacional, câmaras de comércio e indústria e ordens profissionais", sendo, nestes casos, a criação do cartório "precedida de convenção protocolar [a celebrar pelo prazo de dois anos, tacitamente prorrogável por períodos de igual duração, com o Ministério da Justiça] [...]". De acordo com o artigo 4.° do DL n.° 35/2000, a competência destes cartórios notariais "é definida na respectiva portaria de criação em função dos intervenientes nos actos notariais ou da actividade exercida pelas entidades envolvidas".

O Decreto-Lei n.° 234/88, de 16 de Março, que instituiu, na dependência do

Ministério da Justiça, um cartório notarial privativo da zona franca da Madeira, foi alterado pelos Decretos-Leis n.°s 50/95, de 16 de Março, e 225/95, de 8 de Setembro.

O Decreto-Lei n.° 131/91, de 2 de Abril, estabelece as escalas indiciárias relativas aos vencimentos dos notários e dos oficiais do notariado, tendo sido alterado pelo Decreto-Lei n.° 377/91, de 9 de Outubro, este, por sua vez, alterado pelo Decreto-Lei n.° 76/92, de 4 de Maio. V. ainda Portarias n.°s 1448/2001, de 22 de Dezembro, 110/2003, de 29 de Janeiro, e 496/2005, de 31 de Maio, e 40/2006, de 12 de Janeiro.

O Decreto-Lei n.° 322-A/2001, de 14 de Dezembro, alterado pelo Decreto-Lei n.° 315/2002, de 27 de Dezembro, pela Lei n.° 32-B/2002, de 30 de Dezembro, e pelos Decretos-Leis n.°s 194/2003, de 23 de Agosto, 53/2004, de 18 de Março, 199/ /2004, de 18 de Agosto, 111/2005, de 8 de Julho, 178-A/2005, de 28 de Outubro (rectificado pela Declaração de rectificação n.° 89/2005, de 27 de Dezembro), 76-A/ /2006, de 29 de Março (rectificado pela Declaração de rectificação n.° 28-A/2006, de 26 de Maio), e 85/2006, de 23 de Maio, aprovou o Regulamento Emolumentar dos Registos e Notariado. A Portaria n.° 940/ /99, de 27 de Outubro, fixou a participação emolumentar atribuída aos oficiais do notariado, ocupando-se a Portaria n.° 942/99, também de 27 de Outubro, de fixação paralela atribuída aos notários. A Portaria n.° 385/2004, de 16 de Abril, aprovou a tabela de honorários e encargos da actividade notarial.

A Portaria n.° 130/2005, de 2 de Fevereiro, fixa o horário de funcionamento dos cartórios notariais.

O artigo 70.°, C.P.C., na redacção do Decreto-Lei n.° 329-A/95, de 12 de Dezembro, diz que "compete aos tribunais singulares [de 1ª. instância] de competência genérica o conhecimento dos recursos das decisões dos notários, dos conservadores do registo e de outros que, nos termos da lei, para eles devam ser interpostos".

Na lei civil, encontra-se uma disposição, a do artigo 2197.°, C.C., que restringe a liberdade de testar a favor de notário; é, na parte pertinente, o seguinte o seu teor: "É nula a disposição a favor do notário ou da entidade com funções notariais que lavrou o testamento público ou aprovou o testamento cerrado [...]".

O DL n.° 76-A/2006 dispõe, no seu artigo 38.°, n.° 1, que, "sem prejuízo da competência atribuída a outras entidades, as câmaras de comércio e indústria, reconhecidas nos termos do Decreto-Lei n.° 244/92, de 29 de Outubro, os conservadores, os oficiais de registo, os advogados e os solicitadores podem fazer reconhecimentos simples e com menções especiais, presenciais e por semelhança, autenticar documentos particulares, certificar, ou fazer certificar, traduções de documentos nos termos previstos na lei notarial", determinando o n.° 2 da mesma disposição que estes reconhecimentos, autenticações e certificações "conferem ao documento a mesma força probatória que teria se tais actos tivessem sido realizados com intervenção notarial".

V. *Documento autêntico; Documento particular; Autenticação; Reconhecimento de letra e assinatura; Cartório notarial; Princípio da legalidade; Princípio da autonomia; Princípio da imparcialidade; Princípio da exclusividade; Princípio da livre escolha; Substituição de notário; Conselho do Notariado; Recurso; Recurso de acto notarial; Tribunal singular; Forma; Nulidade; Testamento público; Testamento cerrado; Escritura pública; Recusa de acto notarial; Advogado; Solicitador; Registo; Tradução; Força probatória.*

Notas a documento (Dir. Civil) – O artigo 381.°, C.C., dispõe que "a nota escrita pelo credor, ou por outrem segundo instruções dele, em seguimento, à margem ou no verso do documento que ficou em poder do credor, ainda que não esteja datada nem firmada, faz prova do facto anotado, se favorecer a exoneração do devedor", idêntico valor sendo "atribuído à nota escrita pelo credor, ou segundo instruções dele, em seguimento, à margem ou no verso de documento de quitação ou de título de dívida em poder do devedor". Estas disposições estão em consonância com o direito, atribuído ao devedor ou a terceiro que cumpra a obrigação, de exigir ao respectivo credor, que legitimamente recuse a restituição do título da obrigação já cumprida, que nele mencione o cumprimento efectuado – artigo 788.°, C.C..

Se as notas referidas forem canceladas pelo credor, "perdem a força probatória que [...] lhes é atribuída, ainda que o cancelamento não prejudique a sua leitura, salvo quando forem feitos por exigência do devedor ou de terceiro", nos termos do já citado artigo 788.°.

V. *Credor; Documento; Exoneração; Devedor; Obrigação; Cumprimento; Quitação; Restituição do título; Menção do cumprimento; Cumprimento por terceiro; Força probatória.*

Notificação

1. (Proc. Civil) – Meio utilizado para chamamento das pessoas a juízo ou para lhes comunicar certos factos, fora dos casos em que tem aplicação a citação.

Na nossa lei processual, estão previstas duas modalidades de notificações: as relativas a processos pendentes, que podem dirigir-se às partes ou a terceiros, e as notificações avulsas.

Quando se trate de notificar as partes num processo pendente em tribunal, a notificação é feita na pessoa do respectivo mandatário judicial, "por carta registada dirigida para o seu escritório ou para o domicílio escolhido, podendo também ser notificado[s] pessoalmente pelo funcionário judicial quando se encontre[m] no edifício do tribunal". Encontrando-se a parte representada simultaneamente por advogado e solicitador, as notificações que hajam de ser feitas na pessoa do mandatário sê-lo-ão sempre na do solicitador.

Quando a notificação vise chamar alguém à prática de um acto pessoal, além do mandatário, é notificada a parte através de aviso registado mandado pelo correio, "indicando a data, o local e o fim da comparência". "A notificação postal presume-se feita no terceiro dia posterior ao do registo, ou no primeiro dia útil seguinte a esse, quando não o seja". Esta presunção "só pode ser ilidida pelo notificado provando que a notificação não foi efectuada ou ocorreu em data posterior à presumida, por razões que não lhe sejam imputáveis"; este regime, hoje constante do artigo 254.°, n.° 3, C.P.C., foi originariamente introduzido pelo artigo 1.°, n.° 4, do Decreto-Lei n.° 121/76, de 11 de Fevereiro.

Sempre que se trate de chamamento ao tribunal de testemunhas, peritos ou outras pessoas com intervenção acidental na causa, a respectiva notificação é feita, em princípio, "por meio de aviso expedido pelo correio, sob registo", produzindo o aviso todos os efeitos se o destinatário se recusar a recebê-lo.

A Portaria n.° 1178-A/2000, de 15 de Dezembro, aprova o modelo da declaração a ser lavrada pelo distribuidor do serviço postal quando esteja em causa notificação por carta enviada por via postal simples, no respectivo artigo 2.° se dispondo que "o oficial de justiça deve lavrar uma cota no processo com a indicação expressa da data da expedição da carta simples ao [...] notificando e do domicílio ou sede para a qual foi enviada ou substituir tais indicações pela remissão para o duplicado da carta enviada ou para outro documento que contenha esses elementos, que devem ser juntos ao processo"; diz o artigo 3.° que "o distribuidor do serviço postal deve proceder ao depósito da carta na caixa do correio do [...] notificando e ainda [...]: *a)* preencher a declaração constante do verso do sobrescrito e apor a sua assinatura de forma legível; *b)* preencher a declaração constante da prova de depósito e apor a sua assinatura de forma legível; *c)* destacar do sobrescrito a prova de depósito e enviá-la de imediato ao serviço ou ao tribunal competente". Nos termos do artigo 4.° deste diploma, "se não for possível proceder ao depósito da carta na caixa do correio do [...] notificando, o distribuidor do serviço postal deve lavrar nota do incidente através do preenchimento do campo descritivo reservado para o efeito no verso de sobrescrito da carta e proceder ao seu envio imediato para o serviço ou tribunal remetente".

Esta Portaria n.° 1178-A/2000 foi mantida em vigor, relativamente à citação por via postal simples, para as acções intentadas antes da entrada em vigor do Decreto-Lei n.° 38/2003, de 8 de Março, e para as notificações por via postal simples a efectuar nos processos instaurados após a entrada em vigor daquele diploma, em tudo o que não contrariar o disposto na Portaria n.° 953/2003, de 9 de Setembro, que aprovou os modelos oficiais de carta registada e do aviso de recepção a adoptar nas notificações por via postal.

Destinando-se a notificação a chamar ao tribunal um agente administrativo ou um funcionário público, que dependa de superior hierárquico, a sua comparência não carece de autorização, devendo, no entanto, o superior ser imediatamente informado da notificação, sendo-lhe apresentado o documento comprovativo da comparência.

Sempre que se notifiquem decisões judiciais, é enviada ou entregue com a notificação "cópia ou fotocópia legível da decisão e dos fundamentos".

V. artigos 253.° a 263.°, C.P.C., tendo os artigos 253.°, 255.°, 256.°, 258.° e 260.° a redacção do Decreto-Lei n.° 329-A/95, de 12 de Dezembro, o artigo 254.° a dada por aquele diploma e pelo Decreto-Lei n.° 324//2003, de 27 de Dezembro (rectificado pela Declaração de rectificação n.° 26/2004, de 24 de Fevereiro), e o artigo 257.° a do mesmo DL n.° 329-A/95 e do Decreto-Lei n.° 38/2003, de 8 de Março (rectificado pela Declaração de rectificação n.° 5-C//2003, de 30 de Abril).

Quando se tratar de constituir o tribunal arbitral, dispõe o n.° 3 do artigo 11.° da Lei n.° 31/86, de 29 de Agosto, na redacção do referido DL n.° 38/2003, que "a notificação deve indicar a convenção de arbitragem e, se ele não resultar já determinado da convenção, precisar o objecto do litígio, sem prejuízo da sua ampliação pela parte contrária".

Nos processos regulados pelo Decreto-Lei n.° 269/98, de 1 de Setembro (rectificado pela Declaração de rectificação n.° 16-A/98, de 30 de Setembro), alterado pelos Decretos-Leis n.°s 383/99, de 23 de Setembro, 183/2000, de 10 de Agosto, 323/2001, de 17 de Dezembro, 32/2003, de 17 de Fevereiro, 38/2003 e 107/2005, de 1 de Julho (rectificado pela Declaração de rectificação n.° 63/2005, de 19 de Agosto), e pela Lei n.° 14/2006, de 26 de Abril, que se ocupam da injunção, "providência que tem por fim conferir força executiva a requerimento destinado a exigir o cumprimento das obrigações" pecuniárias emergentes de contrato cujo valor não exceda o valor da alçada da Relação" ou "das obrigações emergentes de transacções comerciais abrangidas pelo Decreto-Lei n.° 32/2003, de 17 de Fevereiro" (artigo 7.°), o respectivo requerimento deve "indicar o endereço de correio electrónico, se o requerente pretender receber comunicações ou ser notificado por este meio" (artigo 10.°, n.° 2-*i*)); o n.° 4 do mesmo artigo estabelece que, "se o requerente indicar o endereço de correio electrónico [...], as comunicações e notificações ao requerente são efectuadas por meios electrónicos, em termos a definir por portaria do Ministro da Justiça". O artigo 12.° deste diploma ocupa-se do regime da notificação do requerimento de injunção ao devedor requerido, tratando o artigo 12.°-A dos casos em que há domicílio convencionado; finalmente, o artigo 13.° dispõe sobre o conteúdo da notificação, e o artigo 13.°-A do que se passa em caso de se frustrar a notificação. A Portaria n.° 808/2005, de 9 de Setembro, aprovou o modelo de requerimento de injunção.

V. a Convenção Relativa à Citação e à Notificação dos Actos Judiciais e Extrajudiciais em Matéria Civil ou Comercial, assinada na Haia a 15 de Novembro de 1965, aprovada para ratificação pelo Decreto-Lei n.° 210/71, de 18 de Maio, e publicada no *Diário do Governo*, 1ª. série, de 18 de Maio de 1971; o instrumento de ratificação por parte de Portugal foi depositado junto do Ministério dos Negócios Estrangeiros do Reino dos Países Baixos em 27 de Dezembro de 1973, conforme aviso publicado no *Diário do Governo*, 1ª. série, de 24 de Janeiro de 1974, tendo a Convenção entrado em vigor para Portugal em 25 de Fevereiro de 1974.

V. *Parte; Terceiro; Citação; Notificação judicial avulsa; Mandatário judicial; Domicílio; Funcionário de justiça; Solicitador; Presunção; Testemunha; Perito; Tribunal arbitral; Convenção de arbitragem; Injunção; Força executiva; Contrato; Alçada; Relação; Obrigação pecuniária; Secretaria judicial; Requerimento de injunção.*

2. – Por vezes a lei usa o termo para significar comunicação em geral, independentemente de ela provir de um órgão judicial. É o que acontece, por exemplo, na Lei da Protecção de Dados Pessoais – Lei n.° 67/98, de 26 de Outubro (rectificada pela Declaração de rectificação n.° 22/98, de 28 de Novembro) –, cujo artigo 27.° manda que o responsável pelo tratamento dos dados notifique a Comissão Nacional de Protecção de Dados "antes da realiza-

ção de um tratamento ou conjunto de tratamentos, total ou parcialmente automatizados, destinados à prossecução de uma ou mais finalidades interligadas". O artigo 37.° desta Lei qualifica como contra-ordenação o incumprimento negligente da obrigação de notificação, seja qual for o tipo de incumprimento. Se a omissão for intencional, dispõe o artigo 43.° ser ela penalmente punível; o artigo 49.° enuncia as penas acessórias às coimas e penas aplicáveis.

Também o artigo 237.°-A, n.° 2, C.P.C., aditado pelo Decreto-Lei n.° 38/2003, de 8 de Março (rectificado pela Declaração de rectificação n.° 5-C/2003, de 30 de Abril), diz que, "enquanto não se extinguirem as relações emergentes do contrato, é inoponível a quem na causa figure como autor qualquer alteração do domicílio convencionado, salvo se a contraparte o tiver notificado dessa alteração, mediante carta registada com aviso de recepção, em data anterior à propositura da acção ou nos 30 dias subsequentes à respectiva ocorrência, não produzindo efeito a citação que, apesar da notificação feita, tenha sido realizada no domicílio anterior em pessoa diversa do citando ou nos termos do n.° 5".

O artigo 412.°, n.° 2, C.P.C., na redacção do Decreto-Lei n.° 329-A/95, de 12 de Dezembro, permite mesmo o embargo de obra nova directo extrajudicial, através de notificação verbal do dono da obra ou, na sua falta, do encarregado ou de quem o substituir, para que a obra não continue; esta notificação deverá ser feita perante duas testemunhas.

V. *Dados pessoais; Protecção de dados pessoais; Obrigação; Incumprimento; Negligência; Relação jurídica; Contrato; Autor; Domicílio convencionado; Propositura da acção; Citação; Embargo de obra nova.*

Notificação dos herdeiros (Dir. Civil) – No período em que a herança fica jacente, há uma situação de indefinição quanto à titularidade dos seus elementos que a lei procura limitar com a previsão de providências que visam acelerar o processo. A notificação dos herdeiros, prevista no artigo 2049.°, C.C., é uma delas.

Assim, se o sucessível conhecido não aceitar nem repudiar a herança nos quinze dias seguintes a ter sido chamado, pode o tribunal, a requerimento do Ministério Público ou de qualquer interessado, mandá-lo notificar para declarar se aceita ou repudia. Na falta de declaração, a herança tem-se por aceita; os herdeiros imediatos serão notificados no caso de repúdio do primeiro notificado.

Os credores poderão, no entanto, aceitar a herança em nome do herdeiro que repudiou, "na acção em que, pelos meios próprios, os aceitantes deduzam o pedido dos seus créditos contra o repudiante e contra aqueles para quem os bens passaram por virtude do repúdio".

V. ainda artigos 2067.°, C.C., e 1467.° a 1469.°, C.P.C., o primeiro destes na redacção do Decreto-Lei n.° 329-A/95, de 12 de Dezembro.

V. *Herança jacente; Herdeiro; Sucessível; Aceitação da herança; Repúdio; Requerimento; Ministério Público; Credor; Sub-rogação.*

Notificação judicial avulsa (Dir. Civil) – Processo usado para uma pessoa comunicar a outra um facto, por via judicial.

A notificação é requerida ao tribunal, sendo feita por este na própria pessoa do notificando, a quem é entregue duplicado do requerimento e facultada a leitura dos documentos que acompanhem aquele. O tribunal competente é o da área da residência da pessoa a notificar – artigo 84.°, C.P.C..

A notificação avulsa não é um meio de fazer valer direitos, pois estes só podem ser defendidos nas competentes acções.

Não é admissível qualquer oposição à notificação avulsa.

Se a notificação for indeferida, do respectivo despacho cabe recurso de agravo para o tribunal imediatamente superior.

"As custas das notificações avulsas são pagas pelos requerentes".

V. artigos 261.°, 262.°, com a redacção do Decreto-Lei n.° 329-A/95, de 12 de Dezembro, e 453.°, n.° 3, C.P.C..

O Acórdão do Supremo Tribunal de Justiça n.° 3/98, de 26 de Março, proferido em julgamento ampliado de revista e publicado no *Diário da República*, I-A série, veio decidir que "a notificação judicial avulsa pela qual se manifesta a intenção do exercício de um direito é meio adequado à interrupção da prescrição desse direito, nos termos do n.° 1 do artigo 323.° do Código Civil".

V. *Notificação; Requerimento; Duplicados; Documento; Competência em razão do território; Residência; Direito subjectivo; Acção; Despacho; Agravo; Custas; Prescrição; Interrupção da prescrição.*

Notificação para a preferência (Dir. Civil; Proc. Civil) – Decidindo celebrar o contrato que é objecto do direito de preferência, o obrigado deve notificar o preferente da sua decisão de contratar, comunicando-lhe as cláusulas essenciais do contrato que pretende realizar e ainda a identidade do terceiro que está disposto à conclusão do contrato, para que o preferente, se o desejar, exerça o seu direito "dentro do prazo de oito dias, sob pena de caducidade, salvo se estiver vinculado a prazo mais curto ou o obrigado lhe assinar prazo mais longo" – artigo 416.°, C.C..

A notificação para a preferência pode ser feita extrajudicial ou judicialmente.

Se o obrigado optar pela notificação judicial, dispõe o artigo 1458.°, n.° 1, C.P.C., com a redacção do Decreto-Lei n.° 329-A/95, de 12 de Dezembro: "Quando se pretenda que alguém seja notificado para exercer o direito de preferência, especificar-se-ão no requerimento o preço e as restantes cláusulas do contrato projectado, indicar-se-á o prazo dentro do qual, segundo a lei civil, o direito pode ser exercido e pedir-se-á que a pessoa seja pessoalmente notificada para declarar, dentro desse prazo, se quer preferir". Os artigos seguintes do Código de Processo Civil contemplam as hipóteses de o direito de preferência caber a várias pessoas simultânea ou sucessivamente.

O Assento do Supremo Tribunal de Justiça de 25 de Junho de 1987, publicado no *Diário da República*, I série, de 10 de Outubro de 1988, decidiu que, "com a entrada em vigor da CRP de 1976, e antes mesmo da modificação introduzida no artigo 1463.° do C.P.C. pelo Decreto-Lei n.° 368/77, de 3 de Setembro, a notificação para o exercício do direito de preferência deve ser feita a ambos os cônjuges, por aplicação do princípio da igualdade jurídica estabelecido no artigo 36.°, n.° 3, da CRP".

O disposto sobre a notificação do preferente aplica-se tanto aos casos em que este tem um direito legal como àqueles em que o seu direito de preferência é convencional.

V. o regime particular da notificação no caso de direito de preferência atribuído pelo artigo 12.° do Decreto-Lei n.° 196/89, de 14 de Junho (rectificado por Declaração publicado no *Diário da República*, I-A série, de 31 de Agosto de 1989), alterado pelos Decretos-Leis n.°s 274/92, de 12 de Dezembro e 278/95, de 25 de Outubro, que estabelece o regime jurídico da Reserva Agrícola Nacional (RAN).

V. *Notificação; Direito de preferência; Pacto de preferência; Celebração do contrato; Cláusula; Terceiro; Caducidade; Requerimento; Princípio da igualdade.*

Notoriedade (Dir. Civil; Proc. Civil) – Qualidade do que é do conhecimento geral. Os factos notórios não carecem de alegação nem de prova – artigo 514.°, C.P.C..

O Código Civil utiliza a designação de "notório" para aquilo que é claramente perceptível por uma pessoa de médio poder de observação – v. artigo 257.°, n.° 2 (demência notória).

V. *Prova.*

Novação (Dir. Civil) – A novação é uma causa extintiva da obrigação, consistindo no acordo pelo qual as partes extinguem uma obrigação entre elas existente, substituindo-a por uma nova obrigação.

Diz-se que a novação é objectiva sempre que as partes permanecem imutáveis, designando-se por subjectiva quando, além da substituição da obrigação, são também alterados os respectivos sujeitos ou um deles.

O artigo 859.°, C.C., impõe que a vontade de contrair a nova obrigação em substituição da anterior seja expressamente manifestada.

V. artigos 857.° a 862.°, C.C..

V. *Obrigação; Extinção das obrigações; Declaração negocial.*

Nua propriedade (Dir. Civil) – Direito real resultante do desmembramento do direito de propriedade pela constituição de um usufruto, e que dá ao respectivo titular o direito de disposição da coisa mas não lhe confere os direitos de a usar e fruir, visto que estes passam a ser poderes do usufrutuário da coisa.

V. *Direito de propriedade; Usufruto; Acto de disposição; Fruição.*

Nubente (Dir. Civil) – Aquele que vai contrair ou contrai casamento.

Os nubentes são, pois, os que celebram o casamento.

V. *Casamento.*

Nulidade (Dir. Civil) – Característica de um negócio jurídico que, por enfermar de um vício grave, não produz *ab initio* os efeitos jurídicos que lhe corresponderiam.

A nulidade opera por força da lei, podendo ser judicialmente declarada. A declaração judicial da nulidade não tem efeitos extintivos do negócio jurídico, limitando-se a verificar uma situação de total ineficácia. A nulidade constitui, pois, um facto impeditivo da eficácia do negócio.

Daí que o negócio jurídico declarado nulo não produza quaisquer efeitos como tal, embora possa produzir efeitos a título de sanção. É daí também que a nulidade seja invocável a todo o tempo por qualquer interessado e possa ser declarada oficiosamente pelo tribunal – artigo 286.°, C.C..

Declarada a nulidade do negócio, tudo o que tiver sido prestado (ou o valor correspondente, se a restituição em espécie não for possível) deve ser restituído.

O Assento do Supremo Tribunal de Justiça de 28 de Março de 1995, publicado no *Diário da República*, I-A série, de 17 de Maio do mesmo ano, entendeu que, "quando o Tribunal conhecer oficiosamente da nulidade de negócio jurídico invocado no pressuposto da sua validade, e se na acção tiverem sido fixados os necessários factos materiais, deve a parte ser condenada na restituição do recebido, com fundamento no n.° 1 do artigo 289.° do Código Civil".

A nulidade é, em regra, insanável.

No domínio da legislação anterior, distinguia-se entre nulidade absoluta e relativa; essa distinção foi banida no Código Civil de 1966, correspondendo hoje a nulidade relativa à categoria da anulabilidade.

V. *Negócio jurídico; Ineficácia; Facto impeditivo; Conhecimento oficioso; Anulabilidade; Inexistência; Inoponibilidade; Nulidade atípica.*

Nulidade absoluta (Dir. Civil) – Expressão usada, no domínio do Código Civil de 1867, para significar a nulidade. À nulidade absoluta contrapunha-se a nulidade relativa, categoria conceitual que corresponde à *anulabilidade* (v. este termo).

V. *Nulidade.*

Nulidade atípica (Dir. Civil) – A doutrina fala de nulidade mista ou de nulidade atípica para referir as situações em que, verificando-se a nulidade de um acto ou negócio jurídico, não são aplicáveis àquela todas as regras que integram o regime geral da nulidade.

Assim, por exemplo, sendo nula a venda de bens alheios quando o vendedor não tenha legitimidade para a realizar, esta nulidade tem um regime que se afasta em vários aspectos do regime geral: por um lado, pode a venda nula convalidar-se, havendo mesmo obrigação da sua convalidação em alguns casos (v. artigos 895.° a 897.° e 900.°, C.C.); por outro, não tem o vendedor legitimidade para invocar a nulidade quando o comprador esteja de boa fé, também não a tendo o comprador doloso sempre que o vendedor estivesse de boa fé (v. artigo 892.°, C.C.). Este regime, próprio da venda de bens alheios, é aplicável, por força do artigo 939.°, C.C., a outros contratos onerosos com eficácia real relativos a bens alheios.

A nulidade da doação é, por seu lado, ininvocável por herdeiro do doador que a tenha confirmado, desde que a confirmação seja produzida após a morte do doador, com conhecimento do vício e do direito à declaração de nulidade; significa isto que a nulidade tem, neste quadro, um regime semelhante ao da anulabilidade, visto ser, senão sanada, pelo menos não invocável quando confirmada a doação (cfr. artigo 968.°, C.C.).

O direito à declaração de nulidade do testamento, por seu turno, "caduca ao fim de dez anos, a contar da data em que o interessado teve conhecimento do testamento e da causa da nulidade", sendo aplicáveis neste caso as regras da suspensão e interrupção da prescrição – artigo 2308.°, C.C.. A nulidade do testamento ou de disposição testamentária não pode, por outro lado, ser invocada por quem o/a tiver confirmado – artigo 2309.°, C.C..

Finalmente, encontram-se vários regimes especiais de nulidade, em que a legitimidade para a invocar é retirada a certas pessoas em dadas situações: por exemplo, artigos 243.°, n.° 1, C.C. ("a nulidade proveniente da simulação não pode ser arguida pelo simulador contra terceiro de boa fé"), 580.°, n.° 2, C.C. ("a nulidade da cessão não pode ser invocada pelo cessionário"), 876.°, n.° 3, C.C. (a nulidade da venda de coisa ou direito litigioso não é invocável pelo comprador), 1939.°, C.C. (a nulidade dos actos praticados pelo tutor em contravenção do disposto no artigo 1937.° não pode ser invocada pelo tutor, pelos seus herdeiros ou pela interposta pessoa de quem ele se tenha servido).

É também uma nulidade atípica a que afecta o contrato-promessa em que se omitam os requisitos formais impostos pelo n.° 3 do artigo 410.°, C.C..

V. *Nulidade; Negócio jurídico; Acto jurídico; Venda de bens alheios; Legitimidade; Convalidação; Boa fé; Dolo; Contrato oneroso; Eficácia real; Herdeiro; Confirmação; Anulabilidade; Sanação da invalidade; Suspensão da prescrição; Interrupção da prescrição; Caducidade; Direito litigioso; Doação; Testamento; Prescrição; Simulação; Terceiro; Cessão de créditos; Contrato-promessa; Forma; Tutor.*

Nulidade da citação (Proc. Civil) – V. *Citação; Falta de citação; Nulidade processual.*

Nulidade da sentença (Proc. Civil) – O n.° 1 do artigo 668.°, C.P.C., dispõe ser nula a sentença:

"*a)* Quando não contenha a assinatura do juiz;

b) Quando não especifique os fundamentos de facto e de direito que justificam a decisão;

c) Quando os fundamentos estejam em oposição com a decisão;

d) Quando o juiz deixe de pronunciar-se sobre questões que devesse apreciar ou conheça de questões de que não podia tomar conhecimento;

e) Quando condene em quantidade superior ou em objecto diverso do pedido."

Se for omitida a assinatura do juiz, a nulidade daí decorrente "pode ser suprida oficiosamente ou a requerimento de qualquer das partes, enquanto for possível colher a assinatura do juiz que proferiu a sentença" (n.° 2), podendo "ser sempre arguida no tribunal que proferiu a sentença". "As nulidades mencionadas nas alíneas *b)* a *e)* [...] só podem ser arguidas perante o tribunal que proferiu a sentença se esta não admitir recurso ordinário; no caso contrário, o recurso pode ter como fundamento qualquer dessas nulidades [...]" (n.° 3). "Arguida qualquer das nulidades da sentença em recurso dela interposto, é lícito ao juiz supri-la, aplicando-se, com as necessárias adaptações e qualquer que seja o tipo de recurso, o disposto no artigo 744.° relativo à sustentação ou reparação do recurso de agravo]" (n.° 4).

O artigo 670.°, C.P.C., dispõe que, "arguida alguma das nulidades previstas nas alíneas *b)* a *e)* [...], a secretaria, independentemente de despacho, notificará a parte contrária para responder e depois se decidirá" (n.° 1). "Se alguma das partes tiver requerido a rectificação ou aclaração da sentença, o prazo para arguir nulidades [...] só começa a correr depois de notificada a decisão proferida sobre esse requerimento" (n.° 3).

V. *Sentença; Nulidade processual; Assinatura; Fundamentação das decisões; Denegação de justiça; "Ultra petita"; Pedido; Requerimento; Parte; Recurso ordinário; Recurso; Agravo; Sustentação do agravo; Secretaria judicial; Despacho; Notificação; Rectificação da sentença; Aclaração de sentença.*

Nulidade de acto notarial (Dir. Civil) – O acto notarial pode ser nulo por vício de forma, encontrando-se os vícios formais geradores de nulidade taxativamente enunciados no n.° 1 do artigo 70.° do Código do Notariado, embora alguns sejam sanáveis nos termos do n.° 2 do mesmo artigo. Para além desses casos de nulidade, é ainda nulo o acto lavrado por funcionário incompetente, em razão da matéria ou do lugar, ou por funcionário legalmente impedido, bem como o acto em que tenha intervindo intérprete, testemunha instrumentária, perito, tradutor ou outro interveniente acidental, incapaz ou inábil.

O acto notarial nulo é, em alguns casos, susceptível de revalidação, actualmente já não necessariamente judicial.

V. artigos 70.° a 79.° do Código do Notariado, tendo os artigos 70.°, n.° 2, 71.°, n.° 3, e 73.° a 79.° a redacção que lhes foi dada pelo Decreto-Lei n.° 273/2001, de 13 de Outubro.

V. *Nulidade; Notário; Vício de forma; Intérprete; Testemunha instrumentária; Perito; Incapaz; Inabilidades; Revalidação.*

Nulidade do acórdão (Proc. Civil) – Para além das causas de nulidade da sentença previstas no artigo 668.°, C.P.C. (na redacção do Decreto-Lei n.° 329-A/95, de 12 de Dezembro), aplicáveis às decisões da 2ª. instância por força do n.° 1 do artigo 716.°, C.P.C., "o acórdão é ainda nulo quando for lavrado contra o vencido ou sem o necessário vencimento", considerando-se "lavrado contra o vencido o acórdão proferido em sentido diferente do que estiver registado no livro de lembranças" (artigo 717.°, C.P.C.).

Quando sejam arguidas nulidades em recurso de revista para o Supremo Tribunal de Justiça, dispõe o artigo 731.°, C.P.C., que, "quando for julgada procedente alguma das nulidades previstas nas alíneas *c)* a *e)* do artigo 668.° ou quando o acórdão se mostre lavrado contra o vencido, o Supremo suprirá a nulidade, declarará em que sentido a decisão deve considerar-se modificada e conhecerá dos outros fundamentos do recurso" (n.° 1); "Se proceder alguma das restantes nulidades do acórdão, mandar-se-á baixar o processo, a fim de se fazer a reforma da decisão anulada, pelos mesmos juízes quando possível" (n.° 2). "A nova decisão que vier a ser proferida, de harmonia com o disposto no número anterior, admite recurso de revista nos mesmos termos que a primeira" (n.° 3).

O regime do artigo 716.°, C.P.C., é aplicável aos acórdãos do Supremo Tribunal de Justiça, por remissão do artigo 732.°, C.P.C..

V. *Acórdão; Sentença; Nulidade da sentença; Vencimento; Livro de lembranças; Recurso; Revista; Procedência; Supremo Tribunal de Justiça.*

Nulidade do casamento (Dir. Civil) – V. *Casamento; Invalidade do casamento.*

Nulidade mista (Dir. Civil) – V. *Nulidade atípica.*

Nulidade parcial (Dir. Civil) – Uma nulidade qualifica-se como parcial quando atinge uma parte do negócio que não é essencial à identidade ou configuração convencional dele, isto é, quando se refere a uma ou mais cláusulas que se ocupam de aspectos secundários e sem os quais o negócio continua a ser essencialmente o mesmo.

Se um negócio jurídico for apenas parcialmente nulo, determina o artigo 292.°, C.C., que essa nulidade parcial "não determina a invalidade de todo o negócio, salvo quando se mostre que este não teria sido concluído sem a parte viciada".

V. *Nulidade; Negócio jurídico; Cláusula; Redução.*

Nulidade processual (Proc. Civil) – Há actos processuais cuja omissão ou prática viciada determinam a nulidade de todo ou parte do processo.

Assim:

a) "É nulo todo o processo quando for inepta a petição inicial" – artigo 193.°, n.° 1, C.P.C.. O tribunal deve conhecer oficiosamente desta nulidade até ao despacho saneador, salvo se este não existir, caso em que pode conhecer dela até à sentença final (artigos 202.° e 206.°, n.° 2, C.P.C., o primeiro na redacção do Decreto-Lei n.° 180/ /96, de 25 de Setembro, e o segundo na que resulta daquele diploma e do Decreto--Lei n.° 329-A/95, de 12 de Dezembro).

b) "É nulo tudo o que se processe depois da petição inicial, salvando-se apenas esta, quando o réu não tenha sido citado", ou, "quando não tenha sido citado, logo no início do processo, o Ministério Público, nos casos em que deva intervir como parte principal" – artigo 194.°, C.P.C..

Os casos em que o Ministério Público intervém como parte principal encontram-se enunciados no artigo 5.°, n.° 1, do Estatuto do Ministério Público (Lei n.° 47/86, de 15 de Outubro, alterada pelas Leis n.°s 2/90, de 20 de Janeiro, 23/92, de 20 de Agosto, 10/94, de 5 de Maio, 60/98, de 27 de Agosto, e 42/2005, de 29 de Agosto) e são, entre outros, os processos em que aquele representa o Estado, as regiões autónomas, as autarquias locais, incertos, incapazes ou ausentes em parte incerta, ou inventários exigidos por lei (que eram, em alguns casos, obrigatórios e que deixaram de o ser por força da nova redacção dada aos artigos 2053.° e 2102.°, C.C., pelo Decreto-Lei n.° 227/94, de 8 de Setembro).

O artigo 195.°, C.P.C., na redacção que lhe foi dada pelos Decretos-Leis n.°s 329-A/95 e 38/2003, de 8 de Março (rectificado pela Declaração de rectificação n.° 5-C/2003, de 30 de Abril), enuncia os casos em que há falta de citação, prevendo, a par com a total omissão do acto, aqueles em que a citação tenha sido feita em pessoa diversa do citado e outros em que tenha havido preterição de formalidades que considera essenciais e que enuncia. A nulidade processual da falta de citação pode ser arguida em qualquer estado do processo, podendo o tribunal conhecê-la oficiosamente, também em qualquer estado do processo, enquanto não se encontrar sanada (artigos 202.° e 204.°, n.° 2, C.P.C.), isto é, enquanto o réu ou o Ministério Público não intervierem no processo, sem arguir a sua falta de citação (artigo 196.°, C.P.C.).

c) A mesma consequência da falta de citação se verifica quando esta é nula, isto é, quando, embora observadas as formalidades que a lei considera essenciais, se tenham preterido outras (artigo 198.°, n.° 1, C.P.C., com a redacção dada pelo referido DL n.° 329-A/95).

Havendo citação nula, a parte deve arguir a nulidade no prazo geral de dez dias (eram cinco dias antes da alteração da lei), que se conta desde a citação (artigos 153.°, este na redacção do DL n.° 329-A/95, e 198.°, C.P.C.), sendo a arguição atendida se a falta cometida for susceptível de prejudicar a defesa do citado.

d) Um outro vício susceptível de provocar a nulidade de alguns actos processuais é o erro na forma do processo: neste caso, só serão nulos os actos que não puderem ser aproveitados, devendo, entretanto, ser praticados os que forem necessários para que o processo se aproxime da forma estabelecida na lei; "não devem, porém, aproveitar-se os actos já praticados, se do facto resultar uma diminuição de garantias do réu" (artigo 199.°, C.P.C.).

Este vício só pode ser arguido até à contestação ou neste articulado (artigo 204.°, n.° 1, C.P.C.), devendo o tribunal conhecer dele oficiosamente enquanto se não encontre sanado e até ao despacho saneador, excepto quando não houver lugar a este, caso em que o pode ser até à sentença final (artigos 202.° e 206.°, n.° 2, C.P.C.).

e) A falta de vista ou exame ao Ministério Público, nos casos em que a lei determina que este intervenha como parte acessória, constitui nulidade processual que fica sanada desde que a parte a quem o Ministério Público devia prestar assistência tenha feito valer os seus direitos no processo (artigo 200.°, n.° 1).

Os casos em que o Ministério Público deve intervir como parte acessória encontram-se indicados no n.° 4 do artigo 5.° do Estatuto do Ministério Público. O tribunal deve conhecer oficiosamente deste vício até ao despacho saneador e nunca depois de ele se considerar sanado (artigos 202.° e 206.°, n.° 1, C.P.C.). Não sendo o vício sanado, todo o processo é anulado a partir do momento em que devia ser dada vista ou facultado o exame ao Ministério Público (artigo 200.°, n.° 2, C.P.C.).

f) Há ainda nulidade processual quando a lei estabeleça que ela decorre da prática de acto não admitido por lei ou da omissão de acto ou formalidade por ela prescritos, havendo igualmente nulidade quando a irregularidade cometida seja susceptível de "influir no exame ou na decisão da causa".

Anulando-se um acto nestas circunstâncias, devem ser anulados os termos processuais subsequentes que dele dependam absolutamente. As nulidades referidas nesta alínea não são geralmente do conhecimento oficioso do tribunal (salvo, por exemplo, se o acto for praticado irregularmente perante o juiz – artigo 205.°, n.° 2, C.P.C.), devendo ser arguidas pelos interessados, ou no próprio acto, se a parte se encontrar presente, por si ou por mandatário, ou no prazo geral de dez dias (eram cinco na versão anterior) a contar do dia em que, depois de cometida a nulidade, a parte interveio em algum acto no processo ou foi notificada para qualquer termo dele.

As nulidades assim suscitadas devem ser apreciadas logo que sejam reclamadas.

V. artigos 201.°, 202.°, 205.° e 206.°, C.P.C..

A nulidade de todo o processo – o que só acontece, como se disse, quando a petição inicial é inepta – constitui excepção dilatória, do conhecimento oficioso do tribunal, que obsta a que este conheça do mérito da causa e determina a absolvição do réu da instância.

V. artigos 493.°, 494.°, n.° 1-*b)*, e 495.° (o último na redacção do DL n.° 329-A/95), C.P.C..

Nos processos cujo regime se encontra estabelecido no Decreto-Lei n.° 269/98, de 1 de Setembro (rectificado pela Declaração de rectificação n.° 16-A/98, de 30 de Setembro), alterado pelos Decretos-Leis n.°s 383/99, de 23 de Setembro, 183/2000, de 10 de Agosto, 323/2001, de 17 de Dezembro, 32/2003, de 17 de Fevereiro, 38/2003 e 107/2005, de 1 de Julho (rectificado pela Declaração de rectificação n.° 63/2005, de 19 de Agosto), e pela Lei n.° 14/2006, de 26 de Abril, que se ocupa "dos procedimentos destinados a exigir o cumprimento de "obrigações pecuniárias emergentes de contratos de valor não superior à alçada da Relação [era do tribunal de 1ª. instância, na versão antiga]" ou das obrigações emergentes de transacções comerciais" abrangidas pelo referido DL n.° 32/2003, dispõe o artigo 3.°, n.° 1, que, "se acção tiver de prosseguir [depois dos articulados ou da falta de contestação], pode o juiz julgar logo procedente alguma [...] nulidade processual que lhe cumpra conhecer [...]".

Resta referir que a sentença pode também ser nula, nos casos previstos no artigo 668.°, C.P.C., cuja redacção é igualmente a do DL n.° 329-A/95.

V. *Actos processuais; Petição inicial; Ineptidão da petição; Conhecimento oficioso; Despacho saneador; Citação; Falta de citação; Ministério Público; Parte principal; Intervenção principal; Incapaz; Incertos; Ausência; Inventário; Contestação; Sanação; Articulados; Erro na forma de processo; Intervenção acessória; Notificação; Mandatário judicial; Excepção dilatória; Mérito da causa; Absolvição da instância; Injunção; Obrigação pecuniária; Alçada; Relação; Tribunal de 1ª. instância; Sentença; Nulidade da sentença; Réu.*

Nulidade relativa (Dir. Civil) – Designação tradicional da *anulabilidade* (v. este termo).

"Nulla executio sine titulo" (Proc. Civil) – A execução tem de ter, necessariamente, por base um título executivo, "pelo qual se determinam o fim e os limites da acção executiva" – artigo 45.°, n.° 1, C.P.C..

V. *Execução; Título executivo.*

"Nullum judex sine actore" (Proc. Civil) – Princípio, que vigora no nosso sistema jurídico privado, segundo o qual a intervenção dos tribunais só se verifica a requerimento dos interessados.

Dispõe o artigo 3.°, n.° 1, C.P.C., que "o tribunal não pode resolver o conflito de interesses que a acção pressupõe sem que a resolução lhe seja pedida por uma das partes e a outra seja devidamente chamada para deduzir oposição". O n.° 2 do mesmo artigo estabelece que "só nos casos excepcionais previstos na lei se podem tomar providências contra determinada pessoa sem que esta seja previamente ouvida".

V. *Principio dispositivo; Princípio do contraditório.*

"Nullus videtur dolo facere qui suo iure utitur" (Dir. Civil) – Princípio segundo o qual quem exerce um direito próprio não pode ser acusado de actuar com dolo.

Se isto é verdade sempre que o titular actue dentro dos limites em que o direito deve ser exercido, já o não é quando, por violar as regras da boa fé, os bons costumes ou a finalidade económica ou social do direito, se esteja em presença de abuso do direito.

V. *Direito subjectivo; Abuso do direito.*

"Numerus apertus" (Dir. Civil) – V. *Princípio da atipicidade.*

"Numerus clausus" (Dir. Civil) – V. *Princípio da tipicidade.*

Núncio (Dir. Civil) – Pessoa que age em nome e por conta de outrem, havendo previamente recebido desta indicações precisas sobre o que deve fazer. O núncio não emite uma declaração de vontade própria em lugar e em nome de outrem, como na representação, mas transmite apenas a vontade de alguém; não representa na vontade, representa na declaração.

V. *Representação; Declaração negocial.*

Nu proprietário (Dir. Civil) – V. *Direito de propriedade; Nua propriedade; Proprietário de raiz.*

O

Obediência (Dir. Civil) – V. *Dever de obediência.*

Obediência à lei (Dir. Civil) – O tribunal tem o dever de obedecer à lei, não lhe sendo lícito deixar de o fazer, com o "pretexto de ser injusto ou imoral o conteúdo do preceito legislativo".

V. artigo 8.°, n.° 2, C.C..

O artigo 4.°, n.° 2, da Lei n.° 21/85, de 30 de Julho (Estatuto dos Magistrados Judiciais, alterado pelo Decreto-Lei n.° 342/88, de 28 de Setembro, e pelas Leis n.°s 2/90, de 20 de Janeiro, 10/94, de 5 de Maio, 44/96, de 3 de Setembro, 81/98, de 3 de Dezembro, 143/99, de 31 de Agosto, 3-B//2000, de 4 de Abril, e 42/2005, de 29 de Agosto), dispõe que "o dever de obediência à lei compreende o de respeitar os juízos de valor legais, mesmo quando se trate de resolver hipóteses não especialmente previstas".

V. *Lei; Dever de obediência; Denegação de justiça; Magistratura judicial.*

Obediência hierárquica (Dir. Civil) – No domínio do direito civil, o problema do cumprimento do dever de obediência hierárquica coloca-se, a propósito da responsabilidade civil, em termos de saber se, e em que medida, pode constituir para o agente uma causa de justificação do facto danoso.

A doutrina entende normalmente que só com grandes restrições se pode admitir esta causa justificativa, fornecendo a lei importantes elementos sobre a prevalência do princípio da legalidade sobre o princípio hierárquico. Assim, o artigo 271.° da Constituição da República, após enunciar o princípio da responsabilidade civil dos funcionários e agentes do Estado e das demais entidades públicas, quando dos seus actos resultar a violação dos direitos ou dos interesses legalmente protegidos dos cidadãos, exclui essa responsabilidade quando o funcionário ou agente "actue no cumprimento de ordens ou instruções emanadas de legítimo superior hierárquico e em matéria de serviço", mas só "se previamente delas tiver reclamado ou tiver exigido a sua transmissão ou confirmação por escrito". Por outro lado, nos termos do n.° 3 da mesma disposição, "cessa o dever de obediência sempre que o cumprimento das ordens ou instruções implique a prática de qualquer crime".

Colocada a questão nestes termos quanto à responsabilidade civil daqueles que actuaram no cumprimento de ordens de autoridade pública, por maioria de razão hão-de ser estes os princípios que norteiam a solução do problema quando o agente tenha actuado em cumprimento de uma ordem de uma autoridade privada (por exemplo, no domínio do direito de trabalho – artigo 500.°, C.C.).

Resta, a propósito, atentar no princípio do artigo 22.° da Constituição, segundo o qual "o Estado e as demais entidades públicas são civilmente responsáveis, em forma solidária, com os titulares dos seus órgãos, funcionários ou agentes, por acções ou omissões praticadas no exercício das funções e por causa desse exercício de que resulte violação dos direitos, liberdades e garantias ou prejuízo para outrem". O Decreto-Lei n.° 48 051, de 21 de Novembro de 1967 regula a responsabilidade civil extracontratual do Estado e demais pessoas colectivas públicas no domínio dos actos de gestão pública.

V. *Causas justificativas; Responsabilidade civil; Agente; Direito subjectivo; Interesse reflexamente protegido; Comissão; Solidariedade.*

Objecção de consciência – V. *Liberdade religiosa.*

Objectivismo – No domínio da interpretação da lei, fala-se de objectivismo para significar o entendimento de que aquela tem como finalidade a procura não do sentido que o autor da lei – o legislador material – pretendeu exprimir, mas antes o sentido da lei, isto é, o sentido mais razoável que dela resulta, tendo em conta todos os elementos hermenêuticos, um dos quais é, naturalmente, o elemento histórico. Esta corrente pode dizer-se maioritária nos tempos mais recentes, tendo como argumentos em seu abono o de que o sentido apreensível a partir da norma o é por qualquer intérprete, mesmo que desconheça a *mens legislatoris*, bem como o de que a corrente subjectivista é muitas vezes impraticável, dada a pluralidade de pessoas que têm intervenção no processo legislativo, e ainda o de que esta orientação favorece quer a justeza do direito quer a sua adaptabilidade às condições específicas de cada época em que a lei vai ser aplicada.

V. *Lei, Interpretação da lei; Subjectivismo; Historicismo; Actualismo; "Mens legislatoris".*

Objecto (Dir. Civil) – A doutrina portuguesa divide-se acerca do entendimento deste elemento da relação jurídica: segundo uma corrente, o objecto imediato da relação é o próprio nexo formado pelo direito subjectivo e correspondente vinculação da parte passiva, consistindo o objecto mediato nas realidades sobre que incidem este direito e esta vinculação, isto é, as coisas e as prestações, que satisfazem os interesses protegidos por lei; segundo outros, o objecto imediato da relação é aquilo sobre que directamente recai o direito (a actividade devida) e o objecto mediato o que, indirectamente, é devido (as coisas).

V. *Relação jurídica; Coisa; Prestação.*

Objecto da acção (Proc. Civil) – Segundo alguns autores, o objecto imediato da acção consiste na forma de tutela que se pede judicialmente, enquanto o objecto mediato será o bem jurídico que se pretende obter com a providência judicial.

V. *Acção.*

Objecto da obrigação (Dir. Civil) – O objecto da obrigação é a prestação debitória, isto é, o comportamento a que o devedor se encontra adstrito.

Há autores que, a propósito das obrigações de prestação de coisa, entendem que pode falar-se de objecto da obrigação para designar o próprio objecto da prestação, isto é, a coisa que o devedor está vinculado a entregar.

V. *Obrigação; Prestação; Devedor; Prestação de coisa; Coisa.*

Objecto da relação jurídica (Dir. Civil) – V. *Objecto; Relação jurídica.*

Objecto da sociedade (Dir. Civil) – O objecto da sociedade ou objecto social é a actividade económica que os sócios pretendem realizar em comum (artigo 980.°, C.C.).

A sociedade dissolve-se, nos termos do artigo 1007.°, C.C., "pela realização do objecto social, ou por este se tornar impossível".

V. *Sociedade; Dissolução de sociedades.*

Objecto da sucessão (Dir. Civil) – O objecto da sucessão é constituído por todas as relações jurídicas de carácter patrimonial de que o *de cuius* era titular, salvo aquelas que devam extinguir-se por força da lei ou da sua própria natureza ou ainda por vontade do próprio *de cuius* (se se tratar de direitos renunciáveis).

V. *Sucessão; "De cuius"; Renúncia.*

Objecto do contrato (Dir. Civil) – Para a lei, o objecto do contrato é o objecto dos direitos e deveres que pelo contrato são criados ou modificados.

Quando o contrato constitui obrigações, o seu objecto é a prestação ou prestações; tendo o contrato eficácia real, o respectivo objecto é a coisa sobre que recai o direito real.

O artigo 280.°, C.C., comina com a nulidade o negócio cujo objecto seja física ou legalmente impossível, indeterminável ou contrário à lei, à ordem pública ou ofensivo dos bons costumes.

V. *Objecto negocial; Contrato; Direito subjectivo; Dever jurídico; Obrigação; Prestação; Eficácia real; Direito real; Nulidade; Impossibi-*

lidade física; Impossibilidade legal; Determinabilidade; Ilicitude; Ordem pública; Bons costumes.

Objecto do direito (Dir. Civil) – Enquanto o objecto imediato do direito subjectivo é constituído por aquilo sobre que recaem os poderes do seu titular, o objecto mediato é o bem ou a coisa que o sujeito pretende obter.

V. *Direito subjectivo.*

Objecto do negócio – V. *Objecto negocial; Negócio jurídico.*

Objecto do processo (Proc. Civil) – Segundo alguns autores, o objecto do processo é a relação jurídica subjacente controvertida, enquanto outros, verificada a insuficiência desta noção para a compreensão de todos os casos, entendem ser o objecto do processo o litígio entre os particulares que constituem as respectivas partes.

V. *Litígio; Parte.*

Objecto do recurso (Proc. Civil) – O objecto do recurso encontra-se legalmente circunscrito à decisão ou à parte dela que seja desfavorável ao recorrente.

Diz o artigo 682.°, n.° 1, C.P.C., que, "se ambas as partes ficarem vencidas, cada uma delas terá de recorrer se quiser obter a reforma da decisão na parte que lhe seja desfavorável".

O recorrente pode, no entanto, não recorrer de todo o conteúdo desfavorável da decisão; "se a parte dispositiva da sentença contiver decisões distintas, é [...] lícito ao recorrente restringir o recurso a qualquer delas, uma vez que especifique no requerimento a decisão de que recorre". Aliás, a restrição do objecto do recurso pode igualmente ser feita, expressa ou tacitamente, nas conclusões da alegação do recurso.

Nada dizendo o recorrente quanto ao âmbito do recurso, determina a lei que ele abrange tudo quanto na sentença lhe for desfavorável.

V. artigos 682.° e 684.°, C.P.C., o primeiro na redacção do Decreto-Lei n.° 329-A/95, de 12 de Dezembro.

Há de ter em atenção o n.° 2 do artigo 686.°, C.P.C., que prevê a hipótese de o objecto do recurso sofrer uma alteração, sempre que alguma das partes tenha requerido a rectificação, aclaração ou reforma da sentença ou despacho (cfr. artigos 667.° e 669.°, C.P.C., o último na redacção do DL n.° 329-A/95 – n.° 1 – e do Decreto-Lei n.° 180/96, de 25 de Setembro – n.°s 2 e 3), pois nesse caso o recurso terá por objecto a nova decisão; por outro lado, é lícito ao recorrente alargar ou restringir o âmbito do recurso em conformidade com a alteração decorrente da reforma ou rectificação.

V. *Recurso; Sentença; Requerimento; Conclusão; Alegações; Rectificação da sentença; Reforma de sentença; Despacho; Aclaração de sentença.*

Objecto negocial (Dir. Civil) – O objecto de um negócio jurídico é o objecto dos direitos e obrigações emergentes desse negócio.

O artigo 280.°, C.C., determina que "é nulo o negócio jurídico cujo objecto seja física ou legalmente impossível, contrário à lei ou indeterminável"; estabelece, portanto, este preceito os requisitos do objecto para que seja válido o respectivo negócio.

Analisam-se em seguida, sumariamente, esses requisitos:

a) possibilidade física – o objecto do negócio tem de ser fisicamente, isto é, naturalmente, possível. Se o objecto for uma coisa que já não existe no momento em que se celebra o negócio ou uma coisa que não existe nem poderá existir, o negócio é nulo.

Relativamente às obrigações, dispõe o artigo 401.°, n.° 1, C.C., que a impossibilidade originária (a que se verifica já no momento da constituição da obrigação) da prestação produz a nulidade do negócio que é fonte da obrigação. No entanto, o negócio é válido se a obrigação tiver sido "assumida para o caso de a prestação se tornar possível, ou se, estando o negócio dependente de condição suspensiva ou de termo inicial, a prestação se tornar possível até à verificação da condição ou até ao vencimento do termo" (n.° 2 da mesma disposição). Só se considera "impossível a prestação que o seja relativamente ao objecto, e não apenas em relação à pessoa do devedor" (n.° 3 do mesmo artigo); isto é, quando a obrigação for infungível, a pessoa do devedor, que não pode ser substituída no cumprimento da obrigação, integra, por assim dizer, o próprio objecto da obrigação.

Se a prestação não for impossível no momento da constituição da obrigação, mas vier a tornar-se em momento posterior e antes do cumprimento da obrigação (por haver perecido a coisa, por exemplo), o contrato não se invalida por isso, embora se extinga a obrigação que tinha por objecto a prestação impossível – v. artigo 790.°, C.C.. E, neste caso, se o contrato era sinalagmático, isto é, se a outra parte tinha também de cumprir uma obrigação que era correspondente ou correlativa da que se extinguiu, também ela fica desonerada ou, se já tinha prestado, tem direito a reaver a sua prestação (v. artigo 795.°, C.C.), salvo se diverso for o regime de risco convencionalmente estabelecido ou o resultante do artigo 796.°, C.C.. Todas estas considerações a propósito da impossibilidade superveniente do objecto partem do pressuposto de que a impossibilidade foi casual, não sendo susceptível de por ela ser responsabilizado nem o devedor nem o credor.

b) possibilidade legal – o objecto do negócio tem de ser também legalmente possível. Significa isso que o objecto tem de ser conforme à lei, não podendo consistir em acto ou negócio jurídico que esta não permita sancionando-o com a nulidade. É, pois, nulo, por exemplo, um contrato pelo qual as partes se comprometem a vender um imóvel por forma verbal, dado que a lei impõe a celebração do contrato por escritura pública, para que seja válido.

c) licitude – o objecto tem também de ser permitido pelo direito, isto é, lícito. Negócio que tenha por objecto a prática de um acto material que o direito proíba (ilícito) é nulo. É nulo, por exemplo, um contrato pelo qual uma das partes se compromete a matar alguém. A ilicitude pode resultar quer da violação de uma norma legal, quer da ordem pública ou dos bons costumes.

d) determinabilidade – o objecto negocial deve, finalmente, ser determinável. Não significa esta exigência que o objecto tenha de estar completamente determinado no momento da celebração do negócio: ele pode ser indeterminado nesse momento, desde que seja determinável, isto é, desde que do negócio constem os critérios da sua determinação (como se há-de determinar, quem tem de fazê-lo...). O artigo 400.°, C.C., dispõe que "a determinação da prestação pode ser confiada a uma ou outra das partes [na relação obrigacional] ou a terceiro; em qualquer dos casos deve ser feita segundo juízos de equidade, se outros critérios não tiverem sido estipulados". E, segundo o n.° 2 da mesma disposição legal, "se a determinação não puder ser feita ou não tiver sido feita no tempo devido, sê-lo-á pelo tribunal, sem prejuízo do disposto acerca das obrigações genéricas e alternativas".

V. *Negócio jurídico; Direito subjectivo; Obrigação; Impossibilidade física; Impossibilidade legal; Ilicitude; Determinabilidade; Coisa; Nulidade; Impossibilidade da prestação; Condição; Termo; Obrigação infungível; Cumprimento; Extinção das obrigações; Risco da prestação; Contrato sinalagmático; Risco da prestação; Acto jurídico; Compra e venda; Imóvel; Forma; Escritura pública; Ordem pública; Bons costumes; Terceiro; Equidade; Obrigação genérica; Obrigação alternativa.*

Objecto social (Dir. Civil) – V. *Objecto da sociedade.*

Obra intelectual (Dir. Civil) – Diz o Código do Direito de Autor e dos Direitos Conexos (Decreto-Lei n.° 63/85, de 14 de Março, na redacção que lhe foi dada pela Lei n.° 45/85, de 17 de Setembro, alterado pela Lei n.° 114/91, de 3 de Setembro, pelos Decretos-Leis n.°s 332/97, 333/97 e 334/97, todos de 27 de Novembro, que transpuseram para a ordem jurídica interna várias directivas comunitárias e pela Lei n.° 50/2004, de 24 de Agosto) que a obra intelectual é a criação intelectual do domínio literário, científico e artístico, por qualquer modo exteriorizada, enunciando o artigo 2.°, exemplificativamente, as obras consideradas originais, e o artigo 3.° aquelas que são equiparadas a originais.

É ao criador intelectual da obra que pertence o direito sobre ela: esse direito é o direito de autor.

V. *Direito de autor.*

Obras (Dir. Civil) – 1. A realização das obras de conservação de que a coisa locada (arrendada ou alugada) careça cabe, em princípio, ao locador, uma vez que é obrigação deste assegurar ao locatário o gozo da coisa locada para os fins a que ela se destina, nos termos do artigo 1031.°-*-b)*, C.C..

No arrendamento urbano, dispõe o Regime do Arrendamento Urbano (aprovado pelo Decreto-Lei n.° 321-B/90, de 15 de Outubro, rectificado por declaração publicada no *Diário da República*, I-A série, de 30 de Novembro, e alterado pelo Decreto-Lei n.° 278/93, de 10 de Agosto – este, por sua vez, alterado, por ratificação, pela Lei n.° 13/94, de 11 de Maio –, pelo Decreto-Lei n.° 163/95, de 13 de Julho, pela Lei n.° 89/95, de 1 de Setembro, pelo Decreto-Lei n.° 257/95, de 30 de Setembro, pela Lei n.° 135/99, de 28 de Agosto, pelos Decretos-Leis n.°s 64-A/2000, de 22 de Abril, e 329-B/2000, de 22 de Dezembro, e pelas Leis n.°s 6/2001 e 7/2001, ambas de 11 de Maio) que se distinga entre obras de conservação ordinária ("a reparação e limpeza geral do prédio e suas dependências", "as obras impostas pela Administração Pública, nos termos da lei geral ou local aplicável, e que visem conferir ao prédio as características apresentadas aquando da concessão da licença de utilização", "as obras destinadas a manter o prédio nas condições requeridas pelo fim do contrato e existentes à data da sua celebração"), obras de conservação extraordinária ("as ocasionadas por defeito de construção do prédio ou por caso fortuito ou de força maior, e, em geral, as que não sendo imputáveis a acções ou omissões ilícitas perpetradas pelo senhorio, ultrapassem, no ano em que se tornem necessárias, dois terços do rendimento líquido desse mesmo ano") e obras de beneficiação (definidas, por exclusão de partes, como aquelas que não se compreendam em nenhuma das anteriores categorias).

"As obras de conservação ordinária estão a cargo do senhorio", sendo também da sua conta "as obras de conservação extraordinária e de beneficiação [...] quando, nos termos das leis administrativas em vigor, a sua execução lhe seja ordenada pela câmara municipal competente ou quando haja acordo escrito das partes no sentido da sua realização, com discriminação das obras a efectuar". A realização de obras de conservação extraordinária e de beneficiação permite a actualização das rendas nos termos dos artigos 38.° e 39.° do R.A.U..

V. artigos 11.° a 13.° do R.A.U..

O artigo 14.° do mesmo diploma dispõe que, "quando o senhorio, depois de notificado pela câmara municipal competente, não iniciar as obras de conservação ordinária que legalmente lhe caibam dentro do prazo fixado na notificação, tem o arrendatário o direito de depositar, nos termos do artigo 23.°, à ordem do senhorio, a parte da renda correspondente à actualização referida no artigo 38.°", só podendo o depósito "ser levantado pelo senhorio mediante a apresentação de documento no qual conste uma declaração municipal que confirme a conclusão das obras", revertendo o depósito, por conta das despesas, a favor da câmara municipal ou do próprio inquilino, se for um destes a realizar as obras. Os artigos 15.° e 17.° estabelecem os termos em que a câmara municipal pode ocupar o prédio, tendo em vista proceder à realização das obras, tratando os artigos 16.° e 18.° da realização delas pelo próprio inquilino (todos com a redacção que lhes foi dada pelo DL n.° 329-B/2000).

Se as obras forem determinadas por deteriorações sofridas pela coisa, em consequência de acto do locatário ou de terceiro a quem ele tenha permitido a sua utilização, cabe ao locatário a sua realização. Este regime é aplicável seja qual for a extensão ou gravidade das deteriorações, excepto quando se trate de "deteriorações inerentes a uma prudente utilização, em conformidade com os fins do contrato". V. artigos 1043.° e 1044.°, C.C., e artigo 4.° do R.A.U..

Fora do quadro do contrato de arrendamento e com o objectivo de dotar de alguns meios os proprietários de prédios urbanos degradados, o Decreto-Lei n.° 39/ /2001, de 9 de Fevereiro, alterado pelo Decreto-Lei n.° 25/2002, de 11 de Fevereiro, regula o Programa de Solidariedade à Recuperação de Habitação (SOLARH), destinado "a financiar, sob a forma de empréstimo a conceder pelo Instituto Nacional de Habitação (INH), a realização de obras de conservação ordinária ou extraordinária e de beneficiação" em determinados casos, nomeadamente a famílias carenciadas que sejam proprietárias da sua habitação há pelo menos 5 anos.

V. *Locação; Locador; Arrendamento; Aluguer; Arrendamento urbano; Actualização de rendas; Depósito de rendas; Documento; Deterioração da coisa.*

2. Se alguém, de boa fé, construir obra em terreno alheio, e o valor que aquela tiver trazido ao prédio for superior ao valor que este anteriormente tinha, o autor da incorporação pode adquirir a propriedade do prédio, pagando o valor que este tinha antes da realização da obra; sendo o valor acrescentado pela obra igual ao do prédio, abrir-se-á licitação entre o dono deste e o da obra; finalmente, se o valor da obra for inferior, esta ficará pertencendo ao dono do terreno, que pagará ao dono da obra o valor desta ao tempo da sua realização.

Mas, já se a incorporação for feita de má fé (isto é, tendo o autor da obra conhecimento de que o terreno era alheio, a fez sem autorização do respectivo dono), o dono do terreno pode optar entre exigir a demolição da obra a expensas do seu autor, ou ficar com ela, pagando o valor que lhe for fixado segundo as regras do enriquecimento sem causa.

Se alguém construir, em terreno seu, obra em que empregue materiais alheios, adquire estes, pagando o seu valor e indemnizando o seu dono, se este houver sofrido prejuízos com a utilização.

V. artigos 1339.° a 1341.°, 1342.° e 1343.°, C.C..

V. *Acessão; Boa fé; Má fé; Prédio; Licitação; Enriquecimento sem causa; Indemnização.*

3. Pelo que respeita ao usufruto, dispõe o artigo 1471.°, C.C., que "o usufrutuário é obrigado a consentir ao proprietário quaisquer obras ou melhoramentos de que seja susceptível a coisa usufruída" e que "das obras ou melhoramentos realizados tem o usufrutuário direito ao usufruto, sem ser obrigado a pagar juros das somas desembolsadas pelo proprietário ou qualquer outra indemnização; no caso, porém, de as obras ou melhoramentos aumentarem o rendimento líquido da coisa usufruída, o aumento pertence ao proprietário". Por seu turno, o artigo 1472.°, C.C., determina que é ao usufrutuário que cabem as obras de reparação ordinárias que se mostrem indispensáveis à conservação da coisa, podendo eximir-se dessa obrigação, renunciando ao usufruto; há de atender, porém, a que "não se consideram ordinárias as reparações que, no ano em que forem necessárias, excedam dois terços do rendimento líquido desse ano". Já, pelo que toca a reparações extraordinárias, cuja necessidade não seja devida a má administração do usufrutuário, a obrigação de as realizar é do proprietário que, para tanto, deve atempadamente ser avisado pelo usufrutuário.

V. artigos 1471.° a 1473.°, C.C..

V. *Usufruto; Nua propriedade; Juros; Indemnização; Renúncia.*

4. No regime da propriedade horizontal, o artigo 1422.°, n.° 2, C.C., na redacção do Decreto-Lei n.° 267/94, de 25 de Outubro, determina que "é especialmente vedado aos condóminos: *a)* Prejudicar, quer com obras novas, quer por falta de reparação, a segurança, a linha arquitectónica ou o arranjo estético do edifício [...]; o n.° 3 do preceito dispõe que "as obras que modifiquem a linha arquitectónica ou o arranjo estético do edifício podem ser realizadas se para tal se obtiver prévia autorização da assembleia de condóminos, aprovada por maioria representativa de dois terços do valor total do prédio". Por seu lado, o artigo 1425.°, C.C., diz que "as obras que constituam inovações dependem da aprovação da maioria dos condóminos, devendo essa maioria representar dois terços do valor total do prédio", proibindo as "inovações capazes de prejudicar a utilização, por parte de algum dos condóminos, tanto das coisas próprias como das comuns" nas partes comuns. As despesas com as inovações são suportadas pelos condóminos de acordo com as regras gerais, salvo se se tratar de condóminos que não tenham aprovado a inovação no caso de a sua recusa ser considerada judicialmente fundada (sendo assim julgada sempre que "as obras tenham natureza voluptuária ou não sejam proporcionadas à importância do edifício").

V. *Propriedade horizontal; Condómino; Assembleia dos condóminos; Partes comuns.*

5. V. *Benfeitorias.*

6. O regime jurídico da urbanização e da edificação, que substituiu o regime de licenciamento de obras particulares (que constava do Decreto-Lei n.° 445/91, de 20 de Novembro, alterado pelo Decreto-Lei

n.° 250/94, de 15 de Outubro, e pela Lei n.° 22/96, de 26 de Julho, entretanto revogado) encontra-se no Decreto-Lei n.° 555/ /99, de 16 de Dezembro (rectificado pela Declaração de rectificação n.° 5-B/2000, de 29 de Fevereiro), alterado pelo Decreto-Lei n.° 177/2001, de 4 de Junho (rectificado pela Declaração de rectificação n.° 13-T/ /2001, de 30 de Junho), e pela Lei n.° 15/ /2002, de 22 de Fevereiro (rectificada pela Declaração de rectificação n.° 17/2002, de 4 de Abril).

O artigo 2.° deste diploma define obras de construção como as "obras de criação de novas edificações", as obras de reconstrução como sendo as "de construção subsequentes à demolição total ou parcial de um edificação existente, das quais resulte a manutenção ou a reconstituição da estrutura das fachadas, da cércea e do número de pisos", as obras de ampliação como aquelas "de que resulte o aumento da área de pavimento ou de implantação, da cércea ou do volume de uma edificação existente", as de alteração como "as obras de que resulte a modificação das características físicas de uma edificação existente ou sua fracção, designadamente a respectiva estrutura resistente, o número de fogos ou divisões interiores, ou a natureza e cor dos materiais de revestimento exterior, sem aumento da área de pavimento ou de implantação ou da cércea"; as obras de conservação são caracterizadas como as que se destinam "a manter uma edificação nas condições existentes à data da sua construção, reconstrução, ampliação ou alteração, designadamente as obras de restauro, reparação ou limpeza"; as de demolição como as "de destruição, total ou parcial, de um edificação existente"; as de urbanização como as de "criação e remodelação de infra-estruturas destinadas a servir directamente os espaços urbanos ou as edificações, designadamente arruamentos viários e pedonais, redes de esgotos e de abastecimento de água, electricidade, gás e telecomunicações, e ainda espaços verdes e outros espaços de utilização colectiva". A Portaria n.° 1101/2000, de 20 de Novembro, contém as disposições aplicáveis ao projecto e à execução das obras. A relação das disposições legais a observar pelos técnicos responsáveis dos projectos de obras e sua execução, anexa a este diploma, foi actualizada pelas Portarias n.°s 1104/2001, de 17 de Setembro, e 69/2003, de 20 de Janeiro.

V. também as Portarias n.°s 1105/2001, de 18 de Setembro – que regulamenta o pedido de emissão de alvará de licenciamento ou de autorização de obras de urbanização –, 1106/2001, de 18 de Setembro – que aprova os modelos dos avisos para pedido de autorização para operações urbanísticas específicas ou promovidas pela Administração Pública –, 1109/2001, de 19 de Setembro, que define os requisitos a que deve obedecer um livro de obra, a conservar no local da sua execução –, e 1110/ /2001, de 19 de Setembro – que determina quais os elementos que devem instruir os pedidos de informação prévia, de licenciamento e de autorização referentes a todos os tipos de operações urbanísticas.

O Decreto-Lei n.° 12/2004, de 9 de Janeiro, veio estabelecer o regime do exercício da actividade de construção, caracterizando o artigo 2.° do diploma esta como a "que tem por objecto a realização de obra, englobando todo o conjunto de actos que sejam necessários à sua concretização". Na alínea *a)* do artigo 3.° está contida uma definição de obra, para os efeitos do diploma, que é a seguinte: "todo o trabalho de construção, reconstrução, ampliação, alteração, reparação, conservação, reabilitação, limpeza, restauro e demolição de bens imóveis, bem como qualquer outro trabalho que envolva processo construtivo". Segundo o n.° 1 do artigo 4.°, à excepção das situações previstas no n.° 1 do artigo 6.°,"o exercício da construção depende de alvará a conceder pelo Instituto dos Mercados de Obras Públicas e Particulares e do Imobiliário, adiante designado por IMOPPI, ficando o seu titular autorizado a executar os trabalhos enquadráveis nas habilitações no mesmo relacionadas", sendo este alvará intransmissível, a qualquer título e para qualquer efeito (n.° 2) e sua "validade" restringida a" um período máximo de 12 meses, caducando no dia 31 de Janeiro se não for revalidado nos termos do presente diploma" (artigo 5.°). Os artigos 7.° e segs. ocupam-se dos requisitos de concessão do alvará, tratando os artigos 11.° e segs., sucessivamente, das habilitações para o exercício da actividade, da permanência nela, e do processo de concessão dos alvarás e registo dos titulares destes.

V. as Portarias n.°s 15/2004, 16/2004, 17/2004, 18/2004, e 19/2004, todas de 10 de Janeiro.

O Decreto-Lei n.° 104/2004, de 7 de Maio, estabelece o regime "excepcional da reabilitação urbana de zonas históricas e de áreas críticas de recuperação e reconversão urbanística"; o n.° 2 do seu artigo 1.° esclarece que, para efeitos deste diploma, se entende por reabilitação urbana "o processo de transformação do solo urbanizado, compreendendo a execução de obras de construção, reconstrução, alteração, ampliação demolição e conservação de edifícios, tal como definidas no regime jurídico da urbanização e de edificação, com o objectivo de melhorar as suas condições de uso, conservando o seu carácter fundamental, bem como o conjunto de operações urbanísticas e de loteamento e obras de urbanização que visem a recuperação de zonas históricas e de áreas críticas de recuperação e reconversão urbanística"; o n.° 5 do mesmo artigo diz que são áreas críticas de recuperação e reconversão urbanística as que assim são declaradas pelo artigo 41.° da Lei dos Solos, aprovada pelo Decreto-Lei n.° 794/76, de 5 de Novembro.

V. *Empreitada; Fogo; Edifício.*

Obras novas (Dir. Civil) – No contrato de empreitada, qualificam-se como obras novas os trabalhos que, tendo embora alguma conexão com a obra que o empreiteiro estava obrigado a realizar, não são condição da realização dela nem podem considerar-se como um seu elemento integrante, antes tendo, em relação a ela, autonomia.

Nos termos do artigo 1217.°, n.° 2, C.C., o dono da obra tem o direito de recusar as obras novas, se as não tiver autorizado, podendo mesmo "exigir a sua eliminação, se esta for possível e, em qualquer caso, uma indemnização pelos prejuízos, nos termos gerais".

V. *Empreitada; Dono da obra; Indemnização.* (Proc. Civil) – V. *Embargo de obra nova.*

Obrigação (Dir. Civil) – "Vínculo jurídico por virtude do qual uma pessoa fica adstrita para com outra à realização de uma prestação": esta a noção legal contida no artigo 397.°, C.C..

São duas as principais fontes das obrigações: os contratos e a responsabilidade civil (esta última fonte da obrigação de indemnização); ao lado destas, o Código Civil prevê outras fontes de obrigações: os negócios jurídicos unilaterais, a gestão de negócios e o enriquecimento sem causa, sendo, por seu lado, também a própria lei fonte de obrigações.

Numa acepção mais restrita, fala-se também de obrigação para designar o lado passivo da relação obrigacional (obrigação como sinónimo de dívida).

V. a Convenção Relativa à Adesão do Reino de Espanha e da República Portuguesa à Convenção sobre a Lei Aplicável às Obrigações Contratuais, aberta à assinatura em Roma em 19 de Junho de 1980, bem como o seu anexo, assinado no Funchal em 18 de Maio de 1992, com a reserva de não aplicar o n.° 1 do artigo 7.° da Convenção sobre a Lei Aplicável às Obrigações Contratuais, em conformidade com o disposto na alínea *a)* do n.° 1 do seu artigo 22.°; esta Convenção foi aprovada para ratificação pela Resolução da Assembleia da República n.° 3/94, em 4 de Novembro de 1993, ratificada pelo Decreto do Presidente da República n.° 1/94, de 3 de Fevereiro, e entrou em vigor em 1 de Setembro de 1994; o instrumento de ratificação da Convenção por parte de Portugal foi depositado em 30 de Junho de 1994, conforme o Aviso n.° 240/94, de 19 de Setembro. V. também o Primeiro Protocolo Relativo à Interpretação pelo Tribunal de Justiça das Comunidades Europeias da Convenção sobre a Lei Aplicável às Obrigações Contratuais, aberta à assinatura em Roma em 19 de Junho de 1980, com as respectivas declarações comuns, e o Segundo Protocolo que Atribui Determinadas Competências em Matéria de Interpretação de Convenção sobre a Lei Aplicável às Obrigações Contratuais, aberta à assinatura em Roma em 19 de Junho de 1980, assinados em Bruxelas em 19 de Dezembro de 1988, aprovados, para ratificação, pela Resolução da Assembleia da República n.° 3/94, em 4 de Novembro de 1993, e ratificados pelo Decreto do Presidente da República n.° 1/94, de 3 de Fevereiro. O Decreto do Presidente da República n.° 153/99, de 2 de Julho, ratifica a Convenção Relativa à Adesão da República da Áustria, da República da Finlândia e do Reino da Suécia à Convenção sobre a Lei Aplicável às Obrigações Contratuais, aberta à assinatura em Roma em 19 de Junho de 1980, bem como ao Primeiro e Segundo Protocolos, relativos à sua interpretação pelo Tribunal de Justiça, incluindo a Declaração Comum, assinada em Bruxelas em 29 de Novembro de 1996, aprovada, para ratificação, pela Resolução da Assembleia da República n.° 51/99, de 16 de Abril, publicada no *Diário da República*, I-A série, de 2 de Julho de 1999.

V. *Prestação; Contrato; Responsabilidade civil; Indemnização; Negócio jurídico unilateral; Gestão de negócios; Enriquecimento sem causa; Lei.*

Obrigação abstracta (Dir. Civil) – É a obrigação cuja existência depende apenas da apresentação do respectivo título, sem apreciação da fonte que lhe deu origem.

"Se alguém, por simples declaração unilateral, prometer uma prestação ou reconhecer uma dívida, sem indicação da respectiva causa, fica o credor dispensado de provar a relação fundamental, cuja existência se presume até prova em contrário" – artigo 458.°, n.° 1, C.C.. Nos termos desta disposição, a promessa de cumprimento e o reconhecimento de dívida são negócios jurídicos unilaterais de que resulta uma obrigação abstracta que, no entanto, pode ser posta em causa pela prova de que inexiste uma obrigação causal subjacente.

V. *Obrigação; Negócio jurídico unilateral; Promessa de cumprimento; Reconhecimento de dívida; Presunção legal; Prova; Obrigação causal.*

Obrigação acessória (Dir. Civil) – É aquela que existe na dependência de uma outra obrigação, encontrando-se funcionalmente subordinada a esta.

Por exemplo, a cláusula penal é uma convenção de que resulta uma obrigação acessória, pelo que o artigo 810.°, n.° 2, C.C., dispõe que "a cláusula penal está sujeita às formalidades exigidas para a obrigação principal, e é nula se for nula esta obrigação".

Também a prestação de fiança constitui, para o fiador, uma obrigação acessória da que recai sobre o devedor principal – artigo 627.°, C.C..

V. *Obrigação; Acessoriedade; Cláusula penal; Nulidade; Fiança.*

Obrigação alternativa (Dir. Civil; Proc. Civil) – A obrigação alternativa caracteriza-se por compreender duas ou mais prestações, dependendo de escolha posterior aquela que virá a ser efectuada (o devedor obriga-se, portanto, a prestar isto ou aquilo, fixando-se posteriormente qual das prestações fará; com a realização da que for escolhida, exonera-se ele da sua obrigação). A escolha é em princípio feita pelo devedor, a menos que se haja convencionado que o será pelo credor ou por terceiro.

V. artigos 543.° e segs., C.C..

O artigo 468.°, C.P.C., permite que se deduzam, na acção, pedidos alternativos quando se trate de direitos que, por sua origem ou natureza, sejam alternativos ou possam resolver-se em alternativa, determinando que, "quando a escolha da prestação pertença ao devedor, a circunstância de não ser alternativo o pedido não obsta a que se profira uma condenação em alternativa".

Quanto ao processo executivo, dispõe o artigo 803.°, C.P.C., na redacção do Decreto-Lei n.° 38/2003, de 8 de Março (rectificado pela Declaração de rectificação n.° 5-C/2003, de 30 de Abril), que, "quando a obrigação seja alternativa e pertença ao devedor a escolha da prestação, é este notificado para, no prazo de dez dias, se outro não tiver sido fixado pelas partes, declarar por qual das prestações opta", seguindo a execução quanto à prestação que o credor escolher, na falta de declaração do devedor.

V. *Obrigação; Prestação; Devedor; Credor; Terceiro; Pedidos alternativos; Condenação do réu; Execução; Notificação.*

Obrigação a prazo (Dir. Civil) – Se tiver sido estabelecido pelas partes um momento para o cumprimento, está-se perante uma obrigação a termo ou a prazo.

Se o termo for certo, a obrigação vence-se quando ele decorrer e, não a cumprindo então o devedor, por causa que lhe seja imputável, fica constituído em mora, salvo se o cumprimento se tiver impossibilitado ou o credor nele tiver perdido o interesse.

A obrigação constituída sem prazo pode dele carecer, "quer pela própria natureza da prestação, quer por virtude das circunstâncias que a determinaram, quer por força dos usos"; nesses casos, não chegando as partes a acordo sobre a fixação do prazo do cumprimento, será ao tribunal que ela cabe, o que este fará a requerimento de uma das partes, e segundo o processo consagrado nos artigos 1456.° e 1457.°, C.P.C..

Também pode acontecer que as partes tenham acordado em que a estipulação do prazo seja feita em momento posterior ao da constituição da obrigação, pelo credor; se ele a não fizer, será ainda do tribunal a competência para a fixação do prazo.

Sobre o problema de saber em benefício de quem foi o prazo estipulado, v. *Benefício do prazo.*

V. artigos 777.° e 805.°, C.C..

V. *Obrigação; Termo; Prazo; Tempo do cumprimento; Impossibilidade do cumprimento; Interesse do credor; Mora; Prestação; Fixação judicial de prazo.*

Obrigação a termo (Dir. Civil) – V. *Obrigação; Obrigação a prazo.*

Obrigação autónoma (Dir. Civil) – É a obrigação que tem existência própria, por se constituir entre dois sujeitos não ligados entre si anteriormente por outro vínculo jurídico ou em que tal ligação seja irrelevante para a constituição da obrigação. Por exemplo, as obrigações emergentes de um contrato celebrado entre dois sujeitos constituem-se por força desse contrato e não de qualquer relação jurídica já existente entre eles.

Durante muito tempo, discutiu-se na doutrina portuguesa o problema de saber se a autonomia devia considerar-se como uma característica definidora da obrigação, isto é, se apenas as obrigações autónomas deveriam ser consideradas verdadeiras obrigações – submetidas, consequentemente, ao respectivo regime – ou se também as obrigações não autónomas o eram. A questão encontra-se hoje pacificamente resolvida no sentido do entendimento de que quer as obrigações autónomas, quer as não autónomas estão submetidas ao regime geral das obrigações.

V. *Obrigação; Obrigação não autónoma; Contrato.*

Obrigação causal (Dir. Civil) – É a obrigação cuja existência e validade depende da apreciação da respectiva fonte, isto é, do facto jurídico que a produziu.

V. *Obrigação; Obrigação abstracta; Validade.*

Obrigação civil (Dir. Civil) – Obrigação cuja inexecução é sancionada pelo direito, sendo, portanto, o cumprimento judicialmente exigível.

Esta é a regra: à excepção das obrigações naturais, todas são judicialmente exigíveis.

Pode também usar-se a expressão para significar as obrigações submetidas ao regime do direito civil, por contraposição às obrigações mercantis ou comerciais.

V. *Obrigação; Inexecução; Cumprimento; Exigibilidade; Obrigação natural.*

Obrigação com faculdade alternativa (Dir. Civil) – Estas obrigações têm como objecto uma única prestação, tendo, no entanto, o devedor a faculdade de cumprir realizando uma prestação diversa, sem que para tal tenha de obter a concordância do credor.

Isto é, o credor não pode exigir prestação diversa da convencionada, mas tem de aceitá-la, se o devedor optar por ela.

Um caso em que é a própria lei a atribuir ao devedor a faculdade alternativa é o do artigo 558.°, n.° 1, C.C., em que se estabelece que, salvo diversa convenção das partes, pode o devedor de uma obrigação em moeda estrangeira cumpri-la "em moeda nacional, segundo o câmbio do dia do cumprimento e do lugar para este estabelecido".

V. *Obrigação; Prestação; Obrigação pecuniária; Lugar do cumprimento.*

Obrigação complexa (Dir. Civil) – Numa das suas acepções, a expressão visa significar que a relação obrigacional pode decompor-se em várias posições jurídicas, uma obrigação principal e outras secundárias, deveres de protecção, direitos potestativos, ónus.

Há autores que usam a expressão como sinónima de obrigação composta, para designar as obrigações em que o objecto da prestação é constituído por vários factos, por várias coisas ou por vários factos e coisas.

V. *Obrigação; Relação obrigacional complexa; Obrigação secundária; Direito potestativo; Ónus; Obrigação composta; Prestação.*

Obrigação composta (Dir. Civil) – A doutrina designa por obrigação composta ou complexa aquela cujo objecto é constituído por várias prestações debitórias.

A obrigação composta pode ser alternativa ou cumulativa.

V. *Obrigação; Prestação; Obrigação alternativa; Obrigação cumulativa.*

Obrigação condicional (Dir. Civil; Proc. Civil) – Obrigação que se encontra subordinada à verificação de uma condição.

Sendo a condição suspensiva, o credor só pode promover a respectiva execução se provar que a condição se verificou; tal prova será feita por documento e, quando o não possa ser, "o credor, ao requerer a execução, oferece as respectivas provas, que são logo sumariamente produzidas perante o juiz, a menos que este entenda necessário ouvir o devedor" – artigo 804.°, C.P.C., na redacção do Decreto-Lei n.° 38//2003, de 8 de Março, rectificado pela Declaração de rectificação n.° 5-C/2003, de 30 de Abril.

V. *Obrigação; Condição; Credor; Prova; Documento; Execução.*

Obrigação conjunta (Dir. Civil) – Também designada por obrigação parciária, é uma obrigação plural (em que, do lado passivo, do lado activo ou de ambos, há mais do que um titular) em que a prestação é dividida entre os vários titulares, de tal forma que cada um deles só pode exigir, ou só tem de realizar, uma parte dela.

V. *Obrigação; Obrigação plural; Condevedores; Concredores; Obrigação solidária.*

Obrigação conjuntiva (Dir. Civil) – Expressão sinónima de *obrigação cumulativa* (v. esta expressão).

Obrigação continuada (Dir. Civil) – V. *Obrigação; Obrigação duradoura.*

Obrigação "cum potuerit" (Dir. Civil) – Obrigação em que as partes estipulam que o devedor pagará *quando puder.*

O cumprimento da obrigação só é, portanto, exigível quando o devedor tenha a possibilidade de cumprir. Falecido o devedor, é exigível aos herdeiros independentemente da prova dessa possibilidade, dentro dos limites da responsabilidade daqueles pelas dívidas do *de cuius* – artigos 778.°, n.° 1, e 2071.°, C.C..

O n.° 3 do artigo 306.°, C.C., estabelece que o prazo de prescrição da obrigação *cum potuerit* só começa a correr depois da morte do devedor.

V. *Obrigação; Cumprimento; Tempo do cumprimento; Herdeiro; "De cuius"; "Intra vires hereditatis"; Prescrição; Obrigação "cum voluerit".*

Obrigação cumulativa (Dir. Civil; Proc. Civil) – É a obrigação cujo objecto é constituído por mais do que uma prestação debitória, estando o devedor vinculado à realização dessas várias prestações cumulativa ou conjuntamente.

Se as prestações tiverem objectos de natureza diversa, para obter a execução de todas elas, terá o credor de promover os vários processos executivos, pois, nos termos do artigo 53.°, n.° 1-*b)*, C.P.C., não pode o credor cumular contra o mesmo devedor várias execuções que tenham fins diferentes.

V. *Obrigação; Prestação; Execução; Cumulação de execuções.*

Obrigação "cum voluerit" (Dir. Civil) – Obrigação em que as partes estipulam que o devedor pagará *quando quiser.*

Diz a lei que, nos casos em que o momento do cumprimento é deixado ao arbítrio do devedor, só dos herdeiros deste é que o credor pode exigir o cumprimento da obrigação – v. artigo 778.°, n.° 2, C.C..

Deve distinguir-se esta hipótese – o devedor cumpre quando quiser – que a lei considera válida, daquela outra em que o devedor cumprirá *se quiser*, caso em que não chega a existir uma obrigação.

Segundo o artigo 306.°, n.° 3, C.C., o prazo de prescrição da obrigação *cum voluerit* só começa a correr depois da morte do devedor.

V. *Obrigação; Tempo do cumprimento; Herdeiro; Obrigação "si voluerit"; Prescrição.*

Obrigação de alimentos (Dir. Civil) – Obrigação imposta, por lei ou negócio jurídico, a uma pessoa, de fornecer tudo quanto é indispensável ao sustento, habitação e vestuário de outra, e ainda, se o alimentado for menor, o que for necessário à sua educação e instrução.

A medida dos alimentos pode ser fixada judicialmente (se eles aí forem pedidos em acção própria) ou acordada entre as partes, sendo, em qualquer caso, susceptível de ser alterada, se entretanto se tiverem alterado as circunstâncias que tenham determinado a sua fixação.

O artigo 2004.°, C.C., contém os critérios de determinação da obrigação de alimentos: estes hão-de ser "proporcionados aos meios daquele que houver de prestá-los e à necessidade daquele que houver de recebê-los", devendo ainda atender-se "à possibilidade de o alimentando prover à sua subsistência".

O direito a alimentos tem um forte regime de protecção na nossa lei, sendo irrenunciável, intransmissível, impenhorável e não podendo ser objecto de compensação.

A obrigação de alimentos vincula sucessivamente o cônjuge ou ex-cônjuge, os descendentes, os ascendentes, os irmãos, os tios (estes últimos durante a menoridade do alimentado), o padrasto e a madrasta (estes relativamente a enteados menores que estejam ou estivessem no momento da morte do cônjuge a cargo deste).

A obrigação de alimentos cessa por morte do obrigado (embora, neste caso, o alimentado possa pedi-los a outrem sobre quem também impenda essa obrigação), por morte do alimentado, por impossibilidade de o obrigado continuar a prestá-los, por desnecessidade de quem os recebe ou por o alimentado violar gravemente os seus deveres para com o obrigado.

Os artigos 2015.° a 2019.°, C.C., tratam da obrigação de alimentos dos cônjuges em particular, sendo de assinalar que, dissolvido o casamento por divórcio ou separados judicialmente os cônjuges, ainda assim se mantém a obrigação de alimentos, tendo direito a eles o cônjuge não culpado (se tiver sido declarada a culpa exclusiva de um deles na sentença que decretou a separação ou o divórcio), o cônjuge não considerado principal culpado (quando tenha sido declarada a culpa de ambos em proporções diversas), o cônjuge réu (se o divórcio tiver sido decretado com fundamento em alteração das faculdades mentais, nos termos do artigo 1781.°-*c)*, C.C.), e ambos os cônjuges (quando tiverem sido julgadas iguais as suas culpas ou a separação ou o divórcio hajam sido feitos por mútuo consentimento).

O n.° 2 do artigo 2016.°, C.C., permite que, embora a título excepcional, o tribunal, por motivos de equidade, possa conceder alimentos ao cônjuge que a eles não tivesse direito, tendo em consideração "a duração do casamento e a colaboração prestada por esse cônjuge à economia do casal".

O n.° 3 da mesma disposição legal estabelece os critérios que o tribunal deve utilizar na fixação do montante de alimentos; são eles "a idade e estado de saúde dos cônjuges, as suas qualificações profissionais e possibilidades de emprego, o tempo que terão de dedicar, eventualmente, à criação de filhos comuns, os seus rendimentos e proventos e, de modo geral, todas as circunstâncias que influam sobre as necessidades do cônjuge que recebe os alimentos e as possibilidades do que os presta".

Também, se o casamento houver sido declarado nulo ou anulado, o cônjuge de boa fé tem direito a exigir do outro alimentos.

O artigo 2020.°, C.C., contém uma disposição, ao tempo da sua introdução, inovadora, estabelecendo que aquele que, no momento da morte de pessoa não casada ou separada judicialmente de pessoas e bens, vivesse com ela há mais de dois anos em condições análogas às dos cônjuges, possa exigir alimentos da herança do *de cuius*; esse direito deve ser exercido nos dois anos subsequentes à data da morte do autor da sucessão, sob pena de caducidade.

O que ficou exposto são aspectos do regime da obrigação legal de alimentos, aplicáveis à obrigação que tenha fonte negocial.

V. artigos 2003.° e segs., C.C..

Pelo que respeita à obrigação de alimentos a menores, há de ter-se em conta a Lei n.° 75/98, de 19 de Novembro, que estabeleceu um regime que procura garantir que o credor dos alimentos não fique deles privado por o respectivo devedor não cumprir voluntariamente a sua obrigação. O artigo 1.° desta Lei dispõe que, "quando a pessoa obrigada a prestar alimentos a menor residente em território nacional não satisfizer as quantias em dívida pelas formas previstas no artigo 189.° do Decreto-Lei n.° 314/78, de 27 de Outubro [Organização Tutelar de Menores, que sofreu entretanto alterações muito significativas], e o alimentado não tenha rendimento líquido superior ao salário mínimo nacional nem beneficie nessa medida de rendimentos de outrem a cuja guarda se encontre, o Estado assegura as prestações previstas na presente lei até ao início do efectivo cumprimento da obrigação"; o artigo 2.° enuncia os critérios e os limites da fixação das prestações previstas na Lei, dispondo o artigo 3.° que "compete ao Ministério Público ou àqueles a quem a prestação de alimentos deveria ser entregue requerer nos respectivos autos de incumprimento que o tribunal fixe o montante que o Estado, em substituição do devedor, deve prestar", proferindo o juiz decisão provisória, "se for considerada justificada e urgente a pretensão do requerente". A garantia de alimentos prevista nesta Lei encontra-se regulada pelo Decreto-Lei n.° 164/99, de 13 de Maio.

Resta assinalar o preceito do n.° 3 do artigo 495.°, C.C.: se morrer o obrigado a alimentos e por essa morte for responsável civilmente alguém, este terá de indemnizar também os alimentados ou alimentandos, e isso mesmo que a obrigação de alimentos que o lesado cumpria não tivesse a natureza de obrigação civil, antes sendo uma obrigação natural. Está-se aqui perante um caso em que uma obrigação natural se transmuta em obrigação civil, por morte do seu devedor e por imposição legal.

V. *Obrigação; Lei; Negócio jurídico; Alimentos; Menor; Acção de alimentos; Descendente; Ascendente; Padrasto; Madrasta; Irrenunciabilidade; Transmissibilidade; Impenhorabilidade; Compensação; Divórcio; Separação judicial de pessoas e bens; Declaração de cônjuge culpado; Culpa; Apanágio do cônjuge sobrevivo; Herança; União de facto; "De cuius"; Autor da sucessão; Caducidade; Invalidade do casamento; Boa fé; Ministério Público; Incumprimento; Responsabilidade civil; Obrigação civil; Obrigação natural; Alimentando.*

Obrigação de apresentação de coisas (Dir. Civil) – V. *Obrigação; Coisa; Apresentação de coisas.*

Obrigação de apresentação de documentos (Dir. Civil) – V. *Obrigação; Documento; Apresentação de documentos.*

Obrigação de contratar (Dir. Civil) – V. *Obrigação; Obrigação legal de contratar. Liberdade contratual; Contrato-promessa.*

Obrigação "de dare" (Dir. Civil) – É a obrigação cuja prestação consiste na entrega de uma coisa. A doutrina distingue, dentro das obrigações *de dare*, as obrigações de dar (que se traduzem na entrega de uma coisa que pertence ao credor desde o momento da constituição da obrigação ou que passa a ser propriedade dele em consequência da entrega), de prestar (que se consubstancia na entrega de coisa que pertence ao devedor e passa a poder ser usada pelo credor) e de restituir (que consistem na devolução pelo devedor ao credor de coisa que pertencia a este último e havia sido cedida ao devedor para ser usada, fruída, administrada, guardada ou para qualquer outra finalidade).

V. *Obrigação; Prestação; Credor; Direito de propriedade; Devedor; Fruição; Acto de administração.*

Obrigação de escolha (Dir. Civil) – A doutrina designa por obrigação de escolha a obrigação genérica em que não há indiferenciação objectiva das espécies dentro do género, de tal modo que a determinação da prestação implica uma verdadeira opera-

ção de escolha. Por exemplo, *A* obriga-se a entregar a *B* um quadro do pintor *C*: não sendo as obras de arte, ainda que do mesmo autor, coisas fungíveis, a determinação do quadro a entregar em cumprimento da obrigação impõe uma escolha.
V. *Obrigação; Obrigação genérica; Coisa fungível.*

Obrigação de execução duradoura (Dir. Civil) – V. *Obrigação; Obrigação duradoura.*

Obrigação de execução instantânea (Dir. Civil) – V. *Obrigação; Obrigação instantânea.*

Obrigação "de facere" (Dir. Civil) – A obrigação diz-se de facto ou *de facere*, quando a prestação consiste na realização de um dado facto (obrigação *de facere* propriamente dita) ou na abstenção da sua prática (obrigação *de non facere*) ou ainda na omissão de um comportamento de obstrução a uma conduta alheia (obrigação de *pati*).
V. *Obrigação; Prestação; Omissão; Obrigação "de non facere"; Obrigação de tolerância; Obrigação "de dare".*

Obrigação de facto (Dir. Civil) – V. *Obrigação; Obrigação "de facere".*

Obrigação de facto negativo (Dir. Civil) – V. *Obrigação; Obrigação "de facere"; Obrigação negativa.*

Obrigação de facto positivo (Dir. Civil) – V. *Obrigação; Obrigação "de facere"; Obrigação positiva.*

Obrigação de garantia (Dir. Civil) – A obrigação qualifica-se doutrinariamente como obrigação de garantia, quando o devedor se compromete a garantir a realização de um dado resultado, isto é, assume perante o credor a responsabilidade pela frustração desse resultado, mesmo nas hipóteses de ela não ter resultado de facto culposo seu ou de ter sido consequência de facto fortuito ou de força maior.

Este compromisso consubstancia-se, pois, num cláusula de agravamento da responsabilidade debitória, já que o devedor fica obrigado a indemnizar o credor pelos danos que este tenha sofrido em consequência da impossibilitação não culposa do cumprimento da obrigação.
V. *Obrigação; Obrigação de meios; Obrigação de resultado; Responsabilidade contratual; Culpa; Caso fortuito; Caso de força maior; Indemnização; Cláusula de agravamento da responsabilidade; Impossibilidade do cumprimento; Dano.*

Obrigação de indemnização (Dir. Civil) – V. *Obrigação; Indemnização.*

Obrigação de informação (Dir. Civil) – A obrigação de informação, que pode resultar da lei (por exemplo, a obrigação de prestação de contas para o gestor de negócios, para o tutor, a obrigação de prestar as informações enunciadas no artigo 10.°, n.°s 1 a 4, da Lei n.° 67/98, de 26 de Outubro, rectificada pela Declaração de rectificação n.° 22/98, de 28 de Novembro – Lei da Protecção de Dados Pessoais –, ao titular dos dados pelo responsável pelo respectivo tratamento, etc.) ou de convenção das partes, encontra-se caracterizada no artigo 573.°, C.C., que dispõe que tal obrigação existe "sempre que o titular de um direito tenha dúvida fundada acerca da sua existência ou do seu conteúdo e outrem esteja em condições de prestar as informações necessárias".

Esta obrigação pode também emergir da boa fé, como sucede na fase pré-contratual, em que qualquer das partes tem de prestar à outra, com verdade, todas as informações que sejam necessárias para que a decisão de contratar seja tomada de forma livre e esclarecida; esta obrigação de informação pré-contratual assume especial relevância quando o contrato é celebrado na base de cláusulas contratuais gerais ou, independentemente disso, quando uma das partes no contrato concluído é um consumidor (v. artigo 8.°, n.° 1, da Lei de Defesa do Consumidor – Lei n.° 24/96, de 31 de Julho, rectificada pela Declaração de rectificação n.° 16/96, de 13 de Novembro, e alterada pela Lei n.° 85/98, de 16 de Dezembro, e pelo Decreto-Lei n.° 67/2003, de 8 de Abril).

Trata-se, portanto, de uma modalidade de prestação de facto (ou *de facere*) a que constitui objecto desta obrigação.

O Decreto-Lei n.° 68/2004, de 25 de Março, que "estabelece um conjunto de mecanismos que visam reforçar os direitos dos consumidores à informação e à protecção dos seus interesses económicos no âmbito da aquisição de prédio urbano para habitação, bem como promover a transparência do mercado", veio impor aos profissionais da actividade de construção a disponibilização de informação, constante da chamada ficha técnica – documento descritivo das características técnicas e funcionais do prédio urbano destinado a habitação, reportadas ao momento de conclusão das obras de construção, reconstrução, ampliação ou alteração do prédio, "de acordo com o conteúdo das telas finais devidamente aprovadas" –, "redigida em língua portuguesa, em termos claros e compreensíveis para o comprador, de modo a ser facilmente legível e sem remissões para textos técnicos cuja compreensão pressuponha conhecimentos específicos"; esta ficha técnica "deve conter informação sobre os principais profissionais envolvidos no projecto, construção, reconstrução, ampliação ou alteração, bem como na aquisição da habitação, e ainda sobre o loteamento, o prédio urbano e a fracção autónoma ou a habitação unifamiliar"; os n.°s 2 a 9 do artigo 7.° contêm o enunciado minucioso de todas as informações que devem constar daquela ficha, que deve ser mantida arquivada pelo promotor imobiliário por um período mínimo de 10 anos. A obrigação de fazer constar da ficha técnica as informações referidas na lei "não prejudica a possibilidade de o promotor imobiliário incluir na ficha [...] informações complementares que considere importantes. Esta ficha deve ser conservada pelo proprietário do prédio ou fracção. Para além destas informações, o artigo 11.° impõe que, nos locais de atendimento e de venda ao público, o vendedor, a empresa de mediação imobiliária ou outro profissional, que se encontre incumbido de comercializar prédios urbanos destinados à habitação disponibilizem informação documentada em especial sobre a ficha técnica, caso exista, a sua versão provisória, se for esse o caso, o preço por metro quadrado da área útil, e o preço total, com indicação dos impostos e outras obrigações que incidam sobre a aquisição, bem como as formas de pagamento propostas; além disto, devem "disponibilizar para consulta no local de venda uma cópia autenticada do projecto completo do prédio, incluindo os diversos projectos das especialidades" e, ainda, quando se trate de prédio em construção, informar do número do alvará de licença de construção e dos prazos previstos para a conclusão das obras.

Há contratos em que a lei tem especiais cautelas na enunciação do conteúdo desta obrigação de informação pré-contratual, como sucede nos chamados contratos celebrados à distância, cujo regime resulta do Decreto-Lei n.° 143/2001, de 26 de Abril (rectificado pela Declaração de rectificação n.° 13-C/2001, de 31 de Maio), que transpõe a Directiva n.° 97/7/CE, do Parlamento Europeu e do Conselho, de 20 de Maio; em sentido semelhante, o Decreto-Lei n.° 95/2006, de 29 de Maio, que, transpondo a Directiva n.° 2002/65/CE, do Parlamento Europeu e do Conselho, de 23 de Setembro, trata do regime "aplicável à informação pré-contratual e aos contratos relativos a serviços financeiros prestados a consumidores através de meios de comunicação à distância pelos prestadores autorizados a exercer a sua actividade em Portugal".

O Decreto-Lei n.° 304/2001, de 26 de Novembro, que transpôs a Directiva n.° 1999/94/CE, do Parlamento Europeu e do Conselho, de 13 de Dezembro, foi alterado pelo Decreto-Lei n.° 184/2005, de 4 de Novembro, em razão da alteração da Directiva n.° 1999/94/CE pela Directiva n.° 2003/73/CE, da Comissão, de 24 de Julho, aprova um sistema de informações sobre economia de combustível e emissões de dióxido de carbono, disponíveis para o consumidor, na comercialização de automóveis novos de passageiros.

O artigo 32.° do Decreto-Lei n.° 144/2006, de 31 de Julho, diploma que regula as condições de acesso e de exercício da actividade de mediação de seguros, obriga o mediador de seguros a prestar um conjunto de informações ao cliente, nas condições previstas no artigo 33.° do mesmo diploma.

O Decreto-Lei n.° 30/2006, de 15 de Fevereiro, que estabelece as bases gerais da organização e funcionamento do Sistema Nacional de Gás Natural em Portugal e as aplicáveis ao exercício das actividades de recepção, armazenamento, transporte, distribuição e comercialização de gás natural, transpondo a Directiva n.° 2003/55/CE, do Parlamento Europeu e do Conselho, de 26 de Junho, contém, no respectivo artigo 48.°, o conteúdo do direito de informação que cabe aos consumidores de gás natural – sem prejuízo daquele que resulta da Lei de Defesa do Consumidor; o artigo 59.° do mesmo diploma dispõe que os intervenientes no Sistema Nacional de Gás Natural "devem prestar às entidades administrativas competentes e aos consumidores a informação prevista no Regulamento de Acesso às Redes, às Infra-Estruturas e às Interligações, no Regulamento de Operação das Infra-Estruturas, no Regulamento da Qualidade de Serviço, no Regulamento da Rede de Distribuição, Regulamento das Relações Comerciais e no Regulamento Tarifário, bem como nos respectivos contratos de concessão e títulos de licença".

V. *Obrigação; Cooperação; Obrigação de prestação de contas; Obrigação de prestação de contas; Gestão de negócios; Tutor; Dados pessoais, Protecção de dados pessoais; Direito subjectivo; Dever pré-contratual; Responsabilidade pré-contratual; Cláusulas contratuais gerais; Prestação; Consumidor; Tutela do consumidor; Prédio urbano; Fracção autónoma; Contrato celebrado à distância; Contrato de mediação; Veículo; Seguro; Instalações de gás.*

Obrigação de julgar (Proc. Civil) – V. *Denegação de justiça.*

Obrigação de juros (Dir. Civil) – V. *Obrigação; Juros; Anatocismo.*

Obrigação de meios (Dir. Civil) – Também chamada obrigação de pura diligência, é aquela em virtude da qual o devedor não fica vinculado a obter um resultado preciso, mas apenas a empregar a diligência necessária no sentido da obtenção desse resultado. Assim, por exemplo, o médico compromete-se tão-somente a fazer tudo para conseguir curar o doente, sem, no entanto, o garantir.

O credor de uma obrigação deste género não pode, em princípio, responsabilizar o seu devedor por inexecução ou deficiente execução, a não ser que prove que este último actuou negligentemente, cometendo um erro indesculpável ou não utilizando todos os meios devidos ou prometidos.

A classificação das obrigações em obrigações de meios e de resultado tem sido muito contestada por grande parte da doutrina, sobretudo com a consideração de que qualquer obrigação pode qualificar-se como obrigação de meios, uma vez que ao devedor é sempre exigível um certo grau de diligência na realização da conduta devida, e, do mesmo passo, todas as obrigações são, embora em medida diversa, obrigações de resultado, já que todas elas tendem para a obtenção de um dado resultado, cuja realização corresponde à satisfação do interesse do credor que as justifica.

A distinção é, pois, tendencial e só pode operar-se em função do carácter mais ou menos aleatório que a consecução do resultado do comportamento debitório assume em relação a este.

V. *Obrigação; Diligência; Obrigação de resultado; Obrigação de garantia; Responsabilidade contratual; Incumprimento; Cumprimento defeituoso; Interesse do credor.*

Obrigação de moeda específica (Dir. Civil) – V. *Obrigação; Obrigação pecuniária.*

Obrigação "de non facere" (Dir. Civil) – Designa-se assim a obrigação cujo objecto é uma abstenção do devedor: a prestação consiste em abster-se de certo acto ou actividade.

V. *Obrigação; Prestação; Omissão.*

Obrigação de preferência (Dir. Civil) – Obrigação de dar preferência a alguém na venda (ou na celebração de outro contrato compatível com a preferência) de dada coisa.

O obrigado, se e quando desejar realizar o contrato, tem de comunicar ao preferente a sua vontade e as cláusulas essenciais do contrato (correspondentes àquelas que um terceiro está disposto a aceitar), devendo aguardar a resposta deste durante oito dias (se outro não for o prazo convencionado). Caso o preferente não responda ou declare não estar interessado no contrato, fica o obrigado livre para o celebrar, nos termos propostos, com quem quiser; se o preferente exercer o seu direito, tem o obrigado de realizar com ele o negócio.

A notificação que o obrigado tem de fazer ao preferente pode ser realizada extrajudicial ou judicialmente, através do processo previsto e regulado nos artigos 1458.° e segs., C.P.C..

A obrigação de preferência pode ter fonte contratual (pacto de preferência) ou legal (quanto a esta, v., por exemplo, artigos 1409.°, C.C., e 47.° do Regime do Arrendamento Urbano).

V. artigos 414.° e segs., C.C..

V. *Obrigação; Direito de preferência; Terceiro; Notificação para a preferência; Pacto de preferência; Compra e venda; Cláusula; Arrendamento urbano.*

Obrigação de prestação de contas (Dir. Civil) – Há muitos casos em que a lei impõe a um sujeito a obrigação de prestar contas a outrem de um certo acto ou actividade. Isto sucede, designadamente, quando o obrigado realizou o acto ou a actividade por conta daquele a quem vai ter de prestar contas.

Assim, por exemplo, é uma das obrigações do mandatário a de "prestar contas, findo o mandato ou quando o mandante as exigir" (artigo 1161.°-*d)*, C.C.). De igual modo, o gestor de negócios tem de prestar contas ao dono do negócio, "findo o negócio ou interrompida a gestão, ou quando o dono as exigir" (artigo 465.°-*c)*, C.C.).

V. *Obrigação; Actuação por conta de outrem; Mandato; Gestão de negócios.*

Obrigação de quantidade (Dir. Civil)

1. V. *Obrigação; Obrigação pecuniária.*

2. Alguns autores designam por obrigação de quantidade a obrigação genérica em que a determinação do objecto da prestação debitória se resolve numa simples operação de contagem, pesagem ou medição.

V. *Obrigação de escolha; Obrigação genérica; Prestação.*

Obrigação de restituir (Dir. Civil) – A obrigação de restituir, fundada em enriquecimento sem causa, compreende tudo o que o enriquecido tenha obtido (enriquecimento patrimonial ou concreto) à custa do património de outrem (empobrecimento patrimonial ou concreto). A medida desta obrigação é fixada, pois, em função de um duplo limite: o do enriquecimento e o do empobrecimento patrimoniais.

Segundo alguns autores, o segundo limite não será o do empobrecimento patrimonial, quando este seja nulo ou inferior ao do empobrecimento real, sendo então este último o segundo limite, em atenção ao qual se apura a medida da restituição devida. A razão de ser deste último entendimento reside na consideração, relevante da teoria do conteúdo da destinação ou afectação, de que deve ser considerado obtido à custa do empobrecido tudo aquilo que, não se tendo repercutido embora numa perda para ele, resultou do exercício de direitos ou faculdades que lhe cabiam em virtude da distribuição jurídica realizada pela titularidade dos direitos reais.

Nos termos do artigo 480.°, C.C., a obrigação de restituir é agravada depois de o enriquecido ter sido judicialmente citado para a restituição ou de ter tido "conhecimento da falta de causa do seu enriquecimento ou da falta do efeito que se pretendia obter com a prestação". Em rigor, não há nestas situações agravamento da obrigação de restituir, mas sim cumulação dela com uma obrigação de indemnização, para o enriquecido face ao empobrecido, pelos danos resultantes do "perecimento ou deterioração culposa da coisa, pelos frutos que por sua culpa deixem de ser percebidos e pelos juros legais das quantias a que o empobrecido tiver direito".

A obrigação de restituir transmite-se para o adquirente, a título gratuito, da coisa que devesse ser restituída, sendo então relevante o enriquecimento patrimonial do próprio adquirente. Se a alienação gratuita tiver ocorrido depois de o alienante ter sido citado judicialmente para a restituição ou ter tido conhecimento da falta de causa do seu enriquecimento, o adquirente, além de obrigado à restituição, é, se estiver de má fé, co-responsável com o alienante pelos danos do empobrecido.

A obrigação de restituir "prescreve no prazo de três anos, a contar da data em que o credor teve conhecimento do direito que lhe compete e da pessoa do responsável, sem prejuízo da prescrição ordinária se tiver decorrido o respectivo prazo a contar do enriquecimento" – artigo 482.°, C.C..

V. *Obrigação; Enriquecimento sem causa; Enriquecimento patrimonial; Empobrecimento real; Empobrecimento patrimonial; Teoria do duplo limite; Doutrina do conteúdo da destinação; Direito real; Citação; Indemnização; Frutos; Frutos percipiendos; Juros legais; Alienação; Negócio a título oneroso; Má fé; Dano; Prescrição.*

Obrigação de resultado (Dir. Civil) – Obrigação em que o devedor se compromete a conseguir determinado resultado, respondendo perante o credor no caso de frustração de tal resultado, salvo se provar que ela se ficou a dever a facto não culposo seu, designadamente a caso fortuito ou de força maior.

V. *Obrigação; Obrigação de meios; Obrigação de garantia; Responsabilidade contratual; Culpa; Caso fortuito; Caso de força maior.*

Obrigação de segurança (Dir. Civil) – O Decreto-Lei n.° 69/2005, de 17 de Março, que transpôs a Directiva n.° 2001/95/CE, do Parlamento Europeu e do Conselho, de 3 de Dezembro, relativa à segurança geral dos produtos, dispõe, no seu artigo 4.°, que "só podem ser colocados no mercado produtos seguros", considerando-se "conforme com a obrigação geral de segurança o produto que estiver em conformidade com as normas legais ou regulamentares que fixem os requisitos em matéria de protecção de saúde e segurança a que o mesmo deve obedecer para poder ser comercializado"; na falta de normas, "a conformidade de um produto com a obrigação geral de segurança é avaliada atendendo, sempre que existam: *a)* As normas portuguesas que transpõem normas europeias cujas referências tenham sido publicadas no *Jornal Oficial das Comunidades Europeias*, bem como as normas nacionais que transpõem normas comunitárias pertinentes; *b)* As normas em vigor no Estado membro em que o produto é fornecido ou disponibilizado; *c)* As recomendações da Comissão Europeia que contêm orientações em matéria de avaliação de segurança dos produtos; *d)* Os códigos de boa conduta em matéria de segurança dos produtos em vigor para o sector em causa; *e)* O estado actual dos conhecimentos e da técnica; *f)* O nível de segurança razoavelmente esperado pelos consumidores"; o n.° 4 deste artigo acrescenta que "a conformidade de um produto com as normas legais ou regulamentares ou com os critérios mencionados [...] não constitui impedimento à adopção de medidas que se mostrem necessárias para restringir a sua comercialização ou ordenar a sua recolha ou retirada do mercado se, ainda assim, o produto se revelar perigoso para a saúde e segurança dos consumidores".

A obrigação geral de segurança impende sobre o produtor, sendo este caracterizado como: "*i)* O fabricante de um produto que se encontre estabelecido na União Europeia ou qualquer pessoa que se apresente como tal ao apor o seu nome, marca ou outro sinal distintivo do produto ou que proceda à sua recuperação; *ii)* O representante do fabricante, quando este não se encontre estabelecido na União Europeia ou, na sua falta, o importador do produto na União Europeia; ou, ainda, *iii)* Outros profissionais da cadeia de comercialização, na medida em que as respectivas actividades possam afectar as características de segurança do produto colocado no mercado".

V. *Produtos; Consumidor; Tutela do consumidor.*

Obrigação de soma (Dir. Civil) – A obrigação de soma ou quantidade é aquela cujo objecto é um quantitativo pecuniário.

V. *Obrigação; Obrigação pecuniária.*

Obrigação de sujeito determinado (Dir. Civil) – A obrigação diz-se de sujeito determinado quando ambas as partes estão identificadas no momento de constituição da obrigação.

Nos termos do artigo 511.°, C.C., a pessoa do credor pode não estar determinada no momento de constituição da obrigação, mas tem de ser determinável, sob pena de nulidade do negócio, do qual a obrigação resultaria.

É o que sucede, por exemplo, na promessa pública (artigo 459.°, C.C.) ou no legado a favor de pessoas a nomear por terceiro (artigo 2182.°, n.°s 2-*b)* e 3, C.C.).

Se ambas as partes forem indetermináveis no momento da constituição da obrigação, esta é nula, por ser nulo o negócio de que provém.

V. *Obrigação; Credor; Nulidade; Negócio jurídico; Promessa pública; Legado.*

Obrigação de sujeito indeterminado (Dir. Civil) – V. *Obrigação; Obrigação de sujeito determinado.*

Obrigação determinada (Dir. Civil) – V. *Obrigação; Obrigação de resultado.*

Obrigação de tolerância (Dir. Civil) – Obrigação de tolerância ou *de pati* é aquela em que o devedor se obriga a consentir um comportamento de credor, comportamento a que, não fora a vinculação existente, poderia legitimamente opor-se.

V. *Obrigação; Obrigação negativa.*

Obrigação de vigilância (Dir. Civil) – V. *Obrigação; Dever de vigilância; Culpa "in vigilando".*

Obrigação disjunta (Dir. Civil) – A doutrina designa assim a obrigação em que não se encontra determinado, no momento da constituição, um dos sujeitos dela, devendo a determinação ocorrer posteriormente, por escolha de um dos vários sujeitos inicialmente indicados em alternativa.

V. *Obrigação; Devedor; Credor.*

Obrigação disjuntiva (Dir. Civil) – Expressão por vezes empregue como sinónimo de obrigação alternativa.

V. *Obrigação; Obrigação alternativa.*

Obrigação divisível (Dir. Civil) – A obrigação divisível é aquela cuja prestação pode fraccionar-se sem resultar alterada a sua substância, diminuído o seu valor ou prejudicado o uso a que se destina (definição de *coisas divisíveis* – artigo 209.°, C.C.).

Se a prestação é divisível e o devedor não a realiza por inteiro, estamos perante uma *execução parcial* da sua obrigação.

Assinale-se que, nas obrigações de prestação divisível, havendo vários credores ou devedores, são iguais as partes que estes têm na obrigação, se outra proporção não resultar de lei ou convenção – artigo 534.°, C.C..

V. *Obrigação; Prestação; Obrigação indivisível; Execução parcial; Condevedores; Concredores.*

Obrigação duradoura (Dir. Civil) – A obrigação diz-se duradoura ou de execução duradoura, quando o seu objecto se consubstancia numa actividade que se prolonga no tempo, tendo esta duração temporal da execução da prestação uma influência determinante na conformação global da própria prestação, e correspondendo, em regra, à satisfação do interesse do credor o prolongamento temporal da conduta debitória.

As obrigações duradouras distinguem-se em obrigações *continuadas* – aquelas em que o comportamento debitório é realizado ininterruptamente durante um lapso de tempo – e obrigações *periódicas* – aquelas em que o devedor está vinculado à realização de prestações singulares repetidas em determinados momentos temporais. Exemplo de obrigação duradoura continuada é a do locador de proporcionar ao locatário o gozo da coisa locada, sendo uma típica obrigação duradoura periódica a que o locatário tem de pagar a renda ou aluguer.

V. *Obrigação; Obrigação instantânea; Prestação; Interesse do credor; Obrigação fraccionada; Locação; Renda; Aluguer.*

Obrigação em moeda estrangeira (Dir. Civil) – V. *Obrigação; Obrigação pecuniária.*

Obrigação específica (Dir. Civil) – É aquela cujo objecto se encontra individualizado.

V. *Obrigação; Obrigação genérica.*

Obrigação exequenda (Proc. Civil) – Obrigação que é susceptível de servir de base à execução. Determina o artigo 802.°, C.P.C. (na redacção dada pelo Decreto-Lei n.° 329-A/95, de 12 de Dezembro), que são seus requisitos que ela seja certa, exigível e líquida, dado dispor que "a execução principia pelas diligências, a requerer pelo exequente, destinadas a torná[-la assim], se o não for em face do título executivo".

Assim, se a obrigação for alternativa e pertencer ao devedor a escolha da prestação, ele é notificado para vir dizer, no prazo de dez dias, se outro não tiver sido fixado pelas partes, qual das prestações prefere, e, não o fazendo, a execução segue quanto à prestação que o credor escolher.

Se a obrigação se não encontrar vencida por faltar a interpelação do credor ao devedor, deve continuar a funcionar como interpelação a citação para a acção, apesar de o anterior n.° 3 do artigo 804.°, C.P.C., ter sido suprimido pelo Decreto-Lei n.° 38/2003, de 8 de Março, rectificado pela Declaração de rectificação n.° 5-C/2003, de 30 de Abril.

Não é requisito da obrigação exequenda que ela seja líquida, isto é, que a sua prestação consista numa quantidade numericamente determinada, mas, se o não for, a primeira fase do processo consistirá justamente na sua liquidação (v. artigos 805.° e segs., C.P.C., na redacção do referido DL n.° 38/2003.

V. *Obrigação; Execução; Obrigação líquida; Exigibilidade; Título executivo; Obrigação alternativa; Devedor; Notificação; Credor; Vencimento; Interpelação; Citação; Liquidação.*

Obrigação exigível (Dir. Civil) – V. *Obrigação; Obrigação inexigível.*

Obrigação facultativa (Dir. Civil) – Utilizando uma expressão susceptível de gerar equívocos, há autores que designam assim a obrigação que tem por objecto uma única prestação, mas em que o devedor tem a faculdade de se exonerar, realizando uma outra prestação debitória, ainda que sem a aquiescência do seu credor, isto é, aquela que a generalidade da doutrina geralmente designa por obrigação com faculdade alternativa.

V. *Obrigação; Prestação; Devedor; Credor; Obrigação com faculdade alternativa.*

Obrigação fraccionada (Dir. Civil) – Obrigação cujo objecto está fixado com independência da duração da relação contratual, mas cujo cumprimento, podendo ser realizado num único momento temporal, por convenção das partes se protela no tempo, através de prestações sucessivas. A obrigação fraccionada ou repartida é, pois, uma obrigação instantânea, cujo cumprimento se convenciona seja realizado por fracções. É o que sucede, por exemplo, na venda a prestações.

Sendo a prestação fraccionada, o não cumprimento de uma das prestações importa, em regra, o vencimento antecipado das restantes, isto é, a perda do benefício do prazo pelo devedor.

V. artigo 781.°, C.C..

A venda a prestações tem, no entanto, um regime especial, consignado no artigo 934.°, C.C..

V. *Obrigação; Cumprimento; Tempo do cumprimento; Obrigação instantânea; Benefício do prazo; Venda a prestações; Vencimento.*

Obrigação fungível (Dir. Civil – Obrigação que tanto pode ser cumprida pelo devedor como por terceiro.

Este é o regime-regra na nossa lei (v. artigo 767.°, n.° 1, C.C.), apenas não sendo considerada fungível a obrigação quando as partes tenham convencionado que o cumprimento haja de ser realizado pelo próprio devedor ou quando o cumprimento por terceiro prejudique a satisfação do interesse do credor.

V. *Obrigação; Cumprimento por terceiro; Interesse do credor; Obrigação infungível.*

Obrigação futura (Dir. Civil) – É a obrigação que ainda não se constituiu, mas que se destina a emergir.

Assim, por exemplo, quando de um contrato emergem obrigações, se ele for celebrado sob condição suspensiva, enquanto esta não se verificar, são futuras as obrigações. Também se pode tomar o exemplo das obrigações que do contrato prometido hão-de emergir quando se está perante um contrato-promessa: neste caso, é frequente que as partes acordem, desde logo, o cumprimento, ao menos parcial, dessas futuras obrigações, como sucede quando, num contrato-promessa de compra e venda, o promitente-comprador se compromete a pagar, em parte ou no todo, o preço do bem a adquirir, ou o promitente-vendedor se obriga a entregar o bem a vender antes de celebrada a compra e venda.

V. *Obrigação; Contrato; Condição suspensiva; Contrato-promessa; Cumprimento; Compra e venda.*

Obrigação genérica (Dir. Civil) – A obrigação diz-se genérica quando o seu objecto é definido apenas quanto ao seu género e quantidade (por exemplo, alguém está obrigado a entregar a outrem 100 kg de laranjas de um certo pomar).

Nas obrigações genéricas, a escolha da prestação pertence ao devedor, a menos que coisa diversa tenha sido estabelecida – artigos 539.° e 542.°, C.C..

"Enquanto a prestação for possível com coisas do género estipulado, não fica o devedor exonerado pelo facto de perecerem aquelas com que se dispunha a cumprir" – artigo 540.°, C.C..

Nos termos do artigo 541.°, C.C., a concentração das obrigações genéricas dá-se, em princípio, com o cumprimento, só ocorrendo antes quando o género se extinguir a ponto de restar apenas a quantidade devida (ou uma quantidade de coisas inferior), se o credor estiver em mora, se se tratar de uma dívida de envio ou se as partes tiverem acordado nesse sentido.

V. artigos 2253.° e 2266.°, C.C., que se ocupam do legado de coisa genérica.

Quando a individualização do objecto da prestação está realizada no momento da constituição da obrigação, apenas sendo necessárias operações de pesagem, contagem ou medição para a sua precisão exacta, não se está perante uma obrigação genérica, mas específica (por exemplo, alguém está obrigado a entregar a outrem todas as laranjas de um certo pomar).

V. *Obrigação; Devedor; Prestação; Exoneração; Obrigação específica; Concentração; Cumprimento; Mora; Dívida de envio; Legado.*

Obrigação ilíquida (Dir. Civil; Proc. Civil) – Obrigação cujo montante não se encontra ainda fixado.

O artigo 471.°, C.P.C. (na redacção dos Decretos-Leis n.°s 329-A/95, de 12 de Dezembro, e 38/2003, de 8 de Março, este rectificado pela Declaração de rectificação n.° 5-C/2003, de 30 de Abril), permite a formulação de pedidos ilíquidos, designadamente quando se trate de uma universalidade de facto ou de direito, quando não seja possível determinar, definitivamente, as consequências danosas de um facto ilícito e "quando a fixação do quantitativo esteja dependente de prestação de contas ou de outro acto que deva ser praticado pelo réu". A liquidação deve, nos dois primeiros casos, realizar-se por meio do incidente de liquidação, se não couber no caso processo de inventário.

Quando a obrigação não se tenha tornado líquida, isto é, certa na acção declarativa, não pode, em regra, promover-se a sua execução (cfr. artigo 802.°, C.P.C.), salvo nos casos e termos previstos no artigo 805.°, C.P.C., na redacção do DL n.° 38/2003.

V. *Obrigação; Pedido genérico; Dano; Acto ilícito; Prestação de contas; Réu; Universalidade de facto; Universalidade de direito; Réu; Liquidação; Incidente; Inventário; Acção declarativa; Execução.*

Obrigação indexada (Dir. Civil) – Diz-se de uma obrigação pecuniária que ela é indexada quando, em regra por convenção das partes, ela é actualizável em função de parâmetros, que serão normalmente as alterações de valor monetário ou o índice geral dos preços.

Apesar de o artigo 550.°, C.C., consagrar o princípio nominalista, ele admite que as partes o afastem convencionalmente.

Por seu turno, o artigo 551.°, C.C., dispõe que, "quando a lei permitir a actualização das prestações pecuniárias, por virtude das flutuações do valor da moeda, atender-se-á, na falta de outro critério legal, aos índices de preços, de modo a restabelecer, entre a prestação e a quantidade de mercadorias a que ela equivale, a relação existente na data em que a obrigação se constituiu".

V. *Obrigação; Obrigação pecuniária; Convenção; Princípio nominalista.*

Obrigação indivisível (Dir. Civil) – Obrigação cuja prestação, pelas suas características naturais ou convencionais, é insusceptível de divisão sem alteração da sua substância, prejuízo do seu valor ou da possibilidade de uso para o fim a que se destinava (artigo 209.°, C.C.) ou, sendo a prestação de facto, sem prejuízo do interesse do credor.

Sendo a obrigação indivisível e não realizando o devedor toda a prestação, estamos perante uma *execução defeituosa.*

Estabelece o Código Civil que, nas obrigações de prestação indivisível, havendo vários devedores, o credor deve exigir o cumprimento daquela de todos eles e, sendo vários os credores, qualquer deles o pode exigir, ficando o(s) devedor(es) exonerado(s) em relação a todos os credores.

V. artigos 535.° a 538.°, C.C..

V. *Obrigação; Prestação; Credor; Devedor; Interesse do credor; Execução defeituosa.*

Obrigação inexigível (Dir. Civil; Proc. Civil) – A obrigação é inexigível quando ainda não se encontra constituída, por estar, por exemplo, dependente de qualquer facto futuro – certo ou incerto – a eficácia do negócio de que ela provém.

Estando já constituída, a obrigação não será exigível (em sentido forte), se não se encontrar ainda vencida, pois o credor não pode reclamar o seu imediato cumprimento; mas, não sendo ainda exigível naquele sentido de o devedor se poder considerar constituído em mora se a não cumprir de imediato, ela é desde logo exigível (em sentido fraco), pois o credor só tem de aguardar o decurso do prazo (se ela o tiver) ou pode desencadear o seu vencimento através da interpelação do devedor (se se tratar de obrigação pura).

O artigo 802.°, C.P.C. (na redacção do Decreto-Lei n.° 329-A/95, de 12 de Dezembro), determina, *a contrario*, que não pode promover-se a execução enquanto a obrigação se não torne certa, exigível e líquida, se o não for em face do título. A inexigibilidade impeditiva da execução é, em regra, a inexigibilidade absoluta, porquanto, se apenas faltar a interpelação para que a obrigação se vença, deve valer como tal a citação para a acção executiva.

V. *Obrigação; Negócio jurídico; Vencimento; Mora; Interpelação; Obrigação pura; Obrigação a prazo; Execução; Título executivo; Citação.*

Obrigação infungível (Dir. Civil) – Obrigação cuja prestação é infungível; significa isto que ela não pode ser realizada por pessoa diversa do devedor.

A infungibilidade pode ser *convencional* (as partes convencionam que a prestação deve ser feita pelo devedor) ou fundada na própria *natureza da prestação*: nestas hipóteses, a substituição do devedor prejudica a satisfação do interesse do credor, ou seja, a pessoa do credor como que se integra na própria prestação que não seria a mesma se realizada por outrem.

Ressalvados estes casos de infungibilidade da prestação, o artigo 767.°, n.° 1, C.C., estabelece a regra da fungibilidade da prestação, dizendo: "A prestação pode ser feita tanto pelo devedor como por terceiro, interessado ou não no cumprimento da obrigação".

A distinção tem também relevância no regime da execução: sendo a prestação de facto fungível, o credor pode, no processo executivo, requerer que o facto seja prestado por outrem à custa do devedor.

V. artigos 828.°, C.C., e 933.° e segs., C.P.C., na redacção do Decreto-Lei n.° 38/2003, de 8 de Março, rectificado pela Declaração de rectificação n.° 5-C/2003, de 30 de Abril.

Se a prestação for de facto infungível, positivo ou negativo, o credor mais não pode fazer do que exigir o cumprimento pelo devedor (artigo 817.°, C.C.), mas, se este o não fizer, não pode recorrer à execução específica da obrigação. Resta-lhe, nos termos do artigo 829.°-A, C.C., se não se tratar de prestação de facto que exija especiais qualidades científicas ou artísticas do devedor, pedir ao tribunal a condenação do obrigado no "pagamento de uma quantia pecuniária por cada dia de atraso no cumprimento ou por cada infracção, conforme for mais conveniente às circunstâncias do caso"; para além, evidentemente, do direito a indemnização pelo incumprimento.

As obrigações de prestação de coisa são em regra fungíveis, quer a coisa seja fungível, quer infungível.

V. *Obrigação; Prestação; Interesse do credor; Devedor; Cumprimento; Cumprimento por terceiro; Convenção; Credor; Interesse do credor; Execução; Execução para prestação de facto; Execução de custeamento; Execução específica; Coisa infungível; Obrigação "de dare"; Sanção pecuniária compulsória.*

Obrigação instantânea (Dir. Civil) – É a obrigação cujo objecto se esgota num acto que deve ser realizado num único momento, correspondendo ao interesse do credor que essa realização da conduta debitória se concentre num só momento temporal.

A obrigação instantânea pode, por convenção das partes, ser fraccionada em vários actos a realizar durante um certo período, não afectando, porém, a divisão do comportamento debitório a natureza unitária deste, cujo conteúdo está globalmente definido no momento da constituição da obrigação: nestes casos de prestação fraccionada, a obrigação não deixa, pois, de ser instantânea, sendo apenas o seu cumprimento que é dividido em fracções (por exemplo, pagamento do preço em prestações na compra e venda).

V. *Obrigação; Interesse do credor; Convenção; Obrigação duradoura; Prestação; Obrigação fraccionada; Venda a prestações.*

Obrigação legal de contratar (Dir. Civil) – Se bem que, em geral, domine o princípio da liberdade contratual, com a sua componente de liberdade de celebração de contratos, há casos em que pode existir uma obrigação de contratar.

Assim acontece, naturalmente, quando as partes se vinculam convencionalmente à celebração de um contrato, como tipicamente sucede quando celebram um contrato-promessa; também em alguns casos é a lei que impõe a obrigação da celebração de um certo contrato ou determinado tipo de contratos, dispondo, nesses casos, em regra também sobre o conteúdo essencial dos contratos cuja conclusão impõe.

Tal acontece, generalizadamente, nos casos em que a certas empresas é atribuída a concessão do fornecimento de bens ou serviços de interesse público, mas também pode ocorrer no domínio de algumas actividades profissionais – como a de médico ou advogado –, em que, em certas situações, não é lícita a recusa da prestação dos serviços; tal sucede ainda, por exemplo, no âmbito do arrendamento urbano, onde os artigos 90.° a 96.° do Regime do Arrendamento Urbano (aprovado pelo Decreto-Lei n.° 321-B/90, de 15 de Outubro, rectificado por declaração publicada no *Diário da República*, I-A série, de 30 de Novembro, e alterado pelo Decreto-Lei n.° 278/93, de 10 de Agosto – este alterado, por ratificação, pela Lei n.° 13/94, de 11 de Maio –, pelo Decreto-Lei n.° 163/95, de 13 de Julho, pela Lei n.° 89/95, de 1 de Setembro, pelo Decreto-Lei n.° 257/95, de 30 de Setembro, pela Lei n.° 135/99, de 28 de Agosto, pelos Decretos-Leis n.°s 64-A/2000, de 22 de Abril, e 329-B/2000, de 22 de Dezembro, e pelas Leis n.°s 6/2001 e 7/2001, ambas de 11 de Maio), regulam os termos em que os proprietários de imóveis urbanos são obrigados a dá-los em arrendamento para habitação a certos sujeitos. Também em alguns casos, a lei impõe a celebração de contrato de seguro da responsabilidade civil a certos sujeitos.

Já não pode, em rigor, falar-se de obrigação legal de contratar nos casos em que – como, por exemplo, no artigo 4.° da Lei n.° 134/99, de 28 de Agosto (que proíbe a chamada discriminação racial, mas cujo objecto proibitivo se estende para além daquilo que, em linguagem corrente, tem essa designação) – se proíbe, nomeadamente, "a recusa de fornecimento ou impedimento de fruição de bens ou serviços, por parte de qualquer pessoa singular ou colectiva", "a recusa de acesso a locais [...] abertos ao público", ou "a recusa ou limitação de acesso a estabelecimentos de ensino públicos ou privados". Na maior parte destas situações, efectivamente, estar-se-á perante a recusa de cumprimento de um contrato já celebrado por aceitação de uma oferta ao público e não perante a recusa de conclusão do contrato.

Não tem resposta uniforme na doutrina portuguesa o problema de saber se à obrigação de contratar, provinda da lei, é aplicável o artigo 830.°, C.C.. Se bem que a corrente maioritária propenda para a solução negativa, há autores (como Almeida Costa e Vaz Serra, por exemplo) que entendem que, também nesses casos, a obrigação ou dever de contratar são passíveis de execução em espécie *ex vi* artigo 830.°.

V. *Obrigação; Liberdade contratual; Contrato-promessa; Nomeação oficiosa de advogado; Contrato de prestação de serviços; Arrendamento urbano; Prédio urbano; Arrendamento para habitação; Preferência no arrendamento; Seguro de responsabilidade; Pessoa singular; Pessoa colectiva; Cumprimento; Celebração do contrato; Oferta ao público; Aceitação; Execução específica de contrato-promessa.*

Obrigação líquida (Dir. Civil) – Obrigação cuja prestação se consubstancia numa quantidade ou quantitativo que se encontra numericamente determinado.

V. *Obrigação; Prestação; Obrigação ilíquida.*

Obrigação liquidável em prestações (Dir. Civil) – V. *Obrigação; Dívida a prestações; Obrigação fraccionada.*

Obrigação não autónoma (Dir. Civil) – É a obrigação que se constitui no quadro de um vínculo jurídico de natureza não obrigacional, que ligava as partes antes da sua constituição.

Por exemplo, a obrigação de alimentos que, nos termos do artigo 2009.°, C.C., vincula pessoas ligadas entre si por uma relação de natureza familiar.

É pacífica hoje a doutrina no entendimento de que as obrigações não autónomas devem ser consideradas verdadeiras obrigações, sendo-lhes aplicável o regime geral destas, em tudo quanto não seja especialmente regulado em sede própria.

V. *Obrigação; Obrigação de alimentos; Obrigação autónoma.*

Obrigação não fungível (Dir. Civil) – V. *Obrigação; Obrigação infungível.*

Obrigação natural (Dir. Civil) – Diz o artigo 402.°, C.C., que a obrigação natural "se funda num mero dever de ordem moral ou social, cujo cumprimento não é judicialmente exigível, mas corresponde a um dever de justiça".

Por tal facto, a prestação que espontaneamente tenha sido feita, por devedor capaz, para cumprimento de uma obrigação natural não pode ser repetida, sendo considerado cumprimento a sua realização.

Estas obrigações, em tudo que não diga respeito à realização coactiva da prestação, estão sujeitas ao regime das obrigações civis.

São exemplos de obrigações naturais as que decorrem de jogo e aposta, quando lícitos, a dívida prescrita (diz, quanto a esta, o n.° 2 do artigo 304.°, C.C., que não pode "ser repetida a prestação realizada espontaneamente em cumprimento de uma obrigação prescrita, ainda quando feita com ignorância da prescrição"; este regime é aplicável "a quaisquer formas de satisfação do direito prescrito, bem como ao seu reconhecimento ou à prestação de garantias"), a obrigação que os pais têm de compensar os filhos do trabalho por eles realizado ou de lhes dar parte nos bens produzidos (artigo 1895.°, n.° 2, C.C.).

V. *Obrigação; Obrigação civil; Cumprimento; Devedor; Exigibilidade; Prestação; Capacidade; Repetição do indevido; Jogo; Aposta; Prescrição; Reconhecimento de dívida; Garantias especiais.*

Obrigação negativa (Dir. Civil) – É a obrigação de facto em que a prestação se consubstancia numa omissão (*non facere*) ou num suportar da realização de um acto ou actividade de outrem (*pati*).

Nos termos do n.° 1 do artigo 398.°, C.C., "as partes podem fixar livremente, dentro dos limites da lei, o conteúdo positivo ou negativo da prestação".

V. *Obrigação; Obrigação "de facere"; Prestação; Omissão; "Pati"; Obrigação de tolerância; Obrigação positiva.*

Obrigação "ob rem" (Dir. Civil) – Sinónimo de obrigação "*propter rem*" (v. esta expressão).

Obrigação parciária (Dir. Civil) – O mesmo que *obrigação conjunta* (v. esta expressão).

Obrigação passiva universal (Dir. Civil) – Designação doutrinária do dever, que impende sobre todos os sujeitos jurídicos, de respeitar e não perturbar o exercício de um direito absoluto pelo respectivo titular.

A violação culposa de um direito absoluto faz o agente incorrer em responsabilidade civil perante o titular do direito, a quem tenha causado danos com essa violação (artigo 483.°, n.° 1, C.C.).

V. *Dever jurídico; Direito absoluto; Culpa; Dano; Responsabilidade delitual.*

Obrigação pecuniária (Dir. Civil; Proc. Civil) – As obrigações pecuniárias são uma modalidade de obrigações genéricas, em que a prestação consiste numa quantia em dinheiro e que têm regime especial.

Podem ser:

1. *Obrigações de quantidade* – são as que têm por objecto uma pura e simples quantia pecuniária. O seu cumprimento "faz-se em moeda que tenha curso legal no País à data em que for efectuado e pelo valor nominal que a moeda nesse momento tiver, salvo estipulação em contrário" – artigo 550.°, C.C..

2. *Obrigações de moeda específica* – são as obrigações em que, além do montante da prestação, é especificada a moeda nacional em que o pagamento da dívida deve ser feito. Pode especificar-se a própria moeda ou apenas o metal da moeda - ouro ou prata (artigos 552.° e segs., C.C.).

As obrigações em moeda específica poderão, por outro lado, revestir a forma de moeda específica propriamente dita – o devedor obriga-se a cumprir em dada espécie monetária - ou de moeda específica-valor – o devedor vincula-se a pagar o valor que um certo tipo monetário tinha à data da estipulação ou terá à data do cumprimento. O artigo 554.°, C.C., estabelece uma presunção ilidível de que se trata de uma obrigação de moeda específica-valor, referido à data da estipulação, quando as partes tenham expresso o quantitativo da obrigação em dinheiro corrente, convencionando "que o cumprimento será efectuado em certa espécie monetária ou em moedas de certo metal".

3. *Obrigações em moeda estrangeira* (ou obrigações valutárias) – "A estipulação do cumprimento em moeda com curso legal apenas no estrangeiro não impede o devedor de pagar em moeda com curso legal no País, segundo o câmbio do dia do cumprimento e do lugar para este estabelecido, salvo se essa faculdade houver sido afastada pelos interessados" - artigo 558.°, n.° 1, C.C., na redacção do Decreto-Lei n.° 343/98, de 6 de Novembro.

O Decreto-Lei n.° 404/93, de 10 de Dezembro, criou um processo mais expedito de obter judicialmente o cumprimento de obrigações pecuniárias, quando estas decorram de contrato cujo valor não exceda metade do valor da alçada do tribunal de 1ª. instância: a chamada injunção. Mais tarde, o Decreto-Lei n.° 269/98, de 1 de Setembro (rectificado pela Declaração de rectificação n.° 16-A/98, de 30 de Setembro), alterado pelos Decretos-Leis n.°s 383/99, de 23 de Setembro, 183/2000, de 10 de Agosto, 323/2001, de 17 de Dezembro, 32/ /2003, de 17 de Fevereiro, 38/2003, de 8 de Março (rectificado pela Declaração de rectificação n.° 5-C/2003, de 30 de Abril), 324/2003, de 27 de Dezembro (rectificado pela Declaração de rectificação n.° 26/ /2004, de 24 de Fevereiro), e 107/2005, de 1 de Julho (rectificado pela Declaração de rectificação n.° 63/2005, de 19 de Agosto), e pela Lei n.° 14/2006, de 26 de Abril, que revogou aquele diploma, aprovou o "regime de procedimentos destinados a exigir o cumprimento de obrigações pecuniárias emergentes de contratos de valor não superior à alçada do tribunal de 1ª. instância", isto é, o novo regime da injunção. As obrigações emergentes de transacções comerciais de que trata o Decreto-Lei n.° 32/2003, de 17 de Fevereiro, alterado pelo Decreto-Lei n.° 107/2005, de 1 de Julho, também são abrangidas por este regime.

O Decreto-Lei n.° 274/97, de 8 de Outubro, que viera simplificar a acção executiva, quando estivesse em causa o pagamento de quantia certa, o valor da execução não fosse superior ao fixado para a alçada do tribunal de 1ª instância e a penhora recaísse sobre bens móveis ou direitos que não tivessem sido dados em penhor, com excepção do estabelecimento comercial, foi revogado pelo já citado DL n.° 38/2003.

V. *Obrigação; Obrigação genérica; Prestação; Cumprimento; Princípio nominalista; Presunção legal; Tempo do cumprimento; Lugar do cumprimento; Alçada; Tribunal de 1ª. instância; Injunção; Execução; Penhora; Móvel; Penhor; Estabelecimento comercial.*

Obrigação perfeita (Dir. Civil) – Sinónimo de *obrigação civil* (v. esta expressão).

Obrigação periódica (Dir. Civil) – V. *Obrigação; Obrigação duradoura.*

Obrigação plural (Dir. Civil) – Obrigação em que uma (ou ambas as partes) é plural, isto é, titulada simultaneamente por vários sujeitos: mais do que um devedor, mais do que um credor.

Quando assim seja, o regime da obrigação pode ser o da conjunção ou o da solidariedade.

V. *Obrigação; Parte; Credor; Concredores; Devedor; Condevedores; Conjunção; Solidariedade.*

Obrigação positiva (Dir. Civil) – É aquela cujo objecto constitui um facto material ou jurídico, isto é, em que o devedor está vinculado à realização de um facto positivo, de uma acção ou actividade.

V. *Obrigação; Obrigação "de facere"; Obrigação negativa.*

Obrigação prescrita (Dir. Civil) – Está prescrita a obrigação quando se esgotou o respectivo prazo prescricional, mas a prescrição, para ser eficaz, tem de ser, judicial ou extrajudicialmente, invocada.

Dispõe o artigo 304.°, C.C.: "1. Completada a prescrição, tem o beneficiário a faculdade de recusar o cumprimento da prestação ou de se opor, por qualquer modo, ao exercício do direito prescrito. 2. Não pode, contudo, ser repetida a prestação realizada espontaneamente em cumprimento de uma obrigação prescrita, ainda quando feita com ignorância da prescrição; este regime é aplicável a quaisquer formas de satisfação do direito prescrito, bem como ao seu reconhecimento ou à prestação de garantias".

A obrigação prescrita constitui, pois, uma obrigação natural.

V. *Obrigação; Prescrição; Cumprimento; Repetição do indevido; Reconhecimento do direito; Garantias especiais; Obrigação natural.*

Obrigação principal (Dir. Civil) – É a obrigação que tem existência autónoma, sem dependência de qualquer outra obrigação. Muitas vezes só se fala de obrigação principal para a contrapor a uma outra (ou a várias outras), que dela depende, a (ou as) obrigação acessória.

Quando, a propósito de um contrato, se fala de obrigação principal, tem-se em vista aquela que caracteriza tipificadoramente o contrato, isto é, que dele emerge necessariamente para que daquele tipo de contrato se trate.

Referindo-se a relação obrigacional, obrigação principal designa o comportamento debitório essencial, coexistindo com obrigações secundárias, deveres laterais, ónus, direitos potestativos e outras posições jurídicas.

V. *Obrigação; Obrigação acessória; Contrato; Contrato típico; Relação obrigacional complexa; Obrigação secundária; Ónus; Direito potestativo.*

Obrigação "propter rem" (Dir. Civil) – Obrigação real, *ob rem* ou *propter rem*, é a obrigação não autónoma que surge no quadro de uma situação jurídica de natureza real, sendo o respectivo devedor determinado pela titularidade de um direito real.

É exemplo de uma obrigação *propter rem* aquela que o comproprietário tem de contribuir para as "despesas necessárias à conservação ou fruição da coisa comum" – artigo 1411.°, C.C..

V. *Obrigação; Obrigação não autónoma; Direito real; Compropriedade.*

Obrigação pura (Dir. Civil) – É a obrigação para cujo cumprimento não há prazo nem termo estipulados, nem, pela sua natureza, pelas circunstâncias em que foi constituída ou por força dos usos, deles carece.

Para ela, vigora o princípio geral do artigo 777.°, C.C.: "[...] o credor tem o direito de exigir a todo o tempo o cumprimento da obrigação, assim como o devedor pode a todo o tempo exonerar-se dela".

Sendo a obrigação pura, só depois de o credor interpelar o devedor – judicial ou extrajudicialmente – para cumprir é que a obrigação se vence e o devedor, não cumprindo, se constitui em mora.

V. artigos 777.° e 805.°, C.C..

V. *Obrigação; Prazo; termo; Obrigação a prazo; Cumprimento; Tempo do cumprimento; Credor; Devedor; Exoneração; Vencimento; Interpelação; Mora.*

Obrigação real (Dir. Civil) – V. *Obrigação "propter rem".*

Obrigação repartida (Dir. Civil) – O mesmo que *obrigação fraccionada* (v. esta expressão).

Obrigação secundária (Dir. Civil) – É aquela que se encontra ligada a outra, a principal, sendo instrumental do seu cumprimento ou adicionando à prestação principal um outro comportamento debitório, complementar ou autónomo daquele.

V. *Obrigação; Prestação; Obrigação principal.*

Obrigação simples (Dir. Civil) – Por contraposição à obrigação composta, a obrigação diz-se simples quando o seu objecto é único, isto é, que tem por objecto uma só prestação.

V. *Obrigação; Obrigação composta; Prestação.*

Obrigação singular (Dir. Civil) – Existe uma obrigação singular quando, tanto do lado activo como do passivo, há apenas um sujeito titular da respectiva posição jurídica debitória ou creditória.

V. *Obrigação; Obrigação plural; Credor; Devedor.*

Obrigação "si voluerit" (Dir. Civil) – A obrigação em que se convencione que o devedor cumpre se quiser é nula, por não dispor da vinculatividade que caracteriza as relações jurídicas.

V. *Obrigação; Devedor; Nulidade.*

Obrigação solidária (Dir. Civil) – Nas obrigações solidárias, a totalidade da prestação pode ser exigida por qualquer dos credores, ficando o devedor liberado em relação a todos (solidariedade activa), ou qualquer dos devedores tem de realizar a prestação integral, ficando assim todos os condevedores liberados (solidariedade passiva).

A solidariedade pode ser dupla, isto é, simultaneamente activa e passiva.

A obrigação plural é conjunta e não solidária, quando a solidariedade não tiver sido estabelecida por convenção das partes ou pela lei (por exemplo, solidariedade dos gestores que actuem conjuntamente, dos vários fiadores de um mesmo devedor, dos comodatários, dos obrigados a indemnizar, quando a respectiva obrigação resulte de responsabilidade extraobrigacional, quer subjectiva quer objectiva, dos cônjuges, em relação às dívidas comuns, se não vigorar o regime da separação de bens).

V. artigos 512.° e segs., C.C..

V. *Obrigação; Obrigação plural; Solidariedade; Prestação; Liberação; Direito de regresso; Gestão de negócios; Fiança; Comodato; Responsabilidade civil; Dívidas comuns dos cônjuges; Regime de bens do casamento; Separação de bens.*

Obrigação solidária imperfeita (Dir. Civil) – A doutrina designa assim a obrigação plural pelo lado passivo, em que o credor pode exigir de qualquer dos devedores o cumprimento integral, mas em que, nas relações internas – nas relações entre os vários devedores –, apenas um deles responde, tendo consequentemente aquele que cumpriu direito de regresso integral contra o(s) condevedor(es).

Paradigmática de obrigação solidária imperfeita é a obrigação de indemnizar que o artigo 500.°, C.C., impõe ao comitente.

V. *Obrigação; Obrigação plural; Solidariedade; Credor; Condevedores; Cumprimento; Direito de regresso; Indemnização; Comitente.*

Obrigação valutária (Dir. Civil) – Designam-se assim as obrigações cujo cumprimento se convenciona seja feito em moeda estrangeira.

O artigo 558.°, n.° 1, C.C., que tem a redacção do Decreto-Lei n.° 343/98, de 6 de Novembro, faculta ao devedor da obrigação, que se estipulou fosse paga em moeda com curso legal apenas no estrangeiro, a possibilidade "de pagar em moeda com curso legal no País, segundo o câmbio do dia do cumprimento e do lugar para este estabelecido, salvo se essa faculdade houver sido afastada pelos interessados". E, encontrando-se o credor em mora, o devedor pode cumprir de acordo com o câmbio da data em que se iniciou a mora do credor.

O artigo 36.° da Lei Uniforme sobre Cheques e o artigo 41.° da Lei Uniforme sobre Letras contêm regras especiais aplicáveis às obrigações valutárias.

V. *Obrigação; Cumprimento; Obrigação pecuniária; Devedor; Tempo do cumprimento; Lugar do cumprimento; Credor; Mora.*

Obrigação vencida (Dir. Civil) – V. *Obrigação; Vencimento; Exigibilidade.*

Obrigado à preferência (Dir. Civil) – Sujeito passivo de uma obrigação de preferência: aquele que, sendo titular do bem, está obrigado a dar preferência a outrem na venda ou em qualquer outro contrato oneroso relativo ao bem.

V. *Obrigação; Obrigação de preferência; Pacto de preferência; Compra e venda; Contrato oneroso.*

Obscuridade da sentença (Proc. Civil) – Quando algum trecho ou passo de sentença seja ininteligível, pode qualquer das partes requerer ao tribunal que a proferiu o respectivo esclarecimento, nos termos do artigo 669.°, n.° 1-*a)*, C.P.C., com a redacção do Decreto-Lei n.° 329-A/95, de 12 de Dezembro.

V. *Sentença; Aclaração de sentença.*

"Occasio legis" – Designa-se com esta expressão o circunstancialismo histórico (político, social, económico, ideológico) em que a lei foi elaborada, e cujo conhecimento e consideração são relevantes para efeitos da sua interpretação, designadamente porque só eles permitem identificar o problema que a lei teve em vista resolver, isto é, conhecer a *ratio* da disposição legal.

V. *Interpretação da lei; "Ratio legis"; Elemento histórico; Elemento teleológico.*

Óculos para luz (Dir. Civil) – Aberturas nos prédios, geralmente de forma redonda ou oval, destinadas a fornecer luz, e cujo tamanho não deve ser suficiente para nelas entrar uma cabeça humana, de forma a por elas não ser devassado o prédio vizinho.

Nos termos do artigo 1363.°, n.° 2, C.C., devem "situar-se pelo menos a um metro e oitenta centímetros de altura, a contar do solo ou do sobrado, e não devem ter, numa das suas dimensões, mais de quinze centímetros; a altura de um metro e oitenta centímetros respeita a ambos os lados da parede ou muro onde essas aberturas se encontram".

A existência de óculos para luz e ar não impede o vizinho de levantar, em qualquer momento, a sua casa ou contramuro, que os vede.

V. *Prédio; Direito de propriedade.*

Ocupação (Dir. Civil) – Modo de aquisição da propriedade de coisas móveis que não pertençam a ninguém, ou porque nunca tiveram dono ou porque foram abandonadas, perdidas ou escondidas pelos seus proprietários. Dado que os casos de coisas sem dono são cada vez menos frequentes, a ocupação tem perdido interesse, tratando o Código Civil especialmente de casos de ocupação de animais.

Para que haja ocupação, é necessário que a coisa seja materialmente apreendida com intenção de a adquirir.

V. artigos 1316.° e segs., C.C..

Há casos em que a lei exclui a possibilidade de aquisição por ocupação de certos bens; assim acontece, por exemplo, com o artigo 12.°, n.° 1, do Decreto-Lei n.° 203/98, de 10 de Julho (rectificado pela Declaração de rectificação n.° 11-M/98, de 31 de Julho), que estabelece que "não podem ser adquiridos por ocupação as embarcações naufragadas, seus fragmentos, carga ou quaisquer bens que o mar arrojar às costas ou sejam nele encontrados".

V. *"Res nullius"; Direito de propriedade; Móvel; Abandono; Animais.*

Ofensa ao bom nome (Dir. Civil) – O artigo 484.°, C.C., estabelece que existe responsabilidade civil pelos danos causados pela afirmação ou difusão culposas de um facto que prejudique o bom nome de qualquer pessoa singular ou colectiva.

A doutrina divide-se quanto à questão de saber se a responsabilidade tem como necessário pressuposto a falsidade do facto afirmado ou difundido, ou se ela pode existir ainda que seja verdadeiro o facto.

Não havendo qualquer referência na lei ao carácter falso ou verdadeiro do facto, parece que a responsabilidade, prevista no artigo 484.° tanto pode emergir da difusão de facto verdadeiro como falso, sendo, no entanto, necessário que se verifiquem todos os restantes pressupostos da responsabilidade civil.

V. *Bom nome; Culpa; Pessoa singular; Pessoa colectiva; Responsabilidade civil.*

Ofensa ao crédito (Dir. Civil) – Dispõe o artigo 484.°, C.C., que é responsável, pelos danos causados a uma pessoa singular ou colectiva, aquele que afirmar ou difundir um facto capaz de prejudicar o seu crédito.

Se bem que a noção de crédito não tenha contornos muito precisos, entende-se que ela representa a convicção, socialmente generalizada, da solvabilidade de uma pessoa, comportando ainda em regra um juízo sobre a sua honestidade.

Sendo embora discutida a questão de saber se preenche a previsão deste artigo 484.° a difusão de factos verdadeiros abaladores do crédito de outrem, ou se, para haver responsabilidade, é necessário que os factos afirmados ou divulgados sejam falsos, a doutrina maioritária inclina-se no sentido da desnecessidade do requisito da falsidade das afirmações, para haver a responsabilidade prevista nesta norma (desde que, evidentemente, estejam reunidos os restantes requisitos da responsabilidade civil).

A Lei da Protecção de Dados Pessoais – actualmente Lei n.° 67/98, de 26 de Outubro, rectificada pela Declaração de rectificação n.° 22/98, de 28 de Novembro – dispõe, no seu artigo 13.°, que "qualquer pessoa tem o direito de não ficar sujeita a uma decisão que produza efeitos na sua esfera jurídica ou que a afecte de modo significativo, tomada exclusivamente com base num tratamento automatizado de dados destinado a avaliar determinados aspectos da sua personalidade, designadamente [...] o seu crédito, a confiança de que é merecedora ou o seu comportamento", podendo ficar sujeita a tal, desde que isso "ocorra no âmbito da celebração ou da execução de um contrato, e sob condição de o seu pedido de celebração ou execução do contrato ter sido satisfeito, ou de existirem medidas adequadas que garantam a defesa dos seus interesses legítimos, designadamente o seu direito de representação e expressão", ou nos casos em que a Comissão Nacional de Protecção de Dados o autorizar "definindo medidas de garantia de defesa dos interesses legítimos do titular dos dados".

V. *Responsabilidade civil; Dano; Pessoa singular; Pessoa colectiva; Dados pessoais; Esfera jurídica; Contrato; Protecção de dados pessoais.*

Oferta ao público (Dir. Civil) – Trata-se de uma proposta de contrato feita publicamente a uma generalidade de pessoas indeterminadas.

O artigo 230.°, n.° 3, C.C., determina que "a revogação da proposta, quando dirigida ao público, é eficaz, desde que seja feita na forma da oferta ou em forma equivalente".

O Decreto-Lei n.° 138/90, de 26 de Abril, alterado pelo Decreto-Lei n.° 162/99, de 13 de Maio (este rectificado pela Declaração de rectificação n.° 10-AF/99, de 31 de Maio), prevê, no respectivo artigo 8.°, que "os bens expostos em montras ou vitrines, visíveis pelo público do exterior do estabelecimento ou no seu interior, devem ser objecto de uma marcação complementar, quando as respectivas etiquetas não sejam perfeitamente visíveis, sem prejuízo [de poderem ser objecto de uma única marcação de preço se vendidos pelo mesmo preço e expostos ao público em conjunto]"; "estão dispensados da indicação dos preços os produtos que se encontrem expostos em montras ou vitrines afastadas dos lugares de venda que, estando colocadas em lugares públicos, tenham um carácter essencialmente publicitário".

A Lei n.° 134/99, de 28 de Agosto, tem por objecto a prevenção e proibição da "discriminação racial sob todas as suas formas" e o sancionamento da "prática de actos que se traduzam na violação de quaisquer direitos fundamentais, ou na recusa ou condicionamento do exercício de quaisquer direitos económicos, sociais ou culturais, por quaisquer pessoas, em razão da sua pertença a determinada raça, cor, nacionalidade ou origem étnica". O Decreto-Lei n.° 111/2000, de 4 de Julho, regulamenta esta Lei, enunciando, no seu artigo 2.°, n.° 1-*b),* como prática discriminatória proibida "a produção ou difusão de anúncios de oferta de emprego [...] que contenham, directa ou indirectamente, qualquer especificação ou preferência baseada em factores de discriminação racial".

Embora se admita que, neste diploma, a expressão "oferta de emprego" não esteja empregada no seu sentido restrito, técnico-jurídico, que antes se deixou exposto, parece oportuno chamar a atenção para esta norma, bem como, aliás, para as que se encontram nas alíneas *g)* e *h)* do mesmo artigo, por poderem referir-se a situações de verdadeiras ofertas ao público. São elas: – "A recusa ou limitação de acesso aos cuidados de saúde prestados em estabelecimentos de saúde públicos ou privados"; – "A recusa ou limitação de acesso a estabelecimento de ensino público ou privado".

V. *Proposta de contrato; Revogação da proposta contratual; Forma; Princípio da igualdade.*

Oficial de diligências (Org. Judiciária) – Antiga designação do funcionário de justiça especialmente encarregado do serviço externo da secção de processos do tribunal a que pertencia.

Actualmente, o serviço externo é realizado pelos técnicos de justiça, nos termos do mapa anexo ao Decreto-Lei n.° 343/99, de 26 de Agosto, alterado pelos Decretos-Leis n.°s 175/2000, de 9 de Agosto, 96/2002, de 12 de Abril, e 169/2003, de 1 de Agosto, e pela Lei n.° 42/2005, de 29 de Agosto), que aprovou o Estatuto dos Funcionários de Justiça. As normas constantes dos artigos 98.° e 11.°-*a)* foram declaradas inconstitucionais, com força obrigatória geral, pelo Acórdão do Tribunal Constitucional n.° 73/2002, publicado no *Diário da República*, I-A série, de 16 de Março de 2002.

V. *Funcionário de justiça.*

Oficial de justiça (Org. Judiciária) – V. *Funcionário de justiça.*

Ofício precatório (Proc. Civil) – O mesmo que *carta precatória* – v. esta expressão.

Ológrafo (Dir. Civil) – V. *Testamento ológrafo*.

Omissão

1. (Dir. Civil) – A omissão consiste na abstenção da realização de um dado acto ou actividade.

As omissões são juridicamente relevantes, quer quando são devidas (o objecto do dever ou da obrigação é justamente a conduta omissiva, consubstanciando-se a infracção na prática do acto), quer quando representam a violação de dever ou obrigação que impõe uma conduta positiva que não foi realizada.

As omissões ilícitas e culposas constituem o seu autor na obrigação de indemnizar o lesado dos danos que tenha sofrido em consequência delas.

V. *Dever jurídico; Obrigação; Ilicitude; Culpa; Dano; Responsabilidade civil; Indemnização.*

2. (Proc. Civil) – A omissão constituía um vício do questionário ou da especificação, que se verificava quando um facto com interesse para a decisão da causa não fosse quesitado ou levado à especificação, consoante devesse ser provado ou se devesse ter por assente.

Com a reforma de 1995/96 do C.P.C. deixou de haver uma referência expressa à reclamação com fundamento em omissão. No entanto, o artigo 511.°, n.° 2, C.P.C. (na redacção dos Decretos-Leis n.°s 329-A/95, de 12 de Dezembro, e 180/96, de 25 de Setembro), estabelece que "as partes podem reclamar contra a selecção da matéria de facto, incluída na base instrutória [anterior questionário] ou considerada como assente [anterior especificação], com fundamento em deficiência [...]".

V. *Questionário; Especificação; Despacho saneador; Reclamação; Base instrutória.*

Omissão de conhecimento (Proc. Civil) – V. *Omissão de pronúncia.*

Omissão de julgamento (Proc. Civil) – V. *Omissão de pronúncia.*

Omissão de pronúncia (Proc. Civil) – Verifica-se quando o tribunal não conhece de questão de que devia conhecer, por ela ser relevante para a decisão da causa.

É nula a sentença "quando o juiz deixe de pronunciar-se sobre questões que devesse apreciar [...]", só podendo a nulidade ser arguida "perante o tribunal que proferiu a sentença se esta não admitir recurso ordinário", podendo, em caso contrário, o recurso ter como fundamento essa nulidade (cfr. artigo 668.°, n.°s 1-*d)* e 3, C.P.C., na redacção do Decreto-Lei n.° 329-A/95, de 12 de Dezembro). Arguida esta nulidade, "a secretaria, independentemente de despacho, notificará a parte contrária para responder e depois se decidirá" – artigo 670.°, n.° 1, C.P.C., com a redacção do mesmo DL n.° 329-A/95.

V. *Sentença; Nulidade da sentença; Recurso ordinário; Recurso; Secretaria judicial; Despacho; Notificação.*

"Omnis definitio periculosa est" – Adágio latino segundo o qual, em direito, as definições normativas são sempre perigosas.

Muito embora as definições legais sejam contestadas por uma parte da doutrina, que questiona o respectivo carácter vinculativo bem como utilidade, tal afirmação não pode ter-se como absoluta nem como incontroversa.

V. *Definição legal.*

Oneração de bens (Dir. Civil) – A nossa lei fala com frequência em oneração de bens para significar a constituição de direitos reais menores sobre eles.

Assim acontece, por exemplo, nos artigos 905.° e segs., 1682.°, 1682.°-A e 1687.°, todos do C.C..

V. *Direito real menor.*

Onerosidade (Dir. Civil) – V. *Negócio a título oneroso; Contrato oneroso; Excessiva onerosidade.*

Ónus (Dir. Civil) – 1. Comportamento necessário para o exercício de um direito ou realização de um interesse próprio.

Figura distinta do dever, porque o comportamento não é aqui obrigatoriamente imposto pela lei: está na disponibilidade da pessoa realizá-lo ou não, sabendo tão-somente que a sua realização é condição necessária para o exercício de um seu direito, para a obtenção de uma vantagem, para a realização de um seu interesse ou para evitar uma desvantagem (que não é, em qualquer caso, uma sanção).

Aquele sobre quem impende o ónus tem, pois, de cumpri-lo para obter a vantagem ou evitar a desvantagem.

Por exemplo, o réu numa acção tem o ónus de impugnação dos factos invocados pelo autor; não se trata aqui de um acto que ele tenha o dever de praticar: na realidade, ele pode impugnar os factos ou deixar de o fazer; só que, não impugnando, a lei determina que eles se tenham por confessados.

2. O termo é frequentemente usado, mesmo na lei, para referir direitos reais menores ou outras limitações à propriedade de um bem.

V. *Dever jurídico; direito subjectivo; Sanção; Réu; Impugnação; Ónus de impugnação; Autor; Confissão; Direito real menor; Direito de propriedade.*

Ónus da alegação (Proc. Civil) – V. *Ónus; Ónus de alegar.*

Ónus da contraprova (Proc. Civil) – Se a parte sobre quem impende o ónus da prova de certo facto produzir dele prova suficiente, a contraparte tem, por seu lado, se não quiser ver dado como provado o facto, de produzir prova que neutralize aquela, criando no espírito do julgador um estado de dúvida ou de incerteza.

V. *Ónus; Contraprova; Prova; Ónus da prova.*

Ónus da prova (Dir. Civil; Proc. Civil) – O encargo de fazer prova dos factos constitutivos (e, em caso de dúvida, os factos são considerados constitutivos) de um direito cabe àquele que invoca esse direito; quanto aos factos impeditivos, modificativos ou extintivos do direito, a prova cabe àquele contra quem o direito é invocado – artigo 342.°, C.C..

O artigo 343.°, C.C., contém regras especiais sobre ónus da prova: assim, nas acções de simples apreciação ou declaração negativa, é ao réu que cabe provar os factos constitutivos do direito que invoca; nas acções que devam ser propostas dentro de certo prazo a contar da data em que o autor teve conhecimento do facto, é também ao réu que cabe provar que o prazo se encontra expirado (a menos que a lei especialmente determine coisa diversa); por fim, no caso de o direito invocado ser condicional ou estar sujeito a termo, consoante a condição for suspensiva e o termo inicial, ou resolutiva e o termo final, o ónus da prova da respectiva verificação ou vencimento caberá respectivamente ao autor ou ao réu. Por outro lado, quem invocar direito consuetudinário, local ou estrangeiro, tem de fazer a prova da sua existência e conteúdo.

As partes podem convencionar o que entenderem sobre provas, com as seguintes restrições, casos em que a convenção será nula: tratar-se de direito indisponível; tornar-se, por virtude da inversão do ónus da prova, particularmente difícil a uma das partes o exercício do seu direito; excluir-se um meio legal de prova ou admitirem-se meios de prova diversos dos legais; contrariar disposições de lei sobre prova que se fundem em razões de ordem pública.

O artigo 516.°, C.P.C., preceitua que a dúvida sobre quem tem o ónus da prova se deve resolver contra a parte a quem o facto aproveita.

Em alguns casos previstos no artigo 344.°, C.C., o ónus da prova inverte-se.

V. artigos 341.° e segs., C.C..

V. *Ónus; Prova; Facto constitutivo; Direito subjectivo; Facto impeditivo; Facto modificativo; Facto extintivo; Acção de simples apreciação; Réu; Autor; Condição; Termo; Verificação da condição; Vencimento; Direito consuetudinário; Direito local; Direito estrangeiro; Convenção sobre provas; Nulidade, Direito indisponível; Inversão do ónus da prova; Meios de prova; Ordem pública.*

Ónus da substanciação (Proc. Civil) – Lebre de Freitas, *Código de Processo Civil anotado,* volume 1.° Coimbra, 1999, pág. 465, usa esta expressão para designar a situação de cada uma das partes, que se traduz na necessidade de alegar os factos, designadamente os que lhe são favoráveis, de forma a integrar o pedido, a causa de pedir, e a fundamentar as excepções invocadas (artigo 264.°, C.P.C., cuja última redacção é a que resulta do Decreto-Lei n.° 180/96, de 25 de Setembro). A inobservância deste ónus, por parte do autor, tem como consequência típica a ineptidão da petição inicial, nos termos do artigo 193, n.° 1-*a),* C.P.C..

V. *Ónus; Parte; Pedido; Causa de pedir; Excepção; Ineptidão da petição.*

Ónus de alegar (Proc. Civil)

1. O artigo 690.°, C.P.C., na redacção do Decreto-Lei n.° 329-A/95, de 12 de Dezembro, impõe àquele que interpõe um recurso o ónus de apresentar alegações escritas, determinando que, "na falta de alegação, o recurso é logo julgado deserto".

2. A expressão pode ser usada numa outra acepção, mais ampla, que é a de cada parte ter de invocar, ou alegar, os factos principais que constituem o substrato de facto da causa e, em particular, naturalmente, dos que lhe são favoráveis. Dispõe o artigo 264.°, n.° 1, C.P.C., cuja última redacção é a do Decreto-Lei n.° 180/96, de 25 de Setembro, que "às partes cabe alegar os factos que integram a causa de pedir e aqueles em que se baseiam as excepções".

V. *Ónus; Recurso; Alegações; Deserção dos recursos; Princípio dispositivo; Parte; Causa de pedir; Excepção.*

Ónus de concluir (Proc. Civil) – O artigo 690.°, C.P.C., na redacção do Decreto-Lei n.° 329-A/95, de 12 de Dezembro, impõe ao recorrente o ónus de concluir a sua alegação, "de forma sintética, pela indicação dos fundamentos por que pede a alteração ou anulação da decisão" e determina que, "quando as conclusões faltem, sejam deficientes, obscuras, complexas ou nelas se não tenha procedido às especificações a que alude o n.° 2 [por exemplo, nelas se não especifique a norma jurídica violada], o relator deve convidar o recorrente a apresentá-las, completá-las, esclarecê-las ou sintetizá-las, sob pena de não se conhecer do recurso, na parte afectada; os juízes adjuntos podem sugerir esta diligência, submetendo a proposta a decisão da conferência".

V. *Ónus; Recurso; Alegações; Conclusão; Juiz relator; Juiz adjunto; Conferência.*

Ónus de contestação (Proc. Civil) – V. *Ónus; Ónus de impugnação; Contestação.*

Ónus de impugnação (Proc. Civil) – O artigo 490.°, C.P.C., na redacção do Decreto-Lei n.° 329-A/95, de 12 de Dezembro, que impõe o ónus de impugnação, determina no seu n.° 1 que "o réu deve tomar posição definida perante os factos articulados na petição", considerando-se "admitidos por acordo os factos que não forem impugnados, salvo se estiverem em oposição com a defesa considerada no seu conjunto, se não for admissível confissão sobre eles ou se só puderem ser provados por documento escrito"; a disposição acrescenta que, "se o réu declarar que não sabe se determinado facto é real, a declaração equivale a confissão quando se trate de facto pessoal ou de que o réu deva ter conhecimento e equivale a impugnação no caso contrário".

A principal alteração que sofreu este artigo corresponde ao afastamento da exigência de impugnação *especificada.*

Há, porém, de ter-se em atenção que o regime descrito "não é aplicável aos incapazes, ausentes e incertos, quando representados pelo Ministério Público ou por advogado oficioso".

Nos processos cujo regime é definido pelo Decreto-Lei n.° 269/98, de 1 de Setembro, rectificado pela Declaração de rectificação n.° 16-A/98, de 30 de Setembro, e alterado pelos Decretos-Leis n.°s 383//99, de 23 de Setembro, 183/2000, de 10 de Agosto, 323/2001, de 17 de Dezembro, 32/2003, de 17 de Fevereiro, 38/2003, de 8 de Março (rectificado pela Declaração de rectificação n.° 5-C/2003, de 30 de Abril), e 107/2005, de 1 de Julho (rectificado pela Declaração de rectificação n.° 63/2005, de 19 de Agosto), e pela Lei n.° 14/2006, de 26 de Abril, que se ocupa "dos procedimentos destinados a exigir o cumprimento de obrigações pecuniárias emergentes de contratos de valor não superior à alçada do tribunal da Relação [era a do tribunal de 1ª. instância, na versão anterior]" "ou das obrigações emergentes de transacções comerciais abrangidas pelo Decreto-Lei n.° 32/2003, de 17 de Fevereiro", dispõe o respectivo artigo 2.° que, "se o réu, citado pessoalmente, não contestar, o juiz, com valor de decisão condenatória, limitar-se-á a conferir força executiva à petição, a não ser que ocorram, de forma evidente, excepções dilatórias ou que o pedido seja manifestamente improcedente".

V. *Ónus; Impugnação; Réu; Petição inicial; Contestação; Confissão; Prova; Documento escrito; Incapaz; Ausente; Incertos; Nomeação oficiosa de advogado; Ministério Público; Injunção; Obrigação pecuniária; Alçada; Relação; Tribunal de 1ª. instância; Citação; Citação pessoal; Condenação do réu; Força executiva; Excepção dilatória; Pedido.*

Ónus de liquidação (Proc. Civil) – Quando o pedido na acção for genérico ou se referir "a uma universalidade ou às consequências de um facto ilícito", o artigo 378.°, C.P.C., na redacção do Decreto-Lei n.° 38/2003, de 8 de Março (rectificado pela Declaração de rectificação n.° 5-C//2003, de 30 de Abril), determina que "o autor deduzirá, sendo possível, o incidente de liquidação".

V. *Ónus; Pedido; Pedido genérico; Universalidade de facto; Universalidade de direito; Acto ilícito; Autor; Incidente; Liquidação.*

Ónus jurídico (Dir. Civil) – V. *Ónus.*

Ónus real (Dir. Civil) – A doutrina designa assim o direito a haver uma prestação (que, frequentemente, é de execução duradoura, periódica ou reiterada) que se relaciona com uma dada coisa, e cujo dever, consequentemente, impende sobre quem for o titular desta.

Exemplo típico de ónus real é o apanágio do cônjuge sobrevivo, direito que o artigo 2018.°, C.C., atribui ao viúvo do *de cuius* de "ser alimentado pelos rendimentos dos bens deixados pelo falecido".

A lei utiliza a expressão, no artigo 2118.°, C.C., para qualificar "a eventual redução das doações sujeitas a colação", determinando que "não pode fazer-se o registo de doação de bens imóveis sujeita a colação sem se efectuar, simultaneamente, o registo do ónus".

V. *Prestação; Obrigação duradoura; Apanágio do cônjuge sobrevivo; "De cuius"; Alimentos; Doação; Imóvel; Colação; Registo predial.*

Opção (Dir. Civil) – V. *Contrato de opção.*

"Ope actionis" (Dir. Civil; Proc. Civil) – Expressão que significa *por via de acção.*

Os direitos invocam-se e exercem-se normalmente *ope actionis*, muito embora esta expressão só seja em regra usada quando se pretende contrapor a invocabilidade de um direito por via de acção à sua invocabilidade por via de excepção, *ope exceptionis.*

Invocar um direito *ope actionis* significa propor uma acção com fundamento nele, demandando alguém; invocá-lo *ope exceptionis* consiste em defender-se, numa acção contra si proposta, deduzindo uma excepção fundada nesse direito.

Há casos em que um direito pode ser exercido quer *ope actionis*, quer *ope exceptionis*: assim, por exemplo, o direito à anulação de um negócio jurídico, nos termos do artigo 287.°, n.° 2, C.C., que dispõe que, "enquanto, porém, o negócio não estiver cumprido, pode a anulabilidade ser arguida, sem dependência de prazo, tanto por via de acção como por via de excepção".

V. *Direito subjectivo; Acção; Excepção; Negócio jurídico; Anulabilidade; Anulação.*

"Ope exceptionis" (Dir. Civil; Proc. Civil) – V. *Excepção; "Ope actionis".*

"Opinio iuris vel necessitatis" – Característica que tem de ter o costume para poder ser considerado uma norma jurídica: a convicção social generalizada e partilhada pelos órgãos de aplicação do direito da sua jurisdicidade ou obrigatoriedade.

V. *Costume; Fontes de direito.*

Oponibilidade a terceiros (Dir. Civil) – Um acto jurídico é oponível a terceiros quando é eficaz em relação a eles, estando normalmente tal eficácia condicionada ao registo do acto, quando se trate de negócio sobre coisa imóvel ou móvel sujeita a registo.

O Acórdão uniformizador de jurisprudência n.° 15/97, de 20 de Maio de 1997, publicado no *Diário da República* I-A série, de 4 de Julho de 1997, entendera que "terceiros, para efeitos de registo predial, são todos os que, tendo obtido registo de um direito sobre determinado prédio, veriam esse direito ser arredado por qualquer facto jurídico anterior não registado ou registado posteriormente"; esta doutrina foi, entretanto, alterada pelo Acórdão uniformizador de jurisprudência n.° 3/99, de 18 de Maio de 1999, publicado no *Diário da República* I-A série, de 10 de Julho do mesmo ano, onde se decidiu que "terceiros, para efeitos do disposto no artigo 5.° do Código do Registo Predial, são os adquirentes de boa fé, de um mesmo transmitente comum, de direitos incompatíveis, sobre a mesma coisa".

Nos termos do artigo 5.° do Código do Registo Predial – aprovado pelo Decreto-Lei n.° 224/84, de 6 de Julho (rectificado por declaração publicada no *Diário da República*, I série, de 29 de Setembro de 1984), e alterado pelos Decretos-Leis n.°s 355/85, de 2 de Outubro, 60/90, de 14 de Fevereiro (rectificado por declaração publicada no *Diário da República*, I-A série, de 31 de Março de 1990), 80/92, de 7 de Maio, 30/ /93, de 12 de Fevereiro, 227/94, de 8 de Setembro, 267/94, de 25 de Outubro, 67/96, de 31 de Maio, 375-A/99, de 20 de Setembro, 533/99, de 11 de Dezembro, 273/2001, de 13 de Outubro, 323/2001, de 17 de Dezembro, 38/2003, de 8 de Março, e 194/ /2003, de 23 de Agosto, e pela Lei n.° 6/ /2006, de 27 de Fevereiro –, a oponibilidade dos factos sujeitos a registo a terceiros só pode verificar-se após a data do registo, à excepção da aquisição, fundada em usucapião, dos direitos de propriedade, usufruto, uso, habitação, superfície e servidão, das servidões aparentes, e dos "factos relativos a bens indeterminados, enquanto não forem devidamente especificados e determinados". "A falta de registo não pode ser oposta aos interessados pelos seus representantes legais a quem incumba a obrigação de o promover, nem pelos herdeiros destes". O n.° 4 deste artigo esclarece que "terceiros, para efeitos de registo, são aqueles que tenham adquirido de um autor comum direitos incompatíveis entre si", consagrando, assim, a doutrina do último acórdão referido. O n.° 5, aditado pela referida Lei n.° 6/2006, estabelece que "não é oponível a terceiros a duração superior a seis anos do arrendamento não registado".

V. *Acto jurídico; Terceiro; Negócio jurídico; Eficácia do contrato; Eficácia real; Inoponibilidade; Imóvel; Móvel; Registo predial; Registo de bens móveis; Boa fé; Usucapião; Direito de propriedade; Usufruto; Uso (direito de), Habitação (Direito de); Direito de superfície; Servidão; Representação legal; Herdeiro; Arrendamento.*

Oposição (Proc. Civil) – O incidente da oposição consiste na intervenção espontânea de um terceiro numa acção pendente entre duas ou mais pessoas, para aí fazer valer um direito próprio, incompatível com aquele que invoca o autor na acção. "A intervenção do opoente só é admitida enquanto não estiver designado dia para a discussão e julgamento da causa em 1ª. instância ou, não havendo lugar a audiência de julgamento, enquanto não estiver proferida sentença" – artigo 342.°, n.° 2, C.P.C., na redacção do Decreto-Lei n.° 329-A/95, de 12 de Dezembro.

Embora, normalmente, a oposição seja deduzida pelo terceiro, pode também ser provocada pelo próprio réu na acção, quando este, tendo conhecimento da existência de um terceiro que se arroga, ou pode arrogar-se, um direito incompatível com o do autor, requer que aquele seja citado para no processo deduzir a sua pretensão.

V. artigos 342.° a 350.°, C.P.C..

V. *Incidente; Terceiro; Direito subjectivo; Autor; Audiência de discussão e julgamento; Sentença; Réu; Citação.*

Oposição à execução (Proc. Civil) – Na versão anterior do Código de Processo Civil, a oposição à execução era realizada mediante a interposição de recurso de agravo do despacho que ordenava a citação ou deduzindo embargos, podendo o executado utilizar simultaneamente ambos os meios, desde que não reproduzisse num deles os fundamentos que usara no outro.

Actualmente, o regime da oposição à execução encontra-se nos artigos 813.° e segs., C.P.C., profundamente alterados pelo Decreto-Lei n.° 38/2003, de 8 de Março, rectificado pela Declaração de rectificação n.° 5-C/2003, de 30 de Abril.

Citado o devedor para a execução, pode este opor-se a ela, no prazo de vinte dias a contar de citação, quer esta tenha sido efectuada antes quer depois da penhora, podendo cumular com a oposição à execução a oposição à penhora – artigo 813.°, C.P.C..

Se tiver havido citação prévia do executado, o recebimento da oposição só suspende a execução, quando "o opoente preste caução ou quando, tendo o opoente impugnado a assinatura do documento particular e apresentado documento que constitua princípio de prova, o juiz, ouvido o exequente, entenda que se justifica a suspensão"; não tendo havido citação prévia, "o recebimento da oposição suspende o processo de execução, sem prejuízo do reforço ou da substituição da penhora" – artigo 818.°, C.P.C..

Pelo que respeita aos fundamentos da oposição, os artigos 814.° a 816.°, C.P.C., enunciam-nos, ocupando-se o primeiro em enumerar taxativamente os que podem ser opostos à execução que se funde em sentença, que são comuns às execuções baseadas noutros títulos; estes, no entanto, admitem outros fundamentos.

V. *Execução; Citação; Agravo; Executado; Embargos de executado; Penhora; Oposição à penhora; Caução; Documento; Documento particular; Assinatura; Citação prévia; Sentença; Titulo executivo.*

Oposição à falência (Dir. Civil; Dir. Com.; Proc. Civil) – V. *Falência; Embargos à sentença de falência.*

Oposição à penhora (Proc. Civil) – O artigo 863.°-A, C.P.C., na redacção do Decreto-Lei n.° 38/2003, de 8 de Março, rectificado pela Declaração de rectificação n.° 5-C/2003, de 30 de Abril, enuncia, como fundamentos de oposição à penhora de bens pertencentes ao executado, a "inadmissibilidade da penhora dos bens concretamente apreendidos ou da extensão com que ela foi realizada", "a imediata penhora de bens que só subsidiariamente respondam pela dívida exequenda", a "incidência da penhora sobre bens que, não respondendo, nos termos do direito substantivo, pela dívida [...], não deviam ter sido atingidos pela diligência"; já quando a oposição se fundamente na existência de patrimónios separados, o executado deve indicar logo os bens integrados no património autónomo "que tenha em seu poder e estejam sujeitos à penhora".

De acordo com o artigo 863.°-B, que tem a redacção do mesmo diploma, a oposição é apresentada no prazo de 20 dias contados da citação, "quando esta é efectuada após a penhora", ou no prazo de 10 dias a contar da notificação da penhora, quando a citação a anteceda; "quando não se cumule com a oposição à execução, nos termos do artigo 813.°, o incidente de oposição à penhora segue os termos dos artigos 303.° e 304.°, aplicando-se ainda, com as necessárias adaptações, o disposto nos n.°s 1 e 3 do artigo 817.° [regras sobre indeferimento liminar da oposição à execução e do seu curso, se o não for]"; "a execução só é suspensa se o executado prestar caução", circunscrevendo-se a suspensão "aos bens a que a oposição respeita [...]". A disposição que se tem citado dispõe, finalmente, no respectivo n.° 4, que "a procedência da oposição à penhora determina o levantamento desta".

V. *Penhora; Executado; Impenhorabilidade; Obrigação exequenda; Património autónomo; Citação; Notificação; Execução; Indeferimento liminar.*

Oposição à renovação do contrato (Dir. Civil) – Quando um contrato a termo se renova automaticamente por igual prazo, a lei que estabelece a sua renovação automática permite muitas vezes às partes que impeçam essa renovação; tal é feito por um dos contraentes declarando à contraparte tal vontade, em certa forma e, em regra, com certo período de antecipação relativamente ao fim do prazo.

A esta oposição à renovação chama, por vezes, a lei denúncia, como acontece, por exemplo, no contrato de arrendamento urbano, nos artigos 1054.° e 1055.°, C.C., e artigos 68.° a 73.° do Regime do Arrendamento Urbano (o n.° 1 do artigo 69.° fora declarado inconstitucional, com força obrigatória geral, pelo Acórdão n.° 55/99, do Tribunal Constitucional, publicado no *Diário da República*, I-A série, de 19 de Fevereiro) –, aprovado pelo Decreto-Lei n.° 321--B/90, de 15 de Outubro, rectificado por Declaração publicada no *Diário da República*, I-A série, de 30 de Novembro de 1990, e alterado pelo Decreto-Lei n.° 278/93, de 10 de Agosto – este alterado, por ratificação, pela Lei n.° 13/94, de 11 de Maio –, pelo Decreto-Lei n.° 163/95, de 13 de Julho, pela Lei n.° 89/95, de 1 de Setembro, pelo Decreto-Lei n.° 257/95, de 30 de Setembro, pela Lei n.° 135/99, de 28 de Agosto, pelos Decretos-Leis n.°s 64-A//2000, de 22 de Abril, e 329-B/2000, de 22 de Dezembro, e pelas Leis n.°s 6/2001 e 7//2001, ambas de 11 de Maio, mas com pouca propriedade, porquanto, no caso agora analisado, o contrato extingue-se por caducidade e não por denúncia, que é uma causa própria de extinção dos contratos.

V. *Contrato a prazo; Arrendamento urbano; Caducidade do contrato; Denúncia; Extinção dos contratos.*

Oposição de terceiro (Proc. Civil) – É um recurso extraordinário, destinado a ser utilizado por terceiro em relação a processo em que tenha sido proferida sentença que o tenha prejudicado.

É admissível quando o litígio haja servido para as partes praticarem um acto simulado ou conseguirem um objectivo proibido pela lei e o tribunal não se tenha apercebido da fraude (isto porque, se se apercebeu, tem o dever, imposto pelo artigo 665.°, C.P.C., de obstar a tal uso anormal do processo).

"O recurso é dirigido ao tribunal que proferiu a decisão; se o processo já se encontrar em tribunal diferente, neste será apresentado o requerimento de interposição, que é autuado por apenso, remetendo--se para o tribunal competente" – n.° 2 do artigo 778.° C.P.C..

Para interpor este recurso, deve o terceiro propor previamente acção declarativa, destinada a provar que a decisão de que quer recorrer resultou de simulação processual das partes e que dela decorreu para si um prejuízo. Se tal acção foi proposta sem que nela o terceiro recorrente tenha intervindo, nada se tendo, portanto, dito sobre o prejuízo para si existente, então a lei admite que ele venha provar este no próprio recurso.

Em qualquer caso, o recurso é necessariamente acompanhado da sentença transitada em julgado que declare a simulação das partes na acção, e o prazo para a sua interposição é de três meses a contar do trânsito em julgado da decisão final da acção de simulação. Por sua vez, esta tem, para a sua propositura, um prazo de cinco anos a contar do trânsito em julgado da sentença recorrida.

V. artigos 680.°, n.° 1, e 778.° a 782.°, C.P.C., tendo o artigo 781.° a redacção do Decreto-Lei n.° 329-A/95, de 12 de Dezembro.

V. *Recurso extraordinário; Terceiro; Litígio; Simulação; Autuação; Apensação de acções; Competência; Acção declarativa; Sentença; Trânsito em julgado; Interposição de recurso.*

Oralidade (Proc. Civil) – V. *Princípio da oralidade.*

Ordem de encomenda (Dir. Civil; Dir. Com.) – O Decreto-Lei n.° 7/2004, de 7 de Janeiro, que transpôs para a ordem jurídica portuguesa a Directiva n.° 2000/31/CE, do Parlamento Europeu e do Conselho, de 8 de Junho de 2000, contém, no seu capítulo V, um regime que se aplica ao que na sua epígrafe se designa por contratação electrónica, sendo o respectivo âmbito, nos termos do artigo 24.°, "todo o tipo de contratos celebrados por via electrónica ou informática, sejam ou não qualificáveis como comerciais".

Neste quadro, constituindo a oferta de produtos ou serviços por via electrónica uma proposta contratual, quando contenha todos os elementos necessários para que o contrato fique celebrado com a aceitação do destinatário, a chamada ordem de encomenda representa tal aceitação, embora, nos termos do artigo 29.°, n.° 5, esta não baste, como é regra geral, para que o contrato se aperfeiçoe ou se tenha por celebrado, pois se exige uma confirmação do aceitante da sua vontade de contratar. A recepção de uma ordem de encomenda por via exclusivamente electrónica – correio electrónico ou outro meio de comunicação individual equivalente – deve ser acusada, também por meios electrónicos, pelo prestador de serviços, de maneira a que tanto a ordem de encomenda como o aviso de recepção possam ser guardados e reproduzidos pelo destinatário da oferta; este dever de comunicação da recepção da ordem de encomenda é dispensado se houver convenção em contrário – salvo nos casos em que a parte é consumidor, pois então tal convenção é nula – ou se houver imediata prestação em linha do produto ou serviço; sublinha-se, por repetição embora, que a ordem de encomenda só se torna "definitiva com a confirmação do destinatário, dada na sequência da aviso de recepção, reiterando a ordem emitida"; a omissão do pronto envio do aviso de recepção da ordem constitui contra-ordenação sancionável com coima de € 5000 a € 100000, se for reincidente, e agravada em um terço destes limites se for praticada por uma pessoa colectiva; este regime sancionatório pode ser complementado com as sanções previstas no artigo 38.°, não prejudicando a sua aplicação a dos regimes especiais vigentes.

V. *Contratação electrónica; Contrato; Compra e venda; Contrato de prestação de serviços; Proposta de contrato; Aceitação; Convenção; Consumidor; Nulidade; Perfeição do contrato; Pessoa colectiva.*

Ordem de tribunais (Org. Judiciária) – Conjunto de tribunais que se encontram organizados numa relação de hierarquia entre si, de tal modo que das decisões de um deles se interpõe recurso para aquele que lhe é, do ponto de vista hierárquico, imediatamente superior, e assim sucessivamente.

Há, fundamentalmente, a ordem dos tribunais comuns e as ordens de tribunais especiais.

V. *Tribunal comum; Tribunal especial; Recurso.*

Ordem dos Advogados – Associação representativa dos licenciados em Direito que fazem da advocacia profissão. A Ordem dos Advogados goza de personalidade jurídica e tem a sua sede em Lisboa.

A inscrição na Ordem é condição necessária para o exercício da advocacia.

A estrutura, competência e funções da Ordem dos Advogados encontram-se consagradas no respectivo Estatuto, consubstanciado na Lei n.° 15/2005, de 26 de Janeiro, que revogou o Decreto-Lei n.° 84/84, de 16 de Março.

V. *Advogado; Personalidade jurídica.*

Ordem dos Notários – O Decreto-Lei n.° 26/2004, de 4 de Fevereiro, que aprovou o Estatuto do Notariado, introduziu profundas alterações neste sector de actividade, tendo vindo a consagrá-lo como uma profissão liberal, embora com grandes especialidades.

Daí que o Decreto-Lei n.° 27/2004, de 4 de Fevereiro, tenha vindo criar a Ordem dos Notários, aprovando o respectivo Estatuto.

Nos termos deste, a Ordem "é a instituição representativa dos notários portugueses", sendo independente dos órgãos do Estado.

As suas atribuições estão enunciadas no artigo 3.°, sendo "representada em juízo e fora dele pelo bastonário" (artigo 4.°).

Só podendo inscrever-se na Ordem quem tenha o título de notário, esta inscrição é condição necessária ao exercício da actividade notarial (artigo 7.°).

"A Ordem dos Notários mantém uma bolsa de notários a fim de assegurar as substituições temporárias dos notários e preencher transitoriamente as vagas que surgirem" – artigo 9.°.

O artigo 10.° enumera os direitos dos membros da Ordem e o artigo seguinte os respectivos deveres.

Os órgãos da Ordem são a assembleia geral – regulada nos artigos 21.° a 23.° –, a direcção – regulada nos artigos 24.° e 25.° –, o bastonário – com o regime dos artigos 26.° e 27.° – e o conselho fiscalizador, disciplinar e deontológico – cujo regime consta dos artigos 28.° e 29.°; podem existir delegações da Ordem que serão também seus órgãos "de competência territorialmente delimitada" (artigo 12.°). O artigo 40.° do Decreto-Lei n.° 76-A/2006, de 29 de Março, determina que o termo "direcção" utilizado "em qualquer acto normativo, estatuto, negócio unilateral ou contrato", considera-se substituído por "conselho de administração executivo".

O artigo 13.° dispõe que "os titulares dos órgãos da Ordem [...] e da mesa da assembleia geral são eleitos por um período de três anos, podendo ser reeleitos", não sendo admitida pelo artigo 14.°, n.° 2, "a reeleição do bastonário para um terceiro mandato consecutivo nem nos três anos subsequentes ao termo do segundo mandato". O direito de voto cabe aos notários com inscrição em vigor, sendo o exercício deste direito obrigatório, uma vez que "o notário que deixar de votar sem motivo justificado pagará multa de montante igual a duas vezes o valor da quotização mensal, a aplicar pela direcção", revertendo o valor das multas para o Fundo de Compensação (artigo 16.°).

Reafirmando o princípio da exclusividade, enunciado no artigo 15.° do Estatuto do Notariado, os artigos 31.° e 32.° do Estatuto da Ordem ocupam-se das incompatibilidades do exercício da função notarial com outras; por seu lado, os artigos 33.° e 34.° constituem manifestações do princípio da imparcialidade consagrado nos artigos 13.° e 14.° do Estatuto do Notariado. O dever de sigilo profissional, enunciado no artigo 23.°, n.° 1-*d)*, do Estatuto do Notariado, é reafirmado no artigo 37.° do Estatuto da Ordem dos Notários.

As regras disciplinares estão consagradas nos artigos 41.° a 51.°.

"O Fundo de Compensação é um património autónomo cuja finalidade é a manutenção da equidade dos rendimentos dos notários", sendo constituído pelas comparticipações devidas pelos notários, por doações, heranças ou legados de que beneficie e por rendimentos próprios (artigos 54.° e segs.).

V. *Notário; Profissão liberal; Acto normativo; Estatuto; Negócio jurídico unilateral; Princípio da exclusividade; Princípio da imparcialidade; Sigilo profissional; Património autónomo; Doação; Herança; Legado.*

Ordem dos herdeiros (Dir. Civil) – No direito das sucessões, os herdeiros legítimos são classificados em classes e chamados à sucessão pela seguinte ordem: cônjuge e descendentes, cônjuge e ascendentes, irmãos e seus descendentes, outros colaterais até ao quarto grau e, finalmente, o Estado. O cônjuge sobrevivo não separado judicialmente de pessoas e bens integra a primeira classe de sucessíveis, a menos que o *de cuius* não deixe descendentes mas deixe ascendentes, caso em que faz parte da segunda classe.

"Os herdeiros de cada uma das classes de sucessíveis preferem aos das classes imediatas". Dentro de cada uma destas classes de sucessíveis, os parentes de grau mais próximo preferem aos de grau mais afastado.

V. artigos 2131.° e segs., C.C..

V. *Sucessão; Sucessível; Herdeiro legítimo; Descendente; Ascendente; Colateral; "De cuius"; Grau de parentesco; Separação judicial de pessoas e bens.*

Ordem pública – Conjunto de princípios basilares de uma dada ordem jurídica, fundados em valores de moralidade, de justiça ou de segurança social, que regulam interesses gerais e considerados fundamentais da colectividade, e que informam um conjunto de disposições legais.

As normas de interesse e ordem pública são inderrogáveis por convenção das partes. A estas contrapõem-se as normas de interesse e ordem particular, que têm fundamentalmente em vista a defesa dos interesses dos sujeitos privados e que estes podem convencionalmente afastar.

O regime do Decreto-Lei n.° 7/2004, de 7 de Janeiro – que transpôs para a ordem jurídica portuguesa a Directiva n.° 2000/ /31/CE, do Parlamento Europeu e do Conselho, de 8 de Junho de 2000 –, relativo ao comércio electrónico no mercado interno, dispõe que a liberdade de circulação "de um determinado serviço da sociedade da informação proveniente de outro Es-

tado membro da União Europeia" pode ser restringida pelos tribunais ou por outras entidades competentes, nomeadamente as de supervisão, "se lesar ou ameaçar gravemente" a ordem pública.
V. *Norma jurídica; Lei; Convenção; Norma imperativa; Norma supletiva.*

Organização da especificação (Proc. Civil) – O artigo 511.°, n.° 1, C.P.C., na sua anterior redacção, dispunha que, no despacho saneador, o juiz seleccionaria entre os vários factos articulados os que interessavam à decisão da causa, segundo as várias soluções plausíveis da questão de direito, especificando os que considerasse "assentes por virtude de confissão, acordo das partes ou prova documental", esclarecendo o n.° 2 da mesma disposição que a especificação poderia "ser organizada mediante simples remissão para o artigo dos articulados, considerando-se a remissão limitada à matéria de facto neles contida".
Com a Reforma de 1995/96, o termo especificação foi suprimido do artigo 511.°, C.P.C., na redacção dos Decretos-Leis n.°s 329-A/95, de 12 de Dezembro, e 180/96, de 25 de Setembro, que agora se refere a "matéria de facto relevante para a decisão da causa", seleccionada pelo juiz para a fixação da base instrutória.
V. *Despacho saneador; Especificação; Questão de direito; Confissão; Prova documental; Articulados; Matéria de facto; Base instrutória.*

Organização do questionário (Proc. Civil) – O artigo 511.°, n.°s 1 e 2, C.P.C., na sua anterior redacção, dispunha que no despacho saneador o juiz seleccionaria entre os factos articulados os que interessassem à decisão da causa, segundo as várias soluções plausíveis da questão de direito, quesitando, com subordinação a números, os pontos de facto controvertidos que devessem ser provados, podendo o questionário ser organizado "mediante simples remissão para o artigo dos articulados, considerando-se a remissão limitada à matéria de facto neles contida".
O actual equivalente do questionário é a chamada base instrutória (artigo 511.°, n.°s 1 e 2, C.P.C., na redacção que lhe foi dada pelos Decretos-Leis n.°s 329-A/95, de 12 de Dezembro, e 180/96, de 25 de Setembro).
V. *Questionário; Despacho saneador; Questão de direito; Quesitos; Prova; Articulados; Matéria de facto; Base instrutória.*

Organização judiciária (Org. Judiciária) – Fala-se de organização judiciária para significar tanto a organização dos tribunais e a sua constituição interna como a definição de competência deles.
V. *Tribunal; Competência.*

Organização Tutelar de Menores – Diploma que estabelecia a competência dos tribunais relativamente a menores, bem como os trâmites dos processos tutelares; nela se incluíam as disposições relativas aos estabelecimentos tutelares de menores.
A O.T.M. foi revista pelo Decreto-Lei n.° 314/78, de 27 de Outubro, tendo, neste diploma, desaparecido esta designação, passando a Lei Tutelar de Menores.
O artigo 41.° da O.T.M., que fora declarado inconstitucional, com força obrigatória geral, "na parte em que não admite a intervenção de mandatário judicial fora da fase de recurso", pelo acórdão do Tribunal Constitucional de 4 de Julho de 1996, publicado no *Diário da República*, I-A série, de 3 de Setembro de 1996, foi revogado, tal como todas as disposições do título I e do título II, pela Lei n.° 166/99, de 14 de Setembro. O citado DL n.° 314/78 foi entretanto objecto de alterações introduzidas pelos Decretos-Leis n.°s 185/93, de 22 de Maio, 48/95, de 15 de Março, 58/95, de 31 de Março e 120/98, de 8 de Maio, e pelas Leis n.°s 133/99, de 28 de Agosto, 147/99, de 1 de Setembro 166/99, de 14 de Setembro, e 31/2003, de 22 de Agosto.
A Lei de Protecção de Crianças e Jovens em Perigo e a Lei Tutelar Educativa, que foram aprovadas, respectivamente, pelas referidas Leis n.°s 147/99 e 166/99, revogaram a O.T.M. na parte em que contrarie os preceitos destes diplomas.
V. *Competência; Menor; Processo tutelar; Estabelecimentos tutelares de menores; Mandatário judicial; Recurso; Protecção de menores.*

Órgão (Dir. Civil) – "Chama-se órgão ao elemento inserido na organização da pessoa colectiva com vista à actuação desta"

(Castro Mendes, *Teoria geral do direito civil*, Vol. I, Lisboa, 1978, pág. 229).

As pessoas colectivas de direito privado têm os seus órgãos, como os têm o Estado e as pessoas colectivas de direito público.

Os órgãos podem ser *singulares* ou *colegiais*, consoante são integrados por uma só pessoa singular ou por uma pluralidade delas. Assim, por exemplo, enquanto o Presidente da República é um órgão singular, a Assembleia da República é um órgão colegial.

Dentro dos órgãos colegiais, distinguem-se os órgãos colectivos dos colegiais *stricto sensu*: enquanto os primeiros são formados por uma pluralidade de órgãos homogéneos (por exemplo, o Governo constitui um órgão colectivo), os segundos são integrados por uma pluralidade de membros não homogéneos.

V. *Pessoa singular; Pessoa colectiva; Órgãos da pessoa colectiva.*

Órgão activo (Dir. Civil) – A doutrina designa assim o órgão da pessoa colectiva a quem cabe poder decisório, isto é, que toma decisões ou deliberações que são juridicamente imputadas à pessoa colectiva.

É, portanto, tipicamente um órgão activo das pessoas colectivas de direito privado o seu órgão de administração (que tem, obrigatoriamente, de existir e de ser colegial – cfr. artigo 162.°, C.C.). Dentro dos órgãos activos, há que distinguir entre os órgãos deliberativos e os órgãos representativos.

V. *Órgão; Pessoa colectiva; Deliberação; Órgão deliberativo; Órgão representativo.*

Órgão colectivo (Dir. Civil) – É aquele que é composto por uma pluralidade de órgãos homogéneos.

V. *Órgão.*

Órgão colegial (Dir. Civil) – É aquele que é integrado por uma pluralidade de titulares, isto é, por um conjunto de pessoas singulares.

V. *Órgão; Pessoa colectiva; Pessoa singular.*

Órgão consultivo (Dir. Civil) – Designa-se assim o órgão cuja função se traduz na realização de estudos e emissão de pareceres ou opiniões, em consideração dos quais os órgãos activos tomam decisões ou deliberam.

O conselho fiscal é um órgão consultivo, de existência obrigatória nas pessoas colectivas de direito privado (cfr. artigo 162.°, C.C.).

V. *Órgão; Pessoa colectiva; Órgão activo; Deliberação; Conselho fiscal.*

Órgão deliberativo (Dir. Civil) – Chama-se órgão deliberativo, ou órgão meramente deliberativo, ao órgão activo que, tomando decisões ou deliberações, isto é, formando a vontade da pessoa colectiva, não tem competência para estabelecer relações com terceiros em representação da pessoa colectiva. O órgão deliberativo é, pois, interno à pessoa colectiva.

Exemplo de órgão meramente deliberativo é a assembleia geral das associações (cfr. artigos 172.° e segs., C.C.).

V. *Órgão; Pessoa colectiva; Órgão activo; Deliberação; Representação orgânica; Associação; Assembleia geral.*

Órgão representativo (Dir. Civil) – O órgão representativo é o órgão activo a que cabe a representação da pessoa colectiva nas relações dela com terceiros.

Os órgãos representativos, órgãos externos da pessoa colectiva, têm, em regra, funções decisórias e, ao lado destas, a de exteriorizar a vontade da pessoa colectiva, formada no seu interior ou no interior de um órgão meramente deliberativo.

O artigo 163.°, n.° 1, C.C., dispõe que "a representação da pessoa colectiva, em juízo e fora dele, cabe a quem os estatutos determinarem ou, na falta de disposição estatutária, à administração ou a quem por ela for designado".

V. *Órgão; Órgão activo; Pessoa colectiva; Representação orgânica; Estatutos, Representação em juízo; Estatutos.*

Órgãos auxiliares da tutela (Dir. Civil) – "A tutela é exercida por um tutor e pelo conselho de família" – artigo 1924.°, n.° 1, C.C..

Além deste órgão auxiliar da tutela que é o conselho de família, há a ter em conta ainda um outro, o protutor.

V. artigos 1951.° a 1960.°, C.C..

V. *Tutela; Tutor; Conselho de família; Protutor.*

Órgãos da insolvência (Dir. Civil; Dir. Com.; Proc. Civil) – Os artigos 52.° a 80.° do Código da Insolvência e da Recuperação de Empresas, aprovado pelo Decreto-Lei n.° 53/2004, de 18 de Março, alterado pelos Decretos-Leis n.°s 200/2004, de 18 de Agosto, e 76-A/2006, de 29 de Março (rectificado este pela Declaração de rectificação n.° 28-A/2006, de 26 de Maio), prevêem e regulam os órgãos da insolvência.

Temos, em primeiro lugar, o administrador da insolvência, nomeado pelo juiz de entre as entidades inscritas na lista oficial de administradores da insolvência, devendo o juiz atender "às indicações que sejam feitas pelo próprio devedor ou pela comissão de credores, se existir, e cabendo a preferência, na primeira designação, ao administrador judicial provisório em exercício de funções à data da declaração da insolvência" (artigo 52.°). Aos credores, reunidos em assembleia, é possível, nos termos do artigo 53.°, eleger outra pessoa para desempenhar as funções de administrador da insolvência, embora a eleição só possa recair em pessoa não inscrita na lista oficial "em casos devidamente justificados pela especial dimensão da empresa compreendida na massa insolvente, pela especificidade do ramo de actividade da mesma ou pela complexidade do processo"; caso a pessoa eleita conste da lista oficial já referida, "o juiz só pode deixar de [a] nomear [...], em substituição do administrador em funções, se considerar que a mesma não tem idoneidade ou aptidão para o exercício do cargo, que é manifestamente excessiva a retribuição aprovada pelos credores [...]". O administrador da insolvência, que assume funções logo que notificado da nomeação, tem as competências enunciadas no artigo 55.°, que deve exercer pessoalmente – "não podendo substabelecê-las em ninguém, sem prejuízo dos casos de recurso obrigatório ao patrocínio judiciário ou de prévia concordância da comissão de credores ou do juiz, na falta dessa comissão" –, "com a cooperação e sob a fiscalização da comissão de credores, se existir", podendo ser "coadjuvado sob a sua responsabilidade por técnicos ou outros auxiliares, remunerados ou não, incluindo o próprio devedor, mediante prévia concordância da comissão de credores ou do juiz, na falta dessa comissão", e com a colaboração dos trabalhadores, contratados a termo certo ou incerto, que sejam necessários para a liquidação da massa insolvente ou para a continuação da exploração da empresa; "ao administrador da insolvência compete ainda prestar oportunamente à comissão de credores e ao tribunal todas as informações necessárias sobre a administração e a liquidação da massa insolvente". O administrador da insolvência pode ser destituído pelo juiz em qualquer momento, sendo substituído por outro, desde que, "ouvidos a comissão de credores, quando exista, o devedor e o próprio administrador [...], fundadamente considerar existir justa causa" (artigo 56.°, n.° 1). Dispõe o artigo 58.° que o administrador "exerce a sua actividade sob a fiscalização do juiz, que pode, a todo o tempo, exigir-lhe informações sobre quaisquer assuntos ou a apresentação de um relatório da actividade desenvolvida e do estado da administração e da liquidação". O artigo 59.° estabelece que o administrador da insolvência é responsável pelos danos causados ao devedor e aos credores da insolvência se tiver incumprido culposamente os deveres que lhe cabem (dizendo inutilmente que o critério de apreciação da culpa é a "diligência de um administrador da insolvência criterioso e ordenado"), sendo também responsável "pelos danos causados aos credores da massa insolvente se esta for insuficiente para satisfazer integralmente os respectivos direitos e estes resultarem de acto do administrador, salvo o caso de imprevisibilidade da insuficiência da massa, tendo em conta as circunstâncias conhecidas do administrador e aquelas que ele não devia ignorar"; existe responsabilidade solidária do administrador da insolvência com os seus auxiliares pelos danos por estes provocados, "salvo se provar que não houve culpa da sua parte ou que, mesmo com a diligência devida, se não teriam evitado". Além de documentos trimestrais de informação sucinta sobre o estado da administração e liquidação, o administrador da insolvência tem de apresentar contas "dentro dos 10 dias subsequentes à cessação das suas funções [...]" e "em qualquer altura do processo, sempre que o juiz o determine [...]" (artigos 61.° e 62.°).

Outro órgão, este eventual, da insolvência é a comissão de credores, prevista nos artigo 66.° e segs..

"Anteriormente à primeira assembleia de credores, designadamente na própria sentença de declaração da insolvência, o juiz nomeia uma comissão de credores composta por três ou cinco membros e dois suplentes, devendo o encargo da presidência recair de preferência sobre o maior credor da empresa e a escolha dos restantes assegurar a adequada representação das várias classes de credores, com excepção dos credores subordinados"; "o juiz pode não proceder à nomeação [...] quando o considere justificado, em atenção à exígua dimensão da massa insolvente, à simplicidade da liquidação ou ao reduzido número de credores da insolvência"; "os membros da comissão podem ser pessoas singulares ou colectivas", devendo um deles representar "os trabalhadores que detenham créditos sobre a empresa, devendo a sua escolha conformar-se com a designação feita pelos próprios trabalhadores ou pela comissão de trabalhadores, quando esta exista"; "o Estado e as instituições de segurança social só podem ser nomeadas para a presidência da comissão de credores desde que se encontre nos autos despacho, do membro do Governo com supervisão sobre as entidades em causa, a autorizar o exercício da função e a indicar o representante" (v. artigo 66.°). Também a assembleia de credores pode prescindir da existência da comissão de credores, podendo substituir quaisquer membros ou suplentes daquela que foi nomeada pelo juiz, "eleger dois membros adicionais, e, se o juiz não a tiver constituído, criar ela mesma uma comissão, composta por três, cinco ou sete membros e dois suplentes, designar o presidente e alterar, a todo o momento, a respectiva composição, independentemente da existência de justa causa"; os membros eleitos pela assembleia "não têm de ser credores, e, na sua escolha, tal como na designação do presidente, a assembleia não está vinculada à observância dos critérios [...] [já referidos] devendo apenas respeitar o critério imposto pelo número 3 [...] [representação dos trabalhadores]". "À comissão compete, para além de outras tarefas que lhe sejam especialmente cometidas, fiscalizar a actividade do administrador da insolvência e prestar-lhe colaboração", podendo "examinar livremente os elementos da contabilidade do devedor e solicitar ao administrador [...] as informações e a apresentação dos elementos que considere necessários". As suas reuniões realizam-se sempre que convocadas pelo presidente ou por dois outros membros, não podendo deliberar "sem a presença da maioria dos seus membros, sendo as deliberações tomadas por maioria de votos dos membros presentes, e cabendo ao presidente, em caso de empate, voto de qualidade"; o voto escrito é admitido se, antes da deliberação, todos os membros tiverem acordado nisso; as deliberações, que devem ser comunicadas ao juiz pelo respectivo presidente, são insusceptíveis de reclamação para o tribunal. O artigo 70.° impõe aos membros da comissão de credores uma obrigação de indemnização pelos danos que causem aos credores da insolvência se decorrentes do incumprimento culposo dos seus deveres. Resta dizer que os membros da comissão não têm direito a qualquer remuneração, mas as despesas que fizerem e tenham sido "estritamente necessárias ao desempenho das suas funções" são-lhes reembolsadas.

O último órgão da insolvência previsto neste Código é a assembleia de credores – presidida pelo juiz –, na qual participam todos os credores da insolvência e ainda os titulares de créditos contra o devedor, decorrentes "do eventual pagamento futuro da dívida por um condevedor solidário ou por um garante", se estes últimos não puderem exercer no processo os direitos que lhes cabem; a participação na assembleia pode ser feita através de mandatário com poderes especiais para o efeito; esta participação na assembleia pode ser limitada pelo juiz quanto aos "titulares de créditos que atinjam determinado montante, o qual não pode ser fixado em mais de € 10 000", desde que essa decisão se funde na necessidade de "conveniente andamento dos trabalhos", e podendo sempre os credores afectados por tal decisão "fazer-se representar por outro cujo crédito seja pelo menos igual ao limite fixado, ou agrupar-

-se de forma a completar o montante exigido, participando através de um representante comum"; na assembleia de credores podem e devem participar o administrador da insolvência, os membros da comissão de credores, o devedor e os administradores deste, sendo facultada a participação, "até três representantes, da comissão de trabalhadores ou, na falta desta, até três representantes de trabalhadores por estes designados, bem como do Ministério Público" – v. artigo 72.°. "Os créditos conferem um voto por cada euro ou fracção se já estiverem reconhecidos por decisão definitiva proferida no apenso de verificação e graduação de créditos ou em acção de verificação ulterior, ou se, cumulativamente: *a)* O credor já os tiver reclamado no processo, ou, se não estiver já esgotado o prazo fixado na sentença para as reclamações de créditos, os reclamar na própria assembleia, para o efeito apenas da participação na reunião; *b)* Não forem objecto de impugnação na assembleia por parte do administrador da insolvência ou de algum credor com direito de voto"; tratando-se de crédito sob condição suspensiva, o respectivo número de votos "é sempre fixado pelo juiz, em atenção à probabilidade da verificação da condição"; "os créditos subordinados não conferem direito de voto, excepto quando a deliberação da assembleia [...] incida sobre a aprovação de um plano de insolvência"; o juiz pode conferir votos a créditos impugnados, "fixando a quantidade respectiva, com ponderação de todas as circunstâncias relevantes, nomeadamente da probabilidade da sua existência [...]", desde que tal seja requerido, desta decisão não cabendo recurso. "Não é em caso algum motivo de invalidade das deliberações tomadas pela assembleia a comprovação ulterior de que aos credores competia um número de votos diferente do que lhes foi conferido". V. artigo 73.°. O artigo 75.° ocupa-se do modo de convocação da assembleia. Em regra, as deliberações da assembleia são tomadas pela maioria "dos votos emitidos, não se considerando como tal as abstenções, seja qual for o número de credores presentes ou representados, ou a percentagem dos créditos de que sejam titulares", das deliberações "que forem contrárias ao interesse comum dos credores" cabendo reclamação – por parte do administrador da insolvência ou de qualquer credor com direito de voto – para o juiz "oralmente ou por escrito, desde que o faça na própria assembleia; "da decisão que dê provimento à reclamação pode interpor recurso qualquer dos credores que tenha votado no sentido que fez vencimento, e da decisão de indeferimento apenas o reclamante". V. artigos 77.° e 78.°. O artigo 80.° determina que "todas as deliberações da comissão de credores são passíveis de revogação pela assembleia e a existência de uma deliberação favorável da assembleia autoriza por si só a prática de qualquer acto para o qual neste Código se requeira a aprovação da comissão de credores".

V. *Insolvência, Recuperação de empresas; Administrador da insolvência; Juiz; Devedor; Comissão de credores; Administrador provisório; Assembleia de credores; Empresa; Massa insolvente; Substabelecimento; Patrocínio judiciário; Termo; Liquidação; Responsabilidade civil; Dano; Credor da insolvência; Dever jurídico; Culpa; Solidariedade; Causa virtual; Documento; Sentença; Crédito subordinado; Pessoa singular; Pessoa colectiva; Auto; Comissão de credores; Deliberação; Justa causa; Reclamação; Indemnização; Incumprimento; Condevedores; Mandatário; Poderes representativos; Ministério Público; Apensação de acções; Verificação de créditos; Graduação de créditos; Reclamação de créditos; Crédito sobre a insolvência; Garantia; Condição; Verificação da condição; Plano de insolvência; Invalidade; Recurso.*

Órgãos da pessoa colectiva (Dir. Civil) – Os órgãos da pessoa colectiva são as entidades, singulares ou colegiais, a quem cabe, por força da lei e dos estatutos, a formação e execução da vontade da pessoa colectiva. Os órgãos são, pois, realidades diversas das pessoas que os integram como seus titulares ou suportes.

Sendo os órgãos elementos da pessoa colectiva, as relações entre eles, as relações internas, não constituem relações jurídicas, pois se estabelecem não entre pessoas jurídicas, mas no interior de uma pessoa, que é a pessoa colectiva.

O artigo 162.°, C.C., determina que, embora a pessoa colectiva tenha os órgãos previstos nos respectivos estatutos, haverá de ter sempre um "órgão colegial de administração e um conselho fiscal, ambos eles constituídos por um número ímpar de titulares, dos quais um será o presidente".

As obrigações e responsabilidade dos titulares dos órgãos também devem estar definidas nos estatutos e, caso o não estejam, aplicam-se as regras do mandato (artigo 164.°, n.° 1, C.C.).

V. *Órgão; Pessoa colectiva; Pessoa singular; Estatutos; Mandato; Conselho fiscal.*

Órgão social (Dir. Civil) – O mesmo que órgão da pessoa colectiva.

V. *Órgãos da pessoa colectiva.*

P

"Pacta sunt servanda" (Dir. Civil) – Princípio segundo o qual os contratos devem ser cumpridos nos exactos termos em que foram celebrados.

É este princípio que informa o direito privado português, embora, dentro de dado condicionalismo e limites, se admita a resolução e/ou a modificação dos contratos pelo tribunal (por exemplo, quando se verifiquem os requisitos previstos no artigo 437.°, C.C.).

V. artigo 406.°, C.C..

V. *Pontualidade do cumprimento; Contrato; Modificação do contrato; Alteração das circunstâncias; Resolução do contrato.*

Pacto (Dir. Civil) – Sinónimo de *acordo, convenção ou contrato* (v. estes termos)

Pacto atributivo de jurisdição (Proc. Civil) – Convenção pela qual as partes estabelecem – desde que "a relação controvertida tenha conexão com mais de uma ordem jurídica" – que "um litígio determinado, ou os litígios eventualmente decorrentes de certa relação jurídica", será submetido a certa jurisdição; esta convenção "pode envolver a atribuição de competência exclusiva ou meramente alternativa com a dos tribunais portugueses, quando esta exista, presumindo-se que seja alternativa, em caso de dúvida".

A validade do pacto atributivo de jurisdição depende da verificação cumulativa dos requisitos enumerados no n.° 3 do artigo 99.°, C.P.C., na redacção dos Decretos-Leis n.°s 329-A/95, de 12 de Dezembro, e 180/96, de 25 de Setembro, e que são:

"*a)* Dizer respeito a um litígio sobre direitos disponíveis;

b) Ser aceite pela lei do tribunal designado;

c) Ser justificada por um interesse sério de ambas as partes ou de uma delas, desde que não envolva inconveniente grave para a outra;

d) Não recair sobre matéria da exclusiva competência dos tribunais portugueses;

e) Resultar de acordo escrito ou confirmado por escrito, devendo nele fazer-se menção expressa da jurisdição competente".

O pacto deve, em princípio, ser celebrado antes da propositura da acção, pois é nesse momento que se fixa a competência do tribunal, e o documento escrito em que se consubstancia, ou em que é confirmado, tem de ser assinado pelas partes, podendo emergir "de troca de cartas, telex, telegramas ou outros meios de comunicação de que fique prova escrita, quer tais instrumentos contenham directamente o acordo, quer deles conste cláusula de remissão para algum documento em que ele esteja contido".

V. *Convenção; Parte; Litígio; Competência; Competência internacional; Pacto de aforamento; Presunção; Direito indisponível; Propositura da acção; Documento particular.*

Pacto comissório (Dir. Civil) – Convenção pela qual o credor fará sua a coisa onerada por uma hipoteca, consignação de rendimentos, penhor ou privilégio creditório, se o devedor não cumprir. O artigo 694.°, C.C. (aplicável por remissão dos artigos 665.°, 678.° e 753.°), declara nula tal convenção, quer ela seja anterior, quer posterior à constituição da hipoteca.

A nulidade do pacto comissório não importa necessariamente a nulidade da garantia constituída, se se verificarem os requisitos da redução estabelecidos no artigo 292.°, C.C..

V. *Convenção; Credor; Hipoteca; Consignação de rendimentos; Penhor; Privilégio creditório; Nulidade; Garantias reais; Redução.*

Pacto de aforamento (Proc. Civil) – A convenção que, autonomamente ou como cláusula de um contrato, vise afastar regras legais relativas à competência dos tribunais é regulada pelo artigo 100.°, C.P.C., com a redacção que foi dada aos n.°s 1 e 2 pelo Decreto-Lei n.° 329-A/95, de 12 de Dezembro. Nos termos desta disposição, é lícito às partes afastarem convencionalmente "a aplicação das regras de competência em razão do território, salvo nos casos a que se refere o artigo 110.° [que também tem a redacção do DL n.° 329-A/95]", não sendo, porém, válida a convenção que vise afastar a aplicação de regras relativas à competência em razão da matéria, da hierarquia, do valor e da forma de processo.

O pacto, para ser válido, tem de preencher os mesmos requisitos formais do contrato que é fonte da obrigação, devendo, em qualquer caso, ser escrito, e tem ainda de "designar as questões a que se refere e o critério de determinação do tribunal que fica sendo competente" (podendo, no entanto, a designação das questões ser feita "pela especificação do facto jurídico susceptível de as originar").

O pacto de aforamento, quando válido, regula a competência em termos cuja obrigatoriedade é idêntica à legal.

V. *Convenção; Cláusula; Competência; Competência em razão do território; Competência em razão da matéria; Competência em razão da hierarquia; Competência em razão do valor; Forma; Contrato; Obrigação; Facto jurídico.*

Pacto de competência (Proc. Civil) – Convenção pela qual os sujeitos dispõem sobre a competência dos tribunais nacionais, designando como competente para o julgamento de determinado litígio um tribunal que não o seria por força das normas sobre a competência interna dos tribunais. Diferentemente do que sucede com os pactos (atributivos ou privativos de jurisdição), neste, os sujeitos não escolhem entre várias jurisdições, mas entre tribunais portugueses.

O artigo 100.°, C.P.C., na redacção do Decreto-Lei n.° 329-A/95, de 12 de Dezembro, determina que "as regras de competência em razão da matéria, da hierarquia, do valor e da forma de processo não podem ser afastadas por vontade das partes; mas é permitido a estas afastar, por convenção expressa, a aplicação das regras de competência em razão do território, salvo nos casos a que se refere o artigo 110.°". O n.° 2 da mesma disposição diz que "o acordo deve satisfazer os requisitos de forma do contrato, fonte da obrigação, contanto que seja reduzido a escrito, nos termos do n.° 4 do artigo anterior, e deve designar as questões a que se refere o critério de determinação do tribunal que fica sendo competente". Uma vez celebrado validamente um pacto de competência, a que nele fica estabelecida "é tão obrigatória como a que deriva da lei".

Nada impede, como observa Lebre de Freitas *Código de Processo Civil anotado*, volume 1.° Coimbra, 1999, pág. 186, "que, por determinada convenção, seja ao mesmo tempo determinado o tribunal internacionalmente competente (pacto de jurisdição) e o tribunal internamente competente (pacto de competência); assim será se, não tendo competência internacional legal os tribunais portugueses, as partes determinarem que o litígio será resolvido por determinado tribunal português".

V. *Competência; Convenção; Pacto atributivo de jurisdição; Pacto privativo de jurisdição; Competência em razão da matéria; Competência em razão da hierarquia; Competência em razão do valor; Competência em razão do território; Forma de processo; Forma; Contrato; Competência convencional.*

Pacto de indivisão (Dir. Civil) – V. *Cláusula de indivisão.*

Pacto de jurisdição (Proc. Civil) – V. *Pacto atributivo de jurisdição; Pacto privativo de jurisdição.*

Pacto de melhor comprador (Dir. Civil) – Convenção, aposta a um contrato de compra e venda, nos termos da qual o vendedor fica com o direito de resolver o contrato celebrado, se dentro de certo prazo um terceiro lhe oferecer preço mais elevado, ou que suspende os efeitos da compra e venda por certo prazo, durante o qual esta poderá ficar sem efeito se surgir um terceiro que ofereça melhor preço.

O pacto de melhor comprador pode consubstanciar uma venda a retro.

V. *Convenção; Compra e venda; Resolução do contrato; Venda a retro.*

Pacto de não concorrência (Dir. Civil; Dir. Com.) – Convenção pela qual alguém se obriga, perante outrem, a não desenvolver certa actividade profissional, comercial ou outra, dentro de certo prazo, em certa área geográfica ou em outras condições acordadas.

Desta convenção, quando válida, resulta uma obrigação *de non facere* para o devedor.

V. *Convenção; Obrigação; "Non facere"; Obrigação "de non facere".*

Pacto de opção (Dir. Civil) – Contrato de acordo com o qual um outro contrato, cujos termos ficam desde logo estabelecidos vinculativamente, pode vir a celebrar-se entre as partes, se e quando uma delas o quiser. Esta convenção é estruturalmente caracterizada por uma declaração ou proposta de contrato de um dos contraentes, ficando a outra parte com a faculdade de aceitar ou rejeitar o contrato dentro de certo prazo.

Quando o contrato a que o pacto de opção respeita é a compra e venda, como é o caso mais frequente, é habitual que, durante o mesmo prazo, a coisa seja entregue ao comprador que, caso não queira celebrar o contrato, a devolverá ao vendedor.

V. *Contrato; Proposta de contrato; Compra e venda.*

Pacto de preempção (Dir. Civil) – Designação doutrinária do pacto de preferência que tenha por objecto a venda ou, melhor, a compra.

V. *Pacto de preferência.*

Pacto de preferência (Dir. Civil) – Segundo os artigos 414.° e 423.°, C.C., o pacto de preferência é um contrato nos termos da qual alguém assume a obrigação de dar preferência a outrem na venda (ou noutro contrato, em princípio, oneroso) de determinada coisa.

O pacto de preferência terá, para sua validade, de ser reduzido a escrito e assinado pelo obrigado, no caso de dizer respeito a contrato para o qual a lei exija documento autêntico ou particular.

Querendo celebrar o contrato que é objecto do pacto, o obrigado tem de comunicar ao preferente o projecto de contrato e as suas cláusulas essenciais, bem como a identidade do terceiro que está na disposição de com ele contratar em tais condições, para que o preferente, querendo, exerça o seu direito no prazo de oito dias ou noutro que haja sido convencionado, preferindo tanto por tanto.

Por convenção das partes, o pacto de preferência pode ter eficácia real, se o contrato que é seu objecto tiver, também ele, eficácia real e respeitar a imóveis ou a móveis sujeitos a registo, se constar de escritura pública (ou de documento particular com reconhecimento da assinatura do obrigado à preferência, se o contrato que é o objecto do pacto não tiver, ele próprio, de ser celebrado por documento autêntico) e estiver registado.

No caso de ter eficácia real, o titular do direito de preferência tem ao seu dispor uma acção destinada a garantir a execução desse direito, nos mesmos termos em que a tem o titular de um direito legal de preferência – v. artigos 421.° (na redacção do Decreto-Lei n.° 379/86, de 11 de Novembro) e 1410.°, C.C. (com a redacção do Decreto-Lei n.° 68/96, de 31 de Maio).

Concorrendo sobre uma mesma coisa vários direitos de preferência de natureza diversa, eles hierarquizam-se pela seguinte ordem: direito legal, direito convencional com eficácia real e mero direito convencional de preferência.

V. artigos 414.° e segs., C.C..

O artigo 2.°, n.° 1-*f)*, do Código do Registo Predial – aprovado pelo Decreto-Lei n.° 224/84 de 6 de Julho, (rectificado por declaração publicada no *Diário da República,* I série, de 29 de Setembro de 1984), e alterado pelos Decretos-Leis n.°s 355/85, de 2 de Outubro, 60/90, de 14 de Fevereiro (este último rectificado por declaração publicada no *Diário da República,* I-A série, de 31 de Março de 1990), 80/92, de 7 de Maio, 30/93, de 12 de Fevereiro, 227/94, de 8 de Setembro, 267/94, de 25 de Outubro, 67/ /96, de 31 de Maio, 375-A/99, de 20 de Setembro, 533/99, de 11 de Dezembro (rectificado pela Declaração de rectificação n.° 5-

-A/2000, de 29 de Fevereiro), 273/2001, de 13 de Outubro, 323/2001, de 17 de Dezembro, 38/2003, de 8 de Março (rectificado pela Declaração de rectificação n.° 5-C//2003, de 30 de Abril), e 194/2003, de 23 de Agosto, e pela Lei n.° 6/2006, de 27 de Fevereiro – estabelece que estão sujeitos a registo os pactos de preferência, se lhes tiver sido atribuída eficácia real, bem como a cessão da posição contratual emergente desses contratos.

V. *Contrato; Direito de preferência; Compra e venda; Contrato oneroso; Documento autêntico; Documento particular; Imóvel; Móvel; Escritura pública; Reconhecimento de letra e assinatura; Registo predial; Registo de bens móveis; Acção de preferência; Eficácia real; Cessão da posição contratual.*

Pacto de prelação (Dir. Civil) – Designação que a doutrina dá por vezes ao *pacto de preferência* (v. esta expressão).

Pacto de retrovenda (Dir. Civil) – Convenção, num contrato de compra e venda, segundo a qual o comprador fica obrigado, perante o vendedor, a revender-lhe mais tarde o bem comprado.

Trata-se, pois, de um contrato-promessa unilateral de venda coligado com a compra e venda.

V. *Convenção; Compra e venda; Contrato-promessa; União de contratos.*

Pacto "de succedendo" (Dir. Civil) – Expressão sinónima de pacto sucessório designativo.

V. *Pacto sucessório.*

Pacto leonino (Dir. Civil) – A convenção pela qual se exclui um sócio da comunhão nos lucros ou que o isenta (salvo se for de indústria) de participar nas perdas da sociedade é nula, nos termos do artigo 994.°, C.C..

V. *Convenção; Sociedade; Lucros; Sócio de indústria.*

Pacto privativo de jurisdição (Proc. Civil) – O artigo 99.°, C.P.C., alterado pelo Decreto-Lei n.° 329-A/95, de 12 de Dezembro, estabelece as condições de validade substancial dos pactos que designem uma jurisdição como competente "para dirimir um litígio determinado, ou os litígios decorrentes de certa relação jurídica, contanto que a relação controvertida tenha conexão com mais de uma ordem jurídica".

O pacto diz-se privativo de jurisdição quando retira a competência que teriam os tribunais portugueses para apreciação de um pedido relativo a uma situação jurídica plurilocalizada. Como assinala Lebre de Freitas, *Código de Processo Civil anotado*, volume 1.° Coimbra, 1999, pág. 178, o "carácter atributivo ou privativo é sempre apreciado na perspectiva da ordem jurídica portuguesa"; porém, é, em rigor, também um pacto privativo de jurisdição "aquele que retira a uma jurisdição estrangeira a competência que esta até então tinha, em concorrência com a competência internacional legal da jurisdição portuguesa, que se mantém".

Citando ainda Lebre de Freitas, *op. cit.*, pág. 182: "[...] sendo o pacto privativo, a designação convencional de jurisdição estrangeira, quando são legalmente competentes os tribunais portugueses, pode envolver a atribuição àquela de competência **exclusiva**, caso em que passará a ser a única competente para o conhecimento da causa, ou de mera competência **alternativa** (ou «concorrente», como anteriormente se dizia), passando então a ser competente para a respectiva apreciação, além da jurisdição portuguesa, a jurisdição estrangeira designada".

"A designação convencional pode envolver a atribuição de competência exclusiva ou meramente alternativa com a dos tribunais portugueses, quando esta exista, presumindo-se que seja alternativa em caso de dúvida" – artigo 99.°, n.° 2; significa este regime que a convenção, para retirar a competência que teriam os tribunais portugueses, tem de ser suficiente para ilidir a presunção referida.

A validade da escolha convencional do foro depende da verificação cumulativa dos requisitos enumerados no n.° 3 do artigo 99.°, C.P.C., e que são:

"*a)* Dizer respeito a um litígio sobre direitos disponíveis;

b) Ser aceite pela lei do tribunal designado;

c) Ser justificada por um interesse sério de ambas as partes ou de uma delas, desde que não envolva inconveniente grave para a outra;

d) Não recair sobre matéria da exclusiva competência dos tribunais portugueses;

e) Resultar de acordo escrito ou confirmado por escrito, devendo nele fazer-se menção expressa da jurisdição competente".

Não é possível, sem prejuízo do que se ache estabelecido em tratados, convenções, regulamentos comunitários e leis especiais, excluir convencionalmente a competência dos tribunais portugueses nas situações previstas no artigo 65.°-A, C.P.C. (introduzido pela Lei n.° 21/78, de 3 de Maio, e na redacção do Decreto-Lei n.° 38/2003, de 8 de Março, rectificado pela Declaração de rectificação n.° 5-C/2003, de 30 de Abril):

a) No caso de "acções relativas a direitos reais ou pessoais de gozo sobre bens imóveis sitos em território português";

b) Para os "processos especiais de recuperação da empresa e de falência, relativos a pessoas domiciliadas em Portugal ou a pessoas colectivas ou sociedades cuja sede esteja situada em território português [dada a revogação do Código dos Processos Especiais de Recuperação da Empresa e de Falência pelo Decreto-Lei n.° 53/2004, de 18 de Março, alterado pelos Decretos-Leis n.°s 200/2004, de 18 de Agosto, e 76-A/2006, de 29 de Março, que aprovou o Código da Insolvência e da Recuperação de Empresas, a referencia à falência deve considerar-se substituída pela insolvência]";

c) Para as acções referentes "à apreciação da validade do acto constitutivo ou ao decretamento da dissolução de pessoas colectivas ou sociedades que tenham a sua sede em território português, bem como à apreciação da validade das deliberações dos respectivos órgãos";

d) Para "as acções que tenham como objecto principal a apreciação da validade da inscrição em registos públicos de quaisquer direitos sujeitos a registo em Portugal";

e) Para "as execuções sobre bens existentes em território português".

V. *Litígio; Relação jurídica; Pacto atributivo de jurisdição; Competência internacional; Validade; Presunção legal; Direito indisponível; Documento escrito; Direito real; Direito pessoal de gozo; Imóvel; Falência; Insolvência; Recuperação de empresas; Domicílio; Pessoa colectiva; Sociedade; Sede; Órgãos das pessoas colectivas; Deliberações sociais; Registo; Execução.*

Pacto sucessório (Dir. Civil) – Em sentido amplo, pacto sucessório é o contrato pelo qual "alguém renuncia à sucessão de pessoa viva", dispõe da sua própria sucessão ou dispõe da sucessão ainda não aberta de terceiro. É este sentido, compreensivo dos pactos sucessórios renunciativos, designativos e dispositivos, que informa o artigo 2028.°, C.C..

Grande parte da doutrina utiliza um conceito mais restrito de pacto sucessório, que apenas abrange os pactos sucessórios designativos, isto é, aqueles pelos quais se realizam disposições de bens *mortis causa*.

Os pactos ou contratos sucessórios são válidos quando inseridos em convenções antenupciais, nos termos dos artigos 1701.° e 1702.°, C.C. (v. artigo 1705.° do mesmo Código).

V. *Contrato; Sucessão; Sucessão contratual; Renúncia; Abertura da sucessão; Terceiro; "Mortis causa"; Convenção antenupcial.*

"Pactum de contrahendo" (Dir. Civil) – Expressão latina para designar o *contrato-promessa* (v. este termo).

"Pactum de contrahendo cum tertio" (Dir. Civil) – Modalidade de contrato-promessa em que uma das partes assume perante a outra a obrigação de celebrar um contrato com um terceiro, caso este venha a desejar essa celebração. No essencial, trata-se de um contrato-promessa a favor de terceiro.

V. *Contrato-promessa; Contrato a favor de terceiros.*

"Pactum de foro prorrogando" (Proc. Civil) – Expressão que designa o *pacto de aforamento* (v. esta expressão).

"Pactum de non petendo" (Dir. Civil; Proc. Civil) – Convenção pela qual o titular de um direito se compromete perante o sujeito passivo a não recorrer aos tribunais para fazer valer tal direito.

Tal convenção deve ser considerada nula, pois só a lei pode determinar que a um direito não corresponda a respectiva acção. Dispõe o artigo 2.°, n.° 2, C.P.C., com a redacção do Decreto-Lei n.° 329-A/95, de 12 de Dezembro: "A todo o direito, excepto quando a lei determine o contrário, corresponde a acção adequada a fazê-lo reconhecer em juízo, a prevenir ou reparar a violação dele e a realizá-lo coercivamente, bem como os procedimentos necessários para acautelar o efeito útil da acção".

V. *Direito subjectivo; Acção; Nulidade.*

"Pactum de non praestanda evictione" (Dir. Civil) – Convenção, aposta a um contrato de alienação, segundo a qual o alienante não responde pela evicção. O artigo 903.°, n.° 2, C.C., define os efeitos de tal cláusula no contrato de compra e venda.

V. *Convenção; Alienação; Evicção; Compra e venda.*

"Pactum fiduciae" (Dir. Civil) – V. *Cláusula fiduciária.*

"Pactum ne dividatur" (Dir. Civil) – Convenção pela qual os comproprietários se obrigam a manter a coisa comum indivisa, e que é válida e eficaz nos termos e limites definidos pelo artigo 1412.°, C.C..

V., em relação à partilha da herança, artigo 2101.°, n.° 2, C.C..

V. *Convenção; Cláusula de indivisão; Compropriedade; Partilha da herança.*

"Pactum reservati dominii" (Dir. Civil) – Cláusula de reserva de propriedade.

V. *Reserva de propriedade.*

"Pactum simulationis" (Dir. Civil) – Expressão que significa *acordo simulatório* (v. esta expressão).

Padrasto (Dir. Civil) – Marido da mãe.

A relação entre o padrasto e o/a enteado/a é de afinidade, encontrando-se o padrasto obrigado, nos termos do artigo 2009.°, C.C., a alimentos "relativamente a enteados menores que estejam, ou estivessem no momento da morte do cônjuge, a cargo deste".

Há aspectos para os quais a relação de afinidade aqui referida é relevante: por exemplo, para uma pessoa adoptar plenamente um menor, é, em princípio, necessário que tenha mais de 30 anos, mas, se o adoptando for enteado (filho do seu cônjuge) do adoptante, a lei admite a adopção plena por quem tenha mais de 25 anos; inversamente, é limite de idade para a adopção plena os 60 anos, salvo se o adoptando for enteado do adoptante (artigo 1979.°, n.°s 2, 3 e 5, C.C., na redacção da Lei n.° 31/2003, de 22 de Agosto). Ainda no domínio da adopção, o n.° 2 do artigo 1980.°, C.C., na redacção do mesmo diploma, admite a adopção plena de um menor que tenha mais de 15 anos de idade, se o adoptante for padrasto do adoptando, desde que este tenha menos de 18 anos de idade e não se encontre emancipado e tenha sido confiado ao padrasto desde idade não superior a 15 anos. Quanto à adopção restrita, o n.° 2 do artigo 1992.°, C.C., sempre na redacção da Lei n.° 31/2003, permite-a a quem tenha mais de 60 anos, se o adoptante for seu enteado.

V. *Afinidade; Alimentos; Ascendente; Adopção; Menor; Adopção plena; Emancipação; Confiança de menor; Adopção restrita.*

Pagamento

1. (Dir. Civil) – Cumprimento voluntário de uma obrigação, seja qual for o seu objecto.

O cumprimento pode, em princípio, ser feito pelo devedor ou por terceiro – artigo 767.°, n.° 1, C.C..

Emprega-se, muitas vezes, na linguagem corrente, o termo pagamento para designar apenas a entrega de uma quantia em dinheiro. Para evitar tal equívoco, o Código Civil emprega a palavra cumprimento para designar o conceito mais lato.

V. *Cumprimento; Obrigação; Cumprimento por terceiro.*

2. (Proc. Civil) – No processo executivo, o pagamento ao exequente e aos outros credores pode revestir várias modalidades:

a) Pagamento imediato, pela entrega de dinheiro, se a penhora recaiu sobre moeda corrente, sobre depósito bancário em dinheiro ou sobre crédito em dinheiro que foi depositado (cfr. artigo 874.°, C.P.C., cuja redacção é a do Decreto-Lei n.° 38/2003, de 8 de Março, rectificado pela Declaração de rectificação n.° 5-C/2003, de 30 de Abril).

b) Pagamento, total ou parcial, do crédito, pela adjudicação dos bens penhorados (v. artigos 875.° a 878.°, C.P.C., tendo todos a redacção dada pelo DL n.° 38//2003, à excepção do artigo 878.° que tem a redacção do Decreto-Lei n.° 199/2003, de 10 de Setembro).

c) Pagamento por consignação dos rendimentos dos bens penhorados, enquanto estes não forem adjudicados ou vendidos (v. artigos 879.° a 881.°, C.P.C., todos com a redacção do DL n.° 38/2003).

d) Pagamento em prestações, se exequente e executado, de comum acordo, requererem a suspensão da instância executiva e nenhum credor reclamante requerer o prosseguimento da execução (v. artigos 882.° a 885.°, C.P.C., o primeiro e o último na redacção do DL n.° 38/2003, e os artigos 883.° e 884.°, na do Decreto-Lei n.° 329--A/95, de 12 de Dezembro).

e) Pagamento pelo produto da venda dos bens penhorados (v. artigos 886.° e segs., C.P.C.).

"Em qualquer estado do processo pode o executado ou qualquer outra pessoa fazer cessar a execução, pagando as custas e a dívida" – artigo 916.°, n.° 1, C.P.C. (na redacção do DL n.° 38/2003); "Se o pagamento for efectuado por terceiro, este só fica sub-rogado nos direitos do exequente mostrando que os adquiriu nos termos da lei substantiva" – artigo 917.°, n.° 5, C.P.C., igualmente com a redacção dada pelo DL n.° 38/2003.

V. *Execução; Exequente; Credor; Penhora; Adjudicação; Consignação de rendimentos; Pagamento em prestações; Executado; Suspensão da instância; Venda executiva; Custas; Sub--rogação.*

Pagamento a prestações (Dir. Civil) – V. *Pagamento em prestações.*

Pagamento automático – V. *Transferência electrónica.*

Pagamento do indevido (Dir. Civil) – V. *Repetição do indevido.*

Pagamento electrónico – V. *Transferência electrónica.*

Pagamento em prestações (Dir. Civil) – Quando a obrigação divisível puder, por convenção das partes, ser cumprida em várias prestações, o devedor, não realizando uma delas, perde o benefício do prazo, sendo discutido se a consequência é o imediato vencimento das restantes ou a transformação da obrigação a prazo em obrigação pura, caso em que o vencimento respectivo depende de interpelação do credor ao devedor, parecendo esta última a melhor interpretação (v. artigo 781.°, C.C.). No entanto, se o pagamento se referir ao preço de uma venda, já o regime é diverso, encontrando-se então sediado no artigo 934.°, C.C..

V. *Obrigação instantânea; Obrigação divisível; Obrigação fraccionada; Obrigação a prazo; Obrigação pura; Vencimento; Interpelação; Cumprimento; Benefício do prazo; Perda do benefício do prazo; Venda a prestações.*

Pagamento por terceiro (Dir. Civil) – V. *Cumprimento por terceiro.*

Paradeiro (Dir. Civil) – É o lugar onde uma pessoa singular se encontra em dado momento.

O artigo 82.°, n.° 2, C.C., dispõe que, não tendo uma pessoa residência habitual e não sendo possível determinar o lugar da sua residência ocasional, se considera domiciliada no lugar onde se encontrar.

V. *Pessoa singular; Residência; Domicílio.*

Parceiro capitalista (Dir. Civil) – O mesmo que *parceiro proprietário* (v. esta expressão).

Parceiro industrial (Dir. Civil) – O mesmo que *parceiro pensador* (v. esta expressão).

Parceiro pensador (Dir. Civil) – No contrato de parceria pecuária, é a parte a quem é entregue o animal (ou os animais) e que fica com o dever de os criar, pensar e vigiar, empregando no desempenho dessas funções "o cuidado de um pensador diligente".

V. artigos 1121.° e segs., C.C..

V. *Parceria pecuária; Animais; Diligência.*

Parceiro proprietário (Dir. Civil) – No contrato de parceria pecuária, designa-se assim a parte que entrega à outra um ou vários animais para esta os criar, pensar e vigiar, assegurando-lhe a utilização dos animais.

V. artigos 1121.° e segs., C.C..

V. *Parceria pecuária; Animais.*

Parecer (Proc. Civil)

1. Designação dada ao resultado de consulta feita a qualquer pessoa ou entidade sobre matéria em que seja especialista.

O artigo 1.° da Lei n.° 49/2004, de 24 de Agosto, estabelece que apenas os licenciados em Direito inscritos na Ordem dos Advogados e os solicitadores inscritos na Câmara dos Solicitadores podem praticar os actos próprios das respectivas profissões, excepcionando o n.° 3 do mesmo artigo "a elaboração de pareceres escritos por docentes das faculdades de Direito".

Em processo civil, os pareceres de advogados, professores ou técnicos podem ser juntos, independentemente de despacho, em qualquer momento do processo, no tribunal da 1.ª instância.

V. artigos 525.° e 542.°, C.P.C., o último na redacção do Decreto-Lei n.° 180/96, de 25 de Setembro.

Caso haja recurso, quer na Relação quer no Supremo, os pareceres podem ser juntos até se iniciarem os vistos aos juízes – artigos 706.°, n.° 2, e 727.°, C.P.C..

V. *Advogado; Solicitador; Ordem dos Advogados; Câmara dos Solicitadores; Apresentação de documentos; Despacho; Tribunal de 1.ª instância; Recurso; Relação; Supremo Tribunal de Justiça.*

2. À Procuradoria-Geral da República compete, através do respectivo Conselho Consultivo, emitir parecer sobre a legalidade dos contratos em que o Estado seja interessado, sempre que ele lhe for exigido por lei ou solicitado pelo Governo, igualmente lhe competindo a emissão de pareceres restritos a matéria de legalidade, nos casos de consulta previstos na lei ou a solicitação do Presidente da Assembleia da República ou do Governo.

Os pareceres do Conselho Consultivo, que versem sobre disposições de ordem genérica, "quando homologados pelas entidades que os tenham solicitado ou a cujo sector respeite o assunto apreciado", são publicados no *Diário da República*, II série, "para valerem como interpretação oficial, perante os respectivos serviços, das matérias que se destinam a esclarecer".

Em qualquer caso, "o Procurador-Geral da República pode determinar [...] que a doutrina dos pareceres do Conselho Consultivo seja seguida e sustentada pelos os magistrados do Ministério Público".

Os pareceres devem ser elaborados no prazo de 60 dias, "salvo se, pela sua complexidade, for indispensável maior prazo, devendo, nesta hipótese, comunicar-se previamente à entidade consulente a demora provável".

V. artigos 10.°-*d)* e *e)*, e 36.° e segs. do Estatuto do Ministério Público (Lei n.° 47/86 de 15 de Outubro, alterada pelas Leis n.°s 2/90, de 20 de Janeiro, 23/92, de 20 de Agosto, 10/94, de 5 de Maio, 60/98, de 27 de Agosto, e 42/2005, de 29 de Agosto).

V. *Procuradoria-Geral da República; Contrato; Conselho Consultivo da Procuradoria-Geral da República; Interpretação da lei; Procurador-Geral da República; Ministério Público.*

Parceria pecuária (Dir. Civil) – É o contrato pelo qual uma ou mais pessoas (parceiros proprietários) entregam a outra ou outras (parceiros pensadores) um animal ou certo número deles, para estas os criarem, pensarem e vigiarem, convencionando repartirem entre si os lucros – artigo 1121.°, C.C..

V. artigos 1122.° e segs., C.C..

V. *Parceiro proprietário; Parceiro pensador; Animais.*

"Par conditio creditorum" (Dir. Civil; Proc. Civil) – Princípio segundo o qual todos os credores – que não gozem de nenhuma causa de preferência relativamente aos outros credores – se encontram em igualdade de situação, concorrendo paritariamente ao património do devedor para obter a satisfação dos respectivos créditos.

V. artigo 604.°, C.C..

V. *Credor comum; Património; Responsabilidade patrimonial; Devedor; Crédito.*

Parede (Dir. Civil) – V. *Muro.*

Parentes (Dir. Civil) – Pessoas unidas por um vínculo de parentesco.

V. *Parentesco.*

Parentesco (Dir. Civil) – Vínculo que une duas pessoas em consequência de uma delas descender da outra (parentesco na linha recta) ou de ambas procederem de progenitor comum (parentesco na linha colateral) – artigos 1578.° e 1580.°, C.C..

A existência e determinação do parentesco são relevantes juridicamente em muitos aspectos; o artigo 1582.°, C.C., determina que os efeitos do parentesco, em princípio, se produzam na linha recta em qualquer grau e na linha colateral apenas até ao sexto grau.

A relevância jurídica do parentesco manifesta-se, por exemplo, nos seguintes aspectos:

a) São sucessíveis legítimos os parentes na linha recta e até ao quarto grau na linha colateral (cfr. artigo 2133.°, C.C.), e sucessíveis legitimários os parentes na linha recta (cfr. artigo 2157.°, C.C.)

b) Estão obrigados a alimentos os parentes na linha recta e até ao segundo grau na linha colateral – ou ao terceiro grau na linha colateral durante a menoridade do alimentando (cfr. artigo 2009.°, C.C.);

c) Havendo lugar à nomeação de tutor para o menor, ele há-de ser escolhido de entre os parentes (ou outras pessoas indicadas por lei), não podendo escusar-se da tutela os parentes na linha recta e até ao quarto grau na linha colateral (cfr. artigos 1931.°, n.° 1, e 1934.°, n.° 1-*h*), C.C.);

d) O parentesco, na linha recta ou no segundo grau da linha colateral, constitui impedimento dirimente do casamento (cfr. artigo 1602.°-*a*) e *b*), C.C.), constituindo o parentesco no terceiro grau da linha colateral seu impedimento impediente (cfr. artigo 1604.°-*c*), C.C.).

Há normas avulsas que se referem às relações entre ascendentes e descendentes ou à sua legitimidade para a prática de certos actos, como, por exemplo, o artigo 4.°, n.° 1-*c*) e *d*), do Decreto-Lei n.° 274/99, de 22 de Julho, que declara que os ascendentes podem reclamar o corpo do descendente e vice-versa, tal como os parentes até ao segundo grau da linha colateral.

V. *Linha; Colateral; Grau de parentesco; Sucessível; Herdeiro legítimo; Herdeiro legitimário; Alimentos; Alimentando; Tutela; Menor; Casamento; Impedimentos dirimentes; Impedimentos impedientes; Cadáver.*

Parte

1. (Dir. Civil) – Pessoa singular ou colectiva que intervém num negócio jurídico ou numa convenção, titulando os interesses regulados (o vendedor e o comprador são partes no contrato de compra e venda, por exemplo).

Partes no negócio jurídico são, portanto, os sujeitos que emitem ou recebem as declarações negociais.

A parte pode ser singular ou colectiva consoante é formada por um único sujeito jurídico ou por mais do que um; para que, havendo vários sujeitos, se trate de uma só parte, ponto é que o interesse seja um único, comum aos vários sujeitos.

V. *Pessoa singular; Pessoa colectiva; Negócio jurídico; Convenção; Compra e venda; Declaração negocial; Terceiro.*

2. (Proc. Civil) – Entidade que se apresenta ou é apresentada perante o tribunal como sujeito a quem certo processo diz respeito, por ser titular de interesses envolvidos no litígio que será, no mesmo processo, composto ou dirimido pelo tribunal.

As partes são, pois, as pessoas que requerem ou contra quem é requerida a decisão judicial para que tende o processo, sendo titulares dos interesses em conflito.

O processo apresenta-se, pelo menos, como bilateral, envolvendo duas partes contrapostas: parte activa, autor, demandante ou requerente, exequente (em processo executivo); parte passiva, réu, demandado ou requerido, executado. Os casos de pluralidade de partes designam-se por litisconsórcio ou por coligação.

As partes têm o dever de colaborar com o tribunal na descoberta da verdade, devendo comparecer sempre que para tal forem notificadas, prestando os esclarecimentos que lhes forem pedidos e submetendo-se às inspecções que forem julgadas necessárias (cfr. artigos 265.° – cujos n.°s 2 e 3 têm a redacção do Decreto-Lei n.° 180/96, de 25 de Setembro – e 519.°, n.°s 1 e 2 – este com a redacção do Decreto-Lei n.° 329-A/95, de 12 de Dezembro –, C.P.C.).

Se falecer ou for extinta qualquer das partes no processo, suspende-se a instância, suspensão que cessa quando for notificada a decisão que considere habilitado o sucessor da pessoa falecida ou extinta

(v. artigos 277.°, n.° 1, e 284.°, n.° 1-*a*), C.P.C., o primeiro na redacção dos DL n.°s 329-A/95 e 180/96).

V. *Litígio; Autor; Demandante; Exequente; Execução; Réu; Demandado; Executado; Litisconsórcio; Coligação; Notificação; Inspecção judicial; Suspensão da instância; Habilitação.*

Parte acessória (Proc. Civil) – Designa-se assim o portador de interesses conexos com os interesses em causa num processo, e que a lei admite a intervir numa posição subordinada à da parte principal.

Exemplo típico de parte acessória é o assistente (cfr. artigos 335.° e segs., C.P.C., tendo os artigos 337.° e 338.° a redacção que lhes foi dada pelo Decreto-Lei n.° 329-A/95, de 12 de Dezembro).

V. *Parte; Parte principal; Assistência.*

Parte componente (Dir. Civil) – Doutrinariamente, existe alguma confusão entre os conceitos de parte integrante e de parte componente. Cita-se Manuel de Andrade, *Teoria Geral da Relação Jurídica*, Vol. I, pág. 237, na distinção que dos conceitos opera: "Partes componentes (ou constitutivas, como também se poderia chamar-lhes) são aquelas coisas que fazem parte da estrutura mesma do prédio, e sem as quais, portanto, o prédio não está completo ou é impróprio para o uso a que se destina. Assim, as portas, as janelas, os vigamentos, as telhas ou as clarabóias duma casa são partes componentes dela, pois são elementos que servem para formar este todo – *ad integrandum domus*.

As partes integrantes, por seu lado, não chegam a ser elementos da própria estrutura do prédio, que sem elas não deixaria de existir completo e prestável para o uso a que se destina. Só que aumentam a utilidade do mesmo prédio, enquanto servem para o tornar mais produtivo, ou para a sua maior segurança, comodidade ou embelezamento. Estão postas ao serviço do prédio. Desempenham relativamente a ele uma função auxiliar ou instrumental. Mas sucede que ao mesmo tempo é assim, convertidas em partes integrantes de um imóvel, que estas coisas, móveis de sua natureza, conseguem realizar – ou realizam melhor – a sua própria finalidade económica".

V. *Prédio; Coisa imóvel; Móvel.*

Parte integrante (Dir. Civil) – É, nos termos do artigo 204.°, n.° 3, C.C., "toda a coisa móvel ligada materialmente ao prédio com carácter de permanência".

V. *Coisa; Coisa imóvel; Prédio; Móvel; Parte componente.*

Parte principal (Proc. Civil) – Num processo, as partes principais são o demandante e o demandado, cuja posição é independente da de outros particulares.

Além das partes principais, podem intervir no processo outras pessoas como partes acessórias.

V. *Parte; Demandante; Demandado; Parte acessória.*

Partes comuns (Dir. Civil) – No regime da propriedade horizontal, para além das fracções autónomas, que podem pertencer a proprietários diferentes, há zonas do prédio que constituem necessariamente partes comuns, de que são comproprietários os condóminos. Dispõe o artigo 1420.°, C.C., que "cada condómino é proprietário exclusivo da fracção que lhe pertence e comproprietário das partes comuns do edifício", sendo "o conjunto dos dois direitos [...] incindível; nenhum deles pode ser alienado separadamente, nem é lícito renunciar à parte comum como meio de o condómino se desonerar das despesas necessárias à sua conservação ou fruição". O artigo 1421.°, C.C., na redacção do Decreto-Lei n.° 267/94, de 25 de Outubro, enuncia as partes comuns que são, nos termos do n.° 1, as seguintes:

"*a)* O solo, bem como os alicerces, colunas, pilares, paredes mestras e todas as partes restantes que constituem a estrutura do prédio;

b) O telhado ou os terraços de cobertura, ainda que destinados ao uso de qualquer fracção;

c) As entradas, vestíbulos, escadas e corredores de uso ou passagem comum a dois ou mais condóminos;

d) As instalações gerais de água, electricidade, aquecimento, ar condicionado, gás, comunicações e semelhantes".

De acordo com o n.° 2 da mesma disposição, "presumem-se ainda comuns:

a) Os pátios e jardins anexos ao edifício;

b) Os ascensores;

c) As dependências destinadas ao uso e habitação do porteiro;

d) As garagens e outros lugares de estacionamento;

e) Em geral, as coisas que não sejam afectadas ao uso exclusivo de um dos condóminos".

Finalmente, o n.° 3 do preceito determina que "o título constitutivo pode afectar ao uso exclusivo de um condómino certas zonas das partes comuns".

V. *Propriedade horizontal; Fracção autónoma; Condómino; Prédio urbano; Edifício; Alienação; Renúncia; Compropriedade; Presunção legal; Título constitutivo da propriedade horizontal.*

Parte vencida (Proc. Civil) – É aquela contra quem o pleito foi decidido, que nele não obteve decisão favorável, por não ter visto reconhecida a sua pretensão, quer por o direito que invocava lhe ter sido negado, quer por não ter chegado a ser apreciado, ou por ter visto reconhecido o direito que a parte contrária deduzia.

Nos termos do artigo 680.°, n.° 1, C.P.C., "os recursos, exceptuada a oposição de terceiro, só podem ser interpostos por quem, sendo parte principal na causa, tenha ficado vencido".

V. *Parte; Recurso; Oposição de terceiro; Parte principal.*

Partilha (Dir. Civil; Proc. Civil) – Aplicação do princípio geral de que ninguém é obrigado a permanecer na contitularidade indivisa de uma coisa (artigo 1412.°, C.C.), a partilha é o processo a utilizar em alguns casos para obter a divisão de coisa ou universalidade entre os seus vários titulares.

Usa-se, nomeadamente, para obter a divisão da herança entre os vários herdeiros, para dividir os bens comuns da sociedade conjugal e na liquidação de sociedades.

A partilha pode ser feita por acordo das partes ou em juízo (nomeadamente, em processo de inventário). V. artigos 1018.° (partilha dos bens sociais), 1689.° (partilha dos bens do casal), 2101.° e segs. (partilha de herança), todos do C.C.; v. ainda artigos 1373.° e segs. e 1404.° e segs., C.P.C. (tendo os artigos 1373.°, 1376.° e 1384.° a redacção do Decreto-Lei n.° 227/94, de 8 de Setembro, e os artigos 1374.°, 1375.°, 1379.°, 1396.° e 1406.° a do Decreto-Lei n.° 329-A/95, de 12 de Dezembro).

Extrajudicialmente, a partilha tem de ser feita por escritura pública, se os bens a partilhar forem imóveis ou quotas de sociedades de que façam parte coisas imóveis (cfr. artigo 80.°-*j)*, Código do Notariado).

V. *Contitularidade; Indivisão; Universalidade de facto; Universalidade de direito; Herança; Herdeiro; Bens comuns; Liquidação; Sociedade; Inventário; Escritura pública; Imóvel; Mapa da partilha; Homologação da partilha; Anulação da partilha; Emenda da partilha.*

Partilha adicional (Dir. Civil) – Realizada a partilha de um património indiviso, verificando-se a existência de bens não considerados na divisão, podem esses bens omitidos ser objecto de uma nova partilha, adicional e complementar da que já havia sido feita. A partilha adicional não se funde com a inicial, ao invés do que sucede com a emenda à partilha, mas os seus efeitos retroagem ao momento da abertura da sucessão.

O artigo 2122.°, C.C., dispõe que "a omissão de bens da herança não determina a nulidade da partilha, mas apenas a partilha adicional dos bens omitidos".

V. *Partilha; Património; Indivisão; Herança; Emenda à partilha; Abertura da sucessão; Nulidade.*

Partilha da herança (Dir. Civil) – O artigo 2101.°, C.C., dispõe que "qualquer co-herdeiro ou o cônjuge meeiro tem o direito de exigir partilha quando lhe aprouver", não podendo renunciar-se ao direito de partilhar, embora se possa convencionar "que o património se conserve indiviso por certo prazo, que não exceda cinco anos", podendo tal convenção ser renovada uma ou mais vezes.

A partilha da herança pode ser feita extrajudicialmente, "quando houver acordo de todos os interessados, ou por inventário judicial nos termos prescritos na lei de processo".

"A partilha extrajudicial só é impugnável nos casos em que o sejam os contratos" – artigo 2121.°, C.C..

O artigo 1889.°-*l)*, C.C., na redacção do Decreto-Lei n.° 227/94, de 8 de Setembro, estabelece que não podem os pais, em representação do filho menor, sem autorização judicial, convencionar partilha extrajudicial, determinando o n.° 4 do artigo 1890.° do mesmo Código, também na redacção do mesmo diploma, que, "no processo em que os pais requeiram autorização judicial para aceitar a herança, quando dela necessitem [quando ela tenha encargos], poderão requerer autorização para convencionar a respectiva partilha extrajudicial, bem como a nomeação de curador especial para nela outorgar, em representação do menor, quando com ele concorram à sucessão ou a ela concorram vários incapazes por eles representados".

Os artigos 2103.°-A a 2103.°-C, C.C., conferem direitos a atribuições preferenciais ao cônjuge sobrevivo na partilha da herança.

O processo de inventário encontra-se regulado nos artigos 1326.° e segs., C.P.C., na redacção do referido DL n.° 227/94, com as alterações introduzidas pelos Decretos-Leis n.°s 329-A/95, de 12 de Dezembro (artigos 1332.° e 1335.°), e 180/96, de 25 de Setembro (artigo 1330.°).

V. *Partilha; Herança; Herdeiro; Cônjuge meeiro; Renúncia; Cláusula de indivisão; Inventário; Impugnação; Contrato; Aceitação da herança; Benefício de inventário; Representação; Menor; Encargos; Curador especial; Autorização; Sucessão; Incapaz.*

Partilha de bens do casal (Dir. Civil) – Fora dos casos de separação judicial de pessoas e bens ou de separação judicial de bens, "as relações [...] patrimoniais entre os cônjuges cessam pela dissolução, declaração de nulidade ou anulação do casamento" e, "cessando as relações patrimoniais entre os cônjuges, estes ou os seus herdeiros recebem os seus bens próprios e a sua meação no património comum, conferindo cada um deles o que dever a este património" – artigos 1688.° e 1689.°, n.° 1, C.C..

O artigo 108.°, C.C., permite, em caso de ausência justificada de um dos cônjuges, que o outro, se não se encontrarem separados de pessoas e bens, requeira "inventário e partilha, no seguimento do processo de justificação da ausência".

O artigo 1719.°, C.C., dispõe que "é permitido aos esposados convencionar, para o caso de dissolução do casamento por morte de um dos cônjuges, quando haja descendentes comuns, que a partilha dos bens se faça segundo o regime da comunhão geral, seja qual for o regime adoptado", não prejudicando essa convenção "os direitos de terceiro na liquidação do passivo".

Em caso de separação judicial de pessoas e bens ou de divórcio, determina o artigo 1790.°, C.C., que "o cônjuge declarado único ou principal culpado não pode na partilha receber mais do que receberia se o casamento tivesse sido celebrado segundo o regime da comunhão de adquiridos".

V. *Partilha; Separação judicial de pessoas e bens; Separação judicial de bens; Dissolução do casamento; Invalidade do casamento; Herdeiro; Bens próprios; Meação; Ausência declarada; Inventário; Descendente; Comunhão geral de bens; Comunhão de adquiridos; Divórcio; Cônjuge culpado.*

Partilha em vida (Dir. Civil) – Acto pelo qual uma pessoa "faz doação entre vivos, com ou sem reserva de usufruto, de todos os seus bens ou de parte deles a algum ou alguns dos presumidos herdeiros legitimários, com o consentimento dos outros, e os donatários pagam ou se obrigam a pagar a estes o valor das partes que proporcionalmente lhes tocariam nos bens doados".

No direito português, este contrato não é considerado sucessório.

V. artigo 2029.°, C.C..

V. *Partilha; Doação; Acto entre vivos; Usufruto; Herdeiro legitimário.*

Passaporte – O n.° 1 do artigo 1.° do Decreto-Lei n.° 83/2000, de 11 de Maio, alterado pelos Decretos-Leis n.°s 278/2000, de 10 de Novembro, e 108/2004, de 11 de Maio, pela Lei n.° 13/2005, de 26 de Janeiro, e pelo Decreto-Lei n.° 138/2006, de 26 de Julho, caracteriza o passaporte como "um documento de viagem individual, que permite ao seu titular a entrada e saída do território nacional, bem como do território de outros Estados que o reconheçam para esse efeito".

A composição do passaporte encontra-se enunciada no artigo 3.°.

Nos termos do artigo 2.°, n.° 1, o passaporte pode ser comum, diplomático, especial, para estrangeiros ou temporário.

"Têm direito à titularidade de passaporte comum os cidadãos de nacionalidade portuguesa" (artigo 14.°). As disposições seguintes ocupam-se da competência e prazos para a respectiva emissão, forma de requisição, casos de substituição, de cancelamento e apreensão e de caducidade dos passaportes comuns. As disposições relativas ao período de validade dos passaportes foram todas alteradas; as anteriores estabeleciam que eles eram válidos "por um período de 10 anos, no caso de, à data da emissão, o seu titular ter idade igual ou superior a 25 anos", e, quanto aos menores de 25 anos de idade, a validade do passaporte comum era de cinco anos, sendo, para os menores de dois anos, e para os menores de idade igual ou inferior de 2 anos, e de três anos para os menores de idade igual ou inferior a 5 anos e superior a 2 anos. Actualmente, são válidos "por um período de cinco anos", e, quanto aos "menores de idade inferior a quatro anos, a validade do passaporte é de dois anos".

"A concessão, a emissão e uso de passaporte diplomático são regulados por legislação própria [...]", sendo-lhe subsidiariamente aplicáveis as regras para os passaportes comuns (artigo 29.°).

O artigo 30.° enuncia as pessoas que têm direito à titularidade de passaporte especial e que são, entre outras, os deputados à Assembleia da República, os magistrados dos tribunais superiores, os presidentes de câmaras municipais e outras pessoas, ao abrigo de lei especial. De acordo com o artigo 33.°, "o passaporte especial apenas deve ser utilizado quando o seu titular se desloque na qualidade que justifica a sua concessão".

O passaporte para estrangeiros pode ser emitido para "indivíduos que, autorizados a residir em território português, sejam apátridas ou nacionais de países sem representação diplomática ou consular em Portugal ou que demonstrem de forma inequívoca, não poder obter outro passaporte", para "indivíduos estrangeiros que, sem passaporte próprio, no estrangeiro recorram à protecção diplomática ou consular portuguesa ao abrigo de acordos de cooperação consular celebrados entre Portugal e os seus países de origem" e para "indivíduos estrangeiros que se encontrem fora do território português, quando razões excepcionais recomendem a concessão do passaporte para estrangeiros". Este passaporte é válido por um período máximo de dois anos (artigo 38.°, n.° 1).

O passaporte temporário (que fora regulado pelo Decreto-Lei n.° 32-A/2000, de 30 de Dezembro, alterado pelo Decreto-Lei n.° 199/2001, de 13 de Julho) é o "documento de viagem individual que permite a circulação do respectivo titular de e para fora do território nacional durante um período de tempo limitado". Tem validade máxima de seis meses e "deve ser substituído por um passaporte comum logo que possível, ainda que dentro do prazo de validade". As condições de emissão deste passaporte "devem ser sempre fundamentadas, designadamente nos casos em que se verifique comprovada urgência na emissão de um documento de viagem individual e se verifique: *a)* Uma indisponibilidade momentânea do sistema de concessão dos passaportes; *b)* A circunstância de a entidade competente não se encontrar acreditada como centro emissor de passaportes".

O passaporte pode também ser substituído, por um título de viagem única (artigo 2.°, n.° 4); nos termos do artigo 39.°, n.° 1, "o título de viagem única é emitido a favor de indivíduos de nacionalidade portuguesa, devidamente confirmada, que se encontrem indocumentados no estrangeiro e aos quais, por urgência, não seja possível, em tempo oportuno, oferecer prova de identificação bastante", "com a validade estritamente necessária ao regresso a Portugal" (artigo 40.°).

O Decreto-Lei n.° 86/2000, de 12 de Maio, alterado pelo Decreto-Lei n.° 139/ /2006, de 26 de Julho, criou a base de dados de emissão de passaportes e cometeu a respectiva gestão ao Serviço de Estrangeiros e Fronteiras; esta base tem "por finalidade registar, armazenar, tratar, manter actualizada, validar e disponibilizar a informação associada ao processo de concessão de passaportes, nas suas diferentes categorias [...]" (artigo 1.°).

A Portaria n.° 1193-B/2000, de 19 de Dezembro, aprovou os modelos de impressos de passaporte.

Entre a República Portuguesa e a República de El Salvador foi assinado um

Acordo sobre Supressão de Vistos em Passaportes Comuns e Ordinários, em Madrid em 17 de Maio de 2002; este Acordo foi aprovado pelo Decreto do Governo n.° 2/ /2003, de 18 de Janeiro de 2003, tendo o Aviso n.° 170/2003, de 7 de Junho, tornado público que, "em 18 de Setembro de 2002 e em 4 de Março de 2003, foram emitidas notas, respectivamente pelo Ministério das Relações Exteriores da República de El Salvador e pelo Ministério dos Negócios Estrangeiros de Portugal, em que se comunica terem sido cumpridas as respectivas formalidades constitucionais internas de aprovação do Acordo [...]".

V. *Documento; Cidadania; Caducidade; Menor; Magistrado; Tribunal; Estrangeiros; Cidadania.*

"Pater is est quem nuptiae desmonstrant" (Dir. Civil) – Existe uma presunção legal de paternidade em relação ao marido da mãe quanto ao filho nascido ou concebido na constância do matrimónio.

Cfr. artigo 1826.°, n.° 1, C.C..

Esta presunção é afastada nos casos previstos nos artigos 1828.° e 1829.°, C.C. (respectivamente, o de o filho ter sido concebido antes do casamento, se a mãe ou o marido, no acto do registo de nascimento, declararem que o marido não é o pai, e o de o nascimento ter ocorrido passados trezentos dias depois de finda a coabitação dos cônjuges), ou se a mãe fizer a declaração do nascimento com a indicação de que o filho não é do marido, caso em que pode, desde logo, ser aceite o reconhecimento voluntário da paternidade (cfr. artigo 1832.°, C.C., com a redacção do Decreto-Lei n.° 273/2001, de 13 de Outubro)

V. *Paternidade; Presunção de paternidade; Registo civil; Reconhecimento de filho.*

Paternidade (Dir. Civil) – Vínculo jurídico que liga o pai ao seu filho.

O artigo 68.° da Constituição da República diz, no seu n.° 1, que "os pais e as mães têm direito à protecção da sociedade e do Estado na realização da sua insubstituível acção em relação aos filhos, nomeadamente quanto à sua educação, com garantia de realização profissional e da participação na vida cívica do país". "A lei regula a atribuição às mães e aos pais de direitos de dispensa de trabalho por período adequado com os interesses da criança e as necessidades do agregado familiar" – n.° 4 do citado artigo.

O artigo 1826.°, n.° 1, C.C., contém uma regra fundamental no que respeita ao estabelecimento da paternidade: "Presume-se que o filho nascido ou concebido na constância do matrimónio tem como pai o marido da mãe", determinando o n.° 1 do artigo 1827.° que nem a anulação de casamento civil, nem a declaração de nulidade de casamento católico, transcrito no registo civil, excluem tal presunção. A presunção cessa nos casos previstos nos artigos 1828.° e 1829.°, C.C. (respectivamente, o de o filho ter sido concebido antes do casamento, se a mãe ou o marido, no acto do registo de nascimento, declararem que o marido não é o pai, e o de o nascimento ter ocorrido passados trezentos dias depois de finda a coabitação dos cônjuges), e ainda se a mãe fizer a declaração do nascimento com a indicação de que o filho não é do marido, caso em que pode, desde logo, ser aceite o reconhecimento voluntário da paternidade (cfr. artigo 1832.°, C.C., na redacção do Decreto-Lei n.° 273/2001, de 13 de Outubro); esta solução legal vem, pois, prescindir da necessidade de averbamento ao registo de declaração de que, na ocasião do nascimento, o filho não beneficiara de posse de estado relativamente a ambos os cônjuges.

A paternidade presumida nos termos referidos deve constar obrigatoriamente do registo de nascimento do filho, e só pode ser impugnada nos casos previstos nos artigos 1823.° e 1839.° e segs., C.C., ambos na redacção do Decreto-Lei n.° 163/ /95, de 13 de Julho.

"O reconhecimento do filho nascido ou concebido fora do matrimónio efectua-se por perfilhação ou decisão judicial em acção de investigação", não sendo, em qualquer caso, admitido o reconhecimento em contrário da filiação que conste do registo de nascimento, enquanto ele não for rectificado, declarado nulo ou cancelado.

V. artigos 1826.° e segs., C.C..

O Decreto-Lei n.° 503/80, de 20 de Outubro, estabelecendo que a paternidade constitui um valor social que ao Estado cabe salvaguardar, instituiu pela primeira vez uma licença permitindo ao pai suspender temporariamente a sua actividade profissional, com garantia de reintegração e sem perda de regalias, sempre que essa suspensão se mostrasse ou presumisse indispensável no exercício dos seus deveres para com os filhos.

O artigo 33.° do Código do Trabalho (Lei n.° 99/2003, de 27 de Agosto, rectificada pela Declaração de rectificação n.° 15/2003, de 28 de Outubro, e alterada pela Lei n.° 9/2006, de 20 de Março) estabelece que "a maternidade e a paternidade constituem valores sociais eminentes", atribuindo aos pais "direito à protecção da sociedade e do Estado na realização da sua insubstituível acção em relação aos filhos, nomeadamente quanto à sua educação".

Nos termos do artigo 36.°, "o pai tem direito a uma licença por paternidade de cinco dias úteis, seguidos ou interpolados, que são obrigatoriamente gozados no primeiro mês a seguir ao nascimento do filho", tendo ainda direito "a licença, por período de duração igual àquele a que a mãe teria direito [...], ou ao remanescente daquele período caso a mãe já tenha gozado alguns dias de licença", nos casos de incapacidade física ou psíquica da mãe, morte da mãe ou decisão conjunta dos pais.

O gozo da licença por paternidade "não determina [...] perda de quaisquer direitos e [é] considerada [...], salvo quanto à retribuição, como prestação efectiva de serviço" (artigo 50.°, n.° 1, do Código do Trabalho). Este Código foi regulamentado pela Lei n.° 35/2004, de 29 de Julho, alterada pela Lei n.° 9/2006, de 20 de Março. O artigo 69.° deste diploma estabelece que "é obrigatório o gozo da licença por paternidade prevista no n.° 1 do artigo 36.° do Código do Trabalho, devendo o trabalhador informar o empregador com a antecedência de cinco dias relativamente ao início do período, consecutivo ou interpolado, de licença ou, em caso de urgência comprovada, logo que possível"; "para efeitos do gozo de licença em caso de incapacidade física ou psíquica ou morte da mãe, nos termos do n.° 2 do artigo 36.° do Código do Trabalho, o trabalhador deve, logo que possível, informar o empregador, apresentar certidão de óbito ou atestado médico comprovativo e, sendo caso disso, declarar qual o período de licença por maternidade gozado pela mãe". Já "o trabalhador que pretenda gozar a licença por paternidade, por decisão conjunta dos pais, deve informar o empregador com a antecedência de 10 dias e: *a)* Apresentar documento de que conste a decisão conjunta; *b)* Declarar qual o período de licença por maternidade gozado pela mãe, que não pode ser inferior a seis semanas a seguir ao parto; *c)* Provar que o empregador da mãe foi informado da decisão conjunta".

A Lei n.° 90/2001, de 20 de Agosto, "define medidas de apoio social e escolar às mães e pais estudantes, tendo como objectivo prioritário o combate ao abandono e insucesso escolares, bem como a promoção da formação dos jovens".

V. os artigos 3.° e segs. da Convenção Europeia sobre o Estatuto Jurídico das Crianças Nascidas fora do Casamento, aprovada, para ratificação, pelo Decreto n.° 34/82, de 15 de Março.

V. *Maternidade; Presunção de paternidade; Invalidade do casamento; Casamento civil; Casamento católico; Registo civil; Filiação; Averbamento; Impugnação de paternidade; Posse de estado; Reconhecimento de filho; Perfilhação; Investigação de paternidade; Adopção.*

Paternidade desconhecida (Dir. Civil) – Sempre que a menção da paternidade não conste do registo de nascimento, o funcionário da respectiva conservatória deve enviar ao tribunal uma certidão integral do registo, de modo a que se proceda à averiguação oficiosa da paternidade.

V. artigos 1864.° e segs., C.C..

Sendo um menor filho de pais incógnitos, pode, em princípio, ser adoptado.

V. artigo 1978.°, C.C., na redacção da Lei n.° 31/2003, de 22 de Agosto.

Finalmente, há a notar que o menor filho de pais incógnitos está obrigatoriamente sujeito a tutela (artigo 1921.°, n.° 1-*d)*, C.C.).

V. *Paternidade; Investigação de paternidade; Registo civil; Certidão; Menor; Adopção plena; Suprimento do poder paternal; Tutela.*

"Pati" (Dir. Civil) – A doutrina fala de *pati* para caracterizar o objecto da obrigação, quando este consiste em o devedor não apenas não praticar certos actos, mas em permitir ao credor que realize actos ou uma actividade.

Assim, por exemplo, a obrigação tem por objecto um *pati* quando o devedor está vinculado a permitir ao credor que cace num prédio que lhe pertence: neste caso, a prestação consubstancia-se não só numa omissão, mas ainda na tolerância de uma actividade alheia.

V. *Obrigação; Prestação; Devedor; Credor.*

"Patria potestas" (Dir. Civil) – Sinónimo de *poder paternal* (v. esta expressão).

Patrimonialidade da obrigação (Dir. Civil) – Problema historicamente discutido na doutrina portuguesa foi o de saber se constituía requisito de validade da obrigação o de o seu objecto ter carácter patrimonial, isto é, a prestação ser susceptível de avaliação pecuniária.

O artigo 398.°, n.° 2, C.C., toma posição sobre a questão, resolvendo-a negativamente, ao determinar que "a prestação não necessita de ter valor pecuniário", tendo tão-somente de "corresponder a um interesse do credor, digno de protecção legal".

V. *Obrigação; Prestação; Validade; Interesse do credor.*

Património (Dir. Civil) – Conjunto de todos os direitos e obrigações susceptíveis de avaliação pecuniária de que cada pessoa é titular.

O património do devedor – excluídos os bens impenhoráveis – constitui a garantia geral da obrigação.

V. *Direito subjectivo; Obrigação; Impenhorabilidade; Bens penhoráveis; Garantia.*

Património autónomo (Dir. Civil) – Património que tem um regime especial de responsabilidade por dívidas: trata-se de uma determinada massa de bens exclusivamente afectada ao pagamento de determinadas dívidas (só tais bens – e não outros – respondem por tais dívidas e só por essas): é o caso, por exemplo, da herança (apenas o activo da herança e não o património pessoal do herdeiro responde pelos encargos da mesma – artigos 2068.° e 2071.°, C.C.).

Casos há em que é a própria lei a qualificar certas realidades jurídicas como patrimónios autónomos – v, a título de exemplo, o artigo 54.° do Estatuto da Ordem dos Notários, aprovado pelo Decreto-Lei n.° 27/2004, de 4 de Fevereiro, que dispõe que o Fundo de Compensação é "um património autónomo cuja finalidade é a manutenção da equidade dos rendimentos dos notários".

Os patrimónios autónomos, cujos titulares se não encontrem determinados, têm em regra personalidade judiciária, nos termos do artigo 6.°-*a)*, C.P.C..

V. *Património; Dívida; Herança; Encargos da herança; Herdeiro; Notário; Ordem dos Notários, Personalidade judiciária.*

Património colectivo (Dir. Civil) – Existe um património colectivo quando um único património é titulado simultaneamente por vários sujeitos, que não têm em relação a ele quotas ideais. No património colectivo, existe contitularidade de um único direito, que não se encontra, nem sequer idealmente, dividido, pelo que cada um dos contitulares não pode dispor do direito nem realizá-lo através da divisão do património comum.

V. *Património; Contitularidade; Compropriedade.*

Património cultural – O artigo 52.°, n.° 3, da Constituição da República, confere "a todos, pessoalmente ou através de associações de defesa dos interesses em causa, o direito de acção popular nos casos e termos previstos na lei, incluindo o direito de requerer para o lesado ou lesados a correspondente indemnização, nomeadamente para [...] promover a prevenção, cessação ou a perseguição judicial das infracções contra a saúde pública, os direitos dos consumidores, a qualidade de vida e a preservação do ambiente e do património cultural [...]".

A Lei n.° 83/95, de 31 de Agosto, rectificada pela Declaração de rectificação n.° 4/ /95, de 12 de Outubro, define os casos e termos em que são conferidos e podem ser exercidos o direito de participação popular em procedimentos administrativos e o direito de acção popular para a prevenção, a cessação ou a perseguição judicial das infracções previstas no n.° 3 do artigo 52.° da Constituição (artigo 1.°, n.° 1).

O C.P.C., no seu artigo 26.°-A, aditado pelo Decreto-Lei n.° 180/96, de 25 de Setembro, veio determinar que "têm legitimidade para propor e intervir nas acções e procedimentos cautelares destinados, designadamente, à defesa [...] do património cultural [...] qualquer cidadão no gozo dos seus direitos civis e políticos, as associações e fundações defensoras dos interesses em causa, as autarquias locais e o Ministério Público [...]".

Há diplomas que se ocupam de aspectos particulares do património cultural.

O Decreto-Lei n.° 164/97, de 27 de Junho, que se ocupa do património cultural subaquático, foi alterado pela já referida Lei n.° 19/2000.

O Decreto Legislativo Regional n.° 32//2000/A, de 24 de Outubro, estabelece medidas cautelares de preservação e salvaguarda do património natural e cultural das fajãs da Ilha de São Jorge, cujo prazo foi prorrogado pelo Decreto Legislativo Regional n.° 34/2002/A, de 5 de Novembro. O Decreto Legislativo Regional n.° 29//2004/A, de 24 de Agosto (rectificado pela Declaração de Rectificação n.° 92/2004, de 22 de Outubro), define o regime de inventariação, classificação, protecção e valorização dos bens culturais móveis e imóveis, incluindo os jardins históricos, os exemplares arbóreos notáveis e as instalações tecnológicas e industriais. O Decreto Legislativo Regional n.° 15/2004/A, de 6 de Abril, estabelece o regime de protecção e valorização do património cultural da zona classificada da cidade de Angra do Heroísmo. O Decreto Legislativo Regional n.° 27//2004/A, de 24 de Agosto, rectificado pela Declaração de Rectificação n.° 86/2004, de 8 de Outubro, estabelece o regime da gestão do património arqueológico, no sentido da prevenção, salvamento e investigação deste património móvel e imóvel na Região Autónoma dos Açores.

A Resolução do Conselho de Ministros n.° 96/2000, de 26 de Julho (rectificada pela Declaração de rectificação n.° 7-AE//2000, de 31 de Agosto), considera a gastronomia portuguesa como um bem imaterial integrante do património cultural português. A Portaria n.° 312/2002, de 22 de Março, criou uma base de dados denominada "Gastronomia, património cultural". A Portaria n.° 1333/2002, de 8 de Outubro, regulamentou os concursos nacionais e regionais de gastronomia portuguesa.

O Decreto-Lei n.° 131/2002, de 11 de Maio, "estabelece a forma de criação e gestão de parques arqueológicos, bem como os objectivos, o conteúdo material e o conteúdo documental do plano de ordenamento de parque arqueológico".

O Decreto-Lei n.° 47/2004, de 3 de Março, define o regime geral das incorporações da documentação de valor permanente em arquivos públicos, segundo a classificação constante do Decreto-Lei n.° 16/93, de 23 de Janeiro.

A Portaria n.° 1175/2005, de 21 de Novembro, aprova o Regulamento Arquivístico do Instituto do Cinema, Audiovisual e Multimédia.

Embora com uma relação só indirecta com o património cultural, v. o Decreto-Lei n.° 47/99, de 16 de Fevereiro, alterado pelo Decreto-Lei n.° 56/2002, de 11 de Março, que estabelece o regime do chamado turismo de natureza. O decreto regulamentar n.° 18/99, de 27 de Agosto, "regula a animação ambiental nas modalidades de animação, interpretação ambiental e desporto de natureza nas áreas protegidas, bem como o processo de licenciamento das iniciativas e projectos de actividades, serviços e instalações de animação ambiental".

A Convenção para a Protecção do Património Mundial, Cultural e Natural, adoptada em Paris em 16 de Novembro de 1972, foi aprovada pelo Decreto do Governo n.° 49/79, de 6 de Junho, tendo o respectivo instrumento de ratificação sido depositado a 2 de Outubro de 1980, conforme aviso publicado no *Diário da República*, I série, de 14 de Novembro de 1980.

A Convenção Relativa às Medidas a Adoptar para Proibir e Impedir a Importação, a Exportação e a Transferência Ilícitas da Propriedade de Bens Culturais, adoptada na 16.ª Sessão da Conferência Geral da UNESCO, concluída em Paris em 14 de Novembro de 1970, foi aprovada, para ratificação, pelo Decreto do Governo n.° 26//85, de 26 de Julho, tendo o Aviso n.° 78//2002, de 2 de Agosto, informado de que o Governo da República Portuguesa depositou, em 9 de Dezembro de 1985, junto do director-geral da Organização das Nações Unidas para a Educação, Ciência e Cultura, depositário desta Convenção, o seu instrumento de ratificação; nos termos do respectivo artigo 21.°, a Convenção entrou em vigor para Portugal três meses após a data do depósito, isto é, no dia 9 de Março de 1986.

A Convenção Europeia para a Protecção do Património Arquitectónico da Europa, aberta à assinatura em Granada em 3 de Outubro de 1985, foi aprovada para ratificação pela Resolução da Assembleia da República n.° 5/91, de 23 de Janeiro, tendo Portugal depositado o correspondente instrumento de ratificação em 27 de Março de 1991, conforme o Aviso n.° 74/91, de 29 de Maio.

A Convenção Europeia para a Protecção do Património Arqueológico (revista), aberta à assinatura em La Valetta, em 16 de Janeiro de 1992, e assinada por Portugal no mesmo dia, foi aprovada, para ratificação, pela Resolução da Assembleia da República n.° 71/97, de 16 de Dezembro, e ratificada pelo Decreto do Presidente da República n.° 74/97 da mesma data; o instrumento de ratificação foi depositado em 5 de Agosto de 1998, na sede do Conselho da Europa, conforme aviso publicado no *Diário da República* I-A série, de 5 de Dezembro de 1998.

O Decreto do Presidente da República n.° 13/2000, de 30 de Março, ratifica a Convenção para a Protecção dos Bens Culturais em Caso de Conflito Armado, adoptada na Haia em 14 de Maio de 1954 e aprovada, para ratificação, pela Resolução da Assembleia da República n.° 26/2000, em 2 de Dezembro de 1999; o Primeiro Protocolo a esta Convenção foi aprovado, para ratificação, pela Resolução da Assembleia da República n.° 4/2005, de 14 de Fevereiro, e ratificado pelo Decreto do Presidente da República n.° 9/2005, da mesma data; o Aviso n.° 228/2005, de 23 de Maio, tornou público que Portugal de depositou o instrumento de adesão a este Protocolo em 18 de Fevereiro de 2005.

A Convenção Internacional do Unidroit sobre Bens Culturais Roubados ou Ilicitamente Exportados, assinada em Roma em 24 de Julho de 1995, foi aprovada para ratificação pela Resolução da Assembleia da República n.° 34/2000, publicada em 4 de Abril do mesmo ano, tendo sido ratificada pelo Decreto do Presidente da República n.° 21/2000, de 4 de Abril; o Aviso n.° 80/2002, de 13 de Agosto (rectificado pela Declaração de rectificação n.° 27-B/2002, de 31 de Agosto), torna público ter sido, em 19 de Julho de 2002, depositado o instrumento de ratificação por Portugal.

V. *Interesses difusos; Associação; Fundação; Indemnização; Consumidor; Ambiente; Protecção do ambiente; Legitimidade, Procedimento cautelar; Ministério Público.*

Património separado (Dir. Civil) – Sinónimo de *património autónomo* (v. esta expressão).

Património social (Dir. Civil) – Conjunto de direitos e obrigações susceptíveis de avaliação em dinheiro de que uma sociedade é titular em determinado momento (património global).

Fala-se de património ilíquido para significar o conjunto dos direitos que constituem o activo social e de património líquido para referir a diferença entre os elementos que compõem o activo e aqueles que constituem o passivo.

O património social, em qualquer destas acepções, é uma realidade variável em função dos efeitos patrimoniais dos actos realizados pela sociedade.

"Dissolvida a sociedade, procede-se à liquidação do seu património" – artigo 1010.°, C.C..

V. *Direito subjectivo; Obrigação; Sociedade; Liquidação da sociedade.*

Pátrio poder (Dir. Civil) – V. *Poder paternal.*

Patrocínio forense (Proc. Civil) – O mesmo que *Patrocínio judiciário* – v. esta expressão.

Patrocínio judiciário (Proc. Civil) – Representação das partes em juízo por profissionais do foro (advogados, advogados estagiários e solicitadores), na condução e orientação técnico-jurídica do processo. O artigo 208.° da Constituição da República diz que "a lei assegura aos advogados as imunidades necessárias ao exercício do mandato e regula o patrocínio forense como elemento essencial à administração da justiça".

Em alguns casos, o Código de Processo Civil impõe a constituição obrigatória de advogado (artigos 32.° e 60.°, o primeiro com a redacção do Decreto-Lei n.° 329-A/ /95, de 12 de Dezembro, e o segundo na do Decreto-Lei n.° 38/2003, de 8 de Março – rectificado pela Declaração de rectificação n.° 5-C/2003, de 30 de Abril). Nesses casos, aos advogados estagiários e solicitadores, bem como às próprias partes, só é lícito fazer requerimentos em que se não levantem questões de direito, podendo, no entanto, quando não haja advogado na comarca, o patrocínio ser exercido por solicitador. "Se a parte não encontrar na circunscrição judicial quem aceite voluntariamente o seu patrocínio, pode dirigir-se ao presidente do Conselho Distrital da Ordem dos Advogados ou à respectiva delegação para que lhe nomeiem advogado", sendo esta disposição (artigo 43.°, n.° 1, C.P.C., na do DL n.° 329-A/95) aplicável à nomeação de solicitador. "Ao juiz pertence também a nomeação de advogados nos casos de urgência ou quando a entidade competente a não faça dentro de 10 dias" (artigo 44.°, n.° 2, C.P.C., com a redacção do mesmo DL n.° 329-A/95).

Se a parte não constituir advogado, sendo obrigatória essa constituição, o tribunal fixa-lhe um prazo para vir constituí-lo, sob pena de o réu ser absolvido da instância, de o recurso não ter seguimento ou de a defesa ficar sem efeito, consoante os casos.

Quando a lei não impõe a constituição de advogado, as partes podem ir por si a juízo ou fazer-se representar por advogados estagiários ou solicitadores.

O artigo 41.°, C.P.C., admite, em caso de urgência, o exercício do patrocínio judiciário independentemente de mandato judicial (ou de procuração: a lei processual não distingue entre mandato e procuração, pois, falando, na epígrafe do artigo 40.° em "falta, insuficiência ou irregularidade do mandato", ocupa-se, no respectivo texto da falta, insuficiência ou irregularidade da procuração, pelo que tem de se entender que o mandato judicial é um negócio diverso do mandato em geral), actuando o advogado ou solicitador como gestor de negócios. Sempre que assim suceda, o juiz fixará um prazo para a parte vir ratificar os actos em que a gestão se consubstanciou e, caso ela o não faça dentro do prazo, o gestor é condenado nas custas que provocou, devendo indemnizar a parte contrária pelo dano que lhe tenha causado e ainda a parte cuja gestão assumiu, se algum prejuízo lhe tiver advindo da gestão.

V. artigos 32.° e segs., C.P.C., em especial artigo 41.°.

V. a Lei n.° 34/2004, de 29 de Julho, que cria um sistema de acesso ao direito e os tribunais, por forma a assegurar que a ninguém "seja dificultado ou impedido, em razão da sua condição social ou cultural, ou por insuficiência de meios económicos, o conhecimento, o exercício ou a defesa dos seus direitos" (artigo 1.°, n.° 1).

V. também o Decreto-Lei n.° 71/2005, de 17 de Março, que completa a transposição da Directiva n.° 2003/8/CE, do Conselho, de 27 de Janeiro, "relativa à melhoria do acesso à justiça nos litígios transfronteiriços, através do estabelecimento de regras mínimas comuns relativas ao apoio judiciário no âmbito desses litígios, desenvolvendo o regime previsto na Lei n.° 34/2004 [...]".

O regime do Decreto-Lei n.° 7/2004, de 7 de Janeiro – que transpõe para a ordem jurídica portuguesa a Directiva n.° 2000/ /31/CE, do Parlamento Europeu e do Conselho, de 8 de Junho de 2000 –, relativo ao comércio electrónico no mercado interno não é aplicável ao patrocínio judiciário.

V. *Representação; Parte; Advogado; Advogado estagiário; Solicitador; Intervenção obrigatória de advogado; Questão de direito; Requerimento; Comarca; Ordem dos Advogados; Réu; Absolvição da instância; Recurso; Mandato; Mandato judicial; Procuração; Gestão de negócios; Ratificação; Custas; Indemnização; Acesso à justiça; Apoio judiciário; Litígio transfronteiriço;*

Patrocínio oficioso (Proc. Civil) – V. *Nomeação oficiosa de advogado.*

Patronímico (Dir. Civil) – V. *Nome.*

Patrono (Proc. Civil) – É o profissional do Direito que patrocina alguém, defendendo os seus interesses.

V. *Patrocínio judiciário*.

Pedido (Proc. Civil) – Pretensão formulada pelo autor na petição inicial.

O pedido é, pois, a enunciação do direito que o autor quer fazer valer em juízo e da providência que para essa tutela requer.

Se faltar ou for ininteligível o pedido, a petição é inepta e todo o processo é nulo (artigos 193.°, n.° 2-*a)*, e 467.°, n.° 1-*e)*, C.P.C., o segundo com a numeração dada pelo Decreto-Lei n.° 38/2003, de 8 de Março – rectificado pela Declaração de rectificação n.° 5-C/2003, de 30 de Abril)). A nulidade do processo decorre de o pedido ser o seu objecto e sem este não poder haver processo, dado que o artigo 3.°, n.° 1, C.P.C., determina que "o tribunal não pode resolver o conflito de interesses que a acção pressupõe sem que a resolução lhe seja pedida por uma das partes [...]". Esta nulidade conduz à absolvição do réu da instância (artigos 288.°, n.° 1-*b)*, e 494.°, n.° 1-*b)*, C.P.C., o segundo com a numeração dada pelo DL n.° 38/2003).

A falta ou ininteligibilidade do pedido fundamentavam sempre o indeferimento liminar da petição, o que, na actual redacção do artigo 474.°, C.P.C., dada pelo Decreto-Lei n.° 329-A/95, de 12 de Dezembro, deixou de se verificar, excepto nos casos referidos no artigo 234.°-A, C.P.C., introduzido pelo Decreto-Lei n.° 180/96, de 25 de Setembro, e cuja última redacção resulta do DL n.° 38/2003.

O pedido, uma vez formulado, só pode ser alterado ou ampliado na réplica (havendo lugar a este articulado no processo), a menos que a alteração ou ampliação seja consequência de confissão feita pelo réu e aceita pelo autor ou haja acordo das partes, pois, nesse caso, pode ser alterado ou ampliado em qualquer altura, na 1.ª ou 2.ª instâncias, salvo se perturbar inconvenientemente a instrução, discussão e julgamento da causa.

Pode, no entanto, o autor, em qualquer momento e até ao encerramento da discussão na 1.ª instância, reduzir o pedido, podendo também ampliá-lo, nos mesmos termos, se a ampliação mais não for do que o desenvolvimento ou a consequência do pedido inicial (artigos 272.° e 273.°, n.°s 1 e 2, C.P.C.).

O réu pode também, em certas circunstâncias, formular contra o autor um pedido: é a reconvenção (artigo 274.°, C.P.C., cujos n.°s 3 e 5 têm a redacção do DL n.° 329-A/95 e os n.°s 4 e 6 a do DL n.° 180/96).

Nos processos regulados pelo Decreto-Lei n.° 269/98, de 1 de Setembro (rectificado pela Declaração de rectificação n.° 16-A/98, de 30 de Setembro), alterado pelos Decretos-Leis n.°s 383/99, de 23 de Setembro, 183/2000, de 10 de Agosto, 323/2001, de 17 de Dezembro, 32/2003, de 17 de Fevereiro, 38/2003, e 107/2005, de 1 de Julho (este rectificado pela Declaração de rectificação n.° 63/2005, de 19 de Agosto), e pela Lei n.° 14/2006, de 26 de Abril, que se ocupam da injunção, "providência que tem por fim conferir força executiva a requerimento destinado a exigir o cumprimento das obrigações" pecuniárias emergentes de contrato cujo valor não exceda o valor da alçada da Relação [era a do tribunal de 1.ª instância, na versão anterior da lei] ou "das obrigações emergentes de transacções comerciais abrangidas pelo Decreto-Lei n.° 32/2003, de 17 de Fevereiro" (artigo 7.°), deve o respectivo requerimento "formular o pedido, com discriminação do valor do capital, juros vencidos e outras quantias devidas", determinando o n.° 3 do artigo 10.° que "durante o procedimento de injunção não é permitida a alteração dos elementos constantes do requerimento, designadamente o pedido formulado". A Portaria n.° 808/2005, de 9 de Setembro, aprovou o modelo de requerimento de injunção, estabelecendo o artigo 1.° da Portaria n.° 809/2005 da mesma data as formas de apresentação na secretaria judicial desse requerimento.

V. *Petição inicial; Autor; Direito subjectivo; Ineptidão da petição; Princípio dispositivo; Indeferimento liminar; Nulidade processual; Absolvição da instância; Réu; Reconvenção; Modificações objectivas da instância; Réplica; Articulados; Confissão; Injunção; Força executiva; Contrato; Alçada; Relação; Tribunal de 1.ª instância; Obrigação pecuniária; Requerimento de injunção; Juros; Secretaria judicial.*

Pedido acessório (Proc. Civil) – Numa acção declarativa, pode o autor cumular com o pedido principal um outro secundário, que se qualificará como acessório quando for formulado para o caso de o pedido principal proceder. Por exemplo, o autor pede a declaração do seu direito de propriedade sobre certo bem e a condenação do réu na restituição desse mesmo bem.

A dedução de um pedido acessório depende de se encontrarem preenchidos os requisitos do artigo 470.°, C.P.C., com a redacção do Decreto-Lei n.° 180/96, de 25 de Setembro, para a cumulação de pedidos.

Também em processo executivo é possível a cumulação, nos termos dos artigos 54.° e 58.° (o primeiro na redacção do Decreto-Lei n.° 329-A/95, de 12 de Dezembro, e o segundo na do Decreto-Lei n.° 38//2003, de 8 de Março – rectificado pela Declaração de rectificação n.° 5-C/2003, de 30 de Abril), C.P.C..

V. *Pedido; Acção declarativa; Autor; Pedido principal; Direito de propriedade; Condenação do réu; Execução; Cumulação de pedidos.*

Pedido de bilhete de identidade (Dir. Civil) – V. *Bilhete de identidade.*

Pedido de prestações vincendas (Proc. Civil) – Pode pedir-se a condenação do réu numa prestação vincenda, ainda que o momento do seu vencimento seja mesmo posterior ao da sentença.

Diz o artigo 472.°, n.° 1, C.P.C., que, "tratando-se de prestações periódicas, se o devedor deixar de pagar, podem compreender-se no pedido e na condenação tanto as prestações já vencidas como as que se vencerem enquanto subsistir a obrigação".

O valor da acção é dado pelo valor das prestações vencidas e vincendas (artigo 309.°, C.P.C.), mas, se o pedido de prestações vincendas for acessório do pedido principal e disser respeito a juros, rendas ou rendimentos, na fixação do valor, atende-se somente aos interesses já vencidos (artigo 306.°, n.° 2, C.P.C.).

Em processo executivo, é também possível o pedido de prestações vincendas no que respeita a juros, sendo, neste caso, a liquidação feita a final pela secretaria, em face do título executivo e dos documentos oferecidos pelo exequente, ou em função das taxas legais de juros de mora aplicáveis (artigo 805.°, n.° 2, C.P.C., na redacção do Decreto-Lei n.° 38/2003, de 8 de Março – rectificado pela Declaração de rectificação n.° 5-C/2003, de 30 de Abril).

Noutros casos de prestações periódicas, resultantes do mesmo título executivo, a instância pode renovar-se, mesmo depois de extinta, para pagamento das prestações que se vençam posteriormente (artigo 920.°, n.° 1, C.P.C.).

V. *Pedido; Réu; Condenação do réu; Vencimento; Sentença; Obrigação; Prestação periódica; Valor da causa; Vencimento; Pedido acessório; Pedido principal; Juros; Execução; Secretaria judicial; Exequente; Renovação da instância; Extinção da instância; Título executivo; Juros de mora.*

Pedido de registo – O artigo 41.° do Código do Registo Predial, aprovado pelo Decreto-Lei n.° 224/84, de 6 de Julho (rectificado por declaração publicada no *Diário da República*, I série, de 29 de Setembro de 1984), e alterado pelos Decretos-Leis n.°s 355/85, de 2 de Outubro, 60/90, de 14 de Fevereiro (este último rectificado por declaração publicada no *Diário da República*, I-A série, de 31 de Março de 1990), 80/92, de 7 de Maio, 30/93, de 12 de Fevereiro, 227/94, de 8 de Setembro, 267/94, de 25 de Outubro, 67/96, de 31 de Maio, 375--A/99, de 20 de Setembro, 533/99, de 11 de Dezembro (rectificado pela Declaração de rectificação n.° 5-A/2000, de 29 de Fevereiro), 273/2001, de 13 de Outubro, 323/2001, de 17 de Dezembro, 38/2003, de 8 de Março (rectificado pela Declaração de rectificação n.° 5-C/2003, de 30 de Abril), e 194/2003, de 23 de Agosto, e pela Lei n.° 6/2006, de 27 de Fevereiro, estabelece que o registo se efectua a pedido dos interessados, excepto nos casos de oficiosidade previstos na lei.

V. *Registo predial.*

Pedido do réu (Proc. Civil) – V. *Pedido; Réu; Reconvenção.*

Pedido genérico (Proc. Civil) – É o pedido cujo objecto não é determinado no seu *quantum*.

Os pedidos genéricos são permitidos pelo artigo 471.°, n.° 1, C.P.C., nos seguintes casos:

"*a)* Quando o objecto mediato da acção seja uma universalidade, de facto ou de direito;

b) Quando não seja ainda possível determinar, de modo definitivo, as consequências do facto ilícito;

c) Quando a fixação do quantitativo esteja dependente da prestação de contas ou de outro acto que deva ser praticado pelo réu".

Fora destes casos, a formulação de um pedido genérico – a não ser que se trate de pedido de prestações vincendas, autorizado pelo artigo 472.°, C.P.C. – deve levar à absolvição do réu da instância.

Quando se formule um pedido genérico, por ser uma universalidade o seu objecto ou por não ser possível determinar, no momento da sua formulação, as consequências do facto ilícito, pode ser ele concretizado em prestação determinada por meio do incidente de liquidação, a não ser que, sendo o objecto do pedido uma universalidade, para o efeito caiba processo de inventário ou o autor não tenha elementos que permitam a concretização. Neste caso, "a liquidação tem lugar em momento imediatamente posterior à apreensão, precedendo a entrega ao exequente".

Se não houver elementos para fixar o objecto ou a quantidade, o juiz condena o réu no que se liquidar em execução da sentença, embora condenando-o, desde logo, na parte que já for líquida.

V. artigos 471.°, n.° 2, 661.°, n.° 2, e 805.°, n.° 6, C.P.C., na redacção do Decreto-Lei n.° 38/2003, de 8 de Março, rectificado pela Declaração de rectificação n.° 5-C/2003, de 30 de Abril.

Em processo executivo, não são admissíveis pedidos genéricos, salvo o pedido de juros vincendos – artigos 802.° e 805.°, n.° 2, C.P.C., o primeiro na redacção do Decreto-Lei n.° 329-A/95, de 12 de Dezembro, e o último na do referido DL n.° 38/2003.

V. *Pedido; Universalidade de facto; Universalidade de direito; Acto ilícito; Obrigação de prestação de contas; Réu; Pedido de prestações vincendas; Petição inicial; Absolvição da instância; Incidente; Liquidação; Inventário; Autor; Exequente; Execução; Juros.*

Pedido ilíquido (Proc. Civil) – Expressão usada em sinonímia com a de *pedido genérico* (v. esta expressão).

Pedido principal (Proc. Civil) – Por contraposição a acessório e/ou a subsidiário, designa-se por principal o pedido que o autor formula como tal na petição.

Admite-se a formulação de vários pedidos principais num única acção, nos termos do artigo 470.° C.P.C..

V. *Pedido; Autor; Petição inicial; Pedido acessório; Pedido subsidiário; Cumulação de pedidos.*

Pedido reconvencional (Proc. Civil) – V. *Reconvenção.*

Pedidos alternativos (Proc. Civil) – Quando, numa mesma acção, se formulam duas ou mais pretensões, em alternativa, para vir a ser satisfeita apenas uma delas, diz-se que há pedidos alternativos.

A doutrina costuma distinguir entre a real cumulação de pedidos em alternativa e a alternatividade meramente aparente: a primeira verificar-se-ia sempre que o carácter alternativo resulta da própria relação material, e a segunda existiria nos casos em que o autor formula os pedidos em alternativa porque sabe que só um deles – que se determinará a final – tem condições de procedência. A lei processual permite esta situação, desde que se trate de direitos, que, por natureza ou origem, sejam alternativos ou possam resolver-se em alternativa.

Se a escolha pertencer ao autor (credor), pode formular os pedidos em alternativa, renunciando à faculdade de escolher; se a escolha couber ao réu (devedor), terá de formular os pedidos em alternativa e, se não o fizer, isso não obsta a que seja proferida condenação em alternativa.

V. artigo 468.°, C.P.C..

O valor da acção, neste caso, é o do pedido de maior valor – artigo 306.°, n.° 3, C.P.C..

Em processo executivo, sendo a obrigação alternativa, terá de ser feita a escolha antes de se promover a execução, por força do artigo 802.° do C.P.C., na redacção do Decreto-Lei n.° 329-A/95, de 12 de Dezembro.

Caso a escolha pertença ao devedor, este é notificado para vir fazê-la, no prazo de dez dias, se outro não tiver sido fixado pelas partes; se ele a não fizer, a execução segue, devolvendo-se a escolha ao credor – artigo 803.°, C.P.C., na redacção do Decreto-Lei n.° 38/2003, de 8 de Março, rectificado pela Declaração de rectificação n.° 5-C/2003, de 30 de Abril.

V. *Obrigação alternativa; Pedido; Procedência; Autor; Credor; Réu; Condenação do réu; Devedor; Valor da causa; Execução; Notificação.*

Pedidos cumulativos (Proc. Civil) – V. *Pedido; Cumulação de pedidos.*

Pedidos dependentes (Proc. Civil) – Diz-se que um pedido é dependente de outro quando, para ele ser considerado, é indispensável que o pedido principal proceda.

V. *Pedido; Pedido principal; Procedência.*

Pedido subsidiário (Proc. Civil) – O autor formula dois ou mais pedidos, mas o segundo destina-se a ser apreciado só no caso de o primeiro ser considerado improcedente e assim sucessivamente.

A lei permite a formulação de pedidos nestes termos, desde que as formas de processo a eles correspondentes sejam as mesmas e o mesmo o tribunal competente na ordem internacional, em razão da matéria e da hierarquia.

O valor da causa, nestas circunstâncias, é o do pedido formulado em primeiro lugar (artigo 306.°, n.° 3, C.P.C.).

V. artigos 469.° e 31.°, para o qual aquele remete, C.P.C..

Em processo executivo, não é permitida a formulação de pedidos subsidiários, porquanto, nos termos do artigo 802.° do C.P.C., na redacção do Decreto-Lei n.° 329-A/95, de 12 de Dezembro, "não pode promover-se a execução enquanto a obrigação se não torne certa e exigível, caso o não seja em face do título".

V. *Pedido; Autor; Procedência; Forma de processo; Competência internacional; Competência em razão da matéria; Competência em razão da hierarquia; Valor da causa; Execução; Título executivo; Obrigação;*

Pena convencional (Dir. Civil) – Designa-se por pena convencional a indemnização estabelecida em *cláusula penal* (v. esta expressão).

Pendência da condição (Dir. Civil) – Chama-se por pendência da condição ao período que decorre entre a celebração do negócio e a verificação (ou a certeza da não verificação) da condição.

Na pendência da condição, as partes devem agir de acordo com as regras da boa fé, tendo em vista não comprometer a integridade do direito da outra parte.

Sendo a condição resolutiva, no período da sua pendência, os efeitos jurídicos do negócio produzem-se plenamente, só vindo a ser afectados – com carácter retroactivo – se a condição for preenchida; se a condição for suspensiva, o negócio não produz efeitos *pendente conditione.*

Sendo a condição suspensiva, na sua pendência, o adquirente do direito pode praticar actos conservatórios; se a condição for resolutiva, pode praticá-los o devedor ou o alienante condicional.

Qualquer que seja a natureza da condição, os actos dispositivos de bens ou direitos, que constituam o objecto do negócio condicional, realizados na pendência daquela, têm a sua eficácia condicionada à do próprio negócio, salvo se as partes convencionarem coisa diversa.

V. artigos 272.° a 274.°, C.C..

V. *Condição; Negócio jurídico; Verificação da condição; Boa fé; Direito subjectivo; Condição resolutiva; Condição suspensiva; Acto de disposição.*

Penhor (Dir. Civil; Proc. Civil) – Garantia real de uma dívida, que se constitui pela entrega ao credor, pelo devedor ou por um terceiro, de uma coisa móvel que fica a garantir o cumprimento da obrigação. O penhor implica, em princípio, a entrega da coisa (artigo 669.°, C.C.), embora esta possa ser dispensada por não convir às partes.

O credor pignoratício não pode usar a coisa empenhada, mas pode fazer seus os respectivos frutos.

O credor adquire o direito de se fazer pagar, com preferência sobre os outros credores, pelo valor da coisa móvel, ou pelo valor dos créditos ou outros direitos não susceptíveis de hipoteca, pertencentes ao devedor ou a terceiro – artigo 666.°, n.° 1, C.C..

Vencida a obrigação, o credor pode requerer judicialmente o pagamento pelo produto da venda da coisa empenhada: se as partes assim tiverem convencionado, o credor pode também fazer-se pagar pela adjudicação da coisa pelo valor que o tribunal fixar (v. artigo 675.°, C.C., na redacção do Decreto-Lei n.° 38/2003, de 8 de Março – rectificado pela Declaração de rectificação n.° 5-C/2003, de 30 de Abril). O processo a seguir para a venda ou adjudicação do penhor encontrava-se regulado nos artigos 1008.° a 1013.°, C.P.C., revogados pelo Decreto-Lei n.° 329-A/95, de 12 de Dezembro, com excepção do artigo 1013.°, que trata da venda antecipada do penhor, que pode ser feita quando haja receio de perda ou deterioração da coisa empenhada.

As regras aplicáveis ao penhor de coisas são extensivas, na parte compatível, ao penhor de direitos que tenham por objecto coisas móveis e que sejam transmissíveis. O titular do direito empenhado deve entregar ao credor os documentos comprovativos do direito, a menos que tenha algum interesse legítimo na sua conservação.

V. artigos 679.° e segs., C.C..

O Decreto com força de lei n.° 17 766, de 17 de Dezembro de 1929, e o Decreto-Lei n.° 32 428, de 14 de Novembro de 1842, ocupavam-se do regime da actividade de empréstimo sobre penhores: de acordo com eles, a Caixa Geral de Depósitos encontrava-se encarregada da fiscalização do exercício dessa actividade, o que se traduzia essencialmente em controlar as operações e os leilões, no acompanhamento e liquidação dos estabelecimentos dos prestamistas privados e no levantamento de autos de transgressão por infracções àqueles diplomas; a Caixa Geral de Depósitos foi entretanto transformada em sociedade anónima de capitais públicos, pelo que deixou de estar vocacionada para o desempenho das funções que lhe eram cometidas.

O Decreto-Lei n.° 365/99, de 17 de Setembro, definiu o novo regime jurídico da actividade prestamista, tendo em conta o quadro do ilícito de mera ordenação social consagrado no Decreto-Lei n.° 433/82, de 27 de Outubro (alterado por vários diplomas) e o regime da venda estabelecido nos processos de execução fiscal e cível, com o objectivo de obter um rápido escoamento dos objectos em benefício do prestamista e do mutuário, bem como com o de fazer com que outras pessoas passem a licitar nas vendas.

No quadro da actividade prestamista (que o artigo 1.°, n.° 2, do diploma citado define como "o exercício por pessoa singular ou colectiva da actividade de mútuo garantido por penhor"), podem, de acordo com o artigo 10.° do citado DL n.° 365/99, ser "dadas em penhor todas as coisas móveis livremente transaccionáveis, com excepção" dos "artigos militares ou de fardamento das Forças Armadas ou de segurança, armas de fogo, matérias inflamáveis, explosivas ou tóxicas, objectos ofensivos dos bons costumes, objectos especialmente destinados ao exercício do culto público, [e] coisas móveis sujeitas a registo".

De acordo com o n.° 1 do artigo 31.° deste diploma, "os prestamistas são obrigados a ter um registo de contratos de mútuo garantidos por penhor [...]". "Em caso de perda, extravio, furto, roubo ou incêndio das coisas dadas em penhor, fica o prestamista obrigado a indemnizar o mutuário", correspondendo a indemnização ao que "resultar do valor da avaliação do objecto, deduzida do valor em dívida à data da ocorrência e acrescida de metade do valor da avaliação"; para garantir a responsabilidade do prestamista a que se faz referência, este é obrigado a ter um seguro cujo valor é, no mínimo, o que resultar das avaliações efectuadas no ano anterior – artigos 32.° e 33.°.

A extinção do penhor e o decorrente direito à restituição das coisas empenhadas – que o artigo 18.° do DL n.° 365/99 chama resgate – depende do "prévio pagamento do capital, juros e comissões legais devidas" e "pode ficar condicionado ao pré-aviso de cinco dias úteis, devendo, nesse caso, ficar convencionado no respectivo contrato." A venda de coisas dadas em penhor pode ser realizada "em caso de mora por período superior a três meses", sendo a venda realizada por propostas em carta fechada ou em leilão, podendo ainda ser feita directamente "a entidades que, por determinação legal, tenham direitos a adquirir determinados bens" (artigo 20.°, n.° 1); as vendas devem ser "publicitadas mediante a afixação de editais na porta do estabelecimento do prestamista e a publicação de anúncio num dos jornais mais lidos da localidade, com a antecedência mínima de 10 dias em relação ao dia da venda e com indicação do local, dia, hora e modalidades da mesma, bem como do local e data em que estarão expostas ou poderão ser examinadas as coisas dadas em penhor"; "os anúncios devem conter a indicação de que são vendidas as coisas que garantam empréstimos e que à data tiverem juros vencidos e não pagos há mais de três meses" (artigo 19.°).

Quanto ao processo de venda das coisas dadas em penhor, em caso de não cumprimento da obrigação do mutuário, v. *Venda executiva.*

"Deduzidos os valores em dívida à data da venda ao produto obtido na mesma, o remanescente, se o houver, é entregue ao mutuário respectivo, desde que o reclame no prazo de seis meses a contar daquela data"; "quando o valor do remanescente seja superior a 5000$, [€ 24,94 – v. Decreto-Lei n.° 323/2001, de 17 de Dezembro], o prestamista fica obrigado, nos oito dias subsequentes à elaboração do mapa resumo da venda, a avisar o mutuário, por escrito, de que poderá proceder ao seu levantamento até ao limite do prazo [de seis meses], podendo o prestamista debitar as correspondentes despesas no respectivo contrato"; "o pagamento do remanescente dará lugar à entrega da cautela e do recibo assinado pelo mutuário"; "os valores dos remanescentes não reclamados pelos mutuários no prazo [...] revertem para o Estado e para o mutuante em partes iguais" – artigo 29.°.

O artigo 2.°, n.° 1-*o)*, do Código do Registo Predial, aprovado pelo Decreto-Lei n.° 224/84, de 6 de Julho (rectificado por declaração publicada no *Diário da República,* I série, de 29 de Setembro de 1984), e alterado pelos Decretos-Leis n.°s 355/85, de 2 de Outubro, 60/90, de 14 de Fevereiro (rectificado por declaração publicada no *Diário da República,* I-A série, de 31 de Março de 1990), 80/92, de 7 de Maio, 30/ /93, de 12 de Fevereiro, 227/94, de 8 de Setembro, 267/94, de 25 de Outubro, 67/96, de 31 de Maio, 375-A/99, de 20 de Setembro, 533/99, de 11 de Dezembro (rectificado pela Declaração de rectificação n.° 5-A/ /2000, de 29 de Fevereiro), 273/2001, de 13 de Outubro, 323/2001, de 17 de Dezembro, 38/2003, de 8 de Março (rectificado pela Declaração de rectificação n.° 5-C/2003, de 30 de Abril), e 194/2003, de 23 de Agosto, e pela Lei n.° 6/2006, de 27 de Fevereiro, estabelece que está sujeito a registo "o penhor [...] de créditos garantidos por hipoteca ou consignação de rendimentos e quaisquer outros actos ou providências que incidam sobre os mesmos créditos".

V. *Garantias reais; Dívida; Móvel; Registo de bens móveis; Obrigação; Cumprimento; Posse; Frutos; Credor privilegiado; Hipoteca; Vencimento; Adjudicação; Direito subjectivo; Documento; Pessoa singular; Pessoa colectiva; Mútuo; Bons costumes; Indemnização; Seguro obrigatório; Juros; Pré-aviso; Mora; Leilão; Edital; Cautela de penhor; Recibo; Registo predial; Consignação de rendimentos.*

Penhora (Proc. Civil) – Acto judicial de apreensão dos bens do executado, que ficam à disposição do tribunal para o exequente ser pago por eles.

As diligências para a penhora iniciam-se, em regra, após a apresentação do requerimento de execução, no qual devem ser indicados os bens, devendo então o agente de execução consultar o registo informático de execuções, procedendo em conformidade com a informação que deste constar, nos termos do artigo 832.°, C.P.C., na redacção do Decreto-Lei n.° 38/2003, de 8 de Março, rectificado pela Declaração de rectificação n.° 5-C/2003, de 30 de Abril.

"Salvo nos casos especialmente previstos na lei, o exequente adquire pela penhora o direito de ser pago com preferência a qualquer outro credor que não tenha garantia real anterior" – artigo 822.°, n.° 1, C.C..

Em princípio, estão sujeitos à execução todos os bens penhoráveis do devedor que respondam pela dívida exequenda e também os bens de terceiro que se encontrem vinculados à garantia do crédito, ou quando tenham sido objecto de acto praticado em prejuízo do credor e este o tenha impugnado (através de impugnação pauliana, por exemplo), desde que o a execução tenha sido movida contra o terceiro – v. artigos 601.° e 610.° a 618.°, C.C., e 821.°, n.°s 1 (com a redacção do Decreto-Lei n.° 180/96, de 25 de Setembro) e 2 (na redacção do Decreto-Lei n.° 329-A/95, de 12 de Dezembro), C.P.C..

Por um lado, por convenção das partes, podem estar excluídos da execução alguns bens do devedor (artigo 602.°, C.C.) e, por outro, a lei estabelece limites à penhorabilidade dos bens, determinando que alguns são absolutamente impenhoráveis e que outros são-no parcialmente ou só o podem ser em dadas circunstâncias (v. artigos 822.° e segs., C.P.C.).

Se os bens sobre que deve recair a penhora já se encontrarem arrestados, o arresto é convertido em penhora por simples despacho (artigo 846.°, C.P.C., na redacção do DL n.° 38/2003), retroagindo os efeitos da penhora à data do arresto.

Podem ser penhorados bens imóveis, bens móveis e direitos, existindo regras especiais para cada um destes tipos de bens, respectivamente, nos artigos 838.° e segs., 848.° e segs. e 856.° e segs., C.P.C..

O artigo 838.°, n.° 1, C.P.C., alterado pelo DL n.° 38/2003, dispõe que, "sem prejuízo de também poder ser feita nos termos gerais, a penhora de coisas imóveis realiza-se por comunicação electrónica à conservatória do registo predial competente, a qual vale como apresentação para o efeito da inscrição no registo".

"A penhora de créditos consiste na notificação ao devedor, feita com as formalidades da citação pessoal e sujeita ao regime desta, de que o crédito fica à ordem do tribunal de execução" – n.° 1 do artigo 856.°, C.P.C., na redacção dada pelo DL n.° 38/ /2003.

Por seu lado, "a penhora de coisas móveis não sujeitas a registo é realizada com a efectiva apreensão dos bens e a sua imediata remoção para depósitos, assumindo o agente de execução que efectuou a diligência a qualidade de fiel depositário" – artigo 848.°, n.° 1, C.P.C., na redacção do mencionado DL n.° 38/2003. O artigo 848.°-A, aditado pelo Decreto-Lei n.° 375-A/99, de 20 de Setembro, hoje na redacção do referido DL n.° 38/2003, estabelece que "o exequente pode cooperar com o agente de execução na realização da penhora, facultando os meios necessários à apreensão de coisas móveis".

"À penhora de coisas móveis sujeitas a registo aplica-se, com as devidas adaptações, o disposto no artigo 838.° [que trata da penhora de bens imóveis]" – artigo 851.°, na redacção do DL n.° 38/2003.

O artigo 14.° do Código do Registo de Bens Móveis, aprovado pelo Decreto-Lei n.° 277/95, de 25 de Outubro, rectificado pela Declaração de rectificação n.° 131/95, de 31 de Outubro, e alterado pelo Decreto-Lei n.° 311-A/95, de 21 de Novembro, estabelece que o registo da penhora de bem móvel registável caduca decorridos 10 anos sobre a sua realização, podendo porém ser renovado por períodos de igual duração. Note-se, porém, que o artigo 7.°, n.° 1, do diploma (DL n.° 277/95) que aprovou o Código do Registo de Bens Móveis, na redacção do DL n.° 311-A/95, dispõe que "o presente diploma e o Código entram em vigor simultaneamente com o regulamento a que se refere o artigo 4.° [Regulamento do Registo de Bens Móveis, a aprovar por Portaria do Ministro da Justiça]", o que ainda não aconteceu.

A penhora pode ser levantada, a requerimento do executado, se a execução se encontrar parada, por negligência do exequente, nos seis meses anteriores ao requerimento – artigo 847.°, C.P.C., com a redacção do DL n.° 38/2003, aplicável à penhora de bens móveis e de créditos, por força, respectivamente, dos artigos 855.° e 863.° C.P.C..

V. artigos 821.° a 863.°, C.P.C..

O artigo 2.°, n.° 1-*n)*, do Código do Registo Predial, aprovado pelo Decreto-Lei n.° 224/84, de 6 de Julho – rectificado por declaração publicada no *Diário da República*, I série, de 29 de Setembro de 1984 –, e alterado pelos Decretos-Leis n.°s 355/85, de 2 de Outubro, 60/90, de 14 de Fevereiro (este último rectificado por declaração publicada no *Diário da República*, I-A série, de 31 de Março de 1990), 80/92, de 7 de Maio, 30/93, de 12 de Fevereiro, 227/94, de 8 de Setembro, 267/94, de 25 de Outubro, 67/ /96, de 31 de Maio, 375-A/99, de 20 de Setembro, 533/99, de 11 de Dezembro, 273/

/2001, de 13 de Outubro, 323/2001, de 17 de Dezembro, 38/2003, de 8 de Março, e 194/2003, de 23 de Agosto, e pela Lei n.° 6/2006, de 27 de Fevereiro, estabelece que está sujeita a registo "a penhora [...], bem como quaisquer outros actos ou providências que afectem a livre disposição de bens"; a alínea *o)* da mesma disposição acrescenta encontrar-se também sujeita a registo "a penhora [...] de créditos garantidos por hipoteca ou consignação de rendimentos e quaisquer outros actos ou providências que incidam sobre os mesmos créditos". O artigo 58.°, n.° 1, sempre do mesmo Código determina, por seu lado, que "o cancelamento dos registos de penhora [...], nos casos em que a acção já não esteja pendente, faz-se com base na certidão passada pelo tribunal competente que comprove essa circunstância e a causa, ou ainda, nos processos de execução fiscal, a extinção ou a não existência da dívida à Fazenda Pública"; o n.° 2 dispõe que, "em caso de venda judicial em processo de execução de bens penhorados [...], só após o registo daquela se podem efectuar os cancelamentos referidos no número anterior".

O Assento do Supremo Tribunal de Justiça de 25 de Novembro de 1993, publicado no *Diário da República,* I série, de 8 de Fevereiro de 1994, estabeleceu a seguinte doutrina: "Quando o devedor de crédito penhorado não tiver prestado, no acto da notificação da penhora, declarações sobre a existência do crédito, as garantias que o acompanham, a data de vencimento e outras circunstâncias que interessem à execução, deve fazê-lo no prazo geral de cinco dias [de notar que este prazo geral passou a ser de dez dias], sob a cominação de se haver como reconhecida a existência da obrigação nos termos em que o crédito foi nomeado à penhora".

O Acórdão do Tribunal Constitucional n.° 177/2002, publicado no *Diário da República,* I-A série, de 2 de Julho do mesmo ano, declarou a inconstitucionalidade, com força obrigatória geral, da norma que resultava da conjugação do disposto na alínea *b)* do n.° 1 e no n.° 2 do artigo 824.° do Código de Processo Civil, na parte em que permitia a penhora até um terço das prestações periódicas, pagas ao executado que não fosse titular de outros bens penhoráveis suficientes para satisfazer a dívida exequenda, a título de regalia social ou de pensão, cujo valor global não seja superior ao salário mínimo nacional. O actual n.° 2 do artigo 824.°, C.P.C., que resulta do DL n.° 38/2003, estabelece que "a impenhorabilidade prescrita no número anterior tem como limite máximo o montante equivalente a três salários mínimos nacionais à data de cada apreensão e como limite mínimo, quando o executado não tenha outro rendimento e o crédito exequendo não seja de alimentos, o montante equivalente a um salário mínimo nacional".

V. *Execução; Executado; Exequente; Requerimento executivo; Agente de execução; Garantias reais; Credor privilegiado; Impenhorabilidade; Terceiro; Convenção; Notificação; Recurso; Impugnação pauliana; Arresto; Conversão do arresto em penhora; Imóvel; Penhora de imóveis; Móvel; Penhora de móveis; Direito subjectivo; Registo de bens móveis; Depositário; Penhora de créditos; Citação pessoal; Requerimento; Levantamento da penhora; Registo da penhora; Certidão; Venda judicial; Garantias especiais; Vencimento; Prazo; Obrigação; Registo predial.*

Penhorabilidade (Proc. Civil) – V. *Impenhorabilidade.*

Penhora de bens comuns do casal (Proc. Civil) – A execução pode ser movida apenas contra um dos cônjuges, quer no caso de o exequente só dispor de título executivo contra um, quer no caso de pretender executar apenas esse cônjuge.

Nestes casos, na redacção do Decreto-Lei n.° 38/2003, de 8 de Março (rectificado pela Declaração de rectificação n.° 5-C//2003, de 30 de Abril), podem ser penhorados os bens comuns do casal, desde que não se conheçam bens próprios do executado suficientes para a satisfação do crédito do exequente.

Verificando-se esta situação, o cônjuge do executado deve ser citado para requerer a separação de bens ou juntar ao processo uma certidão comprovativa da pendência de acção em que a separação tenha sido requerida. Para este efeito, o cônjuge dispõe de um prazo de dez dias, se o prazo para a oposição à execução de que o executado dispõe já tiver terminado, ou até ao termo deste prazo, no caso contrário, nos termos do artigo 864.°-A, C.P.C., na redacção dos Decretos-Leis n.°s 38/2003 e 199/2003, de 10 de Setembro (rectificado pela Declaração de rectificação n.° 16-B/2003, de 31 de Outubro).

Quer o exequente quer o executado podem ainda alegar que a dívida que funda a execução é uma dívida comunicável. Para isso, é necessário – para além de terem sido penhorados bens comuns por não se conhecerem bens próprios do executado, que o título executivo não seja uma sentença, caso em que a questão da comunicabilidade deveria ter sido suscitada na acção declarativa – que resulte do título que a dívida é própria do executado e que a alegação seja fundamentada (cfr. artigo 825.°, n.° 2, C.P.C.).

No caso de execução em que sejam penhorados bens comuns, o cônjuge do executado pode não se pronunciar, situação em que a dívida passa a ser tratada, para efeitos da execução, como comum; pode, porém, pedir a separação de bens, o que equivale à recusa da comunicabilidade da dívida; pode ainda recusar a comunicabilidade da dívida, não sendo necessária qualquer fundamentação, uma vez que a questão não deve ser discutida no processo executivo; finalmente, pode aceitar a comunicabilidade da dívida, caso em que a dívida passa a comportar-se como comum.

Quando a dívida for considerada comum, a execução prossegue também contra o cônjuge não executado, cujos bens próprios podem ser subsidiariamente penhorados (n.° 3 do mesmo artigo 825.°).

Não sendo a dívida considerada comum, se o cônjuge do executado não requerer a separação de bens, a execução prossegue sobre os bens comuns (n.° 4); requerendo o cônjuge a separação de bens, a execução fica suspensa até à partilha (n.° 7).

V. *Penhora; Execução; Exequente; Título executivo; Executado; Bens comuns; Bens próprios; Citação; Separação judicial de bens; Oposição à execução; Dívidas comuns dos cônjuges; Dívidas próprias; Sentença; Acção declarativa; Partilha.*

Penhora de coisas imóveis (Proc. Civil) – V. *Penhora de imóveis.*

Penhora de coisas móveis (Proc. Civil) – V. *Penhora de móveis.*

Penhora de créditos (Proc. Civil) – No quadro da execução para pagamento de quantia certa, dispõe o n.° 1 do artigo 856.°, C.P.C., na redacção do Decreto-Lei n.° 38/ /2003, de 8 de Março (rectificado pela Declaração de rectificação n.° 5-C/2003, de 30 de Abril), que "a penhora de créditos consiste na notificação ao devedor, feita com as formalidades da citação pessoal e sujeita ao regime desta, de que o crédito fica à ordem do tribunal de execução", cumprindo ao devedor "declarar se o crédito existe, quais as garantias que o acompanham, em que data se vence e quaisquer outras circunstâncias que possam interessar à execução"; no caso de estas declarações não poderem ser feitas no acto da notificação, serão prestadas mais tarde, "por meio de termo ou de simples requerimento"; "se o devedor nada disser, entende-se que ele reconhece a existência da obrigação, nos termos da indicação do crédito à penhora".

Dispõe o n.° 5 deste artigo, com a redacção do mesmo DL n.° 38/2003, que "o exequente, o executado e os credores reclamantes podem requerer ao juiz a prática, ou a autorização para a prática dos actos que se afigurem indispensáveis à conservação do direito de crédito penhorado", estabelecendo o n.° 6 que, "se o crédito estiver garantido por penhor, faz-se a apreensão do objecto deste, aplicando-se as disposições relativas à penhora de coisas móveis, ou faz-se a transferência do direito para a execução; se estiver garantido por hipoteca, faz-se no registo o averbamento da penhora".

V. *Penhora; Execução; Execução para pagamento de quantia certa; Crédito; Notificação; Devedor, Garantias especiais; Vencimento; Termo; Requerimento; Obrigação; Penhor; Citação pessoal; Penhora de móveis; Hipoteca; Registo; Averbamento.*

Penhora de depósitos (Proc. Civil) – O artigo 861.°-A, C.P.C., aditado pelo Decreto-Lei n.° 329-A/95, de 12 de Dezembro, e alterado pelo Decreto-Lei n.° 38/2003, de 8 de Março (rectificado pela Declaração de rectificação n.° 5-C/2003, de 30 de Abril), ocupa-se, no quadro da execução para pagamento de quantia certa, da penhora de depósitos bancários existentes em instituições autorizadas a recebê-los, determinando que a essa penhora se aplicam "as regras referentes à penhora de créditos", com as especialidades enunciadas nesta disposição.

Assim, "as entidades notificadas [instituições de crédito] devem, no prazo de 15 dias, comunicar ao agente de execução o montante dos saldos existentes, ou a inexistência de conta ou saldo: seguidamente, comunicam ao executado a penhora efectuada", podendo o saldo penhorado ser afectado "quer em benefício, quer em prejuízo do exequente, em consequência de:

a) Operações de crédito decorrentes do lançamento de valores anteriormente entregues e ainda não creditados na conta à data da penhora;

b) Operações de débito decorrentes da apresentação a pagamento, em data anterior à penhora, de cheques ou realização de pagamentos ou levantamentos cujas importâncias hajam sido efectivamente creditadas aos respectivos beneficiários em data anterior à penhora".

"Quando não seja possível identificar adequadamente a conta bancária, é penhorada a parte do executado nos saldos de todos os depósitos existentes na instituição ou instituições notificadas, até ao limite estabelecido no n.° 3 do artigo 821.° [C.P.C. – "a penhora limita-se aos bens necessários ao pagamento da dívida exequenda e das despesas previsíveis da execução, as quais se presumem, para o efeito de realização da penhora e sem prejuízo de ulterior liquidação, no valor de 20%, 10% e 5% do valor da execução, consoante, respectivamente, este caiba na alçada do tribunal de comarca, a exceda, sem exceder o valor de quatro vezes a alçada do tribunal da relação, ou seja superior a este último valor"]; se, notificadas várias instituições, este limite se mostrar excedido, cabe ao agente de execução reduzir a penhora efectuada". Para este efeito, "são sucessivamente observados, pela entidade notificada e pelo agente de execução, os seguintes critérios de preferência na escolha da conta ou contas cujos saldos são penhorados:

a) Preferem as contas de que o executado seja único titular àquelas de que seja contitular e, entre estas, as que têm menor número de titulares àquelas de que o executado é primeiro titular;

b) As contas de depósito a prazo preferem às contas de depósito à ordem".

V. *Penhora; Execução; Execução para pagamento de quantia certa; Penhora de créditos; Notificação; Agente de execução; Executado; Exequente; Cheque; Obrigação exequenda; Presunção legal; Liquidação; Alçada; Tribunal de comarca; Relação.*

Penhora de frutos (Proc. Civil) – De acordo com o artigo 842.°, n.° 1, C.P.C., a penhora de um imóvel abrange os respectivos frutos, sejam naturais sejam civis, desde que não se encontrem expressamente excluídos e não exista nenhum privilégio sobre eles (por exemplo, consignação de rendimentos); do mesmo modo, e na medida aplicável, a penhora de móveis e de direitos abrange os respectivos frutos (artigos 855.° e 863.°, C.P.C.).

É possível operar a penhora em separado dos frutos pendentes, como coisas móveis, desde que não falte mais de um mês para a época normal da colheita – artigo 842.°, n.° 2, C.P.C..

V. *Penhora; Imóvel; Frutos; Consignação de rendimentos; Penhora de móveis; Penhora de créditos; Coisa móvel.*

Penhora de imóveis (Proc. Civil) – O artigo 838.°, n.° 1, C.P.C., na redacção do Decreto-Lei n.° 38/2003, de 8 de Março, rectificado pela Declaração de rectificação n.° 5-C/2003, de 30 de Abril, determina que a penhora de coisas imóveis se realiza "por comunicação electrónica à conservatória do registo predial competente, a qual vale como apresentação para o efeito de inscrição no registo", "sem prejuízo de também poder ser feita nos termos gerais do registo predial". A conservatória deve, então, enviar ao agente de execução "o certificado do registo e a certidão dos ónus que incidam sobre os bens penhorados" (n.° 2), seguindo-se "a afixação, na porta ou noutro local visível do imóvel penhorado, de um edital [...]".

Nos termos do n.° 1 do artigo 839.°, C.P.C., na redacção do mesmo DL n.° 38/ /2003, "é constituído depositário dos bens o agente de execução ou, nas execuções distribuídas a oficial de justiça, pessoa por este designada, salvo se o exequente consentir que seja depositário o próprio executado ou ocorrer alguma das seguintes circunstâncias:

a) O bem penhorado ser a casa de habitação efectiva do executado, caso em que é este o depositário;

b) O bem estar arrendado, caso em que é depositário o arrendatário;

c) O bem ser objecto de direito de retenção, em consequência de incumprimento contratual judicialmente verificado, caso em que é depositário o retentor".

V. *Penhora; Imóvel; Registo predial; Inscrição; Agente de execução; Certidão; Certificado; Ónus; Edital; Depositário; Funcionário de justiça; Arrendamento; Direito de retenção; Incumprimento.*

Penhora de móveis (Proc. Civil) – O C.P.C., na versão resultante da Reforma do Processo Executivo de 2003, aprovada pelo Decreto-Lei n.° 38/2003, de 8 de Março (rectificado pela Declaração de rectificação n.° 5-C/2003, de 30 de Abril), distingue entre a penhora de coisas móveis não sujeitas a registo (artigos 848.° e segs.) e a penhora de coisas móveis sujeitas a registo (artigos 851.° e segs.).

"A penhora de coisas móveis sujeitas a registo aplica-se, com as devidas adaptações, o disposto no artigo 838.° [penhora de coisas imóveis]".

Por seu lado, "a penhora de coisas móveis não sujeitas a registo é realizada com a efectiva apreensão dos bens e a sua imediata remoção para depósitos, assumindo o agente de execução que efectuou a diligência a qualidade de fiel depositário", presumindo-se pertencerem ao executado os bens encontrados em seu poder.

V. *Penhora; Móvel; Registo de bens móveis; Penhora de imóveis; Agente de execução; Depositário; Presunção legal; Executado.*

Penhora de navio (Proc. Civil) – O navio era um bem relativamente impenhorável, pois dispunham os artigos 829.°, C.P.C., e 491.°, Código Comercial, que o navio despachado para viagem não podia ser penhorado ou arrestado, salvo se a penhora fosse "por dívidas ao Estado ou contraídas para o aprovisionamento da mesma viagem, ou para pagamento de salários de assistência ou salvação, ou em consequência de responsabilidade por abalroação". Os dois artigos referidos foram, entretanto, revogados, o primeiro pelo Decreto-Lei n.° 38/2003, de 8 de Março (rectificado pela Declaração de rectificação n.° 5-C/2003, de 30 de Abril), e o segundo pelo Decreto-Lei n.° 201/98, de 10 de Julho. Do mesmo regime de impenhorabilidade gozavam as mercadorias já carregadas em navio despachado, a menos que pertencessem a um único carregador, e o navio não transportasse passageiros; a penhora das mercadorias carregadas podia ainda ser autorizada, se o credor pagasse todas as despesas inerentes ou prestasse caução (anterior redacção do artigo 830.°, C.P.C.).

O artigo 830.°, C.P.C., na redacção do referido DL n.° 38/2003, estabelece que, "ainda que o navio já esteja despachado para viagem [ou seja, esteja em poder do respectivo capitão o desembaraço passado pela capitania do porto], efectuada a penhora de mercadorias carregadas, pode ser autorizada a sua descarga se o credor satisfizer por inteiro o frete em dívida, as despesas de carga, estiva, desarrumação, sobredemora e descarga ou prestar caução ao pagamento dessas despesas".

Se o navio houver sido penhorado, o respectivo depositário pode fazê-lo navegar, se obtiver autorização judicial e nisso estiverem de acordo o exequente e o executado; pode ainda o exequente requerer que o navio, apesar da penhora, continue a navegar até ser vendido, caso em que tem de prestar caução e fazer o respectivo seguro do navio.

V. artigos 852.° e 853.°, C.P.C..

V. *Navio; Penhora; Impenhorabilidade; Arresto; Salvação de navio; Responsabilidade civil; Execução; Caução; Depositário; Seguro de responsabilidade; Exequente; Executado.*

Penhora por conversão (Proc. Civil) – A penhora de certos bens pode resultar de conversão nela do arresto que sobre eles existia, nos termos do artigo 846.°, C.P.C., na redacção do Decreto-Lei n.° 38/2003, de 8 de Março, rectificado pela Declaração de rectificação n.° 5-C/2003, de 30 de Abril.

V. *Penhora; Arresto; Conversão do arresto em penhora.*

Penhora subsequente (Proc. Civil) – Já depois da penhora de certos bens, pode esta ser reforçada ou substituída em determinados casos, previstos no artigo 834.°, n.° 3, C.P.C., na redacção do Decreto-Lei n.° 38/2003, de 8 de Março (rectificado pela Declaração de rectificação n.° 5-C/2003, de 30 de Abril), nomeadamente, "quando o executado requeira, no prazo da oposição à penhora, a substituição dos bens penhorados por outros que igualmente assegurem os fins da execução, desde que a isso não se oponha fundadamente o exequente", ou "quando seja ou se torne manifesta a insuficiência dos bens penhorados".

V. *Penhora; Nomeação de bens à penhora; Execução; Executado; Oposição à penhora; Requerimento; Exequente.*

Pensão de alimentos (Dir. Civil) – Consiste, em princípio, numa soma pecuniária mensal, destinada a prover ao sustento, habitação e vestuário do alimentado (e, sendo ele menor, ao que for necessário à sua instrução e educação), estabelecida em proporção da disponibilidade económica de quem a paga e da necessidade de quem a recebe (tendo-se em atenção a possibilidade deste último de prover, por si mesmo, à sua subsistência).

V. artigos 2003.° e segs., C.C..

As pensões alimentícias vencidas prescrevem no prazo de 5 anos (artigo 310.°-*f)*, C.C.).

V. *Alimentos; Obrigação de alimentos; Menor; Acção de alimentos; Vencimento; Prescrição.*

Pensão vitalícia (Dir. Civil) – A pensão vitalícia consubstancia-se, em regra, no pagamento de certa quantia em dinheiro a alguém durante a vida dessa pessoa.

A obrigação de pagamento de uma pensão vitalícia pode emergir de contrato de renda vitalícia (artigos 1238.° e segs., C.C.) ou resultar de cláusula modal, a favor do doador ou de terceiro, num contrato de doação, ou ainda constituir um legado instituído pelo testador.

Nesta última hipótese, o artigo 2073.°, n.° 1, C.C., dispõe que "o usufrutuário da totalidade do património do falecido é obrigado a cumprir por inteiro o legado de [...] pensão vitalícia", estabelecendo o n.° 2 da mesma disposição que, "incidindo o usufruto sobre uma quota-parte do património, o usufrutuário só em proporção dessa quota é obrigado a contribuir para o cumprimento [da] [...] pensão vitalícia", e o n.° 3 que, se o usufruto incidir sobre uma coisa determinada, o usufrutuário não responde pelo cumprimento da pensão vitalícia, excepto se esse encargo lhe tiver sido expressamente imposto.

V. *Renda vitalícia; Modo; Doação; Legado; Usufruto; Património; Encargos da herança.*

Perda da nacionalidade (Dir. Civil) – O artigo 8.° da Lei da Nacionalidade – Lei n.° 37/81, de 3 de Outubro, alterada pela Lei n.° 25/94, de 19 de Agosto, pelos Decretos-Leis n.°s 22-A/2001, de 14 de Dezembro, 194/2003, de 23 de Agosto de 2003, e pelas Leis Orgânicas n.°s 1/2004, de 15 de Janeiro, e 2/2006, de 17 de Abril – diz que "perdem a nacionalidade portuguesa os que, sendo nacionais de outro Estado, declarem que não querem ser portugueses".

O artigo 4.° da mesma Lei dispõe que "os que hajam perdido a nacionalidade portuguesa por efeito de declaração prestada durante a sua incapacidade podem adquiri-la, quando capazes, mediante declaração".

As declarações de que depende "a perda da nacionalidade portuguesa devem constar do registo central da nacionalidade, a cargo da Conservatória dos Registos Centrais", podendo ser prestadas perante os agentes diplomáticos ou consulares portugueses e, neste caso, são registadas oficiosamente em face dos necessários documentos comprovativos, a enviar para o efeito [...]" àquela Conservatória – artigos 16.° e 17.°. Diz o artigo 18.°, n.° 1-*b)*, algo redundantemente, que as declarações para perda da nacionalidade estão obrigatoriamente sujeitas a registo, sendo, de acordo com o artigo 19.°, o registo lavrado por averbamento.

Segundo o artigo 22.°, a perda da nacionalidade prova-se pelo respectivo registo "ou pelos averbamentos exarados à margem do assento de nascimento".

Nos termos do artigo 34.°, a perda da nacionalidade que resulte de actos cujo registo não era obrigatório no domínio da lei anterior continuam a provar-se pelo registo ou pelos documentos comprovativos dos actos de que dependem; a perda da nacionalidade fundada na aquisição voluntária de nacionalidade estrangeira só produz efeitos em relação a terceiros, no domínio das relações de direito privado, desde que registada e a partir da data deste (artigo 35.°, n.° 2).

"A mulher que, nos termos da Lei n.° 2 098, de 29 de Julho de 1959, e legislação precedente, tenha perdido a nacionalidade portuguesa por efeito do casamento pode readquiri-la mediante declaração, não sendo neste caso aplicável o disposto nos artigos 9.° e 10.° [oposição à aquisição da nacionalidade]", produzindo esta reaquisição da nacionalidade efeitos desde a data do casamento, "sem prejuízo da validade das relações jurídicas anteriormente estabelecidas com base em outra nacionalidade" – artigo 30.°.

"A reaquisição de nacionalidade portuguesa por quem a tenha perdido, nos termos da Lei n.° 2098, de 29 de Julho de 1959, revogada pela actual Lei da Nacionalidade, ou de legislação anterior a esta, por aquisição voluntária de nacionalidade estrangeira, ocorre [sem que seja aplicável a oposição à aquisição da nacionalidade]:

"*a)* Desde que não tenha sido lavrado o registo definitivo da perda de nacionalidade, excepto se declarar que não quer adquirir a nacionalidade portuguesa;

b) Mediante declaração, quando tenha sido lavrado o registo definitivo da perda da nacionalidade" – artigo 31.°, n.° 1, na redacção da Lei n.° 1/2004.

"É da competência do Tribunal Central Administrativo Sul a decisão sobre a perda ou manutenção da nacionalidade portuguesa nos casos de naturalização directa ou indirectamente imposta por Estado estrangeiro a residentes no seu território" (artigo 32.°).

Muito embora não se esteja perante uma situação de perda de nacionalidade, julga-se pertinente a referência ao disposto no artigo 28.°: "Nos conflitos positivos de duas ou mais nacionalidades releva apenas a nacionalidade do Estado em cujo território o plurinacional tenha a sua residência habitual ou, na falta desta, a do Estado com o qual mantenha uma vinculação mais estreita".

V. *Cidadania; Incapacidade; Registo civil; "Ex officio"; Documento; Averbamento; Prova da nacionalidade; Terceiro; Assento; Nascimento; Casamento; Relação jurídica; Naturalização; Residência.*

Perda do benefício do prazo (Dir. Civil) – V. *Benefício do prazo.*

Perda do direito ao recurso (Proc. Civil) – O direito de recorrer perde-se – para além dos casos de renúncia ao recurso – pela aceitação, expressa ou tácita, da decisão judicial proferida, salvo quando se trate do Ministério Público. Sendo a decisão decomponível em partes, a aceitação de uma parte dela não prejudica o direito a recorrer da parte restante.

A lei dispõe (inutilmente) que "a aceitação tácita é a que deriva da prática de qualquer facto inequivocamente incompatível com a vontade de recorrer".

V. artigo 681.°, C.P.C..

O n.° 4 do artigo 682.°, C.P.C., cujo n.° 5, que esclarece que "o recorrente pode, por simples requerimento, desistir livremente do recurso interposto", tem a redacção do Decreto-Lei n.° 329-A/95, de 12 de Dezembro.

O n.° 4 do artigo 682.°, C.P.C., estabelece que, "salvo declaração expressa em contrário, a renúncia ao direito a recorrer ou a aceitação, expressa ou tácita, da decisão por parte de um dos litigantes não obsta à interposição do recurso subordinado, desde que a parte contrária recorra da decisão".

V. *Recurso; Renúncia ao recurso; Ministério Público; Requerimento; Recurso subordinado.*

Perdão (Dir. Civil)

1. Direito das Obrigações – Nos termos do artigo 975.°-*c)*, C.C., a doação não é revogável por ingratidão do donatário quando o doador lhe houver perdoado.

V. *Doação; Revogação da doação; Ingratidão; Remissão.*

2. Direito da Família – O cônjuge que tiver expressa ou tacitamente perdoado acto do outro cônjuge, que constituísse

fundamento de separação judicial de pessoas e bens ou de divórcio, não poderá posteriormente obtê-los com fundamento no mesmo acto. O direito à separação e ao divórcio, com base em factos anteriores ao perdão, extingue-se – artigo 1780.°-*b)*, C.C..

V. *Separação judicial de pessoas e bens; Divórcio.*

Perdas (Dir. Civil) – Os sócios de uma sociedade civil participam nas perdas da sociedade na proporção das respectivas entradas, não respondendo, nas relações internas, os sócios de indústria pelas perdas sociais. As regras enunciadas são supletivas.

Se o contrato apenas indicar a parte de cada sócio nos lucros, presume-se ser idêntica a sua parte nas perdas.

No caso de, no contrato, se haver estabelecido que a divisão das perdas fosse feita por terceiro, deve este em princípio proceder a ela segundo juízos de equidade, e, no caso de a não fazer, será o tribunal que a fará.

Os sócios têm o direito de impugnar a divisão feita por terceiro, no prazo de seis meses contados do dia em que ela chegou ao seu conhecimento; extingue-se esse direito se o sócio receber os lucros, a menos que tenha anteriormente protestado contra a divisão, ou então se, aquando do recebimento, não conhecia o fundamento da impugnação.

O processo a seguir para a impugnação rege-se pelo artigo 1429.°, C.P.C., cujo n.° 2 tem a redacção do Decreto-Lei n.° 329-A/95, de 12 de Dezembro (v. artigo 1430.°, C.P.C.).

A lei designa por pacto leonino e declara nula a cláusula nos termos da qual algum sócio é excluído da comunhão nos lucros e/ou da participação nas perdas (com excepção dos sócios de indústria, quanto às perdas).

V. artigos 992.° a 994.°, C.C..

V. *Sociedade; Entrada; Sócio de indústria; Norma supletiva; Contrato; Lucros; Presunção legal; Terceiro; Equidade; Impugnação; Pacto leonino; Nulidade.*

Perdas e danos (Dir. Civil) – A expressão "indemnização por perdas e danos" era muito vulgarmente utilizada pela doutrina mais antiga, encontrando-se hoje praticamente em desuso no campo do direito civil.

V. *Indemnização; Dano.*

Perfeição do contrato (Dir. Civil) – O contrato tem-se por aperfeiçoado ou concluído no momento em que as partes tiverem "acordado em todas as cláusulas sobre as quais qualquer delas tenha julgado necessário o acordo" – artigo 232.°, C.C..

Quer isto dizer que, se, nas negociações preliminares, alguma das partes tiver suscitado uma questão para que ela fosse objecto de cláusula contratual, não se terá o contrato por celebrado enquanto a cláusula não tiver sido acordada ou se não tiver chegado a acordo sobre a irrelevância da questão.

Quando o contrato é celebrado entre ausentes, coloca-se a questão de saber qual é o momento em que, temporalmente, se deve ter por concluído o contrato: nos termos dos artigos 224.° e segs., C.C., o contrato só está perfeito quando a aceitação do destinatário da proposta chegar, tempestivamente, à esfera do proponente, isto é, quando a aceitação for por este recebida, tendo ele condições de poder conhecê-la.

Caso o contrato seja celebrado sequência de uma ordem de encomenda enviada por via exclusivamente electrónica, o artigo 29.° do Decreto-Lei n.° 7/2004, de 7 de Janeiro – que transpôs para a ordem jurídica portuguesa a Directiva n.° 2000/ /31/CE, do Parlamento Europeu e do Conselho, de 8 de Junho de 2000 –, determina que o prestador de serviços deve comunicar à contraparte a recepção da ordem de encomenda por via exclusivamente electrónica, sendo tal comunicação feita por via idêntica, "salvo acordo em contrário com a parte que não seja consumidora", só sendo dispensada a comunicação quando haja imediata prestação em linha do produto ou serviço encomendado; e que a encomenda só se torna definitiva com a confirmação do destinatário, dada na sequência do aviso de recepção, reiterando a ordem transmitida, o que significa que a aceitação dos termos contratuais só produz os seus efeitos de conclusão do contrato, quando haja dever de acusar a sua recepção nos termos que se deixaram expostos, no momento em que o aceitante reitere a vontade contratual de aceitar. Esta norma não se aplica aos contratos celebrados exclusivamente por correio electrónico ou outro meio de comunicação individual equivalente.

V. *Contrato; Cláusula; Negociações preliminares; Contrato entre ausentes; Proposta de contrato; Aceitação; Teoria da recepção; Contratação electrónica; Consumidor.*

Perfilhação (Dir. Civil) – Consiste no reconhecimento do filho por acto pessoal e livre dos pais, conjuntamente ou de um deles.

Têm capacidade para este acto os maiores de dezasseis anos, desde que não estejam interditados por anomalia psíquica e não se encontrem "notoriamente dementes" no momento da perfilhação.

Os menores, os interditos por causa diversa da anomalia psíquica e os inabilitados não necessitam de autorização dos pais, tutores ou curadores, para perfilhar.

A perfilhação, que pode ser feita por qualquer das formas estabelecidas no artigo 1853.°, C.C. (declaração no acto de registo de nascimento do filho, declaração perante o funcionário do registo civil em momento posterior ao registo de nascimento, testamento, escritura pública ou termo lavrado em juízo), é admitida a todo o tempo, antes ou depois do nascimento do filho e mesmo após a sua morte.

A perfilhação de nascituro já concebido é também admitida, tendo o perfilhante de identificar a mãe; nos termos do artigo 132.°, n.° 2, do Código do Registo Civil (aprovado pelo Decreto-Lei n.° 131/95, de 6 de Junho – rectificado pela Declaração de rectificação n.° 96/95, de 31 de Julho –, alterado pelos Decretos-Leis n.°s 36/97, de 31 de Janeiro, 120/98, de 8 de Maio, 375-A/99, de 20 de Setembro, 228/2001, de 20 de Agosto, 273/2001, de 13 de Outubro, 323/2001, de 17 de Dezembro, e 113/2002, de 20 de Abril), este "assento, além dos requisitos gerais, deve conter a indicação do nome completo, data de nascimento, estado, naturalidade, residência habitual e filiação da mãe do perfilhado, época da concepção e data provável do parto".

A perfilhação é irrevogável – mantendo-se mesmo no caso em que é feita em testamento e este é revogado – só sendo impugnável ou anulável judicialmente.

V. artigos 1849.° e segs., C.C..

V. *Filiação; Paternidade; Maternidade; Capacidade; Interdição; Anomalia psíquica; Facto notório; Demência; Inabilitação; Menor; Incapacidade; Tutor; Curador; Registo civil; Testamento; Escritura pública; Termo; Nascituro; Estado civil; Naturalidade; Residência habitual; Impugnação; Anulabilidade; Irrevogabilidade; Investigação de maternidade; Investigação de paternidade.*

Perícia (Proc. Civil) – Forma de prova consistente em pedir a um simples particular que esclareça o tribunal sobre aspectos de facto do processo, que careçam da opinião de um especialista. Esta prova é de livre apreciação pelo tribunal.

Pode ser obrigatória, nos casos de autópsias e exames às faculdades mentais do arguido.

A Portaria n.° 685/2005, de 18 de Agosto, aprova as quantias devidas pelos exames e perícias médico-legais e forenses realizados pelos peritos contratados para o exercício dessas funções.

V. *Prova; Perito; Prova pericial.*

"Periculum in obligationis est creditoris" (Dir. Civil) – Esta expressão significa que o risco da obrigação corre por conta do credor, isto é, que, se o respectivo cumprimento se tornar impossível por causa não imputável ao devedor, o credor sofre a perda patrimonial correspondente. Na ordem jurídica portuguesa, é esta a regra, já que, verificando-se impossibilidade superveniente não culposa de cumprimento, a obrigação extingue-se, nos termos do artigo 790.°, C.C..

V. *Obrigação; Credor; Risco da prestação; Impossibilidade de cumprimento; Culpa; Devedor; Extinção das obrigações.*

Período de pendência da condição (Dir. Civil) – V. *Condição; Pendência da condição.*

Período legal da concepção (Dir. Civil) – Para efeitos legais, o período da concepção é fixado dentro dos primeiros 120 dias dos 300 que precederam o nascimento. Os artigos 1799.° e 1800.°, C.C., admitem, no entanto, que judicialmente se afaste a fixação legal do período da concepção, designadamente provando a existência de gravidez anterior, interrompida ou completada, ou fixando a data provável da concepção.

A fixação do prazo legal da concepção releva para efeitos de prova da filiação.

V. artigos 1796.° e segs., designadamente 1826.°, n.° 1, 1831.°, 1867.° e 1871.-*c)*, *d)* e *e)* (este aditado pela Lei n.° 21/98, de 12 de Maio), todos do C.C..

V. *Filiação; Concepção.*

Perito (Dir. Civil; Proc. Civil) – Pessoa com especial competência em dada matéria, designada pelo juiz ou pelas partes num processo, para observar ou apreciar determinados factos e relativamente a eles emitir uma conclusão, cujo valor probatório o tribunal aprecia livremente.

Os peritos encontram-se sujeitos às causas de impedimento consignadas nos artigos 122.°, 124.° e 127.°, por força do artigo 571.°, n.° 1, C.P.C., e podem pedir escusa nos termos dos artigos 571.°, n.° 3, e 572.°, n.° 2, C.P.C., todos na redacção do Decreto-Lei n.° 329-A/95, de 12 de Dezembro.

V. artigos 388.° e 389.°, C.C., e 568.° e segs., C.P.C..

As partes são notificadas da apresentação do relatório pericial, podendo, se "entenderem que há qualquer deficiência, obscuridade ou contradição no relatório pericial, ou que as conclusões não se mostram devidamente fundamentadas", formular as suas reclamações, e requerer que os peritos compareçam "na audiência final, a fim de prestarem, sob juramento, os esclarecimentos que lhe sejam pedidos", podendo ainda requerer "que se proceda a segunda perícia, no prazo de 10 dias a contar do conhecimento do resultado da primeira, alegando fundadamente as razões da sua discordância relativamente ao relatório pericial apresentado" (artigos 587.° a 589.°, C.P.C., na redacção do DL n.° 329-A/ /95, tendo sido aditado um n.° 2 ao artigo 588.° pelo Decreto-Lei n.° 183/2000, de 10 de Agosto).

Muito embora não se trate de peritos em sentido técnico, faz sentido referir a este propósito o artigo 42.°, C.P.C., cujo n.° 2 tem a redacção do mesmo DL n.° 329-A/ /95, que determina que, "quando no processo se suscitem questões de natureza técnica para as quais não tenha a necessária preparação, pode o advogado fazer-se assistir, durante a produção da prova e a discussão da causa, de pessoa dotada de competência especial para se ocupar das questões suscitadas". Esta assistência pode ser recusada quando seja julgada desnecessária e, sendo admitida, deve o advogado indicar "até 10 dias antes da audiência [...] no processo a pessoa que escolheu e as questões para que reputa conveniente a sua assistência, dando-se logo conhecimento do facto ao advogado da parte contrária, que pode usar de igual direito"; "em relação às questões para que tenha sido designado, o técnico tem os mesmos direitos e deveres que o advogado, mas deve prestar o seu concurso sob a direcção deste e não pode produzir alegações orais".

O Decreto-Lei n.° 125/2002, de 10 de Maio, regula as condições de exercício das funções de perito no âmbito dos procedimentos para a declaração de utilidade pública e para a posse administrativa dos processos de expropriação previstos no Código das Expropriações. A Portaria n.° 788/2004, de 9 de Julho, diz quais os cursos que habilitam para o exercício das funções de perito avaliador.

V. *Prova pericial; Parte; Força probatória; Impedimentos; Escusa; Notificação; Reclamação; Audiência final; Juramento; Advogado; Prova; Louvado; Discussão; Alegações; Expropriação.*

Permanência de sinais (Dir. Civil) – A servidão diz-se aparente quando se revele por sinais visíveis e permanentes; a permanência exigida supõe que persistam sinais exteriores, mas não forçosamente sempre os mesmos.

V. *Servidão aparente.*

"Perpetuatio obligationis" (Dir. Civil) – A mora do devedor torna-o, nos termos do artigo 807.°, C.C., responsável pelo prejuízo que ao credor advier da perda ou deterioração da coisa devida, ainda que esses factos lhe não sejam imputáveis; esta responsabilidade do devedor pode ser afastada se ele provar que o dano se teria verificado de igual modo, se a obrigação tivesse sido cumprida em tempo.

Há, segundo a doutrina tradicional, neste caso, uma espécie de perpetuação da obrigação, uma vez que a situação de perda casual da coisa devida daria normalmente lugar à extinção dela.

V. *Mora; Devedor; Responsabilidade obrigacional; Credor; Cumprimento; Extinção das obrigações; Causa virtual.*

Personalidade colectiva (Dir. Civil) – V. *Pessoa colectiva.*

Personalidade judiciária (Proc. Civil) – "A personalidade judiciária consiste na susceptibilidade de ser parte" – artigo 5.°, n.° 1, C.P.C.. Nos termos do n.° 2 da mesma disposição, "quem tiver personalidade jurídica tem igualmente personalidade judiciária", isto é, têm-na todas as pessoas singulares desde o seu nascimento com vida e ainda as pessoas colectivas legalmente constituídas (e reconhecidas, quando o reconhecimento for necessário).

Mas têm também personalidade judiciária outros entes que não têm personalidade jurídica: é o caso da herança jacente (isto é, cujo titular ainda não esteja determinado) e dos patrimónios autónomos semelhantes a ela, das associações sem personalidade jurídica, das comissões especiais, das sociedades civis, das sociedades comerciais até à data do registo definitivo, do condomínio, resultante da propriedade horizontal, relativamente às acções que estão no âmbito dos poderes do respectivo administrador, e dos navios, nos casos previstos em legislação especial (artigo 6.°, C.P.C., na redacção dos Decretos-Leis n.°s 329-A/95, de 12 de Dezembro, e 180/96, de 25 de Setembro).

A lei processual (artigo 7.°, C.P.C., na redacção do DL n.° 180/96) também atribui personalidade judiciária às sucursais, agências, filiais, delegações ou representações, mas restringida aos casos em que a acção proceda de facto por elas praticado, salvo se a administração principal tiver sede no estrangeiro, caso em que as sucursais, agências, filiais, delegações ou representações estabelecidas em Portugal podem demandar e ser demandadas, ainda que o facto de que resulte a acção tenha sido praticado pela administração principal, bastando para tanto que a obrigação tenha sido contraída com um português ou com um estrangeiro residente em Portugal. Há de ter em consideração o actual artigo 8.°, C.P.C., na redacção do mesmo DL n.° 180/96, que permite a sanação da falta de personalidade judiciária das sucursais, agências, filiais, delegações ou representações "mediante a intervenção da administração principal e a ratificação ou repetição do processado".

Há diplomas avulsos que atribuem personalidade judiciária a certas realidades, ressalvadas aliás como se viu, pelo Código de Processo Civil, como sucede, por exemplo, com o Decreto-Lei n.° 202/98, de 10 de Julho, rectificado pela Declaração de rectificação n.° 11-Q/98, de 31 de Julho, e alterado pelo Decreto-Lei n.° 64/2005, de 15 de Março, cujo artigo 11.°, n.° 2, diz que o navio, em caso de impossibilidade de identificação do respectivo proprietário ou armador, tem personalidade judiciária, sendo representado em juízo pelo agente de navegação que tenha requerido o seu despacho, para efeitos de responsabilidade perante terceiros que o diploma referido consagra.

O artigo 288.°, n.° 1-*c)*, C.P.C., determina que "o juiz deve abster-se de conhecer do pedido e absolver o réu da instância", "quando entenda que alguma das partes é destituída de personalidade judiciária [...]".

A susceptibilidade de ser parte num processo não implica a possibilidade de estar, por si, em juízo: são conceitos distintos, com um âmbito muito diverso, o de personalidade judiciária e o de capacidade judiciária.

V. *Parte; Personalidade jurídica; Pessoa singular; Pessoa colectiva; Herança jacente; Património autónomo; Associação; Comissões especiais; Sociedade; Condomínio; Propriedade horizontal; Administrador na propriedade horizontal; Agência; Obrigação; Estrangeiros; Residência; Sanação; Ratificação; Navio; Responsabilidade por danos causados por navio; Pedido; Absolvição da instância; Capacidade judiciária.*

Personalidade jurídica (Dir. Civil) – Susceptibilidade de ser titular de direitos e obrigações, reconhecida a toda a pessoa humana (personalidade singular) e também a organizações de pessoas e/ou de bens (personalidade colectiva).

O artigo 66.°, n.° 1, C.C., determina que a personalidade jurídica singular se adquire no momento do nascimento completo e com vida. Embora assim seja, a lei protege, em alguns casos, os interesses dos nascituros e mesmo dos concepturos.

Com a morte cessa a personalidade singular (artigo 68.°, C.C.). Uma parte dos direitos pertencentes ao *de cuius* extingue-se (é a regra quanto aos direitos pessoais, muito embora se possam extinguir direitos patrimoniais, ou por força da lei – ou por vontade do próprio *de cuius*, se nesse sentido a manifestou e se se tratava de direitos renunciáveis), outra parte transmite-se aos seus sucessores (é a regra quanto aos direitos patrimoniais).

A personalidade colectiva começa com a constituição nos termos legais (para as associações) ou com o reconhecimento (para as fundações) e cessa com a dissolução da pessoa colectiva, sua liquidação e transmissão dos seus bens.

A personalidade jurídica coincide, em regra, com a personalidade judiciária – artigo 5.°, n.° 2, C.P.C..

V. a Convenção Europeia sobre o Reconhecimento da Personalidade Jurídica das Organizações Internacionais não Governamentais, aberta à assinatura em Estrasburgo, a 24 de Abril de 1986, ratificada pelo Decreto do Presidente da República n.° 44/91, de 6 de Setembro, e aprovada, para ratificação, pela Resolução da Assembleia da República n.° 28/91, de 6 de Setembro; de acordo com o Aviso n.° 342/96, de 29 de Novembro, Portugal designou o Registo Nacional de Pessoas Colectivas como autoridade competente para efeitos de aplicação do artigo 3.°, n.° 1, desta Convenção.

V. *Pessoa singular; Pessoa colectiva; Nascimento; Nascituro; Concepturo; Morte; "De cuius"; Direito pessoal; Direito patrimonial; Direito renunciável; Sucessor; Associação; Fundação; Dissolução de pessoa colectiva; Personalidade judiciária.*

Pertença (Dir. Civil) – O mesmo que *coisa acessória* (v. esta expressão).

Perturbação da posse (Dir. Civil) – V. *Posse; Turbação da posse.*

Pesca (Dir. Civil) – O artigo 1319.°, C.C., determina que a ocupação dos animais que se encontram no seu estado de liberdade natural é regulada em legislação especial.

É numerosa a legislação sobre pesca.

V. a Lei n.° 2 097, de 6 de Junho de 1959 (alterada pela Lei n.° 30/2006, de 11 de Julho), o Decreto n.° 44 623, de 10 de Outubro de 1962 (alterado pelos Decretos n.°s 312/70, de 6 de Julho, 35/71, de 13 de Fevereiro, pela Portaria n.° 247/81, de 7 de Março, pelos Decretos Regulamentares n.°s 18/86, de 20 de Maio, e 11/89, de 27 de Abril, e pela Portaria n.° 275/2006, de 22 de Março), o Decreto-Lei n.° 47 947, de 18 de Setembro de 1967 (sucessivamente alterado pelos Decretos-Leis n.°s 377/80, de 12 de Setembro, 225/81, de 17 de Julho, e 198/84, de 14 de Junho), as Portarias n.°s 747/86, de 16 de Dezembro, 440/87, de 26 de Maio, 683/87, de 10 de Agosto, o decreto regulamentar n.° 43/87, de 17 de Julho (alterado pelos Decreto Regulamentares n.°s 3/89, de 28 de Janeiro, este rectificado por declaração publicada no Suplemento ao *Diário da República*, I série, de 28 de Fevereiro de 1989, e 30/91, de 4 de Junho, pelo Decreto-Lei n.° 383/98, de 27 de Novembro, e pelos Decretos Regulamentares n.°s 7/2000, de 30 de Maio, e 15/2007, de 28 de Março), a Portaria n.° 193/89, de 8 de Março, a Resolução do Conselho de Ministros n.° 26-A/89, publicada no *Diário da República*, I série, de 28 de Julho de 1989, a Portaria n.° 251/89, de 6 de Abril (alterada pelas Portarias n.°s 570/89, de 22 de Julho, 397/90, de 26 de Maio, 1052/91, de 15 de Outubro, e 346/95, de 21 de Abril, pelo Decreto-Lei n.° 12/94, de 15 de Janeiro, e pela Portaria n.° 346/95, de 21 de Abril), o Decreto Legislativo Regional n.° 15/89/A, de 25 de Agosto, a Portaria n.° 315/90, de 26 de Abril, e a Portaria n.° 397/90, de 26 de Maio (rectificada por declaração publicada no *Diário da República*, I-A série, de 30 de Junho de 1990, e alterada pelas Portarias n.°s 1052/91, de 15 de Outubro, e 799/93, de 6 de Setembro); v. Portarias n.°s 560/90 (alterada pela Portaria n.° 27/2001, de 15 de Janeiro), 561/90 (alterada pelas Portarias n.°s 17-A/99, de 12 de Janeiro, 27/ /2001, 38-B/2001, de 17 de Janeiro, e 80/2004, de 21 de Janeiro), 562/90 (esta alterada pela Portaria n.° 514/96, de 26 de

Setembro), 563/90, 564/90 (esta alterada pelas Portarias n.°s 1091/95, de 5 de Setembro, 398/98, de 11 de Julho, e 27/2001), 565/90 (esta alterada pelas Portarias n.°s 27/2001, 353/2001, de 9 de Abril, e 81//2004, de 21 de Janeiro), 566/90 (esta alterada pela Portaria n.° 27/2001), 567/90 (esta alterada pelas Portarias n.°s 219/98, de 3 de Abril, e 27/2001), 568/90 (esta alterada pela Portaria n.° 27/2001) e 569/90 (esta alterada pelas Portarias n.°s 783/91, de 8 de Agosto, 900/95, de 17 de Julho, 441/97, de 3 de Julho, 892/2000, de 27 de Setembro, 27/2001, 1483/2002, de 22 de Novembro, e 618/2006, de 23 de Junho, esta rectificada pela Declaração de rectificação n.° 44/2006, de 26 de Julho), todas de 19 de Julho, rectificadas por declaração publicada no 3.° suplemento ao *Diário da República*, I-A série, de 31 de Agosto de 1990.

O Decreto-Lei n.° 41 655, de 29 de Maio de 1958, que aprovara o Regulamento dos Meios de Salvação a Bordo dos Navios de Comércio, de Pesca e de Recreio, foi substituído pelo Decreto-Lei n.° 191/98, de 10 de Julho, rectificado pela Declaração de rectificação n.° 11-R/98, de 31 de Julho, e alterado pelos Decretos-Leis n.°s 271//2001, de 13 de Outubro, e 138/2002, de 16 de Maio, que contém o regime aplicável aos meios de salvação de embarcações nacionais.

A Portaria n.° 432-A/91, de 24 de Maio, divide em várias zonas a costa continental portuguesa para efeitos de defeso da pesca dirigida à captura de bivalves. O decreto regulamentar regional n.° 29/93/M, de 9 de Setembro, regulamenta o exercício da pesca do camarão-da-madeira.

A Portaria n.° 574/94, de 12 de Julho, alterada pela Portaria n.° 427/98, de 25 de Julho, aprova o Regulamento do Regime de Apoio à Promoção dos Produtos da Pesca no âmbito do PROPESCA. A Portaria n.° 575/94, de 12 de Julho, alterada pela Portaria n.° 446/98, de 28 de Julho, aprova o Regulamento do Regime de Apoio à Transformação e Comercialização dos Produtos da Pesca e Aquicultura, no âmbito do PROPESCA. A Portaria n.° 576/94, de 12 de Junho (rectificada por Declaração de rectificação n.° 138/94, de 31 de Agosto, e alterada pelas Portarias n.°s 372/95 e 428/98, respectivamente de 28 de Abril e de 25 de Julho), que aprova o Regulamento do Regime de Apoio à Renovação e Modernização da Frota no Âmbito do Programa para o Desenvolvimento Económico no Sector das Pescas – PROPESCA.

A Portaria n.° 577/94, de 12 de Junho, rectificada por Declaração de rectificação n.° 136/94, de 31 de Agosto, e alterada pela Portaria n.° 445/98, de 28 de Julho, aprova o Regulamento do Regime de Apoio ao Ajustamento do Esforço de Pesca no âmbito do Programa para o Desenvolvimento Económico do Sector das Pescas – PROPESCA.

A Portaria n.° 579/94, de 12 de Julho, alterada pela Portaria n.° 437/98, de 27 de Julho, aprova o Regulamento do Regime de Apoio à Protecção de Zonas Marinhas, no âmbito do Programa para o Desenvolvimento Económico do Sector das Pescas – PROPESCA.

A Portaria n.° 212/2001, de 15 de Março, aprova o Regulamento de Aplicação do Domínio «Prospecção e Investigação Aplicada às Pescas».

A Portaria n.° 11/2002, de 4 de Janeiro, aprova o Regulamento do Regime de Apoio às Acções Desenvolvidas pelos Profissionais no Âmbito do Programa para o Desenvolvimento Sustentável do Sector da Pesca.

A Portaria n.° 12/2002, de 4 de Janeiro, aprova o Regulamento do Regime de Apoio à Pequena Pesca Costeira.

A Portaria n.° 167/99, de 9 de Março, interditou a utilização de qualquer processo de pesca, à excepção da cana e da linha de mão e ainda da balança ou ratel, na captura do lagostim-de-água-doce em toda a albufeira de Póvoa e Meadas. A proibição de pesca do lagostim-de-patas-brancas foi determinada em toda a massa hídrica nacional pela Portaria n.° 741/2000, de 8 de Setembro. A Portaria n.° 213/2001, de 15 de Março, proíbe a pesca com redes de emalhar fundeadas na denominada zona da "Beirinha".

A Portaria n.° 643/96, de 8 de Novembro, criou a zona de pesca profissional do médio Mondego e a zona de pesca profissional da albufeira da Raiva, cujos regulamentos se encontram publicados em anexo. A Portaria n.° 654/96, de 13 de Novembro, estabelece os troços do rio Mondego que ficam interditos a qualquer processo de pesca, excepto a de cana e linha de mão e a da balança ou ratel na captura de lagostim de água doce. A Portaria n.° 159/ /99, de 9 de Março, criou uma zona de pesca profissional no rio Cávado, tendo aprovado o respectivo Regulamento. Também as Portarias n.°s 164/99, de 10 de Março, e 84/2003, de 22 de Janeiro, criaram zonas de pesca profissional em dois troços do rio Mondego, tendo aprovado os respectivos Regulamentos. A Portaria n.° 165/99, de 10 de Março, alterada pela Portaria n.° 255/2003, de 19 de Março, criou uma zona de pesca reservada num troço do rio Tâmega, aprovando o respectivo Regulamento. A Portaria n.° 166/99, de 10 de Março, criou uma zona de pesca reservada num troço do rio Cávado, aprovando o respectivo Regulamento. A Portaria n.° 1080/ /99, de 16 de Dezembro, criou uma zona de pesca reservada num troço do rio Vouga. A zona de pesca reservada no troço do rio Tuela entre os pontões de Dine, freguesia de Fresulfe, concelho de Vinhais, a montante, e a ponte de Fresulfe, freguesias de Fresulfe e Santa Cruz, concelho de Vinhais, a jusante, foi criada pela Portaria n.° 132/2002, de 9 de Fevereiro; a zona de pesca reservada no troço do rio Baceiro entre a ponte de Parâmio e a ponte de Castrelos foi criada pela Portaria n.° 133/2002, de 9 de Fevereiro. Por seu turno, a Portaria n.° 1274/2001, de 13 de Novembro, cria uma zona de pesca profissional no troço do Guadiana compreendido entre a confluência com a ribeira de Limas, freguesia de Santa Maria, na margem esquerda, e freguesia de Mértola, na margem direita, a montante e as Azenhas, freguesia de Mértola. A Portaria n.° 84/2003, de 22 de Janeiro, cria uma zona de pesca profissional no troço do rio Mondego compreendido entre a confluência com a ribeira de Poiares, freguesias de Lorvão e Arrifana, a montante, e a ponte de caminho de ferro da Portela, freguesia de Torres do Mondego, a jusante. A Portaria n.° 255/2003, de 19 de Março, cria uma zona de pesca reservada no troço do rio Tâmega (albufeira do Torrão) compreendido entre a ponte da A4 do lugar de Formão, na margem esquerda, lugar de Amarantinho, na margem direita, a montante, e a ponte de Baía, freguesia de Salvador do Monte, na margem esquerda, e freguesia de Vila Cais, na margem direita, a jusante. O Regulamento da Zona de Pesca Reservada do Rio Tâmega-Moimenta foi aprovado pela Portaria n.° 155/99, de 8 de Março, que criou esta zona de pesca. A Portaria n.° 156/99, de 8 de Março, criou uma zona de pesca reservada na albufeira do Ermal, no rio Ave, tendo aprovado o respectivo Regulamento. A Portaria n.° 332/2004, de 31 de Março, criou a zona de pesca reservada no troço do rio Ferreira compreendido entre a Ponte da Igreja, a montante, e a Ponte da Amizade, a jusante, incluindo os seus tributários, situados nas freguesias de Lordelo e Rebordosa, concelho de Paredes.

A Portaria n.° 315-A/98, de 25 de Maio, aprova o Regulamento do Plano de Acção para a Pequena Pesca.

A Portaria n.° 951/2001, de 6 de Agosto, alterada pela Portaria n.° 1273/2001, de 13 de Novembro (rectificada pela Declaração de rectificação n.° 20-AX/2001, de 30 de Novembro), alterada pelas Portarias n.°s 1213/2003, de 16 de Outubro, e 580/2004, de 28 de Maio, aprova o Regulamento de Regime de Apoio à Cessação Temporária da Actividade das Embarcações e Tripulantes que Operavam ao Abrigo do Acordo de Cooperação em Matéria de Pesca entre a Comunidade Europeia e Marrocos. O Regulamento de Regime de Apoio à Reconversão da Frota que Operava ao Abrigo do Acordo de Cooperação em Matéria de Pesca entre a Comunidade Europeia e o Reino de Marrocos foi aprovado pela Portaria n.° 169/2002, de 27 de Fevereiro, também alterada pela Portaria n.° 1213/ /2003.

A Portaria n.° 251/2000, de 11 de Maio, alterada pela Portaria n.° 462/2001, de 8 de Maio, actualiza a classificação das águas salmonídeas, definindo a Portaria n.° 252/ /2000, da mesma data, alterada pela Portaria n.° 544/2001, de 31 de Maio, os locais onde se pode exercer a pesca profissional.

A Resolução do Conselho de Ministros n.° 174/2001, de 28 de Dezembro, estabelece um conjunto de medidas inovadoras no âmbito da aquicultura.

A Portaria n.° 34/2002, de 9 de Janeiro, alterada pela Portaria n.° 1044/2004, de 14 de Agosto, determina a forma de licenciamento para a pesca ao espadarte no Atlântico Norte e Mediterrâneo.

A Lei n.° 15/97, de 31 de Maio, alterada pela Lei n.° 114/99, de 3 de Agosto, estabelece o regime especial do contrato individual de trabalho a bordo das embarcações de pesca.

A Portaria n.° 356/98, de 24 de Junho, regulamenta as regras mínimas de segurança e de saúde no trabalho a bordo de navios de pesca.

O Decreto-Lei n.° 199/98, de 10 de Julho, rectificado pela Declaração de rectificação n.° 13-G/98, de 31 de Agosto, e alterado pelo Decreto-Lei n.° 266/2000, de 19 de Outubro, aprova o "Regulamento sobre Construção e Modificação das Embarcações de Pesca de Comprimento entre Perpendiculares Inferior a 12 m".

O Regulamento (CEE) n.° 1381/87, da Comissão, de 20 de Maio, estabelece, entre outras, regras de execução relativas à marcação e à documentação das embarcações de pesca, ocupando-se o Decreto-Lei n.° 114/95, de 25 de Maio, de definir as regras de execução daquele Regulamento na ordem jurídica interna.

O Decreto-Lei n.° 371/99, de 18 de Setembro, rectificado pela Declaração de rectificação n.° 19-M/99, de 30 de Novembro, estabelece um regime de pesca nas águas interiores para os concursos de pesca desportiva. O quadro jurídico de exercício da pesca marítima dirigida a espécies animais e vegetais com fins lúdicos foi definido pelo Decreto-Lei n.° 246/2000, de 29 de Setembro, alterado pelo Decreto-Lei n.° 112/ /2005, de 8 de Julho

O Decreto-Lei n.° 525/99, de 10 de Dezembro, impõe aos "proprietários de embarcações registadas na pesca que capturem espécies sujeitas a quotas" – com excepção das embarcações "com comprimento de fora a fora igual ou inferior a 15 m ou, na ausência desta medida, igual ou inferior a 18 m entre perpendiculares" – a obrigação de "fazer prova anual sobre a existência de um elo económico efectivo com Portugal"; a existência de elo económico efectivo depende da verificação de uma das circunstâncias enumeradas no artigo 2.°, n.° 1, do diploma citado:

"*a)* Pelo menos 50% das capturas da embarcação sejam desembarcadas num porto português e uma parte substancial das mesmas seja posta à venda localmente;

b) Pelo menos 50% da tripulação da embarcação residam numa zona costeira situada em território nacional;

c) Pelo menos 50% das viagens de pesca tenham início a partir de um porto nacional;

d) Apresentação por parte do proprietário da embarcação de quaisquer outros elementos equivalentes que comprovem a existência de um elo económico efectivo, incluindo a possibilidade de qualquer combinação das hipóteses previstas nas alíneas anteriores, desde que daí não resulte uma percentagem inferior a 50% dos elementos combinados".

O Decreto-Lei n.° 224/2000, de 9 de Setembro, (alterado pelos Decretos-Leis n.°s 117/2002, de 20 de Abril, e 109/2003, de 4 de Maio), estabelece o Regime do Programa Operacional Pesca (MARE), no quadro do qual a Portaria n.° 1071/2000, de 7 de Novembro – alterada pelas Portarias n.°s 56-F/2003, de 29 de Outubro, e 455/ /2006, de 15 de Maio (esta rectificada pela a Declaração de rectificação n.° 42/2006, de 14 de Julho) –, aprova o Regulamento do Regime de Apoio à Modernização de Embarcações de Pesca; a Portaria n.° 1072/ /2000, de 7 de Novembro, rectificada pela Declaração de rectificação n.° 16-H/2001, de 16 de Março, e alterada pelas Portarias n.°s 56-E/2001, de 29 de Janeiro, e 155/ /2003, de 15 de Fevereiro, aprova o Regulamento do Regime de Apoio à Modernização dos Equipamentos dos Portos de Pesca. A Portaria n.° 1078/2000, de 8 de Novembro, alterada pelas Portarias n.°s 56-G/2001, de 29 de Janeiro, 506/2003, de 26 de Junho, e 392/2006, de 24 de Abril, aprova o Regulamento do Regime de Apoio à Construção de Novas Embarcações de Pesca; a Portaria n.° 1079/2000, da mesma data, rectificada pela Declaração de rectificação n.° 16-I/2001, de 16 de Março, e alterada pelas Portarias n.°s 56-D/2001, de 29 de Janeiro, 158/2003, de 15 de Fevereiro, 393/2006, de 24 de Abril, aprova o Regulamento do Regime de Apoio à Transformação e Comercialização dos Produtos da Pesca e da Aquicultura; a Portaria n.° 1083/2000, de 9 de Novembro, alterada pelas Portarias n.°s 56-I/2001, de 29 de Janeiro, 156/2003, de 15 de Fevereiro, e 394/ /2006, de 24 de Abril, aprova o Regulamento do Regime de Apoio ao Desenvolvimento da Aquicultura; a Portaria n.° 1080/2000, também da mesma data, alterada pela Portaria n.° 56-B/2001, de 29 de Janeiro, aprova o Regulamento do Regime de Apoio à Imobilização Definitiva de Embarcações de Pesca por Transferência para País Terceiro ou Afectação a Outros Fins; a Portaria n.° 1086/2000, de 11 de Novembro, alterada pela Portaria n.° 56-C/2001, de 29 de Janeiro cuja vigência foi entretanto suspensa pela Portaria n.° 960/2002, de 2 de Agosto, e reposta em vigor (*sic*) pela Portaria n.° 1490/2004, de 28 de Dezembro, aprova o Regulamento do Regime de Apoio à Imobilização Definitiva de Embarcações de Pesca por Demolição; a Portaria n.° 1271/2001, de 8 de Novembro, alterada pela Portaria n.° 934/2003, de 4 de Setembro, aprova o Regulamento da Componente Pesca dos Programas Regionais do Continente (MARIS).

O sistema de fiscalização e controlo das actividades da pesca (SIFICAP) foi instituído e regulado pelo Decreto-Lei n.° 79/ /2001, de 5 de Março.

Em 22 de Novembro, foram aprovados os Regulamentos da Apanha, da Pesca à Linha, da Pesca por Arte de Armadilha, da Pesca por Arte de Arrasto, da Pesca por Arte Envolvente-Arrastante, da Pesca por Arte de Cerco, de Pesca por Arte de Emalhar, respectivamente pelas Portarias n.°s 1102-B/2000 (rectificada pela Declaração de rectificação n.° 16-L/2000, de 30 de Novembro, e alterada pela Portaria n.° 477/ /2001, de 10 de Maio), 1102-C/2000 (rectificada pela Declaração de rectificação n.° 16-O/2000, de 30 de Novembro), 1102-D/ /2000 (rectificada pela Declaração de rectificação n.° 16-AH/2000, de 30 de Dezembro, e alterada pelas Portarias n.°s 419-A/2001, de 18 de Abril, e 389/2002, de 11 de Abril, e 305/2003, de 14 de Abril), 1102-E/2000 (esta rectificada pela Declaração de rectificação n.° 16-M/2000, de 30 de Novembro, e alterada pelas Portarias n.°s 419-B/2001, de 18 de Abril, 281/2002, de 15 de Março, 1300/2003, de 20 de Novembro, 1423-B/2003, de 31 de Dezembro, e 740/ /2006, de 31 de Julho), 1102-F/2000, 1102-G/2000 (esta rectificada pela Declaração de rectificação n.° 16-N/2000, de 30 de Novembro, e alterada pela Portaria n.° 346/ /2002, de 2 de Abril – rectificada pela Declaração de rectificação n.° 19-L/2002, de 30 de Abril), e 1102-H/2000 (esta alterada pela Portaria n.° 386/2001, de 14 de Abril).

A Resolução da Assembleia da República n.° 40/2002, de 3 de Julho, rectificada pela Declaração de rectificação n.° 25/ /2002, de 20 de Julho, ocupa-se do regime comum de pescas, rejeitando a proposta da Comissão Europeia de um conjunto de medidas que afectariam este sector da economia portuguesa.

A Directiva n.° 2002/35/CE, da Comissão, de 25 de Abril, foi transposta pelo Decreto-Lei n.° 155/2003, de 17 de Julho (rectificado pela Declaração de rectificação n.° 11-A/2003, de 27 de Agosto), estabelecendo um regime de segurança harmonizado para os navios de pesca de comprimento igual ou superior a 24m.

A Portaria n.° 1487/95, de 29 de Dezembro, alterada pelas Portarias n.°s 428-H/97, de 30 de Junho, e 583-I/99, de 30 de Julho, aprova o Regulamento de Aplicação do Regime de Apoio às Medidas Previstas na Iniciativa Comunitária Pesca.

As Portarias n.°s 1215/95 e 1216/95, ambas de 7 de Outubro, criam os cursos de qualificação designados, respectivamente, por "curso de Mestre do Largo Pescador" e "curso de Mestre Costeiro Pescador".

A Portaria n.° 635/2005, de 2 de Agosto (rectificada pela Declaração de Rectificação n.° 64/2005, de 19 de Agosto), alterada pela Portaria n.° 840/2005, de 19 de Setembro, estabelece medidas de gestão para a pesca do polvo na costa sul do continente.

O Decreto Legislativo Regional n.° 11/ /2006/M, de 18 de Abril, estabelece o regime jurídico da apanha de lapas na Região Autónoma da Madeira.

A Portaria n.° 385/2006, de 19 de Abril, aprova o Regulamento da Apanha Comercial do Perceve (Pollicipes pollicipes) no Parque Natural do Sudoeste Alentejano e Costa Vicentina.

Com efeitos a partir de 26 de Janeiro de 1998, a Assembleia Geral das Nações Unidas adoptou "a Resolução A/RES/52/29, sobre pesca em alto mar com redes de emalhar de deriva; a pesca não autorizada em zonas abrangidas pela jurisdição nacional e em alto mar; capturas acessórias e desperdícios de pesca" – v. Aviso n.° 197/2000, de 13 de Outubro.

O Decreto n.° 18/2002, de 3 de Maio, aprovou para adesão a Convenção Internacional para a Regulação da Actividade Baleeira, assinada em Washington em 2 de Dezembro de 1946, bem como o respectivo Protocolo, também assinado em Washington em 9 de Fevereiro de 1956.

O Decreto n.° 2/89, de 7 de Janeiro, aprovou para ratificação o Protocolo de Cooperação no Domínio das Pescas entre a República Portuguesa e a República da Colômbia, assinado em Bogotá, a 19 de Julho de 1988.

O Acordo Especial de Cooperação no Domínio das Pescas entre a República Portuguesa e a República Popular de Moçambique foi celebrado no Maputo em 29 de Setembro de 1989, e aprovado pelo Decreto n.° 16/90, de 5 de Junho, encontrando-se concluído por ambas as Partes o processo de aprovação respectivo, segundo aviso publicado no *Diário da República*, I-A série, de 4 de Agosto de 1990.

O Protocolo Relativo à Cooperação para a Formação Profissional na Área das Pescas entre a República Popular de Angola e a República Portuguesa foi assinado em Luanda a 14 de Outubro de 1989, e aprovado pelo Decreto n.° 21/90, de 19 de Junho, encontrando-se o respectivo processo de aprovação concluído por ambas as Partes, segundo aviso publicado no *Diário da República*, I-A série, de 4 de Agosto de 1990.

O Acordo Especial de Cooperação no Domínio das Pescas entre a República Popular de Angola e a República Portuguesa foi assinado em Luanda em 14 de Outubro de 1989, e aprovado pelo Decreto n.° 22/ /90, de 19 de Junho.

O Protocolo de Cooperação sobre Investigação Científica na Área das Pescas entre a República Popular de Angola e a República Portuguesa, foi assinado em Luanda em 14 de Outubro de 1989, e aprovado pelo Decreto n.° 23/90, de 19 de Junho, encontrando-se o seu processo de aprovação concluído por ambas as Partes, segundo aviso publicado no *Diário da República*, n.° 179/90, I série, de 4 de Agosto de 1990.

O Acordo Especial de Cooperação no Domínio das Pescas entre a República Portuguesa e a República de Cabo Verde foi assinado em Lisboa a 23 de Novembro de 1992, e aprovado pelo Decreto n.° 32/93, de 7 de Outubro (este Decreto revoga o Decreto n.° 117/80, de 5 de Novembro, que aprovara o Acordo de Cooperação no Domínio da Pesca entre o Governo da República Portuguesa e o Governo da República de Cabo Verde).

O Acordo Especial de Cooperação no Domínio das Pescas entre a República Portuguesa e a República Democrática de São Tomé e Príncipe foi assinado em Lisboa em 25 de Outubro de 2000, tendo sido aprovado pelo Decreto n.° 45/2001, de 25 de Outubro.

V. *Ocupação; Animais; Contrato de trabalho*.

Pessoa colectiva (Dir. Civil) – Organização de pessoas ou bens destinada a prosseguir determinados fins, a que a lei atribui personalidade jurídica, isto é, que pode ser titular de direitos e obrigações. As pessoas colectivas podem ser de direito público ou de direito privado.

A capacidade de gozo das pessoas colectivas está limitada, no sentido de excluir aqueles direitos que realizam fins próprios exclusivos da pessoa humana e ainda todos os direitos que não se integram nem são convenientes à prossecução dos respectivos fins – princípio da especialidade (artigo 160.°, C.C.).

V. artigos 157.° e segs., C.C..

V. Portaria n.° 39/83, de 13 de Janeiro, que aprova os modelos de cartão de identificação das pessoas colectivas e entidades a elas equiparadas, e Portaria n.° 187/89, de 7 de Março, que aprova "os modelos de cartão de identificação provisório de pessoa colectiva, de empresário em nome individual, de entidade equiparada a pessoa colectiva e de estabelecimento individual de responsabilidade limitada [...]".

O Decreto-Lei n.° 144/83, de 31 de Março, que reorganizou o Registo Nacional de Pessoas Colectivas (tendo revogado o Decreto-Lei n.° 416/82, de 8 de Outubro), foi sucessivamente alterado pelos Decretos-Leis n.°s 235-A/83, de 1 de Junho, 425/ /83, de 6 de Dezembro (este alterado pelo

Decreto-Lei n.° 32/85, de 28 de Janeiro) e 433/83, de 17 de Dezembro, e, finalmente, revogado pelo Decreto-Lei n.° 42/89, de 3 de Fevereiro. Este último, que foi rectificado por declaração publicada no *Diário da República*, I-A série, de 31 de Março de 1989, foi alterado pelos Decretos-Leis n.°s 410/90, de 31 de Dezembro, 18/91, de 10 de Janeiro, 205/92, de 2 de Outubro (este rectificado pela Declaração de rectificação n.° 167/92, de 31 de Outubro), 20/93, de 26 de Janeiro, e 257/96, de 31 de Dezembro

A dispersão do regime do registo das pessoas colectivas por todos estes diplomas foi uma das razões determinantes da publicação do Decreto-Lei n.° 129/98, de 13 de Maio, alterado pelos Decretos-Leis n.°s 12/2001, de 25 de Janeiro – rectificado pela Declaração de rectificação n.° 3-B/2001, de 31 de Janeiro –, 323/2001, de 17 de Dezembro, 2/2005, de 4 de Janeiro, e 76-A/2006, de 29 de Março – rectificado pela Declaração de rectificação n.° 28-A//2006, de 26 de Maio, que veio aprovar o novo regime, integrando o Registo Nacional de Pessoas Colectiva na Direcção-Geral dos Registos e do Notariado como conservatória do registo comercial, e revogando a generalidade dos diplomas anteriores, à excepção de parte do articulado do DL n.° 144/83, que continuou em vigor (salvo os seus artigos 1.°, 4.° e 71.° a 91.°).

Todas as pessoas colectivas e algumas entidades que o não são têm de se encontrar registadas no ficheiro central de pessoas colectivas, sendo atribuído a cada uma um número de identificação e, a seu pedido, um cartão de identificação. V. as Portarias n.°s 375-A/83 e 375-B/83 (esta alterada pela Portaria n.° 15/84, de 1 de Setembro), ambas de 5 de Abril, e Portarias n.°s 111/84, de 21 de Fevereiro, 27/86, de 21 de Janeiro, 366/89, de 22 de Maio (esta rectificada por declaração publicada no Suplemento ao *Diário da República*, I série, de 30 de Junho de 1989, e alterada pela Portaria n.° 112/91, de 7 de Fevereiro), 156/91, de 21 de Fevereiro, e 599/93, de 23 de Junho (que estabelece as condições jurídicas e financeiras de acesso à informação contida no ficheiro central de pessoas colectivas).

Toda a denominação ou firma de uma pessoa colectiva tem de ser admitida pelo Registo Nacional de Pessoas Colectivas, não podendo ela ser validamente constituída nem registada definitivamente sem a exibição do respectivo certificado de admissibilidade.

Há casos em que a lei impõe que os titulares de certos bens sejam necessariamente pessoas colectivas: assim acontece, por exemplo, com os operadores de televisão que, nos termos do artigo 2.°, n.° 1-*b)*, da Lei n.° 32/2003, de 22 de Agosto (Lei da Televisão), são as pessoas colectivas legalmente habilitadas para o exercício da actividade televisiva.

O artigo 33.° da Lei n.° 16/2001, de 22 de Junho (Lei da Liberdade Religiosa), dispõe que "podem adquirir personalidade jurídica pela inscrição no registo das pessoas colectivas religiosas, que é criado no departamento governamental competente:

a) As igrejas e demais comunidades religiosas de âmbito nacional ou, em sua vez, as organizações representativas dos crentes residentes em território nacional;

b) As igrejas e demais comunidades religiosas de âmbito regional ou local;

c) Os institutos de vida consagrada e outros institutos, com natureza de associações ou de fundações, fundados ou reconhecidos pelas pessoas colectivas referidas nas alíneas *a)* e *b)* para a prossecução dos seus fins religiosos;

d) As federações ou as associações de pessoas colectivas referidas nas alíneas anteriores".

Os artigos 34.° e segs. desta Lei n.° 16//2001 ocupam-se do regime da inscrição de que trata a disposição que se deixou citada. Dispõe o artigo 44.° da mesma Lei que "as associações e fundações com fins religiosos podem ainda adquirir personalidade jurídica nos termos previstos no Código Civil para as pessoas colectivas privadas, ficando então sujeitas às respectivas normas, excepto quanto à sua actividade com fins religiosos". Porém, o artigo 58.° dispõe que à Igreja Católica não são "aplicáveis as disposições desta lei relativas às igrejas ou comunidades religiosas inscritas ou radicadas no País, sem prejuízo da adopção de quaisquer disposições por acordo entre o Estado e a Igreja Católica ou por remissão da lei".

"As confissões religiosas e as associações religiosas não católicas inscritas no correspondente registo do departamento governamental competente conservam a sua personalidade jurídica e a sua capacidade, passando a estar sujeitas à presente lei quanto às suas actividades religiosas, nos termos do artigo 44.°". "As mesmas confissões e associações podem requerer a sua conversão em uma pessoa colectiva religiosa, nos termos dos artigos 34.° a 40.°, mediante o preenchimento dos respectivos requisitos, no prazo de três anos desde a entrada em vigor da presente lei"; não o fazendo, "passarão a estar inscritas no Registo Nacional das Pessoas Colectivas, para onde serão remetidos os processos e os documentos que serviram de base aos respectivos registos"; finalmente, estabelece o artigo 63.°, no seu n.° 4, que, "passado o prazo referido no n.° 2, é extinto o actual registo de confissões religiosas e associações não católicas no Ministério da Justiça".

O Decreto-Lei n.° 134/2003, de 28 de Junho, aprova o registo das pessoas colectivas religiosas, previsto na Lei da Liberdade Religiosa; a Portaria n.° 362/2004, de 8 de Abril, fixa os procedimentos que devem ser observados pelas pessoas colectivas religiosas inscritas no registo das pessoas colectivas religiosas que queiram beneficiar dos regimes de donativos ou de consignação da quota do IRS liquidado, nos termos do artigo 32.°, n.°s 3 a 5, da Lei da Liberdade Religiosa.

V. *Associação; Fundação; Capacidade de gozo; Registo das pessoas colectivas; Ficheiro central de pessoas colectivas; Liberdade religiosa.*

Pessoa colectiva religiosa – V. *Pessoa colectiva.*

Pessoa especialmente relacionada (Dir. Civil; Dir. Com.; Proc. Civil) – V. *Relação especial.*

Pessoa jurídica (Dir. Civil) – É o ente a que a lei atribui personalidade jurídica. Pode ser uma pessoa singular ou colectiva, consoante se trate de uma pessoa física ou de uma organização de pessoas ou bens.

O direito reconhece personalidade a todos os seres humanos: o artigo 66.°, C.C., dispõe que a personalidade se adquire no momento do nascimento completo e com vida, e o artigo 68.° estabelece que o seu termo coincide com a morte da pessoa.

A expressão pessoa jurídica encontra-se, por vezes, utilizada pela doutrina civilística – sobretudo alemã e italiana – para significar apenas as pessoas colectivas.

V. *Acto jurídico; Personalidade jurídica; Pessoa singular; Pessoa colectiva; Nascimento; Morte.*

Pessoalidade (Dir. Civil) – Característica de certos actos que têm de ser praticados pessoalmente pelo seu autor.

Por exemplo, as doações não podem ser feitas pelos representantes legais dos incapazes em nome destes, nem pode outrem, que não o doador, designar a pessoa do donatário ou o objecto da doação (v. artigo 949.°, C.C.); a vontade de casar é "estritamente pessoal em relação a cada um dos nubentes" (v. artigo 1619.°, C.C.); também a perfilhação é um acto pessoal que só pode ser realizado pelo próprio ou por procurador que tenha poderes especiais para o acto (v. artigo 1849.°, C.C.); finalmente, o testamento é igualmente um acto pessoal (v. artigo 2182.°, C.C.).

V. *Doação; Representante legal; Incapaz; Donatário; Casamento; Nubente; Perfilhação; Poderes representativos, Procurador; Testamento.*

Pessoa moral (Dir. Civil) – Expressão, tradicionalmente utilizada pela doutrina portuguesa e que continua a ser comum na doutrina francesa, para designar as pessoas colectivas que não sejam sociedades.

V. *Pessoa colectiva; Associação; Fundação; Sociedade.*

Pessoa singular (Dir. Civil) – Todo o indivíduo nascido com vida é uma pessoa jurídica.

A designação de pessoa singular usa-se por contraposição à de pessoa colectiva.

V. *Personalidade jurídica; Pessoa colectiva.*

Petição (Proc. Civil)

1. V. *Petição inicial.*

2. V. *Petição conjunta.* (Dir. Civil) – V. *Direito de petição.*

Petição aperfeiçoada (Proc. Civil) – V. *Petição inicial; Despacho de aperfeiçoamento.*

Petição conjunta (Proc. Civil) – O Decreto-Lei n.° 211/91, de 14 de Junho, cujo artigo 7.° foi revogado pelo Decreto-Lei n.° 224-A/96, de 26 de Novembro, veio prever um regime de processo civil simplificado, em que se admite que, quando a acção não tenha por objecto direitos indisponíveis, possam "as partes iniciar a instância com a apresentação de petição conjunta, subscrita, sendo o patrocínio obrigatório, pelos respectivos mandatários judiciais, à qual se aplicam, com as adaptações necessárias, os requisitos previstos no Código de Processo Civil para a petição inicial" (artigo 1.°). O artigo 2.° do mesmo diploma estabelece que, nesta petição conjunta, "submetem as partes à apreciação judicial as respectivas pretensões, indicando os factos que admitem por acordo, sem prejuízo do disposto nas alíneas *c)* e *d)* do artigo 485.° do Código de Processo Civil, e os factos controvertidos, requerendo logo as respectivas provas e tomando posição sobre as questões de direito relevantes", e determinando que "as testemunhas serão apresentadas pela parte que as ofereceu, salvo se for requerida a respectiva notificação para comparência" e que, "excepcionalmente, quando as testemunhas residam fora da área do círculo judicial e a sua deslocação represente sacrifício incomportável, poderá requerer-se a expedição de carta precatória para a respectiva inquirição, nos termos previstos na lei processual".

"Apresentada em juízo a petição conjunta, o juiz aprecia liminarmente da admissibilidade do uso da forma do processo e da existência de quaisquer excepções dilatórias de conhecimento oficioso" e, "se o processo houver de prosseguir, é logo designado dia para a audiência final, que deverá realizar-se, não havendo diligências de produção antecipada da prova, no prazo máximo de dois meses a contar da apresentação em juízo da petição conjunta" – artigo 3.°, n.°s 2 e 3.

O artigo 4.°, n.° 1, dispõe que, "quando a complexidade do processo o aconselhe, poderá o juiz fazer preceder a audiência final de uma conferência com os mandatários judiciais das partes, destinada a obter os esclarecimentos pertinentes para a correcta selecção de factos essenciais controvertidos, a averiguar em audiência, e a realizar, sendo caso disso, tentativa de conciliação das partes".

É o seguinte o texto do artigo 5.°:

"1. – Se a divergência das partes se limitar à solução jurídica do pleito, a intervenção do tribunal será restrita ao julgamento da causa, precedido de debate oral dos advogados relativamente à qualificação e efeitos jurídicos dos factos admitidos por acordo das partes.

2. – Nos casos previstos no artigo 4.° do Código Civil, podem as partes acordar em que o litígio seja resolvido segundo a equidade".

V. *Petição inicial; Direito indisponível; Instância; Patrocínio judiciário; Intervenção obrigatória de advogado; Mandatário judicial; Prova; Questão de direito; Testemunha; Notificação; Círculo judicial; Carta precatória; Inquirição; Excepção dilatória; Conhecimento oficioso; Audiência; Tentativa de conciliação; Equidade.*

Petição de embargos de executado (Proc. Civil) – Articulado pelo qual o executado deduzia a sua oposição à execução, nos termos dos anteriores artigos 816.° e segs., C.P.C..

Com as alterações introduzidas no C.P.C. pelo Decreto-Lei n.° 38/2003, de 8 de Março (rectificado pela Declaração de rectificação n.° 5-C/2003, de 30 de Abril), deixou de haver referência a embargos de executado, tendo passado a utilizar-se a expressão mais geral de "oposição à execução". A oposição à execução deve ser deduzida nos termos dos artigos 813.° e segs., C.P.C..

V. *Execução; Executado; Articulados; Oposição à execução.*

Petição deficiente (Proc. Civil) – V. *Irregularidade da petição inicial; Petição inicial.*

Petição de herança (Dir. Civil; Proc. Civil) – Acção intentada pelo herdeiro para fazer reconhecer judicialmente a sua qualidade sucessória e para obter a restituição dos bens da herança a que tenha direito (todos ou parte deles) de quem os possua como herdeiro, a outro título ou sem qualquer título (artigo 2075.°, n.° 1, C.C.).

Se aquele que possuía os bens da herança tiver disposto deles, no todo ou em parte, em benefício de terceiro, a acção de petição pode também ser proposta contra este, desde que a aquisição não tenha sido feita de herdeiro aparente, por título oneroso e de boa fé. Sendo vários os herdeiros, qualquer deles pode propor a acção e não pode o possuidor dos bens opor-lhe que estes lhe não pertencem por inteiro.

V. artigos 2075.° e segs., C.C..

V. *Herança; Herdeiro; Posse; Herdeiro aparente; Negócio a título oneroso; Boa fé.*

Petição deficiente (Proc. Civil) – Sobre a petição irregular ou deficiente, v. *Irregularidade da petição inicial.*

Petição inepta (Proc. Civil) – V. *Ineptidão da petição; Petição inicial.*

Petição inicial (Proc. Civil)

1. É o articulado em que se propõe uma acção, formulando um pedido e expondo os respectivos fundamentos de facto e de direito.

O artigo 467.°, C.P.C. (na redacção dos Decretos-Leis n.°s 183/2000, de 10 de Agosto, e 38/2003, de 8 de Março – este rectificado pela Declaração de rectificação n.° 5-C/2003, de 30 de Abril), estabelece os requisitos da petição inicial; nela deve o autor:

"*a)* Designar o tribunal onde a acção é proposta e identificar as partes, indicando os seus nomes, domicílios ou sedes e, sempre que possível, profissões e locais de trabalho;

b) Indicar o domicílio profissional do mandatário judicial;

c) Indicar a forma do processo;

d) Expor os factos e as razões de direito que servem de fundamento à acção;

e) Formular o pedido;

f) Declarar o valor da acção;

g) Designar o solicitador de execução que efectuará a citação ou o mandatário judicial que a promoverá".

Nos termos do n.° 2 deste artigo 467.°, é facultativo para o autor apresentar no final da petição, desde logo, o rol de testemunhas e requerer outras provas.

"A secretaria recusa o recebimento da petição inicial indicando por escrito o fundamento da rejeição quando ocorrer algum dos seguintes factos:

a) Não tenha endereço ou esteja endereçada a outro tribunal ou autoridade;

b) Omita a identificação das partes e dos elementos a que alude a alínea *a)* do n.° 1 do artigo 467.°;

c) Não indique o domicílio profissional do mandatário judicial;

d) Não indique a forma de processo;

e) Omita a indicação do valor da causa;

f) Não tenha sido junto o documento comprovativo do prévio pagamento da taxa de justiça inicial ou o documento que ateste a concessão de apoio judiciário, excepto no caso previsto no n.° 4 do artigo 467.°;

g) Não esteja assinada;

h) Não esteja redigida em língua portuguesa;

i) O papel utilizado não obedeça aos requisitos regulamentares".

V. artigos 474.° e segs., C.P.C., o primeiro na redacção da Lei n.° 30-D/2000, de 20 de Dezembro.

Tratando-se de acção com processo sumaríssimo, com a petição autor deve expor, sem necessidade de forma articulada, a sua pretensão e os respectivos fundamentos, oferecendo logo as provas – artigo 793.°, C.P.C., na redacção do Decreto-Lei n.° 329-A/95, de 12 de Dezembro.

O Decreto-Lei n.° 211/91, de 14 de Junho, cujo artigo 7.° foi revogado pelo Decreto-Lei n.° 224-A/96, de 26 de Novembro, que estabelece o regime do processo civil simplificado, admite que, quando a acção não tenha por objecto direitos indisponíveis, as partes possam apresentar uma petição conjunta, em que submetam à apreciação judicial as respectivas pretensões, indicando desde logo os factos que admitem por acordo (sem prejuízo do disposto nas alíneas *c)* e *d)* do artigo 485.°, C.P.C.) e aqueles que são controvertidos, requerendo de imediato as respectivas provas e tomando posição sobre as questões de direito relevantes.

Há casos, para além daquele em que é seguido o processo sumaríssimo, em que a petição não carece de forma articulada. Assim acontece, de acordo com o respectivo artigo 1.°, n.° 3, no regime definido pelo Decreto-Lei n.° 269/98, de 1 de Setembro, rectificado pela Declaração de rectificação n.° 16-A/98, de 30 de Setembro, e alterado pelos Decretos-Leis n.°s 3837/99, de 23 de Setembro, 183/2000, de 10 de Agosto, 323/2001, de 17 de Dezembro, 32/2003, de 17 de Fevereiro, 38/2003 e 107/2005, de 1 de Julho (rectificado pela Declaração de rectificação n.° 63/2005, de 19 de Agosto), e pela Lei n.° 14/2006, de 26 de Abril, que se ocupa "dos procedimentos destinados a exigir o cumprimento de obrigações pecuniárias emergentes de contratos de valor não superior à alçada do tribunal da Relação [era a do tribunal de 1.ª instância, na versão anterior]" "ou das obrigações emergentes de transacções comerciais abrangidas pelo Decreto-Lei n.° 32/2003, de 17 de Fevereiro". A Portaria n.° 808/2005, de 9 de Setembro, aprovou o modelo de requerimento de injunção, estabelecendo o artigo 1.° da Portaria n.° 809/2005 da mesma data as formas de apresentação na secretaria judicial desse requerimento.

O artigo 23.° do Código da Insolvência e da Recuperação de Empresas, aprovado pelo Decreto-Lei n.° 53/2004, de 18 de Março, alterado pelos Decretos-Leis n.°s 200/2004, de 18 de Agosto, e 76-A/2006, de 29 de Março (rectificado pela Declaração de rectificação n.° 28-A/2006, de 26 de Maio), dispõe que "a apresentação à insolvência ou o pedido de declaração desta faz-se por meio de petição escrita, na qual são expostos os factos que integram os pressupostos da declaração requerida e se conclui pela formulação do correspondente pedido"; os números seguintes enunciam os elementos que têm de constar da petição, e o artigo 24.° enumera os documentos que devem ser juntos à petição pelo devedor, sendo ele o apresentante. Por seu lado, o artigo 25.° determina que, quando o pedido não provenha do devedor, o requerente justifique, na petição, "a origem, natureza e montante do seu crédito, ou a sua responsabilidade pelos créditos sobre a insolvência, consoante o caso, e oferecer com ela os elementos que possua relativamente ao activo e passivo do devedor", oferecendo todos os meios de prova de que disponha, "ficando obrigado a apresentar as testemunhas arroladas [...]".

V. *Articulados; Propositura da acção; Autor; Pedido; Causa de pedir; Parte; Identificação da pessoa; Sede; Domicílio; Mandatário judicial; Forma de processo; Matéria de facto; Valor da causa; Solicitador de execução; Citação; Testemunha; Rol de testemunhas; Documento; Apoio judiciário; Assinatura; Língua portuguesa; Prova; Competência em razão da matéria; Competência em razão do território; Competência em razão da hierarquia; Ineptidão da petição; Secretaria judicial; Processo sumaríssimo; Direito indisponível; Petição conjunta; Questão de direito; Obrigação pecuniária; Injunção; Alçada; Relação; Tribunal de 1.ª instância; Requerimento de injunção; Insolvência; Recuperação de empresas; Declaração de insolvência; Crédito.*

2. Há casos em que a lei designa por petição aquilo que habitualmente seria um requerimento, em especial de reclamação, senão de interposição de um recurso: assim acontece, por exemplo, no artigo 178.°, n.° 2, do Código do Notariado, que dispõe que, interposto recurso da decisão do notário recusa da prática de um acto, "a petição", com os documentos respectivos é entregue ao notário para que ele repare ou sustente a sua decisão.

V. *Requerimento; Reclamação; Recurso; Interposição de recurso; Notário; Recusa de acto notarial; Despacho de sustentação; Despacho de reparação; Documento.*

Petição irregular (Proc. Civil) – V. *Irregularidade da petição inicial; Petição inicial.*

Plano de insolvência (Dir. Civil; Dir. Com.; Proc. Civil) – Em derrogação das normas do Código da Insolvência e da Recuperação de Empresas, aprovado pelo Decreto-Lei n.° 53/2004, de 18 de Março, alterado pelos Decretos-Leis n.°s 200/2004, de 18 de Agosto, e 76-A/2006, de 29 de Março (rectificado pela Declaração de rectificação n.° 28-A/2006, de 26 de Maio), dispõe o artigo 192.° daquele que "o pagamento dos créditos sobre a insolvência, a liquidação da massa insolvente e a sua repartição pelos titulares daqueles créditos e pelo devedor, bem como a responsabilidade do devedor depois de findo o processo de insolvência, podem ser regula dos num plano insolvência".

De acordo com o artigo 156.°, n.°s 3 e 4, a assembleia de credores de apreciação do relatório do administrador da insolvência pode deliberar "cometer ao administrador [...] o encargo de elaborar um plano de insolvência", que pode suspender a liquidação e partilha da massa insolvente, cessando a suspensão "se o plano não for apresentado pelo administrador nos 60 dias seguintes", ou se o plano apresentado não for admitido, aprovado ou homologado.

"Podem apresentar proposta de plano de insolvência o administrador da insolvência, o devedor, qualquer pessoa que responda legalmente pelas dívidas da insolvência e qualquer credor ou grupo de credores cujos créditos representem pelo menos um quinto do total dos créditos não subordinados reconhecidos na sentença de verificação e graduação de créditos, ou na estimativa do juiz, se tal sentença ainda não tiver sido proferida"; "o administrador da insolvência deve apresentar em prazo razoável a proposta de plano de insolvência de cuja elaboração seja encarregado pela assembleia de credores"; "[...] elabora a proposta [...] em colaboração com a comissão de credores, se existir, com a comissão ou representantes dos trabalhadores e com o devedor, devendo conformar-se com as directrizes que tenham sido aprovadas em assembleia de credores, quando a proposta não seja de sua iniciativa" (artigo 193.°). O artigo 194.°, n.° 1, determina que o plano obedeça ao princípio "da igualdade dos credores da insolvência, sem prejuízo das diferenciações justificadas por razões objectivas", dizendo o n.° 2 que "o tratamento mais desfavorável relativamente a outros credores em idêntica situação depende do consentimento do credor afectado, o qual se considera tacitamente prestado no caso de voto favorável", finalmente, o n.° 3 da norma dispõe que "é nulo qualquer acordo em que o administrador [...], o devedor ou outrem confira vantagens a um credor não incluídas no plano de insolvência em contrapartida de determinado comportamento no âmbito do processo de insolvência, designadamente quanto ao exercício do direito de voto". Quando a proposta de plano "oferecer a todos os credores, ou algum deles, várias opções em alternativa, deve indicar qual a aplicável se, no prazo fixado para o efeito, não for exercida a faculdade de escolha" (artigo 200.°). "A proposta de plano [...] segundo o qual o devedor deva continuar a exploração da empresa é acompanhada da declaração, por parte deste, da sua disponibilidade para o efeito [...]", se for pessoa singular e, sendo sociedade comercial, dos sócios que respondam pessoalmente pelas respectivas obrigações – artigo 202.°, n.° 1. A requerimento do proponente, "o juiz decreta a suspensão da liquidação da massa insolvente e da partilha do produto pelos credores da insolvência se tal for necessário para não pôr em risco a execução de um plano [...] proposto", devendo "abster-se de ordenar a suspensão ou proceder ao levantamento de suspensão já decretada, se a medida envolver o perigo de prejuízos consideráveis para a massa insolvente, ou o prosseguimento da liquidação e da partilha lhe for requerido pelo administrador da insolvência, com o acordo da comissão de credores, se existir ou da assembleia de credores" (artigo 206.°, n.°s 1 e 2). O juiz não admite a proposta – por decisão irrecorrível –, se tiver violação dos preceitos sobre legitimidade para a apresentar ou sobre o conteúdo dele e "os vícios forem insupríveis ou não forem sanados no prazo razoável que fixar para o efeito", quando a aprovação dele "pela assembleia de credores ou a posterior homologação pelo juiz forem manifestamente inverosímeis", quando ele for "manifestamente inexequível", ou "quando, sendo o proponente o devedor, o administrador [...] se opuser à admissão, com o acordo da comissão de credores, se existir, contanto que anteriormente tenha já sido apresentada pelo devedor e admitida pelo juiz alguma proposta de plano" – artigo 207.°.

Antes de homologar a proposta de plano, "o juiz convoca a assembleia de credores para [a] discutir e votar [...], devendo do anúncio e das circulares constar [...] que a proposta de plano [...] se encontra à disposição dos interessados, para consulta, na secretaria do tribunal, desde a data da convocação [...], durante os 10 dias anteriores à data da assembleia"; esta não pode reunir antes de transitada em julgado a sentença de declaração de insolvência, de esgotado o prazo para a interposição de recursos desta sentença e da realização da assembleia de aprovação do relatório" (artigo 209.°, n.°s 1 e 2). "O plano de insolvência pode ser modificado na própria assembleia pelo proponente, e posto à votação na mesma sessão com as alterações introduzidas, desde que estas, ainda que substanciais quanto a aspectos particulares de regulamentação, não contendam com o próprio cerne ou estrutura do plano ou com a finalidade prosseguida" - artigo 210.°. O juiz pode decidir que a votação seja feita por escrito, em prazo não superior a 10 dias, só podendo votar os titulares de créditos com direito de voto presentes ou representados na assembleia; "o voto escrito deve conter a aprovação ou rejeição da proposta [...]; qualquer proposta de modificação [...] implica rejeição da proposta" - artigo 211.°.

O artigo 212.° contem regras sobre o modo como a proposta de plano é considerada aprovada. "A deliberação de aprovação de um plano de insolvência é objecto de imediata publicação, nos termos prescritos no artigo 75.° [anúncios publicados no *Diário da República*, num jornal diário de grande circulação nacional e editais afixados na porta da sede e dos estabelecimentos da empresa, se os houver, circulares dirigidas aos cinco maiores credores, ao devedor e aos administradores deste último, e à comissão de trabalhadores], aplicáveis com as devidas adaptações" (artigo 213.°).

A sentença homologatória do plano só pode ser proferida depois de, pelo menos, 10 dias sobre a data da aprovação, "ou, tendo o plano sido objecto de alterações na própria assembleia, sobre a data da publicação da deliberação" - artigo 214.°. A homologação é rejeitada oficiosamente "no caso de violação não negligenciável de regras procedimentais ou das normas aplicáveis ao seu conteúdo, qualquer que seja a sua natureza, e ainda quando, no prazo razoável que estabeleça, não se verifiquem as condições suspensivas do plano ou não sejam praticados os actos ou executadas as medidas que devam preceder a homologação" (artigo 215.°), podendo a não homologação ser decidida a solicitação do devedor, de algum credor ou sócio, associado ou membro do devedor, nas circunstâncias previstas no artigo 216.°.

O plano de insolvência tem de indicar "claramente" as alterações que dele decorrem para as posições jurídicas dos credores da insolvência, tem de enunciar a sua finalidade, descrever as medidas necessárias à respectiva execução, "já realizadas ou ainda a executar" e conter todos os elementos relevantes para poder ser aprovado pelos credores e homologado pelo juiz, nomeadamente as constantes das alíneas do n.° 2 do artigo 195.°. O artigo 196.°, n.° 1, enuncia exemplificativamente as providências "com incidência no passivo do devedor": "*a)* O perdão ou redução do valor dos créditos, quer quanto ao capital, quer quanto aos juros, com ou sem cláusula «salvo regresso de melhor fortuna»; *b)* O condicionalismo do reembolso de todos os créditos ou de parte deles às disponibilidades do devedor; *c)* A modificação dos prazos de vencimento ou das taxas de juro dos créditos; *d)* A constituição de garantias; *e)* A cessão de bens aos credores"; o n.° 2 estabelece que o plano "não pode afectar as garantias reais e os privilégios creditórios gerais de créditos detidos pelo Banco Central Europeu, por bancos centrais de um Estado Membro da União Europeia e por participantes num sistema de pagamentos tal como definido pela alínea a) do artigo 2.° da Directiva 98/26/CE do Parlamento Europeu e do Conselho, de 19 de Maio de 1998, ou equiparável, em decorrência do funcionamento desse sistema". Só podem incluir-se condições suspensivas ao plano se se tratar da realização de prestações ou da execução de outras medidas que devem decorrer antes da homologação pelo juiz; "ao plano de insolvência não podem ser apostas condições resolutivas, sem prejuízo do [...] artigo 218.° [que estabelece em que casos a moratória ou o perdão previstos ficam sem efeito]; "se o plano [...] contemplar um aumento do capital social da empresa devedora ou um saneamento por transmissão, a subscrição das participações sociais ocorre anteriormente à homologação, assim como a realização integral das entradas em dinheiro, mediante depósito à ordem do administrador da insolvência, a emissão das declarações de que se transmitem as entradas em espécie e a verificação do valor destas pelo revisor oficial de contas designado no plano" – artigo 201.°. "A dação de bens em pagamento dos créditos sobre a insolvência, a conversão destes em capital ou a transmissão das correspondentes dívidas com efeitos liberatórios para o antigo devedor depende da anuência dos titulares dos créditos em causa, prestada por escrito [...]", salvo se a dação em pagamento de créditos comuns ou subordinados tiver "por objecto créditos sobre a nova sociedade ou sociedades decorrentes da aquisição de estabelecimentos à massa" (artigo 202.°). Mas, "não carece do consentimento dos respectivos titulares a conversão de créditos comuns ou subordinados em capital da sociedade insolvente ou de uma nova sociedade", como também não "a extinção desses créditos por contrapartida da atribuição de opções de compra de participações representativas do respectivo capital social liberadas por conversão de créditos sobre a insolvência de hierarquicamente superior, válidas pelo período mínimo de 60 dias contados da data do registo do aumento de capital ou da constituição da nova sociedade, e livremente transmissíveis, consoante o caso, desde que, em qualquer das situações, e ainda que em consequência do plano: *a)* A sociedade emitente revista a forma de sociedade anónima; *b)* Dos respectivos estatutos não constem quaisquer restrições à transmissibilidade das acções; *c)* Dos [...] estatutos conste a obrigatoriedade de ser requerida a admissão imediata das acções à cotação a mercado regulamentado, ou logo que verificados os requisitos exigidos; *d)* Dos [...] estatutos conste a insusceptibilidade de uma alteração que contrarie o disposto nas alíneas *b)* e *c)*, excepto por unanimidade, enquanto a sociedade mantiver a qualidade de sociedade aberta [considerando-se como tal "a sociedade com o capital aberto ao investimento do público a sociedade emitente de acções em que sejam convertidos créditos sobre a insolvência independentemente do consentimento dos respectivos titulares"]" – artigo 203.°, n.° 1. O artigo 197.° – norma supletiva – dispõe que o plano de insolvência não afecta os direitos resultantes de garantias reais, que "os créditos subordinados consideram-se objecto de perdão total" e que "o cumprimento do plano exonera o devedor e os responsáveis legais da totalidade das dívidas da insolvência remanescentes". Quando o devedor for uma sociedade comercial, aplicam-se as regras constantes do artigo 198.°.

"Com a sentença de homologação produzem-se as alterações dos créditos sobre a insolvência introduzidas pelo plano [...], sem excepção daqueles que não tenham sido reclamados ou verificados", conferindo esta sentença "eficácia a quaisquer actos ou negócios jurídicos previstos no plano [...], independentemente da forma legalmente prevista, desde que constem do processo, por escrito, as necessárias declarações de vontade de terceiros e dos credores que o não tenham votado favoravelmente, ou que, nos termos do plano, devessem ser emitidas posteriormente à aprovação, mas prescindindo-se das declarações de vontade do devedor cujo consentimento não seja obrigatório nos termos das disposições deste Código e da nova sociedade ou sociedades a constituir"; o n.° 3 do artigo 217.° enuncia exemplificativamente, os actos e contratos para que a sentença constitui "título bastante"; o n.° 4 do mesmo artigo dispõe que "as providências previstas no plano [...] com incidência no passivo do devedor não afectam a existência nem o montante dos direitos dos credores da insolvência contra os condevedores ou os terceiros garantes da obrigação, mas estes sujeitos apenas poderão agir contra o devedor em via de regresso nos termos em que o credor da insolvência pudesse exercer contra ele os seus direitos" (artigos 216.° e 217.°).

O artigo 218.° ocupa-se das situações de mora debitória, o 219.° das providências a adoptar pelo administrador da insolvência quanto às dívidas da massa, e o 220.° da fiscalização da execução do plano. Quando a fiscalização for cometida ao administrador da insolvência, o plano "pode estipular que terão prioridade sobre os créditos sobre a insolvência, em novo processo de insolvência aberto antes de findo o período de fiscalização, os créditos que, até certo limite global, sejam constituídos nesse período, desde que essa prioridade lhes seja reconhecida expressamente e por escrito, com indicação do montante abrangido e confirmação pelo administrador [...]", sendo tal prioridade "igualmente válida [*sic*] face a outros créditos de fonte contratual constituídos durante o período da fiscalização" (artigo 221.°).

"A confirmação pelo juiz do fim do período de fiscalização é publicada e registada, nos termos previstos para a decisão de encerramento do processo de insolvência" – artigo 222.°.

V. *Insolvência; Recuperação de empresas; Crédito sobre a insolvência; Liquidação; Massa insolvente; Devedor; Assembleia de credores; Assembleia de apreciação do relatório; Administrador da insolvência; Partilha; Homologação; Crédito subordinado; Verificação de créditos; Graduação de credores; Prazo razoável; Comissão de credores; Autorização; Declaração tácita; Nulidade; Empresa; Escrito particular; Pessoa singular; Responsabilidade patrimonial; Obrigação; Irrecorribilidade; Legitimidade; Sanação; Secretaria judicial; Trânsito em julgado; Declaração de insolvência; Recurso; Interposição de recurso; Edital; Sede; Estabelecimento comercial; "Ex officio"; Condição suspensiva; Associado; Perdão; Juros; Cláusula" salvo regresso de melhor fortuna"; Vencimento; Garantias reais; Cessão de bens aos credores; Privilégio creditório; Condição resolutiva; Moratória; Entrada; Dação em cumprimento; Transmissão de dívida; Crédito comum; Estatutos; Norma supletiva; Exoneração; Reclamação de créditos; Acto jurídico; Negócio jurídico; Forma legal; Declaração negocial; Terceiro; Contrato; Condevedores; Garantias especiais; Direito de regresso; Mora; Registo.*

Plano de pagamentos (Dir. Civil; Dir. Com.; Proc. Civil) – O artigo 251.° do Código da Insolvência e da Recuperação de Empresas, aprovado pelo Decreto-Lei n.° 53/2004, de 18 de Março, alterado pelos Decretos-Leis n.°s 200/2004, de 18 de Agosto, e 76-A/2006, de 29 de Março (rectificado pela Declaração de rectificação n.° 28-A/2006, de 26 de Maio), estabelece que "o devedor pode apresentar, conjuntamente com a petição inicial do processo de insolvência, um plano de pagamentos aos credores", que "deve conter uma proposta de satisfação dos direitos dos credores que acautele devidamente os interesses destes, de forma a obter a respectiva aprovação, tendo em conta a situação do devedor". O plano de pagamentos "pode designadamente prever moratórias, perdões, constituições de garantias, extinções, totais ou parciais, de garantias reais ou privilégios creditórios existentes, um programa calendarizado de pagamentos ou o pagamento numa só prestação e a adopção pelo devedor de medidas concretas de qualquer natureza susceptíveis de melhorar a sua situação patrimonial". "A apresentação do plano de pagamentos envolve confissão da situação de insolvência, ao menos iminente, por parte do devedor".

Se o pedido de insolvência for apresentado por terceiro, "deve constar do acto de citação do devedor pessoa singular a indicação da possibilidade de apresentação de um plano de pagamentos em alternativa à contestação".

"Se nenhum credor tiver recusado o plano de pagamentos, ou se a aprovação de todos os que se oponham for objecto de suprimento, nos termos do artigo seguinte ["se o plano de pagamentos tiver sido aceite por credores cujos créditos representem mais de dois terços do valor total dos créditos relacionados pelo devedor, pode o tribunal, a requerimento de algum desses credores ou do devedor, suprir a aprovação dos demais credores", verificadas determinadas condições], o plano é tido por aprovado", entendendo-se "que se opõem ao plano de pagamentos: *a)* Os credores que o tenham recusado expressamente; *b)* Os credores que, por forma não aceite pelo devedor, tenham contestado a natureza, montante ou outros elementos dos seus créditos relacionados pelo devedor ou invocado a existência de outros créditos".

"O trânsito em julgado das sentenças de homologação do plano de pagamentos e de declaração da insolvência determina o encerramento do processo de insolvência".

"Em derrogação do disposto no artigo 8.°, a pendência de um processo de insolvência em que tenha sido apresentado um plano de pagamentos não obsta ao prosseguimento de outro processo instaurado contra o mesmo devedor por titulares de créditos não incluídos na relação anexa ao plano [...]".

V. artigos 251.° e segs. do Código da Insolvência e da Recuperação de Empresas.

A Portaria n.° 1039/2004, de 13 de Agosto, aprova vários modelos a serem juntos ao plano de pagamentos.

V. *Insolvência; Recuperação de empresas; Devedor; Petição inicial; Credor; Garantias reais; Privilégio creditório; Confissão; Terceiro; Citação; Pessoa singular; Contestação; Trânsito em julgado; Sentença; Homologação.*

Plantação de árvores (Dir. Civil) – V. *Árvores e arbustos.*

Plantações (Dir. Civil) – V. *Sementeiras; Acessão.*

Plenitude da assistência dos juízes (Proc. Civil) – V. *Princípio da plenitude da assistência dos juízes; Tribunal colectivo.*

Plenitude de jurisdição (Proc. Civil) – Princípio segundo o qual ao tribunal comum de comarca competem todas as causas que não sejam por lei expressamente cometidas a um tribunal especial.

V. artigos 66.° e 67.°, C.P.C., e artigo 18.°, n.° 1, da Lei de Organização e Funcionamento dos Tribunais Judiciais (Lei n.° 3/ /99, de 13 de Janeiro, rectificada pela Declaração de rectificação n.° 7/99, de 16 de Fevereiro, e alterada pela Lei n.° 101/99, de 26 de Julho, pelos Decretos-Leis n.°s 323/ /2001, de 17 de Dezembro, e 38/2003, de 8 de Março – este último rectificado pela Declaração de rectificação n.° 5-C/2003, de 30 de Abril –, pela Lei n.° 105/2003, de 10 de Dezembro, pelo Decreto-Lei n.° 53/2004, de 18 Março, pela Lei n.° 42/2005, de 29 de Agosto, e pelo Decreto-Lei n.° 76-A/2006, de 29 de Março – este rectificado pela Declaração de rectificação n.° 28-A/2006, de 26 de Maio).

V. *Tribunal comum; Tribunal de comarca; Tribunal especial.*

Pluralidade de mandatos (Dir. Civil) – O artigo 1160.°, C.C., dispõe que, "se alguém incumbir duas ou mais pessoas da prática dos mesmos actos jurídicos, haverá tantos mandatos quantas as pessoas designadas, salvo se o mandante declarar que devem agir conjuntamente".

V. *Mandato; Acto jurídico; Mandato conjunto.*

Pluralidade de partes

1. (Dir. Civil) – Quando um negócio jurídico tem mais do que uma parte, isto é, seja bilateral ou plurilateral, qualifica-se como contrato.

V. *Negócio jurídico; Parte; Negócio jurídico unilateral; Contrato.*

2. (Proc. Civil) – Em processo civil, há pluralidade de partes quando a acção tem mais do que um autor (pluralidade activa), mais do que um réu (pluralidade passiva) ou, simultaneamente, mais do que um autor e que um réu (pluralidade mista).

A pluralidade pode resultar de litisconsórcio, de coligação ou de intervenção de terceiros, podendo ser legal, voluntária ou provocada; pode ainda ser originária ou inicial, ou ser sucessiva, consoante se verifique desde o início ou só surja em momento subsequente ao do início da instância.

A doutrina fala em pluralidade de partes por coordenação quando as várias partes são principais, e em pluralidade de partes por subordinação quando, ao lado da parte principal, existe uma ou várias partes acessórias.

V. *Autor; Réu; Litisconsórcio; Coligação; Intervenção de terceiros; Instância; Parte principal; Parte acessória.*

Pluralidade subjectiva subsidiária (Proc. Civil) – Designação legal da figura doutrinária do litisconsórcio subsidiário ou eventual, nos termos da qual se admite "a dedução subsidiária do mesmo pedido, ou a dedução de pedido subsidiário, por autor ou contra réu diverso do que demanda ou é demandado a título principal, no caso de dúvida fundamentada sobre o sujeito da relação controvertida" – artigo 31.°-B, C.P.C., introduzido pelo Decreto-Lei n.° 329-A/95, de 12 de Dezembro, e com a redacção do Decreto-Lei n.° 180/96, de 25 de Setembro.

Trata-se, essencialmente, de possibilitar a formulação, numa acção, de pedidos subsidiários contra réus diferentes do(s) originariamente demandado(s) sempre que isso se justifique pela incerteza de quem é o sujeito passivo da relação. Assim se evitará a improcedência da acção por ilegitimidade do réu com a inerente necessidade da propositura de nova acção contra quem tem legitimidade passiva, tudo com a vantagem da economia processual e da eventual não prescrição do direito do autor.

V. *Litisconsórcio; Pedido; Pedido subsidiário; Autor; Réu; Procedência; Legitimidade; Economia processual; Prescrição.*

Plurinacional (Dir. Civil) – Indivíduo que tem mais do que uma nacionalidade.

O artigo 28.° da Lei da Nacionalidade – Lei n.° 37/81, de 3 de Outubro, alterada pela Lei n.° 25/94, de 19 de Agosto, pelos Decretos-Leis n.°s 22-A/2001, de 14 de Dezembro, 194/2003, de 23 de Agosto de 2003, e pelas Leis Orgânicas n.°s 1/2004, de 15 de Janeiro, e 2/2006, de 17 de Abril – dispõe que: "Nos conflitos positivos de duas ou mais nacionalidades releva apenas a nacionalidade do Estado em cujo território o plurinacional tenha a sua residência habitual ou, na falta desta, a do Estado com o qual mantenha uma vinculação mais estreita".

V. *Cidadania; Conflito de leis; Residência habitual.*

Poços (Dir. Civil) – V. *Escavações; Minas.*

Poder (Dir. Civil) – Os poderes são os elementos do direito subjectivo: são as disponibilidades de meios conferidas ao titular daquele para alcançar o fim que a ordem jurídica protege com a atribuição do direito.

V. *Direito subjectivo.*

Poder de administração. (Dir. Civil) – V. *Acto de administração.*

Poder de disposição (Dir. Civil) – V. *Acto de disposição.*

Poder de representação (Dir. Civil) – V. *Poderes representativos.*

Poder-dever (Dir. Civil) – O mesmo que *poder funcional* (v. esta expressão).

Poderes de administração (Dir. Civil) – V. *Acto de administração.*

Poderes de disposição (Dir. Civil) – V. *Acto de disposição.*

Poderes do juiz (Proc. Civil) – "Iniciada a instância, cumpre ao juiz, sem prejuízo do ónus de impulso especialmente imposto pela lei às partes, providenciar pelo andamento regular e célere do processo, promovendo oficiosamente as diligências necessárias ao normal prosseguimento da acção e recusando o que for impertinente ou meramente dilatório", tal como "incumbe ao juiz realizar ou ordenar, mesmo oficiosamente, todas as diligências necessárias ao apuramento da verdade e à justa composição do litígio, quanto aos factos de que lhe é lícito conhecer" – artigo 265.°, n.°s 1 e 3, C.P.C., o primeiro na redacção do Decreto-Lei n.° 329-A/95, de 12 de Dezembro, e o segundo na do Decreto-Lei n.° 180/96, de 25 de Setembro.

Por outro lado, o artigo 265.°-A, aditado pelo referido DL n.° 329-A/95 e alterado pelo também referido DL n.° 180/96, do mesmo Código dispõe que, "quando a tramitação processual prevista na lei não se adequar às especificidades da causa, deve o juiz oficiosamente, ouvidas as partes, determinar a prática dos actos que melhor se ajustem ao fim do processo, bem como as necessárias adaptações".

V. *Instância; Juiz; Ónus; Parte; "Ex officio"; Diligência; Actos processuais. Princípio inquisitório.*

Poderes forenses (Proc. Civil) – Poderes de representação em juízo, atribuídos a um advogado ou solicitador, cujo conjunto se designa em regra por mandato judicial.

V. *Advogado; Solicitador; Mandato judicial.*

Poderes representativos (Dir. Civil) – Para que alguém possa actuar, eficazmente, em nome de outrem, é necessário que disponha de poderes de representação ou poderes representativos.

Os poderes representativos são conferidos por lei quando se trata de representação legal, sendo atribuídos pelo representado por acto unilateral, na representação voluntária: "Diz-se procuração o acto pelo qual alguém atribui a outrem, voluntariamente, poderes representativos" (artigo 262.°, n.° 1, C.C.).

Os poderes de representação podem ser *gerais*, quando o representante tem legitimidade representativa para a prática de uma generalidade de actos jurídicos de certo tipo ou de qualquer tipo; são *especiais* quando se referem apenas a um acto ou negócio ou a certos actos ou negócios identificados. Caso a procuração não especifique os poderes conferidos, estes consideram-se gerais e apenas de administração ordinária; a lei não o diz, mas, em sede de mandato – figura que, se bem que distinta da procuração, se encontra no seu regime legal em alguma medida confundida com esta –, o artigo 1159.°, C.C., dispõe que "o mandato geral só compreende actos de administração ordinária", abrangendo o "mandato especial, além dos actos nele referidos, todos os demais necessários à sua execução".

Se um sujeito jurídico actuar em nome de outrem, mas sem estar dotado de poderes de representação, os actos que assim pratique são ineficazes em relação ao representado, a não ser que este os ratifique (cfr. artigo 268.°, C.C.).

São os poderes de representação que permitem, pois, que os efeitos jurídicos dos actos ou negócios realizados pelo representante em nome alheio se vão repercutir directamente na esfera jurídica do representado.

V. *Representação; Procuração; Ratificação; Ineficácia; Acto jurídico; Negócio jurídico; Esfera jurídica.*

Poder funcional (Dir. Civil) – Poder funcional ou poder-dever é um direito, de exercício obrigatório, atribuído por lei a uma pessoa com a finalidade de realizar objectivos de carácter altruístico. Trata-se, muitas vezes, de um poder de intervenção na esfera de outrem, no interesse deste.

É o caso, por exemplo, do poder paternal, conjunto de direitos atribuídos aos pais para realizarem a manutenção e a educação dos filhos. Como dispõe o artigo 36.°, n.° 5, da Constituição da República, "os pais têm o direito e o dever de educação e manutenção dos filhos".

Não é válida a convenção pela qual o titular de um poder-dever pretenda renunciar a ele, aliená-lo ou delegá-lo.

A doutrina portuguesa divide-se quanto ao problema de saber se estes direitos de conteúdo altruístico devem ser considerados verdadeiros direitos subjectivos, inclinando-se alguns autores no sentido negativo, tendo sobretudo em atenção, por um lado, o carácter não livre, mas vinculado, do seu exercício e, por outro, a não prossecução de interesses próprios do sujeito titular que eles visam.

V. *Esfera jurídica; Poder paternal; Validade; Convenção; Irrenunciabilidade; Inalienabilidade; Direito subjectivo; Interesse.*

Poder inquisitório (Proc. Civil) – Poder que o juiz tem, em processo cível – dominado pelo princípio dispositivo – "de realizar ou ordenar, mesmo oficiosamente, todas as diligências necessárias ao apuramento da verdade e à justa composição do litígio, quanto aos factos de que lhe é lícito conhecer" – artigo 265.°, n.° 3, C.P.C., na redacção do Decreto-Lei n.° 180/96, de 25 de Setembro.

V. *"Ex officio"; Diligência; Litígio; Princípio dispositivo.*

Poder jurisdicional (Proc. Civil) – Poder de julgar, de proferir uma decisão acerca de um litígio submetido pelas partes à apreciação do órgão de jurisdição.

"Proferida a sentença, fica imediatamente esgotado o poder jurisdicional do juiz quanto à matéria da causa", pelo que, a partir daí, já só lhe é lícito "rectificar erros materiais, suprir nulidades, esclarecer dúvidas existentes na sentença e reformá-la [em certos termos]", mas não alterar a decisão, ainda que venha a convencer-se de que ela não foi a mais adequada ou a mais justa. O mesmo princípio se aplica, "até onde seja possível", aos despachos.

V. artigo 666.°, C.P.C., cujo n.° 2 tem a redacção do Decreto-Lei n.° 180/96, de 25 de Setembro.

V. o Acordo de Cooperação Judiciária e Jurídica entre a República Portuguesa e a Região Administrativa Especial de Macau, da República Popular da China, assinado em Lisboa em 17 de Janeiro de 2001, aprovado para ratificação pela Resolução da Assembleia da República n.° 19/2002, de 16 de Março, e ratificado pelo Decreto do Presidente da República n.° 17/2002, da mesma data.

V. o Acordo de Cooperação Jurídica e Judiciária entre a República Portuguesa e a República de Angola, assinado em Luanda em 30 de Agosto de 1995, aprovado, para ratificação, pela Resolução da Assembleia da República n.° 11/97, de 4 de Março, e ratificado pelo Decreto do Presidente da República n.° 9/97, da mesma data. O Decreto n.° 14/98, de 27 de Maio, aprovou o Acordo entre a República Portuguesa e o Reino de Espanha Relativo à Cooperação Judiciária em Matéria Penal e Civil, que entrou em vigor para Portugal em 19 de Dezembro de 1998 – v. o Aviso n.° 274/98, de 3 de Dezembro.

O Acordo de Cooperação Jurídica e Judiciária entre a República Portuguesa e a República de Cabo Verde, assinado na Praia, em 2 de Dezembro de 2003, foi aprovado pelo Decreto n.° 10/2005, de 15 de Fevereiro, tendo sido emitidas notas, respectivamente pelo Ministério dos Negócios Estrangeiros, Cooperação e Comunidades de Cabo Verde e pelo Ministério dos Negócios Estrangeiros de Portugal, em que se comunica terem sido cumpridas as formalidades constitucionais internas respectivas de aprovação; nos termos do n.° 1 do artigo 86.° do Acordo, este entrou em vigor na data de recepção da última notificação sobre o cumprimento das formalidades internas exigidas, isto é, em 8 de Julho de 2005 (v. o Aviso n.° 281/2005, de 9 de Agosto).

V. *Litígio; Parte; Sentença; Rectificação da sentença; Aclaração de sentença; Reforma de sentença; Nulidade processual; Despacho.*

Poder marital (Dir. Civil) – No antigo direito português, consagrava-se o princípio da supremacia do marido, chefe de família, a quem cabiam os poderes de decisão em todos os actos da vida conjugal comum, nos ternos do anterior artigo 1674.°, C.C.. Não se impunha à mulher "a obrigação de prestar obediência ao marido", de que falava o Código de Seabra, mas a situação resultante não era muito diferente, já que a mulher apenas podia, sem consentimento do marido, exercer profissões liberais ou funções públicas e publicar ou fazer representar as suas obras ou dispor da propriedade intelectual (artigo 1676.°, n.° 1, C.C.). No que respeitava ao exercício pela mulher de actividades lucrativas, mediante contrato com terceiro, a lei não exigia o consentimento do marido, mas este, se não vigorasse o regime da separação de bens, podia sempre denunciar esses contratos (anterior artigo 1676.°, n.° 2, C.C.).

Actualmente, e por força do n.° 3 do artigo 36.° da Constituição da República e do Decreto-Lei n.° 496/77, de 25 de Novembro, encontram-se revogadas todas as normas da lei ordinária que impunham regimes discriminatórios aos cônjuges, porquanto, nos termos do citado preceito constitucional, "os cônjuges têm iguais direitos e deveres quanto à capacidade civil e política e à manutenção e educação dos filhos", e o artigo 1671.°, C.C., determina que "o casamento se baseia na igualdade de direitos e deveres dos cônjuges", pertencendo a ambos a direcção da família.

V. *Direito de propriedade intelectual; Contrato; Separação de bens; Denúncia; Casamento; Princípio da igualdade; Família.*

Poder paternal (Dir. Civil) – Conjunto de deveres e de poderes-deveres atribuídos aos pais para proverem à saúde, educação e alimentação dos filhos menores não emancipados, e à administração dos seus bens.

Os direitos que integram o poder paternal são irrenunciáveis. A Constituição da República impõe iguais deveres e confere iguais direitos a ambos os pais na educação e manutenção dos filhos, determinando que eles não possam ser separados dos pais, a menos que estes não cumpram para com eles os seus deveres fundamentais, e sempre mediante decisão judicial (v. artigo 36.°).

O Decreto-Lei n.° 496/77, de 25 de Novembro, deu nova redacção a algumas disposições do Código Civil relativas ao regime do poder paternal e, designadamente, àquelas que atribuíam poderes especiais ao pai, tendo vindo, posteriormente, a Lei n.° 84/95, de 31 de Agosto, dar nova redacção a duas disposições do Código Civil, aditando-lhe uma terceira, no sentido de melhor proteger o interesse do menor em ser acompanhado por ambos os pais (no caso de estes não coabitarem) e também, em alguma medida, por outros familiares.

Finalmente, a Lei n.° 59/99, de 30 de Junho, alterou o artigo 1906.°, C.C., que se ocupa do regime jurídico do exercício do poder paternal em caso de divórcio, separação judicial de pessoas e bens, declaração de nulidade ou anulação do casamento, alterando a redacção que lhe havia sido dada pela Lei n.° 84/95. Mais claramente do que na anterior redacção, esta disposição da lei civil estabelece o princípio de que o poder paternal deve ser exercido por ambos os progenitores, dizendo, no respectivo n.° 1, que, "desde que obtido o acordo dos pais, o poder paternal é exercido em comum por ambos, decidindo as questões relativas à vida do filho em condições idênticas às que vigoram para tal efeito na constância do matrimónio". Só quando não haja acordo dos pais se estabelece que o tribunal determine, "através de decisão fundamentada", que "o poder paternal seja exercido pelo progenitor a quem o filho for confiado", hipótese em que "os pais podem acordar que determinados assuntos sejam resolvidos entre ambos ou que a administração dos bens do filho seja assumida pelo progenitor a quem o menor tenha sido confiado". Caso o exercício do poder paternal caiba apenas a um dos progenitores, tem o outro "o poder de vigiar a educação e as condições de vida do filho".

Separados judicialmente de pessoas e bens, separados de facto ou divorciados os cônjuges (ou ainda se o casamento foi declarado nulo ou anulado), conservam ambos o poder paternal, sendo o seu exercício regulado pelo tribunal, na falta de acordo dos pais (a competência para regular o exercício do poder paternal e das questões a ele respeitantes pertence aos tribunais de família – v. artigo 82.°, n.° 1-*d)*, da Lei de Organização e Funcionamento dos Tribunais Judiciais, e artigo 146.°-*d)*, da anteriormente chamada O.T.M.

O Assento n.° 7/95, de 4 de Julho de 1995 do Supremo Tribunal de Justiça, publicado no *Diário da República*, I-A série, de 10 de Outubro do mesmo ano, e rectificado pela Rectificação n.° 7/95, de 29 de Novembro de 1995, decidiu que, "sob pena de ilegitimidade, por se tratar de um litisconsórcio necessário, deve ser proposta também contra o progenitor que tenha a seu cargo a guarda do menor a acção intentada pelo Ministério Público para nova regulação do poder paternal ou para alteração da pensão de alimentos devida ao menor pelo outro progenitor".

Por morte de um dos cônjuges, o poder paternal passa a competir ao cônjuge sobrevivo (artigo 1904.°, C.C.).

Há casos em que os pais podem ser inibidos, total ou parcialmente, do exercício do poder paternal, podendo ainda ser limitado judicialmente esse exercício.

V. artigos 1877.° e segs., C.C..

O artigo 11.° da Lei n.° 16/2001, de 22 de Junho (Lei da Liberdade Religiosa) estabelece que "os pais têm o direito de educação dos filhos em coerência com as próprias convicções em matéria religiosa, no respeito da integridade moral e física dos filhos e sem prejuízo da saúde destes", acrescentando que "os menores, a partir dos 16 anos de idade, têm o direito de realizar por si as escolhas relativas a liberdade de consciência, de religião e de culto".

Na adopção plena, a situação é idêntica à da filiação (artigo 1986.°, C.C.); na adopção restrita, cabe ao adoptante (ou ao adoptante e seu cônjuge, se este for pai ou mãe do adoptado) o exercício do poder paternal, só sendo, no entanto, permitida a utilização dos rendimentos dos bens do adoptado, pelo adoptante, na parte que o tribunal fixe para alimentos daquele – v. artigos 1997.° e 1998.°, C.C..

O Decreto-Lei n.° 484/73, de 27 de Setembro, criara uma prestação substitutiva da remuneração das mães que faltassem ao trabalho para assistir filhos doentes, tendo o Decreto-Lei n.° 89/81, de 14 de Julho, determinado que tinham direito a esse subsídio pecuniário "os trabalhadores por conta de outrem que exerçam exclusivamente o poder paternal". Entretanto, a Lei n.° 4/ /84, de 5 de Abril, alterada pelas Leis n.°s 17/95, de 9 de Junho, 102/97, de 13 de Setembro, 18/98, de 28 de Abril, 118/99, de 11 de Agosto, e 142/99, de 31 de Agosto, e pelo Decreto-Lei n.° 70/2000, de 4 de Maio (que também rectificou a lei anterior e republicou o diploma), instituiu um especial regime de protecção da maternidade e da paternidade.

Os artigos 33.° e segs. da Lei n.° 99/ /2003, de 27 de Agosto, rectificada pela Declaração de rectificação n.° 15/2003, de 28 de Outubro (Código do Trabalho); o artigo 21.°, n.° 2-*d)*, desta Lei determina que, "com a entrada em vigor das normas regulamentares", é revogada a Lei n.° 4/84, de 5 de Abril.

O artigo 37.°, n.° 3, do Código do Registo Civil, na redacção dada pelo Decreto-Lei n.° 228/2001, de 20 de Agosto, dispõe que "podem ser destruídas, desde que tenham mais de 20 anos, as certidões de sentenças que regulem ou homologuem o exercício do poder paternal, que decretem a sua inibição ou suspensão e as relativas a providências dele limitativas".

V. artigos 7.° e segs. da Convenção Europeia sobre o Estatuto Jurídico das Crianças Nascidas fora do Casamento, aprovada para ratificação pelo Decreto n.° 34/82, de 15 de Março.

V. os artigos 15.° e segs. da Convenção de Cooperação Judiciária Relativa à Protecção de Menores, celebrada entre o Governo da República Portuguesa e o Governo da República Francesa, assinada em Lisboa a 20 de Julho de 1983 e aprovada para adesão pela Resolução da Assembleia da República n.° 1/84, de 3 de Fevereiro.

V. a Convenção Europeia sobre o Reconhecimento e a Execução das Decisões em Matéria de Guarda de Menores e o Restabelecimento da Guarda de Menores, adoptada no Luxemburgo em 20 de Maio de 1980 pelo Conselho da Europa, aprovada para ratificação pelo Decreto n.° 136/82, de 21 de Dezembro, e ratificada por Portugal, segundo aviso publicado no *Diário da República*, I série, de 20 de Abril de 1983; a autoridade central designada por Portugal, nos termos desta Convenção, é o Instituto de Reinserção Social, conforme o Aviso n.° 166/97, publicado no *Diário da República*, I-A série, de 7 de Junho. V. também a Convenção entre o Governo da República Portuguesa e o Grão-Ducado do Luxemburgo Relativa ao Auxílio Judiciário em Matéria de Direito de Guarda e de Direito de Visita, assinada em Lisboa em 12 de Junho de 1992, aprovada, para ratificação, pela Resolução da Assembleia da República n.° 6/94, em 4 de Novembro de 1993 (rectificada pela Rectificação n.° 9/94, de 2 de Maio), e ratificada pelo Decreto do Presidente da República n.° 4/94, de 5 de Fevereiro, tendo o Aviso n.° 141/95, de 21 de Junho, tornado público que o respectivo processo de ratificação se encontra concluído, tendo entrado a Convenção em vigor no dia 1 de Junho de 1995.

V. *Poder-dever; Menor; Princípio da igualdade; Legitimidade; Litisconsórcio; Ministério Público; Emancipação; Administração de bens; Irrenunciabilidade; Separação judicial de pessoas e bens; Separação de facto; Divórcio; Invalidade do casamento; Guarda conjunta; Tribunal de família; Adopção; Filiação; Alimentos; Pensão de alimentos; Regulação do poder paternal; Inibição do poder paternal; Suprimento do poder paternal; Liberdade religiosa; Registo civil; Homologação; Suspensão do poder paternal; Certidão; Guarda de menores; Reconhecimento de sentença estrangeira; Direito de visita.*

Poder representativo (Dir. Civil) – V. *Poderes representativos.*

Poder tutelar (Dir. Civil) – O tutor de um menor "tem os mesmos direitos e obrigações dos pais, com as modificações constantes dos artigos seguintes" – artigo 1935.°, n.° 1, C.C..

O poder tutelar é, pois, modelado sobre o poder paternal.

V. *Tutor; Menor; Tutela; Poder paternal.*

"Poenitus extranei" (Dir. Civil) – Designa-se assim o terceiro que é completamente estranho a um acto e para o qual ele é completamente indiferente. Destes se distinguem os chamados terceiros interessados e os terceiros em sentido estrito.

V. *Terceiro.*

Poluição – A Lei de Bases do Ambiente (Lei n.° 11/87, de 7 de Abril, alterada pela Lei n.° 13/2002, de 19 de Fevereiro) distingue, no seu artigo 21.°, entre factores de poluição do ambiente e suas causas, caracterizando os primeiros como "todas as acções e actividades que afectam negativamente a saúde, o bem-estar e as diferentes formas de vida, o equilíbrio e a perenidade dos ecossistemas naturais e transformados, assim como a estabilidade física e biológica do território", e enunciando as segundas da seguinte forma: "todas as substâncias e radiações lançadas no ar, na água, no solo e no subsolo que alterem, temporária ou irreversivelmente, a sua qualidade ou interfiram na sua normal conservação ou evolução".

O artigo 26.° da mesma Lei determina que "em território nacional ou área sob jurisdição portuguesa é proibido lançar, depositar ou, por qualquer outra forma, introduzir nas águas, no solo ou na atmosfera efluentes, resíduos radioactivos e outros produtos que contenham substâncias ou microrganismos que possam alterar as características ou tornar impróprios para as suas aplicações aqueles componentes ambientais e contribuam para a degradação do ambiente", remetendo para legislação posterior a regulamentação de "o transporte, a manipulação, o depósito, bem como a reciclagem e deposição de quaisquer produtos susceptíveis de produzirem" todos os tipos de poluição, e ainda a definição dos "limites de tolerância admissível da presença de elementos poluentes na atmosfera, água, solo e seres vivos, bem assim como as proibições ou condicionamentos necessários à defesa e melhoria da qualidade do ambiente". Os artigos 22.°, 23.°, 24.° e 25.° ocupam-se, respectivamente, do ruído, dos compostos químicos, dos resíduos sólidos e efluentes e das substâncias radioactivas. O Decreto-Lei n.° 296/95, de 17 de Novembro, rectificado pela Declaração de rectificação n.° 157/95, de 30 de Dezembro, estabelece regras relativas à transferência de resíduos, dando seguimento a obrigações dos Estados membros constantes do Regulamento (CE) n.° 259/93, de Conselho, de 1 de Fevereiro, relativo à fiscalização e controlo das transferências de resíduos à entrada, no interior e à saída da Comunidade. A Portaria n.° 830/2005, de 16 de Setembro, fixa as taxas a cobrar pelo Instituto dos Resíduos pela apreciação de processos relativos a esses movimentos transfronteiriços. Neste domínio, tem de se ter em conta o Protocolo à Convenção de 1979 sobre Poluição Atmosférica Transfronteiriça a Longa Distância Relativo ao Financiamento a Longo Prazo do Programa Comum de Vigilância Contínua e de Avaliação do Transporte a Longa Distância dos Poluentes Atmosféricos na Europa, concluído em Genebra em 28 de Setembro de 1984, que foi aprovado para adesão pelo Decreto do Governo n.° 5/88, de 9 de Abril, tendo o respectivo instrumento de ratificação sido depositado por parte de Portugal em 18 de Janeiro de 1989, conforme aviso publicado no *Diário da República*, I série, de 17 de Abril de 1989.

O Decreto-Lei n.° 382/99, de 22 de Setembro – que estabelece perímetros de protecção para captações de águas subterrâneas destinadas ao abastecimento público, a fim de proteger a qualidade dessas águas –, contém, para os respectivos efeitos, a seguinte definição de poluição, na alínea *f)* do seu artigo 2.°: "degradação da qualidade natural da água, em resultado de actividades humanas, tornando-a imprópria como origem de água destinada à produção de água para consumo humano, nos termos dos artigos 13.° a 19.° do Decreto-Lei n.° 236/98, de 1 de Agosto".

O Regulamento (CE) n.° 1882/2003, do Parlamento Europeu e do Conselho, de 29 de Setembro, regula a protecção das águas contra a poluição causada por nitratos de origem agrícola, alterando a Directiva n.° 91/676/CEE, do Conselho, de 12 de Dezembro; esta Directiva foi transposta pelo Decreto-Lei n.° 235/97, de 3 de Setembro, alterado pelo Decreto-Lei n.° 68/99, de 11 de Março (os objectivos deste diploma são, nos termos do respectivo artigo 2.°, "a redução da poluição das águas causada ou induzida por nitratos de origem agrícola, bem como [o] impedir [d]a propagação desta poluição"), e pelo Decreto Legislativo regional n.° 6/2005/A, de 17 de Maio. A Portaria n.° 833/2005, de 16 de Setembro, aprova novas zonas vulneráveis.

O Decreto-Lei n.° 310/95, de 20 de Novembro, que estabelecia o regime jurídico da gestão de resíduos, foi entretanto revogado pelo Decreto-Lei n.° 239/97, de 9 de Setembro, alterado pelo Decreto-Lei n.° 321/99, de 11 de Agosto, que fixa "as regras a que fica sujeita a gestão de resíduos, nomeadamente a sua recolha, transporte, armazenagem, tratamento, valorização e eliminação, por forma a não causar prejuízo para a saúde humana ou para o ambiente", tendo a Portaria n.° 818/97, de 5 de Setembro, aprovado a lista harmonizada de todos os resíduos, designada por

Catálogo Europeu de Resíduos (CER), aprovado pela Decisão n.° 94/3/CE, da Comissão, de 20 de Dezembro de 1993, e com a Lista de Resíduos Perigosos, aprovada pela Decisão n.° 94/904/CE, do Conselho, de 22 de Dezembro; estas decisões foram entretanto revogadas pela Decisão n.° 2000/532/CE, da Comissão, de 3 de Maio, alterada pelas Decisões n.°s 2001/ /118/CE, da Comissão, de 16 de Janeiro, 2001/573/CE, do Conselho, de 23 de Julho, que adoptou a nova Lista Europeia de Resíduos e as características de perigo atribuíveis aos resíduos, e que entrou em vigor no dia 1 de Janeiro de 2002; daí que a Portaria n.° 209/2004, de 3 de Março, tenha vindo harmonizar o regime vigente em matéria de identificação e classificação dos resíduos, aprovando a Lista Europeia de Resíduos. A Portaria n.° 792/98, de 22 de Setembro, rectificada pela Declaração de rectificação n.° 19-L/98, de 30 de Outubro, aprovou "o modelo de mapa de resíduos industriais", devendo, nos termos dela, os produtores destes resíduos obrigatoriamente preencher o mapa de registo, identificando os resíduos, e remetê-lo à direcção regional do ambiente a área da unidade em que são produzidos. Como curiosidade, refere-se que o artigo 40.° do Decreto-Lei n.° 76-A/2006, de 29 de Março, determina que o termo "direcção" utilizado "em qualquer acto normativo [...]", considera-se substituído por "conselho de administração executivo".

A Portaria n.° 335/97, de 16 de Maio, fixa as regras a que tem de se submeter o transporte de resíduos dentro do território nacional, com o fim de proteger e melhorar a qualidade do ambiente e a saúde pública. A Portaria n.° 423/97, de 25 de Junho, estabelece normas sobre descarga de águas residuais especificamente aplicáveis às unidades industriais do sector têxtil, excluindo o subsector dos lanifícios.

A Resolução do Conselho de Ministros n.° 98/97, de 25 de Junho, define a estratégia de gestão dos resíduos industriais.

O Decreto-Lei n.° 62/2006, de 21 de Março, transpõe a Directiva n.° 2003/30/ /CE, do Parlamento Europeu e do Conselho, de 8 de Maio, relativa à promoção da utilização de biocombustíveis renováveis nos transportes, em substituição dos combustíveis fósseis.

Transpondo a Directiva n.° 96/59/CE, do Conselho, de 16 de Setembro, o Decreto-Lei n.° 277/99, de 23 de Julho (rectificado pela Declaração de rectificação n.° 13-D/99, de 31 de Agosto), "estabelece as regras a que ficam sujeitas a eliminação dos PCB, a descontaminação ou a eliminação de equipamentos que contenham PCB e a eliminação de PCB usados, tendo em vista a destruição total deles".

O Decreto-Lei n.° 366-A/97, de 20 de Dezembro (que revogou o Decreto-Lei n.° 322/95, de 28 de Novembro), alterado pelos Decretos-Leis n.°s 162/2000, de 27 de Julho, e 92/2006, de 25 de Maio (transpondo este a Directiva n.° 2004/12/CE, do Parlamento Europeu e do Conselho, de 11 de Fevereiro), transpôs para o direito interno a Directiva n.° 94/62/CE, do Parlamento Europeu e do Conselho, de 20 de Dezembro de 1994, estabelecendo os princípios e as regras aplicáveis à gestão de embalagens e resíduos das mesmas, tendo em vista a prevenção destes últimos, a reutilização de embalagens usadas, a reciclagem e outras formas de valorização dos resíduos, em ordem à eliminação final deles para fins de protecção do ambiente. A sua regulamentação foi feita pela Portaria n.° 29-B/98, de 15 de Janeiro. A extensão deste diploma à Região Autónoma da Madeira foi realizada pelo Decreto Legislativo Regional n.° 13/98/M, publicado *no Diário da República*, I-A série, de 17 de Julho de 1998; quanto à Região Autónoma dos Açores, foi o Decreto Legislativo Regional n.° 15/ /99/A, de 29 de Abril, alterado pelo Decreto Legislativo Regional n.° 24/2001/A, de 29 de Novembro, a proceder à adaptação. Os requisitos essenciais relativos à composição das embalagens e níveis de concentração de metais pesados nestas foram estabelecidos pelo Decreto-Lei n.° 407/98, de 21 de Dezembro.

O regime da construção, exploração e encerramento de aterros de resíduos resultantes da actividade extractiva foi definido pelo Decreto-Lei n.° 544/99, de 13 de Dezembro.

O Decreto-Lei n.° 431/99, de 22 de Outubro, revogando a Portaria n.° 1033/93, de 15 de Outubro, e derrogando as normas do Decreto-Lei n.° 236/98, de 1 de Agosto, transpõe para o direito interno a Directiva n.° 82/176/CEE, do Conselho, de 22 de Março, relativa aos valores limite e aos objectivos de qualidade para as descargas de mercúrio de sectores da electrólise dos cloretos alcalinos.

A Directiva n.° 2000/59/CE, do Parlamento Europeu e do Conselho, de 27 de Novembro, relativa aos meios portuários de recepção de resíduos gerados em navios e de resíduos provenientes de cargas, com origem em navios que utilizem portos nacionais, com as alterações introduzidas pela Directiva n.° 2002/84/CE, do Parlamento Europeu e do Conselho, de 5 de Novembro, foi transposta pelo Decreto-Lei n.° 165/2003, de 24 de Julho, alterado pelo Decreto-Lei n.° 197/2004, de 17 de Agosto.

O Decreto-Lei n.° 193/98, de 10 de Julho, estabelece as normas necessárias à aplicação do Código Internacional de Gestão para a Segurança da Exploração dos Navios e para a Prevenção da Poluição (Código ISM) aos navios de pavilhão nacional e às companhias nacionais ou estrangeiras que os explorem, nos termos do Regulamento (CE) n.° 3051/95 e do capítulo IX do anexo à Convenção. Por seu lado, a Portaria n.° 959/98, de 10 de Novembro, enuncia as disposições que regulam a emissão de certificados e as verificações a realizar às companhias e aos navios no âmbito do Código ISM.

O Decreto-Lei n.° 51/2005, de 25 de Fevereiro, altera os Decretos-Leis n.°s 180/ /2004, de 27 de Julho, 293/2001, de 20 de Novembro, 547/99, de 14 de Dezembro, 27/2002, de 14 de Fevereiro, e 280/2001, de 23 de Outubro, transpondo a Directiva n.° 2002/84/CE, do Parlamento Europeu e do Conselho, de 5 de Novembro, que altera as directiva existentes em matéria de prevenção da poluição por navios.

O Decreto-Lei n.° 235/2000, de 26 de Setembro, estabelece o regime das contra-ordenações no âmbito da poluição do meio marinho nos espaços marítimos sob jurisdição nacional, aplicando-se aos factos praticados neste espaço por agentes poluidores, "independentemente da nacionalidade dos mesmos, sem prejuízo do disposto em tratado, convenção ou acordo internacionais que vinculem o Estado português", bem como "aos factos praticados por agentes poluidores que arvorem bandeira nacional, em áreas de alto mar não abrangidas pela jurisdição de qualquer Estado" (artigo 3.°).

Em 1973, foi adoptada em Londres a Convenção Internacional para a Prevenção da Poluição por Navios, cujo objectivo é prevenir todas as formas de poluição causadas por navios no mar. As normas desta Convenção foram enunciadas em cinco anexos. Em 1978, foi aprovado um Protocolo à Convenção, destinado a actualizar e aperfeiçoar algumas das regras da Convenção. Portugal aderiu à Convenção pelo Decreto do Governo n.° 25/87, de 10 de Julho; o Decreto n.° 19/98, de 10 de Julho, alterado pelo Decreto n.° 20/2000, de 11 de Agosto, aprova, para adesão, as emendas de 6 de Março de 1992 ao Protocolo de 1978 da Convenção Internacional para a Prevenção da Poluição por Navios; o Decreto n.° 20/98, de 10 de Julho, aprova, para adesão, as emendas de 6 de Março de 1992 ao anexo I ao Protocolo de 1978 relativo à Convenção Internacional para a Prevenção da Poluição por Navios; o Decreto n.° 22/ /98, de 10 de Julho, aprova, para adesão, as emendas de 17 de Março de 1989 – no âmbito da Organização Marítima Internacional – ao anexo II ao Protocolo de 1978 relativo à Convenção Internacional para a Prevenção da Poluição por Navios; finalmente, o Decreto n.° 23/98, de 10 de Julho, aprova, para adesão, as emendas 1991 – adoptadas em 4 de Julho de 1991 no âmbito da Organização Marítima Internacional – ao anexo I ao Protocolo de 1978 relativo à Convenção Internacional para a Prevenção da Poluição por Navios. O Decreto-Lei n.° 192/98, de 10 de Julho, identifica os Ministérios competentes.

O Decreto-Lei n.° 273/98, de 2 de Setembro, que transpusera a Directiva n.° 94/ /67/CE, do Conselho, de 16 de Dezembro, e estabelecia as regras a que ficava sujeita a incineração de resíduos perigosos por forma a prevenir ou reduzir ao mínimo os efeitos negativos no ambiente, em especial a poluição do ar, do solo e das águas superficiais e subterrâneas, bem como os riscos para a saúde pública, resultantes da incineração de resíduos perigosos, foi revogado pelo Decreto-Lei n.° 85/2005, de

28 de Abril, rectificado pela Declaração de rectificação n.° 44/2005, de 9 de Junho, com o mesmo objecto, e que transpõe a Directiva n.° 2000/76/CE, do Parlamento Europeu e do Conselho, de 4 de Dezembro, relativa à incineração de resíduos. A Lei n.° 20/99, de 15 de Abril, alterada pela Lei n.° 22/2000, de 10 de Agosto, ocupa-se do tratamento de resíduos industriais.

O Decreto-Lei n.° 152/2002, de 23 de Maio, alterado pelo Decreto-Lei n.° 178//2006, de 5 de Setembro – na transposição da Directiva n.° 1999/31/CE, do Conselho, de 26 de Abril –, define o regime a que fica sujeito o procedimento para a emissão de licença, instalação, exploração, encerramento e manutenção pós-encerramento de aterros destinados à deposição de resíduos.

O Decreto-Lei n.° 230/2004, de 10 de Dezembro, alterado pelo Decreto-Lei n.° 174/2005, de 25 de Outubro, que transpôs a Directiva n.° 2002/95/CE, do Parlamento Europeu e do Conselho, de 27 de Janeiro, alterada pela Directiva n.° 2003/108/CE, do Parlamento Europeu e do Conselho, de 8 de Dezembro –, "estabelece o regime jurídico a que fica sujeita a gestão de resíduos de equipamentos eléctricos e electrónicos (REEE), com o objectivo prioritário de prevenir a sua produção e, subsequentemente, promover a reutilização, a reciclagem e outras formas de valorização, de forma a reduzir a quantidade e o carácter nocivo de resíduos a eliminar, contribuindo para melhorar o comportamento ambiental de todos os operadores envolvidos no ciclo de vida destes equipamentos".

No que diz respeito à prevenção e controlo da poluição atmosférica, havia de ter em conta, além da Lei de Bases do Ambiente, o Decreto-Lei n.° 352/90, de 9 de Novembro (cujos valores foram alterados pelo Decreto-Lei n.° 273/98, de 2 de Setembro, tendo sido também alterada pelo Decreto-Lei n.° 276/99, de 23 de Julho – transpondo este a Directiva n.° 96/62/CE – e que acabou por ser revogado pelo Decreto-Lei n.° 78/2004, de 3 de Abril, alterado pelo Decreto-Lei n.° 126/2006, de 3 de Julho), que estabeleciam regras sobre valores limite de emissão, valores guia e valores limite da qualidade do ar de vários compostos e substâncias. O citado DL n.° 276/99 foi entretanto alterado pelo Decreto-Lei n.° 111/2002, de 16 de Abril, que transpôs as Directivas n.°s 1999/30/CE, do Conselho, de 22 de Abril, e 2000/69/CE, do Parlamento Europeu e do Conselho, de 16 de Novembro, estabelecendo os valores limite das concentrações no ar ambiente do dióxido de enxofre, dióxido de azoto e óxidos de azoto, partículas de suspensão, chumbo, benzeno e monóxido de carbono, bem como as regras de gestão da qualidade do ar aplicáveis a esses poluentes. Transpondo a Directiva n.° 96/62/CE, do Conselho, de 27 de Setembro, relativa à avaliação e gestão da qualidade do ar ambiente, o referido DL n.° 276/99 "define as linhas de orientação da política de gestão da qualidade do ar". Por seu lado, o Decreto-Lei n.° 320/2003, de 20 de Dezembro, estabelece objectivos a longo prazo, valores alvo, um limiar de alerta e um limiar de informação ao público para as concentrações do ozono no ar ambiente, bem como as regras de gestão da qualidade do ar aplicáveis a esse poluente, em execução do mencionado DL n.° 276/99, transpondo a Directiva n.° 2002/3/CE, do Parlamento Europeu e do Conselho, de 12 de Fevereiro. Quanto aos compostos orgânicos voláteis por emissão de veículos a motor, v. Portarias n.°s 427/87, de 22 de Maio, e 906/92, de 21 de Setembro, com o aditamento realizado pela Portaria n.° 595/95, de 19 de Junho. A Portaria n.° 646/97, de 11 de Agosto, transpõe para o direito interno a Directiva n.° 94/63/CE, de 20 de Dezembro, "relativa ao controlo das emissões de compostos orgânicos voláteis resultantes do armazenamento de gasolinas e da sua distribuição dos terminais para as estações de serviço". "Os valores limite de emissão de poluentes gasosos e de partículas para determinados motores de ignição por compressão [novos a instalar em máquinas móveis não rodoviárias], designados por motores *diesel*, bem como os respectivos procedimentos de homologação" foram estabelecidos pelo Decreto-Lei n.° 236/2005, de 30 de Dezembro, transpondo a Directiva n.° 2004/26/CE, do Parlamento Europeu e do Conselho. O Regulamento das Homologações de Veículos, Sistemas e Unidades Técnicas Relativo às Emissões Poluentes foi aprovado pelo Decreto-Lei n.° 202/2000, de 1 de Setembro, alterado pelos Decretos-Leis n.°s 26/2001, de 1 de Fevereiro (este na transposição da Directiva n.° 2001/100/CE, do Parlamento Europeu e do Conselho, de 7 de Dezembro), 224/2003, de 24 de Setembro (na transposição da Directiva n.° 2002/80/CE, da Comissão, de 3 de Outubro), e 132/2004, de 3 de Junho (que transpôs a Directiva n.° 2003/76/CE, da Comissão, de 11 de Agosto). Na transposição de várias Directivas, o Decreto-Lei n.° 253/2000, de 16 de Outubro, aprova o Regulamento das Emissões de Dióxido de Carbono e Consumo de Combustível dos Automóveis; este diploma foi alterado pelo Decreto-Lei n.° 178/2005, que transpôs a Directiva n.° 2004/3/CE, do Parlamento Europeu e do Conselho, de 11 de Fevereiro. O Decreto-Lei n.° 281/2000, de 10 de Novembro, transpondo para o direito interno a Directiva n.° 1999/32/CE, do Conselho, de 26 de Abril, fixa os limites de enxofre de certos tipos de combustíveis líquidos derivados do petróleo. O Decreto-Lei n.° 114/ /2002, de 20 de Abril – que transpôs a Directiva n.° 2000/25/CE, do Parlamento Europeu e do Conselho, de 22 de Maio –, aprova o Regulamento Respeitante às Medidas a Tomar Contra as Emissões de Gases Poluentes e de Partículas Poluentes Provenientes dos Motores Destinados a Propulsão dos Tractores Agrícolas ou Florestais. O Decreto-Lei n.° 115/2002, de 20 de Abril – que transpôs a Directiva n.° 2000/8/CE, do Parlamento Europeu e do Conselho, de 20 de Março – aprova o Regulamento Relativo aos Reservatórios de Combustível Líquido e à Protecção à Retaguarda contra o Encaixe dos Automóveis e Seus Reboques.

Ainda no domínio da limitação de emissões poluentes, há a considerar o Decreto-Lei n.° 178/2003, de 5 de Agosto (rectificado pela Declaração de rectificação n.° 11-B/2003, de 30 de Agosto), na transposição da Directiva n.° 2001/80/CE, do Parlamento Europeu e do Conselho, de 23 de Outubro, que estabelece restrições às emissões para a atmosfera de certos poluentes provenientes de grandes instalações de combustão. O Decreto-Lei n.° 96/97, de 24 de Abril, que transpusera a Directiva n.° 94/25/CE, do Parlamento Europeu e do Conselho, de 16 de Junho, foi revogado pelo Decreto-Lei n.° 168/2005, de 26 de Setembro, que transpõe a Directiva n.° 2003/ /44/CE, de 16 de Junho – que alterou a *supra* citada –, aprovando "as regras de colocação no mercado de entrada em serviço das embarcações de recreio, das embarcações de recreio semiacabadas e dos componentes instalados ou destinados a ser instalados em embarcações de recreio e em embarcações semiacabadas, bem como das motas de água e dos motores de propulsão instalados ou destinados a ser instalados em embarcações de recreio ou em motas de água", a fim de prevenir "riscos para as pessoas e para o ambiente".

A Convenção sobre Poluentes Orgânicos Persistentes, adoptada em Estocolmo em 22 de Maio de 2001, foi aprovada pelo Decreto n.° 15/2004, de 3 de Junho, tendo o respectivo instrumento de ratificação sido depositado por Portugal em 15 de Abril de 2004, conforme o Aviso n.° 152/ /2004, de 27 de Agosto; a Convenção entrou em vigor em Portugal em 13 de Outubro de 2004; o Aviso n.° 397/2006, de 24 de Fevereiro, torna público ter o Secretário-Geral da Organização das Nações Unidas, na qualidade de depositário, comunicar ter recebido para depósito o 50.° instrumento de ratificação, aprovação, aceitação ou adesão à Convenção, pelo que a mesma entrou em vigor a 17 de Fevereiro de 2006. Nesta matéria, há de ter em conta o Regulamento (CE) n.° 850/2004, do Parlamento Europeu e do Conselho, de 29 de Abril de 1978, relativo a poluentes orgânicos persistentes, que alterou a Directiva n.° 79/117/ /CEE, do Conselho, de 21 de Dezembro de 1978, "com o objectivo de proteger a saúde humana e o ambiente dos poluentes [...] [referidos]". Apesar de o Regulamento ser directamente aplicável na ordem jurídica nacional, o Decreto-Lei n.° 65/2006, de 22 de Março, veio estabelecer o regime sancionatório do não cumprimento das regras nele definidas, designando como autoridade competente para desempenhar as funções administrativas nele previstas o Instituto do Ambiente.

Independentemente das normas já vigentes "em matéria de avaliação de impacte ambiental, de controlo dos perigos associados a acidentes graves que envolvam substâncias perigosas e de ilícitos de poluição marítima e de combate à poluição no mar", o Decreto-Lei n.° 194/2000, de 21 de Agosto (alterado pelos Decretos-Leis n.°s 152/2002, de 23 de Maio, 69/2003, de 10 de Abril, 233/2004, de 14 de Dezembro, e 130/2005, de 16 de Agosto), ocupa-se da prevenção e do controlo integrados da poluição proveniente de algumas actividades e do estabelecimento de medidas tendentes a evitar – ou, pelo menos, a reduzir – as emissões para o ar, a água ou o solo de tais actividades, bem como da prevenção e controlo do ruído e da produção de resíduos, "tendo em vista alcançar um nível elevado de protecção do ambiente no seu todo, transpondo para a ordem jurídica interna a Directiva n.° 96/61/CE, do Conselho, de 24 de Setembro". A Portaria n.° 1047/2001, de 1 de Setembro, aprova o modelo de pedido de licenciamento das actividades abrangidas por este último diploma. O Regulamento Geral do Ruído, que fora aprovado pelo Decreto-Lei n.° 292/2000, de 14 de Novembro, que revogara o anterior – que constava do Decreto-Lei n.° 251/87, de 24 de Junho, alterado pelo Decreto-Lei n.° 292/89, de 2 de Setembro –, foi entretanto alterado pelo Decreto-Lei n.° 259/2002, de 23 de Novembro, também ele, em parte revogado pelo Decreto-Lei n.° 76/2002, de 26 de Março, que aprovou o Regulamento das Emissões Sonoras para o Ambiente do Equipamento para Utilização no Exterior, transpondo a Directiva n.° 2000/14/CEE, do Parlamento Europeu e do Conselho, de 8 de Maio. O Decreto-Lei n.° 49/2001, de 13 de Fevereiro, na transposição de uma Directiva, aprovou o Regulamento Respeitante ao Nível Sonoro Admissível e ao Dispositivo de Escape dos Automóveis. Entretanto, o Decreto-Lei n.° 293/2003, de 19 de Novembro, alterado pelo Decreto-Lei n.° 208/2004, de 19 de Agosto, veio "estabelecer as regras e os procedimentos para a introdução de restrições de operação relacionadas com o ruído nos aeroportos, transpondo a Directiva n.° 2002/30/CE, do Parlamento Europeu e do Conselho, de 26 de Março; no quadro deste normativo, a Portaria n.° 303-A/2004, de 22 de Março, alterada pela Portaria n.° 259/2005, de 16 de Março, introduz restrições de operação no aeroporto de Lisboa relacionadas com o ruído.

Neste domínio, há a considerar ainda a Convenção de Genebra sobre Poluição Atmosférica Transfronteiriça a Longa Distância, concluída em Novembro de 1979 e em vigor a nível internacional desde 17 de Novembro de 1991, e que foi aprovada para ratificação pelo Decreto n.° 45/80, de 12 de Junho de 1980, tendo sido depositado o correspondente instrumento de ratificação em 29 de Setembro de 1980, conforme aviso publicado no *Diário da República*, I série, de 27 de Novembro de 1980; a Convenção entrou em vigor para Portugal em 16 de Março de 1983, sendo a autoridade central/ponto fulcral o Instituto dos Resíduos.

O Decreto-Lei n.° 193/2003, de 22 de Agosto, transpôs a Directiva n.° 2001/81//CE, do Parlamento Europeu e do Conselho, de 23 de Outubro, criando "os mecanismos para limitar as emissões de poluentes acidificantes e eutrofizantes e de precursores de ozono, por forma a reforçar a protecção do ambiente e da saúde humana contra os riscos de efeitos nocivos decorrentes da acidificação, da eutrofização dos solos e da concentração de ozono ao nível do solo, tendo em vista os objectivos a longo prazo de não exceder os níveis e as cargas críticos e de proteger de forma eficaz os indivíduos contra os riscos para a saúde decorrentes da poluição atmosférica".

O Decreto-Lei n.° 46/2006, de 24 de Fevereiro, transpõe "a Directiva n.° 2002/44//CE, do Parlamento Europeu e do Conselho, de 25 de Junho, relativa às prescrições mínimas de protecção da saúde e segurança dos trabalhadores em caso de exposição aos riscos devidos a vibrações", sendo este regime "aplicável em todas as actividades, dos sectores privado, cooperativo e social, administração pública central, regional e local, institutos públicos e demais pessoas colectivas de direito público, bem como a trabalhadores por conta própria".

A Convenção da OIT Relativa à Protecção dos Trabalhadores contra os Riscos Profissionais Devidos à Poluição do Ar, ao Ruído e às Vibrações nos Locais de Trabalho, de 20 de Junho de 1977, foi aprovada pelo Decreto n.° 106/80, de 15 de Outubro, tendo o seu texto sido publicado no *Diário da República*, 1.ª série, de 15 de Outubro de 1980.

V. *Ambiente; Qualidade de vida; Águas; Protecção do ambiente; Responsabilidade por danos causados ao ambiente; Navio; Veículo.*

Pontualidade do cumprimento (Dir. Civil) – "O contrato deve ser pontualmente cumprido [...]" – artigo 406.°, n.° 1, C.C..

O princípio da pontualidade, enunciado com referência ao contrato, é pacificamente considerado extensivo a todas as obrigações, seja a sua fonte contratual ou outra. Este princípio não se refere tão-somente ao tempo ou momento do cumprimento, mas significa que a prestação deve ser executada ponto por ponto, isto é, nos exactos termos em que foi convencionada ou a lei a impõe.

V. *Obrigação; Contrato; Cumprimento.*

Portaria – Acto do Governo de natureza regulamentar.

V. artigos 8.°, n.° 1-*p)*, e 14.°, n.°s 1-*e)* e 5, da Lei n.° 74/98, de 11 de Novembro, alterada pela Lei n.° 2/2005, de 24 de Janeiro.

V. *Lei regulamentar*.

Portas (Dir. Civil) – "O proprietário que no seu prédio levantar edifício ou outra construção não pode abrir nela janelas ou portas que deitem directamente sobre o prédio vizinho sem deixar entre este e cada uma das obras o intervalo de metro e meio"; "se os dois prédios forem oblíquos entre si, a distância de metro e meio conta-se perpendicularmente do prédio para onde deitam as vistas até à construção ou edifício novamente levantado; mas, se a obliquidade for além de quarenta e cinco graus, não tem aplicação a restrição imposta ao proprietário"; as restrições à abertura de portas e janelas "não são aplicáveis a prédios separados entre si por estrada, caminho, rua, travessa ou outra passagem por terreno do domínio público" – artigos 1360.° e 1361.°, C.C..

O n.° 1 do artigo 1362.°, C.C., estabelece que "a existência de janelas, portas, varandas, terraços, eirados ou obras semelhantes, em contravenção do disposto na lei, pode importar, nos termos gerais, a constituição da servidão de vistas por usucapião".

V. *Prédio; Edifício; Direito de propriedade; Servidão de vistas; Usucapião.*

Posse (Dir. Civil) – "Posse é o poder que se manifesta quando alguém actua por forma correspondente ao exercício do direito de propriedade ou de outro direito real" – artigo 1251.°, C.C..

Na linguagem corrente, utiliza-se, por vezes, o termo posse para falar da propriedade. Porém, juridicamente, a posse e a propriedade são realidades distintas, podendo coincidir ou não no mesmo titular; além disso, a posse existe em relação a qualquer outro direito real e não só quanto à propriedade (pode existir posse de servidão, de usufruto).

Na concepção tradicional e que continua a ser doutrinariamente maioritária, a posse carece de dois elementos: um elemento material, o *corpus*, isto é, o exercício dos poderes correspondentes ao direito sobre a coisa, e um elemento psicológico, o *animus*, que consiste na vontade do possuidor de actuar como titular do direito.

A posse pode ser titulada ("fundada em qualquer modo legítimo de adquirir, independentemente, quer do direito do transmitente, quer da validade substancial do negócio jurídico", devendo a existência de título ser provada por aquele que o invoca), ou não titulada; de boa fé (é de boa fé sempre que "o possuidor ignorava, ao adquiri-la, que lesava o direito de outrem") ou de má fé (a posse não titulada presume-se ser de má fé e "a posse adquirida por violência é sempre considerada de má fé, mesmo quando seja titulada"); originária (aquela que não teve na origem intervenção do anterior possuidor, antes se tendo iniciado pela prática de actos do possuidor) ou derivada (a que resultou de uma relação entre o antigo e o novo possuidor); pacífica (se foi adquirida sem violência) ou violenta (considerando-se assim "quando, para obtê-la, o possuidor usou de coacção física ou de coacção moral"); pública (aquela que é exercida em termos de poder ser conhecida pelos interessados) ou não pública (cfr. artigos 1258.° a 1262.°, C.C.).

As formas de aquisição da posse encontram-se enunciadas no artigo 1263.°, C.C., e são: a prática reiterada e pública dos actos materiais correspondentes ao exercício do direito, a tradição material ou simbólica da coisa, feita pelo antigo possuidor, o constituto possessório e a inversão do título da posse.

Perde-se a posse por abandono, por perda ou destruição da coisa, ou por esta última ser posta fora do comércio, por cedência e por posse de outrem, mesmo contra a vontade do antigo possuidor, se a nova posse se tiver prolongado por mais de um ano.

A posse, quando mantida por dado período fixado na lei, dá lugar à aquisição do direito correspondente pelo seu titular: chama-se a isto usucapião.

A posse contrapõe-se à detenção, já que esta implica o reconhecimento do direito de outrem por parte de quem exerce o poder sobre a coisa, embora seja idêntica à posse nas suas manifestações externas: há *corpus* mas não há *animus*.

O possuidor goza, em princípio, da presunção da titularidade do direito e dispõe de meios judiciais para defender a sua situação: acção directa, embargos de terceiro, acções possessórias e entrega judicial.

A posse transmite-se por sucessão *mortis causa*.

V. artigos 1251.° e segs., C.C..

O artigo 2.° do Código do Registo Predial (aprovado pelo Decreto-Lei n.° 224/ /84, de 6 de Julho – rectificado por declaração publicada no *Diário da República*, I série, de 29 de Setembro de 1984 –, alterado pelos Decretos-Leis n.°s 355/85, de 2 de Outubro, 60/90, de 14 de Fevereiro – rectificado por declaração publicada no *Diário da República*, I-A série, de 31 de Março de 1990 –, 80/92, de 7 de Maio, 30/93, de 12 de Fevereiro, 227/94, de 8 de Setembro, 267/94, de 25 de Outubro, 67/96, de 31 de Maio, 375-A/99, de 20 de Setembro, 533/ /99, de 11 de Dezembro, 273/2001, de 13 de Outubro, 323/2001, de 17 de Dezembro, 38/2003, de 8 de Março – rectificado pela Declaração de rectificação n.° 5-C/2003, de 30 de Abril – e 194/2003, de 23 de Agosto, e pela Lei n.° 6/2006, de 27 de Fevereiro) estabelece, no seu n.° 1-*e)*, que está sujeita a registo "a mera posse". O artigo 1295.°, n.° 2., C.C., que estabelecia que "a mera só será registada em vista de sentença passada em julgado, na qual se reconheça que o possuidor tem possuído pacífica e publicamente por tempo não inferior a cinco anos", foi alterado pelo Decreto-Lei n.° 273/2001, de 13 de Outubro, sendo a sua redacção actual a seguinte: "A mera posse só é registada em vista de decisão final proferida em processo de justificação, nos termos da lei registral, na qual se reconheça que o possuidor tem possuído pacífica e publicamente por tempo não inferior a cinco anos".

V. *Direito de propriedade; Direito real; Servidão; Usufruto; Poder; Direito subjectivo; Validade; Negócio jurídico; Prova; Presunção legal; Coacção; Tradição de coisa; Detenção; Inversão do título da posse; Constituto possessório; Usucapião; Abandono; Coisa fora do comércio; Defesa da posse; Acção directa; Embargos de terceiro; Acções possessórias; Entrega judicial; Sucessão; Registo predial; Sentença; Trânsito em julgado.*

Posse causal (Dir. Civil) – É aquela em que o possuidor é titular do direito a cujo exercício corresponde o seu comportamento.

À posse causal contrapõe-se a posse formal, que se verifica quando alguém, que não tem qualquer direito sobre o bem, exerce em relação a ele os poderes correspondentes a um direito real.

V. *Posse; Direito real.*

Posse de estado (Dir. Civil) – Consiste no facto de alguém ser reputado e tratado pela generalidade das pessoas como titular do conjunto de relações que definem um determinado estado pessoal (no direito de família). Por exemplo, a posse de estado de filho existe quando a pessoa sempre foi reputada e tratada como filho pelos pais e como tal é reconhecida socialmente, especialmente pelas respectivas famílias – v. artigos 1831.°, n.° 2, e 1871.°, n.° 1-*a)*, C.C..

Os artigos 1832.° e 1833.°, C.C. (ambos na redacção do Decreto-Lei n.° 163/95, de 13 de Julho), previam a existência de uma acção judicial destinada a obter declaração de inexistência de posse de estado de filho, relativamente a ambos os cônjuges, declaração necessária para fazer cessar a presunção de paternidade de que beneficia o marido da mãe, na situação prevista no n.° 1 do artigo 1832.°, C.C.. Entretanto, o Decreto-Lei n.° 273/2001, de 13 de Outubro, alterou o artigo 1832.° e revogou o artigo 1833.°, C.C., tendo deixado de existir qualquer referência a acção destinada a declarar a inexistência da posse de estado que ficou referida. Este mesmo diploma alterou o n.° 1 do artigo 1653.°, C.C., que deixou de prever que o processo destinado a suprir a omissão ou perda de registo de casamento seja *judicial*, já que a referência a este foi suprimida; embora a nova redacção não o diga, atenta a finalidade deste diploma e os lugares paralelos das restantes alterações que ele veio introduzir no Código Civil, parece que o processo a que hoje se refere este artigo 1653.°, n.°, 1, C.C., se rege pelas normas do registo civil. O n.° 2 do artigo 1832.°, C.C., encontra-se alterado pelo referido DL n.° 273/2001, passando a bastar a declaração da mãe, indicando que o filho não é do marido, para que cesse a presunção de paternidade.

A posse de estado é integrada por elementos designados por termos latinos: *nomen*: a pessoa tem o nome correspondente ao estado de que tem a posse; *tractatus* a pessoa é considerada pelo seu meio (família) como possuindo o referido estado; *fama*: a pessoa tem, aos olhos do público, a reputação de ter o estado cuja aparência existe.

Sem se referir expressamente à posse de estado e sem que, em rigor, estejam necessariamente presentes todos os elementos que a caracterizam, os novos números 4, 5 e 6, aditados ao artigo 1817.°, C.C., pela Lei n.° 21/98, de 12 de Maio, estabeleceram um regime especial de prazo para a propositura da acção de investigação da maternidade quando: "[...] o investigante for tratado como filho pela pretensa mãe, sem que tenha cessado voluntariamente esse tratamento", caso em que a acção "pode ser proposta até um ano posterior à data da morte daquela"; se o tratamento por ela dado ao investigante como filho tiver cessado voluntariamente, então "a acção pode ser proposta dentro do prazo de um ano a contar da data em que o tratamento tiver cessado"; "se o investigante, sem que tenha cessado voluntariamente o tratamento como filho, falecer antes da pretensa mãe, a acção pode ser proposta até um ano posterior à data da morte daquele", sendo aplicável o regime *supra* enunciado se o tratamento como filho tiver cessado voluntariamente antes da morte dele.

V. *Estado pessoal; Acção; Presunção de paternidade; Registo de casamento; Reconhecimento de filho; Investigação de maternidade; Propositura da acção.*

Posse formal (Dir. Civil) – A caracterização da posse formal, aquela que é autonomamente relevante, designadamente para efeitos de usucapião, encontra-se em *posse causal* (v. esta expressão).

V. *Posse.*

Posse imemorial (Dir. Civil) – Não sendo a noção de posse imemorial completamente isenta de dúvidas, pode dizer-se que ela existe quando é tão antiga que vai para além da memória dos homens, isto é, nas situações em que não há ninguém que se lembre do seu início, nem por observação própria, nem por narração feita pelos seus antecessores.

Há casos, raros embora, em que a lei apela, na caracterização de uma situação, para a posse imemorial: é o que acontece no artigo 1384.°, C.C., por exemplo, em que se determina que são "reconhecidos os atravessadouros com posse imemorial, que se dirijam a ponte ou fonte de manifesta utilidade, enquanto não existirem vias públicas destinadas à utilização ou aproveitamento de uma ou outra".

V. *Posse; Atravessadouros.*

Posse judicial (Proc. Civil) – A posse judicial consistia num processo executivo especial em que alguém, que tivesse a seu favor título transmissivo da propriedade de uma coisa, requeria que lhe fosse conferida judicialmente a posse da mesma. A acção, que era proposta contra o detentor da coisa, visava portanto conferir a posse efectiva a quem nunca a tivera.

Os artigos 1044.° e segs., C.P.C., que se ocupavam deste processo, foram revogados pelo Decreto-Lei n.° 329-A/95, de 12 de Dezembro.

V. *Execução; Processo especial; Direito de propriedade; Posse; Detenção; Entrega judicial.*

Posse precária (Dir. Civil) – Sinónimo de *detenção* (v. este termo).
V. *Posse; Possuidor precário.*

"Possessor pro herede" (Dir. Civil) – Expressão latina que significa *herdeiro aparente* (v. esta expressão).

Posse vale título (Dir. Civil) – Costuma usar-se esta expressão para significar que, em relação a bens móveis, ao respectivo adquirente de boa fé não pode ser exigida a restituição da coisa, com fundamento em ilegitimidade do alienante. Este princípio não vigora na nossa lei civil.
V. *Móvel; Boa fé; Legitimidade; Alienação.*

Possibilidade do objecto (Dir. Civil) – O artigo 280.°, C.C., determina que o objecto negocial tem de ser física e legalmente possível, sendo nulo o negócio jurídico cujo objecto o não seja.
A possibilidade física verifica-se quando não se opõe à susceptibilidade de realização do objecto do negócio nenhum obstáculo material ou natural; o objecto é legalmente possível quando não é impedido por um obstáculo legal insuperável, como aquele que se verifica quando a lei comina com a nulidade o acto jurídico em que se consubstancia.
V. *Objecto negocial; Nulidade; Acto jurídico; Negócio jurídico.*

Possuidor (Dir. Civil) – O que exerce a posse.
V. *Posse.*

Possuidor em nome alheio (Dir. Civil) – O mesmo que *possuidor precário* [v. esta expressão).

Possuidor precário (Dir. Civil) – Possuidor precário ou detentor é aquele que apenas exerce poderes de facto sobre a coisa, sem intenção de os exercer em nome e proveito próprios, ou que se limita a aproveitar da tolerância do titular do direito no exercício dos poderes, sendo-o também o representante ou mandatário do possuidor e ainda qualquer pessoa que possua em nome alheio.
V. artigo 1253.°, C.C..
V. *Detenção; Posse; Coisa; Direito real; Representante; Mandatário.*

Pousada (Dir. Civil) – V. *Contrato de albergaria.*

Praça (Proc. Civil) – V. *Venda judicial.*

Praça deserta (Proc. Civil) – No caso de venda em hasta pública, a praça é considerada deserta quando não houver nenhum lanço superior ao valor mínimo previamente determinado.
Antes da Reforma de 1995/96 do C.P.C., quando a venda judicial fosse feita por arrematação em hasta pública, eram os bens postos em praça por um dado valor; quando, passada uma hora sobre a abertura da praça, não houvesse lanço superior a esse valor, a praça era considerada deserta e encerrada, sendo então designado dia para a segunda praça, por metade do valor, ou ordenando-se, oficiosamente ou a requerimento do exequente e dos credores que representassem a maioria dos créditos com garantia real sobre os bens a vender, a venda por negociação particular ou por propostas em carta fechada. Ficando a segunda praça também deserta, proceder-se-ia à venda por propostas em carta fechada ou por negociação particular, ou marcar-se-ia terceira praça para os bens serem vendidos por qualquer preço, conforme o juiz considerasse mais conveniente (assim dispunham os artigos 901.° a 903.°, C.P.C.).
A venda em estabelecimento de leilão está prevista nos artigos 906.° e 907.°, C.C., na redacção do Decreto-Lei n.° 38/2003, de 8 de Março, rectificado pela Declaração de rectificação n.° 5-C/2003, de 30 de Abril. Tendo a venda em hasta pública deixado de ser a regra na venda executiva, não existem normas específicas quanto à praça deserta.
V. *Venda judicial; Arrematação; Requerimento; Exequente; Credor; Direito real de garantia.*

"Praeter legem" – Para além da lei.
Esta expressão qualifica o costume que se consubstancia numa regra cujo objecto não se encontra legalmente regulado.
Não sendo, na ordem jurídica portuguesa, o costume forma de integração de lacunas, saber se o costume *praeter legem* é ou não fonte de direito supõe averiguar da existência de regras consuetudinárias

vigentes em matérias carecidas de tutela do direito e não legalmente reguladas.

V. *Fontes de direito; Costume; Lacunas.*

Prazo (Dir. Civil)

1. Lapso determinado de tempo dentro do qual deve ser exercido um direito, cumprida uma obrigação, praticado determinado acto ou produzido um efeito jurídico.

Os prazos podem ser convencionalmente estabelecidos pelas partes num negócio jurídico, fixados pela lei, pelos tribunais ou por qualquer outra autoridade.

O artigo 279.°, C.C., fixa regras relativas à contagem dos prazos, aplicáveis em caso de dúvida.

V. artigos 296.° e 297.°, C.C..

V. *Prazo judicial; Direito subjectivo; Obrigação; Negócio jurídico; Cômputo do termo; Alteração de prazos.*

2. Designação que tinha o prédio sujeito ao regime enfitêutico (artigo 1491.°, n.° 2, C.C.), abolido pelos Decretos-Leis n.°s 195-A/76, de 16 de Março, e 233/76, de 2 de Abril.

V. *Prédio; Enfiteuse.*

Prazo admonitório (Dir. Civil) – Prazo cuja fixação é acompanhada de uma advertência.

A doutrina designa muitas vezes assim o prazo razoável que o artigo 808.°, n.° 1, C.C., permite que o credor fixe ao devedor em mora para que cumpra a obrigação, dado que o esgotamento dele sem cumprimento transforma a mora em incumprimento definitivo, desde que o credor advirta o devedor de que esse será o seu efeito.

V. *Prazo; Mora; Prazo cominatório; Incumprimento definitivo; Obrigação.*

Prazo a favor de ambas as partes (Dir. Civil) – Numa obrigação, o prazo do cumprimento pode ter sido, por convenção ou pela própria natureza daquela, estabelecido em benefício de ambas as partes (cfr. artigo 779.°, C.C.).

Quando assim acontece, como, por exemplo, no mútuo oneroso, o credor não pode exigir antecipadamente o cumprimento, e o devedor só pode antecipá-lo desde que não prejudique o interesse do credor no prazo, o que, no mútuo oneroso, implica o pagamento dos juros por inteiro (cfr. artigo 1147.°, C.C.).

V. *Obrigação; Cumprimento; Prazo da prestação; Benefício do prazo; Convenção; Antecipação do cumprimento; Mútuo oneroso; Credor; Devedor; Juros.*

Prazo a favor do credor (Dir. Civil) – Muito embora o artigo 779.°, C.C., estabeleça a presunção de que o prazo de cumprimento da obrigação beneficia o devedor, admite que se mostre que ele foi estabelecido a favor do credor. Tal situação pode verificar-se por convenção das partes ou resultar da própria natureza da obrigação, como acontece, por exemplo, no depósito gratuito (cfr. artigo 1194.°, C.C.).

Sempre que o prazo da prestação tenha sido estabelecido em exclusivo benefício do credor, pode este exigir o cumprimento antecipado, não podendo, ao invés, o devedor antecipá-lo contra a vontade dele.

V. *Obrigação; Prazo da prestação; Cumprimento; Devedor; Credor; Presunção legal; Convenção; Benefício do prazo; Depósito; Antecipação do cumprimento.*

Prazo a favor do devedor (Dir. Civil) – Quando o devedor tem o benefício do prazo do cumprimento da obrigação (o que o artigo 779.°, C.C., presume), não pode o credor exigir dele a prestação antes de esgotado o prazo, mas o devedor pode realizar o cumprimento antecipado.

V. *Obrigação; Prazo da prestação; Devedor; Benefício do prazo; Cumprimento; Presunção legal; Antecipação do cumprimento.*

Prazo cominatório (Dir. Civil; Proc. Civil) – Um prazo é cominatório quando o seu esgotamento, sem que se verifique a prática do acto que devia ser durante ele realizado, tem uma consequência desfavorável para aquele que o não cumpriu. A generalidade dos prazos processuais peremptórios é cominatória.

No direito civil, a lei prevê um prazo cominatório que o credor pode fixar ao devedor: trata-se do prazo suplementar razoável, fixado pelo credor ao devedor em mora para que ele venha cumprir, sob pena de se ter por definitivamente incumprida a obrigação (artigo 808.°, n.° 1, C.C.).

V. *Prazo; Prazo peremptório; Prazo judicial; Credor; Devedor; Cumprimento; Prazo razoável; Mora; Obrigação; Incumprimento definitivo.*

Prazo da locação (Dir. Civil) – A existência de prazo, isto é, de limitação da duração temporal, é um elemento essencial do contrato de locação.

O artigo 1026.°, C.C., aplicável à locação em geral, estabelece que, na falta de estipulação em contrário, se entende que "o prazo de duração do contrato é igual à unidade de tempo a que corresponde a retribuição fixada". Por outro lado, o artigo 1025.°, C.C., fixa, como duração máxima permitida do contrato de locação, o período de trinta anos, estabelecendo que, se for celebrado por prazo superior, se considera reduzido àquele limite.

Para o arrendamento urbano, determina o artigo 10.° do Regime do Arrendamento Urbano – aprovado pelo Decreto-Lei n.° 321-B/90, de 15 de Outubro, rectificado por declaração publicada no *Diário da República*, I-A série, de 30 de Novembro de 1990, e alterado pelos Decretos-Leis n.°s 278/93, de 10 de Agosto (este alterado, por ratificação, pela Lei n.° 13/94, de 11 de Maio), 163/95, de 13 de Julho, pela Lei n.° 89/95, de 1 de Setembro, pelo Decreto-Lei n.° 257/95, de 30 de Setembro, pela Lei n.° 135/99, de 28 de Agosto, pelos Decretos-Leis n.°s 64-A/2000, de 22 de Abril, e 329-B/2000, de 22 de Dezembro, e pelas Leis n.°s 6/2001 e 7/2001, ambas de 11 de Maio –, correspondente ao antigo artigo 1087.°, C.C., que o seu prazo é de seis meses, "se outro não for determinado por lei, convencionado pelas partes ou estabelecido pelos usos".

V. *Locação; Norma supletiva; Arrendamento urbano.*

Prazo da prestação (Dir. Civil) – O prazo da prestação é o momento em que ela deve ser realizada, por se vencer a obrigação.

Não tendo a obrigação prazo fixado, nem dele carecendo, a regra quanto ao cumprimento é a de que o credor pode a todo tempo exigir este, podendo, de igual modo, o devedor cumprir em qualquer momento.

Sendo necessário estabelecer um prazo – ou dada a natureza da prestação ou em virtude das circunstâncias que a determinarem ou por força dos usos –, fixá-lo-ão as partes por acordo ou, se não acordarem, fixá-lo-á o tribunal (v. artigos 1456.° e 1457.°, C.P.C., o segundo na redacção do Decreto-Lei n.° 329-A/95, de 12 de Dezembro); cabe, de igual modo, ao tribunal a fixação do prazo sempre que a sua determinação tenha sido deixada ao credor e este não proceda a ela.

V. artigo 777.°, C.C..

A lei fixa prazos, em geral de natureza supletiva, para o cumprimento das obrigações emergentes de alguns contratos: assim, por exemplo, artigos 885.°, n.° 1, quanto à compra e venda; 1039.°, n.° 1, quanto à locação; 1137.° n.° 1, quanto ao comodato; 1148.°, quanto ao mútuo; 1211.°, n.° 2, quanto à empreitada, todos do Código Civil.

Quando a prestação tem um prazo, a lei presume que ele foi estabelecido em benefício do devedor, a menos que se mostre que o foi em benefício do credor ou de ambas as partes (artigo 779.°, C.C.).

V. *Obrigação; Prestação; Obrigação a prazo; Cumprimento; Tempo do cumprimento; Fixação judicial de prazo; Benefício do prazo; Vencimento; Compra e venda; Locação; Comodato; Mútuo; Empreitada; Presunção legal.*

Prazo de caducidade (Dir. Civil) – V. *Prazo; Caducidade.*

Prazo de interposição de recurso (Proc. Civil) – Dispõe o artigo 685.°, C.P.C., na redacção dos Decretos-Leis n.°s 329-A/95, de 12 de Dezembro, e 180/96, de 25 de Setembro:

"1. O prazo para a interposição dos recursos é de dez [era antes de oito] dias, contados da notificação da decisão; se a parte for revel e não dever ser notificada, nos termos do n.° 2 do artigo 255.°, o prazo corre desde a publicação da decisão.

2. Tratando-se de despachos ou sentenças orais, reproduzidos no processo, o prazo corre do dia em que foram proferidos, se a parte esteve presente ou foi notificada para assistir ao acto; no caso contrário, o prazo corre nos termos do n.° 1.

3. Quando, fora dos casos previstos nos números anteriores, não tenha de fazer-se

a notificação, o prazo corre desde o dia em que o interessado teve conhecimento da decisão.

4. Se a revelia da parte cessar antes de decorridos dez [também aqui eram anteriormente oito] dias posteriores à publicação, tem a sentença ou despacho de ser notificado e começa o prazo a correr da data da notificação".

Se tiver sido requerida a rectificação, aclaração ou reforma da sentença, "o prazo para o recurso só começa a correr depois de notificada a decisão proferida sobre o requerimento" – artigo 686.°, n.° 1, C.P.C..

V. *Recurso; Interposição de recurso; Notificação; Revelia; Despacho; Sentença; Sentença oral; Despacho; Rectificação da sentença; Aclaração de sentença; Reforma de sentença.*

Prazo de prescrição (Dir. Civil) – V. *Prazo; Prescrição.*

Prazo de viudade (Dir. Civil) – Sinónimo de *prazo internupcial* (v. esta expressão).

Prazo dilatório (Proc. Civil) – "O prazo dilatório difere para certo momento a possibilidade de realização de um acto ou o início da contagem de um outro prazo" – artigo 145.°, n.° 2, C.P.C..

V. *Prazo; Prazo judicial; Prazo peremptório.*

Prazo internupcial (Dir. Civil) – Aquele cujo matrimónio anterior foi dissolvido, declarado nulo ou anulado não pode, em princípio, contrair novamente casamento enquanto não decorrerem cento e oitenta ou trezentos dias (consoante se trate de homem ou de mulher) sobre a dissolução, declaração de nulidade ou anulação.

O prazo internupcial constitui impedimento impediente – artigos 1604.°-*b)* e 1605.°, C.C..

O n.° 1 do artigo 1650.°, C.C., determina que "aquele que contrair novo casamento sem respeitar o prazo internupcial perde todos os bens que tenha recebido por doação ou testamento do seu primeiro cônjuge".

O Decreto-Lei n.° 272/2001, de 13 de Outubro, rectificado pela Declaração de rectificação n.° 20-AR/2001, de 30 de Novembro, veio alargar a competência das conservatórias de registo civil, designadamente transferindo para estas um conjunto de decisões que cabiam aos tribunais judiciais em certos processos de jurisdição voluntária; passou, entre outras, para a sua competência exclusiva, nos termos do respectivo artigo 12.°, "a declaração de dispensa de prazo internupcial". "A declaração de dispensa de prazo internupcial é efectuada na conservatória [...] competente para a organização do processo preliminar de publicações" (n.° 3 do artigo 12.°). Dispõe o n.° 4 deste mesmo artigo que "os interessados apresentam o pedido mediante a entrega de requerimento na conservatória, fundamentando de facto e de direito, indicando as provas e juntando a prova documental"; assim, "a mulher que pretenda celebrar novo casamento antes do decurso do prazo internupcial apresenta, conjuntamente com a declaração prevista no n.° 1 do artigo 137.° do Código do Registo Civil, atestado de médico especialista em ginecologia-obstetrícia comprovativo da situação de não gravidez".

V. *Casamento; Dissolução do casamento; Invalidade do casamento; Impedimentos impedientes; Doação; Testamento; Processos de jurisdição voluntária; Processo preliminar de publicações; Registo civil; Requerimento; Prova; Prova documental.*

Prazo judicial (Proc. Civil) – Prazo, fixado por lei ou por despacho do juiz, para a prática de um acto processual.

O prazo judicial é contínuo, correndo de seguida; suspende-se, no entanto, durante as férias judiciais, salvo se a sua duração for igual ou superior a seis meses ou se tratar de actos a praticar em processos que a lei considere urgentes.

O acórdão para uniformização de jurisprudência do Supremo Tribunal de Justiça de 10 de Outubro de 1996, publicado no *Diário da República*, I-A série, de 2 de Novembro do mesmo ano, decidiu que: "A tolerância de ponto não se integra no conceito de feriado. Porém, o prazo também se transfere para o dia seguinte, considerando-se encerrados os tribunais quando for concedida tolerância de ponto [...]". Esta doutrina perdeu actualidade, porquanto o artigo 144.°, n.° 3, C.P.C., na redacção do Decreto-Lei n.° 329-A/95, de 12 de Dezembro, adoptou justamente esta solução, estabelecendo que, para efeitos do artigo, se consideram "encerrados os tribunais quando for concedida tolerância de ponto". O C.P.C. determina, no seu artigo 143.°, n.°s 1 e 2, na redacção que lhe foi dada pelo mesmo DL n.° 329-A/95, que "não se praticam actos processuais nos dias em que os tribunais estiverem encerrados [...]", à excepção de "citações, notificações e os actos que se destinem a evitar dano irreparável"; o artigo 144.°, n.° 2, na redacção do mesmo diploma, dispõe que, "quando o prazo para a prática do acto processual terminar em dia em que os tribunais estiverem encerrados, transfere-se o seu termo para o primeiro dia útil seguinte".

Quando se trate de prazo judicial fixado por lei, ele é normalmente improrrogável; o prazo pode ser prorrogado por uma vez e por um período igual no caso de haver acordo das partes (v. artigo 147.°, C.P.C., cujo n.° 1 tem a redacção do Decreto-Lei n.° 180/96, de 25 de Setembro).

O acto pode ser praticado fora do prazo no caso de haver justo impedimento (artigo 145.°, n.° 4, C.P.C.), considerando-se como tal "o evento não imputável à parte nem aos seus representantes ou mandatários, que obste à prática atempada do acto" (artigo 146.°, n.° 1, C.P.C., na redacção do referido DL n.° 329-A/95). A prova do justo impedimento deve ser apresentada imediatamente, devendo o juiz admitir a prática do acto se julgar verificado o impedimento e reconhecer que a parte fez o requerimento assim que ele cessou; a verificação do impedimento é de conhecimento oficioso quando constitua facto notório e seja previsível a impossibilidade da prática do acto dentro do prazo (artigo 146.°, n.°s 2 e 3, C.P.C., o segundo com a redacção do Decreto-Lei n.° 125/98, de 12 de Maio).

"Independentemente de justo impedimento, pode o acto ser praticado dentro dos três primeiros dias úteis subsequentes ao termo do prazo, ficando a sua validade dependente do pagamento, até ao termo do 1.° dia útil posterior ao da prática do acto, de uma multa de montante igual a um quarto da taxa de justiça inicial por cada dia de atraso, não podendo a multa exceder 3 UC" (artigo 145.°, n.° 5, C.P.C., na redacção do Decreto-Lei n.° 324/2003, de 27 de Dezembro, rectificado pela Declaração de rectificação n.° 26/2004, de 24 de Fevereiro). Nos termos do n.° 6 do mesmo artigo, na redacção do citado diploma, "decorrido o prazo referido no número anterior sem ter sido paga a multa devida, a secretaria, independentemente de despacho, notifica o interessado para pagar multa de montante igual ao dobro da taxa de justiça inicial, não podendo a multa exceder 20 UC". O juiz pode decidir a redução ou a dispensa da multa "nos casos de manifesta carência económica ou em que o respectivo montante se revele manifestamente desproporcionado".

O artigo 145.°, C.P.C., classifica os prazos judiciais em dilatórios e peremptórios: prazo dilatório é o que "difere para certo momento a possibilidade de realização de um acto ou o início da contagem de um outro prazo"; já "o decurso do prazo peremptório extingue o direito de praticar o acto" – n.°s 2 e 3.

O artigo 148.°, C.P.C., determina que, quando se seguir um prazo peremptório a um prazo dilatório, os dois prazos contam-se como um só.

Sendo praticado um acto processual fora do prazo peremptório a que estava sujeito, verifica-se uma nulidade de conhecimento oficioso do tribunal.

V. artigos 144.° e segs., C.P.C..

A lei fixa alguns prazos gerais que, na falta de disposição especial, vinculam as partes no processo, os magistrados judiciais, os funcionários de justiça e os magistrados do Ministério Público:

a) O prazo geral para a prática de qualquer acto processual pelas partes é de dez dias (antes era de cinco dias) – artigo 153.°, C.P.C., com a redacção do DL n.° 329-A/95;

b) O prazo geral para os juízes proferirem os seus despachos é também de dez dias (antes era igualmente de cinco dias), salvo se os despachos forem de mero expediente ou considerados urgentes, caso em que devem ser proferidos no prazo máximo de dois dias (na versão anterior, dizia-se que deveriam sê-lo no próprio dia) – artigo 160.°, C.P.C., na redacção do DL n.° 329-A/95;

c) O prazo geral para as promoções dos magistrados do Ministério Público é, nos termos do mesmo artigo 160.°, C.P.C., de dez dias (na versão anterior, o prazo era de três dias, mas o artigo 2.° do Decreto-Lei n.° 457/80, de 10 de Outubro, viera determinar que os prazos judiciais inferiores a 5 dias passassem a ter essa duração);

d) O prazo geral para os actos da secretaria é, de acordo com o artigo 166.°, C.P.C., de cinco dias.

O Acórdão do Supremo Tribunal de Justiça, tirado em plenário da Secção Criminal deste tribunal, de 10 de Março de 1994, publicado no *Diário da República*, I-A série, de 7 de Maio do mesmo ano, decidiu que "não tem natureza judicial o prazo mencionado no n.° 3 do artigo 59.° do Decreto-Lei n.° 433/82, de 27 de Outubro [para efeitos de recurso da decisão da autoridade administrativa que aplique uma coima], com a alteração introduzida pelo Decreto-Lei n.° 356/89, de 17 de Outubro".

V. *Actos processuais; Férias judiciais; Feriados; Tolerância de ponto; Despacho; Dano irreparável; Multa; Nulidade; Justo impedimento; Parte; Mandatário judicial; Prova; Conhecimento oficioso; Facto notório; Multa; Taxa de justiça; Nulidade processual; Parte; Magistratura judicial; Ministério Público; Funcionário de justiça; Juiz; Despacho de mero expediente; Promoção; Secretaria judicial; Cômputo do termo.*

Prazo legal da concepção (Dir. Civil) – O artigo 1798.°, C.C., estabelece que "o momento da concepção do filho é fixado, para os efeitos legais, dentro dos primeiros cento e vinte dias dos trezentos que precederam o seu nascimento, salvas as excepções dos artigos seguintes", relativas, respectivamente, à existência de gravidez anterior, interrompida ou completada (artigo 1799.°) ou à existência de acção destinada a fixar a data provável da concepção ou à prova de que o período de gestação foi inferior a cento e oitenta dias ou superior a trezentos (artigo 1800.°).

Esta regra tem, nomeadamente, relevância quanto a todas as disposições legais que estabelecem ou afastam presunções de paternidade em função da situação dos pais durante o prazo legal da concepção.

V. *Filiação; Maternidade; Fixação judicial da concepção; Nascimento; Paternidade; Presunção de paternidade.*

Prazo peremptório (Proc. Civil) – O prazo judicial diz-se peremptório quando fixa o período de tempo dentro do qual certo acto deve ser praticado.

"O decurso do prazo peremptório extingue o direito de praticar o acto", salvo se houver justo impedimento; no entanto, "independentemente de justo impedimento, pode o acto ser praticado dentro dos três primeiros dias úteis subsequentes ao termo do prazo, ficando a sua validade dependente do pagamento, até ao 1.° dia útil posterior ao da prática do acto, de uma multa de montante igual a um quarto da taxa de justiça inicial por cada dia de atraso, não podendo a multa exceder 3 UC"; "decorrido o prazo referido no número anterior sem ter sido paga a multa devida, a secretaria, independentemente de despacho, notifica o interessado para pagar multa de montante igual ao dobro da taxa de justiça inicial, não podendo a multa exceder 20 UC".

V. artigo 145.°, C.P.C., cujos n.°s 5 e 6 têm a redacção do Decreto-Lei n.° 324/2003, de 27 de Dezembro, rectificado pela Declaração de rectificação n.° 26/2004, de 24 de Fevereiro.

V. *Prazo; Prazo judicial; Actos processuais; Prazo dilatório; Direito subjectivo; Justo impedimento; Validade; Multa; Taxa de justiça; Secretaria judicial; Despacho.*

Prazo razoável (Dir. Civil) – O artigo 808.°, n.° 1, C.C., permite ao credor, quando o devedor se encontre em mora, que fixe a este um prazo suplementar razoável para que ele realize a prestação, com a cominação de que, se o cumprimento se não verificar dentro desse prazo, a obrigação se tem por definitivamente não cumprida. A razoabilidade do prazo tem de ser apreciada tendo em consideração a natureza da prestação, o interesse do credor no seu cumprimento, a dificuldade do devedor em cumpri-la e outras circunstâncias do caso concreto que o julgador entenda serem relevantes.

V. *Obrigação; Devedor; Mora; Prestação; Interesse do credor; Incumprimento definitivo.*

Pré-adopção (Dir. Civil) – O artigo 9.° do Decreto-Lei n.° 185/93, de 22 de Maio, na redacção da Lei n.° 31/2003, de 22 de

Agosto, fala em período de pré-adopção, dispondo o seguinte no seu n.° 1: "Estabelecida a confiança administrativa, a confiança judicial ou confiança a pessoa seleccionada para a adopção, e após a verificação do início do processo de vinculação observada, o organismo de segurança social procede ao acompanhamento da situação do menor durante um período de pré-adopção não superior a seis meses e à realização do inquérito a que se refere o n.° 2 do artigo 1973.° do Código Civil". O período de pré-adopção não excederá três meses se o adoptando for filho do cônjuge do adoptante (artigo 13.°, n.° 1, do DL n.° 185/93, na redacção do Decreto-Lei n.° 120/98, de 8 de Maio).

O tribunal competente para decidir da confiança judicial do menor com vista à adopção é o tribunal de família e menores – artigo 146.°-*c)* do Decreto-Lei n.° 314/78, de 27 de Outubro, cuja última redacção é a da Lei n.° 31/2003; nos termos do artigo 149.° do mesmo diploma, "fora das áreas abrangidas pela jurisdição dos tribunais de família e de menores, cabe ao tribunal da respectiva comarca conhecer das causas que àqueles estão atribuídas", constituindo-se então o tribunal em tribunal de família e menores.

Decorrido o período de pré-adopção, ou quando considere verificadas as condições para ser requerida a adopção, o organismo de segurança social elabora, em 30 dias, o relatório do inquérito, necessário à tomada de decisão sobre a adopção (artigos 9.° e 10.° do DL n.° 185/93).

V. *Adopção; Menor; Confiança de menor; Tribunal; Competência; Tribunal de comarca.*

Pré-aviso (Dir. Civil) – Em geral, para que uma parte denuncie o contrato, exige-se que a sua declaração de vontade nesse sentido seja feita com alguma antecedência em relação ao momento em que o contrato há-de efectivamente cessar. Esse período, que decorre entre a declaração de denúncia e a cessação do contrato, designa-se por pré-aviso.

Também a lei, em caso de contratos a termo, automaticamente renováveis salvo oposição de uma das partes, impõe, em regra, que a declaração de oposição à renovação seja feita com certo prazo de pré-aviso relativamente ao termo do contrato. Assim, por exemplo, no contrato de arrendamento urbano, o artigo 70.° do Regime do Arrendamento Urbano (aprovado pelo Decreto-Lei n.° 321-B/90, de 15 de Outubro, rectificado por Declaração publicada no *Diário da República*, I-A série, de 30 de Novembro de 1990, e alterado pelo Decreto-Lei n.° 278/93, de 10 de Agosto, alterado, por ratificação, pela Lei n.° 13/94, de 11 de Maio, pelo Decreto-Lei n.° 163/95, de 13 de Julho, pela Lei n.° 89/95, de 1 de Setembro, pelo Decreto-Lei n.° 257/95, de 30 de Setembro, pela Lei n.° 135/99, de 28 de Agosto, pelos Decretos-Leis n.°s 64-A/ /2000, de 22 de Abril, e 329-B/2000, de 22 de Dezembro, e pelas Leis n.°s 6/2001 e 7/2001, ambas de 11 de Maio) determina que a oposição à renovação, pelo senhorio (a que chama denúncia), quando é admitida, seja feita "com a antecedência mínima de seis meses relativamente ao fim do prazo do contrato"; e o artigo 108.°, n.° 1, artigo 108.°, n.° 1, dispõe que, nos contratos de locação em que o locatário seja o insolvente, "a declaração de insolvência não suspende o contrato [...], mas [que] o administrador da insolvência pode sempre denunciá-lo com um pré-aviso de 60 dias, se nos termos da lei ou do contrato não for suficiente um pré-aviso inferior", deste regime se exceptuando a hipótese de o locado se destinar à habitação do insolvente

V. *Contrato; Denúncia; Contrato a termo; Renovação do contrato; Caducidade do contrato; Oposição à renovação do contrato; Arrendamento urbano; Insolvência; Recuperação de empresas; Locação; Declaração de insolvência; Administrador da insolvência.*

Precedente (Dir. Civil; Proc. Civil) – Nos sistemas jurídicos de *common law*, o precedente constitui uma regra de direito, definida pelo tribunal na apreciação e decisão de um litígio, e respeitante à questão jurídica essencial que tal litígio suscite. Essa regra jurídica, o precedente, é, nestes sistemas jurídicos, vinculativa, devendo ser observada pelos outros tribunais, quando lhes seja submetido litígio juridicamente idêntico ao anterior, bem como pelos cidadãos em geral.

Em Portugal, não há precedentes, isto é, normas jurídicas de fonte judicial, tendo sido muito discutido o problema de saber se os assentos eram constitucionais. O artigo 2.°, C.C., estatuía: "nos casos declarados na lei, podem os tribunais fixar, por meio de assentos, doutrina com força obrigatória geral". Este artigo foi revogado pelo Decreto-Lei n.° 329-A/95, de 12 de Dezembro, e o Acórdão do Tribunal Constitucional n.° 743/96, de 28 de Maio, declarou "a inconstitucionalidade, com força obrigatória geral, da norma do artigo 2.° do Código Civil, na parte em que atribui aos tribunais competência para fixar doutrina com força obrigatória geral, por violação do disposto no artigo 115.°, n.° 5, da Constituição [actual artigo 112.°, n.° 5]".

V. *Fontes de direito; Jurisprudência; Assento; Regra do precedente.*

Preclusão

1. (Proc. Civil) – Impossibilidade de impugnar uma decisão judicial, por via de recurso ou de reclamação, por terem já decorrido os respectivos prazos ou por se terem esgotado os recursos que a lei admitia.

V. *Recurso; Reclamação; Prazo.*

2. (Dir. Civil) – Desaparecimento de um direito ou situação jurídica pela sua extinção ou pelo decurso do prazo em que deveria ter sido exercido.

V. *Extinção de direitos.*

Prédio (Dir. Civil) – Caracterizando os prédios, quer rústicos quer urbanos, como imóveis, o Código Civil não contém uma noção genérica de prédio.

O Regulamento do Cadastro Predial, aprovado pelo Decreto-Lei n.° 172/95, de 18 de Julho, rectificado pela Declaração de rectificação n.° 119/95, de 30 de Setembro, define prédio como "uma parte delimitada do solo juridicamente autónoma, abrangendo as águas, plantações, edifícios e construções de qualquer natureza nela existentes ou assentes com carácter de permanência, e, bem assim, cada fracção autónoma no regime de propriedade horizontal" (artigo 1.°, n.° 1-*e)*), esclarecendo que, para os efeitos do referido Regulamento, "não são considerados prédios as águas, plantações, edifícios ou construções referidos na parte final do n.° 1 do artigo 2.° do Código da Contribuição Autárquica, aprovado pelo Decreto-Lei n.° 442-C/88, de 30 de Novembro"; mais se acrescenta que, "para efeitos de cadastro, a caracterização de um prédio é dada através da sua localização administrativa e geográfica, configuração geométrica e área" (artigo 2.°).

V. Código do Registo Predial, aprovado pelo Decreto-Lei n.° 224/84, de 6 de Julho (rectificado por declaração publicada no *Diário da República,* I série, de 29 de Setembro de 1984), alterado pelos Decretos-Leis n.°s 355/85, de 2 de Outubro, 60/90, de 14 de Fevereiro (este último rectificado por declaração publicada no *Diário da República,* I-A série, de 31 de Março de 1990), 80/92, de 7 de Maio, 30/93, de 12 de Fevereiro, 227/94, de 8 de Setembro, 267/94, de 25 de Outubro, 67/96, de 31 de Maio, 375-A/99, de 20 de Setembro, 533/99, de 11 de Dezembro (rectificado pela Declaração de rectificação n.° 5-A/2000, de 29 de Fevereiro), 273/2001, de 13 de Outubro, 323/2001, de 17 de Dezembro, 38/2003, de 8 de Março (rectificado pela Declaração de rectificação n.° 5-C/2003, de 30 de Abril), e 194/2003, de 23 de Agosto, e pela Lei n.° 6/2006, de 27 de Fevereiro. Nos termos do artigo 9.° deste Código, "os factos de que resulte transmissão de direitos ou constituição de encargos sobre imóveis não podem ser titulados sem que os bens estejam definitivamente inscritos a favor da pessoa de quem se adquire o direito ou contra a qual se constitui o encargo".

Constituem excepções a esta regra: "*a)* A expropriação, a venda executiva, a penhora, o arresto, a apreensão em processo de falência [actualmente, processo de insolvência] e outras providências que afectem a livre disposição dos imóveis; *b)* Os actos de transmissão ou oneração outorgados por quem tenha adquirido, em instrumento lavrado no mesmo dia, os bens transmitidos ou onerados; *c)* Os casos de urgência devidamente justificada por perigo de vida dos outorgantes". O n.° 3 dispõe que, "tratando-se de prédio situado em área onde não tenha vigorado o registo obrigatório, o primeiro acto de transmissão posterior a 1 de Outubro de 1984 pode ser titulado sem a exigência prevista no n.° 1, se for exibido documento comprovativo, ou feita justificação simultânea, do direito da pessoa de quem se adquire". Relativamente aos casos previstos nesta alínea *c)*, diz o artigo 34.°, n.° 1, que o registo definitivo de aquisição de direitos "depende da prévia inscrição dos bens em nome de quem os transmite". Esclarece o n.° 2 deste artigo que, "no caso de existir sobre os bens registo de aquisição ou reconhecimento de direito susceptível de ser transmitido ou de mera posse, é necessária a intervenção do respectivo titular para poder ser lavrada nova inscrição definitiva, salvo se o acto for consequência de outro anteriormente inscrito".

V. *Imóvel; Prédio rústico; Prédio urbano; Edifício; Fracção autónoma; Propriedade horizontal; Registo predial; Inscrição; Expropriação; Venda judicial; Penhora; Arresto; Falência; Insolvência; Oneração de bens; Documento; Posse.*

Prédio dominante (Dir. Civil) – Prédio que beneficia de uma servidão predial (v. artigo 1543.°, C.C.).

V. *Servidão predial.*

Prédio encravado (Dir. Civil) – Prédio que não tem comunicação com a via pública (ou que a tem insuficiente), nem condições que permitam estabelecê-la sem excessivo incómodo ou dispêndio, e cujo proprietário tem, por isso, a faculdade de exigir a constituição de uma servidão de passagem sobre um prédio rústico vizinho.

Aquele que provocar o encrave absoluto ou relativo do seu prédio, sem razão para o fazer, é obrigado a pagar uma indemnização agravada, nos termos da culpa que teve no encrave, se quiser constituir a servidão de passagem.

V. artigos 1550.° e 1552.°, C.C..

V. *Servidão de passagem; Prédio rústico; Indemnização; Culpa.*

Prédio rústico (Dir. Civil) – Segundo a definição legal do n.° 2 do artigo 204.°, C.C., prédio rústico é uma porção delimitada de solo com as construções nele existentes, desde que estas não tenham autonomia económica.

V. *Coisa imóvel; Prédio urbano.*

Prédio serviente (Dir. Civil) – Prédio ao qual é imposto um encargo (servidão) em favor de outro prédio, o dominante, pertencente a dono diferente.

V. artigo 1543.°, C.C..

V. *Servidão predial.*

Prédio urbano (Dir. Civil) – É o edifício incorporado no solo com os terrenos que lhe sirvam de logradouro – artigo 204.°, n.° 2, C.C..

A compra e venda de prédio urbano, como a de qualquer imóvel, deve ser feita por escritura pública, de acordo com o artigo 875.° do Código Civil. Porém o Decreto-Lei n.° 255/93, de 15 de Julho, permite a celebração "por documento particular, com reconhecimento de assinaturas, segundo modelo a aprovar por portaria conjunta dos Ministros das Finanças, da Justiça e das Obras Públicas, Transportes e Comunicações" (artigo 2.°, n.° 1), dos contratos de "compra e venda com mútuo, com ou sem hipoteca, referente[s] a prédio urbano destinado a habitação, ou fracção autónoma para o mesmo fim, desde que o mutuante seja uma instituição de crédito autorizada a conceder crédito à habitação" (artigo 1.°); a mesma forma é admitida para os "contratos de mútuo com hipoteca nos quais se titulem novos empréstimos relativos ao mesmo prédio ou fracção, celebrados pelo respectivo proprietário, com instituições de crédito autorizadas a conceder crédito à habitação" (artigo 2.°, n.° 2); os documentos particulares a que o diploma se reporta têm a natureza de títulos executivos (artigo 2.°, n.° 4).

V. a Portaria 669-A/93, de 16 de Julho, rectificada pela Declaração de rectificação n.° 159/93, de 31 de Agosto, e alterada pela Portaria n.° 882/94, de 1 de Outubro, que "aprova os seguintes modelos de impressos a adoptar pelas instituições de crédito autorizadas a conceder crédito à habitação: *a)* Modelo A, para a compra e venda com mútuo e hipoteca; *b)* Modelo B, para a compra e venda com mútuo; *c)* Modelo C, para mútuo com hipoteca".

A Portaria n.° 894/2004, de 22 de Julho, aprova os modelos oficiais da matriz predial urbana informatizada e da caderneta predial de prédio urbano.

O Decreto-Lei n.° 68/2004, de 25 de Março, que "estabelece um conjunto de mecanismos que visam reforçar os direitos dos consumidores à informação e à protecção dos seus interesses económicos no âmbito da aquisição de prédio urbano para habitação, bem como promover a transparência do mercado", veio impor aos profissionais da actividade de construção a disponibilização de informação, constante da chamada ficha técnica – documento descritivo das características técnicas e funcionais do prédio urbano destinado a habitação, reportadas ao momento de conclusão das obras de construção, reconstrução, ampliação ou alteração do prédio "de acordo com o conteúdo das telas finais devidamente aprovadas" –, "redigida em língua portuguesa, em termos claros e compreensíveis para o comprador, de modo a ser facilmente legível e sem remissões para textos técnicos cuja compreensão pressuponha conhecimentos específicos"; os n.°s 2 a 9 do artigo o 7.° contêm o enunciado minucioso de todas as informações que devem constar daquela ficha, que deve ser mantida arquivada pelo promotor imobiliário por um período mínimo de 10 anos; destas informações, destacam-se aqui as constantes do n.° 4, relativas ao prédio urbano e que são, essencialmente, as seguintes: *a)* identificação do prédio, com indicação da sua localização, do número de inscrição na matriz predial e do número e data da licença de utilização; *b)* sua descrição, com indicação do número de pisos acima do solo, dos números totais de fogos, de ascensores, de lugares de estacionamento reservado aos moradores, da existência de outro tipo de utilização diversa da habitacional, das condições de acesso a pessoas com mobilidade condicionada, da existência de salas de reuniões de condóminos e de casa de porteiro; *c)* "caracterização das soluções construtivas dos principais elementos de construção do prédio, nomeadamente das fundações e da estrutura, das paredes exteriores e da cobertura"; *d)* descrição dos principais materiais e produtos utilizados na construção das partes comuns do edifício e lista dos seus fabricantes, com contactos; *e)* descrição dos sistemas de controlo e de gestão do prédio, em especial quanto à segurança contra intrusões e incêndios, e à gestão ambiental; *f)* localização dos equipamentos ruidosos; *g)* localização de equipamentos de acesso de pessoas com deficiência, motora, visual, auditiva ou outra; *h)* "planta simplificada do piso de entrada do edifício, com indicação da orientação, e a localização das portas exteriores, circulações horizontais, escadas e ascensores". A obrigação de fazer constar da ficha técnica as informações referidas na lei "não prejudica a possibilidade de o promotor imobiliário incluir na ficha [...] informações complementares que considere importantes". Esta ficha deve também ser conservada pelo proprietário do prédio ou fracção. Para além destas informações, o artigo 11.° impõe que, nos locais de atendimento e de venda ao público, o vendedor, a empresa de mediação imobiliária ou outro profissional, que se encontre incumbido de comercializar prédios urbanos destinados à habitação disponibilizem informação documentada em especial sobre a ficha técnica, caso exista, a sua versão provisória, se for esse o caso, o preço por metro quadrado da área útil, e o preço total, com indicação dos impostos e outras obrigações que incidam sobre a aquisição, bem como as formas de pagamento propostas; além disto, devem "disponibilizar para consulta no local de venda uma cópia autenticada do projecto completo do prédio, incluindo os diversos projectos das especialidades" e, ainda, quando se trate de prédio em construção, informar do número do alvará de licença de construção e dos prazos previstos para a conclusão das obras. A Portaria n.° 817/2004, de 16 de Julho, aprovou o modelo da ficha técnica referida no diploma mencionado.

V. *Coisa imóvel; Edifício; Prédio rústico; Logradouro; Compra e venda; Escritura pública; Documento particular; Reconhecimento de letra e assinatura; Mútuo; Hipoteca; Fracção autónoma; Título executivo; Consumidor; Tutela do consumidor; Obrigação de informação; Fogo; Partes comuns; Contrato de mediação.*

Preferência (Dir. Civil) – V. *Direito de preferência; Pacto de preferência; Acção de preferência; Credor privilegiado.*

Preferência no arrendamento (Dir. Civil) – A chamada preferência no arrendamento para habitação é uma figura que foi introduzida na nossa ordem jurídica pelo Decreto-Lei n.° 420/76, de 28 de Maio, e que suscitou dúvidas na doutrina e na jurisprudência, por não se tratar em rigor de um típico direito de preferência legal, antes se aproximando mais de um direito à celebração do contrato, isto é, de uma obrigação legal de contratar.

Dadas as dificuldades e divergências suscitadas, o Assento de 16 de Outubro de 1984 (publicado no *Diário da República*, sucessivamente, em 27 de Outubro e em 17 de Dezembro do mesmo ano) esclareceu que, "na vigência do Decreto-Lei n.° 420/76, de 28 de Maio, com as alterações do Decreto-Lei n.° 293/77, de 20 de Julho, em caso de caducidade do contrato de arrendamento por morte do locatário, o titular do direito referido no artigo 1.°, n.° 1, daquele decreto, aí apelidado de preferência, podia obrigar o senhorio a celebrar com ele novo contrato de arrendamento, se aquele não alegasse e provasse qualquer das excepções do artigo 5.°, n.° 4, do Decreto-Lei n.° 445/74, de 12 de Setembro, sendo legítima a sua ocupação do fogo até à celebração desse contrato ou decisão final sobre o destino do fogo".

O Regime do Arrendamento Urbano (aprovado pelo Decreto-Lei n.° 321-B/90, de 15 de Outubro, rectificado por declaração publicada no *Diário da República*, I-A série, de 30 de Novembro de 1990, e alterado pelo Decreto-Lei n.° 278/93, de 10 de Agosto – este alterado, por ratificação, pela Lei n.° 13/94, de 11 de Maio –, pelo Decreto-Lei n.° 163/95, de 13 de Julho, pela Lei n.° 89/95, de 1 de Setembro, pelo Decreto–Lei n.° 257/95, de 30 de Setembro, pela Lei n.° 135/99, de 28 de Agosto, pelos Decretos-Leis n.°s 64-A/2000, de 22 de Abril, e 329-B/2000, de 22 de Dezembro, e pelas Leis n.°s 6/2001 e 7/2001, ambas de 11 de Maio), nos seus artigos 90.° a 96.°, ocupa-se do regime desta figura, estabelecendo que têm direito a novo arrendamento para habitação, quando o anterior caduque por morte do inquilino, sucessivamente, as seguintes pessoas:

a) os que vivessem com o arrendatário em economia comum, desde que convivessem com ele há mais de cinco anos, salvo se habitassem o prédio arrendado por força de negócio jurídico que não respeitasse directamente a habitação;

b) os subarrendatários, quando a sublocação seja eficaz em relação ao senhorio, preferindo, se houver vários, o mais antigo.

O n.° 2 do artigo 90.° deste diploma estabelece os critérios de hierarquização dos que vivessem com o arrendatário em economia comum: se houver vários, o direito pertence àqueles que há mais tempo conviviam com o arrendatário, "preferindo, em igualdade de condições, os parentes, por grau de parentesco, os afins, por grau de afinidade, e o mais idoso".

O direito a novo arrendamento não existe se aquele que seria o respectivo titular "tiver residência nas comarcas de Lisboa e do Porto e suas limítrofes, ou na respectiva localidade, quanto ao resto do País à data da morte do primitivo arrendatário".

O direito não existe também nos arrendamentos a prazo (artigo 99.°, n.° 2, do R.A.U., na redacção do DL n.° 278/93).

O senhorio fica liberto da obrigação de arrendar quando pretender vender a fracção ou o prédio locado, quando quiser o local para sua residência ou para nele construir a sua habitação, quando quiser o local para habitação de parentes ou afins de linha recta (desde que, nestes últimos casos, não tenha, ele ou o parente ou afim a que ela se destine, casa própria ou arrendada na área das comarcas de Lisboa ou do Porto ou na respectiva localidade, quanto ao resto do País, ou a casa que tiver não satisfizer as necessidades de habitação própria da família, ou denunciar o arrendamento da casa que habitar), quando pretender afectar o prédio a fim diverso da habitação, tendo obtido para o efeito a necessária licença camarária, e ainda quando pretenda ampliar o prédio ou construir novo edifício com aumento do número de locais arrendáveis.

"O direito ao novo arrendamento deve ser exercido mediante declaração escrita enviada ao senhorio nos 30 dias subsequentes à caducidade do contrato anterior"; "a invocação de alguma das excepções estabelecidas no artigo 93.° deve ser feita pelo senhorio mediante comunicação escrita dirigida ao interessado ou interessados e enviada no prazo de 30 dias a contar da comunicação referida no n.° 1 [declaração de exercício do direito ao novo arrendamento]" – artigo 94.°, n.°s 1 e 3, R.A.U..

A lei estende expressamente a aplicabilidade do artigo 830.°, C.C., relativo à execução específica da obrigação de contratar ao direito ao arrendamento previsto neste diploma, determinando que "os efeitos do novo contrato retroagem à data da caducidade do anterior" – artigo 95.°, R.A.U..

Aos contratos celebrados com base no direito previsto neste diploma aplica-se o regime de duração limitada previsto e regulado nos artigos 98.° e segs. do mesmo diploma e, "sendo o primeiro arrendamento sujeito ao regime de renda condicionada", os arrendamentos constituídos com base neste direito nunca podem envolver diminuição de renda – artigo 92.°, R.A.U..

V. *Arrendamento; Direito de preferência; Arrendamento para habitação; Obrigação legal de contratar; Caducidade do arrendamento; Economia comum; Negócio jurídico; Sublocação; Parentesco; Afinidade; Grau de parentesco; Arrendamento a prazo; Fracção autónoma; Linha; Denúncia; Documento escrito; Execução específica de contrato-promessa; Renda condicionada.*

Preferente (Dir. Civil) – Titular de um *direito de preferência* (v. esta expressão).

Prejudicialidade (Proc. Civil) – Verifica-se prejudicialidade quando o conhecimento do objecto de uma acção depende da solução de uma questão ou da decisão de uma outra acção submetida a um tribunal diverso.

O artigo 97.°, C.P.C., ocupa-se do regime das situações em que existe uma questão prejudicial, definindo o artigo 279.°, C.P.C., com a redacção do Decreto-Lei n.° 329-A/95, de 12 de Dezembro, o regime aplicável quando o conhecimento da causa dependa do julgamento de uma outra.

O Código da Insolvência e da Recuperação de Empresas, aprovado pelo Decreto-Lei n.° 53/2004, de 18 de Março, alterado pelos Decretos-Leis n.°s 200/2004, de 18 de Agosto, e 76-A/2006, de 29 de Março (rectificado pela Declaração de rectificação n.° 28-A/2006, de 26 de Maio), dispõe, no seu artigo 8.°, n.° 2, que, "sem prejuízo do disposto na alínea *b)* do n.° 3 do artigo 264.° [suspensão de processo de insolvência antes instaurado apenas contra o apresentante e em que a insolvência não tenha sido declarada, se acompanhada da confissão expressa da situação de insolvência ou, no caso de ter sido apresentada pelos cônjuges uma proposta de plano de pagamentos], o tribunal ordena a suspensão da instância se contra o mesmo devedor correr processo de insolvência instaurado por outro requerente cuja petição inicial tenha primeiramente dado entrada em juízo" – não obstante a lei qualificar a situação como de prejudicialidade, é duvidoso que não se trate de uma hipótese de litispendência.

V. *Causa prejudicial; Questão prejudicial; Insolvência; Recuperação de empresas; Apresentação à insolvência; Declaração de insolvência; Suspensão da instância; Confissão; Plano de pagamentos; Petição inicial; Litispendência.*

Prejuízo (Dir. Civil) – V. *Dano.*

Prejuízo abstracto (Dir. Civil) – O mesmo que *dano abstracto* (v. esta expressão).

Prelação (Dir. Civil) – Designação que a doutrina utiliza muitas vezes em sinonímia com preferência, *rectius*, com direito de preferência, muito embora, com mais rigor, ela só possa designar a preferência na compra e venda.

V. *Direito de preferência; Compra e venda.*

Pré-legado (Dir. Civil) – Diz-se que há pré-legado quando o *de cuius* dispõe de bens, a favor de um dos herdeiros, para além do seu quinhão hereditário.

De acordo com o artigo 2264.°, C.C., "o legado a favor de um dos co-herdeiros, e a cargo de toda a herança, vale por inteiro".

V. *Legado; "De cuius"; Herdeiro; Herança; Encargos da herança.*

Preliminares (Dir. Civil) – Por preliminares do contrato se designa muitas vezes a fase de negociações que antecede a sua formação.

V. *Contrato; Negociações preliminares.*

Pré-mediação (Proc. Civil) – A mediação, prevista como forma de resolução extrajudicial de conflitos entre sujeitos privados em alguns casos, pode ter de ser precedida de uma fase designada por pré-mediação.

Assim acontece, por exemplo, nos julgados de paz, previstos e regulados pela Lei n.° 78/2001, de 13 de Julho.

Nos termos do artigo 50.°, n.° 1, desta Lei, quando o processo se inicia, há uma fase de pré-mediação, cujo objectivo é "explicar às partes em que consiste a mediação e verificar a predisposição destas para um possível acordo em fase de mediação". "Se uma das partes não comparecer à sessão de pré-mediação [...], não apresentando justificação no prazo de cinco dias, o processo é remetido à secretaria para marcação da data de audiência de julgamento"; "compete à secretaria marcar, sem possibilidade de adiamento, nova data para a pré-mediação [...], dentro dos cinco dias seguintes à apresentação da justificação"; "reiterada a falta, o processo é remetido para a fase de julgamento, devendo a secretaria notificar as partes da data da respectiva audiência, a qual deve ter lugar num dos 10 dias seguintes" (artigo 54.°).

Só depois desta fase e "afirmada positivamente a vontade das partes", "é marcada a primeira sessão de mediação". Se as partes, após esta fase preliminar, recusarem a mediação, "o mediador dá desse facto conhecimento ao juiz de paz, que designa data para a audiência de julgamento". O n.° 4 do artigo 50.° determina que "o mediador que procede à pré-mediação não deve intervir como mediador na fase subsequente".

De acordo com o artigo 51.°, n.° 1, da mesma Lei, "se as partes estiverem de acordo em passar à fase de mediação, é marcada data para a primeira sessão num dos dias imediatamente seguintes à sessão de pré-mediação, sem prejuízo de poder ser logo realizada caso o mediador esteja disponível".

O artigo 8.° da Portaria n.° 1112/2005, de 28 de Outubro, que aprovou o regulamento que disciplina a organização e o funcionamento dos serviços de mediação disponíveis nos julgados de paz e estabeleceu as condições de acesso aos mesmos, bem como as regras por que deve pautar-se a actividade dos mediadores de conflitos, trata especificamente da pré-mediação.

V. *Mediação; Mediador; Julgado de paz; Juiz de paz; Falta; Justificação de falta; Notificação; Secretaria judicial; Audiência.*

Premoriência (Dir. Civil) – Situação em que falecem duas pessoas, sabendo-se ou presumindo-se que uma delas morreu antes da outra. A determinação do momento da morte é relevante nos casos em que algum efeito jurídico dependa da sobrevivência de uma das pessoas à outra, designadamente em matéria sucessória.

V. *Comoriência; Sucessão.*

Preparo

1. (Proc. Civil) – Importâncias a pagar no tribunal pelas partes num processo e em diversos momentos deste, e que consistem em adiantamentos de determinados encargos.

O anterior Código das Custas Judiciais referia-se expressamente ao pagamento de preparos para o pagamento da (actual) taxa de justiça, Assim, por exemplo, o artigo 96.°, n.° 1, na redacção que lhe fora dada pelo Decreto-Lei n.° 387-D/87, de 29 de Dezembro, que estabelecia: "nos processos, incidentes e recursos e actos sujeitos a custas haverá lugar a preparos: os preparos podem ser iniciais, para despesas e para julgamento".

O Código das Custas Judiciais, aprovado pelo Decreto-Lei n.° 224-A/96, de 26 de Novembro (rectificado pela Declaração de rectificação n.° 4-B/97, de 31 de Janeiro), alterado pelo Decreto-Lei n.° 91/97, de 22 de Abril, pela Lei n.° 59/98, de 25 de Agosto, pelos Decretos-Leis n.°s 304/99, de 6 de Agosto, 320-B/2000, de 15 de Dezembro, 323/2001, de 17 de Dezembro, 38/2003, de 8 de Março (rectificado pela Declaração de rectificação n.° 5-C/2003, de 30 de Abril), e 324/2003, de 27 de Dezembro (rectificado pela Declaração de rectificação n.° 26/2004, de 24 de Fevereiro), e pelas Leis n.°s 45/2004, de 19 de Agosto, e 60-A/2005, de 30 de Dezembro, estabelece, no seu artigo 22.°, que "a taxa de justiça é paga gradualmente pelo autor, requerente, recorrente, exequente, réu, requerido ou executado que deduza oposição e recorrido que alegue, nos termos dos artigos 23.° a 29.°". Em geral, "para promoção de acções e recursos [...] é devido o pagamento da taxa de justiça inicial autoliquidada", nos termos de uma tabela anexa ao Código.

Este continua, no entanto, a referir-se a preparos, nos artigos 43.° a 46.°, em matéria de preparos de despesas, dizendo que estes se destinam ao pagamento dos encargos referidos nas alíneas *b)* a *d)* do n.° 1 e no n.° 5 do artigo 32.°: "*b)* Os pagamentos devidos a quaisquer entidades pelo custo de certidões não extraídas oficiosamente pelo tribunal, documentos, pareceres, plantas, outros elementos de informação ou de prova e serviços que o tribunal tenha requisitado; *c)* As retribuições devidas a quem interveio acidentalmente no processo, incluindo as compensações legalmente estabelecidas; *d)* As despesas de transporte e ajudas de custo; 5 – remuneração dos serviços prestados pelas instituições que prestam colaboração ao tribunal no âmbito da penhora de depósitos bancários".

"Os preparos para despesas são efectuados por quem requereu expressa ou implicitamente a diligência, incluindo a intervenção facultativa do tribunal colectivo, ou indicou os meios de prova".

"Os preparos são pagos imediatamente ou no prazo de 10 dias a contar da notificação do despacho que ordenou a diligência, determinou a expedição ou o cumprimento de carta rogatória, ou marcou data para a audiência de julgamento". "[...] A falta de pagamento do preparo para despesas implica, conforme os casos:

a) A não realização da diligência;

b) O julgamento pelo juiz singular;

c) A não notificação dos intervenientes acidentais para comparência;

d) A não emissão ou o não cumprimento da carta rogatória;

e) A não transcrição das provas produzidas oralmente".

Note-se que a secretaria deve recusar o recebimento da petição inicial, quando "não tenha sido junto o documento comprovativo do prévio pagamento da taxa de justiça inicial ou o documento que ateste a concessão de apoio judiciário" (artigo 474.°-*f)*, C.P.C., na redacção do Decreto-Lei n.° 183/2000, de 10 de Agosto, e da Lei n.° 20-D/2000, de 20 de Dezembro).

O artigo 98.°, n.° 3, do Estatuto da Ordem dos Advogados (Lei n.° 15/2005, de 26 de Janeiro) estabelece que "o advogado apenas pode ser responsabilizado pelo pagamento de preparos, despesas ou quaisquer outros encargos que tenham sido provisionados para tal efeito pelo cliente e não é obrigado a dispor das provisões que tenha recebido para honorários, desde que a afectação destas aos honorários seja do conhecimento do cliente".

Há casos em que a lei isenta de preparos sujeitos jurídicos que se encontram em dadas situações. Por exemplo, o artigo 44.°, n.° 1, da Lei n.° 11/87, de 7 de Abril, alterada pela Lei n.° 13/2002, de 19 de Fevereiro (Lei de Bases do Ambiente), estabelece que "é assegurado aos cidadãos o direito à isenção de preparos nos processos em que pretendam obter reparação de perdas e danos emergentes de factos ilícitos que violem regras constantes da presente lei e dos diplomas que a regulamentem, desde que o valor da causa não exceda o da alçada do tribunal da comarca". Também o artigo 11.°, n.° 2, da Lei n.° 35/98, de 18 de Julho, rectificada pela Declaração de rectificação n.° 14/98, de 11 de Setembro (Lei das Organizações Não Governamentais de Ambiente), isenta de preparos, custas e imposto de selo as organizações não governamentais de ambiente pelas suas intervenções nos processos referidos nos artigos 9.° e 10.° da mesma Lei. De igual modo, a Lei de Defesa do Consumidor (Lei n.° 24/96, de 31 de Julho, alterada pela Lei n.° 85/98, de 16 de Dezembro, e pelo Decreto-Lei n.° 67/2003, de 8 de Abril) estabelece uma isenção de preparos para o consumidor "nos processos em que pretenda a protecção dos seus interesses ou direitos, a condenação por incumprimento do fornecedor de bens ou prestador de serviços, ou a reparação de perdas e danos emergentes de factos ilícitos ou da responsabilidade objectiva definida nos termos da lei, desde que o valor da acção não exceda a alçada do tribunal judicial de 1.ª instância" (artigo 14.°, n.° 2).

V. *Taxa de justiça; Parte; Custas; Incidente; Recurso; Autor; Recorrente; Exequente; Notificação; Réu; Executado; Alegações; Contestação; Certidão; Documento; Parecer; Prova; Penhora; Tribunal colectivo; Meios de prova; Despacho; Carta rogatória; Audiência de discussão e julgamento; Tribunal singular; Notificação; Secretaria judicial; Petição inicial; Apoio judiciário; Honorários; Valor da causa; Alçada; Tribunal de comarca; Protecção do ambiente; Responsabilidade civil; Consumidor; Tutela do consumidor; Incumprimento; Responsabilidade objectiva; Tribunal de 1.ª instância.*

2. – Encontra-se, por vezes, o termo preparo na lei para designar outros encargos, que não os processuais, como acontece no Código do Registo Predial (v. artigos 41.°-A, n.° 1, *in fine*, aditado pelo Decreto-Lei n.° 533/99, de 11 de Dezembro, e 151.°) e no Estatuto do Notariado, aprovado pelo Decreto-Lei n.° 26/2004, de 4 de Fevereiro (artigo 4.°, n.° 2-*m*)).

V. *Notário; Registo predial.*

Prescrição (Dir. Civil) – Forma de extinção de um direito pelo seu não exercício por um dado lapso de tempo fixado na lei, e variável de caso para caso; só se encontram excluídos da prescrição os direitos indisponíveis e aqueles que a lei expressamente isenta dela (como acontece com os direitos de propriedade, uso, habitação, usufruto, superfície e servidão) – artigo 298.°, n.°s 1 e 3, C.C..

Esta é a chamada prescrição extintiva ou negativa; dela se distingue a prescrição aquisitiva ou positiva, designada por usucapião, e que consiste na aquisição de um direito real em virtude da posse prolongada (v. artigo 1287.°, C.C.).

O artigo 306.°, C.C., fixa o momento em que começa a correr o prazo da prescrição extintiva: a regra é que ele se inicie quando o direito possa ser exercido, a menos que haja condição suspensiva ou termo, caso em que o prazo prescricional só se começa a contar após a verificação da condição ou o decurso do prazo, ou que a dívida seja ilíquida, pois que aí o início do prazo verificar-se-á no momento em que ao credor seja lícito promover a liquidação.

As partes não podem celebrar negócios jurídicos destinados a "modificar os prazos legais da prescrição ou a facilitar ou dificultar por outro modo as condições em que a prescrição opera os seus efeitos": tais negócios são nulos.

A prescrição aproveita a todos os que dela possam beneficiar que, assim, podem licitamente recusar o cumprimento da prestação ou opor-se, por qualquer modo, ao exercício do direito prescrito; no entanto, tendo o beneficiário cumprido espontaneamente uma obrigação prescrita, ainda que ignorando tal facto, não tem direito à repetição, sendo a tal caso aplicáveis as regras respeitantes às obrigações naturais dos artigos 402.° a 404.°, C.C..

O decurso do prazo prescricional não é do conhecimento oficioso do tribunal, tendo, para produzir efeitos, de ser invocado judicial ou extrajudicialmente, tanto podendo sê-lo pelo seu beneficiário, respectivo representante, pelo Ministério Público (sendo o beneficiário incapaz), como pelos credores do devedor ou por terceiro que tenha nisso interesse legítimo.

A prescrição é irrenunciável antes de decorrido o respectivo prazo e só tem legitimidade para a ela renunciar aquele a quem ela aproveite. Mesmo que o devedor tenha renunciado, os credores deste podem invocar a prescrição, desde que se verifiquem os requisitos exigidos para a impugnação pauliana.

Os prazos prescricionais são vários.

Citam-se, a título de exemplo:

a) A regra geral é a de que o prazo é de 20 anos, sendo, portanto, esse o prazo de prescrição em todos os casos em que a lei não fixe especialmente outro;

b) Todas as prestações periódicas, das quais algumas se encontram enumeradas no artigo 310.°, C.C., prescrevem no prazo de cinco anos, desde a exigibilidade da primeira prestação que não seja paga (cfr. artigo 307.°, C.C.);

c) "O direito de indemnização prescreve no prazo de três anos, a contar da data em que o lesado teve conhecimento do direito que lhe compete, embora com desconhecimento da pessoa do responsável e da extensão integral dos danos, sem prejuízo da prescrição ordinária se tiver decorrido o respectivo prazo a contar do facto danoso" (artigo 498.°, n.° 1, C.C.).

d) Prazos mais curtos se encontram estabelecidos nos artigos 316.° e 317.°, C.C., relativamente a créditos de estabelecimentos de alojamento, comidas ou bebidas, pelo fornecimento da sua actividade própria (seis meses) e aos mesmos créditos, quando relativos a estudantes, ou a créditos de comerciantes ou industriais pela venda de bens e prestação de serviços a quem não seja comerciante ou industrial, ou ainda a créditos pelos serviços prestados no exercício de profissão liberal e pelo reembolso das despesas correspondentes (dois anos).

Estes últimos casos, sumariamente enunciados, integram-se numa espécie particular de prescrição: a chamada prescrição presuntiva. Fundam-se tais prescrições na presunção de cumprimento, podendo tal presunção ser ilidida por confissão do devedor originário ou daquele que tiver sucedido na dívida, só sendo relevante a confissão quando feita por forma escrita. Considera-se, no entanto, nestes casos, confessada a dívida quando o devedor se recusar a depor ou a prestar juramento no tribunal, ou a praticar quaisquer actos incompatíveis com a presunção do cumprimento.

O prazo prescricional, qualquer que seja, pode suspender-se ou interromper-se. É de ter em atenção o artigo 23.°, n.° 4, C.P.C., na redacção do Decreto-Lei n.° 329--A/95, de 12 de Dezembro, que dispõe que, quando se verifique incapacidade judiciária do autor na acção ou quando haja irregularidade na sua representação em juízo e, em consequência, o processo seja anulado desde o início, "se o prazo de prescrição [...] tiver entretanto terminado ou terminar nos dois meses imediatos à anulação, não se considera completada a prescrição [...] antes de findarem estes dois meses".

A lei não estabelece com clareza a distinção entre prescrição e caducidade pelo que respeita aos respectivos âmbitos de aplicação. Manuel de Andrade, *Teoria Geral da Relação Jurídica*, Vol. II, Coimbra, 1964, pág. 463, definia caducidade como o "instituto por via do qual os direitos potestativos se extinguem pelo facto do seu não exercício prolongado por certo tempo". A caducidade seria, portanto, aplicável aos direitos potestativos, enquanto a prescrição se aplicaria aos restantes direitos subjectivos.

Ora, o n.° 2 do artigo 298.°, C.C., dispõe que, "quando, por força da lei ou por vontade das partes, um direito deva ser exercido dentro de certo prazo, são aplicáveis as regras da caducidade, a menos que a lei se refira expressamente à prescrição". Parece, em consequência, que a regra é a de que seja de caducidade o prazo extintivo, sendo prescricional apenas aquele que a lei assim qualifique. O regime da caducidade é, em muitos aspectos, diverso do da prescrição.

V. artigos 300.° e segs., C.C..

O artigo 10.°, n.° 1, da Lei n.° 23/96, de 26 de Julho, que consagra as regras a que deve obedecer a prestação de serviços públicos essenciais em ordem à protecção do utente, estabelece que "o direito de exigir o pagamento do preço do serviço prestado prescreve no prazo de seis meses após a sua prestação".

V. *Direito subjectivo; Extinção de direitos; Direito indisponível; Direito de propriedade; Uso (direito de); Direito de habitação; Usufruto; Direito de superfície; Servidão; Posse; Usucapião; Condição; Termo; Verificação da condição; Prazo; Obrigação ilíquida; Liquidação; Negócio jurídico; Nulidade; Prestação; Repetição do indevido; Obrigação natural; Conhecimento oficioso; Representante; Ministério Público; Incapaz; Terceiro; Irrenunciabilidade; Legitimidade; Impugnação pauliana; Exigibilidade; Indemnização; Dano; Compra e venda; Impugnação; Contrato de prestação de serviços; Profissão liberal; Prescrição presuntiva; Presunção legal; Cumprimento; Confissão; Documento particular; Inquirição; Juramento; Suspensão da prescrição; Interrupção da prescrição; Capacidade judiciária; Autor; Caducidade; Direito potestativo.*

Prescrição aquisitiva (Dir. Civil) – Denominação tradicionalmente dada à *usucapião* (v. este termo).

Prescrição extintiva (Dir. Civil) – Designação, tradicionalmente contraposta à de prescrição aquisitiva, que significa hoje, na terminologia da lei e na da generalidade da doutrina, simplesmente *prescrição* (v. este termo).

Prescrição presuntiva (Dir. Civil) – As prescrições presuntivas, tratadas no Código Civil nos artigos 312.° a 317.°, fundam-se na presunção do cumprimento e a elas são aplicáveis as regras gerais da prescrição.

Uma vez decorrido o prazo, a lei presume que o cumprimento foi realizado, dispensando assim o devedor de fazer a sua prova. A presunção do cumprimento "só pode ser ilidida por confissão do devedor originário ou daquele a quem a dívida tiver sido transmitida por sucessão". Sendo a confissão extrajudicial, terá de ser realizada por escrito, mas considera-se haver confissão tácita, "se o devedor se recusar a depor ou a prestar juramento no tribunal, ou praticar em juízo actos incompatíveis com a presunção de cumprimento".

V. *Prescrição; Presunção legal; Cumprimento; Prova; Devedor; Dispensa do ónus da prova; Confissão; Documento particular; Declaração tácita; Juramento; Inquirição.*

Prescritibilidade (Dir. Civil) – Situação dos direitos susceptíveis de serem extintos ou adquiridos por prescrição.

V. *Direito subjectivo; Prescrição.*

Presidente (Org. Judiciária) – V. *Juiz presidente.*

Pressuposição (Dir. Civil) – Doutrina segundo a qual a não concretização de uma convicção da parte num contrato – desde que tal convicção tivesse sido um motivo determinante da vontade de contratar – legitima essa parte a resolver o contrato ou, pelo menos, a modificá-lo.

A pressuposição é uma razão ou um conjunto de razões que determinam a parte a celebrar determinado contrato, mas que ela não explicita sob a forma de condição: são, pois, os motivos essenciais da vontade de contratar, cuja verificação é pressuposta; falhando a pressuposição, haveria o direito à resolução ou à modificação do contrato.

Esta teoria encontra-se actualmente completamente abandonada e o problema dos efeitos da alteração das circunstâncias em que as partes fundaram a decisão de celebrar o contrato está regulado na lei portuguesa nos artigos 437.° e segs. do C.C..

V. *Contrato; Base do negócio; Resolução do contrato; Modificação do contrato; Condição; Alteração das circunstâncias.*

Pressupostos processuais (Proc. Civil) – Designam-se por pressupostos processuais as condições cuja verificação é indispensável para que o tribunal se ocupe do mérito da causa.

Constituem pressupostos processuais subjectivos – relativos às partes – a personalidade e capacidade judiciárias destas, a sua legitimidade, o interesse processual e o patrocínio judiciário (quando obrigatório), por exemplo. Pressuposto processual relativo ao tribunal é a competência deste.

Alguns autores (v., por exemplo, Antunes Varela, *Manual de Processo Civil*, 2.ª edição, pág. 106) distinguem ainda entre pressupostos positivos – a personalidade, a capacidade, a legitimidade, o interesse processual, a competência e, em certos casos, o patrocínio judiciário – e negativos – a litispendência e o compromisso arbitral

A falta de um pressuposto processual consubstancia uma excepção dilatória, conduzindo por isso à absolvição do réu da instância.

V. *Parte; Mérito da causa; Personalidade judiciária; Capacidade judiciária; Legitimidade; Interesse em agir; Patrocínio judiciário; Intervenção obrigatória de advogado; Competência; Litispendência; Compromisso arbitral; Excepção dilatória; Réu; Absolvição da instância.*

Prestação (Dir. Civil)

1. Aquilo a que está obrigado o devedor de uma obrigação.

Pode traduzir-se na entrega de uma coisa (prestação *de dare* ou prestação de coisa) ou em qualquer outro facto ou actuação, positiva ou negativa, isto é, numa acção ou numa abstenção (prestação *de facere* ou *de non facere*, isto é, prestação de facto positivo ou negativo).

Diz o artigo 398.°, C.C., que são as partes que fixam livremente o conteúdo negativo (obrigação de o devedor nada fazer em determinadas circunstâncias – por exemplo, nos pactos de não concorrência) ou positivo da prestação, e que esta não precisa de ter valor pecuniário, apenas devendo corresponder a interesse do credor digno de protecção legal.

V. *Crédito; Dívida; Obrigação; Obrigação "de dare"; Obrigação "de facere"; Obrigação positiva; Obrigação negativa; Interesse do credor.*

2. O termo prestação é também usado para designar cada uma das fracções em que a prestação debitória é dividida, quando se convenciona que o cumprimento seja realizado em várias parcelas.

V. *Obrigação fraccionada; Pagamento em prestações.*

Prestação de alimentos (Dir. Civil) – V. *Prestação; Alimentos; Obrigação de alimentos; Acção de alimentos.*

Prestação de caução (Dir. Civil; Proc. Civil) – V. *Caução.*

Prestação de coisa (Dir. Civil) – Prestação de coisa ou *de dare* é aquela que tem por objecto uma coisa, consistindo a conduta debitória na entrega de uma ou várias coisas pelo devedor ao credor.

Nas prestações de coisa, distingue a doutrina as prestações de dar (aquelas em que a coisa entregue pelo devedor ao credor era já propriedade do credor ou passa a sê-lo em consequência mesma da entrega), de prestar (casos em que a coisa é propriedade do devedor e passa a ficar na disponibilidade material do credor para que a use ou frua) e de restituir (correspondente às situações em que a coisa, que é do credor, a este é devolvida pelo devedor, que a teve em seu poder para a usar, fruir, guardar ou para outro fim).

A prestação pode ter, em regra, por objecto uma coisa futura (artigo 399.°, C.C.), havendo casos em que a lei o proíbe, como, por exemplo, no contrato de doação (artigo 942.°, n.° 1, C.C.).

V. *Prestação; Coisa; Devedor; Credor; Direito de propriedade; Coisa futura; Doação.*

Prestação de contas (Dir. Civil; Proc. Civil) – Há pessoas que, relativamente a uma dada actividade, têm a obrigação legal de prestar contas a outra ou outras: é o que acontece, por exemplo, com o curador provisório dos bens do ausente (artigo 95.°, C.C.), o mandatário (artigo 1161.°-*d)*, C.C.), os pais, em certos casos, em relação à administração do património dos seus filhos menores (artigo 1920.°, n.° 2, C.C.), o tutor, sempre que o tribunal o exija (artigo 1944.°, C.C.), o cabeça-de-casal (artigo 2093.°, C.C.), o testamenteiro (artigo 2332.°, C.C.), os liquidatários de sociedades comerciais (artigo 155.°, Código das Sociedades Comerciais), os administradores da insolvência (artigo 62.° do Código da Insolvência e da Recuperação de Empresas, aprovado pelo Decreto-Lei n.° 53/2004, de 18 de Março, alterado pelos Decretos-Leis n.°s 200/2004, de 18 de Agosto, e 76-A//2006, de 29 de Março – rectificado pela Declaração de rectificação n.° 28-A/2006, de 26 de Maio).

Quando o obrigado à prestação de contas o não faça voluntariamente, pode ser judicialmente coagido a fazê-lo, pelo processo regulado nos artigos 1014.° e segs., C.P.C..

A lei prevê processos especiais para a prestação de contas por tutor e curador (artigos 1020.° a 1022.°, C.P.C., todos na redacção do Decreto-Lei n.° 329-A/95, de 12 de Dezembro), sendo o mesmo processo aplicável à prestação de contas pelos pais, administrador de bens do menor e adoptante (artigo 1022.°-A, C.P.C., introduzido pelo Decreto-Lei n.° 513-X/79, de 27 de Dezembro) e depositário judicial (artigo 1023.°, C.P.C.).

V. *Obrigação; Ausência; Mandato; Menor; Administração de bens; Cabeça-de-casal; Testamenteiro; Tutela; Curatela; Processo especial; Adopção; Depositário; Insolvência; Administrador da insolvência.*

Prestação debitória (Dir. Civil) – Prestação debitória ou, simplesmente, prestação é o comportamento, positivo ou negativo, a que o devedor se encontra vinculado perante o credor, isto é, o objecto da obrigação.

V. *Obrigação; Devedor; Credor.*

Prestação de facto (Dir. Civil) – Prestação de facto é aquela que se traduz num facto, numa actividade (ou abstenção) do devedor. A prestação de facto pode ser positiva ou negativa, consoante se traduz numa acção ou numa abstenção, omissão ou mera tolerância (*non facere* ou *pati*). Pode ainda ser uma prestação de facto material ou de facto jurídico.

V. *Prestação; Obrigação "de facere"; Obrigação "de non facere"; "Pati"; Facto jurídico.*

Prestação de juramento (Proc. Civil) – As pessoas que têm de prestar declarações em juízo, antes de iniciar o respectivo depoimento, juram dizer a verdade sobre os factos sobre os quais vão depor.

O artigo 559.°, C.P.C., ocupa-se da prestação de juramento pela parte, quando esta tenha de depor, determinando que "a recusa a prestar juramento equivale à recusa a depor"; o regime deste artigo 559.° é também aplicável às testemunhas, por força do n.° 1 do artigo 635.°; por seu lado, o n.° 1 do artigo 588.°, C.P.C., com a redacção e a numeração que lhe foram dadas, respectivamente, pelos Decretos-Leis n.°s 180/96, de 25 de Setembro, e 183/2000, de 10 de Agosto, determina que, "quando alguma das partes o requeira ou o juiz o ordene, os peritos comparecerão na audiência final, a fim de prestarem, sob juramento, os esclarecimentos que lhes sejam pedidos".

V. *Juramento; Depoimento de parte; Testemunha; Perito; Audiência.*

Prestação de meios (Dir. Civil) – V. *Prestação; Obrigação de meios.*

Prestação de resultado (Dir. Civil) – V. *Prestação; Obrigação de resultado.*

Prestação de serviços (Dir. Civil) – V. *Contrato de prestação de serviços.*

Prestação dividida (Dir. Civil) – O mesmo que *prestação fraccionada* (v. esta expressão).

Prestação duradoura (Dir. Civil) – V. *Prestação; Contrato de prestação duradoura; Obrigação duradoura.*

Prestação fraccionada (Dir. Civil) – Prestação instantânea por natureza, que deve ser executada por diversas parcelas, em consequência de convenção das partes. O objecto global da prestação é, neste caso e ao invés do que sucede na prestação duradoura, desde o início fixado, mas a execução é escalonada no tempo, realizando-se por diversas fracções ou prestações.

É o que acontece, por exemplo, na venda a prestações, relativamente à prestação de preço.

V. *Prestação; Contrato de prestação instantânea; Obrigação instantânea; Obrigação fraccionada; Venda a prestações.*

Prestação fungível (Dir. Civil) – A prestação diz-se fungível quando pode ser realizada por pessoa diferente do devedor, com satisfação do interesse do credor e sem que a isso se oponha convenção das partes.

É esta a regra no direito civil, por força do artigo 767.°, n.° 1, C.C..

V. *Prestação; Devedor; Credor; Obrigação infungível; Interesse do credor; Cumprimento por terceiro.*

Prestação instantânea (Dir. Civil) – V. *Prestação; Obrigação instantânea; Contrato de prestação instantânea; Prestação fraccionada.*

Prestação negativa (Dir. Civil) – Prestação de facto negativo, isto é, comportamento debitório consistente numa omissão ou, até, na tolerância sem reacção de obstrução a certo acto ou actividade do credor.

V. *Prestação; Prestação de facto; Obrigação "de non facere"; Obrigação negativa; Credor.*

Prestação periódica (Dir. Civil) – A prestação duradoura diz-se periódica quando, protelando-se no tempo, tem de ser realizada em momentos sucessivos, com espaçamento em regra regular.

V. *Prestação; Obrigação duradoura.*

Prestação positiva (Dir. Civil) – Prestação de facto positivo ou prestação de coisa.

V. *Prestação; Prestação de facto; Prestação de coisa; Obrigação "de dare"; Obrigação "de facere"; Obrigação positiva.*

Prestações (Dir. Civil) – V. *Venda a prestações; Pagamento em prestações.*

Prestações económicas a favor da comunidade (Dir. Civil) – Medida tutelar educativa, prevista na Lei Tutelar Educativa (que substituiu uma parte substancial da antiga O.T.M.), aprovada pela Lei n.° 166/99, de 14 de Setembro.

De acordo com o artigo 12.°, ela consiste em o menor entregar uma quantia em benefício da entidade, pública ou privada, de fim não lucrativo, podendo o tribunal decidir que a quantia seja paga em prestações, "desde que não desvirtue o significado da medida, atendendo o juiz, na fixação do montante da compensação ou da prestação, apenas às disponibilidades económicas do menor". A decisão do tribunal deve fixar o montante e a forma da prestação económica, bem como a entidade sua destinatária (artigo 20.°, n.° 1).

V. *Menor; Medida tutelar; Tarefas a favor da comunidade.*

Prestações vincendas (Dir. Civil; Proc. Civil) – Prestações que hão-de vencer-se em momento posterior àquele em que são pedidas ou àquele em que são, para qualquer outro efeito, consideradas.

V. *Pedido de prestações vincendas; Vencimento.*

Prestamista (Dir. Civil; Dir. Com.) – O Decreto-Lei n.° 365/99, de 17 de Setembro, designa assim a pessoa singular ou colectiva cuja actividade profissional se consubstancia em realizar mútuos garantidos por penhor, ocupando-se do regime jurídico desta actividade.

V. *Pessoa singular; Pessoa colectiva; Mútuo; Penhor.*

Presunção (Dir. Civil) – É uma ilação que a lei (presunção legal) ou o julgador (presunção judicial) tira de um facto conhecido para firmar um facto desconhecido – artigo 349.°, C.C..

Quando alguém dispõe de uma presunção legal (por exemplo, a lei presume que o possuidor é titular do direito correspondente – artigo 1268.°, n.° 1, C.C.), não tem de fazer prova do facto, cabendo, em princípio, à outra parte fazer prova em contrário (presunção *juris tantum*); há, no entanto, casos em que as presunções legais não são ilidíveis mediante prova em contrário (presunção *juris et de jure*).

As presunções judiciais (presunções *hominis*) só são admitidas nos casos e termos em que é admitida a prova testemunhal (artigo 351.°, C.C.), podendo elas ser infirmadas por prova contrária.

V. artigos 349.° e segs. e 344.°, C.C..

O artigo 7.° do Código do Registo Predial, aprovado pelo Decreto-Lei n.° 224/84, de 6 de Julho (rectificado por declaração publicada no *Diário da República*, I série, de 29 de Setembro de 1984), alterado pelos Decretos-Leis n.°s 80/92, de 7 de Maio, 67/96, de 31 de Maio, 355/85, de 2 de Outubro, 60/90, de 14 de Fevereiro (este rectificado por declaração publicada no *Diário da República*, I série, de 31 de Março de 1990), 30/93, de 12 de Fevereiro, 227/94, de 8 de Setembro, 267/94, de 25 de Outubro, 67/96, de 31 de Maio, 375-A/99, de 20 de Setembro, 533/99, de 11 de Dezembro (rectificado pela Declaração de rectificação n.° 5-A/2000, de 29 de Fevereiro), 273/ /2001, de 13 de Outubro, 323/2001, de 17 de Dezembro, 38/2003, de 8 de Março (rectificado pela Declaração de rectificação n.° 5-C/2003, de 30 de Abril), e 194/2003, de 23 de Agosto, e pela Lei n.° 6/2006, de 27 de Fevereiro, dispõe que "o registo definitivo constitui presunção de que o direito existe e pertence ao titular inscrito, nos precisos termos em que o registo o define".

V. *Prova; Ónus da prova; Inversão do ónus da prova; Posse; Direito real; Prova testemunhal; Registo; Registo predial.*

Presunção absoluta (Dir. Civil) – A presunção legal absoluta ou *juris et de jure* é aquela que não admite prova em contrário, isto é, que não pode ser ilidida.

Uma presunção legal só pode considerar-se inilidível quando a lei, que a consagra, o determinar (artigo 350.°, n.° 2, C.C.). Assim acontece, por exemplo, com a presunção estabelecida no n.° 3 do artigo 243.°, C.C., que dispõe que se considera "sempre de má fé o terceiro que adquiriu o direito posteriormente ao registo da acção de simulação, quando a este haja lugar".

V. *Presunção; Prova; Má fé; Terceiro; Registo de acções; Simulação.*

Presunção de culpa (Dir. Civil) – Há casos em que a lei presume a culpa do autor dos danos, cabendo, consequentemente, a este provar que os prejuízos não procederam de acto culposo seu.

Assim acontece no domínio da responsabilidade obrigacional (v. artigo 799.°, n.° 1, C.C.), em alguns casos no domínio da responsabilidade extra-obrigacional (artigos 491.°, 492.° e 493.°, C.C.) e no regime de contratos tipificados no Código Civil (assim, por exemplo, dispõe o artigo 1191.°, C.C., que se presume ter havido culpa do depositário no depósito cerrado se o invólucro ou recipiente em que a coisa se encontrava tiver havido sido violado).

Também se encontram presunções legais de culpa em diplomas avulsos consagradores de responsabilidade civil: é o que acontece, por exemplo, na Lei da Protecção de Dados Pessoais – Lei n.° 67/98, de 26 de

Outubro (rectificada pela Declaração de Rectificação n.° 22/98, de 28 de Novembro) –, cujo artigo 34.°, n.° 2, a faz impender sobre o responsável pelo tratamento de dados pessoais que, por acto ilícito, provoque danos ao respectivo titular; do mesmo modo, a Lei n.° 49/2004, de 24 de Agosto, contém, no respectivo artigo 11.°, n.° 1, uma presunção de culpa relativa aos agentes que realizem actos próprios da profissão de advogado ou de solicitador em desrespeito pelas regras relativas a estas actividades profissionais.

Não existindo presunção de culpa, quanto à prova desta, vigora a regra do artigo 487.°, n.° 1, C.C., que é a de que cabe ao lesado provar a culpa do autor da lesão, regra, aliás, consequente do princípio geral do artigo 342.°, n.° 1, C.C., que dispõe que é àquele que invoca um direito que cabe a prova dos respectivos factos constitutivos.

Também a propósito de alguns contratos, a lei presume a culpa de uma das partes: exemplo é o artigo 29.°, n.° 2, do Decreto-Lei n.° 12/2004, de 9 de Janeiro – que define o regime do exercício da actividade de construção – e estabelece uma presunção de culpa do empreiteiro quanto à omissão da forma escrita (que é imposta para alguns contratos de empreitada), bem como do conteúdo mínimo do contrato enunciado no n.° 1 do mesmo artigo.

V. *Presunção legal; Culpa; Dano; Responsabilidade obrigacional; Responsabilidade delitual; Depósito cerrado; Dados pessoais; Protecção de dados pessoais; Ónus da prova; Acto ilícito; Advogado; Solicitador; Direito subjectivo; Facto constitutivo; Contrato; Empreitada; Forma; Documento escrito.*

Presunção de cumprimento (Dir. Civil) – Há casos em que a lei presume encontrarem-se cumpridas certas obrigações, cabendo então ao credor provar que assim não é, quando queira obter o respectivo cumprimento. Desde logo, nas prescrições presuntivas, cujo fundamento é, justamente, a presunção de cumprimento da obrigação decorrido o prazo prescricional (cfr. artigos 312.° e segs., C.C.). Fora destas situações, por exemplo, o artigo 786.°, C.C., estabelece que se presumem pagos os juros ou outras prestações acessórias, sempre que o credor der quitação do capital sem reserva daqueles, e ainda que, "sendo devidos juros ou outras prestações periódicas e dando o credor quitação, sem reserva, de uma dessas prestações, presumem-se realizadas as prestações anteriores".

V. *Presunção legal; Obrigação; Ónus da prova; Cumprimento; Credor; Prescrição presuntiva; Quitação; Juros;*

Presunção de insuficiência económica (Proc. Civil) – O artigo 1.° da Lei n.° 34/ /2004, de 29 de Julho (que transpõe a Directiva n.° 2003/8/CE, do Conselho, de 27 de Janeiro) – Lei do Acesso ao Direito e aos Tribunais –, estabelece que "o sistema de acesso ao direito e aos tribunais [se] destina[...] a assegurar que a ninguém seja dificultado ou impedido, em razão da sua condição social ou cultural, ou por insuficiência de meios económicos, o conhecimento, o exercício ou a defesa dos seus direitos".

Encontra-se em situação de insuficiência económica "aquele que, tendo em conta factores de natureza económica e a respectiva capacidade contributiva, não tem condições objectivas para suportar pontualmente os custos de um processo" – artigo 8.°, n.° 1.

Presunção que fundamenta o benefício de apoio judiciário, invocada mediante requerimento, da qual goza: *a)* quem estiver a receber alimentos por necessidade económica; *b)* quem reunir as condições exigidas para a atribuição de quaisquer subsídios em razão da sua carência de alimentos; *c)* quem tiver rendimentos mensais, provenientes do trabalho, iguais ou inferiores a uma vez e meia o salário mínimo nacional; *d)* filho menor para efeitos de investigar ou impugnar a sua maternidade ou paternidade; *e)* requerente de alimentos; *f)* os titulares de direito a indemnização por acidentes de viação.

"A decisão sobre a concessão de apoio judiciário compete ao dirigente máximo dos serviços de segurança social da área de residência do requerente" – artigo 20.°, n.° 1.

A indicação de defensor é solicitada ao conselho distrital da Ordem dos Advogados; esta pode organizar escalas de presenças de advogados ou advogados estagiários, comunicando-as aos tribunais.

O pagamento dos honorários ao defensor é feito pelo tribunal.

Ver o disposto na referida Lei n.° 34/04 que procedeu a um conjunto de alterações ao regime de apoio judiciário e de acesso ao direito e aos tribunais constante da Lei n.° 30-E/2000, de 20 de Dezembro (alterada pelo Decreto-Lei n.° 38/2003, de 8 de Março).

V. *Presunção legal; Acesso à justiça; Direito subjectivo; Requerimento; Alimentos; Menor; Investigação de maternidade; Investigação de paternidade; Indemnização; Acidente de viação; Ordem dos Advogados; Advogado; Advogado estagiário; Residência; Honorários.*

Presunção de paternidade (Dir. Civil) – O n.° 1 do artigo 1826.°, C.C., estabelece uma presunção de paternidade em relação ao marido da mãe quanto ao filho nascido ou concebido na constância do matrimónio.

A anulação do casamento civil, bem como a declaração de nulidade do casamento católico, desde que transcrito no registo civil, não excluem aquela presunção.

A presunção de paternidade cessa nos seguintes casos:

a) quanto ao filho nascido dentro dos cento e oitenta dias posteriores à celebração do casamento, se a mãe ou o marido declararem no acto de registo do nascimento que o marido não é o pai;

b) quanto ao filho nascido passados trezentos dias depois de finda a coabitação dos cônjuges;

c) sempre que a mãe faça a declaração de nascimento com a indicação de que o filho não é do marido.

Tendo o filho nascido após novo casamento da mãe, sem que o primeiro estivesse dissolvido ou dentro dos trezentos dias após a dissolução, a presunção de paternidade refere-se ao segundo marido da mãe.

A paternidade presumida nos termos da lei tem de constar obrigatoriamente do registo de nascimento do filho, não sendo admitidas menções que a contrariem fora dos casos em que a lei determina que cessa a presunção.

A impugnação de paternidade presumida só pode fazer-se nos termos e casos expressamente previstos na lei (artigos 1823.° e 1838.° e segs., C.C., na redacção do Decreto-Lei n.° 496/77, de 25 de Novembro).

Não se podendo estabelecer a paternidade pela presunção referida, nem sendo feita perfilhação, pode o filho (ou a respectiva mãe em sua representação) intentar acção visando o reconhecimento judicial da paternidade. Neste caso, diz o artigo 1871.°, n.° 1, C.C. – cuja redacção actual resulta da Lei n.° 21/98, de 12 de Maio –, que a paternidade se presume:

"*a)* Quando o filho houver sido reputado e tratado como tal pelo pretenso pai e reputado como filho também pelo público;

b) Quando exista carta ou outro escrito no qual o pretenso pai declare inequivocamente a sua paternidade;

c) Quando, durante o período legal da concepção, tenha existido comunhão duradoura de vida em condições análogas às dos cônjuges ou concubinato duradouro entre a mãe e o pretenso pai;

d) Quando o pretenso pai tenha seduzido a mãe no período legal da concepção, se esta era virgem e menor no momento em que foi seduzida, ou se o consentimento dela foi obtido por meio de promessa de casamento, abuso de confiança ou abuso de autoridade;

e) Quando se prove que o pretenso pai teve relações sexuais com o mãe durante o período legal de concepção".

Esta presunção "considera-se ilidida quando existam dúvidas sérias sobre a paternidade do investigado" – artigo 1871.°, n.° 2, C.C..

V. *Presunção legal; Paternidade; Invalidade do casamento; Casamento católico; Casamento civil; Registo civil; Coabitação; Averbamento; Posse de estado; Perfilhação; Representação; Impugnação de paternidade; Investigação de paternidade; Período legal da concepção; União de facto; Menor.*

Presunção "hominis" (Dir. Civil) – Presunção *hominis*, presunção de facto ou judicial, é aquela que alguém, *maxime* o julgador, realiza, com base nos seus conhecimentos e nos dados da experiência. Estas presunções só são admitidas nos casos e termos em que o é a prova testemunhal – artigo 351.°, C.C..

V. *Presunção; Prova testemunhal.*

Presunção "juris et de jure" (Dir. Civil) – Presunção legal que não é ilidível por prova em contrário.

V. *Presunção legal; Presunção absoluta; Prova.*

Presunção "juris tantum" (Dir. Civil) – Presunção *juris tantum* ou *tantum juris* é a que pode ser ilidida por prova em contrário.

V. *Presunção legal; Presunção relativa; Prova.*

Presunção legal (Dir. Civil) – É a que resulta da lei, podendo ser ilidível ou inilidível. A regra, decorrente do artigo 350.°, n.° 2, C.C., é a de que as presunções legais são relativas, isto é, ilidíveis.

Quando alguém beneficia de uma presunção legal (por exemplo, a lei presume que o não cumprimento de uma obrigação é culposo, o que é vantajoso para o respectivo credor – artigo 799.°, n.° 1, C.C.), não tem de fazer prova do facto, cabendo, em princípio, à outra parte fazer prova em contrário (presunção *juris tantum*); há, no entanto, casos em que as presunções legais não são ilidíveis mediante prova em contrário (presunção *juris et de jure*).

V. *Presunção.*

Presunção registral (Dir. Civil) – V. *Presunção; Registo.*

Presunção relativa (Dir. Civil) – A presunção diz-se relativa, *tantum juris* ou *juris tantum*, quando admite prova em contrário. As presunções legais podem, em regra, "ser ilididas mediante prova em contrário, excepto nos casos em que a lei o proibir" – artigo 350.°, n.° 2, C.C..

V. *Presunção legal; Prova.*

Pretensão (Dir. Civil; Proc. Civil) – Em sentido jurídico, diz-se que há uma pretensão quando alguém pode exigir qualquer coisa (uma coisa, um comportamento, uma abstenção) de outrem, tendo ao seu dispor os meios judiciais para efectivar essa exigência.

V. *Acção.*

Preterição de tribunal arbitral (Proc. Civil) – Existe quando uma acção, que deva ser conhecida em tribunal arbitral, seja proposta em tribunal comum.

A preterição de tribunal arbitral, quer necessário quer voluntário, constitui excepção dilatória: trata-se de um caso de incompetência do tribunal, que a lei autonomiza na alínea *j)* do n.° 1 do artigo 494.°, C.P.C., alínea que resulta do Decreto-Lei n.° 180/96, de 25 de Setembro.

Sendo o tribunal arbitral necessário, a sua preterição é equiparada, em regime, à incompetência absoluta; sendo voluntário, o regime é o da incompetência relativa (não sendo, portanto, essa preterição do conhecimento oficioso do tribunal) – v. artigo 495.°, C.P.C., na redacção do Decreto-Lei n.° 329-A/95, de 12 de Dezembro.

V. *Tribunal arbitral; Tribunal comum; Excepção dilatória; Incompetência absoluta; Incompetência relativa; Conhecimento oficioso.*

"Pretium doloris" (Dir. Civil) – V. *Danos morais.*

Prevenção (Dir. Civil; Proc. Civil) – Espécie de acção possessória.

V. *Acções possessórias; Acção de prevenção.*

Prevenção contra o dano (Proc. Civil) – Acção de arbitramento que tinha lugar nos casos previstos nos artigos 1346.° (emissão de fumos, fuligem, vapores, cheiro, calor ou ruídos) e 1347.° (obras, instalações ou depósitos de substâncias corrosivas ou perigosas), C.C..

As acções de arbitramento foram abolidas pela Reforma de 1995/96 do Código de Processo Civil, pelo que deverá ser seguido o processo comum.

V. *Processo comum.*

Prevenção criminal (Proc. Civil) – Designavam-se por medidas de prevenção criminal as providências da competência do tribunal de menores, relativamente a menores sob a sua jurisdição.

Com a revisão da antiga O.T.M., depois designada por Lei Tutelar de Menores, operada pelo Decreto-Lei n.° 314/78, de 27 de Outubro, tais medidas passaram a ser chamadas medidas tutelares. O DL n.° 314/78 foi muito alterado pelos Decretos-Leis n.°s 185/93, de 22 de Maio, 48/95, de 15 de Março, 58/95, de 31 de Março, e

120/98, de 8 de Maio, pela Lei n.° 133/99, de 28 de Agosto, na parte em que contrarie estes diplomas, pelas Leis n.°s 147/99, de 1 de Setembro (Lei de Protecção de Crianças e Jovens em Perigo), 166/99, de 14 de Setembro (Lei Tutelar Educativa), e 31/2003, de 22 de Agosto.

O artigo 148.°, n.° 3, da antiga O.T.M., na redacção da referida Lei n.° 133/99, estabelece que, "no caso de, em processo tutelar cível, se verificar uma situação de perigo para o menor, o Ministério Público: *a)* Comunica a situação à comissão de protecção de crianças e jovens territorialmente competente; ou *b)* Requer, se necessário, a aplicação de medida judicial de protecção".

V. a Lei de Protecção de Crianças e Jovens em Perigo, aprovada pela Lei n.° 147//99, alterada pela Lei n.° 31/2003, e a Lei Tutelar Educativa, aprovada pela Lei n.° 166/99.

V. o Decreto-Lei n.° 401/82, de 23 de Setembro, que contém o regime penal especial para jovens com idade compreendida entre os 16 e os 21 anos.

V. *Menor; Tribunal de menores; Medida tutelar; Processo tutelar; Ministério Público; Protecção de menores.*

Previsão – V. *Lei; Norma jurídica; Estatuição.*

Princípio – Orientação que informa o conteúdo de um conjunto de normas jurídicas, que tem de ser tomada em consideração pelo intérprete, mas que pode, em alguns casos, ter directa aplicação. Os princípios extraem-se das fontes e dos preceitos, através da construção científica e servem, por sua vez, de orientação ao legislador na definição de novos regimes.

V. *Norma jurídica; Fontes de direito; Interpretação da lei; Analogia.*

Princípio da aquisição processual (Proc. Civil) – Segundo este princípio, deve considerar-se adquirido para o processo todo o material carreado por uma das partes, de modo que pode ser utilizado mesmo a favor da parte contrária àquela que o aduziu.

V. *Aquisição processual; Parte.*

Princípio da atipicidade (Dir. Civil) – Há um princípio de atipicidade, ou de *numerus apertus,* sempre que a ordem jurídica permite aos sujeitos jurídicos a criação de direitos ou posições jurídicas diversas das que se encontram previstas normativamente.

É o que acontece no domínio das obrigações, pois as partes podem, contratualmente, criar obrigações diversas daquelas que a lei prevê e regula (artigo 405.°, C.C.).

V. *Princípio da tipicidade; Direito subjectivo; Obrigação.*

Princípio da audiência contraditória (Proc. Civil) – V. *Princípio do contraditório.*

Princípio da autenticidade (Dir. Civil) – Este princípio visa garantir que determinados dados ou elementos correspondem à realidade, ou que um documento foi emitido pela entidade competente para o fazer através da forma legalmente prevista.

O artigo 2.° da Lei n.° 57/98, de 18 de Agosto, rectificada pela Declaração de rectificação n.° 16/98, de 30 de Setembro, e alterada pelo Decreto-Lei n.° 323/2001, de 17 de Dezembro, estabelece que "a identificação criminal deve processar-se no estrito respeito pelo princípio da [...] autenticidade [...] dos elementos identificativos".

Segundo o n.° 2 do artigo 1.° da Lei n.° 33/99, de 18 de Maio, alterada pelos Decretos-Leis n.°s 323/2001, de 17 de Dezembro, e 194/2003, de 23 de Agosto, "a identificação civil observa o princípio [...] da autenticidade [...] dos dados identificadores dos cidadãos".

O artigo 211.° da Lei Tutelar Educativa, aprovada pela Lei n.° 166/99, de 14 de Setembro, determina que "o registo de medidas tutelares educativas deve processar-se no estrito respeito pelo [...] princípio[...] da autenticidade".

O Decreto-Lei n.° 83/2000, de 11 de Maio, alterado pelos Decretos-Leis n.°s 278/2000, de 10 de Novembro, e 108/2004, de 11 de Maio, pela Lei n.° 13/2005, de 26 de Janeiro, e pelo Decreto-Lei n.° 138/2006, de 26 de Julho, também estatui, no n.° 2 do artigo 1.°, que "a concessão do passaporte observa o princípio da [...] autenticidade [...] dos dados nele constantes".

V. *Bilhete de identidade; Medida tutelar; Passaporte*

Princípio da autonomia – O artigo 10.° do Estatuto do Notariado, aprovado pelo Decreto-Lei n.° 26/2004, de 4 de Fevereiro, determina que "o notário exerce as suas funções em nome próprio e sob sua responsabilidade, com respeito pelos princípios da [...] autonomia [...]", esclarecendo o artigo 12.° que este significa que "o notário exerce as suas funções com independência, quer em relação ao Estado quer a quaisquer interesses particulares".

V. *Notário.*

Princípio da autonomia da vontade (Dir. Civil) – V. *Autonomia da vontade; Liberdade contratual.*

Princípio da concentração (Proc. Civil) – Deste princípio decorre que os actos de instrução, discussão e julgamento devem ser realizados de seguida, com o mais limitado intervalo de tempo entre eles, por forma a garantir uma melhor apreciação das provas.

V. *Instrução; Discussão; Julgamento; Prova.*

Princípio da concentração da defesa (Proc. Civil) – V. *Concentração da defesa.*

Princípio da consensualidade (Dir. Civil) – V. *Consensualidade.*

Princípio da controvérsia (Proc. Civil) – Designação que também é dada àquele que tradicionalmente se chama princípio do contraditório.

Lebre de Freitas, *Código de Processo Civil anotado,* Volume 1.° Coimbra, 1999, pág. 465, atribui à expressão o sentido seguinte: trata-se de um dos aspectos do princípio dispositivo, segundo o qual cabe às partes "a formação da matéria de facto da causa, mediante alegação, nos articulados, dos **factos principais**, isto é, dos que integram a causa de pedir, fundando o pedido, e daqueles em que se baseiam as excepções peremptórias".

V. *Princípio do contraditório; Princípio dispositivo; Articulados; Causa de pedir; Pedido; Excepção peremptória.*

Princípio da contraditoriedade (Proc. Civil) – V. *Princípio do contraditório.*

Princípio da economia processual (Proc. Civil) – V. *Economia processual.*

Princípio da especialidade (Dir. Civil) – "A capacidade das pessoas colectivas abrange todos os direitos e obrigações necessários ou convenientes à prossecução dos seus fins", exceptuando-se aqueles que sejam "vedados por lei ou que sejam inseparáveis da personalidade singular" – artigo 160.°, C.C..

Esta exigência de conformação da capacidade de gozo da pessoa colectiva com as necessidades e conveniências na prossecução dos fins que lhe são próprios constitui o chamado princípio da especialidade.

V. *Pessoa colectiva; Capacidade; Pessoa singular.*

Princípio da estabilidade da instância (Proc. Civil) – V. *Estabilidade da instância; Instância.*

Princípio da exclusividade – O artigo 10.° do Estatuto do Notariado, aprovado pelo Decreto-Lei n.° 26/2004, de 4 de Fevereiro, determina que "o notário exerce as suas funções em nome próprio e sob sua responsabilidade, com respeito pelos princípios da [...] exclusividade [...]". De acordo com o artigo 15.° do mesmo diploma, tal significa que "as funções do notário são [...] incompatíveis com quaisquer outras funções remuneradas, públicas ou privadas", à excepção da "participação em actividades docentes e de formação, quando autorizadas pela Ordem dos Notários", da "participação em conferencias, colóquios e palestras" e da "percepção de direitos de autor".

V. *Notário; Ordem dos Notários; Direito de autor.*

Princípio da identificabilidade (Dir. Civil; Dir. Com.) – Em matéria de publicidade, o artigo 8.° do respectivo Código (aprovado pelo Decreto-Lei n.° 330/90, de 23 de Outubro, alterado pelos Decretos-Leis n.°s 74/93, de 10 de Março, 6/95, de 17 de Janeiro, 61/97, de 25 de Março, 275/98 de 9 de Setembro, 51/2001, de 15 de Fevereiro, e 332/2001, de 24 de Dezembro, pelas Leis n.°s 31-A/98, de 14 de Julho, e 32/2003, de 22 de Agosto, e pelo

Decreto-Lei n.° 224/2004, de 4 de Dezembro) impõe que esta seja "inequivocamente identificada como tal, qualquer que seja o meio de difusão utilizado".

"A publicidade efectuada na rádio e na televisão deve ser claramente separada da restante programação, através da introdução de um separador no início e no fim do espaço publicitário", que "é constituído na rádio, por sinais acústicos, e, na televisão, por sinais ópticos ou acústicos, devendo, no caso da televisão, conter, de forma perceptível para os destinatários, a palavra «Publicidade» no separador que precede o espaço publicitário".

V. *Publicidade.*

Princípio da igualdade – O artigo 13.°, n.° 1, da Constituição estabelece o princípio de que "todos os cidadãos têm a mesma dignidade social e são iguais perante a lei", determinando o n.° 2 que "ninguém pode ser privilegiado, beneficiado, prejudicado, privado de qualquer direito ou isento de qualquer dever em razão de ascendência, sexo, raça, língua, território de origem, religião, convicções políticas ou ideológicas, instrução, situação económica, condição social ou orientação sexual". Também no artigo 9.° da Constituição se encontra hoje, pela revisão operada pela Lei Constitucional n.° 1/97, de 20 de Setembro, uma referência ao princípio da igualdade, dado que a alínea *h)*, então aditada, estabelece que é uma das "tarefas fundamentais do Estado" "promover a igualdade entre homens e mulheres". Por seu lado, o artigo 266.° da Constituição, que se ocupa dos princípios que norteiam a actividade da Administração Pública, dispõe que "os órgãos e agentes administrativos estão subordinados à Constituição e à lei e devem actuar, no exercício das suas funções, com respeito pelos princípios da igualdade, da proporcionalidade, da justiça, da imparcialidade e da boa-fé".

O objecto da Lei n.° 134/99, de 28 de Agosto, é a prevenção e proibição da "discriminação racial sob todas as suas formas" e o sancionamento da "prática de actos que se traduzam na violação de quaisquer direitos fundamentais, ou na recusa ou condicionamento do exercício de quaisquer direitos económicos, sociais ou culturais, por quaisquer pessoas, em razão da sua pertença a determinada raça, cor, nacionalidade ou origem étnica". Esta Lei cria a Comissão para a Igualdade e contra a Discriminação Racial, órgão ao qual cabe recomendar a adopção das medidas legislativas que considere adequadas a prevenir práticas discriminatórias em razão raça, cor, nacionalidade ou origem étnica, a publicitação de casos de violação do princípio da igualdade, bem como a elaboração de um relatório anual sobre a situação da igualdade em Portugal, com o qual todas as entidades públicas devem cooperar, fornecendo os dados que forem considerados relevantes. O Decreto-Lei n.° 111/2000, de 4 de Julho, regulamenta esta Lei, enunciando, exemplificativamente, no seu artigo 2.°, n.° 1, as práticas consideradas discriminatórias, e estabelecendo nos artigos seguintes as sanções contra tais práticas, os termos do processo de contra-ordenação pertinente e outras regras conexas; no artigo 10.° deste diploma diz-se que "a Comissão para a Igualdade e contra a Discriminação Racial mantém, em registo próprio, os dados das pessoas singulares e colectivas a quem foram aplicadas coimas e sanções acessórias correspondentes, nos termos da alínea *d)* do artigo 6.° e do n.° 2 do artigo 8.°, todos da Lei n.° 67/98, de 26 de Outubro". A Lei n.° 18/2004, de 11 de Maio, transpôs para a ordem jurídica portuguesa a Directiva n.° 2000/43/CE, do Conselho, de 29 de Junho, que aplica a princípio da igualdade de tratamento entre as pessoas sem distinção de origem racial ou étnica, e tem por fim estabelecer um quadro jurídico para o combate à discriminação baseada em motivos de origem racial ou étnica.

A Portaria n.° 1212/2000, de 26 de Dezembro, institui um regime de majoração dos apoios financeiros no quadro de aplicação da política de emprego para as profissões significativamente marcadas por discriminação de género.

A Lei n.° 95/88, de 17 de Agosto, alterada pela Lei n.° 33/91, de 27 de Julho, garante os direitos das associações de mulheres que tenham "por finalidade a eliminação de todas as formas de discriminação e promoção da igualdade entre mulheres e homens"; a Lei n.° 10/97, de 12 de

Maio, alterada pela Lei n.° 128/99, de 20 de Agosto, "reforça os direitos das associações de mulheres com o objectivo de eliminar todas as formas de discriminação e assegurar o direito à igualdade de tratamento". Esta última Lei está regulamentada pelo Decreto-Lei n.° 246/98, de 11 de Agosto, alterado pela Lei n.° 37/99, de 26 de Maio.

O Decreto-Lei n.° 307/97, de 11 de Novembro, transpôs a Directiva n.° 96/97/ /CE, do Conselho, de 20 de Dezembro, relativa à aplicação do princípio da igualdade de tratamento entre homens e mulheres nos regimes profissionais da segurança social, abrangendo a "população activa, incluindo os trabalhadores independentes, os trabalhadores cuja actividade seja interrompida por doença, maternidade, acidente ou desemprego involuntário e as pessoas a cargo desses trabalhadores, nos termos legalmente estabelecidos".

A Resolução do Conselho de Ministros n.° 49/97, de 24 de Março, aprovou o Plano Global para a Igualdade de Oportunidades, que se refere em particular à garantia de tal igualdade entre homens e mulheres.

No domínio do direito laboral, a Lei n.° 9/2001, de 21 de Maio, alargou a "competência da Inspecção-Geral do Trabalho para a prevenção, fiscalização e punição de práticas laborais discriminatórias, incluindo indirectas, em função do sexo", e determinou que "os pareceres da Comissão para a Igualdade no Trabalho e no Emprego que confirmem ou indiciem a existência de prática laboral discriminatória são comunicados de imediato à Inspecção--Geral do Trabalho" para que esta entidade proceda à verificação dessa prática. A Lei n.° 10/2001, da mesma data, estabelece que "o Governo envia à Assembleia da República, até ao fim de cada sessão legislativa, um relatório sobre o progresso da igualdade de oportunidades entre mulheres e homens no trabalho, no emprego e na formação profissional", contendo "os indicadores ao nível nacional que incluam os dados imprescindíveis à avaliação, pela Assembleia da República, do progresso registado em matéria de igualdade de oportunidades entre mulheres e homens no trabalho, no emprego e na formação profissional [...]". A Lei n.° 99/2003, de 27 de Agosto, que aprova o Código do Trabalho, revogando numerosa legislação anterior, prevê, nos artigos 22.° e segs., normas que garantem a igualdade e a não discriminação. Assim, "todos os trabalhadores têm direito à igualdade de oportunidades e de tratamento no que se refere ao acesso ao emprego, à formação e promoção profissionais e às condições de trabalho", e "nenhum trabalhador ou candidato a emprego pode ser privilegiado, beneficiado, prejudicado, privado de qualquer direito ou isento de qualquer dever em razão, nomeadamente, de ascendência, idade, sexo, orientação sexual, estado civil, situação familiar, património genético, capacidade de trabalho reduzida, deficiência, doença crónica, nacionalidade, origem étnica, religião, convicções políticas ou ideológicas e filiação sindical" (artigo 22.°). Por outro lado, "o empregador não pode praticar qualquer discriminação, directa ou indirecta, baseada, nomeadamente, na ascendência, idade, sexo, orientação sexual, estado civil, situação familiar, património genético, capacidade de trabalho reduzida, deficiência ou doença crónica, nacionalidade, origem étnica, religião, convicções políticas ou ideológicas e filiação sindical", mas "não constitui discriminação o comportamento baseado num dos factores indicados no número anterior, sempre que, em virtude da natureza das actividades profissionais em causa ou do contexto da sua execução, esse factor constitua um requisito justificável e determinante para o exercício da actividade profissional, devendo o objectivo ser legítimo e o requisito proporcional" (artigo 23.°). Nos termos do respectivo artigo 25.°, também "não são consideradas discriminatórias as medidas de carácter temporário concretamente definido de natureza legislativa que beneficiem certos grupos desfavorecidos, nomeadamente em função do sexo, capacidade de trabalho reduzida, deficiência ou doença crónica, nacionalidade ou origem étnica, com o objectivo de garantir o exercício, em condições de igualdade, dos direitos previstos neste Código e de corrigir uma situação factual de desigualdade que persista na vida social". A igualdade e a não discriminação em função do sexo estão reguladas nos artigos 27.° a 32.° do referido Código.

O Acórdão do Supremo Tribunal de Justiça, de 22 de Outubro de 1996, publicado no *Diário da República* de 4 de Dezembro do mesmo ano, uniformizou a jurisprudência no seguinte sentido: "Viola o princípio de «para trabalho igual salário igual», inscrito no artigo 59.°, n.° 1, alínea *a)*, da Constituição, a entidade patronal que pratique discriminação salarial fundada em absentismo por doença do trabalhador".

Visando evitar a discriminação em razão de "convicções ou prática religiosa" e assegurar "a liberdade de consciência, de religião e de culto, v. a Lei n.° 16/2001, de 22 de Junho.

No quadro do regime jurídico da publicidade, encontra-se a proibição desta, quando "contenha qualquer discriminação em relação à raça, língua, território de origem, religião ou sexo" – artigo 7.°, n.° 2-*d)*, do Código da Publicidade (Decreto-Lei n.° 330/90, de 23 de Outubro, alterado pelos Decretos-Leis n.°s 74/93, de 10 de Março, 6/95, de 17 de Janeiro, 61/97, de 25 de Março, e 272/98, de 9 de Setembro, 51/2001, de 15 de Fevereiro, e 332/2001, de 24 de Dezembro, pelas Leis n.°s 31-A/98, de 14 de Julho, e 32/2003, de 22 de Agosto, e pelo Decreto-Lei n.° 224/2004, de 4 de Dezembro).

O regime do Decreto-Lei n.° 7/2004, de 7 de Janeiro – que transpôs para a ordem jurídica portuguesa a Directiva n.° 2000/ /31/CE, do Parlamento Europeu e do Conselho, de 8 de Junho de 2000 –, relativo ao comércio electrónico no mercado interno, dispõe que a liberdade de circulação "de um determinado serviço da sociedade da informação proveniente de outro Estado membro da União Europeia" pode ser restringida pelos tribunais ou por outras entidades competentes, nomeadamente as de supervisão, "se lesar ou ameaçar gravemente" "a dignidade humana ou a ordem pública, incluindo [...] a repressão do incitamento ao ódio fundado na raça, no sexo, na religião ou na nacionalidade [...]".

Necessário é ainda ter em consideração a Convenção sobre a Eliminação de Todas as Formas de Discriminação contra as Mulheres, adoptada pela Assembleia Geral das Nações Unidas em 18 de Dezembro de 1979 e ratificada pela Lei n.° 23/80, de 26 de Julho (o artigo 20.° desta Convenção sofreu uma emenda, que foi aprovada, para ratificação, pela Resolução da Assembleia da República n.° 15/97, de 21 de Março, tendo sido ratificada pelo Decreto do Presidente da República n.° 16/97, da mesma data, nos termos da qual o Estado Português se acha obrigado a adoptar várias medidas tendentes à prossecução do objectivo da Convenção, e designadamente:

a) a adoptar as medidas legislativas ou outras que proíbam a discriminação contra as mulheres;

b) a instaurar uma protecção jurisdicional dos direitos das mulheres e a garantir a sua protecção efectiva, por intermédio dos tribunais competentes e de outras instituições públicas;

c) a tomar todas as medidas adequadas para eliminar a discriminação praticada por qualquer pessoa, organização ou empresa;

d) a revogar todas as disposições penais que constituam discriminação contra as mulheres.

A Convenção Internacional sobre a Eliminação de Todas as Formas de Discriminação Racial, aberta para assinatura em 7 de Março de 1966 em Nova Iorque, foi aprovada para adesão pela Lei n.° 7/82, de 29 de Abril (tendo sido, em relação a esta, depositada por Portugal a Carta de Confirmação e Adesão, segundo aviso publicado no *Diário da República*, I série, em 8 de Outubro de 1982).

O Decreto do Presidente da República n.° 5/2001, de 27 de Janeiro, ratifica a emenda ao artigo 8.° da Convenção sobre a Eliminação de todas as Formas de Discriminação Racial, concluída em Nova Iorque em 15 de Janeiro de 1992 e aberta à adesão em 1 de Março de 1993, e que fora aprovada para ratificação pela Resolução da Assembleia da República n.° 4/2001, também de 27 de Janeiro; o Aviso n.° 95/2001, de 24 de Agosto, tornou público "que o Governo da República Portuguesa depositou, em 2 de Março de 2000, junto do Secretário-Geral da Organização das Nações Unidas, a declaração de adesão ao mecanismo previsto no artigo 14.° desta Convenção Internacional".

V. a Convenção Relativa à Luta Contra a Discriminação no Campo do Ensino, adoptada em Paris em 14 de Dezembro de 1960 e aprovada, para ratificação, pelo Decreto n.° 112/80, de 23 de Outubro.

A Convenção Internacional sobre a Eliminação de Todas as Formas de Discriminação Racial, aberta para assinatura em 7 de Março de 1966 em Nova Iorque, foi aprovada para adesão pela Lei n.° 7/82, de 29 de Abril, tendo sido depositada por Portugal a Carta de Confirmação e Adesão, segundo aviso publicado no *Diário da República*, I série, em 8 de Outubro de 1982.

V. a Convenção sobre a Eliminação de Todas as Formas de Discriminação Contra as Mulheres, ratificada pela Lei n.° 23/80, de 26 de Julho; o Protocolo Opcional a esta Convenção foi adoptado em Nova Iorque, em 6 de Outubro de 1999, aprovado para ratificação pela Resolução da Assembleia da República n.° 17/2002, em 21 de Dezembro de 2001, e ratificado pelo Decreto do Presidente da República n.° 15/2002, de 15 de Março; o Aviso n.° 63/2006, de 11 de Janeiro, torna público que o instrumento de ratificação foi depositado junto do Secretário-Geral das Nações Unidas em 26 de Abril de 2002. A Emenda àquela Convenção foi aprovada, para ratificação, pela Resolução da Assembleia da República n.° 15/97, de 21 de Março, e ratificada pelo Decreto do Presidente da República n.° 16/97, da mesma data, tendo o Aviso n.° 125/2006, de 13 de Janeiro, tornado público que o instrumento de aceitação da emenda foi depositado por Portugal junto do Secretário-Geral das Nações Unidas em 8 de Janeiro de 2002.

A Convenção n.° 156 Relativa à Igualdade de Oportunidades e de Tratamento para os Trabalhadores dos Dois Sexos: Trabalhadores com Responsabilidades Familiares, adoptada na 67.ª sessão da Conferência Internacional do Trabalho, foi aprovada para ratificação pelo Decreto do Governo n.° 66/84, de 11 de Outubro (o respectivo instrumento de ratificação por parte de Portugal foi já depositado, segundo aviso publicado no *Diário da República* de 19 de Outubro de 1985).

A Convenção para a Prevenção e Repressão do Crime de Genocídio, adoptada pela Assembleia Geral das Nações Unidas em 9 de Dezembro de 1948, foi aprovada para ratificação pela Resolução da Assembleia da República n.° 37/98, de 14 de Julho, e aprovada pelo Decreto do Presidente da República n.° 33/98, da mesma data.

A Convenção Europeia dos Direitos do Homem determina, no seu artigo 14.°, que o gozo dos direitos e liberdades nela reconhecidos deve ser assegurado sem distinções, sejam estas "fundadas no sexo, raça, cor, língua, religião, opiniões políticas ou outras, a origem nacional ou social, a pertença a uma minoria nacional, a riqueza, o nascimento ou qualquer outra situação".

V. *Direito subjectivo; Dever jurídico; Estrangeiros; Princípio da imparcialidade; Boa fé; Cidadania; Deficiente; Liberdade religiosa; Pessoa singular; Pessoa colectiva; Associação; Estado civil; Ordem pública.*

Princípio da igualdade das partes (Proc. Civil) – Segundo este princípio, devem as partes no processo ter igual tratamento, dispondo de idênticas oportunidades de expor as suas razões e de convencer o tribunal a proferir uma decisão que lhes seja favorável. O artigo 3.°-A, C.P.C., aditado pelo Decreto-Lei n.° 180/ /96, de 25 de Setembro, consagra expressamente este princípio, dispondo que "o tribunal deve assegurar, ao longo de todo o processo, um estatuto de igualdade substancial das partes, designadamente no exercício de faculdades, no uso de meios de defesa e na aplicação de cominações ou de sanções processuais".

A atribuição ao tribunal do dever de garantir identidade de tratamento e igualdade de oportunidades das partes no processo, independentemente das respectivas situações económicas ou de outros factores de desigualdade, implica o dever deste de utilizar poderes que o princípio do inquisitório lhe atribui no artigo 265.°, C.P.C., cujos n.°s 2 e 3 têm a redacção dada pelo Decreto-Lei n.° 180/96, de 25 de Setembro.

V. *Parte; Princípio inquisitório.*

Princípio da igualdade dos cônjuges (Dir. Civil) – Segundo o artigo 36.°, n.° 3, da Constituição da República, "os cônjuges têm iguais direitos e deveres quanto à capacidade civil e política e à manutenção e educação dos filhos".

O artigo 1671.°, C.C., dispõe que o casamento se baseia na igualdade de direitos e deveres dos cônjuges, pertencendo a direcção da família a ambos.

V. a Convenção sobre a Eliminação de Todas as Formas de Discriminação Contra as Mulheres, ratificada pela Lei n.° 23/80, de 26 de Julho, designadamente os seus artigos 5.°-*b)* e 16.°; o Protocolo Opcional a esta Convenção foi adoptado em Nova Iorque, em 6 de Outubro de 1999, aprovado para ratificação pela Resolução da Assembleia da República n.° 17/2002, em 21 de Dezembro de 2001, e ratificado pelo Decreto do Presidente da República n.° 15/2002, de 15 de Março.

V. *Casamento; Capacidade; Poder paternal; Família.*

Princípio da imediação (Proc. Civil) – Traduz-se este princípio no contacto directo do juiz com as diversas fontes de prova, a fim de lhe proporcionar a possibilidade de se aperceber de todos os aspectos dos factos e de valorar as provas, com tendencial eliminação dos factores de falseamento e erro, que as transmissões de conhecimentos podem envolver.

É deste princípio que resulta, designadamente, que as provas pessoais sejam produzidas oralmente perante o juiz e também que só possam "intervir na decisão da matéria de facto os juízes que tenham assistido a todos os actos de instrução e discussão praticados na audiência final" (artigo 654.°, n.° 1, C.P.C.). É também corolário deste princípio a regra, contida no artigo 621.°, C.P.C., com a redacção dos Decretos-Leis n.°s 183/2000, de 10 de Agosto, e 38/2003, de 8 de Março (rectificado pela Declaração de rectificação n.° 5-C/2003, de 30 de Abril), de que as testemunha depõem, como regra, na audiência "presencialmente ou através de teleconferência".

V. *Prova; Princípio da oralidade; Matéria de facto; Instrução; Discussão; Audiência; Princípio da plenitude da assistência dos juízes; Testemunha; Inquirição.*

Princípio da imparcialidade – O artigo 10.° do Estatuto do Notariado, aprovado pelo Decreto-Lei n.° 26/2004, de 4 de Fevereiro, determina que "o notário exerce as suas funções em nome próprio e sob sua responsabilidade, com respeito pelos princípios da [...] imparcialidade [...]". Nos termos do artigo 13.° deste diploma, a observância deste princípio significa que "o notário tem obrigação de manter equidistância relativamente a interesses particulares susceptíveis de conflituar, abstendo-se, designadamente, de assessorar apenas um dos intervenientes num negócio", não podendo "praticar actos notariais nos seguintes casos:

a) Quando neles tenha interesse pessoal;

b) Quando neles tenha interesse o seu cônjuge, ou pessoa em situação análoga há mais de dois anos, algum parente ou afim em linha recta ou até ao segundo grau da linha colateral";

c) Quando neles intervenha como procurador ou representante legal o seu cônjuge, ou pessoa em situação análoga há mais de dois anos, algum parente ou afim em linha recta ou até ao segundo grau da linha colateral."

O artigo 14.° deste Estatuto esclarece que "os impedimentos do notário são extensivos aos seus trabalhadores", à excepção das "procurações e [d]os substabelecimentos com simples poderes forenses e [d]os reconhecimentos de letra e de assinatura apostas em documentos que não titulem actos de natureza contratual, nos quais os trabalhadores podem intervir, ainda que o representado, representante ou signatário seja o próprio notário".

V. *Notário; Interesse; União de facto; Parentesco; Afinidade; Linha; Grau de parentesco; Procurador; Representante; Procuração; Substabelecimento; Poderes forenses; Impedimentos; Reconhecimento de letra e assinatura; Acto jurídico; Contrato.*

Princípio da integralidade do cumprimento (Dir. Civil) – Corolário do chamado princípio da pontualidade no cumprimento das obrigações é o princípio da integralidade, segundo o qual "a prestação deve ser realizada integralmente e não por partes, excepto se outro for o regime convencionado ou imposto por lei ou pelos usos" – artigo 763.°, n.° 1, C.C..

V. *Pontualidade do cumprimento; Obrigação; Cumprimento; Prestação; Cumprimento parcial.*

Princípio da legalidade

1. (Proc. Civil) – A marcha e termos do processo são os determinados na lei e não decididos pelo juiz em função das conveniências do caso concreto.

Esta regra, que a doutrina designa por princípio da legalidade das formas processuais, comporta algumas excepções, pois, nos termos dos artigos 265.° e 265.°-A, C.P.C., ambos na redacção do Decreto-Lei n.° 180/96, de 25 de Setembro, o juiz tem competência para eliminar os obstáculos ao andamento do processo, ordenando, designadamente, o que lhe pareça necessário para o seguimento dele.

O princípio da legalidade, em processo civil, manifesta-se ainda no que respeita ao conteúdo da decisão, pois o tribunal deve julgar, indicando, interpretando e aplicando as normas jurídicas que considere aplicáveis (artigo 659.°, n.° 2, C.P.C.).

Já quanto à forma de cada acto processual, não vigora um princípio de legalidade, dispondo o artigo 138.°, C.P.C., alterado pela última vez pelo Decreto-Lei n.° 199/2003, de 10 de Setembro, que os actos processuais devem ter a forma mais simples e adequada ao fim que visam realizar.

V. *Forma de processo; Interpretação da lei; Norma jurídica; Processo; Actos processuais.*

2. – O artigo 10.° do Estatuto do Notariado, aprovado pelo Decreto-Lei n.° 26/2004, de 4 de Fevereiro, determina que "o notário exerce as suas funções em nome próprio e sob sua responsabilidade, com respeito pelos princípios da legalidade [...]", traduzindo-se este no dever de apreciação da "validade de todos os actos cuja prática lhe é requerida, em face das disposições legais aplicáveis e dos documentos apresentados ou exibidos, verificando especialmente a legitimidade dos interessados, a regularidade formal e substancial dos referidos documentos e a legalidade substancial do acto solicitado"; por força deste princípio, deve o notário "recusar a prática de actos:

a) Que forem nulos, não couberem na sua competência ou pessoalmente estiver impedido de praticar;

b) Sempre que tenha dúvidas sobre a integridade das faculdades mentais dos participantes, salvo se no acto intervierem, a seu pedido ou a instância dos outorgantes, dois peritos médicos que, sob juramento ou compromisso de honra, abonem a sanidade mental aqueles"; porém, o n.° 3 deste preceito afirma que "o notário não pode recusar a sua intervenção com fundamento na anulabilidade ou ineficácia do acto, devendo, contudo, advertir os interessados da existência do vício e consignar no instrumento a advertência feita".

V. *Notário; Acto jurídico; Validade; Documento; Legitimidade; Nulidade; Juramento; Compromisso de honra; Anulabilidade; Ineficácia.*

Princípio da liberdade contratual (Dir. Civil) – V. *Liberdade contratual.*

Princípio da liberdade de forma (Dir. Civil) – V. *Consensualidade; Forma.*

Princípio da licitude (Dir. Civil; Dir. Com.) – Em matéria de publicidade, o artigo 7.° do Código da Publicidade (aprovado pelo Decreto-Lei n.° 330/90, de 23 de Outubro, e alterado pelos Decretos-Leis n.°s 74/93, de 10 de Março, 6/95, de 17 de Janeiro, 61/97, de 25 de Março, 275/98, de 9 de Setembro, 51/2001, de 15 de Fevereiro, e 332/2001, de 24 de Dezembro, pelas Leis n.°s 31-A/98, de 14 de Julho, e 32/2003, de 22 de Agosto, e pelo Decreto-Lei n.° 224/2004, de 4 de Dezembro) estatui que "é proibida a publicidade que, pela sua forma, objecto ou fim, ofenda os valores, princípios e instituições fundamentais constitucionalmente consagrados", sendo nomeadamente proibida a que "se socorra, depreciativamente, de instituições, símbolos nacionais ou religiosos ou personagens históricas; estimule ou faça apelo à violência, bem como a qualquer actividade ilegal ou criminosa; atente contra a dignidade da pessoa humana; contenha qualquer discriminação em relação à raça, língua, território de origem, religião ou sexo; utilize, sem autorização da própria, a imagem ou as palavras de alguma pessoa; utilize linguagem obscena; encoraje comportamentos prejudiciais à protecção do ambiente; [ou] tenha como objecto ideias de conteúdo sindical, político ou religioso".

V. *Publicidade; Estrangeiros; Direito à imagem; Protecção do ambiente.*

Princípio da limitação dos actos processuais (Proc. Civil) – O princípio da limitação dos actos processuais, expressão do princípio da economia processual, encontra-se enunciado no artigo 137.°, C.P.C., que tem o seguinte teor: "Não é lícito realizar no processo actos inúteis, incorrendo em responsabilidade disciplinar os funcionários que os pratiquem".

V. *Economia processual; Actos processuais; Acto inútil; Funcionário de justiça.*

Princípio da livre apreciação das provas (Proc. Civil) – Segundo este princípio, o tribunal baseia a sua decisão, em relação às provas produzidas, na sua íntima convicção, formada a partir do exame e avaliação que faz dos meios de prova trazidos ao processo e de acordo com a sua experiência da vida e de conhecimento das pessoas. Só quando a força probatória de certos meios se encontra pré-estabelecida na lei, não domina o princípio da livre apreciação.

Encontra-se este princípio enunciado no artigo 655.°, C.P.C., cujo n.° 1 tem a redacção do Decreto-Lei n.° 329-A/95, de 12 de Dezembro.

Expressão deste princípio são os artigos 389.° (quanto à prova pericial), 391.° (quanto à prova por inspecção) e 396.° (quanto à prova testemunhal), C.C..

Já os artigos 371.°, n.° 1 (relativo aos documentos autênticos), 376.°, n.°s 1 e 2 (sobre documentos particulares), 358.°, n.° 1 (quanto à confissão), C.C., fixam o valor probatório das provas a que se referem.

V. *Prova; Força probatória; Meios de prova; Prova pericial; Inspecção judicial; Prova testemunhal; Documento autêntico; Documento particular; Confissão.*

Princípio da livre escolha – O artigo 10.° do Estatuto do Notariado, aprovado pelo Decreto-Lei n.° 26/2004, de 4 de Fevereiro, determina que "o notário exerce as suas funções em nome próprio e sob sua responsabilidade, com respeito pelos princípios da [...] livre escolha", consistindo este, de acordo com o artigo 16.° do mesmo diploma, na possibilidade de os interessados, "sem prejuízo das normas relativas à competência territorial", "escolherem livremente o notário", sendo, em regra, proibido ao notário "publicitar a sua actividade, recorrendo a qualquer forma de comunicação como objectivo de promover a solicitação de clientela", excepto quanto a "publicidade informativa, nomeadamente o uso de placas afixadas no exterior dos cartórios e a utilização de cartões de visita ou papel de carta, desde que com simples menção do nome do notário, título académico, currículo, endereço do cartório e horário de abertura ao público, bem como a respectiva divulgação em suporte digital"; quanto à proibição de publicidade, v. artigo 39.° do Estatuto da Ordem dos Notários, aprovado pelo Decreto-Lei n.° 27/2004, de 4 de Fevereiro.

V. *Notário; Cartório notarial; Ordem dos Notários.*

Princípio da não retroactividade da lei – Segundo este princípio, consagrado no artigo 12.°, C.C., a lei nova só se aplica para o futuro, não tendo, pois, eficácia retroactiva. Dispõe aquele artigo que, ainda que seja atribuída eficácia retroactiva à lei, "presume-se que ficam ressalvados os efeitos já produzidos pelos factos que a lei se destina a regular".

Há áreas do direito, como acontece com o direito penal, em que o princípio da não retroactividade se encontra consagrado constitucionalmente: assim, o n.° 1 do artigo 29.° da Constituição da República dispõe que "ninguém pode ser sentenciado criminalmente senão em virtude de lei anterior que declare punível a acção ou a omissão, nem sofrer medida de segurança cujos pressupostos não estejam fixados em lei anterior"; porém, ainda no domínio do direito penal, e nos termos do n.° 4 do artigo a que se faz referência, há a regra da chamada retroactividade *in mitius*, isto é, da aplicabilidade retroactiva da lei nova, se ela for mais favorável ao arguido. Também quanto à lei fiscal, o artigo 103.°, n.° 3, da Constituição determina que "ninguém pode ser obrigado a pagar impostos que não hajam sido criados nos termos da Constituição, que tenham natureza retroactiva [...]".

No que respeita às leis interpretativas, elas integram-se nas leis interpretadas, determinando o artigo 13.°, n.° 1, C.C., que ficam "salvos, porém, os efeitos já produzidos pelo cumprimento da obrigação, por sentença passada em julgado, por transacção, ainda que não homologada, ou por actos de análoga natureza".

V. *Conflitos de leis no tempo; Presunção legal; Lei interpretativa; Cumprimento; Obrigação; Sentença; Trânsito em julgado; Transacção; Homologação.*

Princípio da novidade (Dir. Civil; Dir. Com.) – Fala-se do princípio da novidade, a propósito das firmas e denominações de pessoas colectivas, para significar que elas têm de ser "distintas e não susceptíveis de confusão ou erro com as registadas ou licenciadas no mesmo âmbito de exclusividade, mesmo quando a lei permita a inclusão de elementos utilizados por outras já registadas, ou com designações de instituições notoriamente conhecidas" – artigo 33.°, n.° 1, do Decreto-Lei n.° 129/98, de 13 de Maio, alterado pelos Decretos-Leis n.°s 12/2001, de 25 de Janeiro (rectificado pela Declaração de rectificação n.° 3-B/2001, de 31 de Janeiro), 323/2001, de 17 de Dezembro, e 2/2005, de 4 de Janeiro (no mesmo sentido, cfr. o artigo 10.°, n.° 3, do Código das Sociedades Comerciais). O n.° 2 da mesma disposição determina que "os juízos sobre a distinção e a não susceptibilidade de confusão ou erro devem ter em conta o tipo de pessoa, o seu domicílio ou sede, a afinidade ou proximidade das suas actividades e o âmbito territorial destas", devendo ainda ser "considerada a existência de nomes de estabelecimentos, insígnias ou marcas de tal forma semelhantes que possam induzir em erro sobre a titularidade desses sinais distintivos". A originalidade – no referido sentido de distinção e não indução de confusão ou erro – da denominação ou firma tem de caracterizar igualmente as de pessoas colectivas registadas no estrangeiro que hajam de ser registadas em Portugal; quanto às pessoas colectivas internacionais, a garantia da protecção das respectivas denominações "está dependente da confirmação da sua existência jurídica pelo Ministério dos Negócios Estrangeiros e da não susceptibilidade de confusão com firmas ou denominações já registadas em Portugal" (artigo 34.°).

A admissibilidade de denominações ou firmas é comprovada através de certificado emitido pelo Registo Nacional de Pessoas Colectivas, a pedido dos interessados. Dispõe o n.° 1 do artigo 48.° do referido DL n.° 129/98 que, "no caso de, em primeira análise, a firma ou denominação proposta se mostrar construída nos termos legais e não susceptível de confusão com outra já registada, é admitida a sua reserva por quarenta e oito horas, fornecendo-se ao interessado um número de referência". A exibição de certificado de admissibilidade da denominação ou firma é condição de validade do acto constitutivo da pessoa colectiva bem como da respectiva registabilidade definitiva.

Também quanto ao nome de estabelecimento, ele deve obedecer ao princípio da novidade, de acordo com o artigo 57.° do diploma que vem a ser citado.

V. *Pessoa colectiva; Registo das pessoas colectivas; Domicílio; Sede; Validade; Estabelecimento comercial.*

Princípio da oralidade (Proc. Civil) – Princípio segundo o qual as provas devem ser produzidas em sessão de actos orais. No nosso direito processual, informado por este princípio, a produção das provas decorre normalmente na audiência de discussão (v. artigo 652.°, n.° 3, C.P.C., na redacção do Decreto-Lei n.° 242/85, de 9 de Julho).

V. *Prova; Audiência.*

Princípio da plenitude da assistência dos juízes (Proc. Civil) – Deste princípio decorre que "só podem intervir na decisão da matéria de facto os juízes que tenham assistido a todos os actos de instrução e discussão praticados na audiência final" –artigo 654.°, n.° 1, C.P.C.; esta disposição, nos n.°s 2 e 3, enuncia as regras aplicáveis aos casos de falecimento, impossibilitação temporária ou permanente, de transferência, promoção ou aposentação de algum dos juízes durante a discussão e julgamento da causa.

V. *Juiz; Matéria de facto; Instrução; Discussão; Audiência final; Tribunal colectivo.*

Princípio da pontualidade (Dir. Civil) – V. *Pontualidade do cumprimento.*

Princípio da proporcionalidade (Dir. Civil) – Embora possa ser usada em outros campos, a expressão tem particular pertinência a propósito dos institutos de tutela privada dos direitos, só admitidos quando os danos causados pelo agente sejam previsivelmente manifestamente inferiores aos que a sua actuação visa evitar.

V. *Tutela privada de direitos*.

Princípio da publicidade (Proc. Civil) – O artigo 206.° da Constituição da República estabelece que "as audiências dos tribunais são públicas, salvo quando o próprio tribunal decidir o contrario, em despacho fundamentado, para salvaguarda da dignidade das pessoas e da moral pública ou para garantir o seu normal funcionamento".

V. *Audiência*.

Princípio da segurança (Dir. Civil) – Princípio que significa, em matéria de registo, que o tratamento dos dados é feito, entre outros, com o objectivo de proteger a segurança quer dos titulares dos dados quer da vida em sociedade e do comércio jurídico em particular.

Assim, o artigo 1.° do Código do Registo Predial prevê que "o registo predial destina-se essencialmente a dar publicidade à situação jurídica dos prédios, tendo em vista a segurança do comércio jurídico imobiliário", acrescentando o artigo 106.° que "as bases de dados do registo predial têm por finalidade organizar e manter actualizada a informação respeitante à situação jurídica dos prédios, com vista à segurança do comércio jurídico, nos termos e para os efeitos previstos na lei, não podendo ser utilizada para qualquer outra finalidade com aquela incompatível".

O artigo 2.° da Lei n.° 57/98, de 18 de Agosto, rectificada pela Declaração de rectificação n.° 16/98, de 30 de Setembro, e alterada pelo Decreto-Lei n.° 323/2001, de 17 de Dezembro, estabelece que "a identificação criminal deve processar-se no estrito respeito pelo princípio da [...] segurança dos elementos identificativos".

Segundo o n.° 2 do artigo 1.° da Lei n.° 33/99, de 18 de Maio, alterada pelos Decretos-Leis n.°s 323/2001, de 17 de Dezembro, e 194/2003, de 23 de Agosto, "a identificação civil observa o princípio [...] da segurança dos dados identificadores dos cidadãos".

O artigo 211.° da Lei Tutelar Educativa, aprovada pela Lei n.° 166/99, de 14 de Setembro, determina que "o registo de medidas tutelares educativas deve processar-se no estrito respeito pelo [...] princípio[...] da segurança".

O Decreto-Lei n.° 83/2000, de 11 de Maio, alterado pelos Decretos-Leis n.°s 278/2000, de 10 de Novembro, e 108/2004, de 11 de Maio, pela Lei n.° 13/2005, de 26 de Janeiro, e pelo Decreto-Lei n.° 138/2006, de 26 de Julho, também dispõe, no n.° 2 do artigo 1.°, que "a concessão do passaporte observa o princípio da [...] segurança dos dados nele constantes".

V. *Registo predial; Base de dados; Bilhete de identidade; Medida tutelar; Passaporte*

Princípio da subsidiariedade (Dir. Civil) – Vigora um princípio de subsidiariedade quando um dado instituto jurídico tem um âmbito de aplicação residual, isto é, a sua aplicabilidade depende de não existirem outros institutos, meios ou instrumentos jurídicos para resolver a situação. Tal acontece, por exemplo, com o enriquecimento sem causa, por força do artigo 474.°, C.C.. Também quanto aos meios de tutela privada de direitos, tal acontece, dado que só pode recorrer-se a eles nos casos em que não seja possível, em tempo útil, utilizar os meios de tutela pública.

V. *Enriquecimento sem causa; Tutela privada de direitos*.

Princípio da tipicidade (Dir. Civil) – Diz-se que há um princípio de tipicidade, ou de *numerus clausus*, quando a lei tipifica direitos, negócios, efeitos ou situações jurídicas, não reconhecendo outros para além desses que nela se encontram expressamente previstos.

Enquanto, no domínio dos negócios jurídicos, nomeadamente no dos contratos, vigora o princípio inverso da atipicidade, sendo as partes livres de celebrar contratos diversos dos previstos na lei e de incluir nos contratos as cláusulas que entenderem (v. artigo 405.°, C.C.), no âmbito dos direitos reais, vigora o princípio da tipicidade, só reconhecendo a lei os direitos reais nela previstos e com o conteúdo que lhes atribui.

No direito das obrigações, encontram-se previsões de *numerus clausus*, como acontece com a do artigo 457.°, C.C. (que estabelece que os negócios jurídicos unilaterais só constituem fontes de obrigações nos casos previstos na lei) ou a do artigo 483.°, n.° 2, C.C. (onde se determina que "só existe obrigação de indemnizar independentemente de culpa nos casos especificados na lei").

V. *Negócio jurídico; Direito subjectivo; Contrato; Cláusula; Direito real; Negócio jurídico unilateral; Obrigação; Responsabilidade civil; Culpa; Responsabilidade objectiva.*

Princípio da univocidade (Dir. Civil) – Princípio que significa, em matéria de registo, o carácter único do tratamento dos dados.

O artigo 2.° da Lei n.° 57/98, de 18 de Agosto, rectificada pela Declaração de rectificação n.° 16/98, de 30 de Setembro, e alterada pelo Decreto-Lei n.° 323/2001, de 17 de Dezembro, estabelece que "a identificação criminal deve processar-se no estrito respeito pelo princípio da [...] univocidade [...] dos elementos identificativos".

Segundo o n.° 2 do artigo 1.° da Lei n.° 33/99, de 18 de Maio, alterada pelos Decretos-Leis n.°s 323/2001, de 17 de Dezembro, e 194/2003, de 23 de Agosto, "a identificação civil observa o princípio [...] da univocidade [...] dos dados identificadores dos cidadãos".

O artigo 211.° da Lei Tutelar Educativa, aprovada pela Lei n.° 166/99, de 14 de Setembro, determina que "o registo de medidas tutelares educativas deve processar-se no estrito respeito pelo [...] princípio[...] da univocidade".

V. *Bilhete de identidade; Medida tutelar.*

Princípio da veracidade (Dir. Civil; Dir. Com.) – Em matéria de publicidade, o artigo 10.° do respectivo Código (aprovado pelo Decreto-Lei n.° 330/90, de 23 de Outubro, e alterado pelos Decretos-Leis n.°s 74/93, de 10 de Março, 6/95, de 17 de Janeiro, 61/97, de 25 de Março, 275/98 de 9 de Setembro, 51/2001, de 15 de Fevereiro, e 332/2001, de 24 de Dezembro, pelas Leis n.°s 31-A/98, de 14 de Julho, e 32/2003, de 22 de Agosto, e pelo Decreto-Lei n.° 224/2004, de 4 de Dezembro) estabelece que esta "deve respeitar a verdade, não deformando os factos". "As afirmações relativas à origem, natureza, composição, propriedades e condições de aquisição dos bens ou serviços publicitados devem ser exactas e passíveis de prova, a todo o momento, perante as instâncias competentes".

V. *Publicidade; Prova.*

Princípio dispositivo (Proc. Civil) – Princípio que domina o processo cível, segundo o qual às partes cabe iniciar o processo, dar-lhe o conteúdo que entendam (formulando o pedido e a causa de pedir), suspendê-lo ou pôr-lhe termo, por desistência, confissão ou transacção.

O artigo 3.°, C.P.C., que se ocupa essencialmente da consagração básica do princípio do contraditório, afirma, logo no seu n.° 1, que "o tribunal não pode resolver o conflito de interesses que a acção pressupõe sem que a resolução lhe seja pedida por uma das partes e a outra seja devidamente chamada para deduzir oposição".

O juiz encontra-se vinculado ao quadro processual desenhado pelas partes, só podendo, designadamente, levar em conta os factos alegados e provados pelas partes, salvo quando se trate de factos notórios, de factos que venham ao conhecimento do tribunal em virtude do exercício das suas funções ou "dos factos instrumentais que resultem da instrução e discussão da causa". O artigo 264.°, C.P.C., na redacção do Decreto-Lei n.° 180/96, de 25 de Setembro, formula este princípio, estabelecendo, no seu n.° 3, que "serão ainda considerados na decisão os factos essenciais à procedência das pretensões formuladas ou das excepções deduzidas que sejam complemento ou concretização de outros que as partes hajam oportunamente alegado e resultem da instrução e discussão da causa, desde que a parte interessada manifeste vontade de deles se aproveitar e à parte contrária tenha sido facultado o exercício do contraditório" (cfr. também artigo 514.°, C.P.C.).

Na versão anterior daquela disposição, estabelecia-se a seguinte regra para a actividade das partes: "As partes têm, porém, o dever de, conscientemente, não formular pedidos ilegais, não articular factos contrários à verdade nem requerer diligências meramente dilatórias", podendo o desrespeito dela conduzir à condenação da parte como litigante de má fé. Nesta matéria, encontra-se hoje, no C.P.C., enunciado o princípio geral de dever de observância da boa fé pelas partes, no artigo 266.°-A, que tem a redacção do Decreto-Lei n.° 329--A/95, de 12 de Dezembro.

V. *Poder inquisitório; Processo civil; Parte; Pedido; Causa de pedir; Suspensão da instância; Desistência; Confissão; Transacção; Prova; Facto notório; Princípio do contraditório; Excepção; Procedência; Instrução; Discussão; Boa fé; Litigância de má fé.*

Princípio do conhecimento oficioso do direito (Proc. Civil) – Traduz-se no dever que tem o tribunal de conhecer os aspectos jurídicos da causa, com independência das razões de direito invocadas pelas partes.

V. *Conhecimento oficioso.*

Princípio do contraditório (Proc. Civil) – O princípio do contraditório traduz-se na garantia de cada uma das partes no processo de efectiva participação em todos os seus actos, de forma a que possa ser ouvida, impugnar quer a admissão dos meios de prova, quer a força probatória dos mesmos, numa palavra, que possa ter oportunidade de influenciar a decisão judicial que vai ser tomada. Segundo este princípio – que, na redacção dada ao artigo 3.° do C.P.C. pelo Decreto-Lei n.° 180/96, de 25 de Setembro, assume uma importância e uma compreensão muito amplas –, deve pois ser sempre dada oportunidade à parte, contra quem é formulado um pedido, invocado um argumento ou produzida uma prova, de se pronunciar, não havendo decisão antes de tal acontecer.

O artigo 3.°, C.P.C., enuncia este princípio geral, determinando que "o tribunal não pode resolver o conflito de interesses que a acção pressupõe sem que a resolução lhe seja pedida por uma das partes e a outra seja devidamente chamada para deduzir oposição", esclarecendo que "só nos casos excepcionais previstos na lei se podem tomar providências contra determinada pessoa sem que esta seja previamente ouvida", explicitando ainda que "o juiz deve observar e fazer cumprir, ao longo de todo o processo, o princípio do contraditório, não lhe sendo lícito, salvo caso de manifesta desnecessidade, decidir questões de direito ou de facto, mesmo que de conhecimento oficioso, sem que as partes tenham tido a possibilidade de sobre elas se pronunciarem".

O n.° 4 do mesmo artigo dispõe que "às excepções deduzidas no último articulado admissível pode a parte contrária responder na audiência preliminar ou, não havendo lugar a ela, no início da audiência final".

Exemplos de casos em que a lei admite a adopção de providências sem prévia audição do interessado são os previstos nos artigos 385.° (procedimentos cautelares não especificados), 393.° e 394.° (restituição provisória da posse), e 421.° e segs. (arrolamento), todos do C.P.C..

O princípio do contraditório encontra-se concretizado em várias outras normas do C.P.C., determinando o artigo 517.° que, em princípio, não são admissíveis nem poderão ser produzidas quaisquer provas "sem audiência contraditória da parte a quem hajam de ser opostas". É também consequência deste princípio a nulidade do todo o processado após a petição inicial, cominada pelo artigo 194.°, quando tenha faltado a citação do réu. V. ainda artigos 385.° (na redacção do Decreto-Lei n.° 38/2003, de 8 de Março), 521.° e 645.°, n.° 2, (ambos com a redacção do Decreto-Lei n.° 329-A/95, de 12 de Dezembro), C.P.C..

No domínio dos processos tutelares, estabelece o artigo 147.°-E, aditado à anteriormente chamada O.T.M. pela Lei n.° 133/99, de 28 de Agosto, que "as partes têm direito a conhecer as informações, relatórios, exames e pareceres constantes do processo, podendo pedir esclarecimentos, juntar outros elementos ou requerer a solicitação de informações que considerem necessários", só indeferindo o juiz, "por despacho irrecorrível", "os requerimentos que se mostrarem inúteis, de realização impossível ou com intuito manifestamente dilatório"; finalmente, o n.° 3 do mesmo artigo dispõe que "é garantido o contraditório relativamente às provas que forem obtidas pelos meios previstos no n.° 1".

Mesmo fora do processo civil, em áreas de resolução extrajudicial de conflitos, como a do consumo, se encontram regras procedimentais que em alguma medida relevam do princípio do contraditório. Assim, no sistema instituído pelo Decreto--Lei n.° 146/99, de 4 de Maio, o artigo 4.°, n.° 1-*a)*, determina que "às partes deve ser assegurado o direito de dar conhecimento do respectivo ponto de vista à entidade que vai decidir e de tomar conhecimento de todas as posições e factos invocados pela outra parte, bem como, se for o caso, das declarações dos peritos, podendo fazê-lo por um meio de comunicação à distância".

V. *Parte; Actos processuais; Pedido; Prova; Meios de prova; Impugnação; Princípio dispositivo; Questão de facto; Questão de direito; Conhecimento oficioso; Força probatória; Excepção; Articulados; Audiência preliminar; Audiência; Procedimento cautelar; Restituição da posse; Arrolamento; Nulidade processual; Petição inicial; Citação; Réu; Processo tutelar; Requerimento; Despacho; Irrecorribilidade; Conflito de consumo; Perito.*

Princípio do inquisitório (Proc. Civil – V. *Princípio inquisitório.*

Princípio do trato sucessivo (Dir. Civil) – Regra, decorrente do artigo 9.° do Código do Registo Predial – aprovado pelo Decreto-Lei n.° 224/84, de 6 de Julho (rectificado por declaração publicada no *Diário da República*, I série, de 29 de Setembro de 1984), alterado pelos Decretos-Leis n.°s 355/85, de 2 de Outubro, 60/90, de 14 de Fevereiro (este rectificado por declaração publicada no *Diário da República*, I-A série, de 31 de Março de 1990), 80/92, de 7 de Maio, 30/93, de 12 de Fevereiro, 227/94, de 8 de Setembro, 267/94, de 25 de Outubro, 67/96, de 31 de Maio, 375-A/99, de 20 de Setembro, 533/99, de 11 de Dezembro (rectificado pela Declaração de rectificação n.° 5-A/2000, de 29 de Fevereiro), 273/2001, de 13 de Outubro, 323/2001, de 17 de Dezembro, 38/2003, de 8 de Março (rectificado pela Declaração de rectificação n.° 5-C/2003, de 30 de Abril), e 194/2003, de 23 de Agosto, e pela Lei n.° 6/2006, de 27 de Fevereiro – segundo a qual tem de haver continuidade na série de transmissões (ou de constituições ou de onerações) de direitos inscritos no registo: "Os factos de que resulte transmissão de direitos ou constituição de encargos sobre imóveis não podem ser titulados sem que os bens estejam definitivamente inscritos a favor da pessoa de quem se adquire o direito ou contra a qual se constitui o encargo". V. também o artigo 34.° do Código do Registo Predial.

O artigo 116.°, por sua vez, regula a situação de "adquirente que não disponha de documento para a prova do seu direito", dispondo que ele "pode obter a primeira inscrição mediante escritura de justificação notarial ou decisão proferida no âmbito do processo de justificação previsto neste capítulo".

V. *Registo predial; Direito subjectivo; Oneração de bens; Imóvel; Documento; Prova; Inscrição; Escritura pública.*

Princípio inquisitório (Proc. Civil) – Por contraposição ao princípio dispositivo – que domina em processo civil –, o princípio inquisitório é aquele segundo o qual a vontade relevante no processo é a do juiz, a quem cabe a direcção da lide.

O artigo 265.°, n.° 1, C.P.C., na redacção do Decreto-Lei n.° 329-A/95, de 12 de Dezembro, estabelece que, "iniciada a instância, cumpre ao juiz, sem prejuízo do ónus de impulso especialmente imposto pela lei às partes, providenciar pelo andamento regular e célere do processo, promovendo oficiosamente as diligências necessárias ao normal prosseguimento da acção e recusando o que for impertinente ou meramente dilatório". O n.° 2, com a redacção do Decreto-Lei n.° 180/96, de 25 de Setembro, diz que "o juiz providenciará, mesmo oficiosamente, pelo suprimento da falta de pressupostos processuais susceptíveis de sanação, determinando a realização dos actos necessários à regularização da instância ou, quando estiver em causa alguma modificação subjectiva da instância, convidando as partes a praticá-los", e o n.° 3, na redacção do mesmo diploma, que "incumbe ao juiz realizar ou ordenar, mesmo oficiosamente, todas as diligências necessárias ao apuramento da verdade e à justa composição do litígio, quanto aos factos de que lhe é lícito conhecer". Por sua vez, o artigo 265.°-A (introduzido pelo DL n.° 329-A/95, e alterado pelo DL n.° 180/96) estatui que, "quando a tramitação processual prevista na lei não se adequar às especificidades da causa, deve o juiz, oficiosamente, ouvidas as partes, determinar a prática dos actos que melhor se ajustem ao fim do processo, bem como as necessárias adaptações".

O artigo 11.° do Código da Insolvência e da Recuperação de Empresas, aprovado pelo Decreto-Lei n.° 53/2004, de 18 de Março, alterado pelos Decretos-Leis n.°s 200/2004, de 18 de Agosto, e 76-A/2006, de 29 de Março (rectificado pela Declaração de rectificação n.° 28-A/2006, de 26 de Maio), consagra o princípio inquisitório, nos seguintes termos: "No processo de insolvência, embargos e incidente de qualificação da insolvência, a decisão do juiz pode ser fundada em factos que não tenham sido alegados pelas partes".

V. *Princípio dispositivo; Processo civil; Juiz; Ónus; Pressupostos processuais; Sanação; Modificações subjectivas da instância; Actos processuais; Insolvência; Recuperação de empresas; Qualificação da insolvência; Embargos; Incidente.*

Princípio nominalista (Dir. Civil) – Segundo este princípio, as dívidas pecuniárias considerar-se-ão cumpridas quando o devedor entregar moeda com curso legal no país, que, pelo seu valor nominal ou facial, corresponda à quantia, independentemente das possíveis desvalorizações ou revalorizações monetárias que, entre o momento da constituição da obrigação e o do seu cumprimento, possam ter intervindo. Esse princípio acha-se consagrado no artigo 550.°, C.C., que estabelece que, salvo convenção em contrário, "o cumprimento das obrigações pecuniárias faz-se em moeda que tenha curso legal no País à data em que for efectuado e pelo valor nominal que a moeda nesse momento tiver".

V. *Obrigação pecuniária; Devedor; Cumprimento.*

Prioridade do registo (Dir. Civil) – O artigo 6.°, n.° 1, do Código do Registo Predial – aprovado pelo Decreto-Lei n.° 224/84, de 6 de Julho (rectificado por declaração publicada no *Diário da República*, I série, de 29 de Setembro de 1984), alterado pelos Decretos-Leis n.°s 355/85, de 2 de Outubro, 60/90, de 14 de Fevereiro (rectificado por declaração publicada no *Diário da República*, I-A série, de 31 de Março de 1990), 80/92, de 7 de Maio, 30/93, de 12 de Fevereiro, 227/94, de 8 de Setembro, 267/94, de 25 de Outubro, 67/96, de 31 de Maio, 375-A/99, de 20 de Setembro, 533/99, de 11 de Dezembro, 273/2001, de 13 de Outubro, 323/2001, de 17 de Dezembro, 38/2003, de 8 de Março (rectificado pela Declaração de rectificação n.° 5-C/2003, de 30 de Abril), e 194/2003, de 23 de Agosto, e pela Lei n.° 6/2006, de 27 de Fevereiro – estabelece que "o direito inscrito em primeiro lugar prevalece sobre os que se lhe seguirem relativamente aos mesmos bens, por ordem da data dos registos e, dentro da mesma data, pelo número de ordem das apresentações correspondentes", exceptuando-se, quanto a este último aspecto, "as inscrições hipotecárias da mesma data, que concorrem entre si na proporção dos respectivos créditos".

"O registo convertido em definitivo conserva a prioridade que tinha como provisório".

Finalmente, o n.° 4 deste artigo dispõe que, "em caso de recusa, o registo feito na sequência de recurso julgado procedente conserva a prioridade correspondente à apresentação do acto recusado".

V. *Registo; Registo predial; Direito subjectivo; Registo provisório; Recurso de acto de conservador; Inscrição; Hipoteca; Procedência.*

"Prior tempore potior jure" (Dir. Civil) – Este brocardo latino transmite a ideia de que, concorrendo dois direitos iguais, prevalece aquele que anteriormente foi constituído.

A prioridade no tempo tem, por vezes, consequências jurídicas. Por exemplo, a prioridade entre credores com garantia sujeita a publicidade é determinada pela ordem cronológica dos registos.

É também ilustrativo deste princípio o preceito do artigo 407.°, C.C., segundo o qual, "quando, por contratos sucessivos, se constituírem, a favor de pessoas diferentes, mas sobre a mesma coisa, direitos pessoais de gozo incompatíveis entre si, prevalece o direito mais antigo em data, sem prejuízo das regras próprias do registo".

V. *Direito subjectivo; Credor; Garantias especiais; Registo; Direito pessoal de gozo.*

Prisão-escola (Proc. Civil) – Os menores com mais de 18 anos (ao tempo em que a maioridade só se adquiria aos 21 anos), que se encontrassem internados em institutos de reeducação e se mostrassem inadaptáveis ao respectivo regime, podiam ser sujeitos, por decisão do juiz do tribunal tutelar de menores, à medida de internamento em prisão-escola. Esta medida foi suprimida na revisão da chamada O.T.M. (Decreto-Lei n.° 314/78, de 19 de Novembro).

V. *Menor; Tribunal de menores; Medida tutelar.*

Privação do direito a conduzir (Dir. Civil) – É uma das medidas tutelares educativas previstas na Lei Tutelar Educativa, designação que substituiu a primitiva Organização Tutelar de Menores, e depois na Lei Tutelar de Menores, aprovada pela Lei n.° 166/99, de 14 de Setembro – v. artigos 4.°, n.° 1-*b)*, 10.° e 19.°, n.° 2.

A medida, aplicável a menores pelo tribunal de família e de menores (tribunal de menores, segundo o artigo 83.° da Lei de Organização e Funcionamento dos Tribunais Judiciais – Lei n.° 3/99, de 13 de Janeiro, rectificada pela Declaração de rectificação n.° 7/99, de 16 de Fevereiro, e alterada pela Lei n.° 101/99, de 26 de Julho, pelos Decretos-Leis n.°s 323/2001, de 17 de Dezembro, e 38/2003, de 8 de Março – rectificado pela Declaração de rectificação n.° 5-C/2003, de 30 de Abril –, pela Lei n.° 105/2003, de 10 de Dezembro, pelo Decreto-Lei n.° 53/2004, de 18 de Março, pela Lei n.° 42/2005, de 29 de Agosto, e pelo Decreto-Lei n.° 76-A/2006, de 29 de Março, este rectificado pela Declaração de rectificação n.° 28-A/2006, de 26 de Maio – embora, na prática, sejam em muitos casos criados tribunais mistos, de família e de menores), em processo próprio, pode ser a da privação do direito a conduzir ciclomotores (cassação da licença por período entre um mês e um ano) ou a de proibição de obtenção da licença de condução desses veículos (por período de igual duração). Qualquer destas medidas pode ser cumulada com outra medida tutelar.

V. *Medida tutelar; Menor; Tribunal de menores.*

Privação do direito ao nome do cônjuge (Proc. Civil) – O cônjuge viúvo, divorciado ou separado judicialmente de pessoas e bens pode ser judicialmente privado de usar o apelido do outro cônjuge, por se mostrar indigno dele – artigo 1677.°-C, C.C..

O processo especial para requerer e obter a privação encontrava-se regulado no artigo 1414.°, C.P.C., que foi revogado pelo Decreto-Lei n.° 272/2001, de 13 de Outubro, rectificado pela Declaração de rectificação n.° 20-AR/2001, de 30 de Novembro; este diploma teve como fim "a transferência de competência decisória em determinados processos de jurisdição voluntária dos tribunais judiciais para o Ministério Público e para as conservatórias do registo civil".

Nos termos dos artigos 5.° e segs. deste DL n.° 272/2001, cabe às conservatórias de registo civil competência para o procedimento tendente à obtenção de acordo das partes nos casos – entre outros – de "privação do direito ao uso dos apelidos do outro cônjuge". Para este procedimento, é competente a conservatória "da área da residência do requerido [...]" (artigo 6.°, n.°1--*a)*).

"O pedido é apresentado mediante requerimento entregue na conservatória, fundamentado de facto e de direito, sendo indicadas as provas e junta a prova documental"; "o requerido é citado para, no prazo de 15 dias, apresentar oposição [...]" e juntar as provas; "não sendo apresentada oposição [...], o conservador, depois de verificado o preenchimento dos pressupostos legais [para o que pode "determinar a prática de actos e a produção da prova necessária"], declara a procedência do pedido"; "tendo sido apresentada oposição, o conservador marca tentativa de conciliação, a realizar no prazo de 15 dias" (artigo 7.°).

"Das decisões do conservador cabe recurso para o tribunal judicial de 1.ª instância competente em razão da matéria no âmbito da circunscrição a que pertence a conservatória", sendo o prazo para a interposição do recurso o do artigo 685.°, C.P.C. [10 dias contados da notificação da decisão]" – artigo 10.°. Diz o artigo 8.° que, "tendo havido oposição e constatando-se a impossibilidade de acordo, são as partes notificadas para, em oito dias, alegarem e requererem a produção de novos meios de prova, sendo de seguida o processo, devidamente instruído, remetido ao tribunal judicial de 1.ª instância competente em razão da matéria no âmbito da circunscrição a que pertence a conservatória". Quando o processo é remetido ao tribunal, "o juiz ordena a produção de prova e marca audiência de julgamento", sendo aplicáveis, com as necessárias adaptações os artigos 1409.° a 1411.°, C.P.C..

V. *Nome; Divórcio; Separação judicial de pessoas e bens; Processo especial; Processos de jurisdição voluntária; Ministério Público; Registo civil; Requerimento; Prova; Prova documental; Citação; Tentativa de conciliação; Recurso; Tribunal de 1.ª instância; Competência em razão da matéria; Notificação; Alegações; Audiência.*

Privilégio creditório (Dir. Civil) – Direito que a lei reconhece a um credor, em atenção à causa do seu crédito, de ser pago preferentemente aos outros credores, independentemente do registo, ou:

a) pelo valor de todos os bens móveis do devedor – privilégio mobiliário geral (gozam deste privilégio, por exemplo, o Estado e as autarquias locais, quanto aos créditos resultantes de impostos indirectos e de direitos inscritos para cobrança no ano corrente na data da penhora, ou nos dois anos anteriores; o crédito por despesas do funeral do devedor; o crédito por despesas indispensáveis para o sustento do devedor e das pessoas a quem este tenha obrigação de prestar alimentos, relativo aos últimos seis meses, etc.);

b) pelo valor de determinados bens móveis – privilégio mobiliário especial (goza deste privilégio, por exemplo, o crédito da vítima de um facto que implique responsabilidade civil, em relação à indemnização devida pelo segurador ao lesante);

c) pelo valor de determinados bens imóveis – privilégio imobiliário especial (os privilégios imobiliários estabelecidos no Código Civil são sempre especiais, sendo exemplo de privilégio deste tipo o de que gozam o Estado e as autarquias locais pelo imposto relativo aos imóveis, em relação aos bens cujos rendimentos a ele estão sujeitos).

A lei fixa a ordem por que são pagos os credores que gozam de privilégios creditórios e determina que, existindo créditos igualmente privilegiados, sejam pagos rateadamente, na proporção dos respectivos montantes.

Os privilégios creditórios extinguem-se, tal como a hipoteca, ou por se extinguir a obrigação que garantem, ou por prescrição a favor de terceiro adquirente do prédio sobre que recai o privilégio, decorridos vinte anos sobre o registo da aquisição e cinco sobre o vencimento da obrigação, ou por haver perecido a coisa sobre que recai o privilégio ou ainda por renúncia do credor.

V. artigos 733.° e segs., C.C..

A caracterização dos privilégios creditórios suscitou, no domínio do Código Civil de 1867, dificuldades que o novo Código Civil não veio resolver. Na realidade, alguns aspectos do respectivo regime não permitem afirmar que se trate de um verdadeiro direito real (cfr., por exemplo, o artigo 749.°, C.C., que autoriza o devedor a alienar ou onerar bens do seu património, não obstante existir sobre eles um privilégio geral), mas, em muitos outros, ele assemelha-se ao das garantias reais, como o penhor, o direito de retenção ou a hipoteca.

Há muitos casos especialmente previstos na lei de atribuição de privilégios creditórios. Assim, por exemplo, o n.° 1 do artigo 15.° do Decreto-Lei n.° 239/2003, de 4 de Outubro, que prevê e regula o contrato de transporte rodoviário nacional de mercadorias, dispõe que "o transportador goza de privilégio pelos créditos resultantes do contrato de transporte sobre as mercadorias transportadas", cessando este privilégio "com a entrega das mercadorias ao destinatário".

V. *Obrigação; Credor; Credor privilegiado; Registo predial; Registo de bens móveis; Móvel; Devedor; Penhora; Alimentos; Responsabilidade civil; Indemnização; Contrato de seguro; Imóvel; Hipoteca; Extinção das obrigações; Prescrição; Vencimento; Renúncia; Direito real; Alienação; Oneração de bens; Garantias reais; Penhor; Direito de retenção; Contrato de transporte.*

Procedência (Proc. Civil) – Diz-se que uma acção procede quando vence a pretensão do seu autor, paralelamente significando a procedência de um recurso o vencimento da posição do recorrente.

V. *Acção; Autor; Pretensão; Recurso; Recorrente.*

Procedimento cautelar (Proc. Civil) – Processo judicial instaurado como preliminar a uma acção ou, na pendência desta como seu incidente, destinado a prevenir ou a afastar o perigo resultante da demora a que está sujeito o processo principal. Através de uma indagação rápida e sumária, o juiz assegura-se da plausibilidade da existência do direito do requerente e emite uma decisão de carácter provisório, destinada a produzir efeitos até ao momento em que se forme a decisão definitiva.

O procedimento cautelar existe sempre na dependência de uma acção e corre por apenso a ela. Se a acção não for proposta nos trinta dias subsequentes à data em que o requerente foi notificado da decisão que ordenou as providências requeridas, estas ficam sem efeito, ficando-o de igual modo se a acção principal estiver parada mais de 30 dias por negligência do requerente, ou se a acção for julgada improcedente.

Nos termos do artigo 382.°, n.° 1, C.P.C., na redacção do Decreto-Lei n.° 329-A/95, de 12 de Dezembro, "os procedimentos cautelares revestem sempre carácter urgente, precedendo os respectivos actos qualquer outro serviço judicial não urgente"; o n.° 2 acrescenta que "os procedimentos instaurados perante o tribunal competente devem ser decididos, em 1.ª instância, no prazo máximo de dois meses ou, se o requerido não tiver sido citado, de 15 dias".

"Se a providência for considerada injustificada ou vier a caducar por facto imputável ao o requerente, responde este pelos danos culposamente causados ao requerido, quando não tenha agido com a prudência normal" – artigo 390.°, n.° 1, C.P.C., na redacção do Decreto-Lei n.° 180/96, de 25 de Setembro.

O artigo 83.°, C.P.C., fixa o tribunal onde devem ser requeridos os vários procedimentos cautelares, quando sejam anteriores à propositura da acção respectiva e, se na generalidade dos casos esse tribunal é o que tiver competência para a acção, nem sempre é assim: o arresto e o arrolamento tanto podem ser requeridos no lugar onde deva propor-se a acção, como no lugar onde se encontrem os bens a arrestar ou a arrolar, ou ainda, se aqueles se encontrarem em várias comarcas, no tribunal de uma delas; o embargo de obra nova, por seu lado, deve sempre ser requerido no tribunal do lugar da obra.

Os valores dos procedimentos cautelares são diversos, consoante a sua espécie e vêm indicados no n.° 3 do artigo 313.°, C.P.C., na redacção do DL n.° 180/96.

Pelo que respeita a custas, o regime encontra-se no artigo 453.°, C.P.C..

O artigo 387.°-A, C.P.C., aditado pelo Decreto-Lei n.° 375-A/99, de 20 de Setembro, estabelece que "das decisões proferidas nos procedimentos cautelares não cabe recurso para o Supremo Tribunal de Justiça, sem prejuízo dos casos em que o recurso é sempre admissível".

É ainda de notar uma especialidade processual dos procedimentos cautelares no que respeita a recursos: os agravos interpostos de despachos proferidos nos procedimentos cautelares têm um regime especial de subida, que se acha consagrado no artigo 738.°, C.P.C..

V. artigos 381.° a 392.°, C.P.C., na redacção dos Decretos-Leis já mencionados e do n.° 199/2003, de 10 de Setembro (rectificado pela Declaração de rectificação n.° 16-B/2003, de 31 de Outubro).

Muito embora não sejam designadas por providências cautelares, nem os processos tendentes à sua adopção por procedimentos cautelares, porque a semelhança é flagrante, cabe aqui referir o conteúdo normativo do artigo 31.° do Código da Insolvência e da Recuperação de Empresas, aprovado pelo Decreto-Lei n.° 53/2004, de 18 de Março, alterado pelos Decretos-Leis n.°s 200/2004, de 18 de Agosto, e 76-A/2006, de 29 de Março (o último rectificado pela Declaração de rectificação n.° 28-A/2006, de 26 de Maio), que prevê a possibilidade de serem adoptadas as "medidas cautelares" "que se mostrem necessárias ou convenientes para impedir o agravamento da situação patrimonial do devedor, até que seja proferida sentença", o que ocorre por decisão do juiz, nos termos do n.° 1, se houver "justificado receio da prática de actos de má gestão", quer oficiosamente quer a pedido do requerente da insolvência; tais medidas "podem designadamente consistir na nomeação de um administrador judicial provisório com poderes exclusivos para a administração do património do devedor, ou para assistir o devedor nessa administração"; a adopção destas medidas "pode ter lugar previamente à citação do devedor, no caso de a antecipação ser julgada indispensável para não pôr em perigo o seu efeito útil, mas sem que a citação possa em caso algum ser retardada mais de 10 dias relativamente ao prazo que de outro modo interviria", podendo mesmo a adopção das medidas preceder a distribuição "quando o requerente o solicite e o juiz considere justificada a precedência".

V. *Acção; Propositura da acção; Incidente; Direito subjectivo; Apensação de acções; Requerimento; Notificação; Negligência; Procedência; Prazo judicial; Suspensão de prazo judicial; Citação; Caducidade; Responsabilidade civil; Dano; Culpa; Competência; Competência em razão do território; Arresto; Arrolamento; Comarca; Embargo de obra nova; Valor da causa; Custas; Recurso; Supremo Tribunal de Justiça; Agravo; Despacho; Subida do recurso; Insolvência; Recuperação de empresas; Medidas cautelares; "Ex officio"; Devedor; Administrador judicial; Administrador provisório; Assistência; Distribuição.*

Procedimento de conciliação (Proc. Civil; Dir. Com.) – Procedimento extrajudicial previsto pelo Decreto-Lei n.° 316/ /98, de 20 de Outubro, alterado pelo Decreto-Lei n.° 201/2004, de 18 de Agosto, no quadro de recuperação de empresas.

Nos termos do artigo 1.°, n.°s 4 e 5, o requerimento deste procedimento suspende, durante a pendência dele, o prazo para a apresentação à insolvência fixado no artigo 18.° do CIRE, suspensão que cessa quando o procedimento se extinguir ou decorridos 60 dias sobre a data de indeferimento liminar do requerimento; "a pendência de processo de insolvência não obsta ao desencadear deste procedimento e, "se ainda não tiver sido declarada a insolvência, a instância judicial pode ser suspensa a requerimento da empresa ou de qualquer interessado, instruído com declaração emitida pelo IAPMEI"; o juiz ouve as partes e decide de acordo com o que entender mais conveniente, "não podendo a suspensão prolongar-se por mais de dois meses" (artigo 10.°, n.°s 1 a 3).

"Qualquer empresa em condições de requerer judicialmente a sua insolvência, nos termos do Código da Insolvência e da Recuperação de Empresas (CIRE), pode requerer ao Instituto de Apoio às Pequenas e Médias Empresas e ao Investimento (IAPMEI) o procedimento de conciliação [...]", podendo também "ser requerido por qualquer credor que, nos termos do CIRE, tenha legitimidade para requerer a declaração de insolvência de uma empresa" – artigo 1.°, n.°s 1 e 3.

Este procedimento destina-se a obter a celebração de acordo, entre a empresa e todos ou alguns dos seus credores, que viabilize a recuperação da empresa em situação de insolvência, ainda que meramente iminente, nos termos do artigo 3.° do CIRE", podendo no acordo intervir "os sócios da empresa ou outros interessados", sendo obrigatória a participação dos credores públicos "desde que a regularização das respectivas dívidas contribua, de forma decisiva, para a recuperação da empresa" – artigo 2.°, n.°s 1 a 3.

"O procedimento de conciliação é requerido por escrito ao IAPMEI, devendo o requerente [que integre "credores que representem mais de 50% das dívidas da empresa"] invocar os respectivos fundamentos, identificar as partes que nele devem intervir e indicar o conteúdo do acordo que pretende obter", fazendo acompanhar o requerimento dos "documentos que devessem ser apresentados com a petição em processo judicial de insolvência", devendo ainda ser apresentado, "no prazo de 15 dias após a entrega do requerimento, um plano de negócios que demonstre a adequabilidade do acordo e da viabilidade da empresa" – artigo 3.°.

O artigo 4.°, n.° 1, enuncia as situações em que o IAPMEI deve "recusar liminarmente o requerimento de conciliação". Não havendo recusa, o IAPMEI promoverá "as diligências [que podem incluir, entre outras, "sugestão de propostas e de modelos negociais"] e os contactos necessários entre a empresa e os principais interessados, com vista à concretização de acordo que viabilize a recuperação da empresa, cabendo-lhe a orientação das reuniões que convocar", podendo fazer intervir no processo sujeitos diversos dos indicados pelo requerente, solicitar a prestação de esclarecimentos ou de informações, igualmente podendo sugerir ao requerente a modificação dos termos do acordo proposto (artigo 5.°).

"O acordo obtido em procedimento de conciliação deve ser reduzido a escrito, dependendo de escritura pública nos casos em que a lei o exija" - artigo 8.°.

"O prazo de conclusão do procedimento [...], quando não exista processo de insolvência pendente, não deverá exceder seis meses", podendo, porém, ser "prorrogado por mais três meses, por uma única vez, sempre que, de forma devidamente fundamentada, a empresa ou um dos credores o requeira e o IAPMEI dê o seu parecer favorável" - artigo 11.°.

V. *Recuperação da empresa; Insolvência; Apresentação à insolvência; Declaração de insolvência; Instância; Suspensão da instância; Requerimento; Credor; Empresa; Legitimidade; Documento escrito; Petição inicial; Escritura pública.*

Processo - Sequência de actos destinados à justa composição, por um órgão de autoridade imparcial (o tribunal), de um conflito de interesses ou litígio.

V. *Tribunal; Litígio; Processo civil simplificado.*

Processo civil - Sequência de actos destinados à justa composição de um litígio de interesses privados, mediante a intervenção de um tribunal.

O processo civil ocupa-se da aplicação do direito civil e comercial pelos tribunais aos litígios que lhes são submetidos.

V. a Convenção Relativa ao Processo Civil, concluída na Haia em 1 de Março de 1954, tendo sido aprovada para ratificação pelo Decreto-Lei n.° 47 097, de 14 de Julho de 1966, e tendo Portugal depositado o instrumento de ratificação em 3 de Julho de 1967, conforme aviso publicado no *Diário do Governo*, 1.ª série, de 23 de Agosto de 1967.

V. *Litígio; Tribunal.*

Processo civil simplificado (Proc. Civil) - O Decreto-Lei n.° 211/91 de 14 de Junho, cujo artigo 7.° foi revogado pelo Decreto-Lei n.° 224-A/96, de 26 de Novembro, veio estabelecer um regime, coexistente com o do Código de Processo Civil, de simplificação da tramitação da acção, que se inicia através de uma petição conjunta.

Assim, quando a acção não tenha por objecto direitos indisponíveis, podem "as partes iniciar a instância com a apresentação de petição conjunta, subscrita, sendo o patrocínio obrigatório, pelos respectivos mandatários judiciais, à qual se aplicam, com as adaptações necessárias, os requisitos previstos no Código de Processo Civil para a petição inicial" - artigo 1.°. O artigo 2.° dispõe que, nesta petição conjunta, "submetem as partes à apreciação judicial as respectivas pretensões, indicando os factos que admitem por acordo, sem prejuízo do disposto nas alíneas *c)* e *d)* do artigo 485.° do Código de Processo Civil, e os factos controvertidos, requerendo logo as respectivas provas e tomando posição sobre as questões de direito relevantes", e determina que "as testemunhas serão apresentadas pela parte que as ofereceu, salvo se for requerida a respectiva notificação para comparência".

"Apresentada em juízo a petição conjunta, o juiz aprecia liminarmente da admissibilidade do uso da forma do processo e da existência de quaisquer excepções dilatórias de conhecimento oficioso" e, "se o processo houver de prosseguir, é logo designado dia para a audiência final, que deverá realizar-se, não havendo diligências de produção antecipada da prova, no prazo máximo de dois meses a contar da apresentação em juízo da petição conjunta" - artigo 3.°, n.°s 2 e 3.

O artigo 4.°, n.° 1, dispõe que, "quando a complexidade do processo o aconselhe, poderá o juiz fazer preceder a audiência final de uma conferência com os mandatários judiciais das partes, destinada a obter os esclarecimentos pertinentes para a correcta selecção de factos essenciais controvertidos, a averiguar em audiência, e a realizar, sendo caso disso, tentativa de conciliação das partes".

V. *Petição conjunta; Petição inicial; Direito indisponível; Instância; Patrocínio judiciário; Intervenção obrigatória de advogado; Mandatário judicial; Prova; Questão de direito; Testemunha; Notificação; Excepção dilatória; Conhecimento oficioso; Audiência; Antecipação da prova; Tentativa de conciliação.*

Processo complexo (Proc. Civil) - A doutrina designa assim o processo em que se verifica a sucessão de fases de natureza declarativa e executiva numa mesma unidade processual.

Exemplo típico de processo complexo é o da acção de despejo, que se encontrava regulada nos artigos 966.° e segs., C.P.C., e o está agora nos artigos 55.° e segs. do Regime do Arrendamento Urbano, aprovado pelo Decreto-Lei n.° 321-B/90, de 15 de Outubro, rectificado por declaração publicada no *Diário da República*, I-A série, de 30 de Novembro do mesmo ano, e alterado pelo Decreto-Lei n.° 278/93, de 10 de Agosto (este alterado, por ratificação, pela Lei n.° 13/94, de 11 de Maio), pelo Decreto-Lei n.° 163/95, de 13 de Julho, pela Lei n.° 89/95, de 1 de Setembro, pelo Decreto-Lei n.° 257/95, de 30 de Setembro, pela Lei n.° 135/99, de 28 de Agosto, pelos Decretos-Leis n.°s 64-A/2000, de 22 de Abril, e 329-B/2000, de 22 de Dezembro, e pelas Leis n.°s 6/2001 e 7/2001, ambas de 11 de Maio.

V. *Acção declarativa; Execução; Despejo.*

Processo comum (Proc. Civil) – Quando as acções não sigam uma forma de processo especialmente determinada na lei (por exemplo, o inventário), seguem a forma de processo comum, que admite várias espécies: ordinário, sumário e sumaríssimo.

O processo comum é, pois, a forma de processo aplicável em todos os casos para que não esteja previsto processo especial. V. artigo 460.°, C.P.C..

V. *Processo especial; Inventário; Processo ordinário; Processo sumário; Processo sumaríssimo.*

Processo concluso (Proc. Civil) – Fazer o processo concluso é o acto pelo qual o processo é afectado ao juiz para despachar ou decidir.

O artigo 166.°, C.P.C., determina que, salvos os casos de urgência, a secretaria deve fazer o processo concluso no prazo de cinco dias, contado da data da apresentação de qualquer requerimento ou da respectiva ordem de junção.

V. *Conclusão; Juiz; Secretaria judicial; Requerimento.*

Processo contencioso (Proc. Civil) – Processo em que há um conflito de interesses entre as partes, que estas submetem ao tribunal e que a este compete dirimir através da aplicação das regras do direito substantivo.

V. *Litígio; Tribunal; Direito material.*

Processo declarativo (Proc. Civil) – A composição de um litígio faz-se através de um processo que termina por uma declaração dotada de autoridade (sentença ou despacho), que decide a questão, reconhecendo ou denegando um direito.

Nos termos do artigo 4.°, C.P.C., as acções declarativas podem ser de simples apreciação (quando têm por fim "obter unicamente a declaração de existência ou inexistência dum direito ou dum facto"), de condenação (quando têm por fim "exigir a prestação duma coisa ou dum facto, pressupondo ou prevendo a violação de um direito") ou constitutivas (quando têm por fim "autorizar uma mudança na ordem jurídica existente").

O processo de declaração ou declarativo revestirá, de acordo com o respectivo valor, a forma ordinária, sumária ou sumaríssima – artigo 462.°, C.P.C., na redacção do Decreto-Lei n.° 375-A/99, de 20 de Setembro.

V. *Sentença; Despacho; Litígio; Direito subjectivo; Valor da causa; Processo ordinário; Processo sumário; Processo sumaríssimo.*

Processo de execução (Proc. Civil) – V. *Execução.*

Processo de indiciação do falido (Proc. Civil) – V. *Indiciação do falido.*

Processo de inventário (Proc. Civil) – V. *Inventário.*

Processo de jurisdição contenciosa (Proc. Civil) – V. *Processo contencioso; Processos de jurisdição voluntária.*

Processo de jurisdição voluntária (Proc. Civil) – V. *Processos de jurisdição voluntária.*

Processo de justificação judicial (Dir. Civil; Proc. Civil) – O artigo 233.°, n.° 1, do Código do Registo Civil, na redacção do Decreto-Lei n.° 273/2001, de 13 de Outubro, estabelece que "o processo de justificação judicial é aplicável à rectificação de registo irregular nos termos do artigo 94.° [o registo é rectificado mediante decisão proferida em processo de justificação judicial, quando se suscitem dúvidas acerca da identidade das pessoas a quem o registo respeita] e às situações de óbito ocorrido nos termos dos n.ºs 2 e 3 do artigo 204.º e dos artigos 207.º e 208.º". De acordo com o n.º 2 da mesma disposição, "o processo [...] é autuado, instruído e informado na conservatória competente para lavrar o registo omitido ou na conservatória detentora do registo irregular e é julgado no tribunal de 1.ª instância competente na área da circunscrição a que pertence a conservatória".

V. *Registo civil; Instrução; Tribunal de 1.ª instância; competência em razão do território.*

Processo de posse judicial avulsa (Proc. Civil) – V. *Posse judicial; Entrega judicial.*

Processo de prevenção criminal (Proc. Civil) – Processo tendente a aplicar aos menores uma medida de prevenção criminal. Na Lei Tutelar Educativa, aprovada pela Lei n.º 166/99, de 14 de Setembro, tais medidas foram substituídas por medidas tutelares.

V. Decreto-Lei n.º 401/82, de 23 de Setembro, que estabelece um regime penal especial para jovens com idades compreendida entre os 16 e os 21 anos.

V. *Menor; Medida tutelar.*

Processo de recuperação de empresa (Proc. Civil) – V. *Recuperação de empresas; Procedimento de conciliação.*

Processo especial (Proc. Civil) – O processo é especial quando a lei expressamente define o seu campo de aplicação – cfr. artigo 460.º, C.P.C..

Segundo o artigo 463.º, n.º 1, C.P.C., "os processos especiais regulam-se pelas disposições que lhes são próprias e pelas disposições gerais e comuns; em tudo quanto não estiver prevenido numas e noutras, observar-se-á o que se acha estabelecido para o processo ordinário". O n.º 2 da mesma disposição, na redacção do Decreto-Lei n.º 38/2003, de 8 de Março (rectificado pela Declaração de rectificação n.º 5--C/2003, de 30 de Abril), determina que "é aplicável ao registo ou gravação dos depoimentos prestados em processos especiais o disposto no artigo 522.º-A e, quando a decisão final seja susceptível de recurso ordinário, no artigo 522.º-B". Finalmente, o n.º 4 deste artigo 463.º, segundo a renumeração operada pelo referido DL n.º 38/2003, dispõe que, com algumas excepções nele enunciadas, os processos especiais seguem, no que respeita a recursos, o regime do processo sumário.

Temos processos especiais previstos nos artigos 944.º e segs., C.P.C., a saber: interdições e inabilitações; processos referentes às garantias das obrigações; expurgação de hipotecas e extinção de privilégios; venda antecipada do penhor; prestação de contas; consignação em depósito; divisão da coisa comum; regulação e repartição de avarias marítimas; reforma de documentos, autos e livros; indemnização contra magistrados; revisão de sentenças estrangeiras; justificação da ausência; execução especial por alimentos; liquidação de patrimónios; inventário; divórcio e separação litigiosos; e processos de jurisdição voluntária.

V. *Processo ordinário; Registo da prova; Gravação da audiência; Recurso; Recurso ordinário; Processo sumário; Processo comum; Interdição; Inabilitação; Garantia; Expurgação de hipotecas; Privilégio creditório; Penhor; Prestação de contas; Consignação em depósito; Divisão de coisa comum; Reforma de documentos; Reforma de autos; Reforma de livros; Acção de indemnização contra magistrados; Revisão de sentença estrangeira; Justificação da ausência; Alimentos; Liquidação de patrimónios; Divórcio; Separação judicial de pessoas e bens; Processos de jurisdição voluntária*

Processo executivo (Proc. Civil) – V. *Execução.*

Processo misto (Proc. Civil) – A doutrina designa por processo misto aquele em que se cumulam, num único processo, pedidos de diversa natureza.

Assim, por exemplo, se numa mesma acção se pedir ao tribunal que declare que o autor é proprietário de certo bem (pedido de simples apreciação) e que o réu seja condenado numa indemnização por prejuízos sofridos pelo autor (pedido de condenação).

Cfr. artigo 470.º, C.P.C., na redacção do Decreto-Lei n.º 180/96, de 25 de Setembro.

V. *Pedido; Autor; Acção de simples apreciação; Acção de condenação; Indemnização; Cumulação de pedidos.*

Processo ordinário (Proc. Civil) – Processo comum, declarativo, a empregar quando o valor da causa exceda a alçada da Relação (artigo 462.°, n.° 1, C.P.C., na redacção dada pelo Decreto-Lei n.° 375-A/99, de 20 de Setembro).

O processo ordinário rege-se pelas disposições constantes dos artigos 467.° e segs., C.P.C., disposições que são aplicáveis, subsidiariamente, aos processos sumário e sumaríssimo.

Nos termos do artigo 465.°, C.P.C., na redacção do Decreto-Lei n.° 38/2003, de 8 de Março (rectificado pela Declaração de rectificação n.° 5-C/2003, de 30 de Abril), "o processo comum de execução segue forma única", pelo que já não estão previstas execuções sujeitas à forma ordinária.

V. *Processo comum; Processo declarativo; Valor da causa; Alçada; Relação; Processo sumário; Processo sumaríssimo; Execução.*

Processo preliminar de publicações (Dir. Civil) – O processo de publicações que precede o casamento destina-se à verificação da capacidade matrimonial dos nubentes e da inexistência de impedimentos, regendo-se pelo Código de Registo Civil (artigos 134.° a 145.°) – artigos 1597.°, n.° 1, e 1610.°, C.C..

A sua organização compete à Conservatória do Registo Civil da área em que qualquer dos nubentes tiver o seu domicílio ou residência estabelecida durante, pelo menos, os últimos 30 dias anteriores à data da declaração.

O processo preliminar é iniciado com a declaração para casamento, feita pelos nubentes, seguindo-se a afixação de edital, durante oito dias, à porta da repartição. Findo o prazo das publicações, e no prazo de três dias a contar da última diligência, o conservador do registo civil lavra o despacho final, no qual conclui pela possibilidade ou impossibilidade da celebração do casamento. Sendo o despacho favorável, o casamento deve celebrar-se dentro dos noventa dias seguintes, sob pena de ser necessário nova publicação de editais e junção de novos atestados de residência e de certidões de nascimento, que entretanto tiverem excedido o respectivo prazo de duração.

Admite-se a celebração do casamento, não precedida do processo de publicações, em relação aos chamados casamentos urgentes: o processo não é, contudo, dispensado, já que, não tendo ocorrido antes do casamento, correrá necessariamente depois, organizado oficiosamente e, só ele findo, o casamento pode ser homologado – artigos 1622.° e segs., C.C..

Para a celebração de casamentos católicos é igualmente necessário o processo preliminar de publicações, provando a capacidade dos nubentes. Poderá, no entanto, celebrar-se o casamento sem precedência de processo preliminar, quando se trate de casamento *in articulo mortis*, na iminência de parto ou cuja celebração seja expressamente autorizada pelo ordinário próprio por grave motivo de ordem moral, não ficando, apesar da dispensa do processo, alteradas as exigências da lei civil quanto à capacidade matrimonial dos nubentes, e continuando, portanto, estes sujeitos às sanções estabelecidas na lei (artigo 1599.°, C.C., na redacção dos Decretos-Leis n.°s 261/75, de 27 de Maio, e 496/77, de 25 de Novembro); também é admitido o casamento católico sem precedência de processo preliminar de publicações quando ele for contraído por pessoas já ligadas entre si por casamento civil não dissolvido (artigo 1589.°, n.° 1, C.C., na redacção do Decreto-Lei n.° 35/97, de 31 de Janeiro).

V. artigos 1597.° e segs., C.C..

A Lei n.° 16/2001, de 22 de Junho, veio dispor, no respectivo artigo 10.°-*b)*, que cada um tem direito a celebrar casamento de acordo com os ritos da própria religião, dizendo o artigo 19.°, n.° 2, deste diploma que "aqueles que pretendam contrair casamento por forma religiosa deverão declará-lo, pessoalmente ou por intermédio de procurador, no requerimento de instauração do respectivo processo de publicações na conservatória do registo civil competente, indicando o ministro do culto credenciado para o acto. A declaração para casamento pode ainda ser prestada pelo ministro do culto, mediante requerimento por si assinado".

V. *Casamento; Capacidade matrimonial; Nubente; Impedimentos; Domicílio; Residência; Edital; Registo civil; Certidão; Casamento urgente; "Ex officio"; Homologação; Casamento católico; Casamento "in extremis"; Casamento religioso; Procurador.*

Processos de jurisdição contenciosa (Proc. Civil) – V. *Processo contencioso.*

Processos de jurisdição voluntária (Proc. Civil) – Os processos de jurisdição voluntária – por contraposição aos processos de jurisdição contenciosa – caracterizam-se por visarem a regulação de interesses que se não encontram em conflito ou litígio, embora possa existir uma divergência de opiniões dos respectivos titulares.

O Código de Processo Civil regula a tramitação dos vários processos de jurisdição voluntária no Capítulo XVIII, nos artigos 1409.° e segs.. Como regras gerais aplicáveis a todos, dispõe que:

a) O tribunal pode "investigar livremente os factos, coligir as provas, ordenar os inquéritos e recolher as informações convenientes; só são admitidas as provas que o juiz considere necessárias": em suma, predomina o princípio inquisitório sobre o dispositivo;

b) "Nas providências a tomar o tribunal não está sujeito a critérios de legalidade estrita, devendo antes adoptar em cada caso a solução que julgue mais conveniente e oportuna": isto é, predomina a conveniência e equidade sobre a legalidade;

c) "Nos processos de jurisdição voluntária, as resoluções podem ser alteradas, sem prejuízo dos efeitos já produzidos, com fundamento em circunstâncias supervenientes que justifiquem a alteração", não sendo admissível recurso de tais resoluções para o Supremo Tribunal de Justiça.

O Decreto-Lei n.° 272/2001, de 13 de Outubro, rectificado pela Declaração de rectificação n.° 20-AR/2001, de 30 de Novembro, revogou os artigos 1414.°, 1414.°-A, 1418.°, 1423.° e 1446.°, C.P.C., visando operar a "transferência de competência decisória em determinados processos de jurisdição voluntária dos tribunais judiciais para o Ministério Público e para as conservatórias do registo civil".

O artigo 150.° da antiga O.T.M., uma das poucas normas do diploma que mantém a redacção originária, do Decreto-Lei n.° 314/78, de 27 de Outubro, dispõe que os processos tutelares cíveis são considerados de jurisdição voluntária.

V. *Processo contencioso; Litígio; Prova; Princípio inquisitório; Princípio dispositivo; Princípio da legalidade; Supremo Tribunal de Justiça; Recurso; Tribunal judicial; Ministério Público; Registo Civil; Processo tutelar.*

Processo secreto (Proc. Civil) – Há processos que não podem ser examinados na secretaria judicial por qualquer pessoa capaz de exercer o mandato judicial, por terem carácter reservado. São eles, de acordo com o artigo 168.°, n.° 2, C.P.C., na redacção do Decreto-Lei n.° 329-A/95, de 12 de Dezembro:

"*a)* Os processos de anulação de casamento, divórcio, separação de pessoas e bens e os que respeitem ao estabelecimento ou impugnação de paternidade, a que apenas podem ter acesso as partes e os seus mandatários;

b) Os procedimentos cautelares pendentes, que só podem ser facultados aos requerentes e seus mandatários e aos requeridos e respectivos mandatários, quando devam ser ouvidos antes de ordenada a providência".

"O processo de adopção e os respectivos procedimentos preliminares, incluindo os de natureza administrativa [também] têm carácter secreto", nos termos do artigo 173.°-B, n.° 1, da antes designada por O.T.M., na redacção do Decreto-Lei n.° 120/98, de 8 de Maio. V. ainda artigo 41.° da Lei Tutelar Educativa, aprovada pela Lei n.° 166/99, de 14 de Setembro.

V. *Audiência secreta; Secretaria judicial; Mandato judicial; Invalidade do casamento; Divórcio; Separação judicial de pessoas e bens; Investigação de paternidade; Impugnação de paternidade; Parte; Mandatário judicial; Procedimento cautelar; Adopção.*

Processos especiais (Proc. Civil) – Os processos especiais aplicam-se aos casos expressamente previstos na lei – artigo 460.°, n.° 2, C.P.C..

V. *Processo especial.*

Processo sumário (Proc. Civil) – Em processo declarativo, empregar-se-á o processo sumário quando o valor da causa não exceda a alçada da Relação, "excepto se não ultrapassar o valor fixado para a alçada do tribunal de comarca e a acção se destinar ao cumprimento de obrigações pecuniárias, à indemnização por dano e à entrega de coisas móveis, porque nestes casos, não havendo procedimento especial, o processo adequado é o sumaríssimo" – artigo 462.°, C.P.C., na redacção do Decreto-Lei n.° 375-A/99, de 20 de Setembro.

O anterior n.° 2 dispunha que seguissem ainda os termos do processo sumário, independentemente do respectivo valor, "as acções destinadas a exigir a responsabilidade civil, emergentes de acidentes de viação, quando não dev[esse]m ser exercidas em processo penal"; este n.° 2 foi eliminado pelo referido DL n.° 375-A/99.

Em processo executivo, o artigo 465.°, C.P.C., que foi alterado pelo Decreto-Lei n.° 38/2003, de 8 de Março (rectificado pela Declaração de rectificação n.° 5-C/2003, de 30 de Abril), estabelece agora que "o processo comum de execução segue forma única".

A tramitação do processo declarativo sumário está regulada nos artigos 783.° a 791.°, C.P.C..

V. *Processo declarativo; Valor da causa; Alçada; Relação; Tribunal de comarca; Obrigação pecuniária; Indemnização; Coisa móvel; Processo especial; Processo sumaríssimo; Responsabilidade civil; Acidente de viação; Execução.*

Processo sumaríssimo (Proc. Civil) – Em processo declarativo, usa-se a forma sumaríssima quando o valor da causa for igual ou inferior ao valor fixado para a alçada do tribunal da comarca (anteriormente era metade deste valor) e a acção se destinar ao cumprimento de obrigação pecuniária, indemnização por dano ou entrega de coisa móvel.

Em processo executivo, não está prevista a forma sumaríssima (na versão anterior, seguiam a forma sumaríssima as execuções fundadas em sentenças proferidas em acções de processo sumaríssimo); o artigo 465.°, C.P.C., alterado pelo Decreto-Lei n.° 38/2003, de 8 de Março (rectificado pela Declaração de rectificação n.° 5-C/2003, de 30 de Abril), estabelece que "o processo comum de execução segue forma única".

A tramitação do processo sumaríssimo de declaração vem regulada nos artigos 793.° a 800.°, C.P.C. (os artigos 793.°, 794.°, 795.°, n.° 1, 796.°, n.°s 1, 4, 5 e 6, e 800.° têm a redacção do Decreto-Lei n.° 329-A/95, de 12 de Dezembro, os artigos 797.° a 799.° foram suprimidos pelo mesmo diploma, os artigos 795.°, n.° 2, e 796.°, n.° 3, têm a redacção do Decreto-Lei n.° 375-A/99, de 20 de Setembro, e os n.°s 2 e 7 do artigo 796.° a do Decreto-Lei n.° 183/2000, de 10 de Agosto), regendo-se subsidiariamente pelas disposições referentes ao processo sumário e ao processo ordinário.

V. artigos 462.°, C.P.C., na redacção do referido DL n.° 375-A/99.

V. *Processo declarativo; Valor da causa; Alçada; Tribunal de comarca; Obrigação pecuniária; Móvel; Indemnização; Execução; Sentença; Processo sumário; Processo ordinário.*

Processo tutelar (Proc. Civil) – Processo da competência dos tribunais de família e menores que visa a aplicação de medidas tutelares educativas (antes designadas por medidas de protecção, assistência e educação).

A prática, por menor com idade compreendida entre os 12 e os 16 anos, de facto qualificado pela lei como crime dá lugar à aplicação de medida tutelar educativa. Estas medidas visam a educação do menor para o direito e a sua inserção, de forma digna e responsável, na vida em comunidade.

Só pode aplicar-se medida tutelar a menor que cometa facto qualificado pela lei como crime e que seja passível de medida tutelar por lei anterior ao momento da sua prática – v. artigos 1.° a 5.° da Lei Tutelar Educativa – Lei n.° 166/99, de 14 de Setembro.

O processo tutelar é secreto até ao despacho que designar data para a audiência preliminar ou para a audiência se aquela não tiver lugar. A publicidade do processo faz-se com respeito pela personalidade do menor e pela sua vida privada.

O menor, os pais, o representante legal ou a pessoa que tenha a sua guarda de facto, podem constituir ou requerer a nomeação de defensor, em qualquer fase do processo. A audição do menor é sempre realizada pela autoridade judiciária – v. artigos 41.° e segs. da Lei Tutelar Educativa.

Pode haver detenção do menor em flagrante delito e fora de flagrante delito – artigos 51.°, 52.° e 53.°. São aplicadas aos menores as medidas cautelares que se revelem adequadas e proporcionais às exigências preventivas ou processuais que o caso requerer, nomeadamente: "a entrega do menor aos pais, representante legal, pessoa que tenha a sua guarda de facto ou outra pessoa idónea, com imposição de obrigações ao menor; a guarda do menor em instituição pública ou privada; a guarda do menor em centro educativo" – v. artigo 57.°. A aplicação destas medidas é feita por despacho do juiz, a requerimento do Ministério Público (durante o inquérito) e, posteriormente, mesmo oficiosamente – v. artigo 59.°.

"Constituem objecto de prova os factos juridicamente relevantes para a verificação da existência ou inexistência do facto, para avaliação da necessidade de medida cautelar e para determinação da medida a aplicar" – artigo 65.°. A prova por acareação em que intervenha o menor é ordenada pela autoridade judiciária e tem lugar na sua presença – v. artigo 70.°.

Vigora no processo tutelar o princípio da não adesão: o pedido civil é deduzido em separado perante o tribunal competente – artigo 91.°.

Divide-se o processo tutelar em fase de inquérito (abertura do inquérito contra o menor com a denúncia ou notícia do facto, cuja direcção pertence ao Ministério Público, assistido pelos órgãos de polícia criminal – artigos 72.° a 76.°), fase jurisdicional (compreende a comprovação judicial dos factos; a avaliação da necessidade de aplicação de medida tutelar; a determinação de medida tutelar; a execução de medida tutelar – v. artigo 92.°), audiência preliminar (para produção de prova), audiência de julgamento (decisão sobre a necessidade de medida tutelar a aplicar e sobre a medida a aplicar) e recursos – v. artigos 72.° a 127..°

"O processo tutelar é secreto até ao despacho que designar data para a audiência preliminar ou para a audiência, se aquela não tiver lugar" (artigo 41.°, n.° 1).

V. *Menor; Tribunal de menores; Tribunal de família; Medida tutelar; Processo secreto; Despacho; Audiência preliminar; Audiência.*

Processo urgente (Proc. Civil) – Há processos que a lei considera urgentes, como sucede com os procedimentos cautelares ou os processos tutelares. Neles, o artigo 144.°, n.° 1, C.P.C., determina que o prazo processual, estabelecido legalmente ou por despacho judicial, para a prática de um acto, não se suspende durante as férias judiciais.

O artigo 9.°, n.° 1, do Código da Insolvência e da Recuperação de Empresas, aprovado pelo Decreto-Lei n.° 53/2004, de 18 de Março, alterado pelos Decretos-Leis n.°s 200/2004, de 18 de Agosto, e 76-A/2006, de 29 de Março (este rectificado pela Declaração de rectificação n.° 28-A/2006, de 26 de Maio), dispõe que "o processo de insolvência, incluindo todos os seus incidentes, apensos e recursos, tem carácter urgente e goza de precedência sobre o serviço ordinário do tribunal"; o n.° 5 da mesma disposição diz que "têm carácter urgente os registos das sentenças e despachos proferidos no processo de insolvência, bem como os de quaisquer actos de apreensão de bens da massa insolvente ou praticados no âmbito da administração e liquidação dessa massa ou previstos em plano de insolvência ou de pagamentos".

V. *Procedimento cautelar; Processo tutelar; Prazo; Prazo judicial; Despacho; Suspensão de prazo judicial; Férias judiciais; Insolvência; Recuperação de empresas; Incidente; Apensação de acções; Recurso; Sentença; Registo da sentença; Massa insolvente; Plano de insolvência; Plano de pagamentos.*

Procuração (Dir. Civil) – Na definição da lei, é o acto pelo qual alguém atribui a outrem, voluntariamente, poderes de representação (artigo 262.°, C.C.), devendo tal acto revestir, em princípio, a forma necessária para o acto que o procurador haja de realizar.

Trata-se, pois, de um negócio jurídico unilateral através do qual o respectivo autor atribui a um terceiro poderes para actuar juridicamente em seu nome.

O terceiro, procurador instituído através deste negócio jurídico, não fica com qualquer dever perante o autor da procuração, não tendo, por isso, de a aceitar ou de a ela renunciar. A obrigação de alguém praticar actos jurídicos por conta de outrem emerge tipicamente do contrato de mandato, que poderá ser (e normalmente será) celebrado entre o autor da procuração e o procurador.

A procuração extingue-se por renúncia do procurador, extinção da relação jurídica que lhe serve de base ou livre revogação pelo representado (artigo 265.°, C.C.).

É curioso observar que a nossa lei (artigo 263.°, C.C.) não exige, para a validade dos actos ou negócios realizados pelo procurador em nome do representado, que aquele tenha "mais do que a capacidade de entender e querer exigida pela natureza do negócio que haja de efectuar".

Caducada a procuração, o representante deve restituir o documento de onde constem os seus poderes.

V. artigos 116.° e 118.° do Código do Notariado.

O artigo 112.° do Código da Insolvência e da Recuperação de Empresas, aprovado pelo Decreto-Lei n.° 53/2004, de 18 de Março, alterado pelos Decretos-Leis n.°s 200/2004, de 18 de Agosto, e 76-A/2006, de 29 de Março (rectificado pela Declaração de rectificação n.° 28-A/2006, de 26 de Maio), estabelece que as procurações conferidas por quem venha a ser declarado insolvente caducam sempre que respeitem ao património integrante da massa insolvente, mesmo que tivessem sido conferidas no interesse do procurador ou de terceiro, dispondo-se que "o procurador que desconheça sem culpa a declaração de insolvência do representado não é responsável perante terceiros pela ineficácia do negócio derivada da falta de poderes de representação".

V. *Representação; Poderes representativos; Forma; Acto jurídico; Negócio jurídico unilateral; Dever jurídico; Obrigação; Mandato; Renúncia; Relação jurídica; Revogação da procuração; Validade; Negócio jurídico; Capacidade; Caducidade; Insolvência; Recuperação de empresas; Declaração de insolvência; Massa insolvente; Terceiro; Culpa; Ineficácia.*

Procuração forense (Dir. Civil; Proc. Civil) – A nossa lei processual civil não distingue entre mandato e procuração, estabelecendo no artigo 35.°, C.P.C., com a redacção do Decreto-Lei n.° 180/96, de 25 de Setembro, que "o mandato judicial pode ser conferido: *a)* Por instrumento público ou por documento particular, nos termos do Código do Notariado e da legislação especial; *b)* Por declaração verbal da parte no auto de qualquer diligência que se pratique no processo".

A procuração, seja conferida por declaração verbal em auto, seja constante de documento, "atribui poderes ao mandatário para a representar [a parte outorgante da procuração] em todos os actos e termos do processo principal e respectivos incidentes, mesmo perante os tribunais superiores, sem prejuízo das disposições que exijam a outorga de poderes especiais por parte do mandante", presumindo a lei que, entre os poderes conferidos ao mandatário judicial, está o de substabelecer – v. artigos 36.° e 37.°, C.P.C., o primeiro com a redacção do DL n.° 180/96.

O artigo único, n.° 1, do Decreto-Lei n.° 267/92, de 28 de Novembro, dispõe: "As procurações passadas a advogado para a prática de actos que envolvam o exercício do patrocínio judiciário, ainda que com poderes especiais, não carecem de intervenção notarial, devendo o mandatário certificar-se da existência, por parte do ou dos mandantes, dos necessários poderes para o acto"; o n.° 2 do mesmo artigo estabelece que "as procurações com poderes especiais devem especificar o tipo de actos, qualquer que seja a sua natureza, para os quais são conferidos esses poderes". O Decreto-Lei n.° 168/95, de 15 de Julho, estendeu a aplicabilidade aos solicitadores do disposto no citado artigo único do diploma mencionado.

O artigo 5.°, n.° 6, do Decreto-Lei n.° 229/2004, de 10 de Dezembro, que contém o actual regime jurídico próprio das sociedades de advogados, dispõe que "as procurações forenses devem indicar obrigatoriamente a sociedade de que o advogado ou advogados constituídos façam parte", acrescentando o n.° 7 da mesma disposição que, "sem prejuízo da faculdade de substabelecer nos termos gerias, o mandato conferido a apenas algum ou alguns dos sócios de uma sociedade de advogados não se considera automaticamente extensivo aos restantes sócios".

V. *Mandato; Procuração; Mandato judicial; Instrumento público; Documento particular; Auto; Incidente; Poderes representativos; Presunção legal; Substabelecimento; Advogado; Patrocínio judiciário; Mandante; Solicitador; Sociedade de advogados.*

Procuração "in rem suam" (Dir. Civil) – Procuração conferida a alguém no seu interesse.

O artigo 265.°, n.° 3, C.C., restringe o poder que o autor tem de revogar a procuração quando esta haja sido lavrada também no interesse do procurador, determinando que, na falta de acordo deste, a revogação haja de ser justificada por justa causa.

Caso exemplar de procuração conferida a alguém no seu interesse é o da sua atribuição pelo devedor ao respectivo credor, no quadro de uma dação *pro solvendo*, outorgando-lhe os poderes necessários para a venda dos bens, a fim de satisfazer o seu crédito.

V. *Procuração; Interesse; Revogação da procuração; Procurador; Justa causa; Devedor; Credor; Dação em função do cumprimento.*

Procurador (Dir. Civil) – Pessoa a quem alguém atribui voluntariamente poderes de representação, por procuração. "O procurador não necessita de ter mais do que a capacidade de entender e querer exigida pela natureza do negócio que haja de efectuar" – artigo 263.°, C.C..

V. *Representação; Poderes representativos; Procuração; Capacidade; Negócio jurídico; Substituição do procurador.*

Procurador-adjunto (Org. Judiciária) – Magistrado do Ministério Público que exerce funções nos tribunais de 1.ª instância.

"Sem prejuízo da orientação do procurador-geral distrital respectivo, a distribuição de serviço pelos procuradores-adjuntos da mesma comarca faz-se por despacho do competente procurador da República".

"[...] Os procuradores-adjuntos têm categoria, tratamento e honras iguais aos dos juízes dos tribunais junto dos quais exercem funções e usam o trajo profissional que a estes compete".

Em regra, "[...] a primeira nomeação para a magistratura do Ministério Público realiza-se na categoria de procurador-adjunto para comarcas ou lugares de ingresso", sendo feita "segundo a ordem de graduação obtida nos cursos ou estágios de ingresso".

V. artigos 4.°, n.° 1-*c)*, 64.°, 65.°, 90.°, n.° 4, e 119.° do Estatuto do Ministério Público (Lei n.° 47/86 de 15 de Outubro, alterada pelas Leis n.°s 2/90, de 20 de Janeiro, 23/ /92, de 20 de Agosto, 10/94, de 5 de Maio, 60/98, de 27 de Agosto, e 42/2005, de 29 de Agosto).

V. *Ministério Público; Tribunal de 1.ª instância; Procurador da República; Comarca.*

Procurador da República (Org. Judiciária) – Magistrado do Ministério Público que exerce funções no círculo judicial, e cuja competência, nos termos do artigo 63.° do Estatuto do Ministério Público (Lei n.° 47/86, de 15 de Outubro, alterada pelas Leis n.°s 2/90, de 20 de Janeiro, 23/92, de 20 de Agosto, 10/94, de 5 de Maio, 60/98, de 27 de Agosto, e 42/2005, de 29 de Agosto), é a seguinte:

"*a)* Representar o Ministério Público nos tribunais de 1.ª instância, devendo assumir pessoalmente essa representação quando o justifiquem a gravidade da infracção, a complexidade do processo ou a especial relevância do interesse a sustentar, nomeadamente nas audiências de tribunal colectivo ou do júri;

b) Orientar e fiscalizar o exercício das funções do Ministério Público e manter informado o procurador-geral distrital;

c) Emitir ordens e instruções;

d) Conferir posse aos procuradores-adjuntos;

e) Proferir as decisões previstas nas leis do processo;

*f)*Definir formas de articulação com órgãos de polícia criminal, organismos de reinserção social e estabelecimentos de acompanhamento, tratamento e cura;

g) Exercer as demais funções conferidas por lei".

De acordo com o n.° 3 do artigo 62.° do referido Estatuto, na falta ou impedimento dos procuradores da República, eles são substituídos pelo magistrado mais antigo da mesma categoria ou, não o havendo, pelo procurador-adjunto que o procurador da República designar.

V. artigo 113.° da Lei de Organização e Funcionamento dos Tribunais Judiciais, aprovada pela Lei n.° 3/99, de 13 de Janeiro, rectificada pela Declaração de rectificação n.° 7/99, de 16 de Fevereiro, e alterada pela Lei n.° 101/99, de 26 de Julho, pelos Decretos-Leis n.°s 323/2001, de 17 de

Dezembro, e 38/2003, de 8 de Março, pela Lei n.º 105/2003, de 10 de Dezembro, pelo Decreto-Lei n.º 53/2004, de 18 Março, pela Lei n.º 42/2005, de 29 de Agosto, e pelo Decreto-Lei n.º 76-A/2006, de 29 de Março (rectificado pela Declaração de rectificação n.º 28-A/2006, de 26 de Maio).

V. *Ministério Público; Círculo judicial; Tribunal de 1.ª instância; Tribunal colectivo; Procurador-geral-adjunto; Procurador-adjunto.*

Procurador-geral-adjunto (Org. Judiciária) – Magistrado do Ministério Público na sede de cada distrito judicial. Na sede de cada distrito judicial existe uma Procuradoria-Geral Distrital, onde exercem funções procuradores-gerais-adjuntos (artigo 55.º do Estatuto do Ministério Público, aprovado pela Lei n.º 47/86, de 15 de Outubro, alterada pelas Leis n.ºs 2/90, de 20 de Janeiro, 23/92, de 20 de Agosto, 10/94, de 5 Maio, 60/98, de 27 de Agosto, e 42//2005, de 29 de Agosto).

A Procuradoria-Geral Distrital é dirigida por um procurador-geral-adjunto com a designação de procurador-geral distrital, a quem compete, nos termos do artigo 58.º do Estatuto do Ministério Público:

"*a)* Dirigir e coordenar a actividade do Ministério Público no distrito judicial e emitir ordens e instruções;

b) Representar o Ministério Público no Tribunal da Relação;

c) Propor ao Procurador-Geral da República a adopção de directivas que visem a uniformização de procedimentos do Ministério Público;

d) Coordenar a actividade dos órgãos de polícia criminal;

e) Fiscalizar o exercício das funções do Ministério Público e a actividade processual dos órgãos de polícia criminal e manter informado o Procurador-Geral da República;

f) Velar pela legalidade da execução das medidas restritivas de liberdade e de internamento ou tratamento compulsivo e propor medidas de inspecção aos estabelecimentos ou serviços, bem como a adopção das providências disciplinares ou criminais que devam ter lugar;

g) Conferir posse aos procuradores da República e aos procuradores-adjuntos na comarca sede do distrito judicial;

h) Proceder à distribuição de serviço entre os procuradores da República da mesma comarca, departamento ou círculo judicial, sem prejuízo do disposto na lei do processo;

i) Exercer as demais funções conferidas por lei".

V. artigo 49.º da Lei de Organização e Funcionamento dos Tribunais Judiciais, aprovada pela Lei n.º 3/99, de 13 de Janeiro, rectificada pela Declaração de rectificação n.º 7/99, de 16 de Fevereiro, e alterada pela Lei n.º 101/99, de 26 de Julho, pelos Decretos-Leis n.ºs 323/2001, de 17 de Dezembro, e 38/2003, de 8 de Março, pela Lei n.º 105/2003, de 10 de Dezembro, pelo Decreto-Lei n.º 53/2004, de 18 Março, pela Lei n.º 42/2005 e pelo Decreto-Lei n.º 76--A/2006, de 29 de Março (rectificado pela Declaração de rectificação n.º 28-A/2006, de 26 de Maio).

V. *Ministério Público; Distrito judicial; Relação; Procurador-geral da República; Procurador da República; Comarca; Círculo judicial.*

Procurador-Geral da República (Org. Judiciária) – Ao procurador-geral da República cabem as funções de representação do Ministério Público junto do Supremo Tribunal de Justiça, no Supremo Tribunal Administrativo, no Supremo Tribunal Militar e no Tribunal de Contas, além de lhe competir presidir à Procuradoria-Geral da República e requerer ao Tribunal Constitucional a declaração, com força obrigatória geral, da inconstitucionalidade ou ilegalidade de qualquer norma.

Como presidente da Procuradoria-Geral da República, compete-lhe, designadamente, promover a defesa da legalidade democrática, a direcção, coordenação e fiscalização da actividade do Ministério Público, emitindo as directivas, ordens e instruções a que os respectivos magistrados e agentes devem obedecer, informar o Ministro da Justiça da necessidade de medidas legislativas que visem conferir exequibilidade a disposições constitucionais, inspeccionar ou mandar inspeccionar os serviços do Ministério Público e ordenar a instauração de inquérito, sindicâncias e processos criminais ou disciplinares aos seus magistrados e fiscalizar o exercício das suas funções pelos órgãos de polícia criminal.

O procurador-geral é coadjuvado e substituído pelo vice-procurador-geral da República.

A Constituição da República determina, no n.° 3 do seu artigo 220.°, que o mandato do Procurador-geral da República tem a duração de seis anos, competindo ao Presidente da República nomeá-lo e exonerá-lo, sob proposta do Governo.

V. Estatuto do Ministério Público (Lei n.° 47/86, de 15 de Outubro, alterada pelas Leis n.°s 2/90, de 20 de Janeiro, 23/92, de 20 de Agosto, 10/94, de 5 de Maio, 60/98, de 27 de Agosto, e 42/2005, de 29 de Agosto), em especial os seus artigos 9.° e segs., e artigo 113.°, n.° 1-*a)*, da Lei de Organização e Funcionamento dos Tribunais Judiciais, aprovada pela Lei n.° 3/99, de 13 de Janeiro, rectificada pela Declaração de rectificação n.° 7/99, de 16 de Fevereiro, e alterada pela Lei n.° 101/99, de 26 de Julho, pelos Decretos-Leis n.°s 323/2001, de 17 de Dezembro, e 38/2003, de 8 de Março (rectificado pela Declaração de rectificação n.° 5-C/2003, de 30 de Abril), pela Lei n.° 105/2003, de 10 de Dezembro, pelo Decreto-Lei n.° 53/2004, de 18 Março, pela Lei n.° 42/2005 e pelo Decreto-Lei n.° 76-A/2006, de 29 de Março (rectificado pela Declaração de rectificação n.° 28-A/2006, de 26 de Maio).

V. *Ministério Público; Supremo Tribunal de Justiça; Procuradoria-Geral da República; Tribunal Constitucional; Inconstitucionalidade; Vice-procurador-geral da República.*

Procuradoria (Proc. Civil) – Encargo que impende sobre a parte que é condenada nas custas e que se destina a indemnizar a outra parte no processo de despesas por ela realizadas com os seus mandatários judiciais.

É o seguinte o teor do artigo 40.°, n.° 1, do Código das Custas Judiciais, na redacção do Decreto-Lei n.° 324/2003, de 27 de Dezembro (rectificado pela Declaração de rectificação n.° 26/2004, de 24 de Fevereiro): "sem prejuízo do disposto no regime do acesso ao direito e aos tribunais [cfr. Lei n.° 34/2004, de 29 de Julho], a parte vencedora, na proporção em que o seja, tem direito a receber do vencido, desistente ou confitente, na primeira instância e nos tribunais superiores, salvo nos incidentes, uma quantia a título de procuradoria"; por seu lado, o artigo 41.° do mesmo diploma, na redacção do mesmo diploma, dispõe que "a procuradoria é arbitrada pelo tribunal, tendo em atenção o valor, a complexidade da causa, o volume e a natureza da actividade desenvolvida e ainda a situação económica do responsável, entre um décimo e um quarto da taxa de justiça devida"; e que, "quando o tribunal a não arbitre, a procuradoria é igual a um décimo da taxa de justiça devida".

V. *Parte; Indemnização; Custas; Mandatário judicial; Acesso à justiça; Vencimento; Desistência; Confissão; Tribunal de 1.ª instância; Incidente; Taxa de justiça; Valor da causa.*

Procuradoria da República (Org. Judiciária) – Era o órgão do Ministério Público que funcionava junto das Relações.

V. *Ministério Público; Relação.*

Procuradoria-Geral da República (Org. Judiciária) – De acordo com o n.° 1 do artigo 220.° da Constituição da República, "a Procuradoria-Geral da República é o órgão superior do Ministério Público, com a composição e a competência definidas na lei".

"A Procuradoria-Geral da República é presidida pelo Procurador-Geral da República e compreende o Conselho Superior do Ministério Público, que inclui membros eleitos pela Assembleia da República e membros entre si eleitos pelos magistrados do Ministério Público" (n.° 2 da mesma disposição).

A competência deste órgão é vasta, sendo de destacar as seguintes funções, de entre as que lhe são cometidas:

"*a)* Promover a defesa da legalidade democrática;

b) Nomear, colocar, transferir, promover, exonerar, apreciar o mérito profissional, exercer a acção disciplinar e praticar, em geral, todos os actos de idêntica natureza respeitantes aos magistrados do Ministério Público, com excepção do Procurador-Geral da República;

c) Dirigir, coordenar e fiscalizar a actividade do Ministério Público e emitir as directivas, ordens e instruções a que deve obedecer a actuação dos magistrados do Ministério Público no exercício das respectivas funções;

d) Pronunciar-se sobre a legalidade dos contratos em que o Estado seja interessado, quando o seu parecer for exigido por lei ou solicitado pelo Governo;

e) Emitir parecer nos casos de consulta previstos na lei e a solicitação do Presidente da Assembleia da República ou do Governo;

f) Propor ao Ministro da Justiça providências legislativas com vista à eficiência do Ministério Público e ao aperfeiçoamento das instituições judiciárias;

g) Informar, por intermédio do Ministro da Justiça, a Assembleia da República e o Governo acerca de quaisquer obscuridades, deficiências ou contradições dos textos legais;

h) Fiscalizar superiormente a actividade processual dos órgãos de polícia criminal".

Os pareceres emitidos pela Procuradoria-Geral sobre as questões jurídicas que lhe sejam submetidas pelo Governo, ou em que a lei imponha a consulta obrigatória sobre os contratos em que o Estado seja interessado, sobre a redacção e conteúdo jurídico de projectos de diplomas legislativos, são elaborados pelo Conselho Consultivo da Procuradoria-Geral, composto pelo procurador-geral e por procuradores-gerais-adjuntos.

Os pareceres do Conselho Consultivo sobre disposições de ordem genérica, quando homologados pelos membros do Governo que os tenham solicitado, ou a cujo sector o assunto respeite, serão publicados no *Diário da República* para valerem como interpretação oficial, perante os respectivos serviços, das matérias que se destinam a esclarecer.

V. artigos 9.° e segs. e 36.° e segs. do Estatuto do Ministério Público (aprovado pela Lei n.° 47/86, de 15 de Outubro, alterada pelas Leis n.°s 2/90, de 20 de Janeiro, 23/92, de 20 de Agosto, 10/94, de 5 de Maio, 60/98, de 27 de Agosto, e 42/2005, de 29 de Agosto) e o Decreto-Lei n.° 333/99, de 20 de Agosto, que, revogando o decreto regulamentar n.° 64/87, de 23 de Dezembro, estabelece a orgânica dos serviços de apoio da Procuradoria-Geral da República.

V. *Ministério Público; Conselho Superior do Ministério Público; Conselho Consultivo da Procuradoria-Geral da República; Procurador-geral da República; Procurador-geral adjunto; Norma jurídica; Interpretação da lei.*

Procuradoria ilícita – Pratica o crime de procuradoria ilícita quem realizar actos próprios dos advogados e solicitadores ou auxiliar ou colaborar na prática desses actos sem que esteja inscrito na Ordem dos Advogados ou na Câmara dos Solicitadores, respectivamente, ou seja mestre ou doutor em Direito ou docente de faculdade de Direito – artigo 7.° da Lei n.° 49/2004, de 24 de Agosto de 2004.

V. *Advogado; Solicitador; Ordem dos Advogados; Câmara dos Solicitadores.*

Prodigalidade (Dir. Civil) – V. *Pródigo.*

Pródigo (Dir. Civil) – Pessoa que efectua habitualmente despesas ruinosas e injustificadas.

A prodigalidade habitual constitui causa de inabilitação da pessoa, que fica, assim, sujeita a um regime de protecção denominado curatela.

V. artigos 152.°, C.C., e 944.° e segs., C.P.C., os últimos alterados de forma significativa pelo Decreto-Lei n.° 329-A/95, de 12 de Dezembro.

O artigo 228.° do Código Penal, cuja última redacção resulta do Decreto-Lei n.° 53/2004, de 18 de Março, prevê a insolvência negligente, situação que decorre de o devedor: "*a)* Por grave incúria ou imprudência, prodigalidade ou despesas manifestamente exageradas, especulações ruinosas, ou grave negligência no exercício da sua actividade, criar um estado de insolvência [...]".

V. *Inabilitação; Curatela; Insolvência.*

Produção antecipada de prova (Proc. Civil) – V. *Prova; Antecipação da prova.*

Produto defeituoso (Dir. Civil) – O Decreto-Lei n.° 383/89, de 6 de Novembro, alterado pelo Decreto-Lei n.° 131/2001, de 24 de Abril, que consagra a responsabilidade do produtor pelos danos resultantes de produtos defeituosos, dispõe, no seu artigo 4.°, que "um produto é defeituoso quando não oferece a segurança com que legitimamente se pode contar, tendo em atenção todas as circunstâncias, designadamente a sua apresentação, a utilização que dele razoavelmente possa ser feita e o momento da sua entrada em circulação", não se considerando "defeituoso um produto pelo simples facto de posteriormente ser posto em circulação outro mais aperfeiçoado".

Nos termos do artigo 8.° daquele diploma, "são ressarcíveis os danos resultantes da morte ou lesão pessoal e os danos em coisa diversa do produto defeituoso, desde que seja normalmente destinada ao uso ou consumo privado e o lesado lhe tenha dado principalmente este destino".

A Lei de Defesa do Consumidor (Lei n.° 24/96, de 31 de Julho, alterada pela Lei n.° 85/98, de 16 de Dezembro, e pelo Decreto-Lei n.° 67/2003, de 8 de Abril) estatui, no seu artigo 4.°, que "os bens e serviços destinados ao consumo devem ser aptos a satisfazer os fins a que se destinam e produzir os efeitos que se lhes atribuem, segundo as normas legalmente estabelecidas, ou, na falta delas, de modo adequado às legítimas expectativas do consumidor". Por seu lado, o artigo 4.°, n.° 1, do Decreto-Lei n.° 67/2003, de 8 de Abril (diploma relativo à venda de bens de consumo), que substituiu o artigo 12.°, n.° 1, da Lei de Defesa do Consumidor, estabelece que, "em caso de falta de conformidade do bem com o contrato, o consumidor tem direito a que esta seja reposta sem encargos, por meio de reparação ou de substituição, à redução adequada do preço ou à resolução do contrato".

V. *Produtos; Responsabilidade do produtor; Consumidor; Dano; Responsabilidade civil; Tutela do consumidor; Venda de bens de consumo; Conformidade; Modificação do contrato; Resolução do contrato.*

Produtor

1. (Dir. Civil) – "Produtor é o fabricante do produto acabado, de uma parte componente ou de matéria-prima, e ainda quem se apresente como tal pela aposição no produto do seu nome, marca ou outro sinal distintivo", considerando-se também produtor "aquele que, na Comunidade Económica Europeia e no exercício da sua actividade comercial, importe do exterior da mesma produtos para venda, aluguer, locação financeira ou outra qualquer forma de distribuição", bem como "qualquer fornecedor de produto cujo produtor comunitário ou importador não esteja identificado, salvo se, notificado por escrito, comunicar ao lesado no prazo de três meses, igualmente por escrito, a identidade de um ou outro, ou a de algum fornecedor precedente" – artigo 2.° do Decreto-Lei n.° 383/89, de 6 de Novembro, alterado pelo Decreto-Lei n.° 131/2001, de 24 de Abril, que estabeleceu o quadro jurídico da responsabilidade do produtor por produtos defeituosos.

Já para o Decreto-Lei n.° 67/2003, de 8 de Abril (que se ocupa da venda de bens de consumo e que o responsabiliza directamente pelos defeitos nas coisas vendidas), produtor é caracterizado como "o fabricante de um bem de consumo, o importador no território da Comunidade ou qualquer outra pessoa que se apresente como produtor através da indicação do seu nome, marca ou outro sinal identificador do produto" (artigo 6.°, n.° 4).

V. *Produtos; Responsabilidade do produtor; Compra e venda; Aluguer; Locação financeira; Venda de bens de consumo.*

2. Para efeitos de outros diplomas, isto é, em diverso contexto, pode o termo produtor ter um significado diferente. Assim, por exemplo, para os efeitos do Decreto-Lei n.° 239/97, de 9 de Setembro, alterado pelo Decreto-Lei n.° 321/99, de 11 de Agosto (regulamentado pela Portaria n.° 961/98, de 10 de Novembro), que contém regras acerca de resíduos, produtor é entendido, de acordo com o artigo 3.°-*g*), como "qualquer pessoa, singular ou colectiva, cuja actividade produza resíduos ou que efectue operações de tratamento, de mistura ou outras que alterem a natureza ou a composição dos resíduos".

O Decreto-Lei n.° 69/2005, de 17 de Março, que transpôs a Directiva n.° 2001/95/CE, do Parlamento Europeu e do Conselho, de 3 de Dezembro, relativa à segurança geral dos produtos, caracteriza o produtor como: "*i)* O fabricante de um produto que se encontre estabelecido na União Europeia ou qualquer pessoa que se apresente como tal ao apor o seu nome, marca ou outro sinal distintivo do produto ou que proceda à sua recuperação; *ii)* O representante do fabricante, quando este não se encontre estabelecido na União Europeia ou, na sua falta, o importador do produto na União Europeia; ou, ainda, *iii)* Outros profissionais da cadeia de comercialização, na medida em que as respectivas actividades possam afectar as características de segurança do produto colocado no mercado".

V. *Protecção do ambiente; Pessoa singular; Pessoa colectiva; Coisa defeituosa; Consumidor; Tutela do consumidor.*

Produtos (Dir. Civil) – A lei civil não contém uma noção geral de produtos e, de algum modo, confunde produtos e frutos.

Doutrinariamente, no entanto, designam-se por produtos os bens extraídos de uma coisa sem carácter de periodicidade.

Para efeitos de delimitação do âmbito da responsabilidade do produtor por produtos defeituosos, o Decreto-Lei n.° 383/ /89, de 6 de Novembro, alterado pelo Decreto-Lei n.° 131/2001, de 24 de Abril, define produto como "qualquer coisa móvel, ainda que incorporada noutra coisa móvel ou imóvel"; o preceito exceptuava da noção "os produtos do solo, da pecuária, da pesca e da caça, quando não t[ivesse]m sofrido qualquer transformação", mas o n.° 2, em que estava consagrada a excepção, foi revogado pelo DL n.° 131/2001 (artigo 3.°).

Por seu lado, o Decreto-Lei n.° 69/2005, de 17 de Março, que transpôs a Directiva n.° 2001/95/CE, do Parlamento Europeu e do Conselho, de 3 de Dezembro, relativa à segurança geral dos produtos, caracteriza, no seu artigo 3.°-*a)*, como produto "qualquer bem, novo, usado, recuperado ou utilizado no âmbito de uma prestação de serviços, destinado aos consumidores ou susceptível de, em circunstâncias razoavelmente previsíveis, por eles ser utilizado, mesmo que lhes não seja destinado, fornecido ou disponibilizado, a título oneroso ou gratuito, no âmbito de uma actividade profissional, com excepção dos bens imóveis". A alínea *b)* do mesmo artigo define "produto seguro" como "qualquer bem que, em condições de utilização normais ou razoavelmente previsíveis, incluindo a duração, se aplicável a instalação ou entrada em serviço e a necessidade de conservação, não apresente quaisquer riscos ou apresente apenas riscos reduzidos compatíveis com a sua utilização e considerados conciliáveis com um elevado nível de protecção da saúde e segurança dos consumidores, tendo em conta, nomeadamente: *i)* As características do produto, designadamente a sua composição; *ii)* A apresentação, a embalagem, a rotulagem e as instruções de montagem, de utilização, de conservação e de eliminação, bem como eventuais advertências ou outra indicação de informação relativa ao produto; *iii)* Os efeitos sobre outros produtos quando seja previsível a sua utilização conjunta; *iv)* As categorias de consumidores que se encontrarem em condições de maior risco ao utilizar o produto, especialmente crianças e idosos".

V. *Frutos; Responsabilidade do produtor; Produto defeituoso; Coisa imóvel; Imóvel; Pesca; Caça; Contrato de prestação de serviços; Consumidor.*

Produto seguro (Dir. Civil) – V. *Produtos.*

Profissão liberal – Genericamente, designa-se assim qualquer actividade lucrativa por conta própria, que não seja de natureza comercial nem industrial.

O artigo 317.°-*c)*, C.C., estabelece uma prescrição presuntiva de dois anos para os créditos pelos serviços prestados no exercício de profissões liberais e pelo reembolso das despesas correspondentes.

O arrendamento urbano para o exercício de profissões liberais tem o regime do arrendamento para comércio e indústria, por remissão do artigo 117.° do Regime do Arrendamento Urbano (aprovado pelo Decreto-Lei n.° 321-B/90, de 15 de Outubro, rectificado por declaração publicado no *Diário da República*, I-A série, de 30 de Novembro de 1990, e alterado pelos Decretos-Leis n.°s 278/93, de 10 de Agosto – este alterado, por ratificação, pela Lei n.° 13/94, de 11 de Maio –, 163/95, de 13 de Julho, pela Lei n.° 89/95, de 1 de Setembro, pelo Decreto-Lei n.° 257/95, de 30 de Setembro, pela Lei n.° 135/99, de 28 de Agosto, pelos Decretos-Leis n.°s 64-A/2000, de 22 de Abril, e 329-B/2000, de 22 de Dezembro, e pelas

Leis n.°s 6/2001 e 7/2001, ambas de 11 de Maio) para os artigos 110.° a 120.° do mesmo diploma; o artigo 122.° dispõe que, nestes arrendamentos, "a posição do arrendatário é transmissível por acto entre vivos, sem autorização do senhorio, a pessoas que no prédio arrendado continuem a exercer a mesma profissão", devendo a cessão ser celebrada por escrito (e não por escritura pública, como anteriormente).

V. *Prescrição presuntiva; Contrato de prestação de serviços; Arrendamento urbano; Acto entre vivos; Senhorio; Documento escrito; Escritura pública.*

Proibição de concorrência (Dir. Civil) – Nas sociedades civis, os sócios não podem, senão com expressa autorização de todos os outros, exercer por sua conta actividade idêntica à da sociedade e, fazendo-o, tornam-se responsáveis pelos danos que causem à sociedade, podendo ser excluídos desta por deliberação da maioria dos sócios (a menos que a sociedade apenas tenha dois sócios, caso em que a exclusão terá de ser decretada pelo tribunal).

V. artigos 990.°, 1003.°-*a)* e 1005.°, C.C..

V. *Sociedade; Responsabilidade civil; Deliberação; Exclusão do sócio.*

Proibição de desaforamento (Proc. Civil) – V. *Desaforamento.*

Projecto de lei – Por contraposição a proposta de lei – iniciativa legislativa do Governo ou das Assembleias Regionais –, o projecto de lei é a iniciativa legislativa dos deputados; a distinção não tem quaisquer consequências de regime, já que propostas e projectos de lei têm o mesmo tratamento jurídico-constitucional.

No que respeita à iniciativa legislativa, há actualmente de ter em conta o regime instituído pela Lei n.° 17/2003, de 4 de Junho, cujo artigo 2.° dispõe: "São titulares do direito de iniciativa legislativa os cidadãos regularmente inscritos no recenseamento eleitoral em território nacional e também os cidadãos portugueses residentes no estrangeiro e regularmente recenseados, sempre que a iniciativa tenha por objecto matéria que lhes diga especificamente respeito". Qualquer matéria que se encontre contida na competência legislativa da Assembleia da República pode, em princípio, ser objecto da iniciativa de que esta Lei se ocupa, à excepção de: "*a)* As alterações à Constituição; *b)* As reservadas pela Constituição ao Governo; *c)* As reservadas pela Constituição às Assembleias Legislativas Regionais dos Açores e da Madeira; *d)* As do artigo 164.° da Constituição, com excepção da alínea *i)*; *e)* As amnistias e perdões genéricos; *f)* As que revistam natureza ou conteúdo orçamental, tributário ou financeiro" (artigo 3.°).

O artigo 6.°, n.° 1, determina que este direito "é exercido através da apresentação à Assembleia da República de projectos de lei subscritos por um mínimo de 35 000 cidadãos eleitores". O artigo 8.° estabelece os casos em que o Presidente da Assembleia da República pode recusar a admissão da iniciativa; caso esta seja admitida, segue-se um processo legislativo enunciado nos artigos 9.° a 12.°, que terminará, em princípio, com a votação final pelo plenário da Assembleia.

V. *Lei.*

Promessa de casamento (Dir. Civil) – Declaração recíproca de um homem e de uma mulher de que assumem o compromisso de contrair matrimónio.

Nos termos do artigo 1591.°, C.C., este acordo, que a lei qualifica como contrato, não atribui direito a exigir a celebração do casamento, nem a reclamar, na falta de cumprimento, indemnizações.

Podem, no entanto, em certos casos, ser exigidas a restituição dos donativos em vista do casamento e uma indemnização pelo contraente inocente pelas despesas feitas ou obrigações contraídas na previsão do casamento, caducando tais direito no prazo de um ano a contar da data do rompimento da promessa ou da morte de um dos promitentes.

V. artigos 1591.° a 1595.°, C.C..

V. *Casamento; Indemnização; Donativos; Obrigação; Caducidade.*

Promessa de compra e venda (Dir. Civil) – Contrato-promessa pelo qual as partes se obrigam à celebração de futuro contrato de compra e venda.

A promessa de compra e venda rege-se pelas disposições aplicáveis à compra e venda, excepto no que respeita à forma e às regras que, pela sua razão de ser, não devam ser aplicadas à promessa.

A este propósito, há de ter em conta o Assento do Tribunal Pleno de 29 de Novembro de 1989, publicado no *Diário da República*, I-A série, de 23 de Fevereiro de 1990, onde se decidiu que: "No domínio do texto primitivo do n.° 2 do artigo 410.° do Código Civil vigente, o contrato-promessa bilateral de compra e venda de imóveis exarado em documento assinado apenas por um dos contraentes é nulo, mas pode considerar-se válido como contrato-promessa unilateral, desde que essa tivesse sido a vontade das partes".

O artigo 441.°, C.C., estabelece que "no contrato-promessa de compra e venda presume-se que tem carácter de sinal toda a quantia entregue pelo promitente-comprador ao promitente-vendedor, ainda que a título de antecipação ou princípio de pagamento de preço".

O contrato-promessa de compra e venda de "edifício, ou fracção autónoma dele, já construído, em construção ou a construir" tem, em certos aspectos, um regime especial. Assim, o n.° 3 do artigo 410.°, C.C., na redacção do Decreto-Lei n.° 379/86, de 11 de Novembro, determina que o documento que consubstancia esse contrato "deve conter o reconhecimento presencial da assinatura do promitente ou promitentes e a certificação, pelo notário, da existência da licença respectiva de utilização ou de construção". A omissão destes requisitos só pode, no entanto, ser invocada pelo promitente-vendedor "quando a mesma tenha sido culposamente causada pela outra parte". V. o Assento do Tribunal Pleno de 28 de Junho de 1994, publicado no *Diário da República*, I-A série, de 12 de Outubro do mesmo ano, que entendeu: "No domínio do n.° 3 do artigo 410.° do Código Civil (redacção do Decreto-Lei n.° 236/80, de 18 de Julho), a omissão das formalidades previstas nesse número não pode ser invocada por terceiros"; o Assento n.° 3/95, do mesmo tribunal de 1 de Fevereiro de 1995, publicado no *Diário da República*, I-A série, de 22 de Abril do mesmo ano, entendeu, por seu turno: "a omissão [...] não pode ser oficiosamente conhecida pelo tribunal". Por seu lado, o Assento do Tribunal Pleno de 3 de Outubro de 1989, publicado no *Diário da República*, I série, de 6 de Dezembro de 1989, estabeleceu a seguinte doutrina: "No domínio da vigência do Decreto-Lei n.° 46 673, de 29 de Novembro de 1965, a falta de licença de loteamento não determina a nulidade dos contratos-promessa de compra e venda de terrenos, com ou sem construção, compreendidos no loteamento".

Nestes contratos-promessa, não podem as partes afastar convencionalmente a execução específica, cabendo ao promitente-adquirente, que tenha a faculdade de expurgar a hipoteca a que o imóvel se encontre sujeito, o direito de requerer que a sentença na acção de execução específica condene a contraparte "a entregar-lhe o montante do débito garantido, ou o valor nele correspondente à fracção do edifício ou do direito objecto do contrato, e dos juros respectivos, vencidos e vincendos, até pagamento integral", caso a extinção da garantia não preceda a transmissão do direito de propriedade, ou não coincida com ela (artigo 830.°, n.°s 3 e 4, C.C., na redacção do referido DL n.° 379/86).

Tratando-se de contrato-promessa de compra e venda, se o promitente-vendedor for declarado insolvente, o artigo 106.° do Código da Insolvência e da Recuperação de Empresas, aprovado pelo Decreto-Lei n.° 53/2004, de 18 de Março, alterado pelos Decretos-Leis n.°s 200/2004, de 18 de Agosto, e 76-A/2006, de 29 de Março (rectificado pela Declaração de rectificação n.° 28-A/2006, de 26 de Maio), estabelece que "o administrador da insolvência não pode recusar o cumprimento de contrato-promessa com eficácia real, se já tiver havido tradição da coisa a favor do promitente-comprador"; "à recusa de cumprimento de contrato-promessa de compra e venda pelo administrador da insolvência é aplicável o disposto no n.° 5 do artigo 104.°, com as necessárias adaptações, quer a insolvência respeite ao promitente-comprador quer ao promitente-vendedor"; estas regras são também aplicáveis a outros contratos-promessa de transmissão de direitos reais de gozo". Dado que apenas se excepciona da possibilidade de recusa de cumprimento o contrato-promessa com eficácia real em que tenha havido tradição da coisa, parece que nos restantes contratos-promessa de compra e venda se aplica o regime do artigo 102.° deste Código, que dispõe que, em qualquer contrato sinalagmático em que, à data da declaração da insolvência, não tenha havido cumprimento total das obrigações, pode o administrador da insolvência optar pelo cumprimento ou pela recusa dele. Os termos em que a excepção está consagrada são difíceis de compreender, por neles se exigir, cumulativamente, a eficácia real e a tradição da coisa; é de ponderar uma interpretação restritiva, nos termos da qual qualquer daqueles elementos seria bastante para afastar a possibilidade de recusa do cumprimento da obrigação do promitente-vendedor declarado insolvente.

O artigo 2.°, n.° 1-*f)*, do Código do Registo Predial – aprovado pelo Decreto-Lei n.° 224/84, de 6 de Julho (rectificado por declaração publicada no *Diário da República*, I série, de 29 de Setembro de 1984), e alterado pelos Decretos-Leis n.°s 355/85, de 2 de Outubro, 60/90, de 14 de Fevereiro (rectificado por declaração publicada no *Diário da República*, I-A série, de 31 de Março de 1990), 80/92, de 7 de Maio, 30/93, de 12 de Fevereiro, 227/94, de 8 de Setembro, 267/94, de 25 de Outubro, 67/96, de 31 de Maio, 375-A/99, de 20 de Setembro, 533/99, de 11 de Dezembro (rectificado pela Declaração de rectificação n.° 5-A/2000, de 29 de Fevereiro), 273/2001, de 13 de Outubro, 323/2001, de 17 de Dezembro, e 38/2003, de 8 de Março (rectificado pela Declaração de rectificação n.° 5-C/2003, de 30 de Abril) – estabelece que está sujeita a registo a promessa de alienação, se lhe tiver sido atribuída eficácia real, bem como a cessão da posição contratual emergente desse contrato.

V. *Contrato-promessa; Compra e venda; Forma; Contrato sinalagmático; Imóvel; Assinatura; Presunção legal; Antecipação da prova; Sinal; Edifício; Fracção autónoma; Documento particular; Reconhecimento de letra e assinatura; Notário; Terceiro; Conhecimento oficioso; Norma imperativa; Culpa; Nulidade; Execução específica de contrato-promessa; Expurgação de hipotecas; Juros; Insolvência; Recuperação de empresas; Administrador da insolvência; Cumprimento; Tradição de coisa; Eficácia real; Direito real; Declaração de insolvência; Registo predial; Cessão da posição contratual.*

Promessa de cumprimento (Dir. Civil) – O artigo 458.°, C.C., dispõe que, "se alguém, por simples declaração unilateral, prometer uma prestação", "sem indicação da respectiva causa, fica o credor dispensado de provar a relação fundamental, cuja existência se presume até prova em contrário", exigindo, porém, que a promessa conste "de documento escrito, se outras formalidades não forem exigíveis para a prova da relação fundamental".

A promessa de cumprimento é, pois, um negócio jurídico unilateral que não constitui fonte de obrigações, limitando-se a inverter o ónus da prova da existência da obrigação a que se refere.

V. *Declaração negocial; Prestação; Documento escrito; Prova; Presunção legal; Negócio jurídico unilateral; Ónus da prova; Inversão do ónus da prova; Obrigação.*

Promessa de envio (Dir. Civil) – Quando, contratualmente, o alienante se obrigar a enviar a coisa para lugar diferente do do cumprimento, determina o artigo 797.°, C.C., que o risco só se transfere com a "entrega ao transportador ou expedidor da coisa ou à pessoa indicada para a execução do envio".

O artigo 541.°, C.C., estabelece que as obrigações genéricas se concentram, antes do cumprimento nos termos do artigo 797.°.

V. *Alienação; Cumprimento; Lugar do cumprimento; Risco da prestação; Obrigação genérica; Concentração.*

Promessa de facto de terceiro (Dir. Civil) – Existe promessa de facto de terceiro quando alguém promete a outrem uma prestação de um terceiro, sem agir como representante deste. Nestes casos, não constitui a promessa qualquer obrigação para o terceiro, antes ficando apenas o promitente obrigado a um facto próprio: conseguir do terceiro a realização do facto.

Dependentemente da interpretação do contrato em concreto, pode a promessa ter um de dois âmbitos: ou o promitente apenas se obriga a diligenciar no sentido da obtenção da realização do facto pelo terceiro, constituindo-se em responsabilidade face ao promissário, caso tenha agido sem a diligência devida; ou o promitente garantiu a prestação do terceiro, sendo então responsável face ao credor, independentemente de culpa, no caso de o facto não vir a ser praticado.

V. *Terceiro; Prestação; Representante; Obrigação; Diligência; Culpa; Obrigação de meios; Obrigação de resultado; Obrigação de garantia; Responsabilidade obrigacional.*

Promessa de liberação (Dir. Civil) – Existe uma promessa de liberação sempre que alguém se obrigue perante outrem, devedor de uma obrigação a um terceiro, a cumprir em seu lugar. A lei refere este contrato em sede de regime do contrato a favor de terceiros, mas, porque neste caso só o promissário tem interesse na promessa, não tendo o terceiro nenhum real benefício, estabelece no n.° 3 do artigo 444.°, C.C., que só ao promissário é lícito exigir do promitente o cumprimento da promessa.

V. *Liberação; Obrigação; Terceiro; Cumprimento por terceiro; Contrato a favor de terceiros.*

Promessa pública (Dir. Civil) – A promessa pública é uma modalidade de negócio jurídico unilateral, caracterizado pelo facto de a promessa da prestação ser feita mediante anúncio a um número indeterminado de pessoas: todas as que se encontrarem em certa situação, praticarem certo facto ou se abstiverem dessa prática.

O promitente fica constituído na obrigação, adquirindo o direito aquele que praticar o facto ou se encontrar na situação prevista, ainda que ignore a promessa.

O promitente só fica desvinculado decorrido o prazo que fixou ou, não havendo prazo, após a revogação que, no entanto, só é eficaz se feita na mesma forma da promessa ou equivalente, e se não se tiver ainda verificado o facto ou situação prevista.

V. artigos 459.° e segs., C.C..

V. *Negócio jurídico unilateral; Prestação; Obrigação; Anúncio público; Revogação; Forma.*

Promessa unilateral (Dir. Civil) – V. *Contrato-promessa.*

Promissário (Dir. Civil) – Pessoa a quem é feita uma promessa juridicamente relevante.

A lei chama designadamente promissário ao contraente, no contrato a favor de terceiros, perante quem a obrigação é assumida (v. artigo 443.°, n.° 1, C.C.).

V. *Contrato a favor de terceiros; Obrigação.*

Promitente (Dir. Civil) – Aquele que faz a outrem uma promessa juridicamente relevante.

Designam-se assim ambas as partes num contrato-promessa ou, quando a promessa é unilateral, aquela que fica vinculada à realização futura do contrato (cfr. artigos 410.° e 411.°, C.C.).

A lei designa também por promitente a parte que, no contrato a favor de terceiros, fica obrigada a efectuar a prestação (v. artigo 443.°, n.° 1, C.C.).

Também no âmbito dos negócios jurídicos unilaterais, fontes de obrigações, a lei (artigos 459.°, n.° 2, 460.°, 461.°, n.° 1, e 463.°, n.° 2, C.C.) se refere ao devedor com este termo.

V. *Contrato-promessa; Contrato a favor de terceiros; Prestação; Negócio jurídico unilateral.*

Promoção (Proc. Civil) – O artigo 160.°, n.° 1, C.P.C., com a redacção do Decreto-Lei n.° 329-A/95, de 12 de Dezembro, estabelece que o Ministério Público tem o prazo de dez dias (eram três dias na versão anterior, embora houvesse de ter em atenção o artigo 2.° do Decreto-Lei n.° 457/80, de 10 de Outubro, que determinava que os prazos judiciais inferiores a 5 dias passassem a ter esta duração) para as suas promoções nos processos, salvo se outro for fixado pela lei (tendo deixado de poder ser fixado pelo juiz).

V. *Ministério Público; Prazo judicial.*

Promulgação da lei – Acto do Presidente da República, que declara a existência da lei, atesta que ela proveio do órgão competente, seguindo o regular processo legislativo, e ordena a sua execução.

"A falta de promulgação [...] pelo Presidente da República de qualquer dos actos previstos na alínea *b)* do artigo 134.° [leis, decretos-leis e decretos regulamentares] implica a sua inexistência jurídica".

V. artigos 134.°-*b)*, 136.° e 137.° da Constituição da República.

V. *Lei; Decreto-Lei; Regulamento; Inexistência.*

Proposição da acção (Proc. Civil) – V. *Acção; Propositura da acção.*

Proposição da prova (Proc. Civil) – A doutrina designa assim o acto pelo qual a parte traz ao processo um meio de prova ou pede a sua produção na acção.

V. *Prova; Meios de prova.*

Propositura da acção (Proc. Civil) – A acção é proposta quando na secretaria do tribunal é recebida a petição inicial, mas os efeitos da propositura em relação ao réu só começam a produzir-se quando este é citado – v. artigo 267.°, C.P.C., na redacção do Decreto-Lei n.° 329-A/95, de 12 de Dezembro.

O artigo 481.°, C.P.C., fixa os efeitos da citação.

Para efeitos de contagem do prazo de caducidade do direito de acção, esta deve considerar-se instaurada no momento da apresentação na secretaria da petição inicial e não no momento da citação do réu. O artigo 481.°, C.P.C., fixa os efeitos da citação: faz cessar a boa fé do possuidor, torna estáveis os elementos essenciais da causa e inibe o réu de propor contra o autor acção destinada à apreciação da mesma questão jurídica.

Já a prescrição do direito que se quer fazer valer judicialmente só se interrompe pela citação ou notificação judicial de acto que exprima, directa ou indirectamente, a intenção de exercer o direito, mas a lei diz que, se a citação ou a notificação se não fizer dentro de cinco dias depois de ter sido requerida, por causa não imputável ao requerente, a prescrição se deva ter por interrompida após o decurso desses cinco dias (artigo 323.°, C.C.).

O Assento do Supremo Tribunal de Justiça de 2 de Março de 1994, publicado no *Diário da República*, I-A série, de 3 de Maio do mesmo ano, decidiu: "A suspensão dos prazos judiciais, estabelecida no artigo 144.°, n.° 3, do Código de Processo Civil, não é aplicável ao prazo judicial de propositura de acção previsto no artigo 382.°, n.° 1, alínea *a)*, do mesmo Código [prazo para a propositura da acção de que é dependente uma providência cautelar requerida]". O Decreto-Lei n.° 329-A/95, de 12 de Dezembro, alterou o n.° 4 do artigo 144.°, que agora estabelece que "os prazos para a propositura de acções previstos neste Código seguem o regime dos números anteriores"; ou seja, se o prazo para a propositura de uma acção for inferior a seis meses, suspende-se durante as férias judiciais; se o prazo terminar em dia em que os tribunais estiverem encerrados, considerando-se que tal sucede quando seja concedida tolerância de ponto, transfere-se o seu termo para o primeiro dia útil seguinte.

V. *Acção; Petição inicial; Secretaria judicial; Réu; Citação; Posse; Boa fé; Caducidade; Autor; Questão de direito; Prescrição; Interrupção da prescrição; Notificação judicial avulsa; Direito subjectivo; Requerimento; Culpa; Litispendência; Prazo judicial; Suspensão de prazo judicial; Procedimento cautelar; Férias judiciais; Tolerância de ponto.*

Proposta contratual (Dir. Civil) – V. *Proposta de contrato.*

Proposta de concordata (Dir. Com.; Dir. Civil; Proc. Civil) – Quando o processo de falência se iniciasse por apresentação do comerciante ou sociedade comercial, podia o devedor, desde que a falência não fosse fraudulenta, apresentar uma proposta de concordata em requerimento entregue até cinco dias antes da data que o tribunal tivesse fixado para a assembleia de credores; essa proposta seria discutida na assembleia definitiva de credores e, para ser aceita, tinha de obter o voto favorável da maioria absoluta dos credores com direito a voto, representando pelo menos 75 por cento dos créditos correspondentes. Os artigos 1152.° e 1153.°, C.P.C., que regulavam este meio suspensivo da falência, foram revogados pelo Código dos Processos Especiais de Recuperação da Empresa e de Falência, aprovado pelo Decreto-Lei n.° 132/ /93, de 23 de Abril, alterado pelos Decretos-Leis n.°s 157/97, de 24 de Junho, 315/

/98, de 20 de Outubro, 323/2001, de 17 de Dezembro, e 38/2003, de 8 de Março.

Neste diploma, previa-se que o devedor insolvente que não fosse titular de empresa pudesse evitar a declaração de falência mediante a apresentação de concordata particular que o juiz homologasse, nos termos dos artigos 240.° a 245.° do referido Código (artigo 27.°).

Este Código foi integralmente revogado pelo Código da Insolvência e da Recuperação de Empresas, aprovado pelo Decreto-Lei n.° 53/2004, de 18 de Março, alterado pelos Decretos-Leis n.°s 200/2004, de 18 de Agosto, e 76-A/2006, de 29 de Março (rectificado pela Declaração de rectificação n.° 28-A/2006, de 26 de Maio).

V. *Falência; Homologação; Insolvência; Empresa; Recuperação de empresas.*.

Proposta de contrato (Dir. Civil) – Declaração de uma pessoa a outra exprimindo uma vontade séria e definitiva de com ela celebrar um contrato, cujos elementos essenciais específicos a declaração consubstancia, sendo simultaneamente feita na forma necessária ao contrato em causa, de tal modo que uma aceitação incondicional do destinatário baste para a conclusão do contrato.

Há casos em que a lei enuncia expressamente os elementos que devem constar da proposta contratual: assim acontece relativamente à venda à distância (que substituiu o diploma regulador da venda por correspondência), em que o artigo 4.° do Decreto-Lei n.° 143/2001, de 26 de Abril (rectificado pela Declaração de rectificação n.° 13-C/2001, de 31 de Maio), enumera os elementos que devem integrar a respectiva proposta, de forma a garantir que o seu destinatário (consumidor) tome uma decisão mais consciente; do mesmo modo, relativamente ao contrato pelo qual uma agência de viagens, contra uma remuneração, assuma a obrigação de proporcionar uma viagem a um cliente (contrato de prestação de serviços), nos termos do artigo 22.°, n.° 1, do Decreto-Lei n.° 209/97, de 13 de Agosto (rectificado pela Declaração de rectificação n.° 21-D/97, de 29 de Novembro, e alterado pelos Decretos-Leis n.°s 12/99, de 11 de Janeiro, e 76-A/2006, de 29 de Março, este rectificado pela Declaração de rectificação n.° 28-A/2006, de 26 de Maio); também no domínio do crédito ao consumo, o artigo 6.° do Decreto-Lei n.° 359/91, de 21 de Setembro (rectificado pela Declaração de rectificação n.° 199-B/ /91, de 21 de Outubro), impõe que do contrato celebrado, obrigatoriamente por escrito, constem determinados elementos, quer relativos ao contrato de crédito, quer relativos aos bens ou serviços que estão na base do contrato de crédito, os quais devem encontrar-se na proposta emitida por quem concede o crédito.

De acordo com o artigo 228.°, C.C., a proposta de contrato feita a uma pessoa ausente ou a um presente, mas por escrito, tem uma duração variável, sendo as regras pertinentes essencialmente as seguintes: *a)* Se as partes tiverem convencionado (nomeadamente nos preliminares) um prazo, é esse que marca a duração da proposta;

b) Se o proponente, autor da declaração, estipular o prazo da sua duração, ela mantém os seus efeitos até ao fim desse prazo;

c) Caso o proponente peça resposta imediata, a proposta dura até ao momento em que, em condições normais, atento o meio de transmissão da proposta, esta e a respectiva aceitação demorem a chegar aos destinos respectivos; note-se que, nesta hipótese, não é possível dizer, em abstracto, qual a duração da proposta, pois tudo depende do meio utilizado para a comunicar ao destinatário e ao tempo que se provar ser aquele que, em condições normais e utilizando o mesmo meio (ou equivalente), as duas declarações levem a alcançar os respectivos destinos ou destinatários;

d) No caso de o proponente nada dizer sobre o tempo de manutenção da sua proposta, a lei manda adicionar ao prazo, fixado segundo os critérios que ficaram enunciados na alínea anterior, cinco dias.

Há regimes especiais estabelecidos para alguns contratos. Refere-se o da doação, em que a proposta tem um termo incerto – a morte do proponente –, salvo, naturalmente, se o proponente doador ou ambas as partes tiverem estabelecido algo diverso. É o que decorre do n.° 1 do artigo 945.°, C.C., que determina que "a proposta de doação caduca, se não for aceita em vida do donatário".

Uma vez esgotado o prazo de duração respectivo, a proposta caduca.

Os efeitos de uma proposta de contrato são a constituição do proponente em estado de sujeição e a correlativa atribuição ao destinatário do direito potestativo de aceitar a proposta, assim formando o contrato, sem que o proponente possa opor-se a essa conclusão e aos seus efeitos na sua esfera jurídica.

Embora sem acrescentar ou alterar o regime geral da proposta de contrato que se deixou exposto, deve fazer-se aqui uma referência aos contratos celebrados electronicamente. O seu regime encontra-se no Decreto-Lei n.° 7/2004, de 7 de Janeiro, que transpôs a Directiva n.° 2000/31/CE, do Parlamento Europeu e do Conselho, de 8 de Junho de 2000. O artigo 32.°, n.° 1, deste diploma diz que "a oferta de produtos ou serviços em linha representa uma proposta contratual quando contiver os elementos necessários para que o contrato fique concluído com a simples aceitação do destinatário, representando, caso contrário, um convite a contratar". O momento da produção de efeitos da proposta ocorre no momento da recepção e esta considera-se verificada quando o destinatário tem a possibilidade de a ela aceder.

Há situações em que a lei proíbe o envio de propostas contratuais a pessoas indeterminadas: é que se passa, por exemplo, no regime do Decreto-Lei n.° 95/2006, de 29 de Maio, que transpõe a Directiva n.° 2002/65/CE, do Parlamento Europeu e do Conselho, de 23 de Setembro – que se ocupa do regime da informação pré-contratual e dos contratos relativos a serviços financeiros prestados a consumidores através de meios de comunicação à distância –, cujo artigo 8.° determina que "o envio de mensagens relativas à prestação de serviços financeiros à distância cuja recepção seja independente da intervenção do destinatário, nomeadamente por via de sistemas automatizados de chamada, por telecópia ou por correio electrónico, carece do consentimento prévio do consumidor", só podendo este envio de mensagens "ter lugar quando não haja oposição do consumidor manifestada nos termos previstos em legislação ou regulamentação especiais".

V. *Declaração negocial; Contrato; Elementos essenciais do contrato; Elementos específicos do contrato; Forma; Aceitação; Venda à distância; Contrato de prestação de serviços; Consumidor; Tutela do consumidor; Contrato entre ausentes; Oferta ao público; Responsabilidade pré-contratual; Revogação da proposta contratual; Venda por correspondência; Contrato celebrado à distância; Contrato de crédito; Preliminares; Doação; Termo incerto; Caducidade; Sujeição; Direito potestativo; Esfera jurídica; Contratação electrónica; Dever pré-contratual.*

Proposta de lei – V. *Projecto de lei.*

Propriedade (Dir. Civil) – V. *Direito de propriedade.*

Propriedade colectiva (Dir. Civil) – Direito de propriedade de que são contitulares dois ou mais sujeitos, mas sem que a cada um deles caiba uma quota diferenciada, como na compropriedade, antes havendo um direito unitário; trata-se, pois, de um direito indivisível, sem quotas, titulado simultaneamente por mais do que um sujeito.

V. *Direito de propriedade; Contitularidade; Compropriedade.*

Propriedade de raiz (Dir. Civil) – O mesmo que *nua propriedade* (v. esta expressão).

Propriedade do solo (Dir. Civil) – V. *Proprietário do solo; Direito de superfície.*

Propriedade horizontal (Dir. Civil) – Regime de um edifício dividido em fracções, constituindo unidades independentes e isoladas, pertencentes a proprietários diversos.

O artigo 1438.°-A, aditado ao Código Civil pelo Decreto-Lei n.° 267/94, de 25 de Outubro, veio permitir que o regime da propriedade horizontal seja "aplicado, com as necessárias adaptações, a conjuntos de edifícios contíguos funcionalmente ligados entre si pela existência de partes comuns afectadas ao uso de todas ou algumas unidades ou fracções que os compõem".

A propriedade horizontal pode constituir-se por negócio jurídico, usucapião ou decisão judicial (em acção de divisão de coisa comum ou em processo de inventário), devendo do título constitutivo resultar a individualização e a atribuição de um valor a cada uma das fracções. O Assento do Tribunal Pleno de 10 de Maio de 1989, publicado no *Diário da República,* I-A série, de 15 de Julho de 1989, estabeleceu a seguinte doutrina: "Nos termos do artigo 294.° do Código Civil, o título constitutivo ou modificativo da propriedade horizontal é parcialmente nulo ao atribuir à parte comum ou a fracção autónoma do edifício destino ou utilização diferentes dos constantes do respectivo projecto aprovado pela câmara municipal".

Cada condómino é proprietário singular da sua fracção e comproprietário das partes comuns do edifício (que são especificadas por lei: por exemplo, solo, alicerces, pilares, paredes, paredes mestras do edifício, telhado ou terraços de cobertura, ainda que destinados ao uso de qualquer fracção, entradas, escadas e corredores de uso comum, instalações gerais de água, electricidade, aquecimento, ar condicionado, gás, comunicações e semelhantes, garagens e outro lugares de estacionamento). O n.° 3 do artigo 1421.°, C.C., na redacção do DL n.° 267/94, permite que, no título constitutivo da propriedade horizontal, sejam afectadas ao uso exclusivo de um condómino certas zonas das partes comuns.

As partes comuns são administradas pela assembleia dos condóminos e por um administrador, eleito e exonerado por aquela assembleia. Quanto às fracções, e para além das limitações que genericamente são impostas aos proprietários e comproprietários de coisas imóveis, os condóminos, na propriedade horizontal, sofrem ainda outras restrições ao exercício dos seus direitos e, nomeadamente, não podem "prejudicar, quer com obras novas, quer por falta de reparação, a segurança, a linha arquitectónica ou o arranjo estético do edifício; destinar a sua fracção a usos ofensivos dos bons costumes; dar-lhe uso diverso do fim a que é destinada; praticar quaisquer actos ou actividades que tenham sido proibidos no título constitutivo ou, posteriormente, por deliberação da assembleia de condóminos aprovada sem oposição".

Aos condóminos não assiste o direito de pedir a divisão das partes comuns do edifício.

V. artigos 1414.° e segs., C.C., tendo os artigos 1418.°, 1419.°, 1421.°, 1422.°, 1424.°, 1426.°, 1429.°, 1432.°, 1433.°, 1435.° e 1436.° a redacção dada pelo DL n.° 267/94, que também aditou ao Código Civil os artigos 1422.°-A, 1429.°-A, 1435.°-A e 1438.°-A.

V. o Decreto-Lei n.° 268/94, de 25 de Outubro, que estabelece normas regulamentares do regime da propriedade horizontal.

V. o Decreto-Lei n.° 106/96, de 31 de Julho, rectificado pela Declaração de rectificação n.° 14-E/96, de 30 de Setembro, que estabelece o Regime Especial de Comparticipação e Financiamento na Recuperação de Prédios Urbanos em Regime de Propriedade Horizontal, abreviadamente designado por RECRIPH.

O artigo 2.°, n.° 1-*b)*, do Código do Registo Predial – aprovado pelo Decreto-Lei n.° 224/84 de 6 de Julho, (rectificado por declaração publicada no *Diário da República,* I série, de 29 de Setembro de 1984), e alterado pelos Decretos-Leis n.°s 355/85, de 2 de Outubro, 60/90, de 14 de Fevereiro (rectificado por declaração publicada no *Diário da República,* I-A série, de 31 de Março de 1990), 80/92, de 7 de Maio, 30/93, de 12 de Fevereiro, 227/94, de 8 de Setembro, 267/94, de 25 de Outubro, 67/96, de 31 de Maio, 375-A/99, de 20 de Setembro, 533/99, de 11 de Dezembro (rectificado pela Declaração de rectificação n.° 5-A/2000, de 29 de Fevereiro), 273/2001, de 13 de Outubro, 323/2001, de 17 de Dezembro, e 38/2003, de 8 de Março (rectificado pela Declaração de rectificação n.° 5-C/2003, de 30 de Abril) – estabelece que estão sujeitos a registo "os factos jurídicos que determinem a constituição ou a modificação da propriedade horizontal [...]".

A Lei n.° 16/2001, de 22 de Junho (Lei da Liberdade Religiosa), contém, no seu artigo 29.°, a seguinte norma: "Havendo acordo do proprietário, ou da maioria dos condóminos no caso de edifício em propriedade horizontal, a utilização para fins religiosos do prédio ou da fracção destinados a outros fins não pode ser fundamento de objecção, nem da aplicação de sanções, pelas autoridades administrativas ou autárquicas, enquanto não existir uma alternativa adequada à realização dos mesmos fins", isto sem prejuízo dos "direitos dos condóminos [de] recorrerem a juízo nos termos gerais".

V. *Compropriedade; Edifício; Fracção autónoma; Partes comuns; Negócio jurídico; Usucapião; Acção de divisão de coisa comum; Inventário; Nulidade; Título constitutivo da propriedade horizontal; Assembleia dos condóminos; Administrador na propriedade horizontal; Imóvel; Direito de propriedade; Bons costumes; Deliberação; Registo predial; Liberdade religiosa.*

Propriedade imperfeita (Dir. Civil) – Designação doutrinária tradicional do direito de propriedade que se encontra limitado por um ou vários direitos reais menores.

O Código Civil de 1867 dizia, no seu artigo 2187.° que "propriedade imperfeita é a que consiste na fruição de parte desses direitos [aqueles que correspondem à propriedade perfeita ou plena]".

V. *Direito de propriedade; Direito real menor; Propriedade perfeita.*

Propriedade industrial – A propriedade industrial está regulada pelo Código da Propriedade Industrial – que fora aprovado pelo Decreto n.° 30 679, de 24 de Agosto de 1940, posteriormente quase integralmente revogado pelo Decreto-Lei n.° 16/95, de 24 de Janeiro, e, entretanto, substituído pelo Decreto-Lei n.° 36/2003, de 5 de Março.

A propriedade industrial destina-se, segundo o artigo 1.° do mencionado Código, a "[...] garantir a lealdade da concorrência, pela atribuição de direitos privativos sobre os diversos processos técnicos de produção e desenvolvimento da riqueza".

Nos termos do artigo 2.° do mesmo diploma, "cabem no âmbito da propriedade industrial a indústria e o comércio propriamente ditos, as indústrias das pescas, agrícolas, florestais, pecuárias e extractivas, bem como todos os produtos naturais ou fabricados e os serviços".

São objecto de propriedade industrial, entre outros, as invenções, as patentes, as marcas, os modelos de utilidade, os modelos e desenhos industriais, as recompensas, os nomes e as insígnias de estabelecimento, os logotipos e as denominações de origem.

Nos termos do artigo 317.° do Código, "constitui concorrência desleal todo o acto de concorrência contrário às normas e usos honestos de qualquer ramo de actividade económica, nomeadamente:

a) Os actos susceptíveis de criar confusão com a empresa, o estabelecimento, os produtos ou os serviços dos concorrentes, qualquer que seja o meio empregue;

b) As falsas afirmações feitas no exercício de uma actividade económica, com o fim de desacreditar os concorrentes;

c) As invocações ou referências não autorizadas feitas com o fim de beneficiar do crédito ou da reputação de um nome, estabelecimento ou marca alheios;

d) As falsas indicações de crédito ou reputação próprios, respeitantes ao capital ou situação financeira da empresa ou estabelecimento, à natureza ou âmbito das suas actividades e negócios e à qualidade ou quantidade da clientela;

e) As falsas descrições ou indicações sobre a natureza, qualidade ou utilidade dos produtos ou serviços, bem como as falsas indicações de proveniência, de localidade, região ou território, de fábrica, oficina, propriedade ou estabelecimento, seja qual for o modo adoptado;

f) A supressão, ocultação ou alteração, por parte do vendedor ou de qualquer intermediário, da denominação de origem ou indicação geográfica dos produtos ou da marca registada do produtor ou fabricante em produtos destinados à venda e que não tenham sofrido modificação no seu acondicionamento".

O Decreto-Lei n.° 632/76, de 28 de Julho de 1976, criou o Instituto Nacional da Propriedade Industrial, cujos Estatutos são os aprovados pelo Decreto-Lei n.° 400/98, de 17 de Dezembro, alterado pelo Decreto-Lei n.° 520/99, de 10 de Dezembro, que revogou na quase totalidade o Decreto Regulamentar n.° 17/90 de 30 de Junho; o Decreto-Lei n.° 15/95, de 24 de Janeiro, entrado em vigor a 1 de Junho do mesmo ano e alterado pelos Decretos-Leis n.°s 54/ /2001, de 15 de Fevereiro, e 206/2002, de 16 de Outubro, aprova normas relativas ao Instituto Nacional de Propriedade Industrial e ao exercício da actividade agente da propriedade industrial e de procurador autorizado.

A Portaria n.°262/2005, de 17 de Março, aprova o Regulamento de Execução do Sistema de Incentivos à Utilização da Propriedade Industrial.

Neste domínio, há de considerar a Convenção de Paris para a Protecção da Propriedade Industrial, de 20 de Março de 1883, revista em Estocolmo a 14 de Julho de 1967 e objecto de várias emendas posteriores, aprovada para ratificação pelo Decreto n.° 22/75, publicado no *Diário do Governo,* 1.ª série, de 22 de Janeiro de 1975, segundo aviso de 15 de Março de 1975).

O Acto de Estocolmo da Convenção de Paris foi aprovado, para ratificação, pelo Decreto n.° 22/75, de 22 de Janeiro, tendo sido depositado o correspondente instrumento em 27 de Janeiro de 1975, conforme aviso publicado no *Diário do Governo,* 1.ª série, de 15 de Março de 1975.

V. também o Acordo de Madrid sobre o Registo Internacional de Marcas de 14 de Abril de 1891, revisto em Estocolmo a 14 de Julho de 1967 e modificado a 28 de Setembro de 1979, e o Tratado de Cooperação em Matéria de Patentes de 19 de Junho de 1970, modificado a 28 de Setembro de 1979 e a 3 de Fevereiro de 1984.

O artigo 48.°, n.° 2, C.C., determina que "a propriedade industrial é regulada pela lei do país da sua criação".

V. *Direito de propriedade; Pesca; Estabelecimento comercial; Empresa; Produtor; Compra e venda.*

Propriedade intelectual (Dir. Civil) – V. *Direito de propriedade intelectual.*

Propriedade limitada (Dir. Civil) – Direito de propriedade que se encontra privado de alguns dos seus poderes ou faculdades, por concorrer com ele um outro direito real sobre o mesmo bem.

V. *Direito de propriedade; Direito real menor.*

Propriedade literária (Dir. Civil) – V. *Direito de autor.*

Propriedade perfeita (Dir. Civil) – Designação que a antiga doutrina e o Código de Seabra davam ao direito de propriedade, por este conferir ao respectivo titular a plenitude dos poderes de que pode dispor-se sobre uma coisa. O artigo 2187.° do Código Civil de 1867 caracterizava-a como "a que consiste na fruição de todos os direitos, contidos no direito de propriedade".

Subjacente a esta designação encontrava-se uma concepção, entretanto abandonada, de que todos os direitos sobre coisas mais não eram do que desmembramentos do direito real máximo e paradigmático, a propriedade.

V. *Direito de propriedade; Direito real; Direito real menor.*

Propriedade resolúvel (Dir. Civil) – O artigo 1307.°, n.° 1, C.C., admite que a propriedade se constitua sob condição resolutiva.

Há casos em que a propriedade resolúvel resulta da própria lei: é o que se passa, por exemplo, com a propriedade dos bens do ausente, cuja morte presumida foi declarada, que é atribuída aos seus sucessores, mas será devolvida ao ausente se ele regressar ou dele houver notícias (artigo 119.°, C.C.).

Com o objectivo de criar condições de acesso à propriedade, existe um regime específico de propriedade resolúvel, introduzido pelo Decreto-Lei n.° 23 052, de 23 de Setembro de 1933, objecto de sucessivas alterações, sendo o último diploma sobre a matéria o Decreto-Lei n.° 167/93, de 7 de Maio, que se ocupa da propriedade resolúvel sobre prédios urbanos ou suas fracções autónomas destinados a habitação própria e permanente do adquirente. O regime estabelecido neste normativo aplica-se aos "fogos construídos ou adquiridos para habitação social pelo Estado, seus organismos autónomos e institutos públicos, bem como pelas Regiões Autónomas, pelos municípios e pelas instituições particulares de solidariedade social, quando tenham beneficiado de comparticipações a fundo perdido concedidas pelo Estado para a respectiva construção ou aquisição" e ainda "os fogos construídos ou adquiridos pelas Regiões Autónomas, quando tenham beneficiado de comparticipações a fundo perdido concedidas pela respectiva Região para construção ou aquisição". A propriedade resolúvel, que se constitui com a celebração da escritura pública de compra e venda, vê o seu regime extinto com o pagamento da última prestação.

V. *Direito de propriedade; Condição; Ausência; Morte presumida; Sucessor; Prédio urbano; Fracção autónoma; Fogo; Escritura pública; Compra e venda; Pagamento em prestações.*

Propriedade temporária (Dir. Civil) – O Código Civil não admite genericamente a propriedade a termo, embora haja casos em que essa situação está prevista (por exemplo, a propriedade do fiduciário – artigos 2286.°, 2290.° e 2293.°, C.C.).

V. artigo 1307.°, n.° 2, C.C..

V. *Direito de propriedade; Termo; Fideicomisso.*

Proprietário de raiz (Dir. Civil) – Proprietário de raiz ou nu proprietário é o proprietário de bem sobre o qual existe um usufruto de outrem; o proprietário de raiz não tem, pois, os direitos de usar e fruir a coisa, já que estes cabem ao usufrutuário.

V. *Nua propriedade; Usufruto.*

Proprietário do solo (Dir. Civil) – Proprietário de prédio rústico sobre o qual existe um direito de superfície.

Ao proprietário do solo cabem o uso e a fruição do subsolo, tendo direito a receber do superficiário a prestação pecuniária correspondente à retribuição do direito deste.

V. artigos 1524.° e segs., C.C..

V. *Direito de superfície; Prédio rústico; Fruição; Obrigação pecuniária.*

Prorrogação de competência (Proc. Civil) – Extensão da competência do tribunal a causas para que normalmente outro tribunal seria competente, por motivo da conexão daquelas causas com a questão principal, da competência do primeiro tribunal.

Assim acontece, por exemplo, quando, numa acção, são suscitados pelo réu incidentes ou questões: dispõe o artigo 96.°, n.° 1, C.P.C., que "o tribunal competente para a acção é também competente para conhecer dos incidentes que nela se levantem e das questões que o réu suscite como meio de defesa".

Também, "se o conhecimento do objecto da acção depender da decisão de uma questão que seja da competência do tribunal criminal ou administrativo [...]", e "a acção penal ou a acção administrativa não for exercida dentro de um mês ou se o respectivo processo estiver parado, por negligência das partes, durante o mesmo prazo", "o juiz da acção decidirá a questão prejudicial", embora "a sua decisão não produz[a] efeitos fora do processo em que for proferida" – artigo 97.°, C.P.C..

Finalmente, o artigo 98.°, n.° 1, C.P.C., na redacção do Decreto-Lei n.° 329-A/95, de 12 de Dezembro, dispõe que "o tribunal da acção é competente para as questões deduzidas por via de reconvenção, desde que tenha competência para elas em razão da nacionalidade, da matéria e da hierarquia".

V. *Competência; Réu; Incidente; Negligência; Parte; Questão prejudicial; Reconvenção; Competência em razão da matéria; Competência em razão da hierarquia.*

Prorrogação do contrato (Dir. Civil) – Quando o contrato tem termo ou prazo de duração, diz-se que se prorroga quando persiste para além do termo inicialmente fixado.

Assim, ele pode estender-se ou renovar-se por convenção das partes nesse sentido, por determinação da lei: que nuns casos impõe a sua "denúncia", por uma das partes à outra, para se operarem os efeitos extintivos emergentes da caducidade, sem o que haverá renovação automática – é o que preceituam, por exemplo, os artigos 1054.° a 1056.°, C.C. – e noutros casos impõe a renovação automática – v. artigo 1056.°, C.C..

V. *Contrato; Termo; Contrato a termo; Convenção; Renovação do contrato; Denúncia; Oposição à renovação do contrato.*

Protecção de dados pessoais (Dir. Civil) – A primeira protecção legal de dados pessoais foi realizada pela Lei n.° 10/91, de 29 de Abril, alterada pela Lei n.° 28/94, de 29 de Agosto, que determinava no seu artigo 1.° que "o uso da informática deve processar-se de forma transparente e no estrito respeito pela reserva da vida privada e familiar e pelos direitos, liberdades e garantias fundamentais do cidadão".

Estes diplomas foram revogados pela Lei n.° 67/98, de 26 de Outubro (que transpôs a Directiva n.° 95/46/CE, do Parlamento Europeu e do Conselho, de 24 de Outubro de 1995), rectificada pela Declaração de rectificação n.° 22/98, de 28 de Novembro, e que constitui hoje a chamada Lei de Protecção de Dados Pessoais.

Esta lei "aplica-se ao tratamento de dados pessoais por meios total ou parcialmente automatizados, bem como ao tratamento por meios não automatizados de dados pessoais contidos em ficheiros manuais ou a estes destinados", não sendo aplicável "ao tratamento de dados pessoais efectuado por pessoa singular no exercício de actividades exclusivamente pessoais ou domésticas" (artigo 4.°, n.°s 1 e 2).

Este diploma (v. artigo 4.°, n.° 3) abrange o tratamento de dados pessoais realizado:

"*a)* No âmbito das actividades de estabelecimento do responsável do tratamento situado em território português;

b) Fora do território nacional, em local onde a legislação portuguesa seja aplicável por força do direito internacional;

c) Por responsável que, não estando estabelecido no território da União Europeia, recorra, para tratamento de dados pessoais, a meios, automatizados ou não, situados no território português, salvo se esses meios só forem utilizados para trânsito através do território da União Europeia".

A Lei cria uma Comissão Nacional de Protecção de Dados, "entidade administrativa independente com poderes de autoridade, que funciona junto da Assembleia da República" (artigo 21.°, n.° 1), com a atribuição de "controlar e fiscalizar o cumprimento das disposições legais e regulamentares em matéria de protecção de dados pessoais, em rigoroso respeito pelos direitos do homem e pelas liberdades e garantias consagradas na Constituição e na lei" – artigo 22.° A competência desta Comissão vem enunciada no artigo 23.°, determinando o n.° 3 desta disposição que, "no exercício das suas funções, a CNPD profere decisões com força obrigatória, passíveis de reclamação e de recurso para o Tribunal Central Administrativo", e dispondo o n.° 4 que "a CNPD pode sugerir à Assembleia da República as providências que entender úteis à prossecução das suas atribuições e ao exercício das suas competências".

A Lei aplica-se também "à videovigilância e outras formas de captação, tratamento e difusão de sons e imagens que permitam identificar pessoas sempre que o responsável pelo tratamento esteja domiciliado ou sediado em Portugal ou utilize um fornecedor de acesso a redes informáticas e telemáticas estabelecido em território português" – artigo 4.°, n.° 4.

De notar que a Lei se aplica ainda "ao tratamento de dados pessoais que tenham por objectivo a segurança pública, a defesa nacional e a segurança do Estado", embora "sem prejuízo do disposto em normas especiais constantes de instrumentos de direito internacional a que Portugal se vincule e de legislação específica atinente aos respectivos sectores" (artigo 4.°, n.° 7).

O artigo 7.°, n.° 1, proíbe o tratamento automatizado de dados pessoais referentes a "convicções filosóficas ou políticas, filiação partidária ou sindical, fé religiosa, vida privada e origem racial ou étnica, bem como o tratamento de dados relativos à saúde e à vida sexual, incluindo os dados genéticos", mas são amplas as excepções a esta proibição constantes dos restantes números do mesmo artigo.

O artigo 5.° enuncia regras relativas aos dados pessoais, determinando o artigo 6.° que o "tratamento de dados pessoais só pode ser efectuado se o seu titular tiver dado de forma inequívoca o seu consentimento ou se o tratamento for necessário para" vários (e amplos) fins enunciados nas várias alíneas deste preceito. O consentimento, quando necessário, deve corresponder a uma "qualquer manifestação de vontade, livre específica e informada, nos termos da qual o titular aceita que os seus dados pessoais sejam objecto de tratamento" (artigo 3.°-*h)*); a informação que tem de ser prestada ao titular dos dados encontra-se enunciada nos n.°s 1 a 4 do artigo 10.°, dispondo os n.°s 5 e 6 desta norma os casos em que a informação pode ser dispensada.

O titular dos dados tem, "salvo disposição legal em contrário, e pelo menos nos casos referidos nas alíneas *d)* e *e)* do artigo 6.°, o direito de se opor em qualquer altura, por razões ponderosas e legítimas relacionadas com a sua situação particular, a que os dados que lhe digam respeito sejam objecto de tratamento, devendo, em caso de oposição justificada, o tratamento efectuado pelo responsável deixar de poder incidir sobre esses dados"; pode igualmente o titular opor-se, "a seu pedido e gratuitamente, ao tratamento dos dados [...] que lhe digam respeito previsto pelo responsável [...] para efeitos de *marketing* directo ou qualquer outra forma de prospecção, ou de ser informado, antes de os dados serem comunicados pela primeira vez a terceiros para fins de *marketing* directo ou utilizados por conta de terceiros, e de lhe ser expressamente facultado o direito de se opor, sem despesas, a tais comunicações ou utilizações" – v. artigo 12.°.

O artigo 8.°, n.° 1, respeita à "criação e manutenção de registos centrais relativos a pessoas suspeitas de actividades ilícitas, infracções penais, contra-ordenações e decisões que apliquem penas, medidas de segurança, coimas e sanções acessórias", determinando que eles só podem mantidos "por serviços públicos com competência específica prevista na respectiva lei de organização e funcionamento, observando normas procedimentais e de protecção de dados previstas em diploma legal, com parecer prévio da CNPD"; o n.° 2 deste preceito refere-se ao tratamento de dados pessoais relativos a estas pessoas, impondo a sua autorização pela CNPD, com observância das "normas de protecção de dados e de segurança da informação, quando tal tratamento for necessário à execução de finalidades legítimas do seu responsável, desde que não prevaleçam os direitos, liberdades e garantias do titular dos dados"; finalmente, o n.° 3 dispõe que "o tratamento de dados pessoais para fins de investigação policial deve limitar-se ao necessário para a prevenção de um perigo concreto ou repressão de uma infracção determinada, para o exercício de competências previstas no respectivo estatuto orgânico ou noutra disposição legal e ainda nos termos de acordo ou convenção internacional de que Portugal seja parte".

Os artigos 7.°, 8.°, 10.° e 11.° aplicam-se ao tratamento de dados existentes, à data da entrada em vigor da Lei, em ficheiros manuais, estabelecendo o artigo 50.° que este tem de cumprir estas normas no prazo de cinco anos, podendo, "em qualquer caso, o titular dos dados [...] obter, a seu pedido e, nomeadamente aquando do exercício do direito de acesso, a rectificação, o apagamento ou o bloqueio dos dados incompletos, inexactos ou conservados de modo incompatível com os fins legítimos prosseguidos pelo responsável pelo tratamento". Pode a CNPD (Comissão Nacional de Protecção de Dados) "autorizar que os dados existentes em ficheiros manuais e conservados unicamente com finalidades de investigação histórica não tenham de cumprir os artigos 7.°, 8.° e 9.°, desde que não sejam em nenhum caso reutilizados para finalidade diferente".

É proibida a interconexão de dados pessoais sem autorização da CNPD, salvas as excepções previstas na lei, devendo a interconexão ser "adequada à prossecução das finalidades legais ou estatutárias e de interesses legítimos dos responsáveis dos tratamentos, não implicar discriminação ou diminuição dos direitos, liberdades e garantias dos titulares dos dados, ser rodeada de adequadas medidas de segurança e ter em conta o tipo de dados objecto de interconexão" (artigo 9.°).

O artigo 13.° dispõe que "qualquer pessoa tem o direito de não ficar sujeita a uma decisão que produza efeitos na sua esfera jurídica ou que a afecte de modo significativo, tomada exclusivamente com base num tratamento automatizado de dados destinado a avaliar determinados aspectos da sua personalidade, designadamente a sua capacidade profissional, o seu crédito, a confiança de que é merecedora ou o seu comportamento", podendo ficar sujeita a tal, desde que isso "ocorra no âmbito da celebração ou da execução de um contrato, e sob condição de o seu pedido de celebração ou execução do contrato ter sido satisfeito, ou de existirem medidas adequadas que garantam a defesa dos seus interesses legítimos, designadamente o seu direito de representação e expressão" ou nos casos em que a CNPD o autorizar, "garantido que se mostre o respeito pelos direitos, liberdades e garantias dos titulares dos dados" (artigo 15.°, n.° 2).

As medidas de segurança do tratamento dos dados encontram-se consagradas nos artigos 14.° e 15.°.

O artigo 17.° faz impender um dever de sigilo profissional sobre os responsáveis de tratamento de dados pessoais, para quaisquer pessoas que tenham conhecimento de dados pessoais no exercício das suas funções, bem como para os "funcionários, agentes ou técnicos que exerçam funções de assessoria à CNDP ou aos seus vogais", dever que persiste mesmo para além do exercício de funções e cuja violação faz incorrer o agente em sanções penais (artigos 47.° a 49.°). Prevê-se também um conjunto de práticas proibidas e sancionadas criminalmente nos artigos 43.° a 46.°.

A Lei n.° 69/98, de 28 de Outubro (que transpôs a Directiva n.° 97/66/CE, do Parlamento e do Conselho, de 15 de Dezembro de 1997), tinha por objecto o "tratamento de dados pessoais no sector das telecomunicações, especificando e complementando as disposições da Lei da Protecção de Dados Pessoais", sendo "aplicável ao tratamento de dados pessoais em ligação com a oferta de serviços de telecomunicações acessíveis ao público nas redes públicas de telecomunicações, nomeadamente através da Rede Digital com Integração de Serviços (RDIS) e das redes públicas móveis digitais" – artigo 3.°, n.° 1.

Esta Lei foi revogada pela Lei n.° 41/2004, de 18 de Agosto, que, transpondo a Directiva n.° 2002/58/CE, do Parlamento Europeu e do Conselho, de 12 de Julho, se ocupa do tratamento de dados pessoais e da protecção da privacidade no sector das telecomunicações electrónicas, "especificando e complementando as disposições da Lei n.° 61/98, de 26 de Outubro [...]". De acordo com o n.° 3 deste diploma, ele visa assegurar "a protecção dos interesses legítimos dos assinantes que sejam pessoas colectivas na medida em que tal protecção seja compatível com a sua natureza", constituindo excepções às normas desta lei as que foram "definidas em legislação especial" e que "se mostrem estritamente necessárias para a protecção de actividades relacionadas com a segurança pública, a defesa, a segurança do Estado e a prevenção, investigação e repressão de infracções penais" (n.° 4). O artigo 4.° dispõe que "as empresas que oferecem redes ou serviços de comunicações electrónicas devem garantir a inviolabilidade das comunicações e respectivos dados de tráfego realizadas através de redes públicas de comunicações e de serviços de comunicações electrónicas acessíveis ao público", proibindo "a escuta, a instalação de dispositivos de escuta, o armazenamento ou outros meios de intercepção ou vigilância de comunicações e dos respectivos dados de tráfego por terceiros sem o consentimento prévio e expresso dos utilizadores, com excepção dos casos previstos na lei"; acrescenta, porém, que estas regras não impedem "as gravações legalmente autorizadas de comunicações e dos respectivos dados de tráfego, quando realizadas no âmbito de práticas comerciais lícitas, para o efeito de prova de uma transacção comercial nem de qualquer outra comunicação feita no âmbito de uma relação contratual, desde que o titular dos dados tenha sido informado e dado o seu consentimento". A utilização de redes de comunicação electrónica para "o armazenamento de informações ou para obter acesso à informação armazenada no equipamento terminal de um assinante ou de qualquer utilizador" apenas é permitida quando se verifiquem as circunstâncias previstas nas alíneas *a)* e *b)* do n.° 1 do artigo 5.°. Por seu lado, o artigo 6.° estabelece a regra de que "os dados de tráfego relativos aos assinantes e utilizadores tratados e armazenados pelas empresas que oferecem redes e ou serviços de comunicações electrónicas devem ser eliminados ou tornados anónimos quando deixem de ser necessários para efeitos da transmissão da comunicação", enunciando as excepções a este princípio. "Nos casos em que sejam processados dados de localização, para além dos dados de tráfego, relativos a assinantes ou utilizadores das redes públicas de comunicações ou de serviços de comunicações electrónicas acessíveis ao público, o tratamento destes dados é permitido apenas se os mesmos forem tornados anónimos" – artigo 7.°, n.° 1. "As empresas que oferecem redes e ou serviços de comunicações [...] devem conciliar os direitos dos assinantes que recebem facturas detalhadas com o direito à privacidade dos utilizadores autores das chamadas, nomeadamente submetendo à aprovação da Comissão Nacional de Protecção de Dados propostas quanto aos meios que permitam aos assinantes um acesso anónimo ou estritamente privado a serviços de comunicações electrónicas acessíveis ao público"; esta aprovação "está obrigatoriamente sujeita a parecer prévio da Autoridade Nacional de Comunicações [...]" – artigo 8.°, n.°s 2 e 3. "Quando for oferecida a apresentação da identificação da linha chamadora, as empresas que oferecem serviços de comunicações [...] devem garantir, linha a linha, aos assinantes que efectuam as chamadas e, em cada chamada, aos demais utilizadores a possibilidade de, através de um meio simples e gratuito, impedir a apresentação da identificação da linha chamadora", estendendo-se esta regra "às chamadas para países que não pertençam à União Europeia originadas em território nacional" – artigo 9.°, n.°s 1 e 5. O n.° 2 do mesmo artigo dispõe que, "quando for oferecida a apresentação da linha chamadora, as empresas que oferecem serviços de comunicações [...] devem garantir ao assinante chamado a possibilidade de impedir, através de um meio simples e gratuito, no caso de uma utilização razoável dessa função, a apresentação da identificação da linha chamadora nas chamadas de entrada"; o n.° 3 trata das situações em que é oferecida a identificação da linha chamadora antes do atendimento da chamada, impondo às empresas que garantam "a possibilidade de rejeitar, através de um meio simples, chamadas de entrada não identificada" – sendo ambas as normas "aplicáveis a chamadas de entrada originadas em países que não pertençam à União Europeia" (n.° 6); o n.° 4 da disposição determina que, "quando for oferecida a apresentação da identificação da linha conectada, as empresas [...] devem garantir ao assinante chamado a possibilidade de impedir, através de um meio simples e gratuito, a apresentação da linha conectada ao utilizador que efectua a chamada"; finalmente o n.° 7 impõe às empresas referidas a obrigação de "disponibilizar ao público, e [*sic*] em especial aos assinantes, informações transparentes e actualizadas sobre as possibilidades referidas nos números anteriores". O artigo 10.° da mesma lei impõe às empresas já referidas, "quando tal for compatível com os princípios da necessidade, da adequação e da proporcionalidade", a obrigação de "anular por um período de tempo não superior a 30 dias a eliminação da apresentação da linha chamadora, a pedido, feito por escrito e devidamente fundamentado, de um assinante que pretenda determinar a origem de chamadas não identificadas perturbadoras da paz familiar ou da intimidade da vida privada, caso em que o número de telefone dos assinantes chamadores que tenham eliminado a identificação da linha é registado e comunicado ao assinante chamado"; nas situações que acabam de ser referidas, "a anulação da eliminação da apresentação da linha chamadora deve ser [*sic*] precedida de parecer obrigatório por parte da Comissão Nacional de Protecção de Dados"; não se esgota aqui a exposição do regime deste artigo 10.°, deixando-se referida apenas esta obrigação.

A violação do dever de confidencialidade, a proibição de intercepção ou a vigilância das comunicações e dos respectivos dados de tráfego, assim como a não observância das condições de armazenamento e acesso à informação previstas no artigo 5.° constituem contra-ordenações puníveis com a coima mínima de € 1 500 e máxima de € 25 000" – artigo 14.°, n.° 1. "Constitui contra-ordenação punível com a coima mínima de € 500 e máxima de € 20 000: *a)* a não observância das condições de tratamento e armazenamento de dados de tráfego e de dados de localização previstas nos artigos 6.° e 7.°"; *b)* a violação das obrigações previstas nos artigos 8.°, n.°s 1, 2 e 4, 9.° a 11.°; *c)* a criação, organização ou actualização de listas de assinantes em violação do artigo 13.°, sendo puníveis a tentativa e a negligência (artigo 14.°).

O Decreto Regulamentar n.° 27/93, de 3 de Setembro, que se ocupava da regulamentação das bases de dados sobre pessoas colectivas e entidades equiparadas, foi revogado pelo Decreto-Lei n.° 129/98, de 13 de Maio, que reorganizou o Registo Nacional de Pessoas Colectivas e que integrou normas relativas à protecção dos dados constantes do Ficheiro Central de Pessoas Colectivas nos respectivos artigos 21.° a 31.°, enunciando os artigos 74.° e segs. deste diploma (na redacção do Decreto-Lei n.° 323/2001, de 17 de Fevereiro) as sanções em que incorrem aqueles que utilizarem indevidamente os dados.

O artigo 1.° da Lei n.° 33/99, de 18 de Maio, alterada pelos Decretos-Leis n.°s 323/2001, de 17 de Dezembro, e 194/2003, de 23 de Agosto, que regula a identificação civil e a emissão do bilhete de identidade de cidadão nacional estabelece que "a identificação civil tem por objecto a recolha, tratamento e conservação dos dados pessoais individualizadores de cada cidadão com o fim de estabelecer a sua identidade civil", declarando que serão garantidos na identificação civil os princípios da legalidade, autenticidade, veracidade, univocidade e segurança dos dados identificadores dos cidadãos. "A base de dados de identificação tem por finalidade organizar e manter actualizada a informação necessária ao estabelecimento da identidade dos cidadãos e à emissão do correspondente bilhete de identidade" – artigo 21.° da Lei n.° 33/99. "Além dos elementos identificadores que constam do bilhete de identidade, são recolhidos os seguintes dados pessoais do respectivo titular: *a)* número e ano do assento de nascimento e conservatória onde foi lavrado; *b)* filiação; *c)* impressão digital; *d)* endereço postal; *e)* estado civil e, se casado, o nome do cônjuge; *f)* perda da nacionalidade; *g)* data do óbito" (artigo 22.°).

"Os dados registados na base [...], bem como os constantes do respectivo pedido e do verbete onomástico, podem ser comunicados às entidades policiais e judiciárias, para efeitos de investigação ou de instrução criminal, sempre que os dados não possam ou não devam ser obtidos das pessoas a quem respeitam e as entidades em causa não tenham acesso à base de dados ou esta não contenha a informação referida", dependendo esta comunicação "de solicitação fundamentada do próprio magistrado ou de autoridade da polícia criminal [...]"; "a comunicação deve ser recusada quando o pedido se não mostrar fundamentado" (artigo 24.°).

Dispõe o artigo 27.°: "1 – Podem ainda aceder à informação sobre identificação civil os descendentes, ascendentes, o cônjuge, tutor ou curador do titular da informação ou, em caso de falecimento deste, os presumíveis herdeiros, desde que mostrem interesse legítimo e não haja risco de intromissão na vida privada do titular da informação; 2 – Mediante solicitação fundamentada, pode o Ministro da Justiça, ouvido o director-geral dos Registos e do Notariado, autorizar o acesso à informação sobre identificação civil a outras entidades, desde que se mostre comprovado o fim a que se destina, não haja risco de intromissão na vida privada do titular e a informação não seja utilizada para fins incompatíveis com os que determinaram a sua recolha".

O titular da informação tem o direito a tomar conhecimento dos dados que lhe digam respeito, bem como a obter "a reprodução exacta dos registos", de igual modo se lhe atribuindo o direito de exigir a respectiva correcção e o completamente das omissões – artigos 29.° e 30.° da mesma Lei n.° 33/99.

Segundo o artigo 31.°, "os dados são conservados na base de dados até cinco anos após a data do óbito do seu titular", podendo "ser conservados em ficheiro histórico durante 20 anos a partir do óbito do seu titular". O artigo 33.° enuncia as medidas de controlo para segurança da informação, dispondo o n.° 1 que "à base de dados devem ser conferidas as garantias de segurança necessárias a impedir a consulta, a modificação, a supressão, o adicionamento, a destruição ou a comunicação de dados por forma não consentida pelo presente diploma". A entidade responsável pela base de dados de identificação civil é a Direcção-Geral dos Registos e do Notariado, competindo ao respectivo director-geral "decidir sobre as reclamações respeitantes ao acesso à informação em matéria de identificação civil, cabendo recurso hierárquico da sua decisão".

De acordo com o artigo 34.°, n.° 3, do Código do Registo Civil, na redacção do Decreto-Lei n.° 36/97, de 31 de Janeiro, "o exame dos registos para fins de investigação científica ou genealógica só pode ser autorizado pelo director-geral dos Registos e do Notariado, a requerimento fundamentado dos interessados e desde que se mostre assegurado o respeito pela vida privada e familiar das pessoas a quem respeitam".

O Decreto-Lei n.° 290-D/99, de 2 de Agosto, alterado pelos Decretos-Leis n.°s 62/2003, de 3 de Abril, e 165/2004, de 6 de Julho – e regulamentado pelo Decreto Regulamentar n.° 25/2004, de 15 de Julho –, que se ocupa dos regimes dos documentos electrónicos e das assinaturas digitais, estabelece, no seu artigo 25.°, normas de protecção dos dados pessoais a que acedem as entidades certificadoras da assinaturas electrónicas e/ou digitais. O artigo 31.°, n.° 2, do mesmo diploma dispõe que, "em caso de dúvida quanto à perda de confidencialidade dos dados de criação de assinatura, o titular deve pedir a suspensão do certificado e, se a perda for confirmada, a sua revogação".

A regulamentação das bases de dados da Procuradoria-Geral da República sobre pedidos de transferência de pessoas condenadas, sobre processos crime contra agentes da autoridade e sobre extradições activas e passivas foi realizada, respectivamente, pelos Decretos-Leis n.°s 293/99, 294/99 e 295/99, todos de 3 de Agosto; regulamentação paralela das bases de dados da mesma entidade, relativas à fixação de competência do tribunal singular, nos termos do artigo 16.°, n.° 3, do Código de Processo Penal, e à suspensão provisória de processos crime, nos termos dos artigos 281.° e 282.° do Código de Processo Penal, foram feitas, respectivamente, pelos Decretos-Leis n.°s 298/99, e 299/99, ambos de 4 de Agosto.

O regime dos ficheiros informáticos da Polícia Judiciária foi definido pelo Decreto-Lei n.° 352/99, de 3 de Setembro.

V. a Convenção para a Protecção das Pessoas relativamente ao Tratamento Automatizado de Dados de Carácter Pessoal, aberta à assinatura dos Estados membros do Conselho da Europa em Estrasburgo em 28 de Janeiro de 1981, aprovada para ratificação pela Resolução da Assembleia da República n.° 23/93, de 9 de Julho (rectificada pela Declaração de rectificação n.° 10/93, de 20 de Agosto), ratificada pelo Decreto do Presidente da República n.° 21/93, também de 9 de Julho, tendo o instrumento de ratificação sido depositado por Portugal em 2 de Setembro de 1993 e tendo a Convenção entrado em vigor no nosso País em 1 de Janeiro de 1994.

V. *Dados pessoais; Intimidade; Ficheiro automatizado; Estabelecimento comercial; Base de dados; Banco de dados; Reclamação; Recurso; Domicílio; Sede; Princípio da igualdade; Autorização; Obrigação de informação; Terceiro; Esfera jurídica; Contrato; Celebração do contrato; Pessoa singular; Pessoa colectiva; Registo das pessoas colectivas; Ficheiro central de pessoas colectivas; Prova; Documento escrito; Sigilo profissional; Nascimento; Assento; Registo civil; Filiação, Estado civil; Cidadania; Perda da nacionalidade; Morte; Descendente; Ascendente; Tutor; Curador; Herdeiro; Documento electrónico; Assinatura digital; Assinatura electrónica; Procuradoria-Geral da República.*

Protecção de menores (Dir. Civil) – Para além das medidas previstas na anteriormente designada O.T.M. e na Lei Tutelar Educativa, aprovada pela Lei n.° 166/99, de 14 de Setembro, a Lei de Protecção de Crianças e Jovens em Perigo, aprovada pela Lei n.° 147/99, de 1 de Setembro, alterada pela Lei n.° 31/2003, de 22 de Agosto, tem "por objecto a promoção dos direitos e a protecção das crianças e dos jovens em perigo, por forma a garantir o seu bem-estar e desenvolvimento integral" (artigo 1.°). Esta Lei n.° 147/99 entrou em vigor a 1 de Janeiro de 2001, tendo sido regulamentada pelo Decreto-Lei n.° 332-B/2000, de 30 de Dezembro.

"A intervenção para promoção dos direitos e protecção da criança e do jovem em perigo tem lugar quando os pais, o representante legal ou quem tenha a guarda de facto ponham em perigo a sua segurança, saúde, formação, educação ou desenvolvimento, ou quando esse perigo resulte de acção ou omissão de terceiros ou da própria criança ou do jovem a que aqueles não se oponham de modo adequado a removê-lo" (artigo 3.°, n.° 1). Nos termos do n.° 2 do mesmo artigo, "considera-se que a criança ou o jovem está em perigo quando, designadamente, se encontra numa das seguintes situações:

a) Está abandonada ou vive entregue a si própria;

b) Sofre maus tratos físicos ou psíquicos ou é vítima de abusos sexuais;

c) Não recebe os cuidados ou a afeição adequados à sua idade e situação pessoal;

d) É obrigada a actividades ou trabalhos excessivos ou inadequados à sua idade, dignidade e situação pessoal ou prejudiciais à sua formação ou desenvolvimento;

e) Está sujeita, de forma directa ou indirecta, a comportamentos que afectem gravemente a sua segurança ou o seu equilíbrio emocional;

f) Assume comportamentos ou se entrega a actividades ou consumos que afectem gravemente a sua saúde, segurança, formação, educação ou desenvolvimento sem que os pais, o representante legal ou quem tenha a guarda de facto se lhes oponham de modo adequado a remover essa situação;

g) Confiança a pessoa seleccionada para a adopção ou a instituição com vista a futura adopção".

As finalidades das medidas de protecção estão referidas no artigo 34.° e passam pelo afastamento do perigo em que os menores se encontram, por proporcionar a estes as condições que permitam proteger e promover a sua segurança, saúde, formação, educação, bem-estar e desenvolvimento integral e por garantir a recuperação física e psicológica das crianças e jovens vítimas de qualquer forma de exploração ou abuso.

Segundo o artigo 35.°, "as medidas de promoção e protecção são as seguintes:

a) Apoio junto dos pais;

b) Apoio junto de outro familiar;

c) Confiança a pessoa idónea;

d) Apoio para a autonomia de vida;

e) Acolhimento familiar;

f) Acolhimento em instituição".

O acolhimento familiar, previsto nos artigos 46.° a 48.°, "consiste na atribuição da confiança da criança ou do jovem a uma pessoa singular ou a uma família, habilitadas para o efeito, visando a sua integração em meio familiar e a prestação de cuidados adequados às suas necessidades e bem-estar e a educação necessária ao seu desenvolvimento integral".

A medida de confiança a pessoa seleccionada está prevista no artigo 38.°-A, aditado pela referida Lei n.° 31/2003, e "consiste:

a) Na colocação da criança ou do jovem sob a guarda de candidato seleccionado para a adopção pelo competente organismo de segurança social;

b) Ou na colocação da criança ou do jovem sob a guarda de instituição com vista a futura adopção".

O acolhimento em instituição, previsto nos artigos 49.° a 54.°, "consiste na colocação da criança ou jovem aos cuidados de uma entidade que disponha de instalações e equipamento de acolhimento permanente e de uma equipa técnica que lhes garantam os cuidados adequados às suas necessidades e lhes proporcionem condições que permitam a sua educação, bem-estar e desenvolvimento integral".

O Decreto-Lei n.° 98/98, de 18 de Abril, criou a Comissão Nacional de Protecção das Crianças e Jovens em Risco, à qual cabe, entre outras atribuições, "dinamizar [...] os protocolos entre as comissões de protecção de menores, os departamentos estatais com intervenção nesta área e as instituições particulares de solidariedade social ou outras entidades privadas", "dinamizar a criação de equipas interdisciplinares de menores e adopção e a sua formação especializada", "dinamizar a criação de centros de acolhimento de emergência nas zonas geográficas onde se mostrem necessários e para as problemáticas que o justifiquem", "dinamizar, coordenar e acompanhar a elaboração do diagnóstico da situação das crianças institucionalizadas e ou em enquadramento fora da família", e "acompanhar e apoiar as comissões de protecção de menores, permitindo-lhes melhorar a qualidade do seu desempenho".

Foram criadas as seguintes Comissões de Protecção de Menores, entretanto designadas por Comissões de Protecção de Crianças e Jovens:

Portaria n.° 1150/91, de 7 de Novembro – da Comarca de Penafiel, reorganizada pela Portaria n.° 1226-CB/2000, de 30 de Dezembro;

Portaria n.° 1151/91, de 7 de Novembro – da Comarca de Leiria, reorganizada pela Portaria n.° 1226-AH/2000, de 30 de Dezembro;

Portaria n.° 225/92, de 24 de Março – da Comarca de Peniche, reorganizada pela Portaria n.° 1226-AE/2000, de 30 de Dezembro;

Portaria n.° 226/92, de 24 de Março – da Comarca das Caldas da Rainha, reorganizada pela Portaria n.° 1226-FI/2000, de 30 de Dezembro;

Portaria n.° 227/92, de 24 de Março – da Comarca de Aveiro, reorganizada pela Portaria n.° 1226-BS/2000, de 30 de Dezembro;

Portaria n.° 228/92, de 24 de Março – da Comarca de Cascais, reorganizada pela Portaria n.° 1226-EC/2000, de 30 de Dezembro;

Portaria n.° 229/92, de 24 de Março – da Comarca de Ílhavo, reorganizada pela Portaria n.° 1226-FH/2000, de 30 de Dezembro;

Portaria n.° 368/92, de 29 de Abril – da Comarca de Vila Real, reorganizada pela Portaria n.° 1226-BL/2000, de 30 de Dezembro;

Portaria n.° 369/92, de 29 de Abril – da Comarca de Viseu, reorganizada pela Portaria n.° 1226-BM/2000, de 30 de Dezembro;

Portaria n.° 372/92, de 30 de Abril – da Comarca de Anadia, reorganizada pela Portaria n.° 1226-DZ/2000, de 30 de Dezembro;

Portaria n.° 373/92, de 30 de Abril – da Comarca de Lamego, reorganizada pela Portaria n.° 1226-AF/2000, de 30 de Dezembro;

Portaria n.° 417/92, de 21 de Maio – da Comarca de Vila Franca de Xira, reorganizada pela Portaria n.° 1226-ED/2000, de 30 de Dezembro;

Portaria n.° 762/92, de 7 de Agosto – da Comarca de Ponta Delgada, reorganizada pela Portaria n.° 1226-EN/2000, de 30 de Dezembro;

Portaria n.° 763/92, de 7 de Agosto – da Comarca de Angra do Heroísmo, reorganizada pela Portaria n.° 1226-AI/2000, de 30 de Dezembro;

Portaria n.° 764/92, de 7 de Agosto – da Comarca de Praia da Vitória, reorganizada pela Portaria n.° 1226-FX/2000, de 30 de Dezembro;

Portaria n.° 765/92, de 7 de Agosto – da Comarca de Vila Franca do Campo, reorganizada pela Portaria n.° 1226-DQ/2000, de 30 de Dezembro;

Portaria n.° 766/92, de 7 de Agosto – da Comarca de Ribeira Grande, reorganizada pela Portaria n.° 1226-S/2000, de 30 de Dezembro;

Portaria n.° 777/92, de 10 de Agosto – da Comarca da Horta, reorganizada pela Portaria n.° 1226-DN/2000, de 30 de Dezembro;

Portaria n.° 815/92, de 19 de Agosto – da Comarca da Braga, reorganizada pela Portaria n.° 1226-ET/2000, de 30 de Dezembro;

Portaria n.° 41/93, de 12 de Janeiro – da Comarca de Setúbal, reorganizada pela Portaria n.° 1226-CJ/2000, de 30 de Dezembro;

Portaria n.° 42/93, de 12 de Janeiro – da Comarca de Pombal, reorganizada pela Portaria n.° 1226-BE/2000, de 30 de Dezembro;

Portaria n.° 43/93, de 12 de Janeiro – da Comarca da Mealhada, reorganizada pela Portaria n.° 1226-DH/2000, de 30 de Dezembro;

Portaria n.° 44/93, de 12 de Janeiro – da Comarca de Águeda, reorganizada pela Portaria n.° 1226-CL/2000, de 30 de Dezembro;

Portaria n.° 150/93, de 10 de Fevereiro – da Comarca de Matosinhos, reorganizada pela Portaria n.° 1226-CT/2000, de 30 de Dezembro;

Portaria n.° 156/93, de 11 de Fevereiro – da Comarca de Guimarães, reorganizada pela Portaria n.° 1226-AZ/2000, de 30 de Dezembro;

Portaria n.° 227/93, de 25 de Fevereiro – da Comarca de Castelo Branco, reorganizada pela Portaria n.° 1226-U/2000, de 30 de Dezembro;

Portaria n.° 274/93, de 3 de Abril – da Comarca de Beja, reorganizada pela Portaria n.° 1226-GA/2000, de 30 de Dezembro;

Portaria n.° 275/93, de 3 de Abril – da Comarca de Évora, reorganizada pela Portaria n.° 1226-BH/2000, de 30 de Dezembro;

Portaria n.° 1084/93, de 28 de Outubro – da Comarca de Ovar (rectificada pela Declaração de rectificação n.° 250/93, de 30 de Novembro), reorganizada pela Portaria n.° 1226-A/2000, de 30 de Dezembro;

Portaria n.° 1092/93, de 29 de Outubro – da Comarca de Torres Vedras, reorganizada pela Portaria n.° 1226-AR/2000, de 30 de Dezembro;

Portaria n.° 1093/93, de 29 de Outubro – da Comarca de Penacova (rectificada pela Declaração de rectificação n.° 251/93, de 30 de Novembro), reorganizada pela Portaria n.° 1226-AD/2000, de 30 de Dezembro;

Portaria n.° 1094/93, de 29 de Outubro – da Comarca de Penela, reorganizada pela Portaria n.° 1226-V/2000, de 30 de Dezembro;

Portaria n.° 1100/93, de 30 de Outubro – da Comarca de Cantanhede (rectificada pela Declaração de rectificação n.° 242/93, de 30 de Novembro), reorganizada pela Portaria n.° 1226-CO/2000, de 30 de Dezembro;

Portaria n.° 1101/93, de 30 de Outubro – da Comarca de Montemor-o-Velho, reorganizada pela Portaria n.° 1226-BA/2000, de 30 de Dezembro;

Portaria n.° 1102/93, de 30 de Outubro – da Comarca de Oliveira do Hospital, reorganizada pela Portaria n.° 1226-FR/2000, de 30 de Dezembro;

Portaria n.° 1106/93, de 2 de Novembro – da Comarca de Vale de Cambra (rectificada pela Declaração de rectificação n.° 245/93, de 30 de Novembro), reorganizada pela Portaria n.° 1226-I/2000, de 30 de Dezembro;

Portaria n.° 1107/93, de 2 de Novembro – da Comarca de Arouca (rectificada pela Declaração de rectificação n.° 243/93, de 30 de Novembro), reorganizada pela Portaria n.° 1226-EL/2000, de 30 de Dezembro;

Portaria n.° 1116/93, de 3 de Novembro – da Comarca de Tábua, reorganizada pela Portaria n.° 1226-X/2000, de 30 de Dezembro;

Portaria n.° 1117/93, de 3 de Novembro – da Comarca de Vila Nova de Poiares (rectificada pela Declaração de rectificação n.° 241/93, de 30 de Novembro), reorganizada pela Portaria n.° 1226-BR/2000, de 30 de Dezembro;

Portaria n.° 1118/93, de 3 de Novembro – da Comarca de Oliveira de Azeméis, reorganizada pela Portaria n.° 1226-EQ/2000, de 30 de Dezembro;

Portaria n.° 1119/93, de 3 de Novembro – da Comarca de São João da Madeira (rectificada pela Declaração de rectificação n.° 248/93, de 30 de Novembro), reorganizada pela Portaria n.° 1226-AT/2000, de 30 de Dezembro;

Portaria n.° 1120/93, de 3 de Novembro – da Comarca de Portimão (rectificada pela Declaração de rectificação n.° 244/93, de 30 de Novembro), reorganizada pela Portaria n.° 1226-CI/2000, de 30 de Dezembro;

Portaria n.° 1121/93, de 3 de Novembro – da Comarca de Faro (rectificada pela Declaração de rectificação n.° 246/93, de 30 de Novembro), reorganizada pela Portaria n.° 1226-DO/2000, de 30 de Dezembro;

Portaria n.° 1122/93, de 3 de Novembro – da Comarca de Santa Maria da Feira, reorganizada pela Portaria n.° 1226-CN/2000, de 30 de Dezembro;

Portaria n.° 774/94, de 13 de Agosto – da Comarca do Cadaval, reorganizada pela Portaria n.° 1226-DB/2000, de 30 de Dezembro;

Portaria n.° 805/94, de 10 de Setembro – da Comarca de Nordeste, reorganizada pela Portaria n.° 1226-L/2000, de 30 de Dezembro;

Portaria n.° 814/94, de 14 de Setembro – da Comarca de Velas, reorganizada pela Portaria n.° 1226-AA/2000, de 30 de Dezembro;

Portaria n.° 821/94, de 16 de Setembro – da Comarca do Seixal (rectificada pela Declaração de rectificação n.° 175/94, de 30 de Setembro), reorganizada pela Portaria n.° 1226-AM/2000, de 30 de Dezembro;

Portaria n.° 822/94, de 16 de Setembro – da Comarca de Vila do Porto, reorganizada pela Portaria n.° 1226-CH/2000, de 30 de Dezembro;

Portaria n.° 823/94, de 16 de Setembro – da Comarca de Santa Cruz da Graciosa, reorganizada pela Portaria n.° 1226-EA/2000, de 30 de Dezembro;

Portaria n.° 827/94, de 17 de Setembro – da Comarca de Rio Maior, reorganizada pela Portaria n.° 1226-BN/2000, de 30 de Dezembro;

Portaria n.° 828/94, de 17 de Setembro – da Comarca de Povoação, reorganizada pela Portaria n.° 1226-EX/2000, de 30 de Dezembro;

Portaria n.° 829/94, de 17 de Setembro – da Comarca de São Roque do Pico, reorganizada pela Portaria n.° 1226-DP/2000, de 30 de Dezembro;

Portaria n.° 830/94, de 17 de Setembro – da Comarca de Santa Cruz das Flores, substituída pela Portaria n.° 574/2001, de 7 de Junho;

Portaria n.° 844/94, de 21 de Setembro – da Comarca da Moita, reorganizada pela Portaria n.° 1226-C/2000, de 30 de Dezembro;

Portaria n.° 1032/94, de 23 de Novembro – da Comarca da Póvoa de Varzim, reorganizada pela Portaria n.° 1226-B/2000, de 30 de Dezembro;

Portaria n.º 1033/94, de 21 de Novembro – da Comarca de Viana do Castelo, reorganizada pela Portaria n.º 1226-BJ/2000, de 30 de Dezembro;

Portaria n.º 1036/94, de 25 de Novembro – da Comarca de Vila Nova de Famalicão, reorganizada pela Portaria n.º 1226-FE/2000, de 30 de Dezembro;

Portaria n.º 1041/94, de 26 de Novembro – da Comarca da Nazaré, reorganizada pela Portaria n.º 1226-BQ/2000, de 30 de Dezembro;

Portaria n.º 1042/94, de 26 de Novembro – da Comarca de Alcobaça, reorganizada pela Portaria n.º 1226-G/2000, de 30 de Dezembro;

Portaria n.º 1043/94, de 26 de Novembro – da Comarca de Barcelos, reorganizada pela Portaria n.º 1226-D/2000, de 30 de Dezembro;

Portaria n.º 41/95, de 18 de Janeiro – da Comarca de Chaves, reorganizada pela Portaria n.º 1226-BC/2000, de 30 de Dezembro;

Portaria n.º 42/95, de 18 de Janeiro – da Comarca de Bragança, reorganizada pela Portaria n.º 1226-DC/2000, de 30 de Dezembro;

Portaria n.º 43/95, de 18 de Janeiro – da Comarca de Macedo de Cavaleiros, reorganizada pela Portaria n.º 1226-FM/2000, de 30 de Dezembro;

Portaria n.º 89/95, de 31 de Janeiro – da Comarca de Oeiras, reorganizada pela Portaria n.º 1226-DU/2000, de 30 de Dezembro;

Portaria n.º 340/95, de 21 de Abril – da Comarca de Sesimbra, reorganizada pela Portaria n.º 1226-ER/2000, de 30 de Dezembro;

Portaria n.º 348/95, de 24 de Abril – da Comarca de Palmela, reorganizada pela Portaria n.º 1226-EM/2000, de 30 de Dezembro;

Portaria n.º 349/95, de 24 de Abril – da Comarca de Sintra, reorganizada pela Portaria n.º 1226-Z/2000, de 30 de Dezembro;

Portaria n.º 481/95, de 20 de Maio – da Comarca de Mirandela, reorganizada pela Portaria n.º 1226-F/2000, de 30 de Dezembro;

Portaria n.º 580/95, de 17 de Junho – da Comarca de Vila Nova de Gaia, reorganizada pela Portaria n.º 1226-FP/2000, de 30 de Dezembro;

Portaria n.º 611/95, de 20 de Junho – da Comarca de Condeixa-a-Nova, reorganizada pela Portaria n.º 1226-T/2000, de 30 de Dezembro;

Portaria n.º 612/95, de 20 de Junho – do Concelho de Mira, reorganizada pela Portaria n.º 1226-CE/2000, de 30 de Dezembro;

Portaria n.º 613/95, de 20 de Junho – da Comarca de Melgaço, reorganizada pela Portaria n.º 1226-FJ/2000, de 30 de Dezembro;

Portaria n.º 614/95, de 20 de Junho – do Concelho de Miranda do Corvo, reorganizada pela Portaria n.º 1226-GD/2000, de 30 de Dezembro;

Portaria n.º 615/95, de 20 de Junho – da Comarca da Figueira da Foz, reorganizada pela Portaria n.º 1226-AL/2000, de 30 de Dezembro;

Portaria n.º 616/95, de 20 de Junho – da Comarca de Caminha, reorganizada pela Portaria n.º 1226-AX/2000, de 30 de Dezembro;

Portaria n.º 617/95, de 20 de Junho – da Comarca de Monção, reorganizada pela Portaria n.º 1226-FL/2000, de 30 de Dezembro;

Portaria n.º 618/95, de 20 de Junho – do Concelho de Góis, reorganizada pela Portaria n.º 1226-CU/2000, de 30 de Dezembro;

Portaria n.º 619/95, de 20 de Junho – da Comarca de Valença, reorganizada pela Portaria n.º 1226-BG/2000, de 30 de Dezembro;

Portaria n.º 620/95, de 20 de Junho – da Comarca de Paços de Ferreira, reorganizada pela Portaria n.º 1226-AN/2000, de 30 de Dezembro;

Portaria n.º 621/95, de 20 de Junho – do Concelho de Arganil, reorganizada pela Portaria n.º 1226-AJ/2000, de 30 de Dezembro;

Portaria n.º 622/95, de 20 de Junho – do Concelho da Lousã, reorganizada pela Portaria n.º 1226-FN/2000, de 30 de Dezembro;

Portaria n.º 623/95, de 20 de Junho – da Comarca de Lousada, reorganizada pela Portaria n.º 1226-EO/2000, de 30 de Dezembro;

Portaria n.º 624/95, de 20 de Junho – da Comarca de Espinho, reorganizada pela

Portaria n.° 1226-DL/2000, de 30 de Dezembro;

Portaria n.° 625/95, de 20 de Junho – da Comarca de Gouveia, reorganizada pela Portaria n.° 1226-BP/2000, de 30 de Dezembro;

Portaria n.° 659/95, de 23 de Junho – da Comarca de Elvas, reorganizada pela Portaria n.° 1226-FU/2000, de 30 de Dezembro;

Portaria n.° 698/95, de 3 de Julho – do Concelho de Ponta do Sol, reorganizada pela Portaria n.° 1226-CD/2000, de 30 de Dezembro;

Portaria n.° 699/95, de 3 de Julho – do Concelho de Santa Cruz, reorganizada pela Portaria n.° 1226-DI/2000, de 30 de Dezembro;

Portaria n.° 700/95, de 3 de Julho – do Concelho do Funchal, reorganizada pela Portaria n.° 1226-FB/2000, de 30 de Dezembro;

Portaria n.° 701/95, de 3 de Julho – da Comarca de Porto Santo, reorganizada pela Portaria n.° 1226-AU/2000, de 30 de Dezembro (rectificada pela Declaração de rectificação n.° 9-S/2001, de 31 de Março);

Portaria n.° 711/95, de 4 de Julho – do Concelho de Câmara de Lobos, reorganizada pela Portaria n.° 1226-EE/2000, de 30 de Dezembro;

Portaria n.° 712/95, de 4 de Julho – do Concelho de Ribeira Brava, reorganizada pela Portaria n.° 1226-EP/2000, de 30 de Dezembro;

Portaria n.° 713/95, de 4 de Julho – do Concelho de Santana, reorganizada pela Portaria n.° 1226-FZ/2000, de 30 de Dezembro;

Portaria n.° 714/95, de 4 de Julho – do Concelho de São Vicente, reorganizada pela Portaria n.° 1226-DM/2000, de 30 de Dezembro;

Portarias n.°s 1496/95, de 30 de Dezembro, e 454/98, de 29 de Setembro – da Comarca de Portalegre, reorganizada pela Portaria n.° 1226-GC/2000, de 30 de Dezembro;

Portaria n.° 27/96, de 8 de Fevereiro – da Comarca de Valongo, reorganizada pela Portaria n.° 1226-CF/2000, de 30 de Dezembro;

Portaria n.° 28/96, de 8 de Fevereiro – da Comarca de Paredes, reorganizada pela Portaria n.° 1226-CQ/2000, de 30 de Dezembro;

Portaria n.° 29/96, de 8 de Fevereiro – da Comarca de Gondomar, reorganizada pela Portaria n.° 1226-BU/2000, de 30 de Dezembro;

Portaria n.° 30/96, de 8 de Fevereiro – da Comarca de Santo Tirso, reorganizada pela Portaria n.° 1226-EF/2000, de 30 de Dezembro;

Portaria n.° 31/96, de 8 de Fevereiro – da Comarca de Vila do Conde, reorganizada pela Portaria n.° 1226-CG/2000, de 30 de Dezembro;

Portaria n.° 32/96, de 8 de Fevereiro – da Comarca da Maia, reorganizada pela Portaria n.° 1226-AB/2000, de 30 de Dezembro;

Portaria n.° 33/96, de 8 de Fevereiro – da Comarca de Esposende, reorganizada pela Portaria n.° 1226-ES/2000, de 30 de Dezembro;

Portaria n.° 34/96, de 8 de Fevereiro – da Comarca de Vila Verde, reorganizada pela Portaria n.° 1226-E/2000, de 30 de Dezembro;

Portaria n.° 102/96, de 6 de Abril – da Comarca de Almada, reorganizada pela Portaria n.° 1226-AO/2000, de 30 de Dezembro;

Portaria n.° 159/96, de 16 de Maio – da Comarca de Grândola, reorganizada pela Portaria n.° 1226-BD/2000, de 30 de Dezembro;

Portaria n.° 160/96, de 16 de Maio – da Comarca da Lourinhã, reorganizada pela Portaria n.° 1226-DA/2000, de 30 de Dezembro;

Portaria n.° 250/96, de 10 de Julho – da Comarca de Fafe, reorganizada pela Portaria n.° 1226-CS/2000, de 30 de Dezembro;

Portaria n.° 251/96, de 10 de Julho – da Comarca de Felgueiras, reorganizada pela Portaria n.° 1226-EV/2000, de 30 de Dezembro;

Portaria n.° 503/96, de 25 de Setembro – da Comarca do Entroncamento, reorganizada pela Portaria n.° 1226-GB/2000, de 30 de Dezembro;

Portaria n.° 504/96, de 25 de Setembro – da Comarca de Torres Novas, reorganizada pela Portaria n.° 1226-FS/2000, de 30 de Dezembro;

Portaria n.° 505/96, de 25 de Setembro, alterada pela Portaria n.° 730/97, de 25 de Agosto – da Comarca de Ponte de Lima, e substituída pela Portaria n.° 986/2001, de 17 de Agosto;

Portaria n.° 506/96, de 25 de Setembro – da Comarca de Abrantes, reorganizada pela Portaria n.° 1226-CA/2000, de 30 de Dezembro;

Portaria n.° 513/96, de 26 de Setembro – da Comarca de Paredes de Coura, reorganizada pela Portaria n.° 1226-EI/2000, de 30 de Dezembro;

Portaria n.° 572/96, de 11 de Outubro – do Concelho de Lagoa (Açores), reorganizada pela Portaria n.° 1226-EU/2000, de 30 de Dezembro;

Portaria n.° 573/96, de 11 de Outubro – da Comarca do Montijo, reorganizada pela Portaria n.° 1226-AQ/2000, de 30 de Dezembro;

Portaria n.°s 642/96, de 8 de Novembro, e 734/96, de 12 de Dezembro – da Comarca do Barreiro, reorganizada pela Portaria n.° 1226-DV/2000, de 30 de Dezembro;

Portaria n.° 116/97, de 20 de Fevereiro – da Comarca da Amadora, reorganizada pela Portaria n.° 1226-DF/2000, de 30 de Dezembro;

Portaria n.° 122/97, de 20 de Fevereiro – da Comarca do Cartaxo, reorganizada pela Portaria n.° 1226-AS/2000, de 30 de Dezembro;

Portaria n.° 185/97, de 17 de Março – da Comarca do Fundão, reorganizada pela Portaria n.° 1226-CR/2000, de 30 de Dezembro;

Portaria n.° 187/97, de 18 de Março – da Comarca de Soure, reorganizada pela Portaria n.° 1226-EG/2000, de 30 de Dezembro;

Portaria n.° 350/97, de 26 de Maio – da Comarca de Santiago do Cacém, que voltou a ser criada, agora como Comissão de Protecção de Crianças e Jovens, pela Portaria n.° 1258/2003, de 5 de Novembro;

Portaria n.° 408/97, de 23 de Junho – da Comarca de Porto de Mós, reorganizada pela Portaria n.° 1226-AV/2000, de 30 de Dezembro;

Portaria n.° 409/97, de 23 de Junho – da Comarca de Figueiró dos Vinhos, reorganizada pela Portaria n.° 1226-FG/2000, de 30 de Dezembro;

Portaria n.° 410/97, de 23 de Junho – da Comarca da Marinha Grande, reorganizada pela Portaria n.° 1226-EJ/2000, de 30 de Dezembro;

Portaria n.° 411/97, de 23 de Junho – da Comarca de Ourém, reorganizada pela Portaria n.° 1226-O/2000, de 30 de Dezembro;

Portaria n.° 1198/97, de 28 de Novembro – do Concelho da Sertã, reorganizada pela Portaria n.° 1226-EH/2000, de 30 de Dezembro;

Portaria n.° 1199/97, de 28 de Novembro – da Comarca da Guarda, reorganizada pela Portaria n.° 1226-CZ/2000, de 30 de Dezembro;

Portaria n.° 1200/97, de 28 de Novembro – da Comarca de Mogadouro, reorganizada pela Portaria n.° 1226-BF/2000, de 30 de Dezembro;

Portaria n.° 18/98, de 9 de Janeiro – do Concelho de Amares, reorganizada pela Portaria n.° 1226-CP/2000, de 30 de Dezembro;

Portaria n.° 23/98, de 9 de Janeiro – da Comarca de Baião, reorganizada pela Portaria n.° 1226-AP/2000, de 30 de Dezembro;

Portaria n.° 163/98, de 16 de Março – do Concelho de Mortágua, reorganizada pela Portaria n.° 1226-EB/2000, de 30 de Dezembro;

Portaria n.° 164/98, de 16 de Março – do Concelho de Carregal do Sal, reorganizada pela Portaria n.° 1226-N/2000, de 30 de Dezembro;

Portaria n.° 216/98, de 3 de Abril – da Comarca de Albufeira, reorganizada pela Portaria n.° 1226-BX/2000, de 30 de Dezembro;

Portaria n.° 217/98, de 3 de Abril – da Comarca de Lagos, reorganizada pela Portaria n.° 1226-BT/2000, de 30 de Dezembro;

Portaria n.° 218/98, de 3 de Abril – da Comarca de Olhão, reorganizada pela Portaria n.° 1226-DX/2000, de 30 de Dezembro;

Portaria n.° 420/98, de 21 de Julho – do Concelho de Sernancelhe, reorganizada pela Portaria n.° 1226-FV/2000, de 30 de Dezembro;

Portaria n.° 421/98, de 21 de Julho – do Concelho de Moimenta da Beira, reorganizada pela Portaria n.º 1226-AG/2000, de 30 de Dezembro;

Portaria n.º 1000/98, de 27 de Novembro – do Concelho de Alcochete, reorganizada pela Portaria n.º 1226-DT/2000, de 30 de Dezembro;

Portaria n.º 22/99, de 15 de Janeiro – da Comarca de Benavente, reorganizada pela Portaria n.º 1226-BI/2000, de 30 de Dezembro;

Portaria n.º 36/99, de 21 de Janeiro – da Comarca de Resende, reorganizada pela Portaria n.º 1226-P/2000, de 30 de Dezembro;

Portaria n.º 37/99, de 21 de Janeiro – da Comarca de Murça, reorganizada pela Portaria n.º 1226-J/2000, de 30 de Dezembro;

Portaria n.º 38/99, de 21 de Janeiro – do Concelho de Estarreja, reorganizada pela Portaria n.º 1226-DG/2000, de 30 de Dezembro;

Portaria n.º 39/99, de 21 de Janeiro – da Comarca de Valpaços, reorganizada pela Portaria n.º 1226-CX/2000, de 30 de Dezembro;

Portaria n.º 40/99, de 21 de Janeiro – da Comarca de Alfândega da Fé, reorganizada pela Portaria n.º 1226-H/2000, de 30 de Dezembro;

Portaria n.º 41/99, de 21 de Janeiro, alterada pela Portaria n.º 567/99, de 28 de Julho – da Comarca de Alijó, reorganizada pela Portaria n.º 1226-CV/2000, de 30 de Dezembro;

Portaria n.º 47/99, de 22 de Janeiro – do Concelho da Murtosa, reorganizada pela Portaria n.º 1226-DE/2000, de 30 de Dezembro;

Portaria n.º 48/99, de 22 de Janeiro – do Concelho de Vila Pouca de Aguiar, reorganizada pela Portaria n.º 1226-DD/2000, de 30 de Dezembro;

Portaria n.º 49/99, de 22 de Janeiro – do Concelho de Ribeira de Pena, reorganizada pela Portaria n.º 1226-BV/2000, de 30 de Dezembro;

Portaria n.º 50/99, de 22 de Janeiro – do Concelho de Peso da Régua, reorganizada pela Portaria n.º 1226-BB/2000, de 30 de Dezembro;

Portaria n.º 115/99, de 9 de Fevereiro – do Concelho de Vila Nova da Barquinha, reorganizada pela Portaria n.º 1226-FQ/2000, de 30 de Dezembro;

Portaria n.º 136/99, de 26 de Fevereiro – do Concelho de Arcos de Valdevez, reorganizada pela Portaria n.º 1226-DJ/2000, de 30 de Dezembro;

Portaria n.º 137/99, de 26 de Fevereiro – do Concelho da Chamusca;

Portaria n.º 138/99, de 26 de Fevereiro – do Concelho da Golegã, reorganizada pela Portaria n.º 1226-BZ/2000, de 30 de Dezembro;

Portaria n.º 139/99, de 26 de Fevereiro – do Concelho de Ponte da Barca, reorganizada pela Portaria n.º 1226-FO/2000, de 30 de Dezembro;

Portaria n.º 140/99, de 26 de Fevereiro – do Concelho da Póvoa de Lanhoso, reorganizada pela Portaria n.º 1226-Q/2000, de 30 de Dezembro;

Portaria n.º 141/99, de 26 de Fevereiro – do Concelho de Vila Nova de Cerveira, reorganizada pela Portaria n.º 1226-M/2000, de 30 de Dezembro;

Portaria n.º 142/99, de 26 de Fevereiro – do Concelho de Vieira do Minho;

Portaria n.º 143/99, de 26 de Fevereiro – do Concelho de Alcanena, reorganizada pela Portaria n.º 1226-DS/2000, de 30 de Dezembro;

Portaria n.º 157/99, de 9 de Março – do Concelho de Tavira, reorganizada pela Portaria n.º 1226-FF/2000, de 30 de Dezembro;

Portaria n.º 280/99, de 22 de Abril – do Concelho de Santarém, reorganizada pela Portaria n.º 1226-CC/2000, de 30 de Dezembro;

Portaria n.º 281/99, de 22 de Abril – do Concelho de Proença-aNova, reorganizada pela Portaria n.º 1226-BO/2000, de 30 de Dezembro;

Portaria n.º 369/99, de 20 de Maio – do Concelho de Tomar, reorganizada pela Portaria n.º 1226-FA/2000, de 30 de Dezembro;

Portaria n.º 375/99, de 21 de Maio – do Concelho de Armamar, reorganizada pela Portaria n.º 1226-CM/2000, de 30 de Dezembro;

Portaria n.º 437/99, de 16 de Junho – do Concelho de Nelas, reorganizada pela Portaria n.º 1226-EZ/2000, de 30 de Dezembro;

Portaria n.º 438/99, de 16 de Junho – do Concelho de Fornos de Algodres, reorganizada pela Portaria n.° 1226-FT/2000, de 30 de Dezembro;

Portaria n.° 439/99, de 16 de Junho – do Concelho de Almeirim, reorganizada pela Portaria n.° 1226-FC/2000, de 30 de Dezembro;

Portaria n.° 506/99, de 16 de Julho – do Concelho do Bombarral, reorganizada pela Portaria n.° 1226-FD/2000, de 30 de Dezembro;

Portaria n.° 568/99, de 28 de Julho, alterada pela Portaria n.° 925/99, de 20 de Outubro – do Concelho da Covilhã, reorganizada pela Portaria n.° 1226-R/2000, de 30 de Dezembro;

Portaria n.° 569/99, de 28 de Julho – do Concelho de Pampilhosa da Serra, reorganizada pela Portaria n.° 1226-AC/2000, de 30 de Dezembro;

Portaria n.° 587/99, de 2 de Agosto – do Concelho da Azambuja, reorganizada pela Portaria n.° 1226-DR/2000, de 30 de Dezembro;

Portaria n.° 1226-GF/2000, de 30 de Dezembro, alterada pela Portaria n.° 295/2001, de 30 de Março – Comissão com competência territorial nas freguesias de Alvalade, Anjos, Alto do Pina, Campo Grande, Castelo, Encarnação, Graça, Madalena, Mártires, Mercês, Nossa Senhora de Fátima, Pena, Penha de França, São Cristóvão/São Lourenço, São João, São João de Brito, São João de Deus, São Jorge de Arroios, Santa Engrácia, São José, São Mamede, São Miguel, São Nicolau, São Paulo, São Sebastião da Pedreira, São Vicente, Sacramento, Sagrado Coração de Jesus, Santiago, Santo Estêvão, Sé, Socorro, Santa Justa e Santa Catarina;

Portaria n.° 1226-GG/2000, de 30 de Dezembro, alterada pela Portaria n.° 294/2001, de 30 de Março – Comissão com competência territorial nas freguesias de Ájuda, Alcântara, Campolide, Lapa, Prazeres, Santa Isabel, Santa Maria de Belém, Santo Condestável, Santos e São Francisco Xavier;

Portaria n.° 1226-GH/2000, de 30 de Dezembro, alterada pela Portaria n.° 296/ /2001, de 30 de Março – Comissão com competência territorial nas freguesias de Ameixoeira, Benfica, Carnide, Charneca, Lumiar e São Domingos de Benfica;

Portaria n.° 1226-GI/2000, de 30 de Dezembro, alterada pela Portaria n.° 297/ /2001, de 30 de Março – Comissão com competência territorial nas freguesias de Beato, Marvila e Santa Maria dos Olivais;

Portaria n.° 336/2001, de 4 de Abril – do Concelho de Alpiarça;

Portaria n.° 337/2001, de 4 de Abril – do Concelho de Castanheira de Pêra;

Portaria n.° 338/2001, de 4 de Abril – do Concelho de Odivelas;

Portaria n.° 575/2001, de 7 de Junho – do Concelho de Freixo de Espada à Cinta;

Portaria n.° 576/2001, de 7 de Junho – do Concelho de Albergaria-a-Velha;

Portaria n.° 648/2001, de 28 de Junho – do Concelho de Ferreira do Zêzere;

Portaria n.° 649/2001, de 28 de Junho – do Concelho de Salvaterra de Magos;

Portaria n.° 969/2001, de 14 de Agosto – do Concelho de Campo Maior;

Portaria n.° 970/2001, de 14 de Agosto – do Concelho de Arruda dos Vinhos;

Portaria n.° 971/2001, de 14 de Agosto – do Concelho de Tarouca;

Portaria n.° 983/2001, de 17 de Agosto – do Concelho de Vila Real de Santo António;

Portaria n.° 984/2001, de 17 de Agosto – do Concelho de Vila de Rei;

Portaria n.° 985/2001, de 17 de Agosto – do Concelho de Pedrógão Grande;

Portaria n.° 986/2001, de 17 de Agosto – do Concelho de Ponte de Lima;

Portaria n.° 1390/2001, de 10 de Dezembro – do Concelho de Silves;

Portaria n.° 1391/2001, de 10 de Dezembro – do Concelho de São Pedro do Sul;

Portaria n.° 1392/2001, de 10 de Dezembro – do Concelho de Óbidos;

Portaria n.° 1393/2001, de 10 de Dezembro – do Concelho de Vila Nova de Foz;

Portaria n.° 1457/2001, de 28 de Dezembro – do Concelho de Vizela;

Portaria n.° 127/2002, de 9 de Fevereiro – do Concelho de Vagos;

Portaria n.° 128/2002, de 9 de Fevereiro – do Concelho de Cabeceiras de Basto;

Portaria n.° 129/2002, de 9 de Fevereiro – do Concelho de Mafra;

Portaria n.° 130/2002, de 9 de Fevereiro – do Concelho de Tondela;

Portaria n.° 271/2002, de 14 de Março – do Concelho de Ponte de Sor;

Portaria n.° 386/2003, de 15 de Maio – do Concelho de Alenquer;

Portaria n.º 387/2003, de 15 de Maio – do Concelho de Carrazeda de Ansiães;

Portaria n.º 388/2003, de 15 de Maio – do Concelho de Sobral de Monte Agraço;

Portaria n.º 389/2003, de 15 de Maio – do Concelho da Trofa;

Portaria n.º 390/2003, de 15 de Maio – do Concelho de Vimioso;

Portaria n.º 391/2003, de 15 de Maio – do Concelho de Tabuaço;

Portaria n.º 393/2003, de 16 de Maio – do Concelho de Meda;

Portaria n.º 394/2003, de 16 de Maio – do Concelho de Nisa;

Portaria n.º 395/2003, de 16 de Maio – do Concelho de Oliveira de Frades;

Portaria n.º 396/2003, de 16 de Maio – do Concelho de Porto Moniz;

Portaria n.º 397/2003, de 16 de Maio – do Concelho de Santa Comba Dão;

Portaria n.º 398/2003, de 19 de Maio (rectificada pela Declaração de rectificação n.º 7-G/2003, de 31 de Maio) – do Concelho de Ansião;

Portaria n.º 399/2003, de 19 de Maio – do Concelho de Barrancos. A Portaria n.º 987/2003, de 16 de Setembro, voltou, estranhamente, a criar esta Comissão;

Portaria n.º 400/2003, de 19 de Maio – do Concelho da Batalha;

Portaria n.º 401/2003, de 19 de Maio – do Concelho de Coruche;

Portaria n.º 402/2003, de 19 de Maio – do Concelho de Idanha-a-Nova;

Portaria n.º 403/2003, de 19 de Maio – do Concelho de Lagoa;

Portaria n.º 404/2003, de 19 de Maio – do Concelho de Loulé;

Portaria n.º 405/2003, de 19 de Maio – do Concelho de Loures;

Portaria n.º 406/2003, de 19 de Maio – do Concelho de Mação;

Portaria n.º 407/2003, de 19 de Maio – do Concelho de Mangualde;

Portaria n.º 408/2003, de 19 de Maio – do Concelho de Oliveira do Bairro;

Portaria n.º 409/2003, de 19 de Maio – do Concelho de Seia;

Portaria n.º 410/2003, de 19 de Maio – do Concelho de Vieira do Minho;

Portaria n.º 986/2003, de 16 de Setembro – do Concelho de Aguiar da Beira;

Portaria n.º 988/2003, de 16 de Setembro, rectificada pela Declaração de rectificação n.º 16-F/2003, de 31 de Outubro – do Concelho de Calheta;

Portaria n.º 989/2003, de 16 de Setembro – do Concelho de Celorico de Basto;

Portaria n.º 990/2003, de 16 de Setembro – do Concelho de Celorico da Beira;

Portaria n.º 991/2003, de 16 de Setembro – do Concelho de Constância;

Portaria n.º 992/2003, de 16 de Setembro – do Concelho de Machico;

Portaria n.º 993/2003, de 16 de Setembro – do Concelho de Mesão Frio;

Portaria n.º 994/2003, de 16 de Setembro – do Concelho de Trancoso;

Portaria n.º 995/2003, de 16 de Setembro – do Concelho de Terras de Bouro;

Portaria n.º 996/2003, de 16 de Setembro – do Concelho de Vouzela;

Portaria n.º 997/2003, de 16 de Setembro – do Concelho de Sardoal;

Portaria n.º 998/2003, de 16 de Setembro – do Concelho de Sever do Vouga;

Portaria n.º 1259/2003, de 3 de Novembro – do Concelho de Mértola;

Portaria n.º 1289/2003, de 18 de Novembro – do Concelho de Penalva do Castelo;

Portaria n.º 1310/2003, de 26 de Novembro – do Concelho de Coimbra;

Portaria n.º 116/2004, de 2 de Fevereiro – do Concelho de Avis;

Portaria n.º 117/2004, de 2 de Fevereiro – com competência territorial nas freguesias de Bonfim, Campanha e Santo Ildefonso;

Portaria n.º 118/2004, de 3 de Fevereiro – com competência territorial nas freguesias de Aldoar, Foz do Ouro, Lordelo do Ouro, Massarelos, Miragaia, Nevogilde, São Nicolau, Sé e Vitória;

Portaria n.º 119/2004, de 3 de Fevereiro – com competência territorial nas freguesias de Cedofeita, Paranhos e Ramalde;

Portaria n.º 161/2004, de 14 de Fevereiro – do concelho de Moura;

Portaria n.º 643/2004, de 16 de Junho – do Concelho de Sines;

Portaria n.º 644/2004, de 16 de Junho – do Concelho de Castro Daire;

Portaria n.º 747/2004, de 30 de Junho – do Concelho de Amarante;

Portaria n.º 1034/2004, de 11 de Agosto (rectificada pela Declaração de rectificação n.º 85/2004, de 1 de Outubro) – do Concelho de Castelo de Paiva;

Portaria n.° 1143/2004, de 14 de Setembro – do Concelho de Vila Nova de Paiva;

Portaria n.° 411/2005, de 12 de Abril – do Concelho das Lajes do Pico;

Portaria n.° 412/2005, de 12 de Abril – do Concelho da Madalena;

Portaria n.° 413/2005, de 12 de Abril – do Concelho da Chamusca;

Portaria n.° 421/2005, de 15 de Abril – do Concelho de Pinhel;

Portaria n.° 422/2005, de 15 de Abril – do Concelho da Torre de Moncorvo;

Portaria n.° 423/2005, de 15 de Abril – do Concelho de Ferreira do Alentejo;

Portaria n.° 424/2005, de 15 de Abril – do Concelho das Lajes das Flores;

Portaria n.° 428/2005, de 18 de Abril – do Concelho de Santarém;

Portaria n.° 429/2005, de 18 de Abril – do Concelho do Sabugal;

Portaria n.° 430/2005, de 18 de Abril – do Concelho de Montalegre;

Portaria n.° 823/2005, de 14 de Setembro – do Concelho de Gavião;

Portaria n.° 824/2005, de 14 de Setembro – do Concelho de Monforte;

Portaria n.° 825/2005, de 14 de Setembro – do Concelho de Odemira;

Portaria n.° 845/2005, de 20 de Setembro – do Concelho de Sousel;

Portaria n.° 1275/2005, de 12 de Dezembro – do Concelho de Alvaiázere;

Portaria n.° 1276/2005, de 12 de Dezembro – do Concelho da Calheta;

Portaria n.° 230/2006, de 10 de Março – do Concelho de Mondim de Basto;

Portaria n.° 231/2006, de 10 de Março – do Concelho de Vinhais;

Portaria n.° 232/2006, de 10 de Março – do Concelho de Ourique;

Portaria n.° 233/2006, de 10 de Março – do Concelho do Crato;

Portaria n.° 271/2006, de 22 de Março – com competência territorial nas freguesias de Agualva, Belas, Cacém, Casal de Cambra, Massamá, Mira-Sintra, Monte Abraão, Queluz e São Marcos;

Portaria n.° 272/2006, de 22 de Março – do Concelho de Almeida;

Portaria n.° 273/2006, de 22 de Março – com competência territorial nas freguesias de Algueirão-Mem Martins, Almargem do Bispo, Colares, Montelavar, Pêro Pinheiro, Rio de Mouro, São João das Lampas, São Martinho, São Pedro de Penaferrim, Santa Maria e São Miguel e Terrugem;

Portaria n.° 731/2006, de 25 de Julho – do Concelho de Marco de Canaveses;

Portaria n.° 738/2006, de 31 de Julho – do Concelho de Reguengos de Monsaraz.

A Portaria n.° 730/2006, de 25 de Julho, aprovou o modelo de cartão de identificação de membro de comissão de protecção de crianças e jovens.

A Resolução da Assembleia da República n.° 20/2001, de 6 de Março, recomenda ao Governo o reforço das medidas de apoio às comissões de protecção de crianças e menores, a fim de combater os maus tratos e o abuso sexual sobre menores; por seu lado, a Resolução da Assembleia da República n.° 21/2001, de 6 de Março, recomenda ao Governo que proceda à regulamentação urgente do regime de execução das medidas de protecção de crianças e jovens em risco previstas no n.° 1 do artigo 35.° da Lei n.° 147/99.

O regime do Decreto-Lei n.° 7/2004, de 7 de Janeiro – que transpôs a Directiva n.° 2000/31/CE, do Parlamento Europeu e do Conselho, de 8 de Junho de 2000 –, relativo ao comércio electrónico no mercado interno, dispõe que a liberdade de circulação "de um determinado serviço da sociedade da informação proveniente de outro Estado membro da União Europeia" pode ser restringida pelos tribunais ou por outras entidades competentes, nomeadamente as de supervisão, "se lesar ou ameaçar gravemente" a protecção de menores.

A publicidade a serviços de audiotexto está regulada pelo Decreto-Lei n.° 175/99, de 21 de Maio, alterado pelo Decreto-Lei n.° 148/2001, de 7 de Maio, e pela Lei n.° 95/2001, de 20 de Agosto, dispondo o respectivo artigo 2.°, n.° 3, que "é proibida a publicidade de audiotexto dirigida a menores, sob qualquer forma e através de qualquer suporte publicitário, nomeadamente integrando-a em publicações, gravações, emissões ou qualquer outro tipo de comunicações que lhes sejam especialmente dirigidas".

A Lei n.° 13/2006, de 17 de Abril, alterada pela Lei n.° 17-A/2006, de 26 de Maio, contém o regime jurídico do transporte de crianças e de jovens e regula o acesso à actividade, o licenciamento de automóveis para esse efeito e a certificação dos motoristas, determinando a obrigatoriedade de presença de vigilantes e estabelecendo medidas de segurança, no que respeita, entre outros aspectos, à lotação dos automóveis, aos cintos de segurança e à abertura de portas e janelas. O Decreto Legislativo Regional n.° 23/2006/A, de 12 de Junho, estabelece o regime jurídico do transporte colectivo de crianças na Região Autónoma dos Açores.

V. a Carta Social Europeia Revista, aberta à assinatura dos Estados-Membros do Conselho da Europa em Estrasburgo em 3 de Maio de 1996, e assinada pela República Portuguesa nessa data, tendo sido aprovada para ratificação pela Resolução da Assembleia da República n.° 16-A/2001, em 21 de Setembro, e sido ratificada pelo Decreto do Presidente da República n.° 54-A/2001, de 17 de Outubro, em especial, o seu artigo 7.°.

V. ainda a Convenção Relativa à Competência das Autoridades e à Lei Aplicável em Matéria de Protecção de Menores, celebrada na Haia em 5 de Outubro de 1961, aprovada para ratificação pelo Decreto-Lei n.° 48 494, de 22 de Julho de 1968, tendo Portugal depositado o respectivo instrumento de ratificação em 6 de Dezembro de 1968, conforme aviso publicado no *Diário do Governo*, 1.ª série, de 24 de Janeiro de 1969, e tendo a Convenção entrado em vigor para Portugal em 4 de Fevereiro de 1969; pelo Aviso n.° 287/95, de 4 de Outubro, tornou-se público que, por nota de 1 de Setembro de 1995 e nos termos do artigo 25.° da Convenção por último referida, o Ministério dos Negócios Estrangeiros do Reino dos Países Baixos notificou ter Portugal, por nota datada de 12 de Junho de 1995 e recebida em 10 de Agosto de 1995, informado de que a sua autoridade designada é o Instituto de Reinserção Social; o Aviso n.° 114/2001, de 3 de Novembro, tornou público que o Secretariado Permanente da Conferência da Haia de Direito Internacional Privado comunicou, no âmbito desta Convenção, que, em conformidade com o artigo 21.°, alínea 3), da mesma, a República Portuguesa aceitou a adesão da República da Polónia à Convenção, com efeitos a partir de 2 de Outubro de 2001.

V. *Menor; Medida tutelar; Representação legal; Guarda de menores; Omissão; Abandono de menor; Confiança de menor; Adopção; Publicidade; Transporte.*

Protecção do ambiente – É a Lei n.° 11/ /87, de 7 de Abril, alterada pela Lei n.° 13/2002, de 19 de Fevereiro (Lei de Bases do Ambiente), que se ocupa da protecção do ambiente, enunciando o princípio geral de que "todos os cidadãos têm direito a um ambiente humano e ecologicamente equilibrado e o dever de o defender, incumbindo ao Estado, por meio de organismos próprios e por apelo a iniciativas populares e comunitárias, promover a melhoria da qualidade de vida, quer individual, quer colectiva" (artigo 2.°, n.° 1).

O artigo 7.°, n.° 2-*g*), do Código da Publicidade (Decreto-Lei n.° 330/90, de 23 de Outubro, alterado pelos Decretos-Leis n.°s 74/93, de 10 de Março, 6/95, de 17 de Janeiro, 61/97, de 25 de Março, 275/98 de 9 de Setembro, 51/2001, de 15 de Fevereiro, e 332/2001, de 24 de Dezembro, pelas Leis n.°s 31-A/98, de 14 de Julho, e 32/2003, de 22 de Agosto, e pelo Decreto-Lei n.° 224/2004, de 4 de Dezembro) proíbe toda a publicidade que "encoraje comportamentos prejudiciais à protecção do ambiente".

No que respeita à prevenção e controlo da poluição atmosférica, havia de ter em conta, além da Lei de Bases do Ambiente, o Decreto-Lei n.° 352/90, de 9 de Novembro (alterado pelos Decretos-Leis n.° 276/99, de 23 de Julho, e 178/2003, de 5 de Agosto, e, finalmente revogado pelo Decreto-Lei n.° 78/ /2004, de 3 de Abril), e a Portaria n.° 286/93, de 12 de Março (entretanto revogada pelo referido DL n.° 78/2004, embora não totalmente, tanto quanto pode entender-se, pois se diz que as referências nela feitas para o DL n.° 352/90 "consideram-se feitas ao artigo 17.° do presente diploma [DL 78/2004] a partir da entrada em vigor deste); a Portaria n.° 80/2006, de 23 de Janeiro, fixa "os limiares máximos mínimos e os limiares máximos que definem as condições de monitorização das emissões de poluentes para a atmosfera, previstas nos artigos 19.° e 20.° do Decreto-Lei n.° 78/2004, de 3 de Abril [...]".

O mencionado DL n.° 78/2004, alterado pelo Decreto-Lei n.° 126/2006, de 3 de Julho, "estabelece o regime da prevenção e controlo das emissões de poluentes para a atmosfera, fixando os princípios, objectivos e instrumentos apropriados à garantia de protecção do recurso natural ar, bem como as medidas, procedimentos e obrigações dos operadores das instalações abrangidas, com vista a evitar ou reduzir a níveis aceitáveis a poluição atmosférica originada nessas mesmas instalações". A Portaria n.° 263/2005, de 17 de Março, rectificada pela Declaração de rectificação n.° 38/2005, de 16 de Maio, fixa as regras para o cálculo da altura de chaminés e define as situações em que devem para esse efeito ser realizados estudos de poluentes atmosféricos.

Quanto aos compostos orgânicos voláteis por emissão de veículos a motor, v. Portarias n.°s 427/87, de 22 de Maio (entretanto alterada pela Portaria n.° 1009/89, de 21 de Novembro), e 906/92, de 21 de Setembro (alterada pela Portaria n.° 1009/89). A Portaria n.° 646/97, de 11 de Agosto, transpõe para o direito interno a Directiva n.° 94/63/CE, de 20 de Dezembro, "relativa ao controlo das emissões de compostos orgânicos voláteis resultantes do armazenamento de gasolinas e da sua distribuição dos terminais para as estações de serviço". O Decreto-Lei n.° 186/99, de 31 de Maio, adopta medidas no sentido da cessação da comercialização da gasolina com chumbo e, em conjugação com o Decreto-Lei n.° 104/2000, de 3 de Junho (rectificado pela Declaração de rectificação n.° 7-U/2000, de 31 de Agosto), transpôs para o direito nacional a Directiva n.° 98/70/CE, do Parlamento Europeu e do Conselho, de 13 de Outubro de 1998, enunciando as "disposições necessárias à aplicação de especificações aos combustíveis a utilizar em veículos equipados com motores de ignição comandada e de ignição por compressão"; este DL n.° 104/2000 foi alterado pelo Decreto-Lei n.° 254/2001, de 22 de Setembro, na transposição da Directiva n.° 2000/71/CE, da Comissão, de 7 de Novembro. O Regulamento das Homologações de Veículos, Sistemas e Unidades Técnicas Relativo às Emissões Poluentes foi aprovado pelo Decreto-Lei n.° 202/2000, de 1 de Setembro – alterado pelos Decretos-Leis n.°s 26/2001, de 1 de Fevereiro, 236/2002, de 5 de Novembro, 72-D/2003, de 14 de Abril (este na transposição da Directiva n.° 2001/100/CE, do Parlamento Europeu e do Conselho, de 7 de Dezembro), 224/2003, de 24 de Setembro (na transposição da Directiva n.° 2002/80/CE, da Comissão, de 3 de Outubro), e 132//2004, de 3 de Junho (que, por sua vez, transpõe a Directiva n.° 2003/76/CE, da Comissão, de 11 de Agosto) –, que transpôs a Directiva n.° 98/69/CE, do Parlamento Europeu e do Conselho, de 13 de Outubro de 1998, e a Directiva n.° 98/77/CE, da Comissão, de 2 de Outubro. O Decreto-Lei n.° 242/2001, de 31 de Agosto, transpondo a Directiva n.° 1999/13/CE, do Conselho, de 11 de Março, "tem por objecto a redução dos efeitos directos e indirectos das emissões de compostos orgânicos voláteis para o ambiente, resultantes da aplicação de solventes orgânicos em certas actividades e instalações, bem como dos riscos potenciais dessas emissões para a saúde humana e para o ambiente [...]". O Decreto-Lei n.° 114/2002, de 20 de Abril (alterado pelo Decreto-Lei n.° 74/2005, de 24 de Março) – que transpôs a Directiva n.° 2000/25/CE, do Parlamento Europeu e do Conselho, de 22 de Maio –, aprova o Regulamento Respeitante às Medidas a Tomar Contra as Emissões de Gases Poluentes e de Partículas Poluentes Provenientes dos Motores Destinados a Propulsão dos Tractores Agrícolas ou Florestais. Também com vista a proteger o ambiente da emissão de gases e partículas poluentes, o Decreto-Lei n.° 13/2002, de 26 de Janeiro, transpôs a Directiva n.° 1999/96/CE, do Parlamento Europeu e do Conselho, de 13 de Dezembro, aprovando o Regulamento Respeitante ao Nível das Emissões Poluentes Provenientes dos Motores Alimentados a Diesel, Gás Natural Comprimido ou Gás de Petróleo Liquefeito Utilizados em Automóveis, tendo sido alterado pelo Decreto-Lei n.° 237/2002, de 5 de Novembro, na transposição da Directiva n.° 2001/27/CE, da Comissão, de 10 de Abril. O Decreto-Lei n.° 107/2002, de 16 de Abril, transpôs a Directiva n.° 2001/9/CE, da Comissão, de 12 de Fevereiro, e a Directiva n.° 2001/11/CE, da Comissão, de 14 de Fevereiro, que regulam, respectivamente, os ensaios para verificação e controle das emissões de escape e a obrigatoriedade de controle da velocidade máxima dos veículos.

O Decreto-Lei n.° 115/2002, de 20 de Abril – que transpôs a Directiva n.° 2000/8/CE, do Parlamento Europeu e do Conselho, de 20 de Março –, aprova o Regulamento Relativo aos Reservatórios de Combustível Líquido e à Protecção à Retaguarda contra o Encaixe dos Automóveis e Seus Reboques. O Decreto-Lei n.° 193/2003, de 22 de Agosto, transpôs a Directiva n.° 2001/81/CE, do Parlamento Europeu e do Conselho, de 23 de Outubro, criando "os mecanismos para limitar as emissões de poluentes acidificantes e eutrofizantes e de precursores de ozono, por forma a reforçar a protecção do ambiente e da saúde humana contra os riscos de efeitos nocivos decorrentes da acidificação, da eutrofização dos solos e da concentração de ozono ao nível do solo, tendo em vista os objectivos a longo prazo de não exceder os níveis e as cargas críticos e de proteger de forma eficaz os indivíduos contra os riscos para a saúde decorrentes da poluição atmosférica".

O Decreto-Lei n.° 379/93, de 5 de Novembro (rectificado pela Declaração de rectificação n.° 232/93, de 30 de Novembro), alterado pela Lei n.° 176/99, de 25 de Outubro, e pelos Decretos-Leis n.°s 439-A/99, de 29 de Outubro, 14/2002, de 26 de Janeiro, 103/2003, de 23 de Maio, e 285/2003, de 8 de Novembro, estabelece o regime da gestão e exploração de sistemas que tenham por objecto aquela actividade. O Decreto Legislativo Regional n.° 28/2004/M, de 24 de Agosto, cria o sistema de transferência, triagem, valorização e tratamento de resíduos sólidos da Região Autónoma da Madeira, ocupando-se o Decreto Legislativo Regional n.° 21/2005/M, de 13 de Dezembro, da qualificação dos bens imóveis e infra-estruturas integradas naquele sistema.

O Decreto-Lei n.° 53/97, de 4 de Março, criou o sistema multimunicipal de valorização e tratamento de resíduos sólidos urbanos da margem sul do Tejo, sistema alargado ao município de Setúbal pelo Decreto-Lei n.° 127/2002, de 10 de Maio; o Decreto-Lei n.° 139/2000, de 13 de Julho, criou o sistema multimunicipal de saneamento do Baixo Cávado e Ave para recolha, tratamento e rejeição de efluentes dos municípios de Barcelos, Esposende, Póvoa do Varzim, Vila do Conde e Vila Nova de Famalicão; o Decreto-Lei n.° 226/2000, de 9 de Setembro, criou o sistema multimunicipal de triagem, recolha selectiva, valorização e tratamento de resíduos sólidos urbanos do Alto Tâmega, integrando como utilizadores originários os municípios de Boticas, Chaves, Ribeira da Pena, Valpaços, e Vila Pouca de Aguiar, e constitui a concessionária do sistema; o Decreto-Lei n.° 11/2001, de 23 de Janeiro, criou o sistema multimunicipal de triagem, recolha, valorização e tratamento de resíduos urbanos do Norte Alentejano, integrando como utilizadores originários os municípios de Alter do Chão, Arronches, Avis, Campo Maior, Castelo de Vide, Crato, Elvas, Fronteira, Marvão, Monforte, Nisa, Ponte de Sor, Portalegre e Sousel; o Decreto-Lei n.° 93/2001, de 23 de Março, criou o sistema multimunicipal de triagem, recolha selectiva, valorização e tratamento de resíduos sólidos urbanos do Vale do Douro Sul, integrando como utilizadores originários os municípios de Armamar, Cinfães, Lamego, Moimenta da Beira, Penedono, Resende, São João da Pesqueira, Sernancelhe, Tabuaço e Tarouca. O Decreto-Lei n.° 310/95, de 20 de Novembro, que estabelecia o regime jurídico da gestão de resíduos, foi entretanto revogado pelo Decreto-Lei n.° 239/97, de 9 de Setembro, alterado pelo Decreto-Lei n.° 321/99, de 11 de Agosto, que fixou "as regras a que fica sujeita a gestão de resíduos, nomeadamente a sua recolha, transporte, armazenagem, tratamento, valorização e eliminação, por forma a não causar prejuízo para a saúde humana ou para o ambiente", tendo a Portaria n.° 818/97, de 5 de Setembro, aprovado a lista harmonizada de todos os resíduos, designada por Catálogo Europeu de Resíduos (CER). O Plano Estratégico de Gestão de Resíduos Industriais foi aprovado pelo Decreto-Lei n.° 516/99, de 2 de Dezembro.

A Directiva n.° 86/278/CEE, do Conselho, de 12 de Junho, alterada pela Directiva n.° 91/692/CEE, do Conselho, de 23 de Dezembro, e pelo Regulamento (CE) n.° 807/2003, do Conselho, de 14 de Abril, "relativa à utilização agrícola das lamas de depuração, de modo a evitar os efeitos nocivos sobre o homem, os solos, a água, a vegetação e o ambiente em geral", foi transposta pelo Decreto Legislativo Regional n.° 16/2005/A, de 20 de Julho.

As normas relativas à rede nacional de áreas protegidas encontram-se no Decreto-Lei n.° 19/93, de 23 de Janeiro, alterado pelos Decretos-Leis n.°s 151/95, de 24 de Junho, 213/97, de 16 de Agosto, 227/98, de 17 de Julho, 380/99, de 22 de Setembro, 204/2002, de 1 de Outubro, 221/2002, de 22 de Outubro, e 117/2005, de 18 de Julho; o Decreto-Lei n.° 67/2006, de 23 de Março, prorroga o prazo fixado no artigo 1.°, n.° 1, do Decreto-Lei n.° 217-A/2004, de 8 de Outubro, para a aprovação dos planos de ordenamento das áreas protegidas que ainda não tenham esses planos de ordenamento do território; a aplicação daquele diploma à Região Autónoma dos Açores foi feita pelo Decreto Legislativo Regional n.° 21/93/A, de 23 de Dezembro; o Decreto Legislativo Regional n.° 5/2004/A, de 18 de Março, classifica como monumento natural regional a Caldeira Velha na ilha de S. Miguel, e o Decreto Legislativo Regional n.° 5/2004/ /A, da mesma data aplica idêntica classificação à gruta das torres na ilha do Pico. O Decreto-Lei n.° 357/87, de 17 de Novembro, definiu a área de paisagem protegida do litoral de Esposende, que foi reclassificada pelo decreto regulamentar n.° 6/2005, de 21 de Julho, passando a denominar-se Parque Natural do Litoral Norte.

O Decreto Regulamentar n.° 16/98, de 25 de Julho, classifica como protegida a albufeira de Enxoé, tornando-lhe aplicáveis as normas do Decreto Regulamentar n.° 2/88, de 20 de Janeiro, com as alterações que lhe foram introduzidas pelos Decretos Regulamentares n.° 37/91, de 23 de Julho, e 33/92, de 2 de Dezembro, e pelo Decreto-Lei n.° 151/95, de 24 de Julho.

O Decreto-Lei n.° 268/98, de 28 de Agosto, que revogou o Decreto-Lei n.° 117/94, de 3 de Maio, contém o regime do licenciamento da instalação e ampliação dos depósitos de sucata, "com o objectivo de promover um correcto ordenamento do território, evitar a degradação da paisagem e do ambiente e proteger a saúde pública"; o Decreto Legislativo Regional n.° 6/2003/ /A, de 11 de Março, aplica este diploma à Região Autónoma dos Açores.

A Convenção Europeia da Paisagem, aberta para assinatura em Florença em 20 de Outubro de 2000, foi aprovada pelo Decreto n.° 4/2005, de 14 de Fevereiro, tendo a carta de aprovação respectiva sido depositada em 29 de Março de 2005, segundo o Aviso n.° 260/2005, de 7 de Junho.

Revogando a legislação anterior, o Decreto-Lei n.° 154/2005, de 6 de Novembro (que transpôs as Directivas n.°s 2002/ /89/CE, do Conselho, de 28 de Novembro, 2004/102/CE, da Comissão, de 5 de Outubro, 2004/103/CE, da Comissão, de 7 de Outubro, 2004/105/CE, da Comissão, de 15 de Outubro, 2005/15/CE, do Conselho, de 28 de Fevereiro, 2005/16/CE, da Comissão, de 2 de Março, 2005/17/CE, da Comissão, de 2 de Março, e 2005/18/CE, da Comissão, de 2 de Março), actualiza o regime fitossanitário que cria, e define as medidas de protecção fitossanitária destinadas a evitar a introdução e dispersão no território nacional e comunitário, incluindo nas zonas protegidas, de organismos prejudiciais aos vegetais e produtos vegetais qualquer que seja a sua origem ou proveniência.

O regime a que fica sujeita a gestão de pilhas e acumuladores, novos ou usados, "assumindo como primeira prioridade a prevenção da produção desses resíduos, seguida da reciclagem ou outras formas de valorização, por forma a reduzir a quantidade de resíduos a eliminar", foi definido pelo Decreto-Lei n.° 62/2001, de 19 de Fevereiro, na transposição de da Directiva n.° 98/101/CE, da Comissão, de 22 de Dezembro.

O Decreto-Lei n.° 138/2005, de 17 de Agosto, "estabelece o sistema de monitorização ambiental do grau de radioactividade [...], tendo em vista o controlo do grau de radioactividade da atmosfera, das águas e do solo".

O Decreto-Lei n.° 11/2003, de 18 de Janeiro, "regula a autorização municipal inerente à instalação e funcionamento das infra-estruturas de suporte das estações de radiocomunicações e respectivos acessórios, definidas no Decreto-Lei n.° 15-A/ /2000, de 20 de Julho, e adopta mecanismos para fixação dos níveis de referência relativos à exposição da população a campos electromagnéticos [...], sendo esses níveis fixados por portaria [...]"; a Portaria n.° 1421/2004, de 23 de Novembro, veio fazê-lo.

A Resolução do Conselho de Ministros n.° 161/2005, de 12 de Outubro, procedeu à alteração do imposto automóvel, "com benefício para os veículos menos poluentes", tendo em conta o tipo de combustível, de forma a minorar os danos ambientais e os malefícios para a saúde pública. O Decreto-Lei n.° 62/2006, de 21 de Março, transpôs a Directiva n.° 2003/30/CE, do Parlamento Europeu e do Conselho, de 8 de Maio, relativa à promoção da utilização de biocombustíveis renováveis nos transportes, em substituição dos combustíveis fósseis.

Neste domínio, há a considerar ainda a Convenção as Nações Unidas sobre Poluição Atmosférica Transfronteiriça a Longa Distância, concluída em Genebra em Novembro de 1979 e em vigor a nível internacional desde 17 de Novembro de 1991, e que foi aprovada para ratificação pelo Decreto n.° 45/80, de 12 de Junho de 1980, tendo sido depositado o correspondente instrumento de ratificação em 29 de Setembro de 1980, conforme aviso publicado no *Diário da República*, I série, de 27 de Novembro de 1980; a Convenção entrou em vigor para Portugal em 16 de Março de 1983, sendo a autoridade central/ponto fulcral o Instituto dos Resíduos. Em 1 de Dezembro de 1999, Portugal assinou em Gotenburgo o Protocolo à referida Convenção, Relativo à Redução da Acidificação, Eutrofização e Ozono Troposférico, que foi aprovado pelo Decreto do Presidente da República n.° 20/2004, de 20 de Agosto; o instrumento de ratificação respectivo foi depositado em 16 de Fevereiro de 2005, conforme o Aviso n.° 179/2005, de 4 de Maio.

O Decreto-Lei n.° 327/90, de 22 de Outubro, rectificado pela Declaração de rectificação n.° 28-C/91, de 6 de Fevereiro, e alterado pela Lei n.° 54/91, de 8 de Agosto, e pelo Decreto-Lei n.° 34/99, de 5 de Fevereiro, adoptou medidas com vista à defesa do património florestal, designadamente a proibição, pelo prazo de 10 anos, de vários actos nos terrenos com povoamentos florestais objecto de incêndios; novas alterações foram introduzidas àquele diploma pelo Decreto-Lei n.° 34/99, de 5 de Fevereiro, no sentido de reforçar a protecção dos solos florestais. O Decreto-Lei n.° 156/ /2004, de 30 de Junho, e a Portaria n.° 1056/2004, de 19 de Agosto, ocupam-se das medidas de defesa da floresta contra incêndios em manchas do território, designadas por zonas críticas. O Regulamento (CE) n.° 2152/2003, do Parlamento Europeu e do Conselho, de 17 de Novembro, regulamentado pelo Regulamento (CE) n.° 2121/2004, de 13 de Dezembro, ocupa-se dos meios de avaliação e de melhoramento da eficácia do sistema de controlo das florestas e da informação sobre incêndios florestais; o Decreto-Lei n.° 5/2006, de 3 de Janeiro, "estabelece as regras de aplicação em Portugal daquele Regulamento. A Resolução do Conselho de Ministros n.° 65/2006, de 26 de Maio, aprova o Plano Nacional de Defesa da Floresta contra Incêndios.

O Decreto-Lei n.° 431/99, de 22 de Outubro, revogando a Portaria n.° 1033/93, de 15 de Outubro, transpôs a Directiva n.° 82/176/CEE, do Conselho, de 22 de Março, relativa aos valores limite e aos objectivos de qualidade para as descargas de mercúrio de sectores da electrólise dos cloretos alcalinos.

A protecção das águas contra a poluição proveniente de nitratos de origem agrícola foi essencialmente regulada pelo Decreto-Lei n.° 235/97, de 3 de Setembro, alterado pelo Decreto-Lei n.° 68/99, de 11 de Março, que transpôs a Directiva n.° 91/676/CEE, do Conselho, de 12 de Dezembro de 1991. O Decreto-Lei n.° 162/96, de 4 de Setembro, rectificado pela Declaração de rectificação n.° 16-R/96, de 31 de Dezembro, e alterado pelo Decreto-Lei n.° 223/2003, de 20 de Setembro, estabelece o regime jurídico da construção, exploração e gestão dos sistemas multimunicipais de recolha, tratamento e rejeição de efluentes. O Decreto-Lei n.° 101/97, de 26 de Abril, criou o sistema multimunicipal de saneamento da ria de Aveiro para recolha, tratamento e rejeição de efluentes de vários municípios (o sistema criado pelo diploma foi alargado aos municípios de Espinho e de Santa Maria da Feira pelo Decreto-Lei n.° 329/ /2000, de 22 de Dezembro). O Decreto-Lei n.° 152/97, de 19 de Junho, alterado pelos Decretos-Leis n.°s 348/98, de 9 de Novembro, 261/99, de 7 de Julho, 172/2001, de 26 de Maio, e 149/2004, de 22 de Junho, regula a "recolha, tratamento e descarga de águas residuais urbanas no meio aquático, procedendo à transposição para o direito interno da Directiva n.° 91/271/CEE, do Conselho, de 21 de Maio de 1991". A Resolução do Conselho de Ministros n.° 148/98, de 19 de Dezembro, cria, no âmbito do Ministério do Ambiente, uma comissão de acompanhamento destinada a conduzir os trabalhos tendentes à criação do Sistema Multimunicipal de Captação e Tratamento de Água para Consumo e de Recolha, Tratamento e Rejeição de Efluentes do Alto Zêzere. O sistema multimunicipal de saneamento do Lis, para recolha, tratamento, e rejeição de efluentes dos municípios de Batalha, Leiria, Marinha Grande, Ourém e Porto de Mós, foi criado pelo Decreto-Lei n.° 543/99, de 13 de Dezembro. Os Decretos-Leis n.°s 52/99, 53/99 (rectificado o último pela Declaração de rectificação n.° 10-R/99, de 30 de Abril), 54/99, (este rectificado pela Declaração de rectificação n.° 10-T/99, de 30 de Abril), todos de 20 de Fevereiro (transpondo, respectivamente, as Directivas n.°s 84/156/CEE, do Conselho, de 8 de Março, 83/513/CEE, do Conselho, de 26 de Setembro, e 84//513/CEE, do Conselho, de 9 de Outubro), fixam "os valores limite a considerar no estabelecimento das normas de descarga de águas residuais na água ou no solo, os objectivos de qualidade, os métodos de referência e o processo de controlo", respectivamente, do mercúrio, do cádimo e do hexaclorociclo-hexano, "com vista a eliminar a poluição que pode provocar nesses meios"; em sentido paralelo, o Decreto-Lei n.° 56/99, de 26 de Fevereiro (rectificado pela Declaração de rectificação n.° 10-S/99, de 30 de Abril), cuja actual redacção é a do Decreto-Lei n.° 390/99, de 30 de Setembro, transpondo as Directivas n.°s 86/280//CEE, do Conselho, de 12 de Junho, e 88/347/CEE, de 16 de Junho, fixa os valores limite e os objectivos de qualidade para a descarga de certas substâncias perigosas, "com vista a eliminar ou reduzir a poluição que podem provocar [...]"; v também a Portaria n.° 39/2000, de 28 de Janeiro, que aprova o programa para evitar ou eliminar a poluição proveniente de fontes múltiplas de hexaclorobutadieno; e a Portaria n.° 91/2000, de 19 de Fevereiro, que aprova os programas específicos destinados a evitar ou a eliminar a poluição por clorofórmio.

O Decreto-Lei n.° 506/99, de 20 de Novembro, alterado pelo Decreto-Lei n.° 261/2003, de 21 de Outubro, procura "reduzir a poluição dos meios aquáticos provocada pelas descargas pontuais e difusas de águas residuais através da fixação de objectivos de qualidade para determinadas substâncias perigosas incluídas nas famílias ou grupos de substâncias da lista II do anexo XIX ao Decreto-Lei n.° 236/98, de 1 de Agosto, que foram consideradas prioritárias em função da respectiva toxicidade, persistência e bioacumulação".

O Decreto-Lei n.° 72/2003, de 10 de Abril (alterado pelo Decreto-Lei n.° 164//2004, de 3 de Julho), transpondo a Directiva n.° 2001/18/CE, do Parlamento Europeu e do Conselho, de 12 de Março, ocupa-se do regime da libertação deliberada no ambiente de organismos geneticamente modificados (OMG) e da colocação no mercado de produtos que contenham ou sejam constituídos por OMG. O Decreto-Lei n.° 35/2006, de 20 de Fevereiro, tem como objectivo assegurar a execução e garantir o cumprimento das obrigações decorrentes para o Estado Português do Regulamento (CE) n.° 1946/2003, do Parlamento Europeu e do Conselho, de 15 de Julho, relativo ao movimento transfronteiriço de organismos geneticamente modificados, não se aplicando aos produtos farmacêuticos para consumo humano que sejam abrangidos por outros diplomas de direito internacional; o Instituto do Ambiente é a autoridade competente para efeitos de aplicação do Regulamento, cabendo-lhe "desempenhar as tarefas administrativas referidas no Protocolo de Cartagena sobre a Segurança Biológica, anexo à Convenção sobre Diversidade Biológica [...]", *infra* mencionada. A Portaria n.° 384/2006, de 19 de Abril, fixa as taxas a cobrar nos processos de notificação para libertação e colocação de organismos geneticamente modificados. O DL n.° 2/2001, já referido, que transpôs a Directiva n.° 98/81/CE, do Conselho, de 26 de Outubro, e a Portaria n.° 751/94, de 16 de Agosto, com a redacção dada pelos Decretos-Leis n.°s 119/98, de 7 de Maio, e 172/98, de 25 de Junho, enunciam as regras a que deve obedecer a notificação da libertação deliberada no ambiente de organismos geneticamente modificados. Igualmente na transposição de Directivas – as n.°s 98/95/CE e 98/96/CEE, do Conselho, de 14 de Dezembro –, o Decreto-Lei n.° 268/2000, de 24 de Outubro, alterado pelo Decreto-Lei n.° 168/2002, de 23 de Julho, "estabelece o regime geral do Catálogo Nacional de Variedades de Espécies Agrícolas e de Espécies Hortícolas, bem como os princípios e as condições em que estas variedades, incluindo as [...] geneticamente modificadas e os recursos genéticos vegetais de reconhecido interesse, deverão observar para que a certificação das suas sementes e propágulos possa ter lugar, bem como a respectiva comercialização [...]".

O Acordo Internacional sobre Recursos Genéticos Vegetais para a Alimentação e Agricultura, aprovado em 1983 pela Conferencia da FAO, foi adoptado por Portugal. O nosso país é também Parte na Convenção das Nações Unidas sobre Diversidade Biológica, assinada em 13 de Junho de 1992, no Rio de Janeiro. A Convenção para a Protecção do Meio Marinho do Atlântico Nordeste (Convenção OSPAR), concluída em Paris, em 22 de Setembro de 1992, foi aprovada pelo Decreto n.° 59/97, de 31 de Outubro, tendo o instrumento de ratificação sido depositado em 23 de Fevereiro de 1998, segundo o Aviso n.° 122/98, de 30 de Junho; esta última Convenção foi objecto de Emendas, adoptadas em Sintra em 23 de Julho de 1998, aprovadas pelo Decreto n.° 7/2006, de 9 de Janeiro, tendo o instrumento de ratificação respectivo sido depositado em 23 de Fevereiro de 2006, conforme o Aviso n.° 578/2006, de 5 de Maio; as Emendas entraram em vigor para Portugal em 25 de Março de 2006.

O Decreto do Presidente da República n.° 22/2005, de 26 de Setembro, aprova o Tratado Internacional sobre os Recursos Fitogenéticos para a Alimentação e a Agricultura, aberto à assinatura em Roma em 3 de Novembro de 2001.

A prevenção de riscos de acidentes graves causados pela actividade de certas indústrias foi, originariamente, realizada pelo regime do Decreto-Lei n.° 224/87, de 3 de Junho, e depois pelo Decreto-Lei n.° 204/93, de 3 de Junho, tendo estes diplomas transposto várias Directivas comunitárias; entretanto, o Decreto-Lei n.° 164/2001, de 23 de Maio (rectificado pela Declaração de rectificação n.° 13-R/2001, de 30 de Junho, e alterado pelo Decreto-Lei n.° 69/2003, de 10 de Abril), que revogou o DL n.° 204/93, actualiza e redefine o regime de "prevenção de acidentes graves que envolvam substâncias perigosas e a limitação das suas consequências para o homem e para o ambiente, com vista a assegurar, de forma eficaz e coerente, um elevado nível de protecção dos mesmos, transpondo para a ordem jurídica interna a Directiva n.° 96/82/CE, do Conselho, de 9 de Dezembro"; v. também a Portaria n.° 193/2002, de 4 de Março.

A Lei n.° 93/2001, de 20 de Agosto, reconhecendo "como prioridades nacionais a luta contra a intensificação do efeito de estufa e a prevenção dos ricos associados às alterações climáticas", cria instrumentos de prevenção daquelas alterações e dos seus efeitos. A Convenção Quadro sobre Alterações Climáticas foi aprovada, para ratificação, pelo Decreto n.° 20/93, de 21 de Junho. O Decreto n.° 7/2002, de 25 de Março, aprova o Protocolo de Quioto à Convenção Quadro das Nações Unidas sobre Alterações Climáticas, de 9 de Maio de 1992, concluído em Quioto em 11 de Dezembro de 1997; o instrumento de aprovação foi depositado em 31 de Maio de 2002, segundo o Aviso n.° 49/2005, de 18 de Fevereiro, tendo entrado em vigor em 16 de Fevereiro de 2005. A Comissão para as Alterações Climáticas, criada pela Resolução do Conselho de Ministros n.° 72/98, de 29 de Junho, foi designada como autoridade nacional para "os mecanismos de flexibilidade do Protocolo de Quioto" pela Resolução do Conselho de Ministros n.° 33/2006, de 24 de Março. O Decreto-Lei n.° 71/2006, de 24 de Março, cria no âmbito do Ministério do Ambiente, o Fundo Português de Carbono, que "tem como objectivo contribuir para o cumprimento dos compromissos quantificados de limitação de gases com efeito de estufa a que o Estado Português se comprometeu ao ratificar o Protocolo de Quioto.

O Decreto-Lei n.° 233/2004, de 14 de Dezembro, alterado pelos Decretos-Leis n.ºs 243-A/2004, de 31 de Dezembro, 230/2005, de 29 de Dezembro, e 72/2006, de 24 de Março, estabelece o regime de comércio de licenças de emissão de gases com efeito de estufa na Comunidade Europeia, transpondo a Directiva n.º 2003/87//CE, do Parlamento Europeu e do Conselho, de 13 de Outubro.

Na transposição da Directiva n.º 98/56//CE, do Conselho, de 20 de Julho, relativa à produção e comercialização de materiais de propagação de plantas ornamentais, v. o Decreto-Lei n.º 237/2000, de 26 de Setembro, que altera o Decreto-Lei n.º 277/91, de 8 de Agosto; neste domínio, há a considerar também o Decreto-Lei n.º 271/2000, de 7 de Novembro, que transpôs várias Directivas. O Decreto-Lei n.º 266/2003, de 25 de Outubro, transpondo a Directiva n.º 2002/11/CE, do Conselho, de 14 de Fevereiro, altera a Portaria n.º 1137/91, de 5 de Novembro, na redacção da Portaria n.º 697/96, de 25 de Outubro, assim fixando o texto do Regulamento da Produção, Certificação e Comercialização de Materiais de Viveiro Vitícolas.

O Decreto-Lei n.º 124/97, de 23 de Maio, fixou normas relativas à aprovação dos Regulamentos de Segurança das Instalações de Armazenagem de Gases de Petróleo Liquefeito (GPL) com Capacidade até 200m^3 por Recipiente e os Relativos à Construção e Manutenção dos Parques de Garrafas de GPL, bem como à Instalação de Aparelhos de Gás com Potências Elevadas. A Portaria n.º 451/2001, de 5 de Maio, aprovou o Regulamento de Segurança Relativo à Construção, Exploração e Manutenção das Instalações dos Parques de Garrafas de Gases de Petróleo Liquefeito (GPL); a Portaria n.º 460/2001, de 8 de Maio, aprovou o Regulamento de Segurança das Instalações de Armazenagem de Gases de Petróleo Liquefeito (GPL) com Capacidade até 200m^3 por Recipiente. A Portaria n.º 1387/2003, de 22 de Dezembro (entretanto revogada pelo referido DL n.º 78/2004, embora não totalmente, tanto quanto pode entender-se, pois se diz que as referências nela feitas para o DL n.º 352/90 "consideram-se feitas ao artigo 17.º do presente diploma [DL 78/2004] a partir da entrada em vigor deste), enuncia medidas de segurança e controlo relativas ao uso do coque do petróleo pela indústria.

O regime jurídico da gestão de óleos novos e usados, a fim de prevenir a produção, em quantidade e nocividade, desses resíduos, promovendo a regeneração e de outras formas de reciclagem e de valorização, foi estabelecido pelo Decreto-Lei n.º 153/2003, de 11 de Julho.

O Conselho Nacional do Ambiente e do Desenvolvimento Sustentável foi criado pelo Decreto-Lei n.º 221/97, de 20 de Agosto, alterado pelo Decreto-Lei n.º 136//2004, de 3 de Junho. Trata-se de um órgão com funções consultivas, que funciona junto do Ministro do Ambiente e do Ordenamento do Território (v. Decreto-Lei n.º 215-A/2004, de 3 de Setembro), ao qual cabe, "por sua iniciativa ou a solicitação dos membros do Governo responsáveis pela área do ambiente, de entidades públicas ou de organizações de defesa do ambiente, emitir pareceres e recomendações sobre todas as questões relativas ao ambiente e ao desenvolvimento sustentável".

V. ainda Decreto-Lei n.º 140/99, de 24 de Abril, rectificado pela Declaração de rectificação n.º 10-AH/99, de 31 de Maio, e alterado pelo Decreto-Lei n.º 49/2005, de 24 de Fevereiro, que revê a transposição de várias Directivas para a ordem interna (tendo revogado os Decretos-Leis n.ºs 75/91, de 14 de Fevereiro, 224/93, de 18 de Junho, e 226/97, de 27 de Agosto): tem este por objectivo "contribuir para assegurar a biodiversidade, através da conservação e do restabelecimento dos *habitats* naturais e da flora e fauna selvagens num estado de conservação favorável no território nacional, tendo em conta as exigências económicas, sociais e culturais, bem como as particularidades regionais e locais". A Resolução do Conselho de Ministros n.º 142/97, de 28 de Agosto, aprova a lista nacional de sítios (1.ª fase) prevista no artigo 3.º do DL n.º 226/97, que se mantém em vigor, por força do artigo 4.º, n.º1, do diploma de 99 a que se está a fazer referência; A Resolução do Conselho de Ministros n.º 76/2000, de 5 de Julho, aprova a lista nacional de sítios (2.ª fase). Mais tarde, o Decreto-Lei n.º 384-B/99, de 23 de Setembro, (alterado pelos Decretos-Leis n.ºs 141/2002, de 20 de Maio, e 49/2005, de 24 de Fevereiro), cria diversas zonas de protecção especial e revê a transposição de duas Directivas – a n.° 79/409/CEE, do Conselho, de 2 de Abril, e a n.° 92/43//CEE, também do Conselho, de 21 de Maio. A Resolução do Conselho de Ministros n.° 152/2001, de 11 de Outubro (rectificada pela Declaração de rectificação n.° 20-AG/2001, de 31 de Outubro), adoptou a Estratégia Nacional de Conservação da Natureza e da Biodiversidade. Neste domínio, v. também o Acordo sobre Conservação dos Morcegos na Europa, concluído em Londres em 4 de Dezembro de 1991 e aprovado, para aceitação, pelo Decreto n.° 31/95, de 18 de Agosto, tendo o instrumento de aceitação sido depositado em 10 de Janeiro de 1996.

A Portaria n.° 940/90, de 4 de Outubro, alterada pelas Portarias n.°s 351/91, de 20 de Abril, 15/92, de 13 de Janeiro, 379/93, de 4 de Abril, 527/96, de 1 de Outubro, 493//2001, de 11 de Maio, 78/2002, de 22 de Janeiro, e 1418/2004, de 20 de Novembro, aprovou o Regulamento sobre a Protecção das Obtenções Vegetais. A Convenção Internacional para a Protecção das Obtenções Vegetais, assinada em 2 de Dezembro de 1961, revista em Genebra em 10 de Novembro de 1972, em 23 de Outubro de 1978 e em 19 de Março de 1991, foi aprovada, para adesão, pelo Decreto n.° 20/95, de 8 de Julho, tendo Portugal depositado o seu instrumento de adesão a 14 de Setembro de 1995, conforme o Aviso n.° 12/96, de 2 de Janeiro.

Embora indirectamente, o Decreto-Lei n.° 181/95, de 26 de Julho, alterado pelo Decreto-Lei n.° 386/98, de 4 de Dezembro, respeita à protecção ambiental, pois criou um sistema de incentivos à melhoria do impacte ambiental dos transportes públicos rodoviários de mercadorias; a Resolução do Conselho de Ministros n.° 73/95, de 1 de Agosto, alterada pelas Resoluções do Conselho de Ministros n.°s 144/98, de 16 de Dezembro, e 120/99, de 23 de Setembro, aprovou as normas de execução deste sistema.

A Portaria n.° 579/94, de 12 de Julho, alterada pela Portaria n.° 437/98, de 27 de Julho, aprovou o Regulamento do Regime de Apoio à Protecção de Zonas Marinhas, no âmbito do Programa para o Desenvolvimento Económico do Sector das Pescas – PROPESCA.

A Portaria n.° 732-A/96, de 11 de Dezembro (que regulamentou o Decreto-Lei n.° 82/95, de 11 de Abril, alterado pelos Decretos-Leis n.°s 72-M/2003, de 14 de Abril, e 260/2003, de 21 de Outubro), alterada pelos Decretos-Leis n.°s 330-A/98, de 2 de Novembro, 209/99, de 11 de Junho, 195-A/2000, de 22 de Agosto, 222/2001, de 8 de Agosto, 154-A/2002, de 11 de Junho, 72-M/2003, de 14 de Abril, e 27-A/2006, de 10 de Fevereiro), aprovou o Regulamento para a Notificação de Substâncias Químicas e para a Classificação, Embalagem e Rotulagem de Substâncias Perigosas, que inclui aquelas que sejam perigosas para o ambiente, caracterizadas, na alínea *p)* do artigo 3.°, como as "substâncias que, se presentes no ambiente, representam ou podem representar um risco imediato ou diferido para um ou mais compartimentos do ambiente". O Regulamento para a Classificação, Embalagem, Rotulagem e Fichas de Dados de Segurança das Preparações Perigosas foi aprovado pelo Decreto-Lei n.° 82/2003, de 23 de Abril, que revogou os Decretos-Leis n.°s 120/92, de 30 de Junho, e 189/99, de 2 de Junho, e a Portaria n.° 1152/97, de 12 de Novembro.

O Decreto-Lei n.° 111/2001, de 6 de Abril, alterado pelo Decreto-Lei n.° 43/2004, de 2 de Março, estabeleceu "os princípios e as normas aplicáveis à gestão de pneus e pneus usados, tendo como objectivos a prevenção da produção destes resíduos, a recauchutagem, a reciclagem e outras formas de valorização, visando-se a redução da quantidade de resíduos a eliminar, bem como a melhoria do desempenho de todos os intervenientes no ciclo de vida dos pneus".

O Regulamento de Aplicação da Intervenção «Medidas Agro-Ambientais», do Plano de Desenvolvimento Rural (RURIS), foi aprovado pela Portaria n.° 1212/2003, de 16 de Outubro, alterada pelas Portarias n.°s 360/2004, de 7 de Abril, 1043/2004, de 14 de Agosto, 254/2005, de 14 de Março, 500/2005, de 2 de Junho, e 143/2006, de 20 de Fevereiro.

A Portaria n.° 180/2002, de 28 de Fevereiro, rectificada pela Declaração de rectificação n.° 30-A/2002, de 30 de Setembro, e alterada pela Portaria n.° 422,/2003, de 22 de Maio, aprova o Regulamento para

Reconhecimento das Organizações de Agricultores em Modo de Produção Biológico e dos Técnicos em Modo de Produção Biológico.

Independentemente das normas já vigentes "em matéria de avaliação de impacte ambiental, de controlo dos perigos associados a acidentes graves que envolvam substâncias perigosas e de ilícitos de poluição marítima e de combate à poluição no mar", o Decreto-Lei n.° 194/2000, de 21 de Agosto alterado pelos Decretos-Leis n.°s 152/2002, de 23 de Maio, 69/2003, de 10 de Abril, 233/2004, de 14 de Dezembro, e 130/2005, de 16 de Agosto, ocupa-se da prevenção e do controlo integrados da poluição proveniente de algumas actividades e do estabelecimento de medidas tendentes a evitar – ou, pelo menos, a reduzir – as emissões para o ar, a água ou o solo de tais actividades, bem como da prevenção e controlo do ruído e da produção de resíduos, "tendo em vista alcançar um nível elevado de protecção do ambiente no seu todo, transpondo para a ordem jurídica interna a Directiva n.° 96/61/CE, do Conselho, de 24 de Setembro"; esta Directiva foi alterada pela Directiva n.° 2003/87/CE, do Parlamento Europeu e do Conselho, de 13 de Outubro, esta transposta pelo referido DL n.° 233/2004.

O Decreto-Lei n.° 49/2001, de 13 de Fevereiro, na transposição de uma Directiva, aprova o Regulamento Respeitante ao Nível Sonoro Admissível e ao Dispositivo de Escape dos Automóveis; por seu lado, o Decreto-Lei n.° 76/2002, de 26 de Março, aprova o Regulamento das Emissões Sonoras para o Ambiente do Equipamento para Utilização no Exterior, transpondo a Directiva n.° 2000/14/CEE, do Parlamento Europeu e do Conselho, de 8 de Maio. O Regulamento Geral do Ruído, que fora aprovado pelo Decreto-Lei n.° 292/2000, de 14 de Novembro, foi entretanto em parte revogado pelo citado DL n.° 76/2002. O Decreto-Lei n.° 129/2002, de 11 de Maio, aprova o Regulamento dos Requisitos Acústicos dos Edifícios.

A Resolução da Assembleia da República n.° 32/2002, aprovada em 16 de Maio de 2002, e publicada no *Diário da República*, I-A série, de 1 de Junho do mesmo ano, ocupa-se da suspensão da utilização e da eliminação de amianto em edifícios públicos. A Resolução da Assembleia da República n.° 24/2003, de 2 de Abril, recomenda ao Governo que inventarie, no prazo máximo de ano, todos os edifícios públicos que contenham amianto, proceda à sua remoção e proíba de futuro a respectiva utilização.

Motivada por preocupações de preservação do ambiente, segundo o respectivo preâmbulo, é a proibição de "afixação ou inscrição de publicidade fora dos aglomerados urbanos em quaisquer locais onde a mesma seja visível das estradas nacionais", enunciada e regulada pelo Decreto-Lei n.° 105/98, de 24 de Abril, rectificado pela Declaração de rectificação n.° 11-A/98, de 30 de Junho, e alterado pelo Decreto-Lei n.° 166/99, de 13 de Maio.

O Decreto-Lei n.° 94/98, de 15 de Abril, alterado pelos Decretos-Leis n.°s 341/98, de 4 de Novembro, 377/99, de 21 de Setembro, 22/2001, de 30 de Janeiro (rectificado pela Declaração de rectificação n.° 4-D/2001, de 28 de Fevereiro), 238/2001, de 30 de Agosto (rectificado pela Declaração de rectificação n.° 20-D/2001, de 31 de Outubro), 28/2002, de 14 de Fevereiro, 101/2002, de 12 de Abril (rectificado pela Declaração de rectificação n.° 19-C/2002, de 30 de Abril), 160/2002, de 9 de Julho, 198/2002, de 25 de Setembro, 72-H/2003, de 14 de Abril, 215/2003, de 18 de Setembro, 22/2004, de 22 de Janeiro, 39/2004, de 27 de Fevereiro, 22/2005, de 26 de Janeiro, 128/2005, de 9 de Agosto, 173/2005, de 21 de Outubro, 19/2006, de 31 de Janeiro, e 87/2006, de 23 de Maio, adopta normas técnicas de execução referentes à colocação de produtos fitofarmacêuticos no mercado. A Directiva n.° 86/363/CEE, do Conselho, de 24 de Julho, que fixava limites máximos de resíduos de certos pesticidas à superfície e no interior dos géneros alimentícios de origem animal, com a redacção que lhe foi dada pela Directiva n.° 96/33/CE, do Conselho, de 21 de Maio, foi transposta pela Portaria n.° 188/97, de 18 de Março; entretanto, a Directiva n.° 86/363/CEE foi sucessivamente alterada pelas Directivas n.°s 97/41/CE, do Conselho, de 25 de Junho, 98/82/CE, da Comissão, de 27 de Outubro, 99/71/CE, da Comissão, de 14 de Julho, 2000/24/CE, da Comissão, de 28 de Abril, 2000/42/CE, da Comissão, de 22 de Junho, 2000/58/CE, da Comissão, de 22 de Setembro, 2000/81/CE, da Comissão, de 18 de Dezembro, 2000/82/CE, da Comissão, de 20 de Dezembro, 2000/39/CE, da Comissão, de 23 de Maio, 2001/57/CE, da Comissão, de 25 de Julho, 2002/23/CE, da Comissão, de 26 de Fevereiro, 2002//42/CE, da Comissão, de 17 de Maio, 2002/66/CE, da Comissão, de 16 de Julho, 2002/71/CE, da Comissão, de 19 de Agosto, 2002/79/CE, da Comissão, de 2 de Outubro, 2002/97/CE, da Comissão, de 16 de Dezembro, e 2003/60/CE, da Comissão, de 18 de Junho; em consequência de todas estas alterações, o Decreto-Lei n.° 51/2004, de 10 de Março, substituiu a mencionada Portaria n.° 188/97; o DL n.° 51/2004 foi alterado pelos Decretos-Leis n.°s 182/2004, de 29 de Julho (que transpõe as Directivas n.°s 2003/113/CE, de 3 de Dezembro, 2003/118/CE, de 5 de Dezembro, e 2004/2/CE, de 9 de Janeiro, da Comissão), 196/2005, de 7 de Novembro (que transpôs a Directiva n.° 2004/61/CE, da Comissão, de 26 de Abril), e 86/2006, de 23 de Maio (que transpõe as Directivas n.°s 2005/46/CE, da Comissão, de 8 de Julho, 2005/48/CE, da Comissão, de 23 de Agosto, e 2005/70/CE, da Comissão, de 20 de Outubro). O Decreto-Lei n.° 99/2000, de 30 de Maio, transpôs as Directivas n.°s 87/18/CEE, do Conselho, de 18 de Dezembro de 1986, e 99/11/CE, da Comissão, de 8 de Março, estabelecendo o regime jurídico para "os ensaios de segurança não clínicos de substâncias químicas para estudo que entrem na composição, designadamente, de produtos farmacêuticos, pesticidas, cosméticos, medicamentos veterinários, produtos químicos industriais, aditivos alimentares e aditivos para rações" e, ainda, salvo quando isentos por legislação especial, para "os estudos não clínicos de segurança para a saúde e o ambiente, exigidos pela regulamentação para fins de concessão de licenças ou registo de produtos farmacêuticos, pesticidas, aditivos alimentares, aditivos para rações, cosméticos, medicamentos veterinários e produtos similares, bem como para regulamentação de produtos químicos industriais". O Decreto-Lei n.° 32/2006, de 15 de Fevereiro – rectificado pela Declaração de rectificação n.° 19/2006, de 27 de Março, e alterado pelo Decreto-Lei n.° 123/2006, de 28 de Junho – transpõe as Directivas n.°s 2004//95/CE, de 24 de Setembro, 2004/115/CE, de 15 de Dezembro, 2005/37/CE, de 3 de Junho, e 2005/46/CE, de 8 de Julho, todas da Comissão, estabelecendo novos limites máximos de resíduos (LMR) respeitantes a 26 substâncias activas de produtos fitofarmacêuticos permitidos à superfície ou no interior de produtos agrícolas de origem vegetal", bem como "LMR nacionais respeitantes a 16 substâncias activas de produtos fitofarmacêuticos permitidos à superfície ou no interior de produtos agrícolas de origem vegetal".

A Convenção de Roterdão Relativa ao Procedimento de Prévia Informação e Consentimento para Determinados Produtos Químicos e Pesticidas Perigosos no Comércio Internacional, concluída em Roterdão em 11 de Setembro de 1998, foi aprovada pelo Decreto n.° 32/2004, de 29 de Outubro, tendo o instrumento de aprovação sido depositado em 16 de Fevereiro de 2005, conforme o Aviso n.° 193/2005, de 4 de Maio, e tendo entrado em vigor em 17 de Maio de 2005.

O Decreto-Lei n.° 69/2000, de 3 de Maio (rectificado pela Declaração de rectificação n.° 7-D/2000, de 30 de Junho), alterado pelos Decretos-Leis n.°s 74/2001, de 26 de Fevereiro, e 69/2003, de 10 de Abril, pela Lei n.° 12/2004, de 30 de Março, e pelo Decreto-Lei n.° 197/2005, de 8 de Novembro (rectificado pela Declaração de rectificação n.° 2/2006, de 6 de Janeiro), aprova o regime jurídico da avaliação de impacte ambiental, transpondo a Directiva n.° 83//337/CEE, com as alterações introduzidas pela Directiva n.° 97/11/CE, do Conselho, de 3 de Março, e pela Directiva n.° 2003//35/CE, do Parlamento Europeu e do Conselho, de 26 de Maio. O Decreto Legislativo Regional n.° 1/2006/M, de 3 de Janeiro, adapta a Lei n.° 12/2004 e "estabelece o regime de autorização a que estão sujeitas a instalação e a modificação dos estabelecimentos de comércio a retalho e de comércio por grosso em livre serviço e a instalação dos conjuntos comerciais abrangidos pelo artigo 4.° [requisitos de área de venda ou de titularidade por um mesmo grupo]", visando "regular a transformação e o desenvolvimento das estruturas em empresariais de comércio, de forma a assegurar a coexistência e equilíbrio dos diversos formatos comerciais e a garantir a respectiva inserção espacial de acordo com critérios que salvaguardem uma perspectiva integrada e valorizadora do desenvolvimento da economia, da protecção do ambiente e do ordenamento do território e urbanismo comercial, tendo por fim último a defesa do interesse dos consumidores e a qualidade de vida dos cidadãos [...]".

O Decreto-Lei n.° 264/98, de 19 de Agosto (que transpôs as Directivas n.°s 94/60/CE, do Parlamento e do Conselho, de 20 de Dezembro, 96/55/CE, da Comissão, de 26 de Fevereiro, e 97/16/CE, do Parlamento e do Conselho, de 10 de Abril, publicadas no quadro da Directiva n.° 76/769/CEE), estabelece limitações à comercialização e utilização de substâncias perigosas, bem como da preparação dos produtos que as contenham, em ordem a preservar a saúde humana e o ambiente, tendo sido alterado pelos Decretos-Leis n.°s 446/99, de 3 de Novembro (que transpôs para o direito interno as Directivas n.°s 97/56/CE, do Parlamento Europeu e do Conselho, de 20 de Outubro, e 97/64/CE, da Comissão, de 10 de Novembro), 256/2000, de 17 de Outubro (transpõe as Directivas n.°s 94/27/CE, do Parlamento Europeu e do Conselho, de 30 de Junho, 1999/43/CE, do Parlamento Europeu e do Conselho, de 25 de Maio, e 1999/51/CE, da Comissão, de 26 de Maio), 238/2002, de 5 de Novembro (transpõe a Directiva n.° 2001/41/CE, do Parlamento Europeu e do Conselho, de 19 de Junho), 208/2003, de 15 de Setembro (transpõe as Directivas n.°s 2002/45/CE, de 25 de Junho, e 2002/61/ /CE, de 19 de Julho, do Parlamento Europeu e do Conselho, e as Directivas n.°s 2003/2/CE, de 6 de Janeiro, e 2003/3/CE, de 6 de Janeiro, da Comissão), 141/2003, de 2 de Julho (transpõe a Directiva n.° 2002/62/CE, da Comissão, de 9 de Julho), 123/2004, de 24 de Maio (transpõe as Directivas n.°s 2003/11/CE, do Parlamento Europeu e do Conselho, de 6 de Fevereiro, 2003/34/CE, do Parlamento Europeu e do Conselho, de 26 de Maio, e 2003/36/CE, do Parlamento Europeu e do Conselho, de 26 de Maio), 72/2005, de 18 de Março (transpõe a Directiva n.° 2003/53/CE, do Parlamento Europeu e do Conselho, de 18 de Junho), 73/2005, de 18 de Março (transpõe a Directiva n.° 2004/98/CE, da Comissão, de 30 de Setembro), 101/2005, de 23 de Junho (transpõe a Directiva n.° 1999/77/ /CE, da Comissão, de 26 de Julho), 162/2005, de 22 de Setembro (transpõe a Directiva n.° 2004/21/CE, da Comissão, de 24 de Fevereiro), e 222/2005, de 27 de Dezembro (transpõe a Directiva n.° 2004/96/ /CE, da Comissão, de 27 de Setembro).

O Decreto-Lei n.° 75/2006, de 27 de Março, transpondo a Directiva n.° 2004/ /54/CE, do Parlamento Europeu e do Conselho, de 29 de Abril, relativa aos requisitos mínimos de segurança para os túneis da rede rodoviária transeuropeia; o diploma "tem por objecto a criação de requisitos que permitam assegurar um nível mínimo de segurança nos túneis da rede rodoviária transeuropeia e da rede nacional, através da prevenção de situações críticas que possam pôr em perigo a vida humana, o meio ambiente e as instalações dos túneis", sendo aplicável a todos os túneis da rede rodoviária transeuropeia sitos no território nacional e a todos [...] da rede nacional com extensão superior a 500 m que se encontrem em serviço, em construção ou em fase de projecto".

O Decreto-Lei n.° 311/98, de 14 de Outubro, alterado pelo Decreto-Lei n.° 139/ /2005, de 17 de Agosto, criou a Comissão para a Protecção Radiológica e Segurança Nuclear, cuja competência é múltipla, cabendo-lhe, designadamente, preparar e propor legislação na matéria, acompanhar o desenvolvimento internacional nesta área e colaborar no desenvolvimento de planos nacionais para emergências radiológicas e nucleares. O Tratado de Proibição Total de Ensaios Nucleares e o Protocolo de Proibição Total de Ensaios Nucleares, bem como os respectivos anexos, adoptados pela Resolução da Assembleia Geral das Nações Unidas n.° 50/245, de 9 de Setembro de 1996, foram ratificados pelo Decreto do Presidente da República n.° 26/2000, de 24 de Maio, tendo o primeiro sido aprovado, para ratificação, pela Resolução da Assembleia da República n.° 44/2000, da mesma data; o Aviso n.° 194/ /2000, de 12 de Outubro, torna público que

Portugal depositou o respectivo instrumento de ratificação junto do Secretário-Geral das Nações Unidas em 26 de Junho de 2000. A Convenção sobre Assistência em Caso de Acidente Nuclear ou Emergência Radiológica foi aprovada, para ratificação, pela Resolução da Assembleia da República n.° 72/2003, de 12 de Setembro, tendo sido ratificada, com declarações, pelo Decreto do Presidente da República n.° 50/2003, da mesma data, e tendo Portugal depositado o respectivo instrumento de ratificação, em 23 de Outubro de 2003, junto do Secretariado da Agência Internacional de Energia Atómica, conforme o Aviso n.° 229/2003, de 29 de Dezembro; a Convenção entrou em vigor relativamente a Portugal em 23 de Novembro de 2003.

Com vista à protecção das espécies, o Decreto-Lei n.° 246/2000, de 29 de Setembro, alterado pelo Decreto-Lei n.° 112/ /2005, de 8 de Julho, define o quadro jurídico de exercício da pesca marítima dirigida a espécies animais e vegetais com fins lúdicos.

O exercício da actividade de recuperação ambiental das áreas mineiras degradadas foi definido pelo Decreto-Lei n.° 198--A/2001, de 6 de Julho, alterado pelo Decreto-Lei n.° 60/2005, de 9 de Março..

O Decreto-Lei n.° 121/2002, de 3 de Maio, transpôs a Directiva n.° 98/8/CE, do Parlamento Europeu e do Conselho, de 16 de Fevereiro, relativa à colocação no mercado de produtos biocidas. A Portaria n.° 702/2006, de 13 de Julho, fixa os quantitativos das taxas a pagar pelos requerentes de autorização de colocação no mercado de produtos biocidas.

O Decreto-Lei n.° 165/2002, de 17 de Julho, transpondo a Directiva n.° 96/29/ /EURATOM, do Conselho, de 13 de Maio, que fixa as normas de base de segurança relativas à protecção sanitária da população e dos trabalhadores contra os perigos das radiações ionizantes, estabelece as competências dos organismos intervenientes na área de protecção contra estas radiações; o Decreto-Lei n.° 180/2002, de 8 de Agosto (rectificado pela Declaração de rectificação n.° 30-A/2002, de 30 de Setembro), ainda na transposição da mesma Directiva n.° 96/29/EURATOM, define as regras relativas à protecção da saúde das pessoas contra os perigos resultantes de radiações ionizantes em exposições radiológicas médicas. O Decreto-Lei n.° 167/2002, de 18 de Julho, estabelece o regime jurídico relativo ao licenciamento e ao funcionamento das entidades que desenvolvem actividades nas áreas de protecção radiológica e transpõe disposições relativas às matérias de dosimetria e formação, da referida Directiva n.° 96/29/EURATOM, que fixa as normas de base de segurança relativas à protecção sanitária da população e dos trabalhadores contra os perigos resultantes das radiações ionizantes, e o Decreto-Lei n.° 174/2002, de 25 de Julho, estabelece as regras aplicáveis à intervenção em caso de emergência radiológica, igualmente na transposição das disposições do título IX, «Intervenção», da Directiva n.° 96/29/EURATOM. Entretanto, o Decreto-Lei n.° 140/2005, de 17 de Agosto, veio estabelecer "os valores de dispensa da declaração do exercício de práticas que impliquem risco resultante das radiações ionizantes e, bem assim, os valores de dispensa de autorização prévia para o exercício das mesmas actividades, transpondo a Directiva n.° 96/29/EURATOM [...]".

A Directiva n.° 1999/105/CE, do Conselho, de 22 de Dezembro, relativa à comercialização de materiais florestais de reprodução, foi transposta pelo Decreto-Lei n.° 205/2003, de 12 de Setembro, que também estabelece as normas gerais aplicáveis à produção e comercialização deste tipo de materiais nos casos não abrangidos pela Directiva.

É curioso observar como as preocupações ambientais vão emergindo em regimes que, em princípio e de acordo com as concepções mais tradicionais, nenhuma relação pareciam ter com elas. Assim, por exemplo, o Decreto-Lei n.° 203/98, de 10 de Julho, rectificado pela Declaração de rectificação n.° 11-M/98, de 31 de Julho, que se ocupa do regime da salvação marítima, impondo ao capitão de qualquer embarcação o dever de prestar socorro a pessoas em risco no mar, dispõe que a sua actuação deve conformar-se "com o menor prejuízo ambiental", constituindo uma das obrigações em que aquele dever se decompõe a de "evitar ou minimizar danos ambientais". Na sequência da actividade de salvação marítima, ainda que o salvador não consiga "obter resultado útil para o salvado, mas evitar ou minimizar manifestos danos ambientais", ele terá direito a uma retribuição pecuniária denominada "compensação especial"; o artigo 5.°, n.° 3, do DL n.° 203/98 esclarece que, para os efeitos dele, se entende por "danos ambientais todos os prejuízos causados à saúde humana, vida marinha, recursos costeiros, águas interiores ou adjacentes, em resultado da poluição, contaminação, fogo, explosão ou acidente de natureza semelhante". Mesmo no cálculo do chamado salário de salvação marítima – retribuição devida ao salvador sempre que da sua actividade resulte utilidade para o salvado –, a lei manda atender aos "esforços desenvolvidos pelo salvador e à eficácia destes a fim de prevenir ou minimizar o dano ambiental". Os artigos 9.° e 10.° do diploma ocupam-se da "compensação especial" que, sendo devida pelo proprietário do navio ou embarcação e pelos bens que se salvarem, bem como pelo respectivo segurador, pode ser exigida ao Estado no caso de não ser paga em tempo por aqueles.

Embora apenas com uma relação indirecta com a protecção ambiental, v. Decreto-Lei n.° 47/99, de 16 de Fevereiro, alterado pelo Decreto-Lei n.° 56/2002, de 11 de Março, que estabelece o regime do chamado turismo de natureza; o Decreto Legislativo Regional n.° 34/2004/A, de 27 de Agosto,_(rectificado pela Declaração de rectificação n.° 86/2004, de 8 de Outubro, adapta a aplicação do referido DL n.° 47/99 à Região Autónoma dos Açores.

Com o objectivo de protecção do ambiente, a Lei n.° 33/2006, de 28 de Julho, introduziu alterações ao Código do Imposto sobre o Valor Acrescentado, estabelecendo regras especiais de tributação em matéria de transmissão de bens qualificados como desperdícios, resíduos e sucatas recicláveis e certas prestações de serviços com estes relacionadas.

O Decreto Legislativo Regional n.° 26/2006/A, de 31 de Julho, estabelece um sistema de incentivos à produção de energia a partir de fontes renováveis, designado PROENERGIA.

A Convenção de Viena sobre a Protecção da Camada de Ozono, concluída em 22 de Março de 1985 – em vigor a nível internacional desde 22 de Setembro de 1988 –, foi aprovada, para adesão, pelo Decreto n.° 23/88, de 17 de Setembro, tendo sido depositado o correspondente instrumento em 17 de Outubro de 1988, conforme aviso publicado no *Diário da República*, I-A série, de 6 de Dezembro de 1988; a Convenção entrou em vigor relativamente a Portugal em 15 de Janeiro de 1989, sendo a autoridade central/ponto focal o Instituto de Meteorologia, Departamento de Clima e Ambiente Atmosférico. O Protocolo de Montreal sobre Substâncias Que Deterioram a Camada de Ozono, concluído em Montreal em 16 de Setembro de 1987, foi aprovado para ratificação pelo Decreto n.° 20/88, de 30 de Agosto, tendo sido depositado o respectivo instrumento de ratificação em 17 de Outubro de 1900, segundo aviso publicado no *Diário da República*, I-A série, de 9 de Dezembro desse mesmo ano. Foram introduzidas emendas ao Protocolo de Montreal Relativo às Substâncias Que Deterioram a Camada de Ozono em Londres, em 29 de Junho de 1990, tendo sido aprovadas para ratificação pelo Decreto n.° 39/92, de 20 de Agosto, e o respectivo instrumento de ratificação depositado em 24 de Novembro de 1992, segundo aviso publicado no *Diário da República*, I-A série, de 22 de Abril de 1993; em Portugal, esta revisão entrou em vigor em 22 de Fevereiro de 1993 e a Autoridade Central é o Instituto de Meteorologia, Departamento de Clima e Ambiente Atmosférico. O Protocolo do Montreal sobre as Substâncias que Empobrecem a Camada de Ozono, adoptada em Copenhaga em 25 de Novembro de 1992, tem uma Emenda de que Portugal é parte, tendo depositado o instrumento de ratificação em 24 de Fevereiro de 1998 (Decreto-Lei n.° 27/97, de 4 de Junho) e depositado o instrumento de ratificação ao Protocolo em 17 de Outubro de 1988 (Decreto n.° 20/88, de 30 de Agosto).

O Decreto n.° 27/97, de 4 de Junho, aprova, para ratificação, as alterações ao Protocolo de Montreal Relativo às Substâncias Que Deterioram a Camada de Ozono; segundo aviso publicado no *Diário da República*, I-A série de 25 de Maio de 1998, foi depositado, por Portugal, o instrumento de ratificação da revisão de 1992 ao referido Protocolo em 24 de Fevereiro de 1998, pelo que ela entrou em vigor para Portugal em 25 de Maio de 1998, sendo a Autoridade Central o Instituto de Meteorologia, Departamento de Clima e Ambiente Atmosférico; o Decreto n.° 35/2002, de 5 de Novembro, aprova as alterações aos anexos I e II da Convenção referida. As Emendas ao Protocolo adoptadas em Montreal em 17 de Setembro de 1997 foram aprovadas pelo Decreto n.° 35/2002, de 5 de Novembro, tendo o Aviso n.° 218/2005, de 11 de Maio, tornado público que o respectivo instrumento de ratificação foi depositado em 3 de Outubro de 2003. A Emenda ao Protocolo de Montreal Relativo às Substâncias Que Deterioram a Camada de Ozono, concluída em Pequim em 3 de Dezembro de 1999, foi aprovada, para ratificação, pelo Decreto n.° 9/2006, de 23 de Janeiro.

O Decreto-Lei n.° 119/2002, de 20 de Abril, alterado pelo Decreto-Lei n.° 152/ /2005, de 31 de Agosto, assegura a execução e garante o cumprimento, na ordem jurídica nacional, das obrigações que decorrem para o Estado português do Regulamento (CE) n.° 2037/2000, do Parlamento Europeu e do Conselho, de 29 de Junho, relativo às substâncias que empobrecem a camada de ozono. O DL n.° 152/2005 regulamenta os artigos 16.° e 17.° do Regulamento (CE) n.° 2037/2000, no que respeita às operações de recuperação para reciclagem, valorização e destruição de substâncias que empobrecem a camada de ozono contidas em equipamentos de refrigeração e de ar condicionado, bombas de calor, sistemas de protecção contra incêndios e extintores e equipamentos que contenham solventes, bem como às operações de manutenção e assistência desses equipamentos, e aos requisitos de qualificações mínimas do pessoal envolvido naquelas operações, regulando ainda as obrigações dos proprietários ou detentores, dos técnicos qualificados e dos operadores de gestão de resíduos dos referidos equipamentos.

A Convenção Internacional sobre Intervenção em Alto Mar em Caso de Acidente Que Provoque ou Que Possa Vir a Provocar a Poluição por Hidrocarbonetos, concluída em Bruxelas em 20 de Novembro de 1969, foi aprovada para ratificação pelo Decreto n.° 88/79, de 21 de Agosto, tendo Portugal depositado em 15 de Fevereiro de 1980 a carta de ratificação, segundo aviso publicado no *Diário da República* I-A série, de 20 de Junho de 1998, e a Convenção entrado em vigor na ordem internacional em 6 de Maio de 1975, e relativamente a Portugal em 15 de Maio de 1980. O Protocolo Relativo à Intervenção em Alto Mar em Caso de Poluição por Substâncias Diferentes dos Hidrocarbonetos, concluído em Londres em 2 de Novembro de 1973, foi aprovado para adesão pelo Decreto n.° 17/87, de 22 de Abril, tendo o instrumento de adesão, por parte de Portugal, sido depositado em 8 de Junho de 1987, segundo aviso publicado no *Diário da República,* I-A série, de 16 de Junho de 1998; o Protocolo entrou em vigor na ordem internacional em 30 de Março de 1983 e relativamente a Portugal em 6 de Outubro de 1987.

V. a Convenção Internacional para a Constituição de um Fundo Internacional para a Compensação pelos Prejuízos Devidos à Poluição por Hidrocarbonetos, cujo Protocolo de alteração, assinado em Londres em 27 de Novembro de 1992, foi aprovado pelo Decreto n.° 38/2001, de 25 de Setembro; Portugal depositou em 15 de Fevereiro de 2005 o instrumento de ratificação deste Protocolo, segundo o Aviso n.° 117/2005, de 15 de Abril. A Convenção Internacional sobre a Responsabilidade Civil pelos Prejuízos Devidos à Poluição por Hidrocarbonetos, concluída em Bruxelas em 29 de Novembro de 1969, foi aprovada pelo Decreto-Lei n.° 694/76, de 21 de Setembro, tendo o respectivo instrumento de ratificação sido depositado por Portugal em 26 de Novembro de 1976, conforme aviso publicado no *Diário da República* 1.ª série, de 12 de Janeiro de 1977, tendo entrado em vigor em 24 de Fevereiro de 1977; o Aviso n.° 12/2005, de 7 de Janeiro, torna público que Portugal depositou, em 1 de Dezembro de 2004, junto do Secretário-Geral da Organização Marítima Internacional, o instrumento de denúncia a esta Convenção; ela foi entretanto alterada por um Protocolo adoptado em 19 de Novembro de 1976, introduzido na ordem jurídica portuguesa pelo Decreto do Governo n.° 39/85, de 14 de Outubro, pelo Protocolo adoptado em 27 de Novembro de 1992, aprovado pelo Decreto n.° 40/2001, de 28 de Setembro, e pelas Emendas, adoptadas na 82.ª sessão do Comité Legal da Organização Marítima Internacional, através da Resolução LEG.1 (82), aos limites de responsabilidade civil previstos no Protocolo de 1992, aprovadas pelo Decreto n.° 4/2006, de 6 de Janeiro, tendo o respectivo instrumento de ratificação sido depositado em 27 de Fevereiro de 2006, conforme o Aviso n.° 542/2006, de 10 de Abril; a mesma sessão do referido Comité adoptou emendas aos limites de compensação da Convenção, pela Resolução LEG.2 (82), que foram aprovadas pelo Decreto n.° 5/ /2006, também de 6 de Janeiro, tendo o respectivo instrumento de ratificação sido depositado em 27 de Fevereiro de 2006, conforme o Aviso n.° 544/2006, de 10 de Abril.

A Convenção Internacional sobre a Prevenção, Actuação e Cooperação no Combate à Poluição por Hidrocarbonetos foi adoptada em Londres em 30 de Novembro de 1990, tendo sido aprovada pelo Decreto do Presidente da República n.° 8/2006, de 10 de Janeiro, tendo o respectivo instrumento de adesão sido depositado em 27 de Fevereiro de 2006, conforme o Aviso n.° 543/2006, de 10 de Abril, e a Convenção entrado em vigor para Portugal em 27 de Maio de 2006. O Protocolo sobre a Prevenção, Actuação e Cooperação no Combate à Poluição por Substâncias Nocivas e potencialmente perigosas, foi adoptado em 15 de Março de 2000, em Londres, tendo sido aprovado pelo Decreto do Presidente da República n.° 12/2006, de 16 de Março.

A Convenção sobre o Controlo dos Movimentos Transfronteiriços dos Resíduos Perigosos e Sua Eliminação, adoptada em Basileia em 22 de Março de 1989, foi aprovada para ratificação pelo Decreto n.° 37/93, de 20 de Outubro, tendo sido depositado o correspondente instrumento em 26 de Janeiro de 1994, conforme aviso publicado no *Diário da República*, I-A série, de 11 de Maio de 1994; as Emendas a esta Convenção, aprovadas na 3.ª Conferência das Partes, de 22 de Setembro de 1995, foram aprovadas para ratificação através das Decisões III/1 e V/9, tornadas públicas pelo Aviso n.° 229/99, de 7 de Dezembro; o instrumento de ratificação das Emendas foi depositado por Portugal em 30 de Outubro de 2000, conforme aviso publicado no *Diário da República*, I-A série, de 10 de Julho de 2003.

A Convenção sobre a Avaliação dos Impactes Ambientais num Contexto Transfronteiras, no âmbito da Organização das Nações Unidas, concluída na Finlândia em 25 de Fevereiro de 1991, foi aprovada, para ratificação, pelo Decreto n.° 59/99, de 17 de Dezembro.

O Decreto n.° 59/97, do Presidente da República, de 31 de Outubro, aprovou para ratificação a Convenção para a Protecção do Meio Marítimo do Atlântico Nordeste, concluída em Paris, em 22 de Setembro de 1992; o respectivo instrumento de ratificação foi depositado em 23 de Maio de 1998, segundo aviso publicado no *Diário da República*, I-A série, de 30 de Junho de 1998, tendo a Convenção, que entrou em vigor a nível internacional a 25 de Março do mesmo ano, entrado na mesma data em vigor para Portugal.

A Convenção sobre a Avaliação dos Impactes Ambientais num Contexto Transfronteiras, concluída em Espoo (Finlândia) em 25 de Fevereiro de 1991, foi aprovada pelo Decreto n.° 59/99, de 17 de Dezembro, tendo sido publicada no *Diário da República*, I-A série, da mesma data.

A Convenção da Nações Unidas sobre Diversidade Biológica, concluída, no Rio de Janeiro, em 5 de Junho de 1992, em vigor a nível internacional desde 21 de Março de 1994, foi aprovada para ratificação pelo Decreto n.° 21/93, de 2 de Junho, tendo sido depositado o correspondente instrumento em 21 de Dezembro de 1993, conforme aviso publicado no *Diário da República*, I-A série, em 7 de Maio de 1994, pelo que a Convenção entrou em vigor para Portugal também em 21 de Março de 1994, sendo a autoridade central/ponto focal o Instituto da Conservação da Natureza. A Resolução do Conselho de Ministros n.° 41/99, de 17 de Maio, criou uma comissão de coordenação interministerial destinada a assegurar a implementação desta Convenção. O Protocolo de Cartagena sobre Segurança Biológica à referida Convenção foi assinado por Portugal em 24 de Maio de 2000, tendo sido aprovado pelo Decreto n.° 7/2004, de 17 de Abril, e tendo Portugal depositado o seu instrumento de adesão em 30 de Setembro de 2004, conforme o Aviso n.° 205/2004, de 21 de Dezembro.

A Convenção sobre a Conservação das Espécies Migratórias Selvagens, concluída em 23 de Junho de 1979, foi aprovada para ratificação pelo Decreto n.° 103/80, de 11 de Outubro, tendo sido depositado o correspondente instrumento de ratificação em 21 de Janeiro de 1981, segundo aviso publicado no *Diário da República*, I-A série, de 16 de Julho de 1998; a Convenção entrou em vigor para Portugal em 1 de Novembro de 1996; o Decreto n.° 34/2002, de 5 de Novembro, aprova as alterações aos anexos I e II da Convenção referida.

O Decreto n.° 18/2002, de 3 de Maio, aprova para adesão a Convenção Internacional para a Regulação da Actividade Baleeira, assinada em Washington em 2 de Dezembro de 1946, bem como o respectivo Protocolo (que promove a aplicação da Convenção), também assinado em Washington em 9 de Fevereiro de 1956. A Convenção sobre o Comércio Internacional das Espécies da Fauna e da Flora Selvagem Ameaçadas de Extinção, também designada por Convenção de Washington, foi aprovada para ratificação pelo Decreto n.° 50/80, de 23 de Julho, e o Decreto-Lei n.° 114/90, de 5 de Abril (rectificado por declaração publicada no *Diário da República*, I--A série, de 30 de Abril de 1990), (o instrumento de ratificação da emenda ao artigo XXI da Convenção foi depositado por parte de Portugal em 5 de Março de 1973).

V. também a Convenção sobre Conservação de Espécies Migratórias da Fauna Selvagem, concluída em Bona a 23 de Junho de 1979, aprovada para ratificação pelo Decreto n.° 103/80, de 11 de Outubro, tendo o instrumento de ratificação sido depositado em 21 de Janeiro de 1981, conforme aviso publicado no *Diário da República*, I-A série, de 16 de Julho de 1998; esta última Convenção entrou em vigor a nível internacional e para Portugal em 1 de Novembro de 1983, tendo os seus anexos I e II entrado em vigor no dia 15 de Julho de 1997, conforme o Aviso n.° 227/99, de 4 de Dezembro.

Em 2 de Novembro de 1973, foi adoptada em Londres a Convenção Internacional para a Prevenção da Poluição por Navios, cujo objectivo é prevenir todas as formas de poluição causadas por navios no mar; as normas desta Convenção foram enunciadas em cinco anexos. Em 1978, foi aprovado um Protocolo à Convenção, destinado a actualizar e aperfeiçoar algumas das regras da Convenção. Portugal aderiu à Convenção pelo Decreto do Governo n.° 25/87, de 10 de Julho. O Decreto n.° 19/98, de 10 de Julho, aprova para adesão as emendas de 6 de Março de 1992 ao Protocolo de 1978 da Convenção Internacional para a Prevenção da Poluição por Navios; o Decreto n.° 20/98, de 10 de Julho, aprova para adesão as emendas de 6 de Março de 1992 ao anexo I ao Protocolo de 1978 relativo à Convenção Internacional para a Prevenção da Poluição por Navios; o Decreto n.° 22/98, de 10 de Julho, aprova, para adesão, as emendas de 17 de Março de 1989 – no âmbito da Organização Marítima Internacional – ao anexo II ao Protocolo de 1978 relativo à Convenção Internacional para a Prevenção da Poluição por Navios; o Decreto n.° 23/98, de 10 de Julho, aprova para adesão as emendas 1991 – adoptadas em 4 de Julho de 1991 no âmbito da Organização Marítima Internacional – ao anexo I ao Protocolo de 1978 relativo à Convenção Internacional para a Prevenção da Poluição por Navios; o Decreto n.° 6/2006, de 6 de Janeiro, aprova, por sua vez, as emendas adoptadas em 1 de Abril de 2004 ao Protocolo de 1978 da referida Convenção. O Decreto-Lei n.° 192/98, de 10 de Julho, identifica os Ministérios competentes para aplicar e executar as regras da Convenção que tem vindo a ser referida. Por seu lado, o Decreto-Lei n.° 193/98, de 10 de Julho, "estabelece as disposições necessárias à aplicação do Código Internacional de Gestão para a Segurança da Exploração dos Navios e para a Prevenção da Poluição aos navios de pavilhão nacional e às companhias nacionais ou estrangeiras que os explorem [...]". A Convenção sobre Poluição Marinha Causada por Operações de Imersão de Detritos e Outros Produtos, adoptada em Londres a 29 de Dezembro de 1972, foi aprovada para ratificação pelo Decreto n.° 2/78, de 7 de Janeiro, tendo o respectivo instrumento sido depositado a 14 de Abril de 1978, segundo aviso publicado no *Diário da República*, 1.ª série, de 1 de Fevereiro.

O Protocolo à Convenção de 1979 sobre Poluição Atmosférica Transfronteiriça a Longa Distância Relativo ao Financiamento a Longo Prazo do Programa Comum de Vigilância Contínua e de Avaliação do Transporte a Longa Distância dos Poluentes Atmosféricos na Europa, concluído em Genebra em 28 de Setembro de 1984, foi aprovado para adesão pelo Decreto do Governo n.° 5/88, de 9 de Abril, tendo o respectivo instrumento de ratificação sido depositado por parte de Portugal em 18 de Janeiro de 1989, conforme aviso publicado no *Diário da República*, I série, de 17 de Abril de 1989.

A Convenção da Nações Unidas de Combate à Desertificação nos Países Afectados por Seca Grave ou Desertificação, Particularmente em África, concluída em Paris em 17 de Junho de 1994, foi aprovada, para ratificação, pelo Decreto n.° 41/95, de 14 de Dezembro, tendo sido depositado o correspondente instrumento em 1 de Abril de 1996, segundo aviso publicado no *Diário da República*, I-A série, de 14 de Julho de 1998, e tendo a Convenção entrado em vigor a nível internacional e para Portugal em 26 de Dezembro de 1996, sendo a autoridade central/ponto focal a Direcção-Geral das Florestas.

A Convenção sobre a Conservação das Espécies Migradoras Pertencentes à Fauna Selvagem, concluída em Bona em 23 de Junho de 1979, foi aprovada para ratificação pelo Decreto n.° 103/80, de 11 de Outubro, tendo o instrumento de ratificação sido depositado em 21 de Janeiro de 1981,

A Resolução da Assembleia da República n.° 11/2003, de 25 de Fevereiro, aprova, para ratificação, a Convenção sobre Acesso à Informação, Participação do Público no Processo de Tomada de Decisão e Acesso à Justiça em Matéria de Ambiente, assinada em Aarhus, na Dinamarca, em 25 de Junho de 1998; a Convenção foi ratificada pelo Decreto do Presidente da República n.° 9/2003, também de 25 de Fevereiro; segundo aviso publicado no *Diário da República* I-A série, de 24 de Julho, o respectivo instrumento de ratificação foi depositado em 9 de Junho de 2003, tendo entrado a Convenção em vigor para Portugal em 7 de Setembro de 2003.

O Decreto do Presidente da República n.° 2/2001, de 26 de Janeiro, aprova o Acordo Relativo à Aplicação das Disposições da Convenção das Nações Unidas sobre o Direito do Mar, de 10 de Dezembro de 1982, Respeitantes à Conservação e Gestão das Populações de Peixes Transazonais e das Populações de Peixes Altamente Migradores, concluído em Nova Iorque em 4 de Agosto de 1995.

V. *Ambiente; Qualidade de vida; Publicidade; Águas; Obrigação; Dano; Responsabilidade civil; Animais; Poluição; Navio; Responsabilidade por danos ao ambiente; Salvação marítima; Acesso à justiça.*

Protecção do arrendatário (Dir. Civil) – No arrendamento urbano, a posição jurídica do arrendatário é tutelada pela lei que, em numerosos aspectos, contém disposições especiais e excepcionais, informadas pela preocupação de proteger a sua posição, em razão – sobretudo no arrendamento habitacional – do interesse social que lhe subjaz.

Assim, sendo o arrendamento urbano um contrato formal, a lei determina que a nulidade consequente da não observância da forma escrita, imposta para o arrendamento habitacional, possa ser suprida "pela exibição do recibo de renda", determinando "a aplicação do regime de renda condicionada, sem que daí possa resultar aumento de renda" – artigo 7.° do Regime do Arrendamento Urbano (aprovado pelo Decreto-Lei n.° 321-B/90, de 15 de Outubro, rectificado por declaração de rectificação publicada no *Diário da República*, I-A série, de 30 de Novembro de 1990, e alterado pelo Decreto-Lei n.° 278/93, de 10 de Agosto – alterado, por ratificação, pela Lei n.° 13/94, de 11 de Maio –, pelo Decreto-Lei n.° 163/95, de 13 de Julho, pela Lei n.° 89/95, de 1 de Setembro, pelo Decreto-Lei n.° 257/95, de 30 de Setembro, pela Lei n.° 135/99, de 28 de Agosto, pelos Decretos-Leis n.°s 64-A/2000, de 22 de Abril e 329-B/2000, de 22 de Dezembro, e pelas Leis n.°s 6/2001 e 7/2001, ambas de 11 de Maio).

Sendo, por outro lado, o arrendamento um contrato sinalagmático, não lhe é aplicável a disposição do artigo 801.°, n.° 2, C.C., no que respeita ao fundamento legal da sua resolução por parte do senhorio, antes contendo a lei, no artigo 64.° do R.A.U. uma enumeração taxativa dos incumprimentos do locatário que são fundamentadores da resolução; e o direito à resolução, quando exercido pelo senhorio, constitui um direito potestativo de exercício judicial obrigatório – diversamente do que decorre do regime geral do artigo 436.°, C.C. – nos termos do artigo 1047.°, C.C..

Importantes disposições de tutela do arrendatário são os artigos 1054.° a 1056.°, C.C., que determinam a renovação automática do contrato, excluindo, em regra, o direito de denúncia por parte do senhorio.

V. *Arrendamento urbano; Arrendamento para habitação; Nulidade; Recibo; Contrato sinalagmático; Resolução do arrendamento; Despejo; Incumprimento; Direito potestativo; Denúncia.*

Protecção do consumidor (Dir. Civil) – V. *Consumidor; Tutela do consumidor.*

Protecção jurídica – O artigo 20.°, n.° 1, da Constituição da República referia expressamente o direito à protecção jurídica, estabelecendo o artigo 6.° do Decreto-Lei n.° 387-B/87, de 29 de Dezembro, que "a protecção jurídica reveste as modalidades de consulta jurídica e de apoio judiciário". Na sua versão actual, aquela disposição constitucional estabelece que "a todos é assegurado o acesso ao direito e aos tribunais para defesa dos seus direitos e interesses legítimos, não podendo a justiça ser denegada por insuficiência de meios económicos". O DL n.° 387-B/87 foi revogado pela Lei n.° 30-E/2000, de 20 de Dezembro, a qual, por sua vez, foi revogada pela Lei n.° 34/2004, de 29 de Julho.

Esta Lei n.° 34/2004 contém o regime de acesso ao direito e aos tribunais.

Nos termos do artigo 1.°, n.° 1, deste diploma, "o sistema de acesso ao direito e aos tribunais destina-se a assegurar que a ninguém seja dificultado ou impedido, em razão da sua condição social ou cultural, ou por insuficiência de meios económicos, o conhecimento, o exercício ou a defesa dos seus direitos". "Têm direito a protecção jurídica, nos termos da presente lei, os cidadãos nacionais e da União Europeia, bem como os estrangeiros e os apátridas com título de residência válido num Estado membro da União Europeia, que demonstrem estar em situação de insuficiência económica", sendo aos estrangeiros sem título de residência reconhecido o direito a protecção jurídica "na medida em que ele seja atribuído aos Portugueses pelas leis dos respectivos Estados" – artigo 7.°, n.°s 1 e 2; esta protecção, embora apenas na modalidade de apoio judiciário, pode ser igualmente concedida a pessoas colectivas quando façam a prova da situação de insuficiência económica.

Os critérios de apreciação da insuficiência económica encontram-se estabelecidos na Portaria n.° 1085-A/2004, de 31 de Agosto (rectificada pela Declaração de Rectificação n.° 91/2004, de 21 de Outubro, e alterada pela Portaria n.° 288/2005, de 21 de Março), aprovando a Portaria n.° 1085-B/2004, da mesma data, os formulários de requerimento de protecção jurídica para pessoas singulares e colectivas.

"A protecção judiciária é concedida para questões ou causas judiciais concretas ou susceptíveis de concretização em que o utente tenha um interesse próprio e que versem sobre direitos directamente lesados ou ameaçados de lesão" – artigo 6.°, n.° 2, da Lei n.° 34/2004.

O Decreto-Lei n.° 71/2005, de 17 de Março, que completa a transposição da Directiva n.° 2003/8/CE, do Conselho, de 27 de Janeiro, "relativa à melhoria do acesso à justiça nos litígios transfronteiriços, através do estabelecimento de regras mínimas comuns relativas ao apoio judiciário no âmbito desses litígios, desenvolve o regime previsto na Lei n.° 34/2004 [...]".De acordo com o artigo 2.°, n.° 2, deste diploma, "entende-se por «litígio transfronteiriço» o litígio em que o requerente de protecção jurídica tem à data de apresentação do pedido domicílio ou residência habitual num Estado membro da União Europeia diferente do Estado membro do foro". A protecção jurídica compreende apoio judiciário e, nos casos em que este seja concedido a residente noutro Estado da União Europeia para acção em que os tribunais portugueses sejam competentes, ele abrange ainda os seguintes encargos específicos decorrentes do carácter transfronteiriço do litígio: *a)* Serviços prestados por intérprete; *b)* Tradução dos documentos exigidos pelo tribunal ou pela autoridade competente e apresentados pelo beneficiário do apoio judiciário que sejam necessários à resolução do litígio; *c)* Despesas de deslocação a suportar pelo requerente, na medida em que a lei ou o tribunal exijam a presença física, em audiência, das pessoas a ouvir e o tribunal decida que estas não possam ser ouvidas satisfatoriamente por quaisquer outros meios" (artigo 3.°). "No caso de litígio transfronteiriço em que os tribunais competentes pertençam a outro Estado membro da União Europeia, a protecção jurídico abrange o apoio pré-contencioso", visando este proporcionar assistência jurídica ao requerente "até à recepção do pedido de protecção jurídica no Estado membro do foro [...]". "Os encargos específicos decorrentes do carácter transfronteiriço do litígio" são também abrangidos, consistindo eles, designadamente, nos "resultantes da tradução do pedido de protecção jurídica e dos necessários documentos comprovativos da autoridade nacional de transmissão e recepção, desde que o requerente seja pessoa singular e se trate de um litígio transfronteiriço em matéria civil e comercial"; "se o pedido de protecção jurídica for rejeitado pela autoridade do Estado membro competente para decidir da sua concessão, o requerente deve reembolsar a autoridade nacional de transmissão e recepção dos encargos de tradução suportados" (artigos 4.° e 5.°). Os artigos 6.° a 11.° ocupam-se do regime do processo de pedido de protecção jurídica, dispondo o artigo 12.° que, em princípio, "a decisão sobre a concessão de protecção jurídica incumbe à autoridade competente do Estado membro do foro, que aplica a respectiva lei".

Também a actual Lei de Defesa do Consumidor (Lei n.° 24/96, de 31 de Julho, alterada pela Lei n.° 85/98, de 16 de Dezembro, e pelo Decreto-Lei n.° 67/2003, de 8 de Abril) enuncia, no respectivo artigo 3.°-*g)*, como direito dos consumidores, o direito "à protecção jurídica e a uma justiça acessível e pronta". Por sua vez, o artigo 14.° da mesma lei estabelece que "é assegurado ao consumidor o direito à isenção de preparos nos processos em que pretenda a protecção dos seus interesses ou direitos, a condenação por incumprimento do fornecedor de bens ou prestador de serviços, ou a reparação de perdas e danos emergentes de factos ilícitos ou da responsabilidade objectiva definida nos termos da lei, desde que o valor da acção não exceda a alçada do tribunal judicial de 1.ª instância", que "os autores nos processos [que se deixaram referidos] ficam isentos do pagamento de custas em caso de procedência da respectiva acção" e que, "em caso de decaimento total, o autor ou autores intervenientes serão condenados em montantes, a fixar pelo julgador, entre um décimo e a totalidade das custas que normalmente seriam devidas, tendo em conta a sua situação económica e a razão formal ou substantiva da improcedência".

V. *Acesso à justiça; Consulta jurídica; Apoio judiciário; Direito subjectivo; Interesse; Insuficiência económica; Cidadania; Pessoa singular; Estrangeiros; Apátrida; Residência; Prova; Pessoa colectiva; Competência; Competência internacional; Tradução; Documento; Audiência; Consumidor; Preparo; Incumprimento; Contrato de prestação de serviços; Responsabilidade civil; Responsabilidade objectiva; Valor da causa; Alçada; Tribunal de 1.ª instância; Custas; Procedência; Autor.*

"Protestatio contra factum non valet" (Dir. Civil) – Significa este princípio que um dado comportamento produz os efeitos correspondentes à vontade que ele tacitamente exprime, não obstante existir uma reserva expressa.

Na ordem jurídica portuguesa, não pode considerar-se acolhida esta regra, antes se entendendo, em princípio, que a declaração expressa prevalece sobre a tácita, salvo nos seguintes casos, enunciados por Castro Mendes, *Teoria Geral do Direito Civil*, Vol. II, Lisboa, 1979, págs. 62-63:

"– Se os factos em que a tácita se exprime representam a consumação económica irrevogável do contrato. Se *A* entra num supermercado e consome um pão, afirmando ao mesmo tempo não ter intenção de o comprar, ou entra num comboio e viaja nele, declarando não querer assumir qualquer obrigação perante a Companhia – estas declarações são irrelevantes.

– Se a declaração expressa converte os factos em que a tácita se traduz em actos ilícitos. Assim, se o herdeiro abate um pinhal da herança, mesmo que declare repudiar a herança, aceitou-a. Com efeito, a conjugação da declaração tácita – comportar-se como proprietário, abatendo árvores – e expressa – repudiar, se se desse prevalência à segunda, traduzir-se-ia na ilicitude do abate do pinhal por um não proprietário".

V. *Declaração negocial; Declaração tácita; Contrato; Obrigação; Contrato de transporte; Acto ilícito; Herdeiro; Herança; Aceitação da herança; Repúdio; Ilicitude; Relações contratuais de facto.*

"Protestatio facto contraria" (Dir. Civil) – Expressão que significa a verificação de uma declaração expressa contrária (*protestatio contraria*) a uma anterior declaração tácita (facto).

Sobre os termos em que se coloca o problema de saber qual delas deve prevalecer, v. *"Protestatio contra factum non valet"*.

V. *Declaração negocial; Declaração tácita.*

Protesto

1. (Proc. Civil) – O artigo 75.° da Lei n.° 15/2005, de 26 de Janeiro (Estatuto da Ordem dos Advogados), estabelece que o advogado, a quem não seja concedida a palavra ou a quem seja recusado o exarar na acta de requerimento que apresente, pode protestar, "indicando a matéria do requerimento e o objecto que tinha em vista". O protesto tem de constar obrigatoriamente da acta da diligência e "é havido para todos os efeitos como arguição de nulidade" do acto.

Em processo executivo, "se, antes de efectuada a venda, algum terceiro tiver protestado pela reivindicação da coisa, invocando direito próprio incompatível com a transmissão, lavrar-se-á termo de protesto; nesse caso, os bens móveis não serão entregues ao comprador senão mediante as cautelas estabelecidas nas alíneas *b)* e *c)* do n.° 1 do artigo 1384.° e o produto da venda não será levantado sem se prestar caução" (artigo 910.°, n.° 1, C.P.C., na redacção do Decreto-Lei n.° 329-A/95, de 12 de Dezembro).

V. *Advogado; Requerimento; Nulidade processual; Execução; Venda judicial; Reivindicação; Móvel; Caução.*

2. (Dir. Com.) – Acto formal pelo qual se declara e comprova a falta de aceite ou de pagamento de um título de crédito (letra, livrança ou cheque).

V. artigos 44.° e segs. e 77.° da Lei Uniforme Relativa às Letras e Livranças, e artigos 40.° e segs. da Lei Uniforme Relativa ao Cheque. Nas letras e livranças, a falta de aceite ou de pagamento devem ser comprovadas por meio de protesto, salvo cláusula "sem despesas", "sem protesto" ou outra equivalente, que dispense o portador de fazer um protesto para poder exercer os seus direitos de acção (artigo 46.° da Lei Uniforme Relativa às Letras e Livranças e artigo 43.° da Lei Uniforme Relativa ao Cheque). No cheque, o protesto pode ser substituído por uma declaração do (banco) sacado ou por uma declaração de uma câmara de compensação. O protesto deve ser feito na repartição notarial da área do domicílio no título indicado para o aceite ou pagamento, ou, na falta de indicação, no cartório do domicílio daquele que deve aceitar ou pagar a letra (v. artigo 120.° do Código do Notariado).

Os prazos em que os protestos devem ser feitos encontram-se fixados nos artigos 44.° da L. U. L. L. e 41.° da L. U. C., devendo os títulos ser apresentados para protesto nos prazos constantes do artigo 121.° do Código do Notariado. Quanto ao protesto relativo ao extracto de factura, v. artigos 10.° e segs. do Decreto n.° 19 490, de 21 de Março de 1931.

V. *Letra; Livrança; Cheque; Extracto de factura; Notário; Cartório notarial; Domicílio.*

3. (Dir. Civil) – Designa-se assim a declaração que o autor de um certo comportamento declarativo faz de que este não tem certo sentido, que receia possa vir a ser-lhe atribuído por interpretação. Sempre que o protesto se consubstancia na declaração de que um dado comportamento não importa renúncia a um direito próprio, ou o reconhecimento de um direito alheio, toma o nome de reserva.

V. *Interpretação do negócio jurídico; Direito subjectivo; Renúncia.*

Protutor (Dir. Civil) – O protutor é um dos vogais do conselho de família, que tem por especial função exercer permanentemente a fiscalização da acção do tutor, devendo pertencer a uma linha de parentesco diversa da do tutor. Para além daquela função de fiscalização, compete ao protutor a cooperação com o tutor no exercício das funções deste, podendo mesmo administrar alguns bens do menor nas condições estabelecidas pelo conselho de família e com o acordo do tutor, e substituir este nos seus impedimentos e faltas, situação em que o outro vogal passará a exercer as funções de protutor. O protutor representa ainda o menor em juízo ou fora dele, sempre que haja oposição entre os interesses do menor e os do tutor e não exista curador especialmente nomeado.

V. artigos 1955.° e 1956.°, C.C..

V. *Tutor; Conselho de família; Linha; Parentesco; Menor; Administração de bens; Representação; Curador especial.*

Prova (Dir. Civil; Proc. Civil)

1. Num sentido lato, demonstração da realidade de um facto ou da existência de um acto jurídico.

Num sentido mais restrito – aquele em que é usado no artigo 341.°, C.C. –, processo que tem por fim tal demonstração.

Quando o valor de determinado meio de prova está estabelecido na lei, a prova diz-se vinculada. Em caso contrário, a prova é livre.

A prova pode ser feita por confissão de uma das partes, no processo, de qualquer facto que lhe seja desfavorável.

Quando a prova resulta de documento, diz-se documental.

Quando se trate de factos para cuja apreciação sejam necessários conhecimentos especializados, ou quanto aos factos relativos a pessoas que não devam ser objecto de inspecção judicial, a prova é feita por meio de peritos, e diz-se pericial: o valor desta prova é livremente apreciado pelo tribunal.

Prova por inspecção é a que "tem por fim a percepção directa de factos pelo tribunal", sendo o valor da força probatória da inspecção livremente apreciado pelo tribunal.

A prova testemunhal só não é admitida quando a lei a exclua (por exemplo, não é admitida quanto a facto provado por documento ou por outro meio com força probatória plena) e, quanto ao seu valor, também o tribunal tem liberdade de apreciação.

V. artigos 341.° e segs., C.C..

Em processo civil, as provas são oferecidas pelas partes ou ordenadas pelo tribunal e a sua produção constitui uma das fases processuais: a da instrução do processo.

As provas recaem sobre "os factos relevantes para o exame da causa que devam ser considerados controvertidos ou necessitados de prova (artigo 513.°, C.P.C., na redacção dos Decretos-Leis n.°s 329-A/95, de 12 de Dezembro, e 180/96, de 25 de Setembro). Diz Lebre de Freitas, *Código de Processo Civil anotado*, Volume 2.°, Coimbra, 2001, pág. 395: "[...] os factos a provar não se restringem aos factos **principais** da causa, abrangendo também os factos **instrumentais** [...] que se situem na cadeia dos **factos probatórios** que permite chegar aos factos principais que as partes tenham alegado ou constituam **factos acessórios** relativamente a esses, sem prejuízo dos casos excepcionais (factos notórios [que não carecem de prova], factos de que o juiz conhece no exercício das suas funções e factos de que resulte a fraude ou a simulação processual) em que o juiz pode oficiosamente introduzir factos principais na causa".

Em processo sumaríssimo, as provas têm de ser oferecidas com a petição e contestação, respectivamente (artigos 793.° e 794.°, n.° 1, C.P.C., ambos com a redacção do DL n.° 329-A/95).

A lei processual regula em pormenor as várias formas de prova.

V. artigos 513.° e segs., C.P.C..

No processo especial regulado pelo Decreto-Lei n.° 269/98, de 1 de Setembro (rectificado pela Declaração de rectificação n.° 16-A/98, de 30 de Setembro), alterado pelos Decretos-Leis n.°s 383/99, de 23 de Setembro, 183/2000, de 10 de Agosto, 323/ /2001, de 17 de Dezembro, 32/2003, de 17 de Fevereiro, 38/2003, de 8 de Março (rectificado pela Declaração de rectificação n.° 5-C/2003, de 30 de Abril), e 107/2005, de 1 de Julho (este rectificado pela Declaração de rectificação n.° 63/2005, de 19 de Agosto), e pela Lei n.° 14/2006, de 26 de Abril, que se ocupa "dos procedimentos destinados a exigir o cumprimento de obrigações pecuniárias emergentes de contratos de valor não superior à alçada da Relação" e das "obrigações emergentes de transacções comerciais abrangidas pelo Decreto-Lei n.° 32/2003, de 17 de Fevereiro", "as provas são oferecidas na audiência, podendo cada parte apresentar até três testemunhas, se o valor da acção não exceder a alçada do tribunal de 1.ª instância, ou até cinco testemunhas, nos restantes casos"; "em qualquer dos casos previstos no número anterior [e que acabaram de ficar indicados], não pode a parte produzir mais de três testemunhas sobre cada um dos factos que se propõe provar, não se contando as que tenham declarado nada saber" – artigo 3.°, n.°s 4 e 5.

O artigo 110.°, n.° 1, do Código do Registo Predial – aprovado pelo Decreto-Lei n.° 224/84, de 6 de Julho (rectificado por declaração publicada no *Diário da República*, I série, de 29 de Setembro de 1984), alterado pelos Decretos-Leis n.°s 355/85, de 2 de Outubro, 60/90, de 14 de Fevereiro (rectificado por Declaração publicada no *Diário da República*, I-A série, de 31 de Março de 1990), 80/92, de 7 de Maio, 30/93, de 12 de Fevereiro, 227/94, de 8 de Setembro, 267/94, de 25 de Outubro, 67/96, de 31 de Maio, 375-A/99, de 20 de Setembro, 533/99, de 11 de Dezembro (rectificado pela Declaração de rectificação n.° 5-A/2000, de 29 de Fevereiro), 273/2001, de 13 de Outubro, 323/2001, de 17 de Dezembro, 38/2003, de 8 de Março (rectificado pela Declaração de rectificação n.° 5-C/2003, de 30 de Abril), e 194/2003, de 23 de Agosto, e pela Lei n.° 6/2006, de 27 de Fevereiro – dispõe que "o registo prova-se por meio de certidões e fotocópias".

V. Convenção Relativa à Obtenção de Provas no Estrangeiro em Matéria Civil e Comercial, assinada na Haia em 18 de Março de 1970, aprovada para ratificação pelo Decreto n.° 764/74, de 30 de Dezembro, tendo Portugal depositado o seu instrumento de ratificação em 12 de Março de 1975, segundo aviso publicado no *Diário do Governo*, 1.ª série, de 8 de Abril de 1975; entretanto, o aviso publicado no *Diário da República*, I série, de 26 de Maio de 1984, informa de que a Convenção se encontra ratificada por Portugal com as reservas nele indicadas; por sua vez, o aviso publicado no *Diário da República*, I-A série, de 25 de Novembro de 2002, torna público que Portugal aceitou a adesão da Bulgária, da China (incluindo as Regiões Administrativas Especiais de Hong-Kong e Macau), da Lituânia, da Eslovénia do Sri Lanka e da Ucrânia a esta Convenção.

V. *Acto jurídico; Meios de prova; Ónus da prova; Presunção; Confissão; Documento; Perito; Força probatória; Testemunha; Parte; Instrução; Inspecção judicial; Processo ordinário; Processo sumário; Facto notório; "Ex officio"; Processo sumaríssimo; Petição inicial; Contestação; Processo especial; Audiência; Injunção; Obrigação pecuniária; Alçada; Relação; Tribunal de 1.ª instância; Registo; Registo predial; Certidão; Fotocópia de documentos.*

2. O artigo 94.° do Código do Direito de Autor e dos Direitos Conexos (Decreto-Lei n.° 63/85, de 14 de Março, alterado pelas Leis n.°s 45/85, de 17 de Setembro, e 114/91, de 3 de Setembro, pelos Decretos-Leis n.°s 332/97, 333/97 e 334/97, todos de 27 de Novembro, e pela Lei n.° 50/2004, de 24 de Agosto) ocupa-se da obrigação que tem o editor, num contrato de edição, de facultar provas de página da publicação ao autor e da obrigação que a este cabe de as corrigir.

Por seu lado, o artigo 137.° do mesmo diploma regula a obrigação do produtor de obra cinematográfica de realizar provas da mesma.

V. *Direito de autor; Contrato de edição.*

Prova "ad perpetuam rei memoriam" (Dir. Civil; Proc. Civil) – É a prova elaborada antecipadamente, a prova pré-constituída, com o fim de evitar que se torne muito difícil ou impossível a sua produção no momento normal da instrução do processo.

V. *Prova; Antecipação da prova; Prova pré-constituída; Instrução.*

Prova bastante (Dir. Civil, Proc. Civil) – A doutrina designa assim a prova que admite contraprova.

Da prova bastante distingue-se a prova legal plena, que só pode ser contrariada por prova em contrário.

V. artigos 346.° e 347.°, C.C..

V. *Prova; Contraprova; Prova legal; Prova plena.*

Prova constituenda (Proc. Civil) – Entende-se por prova constituenda a que se forma ou constitui no decurso do processo. O artigo 517.°, n.° 2, C.P.C., determina que a parte contrária é notificada, se não for revel, para todos os actos de preparação e produção das provas constituendas, sendo admitida a intervir nesses actos

V. *Prova; Revelia; Notificação; Princípio do contraditório.*

Prova da culpa (Dir. Civil) – No campo da responsabilidade delitual, é ao lesado que cabe provar a culpa do autor da lesão (artigo 487.°, n.° 1, C.C.), embora a lei estabeleça em alguns casos presunções de culpa, invertendo-se, consequentemente, o ónus da prova (v. artigos 491.°, 492.°, 493.° e 503.°, n.° 3, C.C.).

Na responsabilidade obrigacional, é ao devedor que incumbe provar que lhe não cabe a culpa do incumprimento ou do defeituoso cumprimento da obrigação (artigo 799.°, n.° 1, C.C.).

V. *Prova; Culpa; Responsabilidade delitual; Ónus da prova; Inversão do ónus da prova; Responsabilidade obrigacional; Obrigação; Presunção de culpa; Incumprimento; Cumprimento defeituoso.*

Prova directa (Proc. Civil) – A prova diz-se directa quando o julgador se encontra em contacto directo ou imediato com os factos que tem de averiguar, apercebendo-os com os seus sentidos. Exemplo de prova directa é a inspecção judicial.

V. *Prova; Prova indirecta; Inspecção judicial.*

Prova da nacionalidade (Dir. Civil) – A Lei da Nacionalidade – Lei n.° 37/81, de 3 de Outubro, alterada pela Lei n.° 25/94, de 19 de Agosto, pelos Decretos-Leis n.°s 22-A/2001, de 14 de Dezembro, 194/2003, de 23 de Agosto de 2003, e pelas Leis Orgânicas n.°s 1/2004, de 15 de Janeiro, e 2/2006, de 17 de Abril – trata, nos seus artigos 21.° e 22.°, dos meios de prova da nacionalidade portuguesa.

De acordo com o artigo 22.°, n.° 1, "a nacionalidade portuguesa originária dos indivíduos abrangidos pelas alíneas *a), b)* e *f)* do n.° 1 do artigo 1.° ["filhos de mãe portuguesa ou de pai português nascidos no território português; filhos de mãe portuguesa ou de pai português nascidos no estrangeiro se o progenitor português aí se encontrar ao serviço do Estado Português; indivíduos nascidos no território português e que não possuam outra nacionalidade"] prova-se pelo assento de nascimento"; o n.° 2 da mesma disposição diz que "é havido como nacional português o indivíduo de cujo assento de nascimento não conste menção da nacionalidade estrangeira dos progenitores ou do seu desconhecimento"; "a nacionalidade originária dos indivíduos abrangidos pela alínea *c)* do n.° 1 do artigo 1.° ["os filhos de mãe portuguesa ou de pai português nascidos no estrangeiro se tiverem o seu nascimento inscrito no registo civil português ou se declararem que querem ser portugueses]" prova-se, consoante os casos, pelas menções constantes do assento de nascimento lavrado por inscrição no registo civil português ou pelo registo da declaração de que depende a atribuição" (n.° 3); "a nacionalidade originária dos indivíduos abrangidos pela alínea *d)* do n.° 1 do artigo 1.° ["...nascidos no território português, filhos de estrangeiros, se pelo menos um dos progenitores também aqui tiver nascido e aqui tiver residência, independentemente de título, ao tempo do nascimento"] prova-se pelo assento de nascimento onde conste a menção da naturalidade portuguesa de um dos progenitores e da sua residência no território nacional"; "a nacionalidade portuguesa originária de indivíduos abrangidos pela alínea *e)* do n.° 1 do artigo 1.° ["indivíduos nascidos no território português, filhos de estrangeiros que não se encontrem ao serviço do respectivo Estado, se declararem que querem ser portugueses e desde que, no momento do nascimento, um dos progenitores aqui resida legalmente há pelo menos cinco anos"] prova-se pelo registo da declaração de que depende a atribuição".

Por seu lado, o artigo 22.° dispõe que "a aquisição e a perda da nacionalidade provam-se pelos respectivos registos ou pelos consequentes averbamentos exarados à margem do assento de nascimento", o mesmo regime sendo aplicável à prova da aquisição da nacionalidade por adopção.

V. *Prova; Cidadania; Meios de prova; Filiação; Registo civil; Assento; Nascimento; Inscrição; Estrangeiros; Residência; Averbamento; Adopção; Perda da nacionalidade.*

Prova documental (Dir. Civil; Proc. Civil) – Diz-se prova documental a demonstração da realidade de um ou mais factos através de documento.

Para efeitos de prova documental, são especialmente relevantes os documentos escritos.

Quando a lei exija prova documental, não pode esta ser substituída por qualquer outro meio de prova, a menos que este tenha força ou valor probatório superior.

V. artigos 362.° e segs., C.C..

Os artigos 523.° a 551.°-A, C.P.C., regulam pormenorizadamente a produção de prova documental em juízo, nos processos cíveis.

V. *Prova; Documento; Documento escrito; Meios de prova; Processo civil; Força probatória; Apresentação de documentos.*

Prova do cumprimento (Dir. Civil) – Regra geral é ao devedor que incumbe provar o cumprimento da obrigação (cfr. artigo 342.°, n.° 2, C.C.), embora a lei estabeleça, por vezes, presunções de cumprimento (como no artigo 786.°, C.C., e nos casos de prescrição presuntiva), hipótese em que tem o credor de provar que o devedor não cumpriu.

V. *Prova; Devedor; Credor; Obrigação; Presunção de cumprimento; Cumprimento; Ónus da prova; Prescrição presuntiva.*

Prova indiciária (Proc. Civil) – É uma subespécie das provas indirectas, que se caracteriza por o objecto ou facto, submetido à percepção do juiz, apenas permitir retirar ilações ou induzir o facto que se pretende provar; esta prova actua, pois, sobre o raciocínio e não sobre os sentidos.

V. *Prova; Prova indirecta.*

Prova indirecta (Proc. Civil) – A prova indirecta é aquela em que o julgador tem a percepção de um facto diverso do que é objecto da prova, sendo através daquele que, usando do seu raciocínio e experiência, forma a sua convicção sobre o facto objecto da prova.

Exemplos de provas indirectas são a prova testemunhal e a documental.

V. *Prova; Prova directa; Prova testemunhal; Prova documental.*

Prova legal (Dir. Civil; Proc. Civil) – A prova legal ou tarifada é aquela em que a apreciação do julgador tem de se realizar de acordo com regras legais, que lhe fixam o valor e a força probatória.

A prova legal diz-se bastante, quando pode ser posta em causa através da criação de uma dúvida no espírito do julgador (v. artigo 346.°, C.C.), plena, quando só cede perante prova em contrário (v. artigo 347.°, C.C.) e pleníssima, quando não admite sequer prova em contrário.

V. *Prova; Prova livre; Contraprova; Força probatória.*

Prova livre (Dir. Civil; Proc. Civil) – A prova diz-se livre quando é deixada ao julgador liberdade na sua apreciação, sendo esta realizada, pois, segundo a livre convicção do juiz.

Assim acontece, designadamente, com a prova testemunhal, pericial e com a prova por inspecção (cfr. artigos 396.°, 389.° e 391.°, C.C.).

V. *Prova; Prova testemunhal; Prova pericial; Inspecção judicial.*

Prova necessária (Dir. Civil; Proc. Civil) – É a prova que legalmente só pode produzir-se por certo meio.

V. *Prova.*

Prova pericial (Dir. Civil; Proc. Civil) – Designa-se assim a prova obtida pelo exame ou apreciação de factos por pessoas especialmente competentes em determinadas matérias (peritos), designadas pelo juiz ou pelas partes.

O tribunal aprecia livremente a força probatória das conclusões dos peritos.

Diz o artigo 568.°, n.° 1, C.P.C., na redacção do Decreto-Lei n.° 329-A/95, de 12 de Dezembro, que "a perícia é requisitada pelo tribunal a estabelecimento, laboratório ou serviço oficial apropriado ou, quando tal não seja possível ou conveniente, realizada por um único perito, nomeado pelo juiz de entre pessoas de reconhecida idoneidade e competência na matéria em causa, sem prejuízo do disposto no artigo seguinte [que se ocupa da perícia colegial, isto é, realizada por mais de um perito]".

O n.° 2 do mesmo artigo estabelece que "as partes são ouvidas sobre a nomeação do perito, podendo sugerir quem deve realizar a diligência; havendo acordo das partes sobre a identidade do perito a designar, deve o juiz nomeá-lo, salvo se fundadamente tiver razões para pôr em causa a sua idoneidade ou competência", enquanto que, nos termos do n.° 3, "as perícias médico-legais são realizadas pelos serviços médico-legais ou pelos peritos médicos contratados, nos termos previstos no diploma que as regulamenta".

O n.° 4 foi alterado pelo Decreto-Lei n.° 38/2003, de 8 de Março, e estatui que "as restantes perícias podem ser realizadas por entidade contratada pelo estabelecimento, laboratório ou serviço oficial, desde que não tenha qualquer interesse em relação ao objecto da causa nem ligação com as partes".

No regime do Decreto-Lei n.° 269/98, de 1 de Setembro (rectificado pela Declaração de rectificação n.° 16-A/98, de 30 de Setembro), alterado pelos Decretos-Leis n.°s 383/99, de 23 de Setembro, 183/2000, de 10 de Agosto, 323/2001, de 17 de Dezembro, 32/2003, de 17 de Fevereiro, e 38/2003, de 8 de Março, 324/2003, de 27 de Dezembro (rectificado pela Declaração de rectificação n.° 63/2005, de 19 de Agosto), e pela Lei n.° 14/2006, de 26 de Abril, que se ocupa "dos procedimentos destinados a exigir o cumprimento de obrigações pecuniárias emergentes de contratos de valor não superior à alçada do tribunal de 1.ª instância" ou de "obrigações emergentes de transacções comerciais abrangidas pelo Decreto-Lei n.° 32/2003, de 17 de Fevereiro", de acordo com o respectivo artigo 4.°, n.° 4, "a prova pericial é sempre realizada por um único perito".

Nos processos instaurados nos julgados de paz, nos termos do artigo 59.°, n.° 1, da Lei n.° 78/2001, de 13 de Julho, se for "requerida prova pericial, cessa a competência do julgado de paz, remetendo-se os autos ao tribunal competente para aí prosseguirem os seus termos, com aproveitamento dos actos já praticados".

Nos termos do artigo 570.°, C.P.C., com a redacção do referido DL n.° 329-A/95, os peritos devem desempenhar com diligência a função para que tiverem sido nomeados, estabelecendo o artigo 581.°, n.° 1, do mesmo Código, na redacção do mesmo diploma, que "os peritos nomeados prestam compromisso de cumprimento consciencioso da função que lhes é cometida, salvo se forem funcionários públicos e intervieram no exercício das suas funções".

"Quando alguma das partes o requeira ou o juiz o ordene, os peritos comparecerão na audiência final, a fim de prestarem, sob juramento, os esclarecimentos que lhes sejam pedidos" – artigo 588.°, n.° 1, C.P.C., tendo em conta a numeração dada a este artigo pelo Decreto-Lei n.° 183/2000, de 10 de Agosto.

"Qualquer das partes pode requerer que se proceda a segunda perícia, no prazo de 10 dias a contar do conhecimento do resultado da primeira, alegando fundadamente as razões da sua discordância relativamente ao relatório pericial apresentado" – artigo 589.°, n.° 1, C.P.C., com a redacção do referido DL n.° 329-A/95. Quanto ao regime da segunda perícia, estabelece o artigo 590.°, C.P.C., ainda na redacção do DL n.° 329-A/95, que se rege pelas regras aplicáveis à primeira, ressalvando-se, porém, que:

"*a)* Não pode intervir na segunda perícia perito que tenha participado na primeira;

b) A segunda perícia será, em regra, colegial, excedendo o número de peritos em dois o da primeira, cabendo ao juiz nomear apenas um deles".

V. artigos 388.° e 389.°, C.C., e 568.° e segs., C.P.C..

V. *Prova; Perito; Força probatória; Obrigação pecuniária; Injunção; Alçada; Tribunal de 1.ª instância; Julgado de paz; Juramento; Audiência.*

Prova plena (Dir. Civil; Proc. Civil) – É a que apenas cede perante prova em contrário.

Produzida uma prova plena, é, pois, irrelevante suscitar no espírito do julgador um estado de dúvida, isto é, produzir contraprova, só podendo contrariar-se o resultado da prova plena por prova em contrário.

Exemplo típico de prova plena é a presunção *juris tantum*, pois, para a destruir, tem de ser feita prova em contrário.

V. *Prova; Prova legal; Prova bastante; Contraprova; Presunção "juris tantum"*.

Prova pleníssima (Dir. Civil; Proc. Civil) – É a prova legal que não admite prova em contrário; é o que se passa tipicamente com a presunção *juris et de jure*.

V. *Prova; Prova legal; Presunção "juris et de jure"*.

Prova por confissão das partes (Dir. Civil; Proc. Civil) – V. *Prova; Parte; Confissão*.

Prova por inspecção (Proc. Civil) – V. *Prova; Inspecção judicial*.

Prova pré-constituída (Proc. Civil) – Designa-se por pré-constituída a prova que foi formada antes do processo, sendo depois utilizada neste.

Quanto às provas pré-constituídas, determina o artigo 517.°, n.° 2, C.P.C., que a parte contrária deve poder impugnar tanto a sua admissão como a respectiva força probatória.

V. *Prova; Parte; Impugnação; Força probatória; Princípio do contraditório*.

Prova suficiente (Proc. Civil) – É aquela que forma a convicção do juiz, dado o elevado grau de probabilidade do facto que representa.

V. *Prova*.

Prova tarifada (Dir. Civil; Proc. Civil) – Sinónimo de *prova legal* (v. esta expressão).

V. *Prova*.

Prova testemunhal (Dir. Civil, Proc. Civil) – A prova por testemunhas é, em princípio, sempre admissível; no entanto, não o é, de acordo com os artigos 393.° e 394.°, C.C., nos seguintes casos:

a) Se o negócio carecer de forma escrita ou tiver de ser provado por escrito, por convenção das partes ou disposição especial da lei;

b) Se tiver por objecto quaisquer convenções contrárias ou adicionais ao conteúdo de documentos autênticos, autenticados e da generalidade dos documentos particulares.

A força probatória da prova testemunhal é apreciada livremente pelo tribunal.

As testemunhas são designadas pelas partes no processo e a sua inquirição é geralmente feita na audiência de discussão e julgamento da causa.

V. artigos 392.° a 396.°, C.C., e 616.° e segs., C.P.C..

V. *Prova; Testemunha; Negócio jurídico; Documento autêntico; Documento autenticado; Documento particular; Convenção; Força probatória; Inquirição; Contradita; Acareação; Audiência de discussão e julgamento*.

Proveito comum do casal (Dir. Civil) – Diz-se que uma dívida foi contraída em proveito comum do casal quando o foi em atenção ao interesse de ambos os cônjuges ou da família.

O proveito comum do casal deve ser apreciado em função do momento da contracção da dívida, não dependendo da sua aplicação e menos ainda dos resultados dessa aplicação. Assim, se da própria dívida, das circunstâncias, das condições e do momento em que foi contraída resultar que o foi em proveito comum, é irrelevante que a sua efectiva aplicação o não tenha sido ou que dessa aplicação tenham resultado prejuízos para o casal.

O proveito comum não deve ser apreciado apenas em relação a aspectos económicos, mas também a aspectos morais ou espirituais.

As dívidas contraídas por um só dos cônjuges sem o consentimento do outro são, por vezes, consideradas pela lei como obrigando ambos, desde que se prove que foram contraídas em proveito comum do casal; outras vezes, é necessário que um dos cônjuges prove que a dívida não foi contraída em proveito comum para não responder pela dívida contraída pelo outro (v. artigo 1691.°, n.° 1-*d)*, C.C.).

Sempre que se queira retirar algum efeito do facto de uma dívida ter sido contraída em proveito comum, é necessário prová-lo, uma vez que a lei expressamente afirma que o proveito comum não se presume, excepto nos casos em que a lei o declarar (artigo 1691.°, n.° 3, C.C.).

V. *Dívida; Família; Dívidas comuns dos cônjuges; Autorização; Prova; Presunção*.

Providências cautelares (Proc. Civil) – Medidas decretadas pelo tribunal nos procedimentos cautelares.
V. *Procedimento cautelar.*

Provisão (Dir. Civil) – No contrato de mandato oneroso, há por vezes a entrega antecipada de uma parte da retribuição pelo mandante ao mandatário: é esse pagamento parcial antecipado que se designa por provisão.
O artigo 1167.°-*b)*, C.C., enuncia, entre as obrigações do mandante, a de pagar ao mandatário "a retribuição que ao caso competir e fazer-lhe provisão por conta dela segundo os usos".
O artigo 98.°, n.° 1, do Estatuto da Ordem dos Advogados (Lei n.° 15/2005, de 26 de Janeiro) estabelece que "o advogado pode solicitar ao cliente a entrega de provisões por conta dos honorários ou para pagamento de despesas, não devendo tais provisões exceder uma estimativa razoável dos honorários e despesas prováveis"; "não sendo entregue a provisão solicitada, o advogado pode renunciar a ocupar-se do assunto ou recusar aceitá-lo" (n.° 2 do mesmo artigo).
O artigo 14.°, n.° 3, do Decreto-Lei n.° 391/88, de 26 de Outubro, na redacção que lhe tinha sido dada pelo Decreto-Lei n.° 231/99, de 24 de Julho, determinava, no quadro do apoio judiciário, que, "quando tal se justifica[sse], nomeadamente pela complexidade de processos de previsível duração de audiências, e [...] [fosse] requerido, poder[ia] ser abonado ao patrono oficioso um adiantamento, na fase inicial ou no decurso do processo, a título de provisão para despesas e honorários, o qual dever[ia] ser levado em conta na nota final de honorários"; este diploma foi revogado pela Lei n.° 30-E/2000, de 20 de Dezembro, por sua vez revogada pela Lei n.° 34/2004, de 29 de Julho, que estabelece agora o regime de acesso ao direito e aos tribunais, e que não contém uma norma semelhante à referida.
V. *Mandato; Contrato oneroso; Mandante; Mandatário; Antecipação do cumprimento; Advogado; Honorários; Apoio judiciário; Audiência; Nomeação oficiosa; Acesso à justiça.*

Pseudónimo (Dir. Civil) – Nome de fantasia que uma pessoa utiliza para se identificar no exercício de uma actividade, geralmente literária ou artística.
O pseudónimo goza da mesma protecção que a lei confere ao nome, quando tenha notoriedade. V. artigo 74.°, C.C..
V. também os artigos 28.° e 29.° do Código do Direito de Autor e dos Direitos Conexos (Decreto-Lei n.° 63/85, de 14 de Março, na redacção das Leis n.°s 45/85, de 17 de Setembro, e 114/91, de 3 de Setembro, dos Decretos-Leis n.°s 332/97, 333/97 e 334/97, todos de 27 de Novembro, e da Lei n.° 50/2004, de 24 de Agosto), que permitem a identificação do autor por pseudónimo, desde que não seja "susceptível de ser confundido com outro nome anteriormente usado em obra divulgada ou publicada, ainda que de género diverso, nem com nome de personagem célebre da história das letras, das artes e das ciências".
V. artigo 97.° do mesmo diploma.
V. *Nome; Direito de autor.*

Publicação da lei – As leis têm de ser publicadas no *Diário da República* para entrarem em vigor, isto é, para se tornarem vinculativas.
O artigo 119.°, n.° 1, da Constituição da República enuncia os actos normativos que devem ser publicados no *Diário da República*, estabelecendo o seu n.° 2 que "a falta de publicidade dos actos previstos nas alíneas *a)* a *h)* do número anterior [apenas exceptua os resultados das eleições e dos referendos] e de qualquer acto de conteúdo genérico dos órgãos de soberania, das regiões autónomas e do poder local implica a sua ineficácia jurídica".
O artigo 5.°, C.C., determina que "a lei só se torna obrigatória depois de publicada no jornal oficial".
É a Lei n.° 74/98, de 11 de Novembro (que revogou a anterior Lei n.° 6/83, de 29 de Julho), alterada pela Lei n.° 2/2005, de 24 de Janeiro, que se ocupa do regime da publicação, identificação e formulário dos diplomas legais, sendo a expressão por ela usada, no respectivo artigo 1.°, n.° 1, a de que "a eficácia jurídica dos actos a que se refere a presente lei depende da publicação". Dispõe o artigo 4.° desta lei que "o texto dos diplomas é enviado para publicação no Diário da República, depois de cumpridos os requisitos constitucionais ou

legais, por intermédio dos serviços competentes dos órgãos donde provenham"; o artigo 6.°, n.° 2, que se ocupa da publicação de alterações a diplomas em vigor, diz que, "quando a natureza ou a extensão da alteração o justificar, deve proceder-se à republicação integral do diploma, em anexo".

V. *Lei; Vigência da lei; Ineficácia.*

Publicações (Dir. Civil) – V. *Processo preliminar de publicações.*

Pública-forma (Dir. Civil) – É uma cópia de teor, integral ou parcial, expedida por oficial público autorizado, de um documento avulso que lhe seja apresentado. Tem a força probatória do respectivo original, mas, se a parte contra quem for apresentada requerer a exibição do original, este tem de ser exibido.

O artigo 171.°, n.° 1, do Código do Notariado diz que a pública-forma notarial "é uma cópia de teor, total ou parcial, extraída pelo notário, nos termos do n.° 1 do artigo 166.° ["as certidões de teor são extraídas por meio de fotocópia ou outro modo autorizado de reprodução fotográfica e, se tal não for possível, podem ser dactilografadas ou manuscritas"], de documentos estranhos ao seu arquivo, que lhe sejam presentes para esse efeito".

O artigo 4.°, n.° 2-*g)*, do Estatuto do Notariado, aprovado pelo Decreto-Lei n.° 26/2004, de 4 de Fevereiro, dispõe que compete ao notário "[...] extrair públicas-formas de documentos que para esse fim lhe sejam presentes [...]".

V. artigo 386.°, C.C..

V. *Documento; Força probatória; Notário.*

Publicidade

1. (Dir. Civil; Dir. Com.) – O artigo 60.°, n.° 2, da Constituição da República determina que "a publicidade é disciplinada por lei, sendo proibidas todas as formas de publicidade oculta, indirecta ou dolosa".

O Decreto-Lei n.° 303/83, de 28 de Junho, hoje revogado, foi o primeiro diploma a ocupar-se da disciplina da actividade publicitária consubstanciada na "divulgação que vise dirigir a atenção do público para um determinado bem ou serviço de natureza comercial, com o fim de promover a sua aquisição".

A disciplina desta forma de actividade encontra-se no Código da Publicidade – aprovado pelo Decreto-Lei n.° 330/90, de 23 de Outubro, alterado pelos Decretos-Leis n.°s 74/93, de 10 de Março, 6/95, de 17 de Janeiro, 61/97, de 25 de Março, 275/98 de 9 de Setembro, 51/2001, de 15 de Fevereiro, e 332/2001, de 24 de Dezembro, pelas Leis n.°s 31-A/98, de 14 de Julho, e 32/2003, de 22 de Agosto, e pelo Decreto-Lei n.° 224/2004, de 4 de Dezembro –, considerando-se publicidade, para os efeitos do diploma, "qualquer forma de comunicação feita por entidades de natureza pública ou privada, no âmbito de uma actividade comercial, industrial, artesanal ou liberal, com o objectivo directo ou indirecto de: *a)* Promover, com vista à sua comercialização ou alienação, quaisquer bens ou serviços; *b)* Promover ideias, princípios, iniciativas ou instituições", salvo a propaganda política (com a restrição que resulta do n.° 9 do artigo 41.°, a que adiante se faz menção); "considera-se, também, publicidade qualquer forma de comunicação da Administração Pública, não prevista no número anterior [que se deixou transcrito], que tenha por objectivo, directo ou indirecto, promover o fornecimento de bens ou serviços" – v. artigo 3.° do referido Código.

Os princípios gerais que dominam a matéria são a "licitude, identificabilidade, veracidade e respeito pelos direitos do consumidor" (artigo 6.°).

Proíbe-se a publicidade oculta ou dissimulada, dispondo o artigo 9.° que "é vedado o uso de imagens subliminares ou outros meios dissimuladores que explorem a possibilidade de transmitir publicidade sem que os destinatários se apercebam da natureza publicitária da mensagem", proibindo-se também, "na transmissão televisiva ou fotográfica de quaisquer acontecimentos ou situações, reais ou simulados, [...] a focagem directa e exclusiva da publicidade aí existente", esclarecendo-se que se considera "publicidade subliminar [...] a publicidade que, mediante o recurso a qualquer técnica, possa provocar no destinatário percepções sensoriais de que ele não chegue a tomar consciência".

É igualmente proibida a publicidade enganosa, isto é, aquela "que, por qualquer forma, incluindo a sua apresentação, e devido ao seu carácter enganador, induza ou seja susceptível de induzir em erro os seus destinatários, independentemente de lhes causar prejuízo económico, ou que possa prejudicar um concorrente"; "para se determinar se uma mensagem é enganosa, devem ter-se em conta todos os seus elementos e, nomeadamente, todas as informações [...]" enunciadas nas alíneas *a)* a *d)* do n.° 2 do artigo 11.°; o n.° 3 da mesma disposição inclui na noção de publicidade enganosa "a mensagem que por qualquer forma [...] induza ou seja susceptível de induzir em erro o seu destinatário ao favorecer a ideia de que determinado prémio, oferta ou promoção lhe será concedido, independentemente de qualquer contrapartida económica, sorteio ou necessidade de efectuar qualquer encomenda".

Nos termos do artigo 41.° do Código da Publicidade, "em caso de publicidade enganosa ou de publicidade que, pelo seu objecto, forma ou fim, acarrete ou possa acarretar riscos para a saúde, a segurança, os direitos ou os interesses legalmente protegidos dos seus destinatários, de menores ou do público, a entidade competente para a aplicação das coimas previstas no presente diploma, sob proposta das entidades com competência para a fiscalização das infracções em matéria de publicidade, pode ordenar medidas cautelares de suspensão, cessação ou proibição daquela publicidade, independentemente de culpa ou da prova de uma perda ou de um prejuízo real", devendo a adopção de tais medidas, "sempre que possível, ser precedida da audição do anunciante, do titular ou do concessionário do suporte publicitário, conforme os casos, que dispõem para o efeito do prazo de três dias úteis"; "o acto que aplique a medida cautelar de suspensão de publicidade terá de fixar expressamente a sua duração, que não poderá ultrapassar os sessenta dias"; "quando a gravidade do caso o justifique ou daí possa resultar a minimização dos efeitos da publicidade ilícita, pode[m as entidades competentes para a fiscalização] ordenar ao anunciante, ao titular ou ao concessionário do suporte publicitário, conforme os casos, a difusão, a expensas suas, de publicidade correctora, determinando os termos da respectiva difusão"; este regime "também se aplica à publicidade de ideias de conteúdo político ou religioso".

O artigo 2.° da Lei n.° 22/82, de 17 de Agosto, proíbe "todas as formas de publicidade ao tabaco através de canais publicitários nacionais ou com sede em Portugal", proibição que também consta do artigo 18.° do Código da Publicidade. Este último condiciona a publicidade a bebidas alcoólicas (artigo 17.°) e proíbe a publicidade a tratamentos médicos ou medicamentos que só possam ser obtidos mediante receita médica (artigo 19.°), assim como a jogos de fortuna ou azar, à excepção dos promovidos pela Santa Casa da Misericórdia de Lisboa (artigo 21.°). O Decreto-Lei n.° 14/2006, de 20 de Janeiro (na transposição da Directiva n.° 2003/33/CE, do Parlamento Europeu e do Conselho, de 26 de Maio, relativa à aproximação das disposições legislativas, regulamentares e administrativas dos Estados membros em matéria de publicidade e de patrocínios dos produtos do tabaco), alterou pela última vez o Decreto-Lei n.° 226//83, de 27 de Maio, que regulamentou a referida Lei n.° 22/82.

V. também o artigo 44.° do Decreto-Lei n.° 275/93, de 5 de Agosto, alterado pelos Decretos-Leis n.°s 180/99, de 22 de Maio, e 22/2002, de 31 de Janeiro, e 76-A/2006, de 29 de Março, que estabelece que, "na publicidade ou promoção dos direitos reais de habitação periódica, bem como nos contratos e documentos a estes respeitantes, não podem usar-se, em relação aos titulares desses direitos, a palavra proprietário ou quaisquer outras expressões susceptíveis de criar nos adquirentes desses direitos a ideia de que serão comproprietários do empreendimento".

A Lei n.° 97/88, de 17 de Agosto, alterada pela Lei n.° 23/2000, de 23 de Agosto, disciplina a afixação e inscrição de mensagens de publicidade e propaganda.

O Decreto-Lei n.° 34/94, de 8 de Fevereiro, define o regime de utilização da designação "agência de publicidade certificada"; a referência feita neste diploma para o Decreto-Lei n.° 234/93, de 2 de Julho, deve ter-se como feita para o Decreto-Lei n.° 4/2002, de 2 de Janeiro, que o revogou.

O Decreto-Lei n.° 100/94, de 19 de Abril, alterado pelos Decretos-Leis n.°s 48/99, de 16 de Fevereiro, e 170/98, de 25 de Junho, estabelece o regime jurídico da publicidade dos medicamentos para uso humano, criando no respectivo artigo 12.°, na directa dependência do Instituto Nacional da Farmácia e do Medicamento, um órgão consultivo de estudo da actividade publicitária, o Conselho Nacional de Publicidade de Medicamentos, cuja composição e regras de funcionamento vieram a ser definidas, primeiro pela Portaria n.° 123/96, de 17 de Abril, alterada pela Portaria n.° 696/98, de 4 de Setembro, e depois pela Portaria n.° 257/2006, de 10 de Março, que revogou aquela.

Nos termos dos artigos 1.° e 4.° do Decreto-Lei n.° 105/98, de 24 de Abril (rectificado pela Declaração de rectificação n.° 11-A/98, de 30 de Junho), alterado pelo Decreto-Lei n.° 166/99, de 13 de Maio, "é proibida a afixação ou inscrição de publicidade fora dos aglomerados urbanos em quaisquer locais onde a mesma seja visível das estradas nacionais", salvo: "*a)* Os meios de publicidade que se destinem a identificar edifícios ou estabelecimentos, públicos ou particulares, desde que tal publicidade seja afixada ou inscrita nesses mesmos edifícios ou estabelecimentos; *b)* Os anúncios temporários de venda ou arrendamento de imóveis, desde que neles localizados; *c)* Os meios de publicidade de interesse cultural; *d)* Os meios de publicidade de interesse turístico reconhecido nos termos do decreto regulamentar n.° 22/98, de 21 de Setembro".

A publicidade na televisão encontra-se também disciplinada pela Lei n.° 32/2003, de 22 de Agosto (Lei da Televisão), cujo artigo 36.° dispõe que, "nos serviços de programas televisivos de cobertura nacional e acesso não condicionado, o tempo reservado às mensagens publicitárias não pode exceder 15% do período diário de emissão, salvo quando inclua outras formas de publicidade ou mensagens de televenda, caso em que esse limite pode elevar-se a 20%"; acrescenta-se que, nos serviços de programas televisivos de cobertura nacional e acesso condicionado, a difusão de publicidade ou de mensagens de televenda não deve exceder 10% do período diário de emissão"; mais se estabelece que "o tempo de emissão destinado às mensagens publicitárias e de televenda, em cada período compreendido entre duas unidades de hora, não pode exceder 10% ou 20%, consoante se trate ou não de serviços de programas televisivos de acesso condicionado"; finalmente, excluem-se dos limites antes enunciados "as mensagens informativas difundidas pelos operadores de televisão relacionadas com os seus próprios programas e produtos directamente deles derivados, os patrocínios, os blocos de televenda [até oito, desde que a sua duração total não exceda três horas e que tenham uma duração ininterrupta de, pelo menos, 15 minutos], bem como as que digam respeito a serviços públicos ou fins de interesse público e apelos de teor humanitário, transmitidas gratuitamente".

A Lei de Imprensa (Lei n.° 2/99, de 13 de Janeiro, rectificada pela Declaração de rectificação n.° 9/99, de 4 de Março), dispõe, no seu artigo 28.°, que a difusão de material publicitário através da imprensa fica submetida, além da legislação aplicável em geral, ao disposto nela própria, determinando o n.° 2 desta disposição que "toda a publicidade redigida ou a publicidade gráfica, que como tal não seja imediatamente identificável, deve ser identificada através da palavra 'Publicidade' ou das letras 'PUB', em caixa alta, no início do anúncio, contendo ainda, quando tal não for evidente, o nome do anunciante"; esclarece o n.° 3 que se considera "publicidade redigida e publicidade gráfica todo o texto ou imagem cuja inserção tenha sido paga, ainda que sem cumprimento da tabela de publicidade do respectivo periódico".

A Lei n.° 6/99, de 27 de Janeiro, ocupa-se do regime da publicidade domiciliária, nomeadamente por via postal, distribuição directa, telefone e telecópia, deixando expressamente de lado aquela que é feita por correio electrónico. Quanto à publicidade entregue no domicílio do destinatário, ela tem de ser identificável exteriormente de forma clara, sendo proibida a distribuição directa no domicílio de publicidade não endereçada "sempre que a oposição do destinatário seja reconhecível no acto de entrega [...]". Quanto àquela que for endereçada, por via postal ou por distribuição directa, o seu envio é proibido, "quando o destinatário tenha expressamente manifestado o desejo de não [a] receber"; para este efeito, as pessoas "têm o direito de se opor, gratuitamente, a que o seu nome e endereço sejam tratados e utilizados para fins de mala directa ou de serem informados antes de os dados pessoais serem comunicados pela primeira vez a terceiros para fins de *marketing* directo ou utilizados por conta de terceiros, em termos idênticos aos previstos na alínea *b)* do artigo 12.° desta Lei n.° 67/98, de 26 de Outubro [Lei de Protecção de Dados Pessoais]". O artigo 5.° da Lei 6/99 dispõe ser "proibida a publicidade por telefone, com utilização de sistemas automáticos com mensagens vocais pré-gravadas, e a publicidade por telecópia, salvo quando o destinatário a autorize antes do estabelecimento da comunicação, nos termos do artigo 12.° da Lei n.° 69/98, de 28 de Outubro [entretanto revogada e substituída pela Lei n.° 41/2004, de 18 de Agosto, onde não se encontram normas semelhantes às da lei anterior, pois o seu artigo 13.° contém um regime de protecção dos assinantes mais amplo do que o anterior]".

O artigo 6.° do Decreto-Lei n.° 138/90, de 26 de Abril, alterado pelo Decreto-Lei n.° 162/99, de 13 de Maio, dispõe que "a publicidade, sempre que mencione preços de bens ou serviços, deve respeitar as regras referidas no presente diploma e indicar de forma clara e perfeitamente visível o preço total expresso em moeda com curso legal em Portugal, incluindo taxas e impostos"; regra semelhante se aplica à "publicidade escrita ou impressa e [a]os catálogos, quando mencionem o preço de venda dos géneros alimentares e produtos não alimentares [...] [que] devem igualmente conter [...] a indicação do preço da unidade de medida [...]".

A publicidade a serviços de audiotexto está regulada pelo Decreto-Lei n.° 175/99, de 21 de Maio, alterado pelo Decreto-Lei n.° 148/2001, de 7 de Maio, e pela Lei n.° 95/2001, de 20 de Agosto, dizendo o artigo 2.° que, sem prejuízo do disposto no Código da Publicidade e na demais legislação aplicável, "a publicidade a serviços abrangidos pelo presente diploma deve conter, de forma clara e perfeitamente legível ou audível, conforme o meio de comunicação utilizado, a identificação do prestador e as condições de prestação do serviço", devendo também indicar, "designadamente, a identidade ou denominação social do prestador, o conteúdo do serviço e o respectivo preço, de acordo com as regras fixadas para a indicação de preços na legislação que estabelece o regime de acesso e exercício da actividade do prestador de serviços de audiotexto"; "é proibida a publicidade a serviços de audiotexto dirigida a menores, sob qualquer forma e através de qualquer suporte publicitário, nomeadamente integrando-a em publicações, gravações, emissões ou qualquer outro tipo de comunicações que lhes sejam especialmente dirigidas"; a publicidade destes serviços que tenham cariz erótico ou sexual é proibida "através de suportes de publicidade exterior", bem como "na imprensa, excepto em publicações especializadas com o mesmo tipo de conteúdos ou, no caso das restantes publicações, quando não inclua imagens e os escritos utilizados não sejam susceptíveis de afectar os leitores mais vulneráveis"; "na televisão e na rádio, a difusão de mensagens publicitárias aos serviços [de audiotexto] só pode ter lugar no horário entre as 0 e as 6 horas". "Qualquer comunicação que, directa ou indirectamente, vise promover a prestação de serviços de audiotexto deve identificar de forma expressa e destacada o seu carácter de comunicação comercial, abstendo-se de, designadamente, assumir teores, formas e conteúdos que possam induzir o destinatário a concluir tratar-se de uma mensagem de natureza pessoal".

O Decreto-Lei n.° 7/2004, de 7 de Janeiro, que transpôs a Directiva n.° 2000/ /31/CE, do Parlamento Europeu e do Conselho, de 8 de Junho de 2000, contém, no seu capítulo IV, um regime que se aplica às "comunicações publicitárias em rede e *marketing* directo. O artigo 20.°, n.° 1, exclui daquilo que chama "comunicação publicitária em rede" as "mensagens que se limitem a identificar ou permitir o acesso a um operador económico ou identifiquem objectivamente bens, serviços ou a imagem de um operador, em colectâneas ou listas, particularmente quando não tiverem implicações financeiras, embora se integrem em serviços da sociedade de informação", bem como as "mensagens destinadas a promover ideias, princípios, iniciativas ou instituições"; o n.º 2 da mesma disposição estabelece que "a comunicação publicitária pode ter somente por fim promover a imagem de um operador comercial, industrial, artesanal ou integrante de uma profissão regulamentada". O artigo 21.º impõe que, "nas comunicações publicitárias prestadas à distância, por via electrónica", sejam "claramente identificados de modo a serem apreendidos com facilidade por um destinatário comum" o anunciante, a natureza publicitária da mensagem logo que esta seja apresentada no terminal de forma ostensiva, e as "ofertas promocionais, como descontos, prémios ou brindes, e os concursos ou jogos promocionais", assim como os condicionalismos a que ficam submetidos; a omissão da prestação destas informações constitui contra-ordenação sancionável com coima de € 2500 a € 50 000, segundo o artigo 37.º, sendo a contra-ordenação sancionável com coima de € 5 000 a € 100 000, se for reincidente, e agravada em um terço destes limites se for praticada por uma pessoa colectiva; este regime sancionatório pode ser complementado com as sanções previstas no artigo 38.º, não prejudicando a sua aplicação a dos regimes especiais vigentes.

Tem de haver consentimento prévio do destinatário para "o envio de mensagens para fins de *marketing* directo, cuja recepção seja independente de intervenção do destinatário, nomeadamente por via de aparelhos de chamada automática, [...] de telecópia ou por correio electrónico", salvo se se tratar de mensagens enviadas a pessoas colectivas, embora, mesmo neste caso, tenha de ser possível ao destinatário – que tem de ter acesso a meios que lho permitam fazer em qualquer momento, sem ónus e independentemente de justa causa, em especial por dispor do endereço e de um meio de fácil identificação e utilização – recusar o envio, devendo, nos mesmos termos aquele que aceitou o envio poder recusá-lo quando entender; a omissão da indicação do endereço e de um meio técnico electrónico para o destinatário recusar comunicações constitui, igualmente, contra-ordenação sancionável com coima de € 2500 a € 50 000, segundo o artigo 37.º, n.º 1. "É proibido o envio de correio electrónico para fins de *marketing* directo, ocultando ou dissimulando a identidade da pessoa em nome de quem é efectuada a comunicação". "Às entidades que promovam o envio de comunicações publicitárias não solicitadas cuja recepção seja independente da intervenção do destinatário cabe manter, por si ou por organismos que as representem, uma lista actualizada de pessoas que manifestaram o desejo de não receber aquele tipo de comunicações", sendo proibido o envio a tais pessoas; também o envio de comunicações não solicitadas, com inobservância das regras que se deixaram enunciadas constitui contra-ordenação sancionável nos termos já mencionados.

O Decreto-Lei n.º 68/2004, de 25 de Março, que "estabelece um conjunto de mecanismos que visam reforçar os direitos dos consumidores à informação e à protecção dos seus interesses económicos no âmbito da aquisição de prédio urbano para habitação, bem como promover a transparência do mercado", veio impor, no seu artigo 11.º, que, nos locais de atendimento e de venda ao público, o vendedor, a empresa de mediação imobiliária ou outro profissional, que se encontre incumbido de comercializar prédios urbanos destinados à habitação disponibilizem informação documentada em especial sobre a ficha técnica, caso exista, a sua versão provisória, se for esse o caso, o preço por metro quadrado da área útil, e o preço total [...]" e, ainda, quando se trate de prédio em construção, informar do número do alvará de licença de construção e dos prazos previstos para a conclusão das obras; o artigo 12.º, n.º 2, deste diploma, acrescenta que "a publicidade à venda de imóveis para habitação deve, em especial, ser conforme às características da habitação, esclarecer os respectivos destinatários sobre se esta se encontra em fase de construção e conter, designadamente, os seguintes elementos: *a)* Identificação completa do promotor imobiliário e do vendedor, caso não sejam a mesma pessoa; *b)* Prazo previsto para a conclusão das obras, se for caso disso; *c)* Área útil da habitação; *d)* Tipo e marca dos materiais e produtos de construção, sempre que não haja qualquer referência aos mesmos; *e)* Existência de condições de acesso para pessoas com deficiência, nomeadamente motora, visual ou auditiva, caso tais condições existam".

O n.° 3 dispõe que "as fotografias ou imagens gráficas utilizadas na publicidade de imóveis devem reproduzir fielmente o local publicitado, referindo explicitamente que se representa apenas o edifício e a sua envolvente próxima acabada".

Nos termos do artigo 29.° do Código da Publicidade, "as disposições legais sobre direitos de autor aplicam-se à criação publicitária [...]"; "os direitos de carácter patrimonial sobre a criação publicitária presumem-se, salvo convenção em contrário, cedidos em exclusivo ao seu criador intelectual"; "é ilícita a utilização de criações publicitárias sem a autorização dos titulares dos respectivos direitos".

Há actividades profissionais relativamente às quais a lei proíbe a publicidade: assim acontece, por exemplo, com a dos notários, dispondo o artigo 16.°, n.°s 2 e 3 do Estatuto do Notariado, aprovado pelo Decreto-Lei n.° 26/2004, de 4 de Fevereiro, que "é vedado ao notário publicitar a sua actividade, recorrendo a qualquer forma de comunicação com o objectivo de promover a solicitação de clientela", desta proibição ficando exceptuada "a publicidade informativa, nomeadamente o uso de placas afixadas no exterior dos cartórios e a utilização de cartões de visita ou papel de carta, desde que com simples menção do nome do notário, título académico, currículo, endereço do cartório e horário de abertura ao público, bem como a respectiva divulgação em suporte digital".

O artigo 81.° da Lei n.° 5/2006, de 23 de Fevereiro – que "estabelece o regime jurídico relativo ao fabrico, montagem, reparação, importação, exportação, transferência, armazenamento, circulação, comércio, aquisição, cedência, detenção, manifesto, guarda, segurança, uso e porte de armas, seus componentes e munições [...]" – dispõe que "não é permitida a publicidade a armas, suas características e aptidões, excepto em publicações da especialidade, feiras de armas, feiras de caça, provas desportivas de tiro e, relativamente a armas longas, feiras agrícolas".

V. *Compra e venda; Profissão liberal; Dolo; Alienação; Contrato de prestação de serviços; Contrato de fornecimento; Princípio da licitude; Princípio da identificabilidade; Princípio da veracidade; Consumidor; Tutela do consumidor; Erro; Direito subjectivo; Interesse; Menor; Culpa; Dano; Jogo; Direito de habitação periódica; Contrato; Documento; Direito de propriedade; Imóvel; Domicílio; Dados pessoais; Protecção de dados pessoais; Audiotexto; Presunção legal; Contrato de mediação; Direito de autor; Notário; Cartório notarial; Pessoa colectiva; Prédio urbano; Obrigação de informação; Deficiente.*

2. (Dir. Civil) – Fala-se em publicidade relativamente a certos actos e negócios jurídicos para significar que eles devem obedecer a certos requisitos que permitam a terceiros conhecer a sua existência e o seu conteúdo. Nesta acepção, o registo é o instrumento mais utilizado para dar publicidade a actos e direitos.

Por exemplo, o artigo 104.° do Código do Registo Predial – aprovado pelo Decreto-Lei n.° 224/84, de 6 de Julho, (rectificado por declaração publicada no *Diário da República*, I série, de 29 de Setembro de 1984), alterado pelos Decretos-Leis n.°s 355/85, de 2 de Outubro, 60/90, de 14 de Fevereiro (este último rectificado por declaração publicada no *Diário da República*, I-A série, de 31 de Março de 1990), 80/92, de 7 de Maio, 30/93, de 12 de Fevereiro, 227/94, de 8 de Setembro, 267/94, de 25 de Outubro, 67/96, de 31 de Maio, 375-A/99, de 20 de Setembro, 533/99, de 11 de Dezembro (rectificado pela Declaração de rectificação n.° 5-A/2000, de 29 de Fevereiro), 273/2001, de 13 de Outubro, 323/2001, de 17 de Dezembro, 38/2003, de 8 de Março (rectificado pela Declaração de rectificação n.° 5-C/2003, de 30 de Abril), e 194/2003, de 23 de Agosto, e pela Lei n.° 6/2006, de 27 de Fevereiro – dispõe que "qualquer pessoa pode pedir certidões dos actos de registo e dos documentos arquivados, bem como obter informações verbais ou escritas sobre o conteúdo de uns e de outros"; nos termos do n.° 2 do artigo 105.° do mesmo diploma, "podem ser passadas fotocópias não certificadas com o valor de informações, dos registos e despachos e de quaisquer documentos".

V. *Registo; Acto jurídico; Negócio jurídico; Registo; Registo predial; Certidão; Documento; Fotocópia de documento.*

Publicidade da audiência (Proc. Civil) – O artigo 206.° da Constituição da República estabelece que "as audiências dos tribunais são públicas, salvo quando o próprio tribunal decidir o contrário, em despacho fundamentado, para salvaguarda da dignidade das pessoas e da moral pública ou para garantir o seu normal funcionamento".

V. artigo 656.°, n.° 1, C.P.C., que reproduz no essencial a disposição constitucional citada.

V. *Audiência; Audiência secreta; Tribunal; Despacho.*

Publicidade de actos jurídicos (Dir. Civil) – V. *Registo.*

Publicidade dissimulada (Dir. Civil; Dir. Com.) – V. *Publicidade.*

Publicidade do casamento (Dir. Civil) – A celebração do casamento tem, em princípio, de ser pública.

V. artigos 1615.°, C.C., e 187.° e segs., Código do Registo Civil.

V. *Casamento.*

Publicidade domiciliária (Dir. Civil; Dir. Com.) – O artigo 23.° do Código da Publicidade – aprovado pelo Decreto-Lei n.° 330/90, de 23 de Outubro, e alterado pelos Decretos-Leis n.°s 74/93, de 10 de Março, 6/95, de 17 de Janeiro, 61/97, de 25 de Março, 275/98 de 9 de Setembro, 51/2001, de 15 de Fevereiro, e 332/2001, de 24 de Dezembro, pelas Leis n.°s 31-A/98, de 14 de Julho, e 32/2003, de 22 de Agosto, e pelo Decreto-Lei n.° 224/2004, de 4 de Dezembro – dispõe que, "sem prejuízo do disposto em legislação especial, a publicidade entregue no domicílio do destinatário, por correspondência ou qualquer outro meio, deve conter, de forma clara e precisa:

a) O nome, domicílio e os demais elementos suficientes para a identificação do anunciante;

b) A indicação do local onde o destinatário pode obter as informações de que careça;

c) A descrição rigorosa e fiel do bem ou serviço publicitado e das suas características;

d) O preço do bem ou serviço e a respectiva forma de pagamento, bem como as condições de aquisição, de garantia e de assistência pós-venda".

Esta publicidade só pode "referir-se a artigos de que existam amostras disponíveis para exame do destinatário", não sendo este último obrigado " a adquirir, guardar ou devolver quaisquer bens ou amostras que lhe tenham sido enviados ou entregues à revelia de solicitação sua". Neste sentido, cfr. ainda o artigo 29.°, n.° 2, do Decreto-Lei n.° 143/2001, de 26 de Abril (rectificado pela Declaração de rectificação n.° 13-C/2001, de 31 de Maio), nos termos do qual "o destinatário de bens ou de serviços recebidos sem que por ele tenham sido encomendados ou solicitados, ou que não constituam o cumprimento de qualquer contrato válido, não fica obrigado à sua devolução ou pagamento, podendo conservá-los a título gratuito".

A Lei n.° 6/99, de 27 de Janeiro, ocupa-se do regime da publicidade domiciliária, nomeadamente por via postal, distribuição directa, telefone e telecópia, deixando expressamente de lado aquela que é feita por correio electrónico.

Quanto à publicidade entregue no domicílio do destinatário, ela tem de ser identificável exteriormente de forma clara, sendo proibida a distribuição directa no domicílio de publicidade não endereçada "sempre que a oposição do destinatário seja reconhecível no acto de entrega, nomeadamente através da afixação, por forma visível, no local destinado à recepção de correspondência, de dístico apropriado contendo mensagem clara e inequívoca nesse sentido". Quanto àquela que for endereçada, por via postal ou por distribuição directa, o seu envio é proibido, "quando o destinatário tenha expressamente manifestado o desejo de não [a] receber"; para este efeito, as pessoas "têm o direito de se opor, gratuitamente, a que o seu nome e endereço sejam tratados e utilizados para fins de mala directa ou de serem informados antes de os dados pessoais serem comunicados pela primeira vez a terceiros para fins de *marketing* directo ou utilizados por conta de terceiros, em termos idênticos aos previstos na alínea *b)* do artigo 12.° da Lei n.° 67/98, de 26 de Outubro [Lei de Protecção de Dados Pessoais]".

O artigo 5.° da Lei 6/99 dispõe que "é proibida a publicidade por telefone, com utilização de sistemas automáticos com mensagens vocais pré-gravadas, e a publicidade por telecópia, salvo quando o destinatário a autorize antes do estabelecimento da comunicação, nos termos do artigo 12.° da Lei n.° 69/98, de 28 de Outubro [entretanto revogada e substituída pela Lei n.° 41/2004, de 18 de Agosto, onde não se encontram norma semelhante à da antiga lei, dado que o seu artigo 13.° contém um regime de protecção dos assinantes mais amplo do que o anterior]".

V. *Publicidade; Domicílio; Assistência pós-venda; Silêncio; Cumprimento; Contrato; Validade; Dados pessoais; Contrato de fornecimento.*

Publicidade enganosa (Dir. Civil; Dir. Com.) – V. *Publicidade.*

Publicidade oculta (Dir. Civil; Dir. Com.) – V. *Publicidade.*

Punctação – Alguns autores dão esta designação à minuta, isto é, ao documento em que os sujeitos, que se encontram em negociações com vista à celebração de um contrato, vão consagrando os acordos parcelares alcançados e que hão-de traduzir-se em cláusulas do futuro contrato.

V. *Minuta; Negociações preliminares; Contrato; Cláusula.*

Pupilo (Dir. Civil) – Sujeito, em geral menor, colocado em regime de tutela.

V. *Menor; Tutela.*

Purgação da mora (Dir. Civil) – V. *"Purgatio morae".*

"Purgatio morae" (Dir. Civil) – A purgação da mora é a forma de fazer cessar a mora do devedor, que consiste em este se apresentar a oferecer ao credor a prestação acrescida da indemnização moratória a que houver lugar.

No regime da locação, a lei prevê expressamente a *purgatio morae*, determinando, no artigo 1041.°, n.° 2, C.C., que o locatário pode fazer cessar a mora no prazo de oito dias contados do seu começo, oferecendo a renda (ou aluguer) vencida sem qualquer indemnização; por outro lado, após o decurso do prazo referido, pode o locatário purgar a mora, oferecendo a ou as rendas (ou alugueres) em dívida e a indemnização moratória que lhes corresponda; caso o locador não aceite, tem o locatário o direito a consignar em depósito as rendas ou alugueres em atraso, bem como a respectiva indemnização, requerendo dentro de cinco dias a notificação judicial do depósito ao locador: fazendo-o, presume-se que o locatário ofereceu o pagamento ao locador e que este o recusou, encontrando-se purgada ou extinta a situação de mora (cfr. artigo 1042.°, n.° 1, C.C.).

Há autores que falam de purgação da mora a propósito da situação em que é o credor a encontrar-se em mora e a fazê-la cessar, apresentando-se ao devedor para receber a prestação (ou realizando os actos que até então tinha omitido e que eram necessários ao cumprimento) e oferecendo-lhe aquilo que o devedor tenha o direito a receber em consequência da *mora creditoris.*

V. *Mora; Devedor; Credor; Prestação; Indemnização moratória; Locação; Renda; Aluguer; Vencimento; Depósito de rendas; Notificação judicial avulsa; Presunção legal; Recusa da prestação.*

Q

Quadrúplica (Proc. Civil) – Designação que por vezes é utilizada para identificar a resposta à tréplica.

V. *Resposta à tréplica.*

Qualidade de vida – A Lei de Bases do Ambiente (Lei n.° 11/87, de 7 de Abril, alterada pela Lei n.° 13/2002, de 19 de Fevereiro) diz que a qualidade de vida se traduz "na situação de bem estar físico, mental e social e na satisfação e afirmação culturais, bem como em relações autênticas entre o indivíduo e a comunidade, dependendo da influência de factores inter-relacionados, que compreendem, designadamente:

a) A capacidade de carga do território e dos recursos;

b) A alimentação, a habitação, a saúde, a educação, os transportes e a ocupação dos tempos livres;

c) Um sistema social que assegure a posteridade de toda a população e os consequentes benefícios da Segurança Social;

d) A integração da expansão urbano-industrial na paisagem, funcionando como valorização da mesma, e não como agente de degradação".

A qualidade do ambiente é, por seu lado, definida, na alínea *e)* do artigo 5.ª, n.° 2 desta Lei, como "a adequabilidade de todos os seus componentes às necessidades do homem".

V. *Ambiente; Responsabilidade por danos ao ambiente.*

Qualificação da insolvência (Dir. Civil; Dir. Com.; Proc. Civil) – O artigo 185.° do Código da Insolvência e da Recuperação de Empresas, aprovado pelo Decreto-Lei n.° 53/2004, de 18 de Março, alterado pelos Decretos-Leis n.°s 200/2004, de 18 de Agosto, e 76-A/2006, de 29 de Março (rectificado pela Declaração de rectificação n.° 28-A/2006, de 26 de Maio), diz que "a insolvência é qualificada como culposa ou fortuita, mas a qualificação atribuída não é vinculativa para efeitos da decisão de causas penais, nem das acções a que se reporta o n.° 2 do artigo 82.° [acções de responsabilidade contra fundadores, administradores de direito ou de facto, membros do órgão de fiscalização do devedor, sócios, associados ou membros dos seus órgãos sociais; acções destinadas a obter indemnização pelos prejuízos sofridos pelos credores da insolvência pela diminuição da massa insolvente; acções contra os responsáveis legais pelas dívidas do insolvente]".

O artigo 186.° caracteriza a insolvência como culposa sempre que a situação tiver sido criado ou agravada por actuação dolosa ou gravemente culposa do devedor ou seus administradores – de direito ou de facto – nos três anos anteriores ao início do processo.

Os artigos 188.° a 190.° tratam do "incidente pleno de qualificação da insolvência".

"Até 15 dias depois da realização da assembleia de apreciação do relatório [do administrador da insolvência], qualquer interessado pode alegar, por escrito, o que tiver por conveniente para efeitos da qualificação da insolvência como culposa", apresentando o administrador da insolvência, dentro dos 15 dias seguintes, "parecer, devidamente fundamentado e documentado, sobre os factos relevantes, que termina com a formulação de uma proposta, identificando, se for o caso, as pessoas que devem ser afectadas pela qualificação da insolvência como culposa"; o Ministério Público pronuncia-se no prazo de 10 dias sobre este parecer. "Se tanto o administrador [...] como o Ministério Público propuserem a qualificação da insolvência como fortuita, o juiz profere de imediato decisão nesse sentido, a qual é insusceptível de recurso"; "no caso contrário, [...] manda notificar o devedor e citar pessoalmente aqueles que [...] devam ser afectados pela qualificação da insolvência como culposa para se oporem [...] no prazo de quinze dias [...]"; às oposições pode responder o administrador, o Ministério Público e qualquer interessado, no prazo de dez dias (artigo 188.°).

O artigo 189.°, n.° 2, enuncia o conteúdo da sentença que qualifique como culposa a insolvência, elementos dos quais constam a inabilitação das pessoas afectadas pela qualificação por um período de 2 a 10 anos, bem como a declaração da inibição dessas pessoas para o exercício do comércio, para a ocupação de qualquer cargo de titular de órgão de sociedade comercial ou civil, associação ou fundação privada de actividade económica, empresa pública ou cooperativa, por período idêntico; segundo o artigo 190.°, o juiz nomeia um curador para cada um dos inabilitados, fixando os poderes que lhe cabem.

Quando se verifique que o património do devedor não é "presumivelmente suficiente para a satisfação das custas do processo e das dívidas previsíveis da massa insolvente e não estando esta satisfação por outra forma garantida", e encerrado o processo (artigos 39.°, n.° 2, e 232.°, n.° 5), aplica-se "o incidente limitado de qualificação de insolvência", o qual tem o regime do artigo 191.°.

V. *Insolvência; Recuperação de empresas; Insolvência culposa; Devedor; Fundação; Administrador; Órgãos da pessoa colectiva; Sócio; Associado; Responsabilidade civil; Indemnização; Massa insolvente; Dolo; Culpa grave; Incidente; Assembleia de credores; Administrador da insolvência; Ministério Público; Credor da insolvência; Recurso; Notificação; Citação pessoal; Sentença; Inabilitação; Inibição do insolvente; Curador; Custas.*

Quase-contrato (Dir. Civil) – Na sistematização tradicional das fontes das obrigações – de inspiração romanística, designadamente provinda do direito justinianeu – incluía a doutrina a figura do quase-contrato, como categoria residual, destinada a englobar situações geradoras de obrigações, dificilmente subsumíveis aos contratos e à responsabilidade civil. Esta figura doutrinária, de contornos algo imprecisos, abrangia os factos voluntários lícitos que não consubstanciavam um acordo de vontades, não sendo, consequentemente, contratos, mas criavam obrigações para o seu autor ou para terceiro.

Era o caso, por exemplo, da gestão de negócios.

Este conceito pouco rigoroso encontra-se hoje abandonado pela doutrina.

V. *Fontes das obrigações; Obrigação; Contrato; Responsabilidade civil; Gestão de negócios.*

Quase-delito (Dir. Civil) – Categoria doutrinária incluída na sistematização tradicional das fontes das obrigações, e que abrangia os factos ilícitos voluntários meramente culposos. Trata-se de conceito actualmente abandonado.

V. *Fontes das obrigações; Delito; Acto ilícito; Culpa; Dolo; Responsabilidade civil.*

Quase-negócio jurídico (Dir. Civil) – Há autores que designam assim os actos jurídicos que se consubstanciam num facto voluntário que produz efeitos jurídicos independentemente da vontade do seu autor; os meros actos jurídicos não são, pois, instrumentos de auto-regulação de interesses.

Segundo o artigo 295.°, C.C., "aos actos jurídicos que não sejam negócios jurídicos são aplicáveis, na medida em que a analogia das situações o justifique, as disposições do capítulo precedente" (capítulo que contém o regime do negócio jurídico).

V. *Acto jurídico; Negócio jurídico; Analogia.*

Quase-usufruto (Dir. Civil) – Designação doutrinária do usufruto de coisa consumível.

Dispõe o artigo 1451.°, C.C., que, neste caso, o usufrutuário pode servir-se da coisa ou aliená-la, embora não adquira a sua propriedade, sendo obrigado, findo o usufruto, a restituir o valor da coisa, se ela havia sido estimada, ou a entregar outra do mesmo género, qualidade ou quantidade, ou o respectivo valor na conjuntura em que findar o usufruto.

V. *Usufruto; Coisa consumível; Alienação.*

Quebra (Dir. Civil; Dir. Com.; Proc. Civil) – O mesmo que *falência* (v. este termo).

Queixa

1. (Proc. Civil) – Recurso, previsto no Código de Processo Civil de 1939, que se interpunha da decisão de não admitir um recurso ou de o admitir em termos de ele não ter efectiva utilidade.

Este recurso foi substituído pela reclamação no C.P.C. actual: v. artigos 688.° e 689.°.

V. *Recurso; Admissão de recurso; Reclamação.*

2. De acordo com a Lei n.° 43/90, de 10 de Agosto, alterada pela Lei n.° 6/93, de 1 de Março, a queixa é uma modalidade de petição que se consubstancia na "denúncia de qualquer inconstitucionalidade ou ilegalidade, bem como do funcionamento anómalo de qualquer serviço, com vista à adopção de medidas contra os responsáveis" (artigo 2.°, n.° 4). O artigo 52.°, n.° 1, da Constituição da República que "todos os cidadãos têm o direito de apresentar, individual ou colectivamente, aos órgãos de soberania, aos órgãos de governo próprio das regiões autónomas ou a quaisquer autoridades petições, representações, reclamações ou queixas para defesa dos seus direitos, da Constituição, das leis ou do interesse geral"; o n.° 2 da mesma disposição determina que "a lei fixa as condições em que as petições apresentadas colectivamente à Assembleia da República e às Assembleias Legislativas das regiões autónomas são apreciadas em reunião plenária".

V. *Direito de petição; Inconstitucionalidade.*

Quesitos (Proc. Civil) – O n.° 1 do artigo 511.°, C.P.C., dispunha que do questionário constavam, com subordinação a números, os pontos controvertidos que deviam ser provados.

Esta norma foi alterada pelos Decretos-Leis n.°s 329-A/95, de 12 de Dezembro, e 180/96, de 25 de Setembro, tendo o C.P.C. deixado de se referir expressamente quer ao questionário quer aos quesitos.

V. *Questionário; Prova.*

Quesitos novos (Proc. Civil) – V. *Questionário.*

Quesitos secretos (Proc. Civil) – O artigo 574.°, C.P.C., entretanto profundamente alterado pelo Decreto-Lei n.° 329-A/95, de 12 de Dezembro, dispunha que, tendo sido requerido arbitramento por meio de exame ou vistoria, a parte, com o requerimento, apresentaria logo os quesitos a que os peritos haviam de responder, podendo, "quando [tivesse] justo receio de que [fossem] alterados os factos que os peritos [haveriam] de averiguar", "apresentar os quesitos em sobrescrito lacrado e requerer que se [mantivessem] secretos até ao dia da inspecção"; "se [considerasse] fundado o receio, depois de examinar os quesitos, o juiz fá-los-[ia] lacrar novamente e, quando [houvesse] de ordenar a notificação da parte contrária, só [indicaria], de um modo geral, o fim da diligência".

V. *Arbitramento; Exame; Vistoria; Requerimento; Quesitos; Perito; Notificação.*

Questão de direito (Proc. Civil) – Em processo civil, considera-se ser uma questão de direito toda a que se resolve pela aplicação de uma norma jurídica ou exige uma qualificação que se realiza com recurso a um conceito jurídico.

O recurso de revista só pode ter como fundamento questões de direito e não de facto (artigos 721.° e 722.°, C.P.C., na redacção do Decreto-Lei n.° 329-A/95, de 12 de Dezembro). Dispõe, por seu lado, o artigo 26.° da Lei de Organização e Funcionamento dos Tribunais Judiciais (Lei n.° 3/ /99, de 13 de Janeiro, rectificada pela Declaração de rectificação n.° 7/99, de 16 de Fevereiro, e alterada pela Lei n.° 101/99, de 26 de Julho, pelos Decretos-Leis n.°s 323/ /2001, de 17 de Dezembro, e 38/2003, de 8 de Março – este rectificado pela Declaração de rectificação n.° 5-C/2003, de 30 de Abril –, pela Lei n.° 105/2003, de 10 de Dezembro, pelo Decreto-Lei n.° 53/2004, de 18 Março, pela Lei n.° 42/2005, de 29 de Agosto, e pelo Decreto-Lei n.° 76-A/2006, de 29 de Março – este rectificado pela Declaração de rectificação n.° 28-A/2006, de 26 de Maio) que, "fora dos casos previstos na lei, o Supremo Tribunal de Justiça apenas conhece de matéria de direito".

V. *Norma jurídica; Revista; Supremo Tribunal de Justiça.*

Questão de facto (Proc. Civil) – Considera-se questão de facto em processo civil toda a matéria que se resolve no apuramento da verificação de que um certo facto ocorreu ou das circunstâncias em que se verificou. É ainda matéria de facto, e não de direito, toda a afirmação que envolva o recurso a conceitos não jurídicos, isto é, dotados do sentido que têm na linguagem corrente ou na de outras áreas científicas diversas da do direito.

O recurso de revista, interposto para o Supremo Tribunal de Justiça, nos termos do n.° 1 do artigo 721.°, C.P.C., na redacção dada pelo Decreto-Lei n.° 329-A/95, de 12 de Dezembro, não pode ter por objecto "o erro na apreciação das provas e na fixação dos factos materiais da causa", "salvo havendo ofensa de uma disposição expressa de lei que exija certa espécie de prova para a existência do facto ou que fixe a força de determinado meio de prova" (artigo 722.°, n.° 2, C.P.C.).

Daí que, salvo este caso excepcional, a decisão da 2.ª instância, quanto à matéria de facto, não possa ser alterada pelo Supremo que se limita a aplicar "definitivamente o regime jurídico que julgue adequado" "aos factos materiais fixados pelo tribunal recorrido" – cfr. artigo 729.°, n.° 1, C.P.C..

V. *Revista; Supremo Tribunal de Justiça; Prova; Força probatória.*

Questão incidental (Proc. Civil) – O artigo 96.°, C.P.C., que determina que o tribunal competente para a acção é também competente para conhecer das questões incidentais, caracteriza estas como os incidentes levantados na acção e as questões que o réu suscite como meio de defesa, e acrescenta que "a decisão das questões e incidentes suscitados não constitui, porém, caso julgado fora do processo respectivo, excepto se alguma das partes requerer o julgamento com essa amplitude e o tribunal for competente do ponto de vista internacional e em razão da matéria e da hierarquia".

V. *Competência; Incidente; Réu; Caso julgado; Competência internacional; Competência em razão da matéria; Competência em razão da hierarquia.*

Questão prejudicial (Proc. Civil) – Questão de cuja resolução depende o conhecimento e resolução de uma outra.

Em processo civil, a lei dispõe que, existindo relativamente a uma causa uma questão prejudicial, que seja da competência do tribunal criminal ou do tribunal administrativo, o juiz pode suspender o andamento do processo e aguardar que o tribunal competente se pronuncie sobre a questão, ou pode deixar prosseguir a acção cível e nela decidir ele próprio a questão prejudicial.

Se optar pela primeira solução, pode em princípio fazê-lo em qualquer altura do processo, e do despacho que ordene a suspensão não cabe recurso; no entanto, "a suspensão fica sem efeito se a acção penal ou a acção administrativa não for exercida dentro de um mês ou se o respectivo processo estiver parado, por negligência das partes, durante o mesmo prazo", casos em que o juiz tem de resolver na acção a questão prejudicial. Quando o juiz conhece e decide a questão prejudicial, a sua decisão não tem efeitos de caso julgado fora do processo.

V. artigo 97.°, C.P.C..

Se a questão prejudicial não for de natureza criminal ou administrativa e surgir no decurso da acção, o regime a aplicar será o do artigo 96.°, C.P.C., que determina que tem então competência para a sua apreciação o tribunal competente para a acção.

O artigo 8.°, n.°s 2 e 3, do Código da Insolvência e da Recuperação de Empresas – aprovado pelo Decreto-Lei n.° 53/2004, de 18 de Março, alterado pelos Decretos-Leis n.°s 200/2004, de 18 de Agosto, e 76-A/2006, de 29 de Março (rectificado pela Declaração de rectificação n.° 28-A/2006, de 26 de Maio) –, depois de estabelecer que, "sem prejuízo do disposto na alínea *b)* do n.° 3 do artigo 264.° [se o cônjuge de um devedor contra o qual tenha sido instaurado processo de insolvência, se apresentar ele próprio à insolvência, com o consentimento do respectivo consorte, é suspenso "qualquer processo de insolvência anteriormente instaurado apenas contra o apresentante e em que a insolvência não haja sido já declarada, se for acompanhada de confissão expressa da situação de insolvência ou caso seja apresentada pelos cônjuges uma proposta de plano de pagamentos"], o tribunal ordena a suspensão da instância se contra o mesmo devedor correr processo de insolvência instaurado por outro requerente cuja petição tenha primeiramente dado entrada em juízo", diz que "a pendência da outra causa [outro processo de insolvência contra o mesmo devedor] deixa de se considerar prejudicial se o pedido for indeferido, independentemente do trânsito em julgado da decisão". A verdade é que a pendência de dois processos com o mesmo pedido contra a mesma pessoa parece não configurar qualquer prejudicialidade, mas sim litispendência. Há de ter em conta que o artigo 261.°, n.° 2, determina que, "em derrogação do disposto no artigo 8.°, a pendência de um processo de insolvência em que tenha sido apresentado um plano de pagamentos não obsta ao prosseguimento de outro processo instaurado contra o mesmo devedor por titulares de créditos não incluídos na relação anexa ao plano [...]".

V. *Competência; Despacho; Suspensão da instância; Despacho; Recurso; Negligência; Caso julgado; Causa prejudicial; Insolvência, Recuperação de empresas; Suspensão da instância; Apresentação à insolvência; Confissão; Petição inicial; Pedido; Trânsito em julgado; Litispendência; Credor da insolvência; Litispendência; Plano de pagamentos.*

Questão prévia (Proc. Civil) – A lei processual civil designa por questão prévia a que respeita ao regime de subida ou ao efeito de um recurso de agravo.

O artigo 751.°, C.P.C., na redacção do Decreto-Lei n.° 329-A/95, de 12 de Dezembro, dispõe que, "se o recurso tiver subido em separado, quando devesse subir nos próprios autos, requisitar-se-ão estes, juntando-se-lhes em seguida o processo em que o agravo tenha subido"; "decidindo-se, inversamente, que o recurso que subiu nos próprios autos deveria ter subido em separado, o tribunal notifica as partes para indicarem as peças necessárias à instrução do agravo, as quais serão autuadas com as alegações; seguidamente, baixarão os autos principais à 1ª instância"; se a questão respeitar ao efeito do recurso, sendo decidida a alteração dele, "a Relação comunicará à 1.ª instância a alteração determinada".

Em processo sumaríssimo, o artigo 798.°, C.P.C., revogado pelo referido DL n.° 329-A/95, dispunha que, se tivesse sido interposta apelação e o juiz entendesse que o recurso competente era o agravo, conheceria logo dele, no caso de já terem alegado ambas as partes; no caso contrário, mandaria notificar as partes que ainda não tivessem alegado para o fazerem dentro de oito dias e em seguida julgaria; entendendo que não podia tomar conhecimento do recurso, exporia sucintamente as suas razões e determinaria que o advogado do recorrente dissesse, dentro de quarenta e oito horas, o que se lhe oferecesse, posto o que decidiria a questão prévia.

V. *Recurso; Subida do recurso; Notificação; Autuação; Efeito suspensivo do recurso; Efeito devolutivo do recurso; Agravo; Tribunal de 1.ª instância; Relação; Apelação; Alegações; Processo sumaríssimo.*

Questão reconvencional (Proc. Civil) – V. *Reconvenção.*

Questionário (Proc. Civil) – O C.P.C. referia-se ao questionário para designar a enumeração dos factos articulados controvertidos e que tinham de ser objecto de prova. Quando a acção não terminasse no despacho saneador, o juiz, no próprio despacho, lavraria a especificação e o questionário.

A enumeração era feita sob a forma de quesitos, necessariamente subordinados a números, podendo o questionário ser organizado "mediante simples remissão para o artigo dos articulados, considerando-se a remissão limitada à matéria de facto neles contida". As partes podiam reclamar do questionário, tendo cada uma direito de resposta em relação à reclamação da outra. Face às reclamações e respectivas respostas, o juiz decidia por despacho, não cabendo deste recurso, embora a solução do despacho fosse impugnável no recurso que viesse a interpor-se da decisão final. Nos casos em que são admitidos articulados supervenientes, os factos aí expostos, pertinentes para a decisão da causa, eram aditados à especificação ou ao questionário, consoante ficassem ou não desde logo provados. Do despacho de aditamento cabia agravo, que subiria com o recurso da decisão final. Na própria audiência de discussão e julgamento, o juiz presidente podia formular quesitos novos, quando os entendesse indispensáveis à decisão da causa, desde que, de um modo geral, não excedessem o âmbito dos factos articulados pelas partes.

Era justamente sobre os factos quesitados – e normalmente apenas sobre eles – que recaíam as diligências de prova.

Esta designação foi eliminada pela Reforma de 1995/96 do C.P.C., que agora se refere a esta figura como matéria de facto incluída na "base instrutória" (cfr. artigo 511.°, C.P.C.).

O número de testemunhas a oferecer para prova dos fundamentos da acção é limitado, variando tais limites consoante a forma de processo:

a) Em processo ordinário, o número máximo de testemunhas que cada uma das partes pode apresentar é de vinte, não podendo sobre cada um dos factos ser inquiridas mais de cinco testemunhas (artigos 632.° e 633.°, C.P.C., tendo o segundo a redacção do Decreto-Lei n.° 329-A/95, de 12 de Dezembro);

b) Em processo sumário, o número global máximo é de dez testemunhas, e para cada facto só podem ser oferecidas três (artigo 789.°, C.P.C.).

V. *Despacho saneador; Especificação; Prova; Quesitos; Articulados; Matéria de facto; Reclamação; Despacho; Recurso; Articulados supervenientes; Agravo; Subida do recurso; Audiência de discussão e julgamento; Base instrutória; Testemunha; Processo ordinário; Processo sumário.*

Quinhão (Dir. Civil)

1. Direito a receber uma parte da renda, ou uma quota fixa paga em géneros, de um prédio possuído, ou encabeçado, por um dos seus supostos comproprietários. Este direito foi abolido pelo Código de Seabra, tendo subsistido, mesmo depois do Código Civil de 1966, os constituídos antes da promulgação do Código de 1867 (v. artigo 1306.°, n.° 2, C.C.).

V. *Compropriedade.*

2. A lei refere-se por vezes a quinhão para designar a parte que a cada herdeiro cabe na herança a que concorrem (v. por exemplo, artigo 2146.°, C.C.).

V. *Herdeiro; Herança.*

Quitação (Dir. Civil) – Declaração feita pelo credor de que a obrigação foi cumprida e de que o devedor se encontra, portanto, exonerado ou quite.

O artigo 787.°, C.C., dispõe que o devedor pode recusar-se a cumprir a obrigação se o credor lhe não der quitação, e pode exigir que esta conste de documento autêntico ou autenticado ou seja provida de reconhecimento notarial, se tiver nisso interesse legítimo.

V. *Recibo; Credor; Obrigação; Cumprimento; Devedor; Liberação; Recusa de cumprimento; Documento autêntico; Documento autenticado; Reconhecimento de letra e assinatura.*

"Qui tacet consentire videtur" (Dir. Civil) – Expressão latina cujo significado é o mesmo do adágio popular "quem cala consente". No domínio jurídico, o silêncio só tem valor declarativo "quando esse valor lhe seja atribuído por lei, uso ou convenção" – artigo 218.°, C.C..

V. *Silêncio.*

"Quod nullum est, nullum producit effectum" (Dir. Civil) – O acto ou negócio nulo não produz qualquer efeito jurídico.

Sendo certo que tal negócio não produz os efeitos a que se destinava, em consequência mesmo da sua nulidade, há efeitos jurídicos que dele decorrem, designadamente os previstos no artigo 289.°, C.C..

V. *Nulidade; Acto jurídico; Negócio jurídico.*

Quórum (Dir. Civil) – Número mínimo indispensável de presenças dos titulares de um órgão colegial para que ele se tenha por constituído e possa funcionar.

Designa-se por *quórum constitutivo* o número de presenças necessário para que o órgão se considere constituído e por *quórum deliberativo* o número indispensável para que ele possa tomar deliberações.

Nos termos do artigo 175.°, n.° 1, C.C., a assembleia geral das associações "não pode deliberar, em primeira convocação, sem a presença de metade, pelo menos, dos seus associados".

V. *Órgão colegial; Deliberação; Associação; Assembleia geral.*

Quota (Dir. Civil)

1. A expressão quota da herança ou quota hereditária é utilizada para designar uma parte abstracta do património hereditário, uma sua fracção (por exemplo: 1/2, 2/5).

V. *Herança.*

2. A quota do sócio é o conjunto de direitos e obrigações para ele resultantes do contrato de sociedade e cujo âmbito se determina em função da respectiva entrada ou de outros factores previstos na lei.

V. *Sociedade; direito subjectivo; Obrigação; Entrada.*

3. Na compropriedade, cada um dos comproprietários é titular de uma quota ideal da coisa comum, isto é, de fracção do direito de propriedade que não encontra expressão física em qualquer parcela da coisa.

V. *Compropriedade.*

Quota disponível (Dir. Civil) – Porção de bens de que o *de cuius* pode dispor livre e validamente. Havendo herdeiros legitimários, a quota disponível é limitada pela medida da legítima destes (v. artigos 2156.° e segs., C.C.); não existindo tais herdeiros, todo o património é disponível.

V. *Herança; "De cuius"; Herdeiro legitimário; Legítima.*

Quota hereditária (Dir. Civil) – V. *Quota.*

Quota indisponível (Dir. Civil) – Quota indisponível ou quota legítima é a parte do património de que o autor da sucessão não pode livremente dispor, por se encontrar legalmente reservada para os seus herdeiros legitimários.

No caso de o cônjuge não concorrer com descendentes nem ascendentes, a quota indisponível é metade da herança (artigo 2158.°, C.C.).

No caso de o cônjuge concorrer com os filhos, a quota indisponível corresponde a dois terços da herança, sendo metade ou dois terços, quando, não havendo cônjuge sobrevivo, exista um só filho ou dois ou mais, respectivamente (artigo 2159.°, C.C.).

No caso de o cônjuge concorrer com os ascendentes, a quota indisponível são dois terços da herança, sendo metade ou um terço, quando, não havendo descendentes ou cônjuge sobrevivo, forem chamados os pais ou os ascendentes de segundo grau e seguintes, respectivamente (artigo 2161.°, C.C.).

V. *Legítima; Herdeiro legitimário; Autor da sucessão; Descendente; Ascendente; Herança; Grau de parentesco.*

"Quota litis" – A *quota litis* consiste num critério de fixação dos honorários de advogado ou solicitador, que se traduz em estabelecer que estes serão função do resultado do processo.

O artigo 101.° do Estatuto da Ordem dos Advogados (Lei n.° 15/2005, de 26 de Janeiro) proíbe a *quota litis*, considerando como tal "o acordo celebrado entre o advogado e o seu cliente, antes da conclusão definitiva da questão em que este é parte, pelo qual o direito a honorários fique exclusivamente dependente do resultado obtido na questão e em virtude do qual o constituinte se obrigue a pagar ao advogado parte do resultado que vier a obter, quer este consista numa quantia em dinheiro, quer em qualquer outro bem ou valor". "Não constitui pacto de *quota litis* o acordo que consista na fixação prévia do montante dos honorários, ainda que em percentagem, em função do valor do assunto confiado ao advogado ou pelo qual, além de honorários calculados em função de outros critérios, se acorde numa majoração em função do resultado obtido".

Também o artigo 111.°, n.° 3, do Estatuto da Câmara dos Solicitadores (Decreto-Lei n.° 88/2003, de 26 de Abril, alterado pelas Leis n.°s 49/2004, de 24 de Agosto, e 14/2006, de 26 de Abril) proíbe, quanto a estes, a *quota litis;* no entanto, nos termos do artigo 126.°, as tarifas a aplicar pelo solicitador de execução "podem compreender [...] uma parte variável, dependente da consumação do efeito ou resultado pretendido com a actuação do solicitador de execução".

V. *Honorários; Advogado; Solicitador; Solicitador de execução.*

R

Rasuras (Dir. Civil; Proc. Civil) – V. *Emendas.*

Ratificação (Dir. Civil) – Acto jurídico pelo qual uma pessoa aceita, na sua esfera, os efeitos jurídicos de acto praticado em seu nome por terceiro, que não dispunha de poderes para a sua prática.

A ratificação intervém, pois, no domínio da representação sem poderes, e está sujeita à forma exigida para a procuração, tendo eficácia retroactiva – v. artigo 268.°, C.C..

A ratificação é, consequentemente, também exigida no contrato para pessoa a nomear e na gestão de negócios, quando esta última seja representativa (isto é, quando o gestor tenha actuado em nome do dono do negócio), para que o terceiro nomeado e o dono do negócio assumam os efeitos jurídicos do contrato ou dos negócios celebrados, respectivamente, pelo contraente originário e pelo gestor.

V. artigos 453.°, n.° 2, e 454.° (para o contrato para pessoa a nomear) e artigo 471.° (quanto à gestão de negócios), C.C..

Por vezes, a lei fala em ratificação numa acepção mais ampla: assim sucede, por exemplo, no artigo 44.°, n.° 2, do Regime do Arrendamento Urbano, onde se dispõe que o subarrendamento não autorizado pelo senhorio se deve considerar "ratificado" por este "se ele reconhecer o subarrendatário como tal"; não se trata aqui de conceder poderes representativos, mas de uma autorização posterior que sana a ilicitude contratual de corrente da falta daquela autorização.

Também no regime da transmissão singular de dívidas, o artigo 595.°, n.° 1-*a)*, C.C., prevendo que ela opere por "contrato entre o antigo e novo devedor, ratificado pelo credor", utiliza o conceito em sentido diverso daquele que é dogmaticamente o seu.

V. *Acto jurídico; Esfera jurídica; Poderes representativos; Representação sem poderes; Forma; Procuração; Contrato para pessoa a nomear; Gestão de negócios; Dono do negócio; Gestor de negócios; Contrato; Negócio jurídico; Arrendamento urbano; Sublocação; Autorização; Reconhecimento do subarrendatário; Transmissão de dívidas; Contrato.*

"Ratio decidendi" (Dir. Civil; Proc. Civil) – Nos sistemas em que vigora a regra do precedente, a *ratio decidendi* é a regra de direito enunciada na decisão judicial, a propósito da decisão do caso concreto, sendo ela que constitui o precedente. Em suma, nos sistemas de *common law*, a ratio decidendi é a *rule of law*.

Pode falar-se de *ratio decidendi*, em qualquer sistema jurídico, para referir a razão de direito, o argumento jurídico que constituiu a razão de ser da decisão judicial adoptada em certo caso.

V. *Precedente; Regra do precedente; Norma jurídica.*

"Ratio legis" – A razão de ser da lei.

Na interpretação de uma norma legal, há que apurar qual a sua finalidade, o objectivo cuja prossecução teve em vista aquando da sua publicação e qual aquele que visa nas circunstâncias concretas em que vai ser aplicada.

V. artigo 9.°, n.° 1, C.C..

V. *Lei; Interpretação da lei.*

Reabilitação

1. (Proc. Civil) – Tendo sido levantada a inibição do falido, era igualmente decretada a sua reabilitação, desde que se mostrassem extintos os efeitos penais decorrentes da indiciação das infracções

previstas no n.° 1 do artigo 224.° do Código dos Processos Especiais de Recuperação da Empresa e de Falência, aprovado pelo Decreto-Lei n.° 132/93, de 23 de Abril, alterado pelos Decretos-Leis n.°s 157/97, de 24 de Junho, 315/98, de 20 de Outubro, 323/2001, de 17 de Dezembro, e 38/2003, de 8 de Março (artigo 239.° do mesmo diploma).

Este Código foi totalmente revogado pelo Código da Insolvência e da Recuperação de Empresas, aprovado pelo Decreto-Lei n.° 53/2004, de 18 de Março, alterado pelos Decretos-Leis n.°s 200/2004, de 18 de Agosto, e 76-A/2006, de 29 de Março (rectificado pela Declaração de rectificação n.° 28-A/2006, de 26 de Maio)

V. *Falência; Inibição do falido; Insolvência; Recuperação de empresas.*

2. (Dir. Civil) – O artigo 2038.°, C.C., determina que aquele que tiver incorrido em indignidade – mesmo judicialmente declarada – readquire capacidade sucessória, se o autor da sucessão expressamente o reabilitar em testamento ou escritura pública.

A reabilitação pode não ser expressa, mas tácita: assim o será se o autor da sucessão, conhecendo a causa da indignidade, dispuser testamentariamente a favor do indigno; neste caso, a capacidade sucessória do indigno é limitada à disposição testamentária.

V. *Indignidade; Capacidade sucessória; Autor da sucessão; Testamento; Escritura pública.*

Reabilitação de advogado – V. *Advogado.*

Realização da prestação (Dir. Civil) – V. *Prestação; Cumprimento.*

"Rebus sic stantibus" (Dir. Civil) – V. *Cláusula "rebus sic stantibus".*

Recebimento coercivo da mulher (Dir. Civil; Proc. Civil) – Anteriormente à revisão do Código Civil, realizada pelo Decreto-Lei n.° 496/77, de 25 de Novembro, a mulher casada tinha o dever legal de adoptar a residência do marido, podendo exigir judicialmente que ele a recebesse na sua residência. Actualmente, não existe aquele dever nem aquela faculdade, dado o princípio da igualdade de direitos e deveres dos cônjuges consagrado constitucionalmente.

V. *Residência; Princípio da igualdade dos cônjuges.*

Recepção da declaração (Dir. Civil) – O momento em que uma declaração negocial recipienda é recebida pelo seu destinatário marca o início da produção de efeitos dela, a menos que por outro meio já anteriormente o declaratário tivesse tido conhecimento dela. Se o não recebimento oportuno da declaração pelo destinatário se dever a culpa exclusiva deste, ela produz de igual modo os seus efeitos; mas, se a declaração for recebida em condições de, sem culpa do destinatário, não poder dele ser conhecida, será ineficaz.

Se a declaração consubstanciar uma proposta de contrato, é, em princípio, irrevogável depois de ser recebida pelo destinatário.

V. artigos 224.° e segs., C.C..

De acordo com a caracterização da alínea *a)* do artigo 2.° do Decreto-Lei n.° 290-D/99, de 2 de Agosto, alterado pelos Decretos-Leis n.°s 62/2003, de 3 de Abril, e 165/2004, de 6 de Julho – e regulamentado pelo decreto regulamentar n.° 25/2004, de 15 de Julho –, um documento electrónico é o "documento elaborado mediante processamento electrónico de dados"; dispõe o n.° 1 do artigo 6.° que "o documento electrónico comunicado por um meio de telecomunicações considera-se enviado e recebido pelo destinatário se for transmitido para o endereço electrónico definido por acordo das partes e neste for recebido"; acrescenta o n.° 2 que "são oponíveis entre as partes e a terceiros a data e a hora da criação, da expedição ou da recepção de um documento electrónico que contenha uma validação cronológica emitida por uma entidade certificadora". "A comunicação do documento electrónico, ao qual seja aposta assinatura electrónica qualificada, por meio de telecomunicações que assegure a efectiva recepção equivale a remessa por via postal registada e, se a recepção for comprovada por mensagem de confirmação dirigida ao remetente pelo destinatário que revista idêntica forma, equivale à remessa por via postal registada com aviso de recepção" (n.° 3 do mesmo artigo); finalmente, determina o n.° 4 que "os dados e documentos comunicados por meio de telecomunicações consideram-se em poder do remetente até à recepção pelo destinatário".

V. *Declaração negocial; Culpa; Proposta de contrato; Ineficácia; Irrevogabilidade; Documento electrónico; Oponibilidade a terceiros, Assinatura electrónica.*

Recibo (Dir. Civil) – Quando a quitação consta de um documento avulso chama-se recibo.

V. *Quitação; Documento.*

Recibo de entrega de articulados (Proc. Civil) – O n.° 3 do artigo 151.°, C.P.C., introduzido pelo Decreto-Lei n.° 242/85, de 9 de Julho, determinava que "da entrega da petição, bem como dos restantes articulados, [era] sempre dado recibo pela secretaria".

Aquela norma foi revogada, tendo vindo o artigo 150.°, n.° 2-*a)*, C.P.C., na redacção do Decreto-Lei n.° 183/2000, de 10 de Agosto, estabelecer que "os articulados, requerimentos, respostas e as peças referentes a quaisquer actos que [devessem] ser praticados por escrito pelas partes no processo [pudessem] ser entregues na secretaria judicial, sendo [..., quando solicitado], passado recibo de entrega". Este preceito foi entretanto revogado pelo Decreto-Lei n.° 324/2003, de 27 de Dezembro (rectificado pela Declaração de rectificação n.° 24/2006, de 24 de Fevereiro), que também alterou o artigo 150.°, C.P.C., tendo deixado de se fazer referência ao recibo de entrega de articulados.

V. *Petição inicial; Articulados; Requerimento; Secretaria judicial.*

Recibo de renda (Dir. Civil) – O artigo 14.° do Decreto-Lei n.° 321-B/90, de 15 de Outubro, estabelecia que, nos contratos de arrendamento urbano, o senhorio, que recusasse o recibo da renda paga pelo respectivo arrendatário, praticava o crime de especulação, punível no termos da respectiva legislação; esta disposição foi suprimida.

O artigo 7.°, n.° 2, do Regime do Arrendamento Urbano (aprovado pelo DL n.° 321-B/90, alterado pelo Decreto-Lei n.° 278/93, de 10 de Agosto – este alterado, por ratificação, pela Lei n.° 13/94, de 11 de Maio –, pelo Decreto-Lei n.° 163/95, de 13 de Julho, pela Lei n.° 89/95, de 1 de Setembro, pelo Decreto-Lei n.° 257/95, de 30 de Setembro, pela Lei n.° 135/99, de 28 de Agosto, pelos Decretos-Leis n.°s 64-A//2000, de 22 de Abril, e 329-B/2000, de 22 de Dezembro, e pelas Leis n.°s 6/2001 e 7/2001, ambas de 11 de Maio), na redacção do DL n.° 64-A/2000, determina que a inobservância da forma escrita no arrendamento urbano possa ser suprida – e só possa sê-lo – "pela exibição do recibo de renda e determina a aplicação do regime de renda condicionada, sem que daí possa resultar aumento de renda".

V. *Recibo; Arrendamento urbano; Renda; Documento escrito; Renda condicionada.*

Reciprocidade de créditos (Dir. Civil) – A reciprocidade de créditos, judicialmente exigíveis e que tenham por objecto coisas fungíveis da mesma espécie e qualidade, entre dois sujeitos constitui pressuposto da compensação legal.

V. artigos 847.° e 851.°, C.C..

V. *Crédito; Exigibilidade; Coisa fungível; Compensação.*

Reclamação

1. (Proc. Civil) – Doutrinariamente, a reclamação é a impugnação de uma decisão junto do próprio órgão de que ela proveio. Em processo civil, a regra é a de que a impugnação das decisões não se faz através de reclamação, até porque o juiz, ainda que queira, não pode em regra alterar a sua decisão, como dispõe o artigo 666.°, n.°s 1 e 3, C.P.C..

No entanto, encontram-se previstos no C.P.C. alguns casos em que a impugnação da decisão judicial – sentença ou despacho – deve ser feita por reclamação.

Reage-se reclamando contra a "selecção da matéria de facto, incluída na base instrutória ou considerada como assente, com fundamento em deficiência, excesso ou obscuridade" (realidades anteriormente designadas por especificação e questionário) – artigo 511.°, n.°s 2, na redacção do Decreto-Lei n.° 180/96, de 25 de Setembro, e 3, este na redacção do Decreto-Lei n.° 329-A/95, de 12 de Dezembro, C.P.C.; e, em alguns casos, contra "a deficiência, obscuridade ou contradição da decisão ou contra a falta da sua motivação" (cfr. artigo 653.°, n.° 4, C.P.C., na redacção do DL n.° 329-A/95).

O Código de Processo Civil veio entretanto designar por reclamação a impugnação da decisão de não admitir certo recurso, impugnação dirigida a tribunal diverso daquele que proferiu a decisão de não admissão (artigos 688.° e 689.°, o primeiro na redacção dos DL n.°s 329-A/95 e 180/96, e o segundo na do DL n.° 329-A/95).

V. *Juiz; Sentença; Despacho; Matéria de facto; Base instrutória; Especificação; Questionário; Aclaração de sentença; Rectificação da sentença; Fundamentação das decisões; Recurso; Admissão de recurso.*

2. Nos termos da Lei n.° 43/90, de 10 de Agosto, alterada pela Lei n.° 6/93, de 1 de Março, reclamação é uma modalidade de petição que consiste na "impugnação de um acto perante o órgão, funcionário ou agente que o praticou ou perante o seu superior hierárquico".

O artigo 52.°, n.° 1, da Constituição da República, referindo-se ao direito de petição, dispõe que "todos os cidadãos têm o direito de apresentar, individual ou colectivamente, aos órgãos de soberania, aos órgãos de governo próprio das regiões autónomas ou a quaisquer autoridades petições, representações, reclamações ou queixas para defesa dos seus direitos, da Constituição, das leis ou do interesse geral".

V. *Direito de petição.*

3. O Protocolo Adicional à Carta Social Europeia Prevendo um Sistema de Reclamações Colectivas aprovado, para ratificação, pela Resolução da Assembleia da República n.° 69/97, de 6 de Dezembro, reconhece a "organizações internacionais de empregadores e de trabalhadores a que alude o parágrafo 2 do artigo 27.° da Carta", a "outras organizações internacionais não governamentais dotadas do estatuto consultivo junto do Conselho da Europa e inscritas na lista elaborada para este efeito pelo Comité Governamental" e a "organizações nacionais representativas de empregadores e de trabalhadores sujeitas à jurisdição da Parte Contratante posta em causa pela reclamação", "o direito de apresentar reclamações alegando uma aplicação não satisfatória da Carta"; estas reclamações "são dirigidas ao Secretário-Geral, o qual acusa a sua recepção, e informa a Parte contratante posta em causa, transmitindo-as de imediato ao Comité de Peritos Independentes".

Reclamação de créditos (Dir. Civil; Dir. Com.; Proc. Civil)

1. Era o requerimento que os credores do comerciante ou sociedade comercial, que se tivesse apresentado à falência, deviam efectuar, até dez dias antes do designado pelo juiz para a reunião de credores, indicando os seus créditos, origem e natureza, requerimento que devia ser acompanhado de todas as provas existentes do crédito, nos termos do entretanto revogado artigo 1146.°, C.P.C.. Se o processo de falência se instaurasse a requerimento de um credor, os respectivos créditos consideravam-se reclamados na própria petição inicial, devendo todos os outros credores vir reclamar os seus créditos, no prazo que fosse fixado na sentença que declarara a falência, em requerimento em que se indicasse a sua natureza, montante e origem; os créditos que não fossem reclamados, mas de que o administrador da falência tivesse conhecimento, eram indicados por ele. Qualquer dos credores reclamantes ou o falido podia contestar a existência ou natureza dos créditos, que tivessem sido reclamados ou indicados pelo administrador, e este tinha de dar parecer sobre cada um dos créditos, podendo também contestá-los; os credores, cujos créditos tivessem sido objecto de contestação, tinham o direito a responder e, finda essa tramitação, a secretaria organizava um mapa de todos os créditos, que juntava ao processo. Os créditos eram objecto de julgamento, devendo a sentença graduar os créditos verificados ou reconhecidos, cabendo recurso da sentença. Passados os prazos para reclamar os créditos, era ainda possível a qualquer credor vir ao processo de falência assinar protesto, desde que, no prazo de trinta dias, propusesse a acção para verificação do crédito contra o administrador da falência e credores (artigos

1218.° e segs., C.P.C., revogados pelo Decreto-Lei n.° 132/93, de 23 de Abril).

O Código dos Processos Especiais de Recuperação da Empresa e de Falência, aprovado pelo Decreto-Lei n.° 132/93, de 23 de Abril, alterado pelos Decretos-Leis n.°s 157/97, de 24 de Junho, 315/98, de 20 de Outubro, 323/2001, de 17 de Dezembro, e 38/2003, de 8 de Março, previa, no seu artigo 17.°, que o credor, que requeresse a aplicação de alguma das providências de recuperação à empresa devedora ou pretendesse obter a declaração da sua falência, justificasse a origem, natureza e montante do seu crédito, devendo juntar os elementos de prova de que dispusesse e requeresse os que entendesse necessários; se o requerimento fosse feito pelo Ministério Público, deveria ele indicar os créditos de que tivesse conhecimento, fornecendo as provas disponíveis e requerendo a produção das que considerasse necessárias; recebida a petição, o juiz, se não houvesse motivo para indeferimento liminar, devia mandar citar todos os credores (à excepção do requerente, se este tivesse sido um credor), podendo estes, no prazo de 10 dias, deduzir oposição ou justificar os seus créditos, devendo oferecer logo os meios de prova de que dispusessem; a citação dos 5 maiores credores conhecidos era feita pessoalmente, sendo os demais citados editalmente, devendo ser notificada a comissão de trabalhadores da pretensão deduzida. Dispunha o artigo 44.° que os credores, que pretendessem intervir na assembleia, reclamassem os seus créditos, se antes o não houvessem feito, através de simples requerimento, mencionando a origem, natureza e montante do crédito, no prazo de 10 dias a contar da data da publicação do anúncio no *Diário da República*, e que os credores que já anteriormente tivessem reclamado e justificado os seus créditos poderiam ainda corrigir ou completar a justificação; considerava-se reclamado o crédito relacionado na petição inicial do credor que tivesse instaurado o processo de recuperação, assim como o indicado pelo devedor na respectiva petição quando tivesse sido ele o apresentante ou o requerente. O artigo 45.° determinava que tanto os créditos reclamados como os que tivessem sido relacionados pela empresa na petição inicial podiam ser impugnados pelos credores, quanto à sua existência, natureza ou montante, nos 10 dias subsequentes ao termo do prazo fixado para as reclamações, dentro do mesmo prazo podendo a empresa impugnar os créditos reclamados; de seguida a comissão de credores emitiria parecer sobre os créditos reclamados ou relacionados pela empresa e sobre as impugnações que tivessem sido apresentadas, considerando-se impugnados os créditos sobre os quais tivesse recaído parecer desfavorável da comissão; emitido o parecer, competia ao gestor judicial, nos sete dias posteriores, elaborar a relação provisória dos créditos reclamados ou relacionados pela empresa, apreciar os termos da sua justificação, bem como as impugnações de que tivessem sido objecto, considerando-se por ele impugnados todos os que não tivessem tido o seu parecer favorável. A assembleia de credores iniciava os seus trabalhos como assembleia provisória "com a apreciação dos créditos constantes da relação provisória elaborada pelo gestor judicial, para o efeito da sua aprovação ou rejeição", determinando-se o modo como eram aprovados os créditos e os termos em que podia reclamar-se – e se decidia – da deliberação da assembleia que aprovasse ou não um crédito. Quando se tratasse não de uma providência de recuperação da empresa, mas da declaração de falência do devedor, na sentença que a declarasse deveria o tribunal "designar o prazo, até 30 dias, para a reclamação de créditos" (artigo 128.°, n.° 1-*e*)). O artigo 188.° estabelecia que, dentro do prazo fixado na sentença, deveriam os credores do falido, incluindo o Ministério Público na defesa dos interesses que representasse, reclamar a verificação dos seus créditos, por meio de requerimento no qual indicassem a sua proveniência, natureza e montante, e que o credor que tivesse o seu crédito reconhecido por decisão definitiva não ficava dispensado de o reclamar no processo de falência, se nele quisesse obter pagamento; consideravam-se devidamente reclamados o crédito do requerente da falência bem como os créditos exigidos nos processos em que já tivesse havido apreensão de bens do falido ou nos quais se debatessem interesses relativos à massa, se esses processos fossem mandados apensar aos autos da falência dentro do prazo fixado para a reclamação, e ainda os créditos reclamados no processo de recuperação que tivesse antecedido o processo de falência, sem prejuízo da possibilidade de os credores apresentarem nova reclamação, em substituição da anterior, se nisso tivessem interesse. As reclamações de créditos eram autuadas por apenso. O artigo 191.° determinava que, findo o prazo das reclamações, o liquidatário judicial apresentasse na secretaria, dentro do 10 dias seguintes, uma "relação de todos os créditos reclamados e seus titulares, à qual podia ser acrescentada outra, com indicação de créditos não reclamados de existência provável"; o liquidatário devia avisar os credores constantes da segunda relação, "por carta registada, para se pronunciarem sobre a situação no prazo de 5 dias", valendo como apresentada em tempo útil a reclamação que entregassem na sequência do aviso; nos sete dias seguintes ao termo deste último prazo, podiam os credores, o falido ou o liquidatário, ouvida a comissão de credores, contestar a existência ou o montante dos créditos reclamados, sem excepção dos que já houvessem sido reconhecidos em outro processo (artigo 192.°). O reclamante cujo crédito tivesse sido contestado podia responder dentro dos 5 dias subsequentes à notificação da contestação; no prazo de 14 dias, contados do termo do prazo das respostas às contestações, devia o liquidatário juntar aos autos o seu parecer final, sucintamente fundamentado, e o da comissão de credores sobre os créditos reclamados, que não tivesse contestado. O artigo 202.° permitia ao falido bem como ao seu consorte que viessem reclamar os seus direitos próprios estranhos à falência; o direito à restituição ou separação de bens indevidamente apreendidos para a massa podia ainda ser exercido, depois de findo o prazo para as reclamações, nos 5 dias posteriores à apreensão, por requerimento; finalmente, o artigo 205.° permitia que, findo o prazo das reclamações, fossem ainda reconhecidos novos créditos ou direitos à separação ou restituição de bens, "por meio de acção proposta contra os credores", só podendo, no entanto, tal reclamação ter lugar "no prazo de um ano subsequente ao trânsito em julgado da sentença de declaração da falência".

O Código que tem vindo a referir-se foi revogado pelo Decreto-Lei n.° 53/2004, de 18 de Março, por sua vez alterado pelos Decretos-Leis n.°s 200/2004, de 18 de Agosto, e 76-A/2006, de 29 de Março (rectificado este pela Declaração de rectificação n.° 28-A/2006, de 26 de Maio), que aprovou o Código da Insolvência e da Recuperação de Empresas.

Neste último, o artigo 128.° determina que, "dentro do prazo fixado para o efeito na sentença declaratória da insolvência, devem os credores da insolvência, incluindo o Ministério Público na defesa dos interesses das entidades que represente, reclamar a verificação dos seus créditos por meio de requerimento [dirigido ao administrador da insolvência e apresentado no respectivo domicílio profissional ou para aí enviado por via postal registada, "devendo o administrador, respectivamente, assinar no acto de entrega, ou enviar ao credor no prazo de três dias, comprovativo do recebimento"], acompanhado de todos os documentos probatórios de que disponham, no qual indiquem: *a)* A sua proveniência, data de vencimento, montante de capital e de juros; *b)* As condições a que estejam subordinados, tanto suspensivas como resolutivas; *c)* A sua natureza comum, subordinada, privilegiada ou garantida, e, neste último caso, os bens ou direitos objecto da garantia e respectivos dados de identificação registral, se aplicável; *d)* A existência de eventuais garantias pessoais, com identificação dos garantes; *e)* A taxa de juros moratórios aplicável"; nos termos do n.° 3 deste artigo, "a verificação tem por objecto todos os créditos sobre a insolvência, qualquer que seja a sua natureza e fundamento, e mesmo o credor que tenha o seu crédito reconhecido por decisão definitiva não está dispensado de o reclamar no processo de insolvência, se nele quiser obter pagamento".

Os artigos 129.° a 138.° ocupam-se do regime das diligências a realizar para a impugnação dos créditos reclamados, dispondo o artigo 129.° que, nos 15 dias subsequentes ao fim do prazo para a reclamação de créditos, "o administrador da insolvência apresenta na secretaria uma lista de todos os credores por si reconhecidos e uma lista dos não reconhecidos, ambas por ordem alfabética, relativamente não só aos que tenham deduzido reclamação como àqueles cujos direitos constem dos elementos da contabilidade do devedor ou sejam por outra forma do seu conhecimento", indicando a lista dos credores não reconhecidos os motivos desse não reconhecimento; todos os titulares de créditos não reconhecidos e aqueles cujos créditos tenham sido reconhecidos sem que os tenham reclamado, ou em termos diversos dos da reclamação "devem ser disso avisados pelo administrador da insolvência, por carta registada, com observância, com as devidas adaptações, do disposto nos artigos 40.° a 42.° do Regulamento (CE) n.° 1346/2000, do Conselho, de 29 de Maio [informação prestada na língua oficial ou numa das línguas oficiais do Estado de abertura do processo, para o que é utilizado um formulário em que figura, em todas as línguas oficiais das Instituições da União Europeia, o título «Aviso de reclamação de créditos. Prazos legais a observar»; no caso de os credores terem residência habitual, domicílio ou sede num Estado-membro que não seja o da abertura do processo, podem os créditos ser reclamados na língua oficial ou numa das línguas oficiais do Estado-membro, devendo, neste caso, a reclamação mencionar o título «Reclamação de crédito» na língua oficial ou numa das línguas oficiais do Estado de abertura do processo, podendo ainda ser-lhes exigida uma tradução na língua oficial ou numa das línguas oficiais do Estado de abertura do processo] [...]". O administrador da insolvência deve reconhecer os créditos que entenda que existem, tenham ou não sido reclamados, dispondo o artigo 130.°, n.° 3, que, "se não houver impugnações, é de imediato proferida sentença de verificação e graduação dos créditos, em que, salvo o caso de erro manifesto, se homologa a lista de credores reconhecidos pelo administrador da insolvência e se graduam os créditos em atenção ao que consta dessa lista"; no caso impugnação, seguem-se os trâmites estabelecidos nos artigos seguintes, estabelecendo o artigo 139.° as regras acerca da audiência de julgamento, e o artigo 140.° que, "finda a audiência, o juiz profere sentença de verificação e graduação dos créditos, nos 10 dias subsequentes", sendo a graduação geral para os bens da massa insolvente, e especial "para os bens a que respeitem direitos reais de garantia e privilégios creditórios", não sendo atendida, nesta graduação, a preferência resultante de hipoteca judicial, nem a proveniente de penhora, e acrescentando-se que as custas pagas pelo autor ou exequente constituem dívidas da massa insolvente.

De acordo com o artigo 141.°, n.° 1, as regras relativas à reclamação de créditos – como, aliás, as que se referem à sua verificação – são também aplicáveis, com as adaptações "que se mostrem necessárias" e as que resultam do n.° 2 do mesmo artigo:

"*a)* À reclamação e verificação do direito de restituição, a seus donos, dos bens apreendidos para a massa insolvente, mas de que o insolvente fosse mero possuidor em nome alheio;

b) À reclamação e verificação do direito que tenha o cônjuge a separar da massa insolvente os seus bens próprios e a sua meação nos bens comuns;

c) À reclamação destinada a separar da massa os bens de terceiro indevidamente apreendidos e quaisquer outros bens, dos quais o insolvente não tenha a plena e exclusiva propriedade, ou sejam estranhos à insolvência ou insusceptíveis de apreensão para a massa".

O n.° 2 deste artigo 141.° dispõe que as regras sobre reclamação e verificação de créditos sofrem as seguintes adaptações, "além das outras que se mostrem necessárias": *a)* a reclamação não é objecto de notificações e obedece ao disposto nos n.°s 1 e 5 do artigo 134.° (devem ser oferecidos todos os meios de prova pelo requerente, ficando este obrigado a apresentar as testemunhas arroladas, e durante o prazo para a restituição e separação de bens o processo mantém-se na secretaria judicial para consulta pelos interessados); *b)* as contestações às reclamações podem ser apresentadas pelo administrador ou por qualquer interessado nos 10 dias subsequentes ao fim do prazo para a reclamação dos créditos fixado na sentença declaratória da insolvência, tendo o reclamante possibilidade de responder nos 5 dias seguintes;

c) na audiência, as provas são produzidas pela ordem da apresentação das reclamações).

O artigo 143.° dispõe que "ao insolvente, bem como ao seu consorte, é permitido reclamar os seus direitos próprios, estranhos à insolvência". Por seu lado, o artigo 144.° determina que, "no caso de serem apreendidos bens para a massa, depois de findo o prazo fixado para as reclamações, é ainda permitido exercer o direito de restituição ou separação desses bens nos cinco dias posteriores à apreensão, por meio de requerimento, apensado ao processo principal"; são, de seguida, citados o devedor, o administrador e os credores, para contestarem dentro dos 5 dias imediatos, seguindo-se os termos do processo de verificação de créditos, com as adaptações necessárias.

V. *Crédito; Credor; Falência; Prova; Petição inicial; Apresentação à falência; Declaração de falência; Sentença; Requerimento; Secretaria judicial; Graduação de credores; Recurso; Empresa; Ministério Público; Indeferimento liminar; Citação; Citação edital; Notificação; Assembleia de credores; Duplicados; Gestor judicial; Comissão de credores; Liquidatário judicial; Massa falida; Apensação de acções; Autuação; Conclusão; Despacho saneador; Contestação; Audiência; Posse; Meação; Trânsito em julgado; Insolvência; Recuperação de empresas; Declaração de insolvência; Credor da insolvência; Administrador da insolvência; Residência; domicílio; Sede; Tradução; Homologação; Domicílio profissional; Documento; Prova documental; Vencimento; Juros; Condição; Credor privilegiado; Crédito subordinado; Registo; Juros moratórios; Crédito sobre a insolvência; Impugnação de créditos reclamados; Graduação de créditos; Verificação de créditos; Audiência; Massa insolvente; Garantias reais; Garantias especiais; Direito real; Privilégio creditório; Hipoteca judicial; Penhora; Custas; Autor; Exequente; Dívida da insolvência; Possuidor precário; Bens próprios; Bens comuns; Direito de propriedade; Exame de processos; Notificação; Meios de prova; testemunha; Rol de testemunhas.*

2. No processo de execução, uma vez feita a penhora, os credores que gozem de garantia real sobre os bens penhorados são citados para vir ao processo apresentar os títulos executivos de que se encontrem munidos e reclamar os seus créditos. A reclamação deve ser feita no prazo de quinze dias, a contar da citação, e é admissível ainda que os créditos não se encontrem vencidos.

Os créditos reclamados podem ser impugnados pelo exequente, pelo executado (e ainda pelos restantes credores, quando aqueles créditos se encontrem garantidos por bens sobre os quais também tenham direito real de garantia), no prazo de quinze dias, a contar da notificação do despacho que admite a respectiva reclamação.

Se houver impugnação de créditos, o credor reclamante pode responder e segue-se a tramitação processual destinada a produzir as respectivas provas.

Se não houver impugnação ou, havendo-a, depois de findo o processo, é proferida sentença que reconhece os créditos e os gradua com o crédito do exequente.

V. artigos 864.° e segs., C.P.C., na redacção do Decreto-Lei n.° 38/2003, de 8 de Março (rectificado pela Declaração de rectificação n.° 5-C/2003, de 30 de Abril); o artigo 864.°-A tem a redacção do Decreto-Lei n.° 199/2003, de 10 de Setembro, rectificado pela Declaração de rectificação n.° 16-B/2003, de 31 de Outubro.

V. *Execução; Direito real de garantia; Vencimento; Executado; Título executivo.*

3. No processo de inventário, os credores da herança, bem como quaisquer outros interessados, podem vir reclamar os seus créditos, quando estes não hajam sido relacionados ou o hajam sido inexactamente pelo cabeça-de-casal.

V. artigo 1348.°, C.P.C., na redacção do citado DL n.° 329-A/95.

V. *Inventário; Herança; Cabeça-de-casal.*

Recomendações (Dir. Civil) – As recomendações não responsabilizam, em princípio, quem as emite. Podem, no entanto, constituir em responsabilidade nos mesmos termos dos conselhos.

V. artigo 485.°, C.C..

V. *Conselhos; Responsabilidade civil.*

Reconciliação (Dir. Civil; Proc. Civil) – Reatamento da vida em comum e do pleno exercício dos direitos e deveres conjugais dos cônjuges separados judicialmente de pessoas e bens: a reconciliação, que é feita por termo no processo de separação ou por escritura pública, está sujeita a homologação, por sentença, devendo esta ser oficiosamente registada; quando a separação "tenha corrido os seus termos na conservatória do registo civil, a reconciliação faz-se por termo no processo de separação e está sujeita a homologação do conservador respectivo, devendo a decisão ser oficiosamente registada" (v. artigos 1795.°-C, C.C. – este na redacção do Decreto-Lei n.° 163/ /95, de 13 de Julho –, e 12.°, n.° 1-*a*), do Decreto-Lei n.° 272/2001, rectificado pela Declaração de rectificação n.° 20-AR/2001, de 30 de Novembro, que determina que a reconciliação dos cônjuges separados é de exclusiva competência da conservatória do registo civil); dispõe o n.° 4 deste artigo 12.° que "os interessados apresentam o pedido mediante a entrega de requerimento na conservatória, fundamentando de facto e de direito, indicando as provas e juntando a prova documental"; o artigo 13.° determina que "a reconciliação de cônjuges separados efectua-se com base em acordo declarado por aqueles e homologado pelo conservador", sendo "enviada certidão da decisão de reconciliação de cônjuges separados judicialmente ao processo de separação".

Não havendo reconciliação, podem os cônjuges, nos termos e prazos estabelecidos no artigo 1795.°-D, C.C., requerer a conversão da separação em divórcio.

V. *Separação judicial de pessoas e bens; Termo; Escritura pública; Homologação; Sentença; Registo civil; Conversão da separação em divórcio; Requerimento; Prova documental; Certidão.*

Reconhecimento (Dir. Civil)

1. V. *Reconhecimento de filho.*

2. O reconhecimento é o acto ou facto que atribui personalidade jurídica algumas pessoas colectivas.

O reconhecimento pode ser individual, específico ou por concessão (quando resulta de um acto de autoridade que atribui a personalidade jurídica) ou normativo (quando deriva da aplicação de uma norma legal a uma dada realidade).

Nos termos do artigo 158.°, C.C., para as fundações, vigora o regime do reconhecimento por concessão: o reconhecimento é "individual e da competência da autoridade administrativa".

No que respeita às associações, o reconhecimento é normativo, sendo necessária escritura pública para a sua constituição e ainda as especificações constantes do artigo 167.°, n.° 1, C.C., e a publicação, nos termos do artigo 168.° do mesmo Código.

Para as sociedades comerciais ou civis sob forma comercial, o reconhecimento é também normativo, sendo condição para as sociedades gozarem de personalidade jurídica o registo definitivo do contrato ou acto jurídico unilateral pelo qual foram constituídas (v. artigos 1.° e 5.° do Código das Sociedades Comerciais).

V. *Pessoa colectiva; Personalidade jurídica; Fundação; Associação; Escritura pública; Sociedade; Contrato; Negócio jurídico unilateral.*

Reconhecimento de assinatura (Dir. Civil) – V. *Reconhecimento de letra e assinatura.*

Reconhecimento de direito (Dir. Civil) – O reconhecimento de um direito por parte de quem é sujeito da respectiva posição passiva, e feito perante o seu titular, tem efeitos designadamente quanto à prescrição.

Assim, e nos termos do artigo 325.°, C.C., tal reconhecimento – que pode ser expresso ou tácito, entendendo-se que há reconhecimento tácito quando ele resulta de factos que *inequivocamente* o exprimem – interrompe o decurso do prazo de prescrição, começando a correr novo prazo a partir dele, de acordo com o n.° 1 do artigo 326.°, C.C..

Por outro lado, o n.° 2 do artigo 304.°, C.C., dispõe que, no domínio dos direitos de crédito, e para quando eles se encontrem já prescritos, ao reconhecimento da dívida seja aplicado o regime do cumprimento das obrigações naturais.

V. *Direito subjectivo; Declaração negocial; Prescrição; Interrupção da prescrição; Cumprimento; Obrigação natural.*

V. ainda *Negócio jurídico unilateral.*

Reconhecimento de dívida (Dir. Civil) – Segundo o artigo 458.°, C.C., o reconhecimento unilateral de uma dívida, sem indicação da respectiva causa, tem apenas o efeito de dispensar o credor da prova da relação fundamental, "cuja existência se presume até prova em contrário", isto é, não constitui fonte da obrigação a que se refere, restringindo-se o seu efeito à inversão do ónus da prova dessa obrigação; exige-se que o reconhecimento conste de "documento escrito, se outras formalidades não forem exigíveis para a prova da relação fundamental".

V. *Negócio jurídico unilateral; Reconhecimento de direito; Presunção; Prova; Ónus da prova; Inversão do ónus da prova; Documento escrito.*

Reconhecimento de filho (Dir. Civil) – Pelo que respeita à paternidade, "o reconhecimento do filho nascido ou concebido fora do matrimónio efectua-se por perfilhação ou decisão judicial em acção de investigação" – artigo 1847.°, C.C..

O n.° 1 do artigo 1848.° proíbe, no entanto, o reconhecimento em contrário da filiação que conste do registo de nascimento, enquanto não se proceder à rectificação deste ou o mesmo não seja declarado nulo ou cancelado.

Quanto à maternidade, sempre que ela não resulte de declaração no registo civil, deve ser estabelecida judicialmente em acção de averiguação, oficiosamente promovida, ou intentada pelo filho (v. artigos 1814.° e segs., e 1869.° e segs., C.C.).

V. a Convenção Destinada a Alargar a Competência das Autoridades Qualificadas para Aceitar o Reconhecimento de Filhos Naturais, concluída em Roma em 14 de Setembro de 1961 e aprovada, para adesão, pela Resolução da Assembleia da República n.° 6/84, de 28 de Fevereiro (o respectivo instrumento de adesão por parte de Portugal foi depositado, segundo aviso publicado no *Diário da República,* I série, de 16 de Julho de 1984).

V. *Paternidade; Perfilhação; Investigação de paternidade; Investigação de maternidade; Registo civil; Rectificação do registo.*

Reconhecimento de letra e assinatura (Dir. Civil) – O notário pode intervir nos documentos particulares, posteriormente à sua elaboração, reconhecendo a letra e a assinatura ou só a assinatura daqueles.

Este reconhecimento podia ser feito por duas formas: é *presencial,* quando a parte vai perante o notário e é na sua presença que se procede à operação do reconhecimento; o reconhecimento diz-se *por semelhança,* quando o notário atestava que a letra e a assinatura, ou só a assinatura, eram semelhantes a exemplares manuscritos pela parte, que se encontravam arquivados na repartição (sinal) ou à assinatura constante do bilhete de identidade ou do passaporte, ou com a respectiva reprodução constante de pública-forma extraída por fotocópia. O artigo 1.° do Decreto-Lei n.° 250/96, de 24 de Dezembro, rectificado pela Declaração de rectificação n.° 4-A/97, de 14 de Janeiro, aboliu "os reconhecimentos notariais de letra e assinatura, feitos por semelhança e sem menções especiais relativas aos signatários".

O artigo 4.°, n.° 2-*c),* do Estatuto do Notariado, aprovado pelo Decreto-Lei n.° 26/2004, de 4 de Fevereiro, inclui na competência dos notários "exarar termos [...] de reconhecimento da autoria da letra com que esses documentos estão escritos ou das assinaturas nele apostas".

O artigo 375.°, C.C., determina que, encontrando-se "reconhecidas presencialmente, nos termos das leis notariais, a letra e a assinatura do documento, ou só a assinatura", elas se têm por verdadeiras, e é à parte contra quem o documento é apresentado que caberá o ónus da prova da falsidade do reconhecimento, se arguir essa falsidade; o reconhecimento por semelhança vale como mero juízo pericial.

V. artigo 376.°, C.C..

V. artigos 153.° e segs., Código do Notariado, tendo o artigo 153.° a redacção que lhe foi dada pelo já referido DL n.° 250/96. Nos termos do n.° 1 desta disposição, "os reconhecimentos notariais podem ser simples ou com menções especiais", sendo o reconhecimento com menções especiais aquele que "inclui, por exigência da lei ou a pedido dos interessados, a menção de qualquer circunstância especial que se refira a estes, aos signatários ou aos rogantes e que seja conhecida do notário ou por ele verificada em face de documentos exibidos e referenciados no termo"; o n.° 4 desta norma determina que "os reconhecimentos simples são sempre presenciais; os reconhecimentos com menções especiais podem ser presenciais ou por semelhança". O n.° 4 do artigo 155.° do mesmo Código, na redacção do Decreto-Lei n.° 380/98, de 27 de Novembro, dispõe que "o reconhecimento da assinatura a rogo deve fazer expressa menção das circunstâncias que legitimam o reconhecimento e da forma como foi verificada a identidade do rogante".

V. o Decreto-Lei n.° 28/2000, de 13 de Março, rectificado pela Declaração de rectificação n.° 5-H/2000, de 31 de Março, que confere competência para certificação da conformidade de fotocópias com os documentos originais às juntas de freguesia, ao serviço público de correios, CTT – Correios de Portugal, S.A., às câmaras de comércio e indústria, aos advogados e aos solicitadores, e o artigo 5.° do Decreto-Lei n.° 237/ /2001, de 30 de Agosto, que estabelece que "as câmaras de comércio e indústria [...], os advogados e os solicitadores podem fazer reconhecimentos com menções especiais, por semelhança, nos termos previstos no Código do Notariado", podendo ainda "certificar, ou fazer e certificar, traduções de documentos". Entretanto o Decreto-Lei n.° 76-A/2006, de 29 de Março (rectificado pela Declaração de rectificação n.° 28-A/ /2006, de 26 de Maio), dispõe, no seu artigo 38.°, n.° 1, que, "sem prejuízo da competência atribuída a outras entidades, as câmaras de comércio e indústria, reconhecidas nos termos do Decreto-Lei n.° 244/ /92, de 29 de Outubro, os conservadores, os oficiais de registo, os advogados e os solicitadores podem fazer reconhecimentos simples e com menções especiais, presenciais e por semelhança, autenticar documentos particulares, certificar, ou fazer certificar, traduções de documentos nos termos previstos na lei notarial", determinando o n.° 2 da mesma disposição que estes reconhecimentos, autenticações e certificações "conferem ao documento a mesma força probatória que teria se tais actos tivessem sido realizados com intervenção notarial".

O artigo 1.° do Decreto-Lei n.° 21/87, de 12 de Janeiro, alterado pelo Decreto-Lei n.° 207/95, de 14 de Agosto, estabelecera que "a exibição do bilhete de identidade, emitido pela autoridade competente de um dos países da União Europeia, ou do passaporte do signatário de qualquer documento [...] [tinha] o mesmo valor legal do reconhecimento por semelhança da respectiva assinatura", determinando que nenhuma entidade poderia exigir a legalização de documentos por via de reconhecimento por semelhança se o bilhete de identidade, passaporte ou respectivas públicas formas lhe fossem exibidos. Este diploma foi revogado pelo referido DL n.° 250/96 que estabelece, no seu artigo 2.°, que "a exigência em disposição legal de reconhecimento por semelhança ou sem determinação de espécie considera-se substituída pela indicação, feita pelo signatário, do número, data e entidade emitente do respectivo bilhete de identidade ou documento equivalente emitido pela autoridade competente de um dos países da União Europeia ou do passaporte".

Quando a lei exige o reconhecimento de letra e assinatura ou só de assinatura, sem especificar o tipo de reconhecimento a que se reporta, entende-se que se refere ao reconhecimento por semelhança, que só é admissível, como se viu, quando acompanhado de menções especiais relativas aos signatários.

O artigo único do Decreto-Lei n.° 171/ /89, de 26 de Maio, diz que, "para efeitos de registo e cancelamento da inscrição de acções emitidas por sociedades anónimas ou em comandita por acções, a abonação bancária da assinatura dos declarantes produz os mesmos efeitos que o reconhecimento notarial da mesma".

O Decreto-Lei n.° 383/90, de 10 de Dezembro, abolira "o reconhecimento notarial das assinaturas dos médicos nos atestados comprovativos de doença, deixando de constituir fundamento de recusa de aceitação o não reconhecimento notarial das assinaturas dos médicos [...]"; este diploma foi revogado pelo Decreto-Lei n.° 135/99, de 22 de Abril, que diz, no seu artigo 31.°, n.° 1, que, "nos termos dos artigos 1.° e 2.° do Decreto-Lei n.° 250/ /96, de 24 de Dezembro, encontram-se abolidos os reconhecimentos notariais de letra e assinatura, ou só de assinatura, feitos por semelhança e sem menções especiais relativas aos signatários"; o artigo 31.°, n.° 2, reproduz o artigo 2.° do DL n.° 250/96.

O Decreto-Lei n.° 267/92, de 28 de Novembro, dispensou de reconhecimento notarial a assinatura em "procurações passadas a advogado para a prática de actos que envolvam o exercício do patrocínio judiciário, ainda que com poderes especiais [...]"; o Decreto-Lei n.° 168/95, de 15 de Julho, estendeu este regime aos solicitadores.

V. *Notário; Documento particular; Bilhete de identidade; Assinatura; Passaporte; Pública-forma; Ónus da prova; Falsidade; Prova pericial; Assinatura a rogo; Rogante; Procuração forense; Poderes representativos; Advogado; Patrocínio judiciário; Solicitador; Registo; Documento autenticado; Força probatória.*

Reconhecimento de sentença estrangeira (Proc. Civil) – Os artigos 1094.° e segs., C.P.C. (o artigo 1094.° tem a redacção do Decreto-Lei n.° 38/2003, de 8 de Março, e os artigos 1096.° e 1098.° a 1102.° a do Decreto-Lei n.° 329-A/95, de 12 de Dezembro), ocupam-se do processo de revisão e confirmação de sentença estrangeira, necessário para que ela sirva de base a uma acção executiva nos tribunais portugueses (v. artigos 49.° e 95.°, C.P.C., na redacção do DL n.° 38/2003).

A Convenção sobre o Reconhecimento e Execução de Sentenças Estrangeiras em Matéria Civil e Comercial (concluída na Haia em 1 de Fevereiro de 1971, aprovada para ratificação pelo Decreto do Governo n.° 13/83, de 24 de Fevereiro, e ratificada por Portugal, segundo aviso publicado no *Diário da República,* I série, de 22 de Julho de 1983) permite, porém, que dadas sentenças estrangeiras sejam exequíveis em Portugal, independentemente da sua confirmação.

V. também a Convenção sobre o Reconhecimento e a Execução de Sentenças Arbitrais Estrangeiras, concluída em Nova Iorque em 10 de Junho de 1958, no âmbito da Nações Unidas, aprovada para ratificação pela Resolução da Assembleia da República n.° 37/94, de 8 de Julho, tendo Portugal depositado o respectivo instrumento de adesão em 18 de Outubro de 1994, segundo o Aviso n.° 142/95, de 21 de Junho de 1995; Portugal formulou a seguinte reserva: "No âmbito do princípio da reciprocidade, Portugal só aplicará a Convenção no caso de as sentenças estrangeiras terem sido proferidas no território de Estados a ela vinculados"; a Convenção entrou em vigor para Portugal no dia 16 de Janeiro de 1995.

A Convenção sobre o Reconhecimento e Execução de Decisões em Matéria de Prestação de Alimentos a Menores, de 15 de Abril de 1958, aprovada pelo Decreto-Lei n.° 246/71, de 3 de Junho, cujo texto foi publicado no *Diário do Governo,* 1.ª série, da mesma data, vincula também Portugal.

V. ainda a Convenção de Bruxelas, assinada a 27 de Setembro de 1968, relativa à Competência Judiciária e à Execução de Decisões em Matéria Civil e Comercial, e o Regulamento (CE) n.° 44/2001 do Conselho, de 22 de Dezembro de 2000, relativo à Competência Judiciária, ao Reconhecimento e à Execução de Decisões em Matéria Civil e Comercial. Este Regulamento veio substituir a Convenção de Bruxelas, a qual no entanto se mantém em vigor entre a Dinamarca e os restantes Estados-Membros.

V. *Sentença estrangeira; Confirmação de sentença estrangeira; Execução; Título executivo; Decisão arbitral; Alimentos; Acção de alimentos; Menor.*

Reconhecimento do subarrendatário (Dir. Civil) – A sublocação em geral constitui um ilícito contratual, quando não haja sido autorizada pelo locador, podendo, porém, a autorização ser contemporânea do contrato de locação, subsequente a ele ou até mesmo posterior à celebração da sublocação.

O artigo 44.° do Regime do Arrendamento Urbano, aprovado pelo Decreto-Lei n.° 321-B/90, de 15 de Outubro, rectificado por declaração publicada no *Diário da República,* I-A série, de 30 de Novembro de 1990, e alterado pelo Decreto-Lei n.° 278/ /93, de 10 de Agosto (este alterado, por ratificação, pela Lei n.° 13/94, de 11 de Maio), pelo Decreto-Lei n.° 163/95, de 13 de Julho, pela Lei n.° 89/95, de 1 de Setembro, pelo Decreto-Lei n.° 257/95, de 30 de Setembro, pela Lei n.° 135/99, de 28 de Agosto, pelos Decretos-Leis n.°s 64-A/ /2000, de 22 de Abril e 329-B/2000, de 22 de Dezembro, e pelas Leis n.°s 6/2001 e 7/2001, ambas de 11 de Maio, determina que "a autorização para subarrendar o prédio deve ser dada por escrito ou em escritura pública, consoante a forma exigida para o contrato" (n.° 1). "O arrendamento não autorizado considera-se, todavia, ratificado pelo senhorio, se ele reconhecer o subarrendatário como tal" (n.° 2).

O reconhecimento do sublocatário pelo locador não se reduz ao mero conhecimento do contrato de sublocação, antes havendo de se consubstanciar em acto que, de forma inequívoca, exprima a aceitação da situação criada pela celebração daquele contrato. Assim, poderá não ser suficiente para indiciar reconhecimento do sublocatário que o senhorio receba dele o pagamento da renda, pois tal recebimento pode até prescindir do conhecimento da qualidade do *solvens*, já que qualquer terceiro pode em princípio cumprir a obrigação, nos termos do artigo 767.°, C.C.. Porém, se o senhorio exigir do sublocatário enquanto tal, nos termos do artigo 1063.°, C.C., o pagamento das rendas, estar-se-á perante um inequívoco reconhecimento da sua posição, cessando, consequentemente, quer a eventual ilicitude da sublocação, quer a sua ineficácia em relação ao senhorio.

V. *Sublocação; Senhorio; Forma; Renda; Ilicitude; "Solvens"; Terceiro; Cumprimento por terceiro; Ineficácia; Documento escrito; Escritura pública.*

Reconhecimento judicial (Dir. Civil) – Quando o filho nascido ou concebido fora do matrimónio (e em relação ao qual não funcione a presunção de paternidade estabelecida no artigo 1826.°, C.C.) não tenha sido reconhecido por perfilhação, então só o poderá ser por decisão judicial em acção especialmente intentada para esse efeito – artigos 1847.° e segs., C.C..

Tal acção pode ser promovida oficiosamente, nos termos dos artigos 1864.° e segs., C.C., ou ser intentada pelo filho, se a maternidade já se encontrar estabelecida ou se se pedir conjuntamente o reconhecimento da paternidade e da maternidade (v. artigos 1869.° e segs., C.C.).

A maternidade, sempre que não seja declarada no registo civil, também só poderá ser estabelecida judicialmente, em acção oficiosamente intentada ou proposta pelo filho (v. artigos 1808.° e segs. e 1814.° e segs., C.C.).

V. *Perfilhação; Investigação de maternidade; Investigação de paternidade; Presunção de paternidade; Registo civil.*

Reconhecimento não confessório (Dir. Civil) – V. *Confissão.*

Reconhecimento oficioso (Dir. Civil) – Reconhecimento do filho resultante de acção de averiguação oficiosa da maternidade ou da paternidade, nos termos, respectivamente, dos artigos 1808.° e segs. e 1864.° e segs., C.C..

V. *Reconhecimento de filho; Investigação de maternidade; Investigação de paternidade.*

Reconhecimento por semelhança (Dir. Civil) – V. *Reconhecimento de letra e assinatura.*

Reconhecimento presencial (Dir. Civil) – V. *Reconhecimento de letra e assinatura.*

Reconstituição do registo (Dir. Civil) – Os artigos 133.° e seguintes do Código do Registo Predial – aprovado pelo Decreto-Lei n.° 224/84, de 6 de Julho (rectificado por declaração publicada no *Diário da República*, I série, de 29 de Setembro de 1984), e alterado pelos Decretos-Leis n.°s 355/ /85, de 2 de Outubro, 60/90, de 14 de Fevereiro (rectificado por declaração publicada no *Diário da República*, I-A série, de 31 de Março de 1990), 80/92, de 7 de Maio, 30/93, de 12 de Fevereiro, 227/94, de 8 de Setembro, 267/94, de 25 de Outubro, 67/ /96, de 31 de Maio, 375-A/99, de 20 de Setembro, 533/99, de 11 de Dezembro, 273/ /2001, de 13 de Outubro, 323/2001, de 17 de Dezembro, 38/2003, de 8 de Março (rectificado pela Declaração de rectificação n.° 5-C/2003, de 30 de Abril), e 194/2003, de 23 de Agosto, e pela Lei n.° 6/2006, de 27 de Fevereiro – ocupam-se da reconstituição de registos, dizendo o n.° 1 do artigo 133.° que "os registos existentes em fichas ou em livros extraviados ou inutilizados podem ser reconstituídos por reprodução a partir de arquivos de duplicação, por reelaboração do registo com base nos respectivos documentos, ou por reforma dos livros ou das fichas".

V. *Registo; Registo predial; Documento; Reforma de livros.*

Reconstituição empresarial (Dir. Com. Proc. Civil) – Nos termos do artigo 78.°, n.° 1, do Código dos Processos Especiais de Recuperação de Empresas e da Falência (Decreto-Lei n.° 132/93, de 23 de Julho, alterado pelos Decretos-Leis n.°s 157/97, de 24 de Junho, 315/98, de 20 de Outubro, 323/2001, de 17 de Dezembro, e 38/2003, de 8 de Março), era o meio de recuperação da empresa insolvente ou em situação económica difícil que consistia na constituição de uma ou mais sociedades destinadas à exploração de um ou mais estabelecimentos da empresa devedora, desde que os credores, ou alguns deles, ou terceiros se dispusessem a assumir e dinamizar as respectivas actividades; o n.° 2 do mesmo artigo estabelecia que a constituição da nova sociedade determinava a extinção da pessoa colectiva titular da empresa objecto do acordo, sempre que este abrangesse todo o património dela, ou a exoneração do empresário individual a que o acordo se referisse, sem prejuízo dos efeitos da anulação do acordo.

A providência podia ser adoptada através da aprovação pela assembleia de uma proposta de acordo subscrita por credores ou terceiros interessados, desde que os créditos por ela abrangidos representassem pelo menos 30% da totalidade dos créditos sobre o devedor; à proposta poderiam aderir, salvo convenção em contrário, outros credores ou terceiros, mediante declaração emitida na assembleia ou apresentada por escrito, até ao momento da deliberação; o credor indicaria por escrito, no momento da subscrição ou da adesão, os termos em que pretendia que os seus créditos fossem considerados pelo acordo; a homologação do acordo, por sentença transitada, determinava conversão dos créditos por ele abrangidos em participações, do mesmo valor nominal, no capital da nova sociedade e, quanto aos demais, a modificação do seu objecto nos termos previstos no projecto (artigo 79.°).

O artigo 81.°, n.° 1, dispunha que os créditos dos não subscritores e dos não aderentes ao acordo, bem como os não abrangidos dos credores aceitantes, seriam assumidos pela nova sociedade, nos termos em que se encontrassem à data da aprovação do acordo, podendo os subscritores da proposta subordinar a aceitação desta a modificações, quanto aos créditos que não beneficiassem de garantia real, designadamente, a redução do seu montante até valor que correspondesse a 20% do seu valor à data do acordo; a eliminação dos juros ou redução deles, por prazo não superior a sete anos, quanto aos créditos ou parte deles que se mantivessem; a subordinação do pagamento do capital ou dos juros às possibilidades financeiras da nova sociedade, com o compromisso da liquidação efectiva no período máximo de sete anos.

Sendo requerida a falência da nova sociedade com base em crédito anterior à deliberação da reconstituição empresarial, seria sempre ouvida a administração dela, que poderia impedir a declaração de falência satisfazendo os direitos do requerente (artigo 85.°).

De acordo com o artigo 3.° do Decreto-Lei n.° 157/97, de 24 de Junho, o processo de recuperação da empresa ou de falência podia ser suspenso pelo juiz após a junção ao processo, pela empresa, por qualquer credor ou pelo Ministério Público, de documento emitido pelo Gabinete de Coordenação para a Recuperação de Empresas em que se certificasse estar em curso um procedimento conducente à celebração de um contrato de consolidação financeira e de reestruturação empresarial, tendo a suspensão a duração de 90 dias e podendo ser prorrogada, por uma só vez, por prazo a fixar livremente pelo juiz, a requerimento da empresa, de qualquer credor ou do Ministério Público; terminado o prazo da suspensão, o juiz declarava imediatamente a falência, excepto se a empresa, qualquer credor ou o Ministério Público requeressem a prossecução do processo, juntando documento emitido pelo Gabinete de Coordenação para a Recuperação de Empresas que certificasse que fora celebrado o contrato já referido.

O Código dos Processos Especiais de Recuperação de Empresas e da Falência foi revogado pelo Código da Insolvência e da Recuperação de Empresas, aprovado pelo Decreto-Lei n.° 53/2004, de 18 de Março, alterado pelos Decretos-Leis n.°s 200/2004, de 18 de Agosto, e 76-A/2006, de 29 de Março (rectificado pela Declaração de rectificação n.° 28-A/2006, de 26 de Maio).

V. *Empresa; Falência; Credor; Terceiro; Extinção de pessoa colectiva; Património; Assembleia de credores; Forma; Deliberação; Homologação; Sentença; Juros; Liquidação; Requerente; Suspensão da instância; Insolvência; Recuperação de empresas.*

Reconstituição natural (Dir. Civil) – V. *Indemnização específica.*

Reconvenção (Proc. Civil) – Pretensão autónoma formulada em acção declarativa pelo réu contra o autor, deduzida discriminadamente na contestação (mesmo quando o réu não impugne o pedido). É admissível nos seguintes casos:

"*a)* Quando o pedido do réu emerge do facto jurídico que serve de fundamento à acção ou à defesa;

b) Quando o réu se propõe obter a compensação ou tornar efectivo o direito a benfeitorias ou despesas relativas à coisa cuja entrega lhe é pedida;

c) Quando o pedido do réu tende a conseguir, em seu benefício, o mesmo efeito jurídico que o autor se propõe obter".

"Não é admissível a reconvenção, quando ao pedido do réu corresponda uma forma de processo diferente da que corresponde ao pedido do autor, salvo se a diferença provier do diverso valor dos pedidos ou o juiz a autorizar"; esta autorização pode ter lugar por haver "interesse relevante" ou por a apreciação conjunta das pretensões ser "indispensável para a justa composição do litígio".

Para que seja admissível a reconvenção – o que acontece nos processos ordinário e sumário e nunca no sumaríssimo –, é necessário que se verifique a competência do tribunal (quer em razão da matéria, quer da nacionalidade, quer ainda da hierarquia, podendo não a ter em razão do território) para apreciar o pedido reconvencional; se o tribunal não tiver competência para a sua apreciação, "é o reconvindo absolvido da instância". O reconvinte deve indicar o valor da reconvenção, e este é somado ao do pedido do autor para efeitos de fixação do valor da causa, produzindo este aumento de valor os seus efeitos apenas posteriormente à dedução da reconvenção. "Quando, por virtude da reconvenção, o tribunal singular deixe de ser competente em razão do valor, deve o juiz oficiosamente remeter o processo para o tribunal competente".

V. artigos 98.° (os n.°s 3 e 5 na redacção do Decreto-Lei n.° 329-A/95, de 12 de Dezembro), 274.°, 308.°, n.° 2, e 501.° (na redacção do DL n.° 329-A/95), C.P.C..

Nos processos que correm nos julgados de paz, não se admite em princípio reconvenção – artigo 48.°, n.° 1, da Lei n.° 78/ /2001, de 13 de Julho.

Quanto ao valor da causa, atendível para efeito de custas, v. artigo 10.°, n.° 1, do Código das Custas Judiciais estabelece que, "quando haja reconvenção [...], o valor a considerar para efeito de custas é o da soma dos pedidos".

V. *Pretensão; Acção declarativa; Réu; Autor; Contestação; Impugnação; Pedido; Compensação; Benfeitorias; Forma de processo; Competência em razão da matéria; Competência internacional; Competência em razão da hierarquia; Competência em razão do valor; Competência em razão do território; Valor da causa; Processo ordinário; Processo sumário; Processo sumaríssimo; Absolvição da instância; Tribunal singular; Custas; Julgado de paz.*

Reconvindo (Proc. Civil) – Aquele contra quem é deduzida uma reconvenção.

V. *Reconvenção.*

Reconvinte (Proc. Civil) – Aquele que deduz uma reconvenção.

V. *Reconvenção.*

Recorrente (Proc. Civil) – É aquele que interpõe um recurso.

Dispõe o n.° 1 do artigo 680.°, C.P.C., que, em princípio, só têm legitimidade para recorrer de uma decisão judicial os sujeitos que sejam parte principal na causa e nela tenham ficado vencidos. Há, no entanto, excepções: por um lado, o recurso de oposição de terceiro; por outro, a admissibilidade de interposição de recurso por sujeitos que sejam parte acessória ou sejam mesmo terceiros em relação à causa, desde que sejam directa e efectivamente prejudicados pela decisão.

O artigo 683.°, C.P.C. (cujos n.°s 3 e 5 têm a redacção do Decreto-Lei n.° 329-A/95, de 12 de Dezembro), define, por seu lado, as categorias de pessoas a quem o recurso pode aproveitar.

V. *Recurso; Interposição de recurso; Legitimidade; Parte principal; Oposição de terceiro; Parte acessória; Terceiro.*

Recorrido (Proc. Civil) – Nome dado à parte contrária à que interpõe o recurso, isto é, àquela contra quem o recurso é interposto.

Segundo o n.° 1 do artigo 684.°, C.P.C., "sendo vários os vencedores, todos eles devem ser notificados do despacho que admite o recurso; mas é lícito ao recorrente, salvo no caso de litisconsórcio necessário, excluir do recurso, no requerimento de interposição, algum ou alguns dos vencedores".

V. *Recurso; Interposição de recurso; Notificação; Litisconsórcio.*

Recovagem (Dir. Civil) – O artigo 1410.° do Código Civil de 1867 dispunha o seguinte: "diz-se recovagem, barcagem e alquilaria o contrato, por que qualquer ou quaisquer pessoas se obrigam a transportar, por água ou por terra, quaisquer pessoas ou animais, alfaias ou mercadorias de outrem".

O contrato de transporte não se encontra hoje previsto e regulado na lei civil.

V. *Contrato; Transporte.*

Rectificação da lei – Podendo acontecer que o texto legal publicado não corresponda ao texto originário – quer por se ter verificado entretanto uma alteração que não foi reproduzida, quer por ter havido um lapso na publicação –, a lei pode ser rectificada. A rectificação de um texto legal, publicada no jornal oficial, funde-se com aquele. As rectificações dos erros materiais provenientes de divergências entre o texto original e o texto impresso de qualquer diploma publicado na 1.ª série do *Diário da República* devem ser publicadas nesta série e provir do órgão que aprovou o texto original, só podendo as rectificações ser admitidas "até 60 dias após a publicação do texto rectificado", tendo a inobservância deste prazo como consequência a nulidade do acto de rectificação. "As declarações de rectificação reportam os seus efeitos à data da entrada em vigor do texto rectificado". V. artigo 5.° da Lei n.° 74/98, de 11 de Novembro, alterada pela Lei n.° 2/2005, de 24 de Janeiro.

V. *Lei; Publicação da lei; Entrada em vigor.*

Rectificação da sentença (Proc. Civil) – "Se a sentença omitir o nome das partes, for omissa quanto a custas, ou contiver erros de escrita ou de cálculo ou quaisquer inexactidões devidas a outra omissão ou lapso manifesto, pode ser corrigida por simples despacho, a requerimento de qualquer das partes ou por iniciativa do juiz" – artigo 667.°, n.° 1, C.P.C..

Se o requerimento de rectificação for indeferido, desse despacho não cabe recurso.

Se a parte, pedida a rectificação, quiser recorrer da sentença, o prazo para interposição do recurso só começa a correr depois da notificação da decisão proferida sobre o requerimento de rectificação, e, perante o tribunal superior, podem as partes alegar o que entenderem no que respeita à rectificação.

Rectificada a sentença, a rectificação integra-se nela.

V. artigos 667.°, 670.°, n.°s 2 e 3, e 686.°, n.° 1, C.P.C., este último na redacção do Decreto-Lei n.° 180/96, de 25 de Setembro.

V. *Sentença; Parte; Custas; Despacho; Requerimento; Recurso; Interposição de recurso; Notificação; Alegações.*

Rectificação de acórdão (Proc. Civil) – V. *Acórdão; Rectificação do acórdão.*

Rectificação de sentença (Proc. Civil) – V. *Sentença; Rectificação da sentença.*

Rectificação do acórdão (Proc. Civil) – O artigo 716.°, C.P.C., dispõe que são aplicáveis ao acórdão as disposições dos artigos 666.° a 670.° do mesmo Código, respeitantes à rectificação da sentença, precisando que a rectificação do acórdão é decidida em conferência.

V. *Acórdão; Conferência; Rectificação da sentença.*

Rectificação do registo (Dir. Civil) – Os artigos 120.° e seguintes do Código do Registo Predial – aprovado pelo Decreto-Lei n.° 224/84, de 6 de Julho (rectificado por

Declaração publicada no *Diário da República*, I série, de 29 de Setembro de 1984), e alterado pelos Decretos-Leis n.°s 355/85, de 2 de Outubro, 60/90, de 14 de Fevereiro (rectificado por declaração publicada no *Diário da República*, I-A série, de 31 de Março de 1990), 80/92, de 7 de Maio, 30/93, de 12 de Fevereiro, 227/94, de 8 de Setembro, 267/94, de 25 de Outubro, 67/96, de 31 de Maio, 375-A/99, de 20 de Setembro, 533/99, de 11 de Dezembro, 273/2001, de 13 de Outubro, 323/2001, de 17 de Dezembro, 38/2003, de 8 de Março (rectificado pela Declaração de rectificação n.° 5-C/2003, de 30 de Abril), e 194/2003, de 23 de Agosto, e pela Lei n.° 6/2006, de 27 de Fevereiro – estabelecem o regime de rectificação dos registos prediais. A recusa de rectificação de registos só pode ser apreciada no processo próprio regulado no Código do Registo Predial, de acordo com o n.° 2 do artigo 140.° deste diploma.

O regime de rectificação dos registos civis encontra-se nos artigos 92.° a 95.° do Código do Registo Civil, aprovado pelo Decreto-Lei n.° 131/95, de 6 de Junho (rectificado pela Declaração de rectificação n.° 96/95, de 31 de Julho), alterado pelos Decretos-Leis n.°s 36/97, de 31 de Janeiro, 120/98, de 8 de Maio, 375-A/99, de 20 de Setembro, 228/2001, de 20 de Agosto, 273/2001, de 13 de Outubro, 323/2001, de 17 de Dezembro, 113/2002, de 20 de Abril, 194/2003, de 23 de Agosto, e 53/2004, de 18 de Março. Nos termos do artigo 92.°, "o registo juridicamente inexistente, nulo ou irregular deve ser cancelado ou rectificado mediante processo de justificação ou por simples despacho do conservador", sendo "obrigatória a promoção oficiosa da rectificação sempre que a irregularidade a sanar seja da responsabilidade dos serviços"; "se esta responsabilidade não existir, devem os interessados requerer a rectificação e, se o não fizerem, poderá a mesma ser promovida pelo conservador"; "a rectificação é feita por averbamento, salvo se, tratando-se de registo lavrado por inscrição, se mostrar necessária logo após a assinatura deste, devendo fazer-se, neste caso, em acto contínuo, por meio de declaração lavrada pelo conservador no seguimento do registo, e assinada por ele e pelos demais intervenientes no acto".

O artigo 233.°, n.° 1, Cód. Reg. Civil, na redacção do referido DL n.° 273/2001, estabelece que "o processo de justificação judicial é aplicável à rectificação de registo irregular nos termos do artigo 94.° e às situações de óbito ocorrido nos termos dos n.°s 2 e 3 do artigo 204.° e dos artigos 207.° e 208.°"; de acordo com o n.° 2 da mesma disposição, "o processo [...] é autuado, instruído e informado na conservatória competente para lavrar o registo omitido ou na conservatória detentora do registo irregular e é julgado no tribunal de 1ª instância competente na área da circunscrição a que pertence a conservatória".

V. *Registo predial; Recurso de acto de conservador; Registo civil; Averbamento; Inscrição; Tribunal de 1.ª instância.*

Recuperação da empresa (Proc. Civil) – O Decreto-Lei n.° 177/86, de 2 de Julho, previra e regulara um processo especial de recuperação da empresa que se encontrasse impossibilitada de cumprir as suas obrigações, e de protecção dos respectivos credores.

O Decreto-Lei n.° 132/93, de 23 de Abril, alterado pelos Decretos-Leis n.°s 315/98, de 20 de Outubro, 157/97, de 24 de Junho, 323/2001, de 17 de Dezembro, e 38/2003, de 8 de Março, revogou o anterior diploma e aprovou o Código dos Processos Especiais de Recuperação da Empresa e de Falência, dispondo o seu artigo 1.° que qualquer empresa em situação económica difícil ou em situação de insolvência podia ser objecto de uma medida ou de uma ou mais providências de recuperação ou ser declarada em falência, devendo as providências de recuperação ser adoptadas sempre que a empresa se não mostrasse economicamente inviável ou não se considerasse impossível, em face das circunstâncias, a sua recuperação financeira; o devedor insolvente que não fosse titular de empresa ou cuja empresa não exercesse actividade à data da instauração do processo, podendo ser declarado falido, não podia beneficiar de processo de recuperação (artigo 27.°). O artigo 2.° do DL n.° 132/93 dispunha que os regimes de recuperação da empresa e de falência não eram aplicáveis às pessoas colectivas públicas, às empresas de seguros, às instituições de crédito, às sociedades financeiras, às empresas de investimento que prestassem serviços que implicassem a detenção de fundos ou de valores mobiliários de terceiros e aos organismos de investimento colectivo, nem prejudicavam a legislação relativa às empresas públicas. Constituíam providências de recuperação da empresa a concordata, a reconstituição empresarial, a reestruturação financeira e a gestão controlada – artigo 4.°. A providência de recuperação podia ser requerida em juízo pela própria "empresa insolvente ou em situação económica difícil que se considerasse economicamente viável e julgasse superável a situação em que se encontrava, cabendo a iniciativa do pedido de recuperação ao titular da empresa, ao órgão social de administração ou à assembleia geral dos sócios; podia também o requerimento da providência provir de qualquer credor da empresa, desde que se verificasse algum dos factos que a lei considerava reveladores da situação de insolvência e que enumerava no n.° 1 do artigo 8.°; podia, finalmente, o requerimento proceder do Ministério Público em representação dos interesses que lhe estão legalmente confiados, quando a empresa tivesse sido declarada em situação económica difícil e houvesse interesse económico e social na manutenção da sua actividade – artigos 5.° a 8.°. O requerimento das providências de recuperação fazia-se por meio de petição escrita, onde eram expostos os factos que integravam os respectivos pressupostos e se concluía pela formulação do pedido; o requerente devia identificar os titulares dos órgãos de administração da empresa; tratando-se de empresa individual, se o seu titular fosse casado, identificaria também o cônjuge dele e indicaria o regime de bens do casamento. O artigo 16.° enunciava os documentos que o devedor tinha de juntar à petição, devendo também ser juntos todos os meios de prova de que dispusesse ou requeridos quaisquer outros, se fosse ele o requerente; caso fosse um credor o requerente da providência, devia ele justificar na petição a origem, natureza e montante do seu crédito, oferecer com ela os elementos que possuísse relativamente ao activo e passivo do devedor e fundamentar sumariamente a providência requerida, devendo ainda juntar outros meios de prova de que dispusesse e requerer os que entendesse adequados; semelhante era o regime aplicável quando fosse o Ministério Público o requerente da providência. O processo de recuperação da empresa tinha carácter urgente e gozava de precedência sobre o serviço ordinário do tribunal, não constituindo causa de suspensão da acção nem o falecimento do devedor, nem o de qualquer dos credores (artigo 10.°). Caso pendessem simultaneamente, em relação à mesma empresa, pedidos de recuperação e de declaração de falência, dispunha o artigo 12.°, n.° 1, que haveria litispendência, sendo a prioridade dos processos, para o efeito da excepção, determinado pela ordem de entrada das respectivas petições. Requerida uma providência de recuperação, não havendo motivo para indeferimento liminar da petição, devia o juiz mandar citar o devedor e os restantes credores, quando o requerimento tivesse sido feito por um ou mais credores; todos os credores indicados, se o requerimento tivesse sido apresentado pelo devedor; e o devedor e todos os credores indicados, caso o requerimento procedesse do Ministério Público. Os citados podiam, dentro do prazo de 10 dias, não só deduzir oposição ou justificar os seus créditos, como propor qualquer providência diferente da requerida, devendo oferecer logo os meios de prova de que dispusessem. O artigo 21.° determinava que a pretensão fosse também notificada à comissão de trabalhadores ou, quando esta não existisse, tornada pública mediante a afixação de editais na sede ou no estabelecimento principal da empresa. Deduzida oposição, o juiz devia, nos 15 dias subsequentes, examinar as provas oferecidas, realizar as diligências necessárias à averiguação dos pressupostos invocados e recolher os elementos que o habilitassem a decidir sobre o prosseguimento da acção, posto o que decidia. Se deduzissem oposição o devedor e credores que representassem, pelo menos, 30% do valor dos créditos conhecidos e nela se alegasse e justificasse a inviabilidade económica da empresa, podia o juiz mandar prosseguir a acção como processo de falência, quando nenhuma probabilidade séria existisse da sua recuperação. O requerente do processo de recuperação podia desistir livremente da instância antes de proferido o despacho de prosseguimento da acção. Do despacho que ordenasse o prosseguimento da acção cabia recurso, que subia imediatamente e em separado, com efeito meramente devolutivo, já não cabendo recurso da decisão proferida pelo tribunal de 2.ª instância (artigo 25.°, n.° 5). Ordenado o prosseguimento da acção de recuperação da empresa, devia o juiz, no respectivo despacho, designar o gestor judicial ou confirmar o gestor já nomeado; nomear a comissão de credores incumbida de defender os interesses de todos eles; fixar o prazo de duração do período de estudo e de observação a que a empresa ficava sujeita, nunca superior a 90 dias; convocar imediatamente a assembleia de credores para o termo do período de estudo e observação, fixando dia, hora e local para o efeito (artigo 28.°). Uma vez proferido o despacho de prosseguimento da acção, ficavam imediatamente suspensas todas as execuções instauradas contra o devedor, incluindo as que tivessem por fim a cobrança de créditos com privilégio ou com preferência, abrangendo a suspensão todos os prazos de prescrição e de caducidade oponíveis pelo devedor e suspendendo-se igualmente a contagem de juros de qualquer natureza dos débitos da empresa; após o despacho de prosseguimento, eram também sustados os processos de execução fiscal que se encontrassem pendentes e todos os que de novo viessem a ser instaurados contra a mesma empresa, logo após a sua instauração, sendo avocados pelo tribunal judicial competente os processos de execução fiscal pendentes, que seriam apensados ao processo de recuperação, em que o Ministério Público reclamaria o pagamento dos respectivos créditos pelos meios aí previstos, se não estivesse constituído mandatário especial. Eram ineficazes em relação à devedora todos os negócios jurídicos entre vivos, posteriores ao despacho de prosseguimento da acção, que envolvessem aquisição, alienação ou oneração de acções, ou de partes sociais da sociedade devedora, ou de participações sociais da devedora noutras sociedades, bem como a aquisição de imóveis e a alienação, oneração ou locação de imóveis da empresa, a cessão de exploração, o trespasse ou a extinção do direito de locação de estabelecimentos que lhe pertencessem, salvo quando previamente autorizados ou ratificados pelo juiz, com parecer favorável do gestor judicial e da comissão de credores; porém, se tivessem sido celebrados, a título oneroso, com terceiros de boa fé, os negócios só eram ineficazes se celebrados posteriormente ao registo do despacho de prosseguimento da acção (artigo 30.°, n.° 2).

O artigo 4.° do DL n.° 157/97 estabelecia que era permitido à administração da empresa em recuperação proceder ao pagamento de impostos e de contribuições para a segurança social abrangidos pelo processo, designadamente em cumprimento de plano de regularização concedido pela entidade competente. O Decreto-Lei n.° 70/97, de 3 de Abril, cujas normas prevaleciam sobre qualquer outra disposição legal, ainda que de natureza especial (artigo 3.°), determinara que o negócio jurídico através do qual as partes, na qualidade de intervenientes em contratos sobre instrumentos financeiros, de que decorressem direitos e obrigações similares, acordassem em que todos as obrigações entre elas contraídas no âmbito desse negócio se considerariam compensadas, na parte relevante, se uma das partes viesse a ser declarada falida, seria oponível à massa falida e aos credores da mesma; nos termos do n.° 2 do artigo 1.° deste DL, o mesmo regime sendo aplicável se o negócio jurídico estabelecesse que a mesma compensação teria lugar se um dos sujeitos viesse a ser objecto de medida de recuperação, de saneamento ou outras de natureza similar.

Os artigos 32.° e segs. do Código ocupavam-se da designação e funções do gestor judicial, da nomeação, função e poderes da comissão de credores, cabendo à assembleia de credores, sob a presidência do juiz, a apreciação dos créditos, sua aprovação ou rejeição; da deliberação da assembleia que aprovasse ou não o crédito podia qualquer interessado reclamar para o juiz, podendo fazê-lo oralmente, logo na própria assembleia, ou por escrito, no prazo de cinco dias, decidindo o juiz das reclamações, realizadas as diligências necessárias, até ao dia designado para a reunião da assembleia definitiva de credores. A esta cabia deliberar a adopção da providência de recuperação que entendesse adequada e, não o fazendo dentro dos seis meses subsequentes ao despacho de prosseguimento da acção, caducavam os efeitos desse despacho, devendo ser declarada, ao mesmo tempo, a falência da empresa; a deliberação da assembleia sobre o meio de recuperação aprovado estava sujeita a homologação judicial.

De acordo com o artigo 3.° do DL n.° 157/97, o processo de recuperação da empresa ou de falência podia ser suspenso pelo juiz após a junção ao processo, pela empresa, por qualquer credor ou pelo Ministério Público, de documento emitido pelo Gabinete de Coordenação para a Recuperação de Empresas em que se certificasse estar em curso um procedimento conducente à celebração de um contrato de consolidação financeira e de reestruturação empresarial, tendo a suspensão a duração de 90 dias, podendo ser prorrogada, por uma só vez, por prazo a fixar livremente pelo juiz, a requerimento da empresa, de qualquer credor ou do Ministério Público; terminado o prazo da suspensão, o juiz declarava imediatamente a falência, excepto se a empresa, qualquer credor ou o Ministério Público requeressem a prossecução do processo, juntando documento emitido pelo Gabinete de Coordenação para a Recuperação de Empresas que certificasse a celebração o contrato já referido.

Estavam sujeitas a registo comercial tanto a acção de recuperação da empresa como o despacho do seu prosseguimento, como ainda as deliberações da assembleia de credores de aprovação ou rejeição de medidas de recuperação e as respectivas decisões de homologação ou não homologação, as decisões que, no decurso da acção especial de recuperação, declarassem caducos os efeitos do despacho de prosseguimento da acção e as decisões que pusessem termo à acção de recuperação.

O Código dos Processos Especiais de Recuperação da Empresa e de Falência foi revogado pelo Código da Insolvência e da Recuperação de Empresas, aprovado pelo Decreto-Lei n.° 53/2004, de 18 de Março, alterado pelos Decretos-Leis n.°s 200/2004, de 18 de Agosto, e 76-A/2006, de 29 de Março (rectificado pela Declaração de rectificação n.° 28-A/2006, de 26 de Maio).

O artigo 89.°, n.° 1-*a)*, da Lei de Organização e Funcionamento dos Tribunais Judiciais (Lei n.° 3/99, de 13 de Janeiro, rectificada pela Declaração de rectificação n.° 7/ /99, de 16 de Fevereiro, e alterada pela Lei n.° 101/99, de 26 de Julho, pelos Decretos-Leis n.°s 323/2001, de 17 de Dezembro, e 38/2003, de 8 de Março – rectificado pela Declaração de rectificação n.° 5-C/2003, de 30 de Abril –, pela Lei n.° 105/2003, de 10 de Dezembro, pelo Decreto-Lei n.° 53/ /2004, de 18 Março, pela Lei n.° 42/2005, de 29 de Agosto, e pelo DL n.° 76-A/2006 –rectificado pela Declaração de rectificação n.° 28-A/2006, de 26 de Maio) estabelece que compete aos tribunais de comércio preparar e julgar "os processos de insolvência". Haviam sido, entretanto e no âmbito da já revogada Lei n.° 37/96, de 31 de Agosto (que criara os tribunais de recuperação da empresa e de falência, tribunais de 1.ª instância de competência especializada aos quais competia preparar e julgar os processos especiais de recuperação da empresa e de falência, bem como os respectivos incidentes e apensos e a execução das decisões a eles relativas), criados pelo Decreto-Lei n.° 40/97, de 6 de Fevereiro, os tribunais de recuperação da empresa e de falência de Lisboa e de Vila Nova de Gaia.

V. *Empresa; Insolvência; Falência; Concordata; Acordo de credores; Reestruturação financeira; Gestão controlada; Órgãos da pessoa colectiva; Requerimento; Ministério Público; Petição inicial; Pedido; Regime de bens do casamento; Documento; Prova; Duplicados; Prazo judicial; Suspensão da instância; Litispendência; Indeferimento liminar; Citação; Notificação; Edital; Desistência da instância; Recurso; Subida do recurso; Efeito devolutivo do recurso; Gestor judicial; Comissão de credores; Assembleia de credores; Credor privilegiado; Execução; Prescrição; Suspensão da prescrição Caducidade; Suspensão da caducidade; Juros; Ineficácia; Alienação; Oneração de bens; Locação; Cessão de exploração; Trespasse; Ratificação; Homologação; Negócio jurídico; Reclamação; Registo; Insolvência; Recuperação de empresas; Tribunal de competência especializada; Processo especial.*

Recurso (Proc. Civil) – Pedido de reapreciação de uma decisão judicial, apresentado a um órgão judiciário superior.

O direito ao recurso é uma garantia expressamente prevista pelo n.° 1 do artigo 32.° da Constituição da República, desde a revisão constitucional de 1997.

Pode dizer-se que o direito de acesso aos tribunais compreende o direito de recorrer, por força do artigo 20.° da Constituição, sendo isso explicitado no artigo 2.°, n.° 1, C.P.C., onde se estabelece que "a protecção jurídica através dos tribunais implica o direito de obter [...] uma decisão judicial que aprecie, com força de caso julgado, a pretensão [...]".

Dispõe o artigo 676.°, C.P.C., cujo n.° 2 tem a redacção do Decreto-Lei n.° 239--A/95, de 12 de Dezembro:

"1. As decisões judiciais podem ser impugnadas por meio de recursos.

2. Os recursos são ordinários ou extraordinários: são ordinários a apelação, a revista e o agravo; são extraordinários a revisão e a oposição de terceiro".

Só pode, em princípio, interpor-se recurso ordinário das decisões (despachos ou sentenças) proferidas em causas cujo valor seja superior à alçada do tribunal de que se recorre.

No entanto, se o fundamento do recurso for a violação das regras de competência internacional, em razão da matéria ou da hierarquia ou a ofensa de caso julgado, o recurso é admissível independentemente do valor da causa, sendo-o também se a decisão de que se recorre respeitar ao valor da causa, de incidente ou procedimento cautelar, desde que o fundamento do recurso seja o de que o valor excede a alçada do tribunal de que se recorre. Há despachos que a lei diz que não admitem recurso: os de mero expediente e os proferidos no uso de um poder legal discricionário (artigo 679.°, C.P.C., na redacção do DL n.° 239-A/95). Há outras decisões que a lei declara irrecorríveis: assim, por exemplo, o n.° 6 do artigo 712.°, C.P.C. (cuja redacção é a do Decreto-Lei n.° 375-A/99, de 20 de Setembro), dispõe que das decisões da Relação previstas nos números anteriores da mesma disposição [relativas aos casos em que o acórdão da Relação pode alterar a matéria de facto, determinar "a renovação dos meios de prova produzidos em 1.ª instância", anular a decisão da 1.ª instância relativa a matéria de facto que repute deficiente, obscura ou contraditória, ordenar a repetição da produção da prova, decidir que ao tribunal de 1.ª instância fundamente a decisão quanto a algum facto que considere essencial para o julgamento ...] não cabe recurso para o Supremo Tribunal de Justiça. Também o n.° 2 do artigo 754.°, C.P.C. (na redacção do mesmo DL n.° 375-A/99), exclui a recorribilidade do "acórdão da Relação sobre decisão da 1.ª instância, salvo se o acórdão estiver em oposição com outro, proferido no domínio da mesma legislação pelo Supremo Tribunal de Justiça ou por qualquer Relação, e não houver sido fixada pelo Supremo, nos termos dos artigos 732.°-A e 732.°-B, jurisprudência com ele conforme".

"Os recursos, exceptuada a oposição de terceiro, só podem ser interpostos por quem, sendo parte principal na causa, tenha ficado vencido" – artigo 680.°, n.° 1, C.P.C.; o n.° 2 admite, todavia, que outras pessoas, que não foram partes na causa ou foram partes acessórias, também possam recorrer, se a decisão as prejudicou directa e efectivamente (por exemplo, no caso de terem sido condenadas em multa, por se haverem recusado à cooperação que deviam ao tribunal nos termos do artigo 519.°, n.° 2, C.P.C., que tem a redacção do DL n.° 239-A/95).

Se ambas as partes ficarem vencidas nas suas pretensões, cada uma delas pode recorrer da parte que lhe é desfavorável; neste caso, o recurso interposto por qualquer delas pode ser independente ou subordinado. O recurso independente é interposto no prazo e termos normais, e o subordinado até dez dias depois da notificação à parte do despacho que admite o primeiro recurso.

Tendo havido perda do direito de recorrer (por renúncia ou aceitação da decisão) por uma das partes, ela pode, no entanto, salvo declaração expressa em contrário, interpor recurso subordinado, desde que a outra parte recorra da decisão.

Se o recurso independente ficar sem efeito ou a parte que o interpôs desistir dele, o recurso subordinado caduca; mas, se for negado provimento ao recurso principal, isso não obsta a que o subordinado seja apreciado.

Havendo várias partes vencedoras, o recorrente pode, no requerimento de interposição do recurso, excluir deste algum ou alguns dos vencedores, a menos que se trate de litisconsórcio necessário; do mesmo modo, se a sentença tiver resolvido várias questões distintas, é possível recorrer apenas de uma ou algumas das decisões, desde que o recorrente o expresse no requerimento, entendendo-se, na falta de estipulação, que o recurso abrange tudo o que for desfavorável ao recorrente.

Quando, por qualquer razão, se não tenha recorrido de toda a decisão, esta não pode ser prejudicada na parte não recorrida pela decisão do recurso nem pela anulação do processo.

O direito de recorrer é renunciável, mas a renúncia antecipada só é eficaz se provier de ambas as partes; por outro lado, perde o direito de recorrer aquele que tiver aceitado, expressa ou tacitamente, a decisão proferida.

V. artigos 676.° e segs., C.P.C..

O Assento de 24 de Junho de 1992, publicado no *Diário da República*, I-A série, de 6 de Agosto de 1992, decidiu: "Formuladas várias pretensões no recurso, podem algumas delas rejeitar-se, em conferência, prosseguindo o recurso quanto às de mais, em obediência ao princípio da cindibilidade".

O artigo 88.°, C.P.C., estabelece que "os recursos devem ser interpostos para o tribunal a que está hierarquicamente subordinado aquele de que se recorre", muito embora haja de ter em consideração o disposto no artigo 725.°, C.P.C. (o n.° 1 tem a redacção do Decreto-Lei n.° 180/96, de 25 de Setembro, e os restantes a do DL n.° 239--A/95), acerca do recurso *per saltum* para o Supremo Tribunal de Justiça.

"As decisões proferidas pelos julgados de paz têm o valor de sentença proferida por tribunal de 1.ª instância", podendo "ser impugnadas por meio de recurso a interpor para o tribunal da comarca ou para o tribunal de competência específica que for competente, em que esteja sediado o julgado de paz", quando o valor do processo "exceda metade do valor da alçada do tribunal de 1.ª instância"; "o recurso tem efeito meramente devolutivo e segue o regime do agravo" – artigos 61.° e 62.° da Lei n.° 78/2001, de 13 de Julho.

O Acórdão de uniformização de jurisprudência n.° 1/2002, publicado no *Diário da República*, I-A série, de 21 de Maio de 2002, decidiu que, "no regime do Código de Processo Penal vigente – n.° 2 do artigo 400.°, na versão da Lei n.° 59/98, de 25 de Agosto – não cabe recurso ordinário da decisão final do tribunal da relação, relativa à indemnização civil, se for irrecorrível a correspondente decisão penal".

Há regras em legislação avulsa que, em nome da celeridade processual, limitam o direito de recorrer: assim acontece nos processos de insolvência, nos embargos que forem opostos à declaração de insolvência, em que, nos termos do artigo 14.°, n.° 1, do Código da Insolvência e da Recuperação de Empresas, aprovado pelo Decreto-Lei n.° 53/2004, de 18 de Março, alterado pelos Decretos-Leis n.°s 200/2004, de 18 de Agosto, e 76-A/2006, de 29 de Março (rectificado pela Declaração de rectificação n.° 28-A/2006, de 26 de Maio), "não é admitido recurso dos acórdãos proferidos por tribunal da relação, salvo se o recorrente demonstrar que o acórdão de que pretende recorrer está em oposição com outro proferido por alguma das relações, ou pelo Supremo Tribunal de Justiça, no domínio da mesma legislação e que haja decidido de forma divergente a mesma questão fundamental de direito e não houver sido fixada pelo Supremo, nos termos dos artigos 732.°-A e 732.°-B [recurso ampliado de revista] do Código de Processo Civil, jurisprudência com ele conforme".

V. *Interposição de recurso; Acesso à justiça; Protecção jurídica; Caso julgado; Despacho; Sentença; Recurso ordinário; Recurso extraordinário; Apelação; Revista; Agravo; Revisão; Oposição de terceiro; Valor da causa; Alçada; Competência internacional; Competência em razão da matéria; Competência em razão da hierarquia; Incidente; Procedimento cautelar; Despacho de mero expediente; Despacho no uso de poder discricionário; Tribunal de 1.ª instância; Relação; Matéria de facto; Prova; Fundamentação das decisões; Supremo Tribunal de Justiça; Parte principal; Parte acessória; Cooperação; Recurso principal; Recurso subordinado; Notificação; Renúncia ao recurso; Notificação; Caducidade; Litisconsórcio; Conferência; Re-*

curso "per saltum"; Julgado de paz; Tribunal de comarca; Tribunal de competência específica; Efeito devolutivo do recurso; Indemnização; Insolvência; Recuperação de empresas; Embargos; Acórdão; Recurso ampliado de revista.

Recurso ampliado de revista (Proc. Civil) – Os artigos 732.°-A e 732.°-B, aditados ao C.P.C. pelo Decreto-Lei n.° 329--A/95, de 12 de Dezembro, tendo o segundo sido alterado pelo Decreto-Lei n.° 180/96, de 25 de Setembro, vieram prever o chamado julgamento ampliado de revista, que terá lugar quando que tal for determinado pelo Presidente do Supremo Tribunal de Justiça, para ocorrer à necessidade de uniformização da jurisprudência, "até à prolação do acórdão", e em que intervém "o plenário das secções cíveis"; este julgamento "pode ser requerido por qualquer das partes ou pelo Ministério Público e deve ser sugerido pelo relator, por qualquer dos adjuntos, ou pelos presidentes das secções cíveis, designadamente quando verifiquem a possibilidade de vencimento de solução jurídica que esteja em oposição com jurisprudência anteriormente firmada, no domínio da mesma legislação e sobre a mesma questão fundamental de direito". Decidida a realização deste julgamento alargado, "o processo vai com vista ao Ministério Público por 10 dias, para emissão de parecer sobre a questão que origina a necessidade de uniformização de jurisprudência"; "o julgamento só se realiza com a presença de, pelo menos, três quartos dos juízes em exercício nas secções cíveis", e "o acórdão proferido pelas secções reunidas sobre o objecto da revista é publicado na 1.ª série-A do jornal oficial".

V. *Recurso; Assento; Revista; Supremo Tribunal de Justiça; Jurisprudência; Juiz relator; Juiz adjunto; Acórdão; Ministério Público.*

Recurso de acto de conservador – O Código do Registo Predial – aprovado pelo Decreto-Lei n.° 224/84, de 6 de Julho (rectificado por declaração publicada no *Diário da República*, I série, de 29 de Setembro de 1984), e alterado pelos Decretos-Leis n.°s 355/85, de 2 de Outubro, 60/90, de 14 de Fevereiro (rectificado por declaração publicada no *Diário da República*, I-A série, de 31 de Março de 1990), 80/92, de 7 de Maio, 30/93, de 12 de Fevereiro, 227/94, de 8 de Setembro, 267/94, de 25 de Outubro, 67/96, de 31 de Maio, 375-A/99, de 20 de Setembro, 533/99, de 11 de Dezembro, 273/2001, de 13 de Outubro, 323/2001, de 17 de Dezembro, 38/2003, de 8 de Março (rectificado pela Declaração de rectificação n.° 5-C/2003, de 30 de Abril), e 194/2003, de 23 de Agosto, e pela Lei n.° 6/2006, de 27 de Fevereiro –, estabelece no Título VII as regras de impugnação dos actos dos conservadores, dispondo o artigo 140.°, n.° 1, que "a decisão do conservador que recuse a prática do acto nos termos requeridos pode ser impugnada por recurso hierárquico para o director-geral dos Registos e do Notariado ou por recuso contencioso para o tribunal da comarca a que pertence a sede da conservatória", sendo, de acordo com o artigo 141.°, o prazo para a interposição do recurso hierárquico ou contencioso de 30 dias a contar da notificação do despacho de recusa, a qual, por sua vez, deve ser realizada ao interessado nos cinco dias seguintes ao despacho (artigo 71.°, n.° 1); "a interposição de recurso contencioso faz precludir o direito de interpor recurso hierárquico e equivale a desistência deste quando já interposto".

Qualquer dos recursos se interpõe por meio de requerimento em que são expostos os respectivos fundamentos.

V. *Recurso; Registo predial; Tribunal de comarca; Prazo; Notificação; Requerimento.*

Recurso de acto notarial – O artigo 173.° do Código do Notariado determina que o notário recuse a prática de acto notarial, em certos casos e, designadamente, se ele se situar fora da sua competência, se o acto for nulo ou se as partes não fizerem os preparos devidos. A mera anulabilidade ou ineficácia do acto não constitui fundamento de recusa pelo notário da sua prática, muito embora ele deva advertir as partes da existência do vício.

"Quando o notário se recusar a praticar o acto, pode o interessado interpor recurso para o tribunal de 1.ª instância da sede do cartório notarial, sem prejuízo do recurso hierárquico hierárquica para o director-geral dos Registos e do Notariado, nos termos da lei orgânica dos serviços"; "se o interessado declarar, verbalmente ou por escrito, que pretende recorrer, o notário deve entregar-lhe, dentro de quarenta e oito horas, uma exposição datada, na qual se especifiquem os motivos da recusa". "O acto recusado cuja realização for determinada no julgamento do recurso deve ser efectuado pelo notário recorrido, logo que as partes o solicitem, com referência à decisão transitada".

V. artigos 175.° e segs., Código do Notariado, que regulam os termos do recurso judicial.

O artigo 70.°, C.P.C., na redacção do Decreto-Lei n.° 329-A/95, de 12 de Dezembro, diz que "compete aos tribunais singulares de competência genérica o conhecimento dos recursos das decisões dos notários, dos conservadores do registo e de outros que, nos termos da lei, para eles devam ser interpostos".

V. *Recurso; Notário; Nulidade; Anulabilidade; Tribunal de 1.ª instância; Tribunal singular; Tribunal de competência genérica; Reclamação.*

Recurso de agravo (Proc. Civil) – V. *Recurso; Agravo.*

Recurso de apelação (Proc. Civil) – V. *Recurso; Apelação.*

Recurso de oposição de terceiro (Proc. Civil) – V. *Recurso; Oposição de terceiro.*

Recurso de queixa (Proc. Civil) – V. *Recurso; Queixa.*

Recurso de revisão (Proc. Civil) – V. *Recurso; Revisão.*

Recurso de revista (Proc. Civil) – V. *Recurso; Revista.*

Recurso extraordinário (Proc. Civil) – Incide sobre decisões já transitadas em julgado e pode utilizar-se quando haja que reparar um vício do processo ou da sentença, ou ainda quando as partes tenham utilizado o processo para praticar um acto simulado.

São recursos extraordinários a revisão e a oposição de terceiro.

V. artigos 676.° e segs., C.P.C., e, em especial, os artigos 771.° e segs. e 778.° e segs..

V. *Recurso; Trânsito em julgado; Sentença; Vícios da sentença; Simulação processual; Revisão; Oposição de terceiro.*

Recurso independente (Proc. Civil) – O mesmo que recurso principal.

V. *Recurso; Recurso principal.*

Recurso misto (Proc. Civil) – Há autores que distinguem os recursos em puros e mistos, sendo os primeiros aqueles que hão-de, inevitavelmente, ser objecto de apreciação pelo tribunal superior, e os segundos aqueles a que o tribunal recorrido pode pôr termo, por reconsiderar a sua decisão recorrida, modificando-a ("reparando" o recurso). Enquanto a apelação e a revista são recursos puros, por nunca comportarem esta possibilidade de reapreciação da decisão recorrida pelo próprio tribunal que a proferiu, o agravo interposto na 1.ª instância e a reclamação são recursos mistos (cfr. artigos 744.°, cujos n.°s 3 e 5 têm a redacção do Decreto-Lei n.° 329-A/95, de 12 de Dezembro, e 668.° a 670.°, C.P.C., os últimos com a redacção dos DL n.°s 329-A/95 e 180/96, de 25 de Setembro).

V. *Recurso; Apelação; Revista; Agravo; Reclamação; Despacho de reparação.*

Recurso oral (Proc. Civil) – O artigo 687.°, n.° 2, C.P.C., aditado pelo Decreto-Lei n.° 329-A/95, de 12 de Dezembro, dispõe que, "tratando-se de despachos ou sentenças orais, reproduzidos no processo, o requerimento de interposição pode ser ditado para acta".

V. *Recurso; Despacho; Sentença; Requerimento; Acta.*

Recurso ordinário (Proc. Civil) – Recurso de sentença ou despacho que ainda não transitou em julgado. São três (eram quatro, deles fazendo parte o hoje extinto recurso para o tribunal pleno) as espécies de recursos ordinários: apelação, revista e agravo.

Cfr. artigo 676.°, C.P.C., cujo n.° 2 tem a redacção do Decreto-Lei n.° 329-A/95, de 12 de Dezembro.

V. *Recurso; Sentença; Despacho; Trânsito em julgado; Agravo; Apelação; Revista; Recurso para o tribunal pleno.*

Recurso para o tribunal pleno (Proc. Civil) – Se, no domínio da mesma legislação, o Supremo Tribunal de Justiça proferisse dois acórdãos que, relativamente à mesma questão fundamental de direito, assentassem sobre soluções opostas, podia recorrer-se para o tribunal pleno do acórdão proferido em último lugar. Também cabia este recurso se o tribunal da Relação proferisse um acórdão que estivesse em oposição com outro, dessa ou de diferente Relação, sobre a mesma questão fundamental de direito, e dele não fosse admitido recurso de revista ou agravo por motivo estranho à alçada do tribunal.

O Tribunal Pleno decidia através de assentos.

Os artigos 763.° e segs., C.P.C., foram revogados pelo Decreto-Lei n.° 329-A/95, de 12 de Dezembro.

O Acórdão do Tribunal Constitucional n.° 743/96, de 28 de Maio declarou a inconstitucionalidade, com força obrigatória geral, do artigo 2.°, C.C., nos seguintes termos: "declara a inconstitucionalidade, com força obrigatória geral, da norma do artigo 2.° do Código Civil, na parte em que atribui aos tribunais competência para fixar doutrina com força obrigatória geral, por violação do disposto no artigo 115.°, n.° 5, da Constituição [actual artigo 112.°, n.° 5]".

V. *Recurso; Supremo Tribunal de Justiça; Acórdão; Relação; Questão de direito; Revista; Agravo; Alçada; Assento.*

Recurso "per saltum" (Proc. Civil) – A doutrina designa assim o recurso que não deve ser interposto para o tribunal imediatamente superior ao tribunal recorrido, mas para um outro de grau hierárquico mais elevado. É o que se passa, por exemplo, no caso previsto no artigo 725.°, C.P.C., na redacção do Decreto-Lei n.° 180/96, de 25 de Setembro.

V. *Recurso.*

Recurso por adesão (Proc. Civil) – O n.° 2 do artigo 683.°, C.P.C., admite que, mesmo fora dos casos de litisconsórcio necessário, o recurso interposto por uma das partes aproveite às outras, acontecendo isso, nomeadamente, se aquelas, na parte em que o interesse seja comum, derem a sua adesão ao recurso.

Não é idêntico o regime do recurso subordinado ao do recurso por adesão, pois neste, com o acto de adesão e conforme dispõe o n.° 4 da mencionada disposição do C.P.C., "o interessado faz sua a actividade já exercida pelo recorrente e a que este vier a exercer", sendo "[...] lícito ao aderente passar, em qualquer momento, à posição de recorrente principal, mediante o exercício de actividade própria; e, se o recorrente desistir, deve ser notificado da desistência para que possa seguir com o recurso como recorrente principal".

Quanto ao prazo para a adesão ao recurso, o n.° 3 do mesmo artigo 683.° (na redacção do Decreto-Lei n.° 329-A/95, de 12 de Dezembro) dispõe que ela pode fazer-se por requerimento ou por subscrição das alegações do recorrente e até ao início dos vistos para julgamento.

V. *Recurso; Litisconsórcio; Recurso subordinado; Notificação; Recurso principal; Requerimento; Alegações; Prazo; Julgamento.*

Recurso principal (Proc. Civil) – O recurso principal ou independente, por contraposição ao recurso subordinado e ao recurso por adesão, é aquele que é interposto autonomamente, mantendo essa autonomia até à decisão. Nos termos do n.° 2 do artigo 682.°, C.P.C., na redacção do Decreto-Lei n.° 329-A/95, de 12 de Dezembro, "o recurso independente é interposto dentro do prazo e nos termos normais".

V. *Recurso; Recurso por adesão; Recurso subordinado; Interposição de recurso.*

Recurso puro (Proc. Civil) – V. *Recurso; Recurso misto.*

Recurso subordinado (Proc. Civil) – O recurso subordinado é aquele que é interposto por uma das partes na sequência e dependência de recurso interposto pela parte contrária. Daí que o prazo para a interposição de recurso subordinado seja de dez dias, contados da notificação do despacho que admite o recurso principal; é também consequência do carácter dependente do recurso subordinado a sua caducidade, "se o primeiro recorrente desistir do recurso ou este ficar sem efeito ou o tribunal não tomar conhecimento dele"; finalmente, a admissibilidade de recurso subordinado apenas depende da do recurso principal e não é afectada pelo facto de a decisão recorrida ser desfavorável ao recorrente em valor igual ou até inferior a metade da alçada do tribunal de que se recorre.

V. artigo 682.°, C.P.C., na redacção do Decreto-Lei n.° 329-A/95, de 12 de Dezembro.

V. *Recurso; Parte; Recurso principal; Prazo; Interposição de recurso; Notificação; Despacho; Caducidade; Desistência de recurso; Alçada.*

Recusa da petição (Proc. Civil) – O artigo 474.°, C.P.C. na redacção do Decreto-Lei n.° 183/2000, de 10 de Agosto, e da Lei n.° 30-D/2000, de 20 de Dezembro, introduziu a possibilidade de a secretaria do tribunal recusar o recebimento da petição inicial, "indicando por escrito o fundamento da rejeição, quando ocorrer algum dos seguintes factos:

a) Não tenha endereço ou esteja endereçada a outro tribunal ou autoridade;

b) Omita a identificação das partes e dos elementos a que alude a alínea *a)* do n.° 1 do artigo 467.° que dela devam obrigatoriamente constar [designação do tribunal onde a acção é proposta, identificação das partes com indicação dos seus nomes e residências];

c) Não indique o domicílio profissional do mandatário judicial;

d) Não indique a forma de processo;

e) Omita a indicação do valor da causa;

f) Não tenha sido junto o documento comprovativo do prévio pagamento da taxa de justiça inicial ou o documento que ateste a concessão de apoio judiciário, excepto no caso previsto no n.° 4 do artigo 467.°;

g) Não esteja assinada;

h) Não esteja redigida em língua portuguesa;

i) O papel utilizado não obedeça aos requisitos regulamentares".

Desta recusa cabe reclamação para o juiz, de cujo despacho de confirmação do não recebimento cabe, por sua vez, agravo até à Relação, "ainda que o valor da causa não ultrapasse a alçada dos tribunais de 1.ª instância [...]" (artigo 475.°, C.P.C., cujo n.° 2 tem a redacção do Decreto-Lei n.° 180/96, de 25 de Setembro). O artigo 476.°, na redacção do DL n.° 183/2000, permite ao autor da petição recusada que apresente outra petição "dentro dos 10 dias subsequentes à recusa de recebimento ou de distribuição da petição, ou à notificação da decisão judicial que a haja confirmado, considerando-se a acção proposta na data em que a primeira petição foi apresentada em juízo".

V. *Petição inicial; Secretaria judicial; Parte; Residência; Mandatário judicial; Domicílio profissional; Forma de processo; Valor da causa; Reclamação; Apoio judiciário; Agravo; Relação; Tribunal de 1.ª instância; Alçada; Distribuição; Propositura da acção.*

Recusa da prestação (Dir. Civil) – Sempre que o credor recusa injustificadamente a prestação que lhe é oferecida, nos termos legais, pelo devedor (ou por terceiro, quando este a possa realizar), incorre em mora.

V. artigos 813.° e 768.°, n.° 1, C.C..

Casos há, no entanto, em que o credor pode recusar a prestação: assim acontecerá, por exemplo, se for defeituosa ou parcial ou feita por terceiro, quando tiver havido acordo em que ela deveria ser realizada pelo devedor ou quando o cumprimento por terceiro prejudica o credor.

O credor pode também recusar a prestação sem incorrer em mora, quando ela lhe seja oferecida por terceiro, que não seja directamente interessado no cumprimento, e o devedor se oponha a esse cumprimento.

O devedor pode recusar o cumprimento, isto é, a realização da prestação debitória, designadamente quando o credor não lhe der quitação (artigo 787.°, C.C.).

V. *Prestação; Cumprimento por terceiro; Mora; Cumprimento defeituoso; Cumprimento parcial; Cumprimento; Quitação.*

Recusa de acto notarial – O artigo 173.° do Código do Notariado determina que o notário recuse a prática do acto notarial, se ele se situar fora da sua competência, ou se se encontrar pessoalmente impedido de o realizar, se o acto for nulo e ainda se as partes não fizerem os preparos devidos (salvo, neste caso, se se tratar de testamento público ou de instrumento de aprovação de testamento cerrado). A mera anulabilidade ou ineficácia do acto não constitui fundamento de recusa pelo notário da sua prática, muito embora ele deva advertir as partes da existência do vício, tendo deixado de constituir fundamento de recusa as dúvidas sobre a integridade das faculdades mentais dos outorgantes, desde que no acto intervenham dois peritos médicos que atestem a sanidade mental dos outorgantes.

"Quando o notário se recusar a praticar o acto, pode o interessado interpor recurso para o tribunal de 1.ª instância da sede do cartório notarial, sem prejuízo do recurso hierárquico para o director-geral dos Registos e do Notariado, nos termos da lei orgânica dos serviços" (artigo 175.° do Código do Notariado). O artigo 70.°, C.P.C., na redacção do Decreto-Lei n.° 329-A/95, de 12 de Dezembro, diz que "compete aos tribunais singulares de competência genérica o conhecimento dos recursos das decisões dos notários, dos conservadores do registo e de outros que, nos termos da lei, para eles devam ser interpostos".

V. *Notário; Impedimentos; Preparo; Nulidade; Testamento público; Testamento cerrado; Anulabilidade; Recurso de acto notarial; Tribunal de 1.ª instância; Reclamação; Tribunal singular; Tribunal de competência genérica.*

Recusa de contratar (Dir. Civil) – Em regra, a recusa de contratar é lícita, pois consubstancia uma manifestação da liberdade contratual, na sua vertente de liberdade de celebração de contratos. Nos termos do princípio consagrado no artigo 405.°, C.C., os sujeitos são, em princípio, livres de decidir celebrar ou não celebrar os contratos que entendam.

Casos há, porém, em que a ordem jurídica impõe a celebração do contrato, sendo então a recusa de contratar ilícita.

No domínio do regime do arrendamento habitacional, por exemplo, o Regime do Arrendamento Urbano (aprovado pelo Decreto-Lei n.° 321-B/90, de 15 de Outubro, rectificado por declaração publicada no *Diário da República*, I-A série, de 30 de Novembro de 1990, e alterado pelo Decreto-Lei n.° 278/93, de 10 de Agosto (este alterado, por ratificação, pela Lei n.° 13/94, de 11 de Maio), pelo Decreto-Lei n.° 163/95, de 13 de Julho, pela Lei n.° 89//95, de 1 de Setembro, pelo Decreto-Lei n.° 257/95, de 30 de Setembro, pela Lei n.° 135/99, de 28 de Agosto, pelos Decretos-Leis n.°s 64-A/2000, de 22 de Abril, e 329-B/2000, de 22 de Dezembro, e pelas Leis n.°s 6/2001 e 7/2001, ambas de 11 de Maio), atribui, nos seus artigos 90.° a 96.°, o direito à celebração do contrato de arrendamento a dadas pessoas, impondo consequentemente ao senhorio a obrigação de o realizar.

Pode também falar-se em recusa de contratar ilícita a propósito das empresas concessionárias do fornecimento de certos bens e serviços de utilidade pública, dado que lhes não é permitido arbitrariamente recusar a celebração de contratos de fornecimento com os sujeitos que neles se manifestem interessados.

A Lei n.° 134/99, de 28 de Agosto, cujo objecto é a prevenção e proibição da "discriminação racial sob todas as suas formas", regulamentada pelo Decreto-Lei n.° 111/2000, de 4 de Julho, alterado pelo Decreto-Lei n.° 251/2002, de 22 de Novembro, considera no artigo 2.°, n.° 1-*a), b), c), e), g)* e *h)*, práticas discriminatórias e, consequentemente, proibidas, as "acções ou omissões que, em razão da pertença de qualquer pessoa a determinada raça, cor, nacionalidade ou origem étnica", as que consubstanciem respectivamente:

– "A adopção de procedimento, medida ou critério, directamente pela entidade empregadora ou através de instruções dadas aos seus trabalhadores ou a agência de emprego, que subordine a factores de natureza racial a oferta de emprego [...] ou a recusa de contratação";

– "A produção ou difusão de anúncios de oferta de emprego, ou outras formas de publicidade ligada à pré-selecção ou ao recrutamento, que contenham, directa ou indirectamente, qualquer preferência baseada em factores de discriminação racial";

– "A recusa de fornecimento ou impedimento de fruição de bens ou serviços, por parte de qualquer pessoa singular ou colectiva";

– "A recusa ou condicionamento de venda, arrendamento ou subarrendamento de imóveis";

– A recusa ou limitação de acesso aos cuidados de saúde prestados em estabelecimentos de saúde públicos ou privados;

– "A recusa ou limitação de acesso a estabelecimento de ensino público ou privado".

Em, pelo menos, algumas das situações enunciadas e previstas no diploma, pode não se estar perante uma verdadeira recusa de contratar, mas, antes, face a uma recusa de cumprimento de contrato já celebrado; assim será sempre que haja uma oferta ao público e o proponente, depois da sua aceitação por uma pessoa, recuse o cumprimento do contrato que já se encontra concluído.Muitos outros casos há ainda em que, por imposição da lei, da ordem pública ou da boa fé, se verifica uma obrigação de contratar, limite positivo à liberdade de celebração, que torna ilícita a recusa.

V. *Liberdade contratual; Contrato; Obrigação legal de contratar; Preferência no arrendamento; Contrato de fornecimento; Princípio da igualmente; Pessoa singular; Pessoa colectiva; Compra e venda; Sublocação; Imóvel; Ordem pública; Boa fé; Perfeição do contrato; Oferta ao público; Recusa de cumprimento.*

Recusa de cooperação (Proc. Civil) – Aqueles que recusarem a cooperação para a descoberta da verdade "serão condenados em multa, sem prejuízo dos meios coercitivos que forem possíveis; se o recusante for parte, o tribunal apreciará livremente o valor da recusa para efeitos probatórios" – artigo 519.°, n.° 2, C.P.C., na redacção do Decreto-Lei n.° 329-A/95, de 12 de Dezembro.

O n.° 3 desta disposição, na redacção dada pelo mesmo diploma, diz que "a recusa é, porém, legítima se a obediência importar:

a) Violação da integridade física ou moral das pessoas;

b) Intromissão na vida privada ou familiar, no domicílio, na correspondência ou nas telecomunicações;

c) Violação do sigilo profissional ou de funcionários públicos, ou do segredo de Estado [...]".

V. *Cooperação; Multa; Parte; Intimidade; Sigilo profissional; Recusa de depoimento.*

Recusa de cumprimento

1. (Dir. Civil) – Há casos em que a recusa de cumprimento por parte do devedor é lícita: assim acontece, designadamente, quando ele invoca, fundadamente, a excepção de não cumprimento, o direito de retenção ou qualquer outra causa de justificação do não cumprimento, bem como quando, por exemplo, ele recusa a realização da prestação a terceiro autorizado pelo credor a recebê-la quando não havia acordo nesse sentido, ou quando o credor exige o cumprimento antes do esgotamento do prazo, sendo o devedor o respectivo beneficiário, ou ainda quando o credor recusa dar quitação do cumprimento. Outros casos há em que a recusa de cumprimento, sendo ilícita, não é culposa, não constituindo por isso o devedor em responsabilidade face ao credor: é isto que, genericamente sucede sempre que o devedor pode invocar, procedentemente, uma causa de escusa.

V. *Cumprimento; Obrigação; Devedor; Excepção do não cumprimento; Direito de retenção; Causas justificativas; Cumprimento a terceiro; Benefício do prazo; Culpa; Causas de escusa; Responsabilidade obrigacional; Quitação.*

2. (Proc. Civil) – O artigo 184.°, C.P.C., enuncia os casos em que o tribunal deprecado pode recusar legitimamente o cumprimento de uma carta precatória, e que são: "*a)* Se não tiver competência para o acto requisitado, sem prejuízo do disposto no n.° 4 do artigo 177.° ["quando se reconheça que o acto deve ser praticado em lugar diverso do indicado na carta, deve esta ser cumprida pelo tribunal desse lugar; para tanto, deve o tribunal, ao qual a carta foi dirigida, remetê-la ao que haja de a cumprir, comunicando o facto ao tribunal que a expediu"]; *b)* Se a requisição for para acto que a lei proíba absolutamente".

Por seu lado, o artigo 185.°, C.P.C., contém o enunciado das situações em que pode ser legitimamente recusado o cumprimento de uma carta rogatória e que são, além das previstas e já mencionadas para as cartas precatórias, as seguintes: "*a)* Se a carta não estiver legalizada, salvo se houver sido recebida por via diplomática ou se houver tratado, convenção ou acordo que dispense a legalização; *b)* Se o acto for contrário à ordem pública portuguesa; *c)* Se a execução da carta for atentatória da soberania ou da segurança do Estado; *d)* Se o acto importar execução de decisão de tribunal estrangeiro sujeita a revisão e que não se mostre revista e confirmada".

V. *Tribunal deprecado; Carta precatória; Competência; Carta rogatória; Ordem pública; Sentença estrangeira; Revisão de sentença estrangeira.*

Recusa de depoimento (Proc. Civil) – O artigo 618.°, C.P.C. (na redacção do Decreto-Lei n.° 180/96, de 25 de Outubro), enuncia um conjunto de pessoas a quem é legítimo recusar depor como testemunha, "salvo nas acções que tenham como objecto verificar o nascimento ou o óbito dos filhos".

São eles:

"*a)* Os ascendentes nas causas dos descendentes e os adoptantes nas dos adoptados, e vice-versa;

b) O sogro ou a sogra nas causas do genro ou da nora, e vice-versa;

c) Qualquer dos cônjuges, ou ex-cônjuges, nas causas em que seja parte o outro cônjuge ou ex-cônjuge;

d) Quem conviver, ou tiver convivido, em união de facto em condições análogas às dos cônjuges com alguma das partes na causa".

O n.° 2 desta disposição dispõe que "incumbe ao juiz advertir as pessoas referidas [...] da faculdade que lhes assiste de se recusarem a depor".

De acordo com o n.° 3 do mesmo artigo, "devem escusar-se a depor os que estejam adstritos ao segredo profissional, ao segredo de funcionários públicos e ao segredo de Estado, relativamente aos factos abrangidos pelo sigilo, aplicando-se neste caso o disposto no n.° 4 do artigo 519.° [que estabelece que – sendo a recusa de cooperação para a descoberta da verdade legítima se a obediência importar violação de sigilo, deduzida a escusa, "é aplicável, com as adaptações impostas pela natureza dos interesses em causa, o disposto no processo penal acerca da verificação da legitimidade da escusa e da dispensa do dever de sigilo invocado"]".

V. *Testemunha; Inquirição; Nascimento; Ascendente; Descendente; Afinidade; União de facto; Parte; Recusa de cooperação; Sigilo profissional.*

Recusa de juiz (Proc. Civil) – V. *Suspeição.*

Recusa de perito (Proc. Civil) – O regime de impedimentos e suspeições que vigora para os juízes é aplicável aos peritos, com as necessárias adaptações. Estão igualmente dispensados do exercício desta função "os titulares dos órgãos de soberania ou dos órgãos equivalentes das Regiões Autónomas, bem como aqueles que, por lei, lhes estejam equiparados, os magistrados do Ministério Público em efectividade de funções e os agentes diplomáticos de países estrangeiros".

"As causas de impedimento, suspeição e dispensa legal do exercício da função de perito podem ser alegadas pelas partes [...], dentro do prazo de 10 dias a contar do conhecimento da nomeação ou, sendo superveniente o conhecimento da causa, nos 10 dias subsequentes; e podem ser oficiosamente conhecidas até à realização da diligência".

As decisões proferidas nesta matéria são irrecorríveis.

V. artigos 571.° e 572.°, C.P.C., na do Decreto-Lei n.° 329-A/95, de 12 de Dezembro.

V. *Perito; Impedimentos; Juiz; Suspeição; Ministério Público; Prazo; Conhecimento oficioso; Recurso.*

Redução (Dir. Civil) – Um acto jurídico parcialmente inválido (parcialmente nulo ou anulado) pode subsistir na parte válida, a menos que se mostre que não teria sido concluído sem a parte viciada, isto é, que esta era essencial à configuração ou ao fim do negócio (v. artigo 292.°, C.C.).

Há casos em que a redução opera por força da lei; por exemplo, se a taxa de juros estipulada num contrato de mútuo for superior aos limites fixados no artigo 1146.°, C.C., considera-se reduzida a esses máximos.

V. *Nulidade; Anulabilidade; Anulação; Negócio jurídico; Juros; Mútuo; Conversão.*

Redução da cláusula penal (Dir. Civil) – É característica da cláusula penal a sua invariabilidade; no entanto, o artigo 812.°, C.C. (na redacção do Decreto-Lei n.° 262//83, de 16 de Julho), admite, dentro de certo condicionalismo – concretamente, quando ela se revelar manifestamente excessiva (por desproporcionada ao dano, à culpa do devedor, etc.), ou quando tiver havido um cumprimento parcial da obrigação – a redução equitativa pelo tribunal do seu montante. A redutibilidade judicial da cláusula penal, prevista no artigo 812.°, é inafastável convencionalmente.

Há um caso em que a redução da cláusula penal é feita *ope legis*: é o da pena convencional em contrato de compra e venda a prestações, por força do artigo 935.°, C.C..

V. *Cláusula penal; Dano; Culpa; Cumprimento parcial; Obrigação; Norma imperativa; Venda a prestações.*

Redução da hipoteca (Dir. Civil; Proc. Civil) – "A hipoteca pode ser reduzida voluntária ou judicialmente" – artigo 718.°, C.C..

Pelo que respeita à redução voluntária, ela só pode ser consentida por quem tiver poderes dispositivos do respectivo direito, devendo ser expressa e feita na forma exigida para a sua constituição.

V. artigos 719.° e 731.°, C.C..

Quanto à redução judicial, via necessária para obter a redução da garantia quando ela tiver como fonte a lei ou uma decisão judicial, será decidida face ao requerimento de qualquer interessado e só será admissível, em princípio, no caso de não se encontrar especificada a coisa ou quantia sobre que incida.

Sendo a hipoteca voluntária, a sua redução judicial só é admitida em caso de grande redução da dívida ou de grande valorização da coisa onerada.

V. artigos 720.° e 708.°, C.C..

O tribunal competente para apreciar o pedido de redução vem indicado no artigo 73.°, C.P.C., cujo n.° 1 tem a redacção do Decreto-Lei n.° 329-A/95, de 12 de Dezembro.

V. *Hipoteca; Direito subjectivo; Forma; Requerimento; Competência.*

Redução da renda (Dir. Civil) – O artigo 1040.°, C.C., admite expressamente que haja uma redução da renda (ou aluguer) se o locatário sofrer privação ou diminuição do gozo da coisa locada por facto que não diga respeito à sua pessoa nem às dos seus familiares (parentes, afins ou serviçais, que vivam com o locatário em comunhão de mesa e habitação).

A redução é proporcional ao tempo da privação ou diminuição e à extensão desta, só tendo o locatário direito a exigi-la, no caso de a privação ou diminuição não ser imputável ao locador ou aos seus familiares, se uma ou outra exceder um sexto da duração do contrato.

V. *Renda; Aluguer; Locação; Parentesco; Afinidade; Culpa.*

Redução de liberalidades (Dir. Civil) – Quando o valor das liberalidades – entre vivos ou por morte – feitas pelo *de cuius* exceda o montante da quota disponível, ofendendo portanto "a legítima dos herdeiros legitimários", estes (ou os seus sucessores) têm direito à anulação do excesso, promovendo-se uma redução das liberalidades no seu conjunto. Nos termos do artigo 2171.°, C.C., "a redução abrange, em primeiro lugar, as disposições testamentárias a título de herança, em segundo lugar, os legados, e, por último, as liberalidades que hajam sido feitas em vida do autor da sucessão". Outras regras sobre redução das liberalidades inoficiosas encontram-se nos artigos 2172.° e segs., C.C.. A redução só pode efectivar-se depois da abertura da sucessão e a respectiva acção caduca dentro de dois anos, a contar da aceitação da herança pelo herdeiro legitimário.

A renúncia ao direito de reduzir as liberalidades não é permitida em vida do autor da sucessão.

V. *Liberalidade; "De cuius"; Sucessor; Quota disponível; Legítima; Herdeiro legitimário; Herança; Legado; Autor da sucessão; Caducidade; Abertura da sucessão; Aceitação da herança; Renúncia; Irrenunciabilidade; Liberalidades inoficiosas.*

Redução do preço (Dir. Civil) – V. *Modificação do contrato.*

Reestruturação financeira (Dir. Com.; Dir. Civil; Proc. Civil) – Era uma das providências de recuperação da empresa, previstas e reguladas no Código dos Processos Especiais de Recuperação da Empresa e de Falência – aprovado pelo Decreto-Lei n.° 132/93, de 23 de Abril, alterado pelos Decretos-Leis n.°s 157/97, de 24 de Junho, 315/98, de 20 de Outubro, 323/2001, de 17 de Dezembro, e 38/2003, de 8 de Março –, que podia ser decretada em relação a uma empresa em situação de insolvência, desde que não fosse economicamente inviável nem impossível a sua recuperação financeira. A providência podia ser requerida em juízo pela própria empresa insolvente, cabendo então a sua iniciativa ao respectivo titular ou ao seu órgão de administração; podia também ser requerida por qualquer credor, quando se verificasse algum dos factos enunciados no artigo 8.°, n.° 1, do citado Código, reveladores da situação de falência do devedor, ou pelo Ministério Público, quando a empresa tivesse sido declarada em situação económica difícil e houvesse interesse económico e social na manutenção da sua actividade.

A reestruturação financeira era o meio de recuperação da empresa que consistia na adopção pelos credores de uma ou mais providências destinadas a modificar a situação do passivo da empresa ou a alterar o seu capital, em termos que assegurassem, só por si, a superioridade do activo sobre o passivo e a existência de um fundo de maneio positivo (artigo 87.°). As providências de reestruturação financeira que, nos termos do artigo 88.°, a assembleia de credores podia aprovar podiam incidir no passivo da empresa ou na estrutura do capital da empresa, e eram as seguintes: redução do valor dos créditos, quer quanto ao capital, quer quanto aos juros; condicionamento do reembolso de todos os créditos ou de parte deles às disponibilidades do devedor; modificação dos prazos de vencimento ou das taxas de juro dos créditos; dação em cumprimento de bens da empresa para extinção total ou parcial dos seus débitos; cessão de bens aos credores; aumento do capital da sociedade com respeito pelo direito de preferência dos sócios; conversão de créditos sobre a sociedade em participações no aumento de capital, na parte não subscrita pelos sócios; reserva à subscrição de terceiros do aumento de capital, na parte não subscrita; redução de capital para cobertura de prejuízos".

A deliberação da assembleia de credores que aprovasse uma ou mais providências de reestruturação financeira, depois de homologada, valia não só nas relações entre os credores e a empresa mas também relativamente a terceiros, constituindo a certidão da deliberação e da respectiva homologação judicial título executivo, quanto às obrigações dela decorrentes, e servia de título bastante para a inscrição dos actos sujeitos a registo – artigo 94.°, n.°s 1 e 2.

De acordo com o artigo 3.° do DL n.° 157/97, o processo de recuperação da empresa ou de falência podia ser suspenso pelo juiz após a junção ao processo, pela empresa, por qualquer credor ou pelo Ministério Público, de documento emitido pelo Gabinete de Coordenação para a Recuperação de Empresas em que se certificasse estar em curso um procedimento conducente à celebração de um contrato de consolidação financeira e de reestruturação empresarial, tendo a suspensão a duração de 90 dias, podendo ser prorrogada, por uma só vez, por prazo a fixar livremente pelo juiz, a requerimento da empresa, de qualquer credor ou do Ministério Público; terminado o prazo da suspensão, o juiz declarava imediatamente a falência, excepto se a empresa, qualquer credor ou o Ministério Público requeressem a prossecução do processo, juntando documento emitido pelo Gabinete de Coordenação para a Recuperação de Empresas que certificasse que fora celebrado o contrato referido.

O Decreto-Lei n.° 316/98, de 20 de Outubro, alterado pelo Decreto-Lei n.° 201//2004, de 18 de Agosto, consagra um processo de conciliação que pode ser requerido por qualquer empresa que se encontre "em condições de requerer a sua insolvência, nos termos do Código da Insolvência e da Recuperação de Empresas [...]".

Este procedimento de conciliação – que também pode ser requerido por um credor que tenha legitimidade para requerer a declaração de insolvência de uma empresa – visa obter "a celebração de acordo entre a empresa e todos ou alguns dos credores, que viabilize a recuperação da empresa em situação de insolvência, ainda que meramente iminente [...]", podendo nele intervir também "os sócios da empresa ou outros interessados" (artigos 1.° e 2.°).

O procedimento de conciliação deve ser requerido por escrito ao IAPMEI, com indicação dos respectivos fundamentos, identificação das partes que têm de intervir e indicação do conteúdo do acordo que se pretende obter. O IAPMEI "deve recusar liminarmente o requerimento de conciliação se entender que: *a)* A empresa é economicamente inviável; *b)* Não é provável o acordo entre os principais interessados na recuperação; *c)* Não é eficaz a sua intervenção para a obtenção do acordo".

Sendo o requerimento aceite, "compete ao IAPMEI promover as diligências e os contactos necessários entre a empresa e os principais interessados com vista à concretização de acordo que viabilize a recuperação da empresa, cabendo-lhe a orientação das reuniões que convocar". O artigo 5.° deste diploma modela de forma muito maleável o procedimento, impondo o artigo 6.° ao IAPMEI a análise, "por si ou através de especialistas externos, [d]a viabilidade da empresa e [d]a adequação do acordo preliminar à sua viabilização". Nos termos do artigo 7.°, "sempre que devam ser ouvidos o requerente, os demais interessados ou outras entidades, o IAPMEI fixa prazo para o efeito, aplicando-se à respectiva contagem o regime do Código de Processo Civil".

"O acordo obtido em procedimento de conciliação deve ser reduzido a escrito, dependendo de escritura pública nos casos em que a lei o exija" (artigo 8.°).

Este procedimento não é prejudicado pelo facto de encontrar pendente processo judicial de insolvência, podendo, quando tal acontecer, a instância ser suspensa, "a requerimento da empresa ou de qualquer interessado, instruído com declaração emitida pelo IAPMEI". "O juiz, ouvidas as partes, decide conforme julgar mais conveniente, não podendo a suspensão da instância prolongar-se por mais de dois meses".

Apesar de o Decreto-Lei n.° 53/2004, de 18 de Março, ter revogado o Código dos Processos Especiais de Recuperação da Empresa e de Falência, o n.° 1 do artigo 16.° do Código da Insolvência e da Recuperação de Empresas, por ele aprovado, dispõe que este se aplica "sem prejuízo do estabelecido na legislação especial sobre o consumidor relativamente a procedimentos de reestruturação do passivo e no Decreto-Lei n.° 316/98 [...] relativamente ao procedimento extrajudicial de conciliação".

V. *Recuperação da empresa; Falência; Insolvência; Órgãos da pessoa colectiva; Empresa; Credor; Ministério Público; Assembleia de credores; Crédito; Vencimento; Juros; Extinção das obrigações; Dação em cumprimento; Cessão de bens aos credores; Direito de preferência; Homologação; Terceiro; Oponibilidade a terceiros; Certidão; Título executivo; Registo; Requerimento; Forma; Suspensão da instância; Legitimidade; Documento escrito; Escritura pública.*

Reforço de garantias (Dir. Civil; Proc. Civil) – Genericamente, quando as garantias especiais do crédito diminuírem, tornando-se insuficientes ou inidóneas, o credor tem o direito a exigir o seu reforço ou a prestação de outras garantias em substituição daquelas, podendo exigir o cumprimento imediato da obrigação, se o devedor não proceder ao reforço exigido, no caso de a diminuição da garantia ser imputável ao devedor e o prazo da obrigação ter sido estabelecido em benefício deste último (v. artigo 780.°, C.C.).

Assim acontece com a caução (artigo 626.°, C.C.), com a fiança, no caso de "[...] o fiador nomeado mudar de fortuna, de modo que haja risco de insolvência [...]" (artigo 633.°, C.C.), com a consignação de rendimentos, o penhor e a hipoteca (v. artigos 665.°, 670.°-*c)*, 678.°, 701.° e 709.°, C.C.).

Quanto à competência do tribunal para a acção de reforço de hipoteca, v. artigo 73.°, C.P.C., cujo n.° 1 tem a redacção do Decreto-Lei n.° 329-A/95, de 12 de Dezembro.

O processo judicial a seguir para obter o reforço da hipoteca, consignação de rendimentos ou penhor tinha os seus termos fixados nos artigos 437.° a 440.°, C.P.C., que eram aplicáveis com as modificações legalmente prescritas aos processos destinados a exigir o reforço de fiança (artigo 441.°, C.P.C.) e da caução (artigos 442.° e 443.°, C.P.C.). Estes artigos foram revogados pelo DL n.° 329-A/95.

V. *Benefício do prazo; Garantias especiais; Culpa; Obrigação a prazo; Benefício do prazo; Caução; Fiança; Insolvência; Consignação de rendimentos; Penhor; Hipoteca; Competência.*

Reforma de acórdão (Proc. Civil) – Os artigos 666.° a 670.°, C.P.C., alterados pelos Decretos-Leis n.°s 329-A/95, de 12 de Dezembro, e 180/96, de 25 de Setembro, relativas a vícios e reforma da sentença, são aplicáveis aos acórdãos das Relações, sendo ainda nulos tais acórdãos quando forem lavrados contra o vencido ou sem o necessário vencimento. "A rectificação, aclaração ou reforma do acórdão, bem como a arguição de nulidade, são decididas em conferência. Quando o pedido ou a reclamação forem complexos ou de difícil decisão, pode esta ser precedida de vista por quarenta e oito horas, a cada um dos juízes adjuntos" – artigo 716.°, n.° 2, C.P.C..

Se o Supremo Tribunal de Justiça mandar reformar o acórdão, a reforma será feita nos precisos termos que o Supremo tiver fixado e nela intervirão, sempre que possível, os mesmos juízes. V. artigo 718.°, C.P.C..

V. também artigo 731.°, C.P.C..

V. *Acórdão; Relação; Aclaração de acórdão; Rectificação do acórdão; Vícios da sentença; Reforma de sentença; Nulidade do acórdão; Conferência; Juiz adjunto; Supremo Tribunal de Justiça.*

Reforma de autos (Proc. Civil) – Processo para a reconstituição de qualquer processo judicial que foi destruído ou desapareceu.

Inicia-se a requerimento de qualquer das partes no processo que pereceu ou desapareceu e corre no mesmo tribunal.

"Se aparecer o processo original, nele seguirão os termos subsequentes, apensando-se-lhe o processo da reforma. Deste processo só pode aproveitar-se a parte que se siga ao último termo lavrado no processo original".

V. artigos 1074.° e segs., C.P.C., tendo o artigo 1076.° a redacção do Decreto-Lei n.° 329-A/95, de 12 de Dezembro.

V. *Auto; Requerimento; Parte; Apensação de acções; Termo.*

Reforma de documentos (Dir. Civil; Proc. Civil) – Os documentos escritos que desaparecerem podem, nos termos do artigo 367.°, C.C., ser judicialmente reformados, através do processo previsto nos artigos 1069.° a 1072.°, C.P.C., tendo os artigos 1069.°, 1071.° e 1072.° a redacção do Decreto-Lei n.° 329-A/95, de 12 de Dezembro (cfr. artigo 1073.° do mesmo Código).

V. *Documento.*

Reforma de livros (Dir. Civil; Proc. Civil) – Os artigos 136.° a 138.° do Código do Registo Predial – aprovado pelo Decreto-Lei n.° 224/84, de 6 de Julho (rectificado por declaração publicada no *Diário da República,* I série, de 29 de Setembro de 1984), alterado pelos Decretos-Leis n.°s 355/85, de 2 de Outubro, 60/90, de 14 de Fevereiro (rectificado por declaração publicada no *Diário da República,* I-A série, de 31 de Março de 1990), 80/92, de 7 de Maio, 30/93, de 12 de Fevereiro, 227/94, de 8 de Setembro, 267/94, de 25 de Outubro, 67//96, de 31 de Maio, 375-A/99, de 20 de Setembro, 533/99, de 11 de Dezembro, 273//2001, de 13 de Outubro, 323/2001, de 17 de Dezembro, 38/2003, de 8 de Março (rectificado pela Declaração de rectificação n.° 5-C/2003, de 30 de Abril), e 194/2003, de 23 de Agosto, e pela Lei n.° 6/2006, de 27 de Fevereiro – estabelecem que, "nos casos em que o registo [extraviado ou inutilizado] não possa ser reconstituído pela forma prevista nos artigos anteriores [com recurso a arquivos de duplicado ou reelaborado a partir de documentos], proceder-se-á à reforma dos livros ou fichas"; "o processo de reforma inicia-se com a remessa ao Ministério Público do auto lavrado pelo conservador, do qual deverão constar as circunstâncias do extravio ou inutilização, a especificação dos livros ou fichas abrangidos e a referência ao período a que correspondem os registos"; "o Ministério Público requererá ao juiz a citação edital dos interessados para, no prazo de dois meses, apresentarem na conservatória títulos, certidões e outros documentos de que disponham [...]"; "concluída a reforma, o conservador participará o facto ao Ministério Público, a fim de que este promova nova citação edital dos interessados para examinaremos registos reconstituídos e apresentarem na conservatória, no prazo de 30 dias, as suas reclamações"; estas "são remetidas, para decisão, ao tribunal competente, com a informação do conservador [...]"; "se a reclamação visar o próprio registo reformado, serão juntas ao processo de reclamação cópias do registo impugnado e dos documentos que lhe serviram de base e anotar-se-á ao registo a pendência da reclamação".

"Havendo reclamações sobre a reforma de livros das conservatórias, recebido o processo remetido pelo conservador, são notificados os reclamantes e quaisquer outras pessoas interessadas para, dentro de dez dias, dizerem o que se lhes oferecer e apresentarem ou requererem quaisquer provas"; as reclamações são decididas, uma vez efectuadas as diligências necessárias e ouvido o Ministério Público, enviando a secretaria à conservatória certidão de teor da decisão final, logo que ela transite em julgado.

V. artigo 1082.°, C.P.C..

V. *Registo; Registo predial; Reconstituição do registo; Ministério Público; Citação edital; Reclamação; Certidão; Documento; Notificação; Prova; Secretaria judicial; Trânsito em julgado.*

Reforma de sentença (Proc. Civil) – Com fundamento em ilegalidade da condenação em custas e/ou multa, a parte condenada pode pedir a reforma da sentença nesse ponto.

Será ainda "lícito a qualquer das partes requerer a reforma da sentença quando:

a) Tenha ocorrido manifesto lapso do juiz na determinação da norma aplicável ou na qualificação jurídica dos factos;

b) Constem do processo documentos ou quaisquer elementos que, só por si, impliquem necessariamente decisão diversa da proferida e que o juiz, por lapso manifesto, não haja tomado em consideração".

Se não for admitida a reforma, do despacho de não admissão não há recurso; sendo admitida, "a decisão que deferir considera-se complemento e parte integrante da sentença". V. artigos 666.°, n.° 2 (na redacção do Decreto-Lei n.° 180/96, de 25 de Setembro), 669.°, n.°s 1-*b)* e 2 (o n.° 2 tem a redacção do DL n.° 180/96), e 670.° (cujos n.°s 1 e 4 têm a redacção do DL n.° 180/96), C.P.C.

Se tiver sido requerida a reforma da sentença e desta se quiser também recorrer, o prazo para interposição do recurso só começa a correr depois de notificada a decisão proferida sobre o requerimento da reforma (cfr. artigo 686.°, C.P.C. – tendo o n.° 2 a redacção do DL n.° 180/96).

A reforma de acórdão da Relação ou do Supremo encontra-se regulada nos artigos 716.°, 731.° e 732.°, C.P.C..

V. *Sentença; Despacho; Recurso; Interposição de recurso; Notificação; Acórdão; Reforma de acórdão; Relação; Supremo Tribunal de Justiça; Custas.*

Regime de bens do casamento (Dir. Civil) – Estatuto das relações patrimoniais dos cônjuges entre si e nas suas relações com terceiros.

Os cônjuges podem fixar livremente, embora dentro dos limites estabelecidos no artigo 1699.°, C.C., em convenção antenupcial, o regime de bens do seu casamento; não o fazendo ou não sendo válida a convenção feita, vigora o regime de comunhão de adquiridos como regime supletivo.

V. artigos 1698.° e segs. e 1717.° e segs., C.C..

V. *Comunhão de adquiridos; Comunhão geral de bens; Separação de bens; Convenção antenupcial; Validade.*

Regime de comunhão de bens (Dir. Civil) – V. *Comunhão geral de bens.*

Regime de separação de bens (Dir. Civil) – V. *Separação de bens.*

Regime de visitas (Dir. Civil) – V. *Direito de visita.*

Regime dotal (Dir. Civil; Proc. Civil) – Regime de bens do casamento, previsto na redacção originária do Código Civil, caracterizado pela existência de um património (dote), formado por bens da mulher, sujeito a um regime especial, e pela aplicação, em tudo quanto não fosse abrangido pelo dote, do regime da comunhão de adquiridos.

O regime dotal, raramente usado, foi abolido na revisão do Código Civil feita pelo Decreto-Lei n.° 496/77, de 25 de Novembro, determinando o artigo 180.° deste diploma que, a partir de 1 de Abril de 1978 (data da entrada em vigor do diploma), deixariam de poder ser celebrados casamentos sob regime dotal, embora os dotes constituídos relativamente a casamentos anteriores tenham ficado sujeitos ao seu regime próprio.

Existe um processo especial para alienação ou oneração dos bens dotais, que vem regulado nos artigos 1431.° e segs., C.P.C..

V. *Regime de bens do casamento; Dote; Comunhão de adquiridos; Alienação; Oneração de bens.*

Regimento (Dir. Civil) – Conjunto de normas relativas à organização e funcionamento interno de órgãos colegiais (direcção, assembleia geral) das pessoas colectivas.

O artigo 40.° do Decreto-Lei n.° 76-A/ /2006, de 29 de Março, determina que o termo "direcção" utilizado "em qualquer acto normativo, estatuto, negócio unilateral ou contrato", considera-se substituído por "conselho de administração executivo".

V. *Órgão colegial; Pessoa colectiva.*

Registo – Actividade administrativa destinada a dar publicidade a certos actos ou direitos.

As coisas móveis encontram-se, em princípio, isentas de registo; mas as aeronaves, os navios e os automóveis, assim como "outros bens móveis que lei especial determine" têm de ser registados.

Os direitos que têm por objecto coisas imateriais estão, em regra, sujeitos a registo (propriedade industrial, literária e artística).

A disciplina orgânica dos serviços dos registos e do notariado consta do Decreto-Lei n.° 519-F 2/79, de 29 de Dezembro (alterado pelos Decretos-Leis n.°s 71/80, de 15 de Abril, 449/80, de 7 de Outubro, 397/ /83, de 2 de Novembro, 297/87, de 31 de Julho, 52/89, de 22 de Fevereiro, 92/90, de 17 de Março, 312/90, de 2 de Outubro, 131/91, de 2 de Abril, 300/93, de 31 de Agosto, 131/95, de 6 de Junho, 256/95, de 30 de Setembro, 254/96, de 26 de Dezembro, 178-A/2005, de 28 de Outubro, e 76-A/2006, de 29 de Março), regulamentado pelo decreto regulamentar n.° 55/80, de 8 de Outubro (alterado pelo decreto regulamentar n.° 1/83, de 11 de Janeiro, e depois pelos Decretos-Leis n.°s 397/83, de 2 de Novembro, 145/85, de 8 de Maio, 50/95, de 16 de Março, 256/95, de 30 de Setembro, e 178-A/2005, de 28 de Outubro).

A Lei Orgânica da Direcção-Geral dos Registos e do Notariado foi aprovada pelo Decreto-Lei n.° 87/2001, de 17 de Março, rectificado pela Declaração de rectificação n.° 10-B/2001, de 30 de Abril, e alterado pelos DL n.°s 178-A/2005 e 76-A/2006, de 29 de Março, este rectificado pela Declaração de rectificação n.° 28-A/2006, de 26 de Maio.

O Decreto-Lei n.° 129/98, de 13 de Maio, reorganizou o Registo Nacional de Pessoas Colectivas, tendo sido alterado pelos Decretos-Leis n.°s 12/2001, de 25 de Janeiro (rectificado pela Declaração de rectificação n.° 3-B/2001, de 31 de Janeiro), 323/2001, de 17 de Dezembro, e 2/2005, de 4 de Janeiro.

O Decreto-Lei n.° 322-A/2001, de 14 de Dezembro, 315/2002, de 27 de Dezembro, pela Lei n.° 32-B/2002, de 30 de Dezembro, e pelos Decretos-Leis n.°s 194/2003, de 23 de Agosto, 53/2004, de 18 de Março, 199/ /2004, de 18 de Agosto, 111/2005, de 8 de Julho, 178-A/2005, de 28 de Outubro (rectificado pela Declaração de rectificação n.° 89/2005, de 27 de Dezembro), 76-A/2006, e 85/2006, de 23 de Maio, aprovou as tabelas de emolumentos dos actos dos registos; a Portaria n.° 940/99, de 27 de Outubro, fixa a participação emolumentar atribuída aos oficiais dos registos, ocupando-se a Portaria n.° 942/99, também de 27 de Outubro, de fixação paralela atribuída aos conservadores.

O Decreto-Lei n.° 54/75, de 12 de Fevereiro, na redacção dos Decretos-Leis n.°s 242/82, de 22 de Junho, 217/83, de 25 de Maio, 54/85, de 4 de Março, 182/2002, de 20 de Agosto (rectificado pela Declaração de rectificação n.° 31-B/2002, de 31 de Outubro), 178-A/2005 e 85/2006, aprova o registo da propriedade automóvel.

O artigo 42.° do DL n.° 76-A/2006 estabelece que "não é instruída nem pode prosseguir qualquer execução por dívidas de emolumentos e outros encargos que sejam devidos pelos actos e processos registrais, se a dívida for de montante tão reduzido que não se justifique a actividade ou as despesas a que o processo daria lugar", cabendo ao director-geral dos Registos e do Notariado determinar, por despacho, o montante abaixo do qual não são promovidas acções executivas para cobrança [...] [destas dívidas]", o mesmo regime sendo "aplicável se os serviços de registo, por qualquer meio idóneo, designadamente no decurso de processo de dissolução ou liquidação, apurarem que a situação patrimonial da entidade devedora não permite assegurar o pagamento da quantia em dívida e das custas do processo executivo".

V. *Móvel; Aeronave; Navio; Veículo; Propriedade industrial; Direito de autor; Registo de bens móveis; Registo das pessoas colectivas; Execução; Prioridade do registo; Registo civil; Registo predial; Caducidade do registo; Dívida; Dissolução de sociedades; Liquidação; Custas.*

Registo civil (Dir. Civil) – Organiza e realiza a publicidade de factos que interessam à condição jurídica das pessoas singulares.

O registo civil obrigatório foi introduzido na ordem jurídica portuguesa pelo Decreto de 13 de Fevereiro de 1911.

Por exemplo, o nascimento, a filiação, a adopção, o casamento, a interdição e inabilitação definitivas, as convenções antenupciais e as alterações do regime de bens convencionado ou legalmente fixado, a regulação do poder paternal, sua alteração e cessação, a inibição ou suspensão do exercício do poder paternal, etc. – artigo 1.° do Código do Registo Civil.

O artigo 18.° da Lei da Nacionalidade – Lei n.° 37/81, de 3 de Outubro, alterada pela Lei n.° 25/94, de 19 de Agosto, pelos Decretos-Leis n.°s 22-A/2001, de 14 de Dezembro, 194/2003, de 23 de Agosto de 2003, e pelas Leis Orgânicas n.°s 1/2004, de 15 de Janeiro, e 2/2006, de 17 de Abril – impõe o registo das declarações para atribuição, aquisição ou perda da nacionalidade, assim como a naturalização de estrangeiros, dispondo o artigo 19.° que o acto que importe qualquer destes efeitos é lavrado por assento ou por averbamento; "as declarações de que dependem a atribuição, a aquisição ou a perda da nacionalidade portuguesa devem constar do registo central da nacionalidade, a cargo da Conservatória dos Registos Centrais" – artigo 16.° da mesma lei; o registo das alterações de nacionalidade por efeito do casamento ou por aquisição voluntária de nacionalidade estrangeira em conformidade com a lei anterior é lavrado oficiosamente ou a requerimento dos interessados, sendo obrigatório para fins de identificação" – artigo 33.°; de acordo com o artigo 34.°, "a aquisição e a perda da nacionalidade que resultem de actos cujo registo não era obrigatório no domínio da lei anterior continuam a provar-se pelo registo ou pelos documentos comprovativos dos actos de que dependem", sendo a prova destes actos "feita pelo respectivo registo ou consequentes averbamentos ao assento de nascimento", para fins de identificação. O artigo 35.° esclarece que "os efeitos das alterações de nacionalidade dependentes de actos ou factos não obrigatoriamente sujeitos a registo no domínio da lei anterior são havidos como produzidos desde a data da verificação dos actos ou factos que as determinaram", salvo quanto à perda de nacionalidade fundada na aquisição voluntária de nacionalidade estrangeira, "a qual continua a só produzir efeitos para com terceiros, no domínio das relações de direito privado, desde que seja levada ao registo e a partir da data em que este se realize". Os registos de nacionalidade encontram-se regulados pelo Decreto-Lei n.° 322/82, de 12 de Agosto, alterado pelos Decretos-Leis n.°s 117/93, de 13 de Abril, 253/94, de 20 de Outubro, e 37/97, de 31 de Janeiro, e pela Lei n.° 33/99, de 18 de Maio.

O artigo 38.°, n.° 2-*a*), do Código da Insolvência e da Recuperação de Empresas, aprovado pelo Decreto-Lei n.° 53/2004, de 18 de Março, alterado pelos Decretos-Leis n.°s 200/2004, de 18 de Agosto, e 76-A//2006, de 29 de Março (rectificado pela Declaração de rectificação n.° 28-A/2006, de 26 de Maio), impõe que seja registada a declaração de insolvência de pessoa singular; quanto a esta, a Portaria n.° 1257/2004, de 28 de Setembro, cria a folha de registo próprio dos factos a averbar ao assento de nascimento de pessoa sujeita a processo de insolvência.

O Código do Registo Civil em vigor foi aprovado pelo Decreto-Lei n.° 131/95, de 6 de Junho (rectificado pela Declaração de rectificação n.° 96/95, de 31 de Julho), alterado pelos Decretos-Leis n.°s 36/97, de 31 de Janeiro, 120/98, de 8 de Maio, 375-A//99, de 20 de Setembro, 228/2001, de 20 de

Agosto, 273/2001, de 13 de Outubro, 323/ /2001, de 17 de Dezembro, 113/2002, de 20 de Abril, e 53/2004, para entrar em vigor no dia 15 de Setembro de 1995, tendo sido revogado o Decreto-Lei n.° 51/78, de 30 de Março (que aprovara o anterior Código), bem como o artigo 1.° do Decreto-Lei n.° 418/79, de 17 de Outubro, os Decretos-Leis n.°s 379/82, de 14 de Setembro, 20/87, de 12 de Janeiro, os artigos 1.°, 2.°, 6.° e 7.° do Decreto-Lei n.° 29/87, de 14 de Janeiro, o artigo 1.° do Decreto-Lei n.° 54/90, de 13 de Fevereiro, os artigos 11.°, 12.°, 19.°, 51.°, 64.°, 86.° e 87.° do Decreto-Lei n.° 519--F2/79, de 29 de Dezembro, e o artigo 53.°, n.° 3, do Decreto-Lei n.° 414-A/86, de 15 de Dezembro.

Diz o artigo 1652.°, C.C., que "o registo do casamento consiste no assento que é lavrado por inscrição ou transcrição, na conformidade das leis do registo". Caso seja necessário provar um casamento cujo registo tenha sido omitido ou se tenha perdido, dispunha o n.° 1 do artigo 1653.°, C.C., que era necessária uma acção judicial, em que se presumia a existência do casamento sempre que as pessoas vivessem ou tivessem vivido na posse do estado de casado; esta norma foi alterada pelo Decreto-Lei n.° 273/2001, de 13 de Outubro, que prevê que o processo destinado a suprir a omissão ou perda de registo de casamento não seja judicial, já que a referência a este foi suprimida; embora a nova redacção não o diga, atenta a finalidade deste diploma e os lugares paralelos das restantes alterações que ele veio introduzir no Código Civil, parece admissível o entendimento de que o processo a que hoje se refere o artigo 1653.°, n.° 1, C.C., se rege pelas normas do registo civil.

O Decreto-Lei n.° 13/2001, de 25 de Janeiro, estabelece um regime especial de procedimentos para o registo dos nascimentos ocorridos em unidades de saúde, públicas ou privadas.

Nos termos do Decreto-Lei n.° 236/ /2001, de 30 de Agosto, "a celebração de casamentos civis fora do horário de funcionamento dos serviços e aos sábados, domingos e feriados, nas conservatórias ou em qualquer outro lugar a que o público tenha acesso, pode ter lugar sempre que o acto seja expressamente solicitado e acordado com os nubentes"; a competência para celebrar casamentos nos termos referidos "é atribuída ao conservador e, sucessivamente, ao respectivo adjunto, aos substitutos do conservador, pela ordem por que foram designados, e aos demais ajudantes da conservatória, por ordem de categoria funcional e de classe pessoal".

O artigo 37.° do Código do Registo Civil, na redacção dada pelo referido DL n.° 228/2001, permite a destruição de certos livros e documentos existentes ou arquivados nas conservatórias.

A Portaria n.° 944/95, de 1 de Agosto, aprova a tabela de emolumentos do registo civil; a Portaria n.° 973/95, de 11 de Agosto (rectificada pela Declaração de rectificação n.° 114-I/95, de 31 de Agosto), alterada pelas Portarias n.°s 184/97, de 17 de Março, esta rectificada pela Declaração de rectificação n.° 6-Q/97, de 31 de Março, e 1257/ /2004, de 28 de Setembro, aprova os modelos de livros de registo civil e dos impressos.

O Decreto-Lei n.° 272/2001, de 13 de Outubro, rectificado pela Declaração de rectificação n.° 20-AR/2001, de 30 de Novembro, alargou a competência das conservatórias de registo civil, designadamente transferindo para este um conjunto de decisões que cabiam aos tribunais judiciais em certos processos de jurisdição voluntária; passaram para a sua competência exclusiva, nos termos do artigo 12.°, "a reconciliação dos cônjuges separados", "a separação e divórcio por mútuo consentimento, excepto nos casos resultantes de acordo obtido no âmbito de processo de separação ou divórcio litigiosos", bem como "a declaração de dispensa de prazo internupcial"; por outro lado, de acordo com os artigos 5.° e segs. deste DL n.° 272/2001, cabe ainda às conservatórias de registo civil competência para procedimento tendente à obtenção de acordo das partes nos casos de "alimentos a filhos maiores ou emancipados", de "atribuição da casa de morada da família", de "privação do direito ao uso dos apelidos do outro cônjuge" e de "conversão de separação judicial de pessoa e bens em divórcio".

V. a Convenção Relativa à Dispensa de Legalização para Certas Certidões de Registo Civil e Outros Documentos, assinada em Atenas em 15 de Setembro de 1977, aprovada, para ratificação, pelo Decreto n.° 135/82, de 20 de Dezembro, e ratificada, conforme aviso publicado no *Diário da República*, I série, de 28 de Dezembro de 1984.

V. também Convenção Relativa à Emissão de Certidões Multilingues de Actos do Registo Civil, assinada em Viena em 8 de Setembro de 1976, aprovada pelo Decreto do Governo n.° 34/83, de 12 de Maio, e já entrada em vigor em Portugal (v. avisos publicados no *Diário da República*, I série, respectivamente, de 25 e 30 de Julho de 1983).

V. ainda a Convenção Relativa à Emissão de Determinadas Certidões de Registo de Estado Civil Destinadas ao Estrangeiro, de 27 de Setembro de 1956, aprovada para adesão pela Lei n.° 33/81, de 27 de Agosto, e entrada em vigor para Portugal em 27 de Fevereiro de 1982.

V. *Pessoa singular; Nascimento; Filiação; Adopção; Casamento; Nubente; Interdição; Inabilitação; Convenção antenupcial; Regime de bens; Poder paternal; Inibição do poder paternal; Suspensão do poder paternal; Cidadania; Naturalização; Aquisição de nacionalidade; Perda de nacionalidade; Estrangeiros; Averbamento; Prova; Documento; Insolvência; Recuperação de empresas; Presunção legal; Posse de estado; Casamento civil; Certidão; Reconciliação; Separação judicial de pessoas e bens; Divórcio; Prazo internupcial; Alimentos; Emancipação; Casa de morada da família; Privação do direito ao nome do cônjuge; Conversão da separação em divórcio; Legalização de documento.*

Registo da concordata (Proc. Civil) – A concordata devia registada provisoriamente na conservatória competente, a requerimento do Ministério Público, logo que terminasse a assembleia de credores que a tivesse aprovado e em face de certidão da respectiva acta, sendo o registo "convertido em definitivo ou cancelado, conforme a concordata [...] [fosse] homologada ou rejeitada por sentença com trânsito em julgado" – era o que dispunha o artigo 1155.°, C.P.C., revogado pelo Código dos Processos Especiais de Recuperação da Empresa e de Falência, aprovado pelo Decreto-Lei n.° 132/93, de 23 de Abril, alterado pelos Decretos-Leis n.°s 157/97, de 24 de Junho, 315/98, de 20 de Outubro, 323/2001, de 17 de Dezembro, e 38/2003, de 8 de Março. Neste, não se encontrava qualquer disposição de idêntico teor.

Este Código foi completamente revogado pelo Código da Insolvência e da Recuperação de Empresas, aprovado pelo Decreto-Lei n.° 53/2004, de 18 de Março, alterado pelos Decretos-Leis n.°s 200/2004, de 18 de Agosto, e 76-A/2006, de 29 de Março (rectificado pela Declaração de rectificação n.° 28-A/2006, de 26 de Maio).

V. *Concordata; Ministério Público; Assembleia de credores; Certidão; Homologação; Sentença; Trânsito em julgado; Falência; Insolvência; Recuperação de empresas.*

Registo da penhora (Proc. Civil) – O artigo 2.°, n.° 1-*n)*, do Código do Registo Predial – aprovado pelo Decreto-Lei n.° 224/ /84, de 6 de Julho (rectificado por declaração publicada no *Diário da República*, I série, de 29 de Setembro de 1984), e alterado pelos Decretos-Leis n.°s 355/85, de 2 de Outubro, 60/90, de 14 de Fevereiro (rectificado por declaração publicada no *Diário da República*, I-A série, de 31 de Março de 1990), 80/92, de 7 de Maio, 30/93, de 12 de Fevereiro, 227/94, de 8 de Setembro, 267/ /94, de 25 de Outubro, 67/96, de 31 de Maio, 375-A/99, de 20 de Setembro, 533/ /99, de 11 de Dezembro, 273/2001, de 13 de Outubro, 323/2001, de 17 de Dezembro, 38/2003, de 8 de Março (rectificado pela Declaração de rectificação n.° 5-C/2003, de 30 de Abril), e 194/2003, de 23 de Agosto, e pela Lei n.° 6/2006, de 27 de Fevereiro – estabelece que está sujeita a registo "a penhora [...], bem como quaisquer outros actos ou providências que afectem a livre disposição dos bens"; a alínea *o)* da mesma disposição acrescenta encontrar-se também sujeita a registo a penhora de créditos garantidos por hipoteca ou consignação de rendimentos e quaisquer outros actos ou providências que incidam sobre os mesmos créditos". O artigo 48.°, na redacção do DL n.° 38/2003, dispõe que "o registo da penhora pode ser feito oficiosamente, com base em comunicação electrónica do agente de execução, condicionada, sob pena de caducidade, ao pagamento do respectivo preparo, no prazo de quinze dias, após a notificação do exequente para o efeito; tem natureza urgente, importando a imediata feitura das inscrições pendentes"; o n.° 3 da mesma disposição diz que "o documento comprovativo do teor da inscrição matricial, apresentado para o registo da penhora, aproveita ao registo da aquisição, não tendo de ser novamente apresentado". O artigo 58.°, n.° 1, deste Código determina, por seu lado, que "o cancelamento dos registos de penhora [...], nos casos em que a acção já não esteja pendente, faz-se com base na certidão passada pelo tribunal competente que comprove essa circunstância e a causa, ou ainda, nos processos de execução fiscal, a extinção ou a não existência da dívida à Fazenda Pública"; o n.° 2 dispõe que, "no caso de venda judicial em processo de execução de bens penhorados [...], só após o registo daquela se podem efectuar os cancelamentos referidos no número anterior".

O artigo 14.° do Código do Registo de Bens Móveis, aprovado pelo Decreto-Lei n.° 277/95, de 25 de Outubro, estabelece que o registo da penhora de bem móvel registável caduca decorridos 10 anos sobre a sua realização, podendo, porém, ser renovado por períodos de igual duração. Note-se, porém, que o artigo 7.°, n.° 1, do diploma (DL n.° 277/95) que aprovou o Código do Registo de Bens Móveis, na redacção do Decreto-Lei n.° 311-A/95, de 21 de Novembro, dispõe que "o presente diploma e o Código entram em vigor simultaneamente com o regulamento a que se refere o artigo 4.° [Regulamento do Registo de Bens Móveis, a aprovar por Portaria do Ministro da Justiça], o que ainda não aconteceu.

Para além de poder ser feita nos termos gerais, "a penhora de coisas imóveis realiza-se por comunicação electrónica à conservatória do registo predial competente, a qual vale como apresentação para o efeito da inscrição no registo". "O registo da penhora tem natureza urgente e importa a imediata feitura dos registos anteriormente requeridos sobre o bem penhorado".

V. artigo 838.°, C.P.C., na redacção do DL n.° 38/2003.

Nos termos do artigo 851.°, C.P.C., com a redacção do mesmo diploma, "à penhora de coisas móveis sujeitas a registo aplica-se, com as devidas adaptações, o disposto no artigo 838.° [relativo à penhora de bens imóveis]".

V. *Penhora; Imóvel; Registo predial; Crédito; Garantias especiais; Hipoteca; Consignação de rendimentos; Execução; Agente de execução; Caducidade; Notificação; Exequente; Inscrição; Certidão; Venda judicial; Registo de bens móveis; Móvel; Penhora de móveis; Penhora de imóveis.*

Registo da prova (Proc. Civil) – Designam-se, com esta expressão, os meios, mecânicos, eléctricos e electrónicos, de conservação da prova produzida, designadamente em julgamento, a fim de que possa ser reapreciada pelo tribunal de recurso. A questão tem especial interesse, naturalmente, quando estão em causa depoimentos orais, testemunhais ou periciais.

O artigo 563.°, C.P.C., determina que "o depoimento é sempre reduzido a escrito, mesmo que tenha sido gravado, na parte em que houver confissão do depoente, ou em que este narre factos ou circunstâncias que impliquem indivisibilidade da declaração confessória".

Quanto às testemunhas, o artigo 639.°, n.° 1, C.P.C., admite que o depoimento seja prestado por escrito, se o juiz autorizar e houver acordo das partes, devendo constar de documento "datado e assinado pelo autor, do qual conste relação discriminada dos factos a que assistiu ou que verificou pessoalmente e das razões de ciência invocadas".

V. ainda os artigos 522.°-A a 522.°-C, 684.°-A e 690.°-A, C.P.C., aditados pelo Decreto-Lei n.° 39/95, de 15 de Fevereiro (rectificado pela Declaração de rectificação n.° 73/95, de 31 de Maio).

V. *Prova; Recurso; Peito; Gravação da audiência; Depoimento de parte; Confissão; Testemunha; Depoimento por escrito.*

Registo da sentença (Proc. Civil) – Lavrada a sentença, esta é registada num livro próprio, enviando-se cópias aos advogados das partes.

Os artigos 63.°, n.°s 1-*b)* e 2-*b)*, e 64.° do Decreto-Lei n.° 385/82, de 16 de Setembro, eram as normas que o determinavam, tendo vindo este último permitir que os livros de registo de sentenças pudessem "ser substituídos por fotocópia ou cópia dactilografada das respectivas sentenças, devidamente autenticada".

Actualmente, nos termos do artigo 125.° da Lei de Organização e Funcionamento dos Tribunais Judiciais (Lei n.° 3/99, de 13 de Janeiro, rectificada pela Declaração de rectificação n.° 7/99, de 16 de Fevereiro, e alterada pela Lei n.° 101/99, de 26 de Julho, pelos Decretos-Leis n.°s 323/2001, de 17 de Dezembro, e 38/2003, de 8 de Março – este último rectificado pela Declaração de rectificação n.° 5-C/2003, de 30 de Abril –, pela Lei n.° 105/2003, de 10 de Dezembro, pelo Decreto-Lei n.° 53/2004, de 18 Março, pela Lei n.° 42/2005, de 29 de Agosto, e pelo Decreto-Lei n.° 76-A/2006, de 29 de Março rectificado pela Declaração de rectificação n.° 28-A/2006, de 26 de Maio), todas as peças processuais são objecto de registo em livros próprios.

A Lei n.° 323-E/2000, de 20 de Dezembro, regulamentando a Lei n.° 166/99, de 14 de Setembro (Lei Tutelar Educativa), organiza e estabelece o regime de funcionamento do registo das medidas tutelares educativas, dizendo o respectivo artigo 1.° que "é da competência da Direcção de Serviços de Identificação Criminal e de Contumazes da Direcção-Geral da Administração da Justiça assegurar a recolha, o tratamento e a conservação dos extractos das decisões judiciais que lhe sejam transmitidas pelos tribunais, sujeitas a inscrição no registo de medidas tutelares educativas nos termos da Lei Tutelar Educativa, a fim de permitir o conhecimento das decisões proferidas" (a título de curiosidade, refere-se que o artigo 40.° do Decreto-Lei n.° 76-A/2006, de 29 de Março, determina que o termo "direcção" utilizado "em qualquer acto normativo [...]", considera-se substituído por "conselho de administração executivo").

V. *Sentença; Registo das peças processuais; Medida tutelar.*

Registo das peças processuais (Proc. Civil) – "As peças processuais e os processos apresentados nas secretarias são registados em livros próprios", podendo os livros ser substituídos por suportes informáticos.

"Depois de registados, as peças processuais e os processos só podem sair da secretaria nos casos expressamente previstos na lei e mediante as formalidades por ela estabelecidas, cobrando-se recibo e averbando-se a saída".

V. artigo 125.° da Lei de Organização e Funcionamento dos Tribunais Judiciais (Lei n.° 3/99, de 13 de Janeiro, rectificada pela Declaração de rectificação n.° 7/99, de 16 de Fevereiro, e alterada pela Lei n.° 101/99, de 26 de Julho, pelos Decretos-Leis n.°s 323/2001, de 17 de Dezembro, e 38/ /2003, de 8 de Março – rectificado pela Declaração de rectificação n.° 5-C/2003, de 30 de Abril –, pela Lei n.° 105/2003, de 10 de Dezembro, pelo Decreto-Lei n.° 53/2004, de 18 Março, pela Lei n.° 42/2005, de 29 de Agosto, e pelo Decreto-Lei n.° 76-A/2006, de 29 de Março rectificado pela Declaração de rectificação n.° 28-A/2006, de 26 de Maio).

V. *Secretaria judicial.*

Registo das pessoas colectivas (Dir. Civil; Dir. Com.) – A Lei n.° 2/73, de 10 de Fevereiro, instituiu o registo nacional de identificação, aplicável "a cada associação, fundação ou sociedade que no País tenha a sua sede, estabelecimento, agência, sucursal, filial ou outra representação".

O Decreto-Lei n.° 144/83, de 31 de Março, que reorganizou o Registo Nacional de Pessoas Colectivas, foi sucessivamente alterado por vários diplomas, encontrando-se hoje revogada grande parte das suas disposições – v. Decretos-Leis n.°s 235-A/83, de 1 de Junho, 425/83, de 6 de Dezembro (este alterado pelo Decreto-Lei n.° 32/85, de 28 de Janeiro), e 433/83, de 17 de Dezembro, e, finalmente, revogado pelo Decreto-Lei n.° 42/89, de 3 de Fevereiro (rectificado por Declaração publicada no *Diário da República*, I-A série, de 31 de Março de 1989), este alterado pelos Decretos-Leis n.°s 410/90, de 31 de Dezembro, 205/92, de 2 de Outubro (rectificado pela Declaração de rectificação n.° 167/92, de 31 de Outubro), e 20/93, de 26 de Janeiro; o Decreto-Lei n.° 355/97, de 16 de Dezembro, alterou de novo, o DL n.° 144/93; a dispersão legal do regime foi um dos motivos que levou à publicação do Decreto-Lei n.° 129/98, de 13 de Maio, que aprovou o novo regime, revogando a generalidade dos diplomas anteriores, à excepção de parte do articulado do DL n.° 144/83, que continuou em vigor (salvo os seus artigos 1.°, 4.° e 71.° a 91.°).

O referido DL n.° 129/98, que aprovou o novo regime do Registo Nacional de Pessoas Colectivas, foi entretanto alterado pelos Decretos-Leis n.°s 12/2001, de 25 de Janeiro (rectificado pela Declaração de rectificação n.° 3-B/2001, de 31 de Janeiro), e 323/2001, de 17 de Dezembro. Segundo o seu artigo 1.°, aquele "tem por função organizar e gerir o ficheiro central de pessoas colectivas, bem como apreciar a admissibilidade de firmas e denominações"; compete-lhe "identificar as pessoas colectivas e entidades equiparadas, inscrever a sua constituição, modificação e dissolução no FCPC [ficheiro central de pessoas colectivas] e providenciar o respeito pelos princípios da exclusividade e da verdade das respectivas firmas e denominações" (artigo 78.°).

V. também Portarias n.°s 375-A/83 e 375-B/83 (alterada pela Portaria n.° 15/84, de 9 de Janeiro), ambas de 5 de Abril, 111/84, de 21 de Fevereiro, 27/86, de 21 de Janeiro, 366/89, de 22 de Maio (rectificada por declaração publicada no Suplemento ao *Diário da República*, I-A série, de 30 de Junho de 1989, e alterada pela Portaria n.° 112/91, de 7 de Fevereiro), 156/91, de 21 de Fevereiro, 599/93, de 23 de Junho (que estabelece as condições jurídicas e financeiras de acesso à informação contida no ficheiro central de pessoas colectivas), e 411/98, de 14 de Julho, alterada pelas Portarias n.°s 966/98, de 12 de Novembro, e 207/99, de 25 de Março.

O Decreto-Lei n.° 134/2003, de 28 de Junho, aprova o registo das pessoas colectivas religiosas, previsto na Lei n.° 16/ /2003, de 22 de Junho.

Para além do registo geral, há a ter em conta também o registo comercial, onde se compreende a matrícula das sociedades e a inscrição dos factos jurídicos a elas respeitantes.

O artigo 42.° do Decreto-Lei n.° 76-A/ /2006, de 29 de Março, estabelece que "não é instruída nem pode prosseguir qualquer execução por dívidas de emolumentos e outros encargos que sejam devidos pelos actos e processos registrais, se a dívida for de montante tão reduzido que não se justifique a actividade ou as despesas a que o processo daria lugar", cabendo ao director-geral dos Registos e do Notariado determinar, por despacho, o montante abaixo do qual não são promovidas acções executivas para cobrança [...] [destas dívidas]", o mesmo regime sendo "aplicável se os serviços de registo, por qualquer meio idóneo, designadamente no decurso de processo de dissolução ou liquidação, apurarem que a situação patrimonial da entidade devedora não permite assegurar o pagamento da quantia em dívida e das custas do processo executivo".

V. *Pessoa colectiva; Associação; Fundação; Sociedade; Sede; Agência; Ficheiro central das pessoas colectivas; Execução; Dívida; Dissolução de sociedades; Liquidação; Custas.*

Registo de acções (Proc. Civil; Dir. Civil) – O artigo 3.°, n.° 1, do Código do Registo Predial, aprovado pelo Decreto-Lei n.° 224/84, de 6 de Julho (rectificado por declaração publicada no *Diário da República*, I série, de 29 de Setembro de 1984), e alterado pelos Decretos-Leis n.°s 355/85, de 2 de Outubro, 60/90, de 14 de Fevereiro (este último rectificado por declaração publicada no *Diário da República*, I-A série, de 31 de Março de 1990), 80/92, de 7 de Maio, 30/93, de 12 de Fevereiro, 227/94, de 8 de Setembro, 267/94, de 25 de Outubro, 67/ /96, de 31 de Maio, 375-A/99, de 20 de Setembro, 533/99, de 11 de Dezembro, 273/ /2001, de 13 de Outubro, 323/2001, de 17 de Dezembro, 38/2003, de 8 de Março – rectificado pela Declaração de rectificação n.° 5-C/2003, de 30 de Abril –, e 194/2003, de 23 de Agosto, e pela Lei n.° 6/2006, de 27 de Fevereiro, estabelece no seu n.° 1 que estão sujeitas a registo "as acções que tenham por fim, principal ou acessório, o reconhecimento, a constituição, a modificação ou a extinção de algum dos direitos referidos no artigo anterior [propriedade, usufruto, uso e habitação, superfície, servidão, propriedade horizontal, direito de habitação periódica, posse, direito de preferência provindo de pacto ou disposição testamentária com eficácia real, hipoteca, consignação de rendimentos, penhor, entre outros]", "as acções que tenham por fim, principal ou acessório, a reforma, a declaração de nulidade ou a anulação de um registo ou do seu cancelamento" e as decisões finais das acções referidas, logo que transitem em julgado.

O n.° 2 da mesma disposição dispõe que "as acções sujeitas a registo não terão seguimento após os articulados sem se comprovar a sua inscrição, salvo se o registo depender da respectiva procedência", determinando o n.° 3 que, "sem prejuízo da impugnação do despacho do conservador, se o registo for recusado com fundamento em que a acção a ele não está sujeita, a recusa faz cessar a suspensão da instância a que se refere o número anterior".

O artigo 92.°, n.° 1-*a)*, dispõe que o registo das acções a ele sujeitas é provisório por natureza, estabelecendo o artigo 53.° do mesmo Código que o registo provisório de acções "é feito com base em certidão de teor do articulado ou em duplicado deste, com nota de entrada na secretaria judicial".

V. *Acção; Registo predial; Direito subjectivo; Direito real; Direito de propriedade; Usufruto; Uso (direito de); Habitação (direito de); Direito de superfície; Servidão; Propriedade horizontal; Direito de habitação periódica; Posse; Direito de preferência; Pacto de preferência; Testamento; Hipoteca; Consignação de rendimentos; Penhor; Declaração de nulidade; Anulação; Trânsito em julgado; Articulados; Recurso de acto de conservador; Suspensão da instância; Registo provisório; Certidão; Secretaria judicial.*

Registo de bens móveis (Dir. Civil) – Há coisas móveis que estão sujeitas a registo: é o que acontece com os veículos, designadamente automóveis, os navios e as aeronaves, bem como com outros bens que lei especial determine.

As coisas móveis registáveis têm o regime dos móveis "em tudo o que não seja especialmente regulado" – artigo 205.°, n.° 2, C.C..

O Decreto-Lei n.° 277/95, de 25 de Outubro (rectificado pela Declaração de rectificação n.° 130/95, de 31 de Outubro, e alterado pelo Decreto-Lei n.° 311-A/95, de 21 de Novembro), aprovou o Código do Registo de Bens Móveis, determinando o respectivo artigo 2.° que "o registo da propriedade e dos demais direitos sobre bens móveis é lavrado em conservatórias próprias, denominadas 'conservatórias de registo de bens móveis'". O artigo 2.° do Código estabelece que "o registo dos factos referentes ao bem móvel constitui presunção da existência da situação jurídica nos precisos termos nele definida". O artigo 6.°, n.° 4, dispõe que "o bem móvel só pode ser utilizado em local público depois de lavrado o primeiro registo", sendo este, em regra o de propriedade. Note-se, porém, que o artigo 7.°, n.° 1, do diploma (DL n.° 277/95) que aprovou o Código do Registo de Bens Móveis, com a redacção do DL n.° 311-A/95, dispõe que "o presente diploma e o Código entram em vigor simultaneamente com o regulamento a que se refere o artigo 4.° [Regulamento do Registo de Bens Móveis, a aprovar por Portaria do Ministro da Justiça], o que não aconteceu.

Nos termos do artigo 8.° do Decreto-Lei n.° 519-F2/79, de 29 de Dezembro, na redacção do Decreto-Lei n.° 178-A/2005, de 28 de Outubro, "os actos relativos a veículos a motor e respectivos reboques podem ser efectuados e os respectivos meios de prova obtidos em qualquer conservatória de registo. O Decreto-Lei n.° 54/75, de 12 de Fevereiro, com a redacção dos Decretos-Leis n.°s 242/82, de 22 de Junho, 217/83, de 25 de Maio, 54/85, de 4 de Março, 182/2002, de 20 de Agosto (rectificado pela Declaração de rectificação n.° 31-B/2002, de 31 de Outubro), 178-A/2005, de 28 de Outubro (rectificado pela Declaração de rectificação n.° 89/2005, de 27 de Dezembro), e 85/2006, de 23 de Maio, aprova o registo da propriedade automóvel. De acordo com o n.° 1 do artigo 27.°, "o registo automóvel encontra-se organizado em ficheiro central informatizado", sendo o director-geral dos Registos e do Notariado responsável pelo tratamento da base de dados, sem prejuízo da responsabilidade que a lei atribui aos conservadores do registo dos automóveis. O Regulamento do Registo de Automóveis foi aprovado pelo Decreto-Lei n.° 55/75, de 12 de Fevereiro.

O citado DL n.° 178-A/2005, alterado pelo DL n.° 85/2006, aprovou o «Documento Único Automóvel», criando o certificado de matrícula, que agrega a informação anteriormente constante do título de registo de propriedade e do livrete do veículo. O modelo de certificado de matrícula foi aprovado pela Portaria n.° 1135-B/2005, de 31 de Outubro.

V. *Móvel; Registo; Base de dados; Veículo; Navio; Aeronave; Direito de propriedade; Presunção legal; Meios de prova.*

Registo de casamento (Dir. Civil) – O registo é obrigatório em relação a todos os casamentos celebrados em Portugal, católicos ou civis, a todos os casamentos de português ou portugueses celebrados no estrangeiro e aos casamentos dos estrangeiros que, depois de o celebrarem, adquiram a nacionalidade portuguesa (artigo 1.°-*d)*, Cód. Registo Civil, e artigo 1651.°, n.° 1, C.C.).

O registo consiste no assento, isto é, no exarar de menção do acto e dos seus elementos essenciais, e é normalmente lavrado por inscrição, logo após a celebração do casamento. Em muitos casos, porém, é o registo lavrado por transcrição, nomeadamente dos assentos dos casamentos católicos (artigos 1654.°, 1655.° e segs., C.C.).

A importância do registo do casamento advém-lhe de ele ser o único meio de prova legal do casamento que, se não se encontrar registado, não pode ser invocado nem pelos cônjuges ou seus herdeiros, nem por terceiros (artigo 1669.°, C.C., e artigos 3.° e 4.°, Cód. Registo Civil).

Para além dos casos em que o registo é obrigatório, o artigo 1651.°, n.° 2, C.C., estabelece um regime de registo facultativo, "a requerimento de quem mostre legítimo interesse no assento", para "quaisquer outros casamentos que não contrariem os princípios fundamentais da ordem pública internacional do Estado português".

"Compete à Conservatória dos Registos Centrais lavrar o registo do casamento celebrado no estrangeiro, se algum dos nubentes for português", quer no caso de o assento de nascimento de ambos os nubentes se encontrar na competente conservatória de Macau, quer no de apenas o registo de nascimento de um deles aí se encontrar, desde que o do outro não conste de qualquer conservatória do registo civil – artigo 305.°, n.° 3, do Código do Registo Civil, na redacção do Decreto-Lei n.° 36/97, de 31 de Janeiro.

V. *Registo civil; Casamento; Casamento católico; Casamento civil; Estrangeiros; Cidadania; Assento; Inscrição; Prova; Herdeiro; Terceiro; Requerimento; Ordem pública; Nubente; Registo de nascimento.*

Registo de contrato-promessa (Dir. Civil) – Dispõe o artigo 47.°, n.° 3, do Código do Registo Predial – aprovado pelo Decreto-Lei n.° 224/84, de 6 de Julho (rectificado por declaração publicada no *Diário da República*, I série, de 29 de Setembro de 1984), alterado pelos Decretos-Leis n.°s 355/85, de 2 de Outubro, 60/90, de 14 de Fevereiro (rectificado por declaração publicada no *Diário da República*, I-A série, de 31 de Março de 1990), 80/92, de 7 de Maio, 30/93, de 12 de Fevereiro, 227/94, de 8 de Setembro, 267/94, de 25 de Outubro, 67//96, de 31 de Maio, 375-A/99, de 20 de Setembro, 533/99, de 11 de Dezembro, 273//2001, de 13 de Outubro, 323/2001, de 17 de Dezembro, e 38/2003, de 8 de Março (rectificado pela Declaração de rectificação n.° 5-C/2003, de 30 de Abril), e 194/2003, de 23 de Agosto, e pela Lei n.° 6/2006, de 27 de Fevereiro – que "o registo provisório de aquisição pode [...] ser feito com base em contrato-promessa de alienação".

O registo do contrato-promessa de alienação/aquisição de um direito, por consubstanciar um registo provisório da aquisição do direito, tem a vantagem de, uma vez adquirido o direito, retroagirem os respectivos efeitos à data do registo da promessa. Esta vantagem é mais evidente nos casos em que o promitente-alienante não cumpre voluntariamente a sua obrigação de alienar, pois, aí, se o promissário propuser acção tendente à execução específica do seu direito, pode também registar a acção e, obtendo nela provimento enquanto os registos por si realizados não caducarem, a aquisição do direito decorrente da sentença nessa acção prevalece contra a de qualquer terceiro que tenha registado depois do registo do contrato-promessa.

V. *Contrato-promessa; Alienação; Aquisição derivada; Registo predial; Registo provisório; Cumprimento; Execução específica de contrato-promessa; Registo de acções; Sentença; Terceiro.*

Registo de nascimento (Dir. Civil) – O nascimento da pessoa deve ser registado, sendo para o efeito competente "a conservatória da área da naturalidade do registando". No acto de registo podem intervir duas testemunhas. Quando o registando for encontrado, a hora, dia mês e lugar do achamento serão "considerados, para efeitos de registo, como correspondentes à hora, dia, mês e naturalidade, devendo o ano ser determinado em função da idade aparente". "Se o nascimento tiver ocorrido em viagem por terra dentro do território nacional, o registo de nascimento pode ser lavrado na conservatória do primeiro lugar sito em território nacional onde a mãe do registando permanecer por espaço de vinte e quatro horas ou for estabelecer a sua residência, caso em que o prazo para a declaração do nascimento se conta a partir da chegada ao lugar onde a mãe vai residir".

"Além dos requisitos gerais, o assento deve conter os elementos seguintes:

a) O nome próprio e os apelidos;

b) O sexo;

c) A data do nascimento, incluindo, se possível, a hora exacta;

d) A freguesia e o concelho da naturalidade;

e) O nome completo, a idade, o estado, a naturalidade e residência habitual dos pais;

f) O nome completo dos avós;

g) As menções exigidas por lei em casos especiais".

V. artigos 45.°, n.° 1, 101.°, 102.°, n.° 1, 107.°, n.° 2, e 111.° do Código do Registo Civil, todos na redacção do Decreto-Lei n.° 36/97, de 31 de Janeiro.

O Decreto-Lei n.° 13/2001, de 25 de Janeiro, estabelece um regime especial de procedimentos para o registo dos nascimentos ocorridos em unidades de saúde, públicas ou privadas, estabelecendo que "o nascimento ocorrido em unidade de saúde pode ser registado na conservatória do registo civil competente mediante transcrição ou declaração prestada em documento escrito, assinado por ambos os pais do registando, ou por um deles, com menção do número, data e entidade emitente do respectivo bilhete de identidade ou documento equivalente emitido por um dos países da União Europeia ou do passaporte", sendo facultado aos pais impresso para o efeito, que "deve ser preenchido no prazo de cinco dias a contar do nascimento e é oficiosamente remetido pela unidade de saúde à conservatória do registo civil, no prazo de três dias" – artigo 2.°. De acordo com o n.° 1 do artigo 3.° deste diploma, "lavrado o registo de nascimento, declarado nos termos do artigo anterior, deve ser passado o respectivo boletim de nascimento e enviado pela conservatória para a residência da mãe". Nos termos do artigo 4.°, "[...] a declaração para fins de registo, prestada nos termos previstos no presente diploma, equivale, para todos os efeitos legais, à declaração directamente prestada perante o funcionário do registo civil, sendo-lhe aplicáveis, com as necessárias adaptações, todas as disposições que regulam o registo do nascimento e do estabelecimento de filiação". O artigo 5.° dispõe que, "sempre que os pais não usem da faculdade prevista no artigo 2.°, cabe, em todos os casos, à unidade de saúde onde ocorra o nascimento comunicá-lo à conservatória competente", cabendo "ao conservador assegurar as diligências necessárias a fim de que o nascimento seja efectivamente declarado em conservatória do registo civil".

O artigo 1848.°, n.° 1, C.C., diz que "não é admitido o reconhecimento [de paternidade] em contrário da filiação que conste do registo de nascimento enquanto este não for rectificado, declarado nulo ou cancelado". O n.° 2 da mesma disposição diz que aquela proibição não impede a perfilhação feita por qualquer das formas admitidas pela lei [testamento, escritura pública e termo lavrado em juízo], à excepção daquele que o for por declaração perante o funcionário de registo civil, embora tal perfilhação só produza efeitos depois de registada.

V. *Nascimento; Registo civil; Naturalidade; Nome; Residência habitual; Estado civil; Documento escrito; Bilhete de identidade; Passaporte; Paternidade; Filiação; Perfilhação; Testamento; Escritura pública; Termo.*

Registo fonográfico (Dir. Civil; Proc. Civil) – Os registos fonográficos, bem como quaisquer outras reproduções mecânicas de factos ou de coisas, fazem prova plena dos factos ou coisas que representam, a menos que a parte contra quem são apresentados os impugne – artigo 368.°, C.C..

"À parte que apresente como prova qualquer reprodução cinematográfica ou registo fonográfico incumbe facultar ao tribunal os meios técnicos de o exibir, sempre que seja necessário, sem prejuízo do disposto no n.° 3 do artigo 265.° ["incumbe ao juiz realizar ou ordenar, mesmo oficiosamente, todas as diligências necessárias ao apuramento da verdade e à justa composição do litígio, quanto aos factos de que lhe é lícito conhecer"]" – artigo 527.°, C.P.C., na redacção do Decreto-Lei n.° 329-A/95, de 12 de Dezembro.

V. Decreto-Lei n.° 227/89, de 8 de Julho, alterado pelo Decreto-Lei n.° 315/95, de 28 de Novembro, relativo às "*cassetes* audio", que disciplina a autenticação de fonogramas.

A Resolução da Assembleia da República n.° 61/99, de 22 de Julho, aprovou para adesão a Convenção Internacional para a Protecção dos Artistas Intérpretes ou Executantes, dos Produtores de Fonogramas e dos Organismos de Radiodifusão (Convenção de Roma), aprovada em Roma em 26 de Outubro de 1961, Convenção que foi ratificada pelo Decreto do Presidente da República n.° 168/99 da mesma data.

V. *Prova; Prova plena; Força probatória; Documento; "Ex officio"; Litígio.*

Registo informático de execuções (Proc. Civil) – Figura criada pelo Decreto-Lei n.° 38/2003, de 8 de Março, que a consagrou no artigo 806.°, C.P.C., alterado pelos Decretos-Leis n.°s 199/2003, de 20 de Setembro (rectificado pela Declaração de rectificação n.° 16-B/2003, de 31 de Outubro), e 53/2004, de 18 de Março.

"1 – O registo informático de execuções contém o rol dos processos de execução pendentes e, relativamente a cada um deles, a seguinte informação:

a) Identificação do processo;

b) Identificação do agente de execução;

c) Identificação das partes, nos termos da alínea *a)* do n.° 1 do artigo 467.° e incluindo ainda, sempre que possível, o número de identificação de pessoa colectiva, a filiação e os números de bilhete de identidade e de identificação fiscal;

d) Pedido;

e) Bens indicados para penhora;

f) Bens penhorados;

g) Identificação dos créditos reclamados.

2 – Do mesmo registo consta também o rol das execuções findas ou suspensas, mencionando-se, além dos elementos referidos no número anterior:

a) A extinção com pagamento integral;

b) A extinção com pagamento parcial;

c) A suspensão da instância por não se terem encontrado bens penhoráveis, nos termos do disposto no n.° 3 do artigo 832.° e no n.° 6 do artigo 833.°.

3 – Os dados constantes dos números anteriores são introduzidos diariamente pela secretaria de execução.

4 – Na sequência de despacho judicial, procede-se ainda à introdução dos seguintes dados:

a) A declaração de insolvência e a nomeação de um administrador da insolvência, bem como o encerramento de processo especial de insolvência [na versão anterior ao DL n.° 53/2004, esta referência respeitava à pendência do processo de falência, bem como à sua extinção por falta ou insuficiência de bens susceptíveis de apreensão];

b) O arquivamento do processo executivo de trabalho, por não se terem encontrado bens para penhora.

5 – Os dados previstos no número anterior são acompanhados das informações referidas nas alíneas *a)* e *c)* do n.° 1".

O artigo 807.°, C.P.C., cuja última redacção é a do mencionado DL n.° 38/2003, dispõe, no seu n.° 1, que "a rectificação ou actualização dos dados inscritos no registo informático de execuções pode ser requerida pelo respectivo titular, a todo o tempo", podendo "a menção de a execução ter findado com pagamento parcial ou ter sido suspensa [...] ser eliminada a requerimento do devedor, logo que este prove o cumprimento da obrigação"; o n.° 3 deste artigo permite a consulta do registo informático por "magistrado judicial ou do Ministério Público", "por pessoa capaz de exercer o mandato judicial ou solicitador de execução, mediante a exibição de título executivo contra o titular dos dados, antes de proposta a acção executiva", "pelo mandatário constituído ou pelo agente de execução designado" e "por quem tenha relação contratual ou pré-contratual com o titular dos dados ou revele outro interesse atendível na consulta, mediante consentimento do titular ou autorização dada pela entidade indicada no diploma previsto no número seguinte [diploma regulador do registo informático de execuções]".

O Decreto-Lei n.° 201/2003, de 20 de Setembro – cuja última alteração resulta do Decreto-Lei n.° 53/2004, de 18 de Março, que aprovou o Código da Insolvência e da Recuperação de Empresas, e foi alterado pelos Decretos-Leis n.°s 200/2004, de 18 de Agosto, e 76-A/2006, de 29 de Março (rectificado pela Declaração de rectificação n.° 28-A/2006, de 26 de Maio) –, veio regular este registo informático, estabelecendo o seu artigo 1.° que este registo "contém o rol dos processos cíveis e laborais de execução e dos processos especiais de falência [deve ler-se insolvência]", tendo como finalidades "a criação de mecanismos expeditos para conferir eficácia à penhora e à liquidação de bens" e "a prevenção de eventuais conflitos jurisdicionais resultantes de incumprimento contratual". O artigo 2.° deste diploma enuncia a informação que deve constar do registo para cada processo de execução pendente. De acordo com o artigo 3.°, a secretaria judicial fica obrigada a inscrever o processo no registo "após a consulta prévia efectuada pelo agente de execução, nos termos do artigo 832.° do Código de Processo Civil", devendo os dados registados ser "actualizados [diariamente] pela secretaria [onde corre o processo] a partir dos elementos constantes dos autos" (artigo 4.°). O próprio Código da Insolvência e da Recuperação de Empresas dispõe, no seu artigo 38.°, n.° 3-*a)*, que a secretaria "regista oficiosamente a declaração de insolvência e a nomeação do administrador da insolvência no registo informático de execuções [...]"; a alínea *b)* da mesma disposição diz que a secretaria "promove a inclusão dessas informações, e ainda do prazo concedido para as reclamações, na página informática do tribunal".

O artigo 6.°, n.° 1, do DL n.° 201/2003 diz quem pode consultar o registo informático, ocupando-se os artigos 7.° a 14.° dos regimes de acesso e consulta do registo; finalmente, o artigo 15.° tem por objecto as medidas a tomar para garantir a segurança dos dados.

A Portaria n.° 985-B/2003, de 15 de Setembro, aprova o modelo de requerimento de acesso a este registo informático.

V. *Execução; Agente de execução; Parte; Pessoa colectiva; Filiação; Bilhete de identidade; Pedido; Penhora; Insolvência; Recuperação de empresas; Reclamação de créditos; Suspensão da instância; Declaração de insolvência; Administrador da insolvência; Cumprimento; Obrigação; Magistratura judicial; Ministério Público; Mandato judicial; Solicitador de execução; Título executivo; Secretaria judicial.*

Registo nacional das pessoas colectivas (Dir. Civil) – V. *Registo das pessoas colectivas; Pessoa colectiva.*

Registo predial (Dir. Civil) – Organiza e realiza a publicidade dos factos que respeitam "à situação dos prédios, tendo em vista a segurança do comércio jurídico, imobiliário".

O Código do Registo Predial foi aprovado pelo Decreto-Lei n.° 224/84, de 6 de Julho (rectificado por declaração publicada no *Diário da República*, I série, de 29 de Setembro de 1984), alterado pelos Decretos-Leis n.°s 355/85, de 2 de Outubro, 60/90, de 14 de Fevereiro (este último rectificado por declaração publicada no *Diário da República*, I-A série, de 31 de Março de 1990), 80/92, de 7 de Maio, 30/93, de 12 de Fevereiro, 227/94, de 8 de Setembro, 267/94, de 25 de Outubro, 67/96, de 31 de Maio, 375-A/99, de 20 de Setembro, 533/99, de 11 de Dezembro, 273/2001, de 13 de Outubro, 323/2001, de 17 de Dezembro, 38/2003, de 8 de Março (este rectificado pela Declaração de rectificação n.° 5-C/2003, de 30 de Abril), e 194/2003, de 23 de Agosto, e pela Lei n.° 6/2006, de 27 de Fevereiro.

Nos termos do artigo 2.°, n.° 1, do Código, são os seguintes os actos sujeitos a registo predial:

"*a)* Os factos jurídicos que determinem a constituição, o reconhecimento, a aquisição ou a modificação dos direitos de propriedade, usufruto, uso e habitação, superfície ou servidão;

b) Os factos jurídicos que determinem a constituição ou a modificação da propriedade horizontal e do direito de habitação periódica;

c) Os factos jurídicos confirmativos de convenções anuláveis ou resolúveis que tenham por objecto os direitos mencionados na alínea *a)*;

d) A autorização de loteamento, seus aditamentos e alterações;

e) A mera posse;

f) A promessa de alienação ou oneração, os pactos de preferência e a disposição testamentária de preferência, se lhes tiver sido atribuída eficácia real, bem como a cessão da posição contratual emergente desses factos;

g) A cessão de bens aos credores;

h) A hipoteca, a sua cessão ou modificação, a cessão do grau de prioridade do respectivo registo e a consignação de rendimentos;

i) A transmissão de créditos garantidos por hipoteca ou consignação de rendimentos, quando importe transmissão de garantia;

j) A afectação de imóveis ao caucionamento das reservas técnicas das companhias de seguros, bem como ao caucionamento da responsabilidade das entidades patronais;

l) A locação financeira e as suas transmissões;

m) O arrendamento por mais de seis anos e as suas transmissões ou sublocações, exceptuado o arrendamento rural;

n) A penhora, o arresto, a apreensão em processo de falência [esta referência deve considerar-se como feita à insolvência] e o arrolamento, bem como quaisquer outros actos ou providências que afectem a livre disposição de bens;

o) O penhor, a penhora, o arresto e o arrolamento de créditos garantidos por hipoteca ou consignação de rendimentos e quaisquer outros actos ou providências que incidam sobre os mesmos créditos;

p) A constituição do apanágio e as suas alterações;

q) O ónus de eventual redução das doações sujeitas a colação;

r) O ónus de casa de renda limitada ou de renda económica sobre os prédios assim classificados;

s) O ónus de pagamento das anuidades previstas nos casos de obras de fomento agrícola;

t) A renúncia à indemnização, em caso de eventual expropriação, pelo aumento do valor resultante de obras realizadas em imóveis situados nas zonas marginais das estradas nacionais ou abrangidos por planos de melhoramentos municipais;

u) Quaisquer outras restrições ao direito de propriedade e quaisquer outros encargos sujeitos, por lei, a registo;

v) A concessão em bens do domínio público e as suas transmissões, quando sobre o direito concedido se pretenda registar hipoteca;

x) Os factos jurídicos que importem a extinção de direitos, ónus ou encargos registados".

De acordo com o artigo 43.°, n.° 1, "só podem ser registados os factos constantes de documentos que legalmente os comprovem".

O Acórdão uniformizador de jurisprudência n.° 6/2004, publicado no *Diário da República*, I-A série, de 14 de Julho de 2004, decidiu que "a acção pauliana individual não está sujeita a registo predial".

Determina o artigo 19.° que "os registos são feitos na conservatória da situação dos prédios", devendo ser feito em várias conservatórias se o prédio se situar na área de competência delas; "os factos respeitantes a dois ou mais prédios situados na área de diversas conservatórias serão registados em cada uma delas na parte respectiva". Os artigos 20.° e 21.° ocupam-se do regime das situações em que há alterações da situação dos prédios ou alterações da área de conservatórias.

A legitimidade para pedir o registo é conferida "aos sujeitos, activos ou passivos, da respectiva relação jurídica e, em geral, a todas as pessoas que nele tenham interesse" (artigo 36.°). O artigo 41.° determina que o registo se efectua a pedido dos interessados, podendo esse pedido de registo "ser remetido ou apresentado directamente pelo notário na conservatória competente, acompanhado dos respectivos documentos e preparo, nos termos previstos na lei notarial" (artigo 41.°-A), excepto nos casos de oficiosidade previstos na lei; quando seja o notário a remeter ou a apresentar o pedido de registo subscrito pelos interessados, os documentos que tenham servido de base à sua realização "serão devolvidos aos interessados, por meio de carta registada, juntamente com fotocópias dos registos efectuados e o excesso de preparo, se o houver" (citado artigo 41.°-A). O artigo 42.° enuncia os elementos que devem constar da requisição de registo.

São os artigos 60.° e seguintes que se ocupam do regime da apresentação de documentos para registo; os artigos 68.° e seguintes têm por objecto a apreciação do pedido de registo e decisões acerca dele.

O prazo para realizar o registo é, nos termos do artigo 75.°, n.° 1, do Código que se tem vindo a citar, de 15 dias, sendo a data do registo a da apresentação dos documentos ou, se não depender desta, a data em que foi lavrado (artigo 77.°, n.° 1); o registo compõe-se, de acordo com o n.° 1 do artigo 76.°, "da descrição predial, da inscrição dos factos e respectivos averbamentos, bem como de anotações de certas circunstâncias, nos casos previstos na lei".

Dispõe o artigo 4.° que "os factos sujeitos a registo, ainda que não registados, podem ser invocados entre as próprias partes ou seus herdeiros", à excepção dos "factos constitutivos de hipoteca cuja eficácia, entre as partes, depende da realização de registo".

Nos termos do artigo 5.°, a oponibilidade dos factos sujeitos a registo a terceiros só pode verificar-se após a data do registo, à excepção da aquisição, fundada em usucapião, dos direitos de propriedade, usufruto, uso, habitação, superfície e servidão, das servidões aparentes, e dos "factos relativos a bens indeterminados, enquanto não forem devidamente especificados e determinados". "A falta de registo não pode ser oposta aos interessados pelos seus representantes legais a quem incumba a obrigação de o promover, nem pelos herdeiros destes". O n.° 3 deste artigo esclarece que "terceiros, para efeitos de registo, são aqueles que tenham adquirido de um autor comum direitos incompatíveis entre si".

O artigo 7.° dispõe que "o registo definitivo constitui presunção de que o direito existe e pertence ao titular inscrito, nos precisos termos em que o registo o define".

V. *Registo; Prédio; Facto jurídico; Constituição de direito; Reconhecimento de direito; Aquisição derivada; Modificação do direito; Direito de propriedade; Usufruto; Uso (Direito de); Habitação (Direito de); Direito de superfície; Servidão; Propriedade horizontal; Direito de habitação periódica; Convenção; Anulabilidade; Resolução do contrato; Posse; Contrato-promessa; Alienação; Oneração de bens; Pacto de preferência; Testamento; Eficácia real; Cessão da posição contratual; Cessão de bens aos credores; Hipoteca; Consignação de rendimentos; Cessão de créditos; Garantias reais; Imóvel; Locação financeira; Arrendamento urbano; Transmissão do arrendamento; Sublocação; Penhora; Arresto; Falência; Insolvência; Arrolamento; Penhor; Apanágio do cônjuge sobrevivo; Ónus; Documento; Notário; Doação; Redução de liberalidades; Colação; Renúncia; Indemnização; Expropriação; Extinção de direitos; Encargos; Impugnação pauliana; Legitimidade; Relação jurídica; Notário; Preparo; "Ex officio"; Parte; Herdeiro; Averbamento; Inscrição; Descrição; Oponibilidade a terceiros; Usucapião; Representação legal; Prioridade do registo; Presunção legal; Caducidade do registo; Cancelamento do registo; Invalidade do registo.*

Registo provisório (Dir. Civil) – O registo predial provisório pode ser de três espécies ou ocorrer em três tipos de situações: *a)* **por natureza** – é o registo que, por disposição da lei, só como provisório pode ser requerido e efectuado; *b)* **por dúvidas** – procede-se a este quando o conservador, requerido o registo, não tenha como líquido dever deferi-lo ou recusá-lo; *c)* **por natureza e por dúvidas** – é o que é motivado simultaneamente pelas razões anteriores.

O artigo 92.° do Código do Registo Predial, na redacção que lhe foi dada pelo artigo 6.° do Decreto-Lei n.° 38/2003, de 8 de Março (rectificado pela Declaração de rectificação n.° 5-C/2003, de 30 de Abril), enuncia os registos que devem ser pedidos como provisórios por natureza; sendo essencialmente os seguintes:

a) Os das acções a que se refere o artigo 3.° deste diploma;

b) O de constituição da propriedade horizontal, antes de concluída a construção do prédio;

c) O de factos jurídicos referentes a fracções autónomas, antes do registo definitivo da constituição da propriedade horizontal;

d) O de negócio jurídico anulável por falta de consentimento de terceiro ou de autorização judicial, antes de sanada a anulabilidade ou de decorrido o direito de a arguir;

e) O de negócio jurídico realizado por gestor de negócios ou por procurador sem poderes antes da ratificação;

f) O de aquisição por venda em processo judicial antes de passado o título de transmissão;

g) Os de aquisição ou constituição de direitos reais, antes de os respectivos actos serem formalmente válidos;

h) O de aquisição por partilha em inventário, antes de transitada a respectiva sentença;

i) O de hipoteca judicial antes de transitada a respectiva sentença;

j) Os de "apreensão em processo de falência, depois de proferida a sentença de declaração de falência, mas antes da efectiva apreensão [a referência deve ter-se como feita para a sentença de declaração de insolvência]";

l) O "de arrolamento ou de outras providências cautelares, antes de passado em julgado o respectivo despacho";

m) O que se encontre dependente de qualquer registo provisório ou que com ele seja incompatível;

n) O que tenha sido efectuado "na pendência de recurso hierárquico ou contencioso contra a recusa do registo, enquanto não decorrer o prazo para a sua interposição".

O artigo 6.° do mesmo Código, que se ocupa da prioridade do registo, dispõe, no seu n.° 3, que "o registo convertido em definitivo conserva a prioridade que tinha como provisório". Só o registo definitivo constitui presunção "de que o direito existe e pertence ao titular inscrito, nos precisos termos em que o registo o define" (artigo 7.°).

"Os registos provisórios caducam se não forem convertidos em definitivos ou renovados dentro do prazo da respectiva vigência", sendo esse prazo de seis meses, salvo disposição em contrário (artigo 11.°, n.°s 2 e 3).

Dispõe o artigo 47.°, n.° 1, do Código, que "o registo provisório de aquisição de um direito ou de constituição de hipoteca voluntária, antes de titulado o negócio, é feito com base em declaração do proprietário ou titular do direito", devendo, nos termos do n.° 2, "a assinatura do declarante ser reconhecida presencialmente, excepto "se for feita na presença do funcionário da conservatória competente para o registo"; o n.° 3 acrescenta que este registo provisório de aquisição de um direito "pode [...] ser feito com base em contrato-promessa de alienação". O artigo 48.° do Código dispõe que, "nos casos da venda judicial em que a lei dispense o adquirente do depósito da totalidade do preço, o registo provisório de aquisição é feito com base em certidão comprovativa do depósito da parte do preço exigida". O registo provisório de acções "é feito com base em certidão de teor do articulado ou em duplicado deste, com nota de entrada na secretaria judicial" - artigo 53.°.

O artigo 59.°, n.° 1, deste Código estabelece que "o cancelamento de registos provisórios por natureza, de aquisição e de hipoteca voluntária e o cancelamento dos registos provisórios por dúvidas são feitos com base em declaração do respectivo titular", devendo a assinatura do declarante "ser reconhecida presencialmente, salvo se for feita perante o funcionário da conservatória competente para o registo" (n.° 2); o n.° 3 diz que, "no caso de existirem registos dependentes dos registos referidos no número anterior é igualmente necessário o consentimento dos respectivos titulares, prestados em declaração com idêntica formalidade".

O artigo 48.°, n.° 2, do Código, sempre na redacção do DL n.° 38/2003, dispõe que "o registo provisório da aquisição por venda em processo judicial, quando a lei dispense o adquirente do depósito da totalidade do preço, é feito com base em certidão comprovativa da identificação do adquirente, do objecto e do depósito da parte do preço exigida".

V. artigos 69.°, n.° 2, 70.°, 71.° e 92.° do Código do Registo Predial, aprovado pelo Decreto-Lei n.° 224/84, de 6 de Julho (rectificado por declaração publicada no *Diário da República*, I série, de 29 de Setembro de 1984), alterado pelos Decretos-Leis n.°s 355/85, de 2 de Outubro, 60/90, de 14 de Fevereiro (rectificado por declaração publicada no *Diário da República*, I-A série, de 31 de Março de 1990), 80/92, de 7 de Maio, 30/93, de 12 de Fevereiro, 227/94, de 8 de Setembro, 267/94, de 25 de Outubro, 67//96, de 31 de Maio, 375-A/99, de 20 de Setembro, 533/99, de 11 de Dezembro, 273//2001, de 13 de Outubro, 323/2001, de 17 de Dezembro, 38/2003, e 194/2003, de 23 de Agosto, e pela Lei n.° 6/2006, de 27 de Fevereiro.

V. *Registo predial; Registo de acções; Propriedade horizontal; Fracção autónoma; Negócio jurídico; Anulabilidade; Gestor de negócios; Procurador; Poderes representativos; Ratificação; Venda judicial; Direito real; Partilha; Inventário; Sentença; Trânsito em julgado; Hipoteca judicial; Falência; Insolvência; Arrolamento; Providência cautelar; Despacho; Recurso; Recurso de acto de conservador; Prioridade do registo; Presunção; Caducidade do registo; Aquisição derivada; Reconhecimento de letra e assinatura; Contrato-promessa; Certidão; Articulados; Duplicados; Secretaria judicial.*

Regra de conflitos (Dir. Civil) – V. *Normas de conflitos.*

Regra do precedente (Proc. Civil) – Não existe, no nosso sistema jurídico, esta regra, segundo a qual o tribunal, na decisão de um caso, está vinculado à observância da orientação, expressa no precedente que, em caso semelhante, foi adoptada anteriormente por um outro tribunal. A regra do precedente é característica dos sistemas jurídicos da *common law*, mas não daqueles em que a jurisprudência não constitui, em si mesma, uma fonte de direito.

V. *Fontes de direito; Jurisprudência; Precedente.*

Regresso (Dir. Civil)

1. V. *Direito de regresso; Solidariedade.*
2. V. *Regresso do ausente.*

Regresso do ausente (Dir. Civil) – Tendo sido decretada a curadoria provisória, ela cessa pelo regresso do ausente (artigo 98.°-*a)*, C.C.), o mesmo acontecendo se já havia sido instituído o regime de curadoria definitiva, logo que aquele requeira que os seus bens lhe sejam entregues (artigos 112.-*a)* e 113.°, C.C.); se, entretanto, já havia sido declarada a morte presumida, e o "ausente regressar ou dele houver notícias, ser-lhe-á devolvido o património no estado em que se encontrar, com o preço dos bens alienados ou com os bens directamente sub-rogados, e bem assim com os bens adquiridos mediante o preço dos alienados, quando no título de aquisição se declare expressamente a proveniência do dinheiro", tendo o ausente direito a ser indemnizado, se tiver havido má fé dos herdeiros (isto é, conhecimento de que o ausente estava vivo) – v. artigo 119.°, C.C..

Cfr. artigos 1112.° (cujo n.° 3 tem a redacção do Decreto-Lei n.° 329-A/95, de 12 de Dezembro) e 1455.°, C.P.C..

V. *Ausência; Curadoria; Morte presumida; Património; Alienação; Sub-rogação; Indemnização; Má fé; Herdeiro.*

Regueiras (Dir. Civil) – São regos extensos, mas geralmente pouco profundos, destinados à passagem ou condução de águas; a diferença entre a regueira e a vala costuma ser situada ao nível da profundidade: enquanto a segunda é profunda, a regueira é normalmente superficial.

Os artigos 1357.° e 1358.°, C.C., estabelecem regras a observar sempre que o proprietário pretenda abrir valas, regueiras ou valados ao redor do seu prédio.

A diferença existente entre estas espécies de escavações releva sobretudo das respectivas profundidade e largura, caracterizando-se as regueiras por serem normalmente pouco profundas e largas.

V. *Direito de propriedade; Águas.*

Regulação do poder paternal (Dir. Civil; Proc. Civil) – Encontrando-se os pais separados judicialmente de pessoas e bens, divorciados, separados de facto ou tendo o seu casamento sido declarado nulo ou anulado, conservam ambos o poder paternal em relação ao filho menor. No entanto, nestes casos, o exercício desse poder tem de ser regulado por acordo de ambos os pais, devendo o acordo ser submetido à homologação do tribunal. A Lei n.° 84/95, de 31 de Agosto, deu nova redacção aos artigos 1905.° e 1906.° do C.C., tendo posteriormente a Lei n.° 59/99, de 30 de Junho, alterado todo o artigo 1906.°, neste se estabelecendo que:

"1 - Desde que obtido o acordo dos pais, o poder paternal é exercido em comum por ambos, decidindo as questões relativas à vida do filho em condições idênticas às que vigoram para tal efeito na constância do matrimónio.

2 - Na ausência de acordo dos pais, deve o tribunal, através de decisão fundamentada, determinar que o poder paternal seja exercido pelo progenitor a quem o filho for confiado.

3 - No caso previsto no número anterior, os pais podem acordar que determinados assuntos sejam resolvidos entre ambos ou que a administração dos bens do filho seja assumida pelo progenitor a quem o menor tenha sido confiado.

4 - Ao progenitor que não exerça o poder paternal assiste o poder de vigiar a educação e as condições de vida do filho".

Esta redacção veio consagrar o exercício conjunto do poder paternal por ambos os pais, o que constituiu uma assinalável inovação em relação ao regime primitivo do Código Civil, que apenas previa, em caso de não coabitação dos pais, a atribuição do exercício do poder paternal a um deles, e mesmo relativamente ao regime da Lei n.° 84/95, que apenas admitia que os pais pudessem acordar "o exercício em comum do poder paternal, decidindo as questões relativas à vida do filho em condições idênticas às que vigoram para tal efeito na constância do matrimónio".

A regra é, agora, claramente a do exercício em conjunto do poder paternal, salvo na falta de acordo dos progenitores.

O processo de regulação do poder paternal será decidido, após serem ouvidos os pais, realizadas as diligências por estes requeridas, e feito um inquérito sobre a situação social, moral e económica dos pais (artigo 178.°, n.° 3, da anteriormente designada O.T.M.).

Dispõe o artigo 180.°, O.T.M., que, "na sentença, o exercício do poder paternal será regulado de harmonia com os interesses do menor, podendo este [...] ser confiado à guarda de qualquer dos pais, de terceira pessoa ou de estabelecimento de educação ou assistência".

Se qualquer dos pais não cumprir o que haja sido acordado ou decidido relativamente ao menor, o outro pode requerer ao tribunal as diligências necessárias para o cumprimento forçado, bem como a condenação do faltoso em multa, que pode ascender a € 249,40 (50 000$00), e em indemnização em favor do menor do requerente, ou de ambos - artigo 181.°, O.T.M..

O regime que tiver sido estabelecido por acordo ou decisão judicial pode ser alterado pelo tribunal, a requerimento de qualquer dos pais ou do curador de menores. A alteração será decretada sempre que o regime não seja cumprido por ambos os pais ou quando as circunstâncias supervenientes tornem necessária a alteração - artigo 182.°, O.T.M..

O Assento do Supremo Tribunal de Justiça de 4 de Julho de 1995, publicado no *Diário da República,* I-A série, de 10 de Outubro do mesmo ano, decidiu que: "Sob pena de ilegitimidade, por se tratar de um litisconsórcio, deve também ser proposta contra o progenitor que tenha a seu cargo a guarda do menor a acção intentada pelo Ministério Público para nova regulação do poder paternal para alteração da pensão de alimentos devida ao menor pelo outro progenitor".

V. artigos 1901.° e segs., C.C., e artigos 174.° e segs., O.T.M..

V. Convenção Europeia sobre o Reconhecimento e a Execução das Decisões em Matéria de Guarda de Crianças e o Restabelecimento da Guarda de Crianças, adoptada em 20 de Maio de 1980 pelo Conselho da Europa, aprovada para ratificação pelo Decreto n.° 136/82, de 21 de Dezembro, e ratificada por Portugal, segundo aviso publicado no *Diário da República,* I série, de 20 de Abril de 1983.

V. *Poder paternal; Separação judicial de pessoas e bens; Divórcio; Separação de facto; Invalidade do casamento; Menor; Homologação; Multa; Indemnização; Curador; Inibição do poder paternal; Guarda de menores; Legitimidade; Litisconsórcio.*

Regulamento

1. Norma jurídica, hierarquicamente subordinada à lei, editada pelo poder executivo no exercício de uma competência administrativa com o objectivo de assegu-

rar a boa execução da lei. Lei regulamentar ou regulamento é, pois, a disposição legal que visa a concretização de regras legais de valor formal superior (leis ou decretos-leis), tornando estas exequíveis (cfr. artigo 199.°-*c)*, da Constituição da República).

Dentro desta categoria, assim caracterizada em termos gerais, incluem-se os decretos, as portarias e os despachos normativos.

Também as Regiões Autónomas podem emitir regulamentos, nos termos do artigo 227.°, n.° 1-*d)*, da Constituição.

O artigo 112.°, n.° 6, da Constituição estabelece que "os regulamentos do Governo revestem a forma de decreto regulamentar quando tal seja determinado pela lei que regulamentam, bem como no caso de regulamentos independentes"; e o n.° 7 da mesma disposição determina que "os regulamentos devem indicar expressamente as leis que visam regulamentar ou que definem a competência subjectiva e objectiva para a sua emissão".

Do mesmo modo, o n.° 5 do artigo 9.° da Lei n.° 74/98, de 11 de Novembro, alterada pela Lei n.° 2/2005, de 24 de Janeiro, dispõe que "os regulamentos devem indicar expressamente as leis que visam regulamentar ou que definem a competência subjectiva e objectiva para a sua emissão".

V. *Lei; Decreto-Lei; Decreto; Portaria.*

2. (Dir. Comunitário) – O Regulamento é um acto legislativo comunitário de aplicação directa nos Estados membros. Pode, pois, dizer-se que os Regulamentos da União Europeia constituem fonte do direito português.

V. *Fontes de direito.*

Reivindicação (Dir. Civil) – Acção judicial de que dispõe o proprietário (bem como o titular de qualquer outro direito real) para exigir, do possuidor ou detentor da coisa, o reconhecimento do seu direito e a consequente restituição da coisa (que será feita à custa do esbulhador, se o houver).

Se for na acção reconhecido o direito de propriedade, a restituição da coisa só pode ser recusada quando a lei especialmente o admita (é, por exemplo, o caso de o detentor e devedor da coisa ter um direito de retenção em virtude de despesas feitas por causa dela ou de danos por ela causados, nos termos dos artigos 754.° e segs., C.C.).

O artigo 1313.°, C.C., determina a imprescritibilidade da acção de reivindicação, e o artigo 1315.°, C.C., estabelece que o regime da reivindicação é aplicável, "com as necessárias correcções, à defesa de todo o direito real".

V. artigos 1311.° e segs., C.C..

V. *Acção; Direito de propriedade; Direito real; Posse; Detenção; Esbulho; Direito de retenção; Dano; Imprescritibilidade.*

Rejeição (Dir. Civil) – No contrato a favor de terceiros, a rejeição é o acto pelo qual o terceiro renuncia ao direito que adquiriu em consequência da celebração do contrato. "A rejeição faz-se mediante declaração ao promitente, o qual deve comunicá-la ao promissário", sendo o seu efeito o da destruição retroactiva da aquisição do direito. Quanto ao contrato a favor de terceiros, os efeitos da rejeição variam consoante o tipo de promessa e, consequentemente, a vontade real ou presumível das partes: em alguns casos, o seu efeito será o da liberação do promitente, noutros, a promessa reverte para o promissário e, noutros ainda, haverá de ser designado novo beneficiário.

V. artigo 447.°, C.C..

V. *Contrato a favor de terceiros; Direito subjectivo; Renúncia; Declaração negocial; Liberação.*

Rejeição da petição (Proc. Civil) – V. *Petição inicial; Recusa da petição.*

Rejeição da proposta (Dir. Civil) – Recebida uma proposta contratual pelo respectivo destinatário, este pode aceitá-la, rejeitá-la ou nada dizer, deixando-a caducar.

"A aceitação com aditamentos, limitações ou outras modificações importa rejeição da proposta" (artigo 233.°, C.C.). O artigo 235.°, C.C., regula os termos em que o destinatário de uma proposta, que a rejeitou, pode depois aceitá-la, e aqueles em que, depois de a aceitar, pode rejeitá-la: a segunda declaração prevalece sobre a primeira, desde que, ao mesmo tempo ou antes desta, chegue ao poder do proponente ou seja dele conhecida.

V. *Proposta de contrato; Aceitação; Caducidade.*

Rejeição do recurso (Proc. Civil) – V. *Recurso; Admissão do recurso.*

Relação (Proc. Civil; Org. Judiciária) – Nos termos do n.° 4 do artigo 210.° da Constituição da República, "os tribunais de segunda instância são, em regra, os tribunais da relação".

A Relação é, pois, um tribunal de 2.ª instância, que exerce a sua jurisdição na área de um distrito judicial e que se compõe de secções especializadas de jurisdição cível, penal e social, podendo funcionar em plenário ou por secções. A competência da Relação em plenário diz fundamentalmente respeito às decisões relativas a conflitos de competência entre secções. A competência das secções da Relação é, nos termos do artigo 56.° da Lei de Organização e Funcionamento dos Tribunais Judiciais (Lei n.° 3/99, de 13 de Janeiro, rectificada pela Declaração de rectificação n.° 7/ /99, de 16 de Fevereiro, e alterada pela Lei n.° 101/99, de 26 de Julho, pelos Decretos-Leis n.°s 323/2001, de 17 de Dezembro, e 38/2003, de 8 de Março – rectificado pela Declaração de rectificação n.° 5-C/2003, de 30 de Abril –, pela Lei n.° 105/2003, de 10 de Dezembro, pelo Decreto-Lei n.° 53/ /2004, de 18 Março, pela Lei n.° 42/2005, de 29 de Agosto, e pelo Decreto-Lei n.° 76-A/ /2006, de 29 de Março – este rectificado pela Declaração de rectificação n.° 28-A/2006, de 26 de Maio) e do artigo 71.°, C.P.C., na redacção do Decreto-Lei n.° 329-A/95, de 12 de Dezembro, designadamente:

a) Julgar recursos;

b) Julgar as acções propostas contra juízes de direito, procuradores da República e procuradores-adjuntos, por causa das suas funções;

c) Julgar processos por crimes cometidos pelos magistrados referidos na alínea anterior e recursos em matéria contra-ordenacional a eles respeitantes;

d) Conhecer dos conflitos de competência entre tribunais de 1ª instância sediados na área do respectivo tribunal da Relação;

e) Julgar os processos judiciais de cooperação judiciária internacional em matéria penal;

f) Julgar os processos de revisão e confirmação de sentença estrangeira, sem prejuízo da competência legalmente atribuída a outros tribunais;

g) Conceder o *exequatur* às decisões proferidas pelos tribunais eclesiásticos;

h) Julgar, por intermédio do relator, os termos dos recursos que lhe estejam cometidos pela lei de processo;

i) Praticar, nos termos da lei de processo, os actos jurisdicionais relativos ao inquérito, dirigir a instrução criminal, presidir ao debate instrutório e proferir despacho de pronúncia ou não pronúncia nos processos referidos na alínea *c)*;

j) Exercer as demais competências conferidas por lei.

Em matéria cível, a alçada da Relação é de € 14 963,94 (artigo 24.° da referida Lei n.° 3/99, de 13 de Janeiro).

Existem tribunais da Relação em Lisboa, Porto, Coimbra, Évora e Guimarães (este último foi declarado instalado pelo Decreto-Lei n.° 339/2001, de 27 de Dezembro).

V. ainda artigo 4.° do Decreto-Lei n.° 186-A/99, de 31 de Maio, alterado pelos Decretos-Leis n.°s 290/99, de 30 de Julho, 27-B/2000, de 3 de Março, 178/2000, de 9 de Agosto, 246-A/2001, de 14 de Setembro, 74/2002, de 16 de Março, 148/2004, de 21 de Junho, e 219/2004, de 26 de Outubro.

V. *Instância; Distrito judicial; Recurso; Tribunal de 1.ª instância; Valor da causa; Alçada; Competência internacional; Juiz de direito; Ministério Público; Procurador da República; Procurador-adjunto; Conflito de competência; Revisão de sentença estrangeira.*

Relação de bens (Dir. Civil) – Relação de bens é a declaração que se consubstancia na enumeração e descrição de um conjunto de bens, com indicação do seu estado e respectivo valor, mormente quando aos móveis.

Em algumas situações, a lei exige que se apresente ao tribunal a relação de dados bens, normalmente da totalidade dos bens que constituem um determinado património entregue à administração de outrem que não o seu titular.

Assim, no processo de nomeação de curador provisório, os bens só são entregues a este depois de relacionados (artigo

93.°, C.C.); no processo de nomeação de tutor, este é obrigado a relacionar o activo e o passivo do menor, e a apresentar essa relação ao tribunal de menores (artigo 1943.°, C.C.); "nos trinta dias subsequentes à notificação da sentença que decretar a adopção, o adoptante deve apresentar no tribunal, se este o julgar necessário, relação dos bens do adoptado", podendo ser exigida pelo tribunal nova relação, sempre que o adoptado, sendo menor ou incapaz, venha a adquirir novos bens ou haja sub-rogação dos existentes (artigo 2002.°, C.C.).

Noutros casos, a lei exige a relacionação de determinados bens não para apresentação judicial, mas perante dadas pessoas, ou dando publicidade a essa relação que deve constar de escritura pública. O usufrutuário, por exemplo, antes de tomar conta dos bens, tem de relacioná-los, com citação ou assistência do respectivo proprietário (artigo 1468.°, C.C.).

No processo de inventário, o n.° 3 do artigo 1340.°, C.P.C., na redacção do Decreto-Lei n.° 227/94, de 8 de Setembro (correspondente ao antigo n.° 4 do artigo 1327.°, agora revogado), dispõe que, "no acto de declarações, o cabeça-de-casal apresentará os testamentos, convenções antenupciais, escrituras de doação e certidões de perfilhação que se mostrem necessárias, assim como a relação de todos os bens que hão-de figurar no inventário, ainda que a sua administração lhe não pertença [...]"; segundo o artigo 1347.°, C.P.C., na redacção do citado DL n.° 227/94 (correspondente ao anterior artigo 1339.°), "se o cabeça-de-casal declarar que está impossibilitado de relacionar alguns bens que estejam em poder de outra pessoa, é esta notificada para, no prazo designado, facultar o acesso a tais bens e fornecer os elementos necessários à respectiva inclusão na relação de bens"; se for deduzida reclamação contra a relação de bens, o cabeça-de-casal é notificado para relacionar os bens em falta ou dizer o que se lhe oferecer, no prazo de dez dias; se, ao invés, algum interessado requerer a exclusão de bens da relação, por não fazerem parte do património a partilhar, é aplicável o disposto nos n.°s 1 a 5 do artigo 1349.°, C.P.C., por força do seu n.° 6, tendo o n.° 1 a redacção do Decreto-Lei n.° 329-A/95, de 12 de Dezembro.

V. *Móvel; Património; Administração de bens; Ausência; Tutor; Menor; Tribunal de menores, Notificação; Sentença; Adopção; Incapaz; Sub-rogação; Escritura pública; Usufruto; Inventário; Cabeça-de-casal; Testamento; Certidão; Convenção antenupcial; Doação; Perfilhação.*

Relação de cobertura (Dir. Civil) – No contrato a favor de terceiros, designa-se por relação de cobertura ou de provisão aquela que se estabelece entre o promitente e o promissário. É esta a relação cujos termos e efeitos são relevantes para o estatuto das relações entre as partes no contrato e o beneficiário, pois o artigo 449.°, C.C., dispõe que "são oponíveis ao terceiro, por parte do promitente, todos os meios de defesa derivados do contrato, mas não aqueles que advenham de outra relação entre promitente e promissário".

V. *Contrato a favor de terceiros.*

Relação de provisão (Dir. Civil) – O mesmo que *relação de cobertura* (v. esta expressão).

Relação de valuta (Dir. Civil) – No contrato a favor de terceiros, é a relação existente entre o promissário e o terceiro beneficiário. Relação que pode ter carácter de liberalidade, mas que também pode, embora mais raramente, não o ter, designadamente se a prestação visar o cumprimento de uma dívida que o promissário tenha para com o terceiro.

É tendo em vista a relação de valuta que o artigo 450.°, n.° 1, C.C., dispõe que, para efeitos de colação, imputação e redução de liberalidade e de impugnação pauliana, relevante é o que o promissário despendeu e não aquilo que o terceiro recebeu; diz igualmente respeito à relação de valuta a disposição do n.° 2 do mesmo artigo, que permite ao promissário a revogação da promessa, nos termos aplicáveis à revogação da doação por ingratidão do donatário, quando a relação de valuta se consubstanciar numa liberalidade.

V. *Contrato a favor de terceiros; Liberalidade; Colação; Redução de liberalidades; Impugnação pauliana; Doação; Revogação da doação; Ingratidão.*

Relação especial (Dir. Civil; Dir. Com.; Proc. Civil) – O artigo 49.°, n.° 1, do Código da Insolvência e da Recuperação de Empresas, aprovado pelo Decreto-Lei n.° 53/2004, de 18 de Março, alterado pelos Decretos-Leis n.°s 200/2004, de 18 de Agosto, e 76-A/2006, de 29 de Março (rectificado pela Declaração de rectificação n.° 28-A/2006, de 26 de Maio, diz que se consideram pessoas especialmente relacionadas com o devedor, quando este seja pessoa singular, o respectivo cônjuge e qualquer pessoa de quem se tiver divorciado nos dois anos anteriores ao início do processo de insolvência, os seus ascendente, descendentes, irmãos ou os de qualquer das pessoas imediatamente antes mencionadas, os cônjuges dos seus ascendentes, descendentes e irmãos, e ainda qualquer pessoa com quem ele tenha vivido habitualmente em economia comum em período compreendido dentro dos dois anos anteriores ao início do processo. O n.° 2 da mesma disposição determina que "são havidas como especialmente relacionadas com o devedor pessoa colectiva: *a)* Os sócios, associados ou membros que respondam legalmente pelas suas dívidas, e as pessoas que tenham tido esse estatuto nos dois anos anteriores ao início do processo de insolvência; *b)* As pessoas que, se for o caso, tenham estado com a sociedade insolvente em relação de domínio ou de grupo, nos termos do artigo 21.° do Código dos Valores Mobiliários, em período situado dentro dos dois anos anteriores ao início do processo [...]; *c)* Os administradores de direito ou de facto, do devedor e aqueles que o tenham sido em algum momento nos dois anos anteriores ao início do processo de insolvência; *d)* As pessoas relacionadas com alguma das mencionadas nas alíneas anteriores por qualquer das formas referidas no n.° 1". Finalmente, o n.° 3 estabelece que, respeitando a insolvência a um património autónomo, "são consideradas pessoas especialmente relacionadas os respectivos titulares e administradores, bem como as que estejam ligadas a estes por alguma das formas previstas nos números anteriores, e ainda, tratando-se de herança jacente, as ligadas ao autor da sucessão por alguma das formas previstas no n.° 1, na data da abertura da sucessão ou nos dois anos anteriores".

De acordo com o artigo 48.°-*a)*, "consideram-se subordinados, sendo graduados depois dos restantes créditos sobre a insolvência", os "créditos detidos por pessoas especialmente relacionadas com o devedor, desde que a relação especial existisse já aquando da respectiva aquisição, e por aqueles a quem eles tenham sido transmitidos nos dois anos anteriores ao processo de insolvência".

V. *Insolvência; Recuperação de empresas; Devedor; Pessoa singular; Divórcio; Ascendente; Descendente; Economia comum; Pessoa colectiva; Associado; Sócio; Dívida; Administrador; Património autónomo; Herança jacente; Autor da sucessão; Abertura da sucessão; Crédito; Crédito subordinado; Crédito sobre a insolvência; Graduação de créditos.*

Relação jurídica – Em sentido lato, é qualquer relação da vida social que seja juridicamente relevante, isto é, a que o direito atribua efeitos. Em sentido restrito, é a relação interprivada que o direito regula através da atribuição a um sujeito de um direito e a imposição ao outro de um dever ou sujeição.

A doutrina analisa a relação nos seguintes elementos: sujeitos, objecto, facto e garantia.

V. *Direito subjectivo; Dever jurídico; Sujeição; Pessoa jurídica; Garantia.*

Relação jurídica complexa (Dir. Civil) – Categoria doutrinária que se caracteriza por ser integrada por um conjunto de relações jurídicas existentes entre os mesmos sujeitos e tendo entre si um elemento unificador, designadamente o provirem de um mesmo facto jurídico.

V. *Facto jurídico; Relação obrigacional complexa.*

Relação jurídica processual (Proc. Civil) – Relação jurídica que se estabelece entre as partes, por efeito da propositura da acção, e que não deve ser confundida com a relação jurídica material, substancial, que está em discussão na acção.

V. *Parte; Propositura da acção; Direito material.*

Relação jurídica simples (Dir. Civil) – A doutrina designa como relação jurídica simples aquela que é integrada apenas por um direito e um correlativo dever.

V. *Direito subjectivo; Dever jurídico.*

Relação obrigacional complexa (Dir. Civil) – Fala-se de relação obrigacional complexa para significar que do conteúdo da obrigação fazem parte não apenas o direito e o dever primários, mas também um conjunto de posições jurídicas, em que se integram deveres secundários (instrumentais da prestação principal ou dotados de prestação autónoma), deveres de conduta, ónus, expectativas, excepções, direitos potestativos e sujeições.

V. *Obrigação; direito subjectivo; Crédito; Prestação; Dever de conduta; Ónus; Expectativa jurídica; Excepção; Direito potestativo; Sujeição.*

Relação obrigacional simples (Dir. Civil) – É a que é integrada apenas pelo direito de crédito e correlativa obrigação.

V. *Crédito; Obrigação.*

Relações contratuais de facto (Dir. Civil) – Ao lado dos contratos, uma corrente doutrinária identifica certos tipos de situações jurídicas a que seria aplicável o regime daqueles, sem que, no entanto, exista na sua estrutura a dupla declaração negocial em que o contrato se consubstancia.

Assim sucede sempre que as relações jurídicas decorrem de um comportamento social típico sem que haja qualquer declaração de vontade. Por exemplo, na utilização dos transportes públicos, não existe qualquer declaração de vontade do utente e, no entanto, a partir do momento em que entra no veículo, contrai a obrigação de pagar o preço respectivo, tendo direito a ser transportado. Segundo parte da doutrina portuguesa, este tipo de situações não assume, porém, particular especificidade relativamente às relações contratuais, pois, se não existe uma declaração expressa, existe uma exteriorização de vontade tácita.

V. *Contrato; Declaração tácita; Obrigação; Direito subjectivo; Declaração tácita.*

Relator (Proc. Civil) – V. *Juiz relator.*

Relatório (Proc. Civil) – Embora o termo seja usado pela lei para designar outras realidades, toma-se aqui como o documento elaborado e assinado pelos peritos com as conclusões da sua perícia.

"O resultado da perícia é expresso em relatório, no qual o perito ou peritos se pronunciam fundamentadamente sobre o respectivo objecto"; "tratando-se de perícia colegial, se não houver unanimidade, o discordante apresentará as suas razões". A apresentação do relatório é notificada às partes, podendo estas, "se entenderem que há qualquer deficiência, obscuridade ou contradição no relatório pericial, ou que as conclusões não se mostram devidamente fundamentadas, [...] formular as suas reclamações".

V. artigos 586.° e 587.°, C.P.C., na redacção do Decreto-Lei n.° 329-A/95, de 12 de Dezembro.

No regime do Código da Insolvência e da Recuperação de Empresas, aprovado pelo Decreto-Lei n.° 53/2004, de 18 de Março, alterado pelos Decretos-Leis n.°s 200/2004, de 18 de Agosto, e 76-A/2006, de 29 de Março (rectificado pela Declaração de rectificação n.° 28-A/2006, de 26 de Maio), o artigo 155.° refere-se ao relatório elaborado pelo administrador da insolvência que tem de conter a análise da actividade a que o devedor se tenha dedicado nos três anos anteriores ao pedido de declaração da insolvência, dos estabelecimentos de que ele seja titular e das causas da situação patrimonial existente, "a análise do estado da contabilidade do devedor e a sua [do administrador] opinião sobre os documentos de prestação de contas e de informação financeira juntos aos autos pelo devedor", "a indicação das perspectivas de manutenção da empresa do devedor, no todo ou em parte, da conveniência de se aprovar um plano de insolvência, e das consequências decorrentes para os credores nos diversos cenários figuráveis", bem como, "sempre que se lhe afigure conveniente a aprovação de um plano de insolvência, a remuneração que se propõe auferir pela elaboração do mesmo" e ainda "todos os elementos que no seu entender possam ser importantes para a tramitação ulterior do processo"; "ao relatório são anexados o inventário e a lista provisória de credores", tudo devendo ser junto aos autos "pelo menos oito dias antes da data da assembleia de apreciação do relatório".

V. *Perito; Notificação; Reclamação; Insolvência; Recuperação de empresas; Administrador da insolvência; Devedor; Estabelecimento comercial; Empresa; Plano de insolvência.*

Relevância da causa virtual (Dir. Civil) – Quando um dano tem uma causa real, mas é possível identificar um outro facto que, se não tivesse sido essa causa real, teria conduzido ao mesmo resultado danoso, coloca-se o problema de saber se a causa virtual ou hipotética tem alguma relevância.

Por um lado, põe-se a questão de saber se a causa virtual pode fundar uma obrigação de indemnização do seu autor – este é o problema da relevância positiva.

Por outro lado, a questão de saber se a obrigação de indemnizar do autor da causa real pode ser excluída (ou sofrer uma diminuição quantitativa) em virtude da consideração da causa virtual – este é o problema da relevância negativa.

Enquanto o primeiro problema tem, comummente, solução negativa (no sentido, pois, da irrelevância positiva da causa virtual), já o segundo tem, por vezes, solução positiva (isto é, no sentido da relevância negativa da causa virtual), quer no sentido de poder excluir a obrigação de indemnizar do autor da causa real – v., por exemplo, artigos 491.°, 492.°, 493.°, 807.°, n.° 2, e 1136.°, n.° 2, C.C. – quer no sentido de influir no cálculo do montante indemnizatório por que ele é responsável.

V. *Responsabilidade civil, Indemnização; Causalidade; Causa virtual.*

"Relicta" (Dir. Civil) – Termo latino pelo qual a doutrina designa os bens existentes no património do *de cuius* à data da sua morte.

V. *"De cuius".*

Remanescente da herança (Dir. Civil) – Quando o autor da sucessão dispõe, testamentariamente ou por contrato, de bens determinados, designa-se por remanescente o conjunto de bens que compõem o resto do seu património, e que são objecto de disposição indeterminada.

V. *Autor da sucessão; Testamento; Contrato.*

Remição

1. (Proc. Civil) – Designa-se por remição o direito que têm o cônjuge, os descendentes e os ascendentes do executado de preferir na venda executiva ou na adjudicação dos bens penhorados, pagando o preço por que a venda ou a adjudicação tiverem sido feitas.

"O direito de remição pode ser exercido:

a) No caso de venda por propostas em carta fechada, até à emissão do título da transmissão dos bens para o proponente ou no prazo e nos termos do n.° 4 do artigo 898.°;

b) Nas outras modalidades de venda, até ao momento da entrega dos bens ou da assinatura do título que a documenta" – artigo 913.°, n.° 1, C.P.C., na redacção do Decreto-Lei n.° 38/2003, de 8 de Março, rectificado pela Declaração de rectificação n.° 5-C/2003, de 30 de Abril.

O direito de remição prevalece sobre os direitos de preferência, que eventualmente existam relativamente aos mesmos bens.

V. artigos 912.° a 915.°, C.P.C..

V. *Execução; Descendente; Ascendente; Executado; Venda judicial; Adjudicação; Penhora; Arrematação; Direito de preferência.*

2. (Dir. Civil) – Designa-se também por remição a extinção de um contrato de execução duradoura através do pagamento de uma prestação que represente a compensação daquelas que sobreviriam: v., para a renda perpétua, o artigo 1236.°, C.C., e, para a renda vitalícia, o artigo 1243.°, C.C..

V. *Contrato de prestação duradoura; Renda perpétua; Renda vitalícia.*

Remição da execução (Proc. Civil) – Designação dada por alguns autores à extinção da execução que resulta da extinção da obrigação subjacente e das respectivas custas, designadamente por cumprimento voluntário.

O artigo 916.°, n.° 1, C.P.C., determina que o executado ou qualquer outra pessoa pode fazer cessar a execução, pagando a dívida e as custas; dispõe o n.° 4 da mesma disposição, na redacção do Decreto-Lei n.° 38/2003, de 8 de Março (rectificado pela Declaração de rectificação n.° 5-C/ /2003, de 30 de Abril), que, "quando o requerente junte documento comprovativo de quitação, perdão ou renúncia por parte do exequente ou qualquer outro título extintivo", se ordene logo a suspensão da execução e a liquidação da responsabilidade do executado.

V. artigos 916.° e segs., C.P.C..

V. *Execução; Extinção das obrigações; Custas; Cumprimento; Executado; Quitação; Perdão; Renúncia; Exequente.*

Remição do foro (Dir. Civil) – No regime da enfiteuse, hoje revogado, era o direito atribuído ao enfiteuta de fazer extinguir o domínio directo, ao fim de certo período de duração da enfiteuse, pelo pagamento ao titular daquele de uma contraprestação ou preço adequado.

V. *Enfiteuse.*

Remissão

1. (Dir. Civil) – Contrato entre o credor e o devedor pelo qual se extingue uma dívida, liberando-se, consequentemente, o seu titular passivo – artigos 863.° e segs., C.C..

Trata-se, substancialmente, a maior parte das vezes, de uma renúncia pelo credor ao seu direito, embora, juridicamente, se distinga da renúncia que é um acto abdicativo unilateral, pois tem natureza contratual.

Quando a remissão tiver carácter de liberalidade, chama-se perdão; neste caso, se for feita por negócio entre vivos, aplicam-se-lhe as regras da doação – artigos 863.°, n.° 2, e 940.° e segs., C.C..

"A remissão concedida ao devedor aproveita a terceiros" (arrastando, portanto, a remissão de dívidas acessórias ou garantias) e, sendo declarada nula ou anulada a remissão por facto imputável ao credor, "não renascem as garantias prestadas por terceiro, excepto se este conhecia o vício na data em que teve notícia da remissão" – artigo 866.°, C.C..

Se houver vários devedores solidários e houver remissão apenas em relação a um deles, os outros só ficam exonerados relativamente à parte do devedor liberado, salvo se o credor se reservar o direito a exigir a totalidade da dívida a qualquer dos condevedores solidários. Neste caso, se a algum devedor solidário for exigida a totalidade da dívida, terá ele direito de regresso contra o devedor cuja dívida havia sido objecto de remissão (v. artigo 864.°, C.C.).

V. artigos 863.° a 867.°, C.C..

V. *Contrato; Credor; Devedor; Extinção das obrigações; Liberalidade; Acto entre vivos; Doação; Terceiro; Obrigação acessória; Garantias especiais; Nulidade; Anulação; Culpa; Obrigação solidária; Condevedores; Direito de regresso.*

2. Designa-se por remissão ou norma remissiva aquela que não regula directamente uma situação ou problema, antes determina que se lhe aplique o regime já definido para uma outra; por vezes, a remissão não se verifica para a estatuição de uma ou mais normas, mas antes para a integração de uma previsão normativa, como sucede, por exemplo, no artigo 974.°, C.C., que caracteriza a ingratidão do donatário, que constitui fundamento de revogação da doação, com recurso aos fundamentos da indignidade sucessória e da deserdação.

As remissões podem, e são-no as mais das vezes, ser intra-sistemáticas, isto é, mandarem aplicar uma ou mais normas do mesmo sistema, ou extra-sistemáticas – as que mandam aplicar normas de um outro sistema, como acontece, por exemplo, com as disposições da Concordata, que mandam aplicar o direito canónico a certos aspectos do casamento católico.

V. *Norma jurídica; Previsão; Estatuição; Doação; Revogação da doação; Ingratidão; Deserdação; Indignidade; Casamento católico, Concordata.*

Remissão extra-sistemática – V. *Remissão.*

Remissão intra-sistemática – V. *Remissão.*

Remoção de cabeça-de-casal (Dir. Civil; Proc. Civil) – V. *Cabeça-de-casal.*

Remoção de depositário judicial (Proc. Civil) – O artigo 845.°, n.° 1, C.P.C., na redacção do Decreto-Lei n.° 38/2003, de 8 de Março (rectificado pela Declaração de rectificação n.° 5-C/2003, de 30 de Abril), determina que "será removido, a requerimento de qualquer interessado, o depositário que, não sendo o solicitador de execução, deixe de cumprir os deveres do seu cargo", sendo notificado para responder, no prazo de dez dias, o depositário cuja remoção seja requerida, e devendo as provas ser logo oferecidas e/ou requeridas quer com o requerimento, quer com a oposição.

V. artigos 845.° e 302.° a 304.°, C.P.C., os últimos na redacção dos Decretos-Leis n.°s 180/96, de 25 de Setembro, e 329-A/95, de 12 de Dezembro.

V. *Depositário; Requerimento; Solicitador de execução; Notificação; Prova.*

Remoção do testamenteiro (Dir. Civil; Proc. Civil) – De acordo com o artigo 2331.°, C.C., qualquer interessado no cumprimento do testamento pode requerer a remoção do testamenteiro nomeado (ou a de algum ou alguns deles, sendo a testamentaria plural, e não havendo acordo entre eles sobre o seu exercício), se aquele "[...] não cumprir com prudência e zelo os deveres do seu cargo ou mostrar incompetência no seu desempenho".

O requerente exporá ao tribunal os factos que fundamentam o pedido, devendo identificar todos os interessados, isto muito embora só o testamenteiro seja citado para contestar o pedido.

V. artigo 1472.°, C.P.C..

V. *Testamenteiro; Testamento; Citação; Contestação; Pedido.*

Remoção do tutor (Dir. Civil; Proc. Civil) – Quando o tutor não cumpra os seus deveres ou revele inaptidão para o desempenho do cargo ou, por facto posterior à sua nomeação, incorra numa das situações que impediriam a sua nomeação, será removido do cargo, tendo deixado de haver um processo especial para o efeito, com a revogação do artigo 1402.°, C.P.C., pelo Decreto-Lei n.° 227/94, de 8 de Setembro.

V. artigos 1948.° e 1949.°, C.C..

V. *Tutor.*

Renda (Dir. Civil) – 1. Prestação periódica que o inquilino (no contrato de arrendamento) está obrigado a pagar ao senhorio (artigo 1038.°-*a*), C.C.).

No arrendamento urbano, o quantitativo da renda tem de ser fixado em escudos (impõe-se, nesta como em outras que ainda se refiram à moeda que tinha curso legal no país, a substituição do escudo pelo euro), sendo nula, embora sem prejuízo da validade do contrato, a cláusula que fixe o pagamento em moeda específica ou estrangeira (artigo 19.° do Regime do Arrendamento Urbano – aprovado pelo Decreto-Lei n.° 321-B/90, de 15 de Outubro, rectificado por declaração publicada no *Diário da República,* I série, de 30 de Novembro de 1990, alterado pelo Decreto-Lei n.° 278/93, de 10 de Agosto – este alterado, por ratificação, pela Lei n.° 13/94, de 11 de Maio –, pelo Decreto-Lei n.° 163/95, de 13 de Julho, pela Lei n.° 89/95, de 1 de Setembro, pelo Decreto-Lei n.° 257/95, de 30 de Setembro, pela Lei n.° 135/99, de 28 de Agosto, pelos Decretos-Leis n.°s 64-A/ /2000, de 22 de Abril, e 329-B/2000, de 22 de Dezembro, e pelas Leis n.°s 6/2001 e 7/ /2001, ambas de 11 de Maio –, no essencial correspondente ao antigo artigo 1089.°, C.C.).

A renda, na falta de convenção ou uso em contrário, será paga no domicílio do inquilino, e vence-se, nos termos do artigo 20.° do citado R.A.U., correspondente ao anterior artigo 1090.°, C.C.: "Na falta de convenção em contrário, se as rendas estiverem em correspondência com os meses do calendário gregoriano, a primeira vencer-se-á no momento da celebração do contrato, e cada uma das restantes no primeiro dia útil do mês imediatamente anterior àquele a que diga respeito" (não podendo, por convenção das partes, a renda ser antecipada por tempo superior a um mês). V. artigos 1039.°, C.C., e 21.°, R.A.U..

Nos arrendamentos habitacionais, existem, nos termos do artigo 77.°, R.A.U., vários regimes possíveis de renda: livre, condicionada e apoiada. Enquanto a renda livre é aquela que resulta de estipulação, por livre negociação das partes, a renda condicionada, estabelecendo-se também por negociação entre as partes, não pode, porém, "exceder por mês o duodécimo do produto resultante da aplicação da taxa das rendas condicionadas ao valor actualizado do fogo, no ano da celebração do contrato" (sendo este valor o valor real, "fixado nos termos do Código das Avaliações", e sendo aquela taxa "fixada por portaria dos Ministros das Finanças e das Obras Públicas, Transportes e Comunicações"). Em regra, cabe às partes escolher, quando decidem celebrar o contrato, o regime de renda, ficando, no entanto, obrigatoriamente sujeitos ao regime de renda condicionada os arrendamentos constituídos por força de direito a novo arrendamento e os "de fogos que, tendo sido construídos para fins habitacionais pelo Estado, e seus organismos autónomos, institutos públicos, autarquias locais, misericórdias e instituições de previdência, tenham sido ou venham a ser vendidos aos respectivos moradores", como os "de fogos construídos por cooperativas de habitação económica, associações de moradores e cooperativas de habitação-construção que tenham usufruído de subsídios ao financiamento ou à construção por parte do Estado, autarquias locais ou institutos públicos", e ainda "nos demais casos previstos em legislação especial" – artigos 78.° a 82.°, R.A.U..

O regime de renda apoiada aplica-se, por seu turno, aos "prédios construídos ou adquiridos para arrendamento habitacional pelo Estado e seus organismos autónomos, institutos públicos e autarquias locais e pelas instituições particulares de solidariedade social com o apoio financeiro do Estado" (artigo 82.°, R.A.U.). O regime jurídico da renda apoiada consta do Decreto-Lei n.° 166/93, de 7 de Maio.

Dos contratos de arrendamento urbano constará obrigatoriamente o quantitativo da renda e, no arrendamento habitacional, o respectivo regime (artigo 8.° n.°s 1-*c)* e 2-*e)*, R.A.U.).

O prazo de prescrição do direito às rendas é de cinco anos (artigo 310.°-*b)*, C.C.).

O contrato de arrendamento pode ser resolvido pelo senhorio com fundamento na falta de pagamento da renda (artigos 1047.° e 1048.°, C.C., e 64.°, n.° 1-*a)*, R.A.U.), mas o direito do senhorio à resolução caduca logo que o inquilino, até à contestação da acção de despejo, pague ou deposite na Caixa Geral de Depósitos as rendas em dívida (e indemnização correspondente a 50% delas) – artigos 22.° e segs., R.A.U., e artigos 1048.° e 1041.°, C.C..

O direito à resolução do contrato caduca se a acção não for proposta dentro de um ano, a contar do conhecimento do facto que lhe serve de fundamento (artigo 65.° do R.A.U.). O Assento de 3 de Maio de 1984 viera estabelecer que, "seja instantâneo ou continuado o facto violador do contrato de arrendamento, é a partir do seu conhecimento inicial pelo senhorio que se conta o prazo de caducidade estabelecido no artigo 1094.° do Código Civil", mas o n.° 2 daquele artigo 65.° determina que o prazo de caducidade da acção de resolução, "quando se trate de facto continuado ou duradouro, conta-se a partir da data em que o facto tiver cessado".

Nos termos do artigo 56.°, n.° 2, R.A.U., o senhorio, na acção de despejo, tem direito a obter, além da resolução do contrato, o pagamento das rendas em atraso.

Os artigos 102.° a 106.°, R.A.U., estabelecem que, na sentença proferida em acção de despejo, sendo o fundamento a falta de pagamento de renda, o juiz possa fixar um prazo, não superior a um ano (contado da data do trânsito em julgado da sentença que tenha ordenado o despejo), para a desocupação do prédio, se se demonstrar que a falta do pagamento "se deve a carência de meios por parte do réu"; se for decidido o diferimento, nestes termos, "cabe ao Fundo de Socorro Social do Instituto de Gestão Financeira da Segurança Social indemnizar o autor pelas rendas vencidas e não pagas, acrescidas de juros de mora e ficando sub-rogado nos direitos daquele".

Há de ter em atenção o artigo 24.°, n.° 1, da Lei n.° 17/86, de 14 de Junho, alterada pelas Leis n.°s 118/99, de 11 de Agosto, e 96/2001, de 20 de Agosto, que estabelece que é suspensa a execução de sentença de despejo, em que a causa de pedir tenha sido a falta de pagamento de rendas, se o executado provar que o incumprimento se deveu ao facto de ter retribuições salariais em atraso referentes ao período das rendas em mora.

Qualquer que seja o respectivo regime, as rendas dos arrendamentos habitacionais são anualmente actualizáveis, em função de um coeficiente, "resultante da totalidade da variação do índice de preços no consumidor, sem habitação, correspondente aos últimos 12 meses e para os quais existam valores disponíveis à data de 31 de Agosto, apurado pelo Instituto Nacional de Estatística" – artigos 31.° a 37.°, R.A.U..

Pelo que respeita às rendas de prédios arrendados para habitação anteriormente a 1 de Janeiro de 1980, elas puderam ser objecto de correcção na vigência do contrato, nos termos da referida Lei n.° 46/85 (cfr. artigos 11.° e 12.°).

A Lei n.° 46/85 criou um subsídio de renda – cujo regime consta do Decreto-Lei n.° 68/86, de 27 de Março, alterado pela Lei n.° 21/86, de 31 de Julho, e pelo Decreto-Lei n.° 329-B/2000, de 22 de Dezembro – destinado a ocorrer às situações de dificuldade económica, em que se encontram alguns arrendatários em consequência do ajustamento ou correcção das respectivas rendas (v. artigos 22.° e segs. da referida Lei, cuja manutenção em vigor foi salvaguardada pelo artigo 12.° do D-L n.° 321-B/90).

Finalmente, há de atender-se ao disposto no artigo 18.°, R.A.U., que permite ao inquilino deduzir na renda (até ao limite de 70% da mesma), durante o tempo necessário ao seu reembolso integral, as despesas, e respectivos juros, efectuadas em obras de conservação e beneficiação do prédio, mandadas efectuar pela Câmara Municipal ao senhorio, e que nem este nem a Câmara tenham realizado, nem tenham sido voluntariamente pagas pelo senhorio.

V. *Arrendamento; Obrigação duradoura; Inquilino; Arrendamento urbano; Validade; Norma imperativa; Obrigação pecuniária; Senhorio; Nulidade; Cláusula; Usos; Domicílio; Vencimento da renda; Arrendamento para habitação; Renda livre; Renda apoiada; Fogo; Preferência no arrendamento; Renda condicionada; Prescrição; Resolução do arrendamento; Despejo; Caducidade; Contestação; Indemnização moratória; "Purgatio morae"; Pedido; Cumulação de pedidos; Sentença; Trânsito em julgado; Diferimento da desocupação; Réu; Autor; Juros de mora; Sub-rogação; Causa de pedir; Executado; Actualização de rendas; Subsídio de renda; Obras.*

Renda apoiada (Dir. Civil) – Diz-se apoiada a renda quando o seu montante é subsidiado, "vigorando, ainda, regras específicas quanto à sua determinação e actualização".

V. artigo 82.°, R.A.U. (aprovado pelo Decreto-Lei n.° 321-B/90, de 15 de Outubro, rectificado por declaração publicada no *Diário da República*, I série, de 30 de Novembro de 1990, alterado pelo Decreto-Lei n.° 278/93, de 10 de Agosto – este alterado, por ratificação, pela Lei n.° 13/94, de 11 de Maio –, pelo Decreto-Lei n.° 163/95, de 13 de Julho, pela Lei n.° 89/95, de 1 de Setembro, pelo Decreto-Lei n.° 257/95, de 30 de Setembro, pela Lei n.° 135/99, de 28 de Agosto, pelos Decretos-Leis n.°s 64-A/ /2000, de 22 de Abril, e 329-B/2000, de 22 de Dezembro, e pelas Leis n.°s 6/2001 e 7/2001, ambas de 11 de Maio).

O regime jurídico da renda apoiada foi definido pelo Decreto-Lei n.° 166/93, de 7 de Maio, que estabeleceu que ficariam sujeitos ao regime de renda apoiada "os arrendamentos das habitações do Estado, seus organismos autónomos e institutos públicos, bem como os das adquiridas ou promovidas pelas Regiões Autónomas, pelos municípios e pelas instituições particulares de solidariedade social com comparticipações a fundo perdido concedidas pelo Estado, celebrados após a entrada em vigor do presente diploma", ficando sujeitos ao mesmo regime "os arrendamentos das habitações adquiridas ou promovidas pelas Regiões Autónomas, comparticipadas a fundo perdido pela respectiva Região, celebrados após a entrada em vigor do presente diploma".

O valor da renda apoiada é determinado pela aplicação da chamada taxa de esforço ao rendimento mensal corrigido do agregado familiar, sendo o produto arredondado para a dezena de escudos imediatamente inferior e não podendo exceder o valor do preço técnico nem ser inferior a 1% do salário mínimo nacional; o artigo 8.° enuncia os critérios de actualização do montante da renda.

V. *Renda; Subsídio de renda; Arrendamento para habitação.*

Renda condicionada (Dir. Civil) – Designa-se por renda condicionada aquela que, sendo estabelecida por livre negociação das partes no contrato de arrendamento habitacional, não pode "exceder por mês o duodécimo do produto resultante da aplicação da taxa das rendas condicionadas ao valor actualizado do fogo, no ano da celebração do contrato" (artigo 79.° do Regime do Arrendamento Urbano, aprovado pelo Decreto-Lei n.° 321-B/90, de 15 de Outubro, rectificado por declaração publicada no *Diário da República*, I-A série, de 20 de Novembro de 1990, e alterado pelo

Decreto-Lei n.° 278/93, de 10 de Agosto – este alterado, por ratificação, pela Lei n.° 13/94, de 11 de Maio –, pelo Decreto-Lei n.° 163/95, de 13 de Julho, pela Lei n.° 89/95, de 1 de Setembro, pelo Decreto-Lei n.° 257/95, de 30 de Setembro, pela Lei n.° 135/99, de 28 de Agosto, pelos Decretos-Leis n.°s 64-A/2000, de 22 de Abril, e 329-B/2000, de 22 de Dezembro, e pelas Leis n.°s 6/2001 e 7/2001, ambas de 11 de Maio) O n.° 2 do mesmo preceito dispõe que "a taxa das rendas condicionadas é fixada por portaria dos Ministros das Finanças e das Obras Públicas, Transportes e Comunicações", e o artigo 80.° estabelece que "o valor actualizado dos fogos é o seu valor real, fixado nos termos do Código das Avaliações". A Portaria n.° 1232/90, de 28 de Dezembro, fixou em 8% a taxa das rendas condicionadas.

O regime de renda condicionada pode ser estabelecido por livre acordo das partes no contrato de arrendamento, sendo tal regime obrigatório nos seguintes casos:

a) nos arrendamentos celebrados, por força do direito, conferido pelos artigos 66.°, n.° 2, e 90.° do diploma citado, a novo arrendamento com pessoas que vivessem em economia comum há mais de 5 anos com o arrendatário falecido;

b) nos arrendamentos transmitidos, por morte do primitivo arrendatário ou daquele a quem tiver sido cedida a sua posição contratual, para descendentes com mais de 26 anos e menos de 65, para ascendentes com menos de 65 anos ou para afins na linha recta nas mesmas condições, ou ainda para descendentes ou afins menores de 26 anos que completem aquela idade decorrido um ano sobre a morte do arrendatário – artigo 87.°, n.°s 1 e 2. O regime de renda condicionada só não se aplica nos casos descritos quando:

"*a')* O descendente for portador de deficiência a que corresponda incapacidade superior a dois terços;

b') O descendente ou o ascendente se encontrem na situação de reforma por invalidez absoluta ou, não beneficiando de pensão de invalidez, sofra de incapacidade total para o trabalho;

c') O afim na linha recta se encontre nas condições referidas nas alíneas anteriores".

Os artigos 89.°-A a 89.°-D, introduzidos pelo citado DL n.° 278/93, permitiram que o senhorio, nestes casos de transmissão do arrendamento, em alternativa ao regime de renda condicionada, optasse pela denúncia do contrato nas condições aí previstas.

c) nos arrendamentos "de fogos que, tendo sido construídos para fins habitacionais pelo Estado, e seus organismos autónomos, institutos públicos, autarquias locais, misericórdias e instituições de previdência, tenham sido ou venham a ser vendidos aos respectivos moradores";

d) nos arrendamentos "de fogos construídos por cooperativas de habitação económica, associações de moradores e cooperativas de habitação-construção que tenham usufruído de subsídios ao financiamento ou à construção por parte do Estado, autarquias locais ou institutos públicos";

e) "nos demais casos previstos em legislação especial".

A renda condicionada é susceptível de actualização anual, nos termos previstos nos artigos 32.° a 37.° do mesmo diploma.

O artigo 81.°-A, R.A.U., introduzido pelo citado DL n.° 278/93, permite ao senhorio, em certos casos nele caracterizados, suscitar uma actualização obrigatória da renda até ao que seria o seu valor em regime de renda condicionada, "quando o arrendatário resida na área metropolitana de Lisboa ou do Porto e tenha outra residência ou for proprietário de imóvel nas respectivas áreas metropolitanas, ou quando o arrendatário resida no resto do País e tenha outra residência ou seja proprietário de imóvel nessa mesma comarca, e desde que os mesmos possam satisfazer as respectivas necessidades habitacionais imediatas".

O Decreto-Lei n.° 329-A/2000, de 22 de Dezembro, estabelece os critérios a observar para a determinação do valor da renda condicionada.

Os arrendamentos de imóveis habitacionais destinados à habitação própria de jovens nacionais com menos de 30 anos que reúnam certas condições em regime de renda condicionada podem ter um incentivo ao arrendamento por jovens, previsto e regulado pelo Decreto-Lei n.° 162/92, de 5 de Agosto.

V. *Renda; Arrendamento urbano; Arrendamento para habitação; Celebração do contrato; Preferência no arrendamento; Economia comum; Cessão da posição contratual; Descendente; Ascendente; Afinidade; Linha; Transmissão do arrendamento; Deficiente; Fogo; Caducidade do arrendamento; Actualização de rendas; Residência; Imóvel; Comarca; Incentivo ao arrendamento por jovens.*

Renda livre (Dir. Civil) – Diz-se livre, no contrato de arrendamento urbano, a renda que é estabelecida por negociação das partes, podendo estas convencionar, no próprio contrato ou em documento posterior, o regime de actualização anual das rendas – artigo 78.° do Regime do Arrendamento Urbano, aprovado pelo Decreto-Lei n.° 321-B/90, de 15 de Outubro, rectificado por declaração publicada no *Diário da República*, I série, de 30 de Novembro de 1990, e alterado pelo Decreto-Lei n.° 278/ /93, de 10 de Agosto – tendo este sido alterado, por ratificação, pela Lei n.° 13/94, de 11 de Maio –, pelo Decreto-Lei n.° 163/ /95, de 13 de Julho, pela Lei n.° 89/95, de 1 de Setembro, pelo Decreto-Lei n.° 257/ /95, de 30 de Setembro, pela Lei n.° 135/ /99, de 28 de Agosto, pelos Decretos-Leis n.°s 64-A/2000, de 22 de Abril, e 329-B/ /2000, de 22 de Dezembro, e pelas Leis n.°s 6/2001 e 7/2001, ambas de 11 de Maio.

Deixou de vigorar a limitação, imposta pelo n.° 2 do artigo 30.°, de que as convenções de actualização de rendas nunca poderiam conduzir a montantes de renda superiores aos que resultassem da aplicação da lei, sob pena de invalidade: é, pois, hoje, completamente livre a estipulação de aumentos anuais de rendas nos arrendamentos urbanos. Note-se, porém, que esta permissão de livre ajustamento convencional de aumentos anuais de renda não se estende aos arrendamentos a prazo.

Os jovens que sejam cidadãos nacionais, tenham menos de 30 anos e reúnam certos requisitos, quando arrendem imóvel habitacional para habitação própria em regime de renda livre, ao abrigo do R.A.U., podem beneficiar de um incentivo ao arrendamento por jovens, previsto e regulado no Decreto-Lei n.° 162/92, de 5 de Agosto.

V. *Renda; Arrendamento urbano; Documento; Actualização de rendas; Arrendamento a prazo; Cidadania; Incentivo ao arrendamento por jovens.*

Renda perpétua (Dir. Civil) – Contrato, feito por escritura pública, em que uma das partes transfere para a outra a propriedade de certa soma de dinheiro ou de uma coisa, móvel ou imóvel, ou um direito, comprometendo-se a segunda a pagar-lhe determinada quantia em dinheiro ou outra coisa fungível, como renda, e sem limite de tempo.

O contrato de renda perpétua pode consubstanciar-se numa doação com cláusula modal (a favor do doador ou de terceiro) ou constituir um contrato análogo à compra e venda (e sujeito ao regime desta, por força do artigo 939.°, C.C.), em que a obrigação de pagamento da renda desempenha, economicamente, a função do preço.

V. artigos 1231.° e segs., C.C..

V. *Contrato; Eficácia real; Escritura pública; Direito de propriedade; Móvel; Imóvel; Coisa fungível; Doação; Modo; Compra e venda; Contrato a favor de terceiros.*

Renda temporária (Dir. Civil) – A indemnização pode ser judicialmente fixada, a requerimento do lesado, sob a forma de renda temporária, isto é, sob a forma de uma prestação periódica a pagar pelo lesante ao lesado durante um dado prazo ou termo incerto.

V. artigo 567.°, C.C..

V. *Indemnização em renda; Prazo; Termo incerto.*

Renda vitalícia (Dir. Civil)

1. É um contrato semelhante ao de renda perpétua, mas em que o pagamento da renda é devido durante a vida do alienante ou de terceiro. Em princípio, o contrato de renda vitalícia tem de ser celebrado por escrito e, em alguns casos, por escritura pública.

V. artigos 1238.° e segs., C.C., tendo o artigo 1239.° a redacção do Decreto-Lei n.° 343/98, de 6 de Novembro.

2. A indemnização pode ser fixada sob a forma de renda vitalícia, nos termos do n.° 1 do artigo 567.°, C.C..

V. *Contrato; Renda perpétua; Documento particular; Escritura pública; Indemnização em renda.*

Renovação da execução (Proc. Civil) – O artigo 920.°, n.° 1, C.P.C., determina que a execução já extinta pode renovar-se, quando o título tenha trato sucessivo e se pretenda obter o pagamento de prestações que se tenham vencido após a extinção.

Também, nos termos do n.° 2 da mesma disposição, na redacção do Decreto-Lei n.° 38/2003, de 8 de Março (rectificado pela Declaração de rectificação n.° 5-C/2003, de 30 de Abril), haverá renovação da execução, quando tal seja requerido, no prazo de 10 dias contados da notificação da extinção da execução, por credor de crédito vencido e que haja reclamado para ser pago pelo produto de bens penhorados que não tenham chegado a ser vendidos ou adjudicados: neste caso, prossegue a execução para efectiva verificação, graduação e pagamento do crédito do requerente.

V. *Execução; Título executivo; Prestação; Vencimento; Requerimento; Extinção da execução; Reclamação de créditos; Penhora; Venda judicial; Adjudicação; Verificação de créditos; Graduação de credores.*

Renovação da instância (Proc. Civil) – Em alguns casos, a instância, depois de extinta, pode renovar-se. Por exemplo, o artigo 269.°, C.P.C., que tem a redacção do Decreto-Lei n.° 180/96, de 25 de Setembro, admite que, "até ao trânsito em julgado da decisão que julgue ilegítima alguma das partes por não estar em juízo determinada pessoa, pode o autor ou reconvinte chamar essa pessoa a intervir", sendo que, "quando a decisão prevista no número anterior tiver posto termo ao processo, o chamamento pode ter lugar nos 30 dias subsequentes ao trânsito em julgado; admitido o chamamento, a instância extinta considera-se renovada, recaindo sobre o autor ou reconvinte o encargo do pagamento das custas em que tiver sido condenado".

De acordo com o artigo 1423.°-A, C.P.C. (introduzido pelo Decreto-Lei n.° 513-X/ /79, de 27 de Dezembro), se o processo de divórcio ou separação por mútuo consentimento houverem resultado de conversão do primitivo divórcio ou separação litigiosos e se, naquele, o divórcio ou a separação não chegar a ser decretado por qualquer motivo – que não seja a reconciliação dos cônjuges –, "pode qualquer das partes da primitiva acção pedir a renovação desta instância".

Também no processo executivo se pode verificar a renovação da instância já extinta: assim sucede no caso do artigo 920.°, C.P.C. – na redacção do Decreto-Lei n.° 38/ /2003, de 8 de Março, rectificado pela Declaração de rectificação n.° 5-C/2003, de 30 de Abril –, isto é, quando o título executivo tenha trato sucessivo e se venham ao processo exigir prestações cujo vencimento foi posterior à extinção da execução.

V. *Instância; Extinção da instância; Trânsito em julgado; Legitimidade; Intervenção principal; Autor; Reconvinte; Custas; Separação judicial de pessoas e bens; Divórcio; Reconciliação; Execução; Título executivo; Prestação; Vencimento; Extinção da execução; Renovação da execução.*

Renovação do contrato (Dir. Civil) – Quando o contrato tenha termo (certo ou incerto, legal ou convencional), caduca uma vez atingido este. Pode, no entanto, renovar-se por convenção das partes nesse sentido, ou por determinação da lei (que nuns casos impõe a sua "denúncia", por uma das partes à outra, para se operarem os efeitos extintivos emergentes da caducidade, sem o que haverá renovação automática – é o que preceituam, por exemplo, os artigos 1054.° a 1056.°, C.C. – e noutros casos impõe a renovação automática –, v. artigo 1056.°, C.C.).

V. *Contrato; Contrato a termo; Termo incerto; Convenção; Caducidade; Denúncia; Oposição à renovação.*

Renúncia (Dir. Civil) – Acto voluntário pelo qual uma pessoa perde um direito de que é titular, sem uma concomitante atribuição ou transferência dele para outrem: a renúncia é, pois, um negócio unilateral abdicativo – e, por isso, dispositivo – do direito.

Consoante se trata de direito real ou de direito sucessório, a renúncia toma as designações, respectivamente, de abandono e repúdio.

No entanto, quanto ao usufruto, uso e habitação, a lei fala expressamente em renúncia (artigos 1476.°, n.°s 1-*e)* e 2, e 1485.°, C.C.), como, aliás, também o faz quanto à hipoteca (artigo 731.°, C.C., na redacção do Decreto-Lei n.° 163/95, de 13 de Julho).

Quanto aos direitos de crédito, a renúncia não é admitida, em termos gerais, como forma da sua extinção, consubstanciando-se a extinção de uma obrigação num acordo entre o credor e o devedor (remissão). Há, porém, pelo menos, um caso em que a lei prevê a renúncia unilateral a um direito creditício: trata-se da atribuição, pelo artigo 469.°, C.C., desse sentido à aprovação da gestão pelo dono do negócio quanto ao direito a indemnização de prejuízo que haja sofrido.

"O direito a alimentos não pode ser renunciado ou cedido, bem que estes possam deixar de ser pedidos e possam renunciar-se as prestações vencidas" – n.° 1 do artigo 2008.°, C.C..

V. *Direito subjectivo; Negócio jurídico unilateral; Acto de disposição; Direito real; Abandono; Remissão; Repúdio; Usufruto; Uso (Direito de); Habitação (Direito de); Crédito; Extinção das obrigações.*

Renúncia abdicativa (Dir. Civil) – V. *Renúncia; Renúncia da herança.*

Renúncia à capacidade (Dir. Civil) – O artigo 69.°, C.C., dispõe que "ninguém pode renunciar, no todo ou em parte, à sua capacidade jurídica".

V. *Renúncia; Capacidade.*

Renúncia à herança (Dir. Civil) – V. *Renúncia da herança.*

Renúncia à hipoteca (Dir. Civil) – Uma das formas de extinção da hipoteca é a renúncia do credor: para ser válida, a renúncia "deve ser expressa e exarada em documento autenticado", não carecendo, para ser eficaz, "de aceitação do devedor ou do autor da hipoteca". "Os administradores de patrimónios alheios não podem renunciar às hipotecas constituídas em benefício das pessoas cujos patrimónios administram". V. artigos 730.°-*d)* e 731.°, C.C., cujo artigo n.° 1 tem a redacção do Decreto-Lei n.° 163/95, de 13 de Julho.

V. *Renúncia; Hipoteca; Declaração negocial; Forma; Documento autenticado.*

Renúncia ao mandato (Dir. Civil) – Esta expressão designa a revogação do mandato por parte do mandatário: este é sempre livre de o fazer, embora possa ter de indemnizar o mandante, se lhe causar prejuízo com a renúncia.

A obrigação de indemnização existe, designadamente, nos casos de ter sido convencionada a irrevogabilidade de ter havido renúncia ao direito de revogação ou de a revogação não ser feita com a antecedência necessária para que o mandante possa substituir o mandatário ou para que, por outra forma, possa prover aos seus interesses.

V. artigos 1170.° a 1173.°, C.C.. (Proc. Civil) – Sendo o mandato judicial, a renúncia a este confunde-se com a renúncia à procuração outorgada pelo mandante ao mandatário. O artigo 39.°, n.°s 1 e 2, C.P.C., na redacção do Decreto-Lei n.° 180/96, de 25 de Setembro, determina que "a renúncia do mandato [deve] ter lugar no próprio processo", devendo ser notificada ao mandatário, ao mandante e à parte contrária, e produz efeitos a partir da notificação; esta última tem de ser pessoal quanto ao mandante e acompanhada da advertência de que, se não constituir novo mandatário no prazo de 20 dias, contado da notificação, "suspende-se a instância, se a falta for do autor; se for do réu, o processo segue os seus termos, aproveitando-se os actos anteriormente praticados pelo advogado"; nos termos do n.° 6 do mesmo artigo (este na redacção do Decreto-Lei n.° 329-A/95, de 12 de Dezembro), "se o réu tiver deduzido reconvenção, esta fica sem efeito, quando for dele a falta [...]; sendo a falta do autor, seguirá só o pedido reconvencional, decorridos que sejam 10 dias sobre a suspensão da acção".

V. *Mandato; Mandatário; Indemnização; Mandante; Procuração; Revogação da procuração; Mandato judicial; Notificação; Suspensão da instância; Autor; Réu; Reconvenção.*

Renúncia ao poder paternal (Dir. Civil) – "Os pais não podem renunciar ao poder paternal nem a qualquer dos direitos que ele especialmente confere, sem prejuízo do que neste Código se dispõe acerca da adopção" – artigo 1882.°, C.C..

V. *Poder paternal; Adopção; Irrenunciabilidade.*

Renúncia ao recurso (Proc. Civil) – A lei permite às partes renunciar aos recursos que tivessem ou tenham direito a interpor, mas determina que a eficácia da renúncia antecipada de uma das partes depende de idêntica declaração da parte contrária. V. artigo 681.°, C.P.C., cujo n.° 5 tem a redacção do Decreto-Lei n.° 329-A/95, de 12 de Dezembro.

O n.° 4 do artigo 682.°, C.P.C., estabelece que, "salvo declaração expressa em contrário, a renúncia ao direito de recorrer ou a aceitação, expressa ou tácita, da decisão por parte de um dos litigantes não obsta à interposição do recurso subordinado, desde que a parte contrária recorra da decisão".

Nos termos do artigo 29.°, n.° 2, da Lei n.° 31/86, de 29 de Agosto, alterada pelo Decreto-Lei n.° 38/2003, de 8 de Março – rectificado pela Declaração de rectificação n.° 5-C/2003, de 30 de Abril –, existe uma renúncia tácita aos recursos das decisões de tribunal arbitral quando as partes, na convenção de arbitragem, autorizem os árbitros a julgar segundo a equidade.

V. *Renúncia; Recurso; Parte; Recurso subordinado; Tribunal arbitral; Convenção de arbitragem; Equidade.*

Renúncia à procuração (Dir. Civil; Proc. Civil) – A procuração extingue-se por renúncia do procurador, nos termos do artigo 265.°, n.° 1, C.C., devendo este, de acordo com o artigo 267.° do mesmo Código, restituir o documento de onde constavam os seus poderes logo que a ela renuncie. A renúncia por parte do procurador é em princípio livre, dado que da procuração não emerge para ele qualquer obrigação face ao representado.

Em processo civil, não estando estabelecida a distinção entre o mandato e a procuração, sendo esta a forma que reveste o mandato judicial, a renúncia à procuração é tratada pelo Código de Processo Civil como *renúncia ao mandato* (v. esta expressão).

V. *Procuração; Documento; Poderes representativos; Obrigação; Mandato; Mandato judicial.*

Renúncia à solidariedade (Dir. Civil) – Havendo um regime de solidariedade passiva, o credor pode renunciar, relativamente a um ou alguns dos devedores, à solidariedade. Em tal caso, manterá contra os restantes o direito à prestação por inteiro.

Como observam Pires de Lima e Antunes Varela, *Código Civil Anotado,* Vol. I, 4.ª edição, pág. 541, "a renúncia à solidariedade em favor de um ou alguns dos devedores não corresponde à remissão concedida a um ou a alguns deles, com reserva do direito, por inteiro, em relação aos outros, hipótese prevista no n.° 2 do artigo 864.°. É que, no primeiro caso – renúncia à solidariedade – o credor pode pedir ao devedor beneficiado a sua parte na dívida, o que não acontece no segundo. Naquele caso, o credor apenas renuncia, em relação a certo devedor, ao direito que lhe advém do regime especial da solidariedade, isto é, ao direito de lhe exigir o cumprimento integral, ao passo que no outro remite o seu próprio direito de crédito em relação a esse devedor".

V. artigo 527.°, C.C..

V. *Solidariedade; Remissão; Condevedores; Prestação.*

Renúncia da herança (Dir. Civil) – Acto pelo qual o sucessível chamado declara não a aceitar. A doutrina distingue a *renúncia abdicativa,* que é a renúncia pura e simples (ou repúdio), da *renúncia devolutiva,* que se verifica quando o chamado declara renunciar apenas a favor de alguns dos sucessíveis, caso em que a estes é devolvida a quota da herança que caberia ao renunciante.

V. *Sucessível; Herança; Repúdio.*

Renúncia da prescrição (Dir. Civil) – A prescrição é irrenunciável antes de ter decorrido todo o prazo prescricional; depois disso, pode renunciar, expressa ou tacitamente, a ela quem puder dispor do benefício criado pela prescrição, não sendo necessária a aceitação pela outra parte.

V. artigo 302.°, C.C..

V. *Prescrição; Irrenunciabilidade; Declaração negocial.*

Renúncia devolutiva (Dir. Civil) – V. *Renúncia da herança.*

Renúncia do mandato (Dir. Civil; Proc. Civil) – V. *Renúncia ao mandato; Mandato;*

Revogação do mandato; Mandatário; Mandato judicial; Procuração forense.

Reocupação do prédio (Dir. Civil) – Quando o senhorio se opõe à renovação do contrato de arrendamento urbano – aquilo que a lei designa por denúncia do contrato – com fundamento em necessidade do prédio para sua habitação ou dos seus descendentes em 1.° grau, ou com o de ampliar o prédio ou construir novos edifícios por forma a aumentar o número de locais arrendáveis, nos termos do artigo 69.° do Regime do Arrendamento Urbano (aprovado pelo Decreto-Lei n.° 321-B/90, de 15 de Outubro, rectificado por declaração publicada no *Diário da República*, I-A série, de 30 de Novembro de 1990, e alterado pelo Decreto-Lei n.° 278/93, de 10 de Agosto – este alterado, por ratificação, pela Lei n.° 13/94, de 11 de Maio –, pelo Decreto-Lei n.° 163/95, de 13 de Julho, pela Lei n.° 89/95, de 1 de Setembro, pelo Decreto-Lei n.° 257/95, de 30 de Setembro, pela Lei n.° 135/99, de 28 de Agosto, pelos Decretos-Leis n.°s 64-A/2000, de 22 de Abril, e 329-B/2000, de 22 de Dezembro, e pelas Leis n.°s 6/2001 e 7/2001, ambas de 11 de Maio), o n.° 2 do artigo 72.° do mesmo diploma dispõe o seguinte: "Se o senhorio, desocupado o prédio, não o for habitar dentro de 60 dias, ou o tiver devoluto durante mais de um ano sem motivo de força maior, ou não permanecer nele durante três anos, e bem assim se ele não tiver feito, dentro desse mesmo prazo, a obra justificativa da denúncia, o arrendatário despedido tem direito, além da indemnização fixada no número anterior, à importância correspondente a dois anos de renda e pode reocupar o prédio, salvo, em qualquer dos casos mencionados, a ocorrência de morte ou deslocação forçada do senhorio não prevista à data do despejo".

V. *Prédio; Senhorio; Arrendamento urbano; Renovação do contrato; Denúncia; Oposição à renovação do contrato; Descendente; Grau de parentesco; Edifício; Caso de força maior; Indemnização; Despejo; Mandado de ocupação ou reocupação.*

Reparação ao ofendido (Dir. Civil) – Sendo esta expressão susceptível de designar, com propriedade, outras realidades jurídicas, em particular a de um sujeito ter obrigação de indemnizar outro pelos prejuízos que lhe tiver causado, usa-se aqui no sentido apenas de significar uma medida tutelar educativa, prevista na Lei Tutelar Educativa (diploma que substituiu, em parte, a anteriormente designada O.T.M., que já fora depois chamada Lei Tutelar de Menores), aprovada pela Lei n.° 166/99, de 14 de Setembro.

De acordo com o artigo 11.°, n.° 1, desta Lei, "consiste em o menor:

a) Apresentar desculpas ao ofendido;

b) Compensar economicamente o ofendido, no todo ou em parte, pelo dano patrimonial;

c) Exercer, em benefício do ofendido, actividade que se conexione com o dano, sempre que for possível e adequado".

O n.° 2 do mesmo artigo esclarece que o pedido de desculpas consiste "em o menor exprimir o seu pesar pelo facto, por qualquer das seguintes formas:

a) Manifestação, na presença do juiz e do ofendido, do seu propósito de não repetir factos análogos;

b) Satisfação moral ao ofendido, mediante acto que simbolicamente traduza arrependimento".

A apresentação de desculpas é uma medida que não pode ser imposta judicialmente, pois exige o consentimento do menor, o que é bem compreensível, dadas as suas natureza e teleologia.

Por seu lado, o n.° 3 dispõe que a compensação económica pode ser realizada em prestações, "desde que não desvirtue o significado da medida, atendendo o juiz, na fixação do montante da compensação ou da prestação, apenas às disponibilidades económicas do menor". Quanto à actividade em benefício do ofendido – que tem o limite máximo de doze horas, distribuídas, no máximo, por quatro semanas – diz o n.° 4 que ela "não pode ocupar mais de dois dias por semana e três horas por dia e respeita o período de repouso do menor, devendo salvaguardar um dia de descanso semanal e ter em conta a frequência da escolaridade, bem como outras actividades que o tribunal considere importantes para a formação do menor".

V. *Indemnização; Menor; Medida tutelar; Dano patrimonial.*

Reparação do agravo (Proc. Civil) – V. *Agravo; Despacho de reparação.*

Reparações (Dir. Civil) – V. *Obras; Benfeitorias.*

Repetição do indevido (Dir. Civil) – Reembolso do que foi prestado para cumprir uma obrigação que não era devida.

As hipóteses de repetição do indevido legalmente previstas são três:

a) A prestação dirigida ao cumprimento de uma obrigação inexistente; o cumprimento espontâneo de uma obrigação natural não dá lugar a repetição do que foi prestado, pois a obrigação natural não é inexistente; se o cumprimento, realizado por erro desculpável, se referir a uma obrigação existente, mas ainda não vencida, só há lugar "à repetição daquilo com que o credor se enriqueceu por efeito do cumprimento antecipado".

V. artigos 476.° e 403.°, n.° 1, C.C..

b) A prestação que visava o cumprimento de uma obrigação alheia, quando o *solvens* se encontrava na convicção errónea de que a obrigação era própria, sendo o seu erro desculpável; neste caso, só não há direito de repetição – ficando, porém, o *solvens* sub-rogado nos direitos do credor – se o credor, "desconhecendo o erro do autor da prestação, se tiver privado do título ou das garantias do crédito, tiver deixado prescrever ou caducar o seu direito, ou não o tiver exercido contra o devedor ou contra o fiador enquanto solventes".

V. artigo 477.°, C.C..

c) A prestação realizada para cumprir uma obrigação alheia que o *solvens* crê estar obrigado a cumprir (por, por exemplo, estar erroneamente convencido de que é fiador dessa obrigação), quando o credor conhece o erro ao receber a prestação; se o credor desconhecer o erro do autor do cumprimento, este não tem direito de repetição contra aquele, "mas apenas o direito de exigir do devedor exonerado aquilo com que este injustamente se locupletou".

V. artigo 478.°, C.C..

V. *Obrigação; Cumprimento; Vencimento; "Solvens"; Erro desculpável; Sub-rogação; Garantias especiais; Prescrição; Caducidade; Fiança; Enriquecimento sem causa; Obrigação de restituir; Obrigação natural.*

Réplica

1. (Proc. Civil) – Nas acções com processo ordinário, a réplica é o articulado em que o autor pode responder à matéria de excepção que tenha sido deduzida na contestação do réu ou defender-se quanto à matéria de reconvenção que eventualmente tenha sido formulada; quando se tratar de acção de simples apreciação negativa, "a réplica serve para o autor impugnar os factos constitutivos que o réu tenha alegado e para alegar os factos impeditivos ou extintivos do direito invocado pelo réu".

O prazo para a apresentação da réplica é de quinze dias a contar daquele em que o autor for, ou se dever considerar haver sido, notificado da apresentação da contestação.

Quando houver reconvenção ou quando a acção for de simples apreciação negativa, este prazo é de trinta dias.

V. artigo 502.°, C.P.C. (o n.° 3 tem a redacção do Decreto-Lei n.° 329-A/95, de 12 de Dezembro).

Em processo sumário, só há lugar a resposta à contestação (ou réplica) se houver sido deduzida alguma excepção pelo réu (e então a resposta à contestação deve ser apresentada no prazo de dez dias e está limitada à matéria de excepção), se se tratar de acção de simples apreciação negativa ou ainda se o réu houver deduzido reconvenção (nestes casos, a resposta deve ser apresentada no prazo de vinte dias).

V. artigos 785.° e 786.°, C.P.C., na redacção do Decreto-Lei n.° 329-A/95.

O Assento do Supremo Tribunal de Justiça de 26 de Maio de 1994, publicado no *Diário da República*, I-A série, de 21 de Julho do mesmo ano, rectificado por Rectificação publicada no *Diário da República*, I-A série, de 12 de Setembro de 1994, decidiu: "A nulidade resultante de simples ininteligibilidade da causa de pedir, se não tiver provocado indeferimento liminar, é sanável através de ampliação fáctica em réplica, se o processo admitir este articulado e respeitado que seja o princípio do contraditório através da possibilidade de tréplica".

Em processo sumaríssimo, não há réplica.

V. *Processo ordinário; Articulados; Autor; Réu; Contestação; Reconvenção; Excepção;*

Acção de simples apreciação; Facto constitutivo; Facto impeditivo; Facto extintivo; Direito subjectivo; Notificação; Causa de pedir; Indeferimento liminar; Princípio do contraditório; Processo sumário; Nulidade processual; Tréplica; Processo sumaríssimo.

2. A Lei n.° 32/2003, de 22 de Agosto (Lei da Televisão), fala de réplica política para designar o direito que têm os partidos representados na Assembleia da República e que não façam parte do Governo a responder, no serviço público de televisão, "às declarações políticas proferidas pelo Governo [...] no serviço público de televisão que directamente os atinjam", devendo a resposta ter a mesma duração e o mesmo relevo que as declarações que lhes tiverem dado origem. A este direito de réplica são aplicáveis as normas dos artigos 59.° a 63.° da mesma Lei relativas ao exercício do direito de resposta.

V. artigo 58.° da mesma Lei.

Representação

1. (Dir. Civil)

a) – Actua em representação de outrem aquele (representante) que realiza um ou mais actos jurídicos em nome desse outrem (o representado). Tendo o representante poderes para praticar o acto em nome alheio e confinando-se, na realização dele, aos limites dos poderes que lhe competem, aquele produz os seus efeitos na esfera jurídica do representado.

Se o acto for praticado em nome de outrem sem que tenha havido atribuição de poderes de representação ao seu autor, o acto é ineficaz em relação ao representado enquanto não for por ele ratificado, o mesmo acontecendo se o representante exceder os poderes que detém, desde que a outra parte conhecesse ou devesse conhecer o abuso.

A representação diz-se *legal*, quando resulta da lei para suprir as incapacidades do menor (artigo 124.°, C.C.), do interdito (artigo 139.°, C.C.) e até mesmo do inabilitado (artigo 154.°, C.C.); e *voluntária*, quando resulta de negócio unilateral denominado procuração: "acto pelo qual alguém atribui a outrem, voluntariamente, poderes representativos" (artigo 262.°, C.C.).

Os poderes de representação podem ser atribuídos para uma generalidade de actos, para uma categoria de actos ou para um acto em concreto, isto é, o representante pode ter poderes gerais ou especiais para um acto.

V. artigos 258.° e segs., 1178.° e 1179.°, C.C..

V. *Acto jurídico; Poderes representativos; Esfera jurídica; Incapacidade; Menor; Interdição; Inabilitação; Abuso de representação; Representação sem poderes; Ineficácia; Ratificação; Procuração; Mandato.*

b) – No domínio das sucessões, o termo significa o direito que têm "os descendentes de um herdeiro ou legatário a ocupar a posição daquele que não pôde ou não quis aceitar a herança ou o legado" a ser chamados à sucessão – artigo 2039.°, C.C..

V. *Sucessão; Direito de representação; Descendente; Herança; Legado; Aceitação da herança.*

c) – Nos termos do artigo 107.° do Código do Direito de Autor e dos Direitos Conexos (Decreto-Lei n.° 63/85, de 14 de Março, na redacção das Leis n.°s 45/85, de 17 de Setembro, e 114/91, de 3 de Setembro, dos Decretos-Leis n.°s 332/97, 333/97 e 334/97, todos de 27 de Novembro, e da Lei n.° 50/2004, de 24 de Agosto), "representação é a exibição perante espectadores de uma obra dramática, dramático-musical, coreográfica, pantomímica ou outra de natureza análoga, por meio de ficção dramática, canto, dança, música ou outros processos adequados, separadamente ou combinados entre si".

"A recitação de uma obra literária e a execução por instrumentos ou por instrumentos e cantores de obra musical ou literário-musical são equiparadas à representação definida no artigo 107.°" – artigo 121.° do Código do Direito de Autor.

Os artigos 109.° e segs. deste diploma ocupam-se do regime jurídico do contrato de representação.

V. *Direito de autor; Contrato de representação.*

e) – A Lei n.° 43/90, de 10 de Agosto, alterada pela Lei n.° 6/93, de 1 de Março, que se ocupa do regime do exercício do direito de petição, caracteriza a representação, modalidade de petição, como "a exposição destinada a manifestar opinião contrária da perfilhada por qualquer entidade ou a chamar a atenção de uma autoridade pública relativamente a certa situação ou acto, com vista à sua revisão ou à ponderação dos seus efeitos". O artigo 52.°, n.° 1, da Constituição da República que "todos os cidadãos têm o direito de apresentar, individual ou colectivamente, aos órgãos de soberania, aos órgãos de governo próprio das regiões autónomas ou a quaisquer autoridades petições, representações, reclamações ou queixas para defesa dos seus direitos, da Constituição, das leis ou do interesse geral"; o n.° 2 da mesma disposição determina que "a lei fixa as condições em que as petições apresentadas colectivamente à Assembleia da República e às Assembleias Legislativas das regiões autónomas são apreciadas em reunião plenária".

V. *Direito de petição.*

2. (Proc. Civil)

a) – A incapacidade judiciária é suprida, em regra, pela representação do incapaz em juízo.

Se se tratar de inabilitado – quando se trate de acto que ele não possa praticar pessoal e livremente, nos termos da lei e da sentença de inabilitação –, este não tem de ser representado, mas a sua intervenção fica subordinada à orientação do respectivo curador, que prevalecerá em caso de divergência (artigos 10.°, n.° 1, e 13.°, C.P.C.).

Tratando-se de um menor, a representação dele em juízo cabe a ambos os pais, se ambos exercerem o poder paternal, sendo, por isso, necessário o acordo de ambos para a propositura de acções e devendo igualmente ambos ser citados para a acção em que o menor seja réu (artigo 10.°, n.°s 2 e 3, C.P.C., na redacção do Decreto-Lei n.° 329-A/95, de 12 de Dezembro). Dispõe o artigo 12.°, C.P.C., na redacção do Decreto-Lei n.° 38/2003, de 8 de Março, rectificado pela Declaração de rectificação n.° 5-C/2003, de 30 de Abril, que, havendo desacordo dos pais que devam representar o menor "acerca da conveniência de intentar a acção, pode qualquer deles requerer ao tribunal competente a resolução do conflito" e que, "se o desacordo apenas surgir no decurso do processo, acerca da orientação deste, pode qualquer dos pais, no prazo de realização do primeiro acto processual afectado pelo desacordo, requerer ao juiz da causa que providencie sobre a forma de o incapaz ser nela representado, suspendendo-se entretanto a instância". Nos casos de desacordo, diz o n.° 3 do artigo 12.°, C.P.C., que, "ouvido o outro progenitor, quando só um deles tenha requerido, bem como o Ministério Público, o juiz decide de acordo com o interesse do menor, podendo atribuir a representação a só um dos pais, designar curador especial ou conferir a representação ao Ministério Público, cabendo agravo da decisão, com efeito meramente devolutivo".

Também "as pessoas que, por anomalia psíquica ou outro motivo grave, estejam impossibilitadas de receber a citação para a causa são representadas por um curador especial", cessando esta forma de representação "quando for julgada desnecessária, ou quando se juntar documento que mostre ter sido declarada a interdição ou a inabilitação e nomeado representante ao incapaz" – artigo 14.°, C.P.C..

"Se o ausente ou incapaz, ou os seus representantes, não deduzirem oposição, ou se o ausente não comparecer a tempo de a deduzir, incumbe ao Ministério Público a defesa deles, para o que será citado, correndo novamente o prazo para a contestação"; se, nestas situações, o Ministério Público já representar o autor, será nomeado um defensor oficioso para representar o réu, ausente ou incapaz. Estas formas de representação cessam "logo que o ausente ou o seu procurador compareça ou logo que seja constituído mandatário judicial do ausente ou do incapaz" (artigo 15.°, C.P.C.). Dispõe o artigo 16.°, n.° 1, C.P.C., na redacção do DL n.° 329-A/95, que "quando a acção seja proposta contra incertos, por não ter o autor possibilidade de identificar os interessados directos em contradizer, são aqueles representados pelo Ministério Público".

Por sua vez, o Estado é representado em juízo "pelo Ministério Público, sem prejuízo dos casos em que a lei especialmente permita o patrocínio por mandatário judicial próprio, cessando a intervenção principal do Ministério Público logo que este esteja constituído" (artigo 20.°, n.° 1, C.P.C., na redacção do DL n.° 329-A/95).

Não se referirá o regime do artigo 21.° C.P.C., relativo à representação em juízo das pessoas colectivas e das sociedades, por se tratar de questão diversa da da representação de que tem vindo a falar-se: sobre esta, v. *Representação orgânica.*

Quando a representação em juízo de quem dela careça seja irregular, a irregularidade pode ser sanada "mediante a intervenção ou citação do representante legítimo ou do curador do incapaz" (artigo 23.°, n.° 1, na redacção do DL n.° 329-A/95). Sobre a sanação destes vícios, v. *Sanação.*

V. *Capacidade judiciária; Curador; Poder paternal; Propositura da acção; Citação; Réu; Actos processuais; Suspensão da instância; Ministério Público; Curador especial; Agravo; Efeito devolutivo do recurso; Anomalia psíquica; Ausência; Contestação; Nomeação oficiosa de advogado; Autor; Incertos; Mandatário judicial; Pessoa colectiva.*

b) V. *Representação em juízo.*

Representação dos incertos (Proc. Civil) – V. *Representação; Incertos.*

Representação em juízo (Proc. Civil) – Em regra, os sujeitos têm de constituir advogado para se fazerem representar em tribunal (v. artigos 32.°, cujo n.° 2 tem a redacção do Decreto-Lei n.° 329-A/95, de 12 de Dezembro, e 60.°, cujos n.°s 1 e 3 têm a redacção do Decreto-Lei n.° 38/2003, de 8 de Março, C.P.C.).

Nos termos do artigo 34.°, C.P.C., "nas causas em que não seja obrigatória a constituição de advogado podem as próprias partes pleitear por si ou ser representadas por advogados estagiários ou por solicitadores".

V. *Patrocínio judiciário; Constituição obrigatória de advogado; Mandato judicial; Advogado estagiário; Solicitador.*

Representação imprópria (Dir. Civil) – A doutrina designa, por vezes, por representação imprópria ou indirecta a situação em que alguém age por conta e no interesse de outrem, mas em seu próprio nome.

Não se apresentando, neste caso, a pessoa como representando outrem, estar-se-á perante uma situação de mandato sem representação ou outra – designadamente a de uma gestão de negócios não representativa –, aplicando-se o regime daquele aos actos e negócios que o "representante" tenha realizado.

V. artigos 1180.° e segs., e 471.°, C.C..

Imprópria é, pois, a expressão para significar uma situação em que não há representação alguma.

V. *Representação; Actuação por conta de outrem; Actuação em nome alheio; Mandato sem representação; Gestão de negócios.*

Representação judicial (Dir. Civil; Proc. Civil) – Pode falar-se em representação judicial nos casos em que alguém é designado representante de outrem por decisão judicial.

Assim acontece, por exemplo, quando uma pessoa é declarada insolvente. Diz o artigo 81.°, n.° 4, do Código da Insolvência e da Recuperação de Empresas, aprovado pelo Decreto-Lei n.° 53/2004, de 18 de Março, alterado pelos Decretos-Leis n.°s 200/2004, de 18 de Agosto, e 76-A/2006, de 29 de Março (rectificado pela Declaração de rectificação n.° 28-A/2006, de 26 de Maio), que o administrador da insolvência assume a representação do devedor para todos os efeitos de carácter patrimonial que interessem à insolvência.

V. *Representação; Insolvência; Recuperação de empresas; Administrador da insolvência; Devedor.*

Representação legal (Dir. Civil) – Existe quando a lei, para suprir a incapacidade de exercício, designa ela própria ou incumbe o tribunal de nomear alguém a quem atribui poderes de representação do incapaz.

V. *Representação; Capacidade; Incapaz; Poderes representativos.*

Representação orgânica (Dir. Civil) – Utiliza-se esta expressão para designar a representação da pessoa colectiva pelos seus órgãos.

Uma vez que os órgãos são elementos estruturais, isto é, interiores à pessoa colectiva, na representação orgânica não se está perante uma situação de representação em sentido próprio, sendo os actos dos órgãos actos da própria pessoa colectiva e não actos de terceiro praticados em seu nome.

(Proc. Civil) – As pessoas colectivas, com a excepção do Estado, e as sociedades "são representadas [em juízo] por quem a lei, os estatutos ou o pacto social designarem" (artigo 21.°, n.° 1, C.P.C., na redacção do Decreto-Lei n.° 329-A/95, de 12 de Dezembro).

V. *Pessoa colectiva; Órgãos da pessoa colectiva; Representação.*

Representação processual (Proc. Civil) – Há representação processual quando alguém exerce o direito de acção e pratica os actos processuais em nome e por conta de outrem. Há muitos casos em que a lei impõe aos sujeitos que se façam representar em juízo por advogado (v. artigos 32.° e 33.°, C.P.C., tendo o n.° 2 do primeiro a redacção do Decreto-Lei n.° 329-A/95, de 12 de Dezembro).

V. *Mandato judicial; Actos processuais; Advogado; Intervenção obrigatória de advogado.*

Representação sem poderes (Dir. Civil) – O acto jurídico que alguém celebre em nome de outrem, sem para tanto ter os necessários poderes de representação, é ineficaz em relação ao último, a menos que ele o ratifique.

A falta de poderes de representação tanto pode decorrer da pura ausência de procuração (ou de outro título de representação) como da invalidade desta, como ainda de o representante, tendo embora procuração, haver excedido os poderes que esta lhe conferia.

À outra parte, tratando-se de contrato, é dada por lei "a faculdade de o revogar ou rejeitar, salvo se, no momento da conclusão, conhecia a falta de poderes do representante".

Na gestão de negócios, às relações entre o gestor e os terceiros, com quem tenha celebrado negócios jurídicos, são aplicáveis as regras da representação sem poderes quando a gestão for representativa, isto é, quando o gestor tenha actuado em nome do dono do negócio (artigo 471.°, C.C.).

V. artigo 268.°, C.C..

O artigo 112.°, n.° 3, do Código da Insolvência e da Recuperação de Empresas, aprovado pelo Decreto-Lei n.° 53/2004, de 18 de Março, alterado pelos Decretos-Leis n.°s 200/2004, de 18 de Agosto, e 76-A//2006, de 29 de Março (rectificado pela Declaração de rectificação n.° 28-A/2006, de 26 de Maio), dispõe que "o procurador que desconheça sem culpa a declaração de insolvência do representado não é responsável perante terceiros pela ineficácia do negócio derivada da falta de poderes de representação".

V. *Acto jurídico; Poderes representativos; Ineficácia; Representação; Ratificação; Procuração; Invalidade; Gestão de negócios; Negócio jurídico; Contrato; Insolvência; Recuperação de empresas; Declaração de insolvência; Culpa.*

Representação sucessória (Dir. Civil) – V. *Sucessão; Direito de representação.*

Representação voluntária (Dir. Civil) – Existe sempre que alguém atribui a outrem poderes de representação, através de uma procuração.

V. *Representação; Procuração; Poderes representativos.*

Representado (Dir. Civil) – É o sujeito em nome do qual outrem pratica um acto jurídico ou celebra um negócio, dispondo ou não dos correspondentes poderes representativos.

V. *Representação; Poderes representativos; Acto jurídico; Negócio jurídico.*

Representante (Dir. Civil) – É o sujeito que pratica um acto jurídico ou celebra um negócio em nome de outrem, com ou sem poderes de representação. O representante pode ser legal ou voluntário.

V. *Representação; Acto jurídico; Negócio jurídico; Poderes representativos; Representação sem poderes; Representação legal; Representação voluntária.*

Repristinação – Renascimento de uma lei revogada em consequência da revogação ou da caducidade da lei que a revogara.

Este efeito só se verifica se for expressamente previsto por uma disposição repristinatória. V. artigo 7.°, n.° 4, C.C..

V. *Lei; Revogação da lei; Caducidade da lei.*

Reproduções cinematográficas (Dir. Civil; Proc. Civil) – As reproduções cinematográficas são documentos que fazem prova plena dos factos e coisas que representam, se a parte contra quem são apresentadas as não impugnar.

A parte que apresente em juízo, como prova, uma reprodução cinematográfica tem de facultar ao tribunal os meios técnicos de a exibir.

V. artigos 368.°, C.C., e 527.°, C.P.C., o último na redacção do Decreto-Lei n.° 329--A/95, de 12 de Dezembro.

V. *Documento; Prova; Prova plena.*

Reproduções fotográficas (Dir. Civil; Proc. Civil) – As reproduções fotográficas são documentos que fazem prova plena dos factos e das coisas que representam, a menos que a parte contra quem são apresentadas impugne a sua exactidão.

V. artigo 368.°, C.C..

A lei processual civil prevê expressamente casos de apresentação de fotografias em juízo, como, por exemplo, no artigo 418.°, n.° 3, C.P.C. (embargo de obra nova).

V. *Documento; Prova; Prova plena; Embargo de obra nova.*

Reproduções mecânicas (Dir. Civil; Proc. Civil) – V. *Reproduções fotográficas; Reproduções cinematográficas; Registo fonográfico.*

Repúdio (Dir. Civil) – Acto pelo qual uma pessoa chamada à sucessão de alguém declara não a aceitar.

Pode repudiar tanto o herdeiro como o legatário, sendo o regime idêntico nos dois casos (v. artigo 2249.°, C.C.).

"Os efeitos do repúdio da herança retrotraem-se ao momento da abertura da sucessão, considerando-se como não chamado o sucessível que a repudia, salvo para efeitos de representação" (artigo 2062.°, C.C.).

O repúdio é irrevogável, não pode ser feito sob condição ou a termo e deve revestir a forma exigida para a alienação da herança, isto é, só é necessário documento autêntico para o repúdio quando da herança façam parte bens cuja alienação careça de tal forma.

O repúdio é normalmente indivisível, isto é, a herança não pode ser repudiada só em parte. Há, no entanto, uma excepção: quando alguém for chamado à herança, simultânea ou sucessivamente, por testamento e por lei, pode aceitá-la ou repudiá--la pelo primeiro título, apesar de a ter repudiado ou aceitado pelo segundo, se ao tempo ignorava a existência do testamento; e o sucessor legitimário, que também seja chamado à herança por testamento, pode repudiá-la quanto à quota disponível e aceitá-la quanto à legítima – artigo 2055.°, C.C..

O Estado não pode repudiar (artigo 2154.°, C.C.).

V. artigos 2062.° e segs., C.C..

V. *Sucessão; Sucessível; Herdeiro; Legatário; Abertura da sucessão; Direito de representação; Irrevogabilidade; Condição; Termo; Forma; Alienação de herança; Documento autêntico; Testamento; Sucessão legal; Herdeiro legitimário; Quota disponível; Legítima.*

Requerente (Proc. Civil) – É aquele que, em processo cível, solicita uma providência judicial, tipicamente através de um requerimento.

V. *Requerimento.*

Requerido (Proc. Civil) – Designação do sujeito contra quem é requerida, em processo cível, uma certa providência.

V. *Requerimento.*

Requerimento (Proc. Civil) – Documento pelo qual uma parte faz ao juiz qualquer solicitação.

Nos termos do artigo 150.°, n.° 1, C.P.C., na redacção do Decreto-Lei n.° 324/2003, de 27 de Dezembro (rectificado pela Declaração de rectificação n.° 26/2004, de 24 de Fevereiro), "os actos processuais que devam ser praticados por escrito pelas partes são apresentados a juízo por uma das seguintes formas:

a) Entrega na secretaria judicial, valendo como data da prática do acto processual a da respectiva entrega;

b) Remessa pelo correio, sob registo, valendo como data da prática do acto processual a da efectivação do respectivo registo postal;

c) Envio através de telecópia, valendo como data da prática do acto processual a da expedição;

d) Envio através de correio electrónico, com aposição de assinatura electrónica avançada, valendo como data da prática do acto processual a da expedição, devidamente certificada [a Portaria n.° 642/2004, de 16 de Junho, regula a forma de apresentação a juízo dos actos processuais enviados através de correio electrónico [...]]; *e)* Envio através de outro meio de transmissão electrónica de dados".

O Decreto-Lei n.° 404/93, de 10 de Dezembro, entretanto revogado pelo Decreto-Lei n.° 269/98, de 1 de Setembro (rectificado pela Declaração de Rectificação n.° 16-A/98, de 30 de Setembro), o último alterado pelos Decretos-Leis n.°s 383/99, de 23 de Setembro, 183/2000, de 10 de Agosto, 323/2001, de 17 de Dezembro, 32/2003, de 17 de Fevereiro, 38/2003, de 8 de Março (rectificado pela Declaração de rectificação n.° 5-C/2003, de 30 de Abril), 324/2003, de 27 de Dezembro (rectificado pela Declaração de rectificação n.° 26/ /2004, de 24 de Fevereiro), e 107/2005, de 1 de Julho (rectificado pela Declaração de rectificação n.° 63/2005, de 19 de Agosto), e pela Lei n.° 14/2006, de 26 de Abril, que passou a ocupar-se da matéria, instituiu uma providência, a injunção, que confere "força executiva a requerimento destinado a exigir o cumprimento das obrigações" pecuniárias emergentes de contrato cujo valor não exceda o valor da alçada do tribunal da Relação, ou "das obrigações emergentes de transacções comerciais abrangidas pelo Decreto-Lei n.° 32/2003, de 17 de Fevereiro" – V. artigo 7.°.

V. *Documento; Actos processuais; Parte; Secretaria judicial; Telecópia; Assinatura electrónica; Presunção legal; Injunção; Força executiva; Obrigação pecuniária; Alçada; Relação; Requerimento de injunção.*

Requerimento de injunção (Proc. Civil) – O Decreto-Lei n.° 269/98, de 1 de Setembro (rectificado pela Declaração de rectificação n.° 16-A/98, de 30 de Setembro), alterado pelos Decretos-Leis n.°s 383/99, de 23 de Setembro, 183/2000, de 10 de Agosto, 323/2001, de 17 de Dezembro, 32/ /2003, de 17 de Fevereiro, 38/2003, de 8 de Março (rectificado pela Declaração de rectificação n.° 5-C/2003, de 30 de Abril), e 107/2005, de 1 de Julho (rectificado pela Declaração de rectificação n.° 63/2005, de 19 de Agosto), e pela Lei n.° 14/2006, de 26 de Abril, regula a injunção, "providência que tem por fim conferir força executiva a requerimento destinado a exigir o cumprimento das obrigações" pecuniárias emergentes de contrato cujo valor não exceda o valor da alçada da Relação [era a do tribunal de 1.ª instância, na versão anterior da lei] ou "das obrigações emergentes de transacções comerciais abrangidas pelo Decreto-Lei n.° 32/2003, de 17 de Fevereiro" – artigo 7.°.

"O requerimento de injunção é apresentado, à escolha do credor, na secretaria do tribunal do lugar do cumprimento da obrigação ou na secretaria do tribunal do domicílio do devedor", devendo, no entanto, se existirem tribunais de competência especializada ou de competência específica, ser respeitadas as respectivas regras de competência.

No requerimento de injunção, deve o requerente expor "sucintamente a sua pretensão e os respectivos fundamentos [...]". "O modelo de requerimento de injunção é aprovado por portaria do Ministro da Justiça", enunciando o artigo 10.°, n.° 2, os elementos que dele devem constar; o n.° 3 do mesmo artigo determina que "durante o procedimento de injunção não é permitida a alteração dos elementos constantes do requerimento, designadamente o pedido formulado". Este requerimento só pode ser recusado nos casos enunciados no artigo 11.°, n.° 1, cabendo do acto de recusa "reclamação para o juiz ou, no caso de tribunais com mais do um juiz, para o que estiver de turno à distribuição".

"Se, depois de notificado, o requerido não deduzir oposição, o secretário aporá no requerimento de injunção a seguinte fórmula: «Este documento tem força executiva»". O "despacho de aposição da fórmula executória é datado, rubricado e selado ou, em alternativa, autenticado com recurso a assinatura electrónica avançada", só podendo ser recusada a aposição da fórmula executória quando o pedido não se ajuste ao montante ou finalidade do procedimento; "do acto de recusa cabe reclamação nos termos previstos no n.° 2 do artigo 11.° ["para o juiz ou, no caso de tribunais com mais de um juiz, para o que estiver de turno à distribuição"]. "Aposta a fórmula executória, a secretaria devolve ao requerente todo o expediente respeitante à injunção ou disponibiliza àquele, por meios electrónicos, em termos a definir por portaria do Ministro da Justiça, o requerimento de injunção no qual tenha sido aposta a fórmula executória" - artigos 13.° e 14.°.

Determina o artigo 18.° que o valor "é o do pedido, atendendo-se, quanto aos juros, apenas os vencidos até à data da apresentação do requerimento".

A Portaria n.° 808/2005, de 9 de Setembro, aprovou o modelo de requerimento de injunção, estabelecendo o artigo 1.° da Portaria n.° 809/2005 da mesma data as formas de apresentação na secretaria judicial desse requerimento; finalmente, a Portaria n.° 810/2005, também da mesma data, aprovou outras formas de pagamento da taxa de justiça – diversas das previstas no Código das Custas Judiciais – devida pela injunção.

V. *Requerimento; Injunção; Força executiva; Contrato; Alçada; Relação; Tribunal de 1.ª instância; Obrigação pecuniária; Secretaria judicial; Lugar do cumprimento; Domicílio; Devedor; Competência em razão do território; Tribunal de competência especializada; Tribunal de competência específica; Pedido; Reclamação; Juiz; Distribuição; Notificação; Assinatura electrónica; Pedido; Valor da causa; Juros; Taxa de justiça; Custas.*

Requerimento executivo (Proc. Civil) – É a peça processual com a qual se considera proposta a acção executiva.

O artigo 810.°, n.° 1, C.P.C., na redacção do Decreto-Lei n.° 38/2003, de 8 de Março (rectificado pela Declaração de rectificação n.° 5-C/2003, de 30 de Abril), estabelece que "o requerimento executivo, dirigido ao tribunal de execução, é assinado pelo mandatário constituído ou, não sendo o patrocínio obrigatório e não tendo o exequente constituído mandatário, pelo próprio exequente". O n.° 4 diz que, para além de outros documentos que a parte entenda apresentar, o requerimento executivo deve "ser acompanhado do título executivo e dos documentos ou títulos que tenha sido possível obter relativamente aos bens penhoráveis indicados".

O modelo de requerimento executivo "em suporte de papel" foi aprovado pelo Decreto-Lei n.° 200/2003, de 10 de Setembro, estabelecendo o n.° 1 do respectivo artigo 3.°, na redacção do Decreto-Lei n.° 324/2003, de 27 de Dezembro, que "as partes que constituam mandatário devem entregar o requerimento executivo em formato digital, através de transmissão electrónica de dados, nos termos a regular por portaria do Ministro da Justiça", acrescentando o n.° 3 do mesmo artigo que a entrega do requerimento "em formato digital não dispensa a remessa à secretaria judicial da respectiva cópia de segurança e dos documentos que não hajam sido enviados"; dispõe o n.° 4 que "a parte que, estando obrigada à entrega por transmissão electrónica de dados, proceda à entrega do requerimento executivo apenas em suporte de papel fica obrigada ao pagamento imediato de uma multa, no valor de metade de unidade de conta, através de estampilha apropriada, de modelo aprovado pela Portaria n.° 233/2003, de 17 de Março, salvo alegação e prova de justo impedimento, nos termos previstos no artigo 146.° do Código de Processo Civil". A Portaria n.° 985-A/2003, de 15 de Setembro, determina que "a entrega de requerimento executivo [...] deve ser realizada por transmissão electrónica, em formulário próprio, a disponibilizar pela Direcção-Geral da Administração da Justiça em página informática de acesso público".

V. *Requerimento; Propositura da acção; Execução; Mandatário judicial; Exequente; Parte; Título executivo; Documento; Bens penhoráveis; Secretaria judicial; Documento.*

Requerimento inicial (Proc. Civil) – Era a designação habitualmente dada à peça processual com cuja apresentação na secretaria do tribunal se considerava proposta a acção executiva.

V. *Requerimento; Requerimento executivo; Execução; Secretaria judicial.*

Requisição de águas (Dir. Civil) – O artigo 1388.°, n.° 1, C.C., estabelece que, "em casos urgentes de incêndio ou calamidade pública, as autoridades administrativas podem, sem forma de processo nem indemnização prévia, ordenar a utilização imediata de quaisquer águas particulares necessárias para conter ou evitar os danos"; nos termos do n.° 2, "têm os lesados direito a indemnização, paga por aqueles em benefício de quem a água foi utilizada" "se da utilização da água resultarem danos apreciáveis".

V. *Águas; Indemnização; Dano.*

Requisição de documentos (Proc. Civil) – Dispõe o artigo 535.°, C.P.C., na redacção do Decreto-Lei n.° 329-A/95, de 12 de Dezembro, que "incumbe ao tribunal, por sua iniciativa ou a requerimento de qualquer das partes, requisitar [a organismos oficiais, às partes ou a terceiros] informações, pareceres técnicos, plantas, fotografias, desenhos, objectos ou outros documentos necessários ao esclarecimento da verdade".

"A solicitação [...] de envio de documentos [...] é feita directamente às entidades públicas ou privadas, cuja colaboração se requer, por ofício ou outro meio de comunicação" (artigo 176.°, n.° 4, C.P.C., na redacção do DL n.° 329-A/95).

É dever, quer das partes quer de terceiros, cumprir a requisição, incorrendo em multa caso não o façam.

V. artigos 537.° a 539.°, C.P.C..

V. *Documento; Requerimento; Parte; Apresentação de documentos; Cooperação; Multa.*

Requisitos da sentença (Proc. Civil) – O artigo 157.°, C.P.C., impõe que a sentença seja datada e assinada pelo juiz ou relator, devendo os acórdãos ser "também assinados pelos outros juízes que hajam intervindo, salvo se não estiverem presentes, do que se fará menção"; requisito substancial da sentença é a sua fundamentação, que "não pode consistir na simples adesão aos fundamentos alegados no requerimento ou na oposição" (artigo 158.°, C.P.C.).

O artigo 668.°, n.° 1-*a)* a *c)*, C.P.C., comina com a nulidade a sentença a que falte a assinatura do juiz, bem como aquela que "não especifique os fundamentos de facto e de direito que justificam a decisão" e ainda aquela em que os fundamentos "estejam em oposição com a decisão".

V. *Sentença; Acórdão; Juiz; Juiz relator; Fundamentação das decisões; Nulidade da sentença.*

Requisitos do objecto negocial (Dir. Civil) – O artigo 280.°, n.° 1, C.C., comina com a nulidade o negócio jurídico cujo objecto "seja física ou legalmente impossível, contrário à lei ou indeterminável".

V. *Negócio jurídico; Objecto negocial; Nulidade.*

"Res" (Dir. Civil) – Palavra latina que significa *coisa* (v. este termo).

Rescisão (Dir. Civil) – Extinção do contrato por manifestação de vontade de uma das partes, válida, desde que para tal tenha fundamento na lei ou no próprio contrato.

A rescisão é, pois, uma forma de extinção dos contratos, consubstanciada numa declaração de vontade unilateral e vinculada.

A rescisão é equiparada nos seus efeitos à nulidade ou anulação do negócio, salvo se a eficácia retroactiva for afastada por norma especial, contrariar a vontade das partes ou a finalidade da resolução, bem como nos contratos de execução continuada ou periódica, em que a rescisão não abrange, em princípio, as prestações já efectuadas (por exemplo, no contrato de arrendamento, não há lugar a restituição das rendas relativas aos prazos já decorridos).

A lei chama a esta forma de extinção de contratos resolução (v. artigos 432.° e segs., C.C.).

Exemplos de fundamentos legais de resolução dos contratos são a alteração de circunstâncias e o incumprimento definitivo e culposo (este apenas para os contratos sinalagmáticos).

Encontram-se diplomas legais em que o termo rescisão é utilizado em acepção diversa: assim, por exemplo, nos artigos 234.° e segs. do Decreto-Lei n.° 59/99, de 2 de Março, alterado pela Lei n.° 163/99, de 14 de Setembro, pelo Decreto-Lei n.° 159/ /2000, de 27 de Julho, e pela Lei n.° 13/ /2002, de 19 de Fevereiro (que contém o regime da empreitada de obras públicas); rescisão significa aqui uma forma de extinção do contrato por decisão unilateral de uma das partes, sem eficácia retroactiva, e com regime diverso quanto à necessidade de facto fundamentador ou não, consoante se trate de decisão do dono da obra ou do empreiteiro.

V. *Extinção de contratos; Nulidade; Anulação; Negócio jurídico; Norma especial; Contrato de prestação duradoura; Prestação; Arrendamento urbano; Renda; Resolução do arrendamento; Resolução do contrato; Incumprimento definitivo; Culpa; Alteração das circunstâncias; Contrato sinalagmático; Empreitada; Dono da obra; Empreiteiro.*

"Res derelicta" (Dir. Civil) – A *res derelicta* é a coisa abandonada, que pode, nos termos do artigo 1318.°, C.C., ser adquirida por ocupação.

V. *Coisa abandonada; Abandono; Ocupação; Direito de propriedade.*

Reserva (Dir. Civil) – A doutrina chama reserva à declaração expressa, pela qual alguém contradiz o sentido de uma sua declaração tácita. Isto é, quando o comportamento declarativo assumido por alguém tem um certo sentido, o seu autor pode evitar que os respectivos efeitos jurídicos se produzam declarando expressamente que a sua vontade é diversa

A lei, por seu lado, utiliza, por exemplo, o termo reserva no sentido de estipulação negocial criadora de um direito potestativo para uma das partes: assim, por exemplo, no artigo 452.°, C.C., em que se fala da reserva de nomeação de terceiro no contrato para pessoa a nomear.

V. *Declaração negocial; Declaração tácita; Contrato para pessoa a nomear; Direito potestativo.*

Reserva de lei – Diz-se que há reserva absoluta de lei quando a Constituição da República determina que certas matérias só possam ser disciplinadas por lei em sentido formal, isto é, por diplomas provindos da Assembleia da República. É o que acontece, designadamente, com as matérias enunciadas no artigo 164.° da Constituição.

Há reserva relativa de lei, quando, relativamente a certas matérias, sendo a competência legislativa da Assembleia da República, esta pode autorizar o Governo a legislar sobre elas. É o que se passa com as matérias enumeradas no artigo 165.° da Constituição.

V. *Lei.*

Reserva de propriedade (Dir. Civil) – Cláusula pela qual as partes, num contrato de compra e venda (ou noutro contrato de alienação), estipulam que a propriedade da coisa não se transmite – ou não se transmite perfeitamente – com a celebração do contrato, e até "ao cumprimento total ou parcial das obrigações da outra parte ou até à verificação de qualquer outro evento".

A oponibilidade a terceiros de tal cláusula, quando se trate de coisa imóvel ou de coisa móvel sujeita a registo, está dependente do seu registo.

V. artigo 409.°, C.C..

V. o regime da compra e venda a prestações com reserva de propriedade nos artigos 934.° e 935.°, C.C..

O artigo 94.°-*a)* do Código do Registo Predial – aprovado pelo Decreto-Lei n.° 224/84, de 6 de Julho (rectificado por declaração publicada no *Diário da República*, I série, de 29 de Setembro de 1984), alterado pelos Decretos-Leis n.°s 355/85, de 2 de Outubro, 60/90, de 14 de Fevereiro (rectificado por declaração publicada no *Diário da República*, I-A série, de 31 de Março de 1990), 80/92, de 7 de Maio, 30/93, de 12 de Fevereiro, 227/94, de 8 de Setembro, 267/ /94, de 25 de Outubro, 67/96, de 31 de Maio, 375-A/99, de 20 de Setembro, 533/ /99, de 11 de Dezembro, 273/2001, de 13 de Outubro, 323/2001, de 17 de Dezembro, 38/2003, de 8 de Março (este rectificado pela Declaração de rectificação n.° 5-C/ /2003, de 30 de Abril) e 194/2003, de 23 de Agosto, e pela Lei n.° 6/2006, de 27 de Fevereiro – dispõe que a cláusula de reserva de propriedade aposta a contrato de alienação constará obrigatoriamente do extracto da inscrição do contrato.

V. *Cláusula; Alienação; Direito de propriedade; Cumprimento; Obrigação; Registo de bens moveis; Compra e venda; Oponibilidade a terceiros; Imóvel; Móvel; Venda a prestações; Registo predial; Inscrição.*

Reserva de usufruto (Dir. Civil) – Em redacção pouco inspirada – já que, sendo a doação um contrato, a reserva de usufruto não constitui propriamente uma faculdade do doador, mas uma cláusula daquele – o artigo 958.°, C.C., diz que "o doador tem a faculdade de reservar para si, ou para terceiro, o usufruto dos bens doados"; a reserva de usufruto pode ser estabelecida em favor de várias pessoas, simultânea ou sucessivamente. Se o for a favor de pessoa diversa do doador, consubstancia uma cláusula a favor de terceiro.

V. também artigos 1441.° e 1442.°, C.C..

V. *Doação; Usufruto; Contrato; Cláusula; Contrato a favor de terceiros.*

Reserva mental (Dir. Civil) – Diz-se que há reserva mental quando uma pessoa faz uma declaração negocial não conforme à sua vontade real, com o propósito de enganar a outra parte. Se a reserva mental não for conhecida deste último – do declaratário – o negócio é válido, não sendo afectado pela reserva mental do declarante. Se esta for do conhecimento do declaratário, o regime aplicável é o da simulação do negócio, sendo este, portanto, nulo.

A doutrina qualifica a reserva mental como *absoluta* quando, declarada uma vontade negocial, o declarante não quer realmente nada, e como *relativa* sempre que o declarante afirma querer certo negócio, mas quer, na realidade, um outro.

V. artigo 244.°, C.C..

V. *Declaração negocial; Negócio jurídico; Validade; Nulidade; Simulação; Divergência entre a vontade e a manifestação.*

Resgate (Dir. Civil; Dir. Com.) – O Decreto-Lei n.° 365/99, de 17 de Setembro – que define a actividade prestamista como aquela que se traduz na celebração de contratos de mútuo garantidos com penhor, quando isso constitua o objecto da actividade profissional de uma pessoa singular ou colectiva, e se ocupa da definição do respectivo regime jurídico – designa por resgate a extinção do penhor e consequente recuperação das coisas empenhadas pelo seu titular, dizendo que este "depende do prévio pagamento do capital, juros e comissões legais devidas"; acrescenta o artigo 18.° deste diploma que o resgate "pode ficar condicionado ao pré-aviso de cinco dias úteis, devendo, nesse caso, ficar convencionado no respectivo contrato". O artigo 26.° dispõe que, "até ao momento da adjudicação de qualquer coisa dada em penhor, podem os mutuários resgatá-la mediante o pagamento imediato do capital e dos juros em dívida e da comissão a que se refere o artigo anterior [...]".

V. *Prestamista; Mútuo; Penhor; Pessoa singular; Pessoa colectiva; Juros; Pré-aviso.*

Residência (Dir. Civil) – A residência é o lugar que serve de base de vida a uma pessoa singular. A residência habitual é o domicílio. V. artigo 82.°, n.° 1, C.C..

A residência do titular é uma das informações que deve constar do bilhete de identidade, nos termos do artigo 5.°-*f)* da Lei n.° 33/99, de 18 de Maio, alterada pelos Decretos-Leis n.°s 323/2001, de 17 de Dezembro, e 194/2003, de 23 de Agosto, dispondo o artigo 3.°, n.° 2, desta Lei que "o bilhete de identidade cujo prazo de validade estiver excedido não pode ser usado para comprovação da residência do seu titular".

O artigo 15.° da Lei n.° 37/81, de 3 de Outubro, alterada pela Lei n.° 25/94, de 19 de Agosto, pelos Decretos-Leis n.°s 22-A/2001, de 14 de Dezembro, 194/2003, de 23 de Agosto de 2003, e pelas Leis Orgânicas n.°s 1/2004, de 15 de Janeiro, e 2/2006, de 17 de Abril – Lei da Nacionalidade –, veio utilizar a noção de residência legal, estabelecendo que, para os efeitos de aquisição de nacionalidade, "entende-se que residem legalmente no território português os indivíduos que aqui se encontram, com a sua situação regularizada perante as autoridades portuguesas, ao abrigo de qualquer dos títulos, vistos ou autorizações previstos no regime de entrada, permanência, saída e afastamento de estrangeiros e no regime do direito de asilo", sem prejuízo dos "regimes especiais de residência legal resultantes de tratados ou convenções de que Portugal seja Parte, designadamente no âmbito da União Europeia e da Comunidade dos Países de Língua Oficial Portuguesa". A residência é um dos critérios utilizados pela Lei da Nacionalidade para atribuir nacionalidade portuguesa a certas pessoas, isto é, esta funda-se em muitos casos no *jus soli*, também o sendo para admitir a aquisição desta nacionalidade por naturalização. V. artigos 1.°, n.° 1-*d)* e *e)*, 6.°, n.°s 1-*b)* e 2-*a)*, 15.° e 28.° desta Lei.

V. *Pessoa singular; Domicílio, Bilhete de identidade; Cidadania; Aquisição de nacionalidade; Estrangeiros; "Jus soli"; Naturalização.*

Residência da família (Dir. Civil) – O artigo 1672.°, C.C., impõe aos cônjuges o dever de coabitação e, para o cumprir, o artigo 1673.° determina que "os cônjuges devem escolher de comum acordo a residência da família, atendendo, nomeadamente, às exigências da sua vida profissional e aos interesses dos filhos e procurando salvaguardar a unidade da vida familiar".

Não havendo acordo sobre a fixação ou alteração da residência familiar, qualquer dos cônjuges poderá requerer ao tribunal que a fixe.

O processo a seguir, em caso de desacordo entre os cônjuges sobre a fixação ou alteração da residência da família, encontra-se regulado no artigo 1415.°, C.P.C., na redacção do Decreto-Lei n.° 513-X/79, de 27 de Dezembro.

Esta residência deve ser adoptada pelos cônjuges, salvo se houver motivos ponderosos que o impeçam. O artigo 85.°, n.° 1, C.C., dispõe que "o menor tem domicílio no lugar da residência da família", só o tendo no domicílio de cujo progenitor estiver à guarda, se aquela não existir.

O Decreto-Lei n.° 41/2006, de 21 de Fevereiro, alterando o Decreto-Lei n.° 176/ /2003, de 2 de Agosto, dispõe, no seu artigo 7.°, n.° 3, que se consideram "equiparados a residentes para efeitos de atribuição da prestação de subsídio de funeral os estrangeiros portadores de títulos válidos de autorização de permanência ou visto de trabalho, bem como os refugiados ou apátridas portadores de título de protecção temporária válidos"; nos termos do n.° 4 da mesma disposição, "consideram-se ainda equiparados a residentes para efeitos de atribuição da prestação de abono de família a crianças e jovens: *a)* os refugiados ou apátridas portadores de título de protecção temporária válido; *b)* os cidadãos estrangeiros portadores de títulos válidos de permanência, ou respectivas prorrogações, nos termos e condições a definirem portaria conjunta dos Ministros de Estado e da Administração Interna, da Presidência e do Trabalho e da Solidariedade Social".

V. *Residência; Família; Coabitação; Deveres conjugais; Menor; Estrangeiros; Apátrida.*

Residência habitual (Dir. Civil) – É o local onde uma pessoa singular normalmente vive, de onde se ausenta, em regra, por períodos mais ou menos curtos. O artigo 82.°, n.° 1, C.C., dispõe que "a pessoa tem domicílio no lugar da sua residência habitual".

Completamente a despropósito, o mesmo é dizer, de forma deslocada e censurável sistematicamente (para não opinar sobre o conteúdo que fica *infra* transcrito), embora apenas para os efeitos do mesmo diploma, o Decreto-Lei n.° 45/2005, de 23 de Fevereiro – alterado pelo Decreto-Lei n.° 103/2005, de 24 de Junho –, que transpôs a Directiva n.° 2000/56/CE, da Comissão, de 14 de Setembro, e que se ocupa da carta de condução, continha, no seu artigo 2.°-*g)*, a seguinte definição de "residência habitual": "o local onde uma pessoa vive habitualmente, isto é, durante pelo menos 185 dias por ano civil, em consequência de vínculos pessoais e profissionais ou, no caso de uma pessoa sem vínculos profissionais, em consequência de vínculos pessoais, indiciadores de relações estreitas entre ela própria e o local onde vive, com excepção das seguintes situações: *i)* No caso de uma pessoa cujos vínculos profissionais se situem num local diferente daquele em que tem os seus vínculos pessoais e que, por esse motivo, é levada a residir alternadamente em diferentes locais situados em dois ou mais Estados membros, considera-se que a residência habitual se situa no local onde tem os seus vínculos pessoais, com a condição de a referida pessoa aí regressar regularmente; *ii)* A condição da subalínea anterior não é exigida quando a pessoa em questão efectua uma estada num Estado membro para cumprimento de uma missão de duração determinada; *iii)* A frequência de uma universidade ou escola não implica a transferência da residência habitual". Na sua actual redacção, o mesmo artigo 2.° continua a conter uma noção de residência habitual no essencial semelhante à anterior que se deixou citada.

V. *Residência; Pessoa singular; Domicílio; Carta de condução.*

Residência legal (Dir. Civil) – V. *Residência.*

Residência ocasional (Dir. Civil) – É o local em que uma pessoa vive por um período mais ou menos longo, mas de uma forma temporária, acidental ou transitória.

O n.º 2 do artigo 82.º, C.C., determina que, "na falta de residência habitual, [a pessoa] considera-se domiciliada no lugar da sua residência ocasional".

V. *Residência; Residência habitual; Domicílio.*

Residência permanente (Dir. Civil) – A jurisprudência tem caracterizado a residência permanente pela habitualidade e estabilidade da sede da vida doméstica de uma pessoa. Constitui, assim, residência permanente de alguém o local em que ela tem sediada a sua economia doméstica de forma estável e duradoura, aí realizando as actividades que caracterizam a vida não profissional quotidiana.

O inquilino habitacional deve ter residência permanente no prédio arrendado, constituindo fundamento de resolução do contrato de arrendamento por parte do senhorio – e de consequente acção de despejo – a falta de residência permanente do locatário, "habite ou não outra casa, própria ou alheia". A falta de residência permanente do locatário só não fundamentará a resolução do contrato se for devida a causa de força maior ou doença, se não se prolongar por tempo superior a dois anos e for devida a cumprimento de deveres militares ou exercício de funções públicas ou de serviço particular por conta de outrem ou se "resultar de comissão de serviço público, civil ou militar, por tempo determinado". Em qualquer caso, não pode o locador resolver o contrato com fundamento em falta de residência permanente do inquilino se permanecerem no prédio "o cônjuge ou parentes em linha recta do arrendatário ou outros familiares dele, desde que, neste último caso, com ele convivessem há mais de um ano". Cfr. artigo 64.º, n.ºs 1-*i)* e 2, do Regime do Arrendamento Urbano (aprovado pelo Decreto-Lei n.º 321-B/90, rectificado por declaração publicada no *Diário da República*, I-A série, de 30 de Novembro de 1990, e alterado pelo Decreto-Lei n.º 278/93, de 10 de Agosto – este alterado, por ratificação, pela Lei n.º 13/94, de 11 de Maio –, pelo Decreto-Lei n.º 163/95, de 13 de Julho, pela Lei n.º 89/95, de 1 de Setembro, pelo Decreto-Lei n.º 257/95, de 30 de Setembro, pela Lei n.º 135/99, de 28 de Agosto, pelos Decretos-Leis n.ºs 64-A/2000, de 22 de Abril, e 329-B/2000, de 22 de Dezembro, e pelas Leis n.ºs 6/2001 e 7/2001, ambas de 11 de Maio).

V. *Residência; Arrendamento; Arrendamento para habitação; Resolução do arrendamento; Despejo; Senhorio; Caso de força maior; Parentesco; Linha.*

"Res inter alios acta aliis nec nocet nec prodest" (Dir. Civil) – Brocardo latino, segundo o qual o que foi feito entre determinadas pessoas não prejudica nem aproveita aos outros.

Assim, um contrato celebrado entre duas pessoas não constitui, em princípio, terceiros em devedores ou credores, tendo, normalmente, mera eficácia *inter partes.*

V. *Contrato; Terceiro; "Inter partes".*

"Res inter alios judicata aliis neque prodesse neque nocere potest" (Proc. Civil) – Princípio segundo o qual o caso julgado tem apenas uma eficácia *inter partes*, não podendo prejudicar terceiros.

Este princípio não vale quando se trate de acções de estado, pois aí determina o artigo 674.º, C.P.C., que "o caso julgado produz efeitos mesmo em relação a terceiros quando, proposta a acção contra todos os interessados directos, tenha havido oposição, sem prejuízo do disposto, quanto a certas acções, na lei civil". São interessados directos, segundo Manuel de Andrade, *Noções Elementares de Processo Civil*, 1979, pág. 316, "os portadores do principal interesse oposto ao do autor; o sujeito, os sujeitos ou o outro sujeito (ou respectivos herdeiros legítimos) do estado jurídico controvertido".

V. *Acção de estado; Caso julgado; "Inter partes"; Terceiro; Herdeiro legítimo.*

"Res judicata" (Proc. Civil) – Expressão latina habitualmente utilizada para designar o caso julgado.

V. *Caso julgado.*

"Res judicata pro veritate habetur" (Proc. Civil) – O caso julgado é tido como verdade.

V. *Caso julgado.*

"Res mobilis, res vilis" (Dir. Civil) – Afirmação segundo a qual as coisas móveis são coisas de pouco valor. Esta ideia, encontrando-se hoje embora desajustada da realidade, continua a ter expressão em muitas disposições da lei civil portuguesa: assim, por exemplo, a exigência do requisito formal do documento autêntico para a compra e venda, como para a doação, de imóveis e a absoluta liberdade formal no âmbito da compra e venda e da doação de bens móveis.

Se bem que o registo constitua um relevante sintoma da atribuição (ou de reconhecimento) de importância a certos bens, o artigo 205.°, n.° 2, C.C., estabelece que "às coisas móveis sujeitas a registo público é aplicável o regime das coisas móveis em tudo o que não seja especialmente regulado".

V. *Coisa imóvel; Documento autêntico; Compra e venda; Doação; Registo de bens móveis.*

"Res nullius" (Dir. Civil) – Coisa que não pertence a ninguém.

A coisa pode ser uma *res nullius* por nunca ter pertencido a ninguém (é o que sucede com os animais não domésticos que se encontram na sua natural condição de liberdade) ou por ter sido abandonada, perdida ou escondida (não se podendo já provar, nestes dois últimos casos, o direito de alguém a elas).

V. *Coisa; Animais; Ocupação; Abandono.*

Resolução do arrendamento (Dir. Civil) – A lei permite, em certos casos, a resolução do contrato de arrendamento urbano, quer pelo inquilino quer pelo senhorio.

Assim, "o arrendatário pode resolver o contrato nos termos gerais de direito, com base em incumprimento da outra parte", nos termos do artigo 63.° do Regime do Arrendamento Urbano (Decreto-Lei n.° 321--B/90, de 15 de Outubro, rectificado por declaração publicada no *Diário da República*, I-A série, de 30 de Novembro de 1990, alterado pelo Decreto-Lei n.° 278/93, de 10 de Agosto (este alterado, por ratificação, pela Lei n.° 13/94, de 11 de Maio), pelo Decreto-Lei n.° 163/95, de 13 de Julho, pela Lei n.° 89/95, de 1 de Setembro, pelo Decreto-Lei n.° 257/95, de 30 de Setembro, pela Lei n.° 135/99, de 28 de Agosto, pelos Decretos-Leis n.°s 64-A/2000, de 22 de Abril, e 329-B/2000, de 22 de Dezembro, e pelas Leis n.°s 6/2001 e 7/2001, ambas de 11 de Maio); em geral, o locatário pode resolver o contrato quando o locador incumpra os seus deveres e ainda, nos termos do artigo 1050.°, C.C., independentemente de responsabilidade do locador, quando for privado do gozo da coisa por qualquer causa (desde que estranha à sua pessoa e à dos seus familiares) ou quando a coisa tenha ou adquira qualquer defeito que faça perigar a vida ou a saúde do locatário ou a dos seus familiares.

O senhorio pode, por seu lado, resolver o contrato de arrendamento – sendo a acção de despejo o meio processual adequado a fazer cessar o contrato, nos termos dos artigos 55.° e segs., R.A.U. – sempre que se verifique uma das situações previstas no artigo 64.°, R.A.U., correspondente ao antigo artigo 1093.°, C.C..

São elas:

a) O não pagamento atempado da renda e ausência de depósito da mesma;

b) Uso do prédio arrendado (ou consentimento para que outrem o use) para fim ou ramo de negócio diverso daquele ou daqueles a que se destina;

c) Aplicação reiterada ou habitual do prédio a "práticas ilícitas, imorais ou desonestas";

d) Realização no prédio de obras que o alterem substancialmente, sem autorização escrita do senhorio, ou prática de quaisquer actos que nele causem deteriorações anormais (de grande vulto ou desnecessárias para assegurar o conforto ou comodidade do inquilino) – cfr. artigo 1043.°, C.C., e artigo 4.°, R.A.U.;

e) Utilização do prédio para hospedagem, quando esse não foi o fim do arrendamento (a menos que o número de hóspedes não exceda três e não haja cláusula em contrário);

f) Subarrendamento ou empréstimo total ou parcial do prédio, ou cessão da posição contratual do inquilino, quando tais actos sejam ilícitos, inválidos por falta de forma ou ineficazes em relação ao senhorio (a menos que este tenha reconhecido o beneficiário da cedência como tal ou a comunicação da realização desta, quando autorizada, lhe tenha sido feita por este último);

g) Cobrança do sublocatário de renda superior à permitida por lei (cfr. artigo 1062.°, C.C.);

h) Encerramento do prédio arrendado para comércio, indústria ou exercício de profissão liberal, por período superior a um ano (a menos que ele seja justificado por causa de força maior ou ausência forçada do arrendatário, mas em todo o caso nunca por período superior a dois anos);

i) Conservação do prédio devoluto por mais de um ano consecutivamente ou, caso o prédio se destine contratualmente a habitação, o inquilino não resida aí permanentemente (a menos, em qualquer caso, que estas situações se devam a motivo de força maior ou a doença, ou que o arrendatário se tenha ausentado por tempo não superior a dois anos em cumprimento de deveres militares, de outras funções públicas ou de serviço particular por conta de outrem, ou ainda que a ausência, independentemente do período pelo qual se prolongue, resulte de comissão de serviço público, civil ou militar, por tempo determinado; também não terá o senhorio direito à resolução do contrato com o referido fundamento quando permanecerem no prédio os familiares do arrendatário que com ele convivessem há mais de um ano);

j) Cessação da prestação pelo arrendatário ao senhorio dos serviços pessoais que determinaram a ocupação do prédio.

O artigo 65.°, R.A.U., fixa um prazo de caducidade de um ano para o exercício da acção de resolução, devendo o prazo contar-se do conhecimento pelo senhorio do facto que lhe serve de fundamento, salvo se se tratar de facto continuado ou duradouro, caso em que o prazo de caducidade se conta "a partir da data em que o facto tiver cessado".

A resolução do contrato, por parte do senhorio, tem de ser decretada pelo tribunal (artigo 63.°, n.° 2).

Quando seja judicialmente decretada a resolução do arrendamento, o juiz pode, nos termos dos artigos 102.° e segs., R.A.U., fixar um prazo de diferimento da desocupação do prédio.

O artigo 108.°, n.° 2, do Código da Insolvência e da Recuperação de Empresas, aprovado pelo Decreto-Lei n.° 53/2004, de 18 de Março, alterado pelos Decretos-Leis n.°s 200/2004, de 18 de Agosto, e 76-A/ /2006, de 29 de Março (rectificado pela Declaração de rectificação n.° 28-A/2006, de 26 de Maio), dispõe que, no caso de o locatário ser o insolvente e o locado se destinar à habitação do insolvente, "o administrador da insolvência poderá apenas declarar que o direito ao pagamento de rendas vencidas depois de transcorridos 60 dias sobre tal declaração [da insolvência] não será exercível no processo de insolvência, ficando o senhorio, nessa hipótese, constituído no direito de exigir, como crédito sobre a insolvência, indemnização dos prejuízos sofridos em caso de despejo por falta de pagamento de alguma ou algumas das referidas rendas, até ao montante das correspondentes a um trimestre"; o n.° 4 estabelece que "o locador não pode requerer a resolução do contrato [de locação] após a declaração de insolvência do locatário com algum dos seguintes fundamentos: *a)* Falta de pagamento das rendas ou alugueres respeitantes ao período anterior à data da declaração de insolvência; *b)* Deterioração da situação financeira do locatário"; o n.° 5 do mesmo artigo prevê que, não tendo a coisa locada ainda sido entregue ao locatário, tanto o administrador da insolvência como a contraparte pode resolver o contrato, "sendo lícito a qualquer deles fixar ao outro um prazo razoável para o efeito, findo o qual cessa o direito de resolução".

V. *Arrendamento urbano; Resolução do contrato; Incumprimento; Autorização; Deterioração da coisa; Hospedagem; Empréstimo; Cessão da posição contratual; Acto ilícito; Forma; Ineficácia; Arrendamento comercial; Caso de força maior; Arrendamento para habitação; Residência permanente; Despejo; Renda; Depósito de rendas; Sublocação; Caducidade; Diferimento da desocupação; Insolvência; Recuperação de empresas; Locação; Administrador da insolvência; Vencimento; Declaração de insolvência; Crédito sobre a insolvência.*

Resolução do contrato (Dir. Civil) – É uma forma de extinção dos contratos por vontade unilateral e vinculada (a um fundamento legal ou convencional) de um dos contraentes, sendo, em princípio, os seus efeitos retroactivos, isto é, tudo se passando como se o contrato resolvido tivesse sido declarado nulo ou anulado.

Não tem o direito à resolução "a parte [...] que, por circunstâncias não imputáveis ao outro contraente, não estiver em condições de restituir o que houver recebido".

A resolução não tem eficácia retroactiva quando isso contrarie a vontade das partes ou a finalidade da resolução, também não a tendo no que ela comportar de prejuízo de direitos adquiridos por terceiro; finalmente, "nos contratos de execução continuada ou periódica, a resolução não abrange as prestações já efectuadas, excepto se entre estas e a causa da resolução existir um vínculo que legitime a resolução de todas elas" (assim acontecerá, por exemplo, se o fundamento da resolução for justamente a falta de qualidades das prestações já realizadas).

Em regra, a resolução "pode fazer-se mediante declaração à outra parte", não tendo esta declaração de revestir forma especial. Casos há, no entanto, em que o direito à resolução é de exercício judicial obrigatório, como acontece, por exemplo, quanto ao contrato de arrendamento urbano, quando a resolução seja exercida pelo senhorio, pois, aí, terá de o ser em acção de despejo (cfr. artigos 63.°, n.° 2, e 55.° e segs. do Regime do Arrendamento Urbano).

V. artigos 432.° a 436.°, C.C..

Para o exercício judicial do direito à resolução do contrato, quando ela se fundar em falta de cumprimento, é competente o tribunal do domicílio do réu, podendo o credor optar pelo tribunal do lugar onde a obrigação deveria ser cumprida, quando o réu seja pessoa colectiva ou quando, situando-se o domicílio do credor na área metropolitana de Lisboa ou do Porto, o domicílio do réu se encontre nessa mesma área – artigo 74.°, n.° 1, C.P.C., na redacção da Lei n.° 14/2006, de 26 de Abril.

Encontram-se diplomas legais em que o termo resolução do contrato é utilizado em acepção diversa: assim, por exemplo, nos artigos 240.° e 241.° do Decreto-Lei n.° 59/99, de 2 de Março, alterado pela Lei n.° 163/99, de 14 de Setembro, pelo Decreto-Lei n.° 159/2000, de 27 de Julho, pela Lei n.° 13/2002, de 19 de Fevereiro, e pelos Decretos-Leis n.°s 245/2003, de 10 de Julho, e 130/2006, de 7 de Julho (que contém o regime da empreitada de obras públicas); nestes, a resolução da empreitada é qualificada como convencional e corresponde ao conceito de revogação ou distrate de um contrato.

Há casos, tipicamente correspondentes a situações em que uma das partes é um contraente débil, as mais das vezes um consumidor, em que a lei atribui a esta parte aquilo que designa por direito à resolução do contrato, durante um período relativamente curto, imediatamente sucessivo à celebração dele, destinado a permitir a essa parte uma melhor ponderação da decisão que tomou, sendo, nestes casos, a resolução discricionária e não vinculada a qualquer fundamento. É o que acontece, entre muitos outros casos, nos chamados contratos celebrados à distância (Decreto-Lei n.° 143/2001, de 26 de Abril, rectificado pela Declaração de rectificação n.° 13-C/2001, de 31 de Maio) e nos contratos relativos a serviços financeiros prestados a consumidores através de meios de comunicação à distância, regulados pelo Decreto-Lei n.° 95/2006, de 29 de Maio – que transpôs a Directiva n.° 2002/65/CE, do Parlamento Europeu e do Conselho, de 23 de Setembro –, cujos artigos 19.° a 25.° conferem ao consumidor "o direito de resolver livremente o contrato à distância, sem necessidade de indicação do motivo e sem que possa haver lugar a qualquer pedido de indemnização ou penalização [...]", sendo este direito irrenunciável, nos termos do artigo 5.°.

V. *Contrato; Extinção de contratos; Nulidade; Anulação; Retroactividade; Direito subjectivo; Terceiro; Prestação; Contrato de prestação duradoura; Declaração negocial; Forma; Arrendamento urbano; Resolução do arrendamento; Senhorio; Despejo; Rescisão; Lugar do cumprimento; Obrigação; Pessoa colectiva; Domicílio; Competência em razão do território; Empreitada; Revogação; Distrate; Contraente débil; Contrato celebrado à distância; Arrependimento; Consumidor; Indemnização.*

Respeito (Dir. Civil) – V. *Dever de respeito.*

"Res perit creditori" (Dir. Civil) – Princípio segundo o qual o risco da perda da coisa devida é suportado pelo credor da sua entrega. Nos termos do artigo 796.°, n.° 1, C.C., "nos contratos que importem a transferência do domínio sobre certa coisa ou que constituam ou transfiram um direito real sobre ela, o perecimento ou deterioração da coisa por causa não imputável ao alienante corre por conta do adquirente".

Quando esteja convencionado que a coisa alienada deve ser enviada para local diferente do lugar do cumprimento, o risco passa a correr por conta do adquirente a partir do momento em que a coisa é entregue ao transportador – artigo 797.°, C.C..

Quando o contrato tiver por objecto uma coisa em viagem, o risco (que estiver coberto pelo seguro) fica a cargo do comprador desde a data da compra – artigo 938.°, C.C..

As situações de aplicação do princípio enunciado resultam, em rigor, não dele, mas daquele outro segundo o qual o risco da coisa corre por conta do seu proprietário; ora, como, no contrato de compra e venda, a propriedade se transfere no momento e por mero efeito do contrato, em princípio, a partir desse momento, o risco corre por conta do credor da entrega da coisa (adquirente), que é também o seu proprietário.

V. *Risco da prestação; Direito real; Culpa; Alienação; Credor; Eficácia real; Lugar do cumprimento; Compra e venda.*

"Res perit debitori" (Dir. Civil) – Princípio segundo o qual o risco da perda da coisa é suportado pelo devedor da entrega. Embora, em princípio, nos contratos em que se transfira a propriedade ou outro direito real, o risco da coisa passe a correr por conta do adquirente, há casos em que o risco do perecimento ou deterioração da coisa corre por conta do alienante: assim, se a coisa continuou em seu poder em consequência de termo constituído a seu favor, hipótese em que o risco se transfere como o vencimento do termo ou a entrega da coisa (artigo 796.°, n.° 2, C.C.); por outro lado, estando o contrato submetido a condição resolutiva, a transferência do risco para o adquirente depende de a coisa lhe ter sido ter sido entregue; estando em mora, o devedor torna-se responsável pelo prejuízo que o credor eventualmente sofra em consequência da perda ou deterioração casuais da coisa, podendo embora livrar-se da responsabilidade, provando que os danos teriam sido igualmente sofridos ainda que a obrigação tivesse sido cumprida a tempo – artigo 807.°, C.C.; também nas obrigações genéricas o risco corre por conta do devedor enquanto não se der a concentração da obrigação (cfr. artigo 541.°, C.C.).

Quando se trata de obrigações relativas a coisas a expedir, é usual inserirem-se no contrato cláusulas que definem qual das partes suporta o risco de perecimento ou deterioração da coisa. Por exemplo, *F.O.B., free on board*, seguida da indicação do lugar de expedição: ao devedor cabem os riscos e despesas até a coisa se encontrar a bordo do navio ou outro meio de transporte (a fórmula será *F.O.R. – free on railway* – se o transporte for feito por comboio, e *F.O.T. – free on truck* – se o transporte for rodoviário); *C.I.F., coast, insurance and freight*, seguido da indicação do lugar da recepção: por conta do devedor corre o risco e as despesas de transporte até ao lugar da recepção; *F.A.S., free alongside ship*, ou *F.A.R., free alongside railway*, seguido da indicação do lugar da expedição: o devedor só suporta o risco até à entrega da coisa junto do meio de transporte.

V. *Risco da prestação; Devedor; Termo; Benefício do prazo; Direito de propriedade; Direito real; Eficácia real; Alienação; Condição resolutiva; Mora; Causa virtual; Obrigação genérica; Concentração; Cláusula; "FOB"; "FOR"; "FOT"; "CIF"; "FAS"; "FAR".*

Responsabilidade aquiliana (Dir. Civil) – O mesmo que *responsabilidade delitual* (v. esta expressão).

Responsabilidade civil (Dir. Civil) – Diz-se que alguém incorre em responsabilidade civil quando se constitui na obrigação de indemnizar outrem por danos que lhe cause, quer esses danos decorram da inexecução de uma obrigação (responsabilidade obrigacional, também dita contratual), quer da violação de um direito subjectivo não creditício ou de uma norma legal destinada a proteger interesses alheios (responsabilidade delitual), podendo também suceder que uma pessoa tenha de suportar os prejuízos resultantes de um acto que não é ilícito ou não é culposo (responsabilidade objectiva, que compreende a responsabilidade pelo risco e a responsabilidade por actos lícitos). Não sendo frequente, encontram-se na lei situações em que se restringe a constituição em responsabilidade civil aos comportamentos dolosos: assim acontece, por exemplo, no artigo 22.° do Código da Insolvência e da Recuperação de Empresas (aprovado pelo Decreto-Lei n.° 53/2004, de 18 de Março, alterado pelos Decretos-Leis n.°s 200/2004, de 18 de Agosto, e 76-A/2006, de 29 de Março – rectificado pela Declaração de rectificação n.° 28-A/2006, de 26 de Maio), quanto àquele que deduzir infundadamente pedido de insolvência ou o devedor que se apresente sem fundamento à insolvência.

No nosso direito, só existe, em princípio, responsabilidade quando haja culpa do agente, isto é, acto ilícito culposo violador de direito alheio e causador de prejuízo, tendo carácter excepcional a responsabilidade sem culpa.

V. artigos 483.° e segs. e 798.° e segs., C.C..

O n.° 2 do artigo 462.°, C.P.C., que dispunha que "as acções destinadas a exigir responsabilidade civil, emergente de acidentes de viação [...] seguirão os termos do processo sumário", foi eliminado na redacção dada ao preceito pelo Decreto-Lei n.° 375-A/99, de 20 de Setembro, pelo que passam a aplicar-se-lhes as regras gerais constantes do antigo n.° 1 (e que agora constituem o corpo da disposição).

O Acórdão uniformizador de jurisprudência n.° 1/98, publicado no *Diário da República*, I–A série, de 3 de Janeiro, consagrou a seguinte doutrina: "Quando, por aplicação da amnistia, se extingue a acção penal, e apesar de ainda não ter sido deduzida acusação, poderá o ofendido requerer o prosseguimento da acção penal para apreciação do pedido cível, nos termos do artigo 12.°, n.° 2, da Lei n.° 23/91, de 4 de Julho".

O Assento n.° 7/99, de 17 de Junho desse ano, publicado no *Diário da República*, I-A série, de 3 de Agosto, estabeleceu que: "Se em processo penal for deduzido pedido cível, tendo o mesmo por fundamento um facto ilícito criminal, verificando-se o caso previsto no artigo 377.°, n.° 1, do Código de Processo Penal, ou seja, a absolvição do arguido, este só pode ser condenado em indemnização civil se o pedido se fundar em responsabilidade extracontratual ou aquiliana, com exclusão da responsabilidade civil contratual".

V. a Convenção de 31 de Janeiro de 1963 Complementar à Convenção de Paris de 29 de Julho de 1960 sobre a Responsabilidade Civil no Domínio da Energia Nuclear, aprovada para ratificação pelo Decreto n.° 38/82, de 31 de Março, e aprovada para adesão pelo Decreto do Governo n.° 24/84, de 15 de Maio; v. também o Protocolo de 16 de Novembro de 1982, que modifica a Convenção sobre a Responsabilidade Civil no Domínio da Energia Nuclear, aprovado para ratificação pelo Decreto do Governo n.° 69/83, de 24 de Agosto (o instrumento de ratificação por parte de Portugal foi depositado, segundo aviso publicado no *Diário da República*, I série, de 3 de Agosto de 1984).

O Decreto-Lei n.° 48 036, de 14 de Novembro de 1967, aprovou a Convenção Internacional para a Unificação de Certas Regras Respeitantes à Limitação da Responsabilidade dos Proprietários de Navios, concluída em Bruxelas em 10 de Outubro de 1957, tendo sido ratificada em 8 de Abril de 1968, conforme aviso publicado no *Diário do Governo* de 27 de Maio de 1968 e o Aviso n.° 316/2006, de 13 de Fevereiro, e tendo a Convenção entrado em vigor no dia 8 de Outubro de 1968.

V. ainda a Convenção Internacional sobre a Responsabilidade Civil pelos Prejuízos Devidos à Poluição por Hidrocarbonetos, concluída em Bruxelas em 29 de Novembro de 1969, e o seu Protocolo, assinado em Londres em 19 de Novembro de 1976; a Convenção foi aprovada pelo Decreto-Lei n.° 694/76, de 21 de Setembro, tendo o respectivo instrumento de ratificação sido depositado por Portugal em 26 de Novembro de 1976, conforme aviso publicado no *Diário da República* 1.ª série, de 12 de Janeiro de 1977, e tendo entrado em vigor em 24 de Fevereiro de 1977; o Aviso n.° 12/2005, de 7 de Janeiro, torna público que Portugal depositou, em 1 de Dezembro de 2004, junto do Secretário-Geral da Organização Marítima Internacional, o instrumento de denúncia a esta Convenção. O referido Protocolo foi aprovado para ratificação pelo Decreto do Governo n.° 39/ /85 de 14 de Outubro (tendo o respectivo instrumento de ratificação por parte de Portugal sido depositado, segundo aviso publicado no *Diário da República*, I série, de 5 de Março de 1986). Movo Protocolo de alteração à Convenção foi adoptado em 27 de Novembro de 1992, aprovado pelo Decreto n.° 40/2001, de 28 de Setembro; o Aviso n.° 134/2001, de 20 de Dezembro, tornou público que o Governo da República Portuguesa depositou, em 14 de Novembro de 2001, junto do Secretário-Geral da Organização Marítima Internacional, o instrumento de ratificação a este Protocolo de 1992 (idêntica informação foi publicitada pelo Aviso n.° 136/2001, de 31 de Dezembro); finalmente, a 82.ª sessão do Comité Legal da Organização Marítima Internacional, através da Resolução LEG.1 (82), adoptou emendas aos limites de responsabilidade civil previstos no Protocolo de 1992, que foram aprovadas pelo Decreto n.° 4/2006, de 6 de Janeiro, tendo o respectivo instrumento de ratificação sido depositado em 27 de Fevereiro de 2006, conforme o Aviso n.° 542/2006, de 10 de Abril; a mesma sessão do referido Comité adoptou emendas aos limites de compensação da Convenção, pela Resolução LEG.2 (82), que foram aprovadas pelo Decreto n.° 5/ /2006, também de 6 de Janeiro, tendo o respectivo instrumento de ratificação sido depositado em 27 de Fevereiro de 2006, conforme o Aviso n.° 544/2006, de 10 de Abril.

Portugal assinou, em 6 de Março de 1997, em Estrasburgo, a Convenção Europeia Relativa à Indemnização das Vítimas de Crimes Violentos, aberta à assinatura em 24 de Novembro de 1983, tendo a Convenção entrado em vigor em 1 de Fevereiro de 1998, segundo o Aviso n.° 148/97, de 10 de Maio.

V. *Indemnização; Dano; Responsabilidade obrigacional; Incumprimento; Obrigação; Responsabilidade delitual; Direito subjectivo; Interesse reflexamente protegido; Responsabilidade objectiva; Ilicitude; Agente; Culpa; Dolo; Imputabilidade; Acidente de viação; Processo sumário; Navio; Responsabilidade por danos causados por navio; Insolvência; Apresentação à insolvência.*

Responsabilidade contratual (Dir. Civil) – Quando o ilícito se refere a uma relação obrigacional ou de crédito, que existia entre o lesante e o ofendido, a responsabilidade emergente diz-se contratual, obrigacional ou negocial.

A expressão responsabilidade contratual, sendo corrente na doutrina, não é rigorosa, dado que abrange não apenas a violação de obrigações contratuais, mas a de qualquer obrigação, seja qual for a respectiva fonte.

Não é necessário que haja incumprimento definitivo da obrigação para que haja obrigação de indemnizar; a simples mora constitui o devedor nessa obrigação.

No domínio da responsabilidade contratual, ao contrário do que acontece em matéria de responsabilidade delitual, a lei estabelece uma presunção de culpa do devedor, cabendo portanto a este a demonstração de que o não cumprimento (ou o defeituoso cumprimento) da obrigação não procedeu de culpa sua.

O Assento n.° 7/99, de 17 de Junho, publicado no *Diário da República*, I-A série, de 3 de Agosto, decidiu: "se em processo penal for deduzido pedido cível, tendo o mesmo por fundamento um facto ilícito criminal, verificando-se o caso previsto no artigo 377.°, n.° 1, do Código de Processo Penal, ou seja, a absolvição do arguido, este só pode ser condenado em indemnização civil se o pedido se fundar em responsabilidade extracontratual ou aquiliana, com exclusão da responsabilidade civil contratual".

V. artigos 798.° e segs., C.C..

"A acção destinada a exigir o cumprimento de obrigações [ou] a indemnização pelo não cumprimento ou pelo cumprimento defeituoso [...] será proposta, à escolha do credor, no tribunal do lugar em que a obrigação devia ser cumprida ou no tribunal do domicílio do réu" – artigo 74.°, n.° 1, C.P.C., na redacção do Decreto-Lei n.° 329-A/95, de 12 de Dezembro.

Por vezes, a lei regula especialmente a responsabilidade do devedor em certos contratos: assim acontece, por exemplo, no contrato de transporte rodoviário nacional de mercadorias, previsto e regulado pelo Decreto-Lei n.° 239/2003, de 4 de Outubro.

V. *Obrigação; Indemnização; Incumprimento definitivo; Cumprimento defeituoso; Mora; Culpa; Presunção de culpa; Responsabilidade delitual; Lugar do cumprimento; Competência; Competência em razão do território; Domicílio; Réu; Contrato de transporte; Responsabilidade do transportador.*

Responsabilidade da herança (Dir. Civil) – V. *Herança; Encargos da herança.*

Responsabilidade delitual (Dir. Civil) – A responsabilidade civil extracontratual, aquiliana ou delitual resulta da prática de actos, culposos, violadores de direitos alheios ou de interesses juridicamente protegidos, e causadores de prejuízos a outrem.

V. artigos 483.° e segs., C.C..

O artigo 11.° da Lei n.° 49/2004, de 24 de Agosto, contém um curioso regime de responsabilidade civil daqueles que, em infracção das regras relativas às profissões de advogado e de solicitador, pratiquem actos próprios destas profissões, pelos "danos decorrentes da lesão dos interesses públicos" que quer à Ordem dos Advogados quer à Câmara dos Solicitadores cumpre "assegurar e defender", "nos termos dos respectivos estatutos", conferindo a disposição legitimidade a estas entidades "para intentar [as] acções de responsabilidade civil"; finalmente, dispõe-se que as indemnizações revertem "para um fundo destinado à promoção de acções de informação e implementação de mecanismos de prevenção e combate à procuradoria ilícita, gerido em termos a regulamentar em diploma próprio".

Para a acção fundada em responsabilidade civil é competente o tribunal do lugar em que o facto ocorreu (cfr. artigo 74.°, n.° 2, C.P.C.).

O devedor da obrigação de indemnizar, fundada em responsabilidade delitual, bem como, aliás, da fundada em responsabilidade pelo risco, se não cumprir voluntariamente, entra em mora desde a citação, a menos que já se encontrasse antes em mora por a falta de liquidez da dívida lhe ser imputável (artigo 805.°, n.° 3, Código Civil, na redacção do Decreto-Lei n.° 262/83, de 16 de Junho). O Assento n.° 13/94, do Supremo Tribunal de Justiça, publicada no *Diário da República*, I-A série, de 19 de Agosto de 1994, decidiu: "A alteração da norma do n.° 3 do artigo 805.° do Código Civil, operada pelo Decreto-Lei n.° 262/83, de 16 de Junho, tem natureza interpretativa, pelo que é aplicável a todas as relações jurídicas já constituídas à data da sua entrada em vigor que ainda não tivessem sido definitivamente julgadas".

O Acórdão uniformizador de jurisprudência, proferido pelo Supremo Tribunal de Justiça em 9 de Maio de 2002, e publicado no *Diário da República*, I-A série, de 27 de Junho do mesmo ano, decidiu: "Sempre que a indemnização pecuniária por facto ilícito ou pelo risco tiver sido objecto de cálculo actualizado, nos termos do n.° 2 do artigo 566.° do Código Civil, vence juros de mora, por efeito do disposto nos artigos 805.°, n.° 3 (interpretado restritivamente), e 806.°, n.° 1, também do Código Civil, a partir da decisão actualizadora, e não a partir da citação".

V. *Acto ilícito; Culpa; Direito subjectivo; Interesse reflexamente protegido; Indemnização; Dano; Advogado; Solicitador; Ordem dos Advogados; Câmara dos Solicitadores; Legitimidade; Competência em razão do território; Responsabilidade pelo risco; Mora; Citação; Obrigação ilíquida; Lei interpretativa; Entrada em vigor; Indemnização pecuniária; Juros de mora.*

Responsabilidade do comitente (Dir. Civil) – V. *Responsabilidade objectiva; Comissão; Comitente; Comissário.*

Responsabilidade do inimputável (Dir. Civil) – O artigo 489.°, C.C., admite que, "por motivos de equidade", uma pessoa não imputável possa ser condenada a reparar, total ou parcialmente, os prejuízos que tenham resultado dos seus actos ilícitos, "desde que não seja possível obter a devida reparação das pessoas a quem incumbe a sua vigilância"; esta situação pode ocorrer quer por não ter o inimputável ninguém obrigado a vigiá-lo, quer por, tendo-o, o vigilante não ser responsável – ou por ter ilidido a presunção de culpa que sobre ele impende, ou por ter feito relevar negativamente a causa virtual, nos termos da parte final do artigo 491.°, C.C. – ou por este, sendo responsável, não ter património que responda pela obrigação de indemnizar. O n.° 2 do artigo 489.° estabelece que "a indemnização será, todavia, calculada por forma a não privar a pessoa não imputável dos alimentos necessários, conforme o seu estado e condição, nem dos meios indispensáveis para cumprir os seus deveres legais de alimentos".

V. *Imputabilidade; Equidade; Dano; Dever de vigilância; Acto ilícito; Presunção de culpa; Relevância da causa virtual; Responsabilidade patrimonial; Indemnização; Alimentos.*

Responsabilidade do produtor (Dir. Civil) – O Decreto-Lei n.° 383/89, de 6 de Novembro, que transpôs a Directiva n.° 85/ /374/CEE, do Conselho, de 25 de Julho, relativa à aproximação das disposições legislativas, regulamentares e administrativas dos Estados membros em matéria de responsabilidade decorrente de produtos defeituosos, e foi alterado pelo Decreto-Lei n.° 131/2001, de 24 de Abril, estabelece, no seu artigo 1.°, que "o produtor é responsável, independentemente de culpa, pelos danos causados por defeitos dos produtos que põe em circulação", ficando excluída a sua responsabilidade, nos termos do artigo 5.°, se provar:

"*a)* Que não pôs o produto em circulação;

b) Que, tendo em conta as circunstâncias, se pode razoavelmente admitir a inexistência do defeito no momento da entrada do produto em circulação;

c) Que não fabricou o produto para venda ou qualquer outra forma de distribuição com um objectivo económico, nem o produziu ou distribuiu no âmbito da sua actividade profissional;

d) Que o defeito é devido à conformidade do produto com normas imperativas estabelecidas pelas autoridades públicas;

e) Que o estado dos conhecimentos científicos e técnicos, no momento em que pôs o produto em circulação, não permitia detectar a existência do defeito;

f) Que, no caso de parte componente, o defeito é imputável à concepção do produto em que foi incorporada ou às instruções dadas pelo fabricante do mesmo".

No quadro desta responsabilidade, "são ressarcíeis os danos resultantes de morte ou lesão pessoal e os danos em coisa diversa do produto defeituoso, desde que seja normalmente destinada ao uso ou consumo privado e o lesado lhe tenha dado principalmente este destino" (artigo 8.°). O artigo 9.° determina que "os danos causados em coisas a que se refere o artigo anterior só são indemnizáveis na medida em que excedam o valor de 500 euros ou 100 241$00".

A responsabilidade do produtor, prevista neste diploma, é solidária, se forem vários os responsáveis, e "não pode ser excluída ou limitada [...] perante o lesado, tendo-se por não escritas as estipulações em contrário" (artigos 6.°, n.° 1, e 10.°).

Em matéria de responsabilidade do produtor, é ainda necessário ter em conta o Decreto-Lei n.° 67/2003, de 8 de Abril, que transpôs a Directiva n.° 1999/44/CE, do Parlamento Europeu e do Conselho, de 25 de Maio, sobre certos aspectos da venda de bens de consumo e das garantias a ela relativas. Nos termos do artigo 6.° deste diploma, o produtor responde, directa e simultaneamente, com o vendedor perante o consumidor; o n.° 1 estabelece que, "sem prejuízo dos direitos que lhe assistem perante o vendedor, pode o consumidor que tenha adquirido coisa defeituosa optar por exigir do produtor, à escolha deste, a sua reparação ou substituição"; com o produtor é solidariamente responsável o seu representante "na zona de domicílio do consumidor".

V. *Responsabilidade objectiva; Produtor; Produtos; Produto defeituoso; Norma imperativa; Parte componente; Dano; Dano pessoal; Dano material; Solidariedade; Cláusula de exclusão da responsabilidade; Cláusula limitativa da responsabilidade; Venda de bens de consumo; Consumidor; Domicílio.*

Responsabilidade do transportador (Dir. Civil; Dir. Com.) – O artigo 16.°, n.° 1, do Decreto-Lei n.° 239/2003, de 4 de Outubro – que tem por objecto o regime do contrato de transporte rodoviário nacional de mercadorias – ocupa-se da responsabilidade do expedidor, dizendo que este "responde por todas as despesas e prejuízos resultantes da inexactidão ou insuficiência das indicações contidas na guia de transporte relativas às mercadorias e ao destinatário, bem como pelas despesas de verificação da mercadoria", acrescentando o n.° 3 que ele é também responsável "pelos danos causados por defeito da mercadoria ou da embalagem, salvo se o transportador, sendo o defeito aparente ou dele tendo tido conhecimento no momento em que recebeu a mercadoria, não tiver formulado reservas"; por seu lado, o transportador é responsável, de acordo com o artigo 17.°, n.° 1, "pela perda total ou parcial das mercadorias ou pela avaria que se produzir entre o momento do carregamento e o da entrega, assim como pela demora na entrega", dizendo (inutilmente, dado o teor do artigo 800.°, C.C.) o n.° 2 que "o transportador responde, como se fossem cometidos por ele próprio, pelos actos e omissões dos seus empregados, agentes, representantes ou outras pessoas a quem recorra para a execução do contrato".

Constituem causas de exclusão da responsabilidade do transportador, de acordo com o artigo 18.° deste diploma, a "natureza ou vício próprio da mercadoria" constituir a causa do ilícito, consubstanciado em "perda, avaria ou demora", como também ser tal causa "acto culposo do expedidor ou do destinatário, [...] caso fortuito ou de força maior"; nos termos do n.° 2 deste artigo, "a responsabilidade do transportador fica ainda excluída quando a perda ou avaria resultar dos riscos próprios inerentes a [...] falta ou defeito da embalagem relativamente às mercadorias [...] [que dela careçam], manutenção, carga, arrumação ou descarga da mercadoria pelo expedidor ou por pessoas que actuem por conta destes, [e] insuficiência ou imperfeição das marcas ou dos símbolos dos volumes". De ter em atenção, porém, o artigo 21.° que estabelece que, "sempre que a perda, avaria ou demora resultem de actuação dolosa do transportador, este não pode prevalecer-se das disposições que excluem ou limitam a sua responsabilidade".

O Decreto-Lei n.° 321/89, de 25 de Setembro, alterado pelo Decreto-Lei n.° 279/95, de 26 de Outubro, estabeleceu, no seu artigo 3.°, a responsabilidade objectiva do transportador aéreo por certos danos, e, designadamente, "morte, ferimento ou quaisquer outras lesões corporais sofridas pelos passageiros em virtude de acidente ocorrido no decurso do transporte aéreo ou durante as operações de embarque ou desembarque", "avaria, perda destruição ou deterioração de bagagens e carga quando o facto que lhes der origem se produzir durante o transporte aéreo ou durante as operações de embarque e desembarque", os "resultantes de atrasos verificados relativamente à hora prevista e anunciada pelo transportador no transporte aéreo de passageiros, bagagens e carga".

A Lei n.° 13/2006, de 17 de Abril, alterada pela Lei n.° 17-A/2006, de 26 de Maio, ocupa-se do regime de transporte quando se trate se "crianças e jovens até aos 16 anos", "de e para os estabelecimentos de educação e ensino, creches, jardins-de-infância e outras instalações ou espaços em que decorram actividades educativas ou formativas, designadamente os transportes para locais destinados à prática de actividades desportivas ou culturais, visitas de estudo e outras deslocações organizadas para ocupação de tempos livres", impondo responsabilidade pelos danos causados aos passageiros. V. artigo 22.° do Decreto Legislativo Regional n.° 23/2006/ /A, de 12 de Junho, que estabelece o regime jurídico do transporte colectivo de crianças na Região Autónoma dos Açores.

No C.C., no quadro da previsão da responsabilidade pelo risco por acidentes causados por veículos de circulação terrestre, o artigo 504.°, n.°s 2 e 3, na redacção do Decreto-Lei n.° 14/96, de 6 de Março, determina que esta responsabilidade aproveita às pessoas transportadas "por virtude de contrato", hipótese em que "abrange os danos que atinjam a própria pessoa e as coisas por ela transportadas" e, "no caso de transporte gratuito [...] abrange apenas os danos pessoais da pessoa transportada". Se bem que a doutrina e a jurisprudência propendam maioritariamente para o entendimento de que as expressões utilizadas devem ser entendidas não literalmente, correspondendo o chamado "transporte por virtude de contrato" a todas as situações em que exista interesse do transportador no transporte, é dentro destas que inequivocamente se situam as hipóteses de transporte contratual oneroso.

V. *Responsabilidade contratual; Contrato de transporte; Dano; Mora; Responsabilidade por facto de terceiro; Culpa; Dolo; Caso fortuito; Caso de força maior; Cláusula de exclusão da responsabilidade; Cláusula limitativa da responsabilidade; Acidente de aviação; Responsabilidade pelo risco; Acidente de viação; Veículo; Dano pessoal; Dano material.*

Responsabilidade extra-contratual (Dir. Civil) – A chamada responsabilidade extra-contratual é que resulta da violação de direitos subjectivos que não sejam creditícios ou de interesses legalmente protegidos. Se, por força do n.° 2 do artigo 483.°, C.C., esta responsabilidade supõe, como regra, a existência de culpa do agente, há numerosos casos em que ela se constitui independentemente de culpa ou, até, de acto ilícito.

V. *Responsabilidade civil; Responsabilidade delitual; Culpa; Ilicitude; Responsabilidade objectiva; Responsabilidade contratual; Responsabilidade por actos lícitos.*

Responsabilidade extra-obrigacional (Dir. Civil) – Expressão usada como sinónimo de *responsabilidade extra-contratual* (v. esta expressão).

Responsabilidade "in contrahendo" (Dir. Civil) – O mesmo que *responsabilidade pré-contratual* (v. esta expressão).

Responsabilidade objectiva (Dir. Civil) – Designam-se genericamente por responsabilidade objectiva as situações em que a constituição do sujeito em responsabilidade civil prescinde de uma conduta culposa ou da prática de um acto ilícito, podendo advir mesmo da prática de um acto expressamente qualificado pela lei como lícito. A responsabilidade objectiva tem carácter excepcional, só existindo nos casos expressamente fixados na lei – artigo 483.°, n.° 2, do C.C..

No C.C., encontram-se previstos casos de responsabilidade objectiva nos artigos 500.° e segs.: responsabilidade do comitente pelos danos causados pelo comissário, responsabilidade pelos danos causados por animais e acidentes causados por veículos de circulação terrestre.

Há numerosa legislação avulsa que prevê responsabilidade sem culpa. Assim acontece, por exemplo, com o Decreto-Lei n.° 383/89, de 6 de Novembro, alterado pelo Decreto-Lei n.° 131/2001, de 24 de Abril, que consagrou a responsabilidade do produtor por danos resultantes dos produtos que ponha em circulação. O artigo 3.° do Decreto-Lei n.° 321/89, de 25 de Setembro, alterado pelos Decretos-Leis n.°s 279/95, de 26 de Outubro, e 208/2004, de 19 de Agosto, previu a responsabilidade objectiva do transportador aéreo por certos danos, e, designadamente, "morte, ferimento ou quaisquer outras lesões corporais sofridas pelos passageiros em virtude de acidente ocorrido no decurso do transporte aéreo ou durante as operações de embarque ou desembarque", "avaria, perda destruição ou deterioração de bagagens e carga quando o facto que lhes der origem se produzir durante o transporte aéreo ou durante as operações de embarque e desembarque", os "resultantes de atrasos verificados relativamente à hora prevista e anunciada pelo transportador no transporte aéreo de passageiros, bagagens e carga"; o mesmo diploma dispõe, no artigo 10.°, que "o proprietário ou explorador de aeronave é responsável, nos termos e com os limites do artigo seguinte, independentemente de culpa, pelo ressarcimento dos danos causados a terceiros à superfície pela aeronave em voo ou por objectos que dela se soltem, incluindo os alijamentos resultantes de força maior" e pelo "ressarcimento dos danos causados pela mesma quando no solo, imobilizada ou em movimento". A Portaria n.° 223/97, de 2 de Abril, fixa os limites máximos do capital por passageiro relativos a esta responsabilidade.

O Decreto-Lei n.° 153/96, de 30 de Agosto, criou uma situação de responsabilidade objectiva para as entidades que tenham a posse, detenção, utilizem ou transportem fontes radioactivas seladas, estabelecendo o respectivo artigo 3.°, n.° 1, que "a entidade licenciada tem a obrigação de indemnizar, independentemente de culpa, sempre que danosamente afecte quer o ambiente quer as pessoas e seus bens na sequência de uma acção acidental ou de qualquer anomalia da operação, mesmo que a utilização da fonte seja efectuada com respeito pelo normativo aplicável". Este diploma foi derrogado pelo

Decreto-Lei n.° 165/2002, de 17 de Julho, na medida em que contrarie este último.

No domínio dos acidentes de viação, é muito relevante a responsabilidade pelo risco, estabelecendo o artigo 508.°, C.C., na redacção do Decreto-Lei n.° 59/2004, de 19 de Março, limites máximos de indemnização para esses casos. O Acórdão do Supremo Tribunal de Justiça n.° 3/2004, publicado no *Diário da República*, I-A série, de 13 de Maio de 2004, decidiu que "o segmento do artigo 508.°, n.° 1, do Código Civil, em que se fixam os limites máximos da indemnização a pagar aos lesados em acidentes de viação causados por veículos sujeitos ao regime do seguro obrigatório automóvel, nos casos em que não haja culpa do responsável, foi tacitamente revogado pelo artigo 6.° do Decreto-Lei n.° 522/85, de 31 de Dezembro, na redacção do Decreto-Lei n.° 3/96, de 25 de Janeiro [diploma que criou este seguro obrigatório]".

Importa neste domínio ter também em conta o Decreto-Lei n.° 209/97, de 13 de Agosto, rectificado pela Declaração de rectificação n.° 21-D/97, de 13 de Novembro, e alterado pelos Decretos-Leis n.°s 12/99, de 11 de Janeiro, e 76-A/2006, de 29 de Março (rectificado pela Declaração de rectificação n.° 28-A/2006, de 26 de Maio), que regula a responsabilidade das agências de viagens por danos sofridos pelos respectivos clientes, mesmo quando o facto danoso tenha sido praticado por um terceiro.

O Decreto-Lei n.° 202/98, de 10 de Julho, rectificado pela Declaração de rectificação n.° 11-Q/98, de 31 de Julho, de 10 de Julho, e alterado pelo Decreto-Lei n.° 64/2005, de 15 de Março, regula a responsabilidade do armador, seja ou não proprietário de navio, pelos danos derivados das pessoas ao serviço do navio, remetendo para o regime da responsabilidade do comitente pelos actos do respectivo comissário.

O artigo 41.° da Lei de Bases do Ambiente (Lei n.° 11/87, de 7 de Abril, alterada pela Lei n.° 13/2002, de 19 de Fevereiro) estabelece que "existe obrigação de indemnizar, independentemente de culpa, sempre que o agente tenha causado danos significativos no ambiente, em virtude de uma acção especialmente perigosa, muito embora com respeito do normativo aplicável", remetendo o n.° 2 desta disposição os critérios de fixação da indemnização por danos causados no ambiente para legislação complementar.

As acções que tenham por fim obter indemnizações fundadas na responsabilidade objectiva devem ser propostas no tribunal do lugar em que o facto ocorreu – artigo 74.°, n.° 2, C.P.C..

A Lei n.° 5/2006, de 23 de Fevereiro – que "estabelece o regime jurídico relativo ao fabrico, montagem, reparação, importação, exportação, transferência, armazenamento, circulação, comércio, aquisição, cedência, detenção, manifesto, guarda, segurança, uso e porte de armas, seus componentes e munições [...]" – consagra, no seu artigo 77.°, n.° 1, um caso de responsabilidade objectiva: aí se dispõe que "os titulares de licenças e alvarás previstos na presente lei são civilmente responsáveis, independentemente de culpa, por danos causados a terceiros em consequência da utilização das armas de fogo que detenham ou no exercício da sua actividade"; o n.° 2 acrescenta que "a violação grosseira de norma de conduta referente à guarda e transporte das armas de fogo determina sempre a responsabilidade solidária do seu proprietário pelos danos causados a terceiros pelo uso, legítimo ou não, que às mesmas venha a ser dado".

V. *Responsabilidade civil; Acto ilícito; Indemnização; Culpa; Responsabilidade por actos lícitos; Animais; Responsabilidade do produtor; Acidente de viação; Comitente; Aeronave; Acidente de aviação; Caso de força maior; Posse; Detenção; Dano ambiental; Ambiente; Protecção do ambiente; Seguro obrigatório; Navio; Competência em razão do território; Solidariedade.*

Responsabilidade obrigacional (Dir. Civil) – Há responsabilidade obrigacional quando uma obrigação é incumprida, seja esse incumprimento seja temporário ou definitivo, seja total ou parcial. Para que exista responsabilidade obrigacional, é, em princípio, necessário que o devedor tenha tido culpa no incumprimento (culpa que, aliás, a lei presume), só excepcionalmente havendo responsabilidade do devedor sem culpa dele: é o que acontece, no regime geral, nas situações previstas nos artigos 800.°, n.° 1, e 807.°, n.° 1, C.C..

À responsabilidade obrigacional chama muitas vezes a doutrina responsabilidade contratual, apesar de nem sempre a obrigação incumprida ter como fonte um contrato.

V. *Obrigação; Incumprimento; Mora; Incumprimento definitivo; Incumprimento total; Incumprimento parcial; Culpa; Presunção de culpa; Responsabilidade contratual.*

Responsabilidade patrimonial (Dir. Civil) – Tanto a doutrina como a própria lei usam, por vezes, esta expressão para significar a sujeição do património do devedor à execução promovida pelo credor, em caso de não cumprimento espontâneo da obrigação. Ela significa, com propriedade aliás, que, em caso de incumprimento obrigacional de qualquer tipo, é o património do devedor que é chamado a responder por ele ou pelas suas consequências.

Neste sentido, responsabilidade patrimonial é, pois, sinónimo de garantia geral das obrigações.

Cfr. artigo 601.°, C.C..

V. *Garantia; Execução; Património; Devedor; Incumprimento; Obrigação; Limitação da responsabilidade patrimonial.*

Responsabilidade pelo risco (Dir. Civil) – A responsabilidade não subjectiva, isto é, não fundada na culpa, é excepcional no nosso direito, segundo o artigo 483.°, n.° 2, C.C..

A responsabilidade pelo risco constitui uma das espécies da responsabilidade objectiva e caracteriza-se por a sua ratio consistir em atribuir a quem retira vantagens de certos ou actividades o encargo que patrimonial (a obrigação de indemnizar outrem) que deles podem resultar.

Os artigos 499.° e segs., C.C., expressamente prevêem casos de responsabilidade fundados não em culpa, mas no risco próprio de certas actividades: artigos 500.° e 501.°, danos causados por comissário ou por funcionários, representantes ou agentes do Estado ou de outras pessoas colectivas de direito público; artigo 502.°, danos causados por animais; artigo 503.°, danos causados por veículos de circulação terrestre. Fora do Código Civil, encontra-se abundante legislação consagradora de situações de responsabilidade pelo risco.

O Acórdão uniformizador de jurisprudência, proferido pelo Supremo Tribunal de Justiça em 9 de Maio de 2002, e publicado no *Diário da República*, I-A série, de 27 de Junho do mesmo ano, decidiu: "Sempre que a indemnização pecuniária por facto ilícito ou pelo risco tiver sido objecto de cálculo actualizado, nos termos do n.° 2 do artigo 566.° do Código Civil, vence juros de mora, por efeito do disposto nos artigos 805.°, n.° 3 (interpretado restritivamente), e 806.°, n.° 1, também do Código Civil, a partir da decisão actualizadora, e não a partir da citação".

V. *Responsabilidade civil; Responsabilidade objectiva; Culpa; Comissário; Animais; Acidente de viação; Responsabilidade por actos lícitos; Indemnização; Responsabilidade delitual; Juros de mora; Citação.*

Responsabilidade por acto ilícito (Dir. Civil) – V. *Responsabilidade civil; Responsabilidade delitual.*

Responsabilidade por acto lícito (Dir. Civil) – V. *Responsabilidade por actos lícitos.*

Responsabilidade por actos alheios (Dir. Civil) – V. *Responsabilidade por facto de terceiro.*

Responsabilidade por actos lícitos (Dir. Civil) – Há situações em que a lei autoriza uma intervenção em esfera jurídica alheia com efeitos lesivos, em atenção a interesses que considera deverem prevalecer sobre os do titular do direito violado ou perturbado. Nesses casos, não deixa, porém, de impor ao sujeito lesante uma obrigação de reparar os danos que provocou, em razão de considerações de justiça comutativa.

É o que se passa, por exemplo, no caso de constituição de uma servidão legal de passagem (artigo 1554.°, C.C.), no de destruição ou danificação de coisa alheia em estado de necessidade, quando o agente não contribuiu para a criação do perigo (cfr. artigo 339.°, n.° 2, C.C.) ou no previsto no artigo 1322.°, n.° 1, C.C. (que confere ao proprietário de enxame de abelhas o direito de o perseguir em prédio alheio).

V. *Responsabilidade objectiva;* Direito subjectivo; *Servidão de passagem; Estado de necessidade; Enxames de abelhas.*

Responsabilidade por danos ao ambiente (Dir. Civil) – De acordo com os n.°s 4 e 5 do artigo 40.° da Lei de Bases do Ambiente (Lei n.° 11/87, de 7 de Abril, alterada pela Lei n.° 13/2002, de 19 de Fevereiro), "os cidadãos directamente ameaçados ou lesados no seu direito a um ambiente de vida humana sadio e ecologicamente equilibrado podem pedir, nos termos gerais de direito, a cessação das causas de violação e a respectiva indemnização", sendo "reconhecido às autarquias e aos cidadãos que sejam afectados pelo exercício de actividades susceptíveis de prejudicarem a utilização dos recursos do ambiente o direito às compensações por parte das entidades responsáveis pelos prejuízos causados".

Independentemente, pois, da responsabilidade delitual que se verifique quando se encontrarem reunidos os respectivos pressupostos, esta Lei, tendo enunciado, no respectivo artigo 3.°-*h)*, o princípio da responsabilização – que "aponta para a assunção pelos agentes das consequências, para terceiros, da sua acção, directa ou indirecta, sobre os recursos naturais" –, estabelece no n.° 1 do seu artigo 41.° uma responsabilidade objectiva daquele que "tenha causado danos significativos no ambiente, em virtude de uma acção especialmente perigosa, muito embora com respeito do normativo aplicável". O n.° 2 da mesma disposição remete para legislação complementar a determinação dos critérios segundo os quais hão-de ser fixados os quantitativos indemnizatórios devidos.

O Decreto-Lei n.° 69/2000, de 3 de Maio (rectificado pela Declaração de rectificação n.° 7-D/2000, de 30 de Junho), alterado pelos Decretos-Leis n.°s 74/2001, de 26 de Fevereiro, e 69/2003, de 10 de Abril, pela Lei n.° 12/2004, de 30 de Março, e pelo Decreto-Lei n.° 197/2005, de 8 de Novembro (rectificado pela Declaração de rectificação n.° 2/2006, de 6 de Janeiro), aprova o regime jurídico da avaliação de impacte ambiental, transpondo a Directiva n.° 83/337/CEE, com as alterações introduzidas pela Directiva n.° 97/11/CE, do Conselho, de 3 de Março de 1997; nos termos do seu artigo 41.° deste diploma, em caso de infracção das regras de impacte ambiental aqui previstas e caso não seja possível, ou adequada, a reconstituição da situação anterior ou a adopção de medidas para reduzir ou compensar os impactes proibidos (o que é já uma forma de responsabilidade com indemnização em espécie), "o infractor fica constituído na obrigação de indemnizar o Estado"; "na total impossibilidade de fixar o montante da indemnização por recurso à caracterização de alternativas à situação anteriormente existente, o tribunal fixará, com recurso a critérios de equidade, o montante da indemnização"; havendo vários responsáveis, o regime é o da solidariedade; os tribunais competentes para a acção são os comuns. Este regime "não prejudica o exercício por particulares da pretensão indemnizatória fundada no n.° 4 do artigo 40.° da Lei n.° 11/87, de 7 de Abril, e demais legislação especial".

É interessante observar como aspectos de responsabilização, embora indirecta, por danos ambientais vão emergindo em regimes que, em princípio e de acordo com as concepções mais tradicionais, nenhuma relação pareciam ter com eles. Assim, por exemplo, o Decreto-Lei n.° 203/98, de 10 de Julho, rectificado pela Declaração de rectificação n.° 11-M/98, de 31 de Julho, que se ocupa do regime da salvação marítima, impondo ao capitão de qualquer embarcação o dever de prestar socorro a pessoas em risco no mar, dispõe que a sua actuação deve conformar-se "com o menor prejuízo ambiental", constituindo uma das obrigações em que aquele dever se decompõe a de "evitar ou minimizar danos ambientais". Na sequência da actividade de salvação marítima, ainda que o salvador não consiga "obter resultado útil para o salvado, mas evitar ou minimizar manifestos danos ambientais", ele terá direito a uma retribuição pecuniária denominada "compensação especial"; a lei (artigo 5.°, n.° 3, do DL n.° 203/98) esclarece que, para os efeitos dele, se entende por "danos ambientais todos os prejuízos causados à saúde humana, vida marinha, recursos costeiros, águas interiores ou adjacentes, em resultado da poluição, contaminação, fogo, explosão ou acidente de natureza semelhante". Mesmo no cálculo do chamado salário de salvação marítima – retribuição devida ao salvador sempre que da sua actividade resulte utilidade para o salvado –, a lei manda atender aos "esforços desenvolvidos pelo salvador e à eficácia destes a fim de prevenir ou minimizar o dano ambiental". Os artigos 9.° e 10.° do diploma ocupam-se da «compensação especial» que, sendo devida pelo proprietário do navio ou embarcação e pelos bens que se salvarem, bem como pelo respectivo segurador, pode ser exigida ao Estado no caso de não ser paga em tempo por aqueles.

V. *Responsabilidade civil; Dano; Responsabilidade delitual; Responsabilidade objectiva; Ambiente; Indemnização; Indemnização específica; Equidade; Solidariedade; Tribunal comum; Seguro de responsabilidade; Salvação marítima; Navio.*

Responsabilidade por danos causados por navio (Dir. Civil; Dir. Comercial) – A designação que aqui se utiliza não é necessariamente correcta, uma vez que a lei não enuncia os factos danosos de que emerge a responsabilidade prevista no Decreto-Lei n.° 202/98, de 10 de Julho, rectificado pela Declaração de rectificação n.° 11-Q/98, de 31 de Julho, e alterado pelo Decreto-Lei n.° 64/2005, de 15 de Março, que regula a matéria e veio revogar as normas do Código Comercial que a disciplinavam.

Após um primeiro artigo em que se enunciam definições legais – o que é de moda actualmente, muito embora não se perceba, num sistema como o nosso, de *civil law*, exactamente por quê e para quê –, diz-se, nos artigos 4.° e 5.°, que o armador do navio, seja ou não o respectivo proprietário, responde, perante terceiros, "independentemente de culpa, pelos danos derivados de actos e omissões: *a)* Do capitão e da tripulação; *b)* Dos pilotos ou práticos tomados a bordo, ainda que o recurso ao piloto ou prático seja imposto por lei, regulamento ou uso; *c)* De qualquer outra pessoa ao serviço do navio", nos termos em que o comitente responde pelos actos dos seus comissários. Até aqui a norma não indica que os danos sejam necessariamente causados pelo navio, embora tenham de ser produzidos por qualquer daqueles agentes no exercício das respectivas funções, o que nem sequer impõe, em abstracto, que ocorram a bordo, se bem que a probabilidade de assim ser seja naturalmente grande. Também até aqui a norma não se revela de grande utilidade, pois seria fácil chegar a esta conclusão normativa pela aplicação directa das regras gerais sobre responsabilidade civil.

Acrescenta-se que o proprietário, que não seja o armador, "responde subsidiariamente, perante terceiros, nos mesmos termos do proprietário armador, com sub-rogação total ou parcial nos direitos daqueles contra o armador". O artigo 11.° determina que, "se o proprietário ou o armador não forem identificáveis com base no despacho de entrada na capitania, o navio responde, perante os credores interessados, nos mesmos termos em que aqueles responderiam", atribuindo a lei, para este efeito, personalidade judiciária ao navio e cabendo a respectiva representação em juízo "ao agente de navegação que requereu o despacho".

O Decreto-Lei n.° 124/2004, de 25 de Maio, que aprovou o Regulamento da Náutica de Recreio, estabelece a obrigatoriedade de celebração de um contrato de seguro para ressarcimento dos danos provocados por estas embarcações (v. artigos 41.° e 42.°).

V. *Responsabilidade civil; Culpa; Responsabilidade objectiva; Dano; Comissão; Omissão; Navio; Personalidade judiciária; Sub-rogação; Representação em juízo; Seguro de responsabilidade.*

Responsabilidade por facto de terceiro (Dir. Civil) – Há casos em que a lei impõe a um sujeito a obrigação de indemnizar outro, que foi lesado por um acto de que não foi autor aquele que fica obrigado a indemnizar. Trata-se, em princípio, de casos de responsabilidade civil objectiva, isto é, sem culpa do devedor da indemnização, mas também podem ser situações de responsabilidade subjectiva.

No domínio da responsabilidade extra-obrigacional, é um caso destes o previsto no artigo 500.°, C.C., que estabelece o regime da responsabilidade do comitente pelos danos causados pelo comissário.

No campo da responsabilidade obrigacional, o regime geral da obrigação de indemnizar do devedor por actos de terceiros, seus representantes e auxiliares, encontra-se previsto no artigo 800.°, C.C..

Há, todavia, regras avulsas que se ocupam da obrigação de indemnizar por actos lesivos de terceiros. Assim, por exemplo, o Decreto-Lei n.° 209/97, de 13 de Agosto, rectificado pela Declaração de rectificação n.° 21-D/97, de 13 de Novembro, e alterado pelos Decretos-Leis n.°s 12/99, de 11 de Janeiro, e 76-A/2006, de 29 de Março (este rectificado pela Declaração de rectificação n.° 28-A/2006, de 26 de Maio), que trata do acesso e do exercício da actividade das agências de viagens, determina, no seu artigo 39.°, que, "quando se trate de viagens organizadas, as agências são responsáveis perante os seus clientes ainda que os serviços devam ser executados por terceiros e sem prejuízo do direito de regresso" (n.° 2); a obrigação de indemnizar é excluída nos casos previstos no n.° 4 da mesma disposição e, designadamente, se "for demonstrado que o incumprimento se deve [...] à actuação imprevisível e inevitável de um terceiro alheio ao fornecimento das prestações previstas no contrato" ou, se legalmente o direito de regresso contra terceiro não puder ser accionado. O artigo 59.°, n.° 3, do Código da Insolvência e da Recuperação de Empresas, aprovado pelo Decreto-Lei n.° 53/2004, de 18 de Março, alterado pelos Decretos-Leis n.°s 200/2004, de 18 de Agosto, e 76-A/2006, dispõe que existe responsabilidade solidária do administrador da insolvência com os seus auxiliares pelos danos por estes provocados, "salvo se provar que não houve culpa da sua parte ou que, mesmo com a diligência devida, se não teriam evitado os danos".

V. *Responsabilidade objectiva; Responsabilidade subjectiva; Culpa; Comitente; Dano; Comissário; Indemnização; Cumprimento; Obrigação; Devedor; Credor; Responsabilidade obrigacional; Direito de regresso; Prestação; Representante; Auxiliar; Insolvência; Administrador da insolvência; Solidariedade; Diligência; Causa virtual.*

Responsabilidade por factos cometidos através da televisão (Dir. Civil) – A Lei n.° 32/2003, de 22 de Agosto (que revogou a Lei n.° 31-A/98, de 14 de Julho, rectificada pelas Declarações de rectificação n.°s 12/98, de 27 de Julho, e 15/98, de 12 de Agosto, e alterada pelas Leis n.°s 8/2002, de 11 de Fevereiro, e 18-A/2002, de 18 de Julho) – Lei da Televisão –, estabelece que "na determinação das formas de efectivação da responsabilidade civil emergente de factos cometidos através da televisão observam-se os princípios gerais", acrescentando que "os operadores de televisão respondem solidariamente como os responsáveis pela transmissão de programas previamente gravados, com excepção dos transmitidos ao abrigo do direito de antena".

Cfr. artigo 64.° da referida Lei.

V. *Responsabilidade delitual; Solidariedade.*

Responsabilidade pós-contratual (Dir. Civil) – Há casos em que pode surgir uma obrigação de indemnizar por força de um comportamento violador da boa fé de uma das partes num contrato, já depois de extinta a última obrigação dele provinda. Assim acontecerá, por exemplo, se um trabalhador divulgar um segredo de fabrico da sua ex-entidade patronal, prejudicando consequentemente esta. A razão de ser desta responsabilidade está na persistência, imposta pela boa fé, de direitos e deveres entre os ex-contraentes, em consequência da relação contratual que os vinculou anteriormente.

V. *Responsabilidade civil; Contrato; Extinção das obrigações; Indemnização; Boa fé; Obrigação.*

Responsabilidade pré-contratual (Dir. Civil) – A responsabilidade pré-contratual sanciona a violação culposa das obrigações decorrentes da boa fé nos preliminares ou na formação dos contratos (*culpa in contrahendo*). A nossa lei, reconhecendo que, durante as negociações destinadas à conclusão de um contrato bem como na formação dele, as partes devem proceder segundo as regras da boa fé, estabelece que, se o não fizerem, responderão pelos danos que culposamente causarem à outra parte (artigo 227.°, n.° 1, C.C.).

Os danos indemnizáveis, neste caso, são, na opinião maioritária da doutrina portuguesa, os chamados danos negativos, embora este entendimento seja muito discutível.

V. *Boa fé; Dever pré-contratual; Indemnização; Culpa; Negociações preliminares; Dano negativo.*

Responsabilidade subjectiva (Dir. Civil) – É a responsabilidade civil cuja constituição supõe uma actuação ilícita e culposa do agente. No nosso direito civil, o regime-regra é o da responsabilidade subjectiva, só havendo responsabilidade independentemente de culpa nos casos especificados na lei, segundo o artigo 483.°, n.° 2, C.C..

V. *Responsabilidade civil; Ilicitude; Culpa; Responsabilidade objectiva.*

Responsável legal (Dir. Civil; Proc. Civil; Dir. Com.) – Não se trata de conceito que seja habitualmente empregue pela doutrina ou pela lei.

Porém, o artigo 6.°, n.° 2, do Código da Insolvência e da Recuperação de Empresas, aprovado pelo Decreto-Lei n.° 53/ /2004, de 18 de Março, alterado pelos Decretos-Leis n.°s 200/2004, de 18 de Agosto, e 76-A/2006, de 29 de Março (rectificado pela Declaração de rectificação n.° 28- -A/2006, de 26 de Maio), diz que, "para efeitos deste Código, são considerados responsáveis legais as pessoas que, nos termos da lei, respondam pessoal e ilimitadamente pela generalidade das dívidas do insolvente, ainda que a título subsidiário".

V. *Insolvência; Recuperação de empresas; Responsabilidade patrimonial; Dívida.*

Resposta à contestação (Proc. Civil) – A resposta à contestação tem a designação legal de réplica, quando se trata de acção com processo ordinário (v. artigo 502.°, C.P.C., cujo n.° 3 tem a redacção dada pelo Decreto-Lei n.° 329-A/95, de 12 de Dezembro). No processo sumário, o artigo 785.°, C.P.C., na redacção do mesmo diploma, fala de resposta à contestação.

Em processo sumaríssimo, tal articulado não existe.

V. *Contestação; Réplica; Processo ordinário; Processo sumário; Processo sumaríssimo; Articulados.*

Resposta à reconvenção (Proc. Civil) – Enquanto, em processo ordinário, é na réplica que o autor deve "deduzir toda a defesa quanto à matéria da reconvenção" (artigo 502.°, n.° 1, C.P.C.), em processo sumário, o artigo 786.°, C.P.C., na redacção do Decreto-Lei n.° 329-A/95, de 12 de Dezembro, que tem por epígrafe *resposta à reconvenção,* dispõe que, "se o réu tiver deduzido reconvenção ou a acção for de simples apreciação negativa, o prazo para a resposta é de vinte dias".

V. *Reconvenção; Processo ordinário; Autor; Réplica; Processo sumário; Réu; Acção de simples apreciação.*

Resposta à tréplica (Proc. Civil) – O artigo 504.° do C.P.C., na redacção de 1961, determinava que, em processo ordinário, tendo o réu deduzido pedido reconvencional contra o autor, ou, tratando-se de acção de simples apreciação negativa, podia o autor responder à tréplica no prazo de oito dias, devendo a resposta limitar-se à matéria da reconvenção ou aos factos impeditivos ou extintivos do direito invocados pelo réu.

O Decreto-Lei n.° 242/85, de 9 de Julho, substituiu a redacção deste artigo, não sendo hoje, consequentemente, admissível resposta à tréplica em nenhum caso.

V. *Tréplica; Processo ordinário; Reconvenção; Réu; Autor; Acção de simples apreciação; Facto impeditivo; Facto extintivo.*

Respostas aos quesitos (Proc. Civil) – O n.° 1 do artigo 511.°, C.P.C., dispunha que do questionário constavam, com subordinação a números, os pontos controvertidos que deviam ser provados. Este artigo foi alterado pelos Decretos-Leis n.°s 329-A/ /95, de 12 de Dezembro, e 180/96, de 25 de Setembro, tendo o C.P.C. deixado de se referir, expressamente, quer ao questionário quer aos quesitos.

Continua a falar-se de matéria de facto que deve ser debatida durante a discussão da causa.

"A matéria de facto é decidida por meio de acórdão ou despacho, se o julgamento incumbir a juiz singular; a decisão proferida declarará quais os factos que o tribunal julga provados e quais os que julga não provados, analisando criticamente as provas e especificando os fundamentos que foram decisivos para a convicção do julgador"; "a decisão do colectivo é tomada por maioria e o acórdão é lavrado pelo presidente, podendo ele, bem como qualquer dos outros juízes, assinar vencido quanto a qualquer ponto da decisão ou formular declaração divergente quanto à fundamentação".

Após a leitura do acórdão pelo juiz-presidente, aquele é facultado a cada um dos advogados para exame, tendo estes em seguida a possibilidade de reclamar de imediato "contra a deficiência, obscuridade ou contradição da decisão ou contra a falta da sua motivação".

Se forem feitas reclamações, o tribunal reúne de novo e decide sobre elas, não sendo admissíveis novas reclamações.

V. artigos 652.° e 653.°, C.P.C., na redacção do Decreto-Lei n.° 329-A/95, de 12 de Dezembro.

Na discussão da matéria de facto só podem intervir "os juízes que tenham assistido a todos os actos de instrução e discussão praticados na audiência final" – artigo 654.°, n.° 1, C.P.C..

Diz o artigo 712.°, C.P.C. (os n.°s 1, 2 e 3 têm a redacção do DL n.° 329-A/95, os n.°s 4 e 5 a do DL n.° 180/96, e o n.° 6 a do Decreto-Lei n.° 375-A/99, de 20 de Setembro):

"1. A decisão do tribunal de 1.ª instância sobre a matéria de facto pode ser alterada pela Relação:

a) Se do processo constarem todos os elementos de prova que serviram de base à decisão sobre os pontos da matéria de facto em causa ou se, tendo ocorrido gravação dos depoimentos prestados, tiver sido impugnada, nos termos do artigo 690.°-A, a decisão com base neles proferida;

b) Se os elementos fornecidos pelo processo impuserem decisão diversa, insusceptível de ser destruída por quaisquer outras provas;

c) Se o recorrente apresentar documento novo superveniente e que, por si só, seja suficiente para destruir a prova em que a decisão assentou.

2. No caso a que se refere a segunda parte da alínea *a)* do número anterior, a Relação reaprecia as provas em que assentou a parte impugnada da decisão, tendo em atenção o conteúdo das alegações de recorrente e recorrido, sem prejuízo de oficiosamente atender a quaisquer outros elementos probatórios que hajam servido de fundamento à decisão sobre os pontos da matéria de facto impugnados.

3. A Relação pode determinar a renovação dos meios de prova produzidos em 1.ª instância que se mostrem absolutamente indispensáveis ao apuramento da verdade, quanto à matéria de facto impugnada, aplicando-se às diligências ordenadas, com as necessárias adaptações, o preceituado quanto à instrução, discussão e julgamento na 1ª instância e podendo o relator determinar a comparência pessoal dos depoentes.

4. Se não constarem do processo todos os elementos probatórios que, nos termos da alínea *a)* do n.° 1, permitam a reapreciação da matéria de facto, pode a Relação anular, mesmo oficiosamente, a decisão proferida na 1.ª instância, quando repute deficiente, obscura ou contraditória a decisão sobre pontos determinados da matéria de facto ou quando considere indispensável a ampliação desta; a repetição do julgamento não abrange a parte da decisão que não esteja viciada, podendo, no entanto, o tribunal ampliar o julgamento de modo a apreciar outros pontos da matéria de facto, com o fim exclusivo de evitar contradições na decisão.

5. Se a decisão proferida sobre algum facto essencial para o julgamento da causa não estiver devidamente fundamentada, pode a Relação, a requerimento da parte, determinar que o tribunal de 1.ª instância a fundamente, tendo em conta os depoimentos gravados ou registados ou repetindo a produção da prova, quando necessário; sendo impossível obter a fundamentação com os mesmos juízes ou repetir a produção da prova, o juiz da causa limitar-se-á a justificar a razão da impossibilidade.

6. Das decisões da Relação previstas nos números anteriores não cabe recurso para o Supremo Tribunal de Justiça".

O artigo que se transcreveu é também aplicável quando o recurso seja interposto de causa, objecto de processo sumário, julgado pelo juiz singular. Quando o processo for sumaríssimo, e porque dele não cabe recurso de apelação em caso algum (cfr. artigos 678.°, n.° 2, e 800.°, C.P.C., o último na redacção do DL n.° 329-A/95), esta questão não se coloca.

No que respeita à competência do Supremo Tribunal de Justiça para alterar a matéria de facto, ela é praticamente nula, porquanto o seu julgamento é limitado a questões de direito (v., no entanto, artigos 722.°, n.° 2, e 729.°, n.°s 2 e 3, C.P.C.).

V. *Questionário; Quesitos; Questão de facto; Julgamento; Discussão; Despacho; Prova; Audiência; Processo ordinário; Processo sumário; Processo sumaríssimo; Tribunal colectivo; Acórdão; Fundamentação das decisões; Juiz presidente; Advogado; Reclamação; Instrução; Discussão; Juiz singular; Tribunal de 1.ª instância; Relação; Documento; Documento superveniente; Alegações; Recorrente; Recorrido; "Ex officio"; Juiz relator; Recurso; Irrecorribilidade; Apelação; Requerimento; Supremo Tribunal de Justiça; Questão de direito.*

"Res suo domino perit" (Dir. Civil) – Princípio segundo o qual o risco de perecimento ou deterioração de uma coisa ou da perda de um direito é suportado pelo respectivo titular.

V. artigo 796.°, n.° 1, C.C..

V. *Risco da prestação; Direito de propriedade; "Res perit debitori"; "Res perit creditori".*

Restauração natural (Dir. Civil) – V. *Indemnização específica.*

Restituição da posse (Dir. Civil; Proc. Civil) – Modalidade de acção possessória, nos termos da qual o possuidor esbulhado pode fazer-se restituir à sua posse, e que é proposta contra o esbulhador, herdeiros deste ou contra quem quer que se encontre na posse da coisa e tenha conhecimento do esbulho.

A restituição far-se-á enquanto não for provada a titularidade alheia do direito respectivo e se aquele que estiver na posse da coisa não tiver melhor posse do que o esbulhado ("é melhor posse a que for titulada; na falta de título, a mais antiga; se tiverem igual antiguidade, a posse actual").

O prazo para a propositura da acção é de um ano a contar do esbulho ou do conhecimento dele, se o facto foi praticado às ocultas.

O pedido de restituição da posse podia, de acordo com a anterior redacção do artigo 470.°, n.° 2, C.P.C., ser cumulado com o pedido de indemnização a que o esbulhado tem direito pelos prejuízos que lhe tiver causado o esbulho; a forma do processo era a sumária, fosse qual fosse o valor.

V. artigos 1277.° e segs., C.C..

No caso de o esbulho ter sido violento, o esbulhado pode fazer-se restituir provisoriamente à sua posse, através de um procedimento cautelar e sem audiência prévia do esbulhador (artigos 393.° a 395.° C.P.C., este na redacção do Decreto-Lei n.° 329--A/95, de 12 de Dezembro), propondo, em seguida, a respectiva acção.

Nesta matéria, há de ter em conta também os embargos de terceiro que constituem meio processual adequado para alguém, que é lesado na sua posse por acto judicial (penhora, arresto, arrolamento, posse judicial, despejo ou outro que não seja apreensão de bens em processo de insolvência) e que é terceiro em relação ao processo, reagir contra tal ofensa, fazendo--se restituir à sua posse (v. artigo 1285.°, C.C., na redacção do Decreto-Lei n.° 38//2003, de 8 de Março, rectificado pela Declaração de rectificação n.° 5-C/2003, de 30 de Abril).

V. *Posse; Defesa da posse; Acções possessórias; Esbulho; Herdeiro; Propositura da acção; Pedido; Cumulação de pedidos; Indemnização; Processo sumário; Valor da causa; Procedimento cautelar; Citação; Embargos de terceiro; Actos processuais; Penhora; Arresto; Arrolamento; Posse judicial; Despejo; Insolvência; Terceiro.*

Restituição de bens (Dir. Civil; Dir. Com.; Proc. Civil) – No processo de insolvência, regulado pelo Código da Insolvência e da Recuperação de Empresas, aprovado pelo Decreto-Lei n.° 53/2004, de 18 de Março, e alterado pelos Decretos-Leis n.°s 200/2004, de 18 de Agosto, e 76-A//2006, de 29 de Março (rectificado pela Declaração de rectificação n.° 28-A/2006, de 26 de Maio), os artigos 141.° e segs. ocupam-se da separação e restituição de bens que tenham sido apreendidos e integrados na massa insolvente, nos casos em que tais bens não pertenciam plena e exclusivamente ao insolvente; assim: *a)* os bens apreendidos para a massa insolvente, mas de que o insolvente fosse mero possuidor em nome alheio; *b)* os bens próprios do cônjuge e a sua meação nos bens comuns; *c)* os bens de terceiro indevidamente apreendidos e quaisquer outros bens, dos quais o insolvente não tenha a plena e exclusiva propriedade, ou sejam estranhos à insolvência ou insusceptíveis de apreensão para a massa.

Nos termos do artigo 141.°, n.° 2, as regras relativas à reclamação de créditos – como, aliás, as que se referem à sua verificação – são aplicáveis à separação e restituição de bens, com as seguintes adaptações, "além das outras que se mostrem necessárias": *a)* a reclamação não é objecto de notificações e obedece ao disposto nos n.°s 1 e 5 do artigo 134.° (devem ser oferecidos todos os meios de prova pelo requerente, ficando este obrigado a apresentar as testemunhas arroladas, e durante o prazo para a restituição e separação de bens o processo mantém-se na secretaria judicial para consulta pelos interessados); *b)* as contestações às reclamações podem ser apresentadas pelo administrador ou por qualquer interessado nos 10 dias subsequentes ao fim do prazo para a reclamação dos créditos fixado na sentença declaratória da insolvência, tendo o reclamante possibilidade de responder nos 5 dias seguintes; *c)* na audiência, as provas são produzidas pela ordem da apresentação das reclamações.

O n.° 3 do artigo 141.° estabelece que a separação de bens "pode igualmente ser ordenada pelo juiz, a requerimento do administrador da insolvência, instruído com parecer favorável da comissão de credores, se existir". De acordo com o artigo 142.°, "se as coisas que o insolvente deve restituir não se encontrarem na sua posse à data da declaração de insolvência, pode o administrador da insolvência reavê-las, se tal for mais conveniente para a massa insolvente do que o pagamento ao seu titular, como crédito sobre a insolvência, do valor que tinham naquela data ou da indemnização pelas despesas resultantes da sua recuperação"; e, "se a posse se perder depois de terem sido apreendidas para a massa insolvente as coisas que devam ser restituídas, tem o titular direito a receber da massa o seu valor integral".

O artigo 143.° dispõe que "ao insolvente, bem como ao seu consorte, é permitido reclamar os seus direitos próprios, estranhos à insolvência".

Por seu lado, o artigo 144.°, n.° 1, determina que, "no caso de serem apreendidos para a massa, depois de findo o prazo fixado para as reclamações, é ainda permitido exercer o direito de restituição ou de separação desses bens nos cinco dias posteriores à apreensão, por meio de requerimento, apensado ao processo principal". "Ao reclamante da restituição de coisas móveis determinadas pode se deferida a sua entrega provisória, mediante caução prestada no próprio processo", devendo ser restituídos à massa os bens entregues ou o valor da caução, se a reclamação for julgada definitivamente improcedente – artigo 145.°.

Os artigos 146.° a 148.° ocupam-se da verificação ulterior de créditos e outros direitos, dizendo o artigo 146.°, n.° 1, que, "findo o prazo das reclamações, é possível reconhecer ainda outros créditos, bem como o direito à separação ou restituição de bens, de modo a serem atendidos no processo de insolvência, por meio de acção proposta contra a massa insolvente, os credores e o devedor, efectuando-se a citação por éditos de 10 dias"; esta reclamação não é, porém, admitida quando seja apresentada pelos credores que tenham sido avisados pelo administrador da insolvência, nos termos do artigo 129.° do diploma, salvo se se tratar de créditos de constituição posterior, e "só pode ser feita no prazo de um ano subsequente ao trânsito em julgado da sentença de declaração da insolvência, ou no prazo de três meses seguintes à respectiva constituição, caso termine posteriormente".

V. *Insolvência; Recuperação de empresas; Bem; Massa insolvente; Possuidor precário; Bens próprios; Meação; Bens comuns; Direito de propriedade; Requerimento; Administrador da insolvência; Comissão de credores; Posse; Declaração de insolvência; Crédito sobre a insolvência; Indemnização; Reclamação de créditos; Verificação de créditos; Apensação de acções; Notificação; Meios de prova; Prova; Testemunha; Rol de testemunhas; Secretaria judicial; Exame de processos; Contestação; Sentença; Audiência; Crédito sobre a insolvência; Citação edital; Coisa móvel; Caução; Procedência; Trânsito em julgado.*

Restituição de documentos (Proc. Civil) – V. *Documento; Apresentação de documentos.*

Restituição de processos (Proc. Civil) – O mandatário judicial que não entregue processo que lhe tenha sido confiado "dentro do prazo que lhe tiver sido fixado será notificado para, em dois dias, justificar o seu procedimento", e, caso "não apresente justificação ou esta não constitua facto do conhecimento pessoal do juiz ou justo impedimento [...], será condenado no máximo de multa; esta será elevada ao dobro se, notificado da sua aplicação, não entregar o processo no prazo de cinco dias". Se, decorrido este prazo, "o mandatário judicial ainda não tiver feito a entrega do processo, o Ministério Público, ao qual é dado conhecimento do facto, promoverá contra ele procedimento pelo crime de desobediência e fará apreender o processo".

V. artigo 170.°, C.P.C., na redacção do Decreto-Lei n.° 329-A/95, de 12 de Dezembro.

V. *Mandatário judicial; Notificação; Justo impedimento; Multa; Ministério Público; Exame de processos; Confiança de processos.*

Restituição dos bens ao ausente (Dir. Civil) – V. *Ausência; Regresso do ausente.*

Restituição do título (Dir. Civil) – O devedor (ou terceiro que cumpra ficando sub-rogado nos direitos do credor) tem o direito a exigir do credor a restituição do título da obrigação quando esta se extinguir, a menos que aquele tenha qualquer legítimo interesse na sua conservação, caso em que ao devedor é lícito exigir que do título passe a constar menção do cumprimento da obrigação.

Sendo invocado pelo credor a impossibilidade de restituir o título ou de nele mencionar o cumprimento, o devedor pode exigir quitação passada em documento autêntico ou autenticado ou com reconhecimento notarial, correndo o encargo por conta do credor.

No caso de o credor recusar a restituição do título ou a menção do cumprimento, o devedor tem a faculdade de se recusar a cumprir.

V. artigos 788.°, 789.° e 787.°, n.° 2, C.C..

V. *Obrigação; Cumprimento; Cumprimento por terceiro; Sub-rogação; Extinção das obrigações; Menção do cumprimento; Quitação; Documento autêntico; Documento autenticado; Reconhecimento de letra e assinatura; Recusa de cumprimento.*

Restituição provisória da posse (Proc. Civil) – O possuidor pode, se tiver sido esbulhado violentamente, pedir que seja provisoriamente restituído à sua posse.

Se o juiz entender, depois de produzidas as provas, que na realidade o requerente tinha a posse e dela foi esbulhado com violência, ordena a restituição sem citação nem audiência do esbulhador.

V. artigos 1279.°, C.C., e 393.° a 395.°, C.P.C., o último com a redacção do Decreto-Lei n.° 329-A/95, de 12 de Dezembro.

V. *Posse; Esbulho; Prova; Citação; Procedimento cautelar.*

Retardamento da prestação (Dir. Civil) – Sempre que o devedor não cumpre tempestivamente a obrigação sem que o cumprimento se tenha definitivamente impossibilitado nem o credor tenha perdido o interesse que nele tinha, está-se perante um retardamento da prestação. Sendo este devido a culpa do devedor, a situação é de mora debitória (cfr. artigo 804.°, n.° 2, C.C.).

Se o retardamento se dever a facto não imputável ao devedor, este não responde pelos danos que o atraso cause ao credor (artigo 792.°, C.C.), igualmente não respondendo, como é evidente, quando o atraso consubstanciar mora do credor (cfr. artigos 813.° e segs., C.C.).

V. *Obrigação; Incumprimento; Impossibilidade da prestação; Interesse do credor; Culpa; Mora; Responsabilidade obrigacional; Dano.*

Retenção (Dir. Civil) – Direito que a lei confere ao devedor de guardar uma coisa pertencente ao seu credor, quando, por despesas feitas com ela ou por danos por ela causados, disponha de um crédito contra o credor, ou nos casos expressamente previstos na lei.

O direito de retenção é um direito real de garantia, que tem por objecto coisa devida por alguém e respeita ao crédito que este tenha contra o credor da entrega da coisa, nos termos expostos.

O artigo 755.°, C.C., na redacção do Decreto-Lei n.° 379/86, de 11 de Novembro, enuncia casos especiais de direito de retenção.

O artigo 756.°, C.C., determina que não há direito de retenção para quem tenha obtido a coisa por meios ilícitos, se, no momento da aquisição, conhecia essa ilicitude, tal como o não há para quem realizou de má fé as despesas de que proveio o crédito; finalmente, não haverá direito de retenção em relação a coisas impenhoráveis ou quando a parte preste caução suficiente.

V. artigos 754.° e segs., C.C..

V. *Devedor; Credor; Crédito; Coisa; Dano; Direito real de garantia; Ilicitude; Impenhorabilidade; Caução; Boa fé; Má fé.*

Retractação

1. (Dir. Civil) – Retractação da proposta é sinónimo de revogação da proposta contratual.

V. artigo 230.°, n.° 2, C.C..

Encontra-se, por vezes, nos autores uma distinção entre revogação e retractação, feita nos seguintes termos: a primeira designação só se aplicaria quando se tratasse de declaração revogatória eficaz, isto é, quando fosse realizada dentro dos prazos que a lei estabelece; quando a revogação constituísse um acto ilícito, por ser recebida depois de excedidos os prazos fixados na lei, falar-se-ia em retractação.

Esta distinção, baseada no regime estabelecido no Código de Seabra, não tem hoje sentido face ao texto do n.° 2 do artigo 230.°, C.C., que fala expressamente em retractação para designar uma revogação da proposta contratual válida e eficazmente emitida.

V. *Proposta de contrato; Revogação da proposta contratual.*

2. (Proc. Civil) – Fala-se de retractação de testemunho para referir as situações em que a testemunha dá como não dito o que anteriormente havia afirmado.

Nos termos do artigo 567.°, C.P.C., a confissão é irretratável, salva, tratando-se de confissões expressas de factos feitas nos articulados e ainda não aceitas especificadamente pela parte contrária, a possibilidade de serem retiradas.

V. *Testemunha; Confissão; Articulados.*

Retribuição do depositário judicial (Proc. Civil) – No processo executivo, o depositário judicial tinha direito a uma retribuição, que era arbitrada, depois de ouvidos o exequente e o executado, na proporção do incómodo do depósito, não podendo exceder 5 por cento do rendimento líquido; a retribuição era fixada por despacho ou, havendo lugar a contas do depositário, na sentença que as julgava.

O artigo 844.°, C.P.C., que continha este regime, foi revogado pelo Decreto-Lei n.° 38/2003, de 8 de Março, rectificado pela Declaração de rectificação n.° 5-C/2003, de 30 de Abril.

V. *Execução; Depositário; Exequente; Executado; Despacho; Prestação de contas; Sentença.*

Retroacção do início da instância (Proc. Civil) – Na sua redacção anterior, o artigo 476.°, C.P.C., dispunha que, quando a petição era liminarmente indeferida, o autor podia apresentar outra dentro de cinco dias, contados da notificação do despacho de indeferimento ou, se tivesse agravado deste despacho, da notificação ao autor de que o processo dera entrada na secretaria da 1.ª instância, por o agravo do despacho de indeferimento não ter obtido provimento. Em qualquer dos casos, a acção considerava-se proposta na data em que a primeira petição tivesse dado entrada na secretaria; por seu lado, o artigo 477.° do mesmo Código estabelecia que, se a petição, não sendo liminarmente indeferida, não fosse recebida por ser irregular ou deficiente, e o juiz tivesse emitido despacho de aperfeiçoamento, se o autor viesse a apresentar nova petição dentro do prazo fixado, a acção considerava-se igualmente proposta na data em que dera entrada a primeira petição.

O artigo 476.°, C.P.C., na redacção do Decreto-Lei n.° 183/2000, de 10 de Agosto, dispõe: "O autor pode apresentar outra petição ou juntar o documento a que se refere a primeira parte do disposto na alínea *f)* do artigo 474.°, dentro dos 10 dias subsequentes à recusa de recebimento ou de distribuição da petição, ou à notificação da decisão judicial que a haja confirmado, considerando-se a acção proposta na data em que a primeira petição foi apresentada em juízo".

V. *Petição inicial; Indeferimento liminar; Autor; Notificação; Agravo; Secretaria judicial; Início da instância; Propositura da acção; Irregularidade da petição inicial; Despacho de aperfeiçoamento; Recusa da petição; Distribuição.*

Retroactividade (Dir. Civil) – Característica de um facto jurídico que produz efeitos quanto ao passado: assim acontece, por exemplo, com o carácter retroactivo da anulação de um negócio, de uma condição resolutiva, eficácia retroactiva da resolução do contrato.

V. *Facto jurídico; Anulação; Negócio jurídico; Condição resolutiva; Resolução do contrato.*

Quanto à retroactividade da lei, v. *Eficácia retroactiva da lei.*

Retrofiança (Dir. Civil) – A doutrina designa por retrofiança a fiança do direito do fiador que, nos termos do artigo 644.°, C.C., fique sub-rogado nos direitos do credor.

V. *Fiança; Sub-rogação; Credor.*

Retro-venda (Dir. Civil) – Sinónimo de *venda a retro* (v. esta expressão).

Réu (Proc. Civil) – Parte principal numa acção: é aquele contra quem a acção é proposta.

O n.° 1 do artigo 26.°, C.P.C., diz que "o réu é parte legítima quando tem interesse directo em contradizer", e o n.° 2 precisa que o interesse em contradizer se exprime pelo prejuízo que da procedência da acção advenha para o réu.

V. *Parte principal; Acção; Legitimidade; Procedência.*

Réu fictício (Proc. Civil) – É a pessoa que, sendo demandada, é estranha à causa, tendo, em regra, a demanda dessa pessoa o objectivo de se desviar o verdadeiro réu do tribunal territorialmente competente; a lei qualifica esta actuação como tentativa ilícita de desaforamento no artigo 113.°, C.P.C..

"Neste caso, a decisão que julgue incompetente o tribunal condenará o autor em multa e indemnização como litigante de má fé".

V. *Réu; Demandado; Competência em razão do território; Tentativa de desaforamento; Autor; Multa; Indemnização; Litigância de má fé.*

Revalidação (Dir. Civil; Proc. Civil) – O artigo 73.° do Código do Notariado permite a revalidação judicial de alguns actos notariais nulos – designadamente quando a nulidade resulte da violação das regras de competência ou da falta de qualquer dos requisitos enunciados nas alíneas *b)* a *f)* do artigo 70.° do mesmo Código – quando se verifique qualquer das situações previstas naquela disposição, a saber: "*a)* Se prove a ausência do notário competente e a natureza urgente do acto;

b) Se prove que foram cumpridas as formalidades devidas;

c) Se mostre que as palavras eliminadas, quaisquer que elas fossem, não podiam alterar os elementos essenciais ou o conteúdo substancial do acto;

d) Se prove que os intervenientes acidentais, cujas assinaturas faltam, assistiram à sua leitura, explicação e outorga e não se recusaram a assiná-lo;

e) Se prove que os outorgantes, cujas assinaturas estão em falta, assistiram à leitura e explicação do acto, deram a este o seu acordo e não se recusaram a assiná-lo;

f) Se prove que o acto não assinado pelo notário é conforme à lei, representa fielmente a vontade das partes e foi presidido pelo notário, que não se recusou a assiná-lo"

O pedido de revalidação pode ser feito por qualquer interessado e é dirigido ao notário competente. Da decisão do notário pode recorrer-se "para o tribunal de 1.ª instância competente na área da circunscrição a que pertence o cartório em que o processo se encontra pendente".

V. artigos 73.° e segs., Código do Notariado.

"A revalidação ou sanação dos actos notariais não exime os funcionários da responsabilidade pelos danos que hajam causado" – artigo 184.° do Código do Notariado.

V. *Nulidade de acto notarial; Competência; Tribunal de 1.ª instância; Legitimidade; Notário; Responsabilidade civil.*

Revelia (Proc. Civil) – Nos termos do artigo 483.°, C.P.C., há *revelia absoluta* do réu quando, tendo ele sido citado, não intervém por nenhuma forma no processo, não contestando, não constituindo mandatário, nem fazendo qualquer diligência para demonstrar que tem conhecimento do processo.

Verificando-se esta situação de alheamento completo do réu em relação ao processo, o juiz deve verificar se a citação foi feita com observância de todas as formalidades legais e, caso o não tenha sido, mandá-la-á repetir. Se, tendo o réu sido regularmente citado na sua própria pessoa, ou tendo, dentro do prazo da contestação, juntado procuração a mandatário judicial, não contestar, há *revelia relativa*. A situação é aqui diversa da descrita anteriormente, porque aqui o réu teve, ou presume-se que teve, conhecimento do processo, mas não deduziu à pretensão do autor qualquer oposição; a consequência é, portanto, também diversa: consideram-se confessados os factos articulados pelo autor na petição (v. artigo 484.°, C.P.C., cujo n.° 2 tem a redacção do Decreto-Lei n.° 329-A/95, de 12 de Dezembro).

Se a citação foi edital, não se verificarão os efeitos da revelia, porquanto, nesse caso, o réu não foi citado na sua própria pessoa.

Outros casos em que se não produzem os efeitos da revelia vêm referidos no artigo 485.°, C.P.C., cuja alínea *c)* tem a redacção do mesmo diploma:

a) Quando, havendo vários réus (isto é, havendo, por exemplo, litisconsórcio passivo, quer voluntário, quer necessário), algum deles contestar, mas só quanto aos factos que o contestante impugnar; se o não fizer em relação a todos, os não contestados consideram-se confessados;

b) Quando o réu ou algum dos réus for uma pessoa colectiva, ou for incapaz, e a causa estiver contida no âmbito da incapacidade; havendo mais do que um réu, basta que um deles se encontre numa das situações previstas para que o efeito abranja todos;

c) Quando a vontade das partes for ineficaz para a produção dos efeitos que se pretendem obter pela acção, o que sucede, por exemplo, quando se trate de factos relativos a direitos indisponíveis (v. artigo 354.°-*b)*, C.C.);

d) Quando se trate de factos para cuja prova se exija documento escrito (v. artigo 364.°, C.C.).

Em processo sumário, a revelia do réu pode ter como consequência a sua condenação imediata no pedido, excepto se ele for uma pessoa colectiva ou incapaz – artigo 784.°, C.P.C., na redacção do DL n.° 329-A/95.

Para além da revelia do réu – que se acaba de descrever –, pode verificar-se a situação de revelia de qualquer das partes, quando não tiver constituído mandatário judicial: a consequência desta revelia circunscreve-se ao facto de as partes serem notificadas dos actos processuais nos termos estabelecidos para as notificações aos mandatários – v. artigo 255.°, C.P.C., na redacção do DL n.° 329-A/95.

Sendo a parte revel e tendo havido constituição de assistente, o artigo 338.°, C.P.C., na redacção do mesmo diploma, determina que o assistente seja "considerado como seu substituto processual, mas sem lhe ser permitida a realização de actos que aquele tenha perdido o direito de praticar".

V. *Réu; Citação; Mandatário judicial; Petição inicial; Contestação; Citação; Procuração forense; Impugnação; Confissão; Citação edital; Litisconsórcio; Incapacidade; Pessoa colectiva; Direito indisponível; Prova; Documento escrito; Processo sumário; Pedido; Condenação do réu; Notificação; Assistência.*

Reversão (Dir. Civil) – V. *Cláusula de reversão.*

Revisão (Proc. Civil) – Recurso extraordinário, que se interpõe nos seguintes casos:

"*a)* Quando se mostre, por sentença criminal passada em julgado, que foi proferida por prevaricação, concussão, peita, suborno ou corrupção do juiz ou de algum dos juízes que na decisão intervieram;

b) Quando se verifique a falsidade de documento ou acto judicial, de depoimento ou das declarações de peritos, que possam em qualquer dos casos ter determinado a decisão a rever. A falsidade de documento ou de acto judicial não é, todavia, fundamento de revisão se a matéria tiver sido discutida no processo em que foi proferida a decisão a rever;

c) Quando se apresente documento de que a parte não tivesse conhecimento, ou de que não tivesse podido fazer uso, no processo em que foi proferida a decisão a rever e que, por si só, seja suficiente para modificar a decisão em sentido mais favorável à parte vencida;

d) Quando se verifique a nulidade ou a anulabilidade da confissão, desistência ou transacção em que a decisão se fundasse;

e) Quando, tendo corrido a acção e a execução à revelia, por falta absoluta de intervenção do réu, se mostre que faltou a sua citação ou é nula a citação feita;

f) Quando seja contrária a outra que constitua caso julgado para as partes, formado anteriormente".

V. artigo 771.°, C.P.C., na redacção dos Decretos-Leis n.°s 329-A/95, de 12 de Dezembro, e 38/2003, de 8 de Março (rectificado pela Declaração de rectificação n.° 5-C/2003, de 30 de Abril).

O recurso de revisão é interposto de sentença já transitada em julgado, e o respectivo prazo de interposição é de sessenta dias contados, no caso da alínea *a)*, do trânsito em julgado da sentença em que se fundamenta a revisão, e, nos outros casos, da data em que a parte obteve o documento ou teve conhecimento do facto que serve de fundamento à revisão. O recurso de revisão não pode, porém, ser interposto, se já tiverem decorridos mais de cinco anos sobre o trânsito em julgado da decisão.

O recurso de revisão não tem efeito suspensivo.

O artigo 776.°, C.P.C., na redacção do Decreto-Lei n.° 199/2003, de 10 de Setembro (rectificado pela Declaração de rectificação n.° 16-B/2003, de 31 de Outubro), estabelece que, "se o fundamento da revisão for julgado procedente, é revogada a decisão, observando-se o seguinte:

a) No caso da alínea *e)* do artigo 771.°, anulam-se os termos do processo posteriores à citação do réu ou ao momento em que devia ser feita e ordena-se que o réu seja citado para a causa;

b) Nos casos das alíneas *a)* e *c)* do artigo 771.°, profere-se nova decisão, procedendo-se às diligências absolutamente indispensáveis e dando-se a cada uma das partes a prazo de 20 dias para alegar por escrito;

c) Nos casos das alíneas *b)* e *d)* do artigo 771.°, ordena-se que sigam os termos necessários para a causa ser novamente instruída e julgada, aproveitando-se a parte do processo que o fundamento de revisão não tenha prejudicado".

V. artigos 772.° a 777.°, C.P.C..

Nos termos do artigo 173.°-A da designada por O.T.M. (Decreto-Lei n.° 314/78, de 27 de Outubro, com as alterações dos Decretos-Leis n.°s 185/93, de 22 de Maio, 48/95, de 15 de Março, 58/95, de 31 de Março, 120/98, de 8 de Maio, e das Leis n.° 133/99, de 28 de Agosto, 147/99, de 1 de Setembro, e 166/99, de 14 de Setembro), no recurso de revisão de adopção, "o menor é representado pelo Ministério Público".

V. *Recurso; Recurso extraordinário; Sentença; Trânsito em julgado; Falsidade; Documento; Actos processuais; Perito; Confissão; Desistência; Transacção; Acção; Execução; Revelia; Réu; Citação; Alegações; Instrução; Julgamento; Adopção; Menor; Ministério Público; Caso julgado; Interposição de recurso; Efeito suspensivo do recurso; Efeito devolutivo do recurso.*

Revisão da adopção (Dir. Civil; Proc. Civil) – A sentença que decrete a adopção plena só é susceptível de revisão:

"*a)* Se tiver faltado o consentimento do adoptante ou dos pais do adoptado, quando necessário e não dispensado;

b) Se o consentimento dos pais do adoptado tiver sido indevidamente dispensado, por não se verificarem as condições do n.° 3 do artigo 1981.°;

c) Se o consentimento do adoptante tiver sido viciado por erro desculpável e essencial sobre a pessoa do adoptado;

d) Se o consentimento do adoptante ou dos pais do adoptado tiver sido determinado por coacção moral, contanto que seja grave o mal com que eles foram ilicitamente ameaçados e justificado o receio da sua consumação;

e) Se tiver faltado o consentimento do adoptado, quando necessário".

Determina o n.° 3 do artigo 1990.°, C.C., que tem vindo a citar-se, que "a revisão não será, contudo, concedida quando os interesses do adoptado possam ser consideravelmente afectados, salvo se as razões invocadas pelo adoptante imperiosamente o exigirem". O artigo 1991.°, C.C. enuncia as pessoas com legitimidade para pedir a revisão e os prazos dentro dos quais o pedido é admissível.

De acordo com o artigo 173.°-A, da O.T.M. (Decreto-Lei n.° 314/78, de 27 de Outubro, alterado pelos Decretos-Leis n.°s 185/93, de 22 de Maio, 48/95, de 15 de Março, 58/95, de 31 de Março, 120/98, de 8 de Maio, e pelas Leis n.°s 133/99, de 28 de Agosto, 147/99, de 1 de Setembro, 166//99, de 14 de Setembro, e 31/2003, de 22 de Agosto), no incidente de revisão, o menor é representado pelo Ministério Público. Sendo apresentado o pedido de revisão da adopção, "são citados os requeridos e o Ministério Público para contestar".

V. *Adopção plena; Consentimento para adopção; Erro; Erro essencial; Erro desculpável; Coacção moral; Legitimidade; Incidente; Responsabilidade em juízo; Ministério Público; Citação; Contestação.*

Revisão de contratos (Dir. Civil) – Embora a lei enuncie o princípio da imutabilidade dos contratos, depois de celebrados, a não ser por mútuo acordo das partes, admite, em alguns casos, a revisão dos termos contratuais, designadamente quando as circunstâncias em que as partes fundaram a decisão de contratar sofram uma alteração superveniente e anormal, e daí decorra para uma das partes um agravamento tal da sua obrigação que a exigência desta, nos termos convencionados, afecte gravemente os princípios da boa fé.

V. artigos 437.° a 439.°, C.C..

Também quanto aos negócios usurários, a lei permite a respectiva alteração pelo tribunal segundo juízos de equidade, a requerimento do lesado ou da parte contra quem tenha sido intentada a acção de anulação (v. artigo 283.°, C.C.).

Em outros casos, a lei permite a revisão judicial de cláusulas contratuais determinadas, como acontece com a cláusula penal, quando ela se mostre manifestamente excessiva (v. artigo 812.°, C.C.).

V. *Contrato; Distrate; Alteração das circunstâncias; Obrigação; Boa fé; Modificação do contrato; Negócio usurário; Equidade; Anulação; Cláusula penal; Redução da cláusula penal.*

Revisão de sentença estrangeira (Proc. Civil) – A sentença, mesmo arbitral, estrangeira, para produzir em Portugal efeitos executivos e de caso julgado, tem de ser revista e confirmada pela Relação do distrito em que esteja domiciliada a pessoa contra quem se quer fazer valer a sentença.

Produz, independentemente de revisão, efeitos meramente probatórios. O Assento do Supremo Tribunal de Justiça de 16 de Dezembro de 1988, publicado no *Diário da República*, I série, de 1 de Março de 1989, estabeleceu a seguinte doutrina: "A sentença estrangeira não revista nem confirmada pode ser invocada em processo pendente em tribunal português como simples meio de prova, cujo valor é livremente apreciado pelo julgador".

V. artigos 1094.° e segs., C.P.C..

V. a Convenção sobre o Reconhecimento e Execução de Sentenças Estrangeiras em Matéria Civil e Comercial, e o seu Protocolo Adicional, concluídos na Haia em 1 de Fevereiro de 1971, e aprovados para ratificação pelo Decreto do Governo n.° 13/83, de 24 de Fevereiro (já ratificados por Portugal, segundo aviso publicado no *Diário da República*, I série, de 22 de Julho de 1983).

V. ainda a Convenção de Bruxelas, assinada a 27 de Setembro de 1968, relativa à Competência Judiciária e à Execução de Decisões em Matéria Civil e Comercial, e o Regulamento (CE) n.° 44/2001 do Conselho, de 22 de Dezembro de 2000, relativo à Competência Judiciária, ao Reconhecimento e à Execução de Decisões em Matéria Civil e Comercial; este Regulamento veio substituir a Convenção de Bruxelas a qual, no entanto, se mantém em vigor entre a Dinamarca e os restantes Estados-Membros.

V. *Sentença estrangeira; Decisão arbitral; Confirmação de sentença estrangeira; Título executivo; Caso julgado; Relação; Distrito judicial; Domicílio; Prova; Força probatória.*

Revista (Proc. Civil) – Cabe recurso de revista do acórdão da Relação que conheça do mérito da causa, sendo o seu objectivo reparar um erro de determinação da norma aplicável, de interpretação ou de aplicação desta, embora, acessoriamente, se possa alegar qualquer causa de nulidade do acórdão.

O recurso de revista é interposto para o Supremo Tribunal de Justiça e consiste num pedido de apreciação exclusivamente em matéria de direito.

"O recurso de revista só tem efeito suspensivo em questões sobre o estado de pessoas."

V. artigos 721.° a 732.°, C.P.C..

Os artigos 732.°-A e 732.°-B, aditados ao Código de Processo Civil pelo Decreto-Lei n.° 329-A/95, de 12 de Dezembro, vieram prever o chamado julgamento ampliado da revista, que pode ter lugar quando que tal for determinado pelo Presidente do Supremo Tribunal de Justiça, para ocorrer à necessidade de uniformização da jurisprudência, "até à prolação do acórdão", e em que intervém "o plenário das secções cíveis"; este julgamento "pode ser requerido por qualquer das partes ou pelo Ministério Público e deve ser sugerido pelo relator, por qualquer dos adjuntos, ou pelos presidentes das secções cíveis, designadamente quando verifiquem a possibilidade de vencimento de solução jurídica que esteja em oposição com jurisprudência anteriormente firmada, no domínio da mesma legislação e sobre a mesma questão fundamental de direito". Decidida a realização deste julgamento alargado, "o processo vai com vista ao Ministério Público por 10 dias, para emissão de parecer sobre a questão que origina a necessidade de uniformização de jurisprudência"; "o julgamento só se realiza com a presença de, pelo menos, três quartos dos juízes em exercício nas secções cíveis", e "o acórdão proferido pelas secções reunidas sobre o objecto da revista é publicado na 1.ª série-A do jornal oficial" (esta última citação corresponde ao n.° 4 do artigo 732.°-B, com a redacção do Decreto-Lei n.° 180/96, de 25 de Setembro).

V. *Recurso ordinário; Acórdão; Relação; Apelação; Mérito de causa; Norma jurídica; Interpretação da lei; Nulidade do acórdão; Sentença; Supremo Tribunal de Justiça; Efeito suspensivo do recurso; Estado pessoal; Jurisprudência; Parte; Juiz relator; Juiz adjunto; Ministério Público; Questão de direito.*

Revogação (Dir. Civil) – Forma de extinção de um negócio jurídico por manifestação de vontade, em regra discricionária, do seu autor ou por acordo entre as partes (se se tratar de contrato): a revogação produz, normalmente, efeitos extintivos apenas para o futuro e não pode, em regra, lesar os interesses de terceiros.

A terminologia legal não é unívoca: se, em alguns casos (por exemplo, artigos 228.°, n.° 2, 265.°, n.° 2, 2311.° e segs., C.C., e artigo 62.°, n.° 1, do Regime do Arrendamento Urbano – aprovado pelo Decreto-Lei n.° 321-B/90, de 15 de Outubro, rectificado por Declaração publicada no *Diário da República*, I-A série, de 30 de Novembro de 1990, e alterado pelo Decreto-Lei n.° 278/93, de 10 de Agosto (por seu lado, alterado, por ratificação, pela Lei n.° 13/94, de 11 de Maio), pelo Decreto-Lei n.° 163//95, de 13 de Julho, pela Lei n.° 89/95, de 1 de Setembro, pelo Decreto-Lei n.° 257//95, de 30 de Setembro, pela Lei n.° 135//99, de 28 de Agosto, pelos Decretos-Leis n.°s 64-A/2000, de 22 de Abril, e 329-B//2000, de 22 de Dezembro, e pelas Leis n.°s 6/2001 e 7/2001, ambas de 11 de Maio), o termo é usado neste sentido, em outros, como designadamente nos artigo 969.° e segs., C.C., a revogação constitui uma figura próxima da resolução do contrato.

Sobre a revogação da convenção de arbitragem, v. artigo 2.°, n.° 4, da Lei n.° 31//86, de 29 de Agosto, alterada pelo Decreto-Lei n.° 38/2003, de 8 de Março, este rectificado pela Declaração de rectificação n.° 5-C/2003, de 30 de Abril.

V. *Negócio jurídico; Extinção de contratos; Terceiro; Resolução do contrato; Convenção de arbitragem; Revogação do arrendamento.*

Revogação da aceitação (Dir. Civil) – A aceitação da proposta contratual pode ser, válida e eficazmente, revogada se a declaração revogatória chegar ao poder do proponente (ou for dele conhecida) ao mesmo tempo que a aceitação ou antes dela.

Também o destinatário de uma proposta contratual, que a rejeitou, pode depois aceitá-la, prevalecendo a aceitação, desde que esta chegue ao poder do proponente, ou seja dele conhecida, ao mesmo tempo que a rejeição, ou antes dela.

V. artigo 235.°, C.C..

V. *Proposta de contrato; Aceitação; Revogação da proposta contratual; Rejeição da proposta.*

Revogação da adopção (Dir. Civil) – Enquanto a adopção plena não é revogável, nem mesmo por acordo entre adoptante e adoptado (artigo 1989.°, C.C.), já a adopção restrita é revogável, em dadas circunstâncias.

Por um lado, a requerimento do adoptante ou do adoptado, se se verificar algum dos factos que justificam a deserdação dos herdeiros legitimários; por outro lado, sendo o adoptado menor, pode a revogação ser requerida pelos seus pais, pelo Ministério Público ou pela pessoa a cujo cuidado se encontrava o menor antes da adopção, com fundamento em incumprimento pelo adoptante dos deveres inerentes ao poder paternal ou em a adopção se ter tornado inconveniente para a educação ou para os interesses do adoptado. V. artigos 2002.°-B e 2002.°-C, C.C..

Dispõe o artigo 2002.°-D, n.° 1, C.C., que cessam os efeitos da adopção com o trânsito em julgado da sentença que a revogue.

V. artigo 173.°-A da chamada O.T.M., na redacção do Decreto-Lei n.° 120/98, de 8 de Maio.

V. *Adopção; Requerimento; Herdeiro legitimário; Deserdação; Menor; Ministério Público; Poder paternal; Sentença; Trânsito em julgado.*

Revogação da doação (Dir. Civil) – A proposta de doação e a própria doação têm um condicionalismo de revogação particular e específico, previsto nos artigos 969.°, 970.° e 974.° a 979.°, C.C..

Quanto à proposta, não caducando pelo decurso de quaisquer prazos, pode, no entanto, ser revogada unilateralmente pelo seu autor até ser aceita, desde que na revogação seja observada a forma por que foi feita a proposta (v. artigo 969.°, C.C.).

E, mesmo depois de concluído o contrato e independentemente de acordo do donatário, o doador pode resolvê-lo, desde que se verifique ingratidão do donatário (artigo 970.°, C.C.). Muito embora se trate claramente de um caso de resolução do contrato, a lei chama-lhe revogação.

Os casos de ingratidão do donatário que justificam a revogação da doação encontram-se enunciados nos artigos 2034.°, C.C. (indignidade sucessória) e 2166.°, C.C. (deserdação) – v. artigo 974.°, C.C.. Em qualquer das circunstâncias aí previstas, nunca o doador tem o direito à revogação, se a doação houver sido feita para casamento, tiver sido remuneratória ou ainda se o doador houver perdoado ao donatário (artigo 975.°, C.C.).

Caso o doador queira revogar a doação por ingratidão, deve fazê-lo no prazo de um ano a contar do facto que lhe deu causa ou do conhecimento que teve desse facto (artigo 976.°, C.C.).

"Revogada a liberalidade, são os bens doados restituídos ao doador, ou aos seus herdeiros, no estado em que se encontrarem", e se entretanto houverem sido alienados ou não puderem ser restituídos em espécie, por causa imputável ao donatário, terá de ser entregue o valor que eles tinham ao tempo da alienação ou da impossibilidade de restituição acrescido dos juros legais a contar da data da propositura da acção (artigo 978.° C.C.).

A revogação da doação não prejudica terceiros que tenham adquirido, anteriormente à propositura da acção, direitos reais sobre os bens doados, mas o donatário terá de indemnizar o doador (artigo 979.°, C.C.).

"As doações entre esposados não são revogáveis por mútuo consentimento dos contraentes" – artigo 1758.°, C.C..

Na redacção originária do Código Civil, permitia-se a revogação da doação por superveniência de filhos legítimos, o que já não acontece, encontrando-se revogados os artigos 971.° a 973.°, C.C..

V. *Doação; Proposta de contrato; Caducidade; Forma; Resolução do contrato; Ingratidão; Indignidade sucessória; Deserdação; Doações para casamento; Doação remuneratória; Perdão; Herdeiro; Alienação; Culpa; Revogação da proposta contratual; Juros legais; Propositura da acção; Terceiro; Direito real; Indemnização; Doações para casamento.*

Revogação da lei – Forma de cessação da vigência da lei, que resulta de uma nova manifestação legislativa em sentido diverso ao da anterior. A revogação pode ser total ou parcial (derrogação), podendo também ser expressa ou tácita, consoante a nova lei diz quais as disposições que ficam revogadas ou não o faz, resultando a revogação da incompatibilidade entre os regimes que respectivamente se estabelecem.

O artigo 7.°, C.C., dispõe que:

"1. Quando se não destine a ter vigência temporária, a lei só deixa de vigorar se for revogada por outra lei.

2. A revogação pode resultar de declaração expressa, da incompatibilidade entre as novas disposições e as regras precedentes ou da circunstância de a nova lei regular toda a matéria da lei anterior.

3. A lei geral não revoga a lei especial, excepto se outra for a intenção inequívoca do legislador.

4. A revogação da lei revogatória não importa o renascimento da lei que esta revogara".

V. *Lei; Norma temporária; Norma geral; Norma especial; Repristinação.*

Revogação da procuração (Dir. Civil; Proc. Civil) – O artigo 265.°, n.° 2, C.C., determina que "a procuração é livremente revogável pelo representado, não obstante convenção em contrário ou renúncia ao direito de revogação".

Nos termos do n.° 3 da mesma disposição, a revogação carece de consentimento do interessado, quando a procuração haja sido conferida também no interesse do procurador ou de terceiro, só podendo ser revogada sem essa anuência se ocorrer justa causa.

No domínio do processo civil, onde não se distingue entre o mandato e a procuração, o artigo 39.°, n.°s 1 e 2, C.P.C., na redacção do Decreto-Lei n.° 180/96, de 25 de Setembro, estabelece que "a revogação [...] do mandato [deve] ter lugar no próprio processo e [é notificada], tanto ao mandatário ou ao mandante, como à parte contrária"; "os efeitos da revogação [...] produzem-se a partir da notificação".

V. *Procuração; Irrenunciabilidade; Procurador; Terceiro; Justa causa; Mandato; Notificação.*

Revogação da proposta contratual (Dir. Civil) – Quando uma pessoa faz uma declaração negocial que tem um destinatário, fica vinculada aos efeitos dessa declaração a partir do momento em que ela é recebida ou conhecida pelo destinatário. Consubstanciando a declaração uma proposta de contrato e querendo o seu autor revogá-la, só o pode, em princípio, fazer nos termos do artigo 230.°, C.C., como segue:

a) Se, na própria proposta, tinha ressalvado expressamente o direito a revogá-la, pode fazê-lo em qualquer momento ou dentro do prazo que tiver fixado, e até que o contrato se celebre pela aceitação eficaz da contraparte;

b) Se nada tinha dito na proposta, a revogação só será válida se o proponente a fizer chegar ao destinatário antes da proposta, ou ao mesmo tempo que ela, ou se dela der conhecimento ao destinatário por outro meio, desde que antes ou simultaneamente com a recepção da proposta por aquele;

c) A proposta dirigida ao público pode ser revogada, desde que o seja na forma da oferta ou em forma equivalente.

Mas, dizer-se que o proponente fica sujeito à sua proposta, não podendo revogá-la livremente a partir do momento em que o destinatário a conhece, não significa que essa vinculação não tenha um limite. Assim, na própria proposta pode estipular-se o prazo dentro do qual ela se mantém ou pode tal prazo ter sido previamente convencionado: nesse caso, uma vez decorrido o prazo, a proposta caduca. Não sendo fixado prazo, a situação pode ser uma de duas:

a) Ou o proponente pedia resposta imediata e então a proposta mantém-se até que decorra o prazo necessário para que, segundo a via utilizada (ou equivalente) e em condições normais, a proposta e a aceitação cheguem aos destinos respectivos;

b) Ou o proponente nada dizia sobre o prazo da proposta, caso em que, ao prazo que resulta da alínea anterior, se devem adicionar cinco dias.

V. artigos 228.° a 230.°, C.C..

Importa atentar nas regras especiais relativas à proposta de doação e sua revogação. Por um lado, ela não caduca pelo decurso dos prazos fixados no artigo 228.°, C.C., caducando por morte do doador, se até esse momento não tiver sido aceita (v. artigos 945.°, n.° 1, e 969.°, n.° 2, C.C.). Consequentemente, o doador pode revogar livremente a proposta enquanto não tiver havido aceitação, desde que observe na revogação as formalidades da proposta (v. artigo 969.°, n.° 1, C.C.).

V. *Revogação; Proposta de contrato; Declaração negocial; Perfeição do contrato; Sujeição; Caducidade; Aceitação; Oferta ao público; Doação; Revogação da doação.*

Revogação do arrendamento (Dir. Civil) – O arrendamento urbano pode, a todo o tempo, ser revogado pelas partes mediante acordo, que "deve ser celebrado por escrito, sempre que não seja imediatamente executado ou sempre que contenha cláusulas compensatórias ou quaisquer outras cláusulas acessórias" – artigo 62.° do Regime do Arrendamento Urbano, aprovado pelo Decreto-Lei n.° 321-B/90, de 15 de Outubro, rectificado por declaração publicada no *Diário da República*, I-A série, de 30 de Novembro de 1990, e alterado pelo Decreto-Lei n.° 278/93, de 10 de Agosto (este, por seu lado, alterado, por ratificação, pela Lei n.° 13/94, de 11 de Maio), pelo Decreto-Lei n.° 163/95, de 13 de Julho, pela Lei n.° 89/95, de 1 de Setembro, pelo Decreto-Lei n.° 257/95, de 30 de Setembro, pela Lei n.° 135/99, de 28 de Agosto, pelos Decretos-Leis n.°s 64-A/ /2000, de 22 de Abril, e 329-B/2000, de 22 de Dezembro, e pelas Leis n.°s 6/2001 e 7/ /2001, ambas de 11 de Maio.

V. *Revogação; Arrendamento urbano; Documento escrito; Cláusula.*

Revogação do mandato (Dir. Civil; Proc. Civil) – O mandato é livremente revogável por qualquer das partes, mesmo que estas tenham convencionado o contrário ou renunciado ao direito de revogação.

No entanto, tendo sido o mandato conferido também no interesse do mandatário ou de terceiro, a revogação pelo mandante tem de ter o acordo daquele, excepto se houver justa causa.

A revogação pode ser feita através de notificação judicial avulsa, caso em que esta será feita ao mandatário "e também à pessoa com quem ele devia contratar, caso o mandato tenha sido conferido para contratar com certa pessoa"; "não se tratando de mandato [...] para negociar com certa pessoa, a revogação deve ser anunciada num jornal da localidade onde reside o mandatário [...]; se aí não houver jornal, o anúncio será publicado num dos jornais mais lidos nessa localidade" – artigo 263.°, C.P.C..

V. artigos 1170.° a 1173.°, C.C..

Tratando-se de mandato judicial, a revogação do mandato pelo mandante deve ter lugar no próprio processo e é notificada ao mandatário e à parte contrária; a revogação é eficaz, em princípio, a partir da notificação.

V. artigo 39.°, n.°s 1 e 2, C.P.C., na redacção do Decreto-Lei n.° 180/96, de 25 de Setembro.

V. *Revogação; Mandato; Irrenunciabilidade; Terceiro; Justa causa; Notificação judicial avulsa; Anúncio público; Mandato judicial; Renúncia ao mandato; Notificação.*

Revogação do testamento (Dir. Civil) – A faculdade que o testador tem de revogar, no todo ou em parte, o seu testamento é irrenunciável, determinando o n.° 2 do artigo 2311.°, C.C., que se tem "por não escrita qualquer cláusula que contrarie a faculdade de revogação."

A revogação pode realizar-se expressa ou tacitamente: se, em testamento posterior ou em escritura pública, o autor declarar que revoga no todo ou em parte o testamento anterior, tratar-se-á de uma revogação expressa; se o testamento posterior for, total ou parcialmente, incompatível com o anterior, estamos perante uma revogação tácita.

O artigo 2314.°, C.C., esclarece que a revogação, quer expressa quer tácita, se manterá, mesmo no caso de o testamento revogatório ser, por sua vez, revogado, a menos que o testador disponha em contrário.

Pelo que respeita ao testamento cerrado, o artigo 2315.°, C.C., estabelece uma presunção de revogação no caso de ele "aparecer dilacerado ou feito em pedaços", presunção ilidível por prova de que o autor da destruição foi outrem que não o testador, de que a destruição não foi acompanhada de intenção revogatória ou de que o testador não se encontrava no uso da razão no momento em que praticou a destruição.

Finalmente, o artigo 2316.°, C.C., estabelece uma presunção de revogação do legado, sempre que a coisa legada seja total ou parcialmente alienada, e isso ainda que a alienação venha a ser anulada (desde que a anulação não se funde justamente em ausência ou vício da vontade do testador), ou o testador readquira por qualquer outra forma a propriedade da coisa; o mesmo se passará, aliás, se a coisa legada for transformada pelo testador em outra coisa, com forma e denominação ou natureza diversas.

V. artigos 2311.° a 2316.°, C.C..

V. *Revogação; Testamento; Irrenunciabilidade; Escritura pública; Testamento cerrado; Presunção legal; Legado; Alienação; Anulação; Vícios na formação da vontade.*

Revogação real (Dir. Civil) – A jurisprudência designa assim a extinção do contrato de arrendamento que se opera por acordo das partes e que é seguida da desocupação material do prédio que se encontrava arrendado.

V. *Revogação; Arrendamento; Prédio.*

Risco da prestação (Dir. Civil) – A lei fixa princípios que regulam o risco do perecimento ou deterioração da prestação debitória.

Se se impossibilitar totalmente a prestação, a obrigação extingue-se, o que significa que o risco corre por conta do credor; seja a impossibilitação parcial (quantitativa ou qualitativamente), fica o devedor exonerado com o que puder prestar, com redução proporcional da contraprestação se se tratar de obrigações sinalagmáticas, pelo que o risco é suportado por ambas as partes nesta última hipótese e, na primeira, pelo credor.

Caso a obrigação cuja prestação se impossibilitou tenha emergido de um contrato sinalagmático, a obrigação da contraparte extingue-se também e, se já tiver realizado a sua prestação, tem o devedor desta direito à restituição nos termos do enriquecimento sem causa; o risco é aqui distribuído por ambas as partes, havendo autores que propõem soluções para minorar os danos do devedor da obrigação de cumprimento casualmente impossibilitado.

V. artigos 790.°, 793.° e 795.°, C.C..

Estando em causa obrigações provenientes de contrato com eficácia real translativa ou constitutiva, o artigo 796.°, n.° 1, C.C., dispõe que o perecimento ou deterioração da coisa, por causa não imputável ao alienante, corre por conta do adquirente. Esta regra é alterada no caso de a coisa ter continuado, após o contrato, em poder do alienante em consequência de termo constituído a seu favor, pois, nesta hipótese, o risco só passa a correr por conta do adquirente no momento do vencimento do termo ou da entrega da coisa (v. artigo 796.°, n.° 2, C.C.). Sendo o contrato realizado sob condição resolutiva, o risco transfere-se para o adquirente, desde que a coisa lhe seja entregue; sendo a condição suspensiva, o risco, durante a pendência da condição, corre por contra do alienante, só se transmitindo com a verificação daquela (v. artigo 796.°, n.° 3, C.C.).

Sendo a obrigação genérica ou alternativa, importa saber se a coisa ou coisas pereceram antes ou depois da concentração da obrigação: se foi antes, será o devedor a suportar o risco. Quando as partes no contrato tenham convencionado que a coisa seja enviada para local diverso do cumprimento, vigora a regra do artigo 797.°, C.C..

Dispõe, por outro lado, o artigo 807.°, C.C., que, pelo facto de estar em mora, o devedor se torna responsável pelo risco da coisa. O artigo 815.°, C.C., estabelece que o risco da impossibilidade superveniente da prestação corre por conta do credor, se ele se encontrar em mora.

Há regras especiais relativas a alguns contratos. Dispõe, por exemplo, o artigo do 1228.°, C.C., relativo ao contrato de empreitada: "Se, por causa não imputável a qualquer das partes, a coisa parecer ou se deteriorar, o risco corre por conta do proprietário", invertendo-se a regra sempre que o dono da obra esteja em mora quanto à verificação ou aceitação da coisa.

Quanto ao comodato, dispõe o artigo 1136.°, C.C., que o risco do perecimento ou deterioração de coisa emprestada corre por conta do comodatário "se estava no seu poder tê-lo evitado, ainda que mediante o sacrifício de coisa própria de valor não superior"; estará a cargo do comodatário o risco da coisa, se a tiver aplicado a fim diferente daquele a que ele se destinava ou tiver autorizado terceiro a usá-la, salvo se provar que o facto teria também ocorrido sem a sua conduta ilícita.

V. *Prestação; Impossibilidade de cumprimento; Obrigação; Extinção das obrigações; Impossibilidade parcial; Contrato sinalagmático; Enriquecimento sem causa; Eficácia real; Direito real; Termo; Benefício do prazo; Vencimento; Condição; Pendência da condição; Promessa de envio; Obrigação alternativa; Obrigação genérica; Concentração; Mora; Empreitada; Dono da obra; Aceitação da obra; Comodato; Terceiro; Causa virtual.*

Rogante (Dir. Civil) – Aquele que assina a rogo.

V. *Assinatura a rogo.*

Rogo (Dir. Civil) – V. *Assinatura a rogo.*

Rol de testemunhas (Proc. Civil) – Em processo ordinário e sumário, depois de fixado o questionário, a secretaria notificava as partes para, no prazo de dez dias, apresentarem o rol de testemunhas.

Actualmente, em processo ordinário e sumário, o regime é o seguinte: "quando o processo houver de prosseguir e se não tiver realizado a audiência preliminar, a secretaria notifica as partes do despacho saneador e para, em 15 dias, apresentarem o rol de testemunhas"; em processo sumaríssimo, o rol de testemunhas deve ser apresentado com a petição e a contestação, respectivamente.

V. artigos 512.° (cujo n.° 1 tem a redacção do Decreto-Lei n.° 375-A/99, de 20 de Setembro), 787.° (com a redacção do mesmo DL n.° 375-A/99), 793.° e 794.° (ambos na redacção do DL n.° 329-A/95), C.P.C..

"As testemunhas serão designadas no rol pelos seus nomes, profissões e moradas e por outras circunstâncias necessárias para as identificar" - artigo 619.°, n.° 1, C.P.C..

Uma vez apresentado, o rol não pode, em princípio, ser alterado, embora a parte seja sempre livre de desistir da inquirição de testemunhas que tenha indicado.

Em processo ordinário, o número máximo de testemunhas que cada parte pode indicar é de vinte, considerando-se não escritos os nomes das testemunhas que ultrapassem o número legal; sobre cada facto do questionário a parte só pode oferecer até cinco testemunhas.

Estes números máximos são reduzidos, respectivamente para dez e três, quando o processo é sumário; sendo o processo sumaríssimo, o número máximo de testemunhas que cada parte pode oferecer é de seis.

Nos incidentes, "a parte não pode produzir mais de três testemunhas sobre cada facto, nem o número total das testemunhas, por cada parte, será superior a oito", as mesmas regras se aplicando aos procedimentos cautelares - artigos 304.°, n.° 1, e 384.°, n.° 3 (este na redacção do DL n.° 329-A/95), C.P.C..

V. artigos 632.°, 633.°, 789.° e 796.°, C.P.C. (o artigo 633.° tem a redacção do DL n.° 329-A/95, e os n.°s 2 e 7 do artigo 796.° a do Decreto-Lei n.° 183/2000, de 10 de Agosto).

No regime do Decreto-Lei n.° 269/98, de 1 de Setembro (rectificado pela Declaração de Rectificação n.° 16-A-98, de 30 de Setembro), alterado pelos Decretos-Leis n.°s 383/99, de 23 de Setembro, 183/2000, de 10 de Agosto, 323/2001, de 17 de Dezembro, 32/2003, de 17 de Fevereiro, 38/2003, de 8 de Março (rectificado pela Declaração de rectificação n.° 5-C/2003, de 30 de Abril), e 107/2005, de 1 de Julho (rectificado pela Declaração de rectificação n.° 63/2005, de 19 de Agosto), que se ocupa "dos procedimentos destinados a exigir o cumprimento de obrigações pecuniárias emergentes de contratos de valor não superior à alçada da Relação" "ou das obrigações emergentes de transacções comerciais abrangidas pelo Decreto-Lei n.° 32/2003, de 17 de Fevereiro", "cada parte pode apresentar até três testemunhas, se o valor da acção não exceder a alçada do tribunal de 1.ª instância, ou até cinco testemunhas, nos restantes casos"; "em qualquer dos casos previstos no número anterior [que acabaram de ficar indicados], não pode a parte produzir mais de três testemunhas sobre cada um dos factos que se propõe provar, não se contando as que tenham declarado nada saber" - artigo 3.°, n.°s 4 e 5.

V. *Testemunha; Prova testemunhal; Secretaria judicial; Audiência preliminar; Despacho saneador; Inquirição; Processo ordinário; Processo sumário; Notificação; Processo sumaríssimo; Petição inicial; Contestação; Questionário; Substituição de testemunhas; Injunção; Obrigação pecuniária; Alçada; Relação; Tribunal de 1.ª instância; Incidente; Procedimento cautelar.*

Rubrica (Dir. Civil; Proc. Civil) – É uma assinatura abreviada, normalmente tão idónea a identificar o seu autor como a assinatura propriamente dita.

O artigo 165.°, C.P.C., dispõe o seguinte:

"1. O funcionário da secretaria encarregado do processo é obrigado a rubricar as folhas em que não haja a sua assinatura; e os juízes rubricarão também as folhas relativas aos actos em que intervenham, exceptuadas aquelas em que assinarem.

2. As partes e seus mandatários têm o direito de rubricar quaisquer folhas do processo".

V. *Assinatura; Funcionário de justiça; Secretaria judicial; Juiz; Parte; Mandatário judicial.*

Ruídos (Dir. Civil) – O artigo 22.° da Lei de Bases do Ambiente (Lei n.° 11/87, de 7 de Abril, alterada pela Lei n.° 13/2002, de 19 de Fevereiro) ocupa-se da luta contra o ruído, que "visa a salvaguarda da saúde e bem-estar das populações" e que se faz através dos meios que são enunciados, exemplificativamente, nas várias alíneas do n.° 1 da disposição, tratando o seu n.° 2 da imposição de homologação e controlo, "no que se refere às características do ruído que produzem", dos "veículos motorizados, incluindo as embarcações, as aeronaves e os transportes ferroviários"; o n.° 3 submete a idênticas medidas os avisadores sonoros, determinando o n.° 4 que "os equipamentos electro-mecânicos deverão ter especificadas as características do ruído que produzem".

O Decreto-Lei n.° 292/2000, de 14 de Novembro, alterado pelos Decretos-Leis n.°s 76/2002, de 26 de Março, e 259/2002, de 23 de Novembro, aprovou o Regulamento Geral sobre o Ruído.

O Código Civil contém regras de defesa do direito de propriedade contra a emissão de ruídos, dispondo o respectivo artigo 1346.° que "o proprietário de um imóvel pode opor-se à emissão de [...] ruídos, bem como à produção de trepidações e a outros quaisquer factos semelhantes, provenientes de prédio vizinho, sempre que tais factos importem um prejuízo substancial para o uso do imóvel ou não resultem da utilização normal do prédio de que emanam".

V. *Veículo; Navio; Aeronave; Prédio; Imóvel; Emissões; Direito de propriedade.*

Ruptura da vida em comum (Dir. Civil) – O artigo 1781.°, C.C., que tem a redacção da Lei n.° 47/98, de 10 de Agosto, considera fundamento de divórcio litigioso vários factos que consubstanciam ruptura da vida em comum dos cônjuges; são eles:

"*a)* A separação de facto por três anos consecutivos;

b) A separação de facto por um ano se o divórcio for requerido por um dos cônjuges sem oposição do outro;

c) A alteração das faculdades mentais do outro cônjuge, quando dure há mais de três anos e, pela sua gravidade, comprometa a possibilidade de vida em comum;

d) A ausência, sem que do ausente haja notícias, por tempo não inferior a dois anos".

V. *Divórcio; Separação de facto; Ausência; Anomalia psíquica.*

S

Salvação de navio (Dir. Com.; Proc. Civil) – Operação pela qual um navio e a sua carga, que se encontram em risco de se perderem, são salvos por alguém e postos em segurança.

A acção para exigir os salários por salvação pode ser proposta no tribunal do lugar onde ocorreu o facto, no do domicílio do dono dos objectos salvos ou no do lugar a que pertence ou onde foi encontrado o navio (cfr. artigo 80.°, C.P.C.).

V. *Salvação marítima; Navio; Propositura da acção; Competência; Domicílio.*

Salvação marítima (Dir. Civil; Dir. Com.) – O Decreto-Lei n.° 203/98, de 10 de Julho, rectificado pela Declaração de rectificação n.° 11-M/98, de 31 de Julho, define salvação marítima como "todo o acto ou actividade que vise prestar socorro a navios, embarcações ou outros bens, incluindo o frete em risco, quando em perigo no mar", acrescentando que se considera "ainda salvação marítima a prestação de socorro em quaisquer outras águas sob jurisdição nacional, desde que desenvolvida por embarcações" (artigo 1.°).

A salvação marítima pode ser objecto de contrato, regulado pelo mesmo DL n.° 203/98.

O artigo 3.° deste diploma impõe o dever de "prestar socorro a pessoas em perigo no mar, desde que isso não acarrete risco grave para a sua [do respectivo capitão, sujeito passivo do dever] embarcação ou para as pessoas embarcadas, devendo a sua acção ser conformada com o menor prejuízo ambiental"; a omissão deste dever pode implicar – além de outra, se se verificarem os respectivos pressupostos – responsabilidade civil, desde que haja culpa, dano e nexo causal entre a omissão do dever e o prejuízo. O artigo 4.° enuncia as obrigações do salvador, determinando o artigo 5.° que, "havendo resultado útil para o salvado, é a salvação marítima remunerada mediante uma retribuição pecuniária denominada 'salário de salvação marítima'"; haverá uma remuneração ainda que o salvador não obtenha resultados úteis para o salvado mas evite ou minimize "manifestos danos ambientais", designando-se essa remuneração "compensação especial". Os artigo 6.° a 8.° ocupam-se do cálculo do salário de salvação marítima, da determinação dos sujeitos activo e passivo da relação obrigacional e da forma do respectivo cumprimento. Quanto à "compensação especial", estabelece o artigo 9.° os critérios do respectivo cálculo, a sua imposição aos proprietários do navio ou embarcação e aos bens que forem salvos, bem como ao segurador da responsabilidade civil do devedor. O artigo 10.° dispõe que, caso o devedor não pague a compensação especial "dentro dos 60 dias contados da interpelação judicial ou extrajudicial pelo salvador, pode este exigir do Estado a respectiva satisfação"; neste último caso, fica o Estado sub-rogado nos direitos do credor relativamente ao devedor, podendo exercê-los nos dois anos subsequentes à sub-rogação. O artigo 14.° confere direito de retenção "sobre a embarcação e os restantes bens salvos para garantia dos créditos emergentes da salvação marítima".

A Convenção Internacional sobre Salvação Marítima foi assinada em 28 de Abril de 1989.

V. *Navio; Contrato; Dever jurídico; Dano ambiental; Omissão; Responsabilidade civil; Culpa; Causalidade; Cumprimento; Seguro de responsabilidade; Interpelação; Sub-rogação; Direito de retenção.*

"Salvo regresso de melhor fortuna" (Dir. Civil; Dir. Com.; Proc. Civil) – V. *Cláusula "salvo regresso de melhor fortuna"*.

Sanação (Dir. Civil) – V. *Sanação da invalidade*. (Proc. Civil) – O artigo 8.°, C.P.C., na redacção do Decreto-Lei n.° 180/96, de 25 de Setembro, estabelece que "a falta de personalidade judiciária das sucursais, agências, filiais, delegações ou representações pode ser sanada mediante a intervenção da administração principal e a ratificação ou repetição do processado".

Por seu lado, o artigo 23.°, n.° 1, C.P.C., na redacção do Decreto-Lei n.° 329-A/95, de 12 de Dezembro, dispõe que "a incapacidade judiciária e a irregularidade de representação são sanadas mediante a intervenção ou citação do representante legítimo ou do curador do incapaz"; "se estes ratificarem os actos anteriormente praticados, o processo segue como se o vício não existisse; no caso contrário, fica sem efeito todo o processado posterior ao momento em que a falta se deu ou a irregularidade foi cometida, correndo novamente os prazos para a prática dos actos não ratificados, que podem ser renovados" (n.° 2 do artigo 23.°, na redacção do DL n.° 180/96). De acordo com os números. seguintes da mesma disposição, "se a irregularidade verificada consistir na preterição de algum dos pais, tem-se como ratificado o processado anterior, quando o preterido, devidamente notificado, nada disser dentro do prazo fixado; havendo desacordo dos pais acerca da repetição da acção ou da renovação dos actos, é aplicável o disposto no artigo 12.°", alterado pela última vez pelo Decreto-Lei n.° 38/2003, de 8 de Março (esta disposição ocupa-se do regime a seguir nos casos em que um menor é representado por ambos os pais e há desacordo entre eles ou acerca da propositura da acção ou sobre a orientação desta no respectivo decurso); "sendo o incapaz autor e tendo o processo sido anulado desde o início, se o prazo de prescrição ou caducidade tiver entretanto terminado ou terminar nos dois meses imediatos à anulação, não se considera completada a prescrição ou caducidade antes de findarem estes dois meses". De acordo com o artigo 24.°, n.° 1, C.P.C., na redacção dada pelo DL n.° 329-A/95, "logo que se aperceba de algum dos vícios a que se refere o artigo anterior [que se deixou citado], deve o juiz, oficiosamente e a todo o tempo, providenciar pela regularização da instância". No caso de a parte se encontrar "devidamente representada, mas faltar alguma autorização ou deliberação exigida por lei, designar-se-á o prazo dentro do qual o representante deve obter a respectiva autorização ou deliberação, suspendendo-se entretanto os termos da causa", e, "não sendo a falta sanada dentro do prazo, o réu é absolvido da instância, quando a autorização ou deliberação devesse ser obtida pelo representante do autor; se era ao representante do réu que incumbia prover, o processo segue como se o réu não deduzisse oposição" (artigo 25.°, C.P.C.).

V. *Personalidade judiciária; Agência; Ratificação; Capacidade judiciária; Representação; Menor; Curador; Citação; Incapaz; Notificação; Acção; Propositura da acção; Autor; Réu; Prescrição; Caducidade; "Ex officio"; Autorização; Deliberação; Suspensão da instância; Absolvição da instância.*

Sanação da invalidade (Dir. Civil) – Algumas invalidades do negócio jurídico são sanáveis. Assim, a anulabilidade é sanável mediante confirmação da pessoa a quem pertencer o direito à anulação, só sendo eficaz se for posterior à cessação do vício que serve de fundamento à anulabilidade e o respectivo autor tiver conhecimento do vício e do direito à anulação.

V. artigo 288.°, C.C..

Quando se trate de sanação da anulabilidade do casamento, ela é admitida, de acordo com o artigo 1633.°, n.° 1, C.C., considerando-se o casamento válido desde a sua celebração se, "antes de transitar em julgado a sentença de anulação, ocorrer um dos seguintes factos:

a) Ser o casamento de menor não núbil confirmado por este, perante o funcionário do registo civil e de duas testemunhas, depois de atingir a maioridade;

b) Ser o casamento do interdito ou do inabilitado por anomalia psíquica confirmado por ele, nos termos da alínea precedente, depois de lhe ser levantada a interdição ou inabilitação ou, tratando-se de demência notória, depois de o demente fazer verificar judicialmente o seu estado de sanidade mental;

c) Ser declarado nulo ou anulado o primeiro casamento do bígamo;

d) Ser a falta de testemunhas devida a circunstâncias atendíveis, como tais reconhecidas pelo Ministro da Justiça, desde que não haja dúvidas sobre a celebração do acto".

Quando a anulabilidade tenha tido como fundamento a falta das testemunhas obrigatórias, deve a sanação "ser requerida pelos interessados, em petição dirigida ao Ministro da Justiça, por intermédio da conservatória detentora do respectivo assento": este o teor do artigo 258.°, n.° 1, do Código do Registo Civil, na redacção do Decreto-Lei n.° 36/97, de 31 de Janeiro.

Embora a nulidade seja, em regra, insanável, há casos em que a lei admite a sua sanação. Assim acontece, por exemplo, no domínio da compra e venda de bens alheios como próprios, cuja nulidade é sanada pela ulterior aquisição de legitimidade pelo vendedor (artigo 895.°, C.C.); o artigo 1939.°, C.C., determinando que "são nulos os actos praticados pelo tutor em contravenção do disposto no artigo 1937.°", admite a sanação dessa invalidade "mediante confirmação do pupilo, depois de maior ou emancipado, mas somente enquanto não for declarada por sentença com trânsito em julgado"; o artigo 1024.°, n.° 2, C.C., admite também a sanação da nulidade do arrendamento de prédio indiviso feito por um apenas dos consortes pela manifestação superveniente do consentimento dos restantes comproprietários.

V. *Invalidade; Negócio jurídico; Anulabilidade; Confirmação; Anulação; Invalidade do casamento; Trânsito em julgado; Casamento de menor; Registo civil; Maioridade; Interdição; Inabilitação; Anomalia psíquica; Demência; Facto notório; Testemunhas instrumentárias; Assento; Nulidade; Compra e venda; Venda de bens alheios; Legitimidade; Tutor; Pupilo; Emancipação; Sentença; Arrendamento; Compropriedade; Nulidade atípica.*

Sanção civil (Dir. Civil) – É a consequência normativa da prática de um acto ilícito, ilegal ou desconforme com uma norma jurídica.

A sanção tanto pode consistir na reparação da situação decorrente da prática do acto como na reposição das coisas no estado em que se encontravam antes dessa prática, como ainda, numa concepção muito ampla e pouco rigorosa, na não verificação das vantagens jurídicas que o acto tenderia a produzir.

V. *Acto ilícito; Norma jurídica; Ilegalidade.*

Sanção compulsória (Dir. Civil) – Designa-se, genericamente, por sanção compulsória aquela que visa pressionar o sujeito inadimplente de um dever jurídico a adoptar, embora tardiamente, o comportamento correspondente ao cumprimento daquele.

V. *Sanção pecuniária compulsória; Dever jurídico.*

Sanção jurídica – Sendo a coercibilidade uma característica essencial do direito, isso implica que a inobservância da norma jurídica acarrete, tendencialmente, a aplicabilidade de uma sanção. Sanção jurídica é, pois, uma consequência desfavorável que recai sobre aquele que infringiu a norma.

V. *Coercibilidade; Direito; Norma jurídica; Sanção punitiva; Sanção compulsória; Sanção reconstitutiva.*

Sanção pecuniária compulsória (Dir. Civil) – Sendo a obrigação *de facere* ou *de non facere* infungível incumprida, não pode o credor obter a sua execução específica, mas tem, além do direito a ser indemnizado pelos danos decorrentes da mora, a possibilidade de requerer, judicialmente, que o devedor seja condenado "ao pagamento de uma quantia pecuniária por cada dia de atraso no cumprimento ou por cada infracção, conforme for mais conveniente às circunstâncias do caso".

Esta sanção pecuniária compulsória – que será fixada segundo critérios de razoabilidade e se destina, em partes iguais, ao credor e ao Estado – não pode ser aplicada quando se trate de obrigação *de facere* que exija "especiais qualidades científicas ou artísticas do obrigado".

Este instituto – introduzido na nossa ordem jurídica pelo Decreto-Lei n.° 262/83, de 16 de Junho, que aditou ao Código Civil o artigo 829.°-A – visa provocar o cumprimento, por parte do devedor, das obrigações em que aquele não pode ser sub-rogatoriamente realizado por um terceiro.

V. *Obrigação "de facere"; Obrigação "de non facere"; Obrigação infungível; Incumprimento; Indemnização; Dano; Mora; Responsabilidade obrigacional; Cumprimento; Cumprimento por terceiro; Execução específica.*

Sanção punitiva – Designa-se assim a sanção jurídica cuja função é, prioritariamente, a de constituir uma pena, um castigo para aquele que infringiu o comando jurídico. Essa pena tanto pode consistir na privação de um bem pessoal, como por exemplo a liberdade, como na de um bem material.

V. *Norma jurídica; Coercibilidade; Tutela repressiva; Sanção jurídica; Sanção reconstitutiva; Sanção compulsória.*

Sanção reconstitutiva – São reconstitutivas, satisfativas ou restitutivas as consequências jurídicas da infracção do comando jurídico que se traduzem na imposição ao infractor de medidas tendentes a reconstituir, tanto quanto possível, a situação que existiria se não tivesse havido violação.

É, tipicamente, uma sanção reconstitutiva a obrigação de indemnizar em que fica constituído aquele que incorre em responsabilidade civil.

V. *Norma jurídica; Coercibilidade; Tutela repressiva; Sanção jurídica; Sanção punitiva; Sanção compulsória; Indemnização; Responsabilidade civil.*

Sanção restitutiva – O mesmo que *sanção reconstitutiva* (v. esta expressão).

Saneador (Proc. Civil) – V. *Despacho saneador.*

Saneamento (Proc. Civil) – Designação que parte da doutrina dá à condensação, por se tratar de uma fase do processo civil destinada a depurar o processo das questões que não sejam realmente relevantes ou que possam ser de imediato resolvidas.

Fase de saneamento é, pois, sinónimo de *fase de condensação* (v. esta expressão).

Sebes vivas (Dir. Civil) – O artigo 1359.°, C.C., determina, no seu n.° 1, que "não podem ser plantadas sebes vivas nas estremas dos prédios sem previamente se colocarem marcos divisórios", e, no n.° 2, que, se houver dúvidas sobre a propriedade das sebes, devem considerar-se pertencentes ao proprietário que delas mais necessite, e que, se se encontrarem ambos em situação idêntica, presumem-se comuns, a menos que exista uso da terra que disponha de forma diversa.

V. *Direito de propriedade; Presunção legal; Usos.*

Secretaria judicial (Org. Judiciária) – Conjunto de funcionários encarregados de assegurar os serviços de expediente dos tribunais judiciais.

A Lei Orgânica das Secretarias Judiciais e Estatuto dos Funcionários de Justiça, aprovada pelo Decreto-Lei n.° 376/87, de 11 de Dezembro, encontra-se revogada quase por completo, substituída pelo Estatuto dos Funcionários de Justiça, aprovado pelo Decreto-Lei n.° 343/99, de 26 de Agosto, alterado pelos Decretos-Leis n.°s 175/2000, de 9 de Agosto, 96/2002, de 12 de Abril, e 169/2003, de 1 de Agosto, e pela Lei n.° 42/2005, de 29 de Agosto.

V. artigos 119.° e segs. da Lei de Organização e Funcionamento dos Tribunais Judiciais (Lei n.° 3/99, de 13 de Janeiro, rectificada pela Declaração de rectificação n.° 7/99, de 16 de Fevereiro, e alterada pela Lei n.° 101/99, de 26 de Julho, pelos Decretos-Leis n.°s 323/2001, de 17 de Dezembro, e 38/2003, de 8 de Março – rectificado pela Declaração de rectificação n.° 5-C/2003, de 30 de Abril –, pela Lei n.° 105/2003, de 10 de Dezembro, pelo Decreto-Lei n.° 53/2004, de 18 Março, pela Lei n.° 42/2005, de 29 de Agosto, e pelo Decreto-Lei n.° 76-A/2006, de 29 de Março – rectificado pela Declaração de rectificação n.° 28-A/2006, de 26 de Maio). Esta Lei foi regulamentada pelo Decreto-Lei n.° 186-A/99, de 31 de Maio, alterado pelos Decretos-Leis n.°s 290/99, de 30 de Julho, 27-B/2000, de 3 de Março, 178/2000, de 9 de Agosto, 246-A/2001, de 14 de Setembro, 74/2002, de 26 de Março, 148/2004, de 21 de Junho, e 219/2004, de 26 de Outubro.

V. ainda a Lei n.° 44/96, de 3 de Setembro, alterada pelo citado DL n.° 343/99 e pela Lei n.° 143/99, de 31 de Agosto; o Decreto-Lei n.° 389/91, de 10 de Outubro (que regulamenta o modo de funcionamento das secretarias judiciais dos tribunais de comarca, enquanto extensões das secretarias judiciais dos tribunais de círculo); e a Portaria n.° 721-A/2000, de 5 de Setembro – rectificada pela Declaração de rectificação n.° 9-A/2000, da mesma data – (que altera os quadros de pessoal das secretarias judiciais), alterada pela Portaria n.° 821/2005, de 14 de Setembro; a Portaria n.° 615/2000, de 19 de Agosto, aprova o quadro de pessoal da secretaria judicial do Tribunal Constitucional.

O artigo 121.°-A, aditado à Lei de Organização e Funcionamento dos Tribunais Judiciais pelo DL n.° 38/2003, dispõe que "podem ser criadas secretarias com competência para, através de oficiais de justiça, efectuar as diligências necessárias à tramitação do processo comum de execução".

No regime do Decreto-Lei n.° 269/98, de 1 de Setembro (rectificado pela Declaração de rectificação n.° 16-A/98, de 30 de Setembro), alterado pelos Decretos-Leis n.°s 383/99, de 23 de Setembro, 183/2000, de 10 de Agosto, 323/2001, de 17 de Dezembro, 32/2003, de 17 de Fevereiro, 38/2003, de 8 de Março (rectificado pela Declaração de rectificação n.° 5-C/2003, de 30 de Abril), e 107/2005, de 1 de Julho (rectificado pela Declaração de rectificação n.° 63/2005, de 19 de Agosto) –, que se ocupa "dos procedimentos destinados a exigir o cumprimento de obrigações pecuniárias emergentes de contratos de valor não superior à alçada da Relação" "ou das obrigações emergentes de transacções comerciais abrangidas pelo Decreto-Lei n.° 32/2003, de 17 de Fevereiro" –, determina o artigo 8.°, n.° 4, que "podem ser criadas secretarias judicias ou secretarias-gerais destinadas a assegurar a tramitação do procedimento de injunção". Nos termos do artigo 10.°, n.° 2-*a)*, no requerimento de injunção, deve o requerente "identificar a secretaria do tribunal a que se dirige". A Portaria n.° 808/2005, de 9 de Setembro, aprovou o modelo de requerimento de injunção, estabelecendo o artigo 1.° da Portaria n.° 809/2005 da mesma data as formas de apresentação na secretaria judicial desse requerimento.

V. *Funcionário de justiça; Tribunal judicial; Tribunal de comarca; Tribunal de círculo; Tribunal Constitucional; Execução; Injunção; Contrato; Obrigação pecuniária; Alçada; Relação; Requerimento de injunção.*

"Secundum legem" – Expressão que qualifica o costume de conteúdo idêntico ou semelhante ao de uma regra legal. A lei não lhe faz qualquer referência, sendo desprovida de interesse prático a questão de saber se, em casos destes, a fonte de direito deve ser considerada a própria lei ou o costume que lhe é conforme.

V. *Fontes de direito; Costume; Lei.*

Sede (Dir. Civil) – Sede é o centro jurídico da actividade das pessoas colectivas e corresponde ao domicílio das pessoas singulares.

As pessoas colectivas têm sede no local que os respectivos estatutos fixarem ou, na falta de designação estatutária, no lugar em que funcionar normalmente a administração principal da pessoa colectiva.

V. artigo 159.°, C.C..

Havendo sede fixada estatutariamente, ela não se altera pelo facto de a administração principal funcionar normalmente noutro local. Se a pessoa colectiva for uma associação, têm os respectivos estatutos de fixar a sua sede, por força do artigo 167.°, n.° 1, C.C..

A sede da pessoa colectiva é relevante para determinar a lei pessoal que se lhe aplica e que é a do Estado onde estiver situada a sede principal e efectiva da administração, nos termos do artigo 33.°, C.C..

Para efeitos processuais, consideram-se domiciliadas em Portugal as pessoas colectivas estrangeiras, desde que tenham aqui sucursal, agência, filial ou delegação, nos termos do artigo 65.°, n.° 2, C.P.C., na redacção do Decreto-Lei n.° 329-A/95, de 12 de Dezembro.

V. *Pessoa colectiva; Domicílio; Pessoa singular; Associação; Estatutos.*

Segredo

1. (Proc. Civil) – V. *Audiência secreta; Processo secreto.*
2. V. *Sigilo profissional.*

Segurança (Dir. Civil) – V. *Obrigação de segurança.*

Segurança privada – Não sendo esta uma matéria cujo regime se possa qualificar como sendo de direito civil, antes se tratando essencialmente de direito comercial, com conexões claras com o direito administrativo, porque ela tem implicações em direitos fundamentais, parece interessante que a ela se faça aqui uma referência mesmo que breve.

Está em causa uma actividade que "tem uma função subsidiária e complementar da [...] das forças e dos serviços de segurança pública do Estado", encontrando-se o seu desenvolvimento dependente de autorização administrativa.

O Decreto-Lei n.° 276/93, de 10 de Agosto, foi revogado pelo Decreto-Lei n.° 231/98, de 22 de Julho, entretanto alterado pelo Decreto-Lei n.° 94/2002, de 12 de Abril, tendo sido declarada a inconstitucionalidade, com força obrigatória geral, das normas das alíneas *a), b), c), d), e), f), g)* e *h)* do n.° 1 e as das alíneas *a)* e *b)* do n.° 2 do artigo 7.° e das normas dos n.°s 1 e 2 do artigo 12.°, pelo Acórdão do Tribunal Constitucional n.° 255/2002, de 12 de Junho, publicado no *Diário da República*, I-A série, de 8 de Julho do mesmo ano.

O Decreto-Lei n.° 35/2004, de 21 de Fevereiro, que veio a ocupar-se da matéria, revogou, por sua vez o referido DL n.° 231/98, tendo sido entretanto alterado pelo Decreto-Lei n.° 198/2005, de 10 de Novembro, com vista a clarificar as condições de emissão do cartão profissional e a natureza das entidades que exercem a segurança privada, quanto a nacionais de outros Estados membros da União Europeia e a entidades estabelecidas em qualquer desses Estados, de acordo com a interpretação das instâncias comunitárias, em particular a constante do Acórdão do Tribunal de Justiça das Comunidades Europeias, de 29 de Abril de 2004 (Processo n.° C-171/02).

Nos termos do artigo 1.°, n.° 3, do DL n.° 35/2004, considera-se actividade de segurança privada:

"*a)* A prestação de serviços a terceiros por entidades privadas com vista à protecção de pessoas e bens, bem como à prevenção da prática de crimes;

b) A organização, por quaisquer entidades e em proveito próprio, de serviços de autoprotecção, com vista à protecção de pessoas e bens, bem como à prevenção da prática de crimes".

De acordo com o artigo 22.°, n.° 1, a actividade referida na alínea *a) supra* "só pode ser exercida com a autorização do Ministro da Administração Interna, titulada por alvará e após cumpridos todos os requisitos e condições estabelecidos no presente diploma e em regulamentação complementar"; o n.° 2 da mesma disposição é semelhante, referindo-se às actividades da alínea *b)* acima mencionada, embora, em vez de alvará, exija licença.

Os serviços de segurança privada compreendem as seguintes actividades, nos termos do artigo 2.°:

"*a)* A vigilância de bens móveis e imóveis e o controlo de entrada, presença e saída de pessoas, bem como a prevenção da entrada de armas, substâncias e artigos de uso e porte proibidos ou susceptíveis de provocar actos de violência no interior de edifícios ou locais de acesso vedado ou condicionado ao público, designadamente estabelecimentos, certames, espectáculos e convenções;

b) A protecção pessoal, sem prejuízo das competências exclusivas atribuídas às forças de segurança;

c) A exploração e a gestão de centrais de recepção e monitorização de alarmes;

d) O transporte, a guarda, o tratamento e a distribuição de valores".

O artigo 4.° impõe a adopção de um sistema de segurança, "em conformidade com o presente diploma" para um conjunto de instituições, como, por exemplo, "o Banco de Portugal, as instituições de crédito e as sociedades financeiras"; para outras, tal adopção pode ser imposta por decisão administrativa.

"É proibido, no exercício da actividade de segurança privada: *a)* A prática de actividades que tenham por objecto a prossecução de objectivos ou o desempenho de funções correspondentes a competências exclusivas das autoridades judiciárias ou policiais; *b)* Ameaçar, inibir ou restringir o exercício de direitos, liberdades e garantias ou outros direitos fundamentais, sem prejuízo do estabelecido nos n.°s 5 e 6 do artigo seguinte ["os assistentes de recinto desportivo, no controlo de acesso aos recintos desportivos, podem efectuar revistas pessoais de prevenção e segurança com o estrito objectivo de impedir a entrada de objectos e substâncias susceptíveis de gerar ou possibilitar actos de violência", estendendo-se esta "faculdade" "ao pessoal de vigilância no controlo de acesso a instalações aeroportuárias, bem como a outros locais de acesso vedado ou condicionado ao público, sendo que, neste caso, sempre a título excepcional, mediante autorização expressa do Ministro da Administração Interna e por um período delimitado no tempo"]; *c)* A protecção de bens, serviços ou pessoas envolvidas em actividades ilícitas" - artigo 5.°.

Determinam os artigos 1.° e 2.° da Portaria n.° 786/2004, de 9 de Julho (que revogou a Portaria n.° 969/98, de 16 de Novembro), a necessidade de autorização para o exercício da actividade, a competência para a prestar e os termos em que deve ser solicitada; os artigos 3.° e 6.° ocupam-se das condições cuja prova cabe à entidade solicitante da autorização para que ela possa ser concedida.

A Portaria n.° 1325/2001, de 4 de Dezembro (que revogou a Portaria n.° 970/98, de 16 de Novembro), ocupa-se dos cursos de formação inicial e de actualização profissionais do pessoal de vigilância e de acompanhamento, defesa e protecção de pessoas, matéria intimamente ligada com a de prestação de serviços de segurança privada. A Portaria n.° 971/98, de 16 de Novembro, alterada pela Portaria n.° 485/2003, de 17 de Junho, tinha criado os cartões profissionais para este tipo de actividade; aquela portaria foi revogada pela Portaria n.° 734/2004, de 28 de Junho, que se ocupa agora da matéria; finalmente, a Portaria n.° 972/98, de 16 de Novembro, regula a utilização de cães pelas entidades de segurança privada. Por seu lado, a Portaria n.° 25/99, de 16 de Janeiro, estabelece as condições em que os estabelecimentos de restauração e bebidas que tenham espaços destinados a dança são obrigados a dispor de sistemas de segurança privada. A Portaria n.° 1522-C/2002, de 20 de Dezembro, rectificada pela Declaração de rectificação n.° 1-U/2003, de 28 de Fevereiro, veio fixar as situações em que passou a ser obrigatório o recurso à segurança privada nos recintos desportivos e as condições do respectivo exercício. Todas estas portarias foram mantidas em vigor pelo artigo 38.°, n.° 6, do DL 35/2004, "na parte em que não forem materialmente incompatíveis com o presente diploma, até serem substituídas".

O Acórdão uniformizador de jurisprudência n.° 2/2001, de 30 de Novembro de 2000, publicado no *Diário da República* I-A série, de 18 de Janeiro de 2001, estabelece que, "em relação às empresas cuja actividade é a prestação de serviços de segurança privada a terceiros, atenta a especificidade da organização dessas empresas, deve-se entender, para efeitos da proibição constante do artigo 6.° da Lei n.° 65/77, de 26 de Agosto, como «estabelecimento» ou «serviço» o local onde, de acordo com a distribuição de serviço organizada pela entidade patronal, estava prevista a apresentação do trabalhador para prestar a sua actividade durante a greve. Assim, verifica-se a violação daquele artigo 6.° - a substituição de um trabalhador que aderiu à greve por outro que à data do pré-aviso da greve e até ao termo desta não estava previsto trabalhar naquele local".

V. *Coisa móvel; Coisa imóvel.*

Seguro (Dir. Civil) - V. *Contrato de seguro.*

Seguro de responsabilidade (Dir. Civil) - Contrato de seguro, nos termos do qual o segurador garante o segurado contra os danos que este cause a terceiros e por que seja responsável; por força de tal contrato, o segurador fica, portanto, obrigado a cumprir as obrigações de indemnizar que o seu segurado venha a ter relativamente a terceiros, em virtude de um dado tipo de actividade.

O Decreto-Lei n.° 408/79, de 25 de Setembro, veio impor a obrigação de fazer seguro da responsabilidade civil por danos causados a terceiros por veículos terrestres a motor, sem reboques e semi-reboques, proibindo a sua circulação no caso de tal seguro se não encontrar realizado.

O diploma que criou este seguro obrigatório foi sucessivamente alterado por diplomas posteriores, encontrando-se hoje o respectivo regime estabelecido no Decreto-Lei n.° 522/85, de 31 de Dezembro, que revogou o anterior, e que foi, por sua vez, alterado pelos Decretos-Leis n.°s 122-A/86, de 30 de Maio, 436/86, de 31 de Dezembro, 81/87, de 20 de Fevereiro, 394/87, de 31 de Dezembro, 415/89, de 30 de Novembro, 122/92, de 2 de Julho, 18/93, de 23 de Janeiro, 358/93, de 14 de Outubro, 130/94, de 19 de Maio, 3/96, de 25 de Janeiro, 68/97, de 3 de Abril, 368/97, de 23 de Dezembro, 301/2001, de 23 de Novembro, 72-A/2003, de 14 de Abril (que transpôs a Directiva n.° 2000/26/CE, do Parlamento Europeu e do Conselho, de 16 de Maio), 44/2005, de 23 de Fevereiro, 122/2005, de 29 de Julho (este último alterado, no que respeita à produção dos seus efeitos, pelo Decreto-Lei n.° 199/2005, de 10 de Novembro), e 83/2006, de 3 de Maio (que transpõe a Directiva n.° 2005/14/CE, do Parlamento Europeu e do Conselho, de 11 de Maio).

O Acórdão do Supremo Tribunal de Justiça n.° 3/2004, publicado no *Diário da República,* I-A série, de 13 de Maio de 2004, decidiu que "o segmento do artigo 508.°, n.° 1, do Código Civil, em que se fixam os limites máximos da indemnização a pagar aos lesados em acidentes de viação causados por veículos sujeitos ao regime do seguro obrigatório automóvel, nos casos em que não haja culpa do responsável, foi tacitamente revogado pelo artigo 6.° do Decreto-Lei n.° 522/85, de 31 de Dezembro, na redacção do Decreto-Lei n.° 3/96, de 25 de Janeiro".

De acordo com o artigo 2.°, n.° 1, do DL n.° 522/85, "a obrigação de segurar impende sobre o proprietário do veículo, exceptuando-se os casos de usufruto, venda com reserva de propriedade e regime de locação financeira, em que a referida obrigação recai, respectivamente, sobre o usufrutuário, adquirente ou locatário". Existe também obrigação de realizar seguro de responsabilidade civil pelos danos provocados pelos mesmos veículos, no âmbito da respectiva actividade profissional, para os garagistas, bem como para quaisquer outras pessoas ou entidades que habitualmente exercem a actividade de fabrico, montagem ou transformação, de compra e ou venda, de reparação, de desempanagem ou de controlo do bom funcionamento de veículos.

Entretanto, a obrigação, que era imposta às empresas e sociedades seguradoras legalmente autorizadas à exploração de seguros do ramo "Automóvel" de celebrarem e permitirem a renovação dos contratos de seguro de responsabilidade legalmente previstos, não se encontra hoje enunciada na lei, dispondo o artigo 11.° do referido DL n.° 522/85 que, sendo a aceitação do seguro recusada, pelo menos, por três seguradoras, pode o proponente do contrato recorrer ao Instituto de Seguros de Portugal, que definirá as condições especiais da aceitação, não podendo então a seguradora escolhida pelo proponente ou indicada pelo Instituto recusar a celebração do contrato.

O DL n.° 522/85 foi, como já se disse, alterado pelo DL n.° 122-A/86, tendo passado o seu artigo 4.° a estabelecer que o seguro obrigatório abrange, além do território nacional, "o território dos restantes Estados membros da Comunidade Económica Europeia", "o território dos países terceiros em relação à Comunidade Económica Europeia cujos gabinetes nacionais de seguros sejam aderentes da Convenção Complementar entre Gabinetes Nacionais", "o trajecto que ligue directamente o território de dois Estados membros da Comunidade Económica Europeia, quando nesse território de ligação não exista gabinete nacional de seguros", e podendo abranger ainda o território de outros Estados indicados no n.° 2 do mesmo artigo.

Nos termos do artigo 7.°, n.°s 1 e 4, estão excluídos da garantia do seguro os seguintes danos:

– os decorrentes de lesões corporais sofridos pelo condutor do veículo seguro;

– todos os decorrentes de lesões materiais causados às seguintes pessoas:

a) Condutor do veículo e titular da apólice;

b) Todos aqueles cuja responsabilidade é, nos termos do n.° 1 do artigo 8.°, garantida, nomeadamente em consequência da compropriedade do veículo seguro;

c) Sociedades ou representantes legais das pessoas colectivas responsáveis pelo acidente, quando no exercício das suas funções;

d) Cônjuge, ascendentes, descendentes ou adoptados das pessoas referidas nas alíneas *a)* e *b)*, assim como outros parentes ou afins até ao 3.° grau das mesmas pessoas, mas, neste último caso, só quando com elas coabitem ou vivam a seu cargo;

e) Aqueles que, nos termos dos artigos 495.°, 496.° e 499.° [?] do Código Civil, beneficiem de uma pretensão indemnizatória decorrente de vínculos com alguma das pessoas referidas nas alíneas anteriores;

f) Passageiros, quando transportados em contravenção às regras relativas ao transporte de passageiros constantes do Código da Estrada.

– os danos patrimoniais, em caso de falecimento, em consequência do acidente, de qualquer das pessoas referidas nas alíneas *d)* e *e)* do número anterior, ao responsável culposo do acidente;

– "*a)* Os danos causados no próprio veículo seguro;

b) Os danos causados nos bens transportados no veículo seguro, quer se verifiquem durante o transporte quer em operações de carga e descarga;

c) Quaisquer danos causados a terceiros em consequência de operações de carga e descarga;

d) Os danos devidos, directa ou indirectamente, a explosão, libertação de calor ou radiação, provenientes de desintegração ou fusão de átomos, aceleração artificial de partículas ou radioactividade;

e) Quaisquer danos ocorridos durante provas desportivas e respectivos treinos oficiais, salvo tratando-se de seguros celebrados ao abrigo do artigo 9.°".

O Acórdão do Supremo Tribunal de Justiça, proferido em recurso ampliado de revista, em 28 de Maio de 2002, publicado no *Diário da República*, I-A série, de 18 de Julho do mesmo ano, estabeleceu a seguinte doutrina: "a alínea *c)* do artigo 19.° do Decreto-Lei n.° 522/85, de 31 de Dezembro, exige para a procedência do direito de regresso contra o condutor por ter agido sob influência do álcool o ónus da prova pela seguradora do nexo de causalidade adequada entre a condução sob o efeito do álcool e o acidente".

O referido DL n.° 83/2006 aditou ao DL n.° 522/85 um capítulo relativo à regularização de sinistros, que "fixa as regras e os procedimentos a observar pelas empresas de seguros com vista a garantir, de forma pronta e diligente, a assunção da sua responsabilidade e o pagamento das indemnizações devidas em caso de sinistro no âmbito do seguro de responsabilidade civil automóvel" (artigo 20.°-A).

V. a Portaria n.° 403/86, de 26 de Julho (que estabelece regras relativas ao controlo público da emissão de documentos probatórios do seguro automóvel), e a Portaria n.° 530/87, de 29 de Junho (que aprova o certificado de isenção do seguro automóvel).

A Lei n.° 13/2006, de 17 de Abril, alterada pela Lei n.° 17-A/2006, de 26 de Maio –, que se ocupa do regime de transporte quando se trate se "crianças e jovens até aos 16 anos", "de e para os estabelecimentos de educação e ensino, creches, jardins-de-infância e outras instalações ou espaços em que decorram actividades educativas ou formativas, designadamente os transportes para locais destinados à prática de actividades desportivas ou culturais, visitas de estudo e outras deslocações organizadas para ocupação de tempos livres" –, dispõe, no seu artigo 9.°, que, "sem prejuízo dos demais seguros exigidos por lei, no exercício, a título principal, da actividade de transporte de crianças, é obrigatório seguro de responsabilidade civil pelo valor máximo legalmente permitido, que inclua os passageiros transportados e respectivos prejuízos". V. artigo 22.° do Decreto Legislativo Regional n.° 23/2006/A, de 12 de Junho, que estabelece o regime jurídico do transporte colectivo de crianças na Região Autónoma dos Açores.

Na sua actual redacção, resultante do Decreto-Lei n.° 59/2004, de 19 de Março, o artigo 508.°, C.C., que estabelece os limites indemnizatórios da responsabilidade civil por acidentes de viação fundada no risco próprio do veículo, usa como critério de fixação daquele limite máximo o do seguro obrigatório de responsabilidade civil automóvel.

Por seu lado, o artigo 3.°, n.° 2, do Decreto-Lei n.° 449/85, de 25 de Outubro, impôs a obrigação de manter um seguro de responsabilidade pelos danos causados a clientes ou a terceiros por instalações (redes internas ou ramais de distribuição) de combustíveis gasosos ou por aparelhos ou utensílios destinados ao uso dos gases, designadamente quando se trate de danos "derivados da sua deficiente instalação, dos sistemas de evacuação dos produtos da combustão, da ventilação dos locais e da ausência de certificados dos aparelhos nos termos da lei". A obrigação de celebrar este contrato de seguro impende sobre os proprietários e os que tiverem a direcção efectiva de estabelecimentos hoteleiros, aldeamentos turísticos, apartamentos turísticos, parques de campismo, quaisquer outros meios complementares de alojamento turístico, unidades de alojamento ou outras instalações integradas nas anteriores e quaisquer instalações locadas por períodos não superiores a dois meses.

V. Portaria n.° 490/87, de 11 de Junho, que permite que o seguro obrigatório de responsabilidade civil previsto no DL n.° 449/85 possa ser contratado com qualquer seguradora autorizada para a exploração do ramo «Responsabilidade civil geral».

A Portaria n.° 362/2000, de 20 de Junho, aprovou o estatuto das entidades inspectoras das redes e ramais de distribuição e instalações de gás, encontrando-se o valor mínimo do seguro obrigatório de responsabilidade civil, a celebrar pelas entidades montadoras ou reparadoras dos diversos componentes inerentes à utilização daqueles gases fixado pela Portaria n.° 589/2005, de 12 de Junho.

O Estatuto das Entidades Exploradoras das Armazenagens e das Redes e Ramais de Distribuição de Gás, aprovado pela Portaria n.° 82/2001, de 8 de Fevereiro, impõe-lhes um seguro de responsabilidade civil, cujo valor mínimo é fixado por portaria (v. Portaria n.° 590/2005, de 12 de Junho).

O Decreto-Lei n.° 263/89, de 17 de Agosto, que aprovou o Estatuto das Entidades Instaladoras e Montadoras de Redes de Gás, impõe a estas entidades montadoras de redes de gás e montadoras de aparelhos de gás a obrigação de celebração de um seguro de responsabilidade civil, tendo o seu valor mínimo sido fixado, anualmente, por portaria (v. Portaria n.° 587//2005, de 12 de Junho).

O Decreto-Lei n.° 30/2006, de 15 de Fevereiro (que revogou em tudo o que contrarie o Decreto-Lei n.° 374/89, de 25 de Outubro, alterado pelos Decretos-Leis n.°s 232/90, de 16 de Julho, e 8/2000, de 8 de Fevereiro), que estabelece as bases gerais da organização e do funcionamento do Sistema Nacional de Gás Natural (SNGN) em Portugal, bem como as bases gerais aplicáveis ao exercício das actividades de recepção, armazenamento, transporte, distribuição e comercialização de gás natural e à organização dos mercados de gás natural, determina, no artigo 69.°, que, "para garantir o cumprimento das suas obrigações, os operadores e os comercializadores devem constituir e manter em vigor um seguro de responsabilidade civil, proporcional ao potencial risco inerente às actividades [...]".

A responsabilidade civil imposta pelo artigo 509.°, C.C., tem hoje como limite máximo, nos termos do artigo 510.°, C.C., na redacção do Decreto-Lei n.° 59/2004, de 19 de Março, "o capital mínimo do seguro obrigatório de responsabilidade civil"

O Decreto-Lei n.° 209/97, de 13 de Agosto, rectificado pela Declaração de rectificação n.° 21-D/97, de 13 de Novembro, e alterado pelos Decretos-Leis n.°s 12/99, de 11 de Janeiro, e 76-A/2006, de 29 de Março, este rectificado pela Declaração de rectificação n.° 28-A/2006, de 26 de Maio, estabeleceu a obrigação, para as agências de viagem, de "celebrar um seguro de responsabilidade civil que cubra os riscos decorrentes da sua actividade" (v. artigos 49.° e 50.°).

Outra obrigação de realizar contrato de seguro de responsabilidade foi imposta pelo 43.° da Lei n.° 11/87, de 7 de Abril, alterada pela Lei n.° 13/2002, de 19 de Fevereiro (Lei de Bases do Ambiente), relativamente àqueles "que exerçam actividades que envolvam alto grau de risco para o ambiente e como tal venham a ser classificadas".

O Decreto-Lei n.° 321/89, de 25 de Setembro, alterado pelos Decretos-Leis n.°s 279/95, de 26 de Outubro, e 208/2004, de 19 de Agosto, que veio impor a responsabilidade objectiva do transportador aéreo, bem como a do proprietário ou explorador de aeronave, determina, no seu artigo 17.°, que os transportadores aéreos de nacionalidade portuguesa, bem como aqueles que estejam autorizados a fazer transporte aéreo entre dois ou mais pontos situados no território nacional, se encontram "obrigados a celebrar um contrato de seguro que garanta a responsabilidade civil pelos danos previstos no artigo 3.°, garantindo os capitais referidos no artigo 4.°, bem como os montantes previstos nos n.°s 1, 3 e 5 do artigo 5.°"; o artigo 18.° dispõe que "o proprietário ou explorador de qualquer aeronave registada em Portugal encontra-se obrigado a celebrar contrato de seguro que garanta a responsabilidade civil pelos danos previstos nos artigos 10.° e 14.°, garantindo os montantes previstos nos termos dos n.°s 1 e 2 do artigo 11.°, sendo aqueles montantes válidos também para as situações previstas no n.° 3 do mesmo artigo". O artigo 19.° esclarece que os contratos de seguros impostos pelas citadas disposições "deverão garantir:

a) A responsabilidade dos representantes;

b) Os danos referidos nos artigos 3.° e 10.°, quando dolosamente provocados ou quando resultantes de furto, furto de uso ou roubo da aeronave".

A Portaria n.° 287/96, de 24 de Julho, estabelece os montantes globais de responsabilidade do proprietário ou explorador de aeronaves, e a Portaria n.° 223/97, de 2 de Abril, fixa o limite máximo do capital por passageiro relativo à responsabilidade contratual do transportador aéreo.

O Decreto-Lei n.° 223/2005, de 27 de Dezembro – que estabelece, no seu artigo 10.°, que o *supra* citado DL n.° 321/89 "passa a aplicar-se apenas aos contratos de seguro das empresas de trabalho aéreo, nos termos do Decreto–Lei n.° 172/93, de 1 de Maio" – fixa a cobertura mínima de seguro adequada a cobrir a responsabilidade civil em relação a passageiros nas operações não comerciais com aeronaves, bem como estabelece a obrigação de apresentação da prova do cumprimento dos requisitos mínimos de seguro relativamente a aeronaves, nos termos do Regulamento (CE) n.° 785/2004, do Parlamento Europeu e do Conselho, de 21 de Abril, relativo aos requisitos de seguro para transportadoras aéreas e operadores de aeronaves.

A Portaria n.° 982/91, de 26 de Setembro, entretanto completada pela Portaria n.° 420/2001, de 19 de Abril, define o estatuto das entidades competentes para adaptação dos veículos automóveis à utilização de gases de petróleo liquefeitos, encontrando-se o valor mínimo do seguro obrigatório de responsabilidade civil, a celebrar pelas entidades montadoras ou reparadoras dos diversos componentes inerentes à utilização daqueles gases fixado pela Portaria n.° 588/2005, de 12 de Junho.

Os artigos 24.° e 29.° do Decreto-Lei n.° 77/99, de 16 de Março, alterado pelo Decreto-Lei n.° 258/2001, de 25 de Setembro, impunham às empresas de mediação imobiliária a conclusão de um contrato de seguro de responsabilidade para garantia da responsabilidade emergente da sua actividade perante os interessados; encontrando-se aquele DL n.° 77/99 revogado pelo Decreto-Lei n.° 211/2004, de 20 de Agosto, cujo artigo 23.° impõe obrigação semelhante às mesmas empresas, tendo a Portaria n.° 1324/2004, de 19 de Outubro, fixado o montante mínimo deste seguro, e a Portaria n.° 66/2005, de 25 de Janeiro, estabelecido as condições mínimas dele.

O Decreto-Lei n.° 153/96, de 30 de Agosto, que regulou a posse, detenção, utilização e transporte de fontes radioactivas seladas, impondo uma responsabilidade objectiva para as entidades respectivas. Este diploma foi derrogado pelo Decreto-Lei n.° 165/2002, de 17 de Julho, na parte em que o contrarie.

A responsabilidade civil por danos causados a terceiros em virtude da utilização de embarcações de recreio passou a ter de ser objecto de contrato de seguro por imposição do Decreto-Lei n.° 567/99, de 23 de Dezembro (rectificado pela Declaração de rectificação n.° 4-G/2000, de 31 de Janeiro), tendo o Regulamento da Náutica de Recreio, aprovado pelo Decreto-Lei n.° 329/95, de 9 de Dezembro, com a redacção dada pelo citado DL n.° 567/99, estabelecido que compete aos Ministros do Equipamento Social e das Finanças, por portaria conjunta, definir as regras a observar na celebração desses contratos; neste quadro, a Portaria n.° 689/2001, de 10 de Julho, veio estabelecer tais regras.

O Decreto-Lei n.° 312/2003, de 17 de Dezembro, que estabelece o regime de detenção de animais perigosos e potencialmente perigosos como animais de companhia, impõe, no respectivo artigo 13.°, ao "detentor de qualquer animal perigoso ou potencialmente perigoso [...] [a obrigação de] possuir um seguro de responsabilidade civil em relação ao mesmo, sendo os critérios quantitativos e qualitativos do seguro definidos por portaria do Ministro da Agricultura, Desenvolvimento Rural e Pescas"; a Portaria n.° 585/2004, de 29 de Maio, definiu o capital mínimo e outros critérios quantitativos necessários para estes contratos.

O artigo 23.°, n.° 1-*m)*, do Estatuto do Notariado, aprovado pelo Decreto-Lei n.° 26/2004, de 4 de Fevereiro, impõe aos notários o dever de "contratar e manter seguro de responsabilidade civil profissional de montante não inferior a € 100 000".

O artigo 17.° do Decreto-Lei n.° 304/ /2003, de 9 de Dezembro, determina que as entidades organizadoras de campos de férias devem celebrar um contrato de seguro que cubra acidentes pessoais de participantes, com valor mínimo e âmbito de cobertura a fixar por portaria; a Portaria n.° 629/2004, de 12 de Junho, estabelece estes elementos.

A Lei n.° 5/2006, de 23 de Fevereiro – que "estabelece o regime jurídico relativo ao fabrico, montagem, reparação, importação, exportação, transferência, armazenamento, circulação, comércio, aquisição, cedência, detenção, manifesto, guarda, segurança, uso e porte de armas, seus componentes e munições [...] "– consagra, no seu artigo 77.°, n.° 3, a obrigação de "celebração de contrato de seguro de responsabilidade civil com empresa seguradora mediante o qual seja transferida a sua responsabilidade até um capital mínimo a definir em portaria conjunta dos Ministros das Finanças e da Administração Interna" para a maior parte dos titulares de licenças para uso, porte ou detenção de armas; o n.° 4 esclarece que este seguro não é dispensado pelo contrato de seguro de responsabilidade civil para a prática da caça, "excepto se a apólice respectiva o contemplar".

Sobre a obrigatoriedade do *seguro desportivo*, v. esta expressão.

V. *Responsabilidade civil; Contrato; Dano; Obrigação legal de contratar; Usufruto; Reserva de propriedade; Locação financeira; Renovação do contrato; Dano pessoal; Dano material; Compropriedade; Representação orgânica; Pessoa colectiva; Terceiro; Indemnização; Acidente de viação; Instalações de gás; Responsabilidade por danos ao ambiente; Responsabilidade pelo risco; Indemnização; Transporte; Ónus da prova; Causalidade; Teoria da causalidade adequada; Ascendente; Descendente; Adopção; Parentesco; Afinidade; Grau de parentesco; Dano patrimonial; Culpa; Procedência; Direito de regresso; Dolo; Acidente de aviação; Aeronave; Responsabilidade objectiva; Seguro obrigatório; Animais; Detentor; Notário.*

Seguro desportivo (Dir. Civil) – A Lei n.° 1/90, de 13 de Janeiro, rectificada pela Declaração n.° 3422, publicada a 17 de Março de 1990, e alterada pela Lei n.° 19/96, de 25 de Julho (Lei de Bases do Sistema Desportivo), cometeu ao Estado a tarefa de promover a institucionalização e a regulamentação de um sistema de seguro desportivo, o que veio a ser concretizado pelo Decreto-Lei n.° 146/93, de 26 de Abril, rectificado pela Declaração de rectificação n.° 134/93, de 31 de Julho. Aqui se estabelece que "o seguro desportivo cobre os riscos de acidentes pessoais inerentes à actividade desportiva, incluindo os decorrentes de transportes e viagens em qualquer parte do mundo", encontrando-se os praticantes não profissionais de alta competição ainda cobertos por um "seguro de doença, por um seguro de invalidez para a prática do desporto e por um seguro de vida" (artigo 1.°, n.°s 2 e 3).

O artigo 2.° dispõe: "O seguro desportivo é obrigatório para todos os agentes desportivos inscritos em federações dotadas de utilidade pública desportiva, nomeadamente:

a) Praticantes desportivos profissionais e não profissionais;

b) Árbitros, juízes e cronometristas;

c) Treinadores, monitores e animadores;

d) Dirigentes desportivos".

O artigo 3.° estabelece que as federações dotadas de utilidade pública desportiva "instituirão, mediante contrato celebrado com entidades seguradoras, um seguro desportivo de grupo, ao qual poderão aderir os praticantes e agentes desportivos não profissionais nelas inscritos", cabendo às "federações desportivas a responsabilidade pelo pagamento à entidade seguradora do prémio do seguro de grupo".

"O seguro desportivo é obrigatório para todos os praticantes profissionais, estejam ou não inscritos em federações dotadas de utilidade pública desportiva, devendo garantir as coberturas mínimas previstas no n.° 1 do artigo 4.°" – artigo 7.°, n.° 1. O artigo 8.° enuncia os seguros por que têm de estar obrigatoriamente abrangidos os praticantes não profissionais de alta competição, sem prejuízo da adesão ao seguro desportivo de grupo.

Nos termos do artigo 9.°, "as entidades que promovam ou organizem provas desportivas abertas ao público são obrigadas a efectuar um seguro temporário de acidentes pessoais, com as coberturas mínimas previstas no n.° 1 do artigo 4.°, a favor dos participantes não cobertos pelo seguro desportivo ou pelo seguro escolar", garantindo este seguro de provas desportivas "os riscos verificados no decurso da competição e nas deslocações inerentes".

Finalmente, o artigo 10.°, n.° 1, determina que "as federações desportivas que procedam à inscrição de agente desportivo que não fique abrangido pelo seguro desportivo obrigatório ou por seguro que garanta cobertura igual ou superior, bem como as entidades que promovam ou organizem provas desportivas sem terem celebrado seguro desportivo adequado, respondem, em caso de acidente desportivo, nos mesmos termos em que responderia a empresa seguradora, caso houvesse seguro".

A Portaria n.° 757/93, de 26 de Agosto, regulamenta o seguro desportivo; a Portaria n.° 392/98, de 11 de Julho, regulamenta o seguro desportivo especial dos praticantes não profissionais com o estatuto de alta competição.

Muito embora não possa, com rigor, incluir-se no conceito de seguro desportivo, não parece descabido fazer aqui menção do seguro que o artigo 13.° do Decreto-Lei n.° 385/99, de 28 de Setembro (que se ocupa da responsabilidade técnica por instalações desportivas abertas ao público), impõe que exista para cobrir "riscos de acidentes pessoais dos utentes inerentes à actividade aí desenvolvida"; o n.° 3 deste dispositivo determina que os valores das coberturas impostas "não podem ser inferiores às praticadas no âmbito do seguro desportivo".

V. *Contrato de seguro; Responsabilidade civil; Seguro obrigatório; Obrigação legal de contratar; Seguro escolar.*

Seguro escolar (Dir. Civil) – O Decreto-Lei n.° 35/90, de 25 de Janeiro, impõe o chamado seguro escolar, destinado a cobrir a reparação da assistência a alunos sinistrados (v. artigo 17.°).

O Regulamento do Seguro Escolar foi aprovado pela Portaria n.° 413/99, de 8 de Junho, cujo artigo 1.°, n.° 1, define o respectivo âmbito nos seguintes termos: "O seguro escolar constitui um sistema de protecção destinado a garantir a cobertura dos danos resultantes do acidente escolar", abrangendo, de acordo com o artigo 2.°, "as crianças matriculadas e a frequentar os jardins-de-infância da rede pública e os alunos dos ensinos básico e secundário, incluindo os ensinos profissional e artístico, os alunos dos estabelecimentos de ensino particular e cooperativo em regime de contrato de associação", "os que frequentam cursos de ensino recorrente e de educação extra-escolar realizados por iniciativa ou em colaboração do Ministério da Educação", "crianças abrangidas pela educação pré-escolar e os alunos do 1.° ciclo do ensino básico que frequentem actividades de animação sócio-educativa, organizadas pelas associações de pais ou pelas autarquias, em estabelecimentos de educação e ensino", "os alunos dos ensinos básico e secundário que frequentam estágios ou desenvolvam experiências de formação em contextos de trabalho, que constituam o prolongamento temporal e curricular necessário à certificação", "os alunos que participem em actividades do desporto escolar", "as crianças e jovens inscritos em actividades ou programas de ocupação de tempos livres, organizados pelos estabelecimentos de educação ou ensino e desenvolvidos em período de férias", "os alunos que se desloquem ao estrangeiro, integrados em visitas de estudo, projectos de intercâmbio e competições desportivas no âmbito do desporto escolar, quanto aos danos não cobertos pelo seguro de assistência em viagem [...], desde que a deslocação seja previamente comunicada à direcção regional de educação respectiva, para efeitos de autorização, com a antecedência mínima de 30 dias".

"A inscrição no seguro escolar é obrigatória para os alunos matriculados em estabelecimentos de educação ou ensino público não superior" (artigo 27.°).

Dispõe o artigo 3.° considerar-se acidente escolar quer "o evento ocorrido no local e tempo de actividade escolar que provoque ao aluno lesão, doença ou morte", quer aquele "que resulte de actividade desenvolvida com o consentimento ou sob a responsabilidade dos órgãos de gestão do estabelecimento de educação ou ensino", quer, finalmente, "o acidente em trajecto [o "que ocorra no percurso habitual entre a residência e o estabelecimento de educação ou ensino, ou vice-versa, desde o período de tempo imediatamente anterior ao início da actividade escolar ou imediatamente posterior ao seu termo, dentro do limite de tempo considerado necessário para percorrer a distância do local de saída ao local do acidente", desde que se trate de "aluno menor de idade não acompanhado por adulto que, nos termos da lei, esteja obrigado à sua vigilância"]". "O seguro escolar garante ao aluno sinistrado [...]: *a)* Assistência médica e medicamentosa; *b)* Transporte, alojamento e alimentação indispensáveis para garantir essa assistência" (artigo 6.°); a cobertura do seguro escolar compreende ainda "indemnização por incapacidade temporária, desde que se trate de aluno que exerça actividade profissional remunerada [...], indemnização por incapacidade permanente [e] indemnização por danos morais" (artigo 10.°).

V. *Contrato de seguro; Dano; Menor; Dever de vigilância; Indemnização; Dano moral.*

Seguro obrigatório (Dir. Civil) – Para além dos casos mencionados em *Seguro de responsabilidade,* há de ter em conta a obrigação de seguro contra acidentes pessoais dos bombeiros profissionais e voluntários, imposta aos municípios, com o âmbito previsto na alínea *e)* do n.° 1 do artigo 6.° da Lei n.° 21/87, de 20 de Junho, pelo Decreto-Lei n.° 35 746, de 12 de Julho de 1946, na redacção do Decreto-Lei n.° 36/94, de 8 de Fevereiro.

Por outro lado, o artigo 1429.°, n.° 1, C.C., no contexto do regime da propriedade horizontal, na redacção do Decreto-Lei n.° 267/94, de 25 de Outubro, determina que "é obrigatório o seguro contra o risco de incêndio do edifício, quer quanto às fracções autónomas, quer relativamente às partes comuns", dispondo o respectivo n.° 2 que "o seguro deve ser celebrado pelos condóminos; o administrador deve, no entanto, efectuá-lo quando os condóminos o não hajam feito dentro do prazo e pelo valor que, para o efeito, tenha sido fixado em assembleia; nesse caso, ficará com o direito de reaver deles o respectivo prémio". Por seu lado, o artigo 5.° do Decreto-Lei n.° 268/94, de 25 de Outubro, impõe a actualização anual deste seguro contra o risco de incêndio, competindo à assembleia dos condóminos deliberar o montante de cada actualização e, se esta o não fizer, "deve o administrador actualizar o seguro de acordo com o índice publicado trimestralmente pelo Instituto de Seguros de Portugal".

O Decreto-Lei n.° 209/97, de 13 de Agosto, rectificado pela Declaração de rectificação n.° 21-D/97, de 13 de Novembro, e alterado pelos Decretos-Leis n.°s 12/99, de 11 de Janeiro, e 76-A/2006, de 29 de Março (rectificado pela Declaração de rectificação n.° 28-A/2006, de 26 de Maio), impõe às agências de viagens, "para garantia da responsabilidade perante os clientes emergentes das actividades [que a lei enuncia como sendo as suas], a realização de um seguro de responsabilidade civil". V. artigos 41.°, 50.° e 51.° deste diploma.

Para garantir a responsabilidade dos prestamistas face aos mutuários em "caso de perda, extravio, furto, roubo ou incêndio das coisas dadas em penhor", estes são obrigados a ter um seguro cujo valor é, no mínimo, o que resultar das avaliações efectuadas no ano anterior – artigos 32.° e 33.° do Decreto-Lei n.° 365/99, de 17 de Setembro, que estabelece o regime da actividade prestamista.

V. *Contrato de seguro; Obrigação legal de contratar; Propriedade horizontal; Edifício; Fracção autónoma; Partes comuns; Condómino; Administrador na propriedade horizontal; Assembleia dos condóminos; Responsabilidade civil; Prestamista; Penhor.*

Selos (Proc. Civil) – Tiras de papel ou pano fixadas por um lacre com o selo do juiz ou entidade instrutora, a fim de evitar provisoriamente a abertura de uma porta ou de um móvel.

V. *Arrolamento; Juiz; Móvel; Imposição de selos.*

Sementeiras (Dir. Civil) – As sementeiras ou plantações feitas por alguém em terreno seu com sementes ou plantas alheias são daquele que a elas procedeu, que tem de pagar as sementes ou plantas aos donos destas, além da indemnização a que possa haver lugar (v. artigo 1339.°, C.C.).

Por outro lado, se alguém, de boa fé, fizer, em terreno alheio, sementeira ou plantação que tenha trazido ao prédio um valor superior ao que ele tinha antes, pode adquirir a propriedade dele, pagando-o pelo valor que ele tinha anteriormente à sementeira ou plantação; se o valor acrescentado for igual ao valor anterior do prédio, abre-se licitação entre o dono deste e o autor da incorporação; se o valor acrescentado for menor, a sementeira ou plantação passará a pertencer ao dono do terreno, que indemnizará o autor dela pelo valor que tinha ao tempo da incorporação (v. artigo 1340.°, C.C.).

Se a sementeira ou plantação for feita de má fé em terreno alheio, o dono do terreno pode exigir que ela seja desfeita e o terreno restituído ao seu primitivo estado à custa do autor dela ou, se preferir, guardar a sementeira ou plantação, pagando o seu valor, calculado segundo as regras do enriquecimento sem causa (v. artigo 1341.°, C.C.).

Quando a sementeira ou plantação for feita em terreno alheio com sementes ou plantas alheias, é ao dono das sementes ou plantas que cabem os direitos conferidos pela lei ao autor da sementeira ou plantação que esteja de boa fé (e que acima ficaram enunciados) e isso quer o dono das sementes ou plantas esteja de boa ou de má fé. No entanto, se o dono das sementes ou plantas tiver culpa, então o dono do terreno pagar-lhas-á pelo valor calculado nos termos do enriquecimento sem causa, no caso de querer conservar a sementeira ou plantação; se o autor da incorporação estiver de má fé, então é solidária a responsabilidade do dono das sementes ou plantas e a daquele perante o dono do terreno (v. artigo 1342.°, C.C.).

V. *Acessão; Indemnização; Boa fé; Prédio rústico; Direito de propriedade; Licitação; Má fé; Culpa; Enriquecimento sem causa; Solidariedade; Responsabilidade civil.*

Semovente (Dir. Civil) – Dentro das coisas móveis, distingue a doutrina a categoria das semoventes, integrada pelas coisas que têm mobilidade própria, como por exemplo os animais e os veículos.

V. *Móvel; Animais; Veículo.*

Senhorio (Dir. Civil) – Num contrato de arrendamento, é aquele que fica obrigado a proporcionar à outra parte o gozo temporário do imóvel, tendo como contrapartida o direito a receber a renda. É, portanto, o locador, quando o contrato é de arrendamento.

Constituindo a locação de prazo não superior a seis anos um acto de administração ordinária (artigo 1024.°, n.° 1, C.C.), tem legitimidade para arrendar não apenas o proprietário do imóvel (artigo 1305.°, C.C.), como o usufrutuário (cfr. artigo 1446.°, C.C.), o cabeça-de-casal (cfr. artigo 2087.°, n.° 1, C.C.), os pais como representantes dos filhos, durante a menoridade destes (artigo 1889.°, n.° 1-*m*), C.C.), o tutor como representante do pupilo (cfr. artigo 1938.°, C.C.), o mandatário geral (artigo 1159.°, n.° 1, C.C.), o curador provisório bem como o curador definitivo (cfr. artigos 94.°, n.° 1, e 110.°, C.C.), o curador da herança jacente (cfr. artigos 2048.°, n.° 2, e 94.°, n.° 1, C.C.), o fiduciário (artigo 2290.°, C.C.), o depositário judicial de bens penhorados (cfr. artigo 843.°, C.P.C., na redacção do Decreto-Lei n.° 38/2003, de 8 de Março, rectificado pela Declaração de rectificação n.° 5-C/2003, de 30 de Abril), e o depositário de imóvel consignado em depósito (cfr. artigos 1024.°, n.° 2, e 843.°, C.P.C., o último com a redacção do DL n.° 38/2003); no regime do artigo 143.° do Código dos Processos Especiais de Recuperação da Empresa e de Falência, aprovado pelo Decreto-Lei n.° 132/93, de 23 de Abril, alterado pelos Decretos-Leis n.°s 157/97, de 24 de Junho, 315/98, de 20 de Outubro, 323/2001, de 17 de Dezembro, e 38/2003, também a tinha o liquidatário judicial. No regime do Código da Insolvência e da Recuperação de Empresas, aprovado pelo Decreto-Lei n.° 53/2004, de 18 de Março, alterado pelos Decretos-Leis n.°s 200/2004, de 18 de Agosto, e 76-A/2006, de 29 de Março (rectificado pela Declaração de rectificação n.° 28-A/2006, de 26 de Maio), que revogou o último citado, não se encontra disposição equivalente, sendo a mais próxima a da alínea *e)* do artigo 161.° que determina que "depende do consentimento da comissão de credores, ou, se esta não existir, da assembleia de credores, "a celebração de novos contratos de novos contratos de execução duradoura" pelo administrador da insolvência.

O artigo 1682.°-A, C.C., estabelece que, salvo se entre os cônjuges vigorar o regime da separação de bens, carece do consentimento de ambos o arrendamento de imóveis comuns ou próprios de um deles, igualmente sendo necessário o consentimento de ambos para a locação de estabelecimento comercial próprio ou comum; independentemente do regime de bens, carece do consentimento de ambos os cônjuges o arrendamento da casa de morada da família.

O arrendamento de prédio indiviso tem de ser consentido, antes ou depois da sua celebração, pelos comproprietários que no contrato não intervierem (artigo 1024.°, n.° 2, C.C.). Não é pacífica na doutrina a questão de saber qual a consequência jurídica da omissão do consentimento dos consortes no arrendamento de prédio indiviso feito por um deles, sustentando alguns autores que se trata de uma nulidade atípica, pois só é invocável pelos comproprietários que não tiverem dado o seu consentimento e porque é susceptível de ser sanada por confirmação deles.

Quando o senhorio não tenha legitimidade para a celebração do contrato ou quando o seu direito não tenha os atributos que ele assegurou ou tais atributos cessem por sua culpa, determina o artigo 1034.°, n.° 1, C.C., que o contrato se considera incumprido, salvos os casos previstos no artigo 1033.°.

V. *Arrendamento; Imóvel; Renda; Locador; Locação; Legitimidade; Acto de administração; Representação legal; Usufruto; Cabeça-de-casal; Tutor; Mandato; Curador; Herança jacente; Depositário; Liquidatário judicial; Contrato de prestação duradoura; Comissão de credores; Assembleia de credores; Administrador da insolvência; Regime de bens do casamento; Bens comuns; Bens próprios; Estabelecimento comercial; Locação de estabelecimento; Fideicomisso; Penhora; Consignação em depósito; Separação de bens; Casa de morada da família; Compropriedade; Nulidade atípica; Sanação da invalidade; Culpa; Incumprimento.*

Sentença (Proc. Civil) – Decisão final de um litígio – quer se trate da causa principal, quer de algum incidente desta – proferida pelo juiz. Quando a sentença é de um tribunal colectivo designa-se por acórdão.

V. artigo 156.°, C.P.C..

"As decisões dos tribunais que não sejam de mero expediente são fundamentadas na forma prevista na lei"; "As decisões dos tribunais são obrigatórias para todas as entidades públicas e privadas e prevalecem sobre as de quaisquer outras autoridades" – os preceitos que se transcreveram são os dos n.°s 1 e 2 do artigo 205.° da Constituição da República.

Após o julgamento da matéria de facto e finda a discussão do aspecto jurídico da causa, o processo é entregue concluso ao juiz, que tem um prazo de trinta dias para proferir a sentença (v. artigo 658.°, C.P.C., na redacção do Decreto-Lei n.° 329-A/95, de 12 de Dezembro; na redacção anterior, o prazo era de quinze dias).

A sentença deve começar por identificar as partes e o objecto do litígio, fixando as questões que devem ser solucionadas; "seguem-se os fundamentos, devendo o juiz discriminar os factos que considera provados e indicar, interpretar e aplicar as normas jurídicas correspondentes, concluindo pela decisão final"; quando a discussão tiver sido oral, pode a sentença ser logo lavrada por escrito ou ditada para a acta (cfr. artigo 659.°, C.P.C., na redacção do DL n.° 329-A/95).

"O juiz deve resolver todas as questões que as partes tenham submetido à sua apreciação, exceptuadas aquelas cuja decisão esteja prejudicada pela solução dada a outras. Não pode ocupar-se senão das questões suscitadas pelas partes, salvo se a lei lhe permitir ou impuser o conhecimento oficioso de outras" – n.° 2 do artigo 660.°, C.P.C..

Finalmente, o n.° 1 do artigo 661.° limita, de modo definitivo, o âmbito da sentença, dispondo que não pode esta "condenar em quantidade superior ou em objecto diverso do que se pedir".

Este princípio apenas sofre excepção quanto aos processos de jurisdição voluntária (cfr. artigo 1410.°, C.P.C.).

Quando, no momento da sentença, ainda não for possível fixar o objecto ou quantidade, aquela condena imediatamente no que já estiver determinado e no que se liquidar no momento da execução – n.° 2 do artigo 661.°, C.P.C., com a redacção do Decreto-Lei n.° 38/2003, de 8 de Março (rectificado pela Declaração de rectificação n.° 5-C/2003, de 30 de Abril).

Para além do que sumariamente ficou exposto como requisitos de fundo da sentença, há também regras que se referem ao seu aspecto material. E assim, nos termos do artigo 157.°, C.P.C., "as decisões judiciais serão datadas e assinadas pelo juiz ou relator, que devem rubricar ainda as folhas não manuscritas e proceder às ressalvas consideradas necessárias; os acórdãos serão também assinados pelos outros juízes que hajam intervindo, salvo se não estiverem presentes, do que se fará menção".

No regime definido pelo Decreto-Lei n.° 269/98, de 1 de Setembro (rectificado pela Declaração de rectificação n.° 16-A/98, de 30 de Setembro), alterado pelos Decretos-Leis n.°s 383/99, de 23 de Setembro, 183/2000, de 10 de Agosto, 323/2001, de 17 de Dezembro, 32/2003, de 17 de Fevereiro, 38/2003, 107/2005, de 1 de Julho (rectificado pela Declaração de rectificação n.° 63/2005, de 19 de Agosto), que se ocupa "dos procedimentos destinados a exigir o cumprimento de obrigações pecuniárias emergentes de contratos de valor não superior à alçada da Relação [era antes do tribunal de 1.ª instância]" "ou das obrigações emergentes de transacções comerciais abrangidas pelo Decreto-Lei n.° 32/2003, de 17 de Fevereiro", de acordo com o n.° 7 do artigo 4.°, "a sentença, sucintamente fundamentada, é logo [finda a audiência] ditada para a acta".

Provindo a sentença de tribunal arbitral, os seus requisitos substanciais e externos são os que constam do artigo 23.° da Lei n.° 31/86, de 29 de Agosto, alterada pelo citado DL n.° 38/2003.

Uma vez proferida a sentença, o poder do juiz em relação àquele processo esgota-se e, posteriormente, mais não lhe é lícito do que proceder à rectificação dos erros materiais, suprir quaisquer nulidades da sentença, esclarecer dúvidas a ela respeitantes ou ainda reformá-la quanto a custas e multa. A lei processual contém regras que disciplinam esses actos do juiz posteriores à sentença, nos artigos 667.°, 669.° e 670.° (os dois últimos com a redacção do Decreto-Lei n.° 180/96, de 25 de Setembro), C.P.C., ocupando-se o artigo 668.°, C.P.C., cujo n.° 4 tem a redacção do DL n.° 329-A/95, C.P.C., das causas de nulidade da sentença e da forma como esta pode ser arguida pelas partes.

São as seguintes – e só estas – as causas de nulidade da sentença:

a) Omissão da assinatura do juiz;

b) Falta da fundamentação de facto e de direito que justifica a decisão;

c) Existência de contradição entre os fundamentos e a decisão;

d) Falta de apreciação pelo juiz de questões que devia conhecer ou apreciação de questões de que não podia tomar conhecimento;

e) Condenação em quantidade superior ou em objecto diverso do pedido.

As nulidades da sentença podem ser arguidas no próprio tribunal que as proferiu ou por via de recurso, sendo certo que:

a) Tendo sido omitida a assinatura do juiz, a nulidade que tal falta constitui pode ser suprida, oficiosamente ou a requerimento de qualquer das partes dirigido ao tribunal que proferiu a sentença, seja qual for o valor da causa.

b) Quanto às restantes nulidades, saber qual o competente tribunal para as arguir depende do valor da causa. Se esta não admitir recurso ordinário, o tribunal competente é o que proferiu a sentença; caso contrário, pode interpor-se recurso com fundamento em tais nulidades.

Resta observar que, tendo qualquer das partes pedido a rectificação ou aclaração de sentença, o prazo para arguir as nulidades só começa a correr depois de notificada a decisão proferida sobre tal requerimento.

Cfr. artigos 668.° e 670.°, C.P.C..

Tratando-se de decisão arbitral, os respectivos fundamentos de invalidade encontram-se enunciados no artigo 27.°, n.° 1, da referida Lei n.° 31/86, regulando os n.°s 2 e 3 dessa disposição e o artigo 28.° os termos e prazos em que ela pode ser arguida.

Uma vez proferida uma sentença e notificadas dela as partes, começam a correr os prazos para reclamação e recursos.

Quando dela não couber recurso nem reclamação ou quando, cabendo, tiverem passado os prazos para os mesmos, sem que tenham sido feitos, diz-se que a sentença transitou em julgado – artigo 677.°, C.P.C..

Transitada em julgado, a sentença passa a ter valor de caso julgado, isto é, força obrigatória para as partes. Sendo a sentença sobre o mérito da causa, tal força obrigatória opera no processo e fora dele, impedindo qualquer das partes de propor nova acção idêntica (*caso julgado material*). V. artigos 671.°, 497.° (o n.° 3 tem a redacção do DL n.° 329-A/95) e 498.°, C.P.C..

Se a sentença apenas recair sobre a relação processual, não se pronunciando sobre a questão de fundo do processo (por exemplo, absolvição do réu da instância), então o seu valor é limitado ao processo em que foi proferida (*caso julgado formal*).

V. artigo 672.°, C.P.C..

V. *Litígio; Incidente; Tribunal colectivo; Despacho de mero expediente; Fundamentação das decisões; Matéria de facto; Discussão; Execução; Requisitos da sentença; Conclusão; Norma jurídica; Interpretação da lei; Sentença oral; Denegação de justiça; Princípio dispositivo; "Ultra petita"; Processos de jurisdição voluntária; Despacho; Juiz relator; Obrigação pecuniária; Alçada; Relação; Tribunal de 1.ª instância; Audiência; Reforma de sentença; Custas; Multa; Recurso; Requerimento; Valor da causa; Competência em razão do valor; "Ex officio"; Recurso ordinário; Aclaração de sentença; Tribunal arbitral; Decisão arbitral; Notificação; Reclamação; Absolvição da instância.*

Sentença arbitral (Proc. Civil) – V. *Decisão arbitral; Tribunal arbitral; Sentença.*

Sentença condenatória (Proc. Civil) – Sentença que ordena a entrega de uma coisa ou a realização de um comportamento ou abstenção, com fundamento na existência de um direito, cuja violação se declara ou se prevê.

Cfr. artigo 4.°, n.° 2-*b)*, C.P.C..

V. *Sentença; Condenação do réu; Direito subjectivo.*

Sentença constitutiva (Proc. Civil) – Acontece, por vezes, que a sentença não visa simplesmente declarar uma situação jurídica anterior à instância, antes cria uma nova situação jurídica, ou melhor, autoriza uma alteração na ordem jurídica existente. Diz-se então que a sentença é constitutiva.

A alteração jurídica produzida pela sentença constitutiva tanto pode consubstanciar-se na criação de uma relação jurídica nova como na modificação ou extinção de uma relação preexistente. Os seus efeitos produzem-se a partir do dia em que foi pronunciada. Citam-se, como exemplos, as sentenças de divórcio, de adopção e a que é proferida em acção de execução específica de contrato-promessa.

V. artigo 4.°, n.° 2-*c)*, C.P.C..

V. *Sentença; Instância; Relação jurídica; Divórcio; Adopção; Execução específica de contrato-promessa.*

Sentença declarativa (Proc. Civil) – A sentença que tem como objecto reconhecer, declarar a existência ou inexistência de um direito ou de um facto, ao tempo da abertura do processo, possui mero carácter declarativo, sendo proferida em acção de simples apreciação.

Como observa Anselmo de Castro, nem todos os factos são susceptíveis de declaração em juízo, pois é necessário que o facto a declarar seja incerto e essa incerteza capaz de comprometer uma dada relação jurídica com o facto relacionada directamente, sendo ainda preciso que não se trate de uma mera expectativa.

V. artigo 4.°, n.° 2-*a)*, C.P.C..

V. *Sentença; Direito subjectivo; Acção de simples apreciação; Relação jurídica; Expectativa jurídica.*

Sentença de condenação (Proc. Civil) – V. *Sentença; Sentença condenatória.*

Sentença de verificação e graduação de créditos (Proc. Civil) – V. *Sentença; Graduação de credores; Verificação de créditos.*

Sentença de fundo (Proc. Civil) – A sentença diz-se de fundo ou de mérito quando o seu objecto é a questão que constituía a matéria controvertida submetida à apreciação do tribunal.
V. *Sentença; Mérito da causa.*

Sentença de mérito (Proc. Civil) – V. *Sentença; Sentença de fundo.*

Sentença de trato sucessivo (Proc. Civil) – Designa-se assim a sentença que condena o réu, devedor de uma obrigação periódica, no cumprimento das prestações vencidas e no daquelas que hajam de vencer-se enquanto persistir a obrigação. Cfr. artigos 472.° e 662.°, C.P.C..
Neste caso, fica o devedor desde logo condenado ao pagamento de todas as prestações, só podendo, porém, o credor exigir tal pagamento à medida do respectivo vencimento, podendo a execução já extinta renovar-se para pagamento de tais prestações. Cfr. artigo 920.°, C.P.C., na redacção do Decreto-Lei n.° 38/2003, de 8 de Março, rectificado pela Declaração de rectificação n.° 5-C/2003, de 30 de Abril.
V. *Sentença; Condenação do réu; Obrigação duradoura; Prestação; Vencimento; Execução; Renovação da execução.*

Sentença estrangeira (Proc. Civil) – As sentenças sobre direitos privados, proferidas por tribunais estrangeiros ou por árbitros no estrangeiro, só podem ter efeitos em Portugal (efeitos de caso julgado e executivos, não meramente probatórios, entenda-se) depois de revistas e confirmadas pelo tribunal da Relação do distrito do domicílio da pessoa contra quem se quer fazer valer a sentença.
V. artigos 49.° e 95.°, C.P.C., com a redacção do Decreto-Lei n.° 38/2003, de 8 de Março (rectificado pela Declaração de rectificação n.° 5-C/2003, de 30 de Abril), e 56.°, n.° 1-*f)*, da Lei de Organização e Funcionamento dos Tribunais Judiciais (Lei n.° 3/99, de 13 de Janeiro, rectificada pela Declaração de rectificação n.° 7/99, de 16 de Fevereiro, e alterada pela Lei n.° 101/99, de 26 de Julho, pelos Decretos-Leis n.°s 323/2001, de 17 de Dezembro, e 38/2003, pela Lei n.° 105/2003, de 10 de Dezembro, pelo Decreto-Lei n.° 53/2004, de 18 Março, pela Lei n.° 42/2005, de 29 de Agosto, e pelo Decreto-Lei n.° 76-A/2006, de 29 de Março – rectificado este pela Declaração de rectificação n.° 28-A/2006, de 26 de Maio).
A revisão diz respeito a condições formais, mas, se a parte vencida for portuguesa, só se não tiver sido violada a lei portuguesa, quando esta fosse competente, segundo o direito internacional privado português, será a sentença confirmada.
"Da decisão da Relação sobre o mérito da causa cabe recurso de revista", cabendo agravo se a Relação não decidir sobre o mérito.
V. artigos 1094.° a 1102.°, C.P.C., (o artigo 1094.° tem a redacção do DL n.° 38//2003 e os artigos 1096.° e 1098.° a 1102.° a do Decreto-Lei n.° 329-A/95, de 12 de Dezembro).
Há de notar que não apenas as sentenças estrangeiras são susceptíveis de ser revistas, mas que o mesmo acontece com os acórdãos e ainda com os despachos, sempre que estes últimos respeitem a direitos substanciais de carácter privado e não digam apenas respeito à relação jurídica processual (v. José Alberto dos Reis, *Processos Especiais*, 2.° Vol., págs. 143 a 146).
O Assento do Supremo Tribunal de Justiça de 16 de Dezembro de 1988, publicado no *Diário da República*, I série, de 1 de Março de 1989, decidiu: "A sentença estrangeira não revista nem confirmada pode ser invocada em processo pendente em tribunal português como simples meio de prova, cujo valor é livremente apreciado pelo julgador".
V. Convenção sobre o Reconhecimento e Execução de Sentenças Estrangeiras em Matéria Civil e Comercial e o seu Protocolo Adicional, concluídos na Haia em 1 de Fevereiro de 1971, aprovados para ratificação pelo Decreto do Governo n.° 13/83, de 24 de Fevereiro, e já ratificados por Portugal, segundo aviso publicado no *Diário da República* de 22 de Julho de 1983.
V. ainda a Convenção de Bruxelas, assinada a 27 de Setembro de 1968, relativa à Competência Judiciária e à Execução de Decisões em Matéria Civil e Comercial, e o Regulamento (CE) n.° 44/2001, do Conselho, de 22 de Dezembro de 2000, relativo à Competência Judiciária, ao Reconhecimento e à Execução de Decisões em Maté-

ria Civil e Comercial. Este Regulamento veio substituir a Convenção de Bruxelas, a qual, no entanto, se mantém em vigor entre a Dinamarca e os restantes Estados-membros.

V. *Sentença; Direito subjectivo; Confirmação de sentença estrangeira; Força probatória; Caso julgado; Título executivo; Relação; Distrito judicial; Domicílio; Mérito da causa; Revista; Acórdão; Despacho; Agravo; Prova.*

Sentença final (Proc. Civil) – É final a sentença que resolve, total ou parcialmente, o objecto do litígio, obstando assim a que a matéria possa ser de novo apreciada na mesma instância; a sentença final é *plena* quando decide sobre toda a matéria controvertida, e é *parcial* quando se limita a resolver uma parte destacável da matéria controvertida.

V. *Sentença; Litígio; Mérito da causa.*

Sentença interlocutória (Proc. Civil) – A doutrina dá esta designação à sentença que não decide, nem total nem parcialmente, o objecto do litígio, antes consubstanciando a decisão de uma ou de várias questões litigiosas que não constituem aquele objecto.

O artigo 660.°, n.° 2, C.P.C., determina que a sentença deve conhecer e "resolver todas as questões que as partes tenham submetido à sua apreciação".

V. *Sentença; Litígio.*

Sentença irrecorrível (Proc. Civil) – Sentença relativamente à qual não existem vias de recurso ordinário, apenas podendo ser dela interpostos recursos extraordinários.

V. *Sentença; Trânsito em julgado; Recurso; Recurso ordinário; Recurso extraordinário.*

Sentença oral (Proc. Civil) – Em matéria de alimentos provisórios, "na falta de alguma das partes ou se a tentativa de conciliação se frustrar, o juiz ordena a produção da prova e, de seguida, decide, por sentença oral, sucintamente fundamentada" (v. artigo 400.°, n.° 3, C.P.C., na redacção do Decreto-Lei n.° 180/96, de 25 de Setembro).

Em processo sumaríssimo, a sentença também era proferida verbalmente, nos termos da anterior redacção do artigo 796.°, n.° 3, C.P.C.. Nos termos do actual n.° 7 do referido artigo, com a redacção do Decreto-Lei n.° 38/2003, de 8 de Março, "a sentença [...] é sucintamente fundamentada e logo ditada para a acta".

Nos mesmos termos, o n.° 4 do artigo 659.°, C.P.C., prevê a possibilidade de a sentença ser ditada para a acta, mesmo em processo ordinário, quando a discussão do aspecto jurídico da causa tiver sido oral.

O artigo 35.°, n.° 4, do Código da Insolvência e da Recuperação de Empresas, aprovado pelo Decreto-Lei n.° 53/2004, de 18 de Março, alterado pelos Decretos-Leis n.°s 200/2004, de 18 de Agosto, e 76-A/2006, de 29 de Março – este rectificado pela Declaração de rectificação n.° 28-A/2006, de 26 de Maio, prevê que, faltando alguma das partes – devedor ou requerente da insolvência – e representante delas com poderes para transigir, o juiz dite "logo para a acta, consoante o caso, a sentença de declaração da insolvência, se os factos alegados na petição inicial forem subsumíveis no n.° 1 do artigo 20.°, ou sentença homologatória da desistência do pedido".

No regime do Decreto-Lei n.° 269/98, de 1 de Setembro (rectificado pela Declaração de rectificação n.° 16-A/98, de 30 de Setembro), alterado pelos Decretos-Leis n.°s 383/99, de 23 de Setembro, 183/2000, de 10 de Agosto, 323/2001, de 17 de Dezembro, 32/2003, de 17 de Fevereiro, e 38/ /2003, de 8 de Março (este rectificado pela Declaração de rectificação n.° 5-C/2003, de 30 de Abril), e 107/2005, de 1 de Julho (rectificado pela Declaração de rectificação n.° 63/2005, de 19 de Agosto), que se ocupa "dos procedimentos destinados a exigir o cumprimento de obrigações pecuniárias emergentes de contratos de valor não superior à alçada da Relação [era antes do tribunal de 1.ª instância]", o n.° 6 do respectivo artigo 4.° dispõe que "a sentença, sucintamente fundamentada, é logo [finda a audiência] ditada para a acta".

V. *Sentença; Alimentos provisórios; Falta; Parte; Tentativa de conciliação; Prova; Processo sumaríssimo; Fundamentação das decisões; Processo ordinário; Alegações; Insolvência; Recuperação de empresas; Devedor; Representante; Poderes representativos; Declaração de insolvência; Petição inicial; Homologação; Pe-*

dido; Desistência; Obrigação pecuniária; Alçada; Relação; Tribunal de 1.ª instância; Audiência.

Sentença transitada em julgado (Proc. Civil) – V. *Sentença; Trânsito em julgado.*

Separação de bens

1. (Dir. Civil) – Regime de bens do casamento caracterizado pela separação dos patrimónios dos cônjuges, conservando cada um deles "o domínio e fruição de todos os seus bens presentes e futuros, podendo dispor deles livremente" (artigo 1735.°, C.C.).

Só quanto aos móveis próprios ou comuns, utilizados conjuntamente pelos cônjuges na vida do lar ou como instrumento comum de trabalho, é necessário o consentimento de ambos os cônjuges para a sua alienação (v. artigo 1682.°, n.° 3-*a)*, C.C.).

O regime de separação de bens, que pode ser livremente instituído pelos cônjuges em convenção antenupcial, é, no entanto, em alguns casos, o regime de bens obrigatório do casamento: *a)* nos casamentos celebrados sem processo preliminar de publicações; *b)* nos casamentos celebrados por quem tenha sessenta anos de idade (artigo 1720.°, C.C.).

V. artigos 1735.° e segs., C.C..

Também sendo o regime de bens do casamento o da comunhão geral ou o da comunhão de adquiridos, os cônjuges podem obter a separação através de processo judicial, nos termos dos artigos 1767.° a 1772.°, C.C..

"Quando, em execução movida contra um só dos cônjuges, sejam penhorados bens comuns do casal, por não se conhecerem bens suficientes próprios do executado, cita-se o cônjuge do executado para, no prazo de que dispõe para a oposição, requerer a separação de bens ou juntar certidão comprovativa da pendência de acção em que a separação já tenha sido requerida" (artigo 825.°, n.° 1, C.P.C., na redacção do Decreto-Lei n.° 38/2003, de 8 de Março – este rectificado pela Declaração de rectificação n.° 5-C/2003, de 30 de Abril.

V. *Regime de bens do casamento; Património; Móvel; Bens próprios; Bens comuns; Alienação; Dívidas dos cônjuges; Penhora; Citação; Comunhão de adquiridos; Comunhão geral de bens; Processo preliminar de publicações; Convenção antenupcial; Separação judicial de bens; Execução; Executado; Certidão.*

2. (Dir. Civil; Dir. Com.; Proc. Civil) – No processo de insolvência, regulado pelo Código da Insolvência e da Recuperação de Empresas, aprovado pelo Decreto-Lei n.° 53/2004, de 18 de Março, alterado pelos Decretos-Leis n.°s 200/2004, de 18 de Agosto, e 76-A/2006, de 29 de Março (rectificado pela Declaração de rectificação n.° 28-A/2006, de 26 de Maio), os artigos 141.° e segs. ocupam-se da separação de bens que tenham sido apreendidos e integrados na massa insolvente, nos casos em que tais bens não pertenciam plena e exclusivamente ao insolvente; assim: *a)* os bens apreendidos para a massa insolvente pertencentes a terceiros e de que o insolvente fosse mero possuidor em nome alheio; *b)* os bens próprios do cônjuge do insolvente e a sua meação nos bens comuns; *c)* os bens de terceiro indevidamente apreendidos e quaisquer outros bens, dos quais o insolvente não tenha a plena e exclusiva propriedade, ou sejam estranhos à insolvência ou insusceptíveis de apreensão para a massa.

Nos termos do artigo 141.°, n.° 2, as regras relativas à reclamação de créditos – como, aliás, as que se referem à sua verificação – são aplicáveis à separação e restituição de bens, com as seguintes adaptações, "além das outras que se mostrem necessárias": *a)* a reclamação não é objecto de notificações e obedece ao disposto nos n.°s 1 e 5 do artigo 134.° (devem ser oferecidos todos os meios de prova pelo requerente, ficando este obrigado a apresentar as testemunhas arroladas, e durante o prazo para a restituição e separação de bens o processo mantém-se na secretaria judicial para consulta pelos interessados); *b)* as contestações às reclamações podem ser apresentadas pelo administrador ou por qualquer interessado nos 10 dias subsequentes ao fim do prazo para a reclamação dos créditos fixado na sentença declaratória da insolvência, tendo o reclamante possibilidade de responder nos 5 dias seguintes; *c)* na audiência, as provas são produzidas pela ordem da apresentação das reclamações.

Se as coisas que o insolvente deve restituir não se encontrarem na sua posse à data da declaração da insolvência, pode o administrador "reavê-las, se tal for mais conveniente para a massa [...] do que o pagamento ao seu titular, como crédito sobre a insolvência, do valor que tinham naquela data ou da indemnização pelas despesas resultantes da sua recuperação"; "se a posse se perder depois de terem sido apreendidas para a massa [...] as coisas que devam ser restituídas, tem o titular direito a receber da massa o seu valor integral" (artigo 142.°).

O artigo 143.° dispõe que "ao insolvente, bem como ao seu consorte, é permitido reclamar os seus direitos próprios, estranhos à insolvência". Por seu lado, o artigo 144.° determina que, "no caso de serem apreendidos bens para a massa, depois de findo o prazo fixado para as reclamações, é ainda permitido exercer o direito de restituição ou separação desses bens nos cinco dias posteriores à apreensão, por meio de requerimento, apensado ao processo principal"; são, de seguida, citados o devedor, o administrador e os credores, para contestarem dentro dos 5 dias imediatos, seguindo-se os termos do processo de verificação de créditos, com as adaptações necessárias. Finalmente, o artigo 145.° estabelece que "ao reclamante da restituição de coisas móveis determinadas pode ser deferida a sua entrega provisória, mediante caução [...]", devendo os bens entregues – ou o respectivo valor – ser restituídos à massa se a reclamação for julgada definitivamente improcedente

V. *Insolvência; Recuperação de empresas; Massa insolvente; Possuidor precário; Meação; Reclamação de créditos; Verificação de créditos; Restituição de bens; Notificação; Meios de prova; Prova; Testemunha; Rol de testemunhas; Secretaria judicial; Exame de processos; Contestação; Administrador da insolvência; Sentença; Declaração de insolvência; Audiência; Crédito sobre a insolvência; Indemnização; Apensação de acções; Citação; Coisa móvel; Caução; Procedência.*

Separação de facto (Dir. Civil) – Situação de dois cônjuges que vivem separados, sem que tal situação esteja regularizada por divórcio ou por separação judicial de pessoas e bens.

O artigo 1782.°, n.° 1, C.C., caracteriza a separação de facto, para os efeitos da sua consideração como fundamento de divórcio litigioso, como a inexistência "de comunhão de vida entre os cônjuges" acompanhada da inexistência, "da parte de ambos, ou de um deles, [d]o propósito de [...] a restabelecer".

A ausência de comunhão de vida, que caracteriza a separação de facto, tanto pode resultar de decisão – acordada ou não – de ambos os cônjuges como de atitude unilateral de um deles.

No que respeita ao poder paternal, a separação de facto produz os mesmos efeitos que o divórcio, a separação judicial de pessoas e bens ou a declaração de nulidade ou anulação do casamento (artigo 1909.°, C.C.).

A situação de separação de facto releva juridicamente para outros efeitos, como, por exemplo, para determinar a intransmissibilidade do arrendamento em nome de um dos cônjuges para o outro, em caso de morte do primeiro (v. artigo 85.°, n.° 1-*a)*, do Regime do Arrendamento Urbano, aprovado pelo Decreto-Lei n.° 321-B/90, de 15 de Outubro, rectificado por declaração publicada no *Diário da República*, I-A série, de 30 de Novembro de 1990, e alterado pelo Decreto-Lei n.° 278/93, de 10 de Agosto – este, por seu lado, alterado, por ratificação, pela Lei n.° 13/94, de 11 de Maio –, pelo Decreto-Lei n.° 163/95, de 13 de Julho, pela Lei n.° 89/95, de 1 de Setembro, pelo Decreto-Lei n.° 257/95, de 30 de Setembro, pela Lei n.° 135/99, de 28 de Agosto, pelos Decretos-Leis n.°s 64-A/2000, de 22 de Abril, e 329-B/2000, de 22 de Dezembro, e pelas Leis n.°s 6/2001 e 7/2001, ambas de 11 de Maio).

O aspecto mais importante de relevância da separação de facto dos cônjuges é o constituir fundamento de divórcio ou separação litigiosos.

Por um lado, sendo a coabitação um dos deveres conjugais enunciados no artigo 1672.°, C.C., e constituindo a sua violação culposa e grave fundamento de divórcio (artigo 1779.°, n.° 1, C.C.), o cônjuge não culpado da separação tem direito a obter o divórcio contra o outro (ou a separação judicial de pessoas e bens, por força do artigo 1794.°, C.C.); por outro lado, nos termos das alíneas *a)* e *b)* do artigo 1781.°, C.C. (na redacção da Lei n.° 47/98, de 10 de Agosto), é também fundamento de divórcio a separação de facto por três anos consecutivos, ou a separação de facto por um ano, se o divórcio, requerido por um dos cônjuges, não tiver oposição do outro.

V. *Divórcio; Separação judicial de pessoas e bens; Invalidade do casamento; Poder paternal; Arrendamento; Incomunicabilidade do arrendamento; Coabitação; Deveres conjugais; Culpa.*

Separação de patrimónios (Dir. Civil) – Fala-se de separação de patrimónios quando, com o património geral do seu titular, coexiste um património autónomo.

V. *Património; Património autónomo.*

Separação de pessoas e bens (Dir. Civil) – Fala-se hoje com mais propriedade em separação de pessoas e bens do que em *separação judicial de pessoas e bens* (v. esta expressão), designadamente quando ela é feita por mútuo consentimento, já que, nesta, não há, em regra, intervenção judicial.

Separação judicial de bens (Dir. Civil; Proc. Civil) – Providência concedida pela lei a qualquer dos cônjuges contra o outro cônjuge, quando, em virtude da má administração deste, estiver em perigo de perder o que é seu.

Há casos em que a lei determina que se proceda à separação dos bens comuns na vigência do casamento, independentemente dos requisitos que ficaram enunciados – assim, por exemplo, o artigo 825.°, n.° 1, C.P.C., na redacção do Decreto-Lei n.° 38/2003, de 8 de Março (rectificado pela Declaração de rectificação n.° 5-C/2003, de 30 de Abril) –, estabelece que, "quando, em execução movida contra um só dos cônjuges, sejam penhorados bens comuns do casal, por não se conhecerem bens suficientes próprios do executado, cita-se o cônjuge do executado para, no prazo de que dispõe para a oposição, requerer a separação de bens ou juntar certidão comprovativa da pendência de acção em que a separação já tenha sido requerida"). O artigo 1319.°, C.P.C., quanto à insolvência, determinava que a declaração desta tinha por efeito a separação dos bens comuns dos cônjuges; entretanto, o artigo 201.° do Código dos Processos Especiais de Recuperação da Empresa e de Falência, (aprovado pelo Decreto-Lei n.° 132/93, de 23 de Abril, alterado pelos Decretos-Leis n.°s 157/97, de 24 de Junho, 315/98, de 20 de Outubro, 323/2001, de 17 de Dezembro, e já mencionado 38/2003) viera dispor que à reclamação e verificação do direito que tivesse o cônjuge a separar da massa falida os seus bens próprios e a sua meação nos bens comuns, em processo de falência, seriam aplicáveis as regras relativas à reclamação e verificação de créditos, podendo, aliás, tal separação "ser ordenada pelo juiz, a requerimento do liquidatário, instruído com parecer favorável da comissão de credores".

V. também o artigo 1406.°, C.P.C. (na redacção do Decreto-Lei n.° 329-A/95, de 12 de Dezembro).

O Código dos Processos Especiais de Recuperação da Empresa e de Falência foi revogado pelo Código da Insolvência e da Recuperação de Empresas, aprovado pelo Decreto-Lei n.° 53/2004, de 18 de Março, alterado pelos Decretos-Leis n.°s 200/2004, de 18 de Agosto, e 76-A/2006, de 29 de Março (rectificado pela Declaração de rectificação n.° 28-A/2006, de 26 de Maio). Neste, o artigo 141.°, n.° 1-*b)*, determina também a aplicabilidade das regras sobre reclamação e verificação de créditos ao "direito que tenha o cônjuge a separar da massa insolvente os seus bens próprios e a sua meação nos bens comuns", podendo a separação "ser ordenada pelo juiz, a requerimento do administrador da insolvência, instruído com parecer favorável da comissão de credores, se existir" (n.° 3 do mesmo artigo).

A sentença, que decreta a separação judicial de bens, obriga à partilha (que pode ser feita extrajudicialmente ou por inventário judicial) do património comum, passando o regime de bens do casamento a ser o da separação.

A separação judicial de bens é irrevogável.

Não se encontrando a acção de separação de bens incluída entre os processos especiais, entende a doutrina maioritária que ela segue a forma de processo comum ordinário.

V. artigos 1767.° e segs., C.C..

V. *Separação de bens; Bens próprios; Execução; Executado; Citação; Penhora; Certidão; Insolvência; Falência; Bens comuns; Massa insolvente; Reclamação de créditos; Verificação de créditos; Comissão de credores; Recuperação de empresas; Meação; Bens comuns; Administrador da insolvência; Comissão de credores; Partilha; Inventário; Irrevogabilidade; Processo comum; Processo ordinário.*

Separação judicial de pessoas e bens (Dir. Civil; Proc. Civil) – A separação judicial de pessoas e bens, litigiosa e por mútuo consentimento, pode ser requerida nos mesmos termos e com os mesmos fundamentos que, respectivamente, o divórcio litigioso e por mútuo consentimento, podendo ser convertida em divórcio depois de decretada (v. artigos 1794.° e 1795.°-D, C.C.).

Enquanto, antes, a separação por mútuo consentimento só podia ser decretada judicialmente, hoje, pode sê-lo, se o casal não tiver filhos menores ou se, tendo-os, se mostrar regulado o exercício do respectivo poder paternal, pelo conservador do registo civil, sendo a este processo aplicáveis, com as devidas adaptações as regras que disciplinam a separação judicial por mútuo consentimento (v. artigos 1778.°-A, C.C., e 271.° e segs. do Código do Registo Civil). O Decreto-Lei n.° 272/2001, de 13 de Outubro, rectificado pela Declaração de rectificação n.° 20-AR/2001, de 30 de Novembro, alargou a competência das conservatórias de registo civil, designadamente transferindo para estas um conjunto de decisões que cabiam aos tribunais judiciais em certos processos de jurisdição voluntária; passaram para a sua competência exclusiva, nos termos da alínea *b)* do n.° 1 do artigo 12.°, "a separação e divórcio por mútuo consentimento, excepto nos casos resultantes de acordo obtido no âmbito de processo de separação ou divórcio litigiosos". O artigo 12.°, n.° 2, deste diploma dispõe que a conservatória competente para estes processos é "a conservatória [...] da residência de qualquer dos cônjuges ou outra por ambos escolhida e expressamente designada"; segundo o artigo 14.°, "o processo [...] é instaurado mediante requerimento assinado pelos cônjuges ou seus procuradores na conservatória [...]", sendo o pedido "instruído com o conjunto de documentos referido no artigo 272.° do Código do Registo Civil, a que é acrescentado acordo sobre o exercício do poder paternal quando existam filhos menores e não tenha previamente havido regulação judicial"; o conservador "convoca os cônjuges para uma conferência em que tenta conciliá-los; mantendo os cônjuges o propósito de se divorciar, e observado o disposto no n.° 5 do artigo 12.° [verificação pelo conservador dos pressupostos legais], é [...]" a separação decretada; caso seja apresentado acordo sobre o exercício do poder paternal relativo a filhos menores, "o processo é enviado ao Ministério Público junto do tribunal judicial de 1.ª instância competente em razão da matéria no âmbito da circunscrição a que pertença a conservatória antes da fixação do dia da conferência [...], para que este se pronuncie sobre o acordo no prazo de 30 dias"; "caso o Ministério Público considere que o acordo não acautela devidamente os interesses dos menores, podem os requerentes alterar o acordo em conformidade ou apresentar novo acordo, sendo neste último caso dada nova vista ao Ministério Público"; se o Ministério Público considerar que o acordo serve os interesses dos menores "ou tendo os cônjuges alterado o acordo nos termos indicados pelo Ministério Público, segue-se o disposto no n.° 3 do presente artigo [convocação dos cônjuges pelo conservador para a conferência]"; nos casos em que "os requerentes não se conformem com as alterações indicadas pelo Ministério Público e mantenham o propósito de se [...] [separar], o processo é remetido ao tribunal da comarca a que pertença a conservatória".

Pelo que respeita aos efeitos pessoais, a separação de pessoas e bens é, no entanto, diversa do divórcio, pois não dissolve o vínculo conjugal, extinguindo embora os deveres de coabitação e assistência; quanto aos efeitos patrimoniais, eles são idênticos aos que provêm da dissolução do casamento.

A situação de separação pode terminar ou pela reconciliação dos cônjuges (devendo, neste caso, fazer-se por termo no processo de separação ou por escritura pública, e estando sujeita a homologação judicial, ou quando a separação tenha corrido os seus termos na conservatória do registo civil, faz-se por termo no processo de separação, estando, então, sujeita a homologação do conservador respectivo e devendo ser oficiosamente registada) ou pela dissolução do casamento (por morte de um dos cônjuges ou por conversão da separação em divórcio).

V. artigos 1795.°-A a 1795.°-D, C.C., tendo o artigo 1795.°-C a redacção do Decreto-Lei n.° 163/95, de 13 de Julho.

O tribunal competente para a acção de separação judicial de pessoas e bens é o do domicílio ou da residência do autor (artigo 75.°, C.P.C.).

V. a XVIII Convenção da Haia sobre Reconhecimento de Divórcios e Separação de Pessoas, concluída em 1 de Junho de 1970 e aprovada, para ratificação, pela Resolução n.° 23/84 da Assembleia da República, de 27 de Novembro de 1984 (tendo o respectivo instrumento de ratificação por parte de Portugal sido depositado em 10 de Maio de 1985, segundo aviso publicado no *Diário da República*, I série, de 19 de Julho de 1985); v. também a Convenção para Regular os Conflitos de Leis e de Jurisdições em Matéria de Divórcio e de Separação de Pessoas, celebrada na Haia em 12 de Junho de 1902, tendo sido confirmada e ratificada por Carta Régia de 7 de Fevereiro de 1907, e tendo o instrumento de ratificação por parte de Portugal sido depositado em 2 de Março de 1907, conforme *Diário do Governo* de 18 de Março de 1907.

V. *Divórcio; Conversão da separação em divórcio; Menor; Regulação do poder paternal; Registo civil; Tribunal judicial; Processos de jurisdição voluntária; Coabitação; Deveres conjugais; Dissolução do casamento; Reconciliação; Termo; Escritura pública; Homologação; Assistência; Competência; Residência; Requerimento; Procurador; Tentativa de conciliação; Ministério Público; Tribunal de 1.ª instância; Competência em razão da matéria; Tribunal de comarca; Autor.*

Separação provisória (Dir. Civil; Proc. Civil) – Nos mesmos termos em que é autorizado o divórcio provisório, o será a separação provisória, se, em vez do divórcio por mútuo consentimento, se requerer a separação judicial de pessoas e bens por mútuo consentimento.

V. *Divórcio provisório.*

Sequela (Dir. Civil) – V. *Direito de sequela.*

Serviço doméstico – O contrato de serviço doméstico, que se encontrava previsto e regulado nos artigos 1370.° e segs. do Código Civil de 1867, não veio a ser regulado pelo actual Código.

O Decreto-Lei n.° 508/80, de 21 de Outubro, entretanto revogado pelo Decreto-Lei n.° 235/92, de 24 de Outubro (rectificado pela Declaração de rectificação n.° 174/92, de 31 de Outubro), alterado pela Lei n.° 114/99, de 3 de Agosto, estabeleceu o regime especial deste contrato. O artigo 2.°, n.° 1, do DL n.° 235/92 caracteriza-o nos seguintes termos:

"Contrato de serviço doméstico é aquele pelo qual uma pessoa se obriga, mediante retribuição, a prestar a outrem, com carácter regular, sob a sua direcção e autoridade, actividades destinadas à satisfação das necessidades próprias ou específicas de um agregado familiar, ou equiparado, e dos respectivos membros, nomeadamente:

a) Confecção de refeições;

b) Lavagem e tratamento de roupas;

c) Limpeza e arrumo de casa;

d) Vigilância e assistência a crianças, pessoas idosas e doentes;

e) Tratamento de animais domésticos;

f) Execução de serviços de jardinagem;

g) Execução de serviços de costura;

h) Outras actividades consagradas pelos usos e costumes;

i) Coordenação e supervisão de tarefas do tipo das mencionadas neste número;

j) Execução de tarefas externas relacionadas com as anteriores".

O n.° 2 do artigo 2.° equipara a serviço doméstico aquele que se consubstanciar nas actividades enunciadas e for prestado a pessoas colectivas de fins não lucrativos ou a agregados familiares por conta daquelas, desde que não abrangido por regime legal ou convencional.

O artigo 67.° do Código do Trabalho (Lei n.° 99/2003, de 27 de Agosto, rectificada pela Declaração de rectificação n.° 15/2003, de 28 de Outubro, e alterada pela Lei n.° 9/2006, de 20 de Março) estabelece que "o horário de trabalho de menor com idade igual ou superior a 16 anos deve assegurar um descanso diário mínimo de doze horas consecutivas, entre os períodos de trabalho de dois dias sucessivos", limite que "não se aplica a menor com idade igual ou superior a 16 anos que preste trabalho ocasional por prazo não superior a um mês ou trabalho cuja duração normal não seja superior a vinte horas por semana: *a)* Em serviço doméstico realizado em agregado familiar [...]". Já o artigo 68.° estabelece, no que respeita ao descanso semanal, que este "pode ser de um dia relativamente a menor com idade igual ou superior a 16 anos que preste trabalho ocasional por prazo não superior a um mês ou trabalho cuja duração normal não seja superior a vinte horas por semana, desde que a redução se justifique por motivos objectivos e o menor tenha descanso adequado: *a)* Em serviço doméstico realizado em agregado familiar [...]".

V. *Contrato; Pessoa colectiva; Menor.*

Servidão (Dir. Civil) – Direito real em virtude do qual é possibilitado a um prédio o gozo de certas utilidades de um prédio diverso. Este proveito ou vantagem de que um prédio beneficia tem de encontrar-se objectivamente ligado a outro prédio, implicando, consequentemente, uma restrição ou limitação do direito de propriedade do prédio onerado, inibindo o respectivo proprietário de praticar actos que possam perturbar ou impedir o exercício da servidão.

V. artigos 1543.° e segs., C.C..

O artigo 2.°, n.° 1-*a)*, do Código do Registo Predial, aprovado pelo Decreto-Lei n.° 224/84, de 6 de Julho (rectificado por declaração publicada no *Diário da República*, I série, de 29 de Setembro de 1984), e alterado pelos Decretos-Leis n.°s 355/85, de 2 de Outubro, 60/90, de 14 de Fevereiro (rectificado por declaração publicada no *Diário da República*, I-A série, de 31 de Março de 1990), 80/92, de 7 de Maio, 30/ /93, de 12 de Fevereiro, 227/94, de 8 de Setembro, 267/94, de 25 de Outubro, 67/96, de 31 de Maio, 375-A/99, de 20 de Setembro, 533/99, de 11 de Dezembro, 273/2001, de 13 de Outubro, 323/2001, de 17 de Dezembro, 38/2003, de 8 de Março (rectificado pela Declaração de rectificação n.° 5-C/2003, de 30 de Abril), e 194/2003, de 23 de Agosto, e pela Lei n.° 6/2006, de 27 de Fevereiro, estabelece que estão sujeitos a registo "os factos jurídicos que determinem a constituição, o reconhecimento, a aquisição ou a modificação dos direitos de [...] servidão".

V. *Direito real; Prédio; Servidão predial; Prédio dominante; Prédio serviente; Direito de propriedade; Registo predial.*

Servidão aparente (Dir. Civil) – Designam-se assim as servidões que se revelam externamente por sinais visíveis e permanentes.

Só as servidões aparentes podem constituir-se por usucapião.

V. artigo 1548.°, C.C..

V. *Servidão; Usucapião.*

Servidão contínua (Dir. Civil) – É uma servidão cujo uso não depende de actuação humana, isto é, em que tal actuação, sendo pressuposto da existência da servidão, não é pressuposto do seu exercício.

Exemplo de servidão contínua é a servidão de vistas.

V. *Servidão; Servidão descontínua; Servidão de vistas.*

Servidão de águas (Dir. Civil) – Os artigos 1557.° e segs., C.C., ocupam-se da fixação dos requisitos e termos da constituição das servidões legais de águas.

No que respeita ao aproveitamento de águas para gastos domésticos, o n.° 1 do artigo 1557.° determina que, não sendo possível ao proprietário, sem excessivo incómodo ou dispêndio, obter água para seus gastos domésticos, dirigindo-se a fontes, poços ou reservatórios públicos, pode aproveitar as águas sobrantes de nascentes ou reservatórios de prédios vizinhos (que não sejam urbanos ou quintas muradas, quintais, jardins ou terreiros adjacentes a prédios urbanos), mediante indemnização.

No que respeita a águas para fins agrícolas, preceitua o artigo 1558.°, C.C., que elas podem ser aproveitadas de prédio vizinho, quando se encontrem desaproveitadas, pelo proprietário que não tiver ou puder obter, sem excessivo incómodo ou dispêndio, água suficiente para irrigação do seu prédio, não sendo permitida por esta via a obtenção de águas provenientes de concessão ou a exploração de águas subterrâneas em prédio alheio.

Os artigos 1559.° e 1560.°, C.C., referem-se à servidão legal de presa, os artigos 1561.° e 1562.°, C.C., à servidão legal de aqueduto e, finalmente, o artigo 1563.°, C.C., à servidão legal de escoamento.

V. *Servidão; Águas; Prédio urbano; Prédio rústico; Indemnização; Servidão de presa; Servidão de aqueduto; Escoamento de águas.*

Servidão de aqueduto (Dir. Civil) – Consiste no direito a fazer passar a água desde o local onde ela se encontra até ao prédio daquele que a vai utilizar, atravessando prédio alheio com utilização de canos ou regos condutores.

Para além dos casos de constituição voluntária, a lei determina que, em dadas situações, a não haver acordo, se possam constituir servidões legais de aqueduto ou de escoamento de águas.

Assim, "em proveito da agricultura ou da indústria, ou para gastos domésticos, a todos é permitido encanar, subterraneamente ou a descoberto, as águas particulares a que tenham direito, através de prédios rústicos alheios, não sendo quintais, jardins ou terreiros contíguos a casas de habitação, mediante indemnização do prejuízo que da obra resulte para os ditos prédios; as quintas muradas só estão sujeitas ao encargo quando o aqueduto seja construído subterraneamente".

Para além da indemnização que for devida ao proprietário do prédio serviente pelo prejuízo decorrente da instalação da canalização, aquele tem ainda direito a ser indemnizado a todo o tempo do prejuízo que venha a sofrer por infiltrações ou erupção das águas ou por deteriorações das obras feitas para a sua condução.

Na construção do aqueduto, o proprietário do prédio dominante deve respeitar a disposição do n.° 3 do artigo 1561.°, C.C. – que impõe que "a natureza, direcção e forma do aqueduto serão as mais convenientes para o prédio dominante e as menos onerosas para o prédio serviente" – e, por outro lado, fica obrigado a permitir, em qualquer momento, ao proprietário serviente a utilização da parte excedente da água que eventualmente exista, pagando este prévia indemnização e suportando, na proporção, a despesa com a condução da água até ao ponto onde pretender derivá-la para sua utilização.

Tratando-se de águas não particulares mas públicas, a constituição forçada de servidão de aqueduto só é admitida no caso de haver concessão da água.

Quanto à servidão legal de escoamento, os requisitos da sua constituição encontram-se fixados no n.° 1 do artigo 1563.°, C.C., estando a ela sujeitos os prédios que possam ser onerados com a servidão legal de aqueduto.

V. artigos 1561.° a 1563.°, C.C..

V. *Servidão; Águas; Escoamento de águas; Prédio rústico; Indemnização; Prédio dominante; Prédio serviente.*

Servidão de escoamento (Dir. Civil) – V. *Servidão; Servidão de aqueduto; Escoamento de águas.*

Servidão de estilicídio (Dir. Civil) – Consiste no direito de escoar a água das chuvas para prédio vizinho.

Em princípio, não é legalmente permitida a edificação em que a beira do telhado ou outra cobertura não se encontre a uma distância mínima de cinco decímetros do prédio vizinho ou em que, por outro modo, não se evite que a beira do telhado goteje sobre aquele.

No entanto, se existir servidão de estilicídio, o proprietário do prédio serviente não pode obstar ao escoamento da água sobre o seu prédio, não podendo nomeadamente levantar edifício ou construção que o impeça.

V. artigo 1365.°, C.C..

V. *Servidão; Prédio serviente; Direito de propriedade; Edifício.*

Servidão de passagem (Dir. Civil) – Independentemente das situações em que, voluntariamente (por contrato ou testamento), por usucapião ou por destinação do pai de família, se hajam constituído servidões de passagem, estas podem, verificados os requisitos legais, ser constituídas por sentença judicial ou decisão administrativa.

Preceitua o artigo 1550.°, C.C., que "os proprietários de prédios que não tenham comunicação com a via pública, nem condições que permitam estabelecê-la sem excessivo incómodo ou dispêndio, têm a faculdade de exigir a constituição de servidões de passagem sobre os prédios rústicos vizinhos", gozando de igual faculdade "[...] o proprietário que tenha comunicação insuficiente com a via pública, por terreno seu ou alheio".

Há casos em que o proprietário do prédio serviente pode eximir-se ao encargo de ceder a passagem (se o prédio serviente for uma quinta murada, quintal, jardim ou terreno adjacente a prédio urbano, e o seu proprietário comprar o prédio encravado pelo seu justo valor), como há casos em que ao proprietário do prédio dominante não assiste o direito de constituição da servidão senão mediante um agravamento da indemnização a pagar (no caso de o encrave ter resultado de um seu acto voluntário e injustificado).

A servidão deve ser constituída através do prédio ou prédios que com ela sofram o menor prejuízo, e, nesses, pelo modo e lugar menos inconvenientes para os prédios onerados.

O n.° 1 do artigo 1555.°, C.C., determina que "o proprietário de prédio onerado com a servidão legal de passagem, qualquer que tenha sido o título constitutivo, tem direito de preferência, no caso de venda, dação em cumprimento ou aforamento do prédio dominante". Sendo mais do que um os direitos legais de preferência desta natureza, em relação a um mesmo prédio, abre-se licitação entre os seus titulares, revertendo o excesso para o alienante.

Também é possível constituir servidões legais de passagem, nos termos expostos, "quando para seus gastos domésticos os proprietários não tenham acesso às fontes, poços e reservatórios públicos destinados a esse uso, bem como às correntes de domínio público [...]", no caso de aqueles que as reclamam não terem água suficiente de outra proveniência, sem excessivo dispêndio ou incómodo.

V. artigos 1550.° a 1556.°, C.C..

V. *Servidão; Contrato; Testamento; Usucapião; Destinação do pai de família; Sentença; Prédio dominante; Prédio serviente; Prédio rústico; Prédio urbano; Indemnização; Encrave; Direito de preferência; Compra e venda; Dação em cumprimento; Aforamento; Licitação; Nascentes.*

Servidão de presa (Dir. Civil) – O artigo 1559.°, C.C., estatui que os "proprietários e os donos de estabelecimentos industriais, que tenham direito ao uso de águas particulares existentes em prédio alheio, podem fazer neste prédio as obras necessárias ao represamento e derivação da respectiva água, mediante o pagamento da indemnização correspondente ao prejuízo que causarem".

O artigo 1560.°, C.C., por seu lado, refere-se à servidão legal de presa no caso do aproveitamento de águas públicas.

V. *Servidão; Águas; Prédio; Indemnização.*

Servidão descontínua (Dir. Civil) – É aquela cujo exercício se consubstancia na actuação humana.

E tipicamente uma servidão descontínua a servidão de passagem.

V. *Servidão; Servidão de passagem; Servidão contínua.*

Servidão de vistas (Dir. Civil) – Ao proprietário que no seu prédio construir um edifício não é lícito abrir nele janelas ou portas que deitem directamente sobre o prédio vizinho, sem que deixe entre este e a sua obra um intervalo de metro e meio, sendo a mesma limitação imposta no que respeita a varandas, terraços, eirados ou obras semelhantes, quando se encontrem, mesmo que só parcialmente, a altura inferior a metro e meio.

A restrição referida não é aplicável a prédios que se encontrem separados, entre si, por estrada, caminho, rua, travessa ou outra passagem por terreno do domínio público, não sendo também aplicável no caso de frestas, seteiras, óculos para luz e ar (que não devem, no entanto, encontrar-se a menos de um metro e oitenta centímetros de altura, nem ter mais de quinze centímetros numa das suas dimensões).

A existência de alguma das obras mencionadas em contravenção ao que a lei dispõe pode dar lugar à constituição da servidão de vistas, por usucapião.

Independentemente do título de constituição, a existência de uma servidão de vistas obsta a que o proprietário vizinho levante edifício ou outra construção a menos de um metro e meio da janela, porta, varanda, etc..

V. artigos 1360.° a 1364.°, C.C..

V. *Servidão; Direito de propriedade; Edifício; Prédio; Janela; Frestas; Seteiras; Óculos para luz; Usucapião.*

Servidão irregular (Dir. Civil) – A doutrina designa assim os encargos constituídos para os proprietários de certos prédios a favor dos proprietários de outros prédios, quando tais encargos não consubstanciam um proveito ou benefício exclusivo para os prédios. A servidão irregular é uma servidão pessoal com carácter não meramente obrigacional, mas com verdadeira eficácia real.

Exemplo apontado pela doutrina de servidão irregular é o dos atravessadouros reconhecidos no artigo 1384.°, C.C..

V. *Servidão; Prédio; Servidão pessoal; Eficácia real; Atravessadouros.*

Servidão legal (Dir. Civil) – Em alguns casos, verificados determinados pressupostos legalmente fixados, a lei atribui aos titulares de certos prédios o direito potestativo de constituição de uma servidão sobre prédio alheio, mediante pagamento de uma indemnização ao titular deste.

Os casos de constituição forçada de servidões prediais encontram-se taxativamente previstos na lei e são elas servidões de passagem em benefício de prédio encravado ou para aproveitamento de águas e servidões de águas.

V. *Servidão; Prédio dominante; Prédio serviente; Direito potestativo; Indemnização; Servidão predial; Servidão de passagem; Servidão de águas.*

Servidão não aparente (Dir. Civil) – V. *Servidão; Servidão aparente.*

Servidão "non altius tollendi" (Dir. Civil) – Servidão em virtude da qual o proprietário de um prédio se encontra impedido de levantar parede, edifício ou outra construção para além de certo limite de altura.

V. *Servidão.*

Servidão pessoal (Dir. Civil) – A doutrina designa assim ou alguns direitos reais que se traduzem no gozo de coisa alheia por um sujeito determinado (por exemplo, o usufruto, o uso e a habitação) ou direitos de crédito que se consubstanciam na possibilidade de desfrutar de certas utilidades de um prédio alheio, isto é, certos direitos pessoais de gozo (por exemplo, o direito de caçar em prédio de outrem ou o direito de atravessar um prédio alheio, quando tal direito é constituído a favor de uma pessoa e não de outro prédio). Nesta segunda acepção – a mais frequente – servidão pessoal não designa, pois, qualquer direito real, mas um mero direito creditício.

V. *Servidão; Direito real; Gozo; Usufruto; Uso (direito de); Habitação (Direito de); Crédito; direito pessoal de gozo; Crédito.*

Servidão por destinação do anterior proprietário (Dir. Civil) – Quando, entre dois imóveis pertencentes ao mesmo proprietário, existe uma situação de facto idêntica à que consubstanciaria uma servidão predial, não existindo esta apenas por causa da cumulação no mesmo sujeito da titularidade de ambos os prédios, a transmissão destes, ou de um deles, a outrem pode envolver a constituição da servidão correspondente à relação de facto anteriormente existente.

V. *Servidão; Imóvel; Alienação.*

Servidão por destinação do pai de família (Dir. Civil) – V. *Servidão; Destinação do pai de família.*

Servidão predial (Dir. Civil) – "Servidão predial é o encargo imposto num prédio em proveito exclusivo de outro prédio pertencente a dono diferente; diz-se serviente o prédio sujeito à servidão e dominante o que dela beneficia" – artigo 1543.°, C.C..

Trata-se de um direito real, cujo conteúdo é possibilitar o gozo de certas utilidades a um prédio à custa de outro.

As servidões são inseparáveis dos prédios a que pertencem, activa ou passivamente, e são indivisíveis, isto é, se o prédio serviente for dividido entre vários donos, cada porção fica sujeita à parte de servidão que lhe cabia e, se for dividido o prédio dominante, tem cada titular o direito de usar a servidão sem alteração nem mudança.

Daqui resulta que a divisão de um dos prédios não tem como consequência a multiplicação de servidões.

As servidões podem ser constituídas por contrato, testamento, usucapião ou destinação do pai de família. Há de notar, no entanto, que não são susceptíveis de constituição por usucapião as servidões não aparentes (artigos 1293.°-*a)* e 1548.°, n.° 1, C.C.).

Para além destas formas constitutivas de servidões, ainda, tratando-se de servidão legal (a lei atribui em certos casos um direito potestativo para criar uma servidão – v. artigos 1550.° e segs., C.C.), que não se constitua voluntariamente, pode também ser constituída por sentença judicial ou por decisão administrativa.

É pelo título constitutivo da servidão que se regula a sua extensão e o modo por que deve ser exercida; no caso de o título não ser claro ou ser omisso quanto a algum ponto, aplicam-se os artigos 1565.° e segs., C.C.: assim, pelo que respeita à extensão da servidão, determina o artigo 1565.° que ela compreende tudo quanto for necessário ao seu uso e conservação, devendo entender-se constituída "por forma a satisfazer as necessidades normais e previsíveis do prédio dominante com o menor prejuízo para o prédio serviente".

Pode ocorrer uma mudança de servidão, se o proprietário do prédio serviente tiver nisso conveniência, a mudança não prejudicar os interesses do proprietário do prédio dominante e o interessado proceder à sua custa à mudança ou, se a mudança trouxer vantagens ao proprietário do prédio dominante, este a fizer à sua custa e com isso não for lesado o proprietário do prédio serviente. A mudança pode verificar-se mesmo para um prédio de terceiro, que com ela passará a ficar onerado, se o respectivo proprietário nisso consentir. Estas faculdades legalmente atribuídas aos proprietários de mudar as servidões são irrenunciáveis e não podem ser limitadas por convenção das partes.

Finalmente, as servidões extinguem-se quando se reúnam no domínio de uma mesma pessoa o prédio onerado e o dominante, quando, por qualquer motivo, a servidão não seja usada durante vinte anos (contando-se o prazo desde o momento em que deixaram de ser usadas ou, se forem servidões para cujo exercício não é necessário facto do homem, desde a verificação de um qualquer facto que impeça o seu exercício), quando se adquira, por usucapião, a desoneração do prédio (*usucapio libertatis*, que só se verifica quando o proprietário do prédio serviente se oponha ao exercício da servidão e cujo prazo começa a contar na data dessa oposição), quando haja renúncia à servidão e quando haja decorrido o prazo, se a servidão for temporária.

V. artigos 1543.° e segs., C.C..

V. *Servidão; Direito real; Prédio; Contrato; Testamento; Usucapião; Servidão aparente; Destinação do pai de família; Direito potestativo; Sentença; Irrenunciabilidade; Norma imperativa; Convenção.*

Servidão voluntária (Dir. Civil) – Designa-se assim a servidão que resulta da vontade das partes, sem que exista preceito legal que a imponha.

V. *Servidão.*

Seteiras (Dir. Civil) – Na definição de Pires de Lima e Antunes Varela, *Código Civil anotado*, Vol. III, 2.ª edição, Coimbra, 1987, pág. 223, "as seteiras são fendas, bastante estreitas [...], abertas na parede, e que servem algumas vezes para iluminar e arejar depósitos ou outros recintos de armazenamento de coisas que podem exalar cheio e deteriorar-se facilmente não estando em contacto com o ar livre".

As seteiras, desde que se situem pelo menos a um metro e oitenta centímetros de altura e não tenham numa das suas dimensões mais de quinze centímetros, não impedem o vizinho de levantar casa ou contramuro em qualquer momento, mesmo que, em consequência disso, fiquem vedadas.

V. artigo 1363.°, C.C..

V. *Servidão de vistas; Direito de propriedade.*

Sevícias (Dir. Civil) – Maus tratos físicos exercidos por alguém sobre outrem.

Entre cônjuges, as sevícias graves constituíam expresso fundamento de separação judicial de pessoas e bens e de divórcio.

Na actual redacção do Código Civil, não existe uma enumeração taxativa dos fundamentos de divórcio, embora não possa deixar de se entender que as sevícias o são, por constituírem violação grave do dever de respeito a que os cônjuges estão reciprocamente vinculados (v. artigos 1672.° e 1779.°, n.° 1, C.C.).

V. *Divórcio; Separação judicial de pessoas e bens; Dever de respeito.*

Sigilo profissional

1. Os magistrados judiciais estão vinculados ao dever de sigilo, determinando o artigo 12.° do Estatuto dos Magistrados Judiciais (Lei n.° 21/85, de 30 de Julho, alterada pelo Decreto-Lei n.° 342/88, de 28 de Setembro, pelas Leis n.°s 2/90, de 20 de Janeiro, 10/94, de 5 de Maio, 44/96, de 3 de Setembro, 81/98, de 3 de Dezembro e 143/99, de 31 de Agosto, 3-B/2000, de 4 de Abril, e 42/2005, de 29 de Agosto) que "não podem fazer declarações relativas a processos, nem revelar opiniões emitidas durante as conferências nos tribunais que não constem de decisões, actas ou documentos oficiais da carácter não confidencial ou que versem assuntos de natureza reservada".

Também sobre os magistrados do Ministério Público impende um dever de sigilo, não podendo "fazer declarações ou comentários sobre processos, salvo, quando superiormente autorizados, para defesa da honra ou para a realização de outro interesse legítimo" (artigo 84.° do Estatuto do Ministério Público – Lei n.° 47/86, de 15 de Outubro, alterada pelas Leis n.°s 2/90, de 20 de Janeiro, 23/92, de 20 de Agosto, 10/94, de 5 de Maio, 60/98, de 27 de Agosto, e 42/2005).

O dever de segredo profissional, quanto aos solicitadores, está disciplinado pelo artigo 110.° do Estatuto da Câmara dos Solicitadores (Decreto-Lei n.° 88/2003, de 26 de Abril, alterado pelas Leis n.°s 49/2004, de 24 de Agosto, e 14/2006, de 26 de Abril).

O advogado é obrigado a segredo profissional quanto aos factos enunciados no artigo 87.°, n.° 1, do Estatuto da Ordem dos Advogados (Lei n.° 15/2005, de 26 de Janeiro), devendo, nos termos do respectivo artigo 88.°, abster-se de discutir em público ou nos meios de comunicação social "questões profissionais pendentes". "O advogado pode pronunciar-se, excepcionalmente, desde que previamente autorizado pelo presidente do conselho distrital competente, sempre que o exercício desse direito de resposta se justifique, de forma a prevenir ou remediar a ofensa à dignidade, direitos e interesses legítimos do cliente ou do próprio"; "em caso de manifesta urgência, o advogado pode exercer o direito de resposta referido [...], de forma tão restrita e contida quanto possível, devendo informar, no prazo de cinco dias úteis, o presidente do conselho distrital competente das circunstâncias que determinaram tal conduta e do conteúdo das declarações proferidas".

Os juízes de paz, bem como os mediadores, estão vinculados a sigilo profissional – artigo 22.° da Lei n.° 78/2001, de 13 de Julho.

O artigo 66.°, n.° 2-*a)*, do Decreto-Lei n.° 343/99, de 26 de Agosto, alterado pelos Decretos-Leis n.°s 175/2000, de 9 de Agosto, 96/2002, de 12 de Abril, e 169//2003, de 1 de Agosto, e pela Lei n.° 42/2005, impõe aos funcionários de justiça o dever de "não fazer declarações ou comentários sobre processos, sem prejuízo da prestação de informações que constituam actos de serviço".

O artigo 23.°, n.° 1-*d)*, do Estatuto do Notariado, aprovado pelo Decreto-Lei n.° 26/2004, de 4 de Fevereiro, faz impender sobre os notários um dever de sigilo profissional "sobre todos os factos e elementos cujo conhecimento lhe advenha exclusivamente do exercício das suas funções"; "os factos e elementos cobertos pelo sigilo profissional só podem ser revelados nos termos previstos nas disposições legais pertinentes e, ainda, por decisão do órgão competente da Ordem dos Notários, ponderados os interesses em conflito – n.° 2 do mesmo artigo; v. também artigo 37.° do Estatuto da Ordem dos Notários, aprovado pelo Decreto-Lei n.° 27/2004, de 4 de Fevereiro.

O artigo 17.° da Lei da Protecção de Dados Pessoais – Lei n.° 67/98, de 26 de Outubro, rectificada pela Declaração de rectificação n.° 22/98, de 28 de Novembro – faz impender um dever de sigilo profissional sobre "os responsáveis do tratamento de dados pessoais, bem como [sobre] as pessoas que, no exercício das suas funções, tenham conhecimento dos dados pessoais tratados [...], mesmo após o termo das suas funções" e sobre os "funcionários, agentes ou técnicos que exerçam funções de assessoria à CNDP ou aos seus vogais". A violação deste dever de sigilo, "sem justa causa e sem o devido consentimento", é punida com prisão até dois anos ou multa até 240 dias, sendo a pena agravada de metade dos seus limites se o agente:

"*a)* For funcionário público ou equiparado, nos termos da lei penal;

b) For determinado pela intenção de obter qualquer vantagem patrimonial ou outro benefício ilegítimo;

c) Puser em perigo a reputação, a honra e consideração ou a intimidade da vida privada de outrem" – artigo 47.°, n.°s 1 e 2, da mesma Lei.

O artigo 109.°-F do Código do Registo Predial – aprovado pelo Decreto-Lei n.° 224/84, de 6 de Julho (rectificado por declaração publicada no *Diário da República,* I série, de 29 de Setembro de 1984), e alterado pelos Decretos-Leis n.°s 355/85, de 2 de Outubro, 60/90, de 14 de Fevereiro (este último rectificado por Declaração publicada no *Diário da República,* I-A série, de 31 de Março de 1990), 80/92, de 7 de Maio, 30/93, de 12 de Fevereiro, 227/94, de 8 de Setembro, 267/94, de 25 de Outubro, 67/96, de 31 de Maio, 375-A/99, de 20 de Setembro, 533/99, de 11 de Dezembro, 273/2001, de 13 de Outubro, 323/2001, de 17 de Dezembro, 38/2003, de 8 de Março (rectificado pela Declaração de rectificação n.° 5-C/2003, de 30 de Abril), e 194/2003, de 23 de Agosto, e pela Lei n.° 6/2006, de 27 de Fevereiro –, depois de estabelecer que "a comunicação ou a revelação dos dados pessoais registados na base de dados só podem ser efectuadas nos termos previstos neste Código", impõe um dever de sigilo profissional, "nos termos do n.° 1 do artigo 17.° da Lei n.° 67/98, de 26 de Outubro, aos "funcionários dos registos e do notariado, bem como [à]s pessoas que, no exercício das suas funções, tenham conhecimento dos dados do registo predial".

A Lei n.° 33/99, de 18 de Maio, alterada pelos Decretos-Leis n.°s 323/2001, de 17 de Dezembro, e 194/2003, de 23 de Agosto, que regula a identificação civil e a emissão do bilhete de identidade de cidadão nacional estabelece, no seu artigo 35.°, que "a comunicação ou a revelação dos dados pessoais registados na base de dados só pode ser efectuada nos termos previstos no presente diploma", impondo aos "funcionários dos registos e do notariado, bem como [à]s pessoas que, no exercício das suas funções, tenham conhecimento dos dados pessoais registados na base de dados de identificação civil" um dever de sigilo profissional, "nos termos do artigo 17.° da Lei n.° 67/98, de 26 de Outubro".

Ainda em matéria de dados pessoais, v. o Decreto-Lei n.° 274/99, de 22 de Julho, que trata do regime da dissecação de cadáveres e da extracção deles de peças, tecidos ou órgãos para fins de ensino e de investigação científica, impondo um dever de segredo profissional, no respectivo artigo 15.°, para todos os que tomarem conhecimento de dados registados no sistema de documentação previsto neste diploma.

O artigo 16.° do Decreto-Lei n.° 86//2000, de 12 de Maio, alterado pelo Decreto-Lei n.° 139/2006, de 26 de Julho, que criou a base de dados de emissão de passaportes e cometeu a respectiva gestão ao Serviço de Estrangeiros e Fronteiras, impõe um dever de sigilo profissional a todos aqueles "que no exercício das suas funções tenham conhecimento dos dados pessoais registados na SIPEP [sistema de informação do passaporte electrónico português] [...], nos termos do artigo 17.° da Lei n.° 67/98, de 26 de Outubro".

O artigo 19.°, n.° 1, do Decreto-Lei n.° 35/2004, de 21 de Fevereiro, alterado pelo Decreto-Lei n.° 198/2005, de 10 de Novembro, que se ocupa do regime da segurança privada, impõe dever de segredo profissional às "entidades titulares de alvará ou de licença, bem como para o respectivo pessoal, admitindo o n.° 2 que tal segredo possa ser quebrado quando tal for "determinado nos termos da legislação penal e processual penal".

V. *Magistratura judicial; Ministério Público; Solicitador; Câmara dos Solicitadores; Advogado; Ordem dos Advogados; Juiz de paz; Mediação; Funcionário de justiça; Notário; Ordem dos Notários; Dados pessoais; Protecção de dados pessoais; Comissão Nacional de Protecção de Dados (CNPD; Justa causa; Autorização; Intimidade; Registo predial; Identificação da pessoa; Bilhete de identidade; Base de dados; Passaporte; Cadáver; Segurança privada.*

2. Nos termos do artigo 11.° da Lei n.° 1/99, de 13 de Janeiro, que aprova o Estatuto do Jornalista, este não é obrigado a revelar as suas fontes de informação, não sendo o seu silêncio, "sem prejuízo do disposto na lei processual penal", passível de qualquer sanção, directa ou indirecta. Também "os directores de informação dos órgãos de comunicação social e os administradores ou gerentes das respectivas entidades proprietárias, bem como qualquer outra pessoa que nelas exerça funções, não podem, salvo com autorização escrita do jornalista envolvido, divulgar as suas fontes de informação [...]"; "os jornalistas não podem ser desapossados do material utilizado ou obrigados a exibir os elementos recolhidos no exercício da profissão, salvo por mandato judicial e nos demais casos previstos na lei".

V. *Jornalista.*

Silêncio (Dir. Civil) – Total omissão de comportamento declarativo.

As declarações negociais fazem-se através da linguagem escrita, falada, gestual ou mímica, podendo também ser tácitas; a lei admite que, em alguns casos – quando as partes o tenham convencionado, quando haja uso nesse sentido ou quando exista disposição legal especial –, o silêncio valha como meio declarativo.

V. artigo 218.°, C.C..

O artigo 923.°, n.° 2, C.C., constitui um exemplo de norma atributiva de valor declarativo ao silêncio; outro exemplo é constituído pelo n.° 8 do artigo 1432.°, C.C., na redacção do Decreto-Lei n.° 267/94, de 25 de Outubro; encontra-se outro exemplo no artigo 23.°, n.° 3, C.P.C., em que se estabelece que, se um dos pais do menor, parte na acção, que tenha sido preterido na representação do filho, uma vez notificado, nada disser dentro do prazo fixado, se tem como ratificado todo o processado anterior. Outro exemplo de disposição legal que atribui ao silêncio valor declarativo é o n.° 2 do artigo 9.° da Lei n.° 31/86, de 29 de Agosto, alterada pelo Decreto-Lei n.° 38/2003, de 8 de Março – rectificado pela Declaração de rectificação n.° 5-C/2003, de 30 de Abril – (Arbitragem voluntária), onde se estabelece que se considera aceite pelo árbitro "o encargo sempre que a pessoa designada [...] não declare, por escrito dirigido a qualquer das partes, dentro dos dez dias subsequentes à comunicação da designação, que não quer exercer a função".

Muito embora a regra seja a de que o silêncio não tem valor declarativo, a lei preocupa-se, por vezes, em reafirmá-lo relativamente a algumas situações. Assim acontece, por exemplo, com o artigo 29.° do Decreto-Lei n.° 143/2001, de 26 de Abril (rectificado pela Declaração de rectificação n.° 13-C/2001, de 31 de Maio), que estabelece que "é proibido o fornecimento de bens ou a prestação de serviços ao consumidor que incluam um pedido de pagamento, sem que este os tenha previamente encomendado" e que "o destinatário de bens ou de serviços recebidos sem que por ele tenham sido encomendados ou solicitados, ou que não constituam o cumprimento de qualquer contrato válido, não fica obrigado à sua devolução ou pagamento, podendo conservá-los a título gratuito". Neste caso, "a ausência de resposta do destinatário [...] não vale como consentimento". "Se, não obstante o disposto nos números anteriores, o destinatário efectuar a devolução do bem, tem direito a ser reembolsado das despesas desta decorrentes no prazo de 30 dias a contar da data em que a tenha efectuado". Também o Decreto-Lei n.° 95/2006, de 29 de Maio, que se ocupa dos contratos relativos a serviços financeiros prestados a consumidores através de meios de comunicação à distância, dispõe, no artigo 7.°, que "é proibida a prestação de serviços financeiros à distância que incluam um pedido de pagamento [...] ao consumidor que os não tenha prévia e expressamente solicitado", não ficando este "sujeito a qualquer obrigação relativamente a esses serviços, nomeadamente de pagamento, considerando-se os serviços prestados a título gratuito"; o n.° 3 desta disposição reafirma expressamente que "o silêncio do consumidor não vale como consentimento [...]".

O que ficou dito refere-se ao silêncio como meio declarativo. Para além deste problema, o silêncio pode relevar juridicamente, isto é, pode produzir efeitos jurídicos de carácter não negocial. Desde logo, o silêncio pode constituir um acto ilícito (extraobrigacional ou obrigacional), se havia o dever ou a obrigação de informar ou esclarecer.

V. *Declaração negocial; Declaração tácita; Menor; Parte; Acção; Notificação; Representação; Ratificação; Arbitragem; Proposta de contrato; Compra e venda; Contrato de fornecimento; Contrato de prestação de serviços; Aceitação; Contrato celebrado à distância; Consumidor; Tutela do consumidor; Obrigação de informação.*

Simples desconhecimento (Proc. Civil) – Se, na contestação, "o réu declarar que não sabe se determinado facto é real, a declaração equivale a confissão quando se trate de facto pessoal ou de que o réu deva ter conhecimento e equivale a impugnação no caso contrário" – artigo 490.°, n.° 3, C.P.C., na redacção do Decreto-Lei n.° 329-A/95, de 12 de Dezembro.

V. *Contestação; Réu; Confissão; Impugnação.*

Simulação (Dir. Civil) – Diz-se que um negócio é simulado quando, por acordo entre o declarante e o declaratário e no intuito de enganar terceiros, existe divergência entre a vontade real e a vontade declarada.

O negócio simulado pode ocultar um outro – negócio dissimulado, cuja validade é apreciada independentemente da simulação – *simulação relativa* (por exemplo, finge-se vender e não doar, por motivos fiscais); mas pode, para além do negócio aparente, não existir na realidade vontade das partes de realizar qualquer negócio – *simulação absoluta* (por exemplo, o devedor finge vender bens seus a alguém para os subtrair à garantia geral dos seus credores, mas na realidade não realiza nenhum negócio).

No primeiro caso, a validade do negócio dissimulado não é afectada pela simulação, sendo-lhe aplicável o regime que lhe corresponderia se fosse celebrado sem a simulação, embora se encontre sujeito à forma que a lei para ele prescreve. Em qualquer caso, o negócio simulado é nulo.

A simulação pode inocente ou fraudulenta, consoante, respectivamente, visar apenas enganar terceiros – o mesmo é dizer ter sido realizada com *animus decipiendi* –ou prejudicá-los – feita com *animus nocendi*.

A nulidade pode ser arguida, segundo o regime geral, a todo o tempo e por qualquer interessado, podendo igualmente ser arguida pelos próprios simuladores entre si e pelos herdeiros legitimários que pretendam agir em vida do autor da sucessão contra os negócios por ele simuladamente celebrados com o fim de os prejudicar (isto é, se a simulação for fraudulenta). No entanto, não pode a nulidade ser oposta pelo simulador a terceiro de boa fé (aquele que desconheça a simulação no momento em que foram constituídos os seus direitos), considerando-se sempre de má fé o terceiro que adquiriu o direito posteriormente ao registo da acção de simulação, quando haja lugar a registo. O artigo 394.°, n.° 2, C.C., estabelece a seguinte regra relativa à prova da simulação: nem o acordo simulatório nem o negócio dissimulado, quando invocados pelos simuladores, são susceptíveis de prova testemunhal, quando o negócio simulado conste de documento autêntico, autenticado ou particular. Não impedindo esta disposição a utilização de outros meios de prova, impede também a prova por presunções, nos termos do artigo 351.°, C.C..

V. artigos 240.° e segs., C.C..

O artigo 1635.°-*d)*, C.C., determina que o casamento simulado é anulável, podendo a anulação, nos termos do artigo 1640.°, n.° 1, ser requerida pelos cônjuges e pelas pessoas prejudicadas com o casamento.

Quanto às deixas testamentárias, são anuláveis quando são feitas aparentemente a favor de uma pessoa (a que é designada no testamento), mas visem realmente beneficiar outra, com o acordo da primeira (v. artigo 2200.°, C.C.).

Finalmente, a própria acção judicial pode ser viciada de simulação, quando o litígio assente sobre um acto simulado das partes: nesse caso, e não se apercebendo o tribunal da fraude, pode qualquer terceiro prejudicado com a decisão final, dela recorrer, através da oposição de terceiro (v. artigos 778.° e segs., C.P.C., tendo o artigo 781.° a redacção do Decreto-Lei n.° 329-A/95, de 12 de Dezembro).

V. *Negócio jurídico; Declarante; Declaratário; Terceiro; Divergência entre a vontade e manifestação; Negócio dissimulado; Validade; Nulidade; Compra e venda; Doação; Garantia; Forma; Herdeiro legitimário; Autor da sucessão; Boa fé; Má fé; Direito subjectivo; Registo de acções; Prova; Oponibilidade a terceiros; Prova testemunhal; Documento autêntico; Documento autenticado; Documento particular; Presunção; Invalidade do casamento; Deixa; Testamento; Simulação processual; Litígio; Oposição de terceiro.*

Simulação fraudulenta (Dir. Civil) – Qualifica-se assim a simulação em que os simuladores têm o intuito de prejudicar terceiros ou de, através dela, realizar uma fraude à lei.

V. *Simulação; Fraude à lei; Terceiro.*

Simulação inocente (Dir. Civil) – É a simulação em que os simuladores têm intenção de enganar terceiros, mas não a de os prejudicar.

V. *Simulação; Terceiro.*

Simulação objectiva (Dir. Civil) – Modalidade de simulação relativa que se consubstancia na descoincidência entre a natureza declarada do negócio e a sua natureza real, ou entre o valor declarado do bem ou prestação e o respectivo valor real.

V. *Simulação; Negócio jurídico; Bem; Prestação.*

Simulação processual (Proc. Civil) – A lei processual civil prevê várias situações em que as partes acordam entre si a adopção de um comportamento diverso do correspondente à sua vontade real, a fim de enganar terceiros e obter um resultado que, de outra forma, não alcançariam.

Assim, por exemplo, podem as partes acordar que uma delas demandará sujeito estranho à causa "para se desviar o verdadeiro réu do tribunal territorialmente competente"; "neste caso, a decisão que julgue incompetente o tribunal condenará o autor em multa e indemnização como litigante de má fé" – artigo 113.°, C.P.C..

Se a própria acção judicial é simulada, por o litígio assentar num acto simulado das partes, e o tribunal não se aperceber disso, pode qualquer terceiro prejudicado com a decisão final recorrer dela através da oposição de terceiro (v. artigos 778.° e segs., C.P.C., tendo o artigo 781.° a redacção do Decreto-Lei n.° 329-A/95, de 12 de Dezembro).

V. *Parte; Terceiro; Réu; Competência em razão do território; Desaforamento; Autor; Multa; Indemnização; Litigância de má fé; Oposição de terceiro.*

Simulação subjectiva (Dir. Civil) – Espécie de simulação relativa, caracterizada pela intervenção no negócio de um sujeito aparente ou pela supressão de um sujeito real dele.

V. *Simulação; Negócio jurídico.*

Simulação testamentária (Dir. Civil) – Diverso do regime geral da simulação do negócio jurídico (nulidade) é o da simulação do testamento ou deixa testamentária. Se a disposição for feita aparentemente em benefício de uma pessoa, mas, por acordo entre o testador e o aparente beneficiário, se visar beneficiar na realidade uma outra, o regime é o da anulabilidade.

A acção de anulação pode ser intentada por qualquer interessado, caducando passados dois anos sobre a data em que aquele teve conhecimento do testamento e da simulação.

V. artigos 2200.° e 2308.°, n.° 2, C.C..

V. *Simulação; Negócio jurídico; Testamento; Deixa; Anulabilidade; Interessados; Caducidade.*

Sinais permanentes (Dir. Civil) – V. *Permanência de sinais; Servidão aparente.*

Sinal (Dir. Civil) – 1. Cláusula acessória típica, que consiste na entrega de dinheiro ou de outra coisa fungível, no momento da celebração do contrato, por uma das partes à outra. O sinal é, pois, uma cláusula real *quoad constitutionem*, tendo o seguinte regime: se a parte que entrega o sinal vier a faltar ao cumprimento da(s) obrigação(ões) contratual(uais) sinalizada(s), perderá o sinal em benefício da outra; se a parte que recebeu o sinal não cumpre, terá então de o restituir em dobro; se o contrato for pontualmente cumprido por ambas as partes, "a coisa entregue deve ser imputada na prestação devida, ou restituída quando a imputação não for possível".

A menos que as partes tenham convencionado o contrário, a existência de sinal impede que, em caso de incumprimento, as partes exijam qualquer outra indemnização pelo incumprimento além do sinal. Isto é, no caso de incumprimento da (ou das) obrigação, o sinal funciona como cláusula penal, funcionando em princípio no caso de cumprimento, como antecipação do cumprimento.

A coisa entregue no momento do contrato ou antes dele só terá o carácter de sinal se as partes o declararem, salvo no contrato-promessa de compra e venda em que tal carácter beneficia de presunção legal, ainda que as partes declarem que a coisa é entregue a título de antecipação ou princípio de pagamento. V. artigos 440.° e segs., C.C..

A existência de sinal impede, em princípio, a possibilidade de execução específica do contrato-promessa, pois que a lei entende que ele vale como convenção em contrário dela; esta presunção (que é, em qualquer caso, ilidível) não abrange os contratos-promessa relativos à celebração de contratos onerosos de transmissão ou constituição de direito real sobre edifício, ou fracção autónoma dele, já construído, em construção ou a construir, sendo mesmo, nestes contratos, inafastável convencionalmente o direito à execução específica.

V. artigo 830.°, n.°s 2 e 3, C.C..

O Assento do Supremo Tribunal de Justiça de 26 de Janeiro de 1994, publicado no *Diário da República*, I-A série, de 23 de Março de 1994, estabeleceu a seguinte doutrina: "A dívida de restituição do sinal em dobro, por incumprimento de contrato-promessa de compra e venda de coisa imóvel, celebrado por um dos cônjuges, comerciante, no exercício da sua actividade comercial, como promitente-vendedor, é da responsabilidade de ambos os cônjuges, nos termos e com as ressalvas previstas no artigo 1691.°, n.° 1, alínea *d)*, do Código Civil".

Legislação especial estabelece, por vezes, regime diverso deste: é o que sucede com o artigo 14.° do Decreto-Lei n.° 275/ /93, de 5 de Agosto (que revogou o Decreto-Lei n.° 130/89, de 18 de Abril), alterado pelos Decretos-Leis n.°s 180/99, de 22 de Maio, 22/2002, de 31 de Janeiro, e 76- -A/2006, de 29 de Março, o último rectificado pela Declaração de rectificação n.° 28- -A/2006, de 26 de Maio – que se ocupa do direito real de habitação periódica –, que dispõe que "antes do termo do prazo para o exercício do direito de resolução previsto no n.° 1 do artigo 16.° é proibido efectuar pagamentos ou receber qualquer quantia, como forma de pagamento, ou com qualquer outro objectivo directa ou indirectamente relacionado com o negócio jurídico a celebrar".

V. *Cláusula; Elementos acidentais do contrato; Cláusula típica; Coisa fungível; Contrato; Incumprimento; Obrigação; Indemnização; Cumprimento; Presunção legal; Indemnização; Cláusula penal; Contrato-promessa; Promessa de compra e venda; Execução específica de contrato-promessa; Eficácia real; Contrato oneroso; Direito real; Edifício; Fracção autónoma; Dívidas comuns dos cônjuges; Norma imperativa; Imóvel; Direito de habitação periódica; Resolução do contrato.*

2. A expressão *abertura de sinal* designava a forma pela qual se procedia, numa repartição notarial, à inscrição, em livro próprio, da letra e assinatura de uma pessoa, a partir da qual o notário podia fazer o reconhecimento por semelhança de documentos escritos ou assinados por essa pessoa.

O artigo 1.° do Decreto-Lei n.° 250/96, de 24 de Dezembro, aboliu "os reconhecimentos notariais de letra e assinatura, feitos por semelhança e sem menções especiais relativas aos signatários".

V. *Reconhecimento de letra e assinatura; Notário; Documento escrito.*

Sinal confirmatório (Dir. Civil) – Se bem que a doutrina portuguesa raramente se ocupe do conceito – e da sua distinção do sinal penitencial –, face à ordem jurídica vigente, impõe-se clarificar no essencial estas noções.

O sinal confirmatório corresponde àquele que tem o seu regime geral na lei.

É constituído para reforçar a obrigação e, em caso de cumprimento desta, funciona como princípio dele, o que significa que é descontado nele (se o cumprimento for feito em dinheiro e o sinal também nele tiver sido constituído, o que corresponde às hipóteses mais frequentes no mercado); se houver incumprimento definitivo e culposo da obrigação de quem o constituiu, este perde-o; sendo o incumprimento da parte que o recebeu, tem de o devolver em dobro, isto é, em tais casos, funciona como cláusula penal.

Como ficou referido, esta é a natureza do sinal que resulta do respectivo regime geral consagrado no artigo 442.°, C.C. (deixando agora de lado as adendas que lhe foram feitas para contratos-promessa ou alguns destes).

Diversamente, o sinal é penitencial sempre que tenha sido constituído para permitir o arrependimento de qualquer das partes no contrato (se para ambas dele resultarem obrigações). Quando tal acontece, qualquer dos contraentes pode não cumprir a respectiva obrigação, funcionando o sinal como preço do arrependimento. Sendo o devedor que constituiu o sinal a desistir do contrato e a incumprir a sua obrigação, perde-o a título de remuneração da sua desvinculação; caso seja o *accipiens* a desistir, devolve-o em dobro, também como preço de arrependimento.

Sendo o sinal – até por força da presunção legal constante do artigo 441.°, C.C. – uma cláusula especialmente frequente em contratos-promessa, a presunção consagrada no n.° 2 do artigo 830.° do mesmo Código, de acordo com a qual a existência de sinal afasta a execução específica do contrato-promessa, implica a consideração deste como penitencial. De facto, ao promissário, quando o promitente decida incumprir, nada mais resta do que reter o sinal recebido ou exigi-lo em dobro, já que lhe está excluído o instrumento judicial da execução forçada da obrigação.

V. *Sinal; Obrigação; Cumprimento; Incumprimento; Incumprimento definitivo; Culpa; Cláusula penal; Contrato-promessa; Presunção legal; Arrependimento; Execução específica; Execução específica de contrato-promessa.*

Sinal penitencial (Dir. Civil) – V. *Sinal; Sinal confirmatório.*

Sinalagma (Dir. Civil) – Nexo de dependência recíproca entre as duas obrigações que, para as partes, emergem de um contrato bilateral. Os contratos de que resultem obrigações que se encontram ligadas entre si por um vínculo de correlatividade, de tal modo que cada uma é o motivo da existência da outra, designam-se por sinalagmáticos ou bilaterais e gozam de um regime especial.

Esse regime especial explica-se justamente pela existência do sinalagma, pois este, ligando as obrigações entre si no momento do seu surgimento (sinalagma *genético*), continua a manifestar-se durante a vida das obrigações, particularmente na fase do respectivo cumprimento (sinalagma *funcional*).

V. *Contrato sinalagmático; Obrigação; Cumprimento.*

Síndico de falências (Org. Judiciária) – Magistrado judicial ou do Ministério Público, em tribunal de 1.ª instância, nomeado pelo Ministro da Justiça, que, nas comarcas de Lisboa e Porto, dirigia superiormente a Câmara de Falências; nas outras comarcas, o cargo de síndico de falências era exercido pelo magistrado do Ministério Público junto do tribunal, juízo ou vara em que corria o processo.

O Decreto-Lei n.° 132/93, de 23 de Abril, que aprovara o Código dos Processos Especiais de Recuperação da Empresa e de Falência, determinava, no seu artigo 5.°, n.° 1, a extinção, a partir da sua entrada em vigor (90 dias após a publicação) das câmaras de falências de Lisboa e do Porto, dispondo o respectivo n.° 4 que "as funções atribuídas aos síndicos das câmaras de falências extintas são transferidas, nas acções pendentes, para o representante do Ministério Público junto do respectivo tribunal".

O regime da falência encontra-se actualmente revogado pelo do Código da Insolvência e da Recuperação de Empresas, aprovado pelo Decreto-Lei n.° 53/2004, de 18 de Março, alterado pelos Decretos-Leis n.°s 200/2004, de 18 de Agosto, e 76-A/2006, de 29 de Março – rectificado pela Declaração de rectificação n.° 28-A/2006, de 26 de Maio.

V. *Falência; Insolvência; Magistratura judicial; Ministério Público; Juízo; Vara cível; Comarca; Recuperação de empresas.*

Sistematização germânica (Dir. Civil) – Na base da sistematização do actual Código Civil está a noção de relação jurídica: aí se contém uma parte geral, que engloba os elementos comuns às outras quatro partes – que se caracterizam por corresponderem a quatro espécies ou modalidades de relações jurídicas: as obrigacionais, as reais, as familiares e as sucessórias –, contendo a parte geral quatro subtítulos, cada um referido a um dos elementos da relação jurídica.

É esta forma de sistematização que é conhecida por sistematização germânica ou plano Savigny, por ter sido consagrada no *BGB* alemão de 1900, no seguimento da sua formulação por aquele autor.

V. *Relação jurídica.*

Situação económica difícil

1. (Dir. Com.; Proc. Civil) – O Código dos Processos Especiais de Recuperação da Empresa e de Falência, aprovado pelo Decreto-Lei n.° 132/93, de 23 de Julho, alterado pelos Decretos-Leis n.°s 157/97, de 24 de Junho, 315/98, de 20 de Outubro, 323/2001, de 17 de Dezembro, e 38/2003, de 8 de Março, previa, nos seus artigos 1.° e 27.°, que pudesse ser declarado em regime de falência ou objecto de uma ou mais providências de recuperação quer o devedor insolvente que não fosse titular de empresa, quer a empresa em situação económica difícil ou em situação de insolvência. De acordo com o artigo 3.°, n.° 2, deste Código, era considerada em situação económica difícil a empresa que, não devendo considerar-se em situação de insolvência, indiciasse dificuldades económicas e financeiras, designadamente por incumprimento das suas obrigações.

Todo o regime da falência se encontra revogado pelo do Código da Insolvência e da Recuperação de Empresas, aprovado pelo Decreto-Lei n.° 53/2004, de 18 de Março, alterado pelos Decretos-Leis n.°s 200/2004, de 18 de Agosto, e 76-A/2006, de 29 de Março – este rectificado pela Declaração de rectificação n.° 28-A/2006, de 26 de Maio.

V. *Falência; Insolvência; Empresa; Incumprimento; Obrigação; Recuperação de empresas.*

2. Embora se trate de situação completamente diferente que a lei não qualifica como económica difícil, por ter semelhança patrimonial, refere-se aqui o artigo 8.° da Lei n.° 34/2004, de 29 de Julho (diploma que transpôs a Directiva n.° 2003/8/CE, do Conselho, de 27 de Janeiro, relativa à melhoria do acesso à justiça), que dispõe que se encontra "em situação de insuficiência económica aquele que, tendo em conta factores de natureza económica e a respectiva capacidade contributiva, não tem condições objectivas para suportar pontualmente os custos de um processo"; Esta noção de insuficiência aplica-se económica também às pessoas colectivas (sociedades, comerciantes em nome individual, estabelecimentos individuais de responsabilidade limitada).

V. *Acesso à justiça; Apoio judiciário; Pessoa colectiva.*

Situação hipotética (Dir. Civil) – Situação em que o sujeito estaria se não se tivesse produzido um dado facto.

Pela comparação entre a situação patrimonial real actual e a situação patrimonial hipotética do lesado procede-se ao cálculo do montante indemnizatório.

V. artigo 566.°, n.° 2, C.C..

No enriquecimento sem causa, calcula-se o valor do enriquecimento (e também o do empobrecimento) patrimonial pelo confronto entre a situação patrimonial real actual do enriquecido (ou do empobrecido) e a situação patrimonial que teria se não se tivesse verificado a deslocação patrimonial.

V. artigos 473.° e segs., C.C..

V. *Indemnização; Cálculo da indemnização; Teoria da diferença; Enriquecimento sem causa; Enriquecimento patrimonial; Património; Empobrecimento patrimonial.*

Situação jurídica "propter rem" (Dir. Civil) – É a situação jurídica, de natureza diversa da real, em que o sujeito se encontra em consequência de ser titular de um direito real.

V. *Obrigação "propter rem"; Direito real.*

Sociedade (Dir. Civil) – Existe um contrato de sociedade quando duas ou mais pessoas se comprometem a pôr em comum determinados bens ou serviços, para o exercício de um actividade económica "que não seja de mera fruição", com o fim de repartirem entre si os lucros que obtenham, bem como as perdas que sofram, numa proporção que são livres de fixar (se não se encontrar fixada outra, a proporção é a das respectivas entradas).

O contrato de sociedade não se encontra sujeito a forma especial, excepto a que for exigida pela natureza dos bens com que os sócios entrem para a sociedade.

A alteração do contrato carece do acordo unânime dos sócios, a menos que o próprio contrato o dispense.

A administração da sociedade pertence, salvo convenção em contrário, a todos os sócios, e são os administradores que representam a sociedade.

Pelas dívidas contraídas no exercício da actividade social respondem, em primeiro lugar, os bens da sociedade e, faltando estes, os bens particulares dos sócios; estes últimos podem, no entanto, ser excluídos desta responsabilidade, salvo quanto aos sócios que sejam simultaneamente administradores.

As sociedades civis dissolvem-se – para além de outras causas previstas no contrato – por acordo dos seus sócios, pelo decurso do prazo que lhe houvera sido fixado, pela realização do seu objecto social ou pela impossibilidade de o realizar, pelo facto de a sociedade ficar reduzida a um único sócio, não se reconstituindo a pluralidade destes num prazo de seis meses, e ainda por sentença judicial que a declare insolvente.

As sociedades civis, aquelas que tenham exclusivamente por objecto a prática de actos não comerciais, podem adoptar um dos tipos, previstos no Código das Sociedades Comerciais para estas, ficando nesse caso sujeitas ao disposto neste Código (as chamadas sociedades civis sob forma comercial – v. artigo 1.°, n.°s 4 e 2, do Código das Sociedades Comerciais).

V. artigos 980.° e segs., C.C..

O Decreto-Lei n.° 229/2004, de 10 de Dezembro, que contém o regime próprio das sociedades de advogados, dispõe, no seu artigo 7.°, que dos contratos constitutivos destas sociedades tem de constar um conjunto de "menções", devendo, no prazo de 15 dias após a sua celebração, o contrato ser registado na Ordem dos Advogados nos termos do artigo 9.° do mesmo diploma.

V. *Contrato; Lucros; Perdas; Entrada; Forma; Representação orgânica; Responsabilidade patrimonial; Pacto leonino; Dissolução de sociedade; Insolvência; Declaração de insolvência; sociedade de advogados; Ordem dos Advogados.*

Sociedade civil (Dir. Civil) – Sociedade, constituída nos termos dos artigos 980.° e segs., C.C., que, tendo fim lucrativo, não tem por objecto a prática de actos de comércio.

As sociedades civis podem ainda constituir-se nos termos da lei comercial, não perdendo o seu carácter civil quando o seu objecto não seja comercial: são então sociedades civis sob forma comercial. V. artigo 1.°, n.°s 4 e 2, Código das Sociedades Comerciais,

O artigo 6.°-*c)*, C.P.C., reconhece personalidade judiciária às sociedades civis.

O Decreto-Lei n.° 129/98, de 13 de Maio, alterado pelos Decretos-Leis n.°s 12/2001, de 25 de Janeiro, 323/2001, de 17 de Dezembro, e 2/2005, de 4 de Janeiro, ocupa-se do regime do registo nacional de pessoas colectivas, que abrange as sociedades civis, devendo aí estar inscritos o acto da respectiva constituição, modificação da denominação, se ocorrer, alteração do objecto, da localização, sede ou endereço postal, cessação de actividade, dissolução, encerramento da liquidação ou regresso à actividade. A sociedade civil deve solicitar ao Registo Nacional de Pessoas Colectivas, no prazo de 90 dias a contar da sua verificação, a inscrição da finalização das formalidades legais de constituição, podendo a inscrição ser feita oficiosamente quando não tenha sido cumprida a obrigação legal antes referida. A cada sociedade civil inscrita no Ficheiro Central de Pessoas Colectivas é atribuído um número de identificação próprio, podendo ela solicitar a emissão de um cartão de identificação, que conterá o seu número de identificação (NIPC), denominação, sede, natureza jurídica e actividade principal.

Em princípio, as firmas das "sociedades civis sob forma comercial devem ser compostas nos termos previstos no Código das Sociedades Comerciais e em legislação especial, sem prejuízo da aplicação das disposições do presente diploma [Decreto-Lei n.° 129/98] no que não se revele incompatível com a referida legislação" (artigo 37.°); de acordo com o artigo 42.° do mesmo diploma, "sem prejuízo do disposto em legislação especial, as denominações das sociedades civis sob forma civil podem ser compostas pelos nomes, completos ou abreviados, de um ou mais sócios, seguidos do aditamento 'e Associados', bem como por siglas iniciais, expressões de fantasia ou composições, desde que acompanhadas da expressão «Sociedade»".

V. *Sociedade; Personalidade judiciária; Registo das pessoas colectivas; Objecto da sociedade; Sede; Dissolução de sociedades; "Ex officio"; Ficheiro central de pessoas colectivas.*

Sociedade de advogados (Dir. Civil) – O Decreto-Lei n.° 513-Q/79, de 26 de Dezembro, que permitira e estruturar em termos jurídicos as sociedades civis de advogados, foi revogado pelo Decreto-Lei n.° 229/2004, de 10 de Dezembro, que contém o actual regime próprio destas sociedades civis, destinadas ao objectivo do "exercício em comum da profissão de advogado, a fim de [os seus sócios] repartirem entre si os respectivos lucros".

O artigo 3.°, n.° 1, diz que as sociedades de advogados "gozam de personalidade jurídica, sendo esta adquirida a partir da data do registo do contrato de sociedade", acrescentando o n.° 3 do mesmo artigo que, "após o registo do contrato, a sociedade assume os direitos e obrigações decorrentes dos actos praticados em seu nome". A capacidade de gozo das sociedades de advogados, como em geral a das pessoas colectivas, é restringida pelo princípio da especialidade, encontrando-se uma disposição, a do artigo 4.°, que o enuncia expressamente.

"As participações em sociedades de advogados são obrigatoriamente nominativas e só podem ser detidas por advogados inscritos na Ordem dos Advogados, com exclusão dos advogados estagiários", podendo "os advogados da União Europeia registados na Ordem dos Advogados, caso não sejam sócios de uma sociedade de advogados constituída de acordo com o direito interno do respectivo Estado, [...] constituir entre si, com advogados portugueses ou com advogados de diferentes Estados membros da União Europeia, uma sociedade de advogados". Podem, porém, nestas sociedades, "exercer a sua actividade profissional advogados não sócios que tomam a designação de associados", devendo os seus direitos e deveres "constar do contrato de sociedade ou ficar definidos nos planos de carreira e deles deve ser dado conhecimento ao associado, no momento da sua integração na sociedade" – artigo 6.°. "Os advogados só podem fazer parte de uma única sociedade [...] e devem consagrar a esta toda a sua actividade profissional de advogados [...]", podendo embora exercer a sua "actividade profissional fora da sociedade, desde que autorizado no contrato de sociedade ou em acordo escrito de todos os sócios"; salvo nos casos em que um advogado exerça actividade profissional fora da sociedade, "devem os sócios prestar mutuamente informações sobre a sua actividade profissional de advogado, sem que tal envolva violação do segredo profissional, ao qual ficam obrigados todos os sócios"; "as procurações forenses devem indicar obrigatoriamente a sociedade de que o advogado ou advogados constituídos façam parte", e, "sem prejuízo da faculdade de substabelecer nos termos gerias, o mandato conferido a apenas algum ou alguns dos sócios de uma sociedade de advogados não se considera automaticamente extensivo aos restantes sócios". V. artigo 5.°.

O projecto de contrato de sociedade tem de ser – acompanhado do certificado de admissibilidade de firma – submetido à aprovação do conselho geral da Ordem dos Advogados, devendo tal contrato ser elaborado com as menções que são indicadas no artigo 7.° do diploma referido. A sociedade (ou o contrato que a constitui – a lei não é muito clara, o que nestas áreas não é inédito) é objecto de registo na Ordem dos Advogados, nos termos do artigo 9.°. Quanto à composição da firma, encontra-se o respectivo regime no artigo 10.° Os artigos 12.° e segs. ocupam-se das "participações sociais, cessão, amortização e transmissão", tratando os artigos 21.° a 23.° das situações de exclusão, exoneração e impossibilidade temporária de sócios. As deliberações e a administração da sociedade de advogados têm o respectivo regime, respectivamente, nos artigos 25.° a 27.° e 28.° e 29.°.

V. artigo 202.° do Estatuto da Ordem dos Advogados (Lei n.° 15/2005, de 26 de Janeiro).

O Assento do Supremo Tribunal de Justiça, de 9 de Março de 1989, publicado no *Diário da República*, I-A série, de 18 de Maio de 1989, decidiu que: "Não é susceptível de beneficiar da redução do negócio jurídico previsto no artigo 292.° do Código Civil o pacto social de uma sociedade constituída entre advogados e não advogados cujo objecto inclua actividade própria de advogado".

V. *Sociedade; Advogado; Lucros; Registo; Princípio da especialidade; Ordem dos Advogados; Advogado estagiário; Escritura pública; Personalidade jurídica; Sigilo profissional; Procuração forense; Substabelecimento; Mandato; Deliberação; Redução.*

Sociedade de solicitadores (Dir. Civil) – O artigo 102.° do Decreto-Lei n.° 88/2003, de 26 de Abril, alterado pelas Leis n.°s 49/2004, de 24 de Agosto, e 14/2006, de 26 de Abril (Estatuto da Câmara dos Solicitadores), diz que "os solicitadores podem constituir ou participar em sociedades com o objecto exclusivo do exercício da solicitadoria", sendo aplicável a estas sociedades, enquanto não for objecto de diploma próprio, com as necessárias adaptações, o regime legal das sociedades de advogados.

V. *Sociedade; Solicitador; Câmara dos Solicitadores; Sociedade de advogados.*

Sociedade desportiva (Dir. Civil; Dir. Com.) – O Decreto-Lei n.° 67/97, de 3 de Abril, alterado, por ratificação, pela Lei n.° 107/97, de 16 de Setembro, e pelos Decretos-Leis n.°s 303/99, de 6 de Agosto, e 76-A/2006, de 29 de Março (rectificado pela Declaração de rectificação n.° 28-A//2006, de 26 de Maio), estabelece o regime jurídico das sociedades desportivas, entendendo-se por tal, nos termos deste diploma, "a pessoa colectiva de direito privado, constituída sob a forma de sociedade anónima, cujo objecto é a participação numa modalidade, em competições desportivas de carácter profissional [salvo os casos excepcionados no artigo 10.°], a promoção e organização de espectáculos desportivos e o fomento ou desenvolvimento de actividades relacionadas com a prática desportiva profissionalizada dessa modalidade". Às sociedades desportivas é aplicável subsidiariamente, segundo o artigo 5.°, n.° 1, o regime das sociedades anónimas.

V. *Pessoa colectiva; Sociedade.*

Sociedade leonina (Dir. Civil) – É a que resulta de um *pacto leonino* (v. esta expressão).

Sócio (Dir. Civil; Dir. Com.) – Pessoa jurídica que celebra com outra ou outras um contrato de sociedade, que se encontra regulado nos artigos 980.° e segs., C.C., quanto às sociedades civis sob forma civil.

Sócio é qualquer pessoa jurídica que seja titular de uma participação social (quota ou acção) numa sociedade das submetidas ao disposto no Código das Sociedades Comerciais, podendo ser um único o sócio, quer por se ter tornado titular de todas as participações sociais depois da sua constituição, quer por ser o seu único sócio fundador nos casos em que a lei o admite (v. artigos 7.°, n.° 2, 488.°, n.° 1, 142.°, n.° 1-*a*), 143.° e 489.°, n.° 3, Código das Sociedades Comerciais).

Também se designa, frequentemente, por sócio o membro de uma associação.

V. *Pessoa jurídica; Sociedade; Associação.*

Sócio de indústria (Dir. Civil) – Num contrato de sociedade, é o sócio que contribui para a sociedade com os seus serviços e não com bens, e que não responde em princípio pelas perdas sociais, apenas lhe cabendo os lucros na proporção fixada.

V. artigos 980.° e 992.°, n.°s 2 a 4, C.C..

V. *Sociedade; Responsabilidade patrimonial; Lucros; Perdas; Pacto leonino.*

Socorro (Dir. Civil; Dir. Com.) – V. *Dever de socorro.*

Solicitador (Org. Judiciária) – Profissional do foro, inscrito na Câmara dos Solicitadores e que exerce profissionalmente o mandato judicial. Só podem ser solicitadores os cidadãos da União Europeia (na redacção anterior, restringia-se a possibilidade aos portugueses) que sejam licenciados em Direito e não estejam inscritos na Ordem dos Advogados ou que "possuam bacharelato em solicitadoria, ambos com diploma oficialmente reconhecido em Portugal", ou, no caso de ser nacional de outro Estado da União Europeia, reconhecido no Estado de origem.

O Estatuto da Câmara dos Solicitadores, aprovado pelo Decreto-Lei n.° 8/99, de 8 de Janeiro (que revogara a quase totalidade do anterior Estatuto, aprovado pelo Decreto-Lei n.° 483/76, de 19 de Junho), foi revogado pelo Decreto-Lei n.° 88/2003, de 26 de Abril, alterado pelas Leis n.°s 49/2004, de 24 de Agosto, e 14/2006, de 26 de Abril, que definiu o actual Estatuto.

"É obrigatória a inscrição na Câmara [dos Solicitadores] para o exercício da profissão" (artigo 75.°, n.° 1, e artigo 1.°, n.° 1, da Lei n.° 49/2004). Para a inscrição na Câmara, "são requisitos necessários, além da aprovação no estágio: *a)* Ser cidadão português ou da União Europeia; *b)* Possuir as habilitações referidas no n.° 1 do artigo 93.° [ser licenciado em curso jurídico, não estando inscrito na Ordem dos Advogados, ter bacharelato em solicitadoria, ou realizar as provas previstas no regulamento de inscrição]; porém, o n.° 1 do artigo 1.° deste diploma afirma, desde logo, que "aos solicitadores regularmente inscritos na Câmara à data da publicação do presente diploma é reconhecida a plena qualidade profissional, independentemente de possuírem ou não os requisitos curriculares e académicos exigidos pelo presente Estatuto".

A referida Lei n.° 49/2004 enuncia o que designa por actos próprios dos solicitadores – o exercício do chamado por este normativo "mandato forense" e a consulta jurídica, entre outros –, acrescentando que se consideram como tais os que "forem exercidos no interesse de terceiros e no âmbito de actividade profissional [...]", não se considerando no interesse de terceiros "os actos praticados pelos representantes legais, empregados, funcionários ou agentes de pessoas singulares ou colectivas, públicas ou privadas, nessa qualidade, salvo se, no caso da cobrança de dívidas, esta constituir o objecto ou actividade principal destas pessoas"; "o exercício do mandato forense e da consulta jurídica pelos solicitadores está sujeito aos limites do seu estatuto e da legislação processual" – artigo 1.°, n.°s 5 a 8 e 10. O princípio da liberdade de exercício da actividade profissional é afirmado pelo artigo 4.° da Lei, que diz que "os [...] solicitadores com inscrição em vigor não podem ser impedidos, por qualquer autoridade pública ou privada, de praticar actos próprios dos [...] solicitadores". O artigo 5.°, n.° 2, embora redundantemente à primeira vista pelo menos, dispõe que "o título profissional de solicitador está exclusivamente reservado a quem, nos termos do respectivo estatuto, reúne as condições necessárias para o adquirir". O artigo 6.°, por seu lado, determina que, "com excepção dos escritórios ou gabinetes compostos exclusivamente por advogados, por solicitadores ou por advogados e solicitadores, as sociedades de advogados, as sociedades de solicitadores e os gabinetes de consulta jurídica organizados pela Ordem dos Advogados e pela Câmara dos Solicitadores, é proibido o funcionamento de escritório ou gabinete, constituído sob qualquer forma jurídica, que preste a terceiros serviços que compreendam, ainda que isolada ou marginalmente, a prática de actos próprios dos [...] solicitadores", não abrangendo esta proibição "os sindicatos e as associações patronais, desde que os actos praticados o sejam para defesa exclusiva dos interesses comuns em causa e que estes sejam individualmente exercidos por advogado, advogado estagiário ou solicitador", nem "as entidades sem fins lucrativos que requeiram o estatuto de utilidade pública, desde que, nomeadamente: *a)* No pedido de atribuição se submeta a autorização específica a prática de actos próprios dos [...] solicitadores; *b)* Os actos praticados o sejam para defesa exclusiva dos interesses comuns em causa; *c)* Estes sejam individualmente exercidos por [...] solicitador", devendo a autorização específica referida ser "precedida de consulta à [...] Câmara dos Solicitadores"; "a violação desta proibição confere à [...] Câmara dos Solicitadores o direito de requerer [...] junto das entidades judiciais competentes o encerramento do escritório ou gabinete". A prática de actos próprios de solicitadores por quem o não esteja legalmente habilitado a fazer, bem como o auxílio e colaboração neles, é tipificado como crime, designado por procuradoria ilícita, tendo a Câmara dos Solicitadores legitimidade para se constituir assistente nos respectivos processos criminais – artigo 7.°. O artigo 11.° da Lei contém uma presunção relativa aos agentes que realizem actos próprios da profissão em desrespeito pelas regras a esta relativas, conferindo legitimidade à Câmara dos Solicitadores "para intentar acções de responsabilidade civil, tendo em vista o ressarcimento dos danos decorrentes da lesão dos interesses públicos que lhe [...] cumpre [...] assegurar e defender", determinando que as indemnizações "revertem para um fundo destinado à promoção de acções de informação e implementação de mecanismos de prevenção e combate à procuradoria ilícita, gerido em termos a regulamentar em diploma próprio".

Os artigos 99.° e segs. do Estatuto da Câmara dos Solicitadores tratam do exercício da solicitadoria.

Dispõe o artigo 99.°, n.° 1, que, "além dos advogados, apenas os solicitadores com inscrição em vigor na Câmara podem, em todo o território nacional e perante qualquer jurisdição, instância, autoridade ou entidade pública ou privada, praticar actos próprios da profissão, designadamente exercer o mandato judicial, nos termos da lei, em regime de profissão liberal remunerada".

O artigo 76.° deste Estatuto dispõe que "o conselho geral edita a lista dos solicitadores inscritos, devendo actualizá-la anualmente, indicando designadamente as inscrições em colégios de especialidade, as sociedades de solicitadores e os seus membros e a indicação dos solicitadores suspensos", devendo "a lista [...] estar permanentemente actualizada em suporte informático".

Quando o solicitador seja objecto de uma pena disciplinar que tenha levado ao cancelamento da sua inscrição na Câmara – e que não tenha sido uma medida de expulsão –, "pode ser requerida a sua reabilitação após o cumprimento da pena", nos termos do artigo 185.° do Estatuto da Câmara dos Solicitadores.

V. artigo 115.° da Lei de Organização e Funcionamento dos Tribunais Judiciais (Lei n.° 3/99, de 13 de Janeiro, rectificada pela Declaração de rectificação n.° 7/99, de 16 de Fevereiro, e alterada pela Lei n.° 101/99, de 26 de Julho, pelos Decretos-Leis n.°s 323/2001, de 17 de Dezembro, e 38/ /2003, de 8 de Março – este rectificado pela Declaração de rectificação n.° 5-C/2003, de 30 de Abril –, pela Lei n.° 105/2003, de 10 de Dezembro, pelo Decreto-Lei n.° 53/ /2004, de 18 Março, pela Lei n.° 42/2005, de 29 de Agosto, e pelo Decreto-Lei n.° 76-A/2006, de 29 de Março, rectificado pela Declaração de rectificação n.° 28-A/2006, de 26 de Maio).

O Regulamento do Estágio para Solicitadores foi homologado por despacho do Ministro da Justiça de 15 de Março de 1988, tendo os n.°s 1 e 4 do respectivo artigo 18.° sido declarados ilegais, com força obrigatória geral, pelo Acórdão de 25 de Fevereiro de 1992 do Supremo Tribunal Administrativo – segundo anúncio publicado no *Diário da República*, I-A série, de 13 de Abril (v. o Acórdão publicado no *Diário da República*, I-A série, de 2 de Junho de 1992).

O Decreto-Lei n.° 328/93, de 25 de Setembro (alterado pelos Decretos-Leis n.°s 240/96, de 14 de Dezembro, 397/99, de 13 de Outubro, 159/2001, de 18 de Maio, 176/2003, de 2 de Agosto, 28/2004, de 4 de Fevereiro, e 119/2005, de 22 de Julho), estabeleceu o regime de segurança social dos solicitadores. A Portaria n.° 487/83, de 27 de Abril, aprovou o Regulamento da Caixa de Previdência dos Advogados e Solicitadores, tendo sido alterada pelas Portarias n.°s 623/88, de 8 de Setembro, e 884/94, de 1 de Outubro.

O Decreto-Lei n.° 47/92, de 4 de Abril, dispensa os solicitadores de reconhecerem a assinatura no acto de substabelecimento e de justificarem as faltas aos actos judiciais a que não possam comparecer; por seu lado, o Decreto-Lei n.° 168/95, de 15 de Julho, determinou a extensão aos solicitadores das regras de simplificação da procuração forense passada aos advogados, dispensando o reconhecimento notarial da assinatura do outorgante. O Decreto-Lei n.° 28/2000, de 13 de Março, rectificado pela Declaração de rectificação n.° 5-H/ /2000, de 31 de Março, atribui competência para conferir fotocópias aos advogados e aos solicitadores, certificando a sua conformidade com os originais que lhes sejam apresentados para tal fim.

V. *Câmara dos Solicitadores; Mandato judicial; Ordem dos Advogados; Cidadania; Mandato forense; Consulta jurídica; Representação legal; Honorários; Reconhecimento de letra e assinatura; Substabelecimento; Actos processuais; Procuração forense; Fotocópia.*

Solicitador de execução (Org. Judiciária; Proc. Civil) – A Lei n.° 2/2002, de 2 de Janeiro, autorizou o Governo a legislar sobre o regime da acção executiva, permitindo a criação da "figura do solicitador de execução com competência para praticar os actos necessários a dar início e a assegurar o andamento dos processos comuns de execução baseados em: *a)* Decisão judicial ou arbitral; *b)* Requerimento de injunção ao qual tenha sido aposta a fórmula executória; *c)* Documento exarado ou autenticado por notário, ou documento particular, com reconhecimento da assinatura do devedor".

E, na verdade, o artigo 808.°, n.° 2, C.P.C., na redacção do Decreto-Lei n.° 38/2003, de 8 de Março (rectificado pela Declaração de rectificação n.° 5-C/2003, de 30 de Abril), e pela Lei n.° 14/2006, de 26 de Abril, estabelece que "as funções de agente de execução são desempenhadas por solicitador de execução, designado pelo exequente de entre os inscritos em qualquer comarca; na falta de designação pelo exequente, são essas funções desempenhadas por solicitador de execução designado pela secretaria, nos termos do artigo 811.°-A, de entre os inscritos na comarca e nas comarcas limítrofes ou, na sua falta, de entre os inscritos em outra comarca do mesmo círculo judicial; não havendo solicitador de execução inscrito no círculo ou ocorrendo outra causa de impossibilidade, são as funções de agente de execução, com excepção das especificamente atribuídas ao solicitador de execução, desempenhadas por oficial de justiça, determinado segundo as regras da distribuição".

Este é caracterizado como sendo o "solicitador que, sob fiscalização da Câmara e na dependência funcional do juiz da causa, exerce as competências específicas de agente de execução e as demais funções que lhe forem atribuídas por lei" – artigo 116.° do Estatuto da Câmara dos Solicitadores, aprovado pelo Decreto-Lei n.° 88/2003, de 26 de Abril, alterado pelas Leis n.°s 49/2004, de 24 de Agosto, e 14/2006, de 26 de Abril. Nos termos do artigo 128.°, na redacção dada pela Lei n.° 14/2006, "o solicitador de execução pode delegar noutro o solicitador de execução a competência para a prática de todos ou de determinados actos num processo, comunicando prontamente tal facto à parte que o designou e ao tribunal", carecendo esta designação de consentimento do exequente, quando estiver em causa a delegação de competência para todos os actos do processo por parte daquele, e ficando o solicitador delegante responsável solidariamente com o delegado quando a delegação se referir à prática apenas de certos actos.

O artigo 76.° deste Estatuto, que impõe à Câmara que mantenha "permanentemente actualizada em suporte informático público" a lista de solicitadores, estabelece, no seu n.° 3, que "os solicitadores de execução serão mencionados em secção autónoma, em função das suas competências territoriais, contendo as listas sistemas de designação sequencial para a prestação de serviços decorrentes de nomeação judicial"; o n.° 4 deste artigo dispõe que, "se o solicitador de execução estiver impossibilitado de exercer a sua especialidade, por motivo que não lhe permita a delegação prevista no artigo 128.°, será de imediato retirado da lista informática".

A Portaria n.° 708/2003, de 4 de Agosto, alterada pela Portaria n.° 436-A/20006, de 5 de Maio, estabelece a remuneração e o reembolso de despesas do solicitador de execução no exercício da sua actividade de agente de execução.

V. artigos 116.° e segs. do Estatuto da Câmara dos Solicitadores.

V. *Solicitador; Câmara dos Solicitadores; Execução; Agente de execução; Decisão arbitral; Requerimento de injunção; Fórmula executória; Notário; Documento autenticado; Notário; Documento particular; Reconhecimento de letra e assinatura; Devedor; Exequente; Comarca; Secretaria judicial; Círculo judicial;*

Funcionário de justiça; Parte; Solidariedade; Nomeação oficiosa de advogado.

Solicitador estagiário (Org. Judiciária) – Podem requerer à Câmara dos Solicitadores a inscrição como solicitadores estagiários todos aqueles que disponham das habilitações para serem solicitadores.

O estágio tem uma duração de 12 a 18 meses, dividido em dois períodos, o primeiro com a duração mínima de 6 seis meses e o segundo com a duração máxima de 12 meses. Neste segundo período, desenvolvem a sua formação sob a direcção de um "patrono com, pelo menos, cinco anos de exercício da profissão, livremente escolhido pelo estagiário, ou, a pedido deste, nomeado pelo respectivo conselho regional".

V. artigos 91.° e segs. do Estatuto da Câmara dos Solicitadores, aprovado pelo Decreto-Lei n.° 88/2003, de 26 de Abril, alterado pelas Leis n.°s 49/2004, de 24 de Agosto, e 14/2006, de 26 de Abril.

V. *Câmara dos Solicitadores; Solicitador; Estágio.*

Solidariedade (Dir. Civil) – Sendo a obrigação plural, o regime das relações entre os vários devedores e o credor comum (ou os vários credores e devedores) pode ser o da conjunção (é a regra no direito civil) ou o da solidariedade.

Solidariedade passiva – é a solidariedade entre os devedores: sendo vários os obrigados, qualquer deles responde perante o credor comum pela satisfação integral da obrigação, ficando, simultaneamente, todos os outros devedores exonerados relativamente ao credor, quando um dos devedores a satisfaça por inteiro. Aquele dos devedores que cumpra a obrigação fica com direito de regresso em relação aos seus condevedores, isto é, fica com o direito a exigir deles a parte que lhes cabia na obrigação comum.

Solidariedade activa – é a solidariedade entre credores: sendo vários os credores, qualquer deles tem o direito de exigir o cumprimento integral da obrigação ao devedor comum. Efectuada a prestação pelo devedor a qualquer dos credores, a sua obrigação encontra-se extinta em relação a todos eles.

E, paralelamente ao que se verifica na solidariedade passiva, "o credor cujo direito foi satisfeito além da parte que lhe competia, na relação interna entre os credores, tem de satisfazer aos outros a parte que lhes cabe no crédito comum".

Diz o artigo 513.°, C.C., que as fontes da solidariedade são a lei e a vontade das partes. São exemplos de solidariedade resultante da lei a dos gestores de negócios (artigo 467.°, C.C.), a dos fiadores (artigo 649.°, C.C.), a dos comodatários (artigo 1139.°, C.C.) e a dos obrigados a indemnizar por responsabilidade não obrigacional (artigos 497.° e 507.°, C.C.).

V. artigos 512.° e segs., C.C..

V. *Obrigação plural; Condevedores; Concredores; Exoneração; Conjunção; Obrigação solidária; Direito de regresso; Cumprimento; Prestação; Extinção das obrigações; Renúncia à solidariedade; Gestão de negócios; Fiança; Comodato; Responsabilidade civil.*

Solidariedade da hipoteca (Dir. Civil) – Expressão que a doutrina por vezes utiliza para significar a *indivisibilidade da hipoteca.*

V. *Hipoteca; Indivisibilidade da hipoteca.*

Solidariedade imperfeita (Dir. Civil) – A doutrina fala, por vezes, de solidariedade imperfeita para designar a situação de obrigação plural pelo lado passivo, em que, sendo os vários condevedores solidários face ao credor, nas relações entre si não o são, pois só um deles suporta a totalidade da dívida.

Assim acontece, por exemplo, quando há co-responsabilidade, face ao lesado, de comissário e comitente, sem que tenha havido culpa deste último; nos termos do artigo 500.°, n.° 3, C.C., tem então o comitente, que satisfizer a indemnização, direito de regresso por inteiro contra o seu comissário. Situação semelhante é a que se verifica quando, em consequência de acidente causado por veículo de circulação terrestre, há vários responsáveis, sendo a responsabilidade de um (ou uns) subjectiva e a de outro (ou outros) objectiva, pois, então, nos termos do artigo 507.°, n.° 2, C.C., embora sejam solidariamente responsáveis face ao lesado, "nas relações entre os diferentes responsáveis, [...] apenas os culpados respondem, sendo aplicável quanto ao direito de regresso, entre eles, ou em relação a eles, o disposto no n.° 2 do artigo 497.°".

V. *Solidariedade; Obrigação plural; Condevedores; Comitente; Comissário; Culpa; Acidente de viação; Responsabilidade subjectiva; Responsabilidade objectiva; Direito de regresso.*

Solidariedade impura (Dir. Civil) – Expressão que se usa em sinonímia com a de *solidariedade imperfeita* – v. esta expressão.

"Solutio ante diem" (Dir. Civil) – Expressão latina que significa cumprimento antecipado, isto é, cumprimento de uma obrigação antes do respectivo vencimento.

V. *Cumprimento; Antecipação do cumprimento; Obrigação; Vencimento.*

"Soluti retentio" (Dir. Civil) – Retenção a título de cumprimento.

A faculdade que a lei atribui ao credor de reter aquilo que tenha sido prestado para cumprir uma obrigação é extensiva ao credor de uma obrigação natural, desde que a prestação haja sido espontânea e o devedor tivesse capacidade para a efectuar.

V. artigos 403.°, n.° 1, e 476.°, n.° 1, C.C..

V. *Cumprimento; Credor; Obrigação; Prestação; Repetição do indevido; Obrigação natural; Devedor; Capacidade para o cumprimento.*

"Solve et repete" (Dir. Civil) – V. *Cláusula "solve et repete".*

"Solvens" (Dir. Civil) – Aquele que cumpre uma obrigação.

Sendo o devedor quem está vinculado a cumprir – só dele podendo, em princípio, exigir o credor o cumprimento – é ele, em regra, o *solvens*, mas, quando a prestação seja fungível, pode o *solvens* ser um terceiro.

V. *Cumprimento; Obrigação; "Accipiens"; Prestação fungível; Cumprimento por terceiro.*

Sonegação de bens (Dir. Civil) – Manobra fraudulenta de um herdeiro, que consiste em ocultar dolosamente a existência de bens da herança, com vista a apropriar-se deles e a frustrar os direitos dos restantes herdeiros a tais bens ou parte deles.

O herdeiro que sonegar bens da herança perde o direito que eventualmente teria a parte deles em favor dos outros herdeiros, além de incorrer noutras sanções, designadamente de ordem penal e fiscal – v. artigo 2096.°, C.C..

Se o herdeiro que sonegar os bens for cabeça-de-casal, será removido do cargo (artigo 2086.°, n.° 1-*a*), C.C.), tendo legitimidade "para pedir a remoção qualquer interessado, ou o Ministério Público, quando tenha intervenção principal" (artigo 2086.°, n.° 2, C.C., na redacção do Decreto-Lei n.° 227/94, de 8 de Setembro).

Qualquer dos interessados directos na partilha ou o Ministério Público podem levantar a questão da falta de bens (artigo 1348.°, C.P.C., na redacção do Decreto-Lei n.° 329-A/95, de 12 de Dezembro).

Não tendo a questão da falta de bens sido levantada no processo de inventário ou suscitada em acção própria, podem os lesados, depois de finda a partilha judicial, pedir a partilha adicional dos bens ocultados com os respectivos rendimentos (v. artigo 1395.°, C.P.C.).

V. *Herança; Herdeiro; Dolo; Cabeça-de-casal; Legitimidade; Relação de bens; Interessados; Partilha; Ministério Público; Intervenção principal; Inventário.*

"Stricto sensu" (Dir. Civil) – Expressão que significa em sentido restrito. Designa-se assim a interpretação estrita e literal de uma disposição legal, de um negócio ou de uma palavra.

V. *"Lato sensu"; Interpretação da lei; Interpretação do negócio jurídico.*

Sub-agravo (Proc. Civil) – Determina o artigo 744.°, n.° 3, C.P.C., com a redacção do Decreto-Lei n.° 329-A/95, de 12 de Dezembro, que, se o juiz reparar o agravo, "pode o agravado requerer, dentro de 10 dias [na versão legal anterior, o prazo era de quarenta e oito horas], a contar da notificação do despacho de reparação, que o processo de agravo suba, tal como está, para se decidir a questão sobre que recaíram os dois despachos opostos. Quando o agravado use desta faculdade, fica tendo, a partir desse momento, a posição de agravante".

Este agravo, que sobe a requerimento do agravado face ao despacho que reparou o agravo inicial, é designado por parte da doutrina por sub-agravo.

V. *Agravo; Despacho de reparação; Requerimento; Notificação.*

Subarrendamento (Dir. Civil) – V. *Arrendamento; Sublocação.*

Subconsignação de rendimentos (Dir. Civil) – Há uma subconsignação de rendimentos quando o credor, cujo crédito se encontra garantido por uma consignação de rendimentos, dá em consignação a terceiro, em garantia de um débito seu, os rendimentos sobre os quais incide a sua garantia.

A subconsignação não é permitida, pois, segundo o artigo 657.°, n.° 1, C.C., "só tem legitimidade para constituir a consignação quem puder dispor dos rendimentos consignados", devendo, por outro lado, os rendimentos ser necessariamente imputados no cumprimento das obrigações do devedor, de acordo com as regras estabelecidas no n.° 2 do artigo 661.°, C.C..

V. *Consignação de rendimentos; Crédito; Garantias gerais; Legitimidade; Imputação do cumprimento.*

Subcontrato (Dir. Civil) – Quando uma das partes num contrato faz com outrem um novo contrato, que tem por base os direitos que lhe advêm do primeiro, diz-se que se está perante a figura do subcontrato.

O subcontrato consiste, portanto, na convenção pela qual alguém, sem perder a qualidade de contraente em certo contrato, atribui a outrem a possibilidade de beneficiar de vantagens que para ele resultam do contrato principal.

O subcontrato tem, normalmente, a mesma natureza que o contrato que lhe está na base.

V. *Contrato; Direito subjectivo; Convenção.*

Subcurador de menores (Org. Judiciária) – Designavam-se assim os auxiliares e substitutos dos curadores nos tribunais tutelares de menores.

V. *Curador; Tribunal de menores.*

Subdelegado do procurador da República (Org. Judiciária) – Designava-se assim o agente do Ministério Público que exercia funções no tribunal de comarca (como auxiliar e substituto do delegado).

V. *Ministério Público; Tribunal de comarca.*

Subdepósito (Dir. Civil) – Contrato de depósito feito pelo depositário relativamente ao bem que deve guardar.

De acordo com o artigo 1189.°, C.C., "o depositário não tem o direito de [...] dar [a coisa depositada] em depósito a outrem, se o depositante o não tiver autorizado".

Diz, por sua vez, o artigo 1197.°, C.C., que, "se o depositário, devidamente autorizado, confiar por sua vez a coisa em depósito a terceiro, é responsável por culpa sua na escolha dessa pessoa".

V. *Depósito; Subcontrato; Culpa; Culpa "in eligendo"; Indemnização.*

Subempreitada (Dir. Civil) – "Subempreitada é o contrato pelo qual um terceiro se obriga para com o empreiteiro a realizar a obra a que este se encontra vinculado, ou uma parte dela" – artigo 1213.°, n.° 1, C.C..

O empreiteiro só pode celebrar subempreitadas se o dono da obra ou o contrato de empreitada o permitirem, mas, nessas condições, o empreiteiro só é responsável perante o dono da obra pelos actos praticados pelo subempreiteiro se tiver agido com culpa na escolha deste ou nas instruções que lhe houver dado.

V. artigos 1213.° e 264.°, C.C..

A subempreitada de obras públicas é regulada pelos artigos 265.° e segs. do Decreto-Lei n.° 59/99, de 2 de Março, alterado pela Lei n.° 163/99, de 14 de Setembro, pelo Decreto-Lei n.° 159/2000, de 27 de Julho, e pela Lei n.° 13/2002, de 19 de Fevereiro (na transposição das Directivas n.°s 93/37/CE, e 97/52/CE, do Parlamento Europeu e do Conselho, de 13 de Outubro de 1997), e o Decreto-Lei n.° 245/ /2003, de 7 de Outubro, alterado pelo Decreto-Lei n.° 43/2005, de 22 de Fevereiro (que transpõe a Directiva n.° 2001/78/CE, da Comissão, de 13 de Setembro).

O Decreto-Lei n.° 12/2004, de 9 de Janeiro, que estabeleceu o regime do exercício da actividade de construção – caracterizada no artigo 2.° do diploma como a "que tem por objecto a realização de obra, englobando todo o conjunto de actos que sejam necessários à sua concretização" –, contém aspectos do regime do "contrato de empreitada de obra particular" que prevalecem sobre o do Código Civil, estabelecendo o artigo 29.°, n.° 1, que a subempreitada tem de revestir forma escrita, "sempre que o valor da obra "ultrapasse 10% do limite fixado para a classe 1" (v. Portaria n.° 1300/2005, de 20 de Dezembro, que fixa a correspondência entre as classes de habilitações contidas nos alvarás de construção civil e o valor dos trabalhos que os seus titulares ficam habilitados a realizar). O artigo 27.° proíbe a subcontratação total ou parcial de qualquer obra, bem como a subcontratação a empreiteiros ou construtores que não estejam habilitados nos termos deste diploma, dispondo que "as empresas [designação que o diploma utiliza para empreiteiros ou construtores] que não detenham todas as habilitações necessárias para a execução da obra, e por esse facto recorram à subcontratação, aproveitam das habilitações detidas pelas subcontratadas".

V. *Empreitada; Contrato; Terceiro; Responsabilidade contratual; Culpa "in eligendo"; Culpa "in instruendo"; Forma; Documento escrito; Empreiteiro; Obras.*

Subenfiteuse (Dir. Civil) – V. *Enfiteuse.*

Subfiança (Dir. Civil) – "Subfiador é aquele que afiança o fiador perante o credor" – artigo 630.°, C.C..

A subfiança tinha a designação de abonação no Código Civil de 1867.

V. *Fiança.*

Subida do recurso (Proc. Civil) – Designa-se por subida do recurso a sua expedição do tribunal em que foi interposto para aquele que o há-de apreciar, por ser sempre este último um tribunal superior ao tribunal *a quo.*

Os recursos, uma vez interpostos e admitidos, podem subir ao tribunal superior imediata ou diferidamente, podendo subir nos próprios autos – isto é, acompanhados de todos os documentos que constituem o processo – ou em separado – caso em que só é enviado para o tribunal superior o requerimento de interposição, acompanhado das certidões necessárias para que possa ser decidido.

Sobem imediatamente e, se não se referirem a despachos que ponham termo ao processo ou suspendam a instância, em separado os agravos enunciados no artigo 734.°, C.P.C., na redacção do Decreto-Lei n.° 329-A/95, de 12 de Dezembro (os agravos "da decisão que ponha termo ao processo", "do despacho pelo qual o juiz se declare impedido ou indefira o impedimento oposto por alguma das partes", "do despacho que aprecie a competência absoluta do tribunal", "dos despachos proferidos depois da decisão final" e aqueles "cuja retenção os tornaria absolutamente inúteis") – v. artigos 736.°, 737.° e 756.°, C.P.C., o último na redacção do DL n.° 329-A/95. "Sobem com o primeiro recurso que, depois de eles serem interpostos, haja de subir imediatamente" os restantes agravos – artigo 735.°, n.° 1, C. P. C, com a redacção dada pelo DL n.° 329-A/95 (v. também artigo 757.°, C.P.C.), subindo nos próprios autos "os agravos interpostos das decisões que ponham termo ao processo no tribunal recorrido ou suspendam a instância e aqueles que apenas subam com os recursos dessas decisões" (artigo 736.°, C.P.C.). O efeito dos agravos é estabelecido nos artigos 740.° e 758.°, C.P.C., com a redacção que foi dada, ao primeiro, pelos DL n.°s 329-A/95 e 38/2003, de 8 de Março, e, ao segundo, pelo DL n.° 329-A/95. O regime de subida dos agravos nos procedimentos cautelares consta do artigo 738.°, C.P.C., e o dos agravos nos incidentes do artigo 739.°, C.P.C., na redacção do DL n.° 329-A/95.

Nos termos do artigo 14.°, n.°s 5 e 6, do Código da Insolvência e da Recuperação de Empresas, aprovado pelo Decreto-Lei n.° 53/2004, de 18 de Março, alterado pelos Decretos-Leis n.°s 200/2004, de 18 de Agosto, e 76-A/2006, de 29 de Março (rectificado o último pela Declaração de rectificação n.° 28-A/2006, de 26 de Maio), nos processos de insolvência, os recursos "sobem imediatamente, em separado e com efeito devolutivo", subindo, porém, nos próprios autos: "*a)* os recursos da decisão de encerramento do processo de insolvência e das que sejam proferidas depois dessa decisão; *b)* os recursos das decisões que ponham termo à acção ou incidente processados por apenso, sejam proferidas depois dessas decisões, suspendam a instância ou não admitam o incidente".

V. *Recurso; Interposição de recurso; Tribunal "a quo"; Requerimento; Certidão; Despa-*

cho; Suspensão da instância; Agravo; Impedimentos; Incompetência absoluta; Procedimento cautelar; Incidente; Efeito devolutivo do recurso; Efeito suspensivo do recurso; Insolvência; Recuperação de empresas.

Subjectivismo – De acordo com esta corrente de interpretação da lei, ao intérprete caberia procurar o sentido que o legislador material quis exprimir no texto normativo, sendo esse o sentido aquele com que a lei deveria valer; a indagação da *mens legislatoris* seria assim o objectivo do intérprete, invocando-se em abono deste entendimento que, por um lado, o dever de obediência ao poder legislativo impõe a busca da "vontade" legislativa e, por outro, que esta orientação contribui melhor para a certeza do direito, dado que a determinação da intenção do legislador promove a uniformidade das soluções e dá mais segurança aos destinatários da norma. Pode dizer-se que esta corrente interpretativa é hoje minoritária, sendo prevalecente o objectivismo na interpretação da lei.

V. *Interpretação da lei; Objectivismo; "Mens legislatoris"; "Mens legis".*

"Sub judice" (Dir. Civil; Proc. Civil) – V. *Caso "sub judice".*

Sublocação (Dir. Civil) – Contrato de locação celebrado pelo locador com base na posição de locatário que tem em anterior contrato locativo. O sublocador é, pois, o locatário no precedente contrato de locação, e o terceiro com quem celebra o contrato é designado por sublocatário.

Tal contrato está dependente, na sua eficácia, em relação ao locador ou a terceiros, do reconhecimento pelo locador ou, quando a cedência do gozo da coisa locada estava previamente autorizada, da comunicação do facto ao locador pelo locatário.

Há limites legais – na falta de diferente convenção – do montante da renda ou aluguer a estabelecer no contrato de sublocação: aqueles não poderão ser superiores (ou proporcionalmente superiores) aos estabelecidos no respectivo contrato de locação, acrescidos de vinte por cento.

Encontrando-se em mora tanto o locatário como o sublocatário em relação às rendas ou alugueres, o locador pode exigir directamente do sublocatário o que ele dever, até ao montante do seu crédito.

V. artigos 1060.° e segs., C.C..

Tratando-se de subarrendamento, há regras especiais que constam dos artigos 44.° a 46.° do Regime do Arrendamento Urbano – aprovado pelo Decreto-Lei n.° 321-B/90, de 15 de Outubro. rectificado por declaração publicada no *Diário da República*, I-A série, de 30 de Novembro de 1990, e alterado pelo Decreto-Lei n.° 278/94, de 10 de Agosto (este alterado, por ratificação, pela Lei n.° 13/94, de 11 de Maio), pelo Decreto-Lei n.° 163/95, de 13 de Julho, pela Lei n.° 89/95, de 1 de Setembro, pelo Decreto-Lei n.° 257/95, de 30 de Setembro, pela Lei n.° 135/99, de 28 de Agosto, pelos Decretos-Leis n.°s 64-A/2000, de 22 de Abril, e 329-B/2000, de 22 de Dezembro, e pelas Leis n.°s 6/2001 e 7/2001, ambas de 11 de Maio.

Sendo o subarrendamento – como a sublocação em geral – ilícito, se não for autorizado pelo locador, dispõe o artigo 44.°, n.° 1, R.A.U., que, se o arrendamento houver de ser feito por escrito ou constar de escritura pública, a autorização tem de ser dada igualmente nessa forma, pelo que a autorização para subarrendar deve constar de documento particular, quando o contrato de arrendamento houver de revestir essa forma, nos termos do artigo 7.°, n.° 1, R.A.U. (arrendamento para habitação).

O subarrendamento considera-se, no entanto, ratificado – mesmo que não tenha sido autorizado nos termos legalmente exigidos – se o senhorio reconhecer o subarrendatário como tal.

Como já foi referido, sendo o subarrendamento lícito – por se encontrar autorizado –, pode ele ser ineficaz em relação ao principal locador, se o locatário não lho comunicar no prazo de quinze dias ou se o locador não reconhecer o subarrendatário como tal.

O artigo 46.°, R.A.U. (correspondente ao antigo artigo 1103.°, C.C.), contém a seguinte disposição: "Sendo total o subarrendamento, o senhorio pode substituir-se ao arrendatário, mediante notificação judicial, considerando-se resolvido o primitivo arrendamento e passando o subarrendatário a arrendatário directo" e, "se o senhorio receber alguma renda do subarrendatário e lhe passar recibo depois da extinção do arrendamento, será o subarrendatário havido como arrendatário directo".

Importa referir que o senhorio tem a faculdade de resolver o arrendamento, se o inquilino subarrendar, total ou parcialmente, o prédio arrendado, no caso de não haver consentido ou de lhe não haver sido feita a comunicação do subarrendamento, excepto se houver reconhecido o subarrendatário como tal (artigos 64.°, n.° 1-*f)*, R.A.U., e 1049.°, C.C.) e ainda o pode resolver, se o inquilino cobrar do subarrendatário renda superior à que é permitida, nos termos da lei já referida (artigo 64.°, n.° 1-*g)*, R.A.U.).

Sendo o subarrendamento habitacional – e sendo ele lícito e eficaz –, a fixação da respectiva renda tem de respeitar as regras estabelecidas na Lei n.° 46/85, de 20 de Setembro, não podendo, nos termos do artigo 13.° (cuja manutenção em vigor é ressalvada pelo artigo 9.°, R.A.U.) do mesmo diploma, ser a correcção extraordinária da renda, em cada ano, proporcionalmente superior à correcção extraordinária da renda do arrendamento. O sublocador não pode, portanto, obter a correcção extraordinária da renda se o subarrendamento não tiver sido autorizado pelo senhorio, se lho não houver comunicado e se não tiver havido reconhecimento pelo senhorio do subarrendatário.

Sendo o subarrendamento habitacional lícito e eficaz e tendo o subarrendatário residência permanente no local sublocado, tem ele direito a subsídio de renda, nos termos do artigo 23.°, n.° 2, da referida Lei n.° 46/85 (cfr. artigo 25.°, n.° 5, deste diploma), disposições mantidas em vigor pelo artigo 12.°.

Por outro lado, o artigo 90.°, n.° 1-*b)*, R.A.U., atribui aos subarrendatários um direito a novo arrendamento em caso de caducidade do arrendamento habitacional por morte do inquilino; tal direito não pode, porém, ser exercido pelo subarrendatário contra o locador, se o subarrendamento era ineficaz relativamente a ele.

O artigo 2.°, n.° 1-*m)*, do Código do Registo Predial, aprovado pelo Decreto-Lei n.° 224/84, de 6 de Julho (rectificado por declaração publicada no *Diário da República*, I série, de 29 de Setembro de 1984), alterado pelos Decretos-Leis n.°s 355/85, de 2 de Outubro, 60/90, de 14 de Fevereiro (rectificado por declaração publicada no *Diário da República*, I-A série, de 31 de Março de 1990), 80/92, de 7 de Maio, 30/93, de 12 de Fevereiro, 227/94, de 8 de Setembro, 267/94, de 25 de Outubro, 67/96, de 31 de Maio, 375-A/99, de 20 de Setembro, 533/ /99, de 11 de Dezembro (rectificado pela Declaração de rectificação n.° 5-A/2000, de 29 de Fevereiro), 273/2001, de 13 de Outubro, 323/2001, de 17 de Dezembro, 38/ /2003, de 8 de Março, e 194/2003, de 23 de Agosto, e pela Lei n.° 6/2006, de 27 de Fevereiro, estabelece que está sujeito a registo "o arrendamento por mais de seis anos e as suas transmissões ou sublocações, exceptuado o arrendamento rural".

V. *Locação; Locador; Locatário; Renda Aluguer; Mora; Crédito; Arrendamento urbano; Escritura pública; Ratificação; Arrendamento para habitação; Documento particular; Reconhecimento do subarrendatário; Notificação judicial avulsa; Recibo; Resolução do arrendamento; Correcção extraordinária de renda; Caducidade do arrendamento; Preferência no arrendamento; Subsídio de renda; Registo predial.*

Submandato (Dir. Civil) – V. *Substabelecimento.*

Sub-rogação (Dir. Civil) – 1. Em sentido amplo, sub-rogação designa o fenómeno que consiste em uma coisa (sub-rogação real) ou uma pessoa (sub-rogação pessoal) virem substituir, na relação jurídica, uma outra coisa ou pessoa.

2. Nos termos dos artigos 589.° e segs., C.C., há sub-rogação quando um terceiro cumpre uma dívida de outrem ou empresta dinheiro (ou outra coisa fungível) ao devedor para esse cumprimento, adquirindo os direitos do credor originário em relação ao devedor. Trata-se de uma forma de transmissão de créditos.

A sub-rogação pode ser *convencional* ou *legal*: no primeiro caso, resulta de um acordo entre o terceiro que cumpriu e o credor a quem o cumprimento foi feito, ou entre o terceiro e o devedor (artigos 589.° e 590.°, C.C.); a sub-rogação legal verifica-se por imposição da lei e, nos termos do artigo 592.°, n.° 1, C.C., para além dos casos de sub-rogação convencional e de outras hipóteses previstas na lei, "o terceiro que cumpre a obrigação só fica sub-rogado nos direitos do credor quando tiver garantido o pagamento, ou quando, por outra causa, estiver directamente interessado na satisfação do crédito" (é o que se passa, por exemplo, com o cumprimento pelo fiador ou pelo sub-locatário da obrigação do locatário).

3. A sub-rogação configura-se também como um meio conservatório da garantia patrimonial: o credor pode substituir-se ao seu devedor no exercício de direitos de conteúdo patrimonial de que este é titular contra terceiros, desde que o próprio devedor o não faça e de que o direito, por sua natureza ou por disposição de lei, não seja de exercício exclusivo pelo titular. A sub-rogação só é permitida quando seja essencial à satisfação ou garantia do direito do credor. "A sub-rogação exercida por um dos credores aproveita a todos os demais" (artigo 609.°, C.C.).

V. artigos 606.° e segs., C.C..

Os credores do herdeiro que repudie a herança podem aceitá-la em nome do repudiante, o que é designado por sub-rogação dos credores. V. artigo 2067.°, C.C..

V. *Coisa; Relação jurídica; Cumprimento por terceiro; Mútuo; Cessão de créditos; Garantias reais; Interessados; Fiança; Sub-locatário; Locatário; Meios conservatórios da garantia; Herdeiro; Herança; Repúdio; Aceitação da herança.*

Sub-rogação real (Dir. Civil) – Substituição de uma coisa por outra dentro de um património ou numa dada relação jurídica.

V., por exemplo, artigo 1462.°, n.° 1, C.C., que determina que, sendo o usufruto constituído por uma universalidade de animais, o usufrutuário é "obrigado a substituir com as crias novas as cabeças que, por qualquer motivo, vierem a faltar".

O artigo 1723.°, C.C., dispõe serem bens próprios de cada um dos cônjuges, no regime da comunhão de adquiridos, os que forem sub-rogados no lugar de bens próprios.

A sub-rogação real qualifica-se como directa quando a saída e a entrada de bens no património do sujeito resultam do mesmo acto jurídico (por exemplo, um contrato de troca), e como indirecta sempre que aquelas saída e entrada procedem de actos jurídicos diferentes (por exemplo, compra de um bem com o dinheiro resultante da venda de outro bem).

V. *Coisa; Património; Relação jurídica; Universalidade de facto; Animais; Bens próprios; Usufruto; Comunhão de adquiridos; Acto jurídico; Troca.*

Subsidiariedade (Dir. Civil) – V. *Princípio da subsidiariedade.*

Subsídio de renda (Dir. Civil) – A Lei n.° 46/85, de 20 de Setembro, veio prever a atribuição de um subsídio de renda aos inquilinos habitacionais, cujas rendas "tenham sido ajustadas nos termos dos Decretos-Leis n.°s 294/82, de 27 de Julho, e 449/83, de 26 de Dezembro, ou que fiquem sujeitas a correcção extraordinária" – artigo 22.° (cuja manutenção em vigor foi ressalvada pelo artigo 12.° do Decreto-Lei n.° 321-B/90, de 15 de Outubro, rectificado por declaração de rectificação publicada no *Diário da República*, I-A série, de 30 de Novembro de 1990).

O direito ao subsídio de renda é excluído quando o inquilino tenha no imóvel arrendado hóspedes ou o tenha subarrendado total ou parcialmente.

O subsídio, cujo montante é fixado em função das regras enunciadas nos artigos 25.° a 27.°, é atribuído por um período de doze meses, eventualmente renovável, mantendo-se inalterável durante cada período.

O Decreto-Lei n.° 68/86, de 27 de Março, alterado pela Lei n.° 21/86, de 31 de Julho, e pelo Decreto-Lei n.° 329-B/2000, de 22 de Dezembro, regulamenta o subsídio de renda.

De acordo com o artigo 15.° do DL n.° 321-B/90, "a prestação pelo arrendatário de falsas declarações para obtenção do subsídio de renda, para além de constituir conduta ilícita nos termos da legislação penal, dá lugar à restituição de dos montantes indevidamente recebidos acrescidos de 100%, à cessação do pagamento do subsídio relativo ao período de pagamento em curso e à suspensão do direito do subsídio de renda pelo período de um a 10 anos", só podendo a pena ser suspensa "quando as quantias indevidamente recebidas e o competente agravamento sejam restituídas no prazo de 60 dias, contado do trânsito em julgado da sentença".

Uma nova modalidade de subsídio de renda foi instituída pelo Decreto-Lei n.° 162/92, de 5 de Agosto, para jovens.

V. *Renda; Arrendamento urbano; Arrendamento para habitação; Hospedagem; Sublocação; Correcção extraordinária de renda; Ilicitude; Sentença; Trânsito em julgado; Incentivo ao arrendamento por jovens.*

Subsolo (Dir. Civil) – A propriedade dos imóveis abrange o subsolo correspondente à superfície e tudo o que nele se contém e não esteja desintegrado da propriedade por lei ou negócio jurídico.

Ao proprietário não é, contudo, lícito proibir os actos de terceiro que, pela profundidade a que têm lugar, não haja interesse em impedir (v. artigo 1344.°, C.C.).

No direito de superfície, é ao proprietário que cabem o uso e a fruição do subsolo; não deve, porém, com a exploração dele prejudicar o superficiário e, se o fizer, será responsável pelos danos causados (v. artigos 1525.°, n.° 2, e 1533.°, C.C.).

A Lei n.° 11/87, de 7 de Abril, alterada pela Lei n.° 13/2002, de 19 de Fevereiro (Lei de Bases do Ambiente), depois de, no respectivo artigo 6.°, enunciar como componente ambiental o subsolo, estabelece, no artigo 14.°, regras a que deve obedecer a exploração dos recursos daquele.

V. *Imóvel; Negócio jurídico; Fruição; Responsabilidade civil; Direito de propriedade; Direito de superfície; Ambiente.*

Substabelecimento (Dir. Civil) – Substabelecimento ou submandato é o contrato de mandato que o mandatário faz com outrem, no âmbito do seu primitivo contrato.

O artigo 36.°, n.° 2, C.P.C., estabelece que nos poderes conferidos ao mandatário judicial se presume encontrar-se incluído o de substabelecer, acrescentando o n.° 3 do mesmo artigo, na redacção do Decreto-Lei n.° 180/96, de 25 de Setembro, que "o substabelecimento sem reserva implica a exclusão do anterior mandatário".

Nos termos do artigo 116.°, n.° 3, do Código do Notariado, "os substabelecimentos revestem a forma exigida para as procurações". Porém, o artigo único do Decreto-Lei n.° 342/91, de 14 de Setembro, dispensou de reconhecimento notarial da assinatura o substabelecimento de advogado, o mesmo regime tendo sido estendido ao acto de substabelecimento de solicitador pelo Decreto-Lei n.° 47/92, de 4 de Abril.

O artigo 5.°, n.° 7, do Decreto-Lei n.° 229/2004, de 10 de Dezembro – diploma que contém o regime jurídico das sociedades de advogados – dispõe que, "sem prejuízo da faculdade de substabelecer nos termos gerias, o mandato conferido a apenas algum ou alguns dos sócios de uma sociedade de advogados não se considera automaticamente extensivo aos restantes sócios".

V. *Mandato; Mandato judicial; Mandatário judicial; Subcontrato; Procuração; Advogado; Solicitador; Reconhecimento de letra e assinatura; Procuração forense. Sociedade de advogados.*

Substituição de garantia (Dir. Civil; Proc. Civil) – Sempre que diminuam, significativamente, as garantias do crédito ou pereçam as coisas oferecidas em penhor ou em hipoteca, o credor tem o direito a exigir a prestação de outras garantias em substituição daquelas (ou o reforço das existentes), sendo-lhe lícito exigir o cumprimento imediato da obrigação, no caso do devedor não proceder à substituição (ou ao reforço), se a diminuição da garantia se dever a facto imputável ao devedor e o prazo da obrigação houver sido estabelecido em benefício deste.

Assim acontece com a caução, a consignação de rendimentos, o penhor e a hipoteca (respectivamente, artigos 626.°, 665.°, 670.°-*c*), 678.° e 701.°, C.C.).

O credor, para exigir a substituição da garantia, usará o processo regido pelos artigos 991.° a 997.°, C.P.C., todos com a redacção do Decreto-Lei n.° 329-A/95, de 12 de Dezembro.

O tribunal competente para a acção de substituição de hipoteca vem definido no artigo 73.°, C.P.C., na redacção dos Decretos-Leis n.°s 329-A/95 e 180/96, de 25 de Setembro.

V. *Garantias especiais; Crédito; Reforço de garantias; Obrigação; Cumprimento; Obriga-*

ção a prazo; Benefício do prazo; Imputação; Caução; Consignação de rendimentos; Penhor; Hipoteca; Competência.

Substituição de notário – O artigo 9.° do Estatuto do Notariado, aprovado pelo Decreto-Lei n.° 26/2004, de 4 de Fevereiro, dispõe que, "nas ausências e impedimentos temporários que sejam susceptíveis de causar prejuízo sério aos utentes, o notário é substituído por outro notário por ele designado, obtido o consentimento deste"; "quando não seja possível a substituição [nos termos enunciados], a direcção da Ordem dos Notários designa o notário substituto e promove as medidas que tiver por convenientes"; também é a Ordem que promove a substituição "nos casos de:

a) Suspensão do exercício da actividade notarial;

b) Ausência injustificada do notário por mais de 30 dias seguidos;

c) Cessação definitiva do exercício da actividade do notário".

O n.° 4 deste artigo determina que, "a fim de garantir as substituições, a Ordem dos Notários mantém uma bolsa de notários".

Finalmente, o n.° 5 da mesma disposição dispõe que, "salvo situações excepcionais, devidamente fundamentadas, a substituição não pode exceder seis meses".

V. *Notário; Ordem dos Notários.*

Substituição de testemunhas (Proc. Civil) – O rol de testemunhas não pode, em princípio, ser modificado depois de findo o prazo para a sua apresentação, embora a parte possa, em qualquer momento, desistir da inquirição de testemunhas que tenha apresentado.

No entanto, é admissível a substituição de testemunhas se ocorrer impossibilidade, definitiva ou temporária, para depor, se tiverem mudado de residência, se não tiverem sido notificadas, devendo tê-lo sido, se não comparecerem por um motivo legítimo, ou se, sem justa causa, faltarem, e não forem encontradas.

V. artigos 619.°, n.° 2, e 629.°, n.° 3, C.P.C., o primeiro na redacção do Decreto-Lei n.° 329-A/95, de 12 de Dezembro, e o último na do Decreto-Lei n.° 38/2003, de 8 de Março (rectificado pela Declaração de rectificação n.° 5-C/2003, de 30 de Abril).

A substituição, quando possível, deve ser requerida logo que a parte tenha conhecimento do facto que justifica a substituição.

"No caso de substituição de alguma das testemunhas, não é admissível a prestação do depoimento sem que hajam decorrido cinco dias sobre a data em que à parte contrária foi notificada a substituição, salvo se esta prescindir do prazo; se não for legalmente possível o adiamento da inquirição, de modo a respeitar aquele prazo, fica a substituição sem efeito, a requerimento da parte contrária".

A substituição ilegal de testemunha parece dever produzir a nulidade do depoimento da testemunha substituta.

V. artigo 631.°, C.P.C., com a redacção do DL n.° 329-A/95.

V. *Testemunha; Rol de testemunhas; Prova testemunhal; Residência; Notificação; Inquirição; Princípio do contraditório.*

Substituição directa (Dir. Civil) – Designa-se por esta expressão a substituição ao herdeiro (ou herdeiros, legatário ou legatários) de outra pessoa (ou pessoas), no caso de aquele não poder ou não querer aceitar a herança.

Esta substituição é determinada pelo testador em disposição testamentária.

V. artigos 2281.° a 2285.°, C.C..

V. *Herança; Herdeiro; Legatário; Aceitação da herança; Testamento.*

Substituição do procurador (Dir. Civil) – Independentemente do direito que o procurador tem de socorrer-se de auxiliares na execução da procuração (direito que sempre terá, a menos que coisa diversa resulte do negócio ou do próprio acto que tenha de praticar), põe-se a questão de saber se o procurador se pode fazer substituir por outrem na execução da procuração. Essa questão é resolvida pelo n.° 1 do artigo 264.°, C.C., que diz que "o procurador só pode fazer-se substituir por outrem se o representado o permitir ou se a faculdade de substituição resultar do conteúdo da procuração ou da relação jurídica que a determina".

A substituição em princípio – e salvo declaração em contrário – não determina a exclusão do procurador primitivo e, quer o exclua quer não, aquele não é responsável perante o representado pelos actos praticados pelo substituto, a menos que tenha agido com culpa na escolha deste ou nas instruções que lhe haja dado.

É também nos termos expostos que a substituição do mandatário se pode operar, por força do artigo 1165.°, C.C.. Note-se que, pelo que toca ao mandato judicial, o artigo 36.°, n.° 2, C.P.C., diz que nos poderes conferidos ao mandatário se presume encontrar-se o de substabelecer.

V. *Procurador; Procuração; Negócio jurídico; Acto jurídico; Auxiliar; Mandato; Responsabilidade civil; Culpa; Culpa "in eligendo"; Culpa "in instruendo"; Mandatário; Mandato judicial; Presunção legal; Substabelecimento.*

Substituição fideicomissária (Dir. Civil) – V. *Fideicomisso.*

Substituição plural (Dir. Civil) – A lei fala em substituição plural para significar a situação em que há pluralidade de instituídos ou pluralidade de substitutos (v. artigo 2282.°, C.C.). A esta contrapõe-se a substituição *simples*, situação em que o testador previu a substituição de um único instituído por uma só pessoa.

V. *Testamento; Substituição directa.*

Substituição pupilar (Dir. Civil) – O artigo 2297.°, C.C., confere a qualquer dos pais, não inibidos de exercer o poder paternal, a faculdade de instituírem herdeiros ou nomearem legatários para substituírem os filhos, no caso de estes falecerem antes de perfazerem os dezoito anos de idade, substituição que ficará sem efeito logo que os filhos perfaçam aquela idade ou, se falecerem antes disso, deixando ascendentes ou descendentes: é esta situação que se designa por substituição pupilar.

Se o menor for entretanto declarado interdito por anomalia psíquica, a substituição pupilar é havida como quase-pupilar.

Todos os bens adquiridos pelo filho do testador, ainda que a título de legítima, se encontram abrangidos pela substituição. V. artigos 2297.° a 2300.°, C.C..

V. *Poder paternal; Inibição do poder paternal; Testamento; Menor; Herdeiro; Legatário; Ascendente; Descendente; Interdição; Anomalia psíquica; Substituição quase-pupilar; Legítima.*

Substituição quase-pupilar (Dir. Civil) – Situação idêntica à da substituição pupilar, mas em que a substituição funcionará no caso de o filho falecer, seja qual for a sua idade, sendo incapaz de testar em consequência de interdição por anomalia psíquica.

"A substituição quase-pupilar fica sem efeito logo que seja levantada a interdição, ou se o substituído falecer deixando descendentes ou ascendentes".

Tal como a substituição pupilar, a substituição quase-pupilar apenas abrange "[...] os bens que o substituído haja adquirido por via do testador, embora a título de legítima".

V. artigos 2297.° a 2300.°, C.C..

V. *Substituição pupilar; Testamento; Capacidade; Interdição; Anomalia psíquica; Ascendente; Descendente; Legítima.*

Substituição recíproca (Dir. Civil) – O artigo 2283.°, n.° 1, C.C., admite que o testador determine que os co-herdeiros se substituam reciprocamente, estabelecendo o n.° 2 da mesma disposição que, "em tais casos, se os co-herdeiros tiverem sido instituídos em partes desiguais, respeitar-se-á, no silêncio do testador, a mesma proporção na substituição".

V. *Testamento; Herdeiro.*

Substituto (Dir. Civil) – Designa-se assim a pessoa que realiza o cumprimento da obrigação em vez do respectivo devedor.

Se a obrigação for fungível, pode o seu cumprimento ser realizado por terceiro, sendo este o regime-regra (artigo 767.°, C.C.).

A substituição do devedor no cumprimento pode dar-se por iniciativa do devedor ou ser espontaneamente realizada pelo terceiro. Quando o devedor se faz substituir no cumprimento, sendo a obrigação infungível, o credor não incorre em mora se não aceitar tal cumprimento, antes sendo o devedor que fica constituído em mora.

Mas, mesmo nos casos em que ao devedor é lícito fazer-se substituir na actividade solutória por um terceiro, ele é responsável perante o credor pelos actos praticados pelo substituto "como se tais actos fossem praticados pelo próprio devedor" (artigo 800.°, n.° 1, C.C.).

V. *Direito subjectivo; Obrigação; Mora; Obrigação; Obrigação fungível; Cumprimento; Cumprimento por terceiro; obrigação infungível; Responsabilidade obrigacional; Auxiliar; Recusa da prestação.*

Sucessão (Dir. Civil) – A sucessão traduz-se no investimento de alguém em direitos e obrigações pertencentes a outrem, sendo esses direitos os mesmos do anterior titular. Neste sentido lato, sucessão é pois sinónimo de transmissão.

Mais restritamente, fala-se de sucessão a propósito da sucessão *mortis causa.*

"Diz-se sucessão o chamamento de uma ou mais pessoas à titularidade das relações jurídicas patrimoniais de uma pessoa falecida e a consequente devolução dos bens que a esta pertenciam" – artigo 2024.°, C.C..

Extinguem-se por morte do titular as relações jurídicas que, por sua natureza ou por imposição da lei, hajam de extinguir-se, e ainda aquelas que o *de cuius* queira extinguir, se se tratar de direitos renunciáveis: todas estas relações jurídicas se encontram excluídas do objecto da sucessão (artigo 2025.°, C.C.).

A sucessão defere-se por lei, testamento ou contrato (artigo 2026.°, C.C.).

A sucessão abre-se no momento da morte do seu autor e no lugar do seu último domicílio – artigo 2031.°, C.C..

V. *"Mortis causa"; Relação jurídica; Devolução; Direito renunciável; "De cuius"; Sucessão legal; Testamento; Sucessão contratual; Abertura da sucessão; Autor da sucessão; Domicílio.*

Sucessão contratual (Dir. Civil) – Nos termos do artigo 2028.°, C.C., que toma a expressão em sentido amplo, sucessão contratual abrange:

a) uma forma de sucessão voluntária, em que o acto *mortis causa* é bilateral (contrato ou pacto sucessório). Trata-se de um contrato em que alguém dispõe da sua própria sucessão, instituindo herdeiro(s) e (ou) legatário(s), sucessor(es) este(s) que são também partes no contrato, aceitando desde logo a disposição que é feita em seu benefício;

b) contratos sobre sucessão futura, mas alheia, e que podem ter como objecto ou a renúncia à sucessão de terceiro vivo ao tempo do contrato ou a disposição da sucessão de terceiro vivo ao tempo do contrato.

A mesma disposição preceitua que os pactos sucessórios apenas são admitidos nos casos previstos na lei, sendo nulos em todos os outros casos.

Há um campo em que a lei permite os pactos sucessórios: trata-se das convenções antenupciais.

Nestas, podem fazer-se doações por morte (e também deixas testamentárias), desde que por esposado ou a favor de esposado, por ambos reciprocamente, por terceiro ou terceiros a um ou a ambos, ou por um ou ambos a terceiro ou terceiros (v. artigos 1700.° e segs., C.C.).

"A instituição contratual de herdeiro e a nomeação de legatário, feitas na convenção antenupcial em favor de qualquer dos esposados, quer pelo outro esposado, quer por terceiro, não podem ser unilateralmente revogadas depois da aceitação, nem é lícito ao doador prejudicar o donatário por actos gratuitos de disposição; mas podem essas liberalidades, quando feitas por terceiro, ser revogadas a todo o tempo por mútuo acordo dos contraentes". A instituição hereditária e o legado contratuais em favor de qualquer dos esposados caducam se o casamento não for celebrado no prazo de um ano ou se, sendo-o, vier a ser declarado nulo ou anulado, se ocorrer divórcio ou separação judicial de pessoas e bens por culpa do donatário e ainda se o donatário falecer antes do doador (v. artigos 1701.°, 1703.°, n.° 1, e 1760.°, C.C.).

As doações feitas para casamento que hajam de produzir os seus efeitos apenas por morte do doador são havidas como pactos sucessórios válidos, desde que feitas na convenção antenupcial (sem o que serão nulas).

V. artigos 1755.°, n.° 2, e 1756.°, C.C..

Em qualquer caso, a doação por morte que seja nula será havida como disposição testamentária, se se tiverem observado as formalidades próprias dos testamentos, isto é, será objecto de conversão (v. artigo 946.°, n.° 2, C.C.).

Por outro lado, o artigo 2029.°, n.° 1, C.C., esclarece que não são tidos como pactos sucessórios – e, portanto, não estão sujeitos à nulidade estabelecida para aqueles – os contratos pelos quais "alguém faz doação entre vivos, com ou sem reserva de usufruto, de todos os seus bens ou de parte deles a algum ou alguns dos presumidos herdeiros legitimários, com o consentimento dos outros, e os donatários pagam ou se obrigam a pagar a estes o valor das partes que proporcionalmente lhes tocariam nos termos doados".

V. *Sucessão; Contrato; "Mortis causa"; Convenção antenupcial; Doação; Sucessor; Herdeiro; Legatário; Renúncia; Pacto sucessório; Nulidade; Doação "mortis causa"; Deixa; Revogação; Aceitação; Acto gratuito; Acto de disposição; Liberalidade; Caducidade; Invalidade do casamento; Divórcio; Separação judicial de pessoas e bens; Culpa; Doações para casamento; Testamento; Conversão; Reserva de usufruto; Herdeiro legitimário.*

Sucessão das partes (Proc. Civil) – Se, na pendência da acção, uma das partes falecer (ou, tratando-se de pessoa colectiva, se extinguir), os seus sucessores só podem prosseguir na lide através do incidente de habilitação, previsto nos artigos 371.° e segs., C.P.C., alterados pelos Decretos-Leis n.°s 329-A/95, de 12 de Dezembro, e 180/96, de 25 de Setembro.

V. *Parte; Pessoa colectiva; Sucessor; Incidente; Habilitação.*

Sucessão de leis no tempo – V. *Lei; Conflitos de leis no tempo.*

Sucessão "inter vivos" (Dir. Civil) – Sucessão que se verifica em consequência da ocorrência de um facto diverso da morte.

Normalmente, o facto determinante da transmissão ou sucessão é um acto voluntário do titular do direito, mas pode também ser um facto jurídico *stricto sensu*, como uma condição ou um termo, certo ou incerto.

V. *Sucessão; Condição; Termo.*

Sucessão legal (Dir. Civil) – A sucessão legal é a transmissão *mortis causa* que opera por força da lei. Subespécies da sucessão legal são a *sucessão legítima* e a *sucessão legitimária* (v. estas expressões).

V. *Sucessão; "Mortis causa".*

Sucessão legítima (Dir. Civil) – Diz-se legítima a sucessão legal que se abre "se o falecido não tiver disposto válida e eficazmente, no todo ou em parte, dos bens de que podia dispor para depois da morte", isto é, se o falecido não deixar testamento ou se, tendo-o deixado, este não for válido ou eficaz.

Chama-se também sucessão *ab intestato*, já que pressupõe a ausência de testamento.

Distingue-se a sucessão legítima da legitimária, porque a primeira tem uma natureza supletiva, valendo para o caso de alguém falecer intestado, enquanto a segunda é uma sucessão legal, mas imperativa, isto é, que prevalece sobre a vontade manifestada pelo *de cuius*.

V. artigos 2131.° e segs., C.C..

V. *Sucessão; Abertura da sucessão; Herdeiro legítimo; Testamento; Invalidade; Ineficácia; "De cuius"; Sucessão legitimária; Norma supletiva; Norma imperativa.*

Sucessão legitimária (Dir. Civil) – Também chamada forçosa ou necessária, é a sucessão que a lei impõe em benefício do cônjuge, ascendentes e descendentes, e que a vontade do *de cuius* não pode afastar.

A sucessão legitimária não abrange nunca a totalidade dos bens do *de cuius* – recai sobre uma quota desse património, a chamada *quota indisponível* ou *legítima*.

V. artigos 2156.° e segs., C.C..

V. *Sucessão; Norma imperativa; Legítima; Herdeiro legitimário; Ascendente; Descendente; "De cuius".*

Sucessão "mortis causa" (Dir. Civil) – Sucessão cuja causa é constituída pela morte do sujeito titular dos direitos e obrigações em que outrem sucede.

É comum designar a sucessão *mortis causa* simplesmente por sucessão.

V. *Sucessão; Direito subjectivo; Obrigação.*

Sucessão na posse (Dir. Civil) – O artigo 1255.°, C.C., preceitua que, "por morte do possuidor, a posse continua nos seus sucessores desde o momento da morte independentemente da apreensão material da coisa".

Neste sentido, estabelece artigo 2050.°, n.° 1, C.C., que "o domínio e posse dos bens da herança adquirem-se pela aceitação, independentemente da sua apreensão material", disposição que é aplicável ao legado por força do artigo 2249.°, C.C..

V. *Posse; Sucessão; Sucessor; Herança; Legado; Aceitação da herança.*

Sucessão por morte (Dir. Civil) – V. *Sucessão; Sucessão "mortis causa".*

Sucessão singular (Dir. Civil) – A sucessão singular ou a título singular confere ao transmissário um elemento concreto e individualizado de determinado património.

As transmissões ou sucessões em vida têm sempre o carácter de sucessão singular.

Quanto à sucessão por morte, tanto pode ser a título universal como singular, consoante se trate, respectivamente, de herança ou de legado.

V. *Sucessão; Herança; Legado; Património; Sucessão universal.*

Sucessão testamentária (Dir. Civil) – É a principal forma de sucessão voluntária, caracterizada pela unilateralidade e revogabilidade do acto que lhe dá origem, o testamento.

Todos os indivíduos maiores não interditos por anomalia psíquica podem testar, encontrando-se, embora, a disponibilidade da sua vontade limitada a uma parte do seu património, se existirem herdeiros legitimários. A incapacidade testamentária é uma incapacidade de gozo, pelo que é nulo o testamento feito por incapaz – artigo 2190.°, C.C..

V. artigos 2188.° e segs., C.C..

V. *Sucessão; Testamento; Irrevogabilidade; Capacidade; Maioridade; Interdição; Anomalia psíquica; Herdeiro legitimário.*

Sucessão universal (Dir. Civil) – É a sucessão de alguém no património de outrem, tomado este património no seu todo, como uma unidade.

Se houver vários sucessores a título universal, a cada um deles cabe uma quota como parte abstracta do todo, com o respectivo conteúdo activo e passivo.

As sucessões em vida são sempre a título singular e não universal. Quanto à sucessão por morte, tanto pode ser singular como universal, conforme seja, respectivamente, legado ou herança.

V. *Sucessão; Herança; Legado; Património; Sucessor; Sucessão singular.*

Sucessão voluntária (Dir. Civil) – A sucessão voluntária pode assumir uma de duas formas: provir de testamento ou de contrato (nos limitados termos em que a lei admite os pactos sucessórios).

V. *Sucessão; Sucessão testamentária; Sucessão contratual; Pacto sucessório.*

Sucessível (Dir. Civil) – É todo aquele que pode vir a suceder ao *de cuius.*

V. *Sucessão; "De cuius".*

Sucessor (Dir. Civil) – Aquele (herdeiro ou legatário) que sucede em bens, direitos e obrigações do *de cuius.*

V. *Sucessão; Herdeiro; Legatário; Bem; Direito subjectivo; Obrigação.*

Sucursal (Proc. Civil) – V. *Agência.*

Sujeição (Dir. Civil) – Situação jurídica passiva em que se encontra o sujeito que não pode evitar a produção de determinados efeitos na sua esfera jurídica, decorrentes do exercício por outrem de um direito potestativo.

A sujeição distingue-se do dever jurídico, porque, enquanto este é violável, aquela não o é, dado que a sua realização é independente da vontade do sujeito por ela vinculado. É, por exemplo, a situação em que se encontra o proprietário de um prédio, relativamente ao qual há uma servidão legal: esta constitui-se pelo exercício do direito do titular do prédio dominante, ficando o prédio serviente por ela onerado, independentemente do que queira ou faça o proprietário deste.

V. *Esfera jurídica; Direito potestativo; Dever jurídico; Servidão predial; Prédio dominante; Prédio serviente; Oneração de bens.*

Sujeito de direito (Dir. Civil) – V. *Pessoa jurídica.*

"Sumaria cognicio" (Proc. Civil) – Os procedimentos cautelares visam o apuramento da probabilidade da existência de um direito (*fumus boni juris*) através de um sumário apuramento dos respectivos factos constitutivos.

V. artigo 384.°, n.° 1, C.P.C., na redacção do Decreto-Lei n.° 329-A/95, de 12 de Dezembro.

V. *Procedimento cautelar; "Fumus boni juris"; Direito subjectivo; Facto constitutivo.*

Superficiário (Dir. Civil) – Beneficiário de um direito de superfície.

V. *Direito de superfície.*

Superfície (Dir. Civil) – V. *Direito de superfície.*

"Superficies solo cedit" (Dir. Civil) – A superfície cede ao solo: tudo o que se incorpora num imóvel (plantações, construções, etc.) passa, em princípio, a fazer parte dele e a pertencer ao respectivo proprietário.

Nem sempre, de acordo com a ordem jurídica portuguesa, isto é assim; por vezes o regime é justamente o inverso (v., por exemplo, artigo 1340.°, n.° 1., C.C., relativo a "obras. sementeiras ou plantações feitas de boa fé em terreno alheio").

V. *Acessão; Imóvel.*

Superveniência (Proc. Civil) – V. *Articulados supervenientes; Documento superveniente.*

Supremo Tribunal de Justiça (Org. Judiciária) – Tribunal, com sede em Lisboa, que exerce jurisdição em todo o território nacional. É o "órgão superior da hierarquia dos tribunais judiciais" – artigo 210.° da Constituição da República

V. os artigos 17.°, 21.°, n.° 1, e 25.° e segs. da Lei de Organização e Funcionamento dos Tribunais Judiciais – Lei n.° 3/99, de 13 de Janeiro (rectificada pela Declaração de rectificação n.° 7/99, de 16 de Fevereiro), alterada pela Lei n.° 101/99, de 26 de Julho, pelos Decretos-Leis n.°s 323/2001, de 17 de Dezembro, e 38/2003, de 8 de Março (rectificado pela Declaração de rectificação n.° 5-C/2003, de 30 de Abril), pela Lei n.° 105/2003, de 10 de Dezembro, pelo Decreto-Lei n.° 53/2004, de 18 Março, pela Lei n.° 42/2005, de 29 de Agosto, e pelo Decreto-Lei n.° 76-A/2006, de 29 de Março (rectificado pela Declaração de rectificação n.° 28-A/2006, de 26 de Maio), e o artigo 2.° do Decreto-Lei n.° 186-A/99, de 31 de Maio, alterado pelos Decretos-Leis n.°s 290/99, de 30 de Julho, 27-B/2000, de 3 de Março, 246-A/2001, de 14 de Setembro, 74/2002, de 16 de Março, 148/2004, de 21 de Junho, e 219/2004, de 26 de Outubro (diploma que regulamenta aquela Lei).

Compõe-se de secções cíveis, penais e sociais, podendo funcionar por secções, em reunião conjunta de secções ou em plenário.

O artigo 72.°, C.P.C., na redacção do Decreto-Lei n.° 329-A/95, de 12 de Dezembro, remete para a lei a definição da competência do Supremo, acrescentando que lhe cabe "o conhecimento dos recursos interpostos das decisões proferidas pelas relações e, nos casos especialmente previstos [...], pelos tribunais de 1.ª instância".

Ao Supremo Tribunal de Justiça, funcionando em plenário, compete:

"*a)* Julgar os recursos de decisões proferidas pelo pleno das secções criminais;

b) Conhecer dos conflitos de competência entre os plenos das secções e entre secções;

c) Exercer as demais competências conferidas por lei".

Compete ao pleno das secções, conforme a sua especialização:

"*a)* Julgar o Presidente da República, o Presidente da Assembleia da República e o Primeiro-Ministro pelos crimes praticados no exercício das suas funções;

b) Julgar os recursos de decisões proferidas em primeira instância pelas secções;

c) Uniformizar a jurisprudência, nos termos da lei de processo".

"Compete ainda ao pleno das respectivas secções conjuntas, se a matéria do conflito respeitar à especialização de mais de uma secção, conhecer dos conflitos de competência entre os tribunais da Relação, entre estes e os tribunais de 1ª instância e entre tribunais de 1ª instância de diferentes distritos judiciais ou sediados na área de diferentes tribunais da Relação".

V. os artigos 33.° e 35.°, Lei de Organização e Funcionamento dos Tribunais Judiciais.

O artigo 34.° daquela Lei estabelece que às secções cíveis compete o julgamento das causas que não estejam atribuídas a outras secções, sendo da competência das secções criminais as causas de natureza penal e, finalmente, das secções sociais as causas enunciadas no artigo 85.° da mesma Lei, e que são aquelas que em primeira instância cabem na competência cível dos tribunais de trabalho.

É o artigo 36.° da Lei que estabelece as regras de competência das secções do Supremo Tribunal de Justiça.

"Fora dos casos previstos na lei, o Supremo Tribunal de Justiça apenas conhece de matéria de direito" (artigo 26.°).

O Decreto-Lei n.° 26/92, de 27 de Fevereiro, alterado pelo Decreto-Lei n.° 104/99, de 31 de Março, instituíra o Gabinete do Presidente do Supremo Tribunal de Justiça, que coadjuva este no exercício das suas funções; ambos os diplomas foram revogados pelo Decreto-Lei n.° 188/2000, de 12 de Agosto, alterado pelo Decreto-Lei n.° 74//2002, de 26 de Março, que regula a organização e composição deste gabinete, composto "pelo chefe de gabinete, por seis assessores e por três secretários pessoais", sendo todos os seus membros providos e exonerados pelo Presidente do Supremo Tribunal de Justiça.

A adaptação dos serviços de apoio do Supremo Tribunal de Justiça ao regime de autonomia administrativa consagrado no Decreto-Lei n.° 177/2000, de 9 de Agosto, foi realizada pelo referido DL n.° 74/2002.

V. *Jurisdição; Recurso; Relação; Tribunal de 1.ª instancia; Conflito de competência; Uniformização da jurisprudência; Questão de direito.*

Suprimento de consentimento (Proc. Civil) – A lei civil prevê variadíssimos casos em que, para a validade e eficácia de certos actos, quando praticados por determinadas pessoas, é necessária a autorização ou o consentimento de outras. Do mesmo modo, estabelece que em alguns casos, quando o consentimento for recusado, o interessado se possa dirigir ao tribunal, pedindo o suprimento do consentimento (por exemplo, o consentimento conjugal para a prática de actos de disposição, relativamente aos bens comuns, pode ser judicialmente suprido, quando seja injustificadamente recusado ou quando, por qualquer causa, haja impossibilidade de o prestar – artigo 1684.°, n.° 3, C.C.); o consentimento dos pais ou do tutor para o menor casar pode ser suprido pelo conservador do registo civil, quando razões ponderosas justificarem a celebração do casamento e o menor revelar possuir maturidade física e psíquica suficiente – v. artigos 1604.°-*a)* e 1612.°, C.C., e 255.° a 257.°, Código do Registo Civil.

O processo de suprimento do consentimento, nos casos em que a lei o admite, encontra-se regulado nos artigos 1425.° e segs., C.P.C. (o n.° 2 do artigo 1426.° tem a redacção do Decreto-Lei n.° 329-A/95, de 12 de Dezembro), aplicando-se, por força do artigo 1427.°, o mesmo processo ao suprimento da deliberação da maioria legal dos comproprietários (cfr. artigo 1407.°, C.C.).

O Decreto-Lei n.° 272/2001, de 13 de Outubro, rectificado pela Declaração de rectificação n.° 20-AR/2001, de 30 de Novembro, alargou a competência do Ministério Público, transferindo para este um conjunto de decisões que cabiam aos tribunais judiciais em certos processos de jurisdição voluntária. Nos termos do artigo 2.° deste diploma, passam a ser "da exclusiva competência do Ministério Público as decisões relativas a pedidos de:

a) Suprimento do consentimento, sendo a causa de pedir a incapacidade ou a ausência da pessoa;

b) Autorização para a prática de actos pelo representante legal do incapaz, quando legalmente exigida;

c) Autorização para a alienação ou oneração de bens do ausente, quando tenha sido deferida a curadoria provisória ou definitiva;

d) Confirmação de actos praticados pelo representante do incapaz sem a necessária autorização".

Nestas hipóteses, o interessado deve apresentar o pedido ao magistrado do Ministério Público que exercer funções junto do tribunal em que tenha corrido o processo de nomeação do representante, ou o processo de curadoria, ou, nos outros casos, no tribunal de 1.ª instância competente em razão da matéria no âmbito da circunscrição da residência do representante. "Juntamente com o pedido são apresentados os fundamentos de facto e de direito, indicadas as provas e junta a prova documental"; são citados para, no prazo de 15 dias, apresentar oposição e indicar e juntar as provas, consoante os casos, o representante do incapaz, o procurador ou curador do ausente, o seu cônjuge ou parente sucessível mais próximo e o próprio incapaz, se for inabilitado; "nos casos de suprimento [...] em que a causa de pedir seja a incapacidade ou a ausência da pessoa e ainda não esteja decretada a interdição ou inabilitação ou verificada judicialmente a ausência", aplica-se o que já se deixou referido, com as necessárias adaptações. A decisão do Ministério Público é tomada "depois de produzidas as provas que admitir, de concluídas outras diligências necessárias e de ouvido o conselho de família, quando o seu parecer for obrigatório"; "no prazo de 10 dias contados da notificação da decisão, pode o requerente ou qualquer interessado que tiver apresentado oposição requerer a reapreciação da pretensão ao tribunal [...] [de 1.ª instância competente em razão da matéria no âmbito territorial da residência do representante]" – artigo 3.°.

V. *Autorização; Validade; Ineficácia; Acto jurídico; Acto de disposição; Bens comuns; Tutor; Casamento de menor; Registo civil; Deliberação; Compropriedade; Ministério Público; Processos de jurisdição voluntária; Pedido; Causa de pedir; Incapacidade; Ausência; Representação legal; Alienação; Oneração de bens; Curador; Tribunal de 1.ª instância; Competência em razão da matéria; Prova; Prova documental; Citação; Procurador; Parentesco; Sucessível; Interdição; Inabilitação; Conselho de família; Notificação.*

Suprimento de incapacidade (Dir. Civil) – Existem dois processos de suprir a incapacidade de exercício de que uma pessoa pode estar afectada (em razão da idade, da situação física ou mental): um consiste em fazer praticar os actos jurídicos por outrem, que actua em substituição do incapaz, produzindo tais actos os seus efeitos na esfera jurídica deste último (representação); o outro consiste em colocar alguém na situação de auxiliar do incapaz na prática de todos ou alguns actos jurídicos (assistência), quer autorizando previamente os actos, quer aprovando-os posteriormente à sua celebração.

A incapacidade resultante da menoridade é suprida pelo poder paternal (artigos 124.° e 1877.° a 1920.°-C, C.C., e artigo 36.°, n.°s 3, 4, 5 e 6, da Constituição da República); quando os pais tiverem falecido, estiverem inibidos do exercício do poder paternal quanto à regência do filho, quando forem desconhecidos ou quando estiverem há mais de seis meses impedidos de facto do exercício do poder paternal, os menores são sujeitos ao regime da tutela, forma subsidiária de suprimento da sua incapacidade (artigos 124.° e 1921.° a 1972.°, C.C.). Há ainda um outro meio legalmente previsto, a administração de bens (artigos 1922.°, 1924.°, n.° 2, e 1967.° e segs., C.C.), que pode funcionar em alguns casos.

Quanto à incapacidade determinada pela interdição, ela é suprida pelo regime da tutela atrás referido e, quando esta recaia sobre o pai ou a mãe do interdito, eles exercerão o poder paternal (artigos 139.° a 146.°, C.C.).

Pelo que toca à incapacidade dos inabilitados, o suprimento opera-se pela assistência de um curador (curatela) – v. artigos 153.° e 154.°, C.C..

V. *Incapacidade; Acto jurídico; Esfera jurídica; Representação legal; Assistência; Autorização; Poder paternal; Inibição do poder paternal; Tutela; Administração de bens; Interdição; Inabilitação; Curatela.*

Suprimento de incapacidade judiciária (Proc. Civil) – O suprimento da incapacidade judiciária faz-se, regra geral, por representação, ou, quando se trate de um inabilitado, por autorização do respectivo curador, nos termos do artigo 10.°, n.° 1, C.P.C..

A representação dos menores cujo poder paternal compita a ambos os pais é feita por ambos, sendo o acordo deles necessário para a propositura de acções em representação do filho e devendo ambos ser citados para qualquer acção proposta contra aquele – artigo 10.°, n.°s 2 e 3, C.P.C., na redacção do Decreto-Lei n.° 329--A/95, de 12 de Dezembro. Caso haja desacordo dos pais "acerca da conveniência de intentar a acção, pode qualquer deles requerer ao tribunal competente para a causa a resolução do conflito", e, "se o desacordo apenas surgir no decurso do processo, acerca da orientação deste, pode qualquer dos pais, no prazo de realização do primeiro acto processual afectado pelo desacordo, requerer ao juiz da causa que providencie sobre a forma de o incapaz ser nela representado, suspendendo-se entretanto a instância" (artigo 12.°, n.°s 1 – com a redacção do Decreto-Lei n.° 38/2003, de 8 de Março – e 2 – com a do DL n.° 329-A/95 –, C.P.C.).

Há casos em que ao incapaz é nomeado um curador especialmente para o representar em juízo (*curador ad litem*):

a) se o incapaz não tiver representante e houver urgência;

b) se o réu estiver de facto, "por anomalia psíquica ou outro motivo grave", em condições de receber a citação para a causa;

c) se o incapaz (ou ausente ou, ainda, incerto) não deduzir, pessoalmente ou através do respectivo representante, oposição na acção contra ele proposta pelo Ministério Público em representação do autor.

Há casos em que é ao Ministério Público que cabe a representação de incapazes, ausentes e incertos.

Ao juiz incumbe, "logo que se aperceba de algum dos vícios a que se refere o artigo anterior [incapacidade judiciária ou irregularidade da representação] [...], oficiosamente e a todo o tempo, providenciar pela regularização da instância" – artigo 24.°, C.P.C., na redacção do DL n.° 329-A/95.

Nos termos do artigo 23.°, C.P.C., "a incapacidade judiciária e a irregularidade de representação são sanadas mediante a intervenção ou citação do representante legítimo ou do curador do incapaz", seguindo o processo como se os vícios não se tivessem verificado "se estes ratificarem os actos anteriormente praticados"; não havendo ratificação, "fica sem efeito todo o processado posterior ao momento em que a falta se deu ou a irregularidade foi cometida, correndo novamente os prazos para a prática dos actos não ratificados, que podem ser renovados". Finalmente, o n.° 4 da mesma disposição estabelece que, "sendo o incapaz autor e tendo o processo sido anulado desde o início, se o prazo de prescrição ou caducidade tiver entretanto terminado ou terminar nos dois meses imediatos à anulação, não se considera completada a prescrição ou caducidade antes de findarem estes dois meses".

V. ainda artigos 11.°, 14.° a 17.°, e 242.°, C.P.C. (o artigo 11.° na redacção do Decreto-Lei n.° 180/96, de 25 de Setembro, os artigos 16.° e 17.° na do DL n.° 329-A/95, e o artigo 242.° na do DL n.° 38/2003).

V. *Capacidade judiciária; Representação; Inabilitação; Autorização; Curador; Poder paternal; Propositura da acção; Citação; Competência; Actos processuais; Suspensão da instância; Réu; Anomalia psíquica; Ministério Público; Incertos; Ausência; Autor; Prazo; Instância; Ratificação; "Ex officio"; Prescrição; Caducidade.*

Suprimento do poder paternal (Dir. Civil) – Quando nenhum dos pais esteja em condições de exercer o poder paternal (por estarem ambos inibidos ou impedidos há mais de seis meses), quando ambos os pais tenham falecido ou ainda quando sejam incógnitos, a lei civil estabelece que o poder paternal seja suprido pela tutela.

V. artigo 1921.°, C.C..

Sempre que os pais apenas tenham sido excluídos, inibidos ou suspensos da administração dos bens do menor, mantendo embora o exercício do poder paternal relativamente à pessoa do filho, é instituído o regime da administração de bens.

V. artigo 1922.°, C.C..

"O candidato a adoptante que, mediante confiança administrativa, haja tomado o menor a seu cargo com vista a futura adopção pode requerer ao tribunal a designação como curador provisório do menor até ser decretada a adopção ou instituída a tutela" – artigo 163.° da antiga O.T.M. (Decreto-Lei n.° 314/78, de 27 de Outubro, na redacção dos Decretos-Leis n.°s 185/93, de 22 de Maio, e 120/98, de 8 de Maio).

Encontrando-se o menor em condições de ser adoptado e tendo sido requerida a sua confiança judicial, o artigo 167.°, O.T.M., na redacção dos Decretos-Leis n.°s 185/93 e 120/98, e da Lei n.° 31/2003, de 22 de Agosto, dispõe que, "na sentença que decida a confiança judicial, o tribunal designa curador provisório ao menor, o qual exercerá funções até ser decretada a adopção ou instituída a tutela".

V. *Poder paternal; Inibição do poder paternal; Tutela; Administração legal; Adopção; Confiança de menor; Curador.*

Surdez-mudez (Dir. Civil; Proc. Civil) – A surdez-mudez que for de tal gravidade que torne o sujeito incapaz de governar a sua pessoa e os seus bens constitui fundamento de interdição, justificando a inabilitação, se, embora de carácter permanente, "não seja de tal modo grave que justifique a [...] interdição".

V. artigos 138.° e 152.°, C.C..

O artigo 141.°, n.° 1, C.P.C., na redacção do Decreto-Lei n.° 183/2000, de 10 de Agosto, prevê que, "sem prejuízo da intervenção de intérprete idóneo sempre que o juiz o considerar conveniente, quando um surdo, mudo ou surdo-mudo devam prestar depoimento, observam-se as seguintes regras:

a) Ao surdo, formulam-se as perguntas por escrito, respondendo ele oralmente;

b) Ao mudo, formulam-se as perguntas oralmente, respondendo ele por escrito;

c) Ao surdo-mudo, formulam-se as perguntas por escrito, respondendo ele também por escrito".

"O juiz deve nomear intérprete idóneo ao surdo, ao mudo ou ao surdo-mudo que não souber ler ou escrever" (artigo 141.°, n.° 2, C.P.C., com a redacção do DL n.° 183/2000).

V. *Interdição; Inabilitação; Intérprete.*

Suspeição (Proc. Civil) – Há circunstâncias que, não determinando o impedimento do juiz, permitem que as partes requeiram a sua não intervenção na causa. Os fundamentos de suspeição encontram-se enunciados no artigo 127.°, C.P.C., e com base neles pode o próprio juiz pedir dispensa de intervir na causa, como, aliás, o pode fazer desde que, "por outras circunstâncias ponderosas, entenda que pode suspeitar-se da sua imparcialidade".

Os artigos 128.° e segs., C.P.C., ocupam-se do regime da dedução do incidente de suspeição, seu processamento e julgamento.

Aos funcionários da secretaria do tribunal pode também ser oposta suspeição, fundamentalmente com base em quase todas as mesmas circunstâncias que legitimam a suspeição do juiz, por força do artigo 134.°, C.P.C..

V. artigos 126.° e segs., C.P.C..

Há profissionais, como, por exemplo, os solicitadores que também se encontram sujeitos a impedimentos e suspeições: dispõe o artigo 121.° do Estatuto da Câmara dos Solicitadores (Decreto-Lei n.° 88/2003, de 26 de Abril, alterado pelas Leis n.°s 49/ /2004, de 24 de Agosto, e 14/2006, de 26 de Abril) que "é aplicável ao solicitador de execução, com as necessárias adaptações, o regime estabelecido no Código de Processo Civil acerca dos impedimentos e suspeições dos funcionários da secretaria".

V. *Impedimentos; Juiz; Escusa; Incidente; Funcionário de justiça; Secretaria judicial; Solicitador; Solicitador de execução.*

Suspensão da acção (Proc. Civil) – V. *Suspensão da instância.*

Suspensão da audiência (Proc. Civil) – No regime do Decreto-Lei n.° 269/98, de 1 de Setembro (rectificado pela Declaração de rectificação n.° 16-A/98, de 30 de Setembro), alterado pelos Decretos-Leis n.°s 383/99, de 23 de Setembro, 183/2000, de 10 de Agosto, 323/2001, de 17 de Dezembro, 32/2003, de 17 de Fevereiro, 38/2003, de 8 de Março (rectificado pela Declaração de rectificação n.° 5-C/2003, de 30 de Abril), e 107/2005, de 1 de Julho (rectificado pela Declaração de rectificação n.° 63/2005, de 19 de Agosto) –, que se ocupa "dos procedimentos destinados a exigir o cumprimento de obrigações pecuniárias emergentes de contratos de valor não superior à alçada da Relação" "ou das obrigações emergentes de transacções comerciais abrangidas pelo Decreto-Lei n.° 32/2003, de 17 de Fevereiro" –, determina o artigo 4.°, n.° 5, que, "se ao juiz parecer indispensável, para boa decisão da causa, que se proceda a alguma diligência, suspenderá a audiência na altura que reputar mais conveniente e marcará logo dia para a sua continuação, devendo o julgamento concluir-se dentro de 30 dias [...]".

V. *Audiência; Obrigação; Obrigação pecuniária; Injunção; Alçada.*

Suspensão da caducidade (Dir. Civil) – O artigo 328.°, C.C., exclui a aplicação à caducidade das regras de suspensão dos artigos 318.° e segs., C.C..

Há casos em que, no entanto, a lei determina especialmente a sua aplicação: é, por exemplo, o do n.° 3 do artigo 2308.°, C.C., que diz que aos prazos de caducidade das acções de nulidade e anulação dos testamentos são aplicáveis as regras da suspensão da prescrição; era também o caso da disposição do artigo 29.° do Código dos Processos Especiais de Recuperação da Empresa e de Falência, aprovado pelo Decreto-Lei n.° 132/93, de 23 de Abril, alterado pelos Decretos-Leis n.°s 157/97, de 24 de Junho, 315/98, de 20 de Outubro, 323/2001, de 17 de Dezembro, e 38/2003, de 8 de Março, que determinava que os prazos de caducidade oponíveis pelo devedor se suspendiam com o despacho que ordenava o prosseguimento da acção de recuperação; este Código foi revogado pelo Decreto-Lei n.° 53/2004, de 18 de Março, alterado pelos Decretos-Leis n.°s 200/2004, de 18 de Agosto, e 76-A/2006, de 29 de Março (rectificado pela Declaração de rectificação n.° 28-A/2006, de 26 de Maio), que aprovou o Código da Insolvência e da Recuperação de Empresas, cujo artigo 100.° dispõe que "a sentença de declaração da insolvência determina a suspensão de todos os prazos [...] de caducidade oponíveis pelo devedor, durante o decurso do processo".

Para além dos casos em que a lei, excepcionalmente, manda aplicar à caducidade o regime da suspensão, há de ter-se em conta a possibilidade, conferida genericamente pelo artigo 330.°, C.C., de as partes convencionarem o regime da caducidade, dispondo o n.° 2 desta disposição que "são aplicáveis aos casos convencionais de caducidade, na dúvida acerca da vontade dos contraentes, as disposições relativas à suspensão da prescrição".

V. *Caducidade; Suspensão da prescrição; Nulidade; Anulação; Testamento; Despacho; Insolvência, Recuperação de empresas; Declaração de insolvência; Devedor; Convenção; Interpretação do negócio jurídico.*

Suspensão da instância (Proc. Civil) – "A instância suspende-se nos casos seguintes:

a) Quando falecer ou se extinguir alguma das partes [...];

b) Nos processos em que é obrigatória a constituição de advogado, quando este falecer ou ficar absolutamente impossibilitado de exercer o mandato. Nos outros processos, quando falecer ou se impossibilitar o representante legal do incapaz, salvo se houver mandatário judicial constituído;

c) Quando o tribunal ordenar a suspensão;

d) Nos outros casos em que a lei o determinar especialmente".

Enquanto persistir a suspensão da instância, não correm prazos judiciais e só podem ser validamente praticados os actos processuais urgentes, destinados a evitar um dano irreparável, a estes assistindo o Ministério Público ou advogado nomeado pelo juiz em representação da parte que se encontrar impedida de o fazer.

A suspensão cessa:

a) No caso de falecimento ou extinção da parte, quando for notificada a decisão que considere habilitado o respectivo sucessor;

b) No caso de falecimento ou impossibilidade do advogado ou representante legal, quando a parte contrária tiver conhecimento de que se acha constituído novo advogado, de que já há novo representante ou de que cessou a impossibilidade;

c) Tendo o tribunal ordenado a suspensão, por a decisão da causa se encontrar dependente de outra já proposta, quando a causa prejudicial se encontrar definitivamente julgada; e, se a suspensão determinada pelo tribunal tiver tido outro motivo e lhe tiver sido fixado prazo, quando este tiver decorrido;

d) Se a suspensão tiver sido determinada por preceito legal, quando cessar a circunstância a que a lei atribui o efeito suspensivo.

V. artigos 276.° e segs., C.P.C., (os artigos 276.°, 277.°, 279.° e 283.° com a redacção do Decreto-Lei n.° 329-A/95, de 12 de Dezembro, e o artigo 280.° com a do Decreto-Lei n.° 180/96, de 25 de Setembro).

De acordo com o artigo 8.°, n.° 1, do Código da Insolvência e da Recuperação de Empresas, aprovado pelo Decreto-Lei n.° 53/2004, de 18 de Março, alterado pelos Decretos-Leis n.°s 200/2004, de 18 de Agosto, e 76-A/2006, de 29 de Março (rectificado pela Declaração de rectificação n.° 28-A/2006, de 26 de Maio), "a instância do processo de insolvência não é passível de suspensão, excepto nos casos expressamente previstos neste Código", dispondo o n.° 2 do mesmo artigo que, "sem prejuízo do disposto na alínea *b)* do n.° 3 do artigo 264.° [se o cônjuge de um devedor contra o qual tenha sido instaurado processo de insolvência, se apresentar, ele próprio à insolvência, com o consentimento do respectivo consorte, é suspenso "qualquer processo de insolvência anteriormente instaurado apenas contra o apresentante e em que a insolvência não haja sido declarada, se for acompanhado de confissão expressa da situação de insolvência ou caso seja apresentada pelos cônjuges uma proposta de plano de pagamentos"], o tribunal ordena a suspensão da instância se contra o mesmo devedor correr processo de insolvência instaurado por outro requerente cuja petição tenha primeiramente dado entrada em juízo"; o n.° 3 dispõe que, "declarada a insolvência no âmbito de certo processo, deve a instância ser suspensa em quaisquer outros processos de insolvência que corram contra o mesmo devedor e considerar-se extinta com o trânsito em julgado da sentença, independentemente da prioridade temporal das entradas em juízo das petições iniciais". Porém, de acordo com o artigo 261.°, n.° 2, é derrogado o disposto neste artigo 8.° se estiver pendente "um processo de insolvência em que tenha sido apresentado um plano de pagamentos", já que essa pendência não obsta ao prosseguimento de outro processo instaurado contra o mesmo devedor por credores cujos direitos não tenham sido incluídos na relação anexa ao plano, "nem a declaração de insolvência proferida no primeiro, nos termos do n.° 1 do artigo 259.° [sentença homologatória de plano de pagamentos e, após o seu trânsito em julgado, declara igualmente a insolvência do devedor no processo principal], suspende [...] a instância do segundo".

O artigo 10.° deste Código estabelece que, "no caso de falecimento do devedor, o processo: [...] *b)* É suspenso pelo prazo, não prorrogável, de cinco dias, quando o sucessor do devedor o requeira e o juiz considere conveniente a suspensão".

No regime previsto pelo Decreto-Lei n.° 316/98, de 20 de Outubro, alterado Decreto-Lei n.° 201/2004, de 18 de Agosto, de procedimento de conciliação no quadro de recuperação de empresa insolvente ou na iminência de o ficar, o artigo 10.° prevê a suspensão da instância no processo de insolvência, "a requerimento da empresa ou de qualquer interessado, instruído com declaração emitida pelo IAPMEI", decidindo o juiz, ouvidas as partes, não podendo a suspensão da instância prolongar-se por mais de dois meses".

V. *Instância; Parte; Advogado; Constituição obrigatória de advogado; Mandatário judicial; Representação legal; Incapaz; Prazo judicial; Actos processuais; Dano irreparável; Ministério Público; Nomeação oficiosa de advogado; Notificação; Sucessor; Habilitação; Questão prejudicial; Insolvência; Recuperação de empresas; Devedor; Apresentação à insolvência; Confissão; Plano de pagamentos; Entrada; Petição inicial; Trânsito em julgado; Extinção da instância; Homologação; Sentença; Requerimento; Tentativa de conciliação.*

Suspensão da lei – A competência legislativa comporta competência para suspender a vigência da lei. A suspensão pode ser determinada por um prazo imediatamente definido na disposição suspensiva ou imposta sem prazo, caso em que será necessária nova lei que disponha sobre o recomeço da vigência da lei suspensa.

V. *Lei; Vigência da lei.*

Suspensão da prática de actos processuais (Proc. Civil) – O artigo 143.°, C.P.C., na redacção do Decreto-Lei n.° 329-A/95, de 12 de Dezembro, determina que "não se praticam actos judiciais nos dias em que os tribunais estiverem encerrados, nem durante o período de férias judiciais", com excepção das "citações, notificações e os actos que se destinem a evitar dano irreparável".

O Decreto-Lei n.° 183/2000, de 10 de Agosto, aditou ao artigo 143.° um n.° 4, que estabelece que "as partes podem praticar os actos processuais através de telecópia ou por correio electrónico, em qualquer dia e independentemente da hora da abertura e do encerramento dos tribunais". A Portaria n.° 642/2004, de 16 de Junho, "regula a forma de apresentação a juízo dos actos processuais enviados através de correio electrónico [...]".

V. *Actos processuais; Feriados; Férias judiciais; Citação; Notificação; Dano irreparável; telecópia; Suspensão de prazo judicial.*

Suspensão da prescrição (Dir. Civil) – Há determinadas situações previstas na lei em que o prazo prescricional não começa a correr ou, se já o estava, o seu curso se suspende – artigos 318.° e segs., C.C..

Fundamentalmente, tais situações reconduzem-se a dois tipos: causas bilaterais de suspensão, decorrentes de uma relação de dependência entre as pessoas, considerada inibitória do exercício de direitos de uma em relação à outra, e que cessam logo que a relação cesse (é o caso, por exemplo, de quem exerce o poder paternal e dos que a ele estão sujeitos, de quem tem os seus bens sujeitos à administração de outrem e do administrador, de quem presta trabalho doméstico a outrem e do respectivo patrão); causas unilaterais de suspensão, emergentes da impossibilidade, jurídica ou factual, em que se encontram certas pessoas de exercer os seus direitos (assim acontece, designadamente, com os menores, interditos e inabilitados, militares durante o tempo de guerra ou mobilização, pessoas impedidas de exercer o direito por motivo de força maior).

Um caso de suspensão da prescrição encontra-se previsto no n.° 4 do artigo 23.°, C.P.C., na redacção do Decreto-Lei n.° 329-A/95, de 12 de Dezembro: aí se estabelece que, quando o autor na acção seja incapaz e não esteja representado ou não se encontre irregularmente representado e em consequência disso vier a ser anulado o processo desde o início, o prazo de prescrição que entretanto houvesse de terminar ou terminasse nos dois meses imediatamente subsequentes não se considera completado enquanto não se completarem aqueles dois meses.

O artigo 29.°, n.° 1, *in fine*, do Código dos Processos Especiais de Recuperação da Empresa e de Falência, aprovado pelo Decreto-Lei n.° 132/93, de 23 de Abril, alterado pelos Decretos-Leis n.°s 157/97, de 24 de Junho, 315/98, de 20 de Outubro, 323/2001, de 17 de Dezembro, e 38/2003, de 8 de Março, determinava que, ordenado o prosseguimento da acção de recuperação, se suspendiam os prazos de prescrição oponíveis pelo devedor; este Código foi revogado pelo Decreto-Lei n.° 53/2004, de 18 de Março, alterado pelos Decretos-Leis n.°s 200/2004, de 18 de Agosto, e 76-A/2006, de 29 de Março (rectificado pela Declaração de rectificação n.° 28-A/2006, de 26 de Maio), que aprovou o Código da Insolvência e da Recuperação de Empresas, cujo artigo 100.° dispõe que "a sentença de declaração da insolvência determina a suspensão de todos os prazos de prescrição [...] oponíveis pelo devedor, durante o decurso do processo".

Logo que a causa suspensiva cessa, a prescrição começa ou continua a correr.

V. *Prescrição; Interrupção da prescrição; Poder paternal; Administração legal; Serviço doméstico; Direito subjectivo; Menor; Interdição; Inabilitação; Caso de força maior; Incapacidade; Capacidade judiciária; Autor; Representação; Insolvência; Recuperação de empresas; Empresa; Devedor.*

Suspensão de deliberações sociais (Proc. Civil) – Trata-se de uma providência cautelar que pode ser requerida por qualquer sócio de uma associação ou sociedade que haja tomado deliberação contrária à lei, aos estatutos ou ao contrato. O sócio deve requerer a suspensão da deliberação, justificando a sua qualidade de sócio e mostrando que a execução da deliberação pode causar dano apreciável, num prazo de 10 dias a contar da data da assembleia que tomou a deliberação ou, no caso de o sócio requerente não haver sido regularmente convocado para a assembleia, no mesmo prazo, a contar da data em que tomou conhecimento da deliberação.

A partir da citação da associação ou sociedade para contestar, a ela não é lícito executar a deliberação.

O mesmo regime é aplicável às deliberações anuláveis da assembleia de condóminos de prédio em regime de propriedade horizontal.

V. os artigos 396.° e segs., C.P.C. (os artigos 396.° e 397.° têm a redacção do Decreto-Lei n.° 329-A/95, de 12 de Dezembro).

V. *Deliberações sociais; Procedimento cautelar; Requerimento; Sócio; Associação; Sociedade; Estatutos; Dano; Assembleia geral; Citação; Contestação; Propriedade horizontal; Assembleia dos condóminos; Anulabilidade.*

Suspensão de prazo judicial (Proc. Civil) – Embora a regra geral seja a de que o prazo judicial é contínuo, correndo seguidamente, o artigo 144.°, C.P.C., na redacção do Decreto-Lei n.° 329-A/95, de 12 de Dezembro, dispõe que o prazo se suspende "durante as férias judiciais, salvo se a sua duração for igual ou superior a seis meses ou se tratar de actos a praticar em processos que a lei considere urgentes"; quando o prazo terminar num dia em que os tribunais estejam encerrados, considerando-se como tal quando tenha sido concedida tolerância de ponto, o seu termo transfere-se para o primeiro dia útil seguinte; a suspensão é aplicável aos "prazos para a propositura de acções previstos [no] Código".

V. *Prazo judicial; Férias judiciais; Actos processuais; Processo urgente; Propositura da acção.*

Suspensão do poder paternal (Dir. Civil; Proc. Civil) – "Como preliminar ou como incidente da acção de inibição do poder paternal, pode ordenar-se a suspensão desse poder e o depósito do menor, se um inquérito sumário mostrar que o requerido ou os requeridos são manifestamente incapazes, física ou moralmente, de cuidar do filho" – artigo 199.°, n.° 1, O.T.M. (Decreto-Lei n.° 314/78, de 27 de Outubro, na redacção dos Decretos-Leis n.°s 185/93, de 22 de Maio, e 120/98, de 8 de Maio).

Dispõe-se, no n.° 3 da mesma disposição, que "a suspensão do poder paternal e o depósito do menor ficam sem efeito nos mesmos casos e termos que as providências cautelares, segundo o Código de Processo Civil" (cfr. artigos 381.° e segs., C.P.C.).

O artigo 37.°, n.° 3, do Código do Registo Civil, na redacção do Decreto-Lei n.° 228/2001, de 20 de Agosto, dispõe que "podem ser destruídas [...] desde que tenham mais de 20 anos, as certidões de sentenças [...] que decretem [...] a suspensão do [poder paternal] [...]".

V. *Poder paternal; Inibição do poder paternal; Incidente; Procedimento cautelar; Depósito de menor; Registo civil; Certidão; Sentença.*

Suspensão por inexecução (Dir. Civil) – A suspensão do cumprimento de uma obrigação contratual, fundada na excepção do não cumprimento do contrato, é assim designada.

V. *Obrigação; Cumprimento; Excepção do não-cumprimento.*

Sustação do mandado de despejo (Dir. Civil; Proc. Civil) – Os artigos 60.° e 61.° do Regime do Arrendamento Urbano, aprovado pelo Decreto-Lei n.° 321-B/90, de 15 de Outubro, alterado pelo Decreto-Lei 278/93, de 10 de Agosto (este alterado, por ratificação, pela Lei n.° 13/94, de 11 de Maio), pelo Decreto-Lei n.° 163/95, de 13 de Julho, pela Lei n.° 89/95, de 1 de Setembro, pelo Decreto-Lei n.° 257/95, de 30 de Setembro, pela Lei n.° 135/99, de 28 de Agosto, pelos Decretos-Leis n.°s 64-A/ /2000, de 22 de Abril, e 329-B/2000, de 22 de Dezembro, e pelas Leis n.°s 6/2001 e 7/2001, ambas de 11 de Maio – correspondentes aos anteriores artigos 986.° e 987.°, C.P.C., actualmente revogados –, prevêem vários casos em que a execução do mandado de despejo pode ser sustada.

São eles: não ter o detentor do prédio sido ouvido e convencido na acção de despejo e exibir "título de arrendamento, ou de outro gozo legítimo do prédio, emanado do exequente" ou "título de subarrendamento, ou de cessão da posição contratual, emanado do executado, e documento comprovativo de haver sido requerida no prazo de 15 dias a respectiva notificação ao senhorio ou de o senhorio ter especialmente autorizado o subarrendamento ou a cessão, ou de o senhorio ter reconhecido o subarrendatário ou cessionário como tal"; ser o arrendamento para habitação e mostrar-se, "por atestado médico, que a diligência põe em risco de vida, por razões de doença aguda, a pessoa que se encontra no local".

V. *Despejo; Mandado de despejo; Detenção; Arrendamento; Gozo; Exequente; Sublocação; Cessão da posição contratual; Executado; Documento; Notificação judicial avulsa; Senhorio; Reconhecimento do subarrendatário; Arrendamento para habitação.*

Sustentação do agravo (Proc. Civil) – O artigo 744.°, C.P.C., na redacção do Decreto-Lei n.° 329-A/95, de 12 de Dezembro, dispõe, no n.° 1, que, "findos os prazos concedidos às partes para alegarem, a secretaria autua as alegações do agravante e do agravado [...] e faz tudo concluso ao juiz para sustentar ou reparar o agravo".

Diz o n.° 2 que, "se sustentar o despacho, o juiz pode mandar juntar ao processo as certidões que entenda necessárias e o processo é remetido em seguida ao tribunal superior".

O n.° 5 prevê a hipótese de o juiz não sustentar nem reparar, determinando que "o relator mandará baixar o processo para que este [o despacho de reparação ou sustentação] seja proferido".

V. *Agravo; Despacho de reparação; Prazo judicial; Parte; Alegações; Secretaria judicial; Conclusão; Certidão; Juiz relator.*

Sustentação do despacho (Proc. Civil) – V. *Despacho; Despacho de sustentação.*

"Swap" (Dir. Civil; Dir. Comercial) – Contrato pelo qual as partes acordam em trocar certas obrigações de pagamento em determinada data, por cada uma delas julgar que as condições de cumprimento da obrigação da outra são mais vantajosas do que as suas.

O *swap* de divisas é uma sua modalidade, comprometendo-se os contraentes a trocar as suas divisas num momento futuro, com um câmbio pré-determinado.

V. *Troca; Obrigação; Cumprimento.*

T

Tanteio (Dir. Civil) – Designação doutrinária tradicional do direito de preferência.

V. *Direito de preferência.*

"Tantumdem" (Dir. Civil) – *Outro tanto;* designa-se assim a obrigação de restituir outro tanto.

V. *Obrigação.*

"Tantum judicatum quantum disputatum vel disputari debebat" (Proc. Civil) – Máxima latina segundo a qual o caso julgado fixa inalteravelmente a decisão sobre a pretensão do autor, quer em relação aos meios de defesa que o réu utilizou ou aos fundamentos que o autor apresentou, quer relativamente àqueles que, tendo as partes podido deduzir, não chegaram a invocar.

Nos termos desta, que se pode entender como consagrada no artigo 671.°, C.P.C., fica, pois, pelo caso julgado, precludida às partes a possibilidade de invocar, em nova acção, outros fundamentos ou meios de defesa relativos à mesma questão.

V. *Autor; Pretensão; Réu; Caso julgado.*

"Tantum praescriptum quantum possessum" (Dir. Civil) – Adágio latino segundo o qual a medida e os termos da aquisição por usucapião se definem pelos da posse que lhe dá origem.

De acordo com o artigo 1287.°, C.C., o possuidor pode adquirir o direito "a cujo exercício corresponde a sua actuação": é, pois, pela actuação do possuidor que se determinam a extensão e os limites do direito adquirido.

V. *Usucapião; Posse; Direito real.*

Tapagem (Dir. Civil) – O direito de tapagem constitui uma das faculdades inerentes ao direito de propriedade.

"A todo o tempo o proprietário pode murar, valar, rodear de sebes o seu prédio, ou tapá-lo de qualquer modo".

As valas que circundam os prédios devem ser abertas com observância do disposto no artigo 1357.°, C.C., e, se o não forem, presumem-se comuns.

As sebes vivas só podem ser plantadas nas estremas dos prédios depois de se colocarem marcos divisórios.

V. artigos 1356.° e segs., C.C..

V. *Direito de propriedade; Prédio; Presunção legal; Sebes vivas.*

Tarefas a favor da comunidade (Dir. Civil) – Medida tutelar educativa, prevista na Lei Tutelar Educativa, aprovada pela Lei n.° 166/99, de 14 de Setembro. Segundo o artigo 12.°, consiste em o menor "exercer actividade em benefício de entidade, pública ou privada, de fim não lucrativo", com a "duração máxima de sessenta horas" e "não podendo exceder três meses". Estabelece ainda a lei que ela "não pode ocupar mais de dois dias por semana e três horas por dia e respeita o período de repouso do menor, devendo salvaguardar um dia de descanso semanal e ter em conta a frequência da escolaridade, bem como outras actividades que o tribunal considere importantes para a formação do menor". A decisão do tribunal deve fixar a forma da actividade, a respectiva duração, bem como a entidade que acompanha a execução ou que é sua destinatária (artigo 20.°, n.° 1).

V. *Menor; Medida tutelar.*

Taxa de justiça (Proc. Civil) – Designam-se assim as importâncias a pagar no tribunal pelas partes num processo e em diversos momentos deste, e que consistem em adiantamentos de determinados encargos. Estas importâncias tinham no anterior Código das Custas Judicias a designação de preparos.

O actual Código das Custas Judiciais, aprovado pelo Decreto-Lei n.° 224-A/96, de 26 de Novembro (rectificado pela Declaração de rectificação n.° 4-B/97, de 31 de Janeiro), alterado pelo Decreto-Lei n.° 91/97, de 22 de Abril, pela Lei n.° 59/98, de 25 de Agosto, pelos Decretos-Leis n.°s 304/99, de 6 de Agosto, 320-B/2000, de 15 de Dezembro, 323/2001, de 17 de Dezembro, 38/2003, de 8 de Março (rectificado pela Declaração de rectificação n.° 5--C/2003, de 30 de Abril), e 324/2003, de 27 de Dezembro (rectificado pela Declaração de rectificação n.° 26/2004, de 24 de Fevereiro), e pelas Leis n.°s 45/2004, de 19 de Agosto, e 60-A/2005, de 30 de Dezembro, estabelece no artigo 22.° que "a taxa de justiça é paga gradualmente pelo autor, requerente, recorrente, exequente, réu, requerido ou executado que deduza oposição e recorrido que alegue, nos termos dos artigos 23.° a 29.°".

A taxa de justiça pode ser inicial ou subsequente, consoante seja devida no momento inicial da acção ou em qualquer fase ulterior.

A Lei n.° 34/2004, de 29 de Julho, que regula a protecção jurídica, prevê, no seu artigo 16.°, que o apoio judiciário – uma das formas de protecção jurídica – compreende a dispensa, total ou parcial, de taxa de justiça e demais encargos com o processo, prevendo os artigos 11.° e segs. da Portaria n.° 1085-A/2004, de 31 de Agosto (rectificada pela Declaração de rectificação n.° 91/2004, de 21 de Outubro), as modalidades de "pagamento faseado" da taxa de justiça e de outros encargos do processo.

A Portaria n.° 1178-B/2000, de 15 de Dezembro, que aprova os procedimentos relativos ao sistema de controlo das receitas e despesas das custas dos processos judiciais, determina que "o pagamento das taxas de justiça inicial e subsequente, nos termos dos artigos 24.° e 26.° do Código das Custas Judicias, é da responsabilidade das partes", acrescentando que "a cada pagamento de taxa de justiça inicial ou subsequente [...] deve corresponder um único documento comprovativo"; segundo o n.° 8 dos "procedimentos" mencionados, "o pagamento das demais custas judiciais bem como o pagamento das taxas de justiça inicial e subsequente dos processos pendentes à data da entrada em vigor da presente portaria são realizados após a emissão de guias pelo tribunal competente".

Por sua vez, a Portaria n.° 1178-C/2000, de 15 de Dezembro (rectificada pela Declaração de rectificação n.° 16-AA/2000, de 29 de Dezembro), aprova as tabelas de custos para perícias médico-legais. A Portaria n.° 1456/2001, de 28 de Dezembro, fixou uma taxa única por cada processo tramitado nos julgados de paz.

No regime do Decreto-Lei n.° 269/98, de 1 de Setembro (rectificado pela Declaração de rectificação n.° 16-A/98, de 30 de Setembro), alterado pelos Decretos-Leis n.°s 383/99, de 23 de Setembro, 183/2000, de 10 de Agosto, 323/2001, de 17 de Dezembro, 32/2003, de 17 de Fevereiro, 38/2003, de 8 de Março (rectificado pela Declaração de rectificação n.° 5-C/2003, de 30 de Abril), e 107/2005, de 1 de Julho (rectificado pela Declaração de rectificação n.° 63/2005, de 19 de Agosto) –, que se ocupa "dos procedimentos destinados a exigir o cumprimento de obrigações pecuniárias emergentes de contratos de valor não superior à alçada da Relação [na versão antiga era do tribunal de 1.ª instância]" "ou das obrigações emergentes de transacções comerciais abrangidas pelo Decreto-Lei n.° 32/2003, de 17 de Fevereiro" –, determina o artigo 19.° que "a apresentação do requerimento de injunção pressupõe o pagamento antecipado da taxa de justiça", cujo valor é estabelecido nos n.°s 1 e 2 da disposição; de acordo com o artigo 20.° do mesmo regime, o destino da taxa de justiça nos procedimentos de injunção que terminem antes da distribuição é o Cofre Geral dos Tribunais; de assinalar, ainda neste domínio, que o requerimento de injunção deve "indicar a taxa de justiça paga" (artigo 10.°, n.° 1-*f*)). A Portaria n.° 808/2005, de 9 de Setembro, aprovou o modelo de requerimento de injunção, estabelecendo o artigo 1.° da Portaria n.° 809/2005, da mesma data, as formas de apresentação na secretaria judicial desse requerimento; finalmente, a Portaria n.° 810/2005, também da mesma data, aprovou outras formas de pagamento da taxa de justiça– diversas das previstas no Código das Custas Judiciais – devida pela injunção.

V. *Parte; Encargos; Autor; Requerente; Recorrente; Exequente; Réu; Requerido; Executado; Oposição à execução; Oposição à penhora; Alegações; Acção; Protecção jurídica; Apoio judiciário; Preparo; Prova pericial; Julgado de paz; Injunção; Contrato; Obrigação pecuniária; Alçada; Relação; Tribunal de 1.ª instância; Requerimento de injunção; Secretaria judicial; Custas.*

Taxa legal de juros (Dir. Civil) – V. *Juros; Juros legais.*

Técnico (Proc. Civil) – 1. Dispõe o artigo 42.°, n.° 1, C.P.C., que, "quando no processo se suscitem questões de natureza técnica para as quais não tenha a necessária preparação, pode o advogado fazer-se assistir, durante a produção da prova e a discussão da causa, de pessoa dotada de competência especial para se ocupar das questões suscitadas".

A indicação da pessoa que escolheu e as questões para que entende conveniente a sua assistência tem de ser feita pelo advogado até dez dias (eram oito na redacção anterior) antes da audiência de discussão e julgamento, sendo deste facto dado conhecimento à parte contrária, que pode usar de idêntico direito – cfr. n.° 2 do artigo 42.°, C.P.C., na redacção do Decreto-Lei n.° 329-A/95, de 12 de Dezembro; o n.° 3 do mesmo artigo estabelece que a intervenção do técnico possa ser recusada "quando se julgue desnecessária"; no n.° 4 da mesma disposição, determina-se que, "em relação às questões para que tenha sido designado, o técnico tem os mesmos direitos e deveres que o advogado, mas deve prestar o seu concurso sob a direcção deste e não pode produzir alegações orais".

Também o tribunal pode socorrer-se de pessoas com especial competência em certas matérias, quer na realização de inspecções judiciais (artigo 614.°, C.P.C.), quer na audiência de discussão e julgamento (artigo 649.°, C.P.C., que tem a redacção dada pelo DL n.° 329-A/95), quando a matéria de facto do processo suscite dificuldades de ordem técnica, cuja solução dependa de conhecimentos especiais que o tribunal não possua; o técnico pode ser ouvido em qualquer momento da audiência, quando o tribunal entender oportuno – artigo 652.°, n.° 6, C.P.C..

V. *Prova; Discussão; Inspecção judicial; Audiência; Advogado; Alegações; Questão de facto.*

2. O n.° 3 do artigo 207.° da Constituição da República determina que a lei "poderá estabelecer [...] a participação de assessores tecnicamente qualificados para o julgamento de determinadas matérias".

A Lei n.° 2/98, de 8 de Janeiro, rectificada pela Declaração de rectificação n.° 5/98, de 11 de Fevereiro, estabeleceu que "o Supremo Tribunal de Justiça e os tribunais de Relação dispõem de assessores que coadjuvam os magistrados judiciais e os magistrados do Ministério Público", podendo haver também assessores "nos tribunais judiciais de 1.ª instância quando a complexidade e o volume de serviço o justifiquem"; o artigo 2.° da Lei enuncia a competência destes assessores.

O provimento dos assessores depende da obtenção de aproveitamento em "curso de formação a realizar no Centro de Estudos Judiciários" (v. artigo 2.°-*b)* da Lei n.° 16/98, de 8 de Abril, alterada pela Lei n.° 3/2000, de 20 de Março, e pelo Decreto-Lei n.° 11/2002, de 24 de Janeiro – Lei reguladora do Centro de Estudos Judiciários), durante a frequência do qual "têm direito a uma bolsa de estudos equivalente a dois terços da estabelecida para os auditores de justiça no período de actividades teórico-práticas".

"Os assessores dependem, hierárquica e funcionalmente, do magistrado que coadjuvam" – artigo 10.°, n.° 1, da Lei n.° 2/98, estando "sujeitos aos deveres e incompatibilidades dos magistrados" (artigo 13.°, n.° 1).

O Decreto-Lei n.° 330/2001, de 20 de Dezembro, veio criar "condições para a contratação, a título excepcional, dos recursos humanos necessários à assessoria técnica dos magistrados judiciais dos tribunais de 1.ª instância onde se verifique um volume excessivo de processos", dispondo, no respectivo artigo 2.°, que "os assistentes judiciais exercem funções, preferencialmente, nos seguintes tribunais de 1.ª instância: *a)* tribunais com elevado número de processos entrados; *b)* tribunais com elevado número de processos pendentes; *c)* tribunais com necessidade de intervenção resultante de situações excepcionais de funcionamento anómalo". Tal como os assessores, os assistentes judiciais "estão sujeitos aos deveres e incompatibilidades dos magistrados".

V. *Assessoria técnica; Julgamento; Supremo Tribunal de Justiça; Relação; Magistratura judicial; Tribunal de 1.ª instância; Ministério Público; Centro de Estudos Judiciários; Auditor de justiça.*

Teia – Na sala de audiências, é a parte reservada ao tribunal, representante do Ministério Público, advogados, assistentes técnicos, solicitadores e funcionários da secretaria judicial, e aos intervenientes no acto judicial a realizar (partes, testemunhas ou outros), podendo aí também tomar lugar as pessoas cujo ingresso a presidência autorize.

V. artigos 100.° e 101.°, Estatuto Judiciário.

V. *Ministério Público; Advogado; Solicitador; Técnico; Funcionário de justiça; Secretaria judicial; Parte; Testemunha.*

Telecópia

1. (Proc. Civil) – O Decreto-Lei n.° 28/ /92, de 27 de Fevereiro, viera admitir a transmissão por telecópia "de documentos, cartas precatórias e quaisquer solicitações, informações ou mensagens entre os serviços judiciais ou entre estes e outros serviços ou organismos dotados de equipamento de telecópia, aplicando-se, com as necessárias adaptações o preceituado no artigo 3.° do Decreto-Lei n.° 54/90, de 13 de Fevereiro" [entretanto revogado pelo Decreto-Lei n.° 461/99, de 5 de Novembro, este, por sua vez, revogado pelo Decreto-Lei n.° 66/2005, de 15 de Março]" (artigo 1.°).

O artigo 2.° do DL n.° 66/2005 vigente dispõe que "os serviços registrais os cartórios notariais podem transmitir entre si documentos constantes dos respectivos arquivos por meio de telecópia ou por via electrónica nos mesmos termos em que deles podem extrair certidões, sendo reconhecida aos documentos emitidos a força probatória dos originais", podendo também os cartórios notariais "transmitir a outros serviços públicos, por telecópia e sob forma certificada, documentos constantes dos respectivos arquivos, nos termos especialmente previstos na lei notarial". O artigo 3.° estabelece que "os serviços registrais e os cartórios notariais podem servir de intermediários em pedidos de certidão, a emitir por telecópia ou por via electrónica, de actos de registo ou notariais, bem como de documentos arquivados em conservatórias ou cartórios notariais, nos termos do disposto nos números seguintes". De acordo com o n.° 1 do artigo 5.°, "a requisição e a recepção de certidões de actos de registo ou notariais e de documentos arquivados em conservatórias ou cartórios notariais [...] podem também ser promovidas por intermédio de advogado ou solicitador, nos termos seguintes: *a)* Por telecópia, com recurso a equipamento privado constante da lista a que se refere o n.° 3 [lista oficial "dos advogados e solicitadores que pretendam utilizar equipamento de telecópia ou endereço de correio electrónico privados na requisição e recepção de certidões [...]", organizada pela Ordem dos Advogados e pela Câmara dos Solicitadores, respectivamente, da qual consta "os respectivos números de equipamento de telecópia e endereços de correio electrónico"]; *b)* Por via electrónica, através de endereço de correio electrónico constante da lista a que se refere o n.° 3".

O artigo 150.°, n.° 2-*c)*, C.P.C., na redacção do Decreto-Lei n.° 324/2003, de 27 de Dezembro (rectificado pela Declaração de rectificação n.° 26/2004, de 24 de Fevereiro), estabelece que "os actos processuais que devam ser praticados por escrito pelas partes são apresentados a juízo por uma das seguintes formas: [...] envio através de telecópia, valendo como data da prática do acto processual a da expedição".

V. *Documento; Carta precatória; Cartório notarial; Advogado; Solicitador; Ordem dos Advogados; Câmara dos Solicitadores; Certidão; Força probatória.*

2. (Dir. Civil) – A Lei n.° 33/99, de 18 de Maio, alterada pelos Decretos-Leis n.°s 323/2001, de 17 de Dezembro, e 194/2003, de 23 de Agosto, que regula a identificação civil e a emissão do bilhete de identidade de cidadão nacional estabelece, no seu artigo 39.°, que "as certidões de assento de nascimento emitidas nos termos da lei do

registo civil directamente recebidas nos serviços de identificação civil, por meio de telecópia, provenientes de serviço público português, consular ou diplomático ou do território de Macau, têm o valor dos respectivos originais, desde que estes se encontrem arquivados no serviço emitente e este seja repartição pública ou depósito público autorizado"; "quando no documento a transmitir por telecópia estiver aposto o selo branco ou dele constarem outros requisitos de certificação legalmente exigidos, a referência àquela aposição ou a estes requisitos deve constar de transmissão efectuada na continuidade do documento"; "os documentos recebidos por meio de telecópia devem conter a data e assinatura ou rubrica legível do responsável pelo serviço, autenticada por aposição do selo branco".

A Lei n.° 6/99, de 27 de Janeiro, ocupa-se do regime da publicidade domiciliária, por via postal, distribuição directa, telefone e telecópia.

V. *Identificação da pessoa; Bilhete de identidade; Assento; Nascimento; Registo civil; Assinatura; Publicidade.*

Telegrama

1. (Dir. Civil) – O telegrama, cujo original tenha sido escrito e assinado, ou só assinado, pela pessoa em nome de quem foi expedido, é considerado como um documento particular, estando sujeito ao respectivo regime, designadamente no que respeita à força probatória.

V. artigo 379.°, C.C..

V. *Documento particular; Documento autenticado; Reconhecimento; Força probatória.*

2. (Proc. Civil) – O artigo 176.°, n.° 5, C.P.C., com a redacção do Decreto-Lei n.° 180/96, de 25 de Setembro, dispõe que "na transmissão de quaisquer mensagens e na expedição ou devolução de cartas precatórias podem os serviços judiciais utilizar, [...] tratando-se de actos urgentes, [...] o telegrama". A versão anterior da norma correspondente era mais pormenorizada, mas o resultado normativo não é essencialmente diverso.

V. *Carta precatória.*

Temor reverencial (Dir. Civil) – Designa-se assim o respeito e o receio de desagradar, experimentados por uma pessoa em relação a outrem de quem dependa ou a quem se encontre subordinada.

O artigo 255.°, n.° 3, C.C., estabelece que não constitui coacção o simples temor reverencial, não podendo, portanto, ser este invocado como fundamento de anulabilidade dos seus actos jurídicos.

V. *Coacção; Anulabilidade; Acto jurídico; Negócio jurídico.*

Tempo do cumprimento (Dir. Civil) – A obrigação pode ter, por convenção das partes, um momento, certo ou incerto, fixado para o seu cumprimento: está-se então perante uma obrigação a termo incerto ou a prazo. O prazo do cumprimento pode ou não ser essencial, conforme o cumprimento não seja ou seja já possível depois do seu esgotamento com satisfação do interesse do credor.

Se nada estiver convencionado quanto ao momento do vencimento, mas a obrigação carecer, "quer pela própria natureza da prestação, quer por virtude das circunstâncias que a determinaram, quer por força dos usos", do estabelecimento de um prazo, "e as partes não acordarem na sua determinação, a fixação dele é deferida ao tribunal".

Caso nada esteja estabelecido convencionalmente e não se trate da hipótese acabada de referir, a obrigação diz-se *pura*, podendo, a todo o tempo, o credor desencadear o seu vencimento através da interpelação do devedor, podendo, de igual modo, o devedor exonerar-se dela a todo o tempo, cumprindo.

V. artigos 777.° e segs., C.C..

V. *Obrigação; Cumprimento; Convenção; Termo; Prazo; Termo essencial; Interesse do credor; Fixação judicial de prazo; Vencimento; Prestação; Usos; Interpelação; Exoneração.*

"Tempus regit actum" (Dir. Civil) – Princípio segundo o qual as condições de validade, substancial e formal, e os efeitos jurídicos de um acto se regem pela lei vigente ao tempo da sua realização e não por lei que posteriormente tenha vindo a alterar esse regime.

V. artigo 12.°, n.° 2, C.C..

V. *Conflitos de leis no tempo; Lei; Validade.*

Tentativa de conciliação (Proc. Civil) – 1. Em causa que admita transacção e residindo as partes na comarca, o juiz pode ordenar a sua notificação para comparecerem pessoalmente ou se fazerem representar por advogado com poderes especiais para transigir. Aberta a audiência, o juiz diligencia no sentido de obter a conciliação das partes.

Fora dos casos de tentativa de conciliação realizada em audiência preparatória, aquela pode ser marcada pelo tribunal, ou requerida conjuntamente pelas partes, em qualquer momento do processo. As partes não podem, contudo, ser convocadas mais de uma vez exclusivamente para esse fim. Se as partes se conciliarem, extingue-se a instância.

V. artigos 509.° e 287.°-*d)*, C.P.C., o primeiro na redacção dos Decretos-Leis n.°s 329-A/95, de 12 de Dezembro, e 180/96, de 25 de Setembro.

Independentemente da marcação de audiência preparatória ou de tentativa de conciliação, o artigo 652.°, n.° 2, C.P.C., (cuja redacção é a do Decreto-Lei n.° 242/85, de 9 de Julho), determina que o juiz deve procurar conciliar as partes, se a causa estiver no âmbito do respectivo poder dispositivo, no início da audiência de discussão e julgamento: esta disposição é aplicável ao processo ordinário e ao sumário, por força do artigo 791.°, n.° 3, C.P.C. (numeração dada pela Lei n.° 3/99, de 13 de Janeiro); em processo sumaríssimo, também o juiz deve começar a audiência pela tentativa de conciliação das partes, se elas estiverem presentes ou representadas, por força do artigo 796.°, n.° 1, C.P.C., na redacção dada pelo DL n.° 329-A/95.

No regime do Decreto-Lei n.° 269/98, de 1 de Setembro (rectificado pela Declaração de rectificação n.° 16-A/98, de 30 de Setembro), alterado pelos Decretos-Leis n.°s 383/99, de 23 de Setembro, 183/2000, de 10 de Agosto, 323/2001, de 17 de Dezembro, 32/2003, de 17 de Fevereiro, 38/ /2003, de 8 de Março (rectificado pela Declaração de rectificação n.° 5-C/2003, de 30 de Abril), e 107/2005, de 1 de Julho (rectificado pela Declaração de rectificação n.° 63/2005, de 19 de Agosto), que se ocupa "dos procedimentos destinados a exigir o cumprimento de obrigações pecuniárias emergentes de contratos de valor não superior à alçada da Relação [era a do tribunal de 1.ª instância, na versão anterior deste regime]" ou das obrigações emergentes de transacções comerciais abrangidas pelo Decreto-Lei n.° 32/2003, de 17 de Fevereiro, dispõe o artigo 4.°, n.° 1, que, na audiência de julgamento, "se as partes estiverem presentes ou representadas, o juiz procurará conciliá-las; frustrando-se a conciliação, produzem-se as provas que ao caso couber".

Há casos em que a lei impõe a realização de tentativa de conciliação. Assim acontece nos processos de divórcio ou de separação de pessoas e bens litigiosas, em que o artigo 1407.°, C.P.C., na redacção do DL n.° 329-A/95, determina que o juiz marque uma tentativa de conciliação, na qual é necessária a comparência pessoal das partes ou de mandatário com poderes especiais, logo após o recebimento da petição inicial. Tratando-se de separação ou divórcio por mútuo consentimento, deve ser convocada uma conferência, quer no caso de o requerimento ser apresentado em tribunal (artigo 1420.°, C.P.C.), quer no caso de o ser na conservatória do registo civil (artigo 272.°, n.° 3, do Código do Registo Civil).

No quadro do procedimento cautelar de alimentos provisórios, na audiência de julgamento, é apresentada a contestação e o juiz tentará obter o acordo das partes; se o obtiver, homologa por sentença tal acordo (artigo 400.°, n.° 2, C.P.C., na redacção do Decreto-Lei n.° 180/96, de 25 de Setembro.

Nos termos do artigo 5.° do Decreto-Lei n.° 272/2001, de 13 de Outubro, rectificado pela Declaração de rectificação n.° 20-AR/ /2001, de 30 de Novembro, cabe às conservatórias de registo civil competência para procedimento tendente à obtenção de acordo das partes nos casos – entre outros – de "alimentos a filhos maiores ou emancipados"; no quadro deste procedimento, "tendo sido apresentada oposição, o conservador marca tentativa de conciliação, a realizar no prazo de 15 dias" (artigo 7.°).

Nas acções de despejo, e ainda por virtude da redacção do artigo 972.°, C.P.C. (introduzida pelo Decreto-Lei n.° 242/85, de 9 de Julho), o juiz, após o recebimento da petição inicial, devia designar dia e hora para uma tentativa de conciliação das partes; esta disposição foi revogada pelo artigo 3.° do Decreto-Lei n.° 312-B/90, de 15 de Outubro (rectificado por declaração publicada no *Diário da República,* I-A série, de 30 de Novembro de 1990), não se encontrando no Regime do Arrendamento Urbano preceito idêntico.

Finalmente, na acção de regulação do poder paternal e na de alimentos a menores, o juiz marca obrigatoriamente uma conferência dos interessados para obter uma conciliação (v. artigos 175.°, 176.°, 177.° e 187.°, e segs. da O.T.M. – Decreto-Lei n.° 314/78, de 19 de Novembro, alterado pelos Decretos-Leis n.°s 185/93, de 22 de Maio, 48/95, de 15 de Março, 58/95, de 31 de Março, 120/98, de 8 de Maio, e pelas Leis n.°s 133/99, de 28 de Agosto, 166/99, de 14 de Setembro, e 31/2003, de 22 de Agosto).

No regime do processo civil simplificado instituído pelo Decreto-Lei n.° 211/ /91, de 14 de Junho, alterado pelo Decreto-Lei n.° 224-A/96, de 26 de Novembro, e iniciado por uma petição conjunta, o artigo 4.°, n.° 1, dispõe que, "quando a complexidade do processo o aconselhe, poderá o juiz fazer preceder a audiência final de uma conferência com os mandatários judiciais das partes, destinada a obter os esclarecimentos pertinentes para a correcta selecção de factos essenciais controvertidos, a averiguar em audiência, e a realizar, sendo caso disso, tentativa de conciliação das partes".

O artigo 16.°, n.°s 1 e 2, da Lei n.° 78/ /2001, de 13 de Julho (que regula "a competência, organização e funcionamento dos julgados de paz e a tramitação dos processos da sua competência"), dispõe que "em cada julgado de paz existe um serviço de mediação que disponibiliza a qualquer interessado a mediação, como forma de resolução alternativa de litígios", tendo "como objecto estimular a resolução, com carácter preliminar, de litígios por acordo das partes". O artigo 26.°, n.° 1, da mesma Lei, estabelece que "compete ao juiz de paz proferir, de acordo com a lei ou a equidade, as decisões relativas a questões que sejam submetidas aos julgados de paz, devendo, previamente, procurar conciliar as partes".

O Decreto-Lei n.° 272/2001, de 13 de Outubro, rectificado pela Declaração de rectificação n.° 20-AR/2001, de 30 de Novembro, alargou a competência das conservatórias de registo civil, designadamente transferindo para este um conjunto de decisões que cabiam aos tribunais judiciais em certos processos de jurisdição voluntária; de acordo com os artigos 5.° e segs. deste DL n.° 272/2001, cabe ainda às conservatórias de registo civil competência para procedimento tendente à obtenção de acordo das partes nos casos de "alimentos a filhos maiores ou emancipados", de "atribuição da casa de morada da família", de "privação do direito ao uso dos apelidos do outro cônjuge" e de "conversão de separação judicial de pessoa e bens em divórcio". Para este procedimento, "o pedido é apresentado mediante requerimento entregue na conservatória, fundamentado de facto e de direito, sendo indicadas as provas e junta a prova documental"; "o requerido é citado para, no prazo de 15 dias, apresentar oposição [...]" e juntar as provas; "não sendo apresentada oposição [...], o conservador, depois de verificado o preenchimento dos pressupostos legais [para o que pode "determinar a prática de actos e a produção da prova necessária"], declara a procedência do pedido"; "tendo sido apresentada oposição, o conservador marca tentativa de conciliação, a realizar no prazo de 15 dias" (artigo 7.°).

No processo de declaração de insolvência, o artigo 136.°, n.°s 1 e 2, do Código da Insolvência e da Recuperação de Empresas, aprovado pelo Decreto-Lei n.° 53/ /2004, de 18 de Março, alterado pelos Decretos-Leis n.°s 200/2004, de 18 de Agosto, e 76-A/2006, de 29 de Março (rectificado pela Declaração de rectificação n.° 28-A/2006, de 26 de Maio), estabelece que, depois da verificação dos créditos pelo administrador da insolvência, das impugnações, respostas e da junção do parecer da comissão de credores, é designada pelo juiz data para a tentativa de conciliação, "a realizar dentro dos 10 dias seguintes, para a qual são notificados, a fim de comparecerem pessoalmente ou de se fazerem representar por procuradores com poderes especiais para transigir, todos os que tenham apresentado impugnações e respostas, a comissão de credores e o administrador da insolvência"; nesta, "são considerados como reconhecidos os créditos que mereçam a aprovação de todos os presentes e nos precisos termos em que o forem".

V. *Audiência preliminar; Transacção; Parte; Comarca; Notificação; Advogado; Extinção da instância; Audiência de discussão e julgamento; Processo ordinário; Processo sumário; Processo sumaríssimo; Obrigação; Obrigação pecuniária; Alçada; Relação; Tribunal de 1.ª instância; Injunção; Prova; Poderes representativos; Divórcio; Separação judicial de pessoas e bens; Petição inicial; Procedimento cautelar; Alimentos provisórios; Sentença; Homologação; Alimentos; Acção de alimentos; Despejo; Poder paternal; Regulação do poder paternal; Menor; Processo civil simplificado; Petição conjunta; Mandatário judicial; Julgado de paz; Mediação; Equidade; Registo civil; Tribunal judicial; Processos de jurisdição voluntária; Emancipação; Privação do direito ao nome do cônjuge; Conversão da separação em divórcio; Requerimento; Prova documental; Insolvência; Recuperação de empresas; Verificação de créditos; Administrador da insolvência; Impugnação de créditos reclamados; Procurador; Comissão de credores; Crédito; Procurador.*

2. No quadro de recuperação de empresas em dificuldades, o Decreto-Lei n.° 316/ /98, de 20 de Outubro, alterado pelo Decreto-Lei n.° 201/2004, de 18 de Agosto, prevê que qualquer empresa em condições de requerer judicialmente a sua insolvência ou qualquer credor que tenha legitimidade para requerer aquela possa "requerer ao Instituto de Apoio às Pequenas e Médias Empresas e ao Investimento (IAPMEI)" um procedimento de conciliação, destinado "a obter a celebração de acordo, entre a empresa e todos ou alguns dos credores, que viabilize a recuperação da empresa em situação de insolvência, ainda que meramente iminente; neste acordo podem intervir os sócios da empresa ou outros interessados, sendo a participação dos credores públicos obrigatória, desde que a regularização das suas dívidas contribua de forma decisiva para a recuperação da empresa; no caso de ter sido instaurado processo judicial de insolvência, este acordo pode servir de base a propostas de planos de insolvência ou de planos de pagamento, a apresentar no âmbito do processo.

Este procedimento de conciliação "é requerido por escrito ao IAPMEI, devendo o requerente invocar os respectivos fundamentos, identificar as partes que nele devem intervir e indicar o conteúdo do acordo que pretende obter", formulado por credores que representem mais do 50% da dívida da empresa", sendo o requerimento "acompanhado dos documentos que devessem ser apresentados com a petição em processo judicial de insolvência"; após a entrega do requerimento, deve ser apresentado, "no prazo de 15 dias", "um plano de negócios que demonstre a adequabilidade do acordo e da viabilidade da empresa".

"O IAPMEI deve recusar liminarmente o requerimento de conciliação se entender que: *a)* A empresa é economicamente inviável; *b)* Não é provável o acordo entre os principais interessados na recuperação; *c)* Não é eficaz a sua intervenção para a obtenção do acordo; *d)* A empresa não se encontra em situação de insolvência, ainda que meramente iminente; *e)* Já se encontra ultrapassado o prazo para apresentação à insolvência, tal como fixado no n.° 1 do artigo 18.° do CIRE [60 dias a contar do conhecimento pelo devedor da sua situação de insolvência]", devendo este despacho ser proferido no prazo de 15 dias. Caso o requerimento seja recusado, "compete ao IAPMEI promover as diligências e os contactos necessários entre a empresa e os principais interessados, com vista à concretização de acordo que viabilize a recuperação da empresa, cabendo-lhe a orientação das reuniões que convocar". V artigos 4.° e 5.°.

"O acordo obtido em procedimento de conciliação deve ser reduzido a escrito, dependendo de escritura pública nos casos em que a lei o exija" – artigo 8.°.

"A pendência de processo judicial de insolvência não obsta ao procedimento [...]", podendo a instância ser suspensa, "a requerimento da empresa ou de qualquer interessado, instruído com declaração emitida pelo IAPMEI", decidindo o juiz, ouvidas as partes, não podendo a suspensão da instância prolongar-se por mais de dois meses" – artigo 10.°.

O processo de conclusão do procedimento de conciliação, quando não exista processo de insolvência pendente, não excederá seis meses, embora este prazo possa ser prorrogado, por uma única vez, por três meses, "sempre que, de forma devidamente fundamentada, a empresa ou um dos credores o requeira e o IAPMEI dê o seu parecer favorável" (artigo 11.°).

V. *Recuperação da empresa; Empresa; Credor; Legitimidade; Interessados; Plano de insolvência; Plano de pagamentos; Documento; Apresentação à insolvência; Prazo; Despacho; Escritura pública; Suspensão da instância.*

Tentativa de desaforamento (Proc. Civil) – Quando alguém demande judicialmente uma pessoa estranha à causa com o propósito de desviar o verdadeiro réu do tribunal territorialmente competente, a lei dispõe que se trata de tentativa ilícita de desaforamento e manda punir o autor com multa e indemnização como litigante de má fé.

V. artigo 113.°, C.P.C..

V. *Desaforamento; Réu; Competência em razão do território; Autor; Multa; Indemnização; Litigância de má fé.*

Teoria da absorção (Dir. Civil) – Para resolver o problema de saber qual o regime aplicável a um contrato misto, dizem os seguidores desta teoria que deve apurar-se qual é o elemento contratual preponderante nesse contrato, a fim de se lhe aplicar o regime do tipo contratual a que pertence esse elemento.

Isto é, de acordo com esta doutrina, o regime do contrato misto é o regime do elemento contratual nele dominante que, assim, absorveria a outra ou outras componentes.

A lei, ao estabelecer o regime de dados contratos mistos, acolhe, por vezes, esta ideia: assim acontece com o artigo 1028.°, n.° 3, C.C., que estabelece que, sendo uma ou mais coisas locadas para fins diferentes, se "um dos fins for principal e os outros subordinados, prevalecerá o regime correspondente ao fim principal; os outros regimes só são aplicáveis na medida em que não contrariem o primeiro e a aplicação deles não se mostre incompatível com o fim principal".

V. *Contrato misto; Locação.*

Teoria da aplicação analógica (Dir. Civil) – Os defensores desta teoria, partindo do pressuposto de que os contratos mistos, que não têm regime legal próprio, constituem situações jurídicas omissas na lei, ou lacunas, defendem que o respectivo regime deve ser definido pelo modo por que deve operar-se a integração de lacunas. Deve, consequentemente, em princípio, aplicar-se ao contrato misto o regime do contrato que lhe seja análogo.

V. *Contrato misto; Lacuna; Integração de lacunas; Analogia.*

Teoria da base negocial (Dir. Civil) – V. *Base do negócio.*

Teoria da causalidade adequada (Dir. Civil) – Segundo esta teoria, para que se possa dizer que um facto foi causa de um dano (e, consequentemente, ao seu autor possa ser imposta a obrigação de indemnizar), não basta que, no caso concreto, tenha sido sua condição necessária; é necessário que, em abstracto, ele constitua uma causa adequada desse dano. Quer isto dizer que um facto só pode ser qualificado como causa jurídica de um dado dano quando seja de tal natureza que, nas condições normais da vida, ele seja idóneo, apto ou adequado à produção daquele tipo de consequências danosas.

Entende-se, comummente, que a teoria da causalidade adequada está hoje consagrada na lei, no que respeita à determinação do nexo de causalidade entre o facto e o dano, para que haja obrigação do autor daquele de indemnizar este.

Diz o artigo 563.°, C.C., que "a obrigação de indemnização só existe em relação aos danos que o lesado provavelmente não teria sofrido se não fosse a lesão". É necessário, pois, determinar, em termos de probabilidade, se o facto lesivo constituiu ou não causa adequada da produção do dano.

V. *Causalidade; Responsabilidade civil; Dano; Indemnização.*

Teoria da causa próxima (Dir. Civil) – Designação que também é dada à *teoria da última condição* (v. esta expressão).

Teoria da combinação (Dir. Civil) – Doutrina que responde à questão de saber qual deve ser o regime aplicável a um contrato misto, sempre que a lei não estabeleça para ele um regime próprio.

Partem os defensores desta teoria da verificação de que nem sempre é possível identificar no contrato um elemento que seja dominante (como suporia a teoria da absorção) e sustentam que a solução mais razoável é a de combinar os vários regimes correspondentes aos tipos contratuais a que pertencem os elementos que integram o contrato, sendo consequentemente o regime deste o resultante da harmonização ou combinação daqueles aspectos parcelares de regimes.

A própria lei, ao estabelecer o regime de certos contratos mistos, acolhe, por vezes, esta ideia, como sucede no artigo 1028.°, n.° 1, C.C., que dispõe que, "se uma ou mais coisas forem locadas para fins diferentes, sem subordinação de uns a outros, observar-se-á, relativamente a cada um deles, o regime respectivo".

V. *Contrato misto; Teoria da absorção; Locação.*

Teoria da condição "sine qua non" (Dir. Civil) – V. *Teoria da equivalência das condições.*

Teoria da diferença (Dir. Civil) – Teoria que visa a determinação do montante indemnizatório do prejuízo resultante de um facto danoso. De acordo com ela, o prejuízo consubstancia-se – para efeitos de cálculo pecuniário – na diferença entre o valor real actual do património do lesado e o valor que ele teria se não tivesse ocorrido o facto danoso (valor actual do património hipotético).

Diz o artigo 562.°, C.C., que indemnização visa a reconstituição da situação "que existiria, se não se tivesse verificado o evento que obriga à reparação", e o artigo 566.°, C.C., depois de determinar que a indemnização será pecuniária, "sempre que a reconstituição natural não seja possível, não repare integralmente os danos ou seja excessivamente onerosa para o devedor", dispõe, no seu n.° 2, que "a indemnização em dinheiro tem como medida a diferença entre a situação patrimonial do lesado, na data mais recente que puder ser atendida pelo tribunal e a que teria nessa data se não existissem danos".

É igualmente de acordo com a teoria da diferença que se apuram os valores do enriquecimento e do empobrecimento patrimoniais, valores essenciais à fixação do objecto da obrigação de restituição emergente do enriquecimento sem causa. O enriquecimento patrimonial corresponde à diferença que existe entre o valor actual do património real do enriquecido e o valor actual do seu património hipotético, aquele que ele teria se não se tivesse verificado a deslocação patrimonial.

V. *Indemnização; Património; Indemnização específica; Dano; Enriquecimento sem causa; Obrigação de restituir; Enriquecimento patrimonial; Empobrecimento patrimonial.*

Teoria da emissão (Dir. Civil) – De acordo com esta concepção, uma declaração negocial recipienda começa a produzir os seus efeitos logo que é emitida validamente pelo seu autor. Este entendimento, aplicado à perfeição do contrato entre ausentes, levaria à consequência de que este deveria ter-se por celebrado logo que o destinatário da proposta declarasse aceitá-la.

Se esta é a regra, na nossa lei civil, quanto às declarações não receptícias, ela não se aplica às recipiendas que, em princípio, só começam a produzir efeitos a partir do momento em que são conhecidas ou recebidas pelos destinatários respectivos.

V. *Declaração negocial; Declaração recipienda; Contrato entre ausentes; Proposta de contrato; Aceitação; Teoria da recepção.*

Teoria da equivalência das condições (Dir. Civil) – Teoria respeitante ao nexo de causalidade que necessariamente tem de existir entre o facto lesivo e o dano, para que este seja indemnizável pelo autor do facto.

Segundo os defensores desta teoria – também chamada da condição *sine qua non* –, causa do prejuízo é qualquer das condições que lhe deram origem. Assim, se um determinado acto ilícito foi condição *sine qua non* de um dano, este deve considerar-se como efeito daquele, embora para o dano tenham concorrido outras causas para além do acto ilícito. Inversamente, o autor do acto ilícito não será responsável pelo dano, quando se prove que ele ocorreria independentemente do seu acto.

Bastaria, portanto, que um facto constituísse condição necessária de um dano para que, juridicamente, se pudesse dizer que ele é sua causa. Esta teoria foi abandonada pela doutrina como critério de estabelecimento do nexo causal entre o facto e o dano, em benefício da teoria da causalidade adequada, ela não deixa de ser útil como factor de correcção daquela, porquanto não basta que um facto constitua causa adequada de um dano para ser considerado sua causa jurídica, sendo indispensável que o facto tenha sido uma condição *sine qua non* daquele.

V. *Causalidade; Dano; Responsabilidade civil; Dano; Acto ilícito; Indemnização; Teoria da causalidade adequada.*

Teoria da expedição (Dir. Civil) – Significa-se por esta expressão o entendimento de que uma declaração negocial recipienda inicia a produção dos seus efeitos assim que seja expedida pelo respectivo autor para o destinatário; aplicando esta concepção ao momento da perfeição dos contratos celebrados entre ausentes, estes deveriam ter-se por concluídos no momento em que, por qualquer meio, o destinatário da proposta contratual expedisse a sua aceitação dirigida ao proponente.

O artigo 224.°, C.C., situa o começo da eficácia de uma declaração negocial receptícia no momento em que ela é conhecida ou recebida pelo destinatário.

Quando se trate de declaração consubstanciada em documento electrónico, transmitida por meio de telecomunicações, o regime é o seguinte: o n.° 1 do artigo 6.° do Decreto-Lei n.° 290-A/99, de 2 de Agosto, substancialmente alterado pelo Decreto-Lei n.° 62/2003, de 3 de Abril, e pelo Decreto-Lei n.° 165/2004, de 6 de Julho, diz que "o documento electrónico comunicado por um meio de telecomunicações considera-se enviado e recebido pelo destinatário se for transmitido para o endereço electrónico definido por acordo das partes e neste for recebido"; acrescenta o n.° 2 que "são oponíveis entre as partes e a terceiros a data e a hora da criação, da expedição ou da recepção de um documento electrónico que contenha uma validação cronológica emitida por uma entidade certificadora". "A comunicação do documento electrónico, ao qual seja aposta assinatura electrónica qualificada, por meio de telecomunicações que assegure a efectiva recepção equivale a remessa por via postal registada e, se a recepção for comprovada por mensagem de confirmação, dirigida ao remetente pelo destinatário, que revista idêntica forma, equivale à remessa por via postal registada com aviso de recepção" (n.° 3 do mesmo artigo); finalmente, determina o n.° 4 que "os dados e documentos comunicados por meio de telecomunicações consideram-se em poder do remetente até à recepção pelo destinatário".

V. *Declaração negocial; Declaração recipienda; Contrato entre ausentes; Proposta de contrato; Aceitação; Teoria da recepção; Documento electrónico; Oponibilidade a terceiros; Assinatura electrónica.*

Teoria da impressão do destinatário (Dir. Civil) – Corrente de pensamento relativa à interpretação da declaração negocial, segundo a qual esta deve fazer-se de acordo com o sentido que lhe atribuiria um declaratário normal, de inteligência e diligência médias, colocado na situação do real declaratário.

É, no essencial, esta a forma como a nossa lei civil manda interpretar a declaração, ao dispor, no artigo 236.°, n.° 1, C.C., que "a declaração negocial vale com o sentido que um declaratário normal, colocado na posição do real declaratário, possa deduzir do comportamento do declarante, salvo se este não puder razoavelmente contar com ele".

V. *Declaração negocial; Interpretação do negócio jurídico; Declaratário; Diligência.*

Teoria da imprevisão (Dir. Civil) – Teoria segundo a qual deve ser possível restabelecer o equilíbrio de um contrato cujas condições de execução tenham sido gravemente modificadas em detrimento de uma das partes, em consequência de acontecimentos anormais e razoavelmente imprevisíveis aquando da conclusão do contrato.

Segundo esta teoria, a questão essencial a resolver, para distinguir os casos em que a resolução ou modificação do contrato é possível daqueles em que o não é, é a da previsibilidade da alteração sobrevinda. Se ela era previsível, não haverá direito à resolução, seja embora o desequilíbrio provocado extremamente gravoso.

O Código Civil admite, no artigo 437.°, a possibilidade de resolver o contrato, a requerimento da parte lesada, ou de o modificar segundo juízos de equidade, quando as circunstâncias em que as partes fundaram a decisão de contratar tenham sofrido uma alteração anormal, desde que a exigência do cumprimento das obrigações assumidas pela parte lesada afecte gravemente os princípios da boa fé e não esteja coberta pelos riscos próprios do contrato.

V. *Contrato; Alteração das circunstâncias; Resolução do contrato; Modificação do contrato; Equidade; Boa fé.*

Teoria da pressuposição (Dir. Civil) – V. *Pressuposição.*

Teoria da recepção (Dir. Civil) – Uma declaração negocial recipienda ou receptícia começa a produzir efeitos quando chega à esfera de poder de facto do seu destinatário, momento em que ele pode, normalmente, tomar dela conhecimento. Aplicando esta doutrina à determinação do momento da perfeição do contrato entre ausentes, ele situar-se-á no momento em que a aceitação da proposta chegar à esfera de acção do proponente, isto é, ao seu poder. É esta a regra na nossa lei civil (artigo 224.°, C.C.), admitindo-se, no entanto, que os efeitos da declaração possam começar a produzir-se antes da recepção, se antes dela o destinatário tiver conhecimento do respectivo conteúdo, ou se a recepção não se verificar em tempo oportuno por culpa do destinatário, caso em que os efeitos se produzem desde o momento em que ela deveria ter sido recebida, não fora o acto culposo do destinatário; por outro lado, o n.° 3 deste artigo 224.° admite que uma declaração recebida não produza desde logo os seus efeitos: assim acontece quando o destinatário não se encontra, sem culpa sua, em condições de a conhecer.

Em matéria de documentos electrónicos – quando estes contenham declarações, *maxime* negociais –, transmitidos por meio de telecomunicações, há de ter em consideração o regime do artigo 6.° do Decreto-Lei n.° 290-D/99, de 2 de Agosto, muito alterado pelo Decreto-Lei n.° 62/2003, de 3 de Abril, e, depois, pelo Decreto-Lei n.° 165/2004, de 6 de Julho – e regulamentado pelo Decreto Regulamentar n.° 25/2004, de 15 de Julho –, cujo n.° 1 diz que "o documento electrónico comunicado por um meio de telecomunicações considera-se enviado e recebido pelo destinatário se for transmitido para o endereço electrónico definido por acordo das partes e neste for recebido"; acrescenta o n.° 2 que "são oponíveis entre as partes e a terceiros a data e a hora da criação, da expedição ou da recepção de um documento electrónico que contenha uma validação cronológica emitida por uma entidade certificadora". "A comunicação do documento electrónico, ao qual seja aposta assinatura electrónica qualificada, por meio de telecomunicações que assegure a efectiva recepção equivale a remessa por via postal registada e, se a recepção for comprovada por mensagem de confirmação, dirigida ao remetente pelo destinatário, que revista idêntica forma equivale à remessa por via postal registada com aviso de recepção" (n.° 3 do mesmo artigo); dispõe o n.° 4 que "os dados e documentos comunicados por meio de telecomunicações consideram-se em poder do remetente até à recepção pelo destinatário".

V. *Declaração negocial; Declaração recipienda; Perfeição do contrato; Contrato entre ausentes; Proposta de contrato; Aceitação; Culpa; Documento electrónico; Oponibilidade a terceiros; Assinatura electrónica.*

Teoria da última condição (Dir. Civil) – Esta teoria, respeitante ao nexo de causalidade, tenta apurar qual das condições necessárias do dano se deve considerar a verdadeira causa. E fá-lo dizendo que é a última condição a verdadeira causa, aquela que, juntando-se às outras, desencadeia o efeito danoso.

Assim, só haveria responsabilidade do autor do facto ilícito pela indemnização do prejuízo, quando aquele fosse a causa próxima, a última condição da verificação do prejuízo. Este entendimento é rejeitado pela doutrina como critério de estabelecimento do nexo causal entre o facto e o dano.

V. *Causalidade; Dano; Responsabilidade civil; Indemnização.*

Teoria do conhecimento (Dir. Civil) – Segundo este entendimento, uma declaração negocial recipienda só começa a produzir efeitos a partir do momento em que for efectivamente conhecida pelo respectivo destinatário. Por aplicação desta concepção, um contrato entre ausentes só se encontraria celebrado quando o proponente tomasse conhecimento da aceitação do destinatário da proposta.

O artigo 224.°, C.C., admite que a declaração receptícia inicie a produção dos seus efeitos no momento do seu conhecimento pelo destinatário, mas, em acolhimento da teoria da recepção, determina que tais efeitos se produzirão, em princípio, logo que a declaração seja recebida e independentemente de ser conhecida; assim não será, porém, se "a declaração [foi] recebida pelo destinatário em condições de, sem culpa sua, não poder ser conhecida" (n.° 3 do referido preceito), hipótese em que o início da produção de efeitos se difere para o momento da possibilidade de conhecimento.

V. *Declaração negocial; Declaração recipienda; Contrato entre ausentes; Proposta de contrato; Aceitação; Teoria da recepção; Culpa.*

Teoria do duplo limite (Dir. Civil) – A medida da obrigação de restituição fundada em enriquecimento sem causa determina-se em função de dois valores-limite sendo, consequentemente, o daquele dos dois que for inferior.

Os dois limites são, em princípio, o do enriquecimento patrimonial e o do empobrecimento patrimonial. Para os autores que aceitam a doutrina do conteúdo da destinação, o segundo limite será o do empobrecimento real ou abstracto, sempre que o empobrecimento patrimonial não exista ou seja inferior àquele.

V. *Enriquecimento sem causa; Obrigação de restituir; Enriquecimento patrimonial; Empobrecimento patrimonial; Empobrecimento real; Doutrina do conteúdo da destinação.*

Teoria do facto pretérito – Segundo esta teoria, a nova lei tem de considerar-se retroactiva sempre que ela se destine a aplicar-se a factos passados e aos respectivos efeitos, tanto passados como presentes. De acordo com esta orientação, pois, a lei nova só não pode considerar-se retroactiva – e, por isso, admissível – quando não vise reger factos passados, nem os efeitos deles, mesmo aqueles que se tenham verificado após a sua entrada em vigor.

É esta doutrina que inspira o artigo 12.°, C.C., relativo à aplicação das leis no tempo.

V. *Lei; Conflitos de leis no tempo; Eficácia retroactiva da lei; Teoria dos direitos adquiridos.*

Teoria do limite do sacrifício (Dir. Civil) – Teoria, originária da doutrina alemã, segundo a qual ao devedor é exigível um sacrifício razoável no cumprimento da obrigação, em termos compatíveis com o princípio da boa fé, com a consequência de que tudo quanto exceda os limites desse sacrifício exigível do obrigado deve ter um regime idêntico ao da impossibilidade do cumprimento da obrigação.

A doutrina portuguesa recusa maioritariamente, se bem que em termos *nuancés*, a doutrina do limite do sacrifício.

V. *Obrigação; Cumprimento; Boa fé; Impossibilidade de cumprimento; "Dificultas praestandi".*

Teoria do risco (Dir. Civil) – Esta teoria surgiu no domínio da responsabilidade civil, procurando alargar o âmbito desta a situações em que existe dano sem que seja possível encontrar uma conduta culposa na sua origem, e funda-se na ideia de que é legítimo que a pessoa, que exercer uma actividade geradora de perigos especiais, responda pelos prejuízos que dela advenham para terceiros. A sua responsabilidade justifica-se em razão das vantagens que retira do exercício de tal actividade.

V. artigos 499.° e segs., C.C., que contêm alguns dos casos mais importantes de responsabilidade pelo risco com o seu regime no C.C..

V. *Responsabilidade objectiva; Dano; Culpa.*

Teoria dos direitos adquiridos – Ocupando-se do problema da aplicação das leis no tempo ou da sucessão de leis, esta teoria sustenta que a fronteira entre a retroactividade e a não retroactividade da lei se estabelece através da verificação de que a nova lei afecta, ou não, direitos adquiridos: a intangibilidade destes constitui não apenas o critério da não retroactividade da lei, como o limite de eficácia dela.

Este entendimento veio sendo abandonado por causa da sua grande imprecisão, sendo generalizadamente preferida a chamada teoria do facto pretérito ou passado.

V. *Lei; Direito subjectivo; Conflitos de leis no tempo; Eficácia retroactiva da lei; Teoria do facto pretérito.*

Terceiro (Dir. Civil; Proc. Civil) – Num negócio jurídico, terceiro, por contraposição a parte, é todo aquele que não é nem o autor da declaração nem o seu destinatário. Os terceiros podem, no entanto, ser pessoas interessadas no negócio ou ser totalmente indiferentes a ele. Dentro dos terceiros, distingue-se pois entre os interessados – os que se encontram numa situação jurídica que é afectada, actual ou potencialmente, pelo acto e isto tanto nos casos em que essa afectação se possa traduzir numa vantagem como num prejuízo –, os totalmente indiferentes (também designados por *poenitus extranei*) – e os chamados terceiros em sentido estrito, que são os sujeitos que são titulares de direitos ou situações incompatíveis com a resultante do acto.

O Acórdão uniformizador de jurisprudência n.° 15/97, de 20 de Maio de 1997, publicado no *Diário da República* I-A série, de 4 de Julho de 1997, entendeu que: "Terceiros, para efeitos de registo predial, são todos os que, tendo obtido registo de um direito sobre determinado prédio, veriam esse direito ser arredado por qualquer facto jurídico anterior não registado ou registado posteriormente". Esta doutrina foi, entretanto, alterada pelo Acórdão uniformizador de jurisprudência n.° 3/99, de 18 de Maio de 1999, publicado no *Diário da República* I-A série, de 10 de Julho do mesmo ano, onde se decidiu que "terceiros, para efeitos do disposto no artigo 5.° do Código do Registo Predial, são os adquirentes de boa fé, de um mesmo transmitente comum, de direitos incompatíveis, sobre a mesma coisa".

O artigo 5.° do Código do Registo Predial (aprovado pelo Decreto-Lei n.° 224//84, de 6 de Julho – rectificado por declaração publicada no *Diário da República*, I-A série, de 29 de Setembro de 1984 –, alterado pelos Decretos-Leis n.°s 355/85, de 2 de Outubro, 60/90, de 14 de Fevereiro – rectificado por declaração publicada no *Diário da República*, I-A série, de 31 de Março de 1990 –, 80/92, de 7 de Maio, 30/93, de 12 de Fevereiro, 227/94, de 8 de Setembro, 267/94, de 25 de Outubro, 67/96, de 31 de Maio, 375-A/99, de 20 de Setembro, 533//99, de 20 de Setembro, 273/2001, de 13 de Outubro, 323/2001, de 17 de Dezembro, 38/2003, de 8 de Março (rectificado pela Declaração de rectificação n.° 5-C/2003, de 30 de Abril), e 194/2003, de 23 de Agosto, e pela Lei n.° 6/2006, de 27 de Fevereiro, estabelece, na sequência do referido Acórdão, no seu n.° 4, que "terceiros, para efeitos de registo, são aqueles que tenham adquirido de um autor comum direitos incompatíveis entre si".

Num processo judicial, terceiro é todo aquele que não é sujeito da relação jurídica processual (nem autor ou exequente, nem réu ou executado); ainda aqui, os terceiros podem ser interessados ou não.

Há casos em que a lei processual admite que da decisão final de um processo recorram pessoas que nele não são partes, mas terceiros: assim acontece com o recurso extraordinário de oposição de terceiro (artigos 778.° e segs., C.P.C., tendo o artigo 781.° a redacção do Decreto-Lei n.° 329-A//95, de 12 de Dezembro) e ainda no caso de terceiros serem "directa e efectivamente prejudicados pela decisão" (artigo 680.°, n.° 2, C.P.C.).

V. *Negócio jurídico; Parte; Declaração negocial; Interessados; "Poenitus extranei"; Direito subjectivo; Registo predial; Prédio; Boa fé; Coisa; Autor; Exequente; Réu; Executado; Recurso; Oposição de terceiro.*

"Terminus ad quem" (Dir. Civil) – Expressão que significa *o momento até ao qual* e se utiliza para referir o momento em que se esgota um certo prazo ou em que cessa a produção de um efeito jurídico.

V. *Prazo.*

"Terminus a quo" (Dir. Civil) – Expressão que significa *o momento a partir do qual* se inicia a contagem de um prazo ou a produção de um efeito jurídico.

V. *Prazo.*

Termo

1. (Dir. Civil) – Cláusula acessória típica, pela qual os efeitos de um negócio jurídico ficam dependentes (na sua existência ou na sua exercitabilidade) de acontecimento futuro mas certo.

O termo é *suspensivo* (ou *inicial*) quando os efeitos só começam a partir de certo momento, e *resolutivo* (ou *final*) quando os efeitos começam a produzir-se desde a conclusão do negócio, mas cessam a partir do momento previsto.

O termo é *incerto* quando, havendo embora certeza quanto à verificação do evento, se desconhece o momento de tal verificação, e *certo* sempre que se sabe antecipadamente qual a data em que ele ocorrerá.

V. artigos 278.° e 279.°, C.C..

Há actos e negócios que a lei proíbe que sejam realizados a termo: assim, por exemplo, a compensação (artigo 848.°, n.° 2, C.C.), o casamento (artigo 1618.°, n.° 2, C.C.), a perfilhação (artigo 1852.°, C.C.), a aceitação e o repúdio da herança (respectivamente, artigos 2054.°, n.° 1, e 2064.°, n.° 1, C.C.), a aceitação da testamentaria (artigo 2323.°, n.° 2, C.C.).

V. *Negócio jurídico; Prazo; Cômputo do termo; Compensação; Casamento; Perfilhação; Herança; Aceitação da herança; Repúdio; Testamentaria.*

2. (Proc. Civil) – Ao caracterizar distintivamente o termo do auto, diz José Alberto dos Reis, no seu *Comentário ao Código de Processo Civil*, Vol. II, págs. 200 e 201, que "o *termo* se usa predominantemente para exprimir a declaração de vontade das partes e para estas exercerem certos poderes processuais; o *auto* tem como funções características a realização de diligências processuais e a produção de efeitos de carácter substancial, quando tais efeitos não dependem unicamente da vontade das partes", acrescentando que "o auto reserva-se para os actos de maior importância e para factos de maior gravidade".

Os termos "lavrados na secretaria devem conter a menção dos elementos essenciais e da data e lugar da prática do acto a que respeitem", não devendo conter "espaços em branco que não sejam inutilizados, nem entrelinhas, rasuras ou emendas que não sejam devidamente ressalvadas" (artigo 163.°, n.°s 1 e 2, C.P.C., com a redacção do Decreto-Lei n.° 329-A/95, de 12 de Dezembro). Os termos "são válidos desde que estejam assinados pelo juiz e respectivo funcionário", bastando a assinatura do funcionário se o juiz não intervier no acto (artigo 164.°, n.° 1, C.P.C.). O termo será assinado por duas testemunhas, no caso de ser necessária a assinatura da parte, quando esta não puder, não quiser ou não saiba assinar (artigo 164.°, n.° 2, C.P.C.).

V. *Parte; Diligência; Secretaria judicial; Juiz; Assinatura; Funcionário de justiça.*

Termo certo (Dir. Civil) – Termo cujo momento de ocorrência é conhecido.

V. *Prazo.*

Termo da personalidade (Dir. Civil) – V. *Personalidade jurídica.*

Termo de conclusão (Proc. Civil) – V. *Termo; Conclusão.*

Termo de penhor (Dir. Civil; Dir. Com.) – Um dos exemplares do contrato de mútuo garantido por penhor, quando uma das partes seja um prestamista, isto é, uma pessoa, singular ou colectiva que faça da celebração de contratos deste tipo a sua actividade profissional; este exemplar do contrato escrito e assinado por ambas as partes tem de ficar em poder do mutuante, por força do artigo 11.° do Decreto-Lei n.° 365/99, de 17 de Setembro, que regula esta actividade.

V. *Contrato; Mútuo; Penhor; Prestamista; Pessoa singular; Pessoa colectiva; Documento escrito; Mutuante.*

Termo essencial (Dir. Civil) – Diz-se essencial o termo de cumprimento de uma obrigação, quando ele constitui elemento definidor do conteúdo da própria prestação, de tal modo que, não realizada esta dentro do termo, o incumprimento se considera, sem mais, definitivo.

Alguma doutrina distingue, dentro do termo essencial, o *próprio* e o *impróprio*, decorrendo o primeiro de convenção das partes e o segundo da natureza da obrigação.

V. *Termo; Obrigação; Contrato; Prestação; Tempo do cumprimento; Incumprimento definitivo; Convenção.*

Termo final (Dir. Civil) – V. *Termo.*

Termo impossível (Dir. Civil) – A doutrina qualifica assim o evento condicionante da eficácia do negócio jurídico, tomado pelas partes como futuro e certo, mas que na realidade nunca poderá ocorrer.
V. *Termo; Negócio jurídico.*

Termo incerto (Dir. Civil) – Termo que se consubstancia num acontecimento, que, sendo certo quanto à sua verificação, é incerto quanto ao momento em que se verificará. Por exemplo, a morte de uma pessoa.
V. *Termo.*

Termo inicial (Dir. Civil) – V. *Termo.*

Tesouro (Dir. Civil) – A lei designa por tesouro a "coisa móvel de algum valor escondida ou enterrada", determinando que aquele que achar tesouro e não puder saber quem é o seu dono torna-se proprietário de metade do achado, pertencendo a outra metade ao proprietário da coisa móvel ou imóvel onde o tesouro estava escondido.

O achador do tesouro deve dar publicidade ao achado, se não souber a quem pertence ou, sabendo-o, avisar o dono, a menos que seja evidente que o tesouro foi escondido ou enterrado há mais de vinte anos. Se não cumprir a obrigação de anunciar o achado ou avisar o dono ou se fizer seu o achado ou parte dele, sabendo quem é o dono, ou ainda se o ocultar do proprietário da coisa onde o encontrou escondido, perde a favor do Estado os direitos que lhe pudessem caber.
V. artigo 1324.°, C.C..

O mesmo regime é aplicável ao usufrutuário que na coisa usufruída encontra um tesouro (artigo 1461.°, C.C.).

O Decreto Legislativo Regional n.° 30/83/A, de 28 de Outubro, que estabeleceu regras relativamente ao achado de objectos, nomeadamente de valor histórico, arqueológico e artístico, nas águas territoriais da Região Autónoma dos Açores e da respectiva zona económica exclusiva, foi declarado inconstitucional, com força obrigatória geral, pelo Acórdão do Tribunal Constitucional n.° 280/90, de 23 de Outubro de 1990, publicado no *Diário da República,* I-A série, de 2 de Janeiro de 1991.
V. *Coisa; Móvel; Direito de propriedade; Imóvel; Obrigação; Direito subjectivo; Usufruto.*

Testa de ferro (Dir. Civil) – Pessoa que figura como parte num negócio jurídico, não o sendo na realidade. Trata-se de uma interposição fictícia de pessoas, que implica necessariamente um conluio entre as duas partes reais no negócio e o sujeito aparente.

Por exemplo, para fazer uma doação em infracção ao disposto no artigo 2196.°, C.C., aplicável por força do artigo 953.°, C.C. (doação a pessoa com quem o doador casado cometeu adultério), recorre-se a uma terceira pessoa que aparentemente figura como donatário.
V. *Parte; Negócio jurídico; Simulação; Interposição de pessoa; Doação.*

Testamentaria (Dir. Civil) – A lei designa por testamentaria a nomeação pelo testador de uma ou mais pessoas que ficam encarregadas de vigiar o cumprimento do seu testamento ou de o executar, no todo ou em parte: tais pessoas chamam-se testamenteiros.
V. artigos 2320.° e segs., C.C..
V. *Testamento; Testamenteiro.*

Testamenteiro (Dir. Civil) – Pessoa ou pessoas encarregadas pelo testador de vigiar o cumprimento do seu testamento ou de o executar, no todo ou em parte (artigo 2320.°, C.C.).

As atribuições do testamenteiro são as que o testador lhe conferir, dispondo a lei supletivamente, no artigo 2326.°, C.C., qual a sua competência, no caso de o testador não a indicar ele próprio. Há normas avulsas que se referem à legitimidade do testamenteiro para a prática de certos actos, como, por exemplo, o artigo 4.°, n.° 1-*a),* do Decreto-Lei n.° 274/99, de 22 de Julho, que declara que o testamenteiro pode reclamar o corpo do *de cuius,* "em cumprimento de disposição testamentária".

O testamenteiro nomeado – que pode ou não ser um herdeiro ou legatário – pode aceitar ou recusar a nomeação, devendo a recusa ser feita por declaração perante notário.

Tendo o testamenteiro aceitado o cargo e pretendendo depois escusar-se do seu desempenho, deve dirigir-se ao tribunal, requerendo tal escusa.

O testamenteiro nomeado pode ser removido do seu cargo, devendo, para tanto, a remoção ser requerida ao tribunal por qualquer interessado que tenha motivo justificativo.

Os pedidos a que se fez referência correm por apenso ao processo de inventário, se este tiver existido, e os seus termos encontram-se regulados nos artigos 1470.° a 1473.°, C.P.C..

V. *Testamento; Herdeiro; Legatário; Notário; Escusa; Remoção do testamenteiro; Pedido; Inventário; Apensação de acções.*

Testamento (Dir. Civil) – "Diz-se testamento o acto unilateral e revogável pelo qual uma pessoa dispõe, para depois da morte, de todos os seus bens ou de parte deles" (artigo 2179.°, n.° 1, C.C.), acrescentando o n.° 2 do mesmo artigo que o testamento pode incluir disposições de carácter não patrimonial, sendo mesmo possível que todo o seu conteúdo se reduza a disposições desta natureza (pode, por exemplo, perfilhar-se por testamento – v. artigo 1853.°-*b)*, C.C.).

O testamento é um acto pessoal, que não pode ser feito por representante nem ficar ao arbítrio de outrem e que deve conter a clara expressão da vontade do seu autor, sendo nulo aquele em que a vontade apenas se encontre expressa por monossílabos ou sinais, em resposta a perguntas que lhe fossem feitas.

A interpretação dos testamentos deve ser a mais consentânea com a vontade do testador, conforme o texto do testamento; é admitida prova complementar, mas não poderá ser considerada a vontade do testador que não tenha no texto um mínimo de correspondência.

Têm capacidade para testar todos os maiores ou menores emancipados, que não estejam interditos por anomalia psíquica, sendo nulo o testamento feito por incapaz.

"É anulável o testamento feito por quem se encontrava incapacitado de entender o sentido da sua declaração ou não tinha o livre exercício da sua vontade por qualquer causa, ainda que transitória". É igualmente anulável a disposição testamentária afectada de simulação, erro, dolo ou coacção.

"A acção de nulidade do testamento ou de disposição testamentária caduca ao fim de dez anos, a contar da data em que o interessado teve conhecimento do testamento e da causa da nulidade"; "sendo anulável o testamento ou a disposição, a acção caduca ao fim de dois anos a contar da data em que o interessado teve conhecimento do testamento e da causa da anulabilidade".

O testamento pode ser *público* (feito pelo notário no seu livro de notas) ou *cerrado* (quando é escrito e assinado pelo testador ou por outra pessoa a seu rogo, ou escrito por outra pessoa a rogo do testador e por este assinado e, finalmente, aprovado por notário).

Os artigos 2210.° e segs., C.C., ocupam-se de formas especiais de testamentos.

A revogação do testamento (direito do testador ao qual ele não pode, em qualquer caso, renunciar validamente) pode ser expressa ou tácita. Será expressa, quando feita noutro testamento ou uma escritura pública; será tácita, quando exista testamento posterior que não revogue expressamente o primeiro, mas que contenha disposições total ou parcialmente incompatíveis com ele (se a incompatibilidade for apenas parcial, só na parte incompatível se deve considerar revogado o anterior).

Os casos de caducidade das disposições testamentárias encontram-se previstos e regulados no artigo 2317.°, C.C..

V. artigos 2179.° e segs., C.C..

V. a Convenção Relativa ao Estabelecimento de um Sistema de Inscrição de Testamentos, aberta à assinatura em Basileia em 16 de Maio de 1972, aprovada para ratificação pelo Decreto n.° 3/82, de 19 de Janeiro. V. também a Convenção Relativa à Lei Uniforme Sobre a Forma de Um Testamento Internacional, concluída em Washington em 26 de Outubro de 1973, aprovada para ratificação pelo Decreto n.° 252/75, de 23 de Maio, cujo instrumento de ratificação foi depositado por Portugal, conforme aviso publicado no *Diário da República*, I série, de 21 de Setembro de 1977, e que entrou em vigor no nosso país em 9 de Fevereiro de 1978.

V. *Negócio jurídico unilateral; Perfilhação; Representante; Nulidade; Interpretação do negócio jurídico; Prova; Capacidade testamentária; Maioridade; Emancipação; Interdição; Incapaz; Anulabilidade; Simulação; Erro; Dolo; Coacção; Caducidade; Notário; Assinatura a rogo; Revogação do testamento; Irrenunciabilidade; Declaração negocial; Escritura pública.*

Testamento a bordo (Dir. Civil) – Os artigos 2214.° a 2218.°, C.C., ocupam-se do regime do testamento feito "a bordo de navio de guerra ou de navio mercante, em viagem por mar", determinando que o testamento é então "feito em duplicado, registado no diário de navegação e guardado entre os documentos de bordo".

O artigo 2219.°, C.C., remete para aquele regime quando o testamento tenha sido feito a bordo de aeronave.

V. *Testamento; Navio; Aeronave.*

Testamento cerrado (Dir. Civil) – "O testamento diz-se cerrado, quando é escrito e assinado pelo testador ou por outra pessoa a seu rogo, ou escrito por outra pessoa a rogo do testador e por este assinado", não podendo o testador deixar de assinar o testamento, salvo se não souber ou não puder fazê-lo, caso em que o instrumento de aprovação – que tem de ser elaborado pelo notário – deve conter a indicação da razão por que não foi assinado.

O testamento cerrado tem de ser aprovado pelo notário, sem o que será nulo.

V. artigo 2206.°, C.C..

O artigo 2208.°, C.C., estabelece que não pode dispor em testamento cerrado quem não saiba ou não possa ler.

O testamento cerrado pode ser conservado pelo testador, entregue por este à guarda de terceiro ou depositado em repartição notarial, devendo a pessoa que o tiver em seu poder apresentá-lo ao notário da área em que o testamento se encontra no prazo de três dias, contados desde o conhecimento do falecimento do testador, sob pena de incorrer em responsabilidade pelos danos que causar; se ocultar dolosamente o testamento, a consequência será a do artigo 2034.°-*d)*, C.C. (perda de capacidade sucessória, por motivo de indignidade).

Determina o artigo 2315.°, C.C., que, "se o testamento cerrado aparecer dilacerado ou feito em pedaços, considerar-se-á, revogado, excepto quando se prove que o facto foi praticado por pessoa diversa do testador, ou que este não teve intenção de o revogar ou se encontrava privado do uso da razão", presumindo-se "que o facto foi praticado por pessoa diversa do testador, se o testamento não se encontrava no espólio deste à data da sua morte".

O artigo 2212.°, C.C., ocupa-se do testamento militar cerrado.

V. *Testamento; Assinatura a rogo; Testamento público; Notário; Nulidade; Aprovação de testamento cerrado; Depósito de testamento cerrado; Responsabilidade civil; Dolo; Capacidade sucessória; Indignidade; Abertura de testamento cerrado; Presunção legal; Testamento militar.*

Testamento comum (Dir. Civil) – A doutrina designa assim, por contraposição a testamento especial, o testamento que pode ser feito, em qualquer momento e em qualquer ponto do território nacional, por qualquer pessoa que tenha capacidade testamentária activa, constituindo suas sub-modalidades o testamento público e o cerrado.

V. *Testamento; Testamento especial; Capacidade sucessória; Testamento público; Testamento cerrado.*

Testamento de mão comum (Dir. Civil) – Testamento de duas ou mais pessoas no mesmo acto, quer em proveito recíproco, quer em favor de terceiro: é proibido no direito português (artigo 2181.°, C.C.).

O artigo 64.°-*c)*, C.C., dispõe que "é a lei pessoal do autor da herança ao tempo da declaração que regula a admissibilidade de testamentos de mão comum [...]".

V. *Testamento; Lei pessoal; Autor da sucessão.*

Testamento em caso de calamidade pública (Dir. Civil) – "Se qualquer pessoa estiver inibida de socorrer-se das formas comuns de testamento, por se encontrar em lugar onde grasse epidemia ou por outro motivo de calamidade pública, pode testar perante algum notário, juiz ou sacerdote", desde que se observem as formalidades prescritas para os testamentos militares públicos e cerrados.

V. artigo 2220.°, C.C..

V. *Testamento; Testamento comum; Testamento especial; Notário; Juiz; Testamento militar.*

Testamento especial (Dir. Civil) – É aquele que só pode ser feito por certas pessoas que se encontram em determinadas circunstâncias; é o que acontece com o testamento militar, com o que é feito a bordo de navio ou de aeronave e com o que é realizado por cidadão português em país estrangeiro.

V. artigos 2210.° e segs., C.C..

V. *Testamento; Testamento militar; Testamento a bordo; Navio; Aeronave; Cidadania.*

Testamento feito por português no estrangeiro (Dir. Civil) – "O testamento feito por cidadão português em país estrangeiro com observância da lei estrangeira competente só produz efeitos em Portugal se tiver sido observada uma forma solene na sua feitura ou aprovação" - artigo 2223.°, C.C..

V. *Testamento; Cidadania; Forma.*

Testamento marítimo (Dir. Civil) – V. *Testamento; Testamento a bordo.*

Testamento militar (Dir. Civil) – Os artigos 2211.° a 2213.°, C.C., ocupam-se do regime próprio dos testamentos dos "militares, bem como [d]os civis ao serviço das forças armadas, [...] quando se encontrem em campanha ou aquartelados fora do País, ou ainda dentro do País mas em lugares com os quais estejam interrompidas as comunicações e onde não exista notário, e também quando se encontrem prisioneiros do inimigo" (artigo 2210.°). Sendo o testamento militar público, a vontade do testador será declarada "na presença do comandante da respectiva unidade independente ou força isolada e de duas testemunhas", tomando o lugar do comandante a pessoa que deva substituí-lo, se for ele o testador; nestes casos, "o testamento, depois de escrito, datado e lido em voz alta pelo comandante, será assinado pelo testador, pelas testemunhas e pelo mesmo comandante; se o testador ou as testemunhas não puderem assinar, declarar-se-á o motivo por que o não fazem". O testamento militar será cerrado se for feito pelo próprio punho do militar ou da pessoa a ele equiparada; neste caso, "escrito e assinado o testamento pelo testador, este apresentá-lo-á ao comandante, na presença de duas testemunhas, declarando que exprime a sua última vontade; o comandante, sem o ler, escreverá no testamento a declaração datada de que ele lhe foi apresentado, sendo essa declaração assinada tanto pelas testemunhas como pelo comandante", devendo ainda, se o testador o solicitar, o comandante coser e lacrar o testamento, "exarando na face exterior da folha que servir de invólucro uma nota com a designação da pessoa a quem pertence o testamento ali contido".

Os testamentos militares, quer públicos quer cerrados, são depositados pelas autoridades militares na repartição ou em alguma das repartições notariais do lugar do domicílio ou da última residência do respectivo testador e, se o testador falecer antes de cessar a causa impeditiva de testar nas formas comuns, "será a sua morte anunciada no jornal oficial, com designação da repartição notarial onde o testamento se encontra depositado".

V. *Testamento; Notário; Testamento público; Testamento cerrado; Testemunha instrumentária; Domicílio; Residência; Testamento comum.*

Testamento nuncupativo (Dir. Civil) – Designa-se assim o testamento feito verbalmente; este testamento não é válido face ao nosso direito.

V. *Testamento.*

Testamento ológrafo (Dir. Civil) – Diz-se ológrafo o testamento que é escrito e assinado pelo testador.

Só o testamento cerrado será, em regra, ológrafo, pois o testamento público é escrito pelo notário. Mas, se, como parte da doutrina, se restringir a noção de testamento ológrafo àquele que é escrito e, eventualmente, assinado pelo testador, sem observância de qualquer outra formalidade, haverá então de concluir que os testamentos ológrafos não são considerados válidos pela nossa lei civil.

V. *Testamento; Testamento cerrado; Testamento público; Notário.*

Testamento "per relationem" (Dir. Civil) – Designa-se assim o testamento cujas disposições dependam de instruções verbais ou constantes de documentos diversos do próprio testamento.

O artigo 2184.°, C.C., determina que "é nula a disposição que dependa de instruções ou recomendações feitas a outrem secretamente, ou se reporte a documentos não autênticos, ou não escritos e assinados pelo testador com data anterior à data do testamento ou contemporânea desta".

Na delimitação do âmbito de admissibilidade do testamento *per relationem*, isto é, na interpretação da disposição proibitiva do artigo 2184.°, tem a doutrina manifestado dificuldades e divergências.

No entender de alguns autores, o essencial da disposição testamentária tem de constar do próprio testamento, só sendo admissível a aceitação de instruções ou recomendações completadoras, que, não violando o disposto no preceito, se reportem a aspectos de execução da disposição testamentária.

V. *Testamento; Nulidade; Documento autêntico; Documento escrito.*

Testamento público (Dir. Civil) – Segundo o artigo 2205.°, C.C., "é público o testamento escrito pelo notário no seu livro de notas".

Cfr. artigo 47.°, n.° 4, do Código do Notariado.

O artigo 2211.°, C.C., ocupa-se do testamento militar público.

V. *Testamento cerrado; Notário; Testamento militar.*

Testamento revogatório (Dir. Civil) – V. *Revogação do testamento; Testamento.*

Testemunha (Proc. Civil) – Particular chamado a depor em juízo, sob juramento, acerca de factos de que pessoalmente tenha tido conhecimento.

A prova por testemunhas é admitida sempre que não seja por lei vedada e o seu valor probatório é apreciado livremente pelo tribunal (artigos 392.° a 396.°, C.C.).

As testemunhas são indicadas pelas partes, em rol, que deve conter os seus nomes, profissões e moradas e quaisquer outros elementos necessários à sua identificação; podem também ser inquiridas por iniciativa do tribunal, nos termos do artigo 645.°, C.P.C., na redacção do Decreto-Lei n.° 329-A/95, de 12 de Dezembro.

Podem depor como testemunhas todas as pessoas que não se encontrem interditas por anomalia psíquica, desde que aptas, física e mentalmente, para depor sobre os factos que constituam objecto da prova. Não podem depor como testemunhas aqueles que não possam, na causa, depor como partes, bem como se podem recusar a depor, excepto nas acções que tenham por objecto verificar o nascimento ou o óbito dos filhos, as seguintes pessoas:

a) Os ascendentes nas causas dos descendentes e os adoptantes nas dos adoptados, e vice-versa;

b) O sogro ou a sogra nas causas do genro ou da nora, e vice-versa;

c) Qualquer dos cônjuges, ou ex-cônjuges, nas causas em que seda parte o outro cônjuge ou ex-cônjuge;

d) Quem conviver, ou tiver convivido, em união de facto em condições análogas às dos cônjuges com alguma das partes na causa.

Devem ainda escusar-se aqueles que "estejam adstritos ao segredo profissional, ao segredo de funcionários públicos e ao segredo de Estado, relativamente aos factos abrangidos pelo sigilo".

As testemunhas são, em princípio, inquiridas na audiência.

As consequências da falta de testemunhas à inquirição encontram-se previstas no artigo 629.°, C.P.C., na redacção do Decreto-Lei n.° 38/2003, de 8 de Março, importando salientar que a falta, não justificada na diligência, dá lugar a multa (a lei, na redacção anterior, permitia a justificação da falta, sem que houvesse lugar a sanção, nos cinco dias imediatos a ela).

V. artigos 616.° e segs., C.P.C..

Nos processos instaurados nos julgados de paz, nos termos do artigo 59.° da Lei n.° 78/2001, de 13 de Julho, as testemunhas, que não podem ser em número superior a cinco por cada parte, são apresentadas por estas na audiência, não sendo notificadas.

No processo especial regulado pelo Decreto-Lei n.° 269/98, de 1 de Setembro (rectificado pela Declaração de rectificação n.° 16-A/98, de 30 de Setembro), alterado pelos Decretos-Leis n.°s 383/99, de 23 de Setembro, 183/2000, de 10 de Agosto, 323//2001, de 17 de Dezembro, 32/2003, de 17 de Fevereiro, 38/2003, de 8 de Março (rectificado pela Declaração de rectificação n.° 5-C/2003, de 30 de Abril), e 107/2005, de 1 de Julho (rectificado pela Declaração de rectificação n.° 63/2005, de 19 de Agosto), que se ocupa "dos procedimentos destinados a exigir o cumprimento de obrigações pecuniárias emergentes de contratos de valor não superior à alçada da Relação" e das obrigações emergentes de transacções comerciais abrangidas pelo Decreto-Lei n.° 32/2003, de 17 de Fevereiro, "as provas são oferecidas na audiência, podendo cada parte apresentar até três testemunhas, se o valor da acção não exceder a alçada do tribunal de 1.ª instância, ou até cinco testemunhas, nos restantes casos" - artigo 3.°, n.° 4.

V. *Prova testemunhal; Juramento; Força probatória; Inquirição; Rol de testemunhas; Substituição de testemunhas; Interdição; Anomalia psíquica; Audiência; Falta; Inabilidade; Parte; Depoimento de parte; Descendente; Ascendente; Adopção; União de facto; Sigilo profissional; Interrogatório preliminar; Impugnação de testemunha; Adiamento da inquirição; Antecipação da inquirição; Julgado de paz; Notificação; Injunção; Obrigação pecuniária; Alçada; Relação; Tribunal de 1.ª instância.*

Testemunha instrumentária (Dir. Civil) - Tem esta designação a pessoa que intervém num acto, designadamente notarial, realizado em instrumento avulso, a fim de testemunhar a sua realização.

A intervenção de duas testemunhas instrumentárias é imposta por lei em alguns casos, podendo ser decidida pelo notário ou reclamada por qualquer das partes nos casos em que a lei a não impõe.

V. artigo 67.° do Código do Notariado.

O artigo 68.° deste Código enuncia os fundamentos de incapacidade e inabilidade das pessoas para servirem de testemunha instrumentária, determinando o n.° 4 do artigo que o notário pode recusar a intervenção de testemunha que não considere digna de crédito, ainda que não se encontre preenchido qualquer daqueles fundamentos.

Há casos em que a lei exige a intervenção de testemunhas, se bem que o acto não seja notarial: é o que acontece no casamento, segundo o artigo 1616.°-*c)*, Código Civil (na redacção do Decreto-Lei n.° 35/97, de 31 de Janeiro), onde se declara a indispensabilidade da intervenção no casamento de duas testemunhas sempre que a lei do registo civil o exigir [o artigo 154.°, n.° 3, do Código do Registo Civil, aprovado pelo Decreto-Lei n.° 131/95, de 6 de Junho, e alterado pelo Decreto-Lei n.° 36/97, de 31 de Janeiro, determina que "a presença de duas testemunhas é [...] obrigatória sempre que a identidade de qualquer dos nubentes ou do procurador não seja verificada [...] pelo conhecimento pessoal do conservador, pela exibição dos respectivos bilhetes de identidade, [...] do passaporte ou documento equivalente, se os nubentes forem estrangeiros não residentes em Portugal há mais de seis meses"; o casamento celebrado sem a presença destas testemunhas é anulável, nos termos da alínea *c)* do artigo 1631.°, C.C., na redacção do DL n.° 35/97. O seu artigo 45.° do Código do Registo Civil, prevê a intervenção de testemunhas no casamento, na declaração de nascimento e em outros assentos de qualquer espécie, "se ao conservador se suscitarem dúvidas fundadas acerca da veracidade das declarações ou da identidade das partes".

V. *Notário; Casamento; Nubente; Bilhete de identidade; Passaporte; Estrangeiros; Invalidade do casamento.*

Testemunha pericial (Proc. Civil) - Há autores que designam assim o sujeito que reúne as qualidades de testemunha e de perito.

V. *Testemunha; Perito.*

Testemunho (Dir. Civil; Proc. Civil) - Acto pelo qual uma pessoa atesta a verificação de um facto de que teve conhecimento.

V. *Prova testemunhal.*

Tipicidade (Dir. Civil) - V. *Princípio da tipicidade.*

Titularidade (Dir. Civil) - Diz-se que uma pessoa é titular de um direito quando entre este e aquela existe uma relação de pertença, isto é, quando se pode dizer que o direito pertence a essa pessoa.

Em regra, o termo é apenas utilizado para significar a relação de pertença de um direito a um sujeito, embora, por exemplo, também se encontre referido a deveres ou obrigações, dizendo-se, então que *A* é titular de certo dever ou de certa obrigação.

V. *Direito; Dever jurídico; Obrigação.*

Titularização de créditos (Dir. Civil; Dir. Com.) – Designa-se assim a emissão de valores mobiliários realizada pela entidade cessionária de créditos, valores que se destinam a financiar a operação de cessão dos créditos, também designada por *securitização*. Esta é uma operação que agrega créditos, os autonomiza, faz a sua transmissão ou cessão, e a emissão de valores representativos deles. As entidades legalmente autorizadas a realizar a actividade de titularização de créditos são os fundos de titularização de créditos e as sociedades financeiras de créditos.

O regime das cessões de créditos para efeitos de titularização encontra-se no Decreto-Lei n.° 453/99, de 5 de Novembro, que também se ocupa da constituição e funcionamento daquelas entidades, bem como dos das sociedades gestoras de créditos, alterado pelos Decretos-Leis n.°s 82/2002, de 5 de Abril (rectificado pela Declaração de rectificação n.° 21-B/2002, de 31 de Maio), 303/2003, de 5 de Dezembro, e 52/2006, de 15 de Março.

O artigo 5.° regula a gestão dos créditos, determinando, no seu n.° 1, que, "quando a entidade cedente seja instituição de crédito, sociedade financeira, empresa de seguros, fundo de pensões ou sociedade gestora de fundos de pensões, deve ser sempre celebrado, simultaneamente com a cessão, contrato pelo qual a entidade cedente, ou no caso dos fundos de pensões a respectiva sociedade gestora, fique obrigada a praticar, em nome e em representação da entidade cessionária, todos os actos que se revelem adequados à boa gestão dos créditos e, se for o caso, das respectivas garantias, a assegurar os serviços de cobrança, os serviços administrativos relativos aos créditos, todas as relações com os respectivos devedores e os actos conservatórios, modificativos e extintivos relativos às garantias, caso existam"; como diz o n.° 2 deste artigo, nos outros casos, a gestão dos créditos pode ser realizada pelo cessionário, pelo cedente ou por terceira entidade idónea. De acordo com o n.° 7 deste artigo, "em caso de falência [hoje, insolvência, por revogação do Código dos Processos Especiais de Recuperação da Empresa e de Falência pelo Código da Insolvência e da Recuperação de Empresas] do gestor dos créditos, os montantes que estiverem na sua posse decorrentes de pagamentos relativos a créditos cedidos para titularização não integram a massa falida [hoje massa insolvente]".

Os fundos de titularização de créditos constituem "patrimónios autónomos pertencentes, no regime especial de comunhão regulado no presente Decreto-Lei, a uma pluralidade de pessoas, singulares ou colectivas, não respondendo, em caso algum, pelas dívidas destas pessoas, das entidades que, nos termos da lei, asseguram a sua gestão e das entidades às quais hajam sido adquiridos os créditos que os integrem" – artigo 9.°, n.° 1. Nos termos do artigo 15.°, "a administração dos fundos deve ser exercida por uma sociedade gestora de fundos de titularização de créditos [...]", devendo as sociedades gestoras ter as respectivas sede e administração efectiva em Portugal. Estas sociedades gestoras "devem ter por objecto exclusivo a administração, por conta dos detentores das unidades de titularização, de um ou mais fundos", não podendo "transferir para terceiros, total ou parcialmente, os poderes de administração dos fundos que lhes são conferidos por lei, sem prejuízo da possibilidade de recorrerem aos serviços de terceiros que se mostrem convenientes para o exercício da sua actividade" – artigo 16.°, n.°s 1 e 2. As sociedades gestoras são sociedades financeiras que adoptam o tipo de sociedade anónima.

"A constituição de fundos depende de autorização da CMVM" – artigo 27.°, que se ocupa também da forma do requerimento desta autorização.

Diz o artigo 31.° que "as unidades de titularização são valores mobiliários, devendo assumir forma escritural", conferindo, segundo o n.° 1 do artigo 32.°, aos respectivos detentores, cumulativa ou exclusivamente, os direitos ao pagamento de rendimentos periódicos, ao reembolso do seu valor nominal, e, "no termo do processo de liquidação e partilha do fundo, à parte que proporcionalmente lhes competir do montante que remanescer depois de pagos os rendimentos periódicos e todas as demais despesas e encargos do fundo".

As sociedades de titularização de créditos são sociedades financeiras também constituídas sob a forma de sociedade anónima que "têm por objecto exclusivo a realização de operações de titularização de créditos, mediante as suas aquisição, gestão e transmissão e a emissão de obrigações titularizadas para pagamento dos créditos adquiridos" – artigo 39.°.

O regime fiscal das operações de titularização dos créditos realizadas nos termos do citado DL n.° 453/99, encontra-se no Decreto-Lei n.° 219/2001, de 4 de Agosto, alterado pelo referido DL n.° 303/2003. O Fundo de Garantia para Titularização de Créditos foi criado pelo Decreto-Lei n.° 188/2002, de 21 de Agosto.

V. a Lei n.° 103/2003, de 5 de Dezembro, que regula e harmoniza os princípios básicos de cessão de créditos do Estado e da Segurança Social para titularização. A Portaria n.° 1375-A/2003, de 18 de Dezembro, rectificada pela Declaração de Rectificação n.° 23-A/2004, de 18 de Fevereiro, regulamenta os termos em que o Estado e a Segurança Social procedem à cessão de créditos fiscais e tributários para efeitos de titularização.

V. *Crédito; Cessão de créditos; Representação; Garantias especiais; Insolvência; Massa insolvente; Património autónomo; Auxiliar; Pessoa singular; Pessoa colectiva.*

Título (Dir. Civil) – É o fundamento ou causa da titularidade de determinado direito, isto é, o facto ou conjunto de factos jurídicos que estão na origem do direito ou situação jurídica.

V. *Justo título; Direito subjectivo; Facto jurídico.*

Título constitutivo da propriedade horizontal (Dir. Civil) – Nos termos do artigo 1417.°, C.C., "a propriedade horizontal pode ser constituída por negócio jurídico, usucapião ou decisão judicial, proferida em acção de divisão de coisa comum ou em processo de inventário". É neste título constitutivo que são "especificadas as partes do edifício correspondentes às várias fracções, por forma que estas fiquem devidamente individualizadas, e será fixado o valor relativo de cada fracção, expresso em percentagem ou permilagem do valor total do prédio"; a falta de especificação referida determina a nulidade do título constitutivo; "[...] o título constitutivo pode ainda conter, designadamente:

a) Menção do fim a que se destina cada fracção ou parte comum;

b) Regulamento do condomínio, disciplinando o uso, fruição e conservação, quer das partes comuns, quer das fracções autónomas;

c) Previsão do compromisso arbitral para a resolução dos litígios emergentes da relação de condomínio".

Também a não coincidência entre o fim atribuído no título constitutivo a cada fracção ou parte comum e "o que foi fixado no projecto aprovado pela entidade pública competente determina a nulidade do título constitutivo" (artigo 1418.°, C.C., na redacção do Decreto-Lei n.° 267/94, de 25 de Outubro).

A modificação do título constitutivo só pode ser feita por escritura pública com o acordo de todos os condóminos, salvo, de acordo com o n.° 3 do artigo 1422.°-A, introduzido pelo já citado Decreto-Lei, a divisão de fracções em novas fracções autónomas, autorizada pelo título constitutivo ou aprovada pela assembleia de condóminos sem qualquer oposição. A escritura pública de modificação do título constitutivo pode ser outorgada pelo administrador, em representação do condomínio, "desde que o acordo conste de acta assinada por todos os condóminos" (n.° 2 do artigo 1419.°, na redacção do mencionado DL n.° 267/94).

V. *Propriedade horizontal; Negócio jurídico; Usucapião; Acção de divisão de coisa comum; Inventário; Escritura pública; Nulidade; Partes comuns; Prédio urbano; Condómino; Condomínio; Compromisso arbitral; Litígio; Assembleia dos condóminos; Administrador na propriedade horizontal; Fracção autónoma.*

Título de arrematação (Proc. Civil) – O artigo 905.°, C.P.C., na redacção do Decreto-Lei n.° 368/77, de 3 de Setembro, dispunha que quem tivesse arrematado bens em hasta pública podia exigir que lhe fosse passado título de arrematação, no qual se identificassem os bens, se certificasse o pagamento do preço e da sisa e se declarasse a data da transmissão, que deveria coincidir com a da praça em que os bens tivessem sido adjudicados.

Quanto ao regime actual, v. *Título de transmissão.*

V. *Venda judicial; Adjudicação; Arrematação.*

Título de transmissão (Proc. Civil) – O artigo 900.°, n.° 1, C.P.C., na redacção do Decreto-Lei n.° 38/2003, de 8 de Março, estabelece que, "mostrando-se integralmente pago o preço e satisfeitas as obrigações fiscais inerentes à transmissão, os bens são adjudicados e entregues ao proponente ou preferente, emitindo o agente de execução o título de transmissão a seu favor, no qual se identificam os bens, se certifica o pagamento do preço ou a dispensa do depósito do mesmo e se declara o cumprimento ou a isenção das obrigações fiscais, bem como a data em que os bens foram adjudicados". Nos termos do artigo 901.°, que tem a redacção do mesmo diploma, "o adquirente pode, com base no título de transmissão [...], requerer contra o detentor, na própria execução, a entrega dos bens, [...]".

V. *Adjudicação; Agente de execução; Execução; Detenção.*

Título de vocação sucessória (Dir. Civil) – O artigo 2026.°, C.C., diz que são títulos de vocação sucessória a lei, o testamento e o contrato.

Parte da doutrina qualifica estes como factos designativos dos sucessíveis, chamando a atenção para que a vocação sucessória só se concretiza pelo efeito conjugado de um destes factos designativos com a morte do *de cuius*.

V. *Vocação sucessória; Sucessão legal; Sucessão contratual; Testamento; Sucessível; "De cuius".*

Título executivo (Proc. Civil) – Documento, demonstrativo de um direito, que pode, segundo a lei, servir de base ao processo executivo.

Dispõe o n.° 1 do artigo 45.°, C.P.C., que "toda a execução tem por base um título, pelo qual se determinam o fim e os limites da acção executiva".

O fim da acção executiva pode consistir no pagamento de quantia certa, na entrega de coisa certa ou na prestação de um facto positivo ou negativo, e é em função do fim que se determina o processo competente.

Se a propositura da acção executiva não se fizer acompanhar do título executivo, entendia José Alberto dos Reis, e com ele Lopes Cardoso, que deveria ser liminarmente indeferida, por ser inviável, isto é, por não poder manifestamente proceder; Castro Mendes entendia tratar-se de um caso de irregularidade do requerimento inicial, a que seria aplicável o antigo artigo 477.°, C.P.C., hoje revogado, devendo, consequentemente, o juiz fixar prazo ao exequente para vir juntar o título executivo. A questão encontra-se actualmente expressamente regulada pelo artigo 811.°, n.° 1-*b)*, C.P.C., com a redacção do Decreto-Lei n.° 38/2003, de 8 de Março (rectificado pela Declaração de rectificação n.° 5-C/2003, de 30 de Abril), onde se dispõe que "a secretaria recusa receber o requerimento quando [...] não seja apresentado o título executivo ou seja manifesta a insuficiência do título apresentado"; vem assim dispensar-se a intervenção do juiz que, na versão anterior da lei, indeferia liminarmente o requerimento executivo quando fosse manifesta a falta ou insuficiência do título.

O artigo 46.°, C.P.C., com a redacção do DL n.° 38/2003, enuncia os títulos que podem servir de base à acção executiva, e que são:

a) Sentenças condenatórias – são as sentenças que se traduzem numa condenação, podendo tratar-se de sentenças homologatórias de confissão, desistência ou transacção (cfr. artigo 300.°, n.°s 3 e 4, C.P.C.).

As sentenças só são exequíveis após o trânsito em julgado, a menos que o recurso delas interposto tenha efeito meramente devolutivo. Neste último caso, "o executado pode obter a suspensão da execução, mediante prestação de caução, aplicando-se, devidamente adaptado, o n.° 3 do artigo 818.° [que se ocupa do efeito do recebimento da oposição]" – artigo 47.°, n.° 4, C.P.C., na redacção do DL n.° 38/2003.

O artigo 48.°, n.° 1, C.P.C., equipara às sentenças "os despachos e quaisquer outras decisões ou actos da autoridade judicial que condenem no cumprimento duma obrigação", e o n.° 2 estabelece que as decisões dos tribunais arbitrais constituem títulos executivos nos mesmos termos que as sentenças dos tribunais comuns.

As sentenças estrangeiras, sejam judiciais sejam arbitrais, têm de ser revistas e confirmadas pelo tribunal português competente para poderem ser executadas, salvo o "estabelecido em tratados, convenções, regulamentos comunitários e leis especiais" (artigo 49.°, C.P.C., na redacção do DL n.° 38/2003).

b) "Documentos exarados ou autenticados por notário que importem constituição ou reconhecimento de qualquer obrigação". De acordo com o artigo 50.° do C.P.C., com a redacção do Decreto-Lei n.° 180/96, de 25 de Setembro, tais documentos, "em que se convencionem prestações futuras ou se preveja a constituição de obrigações futuras podem servir de base à execução, desde que se prove, por documento passado em conformidade com as cláusulas deles constantes ou, sendo aqueles omissos, revestido de força executiva própria, que alguma prestação foi realizada para conclusão do negócio ou que alguma obrigação foi constituída na sequência da previsão das partes". Esta norma respeita, segundo alguns autores, aos casos como, por exemplo, abertura de crédito e contrato de fornecimento, em que é defensável que a obrigação do devedor só se constitua quando se levanta o dinheiro ou se recebem os bens, isto é, em momento posterior à conclusão do contrato; impõe-se, pois, nestes casos, que se faça prova de que os actos constitutivos das obrigações se realizaram.

c) "Os documentos particulares, assinados pelo devedor, que importem constituição ou reconhecimento de obrigações pecuniárias, cujo montante seja determinado ou determinável por simples cálculo aritmético, ou de obrigação de entrega de coisa ou de prestação de facto". Se a assinatura do documento particular for a rogo, "o documento só goza de força executiva se a assinatura estiver reconhecida por notário, nos termos da lei notarial" (artigo 51.°, C.P.C., na redacção do Decreto-Lei n.° 329-A/95, de 12 de Dezembro). O artigo 52.° do mesmo Código, na redacção do mesmo diploma, ocupa-se da exequibilidade das certidões extraídas dos inventários.

d) "Os documentos a que, por disposição especial, seja atribuída força executiva". Como exemplo de documento a que disposição especial atribui força executiva, pode referir-se o saldo de prestação de contas a favor do autor, na acção própria, de acordo com o n.° 4 do artigo 1016.°, C.P.C.. Há de referir igualmente a injunção, criada pelo Decreto-Lei n.° 404/93, de 10 de Dezembro (entretanto revogado), e actualmente prevista no artigo 7.° do Decreto-Lei n.° 269/98, de 1 de Setembro (rectificado pela Declaração de rectificação n.° 16-A/98, de 30 de Setembro), alterado pelos Decretos-Leis n.°s 383/99, de 23 de Setembro, 183/2000, de 10 de Agosto, 323/2001, de 17 de Dezembro, 32/2003, de 17 de Fevereiro, e 38/2003, de 8 de Março, que consiste na "providência que tem por fim conferir força executiva a requerimento destinado a exigir o cumprimento das obrigações" pecuniárias emergentes de contrato cujo valor não exceda o valor da alçada da Relação (era a do tribunal de 1.ª instância, na versão anterior da lei) ou "das obrigações emergentes de transacções comerciais abrangidas pelo Decreto-Lei n.° 32/2003, de 17 de Fevereiro", e que constitui, pois, uma providência cujo objectivo é permitir ao credor de uma prestação pecuniária de montante não muito elevado obter um título executivo para o seu cumprimento coercivo, de modo rápido e simplificado; este DL n.° 32/2003, alterado pelo Decreto-Lei n.° 107/2005, de 1 de Julho, "aplica-se a todos os pagamentos efectuados como remunerações de transacções comerciais", excepto "os contratos celebrados com consumidores", "os juros relativos a outros pagamentos que não os efectuados para remunerar transacções comerciais" e "os pagamentos efectuados a título de indemnização por responsabilidade civil, incluindo os efectuados por companhias de seguros".

"A decisão da entidade competente pode constituir título executivo, desde que se verifiquem os requisitos para esse efeito fixados na lei processual civil" (artigo 8.° do Decreto-Lei n.° 146/99, de 4 de Maio, que instituiu um sistema de resolução extrajudicial de conflitos de consumo).

V. *Execução; Propositura de acção; Documento; Direito subjectivo; Execução para pagamento de quantia certa; Execução para entrega de coisa; Execução para prestação de facto; Indeferimento liminar; Inviabilidade; Requerimento inicial; Secretaria judicial; Sentença; Condenação do réu; Homologação; Desistência; Confissão; Transacção; Trânsito em julgado; Recurso; Efeito devolutivo do recurso; Suspensão da execução; Caução; Oposição à penhora; Despacho; Decisão arbitral; Sentença estrangeira; Revisão de sentença estrangeira; Documento autêntico; Documento autenticado; Notário; Documento particular; Obrigação futura; Abertura de crédito; Contrato de fornecimento; Celebração do contrato; Assinatura a rogo; Reconhecimento de letra e assinatura; Certidão; Inventário; Prestação de contas; Injunção; Autor; Obrigação pecuniária, Alçada; Relação; Tribunal de 1.ª instância; Consumidor; Juros; Indemnização; Responsabilidade civil; Conflitos de consumo.*

Toga – Trajo profissional dos advogados e advogados estagiários, cujo uso é obrigatório quando pleiteiem oralmente e cujo modelo é fixado pelo conselho geral da Ordem dos Advogados.

V. artigo 69.° do Estatuto da Ordem dos Advogados (Lei n.° 15/2005, de 26 de Janeiro).

Dispunha o artigo 82.°, n.° 1, do Decreto-Lei n.° 450/78, de 30 de Dezembro, hoje revogado, que "os secretários dos tribunais superiores [podiam] usar toga, quando licenciados em Direito".

V. *Advogado; Advogado estagiário; Ordem dos Advogados.*

Tolerância (Dir. Civil) – Chama-se acto de mera tolerância ao que o titular do direito permite que outrem pratique, por inércia, por desinteresse ou por qualquer outro motivo de que releve a precariedade da permissão, isto é, que seja significativo de que não se trate de uma autorização jurídica que confira legitimidade ao agente para a actuação tolerada.

O artigo 1253.°-*b)*, C.C., dispõe que "são havidos como detentores ou possuidores precários" e não como possuidores "os que simplesmente se aproveitam da tolerância do titular do direito".

V. *Titularidade; direito subjectivo; Autorização; Legitimidade; Detentor; Posse.*

Tolerância de ponto (Proc. Civil) – Diz-se que há tolerância de ponto sempre que o Governo dispensa os funcionários públicos ou equiparados de comparecerem ao serviço; este não se encontra necessariamente encerrado, embora na maior parte dos casos o esteja efectivamente. O problema que esta situação suscita é particularmente o de saber o que deve acontecer quando o prazo para a prática de certo acto junto de um serviço público, *maxime* de um tribunal, termina em dia em que se verifica tolerância de ponto. O Acórdão para uniformização de jurisprudência do Supremo Tribunal de Justiça de 10 de Outubro de 1996, publicado no *Diário da República,* I-A série, de 2 de Novembro do mesmo ano, entendeu que "a tolerância de ponto não se integra no conceito de feriado.

No entanto, o artigo 144.°, n.° 3, na redacção do Decreto-Lei n.° 329-A/95, de 12 de Dezembro, adoptou uma solução diferente, estabelecendo que, para efeitos do artigo, se consideram "encerrados os tribunais quando for concedida tolerância de ponto". O C.P.C. determina, no seu artigo 143.°, n.°s 1 e 2, na redacção do DL n.° 329-A/95, que "não se praticam actos processuais nos dias em que os tribunais estiverem encerrados [...]", à excepção de "citações, notificações e os actos que se destinem a evitar dano irreparável"; o artigo 144.°, n.° 2, na redacção do mesmo diploma, diz que, "quando o prazo para a prática do acto processual terminar em dia em que os tribunais estiverem encerrados, transfere-se o seu termo para o primeiro dia útil seguinte".

V. *Cômputo do termo; Feriados; Prazo judicial; Actos processuais; Citação; Notificação; Dano irreparável.*

Tombamento (Dir. Civil) – Designação que, antes do Código Civil de 1966, era dada à acção de demarcação.

V. *Demarcação.*

Tornas (Dir. Civil; Proc. Civil) – Designação das quantias em dinheiro, equivalentes ao excesso de valor da coisa, quinhão ou direito indivisível, em relação ao valor do direito que determina a atribuição, à pessoa que as paga, dessa mesma coisa, quinhão ou direito indiviso, e com que são compensados aqueles que, por motivo da indivisibilidade, não podem ser inteirados por meio de parte ou partes da coisa, sendo-o em dinheiro.

V., por exemplo, o artigo 2103.°-A, C.C. – tornas do cônjuge aos co-herdeiros, se o valor do direito de habitação da casa de morada de família e do direito de uso do respectivo recheio excederem o da parte sucessória e meação daquele.

No processo de divisão de coisa comum declarada indivisível, havendo acordo dos interessados, poderia a coisa indivisível ser adjudicada a algum ou alguns, inteirando-se os outros em dinheiro (artigos 1060.°, n.° 2, e 1062.°, C.P.C.); os artigos referidos foram revogados pelo Decreto-Lei n.° 329-A/95, de 12 de Dezembro.

Ao tratar do preenchimento dos quinhões na fase da partilha, no processo de inventário, o artigo 1376.°, n.° 1, C.P.C., dispõe que, caso se verifique que os bens doados, legados ou licitados excedem a quota do respectivo interessado ou a parte disponível do inventariado, a secretaria deverá lançar no processo uma informação, sob a forma de mapa, indicando o montante do excesso.

Aos interessados, a quem por via daqueles excessos tenham sido atribuídos bens de valor inferior ao das respectivas quotas, caberão tornas. Antes de requerer este pagamento, pode o interessado, que a elas tenha direito, requerer a composição do seu quinhão pela adjudicação a si de verbas que algum outro interessado tenha licitado a mais do que as necessárias para preencher a sua quota (artigo 1377.°, C.P.C.). "Reclamado o pagamento das tornas, é notificado o interessado que haja de as pagar, para as depositar" (artigo 1378.°, n.° 1, C.P.C.). Se o interessado não efectuar o depósito, os requerentes do pagamento das tornas poderão pedir que das verbas destinadas àquele que devia depositá-las, lhes sejam adjudicadas, pelo valor constante da informação lançada pela secretaria no processo, as que escolherem e sejam necessárias para o preenchimento das suas quotas, contanto que depositem imediatamente a importância das tornas que, por virtude da adjudicação, fiquem, agora eles, obrigados a pagar.

Podem ainda os requerentes pedir que, transitada em julgado a sentença, se proceda no mesmo processo à venda dos bens adjudicados ao devedor das tornas até onde seja necessário para o pagamento destas. Se não for reclamado o pagamento das tornas, estas vencem juros legais desde a data da sentença de partilha, e os credores podem registar hipoteca legal sobre os bens adjudicados ao devedor ou, quando essa garantia se mostre insuficiente, requerer cautelas especiais quanto aos móveis.

V. artigo 1378.°, C.P.C..

V. *Quinhão; Coisa; Direito Herdeiro; Habitação (Direito de); Casa de morada da família; Uso (direito de); Meação; Acção de divisão de coisa comum; Coisa indivisível; Adjudicação; Partilha; Inventário; Doação; Legado; Licitação; Quota disponível; Secretaria judicial; Mapa da partilha; Notificação; Hipoteca legal; Sentença; Trânsito em julgado; Venda judicial; Juros legais; Móvel.*

Totoloto (Dir. Civil) – V. *Jogo.*

"Tot sunt gradus, quot generationes" (Dir. Civil) – Expressão significativa de um dos processos de contagem dos graus de parentesco em direito civil, que se traduz em contar todas as gerações, correspondendo cada uma delas a um grau.

Este pode ser considerado o processo adoptado pela nossa lei civil (v. artigo 1581.°, C.C.), desde que se tenha presente que cada pessoa não corresponde a uma geração.

V. *Parentesco; Grau de parentesco.*

"Tot sunt gradus quot personae, stipite dempto" (Dir. Civil) – Expressão latina segundo a qual a contagem dos graus de parentesco se realiza contando todas as pessoas que formam a linha de parentesco, e excluindo uma.

É esse o processo adoptado pela lei portuguesa (v. artigo 1581.°, C.C.).

V. *Parentesco; Grau de parentesco; Linha.*

Trabalhador doméstico (Dir. Civil) – V. *Serviço doméstico.*

Trabalhos extraordinários (Dir. Civil) – Designação que a doutrina dá, por vezes, às obras novas no contrato de empreitada.
V. *Obras novas; Empreitada.*

Tradição de coisa (Dir. Civil) – A tradição de uma coisa é a sua entrega, através da qual se transmite a respectiva posse. O artigo 1263.°-*b)*, C.C., dispõe que a posse se adquire "pela tradição material ou simbólica da coisa, efectuada pelo anterior possuidor".
Quando a doação de coisa móvel é acompanhada da tradição da coisa, a sua validade não depende de qualquer formalidade externa, enquanto, se o não for, tem de ser feita por escrito (artigo 947.°, C.C.).
O regime do incumprimento de um contrato-promessa sofre alterações se tiver havido tradição da coisa a que refere o contrato prometido: pode então o promitente fiel exigir do faltoso, a título de indemnização, o valor que a coisa tenha ao tempo do não cumprimento, com dedução do preço convencionado, gozando do direito de retenção sobre a coisa pelo crédito resultante do não cumprimento.
As dúvidas suscitadas pela redacção de 1980 das disposições relativas ao contrato-promessa provocaram o seguinte Assento do Tribunal Pleno, de 19 de Dezembro de 1989, publicado no *Diário da República*, I-A série, de 23 de Fevereiro de 1990: "No domínio dos artigos 442.°, n.° 2, e 830.°, n.° 1, do Código Civil, com a redacção introduzida pelo Decreto-Lei n.° 236/80, de 18 de Julho, o direito à execução específica não depende de ter havido tradição da coisa objecto do contrato-promessa para o promitente comprador".
V. artigo 442.°, n.° 2, e 755.°, n.° 1-*f)*, C.C..
V. *Posse; Coisa; Doação; Móvel; Validade; Documento escrito; Incumprimento; Contrato-promessa; Indemnização; Direito de retenção; Execução específica de contrato-promessa.*

Tradição manual (Dir. Civil) – Entrega em mão de um bem móvel.
V. *Móvel.*

"Traditio brevi manu" (Dir. Civil) – Forma de aquisição derivada da posse, que se consubstancia na conversão da detenção em posse, por acordo entre o detentor e o possuidor.
Assim sucede, por exemplo, se o proprietário de um prédio arrendado o vende ao arrendatário: encontrando-se a tradição material já realizada em virtude do contrato anterior, o detentor transforma-se em possuidor por acordo com aquele que era o antigo possuidor.
V. *Posse; Detenção; Arrendamento.*

"Traditio ficta" (Dir. Civil) – É a tradição da coisa em que não existe qualquer acto material sobre a coisa, já que é feita através da entrega de documentos que colocam a coisa juridicamente à disposição do transmissário.
O artigo 1263.°-*b)*, C.C., dispõe que a posse se adquire através da tradição simbólica da coisa, efectuada pelo anterior possuidor.
V. *Coisa; Posse; Documento.*

"Traditio longa manu" (Dir. Civil) – Expressão latina que a doutrina usa para designar a tradição da coisa, apta a transmitir a sua posse, realizada à distância, por acto significativo da vontade de transferir a posse do anterior possuidor para outrem.
V. *Posse.*

Tradução
1. (Dir. Civil; Proc. Civil) – Um documento escrito em língua estrangeira deverá ser traduzido nos termos da lei para ser apresentado em juízo. É aos notários que compete, segundo o artigo 4.°, n.° 2-*f)*, do Estatuto do Notariado, aprovado pelo Decreto-Lei n.° 26/2004, de 4 de Fevereiro, "certificar, ou fazer e certificar, traduções de documentos".
Se o documento oferecido em juízo se encontrar desacompanhado da respectiva tradução e dela carecer, o juiz pode ordenar que o apresentante a junte. Surgindo dúvidas fundadas sobre a idoneidade da tradução, deve o juiz ordenar, oficiosamente ou a requerimento da parte contrária, que o apresentante do documento junte a sua tradução notarial ou autenticada pelo funcionário diplomático ou consular do Estado respectivo; não havendo funcionário diplomático ou consular e, não sendo possível obter tradução notarial,

será o documento traduzido por perito nomeado judicialmente.

V. artigo 140.°, C.P.C., com a redacção do Decreto-Lei n.° 329-A/95, de 12 de Dezembro.

Quando um documento escrito em língua estrangeira for necessário à instrução de um acto notarial, deve ser acompanhado da respectiva tradução feita por notário português, pelo consulado português no país em que o documento foi passado, pelo consulado desse país em Portugal ou por tradutor idóneo que afirme perante o notário, sob juramento ou compromisso de honra, a fidelidade da tradução.

V. artigo 44.°, n.° 3, Código do Notariado.

Não pode ser tradutor pessoa em relação à qual se verifique qualquer das circunstâncias enunciadas no artigo 68.°, n.° 1, deste Código, podendo, também, o notário recusar a intervenção de tradutor "que não considere digno de crédito, ainda que ele não esteja abrangido pelas proibições do n.° 1".

O artigo 5.° do Decreto-Lei n.° 237/ /2001, de 30 de Agosto, estabelece que "as câmaras de comércio e indústria, reconhecidas nos termos do Decreto-Lei n.° 244/92, de 29 de Outubro, os advogados e os solicitadores podem [...] certificar, ou fazer e certificar, traduções de documentos". Por seu lado, o Decreto-Lei n.° 76-A/2006, de 29 de Março, rectificado pela Declaração de rectificação n.° 28-A/2006, de 26 de Maio, dispõe, no seu artigo 38.°, n.° 1, que, "sem prejuízo da competência atribuída a outras entidades, as câmaras de comércio e indústria, reconhecidas nos termos do Decreto-Lei n.° 244/92, de 29 de Outubro, os conservadores, os oficiais de registo, os advogados e os solicitadores podem [...] certificar, ou fazer certificar, traduções de documentos nos termos previstos na lei notarial", determinando o n.° 2 da mesma disposição que estes reconhecimentos, autenticações e certificações "conferem ao documento a mesma força probatória que teria se tais actos tivessem sido realizados com intervenção notarial".

O Decreto-Lei n.° 71/2005, de 17 de Março, que completa a transposição da Directiva n.° 2003/8/CE, do Conselho, de 27 de Janeiro, "relativa à melhoria do acesso à justiça nos litígios transfronteiriços, através do estabelecimento de regras mínimas comuns relativas ao apoio judiciário no âmbito desses litígios, desenvolve o regime previsto na Lei n.° 34/2004 [...]". A protecção jurídica compreende apoio judiciário e, nos casos em que este seja concedido a residente noutro Estado da União Europeia para acção em que os tribunais portugueses sejam competentes, ele "abrange ainda os seguintes encargos específicos decorrentes do carácter transfronteiriço do litígio: *a)* Serviços prestados por intérprete; *b)* Tradução dos documentos exigidos pelo tribunal ou pela autoridade competente e apresentados pelo beneficiário do apoio judiciário que sejam necessários à resolução do litígio; [...]" (artigo 3.°). "No caso de litígio transfronteiriço em que os tribunais competentes pertençam a outro Estado membro da União Europeia, a protecção jurídica abrange o apoio pré-contencioso", visando este proporcionar assistência jurídica ao requerente "até à recepção do pedido de protecção jurídica no Estado membro do foro [...]". "Os encargos específicos decorrentes do carácter transfronteiriço do litígio" são também abrangidos, consistindo eles, designadamente, nos "resultantes da tradução do pedido de protecção jurídica e dos necessários documentos comprovativos da autoridade nacional de transmissão e recepção, desde que o requerente seja pessoa singular e se trate de um litígio transfronteiriço em matéria civil e comercial" (artigos 4.° e 5.°).

V. *Documento; Documento passado em país estrangeiro; Notário; "Ex officio"; Requerimento; Perito; Juramento; Advogado; Solicitador; Registo; Força probatória; Acesso à justiça; Intérprete; Apoio judiciário; Protecção jurídica; Competência internacional; Pessoa singular.*

2. O artigo 3.°, n.° 1-*a)*, do Código do Direito de Autor e dos Direitos Conexos (Decreto-Lei n.° 63/85, de 14 de Marco, na redacção da Lei n.° 45/85, de 17 de Setembro, rectificada em 2 de Janeiro de 1986 e alterada pela Lei n.° 114/91, de 3 de Setembro, pelos Decretos-Leis n.°s 332/97, 333/97 e 334/97, todos de 27 de Novembro, e pela Lei n.° 50/2004, de 24 de Agosto), dispõe que são obras equiparadas a originais as traduções de qualquer

obra, ainda que esta não seja objecto de protecção.

V. também os artigos 169.° a 172.°.

V. *Direito de autor*.

Transacção

1. (Dir. Civil, Proc. Civil) – Diz o artigo 1248.°, n.° 1, C.C., que "transacção é o contrato pelo qual as partes previnem ou terminam um litígio mediante recíprocas concessões".

Não pode, no entanto, haver transacção sobre direitos indisponíveis (por exemplo, poder paternal) nem sobre questões respeitantes a negócios jurídicos ilícitos.

A transacção extrajudicial deve constar de escritura pública, quando dela possa derivar algum efeito para o qual seja necessária essa forma, podendo constar de simples documento particular em todos os outros casos (artigo 1250.°, C.C.).

O artigo 287.°-*d)*, C.P.C., dispõe que a instância se extingue pela transacção entre as partes sobre o objecto da causa, o que a estas é lícito fazer em qualquer momento.

A transacção é feita por termo no processo ou por documento autêntico ou particular, sendo homologada por sentença, que condena ou absolve o réu nos precisos termos da transacção. Pode ainda fazer-se a transacção em acta, quando resulte de conciliação obtida na presença do juiz.

V. artigos 293.° e segs., C.P.C. (o n.° 1 do artigo 300.° tem a redacção do Decreto-Lei n.° 329-A/95, de 12 de Dezembro, e o n.° 2 do artigo 301.° a do Decreto-Lei n.° 38//2003, de 8 de Março).

As custas do processo que termine por transacção são pagas a meio, salvo acordo em contrário (artigo 451.°, n.° 2, C.P.C.).

V. *Contrato; Litígio; Direito indisponível; Poder paternal; Negócio jurídico; Ilicitude; Escritura pública; Documento particular; Instância; Extinção da instância; Parte; Termo; Documento autêntico; Homologação; Sentença; Réu; Condenação Absolvição; Custas.*

2. Na linguagem corrente, o termo transacção é frequentemente utilizado como sinónimo de compra e venda e, por vezes, mais amplamente, de contrato oneroso, sucedendo que a lei chegue a empregá-lo neste sentido não técnico (cfr., por exemplo, o Decreto-Lei n.° 32/2003, de 17 de Fevereiro – que transpôs para a ordem jurídica interna a Directiva n.° 2000/35/CE, do Parlamento Europeu e do Conselho, de 29 de Junho –, alterado pelo Decreto-Lei n.° 107/2005, de 1 de Julho, que define transacção comercial como "qualquer transacção entre empresas ou entre empresas e entidades públicas, qualquer que seja a respectiva natureza, forma ou designação, que dê origem ao fornecimento de mercadorias ou à prestação de serviços contra uma remuneração" (artigo 3.°-*a)*); este diploma estabelece um regime jurídico especial relativo aos atrasos de pagamento no que designa por "transacções comerciais", alterando o artigo 102.° do Código Comercial, que passou a dispor que "há lugar ao decurso e contagem de juros em todos os actos comerciais em que for de convenção ou direito vencerem-se e nos demais casos especiais fixados no presente Código" e que "[...] aos juros comerciais [se aplica] o disposto nos artigos 559.°-A e 1146.° do Código Civil".

V. *Compra e venda; Contrato oneroso; Empresa; Contrato de fornecimento; Contrato de prestação de serviços; Mora; Juros; Convenção.*

Transacção judicial (Proc. Civil) – Transacção realizada no processo pelas partes sobre o objecto daquele.

V. *Transacção*.

Transcrição (Dir. Civil) – V. *Assento*.

Transcrição do casamento (Dir. Civil) – O registo do casamento pode ser lavrado por inscrição ou por transcrição.

O artigo 1654.°, C.C., enuncia os casos em que o registo é feito por transcrição, ocupando-se os artigos 1655.° e segs., 1662.° e segs., 1664.° e segs. e 1668.° e segs. das especialidades de regime, respectivamente, da transcrição dos casamentos católicos celebrados em Portugal, da transcrição dos casamentos civis urgentes, da transcrição dos casamentos de portugueses no estrangeiro e da transcrição dos casamentos, que, nos termos do n.° 2 do artigo 1651.°, sejam especialmente admitidos ao registo.

V. artigos 171.° e segs., Código do Registo Civil.

Até à entrada em vigor da Lei n.° 16//2001, de 22 de Junho, que veio dispor, no respectivo artigo 10.°-*b)*, que cada um tem direito a celebrar casamento de acordo com os ritos da própria religião, o nosso sistema jurídico só admitia o casamento religioso católico. Actualmente e nos termos do artigo 19.° deste diploma, "são reconhecidos efeitos civis ao casamento celebrado por forma religiosa perante o ministro do culto de uma igreja ou comunidade religiosa radicada no País". Quando se trate de casamento religioso, determina o n.° 5 deste artigo 19.° que, "logo após a celebração do casamento, o ministro do culto lavra assento em duplicado no livro de registo da igreja ou da comunidade religiosa e envia à conservatória competente, dentro do prazo de três dias, o duplicado do assento, a fim de ser transcrito no livro de assentos de casamento", dispondo o n.° 6 da mesma disposição que "o conservador deve efectuar a transcrição do duplicado dentro do prazo de dois dias e comunicá-la ao ministro do culto até ao termo do dia imediato àquele em que foi feita".

V. *Casamento; Casamento católico; Casamento urgente; Registo de casamento; Casamento religioso; Liberdade religiosa; Assento.*

Transferência (Dir. Civil) – Termo usado como sinónimo de transmissão.

Embora não muito frequentemente, a lei fala de transferência de direitos, como acontece, por exemplo, nos artigos 408.° e 588.°, C.C..

V. *Transmissão; Direito subjectivo.*

Transferência de dados pessoais (Dir. Civil) – A Lei da Protecção de Dados Pessoais – Lei n.° 67/98, de 26 de Outubro, rectificada pela Declaração de rectificação n.° 22/98, de 28 de Novembro –, ocupa-se, no seu Capítulo III, da transferência de dados pessoais no interior e para o exterior da União Europeia, estabelecendo, no primeiro caso, que a respectiva circulação é livre, "sem prejuízo do disposto nos actos comunitários de natureza fiscal e aduaneira", e regulando, nos artigos 19.° e 20.°, os termos em que as transferências podem ser realizadas.

V. *Dados pessoais; Protecção de dados pessoais.*

Transferência electrónica – O pagamento de certos montantes, devidos a entidades públicas, como serviços de registo e de notariado, pode ser feito por transferência electrónica de fundos ou em terminais de pagamento automático, nos termos do Decreto-Lei n.° 363/97, de 20 de Dezembro. O mesmo diploma admite, no seu artigo 2.°, que "as quantias cobradas pelos serviços dos registos e do notariado podem ser depositadas em quaisquer bancos ou instituições de crédito autorizados".

A Portaria n.° 241/98, de 16 de Abril, definiu as fases de aplicação do sistema de pagamento por transferência electrónica de fundos ou em terminais de pagamento automático nas conservatórias e cartórios notariais.

V. *Registo; Notário; Cartório notarial.*

Trânsito em julgado (Proc. Civil) – Uma decisão judicial, seja sentença ou despacho, transita em julgado quando se torna insusceptível de recurso ordinário ou de reclamação.

Pode acontecer uma de várias hipóteses:

a) Não ser possível recorrer ou reclamar, dada a própria natureza da decisão (cfr. artigo 679.°, C.P.C., na redacção do Decreto-Lei n.° 329-A/95, de 12 de Dezembro – os despachos de mero expediente e aqueles que são proferidos no uso de um poder legal discricionário não admitem recurso);

b) Não ser possível recorrer, por a decisão ter sido proferida em causa cujo valor se encontra dentro da alçada do tribunal (artigo 678.°, C.P.C., alterado pelo Decreto-Lei n.° 38/2003, de 8 de Março);

c) Não ser possível recorrer, porque decorreu o prazo para a interposição do recurso, nada tendo sido feito (cfr. artigo 685.°, C.P.C., cujo n.° 1 tem a redacção do Decreto-Lei n.° 180/96, de 25 de Setembro, e o n.° 4 a do DL n.° 329-A/95);

d) Não ser possível recorrer, porque antecipadamente se renunciou a tal direito (artigo 681.°, n.° 1, C.P.C.). Note-se que a renúncia antecipada só vale se provier de ambas as partes;

e) Não ser possível recorrer, por se haver aceitado a decisão proferida (n.° 2 do artigo 681.°, C.P.C.).

Uma vez transitada em julgado, a decisão judicial passa a ter força de caso julgado – artigos 671.°, n.° 1, e 672.°, C.P.C..

V. *Despacho; Sentença; Recurso; Recurso ordinário; Reclamação; Despacho de mero expediente; Despacho no uso de poder discricionário; Valor da causa; Alçada; Interposição de recurso; Renúncia ao recurso; Caso julgado.*

Translação (Dir. Civil) – Sinónimo de *transmissão* (v. este termo).

"Translatio judicii" (Proc. Civil) – Expressão que significa a remessa do processo para tribunal diverso daquele em que se encontra.

Tal sucede, designadamente, quando se verifica a excepção dilatória de incompetência relativa (cfr. artigos 288.°, cujo n.° 3 tem a redacção do Decreto-Lei n.° 180/96, de 25 de Setembro, e 111.°, n.° 3, a do Decreto-Lei n.° 329-A/95, de 12 de Dezembro, C.P.C.).

V. *Excepção dilatória; Incompetência relativa.*

Transmissão (Dir. Civil) – Designa-se, genericamente, por transmissão toda a passagem de um direito, dever ou obrigação da esfera jurídica de um sujeito para a de outro.

Verificando-se a transmissão de um direito ou dever, designa-se por transmitente o sujeito de cuja esfera ele sai, sendo o transmissário aquele em cuja esfera é recebido.

A transmissão pode ser *singular* (ou a título singular) quando se reporta a um direito apenas, sendo *universal* (ou a título universal) quando o seu objecto é constituído por um conjunto de direitos ou posições jurídicas, *maxime* por um património considerado globalmente.

Situação paradigmática de transmissão universal é a sucessão hereditária podendo haver transmissão universal *inter vivos*, como acontece na alienação da herança (cfr. artigos 2124.° e segs., C.C.).

V. *Direito subjectivo; Dever jurídico; Obrigação; Esfera jurídica; Património; Sucessão; Herança; Alienação de herança.*

Transmissão constitutiva (Dir. Civil) – Designa-se assim a aquisição de um direito novo, constituído a partir do direito do transmitente; é o que acontece, por exemplo, quando alguém adquire de outrem, proprietário de um bem, o usufruto desse bem ou qualquer outro direito real menor.

V. *Transmissão; Direito subjectivo; Direito de propriedade; Usufruto; Direito real menor.*

Transmissão da prescrição (Dir. Civil) – O artigo 308.°, C.C., dispõe que, "depois de iniciada, a prescrição continua a correr, ainda que o direito passe para novo titular", e que, "se a dívida for assumida por terceiro, a prescrição continua a correr em benefício dele, a não ser que a assunção importe reconhecimento interruptivo da prescrição", isto é, quando o devedor reconheça o direito perante o titular daquele, devendo o reconhecimento ser expresso ou resultar de factos que inequivocamente o exprimam (v. artigo 325.°, C.C.).

V. *Prescrição; Direito subjectivo; Assunção de dívida; Terceiro; Reconhecimento de direito; Interrupção da prescrição.*

Transmissão de dívidas (Dir. Civil) – Pode transmitir-se uma dívida por contrato entre o antigo e o novo devedor, ratificado pelo credor, ou por contrato entre o novo devedor e o credor, com ou sem consentimento do antigo devedor.

De qualquer modo, o antigo devedor só se encontra exonerado havendo declaração expressa do credor, já que, em caso contrário, a sua responsabilidade pela dívida é solidária com a do novo devedor.

Com a dívida transmitem-se as obrigações acessórias do antigo devedor, a menos que estas sejam inseparáveis da sua pessoa ou exista convenção em contrário; transmitem-se também as garantias do crédito, a menos que tivessem sido constituídas por terceiro ou pelo antigo devedor, que não tenha acordado na transmissão da dívida. Quanto aos meios de defesa do devedor, só se transmitem se assim for convencionado, ou se o seu fundamento for anterior à transmissão, não se tratando de meio de defesa pessoal do antigo devedor.

V. artigos 595.° e segs., C.C..

V. *Transmissão; Contrato; Ratificação; Autorização; Cessão de créditos; Cessão da posição contratual; Devedor; Credor; Exoneração; Solidariedade; Obrigação acessória; Garantias especiais.*

Transmissão de grau hipotecário (Dir. Civil) – V. *Transmissão; Grau hipotecário.*

Transmissão de hipoteca (Dir. Civil) – "A hipoteca que não for inseparável da pessoa do devedor pode ser cedida sem o crédito assegurado, para garantia de crédito pertencente a outro credor do mesmo devedor, com observância das regras próprias da cessão de créditos; se, porém, a coisa ou direito hipotecado pertencer a terceiro, é necessário o consentimento deste" – n.° 1 do artigo 727.°, C.C.; o n.° 2 da mesma disposição determina que "o credor com hipoteca sobre mais de uma coisa ou direito só pode cedê-la à mesma pessoa e na sua totalidade". Segundo o artigo 728.°, C.C., "a hipoteca cedida garante o novo crédito nos limites do crédito originariamente garantido" e, uma vez "registada a cessão, a extinção do crédito originário não afecta a subsistência da hipoteca".

V. *Transmissão; Hipoteca; Cessão de créditos; Coisa; Direito subjectivo; Terceiro; Autorização; Registo; Extinção das obrigações.*

Transmissão do arrendamento (Dir. Civil) – No arrendamento, a posição do senhorio transmite-se ao adquirente do prédio (artigo 1057.°, C.C.); a posição do locatário só é, em princípio, transmissível – quer por morte, quer por acto entre vivos – se tal tiver sido expressamente convencionado, encontrando-se a cessão da sua posição sujeita ao regime geral dos artigos 424.° e segs., C.C. (cfr. artigo 1059.°, C.C.).

Pelo que respeita à sublocação ou cedência do gozo do prédio, v. artigos 1038.°-*f)* e *g)*, 1060.° e segs., C.C., e 44.° e segs. do Regime do Arrendamento Urbano (aprovado pelo Decreto-Lei n.° 321-B/90, de 15 de Outubro, rectificado por declaração publicada no *Diário da República*, I-A série, de 30 de Novembro de 1990, e alterado pelo Decreto-Lei n.° 278/93, de 10 de Agosto – alterado, por ratificação, pela Lei n.° 13/94, de 11 de Maio, –, pelo Decreto-Lei n.° 163/95, de 13 de Julho, pela Lei n.° 89/95, de 1 de Setembro, pelo Decreto-Lei n.° 257/95, de 30 de Setembro, pela Lei n.° 135/99, de 28 de Agosto, pelos Decretos-Leis n.°s 64-A/2000, de 22 de Abril, e 329-B/2000, de 22 de Dezembro, e pelas Leis n.°s 6/2001 e 7/2001, ambas de 11 de Maio).

O arrendamento para habitação transmite-se, por morte do primitivo arrendatário ou daquele a quem tiver sido cedida a respectiva posição contratual a:

"*a)* Cônjuge não separado judicialmente de pessoas e bens ou de facto;

b) Descendente com menos de um ano de idade ou que com ele convivesse há mais de um ano;

c) Pessoa que com ele viva em união de facto há mais de dois anos, quando o arrendatário não seja casado ou esteja judicialmente separado de pessoas e bens;

d) Ascendente que com ele convivesse há mais de um ano;

e) Afim na linha recta, nas condições referidas nas alíneas *b)* e *c)*;

f) Pessoas que com ele vivessem em economia comum há mais de dois anos".

Uma vez falecido o arrendatário, deve a pessoa ou pessoas que pretendam beneficiar da transmissão comunicar ao senhorio a morte, no prazo de 180 dias contados da ocorrência, por carta registada com aviso de recepção, acompanhada dos documentos autênticos ou autenticados que comprovem os seus direitos de transmissário; se esta comunicação não fosse feita nos termos indicados, determinava o n.° 3 da disposição que a transmissão não deixaria de operar, mas teria então o transmissário faltoso de indemnizar o senhorio por todos os danos derivados da omissão; este n.° 3 foi entretanto suprimido, pelo que seria, pelo menos, duvidoso que a omissão daquela comunicação não tivesse o efeito de precludir o direito à transmissão. Porém, o Acórdão do Tribunal Constitucional n.° 410/97, de 23 de Maio, publicado no *Diário da República*, I-A série, de 8 de Julho de 1997, veio declarar "inconstitucional, com força obrigatória geral, por violação do disposto na alínea *h)* do n.° 1 do artigo 168.° da CRP, a norma do n.° 1 do Decreto-Lei n.° 278/93, de 10 de Agosto, na parte em que elimina o n.° 3 do artigo 89.° do Regime do Arrendamento Urbano, aprovado pelo Decreto-Lei n.° 321-B/90, de 15 de Outubro".

V. artigos 85.° e 89.°, R.A.U..

"Aos contratos transmitidos para descendentes com mais de 26 anos de idade e menos de 65, para ascendentes com menos de 65 anos e afins na linha recta, nas mesmas condições, é aplicável o regime da renda condicionada"; o mesmo regime é também aplicável aos contratos transmitidos para descendentes ou afins menores de 26 anos, "quando estes completem aquela idade e desde que decorrido um ano sobre a morte do arrendatário" (artigo 87.°).

Nos casos previstos neste artigo 87.°, pode o senhorio, por força dos novos artigos 89.°-A a 89.°-D, introduzidos por aquele DL n.° 278/93, optar, em alternativa à aplicação do regime da renda condicionada, pela denúncia do contrato, "pagando uma indemnização correspondente a 10 anos de renda", direito a que o arrendatário só pode opor-se oferecendo uma nova renda que, mesmo assim, não obstará ao direito de denúncia pelo senhorio, desde que ele pague uma indemnização calculada na base da renda proposta pelo arrendatário.

Em vida do arrendatário, o arrendamento habitacional pode ainda transmitir-se – se houver divórcio ou separação de pessoas e bens – ao cônjuge ou ex-cônjuge do arrendatário, nos termos do artigo 84.°, R.A.U., na redacção do DL n.° 163/95 (correspondente ao antigo artigo 1110.°, C.C.).

De acordo com a doutrina do Assento de 23 de Abril de 1987, publicado no *Diário da República,* I série, em 28 de Maio do mesmo ano, "as normas dos n.°s 2, 3 e 4 do artigo 1110.° do Código Civil não são aplicáveis às uniões de facto, mesmo que destas haja filhos menores"; este Assento veio a ser declarado inconstitucional, com força obrigatória geral, pelo Acórdão do Tribunal Constitucional n.° 359/91, no Processo n.° 36/90, publicado no *Diário da República,* I-A série, de 15 de Outubro.

O arrendamento comercial e industrial tem um regime especial de transmissão: por um lado, dispõe o artigo 112.°, R.A.U. (correspondente ao anterior artigo 1113.°, C.C.,) que "o arrendamento não caduca por morte do arrendatário, mas os sucessores podem renunciar à transmissão, comunicando a renúncia ao senhorio no prazo de 30 dias"; por outro lado, diz o n.° 1 do artigo 115.°, R.A.U., que "é permitida a transmissão por acto entre vivos da posição do arrendatário, sem dependência de autorização do senhorio, no caso de trespasse do estabelecimento comercial ou industrial".

Finalmente, quanto aos arrendamentos para exercício de profissões liberais, dispõe o artigo 122.°, n.° 1, R.A.U., que "a posição do arrendatário é transmissível por acto entre vivos, sem autorização do senhorio, a pessoas que no prédio arrendado continuem a exercer a mesma profissão".

O artigo 2.°, n.° 1-*m*), do Código do Registo Predial, aprovado pelo Decreto-Lei n.° 224/84, de 6 de Julho (rectificado por declaração publicada no *Diário da República,* I-A série, de 29 de Setembro de 1984), alterado pelos Decretos-Leis n.°s 355/85, de 2 de Outubro, 60/90, de 14 de Fevereiro (rectificado por declaração publicada no *Diário da República,* I-A série, de 31 de Março de 1990), 80/92, de 7 de Maio, 30/93, de 12 de Fevereiro, 227/94, de 8 de Setembro, 267/94, de 25 de Outubro, 67/96, de 31 de Maio, 375-A/99, de 20 de Setembro, 533/99, de 11 de Dezembro, 273/2001, de 13 de Outubro, 323/2001, de 17 de Dezembro, 38/2003, de 8 de Março (rectificado pela Declaração de rectificação n.° 5-C/2003, de 30 de Abril), e 194/2003, de 23 de Agosto, e pela Lei n.° 6/2006, de 27 de Fevereiro, estabelece que está sujeito a registo "o arrendamento por mais de seis anos e as suas transmissões ou sublocações, exceptuado o arrendamento rural".

V. *Transmissão; Arrendamento; Senhorio; Cessão da posição contratual; Locatário; Sublocação; Arrendamento para habitação; Separação judicial de pessoas e bens; Separação de facto; Economia comum; Descendente; Ascendente; Afinidade; Linha; União de facto; Documento autêntico; Documento autenticado; Indemnização; Dano; Denúncia; Renda condicionada; Caducidade do arrendamento; Divórcio; Arrendamento comercial; Acto entre vivos; Trespasse; Profissão liberal; Registo predial.*

Transmissão electrónica (Proc. Civil) – A revisão do Código de Processo Civil, operada essencialmente pelo Decreto-Lei n.° 183/2000, de 10 de Agosto, pela Lei n.° 30-D/2000, de 20 de Dezembro, e pelos Decretos-Leis n.°s 320-B/2002, de 30 de Dezembro, e 324/2003, de 27 de Dezembro (rectificado pela Declaração de rectificação n.° 26/2004, de 24 de Fevereiro), veio prever que as peças processuais possam ser apresentadas a juízo por meios electrónicos.

O artigo 150.°, C.P.C., na redacção do último diploma referido, estabelece que "os actos processuais que devam ser praticados por escrito pelas partes são apresentados a juízo por uma das seguintes formas", incluindo o "envio através de telecópia", o "envio através de correio electrónico, com aposição de assinatura electrónica avançada" ou o "envio através de outro meio de transmissão electrónica de dados". A Portaria n.° 642/2004, de 16 de Junho, "regula a forma de apresentação a juízo dos actos processuais enviados através de correio electrónico [...]".

O Decreto-Lei n.° 202/2003, de 10 de Setembro, ocupa-se do regime das "comunicações por meios telemáticos entre a secretaria judicial e o solicitador de execução, no âmbito das competências a exercer por este último como agente de execução em sede de processo executivo".

A Portaria n.° 985-A/2003, de 15 de Setembro, determina que "a entrega de requerimento executivo previsto no Decreto-Lei n.° 202/2003, de 10 de Setembro, deve ser realizada por transmissão electrónica, em formulário próprio, a disponibilizar pela Direcção-Geral da Administração da Justiça em página informática de acesso público".

V. *Actos processuais; Parte; Telecópia; Assinatura electrónica; Secretaria judicial; Solicitador de execução; Execução; Agente de execução; Requerimento executivo.*

Transmissão "inter vivos" (Dir. Civil) – O mesmo que *sucessão "inter vivos"* (v. esta expressão).

V. *Transmissão.*

Transmissão "mortis causa" (Dir. Civil) – O mesmo que *sucessão "mortis causa"* (v. esta expressão).

V. *Transmissão.*

Transmissão singular (Dir. Civil) – Transmissão a título singular ou transmissão singular são expressões sinónimas de sucessão singular.

V. *Sucessão singular; Transmissão.*

Transmissão universal (Dir. Civil) – Transmissão universal ou a título universal são expressões sinónimas de sucessão universal.

V. *Transmissão; Sucessão universal.*

Transmissário (Dir. Civil) – É aquele que recebe uma posição jurídica por transmissão de outrem.

V. *Transmissão.*

Transmissibilidade (Dir. Civil) – Característica dos direitos, deveres e posições jurídicas susceptíveis de serem transferidos de uma esfera jurídica para outra, sem perda de identidade, por acto entre vivos ou *mortis causa.*

Em princípio, são transmissíveis todos os direitos patrimoniais.

V. *Direito subjectivo; Dever jurídico; Esfera jurídica; Direito transmissível; Acto entre vivos; "Mortis causa"; Direito patrimonial.*

Transmitente (Dir. Civil) – É aquele que transmite a outrem uma posição jurídica.

V. *Transmissão.*

Transporte (Dir. Civil; Dir. Com.) – Contrato pelo qual alguém se obriga a conduzir outrem ou bens pertencentes a outrem de um local para outro. O contrato de transporte pode ser oneroso, caso em que dele emerge a obrigação para o transportado ou proprietário dos bens transportados de pagar uma retribuição pelo serviço, ou gratuito, caso em que não há lugar ao pagamento de qualquer retribuição.

Quando o transporte é terrestre e é realizado no (ou também no) interesse do transportador, as pessoas transportadas são beneficiárias da responsabilidade pelo risco que a lei faz impender sobre aquele que tem a direcção efectiva do veículo – abrangendo o seu direito indemnizatório "os danos que atinjam a própria pessoa e as coisas por ela transportadas" (artigos 503.° e 504.°, n.° 2, C.C., o último na redacção do Decreto-Lei n.° 14/96, de 6 de Março). Sendo o transporte gratuito ou desinteressado (quer seja contratual, quer o não seja), "o transportador responde apenas pelos "danos pessoais da pessoa transportada" (artigo 504.°, n.° 3, C.C., na redacção do mesmo diploma).

O transporte é objecto de numerosa legislação avulsa. V., por exemplo, o Regulamento de Transportes em Automóveis, aprovado pelo Decreto n.° 37 272, de 31 de Dezembro de 1948 (alterado pelos Decretos-Leis n.°s 42 944, de 25 de Abril de

1960, 43 708, de 22 de Maio de 1961, 45 060, de 4 de Junho de 1963, 46 066, de 7 de Dezembro de 1964, e 59/71, de 2 de Março, pelos Decretos Regulamentares n.°s 77/79, de 31 de Dezembro, 21-A/80, de 24 de Junho, e 18/82, de 8 de Abril, pelo Decreto-Lei n.° 186/82, de 15 de Maio, pelos Decretos Regulamentares n.°s 67/82, de 2 de Outubro, 35/83, de 3 de Maio, 66/84, de 22 de Agosto, 61/85, de 30 de Setembro, 53/86, de 6 de Outubro, 52/87, de 4 de Agosto, e 26/88, de 28 de Junho, pelos Decretos-Leis n.°s 110/90, de 3 de Abril, 285/94, de 11 de Novembro, 319/95, de 28 de Novembro, e 223/96, de 25 de Novembro, pela Lei n.° 18/97, de 11 de Junho, pelos Decretos-Leis n.°s 378/97, de 27 de Dezembro, 251/98, de 11 de Agosto, 263/98, de 19 de Agosto, 38/99, de 6 de Fevereiro, e 3/2001, de 10 de Janeiro, e pela Lei n.° 106/2001, de 31 de Agosto), e a Lei n.° 10/90, de 17 de Março, alterada pela Lei n.° 3-B/2000, de 4 de Abril (Lei de Bases do Sistema de Transportes Terrestres).

O Decreto-Lei n.° 77/97, de 5 de Abril (alterado pelos Decretos-Leis n.°s 76/2000, de 9 de Maio, e 322/2000, de 19 de Dezembro), estabelecia o regime jurídico do transporte rodoviário de mercadorias perigosas; este diploma foi revogado pelo Decreto-Lei n.° 267-A/2003, de 27 de Outubro, que transpõe a Directiva n.° 2001/7/CE, da Comissão, de 29 de Janeiro, e a Directiva n.° 2003/28/CE, da Comissão, de 7 de Abril, que adaptam ao progresso técnico a Directiva n.° 94/55/CE, do Conselho, de 21 de Novembro, relativas à aproximação das legislações dos estados membros respeitantes ao transporte rodoviário de mercadorias perigosas, e a Directiva n.° 95/50/CE, do Conselho, de 6 de Outubro, relativa a procedimentos uniformes de controlo do transporte rodoviário dessas mercadorias. O Regulamento Nacional do Transporte de Mercadorias Perigosas por Estrada foi aprovado pela Portaria n.° 1196-C/97, de 24 de Novembro, alterada pela Portaria n.° 1106-B/99, de 23 de Dezembro, pelo Decreto-Lei n.° 76/2000, de 9 de Maio, e pela Portaria n.° 729/2000, de 7 de Setembro. V. também a Convenção Relativa ao Contrato de Transporte Internacional de Mercadorias por Estrada (CMR), aprovada para adesão pelo Decreto n.° 46 235, de 18 de Março de 1965, tendo Portugal depositado o respectivo instrumento de adesão em 22 de Setembro de 1969, conforme aviso publicado no *Diário do Governo* de 3 de Junho de 1970; Portugal é também parte no Protocolo a esta Convenção, cujo instrumento de confirmação e adesão depositou em 17 de Agosto de 1989, segundo aviso publicado no *Diário da República*, I série, de 7 de Setembro de 1989. O Acordo Europeu Relativo ao Transporte Internacional de Mercadorias Perigosas por Estrada (ADR), concluído em Genebra em 30 de Setembro de 1957, foi aprovado para ratificação pelo Decreto-Lei n.° 45 935, de 19 de Setembro de 1964, tendo entrado em vigor para Portugal em 18 de Março de 1980.

A Portaria n.° 335/97, de 16 de Maio, fixa as regras a que tem de se submeter o transporte de resíduos dentro do território nacional, com o fim de proteger e melhorar a qualidade do ambiente e a saúde pública. O Decreto-Lei n.° 181/95, de 26 de Julho, com a redacção do Decreto-Lei n.° 386/98, de 4 de Dezembro, criou um sistema de incentivos à melhoria do impacte ambiental dos transportes públicos rodoviários de mercadorias; a Resolução do Conselho de Ministros n.° 73/95, de 1 de Agosto, alterada pelas Resoluções do Conselho de Ministros n.°s 144/98 e 120/99, respectivamente de 16 de Dezembro e de 14 de Outubro, aprovou as normas de execução deste sistema.

O regime do contrato de transporte rodoviário de mercadorias consta do Decreto-Lei n.° 239/2003, de 4 de Outubro, sendo este caracterizado como o contrato "celebrado entre transportador e expedidor nos termos do qual o primeiro se obriga a deslocar mercadorias, por meio de veículos rodoviários, entre locais situados no território nacional e a entregá-las ao destinatário". O Decreto-Lei n.° 38/99, de 6 de Fevereiro, "aplica-se ao transporte rodoviário de mercadorias efectuado por meio de veículos automóveis ou conjuntos de veículos de mercadorias e transpõe a Directiva n.° 96/26/CE, do Conselho, de 29 de Abril de 19996, modificada pela Directiva n.° 98/76/CE, do Conselho, de 1 de Outubro de 1998"; este regime abrange tanto o transporte por conta de outrem como aquele que é feito por conta própria, e tanto o nacional como o internacional.

A Lei n.° 12/97, de 21 de Maio, regula o transporte de doentes por associações ou corporações de bombeiros e pela Cruz Vermelha Portuguesa.

O Decreto-Lei n.° 194/98, de 10 de Julho (alterado pelo Decreto-Lei n.° 331/99, de 20 de Agosto), revogando o Decreto-Lei n.° 368/93, de 28 de Outubro, regulara o transporte marítimo de passageiros e mercadorias no âmbito da cabotagem nacional; este diploma foi entretanto revogado pelo Decreto-Lei n.° 7/2006, de 4 de Janeiro, que "regula o transporte marítimo de passageiros e de mercadorias na cabotagem nacional (entendendo-se por cabotagem nacional, para os efeitos do diploma, "o transporte de passageiros e de mercadorias efectuado entre portos nacionais, abrangendo a cabotagem continental e a cabotagem insular"). A publicação deste normativo resultou, de acordo com o respectivo preâmbulo, da "experiência decorrente da liberalização da cabotagem, ocorrida em 1 de Janeiro de 1999, em resultado da aplicação do Regulamento (CE) n.° 3577/92, do Conselho, de 7 de Dezembro, relativo à aplicação do princípio da livre prestação de serviços aos transportes marítimos internos nos Estados membros". O Decreto-Lei n.° 196/98, de 10 de Julho, estabelece o regime da actividade dos transportes marítimos. Com o fim de aumentar a segurança do transporte marítimo de pessoas e de facilitar as operações de busca e salvamento marítimo em caso de acidente, o Decreto-Lei n.° 547/99, de 14 de Dezembro (rectificado pela Declaração de rectificação n.° 4-H/2000, de 31 de Janeiro), alterado pelo Decreto-Lei n.° 51/2005, de 25 de Fevereiro, transpondo a Directiva n.° 98/41/CE, do Conselho, de 18 de Junho, estabelece um regime de registo das pessoas que viajem em navios. "Com o objectivo de aumentar a segurança do transporte marítimo de passageiros", o Decreto-Lei n.° 280/2001, de 23 de Outubro, alterado pelo Decreto-Lei n.° 206/2005, de 28 de Novembro, define o regime aplicável à actividade profissional dos marítimos e à fixação da lotação das embarcações. Na transposição da Directiva n.° 1999/35/CE, do Conselho, de 29 de Abril, o Decreto-Lei n.° 27/2002, de 14 de Fevereiro, estabeleceu um regime de vistorias obrigatórias para as embarcações *ferry ro-ro* e de passageiros de alta velocidade exploradas em serviços regulares. O Decreto-Lei n.° 204/2005, de 25 de Novembro, transpõe para a ordem jurídica nacional a Directiva n.° 2003/25/CE, do Parlamento Europeu e do Conselho, de 14 de Abril, relativa a prescrições específicas de estabilidade para os navios *ro-ro* de passageiros, com o objectivo de evitar os acidentes e as perdas de vidas humanas que deles podem resultar. No domínio do transporte marítimo, v. o Acordo de Transporte Marítimo entre a Comunidade Europeia e os seus Estados Membros e o Governo da República Popular da China, assinado em Bruxelas em 6 de Dezembro de 2002, e aprovado pelo Decreto do Presidente da República n.° 1/2004, de 8 de Janeiro.

O Decreto-Lei n.° 73/2004, de 25 de Março, transpôs para o direito interno a Directiva n.° 2002/6/CE, do Parlamento Europeu e do Conselho, de 18 de Fevereiro, "que estabelece as formalidades de declaração harmonizadas a apresentar às autoridades públicas relativamente à escala de navios nos portos portugueses, conforme aprovadas pela Convenção FAL OMI".

O Decreto-Lei n.° 251/98, de 11 de Agosto (alterado pelas Leis n.°s 156/99, de 14 de Setembro – rectificada pela Declaração de rectificação n.° 16/99, de 7 de Outubro –, 167/99, de 18 de Setembro, e 106//2001, de 31 de Agosto, e pelos Decretos-Leis n.°s 41/2003, de 11 de Março, e 4//2004, de 6 de Janeiro), regula o acesso à actividade e ao mercado dos transportes em táxis; a Portaria n.° 788/98, de 21 de Setembro, alterada pela Portaria n.° 121//2004, de 3 de Fevereiro, estabelece as normas relativas às condições de emissão do certificado de aptidão profissional de motorista de veículos ligeiros de passageiros de transportes de aluguer; por seu lado, a Portaria n.° 277-A/99, de 15 de Abril, (alterada pelas Portarias n.°s 1318/2001, de 29 de Novembro – rectificada pela Declaração de rectificação n.° 20-BA/2001, de 30 de Novembro –,1522/2002, de 19 de Dezembro, e 2/2004, de 5 de Janeiro), regula a actividade de transportes em táxis e estabelece o equipamento obrigatório dos veículos automóveis de passageiros destinados a esta actividade; a Portaria n.° 334/ /2000, de 9 de Junho, regulamenta o citado DL n.° 251/98, relativamente aos requisitos de capacidade profissional e financeira do transportador em táxi. Foram previstas pela Lei n.° 6/98, de 31 de Janeiro, medidas de segurança para motoristas de táxis, entre as quais a instalação nos veículos de um separador entre o habitáculo do condutor e o dos passageiros; a instalação deste separador, respectivas características técnicas, condições de colocação e aprovação, foram estabelecidas pelo Decreto-Lei n.° 230/99, de 23 de Junho. O regime de acesso à profissão de motorista de táxi foi definido pelo Decreto-Lei n.° 263/98, de 19 de Agosto (cujo artigo 4.°, n.° 2, foi declarado inconstitucional, com força obrigatória geral, pelo Acórdão do Tribunal Constitucional n.° 154/2004, publicado no *Diário da República*, I-A série, de 17 de Abril), alterado pelo Decreto-Lei n.° 298/2003, de 21 de Novembro. O Decreto Legislativo Regional n.° 30/2003/M, de 9 de Dezembro, adapta à região Autónoma da Madeira o referido DL n.° 251/98.

A Portaria n.° 25/99, de 16 de Janeiro, regula as condições a que devem obedecer os veículos destinados ao transporte, guarda e distribuição de valores.

O registo nacional do transportador terrestre foi instituído pelo Decreto-Lei n.° 2/2000, de 29 de Janeiro.

O Decreto-Lei n.° 41/2002, de 28 de Fevereiro, transpôs as Directivas n.°s 1999/ /36/CE, do Conselho, de 29 de Abril, e 2001/2/CE, da Comissão, de 4 de Janeiro – tendo sido alterado pelo Decreto-Lei n.° 72-L/2003, de 14 de Abril, que transpôs a Directiva n.° 2002/50/CE, da Comissão, de 6 de Junho – estabelecendo as regras relativas ao projecto, fabrico, avaliação da conformidade, colocação no mercado, entrada e serviço e utilização dos equipamentos sob pressão transportáveis, usados no transporte de mercadorias por estrada e caminho-de-ferro.

Quanto ao transporte rodoviário de passageiros, o Decreto-Lei n.° 3/2001, de 10 de Janeiro, alterado pelo Decreto-Lei n.° 90/2002, de 11 de Abril, estabelece o regime de acesso à actividade, sempre que ele tenha lugar em veículos com mais de nove lugares. A regulamentação dos exames para obtenção de certificado de capacidade profissional neste tipo de transportes foi definida pela Portaria n.° 1212/2001, de 20 de Outubro; a adaptação deste DL n.° 3/2001 à Região Autónoma dos Açores foi realizada pelo Decreto Legislativo Regional n.° 17/2002/A, publicado no *Diário da República*, I-A série, de 15 de Maio de 2002., e alterado pelo Decreto Legislativo Regional n.° 6/2006/A, de 21 de Fevereiro.

Ainda no domínio do transporte rodoviário, colectivo – "em automóvel ligeiro ou pesado de passageiros, público ou particular, efectuado como actividade principal ou acessória" –, a Lei n.° 13/2006, de 17 de Abril, alterada pela Lei n.° 17-A/2006, de 26 de Maio, estabelece o respectivo regime quando se trate de "crianças e jovens até aos 16 anos", "de e para os estabelecimentos de educação e ensino, creches, jardins-de-infância e outras instalações ou espaços em que decorram actividades educativas ou formativas, designadamente os transportes para locais destinados à prática de actividades desportivas ou culturais, visitas de estudo e outras deslocações organizadas para ocupação de tempos livres"; esta Lei enuncia regras relativas ao acesso à actividade, a título principal, de transportador, aos veículos e aos motoristas. O Decreto Legislativo Regional n.° 23/ /2006/A, de 12 de Junho, estabelece o regime jurídico do transporte colectivo de crianças na Região Autónoma dos Açores.

O exercício da actividade de transporte internacional ferroviário e o acesso à infra-estrutura ferroviária nacional era regulado pelo Decreto-Lei n.° 60/2000, de 19 de Abril, que foi revogado pelo Decreto-Lei n.° 270/2003, de 28 de Outubro (rectificado pela Declaração de rectificação n.° 26/ /2003, de 27 de Dezembro), que define as condições de prestação do serviço de transporte ferroviário e de gestão da infra-estrutura ferroviária, transpondo as Directivas n.°s 2001/12/CE, 2001/13/CE e 2001/ /14/CE, do Parlamento Europeu, de 26 de Fevereiro; o modelo de certificado de segurança previsto naquele diploma foi aprovado pela Portaria n.° 167/2004, de 18 de Fevereiro; por seu lado, a Portaria n.° 168/ /2004, da mesma data, aprova o modelo de licença de prestação de serviços de transporte ferroviário internacional, o modelo de anexo relativo a seguros e o modelo de licença de prestação de serviços de transporte ferroviário nacional. Já o transporte ferroviário de mercadorias perigosas fora disciplinado pelo Decreto-Lei n.° 227-C/ /2000, de 22 de Setembro, entretanto revogado pelo Decreto-Lei n.° 124-A/2004, de 26 de Maio, que transpôs as Directivas n.°s 2000/62/CE, do Parlamento Europeu e do Conselho, de 10 de Outubro, e 2001/29/ /CE, da Comissão, de 7 de Abril. A Portaria n.° 1455/2001, de 28 de Dezembro, determina que a utilização de vagões para o transporte ferroviário de mercadorias perigosas em território nacional dependa da obtenção de certificação que comprove o cumprimento do Regulamento Nacional do Transporte Ferroviário de Mercadorias Perigosas, aprovado pelo citado DL n.° 227-C/2000. O Decreto-Lei n.° 75/2003, de 16 de Abril, estabelece as condições para a realização, no território nacional, "da interoperabilidade do sistema ferroviário transeuropeu convencional". A Convenção Relativa aos Transportes Internacionais Ferroviários (COTIF), de 9 de Maio de 1980, foi aprovada para ratificação pelo Decreto do Governo n.° 50/85, de 27 de Novembro. Pelo Decreto do Governo n.° 10/97, de 19 de Fevereiro, foi aprovado para adesão o Protocolo de 1990 – adoptado em Berna em 20 de Dezembro de 1990 – àquela Convenção, introduzindo alterações na Convenção e nos seus apêndices; o instrumento de adesão a este Protocolo foi depositado por Portugal, tendo entrado em vigor no País no dia 21 de Abril de 1997, segundo o Aviso n.° 171/97, de 7 de Junho; a COTIF foi entretanto alterada pelo Protocolo de 3 de Junho de 1999, assinado por Portugal em 9 de Dezembro do mesmo ano, tendo ele sido aprovado pelo Decreto do Governo n.° 3/2004, de 25 de Março.

O regime jurídico relativo ao acesso e exercício da actividade transitária foi instituído pelo Decreto-Lei n.° 255/99, de 7 de Julho.

Muito embora os serviços de transporte e reboque de veículos avariados ou sinistrados se encontrem submetidos ao regime aplicável ao transporte de mercadorias, o Decreto-Lei n.° 193/2001, de 26 de Junho, enuncia um regime especial para "o acesso e exercício da actividade de prestação de serviços com veículos pronto-socorro", de que ficam excluídos os prestados por pessoas colectivas de utilidade pública sem fins lucrativos".

A actividade de transporte de doentes rege-se pelo Decreto-Lei n.° 38/92, de 28 de Março, e pela Lei n.° 12/97, de 21 de Maio; o Regulamento do Transporte de Doentes foi aprovado pela Portaria n.° 1147/2001, de 28 de Setembro, alterada pela Portaria n.° 1301-A/2002, de 28 de Setembro; o decreto regulamentar regional n.° 3/2004/M, de 18 de Fevereiro, adapta estes regimes à Região Autónoma da Madeira.

O Decreto-Lei n.° 313/2002, de 23 de Dezembro, alterado pelo Decreto-Lei n.° 143/2004, de 11 de Junho, define o regime jurídico aplicável à construção, colocação em serviço e exploração das instalações por cabo para transporte de pessoas, transpondo a Directiva n.° 2000/9/CE, do Parlamento Europeu e do Conselho, de 20 de Março.

O Decreto-Lei n.° 221/2004, de 18 de Novembro, define condições excepcionais para o transporte particular de trabalhadores agrícolas nas caixas dos de carga dos reboques, semi-reboques e veículos de mercadorias de caixa aberta afectos à actividade agrícola; a Portaria n.° 930/2005, de 28 de Setembro, fixa os requisitos técnicos a verificar pelos veículos utilizados no transporte particular de trabalhadores agrícolas.

A Convenção Europeia sobre a Protecção dos Animais em Transporte Internacional, aberta à assinatura em Paris em 13 de Dezembro de 1968, foi aprovada para ratificação pelo Decreto n.° 33/82, de 11 de Março, tendo o instrumento de ratificação sido depositado em 1 de Junho de 1982, conforme o Aviso n.° 155/91, de 8 de Junho.

O Acordo Europeu Respeitante ao Trabalho das Tripulações de Veículos Efectuando Transportes Rodoviários Internacionais (AETR), assinado em Genebra a 11 de Junho de 1970, foi aprovado para ratificação pelo Decreto n.° 324/73, de 30 de Junho.

V. o Acordo entre a República Portuguesa e o Reino dos Países Baixos Relativo aos Transportes Rodoviários Internacionais, assinado em Lisboa em 31 de Julho de 1972, publicado no *Diário do Governo*, I série, de 24 de Julho de 1973, alterado segundo aviso publicado no *Diário da República*, I-A série, de 11 de Fevereiro de 1994.

Portugal é parte no Acordo Relativo a Transportes Internacionais de Produtos Perecíveis e aos Equipamentos Especializados a Utilizar Nestes Transportes (ATP), assinado em Genebra em 1 de Setembro de 1970, tendo este sido aprovado para adesão pelo Decreto n.° 30/87, de 14 de Agosto.

O Acordo Europeu sobre Grandes Linhas de Transporte Internacional Combinado e Instalações Anexas (AGTC), concluído em Genebra a 1 de Fevereiro de 1991, foi aprovado, para adesão, por Portugal, nos termos do Decreto n.° 32/94, de 3 de Novembro, tendo sido depositado o correspondente instrumento em 17 de Janeiro de 1995, conforme o Aviso n.° 128/95, de 2 de Junho.

V. também o Acordo entre o Governo da República Portuguesa e o Governo do Reino de Marrocos sobre Transportes Internacionais Rodoviários de Passageiros e Mercadorias, aprovado para ratificação pelo Decreto n.° 12/95, de 17 de Maio, e ratificado em 24 de Março de 1995, tendo o Aviso n.° 140/95, de 21 de Junho, tornado público que se encontra concluído por ambas as Partes o processo de aprovação deste Acordo, que entrou em vigor no dia 23 de Junho de 1995.

O Acordo de Transporte Aéreo entre o Governo da República Portuguesa e o Governo da República da Turquia foi assinado em Lisboa a 13 de Março de 1992, aprovado para ratificação pela Resolução da Assembleia da República n.° 26/95, de 19 de Maio, e ratificado pelo Decreto do Presidente da República n.° 51/95, da mesma data. Entre a República Portuguesa e a República da Turquia foi realizado um Acordo sobre Transportes Internacionais Rodoviários e de Mercadorias, aprovado pelo Decreto do Presidente da República n.° 15/2005, de 1 de Setembro.

O Acordo de Transporte Aéreo entre a República Portuguesa e a República Eslovaca, assinado em Bratislava em 5 de Junho de 2001, foi aprovado para ratificação pela Resolução da Assembleia da República n.° 51/2003, de 5 de Junho, e ratificado pelo Decreto do Presidente da República n.° 36/95, da mesma data; o Aviso n.° 196/2003, de 14 de Agosto, tornou público terem sido emitidas notas em 26 de Junho de 2001 e em 12 de Junho de 2003, respectivamente pela Embaixada da República Eslovaca em Lisboa e pelo Ministério dos Negócios Estrangeiros português, em que se comunicava a ratificação do Acordo.

O Acordo de Transporte Aéreo entre a República Portuguesa e a República Democrática e Popular da Argélia, assinado em Lisboa em 31 de Maio de 2005, foi aprovado pelo Decreto do Presidente da República n.° 26/2005, de 13 de Dezembro.

A Convenção para a Unificação de Certas Regras Relativas ao Transporte Aéreo Internacional, adoptada em 28 de Maio de 1999 pela Conferência Internacional de Direito Aeronáutico, celebrada em Montreal no âmbito da Organização Internacional de Aviação Civil, foi aprovada pelo Decreto n.° 39/2002, de 27 de Novembro; o Aviso n.° 142/2003, de 7 de Maio, torna público que Portugal depositou, em 3 de Março de 2003, junto da Organização Internacional de Aviação Civil, o seu instrumento de ratificação. O Protocolo de Haia que emenda esta Convenção foi aprovado para ratificação pelo Decreto-Lei n.° 45 069, de 12 de Junho de 1963, tendo o respectivo instrumento sido depositado em 16 de Setembro de 1963.

O Acordo de 28 de Junho de 1973 entre o Governo da República Portuguesa e o Conselho Federal Suíço Relativo aos Transportes Internacionais de Pessoas e Mercadorias por Estrada, foi objecto de Emenda, cujo Protocolo, assinado em Lisboa, em 18 de Setembro de 1998, foi aprovado para ratificação pela Resolução da Assembleia da República n.° 47/99, de 16 de Abril, tendo sido ratificado pelo Decreto do Presidente da República n.° 151/99, de 30 de Junho; a Resolução da Assembleia da República n.° 49/99, de 30 de Junho, aprovou, para ratificação, o Protocolo de Emenda ao Acordo de 28 de Junho de 1973 entre o Governo da República Portuguesa e o Conselho Federal Suíço Relativo aos Transportes Internacionais de Pessoas e Mercadorias por Estrada; nos termos do Aviso n.° 133/99, publicado no *Diário da República* I-A série, de 21 de Setembro, tornou-se público que, em 22 de Setembro de 1998 e em 5 de Julho de 1999, foram emitidas notas, respectivamente pela Embaixada da Suíça e pelo Ministério dos Negócios Estrangeiros português, em que se comunica que foram cumpridas as formalidades constitucionais internas para a aprovação do Protocolo referido, que entrou em vigor em 5 de Julho de 1999.

O Acordo de Transporte Aéreo entre o Governo da República de Portugal e o Governo da República Dominicana, assinado em Santo Domingo, em 14 de Fevereiro de 1995, foi aprovado pelo Decreto n.° 22/99, de 28 de Junho (rectificado pela Declaração de rectificação n.° 15-H/99, de 30 de Setembro).

O Acordo entre a República Portuguesa e a República de Cabo Verde Relativo à Cooperação no Domínio dos Transportes Marítimos, assinado em 6 de Dezembro de 1978, foi alterado em 24 de Abril de 1998, segundo aviso publicado no *Diário da República* I-A série, de 30 de Maio de 1998.

O Acordo entre a República Portuguesa e a República de São Tomé e Príncipe Relativo à Cooperação no Domínio dos Transportes Marítimos, assinado em 17 de Julho de 1978, foi alterado em 24 de Abril de 1998, segundo aviso publicado no *Diário da República* I-A série, de 30 de Maio de 1998 (rectificado pela Declaração n.° 3-A/99, de 30 de Janeiro).

O Acordo entre a República Portuguesa e a República Socialista Federativa da Jugoslávia Relativo à Cooperação no Domínio dos Transportes Marítimos, assinado em Belgrado, em 28 de Junho de 1979, foi objecto de um Protocolo Modificativo por Troca de Notas, concluído em 22 de Agosto, que foi aprovado pelo Decreto n.° 3/99, de 1 de Fevereiro; o Aviso n.° 80//2001, de 7 de Agosto, "torna público ter, em 17 de Janeiro de 2001, sido emitida uma nota verbal pela Embaixada de Portugal em Zagreb em que se comunica ao Ministério dos Negócios Estrangeiros da República da Croácia, um dos Estados sucessores da República Socialista Federativa da Jugoslávia, a decisão de denúncia, por parte de Portugal, do Acordo [*supra* citado] [...]"; em idêntico sentido, v. também Aviso n.° 81/2001, da mesma data.

O Acordo de Transporte Aéreo entre a República Portuguesa e a República da África do Sul, assinado em Joanesburgo em 23 de Maio de 1997, aprovado para ratificação pela Resolução da Assembleia da República n.° 52/99, de 16 de Abril, publicada no *Diário da República,* I-A série, de 2 de Julho de 1999, foi ratificado pelo Decreto do Presidente da República n.° 154/99, de 2 de Julho; o Aviso n.° 57/2001, de 9 de Junho, tornou público que foram, em 25 de Julho e em 17 de Dezembro de 1999, emitidas notas, respectivamente pelo Ministério dos Negócios Estrangeiros de Portugal e pelo da África do Sul, em que se comunica terem sido cumpridas as formalidades constitucionais internas respectivas de aprovação do referido Acordo.

O Decreto do Presidente da República n.° 155/99, de 2 de Julho, ratifica o Acordo entre a República Portuguesa e a Federação da Rússia sobre o Transporte Rodoviário Internacional e respectivo Protocolo, assinados em Moscovo a 22 de Julho de 1994, aprovados para ratificação pela Resolução da Assembleia da República n.° 53/99, de 16 de Abril, publicada no *Diário da República,* I-A série, de 2 de Julho de 1999; o Aviso n.° 138/99, publicado no *Diário da República,* I-A série, de 24 de Setembro, torna público que, em 30 de Janeiro de 1995 e em 6 de Julho de 1999, foram emitidas notas, respectivamente pelo Ministério dos Negócios Estrangeiros russo e pelo Ministério dos Negócios Estrangeiros português, em que se comunica terem sido cumpridas as formalidades constitucionais exigidas pelos ordenamentos de ambos os países para aprovação do Acordo referido e seu Protocolo, pelo que ele entrou em vigor em 5 de Julho de 1999.

A Resolução da Assembleia da República n.° 41/2000, de 2 de Maio, aprovou para assinatura o Acordo entre a República Portuguesa e a República da Eslovénia relativo a Transportes Internacionais Rodoviários de Passageiros e respectivo Protocolo; o Aviso n.° 157/2000, de 28 de Julho, tornou pública terem, em 11 de Julho de 2000 e em 26 de Junho de 2000, sido emitidas notas, respectivamente pelo Ministério dos Negócios Estrangeiros português e pelo Ministério dos Negócios Estrangeiros esloveno, em que se comunica terem sido cumpridas as formalidades constitucionais exigidas pelos respectivos ordenamentos para a aprovação do Acordo que ficou referido.

Entre o Governo da República Portuguesa e o Governo de Macau foi assinado, em Lisboa, em 31 de Agosto de 1995, um Acordo de Transporte Aéreo, que foi aprovado pelo Decreto n.° 54/99, de 23 de Novembro, tendo sido tornado público pelo Aviso n.° 111/2002, de 6 de Dezembro, que, em 3 e 8 de Dezembro de 1999, foi notificado, respectivamente, pelo Ministério dos Negócios Estrangeiros português e pelo Ministério dos Negócios Estrangeiros da República Popular da China, e nesta, sob a forma de assentimento e confirmação, terem sido cumpridas as formalidades constitucionais internas de aprovação daquele Acordo; nos termos do artigo 22.° do Acordo, este entrou em vigor em 8 de Dezembro de 1999.

O Decreto do Presidente da República n.° 13/2001, de 5 de Março, aprovou o Acordo entre a República Portuguesa e o reino de Espanha Relativo à Instituição de Uma Comissão Mista nos Domínios dos Transportes Terrestres e das Infra-Estruturas de Transporte, assinado em Salamanca em 26 de Janeiro de 2000; foram emitidas notas respectivamente pela Embaixada de Espanha em Lisboa e pelo Ministério dos Negócios Estrangeiros português em que se comunica a aprovação deste Acordo, segundo aviso publicado no *Diário da República* I-A série, de 20 de Dezembro de 2001.

O Acordo de Transporte Aéreo entre a República Portuguesa e os Estados Unidos da América, assinado em Lisboa em 30 de Maio de 2000, foi aprovado para ratificação pela Resolução da Assembleia da República n.° 51/2001, em 11 de Maio de 2001, tendo sido ratificado pelo Decreto do Presidente da República n.° 37/2001, de 13 de Julho; o Aviso n.° 56/2002, de 29 de Junho, tornou público que, em 10 de Setembro de 2001 e em 9 de Maio de 2002, foram emitidas notas, respectivamente pelo Ministério dos Negócios Estrangeiros português e pela Embaixada dos Estados Unidos da América em Lisboa, em que se comunicou terem sido cumpridas as formalidades constitucionais internas de aprovação daquele Acordo, pelo que o mesmo entrou em vigor em 9 de Maio de 2002.

A Resolução da Assembleia da República n.° 9/2003, de 25 de Fevereiro, aprovou para ratificação o Acordo entre a República Portuguesa e a República da Estónia relativo a Transportes Internacionais Rodoviários de Passageiros e Mercadorias, assinado em Lisboa em 29 de Maio de 2001, tendo este Acordo sido ratificado pelo Decreto do Presidente da República n.° 7/2003, também de 25 de Fevereiro.

A Resolução da Assembleia da República n.° 14/2003, de 4 de Março, aprovou para ratificação o Acordo entre a República Portuguesa e o Principado de Andorra Relativo a Transportes Internacionais Rodoviários de Passageiros e de Mercadorias, assinado em Andorra em 15 de Novembro de 2000, tendo sido ratificado pelo Decreto do Presidente da República n.° 12/2003, também de 4 de Março; pelo Aviso n.° 177/ /2003, de 3 de Julho, foi tornado público terem, em 29 de Janeiro de 2001 e em 15 de Abril de 2003, sido emitidas notas, respectivamente pela Embaixada do Principado de Andorra em Portugal e pelo Ministério dos negócios Estrangeiros da República portuguesa, referindo terem sido concluídas as respectivas formalidades constitucionais internas de aprovação do Acordo.

O Acordo entre a República Portuguesa e a República Tunisina sobre Transportes Rodoviários Internacionais, assinado em Lisboa em 25 de Outubro de 1994, foi ratificado pelo Decreto do Presidente da República n.° 16/2003, de 6 de Março, tendo a aprovação para ratificação resultado da Resolução da Assembleia da República n.° 18/2003, da mesma data.

O Protocolo da Conferência Europeia dos Ministros dos Transportes, assinado em Bruxelas em 17 de Outubro de 1953, foi aprovado para ratificação pelo Decreto-Lei n.° 39 612, de 15 de Abril de 1954, tendo o instrumento de ratificação sido depositado conforme aviso no *Diário do Governo*, 1.ª série, de 28 de Agosto de 1954, e tendo entrado em vigor para Portugal em 24 de Julho de 1954.

O Acordo entre a República Portuguesa e a Ucrânia sobre Transportes Internacionais Rodoviários de Passageiros e Mercadorias, assinado em Kiev em 7 de Outubro de 2004, foi aprovado pelo Decreto do Presidente da República n.° 19/2005, de 6 de Setembro.

V. *Contrato; Contrato oneroso; Obrigação; Contrato gratuito; Acidente de viação; Responsabilidade pelo risco; Veículo; Dano pessoal; Dano material; Transporte gratuito; Navio; Pessoa colectiva; Animais; Transporte aéreo.*

Transporte aéreo (Dir. Civil) – De acordo com a definição do Decreto-Lei n.° 321/89, de 25 de Setembro, alterado pelos Decretos-Leis n.°s 279/95, de 26 de Outubro, e 208/2004, de 19 de Agosto, que estabelece a responsabilidade objectiva do transportador aéreo, é o "transporte em aeronave de pessoas, bagagens, carga e ou correio".

Na transposição da Directiva n.° 96/67/ /CE, do Conselho, de 15 de Outubro de 1996, o Decreto-Lei n.° 275/99, de 23 de Julho (rectificado pela Declaração de rectificação n.° 15-C/99, de 30 de Setembro, e alterado pelo já referido DL n.° 208/2004), regulou "o acesso às actividades de assistência em escala a entidades que efectuam transporte aéreo de passageiros, carga ou correio e o respectivo exercício", aplicando-se "às actividades de assistência em escala nos aeródromos situados no território nacional"; os Decretos Legislativos Regionais n.°s 7/2000/M, de 1 de Março (alterado pelo Decreto Legislativo Regional n.° 3/2003/M, de 12 de Março), e 35/2002/A, de 21 de Novembro, regulam essa mesma actividade nos aeródromos regionais.

O Decreto-Lei n.° 322/98, de 28 de Outubro, estabelece o sistema nacional de facilitação e segurança da aviação civil, criando a Comissão Nacional de Facilitação do Transporte Aéreo e de Segurança da Aviação Civil.

O Decreto-Lei n.° 254/2003, de 18 de Outubro, tem por objecto a prevenção e repressão de actos de interferência ilícita cometidos a bordo de aeronave civil, em voo comercial, por passageiros desordeiros.

O Decreto-Lei n.° 289/2003, de 14 de Novembro, enuncia os requisitos para a emissão do certificado de operador aéreo e regula os requisitos relativos à exploração de aeronaves civis utilizadas em transporte aéreo comercial.

O Regulamento (CE) n.° 261/2004 do Parlamento Europeu e do Conselho, de 11 de Fevereiro de 2004, estabelece regras comuns para a indemnização e a assistência aos passageiros dos transportes aéreos em caso de recusa de embarque e de cancelamento ou atraso considerável dos voos. O Regulamento impõe obrigações mínimas, estabelecendo o artigo 4.° que, "quando tiver motivos razoáveis para prever que vai recusar o embarque para num voo, uma transportadora aérea operadora deve, em primeiro lugar, apelar a voluntários que aceitem ceder as suas reservas a troco de benefícios, em condições a acordar entre o passageiro em causa e a transportadora aérea operadora", só podendo recusar o embarque de passageiros contra a sua vontade "se o número de voluntários for insuficiente para permitir que os restantes passageiros com reservas possam embarcar", devendo, neste caso, indemnizar imediatamente os passageiros. Nos termos do artigo 5.°, em caso de cancelamento de um voo, os passageiros têm direito a assistência e a receber indemnização da transportadora aérea operadora. O artigo 6.° dispõe que, "quando tiver motivos razoáveis para prever que em relação à sua hora programada de partida um voo se vai atrasar [...] duas horas ou mais, no caso de quaisquer voos até 1500 quilómetros; ou [...] três horas ou mais, no caso de quaisquer voos intracomunitários com mais de 1500 quilómetros e no de quaisquer outros voos entre 1500 e 3500 quilómetros; ou [..., nos restantes casos,] quatro horas ou mais", o passageiro tem direito a assistência nos termos estabelecidos. Este regime é imperativo, devendo a transportadora aérea "garantir que na zona de registo dos passageiros seja afixado, de forma claramente visível para os passageiros, o seguinte texto: «Se lhe tiver sido recusado o embarque ou se o seu voo tiver sido cancelado ou estiver atrasado pelo menos duas horas, peça no balcão de registo ou na porta de embarque o texto que indica os seus direitos, em especial no que diz respeito a indemnização e a assistência»". O Decreto-Lei n.° 209/2005, de 29 de Novembro, cria o regime sancionatório aplicável a este Regulamento.

O Decreto-Lei n.° 218/2005, de 14 de Dezembro, que transpôs a Directiva n.° 2003/42/CE, do Parlamento Europeu e do Conselho, de 13 de Junho, relativa à comunicação de ocorrências no âmbito da aviação civil, estabelece a obrigatoriedade de comunicação ao Instituto Nacional de Aviação Civil de quaisquer "ocorrências que ponham em perigo ou que, caso não sejam corrigidas, sejam susceptíveis de pôr em perigo uma aeronave, os seus ocupantes e quaisquer terceiros".

O Acordo de Transporte Aéreo entre o Governo da República de Portugal e o Governo da República Helénica, foi assinado em Atenas a 16 de Maio de 1986, e aprovado para ratificação pelo Decreto n.° 6/90, de 21 de Março.

V. o Acordo de Transporte Aéreo entre a República Portuguesa e a República da Polónia, assinado em Varsóvia em 30 de Setembro de 1975, e aprovado pelo Decreto n.° 34/77, de 11 de Março, e a Emenda a esse Acordo, assinada em Varsóvia em 30 de Setembro de 1997, aprovada pelo Decreto n.° 10/98, de 13 de Março.

V. o Acordo de Transporte Aéreo entre o Governo da República de Portugal e o Governo da República Dominicana, assinado em Santo Domingo, em 14 de Fevereiro de 1995, aprovado pelo Decreto n.° 22/99, de 28 de Junho.

Tem também de se ter em conta a Convenção sobre Aviação Civil Internacional, bem como o Protocolo Relativo a Uma Emenda à Alínea *a)* do seu artigo 50.°.

O Protocolo que consolida a Convenção Internacional de Cooperação para a Segurança da Navegação Aérea "EUROCONTROL", de 13 de Dezembro de 1960, na sequência de várias modificações introduzidas, adoptado na conferência diplomática reunida em Bruxelas em 27 de Junho de 1997, foi aprovado para ratificação pela Resolução da Assembleia da República n.° 35/2001, de 4 de Maio, e ratificado pelo Decreto do Presidente da República n.° 28/ /2001, da mesma data, tendo o instrumento de ratificação sido depositado em 12 de Julho de 2001, conforme o Aviso n.° 103/2001, de 21 de Setembro; a Convenção entrou em vigor para Portugal em 13 de Julho de 2001.

V. *Acidente de aviação; Aeronave; Responsabilidade objectiva; Indemnização; Norma imperativa.*

Transporte gratuito (Dir. Civil) – Contratualmente, é gratuito o transporte quando não haja qualquer contraprestação devida pelo transportado ao transportador.

Para efeitos da interpretação do artigo 504.°, n.° 3, C.C., na redacção do Decreto-Lei n.° 14/96, de 6 de Março, transporte gratuito é entendido maioritariamente pela doutrina como aquele que é realizado no exclusivo interesse do transportado, isto é, que é feito desinteressadamente pelo transportador.

V. *Contrato gratuito; Acidente de viação; Responsabilidade pelo risco.*

Traslado (Dir. Civil; Proc. Civil) – Designava-se assim, antigamente, a primeira certidão que era extraída de um documento notarial.

Actualmente, encontra-se na lei processual civil este termo para designar a reprodução de peças de um processo: v., por exemplo, o n.° 1 do artigo 697.°, C.P.C., que, nos casos em que o artigo 693.°, n.° 2, do mesmo Código, na redacção do Decreto-Lei n.° 38/2003, de 8 de Março, admite a exigência da prestação de caução, dispõe que, "se a prestação da caução ou a falta dela der causa a demora excedente a dez dias, extrair-se-á traslado para se processar o incidente e a apelação seguirá os seus termos", esclarecendo o n.° 2 do mesmo artigo que "o traslado só compreende, além da sentença, as peças que sejam indispensáveis, designadas por despacho"; o artigo 90.°, n.° 3, C.P.C., na redacção da Lei n.° 14/2006, de 26 de Abril, estabelece que "a execução corre por apenso, excepto quando [...] o processo tenha entretanto subido em recurso, casos em que corre o traslado, sem prejuízo da possibilidade de o juiz poder, se entender conveniente, apensar à execução o processo já findo".

V. *Documento; Certidão; Caução; Incidente; Apelação; Sentença; Despacho; Execução; Apensação de acções; Recurso.*

Tratado – No direito internacional significa um convénio, acordo ou pacto internacional estabelecido entre dois ou mais países para a resolução de problemas comuns ou para a prevenção dos mesmos.

A Convenção das Nações Unidas sobre o Direito dos Tratados, adoptada em Viena em 23 de Maio de 1969, foi aprovada pela Resolução da Assembleia da República n.° 67/2003 e ratificada pelo Decreto do Presidente da República n.° 46/2003, ambos de 7 de Agosto, tendo o respectivo instrumento de adesão sido depositado em 6 de Fevereiro de 2004 e estando a Convenção em vigor para Portugal desde 7 de Março de 2004, conforme o Aviso n.° 27/2004, de 3 de Abril.

Trato sucessivo (Dir. Civil) – V. *Princípio do trato sucessivo.*

Tréplica (Proc. Civil) - Articulado em que o réu responde à réplica do autor, quando nesta tiver sido modificado o pedido ou a causa de pedir ou se, tendo havido reconvenção, o autor tiver deduzido alguma excepção. Na tréplica, responde, pois, o réu à matéria da modificação que tiver tido lugar ou defende-se contra excepção que tiver sido oposta à reconvenção.

O prazo para apresentação da tréplica é de quinze dias (eram oito na redacção anterior), contados "daquele em que for ou se considerar notificada a apresentação da réplica".

V. artigo 503.°, C.P.C. (o n.° 2 na redacção do Decreto-Lei n.° 329-A/95, de 12 de Dezembro).

Em processo sumário como em processo sumaríssimo, não existe tréplica.

V. *Articulados; Réu; Réplica; Autor; Pedido; Causa de pedir; Modificações objectivas da instância; Reconvenção; Excepção; Notificação; Processo ordinário; Processo sumário; Processo sumaríssimo.*

Trespasse (Dir. Civil; Proc. Civil) – Figura jurídica que corresponde, *grosso modo,* à transmissão a título definitivo de um estabelecimento, quer esta transmissão seja *inter vivos* ou *mortis causa,* gratuita ou onerosa. Como a caracterização desta figura não é feita na lei, mas apenas por ela utilizada sem precisa definição, o seu preenchimento tem sido feito pela doutrina, sem que nela exista unanimidade de posições.

A referida é a prevalecente (v. Orlando de Carvalho, *Critério e estrutura do estabelecimento comercial,* I, Coimbra, 1967, pág. 591), mas outras existem, mais restritas ou mais amplas.

Esta figura jurídica é sobretudo referida na lei comercial (Código da Propriedade Industrial, por exemplo), mas, desde o Código Civil de 1966, vinha consagrada no artigo 1118.°, no âmbito do regime do contrato de arrendamento. Diz actualmente o artigo 115.°, n.° 2, do Regime do Arrendamento Urbano (aprovado pelo Decreto-Lei n.° 321-B/90, de 15 de Outubro, rectificado por declaração publicada no *Diário da República,* I-A série, de 30 de Novembro de 1990, e alterado pelo Decreto-Lei n.° 278/93, de 10 de Agosto – alterado pela Lei n.° 13/94, de 11 de Maio –, pelo Decreto-Lei n.° 163/95, de 13 de Julho, pela Lei n.° 89/95, de 1 de Setembro, pelo Decreto-Lei n.° 257/95, de 30 de Setembro, pela Lei n.° 135/99, de 28 de Agosto, pelos Decretos-Leis n.°s 64-A/2000, de 22 de Abril e 329-B/2000, de 22 de Dezembro, e pelas Leis n.°s 6/2001 e 7/2001, ambas de 11 de Maio), correspondente àquele artigo 1118.°, que se não considera haver trespasse quando no prédio cuja fruição se transmite, necessariamente como sede física que é do estabelecimento, se passar a exercer outro ramo do comércio ou indústria ou, de um modo geral, lhe for dado outro destino, e ainda quando a transmissão não seja acompanhada da transferência, em conjunto, das instalações, mercadorias, utensílios ou outros elementos que integram o estabelecimento.

O trespasse não carece de autorização do senhorio, mas deve ser-lhe comunicado no prazo de quinze dias contados da sua realização, nos termos do artigo 1038.°-*g),* C.C.. Actualmente, o artigo 116.°, n.° 1, R.A.U., atribui ao senhorio um direito de preferência "no trespasse por venda ou dação em cumprimento do estabelecimento comercial".

O artigo 115.°, n.° 3, R.A.U., estabelece um requisito de forma para o trespasse: esse deixou de ser a escritura pública (como dispunha o artigo 1118.°, C.C., e o artigo 115.°, n.° 3, R.A.U., na sua redacção primitiva), bastando-se com o documento particular.

O trespasse, que o artigo 111.°, R.A.U., distingue da cessão da exploração de estabelecimento comercial, não deve também ser confundido com a cessão da posição do arrendatário para comércio ou indústria nem com o subarrendamento para o mesmo fim.

V. *Transmissão; Arrendamento; Arrendamento comercial; Estabelecimento comercial; "Inter vivos"; "Mortis causa"; Contrato gratuito; Contrato oneroso; Prédio; Direito de preferência; Compra e venda; Dação em cumprimento; Documento particular; Escritura pública; Sublocação; Cessão de exploração; Cessão da posição contratual.*

Tribunal (Org. Judiciária) – Nos termos do artigo 202.° da Constituição da República, "os tribunais são os órgãos de soberania com competência para administrar a justiça em nome do povo". O artigo 209.°, n.° 1, da Constituição dispõe que, "além do Tribunal Constitucional, existem as seguintes categorias de tribunais: *a)* O Supremo Tribunal de Justiça e os tribunais judiciais de primeira e de segunda instância; *b)* O Supremo Tribunal Administrativo e os demais tribunais administrativos e fiscais; *c)* O Tribunal de Contas". De acordo com o n.° 2, "podem existir tribunais marítimos, tribunais arbitrais e julgados de paz".

V. a Lei de Organização e Funcionamento dos Tribunais Judiciais (Lei n.° 3/ /99, de 13 de Janeiro, rectificada pela Declaração de rectificação n.° 7/99, de 16 de Fevereiro, e alterada pela Lei n.° 101/99, de 26 de Julho, pelos Decretos-Leis n.°s 323/2001, de 17 de Dezembro, e 38/2003, de 8 de Março – rectificado pela Declaração de rectificação n.° 5-C/2003, de 30 de Abril –, pela Lei n.° 105/2003, de 10 de Dezembro, pelo Decreto-Lei n.° 53/2004, de 18 de Março, pela Lei n.° 42/2005, de 29 de Agosto, e pelo Decreto-Lei n.° 76-A/2006, de 29 de Março, este rectificado pela Declaração de rectificação n.° 28-A/2006, de 26 de Maio). V. também o diploma que regulamenta a Lei de Organização e Funcionamento dos Tribunais Judiciais (Decreto-Lei n.° 186-A/99, de 31 de Maio, alterado pelos Decretos-Leis n.°s 290/99, de 30 de Julho, 27-B/2000, de 3 de Março, 178/2000, de 9 de Agosto, 246-A/2001, de 14 de Setembro, 74/2002, de 16 de Março, 148/2004, de 21 de Junho, e 219/2004, de 26 de Outubro).

A figura do administrador do tribunal foi criada pelo Decreto-Lei n.° 176/2000, de 9 de Agosto, alterado pelo Decreto-Lei n.° 189/2001, de 25 de Junho.

A Lei n.° 44/96, de 3 de Setembro, alterada pelo Decreto-Lei n.° 343/99, de 26 de Agosto – este alterado pelos Decretos-Leis n.°s 175/2000, de 9 de Agosto, 96/2002, de 12 de Abril, e 169/2003, de 1 de Agosto, e pela Lei n.° 42/2005, de 29 de Agosto –, e pela Lei n.° 143/99, de 31 de Agosto, previu tribunais de primeira instância organizados por turnos. O Decreto-Lei n.° 339/ /2001, de 27 de Dezembro, instalou o Tribunal da Relação de Guimarães e fixou o respectivo quadro de magistrados.

O Decreto-Lei n.° 301-A/99, de 5 de Agosto, extinguiu os tribunais fiscais aduaneiros, tendo o Estatuto dos Tribunais Administrativos e Fiscais sido aprovado pela Lei n.° 13/2002, de 19 de Fevereiro (rectificada pelas Declarações de rectificação n.°s 14/2002, de 20 de Março, e 18/2002, de 12 de Abril), alterada pelas Leis n.°s 4-A/2003, de 19 de Fevereiro, e 107-D/2003, de 31 de Dezembro. V. ainda o Decreto-Lei n.° 325/ /2003, de 29 de Dezembro, que define a sede, a organização e a área de jurisdição dos tribunais administrativos e fiscais, concretizando o referido estatuto.

V. *Tribunal Constitucional; Supremo Tribunal de Justiça; Tribunal judicial; Tribunal arbitral; Tribunal de 1.ª instância; Relação; Julgado de paz.*

Tribunal "ad quem" (Proc. Civil) – É o tribunal para o qual é interposto recurso da decisão de um tribunal inferior que o admite.

V. *Recurso; Interposição de recurso.*

Tribunal "a quo" (Proc. Civil) – É o tribunal do qual provém a decisão recorrida.

V. *Recurso; Interposição de recurso.*

Tribunal arbitral (Org. Judiciária) – É o tribunal composto por árbitros que julga as questões que, por decisão das partes ou determinação da lei, a ele hajam de ser submetidas.

O tribunal arbitral instala-se no lugar que as partes tenham escolhido, ou, caso o não tenham feito, no local que os árbitros escolherem.

O processo corre os termos que as partes tiverem estabelecido convencionalmente ou, "se as partes não tiverem acordado sobre as regras de processo a observar na arbitragem", as regras escolhidas pelos árbitros.

Em qualquer caso, o processo tem de observar os princípios enunciados no artigo 16.° da Lei n.° 31/86, de 29 de Agosto (alterada pelo Decreto-Lei n.° 38/2003, de 8 de Março, rectificado pela Declaração de rectificação n.° 5-C/2003, de 30 de Abril). Consoante estejam ou não autorizados a julgar segundo a equidade, os árbitros, na sua decisão, se encontram ou não vinculados a decidir nos termos do direito constituído.

A decisão dos árbitros tem o mesmo valor de uma sentença do tribunal de comarca, e dela cabem os recursos normais que caberiam naquele caso, a menos que as partes a eles tenham renunciado; implica renúncia aos recursos a autorização de julgar segundo a equidade.

V. a Convenção sobre o Reconhecimento e a Execução de Sentenças Arbitrais Estrangeiras, concluída em Nova Iorque em 10 de Junho de 1958, no âmbito das Nações Unidas, aprovada para ratificação pela Resolução da Assembleia da República n.° 37/94, de 8 de Julho, e cujo instrumento de adesão Portugal depositou em 18 de Outubro de 1994, segundo o Aviso n.° 142/95, de 21 de Junho; Portugal formulou a seguinte reserva à Convenção: "No âmbito do princípio da reciprocidade, Portugal só aplicará a Convenção no caso de as sentenças arbitrais estrangeiras terem sido proferidas no território de Estados a ela vinculados"; a Convenção entrou em vigor no nosso País em 16 de Janeiro de 1995.

V. *Convenção de arbitragem; Cláusula compromissória; Compromisso arbitral; Árbitro; Equidade; Sentença; Tribunal de comarca; Recurso; Renúncia ao recurso.*

Tribunal arbitral eventual (Org. Judiciária) – Designa-se assim o tribunal arbitral que se constitui para apreciar e julgar certo litígio, dissolvendo-se em seguida.

V. *Tribunal arbitral; Litígio.*

Tribunal arbitral necessário (Org. Judiciária) – É o tribunal arbitral a que as partes têm de recorrer, por a lei lhes impor a solução arbitral do litígio.

V. *Tribunal arbitral; Litígio; Arbitragem institucionalizada.*

Tribunal arbitral voluntário (Org. Judiciário) – É o tribunal arbitral constituído por vontade das partes para a resolução de um litígio entre elas.

V. *Convenção de arbitragem; Tribunal arbitral; Litígio.*

Tribunal cível (Org. Judiciária) – Tribunal com competência para julgar causas de natureza civil e fazer executar as respectivas decisões.

Nos termos do artigo 93.° da Lei de Organização e Funcionamento dos Tribunais Judiciais (Lei n.° 3/99, de 13 de Janeiro, rectificada pela Declaração de rectificação n.° 7/99, de 16 de Fevereiro, alterada pela Lei n.° 101/99, de 26 de Julho, pelos Decretos-Leis n.°s 323/2001, de 17 de Dezembro, e 38/2003, de 8 de Março – este rectificado pela Declaração de rectificação n.° 5-C/2003, de 30 de Abril –, pela Lei n.° 105/2003, de 10 de Dezembro, pelo Decreto-Lei n.° 53/2004, de 18 Março, pela Lei n.° 42/2005, de 29 de Agosto, e pelo Decreto-Lei n.° 76-A/2006, de 29 de Março – rectificado pela Declaração de rectificação n.° 28-A/2006, de 26 de Maio) podem ser criados juízos de competência especializada cível, aos quais compete a preparação e o julgamento dos processos de natureza cível não atribuídos a outros tribunais.

Podem ainda ser criados, com competência específica, varas cíveis, juízos cíveis e juízos de pequena instância cível.

V. artigos 97.° e segs. da Lei de Organização e Funcionamento dos Tribunais Judiciais.

"Nos casos previstos da lei, podem fazer parte dos tribunais juízes sociais, designados de entre pessoas de reconhecida idoneidade" (artigo 67.°, n.° 2, da mesma Lei).

V. *Juízo; Tribunal de competência especializada; Tribunal de competência específica; Vara cível; Juiz social.*

Tribunal colectivo (Org. Judiciária) – Tribunal composto por três juízes, sendo um presidente e dois adjuntos (vogais).

O artigo 68.°, C.P.C., na redacção do Decreto-Lei n.° 329-A/95, de 12 de Dezembro, estabelece que são as leis de organização judiciária que "determinam quais as causas que, pelo valor ou pela forma de processo aplicável, se inserem na competência dos tribunais singulares e dos tribunais colectivos, estabelecendo este Código os casos em que às partes é lícito prescindir da intervenção do colectivo".

Na 1.ª instância, a discussão e julgamento das acções com processo ordinário são feitos com intervenção do tribunal colectivo, se ambas as partes a tiverem requerido – artigo 646.°, n.° 1, C.P.C., na redacção do Decreto-Lei n.° 183/2000, de 10 de Agosto. Este é um regime muito diferente do anterior, em que a intervenção do colectivo constituía a regra, independentemente de qualquer requerimento das partes. Nos termos do n.° 2 do mesmo artigo, alterado pelo Decreto-Lei n.° 180/96, de 25 de Setembro, "não é [...] admissível a intervenção do colectivo:

a) Nas acções não contestadas que tenham prosseguido em obediência ao disposto nas alíneas *b), c)* e *d)* do artigo 485.° [norma que trata das excepções aos efeitos da revelia do réu e em que as hipóteses relevantes são as seguintes: quando o réu ou um deles for incapaz, "situando-se a causa no âmbito da incapacidade, ou houver sido citado editalmente e permaneça na situação de revelia absoluta"; "quando a vontade das partes for ineficaz para produzir o efeito jurídico que pela acção se pretende obter"; "quando se trate de factos para cuja prova se exija documento escrito"];

b) Nas acções em que todas as provas, produzidas antes do início da audiência final, hajam sido registadas ou reduzidas a escrito;

c) Nas acções em que alguma das partes haja requerido [...] a gravação da audiência final".

A intervenção do tribunal colectivo pode ser requerida na audiência preliminar (artigo 508.°-A, n.° 2-*c)*, C.P.C., na redacção do Decreto-Lei n.° 375-A/99, de 20 de Setembro) ou, caso esta não se realize, nos 15 dias seguintes à notificação do despacho saneador (artigo 512.°, n.° 1, C.P.C., na redacção do mesmo DL).

Nos casos em que não há lugar à intervenção do colectivo, o julgamento e a prolação da sentença final "incumbem ao juiz que a ele deveria presidir [...]".

V. artigo 646.°, C.P.C., cuja redacção resulta dos Decretos-Leis n.°s 183/2000 (n.° 1), 375-A/99, de 20 de Setembro, e 180/96 (n.°s 2 e 5), 329-A/95 (n.° 3) e 242/85, de 9 de Julho (n.° 4).

Em processo sumário e em processo sumaríssimo não há intervenção do tribunal colectivo.

Em processo sumário, a solução resulta da redacção dada ao artigo 791.°, n.° 1, C.P.C., pelo artigo 133.°, n.° 1, da Lei n.° 3/99, de 13 de Janeiro, rectificada pela Declaração de rectificação n.° 7/99, de 16 de Fevereiro; antes desta alteração, o tribunal colectivo só intervinha quando a causa admitisse recurso ordinário, se qualquer das partes requeresse a sua intervenção, na audiência preliminar ou no prazo de 15 dias contado da notificação do despacho saneador, e se nenhuma delas tivesse requerido a gravação da audiência.

A composição e a competência do tribunal colectivo encontram-se reguladas nos artigos 105.° e segs. da Lei de Organização e Funcionamento dos Tribunais Judiciais (a referida Lei n.° 3/99, alterada pela Lei n.° 101/99, de 26 de Julho, pelos Decretos-Leis n.°s 323/2001, de 17 de Dezembro, e 38/2003, pela Lei n.° 105/2003, de 10 de Dezembro, pelo Decreto-Lei n.° 53/2004, de 18 Março, pela Lei n.° 42/2005, de 29 de Agosto, e pelo DL n.° 76-A/2006).

V. também artigos 7.° e 10.° do diploma que regulamenta a Lei de Organização e Funcionamento dos Tribunais Judiciais (Decreto-Lei n.° 186-A/99, de 31 de Maio, alterado pelos Decretos-Leis n.°s 290/99, de 30 de Julho, 27-B/2000, de 3 de Março, 178/2000, de 9 de Agosto, 246-A/2001, de 14 de Setembro, 74/2002, de 16 de Março, 148/2004, de 21 de Junho, e 219/2004, de 26 de Outubro).

V. *Juiz presidente; Juiz adjunto; Tribunal singular; Valor da causa; Competência em razão do valor; Tribunal de 1.ª instância; Discussão; Julgamento; Processo ordinário; Contestação; Réu; Revelia; Incapacidade; Citação edital; Documento escrito; Gravação da audiência; Audiência preliminar; Notificação; Despacho saneador; Prova; Nulidade processual; Pro-*

cesso sumário; Recurso ordinário; Processo sumaríssimo; Competência.

Tribunal colegial (Org. Judiciária) – O mesmo que *tribunal colectivo* (v. esta expressão).

Tribunal comum (Org. Judiciária) – O n.° 1 do artigo 211.° da Constituição da República estabelece que "os tribunais judiciais são os tribunais comuns em matéria cível e criminal e exercem jurisdição em todas as áreas não atribuídas a outras ordens judiciais". É comum o tribunal que se integra numa ordem de tribunais cuja competência é, nos termos da lei, genérica, isto é, extensiva a todos os litígios que não sejam reservados a uma ordem de tribunais especiais.

Sem se referir a tribunal comum, é o que resulta também do artigo 66.°, C.P.C., na redacção do Decreto-Lei n.° 329-A/95, de 12 de Dezembro, que dispõe que "são da competência dos tribunais judiciais as causas que não sejam atribuídas a outra ordem jurisdicional".

Dentro dos tribunais de 1.ª instância, há de distinguir os de competência genérica dos tribunais de competência específica e dos tribunais de competência especializada ou tribunais especializados (v. artigo 64.° da Lei de Organização e Funcionamento dos Tribunais Judiciais: Lei n.° 3/99, de 13 de Janeiro, rectificada pela Declaração de rectificação n.° 7/99, de 16 de Fevereiro, e alterada pela Lei n.° 101/99, de 26 de Julho, pelos Decretos-Leis n.°s 323/2001, de 17 de Dezembro, e 38/2003, de 8 de Março – rectificado pela Declaração de rectificação n.° 5-C/2003, de 30 de Abril –, pela Lei n.° 105/2003, de 10 de Dezembro, pelo Decreto-Lei n.° 53/2004, de 18 Março, pela Lei n.° 42/2005, de 29 de Agosto, e pelo Decreto-Lei n.° 76-A/2006, de 29 de Março – rectificado pela Declaração de rectificação n.° 28-A/2006, de 26 de Maio).

Os tribunais de competência genérica são competentes para dirimir todos os conflitos que não sejam atribuídos a outros tribunais (cfr. artigo 77.°, n.° 1-*a)*, da Lei da Organização e Funcionamento dos Tribunais Judiciais).

Os tribunais de competência específica têm um poder jurisdicional limitado em razão da espécie de acção ou da forma de processo, nos termos do artigo 64.°, n.° 2, L.O.F.T.J.. São, por exemplo, tribunais de competência específica as varas e os juízos cíveis, as varas e os juízos criminais, os tribunais de pequenas causas e os juízos de execução (artigo 96.°, L.O.F.T.J., na redacção do DL n.° 38/2003).

Os tribunais comuns de competência especializada são aqueles cuja competência é definida em função da matéria, nos termos do artigo 211.°, n.° 2, da Constituição.

A Lei de Organização e Funcionamento dos Tribunais Judiciais prevê, como tribunais de competência especializada, de instrução criminal, de família, de menores, do trabalho, de execução das penas, de comércio e marítimos (cfr. artigo 78.°).

V. *Tribunal especial; Competência; Tribunal de 1ª instância; Litígio; Forma de processo; Vara cível; Juízo; Tribunal de pequenas causas; Execução; Competência em razão da matéria; Tribunal cível; Tribunal de família; Tribunal de menores.*

Tribunal Constitucional (Org. Judiciária) – Tribunal que exerce a sua jurisdição no âmbito de todo o território nacional, com sede em Lisboa e ao qual compete especificamente administrar a justiça em matérias de natureza jurídico-constitucional.

As decisões do tribunal são obrigatórias para todas as entidades públicas e privadas e prevalecem sobre as dos restantes tribunais e de quaisquer outras autoridades.

As decisões do Tribunal Constitucional são publicadas no *Diário da República,* I.ª e II.ª séries.

No exercício das suas funções, o Tribunal Constitucional tem direito "à coadjuvação dos restantes tribunais e demais autoridades".

"Compete ao Tribunal Constitucional apreciar a inconstitucionalidade e a ilegalidade nos termos dos artigos 277.° e seguintes da Constituição". Compete ao Tribunal Constitucional a apreciação da inconstitucionalidade e da ilegalidade de quaisquer normas bem como, nos termos dos artigos 7.° a 11.°-A da Lei n.° 28/82, de 15 de Novembro, alterada pelas Leis n.°s 143/85, de 26 de Novembro, 85/89, de 7 de Setembro, e 88/95 de 1 de Setembro – Lei sobre a Organização, Funcionamento e

Processo do Tribunal Constitucional (L.T.C.) –, exercer a sua competência relativa a morte e perda de cargo do Presidente da República, a processos eleitorais, a partidos políticos, coligações e frentes, a organizações que perfilhem a ideologia fascista, a referendos e consultas directas a nível local e a declarações de patrimónios e rendimentos de titulares de cargos políticos. Compete-lhe ainda exercer as demais funções que lhe sejam atribuídas pela Constituição e pela lei.

É composto por treze juízes, sendo dez designados pela Assembleia da República e três cooptados por estes, funcionando o tribunal em sessões plenárias e por secções – três – pelas quais se distribuem os vários juízes.

Os processos de fiscalização da constitucionalidade e da legalidade exercidos por este tribunal são:

– processo de fiscalização abstracta (artigos 51.° a 56.°, L.T.C.);

– processo de fiscalização preventiva (artigos 57.° a 61.°, L. T.C.);

– processo de fiscalização sucessiva; e

– processo de fiscalização da inconstitucionalidade por omissão.

V. artigos 67.° e 68.°, L.T.C..

O processo de fiscalização concreta da constitucionalidade está regulado nas normas constantes dos artigos 69.° e seguintes da referida Lei.

V. *Tribunal; Juiz; Competência.*

Tribunal da Relação (Org. Judiciária) – V. *Relação.*

Tribunal de círculo (Org. Judiciária) – Tribunal de primeira instância que exerce jurisdição num círculo judicial. Os tribunais de círculo podem ser de competência genérica ou de competência especializada, podendo, em casos que o justifiquem, ser criados tribunais de círculo de competência especializada mista. Finalmente, segundo a forma de processo, podem ser tribunais de competência específica ou de competência específica mista.

Aos tribunais de competência genérica cabe:

"*a)* Preparar e julgar os processos relativos a causas não atribuídas a outro tribunal;

b) Proceder à instrução criminal, decidir quanto à pronúncia e exercer as funções jurisdicionais relativas ao inquérito, onde não houver tribunal ou juiz de instrução criminal;

c) Exercer, no âmbito do processo de execução, as competências previstas no Código de Processo Civil, em circunscrições não abrangidas pela competência de outro tribunal;

d) Cumprir os mandados, cartas, ofícios e telegramas que lhes sejam dirigidos pelos tribunais ou autoridades competentes;

e) Julgar os recursos das decisões das autoridades administrativas em processos de contra-ordenação, salvo o disposto nos artigos 89.°, 92.° e 97.°;

f) Exercer as demais competências conferidas por lei".

A alçada do tribunal de 1ª instância é de € 3 740, 98, pelo que só cabe recurso das decisões deste tribunal cujo valor a exceda.

V. artigos 24.°, 66.° e 77.° da Lei de Organização e Funcionamento dos Tribunais Judiciais (Lei n.° 3/99, de 13 de Janeiro, rectificada pela Declaração de rectificação n.° 7/99, de 16 de Fevereiro, e alterada pela Lei n.° 101/99, de 26 de Julho, pelos Decretos-Leis n.°s 323/2001, de 17 de Dezembro, e 38/2003, de 8 de Março – rectificado pela Declaração de rectificação n.° 5-C/ /2003, de 30 de Abril –, pela Lei n.° 105/ /2003, de 10 de Dezembro, pelo Decreto-Lei n.° 53/2004, de 18 Março, pela Lei n.° 42/2005, de 29 de Agosto, e pelo Decreto-Lei n.° 76-A/2006, de 29 de Março – rectificado pela Declaração de rectificação n.° 28-A/2006, de 26 de Maio).

V. *Círculo judicial; Tribunal de 1.ª instância; Execução; Valor da causa; Alçada; Mandado; Carta precatória; Telegrama; Recurso.*

Tribunal de comarca (Org. Judiciária) – Tribunal de primeira instância que exerce jurisdição em cada comarca, ao qual pertence a plenitude da jurisdição comum, isto é, cuja competência em razão da matéria se estende a todas as causas cíveis ou criminais que a lei não atribua a jurisdição especial. Os tribunais de comarca podem ser de competência genérica, de competência especializada (tribunais de família, tribunais de menores, tribunais de execução de penas, etc.) ou de competência específica (nestes, a jurisdição é limitada em função da espécie da acção ou da forma de processo).

Pelo que respeita ao valor, é também no tribunal de comarca que devem ser propostas todas as acções, seja qual for o seu valor.

A alçada do tribunal de comarca é de € 3 740, 98, pelo que só admitem recurso ordinário as decisões deste tribunal em acções cujo valor exceda aquele.

V. artigos 16.°, 24.° e 64.° da Lei de Organização e Funcionamento dos Tribunais Judiciais (Lei n.° 3/99, de 13 de Janeiro, rectificada pela Declaração de rectificação n.° 7/99, de 16 de Fevereiro, e alterada pela Lei n.° 101/99, de 26 de Julho, pelos Decretos-Leis n.°s 323/2001, de 17 de Dezembro, e 38/2003, de 8 de Março – rectificado pela Declaração de rectificação n.° 5-C/2003, de 30 de Abril –, pela Lei n.° 105/2003, de 10 de Dezembro, pelo Decreto-Lei n.° 53/2004, de 18 Março, pela Lei n.° 42/2005, de 29 de Agosto, e pelo Decreto-Lei n.° 76-A/2006, de 29 de Março, este rectificado pela Declaração de rectificação n.° 28-A/2006, de 26 de Maio).

O artigo 16.°, n.° 4, da Lei de Organização e Funcionamento dos Tribunais Judiciais estabelece que "os tribunais judiciais de 1.ª instância são tribunais de primeiro acesso e de acesso final, de acordo com a natureza, complexidade e volume de serviço, sendo a sua classificação feita mediante portaria do Ministro da Justiça, ouvidos o Conselho Superior da Magistratura, a Procuradoria-Geral da República e a Ordem dos Advogados".

V. *Instância; Tribunal de 1.ª instância; Comarca; Competência em razão da matéria; Tribunal de competência genérica; Tribunal de competência especializada; Tribunal de competência específica; Forma de processo; Valor da causa; Alçada; Recurso ordinário; Conselho Superior da Magistratura; Procuradoria-Geral da República; Ordem dos Advogados.*

Tribunal de comércio (Org. Judiciária) – Tribunal de competência especializada a que compete, nomeadamente, "preparar e julgar:

a) Os processos de insolvência;

b) As acções de declaração de inexistência, nulidade e anulação do contrato de sociedade;

c) As acções relativas ao exercício de direitos sociais;

d) As acções de suspensão e de anulação de deliberações sociais;

e) As acções de liquidação judicial de sociedades;

f) As acções de declaração em que a causa de pedir verse sobre propriedade industrial, em qualquer das modalidades previstas no Código da Propriedade Industrial;

g) As acções a que se refere o Código do Registo Comercial;

h) As acções de nulidade e de anulação previstas no Código da Propriedade Industrial".

V. artigos 78.°-*e)* e 89.° da Lei de Organização e Funcionamento dos Tribunais Judiciais (Lei n.° 3/99, de 13 de Janeiro, rectificada pela Declaração de rectificação n.° 7/99, de 16 de Fevereiro, e alterada pela Lei n.° 101/99, de 26 de Julho, pelos Decretos-Leis n.°s 323/2001, de 17 de Dezembro, e 38/2003, de 8 de Março – rectificado pela Declaração de rectificação n.° 5-C/2003, de 30 de Abril –, pela Lei n.° 105/2003, de 10 de Dezembro, pelo Decreto-Lei n.° 53/2004, de 18 de Março, pela Lei n.° 42/2005, de 29 de Agosto, e pelo Decreto-Lei n.° 76-A/2006, de 29 de Março, rectificado o último pela Declaração de rectificação n.° 28-A/2006, de 26 de Maio).

V. *Tribunal; Tribunal de competência especializada; Insolvência; Inexistência; Nulidade; Anulação; Sociedade; Deliberações sociais; Liquidação judicial; Propriedade industrial.*

Tribunal de competência especializada (Org. Judiciária) – O n.° 2 do artigo 211.° da Constituição da República estabelece que "na primeira instância pode haver tribunais [...] especializados para o julgamento de matérias determinadas". São estes tribunais de 1.ª instância cuja competência em razão da matéria se restringe a certa área de direito substantivo.

É a lei de organização judiciária que determina "quais as causas que, em razão da matéria, são da competência dos tribunais judiciais dotados de competência especializada", nos termos do artigo 67.°, C.P.C., na redacção do Decreto-Lei n.° 329-A/95, de 12 de Dezembro.

Nos termos do artigo 78.° da Lei de Organização e Funcionamento dos Tribunais Judiciais (Lei n.° 3/99, de 13 de Janeiro, rectificada pela Declaração de rectificação n.° 7/99, de 16 de Fevereiro, e alterada pela Lei n.° 101/99, de 26 de Julho, pelos Decretos-Leis n.°s 323/2001, de 17 de Dezembro, e 38/2003, de 8 de Março – rectificado pela Declaração de rectificação n.° 5-C/2003, de 30 de Abril –, pela Lei n.° 105/2003, de 10 de Dezembro, pelo Decreto-Lei n.° 53/2004, de 18 de Março, pela Lei n.° 42/2005, de 29 de Agosto, e pelo Decreto-Lei n.° 76-A/2006, de 29 de Março – rectificado este pela Declaração de rectificação n.° 28-A/2006, de 26 de Maio), "podem ser criados os seguintes tribunais de competência especializada:

a) De instrução criminal;
b) De família;
c) De menores;
d) Do trabalho;
e) De comércio;
f) Marítimos;
g) De execução das penas".

O artigo 64.° desta Lei, na redacção do já citado DL n.° 38/2003, dispõe, no seu n.° 2, que "os tribunais de competência especializada conhecem de matérias determinadas, independentemente da forma de processo aplicável", enquanto "os tribunais de competência específica conhecem de matérias determinadas pela espécie de acção ou pela forma de processo aplicável [...]".

O artigo 103.° da mesma Lei determina que, "sem prejuízo da competência dos juízos de execução, os tribunais de competência especializada e de competência específica são competentes para executar as respectivas decisões".

V. *Tribunal de 1.ª instância; Competência em razão da matéria; Tribunal de família; Tribunal de menores; Tribunal de comércio; Forma de processo; Tribunal de competência específica; Execução.*

Tribunal de competência específica (Proc. Civil; Org. Judiciária) – São tribunais cuja competência é definida em função da forma de processo aplicável.

O artigo 69.°, C.P.C., na redacção do Decreto-Lei n.° 329-A/95, de 12 de Dezembro, diz que são "as leis de organização judiciária [que] estabelecem quais as causas que, em razão da forma de processo aplicável, competem aos tribunais de competência específica".

O artigo 64.°, n.° 2, da Lei de Organização e Funcionamento dos Tribunais Judiciais (Lei n.° 3/99, de 13 de Janeiro, rectificada pela Declaração de rectificação n.° 7/99, de 16 de Fevereiro, e alterada pela Lei n.° 101/99, de 26 de Julho, pelos Decretos-Leis n.°s 323/2001, de 17 de Dezembro, e 38/2003, de 8 de Março – rectificado pela Declaração de rectificação n.° 5-C/2003, de 30 de Abril –, pela Lei n.° 105/2003, de 10 de Dezembro, pelo Decreto-Lei n.° 53/2004, de 18 de Março, pela Lei n.° 42/2005, de 29 de Agosto, e pelo Decreto-Lei n.° 76-A/2006, de 29 de Março, tendo este sido rectificado pela Declaração de rectificação n.° 28-A/2006, de 26 de Maio), na redacção que lhe foi dada pelo citado DL n.° 38/2003, dispõe que "os tribunais de competência especializada conhecem de matérias determinadas, independentemente da forma de processo aplicável", enquanto "os tribunais de competência específica conhecem de matérias determinadas pela espécie de acção ou pela forma de processo aplicável [...], conhecendo ainda de recursos das decisões das autoridades administrativas em processo de contra-ordenação, nos termos do n.° 2 do artigo 102.°".

O artigo 103.° da mesma Lei determina que, "sem prejuízo da competência dos juízos de execução, os tribunais de competência especializada e de competência específica são competentes para executar as respectivas decisões".

V. *Competência; Competência em razão da matéria; Forma de processo; Recurso; Execução; Tribunal de competência especializada.*

Tribunal de competência genérica (Org. Judiciária) – O artigo 77.° da Lei de Organização e Funcionamento dos Tribunais Judiciais (Lei n.° 3/99, de 13 de Janeiro, rectificada pela Declaração de rectificação n.° 7/99, de 16 de Fevereiro, e alterada pela Lei n.° 101/99, de 26 de Julho, pelos Decretos-Leis n.°s 323/2001, de 17 de Dezembro, e 38/2003, de 8 de Março – este rectificado pela Declaração de rectificação n.° 5-C/2003, de 30 de Abril –, pela Lei n.° 105/2003, de 10 de Dezembro, pelo Decreto-Lei n.° 53/2004, de 18 de Março, pela Lei n.° 42/2005, de 29 de Agosto, e pelo Decreto-Lei n.° 76-A/2006, de 29 de Março – rectificado pela Declaração de rectificação n.° 28-A/2006, de 26 de Maio) estabelece o seguinte:

"1 – Compete aos tribunais de competência genérica:

a) Preparar e julgar os processos relativos a causas não atribuídas a outro tribunal;

b) Proceder à instrução criminal, decidir quanto à pronúncia e exercer as funções jurisdicionais relativas ao inquérito, onde não houver tribunal ou juiz de instrução criminal;

c) Exercer, no âmbito do processo de execução, as competências previstas no Código de Processo Civil, em circunscrições não abrangidas pela competência de outro tribunal;

d) Cumprir os mandados, cartas, ofícios e telegramas que lhes sejam dirigidos pelos tribunais ou autoridades competentes;

e) Julgar os recursos das decisões das autoridades administrativas em processos de contra-ordenação, salvo o disposto nos artigos 89.°, 92.° e 97.°;

f) Exercer as demais competências conferidas por lei.

2 – Quando a lei de processo determinar o impedimento do juiz, este é substituído nos termos do artigo 68.°".

V. *Competência; Execução; Mandado; Telegrama; Recurso; Impedimentos.*

Tribunal de Conflitos (Proc. Civil; Proc. Adm.) – Tribunal com competência para dirimir os conflitos de jurisdição entre os tribunais judiciais e os tribunais administrativos.

V. artigos 107.°, n.°s 2 e 3, e 115.° e segs., C.P.C., na redacção do Decreto-Lei n.° 329-A/95, de 12 de Dezembro.

V. *Conflito de jurisdição; Tribunal judicial.*

Tribunal de distrito (Org. Judiciária) – É o tribunal de primeira instância que exerce jurisdição na área de um distrito judicial.

Os tribunais de distrito podem ser de competência genérica ou de competência especializada, podendo ainda, quando as circunstâncias o justifiquem, ser criados tribunais de distrito de competência mista.

Os tribunais de distrito têm uma alçada de € 3 740,98, pelo que só das decisões de acções de valor superior cabe recurso ordinário.

V. artigos 15.°, 24.° e 64.° da Lei de Organização e Funcionamento dos Tribunais Judiciais (Lei n.° 3/99, de 13 de Janeiro, rectificada pela Declaração de rectificação n.° 7/99, de 16 de Fevereiro, e alterada pela Lei n.° 101/99, de 26 de Julho, pelos Decretos-Leis n.°s 323/2001, de 17 de Dezembro, e 38/2003, de 8 de Março – rectificado pela Declaração de rectificação n.° 5-C/ /2003, de 30 de Abril –, pela Lei n.° 105/ /2003, de 10 de Dezembro, pelo Decreto-Lei n.° 53/2004, de 18 de Março, pela Lei n.° 42/2005, de 29 de Agosto, e pelo Decreto-Lei n.° 76-A/2006, de 29 de Março, rectificado pela Declaração de rectificação n.° 28-A/2006, de 26 de Maio).

V. *Instância; Tribunal de 1.ª instância; Distrito judicial; Tribunal de competência genérica; Tribunal de competência especializada; Alçada; Recurso ordinário.*

Tribunal de execução (Org. Judiciária) – A Lei n.° 2/2002, de 2 de Janeiro, que autorizou o Governo a legislar sobre o regime da acção executiva, permitiu, no seu artigo 2.°, que fossem criados tribunais ou juízos de execução.

O artigo 96.°, n.° 1-*g)*, da Lei de Organização e Funcionamento dos Tribunais Judiciais (Lei n.° 3/99, de 13 de Janeiro – rectificada pela Declaração de rectificação n.° 7/99, de 16 de Fevereiro –, alterada pela Lei n.° 101/99, de 26 de Julho, pelos Decretos-Leis n.°s 323/2001, de 17 de Dezembro, e 38/2003, de 8 de Março – rectificado pela Declaração de rectificação n.° 5-C/2003, de 30 de Abril –, pela Lei n.° 105/ /2003, de 10 de Dezembro, pelo Decreto-Lei n.° 53/2004, de 18 de Março, pela Lei n.° 42/2005, de 29 de Agosto, e pelo Decreto-Lei n.° 76-A/2006, de 29 de Março – rectificado pela Declaração de rectificação n.° 28-A/2006, de 26 de Maio), prevê a possibilidade de criação de juízos de execução. V. artigo 102.°-A do mesmo diploma, na redacção da Lei n.° 42/2005.

V. *Execução.*

Tribunal de família (Org. Judiciária) – Tribunal comum de competência especializada, ao qual cabe a instrução e julgamento, entre outros, dos processos de jurisdição voluntária relativos aos cônjuges, acções de separação de pessoas e bens e de divórcio, acções de declaração de inexistência ou de anulação de casamento civil, acções de alimentos entre cônjuges ou ex-cônjuges e respectivas execuções, providências cíveis relativamente a menores e a filhos maiores (por exemplo, instauração da tutela e da administração dos bens, constituição do vínculo da adopção, regular o exercício do poder paternal e conhecer das questões a este respeitantes, fixar os alimentos devidos a menores e aos filhos maiores ou emancipados a que se refere o artigo 1880.°, C.C., julgando as execuções respectivas, ordenar a entrega judicial do menor, suprir a autorização dos pais para casamento de menor, decidir da dispensa de impedimentos matrimoniais quando seja menor algum dos nubentes, averiguar oficiosamente a maternidade ou paternidade, exigir e julgar as contas que os pais devam prestar.

V. artigos 81.° e 82.° da Lei de Organização e Funcionamento dos Tribunais Judiciais (Lei n.° 3/99, de 13 de Janeiro, rectificada pela Declaração de rectificação n.° 7/99, de 16 de Fevereiro, alterada pela Lei n.° 101/99, de 26 de Julho, pelos Decretos-Leis n.°s 323/2001, de 17 de Dezembro, e 38/2003, de 8 de Março – este último rectificado pela Declaração de rectificação n.° 5-C/2003, de 30 de Abril –, pela Lei n.° 105/2003, de 10 de Dezembro, pelo Decreto-Lei n.° 53/2004, de 18 de Março, pela Lei n.° 42/2005, de 29 de Agosto, e pelo Decreto-Lei n.° 76-A/2006, de 29 de Março, rectificado este pela Declaração de rectificação n.° 28-A/2006, de 26 de Maio) e artigos 146.° e 147.° da O.T.M. – Decreto-Lei n.° 314/78, de 27 de Outubro, alterado sucessivamente, pelos Decretos-Leis n.°s 185/93, de 22 de Maio, 48/95, de 15 de Março, 58/95, de 31 de Março, 120/98, de 8 de Maio, e pelas Leis n.°s 133/99, de 28 de Agosto, e 166/99, de 14 de Setembro.

V. *Tribunal comum; Tribunal de competência especializada; Instrução; Julgamento; Processos de jurisdição voluntária; Invalidade do casamento; Separação judicial de pessoas e bens; Divórcio; Menor; Tutela; Administração de bens; Poder paternal; Alimentos; Execução; Emancipação; Entrega judicial de menor; Suprimento de consentimento; Casamento de menor; Adopção; Nubente; Impedimentos; Investigação de maternidade; Investigação de paternidade; Prestação de contas.*

Tribunal de Justiça das Comunidades Europeias (Dir. Comunitário) – O sistema jurisdicional da União Europeia é composto pelo Tribunal de Justiça das Comunidades Europeias (TJCE) e pelo Tribunal de Primeira Instância (TPI) (artigos 220.° e segs. do Tratado da Comunidade Europeia), que têm por missão garantir o respeito do direito na interpretação e aplicação dos Tratados e do direito deles derivado.

O Tribunal de Justiça das Comunidades Europeias é competente para acções por incumprimento propostas pela Comissão contra um Estado Membro ou por um Estado Membro contra outro Estado Membro; para recursos de anulação ou acções por omissão apresentados por um Estado Membro ou por uma Instituição Comunitária contra actos considerados ilegais ou omissões de Instituições Comunitárias; para reenvio prejudicial, a pedido de um órgão jurisdicional nacional, sobre a validade e interpretação do direito comunitário; e para decidir dos recursos das decisões do Tribunal de Primeira Instância. Este último é competente para recursos de anulação e acções por omissão, propostos por pessoas singulares ou colectivas contra actos comunitários ilegais ou omissões das Instituições Comunitárias, para acções fundadas em responsabilidade contratual e extra-contratual das CE, e para dirimir litígios entre as CE e os seus agentes.

O TJCE e o TPI não são competentes para litígios entre os particulares e os Estados Membros.

V. *Recurso; Anulação; Validade; Interpretação da lei; Pessoa singular; Pessoa colectiva; Responsabilidade contratual; Responsabilidade delitual.*

Tribunal de menores (Org. Judiciária) – Tribunal comum de competência especializada para a adopção de medidas relativas a menores, de idade situada entre os 12 e os 16 anos, que se encontrem em algumas das seguintes situações:

"*a)* Mostrem dificuldade séria de adaptação a uma vida social normal, pela sua situação, comportamento ou tendências que hajam revelado;

b) Se entreguem à mendicidade, vadiagem, prostituição, libertinagem, abuso de bebidas alcoólicas ou uso ilícito de drogas;

c) Sejam agentes de algum facto qualificado pela lei penal como crime, contravenção ou contra-ordenação".

A competência dos tribunais de menores é ainda extensiva à adopção de medidas de protecção de menores, designadamente quando a respectiva saúde, segurança, educação ou moralidade corram risco.

Em certos casos, aos menores de idade inferior a 12 anos ou superior a 16 podem ser aplicadas medidas pelo tribunal de menores.

V. artigo 83.° da Lei de Organização e Funcionamento dos Tribunais Judiciais (Lei n.° 3/99, de 13 de Janeiro, rectificada pela Declaração de rectificação n.° 7/99, de 16 de Fevereiro, e alterada pela Lei n.° 101/99, de 26 de Julho, pelos Decretos-Leis n.°s 323/2001, de 17 de Dezembro, e 38/2003, de 8 de Março – rectificado pela Declaração de rectificação n.° 5-C/2003, de 30 de Abril –, pela Lei n.° 105/2003, de 10 de Dezembro, pelo Decreto-Lei n.° 53/2004, de 18 de Março, pela Lei n.° 42/2005, de 29 de Agosto, e pelo Decreto-Lei n.° 76-A/2006, de 29 de Março, este rectificado pela Declaração de rectificação n.° 28-A/2006, de 26 de Maio).

De acordo com o artigo 84.° da Lei de Organização e Funcionamento dos Tribunais Judiciais, o tribunal de menores funciona, em regra, apenas com um juiz, podendo, no entanto, dever ser colectivo (constituído pelo juiz de menores e dois juízes sociais), sempre que se presuma a necessidade de adopção da medida de internamento do menor e quando, "durante o cumprimento da medida, o menor com mais de 16 anos cometer alguma infracção criminal, [caso em que] o tribunal pode conhecer desta, para o efeito de rever a medida em execução, se a personalidade do menor e as circunstâncias pouco graves do facto assim o aconselharem".

V. a Lei Tutelar Educativa, aprovada pela Lei n.° 166/99, de 14 de Setembro, que contém o regime das medidas tutelares.

V. *Tribunal de competência especializada; Tribunal comum; Menor; Protecção de menores; Tribunal singular; Juiz social; Tribunal colectivo; Internamento; Medida tutelar.*

Tribunal de pequena instância cível (Org. Judiciária) – Dentro dos tribunais de pequenas causas, criados pelo Decreto-Lei n.° 214/88, de 17 de Junho, foram criados, em Lisboa, pelo Decreto-Lei n.° 222/94, de 24 de Agosto, "os tribunais de pequena instância cível com competência para preparar e julgar causas cíveis a que corresponda a forma de processo sumaríssimo ou causas cíveis não previstas no Código de Processo Civil a que corresponda processo especial e cuja decisão final não seja susceptível de recurso ordinário".

A designação de tribunais de pequenas causas foi suprimida da Lei de Organização e Funcionamento dos Tribunais Judiciais (Lei n.° 3/99, de 13 de Janeiro, rectificada pela Declaração de rectificação n.° 7/ /99, de 16 de Fevereiro, e alterada pela Lei n.° 101/99, de 26 de Julho, pelos Decretos-Leis n.°s 323/2001, de 17 de Dezembro, e 38/2003, de 8 de Março – rectificado pela Declaração de rectificação n.° 5-C/2003, de 30 de Abril –, pela Lei n.° 105/2003, de 10 de Dezembro, pelo Decreto-Lei n.° 53/ /2004, de 18 de Março, pela Lei n.° 42/ /2005, de 29 de Agosto, e pelo Decreto-Lei n.° 76-A/2006, de 29 de Março – rectificado pela Declaração de rectificação n.° 28-A/ /2006, de 26 de Maio), prevendo-se a criação de juízos de pequena instância cível, aos quais compete "preparar e julgar as causas cíveis a que corresponda a forma de processo sumaríssimo e as causas cíveis não previstas no Código de Processo Civil a que corresponda processo especial e cuja decisão não seja susceptível de recurso ordinário" (artigo 101.°).

O Decreto-Lei n.° 178/2000, de 9 de Agosto, cria um tribunal de pequena instância cível e ainda vários juízos de pequena instância cível na comarca do Porto, declarando extintos os 12 juízos do Tribunal de Pequena Instância Cível de Lisboa e criados outros tantos a partir de 1 de Janeiro de 2001. A Portaria n.° 1029/2004, de 10 de Agosto, criou a Secretaria-Geral de Execução das Varas Cíveis, dos Juízos Cíveis e dos Juízos de Pequena Instância

Cível de Lisboa. O Decreto-Lei n.° 177/2006, de 31 de Agosto, extinguiu três juízos do Tribunal da Pequena Instância Civil Liquidatária de Lisboa.

V. *Tribunal de pequenas causas; Competência; Processo sumaríssimo; Processo especial; Recurso ordinário.*

Tribunal de pequenas causas (Org. Judiciária) –A Lei Orgânica dos Tribunais Judiciais (Lei n.° 38/87, de 23 de Dezembro) referia-se assim a um tribunal de competência específica, cuja criação estava prevista no artigo 77.°. Estabelecia esta norma que podiam "ser criados tribunais de pequenas causas com competência exclusiva ou cumulativa para julgar causas cíveis a que correspond[esse] forma de processo sumaríssimo ou especial não previstas no Código de Processo Civil, causas crime a que correspond[esse] forma de processo sumaríssimo, recursos das decisões das autoridades administrativas em processo de contra-ordenação, salvo o disposto no artigo 66.°, e processos relativos a transgressões puníveis só com pena de multa ou com medida de segurança não detentiva".

A actual Lei de Organização e Funcionamento dos Tribunais Judiciais (Lei n.° 3/99, de 13 de Janeiro, rectificada pela Declaração de rectificação n.° 7/99, de 16 de Fevereiro, e alterada pela Lei n.° 101/99, de 26 de Julho, pelos Decretos-Leis n.°s 323/2001, de 17 de Dezembro, e 38/2003, de 8 de Março – rectificado pela Declaração de rectificação n.° 5-C/2003, de 30 de Abril –, pela Lei n.° 105/2003, de 10 de Dezembro, pelo Decreto-Lei n.° 53/2004, de 18 de Março, pela Lei n.° 42/2005, de 29 de Agosto, e pelo Decreto-Lei n.° 76-A/2006, de 29 de Março, rectificado este pela Declaração de rectificação n.° 28-A/2006, de 26 de Maio) refere-se, no artigo 96.°, n.° 1-*e)* e *f)*, a juízos de pequena instância cível e a juízos de pequena instância criminal.

V. *Tribunal de competência específica; Forma de processo; Tribunal de pequena instância cível; Processo sumaríssimo.*

Tribunal deprecado (Proc. Civil) – Designação dada ao tribunal ao qual foi dirigida uma carta precatória. O artigo 187.°, n.° 1, C.P.C., diz que "é ao tribunal deprecado [...] que compete regular, de harmonia com a lei, o cumprimento da carta".

O artigo 181.°, C.P.C., determina que "as cartas devem ser cumpridas pelo tribunal deprecado no prazo máximo de dois meses, a contar da expedição, que será notificada às partes, quando tenha por objecto a produção de prova", sendo o prazo alargado para três meses "quando a diligência deva realizar-se no estrangeiro"; "o juiz deprecante poderá, sempre que se mostre justificado, estabelecer prazo mais curto ou mais longo para o cumprimento das cartas ou, ouvidas as partes, prorrogar pelo tempo necessário o decorrente do número anterior [os três meses para o estrangeiro], para o que colherá, mesmo oficiosamente, informação sobre os motivos da demora"; "não sendo a carta tempestivamente cumprida, pode ainda o juiz determinar a comparência na audiência final de quem devia prestar depoimento, quando o repute essencial à descoberta da verdade e não represente sacrifício incomportável".

As cartas são dirigidas ao tribunal de comarca em cuja área de jurisdição o acto deva ser praticado; se este verificar que o acto deve ser praticado em lugar diferente daquele que vem indicado na carta, remete-a ao tribunal competente e comunica o facto ao tribunal que a expediu.

Dispõe o artigo 184.°, n.° 1, C.P.C., que "o tribunal deprecado só pode deixar de cumprir a carta quando se verifique algum dos casos seguintes:

a) Se não tiver competência para o acto requisitado, sem prejuízo do disposto no n.° 4 do artigo 177.° [acto que deva ser praticado em lugar diferente daquele que vem indicado na carta e cujo regime já ficou indicado]";

b) se a requisição for para acto que a lei proíba absolutamente.

O n.° 2 do mesmo artigo diz que, "quando tenha dúvidas sobre a autenticidade da carta, o tribunal pedirá ao juiz deprecante as informações de que careça, suspendendo o cumprimento até as obter".

O Acórdão do Supremo Tribunal de Justiça reunido em Pleno no Processo n.° 41 876, publicado no *Diário da República,* I-A série, de 22 de Novembro de 1991, fixou a seguinte doutrina: "Não configura conflito a resolver pelas relações ou pelo Supremo a recusa do tribunal deprecado em cumprir carta precatória expedida por outro tribunal para inquirição de testemunhas em processo por transgressão (sumaríssimo), com fundamento em que a lei não autoriza tal acto ou diligência".

V. *Carta precatória; Tribunal deprecante; Notificação; Prova; Tribunal de comarca; Competência em razão do território; Relação; Supremo Tribunal de Justiça; Inquirição; Testemunha.*

Tribunal deprecante (Proc. Civil) – Designação dada ao tribunal que dirige a outro uma carta precatória.

As cartas precatórias são assinadas pelo juiz ou relator e expedidas pela secretaria, devendo conter apenas o que for estritamente necessário para a realização do acto.

"O juiz deprecante poderá, sempre que se mostre justificado, estabelecer prazo mais curto ou mais longo [do que o de dois ou três meses, conforme a diligência deva realizar-se em Portugal ou no estrangeiro] para o cumprimento das cartas ou, ouvidas as partes, prorrogar pelo tempo necessário o decorrente do número anterior [três meses para o estrangeiro], para o que colherá, mesmo oficiosamente, informação sobre os motivos da demora"; "não sendo a carta tempestivamente cumprida, pode ainda o juiz determinar a comparência na audiência final de quem devia prestar depoimento, quando o repute essencial à descoberta da verdade e não represente sacrifício incomportável". V. artigo 181.°, C.P.C..

V. *Carta precatória; Juiz; Juiz relator; Secretaria judicial; Tribunal deprecado; Audiência de discussão e julgamento.*

Tribunal de 1.ª instância (Org. Judiciária) – De acordo com o n.° 3 do artigo 210.° da Constituição da República, "os tribunais de primeira instância são, em regra, os tribunais de comarca, aos quais se equiparam os referidos no n.° 2 do artigo seguinte ["tribunais com competência específica e tribunais especializados para o julgamento de determinadas matérias"]".

"Os tribunais judiciais de 1.ª instância são, em regra, os tribunais de comarca, aplicando-se à sua designação o disposto no número anterior [nome da sede do município em que se encontrem instalados]"; "os tribunais judiciais de 1.ª instância são tribunais de primeiro acesso e de acesso final, de acordo com a natureza, complexidade e volume de serviço, sendo a sua classificação feita mediante portaria do Ministro da Justiça, ouvidos o Conselho Superior da Magistratura, a Procuradoria-Geral da República e a Ordem dos Advogados" – artigo 16.° da Lei de Organização e Funcionamento dos Tribunais Judiciais (Lei n.° 3/99, de 13 de Janeiro, rectificada pela Declaração de rectificação n.° 7/99, de 16 de Fevereiro, e alterada pela Lei n.° 101/99, de 26 de Julho, pelos Decretos-Leis n.°s 323/2001, de 17 de Dezembro, e 38/2003, de 8 de Março – rectificado pela Declaração de rectificação n.° 5-C/2003, de 30 de Abril –, pela Lei n.° 105//2003, de 10 de Dezembro, pelo Decreto-Lei n.° 53/2004, de 18 de Março, pela Lei n.° 42/2005, de 29 de Agosto, e pelo Decreto-Lei n.° 76-A/2006, de 29 de Março, rectificado este pela Declaração de rectificação n.° 28-A/2006, de 26 de Maio).

Para além dos tribunais de 1.ª instância de competência genérica, pode haver tribunais de 1.ª instância de competência especializada e de competência específica; "os tribunais de competência especializada conhecem de matérias determinadas, independentemente da forma de processo aplicável; os tribunais de competência específica conhecem de matérias determinadas pela espécie de acção ou pela forma de processo aplicável, conhecendo ainda de recursos das decisões das autoridades administrativas em processo de contra-ordenação, nos termos do n.° 2 do artigo 102.°".

Os tribunais de 1.ª instância podem desdobrar-se em juízos, exercendo funções em cada tribunal ou juízo um ou mais juízes de direito.

"Os tribunais judiciais de 1.ª instância funcionam, consoante os casos, como tribunal singular, como tribunal colectivo ou como tribunal do júri"; "nos casos previstos na lei, podem fazer parte dos tribunais juízes sociais, designados de entre pessoas de reconhecida idoneidade".

V. artigos 16.°, 64.°, 65.° e 67.° da LOFTJ.

A Lei n.° 3/2000, de 20 de Março, atribuiu ao Conselho Superior da Magistratura a faculdade de nomear temporariamente licenciados em Direito de reconhecida idoneidade, competência e experiência profissional como juízes nos tribunais de 1.ª instância, como medida excepcional para contribuir para a resolução do problema da morosidade dos tribunais; o Decreto-Lei n.° 179/2000, de 9 de Agosto, alterado pelo Decreto-Lei n.° 320-D/2000, de 15 de Dezembro, regula a forma de selecção dos candidatos que se apresentem a concurso para estas funções.

V. *Comarca; Tribunal de comarca; Conselho Superior da Magistratura; Procuradoria-Geral da República; Ordem dos Advogados; Tribunal de competência especializada; Tribunal de competência específica; Forma de processo; Competência em razão da matéria; Recurso; Juiz de direito; Tribunal singular; Tribunal colectivo; Juiz social.*

Tribunal de 2.ª instância (Org. Judiciária) – V. *Relação.*

Tribunal de recuperação da empresa e de falência (Org. Judiciária) – A Lei n.° 37/96, de 31 de Agosto, criara tribunais de 1.ª instância de competência especializada, com esta designação e com competência para preparar e julgar os processos de recuperação da empresa e de falência, os respectivos incidentes e apensos e a execução das suas decisões. Estes tribunais funcionavam como singulares.

A Lei de Organização e Funcionamento dos Tribunais Judiciais (Lei n.° 3/99, de 13 de Janeiro, rectificada pela Declaração de rectificação n.° 7/99, de 16 de Fevereiro, e alterada pela Lei n.° 101/99, de 26 de Julho, pelos Decretos-Leis n.°s 323/2001, de 17 de Dezembro, e 38/2003, de 8 de Março – rectificado pela Declaração de rectificação n.° 5-C/2003, de 30 de Abril –, pela Lei n.° 105/2003, de 10 de Dezembro, pelo Decreto-Lei n.° 53/2004, de 18 de Março, pela Lei n.° 42/2005, de 29 de Agosto, e pelo Decreto-Lei n.° 76-A/2006, de 29 de Março – rectificado pela Declaração de rectificação n.° 28-A/2006, de 26 de Maio) revogou a Lei n.° 37/96, de 31 de Agosto, prevendo o seu artigo 137.° que "os tribunais de recuperação da empresa e de falência passam a designar-se tribunais de comércio, com a competência referida no artigo 89.°".

V. *Tribunal de competência especializada; Competência em razão da matéria; Falência; Tribunal de 1.ª instância; Tribunal singular; Incidente; Apensação de acções; Tribunal de comércio.*

Tribunal de turno (Org. Judiciária) – O artigo 73.° da Lei de Organização e Funcionamento dos Tribunais Judiciais (Lei n.° 3/99, de 13 de Janeiro, rectificada pela Declaração de rectificação n.° 7/99, de 16 de Fevereiro, e alterada pela Lei n.° 101/99, de 26 de Julho, pelos Decretos-Leis n.°s 323/ /2001, de 17 de Dezembro, e 38/2003, de 8 de Março – rectificado pela Declaração de rectificação n.° 5-C/2003, de 30 de Abril –, pela Lei n.° 105/2003, de 10 de Dezembro, pelo Decreto-Lei n.° 53/2004, de 18 de Março, pela Lei n.° 42/2005, de 29 de Agosto, e pelo Decreto-Lei n.° 76-A/2006, de 29 de Março – rectificado pela Declaração de rectificação n.° 28-A/2006, de 26 de Maio) estabelece, no n.° 1, que, "nos tribunais judiciais de 1.ª instância organizam-se turnos para assegurar o serviço urgente durante as férias judiciais", dispondo o n.° 2 que "são ainda organizados turnos para assegurar o serviço urgente previsto no Código de Processo Penal, na Lei de Saúde Mental e na Organização Tutelar de Menores que deva ser executado aos sábados, nos feriados que recaiam em segunda-feira e no 2.° dia feriado, em caso de feriados consecutivos".

V. ainda artigos 31.° e segs. do diploma que regulamenta a Lei de Organização e Funcionamento dos Tribunais Judiciais (Decreto-Lei n.° 186-A/99, de 31 de Maio, alterado pelos Decretos-Leis n.°s 290/99, de 30 de Julho, 27-B/2000, de 3 de Março, 178/2000, de 9 de Agosto, 246-A/2001, de 14 de Setembro, 74/2002, de 16 de Março, 148/2004, de 21 de Junho, e 219/2004, de 26 de Outubro).

V. *Tribunal judicial; Tribunal de 1.ª instância; Férias judiciais; Feriados.*

Tribunal Europeu dos Direitos do Homem (Dir. Comunitário) – Criado no quadro da Convenção Europeia de Salvaguarda dos Direitos do Homem e das Liberdades Fundamentais, o Tribunal Europeu dos Direitos do Homem (TEDH) tem a sua sede em Estrasburgo. Visa assegurar o respeito e a fiscalização do cumprimento da Convenção pelos Estados signatários em caso de violação dos direitos e liberdades fundamentais.

As pessoas singulares ou colectivas, cujos direitos fundamentais garantidos pela Convenção forem violados por algum dos Estados signatários, podem interpor recurso para o TEDH, que não pode anular os actos dos Estados, mas pode condenar estes a indemnizar os lesados.

A esta Convenção aderiram muitos Estados que não são membros da União Europeia.

V. *Pessoa singular; Pessoa colectiva; Anulação; Indemnização.*

Tribunal especial (Org. Judiciária) – Tribunal criado para o julgamento de certas causas, não integrado na ordem judicial ordinária e que obedece a regras específicas.

De acordo com o artigo 209.° da Constituição da República, haverá, para além dos tribunais judiciais, o Tribunal Constitucional, o Supremo Tribunal Administrativo, os demais tribunais administrativos e fiscais, o Tribunal de Contas, podendo ainda haver tribunais militares (apenas durante a vigência do estado de guerra e para o julgamento de crimes de natureza estritamente militar, conforme o artigo 213.° da lei constitucional), tribunais marítimos, tribunais arbitrais e julgados de paz.

A Lei n.° 13/2002, de 19 de Fevereiro (rectificada pelas Declarações de rectificação n.°s 14/2002, de 20 de Março, e 18/2002, de 12 de Abril), alterada pelas Leis n.°s 4-A/2003, de 19 de Fevereiro, e 107-D/2003, de 31 de Dezembro, aprovou o estatuto dos tribunais administrativos e fiscais.

V. *Tribunal judicial; Tribunal Constitucional; Tribunal arbitral; Julgado de paz.*

Tribunal Internacional de Justiça – Em 1945, foi instituído este Tribunal como órgão jurisdicional das Nações Unidas, sucedendo ao Tribunal Permanente de Justiça Internacional (TPJI), criado em 1922 sob a égide da Sociedade das Nações (SDN). Tem sede em Haia.

Aplica as Convenções e Tratados Internacionais, direito consuetudinário internacional, princípios gerais do direito, sendo competente para a resolução dos diferendos jurídicos entre Estados, que lhe são submetidos pelos Estados (função contenciosa), e para emitir pareceres não vinculativos sobre questões jurídicas em resposta a solicitações de órgãos da ONU ou de organizações especializadas do sistema da ONU devidamente autorizadas a fazer tais pedidos (função consultiva).

Os sujeitos privados não têm acesso ao Tribunal, dado que o artigo 34.° do Estatuto dispõe que só os Estados podem ser partes em causas perante ele.

Os interesses privados podem, no entanto, ser objecto de uma acção no Tribunal, caso um Estado assuma a defesa de um dos seus nacionais e faça suas as queixas deste contra outro Estado.

É composto por 15 juízes, eleitos por nove anos pela Assembleia Geral e pelo Conselho de Segurança da ONU; os membros do Tribunal representam as grandes formas de civilização e os principais sistemas jurídicos do mundo.

O Tribunal não pode ocupar-se de um litígio a não ser que as partes na causa tenham aceitado a sua competência sob uma das formas seguintes:

– em virtude de um compromisso celebrado entre elas com o fim preciso de submeter o seu diferendo ao Tribunal;

– em virtude de uma cláusula atributiva de competência de um Tratado que preveja o recurso ao TIJ em caso de diferendo entre os Estados signatários;

– pelo efeito recíproco de declarações (os Estados podem fazer declarações reconhecendo como obrigatória a jurisdição do Tribunal para a resolução dos seus diferendos com qualquer outro Estado que tenha feito a mesma declaração).

Os acórdãos do Tribunal têm força obrigatória para as partes na causa. São definitivos e sem recurso.

V. *Tratado; Costume; Acórdão; Recurso.*

Tribunal judicial (Org. Judiciária) – Define o artigo 1.° da Lei de Organização e Funcionamento dos Tribunais Judiciais (Lei n.° 3/99, de 13 de Janeiro, rectificada pela Declaração de rectificação n.° 7/99, de 16 de Fevereiro, e alterada pela Lei n.° 101/99, de 26 de Julho, pelos Decretos-Leis n.°s 323/2001, de 17 de Dezembro, e

38/2003, de 8 de Março – rectificado pela Declaração de rectificação n.° 5-C/2003, de 30 de Abril –, pela Lei n.° 105/2003, de 10 de Dezembro, pelo Decreto-Lei n.° 53/ /2004, de 18 de Março, pela Lei n.° 42/ /2005, de 29 de Agosto, e pelo Decreto-Lei n.° 76-A/2006, de 29 de Março – este rectificado pela Declaração de rectificação n.° 28-A/2006, de 26 de Maio) os tribunais judiciais como "órgãos de soberania com competência para administrar a justiça em nome do povo".

Em conformidade com a regra do n.° 1 do artigo 211.° da Constituição da República, que estabelece que "os tribunais judiciais são os tribunais comuns em matéria cível e criminal e exercem jurisdição em todas as áreas não atribuídas a outras ordens judiciais", o artigo 18.° da Lei citada preceitua que "são da competência dos tribunais judiciais as causas que não sejam atribuídas a outra ordem jurisdicional", sendo idêntico o teor do artigo 66.° do C.P.C., na redacção do Decreto-Lei n.° 329-A/95, de 12 de Dezembro.

"Os tribunais judiciais são independentes, estando apenas sujeitos à lei", sendo a sua independência garantida "pela existência de um órgão privativo de gestão e disciplina da magistratura judicial, pela inamovibilidade dos respectivos juízes e pela sua não sujeição a quaisquer ordens ou instruções, salvo o dever de acatamento das decisões proferidas em via de recurso pelos tribunais superiores" (artigos 3.° e 4.° da Lei n.° 3/99).

A Portaria n.° 1003/99, de 10 de Novembro – que revoga a Portaria n.° 330/91, de 11 de Abril – aprova o Regulamento de Conservação Arquivística dos Tribunais Judiciais.

V. *Tribunal comum; Magistratura judicial; Inamovibilidade dos magistrados; Recurso.*

Tribunal municipal (Org. Judiciária) – Tribunal que exercia a sua jurisdição na área do julgado municipal. Actualmente, este órgão jurisdicional encontra-se extinto.

Tribunal rogado (Proc. Civil) – Designação do tribunal destinatário de uma carta rogatória.

As cartas rogatórias que provenham de autoridades estrangeiras são recebidas por qualquer via, a menos que exista convenção ou acordo em contrário; quando o seu recebimento haja sido feito pela via diplomática, é ao Ministério Público que compete promover os seus termos (v. artigo 186.°, C.P.C.).

O tribunal português rogado pode deixar de cumprir a carta, quando não tiver competência para o acto requisitado (mas, se reconhecer que o acto deve ser praticado em lugar diverso daquele que é indicado na carta, remetê-la-á ao tribunal desse lugar, comunicando o facto ao tribunal que a expediu), se a requisição se referir a acto que a lei proíba absolutamente, se a carta se não encontrar legalizada (salvo se houver qualquer causa de dispensa da legalização), se o acto for contrário à ordem pública portuguesa, se a execução for atentatória da soberania ou da segurança do Estado ou se o acto solicitado importar a execução de decisão de tribunal estrangeiro sujeita a revisão e que não se encontre revista e confirmada (artigo 185.°, C.P.C.).

Segundo o artigo 187.°, C.P.C., "é ao tribunal [...] rogado que compete regular, de harmonia com a lei, o cumprimento da carta", acrescentando-se que, "se na carta rogatória se pedir a observância de determinadas formalidades que não repugnem à lei portuguesa, dar-se-á satisfação ao pedido".

V. *Carta rogatória; Ministério Público; Competência; Competência em razão do território; Legalização de documento; Ordem pública; Revisão de sentença estrangeira.*

Tribunal rogante (Proc. Civil) – Tribunal que solicita a um tribunal ou autoridade a uma autoridade estrangeira da prática de um acto judicial, isto é, que lhe envia uma carta rogatória.

Sendo o acto urgente, pode ser ordenado ou solicitado por telegrama, comunicação telefónica ou outro meio análogo de telecomunicações, podendo as citações e as notificações ser enviadas directamente para o interessado, independentemente da circunscrição.

As cartas rogatórias são assinadas pelo juiz ou relator e expedidas pela secretaria, endereçando-as esta directamente à autoridade ou tribunal estrangeiro. Quando a carta rogatória se dirija a Estado que só a receba pela via diplomática ou consular, far-se-á a expedição por essa via, sendo nesse caso entregue ao Ministério Público, que a remeterá pelas vias competentes. Se o Estado respectivo não receber cartas por via oficial, será entregue ao interessado.

A expedição da carta rogatória não obsta a que o processo prossiga em tudo o que não depender absolutamente da realização da diligência que for solicitada, mas só depois de devolvida a carta, ou de findo o prazo para o seu cumprimento, pode ter lugar a discussão e julgamento da causa.

V. *Carta rogatória; Citação; Notificação; Juiz; Juiz relator; Secretaria judicial; Ministério Público; Audiência de discussão e julgamento.*

Tribunal singular (Proc. Civil; Org. Judiciária) – O artigo 68.°, C.P.C., na redacção do Decreto-Lei n.° 329-A/95, de 12 de Dezembro, dispõe que são as leis de organização judiciária que "determinam quais as causas que, pelo valor ou pela forma de processo aplicável, se inserem na competência dos tribunais singulares e dos tribunais colectivos, estabelecendo este Código os casos em que às partes é lícito prescindir da intervenção do colectivo".

Na 1.ª instância, a discussão e julgamento das acções com processo ordinário são feitos com intervenção do tribunal colectivo, quando as partes o tiverem requerido, excepto:

"*a)* Nas acções não contestadas que tenham prosseguido em obediência ao disposto nas alíneas *b), c)* e *d)* do artigo 485.° [*b)* excepções aos efeitos da revelia do réu e cujas hipóteses relevantes são as seguintes: quando o réu ou um deles for incapaz, "situando-se a causa no âmbito da incapacidade, ou houver sido citado editalmente e permaneça na situação de revelia absoluta"; *c)* "quando a vontade das partes for ineficaz para produzir o efeito jurídico que pela acção se pretende obter"; e *d)* "quando se trate de factos para cuja prova se exija documento escrito"];

b) Nas acções em que todas as provas, produzidas antes do início da audiência final, hajam sido registadas ou reduzidas a escrito;

c) Nas acções em que alguma das partes haja requerido [...] a gravação da audiência final".

V. artigo 646.°, C.P.C., cuja redacção é a dos Decretos-Leis n.°s 183/2000, de 10 de Agosto (n.° 1), 375-A/99, de 20 de Setembro (n.°s 2 e 5), e 329-A/95, de 12 de Dezembro (n.° 3).

Em processo sumário, a competência é do tribunal singular, nunca intervindo o tribunal colectivo (o que é essencialmente diferente do regime anterior, em que, sendo em princípio o tribunal singular, ele seria colectivo, quando a causa admitisse recurso ordinário, se qualquer das partes requeresse a sua intervenção, na audiência preliminar ou no prazo de 15 dias contado da notificação do despacho saneador, e se nenhuma delas tivesse requerido a gravação da audiência).

V. artigo 791.°, n.° 1, C.P.C., com a redacção do artigo 133.°, n.° 1, da Lei n.° 3/99, de 13 de Janeiro, rectificada pela Declaração de rectificação n.° 7/99, de 16 de Fevereiro (Lei de Organização e Funcionamento dos Tribunais Judiciais).

Em processo sumaríssimo também não há intervenção do tribunal colectivo.

V. artigo 104.° da LOFTJ (a já referida Lei n.° 3/99, alterada pela Lei n.° 101/99, de 26 de Julho, pelos Decretos-Leis n.°s 323/2001, de 17 de Dezembro, e 38/2003, de 8 de Março – rectificado pela Declaração de rectificação n.° 5-C/2003, de 30 de Abril –, pela Lei n.° 105/2003, de 10 de Dezembro, pelo Decreto-Lei n.° 53/2004, de 18 de Março, pela Lei n.° 42/2005, de 29 de Agosto, e pelo Decreto-Lei n.° 76-A/2006, de 29 de Março – rectificado pela Declaração de rectificação n.° 28-A/2006, de 26 de Maio).

O artigo 7.°, n.° 3, do Código da Insolvência e da Recuperação de Empresas, aprovado pelo referido DL n.° 53/2004, alterado pelos Decretos-Leis n.°s 200/2004, de 18 de Agosto, e 76-A/2006, estabelece que "a instrução e decisão de todos os termos do processo de insolvência, bem como dos seus incidentes e apensos, compete sempre ao juiz singular".

O artigo 70.°, C.P.C., na redacção do DL n.° 329-A/95, diz que "compete aos tribunais singulares de competência genérica o conhecimento dos recursos das decisões dos notários, dos conservadores do registo e de outros que, nos termos da lei, para eles devam ser interpostos".

V. *Valor da causa; Forma de processo; Tribunal colectivo; Competência em razão do valor; Parte; Audiência de discussão e julgamento; Processo ordinário; Contestação; Revelia; Réu; Incapacidade; Citação edital; Ineficácia; Documento escrito; Gravações; Audiência preliminar; Notificação; Despacho saneador; Prova; Processo sumário; Recurso ordinário; Processo sumaríssimo; Insolvência; Recuperação de empresas; Incidente; Apensação de acções; Notário; Recurso de acto notarial.*

Tribunal superior (Org. Judiciária) – São, habitualmente, designados por tribunais superiores o Supremo Tribunal de Justiça, o Supremo Tribunal Administrativo e os tribunais da Relação. **O Decreto-Lei n.° 177/2000, de 9 de Agosto, alterado pelo Decreto-Lei n.° 74/2002, de 26 de Março, que estabelece o regime da gestão administrativa dos tribunais superiores, inclui nestes ainda o Tribunal Central Administrativo.**

V. *Supremo Tribunal de Justiça; Relação.*

Troca (Dir. Civil) – Contrato pelo qual uma pessoa transmite a propriedade de um bem ou outro direito contra a propriedade de outro bem. A troca é um contrato próximo da venda, mas esta tem por contraprestação não um bem determinado, mas uma soma em dinheiro cuja fungibilidade é absoluta.

O contrato de troca é válido (não se tratando de contrato civil tipificado), por força do princípio da liberdade negocial enunciado no artigo 405.°, n.° 1, C.C..

Ao contrato de troca são aplicáveis as regras da compra e venda, "na medida em que sejam conformes com a sua natureza e não estejam em contradição com as disposições legais respectivas" (cfr. artigo 939.°, C.C.).

V. *Contrato; Liberdade contratual; Direito de propriedade; Bem; Direito subjectivo; Compra e venda; Contrato oneroso.*

Turbação da equivalência (Dir. Civil) – Verifica-se uma turbação da equivalência, quando se altera significativamente o valor de uma das prestações das partes num contrato comutativo, em consequência da verificação de circunstâncias imprevistas ao tempo da sua celebração. A turbação da equivalência pode legitimar a parte lesada para resolver ou modificar o contrato, se se verificarem os pressupostos enunciados no artigo 437.°, C.C..

V. *Contrato comutativo; Prestação; Resolução do contrato; Modificação do contrato; Alteração das circunstâncias.*

Turbação da posse (Dir. Civil) – Sendo embora difícil, por vezes, a caracterização distintiva entre a turbação da posse e o esbulho, pode dizer-se que há turbação sempre que o acto determine uma diminuição ou alteração do gozo e exercício da posse, sem, no entanto, privar o possuidor do poder sobre a coisa, da fruição dela ou da possibilidade de qualquer deles. O acto material de turbação da posse permite ao possuidor o recurso à acção directa, se se verificarem os respectivos pressupostos, e o recurso ao tribunal (o Decreto-Lei n.° 329-A/95, de 12 de Dezembro, revogou os artigos 1033.° e segs., C.P.C., pelo que as acções possessórias deixaram de seguir uma forma de processo especial, seguindo o processo comum).

V. artigo 1278.°, C.C..

V. *Posse; Fruição; Esbulho; Acção directa; Processo especial; Processo comum.*

Tutela (Dir. Civil) – Regime a que estão submetidos, por um lado, os menores cujos pais não existam, sejam incógnitos ou estejam impedidos ou inibidos do exercício do poder paternal (artigos 1921.° e segs., C.C.) e, por outro lado, os maiores que sejam interditos do exercício dos seus direitos, por anomalia psíquica, surdez-mudez ou cegueira, que os incapacite de governar as suas pessoas e bens (artigos 138.° e segs., C.C.).

A tutela é exercida por um tutor, que é assistido por um conselho de família. Tanto o tutor como o conselho de família estão sujeitos à fiscalização do tribunal de família.

Dos dois vogais do conselho de família, um tem a designação de protutor e a ele cabem as funções de cooperação, fiscalização e substituição do tutor, enunciadas nos artigos 1955.° e 1956.°, C.C..

Nos casos de menores abandonados, confiados a estabelecimento de educação ou assistência, é o director do estabelecimento que exerce as funções de tutor, não havendo então conselho de família, nem sendo nomeado protutor (artigo 1962.°, C.C.).

A tutela de menores termina, em princípio, pela maioridade ou emancipação, pela adopção, pelo termo da inibição do poder paternal, pela cessação do impedimento dos pais ou pelo estabelecimento da paternidade ou maternidade. A tutela de maiores interditos termina quando a interdição é levantada (artigo 151.°, C.C.).

Com a tutela pode coexistir a administração de bens, que se verifica quando um ou mais bens são administrados por terceiros que não os pais ou o tutor.

Para instaurar a tutela, quando se trate de menores, é competente o tribunal de família – v. artigo 82.°, n.° 1-*a)*, da Lei de Organização e Funcionamento dos Tribunais Judiciais (Lei n.° 3/99, de 13 de Janeiro, rectificada pela Declaração de rectificação n.° 7/99, de 16 de Fevereiro, e alterada pela Lei n.° 101/99, de 26 de Julho, pelos Decretos-Leis n.°s 323/2001, de 17 de Dezembro, e 38/2003, de 8 de Março – rectificado pela Declaração de rectificação n.° 5-C/2003, de 30 de Abril –, pela Lei n.° 105/2003, de 10 de Dezembro, pelo Decreto-Lei n.° 53/2004, de 18 de Março, pela Lei n.° 42/2005, de 29 de Agosto, e pelo Decreto-Lei n.° 76-A/2006, de 29 de Março – rectificado pela Declaração de rectificação n.° 28-A/2006, de 26 de Maio) e artigo 146.°-*a)* da O.T.M..

V. *Menor; Poder paternal; Inibição do poder paternal; Interdição; Tutor; Tribunal de família; Conselho de família; Abandono de menor; Confiança de menor; Maioridade; Emancipação; Adopção; Administração legal.*

Tutela compulsória – Utiliza-se esta expressão para designar as medidas jurídicas que visam compelir aqueles que estão adstritos a um dever jurídico ou a uma obrigação, e que não se dispõem espontaneamente ao respectivo cumprimento, a proceder a este. Para além da sanção pecuniária compulsória, são a medidas com esta natureza funcional, por exemplo, e excepção do não cumprimento ou o direito de retenção.

V. *Dever jurídico; Obrigação; Sanção pecuniária compulsória; Excepção do não cumprimento; Direito de retenção.*

Tutela dativa (Dir. Civil) – Doutrinariamente, designa-se por tutela dativa aquela em que a designação do tutor é feita pelo tribunal.

O artigo 1931.°, C.C., determina que a nomeação do tutor cabe ao tribunal de menores, ouvido o conselho de família e o menor, se este tiver catorze anos ou mais, quando os pais não tenham designado tutor ou a sua designação não haja sido confirmada. A nomeação deverá então recair numa das pessoas enunciadas na mesma disposição: parentes ou afins do menor e "pessoas que de facto tenham cuidado ou estejam a cuidar do menor ou tenham por ele demonstrado afeição".

V. *Menor; Tutela; Tutor; Tribunal de menores; Conselho de família; Parentesco; Afinidade.*

Tutela de interesses difusos (Dir. Const.; Proc. Civil) – O artigo 52.°, n.° 3, da Constituição da República confere "a todos, pessoalmente ou através de associações de defesa dos interesses em causa, o direito de acção popular nos casos e termos previstos na lei, incluindo o direito de requerer para o lesado ou lesados a correspondente indemnização, nomeadamente para:

a) Promover a prevenção, cessação ou a perseguição judicial das infracções contra a saúde pública, os direitos dos consumidores, a qualidade de vida e a preservação do ambiente e do património cultural;

b) Assegurar a defesa dos bens do Estado, das regiões autónomas e das autarquias locais".

A Lei n.° 83/95, de 31 de Agosto, rectificada pela Declaração de rectificação n.° 4/ /95, de 12 de Outubro, regula o direito de participação procedimental e de acção popular. O artigo 1.° estabelece que a lei "define os casos e termos em que são conferidos e podem ser exercidos o direito de participação popular em procedimentos administrativos e o direito de acção popular para a prevenção, a cessação ou a perseguição judicial das infracções previstas no [citado] n.° 3 do artigo 52.° da Constituição", sendo designadamente protegidos "a saúde pública, o ambiente, a qualidade de vida, a protecção do consumo de bens e serviços, o património cultural e o domínio público".

O artigo 2.° determina que "são titulares do direito procedimental de participação popular e do direito de acção popular quaisquer cidadãos no gozo dos seus direitos civis e políticos e as associações e fundações defensoras dos interesses previstos no artigo anterior, independentemente de terem ou não interesse directo na demanda", bem como "as autarquias locais, em relação aos interesses de que sejam titulares residentes na área da respectiva circunscrição". São requisitos da legitimidade activa das associações e fundações, nos termos do artigo 3.°:

"*a)* A personalidade jurídica;

b) O incluírem expressamente nas suas atribuições ou nos seus objectivos estatutários a defesa dos interesses em causa no tipo de acção de que se trate;

c) Não exercerem qualquer tipo de actividade profissional concorrente com empresas ou profissionais liberais".

Não são exigíveis preparos pelo exercício do direito de acção popular, ficando o autor isento de custas no caso de procedência parcial do pedido. Em caso de decaimento total, o autor deve ser condenado a pagar entre um décimo e metade das custas que normalmente seriam devidas (v. artigo 20.°).

O C.P.C., no seu artigo 26.°-A, aditado pelo Decreto-Lei n.° 180/96, de 25 de Setembro, determina que "têm legitimidade para propor e intervir nas acções e procedimentos cautelares destinados, designadamente, à defesa da saúde pública, do ambiente, da qualidade de vida, do património cultural e do domínio público, bem como à protecção do consumo de bens e serviços, qualquer cidadão no gozo dos seus direitos civis e políticos, as associações e fundações defensoras dos interesses em causa, as autarquias locais e o Ministério Público [...]".

A Lei n.° 25/2004, de 8 de Julho, transpôs a Directiva n.° 98/27/CE, do Parlamento Europeu e do Conselho, de 19 de Maio, relativa às acções inibitórias em matéria de protecção dos interesses dos consumidores; esclarece o artigo 1.°, n.° 1, desta Lei que as suas normas se aplicam "[...] à acção popular contemplada na Lei n.° 83/95, de 31 de Agosto, destinadas a prevenir, corrigir ou fazer cessar práticas lesivas dos direitos dos consumidores".

V. *Associação; Indemnização; Consumidor; Tutela do consumidor; Ambiente; Património cultural; Associação; Fundação; Interesse em demandar; Personalidade jurídica; Estatutos; Empresa; profissão liberal; Preparo; Custas; Procedência; Pedido; Legitimidade; Acção; Procedimento cautelar; Ministério Público.*

Tutela do consumidor (Dir. Civil) – A intervenção legislativa no que respeita à tutela do consumidor começou a fazer-se sentir, em Portugal, no início dos anos 80, com a aprovação da primeira Lei de Defesa do Consumidor (Lei n.° 29/81, de 22 de Agosto). Desde então, tem-se assistido a uma profusão de diplomas que têm, directa ou indirectamente, o objectivo de proteger o consumidor, cujos direitos se encontram hoje amplamente consagrados na Constituição da República.

Desde logo, constituem incumbências prioritárias do Estado, para além de assegurar o funcionamento dos mercados, reprimindo as práticas lesivas do interesse geral, "garantir a defesa dos interesses e dos direitos dos consumidores" (artigo 81.°-*f)* e *i)*, da Constituição), constituindo mesmo "a protecção dos consumidores" um dos objectivos da política comercial (artigo 99.°-*e)*).

São ainda conferidos direitos que, embora não respeitem apenas aos consumidores, também têm estes como destinatários: "A todos é assegurado o acesso ao direito e aos tribunais para defesa dos seus direitos e interesses legalmente protegidos, não podendo a justiça ser denegada por insuficiência de meios económicos" e "todos têm direito, nos termos da lei, à informação e consulta jurídicas, ao patrocínio judiciário e a fazer-se acompanhar por advogado perante qualquer autoridade" (artigo 20.°, n.°s 1 e 2); "o domicílio e o sigilo da correspondência e dos outros meios de comunicação privada são invioláveis" (artigo 34.°, n.° 1); "todos os cidadãos têm o direito de acesso aos dados informatizados que lhes digam respeito, podendo exigir a sua rectificação e actualização, e o direito de conhecer a finalidade a que se destinam, nos termos da lei"; "a informática não pode ser utilizada para tratamento de dados referentes a convicções filosóficas ou políticas, filiação partidária ou sindical, fé religiosa, vida privada e origem étnica, salvo mediante consentimento expresso do titular, autorização prevista por lei com garantias de não discriminação ou para processamento de dados estatísticos não individualmente identificáveis" (artigo 35.°, n.°s 1 e 3); "os cidadãos têm o direito de, livremente e sem dependência de qualquer autorização, constituir associações [incluindo de consumidores], desde que estas não se destinem a promover a violência e os respectivos fins não sejam contrários à lei penal", e "as associações [incluindo as de consumidores] prosseguem livremente os seus fins sem interferência das autoridades públicas e não podem ser dissolvidas pelo Estado ou suspensas as suas actividades senão nos casos previstos na lei e mediante decisão judicial" (artigo 46.°, n.°s 1 e 2); "todos os cidadãos têm o direito de apresentar, individual ou colectivamente, [...] petições, representações, reclamações ou queixas para defesa dos seus direitos, da Constituição, das leis ou do interesse geral [...]", sendo também "conferido a todos, pessoalmente ou através de associações de defesa dos interesses em causa, o direito de acção popular nos casos e termos previstos na lei, incluindo o direito de requerer para o lesado ou lesados a correspondente indemnização" (artigo 52.°, n.°s 1 e 3); "a todos é garantido o direito à propriedade privada e à sua transmissão [...], nos termos da Constituição" (artigo 62.°, n.° 1). Também o artigo 13.° protege os consumidores, ao determinar que "todos os cidadãos têm a mesma dignidade social e são iguais perante a lei" (n.° 1), concretizando que "ninguém pode ser privilegiado, beneficiado, prejudicado, privado de qualquer direito ou isento de qualquer dever em razão de ascendência, sexo, raça, língua, território de origem, religião, convicções políticas ou ideológicas, instrução, situação económica, condição social ou orientação sexual" (n.° 2); o artigo 26.°, n.° 1, *in fine*, acrescenta que a todos é concedido o direito "à protecção legal contra quaisquer formas de discriminação".

O preceito central de tutela do consumidor na Constituição da República é, no entanto, o artigo 60.°, que tem por epígrafe "Direitos dos consumidores", e que foi introduzido na Lei Fundamental, então como artigo 110.°, pela Lei Constitucional n.° 1/82, de 30 de Setembro, que aprovou a Primeira Revisão Constitucional.

O n.° 1 do artigo 60.° consagra o direito dos consumidores "à qualidade dos bens e serviços consumidos, à formação e à informação, à protecção da saúde, da segurança e dos seus interesses económicos, bem como à reparação de danos". O n.° 2 estabelece que "a publicidade é disciplinada por lei, sendo proibidas todas as formas de publicidade oculta, indirecta ou dolosa", determinando o n.° 3 que "as associações de consumidores e as cooperativas de consumo têm direito, nos termos da lei, ao apoio do Estado e a ser ouvidas sobre as questões que digam respeito à defesa dos consumidores, sendo-lhes reconhecida legitimidade processual para defesa dos seus associados ou de interesses colectivos ou difusos".

À semelhança do que aconteceu na generalidade das ordens jurídicas, também em Portugal foram adoptadas providências legislativas visando a defesa dos sujeitos jurídicos que, na qualidade de consumidores, adquirem bens ou obtêm serviços de agentes económicos que operam no mercado.

A actual Lei de Defesa do Consumidor (LDC), que revogou a referida Lei n.° 29/ /81, foi aprovada pela Lei n.° 24/96, de 31 de Julho (rectificada pela Declaração de rectificação n.° 16/96, de 13 de Novembro), alterada pela Lei n.° 85/98, de 16 de Dezembro, e pelo Decreto-Lei n.° 67/2003, de 8 de Abril, e constitui o diploma central de protecção do consumidor, o qual é definido no artigo 2.°, n.° 1, como "todo aquele a quem sejam fornecidos bens, prestados serviços ou transmitidos quaisquer direitos, destinados a uso não profissional, por pessoa que exerça com carácter profissional uma actividade económica que vise a obtenção de benefícios". O artigo 3.° estabelece que o consumidor tem direito "à qualidade dos bens e serviços, à protecção da saúde e da segurança física, à formação e à educação para o consumo, à informação para o consumo, à protecção dos interesses económicos, à prevenção e à reparação dos danos patrimoniais ou não patrimoniais que resultem da ofensa de interesses ou direitos individuais homogéneos, colectivos ou difusos, à protecção jurídica e a uma justiça acessível e pronta e à participação, por via representativa, na definição legal ou administrativa dos seus direitos e interesses", desenvolvendo os artigos seguintes cada um destes direitos. Este diploma regula ainda, nos artigos 17.° e segs., as instituições de promoção e tutela dos direitos do consumidor.

No que respeita à qualidade dos bens e serviços, para além do artigo 4.° da LDC, que estabelece que "os bens e serviços destinados ao consumo devem ser aptos a satisfazer os fins a que se destinam e produzir os efeitos que se lhes atribuem, segundo as normas legalmente estabelecidas, ou, na falta delas, de modo adequado às legítimas expectativas do consumidor", deve ter-se em conta o mencionado DL n.° 67/2003 que transpôs a Directiva n.° 1999/44/CE, do Parlamento Europeu e do Conselho, de 25 de Maio, determinando que "o vendedor [o "diploma é aplicável, com as necessárias adaptações, aos contratos de fornecimento de bens de consumo a fabricar ou a produzir e de locação de bens de consumo"] tem o dever de entregar bens que sejam conformes com o contrato de compra e venda", respondendo por qualquer falta de conformidade que exista no momento em que o bem é entregue, e que se manifeste num prazo de dois ou de cinco anos conforme se trate de coisa móvel ou imóvel (artigos 2.° e 3.°). "Em caso de falta de conformidade do bem com o contrato, o consumidor tem direito a que esta seja reposta sem encargos, por meio de reparação ou de substituição, à redução adequada do preço ou à resolução do contrato" (artigo 4.°). O consumidor pode ainda optar por exigir do produtor, à escolha deste, a reparação ou a substituição da coisa defeituosa (artigo 6.°). O artigo 7.° regula as garantias voluntárias, determinando que "a declaração pela qual o vendedor, o fabricante ou qualquer intermediário promete reembolsar o preço pago, substituir, reparar ou ocupar-se de qualquer modo da coisa defeituosa vincula o seu autor nas condições constantes dela e da correspondente publicidade".

O artigo 5. da LDC confere aos consumidores o direito à protecção da saúde e da segurança física, proibindo "o fornecimento de bens ou a prestação de serviços que, em condições de uso normal ou previsível, incluindo a duração, impliquem riscos incompatíveis com a sua utilização, não aceitáveis de acordo com um nível elevado de protecção da saúde e da segurança física das pessoas" e atribuindo à Administração competências de fiscalização nesta área. O Decreto-Lei n.° 69/2005, de 17 de Março, estabelece as garantias de segurança dos produtos e serviços colocados no mercado, transpondo a Directiva n.° 2001/ /95/CE, do Parlamento Europeu e do Conselho, de 3 de Dezembro, relativa à segurança geral dos produtos. O artigo 4.°, n.° 1, deste diploma estatui que "só podem ser colocados no mercado produtos seguros", considerando seguro "o produto que estiver em conformidade com as normas legais ou regulamentares que fixem os requisitos em matéria de protecção de saúde e segurança a que o mesmo deve obedecer para poder ser comercializado". A Comissão de Segurança de Serviços e Bens de Consumo tem as suas competências definidas no diploma, no sentido de fiscalizar a segurança dos bens. O sistema comunitário de troca rápida de informações, designado por RAPEX, permite a comunicação entre os Estados-Membros no que respeita a produtos considerados não seguros, sendo o Instituto do Consumidor o ponto de contacto nacional.

O artigo 7.°, n.° 3, da LDC determina que "a informação ao consumidor é prestada em língua portuguesa". O Decreto-Lei n.° 238/86, de 19 de Agosto, alterado pelo Decreto-Lei n.° 42/88, de 6 de Fevereiro, complementa este preceito, esclarecendo que "as informações sobre a natureza, características e garantias de bens ou serviços oferecidos ao público no mercado nacional, quer as constantes de rótulos, embalagens, prospectos, catálogos, livros de instruções para utilização ou outros meios informativos, quer as facultadas nos locais de venda ou divulgadas por qualquer meio publicitário, deverão ser prestadas em língua portuguesa" (artigo 2.°) e que, "no caso de as informações escritas se encontrarem redigidas em língua ou línguas estrangeiras aquando da venda de bens ou serviços no mercado nacional é obrigatória a sua tradução integral em língua portuguesa, devendo, conforme os casos, o texto traduzido ser aposto nos rótulos ou embalagens ou aditado aos meios informativos referidos no artigo anterior" (artigo 3.°). O Decreto-Lei n.° 62/88, de 27 de Fevereiro, impõe o uso da língua portuguesa nas informações e instruções relativas a máquinas, aparelhos, utensílios e ferramentas.

O artigo 7.°, n.° 4, da LDC estabelece que "a publicidade deve ser lícita, inequivocamente identificada e respeitar a verdade e os direitos dos consumidores", esclarecendo o n.° 5 do mesmo artigo que "as informações concretas e objectivas contidas nas mensagens publicitárias de determinado bem, serviço ou direito consideram-se integradas no conteúdo dos contratos que se venham a celebrar após a sua emissão, tendo-se por não escritas as cláusulas contratuais em contrário".

No que respeita à publicidade, deve ter-se em conta, desde logo, o Código da Publicidade, aprovado pelo Decreto-Lei n.° 330/90, de 23 de Outubro, alterado pelos Decretos-Leis n.°s 74/93, de 10 de Março, 6/95, de 17 de Janeiro, e 61/97, de 25 de Março, pela Lei n.° 31-A/98, de 14 de Julho, pelos Decretos-Leis n.°s 275/98, de 9 de Setembro, 51/2001, de 15 de Fevereiro, e 332/2001, de 24 de Dezembro, pela Lei n.° 32/2003, de 22 de Agosto, e pelo Decreto-Lei n.° 224/2004, de 4 de Dezembro. O seu artigo 12.° determina a proibição da publicidade "que atente contra os direitos do consumidor", estabelecendo o artigo 13.° que "é proibida a publicidade que encoraje comportamentos prejudiciais à saúde e segurança do consumidor, nomeadamente por deficiente informação acerca da perigosidade do produto ou da especial susceptibilidade da verificação de acidentes em resultado da utilização que lhe é própria", não devendo "comportar qualquer apresentação visual ou descrição de situações onde a segurança não seja respeitada, salvo justificação de ordem pedagógica"; o disposto "deve ser particularmente acautelado no caso de publicidade especialmente dirigida a crianças, adolescentes, idosos ou deficientes".

A publicidade a serviços de audiotexto consta do Decreto-Lei n.° 175/99, de 21 de Maio, alterado pelo Decreto-Lei n.° 148/ /2001, de 7 de Maio, e pela Lei n.° 95/2001, de 20 de Agosto, dispondo o respectivo artigo 2.°, n.° 7, que "a informação relativa ao preço, a que se refere o n.° 2 deste artigo ["a publicidade deve indicar (...) o respectivo preço, de acordo com as regras fixadas para a indicação de preços na legislação que estabelece o regime de acesso e exercício da actividade de prestador de serviços de audiotexto"], é fornecida ao consumidor em caracteres iguais, em tipo e dimensão, aos utilizados para a divulgação do número de telefone da linha de audiotexto e, tratando-se de mensagem publicitária transmitida pela televisão, deve ser exibida durante todo o tempo em que decorre a mensagem publicitária"; o n.° 8 da mesma disposição dispõe que "qualquer comunicação que, directa ou indirectamente, vise promover a prestação de serviços de audiotexto deve indicar de forma expressa e destacada o seu carácter de comunicação comercial, abstendo-se de, designadamente, assumir teores, formas e conteúdos que possam induzir o destinatário a concluir tratar-se de uma mensagem de natureza pessoal". V. Decreto-Lei n.° 177/99, de 21 de Maio, alterado pela Lei n.° 95/2001, de 20 de Agosto, que regula o acesso e o exercício da actividade de prestador de serviços de audiotexto.

A Lei n.° 6/99, de 27 de Janeiro, ocupa-se do regime da publicidade domiciliária, nomeadamente por via postal, distribuição directa, telefone e telecópia, deixando expressamente de lado aquela que é feita por correio electrónico. O seu artigo 5.° dispõe que "é proibida a publicidade por telefone, com utilização de sistemas automáticos com mensagens vocais pré-gravadas, e a publicidade por telecópia, salvo quando o destinatário a autorize antes do estabelecimento da comunicação [...]".

V., ainda, em matéria de publicidade, o Decreto-Lei n.° 231/2004, de 13 de Dezembro (acções informativas e publicitárias do Estado), o Decreto-Lei n.° 105/98, de 24 de Abril (rectificado pela Declaração de rectificação n.° 11-A/98, de 30 de Junho), alterado pelo Decreto-Lei n.° 166/99, de 13 de Maio (afixação de publicidade nas estradas), e a Lei n.° 97/88, de 17 de Agosto, alterada pela Lei n.° 23/2000, de 23 de Agosto (afixação e inscrição de mensagens de publicidade e propaganda).

O artigo 8.° da LDC contém regras precisas sobre o direito do consumidor a ser informado antes da celebração de um contrato; o n.° 1 prevê que "o fornecedor de bens ou prestador de serviços deve, tanto nas negociações como na celebração de um contrato, informar de forma clara, objectiva e adequada o consumidor, nomeadamente, sobre características, composição e preço do bem ou serviço, bem como sobre o período de vigência do contrato, garantias, prazos de entrega e assistência após o negócio jurídico". Esta obrigação de informar também impende, nos termos do n.° 2, "sobre o produtor, o fabricante, o importador, o distribuidor, o embalador e o armazenista, por forma que cada elo do ciclo produção-consumo possa encontrar-se habilitado a cumprir a sua obrigação de informar o elo imediato até ao consumidor, destinatário final da informação". "Quando se verifique falta de informação, informação insuficiente, ilegível ou ambígua que comprometa a utilização adequada do bem ou do serviço, o consumidor goza do direito de retractação [trata-se de um direito de resolução ou de arrependimento] do contrato relativo à sua aquisição ou prestação, no prazo de sete dias úteis a contar da data de recepção do bem ou da data de celebração do contrato de prestação de serviços" (n.° 4).

O artigo 9.° da LDC confere aos consumidores o direito à protecção dos seus interesses económicos. O n.° 1 deste artigo contém um princípio geral, nos termos do qual se impõem "nas relações jurídicas de consumo a igualdade material dos intervenientes, a lealdade e a boa fé, nos preliminares, na formação e ainda na vigência dos contratos". O n.° 2 obriga o fornecedor de bens e o prestador de serviços, "à redacção clara e precisa, em caracteres facilmente legíveis, das cláusulas contratuais gerais, incluindo as inseridas em contratos singulares", e "à não inclusão de cláusulas em contratos singulares que originem significativo desequilíbrio em detrimento do consumidor", aplicando-se, em caso de inobservância destas regras o regime das cláusulas contratuais gerais (n.° 3); este último regime encontra-se no Decreto-Lei n.° 446/85, de 25 de Outubro, alterado pelos Decretos-Leis n.°s 220/95, de 31 de Agosto, 249/99 (rectificado pela Declaração de rectificação n.° 114-B/95, de 31 de Agosto), de 7 de Julho, e 323/2001, de 17 de Dezembro, e aplica-se não apenas às "cláusulas contratuais gerais elaboradas sem prévia negociação individual, que proponentes ou destinatários indeterminados se limitem, respectivamente, a subscrever ou aceitar", mas também "às cláusulas inseridas em contratos individualizados, mas cujo conteúdo previamente elaborado o destinatário não pode influenciar". Este diploma, para além de algumas disposições que procuram acautelar o efectivo conhecimento e aceitação das cláusulas por parte dos aderentes a elas (artigos 4.° a 9.°), proíbe, cominando-as com a nulidade, algumas cláusulas quando se configurem como cláusulas contratuais gerais (artigos 12.° e segs.).

O n.° 5 do artigo 9.° da LDC estabelece que "o consumidor tem direito à assistência após a venda, com incidência no fornecimento de peças e acessórios, pelo período de duração média normal dos produtos fornecidos"; nos termos do n.° 4 do mesmo artigo, "o consumidor não fica obrigado ao pagamento de bens ou serviços que não tenha prévia e expressamente encomendado ou solicitado, ou que não constitua cumprimento de contrato válido, não lhe cabendo, do mesmo modo, o encargo da sua devolução ou compensação, nem a responsabilidade pelo risco de perecimento ou deterioração da coisa" e, nos termos do n.° 6, "é vedado ao fornecedor ou prestador de serviços fazer depender o fornecimento de um bem ou a prestação de um serviço da aquisição ou da prestação de um outro ou outros". O n.° 7 estabelece que, "sem prejuízo de regimes mais favoráveis, nos contratos que resultem da iniciativa do fornecedor de bens ou do prestador de serviços fora do estabelecimento comercial, por meio de correspondência ou outros equivalentes, é assegurado ao consumidor o direito de retractação, no prazo de sete dias úteis a contar da data da recepção do bem ou da conclusão do contrato de prestação de serviços".

As matérias referidas no parágrafo anterior são igualmente tratadas pelo Decreto-Lei n.° 143/2001, de 26 de Abril (rectificado pela Declaração de rectificação n.° 13-C/2001, de 31 de Maio), que estabelece regras relativas aos contratos celebrados à distância, aos contratos ao domicílio, aos contratos automáticos, aos contratos em cadeia, aos contratos forçados, aos contratos ligados e ao fornecimento de bens não encomendados.

O Decreto-Lei n.° 95/2006, de 29 de Maio, que transpõe a Directiva n.° 2002/65/CE, do Parlamento Europeu e do Conselho, de 23 de Setembro, regula os contratos celebrados à distância relativos a serviços financeiros, matéria que se encontrava excluída do DL n.° 143/2001.

O Decreto-Lei n.° 253/86, de 25 de Agosto, alterado pelos Decretos-Leis n.°s 73/94, de 3 de Março, e 140/98, de 16 de Maio, contém o regime da venda com redução de preços; o diploma aplica-se às "vendas a retalho feitas com redução de preços, preços de promoção ou qualquer outra expressão equivalente, praticadas tendo em vista promover o lançamento de um produto novo, aumentar o volume de vendas ou antecipar o escoamento das existências".

A Directiva n.° 2005/29/CE, do Parlamento Europeu e do Conselho, de 11 de Maio de 2005, relativa às práticas comerciais desleais das empresas face aos consumidores no mercado interno, contém normas muito relevantes com vista à protecção dos consumidores, mas ainda não foi transposta para o ordenamento jurídico português.

Incumbe ao Governo, nos termos do n.° 8 do artigo 9.° da LDC, "adoptar medidas adequadas a assegurar o equilíbrio das relações jurídicas que tenham por objecto bens e serviços essenciais, designadamente água, energia eléctrica, gás, telecomunicações e transportes públicos".

A Lei n.° 23/96, de 26 de Julho, cria mecanismos destinados a proteger os utentes e consumidores dos serviços públicos essenciais – água, electricidade, gás e serviço telefónico (o artigo 127.°, n.° 2, da Lei n.° 5/2004, de 10 de Fevereiro, excluiu o serviço de telefone do âmbito de aplicação desta Lei). Nos termos do artigo 3.° deste diploma, "o prestador do serviço deve proceder de boa fé e em conformidade com os ditames que decorram da natureza pública do serviço, tendo igualmente em conta a importância dos interesses dos utentes que se pretende proteger", devendo "informar convenientemente a outra parte das condições em que o serviço é fornecido e prestar-lhe todos os esclarecimentos que se justifiquem, de acordo com as circunstâncias" (artigo 4.°); "a prestação do serviço não pode ser suspensa sem pré-aviso adequado, salvo caso fortuito ou de força maior". Em seu complemento, o Decreto-Lei n.° 195/99, de 8 de Junho, estabeleceu, no seu artigo 1.°, n.° 2, que "é proibida a exigência de prestação de caução, sob qualquer forma ou denominação, para garantir o cumprimento de obrigações decorrentes do fornecimento dos serviços públicos essenciais mencionados no número anterior", apenas podendo os fornecedores destes serviços a consumidores "exigir a prestação de caução, nas situações de restabelecimento de fornecimento, na sequência de interrupção decorrente de incumprimento contratual imputável ao consumidor"; esta segunda norma, contida no artigo 2.° do mencionado DL, é acompanhada de outra que determina que "a caução poderá ser prestada em numerário, cheque ou transferência electrónica ou através de garantia bancária ou seguro caução". "O fornecedor deve utilizar o valor da caução para satisfação dos valores em dívida pelo consumidor", devendo a caução ser restituída, deduzida dos montantes em dívida, no termo do contrato de fornecimento (artigos 3.° e 4.°).

O Decreto-Lei n.° 30/2006, de 15 de Fevereiro, estabelece as bases gerais da organização e funcionamento do Sistema Nacional de Gás Natural em Portugal e as aplicáveis ao exercício das actividades de recepção, armazenamento, transporte, distribuição e comercialização de gás natural, transpondo a Directiva n.° 2003/55/CE, do Parlamento Europeu e do Conselho, de 26 de Junho, que "estabelece regras comuns para o mercado interno de gás natural; o diploma aplica-se a todo o território nacional, encontrando-se no respectivo Capítulo

VII (artigos 60.° a 63.°) regras relativas às Regiões Autónomas. Os artigos 47.° a 49.° deste DL n.° 30/2006 ocupam-se dos consumidores, consagrando o direito destes a "escolher o seu comercializador de gás natural [...], podendo adquiri[-lo] [...] directamente a comercializadores ou através dos mercados organizados", enunciando os princípios a que tem de obedecer o fornecimento, estabelecendo o conteúdo do direito de informação que lhes cabe, e os deveres que sobre eles impendem.

As bases da concessão do serviço postal universal estão previstas no Decreto-Lei n.° 448/99, de 4 de Novembro, alterado pelo Decreto-Lei n.° 116/2003, de 12 de Junho.

O artigo 10.° da LDC assegura "o direito de acção inibitória destinada a prevenir, corrigir ou fazer cessar práticas lesivas dos direitos do consumidor consignados na presente lei, que, nomeadamente [...] atentem contra a sua saúde e segurança física; [...] se traduzam no uso de cláusulas gerais proibidas; [...] consistam em práticas comerciais expressamente proibidas por lei". "A sentença proferida em acção inibitória pode ser acompanhada de sanção pecuniária compulsória, prevista no artigo 829.°-A do Código Civil, sem prejuízo da indemnização a que houver lugar". O artigo 11.° regula a forma de processo da acção inibitória. No que respeita à acção inibitória, deve ter-se igualmente em conta a Lei n.° 25/2004, de 8 de Julho, que transpõe a Directiva n.° 98/27/CE, do Parlamento Europeu e do Conselho, de 19 de Maio, relativa às acções inibitórias em matéria de protecção dos interesses dos consumidores.

O direito à reparação de danos está consagrado no artigo 12.° da LDC, tendo sido profundamente alterado pelo artigo 13.° do DL n.° 67/2003; o n.° 1 estabelece que "o consumidor tem direito à indemnização dos danos patrimoniais e não patrimoniais resultantes do fornecimento de bens ou prestações de serviços defeituosos" e o n.° 2 que "o produtor é responsável, independentemente de culpa, pelos danos causados por defeitos de produtos que coloque no mercado, nos termos da lei".

É o Decreto-Lei n.° 383/89, de 6 de Novembro, alterado pelo Decreto-Lei n.° 131/2001, de 24 de Abril, que se ocupa desta matéria. O respectivo artigo 1.° estabelece que "o produtor é responsável, independentemente de culpa, pelos danos causados por defeitos dos produtos que põe em circulação". No quadro desta responsabilidade, "são ressarcíeis os danos resultantes de morte ou lesão pessoal e os danos em coisa diversa do produto defeituoso, desde que seja normalmente destinada ao uso ou consumo privado e o lesado lhe tenha dado principalmente este destino" (artigo 8.°); o artigo 9.° determina que "os danos causados em coisas a que se refere o artigo anterior só são indemnizáveis na medida em que excedam o valor de 500 euro". A responsabilidade do produtor, prevista neste diploma, é solidária, se forem vários os responsáveis, e "não pode ser excluída ou limitada [...] perante o lesado, tendo se por não escritas as estipulações em contrário" (artigos 6.°, n.° 1, e 10.°).

Nos termos do artigo 13.° da LDC, têm legitimidade para intentar acções em defesa dos consumidores, "os consumidores directamente lesados", "os consumidores e as associações de consumidores ainda que não directamente lesados, nos termos da Lei n.° 83/95, de 31 de Agosto [rectificada pela Declaração de rectificação n.° 4/95, de 12 de Outubro]", e "o Ministério Público e o Instituto do Consumidor quando estejam em causa interesses individuais homogéneos, colectivos ou difusos".

A referida Lei n.° 83/95 "define os casos e termos em que são conferidos e podem ser exercidos o direito de participação popular em procedimentos administrativos e o direito de acção popular para a prevenção, a cessação ou a perseguição judicial das infracções previstas no n.° 3 do artigo 52°. da Constituição", constituindo interesse especialmente protegido pela lei o consumo de bens ou serviços.

O artigo 14.° da LDC consagra os direitos à protecção jurídica e a uma justiça acessível e pronta. Nos termos do n.° 1, "incumbe aos órgãos e departamentos da Administração Pública promover a criação e apoiar centros de arbitragem com o objectivo de dirimir os conflitos de consumo".

Quanto a meios alternativos de resolução de litígios, o Decreto-Lei n.° 146/99, de 4 de Maio, criou um sistema de registo voluntário de procedimentos de resolução extrajudicial de conflitos de consumo (v. Portaria n.° 328/2000, de 9 de Junho). Em relação à arbitragem, v. Lei da Arbitragem voluntária (Lei n.° 31/86, de 29 de Agosto, alterada pelo Decreto-Lei n.° 38/2003, de 8 de Março), Decreto-Lei n.° 425/86, de 27 de Dezembro, e Portaria n.° 81/2001, de 8 de Fevereiro (alterada pelas Portarias n.°s 350/2001, de 9 de Abril, 1516/2002, de 19 de Dezembro, e 709/2003, de 4 de Agosto). O Decreto-Lei n.° 103/91, de 8 de Março, isenta o consumidor do pagamento de preparos e custas na execução de sentenças resultantes de um processo de arbitragem de consumo.

Os n.°s 2, 3 e 4 do artigo 14.° da LDC asseguram ao consumidor o direito à isenção do pagamento de taxa de justiça inicial, à isenção de pagamento de taxa de justiça em caso de procedência da acção, ainda que apenas parcial, e ao pagamento de um valor inferior da taxa de justiça, em caso de decaimento total, "tendo em conta a sua situação económica e a razão formal ou substantiva da improcedência".

O direito de participação por via representativa, concedido pelo artigo 15.° da LDC, "consiste, nomeadamente, na audição e consulta prévias, em prazo razoável, das associações de consumidores no tocante às medidas que afectem os direitos ou interesses legalmente protegidos dos consumidores".

O artigo 16.°, à semelhança de outras normas de diplomas que atribuem direitos aos consumidores, determina o carácter injuntivo dos direitos atribuídos pela Lei. Assim, "sem prejuízo do regime das cláusulas contratuais gerais, qualquer convenção ou disposição contratual que exclua ou restrinja os direitos atribuídos pela presente lei é nula"; "a nulidade referida no número anterior apenas pode ser invocada pelo consumidor ou seus representantes", podendo estes, em alternativa, optar pela manutenção do contrato.

O artigo 17.° da LDC estabelece que "as associações de consumidores são associações dotadas de personalidade jurídica, sem fins lucrativos e com o objectivo principal de proteger os direitos e os interesses dos consumidores em geral ou dos consumidores seus associados", podendo ser de âmbito nacional, regional ou local e de interesse genérico ou específico. Os direitos destas associações encontram-se consagrados no artigo 18.°. O artigo 19.°, n.° 1, dispõe que "as associações de consumidores podem negociar com os profissionais ou as suas organizações representativas acordos de boa conduta, destinados a reger as relações entre uns e outros", acordos que "não podem contrariar os preceitos imperativos da lei, designadamente os da lei da concorrência, nem conter disposições menos favoráveis aos consumidores do que as legalmente previstas" (n.° 2), "obrigam os profissionais ou representados em relação a todos os consumidores, sejam ou não membros das associações intervenientes" (n.° 3), e "devem ser objecto de divulgação, nomeadamente através da afixação nos estabelecimentos comerciais, sem prejuízo da utilização de outros meios informativos mais circunstanciados" (n.° 4).

O artigo 20.° diz que incumbe ao Ministério Público "a defesa dos consumidores no âmbito da [...LDC] e no quadro das respectivas competências, intervindo em acções administrativas e cíveis tendentes à tutela dos interesses individuais homogéneos, bem como de interesses colectivos ou difusos dos consumidores".

Nos termos do artigo 21.°, n.° 1, o "Instituto do Consumidor é o instituto público destinado a promover a política de salvaguarda dos direitos dos consumidores, bem como a coordenar e executar as medidas tendentes à sua protecção, informação e educação e de apoio às organizações de consumidores". "Para a prossecução das suas atribuições, o Instituto do Consumidor é considerado autoridade pública e goza dos [...] poderes" de "solicitar e obter dos fornecedores de bens e prestadores de serviços, [...] mediante pedido fundamentado, as informações, os elementos e as diligências que entender necessários à salvaguarda dos direitos e interesses dos consumidores", "participar na definição do serviço público de rádio e de televisão em matéria de informação e educação dos consumidores", "representar em juízo os direitos e interesses colectivos e difusos dos consumidores" e "ordenar medidas cautelares de cessação, suspensão ou interdição de fornecimentos de bens ou prestações de serviços que, independentemente de prova de uma perda ou um prejuízo real, pelo seu objecto, forma ou fim, acarretem ou possam acarretar riscos para a saúde, a segurança e os interesses económicos dos consumidores" (n.° 2 do mesmo artigo). O enquadramento jurídico destes poderes foi estabelecido pelo Decreto-Lei n.° 234/99. O Decreto-Lei n.° 195/93, de 24 de Maio, alterado pelo Decreto-Lei n.° 154/97, de 20 de Junho, aprovou a orgânica do Instituto do Consumidor.

Nos termos do artigo 22.°, n.° 1, da LDC, "o Conselho Nacional do Consumo é um órgão independente de consulta e acção pedagógica e preventiva, exercendo a sua acção em todas as matérias relacionadas com o interesse dos consumidores". V. Decreto-Lei n.° 154/97, de 20 de Junho, que regulamenta o Conselho Nacional do Consumo.

V. ainda, no que respeita às entidades com competência para a defesa dos interesses dos consumidores, a Lei n.° 159/99, de 14 de Setembro, que procedeu à transferência de atribuições e competências para as autarquias locais, e que determina, no artigo 27.°, que "são competências dos órgãos municipais no domínio da defesa do consumidor:

a) Promover acções de informação e defesa dos direitos dos consumidores;

b) Instituir mecanismos de mediação de litígios de consumo;

c) Criar e participar em sistemas de arbitragem de conflitos de consumo de âmbito local;

d) Apoiar as associações de consumidores".

O Decreto Regulamentar n.° 27/97, de 18 de Junho, cria, no âmbito do regime de pessoal da administração local, a carreira de conselheiro de consumo.

O artigo 23.° da LDC remete para lei especial a regulação do "regime de responsabilidade por serviços prestados por profissionais liberais". Portanto, mesmo quando se trate de uma relação de consumo, à relação entre advogado ou médico e consumidor não se aplicam as normas de responsabilidade previstas na LDC.

Também no domínio das comunicações electrónicas e do comércio electrónico, a lei tem entre os seus objectivos a tutela do consumidor. A Lei das Comunicações Electrónicas (Lei n.° 5/2004, de 10 de Fevereiro, rectificada pela Declaração de rectificação n.° 32-A/2004, de 10 de Abril) contém normas de defesa dos utilizadores e assinantes. Nos termos do seu artigo 39.°, "constituem direitos dos utilizadores de redes e serviços acessíveis ao público, para além de outros que resultem da lei [...] aceder, em termos de igualdade, às redes e serviços oferecidos; [...] dispor, em tempo útil e previamente à celebração de qualquer contrato, de informação escrita sobre as condições de acesso e utilização do serviço; [...] serem informados, com uma antecedência mínima de 15 dias, da cessação da oferta" (n.° 1). "Constituem direitos dos assinantes de serviços acessíveis ao público, para além de outros que resultem da lei [...] serem previamente informados, com uma antecedência adequada da suspensão da prestação do serviço, em caso de não pagamento de facturas; [...] obter facturação detalhada, quando solicitada" (n.° 2). O artigo 40.°, n.° 1, determina que "as empresas que oferecem serviços de comunicações electrónicas acessíveis ao público estão obrigadas a publicar e a disponibilizar aos utilizadores finais informações comparáveis, claras, completas e actualizadas sobre a qualidade de serviço que praticam"; o artigo 54.°, n.° 1, dispõe que, "sem prejuízo de outras formas de portabilidade que venham a ser determinadas, é garantido a todos os assinantes de serviços telefónicos acessíveis ao público que o solicitem o direito de manter o seu número ou números, no âmbito do mesmo serviço, independentemente da empresa que o oferece, no caso de números geográficos, num determinado local, e no caso dos restantes números, em todo o território nacional", devendo os preços de interligação "obedecer ao princípio da orientação para os custos, não devendo os eventuais encargos directos para os assinantes desincentivar a utilização destes recursos".

Os Estatutos do ICP – ANACOM foram aprovados pelo Decreto-Lei n.° 309/2001, de 7 de Dezembro.

Também relevante neste domínio é a Lei da Protecção de Dados Pessoais (Lei n.° 67/98, de 26 de Outubro).

A Lei n.° 41/2004, de 18 de Agosto, regula o tratamento de dados pessoais e a protecção da privacidade no sector das comunicações electrónicas.

Com relevância na protecção dos consumidores, o Decreto-Lei n.° 7/2004, de 7 de Janeiro, que transpõe a Directiva n.° 2000/31/CE, do Parlamento Europeu e do Conselho, de 8 de Junho, regula certos aspectos do comércio electrónico; o n.° 4 do artigo 25.° proíbe as cláusulas contratuais gerais que imponham a celebração por via electrónica dos contratos com consumidores; o artigo 28.° contém o enunciado de um conjunto de informações pré-contratuais a que está vinculado o prestador de serviços em rede que celebre contratos por este meio, dispondo a lei que tais informações são mínimas e que têm de ser prestadas de forma "inequívoca", constituindo a omissão da prestação delas contra-ordenação sancionável nos termos do já referido artigo 37.°; as informações respeitam: ao processo de conclusão do contrato; ao arquivamento ou não do contrato pelo prestador de serviço e à respectiva acessibilidade pelo destinatário; à língua ou línguas em que o contrato pode ser celebrado; aos meios técnicos que são disponibilizados para poderem ser identificados e corrigidos erros de introdução de dados que possam constar da ordem de encomenda; aos termos do contrato e respectivas cláusulas, incluídas as cláusulas gerais; e aos códigos de conduta de que seja subscritor e à forma de os consultar electronicamente; tais deveres pré-contratuais são passíveis de afastamento convencional, salvo se a parte que acorda em tal afastamento for um consumidor. Relativamente à questão do momento da produção dos efeitos jurídicos das declarações das partes, mormente do aceitante, começa por impor o artigo 29.° um dever ao prestador de serviços de comunicar à contraparte a recepção da ordem de encomenda por via exclusivamente electrónica, sendo tal comunicação feita por via idêntica, "salvo acordo em contrário com a parte que não seja consumidora", só sendo dispensada a comunicação quando haja imediata prestação em linha do produto ou serviço encomendado. Quanto à forma, o artigo 26.° dispõe que "as declarações negociais emitidas por via electrónica satisfazem a exigência legal de forma escrita quando contidas em suporte que ofereça as mesmas garantias de fidelidade, inteligibilidade e conservação", valendo o documento electrónico como "documento assinado quando satisfizer os requisitos da legislação sobre assinatura electrónica e certificação". V. o Decreto-Lei n.° 290-D/99, de 2 de Agosto, alterado pelos Decretos-Leis n.°s 62/2003, de 3 de Abril, e 165/2004, de 6 de Julho, Decreto Regulamentar n.° 25/2004, de 15 de Julho, e Portaria n.° 1370/2000 (*Diário da República*, II série), de 12 de Setembro.

Para além dos diplomas citados, há ainda numerosa legislação relativa a bens ou serviços específicos e que visa, directa ou indirectamente, a protecção dos consumidores.

Sobre indicação de preços, há um diploma geral: o Decreto-Lei n.° 138/90, de 26 de Abril, alterado pelo Decreto-Lei n.° 162/99, de 13 de Maio (rectificado pela Declaração de rectificação n.° 10-AF/99, de 31 de Maio). Nos termos do artigo 1.° deste diploma, "todos os bens destinados à venda a retalho devem exibir o respectivo preço de venda ao consumidor" e "nos produtos vendidos a granel apenas deverá ser indicado o preço por unidade de medida". "A indicação dos preços de venda e por unidade de medida deve ser feita em dígitos de modo visível, inequívoco, fácil e perfeitamente legível, através da utilização de letreiros, etiquetas ou listas, por forma a alcançar-se a melhor informação para o consumidor" (artigo 5.°, n.° 1). "Os bens expostos em montras ou vitrinas, visíveis pelo público do exterior do estabelecimento ou no seu interior, devem ser objecto de uma marcação complementar, quando as respectivas etiquetas não sejam perfeitamente visíveis" (artigo 8.°, n.° 1). O artigo 10.°, n.° 1, impõe que os preços das prestações de serviços, seja qual for a sua natureza, constem "de listas ou cartazes afixados, de forma visível, no lugar onde os serviços são propostos ou prestados ao consumidor".

Em matéria de indicação de preços dos combustíveis, o Decreto-Lei n.° 170/2005, de 10 de Outubro, impõe a indicação do preço de venda a retalho dos combustíveis e o Despacho conjunto n.° 17/2006, de 9 de Janeiro, aprova os modelos dos painéis de combustíveis contendo a identificação dos combustíveis mais comercializados e os respectivos preços oferecidos nos postos de abastecimento de combustíveis.

O Decreto-Lei n.° 176/96, de 21 de Setembro, alterado pelo Decreto-Lei n.° 216/2000, de 2 de Setembro, estabeleceu o preço fixo do livro

Ainda quanto à indicação de preços, v. as Portarias n.°s 378/98, de 2 de Julho (agências funerárias), 796/93, de 6 de Setembro (cabeleireiros e barbearias), 816/93, de 7 de Setembro (electricistas), 262/2000, de 13 de Maio (estabelecimentos de restauração e bebidas – serviços de cafetaria), 797/93, de 6 de Setembro (garagens, postos de gasolina e oficinas), 798/93, de 6 de Setembro (lavandarias), 297/98, de 13 de Maio (médicos), 815/93, de 7 de Setembro (reparação de calçado), 513/94, de 7 de Julho, rectificada pela Declaração de rectificação n.° 108/94, de 30 de Julho (serviço telefónico nos estabelecimentos hoteleiros), 99/91, de 2 de Fevereiro (serviços de reparação automóvel), 128/94, de 1 de Março (táxis), 397/97, de 18 de Junho (veículos de aluguer ao quilómetro e à hora) e 240/2000, de 3 de Maio (advogados).

O Decreto-Lei n.° 209/97, de 13 de Agosto (rectificado pela Declaração de rectificação n.° 21-D/97, de 29 de Novembro), alterado pelos Decretos-Leis n.°s 12/99, de 11 de Janeiro, e 76-A/2006, de 29 de Março (rectificado pela Declaração de rectificação n.° 28-A/2006, de 26 de Maio), regula a actividade das agências de viagens e turismo e contém o regime das viagens turísticas, com vista à protecção do cliente. As viagens turísticas dividem-se em viagens organizadas (viagens que combinam previamente serviços de transporte, alojamento ou turísticos não subsidiários do transporte, sejam negociadas a um preço com tudo incluído e excedam vinte e quatro horas ou incluam uma dormida) e viagens por medida. Os artigos 18.° e 19.° prevêem as obrigações da agência face ao cliente nas viagens turísticas, enquanto os artigos 20.° e segs. regulam especificamente as viagens organizadas. Entre os direitos conferidos ao cliente está o de resolver o contrato, estando os efeitos da resolução expressamente fixados no artigo 29.°: "o cliente pode sempre rescindir o contrato a todo o tempo, devendo a agência reembolsá-lo do montante antecipadamente pago, deduzindo os encargos a que, justificadamente, o início do cumprimento do contrato e a rescisão tenham dado lugar e uma percentagem do preço do serviço não superior a 15%".

O direito real de habitação periódica pode constituir-se sobre "unidades de alojamento integradas em hotéis apartamentos, aldeamentos turísticos e apartamentos turísticos". O seu regime encontra-se no Decreto-Lei n.° 275/93, de 5 de Agosto, alterado pelos Decretos-Leis n.°s 180/99, de 22 de Maio, 22/2002, de 31 de Janeiro, e 76-A/2006.

No domínio da habitação, o Decreto-Lei n.° 68/2004, de 25 de Março, "estabelece um conjunto de mecanismos que visam reforçar os direitos dos consumidores à informação e à protecção dos seus interesses económicos no âmbito da aquisição de prédio urbano para habitação, bem como promover a transparência do mercado" (artigo 1.°). Nos termos do artigo 4.°, n.° 1, deste diploma, "o promotor imobiliário está obrigado a elaborar um documento descritivo das características técnicas e funcionais do prédio urbano para fim habitacional, documento que toma a designação de «Ficha técnica da habitação»", sendo que as características técnicas e funcionais descritas nesta ficha se reportam "ao momento de conclusão das obras de construção, reconstrução, ampliação ou alteração do prédio urbano de acordo com o conteúdo das telas finais devidamente aprovadas" (n.° 2). O modelo da ficha técnica da habitação foi aprovado pela Portaria n.° 817/2004, de 16 de Julho.

A compra e venda de coisas imóveis deve constar de escritura pública; porém, o Decreto-Lei n.° 255/93, de 15 de Julho, veio permitir a celebração "por documento particular, com reconhecimento de assinaturas, segundo o modelo a aprovar por portaria conjunta dos Ministros das Finanças, da Justiça e das Obras Públicas, Transportes e Comunicações", da "compra e venda com mútuo, com ou sem hipoteca, referente a prédio urbano destinado a habitação, ou fracção autónoma para o mesmo fim, desde que o mutuante seja uma instituição de crédito autorizada a conceder crédito à habitação"; estes documentos particulares têm, nos termos do artigo 2.°, n.° 4, do mesmo diploma, a natureza de título executivo.

As actividades de mediação imobiliária e de angariação imobiliária são reguladas pelo Decreto-Lei n.° 211/2004, de 20 de Agosto.

No domínio do transporte, o Decreto-Lei n.° 251/98, de 11 de Agosto, alterado pelas Leis n.°s 156/99, de 14 de Setembro (rectificada pela Declaração de rectificação n.° 16/99, de 7 de Outubro), 167/99, de 18 de Setembro, e 106/2001, de 31 de Agosto, e pelos Decretos-Leis n.°s 41/2003, de 11 de Março, e 4/2004, de 6 de Janeiro, regula o acesso à actividade e ao mercado dos transportes em táxis. A existência de títulos combinados de transportes está prevista no Decreto-Lei n.° 8/93, de 11 de Janeiro, e as tarifas do transporte público de passageiros são reguladas pela Portaria n.° 951/99, de 29 de Outubro, alterada pela Portaria n.° 102/2003, de 27 de Janeiro.

O transporte colectivo de crianças e jovens constitui o objecto da Lei n.° 13/2006, de 17 de Abril, alterada pela Lei n.° 17-A/2006, de 26 de Maio, tendo o regime jurídico do transporte colectivo de crianças na Região Autónoma dos Açores sido aprovado pelo Decreto Legislativo Regional n.° 23/2006/A, de 12 de Junho.

O Decreto-Lei n.° 255/99, de 7 de Julho, regula o acesso e o exercício da actividade transitária, que "consiste na prestação de serviços de natureza logística e operacional que inclui o planeamento, o controlo, a coordenação e a direcção das operações relacionadas com a expedição, recepção, armazenamento e circulação de bens ou mercadorias, desenvolvendo-se nos seguintes domínios de intervenção:

a) Gestão dos fluxos de bens ou mercadorias;

b) Mediação entre expedidores e destinatários, nomeadamente através de transportadores com quem celebre os respectivos contratos de transporte;

c) Execução dos trâmites ou formalidades legalmente exigidos, inclusive no que se refere à emissão do documento de transporte unimodal ou multimodal".

O regime jurídico aplicável à utilização de aeronaves de voo livre e ultraleves está consagrado no Decreto-Lei n.° 238/2004, de 18 de Dezembro.

Quanto ao transporte aéreo, a maioria da legislação é de fonte comunitária. O Regulamento (CE) n.° 261/2004, do Parlamento Europeu e do Conselho, de 11 de Fevereiro de 2004, determina a indemnização a e assistência aos passageiros dos transportes aéreos em caso de recusa de embarque e de cancelamento ou de atraso considerável dos voos. A responsabilidade das transportadoras aéreas no transporte de passageiros e respectiva bagagem encontra-se regulada no Regulamento (CE) n.° 2027/97, do Conselho, de 9 de Outubro, alterado pelo Regulamento (CE) n.° 889//2002, do Parlamento Europeu e do Conselho, de 13 de Maio de 2002. V. ainda o Decreto-Lei n.° 84/92, de 7 de Maio, relativo a abandono de bagagem nos aeroportos.

Os requisitos de seguro para transportadoras aéreas e operadores de aeronaves estão previstos no Regulamento (CE) n.° 785/2004, do Parlamento Europeu e do Conselho, de 21 de Abril, tendo o Decreto-Lei n.° 223/2005, de 27 de Dezembro, fixado a cobertura mínima de seguro relativa à responsabilidade civil em relação a passageiros nas operações não comerciais com aeronaves, bem como estabelece a obrigação de apresentação da prova do cumprimento dos requisitos mínimos de seguro relativamente a aeronaves, nos termos do mesmo Regulamento (CE).

O Regulamento (CE) n.° 2111/2005, do Parlamento Europeu e do Conselho, de 14 de Dezembro, regula o estabelecimento de uma lista comunitária das transportadoras aéreas que são objecto de uma proibição de operação na Comunidade e a informação dos passageiros do transporte aéreo sobre a identidade da transportadora aérea operadora. O Regulamento (CE) n.° 473/2006, da Comissão, de 22 de Março, estabelece regras de execução para a lista comunitária das transportadoras aéreas objecto da proibição de operação na Comunidade, enquanto o Regulamento (CE) n.° 474/2006, da Comissão, de 22 de Março, estabelece a lista das transportadoras aéreas comunitárias que são objecto de proibição de operação na Comunidade.

É numerosa a legislação relacionada com os veículos automóveis. O Decreto-Lei n.° 99/2005, de 21 de Junho (transpôs a Directiva n.° 2002/7/CE, do Parlamento Europeu e do Conselho, de 18 de Fevereiro), aprova o Regulamento Que Fixa os Pesos e as Dimensões Máximos Autorizados para os Veículos em Circulação. O Decreto-Lei n.° 57/2000, de 18 de Abril (transpôs a Directiva n.° 98/90/CE, da Comissão, de 30 de Novembro), alterado pelo Decreto-Lei n.° 93/2002, de 12 de Abril (transpôs a Directiva n.° 2001/31/CE, da Comissão, de 8 de Maio), define as características das portas dos automóveis das categorias M1 e N. O Decreto-Lei n.° 177/2005, de 27 de Outubro (transpôs a Directiva n.° 2004/86//CE, da Comissão, de 5 de Julho), aprova o Regulamento Relativo às Massas e Dimensões dos Ciclomotores, Motociclos, Triciclos e Quadriciclos. O Decreto-Lei n.° 72//2000, de 6 de Maio (transpôs as Directivas n.°s 70/156/CEE, do Conselho, de 6 de Fevereiro, 98/14/CE, da Comissão, de 6 de Fevereiro, e 98/91/CE, do Parlamento Europeu e do Conselho, de 14 de Dezembro), alterado pelos Decretos-Leis n.°s 92/2002, de 12 de Abril (transpôs a Directiva n.° 2000/40/CE, do Parlamento Europeu e do Conselho, de 26 de Junho), 40/2003, de 11 de Março (transpôs a Directiva n.° 2001//92/CE, da Comissão, de 30 de Outubro), 72-B/2003, de 14 de Abril (transpôs a Directiva n.° 2001/116/CE, da Comissão, de 20 de Dezembro), 220/2004, de 4 de Novembro (transpôs as Directivas n.°s 2003//97/CE e 2003/102/CE, do Parlamento Europeu e do Conselho, de 10 e de 17 de Novembro), 3/2005, de 5 de Janeiro (transpõe a Directiva n.° 2004/78/CE, da Comissão, de 29 de Abril), e 178/2005, de 28 de Outubro (transpõe a Directiva n.° 2004//3/CE, do Parlamento Europeu e do Conselho, de 11 de Fevereiro), aprova o Regulamento da Homologação CE de Modelo de Automóveis e Reboques, Seus Sistemas, Componentes e Unidades Técnicas. O Decreto-Lei n.° 73/2000, de 6 de Maio (transpôs a Directiva n.° 1999/7/CE, da Comissão, de 26 de Janeiro), trata da homologação dos dispositivos de direcção dos automóveis e seus reboques. O Decreto-Lei n.° 253/2000, de 16 de Outubro (transpôs a Directiva n.° 1999/100/CE, da Comissão, de 15 de Dezembro), alterado pelo Decreto-Lei n.° 178/2005, de 28 de Outubro (transpõe a Directiva n.° 2004/3/CE, do Parlamento Europeu e do Conselho, de 11 de Fevereiro), aprova o Regulamento das Emissões de Dióxido de Carbono e Consumo de Combustível dos Automóveis. A informação sobre economia de combustível e emissões de dióxido de carbono dos automóveis novos de passageiros deve ser prestada, nos termos do Decreto-Lei n.° 304/2001, de 26 de Novembro (transpôs a Directiva n.° 1999/94/CE, do Parlamento Europeu e do Conselho, de 13 de Dezembro), alterado pelo Decreto-Lei n.° 184//2005, de 4 de Novembro (transpôs a Directiva n.° 2003/73/CE, da Comissão, de 24 de Julho). O Decreto-Lei n.° 92/2002, de 12 de Abril (transpôs a Directiva n.° 2000/40/CE, do Parlamento Europeu e do Conselho, de 26 de Junho), aprova o Regulamento Relativo à Protecção, à Frente, contra o Encaixe dos Automóveis. O Decreto-Lei n.° 195/2000, de 22 de Agosto (transpôs a Directiva n.° 98/12/CE, da Comissão, de 27 de Janeiro), alterado pelo Decreto-Lei n.° 72-E/2003, de 14 de Abril (transpôs a Directiva n.° 2002/78/CE, da Comissão, de 1 de Outubro), aprova o Regulamento da Homologação CE do Sistema de Travagem dos Automóveis e Seus Reboques. O Decreto-Lei n.° 297/2001, de 21 de Novembro (transpôs a Directiva n.° 2000/4/CE, do Parlamento Europeu e do Conselho, de 28 de Fevereiro), aprova o Regulamento Relativo ao Arranjo Interior dos Automóveis. O Decreto-Lei n.° 40/2003, de 11 de Março (transpôs a Directiva n.° 2001/92/CE, da Comissão, de 30 de Outubro), aprova o Regulamento Relativo aos Vidros de Segurança e aos Materiais para Vidros dos Automóveis e Seus Reboques. O Decreto-Lei n.° 311/2003, de 12 de Dezembro (transpôs a Directiva n.° 2001/56/CE, do Parlamento Europeu e do Conselho, de 27 de Setembro), alterado pelo Decreto-Lei n.° 3/2005, de 5 de Janeiro (transpôs a Directiva n.° 2004/78//CE, da Comissão, de 29 de Abril), aprova o Regulamento Relativo aos Sistemas de Aquecimento dos Automóveis e Seus Reboques. O Decreto-Lei n.° 215/2004, de 25 de Agosto (transpôs a Directiva n.° 2003//97/CE, do Parlamento Europeu e do Conselho, de 10 de Novembro, na parte que se refere aos dispositivos para visão indirecta), alterado pelo Decreto-Lei n.°

191/2005, de 7 de Novembro (transpôs a Directiva n.° 2005/27/CE, da Comissão, de 29 de Março), aprova o Regulamento Relativo à Homologação de Dispositivos para Visão Indirecta e de Veículos Equipados com Estes Dispositivos.

O artigo 12.° do Decreto-Lei n.° 81/ /2006, de 20 de Abril, estabelece que, "nos estacionamentos de curta duração, até vinte e quatro horas, o preço a pagar pelos utentes dos parques de estacionamento é fraccionado, no máximo, em períodos de quinze minutos e o utente só deve pagar a fracção ou fracções de tempo de estacionamento que utilizou, ainda que as não tenha utilizado até ao seu esgotamento", enquanto "nos estacionamentos de longa duração, com duração superior a vinte e quatro horas, a tarifa correspondente ao período de tempo de estacionamento pode ser fixada à hora, ao dia, à semana ou ao mês", sendo "nula qualquer convenção ou disposição que por qualquer forma contrarie, limite ou restrinja o disposto nos números anteriores"; "a informação sobre os preços e os horários de funcionamento deve constar de aviso bem visível aos utentes".

O Decreto-Lei n.° 74/93, de 10 de Março, impôs obrigações de informação a quem propõe a venda de automóveis ou motociclos usados.

No que respeita a serviços de saúde, o Decreto-Lei n.° 13/93, de 15 de Janeiro, rectificado pela Declaração de rectificação n.° 41/93, de 31 de Março, regula o licenciamento e fiscalização das unidades privadas de saúde (v. Decreto Legislativo Regional n.° 13/2006/M, de 24 de Abril, relativamente àquelas que exerçam actividade no âmbito do Sistema Regional de Saúde na Região Autónoma da Madeira). O Decreto-Lei n.° 16/99, de 25 de Janeiro, disciplina o licenciamento, funcionamento e fiscalização do exercício da actividade das unidades privadas que actuem na área do tratamento ou da recuperação de toxicodependentes. O Decreto-Lei n.° 217/99, de 15 de Junho, alterado pelos Decretos-Leis n.°s 534/99, de 11 de Dezembro, e 111/2004, de 12 de Maio, trata do licenciamento e fiscalização dos laboratórios privados que realizem actividades de diagnóstico, monitorização terapêutica e prevenção no âmbito da patologia humana. O Decreto-Lei n.° 492/99, de 17 de Novembro, alterado pelo Decreto–Lei n.° 240/ /2000, de 26 de Setembro, regula o licenciamento e fiscalização das unidades privadas de saúde que utilizam, com fins de diagnóstico, de terapêutica e de prevenção, radiações ionizantes, ultra-sons ou campos magnéticos. O Decreto-Lei n.° 500/99, de 19 de Novembro, disciplina o licenciamento e fiscalização do exercício da actividade das clínicas de medicina física e de reabilitação privada. O Decreto-Lei n.° 505/99, de 20 de Novembro, alterado pelos Decretos-Leis n.°s 241/2000, de 26 de Setembro, e 176/2001, de 1 de Junho, trata do licenciamento e fiscalização das unidades privadas de diálise. O Decreto-Lei n.° 233/2001, de 25 de Agosto, estabelece regras relativas ao licenciamento e fiscalização das clínicas e dos consultórios dentários, como unidades privadas de saúde.

Sobre medicamentos, deve ter-se em conta o regime jurídico dos medicamentos para uso humano, aprovado pelo Decreto-Lei n.° 176/2006, de 30 de Agosto, e os princípios da boa prática de fabrico de medicamentos para uso humano, previstos no Decreto-Lei n.° 92/2005, de 7 de Junho. O regime jurídico aplicável às alterações dos termos das autorizações de introdução no mercado de medicamentos de uso humano concedidas ao abrigo de procedimentos não abrangidos pelo ordenamento jurídico comunitário e a sua tipologia, bem como os pressupostos necessários à sua autorização, foi aprovado pelo Decreto-Lei n.° 85/2004, de 15 de Abril. O Decreto-Lei n.° 72/91, de 8 de Fevereiro (rectificado pela Declaração de rectificação n.° 65/91, de 30 de Abril), sucessivamente alterado pelos Decretos-Leis n.°s 118/92, de 25 de Junho, 249/93, de 9 de Julho, 100/94 e 101/94, ambos de 19 de Abril, 209/94, de 6 de Agosto, 272/95, de 23 de Outubro, 291/98, de 17 de Setembro, 242/2000, de 26 de Setembro, 249/2003, de 11 de Outubro, 85/2004, de 15 de Abril, 90/2004, de 20 de Abril, 95/2004, de 22 de Abril, e 97/2004, de 23 de Abril, e pelas Leis n.°s 14/2000, de 8 de Agosto, e 84/2001, de 3 de Agosto, regula a autorização de introdução no mercado, o fabrico, a comercialização e a comparticipação de medicamentos de uso humano. O regime de comparticipação do

Estado no preço dos medicamentos consta do Decreto-Lei n.° 118/92, de 25 de Junho, alterado pelos Decretos-Leis n.°s 305/98, de 7 de Outubro, 205/2000, de 1 de Setembro, 270/2002, de 2 de Dezembro, 249/ /2003, de 11 de Outubro, 81/2004, de 10 de Abril, 90/2004, de 20 de Abril, e 129/2005, de 11 de Agosto, que foi adaptado à Região Autónoma da Madeira pelo Decreto Legislativo Regional n.° 22/2006/M, de 22 de Junho. O sistema de preços de referência para efeitos de comparticipação pelo Estado no preço dos medicamento, foi definido pelo Decreto-Lei n.° 270/2002, de 2 de Dezembro, alterado pelo Decreto-Lei n.° 81/2004, de 10 de Abril (o prazo previsto no n.° 2 do artigo 6.° foi sendo sucessivamente prorrogado pelos Decretos-Leis n.°s 31/2004, de 6 de Fevereiro, 23/2005, de 26 de Janeiro, e 6/2006, de 3 de Janeiro). A Portaria n.° 618-A/2005, de 27 de Julho, alterada pela Portaria n.° 826/2005, de 14 de Setembro (v. Portaria n.° 29/90, de 13 de Janeiro, e Portaria n.° 577/2001, de 7 de Julho), actualiza os preços de medicamentos. O cálculo do preço de venda ao público dos medicamentos manipulados por parte das farmácias é definido pela Portaria n.° 769/2004, de 1 de Julho. O Decreto-Lei n.° 95/2004, de 22 de Abril (rectificado pela Declaração de rectificação n.° 51/2004, de 17 de Junho), regula a prescrição e preparação de medicamentos manipulados. As boas práticas a observar na preparação de medicamentos manipulados em farmácia de oficina e hospitalar constam da Portaria n.° 594/2004, de 2 de Junho. A Portaria n.° 321/92, de 8 de Abril (transpôs a Directiva n.° 91/507/CEE, de 18 de Julho), rectificada pela Declaração de rectificação n.° 109/92, de 31 de Julho, e alterada pelo Decreto-Lei n.° 161/2000, de 27 de Julho (transpôs as Directivas n.°s 1999/82/CE e 1999/83/CE, ambas da Comissão, de 8 de Setembro), ocupa-se dos ensaios analíticos, tóxico-farmacológicos e clínicos dos medicamentos de uso humano. O Decreto-Lei n.° 242/2002, de 5 de Novembro (transpôs os n.°s 11 a 16 do título I e do título IX da Directiva 2001/83/CE, do Parlamento Europeu e do Conselho, de 6 de Novembro), estabelece as regras respeitantes ao Sistema Nacional de Farmacovigilância de Medicamentos de Uso Humano.

O regime jurídico da publicidade dos medicamentos para uso humano consta do Decreto-Lei n.° 100/94, de 19 de Abril, alterado pelos Decretos-Leis n.°s 170/98, de 25 de Junho, e 48/99, de 16 de Fevereiro. O Regulamento do Conselho Nacional de Publicidade de Medicamentos foi aprovado pela Portaria n.° 257/2006, de 10 de Março. Sobre rotulagem e folheto informativo dos medicamentos para uso humano, v. o Decreto-Lei n.° 101/94, de 19 de Abril (rectificado pela Declaração de rectificação n.° 102/94, de 30 de Julho), alterado pelos Decretos-Leis n.°s 283/2000, de 10 de Novembro, e 81/2004, de 10 de Abril.

O Decreto-Lei n.° 134/2005, de 16 de Agosto, estabelece o regime da venda de medicamentos não sujeitos a receita médica fora das farmácias, e a Portaria n.° 827/2005, de 14 de Setembro, estabelece as condições de venda de medicamentos não sujeitos a receita médica.

O fabrico, comercialização e entrada em serviço de dispositivos médicos e respectivos acessórios está regulado no Decreto-Lei n.° 273/95, de 23 de Outubro (transpôs a Directiva 93/42/CEE, do Conselho, de 14 de Junho), alterado pelos Decretos-Leis n.°s 30/2003, de 14 de Fevereiro (transpôs a Directiva n.° 98/79/CE, do Parlamento Europeu e do Conselho, de 27 de Outubro, a Directiva n.° 2000/70/CE, do Parlamento Europeu e do Conselho, de 16 de Novembro, e a Directiva n.° 2001/104/CE, do Parlamento Europeu e do Conselho, de 7 de Dezembro), este rectificado pela Declaração de rectificação n.° 2-B/2003, de 31 de Março, e 76/2006, de 27 de Março. O Decreto-Lei n.° 189/2000, de 12 de Agosto (transpôs a Directiva n.° 98/79/CE, do Parlamento Europeu e do Conselho, de 27 de Outubro), alterado pelos Decretos-Leis n.°s 311/2002, de 20 de Dezembro, e 76/2006, de 27 de Março, contém o regime da concepção, fabrico e colocação no mercado dos dispositivos médicos para diagnóstico *in vitro*. O fabrico, comercialização e colocação em serviço dos dispositivos médicos implantáveis activos, para fins de diagnóstico, terapêutica e investigação clínica é objecto do Decreto-Lei n.° 78/97, de 7 de Abril (transpôs a Directiva n.° 90/ /385/CEE, de 20 de Junho, com as alterações introduzidas, na parte relativa aos dispositivos médicos implantáveis activos, pelas Directivas n.°s 93/42/CEE, de 14 de Junho, e 93/68/CEE, de 22 de Julho), alterado pelo Decreto-Lei n.° 76/2006, de 27 de Março. As regras aplicáveis aos implantes mamários, que passam a ser considerados dispositivos médicos, constam do Decreto--Lei n.° 259/2003, de 21 de Outubro (transpôs a Directiva n.° 2003/12/CE, da Comissão, de 3 de Fevereiro). Os dispositivos médicos fabricados mediante a utilização de tecidos animais tornados não viáveis ou produtos não viáveis derivados de tecidos animais encontram-se regulados no Decreto-Lei n.° 129/2004, de 1 de Junho (transpôs a Directiva n.° 2003/31/CE, da Comissão, de 23 de Abril); a Portaria n.° 196//2004, de 1 de Março, aprova o Regulamento do Sistema Nacional de Dispositivos Médicos cuja função é a "vigilância de incidentes ou quase incidentes resultantes da utilização [destes] dispositivos".

A orgânica do Instituto Nacional da Farmácia e do Medicamento (INFARMED) foi aprovada pelo Decreto-Lei n.° 495/99, de 18 de Novembro, alterado pelo Decreto--Lei n.° 76/2006, de 27 de Março. A Rede Nacional para a Qualidade de Utilização do Medicamento (QualiMED) está consagrada na Portaria n.° 985/2004, de 4 de Agosto. A Agência Europeia de Avaliação dos Medicamentos foi criada pelo Regulamento (CE) n.° 2309/93, do Conselho, de 22 de Julho. V. Regulamentos (CE) n.°s 1084/2003 e 1085/2003, da Comissão, ambos de 3 de Junho.

As regras e condições de instalação de novas farmácias e de transferência das já existentes foram definidas pela Portaria n.° 936-A/99, de 22 de Outubro, alterada pelas Portarias n.°s 1379/2002, de 22 de Outubro, 168-B/2004, de 18 de Fevereiro, e 865/2004, de 19 de Julho.

A Portaria n.° 968/98, de 16 de Novembro, rectificada pela Declaração de rectificação n.° 22-S/98, de 31 de Dezembro, aprova o Regulamento dos Procedimentos de Controlo da Utilização do Álcool Parcialmente Desnaturado, Destinado a Fins Terapêuticos e Sanitários.

O Decreto-Lei n.° 185/2004, de 29 de Julho, aprova o regime jurídico aplicável às alterações dos termos das autorizações de introdução no mercado de medicamentos veterinários farmacológicos concedidas ao abrigo de procedimentos não abrangidos pelo ordenamento jurídico comunitário e a sua tipologia, bem como os pressupostos necessários à respectiva autorização. O regime jurídico do fabrico, colocação no mercado e utilização de alimentos medicamentosos para animais consta do Decreto-Lei n.° 151/2005, de 30 de Agosto (transpõe a Directiva n.° 90/167/CEE, do Conselho, de 26 de Março), fixando a Portaria n.° 1273/2005, de 12 de Dezembro, as taxas previstas neste diploma. O Decreto-Lei n.° 175/2005, de 25 de Outubro, estabelece o regime jurídico da receita médico-veterinária e da requisição médico-veterinária normalizadas, da vinheta médico-veterinária normalizada e do livro de registo de medicamentos utilizados em animais de exploração.

A instalação e o funcionamento dos estabelecimentos de restauração e de bebidas estão regulados no Decreto-Lei n.° 168/97, alterado pelos Decretos-Leis n.°s 139/99, de 24 de Abril (este rectificado pela Declaração de rectificação n.° 10-AR/99, de 24 de Junho), 222/2000, de 9 de Setembro, 9/2002, de 24 de Janeiro (rectificado pela Declaração de rectificação n.° 3-A/2002, de 31 de Janeiro), e 57/2002, de 11 de Março (rectificado pela Declaração de rectificação n.° 19-Q/2002, de 10 de Maio).

O Decreto-Lei n.° 370/99, de 18 de Setembro, alterado pelo Decreto-Lei n.° 9//2002, de 24 de Janeiro, contém o regime jurídico de instalação dos estabelecimentos que vendem produtos alimentares e de alguns outros estabelecimentos comerciais (de produtos não alimentares e de prestação de serviços) que podem envolver riscos para a saúde e segurança das pessoas. A Portaria n.° 33/2000, de 28 de Janeiro, aprovou a lista dos tipos de identificação dos estabelecimentos de comércio ou armazenagem de produtos alimentares e dos estabelecimentos de comércio de produtos não alimentares e de prestação de serviços cujo funcionamento envolva riscos para a saúde e segurança das pessoas. A Portaria n.° 1061/2000, de 31 de Outubro, aprovou o modelo de alvará de licença de utilização relativo a estes estabelecimentos.

As condições em que os estabelecimentos de restauração e bebidas são obrigados e dispor de um sistema de segurança privada, bem como dos meios, humanos e técnicos, considerados indispensáveis ao normal funcionamento desses sistemas de segurança estão definidas no Decreto-Lei n.° 263/2001, de 28 de Setembro.

O referido DL n.° 9/2002 restringe a venda e consumo de bebidas alcoólicas. Nos termos do artigo 1.°, "considera-se bebida alcoólica toda a bebida que, por fermentação, destilação ou adição, contenha um título alcoométrico superior a 0,5% vol"; o artigo 2.° proíbe "vender ou, com objectivos comerciais, colocar à disposição bebidas alcoólicas em locais públicos e em locais abertos ao público [...] a menores de 16 anos e [...] a quem se apresente notoriamente embriagado ou aparente possuir anomalia psíquica", proibindo também as pessoas referidas de consumir bebidas alcoólicas em locais públicos e em locais abertos ao público. Também não podem ser vendidas ou consumidas bebidas alcoólicas em máquinas automáticas e "nas cantinas, bares e outros estabelecimentos de restauração e de bebidas acessíveis ao público localizados nos estabelecimentos de saúde".

Em matéria de serviços financeiros, para além do citado DL n.° 95/2006, sobre contratos celebrados à distância relativos a serviços financeiros, o Decreto-Lei n.° 359/91, de 21 de Setembro (rectificado pela Declaração de rectificação n.° 199-B/91, de 21 de Setembro), alterado pelos Decretos--Leis n.°s 101/2000, de 2 de Junho, e 82/2006, de 3 de Maio, constitui o diploma mais relevante, contendo o regime do crédito ao consumo. Nos termos do respectivo artigo 6.°, "o contrato de crédito deve ser reduzido a escrito e assinado pelos contraentes, sendo obrigatoriamente entregue um exemplar ao consumidor no momento da respectiva assinatura" (n.° 1), devendo constar do contrato os elementos previstos no n.° 2, entre os quais o valor da taxa anual de encargos efectiva global ("custo total do crédito para o consumidor, expresso em percentagem anual do montante do crédito concedido"); o artigo 8.°, n.° 1, estabelece que "a declaração negocial do consumidor relativa à celebração de um contrato de crédito só se torna eficaz se o consumidor não a revogar, em declaração enviada ao credor por carta registada com aviso de recepção e expedida no prazo de sete dias úteis a contar da assinatura do contrato, ou em declaração notificada ao credor, por qualquer outro meio, no mesmo prazo"; o n.° 5 deste artigo afasta uma parte significativa do alcance desta norma ao permitir que o consumidor renuncie, "através de declaração separada e exclusiva para o efeito, ao exercício do direito de revogação". O artigo 12.° estabelece que, "se o crédito for concedido para financiar o pagamento de um bem vendido por terceiro, a validade e eficácia do contrato de compra e venda depende da validade e eficácia do contrato de crédito, sempre que exista qualquer tipo de colaboração entre o credor e o vendedor na preparação ou na conclusão do contrato de crédito". "O consumidor pode demandar o credor em caso de incumprimento ou de cumprimento defeituoso do contrato de compra e venda por parte do vendedor desde que, não tendo obtido do vendedor a satisfação do seu direito, se verifiquem cumulativamente as seguintes condições: *a)* Existir entre o credor e o vendedor um acordo prévio por força do qual o crédito é concedido exclusivamente pelo mesmo credor aos clientes do vendedor para a aquisição de bens fornecidos por este último; *b)* Ter o consumidor obtido o crédito no âmbito do acordo prévio referido na alínea anterior".

O Decreto-Lei n.° 220/94, de 23 de Agosto, impõe a prestação de informação sobre taxas de juro e outros custos das operações de crédito

Por seu lado, o Decreto-Lei n.° 344/78, de 17 de Novembro, alterado pelos Decretos-Leis n.°s 429/79, de 25 de Outubro, 83/86, de 6 de Maio, e 204/87, de 16 de Maio, estabeleceu os critérios de classificação de prazos de vencimento de créditos bancários.

Sobre cartões de crédito, v. o Decreto--Lei n.° 166/95, de 15 de Julho, e o Aviso do Banco de Portugal n.° 11/2001, de 20 de Novembro.

O Decreto-Lei n.° 222/99, de 22 de Junho, alterado pelo Decreto-Lei n.° 252//2003, de 17 de Outubro, criou um sistema de indemnização aos investidores, regulamentado pela Portaria n.° 1266/2001, de 6 de Novembro.

No que respeita à actividade seguradora, o Decreto-Lei n.° 142/2000, de 15 de Julho, alterado pelos Decretos-Leis n.°s 248-B/2000, de 12 de Outubro, 150/2004, de 29 de Junho, e 122/2005, de 29 de Julho (alterado, quanto à produção dos seus efeitos, pelo Decreto-Lei n.° 199/2005, de 10 de Novembro), aprovou o regime jurídico do pagamento dos prémios de seguro.

O Decreto-Lei n.° 176/95, de 26 de Julho, rectificado pela Declaração de rectificação n.° 118/95, de 30 de Setembro, e alterado pelo Decreto-Lei n.° 60/2004, de 22 de Março, teve por objectivo aumentar a informação e a transparência nos contratos de seguro em geral.

O seguro obrigatório de responsabilidade civil automóvel foi imposto e encontra-se regulado pelo Decreto-Lei n.° 522/85, de 31 de Dezembro, alterado pelos Decretos-Leis n.°s 122-A/86, de 30 de Maio, 436/86, de 31 de Dezembro, 81/87, de 20 de Fevereiro, 394/87, de 31 de Dezembro, 415/89, de 30 de Novembro, 122/92, de 2 de Julho, 18/93, de 23 de Janeiro, 358/93, de 14 de Outubro, 130/94, de 19 de Maio, 3/96, de 25 de Janeiro, 224--A/96, de 26 de Novembro, 68/97, de 3 de Abril, 368/97, de 23 de Dezembro, 301/2001, de 23 de Novembro, 72-A/2003, de 14 de Abril, 44/2005, de 23 de Fevereiro, 122/2005 (este alterado, no que respeita à produção dos seus efeitos, pelo DL n.° 199/2005) e 83/2006, de 3 de Maio.

O Decreto-Lei n.° 214/97, de 16 de Agosto, introduziu regras destinadas a assegurar uma maior transparência nos contratos de seguro automóvel que incluam coberturas facultativas relativas aos danos próprios sofridos pelos veículos seguros.

O Decreto-Lei n.° 94-B/98, de 17 de Abril, rectificado pela Declaração de rectificação n.° 11-D/98, de 30 de Junho, e alterado pelos Decretos-Leis n.°s 8-A/2002, de 11 de Janeiro, 169/2002, de 25 de Julho, 72-A/2003, de 14 de Abril, 90/2003, de 30 de Abril, 251/2003, de 14 de Outubro, e 76-A/2006, regula as condições de acesso e de exercício da actividade seguradora e resseguradora.

É igualmente numerosa a legislação que se ocupa dos produtos destinados à alimentação humana.

A rotulagem, apresentação e publicidade dos géneros alimentícios está regulada no Decreto-Lei n.° 560/99, de 18 de Dezembro (transpôs as Directivas n.°s 97/4/CE, do Conselho, de 27 de Janeiro, 1999/10/CE, do Conselho, de 27 de Janeiro, e 1999/10/CE, da Comissão, de 8 de Março), alterado pelos Decretos-Leis n.°s 183/2002, de 20 de Agosto (este rectificado pela Declaração de rectificação n.° 31//2002, de 7 de Outubro, tendo transposto a Directiva n.° 2001/101/CE, da Comissão, de 26 de Novembro, e tendo, por sua vez, sido alterado pelo Decreto-Lei n.° 50/2003, de 25 de Março, que transpôs a Directiva n.° 2002/86/CE, da Comissão, de 6 de Novembro), 229/2003, de 27 de Setembro (transpôs a Directiva n.° 2000/36/CE, do Parlamento Europeu e do Conselho, de 23 de Junho), 126/2005, de 5 de Agosto (transpôs a Directiva n.° 2003/89/CE, do Parlamento Europeu e do Conselho, de 10 de Novembro), e 148/2005, de 29 de Agosto (transpõe a Directiva n.° 2004/77//CE, da Comissão, de 29 de Abril). O Decreto-Lei n.° 195/2005, de 7 de Novembro (transpôs a Directiva n.° 2005/26/CE, da Comissão, de 21 de Março), alterado pelo Decreto-Lei n.° 37/2006, de 20 de Fevereiro (transpõe a Directiva n.° 2005/63//CE, da Comissão, de 3 de Outubro), aprova uma lista de ingredientes e substâncias alimentares provisoriamente excluídos do anexo III do Decreto-Lei n.° 560/99.

V. Decreto-Lei n.° 167/2004, de 7 de Julho (transpôs a Directiva n.° 2003/120/CE, da Comissão, de 5 de Dezembro), sobre rotulagem nutricional dos géneros alimentícios.

O Decreto-Lei n.° 291/2001, de 20 de Novembro, impôs regras para a comercialização de alimentos com brindes, enquanto a utilização de determinados derivados epoxídicos em materiais e objectos destinados a entrar em contacto com géneros alimentícios está regulada no Decreto-Lei n.° 72-G/2003, de 14 de Abril (transpôs a Directiva n.° 2002/16/CE, da Comissão, de 20 de Fevereiro), rectificado pela Declaração de rectificação n.° 7-B//2003, de 31 de Maio, e alterado pelo Decreto-Lei n.° 52/2005, de 25 de Fevereiro (transpõe a Directiva n.° 2004/13/CE, da

Comissão, de 29 de Janeiro). Sobre materiais e objectos de matéria plástica destinados a entrarem em contacto com géneros alimentícios, v. o Decreto-Lei n.° 4/2003, de 10 de Janeiro (transpôs as Directivas da Comissão n.°s 78/142/CE, de 30 de Janeiro, 80/766/CEE, de 8 de Junho, 81//432/CEE, de 29 de Abril, 82/711/CEE, de 18 de Outubro, 85/572/CEE, de 19 de Dezembro, 90/128/CEE, de 23 de Fevereiro, 92/39/CEE, de 14 de Maio, 93/8/CEE, de 15 de Março, 93/9/CEE, de 15 de Março, 95/3/CEE, de 14 de Fevereiro, 96/11/CE, de 5 de Março, 97/48/CE, de 29 de Julho, 1999/91/CE, de 23 de Novembro, 2001//62/CE, de 9 de Agosto, e 2002/17/CE, de 21 de Fevereiro), rectificado pela Declaração de rectificação n.° 1-P/2003, de 28 de Fevereiro.

A Resolução do Conselho de Ministros n.° 131/2002, de 7 de Novembro, aprovou um conjunto de medidas a adoptar no domínio da segurança alimentar.

O Decreto-Lei n.° 132/2000, de 13 de Julho (transpôs as Directivas n.°s 85/591//CEE, do Conselho, de 20 de Dezembro, 89/397/CEE, do Conselho, de 14 de Junho, e 93/99/CEE, do Conselho, de 29 de Outubro), que regula o controlo oficial dos géneros alimentícios, incluindo aditivos alimentares, vitaminas, sais minerais, oligoelementos e outros aditivos destinados a serem vendidos como tal; o Decreto-Lei n.° 110/2001, de 6 de Abril (transpôs a Directiva n.° 98/53/CE, da Comissão, de 16 de Julho), alterado pelos Decretos-Leis n.°s 72-I/2003, de 14 de Abril (transpôs a Directiva n.° 2002/27/CE, da Comissão, de 13 de Março), 133/2004, de 3 de Junho (transpôs a Directiva n.° 2003/121/CE, da Comissão, de 15 de Dezembro), e 8/2006, de 4 de Janeiro (transpõe a Directiva n.° 2004/43/CE, da Comissão, de 13 de Abril), que estabelece métodos de colheitas e amostras e os métodos de análise para o controlo oficial dos teores de certos contaminantes (aflatoxinas) nos géneros alimentícios; o Decreto-Lei n.° 269/2002, de 27 de Novembro (transpôs a Directiva n.° 2001//22/CE, da Comissão, de 8 de Março), alterado pelo Decreto-Lei n.° 187/2005, de 4 de Novembro (transpôs a Directiva n.° 2005/4/CE, da Comissão, de 19 de Janeiro), que estabelece os métodos de colheita de amostras e de análise para o controlo oficial dos teores de alguns contaminantes, em especial chumbo, cádmio, mercúrio e 3 MCPD presentes nos géneros alimentícios, o Decreto-Lei n.° 72-J/2003, de 14 de Abril (transpôs a Directiva n.° 2002/26/CE, da Comissão, de 13 de Março), alterado pelos Decretos-Leis n.°s 189/2005, de 4 de Novembro (transpôs a Directiva n.° 2005/5/CE, da Comissão, de 26 de Janeiro), e 8/2006, de 4 de Janeiro (transpõe a Directiva n.° 2004/43/CE, da Comissão, de 13 de Abril), que fixa os métodos de colheita de amostras e de análise para o controlo do teor da ocratoxina A nos géneros alimentícios; o Decreto-Lei n.° 195/2003, de 23 de Agosto (transpôs a Directiva n.° 2002/69/CE, da Comissão, de 26 de Julho), alterado pelo Decreto-Lei n.° 118/2005, de 18 de Julho (transpôs a Directiva n.° 2004/44/CE, da Comissão, de 13 de Abril), que estabelece os métodos de amostragem e de análise para o controlo oficial das dioxinas e a determinação de PCB sob a forma de dioxinas nos géneros alimentícios; o Decreto-Lei n.° 126/2004, de 31 de Maio (transpôs a Directiva n.° 2003/78/CE, da Comissão, de 11 de Agosto), que estabelece os métodos de amostragem e de análise para o controlo oficial do teor de patulina em certos géneros alimentícios; o Decreto-Lei n.° 61/2005, de 9 de Março (transpôs a Directiva n.° 2004/16/CE, da Comissão, de 12 de Fevereiro), que define os métodos de colheita de amostras e os métodos de análise para o controlo oficial do teor de estanho nos géneros alimentícios enlatados; e o Decreto-Lei n.° 186/2005, de 4 de Novembro (transpôs a Directiva n.° 2005/10/CE, da Comissão, de 4 de Fevereiro), que estabelece os métodos de amostragem e de análise para o controlo oficial do teor de benzo(a)pireno nos géneros alimentícios.

A Portaria n.° 180/2002, de 28 de Fevereiro, rectificada pela Declaração de rectificação n.° 15-D/2002, de 27 de Março, e alterada pela Portaria n.° 422/2003, de 22 de Maio, aprova o Regulamento para Reconhecimento das Organizações de Agricultores em Modo de Produção Biológico e dos Técnicos em Modo de Produção Biológico.

A Portaria n.° 575/93, de 4 de Junho, alterada pelas Portarias n.°s 404/94, de 24 de

Junho, 702/94, de 28 de Julho, e 160/95, de 27 de Fevereiro, e pelo Decreto-Lei n.° 32/ /2004, de 7 de Fevereiro, aprovou o Regulamento dos Controlos Veterinários e Zootécnicos Aplicáveis ao Comércio Intracomunitário de Animais Vivos e Produtos Animais.

O Decreto-Lei n.° 163/2005, de 22 de Setembro (transpôs a Directiva n.° 2002/99/ /CE, do Conselho, de 16 de Dezembro), impõe regras de polícia sanitária aplicáveis à produção, transformação, distribuição e introdução de produtos de origem animal destinados ao consumo humano.

A Portaria n.° 492/95, de 23 de Maio, alterada pela Portaria n.° 412/98, de 14 de Julho, e pelos Decretos-Leis n.°s 32/2004, de 7 de Fevereiro, e 111/2006, de 9 de Junho, define as condições sanitárias e de polícia comunitária que regem o comércio e as importações de produtos de origem animal.

O Decreto-Lei n.° 32-A/97, de 28 de Janeiro, parcialmente revogado pelo Decreto-Lei n.° 387/98, de 4 de Dezembro, na medida em que o contrarie, restringe a utilização de produtos de origem bovina na alimentação humana e animal e na preparação de medicamentos, outros produtos farmacêuticos, produtos cosméticos e outros.

O Decreto-Lei n.° 387/98, de 4 de Dezembro, alterado pelos Decretos-Leis n.°s 288/99, de 28 de Julho, e 26/2006, de 10 de Fevereiro, restringe a utilização de produtos de origem bovina, ovina e caprina na alimentação humana e animal, no âmbito do combate encefalopatia espongiforme dos bovinos (BSE).

O Decreto-Lei n.° 46/98, de 3 de Março (transpôs a Directiva n.° 94/28/CEE, do Conselho, de 23 de Junho), rectificado pela Declaração de rectificação n.° 7-B/98, de 31 de Março, estabelece os princípios relativos às condições zootécnicas e genealógicas aplicáveis às importações, provenientes de países terceiros, de animais, sémen, óvulos e embriões.

A Portaria n.° 576/93, de 4 de Junho, alterada pela Portarias n.°s 100/96, de 1 de Abril, 526/2001, de 25 de Maio, e 1011/ /2002, de 9 de Agosto, e pelo Decreto-Lei n.° 111/2006, de 9 de Junho, aprova o Regulamento dos Controlos Veterinários Aplicáveis ao Comércio o de Produtos de Origem Animal.

O Decreto-Lei n.° 110/93, de 10 de Abril (transpôs a Directiva n.° 89/662/CEE, do Conselho, de 11 de Dezembro), alterado pelo Decreto-Lei n.° 61/96, de 24 de Maio, regula os controlos veterinários aplicáveis ao comércio intracomunitário de produtos de origem animal.

O Decreto-Lei n.° 244/2000 de 27 de Setembro, alterado pelos Decretos-Leis n.°s 262/2002, de 26 de Novembro, e 227/2004, de 7 de Dezembro, estabelece as normas técnicas de execução do Programa de Erradicação da Brucelose.

O Decreto-Lei n.° 227/2004, de 7 de Dezembro (transpôs a Directiva n.° 2003/50/ /CE, do Conselho, de 11 de Junho, que altera a Directiva n.° 91/68/CEE), adopta medidas para reforçar o controlo da circulação de ovinos e caprinos.

O Decreto-Lei n.° 146/2002, de 21 de Maio (transpôs a Directiva n.° 2000/75/ /CE, do Conselho, de 20 de Novembro), adopta medidas específicas de luta e erradicação da febre catarral ovina ou língua azul.

O Decreto-Lei n.° 244/2003, de 7 de Outubro, estabelece o regime a que ficam sujeitas as entidades geradoras de subprodutos animais relativamente à respectiva recolha, transporte, armazenagem, manuseamento, transformação e utilização ou eliminação.

O Decreto-Lei n.° 134/2002, de 14 de Maio, alterado pelo Decreto-Lei n.° 243/ /2003, de 7 de Outubro, estabelece o sistema de rastreabilidade e de controlo das exigências a que está sujeita a venda a retalho dos produtos da pesca e da aquicultura.

O Decreto-Lei n.° 149/97, de 12 de Junho (transpôs a Directiva n.° 93/53/CE, do Conselho, de 24 de Junho), alterado pelo Decreto-Lei n.° 175/2001, de 1 de Junho (transpõe a Directiva n.° 2000/27/CE, do Conselho, de 2 de Maio), estabelece medidas mínimas de combate a doenças de certos peixes.

O Decreto-Lei n.° 548/99, de 14 de Dezembro, fixa as condições de polícia sanitária relativas à introdução no mercado de animais e produtos de aquicultura. A Portaria n.° 473/2005, de 12 de Maio, rectificada pela Declaração de rectificação n.° 45/2005, de 9 de Junho, aprova a lista das denominações comerciais autorizadas em Portugal relativamente à comercialização dos produtos da pesca e aquicultura.

O Decreto-Lei n.° 25/2005, de 28 de Janeiro, alterado pelo Decreto-Lei n.° 4/2006, de 3 de Janeiro, define as condições de salga no bacalhau e espécies afins, salgados, de cura normal, e fixa as condições a que deve obedecer a respectiva comercialização.

O Decreto-Lei n.° 81/2005, de 20 de Abril, regula a primeira venda de pescado fresco.

O Decreto-Lei n.° 208/99, de 11 de Junho (transpôs a Directiva n.° 96/43/CE, do Conselho, de 26 de Junho, que altera e codifica a Directiva n.° 85/73/CEE, do Conselho, de 29 de Janeiro, bem como as alterações introduzidas pelas Directivas n.°s 93/118/CEE, 94/64/CE, 95/24/CE e 96/17/CE, do Conselho, respectivamente de 22 de Dezembro, de 14 de Dezembro, 22 de Junho e 19 de Março), fixou as taxas de financiamento das inspecções e controlos sanitários de animais vivos, carnes frescas, produtos da pesca e outros de origem animal.

O Decreto-Lei n.° 37/2004, de 26 de Fevereiro, rectificado pela Declaração de Rectificação n.° 35/2004, de 23 de Abril, estabelece as condições a que a comercialização do pescado congelado, ultracongelado e descongelado tem de obedecer, a partir do momento em que os produtos se encontram no estado em que vão ser fornecidos ao consumidor final.

O Decreto-Lei n.° 148/99, de 4 de Maio (transpôs a Directiva n.° 96/23/CE, do Conselho, de 29 de Abril), adopta medidas de controlo a aplicar a certos subprodutos e aos seus resíduos em animais vivos e respectivos produtos.

O Decreto-Lei n.° 185/2005, de 4 de Novembro (transpôs a Directiva n.° 96/22//CE, do Conselho, de 29 de Abril, com as alterações introduzidas pela Directiva n.° 2003/74/CE, do Parlamento Europeu e do Conselho, de 22 de Setembro), proíbe a utilização de certas substâncias com efeitos hormonais ou tireostáticos e de substâncias beta-agonistas em produção animal.

O Decreto-Lei n.° 158/97, de 24 de Junho, alterado pelos Decretos-Leis n.°s 155//98, de 6 de Junho, e 417/98, de 31 de Dezembro, aprova o Regulamento das Condições Higiénicas e Técnicas a Observar na Distribuição e Venda de Carnes e Seus Produtos.

O Decreto-Lei n.° 157/98, de 9 de Junho, alterado pelos Decretos-Leis n.°s 378/99, de 21 de Setembro, e 316/2000, de 6 de Dezembro, define o regime das trocas intercomunitárias de animais das espécies bovina e suína.

O Decreto-Lei n.° 114/99, de 14 de Abril, adopta medidas de profilaxia e polícia sanitária para a erradicação da leucose bovina enzoótica (LBE). O Decreto-Lei n.° 272/2000, de 8 de Novembro, alterado pelo Decreto-Lei n.° 31/2005, de 14 de Fevereiro, adopta medidas de combate à tuberculose bovina e altera as normas relativas à classificação sanitária dos bovinos.

O Decreto-Lei n.° 176/93, de 12 de Maio (transpôs a Directiva n.° 88/661/CEE, do Conselho, de 19 de Dezembro), estabelece normas zootécnicas aplicáveis aos animais reprodutores da espécie suína. O Decreto-Lei n.° 135/2003, de 28 de Junho (transpôs a Directiva n.° 91/630/CEE, do Conselho, de 19 de Novembro, com as alterações introduzidas pelas Directivas n.°s 2001/88//CE, do Conselho, de 23 de Outubro, e 2001/93/CE, da Comissão, de 9 de Novembro), alterado pelo Decreto-Lei n.° 48/2006, de 1 de Março, estabelece normas mínimas de protecção dos suínos alojados para efeitos de criação e engorda.

A Portaria n.° 422/2001, de 19 de Abril, estabelece os critérios de elaboração dos livros genealógicos e registos zootécnicos, no caso de raças híbridas, bem como os de reconhecimento e fiscalização das associações de criadores ou organizações de criação que possuam ou elaborem livros ou registos daqueles tipos, a observar nas trocas intercomunitárias de animais de raça pura e de híbridos, da espécie suína, bem como dos respectivos sémen, óvulos e embriões.

O Decreto-Lei n.° 143/2003, de 2 de Julho (transpôs a Directiva n.° 2001/89//CE, do Conselho, de 23 de Outubro), adopta medidas de luta contra a peste suína clássica, enquanto o Decreto–Lei n.° 267/2003, de 25 de Outubro (transpôs a Directiva n.° 2002/60/CE, do Conselho, de 27 de Junho), adopta medidas de combate à peste suína africana.

O Despacho Normativo n.° 30/2000, de 6 de Julho, determina que do rótulo da carne de bovino e dos produtos à base desta carne, de carne de suíno e dos ovos deva constar um distintivo onde se indique a aprovação pelo Ministério da Agricultura.

O Decreto-Lei n.° 141/98, de 16 de Maio (transpôs a Directiva n.° 93/120/CEE, do Conselho, de 22 de Dezembro, que alterou a Directiva n.° 90/539/CEE, do Conselho, de 15 de Outubro), alterado pelo Decreto-Lei n.° 257/2000, de 17 de Outubro (transpôs a Directiva n.° 1999/90/CE, do Conselho, de 15 de Novembro), estabelece condições de polícia sanitária acerca do comércio intracomunitário e as importações provindas de países terceiros de aves de capoeira e ovos de incubação (publica o Regulamento do Comércio Intracomunitário e das Importações de Países Terceiros de Aves de Capoeira e Ovos para Incubação).

O Decreto-Lei n.° 73/2006, de 24 de Março (transpõe a Directiva n.° 2004/68/CE, do Conselho, de 26 de Abril), estabelece normas de saúde animal referentes à importação e ao trânsito de determinados animais ungulados vivos na Comunidade.

O Decreto-Lei n.° 275/97, de 8 de Outubro (transpôs a Directiva n.° 96/93/CEE, do Conselho, de 17 de Dezembro), regula a certificação dos animais e dos produtos animais, criando a figura do médico veterinário acreditado e regendo a respectiva actividade no âmbito da defesa da saúde pública e animal.

O Regulamento da Higiene dos Géneros Alimentícios foi aprovado pelo Decreto-Lei n.° 67/98, de 18 de Março (transpôs as Directivas n.°s 93/43/CEE, do Conselho, de 14 de Junho, e 96/3/CE, da Comissão, de 26 de Janeiro), rectificado pela Declaração de rectificação n.° 9-C/98, de 30 de Abril, e alterado pelos Decretos-Leis n.°s 425/99, de 21 de Outubro, e 179/2004, de 27 de Julho (transpôs a Directiva n.° 2004/4/CE, da Comissão, de 15 de Janeiro).

O Decreto-Lei n.° 226/99, de 22 de Junho (transpôs a Directiva n.° 96/8/CE, da Comissão, de 26 de Fevereiro), contém o regime jurídico aplicável aos alimentos para fins nutricionais específicos, destinados a serem utilizados em dietas de restrição calórica para redução do peso e como tal apresentados. O regime aplicável aos géneros alimentícios destinados a uma alimentação especial ("produtos alimentares que, devido à sua composição ou a processos especiais de fabrico, se distinguem claramente dos géneros alimentícios de consumo corrente, são adequados ao objectivo nutricional pretendido e são comercializados com a indicação de que correspondem a esse objectivo") consta do Decreto-Lei n.° 227/99, de 22 de Junho, alterado pelos Decretos-Leis n.°s 212/2000, de 2 de Setembro, e 285/2000, de 10 de Novembro. O regime específico aplicável a alimentos dietéticos destinados a fins medicinais específicos que como tal são apresentados ao consumidor encontra-se no Decreto-Lei n.° 212/2000, de 2 de Setembro (transpôs a Directiva n.° 1999/21/CE, da Comissão, de 25 de Março).

O regime fitossanitário que cria e define as medidas de protecção fitossanitária destinadas a evitar a introdução e dispersão no território nacional e comunitário, incluindo nas zonas protegidas, de organismos prejudiciais aos vegetais e produtos vegetais, qualquer que seja a sua origem ou proveniência consta do Decreto-Lei n.° 154/2005, de 6 de Setembro (transpôs as Directivas n.°s 2002/89/CE, do Conselho, de 28 de Novembro, 2004/102/CE, da Comissão, de 5 de Outubro, 2004/103/CE, da Comissão, de 7 de Outubro, 2004/105/CE, da Comissão, de 15 de Outubro, 2005/15/CE, do Conselho, de 28 de Fevereiro, 2005/16/CE, da Comissão, de 2 de Março, 2005/17/CE, da Comissão, de 2 de Março, e 2005/18/CE, da Comissão, de 2 de Março). A Portaria n.° 124/2004, de 6 de Fevereiro (mantida em vigor pelo DL n.° 154/2005), estabelece as medidas aprovadas pela Norma Internacional n.° 15 da FAO, relativa a material de embalagem de madeira não processada, usado no suporte, protecção ou transporte de mercadorias, destinado a países terceiros não pertencentes à União Europeia e que o exijam.

O Decreto-Lei n.° 337/2001, de 26 de Dezembro (transpôs as Directivas n.°s 1999/2/CE e 1999/3/CE, ambas do Parlamento Europeu e do Conselho e de 22 de Fevereiro), regula o fabrico, comercialização e importação de alimentos e ingredientes alimentares tratados por radiação ionizante.

O Decreto-Lei n.° 304/98, de 7 de Outubro (transpôs a Directiva n.° 97/60/CE, do Parlamento Europeu e do Conselho, de 27 de Outubro de 1997, que altera a Directiva n.° 88/344/CEE, de 13 de Junho de 1988), rectificado pela Declaração de rectificação n.° 19-A/98, de 31 de Outubro, regula a matéria relativa aos solventes de extracção utilizados no fabrico de géneros alimentícios e dos respectivos ingredientes.

O regime jurídico dos suplementos alimentares está contido no Decreto-Lei n.° 136/2003, de 28 de Junho (transpôs a Directiva n.° 2002/46/CE, do Parlamento Europeu e do Conselho, de 10 de Junho).

A Portaria n.° 131/2005, de 2 de Fevereiro, rectificada pela Declaração de rectificação n.° 27/2005, de 24 de Março, aprova o Regulamento de Controlo e Certificação dos Produtos Agrícolas e dos Géneros Alimentícios Derivados de Produtos Agrícolas Obtidos através da Prática da Protecção Integrada e da Produção Integrada.

O Decreto-Lei n.° 121/98, de 8 de Maio (transpôs as Directivas n.°s 95/2/CE e 96/85/CE, ambas do Parlamento Europeu e do Conselho, respectivamente de 20 de Fevereiro e de 19 de Dezembro), alterado pelos Decretos-Leis n.°s 363/98, de 19 de Novembro, 274/2000, de 9 de Novembro (transpõe a Directiva n.° 98/72/CE, do Parlamento Europeu e do Conselho, de 15 de Outubro), 218/2002, de 22 de Outubro (transpôs a Directiva n.° 2001/5/CE, do Parlamento Europeu e do Conselho, de 12 de Fevereiro), 40/2004, de 27 de Fevereiro (transpôs a Directiva n.° 2003/52/CE, do Parlamento Europeu e do Conselho, de 18 de Junho), e 33/2005, de 15 de Fevereiro (transpõe a Directiva n.° 2003/114/CE, do Parlamento Europeu e do Conselho, de 22 de Dezembro), estabelece as condições de utilização dos aditivos alimentares, à excepção dos corantes e edulcorantes. O Decreto-Lei n.° 192/89, de 8 de Junho, rectificado por declaração publicada no Suplemento ao *Diário da República*, I-A série, de 31 de Julho de 1989, fixa os princípios gerais orientadores da utilização de aditivos alimentares nos géneros alimentícios.

O Decreto-Lei n.° 365/98, de 21 de Novembro (transpôs a Directiva n.° 96/77//CE, da Comissão, de 2 de Dezembro), alterado pelos Decretos-Leis n.°s 38/2000, de 14 de Março (transpôs a 98/86/CE, da Comissão, de 11 de Novembro), 248/2001, de 18 de Setembro (transpõe a Directiva n.° 2000/63/CE, da Comissão, de 5 de Outubro), 181/2002, de 13 de Agosto (transpôs a Directiva n.° 2001/30/CE, da Comissão, de 2 de Maio), 218/2003, de 19 de Setembro (transpôs a Directiva n.° 2002/82/CE, da Comissão, de 15 de Outubro), 181/2004, de 28 de Julho (transpôs a Directiva n.° 2003/95/CE, da Comissão, de 27 de Outubro), e 150/2005, de 30 de Agosto (transpõe a Directiva n.° 2004/45/CE, da Comissão, de 16 de Abril), estabelece os critérios de pureza gerais e específicos a que devem obedecer os conservantes e antioxidantes, bem como os emulsionantes, estabilizadores, espessantes e gelificantes admissíveis nos géneros alimentícios, com excepção dos corantes e edulcorantes. O Decreto-Lei n.° 394/98, de 10 de Dezembro (transpôs a Directiva n.° 96/83/CE, do Parlamento Europeu e do Conselho, de 19 de Dezembro), rectificado pela Declaração de rectificação n.° 3-B/99, de 30 de Janeiro, e alterado pelo Decreto-Lei n.° 216/2004, de 8 de Outubro (transpôs a Directiva n.° 2003//115//CE, do Parlamento Europeu e do Conselho, de 22 de Dezembro), determina as condições de utilização dos edulcorantes nos géneros alimentícios.

O Decreto-Lei n.° 193/2000 (transpôs a Directiva n.° 1999/75/CE, da Comissão, de 22 de Julho, que altera a Directiva n.° 95/45/CE, da Comissão, de 26 de Julho), alterado pelos Decretos-Leis n.°s 166/2002, de 18 de Julho (transpôs a Directiva n.° 2001/50/CE, da Comissão, de 3 de Julho), e 55/2005, de 3 de Março (transpôs a Directiva n.° 2004/47/CE, da Comissão, de 16 de Abril), estabelece as condições de utilização e os critérios de pureza específica dos corantes que podem ser utilizados nos géneros alimentícios

O Decreto-Lei n.° 241/2002, de 5 de Novembro (transpôs a Directiva n.° 2001/15//CE, da Comissão, de 15 de Fevereiro), alterado pelo Decreto-Lei n.° 137/2005, de 17 de Agosto (transpõe as Directivas n.°s 2004/5/CE e 2004/6/CE, da Comissão, de 20 de Janeiro), estabelece as substâncias que podem ser adicionadas, para fins nutricionais específicos, aos géneros alimentícios destinados a uma alimentação especial, bem como os critérios de pureza aplicáveis a essas substâncias.

Há diplomas que estabelecem regras relativas a produtos alimentares específicos:

– Aguardente de medronho: Decreto-Lei n.° 238/2000, de 26 de Setembro;

– Maçã/pêra: a Portaria n.° 382/2001, de 12 de Abril, determina que a introdução, circulação e comercialização de maçã e pêra em violação do diploma antes citado implica a destruição da remessa ou do lote na sua totalidade;

– Apicultura: o Decreto-Lei n.° 203/ /2005, de 25 de Novembro, estabelece o regime jurídico da actividade apícola e as normas sanitárias para defesa contra as doenças das abelhas; o Decreto-Lei n.° 214/2003, de 18 de Setembro (transpôs a Directiva n.° 2001/110/CE, do Conselho, de 20 de Dezembro) contém as Definições, classificação, características, acondicionamento e rotulagem do mel; o Decreto Legislativo Regional n.° 20/2006/M, de 12 de Junho, cria as marcas Mel de Cana da Madeira, Bolo de Mel de Cana da Madeira e Broas de Mel de Cana da Madeira, e os respectivos selos de autenticação e estabelece as condições para a sua utilização;

– Doces e geleias de frutos citrinadas e creme de castanha destinados a alimentação humana: Decreto-Lei n.° 230/2003, de 27 de Setembro (transpôs a Directiva n.° 2001/ /113/CE, do Conselho, de 20 de Dezembro), rectificado pela Declaração de rectificação n.° 16-C/2003, de 31 de Outubro;

– Cafeína: o Decreto-Lei n.° 124/2001, de 17 de Abril (transpôs a Directiva n.° 1999/ /4/CE, do Parlamento Europeu e do Conselho, de 22 de Fevereiro), contém normas relativas a extractos de café e extractos de chicória (excluído o café torrefacto solúvel); o Decreto-Lei n.° 53/89, de 22 de Fevereiro (rectificado por declaração publicada no *Diário da República*, I-A série, de 31 de Março), foi parcialmente revogado pelo Decreto-Lei n.° 124/2001, de 17 de Abril, no que respeita aos extractos de café e de chicória; o Decreto-Lei n.° 20/2003, de 3 de Fevereiro (transpôs a Directiva n.° 2002/ /67/CE, da Comissão, de 18 de Julho), impõe regras sobre rotulagem dos géneros alimentícios que contêm quinino ou cafeína;

– Arroz: Decreto-Lei n.° 62/2000, de 19 de Abril;

– Cacau e chocolate destinados à alimentação humana: Decreto-Lei n.° 229/ /2003, de 27 de Setembro (transpôs a Directiva n.° 2000/36/CE, do Parlamento Europeu e do Conselho, de 23 de Junho);

– Leite: o Decreto-Lei n.° 39/2003, de 8 de Março, contém o regime aplicável, no território do continente, à classificação do leite entregue pelos produtores nos locais de recolha de leite; o Decreto-Lei n.° 213/ /2003, de 18 de Setembro (transpôs a Directiva n.° 2001/114/CE, do Conselho, de 20 de Dezembro), o regime dos leites conservados parcial ou totalmente desidratados, destinados à alimentação humana; o Decreto-Lei n.° 240/2002, de 5 de Novembro, estabelece as normas reguladoras do regime de imposição suplementar incidente sobre as quantidades de leite de vaca ou equivalente a leite de vaca entregues a um comprador ou vendidas directamente para consumo (quotas leiteiras), previsto no Regulamento (CEE) n.° 3950/ /92, do Conselho, de 28 de Dezembro, e no Regulamento (CE) n.° 1392/2001, da Comissão, de 9 de Julho;

– Vinho: Decreto-Lei n.° 376/97, de 24 de Dezembro (rotulagem); Regulamento (CE) n.° 753/2002, da Comissão, de 29 de Abril (normas de execução relativas à designação, apresentação e rotulagem da generalidade dos produtos abrangidos pela Organização Comum do Mercado Vitivinícola); Portaria n.° 924/2004, de 26 de Julho (regras complementares de aplicação da regulamentação comunitária relativas à designação, apresentação e rotulagem); Portaria n.° 1084/2003, de 29 de Setembro (utilização das expressões «Quinta» e «Herdade» para indicar o nome de uma exploração vitícola); Decreto-Lei n.° 10/92, de 3 de Fevereiro, alterado pelos Decretos-Leis n.°s 263/99, de 14 de Julho, 449/99, de 4 de Novembro, e 93/2006, de 25 de Maio (Estatutos da Região Demarcada dos Vinhos Verdes);

– Farinhas, sêmolas, pão e produtos afins: Decreto-Lei n.° 65/92, de 23 de Abril (fabrico, composição, acondicionamento, rotulagem e comercialização); Portaria n.° 425/98, de 25 de Julho (fixa as características a que devem obedecer os diferentes tipos de pão e produtos afins do pão, e regula alguns aspectos da sua comercialização); Portaria n.° 254/2003, de 19 de Março, rectificada pela Declaração de rectificação n.° 5-E/2003, de 30 de Abril (define as características e regras de rotulagem, acondicionamento, transporte, armazenagem e comercialização das farinhas destinadas a fins industriais e culinários, e ainda das sêmolas destinadas ao fabrico de massas alimentícias e a usos culinários);

– Sumos de frutas: Decreto-Lei n.° 225/ /2003, de 24 de Setembro (transpôs a Directiva n.° 2001/112/CE, do Conselho, de 20 de Dezembro), rectificado pela Declaração de rectificação n.° 18/2003, de 21 de Novembro;

– Açúcar: Decreto-Lei n.° 290/2003, de 15 de Novembro (transpôs a Directiva n.° 2001/111/CE, do Conselho, de 20 de Dezembro), rectificado pela Declaração de rectificação n.° 10/2004, de 15 de Janeiro, e alterado pelo Decreto-Lei n.° 188/2005, de 4 de Novembro;

– Azeite/Óleo: Decreto-Lei n.° 32/94, de 5 de Fevereiro, rectificado pela Declaração de rectificação n.° 20/94, de 28 de Fevereiro (características e condições a que devem obedecer a obtenção, a utilização e comercialização das gorduras e óleos comestíveis, incluindo o azeite); Decreto-Lei n.° 106/2005, de 29 de Junho, alterado pelo Decreto-Lei n.° 13/2006, de 20 de Janeiro (características a que devem obedecer as gorduras e os óleos vegetais destinados à alimentação humana e as condições a observar na sua obtenção ou tratamento, bem como as regras da sua comercialização, com excepção do azeite e do óleo do bagaço da azeitona destinados ao consumidor final); Portaria n.° 947/98, de 3 de Novembro, alterada pela Portaria n.° 1548/ /2002, de 26 de Dezembro (características a que devem obedecer a margarina e outras emulsões gordas de gorduras e óleos destinados à alimentação humana e as condições a observar na sua obtenção e tratamento, assim como as regras da respectiva comercialização); Regulamento (CE) n.° 1019/2002, da Comissão, de 13 de Junho, alterado pelos Regulamentos (CE) n.°s 1964/2002, da Comissão, de 4 de Novembro, e 1176/2003, da Comissão, de 1 de Julho (normas de comercialização do azeite); Decreto-Lei n.° 16/2004, de 14 de Janeiro, rectificado pela Declaração de rectificação n.° 27/2004, de 13 de Março (executa o Regulamento (CE) n.° 1019/2002); Portaria n.° 24/2005, de 11 de Janeiro, que entrou em vigor um ano após a sua publicação, definiu regras relativas ao modo de apresentação do azeite destinado a ser utilizado como tempero de prato nos estabelecimentos de hotelaria e de restauração;

– Ovos: Decreto-Lei n.° 72 F/2003, de 14 de Abril, que transpôs as Directivas n.°s 1999/74/CE, do Conselho, de 19 de Julho, e 2002/4/CE, do Conselho, de 30 de Janeiro (normas mínimas de protecção das galinhas poedeiras); Despacho normativo n.° 27/2003, de 30 de Junho (fixa a indicação dos tipos de criação de galinhas poedeiras, dos tipos de alimentação e de outras menções que podem constar do rótulo das embalagens de ovos).

O Despacho normativo n.° 53/98, de 4 de Agosto, estabelece normas comuns relativamente à qualidade da fruta e produtos hortícolas.

Relativamente às listas de limites máximos de resíduos de produtos fitofarmacêuticos admissíveis em produtos de origem vegetal, incluindo frutos e produtos hortícolas, v. Portarias n.°s 127/94, de 1 de Março, 625/96, de 4 de Novembro, 649/96, de 12 de Novembro, 49/97, de 18 de Janeiro, 102/97, de 14 de Fevereiro, e 1101/ /99, de 21 de Dezembro (rectificada pela Declaração de rectificação n.° 4-L/2000, de 31 de Janeiro), 1077/2000, de 8 de Novembro, e Decretos-Leis n.°s 27/2000, de 3 de Março, 21/2001, de 30 de Janeiro (rectificado pela Declaração de rectificação n.° 9--B/2001, de 31 de Março), 215/2001, de 2 de Agosto, 256/2001, de 22 de Setembro, 31/2002, de 19 de Fevereiro, 245/2002, de 8 de Novembro, 68/2003, de 8 de Abril, 156/2003, de 18 de Julho, 300/2003, de 4 de Dezembro, 116/2004, de 18 de Maio, 205/2004, de 19 de Agosto (rectificado pela Declaração de rectificação n.° 90/2004, de 18 de Outubro), e 32/2006, de 15 de Fevereiro (rectificado pela Declaração de rectificação n.° 19/2006, de 27 de Março).

O Decreto-Lei n.° 51/2004, de 10 de Março (transpôs a Directiva n.° 86/363/ /CEE, do Conselho, de 24 de Julho, alterada pela Directiva n.° 96/33/CE, do Conselho, de 21 de Maio), alterado pelos Decretos-Leis n.°s 182/2004, de 29 de Julho (transpôs as Directivas n.°s 2003/113/CE, de 3 de Dezembro, 2003/118/CE, de 5 de Dezembro, e 2004/2/CE, de 9 de Janeiro, da Comissão), 196/2005, de 7 de Novembro (transpôs a Directiva n.° 2004/61/CE, da Comissão, de 26 de Abril), e 86/2006, de 23 de Maio (transpõe as Directivas n.°s 2005/46/CE, da Comissão, de 8 de Julho, 2005/48/CE, da Comissão, de 23 de Agosto, 2005/70/CE, da Comissão, de 20 de Outubro), fixa os teores máximos para os resíduos de pesticidas à superfície e no interior dos géneros alimentícios de origem animal.

Os métodos de amostragem para o controlo oficial de resíduos de pesticidas no interior e à superfície de produtos de origem vegetal são definidos pelo Decreto-Lei n.° 144/2003, de 2 de Julho (transpôs a Directiva n.° 2002/63/CE, da Comissão, de 11 de Julho). Já os métodos de amostragem para o controlo oficial de resíduos de pesticidas no interior e à superfície de produtos de origem animal constam do Decreto-Lei n.° 288/2003, de 14 de Novembro (transpôs a Directiva n.° 2002/63/CE, da Comissão, de 11 de Julho)

As regras relativas à homologação, autorização, lançamento ou colocação no mercado, utilização, controlo e fiscalização de produtos fitofarmacêuticos, incluindo os constituídos por organismos geneticamente modificados, bem como à colocação no mercado das substâncias activas que os integrem, foram estabelecidas pelo Decreto-Lei n.° 94/98, de 15 de Abril (transpôs as Directivas n.°s 94/37/CE, da Comissão, de 22 de Julho, 94/79/CE, da Comissão, de 21 de Dezembro, 95/35/CE, da Comissão, de 14 de Julho, 95/36/CE, da Comissão, de 14 de Julho, 96/12/CE, da Comissão, de 8 de Março, 96/46/CE, da Comissão, de 16 de Julho, e 96/68/CE, da Comissão, de 21 de Outubro), alterado pelos Decretos-Leis n.°s 341/98, de 4 de Novembro (transpôs a Directiva n.° 97/57/CE, do Conselho, de 22 de Setembro), 377/99, de 21 de Setembro (transpôs as Directivas n.°s 97/73/CE, 98/47/CE e 1999/1/CE, da Comissão, respectivamente de 15 de Dezembro, de 25 de Junho e de 21 de Janeiro), 22/2001, de 30 de Janeiro (rectificado pela Declaração de rectificação n.° 4-D/2001, de 28 de Fevereiro), 238/2001, de 30 de Agosto (rectificado pela Declaração de rectificação n.° 20-D/2001, de 31 de Outubro, e transpondo as Directivas n.°s 2000/80/CE e 2001/28/CE, da Comissão, respectivamente de 4 de Dezembro e de 20 de Abril), 28/2002, de 14 de Fevereiro (transpôs as Directivas n.°s 2001/47/CE e 2001/49/CE, da Comissão, respectivamente de 25 e de 28 de Junho), 101/2002, de 12 de Abril (rectificado pela Declaração de rectificação n.° 19-C/2002, de 30 de Abril, transpondo as Directivas n.°s 2001/21/CE e 2001/87/CE, da Comissão, respectivamente de 5 de Março e de 12 de Outubro), 160/2002, de 9 de Julho (transpôs a Directiva n.° 2001/36/CE, da Comissão, de 16 de Maio), 198/2002, de 25 de Setembro (transpôs a Directiva n.° 2001/99/CE, da Comissão, de 20 de Novembro), 72-H/2003, de 14 de Abril (transpôs as Directivas n.°s 2001/103/CE, 2002/18/CE, 2002/37/CE, 2002/48/CE, 2002/64/CE e 2002/81/CE, todas da Comissão, respectivamente de 28 de Novembro, de 22 de Fevereiro, de 3 de Maio, de 30 de Maio, de 15 de Julho e de 10 de Outubro), 215/2003, de 18 de Setembro (transpôs a Directiva n.° 2003/23/CE, da Comissão, de 25 de Março), 22/2004, de 22 de Janeiro (transpôs a Directiva n.° 2003/82/CE, da Comissão, de 11 de Setembro), 39/2004, de 27 de Fevereiro (transpôs as Directivas n.°s 2003/5/CE, 2003/31/CE, 2003/68/CE, 2003/79/CE e 2003/84/CE, da Comissão, respectivamente de 10 de Janeiro, de 11 de Abril, de 11 de Julho, de 13 de Agosto e de 25 de Setembro), 22/2005, de 26 de Janeiro (transpôs as Directivas n.°s 2003/39/CE, de 15 de Maio, 2003/70/CE, de 17 de Julho, 2003/81/CE, de 5 de Setembro, 2003/112/CE, de 1 de Dezembro, 2003/119/CE, de 5 de Dezembro, 2004/30/CE, de 10 de Março, 2004/60/CE, de 23 de Abril, 2004/62/CE e 2004/64/CE, ambas de 26 de Abril, 2004/65/CE, de 26 de Abril, 2004/71/CE, de 28 de Abril, 2004/97/CE, de 27 de Setembro, todas da Comissão), 128/2005, de 9 de Agosto (transpõe as Directivas n.°s 2004/20/CE, de 2 de Março, 2004/58/CE, de 23 de Abril, 2004/99/CE, de 1 de Outubro, 2005/2/CE, de 19 de Janeiro, e 2005/3/CE, de 19 de Janeiro, todas da Comissão), 173/2005, de 21 de Outubro,

19/2006, de 31 de Janeiro (transpõe as Directiva n.°s 2005/25/CE, do Conselho, de 14 de Março, e 2005/34/CE, da Comissão, de 17 de Maio), e 87/2006, de 23 de Maio (transpõe as Directivas n.°s 2005/53/CE, de 16 de Setembro, 2005/54/CE, de 19 de Setembro, e 2005/58/CE, de 21 de Setembro, da Comissão).

O Decreto-Lei n.° 173/2005, de 21 de Outubro, alterado pelo Decreto-Lei n.° 187/2006, de 19 de Setembro, regula as actividades de distribuição, venda, prestação de serviços de aplicação de produtos fitofarmacêuticos e a sua aplicação pelos utilizadores finais.

A Portaria n.° 396/2000, de 14 de Julho, estabelece os procedimentos necessários ao reconhecimento oficial das organizações que tenham a seu cargo a realização de ensaios de eficácia de produtos fitofarmacêuticos em Portugal a serem considerados na avaliação biológica e integrados no processo de homologação para autorização para fins de colocação no mercado.

As fórmulas para lactentes, bem como as de transição destinadas a lactentes saudáveis, são reguladas pelo Decreto-Lei n.° 220/99, de 16 de Junho (transpôs a Directiva n.° 91/321/CEE, da Comissão, de 14 de Maio, alterada pela Directiva n.° 96/ /4/CE, da Comissão, de 16 de Fevereiro), alterado pelos Decretos-Leis n.°s 286/2000, de 10 de Novembro (transpôs a Directiva n.° 1999/50/CE, da Comissão, de 25 de Maio), e 138/2004, de 5 de Junho (transpôs a Directiva n.° 2003/14/CE, da Comissão, de 10 de Fevereiro).

O Decreto-Lei n.° 233/99, de 24 de Junho (transpôs as Directivas n.°s 96/5/ /CE, da Comissão, de 16 de Fevereiro, e 98/36/CE, da Comissão, de 2 de Junho), alterado pelos Decretos-Leis n.°s 284/2000, de 10 de Novembro (transpôs a Directiva n.° 1999/39/CE, da Comissão, de 6 de Maio), e 137/2004, de 5 de Junho (transpôs a Directiva n.° 2003/13/CE, da Comissão, de 10 de Fevereiro), contém normas relativas a géneros alimentícios para nutrição especial de lactentes e crianças em suplemento da sua dieta ou para adaptação progressiva à alimentação normal.

O Decreto-Lei n.° 144/2005, de 26 de Agosto (transpôs a Directiva n.° 2004/117/ /CE, do Conselho, de 22 de Dezembro), regula a produção, o controlo e a certificação de sementes de espécies agrícolas e de espécies hortícolas destinadas à comercialização, com excepção das utilizadas para fins ornamentais.

O Decreto-Lei n.° 216/2001, de 3 de Agosto (transpôs as Directivas n.°s 98/95/ /CE e 98/96/CE, de 14 de Dezembro, ambas do Conselho), rectificado pela Declaração de rectificação n.° 20-G/2001, de 31 de Outubro, e alterado pelo Decreto-Lei n.° 21/2004, de 22 de Janeiro, regula a produção, controlo, certificação e comercialização da batata-semente.

O Decreto-Lei n.° 154/2004, de 30 de Junho (transpôs as Directivas n.°s 2002/ /53/CE e 2002/55/CE, do Conselho, de 13 de Junho), alterado pelos Decretos-Leis n.°s 144/2005, de 26 de Agosto, e 120/ /2006, de 22 de Junho (transpõe a Directiva n.° 2005/91/CE, do Comissão, de 16 de Dezembro), estabelece o regime geral do Catálogo Nacional de Variedades de Espécies Agrícolas e de Espécies Hortícolas.

O Decreto-Lei n.° 277/91, de 8 de Agosto, na redacção dos Decretos-Leis n.°s 33/93, de 12 de Fevereiro, 237/2000, de 26 de Setembro, 205/2003, de 12 de Setembro, e 21/2004, de 22 de Janeiro, estabelece as normas aplicáveis à produção e comercialização de materiais de viveiro e ao respectivo sistema de controlo e/ou certificação dos materiais destinados à comercialização.

A Portaria n.° 106/96, de 9 de Abril, alterada pela Portaria n.° 29/2003, de 14 de Janeiro, e pelo Decreto-Lei n.° 113/2004, de 15 de Maio (transpôs a Directiva n.° 2003/111/CE, da Comissão, de 26 de Novembro), aprova o Regulamento de Produção e Comercialização de Materiais de Viveiro CAC (*Conformitas Agraria Communitatis*) de Fruteiras.

Quanto à qualidade da água destinada ao consumo humano, v. Decreto-Lei n.° 243/2001, de 5 de Setembro (transpôs a Directiva n.° 98/83/CE, do Conselho, de 3 de Novembro), rectificado pela Declaração de Rectificação n.° 20-AT/2001, de 30 de Novembro. A Portaria n.° 1216/2003, de 16 de Outubro, estabelece os critérios de repartição da responsabilidade pela gestão e exploração de um sistema de abastecimento público de água para consumo humano quando essa responsabilidade pertença a duas ou mais entidades gestoras. O Decreto-Lei n.° 72/2004, de 25 de Março (transpôs a Directiva n.° 2003/40/CE, da Comissão, de 16 de Maio), estabelece a lista, os limites de concentração e as menções constantes do rótulo para os constituintes das águas minerais naturais, bem como as condições de utilização de ar enriquecido em ozono para o tratamento das águas minerais naturais e das águas de nascente. O Decreto-Lei n.° 156/98, de 6 de Junho, alterado pelo Decreto-Lei n.° 268/ /2002, de 27 de Novembro, estabelece as regras relativas ao reconhecimento das águas minerais naturais e as características e condições a observar nos tratamentos, rotulagem e comercialização destas águas e das águas de nascente.

O Decreto-Lei n.° 52/99, de 20 de Fevereiro (transpôs a Directiva n.° 84/156/ /CEE, do Conselho, de 8 de Março), determina os valores limite e objectivos de qualidade para a descarga de sectores que não o da electrólise dos cloretos alcalinos; o Decreto-Lei n.° 53/99, de 20 de Fevereiro (transpôs a Directiva n.° 83/513/CEE, do Conselho de 26 de Setembro), rectificado pela Declaração de rectificação n.° 10-R/ /99, de 30 de Abril, estabelece os valores limite e objectivos de qualidade para as descargas de cádmio; os valores limite e objectivos de qualidade para as descargas de hexaclorociclo-hexano (HCH) estão definidos no Decreto-Lei n.° 54/99, de 20 de Fevereiro (transpôs a Directiva n.° 84/491/ /CEE, do Conselho, de 9 de Outubro), rectificado pela Declaração de rectificação n.° 10-T/99, de 30 de Abril; o Decreto-Lei n.° 431/99, de 22 de Outubro (transpôs a Directiva n.° 82/176/CEE, do Conselho, de 22 de Março), determina os valores limite e objectivos de qualidade para as descargas de mercúrio de sectores da electrólise dos cloretos alcalinos; o Decreto-Lei n.° 56/99, de 26 de Fevereiro (transpôs as Directivas n.°s 86/280/CE, do Conselho, de 12 de Junho e 88/347/CEE, do Conselho, de 16 de Junho), rectificado pela Declaração de rectificação n.° 10-S/99, de 30 de Abril, e alterado pelo Decreto-Lei n.° 390/99, de 30 de Setembro (transpôs a Directiva n.° 90/415/CEE, do Conselho, de 27 de Julho), estabelece os valores limite e objectivos de qualidade para a descarga de certas substâncias perigosas.

O Decreto-Lei n.° 207/94, de 6 de Agosto, regula os sistemas de distribuição pública e predial de água e de drenagem pública e predial de águas residuais, de forma que seja assegurado o seu bom funcionamento global, preservando-se a segurança, a saúde pública e o conforto dos utentes.

O Decreto-Lei n.° 319/94, de 24 de Dezembro, alterado pelo Decreto-Lei n.° 222/2003, de 20 de Setembro, contém o regime jurídico da concessão da exploração e gestão dos sistemas multimunicipais de captação, tratamento e abastecimento de água para consumo público (não aplicável ao sistema multimunicipal da área da Grande Lisboa). O Decreto-Lei n.° 147/95, parcialmente revogado pelo Decreto-Lei n.° 362/98, de 18 de Novembro, regulamenta o regime jurídico da concessão dos sistemas municipais de captação, tratamento e distribuição de água para consumo público e de recolha, tratamento e rejeição de efluentes e de recolha e tratamento de resíduos sólidos.

O Decreto-Lei n.° 362/98, de 18 de Novembro, alterado pelo Decreto-Lei n.° 151/ /2002, de 23 de Maio, aprova o Estatuto do Instituto Regulador de Águas e Resíduos.

A Resolução da Assembleia da República n.° 64/2000, de 14 de Julho, recomenda ao Governo para que faça cumprir as regras sobre rotulagem em alimentos para consumo humano ou animal produzidos a partir de organismos geneticamente modificados.

A Lei n.° 12/2002, de 16 de Fevereiro, que contém normas sobre organismos geneticamente modificados, dispõe, no artigo 1.°, n.° 1, que "a modificação genética de microrganismos geneticamente modificados só é permitida no âmbito de estudos científicos". O Decreto-Lei n.° 2/2001, de 4 de Janeiro (transpôs a Directiva n.° 98/81/ /CE, do Conselho, de 26 de Outubro), regula a utilização confinada de microrganismos geneticamente modificados. O Decreto-Lei n.° 72/2003, de 10 de Abril (transpôs a Directiva n.° 2001/18/CE, do Parlamento Europeu e do Conselho, de 12 de Março), alterado pelo Decreto-Lei n.° 164/2004, de 3 de Julho, trata da libertação deliberada no ambiente de organismos geneticamente modificados (OGM) e colocação no mercado de produtos que contenham ou sejam constituídos por OGM. A Portaria n.° 384/2006, de 19 de Abril, fixa as taxas a cobrar nos processos de notificação para libertação e colocação de organismos geneticamente modificados. O Regulamento (CE) n.° 1830/2003, do Parlamento Europeu e do Conselho, de 22 de Setembro, relativo à rastreabilidade e rotulagem de organismos geneticamente modificados e à rastreabilidade dos géneros alimentícios e alimentos para animais a partir de organismos geneticamente modificados, foi regulamentado Decreto-Lei n.° 168/2004, de 7 de Junho.

No domínio dos bens ou serviços não alimentares, também se encontra um número elevado de diplomas.

O Decreto-Lei n.° 41/94, de 11 de Fevereiro, alterado pelo Decreto-Lei n.° 18/ /2000, de 29 de Fevereiro, impõe a indicação do consumo de energia dos aparelhos domésticos. Sobre etiquetagem energética, v. Portaria n.° 1095/97, de 3 de Novembro, que transpôs a Directiva n.° 96/60/CE, da Comissão, de 19 de Setembro (máquinas combinadas de lavar e secar roupa para uso doméstico); o Decreto-Lei n.° 18/2000, de 29 de Fevereiro, que transpôs a Directiva n.° 98/11/CE, da Comissão, de 17 de Janeiro (lâmpadas eléctricas para uso doméstico); o Decreto-Lei n.° 309/99, de 10 de Agosto, que transpôs as Directivas n.°s 97/17/CE, de 16 de Abril, e 99/9/CE, de 26 de Fevereiro (máquinas de lavar louça para uso doméstico); o Decreto-Lei n.° 27/ /2003, de 12 de Fevereiro, que transpôs a Directiva n.° 2002/40/CE, da Comissão, de 8 de Maio (fornos eléctricos para uso domestico); e o Decreto-Lei n.° 28/2003, de 12 de Fevereiro, que transpôs a Directiva n.° 2002/31/CE, da Comissão, de 22 de Março (aparelhos domésticos de ar condicionado). O Decreto-Lei n.° 214/98, de 16 de Julho (transpôs a Directiva n.° 96/57/CE, de 3 de Setembro) alterado pelo Decreto-Lei n.° 192/99, de 5 de Junho, adopta medidas destinadas a melhorar o consumo específico dos aparelhos de refrigeração electrodomésticos. O Decreto-Lei n.° 1/ /2006, de 2 de Janeiro (transpõe a Directiva n.° 2003/66/CE, da Comissão, de 3 de Julho), estabelece regras relativas à indicação do consumo de energia eléctrica, por meio de etiquetagem, de "frigoríficos, conservadores de produtos congelados, congeladoras e suas combinações para uso doméstico"; ficam excluídos deste regime "os aparelhos que possam também utilizar outras fontes de energia, nomeadamente baterias, e os modelos de aparelhos cuja produção tenha cessado antes da entrada em vigor do presente diploma, bem como os aparelhos usados".

O Decreto-Lei n.° 397/86, de 25 de Novembro, estabelece as regras a que devem subordinar se a embalagem e rotulagem dos produtos de lavagem, conservação e limpeza para uso doméstico.

O Decreto-Lei n.° 142/2005, de 24 de Agosto, rectificado pela Declaração de rectificação n.° 73/2005, de 20 de Outubro, e alterado pelo Decreto-Lei n.° 84/2006, de 11 de Maio, contém normas sobre produtos cosméticos e de higiene corporal. A Portaria n.° 1272/2005, de 6 de Dezembro, rectificada pela Declaração de rectificação n.° 3/2006, de 6 de Janeiro, estabelece a composição, nomeação de membros e peritos, competências e funcionamento da Comissão Técnica de Cosmetologia, prevista no artigo 27.° do DL n.° 142/2005.

A matéria da importação e da colocação no mercado dos ponteiros laser encontra-se regulada no Decreto-Lei n.° 163/2002, de 11 de Julho (transpôs a Directiva n.° 98/ /34/CE, do Parlamento Europeu e do Conselho, de 22 de Junho).

O Decreto-Lei n.° 205/2005, de 28 de Novembro, estabelece o regime de instalação e funcionamento bem como os requisitos de segurança a que devem obedecer os estabelecimentos que prestem aos consumidores o serviço de bronzeamento artificial mediante a utilização de aparelhos bronzeadores que emitem radiações ultravioletas em qualquer das suas modalidades; a Portaria n.° 1301/2005, de 20 de Dezembro, regulamenta este DL n.° 205/ /2005.

Relativamente aos princípios gerais de segurança dos ascensores, v. o Decreto-Lei n.° 295/98, de 22 de Setembro; a manutenção e inspecção destes são reguladas pelo Decreto-Lei n.° 320/2002, de 28 de Dezembro (adaptado à Região Autónoma da Madeira pelo decreto regulamentar regional n.° 2/2004/M, de 9 de Março).

O Decreto-Lei n.° 131/92, de 6 de Julho (transpôs a Directiva n.° 76/767/CEE, do Conselho, de 27 de Julho), parcialmente revogado pelos Decretos-Leis n.°s 211/99, de 14 de Julho, e 41/2002, de 28 de Fevereiro, quanto aos equipamentos regulados por estes diplomas, regula os recipientes sob pressão. O DL n.° 211/99 (transpôs a Directiva n.° 97/23/CE, do Parlamento Europeu e do Conselho, de 29 de Maio) regula os equipamentos sob pressão, enquanto o Decreto-Lei n.° 41/2002 (transpôs as Directivas n.°s 1999/36/CE, do Conselho, de 29 de Abril, e 2001/2/CE, da Comissão, de 4 de Janeiro), alterado pelo Decreto-Lei n.° 72-L/2003, de 14 de Abril (transpôs a Directiva n.° 2002/50/CE, da Comissão, de 6 de Junho), regula os equipamentos sob pressão transportáveis. O Decreto-Lei n.° 97/2000, de 25 de Maio, aprova o Regulamento de Instalação, Funcionamento, Reparação e Alteração de Equipamentos sob Pressão.

O Decreto-Lei n.° 139/2002, de 17 de Maio (alterado pelos Decretos-Leis n.°s 139/2003, de 2 de Julho, e 87/2005, de 23 de Maio), aprova o Regulamento de Segurança dos Estabelecimentos de Fabrico e de Armazenagem de Produtos Explosivos. O referido DL n.° 87/2005 define o regime aplicável por força da caducidade de alvarás e licenças dos estabelecimentos de fabrico e de armazenagem de produtos explosivos (v. Portaria n.° 637/2005, de 4 de Agosto, rectificada pela Declaração de rectificação n.° 66/2005, de 14 de Setembro, e alterada pela Portaria n.° 1148/2005, de 9 de Novembro).

O Decreto-Lei n.° 265/94, de 25 de Outubro (transpôs a Directiva n°. 93/15/CEE, do Conselho, de 5 de Abril), não se aplica aos artigos de pirotecnia e munições previstos no Decreto-Lei n.° 180/2005, de 3 de Novembro (transpôs a Directiva n.° 2004/ /57/CE, da Comissão, de 23 de Abril), que regula a colocação no mercado e controlo de explosivos utilizados para fins civis.

As condições de segurança a observar na localização, implantação, concepção funcional dos espaços de jogo e recreio, e respectivo equipamento e superfícies de impacte constam do Decreto-Lei n.° 379/ /97, de 27 de Dezembro. V. Portaria n.° 379/98, de 2 de Julho (especificações técnicas aplicáveis na concepção e fabrico dos equipamentos e superfícies de impacte destinados a espaços de jogo e recreio). A Portaria n.° 506/98, de 10 de Agosto, atribui ao Instituto Português da Qualidade a competência para emitir certificados de conformidade, quanto às condições de segurança a observar nos espaços de jogo e de recreio.

O Decreto-Lei n.° 65/97, de 31 de Março, ocupa-se dos recintos com diversões aquáticas, enquanto o Decreto-Lei n.° 317/97, de 25 de Novembro, trata das instalações desportivas de uso público (v. Decreto Legislativo Regional n.° 17/2004/A, de 22 de Abril).

A Lei n.° 44/2004, de 19 de Agosto, alterada pelo Decreto-Lei n.° 100/2005, de 23 de Junho, define o regime de assistência a banhistas "nas praias marítimas, nas praias de águas fluviais e lacustres, reconhecidas pelas entidades competentes como adequadas para a prática de banhos".

No que respeita às balizas, o Decreto-Lei n.° 100/2003, de 23 de Maio, alterado pelo Decreto-Lei n.° 82/2004, de 14 de Abril, aprova o Regulamento das Condições Técnicas e de Segurança a Observar na Concepção, Instalação e Manutenção das Balizas de Futebol, de Andebol, de Hóquei e de Pólo Aquático e dos Equipamentos de Basquetebol Existentes nas Instalações Desportivas de Uso Público. V. Portarias n.°s 369/2004, de 12 de Abril (regime de intervenção das entidades acreditadas em acções ligadas à verificação dos equipamentos referidos no DL n.° 100/ /2003), e 1049/2004, de 19 de Agosto (condições do contrato de seguro de responsabilidade civil pelos danos causados pelos equipamentos referidos no DL n.° 100/ /2003).

O Decreto-Lei n.° 237/92, de 27 de Outubro, alterado pelos Decretos-Leis n.°s 139/95, de 14 de Junho, e 50/97, de 28 de Fevereiro, estabelece os requisitos essenciais de segurança dos brinquedos.

A Portaria n.° 104/96, de 6 de Abril, fixa o regime e grafismo a aplicar no fabrico e comercialização de brinquedos.

A Portaria n.° 116 A/2000, de 3 de Março, alterada pela Portaria n.° 1201/

/2000, de 21 de Dezembro, proíbe a utilização de ftalatos nos artigos de puericultura (caracterizados pelo diploma como "qualquer produto destinado a facilitar o sono, o relaxamento ou a alimentação da criança, bem como aqueles produtos destinados a serem sugados ou de alguma forma introduzidos na boca pela criança") destinados a crianças entre os 0 e os 36 meses, fabricados em PVC.

O Decreto-Lei n.° 159/2002, de 3 de Julho, estabelece as condições a que devem obedecer o fabrico e a colocação no mercado dos cimentos e ligantes hidráulicos para betões, argamassas e caldas de injecção.

O Decreto-Lei n.° 163/2004, de 3 de Julho, alterado pelo Decreto-Lei n.° 59/ /2005, de 9 de Março (transpôs as Directivas n.°s 96/74/CE, do Parlamento Europeu e do Conselho, de 16 de Dezembro, 97/37/CE, da Comissão, de 19 de Junho, e 2004/34/CE, de 23 de Março), trata da etiquetagem e marcação dos produtos têxteis; a Portaria n.° 693/2005, de 22 de Agosto, define os procedimentos para a execução deste DL n.° 163/2004.

No que respeita ao tabaco, v. Lei n.° 22/82, de 17 de Agosto, de Prevenção ao Tabagismo, e o diploma que a regulamentou (Decreto-Lei n.° 226/83, de 27 de Maio, alterado pelos Decretos-Leis n.°s 333/85, de 20 de Agosto, 393/88, de 8 de Novembro, 287/89, de 30 de Agosto, 253/90, de 4 de Agosto, 200/91, de 20 de Maio, 276/92, de 12 de Dezembro, 283/98, de 17 de Setembro, 25/2003, de 4 de Fevereiro, 138/ /2003, de 28 de Junho, e 14/2006, de 20 de Janeiro). O Decreto-Lei n.° 25/2003, de 4 de Fevereiro (transpôs a Directiva n.° 2001/ /37/CE, do Parlamento Europeu e do Conselho, de 5 de Junho), alterado pelo Decreto-Lei n.° 76/2005, de 4 de Abril, regula o fabrico, apresentação e venda de produtos do tabaco.

As limitações à comercialização e utilização de substâncias perigosas, bem como da preparação dos produtos que as contenham, em ordem a preservar a saúde humana e o ambiente, são estabelecidas pelo Decreto-Lei n.° 264/98, de 19 de Agosto (transpôs as Directivas n.°s 94/60/CE, do Parlamento e do Conselho, de 20 de Dezembro, 96/55/CE, da Comissão, de 26 de Fevereiro, e 97/16/CE, do Parlamento e do Conselho, de 10 de Abril, publicadas no quadro da Directiva n.° 76/769/CEE), alterado pelos Decretos-Leis n.°s 446/99, de 3 de Novembro (transpôs as Directivas n.°s 97/56/CE, do Parlamento Europeu e do Conselho, de 20 de Outubro, e 97/64/CE, da Comissão, de 10 de Novembro), 256/ /2000, de 17 de Outubro (transpôs as Directivas n.°s 94/27/CE, do Parlamento Europeu e do Conselho, de 30 de Junho, 1999/43/CE, do Parlamento Europeu e do Conselho, de 25 de Maio, e 1999/51/CE, da Comissão, de 26 de Maio), 238/2002, de 5 de Novembro (transpôs a Directiva n.° 2001/41/CE, do Parlamento Europeu e do Conselho, de 19 de Junho), 208/2003, de 15 de Setembro (transpôs as Directivas n.°s 2002/45/CE, de 25 de Junho, e 2002/61/ /CE, de 19 de Julho, do Parlamento Europeu e do Conselho, e as Directivas n.°s 2003/2/CE, de 6 de Janeiro, e 2003/3/CE, de 6 de Janeiro, da Comissão), 141/2003, de 2 de Julho (transpôs a Directiva n.° 2002/62/CE, da Comissão, de 9 de Julho), 123/2004, de 24 de Maio (transpôs as Directivas n.°s 2003/11/CE, do Parlamento Europeu e do Conselho, de 6 de Fevereiro, 2003/34/CE, do Parlamento Europeu e do Conselho, de 26 de Maio, e 2003/36/CE, do Parlamento Europeu e do Conselho, de 26 de Maio), 72/2005, de 18 de Março (transpôs a Directiva n.° 2003/53/CE, do Parlamento e do Conselho, de 18 de Junho), 73/2005, de 18 de Março (transpôs a Directiva n.° 2004/98/CE, da Comissão, de 30 de Setembro), 101/2005, de 23 de Junho (transpôs a Directiva n.° 1999/77/ /CE, da Comissão, de 26 de Julho), 162/2005, de 22 de Setembro (transpôs a Directiva n.° 2004/21/CE, da Comissão, de 24 de Fevereiro), e 222/2005, de 27 de Dezembro (transpôs a Directiva n.° 2004/96/ /CE, da Comissão, de 27 de Setembro).

O Decreto-Lei n.° 82/95, de 22 de Abril, alterado pelos Decretos-Leis n.°s 72-M/ /2003, de 14 de Abril, e 260/2003, de 21 de Outubro, contém o regime da notificação de substâncias químicas e classificação, embalagem e rotulagem das substâncias perigosas para a saúde humana ou para o ambiente.

A Portaria n.° 732-A/96, de 11 de Dezembro, alterada pelos Decretos-Leis n.°s 330-A/98, de 2 de Novembro, 209/99, de

11 de Junho, 195-A/2000, de 22 de Agosto, 222/2001, de 8 de Agosto, 154-A/2002, de 11 de Junho, 72-M/2003, de 14 de Abril, e 27-A/2006, de 10 de Fevereiro, aprova o Regulamento para a Notificação de Substâncias Químicas e para a Classificação, Embalagem e Rotulagem de Substâncias Perigosas.

O Decreto-Lei n.° 82/2003, de 23 de Abril, aprova o Regulamento para a Classificação, Embalagem, Rotulagem e Fichas de Dados de Segurança das Preparações Perigosas.

O Decreto-Lei n.° 150/90, de 10 de Maio, rectificado por declaração publicada no *Diário da República*, I série, de 31 de Julho, regula as imitações perigosas.

O Decreto do Presidente da República n.° 33/2004, de 29 de Outubro, aprova a Convenção de Roterdão relativa ao Procedimento de Prévia Informação e Consentimento para Determinados Produtos Químicos e Pesticidas Perigosos no Comércio Internacional, assinada em 11 de Setembro de 1998; de acordo com o Aviso n.° 193/ /2005, de 4 de Maio, o Governo da República Portuguesa depositou, em 16 de Fevereiro de 2005, o instrumento de aprovação desta Convenção.

O Decreto-Lei n.° 156/2005, de 15 de Setembro, uniformizou o regime do livro de reclamações, revogando as normas que o contrariem, e alargou a obrigatoriedade da sua existência e disponibilização a vários estabelecimentos. Quanto ao livro de reclamações na Administração Pública, v. a Resolução do Conselho de Ministros n.° 189/96, de 28 de Novembro, a Portaria n.° 355/97, de 28 de Maio, e o Decreto-Lei n.° 135/99, de 22 de Abril.

As infracções contra a economia e a saúde pública são sancionadas pelo Decreto-Lei n.° 28/84, de 20 de Janeiro (rectificado por Declaração publicada no Diário da República – I.ª Série, de 31 de Março), alterado pelos Decretos-Leis n.°s 347/89, de 12 de Outubro, 6/95, de 17 de Janeiro, 48/95, de 15 de Março, 20/99, de 28 de Janeiro, 162/99, de 13 de Maio, e 143/2001, de 26 de Abril, e pelas Leis n.°s 13/2001, de 4 de Junho, e 108/2001, de 28 de Novembro.

V. Decretos-Leis n.°s 81/2002, de 4 de Abril (Comissão de Aplicação de Coimas em Matéria Económica) e 237/2005, de 30 de Dezembro (Autoridade de Segurança Alimentar e Económica)

O Decreto-Lei n.° 217-B/2004, de 9 de Outubro, aprovou a criação da Agência Portuguesa de Segurança Alimentar, cujos estatutos foram aprovados pela Portaria n.° 30/2005, de 14 de Janeiro.

O Decreto-Lei n.° 140/2004, de 8 de Junho, cria o Instituto Português da Qualidade, tendo os seus estatutos sido aprovados pela Portaria n.° 261/2005, de 17 de Março. O Sistema de Qualidade em Serviços Públicos foi criado pelo Decreto-Lei n.° 166-A/99, de 13 de Maio.

A Portaria n.° 178/2000, de 24 de Março, estabelece a forma e as condições de aplicação do símbolo «Acreditação». Nos termos deste diploma, "a marca «Acreditação» significa que determinada entidade, pública ou privada, dispõe de competência técnica apropriada num domínio de actividade bem identificado, reconhecida formalmente pelo IPQ, no âmbito do Sistema Português da Qualidade".

A Lei n.° 18/2004, de 11 de Maio, transpõe, parcialmente, a Directiva n.° 2000/ /43/CE, do Conselho, de 29 de Junho, "que aplica o princípio da igualdade de tratamento entre as pessoas, sem distinção de origem racial ou étnica, e tem por objectivo estabelecer um quadro jurídico para o combate à discriminação baseada em motivos de origem racial ou étnica". Nos termos do artigo 3.°, "para efeitos da presente lei, entende-se por princípio da igualdade de tratamento a ausência de qualquer discriminação, directa ou indirecta, em razão da origem racial ou étnica", considerando-se "práticas discriminatórias as acções ou omissões que, em razão da pertença de qualquer pessoa a determinada raça, cor, nacionalidade ou origem étnica, violem o princípio da igualdade, designadamente [...] a recusa de fornecimento ou impedimento de fruição de bens ou serviços; [...] a recusa ou condicionamento de venda, arrendamento ou subarrendamento de imóveis; [...] a recusa de acesso a locais públicos ou abertos ao público; [...] a recusa ou limitação de acesso aos cuidados de saúde prestados em estabelecimentos de saúde públicos ou privados; [...] a recusa ou limitação de acesso a estabelecimento de educação ou ensino público ou privado [...]". Para efeitos deste artigo, "considera-se que existe discriminação directa sempre que, em razão da origem racial ou étnica, uma pessoa seja objecto de tratamento menos favorável do que aquele que é, tenha sido ou possa vir a ser dado a outra pessoa em situação comparável" e "considera-se que existe discriminação indirecta sempre que disposição, critério ou prática, aparentemente neutro, coloque pessoas de uma dada origem racial ou étnica numa situação de desvantagem comparativamente com outras pessoas". "Não se considera discriminação o comportamento baseado num dos factores indicados nas alíneas anteriores, sempre que, em virtude da natureza das actividades em causa ou do contexto da sua execução, esse factor constitua um requisito justificável e determinante para o seu exercício, devendo o objectivo ser legítimo e o requisito proporcional". O artigo 6.° contém uma importante disposição relativa à prova: "cabe a quem alegar ter sofrido uma discriminação fundamentá-la, apresentando elementos de facto susceptíveis de a indiciarem, incumbindo à outra parte provar que as diferenças de tratamento não assentam em nenhum dos factores indicados no artigo 3.°"; ou seja, basta a apresentação de elementos de factos susceptíveis de indiciarem o comportamento discriminatório.

O artigo 5.° da Convenção Sobre a Lei Aplicável Às Obrigações Contratuais, aberta à assinatura em Roma em 19 de Junho de 1980, estabelece que o artigo se aplica "aos contratos que tenham por objecto o fornecimento de bens móveis corpóreos ou de serviços a uma pessoa, o «consumidor», para uma finalidade que pode considerar-se estranha à sua actividade profissional, bem como aos contratos destinados ao financiamento desse fornecimento" (n.° 1). "A escolha pelas Partes da lei aplicável não pode ter como consequência privar o consumidor da protecção que lhe garantem as disposições imperativas da lei do país em que tenha a sua residência habitual:

Se a celebração do contrato tiver sido precedida, nesse país, de uma proposta que lhe foi especialmente dirigida ou de anúncio publicitário e se o consumidor tiver executado nesse país todos os actos necessários à celebração do contrato; ou

Se a outra Parte ou o respectivo representante tiver recebido o pedido do consumidor nesse país; ou

Se o contrato consistir numa venda de mercadorias e o consumidor se tiver deslocado desse país a um outro país e aí tiver feito o pedido, desde que a viagem tenha sido organizada pelo vendedor com o objectivo de incitar o consumidor a comprar" (n.° 2).

"Na falta de escolha [...], esses contratos serão regulados pela lei do país em que o consumidor tiver a sua residência habitual, se se verificarem as circunstâncias referidas no n.° 2 do presente artigo" (n.° 3). Este artigo "não se aplica:

a) Ao contrato de transporte;

b) Ao contrato de prestação de serviços quando os serviços devidos ao consumidor devam ser prestados exclusivamente num país diferente daquele em que este tem a sua residência habitual" (n.° 4).

"Em derrogação do disposto no n.° 4, o presente artigo aplica-se ao contrato que estabeleça, por um preço global, prestações combinadas de transporte e de alojamento" (n.° 5).

No que respeita à competência judiciária, reconhecimento e execução de decisões em matéria civil e comercial, deve ter-se em conta o Regulamento (CE) n.° 44/2001 do Conselho, de 22 de Dezembro de 2000, e, em especial, quanto à protecção dos consumidores, os artigos 15.° a 17.°. O artigo 15.°, n.° 1, determina que nos contratos celebrados com consumidores, "a competência será determinada pela presente secção, [...]:

a) Quando se trate de venda, a prestações, de bens móveis corpóreos; ou

b) Quando se trate de empréstimo a prestações ou de outra operação de crédito relacionados com o financiamento da venda de tais bens; ou

c) Em todos os outros casos, quando o contrato tenha sido concluído com uma pessoa que tem actividade comercial ou profissional no Estado-Membro do domicílio do consumidor ou dirige essa actividade, por quaisquer meios, a esse Estado-Membro ou a vários Estados incluindo esse Estado-Membro, e o dito contrato seja abrangido por essa actividade".

Nos termos do artigo 16.°, "o consumidor pode intentar uma acção contra a outra parte no contrato, quer perante os tribunais do Estado-Membro em cujo território estiver domiciliada essa parte, quer perante o tribunal do lugar onde o consumidor tiver domicílio", enquanto "a outra parte no contrato só pode intentar uma acção contra o consumidor perante os tribunais do Estado-Membro em cujo território estiver domiciliado o consumidor".

O artigo 17.° estabelece que "as partes só podem convencionar derrogações ao disposto na presente secção desde que tais convenções:

1. Sejam posteriores ao nascimento do litígio; ou
2. Permitam ao consumidor recorrer a tribunais que não sejam os indicados na presente secção; ou
3. Sejam concluídas entre o consumidor e o seu co-contratante, ambos com domicílio ou residência habitual, no momento da celebração do contrato, num mesmo Estado-Membro, e atribuam competência aos tribunais desse Estado-Membro, salvo se a lei desse Estado-Membro não permitir tais convenções".

V. *Consumidor; Acesso à justiça; Direito subjectivo; Insuficiência económica; Patrocínio judiciário; Domicílio; Dados pessoais; Autorização; Associação; Associação de defesa do consumidor; Direito de petição; Dissolução de pessoa colectiva; Reclamação; Queixa; Indemnização; Direito de propriedade; Bem; Transmissão; Publicidade; Legitimidade; Interesses difusos; Contrato de fornecimento; Contrato de prestação de serviços; Dano; Dano patrimonial; Dano moral; Venda de bens de consumo; Compra e venda; Empreitada; Locação; Conformidade; Móvel; Imóvel; Resolução do contrato; Coisa defeituosa; Produtor; Garantia de bom estado; Garantia de bom funcionamento; Instituto do Consumidor; Língua portuguesa; Deficiente; Audiotexto; Publicidade domiciliária; Obrigação de informação; Arrependimento; Celebração do contrato; Boa fé; Responsabilidade pré-contratual; Preliminares; Assistência pós-venda; Relação jurídica; Cláusulas contratuais gerais; cumprimento; Nulidade; Anulabilidade; Risco da prestação; Estabelecimento comercial; Contrato celebrado à distância; Contrato ao domicílio; Contrato automático; Vendas em cadeia; Contrato forçado; Vendas ligadas; Caso fortuito; Caso de força maior; Caução; Obrigação; Incumprimento; Culpa; Águas; Instalações de energia eléctrica; Instalações de gás; Acção inibitória; Sentença; Sanção pecuniária compulsória; Forma de processo; Responsabilidade civil; Responsabilidade do produtor; Solidariedade; Cláusula de exclusão da responsabilidade; Cláusula limitativa da responsabilidade; Ministério Público; Conflito de consumo; Arbitragem; Arbitragem voluntária; Tribunal arbitral; Preparo; Exequente; Execução; Custas; Procedência; Norma imperativa; Convenção; Personalidade jurídica; Mediação; Advogado; Dever pré-contratual; Documento escrito; Documento electrónico; Contratação electrónica; Assinatura electrónica; Oferta ao público; Contrato de viagem organizada; Transporte; Contrato misto; Direito de habitação periódica; Prédio urbano; Escritura pública; Reconhecimento de letra e assinatura; Mútuo; Hipoteca; Documento particular; Fracção autónoma; Aeronave; Transporte aéreo; Contrato de seguro; Seguro de responsabilidade; Animais; Veículo; Anomalia psíquica; Notificação; Renúncia; Declaração negocial; Terceiro; Validade; Cumprimento defeituoso; Seguro obrigatório; Ambiente; Princípio da igualdade; Residência habitual; Proposta de contrato; Representante; Título executivo; Crédito ao consumo; Pagamento em prestações; Menor; Livro de reclamações; Ónus da prova; Competência; Competência internacional; Litígio.*

Tutela preventiva – Fala-se de tutela preventiva para designar as medidas destinadas a tutelar a observância das normas jurídicas pela criação *ex ante* de uma dificuldade ou, até, da impossibilidade da sua violação. Embora a sua função privilegiada seja repressiva, as sanções estabelecidas para as condutas ilícitas desempenham, acessoriamente, uma função preventiva do ilícito, dado que a representação do seu sofrimento leva os sujeitos, muitas vezes, a absterem-se do comportamento ilícito. São, em sentido próprio, medidas de tutela preventiva as policiais ou o condicionamento de certas actividades a autorização prévia.

V. *Tutela repressiva; Norma jurídica; Sanção punitiva; Sanção reconstitutiva; Sanção compulsória.*

Tutela privada de direitos (Dir. Civil) – A lei faculta, em determinadas condições, ao titular de um direito, a possibilidade de privadamente o assegurar ou realizar pela força, desde que não haja possibilidade de recurso em tempo útil aos meios coercivos ou preventivos normais e desde que o agente não sacrifique interesses manifestamente superiores aos que pretende preservar.

O artigo 21.° da Constituição da República consagra o direito de resistência "a qualquer ordem que ofenda os seus direitos, liberdades e garantias e de repelir pela força qualquer agressão, quando não seja possível recorrer à autoridade pública".

Formas de tutela privada de direitos são a acção directa, a legítima defesa e o estado de necessidade.

A regra é a da hetero-tutela, isto é, a da necessidade de o titular de um direito recorrer às autoridades, *maxime* aos tribunais, para o exercer ou assegurar. Determina o artigo 20.°, n.° 1, da Constituição que "a todos é assegurado o acesso ao direito e aos tribunais para defesa dos seus direitos e interesses legalmente protegidos, não podendo a justiça ser denegada por insuficiência de meios económicos".

V. *Autodefesa; Direito subjectivo; Acção directa; Estado de necessidade; Legítima defesa; Acesso à justiça.*

Tutela punitiva – Designam-se assim os meios jurídicos de sanção, aplicáveis àqueles que infringem comandos de especial importância para a vida colectiva e individual numa sociedade.

São medidas de tutela punitiva as penas e as coimas (estas nos delitos de contra-ordenação).

V. *Tutela repressiva.*

Tutela reconstitutiva – Utiliza-se esta expressão para significar as medidas juridicamente previstas para devolver as situações subsequentes à violação de um dever ou ao não cumprimento de uma obrigação ao exacto estado em que deveriam estar se a observância do dever tivesse tido lugar.

É, designadamente, o que acontece com a execução específica das obrigações, sendo também desta natureza a indemnização.

V. *Dever jurídico; Obrigação; Incumprimento; Execução específica; Indemnização.*

Tutela repressiva – A tutela repressiva das normas jurídicas consubstancia-se na actuação de sanções, organizadas institucionalmente, em razão da violação da norma jurídica.

São, tipicamente, medidas de tutela repressiva as sanções punitivas e as reconstitutivas, mais duvidoso sendo que como tal se possam qualificar inequivocamente as sanções compulsórias.

V. *Tutela preventiva; Norma jurídica; Sanção punitiva; Sanção reconstitutiva; Sanção compulsória.*

Tutela testamentária (Dir. Civil) – A doutrina qualifica como testamentária a tutela, quando o tutor haja sido designado pelos pais do menor, em testamento ou em acto diverso.

Os artigos 1928.° e 1929.°, C.C., ocupam-se do regime da tutela testamentária, estabelecendo, designadamente, que "a designação do tutor e respectiva revogação só têm validade sendo feitas em testamento ou em documento autêntico ou autenticado".

V. *Testamento; Tutela; Tutor; Menor; Revogação; Documento autêntico; Documento autenticado.*

Tutor (Dir. Civil) – É um dos órgãos – e o mais importante – do regime de tutela.

Quando se trata da tutela de interditos, ela cabe às pessoas referidas no artigo 143.°, C.C., e pela ordem nele estabelecida. Neste caso, apenas é motivo de escusa o ter-se violado aquela disposição legal; cabe especialmente ao tutor do interdito o cuidado pela saúde deste, podendo para esse efeito vender os bens dele, desde que autorizado judicialmente. V. artigos 143.° e segs., C.C..

Quando se trate da tutela de menor, o cargo de tutor recairá sobre a pessoa que for designada pelos pais ou pelo tribunal de família.

Não podem ser tutores, entre outros, os menores não emancipados, os interditos e os inabilitados, os dementes notórios, "as pessoas de mau procedimento ou que não tenham modo de vida conhecido" – v. artigo 1933.°, C.C..

O tutor de menor tem os mesmos direitos e obrigações dos pais, sendo-lhe, no entanto, proibidos determinados actos e outros só possíveis com autorização do tribunal, nos termos dos artigos 1937.° e 1938.°, C.C., ambos com a redacção do Decreto-Lei n.° 227/94, de 8 de Setembro. O tutor tem direito a uma remuneração. Pode ser removido ou exonerado nos termos dos artigos 1948.° a 1950.°, C.C.. A acção do tutor é fiscalizada pelo conselho de família e especialmente por um dos vogais deste, denominado protutor que também tem o dever de cooperar com o tutor no exercício das funções deste e o substitui nas suas faltas e impedimentos. O tutor tem de prestar contas finda a tutela, nos termos dos artigos 1020.° e segs., C.P.C., na redacção do Decreto-Lei n.° 329-A/95, de 12 de Dezembro.

V. artigos 1921.° e segs., e especialmente 1927.° e segs., C.C..

V. *Tutela; Interdição; Escusa; Autorização; Menoridade; Tribunal de família; Emancipação; Inabilitação; Demência; Facto notório; Remoção do tutor; Conselho de família; Protutor; Prestação de contas.*

Tutor provisório (Dir. Civil; Proc. Civil) – Quando um menor era judicialmente declarado em estado de abandono, era-lhe nomeado um tutor provisório na própria sentença; esse tutor – que seria de preferência a pessoa a quem o menor se encontrasse confiado ou o director do estabelecimento que tivesse requerido a declaração – exercia funções até ser decretada a adopção ou instituída a tutela. Este regime encontra-se hoje revogado.

No decurso do processo de interdição, e em qualquer momento dele, pode, por iniciativa do representante do arguido ou a solicitação de algum interessado, ser nomeado um tutor provisório; precedida de autorização judicial, a este é cometida a celebração em nome do interditando dos actos cujo adiamento seja susceptível de lhe acarretar prejuízo. V. artigos 142.°, C.C., e 947.°, C.P.C., este na redacção do Decreto-Lei n.° 329-A/95, de 12 de Dezembro.

V. *Menor; Menor abandonado; Sentença; Confiança de menor; Adopção; Tutela; Interdição.*

U

"Ubi commoda ibi incommoda" (Dir. Civil) – Princípio segundo o qual aquele que desfruta as vantagens ou benefícios de uma dada situação deve também suportar os prejuízos dela decorrentes.

Assim, por exemplo, diz-se que o comitente – tal como a generalidade dos responsáveis pelo risco – responde civilmente pelos actos do comissário, porque é em proveito daquele que este desenvolve a sua actividade.

V. *Dano; Comitente; Responsabilidade pelo risco; Responsabilidade civil; Teoria do risco.*

"Ubi eadem legis ratio, ibi eadem dispositio" – Locução significativa de a que uma situação cuja solução tem a mesma razão de ser da consagrada numa norma, é esta norma que deve ser aplicada.

V. *Interpretação da lei.*

"Ubi lex non distinguit nec nos distinguere debemus" – Brocardo latino segundo o qual não deve o intérprete distinguir onde a lei não opera distinções.

A indiscriminada aplicação desta regra em matéria de interpretação da lei é justificadamente contestada pela doutrina, com o argumento de que levaria ao afastamento da interpretação restritiva em casos em que ele se não justifica.

V. *Interpretação da lei.*

"Ubi societas ibi ius" – Expressão latina significativa de que onde há sociedade, isto é, vida social, há direito.

É, de facto, imprescindível à vida em comunidade a existência de regras relativas aos comportamentos individuais e colectivos, pois só estas proporcionam o mínimo de segurança indispensável à sobrevivência da comunidade. Isto porque, por um lado, só elas permitem prever a reacção que certo comportamento desencadeará, porque, por outro, a colaboração interindividual necessária à consecução das tarefas sociais também só pode desenvolver-se no quadro de normas que a prevejam, regulem e imponham, e porque finalmente os interesses individuais são em regra conflituantes e, por isso, carecidos de regulação que evite o recurso à força privada.

V. *Direito.*

"Ultra-petita" (Proc. Civil) – Expressão que significa *para além do pedido.*

O tribunal decide *ultra-petita* quando concede mais do que lhe foi pedido ou julga questões que lhe não foram apresentadas.

O tribunal está, em princípio, impedido de conhecer ou condenar *ultra-petita* (artigos 660.°, n.° 2, e 661.°, n.° 1, C.P.C.), sendo nula a sentença que condena em quantidade superior ao pedido (artigo 668.°, n.° 1-*e*), C.P.C.).

O Acórdão n.° 13/96, de 15 de Outubro de 1996, do Supremo Tribunal de Justiça, para uniformização de jurisprudência, publicado no *Diário da República,* I-A série, de 26 de Novembro do mesmo ano, estabeleceu a seguinte doutrina: "O tribunal não pode, nos termos do artigo 661.°, n.° 1, do Código de Processo Civil, quando condenar em dívida de valor, proceder oficiosamente à sua actualização em montante superior ao valor do pedido do autor".

Nos processos de jurisdição voluntária (v. artigos 1409.° e segs., C.P.C.), admite-se que, em certos casos, a condenação possa ser superior ao pedido, embora, e dado o princípio do artigo 661.°, C.P.C., o tribunal deva utilizar cautelosamente essa faculdade que lhe cabe, nos termos do artigo 1410.°, C.P.C..

V. *Pedido; Sentença; Nulidade da sentença; Dívida de valor; "Ex officio"; Autor; Processos de jurisdição voluntária.*

"Ultra vires hereditatis" (Dir. Civil) – Expressão que significa *para além das forças da herança.*

Os herdeiros e legatários não são responsáveis *ultra vires hereditatis,* isto é, a sua responsabilidade pelos encargos da herança é limitada ao valor dos bens que tenham recebido em herança ou legado. V. artigo 2071.°, C.C..

V. *Herança; "Intra vires hereditatis"; Herdeiro; Legatário; Encargos da herança.*

União de coisas (Dir. Civil) – Verifica-se união ou confusão de coisas quando dois bens móveis, pertencentes a proprietários diversos, são juntos por acção do homem, mas de tal modo que não se opere a sua transformação.

Se a união tiver sido realizada de boa fé e impossibilitar a separação das coisas unidas ou, não a impossibilitando, dela resultar prejuízo para uma das partes, determina o artigo 1333.°, n.° 1, C.C., que "faz seu o objecto adjunto o dono daquele que for de maior valor, contanto que indemnize o dono do outro ou lhe entregue coisa equivalente"; sendo as coisas unidas de valor igual e não havendo acordo entre os proprietários, abre-se licitação entre eles, sendo o bem adjudicado ao que oferecer maior valor, pagando este ao outro o montante que lhe couber no total oferecido; não querendo os proprietários licitar, a coisa é vendida, e a cada um deles caberá uma parte do preço.

V. artigo 1333.°, C.C..

Tendo a união sido feita de má fé e não sendo possível operar-se a separação sem prejuízo, "deve o autor da união ou confusão restituir o valor da coisa e indemnizar o seu dono, quando este não prefira ficar com ambas as coisas adjuntas e pagar ao autor da união ou confusão o valor que for calculado segundo as regras do enriquecimento sem causa" – artigo 1334.°, n.° 2, C.C..

Se a união não impedir a separação das coisas, esta opera-se e elas ficam entregues a seus donos, havendo ou não direito a indemnização consoante tenha havido ou não má fé.

V. *Móvel; Direito de propriedade; Boa fé; Indemnização; Adjudicação; Licitação; Má fé; Dano; Enriquecimento sem causa.*

União de contratos (Dir. Civil) – Situação de dois ou mais contratos que se encontram ligados por vínculo de carácter funcional, e que tem algumas implicações no seu regime.

Trata-se de situação distinta da do contrato misto, em que existe um único contrato.

Há autores que designam também por união de contratos a situação de dois contratos que se encontram ligados por um vínculo externo e acidental, como, por exemplo, o resultante do facto de terem sido celebrados ao mesmo tempo e pelas mesmas partes. Neste caso, em que não há qualquer dependência entre os contratos, fala-se em *união extrínseca* ou *junção de contratos.*

A união de contratos qualifica-se como *união com dependência* sempre que os vários contratos são, por vontade das partes, integrados num conjunto económico, de forma que a vigência de um deles depende da do(s) outro(s), ou que se encontram reciprocamente dependentes entre si. Fala-se de *união alternativa* para designar a situação que ocorre quando se celebram dois contratos, destinando-se, porém, apenas um deles a subsistir, dependendo a decisão sobre qual deles será de um evento futuro, exterior aos contratos; neste caso, a pluralidade de contratos em união é apenas temporária, pois um deles será considerado no futuro como não celebrado, dependentemente da ocorrência do facto condicional enunciado pelas partes.

Encontram-se na lei proibições de conclusão de uniões de contratos, designadamente quando está em causa a protecção da liberdade material de contraentes débeis, em especial consumidores. Assim acontece, por exemplo, com o artigo 30.° do Decreto-Lei n.° 143/2001, de 26 de Abril (rectificado pela Declaração de rectificação n.° 13-C/2001, de 31 de Maio), que transpôs a Directiva n.° 97/7/CE, do Parlamento Europeu e do Conselho, de 20 de Maio, que dispõe que "é proibido subordinar a venda de um bem ou a prestação de um serviço à aquisição pelo consumidor de um outro bem ou serviço junto do fornecedor ou de quem este designar", só não se aplicando esta proibição quando "estejam em causa bens ou serviços que, pelas suas características, se encontrem entre si numa relação de complementaridade e esta relação seja de molde a justificar o seu fornecimento em conjunto".

V. *Contrato; Contrato misto; Junção de contratos; Condição; Contraente débil; Consumidor; Compra e venda; Contrato de prestação de serviços.*

União de facto (Dir. Civil) – Desde a redacção dada ao Código Civil pelo Decreto-Lei n.° 496/77, de 25 de Novembro, que aquele atribui alguma protecção jurídica à situação de duas pessoas que se encontram ligadas por uma relação estável e duradoura semelhante à dos cônjuges, não tendo havido, embora, entre elas casamento.

Enunciam-se alguns dos aspectos em que tal protecção foi assumindo carácter mais relevante: a atribuição de direito a alimentos a uma pessoa em caso de morte da outra, direito a exercer contra a herança (artigo 2020.°, C.C.); outra norma protectora das pessoas vivendo em união de facto é a do n.° 1-*c)* do artigo 85.° do Regime do Arrendamento Urbano (aprovado pelo Decreto-Lei n.° 321-B/90, de 15 de Outubro, rectificado por declaração publicada no *Diário da República,* I-A série, de 30 de Novembro de 1990, e alterado pelo Decreto-Lei n.° 278/93, de 10 de Agosto – este alterado, por ratificação, pela Lei n.° 13/94, de 11 de Maio –, pelo Decreto-Lei n.° 163/95, de 13 de Julho, pela Lei n.° 89/95, de 1 de Setembro, pelo Decreto-Lei n.° 257/95, de 30 de Setembro, pela Lei n.° 135/99, de 28 de Agosto, pelos Decretos-Leis n.°s 64-A/2000, de 22 de Abril e 329-B/2000, de 22 de Dezembro, e pelas Leis n.°s 6/2001 e 7/2001, ambas de 11 de Maio) que determina que há transmissibilidade da posição de arrendatário (se este for pessoa não casada ou separada judicialmente), em caso de falecimento deste, para a pessoa que com ele vivia em união de facto há mais de dois anos; finalmente, o Decreto-Lei n.° 166/93, de 7 de Maio (que se ocupa do regime jurídico da renda apoiada), caracteriza o agregado familiar, para os seus efeitos, como o conjunto de pessoas – além de outras – constituído pelo arrendatário e pelo cônjuge ou pessoa que com ele viva há mais de cinco anos em condições análogas. Neste domínio, há a referir o Assento de 23 de Abril de 1987, publicado em 28 de Maio do mesmo ano, que decidiu que "as normas dos n.°s 2, 3 e 4 do artigo 1110.° do Código Civil não são aplicáveis às uniões de facto, mesmo que destas haja filhos menores"; este Assento foi declarado inconstitucional, com força obrigatória geral, pelo Acórdão do Tribunal Constitucional n.° 359/91, no Processo n.° 36/90, publicado no *Diário da República,* I-A série, de 15 de Outubro, "por força da violação do princípio da não discriminação dos filhos, contido no artigo 36.°, n.° 4, da Constituição". O decreto regulamentar n.° 1/94, de 18 de Janeiro, define o regime de acesso às prestações por morte, no âmbito dos regimes de segurança social previstas no Decreto-Lei n.° 322/90, de 18 de Outubro, por parte das pessoas que se encontram na situação de união de facto", dispondo ter direito a tais prestações "a pessoa que, no momento da morte do beneficiário não casado ou separado judicialmente de pessoas e bens, vivia com ele há mais de dois anos em condições análogas às dos cônjuges". Outra manifestação de reconhecimento das uniões de facto encontra-se no Decreto-Lei n.° 133/97, de 30 de Maio, que se ocupa do regime do acolhimento e apoio social a pessoas de nacionalidade portuguesa, e alguns seus familiares, que tenham sido forçados a abandonar os países de residência "em consequência de decisões das autoridades [desses países] ou de ofensa ou ameaça dos seus direitos fundamentais"; além dos cônjuges, descendentes e ascendentes, beneficiam, nos termos deste diploma, do apoio nele concedido as "pessoas que vivam em condições análogas" às dos cônjuges. Há ainda normas avulsas que se referem à legitimidade daqueles que vivam em união de facto para a prática de certos actos, como, por exemplo, o artigo 4.°, n.° 1-*b),* do Decreto-Lei n.° 274/99, de 22 de Julho, que declara que aquele que vivia em união de facto com outro pode reclamar o corpo do falecido.

Só com a Lei n.° 135/99, de 28 de Agosto, o regime da união de facto veio a obter reconhecimento sistemático e regime próprio razoavelmente unificado.

Esta Lei foi entretanto revogada pela Lei n.° 7/2001, de 11 de Maio, que contém o regime de protecção das uniões de facto. Esta Lei, que "regula a situação jurídica de duas pessoas, independentemente do sexo, que vivam em união de facto há mais de dois anos", não tem, no entanto, a pretensão de esgotar o regime jurídico aplicável a estas, expressamente estabelecendo que o seu regime não prejudica "a aplicação de qualquer outra disposição legal ou regulamentar em vigor tendente à protecção jurídica de uniões de facto ou de situações de economia comum".

De salientar que, de acordo com o artigo 9.° da Lei, ficou cometido ao Governo o dever de publicar, "no prazo de 90 dias", "a legislação necessária à sua execução".

Os efeitos jurídicos que decorrem da lei não se produzem, nos termos do artigo 2.° da Lei n.° 7/2001, nos seguintes casos:

"*a)* Idade inferior a 16 anos;

b) Demência notória, mesmo nos intervalos lúcidos, e interdição ou inabilitação por anomalia psíquica;

c) Casamento anterior não dissolvido, salvo se tiver sido decretada separação judicial de pessoas e bens;

d) Parentesco na linha recta ou no segundo grau da linha colateral ou afinidade na linha recta;

e) Condenação anterior de uma das pessoas como autor ou cúmplice por homicídio doloso ainda que não consumado contra o cônjuge do outro".

Trata-se, como se vê, dos impedimentos dirimentes ao casamento.

Os direitos atribuídos pela lei aos que vivem em união de facto são os seguintes:

a) Protecção da casa de morada de família – "Em caso de morte do membro da união de facto proprietário da casa de morada comum, o membro sobrevivo tem direito real de habitação, pelo prazo de cinco anos, sobre a mesma, e, pelo mesmo prazo, direito de preferência na sua venda", ficando este direito precludido pela existência de descendentes do falecido "com menos de 1 ano de idade ou que com ele convivessem há pelo menos um ano e pretendam continuar a habitar a casa, ou no caso de disposição testamentária em contrário" (artigos 3.°-*a)* e 4.°, n.°s 1 e 2);

b) A transmissão do direito ao arrendamento pode ser acordada entre os interessados em caso de separação, "em termos idênticos aos previstos no n.° 1 do artigo 84.° do Regime do Arrendamento Urbano" ["obtido o divórcio ou a separação judicial de pessoas e bens, podem os cônjuges acordar em que a posição de arrendatário fique pertencendo a qualquer deles"] – artigo 4.°, n.° 3;

c) Em caso de separação, o tribunal pode dar de arrendamento a qualquer dos membros da união de facto, a seu pedido, a casa de morada da família, "quer esta seja comum quer própria do outro, considerando [...] as necessidades de cada um [...]" e, em particular, "tendo em conta o interesse dos filhos do casal" (artigo 4.°, n.° 4, da Lei, que remete para os artigos 1793.°, C.C., e 84.°, n.° 2, R.A.U.);

d) O direito ao arrendamento transmite-se, por morte do arrendatário, à "pessoa que com ele viva em união de facto há mais de dois anos, quando o arrendatário não seja casado ou esteja separado judicialmente de pessoas e bens", sendo, para efeitos de transmissão do direito ao arrendamento, equiparado ao cônjuge a pessoa que com ele vivesse em união de facto, desde que ao arrendatário falecido não sobrevivam pessoas na situação prevista na alínea *b)* do n.° 1, ou estas não pretendam a transmissão ["descendente com menos de um ano de idade ou que com ele convivesse há mais de um ano"] – artigo 85.°, n.°s 1-*c)* e 2, R. A.U., na redacção da Lei que vem a citar-se;

e) "Beneficiar de regime jurídico de férias, faltas, licenças e preferência na colocação dos funcionários da Administração Pública equiparado ao dos cônjuges, nos termos da lei" (artigo 3.°-*b)*);

f) "Beneficiar de regime jurídico das férias, feriados e faltas, aplicado por efeito de contrato individual de trabalho, equiparado ao dos cônjuges, nos termos da lei" (artigo 3.°-*c)*);

g) "Aplicação do regime do imposto de rendimento das pessoas singulares nas mesmas condições dos sujeitos passivos casados e não separados judicialmente de pessoas e bens" (artigo 3.°-*d)*);

h) Reconhecimento "às pessoas de sexo diferente que vivam em união de facto nos termos da presente lei o direito de adopção em condições análogas às previstas no artigo 1979.°, do Código Civil, sem prejuízo das disposições legais respeitantes à adopção por pessoas não casadas" (artigo 7.°);

i) Aplicabilidade do regime geral da segurança social e da lei, em caso de morte do beneficiário, desde que aquele que pretende exercer os direitos daí decorrentes vivesse com o falecido (pessoa não casada ou separada judicialmente de pessoas e bens), no momento da morte dele, há mais de dois anos em condições análogas às dos cônjuges, e o membro sobrevivo não contraia casamento ou se torne "indigno do benefício pelo seu comportamento moral" (v. artigos 2020.° e 2019., C.C., e artigos 3.°-*e)* e 6.°, n.° 1, da Lei n.° 7/2001); o n.° 2 do referido artigo 6.° esclarece que a inexistência ou insuficiência de bens da herança não obsta ao reconhecimento da titularidade do direito às prestações, efectivando-se tal direito "mediante acção proposta contra a instituição competente para a respectiva atribuição";

j) "Prestação por morte resultante de acidente de trabalho ou doença profissional, nos termos da lei" (artigo 3.°-*f)*);

l) "Pensão de preço de sangue e por serviços excepcionais e relevantes prestados ao País, nos termos da lei" (artigo 3.°-*g)*).

A união de facto dissolve-se, nos termos do artigo 8.°, n.° 1, da referida Lei, nas seguintes situações:

a) Pelo falecimento de um dos membros;

b) Por vontade de um dos seus membros (nos termos do n.° 2 da mesma disposição, "apenas terá de ser judicialmente declarada quando se pretendam fazer valer direitos da mesma dependentes, a proferir na acção onde os direitos reclamados são exercidos, ou em acção que siga o regime processual das acções de estado");

c) Pelo casamento de um dos membros.

Nos termos do artigo 3.°, n.° 3, da Lei da Nacionalidade (Lei n.° 37/81, de 3 de Outubro, alterada pela Lei n.° 25/94, de 19 de Agosto, pelos Decretos-Leis n.°s 22-A/2001, de 14 de Dezembro, 194/2003, de 23 de Agosto de 2003, e pelas Leis Orgânicas n.°s 1/2004, de 15 de Janeiro, e 2/2006, de 17 de Abril), "o estrangeiro que, à data da declaração, viva em união de facto há mais de três anos com nacional português pode adquirir a nacionalidade portuguesa, após acção de reconhecimento dessa situação a interpor no tribunal cível".

Paralela à situação de união de facto, sistemática e unitariamente regulada na Lei n.° 7/2001, encontra-se a situação daqueles que vivam em economia comum há mais de dois anos, coabitando ou não em união de facto. Esta situação está regulada pela Lei n.° 6/2001, da mesma data, e caracteriza-se, nos termos do respectivo artigo 2.°, como "a situação de pessoas que vivam em comunhão de mesa e habitação há mais de dois anos e tenham estabelecido uma vivência em comum de entreajuda ou partilha de recursos", dela se excluindo os agregados em que, pelo menos, um dos membros não seja maior de idade. Dado que, em alguns dos aspectos de regime, há identidade e, em outros, não, fica a exposição deste último sob a epígrafe *Economia comum.*

Sem que se referisse a união de facto, a existência desta era já relevante para efeitos de presunção de paternidade, pois, nos termos do artigo 1871.°-*c)*, C.C., aquela presunção existe "quando, durante o período legal da concepção, tenha existido comunhão duradoura de vida em condições análogas às dos cônjuges ou concubinato duradouro entre a mãe e o pretenso pai".

V. *Casamento; Alimentos; Herança; Arrendamento urbano; Transmissão do arrendamento; Separação judicial de pessoas e bens; Renda apoiada; Filiação; Menor; Princípio da igualdade; Família; Ascendente; Descendente; Demência; Facto notório; Interdição; Inabilitação; Anomalia psíquica; Parentesco; Grau de parentesco; Afinidade; Linha; Impedimentos dirimentes; Habitação (Direito de); Direito de preferência; Disposição testamentária; Casa de morada da família; Divórcio; Pessoa singular; Adopção; Acção de estado; Cidadania; Estrangeiros; Acção; Tribunal cível.*

União de posses (Dir. Civil) – Designação que a doutrina dá, por vezes, à situação decorrente da sucessão na posse por morte do possuidor.

V. artigo 1255.°, C.C..

V. *Posse; Sucessão na posse.*

Unidade de conta (**UC**) (Proc. Civil) – Entende-se por unidade de conta processual (UC) a "quantia em dinheiro equivalente a um quarto da remuneração mínima mensal mais elevada, garantida, no momento da condenação, aos trabalhadores por conta de outrem, arredondada, quando necessário, para a unidade de euros mais próxima ou, se a proximidade for igual, para a unidade de euros imediatamente inferior" – v. artigo 31.° do Decreto-Lei n.° 323/01, de 17 de Dezembro, que altera o artigo 5.° do Decreto-Lei n.° 212/89, de 30 de Junho (diploma que instituiu o Código das Custas Judiciais).

A partir de 1 de Janeiro de 2004, a UC encontra-se fixada, por arredondamento em 89 Euros, equivalente a $^1/_4$ de 356,60 Euros, valor da remuneração mínima mensal em vigor em 1 de Outubro de 2003, assim se mantendo durante "o triénio 2004/2006.

Unidade de cultura (Dir. Civil) – Área de superfície mínima de terrenos aptos para cultura, que é estabelecida para cada zona do País e que, nos termos do artigo 1376.°, n.° 1, C.C., não pode ser fraccionada, nem pela constituição de usufruto sobre uma parcela desse terreno; a proibição de fraccionamento estende-se aos casos em que "dele possa resultar o encrave de qualquer das parcelas, ainda que seja respeitada a área fixada para a unidade de cultura" e "abrange todo o terreno contíguo pertencente ao mesmo proprietário, embora seja composto por prédios distintos". De acordo com o artigo 1377.°, C.C., "a proibição de fraccionamento não é aplicável:

a) A terrenos que constituam partes componentes de prédios urbanos ou se destinem a algum fim que não seja a agricultura;

b) Se o adquirente da parcela resultante do fraccionamento for proprietário de terreno contíguo ao adquirido, desde que a área da parte restante do terreno fraccionado corresponda, pelo menos, a uma unidade de cultura;

c) Se o fraccionamento tiver por fim a desintegração de terrenos para construção ou rectificação de estremas".

Para evitar o fraccionamento de terrenos aptos para cultura em prédios de área inferior à unidade de cultura, o artigo 1378.°, C.C., proíbe a troca de terrenos, salvo:

"*a)* Quando ambos os terrenos tenham área igual ou superior à unidade de cultura fixada para a respectiva zona;

b) Quando, tendo qualquer dos terrenos área inferior à unidade de cultura, da permuta resulte adquirir um dos proprietários terreno contíguo a outro que lhe pertença, em termos que lhe permitam constituir um novo prédio com área igual ou superior àquela unidade;

c) Quando, independentemente da área dos terrenos, ambos os permutantes adquiram terreno confinante com prédio seu".

Os actos e negócios proibidos pelas citadas normas são anuláveis, tendo "legitimidade para a acção de anulação o Ministério Público ou qualquer proprietário que goze do direito de preferência nos termos do artigo seguinte", e sendo o prazo para a propositura da acção de três anos, "a contar da celebração do acto ou do termo do prazo referido no n.° 1 [prazo de três anos para o início da construção, quando o fraccionamento tiver por fim a desintegração de terrenos para construção ou rectificação de estremas]" – artigo 1379.°, C.C..

O artigo 1380.°, n.° 1, C.C., atribui direitos de preferência recíprocos aos "proprietários de terrenos confinantes, de área inferior à unidade de cultura", "nos casos de venda, dação em cumprimento ou aforamento de qualquer dos prédios a quem não seja proprietário confinante".

V. os Decretos-Leis n.°s 384/88, de 25 de Outubro (regime de emparcelamento rural), e 103/90, de 22 de Março (rectificado por declaração publicada no *Diário da República*, I-A série, de 30 de Junho do mesmo ano, e alterado pelo Decreto-Lei n.° 59/91, de 30 de Janeiro, desenvolvendo as bases gerais do regime de emparcelamento e fraccionamento de prédios rústicos), a Portaria n.° 202/70, de 21 de Abril, e o Decreto Regulamentar Regional n.° 19/88/A, de 20 de Abril (estes dois últimos diplomas fixam a unidade de cultura para Portugal continental e para a Região Autónoma dos Açores, respectivamente).

V. *Fraccionamento; Usufruto; Encrave; Prédio urbano; Parte componente; Prédio urbano; Troca; Acto jurídico; Negócio jurídico; Anulabilidade; Anulação; Legitimidade; Ministério Público; Direito de preferência; Propositura da acção; Compra e venda; Dação em cumprimento; Aforamento.*

Uniformização da jurisprudência (Proc. Civil) – Os artigos 732.°-A e 732.°-B, aditados ao C.P.C. pelo Decreto-Lei n.° 329-A/ /95, de 12 de Dezembro, tendo o segundo sido parcialmente alterado pelo Decreto-Lei n.° 180/96, de 25 de Setembro, vieram prever o chamado julgamento ampliado da revista, que terá lugar quando que tal for determinado pelo Presidente do Supremo Tribunal de Justiça, para ocorrer à necessidade de uniformização da jurisprudência, "até à prolação do acórdão", e em que intervém "o plenário das secções cíveis". Este julgamento "pode ser requerido por qualquer das partes ou pelo Ministério Público e deve ser sugerido pelo relator, por qualquer dos adjuntos, ou pelos presidentes das secções cíveis, designadamente quando verifiquem a possibilidade de vencimento de solução jurídica que esteja em oposição com jurisprudência anteriormente firmada, no domínio da mesma legislação e sobre a mesma questão fundamental de direito". Decidida a realização deste julgamento alargado, "o processo vai com vista ao Ministério Público por 10 dias, para emissão de parecer sobre a questão que origina a necessidade de uniformização de jurisprudência"; "o julgamento só se realiza com a presença de, pelo menos, três quartos dos juízes em exercício nas secções cíveis", e "o acórdão proferido pelas secções reunidas sobre o objecto da revista é publicado na 1.ª série-A do jornal oficial".

V. *Revista; Acórdão; Supremo Tribunal de Justiça; Jurisprudência; Parte; Juiz relator; Juiz adjunto; Ministério Público; Questão de direito; Julgamento; Diário da República.*

Universalidade de direito (Dir. Civil) – Conjunto de direitos pertencentes ao mesmo sujeito e afectados ao mesmo fim, que são relevantes juridicamente, para certos efeitos, como um todo unificado.

Como exemplo de uma universalidade de direito, a doutrina aponta frequentemente o estabelecimento comercial; a herança pode, por seu turno, ser também considerada como uma universalidade de direito, uma vez que, para certos efeitos (por exemplo, o do artigo 2075.°, C.C.), o herdeiro pode invocar um direito único sobre todo o acervo hereditário, autónomo e distinto dos que lhe cabem sobre os vários elementos.

V. *Direito subjectivo; Estabelecimento comercial; Herança; Herdeiro.*

Universalidade de facto (Dir. Civil) – Chama-se universalidade de facto o conjunto de várias coisas móveis que pertencem a uma mesma pessoa e têm uma finalidade económica unitária (por exemplo, um rebanho ou uma biblioteca). Para que um conjunto de coisas simples seja qualificável como universalidade, é necessário, em primeiro lugar, que ele tenha uma identidade económica própria e, em segundo, que as coisas que o integram tenham, também elas, individualidade económica, independentemente do conjunto em que se inserem.

O Código Civil chama às universalidades de facto coisas compostas, estabelecendo, no n.° 2 do seu artigo 206.°, que "as coisas singulares que constituem a universalidade podem ser objecto de relações jurídicas próprias".

V. também o artigo 212.°, n.° 3, C.C., que, referindo-se às universalidades de animais (designadamente rebanhos), dispõe que se consideram frutos delas "as crias não destinadas à substituição das cabeças que por qualquer causa vierem a faltar, os despojos, e todos os proventos auferidos, ainda que a título eventual"; v. ainda artigo 1462.°, C.C., que se ocupa do usufruto sobre uma universalidade de animais.

V. *Móvel; Relação jurídica; Animais; Frutos; Usufruto.*

Uso (direito de) (Dir. Civil) – "O direito de uso consiste na faculdade de se servir de certa coisa alheia e haver os respectivos frutos, na medida das necessidades, quer do titular, quer da sua família" – artigo 1484.°, n.° 1, C.C..

O artigo 1487.°, C.C., caracteriza a família, para efeitos de definir quem são os beneficiários de tal direito, estabelecendo o artigo 1486.° a regra de que "as necessidades pessoais do usuário ou do morador usuário são fixadas segundo a sua condição social".

Quando o direito de uso se refere a uma casa de morada, chama-se direito de habitação (artigo 1484.°, n.° 2, C.C.).

Diferentemente do que sucede com o usufruto, "o usuário e o morador usuário não podem trespassar ou locar o seu direito, nem onerá-lo por qualquer modo" (artigo 1488.°, C.C.).

Trata-se de um direito real, não sendo, no entanto, susceptível de aquisição por usucapião (artigo 1293.°-*b*), C.C.).

O artigo 2.° do Código do Registo Predial, aprovado pelo Decreto-Lei n.° 224/84, de 6 de Julho (rectificado por declaração publicada no *Diário da República*, I série, de 29 de Setembro de 1984), alterado pelos Decretos-Leis n.°s 355/85, de 2 de Outubro, 60/90, de 14 de Fevereiro (rectificado por declaração publicada no *Diário da República*, I-A série, de 31 de Março de 1990), 80/92, de 7 de Maio, 30/93, de 12 de Fevereiro, 227/94, de 8 de Setembro, 267/94, de 25 de Outubro, 67/96, de 31 de Maio, 375-A/99, de 20 de Setembro, 533/99, de 11 de Dezembro (rectificado pela Declaração de rectificação n.° 5-A/2000, de 29 de Fevereiro), 273/2001, de 13 de Outubro, 323/2001, de 17 de Dezembro, 38/2003, de 8 de Março (rectificado pela Declaração de rectificação n.° 5-C/2003, de 30 de Abril), e 194/2003, de 23 de Agosto, e pela Lei n.° 6/2006, de 27 de Fevereiro, estabelece, no seu n.° 1-*a*), que estão sujeitos a registo "os factos jurídicos que determinem a constituição, o reconhecimento, a aquisição ou a modificação dos direitos de [...] uso e habitação [...]".

V. *Frutos; Habitação (Direito de); Trespasse; Oneração de bens; Locação; Usufruto; Direito real; Usucapião; Registo predial.*

Uso anormal do processo (Proc. Civil) – O artigo 665.°, C.P.C., dispõe que, "quando a conduta das partes ou quaisquer circunstâncias da causa produzam a convicção segura de que o autor e o réu se serviram do processo para praticar um acto simulado ou para conseguir um fim proibido por lei, a decisão deve obstar ao objectivo anormal prosseguido pelas partes".

Nestas situações, opinam alguns autores (como Manuel de Andrade) que o processo deve ser declarado sem efeito, entendendo outros (assim, Antunes Varela) que este vício implica a anulação do processo.

Sempre que se verifique uma destas situações, mas o tribunal não se aperceba da fraude, qualquer terceiro prejudicado com a decisão no processo pode a ela reagir através do recurso extraordinário de oposição de terceiro, previsto e regulado nos artigos 778.° e segs., C.P.C. (o artigo 781.° tem a redacção do Decreto-Lei n.° 329-A/95, de 12 de Dezembro).

V. *Autor; Réu; Simulação processual; Nulidade processual; Terceiro; Recurso extraordinário; Parte; Oposição de terceiro.*

Usos – Diversamente do costume, o uso é a prática socialmente generalizada, desacompanhada da convicção da obrigatoriedade (ou da permissividade) da sua adopção.

Segundo o artigo 3.°, n.° 1, C.C., "os usos que não forem contrários aos princípios da boa fé são juridicamente atendíveis quando a lei o determine". São numerosas as disposições legais que determinam a relevância dos usos: assim, por exemplo, os artigos 218.°, 885.°, n.° 2, e 1039.°, n.° 1, C.C..

V. *Costume; Boa fé.*

Usuário (Dir. Civil) – Titular de um direito real de uso.

V. *Uso (direito de); Direito real.*

Usucapião (Dir. Civil) – Chama-se usucapião (ou prescrição aquisitiva, na terminologia do Código Civil antigo) à aquisição de um direito real de gozo pela pessoa que tem a sua posse durante um certo lapso de tempo.

Há direitos que a lei exclui da possibilidade de aquisição por usucapião: assim acontece com as servidões prediais não aparentes (artigos 1293.°-*a*) e 1548.°, C.C.), com os direitos de uso e habitação (artigos 1293.°-*b*) e 1485.°, C.C.) e com o direito de autor (artigo 55.° do Código do Direito de Autor e dos Direitos Conexos – Decreto-Lei n.° 63/85, de 15 de Março, na redacção da Lei n.° 45/85, de 17 de Setembro, e alterado pelas Leis n.°s 45/85, de 17 de Setembro, e 114/91, de 3 de Setembro, pelos Decretos-Leis n.°s 332/97, 333/97 e 334/97, todos de 27 de Novembro, e pela Lei n.° 50/2004, de 24 de Agosto).

A usucapião, que aproveita a todas as pessoas que possam adquirir, tem de ser judicial ou extrajudicialmente invocada para produzir os seus efeitos, e estes, após a invocação, retrotraem-se à data do início da posse, tudo se passando, portanto, como se o direito tivesse sido adquirido nesse momento.

Os prazos para aquisição por usucapião de imóveis e móveis variam consoante haja ou não justo título, registo, e a posse seja de boa ou má fé, e encontram-se estabelecidos nos artigos 1294.° e segs. e 1298.° e segs., C.C., respectivamente. A posse violenta ou oculta não entra no cômputo do tempo para efeitos de usucapião, começando os prazos a contar a partir do momento em que a violência cessa ou a posse se torna pública (artigos 1297.° e 1300.°, C.C.).

O regime da usucapião não pode ser alterado ou derrogado convencionalmente, sendo nulos os negócios jurídicos destinados a modificar os seus prazos, a facilitar ou a dificultar por qualquer outro modo as condições em que ela opera os seus efeitos.

São aplicáveis à usucapião as disposições relativas à suspensão e interrupção da prescrição.

V. artigos 1287.° e segs., C.C..

V. *Posse; Direito real; Gozo; Prescrição; Servidão predial; Direito de autor; Imóvel; Móvel; Boa fé; Má fé; Uso (direito de); Direito de habitação; Justo título; Nulidade; Negócio jurídico; Suspensão da prescrição; Interrupção da prescrição.*

"Usucapio libertatis" (Dir. Civil) – A *usucapio libertatis* é a extinção de um direito real menor que incide sobre a coisa, em consequência de ela ser duradouramente possuída como livre de qualquer direito ou encargo.

A nossa lei prevê expressamente esta figura como forma de extinção das servidões prediais, consistindo aí na aquisição, por usucapião, da liberdade do prédio serviente; tal aquisição "só pode dar-se quando haja, por parte do proprietário do prédio serviente, oposição ao exercício da servidão", começando o prazo para a usucapião a contar-se desde tal oposição – artigos 1569.°, n.° 1-*c)*, e 1574.°, C.C..

V. *Direito real; Direito real menor; Servidão predial; Prédio serviente; Usucapião.*

Usufruto (Dir. Civil) – "Usufruto é o direito de gozar temporária e plenamente uma coisa ou direito alheio, sem alterar a sua forma ou substância" – artigo 1439.°, C.C..

Diz-se proprietário da raiz ou nu proprietário o proprietário da coisa, de que outrem tem o usufruto.

O usufruto é um direito sempre temporário, de modo que, quando não tiver prazo de duração estabelecido no seu título constitutivo, não pode exceder a vida do seu titular, e, sendo este pessoa colectiva, a sua duração máxima é de trinta anos.

O usufrutuário tem o direito de gozar plenamente a coisa, podendo normalmente alienar o seu direito de usufruto ou onerá-lo, embora responda pelos danos da coisa devidos a culpa da pessoa que o substituir. Esta possibilidade de transmitir o usufruto pode no entanto encontrar-se limitada, quer convencional quer legalmente.

No exercício dos direitos do usufrutuário, há a notar um princípio restritivo importante e que tem no nosso direito carácter imperativo: a conservação da forma e substância da coisa usufruída; tal princípio sofre, porém e como é evidente, uma derrogação no caso de usufruto de coisas consumíveis, expressamente previsto no artigo 1451.°, C.C..

O usufrutuário deve "[...] usar, fruir e administrar a coisa ou o direito como faria um bom pai de família, respeitando o seu destino económico".

Encontram-se abrangidos pelo usufruto as coisas acrescidas e todos os direitos inerentes à coisa usufruída.

São formas de constituição do usufruto, alem da lei, o contrato, testamento e a usucapião.

As causas de extinção enunciadas no artigo 1476.°, C.C., são a morte do usufrutuário ou o fim do prazo, a reunião do usufruto e da propriedade na mesma pessoa, o não exercício do usufruto durante vinte anos, qualquer que seja o motivo, a perda total da coisa e a renúncia.

O artigo 2.°,n.° 1-*a)*, do Código do Registo Predial, aprovado pelo Decreto-Lei n.° 224/84, de 6 de Julho (rectificado por declaração publicada no *Diário da República*, I série, de 29 de Setembro de 1984), e alterado pelos Decretos-Leis n.°s 355/85, de 2 de Outubro, 60/90, de 14 de Fevereiro (este último rectificado por declaração publicada no *Diário da República*, I-A série, de 31 de Março de 1990), 80/92, de 7 de Maio, 30/93, de 12 de Fevereiro, 227/94, de 8 de Setembro, 267/94, de 25 de Outubro, 67/96, de 31 de Maio, 375-A/99, de 20 de Setembro, 533/99, de 11 de Dezembro (rectificado pela Declaração de rectificação n.° 5-A/2000, de 29 de Fevereiro), 273/2001, de 13 de Outubro, 323/2001, de 17 de Dezembro, 38/2003, de 8 de Março (rectificado pela Declaração de rectificação n.° 5--C/2003, de 30 de Abril), e 194/2003, de 23 de Agosto, e pela Lei n.° 6/2006, de 27 de Fevereiro, estabelece que estão sujeitos a registo "os factos jurídicos que determinem a constituição, o reconhecimento, a aquisição ou a modificação dos direitos de [...] usufruto [...]".

V. artigos 1439.° e segs., C.C..

V. *Gozo; Direito subjectivo; Direito de propriedade; Pessoa colectiva; Alienação; Responsabilidade civil; Dano; Culpa; Bom pai de família; Norma imperativa; Coisa consumível; Contrato; Testamento; Usucapião; Morte; Renúncia; Registo predial.*

Usufruto de coisas consumíveis (Dir. Civil) – V. *Usufruto; Quase-usufruto; Coisa consumível.*

Usufruto do cônjuge sobrevivo (Dir. Civil) – Na redacção originária do Código Civil – que foi alterada pelo Decreto-Lei n.° 496/77, de 25 de Novembro –, o cônjuge sobrevivo, não divorciado nem separado judicialmente de pessoas e bens, sendo a sucessão legitimamente deferida aos irmãos ou seus descendentes, tinha direito ao usufruto vitalício da herança como legatário legítimo.

Tal regime deixou de vigorar, sendo o cônjuge sobrevivo herdeiro legitimário do *de cuius* e igualmente seu herdeiro legítimo (artigos 2157.°, 2158.°, 2159.° e 2161.°, C.C., relativamente à sucessão legitimária, e artigos 2132.°, 2133.° e 2139.° e segs., C.C., relativamente à sucessão legítima).

V. *Usufruto; Divórcio; Separação judicial de pessoas e bens; Sucessão legítima; Descendente; Herança; Legatário; Sucessão legitimária; "De cuius".*

Usufruto legal (Dir. Civil) – Na redacção originária do Código Civil, determinava-se que os pais tinham (salvo se estivessem inibidos de exercer o poder paternal por causa diversa da interdição ou inabilitação por anomalia psíquica) o usufruto legal dos bens dos filhos menores, pertencendo a ambos os pais os frutos dos bens usufruídos.

Actualmente, o n.° 1 do artigo 1896.°, C.C., permite aos pais a utilização dos rendimentos dos bens do filho para satisfação de despesas com o sustento, saúde e educação dele, permitindo igualmente essa utilização, embora "dentro de justos limites", para ocorrer a outras necessidades da vida familiar; o n.° 2 da mesma disposição limita o uso desta faculdade a um dos pais, quando apenas um exerça em relação ao filho, o poder paternal. Por sua vez, o artigo 1936.°, C.C., dispõe que o tutor pode, de igual forma utilizar os rendimentos dos bens do pupilo, embora limitando essa utilização às despesas decorrentes do sustento e educação do pupilo e administração dos respectivos bens.

Finalmente, o artigo 1998.°, C.C., estabelece que, na adopção restrita, ao adoptante só é legítimo utilizar a parte dos rendimentos do adoptado que o tribunal fixar para alimentos deste.

V. *Usufruto; Poder paternal; Inibição do poder paternal; Interdição; Inabilitação; Anomalia psíquica; Menor; Frutos; Tutor; Pupilo; Adopção restrita; Alimentos.*

Usufrutuário (Dir. Civil) – Titular de um direito de usufruto.

V. *Usufruto.*

Usura

1. (Dir. Civil) – No Código Civil de 1867, o termo usura designava o mútuo oneroso, contrato que era, tal como actualmente, em princípio válido.

No Código Civil actual, o termo é utilizado na qualificação do mútuo oneroso em que a taxa de juros convencionada é superior à legalmente permitida (artigo 1146.°, na redacção do Decreto-Lei n.° 262/83, de 16 de Junho). Por outro lado, é também qualificado como usurário o negócio em que uma das partes obtém, para si ou para terceiro, a "promessa ou a concessão de benefícios excessivos ou injustificados", "explorando a situação de necessidade, inexperiência, ligeireza, dependência, estado mental ou fraqueza de carácter de outrem" (artigo 282.°, C.C., na redacção do mesmo DL n.° 262/83).

A usura é, pois, hoje, um vício que pode afectar o negócio jurídico.

V. *Mútuo; Juros; Juros legais; Negócio jurídico; Negócio usurário; Terceiro.*

2. (Dir. Penal) – Crime, previsto no artigo 226.° do Código Penal, que tem lugar quando alguém, com intenção de alcançar benefício patrimonial, para si ou para outra pessoa, explorando situação de necessidade, anomalia psíquica, incapacidade, inépcia, inexperiência ou fraqueza de carácter do devedor, ou relação de dependência deste, faz com que ele se obrigue a conceder ou a prometer, sob qualquer forma, a seu favor ou a favor de outra pessoa, vantagem pecuniária que for, segundo as circunstâncias do caso, manifestamente desproporcionada à contraprestação. O artigo 226.°, n.° 4,do mesmo Código consagra agravações para os casos em que o agente faz da usura modo de vida, dissimula vantagem pecuniária ilegítima exigindo letra ou simulando contrato, ou provoca conscientemente, por meio de usura, a ruína patrimonial da vítima.

Usurário (Dir. Civil) – De um modo geral, é usurário o negócio jurídico, "quando alguém, explorando a situação de necessidade, inexperiência, ligeireza, dependência, estado mental ou fraqueza de carácter de outrem, obtiver deste, para si ou para terceiro, a promessa ou a concessão de benefícios excessivos ou injustificados" – artigo 282.°, n.° 1, C.C. (na redacção do Decreto-Lei n.° 262/83, de 16 de Junho).

O negócio usurário é anulável, podendo, em lugar da anulação, ser requerida a modificação dele, segundo juízos de equidade – v. artigos 282.° e 283.°, C.C..

O contrato de mútuo tem um regime especial: se forem estipulados juros anuais superiores aos juros legais, acrescidos de 3% ou 5%, consoante exista ou não garantia real, é tido como usurário.

Também é usurária no mútuo a cláusula penal que fixe, na falta de restituição da coisa mutuada, para o tempo de mora, uma indemnização de mais do que o correspondente a 7% ou 9%, acima dos juros legais, conforme haja ou não garantia real.

Quer a taxa de juros quer a cláusula penal, que excedam os limites legalmente fixados, devem considerar-se reduzidas a esses limites, seja qual for a vontade das partes, sendo certo que o respeito dos limites estabelecidos no artigo 1146.°, C.C., não obsta à aplicação, se for caso disso, do referido regime dos artigos 282.° a 284.°.

V. artigo 1146.°, C.C., na redacção do citado DL n.° 262/83.

Note-se que o n.° 2 do Aviso n.° 3/93, do Banco de Portugal, de 20 de Maio, estabelece que "são livremente estabelecidas pelas instituições de crédito e sociedades financeiras as taxas de juro das suas operações, salvo nos casos em que sejam fixadas por diploma legal", o que representa a liberalização das taxas de juros estipuladas pelas instituições bancárias.

V. *Negócio jurídico; Terceiro; Anulabilidade; Modificação do contrato; Equidade; Mútuo; Juros; Juros legais; Garantias reais; Norma imperativa; Mora; Cláusula penal.*

"Usus" (Dir. Civil) – Termo latino que designa uma das faculdades contidas no direito de propriedade: o direito de usar a coisa.

V. *Direito de propriedade; "Abusus"; "Fructus".*

Uterinos (Dir. Civil) – Irmãos uterinos são os filhos da mesma mãe, mas de pais diferentes.

Concorrendo à sucessão irmãos germanos e irmãos uterinos, o artigo 2146.°, C.C., estabelece que a parte que cabe a cada um dos irmãos germanos corresponde ao dobro da parte que cabe aos irmãos uterinos.

V. *Germanos; Consanguíneos; Sucessão.*

"Utile per inutile non vitiatur" (Dir. Civil) – A parte útil do negócio não é viciada pela sua parte inútil. Significa este princípio que, sendo o negócio parcialmente inválido, a sua parte válida pode não ser afectada por essa invalidade parcial.

V. *Negócio jurídico; Invalidade; Redução.*

Utilidade (Dir. Civil) – Designa-se por utilidade a aptidão que um bem tem para satisfazer uma necessidade humana.

Em direito são relevantes os bens cujas utilidades são aptas à satisfação de necessidades que interferem na vida social, isto é, aqueles cuja utilização ocorre no quadro das relações sociais ou interindividuais.

V. *Bem; Necessidade; Interesse.*

V

"Vacatio legis" – Período que decorre entre a publicação de uma lei e a sua entrada em vigor, destinado a possibilitar o seu conhecimento pelos respectivos destinatários.

A *vacatio legis* tem a duração que o próprio diploma legal determinar e, na falta de fixação, é de cinco dias no continente, de quinze dias nas Regiões Autónomas dos Açores e na Madeira, e de trinta dias no estrangeiro.

V. artigo 2.° da Lei n.° 74/98, de 11 de Novembro, alterada pela Lei n.° 2/2005, de 24 de Janeiro.

V. *Lei; Publicação da lei; Entrada em vigor.*

Vacatura da herança (Dir. Civil; Proc. Civil) – A herança é declarada vaga para o Estado nos termos das leis de processo (v. artigos 1132.° a 1134.°, C.P.C., na redacção dos Decretos-Leis n.°s 329-A/95, de 12 de Dezembro, e 180/96, de 25 de Setembro), quando é "reconhecida judicialmente a inexistência de outros sucessíveis" – artigo 2155.°, C.C..

V. *Herança; Sucessível; Herança vaga.*

Valas (Dir. Civil) – São escavações, mais ou menos profundas e largas, abertas num terreno para conduzir águas ou instalar canalizações.

V. *Águas; Prédio rústico; Regueiras.*

Vale (Dir. Civil; Proc. Civil) – Na formulação de Manuel de Andrade, *Noções elementares de Processo Civil*, Coimbra, 1976, pág. 65, vales "são documentos de empréstimo ou de pagamento por conta dum crédito a vencer ou a liquidar ulteriormente, passados sob a forma «vale a quantia de ...»".

Os vales, assinados pelo devedor, de que conste a obrigação de pagamento de uma quantia determinada ou determinável por simples cálculo aritmético, podem servir de base à execução, desde que a assinatura do devedor se encontre notarialmente reconhecida.

V. artigos 46.°-*c)* e 51.°, C.P.C., o primeiro na redacção do Decreto-Lei n.° 38/2003, de 8 de Março (rectificado pela Declaração de rectificação n.° 5-C/2003, de 30 de Abril), e o segundo na redacção do Decreto-Lei n.° 329-A/95, de 12 de Dezembro.

V. *Mútuo; Crédito; Documento; Vencimento; Devedor; Obrigação pecuniária; Execução; Título executivo; Reconhecimento de letra e assinatura.*

Validação do casamento (Dir. Civil) – A lei admite a sanação da anulabilidade do casamento em certos termos, designando tal situação por validação do casamento.

O casamento anulável considera-se válido desde a celebração se, antes do trânsito em julgado da sentença de anulação, ocorrer algum dos seguintes factos:

"*a)* Ser o casamento de menor não núbil confirmado por este, perante o funcionário do registo civil e duas testemunhas, depois de atingir a maioridade;

b) Ser o casamento do interdito ou inabilitado por anomalia psíquica confirmado por ele, nos termos da alínea precedente, depois de lhe ser levantada a interdição ou inabilitação ou, tratando-se de demência notória, depois de o demente fazer verificar judicialmente o seu estado de sanidade mental;

c) Ser declarado nulo ou anulado o primeiro casamento do bígamo;

d) Ser a falta de testemunhas devida a circunstâncias atendíveis, como tais reconhecidas pelo Ministro da Justiça, desde que não haja dúvidas sobre a celebração do acto".

V. artigo 1633.°, C.C..
V. *Casamento; Anulabilidade do casamento; Sentença; Trânsito em julgado; Anulação; Casamento de menor; Confirmação; Registo civil; Maioridade; Interdição; Inabilitação; Anomalia psíquica; Demência; Facto notório; Invalidade do casamento; Bigamia.*

Validação do negócio (Dir. Civil) – Um negócio jurídico anulável pode validar-se ou convalidar-se, tudo se passando como se fosse válido desde início, quando desaparece o vício que o afectava ou quando sobrevém o requisito que lhe faltava e que não era essencial que existisse no momento da sua celebração (por exemplo, nos casos de validação de casamento enunciados no artigo 1633.°, C.C.) ou quando ele não procede por outra razão (por exemplo, "a anulabilidade fundada em erro na declaração não procede, se o declaratário aceitar o negócio como o declarante o queria" – artigo 248.°, C.C.).
V. *Negócio jurídico; Convalidação; Anulabilidade; Erro; Erro na declaração; Declaração negocial; Validação do casamento.*

Validade (Dir. Civil) – Um negócio jurídico é válido quando, sendo substancial e formalmente conforme às disposições legais que lhe são aplicáveis, produz normalmente os efeitos jurídicos para que tende.
V. *Negócio jurídico; Forma; Invalidade.*

Valor da acção (Proc. Civil) – V. *Valor da causa.*

Valor da causa (Proc. Civil) – Nos termos do C.P.C., a toda a causa tem de ser atribuído um valor certo, expresso em moeda legal, determinado no momento da propositura da acção e que deve constar da petição inicial.

A fixação feita pelo autor na petição pode normalmente ser impugnada pelo réu.

Quando a acção visa a condenação no pagamento de uma quantia certa em dinheiro, esse é naturalmente o valor da causa; quando se destina a fazer valer o direito de propriedade sobre uma coisa, é o valor desta que determina o valor da causa; quando com a acção se pretende obter um benefício diverso, o valor da causa corresponde à avaliação em termos pecuniários desse benefício.

Havendo vários pedidos, o valor corresponde à soma dos valores de todos eles. Quando se fizerem pedidos alternativos numa acção, o valor desta é o do pedido de maior valor e, sendo os pedidos subsidiários, atende-se ao pedido formulado em primeiro lugar para a fixação do valor.

Há casos para os quais a lei enuncia critérios especiais de determinação do valor: por exemplo, nas acções de despejo, o valor é o da renda anual, acrescida das rendas em dívida e da indemnização pedida.

Quando às acções sobre o estado de pessoas ou sobre interesses imateriais, o artigo 312.°, C.P.C., na redacção do Decreto-Lei n.° 323/2001, de 17 de Dezembro, determina que o seu valor é sempre o equivalente à alçada do Tribunal da Relação mais € 0,01.

É ao valor da causa que se atende para determinar a competência do tribunal, a forma do processo e a relação da causa com a alçada do tribunal.

Os incidentes da instância têm também o seu valor, que é normalmente o da causa a que respeitam.

Para a determinação do valor dos procedimentos cautelares, a lei enuncia critérios especiais (artigo 313.°, n.° 3, C.P.C., cuja última redacção é a do Decreto-Lei n.° 329-A/95, de 12 de Dezembro).

V. artigos 305.° e segs., C.P.C..

Nos processos de insolvência, "é determinado sobre o valor do activo do devedor indicado na petição, que é corrigido logo que se verifique ser diferente o valor real" – artigo 15.° do Código da Insolvência e da Recuperação de Empresas, aprovado pelo Decreto-Lei n.° 53/2004, de 18 de Março, alterado pelos Decretos-Leis n.°s 200/2004, de 18 de Agosto, e 76-A/2006, de 29 de Março (rectificado pela Declaração de rectificação n.° 28-A/2006, de 26 de Maio); quanto ao valor da acção de insolvência para efeitos de custas, dispõe o artigo 301.° que, no processo de insolvência em que esta não chegue a ser declarada ou em que se verifique encerramento antes da elaboração pelo administrador da insolvência do inventário dos bens e valores integrados na massa insolvente, ele "é o equivalente ao da alçada da Relação, ou ao valor aludido no artigo 15.°, se este for inferior; nos demais caos, o valor é o atribuído ao activo no referido inventário, atendendo-se aos valores mais elevados dos bens, se for o caso".

No regime do Decreto-Lei n.° 269/98, de 1 de Setembro (rectificado pela Declaração de rectificação n.° 16-A/98, de 30 de Setembro), alterado pelos Decretos-Leis n.°s 383/99, de 23 de Setembro, 183/2000, de 10 de Agosto, 323/2001, de 17 de Dezembro, 32/2003, de 17 de Fevereiro, 38/ /2003, de 8 de Março (este rectificado pela Declaração de rectificação n.° 5-C/2003, de 30 de Abril), e 107/2005, de 1 de Julho (rectificado pela Declaração de rectificação n.° 63/2005, de 19 de Agosto), que se ocupa "dos procedimentos destinados a exigir o cumprimento de obrigações pecuniárias emergentes de contratos de valor não superior à alçada da Relação [era o valor da alçada do tribunal de 1.ª instância anteriormente]" e de "obrigações emergentes de transacções comerciais abrangidas pelo Decreto-Lei n.° 32/2003, de 17 de Fevereiro", o artigo 18.° dispõe que "o valor processual da injunção e da acção declarativa que se lhe seguir é o do pedido, atendendo-se, quanto aos juros, apenas aos vencidos até à data da apresentação do requerimento". A Portaria n.° 810/2005, de 9 de Setembro, aprovou outras formas de pagamento da taxa de justiça – diversas das previstas no Código das Custas Judiciais – devida pela injunção.

Quanto à determinação do valor da causa, atendível para efeito de custas, v. artigos 5.° a 12.° do Código das Custas Judiciais (Decreto-Lei n.° 224-A/96, de 26 de Novembro – rectificado pela Declaração de rectificação n.° 4-B/97, de 31 de Janeiro –, alterado pelo Decreto-Lei n.° 91/97, de 22 de Abril, pela Lei n.° 59/98, de 25 de Agosto, e pelos Decretos-Leis n.°s 304/99, de 6 de Agosto, 320-B/2000, de 15 de Dezembro, 323/2001, de 17 de Dezembro, 38/2003, de 8 de Março – rectificado pela Declaração de rectificação n.° 5-C/2003, de 30 de Abril –, e 324/2003, de 27 de Dezembro – este rectificado pela Declaração de rectificação n.° 26/2004, de 24 de Fevereiro –, e pelas Leis n.°s 45/2004, de 19 de Agosto, e 60-A/2005, de 30 de Dezembro).

V. *Propositura da acção; Petição inicial; Autor; Réu; Impugnação; Sentença condenatória; Direito de propriedade; Pedido; Cumulação de pedidos; Pedidos alternativos; Pedido subsidiário; Despejo; Renda; Indemnização; Estado pessoal; Acção de estado; Alçada; Relação; Competência; Competência em razão do valor; Forma de processo; Insolvência; Recuperação de empresas; Devedor; Incidente; Custas; Declaração de insolvência; Administrador da insolvência; Massa insolvente; Procedimento cautelar; Injunção; Força executiva; Contrato; Tribunal de 1.ª instância; Obrigação pecuniária; Juros; Requerimento de injunção; Acção declarativa; Taxa de justiça.*

Valor da moeda (Dir. Civil) – O valor facial ou nominal da moeda é o valor com que ela é posta em circulação e que se encontra oficialmente inscrito em cada espécie monetária. É por referência a este valor que se faz, em princípio, o cumprimento das obrigações pecuniárias (artigo 550.°, C.C.).

O valor corrente de uma moeda é aquele que, em certo momento, lhe é atribuído em confronto com outras moedas. Determina o artigo 554.°, C.C., que, "quando o quantitativo da obrigação é expresso em dinheiro corrente, mas se estipula que o cumprimento será efectuado em certa espécie monetária ou em moedas de certo metal, presume-se que as partes querem vincular-se ao valor corrente que a moeda ou as moedas do metal escolhido tinham à data da estipulação".

V. *Princípio nominalista; Obrigação pecuniária; Cumprimento; Presunção legal.*

Valor da reconvenção (Proc. Civil) – Quando o réu deduz reconvenção, o valor do seu pedido soma-se ao do pedido do autor, "mas este aumento de valor só produz efeitos no que respeita aos actos e termos posteriores à reconvenção [...]" – artigo 308.°, n.° 2, C.P.C..

V. *Réu; Reconvenção; Pedido; Autor; Valor da causa; Actos processuais; Termo.*

Valor negativo (Dir. Civil) – O valor negativo de um negócio jurídico é a qualificação que o Direito dele faz, em consequência de um vício que o afecta e que não lhe permite realizar a sua função e produzir os seus efeitos, qualificação que sintetiza as consequências que a lei faz derivar desse vício.

V. *Negócio jurídico; Inexistência; Nulidade; Anulabilidade; Ineficácia.*

Valor probatório (Dir. Civil; Proc. Civil) – V. *Força probatória; Prova.*

Valuta (Dir. Civil)
1. V. *Obrigação valutária.*
2. V. *Relação de valuta.*

Vara cível (Org. Judiciária) – Segundo o artigo 65.° da Lei de Organização e Funcionamento dos Tribunais Judiciais (Lei n.° 3/ /99, de 13 de Janeiro, rectificada pela Declaração de rectificação n.° 7/99, de 16 de Fevereiro, e alterada pela Lei n.° 101/99, de 26 de Julho, pelos Decretos-Leis n.°s 323/ /2001, de 17 de Dezembro, e 38/2003, de 8 de Março – rectificado pela Declaração de rectificação n.° 5-C/2003, de 30 de Abril –, pela Lei n.° 105/2003, de 10 de Dezembro, pelo Decreto-Lei n.° 53/2004, de 18 Março, pela Lei n.° 42/2005, de 29 de Agosto, e pelo Decreto-Lei n.° 76-A/2006, de 29 de Março – rectificado pela Declaração de rectificação n.° 28-A/2006, de 26 de Maio), os tribunais de comarca podem desdobrar-se em varas, com competência específica, quando o volume e a complexidade do serviço o justifiquem.

Por seu lado, o artigo 97.° da mesma Lei estabelece:

"1 – Compete às varas cíveis:

a) A preparação e julgamento das acções declarativas cíveis de valor superior à alçada do tribunal da Relação em que a lei preveja a intervenção do tribunal colectivo;

b) Exercer, nas acções executivas fundadas em título que não seja decisão judicial, de valor superior à alçada dos tribunais da relação, as competências previstas no Código de Processo Civil, em circunscrições não abrangidas pela competência dos juízos de execução;

c) A preparação e julgamento dos procedimentos cautelares a que correspondam acções da sua competência;

d) Exercer as demais competências conferidas por lei.

2 – Onde não houver tribunais de família e de comércio, é extensivo às acções em matéria de família e de comércio o disposto na alínea *a)* do número anterior.

3 – São remetidos às varas cíveis os processos pendentes nos juízos cíveis em que se verifique alteração do valor susceptível de determinar a sua competência.

4 – São ainda remetidos às varas cíveis, para julgamento e ulterior devolução, os processos que não sejam originariamente da sua competência, ou certidão das necessárias peças processuais, nos casos em que a lei preveja, em determinada fase da sua tramitação, a intervenção do tribunal colectivo.

5 – Nas varas cíveis compete ao juiz da causa ou ao juiz a quem for distribuído o processo o exercício das funções previstas no artigo 108.°, com as devidas adaptações".

V. artigos 48.°, 57.° e 72.° do Decreto-Lei n.° 186-A/99, de 31 de Maio, alterado pelos Decretos-Leis n.°s 290/99, de 30 de Julho, 27-B/2000, de 3 de Março, 178/2000, de 9 de Agosto, 246-A/2001, de 14 de Setembro, 74/2002, de 16 de Março, 148/2004, de 21 de Junho, e 219/2004, de 26 de Outubro, que regulamenta a Lei de Organização e Funcionamento dos Tribunais Judiciais.

V. *Tribunal comum; Tribunal de comarca; Acção declarativa; Valor da causa; Alçada; Relação; Tribunal colectivo; Execução; Título executivo; Procedimento cautelar; Tribunal de família; Competência em razão do valor; Juízo; Julgamento; Certidão; Juiz.*

Veículo (Dir. Civil) – A responsabilidade civil objectiva, prevista nos artigos 503.° e segs., C.C., respeita aos danos provocados por qualquer veículo de circulação terrestre.

Para efeitos de registo, o artigo 41.° do Código do Registo de Bens Móveis, aprovado pelo Decreto-Lei n.° 277/95, de 25 de Outubro (rectificado pela Declaração de rectificação n.° 131/95, de 31 de Outubro, e alterado pelo Decreto-Lei n.° 311 A/95, de 21 de Novembro), caracteriza como veículo todo o que, sendo de tracção mecânica, transite pelos seus próprios meios, bem como as máquinas e os reboques, à excepção dos ciclomotores e dos veículos destinados a fins militares. Note-se, porém, que o artigo 7.°, n.° 1, do diploma (DL n.° 277/95) que aprovou este Código dispõe que "o presente diploma e o Código entram em vigor simultaneamente com o regulamento a que se refere o artigo 4.° [Regulamento do Registo de Bens Móveis, a aprovar por Portaria do Ministro da Justiça], o que não aconteceu.

O Decreto-Lei n.° 45/2005, de 23 de Fevereiro, que transpôs a Directiva n.° 2000/ /56/CE, da Comissão, de 14 de Setembro, e que se ocupa da carta de condução, continha, no seu artigo 2.°-*a)*, a seguinte definição de "veículo a motor": "o veículo com motor de propulsão, dotado de pelo menos quatro rodas, com tara superior a 550 kg, cuja velocidade máxima é, por construção, superior a 25 km/h, e que se destina, pela sua função, a transitar na via pública, sem sujeição de carris"; a alínea *e)* do mesmo artigo caracterizava como "automóvel" "qualquer veículo a motor que não seja motociclo, que sirva em geral para o transporte por estrada de pessoas, ou mercadorias, ou para tracção em estrada de veículo utilizado no transporte de pessoas ou de mercadorias", acrescentando que "este termo engloba os troleicarros, isto é, os veículos ligados a uma catenária eléctrica que não circulam sobre carris, mas não engloba os tractores agrícolas e florestais". Este diploma foi alterado pelo Decreto-Lei n.° 103/2005, de 24 de Junho, não contendo o artigo 2.° as definições anteriores.

A Portaria n.° 1092/97, de 3 de Novembro, alterada pelas Portarias n.°s 960/2000, de 9 de Outubro, e 1507/2001, de 23 de Agosto, transpôs a Directiva n.° 96/53/CE, do Conselho, de 25 de Julho de 1996, "que fixa as dimensões máximas autorizadas no tráfego nacional e internacional e os pesos máximos autorizados no tráfego internacional de determinadas categorias de veículos"; a referida Directiva n.° 96/53/CE foi alterada pela Directiva n.° 2002/7/CE, do Parlamento Europeu e do Conselho, de 18 de Fevereiro, que foi transposta pelo Decreto-Lei n.° 99/2005, de 21 de Junho, que aprova o Regulamento Que Fixa os Pesos e as Dimensões Máximos Autorizados para os Veículos em Circulação.

O Código da Estrada foi aprovado pelo Decreto-Lei n.° 114/94, de 3 de Maio, revisto e republicado pelo Decreto-Lei n.° 2/ /98, de 3 de Janeiro, e muito alterado pelos Decretos-Leis n.°s 265-A/2001, de 28 de Setembro (rectificado pela Declaração de rectificação n.° 19-B/2001, de 29 de Setembro), e 44/2005, de 23 de Fevereiro; o Regulamento da Homologação de Veículos a Motor de Duas e Três Rodas e Respectivo Indicador de Velocidade foi aprovado pelo Decreto-Lei n.° 30/2002, de 16 de Fevereiro (que transpôs a Directiva n.° 2000/7/CE, do Parlamento Europeu e do Conselho, de 20 de Março), alterado pelos Decretos-Leis n.°s 238/2003, de 3 de Outubro (este transpôs a Directiva n.° 2002/24/CE, do Parlamento Europeu e do Conselho, de 18 de Março), e 14/2005, de 10 de Janeiro (que transpôs a Directiva n.° 2003/77/CE, da Comissão, de 11 de Agosto). A Directiva n.° 2004/86/CE, da Comissão, de 5 de Julho, foi transposta pelo Decreto-Lei n.° 177/2005, de 27 de Outubro, que aprova o Regulamento Relativo às Massas e Dimensões dos Ciclomotores, Motociclos, Triciclos e Quadriciclos.

O Decreto-Lei n.° 57/2000, de 18 de Abril - alterado pelo Decreto-Lei n.° 93/ /2002, de 12 de Abril, que transpôs a Directiva n.° 2001/31/CE, da Comissão, de 8 de Maio –, transpondo a Directiva n.° 98/ /90/CE, da Comissão, de 30 de Novembro, adaptou a "regulamentação relativa às portas dos automóveis e reboques à evolução tecnológica, visando-se simultaneamente alcançar a melhoria da segurança dos passageiros de alguns veículos pesados de mercadorias". Para os efeitos deste diploma, entende-se por veículo o "automóvel destinado a circular na via pública que tenha, pelo menos, quatro rodas e uma velocidade máxima, por construção, superior a 25 km/h, bem como os seus reboques, excluídos os veículos de transportes colectivos, os veículos que se deslocam sobre carris, os tractores agrícolas e florestais e todas as máquinas rodoviárias". Por seu lado, o Decreto-Lei n.° 72/2000, de 6 de Maio (parcialmente revogado pelo Decreto-Lei n.° 220/2004, de 4 de Novembro, e depois alterado pelo Decreto-Lei n.° 178/ /2005, de 28 de Outubro), que aprovou o Regulamento da Homologação CE de Modelo de Automóveis e Reboques, Seus Sistemas, Componentes e Unidades Técnicas", foi alterado pelo Decreto-Lei n.° 92/ /2002, de 12 de Abril (que transpôs a Directiva n.° 2000/40/CE, do Parlamento Europeu e do Conselho, de 26 de Junho), pelo Decreto-Lei n.° 40/2003, de 11 de Março (que transpôs a Directiva n.° 2001/92/CE, da Comissão, de 30 de Outubro), e pelo Decreto-Lei n.° 72-B/2003 (também parcialmente revogado pelo referido DL n.° 220/2004), de 14 de Abril, que transpôs a Directiva n.° 2001/116/CE, da Comissão, de 20 de Dezembro), e pelo Decreto-Lei n.° 3/2005, de 5 de Janeiro (na transposição da Directiva n.° 2004/78/CE, da Comissão, de 29 de Abril). O mencionado DL n.° 220/2004 transpôs "as Directivas n.°s 2003/97/CE e 2003/102/CE, do Parlamento Europeu e do Conselho, de 10 e de 17 de Novembro, respectivamente na parte que se refere à homologação CE de modelo de automóveis e reboques, seus sistemas, componentes e unidades técnicas [...]". V. também o Decreto-Lei n.° 73/2000, da mesma data, que transpôs a Directiva n.° 1999/7/CE, da Comissão, de 26 de Janeiro, regulamentando os dispositivos de direcção dos automóveis e respectivos reboques; o Decreto-Lei n.° 195/2000, de 22 de Agosto, alterado pelo Decreto-Lei n.° 72-E/2003, de 14 de Abril, que aprovou o Regulamento da Homologação do Sistema de Travagem dos Automóveis e seus Reboques; o Decreto-Lei n.° 291/2000, de 14 de Novembro, que aprovou o Regulamento da Homologação dos Tractores Agrícolas e Florestais de Rodas, transpondo várias Directivas; este Regulamento foi alterado pelo Decreto-Lei n.° 305/2001, de 3 de Dezembro, e, mais tarde, pelo Decreto-Lei n.° 114/2002, de 20 de Abril (que transpôs a Directiva n.° 2000/25/CE, do Parlamento Europeu e do Conselho, de 22 de Maio), pelo Decreto-Lei n.° 124/2002, de 10 de Maio (que transpôs a Directiva n.° 2000/2/CE, da Comissão, de 14 de Janeiro), e pelo Decreto-Lei n.° 42/2003, de 12 de Março (que transpôs a Directiva n.° 2001/3/CE, da Comissão, de 8 de Janeiro); entretanto, o Decreto-Lei n.° 74/2005, de 24 de Março, na transposição da Directiva n.° 2003/37/CE, do Parlamento Europeu e do Conselho, de 26 de Maio, "relativa à homologação de tractores agrícolas ou florestais, seus reboques e máquinas intermutáveis rebocadas, e dos sistemas, componentes e unidades técnicas destes veículos e que revoga a Directiva n.° 74/150/CEE", aprova o Regulamento da Homologação de Tractores Agrícolas ou Florestais, Seus Reboques e Máquinas Intermutáveis Rebocadas, e dos Sistemas, Componentes e Unidades Técnicas, revogando parcialmente o mencionado DL. 291/2000; este DL n.° 74/2005 foi alterado pelo Decreto-Lei n.° 89/2006, de 24 de Maio, na transposição da Directiva n.° 2005/6/CE, da Comissão, de 18 de Outubro. A Directiva n.° 201/85/CE, de 20 de Novembro, do Parlamento Europeu e do Conselho, foi transposta pelo Decreto-Lei n.° 58/2004, de 19 de Março, que aprovou o Regulamento sobre Disposições Especiais Aplicáveis aos Automóveis Pesados de Passageiros. O Decreto-Lei n.° 61/2004, de 22 de Março, transpõe para o direito nacional a Directiva n.° 2003/19/CE, da Comissão, de 21de Março, aprovando o Regulamento Relativo às Massas e Dimensões de Determinadas Categorias de Automóveis e Seus Reboques. O Regulamento das Homologações de Veículos, Sistemas e Unidades Técnicas Relativo às Emissões Poluentes foi aprovado pelo Decreto-Lei n.° 202/2000, de 1 de Setembro, alterado pelos Decretos-Leis n.°s 26/2001, de 1 de Fevereiro, 236/2002, de 5 de Novembro, 72-D/2003, de 14 de Abril (este na transposição da Directiva n.° 2001/100/CE, do Parlamento Europeu e do Conselho, de 7 de Dezembro), 224/2003, de 24 de Setembro (na transposição da Directiva n.° 2002/80/CE, da Comissão, de 3 de Outubro), e Decreto-Lei n.° 132/2004, de 3 de Junho (que transpôs a Directiva n.° 2003/76/CE, da Comissão, de 11 de Agosto). "Os valores limite de emissão de poluentes gasosos e de partículas para determinados motores de ignição por compressão [novos a instalar em máquinas móveis não rodoviárias], designados por motores *diesel*, bem como os respectivos procedimentos de homologação", foram estabelecidos pelo Decreto-Lei n.° 236/2005, de 30 de Dezembro, transpondo a Directiva n.° 2004/26/CE, do Parlamento Europeu e do Conselho. O Regulamento das Homologações de Veículos, Sistemas e Unidades Técnicas Relativo às Emissões Poluentes foi aprovado pelo Decreto-Lei n.° 202/2000, de 1 de Setembro, alterado pelos Decretos-Leis n.°s 26/2001, de 1 de Fevereiro, 236/2002, de 5 de Novembro,

72-D/2003, de 14 de Abril, 224/2003, de 24 de Setembro, e 132/2004, de 3 de Junho. Na transposição de várias Directivas, o Decreto-Lei n.° 253/2000, de 16 de Outubro, aprova o Regulamento das Emissões de Dióxido de Carbono e Consumo de Combustível dos Automóveis; este diploma foi alterado pelo Decreto-Lei n.° 178/2005, que transpôs a Directiva n.° 2004/3/CE, do Parlamento Europeu e do Conselho, de 11 de Fevereiro. O Decreto-Lei n.° 281/2000, de 10 de Novembro, transpondo a Directiva n.° 1999/32/CE, do Conselho, de 26 de Abril, fixa os limites de enxofre de certos tipos de combustíveis líquidos derivados do petróleo. O Decreto-Lei n.° 281/2000, de 10 de Novembro, transpondo a Directiva n.° 1999/32/CE, do Conselho, de 26 de Abril, fixa os limites de enxofre de certos tipos de combustíveis líquidos derivados do petróleo. O Decreto-Lei n.° 114/2002, de 20 de Abril – que transpôs a Directiva n.° 2000/25/CE, do Parlamento Europeu e do Conselho, de 22 de Maio –, aprova o Regulamento Respeitante às Medidas a Tomar Contra as Emissões de Gases Poluentes e de Partículas Poluentes Provenientes dos Motores Destinados a Propulsão dos Tractores Agrícolas ou Florestais. O Regulamento da Homologação dos Dispositivos de Iluminação e de Sinalização Luminosa dos Automóveis e Seus Reboques foi aprovado pelo Decreto-Lei n.° 317/2000, de 13 de Dezembro (rectificado pela Declaração de rectificação n.° 16-U/2000, de 29 de Dezembro), transpondo várias Directivas; na transposição das Directivas n.°s 1999/86/CE, do Conselho, de 11 de Novembro, 2000/19/CE, da Comissão, de 13 de Abril, e 2000/22/CE, da Comissão, de 28 de Abril, o Decreto-Lei n.° 3/2002, de 4 de Janeiro, aprova o Regulamento Respeitante aos Bancos dos Passageiros e à Homologação dos Dispositivos de Protecção, em Caso de Capotagem, Montados na Frente e na Retaguarda dos Tractores Agrícolas ou Florestais de Rodas de Via Estreita, tendo sido alterado pelo Decreto-Lei n.° 89/2006, de 24 de Maio. O Decreto-Lei n.° 124/2002, de 10 de Maio, na transposição da Directiva n.° 2000/2/CE, da Comissão, de 14 de Janeiro, aprova o Regulamento Relativo à Supressão das Interferências Radioeléctricas Produzidas pelos Tractores Agrícolas ou Florestais de Rodas; este diploma foi alterado pelos Decretos-Leis n.°s 42/2003, de 12 de Março (transpôs a Directiva n.° 2001/3/CE, da Comissão, de 8 de Janeiro), e 74/2005, de 24 de Março (transpôs a Directiva n.° 2003/37/CE, do Parlamento Europeu e do Conselho, de 26 de Maio). Já o Decreto-Lei n.° 72-C/2003, de 14 de Abril, na transposição da Directiva n.° 2001/43/CE, do Parlamento Europeu e do Conselho, de 27 de Junho, aprova o Regulamento Relativo aos Pneus e à sua Instalação nos Automóveis e seus Reboques; o DL n.° 72-C/2003 foi alterado pelo Decreto-Lei n.° 182/2005, de 3 de Novembro, que transpõe a Directiva n.° 2005/11/CE, da Comissão, de 16 de Fevereiro. A Directiva n.° 2001/56/CE, do Parlamento Europeu e do Conselho, de 27 de Setembro, foi transposta pelo Decreto-Lei n.° 311/2003, de 12 de Dezembro, que aprova o Regulamento Relativo aos Sistemas de Aquecimento dos Automóveis e Seus Reboques, mais tarde alterado pelo Decreto-Lei n.° 3/2005, de 5 de Janeiro, que transpôs a Directiva n.° 2004/78/CE, da Comissão, de 29 de Abril.

O Decreto-Lei n.° 550/99, de 15 de Dezembro, estabeleceu o regime da actividade de inspecção técnica de veículos a motor e seus reboques, "designadamente quanto a: *a)* Autorização para o exercício da actividade [...]; *b)* Aprovação, abertura, funcionamento e encerramento de centros de inspecção; *c)* Licenciamento de técnicos de inspecção". Já o Decreto-Lei n.° 554/99, de 16 de Dezembro, rectificado pela Declaração de rectificação n.° 5-C/2000, de 29 de Fevereiro, e alterado pelos Decretos-Leis n.°s 107/2002, de 16 de Abril, e 109/2004, de 12 de Maio, estabelece o regime das inspecções técnicas de automóveis ligeiros, pesados e reboques. O Decreto-Lei n.° 258/2003, de 21 de Outubro, no uso da autorização legislativa concedida pela Lei n.° 22/2003, de 28 de Junho, define as regras de emissão de licenças de inspector de veículos a motor e seus reboques e as condições de reconhecimento dos respectivos cursos de formação; este diploma foi adaptado à Região Autónoma dos Açores pelo Decreto Legislativo Regional n.° 12/2006/A, de 3 de Abril. Na transposição da Directiva n.° 2000/30/CE, do Parlamento Europeu e do Conselho, de 6 de Junho, o Decreto-Lei n.° 92/2003, de 30 de Abril, alterado pelo Decreto-Lei n.° 110/2004, de 12 de Maio – que transpôs a Directiva n.° 2003/26/CE, da Comissão, de 3 de Abril –, define regras relativas às inspecções técnicas na estrada dos veículos que circulam no território da Comunidade. O Decreto Legislativo Regional n.° 10/2003/M, de 5 de Junho, adapta à Região Autónoma da Madeira os mencionados DL n.°s 550/99 e 554/99, enquanto o Decreto Legislativo Regional n.° 18/2004/A, alterado pelo Decreto Legislativo Regional n.° 40/2006/A, de 31 de Outubro, adapta à Região Autónoma dos Açores os mesmos diplomas.

A Directiva n.° 96/96/CE, do Conselho, de 20 de Dezembro, alterada pela Directiva n.° 1999/52/CE, da Comissão, de 26 de Maio, que visa harmonizar a periodicidade das inspecções obrigatórias aos veículos (ligeiros, pesados, reboques e semi-reboques) matriculados nos Estados membros, garantindo uma maior segurança na circulação rodoviária e uma melhor qualidade ecológica dos veículos, foi transposta pelo Decreto-Lei n.° 554/99, de 16 de Dezembro (rectificado pela Declaração de rectificação n.° 5-C/2000, de 29 de Fevereiro), alterado pelos Decretos-Leis n.°s 107/2002, de 16 de Abril, e 109/2004, de 12 de Maio, que também reconhece em Portugal a prova da inspecção periódica realizada em qualquer outro Estado membro da União. As características técnicas a observar pelo dispositivo de protecção contra a utilização não autorizada, pelas inscrições regulamentares e pela localização, para efeitos de montagem da chapa de matrícula da retaguarda, dos veículos a motor de duas ou três rodas, visando a harmonização do processo de homologação comunitária dos veículos referidos, foram estabelecidas pelo Decreto-Lei n.° 145/2000, de 18 de Julho (rectificado pela Declaração de rectificação n.° 7-P/2000, de 31 de Agosto), alterado pelo Decreto-Lei n.° 238/2003, de 3 de Outubro, que transpôs as Directivas n.°s 1999/23/CE e 1999/25/CE, da Comissão, de 9 de Abril, e a Directiva n.° 1999/ /26/CE, da Comissão, de 20 de Abril. Este diploma aplica-se aos veículos a motor de duas ou três rodas, duplas ou não, destinados a circular na via pública, e aos quadriciclos. O Decreto-Lei n.° 54/2005, de 3 de Março, aprova o Regulamento do Número e Chapa de Matrícula dos Automóveis, Seus Reboques, Motociclos, Triciclos e Quadriciclos de Cilindrada Superior a 50 cm^3.

Na transposição de várias Directivas, o Decreto-Lei n.° 253/2000, de 16 de Outubro, aprova o Regulamento das Emissões de Dióxido de Carbono e Consumo de Combustível dos Automóveis. O Decreto-Lei n.° 13/2002, de 26 de Janeiro, que transpôs a Directiva n.° 1999/96/CE, do Parlamento Europeu e do Conselho, de 13 de Dezembro, aprova o Regulamento Respeitante ao Nível das Emissões Poluentes Provenientes dos Motores Alimentados a Diesel, Gás Natural Comprimido ou Gás de Petróleo Liquefeito Utilizados em Automóveis, tendo sido alterado pelo Decreto-Lei n.° 237/2002, de 5 de Novembro, na transposição da Directiva n.° 2001/27/CE, da Comissão, de 10 de Abril. O Decreto-Lei n.° 114/2002, de 20 de Abril – que transpôs a Directiva n.° 2000/25/CE, do Parlamento Europeu e do Conselho, de 22 de Maio – aprova o Regulamento Respeitante às Medidas a Tomar Contra as Emissões de Gases Poluentes e de Partículas Poluentes Provenientes dos Motores Destinados a Propulsão dos Tractores Agrícolas ou Florestais.

O Decreto-Lei n.° 235/2004, de 16 de Dezembro, que transpôs a Directiva n.° 2003/17/CE, do Parlamento Europeu e do Conselho, de 3 de Março, estabelece "as especificações aplicáveis aos combustíveis a utilizar em veículos equipados com motores de ignição comandada e de ignição por compressão e as disposições necessárias ao controlo da sua aplicação [...]".

Na transposição da Directiva n.° 97/ /24/CE, do Parlamento Europeu e do Conselho, de 17 de Junho de 1997, o Decreto-Lei n.° 267-B/2000, de 20 de Outubro, alterado pelos Decretos-Leis n.°s 237/ /2003, de 3 de Outubro (este transpôs a Directiva n.° 2002/51/CE, do Parlamento Europeu e do Conselho, de 19 de Julho), e 14/2005, de 10 de Janeiro (que transpõe a Directiva n.° 2003/77/CE, da Comissão, de 11 de Agosto), aprova o Regulamento dos Elementos e Características dos Veículos a Motor de Duas e Três Rodas.

O Decreto-Lei n.° 49/2001, de 13 de Fevereiro, na transposição da Directiva n.° 1999/101/CE, da Comissão, de 15 de Dezembro, aprova o Regulamento Respeitante ao Nível Sonoro Admissível e ao Dispositivo de Escape dos Automóveis. O Regulamento sobre a Determinação da Potência dos Motores dos Automóveis foi aprovado pelo Decreto-Lei n.° 64/2001, de 20 de Fevereiro, na transposição da Directiva n.° 1999/99/CE, da Comissão, de 15 de Dezembro.

O Decreto-Lei n.° 136/2006, de 26 de Julho, regula a utilização do gás de petróleo liquefeito (GPL) como combustível nos automóveis e a certificação da conformidade da adaptação de automóveis à utilização de GPL pela entidade instaladora ou reparadora.

O artigo 2.°, n.° 1, do Decreto-Lei n.° 193/2001, de 26 de Junho, que estabeleceu um regime especial para "o acesso e exercício da actividade de prestação de serviços com veículos pronto-socorro", de que ficam excluídos os prestados por pessoas colectivas de utilidade pública sem fins lucrativos", define os veículos pronto-socorro como "os que estejam devidamente adaptados para o transporte ou reboque de veículos avariados ou sinistrados e sejam assim designados pela entidade competente para a homologação e aprovação de veículos".

O Decreto-Lei n.° 225/2001, de 11 de Agosto, alterado pelo Decreto-Lei n.° 190//2006, de 25 de Setembro, transpondo a Directiva n.° 2000/3/CE, da Comissão, de 22 de Fevereiro, aprova o Regulamento de Homologação dos Cintos de Segurança e dos Sistemas de Retenção dos Automóveis. O Decreto-Lei n.° 226/2001, de 17 de Agosto, transpondo a Directiva n.° 1999//98/CE, da Comissão, de 15 de Dezembro, aprova o Regulamento sobre a Protecção dos Ocupantes dos Automóveis em Caso de Colisão Frontal.

O Decreto-Lei n.° 304/2001, de 26 de Novembro, que transpôs a Directiva n.° 1999/94/CE, do Parlamento Europeu e do Conselho, de 13 de Dezembro, e foi alterado pelo Decreto-Lei n.° 184/2005, de 4 de Novembro, em razão da alteração da Directiva n.° 1999/94/CE pela Directiva n.° 2003/73/CE, da Comissão, de 24 de Julho, aprova um sistema de informações sobre economia de combustível e emissões de dióxido de carbono, disponíveis para o consumidor, na comercialização de automóveis novos de passageiros.

O Decreto-Lei n.° 297/2001, de 21 de Novembro, transpôs a Directiva n.° 2000//4/CE, do Parlamento Europeu, de 28 de Fevereiro, aprovando o Regulamento Relativo ao Arranjo Interior dos Automóveis.

Já o Decreto-Lei n.° 298/2001, de 21 de Novembro, veio permitir a utilização do gás natural comprimido como combustível nos automóveis que apresentem uma homologação CE de modelo ou uma homologação nacional.

O Decreto-Lei n.° 105/2002, de 13 de Abril, transpôs as Directivas n.°s 2000/72//CE e 2000/74/CE, da Comissão, de 22 de Novembro, aprovando o Regulamento Relativo ao Dispositivo de Descanso e à Identificação dos Comandos, Avisadores e Indicadores dos Veículos a Motor de Duas ou Três Rodas.

O Decreto-Lei n.° 49/2001, de 13 de Fevereiro, na transposição de uma Directiva, aprovou o Regulamento Respeitante ao Nível Sonoro Admissível e ao Dispositivo de Escape dos Automóveis.

O Decreto-Lei n.° 115/2002, de 20 de Abril, transpôs a Directiva n.° 2000/8/CE, do Parlamento Europeu e do Conselho, de 20 de Março, aprovando o Regulamento Relativo aos Reservatórios de Combustível Líquido e à Protecção à Retaguarda contra o Encaixe dos Automóveis e Seus Reboques.

Na transposição da Directiva n.° 2000//73/CE, da Comissão, de 22 de Novembro, o Decreto-Lei n.° 132/2002, de 14 de Maio, aprova o Regulamento Relativo à Instalação dos Dispositivos de Iluminação e de Sinalização Luminosa nos Veículos a Motor de Duas ou Três Rodas.

O Decreto-Lei n.° 196/2003, de 23 de Agosto, alterado pelo Decreto-Lei n.° 178/2006, de 5 de Setembro, transpôs a Directiva n.° 2000/53/CE, do Parlamento Europeu e do Conselho, de 18 de Setembro, relativa aos veículos em fim de vida.

Na transposição da Directiva n.° 2002//41/CE, da Comissão, de 17 de Maio, o Decreto-Lei n.° 227/2003, de 26 de Setembro, aprova o Regulamento Relativo à Velocidade Máxima de Projecto, ao Binário Máximo e à Potência Útil Máxima dos Veículos a Motor de Duas ou Três Rodas.

A Lei n.° 33/2004, de 28 de Julho, impõe "a obrigação de as guardas de segurança nas vias de comunicação públicas rodoviárias [...] contemplarem a segurança dos veículos de duas rodas, principalmente nos pontos negros das rodovias".

O Decreto-Lei n.° 186/2004, de 2 de Agosto, transpôs a Directiva n.° 2003/ /102/CE, do Parlamento Europeu e do Conselho, de 17 de Novembro, aprovando o Regulamento Relativo à Protecção dos Peões e Outros Utentes Vulneráveis da Estrada em Caso de Colisão com um Automóvel.

O Decreto-Lei n.° 215/2004, de 25 de Agosto, transpondo a Directiva n.° 2003/ /97/CE, do Parlamento Europeu e do Conselho, de 10 de Novembro, aprova o Regulamento Relativo à Homologação de Dispositivos para Visão Indirecta e de Veículos Equipados com Estes Dispositivos; este Regulamento foi alterado pelo Decreto-Lei n.° 191/2005, de 7 de Novembro, em consequência da alteração da Directiva n.° 2003/97/CE pela Directiva n.° 2005/27/CE, da Comissão, de 29 de Março.

O Regulamento dos Dispositivos de Limitação de Velocidade de Determinadas Categorias de Veículos Automóveis foi aprovado pelo Decreto-Lei n.° 46/2005, de 23 de Fevereiro, que transpôs as Directivas n.°s 2002/85/CE e 2004/11/CE, do Parlamento Europeu e do Conselho, de 5 de Novembro e de 11 de Fevereiro, respectivamente.

O Decreto-Lei n.° 178-A/2005, de 28 de Outubro (rectificado pela Declaração de rectificação n.° 89/2005, de 27 de Dezembro), alterado pelo Decreto-Lei n.° 85/2006, de 23 de Maio, "aprova o projecto «Documento único automóvel», criando o certificado de matrícula e transpondo a Directiva n.° 1999/37/CE, do Conselho, de 29 de Abril, com a redacção dada pela Directiva n.° 2003/127/CE, da Comissão, de 23 de Dezembro, relativa aos documentos de matrícula dos veículos". A Portaria n.° 1135-B/2005, de 31 de Outubro, aprovou, entretanto, o modelo do certificado de matrícula; o referido DL n.° 85/2006 estendeu a aplicação deste documento às Regiões Autónomas dos Açores e da Madeira.

A Resolução do Conselho de Ministros n.° 161/2005, de 12 de Outubro, alterou o imposto automóvel, "com benefício para os veículos menos poluentes", tendo em conta o tipo de combustível, de forma a minorar os danos ambientais e os malefícios para a saúde pública.

A Lei n.° 13/2006, de 17 de Abril, alterada pela Lei n.° 17-A/2006, de 26 de Maio – que estabelece o regime de transporte quando se trate de "crianças e jovens até aos 16 anos", "de e para os estabelecimentos de educação e ensino, creches, jardins-de-infância e outras instalações ou espaços em que decorram actividades educativas ou formativas, designadamente os transportes para locais destinados à prática de actividades desportivas ou culturais, visitas de estudo e outras deslocações organizadas para ocupação de tempos livres" –, dispõe, no seu artigo 5.°, que "os automóveis utilizados no transporte de crianças estão sujeitos a licença, emitida pela DGTT, válida pelo prazo de dois anos e renovável por igual período [...]", licença "emitida, ou renovada, após inspecção específica realizada pela Direcção-Geral de Viação (DGV) que ateste o cumprimento das condições de segurança estabelecidas nos artigos 11.°, 12.°, 13.° e 14.°.", e "automaticamente suspensa" em caso de "não aprovação do automóvel na inspecção técnica periódica", no de "antiguidade do automóvel superior a 16 anos contada desde a primeira matrícula após fabrico", e no de "falta do respectivo seguro"; (artigo 5.° desta Lei); os artigos 11.° a 14.° ocupam-se dos equipamentos de que devem dispor estes automóveis.

O Decreto-Lei n.° 91/2006, de 25 de Maio, estabelece as condições de circulação, em território nacional, dos veículos novos provenientes da União Europeia, sem anterior matrícula, assim como dos veículos importados após desalfandegamento, até à obtenção de matrícula nacional.

O Decreto-Lei n.° 54/75, de 12 de Fevereiro, com a redacção dos Decretos-Leis n.°s 242/82, de 22 de Junho, 217/83, de 25 de Maio, 54/85, de 4 de Março, 182/2002, de 20 de Agosto, e 85/2006, de 23 de Maio, aprova o registo da propriedade automóvel. O Regulamento do Registo de Automóveis foi aprovado pelo Decreto-Lei n.° 55/75, de 12 de Fevereiro.

A Convenção Aduaneira sobre Importação Temporária de Veículos Rodoviários Particulares foi concluída em Nova Iorque em 4 de Junho de 1954, e aprovada para ratificação pelo Decreto-Lei n.° 41 716, de 5 de Julho de 1958, tendo Portugal depositado o respectivo instrumento de ratificação em 18 de Setembro de 1958, conforme aviso publicado no *Diário do Governo* de 16 de Dezembro de 1958.

O Acordo assinado em Genebra em 20 de Março de 1958 sobre Adopção de Prescrições Técnicas Uniformes para Veículos Rodoviários, Equipamentos e Peças que podem ser usadas em Veículos Rodoviários e sobre Condições de Reconhecimento Recíproco de Aprovações Concedidas com Base nestas Prescrições foi aprovado, para adesão, pelo Decreto n.° 138-A/79, de 22 de Dezembro, tendo os respectivos Regulamentos n.°s 36, 37, 90, 107, 108 e 109 sofrido alterações que foram tornadas públicas pelos Avisos n.°s 145/99, 146/99, 147/99, 148/99 e 149/99, todos de 14 de Outubro; os Avisos n.°s 154/99 e 159/99, ambos de 15 de Outubro, tornam, respectivamente, público que os Regulamentos n.°s 13 e 17 do Acordo referido sofreram alterações adoptadas em 14 de Abril de 1999; os Avisos n.°s 199/2005, 200/2005 – o último rectificado pela Declaração de rectificação n.° 54/2005, de 8 de Julho – e 201//2005 – rectificado pela Declaração de rectificação n.° 55/2005, de 8 de Julho –, todos de 9 de Maio, tornam público, respectivamente, que o Comité Administrativo do Acordo adoptou modificações do Regulamento n.° 30 – Relativo à Adopção de Condições Uniformes de Homologação dos Pneumáticos para Automóveis e Seus Reboques – e propôs emendas ao Regulamento n.° 54 – Relativo à Adopção de Condições Uniformes de Homologação de Pneus para Automóveis e Seus Reboques – e ao Regulamento n.° 109 – Relativo à Adopção de Condições Uniformes de Homologação e Fabrico de Pneus Recauchutados. O Decreto n.° 9/2002, de 4 de Abril, aprova o Regulamento n.° 108 da Comissão Económica para a Europa das Nações Unidas, sobre disposições uniformes relativas à homologação do fabrico de pneus recauchutados a utilizar nos automóveis ligeiros de passageiros e seus reboques, anexo ao Acordo *supra* mencionado; por seu lado, o Decreto n.° 10/2002, da mesma data (rectificado pela Declaração de rectificação n.° 26-A/2002, de 31 de Julho), aprova o Regulamento n.° 109 da Comissão Económica para a Europa das Nações Unidas, sobre disposições uniformes relativas à homologação do fabrico de pneus recauchutados a utilizar nos automóveis de mercadorias, pesados de passageiros e respectivos reboques, igualmente anexo ao Acordo *supra* indicado; finalmente, o Decreto-Lei n.° 80/2002, de 4 de Abril, dispõe que a Direcção-Geral de Viação é a entidade competente para a concessão da homologação a unidades de recauchutagem, em território nacional, no âmbito dos Regulamentos referidos.

V. *Responsabilidade objectiva; Dano; Acidente de viação; Móvel; Registo de bens móveis; Carta de condução; Transporte; Seguro obrigatório; Responsabilidade civil; Pessoa colectiva; Consumidor; Poluição; Dano ambiental.*

Vencido (Proc. Civil)

1. Diz-se vencida em processo civil a parte que não obteve na acção decisão favorável aos seus interesses ou pretensões.

Nos termos do artigo 680.°, n.° 1, C.P.C., "os recursos, exceptuada a oposição de terceiro, só podem ser interpostos por quem, sendo parte principal na causa, tenha ficado vencido". O n.° 2 desta disposição confere, porém, legitimidade para recorrer a pessoas que não sejam partes na causa ou sejam tão-somente partes acessórias, quando tenham sido "directa e efectivamente prejudicadas pela decisão".

V. *Processo civil; Parte; Acção; Parte principal; Recurso; Legitimidade; Oposição de terceiro; Parte acessória.*

2. Um acórdão é lavrado no sentido do voto maioritário dos juízes que intervieram na sua elaboração, isto é, no sentido que fez vencimento, votando de vencido o ou os juízes que discordarem da decisão ou dos seus fundamentos, ficando o seu voto lavrado no acórdão após as assinaturas.

"Considera-se lavrado contra o vencido o acórdão proferido em sentido diferente do que estiver registado no livro de lembranças" – artigo 717.°, C.P.C.. É nulo o acórdão lavrado contra o vencido ou sem o necessário vencimento, nos termos do artigo 716.°, n.° 1, C.P.C..
V. *Tribunal colectivo; Acórdão; Nulidade do acórdão; Livro de lembranças.*

Vencimento
1. (Dir. Civil) – Momento em que o devedor deve cumprir a sua obrigação.
As obrigações podem ter ou não ter prazo (ou termo incerto).
Na falta de estipulação das partes ou de disposição especial da lei, o credor pode exigir em qualquer altura a prestação, bem como o devedor pode em qualquer momento oferecê-la (artigo 777.°, n.° 1, C.C.).
Não tendo prazo e não provindo de facto ilícito, a obrigação só se vence no momento em que o credor interpela, judicial ou extrajudicialmente, o devedor para cumprir (a menos que este último impeça a interpelação, pois, neste caso, deve considerar-se interpelado na data em que normalmente o teria sido). Vencendo-se a obrigação e não a cumprindo o devedor, podendo-o fazer e mantendo o credor interesse na prestação, aquele constitui-se em mora (artigos 804.° e 805.°, C.C., tendo este último a redacção do Decreto-Lei n.° 262//83, de 16 de Junho).
Só a obrigação vencida pode, em princípio, servir de base à execução (v. artigo 802.°, C.P.C., na redacção do Decreto-Lei n.° 329-A/95, de 12 de Dezembro), embora, se faltar apenas a interpelação, a citação funcione para a execução como interpelação (cfr. artigo 662.°, n.° 2-*b)*, C.P.C.).
Usa-se este termo para significar também o esgotamento de um prazo ou a verificação de um termo certo.
V. *Obrigação; Devedor; Cumprimento; Obrigação pura; Obrigação a prazo; Termo; Credor; Acto ilícito; Interpelação; Interesse do credor; Prestação; Mora; Citação; Execução.*
2. (Proc. Civil) – Um acórdão deve ser lavrado de acordo com a posição da maioria dos juízes que intervieram na sua elaboração, sendo nulo "quando for lavrado contra o vencido ou sem o necessário vencimento" – artigo 716.°, n.° 1, C.P.C..
V. *Tribunal colectivo; Acórdão; Vencido; Voto de vencido; Nulidade do acórdão.*

Vencimento antecipado (Dir. Civil) – A obrigação a prazo vence-se antes do decurso deste, quando, verificando-se uma das circunstâncias que importam a perda do benefício do prazo, o credor interpela o devedor.
V. artigos 780.° e 781.°, C.C..
Há normas especiais que determinam o vencimento antecipado de dadas obrigações: assim acontece, por exemplo, por efeito da declaração de insolvência, de acordo com o n.° 1 do artigo 91.° do Código da Insolvência e da Recuperação de Empresas, aprovado pelo Decreto-Lei n.° 53/2004, de 18 de Março, alterado pelos Decretos-Leis n.°s 200/2004, de 18 de Agosto, e 76-A/2006, de 29 de Março (rectificado pela Declaração de rectificação n.° 28-A/2006, de 26 de Maio), que dispõe que "a declaração de insolvência determina o vencimento de todas as obrigações do insolvente não subordinadas a uma condição suspensiva".
V. *Vencimento; Obrigação; Obrigação a prazo; Benefício do prazo; Credor; Devedor; Interpelação; Antecipação do cumprimento; Insolvência; Recuperação de empresas; Condição suspensiva.*

Vencimento da renda (Dir. Civil) – A lei contém duas disposições que fixam o momento de vencimento da renda, ambas de carácter supletivo.
A primeira, genérica para a locação, dispõe que o pagamento da renda (ou aluguer) deve ser efectuado no último dia da vigência do contrato ou do período a que respeita (artigo 1039.°, n.° 1, C.C.). A segunda, aplicável apenas ao arrendamento urbano, determina que, na falta de convenção das partes e, "se as rendas estiverem em correspondência com os meses do calendário gregoriano, a primeira vencer-se-á no momento da celebração do contrato, e cada uma das restantes no primeiro dia útil do mês imediatamente anterior àquele a que diga respeito" (artigo 20.° do Regime do Arrendamento Urbano – aprovado pelo Decreto-Lei n.° 321-B/90, de 15 de Outubro, rectificado por declaração publicada no *Diário da República*, I-A série, de 30 de

Novembro de 1990, e alterado pelo Decreto-Lei n.° 278/93, de 19 de Agosto, – este alterado, por ratificação, pela Lei n.° 13/94, de 11 de Maio –, pelo Decreto-Lei n.° 163/95, de 13 de Julho, pela Lei n.° 89/95, de 1 de Setembro, pelo Decreto-Lei n.° 257/95, de 30 de Setembro, pela Lei n.° 135/99, de 28 de Agosto, pelos Decretos-Leis n.°s 64-A/2000, de 22 de Abril, e 329-B/2000, de 22 de Dezembro, e pelas Leis n.°s 6/2001 e 7/2001, ambas de 11 de Maio – correspondente ao antigo artigo 1090.°, C.C.).

Por seu lado, o artigo 21.°, R.A.U. (correspondente ao anterior artigo 1091.°, C.C.), limita, imperativamente, a liberdade das partes no que respeita à convenção sobre antecipação do pagamento de rendas no arrendamento urbano, determinando que tal convenção não pode respeitar a período superior a um mês.

Não pagando o locatário a renda (ou aluguer) no dia do seu vencimento, constitui-se em mora, mas o n.° 2 do artigo 1041.°, C.C., permite que ele ponha termo à mora, sem incorrer em qualquer responsabilidade perante o locador, no prazo de oito dias a contar do seu começo (v. artigo 22.°, R.A.U.). Só se o não fizer, o locador terá direito a exigir-lhe, além das rendas (ou alugueres) em atraso, uma indemnização, que o n.° 1 do citado artigo 1041.°, C.C. (na redacção do artigo 27.° do Decreto-Lei n.° 293/77, de 20 de Julho), fixa em 50% do que for devido.

Enquanto o locatário em mora não oferecer o pagamento das rendas vencidas acrescidas da referida indemnização, o locador tem a faculdade de recusar o recebimento das rendas (ou alugueres) seguintes. No entanto, se o locador não quiser usar a faculdade de recusa das rendas nos termos expostos, não fica por isso privado do direito à resolução do contrato com fundamento na falta de pagamento atempado das rendas, ou do direito à indemnização, calculada na base das rendas em dívida.

O artigo 1042.°, C.C., estabelece regras atinentes à consignação em depósito de rendas em atraso (v. também artigos 22.° a 29.°, R.A.U.).

Como já se referiu, o não pagamento pontual da renda dá ao locador o direito a resolver o contrato, o que só poderá fazer, no entanto, através da acção de despejo; tal direito caducará se o locatário, até à contestação da acção de despejo, pagar ou depositar as rendas em dívida e a respectiva indemnização, nos termos do artigo 1048.°, C.C..

O DL n.° 293/77 viera estabelecer que, na sentença proferida em acção de despejo de prédio urbano arrendado para habitação, quando o fundamento fosse a falta de pagamento da renda, o juiz pudesse fixar prazo, não excedente a um ano, para a desocupação do prédio; esta regra foi depois também consagrada no R.A.U., que revogou aquele diploma, e cujos artigos 102.° a 106.° se ocupam do regime do diferimento das desocupações, estabelecendo que, quando a cessação do contrato seja consequência da falta do pagamento de rendas, é necessário que o réu (inquilino) demonstre que ela "se deve a carência de meios do réu", devendo ainda ser tomadas em conta, para decidir do diferimento, "as exigências da boa fé, a circunstância de o réu não dispor imediatamente de outra habitação, o número de pessoas que habitam com o réu, a sua idade, o seu estado de saúde e, em geral, a situação económica e social das pessoas envolvidas".

V. *Vencimento; Renda; Locação; Norma supletiva; Convenção; Aluguer; Indemnização; Mora; "Purgatio morae"; Responsabilidade contratual; Resolução do arrendamento; Depósito de rendas; Despejo; Caducidade; Contestação; Arrendamento urbano; Recusa da prestação; Sentença; Prédio urbano; Arrendamento para habitação; Boa fé; Diferimento da desocupação; Réu; Norma imperativa.*

Venda (Dir. Civil) – V. *Compra e venda.*

Venda a contado (Dir. Civil) – Designa-se assim aquela em que o preço é pago no momento da entrega da coisa ou num prazo muito curto.

É este o regime supletivo, estabelecido no n.° 1 do artigo 885.°, C.C..

V. *Compra e venda.*

Venda a contento (Dir. Civil) – "A compra e venda feita sob reserva de a coisa agradar ao comprador vale como proposta de venda", proposta que se considera aceita se a coisa for entregue ao comprador e este não se pronunciar dentro dos prazos que o artigo 228.°, n.° 1, C.C., fixa para a aceitação.

Outra modalidade de venda a contento verifica-se na hipótese de as partes acordarem na celebração do contrato e em que será este resolvido caso a coisa não agrade ao comprador; neste caso, aplicam-se as regras da resolução dos contratos – artigos 432.° e segs., C.C..

V. artigos 923.° e 924.°, C.C..

V. *Compra e venda; Proposta de contrato; Aceitação; Silêncio; Resolução do contrato.*

Venda à distância (Dir. Civil; Dir. Com.) – O Decreto-Lei n.° 143/2001, de 26 de Abril (rectificado pela Declaração de rectificação n.° 13-C/2001, de 31 de Maio), que transpôs a Directiva n.° 97/7/CE, do Parlamento Europeu e do Conselho, de 20 de Maio, trata do contrato celebrado à distância nos respectivos artigos 2.° a 12.°, definindo-o como "contrato relativo a bens ou serviços celebrado entre um fornecedor e um consumidor, que se integre num sistema de venda ou prestação de serviços à distância organizado pelo fornecedor que, para esse contrato, utilize exclusivamente uma ou mais técnicas de comunicação à distância até à celebração do contrato, incluindo a própria celebração" (artigo 2.°-*a*)).

Muito embora se fale frequentemente de vendas à distância para designar genericamente os contratos regulados neste diploma, porque pode não se tratar do vendas, mas, por exemplo, de contratos de prestação de serviços, o respectivo regime é exposto com mais pormenor em *Contrato celebrado à distância.*

V. *Consumidor; Compra e venda; Contrato de prestação de serviços; Celebração do contrato.*

Venda ao domicílio (Dir. Civil; Dir. Com.) – O Decreto-Lei n.° 272/87, de 3 de Julho, alterado pelo Decreto-Lei n.° 243/ /95, de 13 de Setembro, foi o primeiro diploma que, na nossa ordem jurídica, se ocupou do regime das vendas ao domicílio, caracterizando este contrato como aquele que, "tendo por objecto bens ou serviços, é proposto e concluído no domicílio do consumidor, pelo vendedor ou seus representantes, sem que tenha havido prévio pedido expresso por parte do consumidor", tendo equiparado, para efeitos de regime, às vendas ao domicílio "as vendas efectuadas no local de trabalho do consumidor", "as vendas efectuadas no domicílio de outro consumidor, designadamente em reuniões, em que a oferta de bens ou serviços é promovida através da demonstração realizada perante um grupo de pessoas reunidas no domicílio de uma delas a pedido do vendedor" e "as vendas efectuadas numa deslocação organizada pelo vendedor fora dos seus estabelecimentos comerciais". Por força dos n.°s 3, 4 e 5 do artigo 1.° do referido diploma, as suas disposições eram ainda aplicáveis a outros contratos, muito embora, nos termos do n.° 6 do mesmo artigo, elas se não aplicassem a contratos relativos à construção, venda e locação de bens imóveis, a contratos que tivessem por objecto outros direitos sobre esses bens, a contratos de compra e venda "de bens alimentares, bebidas ou outros bens de consumo doméstico corrente fornecidos pelos vendedores com entregas domiciliárias frequentes e regulares", a contratos de seguros e a "contratos relativos a valores mobiliários".

Actualmente, é o Decreto-Lei n.° 143/ /2001, de 26 de Abril (rectificado pela Declaração de rectificação n.° 13-C/2001, de 31 de Maio), que transpôs a Directiva n.° 97/7/CE, do Parlamento Europeu e do Conselho, de 20 de Maio, e que contém o regime das vendas à distância, que se ocupa dos contratos de venda ao domicílio e outros equiparados nos seus artigos 13.° a 20.°. Uma vez que este diploma se ocupa não apenas das vendas à distância, mas também de outros contratos – designadamente de prestação de serviços, celebrados nos mesmos moldes –, optou-se por sediar a exposição sucinta desse regime em *Contrato ao domicílio.*

V. *Compra e venda; Domicílio; Consumidor; Representante; Locação; Imóvel; Direito subjectivo; Contrato de seguro; Estabelecimento comercial; Venda à distância; Contrato celebrado à distância; Contrato de prestação de serviços.*

Venda a prestações (Dir. Civil) – Diz-se que há venda a prestações quando as partes convencionam que o preço será pago em duas ou mais prestações.

Diferentemente do que acontece com a generalidade das dívidas liquidáveis em prestações – em que a falta de realização de uma delas tem como consequência a perda do benefício do prazo pelo devedor relativamente a todas as outras –, na venda a prestações, a falta de pagamento de uma só prestação que não exceda a oitava parte do preço total não dá lugar à perda do benefício do prazo; e, se o contrato for feito com reserva de propriedade, nas mesmas circunstâncias, também não pode o vendedor resolver o contrato. Este regime especial da compra e venda a prestações é imperativo.

Por outro lado, para estes contratos, o artigo 935.°, C.C., estabelece um limite ao quantitativo da cláusula penal para o incumprimento pelo comprador: aquela "não pode ultrapassar metade do preço, salva a faculdade de as partes estipularem, nos termos gerais, a ressarcibilidade de todo o prejuízo sofrido". "A indemnização fixada pelas partes será reduzida a metade do preço, quando tenha sido estipulada em montante superior, ou quando as prestações pagas superem este valor e se tenha convencionado a não restituição delas; havendo, porém, prejuízo excedente e não se tendo estipulado a sua ressarcibilidade, será ressarcido até ao limite da indemnização convencionada pelas partes".

V. artigos 934.° e segs., C.C..

A compra e venda a prestações foi objecto de legislação especial entretanto revogada: assim, por exemplo, o Decreto-Lei n.° 457/79, de 21 de Novembro (cujo artigo 13.° tinha a redacção do Decreto-Lei n.° 67/81, de 6 de Abril, e o artigo 7.° a do Decreto-Lei n.° 227/86, de 13 de Agosto), revogado pelo Decreto-Lei n.° 63/94, de 28 de Fevereiro; também as Portarias n.°s 602/79, de 21 de Novembro (cuja redacção fora alterada pela Portaria n.° 62/80, de 27 de Fevereiro, esta alterada pela Portaria n.° 439/86, de 13 de Agosto, tendo esta última sido revogada pela Portaria n.° 466-A/87, de 3 de Junho, e esta, por seu turno, pela Portaria n.° 229-A/89, de 18 de Março – cujo artigo 3.° tinha a redacção dada pela Portaria n.° 328/89, de 8 de Maio), e os Avisos n.°s 13/87 e 14/87, do Ministério das Finanças, ambos de 16 de Outubro de 1987, se encontram hoje revogados, por força da revogação dos diplomas de que dependiam.

O artigo 163.° do Código dos Processos Especiais de Recuperação da Empresa e de Falência, aprovado pelo Decreto-Lei n.° 132/93, de 23 de Abril, alterado pelos Decretos-Leis n.°s 157/97, de 24 de Junho, 315/98, de 20 de Outubro, 323/2001, de 17 de Dezembro, e 38/2003, de 8 de Março, permitia ao liquidatário judicial optar entre o cumprimento e a resolução dos contratos de venda a prestações, com reserva de propriedade, feita ao falido. Este diploma foi revogado pelo Código da Insolvência e da Recuperação de Empresas, aprovado pelo Decreto-Lei n.° 53/2004, de 18 de Março, alterado pelos Decretos-Leis n.°s 200/2004, de 18 de Agosto, e 76-A/ /2006, de 29 de Março (rectificado pela Declaração de rectificação n.° 28-A/2006, de 26 de Maio), em que não se encontra disposição semelhante.

V. *Compra e venda; Pagamento em prestações; Benefício do prazo; Devedor; Reserva de propriedade; Resolução do contrato; Norma imperativa; Cláusula penal; Dano; Indemnização; Incumprimento; Falência; Liquidatário judicial; Insolvência; Recuperação de empresas.*

Venda a retro (Dir. Civil) – Contrato de compra e venda com uma cláusula, pela qual se reconhece ao vendedor a faculdade de resolver o contrato, num prazo de dois ou cinco anos a contar da venda, consoante se trate de bens móveis ou imóveis (se as partes convencionarem prazo ou prorrogação de prazo que exceda estes limites, considera-se a convenção reduzida a eles).

A resolução é feita por notificação judicial ao comprador e, "[...] se respeitar a coisas imóveis, a resolução será reduzida a escritura pública nos quinze dias imediatos, com ou sem a intervenção do comprador, sob pena de caducidade do direito".

Será nula qualquer cláusula que preveja o pagamento de dinheiro ou a concessão de qualquer outra vantagem ao comprador como contrapartida da resolução, tal como o será aquela que obrigue o vendedor a restituir um valor superior ao fixado para a venda.

Resolvido o contrato, o vendedor, no prazo de quinze dias, tem de oferecer ao comprador todas as importâncias que tenha a pagar-lhe, a título de devolução do preço e reembolso de despesas, sem o que fica sem efeito a resolução operada.

"A cláusula a retro é oponível a terceiros, desde que a venda tenha por objecto coisas imóveis, ou coisas móveis sujeitas a registo, e tenha sido registada" (artigo 932.° C.C.). O artigo 94.°-*a)* do Código do Registo Predial – aprovado pelo Decreto-Lei n.° 224/84, de 6 de Julho (rectificado por declaração publicada no *Diário da República*, I série, de 29 de Setembro de 1984), alterado pelos Decretos-Leis n.°s 355/85, de 2 de Outubro, 60/90, de 14 de Fevereiro (rectificado por declaração publicada no *Diário da República*, I-A série, de 31 de Março de 1990), 80/92, de 7 de Maio, 30/ /93, de 12 de Fevereiro, 227/94, de 8 de Setembro, 267/94, de 25 de Outubro, 67/96, de 31 de Maio, 375-A/99, de 20 de Setembro, 533/99, de 11 de Dezembro, 273/2001, de 13 de Outubro, 323/2001, de 17 de Dezembro, 38/2003, de 8 de Março (rectificado pela Declaração de rectificação n.° 5-C/2003, de 30 de Abril), e 194/2003, de 23 de Agosto, e pela Lei n.° 6/2006, de 27 de Fevereiro – dispõe que a cláusula a retro aposta a contrato de alienação constará obrigatoriamente da inscrição do contrato.

V. artigos 927.° e segs., C.C..

V. *Compra e venda; Cláusula; Resolução do contrato; Móvel; Imóvel; Notificação judicial avulsa; Escritura pública; Caducidade; Nulidade; Oponibilidade a terceiros; Registo de bens móveis; Alienação; Inscrição.*

Venda automática (Dir. Civil) – V. *Compra e venda; Vendas automáticas.*

Venda com espera de preço (Dir. Civil) – Contrato de compra e venda em que as partes convencionam um prazo para o cumprimento da obrigação de pagamento do preço.

V. *Compra e venda; Obrigação; Cumprimento; Obrigação a prazo.*

Venda com reserva de propriedade (Dir. Civil) – V. *Compra e venda; Reserva de propriedade.*

Venda de bens alheios (Dir. Civil) – A venda de bens alheios como próprios, sempre que o vendedor careça de legitimidade para a realizar, é nula; mas esta nulidade não é oponível pelo vendedor (de boa ou má fé) ao comprador de boa fé, nem pode opô-la ao vendedor de boa fé o comprador doloso.

Se os bens alheios foram vendidos como bens futuros (isto é, se o vendedor deu a conhecer a situação de alienidade dos bens e o comprador a aceitou), o regime a aplicar ao contrato é o da venda de bens futuros.

Salvo convenção em contrário, "sendo nula a venda de bens alheios, o comprador que tiver procedido de boa fé tem o direito de exigir a restituição integral do preço, ainda que os bens se hajam perdido, estejam deteriorados ou tenham diminuído de valor por qualquer outra causa", isto a menos que da perda ou diminuição de valor dos bens o comprador tenha tirado alguma vantagem, pois, nesse caso, o valor dessa ser-lhe-á abatido no montante do preço e da indemnização que o vendedor tenha de pagar-lhe.

Se o vendedor adquirir a propriedade da coisa ou do direito vendido, o contrato em princípio convalida-se e a propriedade transmite-se desde logo para o comprador; tal não acontecerá se entretanto já se encontrar proposta a acção destinada a obter a declaração de nulidade do contrato, se já tiver havido, total ou parcialmente, restituição do preço ou pagamento de indemnização com aceitação do comprador, se tiver havido transacção entre as partes em que se encontre reconhecida a nulidade, ou declaração escrita de uma das partes à outra de que quer que o contrato seja declarado nulo.

Se o comprador estiver de boa fé, sobre o vendedor impende a obrigação de convalidar o contrato (no prazo que, a requerimento do comprador, o tribunal fixar), adquirindo a propriedade da coisa ou o direito vendido, e é responsável pelo incumprimento dessa obrigação.

"Se um dos contraentes houver procedido de boa fé e o outro dolosamente, o primeiro tem direito a ser indemnizado, nos termos gerais, de todos os prejuízos que não teria sofrido se o contrato fosse válido desde o começo, ou não houvesse sido celebrado, conforme venha ou não a ser sanada a nulidade"; em qualquer caso e a menos que haja convenção em contrário, o vendedor, mesmo que tenha procedido sem dolo nem culpa, tem de indemnizar o comprador de boa fé.

Se os bens só parcialmente forem alheios e se verificarem os requisitos da redução do negócio, operar-se-á a redução, aplicando-se o regime da venda de bens alheios quanto à parte nula e fazendo-se a correlativa redução no preço convencionado.

V. artigos 892.° e segs., C.C..

V. *Compra e venda; Coisa alheia; Legitimidade; Nulidade; Boa fé; Má fé; Dolo; Coisa futura; Venda de bens futuros; "Compensatio lucri cum damno"; Convalidação; Direito de propriedade; Indemnização; Propositura da acção; Transacção; Obrigação; Fixação judicial de prazo; Requerimento; Incumprimento; Responsabilidade contratual; Dano; Culpa; Redução.*

Venda de bens de consumo (Dir. Civil) – O Decreto-Lei n.° 67/2003, de 8 de Abril, transpôs para a ordem jurídica interna a Directiva n.° 1999/44/CE, do Parlamento Europeu e do Conselho, de 25 de Maio, relativa a certos aspectos da venda de bens de consumo e das garantias a ela relativas.

O diploma aplica-se aos contratos de compra e venda e, com adaptações, aos de fornecimento de bens a fabricar ou a produzir, e de locação, sempre que uma das partes seja um consumidor e a outra um profissional.

Nos termos do artigo 2.° do diploma, "o vendedor tem de entregar ao consumidor bens que sejam conformes com o contrato de compra e venda", presumindo-se a não conformidade nos seguintes casos, previstos no n.° 2:

"*a)* Não serem conformes com a descrição que deles é feita pelo vendedor ou não possuírem as qualidades do bem que o vendedor tenha apresentado ao consumidor como amostra ou modelo;

b) Não serem adequados ao uso específico para o qual o consumidor os destine e do qual tenha informado o vendedor quando celebrou o contrato e que o mesmo tenha aceitado;

c) Não serem adequados às utilizações habitualmente dadas aos bens do mesmo tipo;

d) Não apresentarem as qualidades e o desempenho habituais nos bens do mesmo tipo e que o consumidor pode razoavelmente esperar, atendendo à natureza do bem e, eventualmente, às declarações públicas sobre as suas características concretas feitas pelo vendedor, pelo produtor ou pelo seu representante, nomeadamente na publicidade ou na rotulagem".

À falta de conformidade do bem é equiparada a deficiente instalação do bem, quando esta seja feita pelo vendedor ou por um seu representante.

Nos termos do artigo 4.° do mesmo diploma, "em caso de falta de conformidade do bem com o contrato, o consumidor tem direito a que esta seja reposta sem encargos, por meio de reparação ou de substituição, à redução adequada do preço ou à resolução do contrato", podendo optar por qualquer das formas previstas, na medida das possibilidades (por exemplo, por o bem ter perecido, sendo, contudo, possível a substituição) e desde que não constitua abuso de direito (por exemplo, resolver o contrato quando o defeito seja mínimo e possa ser facilmente reparado pelo vendedor, sem prejuízo para o consumidor).

O comprador pode exercer estes direitos, "quando a falta de conformidade se manifestar dentro do prazo de dois ou cinco anos a contar da entrega do bem, consoante se trate, respectivamente, de coisa móvel ou imóvel". A denúncia deve ser feita num prazo de dois meses ou um ano, conforme se trate de coisa móvel ou imóvel, a contar da data em que tenha sido detectada a falta de conformidade, caducando os direitos findo estes prazos ou seis meses após a denúncia.

Este regime é mais protector do consumidor do que o anterior, uma vez que o prazo para o exercício dos direitos, em relação aos bens móveis, passa de um ano, conforme estatuía o artigo 4.°, n.° 2, da Lei de Defesa do Consumidor, revogado por este diploma, para dois anos.

O comprador, para além destes direitos contra o vendedor, pode exigir directamente do produtor a reparação ou substituição da coisa defeituosa (artigo 6.°, n.° 1, do diploma citado).

Por outro lado, as garantias comerciais oferecidas pelo vendedor, pelo fabricante ou por qualquer intermediário, não podendo diminuir a protecção oferecida por este diploma, podem aumentá-la, conferindo ao consumidor direitos diversos.

V. *Compra e venda; Contrato de fornecimento; Locação; Consumidor; Entrega da coisa; Conformidade; Presunção legal; Amostra; Venda sobre amostra; Produtor; Publicidade; Representante; Resolução do contrato; Abuso de direito; Móvel; Imóvel; Denúncia; Caducidade.*

Venda de bens defeituosos (Dir. Civil) – V. *Compra e venda; Coisa defeituosa; Venda de coisas defeituosas; Responsabilidade do produtor.*

Venda de bens futuros (Dir. Civil) – Permitindo a lei expressamente a prestação de coisa futura (artigo 399.°, C.C.), é válida a venda que a tenha por objecto. Assim, o artigo 880.°, n.° 1, C.C., dispõe que, "na venda de bens futuros, de frutos pendentes ou de partes componentes ou integrantes de uma coisa, o vendedor fica obrigado a exercer as diligências necessárias para que o comprador adquira os bens vendidos, segundo o que for estipulado ou resultar das circunstâncias do contrato", e o n.° 2 diz que, "se as partes atribuírem ao contrato carácter aleatório, é devido o preço, ainda que a transmissão dos bens não chegue a verificar-se".

A transferência da propriedade não se opera aqui por mero efeito do contrato e no momento deste: antes se transfere quando a coisa for adquirida pelo alienante ou, sendo fruto natural, parte componente ou integrante, quando tiver lugar a colheita ou separação (v. artigo 408.°, n.° 2, C.C.).

Há de referir-se que os bens alheios podem ser vendidos como bens futuros, quando as partes os tomem nessa qualidade e, nesse caso, o regime não será o dos artigos 892.° e segs., C.C., mas o da venda de bens futuros (artigo 893.°, C.C.).

V. *Compra e venda; Coisa futura; Prestação; Fruto; Parte componente; Parte integrante; Diligência; Contrato aleatório; Transmissão.*

Venda de bens onerados (Dir. Civil) – "Se o direito transmitido estiver sujeito a alguns ónus ou limitações que excedam os limites normais inerentes aos direitos da mesma categoria, o contrato é anulável por erro ou dolo, desde que no caso se verifiquem os requisitos legais da anulabilidade" – artigo 905.°, C.C..

Se, antes do pedido de anulação do contrato, desaparecerem os ónus ou limitações que oneravam a coisa, sem que tenham chegado a causar prejuízo ao comprador, fica sanada a anulabilidade.

O comprador tem o direito a exigir do vendedor – em prazo a fixar pelo tribunal – que expurgue os ónus ou limitações existentes, ou que cancele à sua custa qualquer ónus ou limitação que conste do registo e que na realidade não exista.

Pelo incumprimento desta obrigação o vendedor é responsável perante o comprador, sendo-o também no caso de ter agido com dolo (a indemnização aqui abrange todos os prejuízos que o comprador não sofreria se não tivesse celebrado o contrato, quer se trate de danos emergentes, quer de lucros cessantes) e mesmo que tenha havido apenas erro (mas, neste caso, o vendedor só tem de indemnizar os danos emergentes).

"Se as circunstâncias mostrarem que, sem erro ou dolo, o comprador teria igualmente adquirido os bens, mas por preço inferior, apenas lhe caberá o direito à redução do preço, em harmonia com a desvalorização resultante dos ónus ou limitações, além da indemnização que no caso competir" – artigo 911.°, n.° 1, C.C..

V. artigos 905.° e segs., C.C..

Na venda judicial, dispõe o artigo 908.°, n.° 1, C.P.C., na redacção do Decreto-Lei n.° 38/2003, de 8 de Março, que, "se, depois da venda, se reconhecer a existência de algum ónus ou limitação que não fosse tomado em consideração [na determinação do valor da coisa, como é evidente] e que exceda os limites normais inerentes aos direitos da mesma categoria, [...] o comprador pode pedir, no processo de execução, a anulação da venda e a indemnização a que tenha direito [...]", convalescendo o contrato, se desaparecem os ónus ou limitações antes do pedido de anulação e sem que tenha havido qualquer prejuízo para o comprador.

V. *Compra e venda; Direito subjectivo; Anulabilidade; Dolo; Erro; Anulação; Fixação judicial de prazo; Dano; Convalescença do con-*

trato; Registo; Obrigação; Incumprimento; Indemnização; Dano emergente; Lucro cessante; Venda judicial; Execução.

Venda de coisas defeituosas (Dir. Civil) – "Se a coisa vendida sofrer de vício que a desvalorize ou impeça a realização do fim a que é destinada, ou não tiver as qualidades asseguradas pelo vendedor ou necessárias para a realização daquele fim [...]", o contrato é anulável por erro ou dolo, sempre que, no caso concreto, se encontrem preenchidos os requisitos gerais da anulabilidade com esses fundamentos.

O comprador tem, no entanto, o direito de exigir do vendedor (excepto se este, sem culpa, desconhecia o vício ou a falta de qualidade) a reparação da coisa ou, se for caso disso e a coisa tiver natureza fungível (isto é, for substituível por outra do mesmo género, qualidade e quantidade), a substituição dela; nestes casos, fica sanada a anulabilidade de venda, convalescendo o contrato.

A menos que o vendedor tenha usado de dolo, o comprador tem de denunciar ao vendedor o defeito ou falta de qualidade da coisa (até trinta dias depois de conhecido o defeito e dentro de seis meses após a entrega, sendo os prazos, respectivamente, de um e de cinco anos, se a coisa for um imóvel) e, se o não fizer no prazo, caduca a acção de anulação por erro; feita a denúncia, a acção tem de ser proposta nos seis meses subsequentes, também sob pena de caducidade. Se o fundamento da acção for o dolo, o prazo de propositura da acção é de um ano, nos termos gerais do n.° 1 do artigo 287.°, C.C..

"Sendo a venda feita sobre amostra, entende-se que o vendedor assegura a existência, na coisa vendida, de qualidades iguais às da amostra, salvo se da convenção ou dos usos resultar que esta serve somente para indicar de modo aproximado as qualidades do objecto" – artigo 919.°, C.C..

V. artigos 913.° e segs., C.C., tendo o artigo 916.° a redacção do Decreto-Lei n.° 267/94, de 25 de Outubro.

Actualmente, para além do regime sumariado e constante do Código Civil, há de ter em conta o disposto no Decreto-Lei n.° 383/89, de 6 de Novembro, sobre responsabilidade do produtor pelos danos causados por produtos defeituosos, e no Decreto-Lei n.° 67/2003, de 8 de Abril, sobre certos aspectos da venda de bens de consumo.

O Acórdão n.° 2/97 do Supremo Tribunal de Justiça para uniformização de jurisprudência, publicado no *Diário da República*, I-A série, de 30 de Janeiro do mesmo ano, veio decidir que "a acção destinada a exigir a reparação de coisa imóvel vendida, no regime anterior ao Decreto-Lei n.° 267/94, de 25 de Outubro, estava sujeita à caducidade nos termos previstos no artigo 917.° do Código Civil".

V. *Compra e venda; Coisa; Coisa defeituosa; Dolo; Erro; Anulabilidade; Culpa; Coisa fungível; Convalescença do contrato; Denúncia; Imóvel; Caducidade; Propositura da acção; Venda sobre amostra; Usos; Responsabilidade do produtor; Venda de bens de consumo.*

Venda de favor (Dir. Civil) – Galvão Telles, *Manual dos Contratos em Geral*, 4.ª edição, pág. 472, caracteriza do seguinte modo a venda de favor ou venda por preço de favor: "Vendo um objecto por baixo preço, sensivelmente inferior ao seu valor real, e não procedo assim por erro ou sob coacção, mas movido pelo espírito generoso de beneficiar a outra parte. O contrato em si é *oneroso*, é uma *venda*, mas insinua-se nele um elemento de gratuitidade que provém do propositado desequilíbrio entre as vantagens auferidas pelas partes". O autor acrescentava (*Manual dos Contratos em Geral*, 3.ª edição, pág. 389): "Só há que falar, verdadeiramente, de *negotium mixtum cum donatione* se não se discriminar o que é objecto de venda e o que é objecto de doação. Não se fixa o justo valor do todo e não se faz uma diferenciação de partes, nos termos expostos. Apenas se fixa o preço porque se vende o todo, mas nessa fixação contém-se implicitamente uma liberalidade, porque conscientemente, com *animus donandi*, se estipula um preço vil".

V. *Compra e venda; Erro; Coacção; Contrato oneroso; Doação; Contrato misto.*

Venda de penhor (Dir. Civil; Proc. Civil) – O processo para a venda da coisa empenhada encontrava-se regulado nos artigos 1008.° a 1012.°, C.P.C., tendo estas disposições sido revogadas pelo Decreto-Lei n.° 329-A/95, de 12 de Dezembro.

O artigo 1013.°, C.P.C., que trata da venda antecipada do penhor e tem a redacção do DL n.° 329-A/95, estabelece que, se para esta for requerida autorização, "por fundado receio de perda ou deterioração da coisa empenhada, são citados para contestar, no prazo de 10 dias, o credor, o devedor e o dono da coisa, que não sejam requerentes, e em seguida o tribunal decidirá, precedendo as diligências convenientes".

V. *Compra e venda; Penhor; Requerimento; Deterioração da coisa; Citação; Contestação; Credor; Devedor.*

Venda em bola de neve (Dir. Civil; Dir. Com.) – V. *Compra e venda; Vendas em cadeia.*

Venda em cadeia (Dir. Civil; Dir. Com.) – V. *Compra e venda; Vendas em cadeia.*

Venda em estabelecimento de leilão (Proc. Civil) – V. *Venda judicial; Leilão.*

Venda em hasta pública (Proc. Civil) – V. *Venda judicial.*

Venda em pirâmide (Dir. Civil; Dir. Com.) – V. *Compra e venda; Vendas em cadeia.*

Venda especial esporádica (Dir. Civil; Dir. Com.) – V. *Compra e venda; Vendas especiais esporádicas.*

Venda esporádica (Dir. Civil; Dir. Com.) – V. *Compra e venda; Vendas especiais esporádicas.*

Venda executiva (Proc. Civil) – Na execução, o exequente e demais credores com garantia real sobre os bens penhorados, se não forem pagos por outra das formas admitidas na lei, sê-lo-ão pelo produto da venda daqueles bens.

A venda executiva pode revestir uma das seguintes formas:

"*a)* Venda mediante propostas em carta fechada;

b) Venda em bolsas de capitais ou de mercadorias;

c) Venda directa a pessoas ou entidades que tenham direito a adquirir os bens;

d) Venda por negociação particular;

e) Venda em estabelecimento de leilões;

f) Venda em depósito público".

A decisão sobre a venda cabe, em princípio, "ao agente de execução, ouvidos o exequente, o executado e os credores com garantia sobre os bens a vender". A decisão deve conter os seguintes elementos:

"*a)* A modalidade da venda, relativamente a todos ou a cada categoria de bens penhorados [...];

b) O valor base dos bens a vender;

c) A eventual formação de lotes, com vista à venda em conjunto de bens penhorados".

Se alguma das partes, ou um credor reclamante, discordar da decisão, cabe ao juiz decidir, não havendo, então, recurso.

A venda mediante propostas em carta fechada constitui actualmente a regra na venda executiva, aplicando-se o seu regime às restantes modalidades de venda, salvo o dos artigos 892.° e 896.°, C.P.C., que se aplicam a todas, salvo à venda directa.

Por seu lado, a venda por negociação particular tem lugar:

"*a)* Quando o exequente propõe um comprador ou um preço, que é aceite pelo executado e demais credores;

b) Quando o executado propõe um comprador ou um preço, que é aceite pelo exequente e demais credores;

c) Quando haja urgência na realização da venda, reconhecida pelo juiz;

d) Quando se frustre a venda por propostas em carta fechada, por falta de proponentes, não aceitação das propostas ou falta de depósito do preço pelo proponente aceite;

e) Quando se frustre a venda em depósito público, por falta de proponentes ou não aceitação das propostas e, atenta a natureza dos bens, tal seja aconselhável".

Os artigos 908.° e 909.° do C.P.C. prevêem os casos em que a venda pode ficar sem efeito.

V. artigos 886.° a 911.°, C.P.C., na redacção do Decreto-Lei n.° 38/2003, de 8 de Março (rectificado pela Declaração de rectificação n.° 5-C/2003, de 30 de Abril), e, quanto ao artigo 890.°, também do Decreto-Lei n.° 199/2003, de 10 de Setembro.

A Portaria n.° 512/2006, de 5 de Junho, revogou a Portaria n.° 941/2003, de 5 de

Setembro, aprovando o Regulamento do Depósito Público. Nos termos do artigo 6.°, "são vendidos os bens que se encontrem em depósito público assim que a venda seja processualmente possível, desde que a execução não se encontre suspensa". "Mesmo que a execução se encontre suspensa, são logo vendidos os bens que se encontrem dentro das condições referidas no artigo 886.°-C do Código de Processo Civil". "As vendas devem ter periodicidade semanal ou mensal, consoante o volume de bens penhorados que devam ser vendidos", cabendo "ao depositário disponibilizar aos agentes de execução, por escrito ou em formato electrónico que permita um registo temporário da informação, todas as informações relativas à periodicidade das vendas, datas em que devem ser realizadas e modo de realização de cada venda". "Cabe ao agente de execução informar o depositário, por escrito ou em formato electrónico que permita um registo temporário da informação, dos bens que devem ser vendidos e o respectivo valor base".

O artigo 7.° estabelece que "a venda em depósito público só pode ser realizada mediante:

a) Regime de leilão;

b) Negociação particular;

c) Venda directa a pessoas ou entidades que tenham um direito reconhecido a adquirir os bens.

Nos termos do artigo 8.°, "a venda deve ser realizada em local aberto ao público, preferencialmente no próprio local do depósito, salvo se a natureza da venda ou dos bens aconselhar algum outro local específico", podendo "ainda realizar-se na página electrónica do depositário ou do tribunal". "Independentemente da modalidade e modo de realização da venda, esta deverá ser sempre publicitada, para além dos termos previstos no n.° 2 do artigo 907.°-A do Código de Processo Civil, na página electrónica do depositário". "Os potenciais interessados têm o direito de inspeccionar os bens a vender, no local onde estes se encontrem, entre a data de publicitação e a data de realização da venda".

"Semanal ou mensalmente, quando o volume de bens o aconselhe, o depositário deverá organizar vendas periódicas em regime de leilão", sendo correspondentemente aplicável a esta o disposto no artigo 889.°, n.° 2, do Código de Processo Civil. "Os interessados na aquisição de bens devem inscrever-se junto do depositário até ao início da realização da venda", sendo, "após identificação de cada bem ou lote de bens, [...] concedida aos presentes a possibilidade de apresentação verbal de propostas de aquisição em regime de leilão". "O bem ou lote de bens é vendido ao proponente que apresente a proposta mais elevada, devendo o valor em causa ser imediatamente entregue ao depositário ou seu representante". "Caso o agente de execução não esteja presente, a venda deverá ser-lhe comunicada imediatamente, para que este manifeste o seu acordo ou oposição no prazo de vinte e quatro horas". "Quando o agente der o seu acordo, fica a venda definitivamente realizada, devendo o preço ser entregue ao agente de execução no prazo máximo de dois dias úteis". "Os bens vendidos são entregues ao adquirente, tendo sido pago o preço, até cinco dias após a comunicação ao depositário do acordo do agente de execução" (artigo 9.°).

O artigo 10.°, que trata da venda electrónica, determina que, "sempre que possível, a venda dos bens penhorados deverá realizar-se exclusiva ou cumulativamente através da página electrónica do depositário". "Assim que seja apresentada alguma proposta de valor igual ou superior ao valor base do bem, desde que já tenham passado cinco dias após a colocação do bem em página electrónica, a venda deverá ficar imediatamente concluída a favor da proposta mais elevada".

"Do resultado da venda é lavrada acta, que é sempre assinada pelo agente de execução responsável pelo processo onde foram penhorados os bens, pelo adquirente e pelo depositário" (artigo 11.°).

O artigo 808.°, n.°s 2 e 3, C.P.C., prevê que, em determinadas situações e nas execuções por custas, as funções de agente de execução sejam desempenhadas por um oficial de justiça. A Portaria n.° 946/2003, de 6 de Setembro, define qual o oficial de justiça que desempenhará as referidas funções. Estabelece o artigo 1.° deste diploma que o "agente de execução é o escrivão de direito, titular da secção onde corre termos o processo de execução", aplicando-se "nas [suas] faltas e impedimentos [...] o regime da substituição previsto no Estatuto dos Funcionários de Justiça"; acrescenta o artigo 4.° que "o escrivão de direito agente de execução pode delegar a execução noutro oficial de justiça da mesma secção".

No quadro da actividade prestamista (aquela que é exercida profissionalmente por pessoa singular ou colectiva e que consiste na conclusão de contratos de mútuo garantido por penhor), o Decreto-Lei n.° 365/99, de 17 de Setembro, regula, nos artigos 19.° e segs., a venda dos bens empenhados, que pode ser feita por propostas em carta fechada ou em leilão, devendo ser "publicitada[s] mediante a afixação de editais na porta do estabelecimento do prestamista e a publicação de anúncio num dos jornais mais lidos da localidade, com a antecedência mínima de 10 dias em relação ao dia da venda e com indicação do local, dia, hora e modalidades da mesma, bem como do local e data em que estarão expostas ou poderão ser examinadas as coisas dadas em penhor"; "os anúncios devem conter a indicação de que são vendidas as coisas que garantam empréstimos e que à data tiverem juros vencidos e não pagos há mais de três meses". A venda de coisas dadas em penhor pode ser realizada "em caso de mora por período superior a três meses", autorizando o n.° 1 do artigo 20.° deste DL n.° 365/99 que, para além das modalidades de venda já referidas, esta possa fazer-se directamente "a entidades que, por determinação legal, tenham direitos a adquirir determinados bens"; o n.° 2 deste artigo dispõe que "o valor base da licitação das coisas em venda não pode ser inferior ao valor da avaliação". Seja qual for a modalidade de venda, o artigo 27.° determina que ela "é pública, podendo [nela] licitar os interessados, incluindo o prestamista", ficando este último "sujeito a observar todas as condições da venda, excepto quanto ao depósito do preço, do qual fica isento". Uma vez concluída a venda, "o prestamista fica obrigado, no prazo de 30 dias subsequentes, a elaborar um mapa resumo da mesma, no qual constem, relativamente às coisas vendidas", os elementos enumerados nas alíneas do n.° 1 do artigo 28.°. "Deduzidos os valores em dívida à data da venda ao produto obtido na mesma, o remanescente, se o houver, é entregue ao mutuário respectivo desde que o reclame no prazo de seis meses a contar daquela data"; "quando o valor do remanescente seja superior a 5000$ [€ 24,94 – v. Decreto-Lei n.° 323/2001, de 17 de Dezembro], o prestamista fica obrigado, nos oito dias subsequentes à elaboração do mapa resumo da venda, a avisar o mutuário, por escrito, [de] que poderá proceder ao seu levantamento até ao limite do prazo [de seis meses], podendo o prestamista debitar as correspondentes despesas no respectivo contrato"; "o pagamento do remanescente dará lugar à entrega da cautela e do recibo assinado pelo mutuário"; "os valores dos remanescentes não reclamados pelos mutuários no prazo [...] revertem para o Estado e para o mutuante em partes iguais" – artigo 29.°.

V. *Execução; Exequente; Garantias reais; Credor; Penhora; Agente de execução; Leilão; Reclamação de créditos; Executado; Recurso; Prova; Custas; Funcionário de justiça; Prestamista; Mútuo; Penhor; Pessoa singular; Pessoa colectiva; Edital; Estabelecimento comercial; Anúncio público; Juros; Vencimento; Mora; Mutuário; Cautela de penhor; Recibo; Mutuante.*

Venda forçada (Dir. Com.; Dir. Civil) – A lei considera haver venda forçada nas situações em que um comerciante dirige a um consumidor uma oferta ou proposta de venda (ou de fornecimento), declarando que da falta de resposta presumirá ter havido aceitação da oferta.

Foi o Decreto-Lei n.° 272/87, de 3 de Julho, no seu artigo 14.°, o primeiro diploma, na ordem jurídica portuguesa, a proibir as vendas forçadas, esclarecendo que "em caso algum ficará o consumidor vinculado ao cumprimento de qualquer obrigação, mesmo que nas ofertas ou propostas se tenha expressamente indicado que o decurso de um certo prazo sem qualquer reacção implica a sua aceitação".

Actualmente, o artigo 28.°, n.° 1, do Decreto-Lei n.° 143/2001, de 26 de Abril (rectificado pela Declaração de rectificação n.° 13-C/2001, de 31 de Maio), que transpôs a Directiva n.° 97/7/CE, do Parlamento Europeu e do Conselho, de 20 de Maio, contém idêntica proibição, dispondo ser "proibida a utilização da prática comercial em que a falta de resposta de um consumidor a uma oferta ou proposta que lhe tenha sido dirigida é presunção da sua aceitação, com o fim de promover a venda a retalho de bens ou a prestação de serviços"; o n.° 2 do mesmo artigo proíbe também "toda a prática comercial que se traduza no aproveitamento de uma situação de especial debilidade do consumidor, inerente à pessoa deste ou pelo agente voluntariamente provocada, com vista a fazê-lo assumir, sob qualquer forma, vínculos contratuais"; o n.° 3 esclarece que, para os efeitos desta proibição, "verifica-se uma situação de especial debilidade do consumidor quando as circunstâncias de facto mostrem que este, no momento da celebração do contrato, não se encontrava em condições de apreciar devidamente o alcance e significado das obrigações assumidas ou de descortinar ou reagir aos meios utilizados para o convencer a assumi-las"; finalmente, o n.° 4 determina que "o consumidor não fica vinculado ao cumprimento de qualquer obrigação decorrente das práticas referidas nos n.°s 1 e 2, mesmo que nas ofertas ou propostas se tenha expressamente indicado que o decurso de um certo prazo sem qualquer reacção implica a sua aceitação".

Também o envio de produtos não encomendados se encontrava já proibido pelo artigo 62.° do Decreto-Lei n.° 28/84, de 20 de Janeiro, estabelecendo o artigo 15.°, n.°s 1 e 2, do referido DL n.° 272/87 que o destinatário "não fica obrigado à sua devolução ou pagamento, podendo conservá-lo a título gratuito", tendo direito a ser reembolsado das despesas de devolução do produto, se optar por esta. O artigo 29.°, n.° 1, do citado DL n.° 143/2001 contém idêntica proibição, dispondo, de forma ampla, que "é proibido o fornecimento de bens ou a prestação de serviços ao consumidor que incluam um pedido de pagamento, sem que este os tenha previamente encomendado", acrescentando o n.° 2 que "o destinatário de bens ou de serviços recebidos sem que por ele tenham sido encomendados ou solicitados, ou que não constituam o cumprimento de qualquer contrato válido, não fica obrigado à sua devolução ou pagamento, podendo conservá-los a título gratuito", não valendo o seu silêncio como aceitação; se, porém, o destinatário, embora não obrigado a fazê-lo, "efectuar a devolução do bem, tem direito a ser reembolsado das despesas desta decorrentes no prazo de 30 dias a contar da data em que a tenha efectuado". Desta proibição exclui o n.° 5 desta disposição as "amostras gratuitas ou ofertas comerciais, bem como [...] [as] remessas efectuadas com finalidade altruística por instituições de solidariedade social, desde que, neste último caso, se limitem a bens por elas produzidos", esclarecendo o n.° 6 que, nesta hipótese, "o destinatário não fica, no entanto, obrigado à devolução ou pagamento dos bens recebidos, podendo conservá-los a título gratuito". Também o Decreto-Lei n.° 95/2006, de 29 de Maio – que transpôs a Directiva n.° 2002/65/CE, do Parlamento Europeu e do Conselho, de 23 de Setembro –, que se ocupa dos contratos relativos a serviços financeiros prestados a consumidores através de meios de comunicação à distância, dispõe, no artigo 7.°, que "é proibida a prestação de serviços financeiros à distância que incluam um pedido de pagamento [...] ao consumidor que os não tenha prévia e expressamente solicitado", não ficando este "sujeito a qualquer obrigação relativamente a esses serviços, nomeadamente de pagamento, considerando-se os serviços prestados a título gratuito"; o n.° 3 desta disposição reafirma que "o silêncio do consumidor não vale como consentimento [...]".

V. *Compra e venda; Contrato de fornecimento; Consumidor; Proposta de contrato; Silêncio; Presunção; Aceitação; Cumprimento; Obrigação; Contrato de prestação de serviços; Contrato; Validade; Contrato celebrado à distância; Tutela do consumidor.*

Venda judicial (Proc. Civil) – O Decreto-Lei n.° 38/2003, de 8 de Março (rectificado pela Declaração de rectificação n.° 5-C/2003, de 30 de Abril), alterou profundamente todo o processo executivo, tendo nomeadamente deixado de se fazer a distinção entre venda judicial e venda extrajudicial.

A venda executiva pode revestir uma das seguintes formas:

"*a)* Venda mediante propostas em carta fechada;

b) Venda em bolsas de capitais ou de mercadorias;

c) Venda directa a pessoas ou entidades que tenham direito a adquirir os bens;

d) Venda por negociação particular;

e) Venda em estabelecimento de leilões;

f) Venda em depósito público".

A decisão sobre a venda cabe, em princípio, "ao agente de execução, ouvidos o exequente, o executado e os credores com garantia sobre os bens a vender". A decisão deve conter os seguintes elementos:

"*a)* A modalidade da venda, relativamente a todos ou a cada categoria de bens penhorados [...];

b) O valor base dos bens a vender;

c) A eventual formação de lotes, com vista à venda em conjunto de bens penhorados".

Se alguma das partes, ou um credor reclamante, discordar da decisão, cabe ao juiz decidir, não havendo recurso desta decisão.

A venda mediante propostas em carta fechada constitui actualmente a regra na venda executiva, aplicando-se o seu regime às restantes modalidades de venda, excepto os artigos 892.° e 896.°, C.P.C., que se aplicam a todas, salvo à venda directa.

Sendo a venda feita por propostas em carta fechada, "designa-se o dia e a hora para a abertura das propostas, com a antecipação necessária para ser publicitada mediante editais, anúncios e inclusão na página informática da secretaria de execução, sem prejuízo de, por iniciativa oficiosa ou sugestão dos interessados na venda, serem utilizados ainda outros meios que sejam considerados eficazes". Neste período, o depositário é obrigado a mostrar os bens a quem pretender examiná-los.

Os titulares do direito de preferência que seja invocável no processo são notificados do dia, da hora e do local onde são abertas as propostas, devendo exercer o seu direito no próprio acto.

O artigo 893.°, que trata da abertura das propostas, estabelece:

"1 – As propostas são entregues na secretaria do tribunal e abertas na presença do juiz, devendo assistir à abertura o agente de execução, e podendo a ela assistir o executado, o exequente, os reclamantes de créditos com garantia sobre os bens a vender e os proponentes.

2 – Se o preço mais elevado for oferecido por mais de um proponente, abre-se logo licitação entre eles, salvo se declararem que pretendem adquirir os bens em compropriedade.

3 – Estando presente só um dos proponentes do maior preço, pode esse cobrir a proposta dos outros; se nenhum deles estiver presente ou nenhum quiser cobrir a proposta dos outros, procede-se a sorteio para determinar a proposta que deve prevalecer.

4 – As propostas, uma vez apresentadas, só podem ser retiradas se a sua abertura for adiada por mais de 90 dias depois do primeiro designado".

As propostas são apreciadas pelo executado, pelo exequente e pelos credores que hajam comparecido, prevalecendo o voto destes caso não haja acordo. Se nenhum interessado estiver presente, "considera-se aceite a proposta de maior preço".

V. artigos 886.° e segs., C.P.C., na redacção do referido DL n.° 38/2003, e ao n.° 4 do artigo 890.° também do Decreto-Lei n.° 199/2003, de 10 de Setembro.

A venda é feita em estabelecimento de leilão:

"*a)* Quando o exequente, o executado, ou credor reclamante com garantia sobre o bem em causa, proponha a venda em determinado estabelecimento e não haja oposição de qualquer dos restantes; ou

b) Quando, tratando-se de coisa móvel, o agente de execução entenda que, atentas as características do bem, se deve preterir a venda por negociação particular nos termos da alínea *e)* do artigo 904.°".

A venda pode ficar sem efeito, nos casos dos artigos 908.° e 909.°, C.P.C..

V. Decreto-Lei n.° 309/89, de 19 de Setembro, que estabelece o regime de alienação, em hasta pública, dos imóveis do Estado e revoga o Decreto-Lei n.° 309/83, de 1 de Julho.

O artigo 48.°, n.° 2, do Código do Registo Predial, na redacção do DL n.° 38/ /2003, dispõe que "o registo provisório da aquisição por venda em processo judicial, quando a lei dispense o adquirente do depósito da totalidade do preço, é feito com base em certidão comprovativa da identificação do adquirente, do objecto e do depósito da parte do preço exigida".

V. *Execução; Venda executiva; Leilão; Penhora; Garantias reais; Agente de execução; Exequente; Credor; "Ex officio"; Recurso; Executado; Edital; Anúncio público; Depositário; Direito de preferência; Notificação; Secretaria judicial; Licitação; Móvel; Solicitador de execução; Reclamação de créditos; Compropriedade; Imóvel; Registo predial; Registo provisório; Certidão.*

Venda por correspondência (Dir. Civil; Dir. Com.) – O Decreto-Lei n.° 272/87, de 3 de Julho, ocupava-se da venda por correspondência, que era definida no artigo 8.°, como aquela "em que se oferece ao consumidor a possibilidade de encomendar, pelo correio, telefone ou outro meio de comunicação, os bens ou serviços divulgados através de catálogos, revistas, jornais, impressos ou quaisquer outros meios gráficos ou audiovisuais", não se aplicando o regime estabelecido naquele diploma à venda por correspondência de jornais, revistas e outras publicações periódicas de natureza cultural, educativa, recreativa e desportiva.

Actualmente, o regime da venda por correspondência é o da venda à distância.

V. *Compra e venda; Consumidor; Contrato celebrado à distância.*

Venda por medida (Dir. Civil) – Chama-se venda por medida aquela que tem por objecto coisas determinadas fixando-se o preço por unidade.

Neste caso, estabelece o artigo 887.°, C.C., que "é devido o preço proporcional ao número, peso ou medida real das coisas vendidas, sem embargo de no contrato se declarar quantidade diferente".

Mas, se o preço devido exceder o proporcional à quantidade declarada no contrato em mais de um vigésimo deste, exigindo o vendedor esse excesso, o artigo 891.°, C.C., dá ao comprador o direito a resolver o contrato, no prazo de três meses, contados do momento em que o vendedor exigir por escrito o excesso; tal direito à resolução só não existirá no caso de o comprador ter procedido com dolo.

V. *Compra e venda; Resolução do contrato; Dolo.*

Vendas à distância (Dir. Civil; Dir. Com.) – V. *Compra e venda; Venda à distância.*

Vendas a filhos (Dir. Civil) – Para que os pais e avós possam validamente vender a filhos e a netos, é necessário que os outros filhos e netos consintam na venda, podendo o consentimento, quando não possa ser prestado ou seja recusado, ser suprido judicialmente. A venda não autorizada nestes termos é anulável, podendo a anulação ser requerida pelos filhos ou netos que não deram o seu consentimento e no prazo de um ano a contar do conhecimento da celebração do contrato ou do termo da sua incapacidade, se forem incapazes.

V. artigo 877.°, C.C..

V. *Compra e venda; Autorização; Suprimento de consentimento; Anulabilidade; Incapacidade.*

Vendas automáticas (Dir. Civil) –Diz-se venda automática a colocação de uma coisa à disposição de uma pessoa para esta a adquira mediante a utilização de uma máquina com pagamento antecipado do preço.

O Decreto-Lei n.° 143/2001, de 26 de Abril (rectificado pela Declaração de rectificação n.° 13-C/2001, de 31 de Maio), que transpôs a Directiva n.° 97/7/CE, do Parlamento Europeu e do Conselho, de 20 de Maio, refere-se a este tipo de contratos nos artigos 21.° e segs., estabelecendo que devem constar do equipamento as informações previstas no artigo 22.°, n.° 2, e que consistem essencialmente em indicações acerca da empresa fornecedora, do bem e do preço.

O artigo 22.°, n.° 1, do diploma dispõe que "todo o equipamento destinado à venda automática de bens ou serviços deve permitir a recuperação da importância introduzida em caso de não fornecimento do bem ou serviço solicitado".

O artigo 36.° estabeleceu o prazo de um ano, a contar da data da entrada em vigor deste diploma, para que as empresas que se dedicassem à actividade de venda automática colocassem o equipamento a ela destinado em condições de permitir a recuperação das importâncias introduzidas nas hipóteses de não fornecimento do bem ou do serviço.

V. *Compra e venda; Contrato automático; Consumidor.*

Vendas em cadeia (Dir. Civil; Dir. Com.) – O artigo 27.° do Decreto-Lei n.° 143/ /2001, de 26 de Abril (rectificado pela Declaração de rectificação n.° 13-C/2001, de 31 de Maio), que transpôs a Directiva n.° 97/7/CE, do Parlamento Europeu e do Conselho, de 20 de Maio, proíbe as vendas em cadeia (o primeiro diploma a fazê-lo tinha sido o Decreto-Lei n.° 272/87, de 3 de Junho), que também designa por vendas "em pirâmide" e vendas "bola de neve", e que caracteriza como "o procedimento que consiste em oferecer ao consumidor determinados bens ou serviços fazendo depender o valor de uma prometida redução do seu preço ou a sua gratuidade do número de clientes ou do volume de vendas que, por sua vez, aquele consiga obter, directa ou indirectamente, para o fornecedor, vendedor, organizador ou terceiro".

V. *Compra e venda; Oferta ao público; Consumidor.*

Vendas entre cônjuges (Dir. Civil) – O artigo 1714.°, n.° 2, C.C., proíbe os contratos de compra e venda e de sociedade entre cônjuges, resguardando assim a proibição, do seu n.° 1, de alteração das convenções antenupciais e do regime de bens do casamento. Exceptua, no entanto, os contratos celebrados entre cônjuges separados judicialmente de pessoas e bens.

V. *Compra e venda; Sociedade; Convenção antenupcial; Regime de bens do casamento; Separação judicial de pessoas e bens.*

Vendas especiais esporádicas (Dir. Civil; Dir. Com.) – O Decreto-Lei n.° 143/ /2001, de 26 de Abril (rectificado pela Declaração de rectificação n.° 13-C/2001, de 31 de Maio), que transpôs a Directiva n.° 97/7/CE, do Parlamento Europeu e do Conselho, de 20 de Maio, designa assim, nos respectivos artigos 24.° e 25.°, "as realizadas de forma ocasional fora dos estabelecimentos comerciais, em instalações ou espaços privados especialmente contratados ou disponibilizados para esse efeito".

Tais vendas "ficam sujeitas a comunicação prévia à Inspecção-Geral das Actividades Económicas", "realizada até 15 dias antes da data prevista para o início das vendas, por carta registada com aviso de recepção, ou por escrito contra recibo, do qual constem" a identificação do promotor, a dos bens e serviços a comercializar, a do local e a indicação das datas previstas para começo e fim da ocorrência.

Estes contratos podem ser resolvidos pelo consumidor nos mesmos (livres) termos e nos prazos em que podem ser resolvidos os contratos ao domicílio.

V. *Consumidor; Compra e venda; Estabelecimento comercial; Contrato ao domicílio; Resolução do contrato; Arrependimento.*

Vendas ligadas (Dir. Com.; Dir. Civil) – O artigo 30.° do Decreto-Lei n.° 143/2001, de 26 de Abril (rectificado pela Declaração de rectificação n.° 13-C/2001, de 31 de Maio), que transpôs a Directiva n.° 97/7/ /CE, do Parlamento Europeu e do Conselho, de 20 de Maio, dispõe que "é proibido subordinar a venda de um bem ou a prestação de um serviço à aquisição pelo consumidor de um outro bem ou serviço junto do fornecedor ou de quem este designar", só não se aplicando esta proibição quando "estejam em causa bens ou serviços que, pelas suas características, se encontrem entre si numa relação de complementaridade e esta relação seja de molde a justificar o seu fornecimento em conjunto".

Às situações contratuais objecto desta proibição dá a epígrafe do artigo a designação de vendas ligadas.

V. *Compra e venda; Contrato de prestação de serviços; Contraente débil; Consumidor; União de contratos.*

Venda sobre amostra (Dir. Civil) – Venda que se celebra em face de uma amostra do bem, amostra que é aprovada pelo comprador, ficando o vendedor com a obrigação de entregar àquele um bem de características exactamente iguais às da amostra, salvo se do contrato ou dos usos resultar que a amostra apenas serve para indicar, de modo aproximado, as qualidades do bem.

V. artigo 919.°, C.C..

V. *Compra e venda; Obrigação; Entrega da coisa; Usos.*

Venda sobre documentos (Dir. Civil) – "Na venda sobre documentos, a entrega da coisa é substituída pela entrega do seu título representativo e dos outros documentos exigidos pelo contrato ou, no silêncio deste, pelos usos" – artigo 937.°, C.C..

V. *Compra e venda; Documento; Entrega da coisa; Usos.*

Venda sujeita a prova (Dir. Civil) – Chama-se venda sujeita a prova aquela que as partes subordinam à condição de "a coisa ser idónea para o fim a que é destinada e ter as qualidades asseguradas pelo vendedor". Esta condição é suspensiva, a menos que as partes acordem que seja resolutiva. A coisa deve ser facultada ao comprador para prova, e esta tem de ser feita no prazo e segundo a modalidade, estabelecidos pelo contrato ou pelos usos; se o resultado da prova não for comunicado ao vendedor no prazo fixado no contrato ou pelos usos, a condição tem-se por verificada (se for suspensiva) ou não verificada (se for resolutiva).

V. artigo 925.°, C.C..

V. *Compra e venda; Condição suspensiva; Condição resolutiva; Silêncio; Verificação da condição.*

"Venditio donationis causa pretio viliore facta" (Dir. Civil) - Expressão latina significativa daquilo que, na doutrina portuguesa, se designa por *doação mista* (v. esta expressão).

"Venire contra factum proprium" (Dir. Civil) - Conduta daquele que, tendo, pelo seu comportamento anterior, criado em outrem a fundada convicção de que adoptaria certa atitude, positiva ou negativa, inesperada ou infundadamente, contraria essa expectativa.

Por violar o princípio da boa fé, o *venire contra factum proprium* é valorado negativamente pela ordem jurídica, sendo a sua mais frequente consequência a da irrelevância do segundo comportamento.

V. *Boa fé.*

Verificação da condição (Dir. Civil) – A verificação ou preenchimento da condição implica a produção dos efeitos jurídicos do negócio a que foi aposta, ou a sua destruição, consoante for suspensiva ou resolutiva.

"Os efeitos do preenchimento da condição retrotraem-se à data da conclusão do negócio, a não ser que, pela vontade das partes ou pela natureza do acto, hajam de ser reportados a outro momento" (artigo 276.° C.C.).

V. *Negócio jurídico; Condição suspensiva; Condição resolutiva; Retroactividade.*

Verificação de créditos

1. (Proc. Civil) – No processo de execução, após a penhora, os credores que tenham garantia real sobre os bens penhorados podem vir reclamar o pagamento dos seus créditos, pelo produto da venda daqueles bens. Tais reclamações podem ser impugnadas pelo exequente, pelo executado e, em alguns casos, pelos outros credores Sendo os créditos impugnados, tem o credor reclamante direito a responder e, se a verificação do seu crédito estiver dependente da produção de prova, seguem-se os termos do processo sumário de declaração.

Se o crédito não tiver sido impugnado ou a verificação dele não depender de prova, o seu reconhecimento faz-se logo no despacho saneador e, se assim se passar com todos os créditos reclamados, é desde logo proferida sentença a reconhecê-los e a graduá-los.

V. artigos 865.° a 868.°, C.P.C., na redacção do Decreto-Lei n.° 38/2003, de 8 de Março, rectificado pela Declaração de rectificação n.° 5-C/2003, de 30 de Abril, à excepção do artigo 867.°, que tem a do Decreto-Lei n.° 329-A/95, de 12 de Dezembro.

No processo de inventário, também têm de ser verificados judicialmente os créditos que não sejam aceites pelos interessados (artigos 1355.° e segs., C.P.C.).

2. (Dir. Civil; Dir. Com.; Proc. Civil) – Nos processos de falência, havia também lugar à verificação dos créditos reclamados que fossem impugnados, mas o Código dos Processos Especiais de Recuperação da Empresa e de Falência, aprovado pelo Decreto-Lei n.° 132/93, de 23 de Abril (rectificado pela Declaração de rectificação n.° 141/93, de 31 de Julho), alterado pelos Decretos-Leis n.°s 157/97, de 24 de Junho,

315/98, de 20 de Outubro, 323/2001, de 17 de Dezembro, e 38/2003, de 8 de Março, foi revogado pelo Decreto-Lei n.° 53/2004, de 18 de Março, alterado pelos Decretos-Leis n.°s 200/2004, de 18 de Agosto, e 76-A//2006, de 29 de Março, o último rectificado pela Declaração de rectificação n.° 28-A//2006, de 26 de Maio –, que aprovou o Código da Insolvência e da Recuperação de Empresas.

Neste último, o artigo 128.° determina que, "dentro do prazo fixado para o efeito na sentença declaratória da insolvência, devem os credores da insolvência, incluindo o Ministério Público na defesa dos interesses das entidades que represente, reclamar a verificação dos seus créditos por meio de requerimento [dirigido ao administrador da insolvência e apresentado no respectivo domicílio profissional], acompanhado de todos os documentos probatórios de que disponham, no qual indiquem: *a)* A sua proveniência, data de vencimento, montante de capital e de juros; *b)* As condições a que estejam subordinados, tanto suspensivas como resolutivas; *c)* A sua natureza comum, subordinada, privilegiada ou garantida, e, neste último caso, os bens ou direitos objecto da garantia e respectivos dados de identificação registral, se aplicável; *d)* A existência de eventuais garantias pessoais, com identificação dos garantes; *e)* A taxa de juros moratórios aplicável"; "a verificação tem por objecto todos os créditos sobre a insolvência, qualquer que seja a sua natureza e fundamento, e mesmo o credor que tenha o seu crédito reconhecido por decisão definitiva não está dispensado de o reclamar no processo de insolvência, se nele quiser obter pagamento". Os artigos 129.° a 138.° ocupam-se do regime das diligências a realizar para a impugnação dos créditos reclamados, dispondo o artigo 130.°, n.° 3, que, "se não houver impugnações, é de imediato proferida sentença de verificação e graduação dos créditos, em que, salvo o caso de erro manifesto, se homologa a lista de credores reconhecidos pelo administrador da insolvência e se graduam os créditos em atenção ao que consta dessa lista"; no caso de haver impugnação, seguem-se os trâmites estabelecidos nos artigos seguintes, dispondo o artigo 139.° as regras acerca da audiência de julgamento, e o artigo 140.° que, "finda a audiência, o juiz profere sentença de verificação e graduação dos créditos, nos 10 dias subsequentes", sendo a graduação geral para os bens da massa insolvente, e especial "para os bens a que respeitem direitos reais de garantia e privilégios creditórios", não sendo atendida, nesta graduação, a preferência resultante de hipoteca judicial, nem a proveniente de penhora, e acrescentando-se que as custas pagas pelo autor ou exequente constituem dívidas da massa insolvente.

De acordo com o artigo 141.°, n.° 1, as regras relativas à verificação de créditos – como, aliás, as que se referem à sua reclamação – são também aplicáveis, com as adaptações "que se mostrem necessárias" e as que resultam do n.° 2 do mesmo artigo: "*a)* À reclamação e verificação do direito de restituição, a seus donos, dos bens apreendidos para a massa insolvente, mas de que o insolvente fosse mero possuidor em nome alheio;

b) À reclamação e verificação do direito que tenha o cônjuge a separar da massa insolvente os seus bens próprios e a sua meação nos bens comuns;

c) À reclamação destinada a separar da massa os bens de terceiro indevidamente apreendidos e quaisquer outros bens, dos quais o insolvente não tenha a plena e exclusiva propriedade, ou sejam estranhos à insolvência ou insusceptíveis de apreensão para a massa".

O n.° 2 deste artigo 141.° dispõe que as regras sobre reclamação e verificação de créditos sofrem as seguintes adaptações, "além das outras que se mostrem necessárias": *a)* a reclamação não é objecto de notificações e obedece ao disposto nos n.°s 1 e 5 do artigo 134.° (devem ser oferecidos todos os meios de prova pelo requerente, ficando este obrigado a apresentar as testemunhas arroladas, e durante o prazo para a restituição e separação de bens o processo mantém-se na secretaria judicial para consulta pelos interessados); *b)* as contestações às reclamações podem ser apresentadas pelo administrador ou por qualquer interessado nos 10 dias subsequentes ao fim do prazo para a reclamação dos créditos fixado na sentença declaratória da insolvência, tendo o reclamante possibilidade de responder nos 5 dias seguintes; *c)* na audiência, as provas são produzidas pela ordem da apresentação das reclamações).

Os artigos 146.° a 148.° ocupam-se da verificação ulterior de créditos e outros direitos, dizendo o artigo 146.°, no seu n.° 1, que, "findo o prazo das reclamações, é possível reconhecer ainda outros créditos, bem como o direito à separação ou restituição de bens, de modo a serem atendidos no processo de insolvência, por meio de acção proposta contra a massa insolvente, os credores e o devedor, efectuando-se a citação por éditos de 10 dias"; esta reclamação não é, porém, admitida quando seja apresentada pelos credores que tenham sido avisados pelo administrador da insolvência, nos termos do artigo 129.° deste diploma, salvo se se tratar de créditos de constituição posterior, e "só pode ser feita no prazo de um ano subsequente ao trânsito em julgado da sentença de declaração da insolvência, ou no prazo de três meses seguintes à respectiva constituição, caso termine posteriormente". Proposta nestes termos a acção, o autor tem de assinar "termo de protesto no processo principal da insolvência", caducando os efeitos de tal protesto "se o autor deixar de promover os termos da causa durante 30 dias". No artigo 147.° trata-se do modo de pagamento dos créditos cujos titulares não tenham assinado protesto ou tenham deixado caducar os efeitos deste.

V. *Execução; Penhora; Credor; Garantias reais; Reclamação de créditos; Impugnação; Exequente; Executado; Prova; Processo sumário; Despacho saneador; Sentença; Acção de simples apreciação; Graduação de credores; Inventário; Falência; Insolvência; Recuperação de empresas; Declaração de insolvência; Credor da insolvência; Ministério Público; Requerimento; Administrador da insolvência; Domicílio profissional; Documento; Prova documental; Vencimento; Juros; Condição; Credor comum; Credor privilegiado; Crédito subordinado; Registo; Garantias especiais; Juros moratórios; Crédito sobre a insolvência; Homologação; Audiência; Massa insolvente; Privilégio creditório; Hipoteca judicial; Custas; Possuidor precário; Separação de bens; Meação; Bens próprios; Bens comuns; Notificação; Meios de prova; Testemunha; Rol de testemunhas; Secretaria judicial; Exame de processos; Contestação; Citação edital; Autor; Trânsito em julgado; Caducidade.*

Verificação de gravidez (Proc. Civil) – Tratava-se de um processo especial, regulado nos artigos 1446.° e segs., C.P.C., entretanto revogados pelos Decretos-Leis n.°s 329-A/95, de 12 de Dezembro, e 272//2001, de 13 de Outubro (rectificado pela Declaração de rectificação n.° 20-AR/2001, de 30 de Novembro), destinado a verificar e a declarar o estado de gravidez de uma mulher.

Um dos efeitos da declaração judicial de não gravidez da mulher era o de possibilitar novo casamento desta, decorridos cento e oitenta dias sobre a dissolução, declaração de nulidade ou anulação do anterior casamento (cfr. artigo 1605.°, C.C., na redacção do Decreto-Lei n.° 561/76, de 17 de Julho).

Actualmente, "a mulher que pretenda celebrar novo casamento antes do decurso do prazo internupcial apresenta [na conservatória do registo civil, para além de uma declaração prevista no Código de Registo Civil] atestado de médico especialista em ginecologia-obstetrícia comprovativo da situação de não gravidez".

V. artigos 12.°, n.° 1-*a)*, e 15.° do referido DL n.° 272/2001.

V. *Casamento; Dissolução do casamento; Invalidade do casamento; Prazo internupcial; Registo civil.*

Viabilidade

1. (Dir. Civil) – Diz-se viável a criança que no momento do nascimento se encontra em condições de viver.

Diversamente de algumas legislações estrangeiras, o direito português não inclui a viabilidade nos pressupostos de aquisição de personalidade jurídica (artigo 66.°, n.° 1, C.C.).

V. *Nascimento; Personalidade jurídica.*

2. (Proc. Civil) – Costuma dizer-se que a pretensão do autor é inviável quando, por qualquer motivo – diverso dos expressamente especificados no artigo 474.°, C.P.C., alterado pela última vez pela Lei n.° 30-D/2000, de 20 de Dezembro – for evidente que não pode proceder.

V. *Pretensão; Autor; Procedência.*

Vice-procurador-geral da República (Org. Judiciária) – É o magistrado do Ministério Público especialmente encarregado de coadjuvar e substituir o Procurador-geral da República.

É nomeado pelo Conselho Superior do Ministério Público, sob proposta do Procurador-geral da República, de entre procuradores-gerais-adjuntos, e exerce as suas funções em comissão de serviço, cessando-as com a tomada de posse de novo Procurador-geral da República.

Nas suas faltas e impedimentos, o vice-procurador-geral da República é substituído pelo procurador-geral adjunto que o Procurador-geral da República indicar ou, na falta de designação, pelo procurador-geral-adjunto mais antigo a exercer funções em Lisboa.

V. artigos 13.°, 14.° e 129.° do Estatuto do Ministério Público, anterior Lei Orgânica do Ministério Público (Lei n.° 47/86, de 15 de Outubro, alterada pelas Leis n.°s 2/90, de 20 de Janeiro, 23/92, de 20 de Agosto, 10/94, de 5 de Maio, 60/98, de 27 de Agosto, e 42/2005, de 29 de Agosto).

V. *Ministério Público; Procurador-geral da República; Conselho Superior do Ministério Público; Procurador-geral-adjunto.*

Vício de consentimento (Dir. Civil) – V. *Vício do consentimento.*

Vício de forma (Dir. Civil) – O negócio jurídico que não obedeça à forma legalmente imposta sofre de vício de forma que determina a sua nulidade, a menos que a própria lei especialmente diga que a sanção é diversa.

V. artigo 220.°, C.C..

V. *Negócio jurídico; Forma; Nulidade; Documento substancial; Documento probatório.*

Vício do consentimento (Dir. Civil) – Qualquer circunstância que intervém no processo de formação da vontade negocial, conduzindo à existência de uma vontade diversa daquela que existiria se tal circunstância não tivesse intervindo.

V. *Vícios na formação da vontade.*

Vício redibitório (Dir. Civil) – V. *Vícios redibitórios.*

Vícios da coisa (Dir. Civil) – V. *Vícios redibitórios.*

Vícios da sentença (Proc. Civil) – A sentença pode enfermar de vícios de tal modo graves que não reúna sequer os requisitos indispensáveis para ser considerada um acto judicial: será, então, inexistente.

Diz José Alberto dos Reis, *Código de Processo Civil anotado*, Vol. V, págs. 113-114, a este propósito: "A nossa lei, como aliás as dos outros países, não faz referência alguma às sentenças inexistentes. Todavia, não pode deixar de considerar-se esta espécie. Exemplo típico de sentença inexistente: suponha-se que um governador civil, um médico, um pároco, um barbeiro, se permite proferir decisão destinada a resolver determinada questão e que dá ao seu escrito a forma de sentença... É evidente que semelhante acto, posto que tenha a forma externa de sentença, não vale como tal. Falta-lhe o requisito essencial: ter sido praticada por pessoa investida de poder jurisdicional... Estamos perante a figura de sentença inexistente...". Segundo Castro Mendes, *Direito Processual Civil*, lições policopiadas, 1968, II vol., págs. 305 e 306, a inexistência da sentença apenas se pode verificar pelas seguintes razões: "falta de poder jurisdicional do judicante; falta de forma, em termos de não haver sequer aparência social de sentença (sentença proferida pelo juiz no café ou verbalmente fora do processo); oposição entre o conteúdo da decisão (independentemente dos seus fundamentos) e a lei [...]".

Para além dos vícios do tipo que se referiu, pode a sentença encontrar-se afectada de outros, como a obscuridade ou a inclusão de erros materiais (omissão do nome das partes, omissão quanto a custas, erros de escrita ou de cálculo ou outros lapsos manifestos): nestes casos, as partes podem requerer o esclarecimento ou a rectificação da sentença.

V. artigos 666.°, n.° 2 (redacção do Decreto-Lei n.° 180/96, de 25 de Setembro), 667.°, 669.°, n.° 1-*a)* (redacção do Decreto-Lei n.° 329-A/95, de 12 de Dezembro), e 670.° (redacção do DL n.° 180/96), C.P.C..

O artigo 668.°, C.P.C., especifica as causas de nulidade da sentença, sendo certo que a esta são também aplicáveis as regras sobre nulidades dos actos processuais dos artigos 201.° e segs., C.P.C. (os artigos 202.°, 206.° e 207.° têm a redacção do DL n.° 180/96).

Sobre a nulidade de sentença, v. *Sentença.*

V. *Inexistência; Aclaração de sentença; Rectificação de sentença; Nulidade da sentença; Actos processuais.*

Vícios da vontade (Dir. Civil) – V. *Vícios na formação da vontade.*

Vícios na formação da vontade (Dir. Civil) – A vontade da parte num negócio jurídico pode ter sido viciada ou falseada no seu processo formativo, de tal modo que – embora a declaração seja conforme à vontade formada, não havendo divergência entre a vontade real e a declarada – ela não é o que seria se não tivesse intervindo vício na sua formação. Nestes casos, e verificados certos pressupostos, a lei qualifica como inválido todo o negócio.

São vários os vícios da vontade a que a lei civil atribui efeitos:

1. *Erro-vício*: trata-se de um erro sobre qualquer dos motivos determinantes da formação da vontade. Pode dizer respeito à pessoa da outra parte (sobre a identidade ou as qualidades desta) ou ao objecto do negócio. Em qualquer dos casos, o erro torna o negócio anulável, desde que a parte contrária "conhecesse ou não devesse ignorar a essencialidade, para o declarante, do elemento sobre que incidiu o erro" (v. artigos 251.° e 247.°, C.C.).

Se o erro tiver incidido sobre outro motivo da vontade, a sua relevância encontra-se dependente de as partes terem reconhecido por acordo a essencialidade do motivo; caso tenha havido tal acordo, expresso ou tácito, o negócio é anulável (v. artigo 252.°, n.° 1, C.C.).

Finalmente, a lei prevê a hipótese de erro sobre determinados motivos: aqueles que constituem a chamada base negocial. Neste caso, o artigo 252.°, n.° 2, C.C., remete para o regime do artigo 437.°, aplicável à resolução ou modificação do contrato por alteração das circunstâncias. É, pelo menos, muito duvidoso que tal remissão signifique que, neste especial caso de erro, o negócio seja resolúvel ou modificável, e não anulável. Sendo o vício contemporâneo da formação da vontade, isto é, não funcionando a razão de ser da estipulação do artigo 437.°, parece que o negócio será anulável, embora os restantes pressupostos da anulabilidade se devam retirar do artigo 437.°, C.C..

2. *Dolo*: este vício da vontade tem como causa um dado comportamento de outrem, sendo este "qualquer sugestão ou artifício que alguém empregue com a intenção ou consciência de induzir ou manter em erro o autor da declaração, bem como a dissimulação, pelo declaratário ou terceiro, do erro do declarante" (artigo 253.°, n.° 1, C.C.).

Esclarece o n.° 2 da mesma disposição que "não constituem dolo ilícito as sugestões ou artifícios usuais, considerados legítimos segundo as concepções dominantes no comércio jurídico, nem a dissimulação do erro, quando nenhum dever de elucidar o declarante resulte da lei, de estipulação negocial ou daquelas concepções".

A existência de dolo torna o negócio anulável, ainda que ele haja sido recíproco; se o dolo tiver provindo de terceiro, o negócio só é anulável se o destinatário teve ou devia ter tido conhecimento dele, pois, em caso contrário, o negócio apenas será anulável se o terceiro tiver adquirido por ele algum direito e só nessa medida (v. artigo 254.°, C.C.).

3. *Coacção moral*: é o "receio de um mal de que o declarante foi ilicitamente ameaçado com o fim de obter dele a declaração". A coacção – que tanto pode consistir em ameaça à pessoa, honra ou bens do declarante como de terceiro – determina a anulabilidade do negócio jurídico, quer provenha da contraparte, quer de terceiro (mas, neste último caso, "é necessário que seja grave o mal e justificado o receio da sua consumação"). V. artigos 255.° e 256.°, C.C..

4. *Incapacidade acidental*: o Código Civil ocupa-se da incapacidade acidental a propósito dos vícios da vontade, dado tratar-se não de uma afecção permanente, mas de uma situação acidental. O negócio realizado por quem, "devido a qualquer causa, se encontrava acidentalmente incapacitado de entender o sentido del[e] ou não tinha o livre exercício da sua vontade é anulável,

desde que o facto seja notório ou conhecido do declaratário", sendo o facto notório "quando uma pessoa de normal diligência o teria podido notar". V. artigo 257.°, C.C..

V. *Negócio jurídico; Invalidade; Parte; Objecto negocial; Base do negócio; Declaração negocial; Divergência entre a vontade e declaração; Anulabilidade; Declarante; Resolução do contrato; Modificação do contrato; Alteração das circunstâncias; Terceiro; Facto notório; Declaratário; Diligência.*

Vícios redibitórios (Dir. Civil) – Defeitos ou vícios ocultos da coisa que é objecto do negócio, que a tornam inadequada para o uso a que se destina ou lhe diminuem o valor.

A lei não estabelece como fundamento de invalidade dos negócios a existência de vícios redibitórios da coisa. No entanto, o Código Civil prevê alguns casos de vícios do objecto negocial: na venda (artigos 913.° e segs., C.C.), na locação (artigos 1032.° e segs., em especial, 1035.°, C.C.), sendo certo que, nestes casos, a anulabilidade do negócio depende da verificação dos pressupostos legais de relevância do erro ou do dolo, não sendo a existência de vícios, só por si, suficiente para a legitimar.

V. *Coisa; Objecto negocial; Invalidade; Negócio jurídico; Compra e venda; Venda de coisas defeituosas; Locação; Erro; Dolo; Anulabilidade.*

Vida privada (Dir. Civil) – V. *Intimidade.*

Vigência da lei – A lei, depois de publicada no jornal oficial, entra em vigor, decorrido o prazo que ela própria se fixar ou, na falta de fixação, decorrido o tempo que for determinado em legislação especial. – artigo 5.°, C.C..

"Quando não se destine a ter vigência temporária, a lei só deixa de vigorar se for revogada por outra lei" – artigo 7.°, n.° 1, C.C..

V. o artigo 2.° da Lei n.° 74/98, de 11 de Novembro, alterada pela Lei n.° 2/2005, de 24 de Janeiro, cujo n.° 1 dispõe que "os actos legislativos e os outros actos de conteúdo genérico entram em vigor no dia neles fixado, não podendo, em caso algum, o início da vigência verificar-se no próprio dia da publicação".

V. *Lei; Publicação da lei; "Vacatio legis"; Entrada em vigor; Lei temporária; Revogação da lei; Caducidade da lei.*

Vigilância (Dir. Civil) – V. *Dever de vigilância; Culpa "in vigilando".*

"Vim vi repellere licet" (Dir. Civil) – Expressão que significa que a força pode ser repelida pela força, e que informa o instituto da legítima defesa.

V. *Legítima defesa.*

Vincendo (Dir. Civil) – Que há-de vencer-se em momento posterior.

Diz-se, nomeadamente, a propósito de uma obrigação que ainda não se venceu, mas de que se fala tomando em consideração o momento do respectivo vencimento.

V. *Vencimento; Obrigação.*

Vinculação (Dir. Civil) – Posição jurídica passiva a que corresponde um direito. Vinculação é um conceito amplo que comporta quer o dever jurídico, a obrigação ou a sujeição.

V. *Direito subjectivo; Dever jurídico; Obrigação; Sujeição.*

Vinculação por vontade unilateral (Dir. Civil) – Teoria segundo a qual a vontade de uma pessoa basta para fazer nascer uma obrigação que impenda sobre essa pessoa.

V. *Acto unilateral; Negócio jurídico unilateral; Obrigação.*

Violação contratual positiva (Dir. Civil) – Conceito, originário da doutrina alemã, que recobre em especial as situações em que o não cumprimento da obrigação pelo devedor se consubstancia não numa omissão, mas num comportamento positivo, como o é, designadamente, a execução defeituosa da prestação debitória.

V. *Obrigação; Incumprimento; Devedor; Prestação; Cumprimento defeituoso.*

"Vis ablatativa" (Dir. Civil) – O mesmo que *"vis absoluta"* (v. esta expressão).

"Vis absoluta" (Dir. Civil) – Expressão que significa força absoluta e que, por vezes, se emprega para designar a coacção

física, em que a vontade do sujeito é completamente eliminada.
V. *Coacção física.*

"Vis bona" (Dir. Civil) – A doutrina designa assim a ameaça não ilícita – que, por isso, não consubstancia coacção moral – que um dos futuros contraentes faça ao outro, a fim de o induzir à celebração do negócio.
A *vis bona*, tal como o *dolus bonus*, não afecta a validade do negócio jurídico.
V. *Coacção moral; Negócio jurídico; "Dolus bonus"; Validade; Vícios na formação da vontade.*

Visita (Dir. Civil) – V. *Direito de visita.*

Vista (Proc. Civil) – É o termo pelo qual se afecta o processo ao Ministério Público, para promover ou despachar o que entenda.
"1. A falta de vista ou exame ao Ministério Público, quando a lei exija a sua intervenção como parte acessória, considera-se sanada desde que a entidade a que devia prestar assistência tenha feito valer os seus direitos no processo por intermédio do seu representante.
2. Se a causa tiver corrido à revelia da parte que devia ser assistida pelo Ministério Público, o processo é anulado a partir do momento em que devia ser dada vista ou facultado o exame" – artigo 200.°, C.P.C..
O tribunal pode conhecer oficiosamente da nulidade mencionada nesta disposição, podendo ela ser arguida em qualquer estado do processo (v. artigos 202.°, 204.°, n.° 2, e 206.°, C.P.C. o primeiro e o último na redacção do Decreto-Lei n.° 180/96, de 25 de Setembro).
Também se designa por vista a submissão do processo aos juízes adjuntos, no tribunal colectivo, para que eles o conheçam e apreciem antes da discussão da causa – v. artigo 648.°, C.P.C..
V. *Ministério Público; Parte acessória; Representante; Assistência; Revelia; Parte; Nulidade processual; Conhecimento oficioso; Juiz adjunto; Tribunal colectivo.*

Vistoria (Proc. Civil) – Exame que tem por fim a averiguação, em princípio feita por peritos, de factos que sejam susceptíveis de inspecção ou exame ocular, quando recai sobre imóveis.
V. *Prova pericial; Perito.*

Visto em correição (Proc. Civil) – Nota do juiz ou do magistrado do Ministério Público em livros, processos ou papéis findos, depois de ser verificado que neles não existe qualquer irregularidade, ou de esta se encontrar corrigida.
V. artigo 126.°, n.° 2, da Lei de Organização e Funcionamento dos Tribunais Judiciais (Lei n.° 3/99, de 13 de Janeiro, rectificada pela Declaração de rectificação n.° 7//99, de 16 de Fevereiro, e alterada pela Lei n.° 101/99, de 26 de Julho, pelos Decretos-Leis n.°s 323/2001, de 17 de Dezembro, e 38/2003, de 8 de Março – rectificado pela Declaração de rectificação n.° 5-C/2003, de 30 de Abril –, pela Lei n.° 105/2003, de 10 de Dezembro, pelo Decreto-Lei n.° 53//2004, de 18 Março, pela Lei n.° 42/2005, de 29 de Agosto, e pelo Decreto-Lei n.° 76-A/2006, de 29 de Março, rectificado este pela Declaração de rectificação n.° 28-A//2006, de 26 de Maio).
V. *Juiz; Ministério Público; Termo; Auto.*

"Vitiatur sed non vitiat" (Dir. Civil) – Expressão latina que significa que a existência de um elemento viciado no negócio não implica a viciação de todo ele.
Assim, por exemplo, a condição resolutiva ilícita ou impossível tem-se por não escrita, salvaguardando-se a validade do negócio a que foi aposta (v. artigo 271.°, n.° 2, parte final, C.C.); idêntico é o regime das "cláusulas pelas quais os nubentes, em convenção antenupcial, no momento da celebração do casamento ou em outro acto, pretendam modificar os efeitos do casamento, ou submetê-lo a condição, a termo ou à preexistência de algum facto" (v. artigo 1618.°, n.° 2, C.C.).
Não existindo norma que, expressamente, estabeleça tal regime de preservação do negócio, sempre haverá que averiguar da possibilidade de o reduzir, nos termos do artigo 292.°, C.C..
V. *Negócio jurídico; Validade; Cláusula; Nubente; Convenção antenupcial; Casamento; Termo; Condição resolutiva; Redução.*

Vocação directa (Dir. Civil) – V. *Vocação sucessória.*

Vocação indirecta (Dir. Civil) – V. *Vocação sucessória.*

Vocação originária (Dir. Civil) – V. *Vocação sucessória.*

Vocação subsequente (Dir. Civil) – V. *Vocação sucessória.*

Vocação sucessória (Dir. Civil) – Chamamento à sucessão de uma pessoa, de outra designada pela lei ou por acto do *de cuius* (testamento ou contrato).

A lei, o testamento e o contrato são, portanto, os factos designativos que, conjugados com a morte, desencadeiam a vocação sucessória, com a consequente atribuição do direito a suceder.

A vocação distingue-se em *directa* (aquela que se verifica por aplicação das regras comuns) e *indirecta* (aquela pela qual é chamado a suceder alguém que não é o normal sucessível, em virtude de este último não ter querido ou não ter podido aceitar a herança); fala-se de vocação *originária* para designar aquela que se produz aquando da morte do *de cuius*, e de vocação *subsequente* para referir a que se vem a verificar em momento posterior.

V. artigo 2026.°, C.C..

V. *Sucessão; "De cuius"; Sucessão legal; Sucessão voluntária; Testamento; Contrato; Sucessão contratual; Sucessível; Aceitação da herança.*

Vogal do conselho de família (Dir. Civil) – Designam-se por vogais os dois membros do conselho de família (v. artigos 1951.° e segs., C.C.).

V. *Conselho de família.*

"Volenti non fit injuria" (Dir. Civil) – Princípio segundo o qual a autorização que a vítima de um dano dá à produção dele exclui o carácter ilícito do acto que o causou.

Este princípio encontra expressão no artigo 340.°, C.C., estabelecendo o n.° 2 desta disposição que a autorização da vítima não afasta a ilicitude do acto autorizado, sempre que este seja "contrário a uma proibição legal ou aos bons costumes". O artigo 81.°, C.C., dispõe, por seu lado, que "toda a limitação voluntária ao exercício dos direitos de personalidade é nula, se for contrária aos princípios da ordem pública", e que "a limitação voluntária, quando legal, é sempre revogável [...]".

V. *Consentimento do lesado; Dano; Ilicitude; Responsabilidade civil; Causas justificativas; Bons costumes; Direitos de personalidade; Nulidade; Ordem pública; Revogação.*

Voluntariado – A Lei n.° 71/98, de 3 de Novembro, ocupa-se do regime jurídico do voluntariado, que define, no seu artigo 2.°, n.° 1, como "o conjunto de acções de interesse social e comunitário realizadas de forma desinteressada por pessoas, no âmbito de projectos, programas e outras formas de intervenção ao serviço dos indivíduos, das famílias e da comunidade desenvolvidos sem fins lucrativos por entidades públicas ou privadas"; o n.° 2 desta norma exclui do voluntariado e, portanto, do âmbito de aplicação desta lei, "as actuações que, embora desinteressadas, tenham um carácter isolado e esporádico ou sejam determinadas por razões familiares, de amizade e de boa vizinhança".

Os princípios orientadores do voluntariado são a solidariedade, a participação, a cooperação, a complementaridade, a gratuitidade, a responsabilidade e a convergência.

A Lei foi regulamentada pelo Decreto-Lei n.° 389/99, de 30 de Setembro, alterado pelo Decreto-Lei n.° 176/2005, de 25 de Outubro.

A Lei n.° 20/2004, de 5 de Junho, "estabelece o regime de apoio aos dirigentes associativos voluntários na prossecução das suas actividades de carácter associativo".

O Decreto Legislativo Regional n.° 23/2004/M, de 20 de Agosto, define o regime do apoio ao voluntariado social na Região Autónoma da Madeira.

A Portaria n.° 87/2006, de 24 de Janeiro, aprova o modelo de cartão de identificação do voluntário.

Voluntário – A Lei n.° 71/98, de 3 de Novembro, que se ocupa do regime jurídico do voluntariado, define voluntário como "o indivíduo que de forma livre, desinteressada e responsável se compromete, de acordo com as suas aptidões próprias e no seu tempo livre, a realizar acções de voluntariado no âmbito de uma organização promotora" (artigo 3.°, n.° 1).

Os direitos do voluntário encontram-se enunciados no artigo 7.° desta lei, estando as respectivas obrigações previstas no artigo 8.°.

V. o Decreto-Lei n.° 389/99, de 30 de Setembro, alterado pelo Decreto-Lei n.° 176/ /2005, de 25 de Outubro, que regulamentou a referida Lei.

V. *Voluntariado.*

Vontade conjectural (Dir. Civil) – O mesmo que *vontade hipotética* (v. esta expressão).

Vontade declarada (Dir. Civil) – O conteúdo de um acto jurídico é a vontade que o seu autor manifesta, a vontade declarada.

Dada a importância da vontade das partes nos negócios jurídicos, a lei salvaguarda a correcta formação dela, prevenindo os factos e as circunstâncias capazes de afectar marcantemente o seu processo formativo (vícios na formação da vontade), bem como outros que, não impedindo a normal constituição da vontade, determinam que entre esta e a declaração que dela se faz exista uma divergência, quer esta seja intencional, quer involuntária (divergência entre a vontade e a declaração).

V. *Acto jurídico; Declaração negocial; Negócio jurídico; Vícios na formação da vontade; Divergência entre a vontade e a declaração.*

Vontade hipotética (Dir. Civil) – A vontade conjectural ou hipotética das partes num negócio jurídico é aquela que se pode presumir que elas teriam tido se tivessem previsto, aquando da celebração do negócio, um facto que não previram.

A vontade hipotética releva, nos termos do artigo 239.°, C.C., para efeitos de integração do negócio jurídico, isto é, é de acordo "com a vontade que as partes teriam tido se houvessem previsto o ponto omisso" que este deve ser regulado, salvo se tal solução for diversa da decorrente da boa fé.

Também para efeitos de redução e de conversão do negócio jurídico, parcial ou totalmente, inválido é relevante a vontade hipotética das partes, de acordo com o disposto nos artigos 292.° e 293.°, C.C., respectivamente.

V. *Negócio jurídico; Integração do negócio jurídico; Boa fé; Redução; Conversão.*

Voto de vencido (Proc. Civil) – Os juízes dos tribunais colectivos podem votar de vencido relativamente à decisão ou aos seus fundamentos, ficando o seu voto lavrado no respectivo acórdão após as assinaturas.

V. *Tribunal colectivo; Acórdão; Vencido; Fundamentação das decisões.*